# NOMOS**HANDKOMMENTAR**

Prof. Dr. Claus Dieter Classen
Prof. Dr. Michael Sauthoff [Hrsg.]

# Verfassung des Landes Mecklenburg-Vorpommern

3. Auflage

Prof. **Dr. Claus Dieter Classen**, Universität Greifswald; Richter am Oberverwaltungsgericht Mecklenburg-Vorpommern; Mitglied des Landesverfassungsgerichts von Mecklenburg-Vorpommern | **Dr. Reimer Groth**, Ministerialdirigent, Leiter der Rechtsabteilung des Justizministeriums Mecklenburg-Vorpommern | Prof. **Dr. Stefan Korioth**, Ludwig-Maximilians-Universität München | **Dr. Joachim Kronisch**, Präsident des Verwaltungsgerichts Schwerin | **Dr. Ulrike Lehmann-Wandschneider**, Richterin am Oberlandesgericht Rostock; Vizepräsidentin des Landesverfassungsgerichts Mecklenburg-Vorpommern | **Dr. Jost Mediger**, Staatssekretär a.D., Schwerin/Norderstedt | Prof. **Dr. Hubert Meyer**, Hauptgeschäftsführer des Niedersächsischen Landkreistags | Prof. **Dr. Michael Sauthoff**, Präsident des Oberverwaltungsgerichts und des Finanzgerichts Mecklenburg-Vorpommern a.D. | Prof. **Dr. Sabine Schlacke**, Universität Greifswald; Vizepräsidentin des Staatsgerichtshof der Freien Hansestadt Bremen | **Armin Tebben**, Direktor des Landtages Mecklenburg-Vorpommern | Prof. **Dr. Bodo Wiegand-Hoffmeister**, Rektor der Hochschule Wismar | **Dirk Zapfe**, Leiter der Abteilung Parlamentarische Dienste der Landtagsverwaltung, Schwerin

**Zitiervorschlag:** Classen/Sauthoff/Bearbeiter Art. ... Rn. ...

**Die Deutsche Nationalbibliothek** verzeichnet diese Publikation in der Deutschen Nationalbibliografie; detaillierte bibliografische Daten sind im Internet über http://dnb.d-nb.de abrufbar.

ISBN 978-3-8487-8236-9

3. Auflage 2023
© Nomos Verlagsgesellschaft, Baden-Baden 2023. Gesamtverantwortung für Druck und Herstellung bei der Nomos Verlagsgesellschaft mbH & Co. KG. Alle Rechte, auch die des Nachdrucks von Auszügen, der fotomechanischen Wiedergabe und der Übersetzung, vorbehalten.

## Geleitwort der Präsidentin des Landtages Mecklenburg-Vorpommern

Schauen wir in die Verfassung, so finden wir unter anderem den folgenden Halbsatz, der zeigt, was wir in Mecklenburg-Vorpommern sein wollen: *"... ein lebendiges, eigenständiges und gleichberechtigtes Glied der Bundesrepublik Deutschland ..."*

Vor diesem Hintergrund wird unsere Verfassung 30 Jahre alt. Das macht auch den vorliegenden Kommentar so besonders, zeigt er doch, was diese Verfassung ist und was sie ausmacht. Sie ist die grundlegende rechtliche und politische Ordnung unseres Bundeslandes und sie ist in ihrer Entstehung ganz eng mit unserem Landtag und den Menschen bei uns verbunden. Die Verfassung des Landes Mecklenburg-Vorpommern wurde am 14. Mai 1993 vom Landtag beschlossen, trat am 23. Mai 1993 vorläufig in Kraft und wurde am 12. Juni 1994 in einem Volksentscheid bestätigt – mit der Mehrheit der an der Abstimmung teilnehmenden Stimmberechtigten. Danach trat sie am 15. November 1994 mit dem Zusammentritt des zweiten Landtages in Kraft. Danach erfolgten sechs Änderungen, zuletzt im Jahr 2021.

Die Verfassung besteht aus einer Präambel und insgesamt 84 Artikel. Sie gliedert sich in vier Abschnitte und die angesprochene Präambel, mit den Grundlagen (1. Abschnitt) und der Staatsorganisation (2. Abschnitt), den Staatsfunktionen (3. Abschnitt), einschließlich der Verankerung direkt demokratischer Elemente mit der Beteiligung des Volkes an der politischen Willensbildung und am Ende mit den Schlussbestimmungen (4. Abschnitt).

Unsere Verfassung ist geprägt von der historischen Entwicklung des Landes – unter anderem aus dem Zusammenschluss von Mecklenburg und Vorpommern. Sie berücksichtigt auch die besondere Lage des Landes als Grenzregion zu Polen und als Teil der Ostseeregion. Sie verpflichtet sich zu den Werten der europäischen Integration, des Umweltschutzes, der Gleichstellung von Frauen und Männern, der Friedensverpflichtung und der Gewaltfreiheit – letzteres übrigens auf der Grundlage einer im Konsens im Landtag angenommenen Volksinitiative. Von den Menschen für die Menschen, so ließe sich die Entstehung der Verfassung auf den Punkt bringen.

Denn die Verfassung von Mecklenburg-Vorpommern ist nicht nur ein juristisches Dokument. Sie ist ein Ausdruck der Identität und des Selbstverständnisses der Menschen im Land. Sie ist zugleich eine Quelle der Rechtssicherheit und der demokratischen Legitimation für das Handeln der Landesorgane im Geflecht der drei Gewalten. Sie ist aber auch ein lebendiger Verfassungsprozess, der ständig an die gesellschaftlichen Herausforderungen angepasst werden muss. Dieses beständige Anpassen an die realen Gegebenheiten, das politisch Durchsetzbare und das durch die Rechtsprechung, insbesondere des Landesverfassungsgerichtes, gewichtete Zusammenspiel der drei Gewalten in unserem Land machen deutlich, dass es wieder einer Neuauflage der Kommentierung bedurfte, die versucht, das Gesetzte und die verbleibenden Untiefen und Streitfälle zu benennen.

Auch diese vorliegende Kommentierung soll eine wissenschaftliche Analyse und Erläuterung der Verfassung von Mecklenburg-Vorpommern bieten. Sie soll die Entstehungsgeschichte, den systematischen Aufbau, den normativen Gehalt und die praktische Anwendung der Verfassungsbestimmungen darstellen. Dieser Kommentar soll auch die verfassungsrechtlichen Probleme und Streitfragen aufzeigen, welche sich aus der Interpretation und Anwendung der Verfassung ergeben. Er soll schließlich einen Beitrag zum Verständnis und zur Weiterentwicklung der Verfassungsordnung von Mecklenburg-Vorpommern leisten.

Einen entscheidenden Beitrag hat das Landesverfassungsgericht mit seinen Entscheidungen gesetzt; insbesondere im Parlamentsrecht, im Recht des Haushaltes, im Konnexitätsprinzip und im Verfassungsprozessrecht hat das Gericht Recht gesprochen und den Geltungsbereich der Verfassung weiter ausgeformt.

Den Herausgebern gilt wie den Autorinnen und Autoren mein Dank für die Mitwirkung an dieser Neuauflage. Sie haben sich in der Wissenschaft, in der Richterschaft und in der Verwaltung des Landes als ausgewiesene Kenner der Verfassung des Landes erwiesen. Damit steht die dritte Auflage dieses Kommentars bildhaft für die nächsten Jahre des Lebens unserer Verfassung.

Schwerin, im Mai 2023

*Birgit Hesse*
Präsidentin des Landtages
Mecklenburg-Vorpommern

## Geleitwort der Ministerpräsidentin

Der 15. November 1994 steht in Mecklenburg-Vorpommern gleichermaßen für einen Beginn und ein Ende. Beginn deshalb, weil nach jahrelanger Arbeit die Landesverfassung in Kraft getreten ist. Und der Tag markierte zugleich das vorläufige Ende einer Entwicklung, die fünf Jahre zuvor begonnen hatte.

Damals, in diesem historischen Herbst 1989, zog es Menschen aus ihrem geschützten Raum in die Öffentlichkeit, auf die Straßen in Waren, Greifswald, Neubrandenburg, Rostock oder Schwerin. Mutig und entschlossen erhoben sie ihre Stimme für mehr Freiheit, Teilhabe und Demokratie.

Der Weg zur Verfassung in Mecklenburg-Vorpommern ließ viele der Wünsche in Erfüllung gehen, wegen der die Menschen friedlich demonstriert hatten. Bei öffentlichen Veranstaltungen im ganzen Land hatten sie die Chance, ihre Ideen einzubringen und nach einem gemeinsamen Konsens zu suchen. Und im Juni 1994 konnten sie per Volksentscheid über ihre Verfassung abstimmen. Was für eine Leistung: Nicht nur haben sie wesentlichen Anteil daran, dass die Demokratie ins Land gekommen ist. Sie haben sie auch von Beginn an mit Leben gefüllt.

Durch das Zusammenspiel der Bürgerinnen und Bürger und der zuständigen Kommission hat die Verfassung in Zeiten des Umbruchs Identität gestiftet. Sie hat einen Raum eigens für unser Land geschaffen, für unsere Eigenarten und Besonderheiten – beispielsweise mit dem Schutz und Erhalt der niederdeutschen Sprache. Einige der vor knapp 30 Jahren formulierten Staatsziele für Mecklenburg-Vorpommern könnten aktueller nicht sein: Erhalt und Schaffung von Arbeitsplätzen, sozialer Zusammenhalt als Grundlage der Gesellschaft und der Schutz unserer einzigartigen Natur.

Der vorliegende Kommentar soll dazu dienen, sowohl die wissenschaftliche als auch die praktische Arbeit mit der Verfassung zu erleichtern. Auch hilft er dabei, die Verfassung mit all ihren Aspekten der Öffentlichkeit näher zu bringen. Ich danke den Kommentatoren dieser zum zweiten Mal aktualisierten Auflage. Sie gehen ein auf aktuelle Entwicklungen und Rechtsprechungen. All das zeigt, dass unsere Demokratie nicht starr, sondern lebendig ist.

Schwerin, im Februar 2023
*Manuela Schwesig*
Ministerpräsidentin des Landes
Mecklenburg-Vorpommern

## Vorwort der Herausgeber

Die am 15.11.1994 in Kraft getretene Verfassung des Landes Mecklenburg-Vorpommern gehört zu einer Generation von gliedstaatlichen Verfassungen, die den Diskurs über die Eigenstaatlichkeit der Länder und die Bedeutung des Landesverfassungsrechts neu aufleben ließ. Von ihnen gingen nachhaltige Impulse zur Stärkung des Landesverfassungsrechts und zur Belebung der zwischenzeitlich nahezu erstarrten Diskussion zum Verhältnis von Bundes- und Landesverfassungsrecht aus.

Während Verfassungsrecht den Rahmen bildet, innerhalb dessen sich Organisation und Ausübung staatlicher Gewalt zu entfalten hat, spiegelt die konkrete Verfassung die Wandlungen des staatlichen Gemeinwesens sowie die Brüche staatlicher Entwicklung wider und verarbeitet die daraus erwachsenen Erfahrungen zu normativen Grundaussagen. Das zeigt sich auch an der im Gefolge der Wiedervereinigung erlassenen Verfassung des Landes Mecklenburg-Vorpommern. Ihre Rückbesinnung auf die Genese der friedlichen Revolution, die zum Ende der DDR geführt hat, ist vielfach zu spüren. Sie äußert sich in durchaus gegensätzlicher Weise: Einerseits sollten überkommene soziale und kulturelle Standards nach Möglichkeit fortgeführt, andererseits sollte der Vorrang des „Rechts" als nicht beliebig substituierbares Regelwerk gegenüber jeder Form von Gewaltenmonismus gewährleistet werden.

Seit dem Erscheinen der zweiten Auflage des Kommentars wurde die Verfassung in verschiedenen Punkten geändert. Zudem sind die Verfassung weiter konkretisierende Entscheidungen des Landesverfassungsgerichts Mecklenburg-Vorpommern ergangen, aber auch zahlreiche Entscheidungen des Bundesverfassungsgerichts sowie der Verfassungsgerichte anderer Länder zu Einzelregelungen, die mit denen der Landesverfassung Mecklenburg-Vorpommern vergleichbar sind. Hinzu kommen Entscheidungen der europäischen Gerichte, die weiter an Bedeutung gewinnen. Der zeitlicher Abstand seit dem Inkrafttreten, gesellschaftliche Entwicklungen und praktische Erfahrungen haben das Bewusstsein für wichtige Fragestellungen geschärft. Damit liegt der Bedarf an einer zeitgemäßen Kommentierung der Landesverfassung auf der Hand.

Das Grundkonzept des Kommentars ist gegenüber der Erstauflage unverändert. Er stützt sich auf Autoren aus den Bereichen Rechtsprechung, Verwaltung und Wissenschaft. Sie stehen ebenso für Praxisbezug wie für wissenschaftliche Reflexion. In ihrem Kreis hat es nunmehr größere Veränderungen gegeben. Die Herausgeber der beiden ersten Auflagen, Herr Staatssekretär a.D. Dr. Litten sowie Prof. Dr. Wallerath, die diesen Kommentar gemeinsam mit dem ersten Präsidenten des Landesverfassungsgerichts Mecklenburg-Vorpommern, Dr. Hückstädt, konzipiert haben, sind aus Altersgründen ausgeschieden, ebenso Frau Kohl, die zweite Präsidentin des Landesverfassungsgerichts, Frau Bentrup-Figura und Herr Prof. Dr. Schütz. Ihnen allen gebührt ein besonderer Dank. Zu danken ist aber auch allen bisherigen und neuen Autoren, die an dieser Auflage mitgewirkt haben, für ihr Engagement. Soweit sich neue Autoren auf die Kommentierungen der Vorauflage gestützt haben, sind in der Fußzeile alter und neuer Autor vermerkt; bei der Kommentierung der Finanzverfassung durch Dr. Mediger und Prof. Dr. Korioth handelt es sich hingegen um eine „echte" Koautorenschaft.

Nicht zuletzt haben wir guten Grund, Herrn Professor Dr. Rux sowie Herrn Dr. Knopik vom Nomos Verlag für ihr großes Interesse an diesem Projekt zu danken.

Greifswald, im März 2023

*Claus Dieter Classen* *Michael Sauthoff*

# Inhaltsverzeichnis

| | |
|---|---|
| Geleitwort der Präsidentin des Landtages Mecklenburg-Vorpommern .... | 5 |
| Geleitwort der Ministerpräsidentin | 7 |
| Vorwort der Herausgeber | 9 |
| Verzeichnis der Bearbeiterinnen und Bearbeiter | 15 |
| Abkürzungsverzeichnis | 17 |
| Übersicht über die wichtigsten Entscheidungen des Verfassungsgerichts des Landes Mecklenburg-Vorpommern | 29 |
| Entstehungsgeschichte | 35 |
| Präambel | 47 |

## 1. Abschnitt Grundlagen

### I. Staatsform

| | | |
|---|---|---|
| Vorbemerkung zu Art. 1–4 | | 50 |
| Art. 1 | (Das Land Mecklenburg-Vorpommern) | 50 |
| Art. 2 | (Staatsgrundlagen) | 56 |
| Art. 3 | (Demokratie) | 69 |
| Art. 4 | (Bindung an Gesetz und Recht) | 76 |

### II. Grundrechte

| | | |
|---|---|---|
| Vorbemerkung zu Art. 5 | | 82 |
| Art. 5 | (Menschenrechte, Geltung der Grundrechte des Grundgesetzes) | 86 |
| Art. 6 | (Datenschutz, Informationsrechte) | 90 |
| Art. 7 | (Freiheit von Kunst und Wissenschaft) | 97 |
| Art. 8 | (Chancengleichheit im Bildungswesen) | 109 |
| Art. 9 | (Kirchen und Religionsgesellschaften) | 113 |
| Art. 10 | (Petitionsrecht) | 123 |

### III. Staatsziele

| | | |
|---|---|---|
| Vorbemerkung zu Art. 11 | | 127 |
| Art. 11 | (Europäische Integration, grenzüberschreitende Zusammenarbeit) | 134 |
| Art. 12 | (Umweltschutz) | 140 |
| Art. 13 | (Förderung der Gleichstellung von Frauen und Männern) | 151 |
| Art. 14 | (Schutz der Kinder und Jugendlichen) | 155 |
| Art. 15 | (Schulwesen) | 161 |
| Art. 16 | (Förderung von Kultur und Wissenschaft) | 178 |
| Art. 17 | (Arbeit, Wirtschaft und Soziales) | 183 |
| Art. 17a | (Schutz von alten Menschen und Menschen mit Behinderung) | 188 |

| | | |
|---|---|---|
| Art. 18 | (Nationale Minderheiten und Volksgruppen) | 193 |
| Art. 18a | (Friedensverpflichtung, Gewaltfreiheit) | 200 |
| Art. 19 | (Initiativen und Einrichtungen der Selbsthilfe) | 204 |

### 2. Abschnitt Staatsorganisation
#### I. Landtag

| | | |
|---|---|---|
| Art. 20 | (Aufgaben und Zusammensetzung) | 208 |
| Art. 21 | (Wahlprüfung) | 228 |
| Art. 22 | (Stellung der Abgeordneten) | 234 |
| Art. 23 | (Kandidatur) | 258 |
| Art. 24 | (Indemnität, Immunität, Zeugnisverweigerungsrecht) | 262 |
| Art. 25 | (Fraktionen) | 281 |
| Art. 26 | (Parlamentarische Opposition) | 294 |
| Art. 27 | (Wahlperiode) | 300 |
| Art. 28 | (Zusammentritt des Landtages) | 306 |
| Art. 29 | (Landtagspräsident, Geschäftsordnung) | 309 |
| Art. 30 | (Ältestenrat) | 330 |
| Art. 31 | (Öffentlichkeit, Berichterstattung) | 334 |
| Art. 32 | (Beschlussfassung, Wahlen) | 341 |
| Art. 33 | (Ausschüsse) | 346 |
| Art. 34 | (Untersuchungsausschüsse) | 359 |
| Art. 35 | (Petitionsausschuß) | 372 |
| Art. 35a | (Ausschuss für Angelegenheiten der Europäischen Union) | 380 |
| Art. 36 | (Bürgerbeauftragter) | 381 |
| Art. 37 | (Datenschutzbeauftragter) | 386 |
| Art. 38 | (Anwesenheitspflicht und Zutrittsrecht der Landesregierung) | 397 |
| Art. 39 | (Informationspflichten der Landesregierung) | 400 |
| Art. 40 | (Frage- und Auskunftsrecht der Abgeordneten, Aktenvorlage durch die Landesregierung) | 404 |

#### II. Landesregierung

| | | |
|---|---|---|
| Art. 41 | (Stellung und Zusammensetzung) | 425 |
| Art. 42 | (Wahl des Ministerpräsidenten) | 437 |
| Art. 43 | (Bildung der Regierung) | 444 |
| Art. 44 | (Amtseid) | 451 |
| Art. 45 | (Rechtsstellung der Regierungsmitglieder) | 454 |
| Art. 46 | (Zuständigkeiten innerhalb der Regierung) | 460 |
| Art. 47 | (Vertretung des Landes, Staatsverträge) | 471 |
| Art. 48 | (Ernennung von Beamten und Richtern, Einstellung von Angestellten und Arbeitern) | 479 |
| Art. 49 | (Begnadigung) | 482 |

| Art. 50 | (Beendigung der Amtszeit) | 488 |
| Art. 51 | (Vertrauensfrage) | 495 |

### III. Landesverfassungsgericht

| Art. 52 | (Stellung und Zusammensetzung) | 501 |
| Art. 53 | (Zuständigkeit) | 511 |
| Art. 54 | (Gesetz über das Landesverfassungsgericht) | 528 |

## 3. Abschnitt Staatsfunktionen

### I. Rechtsetzung und Verfassungsänderung

| Art. 55 | (Gesetzgebungsverfahren) | 534 |
| Art. 56 | (Verfassungsänderungen) | 552 |
| Art. 57 | (Rechtsverordnungen) | 558 |
| Art. 58 | (Ausfertigung und Verkündung) | 566 |

### II. Initiativen aus dem Volk, Volksbegehren und Volksentscheid

| Vorbemerkung zu Art. 59 | | 573 |
| Art. 59 | (Volksinitiative) | 574 |
| Art. 60 | (Volksbegehren und Volksentscheid) | 579 |

### III. Haushalt und Rechnungsprüfung

| Vorbemerkung zu Art. 61 | | 586 |
| Art. 61 | (Landeshaushalt) | 591 |
| Art. 62 | (Ausgaben vor Verabschiedung des Haushalts) | 619 |
| Art. 63 | (Über- und außerplanmäßige Ausgaben) | 625 |
| Art. 64 | (Nachweis der Kostendeckung) | 630 |
| Art. 65 | (Kreditbeschaffung) | 633 |
| Art. 66 | (Landesvermögen) | 651 |
| Art. 67 | (Rechnungslegung und Rechnungsprüfung) | 653 |
| Art. 68 | (Landesrechnungshof) | 656 |

### IV. Landesverwaltung und Selbstverwaltung

| Art. 69 | (Träger der öffentlichen Verwaltung) | 664 |
| Art. 70 | (Gesetzmäßigkeit und Organisation der öffentlichen Verwaltung) | 670 |
| Art. 71 | (Öffentlicher Dienst) | 674 |
| Art. 72 | (Kommunale Selbstverwaltung) | 698 |
| Art. 73 | (Finanzgarantie) | 740 |
| Art. 74 | (Haushaltswirtschaft) | 760 |
| Art. 75 | (Landschaftsverbände) | 766 |

### V. Rechtsprechung

| Art. 76 | (Richter und Gerichte) | 770 |
| Art. 77 | (Richteranklage) | 782 |

### 4. Abschnitt Schlussbestimmungen

| | | |
|---|---|---|
| Art. 78 | (Verfassungstext für Schüler) | 787 |
| Art. 79 | (Sprachliche Gleichstellung) | 788 |
| Art. 79a | (Übergangsregelung) | 788 |
| Art. 80 | (Inkrafttreten) | 791 |

Stichwortverzeichnis ............................................................. 793

**Verzeichnis der Bearbeiterinnen und Bearbeiter**

*Classen*: Art. 11, 18a, 35a, 52, 53, 54

*Groth*: Art. 41–51, 59, 60

*Korioth* (gemeinsam mit *Mediger*): Art. 61–68, 79a

*Kronisch*: Entstehungsgeschichte, Präambel, Art. 9, 76–79, 80

*Lehmann-Wandschneider*: Art. 5–8, 10, 16

*Mediger* (gemeinsam mit *Korioth*): Art. 61–68, 79a

*Meyer*: Art. 69–70, 72–75

*Sauthoff*: Vor Art. 11, Art. 12–15, 17, 17a, 18, 19, 35, 36, 37, 55–58

*Schlacke*: Art. 1–4

*Tebben*: Art. 20, 22, 24, 28–32

*Wiegand-Hoffmeister*: Art. 26, 34, 38, 39, 71

*Zapfe*: Art. 21, 23, 25, 27, 33, 40

## Abkürzungsverzeichnis

einschließlich abgekürzt zitierter Literatur und ohne allgemein übliche Abkürzungen von Gesetzen und Zeitschriften.

| | |
|---|---|
| Abg. | Abgeordnete(r) |
| ABl. | Amtsblatt (der Europäischen Gemeinschaften bzw. der Europäischen Union) |
| Abs. | Absatz |
| AEUV | Vertrag über die Arbeitsweise der Europäischen Union |
| aF | alte Fassung |
| allg. | allgemein(e/er/es) |
| amtl. | Amtlich |
| AmtsBl. | Amtsblatt |
| ÄndG | Änderungsgesetz |
| Art. | Artikel |
| Aufl. | Auflage |
| ausf. | ausführlich |
| AVR | Archiv für Völkerrecht |
| Badura | Peter Badura, Staatsrecht, 5. Aufl. 2012 |
| Battis, BBG | Ulrich Battis, Bundesbeamtengesetz, Kommentar, 6. Aufl. 2022 |
| Baumann-Hasske | Harald Baumann-Hasske (Hrsg.), Die Verfassung des Freistaates Sachsen (zit. *Bearbeiter* in Baumann-Hasske/Kunzmann), 4. Aufl. 2021 |
| BayVBl | Bayrische Verwaltungsblätter |
| BayVerf | Verfassung des Freistaates Bayern |
| BayVerfGH | Bayerischer Verfassungsgerichtshof |
| BBG | Bundesbeamtengesetz |
| BbgVerf | Verfassung des Landes Brandenburg |
| BbgVerfG | Verfassungsgericht des Landes Brandenburg |
| Bd. | Band |
| BeamtStG | Beamtenstatusgesetz |
| Becker/Brüning/Ewer/Schliesky | Florian Becker/Christoph Brüning/Wolfgang Ewer/Utz Schliesky (Hrsg.), Verfassung des Landes Schleswig-Holstein, 2021 |
| BeckRS | Elektronische Entscheidungsdatenbank in beck-online |
| Beck'scher OK | Volker Epping/Christian Hillgruber (Hrsg.), Grundgesetz. Beck'scher Online-Kommentar (zit.: *Bearbeiter* in Beck'scher OK) |
| Begr. | Begründung |
| Bek. | Bekanntmachung |
| Benda/Klein | Ernst Benda/Eckart Klein/Oliver Klein, Verfassungsprozessrecht, Ein Lehr- und Handbuch, 4. Aufl. 2020 |
| BerDGVR | Berichte der Deutschen Gesellschaft für Völkerrecht |
| Berl. Kommentar | Karl Heinrich Friauf/Wolfram Höfling (Hrsg.), Berliner Kommentar zum Grundgesetz, Loseblattausgabe (zit. *Bearbeiter* in Berl. Kommentar) |

| | |
|---|---|
| Bernzen/Sohnke | Uwe Bernzen/Michael Sohnke, Verfassung der Freien und Hansestadt Hamburg. Kommentar mit Entscheidungsregister, 1977 |
| Beschl. | Beschluss |
| Beschl. v. | Beschluss vom |
| BGBl. | Bundesgesetzblatt |
| Birkmann/Köhler | Andreas Birkmann/Johanna Köhler, Verfassung des Freistaats Thüringen: Bekenntnis zum Freistaat, 2. Aufl. 1995 |
| BK | Wolfgang Kahl/Christian Waldhof/Christian Walter ua (Hrsg.), Das Bonner Grundgesetz, Kommentar, Loseblattausgabe (zit. *Bearbeiter* in BK) |
| BKA | Bundeskriminalamt |
| BM | Bundesministerium |
| BRat | Bundesrat |
| BRat-Drs. | Bundesratsdrucksache |
| Braun | Klaus Braun, Kommentar zur Verfassung des Landes Baden-Württemberg, Kommentar, 1984 |
| BReg | Bundesregierung |
| BremStGH | Staatsgerichtshof der Freien Hansestadt Bremen |
| BremVerf | Landesverfassung der Freien Hansestadt Bremen |
| Brocker/Droege/Jutzi | Lars Brocker/Michael Droege/Siegfried Jutzi (Hrsg.), Kommentar zur Verfassung für Rheinland-Pfalz, 2. Aufl. 2022 (zit. *Bearbeiter* in Brocker/Droege/Jutzi) |
| bspw. | Beispielsweise |
| BT | Bundestag |
| BT-Drs. | Bundestagsdrucksache |
| BullBReg | Bulletin der Bundesregierung |
| BVerfG | Bundesverfassungsgericht |
| BVerfGE | Entscheidungen des Bundesverfassungsgerichts |
| BVerwG | Bundesverwaltungsgericht |
| BVerwGE | Entscheidungen des Bundesverwaltungsgerichts |
| BVFG | (Bundes-)Gesetz über die Angelegenheiten der Vertriebenen und Flüchtlinge |
| BWahlG | Bundeswahlgesetz |
| BWStGH | Staatsgerichtshof des Landes Baden-Württemberg |
| BWVerf | Verfassung des Landes Baden-Württemberg |
| bzw. | Beziehungsweise |
| Calliess/Ruffert | Christian Calliess/Matthias Ruffert (Hrsg.), EUV/AEUV, Kommentar, 6. Aufl. 2022 (zit. Verfasser in Calliess/Ruffert) |
| Caspar/Ewer/Nolte/Waack | Johannes Caspar/Wolfgang Ewer/Martin Nolte/Hans-Joachim Waack (Hrsg.), Verfassung des Landes Schleswig-Holstein, Kommentar, 2006 (zit. *Bearbeiter* in Caspar/Ewer/Nolte/Waack) |
| Classen/Lüdemann | Claus Dieter Classen/Jörn Lüdemann (Hrsg.), Landesrecht Mecklenburg-Vorpommern, 4. Aufl. 2020 |
| CR | Computer und Recht |

| | |
|---|---|
| David | Klaus David, Lars Hellberg/Florian Schwill, Verfassung der Freien und Hansestadt Hamburg, Kommentar, 2020 |
| Degenhart | Christoph Degenhart, Staatsrecht I, Staatsorganisationsrecht, 38. Aufl. 2022 |
| Degenhart/Meissner | Christoph Degenhart/Claus Meissner (Hrsg.), Handbuch der Verfassung des Freistaates Sachsen, 1997 (zit. *Bearbeiter* in Degenhart/Meissner) |
| Denninger | Erhard Denninger/Wolfgang Hoffmann-Riem/ Hans-Peter Schneider/Ekkehart Stein (Hrsg.), Kommentar zum Grundgesetz für die Bundesrepublik Deutschland, Reihe Alternativkommentare, Loseblattausgabe, 3. Aufl., Stand: 2002 (zit. *Bearbeiter* in Denninger) |
| DGSVO | Verordnung (EU) 2016/679 des Europäischen Parlaments und des Rates vom 27 April 2016 zum Schutz natürlicher Personen bei der Verarbeitung personenbezogener Daten, zum freien Datenverkehr und zur Aufhebung der Richtlinie 95/46/EG (Datenschutzgrundverordnung) |
| DJT | Deutscher Juristentag |
| DÖD | Der Öffentliche Dienst |
| DÖV | Die Öffentliche Verwaltung |
| Dreier | Horst Dreier (Hrsg.), Grundgesetz. Kommentar, Bd. I (Art. 1–19), 3. Aufl. 2013; Bd. II (Art. 20–82), 3. Aufl. 2018; Bd. III (Art. 83–146), 3. Aufl. 2021 (zit. *Bearbeiter* in Dreier) |
| Driehaus | Hans-Joachim Driehaus (Hrsg.), Verfassung von Berlin, Taschenkommentar, 4. Aufl. 2020 (zit. *Bearbeiter* in Driehaus) |
| DSG | Gesetz zum Schutz des Bürgers bei der Verarbeitung seiner Daten (Landesdatenschutzgesetz) |
| Dürig/Herzog/Scholz | Günter Dürig, Roman Herzog/Rupert Scholz, Grundgesetz, Kommentar (zit. *Bearbeiter* in Dürig/Herzog/Scholz) |
| DVBl. | Deutsches Verwaltungsblatt |
| EA | Europa-Archiv |
| EG | Europäische Gemeinschaft(en) |
| EGMR | Europäischer Gerichtshof für Menschenrechte |
| EGV | Vertrag zur Gründung der Europäischen Gemeinschaft |
| Ehlers | Dirk Ehlers/Hermann Pünder (Hrsg.), Allgemeines Verwaltungsrecht, 16. Aufl. 2022 (zit. Verfasser in: Ehlers) |
| EildLKTNW | Eildienst Landkreistag Nordrhein-Westfalen (Zeitschrift) |
| EinigungsV | Einigungsvertrag |
| EMRK | Europäische Menschenrechtskonvention |
| EPIL | Rudolf Bernhardt (ed.) Encyclopedia of Public International Law, vol. I-IV, 1992–2000 |
| Erl. | Erlass; Erläuterung |
| EU | Europäische Union |

| | |
|---|---|
| EuGH | Europäischer Gerichtshof |
| EuGRZ | Europäische Grundrechte-Zeitschrift |
| EuR | Europarat |
| EUV | Vertrag zur Gründung der Europäischen Union |
| Feuchte | Paul Feuchte, Verfassung des Landes Baden-Württemberg, Kommentar, 1987 |
| FG | Festgabe |
| Fn. | Fußnote |
| FS | Festschrift |
| GG | Grundgesetz |
| GIG | Gesetz zur Gleichstellung von Frau und Mann im öffentlichen Dienst des Landes Mecklenburg-Vorpommern (Gleichstellungsgesetz) |
| GO | Geschäftsordnung(en) |
| GO LReg | Geschäftsordnung der Landesregierung |
| GO LT | Geschäftsordnung des Landtages |
| Grawert | Rolf Grawert, Verfassung für das Land Nordrhein-Westfalen, Kommentar, 1998 |
| GRCh | Charta der Grundrechte der Europäischen Union |
| grds. | Grundsätzlich |
| Grimm/Caesar | Christoph Grimm/Peter Caesar, Verfassung für Rheinland-Pfalz, Kommentar, 2001 |
| Günther | Herbert Günther, Verfassungsgerichtsbarkeit in Hessen, Kommentar zum Gesetz über den Staatsgerichtshof, 2004 |
| GVOBl. | Gesetz- und Verordnungsblatt (ohne Zusatz: für Mecklenburg-Vorpommern) |
| HambVerf | Verfassung der Freien und Hansestadt Hamburg |
| HambVerfG | Hamburgisches Verfassungsgericht |
| HannKomm NV | Volker Epping/Hermann Butzer/Frauke Brosius-Gersdorf/Ulrich Haltern/Veith Mehde/Kay Waechter, Hannoverscher Kommentar zur Niedersächsischen Verfassung, 2. Aufl. 2021 |
| Härth/von Lampe/ von Löhning | Wolfgang Härth/Gisela von Lampe/ Bernd von Löhning, Verfassung von Berlin, Kommentar, 2. Aufl. 1987 |
| Hdb | Handbuch |
| Hdb Sicherheits- und Staatsschutzrecht | Jan-Hendrik Dietrich/Matthias Fahrner/Nikolaos Gazeas/Bernd von Heintschel-Heinegg, Handbuch Sicherheits- und Staatsschutzrecht, 2022 |
| HdbStR | Josef Isensee/Paul Kirchhof (Hrsg.), Handbuch des Staatsrechts, 3. Aufl., Bd. I, 2003; Bd. II, 2004; Bd. III, 2005; Bd. IV, 2006; Bd. V, 2007; Bd. VI, 2008; Bd. VII, 2009; Bd. VIII, 2010; Bd. IX, 2011; Bd. X, 2012, Bd. XI, 2013 (zit. Verfasser in HdbStR) |
| HdbVerfR | Ernst Benda/Werner Maihofer/Hans-Jochen Vogel (Hrsg.), Handbuch des Verfassungsrechts der Bundesrepublik Deutschland, 2 Bände, 2. Aufl. 1994 (zit. Verfasser in HdbVerfR) |

| | |
|---|---|
| Hesse | Konrad Hesse, Grundzüge des Verfassungsrechts der Bundesrepublik Deutschland, 20. Aufl. 1995 (Neudruck 1999) |
| HessStGH | Staatsgerichtshof des Landes Hessen |
| HessVerf | Verfassung des Landes Hessen |
| Heusch/Schönenbroicher | Andreas Heusch/Klaus Schönenbroicher (Hrsg.), Landesverfassung Nordrhein-Westfalen, 2. Aufl. 2019 |
| Hillgruber/Goos | Christian Hillgruber/Christoph Goos, Verfassungsprozessrecht, 5. Aufl. 2020 |
| Hinkel | Karl Reinhard Hinkel, Verfassung des Landes Hessen, Kommentar, 1999 |
| hL | herrschende Lehre |
| hM | herrschende Meinung |
| HRLJ | Human Rights Law Journal |
| Hrsg. | Herausgeber |
| idF | in der Fassung |
| IFG | Gesetz zur Regelung des Zugangs zu Informationen für das Land Mecklenburg-Vorpommern (Informationsfreiheitsgesetz) |
| insb. | Insbesondere |
| Ipsen, StaatsR I | Jörn Ipsen/Ann-Kathrin Kaufhold/Thomas Wischmeyer Staatsrecht I, Staatsorganisationsrecht, 34. Aufl. 2022 |
| Ipsen, StaatsR II | Jörn Ipsen, Staatsrecht II, Grundrechte, 24. Aufl. 2021 |
| Ipsen, Verfassung | Jörn Ipsen, Niedersächsische Verfassung, 2011 |
| iSd | im Sinne des/der |
| iÜ | im Übrigen |
| iVm | in Verbindung mit |
| Jarass/Pieroth | Hans Dieter Jarass/Bodo Pieroth, Grundgesetz für die Bundesrepublik Deutschland, 17. Aufl. 2022 (zit. *Bearbeiter* in Jarass/Pieroth) |
| JöR N.F. | Jahrbuch des öffentlichen Rechts der Gegenwart, Neue Folge |
| Kap. | Kapitel |
| KiFöG | Gesetz zur Förderung von Kindern in Kindertageseinrichtungen und in Tagespflege (Kindertagesförderungsgesetz) |
| Kingreen/Poscher | Thorsten Kingreen/Ralf Poscher, Staatsrecht II, Grundrechte, 38. Aufl. 2022 |
| Knack/Hennecke | Hans Joachim Knack/Hans-Günter Hennecke (Hrsg.), Verwaltungsverfahrensgesetz. Kommentar, 11. Aufl. 2019 (zit. Verfasser in Knack, VwVfG) |

| | |
|---|---|
| Kommission, Verfassungs-entwurf | Verfassungsentwurf und Abschlussbericht der Verfassungskommission: Entwurf einer Verfassung des Landes Mecklenburg-Vorpommern und Abschlussbericht der Kommission für die Erarbeitung einer Landesverfassung (Verfassungskommission) gemäß den Beschlüssen des Landtages vom 23. und 30.11.1990, 11.9.1991, 8.4.1992 und 10.12.1992 [Drucksachen 1/26, 1/61, 1/694 (neu), 1/1662, 1/2626], LT-Drs. 1/3100 |
| Korte/Rebe | Heinrich Korte/Bernd Rebe, Verfassung und Verwaltung des Landes Niedersachsen, 2. Aufl. 1986 (zit. *Bearbeiter* in Korte/Rebe) |
| KSZE | Konferenz über Sicherheit und Zusammenarbeit in Europa |
| Kunzmann/Haas/Baumann-Hasske | Bernd Kunzmann/Michael Haas/Harald Baumann-Hasske, Die Verfassung des Freistaates Sachsen, 2. Aufl. 1997 (zit. *Bearbeiter* in Kunzmann/Haas/Baumann-Hasske) |
| KuR | Kirche und Recht |
| KV | Kommunalverfassung für das Land Mecklenburg-Vorpommern (Kommunalverfassung) in der Fassung der Bekanntmachung vom 13.7.2011 (GVOBl. S. 777) |
| KVR Nds./NKomVG | Peter Blum ua, Kommunalverfassungsrecht Niedersachsen/Niedersächsisches Kommunalverfassungsgesetz, Loseblattsammlung, Stand Dezember 2012 (zitiert: *Bearbeiter* in KVR Nds./NKomVG) |
| LBG | Beamtengesetz für das Land Mecklenburg-Vorpommern (Landesbeamtengesetz) |
| LBGG | Gesetz zur Gleichstellung, gleichberechtigten Teilhabe und Integration von Menschen mit Behinderungen (Landesbehindertengleichstellungsgesetz) |
| Lechner/Zuck | Hans Lechner/Rüdiger Zuck, Bundesverfassungsgerichtsgesetz, Kommentar, 8. Aufl. 2019 (zit. *Bearbeiter* in Lechner/Zuck) |
| LEG | Verfassungsgesetz zur Bildung von Ländern in der Deutschen Demokratischen Republik (Ländereinführungsgesetz) vom 22.7.1990 (GBl. DDR I S. 955) |
| Leibholz/Rinck/Hesselberger | Gerhard Leibholz/Hans-Justus Rinck/Dieter Hesselberger, Grundgesetz für die Bundesrepublik Deutschland, Kommentar an Hand der Rechtsprechung des Bundesverfassungsgerichts, Loseblattausgabe (zit. *Bearbeiter* in Leibholz/Rinck/Hesselberger) |
| LHO | Landeshaushaltsordnung M-V |
| Lieber/Iwers/Ernst | Hasso Lieber/Steffen Iwers/Martina Ernst, Verfassung des Landes Brandenburg, Kommentar, 2012 (zit. *Bearbeiter* in Lieber/Iwers/Ernst) |

| | |
|---|---|
| Linck/Baldus/Lindner/ Poppenhäger/Ruffert | Joachim Linck/Manfred Baldus/Joachim Lindner/Holger Poppenhäger/Matthias Ruffert (Hrsg.), Die Verfassung des Freistaates Thüringen, 2013 (zit.: *Bearbeiter* in Linck/Baldus/Lindner/Poppenhäger/Ruffert) |
| Linck/Jutzi/Hopfe | Joachim Linck/Siegfried Jutzi/Jörg Hopfe, Die Verfassung des Freistaats Thüringen, Kommentar, 1994 |
| Lindner/Möstl/Wolff | Josef Franz Lindner/Markus Möstl/Heinrich Amadeus Wolff, Verfassung des Freistaates Bayern, 2. Aufl. 2017 (zit. *Bearbeiter* in Lindner/Möstl/Wolff) |
| Lit. | Literatur |
| LKA | Landeskriminalamt |
| LKV | Landes- und Kommunalverwaltung, Verwaltungsrechts-Zeitschrift für die Länder Berlin, Brandenburg, Mecklenburg-Vorpommern, Sachsen, Sachsen-Anhalt und Thüringen |
| LKWG | Gesetz über die Wahlen im Land Mecklenburg-Vorpommern (Landes- und Kommunalwahlgesetz) |
| LMinG | Gesetz über die Rechtsverhältnisse der Ministerpräsidentin oder des Ministerpräsidenten und der Ministerinnen und Minister des Landes Mecklenburg-Vorpommern |
| LOG | Landesorganisationsgesetz Mecklenburg-Vorpommern |
| Löwer/Tettinger | Wolfgang Löwer/Peter J. Tettinger, Kommentar zur Verfassung des Landes Nordrhein-Westfalen, 2002 (zit. *Bearbeiter* in Löwer/Tettinger) |
| LReg | Landesregierung |
| LRH | Landesrechnungshof |
| LRiG | Landesrichtergesetz des Landes Mecklenburg-Vorpommern |
| Ls. | Leitsatz(-sätze) |
| LT | Landtag |
| LT-Drs. | Landtagsdrucksache |
| LT-Prot. | Landtagsprotokoll |
| LV | Verfassung des Landes Mecklenburg-Vorpommern |
| LVerf LSA | Verfassung des Landes Sachsen-Anhalt |
| LVerfG Bbg | Landesverfassungsgericht Brandenburg |
| LVerfG LSA | Landesverfassungsgericht Sachsen-Anhalt |
| LVerfG M-V | Landesverfassungsgericht Mecklenburg-Vorpommern |
| LVerfG SH | Landesverfassungsgericht Schleswig-Holstein |
| Mager | Ute Mager, Staatsrecht, Bd. I, 9. Aufl. 2021; Bd. II, 7. Aufl. 2018 |

| | |
|---|---|
| von Mangoldt/Klein/Starck | Hermann von Mangoldt/Friedrich Klein/Christian Starck (Hrsg.), Kommentar zum Grundgesetz, 7. Aufl. 2018, Bd. I (Art. 1–19); Bd. II (Art. 20–78); Bd. III (Art. 79–146), (zit. *Bearbeiter* in von Mangoldt/Klein/Starck) |
| Manssen | Gerrit Manssen, Staatsrecht II, Grundrechte, 18. Aufl. 2021 |
| Maunz/Schmidt-Bleibtreu | Theodor Maunz/Bruno Schmidt-Bleibtreu/Franz Klein/Herbert Bethge, Bundesverfassungsgerichtsgesetz, Kommentar, Loseblatt, Bd. I (§§ 1–57); Bd. II (§§ 58–107), (zit. *Bearbeiter* in Maunz/Schmidt-Bleibtreu) |
| Maurer, Staatsrecht | Hartmut Maurer, Staatsrecht I, Grundlagen, Verfassungsorgane, Staatsfunktion, 6. Aufl. 2010 |
| Maurer/Waldhoff, Allgemeines Verwaltungsrecht | Hartmut Maurer/Christian Waldhoff, Allgemeines Verwaltungsrecht, 20. Aufl. 2020 |
| Meder/Brechmann | Theodor Meder/Winfried Brechmann (Hrsg.), Die Verfassung des Freistaates Bayern, Handkommentar, 6. Aufl. 2020 |
| MfS | Ministerium für Staatssicherheit |
| MinPräs | Ministerpräsident |
| Mio | Millionen |
| Mrd | Milliarden |
| Müller | Klaus Müller, Verfassung des Freistaats Sachsen, Kommentar, 1993 |
| von Münch/Kunig | Ingo von Münch/Philip Kunig (Begr.), Grundgesetz-Kommentar, 7. Aufl. 2021, Bd. I (Art. 1–69), Bd. II (Art. 70–146) (zit. *Bearbeiter* in von Münch/Kunig) |
| von Mutius/Wuttke/Hübner | Albert von Mutius/Horst Wuttke/Peter Hübner (Hrsg.), Kommentar zur Landesverfassung Schleswig-Holstein, 1995 (zit. *Bearbeiter* in von Mutius/Wuttke/Hübner) |
| M-V | Mecklenburg-Vorpommern |
| mwN | mit weiteren Nachweisen |
| NatSchAG M-V | Gesetz des Landes Mecklenburg-Vorpommern zur Ausführung des Bundesnaturschutzgesetzes |
| Nawiasky | Hans Nawiasky/Karl Schweiger/Franz Knöpfle (Hrsg.), Die Verfassung des Freistaates Bayern. Kommentar (zit. *Bearbeiter* in Nawiasky) |
| NdsStGH | Niedersächsischer Staatsgerichtshof |
| NdsVerf | Niedersächsische Verfassung |
| Neumann Brem | Heinzgeorg Neumann, Die Verfassung der Freien Hansestadt Bremen, Kommentar, 1996 |
| Neumann Nds | Heinzgeorg Neumann, Die niedersächsische Verfassung, Handkommentar, 3. Aufl. 2000 |
| nF | neue Fassung |
| NLT | Niedersächsischer Landkreistag |
| NordÖR | Zeitschrift für öffentliches Recht in Norddeutschland |
| N-W | Nordrhein-Westfalen |
| N-W VerfGH | Verfassungsgerichtshof Nordrhein-Westfalen |

| | |
|---|---|
| öst., österr. | Österreichisches |
| OSZE | Organisation für Sicherheit und Zusammenarbeit in Europa |
| ParlVers | Parlamentarische Versammlung |
| Pestalozza | Christian Pestalozza, Verfassungsprozeßrecht, 3. Aufl. 1991 |
| PetBüG | Gesetz zur Behandlung von Vorschlägen, Bitten und Beschwerden der Bürger sowie über den Bürgerbeauftragten des Landes Mecklenburg-Vorpommern (Petitions- und Bürgerbeauftragtengesetz) |
| Pfennig/Neumann | Gero Pfennig/Manfred J. Neumann (Hrsg.), Verfassung von Berlin, 3. Aufl. 2000 (zit. *Bearbeiter* in Pfennig/Neumann) |
| PräsLT | Präsident(in) des Landtages |
| RdC | Recueil des Cours |
| RdErl. | Runderlass |
| RegE | Regierungsentwurf |
| Reich | Andreas Reich, Verfassung des Landes Sachsen-Anhalt, Kommentar, 2. Aufl. 2004 |
| Reich, BeamtStG | Andreas Reich, Beamtenstatusgesetz, Kommentar, 2. Aufl. 2012 |
| RGBl. | Reichsgesetzblatt |
| Rh-Pf | Rheinland-Pfalz |
| RL | Richtlinie(n) |
| Rn. | Randnummer |
| Rs. | Rechtssache |
| Rspr. | Rechtsprechung |
| SaarlVerf | Verfassung des Saarlandes |
| SaarlVerfGH | Verfassungsgerichtshof des Saarlandes |
| Sachs, GG | Michael Sachs (Hrsg.), Grundgesetz, Kommentar, 9. Aufl. 2021 (zit. *Bearbeiter* in Sachs, GG) |
| Sachs, VerfPR | Michael Sachs, Verfassungsprozessrecht, 2004 |
| SächsVBl | Sächsische Verwaltungsblätter |
| SächsVerf | Verfassung des Freistaates Sachsen |
| SächsVerfGH | Verfassungsgerichtshof des Freistaates Sachsen |
| Schlaich/Korioth | Klaus Schlaich/Stefan Korioth, Das Bundesverfassungsgericht, 12. Aufl. 2021 |
| SchlHLT | Landtag des Landes Schleswig-Holstein |
| SchlHVerf | Verfassung des Landes Schleswig-Holstein |
| Schmidt-Bleibtreu/ Hofmann/Hopfauf | Bruno Schmidt-Bleibtreu/Hans Hofmann/Axel Hopfauf, Kommentar zum Grundgesetz, 15. Aufl. 2021 (zit. *Bearbeiter* in Schmidt-Bleibtreu/Klein) |
| Schoch | Friedrich Schoch (Hrsg.), Besonderes Verwaltungsrecht, 2018 (zit. Verfasser in Schoch) |
| SchulG | Schulgesetz für das Land Mecklenburg-Vorpommern (Schulgesetz) |
| Schwabe | Klaus Schwabe, Verfassungen in Mecklenburg zwischen Utopie und Wirklichkeit, 1996 |

| | |
|---|---|
| Schweriner Kommentierung | Thomas Darsow/Sabine Gentner/Klaus-Michael Glaser/Hubert Meyer, Schweriner Kommentierung der Kommunalverfassung des Landes Mecklenburg-Vorpommern, 4. Aufl. 2014 (zit. *Bearbeiter* in Schweriner Kommentierung) |
| Simon/Franke/Sachs | Helmut Simon/Dietrich Franke/Michael Sachs, Handbuch der Verfassung des Landes Brandenburg, 1994 (zit. *Bearbeiter* in Simon/Franke/Sachs) |
| Slg. | Sammlung [gemeint ist die Slg der Rspr. des EuGH] |
| Sodan/Ziekow | Helge Sodan/Jan Ziekow (Hrsg.), Verwaltungsgerichtsordnung, 5. Aufl. 2018 |
| SOG | Gesetz über die öffentliche Sicherheit und Ordnung in Mecklenburg-Vorpommern (Sicherheits- und Ordnungsgesetz) |
| st. Rspr | ständige Rechtsprechung |
| Starck/Stern | Christian Starck/Klaus Stern, Landesverfassungsgerichtsbarkeit, Bände I-III, 1983 (zit. Verfasser in Starck/Stern) |
| Stein/Frank | Ekkehart Stein/Götz Frank, Lehrbuch des Staatsrechts, 21. Aufl. 2010 |
| Stern | Klaus Stern, Das Staatsrecht der Bundesrepublik Deutschland, Bd. I, 2. Aufl. 1984; Bd. II, 1980; Bd. III/1, 1988; Bd. III/2, 1994; Bd. IV/1, 2006; Bd. IV/2, 2011, Bd. V, 1999 (zit. Verfasser in Stern) |
| Stern/Sodan/Möstl | Stern/Sodan/Möstl, Das Staatsrecht der Bundesrepublik Deutschland, 2. Auf. 2022 |
| StGH BW | Staatsgerichtshof für das Land Baden-Württemberg |
| Tab. | Tabelle |
| Thiele/Pirsch/Wedemeyer | Burkhard Thiele/Jürgen Pirsch/Kai Wedemeyer, Die Verfassung des Landes Mecklenburg-Vorpommern, Kommentierte Textausgabe, 1995 (zit. *Bearbeiter* in Thiele/Pirsch/Wedemeyer) |
| Thieme | Werner Thieme, Verfassung der Freien und Hansestadt Hamburg, Kommentar, 1998 |
| ThürVerf | Verfassung des Freistaates Thüringen |
| ThürVerfGH | Thüringer Verfassungsgerichtshof |
| u.a. | unter anderem |
| u.Ä. | und Ähnliches |
| UAbs. | Unterabsatz |
| Umbach/Clemens/Dollinger | Dieter C. Umbach/Thomas Clemens/Franz-Wilhelm Dollinger (Hrsg.), Bundesverfassungsgerichtsgesetz, Mitarbeiterkommentar und Handbuch, 2. Aufl. 2005 (zit. *Bearbeiter* in Umbach/Clemens/Dollinger, BVerfGG) |
| UN | United Nation |
| UN Doc | United Nations Document |
| UNESCO | United Nations Educational, Scientific and Cultural Organisation |

| | |
|---|---|
| Urt. v. | Urteil vom |
| VaG | Gesetz zur Ausführung von Initiativen aus dem Volk, Volksbegehren und Volksentscheid in Mecklenburg-Vorpommern (Volksabstimmungsgesetz – VaG M-V) |
| Verf NW | Verfassung für das Land Nordrhein-Westfalen |
| Verf Rh-Pf | Verfassung für Rheinland-Pfalz |
| VerfGH Berl | Verfassungsgerichtshof des Landes Berlin |
| VerfGH NW | Verfassungsgerichtshof für das Land Nordrhein-Westfalen |
| VerfGH Rh-Pf | Verfassungsgerichtshof des Landes Rheinland-Pfalz |
| vgl. | Vergleiche |
| VN | Vereinte Nationen |
| VO | Verordnung(en) |
| Vorbem. | Vorbemerkung |
| VV | Verwaltungsvorschrift(en) |
| VvB | Verfassung von Berlin |
| VVDtSRL | Veröffentlichungen der Vereinigung der Deutschen Staatsrechtslehrer |
| VwGO | Verwaltungsgerichtsordnung |
| VwVfG | Verwaltungsverfahrensgesetz |
| WD | Wissenschaftlicher Dienst |
| Wendt/Rixecker | Rudolf Wendt/Roland Rixecker (Hrsg.), Verfassung des Saarlandes, 2009 (zit. *Bearbeiter* in Wendt/Rixecker) |
| WRV | Weimarer Reichsverfassung |
| ZaöRV | Zeitschrift für ausländisches öffentliches Recht und Völkerrecht |
| ZBR | Zeitschrift für Beamtenrecht |
| ZG | Zeitschrift für Gesetzgebung – Vierteljahresschrift für staatliche und kommunale Rechtsetzung |
| Zippelius/Würtenberger | Reinhold Zippelius/Thomas Würtenberger, Deutsches Staatsrecht, 32. Aufl. 2008 |
| ZKF | Zeitschrift für Kommunalfinanzen |
| ZRP | Zeitschrift für Rechtspolitik |

# Übersicht über die wichtigsten Entscheidungen des Verfassungsgerichts des Landes Mecklenburg-Vorpommern

Die Entscheidungen sind in das Internet gestellt und unter der Adresse „https://www.mv-justiz.de/gerichte-und-staatsanwaltschaften/landesverfassungsgericht/ Entscheidungen" im Volltext abrufbar.

1. Urt. v. 18.4.1996 – 4/95 – LVerfGE 4, 249 ff. = LKV 1997, 24 ff. (mit Besprechung *Hubert Meyer*, LKV 1997, 16 ff.) (Landespersonalvertretungsgesetz)
2. Urt. v. 23.5.1996 – 1/95 – LVerfGE 4, 268 ff. = NJ 1996, 445 f. (Öffentlichkeitsarbeit der Regierung)
3. Urt. v. 11.7.1996 – 1/96 – LVerfGE 5, 203 ff. = LKV 1997, 94 f. = NJ 1996, 503 (Ls.) (Abgeordnetenüberprüfung)
4. Urt. v. 18.12.1997 – 2/97 – LVerfGE 7, 199 ff. = NordÖR 1998, 23 ff. = NJ 1998, 141 (Ls.) (Selbstbefassungsrecht von Landtagsausschüssen)
5. Urt. v. 9.7.1998 – 1/97 – LVerfGE 9, 225 ff. = NordÖR 1998, 302 f. (Schülerfahrtkosten)
6. Urt. v. 4.2.1999 – 1/98 – LVerfGE 10, 317 ff. = DVBl 1999, 799 f. (Ls.) = LKV 1999, 319 ff. = NordÖR 1999, 100 ff. (Zweckverbände)
7. Urt. v. 6.5.1999 – 2/98 (Zwischenurteil mit Sondervotum *Häfner*) – LVerfGE 10, 336 (Ls.) = NVwZ-RR 1999, 617 f. = DÖV 1999, 643 ff. = DVBl 1999, 940 (Ls.) = NordöR 1999; 656 = NJ 1999, 474 (red. Ls.) (Verdachtlose Kontrollen – sog. Schleierfahndung)
8. Urt. v. 21.10.1999 – 2/98 (Endurteil) – LVerfGE 10, 337 ff. = DÖV 2000, 71 f. = ThürVBl 2000, 41 ff. mit Anmerkung *Christoph Möllers* (Verdachtlose Kontrollen – sog. Schleierfahndung)
9. Urt. v. 18.5.2000 – 5/98 – LVerfGE 11, 265 ff. = LKV 2000, 345 ff. = NordÖR 2001, 104 f. = NVwZ 2000, 1038 f. (Ls.) = DVBl 2000, 1145 f. (Ls.) = NJ 2000, 480 (Ls.) = (Akustische Wohnraumüberwachung – sog. Großer Lauschangriff)
10. Urt. v. 14.12.2000 – 3/99, 4/99 – LVerfGE 11, 306 ff. = DVBl 2001, 317 (Ls.) = NordÖR 2001, 64 ff. = NJ 2003, 272 (bearbeitet von *Siegfried Jutzi*) (Fünf-Prozent-Klausel im Kommunalwahlrecht)
11. Urt. v. 31.5.2001 – 2/00 – LVerfGE 12, 209 ff. = DÖV 2001, 780 ff. = LKV 2001, 510 ff. = NordÖR 2001, 348 ff. = DVBl 2001, 1231 (Ls.) = NJ 2001, 476 (Ls.) (Enquetekommission)
12. Urt. v. 18.9.2001 – 1/00 – LVerfGE 12, 227 ff. = DÖV 2002, 118 ff. = DVBl 2001, 1753 ff. = LKV 2002, 27 ff. = NordÖR 2001,437 ff. = NJ 2001, 589 (Ls.) (Ersatzschulfinanzierung)
13. Beschl. v. 16.9.2002 – 8/02 – LVerfGE 13, 277 ff. = NordÖR 2002, 452 f. (Einstweilige Anordnung bei Fraktionsausschluss)
14. Urt. v. 19.12.2002 – 5/02 – LVerfGE 13, 284 ff. = NJW 2003, 815 ff. = DVBl 2003, 415 = NordÖR 2003, 111 ff. = LKV 2003, 815 ff. (Ls.) = NJ 2003, 139 ff. (bearbeitet von *Siegfried Jutzi*) (Parlamentarisches Fragerecht)
15. Urt. v. 27.5.2003 – 10/02 – DÖV 2003, 765 ff. = LKV 2003, 516 ff. = NordÖR 2003, 359 ff. = DVBl 2003, 1164 (Ls.) = NJ 2003, 471 ff. (bearbeitet von *Siegfried Jutzi*) (Fraktionsausschluss)
16. Urt. v. 18.12.2003 – 13/02 – LVerfGE 14, 293 ff. = LKV 2004, 175 ff. = NordÖR 2004, 237 ff. = DÖV 2004, 448 (Ls.) = DVBl 2004, 450 f. (Ls.) = NJ 2004, 121 ff. (bearbeitet von *Siegfried Jutzi*) (Kommunaler Finanzausgleich – Infrastrukturinvestionen)

17. Beschl. v. 14.6.2004 – 11/04 – NordÖR 2004, 340 ff. = NJ 2004, 507 ff. (bearbeitet von *Siegfried Jutzi*) (Einstweilige Anordnung zur Mindeststärke kommunaler Fraktionen)
18. Urt. v. 16.12.2004 – 5/04 – LVerfGE 15, 327 ff. = DÖV 2005, 255 ff. = DVBl 2005, 244 f. = NordÖR 2005, 61 ff. (mit Anmerkung *Hubert Meyer*, NordÖR 2005, 101) = NJ 2005, 264 (Ls.) (Mindeststärke kommunaler Fraktionen)
19. Urt. v. 7.7.2005 – 7/04 – LVerfGE 16, 333 ff. = LKV 2006, 23 ff. = DVBl 2005, 1042 ff. (mit Anmerkung *Peter Bull*, DVBl 2006, 302 ff.) = NJ 2005, 409 (Ls.) (mit Besprechung von *Christian Pestalozza*, NJ 2006, 1 ff.) (Nachtragshaushalt 2003)
20. Urt. v. 7.7.2005 – 8/04 – LVerfGE 16, 353 ff. = DVBl 2005, 1578 (mit Anmerkung *Hans Peter Bull*, DVBl 2006, 302 ff.) = LKV 2006, 26 ff. = NJ 2005, 409 (Ls.) (mit Besprechung von *Christian Pestalozza*, NJ 2006, 1 ff.) (Haushaltsrechtsgesetz 2004/2005)
21. Urt. v. 26.1.2006 – 15/04 – LVerfGE 17, 289 ff. = DÖV 2006, 340 ff. = LKV 2006, 217 f. = NJ 2006, 171 (bearbeitet von *Siegfried Jutzi*) (Kindertagesstätten)
22. Urt. v. 11.5.2006 – 1/05, 5/05, 9/05 – LVerfGE 16, 297ff = LKV 2006, 461 ff. = NordÖR 2006, 443 ff. (mit Besprechung von *René Laier/Ralph Zimmermann*) = NJ 2006, 360 ff. (bearbeitet von *Siegfried Jutzi*) (Mindestfinanzausstattung der Gemeinden)
23. Beschl. v. 18.10.2006 – 19/06 (Einstweilige Anordnung nach konstituierender Sitzung des 5. Landtages/13. ÄnderungsG zum AbgG)
24. Urt. v. 21.6.2007 – 19/06 – LVerfGE 18, 325 ff. = LKV 2007, 555 ff. = NordÖR 2007, 407 ff. = NJ 2007, 362 (Ls.) = DÖV 2007, 937 (Ls.) = DVBl 2007, 1049 (Ls.) (Konstituierende Sitzung des 5. Landtages)
25. Urt. v. 26.7.2007 – 9/06 – LVerfGE 18, 342ff = DVBl 2007, 1102 ff. (mit Besprechungen von *Bernhard Stüer*, DVBl 2007, 1267 ff., *Hans Peter Bull*, DVBl 2008, 1 ff. und *Alfred Katz/Klaus Ritgen*, DVBl 2008, 1525 ff.)= JuS 2007, 1144 (Ls.) (mit Anmerkung *Christian Waldhoff*) = LKV 2007, 457 ff. (mit Besprechung von *Markus Scheffer*, LKV 2008, 158 ff.) = NdsVBl 2007, 271 ff. = NJ 2007, 453 (Ls.) (mit Besprechung von *Wolfgang März*, NJ 2007, 433 ff.) = NordÖR 2007, 353 ff. (mit Besprechung von *Veith Mehde*, NordÖR 2007, 331 ff.) = NVwZ 2007, 1054 (Ls.) (mit Anmerkung *Hubert Meyer*, NVwZ 2007, 1024 f. und Besprechung von *Hans Meyer*, NVwZ 2008, 24 ff.) = SächsVBl 2007, 270 f. (Ls.); Besprechung auch von *Wilfried Erbguth*, DÖV 2008, 152 ff. (Funktional- und Kreisgebietsreform 2006)
26. Urt. v. 26.6.2008 – 4/07 – LVerfGE 19, 283 ff. = NordÖR 2008, 488 ff. = NVwZ 2008, 1343 ff. = JuS 2009, 462 (Ls.) (mit Anmerkung *Michael Sachs*) = NJ 2008, 407 (bearbeitet von *Siegfried Jutzi*); Besprechung auch von *Wilfried Erbguth*, JZ 2008, 1038 ff.) (Verlängerung Landtagswahlperiode)
27. Urt. v. 27.11.2008 – 7/07 – LVerfGE 19, 301 ff. = DÖV 2009, 210 (Ls.) = NordÖR 2009, 20 ff. (Subsidiarität der Landes- im Verhältnis zur Bundesverfassungsbeschwerde)
28. Urt. v. 29.1.2009 – 5/08 – LVerfGE 20, 255 ff. = DÖV 2009, 332 (Ls.) = NordÖR 2009, 205 ff. (mit Anmerkung *Wilfried Erbguth/Mathias Schubert*) (Parlamentarische Ordnungsmaßnahme)
29. Urt. v. 26.11.2009 – 9/08 – LVerfGE 20, 271 ff. = DÖV 2010, 235 (Ls.) = HGZ 2010, 28 ff. = KommJur 2010, 292 ff. = LKV 2010, 28 ff. (mit

Anmerkung *Wolf-Uwe Sponer*) = NVwZ 2010, 250 f. (Ls.) (Umstellung der Kommunalhaushalte von Kameralistik auf Doppik)
30. Beschl. v. 29.3.2010 – 6/10 (Eilantrag; Wahl des Vizepräsidenten des Landesrechnungshofes)
31. Beschl. v. 25.3.2010 – 3/09 – LVerfGE 21, 199 ff. = NordÖR 2010, 289 ff. = NVwZ 2010, 958 ff. (red. Ls. mit Gründen) (Wortentzug im Landtag)
32. Beschl. v. 17.8.2010 – 11/10 – LVerfGE 21, 213 ff. = KommJur 2011, 240 (Ls.) = NordÖR 2011, 31 f. = NVwZ-RR 2011, 430 (Ls.) (gerichtliche Anordnung der Wiederholung einer Kommunalwahl)
33. Urt. v. 28.10.2010 – 5/10 – LVerfGE 21, 218 ff. = DÖV 2011, 38 (Ls.) = NordÖR 2010, 489 ff. (Wahl des Vizepräsidenten des Landesrechnungshofs – 2. Wahlgang)
34. Urt. v. 9.12.2010 – 6/09 – LVerfGE 21, 234 ff. = NordÖR 2011, 118 ff. = NVwZ-RR 2011, 221 ff. (Verlängerung Wartefrist bei Privatschulfinanzierung)
35. Urt. v. 27.1.2011 – 4/09 – DÖV 2011, 409 (Ls.) (Ordnungsmaßnahme im Landtag)
36. Urt. v. 24.2.2011 – 7/10 – DÖV 2011, 450 (Ls.) = NordÖR 2011, 227 ff. = NVwZ-RR 2011, 506 f. (Herausgabe von Videoaufzeichnungen von Landtagssitzungen)
37. Beschl. v. 24.2.2011 – 14/10 – NordÖR 2011, 173 f. = NVwZ-RR 2011, 548 (Fraktionszulage für Abgeordnete)
38. Beschl. v. 26.5.2011 – 19/10 (Parteipolitische Neutralitätspflicht von Landtag und Landtagspräsident)
39. Urt. v. 30.6.2011 10/10 – LVerfGE 22, 285 = DÖV 2011, 778 (Ls.) = DVBl 2011, 1371 f. (Ls.) = NordÖR 2011, 391 ff. = NVwZ-RR 2011, 881 f. (Kleinstgemeinden und Finanzausgleich)
40. Urt. v. 18.8.2011 – 21/10 – LVerfGE 22, 299 = DÖV 2011, 898 (Ls.) = DVP 2012, 123 ff. (mit Anmerkung *Edmund Beckmann*) = LKV 2011, 507 (Ls.) (mit Besprechung *Holger Obermann*, LKV 2011, 495 ff.) = NordÖR 2011, 537 ff. = NVwZ-RR 2011, 845 f. (Ls.) (Kreisstrukturreform 2010 – Landkreise)
41. Urt. v. 18.8.2011 – 22/10 – LVerfGE 22, 337 = DÖV 2011, 898 (Ls.) = DVP 2012, 123 ff. (mit Anmerkung *Edmund Beckmann*) = NordÖR 2011, 549 ff. = NVwZ-RR 2011, 846 (Ls.); Besprechung auch von *Holger Obermann*, LKV 2011, 495 ff.) (Kreisstrukturreform 2010 – Greifswald)
42. Urt. v. 18.8.2011 – 23/10 (Kreisstrukturreform 2010 – Wismar)
43. Beschl. v. 27.10.2011 – 14/11 und 15/11 e.A. (einstweilige Anordnung; Raumverteilung im Landtag)
44. Urt. v. 26.1.2012 – 18/10 und 33/10 – LVerfGE 23, 159 = DÖV 2012, 363 (Ls.) = NordÖR 2012, 229 ff. = NVwZ 2012, 1042 (Ls.) (Finanzausgleichsumlage – abundante Gemeinden)
45. Urt. v. 23.2.2012 – 37/10 – LVerfGE 23, 186 = DÖV 2012, 441 f. (Ls.) = DVBl 2012, 695 (Ls.) = KommJur 2012, 303 ff. = NordÖR 2012, 235 ff. = NVwZ-RR 2012, 377 ff. (Stadt-Umland-Umlage)
46. Beschl. v. 23.2.2012 – 2/11 (Kreisstrukturreform 2010 – Neubrandenburg)
47. Beschl. v. 29.3.2012 – 2/12 e.A. (einstweilige Anordnung; Raumverteilung im Landtag)
48. Urt. v. 24.5.2012 – 15/11 (Raumverteilung im Landtag)
49. Urt. v. 20.12.2012 – 13/11 – DÖV 2013, 318 (Ls.) = NVwZ 2013, 575 (Ls.) = ZKF 2013, 65 ff. (Altfehlbetragsumlage nach Landkreisneugliederung)

50. Beschl. v. 31.1.2013 – 3/12 – LVerfGE 24, 319 (Zulagen an parlamentarische Geschäftsführer)
51. Beschl. v. 24.10.2013 – 7/13 – LVerfGE 24, 325 (Funktionszulagen an Abgeordnete anderer Fraktionen)
52. Urt. v. 23.1.2014 – 3/13 – NordÖR 2014, 197 (Ls.) (Ordnungsmaßnahme – Gedenken an NSU-Opfer)
53. Urt. v. 23.1.2014 – 4/13 – NordÖR 2014, 197 (Ls.) (Ordnungsmaßnahme – Abgeordnetenbeleidigung)
54. Urt. v. 23.1.2014 – 5/13 – NordÖR 2014, 197 (Ls.) (Ordnungsmaßnahme – Verunglimpfung des Andenkens an den früheren Bundespräsidenten Heinemann)
55. Urt. v. 23.1.2014 – 8/13 – NordÖR 2014, 197 (Ls.) (Verletzung parlamentarisches Fragerecht – NPD-Anfrage)
56. Beschl. v. 18.12.2014 – 5/14 (Zurückweisung von Zusatzfragen in Fragestunde)
57. Beschl. v. 29.1.2015 – 6/14 (Ablehnung Gesetzentwurf mit Ziel Verbot von Funktionszulagen aus Fraktionsmitteln)
58. Urt. v. 26.2.2015 – 2/14 (Einbehaltung von Fraktionszuschüssen wegen fehlerhafter Verwendung von Fraktionsmitteln)
59. Beschl. v. 30.4.2015 -7/14 (unzulässige Verfassungsbeschwerde eines Rechtsanwaltes gegen Gerichtsstrukturneuordnungsgesetz)
60. Urt. v. 25.6.2015 – 8/14 (Organstreit wegen durch Wortentzug)
61. Urt. v. 25.6.2015 – 9/14 (Verletzung des Abgeordnetengrundrechts durch ersten Ordnungsruf)
62. Urt. v. 25.6.2015 – 10/14 (Verletzung des Abgeordnetengrundrechts durch zweiten Ordnungsruf)
63. Beschl. v. 27.8.2015 – 4/15 eA – LVerfGE 26, 223 = NVwZ-RR 2015, 882 = KommJur 2016, 22 = NordÖR 2016, 17 (Verletzung parlamentarischer Kontrollrechte einer Partei durch Ablehnung des Besuches einer Aufnahmeeinrichtung für Flüchtlinge)
64. Urt. v. 27.8.2015 – 1/14 – LVerfGE 26, 193 = NordÖR 2016, 55 (im Organstreitverfahren gegen Gesetzesbeschluss keine Prozessstandschaft einer Fraktion für den Landtag, wenn dieser Antragsgegner ist)
65. Beschl. v. 1.9.2015 – 6/15 eA – LVerfGE 26, 232 = NordÖR 2015, 475 („Streitigkeit „über die Durchführung" eines Volksentscheids im Sinne des Art 53 Verf MV)
66. Beschl. v. 24.9.2015 – 5/15 – LVerfGE 26, 240 (Ablehnung eines Beweisantrags durch einen Untersuchungsausschuss bei Nichterreichen des Quorums nach Art 34 Abs 3 S 1 bzw Abs 4 S 1 Verf MV)
67. Beschl. v. 28.1.2016 – 3/14 (Aussetzung einer Verfassungsbeschwerde)
68. Urt. v. 25.2.2016 – LVerfG 9/15 – LVerfGE 27, 337 = NordÖR 2016, 403 = NordÖR 2016, 449 (Ablehnung eines Beweisantrags in einem Untersuchungsausschuss durch unzureichende Begründung)
69. Beschl. v. 31.3.2016 – 3/15 (Verletzung der parlamentarischen Selbstinformations- und Kontrollrechte wegen genereller Ablehnung eines Besuchs in einer bestimmten Erstaufnahmeeinrichtung des Landes)
70. Beschl. v. 28.4.2016 – 2/16 (Verfassungsbeschwerde wegen behaupteter Rechtsbeugung und angeblichem Rechtsmissbrauchs)
71. Beschl. v. 30.6.2016 – 1/15 – DÖV 2016, 829 (LS) Verletzung der Antwortpflicht durch unzureichende Begründung der Verweigerung – Berufung auf Gründe des Datenschutzes)

72. Beschl. v. 30.6.2016 – 2/15 – NordÖR 2017, 83 (Verletzung der Antwortpflicht durch unzureichende Begründung der Verweigerung – „VS-Vertraulich" eingestufte Verwaltungsvorschrift)
73. Beschl. v. 30.6.2016 – 3/15 (Verletzung der Selbstinformations- und Kontrollrechte wegen Ablehnung eines Besuchs der Erstaufnahmeeinrichtung des Landes)
74. Beschl. v. 29.9.2016 – 5/16 e.A. (Keine einstweilige Anordnung betr. erneute Antwort auf Kleine Anfrage)
75. Beschl. v. 27.10.2016 – 4/16 (Unzulässigkeit eines Organstreits nach Ausscheiden des Abgeordneten aus Landtag)
76. Beschl. v. 17.5.2017 – 2/17 e.A. (Wortentziehung nach drei Ordnungsrufen, Anrede der Präsidentin mit „Frau Präsident")
77. Urt. v. 10.10.2017 – 7/16 – LVerfGE 28, 199 = NordÖR 2017, 533 = Streit 2017, 154 = BGleiG E.IV.8.2 GlG M-V § 18 Nr 1 = NVwZ 2017, 1705 (LS) = DÖV 2017, 1004 (LS ) = ArbuR 2017, 510 (LS) (Beschränkung des aktiven und passiven Rechts zur Wahl der Gleichstellungsbeauftragten auf weibliche Beschäftigte); abw. Meinung; Anm. *Danker*, NVwZ 2017, 1705; *Flügge*, Streit 2017, 163
78. Beschl. v. 10.10.2017 – 1/17 (Organklage eines Abgeordneten wegen parlamentarischer Ordnungsmaßnahmen gegen falschen Antragsgegner)
79. Beschl. v. 25.10.2018 – 7/17 (Organklage gegen Ablehnung von Beweisanträgen durch Untersuchungsausschuss)
80. Beschl. v. 2.4.2019 – 1/18 – LVerfGE 30, 261 (Organstreitverfahren nach unvollständiger Antwort auf Kleine Anfrage; fehlendes Rechtsschutzbedürfnis bei bloßem Büroversehen)
81. Urt. v. 26.9.2019 – 2/18 – LVerfGE 30, 266 = NVwZ-RR 2020, 233 = NordÖR 2020, 221 (Organstreitverfahren bzgl. des Strategiefonds-Einrichtungsgesetzes sowie Vorschriften des Haushaltsgesetzes)
82. Beschl. v. 19.12.2019 – 1/19 – LVerfGE 31, 285 = NordÖR 2020, 279 (Nachträglicher Ordnungsruf wegen Inhalt einer Äußerung – hier: „Neger")
83. Beschl. v. 27.2.2020 – 1/19 (Gegenstandswert der anwaltlichen Tätigkeit in Organstreitverfahren)
84. Beschl. v. 27.2.2020 – 6/19 – LVerfGE 31, 298 = NordÖR 2020, 281 (Recht auf Chancengleichheit bei Teilnahme an rein repräsentativem Staatsakt)
85. Urt. v. 17.6.2021 – 9/19 – LVerfGE 32, 267 = NordÖR 2022, 68 = NVwZ-RR 2022, 68 = KommJur 2021, 329 = KStZ 2021, 133 = ZKF 2021, 186 (Wahrung des Konnexitätsprinzips bei Abschaffung von Straßenausbaubeiträgen); Anm. *Joachim Kronisch* NJ 2021, 469; *Johannes Hellermann*, ZG 2021, 313; *Christoph Brüning*, NVwZ 2021, 1230
86. Urt. v. 19.8.2021 – 2 und 3/19 sowie 1/20 – LVerfGE 32, 303 (nur LS) = NordÖR 2021, 505 (Wahrung des Konnexitätsprinzips bei der Umsetzung des Behindertenteilhabegesetzes); Aufsatz *Hubert Meyer*, NVwZ 2021, 1754
87. Beschl. v. 28.10.2021 – 3/14 – NordÖR 2022, 133 = 2022, 168 = ZD 2022, 614 (Bestands- und Zugangsdatenauskunft); Anm. *Arnold von Bosse*, NordÖR 2022, 110;
88. Beschl. v. 19.5.2022 – 2/20 –NordÖR 2023, 144 (Verfassungsbeschwerde von Trägern gegen eine Novellierung des Kindertagesstättenförderungsgesetzes)

89. Urt. v. 24.11.2022 – LVerfG 2/21 – NordÖR 2023, 14 = 2023, 240 = NVwZ-RR 2023, 345 (Organstreit betr. Haushaltsgesetze, Übertragung von Entscheidungsbefugnissen auf einen beschließenden Ausschuss)
90. Urt. v. 23.2.2023 – 3/22 und 4/22 (Organstreit zur Besetzung von Untersuchungsausschüssen)

## Entstehungsgeschichte

| | | | |
|---|---|---|---|
| Vorbemerkung | 1 | im Bund als auch in den (alten und neuen) Ländern | 17 |
| I. Verfassungskommission | 3 | II. Verfahren der Verfassunggebung | 18 |
| 1. Konstituierung | 3 | 1. Gang der Kommissionsberatungen | 18 |
| 2. Auftrag | 7 | | |
| 3. Externe Beratungsmaterialien | 10 | 2. Landtag und Inkraftsetzen als vorläufige Verfassung | 23 |
| a) Regionalausschuss | 11 | | |
| b) Entwurf der „Arbeitsgruppe Vorläufige Verfassung" | 14 | 3. Volksentscheid und endgültiges Inkrafttreten | 26 |
| c) „Freistaatsentwurf" | 16 | III. Änderungen der Verfassung | 27 |
| 4. Beratungsumfeld: Zeitgleiche Verfassungsdiskussion sowohl | | | |

## Vorbemerkung

Nach der politischen Wende[1] in der seit 1952 zentralstaatlichen[2] DDR ordnete §1 Abs. 1 des von der frei gewählten Volkskammer[3] beschlossenen LEG vom 22.7.1990 ua die Bildung des Landes M-V an.[4] Die **Neugründung**[5] des Landes[6] war ursprünglich zum 14.10.1990 als Gliedstaat[7] der DDR vorgesehen,[8] ist jedoch durch den Beitritt der DDR gemäß Art. 1 Abs. 1 EinigungsV[9] zum 3.10.1990 als Land der Bundesrepublik Deutschland erfolgt. § 23 Abs. 2 Satz 1

1

---

[1] Vgl. dazu *Stern*, Bd. V, S. 1723 ff.; *W. Fiedler* in HdbStR Bd. VIII, (1. Aufl. 1995), S. 3 ff.; *P. Hübner* in Fischer/Haendcke-Hoppe-Arndt (Hrsg.), Auf dem Weg zur Realisierung der Einheit Deutschlands, 1992, S. 61 ff.

[2] Vgl. Gesetz über die weitere Demokratisierung des Aufbaus und der Arbeitsweise der staatlichen Organe in den Ländern der DDR v. 24.7.1952 (GBl. S. 613) sowie Gesetz über die Aufhebung der Länderkammer der DDR v. 8.12.1958 (GBl. I S. 867); vgl. ferner die zweite DDR-Verf. v. 6.4.1968 (GBl. S. 199); zum Ganzen siehe *Kilian* in HdbStR Bd. VIII, (1. Aufl. 1995), S. 55, 58 f. und *Kilian* in HdbStR Bd. I, S. 597 ff.; vgl. ferner *Biermann*, Verwaltungsmodernisierung in Mecklenburg-Vorpommern, 2011, S. 366 ff.

[3] Am 18.3.1990; zur Bedeutung vgl. *Luchterhand* in HdbStR Bd. VIII, (1. Aufl. 1995), S. 35, 38 ff.

[4] GBl. I S. 955.

[5] Zur Frage, ob das LEG eine Neugründung bewirkt oder lediglich das Fortbestehen des 1945 aus den früheren Freistaaten Mecklenburg-Schwerin und Mecklenburg-Strelitz sowie dem westlich der Oder gelegenen Teil der früheren preußischen Provinz Pommern gegründeten Landes M-V, das auf Befehl der SMAD seit 1947 nur „Mecklenburg" hieß (vgl. Bek. MinPräs. v. 1.3.1947, RegBl. S. 21), festgestellt hat, vgl. *März* JöR N.F. 54 (2006) 175, 177 f. mwN; zur Entwicklung der Länder in der DDR vgl. *Bayer* DVBl. 1991, 1014, 1015 f.; zur Verfassungsgeschichte Mecklenburgs vgl. *Hückstädt* in Stange/Völker/Haegert/Hobbeling (Hrsg.), FG Haack, S. 45 ff. mwN.

[6] Dessen Identifikations- und Integrationspotential aufgrund unterschiedlicher Identitäten in Mecklenburg und Vorpommern trotz der historischen Anknüpfung eine auch staatsrechtliche Herausforderung bildete, vgl. auch *Kilian* HdbStR Bd. VIII (Fn. 2) S. 65 mit Fn. 76.

[7] Zur (Wieder)Einführung des Föderalismus auf dem Gebiet der DDR vgl. *Bayer* (Fn. 5), S. 1016.

[8] Zum Willensbildungsprozess der Länderbildung vgl. *Kilian* in HdbStR Bd. VIII (Fn. 2), S. 66 ff. und *Kilian* in HdbStR Bd. I (Fn. 2), S. 638 ff.

[9] Vgl. BGBl. II 1990 889 sowie das EinigungsvertragsG v. 23.9.1990 BGBl. II 885.

LEG[10] wies dem erstgewählten LT die Aufgabe einer „verfassungsgebenden Landesversammlung" zu.[11]

2 Der erste LT wurde am 14.10.1990 gewählt[12] und konstituierte[13] sich am 26.10.1990.[14] In der ersten Sitzung beschloss[15] er ein „**Vorläufiges Statut für das Land Mecklenburg-Vorpommern**",[16] das nach seinem § 8 Abs. 1 Satz 1 „durch Aushang in den Räumen des Landtages" verkündet wurde.[17] Es maß sich nach § 8 Abs. 2 Geltungskraft nur bis zum „Inkrafttreten der Verfassung" bei und enthielt als eine Art Notverfassung[18] Bestimmungen über das Gesetzgebungsverfahren einschließlich einer Verordnungsermächtigung (§§ 1 Abs. 1 bis 3), über Kreation und Kompetenzen der LReg (§§ 4, 5), die Rechtsstellung der Abg. (§ 2), den LT-Präs (§ 1 Abs. 4, § 3), das Haushaltswesen (§ 6) und zur vorzeitigen Beendigung der Wahlperiode (§ 1 Abs. 5). Der MinPräs[19] wurde nach § 4 Abs. 2 des Statuts (lediglich) für die Dauer dessen Geltung gewählt;[20] das Amt der Minister war an das Amt des MinPräs geknüpft.[21] Das Statut wurde – nach einem Streit über die Frage, ob es als verfassungsrechtliches Provisorium mit Zwei-Drittel-Mehrheit zu verabschieden und zeitlich zu begrenzen sei[22] – mit einfacher Mehrheit beschlossen.[23] Es stellte zwar Staatsorganisationsrecht, nicht jedoch eine Verfassung im formellen Sinne dar,[24] weil ihm – neben dem nur vorläufigen Charakter – kein Geltungsvorrang gegenüber nachfolgendem Gesetzesrecht zukam und es auch keine Regelung über eine erschwerte Abänderbarkeit aufwies.[25]

---

10 Der gem. Art. 9 Abs. 2 iVm Anlage II Kapitel II Sachgebiet A Abschnitt II EinigungsV als Landesrecht in Kraft geblieben ist; vgl. dazu *Starck* ZG 1992, 1 (2 f.).
11 Zur Verfassungsschöpfung auf Länderebene vgl. umfassend *Storr*, Verfassungsgebung in den Ländern, 1995; zur Verfassungsgeschichte M-V nach der Wende vgl. *von Mutius/Friedrich* in Modernisierung und Freiheit, 1995, S. 888 ff.
12 Gemäß § 2 des ebenfalls fortgeltenden LWG vom 22.7.1990 (GBl. I S. 960); zum Ergebnis der LT-Wahl siehe *März* (Fn. 5) S. 186.
13 Vgl. § 23 Abs. 3 Satz 1 LEG.
14 Vgl. LT-Prot. 1/1 S. 4.
15 Nach Beschlussfassung über eine vorläufige GO; vgl. dazu Entwurf der Fraktionen CDU SPD und FDP, LT-Drs. 1/1, ferner LT-Drs. 1/11, 1/13, 1/14; zum Streit über die – auch die Debatte über die GO prägende – Frage nach der für die Verabschiedung eines vorläufigen Statuts erforderlichen Mehrheit vgl. die Redebeiträge insbes. der Abg. Dr. Ringstorff (SPD) und Dr. Schoenenburg (LL/PDS), LT-Prot. 1/1 S. 7 ff.
16 GVOBl. 1990 S. 2, abgedruckt auch in LKV 1991, 199.
17 Nach seinem § 8 Abs. 1 Satz 2 trat es mit der Verkündung in Kraft; vgl. auch den Gesetzentwurf der Fraktionen von CDU SPD u. FDP, LT-Drs. 1/2, ferner LT-Drs. 1/17, 1/19 u. 1/22 sowie den Gegenentwurf der Fraktion LL/PDS LT-Drs. 1/18; ferner LT-Prot 1/1, S. 7, 16 (Abg. Dr. Schoenenburg LL/PDS) und S. 19 (Abg. Dr. Diederich, CDU).
18 Vgl. *März* (Fn. 5) S. 187, 188.
19 Erster Amtsinhaber war der am 27.10.1990 gewählte CDU (Ost)Abg. Dr. Alfred Gomolka.
20 Vgl. auch § 23 Abs. 2 Satz 2 LEG, wonach spätestens am 20. Tag nach Zusammentritt des erstgewählten LT eine vorläufige LReg zu bilden war.
21 § 4 Abs. 4 Satz 1; zum Streit um die – wegen der nur knappen parlamentarischen Mehrheit für die CDU/FDP-Regierung politisch bedeutsamen – Frage, ob mit Inkrafttreten einer LV eine Neuwahl des MinPräs notwendig war, vgl. *Hölscheidt* DVBl. 1991, 1066, 1067; siehe auch Abg. Dr. Ringstorff (SPD), LT-Prot. 1/1 S. 17 f. und 20.
22 So die Auffassung der SPD-Fraktion, LT-Prot. 1/1 S. 18; vgl. dazu *Hölscheidt* (Fn. 21), S. 1067; vgl. auch LT-Drs. 1/11 und 1/21 sowie LT-Prot. 1/1 S. 8, 9, 17 (Abg. Dr. Ringstorff SPD); die LL/PDS-Fraktion lehnte das Statut im Ganzen ab.
23 LT-Prot. 1/1 S. 22, nachdem die SPD-Abgeordneten den Sitzungssaal verlassen hatten, dazu Abg. Dr. Timm (SPD), ebd.
24 Anders *Linck* DÖV 1991, 730 (731); vgl. LT-Drs. 1/21.
25 Vgl. *März* (Fn. 5) S. 188 f.

## I. Verfassungskommission

**1. Konstituierung.** Der LT beschloss am 23.11.1990 die **Bildung** einer Kommission für die Erarbeitung einer LV.[26] Diese sollte aus elf Mitgliedern des LT und acht Sachverständigen bestehen. Die LReg sollte durch einen mitwirkenden Beauftragten ohne Stimmrecht vertreten sein.

Im Interesse möglichst breiter Willensbildung sollten nicht nur die im LT vertretenen politischen Gruppierungen,[27] sondern auch – vor dem Hintergrund ihres Wahlergebnisses von zusammengerechnet 9,3 %[28] – die Bürgerbewegungen[29] und die Partei DIE GRÜNEN repräsentiert sein. Zudem sollten die Erfahrungen aus der Erarbeitung der bereits vorliegenden Verfassungsentwürfe einfließen können, was zur Mitgliedschaft je eines Vertreters des „Regionalausschusses Verfassung" und der Arbeitsgruppe „Vorläufige Verfassung" führte.[30] Jede Fraktion schlug je einen der vier „externen" Sachverständigen vor.[31] Die elf parlamentarischen Mitglieder (CDU: 5; SPD: 3; LL/PDS: 2, F.D.P.: 1) wurden von den Fraktionen benannt, der Vorsitzende und der stellvertretende Vorsitzende vom LT gewählt.[32] Vertreter der LReg ohne Stimmrecht wurde der Minister für Justiz, Bundes- und Europaangelegenheiten. Mit dieser Zusammensetzung unterschied sich die Kommission von den Verfassungskommissionen der anderen neuen Bundesländer, die überwiegend als reine Parlamentskommissionen gebildet wurden.[33]

Danach ergab sich bei insgesamt **zwanzig Mitgliedern** folgende **Zusammensetzung:**[34]

*Parlamentarische Mitglieder*:
Vorsitzender PräsLT Rainer Prachtl (CDU)
Stellvertretender Vorsitzender VPräsLT Dr. Rolf Eggert (SPD)
Dr. Siegfried Zahn (CDU)
Frieder Jelen (CDU)
Dr. Wolfgang Zessin (CDU)
Dr. Norbert Buske (CDU)
Siegfried Friese (SPD)
Karin Schiffer (SPD)
Andreas Bluhm (LL/PDS)
Dr. Arnold Schoenenburg (LL/PDS)
Walter Goldbeck (F.D.P.)

*Sachverständige*:
von der CDU benannt: Prof. Dr. Christian Starck (Göttingen, Staatsrechtslehrer)
von der SPD benannt: Prof. Dr. Albert von Mutius (Kiel, Staatsrechtslehrer)

---

[26] LT-Prot. 1/3 S. 46; vgl. dazu LT-Prot. 1/2 S. 22 und Entwurf der CDU-Fraktion LT-Drs. 1/16; Beschlussempfehlung und Bericht des Rechtsausschusses LT-Drs. 1/26.
[27] Zum Fehlen der die politische Wende in der DDR tragenden Bürgerbewegung (Neues Forum, Bündnis 90) vgl. *März* (Fn. 5) S. 186; *Prachtl* LKV 1994, 1.
[28] Vgl. *Hölscheidt* (Fn. 21) S. 1068.
[29] Vgl. dazu auch Art. 3 Abs. 4.
[30] Dazu Rn. 10.
[31] Vgl. auch *Wedemeyer* in Dt. Wiedervereinigung, Bd. III, S. 37.
[32] Vgl. LT-Drs. 1/61.
[33] Zu deren Zusammensetzung *Starck* in HdbStR Bd. IX, (1. Aufl. 1997), S. 353, 358.
[34] Vgl. LT-Drs. 1/86 und LT-Drs. 1/3100 S. 47.

von der LL/PDS benannt: Dr. Heinz Koch (Historiker)
von der F.D.P. benannt: Jörgen Peters (Richter am Amtsgericht)
*Vertreter der Arbeitsgruppe „Vorläufige Verfassung"*: Georg Poetzsch-Heffter
*Vertreter des Regionalausschusses Verfassung*: Irmgard Rother
*Vertreter der GRÜNEN*: Marion Janele
*Vertreter der Bürgerbewegung*: Heiko Lietz
*Vertreter der LReg ohne Stimmrecht*: Minister für Justiz, Bundes- und Europaangelegenheiten (Dr. Ulrich Born, ab April 1992 Herbert Helmrich).[35]

6  Die Abg. waren damit in der Mehrzahl. Indessen bedeutete der Umstand, dass die Mitglieder aus den die CDU/F.D.P.-Koalitionsregierung bildenden Fraktionen über insgesamt (nur) sechs Stimmen in der Kommission verfügten, dass sich die **Mehrheit im Parlament** in der Verfassungskommission in der Minderheit befand.[36] Möglicherweise hierauf ist zurückzuführen, dass sich die CDU zu der Frage, ob die LV mit einer Zwei-Drittel-Mehrheit im LT verabschiedet werden solle, zunächst nicht festlegen wollte.[37]

7  **2. Auftrag.** Auftrag der Kommission war es, dem Rechtsausschuss des LT einen Entwurf einer LV zuzuleiten. Den Rechtsausschuss seinerseits verpflichtete der LT, den Entwurf einer LV vorzulegen. Die Kommission hatte das Recht, Unterkommissionen zu bilden, die im Einvernehmen mit dem Vorsitzenden Anhörungen durchführen konnten.[38]

8  Nach einem ersten Berichtsauftrag auf Antrag der Fraktion der LL/PDS[39] wurde die Kommission im Zusammenhang mit zwei an den Rechtsausschuss überwiesenen Gesetzentwürfen zum Verfahren der Verfassungsverabschiedung[40] durch den LT mit Beschluss vom 8.4.1992[41] beauftragt, einen **Zwischenbericht** vorzulegen, der (bereits) den Entwurf einer LV, gegebenenfalls mit Varianten, enthalten sollt. Gleichzeitig wurde die Kommission verpflichtet, die beabsichtigte öffentliche Diskussion auszuwerten und dem LT im Herbst 1992 den Abschlussbericht vorzulegen.[42] Eine wesentliche Weichenstellung lag in der Festlegung, dass die LV im LT mit einer **Zweidrittelmehrheit** verabschiedet werden sollte.[43]

9  Gegenüber dem ursprünglichen Auftrag[44] lag in dem Beschluss vom 8.4.1992 zugleich der Verzicht auf die Vorlage des Entwurfs zunächst an den Rechtsausschuss.[45] Nach Vorlage des Zwischenberichts unmittelbar an den LT am

---

35  Nach dem Organisationserlass des MinPräs v. 15.1.1991 (AmtsBl. S. 30) war der MJBE der für Verfassungsfragen zuständige Minister.
36  Zum „stark kompromissfördern(en)" Charakter vgl. *März* (Fn. 5) S. 190; nach *Wedemeyer* (Fn. 31) S. 49 f. wurden die Vertreter der Regierungskoalition „in manchen Punkten" „in eine Außenseiterposition gedrängt"; vgl. auch *Starck* (Fn. 10) S. 11 ff.
37  Bis zur Entschließung gemäß LT-Drs. 1/1662; vgl. insbes. Abg. Dr. Buske, LT-Prot. 1/35 S. 1600, 1601, 1602 f.
38  Vgl. LT-Drs. 1/3100 S. 44.
39  LT-Drs. 1/694 (neu); LT-Prot. 1/30 S. 1312.
40  Gesetzentwurf der LL/PDS-Fraktion, LT-Drs. 1/952, und Gesetzentwurf der SPD-Fraktion, LT-Drs. 1/166; vgl. auch LT-Prot. 1/35 S. 1610.
41  LT-Prot. 1/48 S. 2381; LT-Drs. 1/1662 (Beschlussempfehlung).
42  Vgl. LT-Drs. 1/1662 S. 3.
43  Zur konsensfördernden Wirkung vgl. *Wedemeyer* in Thiele/Pirsch/Wedemeyer Art. 80; zu deren Unverbindlichkeit *Berlit* KJ 1992, 437 (441).
44  LT-Drs. 1/26.
45  Vgl. auch *März* (Fn. 5) S. 194 mit Fn. 79; *Prachtl* (Fn. 27) S. 2.

30.4.1992[46] und der anschließenden Veröffentlichung[47] zeigte sich, dass die Kommission nicht in der Lage sein würde, dem LT im Herbst den Abschlussbericht vorzulegen. Nach einer entsprechenden Beschlussempfehlung der Verfassungskommission[48] beschloss der LT daraufhin, dass die Vorlage des Abschlussberichts nunmehr im Frühjahr 1993 erfolgen sollte.[49] Den **Abschlussbericht** legte die Kommission zusammen mit dem Verfassungsentwurf am 7.5.1993 vor.[50]

**3. Externe Beratungsmaterialien.** Gemäß dem Einsetzungsbeschluss[51] erhielt die Kommission als „**Arbeitsmaterial**" den Verfassungsentwurf des „Regionalausschusses Verfassung" und den Entwurf einer vorläufigen Verfassung der Arbeitsgruppe „Vorläufige Verfassung". Daneben ging ihr – im Anschluss an die Vorstellung im Kabinett und in der Presse – ein „Entwurf für eine Verfassung des Freistaates Mecklenburg-Vorpommern" des Ministers für Justiz, Bundes- und Europaangelegenheiten (Dr. Born, CDU) zu. Nach dem Abschlussbericht stand dieser Entwurf nicht auf der Tagesordnung der Kommission, fand jedoch inhaltlich Berücksichtigung.[52] Sonstige kommissionsexterne Materialien waren neben Stellungnahmen im Rahmen der öffentlichen Anhörung und den Zuschriften im Rahmen der öffentlichen Diskussion zum Entwurf des Zwischenberichts unter anderem eine Stellungnahme der LReg vom 10.2.1993, eine Stellungnahme des Umweltausschusses des LT vom 15.2.1993 und eine Stellungnahme des PräsLRH vom 18.2.1993.[53]

a) **Regionalausschuss.** Der Regionalausschuss war eine Arbeitsgruppe, die von den drei **Runden Tischen** der Bezirke Rostock, Schwerin und Neubrandenburg beauftragt wurde.[54] Der mit Vertretern unterschiedlicher Parteien, Bewegungen, Kirchen und anderer Bereiche besetzte Ausschuss bildete ein Teilorgan des gemeinsamen Regionalausschusses für die Verwaltungsreform.[55] Er nahm seine Arbeit noch vor Auflösung der Räte der Bezirke im März 1990 auf.[56]

Ein erster Arbeitsentwurf knüpfte an die Verfassung des Landes Mecklenburg vom 16.1.1947[57] an, wurde aber insbes. wegen Bedenken aus dem Landesteil Vorpommern im Blick auf dessen (eigene) Identität und Stellung im künftigen Föderalismus verworfen. Auch der darauf folgende als Vollverfassung konzipierte sogenannte „Juli-Entwurf"[58] sah M-V noch als einen Gliedstaat der DDR.

---

46 LT-Drs. 1/2000.
47 Nach erstmaliger Veröffentlichung in der LT-Sitzung v. 7.5.1992, dazu LT-Prot. 1/53 S. 2704 und die Zusammenfassung LT-Drs. 1/2000 S. 60 ff.
48 Nicht des Rechtsausschusses, LT-Drs. 1/2626.
49 LT-Prot. 1/66 S. 3732.
50 LT-Drs. 1/3100.
51 LT-Prot. 1/3 S. 46 und LT-Drs. 1/26 (Beschlussempfehlung).
52 Vgl. LT-Drs. 1/3100 S. 51; vgl. auch *März* (Fn. 5) S. 191; der Entwurf wurde als Kommissions-Drs. 16 geführt.
53 Vgl. LT-Drs. 1/3100 S. 51.
54 Vgl. *Hölscheidt* (Fn. 21) S. 1068; zum „Runden Tisch" und zum Verfassungsentwurf der Arbeitsgruppe „Neue Verfassung der DDR" des zentralen Runden Tisches Berlin Niederschönhausen vgl. *Häberle* JöR N.F. 39 (1990), 319 ff., 321 ff.; ferner *Templin*, in: Guggenberger/Stein, Die Verfassungsdiskussion im Jahr der deutschen Einheit, 1991, S. 350 ff.; *Preuß*, ebd., S. 357; *Roellecke*, ebd., S. 367; *Ladeur*, ebd., S. 376 ff.
55 Vgl. *März* (Fn. 5) S. 175, 190.
56 Vgl. *März* (Fn. 5) S. 190 mwN; zur Auflösung der Bezirksvertretungen und Einsetzung von Regierungsbevollmächtigten vgl. *Kilian* HdbStR Bd. VIII (Fn. 2), S. 70 f. und *Kilian* in HdbStR Bd. I (Fn. 2), S. 641.
57 RegBl. S. 1.
58 Abgedruckt bei *Häberle* (Fn. 54) S. 399 ff.

13 Der infolge der politischen Entwicklung zur Wiedervereinigung rasch überholte Entwurf wurde ersetzt durch den sogenannten „Oktober-Entwurf",[59] der (bereits) „deutliche Spuren (westdeutscher) staatsrechtlicher Beratung" zeigte.[60] Er sah in 99 Artikeln ebenfalls eine Vollverfassung vor. Wie schon der Juli-Entwurf maß er der Erfahrung, dass die Bevölkerung in den beiden (früheren) Staaten Mecklenburg-Schwerin und Mecklenburg-Strelitz sowie in Vorpommern nach den Zusammenschlüssen zum 1.1.1934[61] und vom Juli 1945 (→ Rn. 1 mit Fn. 5) „zu wenig Raum zur Entfaltung ihrer landschaftsbezogenen kulturellen Identität" hatte, besondere Bedeutung zu, die nunmehr einerseits zur (nur) fakultativen Bildung von „Landschaftsverbänden" als Selbstverwaltungskörperschaften (Art. 1 Abs. 1), andererseits zu einer die Identitäten beider Landesteile aufnehmenden Regelung über die Staatssymbole Farben und Wappen führte (Art. 1 Abs. 3 und 4). Neben Grundrechten und Staatszielen sah der Entwurf soziale Rechte sowie Förderpflichten des Staates und im staatsorganisationsrechtlichen Teil[62] Beauftragte für Menschen- und Bürgerrechte, Kinderanwalt, Seniorenanwalt, Beauftragte für Gleichstellungsfragen, Strafvollzug, für Soziales und für Ausländer (Art. 59) sowie plebiszitäre Elemente in Form eines Bürgerinitiativrechts (Art. 62), eines auf einen Volksentscheid gerichteten Volksbegehrens (Art. 63 Abs. 1 bis 6) und – über den Juli-Entwurf hinausgehend – auch durch Volksbefragung (Art. 63 Abs. 8) vor.[63]

14 **b) Entwurf der „Arbeitsgruppe Vorläufige Verfassung".** Der Entwurf der „Arbeitsgruppe Vorläufige Verfassung", der auch nach seinem Verfasser, Staatssekretär a.D.[64] Poetzsch-Heffter, bezeichnet wurde, war ein reines Organisationsstatut, das an der neuen SchlHVerf ausgerichtet war,[65] ohne allerdings plebiszitäre Elemente vorzusehen. Als nur vorläufige Verfassung sollte es von einer endgültigen abgelöst werden. Die Initiative zu dem Entwurf ging von an der Verfassungsarbeit im Regionalausschuss beteiligten **Mitgliedern der CDU** aus,[66] so dass letztlich jedenfalls nicht von einem parteineutralen Entwurf gesprochen werden kann.[67]

---

59 Abgedruckt bei *Häberle* JöR N.F. 40 (1991/92), 291 ff., 399.
60 Vgl. *März* (Fn. 5) S. 191 mit Fn. 64.
61 Vgl. Gesetz über die Vereinigung von Mecklenburg-Strelitz mit Mecklenburg-Schwerin v. 24.10.1933, RegBl. für Mecklenburg-Schwerin 1933, S. 285; vgl. ferner das gleichnamige (von der Reichsregierung auf der Grundlage des sog. Ermächtigungsgesetzes v. 24.3.1933 RGBl. I 141 – erlassene) Reichsgesetz v. 15.12.1933 (RGBl. I 1065); zur de-facto-Abschaffung der föderalen Struktur in der NS-Zeit durch Auflösung der Parlamente und Einsetzung von Reichsstatthaltern vgl. die Gleichschaltungsgesetze v. 31.03. und 7.4.1933 (RGBl. I 153 und 173), das „Gesetz über die Anpassung der Landesverwaltung an die Grundsätze des Nationalsozialistischen Staates" v. 15.12.1933 (PrGS S. 479) und das „Gesetz über den Neuaufbau des Reichs" v. 30.1.1934 (RGBl. I 75); dazu *Kimminich*, Deutsche Verfassungsgeschichte, 2. Aufl. 1987, S. 569 f.
62 Die LReg wurde nun als „oberstes Organ der vollziehenden Gewalt" verstanden, Art. 65 Abs. 1.
63 Zu Widerständen gegen die Einbeziehung des Oktober-Entwurfs vgl. Abg. Dr. Schoenenburg (LL/PDS), LT-Prot. 1/53 S. 2713.
64 In der Staatskanzlei SchlH, vgl. LT-Drs. 1/2000 S. 72; *März* (Fn. 5) S. 191 mit Fn. 65.
65 Vgl. *Starck* (Fn. 10) S. 10.
66 Vgl. LT-Drs. 1/2000 S. 72.
67 Anders offenbar *März* (Fn. 5) S. 197; zur Kritik an der Einbeziehung vgl. insbes. Abg. Dr. Schoenenburg (LL/PDS), LT-Prot. 1/53 S. 2713, 2714 und 1/78 S. 4453, 4454; demgegenüber Abg. Dr. Buske (CDU), LT-Prot. 1/3 S. 46.

Anlass des Entwurfs war der Juli-Entwurf des Regionalausschusses, der für 15 nicht verabschiedungsreif angesehen wurde.[68] Zur Vermeidung der von einer frühzeitigen (verfassungs)politischen Festlegung zu erwartenden Konflikte in den anstehenden Aufbaujahren schlug der **Poetzsch-Heffter-Entwurf** vor dem Hintergrund des sich abzeichnenden Beitritts[69] in 51 Artikeln nur die zunächst für notwendig erachteten staatsorganisationsrechtlichen Regelungen vor. Für Staatsziele und Grundrechte sollte nach einer „schriftlich fixierten Absicht"[70] in einer noch zu formulierenden Präambel auf das GG hingewiesen werden. Einfluss auf die Verfassungsberatungen hatte der Entwurf nicht.[71]

c) **„Freistaatsentwurf".** Der „Freistaatsentwurf", vom innerhalb der LReg 16 für Verfassungsfragen zuständigen (→ Rn. 5 mit Fn. 35) Justizminister in Abstimmung mit dem Innenminister erarbeitet,[72] verstand sich ebenfalls als bloßes Organisationsstatut, war jedoch nicht lediglich als Übergangsverfassung konzipiert.[73] Anders als die der Verfassungskommission als Arbeitsgrundlage überwiesenen Entwürfe sah er für die Verabschiedung der Verfassung keine Zwei-Drittel-Mehrheit vor.[74] Neben den „Irritationen" in Bezug auf seine Präsentation und Funktion[75] war es der Umstand, dass der Entwurf weit hinter dem Stand der im Land seinerzeit, insbes. vor dem Hintergrund der gerade beendeten Diktaturerfahrung und dem damit verbundenen Aufbruchgedanken, geführten Diskussion zurückgeblieben war, der zur Folge hatte, dass von ihm **keinerlei Impulse** für den weiteren Prozess der Verfassunggebung ausgegangen sind, er vielmehr – davon abgesehen, dass er als Streitfolie diente – (weitgehend) ignoriert wurde.[76]

**4. Beratungsumfeld: Zeitgleiche Verfassungsdiskussion sowohl im Bund als auch** 17 **in den (alten und neuen) Ländern.** Der Prozess der Verfassungswerdung fand ab 1992 in **zeitlicher Parallelität** und damit auch vor dem Hintergrund[77] der auf **Bundesebene** geführten Beratungen in der Gemeinsamen Verfassungskommission von BT und BRat statt, deren Auftrag es war, Änderungen des GG[78] vorzuschlagen.[79] Gegenstand der Beratung waren ua auch weitreichende Vor-

---

68 Zum Charakter als Gegenentwurf zum Juli-Entwurf vgl. auch *März* (Fn. 5) S. 191; zur Bewertung des Juli-Entwurfs als wenig grundgesetzkonform vgl. *Starck* (Fn. 10) S. 9 f.
69 Und der damit verbundenen Entlastung, unter Zeitdruck eine vollständige LV auszuarbeiten.
70 Vgl. LT-Drs. 1/2000 S. 72.
71 Vgl. *März* (Fn. 5) S. 191.
72 Vgl. LT-Drs. 1/3100 S. 51.
73 Indes war zu Grundrechten (und Staatszielen) keine Bezugnahme auf das GG vorgesehen; vgl. aber auch LT-Prot. 1/35 S. 1607, wo Minister Dr. Born (CDU) erklärte, dass sich die „endgültige Verfassung" nicht nur auf ein reines Organisationsstatut beschränken solle.
74 Lediglich die Verfassungsänderung sollte einer Zwei-Drittel-Mehrheit bedürfen, wenngleich Minister Dr. Born im LT für eine breite Zustimmung plädierte, vgl. LT-Prot. 1/35 S. 1610.
75 Vgl. dazu *März* (Fn. 5) S. 191 mit Fn. 66 bis 68; vgl. auch LT-Prot. 1/35 S. 1598 ff. und Abg. Dr. Eggert (SPD) in der ersten Lesung des späteren Verfassungsentwurfs, LT-Prot. 1/78 S. 4460: „... der fatale Versuch der damaligen Landesregierung vereitelt worden ist, eine Verfassung von oben zu konstituieren".
76 Vgl. *März* (Fn. 5) S. 191; *Wedemeyer* (Fn. 31) S. 37 und 53.
77 Vgl. idS Abg. Dr. Schoenenburg (LL/PDS), LT-Prot. 1/53 S. 2713; 1/78 S. 4454.
78 Zur Diskussion im Bund vgl. *Kloepfer*, Verfassungsänderung statt Verfassungsreform, 1995, S. 19 f.; vgl. ferner die Beiträge in *Guggenberger/Stein* (Hrsg.), Die Verfassungsdiskussion im Jahr der deutschen Einheit, 1991.
79 Vgl. dazu den Bericht der Gemeinsamen Verfassungskommission, BT-Drs. 12/6000; näher *H. H. Klein* in HdbStR Bd. VIII, (1. Aufl. 1995), S. 557, 589 ff.; *Stern*, Bd. V, S. 1950 f., jeweils mwN.

stellungen über die Ergänzung und Erweiterung von Grundrechten, die Aufnahme von (sozialen) Staatszielbestimmungen und die Einführung plebiszitärer Elemente.[80] Durchsetzen konnten sich diese Vorschläge mangels Erreichens einer Zweidrittelmehrheit in der Kommission nicht.[81] Im Unterschied dazu nahmen im Bereich des **Landesverfassungsrechts**, dessen Renaissance bereits in der Mitte der 80er Jahre eingesetzt hatte,[82] die Diskussion um sowie die Aufnahme von eigenständigen (sozialen) Grundrechten, Staatszielbestimmungen und eine Verstärkung direkt-demokratischer Elemente zu.[83]

## II. Verfahren der Verfassunggebung

18   1. **Gang der Kommissionsberatungen.** Die Verfassungskommission konstituierte sich am 31.1.1991 im Schweriner Schloss, wo auch die übrigen Sitzungen mit Ausnahme einer Klausurtagung auf Schloss Spyker auf der Insel Rügen stattfanden. Ingesamt beriet die Kommission in 26 Sitzungen,[84] wobei bis zur Vorlage des Zwischenberichts am 30.4.1992 bereits 20 Sitzungen stattgefunden hatten. Aufgrund der in der ersten Sitzung beschlossenen Zugrundelegung der GO LT für die Kommissionsarbeit tagte sie nicht öffentlich.[85]

19   In den ersten vier Sitzungen fand eine allg. Aussprache statt, die zugleich der Darstellung der Verfassungsdiskussion in Bund und Ländern durch die von den Parteien benannten Sachverständigen diente. Die **Professoren Starck und von Mutius**[86] erstellten sodann im April 1991 zunächst getrennte Entwürfe eines Organisationsstatuts. Diese nahmen die Grundsatzpositionen der Parteien auf, enthielten aber auch alternative Formulierungsvorschläge. In der fünften und sechsten Sitzung führte die Kommission eine öffentliche Anhörung unter Teilnahme von Gewerkschaften, Arbeitgeberverbänden, Sozialverbänden, den kommunalen Spitzenverbänden, Kirchen, Hochschulen, Denkmal- und Heimatschutzverbänden und Kulturverbänden durch.[87] In der Folgezeit wurden die Professorenentwürfe in Kenntnis der Ergebnisse der Anhörung[88] im Einzelnen beraten.[89] Dabei konnte für die Themen LT, LReg, Gesetzgebung und Verfassungsänderung, Haushalts- und Rechnungsprüfung, Landesverwaltung und Selbstverwaltung sowie Rspr. trotz verbleibender strittiger Punkte zu weiten Teilen Konsens erzielt werden. Einigkeit wurde auch darüber erzielt, plebiszitäre Elemente in die Verfassung aufzunehmen.[90] Im Oktober 1991 legten die Profes-

---

80  Vgl. BT-Drs. 12/6000, S. 49 ff., 83 ff.
81  Vgl. *H. H. Klein* (Fn. 79), S. 593 f., 596 f., 598 ff.; vgl. Gesetz zur Änderung des GG v. 27.10.1994 (BGBl. I 3146), umfassende Literaturnachweise bei *Kloepfer* (Fn. 78), S. 13 ff. mit Fn. 4.
82  Vgl. etwa *Menzel*, Landesverfassungsrecht, 2002, S. 123; *K. Fiedler*, Verfassungsgerichtsbarkeit im Bundesstaat, 2006, S. 18, 112 f.; *Starck/Stern* (Hrsg.), Landesverfassungsgerichtsbarkeit, Bd. I-III, 1983; *Vitzthum* VVDStRL 46 (1988), S. 7 ff.; vgl. ferner *Niedobitek*, Neue Entwicklungen im Verfassungsrecht der deutschen Länder, 3. Aufl. 1995, S. 7 ff.
83  Vgl. *H.-P. Schneider* DÖV 1987, 749 (753 ff.).; *Niedobitek* (Fn. 82), S. 27; vgl. auch *Starck*, Die Verfassungen der neuen deutschen Länder, 1994.
84  Vgl. auch *Starck* (Fn. 10) S. 11, wonach sich die Beratungen von Anfang an als besonders schwierig gestalteten.
85  Mit Ausnahme der in der 5. und 6. Sitzung durchgeführten Anhörung.
86  Nach *Wedemeyer* (Fn. 31) S. 37 die „prägenden Persönlichkeiten".
87  Vgl. LT-Drs. 1/3100 S. 54 f.; vgl. näher *März* (Fn. 5) S. 192 mit Fn. 69; *Starck* (Fn. 10) S. 10 f.
88  Zum Vorwurf der mangelnden Berücksichtigung der Anhörungsergebnisse vgl. LT-Prot. 1/53 S. 2713 (Abg. Dr. Schoenenburg LL/PDS).
89  Vgl. *März* (Fn. 5) S. 192; Einzelheiten in LT-Drs. 1/3100 S. 55.
90  Vgl. LT-Drs. 1/3100 S. 55, umstr. war aber bis zuletzt deren Ausgestaltung.

soren daran anknüpfend einen **gemeinsamen Entwurf des Organisationsteils** vor, der zu nach wie vor (partei)politisch strittigen Punkten auch Alternativvorschläge enthielt.[91]

Auf der Klausurtagung wurde eine Unterkommission beauftragt, die im staatsorganisationsrechtlichen Teil noch offenen Fragen zu klären[92] und gleichzeitig einen Rahmen für die vier Sachverständigen für ein Gutachten zu den übrigen noch anstehenden Themen zu schaffen.[93] Dabei ging es insbes. um die Bereiche Präambel, Grundrechte, Staatsziele und Landesspezifika.[94] Dem folgten im Dezember 1991 zwei unterschiedliche Professorenentwürfe[95] zu den genannten Themen, die nach Erörterung in der Verfassungskommission[96] im Januar 1992 ebenfalls zu einem einheitlichen Entwurf zusammengeführt wurden.[97] Die nach weiteren zwei Kommissionssitzungen strittig gebliebenen Punkte hatten ihren Schwerpunkt in den Bereichen Staatsziele und Umweltschutz einerseits und der Ausgestaltung der grds. konsentierten Einführung plebiszitärer Elemente andererseits.[98] Von den Professoren wurde sodann eine **synoptische Darstellung** eines Verfassungsentwurfs erarbeitet, die die bisherigen Beratungsergebnisse berücksichtigte und sowohl die Mehrheits- bzw. Konsensmeinungen als auch die jeweils abweichenden Vorschläge aufzeigte.[99] In der Folge erstellte die Kommission ihren Zwischenbericht vom 30.4.1992.[100]

Der Entwurf des **Zwischenberichts** umfasste 78 Artikel. Er sah eine Vollverfassung mit einer auf einen Vorschlag der Kirchen zurückgehenden Präambel, mit Grundrechten, Staatszielen und alternativen Vorschlägen zu den plebiszitären Elementen vor. Art. 78 gab den Inhalt des LT-Beschlusses vom 8.4.1992 zum Inkrafttreten und zum Verabschiedungsverfahren, insbes. also das bis dahin umstrittene Erfordernis einer Verabschiedung im LT mit Zwei-Drittel-Mehrheit, wieder (→ Rn. 6 → Rn. 8).

Nach der **Plenardebatte** über den Zwischenbericht am 7.5.1992,[101] wo die verfassungspolitisch motivierten Differenzen in Bezug auf Staatsziele, soziale Grundrechte und plebiszitäre Elemente offenbar wurden,[102] fand eine **öffentliche Diskussion** über den Entwurf statt.[103] Diese führte zu über 600 Zuschriften.[104] Nach Auswertung in der 21. Sitzung am 9.10.1992 nahm die Verfassungskommission im November 1992 ihre Schlussberatungen auf.[105] Bis zum Frühjahr 1993 wurde über die noch klärungsbedürftigen Themen Präambel,

---

91 Vgl. Kommissions-Drs. 17; *März* (Fn. 5) S. 192.
92 LT-Drs. 1/3100 S. 55 f.
93 Zur Tätigkeit der Unterkommission vgl. LT-Drs. 1/2000 S. 77 f.
94 Vgl. LT-Drs. 1/3100 S. 57.
95 Zu den Unterschieden vgl. LT-Drs. 1/3100 S. 58.
96 Vgl. LT-Drs. 1/2000 S. 78 f., wobei auch die Idee, das Land als „Freistaat" zu bezeichnen, mit überwiegender Mehrheit abgelehnt wurde.
97 Vgl. LT-Drs. 1/2000 S. 81 und 1/3100 S. 57.
98 Vgl. LT-Drs. 1/2000 S. 82; vgl. auch *März* (Fn. 5) S. 192.
99 Vgl. LT-Drs. 1/3100 S. 59.
100 LT-Drs. 1/2000.
101 LT-Prot. 1/53 S. 2704; Zusammenfassung LT-Drs. 1/3100 S. 60 ff.
102 Vgl. insbes. die Auffassung der LL/PDS, wonach der vorhandene „Minimalkonsens in seiner sozialen und demokratischen Grundsubstanz ausgebaut" werden müsse, LT-Prot. 1/53; vgl. ferner LT-Drs. 1/3100 S. 63.
103 Dazu wurden nahezu 50.000 Exemplare der Drs. 1/2000 hergestellt, die Medien einbezogen und öffentliche Veranstaltungen durchgeführt, vgl. näher bei LT-Drs. 1/3100 S. 66 f.
104 Zu den Inhalten der Zuschriften vgl. LT-Drs. 1/3100 S. 67 und *März* (Fn. 5) S. 193 f.
105 Vgl. LT-Drs. 1/3100 S. 67, 68; kritisch zum Umgang mit den Zuschriften Abg. Dr. Schoenenburg (LL/PDS), LT-Prot. 1/53 S. 2714.

(soziale) Grundrechte, parlamentarische Informationsrechte, nähere Ausgestaltung der plebiszitären Elemente, Haushaltsverfassung und Verwaltungsorganisation größtenteils einvernehmlich, iÜ mehrheitlich – nach Annäherung von CDU und SPD – entschieden.[106] Nach redaktioneller Bearbeitung wurde der Verfassungsentwurf in der 26. Sitzung der Verfassungskommission am 30.4.1993 bei Enthaltung der Vertreter der Fraktion der LL/PDS und des Regionalausschusses[107] verabschiedet. Mit dem **Abschlussbericht** vom 7.5.1993 legte die Kommission dem LT[108] den 80 Artikel umfassenden Verfassungsentwurf vor.[109] Nach seinem Schlussartikel sollte die Verfassung vom LT mit der Mehrheit von zwei Drittel seiner Mitglieder beschlossen und durch Volksentscheid mit einfacher Mehrheit der Abstimmenden bestätigt werden (Art. 80 Abs. 1).[110]

23  2. **Landtag und Inkraftsetzen als vorläufige Verfassung.** Der Verfassungsentwurf lag dem LT zur **ersten Lesung** am 12.5.1993 zusammen mit mehreren Änderungs- und Ergänzungsanträgen,[111] insbes. der LL/PDS-Fraktion,[112] vor. In der Aussprache wurde der **Kompromisscharakter** mancher Formulierung, etwa zum Staatszielteil oder den plebiszitären Elementen, erneut deutlich,[113] auch die prinzipiell kritische Sicht der LL/PDS zu Gang und Ziel der Verfassungsdiskussion einschließlich der im Verlaufe der Kommissionsarbeit stattgefundenen Annäherung von CDU und SPD,[114] und den damit verbundenen Ergebnissen, vor allem im Bereich Staatsziele und Grundrechte,[115] aber etwa auch zum für „entschieden zu hoch" erachteten Quorum für das Zustandekommen des Volksbegehrens.[116] In der zweiten Lesung,[117] in der keine Aussprache mehr stattfand, wurden sämtliche Änderungsanträge im Rahmen der Einzelberatung abgelehnt.[118] In der in namentlicher Abstimmung durchgeführten **Schlussabstimmung** wurde die Verfassung mit 53 Ja- bei 9 Nein-Stimmen (der LL/PDS) ohne Enthaltung angenommen.[119]

24  Das Verfahren zur **Inkraftsetzung** der Verfassung[120] regelte der LT im unmittelbaren Anschluss an die Abstimmung über die LV durch das „Gesetz über

---

106 Vgl. LT-Drs. 1/3100 S. 68.
107 Zu den Gründen dafür *März* (Fn. 5) S. 194 mit Fn. 78.
108 Zur Frage der Ordnungsgemäßheit der Einführung vgl. LT-Prot. 1/78 S. 4441; ferner *März* (Fn. 5) S. 194 mit Fn. 79.
109 LT-Drs. 1/3100.
110 Zum Fehlen bundesverfassungsrechtlicher Vorgaben zur Frage der Mehrheiten bei der Verfassunggebung vgl. *Starck* (Fn. 33), S. 356 f.
111 LT-Drs. 1/3140, 1/3143, 1/3144, 1/3145, 1/3146, 1/3147, 1/3148.
112 Vgl. auch *März* (Fn. 5) S. 175, 194 mit Fn. 80.
113 Vgl. etwa die Redebeiträge LT-Prot. 1/78 von Prachtl (CDU) S. 4441, Dr. Ringstorff (SPD) S. 4446, Rehberg (CDU) S. 4450, Goldbeck (F.D.P.) S. 4456, Dr. Eggert (SPD) S. 4459.
114 Vgl. Abg. Dr. Schoenenburg (LL/PDS), LT-Prot. 1/78 S. 4453, der eine „Abkehr vom Verfassungsdenken und den Verfassungsvorschlägen der Runden Tische" konstatierte; ferner Abg. Kreuzer (LL/PDS), LT-Prot. 1/78 S. 4469.
115 Vgl. Abg. Dr. Schoenenburg (LL/PDS), LT-Prot. 1/78 S. 4455: „Am gravierendsten ist, und das ist schließlich auch der Hauptpunkt unserer Kritik, daß die Staatsziele Arbeit und Wohnen viel zu unverbindlich ausgestaltet sind und eine Reihe von Staatszielen ... durchaus nicht reflektiert werden."
116 Zu den Quoren im Vergleich der neuen Länder *Starck* (Fn. 33), S. 374.
117 Zur fehlenden Überweisung an den Rechtsausschuss in der 1. Lesung vgl. *März* (Fn. 5) S. 195.
118 Vgl. LT-Prot. 1/80 S. 4572.
119 Zum Übertreffen der Zwei-Drittel-Mehrheit vgl. *März* (Fn. 5) S. 195 mwN in Fn. 82.
120 Erste Versuche zur gesetzlichen Festlegung des Verabschiedungsverfahrens (LT-Drs. 1/952, 1/956, vgl. Rn. 8) waren im Jahre 1992 auf Empfehlung des Rechtsausschusses für erledigt erklärt worden (vgl. LT-Drs. 1/1662 und LT-Prot. 1/48 S. 2381).

die Verabschiedung und das Inkrafttreten der Verfassung von Mecklenburg-Vorpommern".[121] Nach dessen § 1 Abs. 1 trat die Verfassung mit ihrer Verkündung[122] als **vorläufige Verfassung** in Kraft; von dem Inkrafttreten ausgenommen waren lediglich Art. 36 über den Bürgerbeauftragten,[123] Art. 52 bis 54 über das LVerfG und Art. 60 Abs. 4 Satz 2 über den Volksentscheid zur Änderung der LV.[124] § 1 Abs. 3 Satz 1 stellte klar, dass das Inkrafttreten der vorläufigen Verfassung die Besetzung und die Amtszeit der aufgrund des Vorläufigen Statuts (→ Rn. 2) oder aufgrund eines Landesgesetzes im Amt befindlichen Verfassungsorgane, Gremien und Funktionsträger nicht berührt. Satz 2 bestimmte, dass der MinPräs unbeschadet des Art. 50 LV im Amt bleibt (→ Rn. 2 mit Fn. 21). § 2 ordnete den **Volksentscheid** über die LV für die nächste landesweite Wahl an. § 3 legte in Satz 2 fest, dass die LV bei Billigung durch den Volksentscheid mit der Beendigung der ersten Wahlperiode des LT endgültig in Kraft tritt. Nach § 4 sollte sie bei Ablehnung durch das Volk solange als vorläufige fortgelten, bis eine vom LT beschlossene (neue) Verfassung die Billigung in einem Volksentscheid erhalten hat.[125] § 5 des Gesetzes setzte das Vorläufige Statut außer Kraft.

Verfassung und Gesetz über die Verabschiedung wurden am 23.5.1993[126] ausgefertigt und am selben Tage verkündet.[127] 25

**3. Volksentscheid und endgültiges Inkrafttreten.** Der Volksentscheid fand zusammen mit der Kommunalwahl und der am selben Tage durchgeführten Europawahl am 12.6.1994 statt. Bei einer Beteiligung von 65,5 % (902.988 Personen) der Stimmberechtigten (1.379.244 Personen) stimmten 530.292 Personen (58,7 %) für und 351.599 Personen (38,9 %) gegen die Verfassung.[128] Bezogen auf die Abstimmungsberechtigten entschieden sich 38,45 % für die Verfassung.[129] Mit Beendigung der Wahlperiode des ersten LT am Tag des Zusammentritts des neuen LT (Art. 27 Abs. 1 Satz 2) am 15.11.1994[130] trat die LV als endgültige in Kraft.[131] 26

## III. Änderungen der Verfassung

Die LV ist bisher durch **sechs Gesetze** geändert worden. Das „Erste Gesetz zur Änderung der Verfassung des Landes Mecklenburg-Vorpommern" vom 4.4.2000[132] hat Art. 72 Abs. 3 im Hinblick auf das Konnexitätsprinzip (→ Art. 72 Rn. 50 ff.) neu gefasst. Mit dem zweiten Änderungsgesetz vom 27

---

121 GVOBl. 1993 S. 371.
122 Am 23.5.1993.
123 Der Bürgerbeauftragte war seinerzeit ebenso wenig wie ein LVerfG eingerichtet; deshalb bedurfte es der vorläufigen Inkraftsetzung der diesbezüglichen Bestimmungen nicht.
124 Vgl. Begründung des Gesetzentwurfs der Fraktionen von CDU SPD und F.D.P., LT-Drs. 1/3131 S. 5; zur Korrespondenz zwischen Verabschiedungs- und Änderungsquorum bei einem Referendum unterzogener Verfassung vgl. *Jung* LKV 1995, 319 (320 f.) mwN.
125 Vgl. dazu *März* (Fn. 5) S. 196 mit Fn. 86: „de facto Akklamation, nicht mehr Probation".
126 In Anlehnung an den 23.5.1949 als den Tag der Ausfertigung und Verkündung des GG durch den Parlamentarischen Rat.
127 GVOBl. S. 371 (Gesetz über die Verabschiedung) und S. 372 (LV).
128 Zu den absoluten Zahlen vgl. Bek. des Landeswahlleiters, AmtsBl. 1994, S. 798.
129 Vgl. auch *März* (Fn. 5) S. 196, der auf Zahlen des Statistischen Landesamtes abstellt; zur Bewertung vgl. *Jung* (Fn. 124) S. 319.
130 Vgl. LT-Prot. 2/1.
131 Vgl. Bek. v. 23.8.1994 (GVOBl. S. 811).
132 GVOBl. S. 158; dazu LT-Drs. 3/293 sowie Beschlussempfehlung und Bericht LT-Drs. 3/1156 und LT-Prot. 3/36 S. 2101 ff.

14.7.2006[133] wurden Artt. 12, 14, 17, 27 Abs. 1 und 60 Abs. 1 Satz 3 geändert sowie Art. 52 Abs. 4 und Art. 68 Abs. 2 neu gefasst; Art. 17a wurde eingefügt. Änderungsgegenstände waren die Aufnahme des Tierschutzes, die Konkretisierung des Kinder- und Jugendschutzes, der Schutz von alten Menschen und Menschen mit Behinderung, die Verlängerung der Wahlperiode des LT auf fünf Jahre, eine Konkretisierung der Inkompatibilitätsregel für die Mitglieder des LVerfG sowie das Quorum für ein Volksbegehren und die Änderung von Wahlzeit und Wahlverfahren für Präs und VPräsLRH. Mit dem dritten Änderungsgesetz,[134] das aus einer Volksinitiative nach Art. 59 hervorgegangen ist, wurde Art. 18a eingefügt. Die Änderung der Schuldenregel des Art. 65 Abs. 2 im vierten Änderungsgesetz[135] trat (erst) am 1.1.2020 in Kraft; bereits am 16.7.2011 in Kraft trat die als Art. 79a eingefügte Übergangsregelung für die Aufstellung der Haushalte ab dem Haushaltsjahr 2012. Mit Art. 1 eines Artikelgesetzes[136] wurden im Jahr 2016 in Art. 27 Abs. 1 der Beginn der Wahlperiode präzisiert und der Neuwahlzeitraum verlängert sowie in Art. 60 eine (weitere) Reduzierung des Quorums für ein Volksbegehren auf 100.000 Unterstützer bei gleichzeitiger Herabsetzung des Mindestquorums für die Annahme eines Gesetzentwurfs durch Volksentscheid auf ein Viertel der Wahlberechtigten vorgenommen; zugleich wurde Art. 35a über den Ausschuss für Angelegenheiten der Europäischen Union eingefügt. Das „Fünfte Gesetz zur Änderung der Verfassung des Landes Mecklenburg-Vorpommern" vom 21.12.2021[137] erklärt die Abgeordnetenentschädigung zu einem Viertel für übertragbar (Art. 22 Abs. 3 Satz 2) und schafft damit in diesem Umfang die Voraussetzung für deren Pfändbarkeit.

---

133 Zweites Gesetz zur Änderung der Verfassung des Landes Mecklenburg-Vorpommern v. 14.7.2006 (GVOBl. S. 572); vgl. Gesetzentwurf LT-Drs. 4/2118 (neu) sowie Beschlussempfehlung und Bericht LT-Drs. 4/2328 sowie LT-Prot. 4/79 S. 4824 ff.
134 Drittes Gesetz zur Änderung der Verfassung des Landes Mecklenburg-Vorpommern v. 3.12.2007 (GVOBl. S. 371); dazu LT-Drs. 5/640 und Beschlussempfehlung und Bericht LT-Drs. 5/1003 sowie LT-Drs. 5/1022 und LT-Prot. 5/28 S. 28 ff.
135 Viertes Gesetz zur Änderung der Verfassung des Landes Mecklenburg-Vorpommern v. 30.6.2011 (GVOBl. S. 375; dazu LT-Drs. 5/4192 sowie Beschlussempfehlung und Bericht LT-Drs. 5/4439 und LT-Prot. 5/124 S. 5 ff., 81.
136 Gesetz zur Änderung der Verfassung des Landes Mecklenburg-Vorpommern und weiterer Rechtsvorschriften v. 14.7.2016 (GVOBl. S. 573); dazu Gesetzentwurf LT-Drs. 6/5076; Beschlussempfehlung und Bericht LT-Drs. 6/5462; LT-Prot 6/120 S. 27 ff.
137 GVOBl. S. 1806; dazu Gesetzentwurf LT-Drs. 8/10; Beschlussempfehlung und Bericht LT-Drs. 8/82; Beschlussprotokoll LT-Prot. 8/4 S. 5.

## Präambel

Im Bewußtsein der Verantwortung aus der deutschen Geschichte sowie gegenüber den zukünftigen Generationen,

erfüllt von dem Willen, die Würde und Freiheit des Menschen zu sichern, dem inneren und äußeren Frieden zu dienen, ein sozial gerechtes Gemeinwesen zu schaffen, den wirtschaftlichen Fortschritt aller zu fördern, die Schwachen zu schützen und die natürlichen Grundlagen des Lebens zu sichern,

entschlossen, ein lebendiges, eigenständiges und gleichberechtigtes Glied der Bundesrepublik Deutschland in der europäischen Völkergemeinschaft zu sein,

im Wissen um die Grenzen menschlichen Tuns,

haben sich die Bürger Mecklenburg-Vorpommerns auf der Grundlage des Grundgesetzes für die Bundesrepublik Deutschland in freier Selbstbestimmung diese Landesverfassung gegeben.

Bis auf die Verfassung des Saarlandes enthalten alle anderen Landesverfassungen Präambeln.[1] Ihnen kommt nicht lediglich politischer Bekenntnis- und Appellcharakter zu.[2] Auch sind sie nicht auf eine Integrationsfunktion[3] beschränkt. Vielmehr ist – wie die Präambel des GG – auch die Präambel der LV als Vorspruch Bestandteil der LV[4] und damit geltendes Verfassungsrecht.[5] Zwar ist ihr **normativer Wert** begrenzt. Mit der Verfassungsbeschwerde durchsetzbare subjektiv-öffentliche Rechte des Einzelnen werden mit der Präambel nicht begründet.[6] Sie formuliert ein Bekenntnis in Bezug auf **Ziele** des Landes als Staat und verkündet ein entsprechendes Programm, das anschließend im 1. Abschnitt in den Staatsform-, Grundrechts- und Staatszielbestimmungen konkretisierend aufgegriffen und näher ausgeformt wird.[7] Daraus folgt, dass ihr jenseits derjenigen Inhalte, die in den der Präambel nachfolgenden Artikeln normiert sind, keine eigenständigen, ggf. im Wege der Abwägung auszugleichende Inhalte zukommen können.[8] Ihre Funktion ist daher eher die einer **Auslegungsdirektive** bei der Verfassungsinterpretation[9] (und ggf. auch von Regelungen des einfachen Rechts), ebenso kann ihr eine verfassungsrechtliche Leitlinienfunktion bei der Ausübung

---

1 Der Begriff geht zurück auf das lateinische Verb „praeambulare" = vorangehen, voranschreiten; in BWVerf, VvB und RhPfVerf heißt die Präambel „Vorspruch".
2 *Pirsch* in Thiele/Pirsch/Wedemeyer Präambel Rn. 2; zum Ganzen eingehend *Häberle* in FS Broermann, 1982, S. 211, 231, 242, 248.
3 Vgl. *Häberle* (Fn. 2) S. 232.
4 Vgl. *Pirsch* (Fn. 2) Rn. 1 mit Hinweis auf die Formulierung des Abs. 4 („diese Landesverfassung") im Gegensatz zum Zwischenberichtsentwurf LT-Drs. 1/2000, wo es noch „folgende" Landesverfassung hieß; s. dazu auch Abschlussbericht der Verfassungskommission LT-Drs. 1/3100 S. 83.
5 Vgl. Zwischenbericht der Verfassungskommission LT-Drs. 1/2000 S. 76: „materielle Teil der Verfassung"; zur Präambel aF des GG vgl. BVerfGE 77, 137 (149); 5, 85 (127 f.); *Wolff* in Hömig/Wolff Präambel Rn. 1.
6 Vgl. zur Präambel des GG *Hillgruber* in BeckOK Präambel Rn. 1.
7 Vgl. Zwischenbericht LT-Drs. 1/2000 S. 73 und Abschlussbericht der Verfassungskommission LT-Drs. 1/3100 S. 70: „Die Präambel skizziert in staatszielartiger Form den historischen Moment der Verfassunggebung. Sie enthält eine Bündelung der Ziele, die später in den einzelnen Artikeln konkretisiert werden. Beweggründe und Ziele des Verfassungsschöpfers werden kurz formuliert."
8 Vgl. – für die Präambel des GG – auch *Herdegen* in Dürig/Herzog/Scholz Präambel Rn. 13: „größte Zurückhaltung" bei der Ableitung von Inhalten, die nicht im „operativen Teil" des GG näher ausgeformt sind.
9 Vgl. zB BVerfGE 73, 386; BayVerfGH NVwZ 2008, 422; vgl. – für die Präambel des GG – auch *Herdegen* (Fn. 8) Rn. 12: „Zwitterstellung zwischen Auslegungshilfe und verbindlicher Norm".

des politischen Ermessens der Staatsorgane zukommen.[10] Insbesondere in Zweifelsfällen kann sie daher relevante Bedeutung erlangen.[11]

2 Anders als die Präambel des GG[12] und anderer Landesverfassungen[13] – weist die Präambel der LV **keinen Gottesbezug** auf.[14] Ob in der in Abs. 4 enthaltenen Formulierung „im Wissen um die Grenzen menschlichen Tuns" eine „säkulare Umschreibung" der Berufung auf (den christlichen) Gott gesehen werden kann,[15] erscheint trotz des Umstands, dass sie weitestgehend einem Entwurf der Kirchen folgt,[16] nicht zwingend.

3 Die Präambel benennt verschiedene **Staatsziele** (→ Vor Art. 11 Rn. 1 ff.).[17] Im Einzelnen: Den Willen, die Würde und Freiheit des Menschen zu sichern, was als eine Wegweisung zu den Grundrechtsbestimmungen in Artt. 5 ff. LV zu verstehen ist; ferner den Willen, dem Frieden zu dienen, wobei hier nicht nur, wie in der Präambel des GG, der äußere, sondern auch der innere Frieden angesprochen wird. Des Weiteren wird das Ziel der sozialen Gerechtigkeit, verbunden mit dem Ziel des Schutzes der Schwachen, formuliert, was in verfassungsdogmatischer Hinsicht als ein Verweis auf das Sozialstaatsprinzip (einschließlich dessen weiterer Konkretisierungen etwa in Artt. 13, 17, 17a und 19) gesehen werden kann. Gekoppelt ist das Ziel „soziale Gerechtigkeit" in der Präambel allerdings mit dem des „wirtschaftlichen Fortschritts aller", was zu nicht einfach aufzulösenden Wertungswidersprüchen in der praktischen Staatstätigkeit führen kann.[18] Eingang in die Präambel hat auch der Gedanke der Generationengerechtigkeit erhalten (Abs. 1), der in weiterer Folge etwa der Auslegung des Sozialstaatsprinzips in seinen verschiedenen Ausprägungen oder des Staatszieles „Umweltschutz" („Schutz der natürlichen Lebensgrundlagen") iVm dem Nachhaltigkeitsgrundsatz eine besondere Richtung weist. Schließlich ist auch der Europagedanke aufgenommen worden (Abs. 3), allerdings in etwas anderer Form als in Art. 11: In der Präambel wird die „europäische Völkergemeinschaft", in Art. 11 dagegen die „europäische Integration", die auf den Zusammenschluss von Staaten abhebt,[19] als Zielobjekt angegeben.

4 Abs. 5 stellt nicht, wie die meisten Verfassungen,[20] auf das Volk als Verfassunggeber, sondern auf die Bürger Mecklenburg-Vorpommerns ab. Auf das Volk als das Subjekt der verfassunggebenden Gewalt abzustellen,[21] entspräche der staatstheoretischen und verfassungsrechtlichen Grundaussage der Idee von der

---

10 Vgl. *Pirsch* (Fn. 2) Rn. 2.
11 Vgl. BVerwGE 11, 9 (13).
12 Vgl. Bericht der Gemeinsamen Verfassungskommission des BT und BRat BT-Drs. 12/6000 S. 108 ff.; vgl. auch *Di Fabio* KuR 2015, 157.
13 BWVerf, BayVerf, NdsVerf, NRWVerf, RhPfVerf, VerfLSA, ThürVerf; wohl auch SächsVerf („Bewahrung der Schöpfung"); keinen Gottesbezug enthalten: VvB, BbgVerf, BremVerf, HmbVerf, HessVerf, VerfSH.
14 Zur Debatte und zu den Gründen vgl. *März* JöR N.F. 54 (2006), 175, 199.
15 So *Pirsch* (Fn. 2) Rn. 3; *März* (Fn. 14) S. 199; vgl. auch Zwischenbericht der Verfassungskommission LT-Drs. 1/2000 S. 81 zur Diskussion um den konkreten Standort der Passage innerhalb der Präambel.
16 Vgl. Abschlussbericht der Verfassungskommission LT-Drs. 1/3100 S. 83; s. auch Zwischenbericht der Verfassungskommission LT-Drs. 1/2000 S. 77.
17 Zum Begriff vgl. *Classen* in ders./Lüdemann S. 34 (Rn. 12).
18 Vgl. Abschlussbericht der Verfassungskommission LT-Drs. 1/3100 S. 110.
19 Vgl. BVerfGE 89, 155 (186).
20 Vgl. auch die Präambel VerfSH: „Der Landtag hat in Vertretung der schleswig-holsteinischen Bürgerinnen und Bürger …".
21 Vgl. kritisch zur Berufung auf eine verfassunggebende Instanz *Haltern/Erdmann* in Butzer/Epping/Brosius-Gersdorf/Germelmann/Mehde/Rademacher/Waechter Präambel Rn. 3 f., ferner Rn. 12.

Volkssouveränität (das Volk als „pouvoir constituant").[22] Ist Bürger Mecklenburg-Vorpommerns, wer als deutscher Staatsangehöriger seinen (Haupt)Wohnsitz im Bundesland hat, so bildet die Summen der Bürgerinnen und Bürger das Staatsvolk. Ein Widerspruch zur Regelung des Art. 80 Abs. 1, wonach die LV vom Landtag mit zwei Dritteln seiner Mitglieder zu beschließen war (→ Entstehungsgeschichte Rn. 23 ff.), besteht nicht, weil die Abgeordneten des Landtages nach dem Prinzip der repräsentativen Demokratie die vom Volk ausgehende Staatsgewalt ausüben (→ Art. 3). Zudem ist die LV durch Volksentscheid bestätigt worden (→ Entstehungsgeschichte Rn. 26).

---

22 Vgl. *Schliesky* in Becker/Brüning/Ewer/Schliesky Präambel Rn. 15 f.

# 1. Abschnitt
# Grundlagen

## I. Staatsform

**Vorbemerkung zu Art. 1–4**

1 Die Programmatik der → Präambel wird im ersten Abschnitt der Verfassung konkretisierend aufgegriffen und näher ausgeformt. Als „Grundlagen" der Verfassung werden Regelungen zur Staatsform, zu den Grundrechten und den Staatszielen getroffen. Die Art. 1 bis 4 – mit „Staatsform" überschrieben – enthalten wie im Brennglas fokussierend die strukturformenden Grundaussagen der Verfassung, auf denen diese in einem Prozess zunehmender Konkretisierung aufbaut und die sie in der Folge mit Inhalt anfüllt. Die Bestimmungen beschränken sich freilich nicht auf eine Festlegung der „Staatsform" im engeren Sinne. Als solche wird regelmäßig die Entscheidung für oder gegen eine „Republik" verstanden.[1] In den Art. 1–4 geht es jedoch um mehr: Neben der Vergewisserung über die reale (territoriale) Basis des Landes sind es namentlich **Aussagen zu den leitenden Verfassungsprinzipien** (und damit zur konkret verfassten Herrschaftsordnung sowie zu den fundamentalen Staatszwecken), zur **dezentralen Organisationsstruktur** und zur **Rechtsstaatlichkeit** des Landes als tragende Säulen des verfassten Gemeinwesens M-V. Diese vom Allgemeinen zum Besonderen fortschreitende Systematik entspricht weitgehend der in den Verfassungen der anderen neuen Bundesländer.[2] Damit werden die tragenden Elemente der staatlichen Grundordnung des Landes benannt. Zugleich wird seine „Staatlichkeit" konstituiert, auch wenn diese über die Normativität der Verfassung hinausweist und neben der formellen und materiellen (zB Landeswahlgesetz, Abgeordnetengesetz, Ministergesetz) Verfassung alle wirklichkeitsprägenden Emanationen gliedstaatlicher Herrschaftsordnung umfasst.

**Art. 1  (Das Land Mecklenburg-Vorpommern)**

(1) Mecklenburg und Vorpommern bilden gemeinsam das Land Mecklenburg-Vorpommern.

(2) Mecklenburg-Vorpommern ist ein Land der Bundesrepublik Deutschland.

(3) ¹Die Landesfarben sind blau, weiß, gelb und rot. ²Das Nähere über Landesfarben und Landeswappen sowie deren Gebrauch regelt das Gesetz.

Vergleichbare Regelungen:

Zu Abs. 2: Art. 23 Abs. 2 BWVerf; 1 Abs. 2 VvB; 1 Abs. 1 BbgVerf; 64 BremVerf; 1 HambVerf; 64 HessVerf; 1 Abs. 1 S. 1 Verf NW; 74 Abs. 1 Verf Rh-Pf; 60 Abs. 1 SaarlVerf; 1 S. 1 SächsVerf; 1 Abs. 1 LVerf LSA; 1 SchlHVerf; 44 Abs. 1 S. 1 ThürVerf.

Zu Abs. 3: Art. 1 Abs. 2 und 3 BayVerf; 24 BWVerf; 5 VvB; 4 BbgVerf; 68 BremVerf; 5 HambVerf; 66 HessVerf; 1 Abs. 3 NdsVerf; 1 Abs. 2 Verf NW; 74 Abs. 3 Verf Rh-Pf; 62 SaarlVerf; 2 Abs. 2 und 3 SächsVerf; 1 Abs. 2 LVerf LSA; 44 Abs. 2 ThürVerf.

---

1 Vgl. nur *Maurer* StaatsR § 7 Rn. 16 f.; *Löwer* in v. Münch/Kunig Art. 28 Rn. 16; s. auch *Ipsen* StaatsR I § 13 Rn. 714; *Stein/Frank* StaatsR § 8 VI.
2 Anders die Verfassung des Freistaates Thüringen, die – stärker der Systematik des GG angenähert – mit dem Grundrechtskatalog beginnt und zu den „Grundlagen" erst in den Art. 44 ff. kommt.

# Art. 1

I. Allgemeines .................... 1
II. Landesgebiet – Landesteile (Abs. 1) ............................ 2
  1. Das Landesgebiet ............. 2
  2. Die Landesteile ............... 3
III. Die Gliedstaatlichkeit des Landes Mecklenburg-Vorpommern (Abs. 2) ............................ 4
  1. Staatlichkeit.................... 4
    a) Staatsgewalt ............... 5
    b) Staatsvolk.................. 6
    c) Staatsgebiet ................ 7
  2. Mecklenburg-Vorpommern als Gliedstaat ...................... 8
    a) Land der Bundesrepublik .. 8
    b) Grundgesetz und Landesverfassung ................. 9
    c) Kooperativer und Wettbewerbsföderalismus .......... 12
IV. Die Landesfarben (Abs. 3) ......... 13
V. Schrifttum......................... 14

## I. Allgemeines

Die Bestimmung beinhaltet drei fundamentale Aussagen: Sie enthält den Staatsnamen und die staatlichen Symbole, benennt das **Staatsgebiet** als räumliche Grundlage der Ausübung (landes-)staatlicher Macht und bekennt sich zur **Gliedstaatlichkeit**. Damit fügt sie sich ein in die im GG zum Ausdruck kommende Bundesstaatlichkeit (Präambel, Art. 20 Abs. 1, 79 Abs. 3 GG). Die Verfassung versucht so an prononcierter Stelle die spezifischen Identitäten beider Landesteile einzufangen und in den Staatssymbolen zum Ausdruck zu bringen.[1]

## II. Landesgebiet – Landesteile (Abs. 1)

**1. Das Landesgebiet.** Die Festlegung, nach der Mecklenburg und Vorpommern gemeinsam das Land M-V bilden, ist von doppelter Bedeutung: Sie markiert zum einen das **Gebiet** des Landes als **konstituierendes Merkmal** gebietskörperschaftlicher Verfasstheit. Das Gebiet bildet die räumliche Grundlage jeden (auch: Glied-)Staates und findet in der „Gebietshoheit" des Landes ihre Entsprechung; diese kann im Einzelfall durch Nacheilrechte etc erweiterbar oder durch Völkerrecht eingeschränkt sein. Zum anderen betont sie den Gedanken der Einheit in Vielfalt, indem sie die **beiden Landesteile** ausdrücklich benennt und zugleich auf eine gemeinsame Staatlichkeit hin festlegt.

Art. 1 Abs. 1 LV knüpft an die Bildung der Gebietskörperschaft M-V durch § 1 Abs. 1 LEG an, nach der das Land M-V durch **Zusammenlegung der Bezirksterritorien** Neubrandenburg, Rostock und Schwerin gebildet wurde, während zeitgleich die Bezirke als Verwaltungseinheiten entfielen (§ 26 Abs. 2 LEG).[2] Diese waren nicht identisch mit dem bei der Bezirksbildung vorgefundenen Zuschnitt der Landesteile.[3] Kleinere Arrondierungen erfolgten durch Staatsverträge mit den Ländern Brandenburg und Niedersachsen im Jahre 1993.[4]

**2. Die Landesteile.** Die Festlegung, dass Mecklenburg und Vorpommern „gemeinsam das Land Mecklenburg-Vorpommern" bilden, greift eine Formulierung des Verfassungsentwurfs des Regionalausschusses vom Oktober 1990[5] auf. Sie verbindet die einheitsstiftende Aussage mit der **Anerkennung** der überkommenen historischen und kulturellen **Identitäten** beider Landesteile; diese findet

---

[1] *März* JöR N.F. 54 (2006), 175, 191 Fn. 64 (aE).
[2] Eine Rechtsnachfolge zu früheren staatlichen Einheiten wird überwiegend verneint; siehe *Kilian* in HdbStR Bd. VIII § 186 Rn. 10; *März* JöR N.F. 54 (2006), 177 f.; abw. *Röper* ZG 1991, 149 (161 f.).
[3] Der Versuch, die Landkreise Perleberg, Prenzlau und Templin im Sommer 1990 auf der Grundlage von Bürgerbefragungen in Anlehnung an die bis 1952 bestehenden Strukturen M-V zuzuordnen, misslang; ausführlich hierzu *März* JöR N.F. 54 (2006), 180 f.
[4] Im Einzelnen *März* JöR N.F. 54 (2006), 182 mwN.
[5] *Häberle* JöR N.F. 39 (1990), 319 ff. (399 ff.).

ihre spezielle Ausformung in Art. 16 Abs. 1 LV (Förderung von Kultur und Wissenschaft) und Art. 75 LV (Landschaftsverbände → Art. 75 Rn. 5).[6] Die Nennung beider Regionen und die Betonung des gemeinsamen Beitrags zur Landesbildung lässt sich als implizite Hervorhebung der Gleichwertigkeit beider Regionen verstehen.[7] Ein bestimmter rechtlicher Gestaltungsauftrag für die Politik lässt sich hieraus jedoch nicht ableiten. Immerhin dürfte sich ohne Überdehnung des normativen Gehalts ein entsprechendes **Berücksichtigungsgebot** der besonderen Belange der beiden Landesteile (vgl. auch Art. 16 Abs. 1 S. 2 LV) entnehmen lassen. Ein solches umfasst auch das Verbot der Bevorzugung einer Region des Landes,[8] sperrt sich aber nicht gegen kompensatorische, der unterschiedlichen Leistungskraft der Landesteile Rechnung tragende Regelungen. Unabhängig hiervon zeigen Beispiele anderer Länder wie Baden-Württemberg oder Nordrhein-Westfalen (Lippe), dass sich das Eingehen auf Sensibilitäten in historisch unterschiedlich gewachsenen Landesteilen langfristig auszahlt.[9]

### III. Die Gliedstaatlichkeit des Landes Mecklenburg-Vorpommern (Abs. 2)

4  1. **Staatlichkeit.** Als Land der Bundesrepublik Deutschland weist M-V alle Merkmale eines Staates auf: Auch bei den Bundesländern handelt es sich im Sinne der überkommenen **Drei-Elemente-Lehre**, wie sie von Georg Jellinek[10] klassisch ausgeformt wurde, um menschliche Verbände, die sich zu einem Staatsvolk zusammengefunden haben, ein bestimmtes Gebiet bewohnen und über eine auf Organisation beruhende Staatsgewalt verfügen. Damit sind die drei Elemente Staatsgewalt, Staatsvolk und Staatsgebiet in Beziehung zueinander gesetzt.

5  a) **Staatsgewalt.** Auch als Gliedstaat (Bundesland) ist M-V „mit eigener, wenn auch gegenständlich beschränkter – nicht vom Bund abgeleiteter, sondern von ihm anerkannter Hoheitsmacht" ausgestattet.[11] Seine Machtausübung äußert sich in den Funktionen von Legislative, Judikative und Exekutive, seine Staatlichkeit setzt einen – durch Art. 79 Abs. 3 GG garantierten – „**Kern eigener Aufgaben**" voraus, der ihm als „Hausgut" verbleiben muss und ein Mindestmaß an Kompetenzen in jedem dieser Bereiche verlangt. In der durch Art. 70 ff., 83 ff. GG geprägten Wirklichkeit liegt das Schwergewicht heute deutlich auf den Funktionen von Exekutive und Judikative. In auswärtigen Angelegenheiten sind Länderkompetenzen zwar nicht generell ausgeschlossen, aber doch durch Art. 32 GG substantiell eingeschränkt (→ Art. 11 Rn. 5, 14).[12]

Zur autonomen Staatsgewalt zählt auch das **Recht der eigenen Verfassunggebung**. Staaten der Neuzeit sind nur noch als Verfassungsstaaten denkbar, dh als Staaten, die durch die Verfassung konstituiert sind und hierdurch zugleich Grundlage wie Grenzen ihrer Legitimität erfahren. Sie sind also durch Recht verfasst. In der Verfassung verschränken sich Demokratie und Recht. Das Staatsvolk ist, wie auch das Zustandekommen der LV zeigt (→ Entstehungsgeschichte Rn. 26 f.), zugleich „Autor" wie (neben den Staatsorganen) „Adressat" der entsprechenden Grundordnung. Dabei hat das Land im Bereich der

---

6 Verfassungskommission, LT-Drs. 1/3100, S. 83.
7 In diesem Sinne *Pirsch* in Thiele/Pirsch/Wedemeyer LV M-V Art. 1 Rn. 2.
8 Die Verfassungskommission (LT-Drs. 1/3100, S. 83) versteht die Bestimmung als Verbot der Bevorzugung einer Region des Landes.
9 Näher *Wallerath* DV 1990, 257 f.
10 *Jellinek* S. 394 ff.; hierzu: *Grawert* in HdbStR Bd. II § 16 Rn. 4; *Kriele* S. 60 ff.
11 BVerfGE 60, 162 (207); s. auch BVerfGE 1, 14 (34); 6, 309 (360 f.).
12 S. auch § 2 Abs. 2 KV für die Kommunen (Entwicklung partnerschaftlicher Beziehungen zu Gemeinden anderer Staaten).

Staatsorganisation weitgehende, nur durch Art. 28 GG begrenzte Freiheit; diese umfasst namentlich das Recht eigener Verfassungsgerichtsbarkeit.[13]

**b) Staatsvolk.** Das personalkörperschaftliche Element ist in Gliedstaaten nur 6 rudimentär ausgebildet. Diese greifen regelmäßig auf eine abgeleitete Staatsangehörigkeit zurück: Das ausschließliche „Legitimationssubjekt" **Staatsvolk** wird hier aus den Staatsangehörigen des Gesamtstaates gebildet, die ihren Wohnsitz in dem betreffenden Gliedstaat haben. Das BVerfG bezeichnet das Landes-Staatsvolk demgemäß als „Verband der in im Bereich des jeweiligen Landes lebenden Deutschen".[14]

**c) Staatsgebiet.** Das Staatsgebiet von M-V wird aus Mecklenburg und Vorpom- 7 mern gebildet (→ Art. 1 Rn. 3). Art. 1 Abs. 1 LV vermittelt indes keine absolute Gebietsgarantie. Die in Art. 1 Abs. 2 LV verankerte Bundesstaatszugehörigkeit hat zur Konsequenz, dass das Staatsgebiet Mecklenburg-Vorpommerns dem Vorbehalt der Neugliederung durch den Bundesgesetzgeber mit Bestätigung durch Volksbescheid unterliegt (Art. 29 GG).[15]

**2. Mecklenburg-Vorpommern als Gliedstaat. a) Land der Bundesrepublik.** 8 Die Gliedstaatlichkeit des Landes, die schon in der Präambel zum Ausdruck kommt, folgt der verbandsmäßigen Struktur der Bundesrepublik als („zweigliedriger")[16] Bundesstaat. Sie ist Ausdruck des Föderalismus. Indem sie auf eine **Pluralität von Entscheidungszentren** auf unterschiedlichen Ebenen setzt, ermöglicht sie stärkere politische Vielfalt und vertikale Gewaltenteilung. Dabei geht es nicht um „Originalität um jeden Preis", sondern um den Erhalt eigener Identität[17] und die Nutzung der Vorteile (bei Inkaufnahme unvermeidlicher Nachteile) von Dezentralisation.[18] Die Bundesstaatlichkeit generiert ein abstimmungsbedürftiges **In- und Nebeneinander von Bundes- und Landesverfassungsrecht;** zu diesen fügt sich das Recht der Europäischen Union mit zunehmender Bedeutung hinzu (→ Art. 53 Rn. 1).[19] Die Ungleichzeitigkeit der Verfassungsgebung in Bund und Land führt neben einer inkorporierenden Regelungstechnik (Art. 5 Abs. 3 LV) dazu, dass die im GG wie in der LV übereinstimmend verwendete Begrifflichkeit – unbeschadet landesverfassungsrechtlicher Spezifika – vor der Folie der zwischenzeitlichen Ausformung durch die Rspr. des BVerfG zu verstehen ist.

**b) Grundgesetz und Landesverfassung.** Der Geltungsanspruch des **Landesver-** 9 **fassungsrechts im Verhältnis zum GG** wird inhaltlich durch die Artikel 142, 31 sowie 28 GG bestimmt und begrenzt. Er bleibt von der gleichzeitigen grundgesetzlichen Verbürgung von Grundrechten oder Staatszielen unberührt. Das gilt selbst dann, wenn ein Landesgrundrecht oder Staatsziel hinter einem gleichsinnigen bundesrechtlichen zurückbleibt, ohne die Landesgewalt zu einem

---

13 *Wallerath* NdsVBl. 2006 (Sonderheft 50 Jahre Nds. StGH), 43 (44) mwN.
14 BVerfGE 83, 37 (53); s. auch *Isensee* in HdbStR Bd. IV § 126 Rn. 53 ff.; *März* JöR N.F. 54 (2006) 185.
15 *Hellermann* in Fischer-Lescano/Rinken ua LV Bremen Art. 64 Rn. 19. Zum begrenzt änderbaren Art. 29 GG vgl. *Meyer-Theschendorf* in von Mangoldt/Klein/Starck GG Art. 29 Rn. 62; *Pernice* in Dreier Art. 29 Rn. 12.
16 BVerfGE 13, 54 (77 f.); *Stern* StaatsR I S. 489 mwN.
17 *Sachs* KritV 1996, 125 (129); *Möstl* AöR 130 (2005), 350 (387).
18 Näher *Wallerath* DV 1992, 157 ff.
19 *Classen/Nettesheim* in Oppermann/Classen/Nettesheim § 4 Rn. 23 ff.; *Möstl* AöR 130 (2005), 350 ff.

Bundesrecht widersprechenden Verhalten zu nötigen.[20] Das Land ist also stets an den weiter reichenden Auftrag gebunden.[21]

10 Die Verfassungssphären von Bund und Länder sind grundsätzlich voneinander getrennt, so dass auch die Verfassungsgerichte hierzu korrespondierend grundsätzlich nebeneinander tätig werden können: Das BVerfG legt das GG, das LVerfG die Landesverfassung aus. Dieser Grundsatz wird jedoch mehrfach durchbrochen: Die Rechtsprechung des BVerfG hat Bestimmungen des GG – wie etwa Art. 21 – als ungeschriebene Normen in Landesverfassungen hineingelesen, an die im Gefolge Landesstaatsgewalt gebunden ist (sog. **Hineinwirkungslehre des BVerfG**).[22] Zudem sorgen die **Homogenitätsanforderungen** der Art. 28 Abs. 1 GG dafür, dass die korrespondierenden Normen der jeweiligen Landesverfassung im Lichte des GG und der hierzu ergangenen Rspr. des BVerfG interpretiert werden.[23]

11 Im Hinblick auf die in Art. 1 Abs. 2 LV enthaltene Gliedstaatsklausel ist umstritten, ob auch die Vorschriften des GG über die Gesetzgebungskompetenzen zwischen Bund und Ländern in die Landesverfassung inkorporiert werden und insoweit kraft Landesverfassungsrechts zu beachten und justiziabel sind. Bejaht haben dies der N-W VerfGH[24], der Rh-Pf VerfGH,[25] der SächsVerfGH[26] und der NdsStGH[27]. Der BremStGH[28], der HessStGH[29] und das BVerfG[30] für Art. 1 SchlHVerf verneinen ein Hineinlesen der Kompetenzordnung des GG in die jeweiligen Landesverfassungen. Das LVerfG M-V hat sich hierzu bislang nicht positioniert, sondern diese Frage explizit offen gelassen.[31] Für eine Inkorporation der Kompetenzordnung des GG in die LV M-V spricht, dass Art. 1 Abs. 2 LV nicht nur ein bloßer Programmsatz ist, sondern Rechtspflichten gegenüber anderen Gliedern des Bundesstaates begründet. Dagegen spricht, dass die Landesverfassung Vorschriften enthält, die das GG explizit in die Landesverfassung inkorporieren: So sind nach Art. 5 Abs. 3 LV M-V die Grundrechte des GG „Bestandteil dieser Verfassung und unmittelbar geltendes Recht".[32] Für die Kompetenzordnung des GG fehlt eine ausdrückliche Regelung, was allerdings eine Inkorporation über Art. 1 Abs. 2 LV M-V nicht ausschließt. Der Wortlaut des Art. 1 Abs. 2 LV M-V und seine systematische Stellung stehen einer Überprüfung der Landesgesetzgebung am Maßstab der Kompetenzordnung des Grundgesetzes jedenfalls nicht entgegen. Eine Maßstabserweiterung auch für das LVerfG M-V trägt der in Art. 1 Abs. 2 LV M-V zum Ausdruck kommenden Gliedstaatlichkeit

---

20 BVerfGE 86, 345 (365); BdgVerfG LKV 1999, 450 (460); *Jutzi* LVerf u. BundR S. 38 f.
21 Zur prozessualen Seite → Art. 4 Rn. 4.
22 BVerfGE 1, 208 (227 ff.); 2, 380 (403); 4, 375 (378); 6, 367 (375); 66, 107 (114); 120, 82 (104); s. auch BremStGHE 4, 74 (81); 7, 40 (52); HambVerfG NordÖR 2013, 156 (157).
23 ZB BremStGHE 5, 36.
24 N-W VerfGH NVwZ 1993, 57 (59).
25 Rh-Pf VerfGH NVwZ 2001, 553 (554).
26 SächsVerfGH, LVerfGE 14,333 (358).
27 NdsStGH NordÖR 2005, 409 (410).
28 BremStGH 8, 198 (214 ff.), aA Sondervotum *Meyer, Alexy* und *Schlacke* BremStGH 8, 220 (222 ff.).
29 HessStGH NVwZ-RR 2004, 713 (720 f.); abweichend früher HessStGH DÖV 1982, 320 (320 f.).
30 BVerfGE 103, 322 (356 ff.); abweichend früher BVerfGE 60, 175 (206 f.).
31 LVerfG M-V, LVerfGE 10, 336, (344 f.).
32 Dieser Verweis ist dynamisch zu verstehen, vgl. LVerfG M-V, LVerfGE 11, 364 (365, Ls. 3).

Rechnung. Mehrere Gerichte praktizieren diesen Prüfmaßstab,[33] ohne dass es zu einer erkennbaren Verletzung der föderalen Ordnung oder widersprüchlichen Entscheidungen der Landes- oder des Bundesverfassungsgerichts gekommen wäre. Divergierenden Auffassungen kann durch eine Vorlage beim BVerfG gemäß Art. 100 Abs. 3 GG durch das Landesverfassungsgericht vorgebeugt werden.[34] Statt einer Schwächung der Verfassungsräume führt eine **Inkorporierung der Kompetenzvorschriften des GG in die Landesverfassung** vielmehr zu einer Stärkung des föderalen Systems, indem dieses eine Prüfinstanz mehr erhält. Die Annahme, dass auch die Kompetenzordnung des GG über Art. 1 Abs. 2 LV M-V in die LV eingefügt wird, trägt der Funktion der verfassungsrechtlichen Kompetenzordnung als „gemeinsames Grenzrecht" für beide Teilrechtsordnungen zu wirken Rechnung.[35] Letztlich spricht auch die konkret benannte Bindung des Landesgesetzgebers an das Grundgesetz in Art. 4 LV M-V dafür, dass damit jedenfalls auch oder sogar in erster Linie[36] die Bindung an die Kompetenzordnung des GG gemeint ist.

**c) Kooperativer und Wettbewerbsföderalismus.** Die Staatspraxis hat in den vergangenen Jahren – namentlich im Bildungsbereich – zahlreiche Formen **kooperativen Föderalismus** hervorgebracht, mit der teilweise eine bedenkliche Schwächung der parlamentarischen Entscheidungsprärogative einhergeht.[37] Sie ist durch die Föderalismusreform I (2006)[38], die darauf zielte, die Zuständigkeitsbereiche von Bund und Ländern präziser voneinander abzugrenzen und Gesetzgebungs- und Verwaltungs- bzw. Vollzugszuständigkeiten klarer zuzuordnen, keineswegs hinfällig geworden. Die mit dieser einhergehenden Tendenz zu einem **kompetitiven Föderalismus** tangiert nicht zuletzt die Finanzausstattung der Länder. Sie ist im Hinblick auf die Möglichkeiten strukturschwacher Flächenländer besonders prekär, auch wenn der Wettbewerbsgedanke ein dem Föderalismus inhärentes Prinzip beschreibt.[39] Auf administrativer Ebene geht es auch um mögliche Formen der Zusammenarbeit zwischen Landes- und Bundesbehörden, die im Schnittfeld verschiedener Aufgabenträger die Möglichkeit wechselseitiger Einwirkungen auf organisatorische Strukturen und Entscheidungsprozesse ermöglichen und damit Unklarheit und Dysfunktionalität im Hinblick auf Kontrolle und Verantwortung begünstigen.[40] Sie werfen, soweit sie nicht im Einzelnen ausdrücklich verfassungsrechtlich geregelt sind (vgl. Art. 91a ff. GG), namentlich im Hinblick auf den Topos der „**Mischverwaltung**", wonach der Grundsatz der eigenverantwortlichen Aufgabenwahrnehmung durch Bund und Länder durchbrochen wird,[41] Bedenken auf.

---

33 S. o. Fn. 27–30.
34 Sondervotum *Meyer/Alexy/Schlacke* BremStGHE 8, 220 (225).
35 *Löwer*, NdsVBl 2010, 138 (143).
36 So *März* JöR N.F. 54 (2006), 175 (204).
37 *Bauer* in Dreier Art. 20 Rn. 18 mwN.
38 Gesetz zur Änderung des Grundgesetzes (Artikel 22, 23, 33, 52, 72, 73, 74, 74a, 75, 84, 85, 87c, 91a, 91b, 93, 98, 104a, 104b, 105, 107, 109, 125a, 125b, 125c, 143c) v. 28.8.2006, BGBl. I S. 2034.
39 *Sommermann* in von Mangoldt/Klein/Starck Art. 20 Rn. 50.
40 Beispielhaft: § 44b SGB II; näher *Lühmann* DÖV 2004, 677 ff.; *Ruge/Vorholz* DVBl 2005, 403 ff.
41 Vgl. *Kment* in Jarass/Pieroth GG Art. 30 Rn. 10 f.; vgl. BVerfGE 108, 169 (182); 119, 331 (365); 139, 194 Rn. 109.

## IV. Die Landesfarben (Abs. 3)

13 Abs. 3 S. 1 bestimmt – als Ausschnitt einer Regelung über die Staatssymbole – die Landesfarben; diese sind bedeutsame Ausdrucksmittel der Repräsentation und Integration eines jeden Landes.[42] IÜ überlässt es Art. 1 Abs. 3 S. 2 LV dem einfachen Gesetzgeber, das Nähere über Landesfarben und Landeswappen sowie deren Gebrauch zu regeln. Hiervon hat der Gesetzgeber mit dem Gesetz über die Hoheitszeichen des Landes vom 23.7.1991 (§ 1 Abs. 1 S. 1 HoheitszeichG M-V: „Die Farben des Landes sind Ultramarinblau-Weiß-Gelb-Weiß-Zinnoberrot.")[43] sowie darauf gestützte Verordnungen[44] Gebrauch gemacht. Diese treffen ua über die Beschaffenheit der Hoheitszeichen (Flaggen, Wappen und Dienstsiegel) des Landes und deren Verwendung nähere Regelungen. Die Landesteile finden sich im Landeswappen und in der Dienstflagge in Form des schwarzen mecklenburgischen Stierkopfs und des pommerschen Greifs repräsentiert, im Landeswappen ist überdies der rote brandenburgische Adler wiedergegeben.[45] Nach § 1 Abs. 3 HoheitszeichG M-V können in den Landesteilen Mecklenburg und Vorpommern zusätzlich die traditionellen Farben und Flaggen geführt werden.

## V. Schrifttum

14 *Kristina Fiedler*, Verfassungsgerichtsbarkeit im Bundesstaat, 2006; *Wolfgang März*, Die Verfassungsentwicklung in Mecklenburg-Vorpommern, JöR N.F. Bd. 54 (2006), S. 175 ff.; *Peter Häberle*, Der Entwurf der Arbeitsgruppe „Neue Verfassung der DDR" des Runden Tisches, JöR N.F. Bd. 39 (1990), S. 319 ff., 399 ff.; *Johannes Hellermann* in: Fischer-Lescano/Alfred Rinken ua (Hrsg.), Verfassung der Freien Hansestadt Bremen, 2016; *Hans D. Jarass/Bodo Pieroth*, GG, 17. Aufl. 2022; *Georg Jellinek* Allgemeine Staatslehre, 3. Aufl. 1914; *Eckart Klein*, Staatssymbole, in: J. Isensee/P. Kirchhof (Hrsg.), HdbStR Bd. II, 3. Aufl. 2004, § 19; *Kriele* Einführung in die Staatslehre, 6. Aufl. 2003; *Markus Möstl*, Landesverfassungsrecht – zum Schattendasein verurteilt?, AöR 130 (2005), S. 350 ff.; *Josef Isensee*, Idee und Gestalt des Föderalismus im Grundgesetz, in: J. Isensee/P. Kirchhof (Hrsg.), HdbStR Bd. VI, 3. Aufl. 2008, § 126; *Siegfried Jutzi*, Landesverfassungsrecht und Bundesrecht, 1982; *Thomas Oppermann/Claus Dieter Classen/Martin Nettesheim*, Europarecht, 9. Aufl. 2021; *Erich Röper*, Verfassungsgebung und Verfassungskontinuität in den östlichen Bundesländern, ZG 6 (1991), S. 149 ff., 161 ff.; *Jochen Rozek*, Das Grundgesetz als Prüfungs- und Entscheidungsmaßstab der Landesverfassungsgerichte, 1993; *Christian Starck*, Verfassungsgebung in den neuen Ländern, ZG 7 (1992), S. 1 ff.

## Art. 2 (Staatsgrundlagen)

Mecklenburg-Vorpommern ist ein republikanischer, demokratischer, sozialer und dem Schutz der natürlichen Lebensgrundlagen verpflichteter Rechtsstaat.

---

42 Zu deren Schutz vgl. *Klein* in HdbStR Bd. II § 19 Rn. 25; s. auch § 90a StGB; hierzu: BVerfGE 81, 278 (289 f.).
43 GVOBl. 1991 S. 293.
44 VO über die Führung der Landeswappen, Landessiegel, Amtsschilder und Standarten idF d Bekanntmachung v. 8.10.1997 (GVOBl. S. 536) sowie VO über die Beflaggung öffentlicher Gebäude v. 20.3.1998 (GVOBl. S. 382).
45 § 3 Abs. 2 HocheitszeichG M-V.

**Vergleichbare Regelungen:**
Art. 23 Abs. 1 BWVerf; 2 Abs. 1 BbgVerf; 3 Abs. 1 HambVerf; 65 HessVerf; 1 Abs. 2 NdsVerf; 74 Abs. 1 Verf Rh-Pf; 60 Abs. 1 SaarlVerf; 1 S. 2 SächsVerf; 2 Abs. 1 LVerf LSA; 44 Abs. 1 S. 2 ThürVerf.

| | |
|---|---|
| I. Normative Struktur ................ 2 | b) Zielrichtung und Inhalte ... 12 |
|   1. Die Verknüpfung von Staats- und Regierungsform mit Staatszielen .................... 2 |   c) Inhaltliche Direktiven der Sozialstaatlichkeit .......... 13 |
|   2. Homogenität mit den grundgesetzlichen Vorgaben ........... 3 |   4. Erhaltung der natürlichen Lebensgrundlagen ............. 14 |
| II. Ausprägungen im Einzelnen ....... 4 |     a) Schutzrichtung............. 15 |
|   1. Republikanische Staatsform ... 4 |     b) Normqualität, Wirkungsdimensionen .................. 16 |
|   2. Demokratische Regierungsform .......................... 5 |   5. Rechtsstaatliche Fundierung ... 17 |
|     a) Legitimationskonzept und Herrschaftsform ........... 5 |     a) Verfassungsrechtliche Ausformungen .................. 18 |
|     b) Staatsvolk und Gesellschaft 8 |     b) Rechtsstaatliche Gesetzesgestaltung ................... 19 |
|   3. Soziale Staatszielbestimmung .. 9 | III. Schrifttum ........................ 22 |
|     a) Normative Wirkkraft ...... 10 | |

Die Bestimmung trifft trotz ihrer deskriptiven sprachlichen Fassung eine **norma-** 1 **tive Aussage von** zentralem, **verfassungsrechtlichem Rang.** Art. 56 Abs. 3 LV belegt ihre herausragende Bedeutung als Fundamentalnorm der LV; spätestens aus diesem folgt, dass die Formulierung „ist ein ..." normativ im Sinne von „hat zu sein" zu lesen ist. Die in Art. 2 enthaltenen verfassungsrechtlichen Grundentscheidungen werden anschließend durch Grundrechte, Staatsziele und Staatsorganisationsrecht näher ausgeformt. Die Vorschrift gibt so die tragenden Strukturen der Verfassung vor, ohne freilich das komplexe Nebeneinander der unterschiedlichen verfassungsgestaltenden Grundsätze selbst schon aufzulösen. Über Art. 56 Abs. 3 LV erweisen sich die in Art. 2 LV genannten Grundsätze als gegen aushöhlende Verfassungsänderungen geschützt. Das sichert ihnen einen änderungsfesten Bedeutungskern, hindert aber nicht Verfassungsänderungen, die lediglich einzelne Aspekte der verfassungsrechtlichen Konkretisierung der genannten Grundsätze betreffen (→ Art. 56 Rn. 10).[1]

## I. Normative Struktur

**1. Die Verknüpfung von Staats- und Regierungsform mit Staatszielen.** Die 2 Bestimmung verknüpft Aussagen zur **Staats- und Regierungsform** des Landes mit solchen zu Staatszielen (→ Vorb. Art. 11 Rn. 3): Mit der Festlegung auf eine „Republik" ist die Staatsform vorgegeben. Die „Demokratie" beschreibt eine bestimmte Regierungs-(Herrschafts-)form. Mit den Attributen des „Sozialen" und der Verpflichtung auf den „Schutz der natürlichen Lebensgrundlagen" werden zwei bedeutsame **Staatsziele** beschrieben. Die „Rechtsstaatlichkeit" verbindet dies alles als Leit- und Strukturprinzip und gibt ihm Form. Die Semantik, die den Rechtsstaat als Satzgegenstand mit bestimmten attributiven Aussagen verbindet, deutet nicht nur die **Komplexität** der beschriebenen Einzelelemente an, sondern beschreibt zugleich die Richtung einer Auflösung von Zielkonflikten. Insbesondere Demokratie- und Rechtsstaatsprinzip hängen eng zusammen: Gemeinsam stehen sie für die Notwendigkeit eines transparenten Gesetzge-

---

[1] BVerfGE 30, 1 (24); *Hesse* Grdzge des VerfassungsR der BRD Rn. 701; *P. Kirchhof* in HdbStR Bd. I § 19 zu Art. 79 Abs. 3 GG.

bungsverfahrens,[2] die Sicherung der Freiheitlichkeit staatlicher Herrschaftsordnung unter der Bedingung mehrheitlich getroffener verbindlicher Entscheidung sowie die Notwendigkeit parlamentarischer Entscheidung über wesentliche Belange des Bürgers oder des Staatsganzen (→ Art. 4 Rn. 3, 10).

3   **2. Homogenität mit den grundgesetzlichen Vorgaben.** Art. 2 nimmt erkennbar die Vorgaben des Art. 28 Abs. 1 GG in sich auf, der seinerseits die **strukturelle Homogenität** von GG und Landesverfassungen zu sichern sucht. Indem Art. 2 LV das Land zusätzlich auf den „Schutz der natürlichen Lebensgrundlagen" verpflichtet, geht er (zulässigerweise) über Art. 28 Abs. 1 GG hinaus; durch die nachträgliche Einfügung des Art. 20a GG ist diese Divergenz zwischenzeitlich wieder aufgehoben.[3] Ein Verstoß gegen Art. 28 Abs. 1 GG wäre nur bei einem Zurückbleiben der landesverfassungsrechtlichen Garantie hinter dem grundgesetzlich geforderten Maß denkbar. Er führte mit der hM zur Nichtigkeit der widersprechenden landesverfassungsrechtlichen Bestimmung[4] und wäre jedenfalls in M-V auch einer Prüfung durch das LVerfG zugänglich.[5] Indes schließt die übereinstimmend **prinzipienhafte Regelungstechnik** in Art. 28 Abs. 1 GG[6] wie in Art. 2 LV einen solchen Verstoß praktisch aus. Insb. begründet die unterschiedliche Konkretisierung einzelner Prinzipien in GG und LV nicht von vornherein den Verdacht der Verfassungswidrigkeit.[7] So steht Art. 28 Abs. 1 GG einer von Art. 38 Abs. 1 S. 1 GG abweichenden Regelung der Legislaturperiode des LT[8] oder der Aufnahme zusätzlicher Elemente der plebiszitären Demokratie in die LV und deren weiterem Ausbau keineswegs entgegen.

## II. Ausprägungen im Einzelnen

4   **1. Republikanische Staatsform.** Mit der Festlegung auf die republikanische Staatsform knüpft die LV nicht nur an Art. 28 Abs. 1 GG, sondern auch an eine Tradition der Verfassunggebung der deutschen Länder seit dem Ende des Deutschen Kaiserreiches an. Zum Ausdruck gebracht wird damit zuvorderst die Entscheidung gegen eine monarchische Staatsform: Das **Staatsoberhaupt** soll auf Zeit gewählt und nicht dynastisch bestimmt sein.[9] Die einer anderen Tradition folgende Fassung des Art. 1 Abs. 1 S. 2 des Entwurfs „für eine Verfassung des Freistaats Mecklenburg-Vorpommern"[10] brachte diesen Aspekt anschaulicher als die beschlossene Fassung zum Ausdruck. Hinzu tritt heute

---

2   SächsVerfGH NVwZ 2011, 936 m. Bespr. *Scheidler* NVwZ 2011, 924 ff.
3   Hierzu *März* JöR N.F. 54 (2006), 175 (202).
4   BVerfGE 83, 37 (53 f.); 83, 60 (70); *Dreier* in ders. GG Art. 28 Rn. 82 f.; *März* in v. Mangoldt/Klein/Starck Art. 31 Rn. 93 f.; *Löwer* in v. Münch/Kunig GG Art. 28 Rn. 13; *Maurer* StaatsR I § 10 Rn. 36; *Nierhaus* in Sachs GG Art. 28 Rn. 28; *Jarass* in ders./ Pieroth GG Art. 28 Rn. 2 f.; aA *Jutzi* LVerfR u. BundR S. 34 f.
5   Siehe → Art. 1 Rn. 8 f. Im Falle eines Verstoßes gegen die in Art. 28 Abs. 1 S. 2 GG genannten Wahlgrundsätze besteht das BVerfG inzwischen nachdrücklich auf einer ausschließlich landesverfassungsgerichtlichen Überprüfung; siehe BVerfGE 99, 1 (8); 103, 332 (350 ff.).
6   Zu den damit verbundenen Auslegungsproblemen: *Löwer* in v. Münch/Kunig GG Art. 28 Rn. 14 ff.
7   S. auch *Schönbroicher* in Heusch/Schönenbroicher Art. 1 Rn. 21.
8   BVerfGE 1, 14 (33 ff.).
9   Das schließt zwar eine Verfassungsänderung, die auf eine Volkswahl des MinPräs gerichtet ist, nicht aus (s. *v. Arnim* in FS König, 2004, S. 317 ff.); unverzichtbar ist allerdings eine angemessen begrenzte Amtszeit.
10  Wiedergegeben bei *Häberle* (1993) S. 70 ff., 130 ff.; s. auch § 1 S. 1 der Verfassung des Freistaates von Mecklenburg-Schwerin vom 17.5.1920, wiedergegeben bei *Schwabe* S. 50 ff.

eine zusätzliche, weiter verstandene Bedeutungsschicht: Sie rückt die sprachliche Nähe zum staatlichen Gemeinwesen als „res publica" in den Vordergrund und meint „freiheitlich, volksstaatlich und antidiktatorisch". Danach muss sich alle öffentliche Gewalt als „Herrschaft der Gleichen"[11] auf das Staatsvolk als Legitimationsgrund zurückführen lassen und hat sich ausschließlich am **gemeinen Wohl** zu orientieren. Hiermit verbindet sich der Gedanke der Repräsentation aufgrund formal gleichen Wahlrechts und des Amtssystems des modernen (nichtfeudalen) Staates. Durch die Betonung der Partizipation des „Bürgers" – als Gegenbegriff zum „Untertan" – beschreibt Republik im weiteren Sinne eine umfassende Organisationstypik im Schnittfeld von Staatsform (im engeren Sinne) und Herrschaftsform der Demokratie, wie sie auch in der Formulierung „freiheitlich demokratische Grundordnung"[12] ihren Niederschlag findet. Diese zeichnet sich durch größtmögliche und gleichberechtigte Teilhabe der Bürger an den öffentlichen Angelegenheiten des Gemeinwesens aus.

**2. Demokratische Regierungsform. a) Legitimationskonzept und Herrschaftsform.** In der Demokratie vereinen sich Legitimationskonzept und Herrschafts- bzw. Regierungsform: Aus dem Gedanken politischer Freiheit erwächst eine spezifische Ausformung staatlicher Willensbildung und Herrschaftsausübung, die auf **Legitimation durch das Staatsvolk** angewiesen ist. Dem entspricht die Aussage, dass alle Staatsgewalt vom Volke ausgeht (Art. 3 Abs. 1 LV). Als tragendes Verfassungsprinzip ist der Grundsatz der Demokratie einer näheren Ausformung durch konkretisierende „Formelemente" zugänglich und wirkt so auf eine Reihe von Verfassungsnormen als Leitprinzip ein.[13] Zugleich unterliegt die Ausübung demokratisch legitimierter Staatsgewalt der Begrenzung durch Zeit und Recht. Die freiheitsgemäße Erzeugung des politischen Willens und seine Durchsetzung sind auf eine rechtliche Rahmenordnung angewiesen, die den Prozess der Willensbildung nach fairen Spielregeln formt, sowie seine Umsetzung rechtsstaatlich diszipliniert[14] und demokratischer Kontrolle unterwirft.[15] 5

In der Idee der Demokratie kristallisieren sich **zwei gegensätzliche Positionen heraus:**[16] Die eine, auf J. J. Rousseau zurückzuführende Position unterstellt, dass alle Individuen im Prinzip die gleichen Interessen haben und dass es im Grunde nur darum gehe, die „wahren Interessen" oder Bedürfnisse zu erkennen und im politischen Prozess durchzusetzen. Diese Position läuft letztlich auf die (explizite oder implizite) Einsetzung eines (als wohlwollend gedachten) Diktators hinaus: Sie unterstellt eine Instanz, der gleichsam die Kompetenz zur 6

---

11 *Benda/Maihofer/Vogel* HdbVerfR § 12 Rn. 82.
12 Siehe Art. 10 Abs. 2, 18, 21 GG (hierzu: BVerfGE 2, 1, 12 f.; *Schachtschneider*, Res publica res populi. Grundlegung einer allgemeinen Republiklehre, 1994, insb. S. 71 ff., 125 ff., 584 ff.
13 BW StGH BWVBl. 1959, 185 (186); *Gröschner* JZ 1996, 637 (644); *Wallerath* DÖV 2021, 905 ff. (auch) zu den aktuellen Gefährdungslagen; *März* JöR N.F. 54 (2006), S. 175 (202).
14 Vgl. hierzu auch *Kriele*, Einführung in die Staatslehre, 6. Aufl. 2003, S. 256: Freiheitsbedingungen sichernde „Selbstbindung der Demokratie".
15 Zur Sicherung der demokratischen Einflussmöglichkeiten des Bürgers im Prozess der europäischen Integration vgl. BVerfGE 142, 123 (115, 173) sowie zum Niveau demokratischer Legitimation bei der Errichtung unabhängiger Einrichtungen der EU vgl. BVerfGE 151, 202 (Rn. 92).
16 Näher M. G. *Schmidt*, Demokratietheorien, Eine Einführung, 6. Aufl. 2019, insb. S. 490 ff.

verbindlichen Beantwortung der Frage zukommt, was das allg. Gute sei.[17] Das ist mit einem freiheitlichen Denken unvereinbar. Die andere Position besagt, dass nur die Individuen selbst ihre Interessen kennen können und dass es im politischen Prozess darum geht, die individuellen Präferenzen, wie immer sich diese darstellen mögen, durchzusetzen. Ihr geht es darum, eine Ordnung bereitzustellen, welche die Menschen in die Lage versetzt, trotz unterschiedlicher Interessen und Erfahrungen Gegenwart und Zukunft gemeinsam zu gestalten. Das zentrale Problem dieser Position bildet die Frage, welche (tauglichen) Verfahren zur politischen Ausformung der individuellen Präferenzen bereitstehen und welche Bedingungen solche Verfahren erfüllen müssen. GG wie LV folgen im Prinzip der zweiten (liberalen) Position, wenn sie davon sprechen, dass die Staatsgewalt vom Volke ausgeht, aber in der Regel durch besondere Organe der Gesetzgebung, vollziehenden Gewalt und Rspr. ausgeübt wird.[18] Durch die Verbindung mit den übrigen staatsgestaltenden Grundentscheidungen legt Art. 2 LV schließlich das Problem der Kompetenz- und Verantwortungszuweisung in der Demokratie und ihrer notwendigen Rückkopplung mit den weiteren Staatsziel- und Strukturentscheidungen offen.

7 Freiheitliche Demokratie zeichnet sich durch verschiedene **konstituierende Teilelemente** aus. Diese eröffnen wichtige Konkretisierungsschritte auf einer mittleren Abstraktionsebene und rücken das Prinzip so näher an seine Umsetzung auf der Anwendungsebene: In Ermangelung einer intersubjektiv gültigen Festlegbarkeit des „allgemein Guten" und Anerkennung der Gleichheit aller Individuen gründet Demokratie auf das Mehrheitsprinzip. Für besonders bedeutsame Entscheidungen werden qualifizierte Mehrheiten verlangt; Schutzrechte zugunsten von Minderheiten sollen den Missbrauch staatlicher Macht durch die jeweilige Mehrheit („Diktatur der Mehrheit über die Minderheit") verhindern und gemeinsam mit den Grundrechten die Freiheitlichkeit der Demokratie sichern. Wahlen in angemessenen Zeitabständen[19] auf der Grundlage freiheits- und gleichheitssichernder Wahlgrundsätze verschaffen politischer Herrschaft die Legitimation[20] und sichern – zusammen mit der regelmäßig notwendigen Öffentlichkeit parlamentarischer Willensbildung[21] – deren Kontrolle (→ Art. 3 Rn. 2 f.). Politische Parteien greifen die Pluralität gesellschaftlicher Vorstellungen auf und transformieren sie in den Prozess politischer Willensbildung; die demokratischen Grundrechte schirmen diesen Prozess permanent ab.

8 **b) Staatsvolk und Gesellschaft.** Art. 2 bestimmt den repräsentativen Grundcharakter der Verfassung nicht abschließend. Im Repräsentationsgedanken ist die mögliche Abweichung des Stimmverhaltens von Mandatsträgern von den Vorstellungen ihrer Wähler mit angelegt. Das stellt seit jeher eine Herausforderung für das politische System dar, ist doch jede Herrschaft (damit auch und gerade eine demokratisch verfasste) auf ein „Minimum an Akzeptanz" (*Max Weber*)

---

17 Ihr entspricht das Bild der „Identität von Regierenden und Regierten". Es leistet der Verschleierung totaler Herrschaft Vorschub, indem sie diese durch die Fiktion von Gleichheit des politisch geäußerten mit dem wirklichen Willen zu legitimieren sucht.
18 Art. 20 Abs. 2 GG, Art. 3 Abs. 1 S. 2 LV.
19 Vgl. hierzu LVerfG M-V NVwZ 2008, 1343 (Verlängerung der Legislaturperiode des Landtags von vier auf fünf Jahre).
20 Näher zu Legitimationsformen und -niveau → **Art. 3** Rn. 3, 8 f.; s. auch *Sommermann* in v. Mangoldt/Klein/Starck GG Art. 20 Abs. 2 Rn. 157 ff. mwN.
21 Siehe LVerfG M-V Urt. v. 7.7.2005 – 0/04 – DVBl 2005, 1578 mit Anm. *Bull* DVBl 2006, 302 ff. = NJ 2005, 409 (Ls.) mit Anm. *Pestalozza;* VerfGH Saarland Urt. v. 13.3.2006 – LV 5/05, Umdruck S. 10 Rn. 70. Zur Öffentlichkeitsarbeit der Regierung: LVerfG M-V, LVerfGE 4, 268 ff.

angewiesen. Art. 59 f. tragen dem Rechnung, indem sie, den repräsentativen Grundcharakter der Verfassung relativierend, eine große Aufgeschlossenheit für plebiszitäre Elemente offenlegen. Sie spiegeln so – ebenso wie Art. 3 Abs. 4 – den Entstehungshintergrund der LV deutlich wider.[22] Die Art. 59 f. sprechen das Staatsvolk in einer quasi-organschaftlichen Funktion an (→ Art. 60 Rn. 1 ff.). In der modernen, **stärker ausdifferenzierten Gesellschaft** treten freilich zivilgesellschaftliche Assoziations- und Aktionsformen hinzu. Wie deren zunehmende Bedeutung zeigt, stehen Volk und Gesellschaft als mögliche Legitimationssubjekte der Demokratie in einem Spannungsverhältnis zueinander.[23] Während die demokratische Legitimation vom verfassten Volk ausgeht und sich auf die Ausübung der Staatsgewalt bezieht, liegt die verfassungsrechtliche Legitimation der Gesellschaft in den Grundrechten, die politisches Handeln ermöglichen. In verfassungsrechtlicher Perspektive kann die Gesellschaft als solche staatliches Handeln nicht legitimieren, weil sie keine Entscheidungseinheit, sondern lediglich der Inbegriff für die Gesamtheit der Grundrechtsträger ist.[24] Das mahnt zur Zurückhaltung gegenüber allen vornehmlich auf politischen „Output" setzenden „postdemokratischen" Legitimationsversuchen.[25] Wohl trägt die Gesellschaft insofern mit zur demokratischen Legitimation bei, als sie den Boden für staatlich-institutionelle Problemlösungen bereithält, letztlich auch das unverzichtbare Ethos der staatlichen Ordnung erzeugt und absichert.

**3. Soziale Staatszielbestimmung.** Die Grundaussage für einen sozialen Rechtsstaat greift die Idee der **sozialen Gerechtigkeit** auf und stellt sie in einen Zusammenhang mit den anderen verfassungsgestaltenden Grundentscheidungen.[26] Während GG und LV auf eine Reihe von Elementen zur Konturierung rechtsstaatlicher Herrschaftsordnung sowie der Bestimmung von Instrumenten und Grenzen staatlicher Machtentfaltung zurückgreifen können, ist das Sozialstaatsprinzip nach wie vor auf der Ebene des Verfassungsrechts eher rudimentär entfaltet.[27] Immerhin hält die LV mit den Art. 8, 14, 15 Abs. 3, 17, 17a und 19 verschiedene bedeutsame Konkretisierungen des Sozialstaatsprinzips bereit. Rspr. und Schrifttum haben dem Prinzip inzwischen verschiedene Teilaussagen abgewonnen, die ihm namentlich im Recht sozialer Sicherung konkretere Maßstäblichkeit verleihen. Ihre gemeinsame Basis ist die Anerkennung des Rechts und der Pflicht des Staates, im Wege „**sozialer Intervention**" der freien Entfaltung der Persönlichkeit zu dienen.[28] In der Verpflichtung des Staates auf eine die Menschenwürde entfaltende, Eigenverantwortung wie Kontingenz respektierende Ordnung trifft sich der Sozialstaat mit dem Rechtsstaat.[29]

**a) Normative Wirkkraft.** Während bis in die 1960er Jahre hinein streitig war, ob das Sozialstaatsprinzip lediglich unverbindlicher Programmsatz oder rechtlich verbindliche Grundsatznorm sei, ist heute unbestritten, dass das Sozialstaatsprinzip als verfassungsgestaltende Grundentscheidung seiner Struktur nach nicht nur „Programmsatz", sondern rechtlich **verbindliche** „Grundsatz-

---

22 Zur Kompatibilität mit Art. 28 Abs. 1 GG: BVerfGE 60, 175 (208).
23 *Herzog* S. 25, 47 ff.; *Krüger* S. 617 ff.
24 Siehe zur Unterscheidung von Staat und Gesellschaft: *Rupp* in Isensee/Kirchhof HbStR Bd. II § 31 Rn. 18 ff., 26, 29 ff.; *Gröschner* JZ 1996, 643.
25 Hierzu namentlich *Crouch*, Postdemokratie sowie die unter dem Leitthema „Postdemokratie?" zusammengefassten Beiträge, in: Politik und Zeitgeschichte 1–2/2011.
26 *Badura* DÖV 1989, 491 (492); *Herzog* in Maunz/Dürig GG Art. 20 Anm. VIII Rn. 33 f.
27 *Zacher* in HbStR Bd. II § 28 Rn. 1, 17 f.; *Herzog* NZA 1989, 1.
28 BVerfG Beschl. v. 27.4.1999 – 1 BvR 2203/93 – NJW 1999, 2033.
29 *Zacher* in: HdbStR Bd. II § 28 Rn. 96.

norm" ist.[30] Die Frage nach seiner Wirkungsweise greift daher heute kein grds. „Geltungsproblem" (mehr) auf (→ **Vorb. Art. 11 Rn.** 5). Mit der Entscheidung für den „sozialen Rechtsstaat" hat sich die LV wie das GG auf das Staatsziel eines „limitierten Wohlfahrtszwecks" festgelegt: Sie muten dem Sozialstaat nicht zu, was der Rechtsstaat nicht darf.[31]

11 Wohl bleibt das grundlegende methodische Problem der **Ausbalancierung von** „Prinzip" und „Norm". Es geht – allgemeiner formuliert – um das Problem der Konkretisierung eines verfassungsrechtlichen Grundsatzes auf den verschiedenen Ebenen des positiven Rechts. Dieses Problem wird verstärkt durch die Verbindung von „sozialem" Staatsziel mit der „demokratischen" Strukturentscheidung. Sie ist der Grund für die vielfach herausgestellte „**Konkretisierungsbedürftigkeit**" des Sozialstaatsprinzips durch den Gesetzgeber.[32] Diese bewahrt die Legislative davor, zugunsten der Verfassungsgerichtsbarkeit „ausgehebelt" und – über punktuelle Korrekturen hinaus – von Verteilungsvorstellungen nicht unmittelbar demokratisch legitimierter (und verantwortlicher) Organe dominiert zu werden.[33] Das folgt nicht nur aus der gleichrangigen Aufzählung von sozialem Staatsziel und demokratischem Legitimationsprinzip in Art. 2 LV, sondern auch aus der ausdrücklichen Zuweisung des Budgetrechts an das demokratisch unmittelbar rückgekoppelte Parlament in Art. 61 LV.[34]

12 **b) Zielrichtung und Inhalte.** Seiner Zielrichtung nach wendet sich das Sozialstaatsprinzip zunächst an den **Gesetzgeber** mit dem Gebot, soziale Gerechtigkeit durch den Erlass von Gesetzen herzustellen, und mit dem Verbot, sozialstaatswidrige Gesetze zu erlassen. Vor dem Hintergrund der Bundesrepublik als „sozialem Bundesstaat"[35] zielt freilich gerade dieser Auftrag an den Landesgesetzgeber auf eine lediglich ergänzende Funktion: Das soziale Staatsziel ist in die bundesstaatliche Kompetenzordnung hineingestellt und findet eine – durch eine weiterzige Auslegung des Art. 74 Abs. 1 Nr. 7 GG gestützte[36] – engmaschige normative Ausgestaltung durch den Bund. Landesgesetzliche Ausgestaltungen typisch sozialrechtlichen Gehalts werfen damit stets die Frage abschließender bundesgesetzlicher Regelung auf.[37] IÜ bleibt stets die Möglichkeit einer influenzierenden Wirkung des Prinzips bei nicht primär sozialstaatlichen landesrechtlichen Regelungen.[38] Überdies wendet sich das Sozialstaatsprinzip an **Gerichte und Verwaltung**, die Gesetze im Sinne des Sozialstaatsprinzips auszulegen, schließlich an die Verwaltung, bei einer am Kriterium der Leistungsfähigkeit orientierten Ermessensausübung den Grundsatz der Sozialstaatlichkeit zu berücksichtigen.

---

30 BSGE 15, 71 (76); *Badura* DÖV 1989, 491 (493).
31 Siehe *Zacher* in HdbStR Bd. II § 28 Rn. 109 ff.
32 BVerfG NJW 1984, 475; 82, 60 (80); s. auch *Jarass* in Jarass/Pieroth GG Art. 20 Rn. 72; *Badura* in DÖV 1989, 491 (495).
33 Hierzu *Herzog* DÖV 1989, 454 (466).
34 Das verbietet die Annahme eines prinzipiellen „sozialen Rückschrittsverbots"; s. *Haverkate*, Rechtsfragen des Leistungsstaates, 1983, S. 36 f.; *Höfling* in Sachs Art. 1 Rn. 25; *Zacher* in FS Ipsen, 1977, S. 232 f.; *Neumann* DVBl 1997, 92 (97); *Martínez Soria* JZ 2005, 644 (648).
35 *Köttgen* in Festgabe für Muthesius zum 75. Geburtstag, 1960, S. 19 ff.
36 Siehe BVerfGE 22, 180 (212 f.); 42, 263 (281).
37 Daraus leitet das OVG Münster, NWVBl. 1995, 170, die Unzulässigkeit der Einführung eines eigenen kommunalen Erziehungsgelds ab, das dem Zweck der Minderung wirtschaftlicher Belastungen der Eltern dient; mit Recht krit. hierzu *Burmeister/Becker* DVBl 1996, 651 ff.
38 BVerfGE 97, 332 (345) (Staffelung von Kindergartengebühren).

Ein subjektiver Anspruch Einzelner ist dem Sozialstaatsprinzip allein nicht ableitbar.[39] kann sich aber in Verbindung mit Grundrechten (zB Art. 5 Abs. 3 LV iVm Art. 1 Abs. 1 GG) in Ausnahmen ergeben (→ Rn. 13).[40] Darüber hinaus entfaltet das Sozialstaatsprinzip auch Ausstrahlungswirkung auf das Privatrecht, etwa privatrechtliche Vertragsgestaltungen.[41]

c) **Inhaltliche Direktiven der Sozialstaatlichkeit.** In einem weiteren – Nachhaltigkeit umfassenden – Sinne[42] beinhaltet der Sozialstaatsauftrag die Sicherung von Wohlstand, der allgemeine Teilhabe ermöglicht, sowie die Schaffung der sozialen Voraussetzungen für die Realisierung grundrechtlicher Freiheit.[43] In einem engeren Sinne umfasst er das spezifisch Soziale der Hilfe, des Ausgleichs und der Bereitstellung von Institutionen der sozialen Sicherung. Dem entspricht zunächst die staatliche Verpflichtung zur Gewährleistung einer sozialen Grundsicherung. Das verlangt zum einen die Bereitstellung eines Systems (freiheitswahrender) **sozialer Vorsorge** – zum Schutz vor sozialen Wechselfällen. Diese hat der Bund – im Wesentlichen kompetenziell erschöpfend – verschiedenen Subsystemen der Sozialversicherung überantwortet. Darüber hinaus setzt das Sozialstaatsprinzip den maßgeblichen Impuls für die Verfeinerung sozialer Sicherung durch einen **sozialen Ausgleich** in Form des verträglichen Austarierens von Güterlagen, die sich aus einer unterschiedlichen Leistungsfähigkeit oder besonderen Bedarfslagen ergeben.[44] Insofern liefert es den Maßstab für Konkretisierungen unter den Aspekten der sozialen Schutz- und Vorsorgebedürftigkeit sowie der gerechten Teilhabe am gesellschaftlichen Wohlstand oder an universitärer Bildung[45] – auch generationenübergreifend[46]. Dieser folgt einerseits dem Gleichheitsgedanken, welcher der Vorstellung vom „Sozialen" – neben anderen – inhärent ist; andererseits mobilisiert jede auf Ausgleich zielende Regelung das demokratische Prinzip mit dem Entscheidungsvorrang des Parlaments: Die Frage der „Verträglichkeit" ist eine Frage politischer Einschätzung durch den unmittelbar demokratisch legitimierten Gesetzgeber und entzieht sich damit gerichtlicher Vorprägung. Wenn das BVerfG[47] die „unabdingbare Notwendigkeit" betont, „die Rechtsordnung ändern, etwa Kulturpolitik, Sozialpolitik, Bildungspolitik, Gesellschaftspolitik betreiben zu können, um den Staat handlungsfähig gegenüber dem unvermeidlichen oder politisch gezielt gewollten Wandel der Lebensverhältnisse zu erhalten", so entspricht das ganz diesem Befund. Schließlich verbindet sich mit dem Sozialstaatsprinzip die Pflicht zur Sicherung des soziokulturellen **Existenzminimums**.[48] Diese umfasst freilich nicht Leistungen in

---

39 BVerfGE 27, 253 (258); 82, 60 (80); BSGE 155, 115 (120).
40 BVerfGE 45, 376 (387 ff.); einschränkend 75, 348 (359 f.); so für einen Anspruch auf Gewährleistung eines menschenwürdigen Existenzminimums iVm Art. 1 Abs. 1 GG: BVerfGE 125, 175 (222 f.).
41 BVerfGE 89, 214 (232); 134, 204 Rn. 68.
42 S. auch Art. 109 Abs. 2 GG, Art. 17 Abs. 1 S. 2 LV. In diesem Sinne auch BVerfGE 22, 180 (204); 138, 136 (Erbschaftsteuer); Sondervotum *Gaier, Masing* und *Baer* BVerfGE 138, 136 (252 ff.); s. auch *Zacher* in HdbStR Bd. II § 28 Rn. 54.
43 *Zacher* in HdbStR Bd. II § 28 Rn. 54; zu letzterer *Herzog* in Maunz/Dürig GG Art. 20 Abs. 8 Rn. 28; *Hesse* Grdzge des VerfassungsR der BRD Rn. 213; *Kunig* in v. Münch/Kunig GG Art. 20 Rn. 19.
44 BVerfGE 102, 254 (298); 41, 193 (200); 41, 126 (153).
45 Vgl. BVerfGE 134, 1 Rn. 40.
46 Sondervotum *Gaier/Masing/Baer* BVerfGE 138, 136 (252 ff.).
47 BVerfGE 63, 343 (357).
48 Insoweit besteht ein subjektives Recht des Hilfebedürftigen: BVerfGE 125, 175 (222 f. BVerwGE 27, 253 (283); *Herzog* in Maunz/Dürig Art. 20 Abs. 8 Rn. 28; *Jarass* in Jarass/Pieroth GG Art. 1 Rn. 13. Ein solches Recht kann freilich nicht allein auf das

einer bestimmten, unveränderbaren Höhe:[49] Sie bestimmen sich vielmehr nach Ort und Zeit; ihre Konkretisierung folgt den bundesrechtlichen Vorgaben im SGB II sowie SGB XII.[50]

14 **4. Erhaltung der natürlichen Lebensgrundlagen.** Die Verpflichtung zum Schutz der natürlichen Lebensgrundlagen **korrespondiert mit Art. 20a GG**, der freilich – insoweit weitergehend – auch den Schutz der Tiere anspricht. Sie ist bereits in der Präambel angesprochen und wird durch Art. 12 LV (→ Art. 12 Rn. 1 ff.) – in Abs. 1 S. 1 aE auch Tierschutz – sowie in Art. 7 Abs. 2 LV (→ Art. 7 Rn. 19) – für spezielle Lebenszusammenhänge (Forschungsfreiheit und Umweltschutz) verstärkend konkretisiert.[51] Bei dem Umweltschutzziel des Art. 2 handelt sich um eine elementare Grundentscheidung der Landesverfassung.

15 **a) Schutzrichtung. Schutzgut** des Art. 2 sind die „natürlichen Lebensgrundlagen". Als solche sind alle Güter zu verstehen, ohne die das Leben von Menschen und Tieren nicht über längere Zeit fortbestehen kann, also Pflanzen, Boden, Wasser, Luft, Klima sowie Landschaft und biologische Vielfalt[52] einschließlich der Wechselbeziehungen zwischen diesen als Ausdruck von Umwelt als System.[53] Der Schutz der Tiere ist iSv Artenschutz wild lebender Tiere zu verstehen, nicht iSd Schutzes eines individuellen Tieres.[54] Wie sich aus Art. 12 Abs. 1 S. 1 LV ergibt, sind derzeitige und – dem Grundsatz der nachhaltigen Entwicklung entsprechend – künftige Generationen in den Schutz der natürlichen Lebensgrundlagen einbezogen.

16 **b) Normqualität, Wirkungsdimensionen.** Es handelt sich um eine Staatszielbestimmung mit **objektiv-rechtlicher Wirkung**.[55] Diese begründet als solche keine subjektiven Rechte Einzelner.[56] Dennoch ist sie – wie Art. 20a GG – „justiziable Rechtsnorm, die den politischen Prozess zugunsten ökologischer Belange auch mit Blick auf die künftigen Generationen binden soll".[57] Die Norm entfaltet – ähnlich dem Sozialstaatsprinzip – unterschiedliche Wirkrichtungen: Das Umweltschutzgebot des Art. 2 LV M-V enthält zunächst einen Handlungsauftrag an die Legislative, den Landesgesetzgeber, durch rechtliche Rahmenbedingungen, zB im Landesnaturschutzgesetz oder in einem Landesklimaschutzgesetz,[58] zum Schutz der natürlichen Lebensgrundlagen beizutragen.[59] Gleichwohl ist der Landesgesetzgeber (noch) nicht verpflichtet, ein Klimaschutzgesetz zu erlassen.[60] Sie liefert der vollziehenden Gewalt einen Auslegungsmaßstab bei der Anwen-

---

Sozialstaatsprinzip gestützt werden; s. *Wallerath* JZ 2008, 157 (160 ff.); s. auch – weiter differenzierend – *Martínez Soria* JZ 2005, 644 (648).
49 *Neumann* NJW 1995, 426 (428).
50 Probleme können sich namentlich insoweit ergeben, als Pauschalierungen oder sanktionierende Leistungskürzungen das verfassungsrechtliche Leitziel verfehlen; näher hierzu *Wallerath* in FS für P. Krause, 2006, S. 187, 203 mwN.
51 S. Verfassungskommission, LT-Drs. 1/3100, S. 84.
52 Diese sind im Kern bereits in § 2 Abs. 1 UVPG beschrieben.
53 *Schulze-Fielitz* in Dreier GG Art. 20a Rn. 32.
54 Vgl. *Jarass* in Jarass/Pieroth GG Art. 20a Rn. 3, 12 f.
55 Vgl. BVerfGE 157, 30 Ls. 4 und Rn. 193 für Art. 20a GG.
56 So klargestellt für Art. 20a GG vgl. BVerfGE 128, 1 (48); 134, 242 (33); 157, 30 Rn. 112, 192 f.; zweifelnd *C. Calliess* ZUR 2021, 355 (355); verneinend *Britz* NVwZ 2022, 825 (828); *Schlacke* NVwZ 2021, 912 (914).
57 BVerfGE 157, 30 Ls. 3e) und Rn. 197 (Klimaschutz).
58 Ein solches Landesklimaschutzgesetz befindet sich in M-V in Vorbereitung; vgl. Koalitionsvereinbarung 2021-2026 (M-V), Rn. 98, abrufbar unter https://spd-mvp.de/uploads/spdLandesverbandMecklenburgVorpommern/Downloads/Koalitionsvertrag-SPD-DIE-LINKE-MV-2021-2026.pdf (Stand: 15.4.2023).
59 Näher *Erbguth/Wiegand* DV1996, 162 ff.
60 Vgl. BVerfG NJW 2022, 844 ff.

dung von Gesetzen sowie einen Abwägungsmaßstab bei der Herstellung „praktischer Konkordanz"[61] zwischen kollidierenden Schutzgütern im Rahmen von Ermessens- oder Planungsentscheidungen.[62] Hierbei erhält der Schutz der natürlichen Lebensgrundlagen durch Art. 2 LV keinen generellen Vorrang gegenüber anderen Belangen. Besonderheiten gelten indes für das in Art. 2 LV auch enthaltene Klimaschutzgebot (→ Art. 12 Rn. 8): Hier nimmt das relative Gewicht des Klimaschutzgebots in der Abwägung bei fortschreitendem Klimawandel weiter zu.[63] Eine Übertragung dieser für das Klimaschutzgebot des Art. 20a GG entwickelten Gewichtungsvorgabe auf andere Umweltbelange, wie etwa Artenschwund[64] oder auf das Sozialstaatsprinzip und in Folge auf Sozialversicherungssysteme[65], ist aufgrund der vom BVerfG entwickelten Sonderdogmatik[66] (Stichwort: Budgetansatz)[67] kaum möglich.

Insbesondere kann Art. 2 LV Eingriffe des Gesetzgebers oder der Exekutive als Rechtfertigungs*grund*[68] legitimieren. Relevanz kann die Vorschrift auch als Rechtfertigungs*bedingung*[69] in Form einer eingriffsähnlichen Grundrechtsvorwirkung, dh unter Berücksichtigung einer Verteilung von Freiheitsrechten über die Zeit (intertemporale Freiheitssicherung)[70] entfalten.[71] Damit kann die Staatszielbestimmung Umweltschutz die Basis für einen entsprechend motivierten, einfach gesetzlichen Eingriff bieten; dagegen liefert sie **keine unmittelbare Eingriffsermächtigung.**[72]

**5. Rechtsstaatliche Fundierung.** Der Grundsatz der Rechtstaatlichkeit ist ein wesentliches Kennzeichen des modernen Staates. Dieser ist durch Recht verfasst. Der Rechtsstaat liefert die „Feinstruktur" verfassungsmäßiger Herrschaftsordnung; von daher markiert Recht **Instrument wie Grenze** staatlicher Machtentfaltung.[73] Teilweise[74] wird angenommen, es handele sich hierbei lediglich um

17

---

61 *Hesse* Grdzge des VerfassungsR der BRD Rn. 72.
62 BVerfG NVwZ 2022, 861 Rn. 141 ff. (Windenergie-Beteiligungsgesellschaften); BVerfGE 157, 30 Ls. 2a) und Rn. 198 (Klimaschutz).
63 BVerfGE 157, 30 Ls. 2a) und Rn. 198 (Klimaschutz); vgl. bereits BVerfGE 155, 238 Rn. 106 (WindSeeG).
64 *Kohlrausch/Zenetti* ZUR 2021, 573 (575); *Faßbender* NJW 2021, 2085 (2091); *Stubenrauch* ZUR 2021, 617 (617 f.); eine Übertragbarkeit auf andere Umweltbereiche bejahend *Ekardt/Heß* NVwZ 2021, 1426; *Kersten/Kaupp* JuS 2022, 477.
65 *Janda* ZRP 2021, 149 ff.; *v. Oettingen/Schmidt* DÖV 2022, 477 ff.; *Spitzlei* NZS 2021, 945 ff.; *Eifert* ZöR 2022, 537; *Koop* NVwZ 2022, 519 (520); *Sachs* JuS 2021, 708 (711); eine Übertragbarkeit auf Sozialversicherungssysteme bejahend *G. Kirchhof*, S. 33 ff; *Kersten/Kaupp* JuS 2022, 473 (479).
66 Vgl. *Möllers/Weinberg* JZ 2021, 1069 (1077 f.); *Faßbende*r NVwZ, 2089; *Franzius* KlimR 2022, 107; *Muckel* JA 2021, 613; *Hofmann* NVwZ 2021, 1590.
67 *Schlacke* NVwZ 2021, 912 (917).
68 BVerfGE 137, 350 Rn. 47, 73 (Luftverkehrsteuer); 155, 238 Rn. 100 (WindSeeG); BVerfG NVwZ 2022, 861 2. Ls. Rn. 104, 141 ff. (Windenergie-Beteiligungsgesellschaften).
69 Vgl. *Britz* NVwZ 2022, 825 (829).
70 Vgl. *Schlacke* NVwZ 2021, 912 (914 f.).
71 Speziell für den Klimaschutz BVerfGE 157, 30 Rn. 185, 117, 99 f.
72 Für das auch aus Art. 20a GG resultierende Klimaschutzgebot hat das BVerfG klargestellt, dass es die Grundrechte und die aus ihnen ableitbaren Schutzpflichten verhindern, dass zur Bekämpfung des Klimawandels Treibhausgasminderungslasten einseitig auf spätere Zeiträume verlagert werden, vgl. BVerfGE 157, 30 Rn. 184 ff. (Klimaschutz), BVerfG NJW 2022, 844 f. (Landes-Klimaschutzgesetze).
73 *Zacher* in HbStR Bd. II § 28 Rn. 110 ff.
74 *Kunig* Rechtsstaatsprinzip S. 380 f., 418 f.; *Kotzur* in v. Münch/Kunig Bd. I Art. 20 Rn. 24; differenzierend *Sobota* S. 410 f.; s. auch *Sommermann* in v. Mangoldt/Klein/Starck Bd. II Art. 20 Rn. 217.

eine summative Zusammenfassung einzelner (rechtsstaatlicher) Verfassungsaussagen ohne eigenen normativen Gehalt. Die überwiegende Meinung[75] ist dem mit Recht nicht gefolgt und verbindet mit dem Grundsatz der (materiellen) Rechtsstaatlichkeit die Bedeutung eines „eigenständigen Prinzips". GG wie LV formulieren ein verfassungsrechtliches Leitbild des Rechtsstaats, das sich nicht in den positiv geregelten Emanationen dieses Prinzips erschöpft. So sind – über die ausdrücklich geregelten Ausprägungen hinaus – als verfassungsrechtlich fundierte Teilprinzipien des Grundsatzes der Rechtsstaatlichkeit anerkannt: Der Grundsatz der Rechtssicherheit und des Vertrauensschutzes,[76] die Sicherung individueller Gleichheits- und Freiheitssphäre durch Grundrechte,[77] das objektiv-rechtliche Willkürverbot,[78] die Grundsätze der Verhältnismäßigkeit und des fairen Verfahrens[79] sowie das Gewaltverbot für den Bürger, mit dem die staatliche Friedenssicherungspflicht (→ Art. 18a Rn. 3) und die Pflicht zur Rechtsschutzgewährung korrespondieren.[80]

18 **a) Verfassungsrechtliche Ausformungen.** Im Rechtsstaatsprinzip verbinden sich **formelle und materielle Gerechtigkeitsvorstellungen** in einer untrennbaren Synthese.[81] Ersteren werden gemeinhin die Bindung an das Gesetz, die Anforderungen an Organisation und Verfahren, insb. im Hinblick auf die Teilung staatlicher Gewalt („checks and balances") und die Ausgestaltung der Justiz[82] einschließlich des gerichtlichen Verfahrens, die Fristen, Verjährung sowie Rechtskraft und Bestandskraft hoheitlicher Entscheidungen zugerechnet. Der materielle Gehalt schließt Inhalt und Richtung rechtlicher Steuerung ein: Über die Bindung an „Recht und Gesetz" wird der Staat selbst obersten Rechtsnormen unterworfen (Art. 4, 56 Abs. 3 LV); zugleich wird staatliches Handeln messbar und berechenbar gemacht. Durch die Grundrechte werden individuelle Freiheits- und Gleichheitsräume gewährleistet, staatliche Eingriffe werden mithilfe des Grundsatzes der Verhältnismäßigkeit diszipliniert[83] und der Einzelfallgerechtigkeit unterworfen. Für staatlich zurechenbares Unrecht wird eine Einstandspflicht garantiert, effektiver Rechtsschutz einschließlich vorläufigen Rechtsschutzes wird durch unabhängige Gerichte (→ Art. 76) und die Justizgrundrechte gewährleistet.

19 **b) Rechtsstaatliche Gesetzesgestaltung.** Eine wesentliche Gewährleistungsdimension betrifft das Gebot rechtsstaatlicher Gesetzesgestaltung. Es zielt auf eine der Rationalität unterworfene[84] und für den Normadressaten berechenba-

---

75 BVerfGE 30, 1 (25); *Benda*, HdbVerfR § 17 Rn. 12; *Stern* StaatsR I, § 20 Abs. 2 S. 3; *Degenhart* Rn. 201 f.; *Schmidt-Aßmann* in HdbStR Bd. II § 26 Rn. 8; *Sachs* GG Art. 20 Rn. 51.
76 VerfG M-V Urt. v. 9.12.2010 – 6/09, LVerfGE 12, 227 ff.
77 Hierzu insb. *Sobota* S. 65 ff.
78 Siehe auch LVerfG M-V DÖV 2003, 765 ff. (Fraktionsausschluss).
79 Hierzu BVerfGE 70, 297 (308); 78, 123, 126 (auch in Hinblick auf das Verwaltungsverfahren).
80 *Grabitz* S. 40; *Häberle* S. 14 ff.
81 *Schulze-Fielitz* in Dreier Bd. II GG Art. 20 (Rechtsstaat) Rn. 44 ff.; *Stern* StaatsR I § 20 Abs. 1 S. 3 b.
82 Zur Frage der Notwendigkeit eines eigenständigen Justizressorts vgl. NWVerfGH NJW 1999, 1243 ff.
83 Dieser ist auch berührt, wenn die Eingriffstypik für eine Anlegung von Verhältnismäßigkeitsmaßstäben kein Raum mehr lässt; s. auch *Enders* VVDStRL Bd. 64 (2005) S. 7, 47; LVerfG M-V, LVerfGE 10, 336 (Ls.) = NVwZ-RR 1999, 617 (mit Sondervotum *Häfner*).
84 Aus diesem erwächst das objektiv-rechtliche Willkürverbot, das gegenüber den Kommunen über Art. 71 Abs. 1 LV subjektiv-rechtlich verstärkt wird; s. auch LVerfG M-V, LVerfGE 14, 293 ff.

re Steuerung der Wirklichkeit durch Gesetz. Das Gebot umfasst zum einen die Vorhersehbarkeit und inhaltliche Bestimmtheit des Gesetzes („**Normenklarheit**").[85] Diese stellt sich einer Aushöhlung von Vorrang und Vorbehalt des Gesetzes entgegen, verbietet jedoch nicht die Verwendung unbestimmter Rechtsbegriffe, die auslegungsbedürftig und -fähig sind.[86] Gesetzliche Ermächtigungen der Exekutive müssen nach Inhalt, Zweck und Ausmaß hinreichend **bestimmt** sein.[87] Das Maß der erforderlichen Bestimmtheit unterliegt je nach dem zu regelnden Sachverhalt unterschiedlichen Anforderungen und lässt sich nur in eine „Je-desto-Formel" bringen, die sich insb. an dem Maß der grundrechtlichen Betroffenheit orientiert.[88] Aus dem Erfordernis inhaltlicher Bestimmtheit erwachsen schließlich Grenzen der Zulässigkeit dynamischer Verweisungen.[89]

Eine weitere bedeutsame Konsequenz des Gebots rechtsstaatlicher Gesetzesgestaltung ist die nur begrenzte Zulässigkeit der **Rückwirkung von Gesetzen**. Sie gründet im Teilziel der Rechtssicherheit, das in seiner zeitlichen Dimension auf Vertrauensschutz gerichtet ist.[90] Dieser verbietet grds. eine verschlechternde Rückwirkung, es sei denn, es habe von vornherein kein Vertrauenstatbestand vorgelegen oder das Vertrauen auf die seinerzeitige Rechtslage wäre aus besonderen Gründen nicht schutzwürdig. Er äußert sich – abhängig von der Art der Rückwirkung – in einer unterschiedlichen Intensität des Schutzes.[91] Eine in die Vergangenheit hineinreichende, abgeschlossene Sachverhalte erfassende **Rückbewirkung von Rechtsfolgen** („echte Rückwirkung") ist nur unter engen Voraussetzungen zulässig.[92] Diese sind: Der Bürger (die typischerweise betroffene Gruppe)[93] musste in dem Zeitpunkt, auf den der Eintritt der Rechtsfolge vom Gesetz zurückbezogen wird, mit der (neuen) Regelung rechnen.[94] Ein praktisch bedeutsamer Unterfall dessen liegt vor, wenn der Gesetzgeber eine ungültige Norm durch eine rechtlich einwandfreie Norm ersetzt. Das geltende Recht war unklar, lückenhaft oder verworren, und der Gesetzgeber klärt die Rechtslage rückwirkend.[95] Die rückwirkende Regelung betrifft lediglich Bagatellen.[96] Schließlich, im Sinne einer Auffangklausel: Zwingende Gründe des Ge-

---

85 Hierzu BVerfGE 45, 400 (420); 65, 1, 54, 129, 208, 255; ThürVerfGH LVerfGE 7, 392, 402 f.
86 BVerfGE 23, 72 (29); 89,29, 84 f.; ThürVerfGH LVerfGE 7, 392, 403 f.
87 Vgl. auch für Verordnungsermächtigungen Art. 57 Abs. 1 LV. Für die Ermächtigung zu Einzeleingriffen: BVerfGE 49, 24 (66); *Schulze-Fielitz* in Dreier Bd. II Art. 20 (Rechtsstaat) Rn. 159.
88 Vgl. etwa BVerfGE 52, 1 (41); 110, 33, 55 f.; LVerfG M-V LVerfGE 10, 317, 334 f.
89 LVerfG M-V, LVerfG E10, 317, 325 f.; 11, 265, 279. Die Grenzen gelten, wie sich aus Art. 56 Abs. 3 LV ergibt, auch für die (im Ergebnis unproblematische) Auslegung des Art. 5 als dynamische Verweisung; insoweit abweichend *März* JöR N.F. 54 (2006) 302 Rn. 535.
90 Das gilt auch im Verhältnis zu Kommunen; s. LVerfG M-V, LVerfGE 10, 317, 330; 14, 293 ff.
91 Vgl. nur BVerfGE 89, 66; 97, 74, 78; 105, 17, 36 f.
92 BVerfGE 76, 220 (241); 76, 256, 345; 97, 67, 78 f.
93 BVerfGE 32, 111 (123).
94 BVerfGE 14, 288 (297 f.); 72, 200, 254; 97, 67, 79; BVerfG NJW 1997, 724; LVerfG M-V, LVerfGE 12, 227 ff. 21, 234 ff.; krit. *März* Das 5. FAG-Änderungsgesetz S. 87 ff., 90 f.
95 BVerfGE 7, 129; 151 f.; BVerfG (K), LKV 2002, 569 ff.; LVerfG M-V, LVerfGE 10, 317, 330 f.
96 BVerfGE 72, 200 (258 f.); BVerfG NJW 1997, 723 (725).

meinwohls, die dem Gebot der Rechtssicherheit übergeordnet sind, rechtfertigen eine Rückwirkung.[97]

21 Anders als die echte Rückwirkung ist die **tatbestandliche Rückanknüpfung** („unechte Rückwirkung") nicht durch eine Rückbewirkung von Rechtsfolgen in die Vergangenheit, sondern lediglich mit der rechtlichen Neubewertung einer Handlung (oder eines Rechtsverhältnisses), die in die Vergangenheit zurückreicht, aber noch andauert, für die Zukunft verbunden.[98] Diese ist zulässig, wenn der Vertrauensschutz des Betroffenen in die Beibehaltung der bisherigen Regelung schwerer wiegt als die Gründe für die Einführung einer neuen gesetzlichen Regelung.[99] Eine der „formalen Struktur" nach unechte Rückwirkung ist ausnahmsweise nach den Grundsätzen der „echten" Rückwirkung zu behandeln, wenn der Bürger bereits im Vertrauen auf den Bestand der später modifizierten Rechtsnorm disponiert hat.[100] IÜ wird die Prüfung der Zulässigkeit einer unechten Rückwirkung zunehmend in die Verhältnismäßigkeitsprüfung integriert, die so in die Zeitachse ausgedehnt wird.[101]

## III. Schrifttum

22 *Hans Herbert von Arnim*, Systemwechsel durch Direktwahl des Ministerpräsidenten?, in: FS für Klaus König zum 70. Geburtstag, 2004, S. 317 ff.; *Ernst Wolfgang Böckenförde*, Demokratie als Verfassungsprinzip, in: HdbStR Bd. II, 3. Aufl. 2004, § 22; *Colin Crouch*, Postdemokratie, 2008; *Eberhard Grabitz*, Freiheit und Verfassungsrecht, 1976; *Peter Häberle*, Die Verfassungsbewegung in den fünf neuen Bundesländern, in: JöR N.F. Bd. 41 (1993), S. 70 ff., 130 ff.; *ders.* Die Wesensgehaltsgarantie der Art. 19 Abs. 2 Grundgesetz, 3. Aufl. 1983; *Roman Herzog*, Allgemeine Staatslehre, 1971; *Konrad Hesse*, Grundzüge des Verfassungsrechts der Bundesrepublik Deutschland, 20. Aufl. 1999; *Andreas Heusch/Klaus Schönenbroicher* (Hrsg.), Die Landesverfassung Nordrhein-Westfalen, 2. Aufl. 2020; *Gregor Kirchhof*, Intertemporale Freiheitssicherung, 2022; *Herbert Krüger*, Allgemeine Staatslehre, 1964; *Arnold Köttgen*, Der soziale Bundesstaat, Festgabe für Hans Muthesius zum 75. Geburtstag, 1960, S. 19 ff.; *Philip Kunig*, Das Rechtsstaatsprinzip, 1986; *Wolfgang März*, Die Verfassungsentwicklung in Mecklenburg-Vorpommern, in: JöR N.F. Bd. 54 (2006), S. 175 ff.; *Wolfgang März*, Das 5. FAG-Änderungsgesetz: Verfassungsrechtliche Probleme des kommunalen Finanzausgleichs in Mecklenburg-Vorpommern, Rechtsgutachten, Bd. 25 der Schriftenreihe des Städte- und Gemeindetages Mecklenburg-Vorpommern eV Schwerin, 2004; *Meinhard Schröder*, Rechtsstaatlichkeit, in: Christian Starck/Klaus Stern (Hrsg.), Landesverfassungsgerichtsbarkeit, Teilband III, 1983, S. 225 ff.; *Katharina Sobota*, Das Prinzip Rechtsstaat, verfassungs- und verwaltungsrechtliche Aspekte, 1997; *Hans F. Zacher*, Das soziale Staatsziel, in: HdbStR Bd. II, 3. Aufl. 2004, § 28.

---

97 BVerfGE 13, 272; bedenklich BVerfGE 97, 67 (81) mit Sondervotum *Kruis* (Abschreibung für Handelsschiffe); s. auch *März* Das 5. FAG-Änderungsgesetz S. 95 mwN.
98 BVerfGE 72, 200 (241 ff.); 83, 89, 110; 97, 67, 79. Der Effekt der unechten Rückwirkung lässt sich gesetzgebungstechnisch regelmäßig durch eine Übergangsregelung vermeiden.
99 BVerfGE 68, 287 (307); 72, 175, 196.
100 So der zutreffende Kern der iÜ wenig überzeugenden Entscheidung BVerfGE 97, 67 (81).
101 BVerfGE 72, 175 (242); s. auch *Rensmann* JZ 1999, 168 (172); *Möller/Rührmair* NJW 1999, 908 ff.

## Art. 3 (Demokratie)

(1) ¹Alle Staatsgewalt geht vom Volke aus. ²Sie wird vom Volke in Wahlen und Abstimmungen sowie durch die Organe der Gesetzgebung, der vollziehenden Gewalt und der Rechtsprechung ausgeübt.
(2) Die Selbstverwaltung in den Gemeinden und Kreisen dient dem Aufbau der Demokratie von unten nach oben.
(3) Die Wahlen zu den Volksvertretungen im Lande, in den Gemeinden und Kreisen sind allgemein, unmittelbar, frei, gleich und geheim.
(4) Parteien und Bürgerbewegungen wirken bei der politischen Willensbildung des Volkes mit.

Vergleichbare Regelungen:
*Zu Abs. 1*: Art. 25 Abs. 1 BWVerf; 4 BayVerf; 3 Abs. 1 S. 1, 2 VvB; 2 Abs. 2 BbgVerf; 66 Abs. 1 BremVerf; 3 Abs. 2 HambVerf; 70, 71 HessVerf; 2 Abs. 1 NdsVerf; 3 Abs. 1 Verf NW; 74 Abs. 2 Verf Rh-Pf; 61 Abs. 1 SaarlVerf; 3 Abs. 1 SächsVerf; 2 Abs. 2 LVerf LSA; 2 Abs. 1, 2 SchlHVerf; 45 ThürVerf.
*Zu Abs. 2*: Art. 71 Abs. 1 S. 1 BWVerf; 11 Abs. 2 S. 2 BayVerf; 97 Abs. 1 BbgVerf; 137 Abs. 1 S. 1 HessVerf; 57 Abs. 1 NdsVerf; 78 Abs. 1 Verf NW; 49 Abs. 1 Verf Rh-Pf; 118 SaarlVerf; 84 Abs. 1 S. 1 SächsVerf; 2 Abs. 3 LVerf LSA; 46 Abs. 1 SchlHVerf; 91 Abs. 1 ThürVerf.
*Zu Abs. 3*: Art. 26 Abs. 4 BWVerf; 22 Abs. 3 S. 1 BbgVerf; 75 Abs. 1 S. 1 BremVerf; 6 Abs. 2 HambVerf; 73 Abs. 2 HessVerf; 8 Abs. 1 NdsVerf; 31 Abs. 1 Verf NW; 76 Abs. 1 Verf Rh-Pf; 63 Abs. 1 SaarlVerf; 4 Abs. 1 SächsVerf; 42 Abs. 1 LVerf LSA; 4 Abs. 1 SchlHVerf; 46 Abs. 1 ThürVerf.

| | |
|---|---|
| Vorbemerkung .................... 1 | III. Wahlgrundsätze .................... 8 |
| I. Grundlagen der Staatsgewalt (Abs. 1) ............................ 2 | IV. Parteien und Bürgerbewegungen (Abs. 4) ............................ 10 |
|   1. Demokratische Regierungsform ............................ 2 |   1. Politische Parteien ............ 11 |
|   2. Die Mäßigung der Staatsgewalt durch Gewaltentrennung  5 |   2. Bürgerbewegungen ............ 13 |
| II. Die Selbstverwaltung in den Gemeinden und Kreisen (Abs. 2) .. 6 | V. Schrifttum ........................ 14 |

## Vorbemerkung

Die Bestimmung führt die in Art. 2 (mit)enthaltene **Grundaussage** im Sinne der **demokratischen Herrschaftsform** näher aus und verbindet sie mit dem (rechtsstaatlichen) Grundsatz der Gewaltenteilung. Sie folgt damit nicht nur dem Vorbild des Art. 20 Abs. 2 S. 1 GG, sondern auch dem Typus des modernen Verfassungsstaates westlicher Prägung. Damit verbinden sich verschiedene weitere Konkretisierungen: Abs. 2 stellt die Bedeutung der Selbstverwaltung in den Gemeinden und Kreisen für einen demokratischen Staatsaufbau an prominenter Stelle heraus. Abs. 3 hält – in Übereinstimmung mit Art. 28 Abs. 2 GG – die Grundsätze für die Wahlen zu den Volksvertretungen im Lande, in den Gemeinden und Kreisen fest. Abs. 4 betont schließlich die Rolle von Parteien und Bürgerbewegungen bei der politischen Willensbildung des Volkes. Die Gesamtschau von Art. 3 Abs. 2 und 4, Art. 36 sowie Art. 59 f. LV lässt – nicht zuletzt inspiriert durch die Präambel – die Idee einer „Bürgerdemokratie" aufleuchten, die sich nicht einfach von dem Modell des „Parteienstaates" vereinnahmen lässt.[1]

1

---

1 *März* JöR N.F. 54 (2006), 203.

## I. Grundlagen der Staatsgewalt (Abs. 1)

2   **1. Demokratische Regierungsform.** Mit der doppelten Aussage: „Alle Staatsgewalt geht vom Volke aus. Sie wird vom Volke in Wahlen und Abstimmungen sowie durch die Organe der Gesetzgebung, der vollziehenden Gewalt und der Rechtsprechung ausgeübt" greift Art. 3 Abs. 1 LV den Wortlaut von Art. 20 Abs. 2 GG auf. Er verbindet so die Vorstellung einer durch „freie Selbstbestimmung aller Bürger"[2] geprägten Demokratie mit dem Gedanken der **„Repräsentation"** und belegt zugleich die Bedeutung des Elements freiheitlicher Wahl für Legitimation und Kontrolle staatlicher Herrschaft. Mit der Benennung von „Abstimmungen" (neben den Wahlen) verweist die Bestimmung überdies auf einen anderen Regelungskontext als Art. 20 Abs. 2 GG: Die LV kennt – wie andere Landesverfassungen auch – eine stärkere Ausformung von Elementen der unmittelbaren Demokratie (Volksinitiative, Volksbegehren, Volksentscheid),[3, 4] die deutlich über die grundgesetzlichen Optionen hinausreichen.

3   Für die unmittelbare Staatsverwaltung auf Bundes- und Landesebene sowie die Selbstverwaltung in den Kommunen hat das BVerfG Grundsätze zur Entfaltung des demokratischen Prinzips entwickelt. Danach erfordert die verfassungsrechtlich notwendige demokratische Legitimation eine **ununterbrochene Legitimationskette** vom Volk zu den mit staatlichen Aufgaben betrauten Organen und Amtswaltern (organisatorisch-personell).[5] Demokratische Legitimation kann auch sachlich-inhaltlich über eine strikte Bindung an die von der Volksvertretung erlassenen Gesetze oder durch eine sanktionierte demokratische Verantwortlichkeit, einschließlich der dazugehörigen Kontrolle für die Wahrnehmung der zugewiesen Aufgaben hergestellt werden.[6] Verfassungsrechtlich kommt es entscheidend nicht auf die Form der demokratischen Legitimation staatlichen Handelns, sondern auf deren Effektivität an, was freilich nicht mit einer bloßen „Output-Legitimation" zu verwechseln ist. Notwendig ist vielmehr ein bestimmtes **Legitimationsniveau:**[7] Das Legitimationsniveau muss umso höher sein, je intensiver die in Betracht kommenden Entscheidungen die Grundrechte berühren.[8] Die Bestellung der Amtsträger muss personell, ihr Handeln sachlich-inhaltlich (über einen Weisungs- und Verantwortungszusammenhang) demokratisch legitimiert sein. Ein Amtsträger ist personell legitimiert, wenn er sein Amt im Wege einer Wahl durch das Volk oder das Parlament oder durch einen seinerseits personell legitimierten Amtsträger oder mit dessen Zustimmung erhalten hat. Wird er von einem Gremium mit nur zum Teil personell legitimierten Amtsträgern bestellt, erfordert die volle demokratische Legitimation, dass die die Entscheidung tragende Mehrheit aus einer Mehrheit unbeschränkt demokratisch legitimierter Mitglieder des Bestellungsorgans besteht. Das demokratische Prinzip lässt – ggf. im Rahmen des „doppelten Mehrheitsprinzips" – auch Raum für die Beteiligung einer Mitarbeitervertretung.[9]

---

2   BVerfGE 44, 125 (142); zu deren notwendigen Teileelementen → Art. 2 Rn. 7 Fn. 16.
3   Verfassungskommission, LT-Drs. 1/3100, S. 85.
4   Siehe Art. 59, 60 LV; s. auch → Art. 2 Rn. 8; *Litten* Art. 60 Rn. 1 ff.
5   BVerfGE 147, 50 Rn. 222.
6   BVerfGE 147, 50 Rn. 222.
7   BVerfGE 139, 194 Rn. 107 mwN.
8   BVerfGE 130, 76 (124).
9   BVerfGE 93, 37 (60 ff.) – SchlHPersVertrG; 107, 59 (88) – Wasserverbände; abl. HessStGH PersV 1986, 227. Offen gelassen hat das BVerfG (E 51, 43, 58), ob ein personalvertretungsrechtliche Mitbestimmung verfassungsrechtlich geboten ist; vgl. demgegenüber SächsVerfGH Urt. v. 22. 2. 2001 – Vf. 51-II-99, ZBR 2002, 37 ff. (aufgrund ausdrücklicher Regelung in Art. 26 S. 1 SächsVerf).

In Art. 3 nicht ausdrücklich angesprochen ist die **funktionale Selbstverwaltung**.[10] Diese ist offen für Formen der Organisation und Ausübung von Staatsgewalt, die vom Erfordernis lückenloser personeller demokratischer Legitimation (→ Art. 2 Rn. 7) abweichen.[11] Sie erlaubt, für abgegrenzte Bereiche der Erledigung öffentlicher Aufgaben durch Gesetz besondere Organisationsformen der Selbstverwaltung zu schaffen, in denen der Gesetzgeber ein Mitspracherecht der Betroffenen vorsehen und verwaltungsexternen Sachverstand aktivieren kann, um einen sachgerechten Interessenausgleich zu erleichtern. Welche Aufgaben auf Organisationseinheiten der Selbstverwaltung übertragen werden, liegt weitgehend im Ermessen des Gesetzgebers. Nicht übertragen werden dürfen diejenigen öffentlichen Aufgaben, die der Staat selbst durch seine eigenen Behörden als Staatsaufgaben im engeren Sinn wahrnehmen muss. Darüber hinaus gibt das Demokratieprinzip nicht vor, welche Aufgaben dem Staat als im engeren Sinne staatliche Aufgaben vorzubehalten sind. Insb. müssen Aufgaben im Bereich der Daseinsvorsorge nicht allein deshalb zwingend unmittelbar vom Staat erledigt werden, weil sie von wesentlicher Bedeutung für das Allgemeinwohl sind. Selbstverwaltungsträger dürfen auch zu verbindlichem Handeln mit Entscheidungscharakter ermächtigt werden. Das gilt auch für ein Handeln gegenüber Nichtmitgliedern, das Organen von Trägern funktionaler Selbstverwaltung nur gestattet ist, soweit das Volk sein Selbstbestimmungsrecht wahrt, indem es maßgeblichen Einfluss behält. Das erfordert, dass die Aufgaben und Handlungsbefugnisse der Organe in einem von der Volksvertretung beschlossenen Gesetz ausreichend vorherbestimmt sind und ihre Wahrnehmung der Aufsicht personell demokratisch legitimierten Amtswaltern unterliegt.[12] Eine Beteiligung Nichtbetroffener wie Personalvertretungen kann durch eine angestrebte Steigerung der Wirksamkeit der öffentlichen Aufgaben gerechtfertigt sein, sofern das „doppelte Mehrheitserfordernis" gewahrt ist.[13]

**2. Die Mäßigung der Staatsgewalt durch Gewaltentrennung.** Der neuzeitliche Verfassungsstaat verbindet typischerweise die demokratische Herrschaftsordnung mit dem Grundsatz der Gewaltenteilung. Dieser erweist sich als tragende Säule einer rechtsstaatlichen Rückbindung staatlicher Machtausübung und folgt einer doppelten Zielsetzung: Zum einen ermöglicht er durch Verteilung der unterschiedlichen Staatsfunktionen auf verschiedene Organe, die voneinander weisungsunabhängig sind, eine sinnvolle Arbeitsteilung im Staat. Insoweit handelt es sich zunächst um eine (bloße) Aufteilung der Wahrnehmung von Aufgaben der als einheitlich gedachten Staatsgewalt „durch die Organe der Gesetzgebung, der vollziehenden Gewalt und der Rechtsprechung". Zum anderen sichert er – rechtlich im Vordergrund stehend – die Mäßigung von staatlicher Macht. Damit korrespondieren die Ziele von **Gewaltenhemmung** und **Gewaltenkontrolle**. Diese wollen die Usurpation staatlicher Macht von oben wie von unten verhindern. Das geltende Landesverfassung kennt ein differenziertes Tableau von Wahl- und Ernennungsrechten (Art. 42 Abs. 1, 52 Abs. 3, 68 Abs. 2 S. 2), Mitwirkungs- und Zustimmungserfordernissen (Art. 55 Abs. 1, 58, 61 Abs. 3, 66), Kontrollrechten (Art. 39, 40, 63 Abs. 2, 68 Abs. 4), Abwahl- und Auflösungsrechten

---

10 Grundlegend (und problematisch im Hinblick auf die unmittelbar auf Art. 20 Abs. 2 GG Bezug nehmende Begründung) BVerfGE 107, 59 (92 ff.) – Wasserverbände; BVerfGE 111, 91 (216) – Notarkassen; s. auch NWVerfGH Urt. v. 9.6.1997 – VerfGH 20/95 ua, DVBl 1997, 1110 – Braunkohlenausschuss.
11 BVerfGE 107, 59 (92 ff.).
12 BVerfGE 111, 191 (217 f.); 130, 76 (123 ff.).
13 Vgl. zum Ausgleich der Gestaltung autonomer interessengerechter Selbstverwaltung und effektiver Wahrnehmung der öffentlichen Aufgabe BVerfGE 146, 164 Rn. 126.

(Art. 59 Abs. 2 und 3, 51) sowie Durchbrechungen (Art. 54 S. 2, 57), das zu einem austarierten System der Gewaltenverschränkung führt und so eine spezifische Machtbalance herstellt.

Das Gewaltenteilungsprinzip ist ebenso organisatorisches Prinzip wie **Rechtsprinzip**. Als letzteres verbietet es einen Eingriff in den Kernbereich einer Gewalt durch eine andere Gewalt (vgl. zB Art. 57 LV).[14] Eine Ausnahme hiervon gilt für die Rspr., die ausschließlich durch die Gerichte erfolgt (Art. 92 GG, 76 LV).[15] Der Grundsatz funktionaler Gewaltenteilung wird flankiert durch einzelne Ausformungen des Grundsatzes der Inkompatibilität, der die personelle Unvereinbarkeit der gleichzeitigen Innehabung von herausgehobenen Ämtern verschiedener Gewalten zum Inhalt hat.[16]

## II. Die Selbstverwaltung in den Gemeinden und Kreisen (Abs. 2)

6 In der Aussage, die Selbstverwaltung in den Gemeinden und Kreisen diene dem Aufbau der Demokratie von unten nach oben, findet sich die Metapher kommunale Selbstverwaltung als „Keimzelle" bzw. „**Schule der Demokratie**"[17] wieder. Diese Sicht entspricht ganz der Steinschen Reformidee, der mit der Städteordnung von 1808 das Ziel verfolgte, in einer Zeit politischer Depression bürgerlichen Gemeinsinn und politisches Engagement durch Beteiligung am Gemeinwesen zu wecken.[18] Indem die Verfassung diese Aussage gleichsam „vor die Klammer" zieht – ihre nähere Ausformung findet sich in den Art. 72 ff.[19] – bringt sie die grundlegende Bedeutung kommunaler Selbstverwaltung für den Staatsaufbau und die Staatswillensbildung (iwS) zum Ausdruck. Zugleich stellt sie die Kommunen außerhalb des hierarchisch gegliederten Entscheidungsstrangs und formt sie als „dezentralisiert-partizipative Verwaltung" mit eigenständiger verfassungsunmittelbarer Legitimation aus.[20]

7 Kommunaler Selbstverwaltung kommen zwei bedeutsame Funktionen zu: Zum einen die administrative Funktion, die es rechtfertigt, kommunale Selbstverwaltung als – durch spezifische Besonderheiten gekennzeichnete – „**mittelbare Staatsverwaltung**" anzusehen.[21] Kommunalverwaltung ist Teil der Exekutive; insofern markiert sie einen wichtigen Bereich der unteren Landesverwaltung – und zwar auch dort, wo sie in Form der Satzungsgebung materiell Recht setzend tätig wird. Deshalb gilt innerhalb der kommunalen Selbstverwaltung weder der Grundsatz der Gewaltenteilung noch sind die kommunalen Vertretungskörper-

---

14 Statt vieler: *Schmidt-Aßmann* in HdbStR Bd. II § 26 Rn. 56 f.; *Schulze-Fielitz* in Dreier Art. 20 (Rechtsstaat) Rn. 66 ff.; zur Frage eines Verwaltungsvorbehalts BVerfGE 95, 1 (16); *Maurer* sowie *Schnapp* in VVDStRL Bd. 43 (1985) 135 ff., 172 ff.; *Schröder* in v. Mangoldt/Klein/Starck Art. 62 Rn. 25.
15 Hierzu grundlegend BVerfGE 22, 49 (76 ff.).
16 Siehe Art. 45 Abs. 1 S. 2, 52 Abs. 4 LV; näher *Schröder* in Grimm/Caesar Art. 77 Rn. 9 mwN.
17 BVerfGE 79, 127 (149); LVerfG M-V LVerfGE 11, 306 (312); LVerfGE 18, 342, 372 (391); LVerfGE 22, 298 (329); *Wallerath* DÖV 1986, 533 (535).
18 *H. H. Rupp* in HdbStR Bd. II § 31 Rn. 8.
19 Zu diesen gesellen sich verschiedene „Erstreckungsgarantien: LVerfG M-V, LVerfGE 14, 293 (301 f.) (interkommunales Gleichbehandlungsgebot) sowie LVerfGE 10, 317 (330 f.) (Rückwirkungsverbot); s. auch BVerfGE 55, 298 (310) (für Art. 70 ff. GG), 71, 25 (37) (für Art. 106 Abs. 5 GG); 91, 228, 242 (für das Demokratieprinzip).
20 *H. Meyer*, Kommunalrecht, 2. Aufl. 2002, Rn. 41 f.; *Lüdemann* in Classen/Lüdemann (Hrsg.) Staats- und Verwaltungsrecht für Mecklenburg-Vorpommern, 4. Aufl. 2020, S. 259, 272 f. (Rn. 31); *Brüning* in Ehlers/Fehling/Pünder (Hrsg.), Besonderes Verwaltungsrecht, Bd. III, 4. Aufl. 2021, § 64 Rn. 11.
21 BVerfGE 83, 37 (54 ff.).

schaften „Parlamente". Die demokratisch-politische Funktion[22] wird deutlich in den spezifischen Legitimationsanforderungen für die kommunale Selbstverwaltung sowie – darauf fußend – der Autonomie der Kommunen bei der Wahrnehmung eigener Angelegenheiten. Sie spiegelt zugleich einen deutlich „antibürokratischen" Effekt wider, der auf eine stärkere Berücksichtigung der Bedürfnisse der Bevölkerung vor Ort hinzielt und insoweit auch eine sozialstaatliche Komponente enthält.[23] Landesrecht, das Regelungen enthält, die gegen die von Art. 3 Abs. 1 iVm Art. 72 Abs. 1 LV geschützten Selbstverwaltungsgarantie verstoßen, sind verfassungswidrig.[24] Gemeinden verfügen insoweit über ein verfassungsrechtlich garantierte Eigenständigkeit – auch und gerade gegenüber den Landkreisen.[25] So sind den Kommunen gegen Beeinträchtigungen ihrer Rechtspositionen durch den Bund oder die Länder grundsätzlich Rechtsschutzmöglichkeiten eingeräumt.[26] Die Länder verfügen hier über eine weitgehende Verfassungsautonomie, die Verfassungsgerichtsbarkeit nach eigenem Ermessen zu ordnen.[27]

## III. Wahlgrundsätze

Die in Abs. 3 angeführten Wahlgrundsätze für die Wahlen zu den Volksvertretungen im Land, in den Gemeinden und Kreisen enthalten eine wichtige Ausformung des „status activus" der Staatsbürger. Mit den Vorgaben „allgemein, unmittelbar, frei, gleich und geheim" fordert die Bestimmung das gleiche Legitimationsniveau wie Art. 28 Abs. 1 S. 2 GG;[28] zugleich nimmt sie den hierzu in Rspr. und Schrifttum entwickelten Sinngehalt in sich auf. Insofern kann hier auf diese verwiesen werden.[29] Ergänzend sei angemerkt: in Abs. 3 vorgelagert ist die grds. Beschränkung des Wahlrechts zum LT auf das Staatsvolk;[30] für die Wahlen zu kommunalen Vertretungskörperschaften eröffnet § 7 Abs. 1 KWG im Einklang mit Art. 28 Abs. 1 S. 3 GG sowie der Richtlinie 94/80/EG vom 19.12.1994[31] auch das Wahlrecht von Angehörigen der EU-Mitgliedstaaten. IÜ ist das Wahlrecht ein höchstpersönliches Recht. Damit sperrt es sich gegen eine Ausübung durch Dritte. Dies wie der Grundsatz der Gleichheit der Wahl stehen dem immer wieder diskutierten Familienwahlrecht[32] entgegen. 8

Art. 3 Abs. 3 LV gibt – anders als Art. 20 Abs. 2 LV für die Wahl des LT (hierzu → Art. 20 Rn. 28) – kein bestimmtes Wahlsystem vor. Jedoch setzt der Grundsatz der „gleichen" Wahl nicht zuletzt der Zulässigkeit von **Wahlquoren** bei der Verhältniswahl Grenzen.[33] Die darin liegende Durchbrechung der Erfolgsgleichheit ist nur gerechtfertigt, wenn zwingende Gründe dies rechtferti- 9

---

22 Hierzu v. *Mutius*, Kommunalrecht, 1996, Rn. 43 f.
23 *F. Mayer* in Demokratie und Verwaltung, 1972, S. 327; *Wallerath* DÖV 1986, 533 (539).
24 Vgl. BVerfGE 147, 185 Ls. 1.
25 Vgl. BVerfGE 147, 185 Ls. 4.
26 BVerfGE 149, 48.
27 BVerfG Beschl. v. 6.12.2021 – 2 BvR 1470/20 Rn. 32, juris.
28 Dagegen wird die Option des Art. 28 Abs. 1 S. 4 GG, bei kleineren Gemeinden auf eine gewählte Körperschaft zu verzichten und eine Gemeindeversammlung vorzusehen, weder in Art. 2 noch in Art. 72 LV übernommen; s. auch *März* JöR N.F. 54 (2006), 203.
29 Näher *Morlok* in Dreier Art. 38 Rn. 64 ff.; *Trute* in v. Münch/Kunig GG Art. 38 Rn. 20 ff.
30 Hierzu BVerfGE 83, 37 ff., 60 ff.
31 ABlEG v. 31.12.1994, S. 38; vgl. aber auch § 5 Abs. 3 der RL zur (zulässigen) Beschränkbarkeit des passiven Wahlrechts; hierzu BVerwG NVwZ 1999, 293.
32 Vgl. nur *Holste* DÖV 2005, 110 ff.; *v. Münch* NJW 1995, 3165 f.; *W. Schroeder* JZ 2003, 917 ff.
33 Näher: *Pünder* VVDStRL 72 (2013) S. 191, 213 ff.

gen.[34] Ob dies der Fall ist, ist nicht für ein und allemal und nur ebenenspezifisch zu beantworten: Während bei der Wahl des LT auf die Möglichkeit der Bildung einer handlungsfähigen Regierung Bedacht zu nehmen ist,[35] liegt dies angesichts der unmittelbaren Volkswahl von Bürgermeistern und Landräten auf der kommunalen Ebene anders. Insoweit ist auch keine empirisch gestützte Gefährdung der Handlungsfähigkeit der Verwaltungsspitze bei einer größeren Zersplitterung der Gemeindevertretung erkennbar.[36] Das stellt sich Versuchen einer Wiederbelebung von bestimmten Prozentklauseln in diesem Bereich entgegen;[37] ob dies auch für Wahlen zu Bezirksvertretungen in den Stadtstaaten gilt, mag hier dahinstehen.[38] Vor dem Hintergrund der Eigenstaatlichkeit der Länder lässt sich allerdings eine Verletzung von Wahlrechtsgrundsätzen bei Landtags- oder Kommunalwahlen nicht mit einer Verfassungsbeschwerde vor dem BVerfG angreifen.[39]

### IV. Parteien und Bürgerbewegungen (Abs. 4)

10 In der Formulierung des Abs. 4 „Parteien und Bürgerbewegungen wirken bei der politischen Willensbildung des Volkes mit" kristallisiert sich die Entstehungsgeschichte der Verfassung wie in kaum einer anderen Verfassungsbestimmung heraus. Die praktischen Rechtsfolgen sind freilich – wie die nachfolgenden Erörterungen zeigen – nicht einfach zu erschließen.[40]

11 **1. Politische Parteien.** Abs. 4 setzt – wie Art. 21 GG – den Parteibegriff voraus. Zwar ist die einfachgesetzliche Definition des Parteienbegriffs in § 2 Abs. 1 PartG nicht maßgebend für den in der Verfassung verwendeten Begriff, doch kann man davon ausgehen, dass in Art. 3 Abs. 4 der Begriff der „politischen Parteien" mit eben diesem Inhalt verwandt worden ist.[41] Damit handelt es sich um „Vereinigungen von Bürgern, die dauernd oder für längere Zeit für den Bereich des Bundes oder eines Landes auf die politische Willensbildung Einfluss nehmen und an der Vertretung des Volkes im BT oder einem LT mitwirken wollen, wenn sie nach dem Gesamtbild der tatsächlichen Verhältnisse, insb. nach Umfang und Festigkeit ihrer Organisation, nach der Zahl ihrer Mitglieder und nach ihrem Hervortreten in der Öffentlichkeit eine ausreichende Gewähr für die Ernsthaftigkeit dieser Zielsetzung bieten". Nicht hiervon erfasst sind kommunale Wählervereinigungen, so dass das „Parteienprivileg" (Art. 21 Abs. 2 S. 2 GG) insoweit nicht gilt. Nicht ausgeschlossen ist hingegen die Anwendbarkeit des Grundsatzes der Chancengleichheit.[42]

12 Die Mitwirkung der politischen Parteien „bei der politischen Willensbildung des Volkes" äußert sich namentlich in der Beteiligung an Wahlen, erschöpft

---

34 BVerfGE 51, 222 (234); 78, 350, 357 f.; 82, 322, 337, st. Rspr.; LVerfG M-V, LVerfGE 11, 306 (323) (Fünf-Prozent-Klausel im Kommunalwahlrecht); s. auch BVerfG NVwZ 2014, 439 ff. zur Unzulässigkeit der 3 % Klausel im Europawahlrecht.
35 Siehe auch BVerfGE 82, 322 (338); Berl VerfGH, LVerfGE 6, 28.
36 LVerfG M-V, LVerfGE 11, 306, 330; VerfGH NW DVBl 1999, 1271; zurückhaltend BVerfG NordÖR 2003, 238.
37 Vgl. insoweit VerfGH NW NVwZ 2018, 159 ff. mit Anm. *Meyer* NVwZ 2018, 172 ff.; *Ritgen* NVwZ 2018, 114 ff.
38 Dazu: Berl VerfGH DVBl 2013, 848 ff.
39 BVerfGE 99, 1 (7 ff.); näher hierzu *Lang* DÖV 1999, 712 (713).
40 Siehe *März* JöR N.F. 54 (2006), 203.
41 BVerfGE 24, 260 (263 f.).
42 BVerfGE 85, 264 (328); 99, 69 (79 f.); s. auch Hess StGH NVwZ-RR 1993, 655. Das betrifft auch die Frage der finanziellen Rahmenbedingungen im Wahlkampf.

sich freilich nicht hierin.[43] Art. 3 Abs. 4 trifft keine ausdrückliche Aussage über den Status der politischen Parteien als solchen bei der Vorformung politischen Willens. Man wird davon auszugehen haben, dass die LV im Hinblick auf die politischen Parteien die insoweit einschlägigen Ausformungen in Art. 21 GG mit zum Gegenstand landesverfassungsrechtlicher Garantie macht. Die teilweise Annahme einer unmittelbaren Geltung des Art. 21 GG als „Landesverfassungsrecht"[44] vermag demgegenüber keineswegs zu überzeugen; wohl beansprucht Art. 21 GG als „Durchgriffsnorm" seinerseits in den Ländern als Bundes(verfassungs-)recht unmittelbar Geltung.[45] Damit sind Gründungsfreiheit und freiheitliche innere Ordnung[46] sowie Chancengleichheit der politischen Parteien auch landesverfassungsrechtlich verankert.[47] Letztere stützt sich im Wahlkampf auf Art. 3 Abs. 3 LV, außerhalb dessen auf Art. 3 Abs. 4 LV.[48]

**2. Bürgerbewegungen.** Indem Abs. 4 Parteien und Bürgerbewegungen in einem Atemzug als Mitwirkende bei der politischen Willensbildung des Volkes nebeneinander stellt, trägt er der historischen Bedeutung der Bürgerbewegungen für die politische Wende in der DDR Rechnung[49] und bringt so den basisdemokratischen Aufbruchcharakter der Vorphase der Verfassunggebung zum Ausdruck. Dennoch ist damit nicht ein verfassungsrechtliches Postulat durchgängiger Gleichstellung von politischen Parteien und Bürgerbewegungen verbunden. Hiergegen steht die bei Erlass der Verfassung vorgefundene besondere bundesrechtliche Ausgestaltung der politischen Parteien, die als solche auch durch Art. 3 Abs. 4 nicht infrage gestellt wird (Art. 31 GG). Die landesverfassungsrechtliche Erwähnung von Bürgerbewegungen dürfte namentlich ihre Bedeutung im kommunalen Bereich hervorkehren, aber auch ihre Rolle bei der Vorbereitung und Durchführung von Volksinitiativen sowie Volksbegehren und -entscheiden betonen.[50] Für die Qualifizierung als politische Partei infolge einer Beteiligung an Landtagswahlen ist ausschließlich das PartG maßgeblich.[51] Das betrifft auch deren Finanzierung. Inwieweit allerdings die entsprechenden Regelungen im PartG[52] (zugleich) im Hinblick auf Landtagswahlen als abschließend zu verstehen sind, ist auch ein kompetenzrechtliches Problem; seine eindimen-

---

43 Das Recht auf „Fraktionsbildung" steht allerdings den einzelnen Abg., nicht den Parteien als solchen zu, auch wenn es der regelmäßigen Parteizugehörigkeit der Abg. Rechnung zu tragen hat; siehe LVerfG M-V, LVerfGE 15, 327 (332 ff.).
44 BVerfGE 27, 10 (17); StGH BW Urt. v. 27.2.1981 – GR 1/80, ESVGH 31, 81, 84; hiergegen mit Recht *Menzel*, S. 176 f. mwN; s. auch nachfolgend Art. 4 Rn. 2.
45 *Zippelius/Würtenberger* § 14 Rn. 48; s. auch *März* JöR N.F. 54 (2006), 203.
46 Im Rahmen des Art. 21 Abs. 1 S. 3 GG.
47 LVerfG M-V, LVerfGE 15, 327 (334). Daraus folgt die Zulässigkeit der Organstreitigkeit bei einer Verteidigung des spezifischen verfassungsrechtlichen Status gegenüber Verfassungsorganen; s. LVerfG M-V, LVerfGE 4, 268 (275); 15, 327 (331) im Anschluss an BVerfGE 27, 10 (17 f.); 85, 264, 284; ebenso BdgVerfG, LVerfGE 3, 135 (139); zur im Schrifttum verbreiteten Gegenposition: *Kunig* in HdbStR II § 40 Rn. 127; *Ipsen/Koch* in Sachs GG Art. 21 Rn. 49 ff.
48 LVerfG M-V, LVerfGE 15, 327 (334 f.); vgl. auch BVerfGE 6, 273 (280); 52, 63 (88); stRspr.
49 Verfassungskommission, LT-Drs. 1/3100, S. 85.
50 Auch insoweit bleibt es freilich bei der grundlegenden Unterscheidung zwischen Einwohner und Bürger. Allerdings dürfte es zulässig sein, EU-Bürgern auch die Beteiligung an kommunalen Abstimmungen zu ermöglichen; hierzu *Menzel* S. 405 mwN auch für die Gegenmeinung.
51 Der (eher theoretische) Grenzfall ist markiert, wenn es sich um eine vornherein auf eine Legislaturperiode begrenzte Teilnahme an einer Landtagswahl handelt („für längere Zeit"); er ist – im Sinne der Chancengleichheit – *zugunsten* der Bürgerbewegung zu entscheiden; vgl. auch BVerfGE 74, 96 (101); 91, 262, 273.
52 Insb. §§ 19a Abs. 6, 21 Abs. 1 PartG.

sionale Auflösung versteht sich vor dem Hintergrund der in Art. 28 Abs. 1 GG vorausgesetzten eigenständigen Verfassungsräume von Bund und Ländern keineswegs von selbst.[53] IÜ kommt Bürgerbewegungen aufgrund der fehlenden Anreicherung ihrer Rechtsstellung nach Art. 3 Abs. 4 durch die in Art. 21 Abs. 1 S. 2 bis 4 GG genannten zusätzlichen Regelungselemente verfassungsprozessual eine quasiorganschaftliche Stellung nicht zu (anders → Art. 53 Rn. 9). Entstehungsgeschichtlich tragen sie wie Parteien zur Willensbildung des Volkes bei.[54] Sie sind aber nicht mit Rechten durch die Verfassung oder der Geschäftsordnung des Landtages mit eigenen Rechten ausgestattet.[55]

## V. Schrifttum

14 *Claus Dieter Classen/Jörn Lüdemann* (Hrsg.), Landesrecht Mecklenburg-Vorpommern, 4. Aufl. 2020; *Heinrich Lang*, Zur Effizienz in getrennten Verfassungsräumen, DÖV 1999, 712 ff.; *Wolfgang März*, Die Verfassungsentwicklung in Mecklenburg-Vorpommern, in: JöR N.F. Bd. 54 (2006) S. 175 ff.; *Wolfgang März*, Das 5. FAG-Änderungsgesetz: Verfassungsrechtliche Probleme des kommunalen Finanzausgleichs in Mecklenburg-Vorpommern, Rechtsgutachten, Bd. 25 der Schriftenreihe des Städte- und Gemeindetages Mecklenburg-Vorpommern eV Schwerin, 2004; *Franz Mayer*, Selbstverwaltung und demokratischer Staat, in: Demokratie und Verwaltung: 25 Jahre Hochschule für Verwaltungswissenschaften Speyer, 2. Aufl. 1997, S. 327 ff.; *Jörg Menzel*, Landesverfassungsrecht – Verfassungshoheit und Homogenität im grundgesetzlichen Bundesstaat, 2002, S. 405 ff.; *Ingo von Münch* in: von Münch/Kunig, Bd. 2, Grundgesetz, Art. 38; *Nierhaus* in: Sachs, GG, Art. 28; *Hermann Pünder* Wahlrecht und Parlamentsrecht als Gelingensbedingungen repräsentativer Demokratie, in: VVDStRL 72 (2013) S. 191 ff.; *H. H. Rupp*, Die Unterscheidung von Staat und Gesellschaft, in: Isensee/Kirchhof, HdbStR Bd. II, § 31; *Friedrich Schoch* (Hrsg.), Besonderes Verwaltungsrecht, 2018; *Hans Peter Schneider*, Parlamente, Wahlen und Parteien in der Rechtsprechung der Landesverfassungsgerichte, in: Starck/Stern, Bd. III, 1983, S. 91 ff.; *Maximilian Wallerath*, Strukturprobleme kommunaler Selbstverwaltung, DÖV 1986, 533 ff.

## Art. 4 (Bindung an Gesetz und Recht)

Die Gesetzgebung ist an das Grundgesetz für die Bundesrepublik Deutschland und an die Landesverfassung, die vollziehende Gewalt und die Rechtsprechung sind an Gesetz und Recht gebunden.

Vergleichbare Regelungen:
Art. 25 Abs. 2 BWVerf; 2 Abs. 5 S. 2 BbgVerf; 1 Abs. 3 VvB; 2 Abs. 2 NdsVerf; 77 Abs. 2 Verf Rh-Pf; 61 Abs. 2 SaarlVerf; 3 Abs. 3 SächsVerf; 2 Abs. 4 LVerf LSA; 52 Abs. 1 SchlHVerf; 47 Abs. 4 ThürVerf.

| | | | |
|---|---|---|---|
| Vorbemerkung .................... | 1 | 1. Verfassungsvorrang ............ | 2 |
| I. Die Verfassungsbindung der Gesetzgebung .................... | 2 | 2. Die prozessuale Bedeutung von Bundes(verfassungs)recht | 4 |

---

53 S. *Menzel* S. 407; vgl. aber auch VerfGH NW, DÖV 1992, 968 ff. Die lediglich partielle bundesrechtliche Erfassung von Einzelbewerbern (§ 49b BWahlG) zeigt, dass die Regelung jedenfalls insoweit ihre Grenze findet.
54 Verfassungskommission, LT-Drs. 1/3100, S. 85.
55 Vgl. zu einer kommunalen Wählervereinigung VerfGH NW Beschl. v. 27.6.2017 – VerfGH 14/16 Rn. 20 ff., juris.

| II. Die Gesetzesbindung von vollziehender Gewalt und Rechtsprechung .......................... 5 | 2. Vorrang und Vorbehalt des Gesetzes ........................ 8 |
|---|---|
| 1. Gesetz und Recht .............. 6 | III. Schrifttum ........................ 11 |

## Vorbemerkung

Die Bestimmung enthält eine bedeutsame Konkretisierung des Rechtsstaatsprinzips in Form von zentralen Aussagen zur Rechtsbindung aller staatlichen Gewalt. Diese beziehen sich auf den Vorrang des Verfassungsrechts vor dem einfachen Gesetz in einer staatlichen Mehr-Ebenen-Struktur wie auf die Bindung von vollziehender Gewalt an Gesetz und Recht. Mit dieser Bindung ist nicht nur die Notwendigkeit einer Klärung des grundlegenden Verhältnisses von Gesetz und Recht verknüpft, sondern auch die des Verhältnisses von Vorrang und Vorbehalt des Gesetzes. 1

## I. Die Verfassungsbindung der Gesetzgebung

**1. Verfassungsvorrang.** Es entspricht kontinental-europäischer Tradition, die Verfassung mit dem ausdrücklichen Vorrang vor dem einfachen Gesetz zu versehen. Hierin drückt sich der Charakter der Verfassung als grundlegende rechtliche Rahmenordnung aus, die den einfachen Gesetzgeber mit dem Auftrag versieht, Lebenswirklichkeit unter Rückbindung an verfassungsrechtliche Maßstäbe im Sinne einer „guten Ordnung" zu gestalten. Der Verfassunggeber hat diese Bindung gleich in zweifacher Hinsicht bekräftigt: Der Landesgesetzgeber wird ebenso an das GG wie an die LV gebunden. Mit der ausdrücklichen Einbeziehung des GG sind alle Bestimmungen des GG, die sich (auch) an den Landesgesetzgeber wenden – wie Art. 1 Abs. 3, Art. 21 oder Art. 28 Abs. 1 und 2 GG – zugleich kraft Landesverfassungsrechts zu beachten. Das hat Auswirkungen auf die Prüfungskompetenz des LVerfG; diese dürfte auch die Vereinbarkeit des Landesrechts mit der bundesrechtlichen Kompetenzordnung mit umfassen (→ Art. 1 Rn. 11). Die generelle Bindung des Gesetzgebers an die Landesverfassung bezieht sich auf die einfache Gesetzgebung:[1] Bei einer Änderung der Landesverfassung ist der Gesetzgeber speziell in Art. 56 Abs. 3 LV angesprochen; dieser geht insoweit Art. 4 LV vor. Für Verwaltung und Gerichte bedeutet der Verfassungsvorrang, dass ein Gesetz nicht angewendet werden darf, das diese für verfassungswidrig halten. Sofern es sich um ein formelles Gesetz handelt, ist es dem Verfassungsgericht zur Entscheidung vorzulegen.[2] 2

Aus der besonderen Dignität der Verfassung, nicht zuletzt ihrem Vorrang vor dem einfachen Gesetz, sind im Laufe der Zeit typische **Entscheidungstopoi** zur Beurteilung der Frage der Verfassungsmäßigkeit staatlicher Maßnahmen erwachsen. Bei diesen geht es teils um Spezifizierungen von klassischen Methoden der Gesetzesauslegung, teils um die Herausarbeitung entscheidungsleitender Grundsätze,[3] die sich in bestimmten „Entscheidungsregeln" äußern und damit lediglich die Richtung der Entscheidung vorformen. Als bedeutsamste Entscheidungstopoi sind zu nennen: Der Grundsatz der **Einheit der Verfassung**, der verlangt, eine Verfassungsbestimmung nicht isoliert zu betrachten und nicht allein aus sich heraus auszulegen. Er erweist sich als besondere Ausprägung systematischer Auslegung: Jede Vorschrift steht in einem Sinnzusammenhang mit den übrigen Vorschriften der Verfassung, die eine innere Einheit darstellt. Daraus 3

---

1 Vgl. dazu LVerfG M-V, LVerfGE 17, 297 ff.
2 Art. 53 Nr. 5 LV für Gerichte, Art. 53 Nr. 2 LV für die Behörden der Exekutive.
3 Dazu *Hesse* Grdzge des VerfassungsR der BRD, § 2 Rn. 70 ff.

ergibt sich namentlich, dass jede Auslegung einer Verfassungsbestimmung mit den elementaren Verfassungsgrundsätzen vereinbar sein muss.[4] Eine Weiterführung dieses Ansatzes bedeutet der Grundsatz **praktischer Konkordanz** bei kollidierenden Verfassungsrechtsgütern; er spielt namentlich bei der konkreten Bestimmung verfassungsimmanenter Schranken vorbehaltsloser Grundrechte eine Rolle. Für alle Verfassungsnormen, insb. aber für die Grundrechtsnormen, gilt, dass „in Zweifelsfällen diejenige Auslegung zu wählen ist, welche die juristische Wirkungskraft der Grundrechtsnorm am stärksten entfaltet" (**Grundsatz der größtmöglichen Effektivität**).[5] Der Aspekt der **Wesentlichkeit** der Regelung wird schließlich als Topos für die Notwendigkeit parlamentarischer Entscheidung herangezogen; er folgt einem demokratischen wie auch einem rechtsstaatlichen Begründungsstrang (näher → Rn. 9). Im staatsorganisatorischen Bereich wurde der Grundsatz der **Organtreue** entwickelt; er ist auf die gegenseitige Rücksichtnahme von verschiedenen Kompetenzträgern im Sinne loyaler Kompetenzausübung gerichtet. Der Grundsatz gilt auch im Verhältnis von Gesamtorgan und Organteilen[6] sowie zwischen mehreren Selbstverwaltungsträgern (zB in Form des Gebots interkommunaler Rücksichtnahme), ist allerdings nicht geeignet, eindeutige gesetzliche Kompetenzzuweisungen zu überspielen.[7]

4 **2. Die prozessuale Bedeutung von Bundes(verfassungs)recht.** In einem Verfahren zur Überprüfung eines Aktes der Landesgewalt vor einem Gericht des Landes einschließlich des Landesverfassungsgerichts kann **Bundesverfassungsrecht als Vorfrage** Bedeutung erlangen. Bleibt eine nachkonstitutionelle landesrechtliche *Norm* hinter den bundesrechtlichen Anforderungen zurück, so hat das LVerfG ggfs (nämlich, wenn hiervon zugleich die Frage der Vereinbarkeit mit Landesverfassungsrecht abhängt,) eine konkrete Normenkontrolle nach Art. 100 Abs. 1 S. 2 GG durch das BVerfG herbeizuführen.[8] Grund hierfür ist, dass kompetenzgemäß erlassenes (einfaches) Bundesrecht kompetenzgemäß ergangenes Landesrecht bricht (Art. 31 GG), soweit letzteres inhaltlich dem Bundesrecht entgegensteht;[9] kompetenzwidrig erlassenes Landesrecht ist allein schon aus diesem Grunde nichtig.[10] Deshalb gehen die Landesverfassungsgerichte teilweise auch auf die Frage der Gesetzgebungskompetenz des Landes ein,[11] so das LVerfG M-V unter dem Aspekt einer möglichen Umwidmung präventiv erhobener Daten für Zwecke der Strafverfolgung.[12] Für M-V ist die Frage – möglicherweise in dieser Konsequenz nicht vom Verfassunggeber bedacht – durch Art. 4 und Art. 1 Abs. 2 LV vorentschieden[13] (s. auch → Art. 53 Rn. 1, → Art. 1 Rn. 11).

---

4 BVerfGE 1, 14 (32); 77, 240, (255); 81, 298, (308).
5 BVerfGE 39, 1 (38); s. auch BVerfGE 84, 34 (46 f.).
6 Siehe VerfGH Sachsen Urt. v.19.7.2012 – Vf. 102-I-11 Rn. 39, juris.
7 BVerfGE 129, 108 (118 f.).
8 Vgl. BerlVerfGH NVwZ 1995, 784 (785); VfG Bbg LKV 1999, 450 (461 f.).
9 BVerfGE 80, 137 (153). Die hM nimmt bei einem Verstoß gegen Art. 31 GG *Nichtigkeit* des entgegenstehenden Landesrechts an; s. BVerfGE 84, 9 (20 f.); *Nierhaus* in Sachs GG Art. 28 Rn. 12; *Stern* StaatsR I, S. 719 ff.; *Jutzi* S. 24 f. mwN auch für die Gegenmeinung.
10 *Dreier* in Dreier GG Art. 31 Rn. 23; *März* in von Mangoldt/Klein/Starck Art. 31 Rn. 45.
11 VerfGBbg LKV 1999, 450 (464 f.); HessStGH DÖV 1982, 320; LVerfG M-V, LVerfGE 10, 336, (346 f.); 11, 265, (276 f.); VerfGH NRW Urt. v. 19.5.1992 – 5/91, NVwZ 1993, 57 (59); s. auch BVerfGE 60, 175 (206); *Stern* StaatsR I S. 708; *Tettinger* in von Mangoldt/Klein/Starck Art. 28 Rn. 68; abl. *Rozek* S. 179 f.
12 LVerfG M-V, LVerfGE 10, 336, (344 f.); 11, 265, (276 f.); s. auch LVerfG M-V NJ 2009, 63.
13 S. auch BVerfGE 103, 332 (350) (LNatSchG SchlH); *März* JöR N.F. 54 (2006) S. 204 mwN; zur Frage der Berücksichtigung des Grundsatzes bundesfreundlichen Verhaltens:

Eine Kollisionslage kann auch entstehen, wenn Landesorgane in Anwendung von (einfachem) Bundesrecht zu entscheiden haben. Hier treffen zwei Rechtskreise zusammen, die das Handeln der staatlichen Organe bestimmen. Die Besonderheit dieser Fälle ist, dass die Entscheidungen durch bundesrechtliche, am Maßstab des Grundgesetzes zu messende Vorgaben dirigiert werden. Als Anwendungsakte von Landesorganen unterliegen sie allerdings gleichzeitig den Anforderungen der Landesverfassung (soweit diese nicht dem Grundgesetz widerspricht). Wie in solchen Fällen zu verfahren ist, hat das BVerfG bisher nur für das bundesrechtlich geregelte (fach-)gerichtliche Verfahren explizit beantwortet.[14] Es anerkennt die grundsätzliche Befugnis der Landesverfassungsgerichte zur Überprüfung fachgerichtlicher Entscheidungen, die *in einem bundesrechtlich geregelten Verfahren* ergehen, stellt diese allerdings unter verschiedene Kautelen und verbindet sie mit einer ungewöhnlich dichten Anleitung zur Prüfung durch die Landesverfassungsgerichte.[15] Andere sehen keinen durchschlagenden Grund, die Prüfung der Anwendung materiellen Bundesrechts am Maßstab des Landesverfassungsrechts generell hiervon auszunehmen.[16] Die Frage spielt im M-V nicht die gleiche Rolle wie in anderen Ländern, ist hier doch die Individualverfassungsbeschwerde gegen nicht normative Akte der „öffentlichen Gewalt" nur vor dem Hintergrund der Geltendmachung einer Verletzung der in Art. 6 bis 10 gewährleisteten Grundrechte zulässig. Entscheidend dürfte sein, ob und inwieweit die bundesrechtliche Regelung den zur Anwendung berufenen Landesorganen einen eigenen Entscheidungsspielraum eröffnet.[17]

## II. Die Gesetzesbindung von vollziehender Gewalt und Rechtsprechung

Die Bindung von vollziehender Gewalt und Rspr. an „Gesetz und Recht" umschreibt eines der am schwierigsten zu erschließenden Problemfelder des Verfassungsrechts. Sie beschreibt zwei miteinander verschränkte, inhaltlich indes voneinander zu trennende Fragestellungen. Zum einen geht es um das Verhältnis von Gesetz und Recht, zum anderen um die Rechtsbindung von vollziehender Gewalt und Rspr. und damit um Vorrang und Vorbehalt des Gesetzes.

**1. Gesetz und Recht.** Mit der Erwähnung von „Gesetz und Recht" folgt die Verfassung der durch die Erfahrungen des NS-Unrechts geprägten Formulierung des Art. 20 Abs. 3 GG. Wie diese spiegelt sie die Wandlungen und Brüche staatlicher Entwicklung wider und verarbeitet die daraus erwachsenen Erfahrungen in einer normativen Grundaussage, der zugleich Mahnfunktion zukommt.[18] Mit dem GG teilt sie auch das **Spannungsverhältnis zwischen Gesetz und Recht** und weist so auf die Kategorien von **Legalität** und **Legitimität** hin.[19] Damit sperrt sie sich ebenso gegen eine tautologische, leer laufende Interpretation der beiden

---

VerfGH Berlin DVBl 2004, 308 (315) (bejahend); *Rossi* DVBl 2005, 269 (272) (verneinend); vgl. auch BVerfGE 103, 81 (88) zur „Akzessorietät" des Grundsatzes.
14 Siehe BVerfGE 96, 345 (362); ebenso SächsVerfGH LVerfGE 9, 270.
15 Krit. hierzu *Pestalozza* in Macke (Hrsg.), Verfassung und Verfassungsgerichtsbarkeit auf Landesebene, 1998, S. 245, 260. Grundsätzlich ablehnend zur Überprüfung durch Landesverfassungsgerichte *Clausen*, Landesverfassungsbeschwerde und Bundesstaatsgewalt, 2000, S. 135 ff.
16 Siehe BbgVerfG Beschl. v. 16.12.2010 – 18/10, LKV 2011, 124 (125) mAnm *v. Otto*; s. auch BVerfG Beschl. v. 10.6.2009 – NVwZ 2009, 1426 (1429); *Wallerath* NdsVBl. 2006 (Sonderheft), 43, 49 f. mwN.
17 S. auch *Zippelius/Würtenberger*, Deutsches Staatsrecht, 33. Aufl. 2018, § 16 Rn. 28 f.; *Wallerath* NdsVBl. 2006 (Sonderheft), 43, Rn. 50.
18 *Finkelnburg* NJ 2004, 1; *Isensee* SächsVBl. 1994, 28.
19 S. *Benda* in HdbVerfR, S. 487; *Schmidt-Aßmann* in HdbStR II § 26 Rn. 33; *Schulze-Fielitz* in Dreier GG Art. 20 (Rechtsstaat) Rn. 85.

Begriffe wie gegen eine Auslegung, die eine konturenlose Einbruchstelle für subjektive Gerechtigkeitsvorstellungen schafft.

7 Zwar lässt sich die Bedeutung der Bindung an das „**Gesetz**" noch relativ klar bestimmen: Sie umfasst die Bindung an formelle Gesetze einschließlich des Verfassungsrechts, alle Gesetze im materiellen Sinne wie Rechtsverordnungen und Satzungen sowie – partiell – Völker- und zunehmend Unionsrecht.[20] Auch besteht im Ergebnis über die Bindungskraft des Gewohnheitsrechts Einigkeit. Strittig und durchaus bezeichnend ist allerdings dessen Zuordnung zum Gesetzes- oder zum **Rechtsbegriff**. Jedenfalls griffe es kurz, die Verwendung des Rechtsbegriffs gerade hiermit erklären zu wollen; das könnte den unterschiedlichen Bedeutungsgehalten von Garantienorm und garantiertem (Gewohnheits-)Recht nicht gerecht werden. Teilweise[21] wird „Recht" mit der generellen Bindung an die verfassungsmäßige Rechtsordnung identifiziert. Die überwiegende Auffassung[22] verbindet hiermit einen **rechtsethisch inspirierten**, zusätzlichen Sinngehalt von „Recht" – hierfür sprechen in der Tat der Abgleich mit Art. 1 Abs. 1, 25 sowie 97 Abs. 1 GG wie auch der verfassungsgeschichtliche Hintergrund. Damit nimmt der Begriff nicht nur die – vor allem auf der Ebene der Rechtsfortbildung belangreiche – Unterscheidung zwischen Regel- und Prinzipienebene,[23] sondern auch die Idee der Gerechtigkeit in sich auf[24], die freilich verschiedene Dimensionen aufweist.[25] Das verlangt nach fassbaren Eingrenzungen, um der Gefahr von Subjektivismen widerstehen. Sie finden sich bereits in der – eher weit gefassten – Radbruchschen Formel[26] und können heute mit der Allgemeinen Erklärung der Menschenrechte der UN sowie den in der Europäischen Menschenrechtskonvention niedergelegten Grundfreiheiten als „Grundlage von Gerechtigkeit"[27] auf die notwendigen, intersubjektiv anerkannten Beurteilungsmaßstäbe zurückgreifen.

8 **2. Vorrang und Vorbehalt des Gesetzes.** In der Bindung von vollziehender Gewalt und Rspr. an Gesetz und Recht kommt die Prävalenz von Gesetz und Recht vor allen sonstigen Emanationen staatlicher Gewalt zum Ausdruck. Sie findet sich nicht zuletzt im Grundsatz der Gesetzmäßigkeit der Verwaltung wieder: Das Gesetz bestimmt als Kernelement „legislativer Programmsteuerung" Richtung und Inhalt administrativen Handelns. Um seine Steuerungsziele wirksam zur Geltung zu bringen, aber auch um den rechtsstaatlichen Erfordernissen der Normklarheit und -bestimmtheit namentlich bei Befugnisnormen gerecht zu werden, ist das Gesetz darauf angewiesen, dass die in ihm enthaltenen Normgehalte mit den herkömmlichen juristischen Methoden ermittelt werden können.[28]

9 Der Grundsatz der Gesetzmäßigkeit der Verwaltung hat in der juristischen Dogmatik eine doppelte Ausformung erfahren: Als **Vorrang** des Gesetzes be-

---

20 BVerfGE 78, 214 (227); *Hoffmann* S. 120 ff., 281; enger *Sommermann* in v. Mangoldt/Klein/Starck GG Art. 20 Abs. 3 Rn. 264.
21 *Sommermann* in v. Mangoldt/Klein/Starck GG Art. 20 Abs. 3 Rn. 265 f.; s. auch *Leisner* in Sodan (Hrsg.) GG Art. 20 Rn. 46.
22 *Dreier* in Dreier (Hrsg.), Recht – Staat – Vernunft, 1991, S. 73, 78 ff.; *Hoffmann* S. 278 f., 283; *Schmidt-Aßmann* in HdbStR II § 26 Rn. 33; *Benda* in HdbVerfR S. 487; *Schulze-Fielitz* in Dreier GG Rn. 85.
23 Hierzu namentlich *Alexy* in MacCormick ua (Hrsg.), Geltungs- und Erkenntnisbedingungen im modernen Rechtsdenken, ARSP Beiheft 25 (1985), S. 13 ff.; *Hoffmann* S. 259, 282.
24 *Sobota* S. 90 ff.; *Sachs* in Sachs, GG Art. 20 Rn. 163.
25 *Rüthers* JZ 2013, 822 (829); Gerechtigkeit gibt es real „nur im Plural".
26 *Radbruch* S. 345; s. auch BVerfGE 95, 96 (134 f.).
27 So die Präambel der EMRK; näher *Hoffmann* S. 122 f.; 282 f.
28 Vgl. BVerfGE 65, 1 (54); 78, 205 (212); 103, 21 (33); 129, 208 (255).

sagt er, dass sich jede Verwaltungstätigkeit unabhängig von Rechtsform und Wirkung des Verwaltungshandelns im Rahmen der Gesetze halten muss, also nicht gegen eine Rechtsnorm verstoßen darf. Als (den Vorrang des Gesetzes notwendig flankierender und insofern „mit gedachter")[29] **Vorbehalt** des Gesetzes fordert er, dass sich das Verwaltungshandeln auf ein Gesetz im formellen Sinne zurückführen lassen muss, dh dass die Verwaltung durch ein Gesetz zu dem konkreten Handeln ermächtigt wird. Nach traditioneller, in neuerer Zeit freilich aus verschiedenen Richtungen in Frage gestellter Auffassung bedarf es einer konkreten gesetzlichen Ermächtigung nur für **„Eingriffe in Freiheit und Eigentum"** des Bürgers, nicht dagegen für sonstiges („leistendes") Verwaltungshandeln. Dem liegt das Leitbild zugrunde, dass die vollziehende Gewalt aus eigener, verfassungsrechtlich legitimierter Kraft, nicht erst aufgrund konkreter gesetzlicher Freigabe tätig wird, die Verwaltung also eine gebunden-eigenständige Staatsgewalt mit spezifischem Aufgabenkreis neben Legislative und Exekutive darstellt. Zudem schwingt die Vorstellung mit, einer konkreten Ermächtigung durch das nach Form und Verfahren besonders ausgezeichnete Gesetz bedürfe es nur, soweit der Staat die Rechtsposition des Bürgers verkürze. Das deckt sich mit dem allg. rechtsstaatlichen Eingriffsvorbehalt; er ist heute durch die grundgesetzlichen Eingriffsvorbehalte spezifiziert, ohne dass er dadurch obsolet geworden wäre.[30]

Inzwischen hat sich – den allgemeinen rechtsstaatlichen bzw. grundrechtlich fundierten Eingriffsvorbehalt modifizierend und ausweitend – ein weiterer Ansatz zur Lösung der Vorbehaltsproblematik etabliert. Er bündelt zwei unterschiedliche Begründungsansätze, einen demokratietheoretischen und einen rechtsstaatlichen, in der Figur des **„Wesentlichkeitsvorbehalts"**: Aus dem Grundsatz der Demokratie als tragendem Strukturmerkmal der Verfassung folgt, dass das Parlament als demokratisch unmittelbar legitimiertes Organ die grundlegenden Entscheidungen des Gemeinwesens selbst zu entscheiden hat, und zwar in einem öffentlichen, vor dem Wähler zu verantwortenden Willensbildungsprozess. Insoweit stellt sich der Wesentlichkeitsvorbehalt als Parlamentsvorbehalt dar. Damit verbindet sich das rechtsstaatliche Erfordernis der Bindung aller staatlichen Gewalt an das „Recht" als maßgebliches Ordnungselement. Es ist das „Gesetz", das das nach Form und Verfahren am besten durchgebildete Rechtsinstitut parlamentarischer Entscheidung darstellt. Damit besteht zwischen Inhalt, Gewicht und Bedeutung einer Regelung einerseits und Zusammensetzung, Legitimation und Verfahrensweise andererseits ein Zusammenhang.

Bei der Abgrenzung „wesentlicher" von „nicht wesentlichen" Entscheidungen wird verschiedentlich auf die **Tragweite** der Regelung und die **Intensität** der (möglichen) Folgen abgestellt. Indes ist ausschließlich der Verfassung selbst zu entnehmen, was „wesentlich" ist. Die „Wesentlichkeitstheorie" beschreibt insoweit lediglich einen **hermeneutischen** Ansatz.[31] Diesen gilt es jeweils durch Rückgriff auf die Verfassung zu präzisieren. Das umfasst neben den klassischen Eingriffslagen, die auf eine gesetzliche Ermächtigung angewiesen sind, die nähere inhaltliche Ausgestaltung der Grundrechte durch konkrete Umsetzung objektiv-rechtlicher grundrechtlicher Wirkgehalte, aber auch die Festlegung der individualrechtlichen Grenzen ihrer Inanspruchnahme im Falle kollidierender verfassungsrechtlicher Rechtsgüter, für die jeweils eine im parlamentarischen

---

29 Siehe BVerfGE 40, 237 (248 f.).
30 Näher *Krebs* S. 39 ff.
31 *Wallerath* S. 413.

Verfahren erfolgende Konfliktlösung zu fordern ist.[32] Gleiches gilt für Entscheidungen, die im Hinblick auf die von der Verfassung vorausgesetzten Organisationsstrukturen wesentlich für das staatliche Leben sind.[33]

### III. Schrifttum

11 *Robert Alexy,* Begriff und Geltung des Rechts, 1992; *Robert Alexy,* Rechtsregeln und Rechtsprinzipien, in: Neil MacCormick ua (Hrsg.), Geltungs- und Erkenntnisbedingungen im modernen Rechtsdenken, ARSP Beiheft 25 (1985), S. 13 ff.; *Ralf Dreier,* Der Rechtsstaat im Spannungsverhältnis zwischen Gesetz und Recht, in: Dreier, Recht – Staat – Vernunft, S. 73 ff.; *Birgit Hoffmann,* Das Verhältnis von Gesetz und Recht – Eine verfassungsrechtliche und verfassungstheoretische Untersuchung zu Art. 20 Abs. 3 GG, 2003; *Siegfried Jutzi,* Landesverfassungsrecht und Bundesrecht, 1982; *Walter Krebs,* Vorbehalt des Gesetzes und Grundrechte, 1975; *Wolfgang März,* Die Verfassungsentwicklung in Mecklenburg-Vorpommern, JöR N.F. Bd. 54 (2006), S. 175 ff.; *Jörg Menzel,* Landesverfassungsrecht – Verfassungshoheit und Homogenität im grundgesetzlichen Bundesstaat, 2002; *Gustav Radbruch,* Gesetzliches Unrecht und übergesetzliches Recht, 1946, *Bernd Rüthers,* Recht oder Gesetz?, JZ 2013, 822 ff.; *Christoph Schönberger,* Der Vorrang der Verfassung, in: Festschrift für Rainer Wahl, 2011, 385 ff.; *Katharina Sobota,* Das Prinzip Rechtsstaat. Verfassungs- und verwaltungsrechtliche Aspekte, 1997; *Maximilian Wallerath,* Öffentliche Bedarfsdeckung und Verfassungsrecht, 1988.

## II. Grundrechte

### Vorbemerkung zu Art. 5

1 Grundrechte, grundrechtsgleiche und grundrechtsähnliche Rechte sowie Staatsziele in Verfassungen spiegeln in besonderer Weise deren Entstehungszeit, regionale Besonderheiten und historische Erfahrungen wider. Hierfür sind die Verfassungen der „neuen" Bundesländer beredtes Beispiel. Der in den Artt. 5–10 enthaltene Grundrechtskatalog konkretisiert zusammen mit den Staatszielen in Artt. 11–19 die in der Präambel enthaltenen Willensbekundungen.

2 Mit der Aufnahme von Grundrechten und Staatszielen hat sich der Verfassungsgeber in M-V für eine nicht nur die staatliche Organisation, sondern auch die Aufgaben und die Grenzen der Staatsgewalt festlegende Landesgrundordnung,[1] eine sog. „Vollverfassung"[2] entschieden. Durch die klare Zuordnung der einzelnen Rechtsverbürgungen[3] vermeidet er – im Gegensatz zu anderen Verfassungen, in denen sich der Charakter einer Vorschrift häufig erst durch ihre Auslegung ermitteln lässt – jegliche Missverständnisse. Allerdings enthält die Verfassung im Gegensatz zu denen der übrigen neuen Bundesländer[4] keinen

---

32 BVerfGE 34, 165 (192); 40, 237 (249 ff.).; 49, 89 (126); 95, 276 (307) f.; 101, 1 (34); *Maurer* Staatsrecht I § 8 Rn. 21 f.; *Zippelius/Würtenberger* (Fn. 18) § 12 Rn. 39, 43.
33 BVerfGE 57, 295 (320) – Rundfunk; LVerfG M-V, LVerfGE 18, 342, 372 ff.; LVerfG M-V NordÖR 2011, 537 (538) – jeweils Kreisgebietsreform; s. auch BVerfGE 111, 191 (216) – funktionale Selbstverwaltung; vgl. insoweit auch *Ohler* AöR 131 (2006) 336, 343 f.
1 *März* JöR N.F. 54 (2006), 175, 204.
2 *Prachtl* LKV 1994, 1 (2).
3 Ebenso eindeutig unterscheidet nur noch Sachsen-Anhalt zwischen Grundrechten, Einrichtungsgarantien und Staatszielen.
4 Artt. 7–20 BbgVerf, 14–38 SächsVerf, 4–23 LVerf LSA, 1–43 ThürVerf.

umfassenden Katalog eigenständig formulierter Freiheits- und Gleichheitsgrundrechte; vielmehr wird über Art. 5 Abs. 3 im Wege einer „dynamischen Verweisung" der Grundrechtskatalog des GG übernommen und durch punktuelle Gewährleistungen (Artt. 6–10) ergänzt, die aus landesspezifischer Sicht – nicht zuletzt gegründet auf die historischen Erfahrungen – besonders bedeutsam erscheinen.[5] Doppelungen (so etwa die Aufnahme des Art. 7 Abs. 1 neben Art. 5 Abs. 3 iVm Art. 5 Abs. 3 GG) wurden dabei in Kauf genommen, denn es war dem Verfassungsgeber ersichtlich ein Anliegen, ergänzende Regelungen (hier zB Art. 7 Abs. 2) im Zusammenhang darzustellen.[6] Was die individuelle, aber auch die kollektive oder korporative Glaubensfreiheit und das Verhältnis zwischen Staat und Religions- bzw. Weltanschauungsgemeinschaften angeht, folgt M-V zwar dem Beispiel des GG, indem Art. 9 die Bestimmungen der Artikel 136 bis 139 und 141 der Deutschen Verfassung vom 11.8.1919 (Weimarer Reichsverfassung) zum Bestandteil der LV erklärt; anders als im Bund findet sich diese Vorschrift jedoch ausdrücklich unter dem Abschnitt „Grundrechte" und kann eine Verletzung vor dem LVerfG geltend gemacht werden.[7] Soweit Art. 5 Abs. 3 nicht nur die Grundrechte sondern auch staatsbürgerlichen Rechte zum Bestandteil der Verfassung macht, ist hierunter das gesamte staatsbürgerliche Rechtsverhältnis des Einzelnen zum Staat zu verstehen.[8] Hierzu zählt Art. 33 GG.[9]

Die LV folgt damit den Beispielen aus Baden-Württemberg,[10] Niedersachsen[11] 3
und Nordrhein-Westfalen.[12] Vorzugswürdig erscheint in diesem Zusammenhang die Verwendung des Begriffs der „**Transformation**"[13] anstelle der Begriffe „Inkorporation",[14] „Rezeption"[15] oder schlicht „Verweisung" bzw. „Übernahme",[16] weil dies den Umstand hervorhebt, dass die auf diesem Wege begründe-

---

5 *Wallerath* NdsVBl. 2006 (Sonderheft 50 Jahre Nds. StGH), 43, 45 spricht von einer „besonderen Regelungstechnik".
6 Anders stellt sich die Ausgangssituation bezüglich Art. 6 dar, weil das vom BVerfG herausgearbeitete, auf Art. 2 Abs. 1 iVm Art. 1 Abs. 1 GG gegründete Grundrecht auf informationelle Selbstbestimmung trotz intensiver Diskussionen (vgl. etwa *Vogelsang* CR 1995, 554 (556)) bisher keine Aufnahme in den Verfassungstext gefunden hat.
7 Siehe Art. 53 Nr. 6 und 7; nach der Rspr. des BVerfG enthält Art. 140 GG selbst kein Grundrecht oder grundrechtsgleiches Recht, das mit der Verfassungsbeschwerde geltend gemacht werden kann BVerfGE 125, 39 (74) unter Hinweis auf BVerfGE 19, 129 (135).
8 *Strohs*, in Haug, Art. 2 Rn. 20.
9 Aao, Rn. 31.
10 Art. 2 Abs. 1 BWVerf.
11 Art. 3 Abs. 2 Satz 1 NdsVerf.
12 Art. 4 Abs. 1 Verf NW mit der ausdrücklichen Bezugnahme auf das GG „in der Fassung vom 23.5.1949"; die so aufgeworfenen Zweifelsfragen (statische oder dynamische Verweisung) vermeidet die allg. Formulierung, vgl. hierzu *Menzel*, in: Löwer/Tettinger, Art. 4 Rn. 13 mwN; *Martina*, Die Grundrechte der nordrhein-westfälischen Landesverfassung im Verhältnis zu den Grundrechten des Grundgesetzes, 1999, S. 43.
13 Zur näheren Begründung siehe *Martina* (Fn. 12) S. 44 ff.; *Löwer* NdsVBl. 2010, 138 (139).
14 So ua *Epping*, in HannKomm NV, Art. 3 Rn. 16 ff.; *Ipsen*, Niedersächsische Verfassung, Art. 3 Rn. 11; *Pirsch*, in: Thiele/Pirsch/Wedemeyer, Art. 5 Rn. 1; Begriff ohne weitere Problematisierung übernommen von LVerfGE 10, 337; 11, 265, 277 f.; *Martina* (Fn. 12), S. 45: der Begriff Inkorporation wurde in erster Linie in Zusammenhang mit Art. 140 GG verwendet, der – im Unterschied zu Art. 5 Abs. 3 – auf eine außer Kraft getretene Verfassung Bezug nimmt, und dürfte eine kirchenrechtliche Tradition aufweisen.
15 So ua *Strohs*, in Haug, Art. 2 Rn. 16, *Menzel* (Fn. 10), Rn. 8; *Dietlein* AöR 120 (1995), 1, 11; *März*, JöR N.F. 54 (2006), 175, 204; *Kamp*, in: Heusch/Schönenbroicher, Art. 4 Rn. 16 mwN; *Wallerath* NdsVBl. 2006 (Sonderheft 50 Jahre Nds. StGH), 43, 45 verwendet sowohl „Inkorporation" als auch „Rezeptionsklausel" und „Übernahmeklausel".
16 *Dästner*, Die Verfassung des Landes Nordrhein-Westfalen, 2. Aufl. 2002, Art. 4 Rn. 1 ff.

ten Landesgrundrechte eigenständig neben die im GG verbürgten Bundesgrundrechte treten und damit auch in Beziehung auf die Grundrechte die **Eigenstaatlichkeit** und **Verfassungshoheit** der Länder zum Ausdruck bringen. Andererseits wurde – wenn auch in der Verfassungskommission keineswegs einstimmig – bewusst auf die Aufnahme zusätzlicher „sozialer Grundrechte" (etwa: Recht auf Arbeit, Recht auf Wohnung) verzichtet.[17]

4 Indem sich der Verfassungsgeber in M-V zugleich bei Schaffung der **Rechtsschutzmöglichkeiten** gegen die Verletzung in Grundrechten vor dem LVerfG (→ *Classen*, Art. 53 Rn. 30) insbes. hinsichtlich der Individualverfassungsbeschwerde Zurückhaltung auferlegt hat,[18] werden Probleme weitgehend vermieden, die sich in anderen Bundesländern mit aufgefächertem Grundrechtskatalog teilweise parallel zum GG und mit umfassendem Zugang zur Individualverfassungsbeschwerde stellen.[19] Unabhängig davon hat die Gewährleistung als Landesgrundrecht zusätzlich zur Absicherung im GG selbstverständlich in Verfassungsstreitigkeiten Auswirkungen auf die Kontrolldichte durch das LVerfG, weil in allen zugelassenen Verfahrensarten auch die über Art. 5 Abs. 3 transformierten Rechte des GG Prüfungsmaßstab sein können.[20] Die Übernahme führt zur Begründung eigener Landesgrundrechte, welche den gleichen Rang haben wie die originären Landesrechte.[21] Auch bei Textidentität zwischen einem Landesgrundrecht und einem Bundesgrundrecht handelt es sich um unterschiedliche Grundrechtsbestimmungen, weshalb deren Verletzung ggf. in zwei getrennten Rechtswegen geltend gemacht werden kann.[22] Sie stehen selbstständig neben den Grundrechten des Grundgesetzes.[23] Der Verfassungsgeber hat jedoch insoweit zwischen ihnen unterschieden, als die Verfassungsbeschwerde wegen der Verletzung von Landesgrundrechten nach Art. 53 Nr. 7 lediglich auf die Grundrechte der Art. 6 bis 10 und somit nicht auf die des Grundgesetzes gestützt werden kann.

5 Da Landesgrundrechte Ausfluss der Eigenstaatlichkeit und **Verfassungsautonomie** sind, ist der Landesgesetzgeber in der Schaffung solcher Grundrechte frei; er ist insbes. nicht an die Kompetenzordnung des GG gebunden,[24] so dass auch die Umgestaltungen der Kompetenzabgrenzungen zwischen Bund und Ländern im Rahmen der Föderalismusreform[25] keine Auswirkungen auf die Berechtigung des Landesgesetzgebers zur Schaffung neuer oder zusätzlicher Grundrechte hatten.[26]

---

17 Kommission, Verfassungsentwurf, S. 58, zum Ablauf der Diskussion und Meinungsbildung Kommission, Zwischenbericht, LT-Drs. 1/2000, S. 13 ff., 77 ff.; inhaltlich greift Art. 17 diese Themen auf und formuliert Staatsziele.
18 Art. 53 Nr. 6 iVm § 11 Nr. 8, §§ 52 ff. LVerfGG, Art. 53 Nr. 7 iVm § 11 Nr. 9, §§ 58 ff. LVerfGG.
19 Vgl. statt vieler VerfGH Berl LVerfGE 1, 56, 62.
20 LVerfGE 11, 265, 277; LVerfGE 21, 234, 243; zum Umfang der Bindungswirkung der Rspr. des BVerfG bei der Auslegung von Rezeptionsklauseln vgl. Löwer (Fn. 11), aaO.
21 *Strohs*, in Haug, Art. 2 Rn. 14.
22 *D. Merten*, in Merten/Papier, Handbuch der Grundrechte VIII, § 232 Rn. 33.
23 *Epping*, in HannKomm NV, Art. 3 Rn. 16.
24 Vgl. *Martina* (Fn. 12), S. 10 ff. mwN.
25 Gesetz zur Änderung des Grundgesetzes v. 28.8.2006, BGBl. I 2006, S. 2034; Föderalismusreform-Begleitgesetz v. 5.9.2006, BGBl. I 2006, S. 2098.
26 Etwas anderes gilt naturgemäß für einfaches Gesetzesrecht, was die Frage aufwirft, ob eine umfangreiche Normierung von Grundrechten außerhalb der engeren Landesgesetzgebungskompetenz verfassungspolitisch sinnvoll ist; vgl. *Kanther*, Die neuen Landesverfassungen im Lichte der Bundesverfassung, 1993, S. 135.

Ebenso wenig steht Art. 142 GG im Grundsatz der Aufnahme eines inhaltsgleichen, weitergehenden oder hinter dem Umfang eines Bundesgrundrechts zurückbleibenden Landesgrundrechts in die LV entgegen,[27] es sei denn, das Landesgrundrecht wäre in seinem weitergehenden oder hinter dem GG zurückbleibenden Schutz mit bundesrechtlichen Vorgaben unvereinbar; nur in diesem Fall würde es gemäß Art. 31 GG überlagert und wäre unanwendbar bzw. würde derogiert.[28] Bei Inhaltsgleichheit kann es schon begrifflich zu Kollisionen nicht kommen.[29] Der Grundrechtskatalog des GG sollte einen „Mindeststandard" (so der Parlamentarische Rat) gewährleisten. 6

Über das ursprüngliche traditionelle Verständnis hinaus als bloße **Abwehrrechte** des Einzelnen gegen den Staat werden Grundrechte heute auch als **objektive Wertentscheidung** bzw. **institutionelle Gewährleistungen** begriffen, die zudem **Leistungs- und Teilhaberechte** iS eines Anspruchs gegen den Staat auf Gewährung von Schutz, finanziellen Leistungen, sonstiger Förderung sowie auf Bereitstellung öffentlicher Einrichtungen und die Zulassung dazu vermitteln können.[30] Diese unterschiedlichen Funktionen lassen sich in den Artt. 6–10 sämtlich beispielhaft nachvollziehen. 7

Soweit die Verfassung über Art. 5 Abs. 3 hinaus Grundrechte eigenständig formuliert, sind diese als „**Jedermann-Grundrechte**" ausgestaltet.[31] Wie zudem Art. 19 Abs. 3 GG, der über Art. 5 Abs. 3 ebenfalls in Landesverfassungsrecht transformiert wird, deutlich macht, gelten die Grundrechte auch für inländische juristische Personen, soweit sie ihrem Wesen nach auf diese anwendbar sind; deswegen genießen materiellen Grundrechtsschutz juristische Personen des öffentlichen Rechts regelmäßig nicht, sondern nur ausnahmsweise dann, wenn sie von den ihnen durch die Rechtsordnung übertragenen Aufgaben her unmittelbar einem durch bestimmte Grundrechte geschützten Lebensbereich zugeordnet sind oder kraft ihrer Eigenart ihm von vornherein zugehören.[32] Auch juristische Personen können deswegen – sofern die Voraussetzungen iÜ erfüllt sind – Verfassungsbeschwerde zum LVerfG erheben.[33] 8

Darüber hinaus dürfte auch in diesem Zusammenhang die Erstreckung der Grundrechtsberechtigung auf alle Unionsbürger bei Deutschen-Grundrechten sowie auf juristische Personen aus Mitgliedstaaten der Europäischen Union Bedeutung entfalten, die das BVerfG für das Grundgesetz vorgenommen hat. Zu einer solchen vertraglich begründeten **Anwendungserweiterung des deutschen Grundrechtsschutzes** hat sich dieses Gericht wegen des Anwendungsvorrangs der Grundfreiheiten im Binnenmarkt (Art. 26 Abs. 2 AEUV) und des allgemeinen Diskriminierungsverbots wegen der Staatsangehörigkeit (Art. 18 AEUV) veranlasst gesehen.[34] 9

---

27 *Menzel* (Fn. 12), Rn. 10 ff.; grds. die Ausführungen in BVerfGE 96, 345 ff.
28 Ausführlich zum Problem etwa *Martina* (Fn. 12), S. 13 ff. und *Wermeckes*, Der erweiterte Grundrechtsschutz in den Landesverfassungen, 2000, S. 98 ff.
29 *Jarass*, in: Jarass/Pieroth, Art. 31 Rn. 5 mwN; *Kamp*, in Heusch/Schönenbroicher, Art. 4 Rn. 5; BVerfGE 36, 342 (366) und 40, 296, 327 für das Verhältnis zwischen Bundes- und Landesverfassungsrecht, ansonsten offen gelassen.
30 So schon in relativ frühen Entscheidungen das BVerfG, vgl. BVerfGE 33, 303 (330 f.), auch BVerfGE 21, 362 (372).
31 Artt. 6, 8, 10; auch Art. 5 Abs. 2 bringt dies mit seiner Formulierung „…Würde aller in diesem Land lebenden oder sich hier aufhaltenden Menschen…" zum Ausdruck.
32 BVerfGE 75, 192 (196) mwN; Beispiele sind: Universitäten, Fakultäten, Rundfunkanstalten, Kirchen.
33 Vgl. etwa LVerfGE 12, 227 ff.: Beschwerdeführer waren eine GmbH und zwei eingetragene Vereine.
34 BVerfGE 129, 78 (94 ff.).

## Art. 5 (Menschenrechte, Geltung der Grundrechte des Grundgesetzes)

(1) Das Volk von Mecklenburg-Vorpommern bekennt sich zu den Menschenrechten als Grundlage der staatlichen Gemeinschaft, des Friedens und der Gerechtigkeit.

(2) Das Land Mecklenburg-Vorpommern ist um des Menschen Willen da; es hat die Würde aller in diesem Land lebenden oder sich hier aufhaltenden Menschen zu achten und zu schützen.

(3) Die im Grundgesetz für die Bundesrepublik Deutschland festgelegten Grundrechte und staatsbürgerlichen Rechte sind Bestandteil dieser Verfassung und unmittelbar geltendes Recht.

Vergleichbare Regelungen:
*Zu Abs. 1:* Artt. 2 Abs. 11 BbgVerf; 3 Abs. 1 NdsVerf; 4 Abs. 2 LVerf LSA; 1 Abs. 2 ThürVerf; 1 Abs. 2 GG.
*Zu Abs. 2:* Artt. 1 Abs. 2 Satz 1 BWVerf; 6 VvB;100 BayVerf; 6 VvB; 7 Abs. 1 BbgVerf; 5 Abs. 1 BremVerf; 3 HessVerf; 1 SaarlVerf; 14 SächsVerf; 4 Abs. 1 LVerf LSA; 1 Abs. 1 ThürVerf; 1 Abs. 1 GG.
*Zu Abs. 3:* Artt. 2 Abs. 1 BWVerf; 3 Abs. 2 Sätze 1 und 2 NdsVerf; 4 Abs. 1 Verf NW.

| | | | |
|---|---|---|---|
| I. Allgemeines | 1 | 1. Dynamische Verweisung | 9 |
| II. Bekenntnis zu den Menschenrechten (Abs. 1) | 2 | 2. Umfang der Transformation | 10 |
| | | 3. Mögliche Ausnahmen | 12 |
| III. Schutz der Menschenwürde (Abs. 2) | 5 | 4. Verhältnis der transformierten zu speziellen Landesgrundrechten | 13 |
| IV. Transformation der Grundrechte des Grundgesetzes (Abs. 3) | 8 | | |

### I. Allgemeines

1 Die Landesverfassung transformiert[1] über Art. 5 Abs. 3 im Wesentlichen die Grundrechte und staatsbürgerlichen Rechte des GG in das Landesverfassungsrecht. In den nachfolgenden Artikeln finden sich in diesem Abschnitt zudem einige spezielle Landesgrundrechte. In der Verfassungskommission gab es zunächst unterschiedliche Auffassungen, ob ein Hinweis auf die Grundrechte des GG genüge oder Grundrechte und Staatsziele einen wesentlichen Bestandteil der LV ausmachen sollten; die **zurückhaltende Verfassungsgestaltung** erfolgte gegen den Willen der Bürgerbewegungen und der LL/PDS.[2] Dass jedenfalls einige Grundrechtsverbürgungen – auch eher grds. Art wie in Art. 5 Abs. 1 und 2 – ausdrücklich formuliert wurden, ist ersichtlich veranlasst durch die speziellen Erfahrungen der SED-Herrschaft einerseits und die in Teilen der Bevölkerung Anfang der 90er Jahre verbreitete Fremdenfeindlichkeit andererseits; das **Menschenbild der Verfassung** sollte in besonderer Weise herausgestellt und die grundsätzliche, ohne Ansehen der Person wahrzunehmende Schutz- und Friedenserhaltungspflicht der Landesstaatsgewalt (auch gegenüber intoleranten Bürgern) sollte verdeutlicht werden.[3] Insbes. die Absätze 1 und 2 erweisen sich so als Konkretisierungen der Präambel und der speziellen Erfahrungen aus der DDR-Zeit, aber auch solchen aus den ersten Jahren der „Nachwendezeit".

---

1 Zur Begrifflichkeit siehe oben → Vorb. Art. 5 Rn. 3.
2 Kommission, Verfassungsentwurf, S. 57 f.; ebenso schon deren Zwischenbericht, LT-Drs. 1/2000, S. 13 ff., 77.
3 *März* JöR nF 54 (2006), 175, 206.

## II. Bekenntnis zu den Menschenrechten (Abs. 1)

Wie auch andere Landesverfassungen – mit unterschiedlichsten Formulierungen[4] – sowie Art. 1 Abs. 2 GG wortgleich enthält Art. 5 Abs. 1 ein ausdrückliches **Bekenntnis zu den Menschenrechten** als Grundlage der staatlichen Gemeinschaft, des Friedens und der Gerechtigkeit Die Regelung macht deutlich, dass „Menschenrechte nicht nur ihrem Träger dienen, sondern Grundlage jeder „guten" menschlichen Gesellschaft und damit auch der durch das GG begründeten Ordnung bilden. Ohne sie sind Frieden und Gerechtigkeit in der Welt gefährdet."[5] Die Verfassung will damit bewusst auf die Missachtung und Pervertierung der Menschenrechte in der DDR-Vergangenheit antworten.[6]

Ein Vorschlag, die Formulierung „Das Volk von Mecklenburg-Vorpommern" an dieser Stelle durch „Die Bürger von Mecklenburg-Vorpommern" zu ersetzen,[7] weil der Begriff „Volk" durch die Historie des Nationalsozialismus belastet sei, hat sich nicht durchgesetzt; die gewählte Formulierung knüpft ebenso wie die in Art. 3 an die Verwendung des Begriffs im GG und an die Rspr. des BVerfG an.[8] Auf Bundesebene ist das „Volk" das Staatsvolk der Bundesrepublik Deutschland, das nach der Rspr. des BVerfG nur von den Deutschen gebildet wird; dies ist entsprechend auf die landesrechtliche Ebene zu übertragen[9] und meint somit Deutsche iSd Art. 116 Abs. 1 GG mit Wohnsitz in Mecklenburg-Vorpommern.[10]

Soweit die LV im Gegensatz zu Art. 1 Abs. 2 GG auf die Adjektive „unverletzlich" und „unveräußerlich" verzichtet, verändert dies die Bedeutung nicht, denn diese Eigenschaften sind dem Begriff der Menschenrechte ohnehin eigen.[11] Die LV definiert den Begriff der Menschenrechte ebenso wenig näher wie das GG; unter Menschenrechten sind Grundrechte zu verstehen, die dem Menschen kraft seiner Natur zustehen und auch im Völkerrecht verankert sind.[12]

## III. Schutz der Menschenwürde (Abs. 2)

Der erste Halbsatz greift eine Formulierung auf, die bereits in den Verfassungsberatungen zum GG diskutiert wurde iS eines „eingängig formulierten ‚anthropozentrischen Leitprinzips' jeder (Glied-)Staatlichkeit": den Vorrang des Menschen vor dem Staat (Carlo Schmid).[13]

Der zweite Halbsatz stellt nochmals ausdrücklich klar, dass die Landesstaatsgewalt nicht nur zum Unterlassen von Angriffen auf die Menschenwürde, sondern auch zum **aktiven Schutz** nicht lediglich der „Bürger" des Landes verpflichtet ist, sondern **aller** im Lande lebenden und sich aufhaltenden **Menschen**, somit auch von Ausländern, Asylbewerbern, Touristen usw. Die Aufnahme dieses „im

---

4 Art. 2 Abs. 3 BbgVerf zB erwähnt neben dem GG ausdrücklich die Europäische Konvention zum Schutz der Menschenrechte und Grundfreiheiten, die Europäische Sozialcharta und die Internationalen Menschenrechtspakte.
5 *Jarass*, in Jarass/Pieroth, GG, Art. 1 Rn. 26.
6 *März* JöR N.F. 54 (2006), 175, 206.
7 So der Änderungsantrag der CDU, siehe Zwischenbericht (Fn. 2), S. 13; vgl. auch den Wortlaut der Präambel.
8 Kommission, Verfassungsentwurf, S. 86.
9 BVerfGE 83, 37 (50 f.); BremStGH, Urt. v. 31.1.2014 – St 1/13 – NordÖR 2014, 262.
10 *Epping*, in HannKomm NV, Art. 3 Rn. 14 zur wortgleichen Niedersächsischen Regelung.
11 *Pirsch*, in Thiele/Wedemeyer/Pirsch, Art. 5 Rn. 3.
12 *Jarass*, in Jarass/Pieroth, GG, Art. 1 Rn. 26.
13 *März* JöR N.F. 54 (2006), 175, 206; die anthropozentrische Ausrichtung wird in ganz anderem Kontext – Umweltschutz – ebenfalls gesehen von *Erbguth/Wiegand* DVBl. 1994, 1325, 1331.

landesverfassungsrechtlichen Kontext einmaligen Jedermann-Schutzprinzips",[14] das im Entwurf des Zwischenberichts noch nicht enthalten war, ist den erschreckenden, gewalttätigen ausländerfeindlichen Übergriffen in Rostock-Lichtenhagen 1992 geschuldet.[15] Demgegenüber stellt jetzt der neue Art. 18a seinem Wortlaut nach nur auf die Bürger ab. Angesichts der allgemeinen Zielrichtung dieser Verfassungsergänzung[16] scheinen allerdings Zweifel angebracht, ob der Gesetzgeber damit eine bewusste Differenzierung vornehmen wollte.

7 Ob es sich hierbei um ein klagefähiges Recht handelt[17] und ob – und gegebenenfalls mit welchem Inhalt und Klageziel – eine Verletzung dieser Verfassungspflicht vor dem LVerfG geltend gemacht werden könnte, musste das Gericht noch nicht entscheiden. Es hat bisher lediglich in einem Fall diese Schutzverpflichtung zur Legitimation einer parlamentarischen Ordnungsmaßnahme mit herangezogen.[18]

### IV. Transformation der Grundrechte des Grundgesetzes (Abs. 3)

8 Art. 5 Abs. 3 unterscheidet M-V von den anderen neuen Bundesländern mit wesentlich umfangreicheren Grundrechtskatalogen; die Vorschrift ist Ausfluss der Verfassungsautonomie des Landesverfassungsgebers.[19] Angesichts der ohnehin bestehenden Bindung auch der öffentlichen Gewalten des Landes an die Vorgaben des GG (Artt. 1 Abs. 3, 28 Abs. 3) schien eine weitgehende Wiederholung verzichtbar, zumal so **Normkonflikte vermieden** werden, die im Rahmen der Rechtskontrolle durch das BVerfG einerseits und die Landesverfassungsgerichte andererseits entstehen können;[20] auch dient das Vorgehen der Rechtsklarheit.[21]

9 **1. Dynamische Verweisung.** Die gewählte Formulierung lässt – anders als in Nordrhein-Westfalen[22] – keinen Zweifel am Charakter der Vorschrift als „**dynamische Verweisung**".[23] Somit wirken Änderungen des GG zugleich unmittelbar auf die LV ein und sind die im GG festgelegten Grundrechte und staatsbürgerlichen Rechte in ihrer jeweils aktuellen Fassung Bestandteil der LV und damit unmittelbar geltendes Landesrecht. Die zwischenzeitlich erfolgten Änderungen im GG haben teils zu einem reduzierten (Artt. 13, 16 Abs. 2, 16a GG), teils zu einem erweiterten (Art. 3 Abs. 2 Satz 2 und Abs. 3 Satz 2 GG) Landesgrundrechtsschutz geführt. Diesem Verständnis des Art. 5 Abs. 3 steht Art. 56, der die Grenzen und Voraussetzungen einer Verfassungsänderung festlegt, nicht entgegen, wie das LVerfG herausgearbeitet hat.[24]

---

14 *März* JöR N.F. 54 (2006), 175, 206.
15 Die Vorgänge waren Gegenstand des 2. Untersuchungsausschusses der 1. Wahlperiode; Näheres siehe bei *März* JöR N.F. 54 (2006), 175, 250 mwN in Fn. 313.
16 Siehe dazu umfassend → Art. 18a; auch *Erbguth* LKV 2008, 440.
17 So könnte *Pirsch* (Fn. 11), Art. 5 Rn. 10 verstanden werden („Jedermann-Grundrecht").
18 LVerfG Urt. v. 23.1.2014 – LVerfG 4/13 –.
19 *Pirsch* (Fn. 11), Art. 5 Rn. 12.
20 BVerfGE 96, 345 ff.
21 So zu Nordrhein-Westfalen *Menzel*, in: Löwer/Tettinger, Art. 4 Rn. 8.
22 Siehe oben → Vorb. Art. 5 Fn. 12.
23 *März*, JöR N.F. 54 (2006), 175, 205; *Pirsch* (Fn. 11), Art. 5 Rn. 12; LVerfGE 11, 265, 277 f. mwN; in dieser Entscheidung spielte insbes. Art. 13 GG als Prüfungsmaßstab über Art. 5 Abs. 3 eine Rolle. *Strohs*, in: Haug, Art. 2 Rn. 16 spricht bei wortgleicher Regelung in Baden-Württemberg von einer „dynamischen Rezeption".
24 LVerfG (Fn. 18) zugleich unter Hinweis darauf, dass die Grundrechte und staatsbürgerlichen Rechte des GG ohnehin in ihrer jeweiligen aktuellen Fassung auch ohne Rezeption durch die LV in deren Geltungsbereich als Bundesrecht unmittelbar gelten, die Landesstaatsgewalt nach Artt. 1 Abs. 3, 20 Abs. 3 GG und Art. 4 binden und im Kollisionsfall nach Art. 31 GG dem Landesrecht, auch dem Landesverfassungsrecht, vorgehen.

**2. Umfang der Transformation.** Was der Verfassunggeber in M-V unter den „Grundrechten und staatsbürgerlichen Rechten des Grundgesetzes" verstanden wissen wollte, zeigt der Bericht der Verfassungskommission,[25] dem als Anhang ein Auszug aus dem GG beigefügt war; dieser führt auf die Artikel 1 bis 20, 33 (Staatsbürgerliche Rechte), 101 (Verbot von Ausnahmegerichten), 103 (Grundrechte vor Gericht) und 104 GG (Rechtsgarantien bei Freiheitsentziehung). Dieser Katalog findet seine Entsprechung in den in Art. 93 Abs. 1 Nr. 4a GG aufgezählten Rechten, die Prüfungsmaßstab einer Individualverfassungsbeschwerde vor dem BVerfG sein können. Der fehlende landes(verfassungs)rechtliche Bezug des ebenfalls genannten Art. 38 GG liegt in der Natur der Sache; insofern enthalten Art. 20 Abs. 2 und Art. 22 Abs. 1 eigenständige Regelungen der Wahlrechtsgrundsätze und der Rechtsstellung der Abgeordneten. Der zusätzlich beigefügte Auszug aus der Deutschen Verfassung vom 11.8.1919 – Weimarer Reichsverfassung – mit deren Artikeln 136 bis 139 und 141 diente ausschließlich der Information, da Art. 9 selbst diese Vorschriften benennt.

Auch in den anderen Bundesländern mit vergleichbarer Regelung werden üblicherweise neben den ausdrücklich als solche bezeichneten Grundrechten auch die grundrechtsgleichen und grundrechtsähnlichen Rechte (als Grundrechte im materiellen Sinne) als übernommen angesehen.[26] Teilweise ist allerdings eine Anpassung der transformierten Vorschriften an das „landesstaatliche Niveau" erforderlich, indem bundesrechtliche Bezüge durch landesbezogene Formulierungen zu ersetzen sind.[27] Probleme kann die Frage aufwerfen, ob und – falls ja – mit welchem Regelungsinhalt dem Bundesgesetzgeber eingeräumte Gesetzesvorbehalte mit transformiert werden (siehe zB Art. 4 Abs. 3 Satz 2, Art. 16a Abs. 3 GG).[28]

**3. Mögliche Ausnahmen.** Art. 18 GG, der als Ausdruck einer „wertbewussten und abwehrbereiten Demokratie"[29] das Verfahren im Falle der **Verwirkung** enumerativ aufgeführter Grundrechte regelt und damit selbst inhaltlich kein Grundrecht, sondern eine Schranke für den Grundrechtsgebrauch enthält,[30] ist nicht von der Transformation erfasst.[31] Neben der Tatsache, dass es sich bei Art. 18 GG gerade nicht um ein Grundrecht handelt, spricht für die fehlende Einbeziehung, dass das Landes(verfassungs)recht selbst kein Verfahren regelt, das dem Entscheidungsmonopol des BVerfG entspräche.[32] Dass über die Verwirkung von Landesgrundrechten ausschließlich das Landesverfassungsgericht entscheiden könnte, dürfte ohne Zweifel sein. Das Landesverfassungsgericht ist jedoch lediglich in den ihm zugewiesenen Verfahren entscheidungsbefugt. Zudem sieht das BVerfGG in § 36 vor, dass ein Antrag nach Art. 18 S. 2 GG auch durch eine Landesregierung gestellt werden kann. Insoweit dürfte die Landesregierung eine Anrufung des BVerfG vorziehen.

---

25 Siehe Fn. 3.
26 *Martina*, Die Grundrechte der nordrhein-westfälischen Landesverfassung im Verhältnis zu den Grundrechten des Grundgesetzes, 1999, S. 50 f.
27 *Menzel* (Fn. 21), Art. 4 Rn. 14 spricht von „maßstäblicher Verkleinerung" der Grundrechte.
28 Eine jedenfalls partielle Übernahme bejahend *Martina* (Fn. 26), S. 73 in Abgrenzung zu Kommentierungen zu Art. 2 Abs. 1 BWVerf.
29 BVerfGE 25, 88 (100).
30 So die wohl hM; vgl. *Martina* (Fn. 25), S. 55 mwN zum Meinungsstand über den Grundrechtscharakter der Vorschrift.
31 *Ipsen*, Niedersächsische Verfassung, Art. 3 Rn. 21.
32 Ablehnend deswegen → *Classen*, Art. 53 Rn. 2.; ebenso *D. Merten*, in: Merten/Papier, Handbuch der Grundrechte VIII § 232 Rn. 206.

13 **4. Verhältnis der transformierten zu speziellen Landesgrundrechten.** Soweit der Landesverfassunggeber **spezielle Landesgrundrechte** normiert hat wie etwa zum Datenschutz, zum Informationsanspruch über Umweltdaten und im Bereich des Kulturverfassungsrechts, obwohl schon über Art. 5 Abs. 3 ein lückenloser Grundrechtsschutz gewährleistet wäre, **gehen diese den transformierten (rezipierten) Grundrechten vor.**[33] Auf die Rechtsschutzmöglichkeiten vor dem LVerfG wirkt sich dies nur bedingt aus; erschöpft sich die Landesverfassung darin, lediglich die schon mit Art. 5 Abs. 3 erfolgte Verweisung auf das Grundgesetz auszuformulieren, verbleibt es bei der in Art. 53 Nr. 7 bestimmten Subsidiarität gegenüber der Verfassungsbeschwerde zum BVerfG.[34] Umgekehrt greifen die im GG enthaltenen, in die LV transformierten Verbürgungen auf landesverfassungsrechtlicher Ebene auch dann, wenn die LV an anderer Stelle eine Materie nicht im entsprechenden Umfang regelt; dies gilt zB für das Recht auf Errichtung von Privatschulen nach Art. 5 Abs. 3 iVm Art. 7 Abs. 4 Satz 1 GG unabhängig davon, dass der als Staatszielbestimmung gefasste Art. 15 (Schulwesen) hierzu keine Aussagen trifft.[35]

## Art. 6 (Datenschutz, Informationsrechte)

(1) ¹Jeder hat das Recht auf Schutz seiner personenbezogenen Daten. ²Dieses Recht findet seine Grenzen in den Rechten Dritter und in den überwiegenden Interessen der Allgemeinheit.

(2) Jeder hat das Recht auf Auskunft über ihn betreffende Daten, soweit nicht Bundesrecht, rechtlich geschützte Interessen Dritter oder überwiegende Interessen der Allgemeinheit entgegenstehen.

(3) Jeder hat das Recht auf Zugang zu Informationen über die Umwelt, die bei der öffentlichen Verwaltung vorhanden sind.

(4) Das Nähere regelt das Gesetz.

Vergleichbare Regelungen:

*Zu Abs. 1*: Artt. 33 VvB; 11 Abs. 1 und 2 BbgVerf; 12 Abs. 3 BremVerf; 4 Abs. 2 Verf NW; 4a Abs. 1 Satz 1, Abs. 2 Verf Rh-Pf; 2 Sätze 2 und 3 SaarlVerf; 15 SchlHVerf; 33 SächsVerf; 6 Abs. 1 LVerf LSA; 6 Abs. 2 ThürVerf.

*Zu Abs. 2*: Artt. 11 Abs. 1 und 2 BbgVerf; 12 Abs. 4 und 5 BremVerf; 4a Abs. 1 Satz 2, Abs. 2 Verf Rh-Pf; 6 Abs. 1 LVerf LSA; 6 Abs. 4 ThürVerf.

*Zu Abs. 3*: Artt. 39 Abs. 7 Satz 3 BbgVerf; 34 SächsVerf; 6 Abs. 2 LVerf LSA; 33 ThürVerf.

| | |
|---|---|
| I. Allgemeines .................... 1 | c) Datenschutzbeauftragter ... 11 |
| II. Personenbezogene Daten .......... 2 | 2. Auskunftsrecht (Abs. 2) ....... 12 |
| 1. Recht auf Datenschutz | III. Zugang zu Umweltinformationen |
| (Abs. 1) ..................... 7 | (Abs. 3) ........................... 13 |
| a) Begriff der „Daten" ........ 9 | IV. Gesetzesvorbehalt (Abs. 4) ........ 17 |
| b) Grundrechtsschranken ..... 10 | |

## I. Allgemeines

1 Zu den freiheitsrechtlichen Gewährleistungen, die der Landesverfassungsgeber aufgrund der historischen Erfahrungen ausdrücklich als **besondere Landesgrundrechte** verankert sehen wollte, auch wenn sie über Art. 5 Abs. 3 in ihren

---

33 März JöR N.F. 54 (2006), 175, 207. Das LVerfG hat diese Frage bisher offen gelassen hat vgl. Beschl.v. 28.10.2021 – 3/14, Rn. 53.
34 LVerfGE 19, 301, 308 ff.; → Art. 53 Rn. 41.
35 Vgl. LVerfGE 12, 227, 237; LVerfGE 21, 234, 243.

wesentlichen Grundlagen bereits transformiert worden sind, gehört zunächst das **Recht auf Datenschutz** (Abs. 1) nebst **Auskunftsrecht** (Abs. 2). Die Gefahren für die persönliche und gesellschaftliche Freiheit durch Überwachung und Bespitzelung hatte die Tätigkeit der Staatssicherheit in der DDR, über deren allg. Strukturen nicht nur aus den persönlichen leidvollen Erfahrungen der betroffenen Menschen, sondern auch durch systematische Aufarbeitung zunehmend mehr Erkenntnisse gewonnen wurden, in drastischer Weise deutlich gemacht. Auffallend – aber nicht überraschend – sind der Nachdruck und die Detailliertheit, mit der das Grundrecht auf Datenschutz ausgestaltet worden ist.[1] Ebenso haben die Verfassungsgeber in den neuen Bundesländern Konsequenzen daraus gezogen, dass in der DDR **Umweltdaten** „Geheimsache" waren (Abs. 3). Alle so formulierten Grundrechte sind einem **Gesetzesvorbehalt** unterstellt (Abs. 4).

## II. Personenbezogene Daten

Intensiver geführt wurde die Diskussion um den Umgang mit persönlichen Daten in der Bundesrepublik Deutschland bereits anfangs der 70er Jahre. Vorreiter waren Hessen und Rheinland-Pfalz mit ihren Datenschutzgesetzen 1970 und 1974; am 27.1.1977 wurde das Bundesdatenschutzgesetz verkündet. Nordrhein-Westfalen verankerte als erstes Bundesland 1978 den Datenschutz auch verfassungsrechtlich (Art. 4 Abs. 2 Verf NW). Die **rasante Entwicklung der Computertechnologie** („informationelle Revolution"[2]), die ein rasches und in der nunmehr möglichen Intensität und Vielfalt vor Jahren noch kaum vorstellbares Gewinnen und Zusammenführen von personenbezogenen Einzelinformationen ermöglicht, verstärkte in der Folgezeit das Problembewusstsein erheblich. 2

Durch das Inkrafttreten der EU-DS-GVO (Verordnung (EU) 2016/679) wird der Bereich des Datenschutzes inzwischen überwiegend europarechtlich geprägt, da diese europaweit die grundlegenden datenschutzrechtlichen Anforderungen und Voraussetzungen beinhaltet. Lediglich im Rahmen der in der DS-GVO enthaltenen Öffnungsklauseln (wie zB Art. 88 DS-GVO) besteht für die nationalen Gesetzgeber die Möglichkeit, gewisse Sachverhalte abweichend zu regeln, wobei das Datenschutzniveau der DS-GVO nicht unterschritten werden darf. Der Landesgesetzgeber hat auf das Inkrafttreten der DS-GVO reagiert und entsprechend das LDSG-MV zum 22.5.2018 neugefasst.[3] 3

Art. 6 LV schützt das Recht auf informationelle Selbstbestimmung. Das BVerfG hat das **Recht auf informationelle Selbstbestimmung** aus dem allgemeinen Persönlichkeitsrecht auf der Grundlage der Art. 2 Abs. 1 iVm Art. 1 Abs. 1 GG heraus entwickelt[4] und damit dem Datenschutz „verfassungsrechtliche Weihen" verliehen.[5] „Das Recht auf informationelle Selbstbestimmung trägt Gefährdungen und Verletzungen der Persönlichkeit Rechnung, die sich unter den Bedingungen moderner Datenverarbeitung aus informationsbezogenen Maßnahmen ergeben [...]. Die freie Entfaltung der Persönlichkeit setzt den Schutz des Einzelnen gegen unbegrenzte Erhebung, Speicherung, Verwendung und Weitergabe seiner persönlichen Daten voraus. Dieser Schutz ist von dem Grundrecht aus Art. 2 Abs. 1 in Verbindung mit Art. 1 Abs. 1 GG umfasst. Das Grundrecht gewährleistet insoweit die Befugnis des Einzelnen, grundsätzlich selbst über 4

---

1 *Neumann/Tillmans*, Verfassungsrechtliche Probleme bei der Konstituierung der neuen Bundesländer, 1997, S. 70; *Vogelgesang* CR 1995, 554.
2 *Menzel*, in Löwer/Tettinger, Art. 4 Rn. 19.
3 GVOBl. M-V 2018, S. 193.
4 BVerfGE 65, 1 ff. – „Volkszählungsurteil"; BVerfG NJW 1991, 2129 (2132).
5 *Vogelgesang* CR 1995, 554 (555).

die Preisgabe und Verwendung seiner persönlichen Daten zu bestimmen. Die Gewährleistung greift insbesondere, wenn die Entfaltung der Persönlichkeit dadurch gefährdet wird, dass personenbezogene Informationen von staatlichen Behörden in einer Art und Weise genutzt und verknüpft werden, die Betroffene weder überschauen noch beherrschen können"[6]

Eingang in den geschriebenen Text des Grundgesetzes hat das Grundrecht auf Datenschutz bisher trotz entsprechender Voten der Konferenz der Datenschutzbeauftragten des Bundes und der Länder[7] und der Mehrheit jedenfalls der Ländervertreter in der Gemeinsamen Verfassungskommission von Bund und Ländern gleichwohl nicht gefunden.[8]

5 In der Zwischenzeit hat das BVerfG dieses Recht auf informationelle Selbstbestimmung um eine weitere Ausprägung des allgemeinen Persönlichkeitsrechts ergänzt in Gestalt eines **Grundrechts auf Gewährleistung der Vertraulichkeit und Integrität informationstechnischer Systeme**.[9] Jedenfalls über Art. 5 Abs. 3 findet auch dieser Grundrechtsaspekt Aufnahme in den Katalog der Landesgrundrechte.

6 In den Parlamenten der neuen Länder – veranlasst durch die Erfahrungen mit der Willkür der SED-Bürokratie und den Abhör- und Überwachungspraktiken des Ministeriums für Staatssicherheit – stand die Notwendigkeit einer verfassungsrechtlichen Verankerung des Datenschutzes außer Frage;[10] gestritten wurde höchstens um den Umfang der Gewährleistung, was sich in den unterschiedlichen Formulierungen der Verfassungsbestimmungen durchaus widerspiegelt. Man mag den materiellen Regelungsbedarf in den Ländern überhaupt bezweifeln und kritisch hinterfragen, ob das landesverfassungsrechtlich zwar eigenständig, aber gerade in M-V letztlich doch zurückhaltend formulierte Abwehrrecht durch die enge Anlehnung an Leitsätze des BVerfG und die ausgreifende Schrankenziehung sachlich tatsächlich Neues, Anderes oder gar Besseres gewährleisten kann als das ohnehin geltende Bundesverfassungsrecht;[11] ersichtlich bestand aber in den neuen Bundesländern ein starkes **Bedürfnis nach einer eigenständigen Ausformulierung** in den Landesverfassungen, dem einhellig Rechnung getragen wurde.

7 **1. Recht auf Datenschutz (Abs. 1).** Im Ergebnis enthält die LV mit Art. 5 Abs. 3 iVm dem bundesrechtlich aus Art. 2 Abs. 1 iVm Art. 1 Abs. 1 GG hergeleiteten Recht auf informationelle Selbstbestimmung einerseits und den Schutz- und Auskunftsrechten aus Art. 6 Abs. 1 und 2 andererseits sogar **zwei Verbürgungen** der Datenschutzgrundrechte. Damit wird in der Theorie die Frage aufgeworfen, welches Verhältnis diese beiden Rechte zueinander aufweisen: Spezialität oder Gleichrangigkeit?[12] Sie hat das LVerfG in seinem Urteil vom 21.10.1999 zu verdachtslosen Kontrollen nach Polizeirecht bewusst offen gelassen, weil „jedenfalls die gewählte Regelungstechnik in der LV nicht zu einer Einschränkung des Grundrechtsschutzes führen, sondern die gesamte Fülle des

---

6 BVerfG Beschl. v. 10.11.2020 – 1 BvR 3214/15 –, BVerfGE 156, 11–63, Rn. 71.
7 Beschl. v. 28.4.1992, abgedr. im 14. Tätigkeitsbericht des Beauftragten für Datenschutz, Anlage 6, S. 185.
8 Vgl. Bericht der Gemeinsamen Verfassungskommission v. 5.11.1993, BT-Drs. 12/6000, S. 60 ff.
9 BVerfGE 120, 274 (302 ff.), 314.
10 Siehe schon den im April 1990 vorgelegten Entwurf des Runden Tisches für eine Verfassung der noch existierenden, im Umbruch befindlichen DDR.
11 *März* JöR N.F. 54 (2006), 175, 207 mwN.
12 Für NRW vgl. *Martina*, Die Grundrechte der nordrhein-westfälischen Landesverfassung im Verhältnis zu den Grundrechten des Grundgesetzes, 1999, S. 91 f.

Schutzes für das Recht auf informationelle Selbstbestimmung optimal gewährleistet sein" soll.[13] Da sich ein datenschutzrechtlicher Bezug auch für zahlreiche andere Einzelgrundrechte herausarbeiten ließe,[14] lässt sich dieser Entscheidung der Grundgedanke entnehmen, dass jeweils der konkrete Sachverhalt auf seinen grundrechtsbezogenen Schwerpunkt abzuprüfen und dieser in den Vordergrund der Betrachtung zu stellen ist. In der Entscheidung 3/14, (Rn. 53) bzgl. des Abrufs von Bestands- und Zugangsdaten durch Polizei und Verfassungsschutz hat das LVerfG unter Verweis auf die Entscheidung zu dem Az. 7/07 erneut die Frage dahinstehen lassen, ob Art. 6 Abs. 1 LV den Rückgriff auf das Bundesrecht sperrt, da es für den zur Entscheidung anstehenden Sachverhalt nicht darauf ankam.

Die doppelte Verbürgung des Datenschutzgrundrechts führt nicht in jedem Fall 8 zu einer doppelten verfassungsgerichtlichen Absicherung. Ausgehend von der Annahme, dass der Garantiegehalt des Grundrechts aus Art. 6 Abs. 1 Satz 1 nicht über den des in Art. 2 Abs. 1 iVm Art. 1 Abs. 1 GG niedergelegten Grundrechts auf informationelle Selbstbestimmung hinausgeht, sieht das LVerfG die Verfassungsbeschwerde nach Art. 53 Nr. 7 LV, § 58 Abs. 3 LVerfGG gegen Akte der öffentlichen Gewalt solange nicht eröffnet, als sich der Beschwerdeführer nicht auf weitergehende landesverfassungsrechtliche Grundrechtsgewährleistungen berufen kann.[15]

a) **Begriff der „Daten".** Bei „Daten" (eingedeutschter Plural von lat. datum) 9 handelt es sich um Informationen; **personenbezogene Daten** sind „Einzelangaben über persönliche oder sachliche Verhältnisse einer bestimmten oder bestimmbaren natürlichen Person (Betroffener)",[16] und zwar zunächst ohne jede Gewichtung ihrer Sensibilität und ohne Rücksicht darauf, ob sie sich in öffentlicher oder privater Hand befinden. Der Schutzumfang beschränkt sich nicht auf Informationen, die bereits ihrer Art nach sensibel sind.[17] Der Schutz entfällt auch nicht, wenn es sich um öffentlich zugängliche Informationen handelt.[18] Es gibt daher kein schlechthin, ungeachtet des Verwendungskontextes belangloses personenbezogenes Datum.[19] Sofern es sich bei der Offenlegung der eigenen Identität lediglich um eigene Obliegenheit handelt, liegt kein Grundrechtseingriff vor.[20] Der Wortlaut des Art. 6 Abs. 1 scheint die Anwendbarkeit des Grundrechts auf juristische Personen (Art. 19 Abs. 3 GG) auszuschließen;[21] auch das BVerfG rekurrierte zunächst für die „informationelle Selbstbestim-

---

13 LVerfGE 10, 337, 349 unter Hinweis auf den Abschlussbericht der Verfassungskommission; in seiner Entscheidung zu polizeirechtlichen Maßnahmen der akustischen Wohnraumüberwachung (sog. „Großer Lauschangriff") v. 18.5.2000 (LVerfGE 11, 265) hat das Gericht diese vorrangig am Maßstab des Art. 5 Abs. 3 iVm Art. 13 GG geprüft, weil dieser gegenüber dem Grundrecht aus Art. 6 Abs. 1 und den Grundrechten aus Art. 5 Abs. 3 iVm Art. 2 Abs. 1 und Art. 1 Abs. 1 GG das speziellere, die allgemeinen Vorschriften insoweit verdrängende Grundrecht sei (S. 277); es hat dann aber bestimmte Einzelmaßnahmen (zB Einzelheiten der Unterrichtungsregelungen und der Zweckänderung) zusätzlich anhand des Art. 6 Abs. 1 und 2 sowie Art. 5 Abs. 3 iVm Art. 19 Abs. 4 Satz 1 GG bzw. mit Art. 2 Abs. 1 und Art. 1 Abs. 1 GG geprüft und im Ergebnis teilweise verworfen (S. 297 ff.).
14 *Menzel* (Fn. 2), Art. 4 Rn. 22 mwN.
15 LVerfGE 19, 301; → Art. 53 Rn. 41.
16 So etwa § 3 Abs. 1 DSG.
17 *Hofmann*, in Schmidt-Bleibtreu, Hofmann, Henneke, GG, Art. 2 Rn. 16.
18 *Driehaus*, in Driehaus Art. 33 Rn. 5.
19 BVerfGE 65, 1 (45); 120, 378, 398f.
20 VGH Rheinland-Pfalz Beschl. v. 27.10.2017 – VGH B 37/16 –, Rn. 27, juris.
21 So *Grawert*, Art. 4 Anm. 4.

mung" von Unternehmen auf Art. 2 Abs. 1 iVm Art. 14 GG.[22] In der Folgezeit hat es jedoch auch juristische Personen des privaten Rechts als Träger des Grundrechts auf informationelle Selbstbestimmung anerkannt.[23] Auch der VerfGH Rh-Pf erstreckt die Reichweite des inzwischen zum ausdrücklichen Schutz der personenbezogenen Daten eingefügten Art. 4a Verf Rh-Pf auf juristische Personen und Personenvereinigungen.[24]

10 **b) Grundrechtsschranken.** Die in Art. 6 Abs. 1 Satz 2 und Abs. 2 enthaltenen Einschränkungen zugunsten der Rechte (bzw. rechtlich geschützten Interessen) Dritter, der überwiegenden Interessen der Allgemeinheit und des Vorrangs von Bundesrecht bilden ein spezifisches und **notwendiges Korrektiv** für den Ausgleich mit gegenläufigen Grundrechten und Verfassungspostulaten (wie etwa Informationsansprüche, Informationsfreiheit anderer, Meinungs-, Wissenschafts-, Berufsfreiheit, Staatsaufgabe Sicherheit und Zukunftssicherung), weil ein absolut gesetztes Datenschutzgrundrecht das Funktionieren einer arbeitsteiligen Gesellschaft und eines demokratischen Bundesstaates mit seinen vielfältigen Sicherungs- und Gewährleistungsaufgaben in Frage stellen würde.[25] „Überwiegendes Interesse" bedeutet, dass die Datenerhebung und -verwendung nur zulässig ist, wenn das Allgemeininteresse hieran das Einzelinteresse an der Geheimhaltung der Daten überwiegt. Die Regelung gewährt insoweit keinen zusätzlichen Schutz als sie bereits Ausfluss des allgemeinen Verhältnismäßigkeitsgrundsatzes (Angemessenheit) ist.[26] Das LVerfG Sachsen-Anhalt hat bei der namentlichen Kennzeichnung von Polizeibeamten das Interesse an der Aufklärung von Pflichtverletzungen als ein Allgemeinwohlinteresse begründend angesehen. Ein solches ist nicht nur dann gegeben, wenn ein besonderes Interesse des Staates besteht bzw. eine originäre staatliche Aufgabe erfüllt wird, sondern auch, wenn sich dies aus dem Interesse des Bürgers ableiten lässt, wie der Gewährleistung effektiven Rechtsschutzes.[27]

11 **c) Datenschutzbeauftragter.** Die Bedeutung des Grundrechts auf Datenschutz wird hervorgehoben durch die Einrichtung des **Landesdatenschutzbeauftragten** (Art. 37) Seine **Zuständigkeit** dürfte insoweit die **speziellere** gegenüber der ebenfalls verfassungsrechtlich abgesicherten Position des Bürgerbeauftragten (Art. 36) und dessen allg. gehaltenen Aufgaben sein Gewicht erhält die Übertragung der Funktion als Aufsichtsbehörde auch für den nicht-öffentlichen Bereich (§ 1919 Abs. 2 DSG; Dass dem Landesdatenschutzbeauftragten ferner zugleich die Aufgaben des Landesbeauftragten für die Informationsfreiheit (§ 14 IFG) übertragen worden sind, verleiht dem Bedürfnis – und Erfordernis – nach Austarieren beider Aspekte sichtbaren Ausdruck. Allerdings setzt die effektive Wahrnehmung dieser gewichtigen Aufgaben eine hinreichende Personalausstattung der Behörde voraus.

---

22 BVerfGE 67, 100 (142 f.).
23 BVerfGE 128, 1 (43); 118, 168, 203 f., ebenso *S. Brink*, in Brocker/Droege/Jutzi, Art. 4a Rn. 11; *Hofmann*, in Schmidt-Bleibtreu, Hofmann, Henneke, GG, Art. 2 Rn. 16; aA *Driehaus*, in Driehaus Art. 33 Rn. 3; *Ernst*, in Lieber/Iwers/Ernst, Art. 11, S. 134.
24 Urt. v. 13.5.2014 – VGH B 35/12 –, juris, mit ausführl. Begr.; zu „Sachwalter-Konstellationen" Beispiele bei *Menzel* (Fn. 2), Art. 4 Rn. 24.
25 Zur Notwendigkeit eines Parlamentsgesetzes zur Gewährleistung einer Kontaktnachverfolgung durch Erhebung personenbezogener Daten Verfassungsgerichtshof des Saarlandes, Beschluss vom 28.8.2020 – Lv 15/20 –, juris).
26 *Kamp*, in Heusch/Schönenbroicher, Art. 4 Rn. 65.
27 LVG des Landes Sachsen-Anhalt Urt. v. 7.5.2019 – LVG 4/18 –, Rn. 55, juris.

**2. Auskunftsrecht (Abs. 2).** Der datenschutzrechtliche Auskunftsanspruch nach 12
Art. 6 Abs. 2 ist gleichsam das **Spiegelbild zum Abwehrrecht** des Abs. 1.[28]
Der Auskunftsanspruch ist nicht lediglich eine verfahrensrechtliche Vorkehrung, sondern verfassungsrechtlich zum Schutz des Rechts auf informationelle Selbstbestimmung geboten.[29] Unabhängig davon, dass ein derartiger Anspruch auch ohne ausdrückliche normative Fixierung ebenfalls schon aus dem Recht auf informationelle Selbstbestimmung folgt,[30] schien dem Verfassungsgeber auch insoweit die verfassungsrechtliche Absicherung – wenn auch unter Übernahme der bereits in Abs. 1 genannten Einschränkungen – notwendig. Auch diese Vorschrift hat ihr praktisches Anwendungsfeld vornehmlich im Bereich der Polizei- und Verfassungsschutzbehörden des Landes.[31]

### III. Zugang zu Umweltinformationen (Abs. 3)

Die Verfassung M-V gewährt – wie in unterschiedlicher Form die Verfassungen 13
der übrigen neuen Bundesländer – einen **Anspruch auf Umweltinformationen**, die bei der öffentlichen Verwaltung – also nicht bei privaten Stellen – vorhanden sind; dies begründet allerdings **keine Verpflichtung zur Datenerhebung**.[32] Der Begriff der „öffentlichen Verwaltung" deckt sich mit dem Wortlaut der Artt. 69 und 70.

Die in enger Abstimmung mit dem Umweltausschuss des LT entwickelte Vor- 14
schrift wurde bewusst als Grundrecht gestaltet und begreift sich nicht nur als Ergebnis der Erfahrungen aus der DDR-Zeit, sondern auch als Umsetzung des aus europarechtlichen Vorschriften herrührenden **Gestaltungsauftrags**.[33] Die Verfassungen der neuen Bundesländer sind damit im Ansatz weiter als die der alten Länder; allerdings relativiert sich der Schutzbereich, wenn man den in Abs. 4 enthaltenen, an den Landesgesetzgeber gerichteten Regelungsvorbehalt in Bezug setzt zur Kompetenzordnung des GG und berücksichtigt, dass der Bundesgesetzgeber seine Kompetenzen durch Erlass des Umweltinformationsgesetzes und weiterer Folgeregelungen[34] ausgefüllt hat.[35] Gleichwohl sollte man die Regelung als Gewinn für den (landesverfassungsrechtlichen) Umweltschutz betrachten, da der Schwerpunkt der Landeskompetenz auf dem Gebiet der Verwaltung liegt und auch die Gesetzgebung auf dem Gebiet des Umweltschutzes in einigen Bereichen der Landeszuständigkeit unterliegt;[36] auch haben die Länder

---

28 *Pirsch*, in Thiele/Pirsch/Wedemeyer, Art. 6 Rn. 7.
29 *Rudolf*, in Merten/Papier, Handbuch der Grundrechte, Bd. IV, § 90 Rn. 48.
30 Vgl. ausführlich zum Meinungsstand *Rudolf*, in Merten/Papier, Handbuch der Grundrechte Bd. IV § 90 Rn. 49.
31 *März* JöR N.F. 54 (2006), 175, 208.
32 *Iwers*, in Lieber/Iwers/Ernst, S. 294.
33 Kommission, Verfassungsentwurf, S. 87 ff. unter Bezugnahme auf die Richtlinie des Rates 90/313/EWG über den freien Zugang zu Informationen über die Umwelt v. 7.6.1990, Abl. Nr. L 158, S. 56; siehe jetzt Richtlinie 2003/4/EG des Europäischen Parlaments und des Rates v. 28.1.2003 über den Zugang der Öffentlichkeit zu Umweltinformationen und zur Aufhebung der Richtlinie 90/313/EWG des Rates, Abl. Nr. 241, S. 26.
34 Umweltinformationsgesetz – UIG – v. 22.12.2004, BGBl. I 2004, S. 3704; zuletzt geändert durch Gesetz vom 25.2.2021 (BGBl. I S. 306); Gesetz über ergänzende Vorschriften zu Rechtsbehelfen in Umweltangelegenheiten der EG-Richtlinie 2003/35/EG (Umweltrechtsbehelfsgesetz) v. 7.12.2006, BGBl. I 2006, S. 2816 zuletzt geändert durch G v. 25.2.2021 (BGBl. I S. 306); Gesetz über die Öffentlichkeitsbeteiligung in Umweltangelegenheiten nach der EG-Richtlinie 2003/35/EG (Öffentlichkeitsbeteiligungsgesetz) v. 9.12.2006, BGBl. I 2006, S. 2819.
35 *März* JöR N.F. 54 (2006), 175, 208 mwN zur Problemdiskussion.
36 *Erbguth/Wiegand* DVBl. 1994, 1325, 1329.

durch die Umgestaltung der bundesrechtlichen Kompetenzordnung durch die Föderalismus-Reform[37] im Bereich des Umweltrechts in Form der konkurrierenden Gesetzgebung mit Abweichungsrecht Gestaltungsmöglichkeiten erhalten.[38]

15 Die Berufung auf das Grundrecht aus Art. 6 Abs. 3 setzt weder ein qualifiziertes Individualinteresse voraus noch ist das Zugangsrecht auf die den Lebensraum des Auskunftsberechtigten betreffenden Daten beschränkt.[39] Der Begriff der **Umweltinformationen** ist **umfassend** zu verstehen (siehe auch § 3 Abs. 2 iVm § 2 Abs. 3 UIG).

16 Auf Landesebene werden die Informationsrechte durch das **Informationsfreiheitsgesetz** und das **Landes-Umweltinformationsgesetz**[40] umgesetzt. Das Informationsfreiheitsgesetz vermittelt einen einfachgesetzlichen allg. und umfassenden, verfahrensunabhängigen Anspruch auf Zugang zu Informationen bei den öffentlichen Stellen des Landes;[41] das LUIG M-V verfolgt den Zweck, den rechtlichen Rahmen für den freien Zugang zu Umweltinformationen bei informationspflichtigen Stellen sowie für deren Verbreitung in M-V zu schaffen. Der Landesgesetzgeber hat Art. 6 Abs. 3 insoweit im LUIG berücksichtigt, als im LUIG abweichende Regelungen zum Informationsfreiheitsgesetz enthalten sind. Zum einen ist im Informationsfreiheitsgesetz M-V der Kreis der Verpflichteten (Behörden, vgl. § 1 Abs. 1 und 2, § 3) enger gezogen; zum anderen setzt die verfassungsrechtliche Absicherung des Umweltinformationsanspruchs der Kostenerhebung in diesem Sachbereich (§ 13 IFG) Grenzen, wie § 6 Abs. 2 und 3 LUIG M-V zeigt.

### IV. Gesetzesvorbehalt (Abs. 4)

17 Sämtliche Regelungen des Art. 6 stehen unter dem Vorbehalt der Ausfüllungsbedürftigkeit durch ein Gesetz. Dies gilt insbesondere für Einschränkungen. Insoweit stellt Abs. 4 einen Gesetzesvorbehalt dar. Damit steht die Regelung im Einklang mit der Rechtsprechung des Bundesverfassungsgerichts, nach welcher Beschränkungen einer (verfassungsmäßigen) gesetzlichen Grundlage bedürfen, aus welcher sich die Beschränkung klar und für den Bürger erkennbar ergibt und die damit dem Gebot der Normklarheit entspricht.[42]

18 Nähere Regelungen in Ausfüllung des Verfassungsauftrags zum Datenschutz enthält das **Landesdatenschutzgesetz**. Sein Anwendungsbereich ist ausdrücklich auf „öffentliche Stellen" beschränkt (§ 2 Abs. 1 DSG); die Sonderstellung von Gerichten und Staatsanwaltschaften hat Berücksichtigung gefunden (§ 2 Abs. 3 DSG).

---

37 Gesetz zur Änderung des Grundgesetzes v. 28.8.2006, BGBl. I 2006, S. 2034.
38 *Rengeling* DVBl. 2006, 1537, 1542; kritisch, insbes. zu dem nach ihrer Auffassung übersehenen Aspekt der Auswirkungen auf Umfang und Reichweite des Grundrechtsschutzes, *Klein/Schneider* DVBl. 2006, 1549, 1553; grundlegend siehe auch *Schulze-Fielitz* NVwZ 2007, 249 ff.; generell zur Gesetzgebungskompetenz nach der Föderalismusreform siehe *Hohler*, Kompetition statt Kooperation – ein Modell zur Erneuerung des deutschen Bundesstaates?, Diss. 2009.
39 So noch der ursprüngliche Verfassungsentwurf, vgl. Kommission Zwischenbericht, LT-Drs. 1/2000, S. 14, wie auch Artt. 34 SächsVerf, 6 Abs. 2 LVerfLSA, 33 ThürVerf; den Informationsanspruch in anderer Weise begrenzt Art. 39 Abs. 7 Satz 3 BbgVerf.
40 Gesetz über den Zugang zu Umweltinformationen in M-V (Landes-Umweltinformationsgesetz – LUIG M-V) v. 14.07. 2006, GVOBl. 2006, S. 568, zuletzt geändert durch G vom 27.5.2016 (GVOBl. M-V S. 431).
41 So die Gesetzesbegründung, vgl. LT-Drs. 4/2117, S. 2.
42 BVerfGE 65, 1 (44).

IÜ werden die Grundrechte auf Datenschutz und Information durch die speziellen Landesgesetze ausgeformt (gegebenenfalls auch eingeschränkt), die neben ihrem sachlichen Regelungsgehalt für den sie betreffenden Bereich der öffentlichen Verwaltung Umfang, Zweck und Ausmaß der Datenerhebung regeln. Sie müssen sich ihrerseits messen lassen an den allg. verfassungsrechtlichen Anforderungen (zB Gebot der Normenklarheit und Verhältnismäßigkeit). Typische Beispiele, die immer wieder in besonderem Maße Konfliktstoff liefern, sind etwa das Landespolizeigesetz und das Gesetz über den Landesverfassungsschutz,[43] die neben den Aufgaben und Zuständigkeiten dieser Behörden auch die Zulässigkeit der Datenerhebung und -verwendung durch die Landesdienststellen regeln. Gibt es keine bereichsspezifischen Gesetze, richtet sich die Zulässigkeit nach § 4 DSG M-V.

## Art. 7 (Freiheit von Kunst und Wissenschaft)

(1) ¹Kunst, Wissenschaft, Forschung und Lehre sind frei. ²Die Freiheit der Lehre entbindet nicht von der Treue zur Verfassung.

(2) Forschung unterliegt gesetzlichen Beschränkungen, wenn sie die Menschenwürde zu verletzen oder die natürlichen Lebensgrundlagen nachhaltig zu gefährden droht.

(3) ¹Hochschulen sind in der Regel Körperschaften des öffentlichen Rechts. ²Sie verfügen im Rahmen der Gesetze über das Recht zur Selbstverwaltung. ³In akademischen Angelegenheiten sind sie weisungsfrei.

(4) Auch andere wissenschaftliche Einrichtungen haben das Recht der Selbstverwaltung im Rahmen der Gesetze.

Vergleichbare Regelungen:

*Zu Abs. 1*: Artt. 108 BayVerf; 20 Abs. 1 BWVerf; 21 VvB; 31 Abs. 1, 3 BbgVerf; 11 Abs. 1 BremVerf; 9 Verf Rh-Pf; 5 Abs. 2 SaarlVerf; 21 SächsVerf; 10 Abs. 3 Satz 1, Satz 2, 1. Hs. LVerf LSA; 27 ThürVerf; 5 Abs. 3 GG.

*Zu Abs. 2*: Artt. 31 Abs. 2 BbgVerf; 10 Abs. 3 Satz 2, 33 Abs. 2 SaarlVerf; 2. Hs. LVerf LSA.

*Zu Abs. 3*: Artt. 138 BayVerf; 20 Abs. 2 BWVerf; 32 Abs. 1 BbgVerf; 60 Abs. 1 HessVerf; 5 Abs. 3 NdsVerf; 16 Abs. 1 Verf NW; 39 Abs. 1 und 2 Verf Rh-Pf; 33 Abs. 1 und 2 SaarlVerf; 107 SächsVerf; 31 Abs. 2 LVerf LSA; 28 Abs. 1 ThürVerf.

| | | | |
|---|---|---|---|
| I. Allgemeines | 1 | III. Der spezielle Gesetzesvorbehalt des Abs. 2 | 19 |
| II. Die Freiheitsverbürgungen für Kunst, Wissenschaft, Forschung und Lehre (Abs. 1) | 4 | IV. Selbstverwaltungsgarantie der Hochschulen (Abs. 3) | 22 |
| 1. Kunstfreiheit | 7 | V. Erstreckung des Selbstverwaltungsrechts auf andere wissenschaftliche Einrichtungen (Abs. 4) | 33 |
| 2. Freiheit von Wissenschaft, Forschung und Lehre | 13 | | |

## I. Allgemeines

Mit der eigenständigen Ausformulierung von Art. 7 – die angesichts der über Art. 5 Abs. 3 ohnehin geltenden Gewährleistungen des Art. 5 Abs. 3 GG nicht zwingend erforderlich gewesen wäre – unterstreicht der Verfassungsgeber ersichtlich die Bedeutung kultureller Grund- und Freiheitsrechte in einem für das Gemeinwesen und die gesellschaftliche Entwicklung besonders wichtigen Be-

---

[43] Gesetz über den Verfassungsschutz im Lande M-V (Landesverfassungsschutzgesetz – LVerfSchG M-V) v. 11.7.2001, GVOBl. 2001, S. 261, zuletzt geändert durch Gesetz vom 13.1.2017, GVOBl. M-V S. 2.

reich. Gewertet werden kann dies als **deutliche Distanzierung vom Hochschulwesen der DDR**, wo die Universitäten und Hochschulen nicht über eine rechtliche Autonomie verfügten, sondern zentraler, an das Einvernehmen mit den zuständigen Organen der SED gebundener staatlicher Lenkung unterstanden. Forschung und Lehre waren den Zielen des Marxismus-Leninismus untergeordnet; das Modell der Gruppenuniversität war unbekannt. Ebenso unterschied sich das Recht der Hochschullehrer von dem der Bundesrepublik.

2 Dabei ist M-V insofern **eigene Wege** gegangen, als einerseits der Aspekt der Freiheit der Kunst und Wissenschaft von dem Zusammenhang mit der Meinungs- und Pressefreiheit gelöst wird, in den ihn das GG stellt,[1] andererseits sich eine Regelung wie in Abs. 2 nur noch in drei anderen Bundesländern findet[2] und Abs. 4 – insoweit singulär – ausdrücklich das Recht auch anderer wissenschaftlicher Einrichtungen auf Selbstverwaltung im Rahmen der Gesetze betont. Während auf Bundesebene das Recht der Hochschulen auf Selbstverwaltung in dem der Wissenschaft, Forschung und Lehre unmittelbar zuzuordnenden Bereich aus dem Grundrecht aus Art. 5 Abs. 3 GG als einer auch wertentscheidenden Grundsatznorm in Verbindung mit dem Demokratieprinzip entnommen wird,[3] enthält die LV insoweit mit Art. 7 Abs. 3 ergänzend eine ausdrückliche Absicherung, die – auch insoweit einzigartig – zudem ausdrücklich die Weisungsfreiheit in akademischen Angelegenheiten festschreibt (Art. 7 Abs. 3 Satz 3).

3 Über das Bundesgrundrecht hinausgehend werden damit dessen Gewährleistungen konturiert und zT der Schutzbereich erweitert.[4] Das BVerfG entnimmt aus Art. 5 Abs. 3 GG zugleich die Verpflichtung, die Wissenschaft und deren Vermittlung durch die Bereitstellung von personellen, finanziellen und organisatorischen Mitteln zu ermöglichen.[5] Der Verfassungsgeber hat sich entschieden, diese Ausstattungsgarantie gesondert in Art. 16 Abs. 3 aufzunehmen, welcher unter der Überschrift Förderung von Kultur und Wissenschaft steht. Mit dieser doppelten Absicherung und Erwähnung der Hochschulen und anderen wissenschaftlichen Einrichtungen hat der Verfassungsgeber deren besonderen Bedeutung für das Land herausgestellt. Zudem enthält Art. 16 Abs. 1 eine Verpflichtung zur Förderung von Kunst und Wissenschaft durch Land, Gemeinden und Kreise. In einer immer komplexer werdenden, sich vor allem technisch rasant weiterentwickelnden Gesellschaft bedarf es in der Regel nicht nur eines erheblichen finanziellen und personellen Aufwandes, sondern auch vernetzter Strukturen, um ein ausreichendes Lehrangebot sicherzustellen, Forschungsergebnisse zusammenzuführen und Synergieeffekte zu nutzen; ganz überwiegend werden diese Aufgaben von staatlichen Stellen wahrgenommen.

## II. Die Freiheitsverbürgungen für Kunst, Wissenschaft, Forschung und Lehre (Abs. 1)

4 Abs. 1 stimmt wörtlich mit Art. 5 Abs. 3 GG überein, so dass auch hier eine doppelte landesverfassungsrechtliche Absicherung vorliegt.[6] Über die oben be-

---

1 Art. 5 Abs. 3 GG, dem folgend zB auch Art. 10 LVerf LSA; Art. 21 VvB, Art. 33 Abs. 2 SaarlVerf.
2 Brandenburg und Sachsen-Anhalt.
3 *Schenke* NVwZ 2005, 1000 (1001); siehe auch *Kempen*, in Epping/Hillgruber, GG, 3. Aufl. 2020, Art. 5 Rn. 192 ff. mwN.
4 *März* JöR N.F. 54 (2006), 175, 210.
5 BVerfG Beschl. v. 3.3.1993 – 1 BvR 557/88 –, BVerfGE 88, 129–144, Rn. 43.
6 Wie wenig dies dem Landesgesetzgeber oft selbst im Bewusstsein ist, zeigt zB § 5 LHG, der – im Unterschied zur aktuellen Fassung von § 97 Abs. 2 Satz 3 LHG – immer noch ausschließlich auf die Verbürgungen in Art. 5 Abs. 3 GG Bezug nimmt.

reits genannten Motive hinaus – schon das Gesetz zur Erneuerung der Hochschulen des Landes M-V[7] hatte in § 16 die Bedeutung der Freiheit von Forschung, Lehre und Studium betont – könnte auch bestimmend gewesen sein, dass den Bundesländern im Kultur- und Bildungsbereich besonders weitgehende Kompetenzen eingeräumt sind und der Landesgesetzgeber ausdrücklich in die Pflicht genommen werden sollte.

Dementsprechend können Kommentierungen und Entscheidungen zu Art. 5 5 Abs. 3 GG und anderen inhaltsgleichen Landesverfassungsbestimmungen zur Auslegung der Norm und Lösung aktueller Konflikte[8] herangezogen werden.

Europarechtlich formuliert Art. 13 GRCh unter der Überschrift „Freiheit von 6 Kunst und Wissenschaft", dass „Kunst und Forschung frei sind" und „die akademische Freiheit geachtet wird".[9]

**1. Kunstfreiheit.** Die Versuche, den Begriff der Kunst zu definieren, sind zahl- 7 reich; sie müssen aber, sofern sie jeweils einen alleinigen Verbindlichkeitsanspruch erheben wollen, an dem eigentlichen Wesen der Kunst scheitern, für das die Vielgestaltigkeit und der Facettenreichtum künstlerischen Wirkens Ausdruck sind.

Es stehen sich der sog. **„formale Kunstbegriff"** – danach liegt Kunst vor, wenn 8 das Werk einem bestimmten Werktyp (zB Malen, Dichten etc) zugeordnet werden kann – und der **„materiale Kunstbegriff"** gegenüber; danach ist wesentlich für die Kunst die freie schöpferische Gestaltung, in der Eindrücke, Erfahrungen und Erlebnisse des Künstlers durch das Medium einer bestimmten Formensprache zur unmittelbaren Anschauung gebracht werden.[10] Nach dem **„offenen Kunstbegriff"**[11] ist kennzeichnend, dass der künstlerischen Äußerung wegen der Mannigfaltigkeit ihres Aussagehalts im Weg der fortgesetzten Interpretation eine weiterreichende Bedeutung entnommen werden kann. Indizwirkung für das Vorliegen von Kunst können auch haben, ob der Urheber sein Werk als Kunstwerk betrachtet oder ob ein in Kunstfragen kompetenter Dritter es für vertretbar hält, das in Frage stehende Gebilde als Kunstwerk anzusehen. Ohne Bedeutung ist das „Niveau" eines Werkes;[12] auch darf ein politischer, religiöser oder sonstiger Zweck angestrebt werden. Das Land darf insoweit den Schutz des Grundrechts nicht von seiner Einschätzung bezüglich der Qualität der Kunst

---

7 Hochschulerneuerungsgesetz – HEG – vom 18.3.1992, GVOBl. M-V 1992, S. 157.
8 *Stöhr*, in Pfenning/Neumann, Art. 21 Rn. 1. Aus jüngerer Zeit siehe etwa die Darstellungen bei *Kempen*, in Epping/Hillgruber (Fn. 3), Art. 5 Rn. 156 ff., 191 ff.; *Wendt*, in von Münch/Kunig, Art. 5 Rn. 139 ff.; *Scholz*, in Dürig/Herzog/Scholz, Art. 5 Abs. III; *Strauch*, in Linck/Baldus/Lindner/Poppenhäger/Ruffert, Art. 27 Rn. 6 ff.; *Proelß*, in Brocker/Droege/Jutzi, Art. 9 Rn. 22 f.; aus der jüngeren Rspr. des BVerfG wären zur Kunstfreiheit zu nennen BVerfGE 119, 1 (Esra), 142, 74 (zum Sampling); zur Wissenschaftsfreiheit BVerfGE 122, 89 (Abgrenzung der Wissenschaftsfreiheit des Hochschullehrers zum Selbstbestimmungsrecht der Religionsgemeinschaften und zum Recht einer theologischen Fakultät auf Identitätswahrung); 126, 1 (Fachhochschullehrer als Träger des Grundrechts aus Art. 5 Abs. 3 Satz 1 GG, Grenzen der Lehrfreiheit); 127, 87 (Wissenschaftsfreiheit als Grenze inneruniversitärer Neuordnungen bei Kompetenzverschiebungen zwischen Hochschulorganen, hochschulorganisatorisches Gesamtgefüge); 128, 1 (Gentechnik); 130, 263 (wissenschaftsinadäquates System der W 2-Besoldung); 136, 338 (Mitwirkungsrechte des Vertretungsorgans gegenüber Leitungsorgan).
9 Siehe *Proelß*, in Brocker/Droege/Jutzi, Art. 9 Rn. 2 mwN; der EGMR leitet die Kunstfreiheit in st. Rspr. aus Art. 10 EMRK (Meinungsfreiheit) ab.
10 BVerfGE 30, 173 (189); 67, 213, 226; 119, 1, 20 f.; BVerwGE 77, 75 (82).
11 BVerfGE 67, 213 (227).
12 *Kempen*, in Epping/Hillgruber, Art. 5 Rn. 166 ff. mwN.

abhängig machen (Verbot des Kunstrichtertums).[13] Im Interesse eines effektiven Grundrechtsschutzes ist allerdings von einem weiten Kunstbegriff auszugehen.[14] Geschützt wird ua die Satire[15]; Pornographie und Kunst müssen sich nicht ausschließen.[16]

9 Geschützt sind sowohl der „**Werkbereich**" – die eigentliche künstlerische Tätigkeit – als auch der „**Wirkbereich**", also die Darbietung, Verbreitung und Vermittlung des Werkes an Dritte. Nicht über die Kunstfreiheit, sondern gegebenenfalls über Artt. 2 oder 12 GG geschützt ist die wirtschaftliche Verwertung, also die Einnahmeerzielung, es sei denn, der Staat wollte auf diesem Wege Einfluss auf Kunstinhalte nehmen oder eine freie künstlerische Betätigung überhaupt unmöglich machen.[17]

10 **Träger des Grundrechts** sind nicht nur die Kunstschaffenden selbst – und zwar unabhängig davon, ob die künstlerische Tätigkeit beruflich oder nur gelegentlich ausgeübt wird –, sondern auch diejenigen, die ein Kunstwerk der Öffentlichkeit zugänglich machen und damit eine Mittlerfunktion zwischen Künstler und Publikum ausüben wie Verleger, Filmproduzenten oder Galeristen[18]; unter diesen Voraussetzungen können auch juristische Personen oder Personenvereinigungen Grundrechtsträger sein. Gleiches muss für öffentlich-rechtliche Institutionen, die im künstlerischen Bereich tätig sind (ua auch Kunst- und Musikhochschulen) gelten[19] sowie für die dort tätigen Personen.[20]

11 Ein Bedürfnis dafür, den Gewährleistungsanspruch des Art. 7 Abs. 1 auch auf die Kunstkonsumenten (wie Theater-, Konzert- und Ausstellungsbesucher oder Kunstkritiker) zu erstrecken, ist nicht erkennbar; zudem könnten dann grundrechtsinterne Kollisionslagen entstehen.[21]

12 Auch wenn Art. 7 Abs. 1 keinen Schrankenvorbehalt enthält,[22] sind **Grenzen der Kunstfreiheit** aus der Verfassung selbst zu bestimmen; sie können sich aus Kollisionen mit Grundrechten Dritter und anderen mit Verfassungsrang ausgestatteten Rechtsgütern ergeben.[23] In der jeweils vorzunehmenden Abwägung sind allerdings der Rang der Kunstfreiheit aufgrund der vorbehaltlosen Grundrechtsgewährung und die Strukturmerkmale der betreffenden Kunstgattung zu beachten.[24] Im Wirkbereich ist eine Einschränkung eher möglich als im Werkbereich.

13 **2. Freiheit von Wissenschaft, Forschung und Lehre.** Wissenschaft wird allg. als Oberbegriff zu Forschung und Lehre gesehen. Während wissenschaftliche Tätig-

---

13 *Proelß*, in Brocker/Droege/Jutzi, Art. 9 Rn. 9; unter Verwendung desselben Begriffs *Jarass*, in Jarass/Pieroth, Art. 5 Rn. 106 mwN.
14 *Stöhr*, in Pfennig/Neumann, Art. 21 Rn. 2; BVerfGE 119, 1 (23).
15 Hierzu ausführlich *v. Arnauld*, in BK, Stand Mai 2017, Art. 5 Abs. 3 (Kunstfreiheit) Rn. 76.
16 BVerfG Beschl. v. 27.11.1990 – 1 BvR 402/87 –, BVerfGE 83, 130–155 mit Erörterung, inwiefern zB die Interessen des Jugendschutzes der Verbreitung eines Werkes Grenzen setzen.
17 Vgl. BVerfGE 31, 229 (240).
18 *Strauch*, in Linck/Baldus/Lindner/Poppenhäger/Ruffert, Art. 27 Rn. 11.
19 *Jarass*, in Jarass/Pieroth, Art. 5 Rn. 108 mwN.
20 BVerwGE 62, 55 (59 f.).
21 *Strauch*, in Linck/Baldus/Lindner/Poppenhäger/Ruffert, Art. 27 Rn. 11; *Proelß*, in Brocker/Droege/Jutzi, Art. 9 Fn. 9 mwN zum Streitstand.
22 Demgegenüber könnte man bei Art. 5 Abs. 3 GG durchaus die Frage stellen, ob die Schrankenregelung des Art. 5 Abs. 2 oder des Art. 2 Abs. 1 GG hierauf anwendbar ist; verneinend *Jarass*, in Jarass/Pieroth, Art. 5 Rn. 113 mwN.
23 BVerfGE 67, 213 (228); BVerwGE 91, 223 (224).
24 Vgl. BVerfGE 81, 278 (292); 81, 298, 306.

keit alles umfasst, was nach Inhalt und Form als ernsthafter planmäßiger Versuch der Ermittlung der Wahrheit anzusehen ist, wird unter Forschung die geistige Tätigkeit – auch die vorbereitender, unterstützender und organisatorischer Art wie zB die Veröffentlichung – mit dem Ziel, in methodischer, systematischer und nachprüfbarer Weise neue Erkenntnisse zu gewinnen, verstanden; Lehre ist demgegenüber die wissenschaftlich fundierte Übermittlung der durch Forschung gewonnenen Erkenntnisse[25]. Lehre bezieht sich sowohl auf die Wiedergabe eigener als auch die kritisch-reflektierte Verbreitung angeeigneter, fremder wissenschaftlicher Erkenntnisse[26] – seien es eigene oder fremde Forschungsergebnisse – an Universitäten und Fachhochschulen (auch in privater Trägerschaft) unter Einschluss der lehrbezogenen Prüfungen. Die bloße Verwertung der Forschungsergebnisse als solche unterfällt nicht der Wissenschaftsfreiheit; gegebenenfalls können aber die Berufsfreiheit und die Freiheit des Eigentums (Patente, Urheberrecht) einschlägig sein.[27]

Grds. kann sich auf die Wissenschaftsfreiheit jeder berufen, der **eigenverantwortlich wissenschaftlich tätig** ist oder werden will, also neben Hochschullehrern einschließlich der Fachhochschullehrer, denen die eigenständige Vertretung eines wissenschaftlichen Faches in Forschung und Lehre übertragen worden ist[28], und wissenschaftlichen Mitarbeitern auch Studierende.[29] Grundrechtsschutz können gleichermaßen auch öffentliche Einrichtungen in Anspruch nehmen, sofern sich dieses Grundrecht ihnen unmittelbar zuordnen lässt, weil sie Zwecken der Wissenschaftsfreiheit dienen und Wissenschaft betreiben und organisieren; dies sind nicht nur die Hochschulen selbst, sondern auch ihre Fakultäten und Fachbereiche.[30] Träger des Grundrechts können ebenso Gesamthochschulen[31] wie auch Fachhochschulen[32] sein. Nicht vom Grundrechtsschutz der Wissenschaftsfreiheit umfasst ist die gesetzgeberische Entscheidung über die Errichtung und den Fortbestand einer konkreten wissenschaftlichen Einrichtung Dies gilt auch für die Fusion zweier Einrichtungen, die zum Untergang der ursprünglichen Hochschulen und der Kreation einer neuen Hochschule führt, da Art. 7 den Bestand einer konkreten Einrichtung voraussetzt.[33] 14

Eine einfachgesetzliche Beschreibung der Freiheitsrechte des Art. 7 Abs. 1 und der ihnen gesetzten Grenzen enthält § 5 LHG. 15

Die Wissenschaftsfreiheit kann beeinträchtigt werden durch Einwirkung auf den Prozess der Gewinnung und Vermittlung wissenschaftlicher Erkenntnisse im Wege der Einflussnahme auf den einzelnen Wissenschaftler oder die wissenschaftliche Einrichtung oder Institution, aber auch durch die Verweigerung des gebotenen staatlichen Schutzes der Idee der freien Wissenschaft und der Mitwirkung an ihrer Verwirklichung. Auch eine unzulässige inneruniversitäre Beeinträchtigung der Wissenschaftsfreiheit ist denkbar, etwa wenn die einem Organ (Dekanat) zugewiesenen Kompetenzen zur Allokation von Mitteln und Stellen nicht hinreichend inhaltlich begrenzt und durch direkte oder indirekte 16

---

25 BVerfGE 35, 79 (113).
26 *Jarass*, in Jarass/Pieroth, Art. 5 Rn. 139.
27 AA für Verleger wissenschaftlicher Literatur *Löwer*, in Merten/Papier, Handbuch der Grundrechte Bd. IV, § 99 Rn. 19.
28 BVerfGE 126, 1.
29 BVerfGE 35, 79 (112); 55, 37, 67 f.; die „Lernfreiheit" fällt allerdings unter Art. 12 GG, vgl. *Jarass*, in Jarass/Pieroth, Art. 5 Rn. 124 mwN.
30 BVerfGE 15, 256 (261); 21, 362, 373; 31, 314, 322; LVerfGE 5, 37, 45.
31 *Jarass*, in Jarass/Pieroth, Art. 5 Rn. 141 mwN.
32 BVerfGE 141, 143 Rn. 48.
33 VerfG Bbg Urt. v. 25.5.2016 – 51/15 –, Rn. 189, juris.

Mitwirkungs-, Einfluss-, Informations- und Kontrollrechte eines kollegialen Vertretungsorgans der Grundrechtsträger (Fakultätsrat) nicht ausreichend kompensiert werden.[34] Je mehr, je grundlegender und je substantieller wissenschaftsrelevante personelle und sachliche Entscheidungsbefugnisse dem Vertretungsorgan der akademischen Selbstverwaltung entzogen und einem Leitungsorgan zugewiesen sind, desto stärker muss die Mitwirkung des Vertretungsorgans an der Bestellung und Abberufung und an den Entscheidungen des Leitungsorgans ausgestaltet sein.[35]

17 Die Wissenschaftsfreiheit unterliegt – mangels ausdrücklicher Schrankenregelung – den gleichen **verfassungsimmanenten Schranken** wie die Kunstfreiheit. Insbes. auf der Grundlage kollidierenden Verfassungsrechts können Schranken gesetzt werden, wobei ein Konflikt zwischen verfassungsrechtlich geschützten Grundrechten unter Rückgriff auf weitere einschlägige verfassungsrechtliche Bestimmungen und Prinzipien sowie auf den Grundsatz der praktischen Konkordanz durch Verfassungsauslegung zu lösen ist.[36] In Betracht kommt hier vor allem der Schutz des Lebens und der Gesundheit von Menschen, der Berufs- und Eigentumsfreiheit möglicher Betroffener und der natürlichen Lebensgrundlagen.[37]

18 Die **Treueklausel** des Art. 7 Abs. 1 Satz 2 ist wortgleich mit Art. 5 Abs. 3 S. 2 GG. Sie normiert keine zusätzliche Schranke,[38] sondern ist als besondere Ausprägung der allg., auf Art. 33 Abs. 5 GG gestützten beamtenrechtlichen Verpflichtung zur Loyalität gegenüber der freiheitlichen demokratischen Grundordnung zu sehen,[39] veranlasst durch die Erfahrungen aus der Weimarer Zeit.[40] Die Treueklausel verbietet eine extrem einseitige, unsachliche oder gar verächtlich machende Kritik tragender Verfassungsgrundsätze, wobei hiermit kein Verbot scharfer Kritik verbunden ist, sofern sie sachlich dargeboten und wissenschaftlich-rational untermauert wird.[41]

### III. Der spezielle Gesetzesvorbehalt des Abs. 2

19 Art. 7 Abs. 2 ist Ergebnis einer Diskussion in der Kommission um einen Ergänzungsvorschlag des Regionalausschusses, ob die Aufnahme einer Norm sinnvoll sei, wonach durch Gesetz die Zulässigkeit von Mitteln oder Methoden der Forschung beschränkt werden kann. Gesetz geworden ist schließlich die Formulierung der CDU, die gegenüber einem ursprünglichen Vorschlag der SPD – dieser stimmte mit dem in die Verfassung Brandenburgs übernommenen Wortlaut überein – enger gefasst ist.[42] Nicht zuletzt das Wort „nachhaltig" verdeutlicht,

---

34 BVerfGE 127, 87 (124 ff.).
35 BverfGE 136, 338.
36 BverfGE 128, 1 (41) mwN (GentechnikG).
37 Ausführlich *Fehling* in BK, Art. 5 Abs. 3 Stand März 2004 Rn. 164 ff.; siehe auch *Strauch*, in Linck/Baldus/Lindner/Poppenhäger/Ruffert, Art. 27 Rn. 32 mwN; zum Genehmigungsanspruch bei Tierversuchen siehe BverwG, B. v. 20.1.2014 – 3 B 29.13 –, NVwZ 2014, 450.
38 *Wendt*, in von Münch/Kunig, GG, Art. 5 Rn. 114.
39 BVerfGE 39, 334 (347); BVerwGE 52, 313 (330).
40 Unverändert gültig ist die Umschreibung des Sinns der Treueklausel durch Carlo Schmid: Sie solle verhindern, dass unter dem Vorwand wissenschaftlicher Kritik vom Katheder aus eine hinterhältige Politik betrieben werde, die die Demokratie und ihre Einrichtungen nicht kritisiere, sondern verächtlich mache.
41 *Fehling*, in BK, Art. 5 Abs. 3 Rn. 182. Stand März 2004.
42 Kommission, Verfassungsentwurf, S. 90 f.: „... zu verletzen oder ... nachhaltig zu gefährden droht" anstelle von „... geeignet ist, ... zu verletzen oder ... zu zerstören."

dass nur längerfristige Zerstörungen der natürlichen Lebensgrundlagen gesetzlichen Beschränkungen unterliegen können sollen.

Aus dem Wortlaut von Abs. 2 „Forschung unterliegt gesetzlichen Beschränkungen, wenn…" folgt, dass dieser Absatz zugleich einen Regelungsauftrag an den Gesetzgeber enthält. Ohne gesetzliche Beschränkungen kann die Forschung nicht diesen unterliegen. Ob allerdings das angestrebte Ziel – einer als Bedrohung empfundenen grenzenlosen Ausweitung wissenschaftlicher Erkenntnisse (zu denken wäre an die Bereiche Gentechnologie oder militärische Forschung) landesintern Grenzen zu setzen – im Einzelfall tatsächlich erreicht werden könnte, erscheint fraglich. Es ist davon auszugehen, dass die Verfassungsnorm nur solche Einschränkungen der Forschungsfreiheit zulässt, die auch gemessen an Art. 5 Abs. 3 GG Bestand haben,[43] „da eine Begrenzung der Forschungsfreiheit über kollidierendes Verfassungsrecht des Grundgesetzes hinaus wegen Art. 31 GG nichtig ist.[44]

Gleichwohl muss die Vorschrift nicht gänzlich leerlaufen. Ihre **Grundaussage** könnte bspw. fruchtbar gemacht werden **bei Förderentscheidungen** auf der Grundlage des Art. 16, wenn es um die Prioritätensetzung bei Verteilung begrenzter Fördermittel geht.[45] Ebenso könnte die darin Ausdruck findende Maxime – gegebenenfalls iVm der Präambel („… Willen, … dem inneren und äußeren Frieden zu dienen, …") und Art. 18a – herangezogen werden, um eine „Zivilklausel"[46] in einem internen universitären Leitbild zu legitimieren.[47]

### IV. Selbstverwaltungsgarantie der Hochschulen (Abs. 3)

Das **deutsche Hochschulwesen** kann auf eine Jahrhunderte alte **Tradition** zurückblicken.[48] Art. 7 Abs. 3 Satz 1 knüpft an diese Entwicklung an, indem er für Hochschulen als Regelfall den Status einer Körperschaft öffentlichen Rechts festlegt.[49] Das in Art. 7 Abs. 3 Satz 2 garantierte Selbstverwaltungsrecht soll die Hochschulen organisatorisch und verfahrensmäßig in die Lage versetzen, die Freiheit von wissenschaftlicher Lehre und Forschung tatsächlich zu ermöglichen und wirksam durchzusetzen[50] Das Selbstverwaltungsrecht ist Ausfluss der Autonomie der Hochschulen und ihrer gebotenen Staatsferne.[51] Die Selbstverwaltungsgarantie soll „die Freiheit der Hochschule in Forschung und Lehre auch organisatorisch gegenüber dem einfachen Gesetzgeber und der staatlichen Verwaltung"[52] sichern. Somit verfügen Hochschulen als öffentliche vom Staat

---

43 Zur Regelung in der Verfassung des Landes Brandenburg, VerfG Bbg Urt. v. 25.5.2016 – 51/15 –, Rn. 172, juris; *Ernst*, in Lieber/Iwers/Ernst, Verfassung des Landes Brandenburg, Art. 31 Anm. 2; deutlich zurückhaltender die Formulierung in Art. 10 Abs. 3 Satz 2 LVerfLSA; vgl. hierzu *Reich*, Art. 10 Anm. 7 aE.
44 *Mühlenmeier*, in HannKomm NV, Art. 5 Rn. 13.
45 Vgl. ebenso *Classen*, in Merten/Papier, Handbuch der Grundrechte Bd. VIII, § 252 Rn. 41.
46 So die sprachliche Kurzformel für „Verzicht auf militärische Forschungsprojekte".
47 Siehe Nr. 5 des Leitbildes in § 3 der Grundordnung der Universität Rostock: „Lehre, Forschung und Studium an der Universität sollen friedlichen Zwecken dienen, das Zusammenleben der Völker bereichern und im Bewusstsein der Nachhaltigkeit bei der Nutzung der endlichen natürlichen Ressourcen erfolgen".
48 So sind die 1419 und 1456 gegründeten Universitäten in Rostock und Greifswald die ältesten Universitäten im Ostseeraum, in Deutschland sind nur Heidelberg (1386) und Leipzig (1409) älter.
49 Siehe auch § 58 Abs. 1 HRG.
50 BVerfGE 35, 79 (117).
51 *Dörr*, in Brocker/Droege/Jutzi, Art. 39 Rn. 5.
52 VGH BW, NJW 1972, 1339 (1340).

getragene Einrichtungen über einen aus dem Gesamtbereich des Staates herausgelösten Autonomiebereich.[53] Das Selbstverwaltungsrecht ergänzt das Grundrecht der Wissenschaftsfreiheit[54] und stellt durch verfassungsrechtlich sicher, dass die Hochschulen sich subjektiv-rechtlich, obgleich auch Glieder der staatlichen Verwaltung, auf die grundrechtliche Gewährleistung berufen können, welche einen verfassungsrechtlichen Anspruch der Einrichtungen auf eine Struktur, die gerade die eigenverantwortliche Erledigung der ihnen obliegenden Aufgaben ermöglicht.[55]

Aus der Bestimmung des Art. 7 Abs. 2 folgt, dass externer Einfluss in Grenzen zu halten ist und sich die Legitimation der Hochschulorgane selbst maßgeblich auf die Mitglieder der Hochschule stützt und insoweit eine Mindestrolle für akademische Gremien impliziert.[56] In den **Kernbereich** der Hochschulselbstverwaltung fallen vor allem die auf wissenschaftlicher Eigengesetzlichkeit beruhenden Verfahren und Entscheidungen bei dem Auffinden von Erkenntnissen, ihrer Deutung und Weitergabe, insbes. also die (hochschulinterne) Planung, Koordinierung und Durchführung von Forschungsvorhaben und Lehrveranstaltungen sowie das Promotions- und Habilitationswesen,,[57] das Prüfungswesen und Ehrungen,[58] die Befugnis, die eigenen Angelegenheiten durch den Erlass von Satzungen zu regeln, die die Ausübung der verliehenen Autonomie überhaupt erst ermöglichen[59], die Hochschulentwicklungsplanung[60] ebenso wie Vorschläge für die Berufung von Lehrkräften, Wahl der Hochschulorgane und die Verwaltung des hochschuleigenen Vermögens.[61]

23 Die Hochschulautonomie besteht allerdings nur im Rahmen der Gesetze, was eine spezifisch staatliche Aufsicht – in Selbstverwaltungsangelegenheiten lediglich Rechtsaufsicht, in übertragenen staatlichen Angelegenheiten Fachaufsicht (siehe § 12 LHG) – erlaubt; die Hochschulverwaltung zeichnet sich somit durch ein besonderes Zusammenwirken von Staat und Hochschule aus, das sich durch die gesamten einschlägigen Regelungen des Landeshochschulrechts zieht. Die Abstimmung von Landeshochschulplanung und Entwicklungsplanung der Hochschule erfolgt als permanenter Abstimmungs- und Anpassungsprozess, in dem nicht nur hochschulplanerische, sondern auch strukturpolitische und landespolitische Entscheidungen durch Zielvereinbarung und als ultima ratio auch durch Zielvorgaben durchgesetzt werden.[62]

24 Dass die Verfassung in Abs. 3 Satz 3 ausdrücklich die **Weisungsfreiheit in akademischen Angelegenheiten** betont, konnte – wegen des Schweigens der Materialien, was damit über den Kernbereich der Selbstverwaltung hinausgehend gemeint sein sollte – zunächst eher allgemein als zusätzliche Stärkung der gestalterischen Unabhängigkeit in Zeiten verstanden werden, in denen der Trend von staatlichen zu hochschulinternen Prüfungen geht. Bedeutung könnte diese Verfassungsvorschrift, zu der sich Parallelen in den übrigen Landesverfassun-

---

53 *Dörr*, in Brocker/Droege/Jutzi, Art. 39 Rn. 7.
54 NdsStGH Urt. v. 22.10.2010 – 6/09 –, Rn. 43, juris.
55 VerfG Bbg Urt. v. 25.5.2016 – 51/15 –, Rn. 195, juris.
56 Classen, in Merten/Papier, Handbuch der Grundrechte, Bd. VIII § 252 Rn. 43.
57 BVerfGE 35, 79 (123); *Fehling*, Bonner Kommentar, Art. 5 Abs. 3 Rn. 210, *Bethge*, in Sachs, Art. 5 Rn. 211; *Scholz*, in Maunz/Dürig, Art. 5 Abs. III Rn. 162 ff.
58 *Classen*, in Merten/Papier, Handbuch der Grundrechte, Bd. VIII § 252 Rn. 44.
59 VerfG Bbg Urt. v. 25.5.2016 – 51/15 –, Rn. 216, juris).
60 *Mühlenmeier*, in HannKomm NV, Art. 5 Rn. 33.
61 *Ernst*, in Lieber/Iwers/Ernst, Art. Art. 32 Anm. 2.
62 NdsStGH Urt. v. 22.10.2010 – 6/09 –, Rn. 32, juris.

gen nicht finden lassen, jedoch aus aktuellem Anlass[63] in Zusammenhang mit einer Ehrenpromotion gewinnen. Bisher haben Fragen des Promotionsrechts allgemein die Rspr. ganz überwiegend beschäftigt in Zusammenhang mit der Zulassung zu einem Promotionsverfahren und dessen Abbruch[64], der Rücknahme bzw. der Entziehung eines Doktorgrades[65] oder – bezogen auf Ehrenpromotionen – mit der Versagung des Rechts zur Führung eines im Ausland verliehenen Ehrendoktorgrades.[66] Auch das OVG Mecklenburg-Vorpommern[67] musste sich – soweit überhaupt mit derartigen Fragen befasst – noch nicht zur Reichweite des Art. 7 Abs. 3 Satz 3 äußern. Es bestand kein Anlass zu problematisieren, ob die Wissenschaftsfreiheit des Art. 7 Abs. 1 Satz 1 LV allgemein oder jedenfalls gerade die singuläre Verfassungsvorschrift des Art. 7 Abs. 3 Satz 3 LV einem Einschreiten des Rektors bzw. des zuständigen Ministeriums im Rahmen nicht nur der Ausübung von Fachaufsicht, sondern auch von Rechtsaufsicht nach § 84 Abs. 4 Satz 1 und 3 LHG gegenüber innneruniversitären Gremien im Rahmen eines Promotionsverfahrens Grenzen setzen kann. Zugleich wäre damit die Frage verknüpft, wem die Definitionsmacht über die in einer Promotionsordnung[68] festgelegten Voraussetzungen für eine Ehrenpromotion und die Subsumtion des konkreten Sachverhalts letztendlich zusteht.

Da das **Selbstverwaltungsrecht** der Hochschulen als **institutionelle Garantie** aufzufassen ist, darf der Gesetzgeber lediglich den Typus der Universität bzw. der anderen Hochschulen nicht abschaffen; der einzelnen Einrichtung wird jedoch regelmäßig keine Bestandsgarantie vermittelt.[69] Die institutionelle Garantie der Hochschulselbstverwaltung garantiert daher nicht den Fortbestand einer einzelnen Einrichtung, sondern ist darauf gerichtet, die Existenz staatlicher Hochschulen als solcher und deren öffentlich-rechtlich organisierte Selbstverwaltung unter Beteiligung der Gruppen grundsätzlich zu sichern.[70] Auch Universitäten können also im Grundsatz durch den Gesetzgeber aufgelöst werden. Bezogen auf die konkrete Situation in einem Land mit lediglich zwei Universitäten – je eine in den beiden Landesteilen Mecklenburg und Vorpommern – könnte allerdings – gerade vor dem Hintergrund der Förderverpflichtungen und der ausdrücklichen Erwähnung der „Belange der beiden Landesteile Mecklenburg und Vorpommern" in Art. 16 – daraus zu folgern sein, dass zwar eine Zusammenlegung (Konzentration) oder verstärkte Kooperation einzelner Fachbereiche

25

---

63 Entscheidung der Philosophischen Fakultät der Universität Rostock zur Verleihung der Ehrendoktorwürde an den Whistleblower Edward Snowdon – Beanstandung durch den Rektor, gestützt auf § 84 Abs. 4 Satz 1 LHG, bestätigt durch das nach § 84 Abs. 4 Satz 3 LHG eingeschaltete Ministerium.
64 SächsOVG, B. v. 31.3.2014 – 2 A 89/12 –, juris; VG Bremen, B. v. 4.6.2013 – 6 V 1056/12 –, juris.
65 BVerfG, B. v. 3.9.2014 – 1 BvR 3353/13 –, NVwZ 2014, 1571; BVerwG Urt. v. 31.7.2013 – 6 C 9/12 –, NVwZ 2013, 1614 m. Besprechung Rixen NJW 2014, 1058; OVG Münster, B. v. 24.3.2015 – 19 A 1111/12 –, juris; VGH Baden-Württemberg, B. v. 3.2.2014 – 9 S 885/13 –, juris; VG Düsseldorf Urt. v. 20.3.2014 – 15 K 2271/13 –, juris.
66 OVG Schleswig Urt. v. 21.2.2003 – 3 L 169/01 –, NordÖR 2003, 270; OVG Lüneburg Urt. v. 21.10.2002 – 10 L 3912/00 –, NordÖR 2002, 532; HessVGH Urt. v. 7.3.1991 – 6 UE 2988/98 –, juris.
67 B. v. 13.12.2012 – 2 L 121/11 –, NordÖR 2013, 175; B. v. 9.11.2009 – 2 L 74/09 –, juris.
68 Siehe etwa § 24 Abs. 1 Satz 1 der Promotionsordnung der Philosophischen Fakultät der Universität Rostock: „In Anerkennung hervorragender wissenschaftlicher Leistungen auf Fachgebieten, die in der Philosophischen Fakultät vertreten sind …".
69 *Strauch*, in Linck/Baldus/Lindner/Poppenhäger/Ruffert, Art. 28 Rn. 6 mwN; *Groß* DVBl. 2006, 721, 727 unter Hinweis auf BVerfGE 85, 360 (382).
70 VerfGBbg Urt. v. 25.5.2016 – 51/15 –, Rn. 197, juris mit weiteren Nachweisen.

oder Fächer möglich wäre, nicht aber die Auflösung einer und erst recht nicht beider Einrichtungen insgesamt.

26 Nach dem 2. Weltkrieg lassen sich – unter dem Blickwinkel des Wechselbezugs zwischen Hochschulstruktur und Wissenschaftsfreiheit – **drei Phasen** unterscheiden, die schwerpunktmäßig die (Verfassungs-)Gerichte beschäftigt haben:
- In den 60er Jahren des vorigen Jahrhunderts waren die Auswirkungen des Wechsels von der Ordinarien- zur Gruppenuniversität Streitpunkte vor den Gerichten.[71]
- Eine zweite Phase erfasste die Umgestaltung der Hochschullandschaft in den neuen Bundesländern in Folge der deutschen Wiedervereinigung mit ihren Eingliederungs- und Überleitungsproblemen.[72]
- Neue Streitpunkte rufen die in Verfolgung einer starken Tendenz zur Ökonomisierung, Effizienzsteigerung und Professionalisierung vorgenommenen und geplanten Strukturveränderungen hervor.[73]

27 Angesichts der detaillierten, über Art. 5 Abs. 3 GG hinausgehenden Regelungen in der LV sind Zweifel angebracht, ob in M-V etwa eine Umwandlung in Stiftungsuniversitäten ohne Verfassungsänderung zulässig wäre,[74] wie dies in anderen Bundesländern bereits geschehen ist.[75] Zunächst versuchte das im Jahre 2002 grundlegend erneuerte Landeshochschulrecht[76] eine Anpassung an die Herausforderungen der Zeit unter Wahrung des bisherigen Verständnisses der Garantien des Art. 7. So wurden zB einem nach § 86 LHG – zunächst zwingend -einzurichtenden **Hochschulrat**, in den vom Konzil der Hochschule nur Externe berufen werden dürfen, lediglich **beratende Funktion** und ein **Informationsrecht** zuerkannt.[77] Nunmehr ist – unter Beibehaltung der Funktion – die Schaffung eines Hochschulrates fakultativ (§ 86 Abs. 1 LHG).

28 Deutlich weiter gingen zwischenzeitlich auch die in § 104 LHG (idF des G v. 5.7.2002) vorgesehenen Entwicklungsmöglichkeiten im Bereich der **Hochschulmedizin**, die – nach Anhörung der jeweiligen Hochschule – zur Umbildung der Klinika durch RechtsVO in Anstalten des öffentlichen Rechts mit eigener Rechtspersönlichkeit und zu entsprechenden Folgeregelungen ermächtigen; die Klinika erfüllten neben der medizinischen Fakultät der jeweiligen Hochschule (§ 96 LHG aF) als zentrale Betriebseinheit der Hochschule Aufgaben der Krankenversorgung, im öffentlichen Gesundheitswesen und in der Aus-, Fort- und Weiterbildung des medizinischen Personals. Teilweise handelte es sich dabei um eine Art „Experimentierklausel" (zB § 104 Ab. 4 LHGa.F.). Allerdings unterschied sich ein solches Vorgehen immer noch von dem Modell der umfassenden

---

[71] BVerfGE 35, 79 (124 ff.); 43, 242, 268; 47, 327, 398.
[72] Zu den Anforderungen an das Verfahren bei wissenschaftsrelevanten Organisationsentscheidungen (Schließung von Studiengängen) vgl. VerfGH B LVerfGE 5, 45 ff. und NVwZ 1997, 792 mit kritischer Anm. von *Haug* NVwZ 1997, 754.
[73] Vgl. statt vieler *Schenke* NVwZ 2005, 1000 ff.; *Groß* DVBl. 2006, 721 ff.
[74] Verneinend *März* JöR N.F. 54 (2006), 175, 211 mit zahlr. Nachw. zum Diskussionsstand.
[75] ZB in Niedersachsen für die Universität Hildesheim.
[76] Gesetz über die Hochschulen des Landes M-V (Landeshochschulgesetz – LHG M-V) vom 5.7.2002, GVOBl. 2002, S. 398.
[77] In der reinen Beratungsfunktion sieht *Classen*, Wissenschaftspolitik im Zeichen der Wirtschaft?, in FS für Oppermann, 2001, S. 857, 865 keinen unzulässigen Eingriff in die Selbstverwaltung; ebenso *Strauch*, in Linck/Baldus/Lindner/Poppenhäger/Ruffert, Art. 28 Rn. 13 aE mwN; zu verfassungsrechtlichen Bedenken gegen die Übertragung deutlich weiter reichender Kompetenzen an einen eher als Aufsichtsrat fungierenden Hochschulrat (§ 20 HochschulG BW) ohne hinreichende Kompensation für den Kompetenzverlust tradierter Hochschulorgane auch *Schenke* NVwZ 2005, 1000 (1007); *Groß* DVBl. 2006, 721, 727; weniger kritisch *Battis* DÖV 2006, 498.

Privatisierung der Hochschulmedizin, wie es in Hessen verwirklicht wurde.[78] In seinen Auswirkungen war und ist das hessische Privatisierungsvorhaben umstritten, wie eine Petition an den Hessischen Landtag mit 18.204 Unterstützungsunterschriften im November 2022 mit dem Anliegen, die Privatisierung der Universitätskliniken Gießen und Marburg zurückzunehmen zeigt[79]; den dabei gesetzlich angeordneten Arbeitgeberwechsel hat das BVerfG für mit Art. 12 Abs. 1 GG unvereinbar erklärt.[80]

Jetzt hat der Gesetzgeber von dieser Art Trennung von Aufgaben und Organisation und damit von der Aufspaltung in medizinische Fakultät und Klinikum Abstand genommen. § 96 Abs. 1 LHG nF definiert die Universitätsmedizin als rechtsfähige Teilkörperschaft der Universität, die sowohl die Aufgaben des Fachbereichs Medizin in Forschung und Lehre erfüllt als auch die Pflege der Wissenschaft durch Forschung, Lehre und Studium, die Weiterbildung, die Ausbildung der Studierenden im Fachbereich Medizin sowie weitere Aufgaben im öffentlichen Gesundheitswesen wahrnimmt (§ 97 Abs. 1 und 2 LHG). Die Detailregelungen zur Organisation finden sich in §§ 98 bis 104d LHG. Anders als noch § 104 Abs. 4 oder 5 LHG aF tendiert § 97 Abs. 4 LHG deutlich vorsichtiger zur Möglichkeit der Wahrnehmung (einzelner) Aufgaben in einer Rechtsform des privaten Rechts bzw. über Unternehmensbeteiligungen oder eigene Unternehmen. Zugleich ist für diesen Fall Vorsorge für die Wahrung der Prüfungsrechte des LRH nach § 111 LHO zu treffen (§ 97 Abs. 4 Satz 5 LHG). 29

Eine **Sonderstellung** nimmt nach § 1 Abs. 2 LHG die **Verwaltungsfachhochschule** des Landes Mecklenburg-Vorpommern (Fachhochschule für öffentliche Verwaltung, Polizei und Rechtspflege des Landes Mecklenburg-Vorpommern in Güstrow) ein. Diese ist nichtrechtsfähige Körperschaft im Geschäftsbereich des Innenministeriums (§ 107 Abs. 1 LHG) und dient mit den ihr angegliederten Instituten „der Aus- und Fortbildung von Mitarbeitern der öffentlichen Verwaltung in Mecklenburg-Vorpommern". Mit Blick auf die besondere Struktur und Aufgabenstellung enthält § 107 Abs. 2 Satz 1 LHG die Ermächtigung an die Landesregierung, das Nähere über deren Namen, Organisation und Aufgaben sowie über die aufgrund der besonderen Struktur und Aufgabenstellung erforderlichen Abweichungen von den Vorschriften des Gesetzes durch VO zu regeln; lediglich die Anforderungen von § 17 Abs. 2 (Zulassungsberechtigung für Deutsche, EU-Ausländer und gleichgestellte Personen) und § 28 Abs. 1 bis 3 (Studienziel und Studiengänge) müssen erfüllt sein.[81] 30

Inwieweit diese aus der Aufgabenstellung abgeleitete Sonderstellung nicht nur Einschränkungen der Selbstverwaltungsgarantie iSd Art. 7 Abs. 3 Satz 2 zulässt („im Rahmen der Gesetze"), sondern auch Eingriffe inhaltlicher Art in die Wissenschaftsfreiheit iSd Art. 7 Abs. 1 bzw. Art. 5 Abs. 3 Satz 1 GG gerechtfertigt werden können, wäre in jedem Einzelfall einer möglichen Kollision abzuwägen. Dass der Landesgesetzgeber selbst diese Einrichtung trotz ihrer Besonderheiten – zutreffend – weiterhin als Hochschule iSv Art. 7 ansieht, macht schon die Beibehaltung ihrer Auflistung im neuen Landeshochschulgesetz (§ 1 Abs. 1 Nr. 3 31

---

78 *Leonhard* DÖV 2006, 1036: „Paradigmenwechsel"; *Gärditz* DÖV 2006, 1042.
79 https://www.hessenschau.de/politik/ukgm-petition-an-landtag-wie-realistisch-ist-eine-rueckfuehrung-der-uniklinik-privatisierung,rueckfuehrung-ukgm-petition-landtag-100.html; Abruf 16.12.2022.
80 BVerfGE 128, 157.
81 Jetzt Verwaltungsfachhochschullandesverordnung – FHöVPRLVO v. 8.1.2013, GVOBl. 2013, S. 84.

LHG) deutlich,[82] welcher die Fachhochschulen des Landes benennt. Damit wird sie als staatliche Hochschule definiert. Zwar gilt für die Hochschule das LHG gemäß § 1 Abs. 2 nach Maßgabe des zwölften Teiles dieses Gesetzes. Dieser enthält jedoch lediglich den bereits erwähnten § 107. Die in § 107 Abs. 2 LHG enthaltene Verordnungsermächtigung ermöglicht auch, die Aufgaben der Verwaltungshochschule seitens der Landesregierung zu definieren. Nach § 3 Abs. 1 LHG dienen die Hochschulen der Pflege und Entwicklung der Wissenschaften und Künste durch Forschung, Lehre und Studium sowie Weiterbildung. Die Fachhochschulen erfüllen diese Aufgaben insbesondere durch anwendungsbezogene Lehre und Forschung. Durch die Erwähnung in § 1 Abs. 1 Nr. 3 LHG unterfällt die Verwaltungsfachhochschule den Aufgaben des § 3 Abs. 1 S. 1 LHG und bei dieser Aufgabenstellung auch dem Schutzbereich von Art. 7 Abs. 3. Insoweit bestehen erhebliche Bedenken, Strukturen Aufgaben in Abweichung des LHG lediglich durch Rechtsverordnung regeln zu können. Ein Verstoß gegen Art. 7 Abs. 3 liegt insoweit nahe.[83] Soweit ersichtlich ist Mecklenburg-Vorpommern das einzige Bundesland, in dem sämtliche Regelungen über die Zuweisung der Rechtsstellung dieser Fachhochschule (§ 107 Abs. 1 LHG) hinaus lediglich im Verordnungswege getroffen werden.

32 Von Bedeutung wird weiterhin auch sein, wie sich die Änderung der Kompetenzen zwischen Bund und Ländern durch die Föderalismusreform[84] auf den Gebiet des Hochschulwesens ausgewirkt hat und noch auswirkt, welche Ergebnisse deren Evaluierung erbringt und welche Schlussfolgerungen für das Hochschulrahmenrecht[85] bzw. die Kompetenzabgrenzung daraus künftig zu ziehen wären.

## V. Erstreckung des Selbstverwaltungsrechts auf andere wissenschaftliche Einrichtungen (Abs. 4)

33 Zu den besonderen Motiven des Verfassungsgebers gibt die Entstehungsgeschichte hier wenig her. Möglicherweise handelt es sich – erste Verfassungsentwürfe stammen bereits aus 1990[86] – um eine **Reaktion** auf die **besonderen Strukturen** der Wissenschafts- und Forschungseinrichtungen in **der DDR** und den Umstand, dass die Form ihrer Überleitung und Weiterführung noch nicht genau vorherbestimmt werden konnte; mit der gewählten Formulierung wären jedenfalls von Anfang an einer direkten allumfassenden staatlichen Einflussnahme Grenzen gesetzt gewesen.

34 Die „anderen wissenschaftlichen Einrichtungen" sind ebenso wie die Hochschulen auch in Art. 16 Abs. 3 enthalten und somit in ausreichendem Maße zu unterhalten und zu fördern. Andere wissenschaftliche Einrichtungen sind Einrichtungen, die sich in erster Linie der Forschung widmen und nicht der Lehre.[87] Zu denken ist vorrangig an Akademien, wissenschaftliche Institute und Forschungseinrichtungen in mittelbarer oder unmittelbarer staatlicher Trägerschaft, aber auch an die im Lande vorhandenen Forschungseinrichtungen von Trägergesellschaften wie Wissensgemeinschaft Gottfried Wilhelm Leibniz

---

82 Zu möglichen Entwicklungsalternativen und deren Konsequenzen hinsichtlich des Hochschulcharakters siehe *Wiegand-Hoffmeister* NordÖR 2006, 184.
83 Vergleiche *Classen*, in Merten/Papier, Handbuch der Grundrechte Bd. VIII, § 252 Rn. 42, welcher bei Anwendbarkeit von Art. 7 Abs. 3 von einer Nichtvereinbarkeit mit diesem ausgeht.
84 Gesetz zur Änderung des Grundgesetzes vom 28.8.2006, BGBl. I 2006, S. 2034, und Föderalismusreform-Begleitgesetz vom 5.9.2006, BGBl. I 2006, S. 2098.
85 *Lindner* NVwZ 2007, 180.
86 Kommission, Zwischenbericht mit Entwurf, LT-Drs. 1/2000.
87 *Mühlenmeier*, in HannKomm NV, Art. 5 Rn. 32.

eV, Max-Planck-Gesellschaft zur Förderung der Wissenschaften eV München oder Fraunhofer-Gesellschaft zur Förderung der angewandten Forschung eV München. Rechtlich unselbstständige staatliche Forschungseinrichtungen, die behördenmäßig in die allg. Staatsverwaltung eingegliedert und vielfach Bundes- und Landesministerien[88] nachgeordnet sind,[89] sind regelmäßig von dem Anwendungsbereich ausgeschlossen,[90] sofern sie nicht freier Forschung und Lehre verpflichtet sind[91] und über eine eigene Organisation verfügen, die eine freie wissenschaftliche Betätigung ermöglicht.[92]
Nicht unter Art. 7 Abs. 4 fallen dürften wegen des Vorrangs von Bundesrecht die im Land vorhandenen Ressortforschungseinrichtungen des Bundes. Als Beispiel für eine solche selbstständige Bundesoberbehörde im Geschäftsbereich des Bundesministeriums für Ernährung und Landwirtschaft sei das Bundesforschungsinstitut für Tiergesundheit (Friedrich-Loeffler-Institut) auf der Insel Riems bei Greifswald genannt.

### Art. 8 (Chancengleichheit im Bildungswesen)

[1]Jeder hat nach seiner Begabung das Recht auf freien Zugang zu allen öffentlichen Bildungseinrichtungen, unabhängig von seiner wirtschaftlichen und sozialen Lage sowie seiner weltanschaulichen oder politischen Überzeugung. [2]Das Nähere regelt das Gesetz.

Vergleichbare Regelungen:
Artt. 20 Abs. 1 Satz 2 VvB; 29 Abs. 3 BbgVerf; 11a Abs. 1 BWVerf; 29 Abs. 2 SächsVerf; 20 Satz 2 ThürVerf.

| | | | |
|---|---|---|---|
| I. Allgemeines | 1 | a) Unzulässige Kriterien | 7 |
| II. Umfang der Gewährleistung in Art. 8 | 2 | b) Zulässige Kriterien | 10 |
| 1. Begriff der Chancengleichheit | 4 | 3. Grundrechtsträger | 13 |
| 2. Maßgebliche Kriterien | 6 | 4. Bildungseinrichtungen | 15 |

### I. Allgemeines

Dass die Verfassung, soweit sie eigenständig formuliert, einen Schwerpunkt bei den kulturstaatlichen Grundrechten und Staatszielen setzt, ist eine **Reaktion auf die „Reglementierung** des Hochschulwesens und des Zugangs zu schulischer Bildung sowie auf die Ausgrenzung und Bekämpfung der Kirchen und Religionsgemeinschaften im Rechtssystem und Alltag der DDR"; der Verfassungsgeber wollte „diese vormals verstaatlichten bzw. stark freiheitsgefährdeten Bereiche durch besondere Landesgrundrechte (und flankierend durch staatliche Schutz- und Förderpflichten) in ihrer eigenverantwortlichen Entwicklung absichern und stützen".[1] Belegt wird diese Aussage durch den Umstand, dass auch Brandenburg, Sachsen und Thüringen sowie später Berlin diesen Ansatz gewählt haben.

1

---

88 ZB die Landesforschungsanstalt für Landwirtschaft und Fischerei M-V.
89 Zum Begriff der Ressortforschungseinrichtungen (und grundlegend) siehe *Classen*, Wissenschaftsfreiheit außerhalb der Hochschule, 1994, S. 57 ff.
90 *Löwer*, in Merten/Papier, Handbuch der Grundrechte, Bd. IV § 99 Rn. 19. Fehling, in BK, Art. 5 Abs. 3 Rn. 82.
91 *Classen*, in Merten/Papier, Handbuch der Grundrechte, Bd. VIII, § 252 Rn. 46.
92 BAG Urt. v. 19.3.2008 – 7 AZR 1100/06 –, BAGE 126, 211–225, dies bejahend für das Sozialwissenschaftliche Institut der Bundeswehr.
1 *März* JöR N.F. 54 (2006), 175, 209 mwN in Fn. 140–142.

## II. Umfang der Gewährleistung in Art. 8

2 Über die Aufnahme des Art. 8 in seiner jetzigen Fassung, dem im Kern ein von der Fraktion LL/PDS sowie der Bürgerbewegung und der Partei DIE GRÜNEN eingebrachter Vorschlag zugrunde lag, in den Verfassungsentwurf hat sich die Verfassungskommission erst im Zuge ihrer Schlussberatungen verständigt;[2] in dieser Diskussion wurde auch die nur **begrenzte Zielsetzung** – Recht auf Chancengleichheit, kein allg. Recht auf Bildung – herausgearbeitet. Insofern präzisiert Art. 8 nur einen Teilaspekt des auch im GG jedenfalls in Elementen oder Ausschnitten angelegten, umfassend verstandenen Rechts auf Bildung (vgl. Artt. 2, 3, 5–7, 12 GG, die insoweit auch als subjektives verfassungsmäßiges Recht einzustufen sind[3]) und bleibt damit hinter Regelungen der og Bundesländer zurück, die mehrheitlich auch ein Recht auf Bildung formuliert haben.[4] Unstreitig vermittelt die Vorschrift aber einen **einklagbaren Anspruch**, wie schon Art. 53 Nr. 7 zeigt. Dieser kann allerdings nur **auf Zugang** zu bereits vorhandenen Einrichtungen gerichtet sein, nicht auf die Schaffung bestimmter Bildungseinrichtungen; ebenso kann dem Anspruch auf Aufnahme die Erschöpfung der Aufnahmekapazitäten der Einrichtung entgegengehalten werden,[5] wie dies etwa bei den durch Ländervereinbarungen geregelten, im bundesweiten Zulassungsverfahren vergebenen Studienplätzen der Fall ist.

3 Art. 8 Satz 2 ermächtigt den Gesetzgeber zur näheren Ausgestaltung des Rechts auf Chancengleichheit im Bildungswesen. **Hauptanwendungsbereich** ist sicherlich der Bereich der **schulischen Bildung**. Schon die Präambel des Ersten Schulreformgesetzes des Landes[6] nahm inhaltlich Bezug auf die verfassungsrechtliche Verpflichtung, gleiche Bildungschancen für jeden zu eröffnen. Das derzeit geltende Schulgesetz[7] wiederholt in § 1 Abs. 2 Satz 1 den Wortlaut des Art. 8, ergänzt um eine Pflicht zum Ausgleich von Benachteiligungen von behinderten Schülerinnen und Schülern (Satz 2).

4 **1. Begriff der Chancengleichheit.** Das Recht auf Chancengleichheit im Bildungswesen ist somit nicht als Leistungsrecht auf Bildung – oder Finanzierung der hierfür benötigten Mittel – normiert, sondern als mit Gesetzesvorbehalt versehener Anspruch auf freien und gleichen Zugang zu den vorhandenen Bildungseinrichtungen nach den für alle geltenden Vorschriften.[8] Auffällig ist, dass der Begriff der Chancengleichheit ausschließlich in der Überschrift des Art. 8 aufzufinden ist. Inhaltlich regelt Art. 8 Abs. 1 lediglich den Zugang zu öffentlichen Bildungseinrichtungen in Abhängigkeit von der Begabung, jedoch unabhängig von Überzeugung sowie wirtschaftlicher und sozialer Lage. Mit der Formulierung der Artikelüberschrift „Chancengleichheit im Bildungswesen" ist

---

2 Kommission, Verfassungsentwurf, S. 91; die zusätzlich geforderte besondere Förderpflicht für Begabte, sozial Benachteiligte und behinderte Menschen war – anders Art. 20 S. 3 ThürVerf – nicht aufgenommen worden; siehe jetzt aber Art. 17a; näher → Art. 17a.
3 BVerfG Beschl. v. 19.1.2021 – 1 BvR 971/21, Rn. 43 ff.; *Wermeckes*, Der erweiterte Grundrechtsschutz in den Landesverfassungen, 2000, S. 141 mwN; zweifelnd *Pirsch*, in Thiele/Wedemeyer/Pirsch, Art. 8 Rn. 4.
4 Art. 20 Abs. 1 S. 1 VvB; Art. 29 Abs. 1 BbgVerf; Art. 20 S. 1 ThürVerf; ein Recht auf Bildung findet sich auch – in variierender Ausgestaltung – in den Verfassungen von Niedersachsen, Baden-Württemberg, Bremen, Bayern, Sachsen-Anhalt, Sachsen und Nordrhein-Westfalen; vgl. auch Art. 14 GRCh.
5 Vgl. BbgVerfG NVwZ 2001, 912; zur Kapazitätserschöpfung vgl. BVerfGE 33, 303 (334).
6 V. 26.4.1991 – SRG –, GVOBl. 1991, S. 123.
7 IdF der Bek. v. 10.9.2010, GVOBl. 2010, S. 462, zuletzt geändert durch G v. 12.12.2014, GVOBl. 2014, S. 644.
8 *März* JöR N.F. 54 (2006), 175, 211.

**Chancengleichheit** hier sowohl zu verstehen als **Startgleichheit**, also die Vermittlung gleicher Ausgangsbedingungen beruhend in erster Linie auf Rechtsgleichheit;[9] als auch, da Hindernisse oft viel stärker in der tatsächlichen Ungleichheit liegen, zu einer **Angleichung der tatsächlichen Verhältnisse verpflichtend**, um den freien Zugang tatsächlich zu gewährleisten. Startgleichheit kann insoweit in manchen Fällen nur durch staatliches Engagement sichergestellt werden.[10]

Bisher hat das LVerfG in seiner Rspr. Art. 8 nur in einem einzigen Fall als Prüfungsmaßstab herangezogen;[11] auch in der verwaltungsgerichtlichen Rspr. zum Schulrecht finden sich nur vereinzelt Fallkonstellationen, die den Blick auf die Norm lenken.[12] Der Bayerische Verfassungsgerichtshof hat anlässlich der Pandemiebekämpfung gewählte Abkehr vom Präsenzunterricht als verfassungsgemäß angesehen, da die zweifellos damit verbundenen Nachteile für Kinder aus bildungsfernen Familien sich bei überschlägiger Prüfung nicht so zuverlässig abschätzen lassen, dass daraus etwa zwingende verfassungsrechtliche Folgerungen abgeleitet werden könnten.[13] Ebenso hat das Bundesverfassungsgericht entschieden mit der Maßgabe, wegfallenden Präsenzunterricht möglichst durch Distanzunterricht zu ersetzen.[14] Unter dem Gesichtspunkt der Chancengleichheit dürften hier jedoch besondere Vorkehrungen notwendig sein, wie die Stellung von kostenlosen Leihgeräten sowie der erleichterte (finanzielle) Zugang zu Lehrangeboten im Bereich der Nachhilfe.

**2. Maßgebliche Kriterien.** Art. 8 formuliert einerseits **positive** (zulässige), andererseits **negative** (unzulässige) **Kriterien**, die bei der Entscheidung über den Zugang zu einer Bildungseinrichtung eine bzw. gerade keine Rolle spielen dürfen.

**a) Unzulässige Kriterien.** Keinen Einfluss ausüben dürfen bei der Zugangsentscheidung die wirtschaftliche und soziale Lage des Einzelnen. Der Begriff „wirtschaftliche Lage" bezieht sich auf dessen finanzielle Möglichkeiten, der Begriff „soziale Lage" meint nicht Statusfragen, sondern alle sonstigen Umstände, die sich behindernd auswirken können.[15] Gleiches gilt für die weltanschauliche oder politische Überzeugung; das staatliche Schul- und Bildungswesen muss sich insoweit „neutral" verhalten.

Zu beachten ist allerdings, dass die Verfassung im Unterschied zu anderen Bundesländern[16] einen generellen Anspruch auf Lernmittelfreiheit nicht absichert. Dieser findet seine Grundlage für den Schulbereich lediglich einfachgesetzlich in § 54 SchulG M-V. Daher ist bspw. die Erhebung eines Kostenbeitrags zu Lernmitteln in Form von Verbrauchsmitteln – jedenfalls dann, wenn er sich

---

9 *Pirsch* (Fn. 3), Art. 8 Rn. 1.
10 *Classen*, in Merten/Papier, Handbuch der Grundrechte Bd. VIII, § 252 Rn. 38.
11 LVerfGE 9, 225 ff. (Schülerbeförderungskosten) – die Verfassungsbeschwerde eines Gymnasialschülers in der 12. Klasse und seines Vaters gegen § 113 SchulG M-V idF v. 15.5.1996 (GVOBl. 1996, S. 205) scheiterte schon an der Zulässigkeit, weil das Gericht die Beschwerdeführer nicht durch das Gesetz selbst unmittelbar betroffen sah, sondern erst durch die einschlägige Satzung des Landkreises.
12 Siehe etwa OVG Greifswald 19.12.2003 – 2 M 183/03 –, zit. nach juris, einen Rechtsanspruch aus Art. 8 iVm § 4 Abs. 2 S. 2 und 3 SchulG M-V auf Einzelunterricht für ein hochbegabtes Kind verneinend; VG Schwerin 7.9.2012 – 3 B 426/11 ua – zu § 23 Abs. 2 VergVO.
13 BayVerfGH Entscheidung v. 22.3.2021 – Vf. 23-VII-21 –, Rn. 33, juris.
14 BVerfG Beschl. v. 19.11.2021 – 1 BvR 971/21 –, Rn. 170, juris.
15 Kommission, Verfassungsentwurf, S. 92.
16 Gewährleistet in unterschiedlichem Umfang in Baden-Württemberg, Bayern, Brandenburg, Bremen, Hessen, Nordrhein-Westfalen, Sachsen, Sachsen-Anhalt, Thüringen; vgl. auch *Wermeckes* (Fn. 3), S. 149 f.; zur Auslegung von Art. 14 Abs. 2 BWVerf vgl. VGH Mannheim ESVGH 51, 108 ff.

der Höhe nach nicht als prohibitive Zugangsschranke erweist – grds. zulässig, wie ihn § 54 Abs. 2 Satz 3 iVm der auf § 69 Nr. 2 SchulG M-V gestützten GrenzbetragsVO[17] vorsieht.[18]

9  Für den Hochschulzugang gilt derzeit § 6 LHG M-V, wonach für ein Studium bis zu einem ersten und bei gestuften Studiengängen bis zu einem zweiten berufsqualifizierenden Abschluss Studiengebühren nicht erhoben werden. Die Forderung nach der Erhebung von **Studiengebühren** zur Verbesserung der Lehre der Hochschulen war und ist rechtlich **umstritten**; politisch scheint sie auf dem Rückzug begriffen, nachdem selbst Bayern die zunächst eingeführten Studiengebühren wieder abgeschafft hat[19], um einem entsprechenden Volksbegehren[20] die Grundlage zu entziehen. Eine Grenze, ab der Studiengebühren – hält man sie verfassungsrechtlich jedenfalls im Grundsatz für zulässig – ohne flankierende Maßnahmen für finanziell schlechter Gestellte zugangsverwehrenden Charakter hätten, lässt sich wohl schwerlich abstrakt vorab bestimmen.[21]

10  b) **Zulässige Kriterien.** Die Zugangsentscheidung darf ausschließlich abhängig gemacht werden von der **Begabung**, also von den individuellen Fähigkeiten des Einzelnen.[22] Besonders augenfällig wird dies bei der Zulassung zu künstlerischen Studiengängen, wie sie etwa die Hochschule für Musik und Theater Rostock[23] anbietet.

11  Dies bedeutet zugleich, dass auch solche **leistungsbezogenen Regelungen** zulässig sind, die – wie etwa Kriterien für Versetzungsentscheidungen und die Folgen wiederholten Versagens – gegebenenfalls auch den **Zwang zum Verlassen** einer Einrichtung zur Folge haben. Demzufolge findet sich eine Vielzahl von Regelungen über die Voraussetzungen und das konkrete Verfahren der Aufnahme in weiterführende Einrichtungen, aber auch über die Anforderungen an die Erfolgskontrollen.[24] Je ausgeprägter die Grundrechtsrelevanz des jeweiligen Regelungsbereichs ist, umso höher sind die Anforderungen an den Gesetzgeber, die wesentlichen Kriterien selbst im Gesetz festzulegen.[25]

12  Ein **Spannungsverhältnis** kann sich ergeben bei notwendigen **Ordnungsmaßnahmen** (wie etwa in §§ 60 f. SchulG M-V vorgesehen), die im Ergebnis zum Verlassen der besuchten Einrichtung führen, möglicherweise sogar zur Verweigerung der Aufnahme in allen vergleichbaren Einrichtungen. Dementsprechend kommt jedenfalls für die Zeit der allg. Schulpflicht ein Ausschluss von allen Schulen nicht in Betracht (§ 60a Abs. 1 Satz 2 Nr. 5 SchulG M-V).

---

17  VO über die Kostenbeiträge der Erziehungsberechtigten bei der Beschaffung von Unterrichts- und Lernmitteln v. 11.7.1996, GVOBl. 1996, S. 574 idF der Änd. v. 3.7.1997, GVOBl. 1997, S. 399.
18  Vgl. OVG Greifswald 20.2.2007 – 1 L 270/06 –, juris.
19  § 71 BayHSchG idF v. 7.5.2013, in Geltung ab 1.10.2013; siehe auch *Möstl* BayVBl. 2013, 161.
20  Zu dessen Zulassung siehe BayVerfGH Entsch. v. 22.10.2012 – Vf. 57-IX-12 –, juris.
21  Zur Problematik generell siehe etwa BVerfG Beschl. v. 8.5.2013 – 1 BvL 1/08 –, juris, auch zu einer unzulässigen „Landeskinderklausel"; BVerfGE 112, 226 (245 ff.); HessStGH Urt. v. 11.6.2008 – P.St. 2133, P.St. 2158 –, juris; BVerwGE 134,1; BVerwG Beschl. v. 2.2.2011 – 6 B 38/10 –, juris.
22  *Pirsch* (Fn. 3), Art. 8 Rn. 2.
23  Siehe § 1 Abs. 3 S. 2 der VO über die Qualifikation für ein Studium an den Hochschulen des Landes M-V (Qualifikationsverordnung – QualVO M-V) v. 12.7.2005, GVOBl. 2005, S. 398, zuletzt geändert durch VO v. 10.1.2017, GVOBl. 2017, S. 4.
24  Beispielhaft sei hingewiesen auf §§ 64 Abs. 2, 66 SchulG M-V.
25  *Brenner*, in Linck/Baldus/Lindner/Poppenhäger/Ruffert, Art. 20 Rn. 16.

**3. Grundrechtsträger.** Auch Art. 8 ist als „**Jedermann-Grundrecht**" iS eines Teilhaberechts an staatlichen Leistungen in Form von bereitgestellten Bildungseinrichtungen formuliert; damit geht er – jedenfalls für den Bereich der beruflichen Bildung – über das hinaus, was Art. 5 Abs. 3 iVm Art. 12 Abs. 1 GG als „Deutschen-Grundrecht" gewährt.

Ebenso macht der Wortlaut deutlich, dass es zB nicht auf den aufenthaltsrechtlichen Status ankommen kann; für die Schulpflicht stellt § 41 Abs. 1 SchulG M-V auf den gewöhnlichen Aufenthalt ab, wobei völkerrechtliche Bestimmungen und Staatsverträge unberührt bleiben sollen. Demzufolge dürfte in M-V auch **Kindern sog. „irregulärer Migranten"**, also ohne rechtmäßigen Aufenthaltstitel, ein landesverfassungsrechtlich verbürgter **Anspruch** auf Zugang zu den öffentlichen Schulen offen stehen.[26]

**4. Bildungseinrichtungen.** Art. 8, der im Zusammenhang mit den Artt. 7, und 16 zu sehen ist, gewährt bereits seinem Wortlaut nach das Zugangsrecht nur für öffentliche Bildungseinrichtungen, nicht auch für private. Art. 8 definiert selbst den Begriff der öffentlichen Bildungseinrichtungen, zu denen die Vorschrift den Zugang sichern will, nicht näher. Unter öffentlichen Bildungseinrichtungen sind solche zu verstehen, deren Träger eine juristische Person des öffentlichen Rechts ist, ohne Rücksicht darauf, ob sie im konkreten Fall in öffentlich-rechtlicher oder in privatrechtlicher Form betrieben wird.[27] Neben den allgemeinbildenden Schulen, den Berufsschulen[28] und Hochschulen[29] können dies auch sonstige Einrichtungen der Jugend-, Erwachsenen- und Weiterbildung sein.[30] Korrespondierend zum **Zugangsanspruch** erlegt Art. 16 Abs. 4 insoweit dem Land, den Gemeinden und den Kreisen eine allg. **Förderverpflichtung** auf (→ Art. 16 Rn. 3 ff.); zu denken wäre an Musikschulen, Volkshochschulen uÄ Grds. ist damit dem Staat ein relativ **weiter Gestaltungsspielraum** eingeräumt, welche Bildungseinrichtungen er in eigener Trägerschaft schaffen und – gegebenenfalls in Trägerschaft Privater – fördern will.

## Art. 9 (Kirchen und Religionsgesellschaften)

(1) Die Bestimmungen der Art. 136 bis 139 und 141 der Deutschen Verfassung vom 11. August 1919 sind Bestandteil dieser Verfassung.

(2) Das Land und die Kirchen sowie die ihnen gleichgestellten Religions- und Weltanschauungsgesellschaften können Fragen von gemeinsamen Belangen durch Vertrag regeln.

(3) ¹Die Einrichtung theologischer Fakultäten an den Landesuniversitäten wird den Kirchen nach Maßgabe eines Vertrages im Sinne des Absatz 2 gewährleistet. ²Artikel 7 Abs. 3 bleibt unberührt.

---

26 Vgl. die umfassende Problemdarstellung bei *Krieger* NVwZ 2007, 165 mwN, anknüpfend an eine Anordnung der Kultusverwaltung in Hessen, nach der Kinder ohne Aufenthaltstitel nicht zur Schule gehen dürfen; zu beachten ist auch Art. 2 S. 1 des 1. Zusatzprotokolls zur EMRK; zur UN-Kinderrechtskonvention als Auslegungshilfe siehe etwa *Cremer*, Die UN-Kinderrechtskonvention – Geltung und Anwendbarkeit in Deutschland nach der Rücknahme der Vorbehalte, 2011.
27 *Stöhr*, in Pfennig/Neumann, Art. 20 Rn. 5.
28 Zur derzeitigen „Schullandschaft" siehe §§ 12 ff. SchulG M-V.
29 Siehe § 1 des Gesetzes über die Hochschulen des Landes M-V (Landeshochschulgesetz – LHG M-V) idF der Bek. v. 25.1.2011, GVOBl. 2011, S. 18, zuletzt geändert durch G v. 12.6.2021, GVOBl. 2021, S. 1018.
30 Siehe Gesetz zur Förderung der Weiterbildung in M-V (Weiterbildungsförderungsgesetz – WBFöGM-V) v. 20.5.2011, GVOBl. 2011, S. 342.

Vergleichbare Regelungen:
Art. 3 Abs. 1, Artt. 4–10 BWVerf; 142–148 BayVerf; 20 VvB; 36–38 BbgVerf; 32, 33, 59–63 BremVerf; 48–54 HessVerf; 19–22 Verf NW; 41–48 Verf Rh-Pf; 109, 110 SächsVerf; 32 LVerf LSA; 39–41 ThürVerf.

| | | | |
|---|---|---|---|
| Vorbemerkung ..................... | 1 | 2. Einzelne Gewährleistungen .... | 8 |
| I. Inkorporation der Weimarer | | II. Vertragliches Staatskirchenrecht ... | 14 |
| Kirchenartikel ..................... | 5 | III. Theologische Fakultäten ........... | 18 |
| 1. Bedeutung und Hintergrund ... | 5 | IV. Ablösung von Staatsleistungen .... | 19 |

## Vorbemerkung

1 Im modernen Staat ist dessen Verhältnis zu den Religionsgemeinschaften[1] nicht an einer (religiös) vorgegebenen Ordnung ausgerichtet, sondern ausschließlich der **souveränen Staatsgewalt** unterworfen.[2] Was sich heute als selbstverständlich darstellt, ist eine Errungenschaft eines jahrhundertelangen Prozesses der Auseinandersetzung zwischen weltlicher und geistlicher Macht, einhergehend mit vielfältigen, insbes. personalen Verschränkungen und Verflechtungen. Das Ergebnis dieses Prozesses – die Emanzipation des Staates von den Kirchen und zugleich die Befreiung der Kirchen vom Staat[3] – fand einen verfassungsrechtlich formulierten Ausdruck in der Paulskirchenverfassung von 1849 und in der Folge – kompromisshaft eingeschränkt – in der WRV.

2 Vor diesem Hintergrund ist Art. 9 die grundlegende Bestimmung für die **Beziehung des Landes zu den Religionsgemeinschaften**.[4] Er ist zusammen mit Art. 5 Abs. 3 zu sehen, der mit der Erklärung der Grundrechte des GG zum Bestandteil der LV auch das in Art. 4 Abs. 1 und 2 GG enthaltene Grundrecht der Religionsfreiheit als Landesverfassungsrecht übernimmt.

3 In der Verfassungskommission war Art. 9 umstritten. Die LL/PDS hatte ursprünglich für dessen Streichung plädiert.[5] Gegenüber der Zwischenberichtsfassung haben Abs. 2 und 3 die Reihenfolge gewechselt; die in Abs. 3 enthaltene Garantie der Einrichtung theologischer Fakultäten wurde im Laufe der Beratungen unter einen Vertragsvorbehalt gestellt.

4 **Bundesverfassungsrechtlich** bilden neben Art. 4 Abs. 1, 2 und Art. 140 GG die Bestimmungen der Art. 3 Abs. 3 Satz 1, Art. 7 Abs. 2, 3, Art. 33 Abs. 2, 3, 5 und Art. 141 GG Vorgaben auf dem Gebiet des Staatskirchenrechts,[6] die eigenständige Regelungen des Landes wesentlich determinieren. In den neuen Bundeslän-

---

1 Zur Identität der Begriffe „Religionsgesellschaft" und „Religionsgemeinschaft" vgl. *Heinig* ZevKR 64 (2019), 1 (5); zur Begriffsgeschichte vgl. auch *Albers* ZevKR 66 (2021), 358.
2 Vgl. dazu HdbStKiR/*Badura* § 8 Rn. 5; vgl. auch HdbStKiR/*Pirson* § 1 Rn. 1.
3 Vgl. *A. von Campenhausen/de Wall*, Staatskirchenrecht, 4. Aufl. 2006, S. 32.
4 Zur Geschichte der Staat-Kirche-Beziehungen vgl. den Überblick bei *Jeand'Heur/Korioth*, Grundzüge des Staatskirchenrechts, 2000, Rn. 5 ff. mwN, Rn. 3; ausführlich *A. von Campenhausen/de Wall*, Religionsverfassungsrecht, 5. Aufl. 2022, S. 1 ff.; *Uhle* in Stern/Sodan/Möstl § 29 Rn. 4 ff.
5 Im Einzelnen LT-Drs. 1/3100, 91; Alternativvorschläge der LL/PDS in LT-Drs. 1/2000, dort Art. 8, S. 15.
6 Zum Begriff und dessen Wandlung zum Religions(verfassungs)recht vgl. zB *Unruh*, Religionsverfassungsrecht, 4. Aufl. 2018, Rn. 1 ff. mwN; *Ehlers* in Sachs Art. 140 Rn. 5; *Germann* in BeckOK Art. 140 Rn. 1, 4 f.; *Uhle* (Fn. 4) Rn. 3; *Rüfner* in FS Stern, 2012, S. 573, 585 ff.; für „Religions- und Weltanschauungsrecht" zB *Albers/Munsonius* ZevKR 65 (2020), 305, 313; kritisch zum Wechsel vom institutionellen zum (religions)grundrechtsbezogenen Ansatz vgl. statt vieler *Heckel* AöR 134 (2009), 309, 315 f., 319 f.; *Jestaedt* KuR 2012, 151; *Korioth* in Dürig/Herzog/Scholz Art. 140 Rn. 2 f.; *Mückl* in HdbStR Bd. VII S. 711, 713 f.; *Waldhoff* Essener Gespräche 42 (2008), 55, 80 f.

dern findet dieser Rahmen[7] geschichtliche Voraussetzungen und gesellschaftliche Bedingungen, die sich von denen in den alten Bundesländern grundlegend unterscheiden.[8] Demzufolge sind es insbes. Verfassungen der neuen Länder, die in religionsverfassungsrechtlicher Hinsicht eine gewisse Eigenständigkeit aufweisen.[9]

## I. Inkorporation der Weimarer Kirchenartikel

**1. Bedeutung und Hintergrund.** Abs. 1 erklärt die Artt. 136 bis 139 und 141 WRV,[10] die sog. Weimarer Kirchenartikel, unmittelbar[11] zum Bestandteil der LV. Diese sind damit **vollgültiges Landesverfassungsrecht**.[12] Da sie über Art. 140 GG Bestandteil (auch) des GG sind,[13] gelten sie im Land zugleich als Bundesverfassungsrecht. Der Übernahme in die LV kommt daher **verfassungsprozessuale Bedeutung** insofern zu, als sie den Weg zur abstrakten und konkreten Normenkontrolle (vgl. Art. 53 Nr. 2 und Nr. 5) und – aufgrund der Stellung von Art. 9 im Grundrechtsabschnitt – grds. auch zur Verfassungsbeschwerde (vgl. Art. 53 Nr. 6) vor dem LVerfG eröffnet.[14]

Inhaltlich knüpft Abs. 1 an den **Verfassungskompromiss des Jahres 1919** zwischen dem Postulat einer vollständigen Trennung von Staat und Kirche[15] und Verweis letzterer in das (private) Vereinsrecht auf der einen Seite und dem Ziel möglichst weitgehender Bewahrung der überkommenen Rechte der Kirchen auf der anderen Seite an.[16] Der auch in Art. 140 GG übernommene Kompromiss[17] ist im Kern in Art. 137 Abs. 1 WRV („Es besteht keine Staatskirche") und Art. 137 Abs. 5 WRV („Die Religionsgesellschaften bleiben Körperschaften des öffentlichen Rechts, soweit sie solche bisher waren.")[18] formuliert. Er bedeutete eine Art Bestandsschutz für die (Privilegien der) großen Kirchen bei gleichzeiti-

---

7 Vgl. *Korioth* (Fn. 6) Rn. 20; zu (auch fragwürdigen) Ausgestaltungen vgl. *Classen*, Religionsrecht, 3. Aufl. 2021, Rn. 38 ff.
8 Vgl. *Korioth* in Manssen/Schütz, Staats- und Verwaltungsrecht für M-V, 1999, S. 54 ff.; näher *A. von Campenhausen* in HdbStR Bd. IX (1. Aufl. 1997) S. 305 ff.; ferner *Boese*, Die Entwicklung des Staatskirchenrechts in der DDR von 1945 bis 1989, 1994; *Kremser*, Der Rechtsstatus der evangelischen Kirchen in der DDR und die neue Einheit der EKD, 1993; zu aktuellen religionssoziologisch bedingten Herausforderungen vgl. *Hillgruber* KuR 2018, 1.
9 Vgl. *A. von Campenhausen/de Wall* (Fn. 4) S. 49 f.; zum Religionsverfassungsrecht im Verfassungsentwurf der Arbeitsgruppe „Neue Verfassung der DDR" des Runden Tisches vgl. *Häberle* JöR N.F. 39 (1990), 319, 340 ff.; vgl. ferner *Kupke*, Die Entwicklung des deutschen „Religionsverfassungsrechts" nach der Wiedervereinigung, insbesondere in den neuen Bundesländern, 2004.
10 Verfassung des Deutschen Reichs v. 11.8.1919 RGBl. I S. 1383.
11 Nicht also lediglich durch Bezugnahme auf Art. 140 GG.
12 *Pirsch* in Thiele/Pirsch/Wedemeyer Art. 9 Rn. 2.
13 Vgl. BVerfG Beschl. v. 22.10.2014 – 2 BvR 661/12, BVerfGE 137, 273 (Rn. 83); vgl. ferner BVerfGE 125, 39 (79); 111, 10, 50; 19, 206, 219; vgl. auch *Morlok* in Dreier Art. 140 Rn. 29.
14 Vgl. *Korioth* (Fn. 8) S. 60; allerdings wird ungeachtet des systematischen Standortes von Art. 9 nach dem Grundrechtscharakter des jeweiligen Kirchenartikels zu fragen sein, so auch *Classen* in Classen/Lüdemann, Landesrecht M-V, 4. Aufl. 2020, S. 40 (Rn. 26).
15 Vgl. bereits § 147 Paulskirchenverfassung.
16 Vgl. auch *Korioth* (Fn. 6) Rn. 5.
17 Sog. „doppelter Kompromiss", zur Entstehungsgeschichte des Art. 140 GG vgl. *Korioth* (Fn. 6) Rn. 4 ff., 6 ff. mwN.
18 Mit der Folge des Behaltens ua des Steuererhebungsrechts, Art. 137 Abs. 6 WRV.

ger Trennung von Staat und Religionsgemeinschaften,[19] wobei die Trennung Raum für Verbindungen zwischen beiden lassen sollte.[20]

7 Die **Auslegung** der historischen Kirchenartikel hat im **Kontext von GG und LV** und damit auf der Folie der ohne Gesetzesvorbehalt gewährleisteten Religionsfreiheit zu erfolgen.[21] Auf diese sind deren Gewährleistungen[22] funktional in dem Sinne bezogen, dass sie auf die Inanspruchnahme und Verwirklichung des Grundrechts der Religionsfreiheit ausgelegt sind.[23]

8 **2. Einzelne Gewährleistungen.** Artt. 136, 139 und 141 WRV konkretisieren die **individuelle Religionsfreiheit** des Art. 4 Abs. 1 GG iVm Art. 5 Abs. 3 LV. Artt. 137 Abs. 3, 138 Abs. 2, 139 und 141 WRV gewährleisten die sogenannte Kultusfreiheit des Art. 4 Abs. 2 GG iVm Art. 5 Abs. 3 LV.[24] Neben der Trennung von Staat und Kirche (Art. 137 Abs. 1 WRV) mit der darin zum Ausdruck kommenden weltanschaulich-religiösen **Neutralität** des Staates[25] und der **Religionsfreiheit** stellt das **Selbstbestimmungsrecht** der Religionsgemeinschaften (Art. 137 Abs. 3 WRV) die dritte Säule der religionsverfassungsrechtlichen Ordnung dar.[26] Es ist weit zu verstehen.[27] Erfasst werden neben den mitgliedschaftsbezogenen Fragen[28] und den Glaubens- und Kultusangelegenheiten auch die öffentliche Tätigkeit der Kirchen (zB Caritas, Diakonie) sowie die ihnen zugeordneten Einrichtungen ungeachtet ihrer Rechtsform.[29] Der Schranke des „für alle geltenden Gesetzes" kommt im Grundsatz dieselbe Funktion zu wie der Schrankenklausel in Art. 5 Abs. 2 GG.[30] Der Wechselwirkung zwischen dem Selbstbestimmungsrecht und dem Schutz anderer für das Gemeinwesen bedeutsamer Rechtsgüter

---

19 Und zugleich das endgültige Ende des sog. landesherrlichen Kirchenregiments im Bereich der ev. Kirchen, vgl. dazu *A. von Campenhausen/de Wall* (Fn. 4) S. 33 f.
20 Vgl. *Jeand'Heur/Korioth* (Fn. 4) Rn. 31 mit Hinweis auf die berühmte Formel von der „hinkenden Trennung"; kritisch zu dieser Formulierung HdbStKiR/*Germann* § 7 Rn. 72 f.
21 Vgl. BVerfGE 125, 39 (80); 102, 370, 383 ff.; 99, 100, 118 f.; 53, 366, 401.
22 Zur Diskussion um deren Grundrechtscharakter vgl. BVerfGE 19, 129 (135) und zB *Morlok* (Fn. 13) Art. 140 Rn. 31.
23 Vgl. BVerfG Beschl. v. 22.10.2014 – 2 BvR 661/12, BVerfGE 137, 273 (Rn. 84); BVerfGE 125, 39 (80); 102, 370, 387; BVerwG NVwZ 2013, 943; nunmehr zustimmend *Korioth* (Fn. 6) Rn. 15; vgl. auch *A. von Campenhausen/de Wall* (Fn. 4) S. 91 ff.; kritisch zB *Heckel* (Fn. 6) S. 326 ff.; *Mückl* (Fn. 6) S. 769; *Waldhoff* (Fn. 6) S. 82; *Uhle* (Fn. 4) Rn. 20 ff.
24 Vgl. *Pirsch* (Fn. 12) Rn. 5.
25 Vgl. dazu *Unruh* (Fn. 6) Rn. 90 ff. mwN; umfassend *Bornemann*, Die religiös-weltanschauliche Neutralität des Staates, 2020; kritisch zum Verständnis des Neutralitätsgebots als ein der Verfassung vorgelagertes Prinzip vgl. etwa *Waldhoff* KuR 2011, 153 (165); gegen „innovative Verfassungsinterpretation" zB *Heckel* (Fn. 6) S. 319 f.; *Heinig* JZ 2009, 1136; *Möllers* VVDStRL 68 (2008) 47, 58.
26 Vgl. *A. von Campenhausen/de Wall* (Fn. 4) S. 116 ff.; *Unruh* in FS Peine, 2016, S. 603 (610).
27 Vgl. auch BVerfGE 53, 366 (400 f.); 42, 312, 332.
28 Vgl. dazu HdbStKiR/*Germann/Rüfner* § 30 Rn. 6 ff.; ferner BVerfG Beschl. v. 3.4.2020 – 2 BvR 1838/15, NVwZ 2020, 950 (Glaubensübertritt eines Asylbewerbers); zur Reichweite des Schutzbereichs in Bezug auf Mitgliedschaftsrechte vgl. BVerfG Beschl. v. 20.1.2022 – 2 BvR 2467/17, NVwZ-RR 2022, 361 (Dachverband).
29 Vgl. *Korioth* (Fn. 8) S. 62; zum Verhältnis zur Justizgewährungspflicht vgl. BVerwG DVBl. 2014, 993 (994) unter Aufgabe von BVerwGE 117, 145; *Germann* (Fn. 6) Rn. 55 ff.; *Korioth* in Dürig/Herzog/Scholz Art. 140/137 WRV Rn. 50 ff.; zu den Grenzen des „Privilegs der Selbstbestimmung" für den Kirchen zugeordnete Institutionen vgl. BVerfG Beschl. v. 22.10.2014 – 2 BvR 661/12, BVerfGE 137, 273 (Rn. 91 f., 93 ff., 113 ff.).
30 Vgl. *A. von Campenhausen/de Wall* (Fn. 4) S. 132.

ist durch Güterabwägung Rechnung zu tragen.³¹ Art. 138 Abs. 2 WRV ergänzt das Selbstbestimmungsrecht um ein Verbot der Einziehung von den dort genannten Zwecken gewidmeten religionsgemeinschaftlichen Rechten und Vermögenspositionen durch den Staat (Säkularisierungsverbot) und ist daher nicht identisch mit der Eigentumsgarantie des Art. 14 GG iVm Art. 5 Abs. 3 LV.³²

**Konsequenz der Trennung von Staat und Religionsgemeinschaften** ist der Verweis letzterer auf das (für alle geltende) Privatrecht. Art. 137 Abs. 4 WRV ermöglicht die Erlangung der Rechtsfähigkeit „nach den allgemeinen Vorschriften des Bürgerlichen Rechts", verbietet also diskriminierendes Sonderrecht, das den Erwerb der Rechtsfähigkeit von (weiteren) Voraussetzungen abhängig macht.³³ Vor dem Hintergrund des sich auch (und gerade) auf die innere Verfassung einer Religionsgemeinschaft erstreckenden Selbstbestimmungsrechts ist allerdings bei Auslegung und Anwendung der (vereinsrechtlichen) Vorschriften des BGB grds. das Eigenverständnis der Religionsgesellschaft zu berücksichtigen.³⁴

Nach Art. 137 Abs. 5 Satz 1 WRV haben diejenigen Religionsgesellschaften, die im Jahre 1919 **Körperschaften des öffentlichen Rechts** waren,³⁵ diesen Status behalten. Soweit die Religionsgemeinschaften in der ehemaligen DDR diesen Status infolge Nichtanerkennung durch die DDR verloren hatten, haben sie ihn mit dem Beitritt wiedererlangt.³⁶

Für das Verständnis des **staatskirchenrechtlichen Begriffs der „Körperschaft des öffentlichen Rechts"** ist von Bedeutung, dass dieser von dem verwaltungsrechtlichen Begriff grundverschieden ist.³⁷ Dessen typische Merkmale (durch Gesetz errichtete, mit Hoheitsbefugnissen ausgestattete, Staatsaufgaben wahrnehmende Personenverbände unter Staatsaufsicht³⁸) treffen auf Religionsgemeinschaften nicht zu.³⁹ Sie sind gerade nicht Träger der mittelbaren Staatsverwaltung;⁴⁰ vielmehr ist ihr Wirkungskreis ein Gegenstück des staatlichen Wirkungskreises.⁴¹ Der Begriff der Körperschaft des öffentlichen Rechts in Art. 137 Abs. 5 WRV ist daher nur ein **„Mantelbegriff"**⁴² für den öffentlich-rechtlichen Status und die daraus folgenden Rechte.⁴³

---

31 Vgl. BVerfGE 53, 366 (400 f.); ausführlich *Unruh* (Fn. 6) Rn. 173 mwN; im Hinblick auf Loyalitätspflichten kirchlicher Arbeitnehmer vgl. BVerfG Beschl. v. 22.10.2014 – 2 BvR 661/12, BVerfGE 137, 273 (Rn. 108 ff., 145 ff.) (Chefarzt in kirchlichem Krankenhaus); vgl. dazu *Classen* JZ 2015, 199.
32 Vgl. *Classen* (Fn. 7) Rn. 284 ff.; *Unruh* (Fn. 6) Rn. 492.
33 Die historische Funktion der Norm lag gerade in der Aufhebung solchen Sonderrechts, vgl. dazu *A. von Campenhausen/de Wall* (Fn. 4) S. 144 f.; für die Schaffung einer weiteren Rechtsform für Religionsgemeinschaften *Waldhoff*, Gutachten D zum 68. DJT, 2010, S. D 87, 89.
34 Vgl. BVerfGE 83, 341 (355 ff.).
35 Sog. altkorporierte Religionsgesellschaften, vgl. zB *Jeand'Heur/Korioth* (Fn. 4) Rn. 217 f.
36 BVerwGE 105, 255 (262) (Adass Jisroel).
37 Vgl. *A. von Campenhausen/de Wall* (Fn. 4) S. 151 ff.; *Friehe* NVwZ 2020, 1388 (1392).
38 Zur nach 1919 zunächst vertretenen Auffassung, der Körperschaftsstatus verlange als „Korrelat" die Fortsetzung der Staatsaufsicht ("Korrelatentheorie"), vgl. *Jeand'Heur* Der Staat 1991, 442, 458 ff.
39 Vgl. *Classen* (Fn. 7) Rn. 303.
40 Vgl. BVerfGE 102, 370 (387); 66, 1, 19 f.
41 Vgl. *A. von Campenhausen/de Wall* (Fn. 4) S. 152.
42 BVerfGE 83, 341 (357).
43 Vgl. *A. von Campenhausen/de Wall* (Fn. 4) S. 153 f.; allgemein zB *Janssen*, Aspekte des Status von Religionsgemeinschaften als Körperschaften des öffentlichen Rechts. Ausgewählte Fragen des Körperschaftsstatus in der Rechtspraxis, 2. Aufl. 2017; *Muckel* ZevKR 63 (2018), 30.

12 Art. 137 Abs. 5 Satz 2 WRV ist mit seinem Angebot zur Erlangung des Körperschaftsstatus auch an andere Religionsgesellschaften Ausdruck des **Paritätsgedankens**.⁴⁴ Die Bestimmung gewährt einen Anspruch gegenüber dem Land auf Anerkennung als Körperschaft des öffentlichen Rechts bei Vorliegen der Anerkennungsvoraussetzungen. Die Verleihungskompetenz steht der Exekutive, nicht dem Parlament zu.⁴⁵ Umstritten ist, ob jenseits der verfassungstextlichen Voraussetzungen weitere „**ungeschriebene**" **Verleihungsvoraussetzungen** iS von zB „Rechtstreue"⁴⁶, „Loyalität", „Dignität" oder „Hoheitsfähigkeit" bestehen oder ob gar ein umfassender „Kulturvorbehalt" gilt.⁴⁷ Wird die Verleihung des Körperschaftsstatus von weiteren Anforderungen abhängig gemacht, kann darin eine Verletzung der Religionsfreiheit liegen.⁴⁸

13 Die **Körperschaftsrechte** der altkorporierten Religionsgemeinschaften können gegen deren Willen nur durch (Bundes)Verfassungsänderung, diejenigen der neukorporierten durch staatlichen actus contrarius zum Verleihungsakt **entzogen werden**.⁴⁹ Die religiöse Vereinigungsfreiheit (Art. 137 Abs. 2 Satz 1 WRV) iVm dem Selbstbestimmungsrecht (Art. 137 Abs. 3 Satz 1 WRV) erlaubt es, auf den Körperschaftsstatus zu verzichten.⁵⁰ Er erlischt auch im Fall der Auflösung oder des Untergangs der Religionsgemeinschaft.⁵¹

## II. Vertragliches Staatskirchenrecht

14 Art. 9 Abs. 2 bestätigt die bereits kraft seiner Souveränität gegebene Befugnis des Landes,⁵² „Fragen von gemeinsamen Belangen"⁵³ mit den Kirchen und den ihnen gleichgestellten Religions- und Weltanschauungsgesellschaften **durch Vertrag zu regeln**.⁵⁴ Die Formulierung hebt die Kirchen hervor.⁵⁵ Die anderen Reli-

---

44 Vgl. dazu näher *Classen* (Fn. 7) Rn. 127 ff.; für eine restriktive, nur auf den Status als solchen und nicht die damit verbundenen Rechte bezogene Auslegung vor dem Hintergrund der These, Art. 137 Abs. 5 Satz 2 WRV beruhe auf einem Redaktionsversehen *Janssen* DÖV 2022, 580 ff.
45 BVerfG Beschl. v. 30.6.2015 – 2 BvR 1282/11, BVerfGE 139, 321 (Zweitverleihung in Bremen durch Gesetz); dazu und zur Verleihung durch RVO *Beckermann* DÖV 2016, 112 (116 f.); zur grds. Beschränkung der Rechtswirkungen auf das verleihende Bundesland vgl. auch *Uhle* (Fn. 4) Rn. 73.
46 So BVerfG Beschl. v. 30.6.2015 – 2 BvR 1282/11, BVerfGE 139, 321 (Rn. 94 f.); BVerfGE 102, 370; zustimmend ZB *A. von Campenhausen/de Wall* (Fn. 4) S. 163 ff.
47 So zB *Uhle*, Staat – Kirche – Kultur, 2004, S. 129 ff.; Nachweise aus der umfangreichen Lit. bei *Unruh* (Fn. 6) Rn. 288 ff.; *Classen* (Fn. 7) Rn. 309 ff.; HdbStKiR/*Magen* § 27 Rn. 59 ff.; im Hinblick auf EGMR NVwZ 2009, 509 vgl. *H. Weber* ZevKR 57 (2012), 347 ff.; *Heinig* ZevKR 58 (2013), 121 ff.; zur territorialen Reichweite einer Erstverleihung in einem Bundesland vgl. BVerfG Beschl. v. 30.6.2015 – 2 BvR 1282/11, BVerfGE 139, 321 (Rn. 110 ff.).
48 So BVerfGE 102, 370 (397 ff.) zum Loyalitätserfordernis in BVerwGE 105, 117 (119 ff.) (Zeugen Jehovas); vgl. auch BVerwG NVwZ 2013, 943 zur Zahl der Mitglieder im Verhältnis zur Zahl der Bevölkerung des Bundeslandes.
49 Vgl. *A. von Campenhausen/de Wall* (Fn. 4) S. 168; *Uhle* (Fn. 4) Rn. 76.
50 So zu Recht *Bohl*, Der öffentlich-rechtliche Körperschaftsstatus der Religionsgemeinschaften, 2001, S. 97 ff.; vgl. ferner BVerwG NVwZ 2009, 390 zur Aberkennung des Körperschaftsstatus bei Untergliederung einer Religionsgemeinschaft.
51 So zutreffend OVG Berlin NVwZ 1997, 396 (398); *Bohl* (Fn. 50), S. 100 f.; umfassend *Lindner* VerwArch 95 (2004), 88 ff.
52 Zum Verhältnis zum GG vgl. *Jeand'Heur/Korioth* (Fn. 4) Rn. 271 ff.
53 Zur Präzisierungsbedürftigkeit der Formulierung kritisch *Classen* in HdbGRe, Bd. VIII, § 252 Rn. 50.
54 Zur geschichtlichen Entwicklung des Vertragsstaatskirchenrechts vgl. HdbStKiR/*Mückl* § 10 Rn. 1 ff.
55 Kritisch dazu *Classen* (Fn. 53) Rn. 49.

gionsgesellschaften sind (bereits) in den Weimarer Kirchenartikeln gleichgestellt. Die Gleichstellung der Religions- mit den Weltanschauungsgemeinschaften ist in Art. 137 Abs. 7 WRV angeordnet.[56] Der Abschluss vertraglicher Regelungen ist daher nicht auf die Kirchen oder auf die als Körperschaft des öffentlichen Rechts anerkannten Religionsgemeinschaften beschränkt.[57] Verträge zwischen Staat und Kirche werden unterschieden in Konkordate und Kirchenverträge. Als **Konkordate** werden (völkerrechtliche) Verträge mit dem Heiligen Stuhl als Völkerrechtssubjekt bezeichnet, die eine abschließende Vollregelung mehrerer Sachgebiete enthalten; **Kirchenverträge** sind insbes. die vertraglichen Vereinbarungen des Landes mit den evangelischen Landeskirchen.[58]

15 Staatskirchenverträge werden von der LReg und der jeweiligen Religionsgemeinschaft verhandelt und vom MinPräs abgeschlossen; betreffen sie – was regelmäßig der Fall ist – Gegenstände der Gesetzgebung, bedürfen sie nach Art. 47 Abs. 2 der **Zustimmung des LT in Form eines Gesetzes**.[59] Mit dem Zustimmungsgesetz erlangt der Vertrag den Rang eines einfachen Gesetzes.[60] Schließt das Land einen Vertrag nach Art. 9 Abs. 2, ist es vertraglich gebunden. Setzt sich der Landesgesetzgeber darüber hinweg, ändert dies nichts an der Rechtsgültigkeit des Gesetzes, zugleich aber auch nichts an der Wirksamkeit des Vertrages.[61] Aus dem zur Gleichbehandlung verpflichtenden **Paritätsgebot**[62] kann sich ein Anspruch anderer Religionsgemeinschaften ergeben, ebenfalls mit dem Land eine vertragliche Regelung treffen zu können.[63]

16 Der „Güstrower Vertrag" (→ Rn. 17) hat im Hinblick auf dessen Art. 23[64] über den **Sonn- und Feiertagsschutz** (Art. 139 WRV)[65] zu der – mittlerweile durch die Rechtsprechung des BVerfG, das auf Art. 4 Abs. 1 und 2 GG abstellt,[66] überholten – Frage geführt, ob er den vertragschließenden Kirchen **subjektive Rechte** gegen die Ladenöffnung an Sonntagen gewährt.[67] Für die Frage nach

---

56 Vgl. *Mager* in von Münch/Kunig Art. 140 Rn. 75.
57 So wohl auch *Classen* (Fn. 53) Rn. 49.
58 Vgl. auch *Pirsch* (Fn. 12) Rn. 19.
59 Vgl. *Pirsch* (Fn. 12) Rn. 19; *März* JöR N.F. 54 (2006), 175, 281 mit Fn. 450.
60 Vgl. *Classen* (Fn. 7) Rn. 76; *Unruh* (Fn. 6) Rn. 361.
61 Vgl. *A. von Campenhausen/de Wall* (Fn. 4) S. 178; zur grds. nur bei entsprechender Vereinbarung möglichen Kündigung vgl. *Classen* (Fn. 7) Rn. 75; zur Problematik insgesamt vgl. *Unruh* (Fn. 6) Rn. 364 ff.
62 Vgl. dazu *Classen* (Fn. 7) Rn. 127 ff.
63 Vgl. dazu *Classen* (Fn. 7) Rn. 70; HdbStKiR/*Mückl* § 10 Rn. 53 f.
64 „Der staatliche Schutz der Sonntage und der kirchlichen Feiertage wird gewährleistet".
65 Zum Sonn- und Feiertagsschutz vgl. umfassend *Unruh* (Fn. 6) Rn. 541 ff. mwN; vgl. ferner BVerwG Urt. v. 16.3.2022 – 8 C 6.21, NVwZ 2022, 175, 166; zur subjektiven Berechtigung von Gewerkschaften vgl. OVG Greifswald Beschl. v. 19.7.2016 – 2 M 61/16, NVwZ-RR 2017, 190 im Anschluss an BVerwGE 153, 183; zum Verständnis von Art. 139 WRV als institutioneller Garantie vgl. *Stollmann* VerwArch 96 (2005), 348; *Borowski*, Die Glaubens- und Gewissensfreiheit des Grundgesetzes, 2006, S. 318 mwN; nach BVerfGE 125, 39 (83) bildet Art. 139 WRV zugleich eine „Konnexgarantie" zum Grundrecht auf Religionsfreiheit in Art. 4 Abs. 1 und 2 GG; kritisch zB *Jestaedt* (Fn. 6) 158 ff.; vgl. auch *Huster* JZ 2010, 354 (355).
66 Vgl. BVerfGE 125, 39 (73 f.), 79 ff.; zur Funktion von Art. 139 WRV als Konkretisierung der aus Art. 4 GG folgenden Schutzpflicht vgl. auch BVerwG Urt. v. 6.5.2020 – 8 C 5.19, BVerwGE 168, 103 (Rn. 15); dazu *Unruh* ZevKR 66 (2021), 89; zur obergerichtlichen Rspr. s. *Kühn* KuR 2019, 32 ff.; kritisch zB *Classen* JZ 2010, 144 ff.; vgl. im Anschluss an das BVerfG OVG Greifswald NordÖR 2010, 321 f. zum Vertrag des Landes M-V mit dem Heiligen Stuhl.
67 Bejahend unter Hinweis auf die Vertragsform OVG Greifswald NVwZ 2000, 948 ff.; zustimmend *de Wall* NVwZ 2000, 857; *ders.* ZevKR 45 (2000), 626; HdbStKiR/*Kästner* § 40 Rn. 43 mwN; zum Recht der Kirchen auf Beteiligung an Verwaltungsverfahren zur

dem Inhalt und damit auch dem Anspruchscharakter und der Reichweite einer vertraglichen Regelung ist auf die Grundsätze der Vertragsauslegung zurückzugreifen. Maßgeblich ist der wahre Wille der Vertragsparteien.[68]

17 Bisher sind **folgende Verträge** mit Religionsgemeinschaften geschlossen worden:
- Vertrag zwischen dem Land M-V und der Evangelisch-Lutherischen Landeskirche Mecklenburgs und der Pommerschen Evangelischen Kirche vom 20.1.1994,[69]
- Vertrag zwischen dem Heiligen Stuhl und der Freien und Hansestadt Hamburg, dem Land M-V und dem Land Schleswig-Holstein über die Errichtung von Erzbistum und Kirchenprovinz Hamburg vom 22.9.1994,[70]
- Vertrag zwischen dem Heiligen Stuhl und dem Land M-V vom 15.9.1997[71]
- Vertrag zwischen dem Land M-V und dem Landesverband der Jüdischen Gemeinden in M-V vom 14.6.1996,[72]
- Notenaustausch zwischen dem MinPräs des Landes M-V und der Evangelisch-reformierten Kirche vom 28. April/15.8.1995 und 30. Juli/19.8.1998.[73]

### III. Theologische Fakultäten

18 Abs. 3 Satz 1 enthält die – nur auf die Kirchen bezogene – Garantie der Einrichtung **theologischer Fakultäten** an den Landesuniversitäten, die allerdings unter den Vorbehalt der Maßgabe eines Vertrages iSd Abs. 2 gestellt ist.[74] Den Vertragsvorbehalt füllt **Art. 4 Abs. 1 des Güstrower Vertrages** aus (→ Rn. 16), wonach die Pflege der evangelischen Theologie an den Universitäten Greifswald und Rostock durch je eine eigene Fakultät gewährleistet wird.[75] Der Vertragsinhalt erhält über Abs. 3 Satz 1 keinen Verfassungsrang.[76] Vielmehr enthält die Norm eine **institutionelle Garantie**. Diese ist zudem „vertragsabhängig", so dass mit ihr weder der bei Inkrafttreten der Verfassung vorhandene Bestand gewährleistet noch (überhaupt) ein Anspruch auf Einrichtung theologischer Fakultäten begründet wird.[77] Abs. 3 Satz 2 lässt das in Art. 7 Abs. 3 den Hochschulen ga-

---

Bewilligung von Sonntagsarbeit s. BVerwG Urt. v. 6.5.2020 – 8 C 5.19, BVerwGE 168, 103 (Rn. 21); zum verfassungsrechtlich geforderten Mindestniveau des Sonntagsschutzes s. BVerwG Urt. v. 22.6.2020 – 8 CN 1.19, BVerwGE 168, 338 (Rn. 15 ff.).
68 Vgl. *Unruh* (Fn. 6) Rn. 372; in Bezug auf den Güstrower Vertrag vgl. auch die Begründung in LT-Drs. 1/4126.
69 „Güstrower Vertrag", vgl. Ges. v. 3.5.1994 GVOBl. 559); dazu *März* (Fn. 59) S. 281 ff. Rechtsnachfolger beider Kirchen ist nach deren Fusion mit der Nordelbischen Evangelisch-Lutherischen Kirche die Evangelisch-Lutherische Kirche in Norddeutschland; die Bestimmungen des Güstrower Vertrages bleiben davon unberührt, vgl. Bek. v. 16.4.2009, AmtsBl. 401; vgl. auch *Classen* (Fn. 14) S. 41 (Rn. 27). Allgemein zur Rechtsnachfolge in Verträge zwischen Staat und Kirche vgl. *Unruh* (Fn. 6) Rn. 374 f.
70 Ges. v. 8.11.1994 (GVOBl. 1026); vgl. *März* (Fn. 59) S. 285 mwN.
71 Ges. v. 18.12.1997 (GVOBl. 1998, 2); vgl. *März* (Fn. 59) S. 285 ff.
72 Ges. v. 5.10.1996 (GVOBl. 556); vgl. *März* (Fn. 59) S. 287 f. mwN.
73 Bek. v. 6.9.1995 (AmtsBl. 942) und v. 31.8.1998 (AmtsBl. 1134); vgl. *März* (Fn. 59) S. 284.
74 Vgl. *Pirsch* (Fn. 12) Rn. 20; umfassend zur Theologie an staatlichen Hochschulen HdbStKiR/*Waldhoff* § 46 Rn. 1 ff.; prinzipiell kritisch zu staatlichen theologischen Fakultäten *Czermak* in Czermak/Hilgendorf, Religions- und Weltanschauungsrecht, 2. Aufl. 2018, Rn. 63, 447 ff., 454 ff.
75 Zu den Regelungen zur Berufung der Hochschullehrer im Güstrower Vertrag näher *Korioth* (Fn. 8) S. 72 f.
76 So auch *Classen* (Fn. 14) S. 41 (Rn. 28).
77 Vgl. auch *Pirsch* (Fn. 12) Rn. 20.

rantierte Recht der Selbstverwaltung und die Weisungsfreiheit in akademischen Angelegenheiten unberührt.[78]

## IV. Ablösung von Staatsleistungen

**Staatsleistungen** sind im Kern fortlaufende und wiederkehrende Leistungen an Religionsgesellschaften, die – bezogen auf die WRV – **vorkonstitutionellen Ursprungs** und funktional Ersatz oder Ausgleich für die Säkularisation von Kirchenvermögen sind, das bis dahin die wirtschaftliche Grundlage für die Unterhaltung der Kirche war.[79] Als **Säkularisation** wird die Einziehung von religionsgemeinschaftlichen Rechten und Vermögenspositionen, also Enteignung, durch den Staat bezeichnet. Historisch fanden Säkularisationen vor allem mit dem **Reichsdeputationshauptschluss** von 1803 statt,[80] der die Entschädigung der Reichsfürsten für den Verlust linksrheinischer Territorien in napoleonischer Zeit unter anderem in der Weise reichsgesetzlich regelte, dass ihnen näher bezeichnete kirchliche Besitztümer und sonstige Vermögenswerte zugeschlagen und darüber hinaus dem jeweiligen Landesherrn ermöglicht wurde, auch weiteres Kirchengut zu übernehmen.[81] Als Ausgleich wurde eine (staatliche) Gewähr für die finanzielle Ausstattung der von der Säkularisierung Betroffenen begründet.[82] **Keine Staatsleistungen** sind solche den Religionsgemeinschaften gewährte staatliche Leistungen, denen die beschriebene **historische Ausgleichsfunktion nicht zukommt**.[83] Ebenfalls keine Staatsleistungen sind (gemeindliche) Kirchenbaulasten.[84] 19

In **Mecklenburg-Vorpommern** sind die Staatsleistungen an die katholische Kirche im Vertrag mit dem Heiligen Stuhl (→ Rn. 17), an die Evangelisch-Lutherische Kirche in Norddeutschland (Nordkirche) im Güstrower Vertrag (→ Rn. 17) und an die Evangelisch-reformierte Kirche in Mecklenburg im Notenaustausch (→ Rn. 17) jeweils zusammengefasst als **jährlicher Gesamtzuschuss** pauschaliert worden. An die Nordkirche zB werden sie „anstelle aller früher gewährten Dotationen für Kirchenleitungen, Pfarrerbesoldung und Pfarrerversorgung sowie anstelle aller anderen auf besonderen Rechtstiteln beruhender Zahlungen"[85] in monatlichen Raten gezahlt, wobei die Höhe des Zuschusses, gekoppelt an die Beamtenbesoldung, Besoldungsgruppe A 13, dynamisch ausgestaltet ist.[86] Im **Haushaltsjahr 2023** waren an Staatsleistungen **als jährlicher Gesamtzuschuss veranschlagt**: für die katholische Kirche 723.900 Euro, für die Nordkirche 13.859.900 Euro und für die Evangelisch-reformierte Kirche 46.400 Euro.[87] 20

Der über Abs. 1 als Landesverfassungsrecht geltende **Art. 138 Abs. 1 WRV** bestimmt in Satz 1, dass die auf Gesetz, Vertrag oder besonderen Rechtstiteln 21

---

78 Zu Interdependenzen vgl. *Classen* (Fn. 53) Rn. 51.
79 Vgl. *Germann* (Fn. 6) Rn. 121.
80 Zuvor bereits ua im Rahmen der Reformation und des Westfälischen Friedens von 1648, vgl. *Unruh* (Fn. 6) Rn. 509; vgl. ferner *Wernsmann/Geiß* DÖV 2022, 649 ff.
81 Vgl. *Unruh* (Fn. 6) Rn. 31 f.
82 Vgl. *Unruh* (Fn. 6) Rn. 32, 509.
83 Vgl. *Classen* (Fn. 7) Rn. 606.
84 Vgl. BVerwG NVwZ-RR 2009, 590 (591).
85 So Art. 14 Abs. 1 Güstrower Vertrag; zur Historie vgl. die Begründung zu Art. 14 Güstrower Vertrag in LT-Drs. 1/4126 S. 26.
86 Ähnlich für die katholische Kirche in Art. 20 des Vertrages mit dem Heiligen Stuhl, vgl. dazu die Begründung in LT-Drs. 2/3100 S. 24; die Evangelisch-reformierte Kirche erhält „im Hinblick auf frühere Leistungen" einen Pfarrerbesoldungszuschuss in Höhe von 70 % der Besoldung eines aktiven Beamten der Besoldungsgruppe A 13, Dienstaltersstufe 7, verheiratet, 2 Kinder, vgl. AmtsBl. M-V 1995 S. 942.
87 Vgl. Haushaltsplan 2022/2023 Einzelplan 13 S. 42 f.

beruhenden **Staatsleistungen durch die Landesgesetzgebung abgelöst** werden. Die LV normiert damit das zugleich bundesverfassungsrechtlich über Art. 140 GG geltende **Ablösegebot**. Mit Art. 138 Abs. 1 WRV sollte die vermögensrechtliche Entflechtung als Teil der Trennung von Staat und Religionsgemeinschaften (→ Rn. 6), insbesondere der großen Kirchen, anerkannt, aber (erst) im Wege der Gesetzgebung erreicht werden.[88]

22 **Ablösung** ist die (zwangsweise) Aufhebung gegen angemessene Entschädigung.[89] Zwar richtet sich der **Ablöseauftrag** des Art. 138 Abs. 1 Satz 1 WRV an den **Landesgesetzgeber**. Allerdings ist dessen Kompetenz durch Art. 138 Abs. 2 WRV insoweit beschränkt, als die Bestimmung der **Grundsätze für die Ablösung** dem „Reich", heute mithin dem **Bund** obliegt. Weitgehend anerkannt ist, dass der Bund die Ablösegrundsätze durch **formelles Gesetz** aufzustellen hat.[90] Dabei handelt es sich um eine ausschließlich dem Bund zustehende Gesetzgebungskompetenz sui generis, deren Hintergrund darin liegt, dass allein der **Gesamtstaat** die Einheitlichkeit und Neutralität eines den Ländern für die Ablösung vorzugebenden Rahmens gewährleisten kann.[91] Konsequenz dieser in der WRV (kompromisshaft) gewählten verfassungsrechtlichen Konstruktion[92] ist, dass das Land seinen Gesetzgebungsauftrag erst erfüllen kann, wenn das Grundsätzegesetz des Bundes in Kraft getreten ist.[93] Folgerichtig erscheint es dann, für den Fall der Untätigkeit des Bundes einem ablösewilligen Land über den Weg des Bund-Länder-Streitverfahrens vor dem BVerfG (Art. 92 Abs. 1 Nr. 3 GG) die Möglichkeit der verfassungsgerichtlichen Klärung zu eröffnen.[94]

23 Während die von GG und LV beauftragte **Ablösung durch Landesgesetz**, mithin durch einseitigen parlamentarischen Akt, zu erfolgen hat, stellt sich die Frage, ob eine **konsensual-vertragliche Ablösung**, also durch – vom Erlass eines Grundsätzegesetzes des Bundes unabhängige – **Vereinbarung** mit den Staatsleistungsempfängern verfassungsrechtlich ausgeschlossen ist oder jedenfalls nicht zur Erfüllung des Ablöseauftrags aus Abs. 1 iVm Art. 138 Abs. 1 WRV führen kann. Wird eine vertragliche Ablösung vor Erlass eines Bundesgrundsätzegesetzes für möglich erachtet,[95] wirft das Folgefragen in Bezug auf das Verhältnis der Ablösevereinbarungen zu einem nachfolgenden Bundesgesetz aus, etwa danach, ob der Bundesgesetzgeber dadurch inhaltlich determiniert sein kann oder ob

---

88 Vgl. *Unruh* (Fn. 6) Rn. 510; zum Ablösegebot vgl. umfassend die Beiträge in Essener Gespräche 57 (2023).
89 Vgl. BVerwG NVwZ 2009, 590 (591); *H. Hofmann* DVBl. 2023, 129 (130).
90 Vgl. *Th. I. Schmidt* DÖV 2020, 624 (626); *Wolff* in Hömig/Wolff Art. 140 Rn. 22.
91 Vgl. *Unruh* (Fn. 6) Rn. 530; *Korioth* in Dürig/Herzog/Scholz Art. 140 GG/Art. 138 WRV Rn. 10.
92 Vgl. *Korioth* (Fn. 91) Rn. 9.
93 Vgl. *Germann* (Fn. 6) Rn. 125; *Unruh* (Fn. 6) Rn. 532; *Classen* (Fn. 7) Rn. 608; *Uhle* (Fn. 4) Rn. 85; aA zB *Wolff* (Fn. 90) Rn. 22; *ders.* ZRP 2003, 12 (13 f.).
94 Vgl. *Th. I. Schmidt* (Fn. 90) S. 629; *Unruh* (Fn. 6) Rn. 532; vgl. auch *Jarass* in Jarass/Pieroth Art. 140 GG/Art. 138 WRV Rn. 2.
95 So zB *H. Hofmann* (Fn. 89) S. 132; *Germann* (Fn. 6) Rn. 125; *Wolff* (Fn. 90) Rn. 22; *zu Hohenlohe* ZevKR 62 (2017), 178 (192 ff.); *Jeand'Heur/Korioth* (Fn. 4) Rn. 350; *Th. I. Schmidt* (Fn. 90) S. 627; soweit auch vertreten wird, dass den bereits getroffenen Vereinbarungen Ablösewirkung zukomme, so zB *Schmahl* in Sodan Art. 140 GG/Art. 138 WRV Rn. 2, trifft das weder auf den Güstrower Vertrag vom 20.1.1994 noch auf den Vertrag mit dem Heiligen Stuhl und dem Land M-V vom 15.9.1997 zu, vgl. dazu die Begründung zum Vertrag mit dem Heiligen Stuhl, LT-Drs. 2/3100 S. 24, wo es explizit heißt, dass die Verpflichtung (des Landes) anerkannt werde, „Staatsleistungen an die Religionsgemeinschaften beizubehalten bis eine Ablösung erfolgt."

bei Inkongruenz von Bundesgesetz und (zeitlich) früherer Vereinbarung letztere „entwertet" wird.[96]

Dem Bundestag lagen in der 19. Wahlperiode[97] zwei – am Ende abgelehnte – Gesetzentwürfe zur Ablösung der Staatsleistungen vor. Ein Gesetzentwurf der AfD-Fraktion[98] bestimmte das Ende der Länderzahlungen auf spätestens 31.12.2026 und sah die Feststellung vor, dass durch die bisher gewährten Leistungen die Ablösung erfolgt sei. Der demgegenüber weithin als gute Diskussionsgrundlage[99] angesehen, mit den beiden großen Kirchen, nicht aber den Ländern abgestimmte[100] Entwurf eines Grundsätzegesetzes der Fraktionen von Bündnis 90/Die Grünen, den Linken und der FDP[101] orientierte die Höhe der Ablösung am Äquivalenzprinzip und gab für deren Berechnung den (aus dem Bewertungsgesetz stammenden) Faktor 18,6 der im Jahr 2020 zu zahlenden Leistung vor; die bisherigen Leistungen sollten ausdrücklich keine Berücksichtigung finden. Der Ablösebetrag konnte als Einmalzahlung oder in Raten gezahlt werden; auch andere als Geldleistungen sollten möglich sein, maximal in Höhe des sich aus dem Äquivalenzprinzip ergebenden Betrages. Für den Erlass der Landesablösegesetze waren fünf Jahre vorgesehen; die (vollständige) Ablösung musste binnen zwanzig Jahren umgesetzt sein. Eine Weiterzahlung wie bisher sollte ausgeschlossen sein.[102]

24

## Art. 10 (Petitionsrecht)

¹Jeder hat das Recht, sich einzeln oder in Gemeinschaft mit anderen schriftlich mit Bitten oder Beschwerden an die zuständigen Stellen und an die Volksvertretung zu wenden. ²In angemessener Frist ist ein begründeter Bescheid zu erteilen.

Vergleichbare Regelungen:

*Zu Satz 1*: Artt. 115 Abs. 1 BayVerf; 34 VvB; 24 Abs. 1 BbgVerf; 16 HessVerf; 11 Verf Rh-Pf, 35 Satz 1 SächsVerf; 19 Satz 1 LVerf LSA; 14 Satz 1 ThürVerf; 17 GG.

*Zu Satz 2*: Artt. 24 Abs. 2 BbgVerf; 35 Satz 2 SächsVerf; 19 Satz 2 LVerf LSA; 14 Satz 2 ThürVerf.

| | |
|---|---|
| I. Allgemeines ........................ 1 | III. Der Anspruch aus Art. 10 Satz 2 .. 12 |
| II. Das Petitionsrecht in der Landesverfassung ........................ 3 | 1. Anspruch auf begründeten Bescheid ........................ 13 |
| 1. Schutzbereich ................ 4 | 2. Angemessene Frist ............ 15 |
| 2. Grundrechtsträger ............ 7 | IV. Absicherung des Petitionsrechts auf Landesebene ................ 16 |
| 3. Adressaten ................ 9 | |
| 4. Einschränkungen ............ 11 | |

---

96 So *Unruh* (Fn. 6) Rn. 533.
97 Zuvor vgl. bereits aus dem Jahr 2012 einen Gesetzentwurf der Fraktion Die Linke BT-Drs. 17/8791; vgl. auch *H. Hofmann* (Fn. 89) S. 130).
98 BT-Drs. 19/19649.
99 Vgl. zB *Unruh* DÖV 2020, 953 (954, 960); *Germann* (Fn. 6) Rn. 125.
100 Vgl. *H. Hofmann* in Schmidt-Bleibtreu/Hofmann/Henneke Art. 140 Rn. 51.
101 BT-Drs. 19/19273.
102 Für die 20. Wahlperiode wurde (erstmals) von den die BReg tragenden Parteien politisch vereinbart, ein Grundsätzegesetz für die Ablösung zu schaffen, vgl. Koalitionsvertrag zwischen SPD, Bündnis 90/Die Grünen und FDP 2021-2025, S. 111; vgl. dazu zB die Antwort der BReg in BT-Drs. 20/3356 S. 39 (zu Frage Nr. 60).

## I. Allgemeines

1 Die Einführung des Art. 10 geht auf eine Anregung des Verfassungsentwurfs des Regionalausschusses zurück; sie war in der Verfassungskommission schon früh unstrittig. Auch alle anderen neuen Bundesländer haben eine vergleichbare Regelung getroffen. Dies belegt, dass die Verfassungsgeber auch insoweit durch die **Erfahrungen aus der DDR-Vergangenheit** bewogen wurden. An Stelle des klageweisen Vorgehens gegen staatliche Stellen iSd Art. 19 Abs. 4 GG iVm der Verwaltungsgerichtsordnung gab es das Eingabewesen.[1]

2 Nur auf den ersten Blick scheinen die Regelungen der jeweiligen Landesverfassungen identisch. Bei genauerem Hinsehen zeigen sich doch **entscheidende Unterschiede**: Im Gegensatz zu praktisch allen anderen Bundesländern erfasst Thüringen als einziges auch mündliche Bitten und Beschwerden ausdrücklich,[2] Art. 24 BbgVerf lässt nicht nur Bitten und Beschwerden, sondern auch „Anregungen und Kritik" zu, und Art. 24 BbgVerf und Art. 19 LVerf LSA beziehen neben den staatlichen ausdrücklich auch die kommunalen Körperschaften bzw. Stellen ein. Die wohl kürzeste Formulierung findet sich in Rheinland-Pfalz (Art. 11: Jedermann hat das Recht, sich mit Eingaben an die Behörden oder an die Volksvertretung zu wenden).

## II. Das Petitionsrecht in der Landesverfassung

3 Satz 1 übernimmt wörtlich den Text des Art. 17 GG; wegen der Transformation dieser Vorschrift in Landesverfassungsrecht über Art. 5 Abs. 3 ist somit das Petitionsrecht zweifach gewährleistet. Art. 10 gewinnt daher seine **besondere Bedeutung** erst **aus Satz 2**, der nicht nur einen Anspruch auf Bescheidung überhaupt in **angemessener Frist** vermittelt, sondern einen solchen auf **begründeten Bescheid**.

4 **1. Schutzbereich.** Der Begriff der **Petition** leitet sich vom lat. petitum ab (**Begehren, Bitte, Gesuch**) und kann als Wunsch nach einem bestimmten Verhalten staatlicher Stellen charakterisiert werden, ohne dass ein Rechtsanspruch auf Erfüllung des Begehrens deutlich gemacht wird.[3] Abzugrenzen ist die Petition vom förmlichen Rechtsbehelf oder Rechtsmittel (Widerspruch oder Klage), auf diese findet Art. 10 keine Anwendung.[4] Der Petent hat keinen Anspruch, dass der Petitionsadressat den zu dem Begehren gehörenden Sachverhalt zutreffend ermittelt. Art und Umfang der sachlichen Prüfung des Petitionsanliegens unterliegen nicht der gerichtlichen Kontrolle.[5]

5 Art. 10 schützt sowohl schriftliche **Einzel-** als auch **Sammel- oder Massenpetitionen**; ein Absender muss allerdings identifizierbar sein. An wen bei Sammel- oder Massenpetitionen die Antwort zu richten ist, ist anhand des Begehrens und der von den Petenten gewählten Darstellung sachgerecht zu entscheiden. Eine Orientierung kann die Regelung über den Schriftverkehr in Abschnitt 5 der Anlage 3 zur Geschäftsordnung des Landtages (GVOBl. 2011, S. 982) geben.

6 Da Art. 10 dem Bürger die Möglichkeit eröffnen soll, eine einfache, entformalisierte Rechtsschutzmöglichkeit zu gewähren, dürfen an die Schriftform keine

---

1 Ausführlich hierzu *Bauer*, in Merten/Papier, Handbuch der Grundrechte, Bd. V, § 117 Rn. 32 ff.
2 Art. 14 ThürVerf; mangels Festlegung auf die Schriftlichkeit könnte auch Art. 24 BbgVerf dahin verstanden werden.
3 *Jarass*, in Jarass/Pieroth, Art. 17 Rn. 3.
4 Vgl. *Jarass*, in Jarass/Pieroth, Art. 17 Rn. 3.
5 Verfassungsgerichtshof für das Land Baden-Württemberg, Beschluss vom 22.2.2018 – 1 VB 54/17 –, Rn. 13, juris.

strengen Anforderungen gestellt werden.[6] Eine eigenhändige Unterschrift ist nicht erforderlich.[7] Ausreichend ist, wenn die Eingabe durch Schriftzeichen verkörpert ist und ihren Urheber erkennen lässt.[8] Die Petition kann auch in elektronischer Form eingereicht werden (vgl. zur Umsetzung Nr. 3.2 Abs. 2 der Anlage 3 zur GO LT). Im Unterschied zum Bund[9] sieht die landesrechtliche Regelung eine sog. „öffentliche Petition" nicht vor.[10] Diese Möglichkeit hat der Petitionsausschuss des Bundestages über das allgemeine Petitionsrecht hinaus eröffnet, um – wie es in der Richtlinie für die Behandlung von öffentlichen Petitionen gemäß Ziff. 7.1 (4) der Verfahrensgrundsätze heißt – „ein öffentliches Forum zu einer sachlichen Diskussion wichtiger allgemeiner Anliegen" zu schaffen, in dem „sich die Vielfalt unterschiedlicher Sichtweisen, Bewertungen und Erfahrungen darstellt". Allerdings steht auf Landesebene für derartige ernsthaft verfolgte kollektive Anliegen das Instrument der Volksinitiative als Alternative zur Verfügung (Art. 59, §§ 7 ff. VaG M-V).

**2. Grundrechtsträger.** Als „Jedermann-Grundrecht" steht das Petitionsrecht 7 grds. auch Ausländern, Staatenlosen und inländischen juristischen Personen und privatrechtlichen Personenvereinigungen zu; ebenso kann es von Minderjährigen und Geschäftsunfähigen selbstständig ausgeübt werden,[11] sofern sie in der Lage sind, ihr Anliegen verständlich zu äußern, und auch im Interesse von Dritten.[12] Bei Ausländern, die im Ausland leben, bedarf es eines „Anknüfungspunktes im Geltungsbereich der Landesverfassung."[13]

Ausgenommen sind – was schon von der Natur der Sache her einleuchtet – 8 juristische Personen des öffentlichen Rechts,[14] da diese ihrerseits als „zuständige Stellen" iSd Norm zu qualifizieren sind; dies gilt jedoch nicht, wenn ihnen eigene Grundrechtspositionen garantiert werden) zB durch Art. 7 Abs. 3).[15]

**3. Adressaten.** Mögliche **Adressaten** von Petitionen sind neben dem LT als 9 Volksvertretung – und zwar in seiner Gesamtheit mit der Folge, dass einzelne Abg. oder Fraktionen als Adressaten ausscheiden[16] – alle „**zuständigen Stellen**". Damit ist der Kreis der Verpflichteten bewusst sehr weit gehalten. Von diesem Begriff werden alle unmittelbaren und mittelbaren Organe staatlicher Gewalt erfasst; diese sind allerdings nur in ihrem eigenen Zuständigkeitsbereich zur

---

6 *Mensing*, in Brocker/Droege/Jutzi, Art. 11 Rn. 12.
7 *Mensing*, in Brocker/Droege/Jutzi, Art. 11 Rn. 12; aA *Jarass*, in Jarass/Pieroth, Art. 17 Rn. 4.
8 Bauer, in Merten/Papier, Handbuch der Grundrechte Bd. V, § 117 Rn. 42.
9 Siehe Nr. 2.2 Abs. 4 der auf der Grundlage von § 110 Abs. 1 der Geschäftsordnung des Deutschen Bundestages vom Petitionsausschuss beschlossenen „Grundsätze des Petitionsausschusses über die Behandlung von Bitten und Beschwerden (Verfahrensgrundsätze)".
10 Allgemein zur „öffentlichen Petition" siehe *Guckelberger*, Neue Erscheinungen des Petitionsrechts: E-Petitionen und öffentliche Petitionen DÖV 2008, 85 (88 ff.); Zur Anfechtbarkeit der Ablehnung einer Behandlung als „öffentliche Petition" auf dem Verwaltungsrechtsweg siehe BVerfG 27.9.2011 – 2 BvR 1558/11 –, juris und BVerfG 21.11.2012 – 2 BvR 1720/12 –, juris; zur Gewährung von PKH in diesem Zusammenhang BVerfG, B. v. 17.2.2014 – 2 BvR 57/13 –, juris.
11 *Pirsch*, in Thiele/Pirsch/Wedemeyer, Art. 10 Rn. 2; *Jarass*, in Jarass/Pieroth, Art. 17 Rn. 99 mwN.
12 Siehe § 1 Abs. 2 PetBüG M-V.
13 *Mensing*, in Brocker/Droege/Jutzi, Art. 11 Rn. 5.
14 *Jarass*, in Jarass/Pieroth, Art. 17 Rn. 9 9; *Mensing*, in Brocker/Droege/Jutzi, Art. 11 Rn. 6.
15 *Mensing*, in Brocker/Droege/Jutzi, Art. 11 Rn. 6; *Bauer*, in Merten/Papier, Handbuch der Grundrechte, Bd. V § 117 Rn. 39; *Bauer*, in Dreier, GG, Art. 17 Rn. 31; *Stettner*, in BK, Stand Nov. 2000, Art. 17 Rn. 66.
16 *Pirsch* (Fn. 5), Art. 10 Rn. 7; *Jarass*, in Jarass/Pieroth, Art. 17 Rn. 6 mit Nachweisen zum Meinungsstand.

Prüfung der Petition berufen.[17] Kommunale Vertretungen dürften als „zuständige Stelle" anzusehen sein, wobei sich dies wie bei jeder anderen „zuständigen Stelle" iSd Norm auf ihren Zuständigkeitsbereich begrenzt.

10 In der Praxis ist allerdings wohl noch nicht bei allen Behörden und öffentlichen Einrichtungen im Lande das Bewusstsein vorhanden, selbst dem Beschwerde führenden Bürger unmittelbar aus Art. 10 und damit aus Verfassungsrecht verpflichtet zu sein. Typischer Anwendungsfall sind **Dienstaufsichtsbeschwerden**.

11 **4. Einschränkungen.** Die durch Art. 17a oder Art. 33 GG zugelassenen bundesgesetzlichen Beschränkungen gelten über Art. 5 Abs. 3 auch für das Petitionsrecht des Landes (zB für die Angehörigen der Streitkräfte bezüglich Sammelpetitionen; beamtenrechtliche Bestimmungen). **Einfachgesetzlich ist in M-V den Angehörigen des öffentlichen Dienstes** auch **uneingeschränkt das Recht,** sich an den LT und den Bürgerbeauftragten zu wenden, **gewährleistet.**[18]

### III. Der Anspruch aus Art. 10 Satz 2

12 Mit der Regelung in Satz 2 geht das Landesgrundrecht in doppelter – und zulässiger (→ Vorb. Art. 5 Rn. 6) – Weise über den Grundrechtsschutz des GG hinaus, der zwar auch ohne ausdrückliche Normierung jedenfalls zur Erteilung eines Petitionsbescheides verpflichtet, weil andernfalls das Petitionsrecht wirkungslos bliebe, jedoch weder die Pflicht zur Bescheiderteilung in angemessener Frist enthält noch ein einklagbares Recht auf Begründung vermittelt.[19]

13 **1. Anspruch auf begründeten Bescheid.** Die Verfassungsbestimmung will garantieren, dass die Eingabe des Petenten nicht nur zur Kenntnis genommen und überhaupt eine Antwort erteilt wird, sondern dass das Anliegen sachlich geprüft und die **Behördenentscheidung begründet** wird; es ist also wenigstens in Grundzügen mitzuteilen, weshalb so und nicht anders reagiert wird.

14 Der Begriff „Bescheid" ist an dieser Stelle iS eines bloßen „Verbescheidens" (Antwortgebens), nicht im verwaltungsverfahrensrechtlichen Sinne gemeint; die **Antwort** auf eine Petition stellt **in der Regel keinen Verwaltungsakt** iSd § 42 VwGO dar.

15 **2. Angemessene Frist.** Die **Angemessenheit** einer Frist, innerhalb derer beschieden sein muss, lässt sich **nicht generell einheitlich** festlegen; sie wird sich nach Anlass der Petition, Umfang der vorzunehmenden Aufklärungsarbeit und Belastung der angegangenen Stelle richten. Einen **Anhaltspunkt** kann die Regelung in Abschnitt 4 des Anhangs 3 zur GO LT geben, wonach der LReg eine Frist von einem Monat nach Eingang des Stellungnahmeersuchens zur Unterrichtung des Petitionsausschusses über veranlasste Maßnahmen, den Fortgang und das Ergebnis des Verfahrens einzuräumen ist.

---

17 *Pirsch* (Fn. 5), Art. 10 Rn. 6. Nicht selten werden an Gerichtsleitungen außerhalb eines anhängigen (Verwaltungs)Streitverfahrens Beschwerden und Begehren in Bezug auf das Handeln aller möglichen Kommunal- und Landesbehörden gerichtet; die Abgrenzung zur Klageerhebung ist bisweilen schwierig.
18 § 1 Abs. 1 S. 2 PetBüG M-V.
19 BVerfGE 2, 225 (230); BVerfG-K NJW 1992, 2033; *Wermeckes*, Der erweiterte Grundrechtsschutz in den Landesverfassungen, 2000, S. 179 mwN; vgl. ausführlich zum Begründungserfordernis i.R.d. Art. 17 GG *Bauer*, in Merten/Papier, Handbuch der Grundrechte Bd. V, § 117 Rn. 44.

## IV. Absicherung des Petitionsrechts auf Landesebene

Um das Petitionsrecht zumindest in Bezug auf die Volksvertretung – den LT – effektiv zu machen, hat der Verfassungsgeber Vorsorge getroffen; er hat zum einen nicht nur die Einrichtung eines **Petitionsausschusses** in Art. 35 Abs. 1 verfassungsrechtlich abgesichert, sondern auch dessen Rechte gegenüber der LReg und den der Aufsicht des Landes unterstehenden Trägern öffentlicher Verwaltung (Art. 35 Abs. 2). Zum anderen hat er in Gestalt des **Bürgerbeauftragten** (Art. 36) und des **Datenschutzbeauftragten** (Art. 37) spezielle Institutionen zur Wahrung von Bürgerrechten geschaffen.[20]   16

Die nähere Ausgestaltung nehmen das **Petitions- und Bürgerbeauftragtengesetz**, das teilweise über den Verfassungswortlaut hinausgeht,[21] und – für den Bereich des Datenschutzes – das **Landesdatenschutzgesetz**[22] vor. Zugleich trifft die GO LT in § 67 in Verbindung mit den Verfahrensgrundsätzen (Anlage 3) Regelungen über die Behandlung von Petitionen und verpflichtet den Petitionsausschuss in § 68 zu einem jährlichen schriftlichen Tätigkeitsbericht. Da Art. 10 die Volksvertretung als Institution, nicht in ihrer jeweiligen Zusammensetzung anspricht, können unerledigte Petitionen nicht der Diskontinuität am Ende einer Wahlperiode unterfallen.[23] Insoweit regelt § 113 Abs. 2 der GO LT, dass noch nicht beschiedene Petitionen in der nächsten Wahlperiode weiterberaten werden.   17

# III. Staatsziele

**Vorbemerkung zu Art. 11**

| | | | |
|---|---|---|---|
| I. Allgemeines Begriffsverständnis | 1 | 3. Adressaten | 8 |
| II. Staatsziele in der Landesverfassung | 5 | 4. Objektiv-rechtliche Bindungswirkungen | 9 |
| 1. Verhältnis zu Bundesrecht | 5 | 5. Justiziabilität | 11 |
| a) Staatsziele des GG | 5 | III. Schrifttum | 13 |
| b) Einfaches Bundesrecht | 5a | | |
| 2. Anderweitige Staatsziele, staatszielfremde Normen in Abschnitt II | 6 | | |

## I. Allgemeines Begriffsverständnis

In der LV wurde den Staatszielen (im engeren Sinne) in dem mit „Grundlagen" überschriebenen 1. Abschnitt – wie der Staatsform und den Grundrechten – ebenfalls ein **eigenes Kapitel** gewidmet. Mit den Normen (Artt. 11–19 LV) folgt die LV – in Gegensatz zum Grundgesetz[1] – einem in den Ländern vorherrschenden Trend, **zahlreiche Staatsziele** verfassungsrechtlich zu verankern. Die LV trifft keine Definition des in Abschnitt III verwendeten **Begriffs „Staatsziel"**. Sie folgt aber dem allgemeinen Verständnis. Danach verpflichten Staatsziele das Land, sie nach Kräften anzustreben und sein Handeln danach auszurichten (vgl. Art. 3   1

---

20 Für Einzelheiten siehe → Art. 35, 36, 37.
21 ZB § 1 Abs. 1: „Vorschläge, Bitten und Beschwerden".
22 Siehe → Art. 6 Fn. 43.
23 Dies gebieten schon Sinn und Zweck des Petitionsrechts unabhängig von einer entsprechenden Regelung in der GO LT, siehe den Hinweis auf § 65 S. 2 GO LT aF bei *Pirsch* (Fn. 5), Art. 10 Rn. 7.
1 Vgl. die Aufzählung der Staatszielbestimmungen im GG bei *Schladebach* JuS 2018, 118 (120).

Abs. 3 LV LSA, Art. 13 SächsVerf, Art. 43 ThürVerf).[2] Staatszielbestimmungen sind somit Verfassungsnormen mit rechtlich verbindlicher Wirkung, die der Staatstätigkeit die fortdauernde Beachtung oder Erfüllung bestimmter Aufgaben – sachlich umschriebener Ziele – vorschreiben. Sie umreißen ein bestimmtes Programm der Staatstätigkeit und sind dadurch eine Richtlinie oder Direktive für das staatliche Handeln, auch für die Auslegung von Gesetzen und sonstigen Rechtsvorschriften.[3] Sie sollen den positivrechtlichen Status quo bewusst in Bewegung halten, ihn offen halten für eine Kritik, die von außerhalb des positiven Rechts über es hinausweist und es verändern kann[4]. Entgegen dem Eindruck, den der Ausdruck „Ziel" vermittelt, geht es meist eher um eine Aufgabe (die Tätigkeit des Schützens oder Förderns) als ein Ziel (das geforderte Ergebnis dieser Tätigkeit)[5]. Eine Staatszielbestimmung lässt die allgemeinen und anderweitige rechtsstaatliche Bindungen der Staatsgewalt unberührt. Sie eröffnet keine Interventionsmöglichkeiten außerhalb der geltenden Gesetzgebung, sondern fordert angemessene Berücksichtigung bei gesetzgeberischen Entscheidungen und verpflichtet zu einer das Staatsziel in Rechnung stellenden Abwägung und Auslegung in Verwaltung und Rechtsprechung.[6]

2 Zu **unterscheiden** sind Staatszielbestimmungen zunächst von **Gesetzgebungsaufträgen**. Dies sind Verfassungsnormen, die in der Regel keine grds. Fragen der Verfassung, sondern ausführende Verfassungsergänzungen oder -konkretisierungen von begrenzter Bedeutung betreffen und dem Gesetzgeber in diesem Rahmen die Regelung einzelner Vorhaben bzw. Regelungen in einzelnen Bereichen vorschreiben.[7] Sie richten sich allein an den Gesetzgeber, während Staatszielbestimmungen im Grundsatz allen Staatsgewalten aufgegeben sind. Verfassungsrechtliche **Programmsätze** enthalten lediglich Anregungen an den Gesetzgeber, in bestimmten Gebieten tätig zu werden, während Staatszielbestimmungen verbindlichen Charakter aufweisen.[8] **Strukturprinzipien** der Verfassung (auch Verfassungsprinzipien genannt)[9] wie Demokratie, Bundesstaatlichkeit, Rechtsstaatlichkeit beschreiben die Baugesetze des Staates,[10] während Staatszielbestimmungen Handlungsaufträge formulieren. **Einrichtungsgarantien** beziehen sich primär auf einen bereits bestehenden Normenkomplex, den der Gesetzgeber abzusichern und ausgestalten soll[11], während Staatszielbestimmungen auf die Neuschaffung entsprechender Normen ausgerichtet.[12] Schließlich sind Staatszielbestimmungen von **Kompetenznormen** zu unterscheiden, die den Handlungs-

---

2 *Classen* in ders. ua, Landesrecht M-V § 1 Rn. 12.
3 So Sachverständigenkommission, S. 21; ebenso Zwischenbericht der Enquete-Kommission „Kultur in Deutschland", BT-Drs. 15/5560 (2005), S. 2; vgl. auch Bericht der Gemeinsamen Verfassungskommission des BT und des BRat, BT-Drs. 12/6000 (1993), S. 65 ff.; *Sommermann*, S. 327; zur Entwicklung des Begriffs *Schladebach*, JuS 2018, 118 (120). S. Definition bei OVG Lüneburg, Beschl. v. 14.12.2017 – 2 NB 1759/17, NVwZ-RR 2018, 432.
4 So *Rixen* in *Eckertz-Höfer/Schuler-Harms* (Hrsg.), Gleichberechtigung und Demokratie, 2019, S. 59.
5 *Murswiek* in Sachs, Grundgesetz, 9. Aufl. 2021 Art. 20a Rn. 10.
6 VerfGBbg Urt. v. 18.6.1998 – VfGBbg 27/97 – LVerfGE 8, 97 (135).
7 Vgl. Sachverständigenkommission (Fn. 3), *Sommermann*, S. 362 ff.; *Schladebach*, JuS 2018, 118 (120).
8 So Enquete-Kommission (Fn. 3), S. 2; *Neumann*, S. 86.
9 *Bauer* in Hb des Staatsrechts § 14 Rn. 67.
10 *Kotzur* von Münch/Kunig, GG, 7. Auflage 2021, Art. 20 Rn. 16 ff.; s. aber *Dreier* in ders., GG, 3. Aufl. 2015 Art. 20 Rn. 9 ff. und 12.
11 *Dreier* in ders., GG, 3. Auflage 2013 Art. 20 Rn. 107 f.
12 Vgl. ausführlich *Sommermann*, S. 366 ff.

bereich einer staatlichen Organisationseinheit markieren;[13] diese geben Befugnisse und eröffnen Handlungsmöglichkeiten, jene konstituieren Pflichten und weisen dem Handeln der Staatsorgane die Richtung.[14] Allerdings können – wie Art. 11 ff. LV – Staatsziele je an bestimmte Träger der Staatsgewalt gerichtet sein (Land, Gemeinden, Kreise etc.). Staatsziele sind auch keine **Ermächtigungsgrundlagen** für behördliches Handeln.

Die Abgrenzung der einzelnen **Normtypen** voneinander im konkreten Fall ist eine Frage der Auslegung[15]. Ein Anhaltspunkt für den Charakter als Staatszielbestimmung kann es sein, dass sie im Abschnitt III steht. Typisch für Staatszielbestimmungen sind allg. Formulierungen, die den Staat zum Schutz, zur Sicherung, zur Pflege oder zur Förderung bestimmter Werte aufrufen. Dabei enthalten die Regelungen zum Teil auch Konkretisierungen zur Umsetzung der betreffenden Werte bzw. Staatsziele.[16] Soweit dabei wesentliche Gestaltungsspielräume verbleiben, steht der Staatszielcharakter nicht in Frage. Vielmehr bestimmt der Verfassungsgesetzgeber durch derartige konkretisierende Regelungen lediglich den Zielverwirklichungs*modus* für die betreffende Staatszielbestimmung genauer.[17] 3

Staatszielbestimmungen unterscheiden sich auch von **Grundrechten**, die einklagbare, individuelle Rechtspositionen schaffen, was bei Staatszielbestimmungen grds. nicht der Fall ist.[18] Das entspricht auch dem allgemeinen Verständnis, wonach aus dem Charakter einer Vorschrift als Staatszielbestimmung geschlossen wird, dass kein subjektives Recht begründet wird.[19] Eine Norm kann jedenfalls in der LV M-V keinen Doppelcharakter haben und **Staatsziel- *und* Grundrechtscharakter** zugleich darstellen Die LV verwendet im Rahmen des Abschnitts II nicht den Begriff „Rechte". Es ist daher im Rahmen der gebotenen verfassungsimmanenten Auslegung auch ausgeschlossen, aus Art. 11ff. subjektive Rechte herzuleiten.[20] Soweit die LV im Rahmen von Staatszielbestimmungen von Rechten spricht (wie Art. 14 Abs. 4), werden sie entweder einfach-rechtlich als Gegenstand des Schutzes oder der Förderung vorausgesetzt oder soll ihre einfachrechtliche Konstituierung angestrebt werden. Allerdings können Staatsziele grundrechtsverstärkende[21] oder -einschränkende Wirkungen entfalten[22]. 4

## II. Staatsziele in der Landesverfassung

**1. Verhältnis zu Bundesrecht. a) Staatsziele des GG.** Eine Landesverfassung kann Staatsziele im Rahmen des Homogenitätsprinzips gem. Art. 28 Abs. 1 5

---

13 BVerfG Urt. v. 2.5.1967 – 1 BvR 578/63, BVerfGE 21, 362 (372).
14 Vgl. *Sommermann*, S. 366.
15 VerfGBbg Urt. v. 18.6.1998 – VfGBbg 27/97 – LVerfGE 8, 97 (127).
16 Vgl. zB Art. 12 Abs. 1 S. 2 LV (sparsamer Umgang mit Naturgütern), Art. 12 Abs. 4 LV (Ausgleich oder Beheben von Schäden für Natur und Landschaft), Art. 14 Abs. 2 LV (Vorsorge für Betreuungseinrichtungen), Art. 15 Abs. 3 S. 1 LV (Durchlässigkeit der Bildungsgänge).
17 Vgl. ausführlicher *Sommermann*, S. 381 ff., der insoweit von qualifizierten Staatszielbestimmungen spricht.
18 S. Verfassungskommission LTag-Drs. 1/3100 S. 3 „klare Trennung"; *Classen* in ders./Lüdemann § 1 Rn. 12; s. auch *Sommermann*, S. 315 ff.; *Merten*, S. 370; *Neumann*, S. 83 ff.; *Schladebach* JuS 2018, 118 (119).
19 BVerfG, Beschl. v. 24.3.2021 – 1 BvR 2656/18 ua, NJW 2021, 1723 Rn. 112.
20 Zu dieser Auslegungsfrage *Neumann* LKV 1996, 392 (394).
21 Vgl. BVerfG, Beschl. v. 24.3.2021 – 1 BvR 2656/18 ua, NJW 2021, 1723; *Härtel* NuR 2020, 577 (579 f.).
22 BVerwG Urt. v. 13.6.2019 – 3 C 28/16, BVerwGE 166, 32.

GG[23] auch aufnehmen, wenn es ähnliche bereits im **Grundgesetz**[24] gibt[25]. Hierdurch kann eine besondere Verstärkung für den Gesetzgeber des Landes, seine Exekutive und Justiz bewirkt werden. Zudem können solche Staatsziele in der Anwendung, ggf. auch durch das LVerfG, abweichend ausgelegt werden[26]. Der äußerliche Anspruch einer Staatszielbestimmung und die kompetenzrechtlichen Verwirklichungsbedingungen können hier auseinandergehen.[27] Inhaltliche Dopplungen oder Überschneidungen, die keine **Kollisionen** darstellen, sind insoweit grds. unschädlich.[28] Erst recht muss dies für „überschießende" Staatszielbestimmungen gelten,[29] dh für landesverfassungsrechtliche Staatszielbestimmungen, für die es im Bundesrecht keine Entsprechung gibt, jedenfalls sofern und solange sich deren Erlass durch den Landesverfassungsgesetzgeber im Kompetenzbereich des Landes vollzieht. Kollisionen mit dem Grundgesetz können sich ergeben, wenn bundesrechtliche Regelungen mit den Staatzielen des Landesverfassungsrechts nicht miteinander „vereinbar" sind, weil der „Ort" der divergierenden Vorschriften im Gefüge der Gesamtrechtsordnung verschiedene sind, sie also unabhängig voneinander in je verschiedenen Bereichen Geltung beanspruchen[30]. Eine andere Frage ist, ob einem Staatsziel des GG gegenüber einem der LV generell ein Vorrang zukommt. Das dürfte nur dann der Fall sein, wenn das Staatsziel des GG auch unter Beachtung des ansonsten zu beachtenden Grundsatzes der praktischen Konkordanz mit dem vorgesehenen Gewicht nicht durchsetzbar ist. Ansonsten genießt es auch ein Staatsziel des GG – soweit nicht vorgesehen - keinen unbedingten Vorrang gegenüber anderen Belangen.[31]

5a **b) Einfaches Bundesrecht.** Macht der Bund von der konkurrierenden Gesetzgebung Gebrauch, verlieren die Länder gemäß Art. 72 Abs. 1 GG das Recht zur Gesetzgebung in dem Zeitpunkt ("solange") und in dem Umfang ("soweit"), in dem der Bund die Gesetzgebungskompetenz zulässigerweise in Anspruch nimmt (sog. Sperrwirkung). Bloße Wert- oder Zielvorstellungen eines Bundesgesetzes verpflichten die Länder nicht zu hiermit konformer Gesetzgebung. Ein politisches Homogenitätsgebot kennt das Grundgesetz nicht.[32] Soweit die Sperrwirkung reicht, entfällt die Gesetzgebungskompetenz der Länder. Das Staatsziel des Landes kann bei einer Abwägung mit einem bundesrechtlichen Ziel sein gesteigertes Gewicht einbringen. Führt der Vollzug eines Staatsziels der Landesverfassung aber dazu, dass die bundesrechtliche Regelung nicht mehr oder nicht mehr vollständig oder nur noch verändert angewandt werden könnte, ist dies

---

23 Dazu BVerfG Urt. v. 22.2.1994 – 1 BvL 30/88, BVerfGE 90, 60 (84); BayVerfGH Entsch. v. 28.10.2019 – Vf. 74-III-18, BayVBl 2020, 86.
24 Vgl. Fn. 1.
25 BayVerfGH, Entsch. v. 16.7.2020 – Vf. 32-IX-20, NVwZ 2020, 1429 – Volksbegehren für einen „Mietendeckel" in Bayern.
26 *Härtel* NuR 2020, 577 (580).
27 Hierfür mag Art. 18a LV ein Beispiel sein; vgl. *Erbguth* LKV 2008, 440 (442 f.) Vgl. zur SächsVerf *Rinck*, S. 85 ff., 173.
28 *März* in von Mangoldt/Klein/Starck, Art. 31 Rn. 42; *Hahn*, S. 237; aA *Huber* in Sachs, Art. 31 Rn. 22.
29 Zum Begriff s. *Hahn*, S. 109.
30 BVerfG Beschl. v. 29.1.1974- 2 BvN 1/69, BVerfGE 36, 342.
31 Vgl. OVG LSA, Beschl. v. 10.6.2022 – 2 L 21/20.Z, ZUR 2022, 680 = LKV 2022, 470.
32 BVerfG, Beschl. v. 25.3.2021 – 2 BvF 1/20, 2 BvL 4/20, 2 BvL 5/20, BVerfGE 157, 223 Rn. 88, 95.

Indiz für eine Sperrwirkung nach Art. 72 Abs. 1 GG.[33] Im Übrigen greift Art. 31 GG.[34].

**2. Anderweitige Staatsziele, staatszielfremde Normen in Abschnitt II.** Allerdings weist das Staatszielkapitel auch **staatszielfremde Normen** auf, die zwar in einem gewissen Zusammenhang mit dort geregelten einzelnen Staatszielen stehen, selbst jedoch keine Staatszielbestimmung darstellen. So kann man Art. 15 Abs. 1 LV, der das gesamte Schulwesen unter die Aufsicht des Landes stellt, eine Kompetenzzuweisung entnehmen, nicht aber die Ausrichtung auf ein bestimmtes Programm oder Ziel.[35]

Staatsziele werden auch in der **Präambel** zur LV formuliert (→ Präambel Rn. 1, 4).[36] Desgleichen finden sich **in Art. 2 LV** Staatszielbestimmungen,[37] wenn auch hier in einer Verquickung mit Bestimmungen zur Staatsform (→ Art. 2 Rn. 2). Diese entwickeln in der Folge indes – abgesehen von der beschränkten Normativkraft, die schon der Präambel als solcher eignet (→ Präambel Rn. 1) – auch insofern keine eigenständige normative Wirkung, als sie in den Staatszielbestimmungen der Artt. 11–19 noch eine konkretere normative Ausgestaltung erfahren.[38] Staatsziele können sich auch aus der Zusammenschau mehrerer anderer benannter Staatsziele ergeben.[39] Das gilt etwa für ein Staatsziel der **Gleichwertigkeit von Arbeits- und Lebensverhältnissen**.[40] Es wird auch diskutiert, weitere Staatsziele aufzunehmen.[41]

**3. Adressaten.** Der Begriff „Staat" im Wort „Staatszielbestimmung" meint grds. – dh wenn nicht ausdrücklich etwas anders bestimmt wird – stets **alles staatliche Handeln**.[42] Dies betrifft zunächst **alle Hoheitsgewalten**, also Gesetzgeber (diesen allerdings primär; → Rn. 2, 8), Regierung, Verwaltung[43] und Rspr. Dabei zählt zum Staat auch die sog. mittelbare Staatsverwaltung, also Gemeinden, Gemeindeverbände, insbes. Kreise, sowie andere Körperschaften öffentlichen Rechts, gelegentlich auch Private (Beliehene),[44] die materiell Staatsaufgaben erfüllen. So verpflichten die Staatszielbestimmungen der Artt. 11–19

---

33 BVerfG Beschl. v. 27.9.2022 – 1 BvR 2661/21, NVwZ 2022, 1890, 1892 Rn. 27; zum Verhältnis § 2 EEG zum Staatsziel nach Art. 16 LV OVG Greifswald, Urt. v. 7.2.2023 – 5 K 171/22 OVG, NordÖR 2023, 212 (220 ff.); a.A. Reg LSA in LTag-Drs. LSA 8/1926.
34 S. *März*, in von Mangoldt/Klein/Starck, Art. 31 Rn. 43 ff.; *Huber*, in Sachs, Art. 31 Rn. 23 ff. (Rechtsfolge: Nichtigkeit bzw. Derogation des widersprechenden Landesrechts; hM); aA *Hahn*, S. 242 ff. mwN (keine Derogation, sondern nur Suspension des Landesrechts bzw. Anwendungsvorrang des Bundesrechts).
35 Das entsprechende Staatsziel ist in Art. 15 Abs. 2 S. 1 LV niedergelegt.
36 Im Einzelnen: Generationengerechtigkeit; Sicherung der Würde und Freiheit des Menschen; Friedenssicherung; Sozialstaat; Schutz der natürlichen Lebensgrundlagen; Integration in die europäische Völkergemeinschaft.
37 Konkret werden der Sozialstaat sowie der Schutz der natürlichen Lebensgrundlagen genannt.
38 → Art. 2 Rn. 1.
39 Vgl. VerfGBbg, Urt. v. 18.6.1998 – 27/97, juris, Rn. 139 – Energiesicherung.
40 Vgl. LTag-Drs. 7/5155 S. 26 ff.; dazu auch *Lechleitner*, Gleichwertige Lebensverhältnisse, Teil I: Begriff und Staatsziel, 2018 – https://www.ssoar.info/ssoar/bitstream/handle/document/61020/ssoar-2018-lechleitner-Gleichwertige_Lebensverhaltnisse_Teil_1_Begriff.pdf;sequence=1; Teil II: Normen und Konzepte, 2019, Landtag Brandenburg, Parlamentarischer Beratungsdienst – https://nbn-resolving.org/urn:nbn:de:0168-ssoar-61709-5.
41 Vgl. Gesetzentwurf der Fraktion DIE LINKE vom 24.2.2021 – LTag-Drs. 7/5874.
42 So Enquete-Kommission (Fn. 3), S. 2; ebenso *Merten*, S. 370; *Neumann*, S. 83.
43 Zum Aufbau der Verwaltung in M-V *Rodi/Wallerath* in Classen/Lüdemann § 2 Rn. 47 ff.
44 Zum *Beliehenen* Schmitz in Stelkens/Bonk/Sachs, VwVfG, 10. Aufl. 2023 § 1 Rn. 246 ff.; *Rodi/Wallerath* aaO Rn. 77 ff.

LV als Normadressaten in der Regel das **Land**, die **Gemeinden** und **Kreise** sowie in einigen Fällen[45] die **sonstigen Träger der öffentlichen Verwaltung**. Lediglich zwei Staatszielbestimmungen, nämlich Art. 11 und 18 LV, verpflichten allein das Land. Hier ist das Land verpflichtet, das Staatsziel durch Gesetzgebung oder als oberste Landesbehörde gegenüber der mittelbaren Staatsverwaltung zur Geltung zu bringen.

9  **4. Objektiv-rechtliche Bindungswirkungen.** Staatszielbestimmungen sind objektives Verfassungsrecht. Sie beschränken sich grds. auf eine **objektiv-rechtliche Bindungswirkung** und begründen – anders als Grundrechte – keine subjektiven Rechte Einzelner.[46] Staatsziele des Landesverfassungsgesetzgebers binden ausschließlich die durch die jeweilige Landesverfassung verfasste Staatsgewalt und sind für die Kompetenzverteilung zwischen Bund und Ländern irrelevant.[47] Sie normieren staatliche Handlungspflichten und richten sich in erster Linie an den **Gesetzgeber**. Sie legitimieren Eingriffe des Gesetzgebers oder der Exekutive als Rechtfertigungsgrund, bieten aber als solche keine Eingriffsermächtigung.[48] Sie können aber auch einschränkend wirken, sofern ihre Zielrichtung durch Maßnahmen der Legislative oder Exekutive beeinträchtigt wird. Durch Staatsziele werden die jeweils benannten Belange zur Angelegenheit der Verfassung gemacht, weil ein demokratischer politischer Prozess über Wahlperioden kurzfristiger organisiert ist, damit aber strukturell Gefahr läuft, schwerfälliger auf langfristig zu verfolgende Belange zu reagieren und weil die besonders betroffenen künftigen Generationen heute naturgemäß keine eigene Stimme im politischen Willensbildungsprozess haben. Mit Blick auf diese institutionellen Bedingungen erlegen sie der demokratischen Entscheidung inhaltliche Bindungen auf[49]. Der offene Normgehalt von Staatszielbestimmungen schließt eine verfassungsgerichtliche Kontrolle ihrer Einhaltung nicht aus. Sie sind justiziable Rechtsnormen, die den politischen Prozess zugunsten der benannten Belange binden sollen[50]. Soweit die Realisierung des Staatsziels weiterer Konkretisierung bedarf, ist dies Aufgabe des Gesetzgebers, dem eine Konkretisierungsprärogative zukommt. Er hat die besondere Bedeutung der jeweiligen Schutzgüter und deren Spannungsverhältnis zu etwaigen gegenläufigen Belangen, v.a. anderen verfassungsrechtlich geschützten Belangen[51], in demokratischer Verantwortung zu einem Ausgleich zu bringen[52]. Dabei begründen Staatsziele keine von seinen materiellen Anforderungen losgelöste, eigenständige Sachaufklärungs- und Begründungspflicht des Gesetzgebers[53]. Diese Grundsätze gelten auch bei dem Erlass exekutivischer Normen (Satzung, Rechtsverordnung).[54]

10 Neben dem Gesetzgeber ergeben sich Handlungspflichten aber auch für die anderen Staatsgewalten.[55] So sind **Rechtsprechung** und **Verwaltung** verpflichtet, die Staatsziele bei der Rechtsanwendung zu berücksichtigen und mit abzuwä-

---

45 Art. 12 Abs. 1 sowie Art. 13 S. 1 LV.
46 Vgl. Enquete-Kommission (Fn. 3), S. 2; → Rn. 4.
47 Vgl. ausdrücklich Art. 11 LV; s. auch BVerfG, Beschl. v. 25.3.2021 – 2 BvF 1/20 u.a., NJW 2021, 1377 – Berliner Mietendeckel.
48 → Wallerath/Schlacke Art. 2 Rn. 16.
49 BVerfG, Beschl. v. 24.3.2021 – 1 BvR 2656/18 ua, NJW 2021, 1723, Rn. 206.
50 BVerfG, Beschl. V. 24.3.2021 – 1 BvR 2656/18 ua, NJW 2021, 1723, Rn. 211.
51 BVerwG Urt. v. 28.2.2018 – 6 C 48/16, BVerwGE 161, 224.
52 BVerfG, Beschl. v. 24.3.2021 – 1 BvR 2656/18 ua, NJW 2021, 1723, Rn. 213.
53 BVerfG, Beschl. v. 24.3.2021 – 1 BvR 2656/18 ua, NJW 2021, 1723, Rn. 213.
54 BVerwG Urt. v. 25.1.2006 – 8 C 13/05, BVerwGE 125, 68; OVG Münster, Beschl. v. 8.12.2020 – 15 A 4803/19 – Anschluss- und Benutzungszwang aus Gründen des Klimaschutzes.
55 Enquete-Kommission (Fn. 3), S. 2.

gen.⁵⁶ Die Wirkung der Staatszielbestimmungen liegt dabei darin, dass die Staatsziele unmittelbar, also auch ohne bzw. unabhängig von gesetzgeberischen Verwirklichungsmaßnahmen, in die Rechtsanwendung einfließen. Sie liefern insoweit einen **Auslegungsmaßstab** bei der Anwendung von Gesetzen sowie einen **Abwägungsmaßstab** bei der Herstellung „praktischer Konkordanz" zwischen kollidierenden Schutzgütern im Rahmen von Ermessens-⁵⁷ oder Planungsentscheidungen.⁵⁸ Dabei sind die Wirkung dort stärker, wo es um Schutz- und Förderaufgaben geht als in den Fällen, in denen finanzielle Mittel eingesetzt werden müssen.⁵⁹ Ein Staatsziel darf aber nicht contra legem umsetzt werden.⁶⁰ Ein Staatsziel kann daher nicht einen Ermessens- oder Planungszweck einem Gesetz vorgeben, wenn dies der einfache Gesetzgeber nicht vorgesehen hat. Allerdings kann er die Beachtung eines Staatsziels durch eine generelle Berücksichtigungspflicht sicherstellen;⁶¹ alsdann ist bei der Anwendung des Spezialgesetzes das dahinterstehende Staatsziel zu berücksichtigen. Hier verstößt dann eine Entscheidung, die ein Staatsziel krass verkennt, auch gegen das Willkürverbot.⁶²

**5. Justiziabilität.** Als verbindliches Verfassungsrecht sind **Staatszielbestimmungen** (im engeren Sinne) **justiziabel**.⁶³ Ein Gesetz oder eine sonstige Rechtsvorschrift, die eine Staatszielbestimmung missachtet, ist **verfassungswidrig**.⁶⁴ Angesichts des weiten gesetzgeberischen Gestaltungsspielraums⁶⁵ wird die verfassungsgerichtliche Kontrolle von gesetzgeberischen Umsetzungsmaßnahmen, soweit sie verfahrensrechtlich in Betracht kommt,⁶⁶ zurückhaltend ausfallen müssen.⁶⁷ Grundsätzlich ist nicht Aufgabe der Gerichte, aus der offenen Formulierung von Staatszielen konkrete Vorgaben abzuleiten. Gleichwohl darf ein Staatsziel auch nicht leerlaufen. Es bleibt auch insoweit Aufgabe (verfassungs)gerichtlicher Kontrolle, über die Wahrung von dessen Grenzen, die Einhaltung eines Mindeststandards verfassungsrechtlich zu überprüfen oder auch Verschlechterungen des Schutzniveaus einer erhöhten verfassungsrechtlichen Kontrolle zu unterziehen⁶⁸. Es kommt darauf an, ob die betreffende Vorschrift oder Entscheidung den Verfassungsauftrag des Staatsziels ausreichend in Betracht zieht oder von vornherein oder ohne gewichtige Gründe vernachlässigt.⁶⁹ Auch für die verfassungsgerichtliche Kontrolle ist eine einfach-gesetzliche Konkretisierung eines

---

56 Enquete-Kommission (Fn. 3), S. 2.
57 Dazu *Geis* in Schoch/Schneider, VwVfG, § 40 Rn. 62.
58 Vgl. Enquete-Kommission (Fn. 3), S. 2 f.; vgl. auch *Lübbe-Wolff*, S. 18 f.; *Neumann*, S. 83; skeptisch aber *Merten*, S. 371.
59 *Classen* in ders./Lüdemann § 1 Rn. 13.
60 BFH Urt. v. 29.10.1997 – I R 13.97, BFHE 184, 226 = NuR 1998, 621.
61 So etwa § 13 Abs. 1 KSG oder § 2 EGG; dazu OVG Greifswald, Urt. v. 7.2.2023 – 5 K 171/22 OVG, NordÖR 2023, 212.
62 BayVerfGH, Entsch. v. 31.5.2006 – Vf. 1-VII-05, VerfGHE 59, 109.
63 Enquete-Kommission (Fn. 3), S. 11.
64 Vgl. Sachverständigenkommission (Fn. 3), S. 21; ebenso Enquete-Kommission (Fn. 3), S. 2.
65 BVerfG Beschl. v. 5.11.2019 – 1 BvL 7/16, BVerfGE 152, 68 Rn. 125.
66 Abstrakte und konkrete Normenkontrollverfahren (Art. 53 Abs. 1 Nr. 2 und Nr. 5 LV) sowie im Rahmen von Verfassungsbeschwerden (Art. 53 Abs. 1 Nr. 6 und 7 LV) sowie inzidente Kontrolle durch Fachgerichte.
67 Dazu *Sommermann*, S. 435 ff.; *Lübbe-Wolff*, S. 5 ff.
68 BVerfG, Beschl. v. 24.3.2021 – 1 BvR 2656/18 ua NJW 2021, 1723 Rn. 207; skeptisch zu solchen Ansätzen *Durner* in Herdegen/Masing/Poscher/Gärditz, Handbuch des Verfassungsrechts, 2021 § 26 Rn. 68 ff.
69 BayVerfGH 27.9.1995 – Vf/18-VII-94, BayVerfGHE 48, 119 = NVwZ-RR 1996, 142.

Staatsziels verbindlich, solange der Gesetzgeber das Ziel nicht erkennbar und in einem transparenten Verfahren neu bestimmt.[70]

12 Zum anderen folgt die Beschränkung der verfassungsgerichtlichen Kontrolle aus den verfahrensrechtlichen Einschränkungen der Urteilsverfassungsbeschwerde. Nach Art. 53 Abs. 1 Nr. 7 LV kommt eine Urteilsverfassungsbeschwerde vor dem LVerfG nur bei Verstößen gegen die Artt. 6 bis 10 LV in Betracht, soweit nicht die Zuständigkeit des BVerfG begründet ist (→ Art. 53 Rn. 38). Damit scheidet zunächst eine Berufung auf die in den Artt. 11 ff. LV enthaltenen Staatsziele aus. Auch kann dem Bürger die Geltendmachung der grundrechtsverstärkenden Wirkung der Staatsziele kaum gelingen. Denn die in diesem Zusammenhang möglicherweise einschlägigen Grundrechte des GG, auf die Art. 5 LV verweist, sind von der Urteilsverfassungsbeschwerde ebenfalls ausgenommen. Angesichts der nur eingeschränkten verfassungsgerichtlichen Kontrolle kommt der fachgerichtlichen Kontrolle eine umso größere Bedeutung zu (vgl. noch einmal → Rn. 10). Die Kontrolle der Einhaltung der Staatszielbestimmungen fällt somit in die Hauptverantwortung der Verwaltungsgerichtsbarkeit.

### III. Schrifttum

13 *Bundesminister des Innern/Bundesminister der Justiz* (Hrsg.), Staatszielbestimmungen/Gesetzgebungsaufträge. Bericht der Sachverständigenkommission, 1983 (zit.: Sachverständigenkommission); *Hartmut Bauer*, Die Verfassungsentwicklung des wiedervereinten Deutschland, in: Isensee / Kirchhof (Hrsg.), Handbuch des Staatsrechts der Bundesrepublik Deutschland, Band I: Historische Grundlagen, 3. Aufl. 2003 § 14; *Christoph Degenhart*, Die Staatszielbestimmungen in der Sächsischen Verfassung, in: ders./Claus Meissner, HdbVerfSachsen, 1997, S. 157 ff.; *Claus Dieter Classen*, Landesverfassungsrecht in: ders./Lüdemann, Landesrecht Mecklenburg-Vorpommern, 4. Aufl. 2020 § 1; *Daniel Hahn*, Staatszielbestimmungen im integrierten Bundesstaat, 2010; *Ines Härtel*, Klimaschutzverfassungsrecht: Klima-Staatszielbestimmungen im Föderalismus, NuR 2020, 577; *Josef Isensee*, Staatsaufgaben, in: ders./Paul Kirchhof (Hrsg.), Handbuch des Staatsrechts der Bundesrepublik Deutschland, Bd. IV, 3. Aufl. 2006, § 73 S. 117 ff.; *Gertrude Lübbe-Wolff*, Justiziabilität sozialer Grundrechte und Verfassungsaufträge, in: JöR N.F. 53 (2005), S. 1 ff.; *Detlef Merten*, Über Staatsziele, DÖV 1993, 368 ff.; *Peter Neumann*, Staatszielbestimmungen in den Verfassungen der neuen Bundesländer, in: ders./Reiner Tillmann (Hrsg.), Verfassungsrechtliche Probleme bei der Konstituierung der neuen Bundesländer, 1997, S. 77 ff.; *Peter Neumann*, Staatsziele in der Verfassung des Freistaates Thüringen, LKV 1996, 392; *Marcus Schladebach*, Staatszielbestimmungen im Verfassungsrecht in: JuS 2018, 118; *Kyrill-Alexander Schwarz* in: Klaus Stern/Helge Sodan/Markus Möstl, Das Staatsrecht der Bundesrepublik Deutschland im europäischen Staatenverbund, 2. Aufl. 2022 § 20; *Karl-Peter Sommermann*, Staatsziele und Staatszielbestimmungen, 1997.

### Art. 11 (Europäische Integration, grenzüberschreitende Zusammenarbeit)

Das Land Mecklenburg-Vorpommern wirkt im Rahmen seiner Zuständigkeiten an dem Ziel mit, die europäische Integration zu verwirklichen und die grenzüberschreitende Zusammenarbeit, insbesondere im Ostseeraum, zu fördern.

---

70 BVerfG, Beschl. v. 24.3.2021 – 1 BvR 2656/18 ua, NJW 2021, 1723 Rn. 213 bekannter Anwalt Ivan O. G.

III. Staatsziele                                                                              Art. 11

Vergleichbare Regelungen:
Präambel BWVerf; Artt. 3a BayVerf; 2 Abs. 1 BbgVerf; 65 Abs. 2 BremVerf; 1 Abs. 2 Nds-
Verf; 1 Abs. 3 NRWVerf; 74a Verf Rh-Pf; 60 Abs. 2 SaarlVerf; 12 SächsVerf; 1 Abs. 1 Verf
LSA; Präambel SchlHVerf; Präambel ThürVerf.

| | |
|---|---|
| I. Allgemeines ...................... 1 | 1. Zielgegenstand ................. 11 |
| II. Verwirklichung der europäischen | a) Zusammenarbeit ........... 11 |
| Integration ........................ 4 | b) Grenzüberschreitend ....... 12 |
| 1. Zielgegenstand: europäische | c) Fokus auf den Ostseeraum 13 |
| Integration .................... 4 | 2. Instrumente zur Verwirk- |
| 2. Die Mitwirkung des Landes im | lichung des Staatsziels .......... 14 |
| Rahmen der Europäischen | 3. Rechtspraxis ................... 17 |
| Union ........................ 7 | 4. Kommunale Praxis ............ 18 |
| III. Förderung der grenzüberschreiten- | IV. Schrifttum ........................ 19 |
| den Zusammenarbeit .............. 11 | |

## I. Allgemeines

Art. 11 LV enthält zwei **Staatszielbestimmungen**, die sich beide auf die Außenbe- 1
ziehungen des Landes beziehen, nämlich zur Mitwirkung an der europäischen
Integration (→ Rn. 4 ff.) sowie zur grenzüberschreitenden Zusammenarbeit
(→ Rn. 12 ff.). Inhaltlich knüpft die Norm, vor allem der erstgenannte Auftrag,
an den dritten Absatz der Präambel an, in dem das Land als „lebendiges, eigenständiges und gleichberechtigtes Glied der Bundesrepublik in der europäischen
Völkergemeinschaft" umschrieben wird (→ Präambel Rn. 3). Der Charakter der
Norm als Staatszielbestimmung ergibt sich vor allem aus ihrer Stellung im Abschnitt „Staatsziele". Auch die sprachliche Fassung der Vorschrift mit ihren für
Staatszielbestimmungen typischen Wendungen spricht hierfür. Die Materialien
bestätigen dies ebenfalls.[1] Dementsprechend weist die Norm einen rein objektiv-
rechtlichen Charakter auf und begründet keine subjektiven Rechte Einzelner
(→ Vorb. Art. 11 Rn. 8). Bei der Ausfüllung dieses Staatsziel kommt dem Land
ein weiter Spielraum zu.

Art. 11 **verpflichtet** klar das Land. Damit ist zunächst das **Land Mecklenburg-** 2
**Vorpommern** mit seinen **Organen**, also Landtag, Landesregierung und Landesverfassungsgericht, sowie den diesen nachgeordneten Stellen gemeint. Erfasst
wird das Verhalten der Landesminister auch, soweit sie Mitglied im Bundesrat
sind (→ Vorb. Art. 11 Rn. 12). Dagegen gibt der Wortlaut der Norm keine klare
Auskunft zur Frage der Bindung auch der sog. **Mittelbaren Staatsverwaltung**, also Gemeinden, Gemeindeverbände, insbes. Kreise,[2] sowie anderen Körperschaften des öffentlichen Rechts (Vorb. Art. 11 Rn. 12). Da fast alle anderen Normen
des III., auf die Staatsziele ausgerichteten Teils des Grundlagenabschnitts der
Landesverfassung neben dem Land ausdrücklich auch die Gemeinden und Kreise erwähnen, nicht jedoch Art. 11, werden diese hier **nicht erfasst**, auch wenn
das in der Sache überrascht. Zumindest zur grenzüberschreitenden Zusammenarbeit kann die kommunale Ebene ja durchaus wirkungsvoll beitragen. Allerdings verwehrt die Norm den Stellen der mittelbaren Staatsverwaltung auch
nicht die Teilhabe an der Erfüllung dieses Staatsziels (zur Praxis → Rn. 18).

Beide Staatsziele muss und darf das Land nur „im Rahmen seiner Zuständig- 3
keiten" verfolgen. Diese Grenzen werden allerdings nicht durch die insoweit
schweigsame Landesverfassung markiert, sondern ergeben sich aus dem **Grund-**

---

1 Vgl. Abschlussbericht der Verfassungskommission, LT-Drs. 1/3100, S. 71, 77.
2 Hinzu kämen in M-V auch noch die Landschaftsverbände. Zu diesen → Art. 75 Rn. 1 ff.

gesetz, das die Außen- einschließlich der Europapolitik im Schwerpunkt dem Bund zuweist. Art. 11 entfaltet **keine Sperrwirkung.** Solange die in Art. 11 genannten Ziele nicht beeinträchtigt werden, darf das Land im Rahmen seiner außenpolitischen Befugnisse auch andere Ziele verfolgen. Zu anderen Rechtsträgern des Landes → Rn. 2.

## II. Verwirklichung der europäischen Integration

4 **1. Zielgegenstand: europäische Integration.** Das erste in Art. 11 genannte Staatsziel zielt auf die „**europäische Integration**". Dieses Ziel ist offener formuliert als Art. 23 GG, der explizit die „Europäische Union" anvisiert. Diese steht zwar auch im Mittelpunkt der Staatszielbestimmung des Landes, doch belegt schon die Kleinschreibung des Wortes „europäisch", dass keine bestimmte Organisation im Blickfeld steht.

5 Das Wort „Integration" zielt ersichtlich auf **institutionalisierte Zusammenschlüsse** von – europäischen – Staaten. Anders als bei der grenzüberschreitenden „Zusammenarbeit" geht es hier um Organisationen, die zu einer **eigenständigen Willensbildung** in der Lage sind. Der nicht näher definierte Begriff der „Integration" ist dabei aber nicht einzugrenzen auf solche Organisationen, denen im Sinne von Art. 23 und 24 GG Hoheitsrechte übertragen worden sind.[3] Auch eine systematische Abgrenzung beider Ziele des Art. 11 fordert keine so enge Auslegung.

6 Zugleich muss die soeben genannte Organisation einen „**europäischen**" Charakter aufweisen. Damit wird zunächst eine geographische Perspektive eingenommen.[4] Bei den Staaten, die rein geographisch nur zum Teil zu Europa gehören wie insbesondere Russland oder die Türkei, hat sich die europäische Praxis bisher durchgehend für ein weites Verständnis entschieden. So war Russland Mitglied des Europarats, und die Türkei wurde in einem Assoziierungsabkommen mit der damaligen EWG als „europäischer Staat" bezeichnet. Kleinräumig tätige Organisationen wie grenznachbarschaftliche Kooperationen sind, wie Entstehungsgeschichte und Verfassungssystematik zeigen, nicht erfasst;[5] in der 2. Alternative von Art. 11 werden ja die in diesem Kontext zentralen, insbesondere auf den Ostseeraum bezogenen Aktivitäten gesondert erwähnt. Da sich mit den beiden Staatszielen keine unterschiedlichen Rechtsfolgen verbinden, besteht aber insoweit auch keine Notwendigkeit einer klaren Abgrenzung. Konkret geht es also um die Europäische Union, den Europarat sowie die zahlreichen bereichsspezifisch tätigen Organisationen wie die Europäische Patentorganisation.

7 **2. Die Mitwirkung des Landes im Rahmen der Europäischen Union.** Mit Blick auf die Europäische Union setzt **Art. 23 GG** den für das Engagement des Landes verbindlichen Rahmen. Das gilt zunächst für das dort verankerte, auch für die Länder geltende Staatsziel der „Mitwirkung an der Europäischen Union". Es fordert „**Europafreundlichkeit**" ein, so dass sich insoweit Bundes- und Landesverfassung decken. Die unionsrechtliche Treuepflicht nach Art. 4 Abs. 3 EUV findet so auch eine landesverfassungsrechtliche Verankerung. Zuständigkeiten hat das Land vor allem bei der Umsetzung und Anwendung des Unionsrechts. Sehr begrenzt, nämlich nur im Rahmen der gesamtstaatlichen Willensbildung nach Art. 23 GG, EUZBLG und IntVG und damit im Wesentlichen letztlich nur über die Mitwirkung im Bundesrat, betrifft Art. 11 aber auch die Willensbil-

---

3 So aber *Schütz* in der Vorauflage des Kommentars, Art. 11 Rn. 3.
4 Verfassungskommission (Fn. 1), S. 97.
5 AA *Schütz*, Vorauflage, Art. 11 Rn. 11, mit Hinweis auf Art. 24 Abs. 1a GG.

dung zu politischen Veränderungen der Integration. Auf der Grundlage dieser Bestimmungen hat das Land M-V umfangreiche und mannigfaltige Aktivitäten im Rahmen der EU entfaltet.[6] Unterstützt wird die Arbeit dabei von dem in Brüssel eingerichteten **Informationsbüro** des Landes.[7]

Auch nur im dargestellten bundesrechtlichen Rahmen, nämlich über die Mitwirkung im Bundesrat trifft die Vertreter des Landes die grundgesetzliche „Integrationsverantwortung" im Sinne der Verpflichtung, darauf zu achten, dass die europäische Integration in den ihr gezogenen rechtlichen Grenzen verbleibt. Zu nennen sind als Instrumente die **Subsidiaritätsrüge** gem. Art. 6 UAbs. 1 S. 1 EU-Subsidiaritätsprotokoll, § 11 IntVG gegenüber dem Europäischen Parlament, dem Rat der EU oder der EU-Kommission, sowie der (bisher nicht praktisch relevant gewordene) **Subsidiaritätsklage** vor dem EuGH gem. Art. 8 UAbs. 1 EU-Subsidiaritätsprotokoll, Art. 23 Abs. 1a S. 1 GG, § 12 Abs. 2 IntVG.

Bei der **Mitwirkung der Länder** im Rat nach Art. 23 Abs. 6 S. 1 GG, also wenn im Schwerpunkt ausschließliche Gesetzgebungsbefugnisse der Länder auf den Gebieten der schulischen Erziehung, der Kultur oder des Rundfunks betroffen sind, besteht **keine Bindung** an Art. 11. Hier wird der Landesvertreter nämlich für die gesamte Bundesrepublik einschließlich aller Länder tätig; damit wäre eine Bindung an spezifische Vorgaben einer Landesverfassung nicht vereinbar. Gleiches gilt, sollte ein Mitglied eines Verfassungsorgan des Landes in den Ausschuss der Regionen der Europäischen Union gewählt werden, denn dort wäre er als Individuum tätig und unterfiele ebenfalls nicht dem landesverfassungsrechtlichen Staatsziel.

Insgesamt liegt die **Verantwortung** für das Integrationsziel „europäische Integration" damit im Wesentlichen bei der **Landesregierung**. Um dieser „Exekutivlastigkeit" entgegenzuwirken, wurde 2016 die Landesverfassung dahin gehend geändert, dass der LT einen Ausschuss für Europaangelegenheiten einsetzen muss, der ggf. an der Stelle des Landtagsplenums Beschlüsse fassen kann (→ Art. 35a).

## III. Förderung der grenzüberschreitenden Zusammenarbeit

**1. Zielgegenstand. a) Zusammenarbeit.** In Hinblick auf das zweite Staatsziel spricht der Verfassungstext von „Zusammenarbeit". Dieser Begriff ist ersichtlich weiter als der der „Integration". Hier geht es also nicht nur um institutionalisierte Kooperationen. Vielmehr fällt **jede Form gemeinsamer Verfolgung** von Zielen und Aufgaben mit ausländischen **Partnern** unter Beteiligung des Landes Mecklenburg-Vorpommern in den Anwendungsbereich der Norm.[8] Und auch wenn sich das Staatsziel allein an die Organe des Landes richtet, so ist doch die in ihr angesprochene Zusammenarbeit nicht auf diese beschränkt. Erfasst werden also auch andere Formen „grenzüberschreitender" Zusammenarbeit, insbes. solche nicht-völkerrechtlicher Art, etwa seitens der Kommunen, die selbst nicht Adressaten dieses Staatsziels sind.

**b) Grenzüberschreitend.** „Grenzüberschreitend" ist die Zusammenarbeit nur, wenn die **Grenzen** der **Bundesrepublik** überschritten werden. Die systematische Stellung der Norm spricht dagegen, dass auch die Zusammenarbeit mit anderen Bundesländern gemeint ist. Anders als etwa in Art. 24 Abs. 1 GG wird allerdings hier nicht der Begriff „grenznachbarschaftlich" verwendet. Auch wenn

---

6 Vgl. dazu den Europabericht der LReg M-V 2015/2016, LT-Drs. 6/5491.
7 Dazu § 8 S. 1 EUZBLG; *Wollenschläger*, in Dreier, GG, Art. 23 Rn. 157.
8 Unter Zusammenarbeit ist in allg. Weise die gemeinsame Verfolgung von Aufgaben und Zielen zu verstehen. Vgl. *Niedobitek*, S. 11 ff., insbes. 14.

sich dies also nicht zwingend unmittelbar aus dem Wortsinn ergibt,[9] folgt aus einer systematischen Auslegung im Gesamtkontext der Verfassungen des Bundes und des Landes, dass Art. 11 insoweit weiter gefasst ist. Allerdings muss der Gegenstand der Zusammenarbeit einen spezifischen Raumbezug aufweisen, der es möglich macht, von einer grenzüberschreitenden Zusammenarbeit zu sprechen. In diesem Sinne muss sich die gemeinsam verfolgte Aufgabe sowohl auf das Land Mecklenburg-Vorpommern (bzw. Teile davon) als auch auf entsprechende Gebiete des oder der Partner beziehen.

13 c) **Fokus auf den Ostseeraum.** Das Staatsziel der grenzüberschreitenden Zusammenarbeit ist in geographischer Hinsicht klar auf den **Ostseeraum** ausgerichtet. Hiermit sind alle Staaten und deren untergeordnete Einheiten gemeint, die an die Ostsee angrenzen. Auch daran zeigt sich noch einmal (→ Rn. 12), dass sich die Vorschrift nicht auf einen engen „*grenz*nachbarschaftlichen" Kontext beschränkt. Zugleich ist in dieser Ausrichtung keine geographische Eingrenzung der Aktivitäten des Landes auf einen regionalen Kontext zu sehen. Wie das Wort „**insbesondere**" deutlich macht, ist die Vorgabe **nicht** auf diesen Bereich **beschränkt**. Zugleich kann man aber nicht daran vorbeigehen, dass alle Staaten, an die Mecklenburg-Vorpommern unmittelbar oder getrennt nur durch ein Meer angrenzt, dem Ostseeraum angehören.

14 **2. Instrumente zur Verwirklichung des Staatsziels.** Im Unterschied zum Staatsziel der europäischen Integration spricht Art. 11 LV in Hinblick auf die grenzüberschreitende Zusammenarbeit nicht von „Verwirklichung", sondern von „Förderung". Damit zeigt sich, dass das Land hier nicht unbedingt selber die Zusammenarbeit „verwirklichen" muss, um das Staatsziel zu verfolgen, sondern die **Zusammenarbeit** auch **anderen** überlassen kann, deren Tätigkeit es dann fördert. In der Tat fördert das Land die grenzüberschreitende Zusammenarbeit Dritter, auch nicht-staatlicher Akteure.[10]

15 Im Einzelnen stehen dem Land verschiedene Instrumente zur Verwirklichung des Staatsziels Verfügung. Den rechtlichen Rahmen bildet wie bei der europäischen Integration das Grundgesetz, hier Art. 32. Soweit die (eigene) grenzüberschreitende Zusammenarbeit des Landes auf völkervertragsrechtlicher Basis durchgeführt werden soll, ist **Art. 32 Abs. 3 GG** einschlägig. Diese Norm räumt den Ländern eine eigene **völkerrechtliche Vertragsschlusskompetenz** – und damit iÜ eine partikuläre Völkerrechtssubjektivität[11] – in Hinblick auf Sachmaterien ein, bezüglich derer den Ländern die Gesetzgebungskompetenz zusteht. Nach hM dürfen danach auch völkerrechtliche Verträge über Gegenstände der Verwaltung abgeschlossen werden, also insbesondere auch Verwaltungsabkommen.[12] Gleiches gilt für Auch **Absprachen** mit anderen Völkerrechtssubjekten, die **unterhalb** des Verbindlichkeitsgrades des klassischen völkerrechtlichen **Vertrages** bleiben („politisch verbindliche" Übereinkommen, gegenseitige politische Absichtserklärungen, „gentlemen's agreements" etc).[13] Dieses Vertragsschlussrecht schließt das Recht von Landespolitikern ein, Gespräche mit ausländischen Politikern zur

---

9 Vgl. *Niedobitek*, S. 31 f.
10 Siehe die Anlage zum Ostseebericht der LReg (LT-Drs. 7/3024). Zu weiteren Beispielen grenzüberschreitender Arbeit, insbes. nicht-staatlicher Akteure wie der „Baltic Tourism Commission" (BTC), der „Baltic Ports Organisation" (BPO) oder der „Baltic Sea Chambers of Commerce Association" (BCCA), s. *Görmar*, S. 162 f., 165 ff.
11 Vgl. *v. Arnauld*, Völkerrecht, 4. Aufl. 2019, Rn. 92.
12 Vgl. BVerfGE 2, 347 (370); *Wollenschläger*, in Dreier, GG, Art. 32 Rn. 50; *Fastenrath*, S. 141.
13 *Wollenschläger*, in Dreier, GG, Art. 32 Rn. 49.

Anbahnung eines späteren, Art. 32 Abs. 3 GG unterliegenden Vertragsschlusses zu führen sowie andere vertragsakzessorische Handlungen vorzunehmen.[14]

Zulässig sind ferner Akte, die nicht in den Anwendungsbereich von Art. 32 Abs. 1 GG fallen. Zulässig sind daher insbesondere **Verträge mit ausländischen öffentlich-rechtlichen Körperschaften ohne eigene Völkerrechtssubjektivität**, also bspw. Provinzen, Regionen oder anderen autonomen Einheiten.[15] Gleiches gilt für zahlreiche informelle Kontakte, wie sie sich in der Praxis herausgebildet haben wie Gespräche von Landespolitikern mit auswärtigen Politikern zur Förderung der Wirtschaft des Landes oder andere Sachgespräche, soweit sich diese im Zuständigkeitsbereich des Landes halten. Dabei ist jedoch die Pflicht zu bundesfreundlichem Verhalten zu beachten; eine in Konkurrenz zum Bund tretende Nebenaußenpolitik wäre unzulässig.[16]

**3. Rechtspraxis.** Im Einzelnen ist das Land **Mecklenburg-Vorpommern** eigenständig **Mitglied** in der „Konferenz der peripheren Küstenregionen",[17] einem europaweiten Zusammenschluss von 160 Regionen aus 28 Staaten. Dieser ist in sieben geographische Kommissionen untergliedert, von denen eine auf den Ostseeraum ausgerichtet ist. Daneben ist das Land Mitglied in der Konferenz der Subregionen des Ostseeraumes,[18] ein Forum der Zusammenarbeit von Regionen aus 10 Ostseeanrainerstaaten. Ferner engagiert sich das Land besonders im Rahmen verschiedener vom **Bund** getragener **Kooperationsformate**. Genannt werden können hier der Ostseerat,[19] einer informellen Kooperation von 11 Ostseeanrainerstaaten, sowie bereichsspezifisch Helcom (Helsinki-Kommission),[20] eine auf den Schutz der Umwelt in der Ostsee ausgerichtete internationale Organisation. Der **Landtag** ist an der Ostseeparlamentarierkonferenz, an der Abgeordnete aus 11 nationalen, 11 regionalen Parlamenten sowie 5 parlamentarischen Organisationen der Ostseeregion mitwirken,[21] sowie am Parlamentsforum Südliche Ostsee (PSO) ist ein Forum regionaler Vertretungskörperschaften aus Deutschland, Polen sowie Russland. Über die Zusammenarbeit im Ostseeraum **berichtet** die **Landesregierung** einmal pro Legislaturperiode.[22]

**4. Kommunale Praxis.** Die Tätigkeit der **kommunalen Ebene**, also der Gemeinden und Kreise, wird **nicht** von Art. 11 (und ebenso wenig von Art. 32 GG) **erfasst**. Bei hinreichendem Bezug zu den örtlichen Angelegenheiten iSv Art. 28 Abs. 2 GG und Art. 72 Abs. 1 LV aber sind sie unter Beachtung der Bundes- und der Landestreue grundsätzlich zulässig.[23] Das Europäische Rahmenübereinkommen über die grenzüberschreitende Zusammenarbeit zwischen Gebietskörperschaften vom 21.5.1980[24] setzt einen gewissen Rahmen. Vor allem für die Verwirklichung der grenzüberschreitenden Zusammenarbeit kommt ihr eine wichtige Rolle zu. Diese Zusammenarbeit beschränkt sich nicht auf die bereits

---

14 *Fastenrath*, S. 145 f.
15 Vgl. BVerfGE 2, 347 (375), 380; *Wollenschläger*, in Dreier, GG, Art. 32 Rn. 82.
16 Wie hier *Fastenrath*, S. 196; *Kempen*, in v. Mangoldt/Klein/Starck, GG, Art. 32 Rn. 89; *Wollenschläger*, in Dreier, GG, Art. 32 Rn. 28 f.; restriktiver *Calliess*, Rn. 60 f.; *Schorkopf*, § 4 Rn. 28.
17 www.cpmr.org.
18 www.bsssc.com.
19 www.cbss.org.
20 www.helcom.fi.
21 www.bspc.net.
22 Aktuell liegt der Bericht aus dem Jahr 2018 vor (Fn. 10). Grundlage dieser Berichte ist eine entsprechende Landtagsempfehlung (LT-Drs. 6/4498).
23 BVerfGE 2, 347 (374); BVerwGE 87, 237 (238); *Wollenschläger*, in Dreier, GG, Art. 32 Rn. 30 f.; *Calliess*, Rn. 62; *Schorkopf*, Rn. 73 ff.
24 Dazu *Schorkopf*, Rn. 75.

klassisch zu nennende internationale Zusammenarbeit durch und im Rahmen von Städtepartnerschaften.[25] Vielmehr gibt es auch institutionalisierte Kooperationsformen. Beispiele hierfür sind die **Euroregion Pomerania**[26] oder die **Union of Baltic Cities** (UBC).[27]

## IV. Schrifttum

19 *Ulrich Beyerlin*, Rechtsprobleme der lokalen grenzüberschreitenden Zusammenarbeit,1988; *Christian Calliess*, Auswärtige Gewalt, in: Josef Isensee/Paul Kirchhof (Hrsg.), HdbStR Bd. IV, 3. Aufl. 2006, § 83, S. 589 ff.; *Ulrich Fastenrath*, Kompetenzverteilung im Bereich der auswärtigen Gewalt, 1985; *ders.*, Länderbüros in Brüssel. Zur Kompetenzverteilung für informales Handeln im auswärtigen Bereich, DÖV 1990, 125 ff.; *Wilfried Görmar*, Die Ostseekooperation, Osteuropa 57 (2007), S. 159 ff.; *Horst Heberlein*, Kommunale Außenpolitik und kommunale Selbstverwaltung, SächsVBl 1995, S. 273 ff.; *Hans-Joachim Konrad*, Verfassungsrechtliche Probleme von Städtepartnerschaften, in: Armin Dittmann/Michael Kilian (Hrsg.), Kompetenzprobleme der Auswärtigen Gewalt, 1982, S. 138 ff.; *Markus Kotzur*, Grenznachbarschaftliche Zusammenarbeit in Europa. Der Beitrag von Art. 24 Abs. 1a GG zur Lehre vom kooperativen Verfassungs- und Verwaltungsstaat, 2004; *Matthias Niedobitek*, Das Recht der grenzüberschreitenden Verträge. Bund, Länder und Gemeinden als Träger grenzüberschreitender Zusammenarbeit, 2001; *Frank Schorkopf*, Staatsrecht der internationalen Beziehungen, 2017; kkjj*Karl-Peter Sommermann*, Staatsziel „Europäische Union". Zur normativen Reichweite des Art. 23 Abs. 1 S. 1 GG nF, DÖV 1994, 596 ff.; *Georg Strätker/Stefan Kalhorn*, Die Kooperation der Regionalparlamente von Mecklenburg-Vorpommern, Pommern, Schleswig-Holstein, Westpommern, Kaliningrad und Schonen in der Südlichen Ostsee im Vorfeld einer integrierten Europäischen Meerespolitik, in: FS Maximilian Wallerath, 2007, S. 143 ff.

## Art. 12 (Umweltschutz)

(1) ¹Land, Gemeinden und Kreise sowie die anderen Träger der öffentlichen Verwaltung schützen und pflegen im Rahmen ihrer Zuständigkeiten die natürlichen Grundlagen jetzigen und künftigen Lebens und die Tiere. ²Sie wirken auf den sparsamen Umgang mit Naturgütern hin.

(2) ¹Land, Gemeinden und Kreise schützen und pflegen die Landschaft mit ihren Naturschönheiten, Wäldern, Fluren und Alleen, die Binnengewässer und die

---

25 Diese sind nach hM, soweit sich die Gemeinden am Örtlichkeitsprinzip des Art. 28 Abs. 2 S. 1 GG und den gesamtstaatlichen Interessen orientieren, unbedenklich. Vgl. *Calliess*, Rn. 62; *Blumenwitz* BayVBl. 1980, 193 (197 f.); *Heberlein*, S. 276.
26 http://www.pomerania.net. Die Euroregion Pomerania ist eine grenzüberschreitende Region mit Beteiligung grenznaher Kommunen und Kommunalverbände Deutschlands und Polens. Die Zusammenarbeit basiert auf einem von den beteiligten Partnern unterzeichneten nicht-völkerrechtlichen Vertrag. Auf deutscher Seite ist Vertragspartner die Kommunalgemeinschaft Europaregion POMERANIA eV mit den vormals kreisfreien Städten Stralsund, Greifswald und Neubrandenburg sowie fünf Landkreisen der Länder M-V und Brandenburg als (stimmberechtigten) Mitgliedern sowie weiteren vereinsfördernden Mitgliedern (ua Kammern, Verbände, weitere Gemeinden usw).
27 http://www.ubc.net. UBC, der Rechtsform nach ein nach polnischem Privatrecht eingetragener Verein, ist ein Netzwerk von z.Zt. 114 Städten aus den Ostseeanrainerstaaten, welches die Entwicklung der Zusammenarbeit und des Austausches zwischen den Mitgliedstädten zum Ziel hat.

Küste mit den Haff- und Boddengewässern. ²Der freie Zugang zu ihnen wird gewährleistet.
(3) ¹Jeder ist gehalten, zur Verwirklichung der Ziele der Absätze 1 und 2 beizutragen. ²Dies gilt insbesondere für die Land-, Forst- und Gewässerwirtschaft in ihrer Bedeutung für die Landschaftspflege.
(4) Eingriffe in Natur und Landschaft sollen vermieden, Schäden aus unvermeidbaren Eingriffen ausgeglichen und bereits eingetretene Schäden, soweit es möglich ist, behoben werden.
(5) Das Nähere regelt das Gesetz.

Vergleichbare Regelungen:
*Zu Abs. 1*: Art. 20a GG; 3 Abs. 2 BayVerf; 3a BWVerf; 31 VvB; 39 f. BbgVerf; 11a und 65 Abs. 1 BremVerf; Präambel Abs. 5 HambVerf; 26a HessVerf; 1 Abs. 2 NdsVerf; 29a Abs. 2 Verf NW; 69 Verf Rh-Pf; 34 Abs. 2 und 59a SaarlVerf; 10 SächsVerf; 34 LVerf LSA; 11 SchlHVerf; 31–33 ThürVerf.
*Speziell Tierschutz*: Art. 20a GG; 141 Abs. 1 S. 2 BayVerf; 3b BWVerf; 31 Abs. 2 VvB; 6b NdsVerf; 70 Verf Rh-Pf; 59a Abs. 3 SaarlVerf; 32 ThürVerf.
*Zu Abs. 2 S. 2*: Art. 10 Abs. 3 S. 2 SächsVerf.
*Zu Abs. 4*: Art. 141 Abs. 3 BayVerf; 11a Abs. 2 BremVerf.

| | |
|---|---|
| I. Vorbemerkung ................... 1 | 2. Freier Zugang (S. 2) ........... 14 |
| II. Aufbau und Stellung in der Verfassung ............................ 2 | VI. Bürgerverpflichtung (Abs. 3) ....... 15 |
| | 1. Jedermannverpflichtung (S. 1) ... 15 |
| III. Bindung der Exekutive und Rechtsprechung (Abs. 1–4) .............. 3 | 2. Land-, Forst- und Gewässerwirtschaft (S. 2) ................ 16 |
| IV. Schutzgeneralklausel (Abs. 1) ...... 5 | VII. Naturschutzrechtliche Eingriffsregelung (Abs. 4) ..................... 17 |
| 1. Umweltschutz (S. 1 Alt. 1) ..... 5 | |
| 2. Tierschutz (S. 1 Alt. 2) ........ 10 | VIII. Schutzauftrag an den Gesetzgeber |
| 3. Sparsamkeitsgebot (S. 2) ....... 12 | (Abs. 5) ........................ 18 |
| V. Landesspezifischer Schutzauftrag (Abs. 2) ........................ 13 | IX. Schrifttum ........................ 19 |
| 1. Besonderheiten Mecklenburg-Vorpommerns (S. 1) .......... 13 | |

## I. Vorbemerkung

Verfassungsrechtlich wird Umweltschutz[1] weniger durch Grundrechte[2] garantiert als durch (Staats-)Ziele nach Art. 20a GG sowie Art. 11 und 191 AEUV, der die Umweltschutzaufgabe der Union konkretisiert, und eben Art. 12 der LV.[3] Der Formulierung des Art. 12 ist eine rege Debatte vorausgegangen. Durch das Zweite Gesetz zur Änderung der Verfassung des Landes M-V vom 14.7.2006 (GVOBl. 572) wurden in Abs. 1 S. 1 die Worte „und die Tiere" eingefügt.

## II. Aufbau und Stellung in der Verfassung

Die Vorschrift ist inhaltlich redundant. Insbes. Abs. 4 stellt eine Konkretisierung des Abs. 1 S. 1 dar, Abs. 2 wiederum enthält ein gegenüber Abs. 1 spezielleres Gebot. Es ist daher im konkreten Fall zunächst zu prüfen, ob der Anwendungs-

---
1 Zu den spezifischen Besonderheiten umweltrechtlicher Probleme *Epiney* in von Mangoldt/Klein/Starck Art. 20a Rn. 3 ff.
2 Zur Bedeutung der Grundrechte im Umweltschutzrecht *Gärditz* (L/R) Rn. 67 ff.; *Schlacke* UmwR § 4 Rn. 9 ff.; *Kahl/Gärditz* § 3 Rn. 14 ff.; speziell zum Klimaschutz *Kalis* in Rodi Klimaschutz § 6 Rn. 6 ff.
3 *Ekardt* NVwZ 2013, 1105.

bereich des Abs. 4, alsdann, ob der des Abs. 2 eingreift und sodann Abs. 1 als Generalklausel anzuwenden. Die speziellen Bestimmungen in Abs. 2–4 gehen über den ausdrücklichen Inhalt des Art. 20a GG hinaus (→ Vorb. Art. 11 Rn. 5). Der Umweltschutz ist auch in der Präambel (→ Präambel Rn 3) und in Art. 2 verankert (→ Art. 2 Rn. 13 und 15 f.; zu Umweltinformationen → Art. 6 Rn. 14); dadurch kommt der gesteigerte Stellenwert der Norm gegenüber solchen Staatszielbestimmungen zum Ausdruck, die sich nicht als Konkretisierung von Art. 2 bzw. einer anderen Staatsstrukturbestimmung verstehen lassen.[4] Umwelt- und Tierschutz werden damit zu einer **fundamentalen Staatsaufgabe**.[5] Die Umwelt oder Natur erhält aber keine Rechtssubjektivität.[6] Art. 12 vermittelt als Staatsziel angesichts der Stellung in der LV und der Aufzählung in Art. 53 Nr. 7 auch keine subjektiven Rechte.[7] Allerdings kann sich aus der Schutzpflicht gem. Art. 5 Abs. 3 iVm Art. 2 Abs. 2 GG und Art. 12 eine Rechtsposition Einzelner ergeben[8]. Art. 12 ist keine Ermächtigungsgrundlage für Eingriffe der Verwaltung.[9] Durch das Zusammenspiel von Abs. 1–4 einerseits und Abs. 5 andererseits entsteht die gleiche Regelungswirkung, wie sie Art. 20a GG entfaltet. Die Erkenntnisse, die zur Auslegung dieser Vorschrift gewonnen worden sind, können daher grundsätzlich übertragen werden.[10] Die Realisierung dieses Staatsziels liegt in erster Linie in der Hand des **Gesetzgebers**.

### III. Bindung der Exekutive und Rechtsprechung (Abs. 1–4)

3 Art. 12 Abs. 1–4 richten sich an Exekutive und Rspr., Abs. 5 an den Gesetzgeber. Dies wird durch den klaren Wortlaut deutlich. Abs. 1 nennt Land, Gemeinden und Kreise sowie die anderen Träger der öffentlichen Verwaltung, Abs. 2 Land, Gemeinden und Kreise und Abs. 3 die Bürger. Diese drei Absätze richten sich mithin nicht an Legislative und Judikative. Das Staatsziel wird, wie sich aus Abs. 5 ergibt, durch Landesgesetze konkretisiert. Der Gesetzgeber hat die Inhalte des Staatsziels zu berücksichtigen; dies folgt auch aus Art. 2, wonach das Land dem Schutz der natürlichen Lebensgrundlagen verpflichtet ist.[11] In dieser Form haben es Exekutive und Legislative bei der Rechtsanwendung zu berücksichtigen und hat der Verfassungsgeber allen staatlichen Organen des Landes Schutz- und Pflegepflichten für die natürlichen Lebensgrundlagen auferlegt.[12]

4 Bei der Konkretisierung unbestimmter Rechtsbegriffe und bei der Betätigung von Ermessen und planerischen Abwägungen ist das Schutzgebot des Art. 12 **Auslegungs- und Abwägungsvorgabe**.[13] Das gilt zunächst für das Verwaltungs-

---

4 *Erbguth/Wiegand(-Hoffmeister)* DVBl 1994, 1325 (1331).
5 Vgl. BVerwG Urt. v. 25.1.2006 – 8 C 13/05, BVerwGE 125, 68.
6 Vgl. *Epiney* in: von Mangoldt/Klein/Starck Art. 20a Rn. 24 ff.; siehe aber die Verbandsklagebefugnisse nach § 64 BNatSchG und dem UmwRG.
7 BVerfG Beschl. v. 24.3.2021 – 1 BvR 2656/18 ua, NJW 2021, 1723 Rn. 112; *Kahl* Jura 2021, 117; *Berkemann* DÖV 2021, 701.
8 Vgl. BVerfG Beschl. v. 24.3.2021 – 1 BvR 2656/18 ua, NJW 2021, 1723 Rn. 147 ff.; *Frenz* DÖV 2021, 715; *Kahl* Jura 2021, 117.
9 BVerwG Urt. v. 23.11.2005 – 8 C 14/04, NVwZ 2006, 595.
10 Vgl. *Härtel* NuR 2020, 577 (580); zu einem rechtsvergleichenden Überblick *Härtel* NuR 2020, 585 ff.; zur Auslegung des Art. 20a GG umfassend *Gärditz* (L/R) Art. 20a.
11 *März* JöR N.F. 54 (2006), 175 (215).
12 *März* JöR N.F. 54 (2006), 175 (214 f.); zu den Verwaltungskompetenzen des Bundes und der Länder im Umweltbereich *Durner* in: Herdegen/Masing/Poscher/Gärditz, Handbuch des Verfassungsrechts, 2021, § 26 Rn. 31 ff.
13 Vgl. BVerwG Beschl. v. 23.11.2005 – 8 C 14/04, NJW 1995, 2648; *Gassner* DVBl 2013, 547; zu Auswirkungen auf das Zivilrecht *Bach/Kieninger* JZ 2021, 1088.

verfahren (etwa Umweltprüfungen).[14] Das Staatsziel begründet materiell insbes. für die Abwägung in landesrechtlich vorgesehenen Planungsentscheidungen ein besonderes inneres Gewicht für Umweltbelange.[15] So sind bei der Erteilung einer denkmalrechtlichen Erlaubnis Belange des Klimaschutzes zu behandeln.[16] Allerdings haben die Staatsziele des Art. 12 gegenüber den einer (Bauleit-)Planung zugrunde liegenden öffentlichen und privaten Anliegen keinen abstrakten Vorrang.[17] Vielmehr bleibt es Aufgabe der planenden Behörde, sich im Rahmen sachgerechter Abwägung selbst darüber schlüssig zu werden, welchen Belangen sie letztlich das stärkere Gewicht beimessen will.[18] Gleiches gilt für den Erlass untergesetzlicher Normen (Rechtsverordnungen und Satzungen).[19] Werden die Belange des Umweltschutzes aber in krasser Weise verkannt, verstößt die Planung auch gegen das verfassungsrechtliche Willkürverbot.[20] Räumt das Gesetz indes keinen Ermessens- oder Beurteilungsspielraum ein, kann die Verwaltung nicht eigenständig die Belange des Art. 12 über den Gesetzeswortlaut hinaus in ihre Entscheidung einführen.[21] Allerdings kann der Belang des Umwelt-, namentlich des Klimaschutzes kann auch im Rahmen einer „nachvollziehenden" Abwägung bei einer Zulassungsscheidung Bedeutung gewinnen.[22] Schließlich gibt Art. 12 als Verfassungsprinzip eine Grundlage für die Einschränkung eines Grundrechts, für das die LV keinen Schrankenvorbehalt enthält, wie v.a. Art. 7 betr. Freiheit von Kunst und Wissenschaft. Maßstab ist insoweit auch hier nicht der abstrakte Gedanke „Umweltschutz", sondern der vom Gesetzgeber legitimerweise gewählte Weg der Umsetzung.[23] Art. 12 konstituiert aber weder die Umwelt allgemein noch die Natur als Rechtssubjekt.[24]

## IV. Schutzgeneralklausel (Abs. 1)

**1. Umweltschutz (S. 1 Alt. 1).** Geschützt werden die natürlichen Grundlagen 5 jetzigen und künftigen Lebens. Damit gleicht die Formulierung Art. 20a GG[25] und verzichtet auf eine ausdrückliche Nennung des Begriffs Umwelt-(Schutz).[26] Dem liegt eine anthropozentrische Perspektive zugrunde.[27] Der Umweltschutz

---

14 *Schmitz* in: Stelkens/Bonk/Sachs, VwVfG, 9. Aufl. 2018, § 9 Rn. 48.
15 Vgl. OVG Greifswald Urt. v. 17.2.2004 – 3 K 12/00.
16 Vgl. VGH München Urt. v. 19.12.2013 – 1 B 12.2596, BayVBl 2014, 506; vgl. auch VGH Mannheim Urt. v. 1.9.2011 – 1 S 1070/11, NVwZ-RR 2012, 222 sowie OVG Berlin-Brandenburg Beschl. v. 1.3.2017 – OVG 2 N 68.14 – Photovoltaikanlage auf Baudenkmal; siehe auch *Huerkamp/Kühling* DVBl 2014, 24.
17 Vgl. BVerfG Beschl. v. 24.3.2021 – 1 BvR 2656/18 ua, NJW 2021, 1723 Ls. 2a und Rn. 198, 246.
18 BayVerfGH Entsch. v. 17.03.2011 – Vf. 17-VII-10, VerfGHE 64, 20; BVerwG Beschl. v. 15.10.2002 – 4 BN 51/02, NVwZ-RR 2003, 171 zu Art. 20a GG.
19 OVG Weimar Urt. v. 21.8.2019 – 1 KO 88/16, NVwZ-RR 2020, 422 – Unvereinbarkeit einer Solaranlage mit einer gemeindlichen Gestaltungssatzung.
20 So BayVerfGH Entsch. v. 31.5.2006 – Vf. 1-VII-05, VerfGHE 59, 109 für Bebauungsplan; vgl. *Kruis/Didovic* BayVBl 2009, 353.
21 BVerwG Beschl. v. 20.1.2014 – 3 B 29/13, NVwZ 2014, 450 – Tierversuche; Anm. *Hildemann* NVwZ 2014, 453 mit Hinweis auf EU-Tierversuchsrichtlinie (EU-RL 63/2010); BGH Urt. v. 27.1.2006 – V ZR 46/05, NJW 2006, 1424; BFH Urt. v. 16.10.1996 – II R 17/96, BFHE 181, 515.
22 BVerfG Beschl. v. 27.9.2022 - 1 BvR 2661/21, NVwZ 2022, 1890 Rn. 73 zum Verhältnis § 2 EEG - § 35 BauGB bei Windenergieanlagen; dazu *Herber* EnWZ 2023, 37.
23 Vgl. OVG Münster Beschl. v. 24.2.2012 – 4 B 978/11, NVwZ-RR 2012, 682.
24 Dazu *Kersten* Parl Beilage 2020, Nr. 11, 27.
25 Umfassend *Gärditz* (L/R) Art. 20a GG; *SRU*, Demokratisch regieren in ökologischen Grenzen – zur Legitimation von Umweltpolitik, Rn. 134 ff.
26 Zu dem Begriff *Hoffmann* NuR 2011, 389; *Kwaśnicka/Hoffmann* WiRO 2012, 272.
27 *Huster/Rux* in BeckOK GG Art. 20a Rn. 11.

muss im Kontext des inter- und supranationalisierten Umweltrechts (Völker- und Europarecht) gesehen werden.[28] Die natürlichen Grundlagen des Lebens sind die **elementaren Umweltgüter** Wasser einschl. des Grundwassers,[29] Luft, Boden, Fauna und Flora, Klima und die Natur als solche einschließlich der Wechselbeziehungen untereinander.[30] Natur ist die Gesamtheit der nicht vom Menschen geschaffenen belebten und unbelebten Erscheinungen. Da es auch im Land M-V keine unberührten Naturlandschaften gibt, ist auch die Landschaft in ihrer kulturellen Ausgestaltung umfasst.[31] Dies wird auch aus der Konkretisierung in Abs. 2 und 4 deutlich. Anderseits gehört der Denkmalschutz als solcher nicht zu den in Art. 12 geschützten Belangen, da hier nicht „natürliche" Lebensgrundlagen betroffen sind; gleichwohl zählt er einfachrechtlich zu den Umweltbelangen.[32] Da das Klima auch Teil der natürlichen Lebensgrundlagen ist, umfasst das Staatsziel auch den **Klimaschutz**.[33] Demgemäß sind bei der Erteilung einer denkmalrechtlichen Erlaubnis Belange des Klimaschutzes und des Eigentums im Rahmen der Ermessensausübung zu behandeln.[34] Die natürlichen Lebensgrundlagen werden von der Verfassungsnorm nicht adressiert, wenn sie sich in Gänze außerhalb von M-V, v.a. im Ausland, befinden.[35]

6 **Schutz** bedeutet im Sinne eines Optimierungsgebots,[36] nach Möglichkeit schädliche Eingriffe in die Rechtsgüter zu unterlassen; er umfasst auch die Schonung und den sparsamen Umgang mit den natürlichen Ressourcen. Schutz bedeutet auch, aktuelle Gefahren oder Beeinträchtigungen, die von Dritten ausgehen, abzuwehren oder zu mindern. Er umfasst zunächst ein Verschlechterungsverbot in der Weise, dass in einem solchen Fall sorgsam abgewogen werden muss, ob andere verfassungsrechtlich geschützte Belange dies rechtfertigen.[37] Dies gebietet, in der Regel ein Monitoring vorzusehen, damit Veränderungen der Umwelt erkennbar werden. Weiterhin gehören zur Schutzpflicht das Gebot der Wahrung des umweltrechtlichen Besitzstandes und die Berücksichtigung einer Risikovorsorge.[38] Dem Umweltschutzziel ist daher das Vorsorgeprinzip immanent.[39] All dies verlangt auch geeignete Organisationen und Verfahren.[40] Diese Schutzpflichten beziehen sich aber nur auf anthropogen verursachte Veränderungen

---

28 Dazu *Durner* in: Herdegen/Masing/Poscher/Gärditz, Handbuch des Verfassungsrechts, 2021, § 26 Rn. 16 ff.; *Durner* in L/R Bd. 1 Umweltverfassungsrecht Rn. 1 ff.; *Sommermann* in: von Münch/Kunig, GG Art. 20a Rn. 8 ff.
29 OVG Lüneburg Urt. v. 20.12.2017 – 13 KN 67/14, ZUR 2018, 487 – Verbot von Biogasanlagen in Wasserschutzgebieten.
30 Ebenso *Pirsch* in Thiele/Pirsch/Wedemeyer Art. 12 Rn. 7; vgl. *Sommermann* in: von Münch/Kunig GG Art. 20a Rn. 33.
31 BVerwG Beschl. v. 23.11.2005 – 8 C 14/04, NJW 1995, 2648; *Degenhart* Rn. 443 ff.; aA *Scholz* in: Dürig/Herzog/Scholz GG Art. 20a Rn. 36. S. auch → Wallerath/Schlacke Art. 2 Rn. 15.
32 Vgl. Nr. 2.3.11 der Anlage 2 zum UVPG und dazu OVG Greifswald Urt. v. 21.11.2012 – 3 K 10/11, NordÖR 2013, 211.
33 → Rn. 5 und 9.
34 VGH München Urt. v. 19.12.2013 – 1 B 12.2596; vgl. auch *Mast/Göhner* BayVBl 2013, 193.
35 Vgl. *Krohn* ZUR 2021, 603.
36 So auch *Epiney* in: von Mangoldt/Klein/Starck Art. 20a Rn. 62.
37 Vgl. *Classen* in Classen/Lüdemann § 1 Rn. 31; *Appel* in Koch et al. § 2 Rn. 117 f.
38 *Epiney* in: von Mangoldt/Klein/Starck Art. 20a Rn. 65 ff.; *Ramsauer* in: Koch et al. § 3 Rn. 21; *Kahl/Gärditz* § 3 Rn. 7 ff.
39 *Sommermann* in: von Münch/Kunig GG Art. 20a Rn. 21.
40 *Sommermann* in: von Münch/Kunig GG Art. 20a Rn. 25; *Appel* in Koch et al. § 2 Rn. 116.

der Umwelt.[41] **Pflege** bedeutet die Pflicht, im Sinne eines positiven Handelns auf Erhalt und Verbesserung des Zustandes der genannten Schutzgüter hinzuwirken einschließlich der Beseitigung bereits eingetretener Schäden.

Das jetzige Leben als Zielrichtung legt die gegenwärtige Generation als Anknüpfungspunkt fest. Mit dem Schutz der natürlichen Lebensgrundlagen ist das Land auch zum Schutz für **künftige Generationen** verpflichtet.[42] Das künftige Leben als Zielrichtung umschreibt den Grundsatz der **Nachhaltigkeit**.[43] Die sozialen und wirtschaftlichen Ansprüche an die Umwelt sind mit den ökologischen Funktionen in Einklang zu bringen und sollen zu einer dauerhaften Ordnung geführt werden.[44] Gemeint ist iÜ das menschliche Leben, so dass diese Staatszielbestimmung von einem anthropozentrischen Ansatz ausgeht.[45] Dieser Ansatz wird durch die Bestimmungen in der Präambel und Art. 2 modifiziert.[46] Allerdings umfasst die Nachhaltigkeit nicht allein die Umwelt iwS Sie umfasst auch die dauerhafte Realisierung anderer Staatsziele. Dies ergibt sich aus der Gesamtschau der Staatziele der LV, etwa auch Art. 14, 16 und 17 und des Sozialstaatsprinzips in Art. 2.[47] Es ist darauf zu achten, dass die Ziele des Umweltschutzes nicht durch Populismus und Rechtsextremismus (siehe Art. 18a) vereinnahmt werden.[48]

Art. 12 genießt keinen unbedingten **Vorrang** gegenüber anderen Belangen, sondern ist durch den Gesetzgeber im Konfliktfall in einen Ausgleich mit anderen Verfassungsrechtsgütern und Verfassungsprinzipien zu bringen. Das relative Gewicht dieses Staatszieles, namentlich des Klimaschutzgebots, nimmt aber in der Abwägung weiter zu, je eher die Auswirkungen unumkehrbar sind und künftige Generationen in ihren Grundrechten beschränkt werden.[49]

Art. 12 verpflichtet wie Art. 20a GG den Staat auch zum **Klimaschutz**. Der globale Charakter von Klima und Erderwärmung schließt zwar eine Lösung der Probleme des Klimawandels durch einen Staat allein aus, prägt jedoch deren Inhalt. Entsprechendes gilt für die nicht nur auf das Land M-V beschränkten Auswirkungen. Weil der Landesgesetzgeber Klimaschutz wegen der globalen Natur des Klimawandels allein nicht erreichen könnte, verlangt Art. 17 auch, länderübergreifende Lösungen und, soweit zuständig, auch auf internationaler Ebene zu suchen.[50] Allerdings ist der Landesgesetzgeber nach Art. 20a GG nicht verpflichtet, bestimmte Emissionsreduktionslast zu normieren, da eine auf das jeweilige Land bezogene Gesamtreduktionsmaßgabe nicht existiert. Eine den Ländern jeweils vorgegebene landesspezifische Gesamtreduktionsmaßgabe, die ein $CO_2$-Restbudget wenigstens grob erkennen ließe, ist derzeit weder dem

---

41 Vgl. BVerfG Beschl. v. 24.3.2021 – 1 BvR 2656/18 ua, NJW 2021, 1723 Rn. 198 ff.
42 BVerfG Beschl. v. 24.3.2021 – 1 BvR 2656/18, 1 BvR 78/20, 1 BvR 96/20, 1 BvR 288/20, BVerfGE 157, 30 = NJW 2021, 1723 Rn. 200.
43 *Sommermann* in: von Münch/Kunig, GG Art. 20a Rn. 22 f. und 28 ff.
44 Vgl. *Epiney* in: von Mangoldt/Klein/Starck Art. 20a Rn. 30 f. und 97 ff.; *Kahl* ZUR 2009, 364.
45 *März* JöR N.F. 54 (2006), 175, 215; vgl. *Epiney* in: von Mangoldt/Klein/Starck Art. 20a Rn. 29; *Kloepfer* (Fn. 6); § 3 Rn. 14.
46 *Erbguth/Wiegand* DVBl 1993, 1325 (1331).
47 Zu diesem Ansatz *Deter* ZUR 2012, 157.
48 Siehe https://www.stiftung-mercator.de/content/uploads/2021/10/Demokon-Research-Paper-I-Populismus-und-Energiewende.pdf.
49 BVerfG Beschl. v. 24.3.2021 – 1 BvR 2656/18 ua, BVerfGE 157, 30 = NJW 2021, 1723 Rn. 198; zur intertemporalen Freiheitssicherung *Beckmann* UPR 2021, 241; *Schlacke* NVwZ 2021, 912; *Berkemann* DÖV 2021, 701. Im Einzelnen → Wallerath/Schlacke Art. 2 Rn. 16.
50 Vgl. BVerfG Beschl. v. 24.3.2021 – 1 BvR 2656/18 ua, NJW 2021, 1723 Rn. 197.

GG noch dem einfachen Bundesrecht zu entnehmen.[51] Die Verpflichtung nach Art. 12 genießt auch keinen unbedingten Vorrang gegenüber anderen Belangen, sondern ist im Konfliktfall in einen Ausgleich mit anderen Verfassungsrechtsgütern und Verfassungsprinzipien zu bringen, wobei allerdings das relative Gewicht des Klimaschutzgebots in der Abwägung bei fortschreitendem Klimawandel weiter zunimmt.[52] Durch § 3 KSG ist das Klimaschutzziel bundesverfassungsrechtlich konkretisiert. Die maßgebliche Bedeutung von Maßnahmen zum Ausbau erneuerbarer Energien für den Klimaschutz und den Schutz der Grundrechte vor den Gefahren des Klimawandels im Rahmen der Abwägung mit gegenläufigen grundrechtlich geschützten Interessen einzelner hängt bei Maßnahmen der Länder oder Kommunen, insbesondere denen mit Pilotcharakter, auch von der Strommenge ab, die durch gleichartige Maßnahmen anderer Länder oder Gemeinden erzielt wird oder erzielt werden kann.[53]

10  **2. Tierschutz (S. 1 Alt. 2).**  Tierschutz ist nicht zum Umweltschutz zu rechnen,[54] soweit es nicht um (auch) um den Schutz der natürlichen Lebensgrundlagen geht wie etwa beim Artenschutz.[55] Der Antrag auf Aufnahme des Schutzes von Tieren und Pflanzen war bei den Verfassungsberatungen mehrheitlich abgewiesen worden, weil der Schutz von Tieren und Pflanzen bereits durch Abs. 1 gewährleistet sei.[56] Die Aufnahme eines Staatszieles **Tierschutz** trägt dem Gebot eines sittlich verantworteten Umgangs des Menschen mit dem Tier Rechnung. Die Leidens- und Empfindungsfähigkeit insbes. von höher entwickelten Tieren erfordert ein ethisches Mindestmaß für das menschliche Verhalten. Daraus folgt die Verpflichtung, Tiere als Mitgeschöpfe zu achten und ihnen vermeidbare Leiden zu ersparen.[57] Dem ethischen Tierschutz wird Verfassungsrang verliehen,[58] aber nicht erweitert.[59] Gegenstand der Normsetzung ist in erster Linie die (Tierschutz-)Gesetzgebung unter dem Gesichtspunkt des Schutzes der Tiere vor nicht artgemäßer Haltung, vor vermeidbaren Leiden sowie der Zerstörung ihrer Lebensräume.[60] Dem Tierschutz kommt kein Vorrang im Sinne einer bestimmten Vorzugswürdigkeit zu.[61]

---

51  So BVerfG, Beschl. v. 18.1.2022 - 1 BvR 1565/21, NVwZ 2022, 321 = NJW 2022, 844; dazu *Bickenbach*, DÖV 2022, 561; *Erbguth*, DVBl 2022, 1001; *Kahl*, EnWZ 2022, 123; *Frenz*, ER 2022, 91; *Winter*, ZUR 2022, 215; *Ekardt*, ZUR 2022, 287; *Wiedmann*, ZUR 2022, 358.
52  BVerfG, Beschl. v. 24.3.2021 - 1 BvR 2656/18, BVerfGE 157, 30 = NJW 2021, 1723 Rn. 198; BVerfG, Beschl. v. 15.12.2022 - 1 BvR 2146/22, NVwZ 2023, 158; OVG LSA, Beschl. v. 10.6.2022 - 2 L 21/20.Z, ZUR 2022, 680 = LKV 2022, 470.
53  BVerfG, Beschl. v. 23.3.2022 - 1 BvR 1187/17, BVerfGE 161, 63 = NVwZ 2022, 861 - Windenergie-Beteiligungsgesellschaften M-V.
54  BVerwG Urt. v. 30.1.2020 – 10 C 11/19, BVerwGE 167, 311 = NVwZ 2020, 880 mAnm *Gerhold*.
55  *Sommermann* in: von Münch/Kunig GG Art. 20a Rn. 22 f. und 38 f.; → Wallerath/Schlacke Art. 2 Rn. 15.
56  Kommission, Verfassungsentwurf, S. 104.
57  Siehe Unterrichtung Bundesregierung vom 1.2.2006 – BT-Drs. 96/06 über Mitteilung der Kommission der Europäischen Gemeinschaften an das Europäische Parlament und den Rat über einen Aktionsplan der Gemeinschaft für den Schutz und das Wohlbefinden von Tieren (2006–2010) KOM(2006) 13 endg.; Ratsdok. 5734/06.
58  LT-Drs. 4/2118, 7; siehe *Faller*, Staatsziel „Tierschutz", 2005, S. 105 ff.; vgl. auch BVerfG Beschl. v. 12.10.2010 – 2 BvF 1/07, BVerfGE 127, 293.
59  StGH Hessen Urt. v. 12.2.2020 – P.St. 2610, VerfGE 31, 253.
60  OVG Münster Urt. v. 24.3.2011 – 14 A 2394/10, KStZ 2011, 178 – erhöhte Besteuerung einer bestimmten Hunderasse. Zum Verhältnis des Art. 20a GG zu einfachgesetzlichen Tierschutzregelungen *Schürmeier* NuR 2020, 29.
61  VGH München Urt. v. 11.12.2017 – 19 N 14.1022, DÖV 2018, 635; nachfolgend BVerwG Beschl. v. 17.7.2019 – 3 BN 2/18, NVwZ-RR 2019, 1027.

Dieses Staatsziel gewinnt etwa Bedeutung bei der Regelung über die Käfighaltung von Legehennen,[62] dem Umgang mit verletzten Fundtieren,[63] der Förderung von Tierheimen[64] oder Töten von Zootieren,[65] einem Taubenfütterungsverbot[66] oder Töten männlicher Küken[67] oder dem Schächten als Ausdruck der Religionsfreiheit.[68] Es hat Einfluss auf die Art und Weise der Jagdausübung, stellt aber nicht die Legitimität einer dem Gemeinwohl verpflichteten Jagd und Hege in Frage.[69] Dabei sind die Belange von Eigentümern, die die Jagd auf ihren Grundstücken aus ethischen Gründen ablehnen, bei der Ausgestaltung des Jagdrechts zu wahren.[70] Nach Art. 7 Abs. 2 unterliegt die Forschung den gesetzlichen Beschränkungen, wenn sie die natürlichen Lebensgrundlagen nachhaltig zu gefährden droht; dazu gehört auch der Tierschutz (→ Art. 7 Rn. 19).[71] Tieren wird durch das Staatsziel keine eigene Rechtsposition zugebilligt.[72] Eine landesrechtliche Verbandsklage für Tierschutzvereine, die verfassungsrechtlich zulässig wäre,[73] könnte keine Klagebefugnis gegen Bundesbehörden begründen.[74] Abs. 1 Art. 2 begründet auch keine subjektiven Rechte.[75]

**3. Sparsamkeitsgebot (S. 2).** Land, Gemeinden und Kreise sowie die anderen Träger der öffentlichen Verwaltung haben auf den sparsamen Umgang mit Naturgütern hinzuwirken. Der Begriff der „Naturgüter" umfasst neben der Natur auch die Umweltmedien Boden und Luft, aber auch Energie, Rohstoffe und Wasser[76] (vgl. auch § 2 Nr. 6 PflSchG). Das Wort „Umgang" umfasst alle denkbaren industriellen und gewerblichen Prozesse zur Durchsetzung des Sparsamkeitsgebots. **Sparsamer Umgang** bedeutet, dass zunächst bei der Entscheidung für ein Vorhaben die Beeinträchtigung der genannten Schutzgüter gegenüber den anderen Belangen im Sinne eines Optimierungsgebots abgewogen, iÜ sodann bei der Ausführung des Vorhabens Beeinträchtigungen der geschützten Güter nach Möglichkeit vermieden werden. Das Sparsamkeitsgebot umfasst daher auch ein

---

62 BVerfGE 127, 293; dazu *Cirsovius/Maisack* AUR 2011, 273; *Durner* DVBl 2011, 97; *Ketterer* NuR 2011, 417; *Calliess* NuR 2012, 819.
63 BVerwG Urt. v. 26.4.2018 – 3 C 7.16, BVerwGE 162, 63. Dazu Verwaltungsvorschrift über das Verfahren vom 2.7.2020 – II – 212–00500–2012/081–026 (AmtsBl. M-V 318), die sich ausdrücklich auf Art. 12 bezieht.
64 Tierheim-Förderrichtlinie – TierH-RL M-V – vom 20.5.2019 – VI 500 – 722, AmtsBl. M-V 556.
65 *Arleth/Biller-Bomhardt*, NuR 2021, 654.
66 BayVerfGH Entsch. v. 9.11.2004 – Vf. 5-VII-03, VerfGHE 57, 161; OLG Koblenz Beschl. v. 2.5.2012 – 2 SsBs 114/11.
67 BVerwG Urt. v. 13.6.2019 – 3 C 28/16, BVerwGE 166, 32.
68 BVerfG Urt. v. 15.1.2002 – 1 BvR 1783/99, BVerfGE 104, 337; BVerwG Urt. v. 23.11.2006 – 3 C 30/05, BVerwGE 127, 183, dazu *Dietz* DÖV 2007, 489; *Traulsen* NuR 2007, 800; *Cirsovius* NuR 2008, 237; *Oebbecke* ZfP 2008, 49; siehe auch EuGH (Große Kammer) Urt. v. 17.12.2020 – C-336/19, NVwZ 2021, 219 mAnm *Gerhold/Hahn*.
69 BVerfG Beschl. v. 13.12.2000 – 1 BvR 2084/05, BVerfGE 10, 66 (71); VerfGH RhPf Urt. v. 20.11.2000 – VGH N 2/00.
70 BVerwG Beschl. v. 15.4.2021 – 3 B 9.20.
71 Vgl. OVG Bremen Urt. v. 11.12.2012 – 1 A 180/10, DVBl 2013, 669 = NordÖR 2013, 259, dazu BVerwG Beschl. v. 20.1.2014 – 3 B 29/13; *Gärditz* ZUR 2013, 434.
72 Eine Verbandsklage für Tierschutzverbände kennen Bremen und Nordrhein-Westfalen. Für M-V siehe LT-Drs. 6/1232 Ziff. 5.
73 *Caspar* DÖV 2008, 152; Bedenken bei *Fest/Köpernik* DVBl 2012, 1473.
74 BVerwG Urt. v. 14.5.1997 – 11 A 43/96, BVerwGE 104, 367.
75 OLG Brandenburg Beschl. v. 6.4.2020 – 2 U 136/18.
76 Kommission, Verfassungsentwurf, S. 100 unter Hinweis auf vgl. Art. 141 Abs. 1 Satz 2 BayVerf und Art. 11a Satz 2 BremVerf; vgl. *Pirsch* in: Thiele/Pirsch/Wedemeyer Art. 12 Rn. 9.

Wiederverwendungsgebot.[77] Hinwirken bedeutet, andere zu veranlassen, diesem Ziel zu entsprechen. Damit sind auch Aufklärung und vorbildliches Verhalten gemeint.

## V. Landesspezifischer Schutzauftrag (Abs. 2)

13 **1. Besonderheiten Mecklenburg-Vorpommerns (S. 1).** Indem die Landschaft mit ihren Naturschönheiten, Wäldern, Fluren und Alleen, die Binnengewässer und die Küste mit den Haff- und Boddengewässern geschützt werden sollen, sind die landesspezifischen Besonderheiten angesprochen.[78] Das Landschaftsbild selbst gehört nämlich zur Umwelt iSv Abs. 1.[79] Diese Bestimmung ist Ausdruck des Bemühens um landesspezifischen[80] im Sinne des landesidentitätsstiftenden Umweltschutzes.[81] Dazu zählen etwa der Schutz von Bäumen und Alleen[82] (§§ 18, 19 NatSchAG M-V), der Schutz von bestimmten Biotopen und Geotopen, etwa naturnahe Moore und Sümpfe, Sölle, Röhrichtbestände und Riede, seggen- und binsenreiche Nasswiesen oder Findlinge, Blockpackungen, Gesteinsschollen und Oser (§ 20 NatSchAG M-V) oder der Schutz von Horst- und Neststandorten der Adler, Baum- und Wanderfalken, Weihen, Schwarzstörche und Kraniche (§ 23 Abs. 4 NatSchAG M-V).

14 **2. Freier Zugang (S. 2).** Der freie Zugang zu der Landschaft Mecklenburg-Vorpommerns wird gewährleistet.[83] Abs. 2 S. 2 umfasst auch den freien Zugang zu Flächen, die nicht unter öffentlicher Verwaltung, sondern in Privathand stehen. Abs. 2 S. 2 enthält selbst weder ein Grundrecht noch ein subjektives Recht;[84] dagegen spricht die Stellung der Vorschrift in dem Abschnitt über Staatsziele. Unter angemessener Berücksichtigung des Abs. 2 S. 2 hat der Gesetzgeber darüber zu entscheiden, ob ein solches Recht eingeräumt wird (vgl. aber Art. 141 BayVerf). § 14 BWaldG, § 28 LWaldG M-V[85] bestimmen, dass jedermann den Wald, auch den Privatwald, zum Zwecke der Erholung betreten darf. Die Eigentumsbeeinträchtigung des Waldbesitzers ist bei der Ermessensausübung über die Anordnung einer Waldsperrung nur dann berücksichtigungsfähig, wenn sie in Intensität und Schwere dem verfassungsrechtlich garantierten Naturzugang zumindest gleichkommt.[86] Ähnlich regeln § 59 BNatSchG, § 25 Abs. 1 NatSchAG MV[87] das Betretungsrecht für die freie Landschaft.[88]

---

77 Kommission, Verfassungsentwurf, S. 100; *Pirsch* in: Thiele/Pirsch/Wedemeyer Art. 12 Rn. 9.
78 LT-Drs. 1/2000, 79.
79 BVerwG Beschl. v. 23.11.2005 – 8 C 14/04, NJW 1995, 2648.
80 Kommission, Verfassungsentwurf, S. 101.
81 *Riepe*, Soziale Grundrechte in den Verfassungen der Länder Brandenburg, Mecklenburg-Vorpommern, Sachsen, Sachsen-Anhalt und Thüringen, 1996, S. 226.
82 OVG Greifswald Beschl. v. 30.1.2008 – 1 M 17/08, NordÖR 2008, 274 mAnm *Bugiel* S. 245; siehe Alleenerlass M-V v. 18.12.2015 – VIII 240–1/556–07 – VI 250 – 530– 00000–2012/016, AmtsBl. M-V 2016, 9.
83 *Bunzel/Müller* LKV 2014, 103 für Brandenburg.
84 *Pirsch* in: Thiele/Pirsch/Wedemeyer Art. 12 Rn. 11; siehe aber *Erbguth/Wiegand(-Hoffmeister)* DVBl 1993, 1325 (1326).
85 Vgl. OVG Berlin-Brandenburg Beschl. v. 18.5.2011 – OVG 11 S 20.11; v. 23.2.2012 – OVG 11 N 57.10; zu Haftungsfragen *Duhme* NJW 2013, 17; *Bittner* NuR 2013, 537.
86 OVG Frankfurt (Oder) Urt. v. 18.8.1998 – 4 A 176/96, NuR 1999, 519.
87 Dazu OVG Greifswald Beschl. v. 2.11.1993 – 3 O 31/93, LKV 1995, 86; OVG Berlin-Brandenburg Urt. v. 2.4.2009 – OVG 11 B 12.08, ZUR 2009, 426; OVG Schleswig Beschl. v. 12.5.2009 – LA 15/09, NordÖR 2010, 224 (Ls.).
88 Kritisch zur Verfassungsmäßigkeit der Beschränkung des § 25 Abs. 1 NatSchAG MV auf Wege, Wegränder und Feldraine *Heym* in Schlacke (Hrsg.), GK-BNatSchG, 2. Aufl. 2017, § 59 Rn. 4.

## VI. Bürgerverpflichtung (Abs. 3)

**1. Jedermannverpflichtung (S. 1).** Jeder ist gehalten, zur Verwirklichung der 15
Ziele der Abs. 1 und 2 beizutragen. Mit dem Ausdruck „gehalten" wird gesagt,
dass keine uneingeschränkte Mitwirkungspflicht[89] oder unmittelbare ökologische Grundpflicht zu einem bestimmten Verhalten gegenüber anderen privaten
oder staatlichen Stellen begründet wird. S. 1 macht aber deutlich, dass eine
Verantwortung gegenüber der Umwelt auch in den Beziehungen der Bürger
untereinander, das heißt **im gesellschaftlichen Bereich** besteht. Der Inhalt einer
Rechtspflicht kann sich nur aus dem einfachen Gesetz ergeben; dieses ist im
Lichte dieser Norm auszulegen.

**2. Land-, Forst- und Gewässerwirtschaft (S. 2).** Die Pflicht, zur Verwirklichung 16
der Ziele der Abs. 1 und 2 beizutragen, gilt insbes. für die Land-, Forst- und Gewässerwirtschaft in ihrer Bedeutung für die Landschaftspflege. Es geht darum,
dass sie im Bereich der Landschaftspflege historisch gewachsen eine wesentliche Rolle spielen.[90] Eine land- und forstwirtschaftliche Bodennutzung muss
daher nach den Regeln der guten fachlichen Praxis erfolgen.[91] Diese Grundsätze
sind nunmehr in § 5 Abs. 2 BNatSchG näher konkretisiert,[92] ohne dass das
NatSchAG M-V eine abweichende Regelung trifft.[93]

## VII. Naturschutzrechtliche Eingriffsregelung (Abs. 4)

Die LV nimmt – bemerkenswerterweise – die einfachrechtliche naturschutzrechtliche **Eingriffsregelung** auf. Sie verfolgt nicht nur das Ziel eines umfassenden 17
Schutzes der jeweils vorhandenen Gegebenheiten, sondern auch einer einheitlichen Gesamtbewertung aller Auswirkungen einschließlich der Wechselwirkungen.[94] Der Landesgesetzgeber muss daher bei der Konkretisierungs- und Abweichungsgesetzgebung der Eingriffs-/Ausgleichregelung der §§ 13 ff. BNatSchG
(vgl. § 12 Abs. 1, 2, 4 und 5 NatSchAG M-V)[95] auch das Staatsziel beachten; Gleiches gilt die Anwendung dieser Vorschriften durch die Landesverwaltung. Dabei gehört die Eingriffs-/Ausgleichregelung des BNatSchG zu den abweichungsfesten Grundsätzen des Naturschutzes iSv Art. 72 Abs. 3 Satz 1 GG[96].

## VIII. Schutzauftrag an den Gesetzgeber (Abs. 5)

Im Rahmen seiner Gesetzgebungskompetenz[97] hat das Land durch entsprechen- 18
de Gesetze dem Staatsziel Rechnung zu tragen. Die Verwirklichung des Staatsziels Umweltschutz obliegt originär dem Normgeber. Dabei hat er im Rahmen
seines Gestaltungsspielraums vielfältige Gewichtungen, Abwägungen und Konkretisierungen vorzunehmen. Den normsetzenden Organen kommt dabei ein

---

89 Kommission, Verfassungsentwurf, S. 103; vgl. BGH Urt. v. 11.6.2003 – VIII ZR 160/02, BGHZ 155, 141 – Abnahme- und Vergütungspflicht durch Elektrizitätsversorgungsunternehmen.
90 Kommission, Verfassungsentwurf, S. 103.
91 *Müller* NuR 2002, 530.
92 Im Einzelnen *Krohn* in Schlacke (Hrsg.), GK-BNatSchG, 2. Aufl. 2017, § 5 Rn. 21 ff.
93 Zum Verhältnis zur Eingriffsregelung nach § 12 Abs. 1 NatSchAG M-V aber *Czybulka* (Fn. 2); § 6 Rn. 97 aE.
94 *Ramsauer* NuR 1997, 419 (420).
95 *Koch* in Schlacke (Hrsg.), GK-BNatSchG. 2. Aufl. 2017, vor §§ 13–19 Rn. 16 f.; § 13 Rn. 14; siehe auch *Franzius* ZUR 2010, 346.
96 So BVerwG Urt. v. 6.11.2012 – 9 A 17.11, BVerwGE 145, 40; enger *Flatter* in: Landmann/Rohmer UmweltR BNatSchG § 69 Rn. 19.
97 *Durner* in Herdegen/Masing/Poscher/Gärditz, Handbuch des Verfassungsrechts, 2021, § 26 Rn. 23 ff.

weiter Gestaltungsspielraum zu.[98] IÜ kommt es darauf an, ob die betreffende Vorschrift den Verfassungsauftrag des Umweltschutzes ausreichend in Betracht zieht oder von vornherein oder ohne gewichtige Gründe vernachlässigt. Da die Verpflichtung zum Schutz der natürlichen Grundlagen zugleich als Staatsstrukturprinzip nach Art. 2 die staatliche Gewalt verfassungsrechtlich verpflichtet, ist das Gemeinschaftsgut „natürliche Lebensgrundlagen" im Sinne eines **Optimierungsgebots** zu schützen.[99] Gleichrangige Belange sind ua solche, die auch in Art. 2 als Staatsstrukturprinzipien genannt sind.[100] Der Gesetzgeber kann allerdings ausdrückliche Berücksichtigungspflichten oder sog. Gewichtungsvorgaben regeln (→ Vor Art. 11 Rn. 10). Er kann Umwelt(Klima)schutz als Lenkungsziel von Abgaben vorsehen.[101] Die LReg hat vereinbart, dass das Land bis 2040 klimaneutral werden soll. Ein Klimaschutzgesetz ist im Verfahren.[102]

Der Gesetzgeber verstößt gegen die Ziele des Art. 12 nur, wenn eine Regelung entweder offensichtlich zu einer Verringerung des bisherigen Standards führt oder den Schutz oder Pflege der genannten Güter offensichtlich verfehlt, ohne dass dies überwiegende, ebenfalls mit Verfassungsrang ausgestattete Belange rechtfertigen. Energiepolitische Grundentscheidungen können daher gerichtlich nur darauf überprüft werden, ob sie offensichtlich und eindeutig unvereinbar sind mit verfassungsrechtlichen Wertungen, wie sie insbesondere in den Grundrechten oder den Staatszielbestimmungen, namentlich dem Umweltschutz, zum Ausdruck kommen.[103] Auch im Zusammenwirken mit Art. 20a GG hat das Land sich insbesondere der Aufgabe zu stellen, klimaschützende Regelungen, uU auch ein Landesklimaschutzgesetz, zu erlassen, zumal § 13 Abs. 1 Satz 2 und § 14 KSG in diese Richtung angelegt sind[104].

### IX. Schrifttum

19 *Constantin Beye*, Die Klimaschutzgesetze der Bundesländer, 2021; *Felix Ekardt*, Umweltverfassung und „Schutzpflichten", NVwZ 2013, 1105; *Wilfried Erbguth/Bodo Wiegand(-Hoffmeister)*, Umweltschutz im Landesverfassungsrecht, DVBl 1994, 1325; *Klaus Gärditz* in: Landmann/Rohmer, Umweltrecht, Stand: 96. EL September 2021, GG Art. 20a (zit.: Gärditz (L/R); *Erich Gassner*, Die Umweltpflichtigkeit nach Art. 20a GG als Pflicht zur Maßstabsbildung, DVBl 2013, 547; *Ina Härtel*, Klimaschutzverfassungsrecht: Klima-Staatszielbestimmungen im Föderalismus, NuR 2020, 577; *Wolfgang Kahl*, Klimaschutz und Grundrechte, Jura 2021, 117; *Wolfgang Kahl/Klaus Gärditz*, Umweltrecht, 12. Aufl. 2021; *Hans-Joachim Koch/Ekkehard Hofmann/Moritz Reese*, Handbuch des Umweltrechts, 5. Aufl. 2018; *Wolfgang Köck/Lena Kohlrausch*, Klimaschutzgesetzgebung im Bundesstaat – Zur Zukunft der Landesklimaschutz-

---

98 BVerfG Beschl. v. 12.10.2010 – 2 BvF 1/07, BVerfGE 127, 293 – Legehennen; VGH München Beschl. v. 4.8.2014 – 10 ZB 11.1920 – Taubenfütterungsverbot.
99 Siehe auch VerfGH Sachsen Beschl. v. 23.1.1997 – Vf 7-IV-94, LVerfGE 6, 221 (242): Geboten ist nicht nur die Überprüfung der Eignung und Notwendigkeit gesetzlicher Instrumentarien zur Verwirklichung des Umweltschutzes, sondern auch eine größtmögliche Annäherung an das verfassungsrechtlich vorgegebene Ziel des Umweltschutzes.
100 *Erbguth/Wiegand* DVBl 1993, 1325 (1330).
101 VGH BW, Beschl. v. 24.6.2022 – 2 S 809/22, NVwZ 2022, 1309; dazu *Frick* NVwZ 2022, 1319; *Klinger* ZUR 2022, 619.
102 https://www.regierung-mv.de/Landesregierung/lm/Klima/Klimaschutz/klimaschutzgesetz/.
103 BVerfG Urt. 17.12.2013 – 1 BvR 3139/08, 1 BvR 3386/08, NVwZ 2014, 211 Rn. 314 – Garzweiler II.
104 *Kohlrausch* ZUR 2020, 262; *Köck/Kohlrausch* 2021, 610; *Beye*, Klimaschutzgesetze der Bundesländer, 2021; *Schnittker*, Klimaschutzgesetze der Bundesländer, 2021.

gesetze, ZUR 2021, 610; *Wolfgang Löwer*, Tierversuche im Verfassungs- und Verwaltungsrecht, Gutachten, WissR 2006, Beiheft Nr. 16, 1; *Michael Rodi* (Hrsg.), Klimarecht, 2022; *Sabine Schlacke*, Umweltrecht, 8. Aufl. 2021; *Daniel Schnittker*, Die Klimaschutzgesetze der Bundesländer, 2021; *Sachverständigenrat für Umweltfragen (SRU)*, Sondergutachten – Demokratisch regieren in ökologischen Grenzen – zur Legitimation von Umweltpolitik; BT-Drs. 19/15335 vom 13.11.2019.

### Art. 13 (Förderung der Gleichstellung von Frauen und Männern)

¹Die Förderung der tatsächlichen Gleichstellung von Frauen und Männern ist Aufgabe des Landes, der Gemeinden und Kreise sowie der anderen Träger der öffentlichen Verwaltung. ²Dies gilt insbesondere für die Besetzung von öffentlich-rechtlichen Beratungs- und Beschlußorganen.

**Vergleichbare Regelungen:**
Zu Art. 13 S. 1: Art. 3 Abs. 2 S. 2 GG; Art. 10 Abs. 3 BerlVerf.; Art. 12 Abs. 3 BbgVerf.; Art. 118 Abs. 2 BayVerf.; Art. 3 Abs. 2 S. 3 NdsVerf. Art. 7 Abs. 2 und Art. 34 SachsAnhVerf.; Art. 8 SächsVerf.; Art. 2 Abs. 2 ThürVerf.; Art. 3 Abs. 2 S. 3 und 4 HmbVerf.; Art. 2 Abs. 4 BremVerf.; Art. 17 Abs. 3 RhPfVerf.; Art. 12 Abs. 2 SaarlVerf.; Art. 9 S. 1 SHVerf.
Zu Art. 13 S. 2: Art. 3 Abs. 2 S. 4 HmbVerf.; Art. 3 Abs. 4 S. 3 BremVerf; Art. 9 S. 2 SHVerf..

### I. Förderung der tatsächlichen Gleichstellung (S. 1)

Art. 13 enthält keine Art. 3 Abs. 2 S. 1 GG entsprechende grundrechtliche Gewährleistung. Art. 13 umfasst auch nicht das verfassungsrechtliche Diskriminierungsverbot nach Art. 3 Abs. 3 GG, das nach Art. 5 Abs. 3 als Grundrecht gilt.[1] Art. 13 entspricht nur Art. 3 Abs. 2 S. 2 GG[2] und zielt als Staatszielbestimmung auf eine Ergänzung der in Art. 5 Abs. 3 iVm Art. 3 Abs. 2 S. 1 GG garantierten rechtlichen Gleichstellung von Mann und Frau durch konkrete Fördermaßnahmen, deren Inhalt weitgehend der Gestaltungsfreiheit des Gesetzgebers überantwortet ist.[3] Sowohl das **europäische Gleichstellungsrecht**[4] wie die völkerrechtlichen Instrumente zum Abbau der Diskriminierung der Frau[5] fordern die Beseitigung auch mittelbarer[6] und faktischer Diskriminierungen.[7] Art. 13 beinhaltet schon dem Wortlaut nach kein Grundrecht.[8] Es geht um die Wahrung der unterschiedlichen Lebenslagen von Männern und Frauen, nicht einer „Frauenförderung". Das Staatsziel spricht nicht lediglich die Situation der Frauen an, sondern dient der Verwirklichung der Gleichberechtigung von Frauen und Männern, die auch den Schutz der Männer bezweckt. Frauen müssen die gleichen

1

---

1 Dazu BVerfG, Beschl. v. 10.10.2017 – 1 BvR 2019/16, BVerfGE 147, 1 = NJW 2017, 3643 – Schutz der Identität derjenigen, die sich dauerhaft weder dem weiblichen noch dem männlichen Geschlecht zuordnen lassen; *Dutta/Fornasier* NZA 2021, 605.
2 Zu dessen Inhalt zusammenfassend BVerfG 1. Senat 2. Kammer Beschl. v. 19.8.2011 – 1 BvL 15/11, BVerfGK 19, 33; vgl. auch *Berkemann* DVBl 2014, 137.
3 LVerfG Mecklenburg-Vorpommern Urt. v. 10.10.2017 – 7/16, LVerfGE 28, 199 m. abw. Meinung.
4 Dazu in *Oppermann/Classen/Nettesheim*, Europarecht, 9. Aufl. 2021, § 17 Rn. 70 ff.; *Baer/Markard* in: von Mangoldt/Klein/Starck Art. 3 Rn. 343 ff.; *Welti* in Becker/Brüning Art. 9 Rn. 5 ff.
5 Vgl. Art. 11 des UN-Übereinkommens vom 18.12.1979 zur Beseitigung jeder Form von Diskriminierung der Frau (BGBl. 1985 II 648); vgl. auch das ILO-Übereinkommen Nr. 111 vom 25.6.1958 (BGBl. 1961 II 98).
6 Dazu EuGH Urt. v. 30.6.2022 - C-625/20, ZESAR 2023, 41.
7 *Classen* HGR VIII § 252 Rn. 55.
8 Vgl. VerfGBbg Urt. v. 23.10.2020 – 9/19, LVerfGE 31, 97.

Chancen haben wie Männer.[9] In vielen Feldern liegt die Benachteiligung bei den Frauen.[10] Es geht iÜ nicht um die Durchsetzung der Gleichberechtigung der Geschlechter für die Zukunft, sondern um die Beseitigung **tatsächlicher Nichtgleichstellung** durch Unterrepräsentanz und Schlechterstellung. Die Betrachtung des Individuums wird hier zugunsten einer kollektiven Betrachtungsweise modifiziert.[11] Gegenstand ist Gender Mainstreaming als Ausrichtung aller politischen Entscheidungen auf die Chancengleichheit der Geschlechter zur Angleichung der Lebensverhältnisse. Dabei ist allerdings auch zu berücksichtigen, dass mittelbare Ungleichheiten erfasst werden, durch die dem Anschein nach neutrale Vorschriften, Kriterien oder Verfahren Personen mit einem bestimmten Geschlecht gegenüber anderen Personen in besonderer Weise benachteiligt werden können.[12]

2 In diesem Rahmen sind unter Beachtung des Staatsziels Verwaltung und Rspr. zur Verwirklichung der **Fördermaßnahmen** verpflichtet. Es soll das Entstehen von Rahmenbedingungen unterstützt werden, die reale Gleichheit wahrscheinlicher machen.[13] Dem Gesetzgeber ist dabei ein weiter Gestaltungsspielraum eingeräumt. Die Art und Weise, wie der Staat seine Verpflichtung erfüllt, die tatsächliche Durchsetzung der Gleichberechtigung von Frauen und Männern zu fördern und auf die Beseitigung bestehender Nachteile hinzuwirken, obliegt seiner Gestaltungsbefugnis.[14] Der Landesgesetzgeber will das Staatsziel v.a. durch das Gesetz zur Gleichstellung von Frau und Mann im öffentlichen Dienst des Landes M-V (**Gleichstellungsgesetz – GlG M-V**) verwirklichen.[15] Der Verfassungsauftrag soll wie Art. 3 Abs. 2 GG nicht nur Rechtsnormen beseitigen, die Vor- oder Nachteile an Geschlechtsmerkmale anknüpfen, sondern für die Zukunft die Gleichberechtigung der Geschlechter durchsetzen.[16] Dies verpflichtet den Gesetzgeber auch dazu, einer Verfestigung überkommener Rollenverteilung zwischen Mutter und Vater in der Familie zu begegnen.[17]

3 Der Landesgesetzgeber[18] kann die Vorgabe einer paritätischen Besetzung von **Landeslisten** für Wahlen zum Landtag nicht normieren, weil darin ein Eingriff in die Chancengleichheit der Wahl (Art. 38 Abs. 1 S. 1 GG bzw. Art. 20 Abs. 2 S. 2 LV) und das Recht der freien Wahl liegt (Art. 20 Abs. 2 S. 2), da die Möglichkeit der freien Kandidatur und des freien Vorschlagsrechts beeinträchtigt

---

9 Vgl. BVerfG Urt. v. 28.1.1992 – 1 BvR 1025/82, BVerfGE 85, 191 (207).
10 4. Atlas zur Gleichstellung von Frauen und Männern in Deutschland, 4. Aufl. 2020 (https://www.bmfsfj.de/bmfsfj/service/publikationen/4-atlas-zur-gleichstellung-von-frauen-und-maennern-in-deutschland-160358).
11 *Wolff* in Hömig/Wolff Art. 3 Rn. 14.
12 Siehe zB EGMR Entsch. v. 2.2.2016 –7186/09, NLMR 2016, 76 - Di Trizio ./. Suisse; EuGH Urt. v. 31.3.1981 – C-96/80 – Jenkins (Rn. 9 ff.); EuGH Urt. v. 10.3.2005 – C-196/02 – Nikoloudi (Rn. 44); EuGH Urt. v. 30.6.2022 – C-625/20, ZESAR 2023, 41; BVerwG Beschl. v. 8.4.2022 - 6 B 17/21, NVwZ-RR 2022, 610 - Mädchen im Knabenchor.
13 *Rixen* in Eckertz-Höfer/Schuler-Harms (Hrsg.), Gleichberechtigung und Demokratie, S. 71.
14 BayVerfGH, Entsch. v. 26.3.2018 - Vf. 15-VII-16, VerfGHE BY 71, 59.
15 Dazu *SM M-V* Handlungsleitfaden 2020. Die LReg ist gem. § 22 GlG M-V verpflichtet, dem Landtag im Abstand von fünf Jahren über die Durchführung des Gleichstellungsgesetzes zu berichten; Bericht vom 30.1.2014 – LTag-Drs. 6/2664.
16 Dazu Vierte Gleichstellungskonzeption der LReg M-V 2013–2016 – https://www.regierung-mv.de/Landesregierung/jm/Zustaendigkeiten/Frauen-und-Gleichstellung/Frauen-und-Gleichstellung/.
17 BVerfG Beschl. v. 19.8.2011 – 1 BvL 15/11, BVerfGK 19, 33.
18 Zu dessen Regelungsbefugnissen im Wahlrecht BVerfG, Beschl. v. 6.12.2021 - 2 BvR 1470/20, NVwZ 2022, 1788 zu VerfGH Thüringen Urt. v. 15.7.2020 – 2/20, NVwZ 2020, 1266.

wird, wenn aufgrund einer gesetzlichen Quotierung den Wahlbewerbern je nach Geschlechtszugehörigkeit nur bestimmte Listenplätze zur Verfügung stehen.[19] Art. 13 gibt dem Landesgesetzgeber auch keine Befugnis, durch die Gestaltung der amtlichen Stimmzettel auf die unbedingt zu schützende Willensbetätigung der Wähler im Zeitpunkt des eigentlichen Wahlaktes einzuwirken.[20]

Faktische Nachteile, die typischerweise Frauen träfen, dürfen durch begünstigende Regelungen ausgeglichen werden.[21] Die Rechtfertigung einer **frauenfördernden Differenzierung** setzt voraus, dass sie in jeder Hinsicht verhältnismäßig ist. Es darf kein anderes gleich wirksames und das Diskriminierungsverbot des Art. 3 Abs. 3 S. 1 GG weniger tangierendes Mittel geben. Schließlich muss sich die Beeinträchtigung der Männer durch die Frauenförderung allein auf die Tatsache der Ungleichbehandlung beschränken; sie dürfen iÜ keinen Eingriff in ihre Rechtssphäre erleiden.[22] Zwischen der Förderung und der dadurch bedingten Benachteiligung der Männer muss also ein schonender Ausgleich im Sinne praktischer Konkordanz hergestellt werden.[23]

Nach § 18 Abs. 1 GlG M-V ist in jeder Dienststelle (Definition in § 1 GlG M-V), in der eine Personalvertretung oder ein Richterrat zu wählen ist, eine **Gleichstellungsbeauftragte** sowie eine Stellvertreterin von den weiblichen Beschäftigten der Dienststelle zu wählen.[24] Sonderbestimmungen für Hochschulen sind §§ 3, 4 LHG (Aufgaben) und § 88 LHG (Gleichstellungsbeauftragte). Nach §§ 41, 118 KV M-V bestellen hauptamtlich verwaltete Gemeinden Gleichstellungsbeauftragte, die in Gemeinden mit mehr als 10.000 Einwohnern hauptamtlich tätig sind, ebenso Landkreise; hierin liegt keine Verletzung des kommunalen Selbstverwaltungsrechts.[25] Gemeinden mit weniger als 10.000 Einwohnern können eine Gleichstellungsbeauftragte bestellen, die ehrenamtlich tätig sein kann (§ 27 KV M-V). Ämter mit eigener Verwaltung bestellen eine Gleichstellungsbeauftragte (§ 142 Abs. 5 KV M-V). Die kommunale Gleichstellungsbeauftragte ist Teil der Gemeindeverwaltung und kann an den Sitzungen der Gemeindevertreter und denen der Ausschüsse teilnehmen. In Angelegenheiten ihres eigenen

---

19 Vgl. VerfGH Thüringen Urt. v. 15.7.2020 – 2/20, NVwZ 2020, 1266; VerfG Brandenburg Urt. v. 23.10.2020 – VfGBbg 9/19, NJW 2020, 3579; BayVerfGH, Entsch. v. 26.3.2018 - Vf. 15-VII-16, VerfGHE BY 71, 59; verneinend auch mit dem Argument, dies bedürfe einer Entscheidung des Verfassungsgesetzgebers VerfG Brandenburg Urt. v. 23.10.2020 – 9/19, LVerfGE 31, 97. Dazu *Hecker* NwVZ 2012, 479; *Heusch/Dickten*, NVwZ 2018, 1265; *Schmidt*, NVwZ 2018, 882; *Friehe*, NVwZ 2021, 39; *Geppert*, Recht u Politik 2019, 446; *Danker* NVwZ 2020, 1250; *Meyer* NVwZ 2019, 1245; *Morlok/Hobusch* NVwZ 2019, 1734; *Hecker* NJW 2020, 3563; *Fontana* DVBl 2019, 1153; *Volk* DÖV 2021, 413; *Schubert* in Becker/Brüning Art. 4 Rn. 48. S. auch BVerfG, Beschl. v. 15.12.2020 - 2 BvC 46/19, BVerfGE 156, 224 – paritätische Ausgestaltung des Wahlvorschlagsrechts für Bundestagswahlen; dazu *Meinel*, Der Staat 60, 43; *Penz*, DÖV 2021, 422; *Hecker*, NVwZ 2021, 479. Vorschläge zu einer Verfassungsänderung *Classen* ZRP 2021, 50 (52 f.).
20 Vgl. VerfGH Rheinland-Pfalz Beschl. v. 4.4.2014 – VGH A 15/14 ua, NVwZ 2014, 1089.
21 BVerfG Urt. v. 28.1.1992 – 1 BvR 1025/82 ua – BVerfGE 85, 191.
22 BVerwG Urt. v. 18.7.2002 – 3 C 54/01, NVwZ 2003, 92.
23 *Welti* in Becker/Brüning Art. 9 Rn. 22 mwN.
24 Vgl. dazu OVG Münster Beschl. v. 22.6.2010 – 6 A 699/10, NVwZ-RR 2010, 731 (Ls.). Zur Beteiligung bei dienstlichen Beurteilungen BVerwG, Urt. v. 9.9.2021 - 2 A 3/20, BVerwGE 173, 213, dazu *von der Weiden*, jurisPR-BVerwG 4/2022 Anm. 5; *Hillermann*, PersV 2022, 132; zu den Klagemöglichkeit der Gleichstellungsbeauftragten gegen die Dienststellenleitung BVerwG, Urt. v. 11.8.2022 - 5 A 2/21, NVwZ 2023, 354; dazu *Holtbrügge*, jurisPR-BVerwG 4/2023 Anm. 1.
25 VerfGH Nordrhein-Westfalen Urt. v. 15.1.2002 – 40/00, NVwZ 2002, 1502.

Aufgabenbereichs hat die kommunale Gleichstellungsbeauftragte Antrags- und Rederecht gem. § 41 KV M-V. In grundlegenden Angelegenheiten der Gleichstellung von Frau und Mann hat sie nach Maßgabe des einfachen Rechts das Recht auf Abgabe einer Stellungnahme.[26] Da Gleichstellungsbeauftragte keine entsprechenden Entscheidungskompetenzen eingeräumt werden, stellt sich ihr Handeln nicht als Ausübung von Staatsgewalt dar, die nach Art. 3 Abs. 1 LV, Art. 20 Abs. 2 GG der demokratischen Legitimation bedarf.[27] Nach Auffassung des LVerfG M-V verstößt die Beschränkung des aktiven und passiven Wahlrechts für die Wahl von Gleichstellungsbeauftragten auf weibliche Beschäftigte durch § 18 Abs. 1 S. 1 GlG nicht gegen das Verbot aus Art. 3 Abs. 2 S. 1 und Abs. 3 S. 1 GG in Verbindung mit Art. 5 Abs. 3 LV, weil dies durch das Gleichberechtigungsgebot des Art. 3 Abs. 2 GG legitimiert sei.[28] Daneben hat die LReg zum 1.4.2022 eine **Beauftragte** für Gleichstellung und Frauen eingeführt und dem Ministerium für Justiz, Gleichstellung und Verbraucherschutz zugeordnet.

6 Nach § 5 GlG M-V sind insbesondere **Zielvereinbarungen** zu treffen, die darauf ausgerichtet sind, langfristig auf eine gleichmäßige Verteilung von Frauen und Männern in Führungspositionen hinzuwirken, vorhandene Unterrepräsentanzen aufgrund von struktureller Benachteiligung zu beseitigen, neue zu verhindern und die Voraussetzungen für eine Übertragung höherwertiger Arbeitsplätze für Frauen und Männer gleichermaßen zu schaffen. Bei **Auswahlentscheidungen** sind nach § 9 GlG M-V dann, wenn in einer Beschäftigungsgruppe ein Geschlecht aufgrund von struktureller Benachteiligung unterrepräsentiert ist, Bewerberinnen oder Bewerber des unterrepräsentierten Geschlechts bevorzugt einzustellen oder zu befördern, soweit sie im Wesentlichen die gleiche Qualifikation aufweisen wie Bewerberinnen oder Bewerber des nicht unterrepräsentierten Geschlechts.[29] Die Bevorzugung ist ausgeschlossen, wenn rechtlich schützenswerte Gründe überwiegen, die in der Person einer Bewerberin oder eines Bewerbers des nicht unterrepräsentierten Geschlechts liegen. Es gilt mithin in erster Linie der Grundsatz der Bestenauslese (vgl. Art. 33 Abs. 2 GG, § 7 BRRG).[30] Dies entspricht der Verfassungslage zu **Quotenregelungen**.[31]

## II. Besetzung von öffentlich-rechtlichen Beratungs- und Beschlussorganen (S. 2)

7 Die Vorschrift betrifft zunächst Beratungs- und Beschlussorgane des Landes. Diese Norm rechtfertigt aber auch Vorgaben des Landesgesetzgebers zur Besetzung kommunaler Gremien und damit einen Eingriff in die Organisationsho-

---

26 Vgl. OVG NRW Beschl. v. 17.5.2022 - 6 B 1388/21, IÖD 2022, 158 - Mitwirkung der Gleichstellungsbeauftragten bei Stellenbesetzungsverfahren.
27 LVerfG Mecklenburg-Vorpommern Urt. v. 10.10.2017 – LVerfG 7/16, LVerfGE 28, 199; dazu *Danker* NVwZ 2017, 1705.
28 LVerfG Mecklenburg-Vorpommern Urt. v. 10.10.2017 – LVerfG 7/16, LVerfGE 28, 199.
29 Zu den europarechtlichen Vorgaben EuGH Urt. v. 17.10.1995 – Rs. C-450/93, NJW 1995, 3109; *Colneric* EuZW 1995, 75; *Loritz* EuZW 1995, 763; *Kokett* NJW 1995, 1049.
30 StGH Hessen Beschl. v. 16.4.1997 – P.St. 1202, LVerfGE 6, 175 = NVwZ 1997, 784; dazu EuGH Urt. v. 28.3.2000 – Rs. C-158/97, NJW 2000, 1549.
31 Zur Problematik von Quoten *Wolff* in Hömig/Wolff Art. 3 Rn. 16; *Ossenbühl* NJW 2012, 417; *Pernice-Warnke*, BeckOK HochschulR NRW HG § 37a Rn. 17 ff., zu Art. 2 Abs. 8 Gleichbehandlungs-RL 1976/2002 (Art. 3 Gleichbehandlungs-RL 2006) *Langenfeld* in Grabitz/Hilf/Nettesheim/Langenfeld AEUV Art. 157 Rn. 116 ff.; *Langenfeld* in Dürig/Herzog/Scholz GG Art. 3 Abs. 2 Rn. 89 ff.

heit.³² Nach § 17 GlG M-V sollen Gremien, insbes. solche, die zu beruflich relevanten Fragen entscheiden und beraten, geschlechtsparitätisch besetzt werden. Entsprechendes gilt für die Entsendung von Personen in Aufsichtsräte und andere Gremien außerhalb der Verwaltung.

## III. Schrifttum

*Jörg Berkemann,* Ist das Recht männlich? – Zum Frauenbild des BVerfG in seinen frühen Jahren, DVBl 2014, 137; *Bundesregierung,* Dritter Gleichstellungsbericht, BT Drucksache 19/30750; *Bernhard Franke,* Das Gesetz zur Durchsetzung der Gleichstellung von Frauen und Männern, NVwZ 2002, 779; *Wolfgang Hecker,* Verfassungsgerichtliche Entscheidungen zu Landesparitätsgesetzen, NJW 2020, 3563; *Dietmar Hobler/Yvonne Lott/Svenja Pfahl/Karin Schulze Buschoff,* Stand der Gleichstellung von Frauen und Männern in Deutschland, 2020 – https://www.econstor.eu/bitstream/10419/225419/1/wsi-report-56.pdf; *Hans Meyer,* Verbietet das Grundgesetz eine paritätische Frauenquote bei Listenwahlen zu Parlamenten?, NVwZ 2019, 1245; *Thomas Richter,* Das Geschlecht als Kriterium im deutschen Recht, NVwZ 2005, 636; *Marion Eckertz-Höfer/ Margarete Schuler-Harms* (Hrsg.), Gleichberechtigung und Demokratie, 2019; *Silke Martini,* Die Aufgabe der Gleichstellungsbeauftragten im Zeichen von Veränderungen, PersR 2013, 2; *Philipp Reimer* in: Stern/Sodan/Möstl, Das Staatsrecht der Bundesrepublik Deutschland im europäischen Staatenverbund, 2. Auflage 2022 § 129; *Ute Sacksofsky,* Die Rechtsprechung des Europäischen Gerichtshofs zu Frauenfördermaßnahmen, RdJB 2002, 193; *Ministerium für Soziales, Integration und Gleichstellung* des Landes Mecklenburg-Vorpommern, Handlungsleitfaden zum Gesetz zur Gleichstellung von Frauen und Männern im öffentlichen Dienst des Landes Mecklenburg-Vorpommern, 2020 – https://www.uni-rostock.de/storages/uni-rostock/UniHome/Vielfalt/Handlungsleitfaden_Gleichstellung_MV.pdf.

8

## Art. 14 (Schutz der Kinder und Jugendlichen)

(1) ¹Kinder und Jugendliche genießen als eigenständige Personen den Schutz des Landes, der Gemeinden und Kreise vor körperlicher und seelischer Vernachlässigung. ²Sie sind durch staatliche und kommunale Maßnahmen und Einrichtungen gegen Ausbeutung sowie gegen sittliche, geistige und körperliche Verwahrlosung und gegen Misshandlung zu schützen.

(2) Land, Gemeinden und Kreise wirken darauf hin, daß für Kinder Betreuungseinrichtungen zur Verfügung stehen.

(3) Kinder und Jugendliche sind vor Gefährdung ihrer körperlichen und seelischen Entwicklung zu schützen.

(4) ¹Kinder und Jugendliche sind Träger von Rechten, deren Ausgestaltung die Persönlichkeit fördert und ihren wachsenden Fähigkeiten und Bedürfnissen zu selbstständigem Handeln entspricht. ²Land, Gemeinden und Kreise fördern die Teilhabe von Kindern und Jugendlichen an der Gesellschaft.

Vergleichbare Regelungen:
Art. 125 Abs. 2, Art. 126 Abs. 3 BayVerf; 24 Verf Rh-Pf; 9 SächsVerf; 24 LVerf LSA; Art. 10 LVerf SH,19 ThürVerf.

---

32 Vgl. OVG Schleswig Urt. v. 6.12.2017 – 3 LB 11/17, NordÖR 2018, 154 – Vertretung einer Gemeinde in den Aufsichtsrat einer GmbH.

| I. Grundlagen ...................... | 1 | IV. Schutz vor Gefährdung ihrer körperlichen und seelischen Entwicklung (Abs. 3) ...................... | 8 |
|---|---|---|---|
|   1. Entwicklung .................... | 1 | | |
|   2. Kinder und Jugendliche ....... | 2 | | |
|   3. Bedeutung des Staatsziels ...... | 3 | V. Förderung (Abs. 4) .................. | 9 |
| II. Schutz vor Vernachlässigung und Verwahrlosung (Abs. 1) ............ | 4 | VI. Einfach-gesetzliche Regelungen .... | 10 |
| III. Betreuungseinrichtungen (Abs. 2) | 6 | VII. Schrifttum ......................... | 11 |

## I. Grundlagen

1 **1. Entwicklung.** Durch das Zweite Gesetz zur Änderung der **Verfassung** des Landes M-V vom 14.7.2006 (GVOBl. 572) wurden in Abs. 1 die Worte „und Jugendliche" sowie Abs. 1 Satz 2 und Abs. 4 eingefügt. Neben den Kindern sollen auch die Jugendlichen ausdrücklich unter Schutz gestellt und gegen Ausbeutung, sittliche, geistige und körperliche Verwahrlosung sowie Misshandlung geschützt werden. Zudem werden die Rechte von Kindern und Jugendlichen und deren Teilhabe an der Gesellschaft hervorgehoben.[1] Wesentlich ist auch das Übereinkommen über die Rechte des Kindes vom 20.11.1989 (BGBl. 1992 II 121) (**UN-KRK**),[2] das über Art. 59 Abs. 2 Satz 1 GG den Rang eines Bundesgesetzes hat.[3]

2 **2. Kinder und Jugendliche.** Art. 14 enthält keine eigene Begriffsbestimmung des Kindes und Jugendlichen. Es ist ein normativer Begriff.[4] Nach Art. 1 der UN-KRK ist ein **Kind** jeder Mensch, der das 18. Lebensjahr noch nicht vollendet hat, soweit die Volljährigkeit nach dem auf das Kind anzuwendenden Recht nicht früher eintritt. Allerdings kennt die Konvention nicht den Begriff des Jugendlichen. Die nachträgliche Erwägung des Verfassungsgesetzgebers zur Änderung des Art. 17 (→ Rn. 1) könnte dafürsprechen, dass mit Kindern von Anfang an nur solche bis zum 14. Lebensjahr gemeint waren, ansonsten sich der Begriff mit der Verfassungsänderung in seiner Bedeutung gewandelt hat.[5] Der später eingeführte Begriff des **Jugendlichen** meint einfachrechtlich Menschen, die 14, aber noch nicht 18 Jahre alt sind, während Kinder Personen sind, die noch nicht 14 Jahre alt sind, (§ 1 Abs. 1 Nr. 1 und 2 JuSchG; § 7 Abs. 1 Nr. 1 und 2 SGB VIII). Die beiden Begriffe spiegeln die unterschiedlichen Entwicklungsphasen wider.[6] Dies spricht dafür, Art. 14 insgesamt nunmehr als eine Regelung anzusehen, die Kinder im Sinne der UN-KRK betrifft, jedoch begrifflich Kinder und Jugendliche – mit Bedeutung nur für Abs. 2 – unterscheidet.[7] Grundrechtlich geschützt sind Kinder auch gem. Art. 5 Abs. 3 LV i.V.m. Art. 6 Abs. 2 GG[8] und als Person i.V.m. Art. 2 Abs. 1 und Art. 1 Abs. 1 GG.[9]

3 **3. Bedeutung des Staatsziels.** Der Achtungs- und Schutzanspruch aus Abs. 1 findet in Abs. 2–4 nähere Konkretisierungen. Entscheidend ist, dass die Rechte der Kinder und Jugendlichen als **eigenständige Belange** gelten, dh sie sollen

---

1 LT-Drs. 4/2118, 2. Zur Stellung der Kinder im Grundgesetz *Schuler-Harms* KJ 2009, Beiheft 1, 133.
2 *Schmahl* in Richter et al. Kinderrechte S. 55 ff.
3 Zur Frage des Rechtscharakters im nationalen Rechtsytem BTag – WD 2 – 160/06 v. 7.9.2006; *Schmahl*, Kinderrechtskonvention, 2. Aufl. 2017, Einl. Rn. 22.
4 *Richter* in Richter et al. Kinderrechte S. 15 ff.
5 Zur nachträglichen Feststellung des geltenden Rechts durch den Gesetzgeber BVerfG Beschl. v. 17.12.2013 – 1 BvL 5/08.
6 *Schulz* in Graßhoff et al. (Hrsg.), Soziale Arbeit, 2018, S. 3 ff.
7 Vgl. *Martin-Gehl* in Linck/Baldus/Lindner/Poppenhäger/Ruffert Art. 19 Rn. 6.
8 Zum unterschiedlichen Begriff Kind *Schubert* in: Becker/Brüning Art. 10 Rn. 12 f.
9 BVerfG Beschl v. 1.2.2023 - 1 BvL 7/18 – Kinderehe. Zur Diskussion um Kinderrechte im Grundgesetz *Veit*, JZ 2023, 11.

nicht Teil der umfassenden Anstrengungen zur Berücksichtigung der Menschenrechte in allen Bereichen sein.[10] Art. 14 bezieht auch behinderte Kinder ein, unbeschadet Art. 17a.[11] Der Jugendschutz ist als Rechtfertigungsgrund für **Grundrechtseingriffe** bei Minderjährigen mit Rücksicht auf ihren gebotenen Schutz, ihre mangelnde Einsichtsfähigkeit und Reife anerkannt. Das gilt v.a. für Regelungen zum Schutz vor Selbstgefährdung und Selbstschädigung und solchen zur Gewährleistung an einer ungestörten Entwicklung.[12]

## II. Schutz vor Vernachlässigung und Verwahrlosung (Abs. 1)

Abs. 1 regelt den Minimalschutz als Staatsziel. Ausgangspunkt ist, dass Kinder 4 und Jugendliche selbst **Träger subjektiver Rechte**, nämlich Wesen mit eigener Menschenwürde und einem eigenen Recht auf Entfaltung ihrer Persönlichkeit sind. Das GG wie die LV behandeln Kinder und Jugendliche nicht wie „kleine Erwachsene". Als Grundrechtsträger haben sie selbst Anspruch auf den Schutz des Staates.[13] **Schutz** bedeutet, im Sinne eines Optimierungsgebots darüber hinaus nach Möglichkeit schädliche Eingriffe in die Rechtsgüter zu unterlassen und vor Dritten abzuwehren. Schutz gewährt Räume, in denen Menschen geschützt sind und in denen sie aktiviert werden, um selbstbestimmt über sich entscheiden zu können und von ihren grundgesetzlichen- und sozialstaatlichen Rechten Gebrauch zu machen.[14] Dass Kinder als eigenständige Personen angesprochen werden, betont darüber hinaus die Verpflichtung, dass der Gesetzgeber die Einräumung von Rechten für Kinder bedenkt[15] und Kinder um Verwaltungshandeln als solche behandelt werden sollen.

Körperliche und seelische **Vernachlässigung** iSv Art. 13 Abs. 1 Satz 1 beschreibt 5 einen Zustand, in dem den kindlichen Bedürfnissen (Ernährung, Pflege, Fürsorge, Geborgenheit, Akzeptanz, Förderung, Anregung und Abwechslung) nicht oder nicht genügend nachgekommen wird. Satz 2 konkretisiert Satz 1 als Schutz vor Ausbeutung und Misshandlung, aber auch Verwahrlosung im Sinne eines andauernden, alle sozial wichtigen Lebensbereiche betreffenden Abweichens von den sozialen Verhaltenserwartungen. Dazu zählt auch das Abgleiten in extremistische verfassungswidrige oder verbrecherische Kreise.[16] Diesen Schutz haben Land, Gemeinden und Kreise zu leisten, ersteres v.a. durch eine entsprechende Gesetzgebung, aber auch eigene Aktivitäten und Bereitstellung von Mitteln, damit Gemeinden und Kreise diese Aufgabe erfüllen können. Gefordert sind staatliche und kommunale Maßnahmen und Einrichtungen. Bedeutsam ist hier das Bundesgesetz zur Kooperation und Information im Kinderschutz (KKG).[17]

---

10 So *Mitteilung der Kommission* im Hinblick auf eine EU-Kinderrechtsstrategie vom 4.7.2006.
11 Zur Problematik *Göke* NdsVBl 1998, 134; *Köpcke-Duttler* BayVBl 1996, 455.
12 BVerfG Beschl. v. 21.12.2011 – – 1 BvR 2007/10, NJW 2012, 1062.
13 Umfassend *Wapler* in Richter et al. Kinderrechte S. 69 ff.
14 *Wolff* in Graßhoff et al. (Hrsg.), Soziale Arbeit, 2018, S. 619 ff.
15 Zur Schaffung eines Grundrechts für Kinder *Wapler* in Richter et al. Kinderrechte S. 90 ff.
16 *Bromba/Edelstein*, Das anti-demokratische und rechtsextreme Potential unter Jugendlichen und jungen Erwachsenen in Deutschland, hrsg. vom Bundesministerium für Bildung und Forschung, 2001.
17 Ges. v. 22.12.2011 (BGBl. I 2975), zul. geänd. d. Ges. v. 3.6.2021 (BGBl. I 1444).

## III. Betreuungseinrichtungen (Abs. 2)

6 Land, Gemeinden und Kreise wirken darauf hin, dass für Kinder Betreuungseinrichtungen zur Verfügung stehen. Abs. 2 geht über das Minimalziel des Abs. 1 hinaus. Der Begriff der Kindertagesförderung meint die Förderung der Bildung, Erziehung und Betreuung der Kinder in Kindertageseinrichtungen.[18] **Betreuung** von Kindern bedeutet die pflegende, beaufsichtigende Tätigkeit Erwachsener gegenüber Kindern. Als Einrichtung kann sie organisiert in Kindertagesstätten, Kinderkrippen und Kindertagespflegeeinrichtungen erfolgen. Abs. 2 besagt nicht, dass die Förderpflicht des Staates nur öffentliche Einrichtungen betrifft oder nur ermöglicht. Auch private Einrichtungen sind gemeint. Bei Einrichtungen zur Betreuung der Minderjährigen muss die Eignung durch geeignete Kräfte und deren Anzahl – orientiert an dem allg. Postulat, dass das leibliche, geistige und seelische Wohl der in die jeweilige Einrichtung aufzunehmenden (aufgenommenen) Minderjährigen gewährleistet sein muss – gesichert sein.[19]

7 **„Darauf hinwirken"** bedeutet **fördern**. Es ist mithin nicht nur der Bestand zu erhalten, sondern sind Maßnahmen zu unterstützen, ggf. neue Einrichtungen in ausreichender Zahl und Ausstattung zu schaffen.[20] Ein einklagbares Leistungsrecht folgt hieraus nicht.[21] Veränderungen, auch Reduzierungen von Fördermaßnahmen sind zwar nicht ausgeschlossen; Art. 14 muss aber mit anderen verfassungsrechtlichen Belangen abgewogen werden, etwa dem Gesundheitsschutz.[22] Stehen nicht ausreichend Mittel zur Verfügung, um den gesamten Bedarf an Hortplätzen zu decken, ist es daher grds. legitim, Betreuungszeiten für Kinder angemessen zu kürzen, deren Eltern gar nicht oder nur geringfügig erwerbstätig sind.[23] Die Fördermaßnahmen müssen nicht explizit erbracht werden. Sie können auch in die Ermittlungen der kommunalen Finanzausstattung eingehen.[24] Die gesetzliche Festlegung von Bildungsinhalten für Kindertageseinrichtungen greift zwar in das Erziehungsrecht der Eltern nach Art. 6 Abs. 2 GG ein, lässt sich aber durch den auch den vorschulischen Bereich erfassenden staatlichen Bildungsauftrag aus Art. 15 rechtfertigen[25] (→ Art. 15 Rn. 10 ff.).

## IV. Schutz vor Gefährdung ihrer körperlichen und seelischen Entwicklung (Abs. 3)

8 Dieser Schutzauftrag ist in hohem Maße auf legislative Ausgestaltung angewiesen.[26] Gefährdet ist das **Wohl eines Kindes oder Jugendlichen** im Fall einer gegenwärtigen oder zumindest nahe bevorstehenden Gefahr für seine Entwicklung, die so ernst zu nehmen ist, dass sich eine erhebliche Schädigung seines – körperlichen, geistigen oder seelischen – Wohls mit ziemlicher Sicherheit voraussehen lässt.[27] Sie rechtfertigt zB eine Regelung, wonach die Eltern auch volljäh-

---

18 OVG Greifswald Urt. v. 30.10.2001 – 4 K 29/98, LKV 2003, 32.
19 BVerwG Beschl. v. 4.8.2006 – 5 B 52/06.
20 *Martin-Gehl* in Linck/Baldus/Lindner/Poppenhäger/Ruffert Art. 19 Rn. 23.
21 Vgl. OVG Münster Urt. v. 22.11.2006 – 12 A 3045/06; siehe *Mönch-Kalina*, Der Rechtsanspruch auf den Besuch eines Kindergartens als soziales Leistungsrecht, 2000.
22 OVG Münster Beschl. v. 29.10.2021 – 12 B 1277/21 – Nachweis einer Masernschutzimpfung oder Kontraindikation.
23 OVG Bautzen Urt. v. 11.10.2006 – 5 D 24/04; vgl. auch LVerfG Sachsen-Anhalt Entsch. v. 16.11.2004 – 5/04, ZfJ 2005, 251.
24 Vgl. *Sarnighausen/Gatawis* NWVBl 2013, 236.
25 Vgl. VerfGH Bayern Entsch. v. 3.12.2019 – Vf. 6-VIII-17, Vf. 7-VIII-17, NVwZ-RR 2020, 273.
26 OVG Münster Urt. v. 22.11.2006 – 12 A 3045/06.
27 Vgl. BayObLG Beschl. v. 4.3.1996 – 1Z BR 11/96, FamRZ 1996, 1031.

riger Schüler über schwerwiegende schulische Vorkommnisse unterrichtet werden sollen, um das Risiko von Selbst- und Fremdgefährdungen zu vermindern.[28] In diesen Bereich gehören auch Maßnahmen zur Gewaltprävention in Kindertagesstätten[29] und Schulen. Wesentlich sind v.a. der Staatsvertrag über den Schutz der Menschenwürde und den Jugendschutz in Rundfunk und Telemedien (**Jugendmedienschutz-Staatsvertrag – JMStV**) vom 10.-27.9.2002[30] und § 38 Abs. 1 S. 2 und 3 Landesrundfunkgesetz – RundfG M-V – vom 20.11.2003.[31]

## V. Förderung (Abs. 4)

Satz 1 setzt voraus, dass Kinder **Träger von Rechten** sind, begründet sie aber  9 nicht, erst recht nicht als Grundrecht.[32] Es geht zuallererst um die Verwirklichung des allgemeinen Persönlichkeitsrechts des Kindes (Art. 5 Abs. 3 iVm Art. 2 Abs. 1 GG[33]). Satz 1 erweitert das Staatsziel nach Abs. 1 über den Schutz vor Beeinträchtigungen hinaus auf positive Förderung. Dazu kann auch die Begründung weiterer Rechtspositionen für Kinder gehören. Nach Satz 2 fördern Land, Gemeinden und Kreise die **Teilhabe** von Kindern und Jugendlichen **an der Gesellschaft**. Eine angemessene Teilhabe ist nicht möglich, wenn die altersgemäße soziale Integration nicht wenigstens annähernd durchschnittlich gelungen ist.[34] Die Förderungspflicht geht über diesen Mindeststandard hinaus. Dabei kommen verschiedene Beteiligungsformen in Betracht: repräsentative, offene oder projektorientierte Beteiligungsformen, Vertretung von Kindern und Jugendlichen in Erwachsenengremien, Politikerkontakte oder Beteiligung in Einrichtungen der Offenen Jugendarbeit.[35] Inhaltlich gehört hierzu insbes., Kinder und Jugendliche frühzeitig in die demokratische Willensbildung und Entscheidungsfindung einzubeziehen. **Fördern** soll einen verbindlichen Auftrag deutlich machen. Es ist eine in die Zukunft gerichtete Wirkung gemeint, nicht nur eine bloße Nachteilsbeseitigung. Andererseits wird nicht gefordert, dass die Erfüllung des Ziels gewährleistet oder garantiert ist. Individuelle Ansprüche der begünstigten Organisationen können erst aus gesetzlichen Vorschriften erwachsen.[36]

---

28 VerfGH Rheinland-Pfalz Urt. v. 22.6.2004 – VGH B 2/04.
29 Dazu *Bornewasser/Otte* FK 2011, 6.
30 GVOBl. 2003, 110, zul. geänd. durch Art. 2 des Zweiten Medienänderungsstaatsvertrag vom 14./27.12.2021, der am 30. Juni 2022 in Kraft getreten ist (GVOBl. M-V 2022, 455); dazu *Frey/Dankert* CuR 2020, 626; *Erdemir*, Eine Frage der Kompetenz: Jugendmedienschutz im digitalen Zeitalter in Eifert/Gostomzyk (Hrsg.), Medienföderalismus, 2018, S. 191 ff.; zur Entwicklung des Jugendmedienschutzes *Braml/Hopf* ZUM 2016, 1001; 2018, 1; 2020, 312; 2021, 421; zur Compliance im Jugendmedienschutz *Zysk* ZUM 2012, 22.
31 GVOBl. 2003, 510, zul. geänd. durch Ges. v. 15.6.2021 (GVOBl. M-V 954, ber. 1305); *Lehr* in Johlen/Oerder (Hrsg.), MAH VerwR, 4. Aufl. 2017, § 22 Rn. 15 ff.
32 Zur Auslegung des Begriffs Recht im Kontext einer Staatszielbestimmung VerfG Brandenburg Urt. v. 18.6.1998 – VfGBbg 27/97, LVerfGE 8, 97 (127). Zur Einführung eines Kindergrundrechts *Deutsches Institut für Menschenrechte*, Kinderrechte ins Grundgesetz, 2021 – https://nbn-resolving.org/urn:nbn:de:0168-ssoar-73304-8.
33 *Kunig/Kämmerer* in von Münch/Kunig GG Art. 6 Rn. 14.
34 Siehe *Oerter/Höfling* (Hrsg.), Mitwirkung und Teilhabe von Kindern und Jugendlichen; Akademie für Politik und Zeitgeschehen Hanns-Seidel-Stiftung eV, 2001.
35 Dazu *Oerter/Höfling* (Fn. 31), S. 150 f.
36 Vgl. OVG Münster Urt. v. 22.11.2006 – 12 A 3045/06.

## VI. Einfach-gesetzliche Regelungen

10 Die Kindertagesbetreuung ist bundesrechtlich als Teil der Kinder- und Jugendhilfe in §§ 22–26 SGB VIII (Kinder- und Jugendhilfegesetz) geregelt.[37] Ab 1.8.2026 besteht ein Anspruch auf Betreuung nach § 24 ff. SGB VIII[38] einschließlich der Ganztagsförderung für schulpflichtige Kinder[39] und Übernahme der erforderlichen Aufwendungen gem. § 36a Abs. 3 SGB VIII[40] sowie auf Förderung von Einrichtungen freier Träger gem. §§ 69 Abs. 5 und 74a SGB VIII.[41] Die Länder können auf der Grundlage des § 74a SGB VIII die Förderung von Kindertageseinrichtungen eigenständig regeln.[42] Landesrechtlich ist v.a. das Kindertagesförderungsgesetz – KiföG M-V – vom 4.9.2019 wesentlich,[43] dabei insbesondere der Anspruch auf kostenlose Betreuung gem. §§ 6, 7 KiföG M-V[44] und auf Ganztagsförderung für schulpflichtige Kinder. Eine Förderung iSv Art. 14 Abs. 2 liegt auch in der Unterstützung von Tagespflegepersonen gem. § 23 Abs. 1 SGB VIII.[45]

## VII. Schrifttum

11 *Bornemann/ Erdemir*, Jugendmedienschutz-Staatsvertrag, 2. Aufl. 202; *Bundesministerium für Familie, Senioren, Frauen und Jugend*, Handbuch Kindertagespflege, www.handbuch-kindertagespflege.de (10.1.2022); *Landtag Mecklenburg-Vorpommern*, Kinder- und Jugendgesundheitsbericht Mecklenburg-Vorpommern, Lt-Drs. 6/1737; *Braml/Hopf*, Die Entwicklung des Jugendmedienschutzes, ZUM 2016, 1001; 2018, 1; 2020, 312; 2021, 421; *Bromba/Edelstein*, Das anti-demokratische und rechtsextreme Potential unter Jugendlichen und jungen Erwachsenen in Deutschland, hrsg. vom Bundesministerium für Bildung und Forschung, 2001; *Graßhoff/Renker/Schröer* (Hrsg.), Soziale Arbeit, 2018; *Hartstein/Ring u.a.*, Heidelberger Kommentar Medienstaatsvertrag, Jugendmedienschutz-Staatsvertrag, Loseblatt; *Münder/Trenczek/von Boetticher/Tammen*, Kinder- und Jugendhilferecht, 9. Aufl. 2020; *Pauly/Beutel*, Ersatzansprüche bei verwehrter Förderung in Kindertagesstätten, DÖV 2013, 445; *Patjens*, Förderrechtsverhältnisse im Kinder- und Jugendhilferecht, 2017; *Richter/Krappmann/Wapler* (Hrsg.), Kinderrechte, 2020; *Schübel-Pfister*, Kindertagesbetreuung zwischen (Rechts-)Anspruch und Wirklichkeit, NVwZ 2013, 385.

---

37 Zur verbliebenen Gesetzgebungskompetenz der Länder VerfG Brandenburg Urt. v. 20.3.2003 – 54/01, DVBl 2003, 938.
38 Neugefasst durch G. v. 11.9.2012 (BGBl. I 2022); zul. geänd. durch G. v. 5.10.2021 (BGBl. I 4607). Zum Rechtsanspruch auf Kindergartenplatz *Isensee* DVBl 1995, 1; zum Rechtsanspruch auf Ganztagsbetreuungsplatz für Grundschulkinder *Henneke* DVBl 2021, 987.
39 Ganztagsförderungsgesetz – GaFöG – v. 2.10.2021 (BGBl. I 4602) – Einfügung des § 24 Abs. 3 SGB VIII.
40 Dazu BVerwG Urt. v. 12.9.2013 – 5 C 35/12, BVerwGE 148, 13; zum Zuschuss einer Gemeinde zum Elternbeitrag VGH Mannheim Urt. v. 23.2.2016 – 12 S 638/15, Komm-Jur 2016, 171.
41 Dazu BVerwG Urt. v. 21.1.2010 – 5 CN 1/09, Buchholz 436.511 § 74a KJHG/SGB VIII Nr. 1; *Patjens*, Förderrechtsverhältnisse, 2017.
42 Zu der landesrechtlichen Regelung OVG Greifswald Urt. v. 10.12.2019 – 1 LB 610/17; vgl. iÜ BVerwG Beschl. v. 28.5.2014 – 5 B 4/14 – zu VGH München Urt. v. 23.10.2013 – 12 BV 13.650, VGHE 66, 190, dazu auch VerfG Bayern Entsch. v. 1.2.2016 – Vf. 75-VI-14, VerfGHE 69, 42.
43 GVOBl. M-V 2019, 558.
44 Zur Zuständigkeit OVG Greifswald Beschl. v. 27.3.2017 – 1 M 487/16, NordÖR 2017, 398.
45 Dazu OVG Greifswald Urt. v. 3.12.2019 – 1 LB 69/18 und 1 LB 70/18 OVG; OVG Bautzen Urt. v. 17.3.2021 – 3 A 1146/18.

## Art. 15 (Schulwesen)

(1) Das gesamte Schulwesen steht unter der Aufsicht des Landes.

(2) ¹Land, Gemeinden und Kreise sorgen für ein ausreichendes und vielfältiges öffentliches Schulwesen. ²Es besteht allgemeine Schulpflicht.

(3) ¹Die Durchlässigkeit der Bildungsgänge wird gewährleistet. ²Für die Aufnahme an weiterführenden Schulen sind außer dem Willen der Eltern nur Begabung und Leistung des Schülers maßgebend.

(4) Das Ziel der schulischen Erziehung ist die Entwicklung zur freien Persönlichkeit, die aus Ehrfurcht vor dem Leben und im Geiste der Toleranz bereit ist, Verantwortung für die Gemeinschaft mit anderen Menschen und Völkern sowie gegenüber künftigen Generationen zu tragen.

(5) Die Schulen achten die religiösen und weltanschaulichen Überzeugungen der Schüler, Eltern und Lehrer.

(6) Das Nähere regelt das Gesetz.

Vergleichbare Regelungen:
Art. 128–137 BayVerf; 14–19 BWVerf; 30 BbgVerf; 26–33 BremVerf; 52–59 HessVerf; 4 NdsVerf; 7–15 Verf NW; 27–40 Verf Rh-Pf; 26–30 SaarlVerf; 101–106 SächsVerf; 25–30 LVerf LSA; 12 SchlHVerf; 21–26 ThürVerf.

| | |
|---|---|
| I. Vorbemerkung .................... 1 | 2. Privatschulen.................... 18 |
| 1. Inhalt des Art. 15 ............. 1 | a) Grundlagen ................. 18 |
| 2. Landeskompetenz, Inhalt von Art. 15 ........................ 2 | b) Ersatzschulen ............... 19 |
| 3. Begriff Schule ................. 4 | IV. Allgemeine Schulpflicht (Abs. 2 Satz 2) ..................... 20 |
| II. Aufsicht (Abs. 1) ................ 5 | V. Zugang zu Bildungsgängen (Abs. 3) ............................ 23 |
| 1. Wesen und Inhalt der Aufsicht 5 | 1. Durchlässigkeit der Bildungsgänge (Satz 1) .................. 23 |
| a) Begriff Aufsicht iwS ........ 5 | |
| b) Schulträgerschaft ........... 6 | 2. Aufnahme an weiterführende Schulen (Satz 2) ................. 24 |
| c) Aufsicht ieS ................. 9 | |
| d) Stellung der Lehrer ......... 10 | VI. Ziele der schulischen Erziehung (Abs. 4)............................ 26 |
| 2. Verhältnis zum Elternrecht und den Rechten der Schüler .. 11 | |
| a) Elternrecht .................. 11 | VII. Achtung der religiösen und weltanschaulichen Überzeugungen |
| b) Schülerrechte ............... 14 | (Abs. 5) ........................... 28 |
| III. Förderung des Schulwesens ....... 15 | VIII. Gesetzesvorbehalt (Abs. 6) ........ 33 |
| 1. Öffentliches Schulwesen (Abs. 2 Satz 1).................. 15 | IX. Schrifttum .......................... 34 |

## I. Vorbemerkung

**1. Inhalt des Art. 15.** Das **Schulwesen** ist in Art. 15 im Gegensatz zu vielen 1 anderen Landesverfassungen relativ knapp geregelt. Abs. 1. bestimmt, dass das gesamte Schulwesen unter der Aufsicht des Landes steht und konkretisiert damit Art. 7 Abs. 1 GG. Nach Abs. 2 S. 1 sorgen Land, Gemeinden und Kreise sorgen für ein ausreichendes und vielfältiges öffentliches Schulwesen. Gem. S. 2 besteht eine allgemeine Schulpflicht. Abs. 3 befasst sich mit Bildungsgängen und weiterführenden Schulen. Abs. 4 umschreibt das Ziel der schulischen Erziehung. Abs. 5 normiert ein Achtungsgebot für die religiösen und weltanschaulichen Überzeugungen der Schüler, Eltern und Lehrer. Anders als etliche anderen Verfassungen enthält Art. 15 keine Bestimmungen zum **Privatschulwesen**; hier ist verfassungsrechtlich allein Art. 7 Abs. 4 GG maßgebend.[1] Angesprochen werden auch nicht Fragen wie der Unentgeltlichkeit des Unterrichts,[2] des **Religions- oder Ethikunterrichts**[3] oder der elterlichen Mitwirkungsrechte.[4] Diese Fragen sind aber unter Berücksichtigung der ausdrücklichen Staatsziele in Art. 15 durch den Gesetzgeber zu behandeln. Die **Chancengleichheit** im Bildungswesen ist in Art. 8 angesprochen (→ Art. 8 Rn. 3).

2 **2. Landeskompetenz, Inhalt von Art. 15.** Das GG hat das Schulwesen – vorbehaltlich eines Zusammenwirkens von Bund und Ländern gemäß Art. 91b GG und des Berufsbildungsrechts, das in die konkurrierende **Gesetzgebungskompetenz** des Bundes nach Art. 74 Abs. 1 Nr. 11 (Recht der Wirtschaft) fällt – der ausschließlichen Zuständigkeit der Länder zugewiesen, soweit nicht übergeordnete Normen des GG ihr Grenzen setzen.[5] Die LV nimmt neben Art. 15 außerdem über Art. 8 Einfluss auf das Schulwesen. Allerdings gelten die entsprechenden Regelungen des Grundgesetzes in Art. 6 Abs. 2 (Elternrecht, → Rn. 10) und Art. 7 (Schule und Bildung) unmittelbar (und sind auch über Art. 5 Abs. 3) anzuwenden.[6] Dieser Einfluss führt dazu, dass trotz der Gesetzgebungs- und Verwaltungszuständigkeit der Länder das Schulrecht wesentlich vom Grundgesetz und damit der Rechtsprechung des BVerfG und des BVerwG geprägt wird.[7] Hinzu kommen europarechtliche Vorgaben wie Art. 2 ZP EMRK. Gleichwohl besteht eine große Gestaltungsfreiheit der Länder. Die Länder streben indes in der Kultusministerkonferenz – KMK – eine Selbstkoordination an und wollen in Belangen, die von länderübergreifender Bedeutung sind, für das notwendige Maß an Gemeinsamkeit in Bildung, Wissenschaft und Kultur sorgen.[8] Wesentlich sind das Düsseldorfer Abkommen vom 17.2.1955, 1.4.1957 in Kraft getreten, und das Hamburger Abkommen vom 28.10.1964.[9]

3 Die Erziehung ist gem. Art. 6 Abs. 2 GG zunächst Recht und Pflicht der Eltern bzw. der sonstigen Erziehungsberechtigten (§§ 1626 ff. BGB). Der **staatliche Erziehungsauftrag**, der aus Art. 7 GG folgt, umfasst sowohl die Wissensvermittlung als auch die Bildung und Erziehung. Dabei steht dem Landesgesetzgeber ein weiter Gestaltungsspielraum zu.[10] Er kann grds. unabhängig von den Eltern eigene Ausbildungs- und Erziehungsziele verfolgen sowie eigene Wertvorstellungen vertreten,[11] etwa die Voraussetzungen für den Zugang zur Schule, den Übergang von einem Bildungsweg zum anderen und die Versetzung innerhalb

---

1 Zum Privatschulwesen *Robbers* in von Mangoldt/Klein/Starck Art. 7 Rn. 178 ff.; *Nolte/Butzer* in Epping ua, NdsVerf Art. 4 Rn. 95 ff.; *Rux* SchulR Rn. 1185 ff., zur Finanzierung Rn. 1484 ff.
2 *Rux* SchulR Rn. 846 ff.
3 BVerwG Urt. v. 16.4.2014 – 6 C 11/13, NVwZ 2014, 1163 mit BVerfG Beschl. v. 27.11.2017 – 1 BvR 1555/14, NVwZ 2018, 728; *Robbers* in v. Mangoldt/Klein/Starck Art. 7 Rn. 115 ff.; *Boysen* in v. Münch/Kunig Art. 7 Rn. 70 ff.; *Classen* ReligionsR Rn. 465 ff.; *Rux* SchulR Rn. 652 ff.; *Wißmann* NJOZ 2021, 321.
4 *Rux* SchulR Rn. 1066 ff.
5 BVerfG Urt. v. 9.2.1982 – 1 BvR 845/79, BVerfGE 59, 360 (377) = NJW 1982, 1375; *Rux* SchulR Rn. 92 ff.; *Robbers* in v. Mangoldt/Klein/Starck Art. 7 Rn. 8 ff.
6 Zu den konkurrierenden Grundrechten *Loschelder* in Merten/Papier Grundrechte-HdB IV § 110 Rn. 4 ff.
7 *Boysen* in v. Münch/Kunig Art. 7 Rn. 17 ff. mwN.
8 *Robbers* in v. Mangoldt/Klein/Starck Art. 7 Rn. 11.
9 Zur KMK *Guggelberger* in Härtel Föderalismus-HdB III § 61 Rn. 12 f.; zur Geschichte der KMK 1948–1998 (https://www.kmk.org/kmk/aufgaben/geschichte-der-kmk.html).
10 BVerfG Urt. v. 9.2.1982 – 1 BvR 845/79, BVerfGE 59, 360 (377); LVerfG Sachsen-Anhalt Urt. v. 15.1.2002 – LVG 9/01, LVG 12/01.
11 Vgl. VerfGH Bayern Entsch. v. 13.12.2002 – Vf. 73-VI-01, VerfGH 55, 189, 196 mwN.

eines Bildungsweges einschließlich der Entscheidung darüber, ob und inwieweit das Lernziel vom Schüler erreicht worden ist, festlegen.[12]

**3. Begriff Schule.** Art. 15 geht von dem überkommenen **Begriff der Schule** aus. 4 Schule ist eine geplante Einrichtung, die von mehreren Schülern besucht wird, in der in mehreren Fächern unterrichtet wird und deren Zweck es ist, die Bildung und Erziehungsziele zu erreichen, die vom Staat oder von einer anderen die Schule bestimmenden Organisation oder Person gesetzt sind, und die von einem räumlichen Beisammensein von Lehrenden und Lernenden geprägt ist. Als Schule ist daher eine Einrichtung nicht anzusehen, die nur der Erlangung bloßer Fertigkeiten dient. Auch Fernunterricht ist nicht Schule, ebenso wenig eine Einrichtung, die nur Kurse, Lehrgänge und ähnliche Unterrichtsveranstaltungen abhält.[13] Im Kontext des Art. 15 gelten als Schulen nicht Einrichtungen in der elementaren Bildung (Kindergärten) – dies wird aus Art. 14 Abs. 2 deutlich – und Hochschulen – Letzteres ergibt sich auch aus Art. 16 Abs. 3. Jedenfalls dem verfassungsrechtlichen Begriff kann das zusätzliche Merkmal, eine Schule müsse geeignet sein, die Schulpflicht zu erfüllen,[14] nicht entnommen werden. Bei der Erfüllung des Kriteriums „Schule" kommt auch dem Lebensalter der Schüler keine Bedeutung zu; daher sind auch Berufs- und Abendschulen (Abendrealschulen und Abendgymnasien) Schulen. Eine Schule iSv Art. 7 GG muss nach dem jeweiligen Landesrecht als öffentliche Schule bestehen oder mindestens als solche grds. vorgesehen sein;[15] das gilt auch für Art. 15, wie aus Art. 5 Abs. 3 iVm Art. 7 Abs. 4 GG deutlich wird.

## II. Aufsicht (Abs. 1)

**1. Wesen und Inhalt der Aufsicht. a) Begriff Aufsicht iwS.** Art. 15 Abs. 1 5 ist inhaltsgleich mit Art. 7 Abs. 1 GG. Die Schulaufsicht[16] umfasst Schulen aller Art und Trägerschaft und die organisatorische und sachliche Gestaltung schulischer Bildung, Ausbildung und Erziehung. Historisch wird damit eine Aufsicht durch Religionsgemeinschaften ausgeschlossen, nicht aber soll der Einfluss der Gesellschaft unterbunden werden, wie Art. 7 Abs. 4 GG belegt.[17] Eine Schule ist „öffentlich", wenn sie sich in öffentlicher Trägerschaft befindet. Vom einschlägigen Landesgesetz nicht erfasste Schulen sind ungeachtet einer öffentlich-rechtlichen Trägerschaft keine öffentlichen Einrichtungen, da sie nicht der Schulaufsicht des Landes unterliegen.[18] Zur staatlichen Aufsicht gehört die Befugnis der zentralen Ordnung und Organisation des Schulwesens mit dem Ziel, ein Schulsystem zu gewährleisten, das allen jüngeren Bürgern gemäß ihren Fähigkeiten die dem heutigen gesellschaftlichen Leben entsprechenden Bildungsmöglichkeiten eröffnet. Das sind namentlich die strukturellen Festlegungen des Ausbildungssystems, das inhaltliche und didaktische Programm der Lernvorgänge, das Setzen von Lernzielen sowie die Entscheidung darüber, ob und wie

---

12 BVerfG Urt. v. 6.12.1972 – 1 BvR 230/70 ua, BVerfGE 34, 165; vgl. auch OVG Greifswald Urt. v. 7.5.2003 – 4 K 30/02, NordÖR 2004, 219 (Ls.) zur Schulentwicklungsplanung.
13 *Rux* SchulR Rn. 5 ff.
14 So *Rux* SchulR Rn. 9.
15 BVerfG Urt. v. 8.4.1987 – 1 BvL 8/84 ua, BVerfGE 75, 40 (77).
16 Dazu *Rux* SchulR Rn. 867 ff.; *Badura* in Dürig/Herzog/Scholz Art. 7 Rn. 45 ff.; *Robbers* in v. Mangoldt/Klein/Starck Art. 7 Rn. 61 ff.
17 *Boysen* in v. Münch/Kunig Art. 7 Rn. 39.
18 OVG Greifswald Urt. v. 30.4.2014 – 1 L 104/12, NordÖR 2014, 406, nachgehend BVerwG Beschl. v. 14.11.2014 – 5 B 35/14.

weit diese Ziele erreicht worden sind,[19] zudem die organisatorische Gliederung der Schule mit allen dazugehörigen Einzelheiten.[20] Zur Schulaufsicht zählen auch Regelungen zur Lehreraus- und -fortbildung.[21] Bei der Festlegung von Erziehungsprinzipien, Ausbildungsgängen, Unterrichtszielen und Unterrichtsgegenständen steht den Ländern eine weitgehende Gestaltungsfreiheit zu.[22] Der staatlichen Schulaufsicht sind auch Ordnungs- sowie Gefahrenabwehrmaßnahmen der Schulleitung zuzurechnen.[23] Die Schulaufsicht umfasst schließlich die Dienst-, Fach- und Rechtsaufsicht gegenüber den Schulen (→ Rn. 7). Die staatliche Schulaufsicht geht daher weiter als die Staatsaufsicht über den eigenen Wirkungskreis der Landkreise und Gemeinden, soweit es um die Schule als Erziehungs- und Bildungseinrichtung geht.[24]

6 **b) Schulträgerschaft.** Aus dem in Art. 72 Abs. 1 LV, Art. 28 Abs. 2 GG verankerten Selbstverwaltungsrecht der Gemeinden folgt, dass ihnen grundsätzlich das Recht der **Schulträgerschaft** zusteht. Der Landesgesetzgeber weist demgemäß die Wahrnehmung der Trägerschaft den Gemeinden, Landkreisen und kreisfreien Städten als Pflichtaufgaben des eigenen Wirkungskreises zu (vgl. § 102 Abs. 1 SchulG MV), wobei die Gemeinden Schulträger für Grundschulen und Regionale Schulen sind (vgl. § 103 Abs. 1 Nr. 1 SchulG MV). Zu den mit der Schulträgerschaft verbundenen Aufgaben gehört die – in der Regel unter Mitwirkung des Staates zu treffende – Entscheidung, ob eine Schule eingerichtet oder geschlossen werden soll.[25] Zur Aufhebung einer Schule kann die Gemeinde durch eine kommunalaufsichtliche Anordnung angehalten werden.[26] Demgegenüber stellt es sich als Ausnahme dar, dass das Land „Träger von Schulen besonderer Bedeutung und Aufgabenstellung" sein kann (vgl. § 103 Abs. 2 S. 1 SchulG MV) und dass „Förderschulen in öffentlicher Trägerschaft mit überregionalem Einzugsbereich" in die Trägerschaft des Landes zu überführen sind (vgl. § 132 S. 1 SchulG MV). Solche gesetzlichen Sonderregelungen der Schulträgerschaft verletzen das kommunale Selbstverwaltungsrecht nicht.[27]

7 Die **Schulentwicklungsplanung**[28] soll ein vollständiges und unter zumutbaren Bedingungen erreichbares Bildungsangebot sichern und gewährleisten, dass die personelle Ausstattung der Schulen im Rahmen der Bedarfs- und Finanzplanung

---

19 BVerfG Urt. v. 9.2.1982 – 1 BvR 845/79, BVerfGE 59, 360 (377); s. §§ 95 ff. SchulG MV; so bei Schulformen: BVerfG Beschl. v. 22.6.1977 – 1 BvR 799/76, NJW 1977, 1723 – Einführung der gymnasialen Oberstufe in Hessen; BVerfG Beschl. v. 17.12.1975 – 1 BvR 428/69, BVerfGE 41, 88 (107) – Einführung der Gemeinschaftsschule in Nordrhein-Westfalen.
20 Vgl. VerfGH Bayern Entsch. v. 15.12.1976 – 56-IX-76, VerfGH 47, 276, 293 ff.
21 Gesetz über die Lehrerbildung in Mecklenburg-Vorpommern (Lehrerbildungsgesetz – LehbildG MV) idF der Bek. v. 25.11.2014 (GVOBl. M-V 606), zul. geänd. d. Ges. v. 23.4.2021 (GVOBl. M-V 506) und das Gesetz zur Förderung der Weiterbildung in Mecklenburg-Vorpommern (Weiterbildungsförderungsgesetz – WBFöG MV) v. 20.5.2011 (GVOBl. 342).
22 OVG Bautzen Beschl. v. 9.10.2013 – 2 B 435/13.
23 VGH Kassel Beschl. v. 7.11.2013 – 7 F 2058/13; zum Verbot von Präsenzunterricht aus Infektionsschutzgründen BVerfG Beschl. v. 19.11.2021 – 1 BvR 971/21 ua, dazu *Walter* jurisPR-MedizinR 12/2021, Anm. 1.
24 VerfGH Bayern Entsch. v. 21.12.1951 – Vf. 104-IV-50; *Loschelder* in Merten/Papier Grundrechte-HdB IV § 110 Rn. 31.
25 BVerfG Beschl. v. 19.11.2014 – 2 BvL 2/13, BVerfGE 138, 1; *Waldhoff* DVBl 2016, 1022; *Henneke* Gemeindehaushalt 2019, 193; *Lange* RdJB 2018, 112; *Ziekow* VerwArch 2019, 68; *Ritgen* ZG 2016, 263.
26 OVG Greifswald Beschl. v. 24.7.2007 – 2 M 90/07.
27 OVG Greifswald Urt. v. 14.10.2009 – 2 L 234/08.
28 Dazu *Rolff*, Schulentwicklung kompakt, 2013; *Rux* SchulR Rn. 994 ff.

des Landes möglich ist. In den Plänen werden der gegenwärtige und zukünftige Schulbedarf sowie die Schulstandorte ausgewiesen. Für den Schulort ist anzugeben, welche Bildungsangebote dort vorhanden sind und für welche Einzugsbereiche sie gelten sollen. Die Schulentwicklungsplanung muss die langfristige Zielplanung und die Durchführungsmaßnahmen unter Angabe der Rangfolge ihrer Verwirklichung enthalten (vgl. § 107 Abs. 3 Satz 1 und Abs. 5 Satz 1, 2 und 5 SchulG MV). Dem Staat obliegt daher die Schulplanung; hierzu gehört auch die Errichtung eines zwischen den verschiedenen Schularten differenzierenden Schulsystems. Die Schulentwicklungsplanung war zunächst den Landkreisen und den kreisfreien Städten als eine Pflichtaufgabe des eigenen Wirkungskreises übertragen worden (§ 107 Abs. 1 SchulG MV).[29] Ein Eingriff in das kommunale Selbstverwaltungsrecht der Gemeinden lag hierin nicht.[30] Die Übertragung dieser Planung auf die Landkreise darf den Gemeinden nicht jedwede Möglichkeit einer eigenen Schulentwicklungsplanung entziehen.[31] Die Gemeinden sind von Verfassungs wegen zu beteiligen.[32] Seit dem 1.8.2011 ist den Landkreisen und kreisfreien Städten gem. § 107 Abs. 2 SchulG MV und § 1 Abs. 1 SEPVO MV[33] nunmehr die Schulentwicklungsplanung als pflichtige Selbstverwaltungsaufgabe und damit dem eigenen Wirkungskreis zugewiesen. Die Aufgaben der Schulentwicklungsplanung und der Schulträgerschaft können kommunalverfassungsrechtlich unterschiedlich ausgestaltet sein.[34] Für die Schulentwicklungsplanung sind zwar die Landkreise und kreisfreien Städte zuständig (vgl. § 107 Abs. 1 SchulG MV), auf die das Land aber verschiedentlich Einfluss hat, zB durch die nach § 107 Abs. 8 SchulG MV erlassene Verordnung und durch das Genehmigungsverfahren nach § 107 Abs. 7 SchulG MV, aber auch mittelbar, etwa durch die Zuweisung bzw. den Entzug von Lehrern.[35] Bei der Bestimmung von Schulbezirken handelt es sich wie bei der Aufhebung einer Schule um eine Planungsentscheidung, die dem Gebot der gerechten Abwägung genügen muss.[36]

Die gesetzliche **Schulsprengelpflicht** (§ 45 Abs. 1 Satz 3 SchulG MV für Schulen des Primarbereiches sowie berufliche Schulen) als solche ist – in Ausgestaltung des staatlichen Erziehungsauftrags (vgl. Art. 7 Abs. 1 GG) – nicht zu beanstanden. Allerdings ist mit zunehmender Einräumung von eigenständigen pädagogischen Profilbildungen in den Grundschulen zu erwarten, dass der Gesetzgeber bei der Gestaltung der Ausnahmeregelungen zur Schulsprengelpflicht darauf Rücksicht nimmt.[37] Teil der staatlichen Schulaufsicht ist es zudem, die Berufs- 8

---

29 Dazu OVG Greifswald Beschl. v. 22.9.2011 – 2 M 155/11, NordÖR 2012, 54 (Ls.).
30 OVG Greifswald Urt. v. 7.5.2003 – 4 K 30/02, NordÖR 2004, 219 (Ls.); vgl. auch *Thiel*, Der Erziehungsauftrag des Staates in der Schule, 2000, S. 198 ff.; zu einzelnen Fragen der Schulplanung s. die umfangreiche Rspr. des OVG Greifswald Beschl. v. 1.6.2004 – 2 M 98/04 ua, NVwZ-RR 2004, 850; Beschl. v. 29.11.2004 – 2 M 224/04 ua, LKV 2005, 452 = NordÖR 2005, 542; Urt. v. 5.1.2005 – 4 K 1/04, NordÖR 2005, 270; Beschl. v. 29.11.2004 – 2 M 232/04, NordÖR 2005, 540; Beschl. v. 6.8.2004 – 2 M 199/04; Beschl. v. 1.9.2004 – 2 M 223/04; Beschl. v. 28.10.2004 – 2 M 267/04.
31 VerfG Brandenburg Urt. v. 17.7.1997 – 1/97, LVerfGE 7, 74.
32 BVerfG Beschl. v. 19.11.2014 – 2 BvL 2/13, BVerfGE 138, 1; *Waldhoff* DVBl 2016, 1022; *Henneke* Gemeindehaushalt 2019, 193; *Lange* RdJB 2018, 112; *Ziekow* VerwArch 2019, 68; *Ritgen* ZG 2016, 263.
33 Verordnung über die Schulentwicklungsplanung in Mecklenburg-Vorpommern (Schulentwicklungsplanungsverordnung – SEPVO MV) vom 4.10.2005 (Mittl.bl. BM 995).
34 Dazu OVG Greifswald Beschl. v. 22.9.2011 – 2 M 155/11, NordÖR 2012, 54 (Ls.).
35 OVG Greifswald Beschl. v. 19.6.2013 – 2 M 5/13.
36 OVG Lüneburg Urt. v. 22.4.2013 – 2 KN 57/11, NdsVBl 2013, 243; OVG Lüneburg Beschl. v. 8.4.2014 – 2 MN 352/13.
37 BVerfG Beschl. v. 19.6.2013 – 1 BvR 2253/09, NJW 2013, 2813.

schulpflicht abweichend vom gesetzlichen Regelfall auf eine andere als eine örtlich zuständige Berufsschule zu beziehen.[38] Bei einer **Aufnahmeentscheidung** sind vorrangig diejenigen Kinder zu berücksichtigen, die in dem zugeordneten Schulbezirk wohnen. Übersteigt deren Zahl die ermittelte Aufnahmekapazität der Schule (vgl. § 45 Abs. 2 und 3 S. 1 SchulG MV), muss, soweit der Gesetz- und Verordnungsgeber (vgl. § 45 Abs. 3 S. 2 und 3 SchulG MV) Abwägungskriterien vorgibt, in einem Auswahlverfahren entschieden werden, welche der Bewerber die freien Plätze erhalten sollen. Maßgebend ist, dass die bestimmte Schule in zumutbarer Entfernung vom Ort des gewöhnlichen Aufenthalts oder der Ausbildungs- oder Arbeitsstätte des Schülers liegt.[39] Zu berücksichtigen sind auch Unterschiede der Schul- und Unterrichtsgestaltung.[40] Für den **Schullastenausgleich** gilt § 115 SchulG MV. Der Anspruch einer Gemeinde aus M-V gegenüber einer Gemeinde eines anderen Bundeslandes auf Schullastenausgleich fordert eine staatsvertragliche Grundlage.[41]

9 c) **Aufsicht ieS.** Die Schulbehörden üben die **Dienst-, Fach- und Rechtsaufsicht** gegenüber den Schulen aus. Sie umfasst Qualitätssicherung und Qualitätskontrolle, Personalführung, Personalentwicklung und Personaleinsatz sowie die Sicherung der Zusammenarbeit mit Schulträgern und außerschulischen Einrichtungen.[42] Aufsicht findet allein im öffentlichen Interesse statt.[43] Für die Rechtsaufsicht über die Schulträger bei der Erfüllung ihrer Aufgaben nach dem Schulgesetz oder aufgrund dieses Gesetzes sind allein die Schulbehörden zuständig (§ 97 Abs. 1 Nr. 3 und 6 SchulG MV). Sie haben auch ein Selbsteintrittsrecht.[44] Die Schulträger sind insoweit der Kommunalaufsicht entzogen.[45] Fachaufsichtsrechtliche Maßnahmen in Angelegenheiten des übertragenen Wirkungskreises haben grundsätzlich keine Außenwirkung und verletzen ihren Adressaten nicht in eigenen Rechten.[46]

10 d) **Stellung der Lehrer.** Die Tätigkeit eines **Lehrers**[47] an einer allgemeinbildenden staatlichen oder staatlich anerkannten Schule ist nicht die Ausübung einer genuin hoheitsrechtlichen Befugnis, die mit Blick auf Art. 33 Abs. 4 GG in der Regel Beamten zu übertragen wäre.[48] Daraus wird gefolgert, dass eine Verbeamtung von Lehrern aus verfassungsrechtlichen Gründen ausscheidet und dass für „Bestandsbeamte" dann besondere beamtenrechtliche Regelungen getroffen werden, zB hinsichtlich der Möglichkeit von Tarifverhandlungen und Streiks.[49] Nach aA, die der Praxis des Landes M-V (seit 1.8.2014) entspricht, ermöglicht, wenn nicht sogar fordert Art. 33 Abs. 4 GG die Verbeamtung des Lehrerpersonals.[50] Bei der Frage einer Teilzeitbeschäftigung gegen den Willen der Lehrer können das Gebot der Schulförderung und das Sozialstaatsprinzip als allg.

---

38 VGH Mannheim Urt. v. 22.5.2013 – 9 S 1367/12, VBlBW 2013, 461.
39 Dazu OVG Greifswald Beschl. v. 31.7.2013 – 2 M 151/13.
40 BVerfG Beschl. v. 19.6.2013 – 1 BvR 2253/09, NJW 2013, 2813.
41 OVG Greifswald Beschl. v. 19.8.2019 – 2 LZ 510/19.
42 Zur Aufsicht im Verhältnis zur pädagogischen Freiheit des Lehrers *Thiel* (Fn. 24), S. 158 ff.; zum Beanstandungsrecht OVG Greifswald Beschl. v. 1.6.2004 – 2 M 98/04, NVwZ-RR 2004, 850; zum Selbsteintrittsrecht OVG Greifswald Beschl. v. 1.9.2004 – 2 M 234/04.
43 OVG Greifswald Beschl. v. 1.6.2004 – 2 M 98/04, NVwZ-RR 2004, 850.
44 OVG Greifswald Beschl. v. 1.9.2004 – 2 M 234/04.
45 Vgl. OVG Magdeburg Beschl. v. 4.11.2013 – 4 M 224/13.
46 OVG Greifswald Beschl. v. 22.9.2011 – 2 M 155/11, NordÖR 2012, 54 (Ls.).
47 Zum Lehrerdienstrecht *Rux* SchulR Rn. 1127 ff.
48 BAG Urt. v. 25.4.2013 – 2 AZR 960/11; BVerwG Urt. v. 27.2.2014 – 2 C 1/13.
49 *Von der Weiden* jurisPR-BVerwG 10/2014, Anm. 2.
50 *Cremer/Wolf* RdJB 2014, 215.

Verfassungsgebot bzw. als Staatszielbestimmung mit dem Individualrecht der Beamten auf Vollzeitbeschäftigung und Vollalimentation konkurrieren.[51]

**2. Verhältnis zum Elternrecht und den Rechten der Schüler. a) Elternrecht.** 11
Art. 15 ist im Zusammenhang mit dem **Elternrecht** nach Art. 5 Abs. 3 iVm Art. 6 Abs. 2 Satz 1 GG zu sehen, wonach die Pflege und Erziehung der Kinder als das natürliche Recht der Eltern anzusehen ist und sie zuvörderst ihnen als Pflicht obliegt.[52] Alleinige Aufgabe der Eltern ist es, über den „Gesamtplan" der Erziehung zu entscheiden und ihn umzusetzen.[53] Er umschließt grds. die freie Wahl zwischen den verschiedenen Bildungswegen, die der Staat in der Schule zur Verfügung stellt. Diese primäre Entscheidungszuständigkeit der Eltern, die auch in den schulischen Bereich hineinreicht, nimmt sogar die Möglichkeit in Kauf, dass das Kind durch einen Entschluss der Eltern Nachteile erleidet, die bei objektiv vernünftiger Entscheidung vermeidbar wären.[54] Die Vorschrift gewährleistet jedoch keinen ausschließlichen Erziehungsanspruch der Eltern.[55] Zwar ist der Staat gehalten, den elterlichen Gesamtplan bei Ausgestaltung seiner Maßnahmen zu achten und dabei vor allem im Schulangebot offen zu sein. Seine Befugnisse überschreitet der Staat aber erst dann, wenn er die Grundrechtsposition der Eltern in unverhältnismäßiger Weise einschränkt und dadurch den spezifischen Kernbereich des Elternrechts verletzt.[56]

Art. 6 Abs. 2 Satz 1 GG iVm Art. 4 Abs. 1 GG gewährleistet das Recht der 12 Eltern zur Kindererziehung in **religiöser und weltanschaulicher** Hinsicht.[57] Aus den verfassungsimmanenten Schranken des elterlichen Erziehungsrecht, zu denen der dem Staat in Art. 7 Abs. 1 GG erteilte Erziehungsauftrag gehört, erfährt die zur Konkretisierung dieses staatlichen Auftrags erlassene allgemeine Schulpflicht in grundsätzlich zulässiger Weise eine Beschränkung. Im Einzelfall sind Konflikte zwischen dem Erziehungsrecht der Eltern und dem Erziehungsauftrag des Staates nach den Grundsätzen der praktischen Konkordanz zu lösen. Dabei darf der Staat zwar auch unabhängig von den Eltern eigene Erziehungsziele verfolgen, muss aber Neutralität und Toleranz gegenüber den erzieherischen Vorstellungen der Eltern aufbringen.[58]

---

51 OVG Münster Beschl. v. 22.10.2003 – 6 A 856/02; s. aber OVG Lüneburg Urt. v. 13.12.20015 – LB 2723/01, OVGE 49, 322 = NordÖR 2002, 134 und dazu *Schlacke* NordÖR 2002, 345; BVerwG Urt. v. 2.3.2000 – 2 C 1/99, BVerwGE 110, 363.
52 Dazu *Rux* SchulR Rn. 157 ff.
53 *Loschelder* in Merten/Papier Grundrechte-HdB IV § 110 Rn. 35 unter Hinweis auf BVerfG Urt. v. 6.12.1972 – 1 BvR 230/70 ua, BVerfGE 34, 165 (71 f.).
54 Vgl. BVerfG Urt. v. 6.12.1972 – 1 BvR 230/70 ua, BVerfGE 34, 165 (184); BVerwG Urt. v. 26.2.1980 – I C 90.76, BVerwGE 60, 79 (94).
55 BVerfG Urt. v. 6.12.1972 – 1 BvR 230/70 ua, BVerfGE 34, 165 (183); BVerfG Urt. v. 14.7.1998 – 1 BvR 1640/97, BVerfGE 98, 218 (245); vgl. auch BVerwG Urt. v. 3.5.1988 – 7 C 89/86, BVerwGE 79, 298 (301).
56 VerfGH Bayern Entsch. v. 13.12.2002 – 73-VI-01, VerfGH 55, 189 (196); LVerfG Sachsen-Anhalt Urt. v. 15.1.2002 – LVG 9, 12,13/01, LVerfGE 13, 364 (382 ff.) – „Grundschule mit festen Öffnungszeiten".
57 Allgemein *Frenz* Jura 2013, 999; *Heinig* KuR 2013, 8.
58 BVerfG 1. Senat 3. Kammer Beschl. v. 21.7.2009 – 1 BvR 1358/09, NJW 2009, 3151 – Verstoß gegen die Schulpflicht aus religiösen Gründen; s. a. BVerfG 1. Senat 2. Kammer Beschl. v. 15.3.2007 – 1 BvR 2780/06, BVerfGK 10, 423 – Ethikunterricht, Pflichtfach Ethik (Berlin); BVerwG Urt. v. 11.9.2013 – 6 C 25/12, NVwZ 2014, 81 – Befreiung vom koedukativen Schwimmunterricht; BVerwGE 141, 223 – Beten außerhalb der Unterrichtszeit, VerfGH Bayern Entsch. v. 26.8.2021 – Vf. 43-VIII-21 ua – Einführung des Islamischen Unterrichts; OVG Saarlouis Beschl. v. 21.10.2020 – 2 A 277/20, NVwZ 2021, 658 – Islamunterricht an staatlichen Grundschulen.

13  **Mitwirkungsrechte der Eltern** sind in Art. 15 nicht geregelt. Aus Art. 5 Abs. 3 iVm Art. 6 Abs. 2 Satz 1 GG ergibt sich lediglich ein individuelles Recht der Eltern auf Unterrichtung über Vorgänge in der Schule, deren Verschweigen die Ausübung des individuellen elterlichen Erziehungsrechts beeinträchtigen könnte. Konkrete Mitwirkungs- oder gar Mitbestimmungsrechte der Eltern (kollektives Elternrecht) lassen sich hieraus nicht herleiten.[59] Informations- und Beteiligungsansprüche der Eltern werden in §§ 55 ff. und 73 ff. SchulG MV näher geregelt. Abwehransprüche gegen **Organisationsakte** des Staates können nur bestehen, wenn eine nicht mehr hinnehmbare Belastung für Eltern oder Schüler eintritt.[60] Das Elternrecht muss auch bei der Ausgestaltung der **Schulsozialarbeit** berücksichtigt werden.[61]

14  b) **Schülerrechte.** Die staatliche Aufsicht begründet kein besonderes Gewaltverhältnis, in dem die Schüler und Eltern zu der Schulverwaltung stehen.[62] Die **Grundrechte der Schüler** liegen in erster Linie landesverfassungsrechtlich in Art. 6 (Datenschutz),[63] Art. 8 (Chancengleichheit), Art. 9 sowie in (Art. 5 Abs. 3 iVm) Art. 2 Abs. 1 GG,[64] Art. 4 GG (Glaubensfreiheit), Art. 5 (Meinungs- und Kunstfreiheit) und Art. 12 GG (Berufsfreiheit). Die Grundrechte stehen aber unter dem Vorbehalt der dem Staat gemäß Art. 15 Abs. 1 obliegenden Schulaufsicht.[65]

### III. Förderung des Schulwesens

15  1. **Öffentliches Schulwesen (Abs. 2 Satz 1).** Land, Gemeinden und Kreise sorgen für ein ausreichendes und vielfältiges öffentliches Schulwesen. Darin liegt ein Staatsziel auf Bildung, nicht aber ein Grundrecht.[66] Ihm korrespondiert aber das **Recht auf schulische Bildung** aus Art. 2 Abs. 1 iVm Art. 7 Abs. 1 GG.[67] Viele der sich aus Art. 15 ergebenden Anforderungen an die Ausgestaltung des Schulwesens folgen auch aus dieser grundrechtlichen Gewährleistung. Abs. 2 Satz 1 als solcher gewährt die objektive Pflicht zur Gewährung chancengleicher derivativer Teilhabe im Rahmen des Möglichen.[68] Auf welche Weise eine Aufgabe erfüllt wird, ist nicht geregelt. So „sorgt" etwa das Land für das öffentliche Schulwesen auch dadurch, dass es die einschlägigen Gesetze und Verordnungen erlässt und Aufgaben der Schulaufsicht wahrnimmt. Insbesondere trifft die Norm keine Bestimmung darüber, dass die **Schulträgerschaft** etwa gleichrangig bei Land, Gemeinden und Kreisen liegen kann (→ Rn. 5).

16  Für die Eltern besteht zwar kein Recht, dass der Staat eine bestimmte **Schulform** zur Verfügung stellen muss. Das Recht auf gleichen Zugang zu schulischer Bildung besteht nur nach Maßgabe der vom Staat im Rahmen seiner bildungspo-

---

59  BVerfG Urt. v. 9.2.1982 – 1 BvR 845/79, BVerfGE 59, 360 (377) = NJW 1982, 1375; s. aber §§ 73 ff. SchulG MV.
60  Vgl. BVerfG Beschl. v. 22.6.1977 – 1 BvR 799/76, BVerfGE 45, 400 (415 ff.).
61  *Kunkel* ZKJ 2013, 192.
62  Vgl. *Sachs* NWVBl 2004, 209; *Rux* SchulR Rn. 21 ff.
63  Zum Datenschutz im Schulbereich §§ 70–72 SchulG MV und *Rux* SchulR Rn. 560 ff.
64  Dazu BVerfG Beschl. v. 26.2.1980 – 1 BvR 684/78, BVerfGE 53, 185 – gymnasiale Oberstufe.
65  Vgl. VerfGH Bayern Entsch. v. 17.11.1994 – 96-IX-94 ua, VerfGE 47, 276 (293 ff.).
66  Vgl. zur ausdr. Normierung in Art. 4 Abs. 1 LVerf Nds OVG Lüneburg Beschl. v. 14.12.2017 – 2 NB 1759/17, NVwZ-RR 2018, 432.
67  BVerfG Beschl. v. 19.11.2021 – 1 BvR 971/21 ua Rn. 43 ff., dort auch in Rn. 67 ff.; zu den Rechten aus Art. 13 des Internationalen Pakts über wirtschaftliche, soziale und kulturelle Rechte, aus Art. 2 EMRK und Art. 14 GRCh.
68  Vgl. VGH München Beschl. v. 3.7.2020 – 20 NE 20.1443.

litischen Gestaltungsfreiheit zur Verfügung gestellten Bildungsgänge und Schulstrukturen sowie der Voraussetzungen, die er für den Zugang zur Schule, den Übergang von einem Bildungsweg zum anderen und die Versetzung innerhalb des Bildungsganges festgelegt hat.[69] Allerdings kann die Grenze des verfassungsrechtlich Zulässigen dort liegen, wo das Wahlrecht und Bestimmungsrecht der Eltern angesichts der vorhandenen obligatorischen Schulformen durch vom Staat einseitig festgelegten Bildungsziel obsolet wird und leerläuft[70] oder diese Zugangsvoraussetzungen willkürlich oder diskriminierend ausgestaltet oder angewendet werden.[71] Der Staat muss daher in zumutbarer Erreichbarkeit ein Schulwesen zur Verfügung stellen, das ein differenziertes **Schulangebot** enthält.[72]

Aus Art. 15 Abs. 2 Satz 1 folgt nicht, dass das Land für Schulen in seiner Trägerschaft keine **Schulkostenbeiträge** erheben darf. Daher bestand gegen die Änderung von § 115 SchulG MV, die das Land rückwirkend zur Erhebung von Schulkostenbeiträgen für die in seine Trägerschaft übernommenen Schulen ermächtigte, – auch aus Art. 72 Abs. 2 – keine Bedenken.[73] Im Übrigen wird vom Grundsatz her einfachrechtlich Lernmittelfreiheit gewährt; jedoch sind in gewissem Umfang gesetzliche Einschränkungen zulässig.[74] Es lässt sich auch kein allg. Recht auf schulgeldfreien Besuch höherer Schulen oder auf teilweisen Schulgeldersatz oder auf Kostentragung für die notwendige Beförderung auf dem Schulweg herleiten.[75] Es besteht auch kein Anspruch auf die Bereitstellung bestimmten Mittagessens.[76] 17

**2. Privatschulen. a) Grundlagen.** Eine öffentliche Schule steht in der Trägerschaft eines öffentlichen Schulträgers, etwa einer Gemeinde, eines Landkreises oder des Landes. Schulträger einer privaten Schule kann jede natürliche oder juristische Person des privaten Rechts sein. Eine Beteiligung öffentlicher Schulträger an der Trägerschaft und/oder der Geschäftsführung einer privaten Ersatzschule ist grundsätzlich ausgeschlossen. Das **Privatschulwesen** ist in der LV nicht explizit angesprochen. Nach Art. 5 Abs. 3 iVm Art. 7 Abs. 4 Satz 1 GG ist das Recht zur Errichtung von privaten Schulen gewährleistet.[77] Die Privatschule ist dadurch gekennzeichnet, dass in ihr ein von der Schule eigenverantwortlich geprägter Unterricht erteilt wird, insbesondere im Hinblick auf die Erziehungsziele, die weltanschauliche Basis, die Lehrmethode und die Lehrinhalte. Damit wird dem staatlichen Schulmonopol eine Absage erteilt.[78] Art. 7 Abs. 4 Satz 2 und 3 GG trifft besondere Bestimmungen zu Ersatzschulen. Privatschulen sind auch solche, die nicht Ersatzschulen sind, sondern das Bildungsangebot ergänzen sollen, etwa Sprach- oder Schauspielschulen. Solche **Ergänzungsschulen** fallen aber nicht unter Art. 7 Abs. 4 GG.[79] Obwohl in Art. 15 nicht ausdrücklich bestimmt, können Kommunen verfassungsrechtlich 18

---

69 BVerfG Beschl. v. 19.11.2021 – 1 BvR 971/21 ua Rn. 60.
70 BVerfG Beschl. v. 22.6.1977 – 1 BvR 799/76, BVerfGE 45, 400 (415).
71 BVerfG Beschl. v. 19.11.2021 – 1 BvR 971/21 ua Rn. 60.
72 Vgl. *Ennuschat* in Löwer/Tettinger Art. 8 Rn. 32 ff.
73 OVG Greifswald Urt. v. 14.10.2009 – 2 L 234/08.
74 OVG Greifswald Beschl. v. 20.2.2007 – 1 L 270/06 – Kostenbeitrag nach § 54 Abs. 2 Satz 3 SchulG MV für Gegenstände und Materialien, die im Unterricht bestimmter Fächer verarbeitet und danach den Schülern verbraucht werden oder ihnen verbleiben.
75 VerfGH Bayern Entsch. v. 28.10.2004 – Vf. 8-VII-03.
76 Vgl. BVerfG Beschl. v. 9.8.2018 – 1 BvR 1981/16.
77 LVerfG Mecklenburg-Vorpommern Urt. v. 18.9.2001 – 1/00, LKV 2002, 27.
78 LVerfG Mecklenburg-Vorpommern Urt. v. 9.12.2010 – 6/09, NVwZ-RR 2011, 221 = NordÖR 2011, 118.
79 *Boysen* in v. Münch/Kunig Art. 7 Rn. 89; vgl. BVerwG Urt. v. 28.10.2004 – 2 C 38/03, DVBl 2005, 511 – staatlich anerkannte private Fachhochschule.

nicht selbst eine Privatschule errichten oder betreiben oder sich beherrschend an einem Träger einer privaten Schule beteiligen (vgl. § 116 Abs. 2 SchulG MV).[80]

19 **b) Ersatzschulen.** Voraussetzung für **Ersatzschulen** ist, dass sie in ihren Bildungs- und Erziehungszielen im Wesentlichen Bildungsgängen und Abschlüssen entsprechen, die bei staatlichen Schulen vorhanden oder vorgesehen sind.[81] Die Ersatzschuleigenschaft bestimmt sich primär anhand äußerer Strukturmerkmale wie insbesondere der Schulform sowie der Art und Dauer des Bildungsganges. Dies schließt monoedukative Ersatzschulen ein. Pädagogisch-konzeptionelle Gegebenheiten sind in die Prüfung der Ersatzschuleigenschaft nur dann einzubeziehen, wenn die Privatschule im Hinblick auf äußere Strukturmerkmale von den im öffentlichen Schulwesen vorhandenen oder grundsätzlich vorgesehenen Typen abweicht.[82] Wegen der im verfassungsrechtlichen Ersatzschulbegriff angelegten Akzessorietät des Ersatzschulwesens zum öffentlichen Schulwesen ist auch hinzunehmen, dass einer Privatschule unter Umständen in einem Land die Ersatzschulqualität abzusprechen ist, obwohl sie ihr in einem anderen Land zukäme.[83] Art. 7 Abs. 4 GG ist ein echtes Grundrecht.[84] Zugleich liegt darin eine Einrichtungs- und Institutsgarantie.[85] Gleichwertige Ersatzschulen dürfen im Verhältnis zu staatlichen Schulen nicht allein wegen ihrer andersartigen Erziehungsformen und -inhalte verhindert werden.[86] Die verfassungsrechtlichen Vorgaben für die Genehmigung von Ersatzschulen, ihre Finanzierung[87] und Förderung[88] einschl. einer Wartefrist[89] und einer Kürzung[90] sowie die Zulässigkeit von Schulgeld[91] richten sich nach Art. 7 Abs. 4 Satz 2 bis 4 GG.

### IV. Allgemeine Schulpflicht (Abs. 2 Satz 2)

20 Die in allen Bundesländern geltende **Schulpflicht** (§ 41 SchulG MV)[92] für den Besuch der für alle Kinder gemeinsamen Grundschule geht auf die Forderung der Einheitsschulbewegung des 19. Jahrhunderts nach Einheit in der Bildung zurück.[93] Sie ist die Kehrseite der staatlichen Schulaufsicht[94] und gilt heute als eine unverzichtbare Bedingung für die Gewährleistung der freiheitlich-de-

---

80 *Ennuschat* RdJB 2020, 328.
81 Vgl. BVerfG Beschl. v. 14.11.1969 – 1 BvL 24/64, BVerfGE 27, 195 (200); BVerfG Beschl. v. 9.3.1994 – 1 BvR 682/88, BVerfGE 90, 107 (114). S. auch Beschl. v. 23.11.2004 – 1 BvL 6/99, BVerfGE 112, 74.
82 BVerwG Urt. v. 30.1.2013 – 6 C 6/12, BVerwGE 145, 333 = NVwZ-RR 2013, 363.
83 BVerwG Beschl. v. 28.11.2012 – 6 B 46/12.
84 BVerfG Urt. v. 8.4.1987 – 1 BvL 8/84, 1 BvL 16/84, BVerfGE 75, 40 (60); LVerfG Mecklenburg-Vorpommern Urt. v. 18.9.2001 – 1/00, LKV 2002, 27.
85 *Boysen* in v. Münch/Kunig Art. 7 Rn. 7 mwN.
86 LVerfG Mecklenburg-Vorpommern Urt. v. 9.12.2010 – 6/09, NVwZ-RR 2011, 221 = NordÖR 2011, 118.
87 BVerwG Beschl. v. 30.10.2012 – 6 B 45/12 zu OVG Greifswald Urt. v. 23.8.2012 – 2 L 44/09; LVerfG Mecklenburg-Vorpommern Urt. v. 18.9.2001 – 1/00, LKV 2002, 27; zur Privatschulfinanzierung *Kluth* LKV 2017, 433.
88 LVerfG Mecklenburg-Vorpommern Urt. v. 18.9.2001 – 1/00, LKV 2002, 27; LVerfG Mecklenburg-Vorpommern Urt. v. 9.12.2010 – 6/09, NordÖR 2011, 118; krit. zu diesem Argument *Boysen* in v. Münch/Kunig Art. 7 Rn. 92.
89 OVG Greifswald Beschl. v. 29.4.2005 – 2 M 9/05, NordÖR 2006, 105.
90 LVerfG Mecklenburg-Vorpommern Urt. v. 18.9.2001 – 1/00, MV LVerfGE 12, 227 (245).
91 LVerfG Mecklenburg-Vorpommern Urt. v. 18.9.2001 – 1/00, MV LVerfGE 12, 227 (248 f.); Zusammenfassend BTag WD 3 – 3000 – 453/10 vom 11.11.2010.
92 *Rux* SchulR § 2.
93 Vgl. BVerfG Urt. v. 6.2.1972 – 1 BvR 230/70 ua, BVerfGE 34, 165 (186 ff.).
94 *Boysen* in v. Münch/Kunig Art. 7 Rn. 39.

mokratischen Grundordnung und zugleich als unerlässliche Voraussetzung für die Sicherung der wirtschaftlichen und sozialen Wohlfahrt der Gesellschaft.[95] Die staatliche Gemeinschaft verlangt von jedem jungen Bürger ein Mindestmaß an schulischer Grundausbildung.[96] Die allgemeine Schulpflicht in Deutschland und ihre Durchsetzung stehen grundsätzlich nicht in Widerspruch zum europäischen Gemeinschaftsrecht.[97] Sie richtet sich zunächst an die Schüler selbst, aber auch an die Eltern und Sorgeberechtigten und bei Berufsschülern an den Arbeitgeber. Die Grundschule soll über die Erschließung und Förderung von Begabungen hinaus auch zur Persönlichkeitsentwicklung des Kindes und zu seiner Eingliederung in die Gesellschaft beitragen.[98] Das **Elternrecht** wird durch die allg. Schulpflicht in verfassungsmäßiger Weise eingeschränkt.[99] Der Vorrang der Schulpflicht vor dem Elternrecht ist vor allem durch das Wohl des Kindes gerechtfertigt, dessen Lebensaussichten ohne Schulausbildung aufs Schwerste gefährdet würden.[100] Auch die gesetzliche Schulsprengelpflicht für Grundschüler (§ 46 SchulG MV) als solche ist – in Ausgestaltung des staatlichen Erziehungsauftrages (vgl. Art. 7 Abs. 1 GG) – nicht zu beanstanden.[101] Die Schulpflicht kann nicht durch den Besuch einer Schule in freier Trägerschaft erfüllt werden, die nicht staatlich genehmigt ist.[102] Die Schulpflicht kann durch den Landesgesetzgeber strafbewehrt werden (§ 140 SchulG MV).[103] Der Inhalt der Schulpflicht bestimmt sich nach der jeweiligen Landesverfassung und dem jeweiligen einfachgesetzlichen Landesrecht.[104]

Die Ziele der schulischen Bildung nach Abs. 4 (→ Rn. 26) sind bei **Wünschen auf Befreiung** zu beachten. Da es sich um kein – bloßes – Bildungsrecht handelt, besteht grds. nicht die Möglichkeit, Kinder in Haus- oder Fernunterricht zu bilden.[105] Es besteht auch kein Rechtsanspruch auf Erteilung von Einzelunterricht für einen Hochbegabten, sondern nur ein Anspruch auf ermessensfehlerfreie Entscheidung.[106] Es besteht grundsätzlich auch kein Anspruch darauf, die Erfüllung der Schulpflicht durch einen staatlich beaufsichtigten häuslichen Unterricht zu ersetzen,[107] und zwar unabhängig davon, welche Ausbildung die Eltern haben.[108] Die vorzeitige Einschulung auch besonders begabter Kinder ist unter bestimmten Voraussetzungen ausgeschlossen.[109] Schulpflichtige mit sonderpäd- 21

---

95 VerfGH Bayern Beschl. v. 13.12.2002 – Vf. 73-VI-01.
96 Vgl. VerfGH Bayern Entsch. v. 26.3.1987 – 25-VII-84, VerfGH 40, 45, 49.
97 BVerwG Beschl. v. 15.10.2009 – 6 B 27/09, NVwZ 2010, 525.
98 Vgl. BVerfG Urt. v. 6.12.1972 – 1 BvR 230/70, BVerfGE 34, 165 (188).
99 OVG Magdeburg Beschl. v. 16.12.2003 – 2 L 239/01.
100 Vgl. VGH München Beschl. v. 16.3.1992 – 7 CS 92.512, BayVBl 1992, 343.
101 BVerfG Beschl. v. 19.6.2013 – 1 BvR 2253/09, NJW 2013, 2813; krit. dazu *Hufen* JuS 2014, 187.
102 OVG Bautzen Beschl. v. 16.12.2003 – 2 L 239/01; VGH München Beschl. v. 15.3.1999 – 7 ZS 99.163.
103 BVerfG Beschl. v. 15.10.2014 – 2 BvR 920/14, NJW 2015, 44; dazu *Avenarius* NZFam 2015, 342.
104 OVG Lüneburg Urt. v. 13.9.2021 – 2 LC 457/19; OVG Berlin-Brandenburg Beschl. v. 27.4.2021 – OVG 3 M 4/21, NVwZ-RR 2021, 631.
105 Für diese Möglichkeit tritt der UN-Sonderberichterstatter Vernor Munoz in seinem Bericht v. 9.3.2007 zur Umsetzung der UN-Resolution 60/251 v. 15.3.2006 über seinen Deutschlandbesuch vom 13.-21.2.2006 ein.
106 OVG Greifswald Beschl. v. 19.12.2003 – 2 M 183/03.
107 BVerwG Beschl. v. 15.10.2009 – 6 B 27/09, NVwZ 2010, 525.
108 VG Stuttgart Beschl. v. 17.11.2009 – 12 K 4153/09, KirchE 54, 366.
109 Vgl. VerfGH Bayern Entsch. v. 2.7.1998 – Vf.13-VII-96.

22 Die Eltern können die Erfüllung der Schulpflicht nicht unter Berufung auf Glaubens- und Gewissensfreiheit oder auf andere Gründe, aus denen sie die öffentliche Schule als ungeeignet für ihre Kinder ansehen, verweigern.[111] Bei Konflikten zwischen dem Grundrecht auf Respektierung des Glaubens und dem staatlichen Bildungs- und Erziehungsauftrag muss bei einer Abwägung aller zu berücksichtigenden Gesichtspunkte ein schonender Ausgleich herbeigeführt werden.[112] Zwar kann aus religiösen Gründen eine allg. vorgesehene Befreiung vom Schulbesuch an bestimmten Tagen zulässig sein,[113] ebenso von koedukativ erteiltem Sportunterricht, solange dieser nicht nach Geschlechtern getrennt angeboten wird.[114] Eine kategorische Beachtlichkeit sämtlicher vorgebrachter religiöser Verhaltensgebote liefe aber auf einen prinzipiellen Vorrang jedweder individuellen Glaubensposition vor dem staatlichen Bestimmungsrecht im Schulwesen hinaus, das insoweit dann seinerseits leerlaufen müsste. Daher darf die Befreiung von einzelnen Unterrichtseinheiten nicht als routinemäßige Option der Konfliktauflösung fungieren, die in jedem Fall ergriffen werden müsste, in dem aufgrund des Unterrichts Einzelnen eine Beeinträchtigung religiöser Positionen droht. Alle Beteiligten müssen in einem bestimmten Umfang Beeinträchtigungen ihrer religiösen Überzeugungen als typische, von der Verfassung von vornherein einberechnete Begleiterscheinung des staatlichen Bildungs- und Erziehungsauftrags und der seiner Umsetzung dienenden Schulpflicht hinnehmen.[115] Einer Schülerin muslimischen Glaubens ist daher die Teilnahme am koedukativen Schwimmunterricht in einer Badebekleidung zumutbar, die muslimischen Bekleidungsvorschriften entspricht.[116] Ein Schüler kann grds. während des Besuchs der Schule außerhalb der Unterrichtszeit ein Gebet verrichten, sofern dies nicht den Schulfrieden gefährdet (dazu auch → Art. 71 Rn. 10).[117] Der einzelne Schüler soll an sämtlichen schulischen Veranstaltungen teilnehmen müssen, weil nur die permanente, obligatorische Teilhabe am Schulunterricht unter Hintanstellung aller entgegenstehenden individuellen Präferenzen gleich welcher Art jenen gemeinschaftsstiftenden Effekt zu erzeugen vermag, der mit der Schule bezweckt wird und der die Einführung der staatlichen Schulpflicht zu wesentlichen Anteilen legitimiert; dieser Vorstellung kommt gerade auch dort besonderes Gewicht zu, wo sich der Einzelne durch die Unterrichtsteilnahme in Belangen beeinträchtigt sieht, die ihn in eine Minderheitenposition rücken. Eltern können demnach nur ausnahmsweise eine Befreiung ihres Kindes von

---

110 VGH München Beschl. v. 2.11.2006 – 7 CE 06.2196.
111 Vgl. BVerfGE 34, 165 (186 f.); OVG Magdeburg Beschl. v. 16.12.2003 – 2 L 239/01.
112 BVerwG Urt. v. 25.8.1993 – 6 C 8/91, BVerwGE 94, 82.
113 BVerwG Urt. v. 17.4.1973 – VII C 38.70, BVerwGE 42, 128.
114 BVerwG Urt. v. 25.8.1993 – 6 C 8/91, BVerwGE 94, 82.
115 BVerwG Urt. v. 11.9.2013 – 6 C 25/12, BVerwGE 147, 362; dazu *Neumann* jurisPR-BVerwG 4/2014, Anm. 1; Huster DÖV 2014, 860; *Haarhuis/Harfousch* DÖV 2019, 344; *Winkler* JZ 2014, 143; *Ladeur* RdJB 2014, 266; *Rademacher* RdJB 2014, 270; s. a. *Classen* ReligionsR Rn. 523 ff.
116 Wie Fn. 116; dazu nachfolgend BVerfG Beschl. v. 8.11.2016 – 1 BvR 3237/13, NVwZ 2017, 227.
117 BVerwG Urt. v. 30.11.2011 – 6 C 20/10, BVerwGE 141, 233; dazu *Rubin* Jura 2012, 718; vgl. auch BVerfG Beschl. v. 27.1.2015 – 1 BvR 1181/10, BVerfGE 138, 296 – Kopftuchverbot für Lehrkräfte.

einer Schulveranstaltung verlangen.[118] Dies wird durch Art. 15 Abs. 4 und 5 bekräftigt.

## V. Zugang zu Bildungsgängen (Abs. 3)

**1. Durchlässigkeit der Bildungsgänge (Satz 1).** Art. 7 Abs. 3. und 5 GG enthalten keine Festlegung der Schulformen. Daher ist der Landesgesetzgeber grds. bei der Wahl der Schulformen frei.[119] Ein **Bildungsgang** ist die schulische Laufbahn zu dem jeweiligen Abschluss. **Durchlässigkeit** bedeutet, dass verschiedene Schulformen so aufeinander abzustimmen sind, dass für Schülerinnen und Schüler der Wechsel auf die begabungsentsprechende Schulform möglich ist. Die Notwendigkeit von Regelungen, die eine Durchlässigkeit gewährleisten, hängt ihrerseits von dem Grad der Differenzierung der Bildungsgänge ab. Die Durchlässigkeit zur Hochschule, wie sie Art. 30 Abs. 3 BbgVerf garantiert, wird nicht genannt.[120] Der Verordnungsgeber darf Regelungen zu den Voraussetzungen der Aufnahme in eine weiterführende oder den Wechsel in eine andere Schulart, die zum Kernbestand einer Schulordnung gehören, aufgrund entsprechender gesetzlicher Grundlage treffen.[121] Die leistungsbedingte Versagung eines Bildungsganges oder eine Nichtversetzung in die nächste Klassenstufe kann allerdings bei Geltung der Schulpflicht in das allgemeine Entfaltungsrecht der Schüler (Art. 2 Abs. 1 GG) oder bei einem Ausbildungsbezug des Unterrichts in das Recht auf freie Wahl der Ausbildungsstätte (Art. 12 Abs. 1 GG) eingreifen.[122]

23

**2. Aufnahme an weiterführende Schulen (Satz 2).** Hier wird festgeschrieben, dass für die Aufnahme an weiterführende Schulen außer dem Wunsch der Eltern nur Begabung und Leistung des Schülers ausschlaggebend sind, nicht etwa die soziale Lage.[123] Die Vorschrift greift die in Art. 8 garantierte Chancengleichheit auf.[124] Art. 8 ist ein Grundrecht und Art. 15 ein Staatsziel.[125] **Weiterführende Schulen** sind solche, die je nach dem Schulsystem nach der Grundschulzeit besucht werden. Derzeit[126] sind weiterführende Schulen die Regionale Schule, das Gymnasium, die Kooperative Gesamtschule, die Integrierte Gesamtschule und die Förderschule. Der Staat soll im Rahmen der gegebenen Möglichkeiten Vorkehrungen treffen, dem Einzelnen die Chance zur beruflichen und bildungsmäßigen Entfaltung zu gewährleisten. Sind Ausbildungsstätten vorhanden, so müssen sie Schülern nach ihren Fähigkeiten und ihrer inneren Berufung zugänglich sein. Dabei muss aus finanziellen und organisatorischen Gründen nicht überall ein umfassendes Angebot an Fächerkombinationen gewährleistet sein. Art. 15 Abs. 3 Satz 2 verpflichtet den Staat nicht, so viele Ausbildungsstätten zu

24

---

118 BVerwG Urt. v. 11.9.2013 – 6 C 25/12, BVerwGE 147, 362 – Burkina; BVerwG Urt. v. 11.9.2013 – 6 C 12/12, NVwZ 2014, 237 = NJW 2014, 804 – Krabat.
119 BVerwG Urt. v. 22.3.2017 – 6 B 66/16, NVwZ 2017, 1141 mit BVerfG Beschl. v. 8.9.2017 – 1 BvR 984/17, NVwZ 2018, 156 – katholische Bekenntnisgrundschule.
120 *Neumann/Tillmanns*, Verfassungsrechtliche Probleme bei der Konstituierung der neuen Bundesländer, 1997, S. 119.
121 OVG Bautzen Beschl. v. 9.10.2013 – 2 B 435/13; vgl. § 19 Abs. 3 Satz 2 Nr. 1 SchulG MV – Zugang zu Gymnasien, § 23 Abs. 8 Nr. 2 SchulG MV – Zulassung zur Fachoberschule.
122 BVerfG Beschl. v. 19.11.2021 – 1 BvR 971/21 ua Rn. 60.
123 Kommission Verfassungsentwurf S. 107.
124 *Neumann/Tillmanns* (Fn. 172), S. 119.
125 *Classen* in Classen/Lüdemann LandesR MV § 1 Rn. 23.
126 § 12 SchulG MV idF d. Bek. v. 10.9.2010 (GVOBl. M-V 462), zul. geänd. d. G. v. 2.12.2019 (GVOBl. M-V 719, ber. 2020, 864).

errichten und so viele Ausbildungsmöglichkeiten zu schaffen, dass jedermann an jedem Ort die ihm entsprechende Ausbildung erhalten kann.[127]

25 Die Vorschrift betont die primäre **Bedeutung des Elternwillens** bei der Wahl des Bildungszuganges. Dies folgt auch aus Art. 6 Abs. 2 GG.[128] Der Staat muss die Verantwortung der Eltern für den Gesamtplan der Erziehung ihrer Kinder achten und für die Vielfalt der Anschauungen in Erziehungsfragen so weit offen sein, wie es sich mit einem geordneten staatlichen Schulsystem verträgt. Der Gesetzgeber verfügt für die dafür notwendige Abgrenzung von elterlichem Erziehungsrecht und staatlichem Erziehungsauftrag eine weitreichende Entscheidungsfreiheit.[129] Aus der Eigenschaft des Schülers als eigenständige Person folgt aber trotz des eingeschränkten Wortlauts, dass auch die Schüler in fortschreitendem Alter ein Recht zur Mitbestimmung bei der Wahl des Bildungsganges haben; dies wird auch aus Art. 14 Abs. 1 deutlich, wo sie als eigenständige Person angesprochen sind. Allerdings steht die Verfassung auch nicht einer Regelung entgegen, nach der auch die Schule darüber entscheidet, ob der Schüler zu dem Besuch einer bestimmten Schulart geeignet ist. Dies ist erforderlich, damit die Schulen einerseits sich ein Profil geben können und andererseits durch entsprechend nicht begabte Schüler gehindert werden, ihr Konzept durchzusetzen. Je mehr die Schulen indes sich solche Profile geben, desto mehr muss andererseits die Durchlässigkeit der Bildungsgänge gewährleistet sein. Insoweit stehen S. 1 und S. 2 des Abs. 3 in einem wechselseitigen Zusammenhang.[130]

### VI. Ziele der schulischen Erziehung (Abs. 4)

26 Der **staatliche Erziehungsauftrag**, der auch durch die Schulpflicht verwirklicht werden soll, richtet sich nicht nur auf die Vermittlung von Wissen und die Erziehung zu einer selbstverantwortlichen Persönlichkeit, sondern auch auf die Heranbildung verantwortlicher Staatsbürger, die gleichberechtigt und verantwortungsbewusst an den demokratischen Prozessen in einer pluralistischen Gesellschaft teilhaben. Soziale Kompetenz im Umgang auch mit Andersdenkenden, gelebte Toleranz, Durchsetzungsvermögen und Selbstbehauptung einer von der Mehrheit abweichenden Überzeugung können effektiver eingeübt werden, wenn Kontakte mit der Gesellschaft und den in ihr vertretenen unterschiedlichen Auffassungen nicht nur gelegentlich stattfinden, sondern Teil einer mit dem regelmäßigen Schulbesuch verbundenen Alltagserfahrung sind.[131] Hinzu kommt, dass die Allgemeinheit ein berechtigtes Interesse daran hat, der Entstehung von religiös oder weltanschaulich motivierten „Parallelgesellschaften" entgegenzuwirken und Minderheiten zu integrieren. Gelebte Toleranz einzuüben und zu praktizieren, ist eine wichtige Aufgabe der öffentlichen Schule.[132] Die normierte Erwartung richtet sich allein an den (leistenden) Staat und verlangt von diesem Unterstützung.[133] Dementsprechend bestimmen §§ 2–4 SchulG MV die Bildungsziele näher. Abs. 4 bleibt ohne Einfluss auf das Gewicht der in die jeweils konkrete Abwägung zwischen „Elternrecht" und „Schulaufsicht" einzustellenden Inhalten. Alle Erziehungsmaßnahmen sind dem gemeinsamen Hauptziel verpflichtet. Staat und Eltern müssen daher aufeinander Rücksicht

---

127 Vgl. VerfGH Bayern Entsch. v. 4.11.1982 – Vf. 7-VII-80, VerfGHE 35, 126.
128 *Classen* in Classen/Lüdemann LandesR MV § 1 Rn. 24.
129 BVerfG Beschl. v. 19.8.2015 – 1 BvR 2388/11, NVwZ-RR 2016, 281.
130 Vgl. *Rux* SchulR Rn. 731 ff.
131 BVerfG Urt. v. 31.5.2006 – 2 BvR 1673/04 ua, FamRZ 2006, 1094 = BayVBl 2006, 633.
132 So zu Recht BVerfG Beschl. v. 31.5.2006 – 2 BvR 1693/04, BVerfGK 8, 151.
133 Vgl. LVerfG Sachsen-Anhalt Urt. v. 15.1.2002 – LVG 9/01, LVG 12/01.

nehmen und ihre Bemühungen aufeinander abstimmen.[134] Mit diesen Zielen ist ein Bildungskonzept einer Privatschule nicht vereinbar, das auf eine weitgehende Verschmelzung elterlicher und schulischer Einflusssphären abzielt.[135]

Nach § 1 Abs. 2 Satz 1 SchulG MV wirkt die Schule darauf hin, dass Benachteiligungen von behinderten Schülerinnen und Schülern, die aus individuellen Beeinträchtigungen durch die **Behinderung** (→ Art. 17a Rn. 6) resultieren, möglichst weitgehend ausgeglichen werden. Dies konkretisiert zum einen das Grundrecht aus Art. 3 Abs. 2 GG und das Staatsziel nach Art. 17a Satz 1 für den Schulbereich. Zum anderen ist Art. 24 der UN-Behindertenkonvention zu berücksichtigen.[136] Art. 24 Abs. 1 Satz 2 der Konvention verlangt zunächst die Integration als einen grundsätzlich gemeinsamen Unterricht von Behinderten und Nichtbehinderten im Rahmen der allgemeinbildenden Schulen. Das SchulG MV regelt insoweit in § 34 den Anspruch auf sonderpädagogische Förderung, in § 35 den gemeinsamen Unterricht von Schülerinnen und Schülern mit und ohne sonderpädagogischen Förderbedarf und in § 36 die Förderschulen sowie in § 37 die nähere Ausgestaltung der sonderpädagogischen Förderung.[137] Die Überweisung eines behinderten Schülers gegen seinen Willen an eine Förderschule (§ 34 Abs. 5 Satz 2 und 3 SchulG MV) ist verfassungsrechtlich unzulässig, wenn entweder seine Erziehung und Unterrichtung an der Regelschule seinen Fähigkeiten entspräche und ohne besonderen Aufwand möglich wäre, oder die Förderschulüberweisung erfolgt, obwohl der Besuch der Regelschule durch einen vertretbaren Einsatz von sonderpädagogischer Förderung ermöglicht werden könnte.[138] Art. 24 Abs. 1 Satz 2 der Konvention verlangt aber des Weiteren die Inklusion im Sinne einer Anpassungsleistung von allen Beteiligten, also Schülern und Lehrern.[139] Das Land sieht dies insbesondere in § 34 Abs. 3 und 5 Satz 1 und § 35 SchulG MV vor.[140] Dies bedarf der Umsetzung in der Praxis.[141]

### VII. Achtung der religiösen und weltanschaulichen Überzeugungen (Abs. 5)

Abs. 5 korrespondiert mit Art. 4 Abs. 1 GG. Er entfaltet seine **freiheitssichernde Wirkung**, dem Staat eine Einmischung in die Glaubensüberzeugungen, -handlungen und -darstellungen Einzelner oder religiöser Gemeinschaften zu verwehren.[142] Abs. 5 setzt Religionen und Weltanschauungen gleich.[143] Dies trägt dem Umstand Rechnung, dass die Übergänge von Religions- zur Weltanschauungs-

---

134 BVerfG-K Beschl. v. 9.2.1989 – 1 BvR 1181/88 mwN.
135 VGH Mannheim Urt. v. 3.8.2021 – 9 S 567/19 – „Uracher Weg".
136 Von Deutschland ratifiziert am 24.2.2009 (BGBl. 2008 II 1419), der EU am 23.12.2010; zur Berücksichtigungspflicht VGH Mannheim Beschl. v. 21.11.2012 – 9 S 1833/12, VBlBW 2013, 386.
137 Zu Entscheidungen über sonderpädagogischen Förderbedarf *Weber* NWVBl 2013, 463; zur Förderung bei Legasthenie und Dyskalkulie *Cremer/Kolok* DVBl 2014, 333.
138 OVG Magdeburg Beschl. v. 25.11.2013 – 3 M 337/13, NVwZ-RR 2014, 268 unter Hinweis auf BVerfG Beschl. v. 8.10.1997 – 1 BvR 9/97, BVerfGE 96, 288 = NJW 1998, 131.
139 Näher *Classen* in Brodkorb/Koch (Hrsg.), Mit 200 Sachen am Meer – auf dem Weg in Richtung Inklusion; Dritter Inklusionskongress MV, Dokumentation, 2013, S. 23 ff., 25 f., zum gesetzlichen und lehrplanmäßigen Anpassungsbedarf S. 39 ff.; *Eichholz* FPR 2012, 228.
140 Zum gesetzlichen und lehrplanmäßigen Anpassungsbedarf *Classen* ReligionsR, S. 39 ff.; zur Frage der unmittelbaren Anwendbarkeit der Norm *Riedel* NVwZ 2010, 1346.
141 Empfehlungen der *Expertenkommission* „Inklusive Bildung in M-V bis zum Jahre 2020, auszugsweise in Brodkorb/Koch (Fn. 139), S. 47 ff.
142 BVerfG Beschl. v. 16.3.1994 – 2 BvL 3/90, BVerfGE 91, 1 (16) – Kruzifix.
143 Zum Begriff der Weltanschauung OVG Bremen Urt. v. 24.4.2012 – 2 A 271/10 – Humanismus.

gemeinschaft fließend sind und eine randscharfe Abgrenzung praktisch nicht möglich ist.[144]

29 Der Staat darf keine gezielte Beeinflussung im Dienste einer bestimmten politischen, ideologischen oder weltanschaulichen Richtung betreiben oder den religiösen Frieden in einer Gesellschaft von sich aus gefährden. Die Schule darf den Eltern nicht verwehren, den Kindern bestimmte eigene Überzeugungen in religiösen und weltanschaulichen Fragen zu vermitteln. Sie können aber nicht beanspruchen, dass ihre Kinder vollständig von fremden Glaubensbekundungen oder Ansichten verschont bleiben.[145] In staatlichen Schulen müssen die Kinder unbeschadet der religiösen Ausrichtung ihres Elternhauses in die Schulgemeinschaft integriert werden und dürfen weder rechtlich noch praktisch dem Zwang ausgesetzt werden, von ihnen abgelehnte Erziehungsziele als verbindlich anzuerkennen.[146] IÜ ist es in einer pluralistischen Gesellschaft unmöglich, bei der Gestaltung der öffentlichen Pflichtschule allen Erziehungsvorstellungen voll Rechnung zu tragen. Das unvermeidliche Spannungsverhältnis zwischen negativer und positiver Religionsfreiheit unter Berücksichtigung des Toleranzgebotes zu lösen, obliegt dem Landesgesetzgeber, der einen für alle zumutbaren Kompromiss zu suchen hat.[147] Durch das **Toleranzgebot** wird die Rücksichtnahme auf andere religiöse und weltanschauliche Auffassungen gewährleistet und einer Isolierung andersdenkender Minderheiten vorgebeugt.[148] Dem trägt auch Art. 140 GG in Verbindung mit Art. 136 Abs. 4 WRV dadurch Rechnung, dass er ausdrücklich verbietet, jemanden zur Teilnahme an religiösen Übungen zu zwingen.[149]

30 In den **profanen Fächern** darf auf das Christentum in erster Linie im Hinblick auf die Anerkennung des prägenden Kulturfaktors und Bildungsfaktors, wie er sich in der abendländischen Geschichte herausgebildet hat, einschließlich insbesondere des Gedankens der Toleranz für Andersdenkende Bezug genommen werden, nicht aber auf die Glaubenswahrheit.[150] Das gilt auch für den Umstand, dass die Schule eine zunehmende religiöse Vielfalt aufzunehmen hat und sie als Mittel für die Einübung von gegenseitiger Toleranz nutzen kann, andererseits dies auch mit einem größeren Potenzial möglicher Konflikte in der Schule verbunden ist.[151] Der Landesgesetzgeber darf daher mit Rücksicht auf die tatsächlichen Gegebenheiten und die religiöse Orientierung der Bevölkerung die Einführung eines gemeinsamen Ethikunterrichts für alle Schüler ohne Abmeldemöglichkeit vorsehen.[152] Geht es allein um die Zurverfügungstellung von Räumen, müssen Religionen und Weltanschauungen gleich behandelt werden.[153]

---

144 Vgl. VerfGH Brandenburg Urt. v. 15.12.2005 – 287/03, NVwZ 2006, 1052; *Kästner* AöR 123 (1998), 408, 409 ff.; *Obermayer* DVBl 1981, 615 (618) mwN.
145 BVerfG Beschl. v. 31.5.2006 – 2 BvR 1693/04, BVerfGK 8, 151 – Vermittlung von Kenntnissen über geschlechtlich übertragbare Krankheiten und über Methoden der Empfängnisverhütung.
146 Vgl. BVerfG Beschl. v. 16.10.1979 – 1 BvR 647/70 ua, BVerfGE 52, 223 (237).
147 BVerfG Beschl. v. 16.5.1995 – 1 BvR 1087/91, BVerfGE 93, 1 – Kruzifix.
148 BVerfG Beschl. v. 17.12.1975 – 1 BvR 63/68, BVerfGE 41, 29 – Simultanschule Baden-Württemberg.
149 BVerfG Beschl. v. 16.5.1995 – 1 BvR 1087/91, BVerfGE 93, 1 (16) – Kruzifix.
150 So BVerfG Beschl. v. 16.10.1979 – 1 BvR 647/70, BVerfGE 52, 223 – Schulgebet.
151 BVerfGE 108, 282 = NJW 2003, 3111 – Kopftuch.
152 BVerfG Beschl. v. 15.3.2007 – 1 BvR 2780/06; OVG Berlin-Brandenburg Beschl. v. 23.11.2006 – OVG 8 S 78.06; s. a. BVerfG Beschl. v. 27.1.2015 – 1 BvR 471/10 ua, BVerfGE 138, 296 – Kopftuchverbot für Lehrkräfte; *v. Ooyen*, Das Bundesverfassungsgericht und der „Kopftuch-Streit", 2. Aufl. 2018.
153 VerfGH Brandenburg Urt. v. 15.12.2005 – 287/03, NVwZ 2006, 1052.

Durch eine Schule, in der nach diesen Grundsätzen unterrichtet und erzogen 31
wird, werden Eltern nicht in einen unzumutbaren Glaubens- und Gewissenskonflikt gebracht.[154] Befreiungen aus religiösen Gründen kommen nur begrenzt in Betracht (→ Rn. 32). Aus Missständen können Eltern keinen Anspruch auf **Befreiung von der Schulpflicht** herleiten.[155]

Die Gewährleistung des **Religionsunterrichts** folgt aus Art. 5 Abs. 3 iVm Art. 7 32
Abs. 2 und 3 GG. Danach haben die Erziehungsberechtigten das Recht, über die Teilnahme des Kindes am Religionsunterricht zu bestimmen. Der Religionsunterricht ist in den öffentlichen Schulen mit Ausnahme der bekenntnisfreien Schulen ordentliches Lehrfach.[156] Abgesichert ist dies durch Art. 6 des Güstrower Vertrags hinsichtlich der evangelischen Kirche und Art. 4 des Vertrags zwischen dem Heiligen Stuhl und dem Land Mecklenburg-Vorpommern vom 15.9.1997. Art. 8 des Vertrags zwischen dem Land Mecklenburg-Vorpommern mit dem Landesverband der Jüdischen Gemeinden in Mecklenburg-Vorpommern vom 14.6.1996 regelt das Recht, im Rahmen des Art. 7 GG Bildungseinrichtungen zu betreiben (zu den Kirchenverträgen → Art. 9 Rn. 17).

## VIII. Gesetzesvorbehalt (Abs. 6)

Der Gesetzgeber ist aufgerufen, die Vorgaben des Art. 15 umzusetzen. Wegen 33
der Grundrechtsbezogenheit staatlicher Regelungen im Schulbereich[157] gilt der **Vorbehalt des Gesetzes**. Dieser verlangt, dass staatliches Handeln in bestimmten grundlegenden Bereichen durch förmliches Gesetz legitimiert wird. Der Gesetzgeber ist verpflichtet, alle wesentlichen Entscheidungen selbst zu treffen, nicht aber jede Einzelheit des pädagogischen Konzepts.[158] Die Tatsache, dass eine Frage politisch umstritten ist, macht sie nicht zur wesentlichen.[159] Die grundlegenden Strukturfragen, die sich im Spannungsfeld der staatlichen Aufsicht, des Elternrechts, den Rechten des Kindes und den Rechten des Lehrers bewegen, muss der Gesetzgeber regeln.[160] Speziell in Bezug auf Art. 6 Abs. 2 S. 1 GG ist von Bedeutung, ob die Grenzen im Spannungsfeld zwischen dem in Art. 7 Abs. 1 GG vorausgesetzten Bildungs- und Erziehungsauftrag des Staates und dem elterlichen Erziehungsrecht in substanzieller Hinsicht zulasten des Elternrechts verschoben werden.[161] Der Gesetzgebungsauftrag wird durch das Schulgesetz für das Land M-V – SchulG MV – und die untergesetzlichen Normen erfüllt. Deren Regelungen sind ihrerseits an Art. 15 zu messen. Die Auslegung und die Ausübung von Ermessen durch die Schulverwaltung haben ebenfalls die Vorgaben von Art. 15 zu beachten. Das Land kann Verwaltungsvorschriften erlassen, die die Ausführung der Gesetze und Rechtsverordnungen näher ausgestalten.[162]

---

154 Vgl. BVerfG Beschl. v. 17.12.1975 – 1 BvR 63/68, BVerfGE 41, 29 (65).
155 OVG Magdeburg Beschl. v. 16.12.2003 – 2 L 239/01.
156 Dazu iE *Classen* ReligionsR § 13; *v. Campenhausen/de Wall* StaatskirchenR § 26; *Loschelder* in Merten/Papier Grundrechte-HdB IV § 100 Rn. 39 ff.
157 Ein sog. Besonderes Gewaltverhältnis besteht nicht; vgl. zum Begriff *Rux* SchulR Rn. 21 ff.; *Thiel* (Fn. 24), S. 174 ff.
158 LVerfG Sachsen-Anhalt Urt. v. 15.1.2002 – LVG 9/01, LVG 12/01.
159 Bsp. bei *Rux* SchulR Rn. 56.
160 BVerfG Beschl. v. 16.5.1995 – 1 BvR 1087/91, BVerfGE 93, 1; näher zum Wesentlichkeitsbegriff *Loschelder* in Merten/Papier Grundrechte-HdB IV § 110 Rn. 12 ff.
161 BVerfG Urt. v. 14.7.1998 – 1 BvR 1640/97, BVerfGE 98, 218 – Rechtschreibreform.
162 *Loschelder* in Merten/Papier Grundrechte-HdB IV § 110 Rn. 19.

## IX. Schrifttum

34 *Hermann Avenarius/Felix Hanschmann*, Schulrecht, 9. Aufl. 2018; *Michael Axnick/Jörn-Martin Lenuck* (Hrsg.), Schulrecht in Mecklenburg-Vorpommern, Loseblattkomm.; *Matthias Brodkorb/Katja Koch* (Hrsg.), Mit 200 Sachen am Meer – auf dem Weg in Richtung Inklusion. Dritter Inklusionskongress MV, Dokumentation, 2013; *Claus Dieter Classen*, Religionsrecht, 3. Aufl. 2021; *Wolfram Cremer*, Das Schulverhältnis zwischen exekutiver Verantwortung, gesetzlicher Determinierung und gerichtlicher Kontrolle, Verw 2012, 359; *Jörg Ennuschat*, Organisation der öffentlichen Schule, Verw 2012, 331; *Hans Heinig*, Religionsfreiheit auf dem Prüfstand: Wie viel Religion verträgt die Schule?, KuR 2013, 8; *Frank-Rüdiger Jach*, Die Existenzsicherung der Institution Ersatzschulwesen in Zeiten knapper Haushaltsmittel – Umfang und Grenzen der Finanzhilfepflicht des Staates vor dem Hintergrund der Rechtsprechung des Bundesverfassungsgerichts, FS zum 65. Geburtstag von J. P. Vogel, 1998, 75; *Esther Dominique Klein/Nina Bremm* (Hrsg.), Unterstützung – Kooperation – Kontrolle, Zum Verhältnis von Schulaufsicht und Schulleitung in der Schulentwicklung, 2020; *Jonas Köster*, Schulform- und Schulstrukturgarantien in den deutschen Landesverfassungen, 2019; *Wolfgang Loschelder*, Schulische Grundrechte und Privatschulfreiheit in: Merten/Papier (Hrsg.), Handbuch der Grundrechte, Band IV 2012, § 110; *Carola Rathke*, Öffentliches Schulwesen und religiöse Vielfalt, 2005; *Ludwig Renck*, Achristliches Schulrecht in Brandenburg?, LKV 2005, 297; *Klaus Rennert*, Entwicklungen in der Rechtsprechung zum Schulrecht, DVBl 2001, 504; *Gerhard Robbers*, Religion in der öffentlichen Schule, RdJB 2003, 11; *Johannes Rux*, Schulrecht, 6. Aufl. 2018; *Michael Sachs*, Wiederbelebung des besonderen Gewaltverhältnisses?, NWVBl 2004, 209; *Markus Thiel*, Der Erziehungsauftrag des Staates in der Schule, 2000; *Klaus Vogel*, Zur Genehmigung von Ersatzschulen, DÖV 2008, 895.

## Art. 16 (Förderung von Kultur und Wissenschaft)

(1) ¹Land, Gemeinden und Kreise schützen und fördern Kultur, Sport, Kunst und Wissenschaft. ²Dabei werden die besonderen Belange der beiden Landesteile Mecklenburg und Vorpommern berücksichtigt.

(2) Das Land schützt und fördert die Pflege der niederdeutschen Sprache.

(3) ¹Hochschulen und andere wissenschaftliche Einrichtungen sollen in ausreichendem Maße eingerichtet, unterhalten und gefördert werden. ²Freie Träger sind zugelassen.

(4) Land, Gemeinden und Kreise fördern Einrichtungen der Jugend- und Erwachsenenbildung.

Vergleichbare Regelungen:

*Zu Abs. 1*: Artt. 140 BayVerf; 20 Abs. 2, 32 VvB; 34, 35 BbgVerf; 11 Abs. 2 und 3, 36a BremVerf; 26e, 26g, 62 HessVerf; 5 Abs. 1, 6 NdsVerf; 18 Verf NW; 40 Verf Rh-Pf; 34, 34a SaarlVerf; 11 SächsVerf; 36 LVerf LSA; 9 Abs. 1 und 3 SchlHVerf; 30 ThürVerf.

*Zu Abs. 2*: Artt. 25 Abs. 3 BbgVerf (Sprache der Sorben); 6 Abs. 1 Satz 2 SächsVerf (Sprache der Sorben); 1313 Abs. 2 SchlHVerf (niederdeutsche Sprache).

*Zu Abs. 3*: Artt. 32 Abs. 2 BbgVerf; 5 Abs. 2 NdsVerf; 33 Abs. 1 SaarlVerf; 107 Abs. 4 SächsVerf, 31 Abs. 1 LVerf LSA; 28 Abs. 2 ThürVerf.

*Zu Abs. 4*: Artt. 133 Abs. 1, 139 BayVerf; 22 BWVerf; 33 Abs. 1 BbgVerf; 35 BremVerf; 17 Verf NW; 37 Verf Rh-Pf; 108 SächsVerf; 29 ThürVerf.

| I. Allgemeines ....................... | 1 | IV. Hochschulen und andere wissenschaftliche Einrichtungen (Abs. 3) | 10 |
| II. Umfang der Schutz- und Förderverpflichtung des Abs. 1 ........... | 6 | V. Jugend- und Erwachsenenbildung (Abs. 4) ........................... | 13 |
| III. Niederdeutsche Sprache (Abs. 2) .. | 8 | | |

## I. Allgemeines

Auch wenn der Verfassungsgeber Anregungen in der Verfassungskommission – abweichend etwa von Sachsen und Brandenburg – nicht gefolgt ist und die **Kulturstaatlichkeit nicht ausdrücklich** zum **Staatsstrukturprinzip** (Art. 2) erhoben hat, war ihm doch bewusst, dass die in Art. 16 genannten Politikbereiche das Erscheinungsbild des Landes wesentlich prägen.[1] Auch vor dem Hintergrund der Normierungen in Art. 35 Abs. 1 bis 3 des Einigungsvertrags, denen sich ein objektiv-rechtlicher Kulturförderungsauftrag entnehmen lässt, und der Gesamtschau von bundesrechtlichen Verfassungsbestimmungen, die ein auch für das Land verbindliches Staatsstrukturprinzip in diesem Sinne erkennen lassen, wächst damit der Kulturpflichtigkeit mindestens die Rolle eines in der Verfassung unmittelbar angelegten Optimierungsgebots zu, das Kulturförderung als Staatsaufgabe von verfassungsrechtlichem Gewicht umfasst.[2] Für die Bereiche Kunst und Wissenschaft tritt die Förderverpflichtung neben das durch Art. 7 gewährte Abwehrrecht gegenüber staatlichen Eingriffen. 1

Die Bedeutung des Politikbereichs „Kulturhoheit der Länder" wird nachdrücklich unterstrichen durch die einschlägigen Kompetenzvorschriften des GG – auch in der Neufassung nach der Föderalismusreform[3] –, wo sich nur eng begrenzte Zuständigkeiten der Bundesebene[4] finden; Probleme kann dies bei der Umsetzung völkerrechtlicher Vereinbarungen bereiten, vor allem dann, wenn es an einem förmlichen Vertragsgesetz fehlt.[5] 2

Art. 16 Abs. 1 und 4 richten sich auch an **Träger der Staatsgewalt auf kommunaler Ebene**. Die Verpflichtung aus Abs. 2 dagegen trifft ausdrücklich und die aus Abs. 3 wohl der Sache nach[6] – insbes. was Finanzierungsverpflichtungen angeht -nur die Landesebene. Mit der Förderverpflichtung weitet der Verfassungsgeber das Aufgabenspektrum deutlich aus und begnügt sich nicht mit der Schutzfunktion im Sinne einer Abwehr von Beeinträchtigungen durch Dritte.[7] 3

Bei den Art. 16 enthaltenen Regelungen handelt es sich um Staatszielbestimmungen.[8] Die Begriffe Kultur, Sport, Kunst und Wissenschaft werden durch die Verfassung nicht definiert.[9] Sport und Kunst sollten offen interpretiert werden.[10] Das gewerbliche Anbieten von Sport- und Fitnessmöglichkeiten unterfällt nicht 4

---

1 Kommission, Verfassungsentwurf, S. 84, 108.
2 Vgl. auch *Wiegand* LKV 1995, 55 (58), der von einem „Rechtsprinzip optimaler Kulturförderung" spricht, welches selbstständige normative Kraft entfalte.
3 Gesetz zur Änderung des Grundgesetzes v. 28.8.2006, BGBl. I 2006, S. 2034; Föderalismusreform-Begleitgesetz v. 5.9.2006, BGBl. I 2006, S. 2098.
4 So ist der Schutz deutschen Kulturgutes gegen Abwanderung ins Ausland Gegenstand der ausschließlichen Bundesgesetzgebung, Art. 73 Abs. 1 Nr. 5a GG.
5 Siehe Übereinkommen zum Schutz des Kultur- und Naturerbes der Welt (Welterbekonvention – WEK) v. 23.11.1972, BGBl. I 1977, S. 215; für M-V zB konkret von Bedeutung für den Schutzumfang der Welterbestädte Wismar und Stralsund; vgl. zur Problematik *Fastenrath* DÖV 2006, 1017 ff.
6 Im Zusammenspiel mit den Regelungen des Landeshochschulgesetzes.
7 *Thiele*, in Thiele/Pirsch/Wedemeyer, Art. 16 Rn. 3.
8 Vgl. *Krappel*, in Haug, Art. 22 Rn. 18; *Wagner*, Brocker/Droege/Jutzi, Art. 40 Rn. 1.
9 Für Kunst und Wissenschaft wird auf die Ausführungen zu Art. 7 verwiesen.
10 *Haltern/Manthey*, in HannKomm NV, Art. 6 Rn. 22.

dem Anwendungsbereich.[11] Aus den jeweils auferlegten Schutz- und Förderverpflichtungen als solchen folgen **keine subjektiven Rechte** etwa auf Fördermittel.[12] Welchem Ziel bei begrenzten finanziellen Mitteln der Vorrang eingeräumt wird, unterliegt einem nicht gerichtlich überprüfbarem politischen Ermessen.[13] Der einschlägige Etatansatz der jeweiligen Normadressaten darf aber aufgrund der Staatszielbestimmung nicht bei „Null" liegen.[14] Soweit sich nicht aus konkreten Rechtsvorschriften, die die Verpflichtungen des Art. 16 umsetzen, Ansprüche ergeben, verbleibt es bei den Grundsätzen des Allgemeinen Verwaltungsrechts, die für die Ermessensausübung und Selbstbindung gelten; hier kann aber Art. 16 durchaus Wirkung im Sinne einer **Verpflichtung zur „kulturfreundlichen Auslegung"** entfalten.[15] Praktische Bedeutung könnte dies zB bei Abwägungsentscheidungen im Raumordnungs- oder Bauplanungsrecht gewinnen, wenn etwa die Nichtausweisung von Eignungsgebieten für Windenergie mit der drohenden Beeinträchtigung einer geschützten Stadtsilhouette oder eines kulturhistorisch prägenden Landschaftsbildes begründet wird.[16]

5 Für das **finanzielle Verhältnis zwischen kommunaler Ebene und Land** (zB Finanzausgleich) jedoch hat die in Art. 16 normierte Förderverpflichtung durchaus **gewichtige Bedeutung**, denn sie entscheidet mit, ob dem aus Art. 73 hergeleiteten Anspruch auf angemessene Finanzausstattung genügt wird; die Kommunen müssen nach der Rspr. des LVerfG finanziell in der Lage sein, jedenfalls auch ein Mindestmaß an freiwilligen Selbstverwaltungsaufgaben – und hierzu rechnen in weitem Umfang kulturelle Aktivitäten – zu erledigen.[17]

## II. Umfang der Schutz- und Förderverpflichtung des Abs. 1

6 Abs. 1 nennt als Schutzgüter Begriffe, die vielfältig auszufüllen sind und in ganz unterschiedlicher Weise ihre konkrete gesetzliche Ausgestaltung gefunden haben;[18] daher dürfte die Frage nach einer trennscharfen Abgrenzung bzw. danach, ob „Kultur" als Oberbegriff auch für die nachfolgenden Begriffe verstanden werden kann,[19] rechtlich keine Bedeutung entfalten.

7 Dass sich das Land seiner Verpflichtung aus Satz 2 bewusst ist, zeigen nicht nur die konkreten Standortzuweisungen der Landeseinrichtungen,[20] sondern beispielhaft etwa die Unterstützung des Instituts für Volkskunde in M-V (Wossidlo-Archiv) und des Forschungsvorhabens „Pommersches Wörterbuch", einer der Universität Greifswald zugeordneten Einrichtung. Satz 2 ist zudem im Zusammenhang mit Art. 75 zu lesen, mag auch dieser in der Umsetzung bisher noch keine praktische Bedeutung gewonnen haben (→ Art. 75 Rn. 9 ff.). Dass

---

11 *Haltern/Manthey*, in HannKomm NV, Art. 6 Rn. 22.
12 *März* JöR N.F. 54 (2006), 175, 216; *Thiele* (Fn. 7), Art. 16 Rn. 4; *Wiegand* LKV 1995, 55 (60).
13 *Driehaus*, in Driehaus, Art. 20 Rn. 5.
14 *Classen*, in Merten/Papier, Handbuch der Grundrechte VIII, § 252 Rn. 36.
15 *Wiegand* LKV 1995, 55 (60); *Heßelmann*, in Linck/Baldus/Lindner/Poppenhäger/Ruffert, Art. 30 Rn. 11.
16 Verwiesen sei auf den Konflikt um den Bau der Waldschlösschenbrücke in Dresden; der juristische Streit wurde vorrangig – und für die Kläger erfolglos – in Fragen des europäischen Natur- und Vogelschutzrechts geführt (SächsOVG Urt. v. 15.12.2011 – 5 A 195/09 –, juris), im Ergebnis führte die Verwirklichung des Projekts dann zur Aberkennung des Welterbestatus.
17 LVerfGE 14, 293 ff.; LVerfGE 17, 289, 297 ff.
18 Nur beispielhaft seien genannt: Denkmalschutz, Sportförderung, Archivrecht, Rundfunkrecht.
19 So *Thiele* (Fn. 7), Art. 16 Rn. 3.
20 Aspekt betont von Kommission, Verfassungsentwurf, S. 108.

allgemein ein Bewusstsein für die – historisch begründeten – Besonderheiten der beiden Landesteile Mecklenburg und Vorpommern auch in der Bevölkerung vorhanden ist, verdeutlichen die öffentlichen Diskussionen über Veränderungen von Organisationsstrukturen staatlicher und nichtstaatlicher Stellen, insbesondere wenn diese zur Auflösung von Einrichtungen oder zur Schließung von Standorten führen sollen.

## III. Niederdeutsche Sprache (Abs. 2)

Die Verankerung in einem eigenen Abs. – wortgleich mit der schleswig-holsteinischen Verfassung – soll der **herausgehobenen Bedeutung** des Schutzes und der Pflege **der niederdeutschen Sprache** Rechnung tragen,[21] weil die Verwendung des Niederdeutschen keine ethnische oder nationale Minderheit oder Volksgruppe kennzeichnet, deren Eigenständigkeit über Art. 18 geschützt ist. Da die Bundesrepublik Deutschland das Niederdeutsche im Unterschied zum Sorbischen im internationalen Bezug[22] lediglich als Regional-, nicht aber als Minderheitensprache anerkannt hat, ist es konsequent, ihm die Anerkennung als offizielle Gerichtssprache zu versagen.[23]

Das Niederdeutsche scheint im Bewusstsein der Bevölkerung in den letzten Jahren wieder an Bedeutung gewonnen zu haben, wie zahlreiche Initiativen zur Pflege dieser Sprache nicht zuletzt auch im schulischen Bereich belegen. So bestimmt § 2 Abs. 3 SchulG M-V, dass die Verbundenheit der Schülerinnen und Schüler mit ihrer natürlichen, gesellschaftlichen und kulturellen Umwelt sowie die Pflege der niederdeutschen Sprache zu fördern sind. Seit 2017 ist Niederdeutsch als mündliches und schriftliches Prüfungsfach im Abitur offiziell anerkannt (vgl. § 25 Abs. 5 S. 2 APVO M-V).

## IV. Hochschulen und andere wissenschaftliche Einrichtungen (Abs. 3)

Damit die in Art. 7 enthaltenen Gewährleistungen der Kunst- und Wissenschaftsfreiheit und die Selbstverwaltungsgarantie für Hochschuleinrichtungen und andere wissenschaftliche Einrichtungen mit Leben erfüllt werden können und die Förderverpflichtung aus Art. 16 Abs. 1 nicht leer läuft, bedarf es der existentiellen Absicherung der Einrichtungen; das Land erlegt sich insoweit mit dem Hinweis auf das „ausreichende Maß" eine **Selbstverpflichtung** auf, die insbes. in den §§ 15 f. LHG (Planung, Finanzierung) ihre praktische Umsetzung findet. Die Regelung ist aber zugleich auch eine Umsetzung der aus Art. 5 Abs. 3 GG hergeleiteten Wertentscheidung, dass der Staat zur Pflege der freien Wissenschaft und ihrer Vermittlung an die nachfolgende Generation personelle, finanzielle und organisatorische Mittel bereitstellen muss.[24]

Trotz der im Verhältnis zu anderen Landesverfassungen zurückhaltenderen Formulierung („sollen") dürfte die **Einrichtungs-, Unterhaltungs- und Förderverpflichtung** zugleich die Sorge für eine wenigstens sachnotwendige Mindestausstattung beinhalten.[25] Unterhalten bedeutet, dass das Land mit seinen finanziellen Mitteln funktionsfähige Hochschulen und andere wissenschaftliche Eirichtungen zur Verfügung stellt.[26] Fördern iSd Norm meint, dass das Land die

---

21 Kommission, Verfassungsentwurf, S. 108.
22 Europäische Charta der Regional- und Minderheitensprache des Europarates v. 5.11.1992, BGBl. II 1998, S. 1314 ff.
23 Siehe § 184 Satz 2 GVG, eingefügt durch G v. 19.4.2006, BGBl. I 2006, S. 866.
24 BVerfG Beschl. v. 3.3.1993 – 1 BvR 557/88 –, BVerfGE 88, 129–144, Rn. 43.
25 *Reich*, Art. 31 Rn. 1.
26 *Mühlenmeier*, in HannKomm NV, Art. 5 Rn. 28.

Einrichtung durch finanzielle Mittel, gesetzliche und untergesetzliche Rahmenbedingungen oder sonstige fördernde Maßnahmen in ihrer wissenschaftlichen Tätigkeit unterstützt.[27] Dabei ist zu beobachten, dass die neuen Wege, die bei der Finanzierung der Hochschulen eingeschlagen werden (wie zentrale Zielvereinbarungen, budgetierte Globalhaushalte)[28], Verteilungskämpfe um öffentliche Mittel zunehmend in die Entscheidungsgremien der Hochschulen selbst verlagern (§ 16 Abs. 3 LHG).

11 Die Verfassung begründet **weder Ansprüche auf Schaffung** neuer Einrichtungen **noch absolute Bestandsgarantie** für einzelne Hochschulen und Institute[29]; andererseits muss bei der Festlegung dessen, was als „ausreichendes Maß" anzusehen ist, eine Vielzahl von Aspekten einfließen, was es bei einer Gesamtschau und unter Berücksichtigung des Verfassungsauftrags trotz der schwierigen finanziellen Lage des Landes im Ergebnis derzeit eher **problematisch** erscheinen lassen dürfte, einer **existierenden Hochschule** (§ 1 Abs. 1 LHG) die **Existenzgrundlage gänzlich zu entziehen** (§ 1 Abs. 4 LHG, Aufhebung). Aus dem Wortlaut von Art. 16 Abs. 3 und der Verwendung des Begriffs Hochschulen im Plural könnte zudem gefolgert werden, dass es mindestens zweier Hochschulen bedarf. Bedeutung entfalten hier – neben der regionalen Verteilung (siehe auch Abs. 1 Satz 2) – die Sicherung der Bandbreite des Ausbildungs- und Lehrangebots, die in der unterschiedlichen Schwerpunktsetzung der Hochschulen ihren Ausdruck findet, der quantitative Bedarf (und zwar nicht nur begrenzt auf „Landeskinder", sondern auch in seiner Einbindung in die föderale Gesamtstruktur der Bundesrepublik) und soziale Aspekte wie die Erreichbarkeit von Ausbildungsplätzen.

12 Zugleich sichert die Verfassung die Rechte **freier Träger**; zu denken wäre insoweit in erster Linie an private Hochschulen, für die das Landeshochschulgesetz ein **Anerkennungsverfahren** zur Verfügung stellt (§ 70 HRG, §§ 108 ff. LHG). Die gewählte Formulierung lässt aber auch die Trägerschaft von Bund, Städten oder Kirchen durchaus zu,[30] denn gemeint sein dürften als nicht-staatliche sämtliche außerhalb der Landesträgerschaft stehenden Hochschulen.[31]

### V. Jugend- und Erwachsenenbildung (Abs. 4)

13 Der hier verwendete Bildungsbegriff umfasst – ohne inhaltliche Eingrenzung – sowohl die **Allgemein- als auch die Weiterbildung** mit dem Ziel, durch die Vermittlung von Kenntnissen, Fähigkeiten und Fertigkeiten allen Bürgern eine selbstbestimmte, verantwortliche Lebensgestaltung im persönlichen, öffentlichen und beruflichen Bereich zu ermöglichen.[32]

14 Einrichtungen der Jugend- und Erwachsenenbildung sind bspw. **Volks- und Heimvolkshochschulen, Musikschulen, Akademien** uÄ; nach der ausdrücklichen Willensbekundung der Kommission ist klargestellt, dass auch das **Büchereiwesen** unter diesen Begriff zu fassen ist.[33]

---

27 *Mühlenmeier*, aaO, Art. 5 Rn. 30.
28 Siehe § 15 LHG; hierzu auch LT-Drs. 5/3453 (Eckwerte der Hochschschulentwicklung), insb. S. 28 ff., 43 ff.
29 *Thiele* (Fn. 7), Art. 16 Rn. 7; *Mühlenmeier*, in HannKomm NV, Art. 5 Rn. 22.
30 *Ernst*, in Lieber/Iwers/Ernst, Art. 32 Anm. 3; zu Sachsen-Anhalt („andere Träger") vgl. *Reich*, Art. 31 Rn. 2.
31 *Reich*, Hochschulrahmengesetz, 9. Aufl. 2005, § 70 Rn. 1.
32 *Thiele* (Fn. 7), Art. 16 Rn. 9.
33 Kommission, Verfassungsentwurf, S. 108.

Der Umsetzung der Verpflichtung aus Art. 16 Abs. 4 dient ua das **Weiterbildungsförderungsgesetz**, mit dem sich das Land nicht zuletzt ebenfalls eine finanzielle Selbstverpflichtung auferlegt (§§ 7 ff.); auch das Bildungsfreistellungsgesetz[34] mit seinen Ansprüchen gegenüber Arbeitgebern bzw. Dienstherren auf Freistellung (§§ 2 ff.) unter Fortzahlung des Arbeitsentgelts (§ 7), dem Anerkennungsverfahren (§§ 9 ff.) und dem Erstattungsanspruch gegen das Land (§ 16) steht zumindest mittelbar in diesem Zusammenhang.   15

### Art. 17 (Arbeit, Wirtschaft und Soziales)

(1) [1]Das Land trägt zur Erhaltung und Schaffung von Arbeitsplätzen bei. [2]Es sichert im Rahmen des gesamtwirtschaftlichen Gleichgewichts einen hohen Beschäftigungsstand.

(2) [1]Land, Gemeinden und Kreise wirken im Rahmen ihrer Zuständigkeit darauf hin, daß jedem angemessener Wohnraum zu sozial tragbaren Bedingungen zur Verfügung steht. [2]Sie unterstützen insbesondere den Wohnungsbau und die Erhaltung vorhandenen Wohnraums. [3]Sie sichern jedem im Notfall ein Obdach.

Vergleichbare Regelungen:

*Zu Abs. 1*: Art. 166 BayVerf; 18 VvB; 48 BbgVerf; 49 Abs. 2 BremVerf; 28 Abs. 2 und 3 HessVerf; 24 Abs. 1 Verf NW; 36 Verf Rh-Pf; 45 SaarlVerf; 39 LVerf LSA; 36 ThürVerf.

*Zu Abs. 2*: Art. 106 BayVerf; 28 VvB; 46 BbgVerf; 14 Abs. 1 BremVerf; 63 Verf Rh-Pf; 7 SächsVerf; 16 ThürVerf.

| | |
|---|---|
| I. Vorbemerkung ................... 1 | III. Wohnraum (Abs. 2) ............... 8 |
| II. Arbeitsmarktpolitische Staatsziele (Abs. 1) ........................... 2 | 1. Angemessener Wohnraum (S. 1 und 2) ................. 8 |
| 1. Bedeutung ................... 2 | 2. Obdach im Notfall (S. 3) ...... 10 |
| 2. Arbeitsplätze (S. 1) ............ 5 | IV. Schrifttum ........................ 11 |
| 3. Hoher Beschäftigungsstandard (S. 2) ........................ 6 | |

### I. Vorbemerkung

Durch das Zweite Gesetz zur Änderung der Verfassung des Landes M-V vom 14.7.2006[1] wurde der ursprüngliche Abs. 2 gestrichen und als Art. 17a neu formuliert; der bisherige Abs. 3 wurde Abs. 2.   1

### II. Arbeitsmarktpolitische Staatsziele (Abs. 1)

**1. Bedeutung.** Abs. 1 enthält **arbeitsmarktpolitische Staatsziele**. Die Gewährleistung des Art. 5 Abs. 3 iVm Art. 12 GG der Berufsfreiheit wird objektivrechtlich ergänzt durch das Staatsziel des Art. 17 Abs. 1. Im Zentrum der grundrechtlichen Gewährleistung steht die Sicherung der freien Entfaltung der Persönlichkeit des Einzelnen.[2] Darüber hinaus dient der Beruf der Schaffung und Sicherung des Lebensunterhalts des Berufstätigen und ggf. seiner Familienangehörigen.[3] Die private Existenzsicherung hat Vorrang vor der sozialstaat-   2

---

34 G zur Freistellung für Weiterbildungen für das Land Mecklenburg-Vorpommern (Bildungsfreistellungsgesetz – BfG M-V) v. 13.12.2013, GVOBl. 2013, 691).
1 GVOBl. S. 572.
2 Vgl. BVerfG Urt. v. 11.6.1958 – 1 BvR 596/56, BVerfGE 7, 377 (397 ff.).
3 BVerfG Beschl. v. 19.7.2000 – 1 BvR 539/96, BVerfGE 102, 197 (212).

lich-solidarischen Absicherung und wird deshalb durch den **Förderauftrag** des Art. 17 Abs. 1 ergänzt.[4]

3 Die Vorschrift steht im Zusammenhang mit der Präambel, wonach die Verfassung von dem Willen getragen wird, den wirtschaftlichen Fortschritt aller zu fördern, und dem Sozialstaatsprinzip (→ **Schütz/Kronisch Präambel** Rn. 3).[5] Mit dem Begriff „trägt zur Erhaltung und Schaffung von Arbeitsplätzen **bei**" wird deutlich, dass es nicht um die Einflussnahme auf die Wirtschaft im Sinne einer Planwirtschaft geht. Der Staat soll dafür sorgen, dass das Land einen wirtschaftlichen Fortschritt nimmt, von dem alle Bürger profitieren.

4 Abs. 1 ist der systematischen Stellung nach ein **Staatsziel**. Abs. 1 will keinen einklagbaren Individualanspruch begründen und gewährt mithin auch **kein subjektives Recht**.[6] Die Verfassung hat ausdrücklich kein soziales Grundrecht konstituiert in der Erwägung, ein formuliertes Recht auf Arbeit sei zwar plakativ, doch unzweckmäßig, da es sich nicht verwirklichen lasse und damit Enttäuschungen auslösen könne.[7] Abs. 1 hat auch keine teilhaberechtliche Komponente.[8] Die Norm richtet sich allein an das Land und verlangt daher nicht entsprechende Aktivitäten der Kommunen (anders als Abs. 2). Dieses Staatsziel entfaltet wie das Sozialstaatsprinzip seine Wirkung namentlich bei der Anwendung und Auslegung subjektiver öffentlicher Rechte.[9] Zudem ergeben sich die zentralen verfassungsrechtlichen Anforderungen an die Ausgestaltung staatlicher Grundsicherungsleistungen aus der Gewährleistung eines menschenwürdigen Existenzminimums (Art. 1 Abs. 1 in Verbindung mit Art. 20 Abs. 1 GG).[10] Für das Grundsicherungsrecht hat das Bundesverfassungsgericht[67] mit dem Grundrecht auf Gewährleistung eines menschenwürdigen Existenzminimums (Art. 1 Abs. 1 GG iVm Art. 20 Abs. 1 GG) den „Gewährleistungsbegriff" bereits in die Bezeichnung aufgenommen.

5 **2. Arbeitsplätze (S. 1).** Der Aufbau der Vorschrift ist irreführend. S. 1 steht in seiner allg. Fassung vor den Einschränkungen nach S. 2. Satz 1 weckt damit Hoffnungen, die S. 2 enttäuscht.[11] Die Formulierung „beitragen" verdeutlicht, dass das Land nicht an die Stelle der privaten Arbeitgeber treten und etwa jedem einen **Arbeitsplatz** sichern kann.[12] Das arbeitsmarktpolitische Ziel des Landes wird im Folgenden konkret benannt.[13] Aus ihm folgt eine Pflicht des Staates, die Beschäftigungsquote zu fördern, einen hohen Beschäftigungsstand und nach Möglichkeit Vollbeschäftigung anzustreben.[14] Bei der Wahl der Mittel, dieses Ziel zu erreichen, kommt dem Land ein weiter Spielraum zu. Es kommen Arbeitsförderungsmaßnahmen Wirtschafts- und Arbeitsförderung, berufliche Weiterbildung und Umschulung, oder Beratung von Existenzgründungen in

---

4 Vgl. LVerfG Sachsen-Anhalt Urt. v. 16.11.2004 – LVG 5/04, ZfJ 2005, 251.
5 Vgl. *Wallerath* in Isensee/Kirchhof StaatsR-HdB IV § 94 Rn. 26.
6 Vgl. VerfGH Berlin Beschl. v. 2.4.2004 – 163/01, NJW-RR 2004, 1706; VerfG Brandenburg Beschl. v. 21.11.1996 – VfGBbg 26/96, LVerfGE 5, 94 (104).
7 Kommission Verfassungsentwurf S. 108.
8 Vgl. VerfGH Berlin Beschl. v. 20.8.1997 – 101/96, LVerfGE 7, 3.
9 VerfGH Berlin Beschl. v. 22.5.1996 – 34/96, LVerfGE 4, 62.
10 BVerfG Urt. v. 5.11.2019 – 1 BvL 7/16, BVerfGE 152, 68 Ls. 1; *Berlit* SRa 2020, 47.
11 *Riepe*, Soziale Grundrechte in den Verfassungen der Länder Brandenburg, Mecklenburg-Vorpommern, Sachsen, Sachsen-Anhalt und Thüringen, 1996, S. 221.
12 Vgl. VerfGH Berlin Beschl. v. 20.8.1997 – 101/96, LVerfGE 7, 3.
13 Kommission Verfassungsentwurf S. 109.
14 *Kämmerer* in: v. Münch/Kunig Art. 12 Rn. 10.

Betracht.[15] Vielfach sind diese Maßnahmen aber bundesrechtlich geregelt.[16] Die Vorschrift schließt nicht aus, dass das Land auch selbst Arbeitsplätze schafft. In erster Linie ist das Land aber aufgerufen, durch konjunkturpolitische Mittel für ein gesamtwirtschaftliches Gleichgewicht zu sorgen, das dann auch zu einem hohen Beschäftigungsgrad führt; dies wird nicht zuletzt aus S. 2 dieses Abs. deutlich.

3. **Hoher Beschäftigungsstandard (S. 2).** Dieses Staatsziel ist Teil des sog. ge- 6 samtwirtschaftlichen Gleichgewichts.[17] Der Begriff des gesamtwirtschaftlichen Gleichgewichts, der auch Eingang in die LV (Art. 65 Abs. 2; → **Meyer** Art. 74 Rn. 7) und das GG gefunden hat (Art. 109 Abs. 2 und Art. 104b Abs. 1 Satz 2 Nr. 1; → **Mediger/Korioth** vor Art. 61 Art. Rn. 7 ff.; Art. 61 Rn. 5), ist hierbei nicht in erster Linie wirtschaftstheoretisch zu fassen, sondern basiert auf der Zielbestimmung des § 1 Stabilitätsgesetzes.[18] Es wird definiert durch die gleichzeitige Erreichung der Einzelziele (1) hoher Beschäftigungsstand, (2) Stabilität des Preisniveaus, (3) außenwirtschaftliches Gleichgewicht und (4) stetiges und angemessenes Wirtschaftswachstum. Dazu dürfte auch Art. 126 AEUV zählen, wonach übermäßige Haushaltsdefizite zu vermeiden sind;[19] insoweit ist auch Art. 65 Abs. 2 zu berücksichtigen, insbesondere in der gemäß Änderung vom Gesetz vom 30.6.2011 (GVOBl. M-V 375) seit 1.1.2020 geltenden Fassung (Schuldenbremse) (sog. **magisches Viereck**[20]). Der Begriff des gesamtwirtschaftlichen Gleichgewichts stellt einen unbestimmten Verfassungsbegriff dar, dessen Konkretisierung die Berücksichtigung verschiedener, vorwiegend wirtschaftswissenschaftlicher Indikatoren verlangt.[21] Er enthält einen in die Zeit hinein offenen Vorbehalt für die Aufnahme neuer, gesicherter Erkenntnisse der Wirtschaftswissenschaften als zuständiger Fachdisziplin.[22] Auf diesem Weg sind auch die Erkenntnisse der Ökologie zu berücksichtigen, obwohl sie in der Figur des gesamtwirtschaftlichen Gleichgewichts nicht enthalten sind.[23] Das gesamtwirtschaftliche Gleichgewicht unterliegt ständigen Schwankungen und erscheint stets als prekär.[24] Abs. 1 begründet daher im Verhältnis des magischen Vierecks keinen Vorrang eines hohen Beschäftigungsstandes. Das Land soll einen aktiven Beitrag zur Erhaltung und Schaffung von Arbeitsplätzen leisten. IÜ strebt die LV als Staatsziel nicht Vollbeschäftigung an, sondern lediglich einen hohen Beschäftigungsgrad. Welche Möglichkeiten das Land zur Arbeitsmarkt- und Beschäftigungspolitik wählt, steht ihm offen.[25] Gesetzgeberische Möglichkeiten sind allerdings sehr beschränkt, da der Bund für die wesentlichen Sachbereiche,

---

15 S. *Eichenhofer* in: Linck/Baldus, Art. 36 Rn. 9.
16 Die aber weitgehend bundesrechtlich geregelt sind, insbes. Art. 73 Nr. 5–9, Art. 74 Abs. 1 Nr. 1, 11–13, 16 ff., Art. 75 Abs. 1 S. 1 Nr. 1a, 3 GG, *Scholz* in: Dürig/Herzog/Scholz GG Art. 12 Rn. 11 ; s. aber *Welti* KommJur 2006, 241; *Steiner* NZA 2005, 657.
17 Vgl. *Wallerath* in Isensee/Kirchhof StaatsR-HdB IV § 94 Rn. 27; *Papier/Shirvani* in Ruland/Becker/Axer, 6. Aufl. 2018, § 3 Rn. 85.
18 Gesetz zur Förderung der Stabilität und des Wachstums der Wirtschaft vom 8.6.1967 (BGBl. I 582), zul. geänd. d. Ges. v. 31.8.2015 (BGBl. I 1474); dazu Kommission Verfassungsentwurf S. 109; dazu *Heun* in Dreier, GG Art. 109 Rn. 26 ff.
19 *Jarass* in Jarass/Pieroth Art. 109 Rn. 5.
20 Vgl. LT-Drs. 2/2612, 66; *Jarass* in Jarass/Pieroth Art. 109 Rn. 5.
21 StGH Bremen Urt. v. 24.8.2011 – 1/11, NordÖR 2011, 484 mAnm *Schwarz* NdsVBl 2012, 95; s. auch BVerfG Urt. v. 18.4.1989 – 2 BvF 1/82, BVerfGE 79, 311.
22 BVerfG Urt. v. 9.7.2007 – 2 BvF 1/04, BVerfGE 119, 96 Rn. 130.
23 S. bereits *Hölscheidt/v. Wiese* LKV 1992, 393 (397).
24 VerfGH Nordrhein-Westfalen Urt. v. 12.3.2013 – 7/11, NVwZ-RR 2013, 665.
25 Dazu iE *Wallerath* in Isensee/Kirchhof StaatsR-HdB IV § 94 Rn. 35 ff.; zur kommunalen Arbeitsmarktpolitik Deutsche Zeitschrift für Kommunalwissenschaften Band I/2005 „Kommunale Wirtschaftspolitik", darin insbes. Beitrag von *Wieczorek*.

in denen sich die Realisation vollziehen müsste, aufgrund Art. 74 Abs. 1 Nr. 12 GG „Arbeitsrecht" die Gesetzgebungskompetenz ausgeübt hat.[26]

7 In dem hier formulierten Staatsziel ist auch das Ziel der **Gleichwertigkeit von Arbeits- und Lebensverhältnissen** in Stadt und Land enthalten.[27] Mit den Arbeitsverhältnissen hängen unmittelbar die allgemeinen Lebensverhältnisse zusammen. Das gewinnt besonders Bedeutung wegen des demografischen Wandels. Zu überlegen ist auch, ob hier jedenfalls im Zusammenhang mit der Schaffung von Arbeitsplätzen das Ziel der **Generationengerechtigkeit** enthalten ist. Zur Nachhaltigkeit (→ Art. 12 Rn. 7).

### III. Wohnraum (Abs. 2)

8 **1. Angemessener Wohnraum (S. 1 und 2).** Die Norm verpflichtet Land, Gemeinden und Kreise, das im Rahmen staatlicher Einflussnahme und unter Berücksichtigung anderer staatlicher Aufgaben und Pflichten Mögliche zu tun, für Schaffung und Erhaltung von Wohnraum zu sorgen.[28] Sie macht deutlich, dass ausreichender Wohnraum ein elementares Existenzbedürfnis des Menschen ist, ebenso wie ausreichende Ernährung und Kleidung. Es wird aber kein soziales Grundrecht konstituiert. Es geht um den Auftrag des Staates, unter Abwägung anderer gleichwertiger öffentlicher Belange auf die Bereitstellung angemessenen Wohnraums hinzuwirken.[29] Die Auswirkungen des Staatsziels sind auch dadurch begrenzt, dass viele Handlungsfelder, etwa die Bodenpolitik[30] oder die Mietrechtsgesetzgebung praktisch alleinige Angelegenheit des Bundes ist.[31]

9 Angestrebt wird **angemessener Wohnraum** zu sozial tragbaren Bedingungen (S. 1). Die Angemessenheit der Wohnung beurteilt sich nach der Größe, Ausstattung und dem Preis im Verhältnis zu den Mitgliedern der Familie. Sie steht im Verhältnis zu dem sozialen Umfeld, in dem sich die jeweilige Familie bewegt. Mögliche Maßnahmen nennt S. 2. Auch die Bestände kommunaler Wohnungsbaugesellschaften dienen nicht zuletzt der Versorgung mit Wohnraum, auch und gerade von Bevölkerungsschichten mit geringem Einkommen.[32] Der Verfassungsgeber ist davon ausgegangen, dass die Landespolitik mit Blick auf die staatliche Wohnungsbaupolitik und die Subventionierung im sozialen Wohnungsbau einen eigenen Spielraum habe und etwas für eine ausreichende Wohnraumversorgung zu sozial tragbaren Bedingungen tun müsse. Zur Erreichung dieses Ziels habe sie insbes. den Wohnungsbau und die Erhaltung vorhandenen Wohnraums zu unterstützen. Dies schließt finanzielle Anreize nicht aus.[33] Im Rahmen der Föderalismusreform I 2006 wurde die Zuständigkeit für die Gesetzgebung zur sozialen Wohnraumförderung auf die Länder übertragen. Den Ländern obliegen das Recht zur Gesetzgebung in diesem Bereich und die Finanzierung der sozialen Wohnraumförderung.[34] Das Staatsziel kann auch im

---

26 *Papier* RdA 2000, 1 (3); s. aber auch BVerfG Beschl. v. 14.1.2015 – 1 BvR 931/12.
27 Vgl. *Lindner* AuR 2013, 250.
28 Vgl. VerfGH Berlin Beschl. v. 22.5.1996 – 34/96, LVerfGE 4, 62.
29 Bericht der Sachverständigenkommission Staatszielbestimmungen, Gesetzgebungsaufträge, 1983, Rn. 78, zit. nach *Iwers* S. 654 f.
30 Allg. *Burgi* NVwZ 2020, 257.
31 BVerfG Beschl. v. 25.3.2021 – 2 BvF 1/20, BVerfGE 157, 223 = NJW 2021, 1377 – „Mietpreisbremse"; dazu *Li* DVBl 2021, 846; *Agatsy/Riecke* MietRB 2021, 129; *Henneke* DVBl 2021, 987; *Kloepfer* NVwZ 2021, 1513.
32 VerfGH Berlin Beschl. v. 14.2.2005 – 19/04, 77/03.
33 Kommission Verfassungsentwurf S. 110.
34 Gesetz über die Errichtung eines Sondervermögens „Wohnraumförderung Mecklenburg-Vorpommern" vom 17.12.2007 (s. GVOBl. M-V 472), geänd. d. Ges. v. 16.12.2019

Rahmen der Entscheidung des Landes, Gebiete mit einem angespannten Wohnungsmarkt (§ 556d BGB,[35] §§ 201a, 250 BauGB) zu bestimmen, zur Geltung kommen. Nach § 2 Abs. 2 KVerf M-V gehört zu den Aufgaben des eigenen Wirkungskreises der Gemeinden der öffentliche Wohnungsbau.

**2. Obdach im Notfall (S. 3).** Dieses Staatsziel[36] ist sehr bestimmt formuliert. 10 Der Staat wird aufgefordert, im Notfall ein Obdach zu sichern. Damit ist der Schutz vor unfreiwilliger Obdachlosigkeit[37] gefordert. Demgemäß enthält die Vorschrift weder ein allg. Behaltensrecht für eine bestimmte bezogene Wohnung noch hat sie einen sonstigen Anspruch auf eine angemessene Wohnung zum Gegenstand,[38] so dass auch die Unterbringung in einer Obdachlosenunterkunft dem Staatsziel Rechnung trägt. Art. 17 differenziert zwischen Wohnung und Obdach. Die Pflicht, Obdachlosigkeit zu vermeiden, muss demnach nicht durch Wohnungen erfüllt werden.[39] Die Vorschrift kommt zunächst bei allg. Obdachlosigkeit zum Tragen. Sie gewinnt aber insbes. in den Fällen Bedeutung, in denen etwa aufgrund eines zivilrechtlichen Titels auf Räumung einer Wohnung Obdachlosigkeit entsteht; hier ist insbes. zu prüfen, ob dem Betroffenen anderweitiger Wohnraum verschafft werden kann, ohne dass S. 3 der Vollstreckung eines Räumungstitels entgegensteht.[40] Gleiches gilt erst recht, wenn staatlicherseits auf ordnungsbehördlicher Grundlage die Wohnung geräumt wird. Hier muss der Staat, soweit es in seiner Entscheidungskompetenz liegt, die Entstehung von Obdachlosigkeit vermeiden. Ist sie eingetreten, muss er bemüht sein, sie alsbald zu beseitigen. S. 3 hat daher auch ermessenssteuernde Wirkung bei Entscheidungen über hoheitliches Eingreifen.[41]

## IV. Schrifttum

*Uwe Berlit*, Sozialstaatliche Gewährleistungsverantwortung der Verwaltung, 11 SRa 2020, 47; *Robert Gmeiner*, Vollstreckungsschutz und Landesverfassungsrecht, DGVZ 2021, 53; *Kurt Graulich* in: Hans Lisken/Erhard Denninger, Handbuch des Polizeirechts, 7. Aufl. 2021 E Rn. 840 ff.; *Steffen Johann Iwers*, Entstehung, Bindungen und Ziele der materiellen Bestimmungen der Landesverfassung Brandenburg, 1998; *Karl-Heinz Ruder*, Polizei- und ordnungsrechtliche Unterbringung von Obdachlosen, 1999; *Jana Schollmeier*, Die Gewährleistung von angemessenem und bezahlbarem Wohnraum als Verfassungsfrage, 2020; *Maximilian Wallerath*, Arbeitsmarkt, in: Isensee/Kirchhof (Hrsg.), HdbStR Bd. IV, 3. Aufl. 2007, § 94, S. 957; *Felix Welti*, Felder kommunaler Sozial- und Beschäftigungspolitik, KommJur 2006, 241 und 281.

---

(GVOBl. M-V 791, 794); Zweckentfremdungsgesetz – ZwG M-V – vom 22.5.2021 (GVOBl. M-V 2021, 774); s. a. die Verwaltungsvereinbarung über die Gewährung von Finanzhilfen des Bundes im Bereich des sozialen Wohnungsbaus im Programmjahr 2021 vom 8.12.2020/5.2.2021.
35 Landesverordnung zur Bestimmung von Gebieten nach § 556d und § 558 des Bürgerlichen Gesetzbuches – (Mietpreisbegrenzungs- und Kappungsgrenzenlandesverordnung – MietBgKaLVO M-V) vom 13.9.2018, geänd. d. VO vom 21.12.2020 (GVOBl. M-V 2021, S. 3) betr. Rostock und Greifswald. Die VO tritt am 30.9.2023 außer Kraft.
36 Zu dieser Qualifizierung *Schollmeier* S. 217 f.
37 Zum Begriff und zur Abgrenzung zu freiwilliger Obdachlosigkeit als Form eigener Lebensgestaltung *Ruder* Rn. 13 ff.; *Graulich* Rn. 845 ff.
38 Vgl. VerfGH Berlin Beschl. v. 14.2.2005 – 186/04, Grundeigentum 2005, 542.
39 *Gmeiner* DGVZ 2021, 53 (56).
40 So zu Recht *Iwers* S. 659 mwN zum Streitstand.
41 Dazu *Ruder* passim; *Graulich* Rn. 841 ff.; VGH BW Beschl. v. 23.9.2019 - 1 S 1698/19, DVBl 2020, 509.

## Art. 17a (Schutz von alten Menschen und Menschen mit Behinderung)

¹Land, Gemeinden und Kreise gewähren alten Menschen und Menschen mit Behinderung besonderen Schutz. ²Soziale Hilfe und Fürsorge sowie staatliche und kommunale Maßnahmen dienen dem Ziel, das Leben gleichberechtigt und eigenverantwortlich zu gestalten.

Vergleichbare Regelungen:
Art. 118a S. 2 BayVerf; 2a BWVerf; 11 S. 2, 22 Abs. 2 VvB; 12 Abs. 4 BbgVerf; 64 Verf Rh-Pf; 7 Abs. 2 SächsVerf; 38 LVerf LSA; 2 Abs. 4 ThürVerf. S. auch Art. 8 Verf SH

| | |
|---|---|
| I. Vorbemerkung ............ 1 | 1. Soziale Hilfe und Fürsorge sowie staatliche und kommunale Maßnahmen (S. 2) ...... 7 |
| II. Schutz alter und behinderter Menschen (S. 1) ............ 2 | |
| 1. Begriffe ............ 2 | 2. Behindertengleichstellung (S. 2) ............ 9 |
| 2. Schutz ............ 4 | |
| III. Ausgestaltung ............ 7 | IV. Schrifttum ............ 10 |

### I. Vorbemerkung

1 Der zuvor in Art. 17 neben den Staatszielbestimmungen der Erhaltung und Schaffung von Arbeitsplätzen sowie der Schaffung angemessenen Wohnraums statuierte besondere Schutz von alten Menschen und Menschen mit Behinderung wird in einem gesonderten Art. 17a hervorgehoben.[1] Art. 17a steht neben dem Diskriminierungsverbot nach Art. 5 iVm Art. 3 Abs. 2 Satz 1 GG.[2] Diese Grundrechte normieren für den Staat das Verbot unmittelbarer und mittelbarer Diskriminierung wegen Behinderung und einen Auftrag, Menschen wirksam vor Benachteiligung wegen ihrer Behinderung auch durch Dritte zu schützen.[3] Bei der Auslegung des Art. 17a sind Art. 14 EMRK und das Übereinkommen der Vereinten Nationen über die Rechte von Menschen mit Behinderungen (Behindertenrechtskonvention, UN-BRK[4]) zu berücksichtigen.[5] Ein Diskriminierungsverbot wegen Behinderung oder Alters enthalten auch Art. 21 Abs. 1 GRCh und Art. 19 AEUV sowie die RL 2000/78/EG zur Festlegung eines allgemeinen Rahmens für die Verwirklichung der Gleichbehandlung in Beschäftigung und Beruf (ABl. 2000 L 303, 16). In der Sache gehen sie aber über den Grundrechtsschutz nach Art. 3 Abs. 2 GG nicht hinaus.[6]

### II. Schutz alter und behinderter Menschen (S. 1)

2 **1. Begriffe.** a) Alte Menschen (Senioren) sind in Deutschland die über 60-Jährigen.[7] Es muss v.a. Altersdiskriminierung im Sinne der sozialen und ökonomischen Benachteiligung von Personen aufgrund ihres Lebensalters entgegenge-

---

1 LT-Drs. 4/2118, 2.
2 Zum Alter als Diskriminierungskategorie *Payandeh* ZRP 2023, 59.
3 BVerfG Beschl. v. 16.12.2021 – 1 BvR 1541/20 – Triage.
4 Übereinkommen der Vereinten Nationen über die Rechte von Menschen mit Behinderungen vom 21.12.2008 (BGBl. II 1419); dazu iE *Banafsche* in Deinert/Welti, Stichwort „Behindertenkonvention".
5 Vgl. BVerfG Beschl. v. 26.7.2016 – 1 BvL 8/15, BVerfGE 128, 282 (306).
6 BVerfG Beschl. v. 16.12.2021 – 1 BvL 1541/20, NJW 2022, 380 = NVwZ 2022, 139 – Triage; dazu *Eichenhofer* jurisPR-MedizinR 1/2022 Anm. 1; *Hilgendorf* JZ 2022, 153; *Walter* NJW 2022, 363; *Kranz/Ritter* NVwZ 2022, 133.
7 BT-Drs. 12/5897, 5; s. die Altenberichte der BReg: http://www.dza.de/allgemein/politik-altenbericht.html.

wirkt werden. Der Landesseniorenbeirat ist dafür eine wichtige Interessenvertretung in M-V.[8]

b) Die UN-BRK definiert den Begriff[9] in Art. 1 Abs. 2 wie folgt: „Zu den Menschen mit **Behinderungen** zählen Menschen, die langfristige körperliche, seelische, geistige oder Sinnesbeeinträchtigungen haben, welche sie in Wechselwirkung mit verschiedenen Barrieren an der vollen, wirksamen und gleichberechtigten Teilhabe an der Gesellschaft hindern können."[10] Eine Behinderung liegt mithin vor, wenn eine Person in der Fähigkeit zur individuellen und selbstständigen Lebensführung längerfristig beeinträchtigt ist.[11] Gemeint sind längerfristige Einschränkungen von Gewicht. Auf den Grund der Behinderung kommt es nicht an. Regelwidrig ist dabei ein Zustand, der von dem Zustand nicht nur geringfügig abweicht, der für das Lebensalter typisch ist. Hierunter fallen auch chronische Kranke, die entsprechend längerfristig und entsprechend gewichtig beeinträchtigt sind.[12] Der Schutzbereich ist nicht auf „Schwerbehinderte" im Sinne von § 1 Schwerbehindertengesetz beschränkt, denn Art. 17a spricht ohne eine solche beschränkende Qualifizierung von „Behinderung" schlechthin. Einfachrechtlich definiert § 3 LBGG MV, dass dieser Zustand mit hoher Wahrscheinlichkeit länger als sechs Monate von dem für das Lebensalter typischen Zustand abweichen muss und daher die Teilhabe am Leben in der Gesellschaft beeinträchtigt ist. Ob die Behinderung auf Geburt, Unfall oder Krankheit beruht, ist unerheblich. Auch eine chronische Krankheit kann zu einer Behinderung führen.[13] Entscheidend für das Vorliegen einer Behinderung ist, ob die zur nachhaltigen Funktionsbeeinträchtigung führende Krankheit auf Dauer (ohne hinreichende Heilungserwartung) besteht. Der verfassungsrechtliche Begriff der Behinderung umfasst nach der Zielrichtung des Art. 17a (→ Rn. 4) nicht nur schwere Behinderungen.[14] Er umfasst zudem die **Pflegebedürftigkeit**: Sie liegt vor, wenn eine Person für mindestens 6 Monate gesundheitlich so stark beeinträchtigt ist, dass sie ihren Alltag nicht länger selbständig bewältigen kann und aufgrund dieser Situation auf die Hilfe von anderen angewiesen ist und pflegerische Unterstützung benötigt (§§ 14 f. SGB XI).

**2. Schutz.** Art. 17a enthält – lediglich – den Verfassungsauftrag an den Staat, **Alte und Behinderte zu schützen und zu fördern.** Er soll sich für gleichwertige Lebensbedingungen der Menschen, von Jungen und Alten, Menschen mit und ohne Behinderung, einsetzen. Art. 17a bringt damit die besondere Verantwortung des Staates für Alte und Behinderte zum Ausdruck. Sie sollen vor Benachteiligungen geschützt werden. Ihre Lebenssituation soll im Vergleich zu der von

---

8 S. http://www.landesseniorenbeirat-mv.de/.
9 Zur Entwicklung des Begriffs *Degener* ZaöRV 2005, 887.
10 So auch EuGH Urt. v. 11.9.2019 – C-397/18, ABl 2019 C 383, 29 = NZA 2019, 1634; dazu *v. Roetteken* jurisPR-ArbR 43/2019 Anm. 4. Umfassend *Grabenwarter/Struth* in Grabitz/Hilf/Nettesheim, Stand 74/2021, AEUV Art. 19 Rn. 94 ff.
11 Zum Begriff iSv Art. 3 Abs. 2 GG BVerfG Urt. v. 8.10.1997 – 1 BvR 9/97, BVerfGE 96, 288 (301): Behinderung ist danach die Auswirkung einer nicht nur vorübergehenden Funktionsbeeinträchtigung, die auf einem regelwidrigen körperlichen, geistigen oder seelischen Zustand beruht.
12 BVerfG Beschl. v. 16.12.2021 – 1 BvR 1541/20 (Fn. 5) unter Bezugnahme auf Art. 1 S. 2 des Übereinkommens der Vereinten Nationen über die Rechte von Menschen mit Behinderungen – Behindertenrechtskonvention, BRK; zuvor BVerfG Beschl. v. 29.1.2019 – 2 BvC 62/14, BVerfGE 151, 1 (23 f. Rn. 54); skeptisch BeckOK GG/*Kischel* GG Art. 3 Rn. 233.2.
13 Vgl. *Scholz* in Dürig/Herzog/Scholz GG Art. 3 Abs. 3 Rn. 176, aA *Sannwald* NJW 1994, 3313.
14 *Broscheit* in: Brocker/Droege/Jutzi Art. 64 Rn. 7.

Jungen bzw. zu derjenigen nicht behinderter Menschen durch gesetzliche Regelungen nicht verschlechtert werden. Es sollen ihnen nicht Entfaltungs- und Betätigungsmöglichkeiten vorenthalten werden, welche anderen offenstehen. Dazu gehört auch ein Ausschluss von Entfaltungs- und Betätigungsmöglichkeiten, der nicht durch eine auf das Alter bzw. die Behinderung bezogene Förderungsmaßnahme hinlänglich kompensiert wird.[15] Schutz bedeutet auch hier, nach Möglichkeit schädliche Eingriffe in die Rechtsgüter zu unterlassen und solche durch Dritte abzuwehren. Behinderte sollen vor unmittelbaren und mittelbaren **Diskriminierungen** geschützt werden. Eine unmittelbare Diskriminierung ist eine Situation, in der sich eine Person mit Behinderung befindet, wenn sie wegen oder aufgrund ihrer Behinderung eine weniger günstige Behandlung als eine andere Person in einer vergleichbaren Situation erfährt. Gemeint ist danach jede Unterscheidung, Ausschließung oder Beschränkung aufgrund von Behinderung, die zum Ziel oder zur Folge hat, dass das auf die Gleichberechtigung mit anderen gegründete Anerkennen, Genießen oder Ausüben aller Menschenrechte und Grundfreiheiten im politischen, wirtschaftlichen, sozialen, kulturellen, bürgerlichen oder jedem anderen Bereich beeinträchtigt oder vereitelt wird. Umfasst werden alle Formen der Diskriminierung, einschließlich der Versagung angemessener Vorkehrungen.[16] Eine mittelbare Diskriminierung liegt vor, wenn dem Anschein nach neutrale Vorschriften, Tarifvertrags- oder Vertragsklauseln, individuelle Vereinbarungen, einseitige Entscheidungen, Kriterien oder Verfahren, Umgebungen, Waren oder Dienstleistungen eine Person in besonderer Weise wegen einer Behinderung gegenüber anderen Personen benachteiligen können, sofern sie nicht objektiv ein rechtmäßiges Ziel verfolgen und die Mittel zu dessen Erreichung nicht angemessen und erforderlich sind.[17] Eine Benachteiligung liegt somit nicht nur bei Regelungen und Maßnahmen vor, die die Situation des Behinderten wegen seiner Behinderung verschlechtern, indem ihm etwa der tatsächlich mögliche Zutritt zu öffentlichen Einrichtungen verwehrt wird oder Leistungen, die grundsätzlich jedermann zustehen, verweigert werden, sondern auch bei einem Ausschluss von Entfaltungs- und Betätigungsmöglichkeiten durch die öffentliche Gewalt, wenn dieser nicht durch eine auf die Behinderung bezogene Förderungsmaßnahme hinlänglich kompensiert wird.[18]

5 Die staatliche Gemeinschaft muss Alten und Behinderten jedenfalls die Mindestvoraussetzungen für ein **menschenwürdiges Dasein** sichern und sich darüber hinaus bemühen, sie soweit wie möglich in die Gesellschaft einzugliedern, ihre angemessene Betreuung in der Familie oder durch Dritte zu fördern sowie die notwendigen Pflegeeinrichtungen zu schaffen.[19] Der Verfassungsauftrag, für die faktische Gleichstellung Behinderter und Nichtbehinderter zu sorgen, begründet grundsätzlich keine subjektiven Rechte, etwa auf unentgeltliche Benutzung eines Behindertenfahrdienstes.[20]

6 Es ist grundsätzlich Sache des **Gesetzgebers**, auf welche Weise er den Auftrag durch konkrete Fördermaßnahmen wahrnimmt. Hierfür steht ihm ein Gestaltungsspielraum zu, der eine Abwägung mit organisatorischen, personellen und finanziellen Gegebenheiten ermöglicht. Dem Gesetzgeber steht auch bei der

---

15 Vgl. VerfGH Bayern Entsch. v. 8.11.2002 – Vf. 3-V-00 – Rundfunkgebühren.
16 So zu Art. 2 Unterabs. 3 UN-BRK *Banafsche* in: Deinert/Welti/Luik/Brockmann, StichwortKommentar Behindertenrecht, 3. Aufl. 2022 Rn. 14.
17 EuGH Urt. v. 11.9.2019 – C-397/18, ABl 2019 C 383, 29 = NZA 2019, 1634.
18 BVerfG Urt. v. 8.10.1997 – 1 BvR 9/97, BVerfGE 96, 288; zur mittelbaren Diskriminierung EuGH Urt. v. 11.9.2019 – C-397/18, ABl 2019 C 383, 29 = NZA 2019, 1634.
19 BVerfG Beschl. v. 18.6.1975 – 1 BvL 4/74, BVerfGE 40, 121 (133).
20 VerfG Berlin Entsch. v. 25.1.2006 – Vf. 14-VII-02.

Erfüllung einer konkreten Schutzpflicht ein Einschätzungs-, Wertungs- und Gestaltungsspielraum zu. Entscheidend ist, dass er hinreichend wirksamen Schutz vor einer Benachteiligung wegen der Behinderung bewirkt.[21] Dabei hat er die Belange behinderter Menschen insbesondere mit anderen verfassungsrechtlich geschützten Belangen abzuwägen.[22] Es können sich aber verfassungsunmittelbare Ansprüche auf konkrete Maßnahmen des Nachteilsausgleichs ergeben, wenn es um die Kompensation schwerwiegender Nachteile für behinderte Menschen, insbesondere im Bereich der Grundrechtsverwirklichung geht, die im Interesse ihrer Stellung im gesellschaftlichen Leben nicht hingenommen werden können.[23]

## III. Ausgestaltung

1. **Soziale Hilfe und Fürsorge sowie staatliche und kommunale Maßnahmen** (S. 2). Diese Norm ist eine Konkretisierung des Sozialstaatsgebots (→ Art. 2 Rn. 9 ff.). Die **Fürsorge für Hilfsbedürftige** schließt die soziale Hilfe für die Mitbürger ein, die wegen körperlicher oder geistiger Gebrechen an ihrer persönlichen und sozialen Entfaltung gehindert und außerstande sind, sich selbst zu unterhalten. Die staatliche Gemeinschaft muss ihnen jedenfalls die Mindestvoraussetzungen für ein menschenwürdiges Dasein sichern und sich darüber hinaus bemühen, sie in die Gesellschaft einzugliedern, ihre angemessene Betreuung in der Familie oder durch Dritte zu fördern sowie die notwendigen Pflegeeinrichtungen zu schaffen. Diese allg. Schutzpflicht kann natürlicherweise nicht an einer bestimmten Altersgrenze enden; sie muss vielmehr dem jeweils vorhandenen Bedarf an sozialer Hilfe entsprechen.[24] Es bestehen vielfältige Möglichkeiten, den gebotenen Schutz zu verwirklichen. Es liegt grds. in der **Gestaltungsfreiheit des Gesetzgebers**, den ihm geeignet erscheinenden Weg zu bestimmen, besonders zwischen den verschiedenen Formen finanzieller Hilfe für den Unterhalt und die Betreuung gebrechlicher Menschen zu wählen und entsprechend die Anspruchsberechtigung festzulegen.[25] Der Gesetzgeber hat die Belange behinderter Menschen insbesondere anderen verfassungsrechtlich geschützten Belangen gegenüber abzuwägen.[26] Ebenso hat er, soweit es sich nicht um Mindestvoraussetzungen handelt, zu entscheiden, in welchem Umfang soziale Hilfe unter Berücksichtigung der vorhandenen Mittel und anderer gleichrangiger Staatsaufgaben gewährt werden kann und soll.[27] Da anders als in Art. 12 mit dem Begriff der Nachhaltigkeit (→ Art. 12 Rn. 7) hier keine zukunftsbezogene Förderpflicht benannt ist, gewinnt der Gesichtspunkt der Generationengerechtigkeit hier keine eigene Bedeutung.[28]

In S. 2 nennt die Verfassung **Maßnahmen**, die der Gesetzgeber und die Verwaltung erwägen sollen. Sie sollen dem Ziel dienen, das Leben Alter und Behinderter gleichberechtigt und eigenverantwortlich zu gestalten. Soziale Hilfe umfasst die Sozialhilfe und verwandte Leistungssysteme. Sozialhilfe ist weitgehend bundesrechtlich geregelt (Art. 74 Abs. 1 Nr. 7 GG), so dass dem Land legislatorisch

---

21 BVerfG Beschl. v. 16.12.2021 – 1 BvR 1541/20, NVwZ 2022, 139 (Fn. 5).
22 Vgl. BVerfG Beschl. v. 16.12.2021 – 1 BvR 1541/20, (NJW 2022, 380 – Triage (Fn. 5).
23 VGH Mannheim Beschl. v. 4.5.2018 – 4 S 1394/17, NJOZ 2019, 745 mwN – Diskriminierung von Schwerbehinderten durch Altersgrenze: s. aber auch BerlVerfGH Beschl. v. 18.6.1998 - VerfGH 104–97, 104 A–97, NJW 1998, 3632 - Behindertenfahrdienst.
24 So BVerfG Beschl. v. 18.6.1975 – 1 BvL 4/74, BVerfGE 40, 131 (133).
25 Vgl. allg. BVerfG Beschl. v. 5.11.2019 – 1 BvL 7/16, BVerfGE 152, 68.
26 BVerwG Urt. v. 28.2.2018 – 6 C 48/16, BVerwGE 161, 224 – Rundfunkbeitragspflicht Schwerbehinderter.
27 Vgl. BVerfG Beschl. v. 18.6.1975 – 1 BvL 4/74, BVerfGE 40, 131 (133).
28 Vgl. *Janda* ZRP 2021, 149.

wenig Spielraum bleibt. Soziales Helfen muss aber umfassend verstanden werden als Beitrag zur Befriedigung der Bedürfnisse von anderen Menschen, die diese nicht mehr selbst befriedigen können. Soziale Hilfen beziehen sich auf materielle und symbolische (sozio-kulturelle) Bedürfnisse, die für die physische und psychische Reproduktion von Menschen erforderlich sind bzw. gesellschaftlich so bewertet werden. Somit wird soziales Helfen auch verstanden als ein Bedarfsausgleich im Hinblick auf ungleich verteilte und verfügbare soziale Ressourcen und Kapazitäten – zB Unterkunft, Nahrung, Gebrauchsgegenstände, Geld, Arbeit, Freizeit, Erziehung, Bildung, Betreuung, persönliche Beziehungen, soziale Netzwerke etc[29] Die Errichtung und Unterhaltung von Einrichtungen für die Beratung, Betreuung und Pflege im Alter, bei Krankheit, Behinderung, Invalidität und Pflegebedürftigkeit sowie für andere soziale und karitative Zwecke sind, unabhängig von ihrer Trägerschaft, staatlich zu fördern.[30] Es werden iÜ Förderprogramme des Landes aufgelegt[31] und es wurde ein Maßnahmeplan zur Umsetzung der UN-BRK erstellt.[32]

9 **2. Behindertengleichstellung (S. 2).** Hier gewinnen Art. 5 Abs. 2 UN-BRK und die RL 2000/78/EG (→ Rn. 1) besondere Bedeutung. Danach verbieten die Vertragsstaaten jede Diskriminierung aufgrund von Behinderung und garantieren Menschen mit Behinderungen gleichen und wirksamen rechtlichen Schutz vor Diskriminierung, gleichviel aus welchen Gründen. Gem. Art. 2 UN-BRK bedeutet „Diskriminierung aufgrund von Behinderung" jede Unterscheidung, Ausschließung oder Beschränkung aufgrund von Behinderung, die zum Ziel oder zur Folge hat, dass das auf die Gleichberechtigung mit anderen gegründete Anerkennen, Genießen oder Ausüben aller Menschenrechte und Grundfreiheiten im politischen, wirtschaftlichen, sozialen, kulturellen, bürgerlichen oder jedem anderen Bereich beeinträchtigt oder vereitelt wird. Sie umfasst alle Formen der Diskriminierung, einschließlich der Versagung angemessener Vorkehrungen. „Angemessene Vorkehrungen" bedeuten nach Art. 2 UN-BRK notwendige und geeignete Änderungen und Anpassungen, die keine unverhältnismäßige oder unbillige Belastung darstellen und die, wenn sie in einem bestimmten Fall erforderlich sind, vorgenommen werden, um zu gewährleisten, dass Menschen mit Behinderungen gleichberechtigt mit anderen alle Menschenrechte und Grundfreiheiten genießen oder ausüben können. Dazu gehört etwa das Angebot von Integrationsplätzen in wohnortnahen Kindergärten.[33] Das Benachteiligungsverbot folgt auch aus Art. 3 Abs. 3 Satz 2 GG. Behinderte werden zum Beispiel benachteiligt, wenn ihre Lebenssituation im Vergleich zu derjenigen nicht behinderter Menschen durch gesetzliche Regelungen verschlechtert wird, die ihnen Entfaltungs- und Betätigungsmöglichkeiten vorenthalten, welche anderen offenstehen.[34] Eine rechtliche Schlechterstellung Behinderter ist danach nur zulässig, wenn zwingende Gründe dafür vorliegen. Die nachteiligen Auswirkungen müssen unerlässlich sein, um behinderungsbezogenen Besonderheiten Rechnung zu tragen.[35] Das Land hat im Übrigen das Staatsziel durch das Gesetz zur Gleichstellung, gleichberechtigten Teilhabe und Integration von Menschen

---

29 *Kleve*, Geschichte, Theorie, Arbeitsfelder und Organisationen Sozialer Arbeit, 2005, S. 74.
30 So treffend Art. 22 Abs. 2 BerlVerf.
31 Dazu LT-Drs. 6/2579.
32 LT-Drs. 6/2213; s. a. den 9. Tätigkeitsbericht des Integrationsförderrates bei der Landesregierung Mecklenburg-Vorpommern, LT-Drs. 6/1739.
33 OVG Lüneburg Beschl. v. 15.10.2013 – 4 ME 238/13, NDV-RD 2013, 143.
34 Vgl. BVerfG Beschl. v. 9.10.1997 – 1 BvR 9/97, BVerfGE 96, 288 (302 f.).
35 BVerfG Beschl. v. 19.1.1999 – 1 BvR 2161/94, BVerfGE 99, 341.

mit Behinderungen (Landesbehindertengleichstellungsgesetz – LBGG MV) vom 10.7.2006[36] legislatorisch umgesetzt. Kernstück der Herstellung der Gleichberechtigung Behinderter ist eine umfassend verstandene **Barrierefreiheit**. Behinderten Menschen soll ermöglicht werden, alle Lebensbereiche wie bauliche Anlagen, Verkehrsmittel, technische Gebrauchsgegenstände und Kommunikationseinrichtungen „in der allgemein üblichen Weise, ohne besondere Erschwernisse und ohne fremde Hilfe" zu nutzen (vgl. § 6 LBGG MV; vgl. dazu § 2 Nr. 5 S. 1 Landesplanungsgesetz M-V; § 11 Abs. 2 StrWG M-V; § 2 Abs. 6 des Gesetzes über den öffentlichen Personennahverkehr in M-V). Dazu gehören die Barrierefreiheit öffentlicher Einrichtungen und die Inklusion. Im Rahmen der gesetzlichen Gestaltungsmöglichkeiten haben das Land, die Gemeinde[37] und Kreise die Gleichstellung zu fördern. Als **weitere Maßnahmen** kommen in Betracht: die Aufarbeitung der Covid-19-Pandemie, Aufbau eines inklusiven Katastrophenschutzes, Ausbau des Gewaltschutzes, inklusive Gesundheitsversorgung, inklusiver Arbeitsmarkt, inklusive Bildung (→ Art. 15 Rn. 27), Reform des psychiatrischen Versorgungssystems und Zwangsvermeidung, selbstbestimmtes Leben und Ausbau ambulanter Wohnformen, reproduktive Selbstbestimmung und das Recht auf Elternschaft sowie politische Partizipation der Selbstvertretung.[38]

## IV. Schrifttum

*Valentin Aichele/Jakob Schneider*, Soziale Menschenrechte älterer Personen in Pflege, 2. Aufl. 2006; *Bundesregierung:* Teilhabebericht über die Lebenslagen von Menschen mit Beeinträchtigungen 2021, BT-Drs. 19/27890; *Theresia Degener*: Antidiskriminierungsrechte für Behinderte: Ein globaler Überblick, ZaöRV 2005, 887; *Olaf Deinert/Felix Welti/Steffen Luik/Judith Brockmann*, (Hrsg.), Stichwort Kommentar Behindertenrecht, 3. Aufl. 2022; *Deutsches Institut für Menschenrechte*, Empfehlungen zur Umsetzung der UN-Behindertenrechtskonvention in der 20. Wahlperiode (2021–2025), 2021 – https://nbn-resolving.org/urn:nbn:de:0168-ssoar-75934-9; *Integrationsförderrat bei der Landesregierung Mecklenburg-Vorpommern:* 11. Tätigkeitsbericht, Landtags-Drs. 7/6245; *Vereinte Nationen und Interparlamentarische Union:* Von Ausgrenzung zu Gleichberechtigung – Verwirklichung der Rechte von Menschen mit Behinderungen (http://www.behindertenrechtskonvention.hessen.de).

## Art. 18 (Nationale Minderheiten und Volksgruppen)

Die kulturelle Eigenständigkeit ethnischer und nationaler Minderheiten und Volksgruppen von Bürgern deutscher Staatsangehörigkeit steht unter dem besonderen Schutz des Landes.

Vergleichbare Regelungen:
Artt. 25 BbgVerf; 3 Abs. 3 Satz 1 NdsVerf; 17 Abs. 4, 19a Verf Rh-Pf; 12 Abs. 3 SaarlVerf; 6 SächsVerf; 37 LVerf LSA; 6 SchlHVerf.

---

36 GVOBl. 2006, 539, zul. geänd. durch Ges. v. 7.2.2019 (GVOBl. 67).
37 Übersicht bei *Banafsche* ZFSH/SGB 2012, 505; *Welti* Rechtliche Grundlagen einer örtlichen Teilhabeplanung in Lampke/Rohrmann/Schädler (Hrsg.), Örtliche Teilhabeplanung mit und für Menschen mit Behinderungen, 2011, S. 55.
38 IE *Deutsches Institut für Menschenrechte*, Empfehlungen, 2021.

| I. Rechtsvergleichende Hinweise ..... 1 | III. ethnischer und nationaler Minder- |
|---|---|
| 1. Grundgesetz ................... 1 | heiten und Volksgruppen .......... 5 |
| 2. Völker- und unionsrechtlicher | IV. Besonderer Schutz des Landes ..... 10 |
| Rahmen .................. 2 | V. Schrifttum ........................ 12 |
| II. Normqualität: Staatszielbestim- | |
| mung ............................ 4 | |

## I. Rechtsvergleichende Hinweise

1 **1. Grundgesetz.** Im GG findet sich keine Staatszielbestimmung, die der Vorschrift des Art. 18 entspräche. Der von der Gemeinsamen Verfassungskommission des BT und des BRates erarbeitete Vorschlag, in einen neuen Art. 20b GG eine entsprechende Minderheitenschutznorm aufzunehmen, fand nicht die für eine solche Aufnahme nötige Zweidrittelmehrheit des BT.[1] In gewisser Weise einschlägig ist allerdings die Grundrechtsverbürgung des **Art. 3 Abs. 3 Satz 1 GG**, der auch über Art. 5 Abs. 3 LV Bedeutung gewinnt, indem die dort genannten Unterscheidungsmerkmale der Abstammung, der Rasse sowie der Sprache angesprochen sind. Explizite Minderheitengewährleistungen enthalten Art. 25 BbgVerf, Art. 37 VerfLSA und Art. 6 Abs. 1 und 2 SchlHVerf.

2 **2. Völker- und unionsrechtlicher Rahmen.** Deutschland ist Vertragspartei einer Reihe von **völkerrechtlichen Verträgen**, die Normen zum Schutz ethnischer, nationaler etc Minderheiten enthalten.[2] Diese haben, soweit sie gemäß Art. 59 Abs. 2 Satz 1 GG inkorporiert wurden, Geltung im Rang eines einfachen Bundesgesetzes.[3] Gem. Art. 31 GG müssen daher die entsprechenden völkerrechtlichen Regelungen auch bei der Auslegung und Anwendung von Art. 18 beachtet werden. Im Einzelnen sind hier einschlägig: Art. 14 der Konvention zum Schutze der Menschenrechte und Grundfreiheiten (Europäische Menschenrechtskonvention – EMRK) vom 4.11.1950;[4] die Konvention über die Verhütung und Bestrafung des Völkermords vom 9.12.1948;[5] Art. 1 und 5 Abs. 1 lit. c der UNESCO-Konvention gegen Diskriminierung im Unterrichtswesen vom 14.12.1960;[6] das Internationale Übereinkommen über die Beseitigung jeder Form von Rassendiskriminierung vom 7.3.1966;[7] Art. 27 des Internationalen Pakts über bürgerliche und politische Rechte vom 19.12.1966;[8] das **Rahmenübereinkommen** des EuR zum Schutz nationaler Minderheiten vom 1.2.1995;[9] sowie die Europäische Charta der Regional- oder Minderheitensprachen des EuR vom 5.11.1992.[10] Bedeutsam ist auch das Dokument des Kopenhagener Treffens der Konferenz über Sicherheit und Zusammenarbeit in Europa (KSZE) über die menschliche Dimension der KSZE vom 29.6.1990[11] sowie die Erklärung des KSZE-Treffens der Staats- und Regierungschefs in Paris vom 21.11.1990 („Charta von Paris

---

1 Vgl. Stenogr. Bericht der 238. Sitzung am 30.6.1994, S. 21045 f.; *Pallek* S. 601 ff.
2 Grafische Übersicht bei Sabine *Riedel* S. 50; zur Entwicklung *Weiß* S. 72 ff.
3 *Heun* in: Dreier, GG, 59 Rn. 47 mwN.
4 BGBl. II 1954, S. 14.
5 BGBl. II 1954, S. 730.
6 BGBl. II 1968, S. 385.
7 BGBl. II 1969, S. 961.
8 BGBl. II 1973, S. 1534; dazu Kugelmann S. 240 ff.
9 BGBl. II 1997, S. 1406.
10 BGBl. II 1998, S. 1314. Zu weiteren einschlägigen multilateralen Verträgen *Pallek*, S. 200 ff.
11 EA 1990/2, D 380 ff.

für ein neues Europa").[12] Allerdings handelt es sich bei diesen Erklärungen nur um sog. „soft law", dem keine unmittelbare völkerrechtliche Verbindlichkeit zukommt.[13] Das Gleiche gilt für die UN-Generalversammlungsresolution A/RES/47/135.[14]

Im Europäischen **Unionsrecht** gehören zu den grundlegenden Vorgaben nach Art. 2 EUV „die Achtung der Menschenwürde, Freiheit, Demokratie, Gleichheit, Rechtsstaatlichkeit und die Wahrung der Menschenrechte einschließlich der Rechte der Personen, die Minderheiten angehören". Diese Vorschrift ist in einer Reihe von im EUV vorgesehenen Verfahren wie etwa im Rahmen der Artt. 7, 32, 42 Abs. 5 und 49 EUV konkret zu berücksichtigen. Art. 21 Abs. 1 EU-GRCh enthält eine Grundrechtsverbürgung, die strukturell Art. 3 Abs. 3 Satz 1 GG gleicht und ein Diskriminierungsverbot statuiert. Als verbotene Anknüpfungspunkte einer Diskriminierung, die im vorliegenden Zusammenhang relevant sind, werden die Rasse, die Hautfarbe, die ethnische Herkunft, die Sprache und die Zugehörigkeit zu einer nationalen Minderheit genannt. Einschlägig ist in Teilen auch Art. 22 EU-GRCh, demzufolge die Union die Vielfalt der Kulturen und Sprachen achtet. 3

## II. Normqualität: Staatszielbestimmung

Art. 18 ist erkennbar als **Staatszielbestimmung** gefasst. Dies ergibt sich zum einen schon aus der insoweit eindeutigen sprachlichen Fassung der Vorschrift, die in für Staatszielbestimmungen typischen Wendungen gehalten ist; zum anderen definitiv aus der systematischen Stellung der Vorschrift im Gesamtgefüge der Verfassung: Art. 18 steht in dem mit „Staatsziele" überschriebenen III. Unterabschnitt des Grundlagenabschnittes der LV. Diese Einordnung bestätigen auch ausdrücklich die Verfassungsmaterialien.[15] Als Staatszielbestimmung begründet die Vorschrift des Art. 18 als solche grds. keine subjektiven Rechte Einzelner, entfaltet aber eine Reihe objektiv-rechtlicher Wirkungen (→ Vorb. Art. 11 Rn. 1 ff.). Art. 18 bietet **keinen allgemeinen Menschenrechtsschutz** für alle Gruppen der Bevölkerung, die sich in einer[16] oder mehreren Hinsichten (Abstammung, Rasse, Sprache, Kultur, Heimat, Herkunft, Staatsangehörigkeit, Glaube, religiöse oder politische Anschauungen, sexuelle Präferenzen etc) von der Mehrheitsbevölkerung unterscheiden. Dem Schutz der Angehörigen dieser Gruppen dienen vielmehr die allgemeinen Menschenrechte und – soweit es sich um Staatsbürger handelt – die Bürgerrechte. Dieses Verständnis lässt sich den Gesetzesmaterialien entnehmen: 4

## III. ethnischer und nationaler Minderheiten und Volksgruppen

Offen ist zunächst der Begriff der **Minderheit**.[17] Minderheiten bilden sich aus Abweichungen von dem, was nach einem bestimmten Merkmal die Mehrheit 5

---

12 EA 1990/2, D 656 ff. Einen ausführlichen Überblick über die im Rahmen der KSZE/OSZE verabschiedeten, für den Minderheitenschutz relevanten Dokumente bietet *Höhn*, S. 7 ff.
13 *Hofmann*, S. 14; *Kugelmann*, S. 247 ff.
14 „Declaration on the Rights of Persons Belonging to National or Ethnic, Religious and Linguistic Minorities" v. 18.12.1992; dazu *Kugelmann* S. 243 ff.
15 Vgl. Verfassungskommission, LT-Drs. 1/3100, S. 112.
16 Der Wortlaut des Art. 18 enthält gerade nicht die Einschränkung auf nationale Minderheiten „mit angestammtem Siedlungsgebiet"; vgl. zur Bedeutung dieser Formulierung, vgl. *Pallek* S. 603.
17 *Pellek* passim; *Wolfrum* S. 59 ff.; *Schneider*, ZAR 2011, 8 (13 f.).

kennzeichnet.[18] Minderheiten können im doppelten Sinne bestehen: Sie sind in der Minderheit innerhalb eines Staatsvolkes, also der Gesamtheit der Staatsbürger, oder sie sind eine (externe) Minderheit innerhalb Volkes im sprachlich-kulturellen oder Abstammungssinn.[19] Minderheiten entstanden bzw. entstehen vor allem durch drei Prozesse: Bewegung, Raumveränderungen und gesellschaftliche Normen.[20] Minderheiten sind zahlenmäßig kleiner als die Mehrheit und befinden sich gegenüber der Mehrheitsgesellschaft in einer nicht-dominanten Stellung.[21] Der Bedeutungsgehalt der Begriffe „**ethnisch**" und „**national**" ist im Wesentlichen gleich. Sowohl unter einer „ethnischen" als auch unter einer „nationalen" Minderheit ist eine Bevölkerungsgruppe zu verstehen, die sich durch Abstammung und/oder gewisse kulturelle, sprachliche, religiöse etc Merkmale von der sie umgebenden Mehrheitsbevölkerung unterscheidet.[22] **Volksgruppen** sind als ethnische Gruppen im engeren Sinne eine Minderheit innerhalb eines Staates.[23] Insoweit ist Art. 18 pleonastisch.

6 Nach dem Grundsatz der Bundestreue ist Art. 18 zunächst iSd des **Rahmenübereinkommen** (→ Rn. 2) auszulegen.[24] Es gewährt keine kollektiven Rechte nationaler Minderheiten.[25] Es selbst enthält keine Definition des Begriffs der nationalen Minderheit, sondern überlässt sie dem nationalen Verständnis.[26] Nach der Denkschrift zum Rahmenübereinkommen[27] sieht die Bundesregierung als nationale Minderheiten nur Gruppen der Bevölkerung an, die folgenden fünf Kriterien entsprechen: (1) ihre Angehörigen sind deutsche Staatsangehörige,[28] (2) sie unterscheiden sich vom Mehrheitsvolk durch eigene Sprache, Kultur und Geschichte, also eigene Identität, (3) sie wollen diese Identität bewahren, (4) sie sind traditionell in Deutschland heimisch, (5) sie leben hier in angestammten Siedlungsgebieten.[29] Der interpretativen Erklärung vom 11.5.1995 wurde durch Art. 1 des Ratifizierungsgesetzes seitens des Bundesgesetzgebers ausdrücklich zugestimmt. Eine Anerkennung anderer Personengruppen als nationale Minderheit würde die Änderung des Ratifizierungsgesetzes erfordern.[30]

---

18 Vgl. *Wolfrum* S. 59.
19 *Jahn* S. 14.
20 *Wolfrum*, Studium Generale Univ. Heidelberg, 2016/17 S. 64 ff.
21 *Toivanen* S. 193 unter Bezugnahme auf Francesco *Capotorti*, Study on Rights of Persons Belonging to Ethnic, Religious and Linguistic Minorities. UN. Doc. E/ CN. 4/ Sub. z/ 384.
22 Auch die Denkschrift der BReg (→ Rn. 2) definiert den Begriff „national" letztlich unter Rückgriff auf die gemeinhin als Charakteristika von „ethnisch" angesehenen Merkmale, ohne dabei den Begriff „ethnisch" allerdings explizit zu nennen.
23 Zu den verschiedenen Begriffsverständnissen vgl. *Kimminich*, S. 61 ff., der den Volksgruppen- und Minderheitenschutz weitgehend als deckungsgleich ansieht, dort S. 70.
24 Vgl. LVerfG SH, Urt. v. 13.9.2013 – LVerfG 9/12, NordÖR 2013, 461, das auch die Bonn-Kopenhagener Erklärungen vom 29.3.1955 einbezieht.
25 *Hilf/Schorkopf* in Grabitz/Hilf/Nettesheim, EUV Art. 2 Rn. 38.
26 BTag-Drs. 13/6912 S. 38 Rn. 12; *Kühl*, Grenzfriedenshefte 2019, S. 3. Zur europarechtlichen Zulässigkeit, den Begriff der „nationalen Minderheit" gesetzlich nicht zu definieren EuGH Urt. v. 17.2.2004 – 44158/98, NVwZ 2006, 65.
27 BTag-Drs. 13/6912 S. 21.
28 So ausdrücklich Art. 18; Zur Kritik an dieser Voraussetzung *Arnauld*, S. 112 ff.; *Schwarz*, S. 112.
29 Die Voraussetzung der traditionellen Ansiedlung im Bundesgebiet stellt damit den Hauptunterschied zwischen nationalen Minderheiten und Zuwanderern dar, *Baumgart* S. 3; s. auch *Jahn* S. 16 ff.
30 So Vierter Bericht der Bundesrepublik Deutschland gemäß Artikel 25 Absatz 2 des Rahmenübereinkommens des Europarats zum Schutz nationaler Minderheiten, 2014 S. 36; Siehe aber *Haedrich* ZAR 2012, 225 (229 f.).

Unter eine **nationale Minderheit** fallen demnach Personengruppen, die sich von 7
der Mehrheit der Staatsangehörigen durch Charakteristika wie Religion, Sprache oder ethnische Herkunft unterscheiden und diese Charakteristika dauerhaft bewahren wollen.[31] Es geht um die Lage der nationaler Minderheiten, die deutsche Staatsangehörigkeit mit fremder Volkszugehörigkeit verbindet.[32] Die ethnische Herkunft stellt im Gegensatz zur „Rasse" nicht auf vermeintlich lebenslängliche und vererbliche Merkmale einer Person ab, sondern beruht auf dem Gedanken, dass gesellschaftliche Gruppen insbesondere durch eine Gemeinsamkeit der Staatsangehörigkeit, Religion, Sprache, kulturelle und traditionelle Herkunft und Lebensumgebung gekennzeichnet sind.[33] Ob eine Ethnie vorliegt, ist hiernach objektiv nach der Verkehrsauffassung und nicht subjektiv zu bestimmen. Die Ethnie umfasst auch als Kriterien die Abstammung, den nationalen Ursprung und das Volkstum.[34] Allein die Herkunft aus bestimmten Landesteilen oder Bundesländern Deutschlands begründet keine ethnische Herkunft, selbst wenn Personen ein bestimmtes lokales Zusammengehörigkeitsgefühl oder einen bestimmten Dialekt sprechen.[35] Das Merkmal des Heimischseins in Deutschland schließt Touristen oder aus anderem Grunde nur vorübergehend in Deutschland Weilende aus.[36] Danach fallen unter das Übereinkommen die Dänen, Friesen, Sorben; es wird auch auf die heimischen Volksgruppen der Friesen deutscher Staatsangehörigkeit angewendet.[37] All dies hat für MV keine Bedeutung.[38] Allerdings werden wegen ihrer besonderen Lebensweise[39] auch deutsche **Sinti und Roma** als nationale Minderheiten angesehen, obwohl für sie das fünfte Definitionsmerkmal nicht zutrifft.[40] Die **jüdische Gemeinschaft** in Deutschland betrachtet sich nicht als Minderheit, sondern als Glaubensgemeinschaft.[41]

Art. 3 Abs. 1 des Rahmenübereinkommens bestimmt, dass jede Person, die einer 8
nationalen Minderheit angehört, das Recht hat, **frei zu entscheiden**, ob sie als solche behandelt werden möchte oder nicht; aus dieser Entscheidung oder der Ausübung der mit dieser Entscheidung verbundenen Rechte dürfen ihr keine Nachteile erwachsen.[42] Das gilt auch für Art. 18. Der Staat ist kann nicht anhand objektiver Kriterien (etwa Sprache) prüfen, ob der Betroffene sich (zu

---

31 *Mohr* in Franzen/Gallner/Oetker GRC Art. 21 Rn. 21; *Jarass*, Charta der Grundrechte der EU, 4. Aufl. 2021 Art. 21 Rn. 21.
32 BVerf, Urt. v. 23.1.1957 – 2 BvE 2/56, BVerfGE 6, 84.
33 EuGH Urt. v. 16.7.2015 – C-83/14, EuGRZ 2105, 482, Rn. 46 – Gemeinschaft der Roma.
34 *Mohr* in Franzen/Gallner/Oetker GRC Art. 21 Rn. 62; *Lasserre* NZA 2022, 302.
35 *Mohr* in Franzen/Gallner/Oetker GRC Art. 21 Rn. 63.
36 *Arnauld* S. 115.
37 Dazu *Wolf* APuZ 11–12/2017, 16 ff.
38 Bedenken zum realen Anwendungsbereich des Art. 18 daher bei *Classen* HGR VIII Rn. 58.
39 die allerdings nicht für alle Gruppen zutrifft, *Schwarz* S. 114; das fordert auch das Rahmenabkommen (→ Rn. 2), *Becker* HGR VIII § 259 Rn. 41.
40 Die Bundesregierung hat in ihrer Erklärung zum Rahmenübereinkommen des Europarates zum Schutz nationaler Minderheiten vom 1.2.1995 (BGBl. 1997 II, S. 57) auch die Sinti und Roma nationalen Minderheiten zugeordnet, BT-Drs. 13/6912, S. 18. Zu den Minderheitsrechten in Deutschland *Pfahl* in Pan/ Pfahl, S. 110; *Anrnauld* S. 113 f.; *Wolfrum*, Studium Generale Univ. Heidelberg, 2016/17 S. 78 f.
41 Zweiter Bericht der Bundesrepublik Deutschland gemäß Artikel 25 Abs. 2 des Rahmenübereinkommens des Europarats zum Schutz nationaler Minderheiten, 2004 S. 5.
42 *Elle* S. 21 f.; *Beaucamp/Meßerschmidt* ZaöRV 2003, 779 (783).

Recht) einer Minderheit zugehörig ansieht.[43] Objektive Faktoren können indes als Korrektiv dienen.[44]

9 Gleichwohl ist der Anwendungsbereich des Art. 18 **weiter zu fassen**, als das Rahmenabkommen gebietet. Im Bericht der Verfassungskommission heißt es: *„Mit der Aufnahme dieser Bestimmung trägt die Verfassungskommission auch der bevölkerungspolitischen Entwicklung Rechnung. Neben bereits im Lande lebenden Minderheiten und Volksgruppen ist insbesondere mit deutschstämmigen Einwanderern aus dem osteuropäischen Raum zu rechnen, die deutsche Staatsbürger werden."*[45] Letzteren fehlt auch das Merkmal, dass sie traditionell in Deutschland heimisch sind. Sie leben hier auch nicht in angestammten Siedlungsgebieten. Erfasst werden von Art. 18 mithin Sinti und Roma und andere fahrenden Volksgruppen sowie solche Personen, die die deutsche Staatsbürgerschaft haben.[46] Umfasst sind daher auch solche, die Deutsche gem. Art. 116 GG oder deutscher Volkszugehöriger (vgl. § 6 BVFG)[47] sind.[48] Daher sind von Art. 18 neben den erwähnten deutschen Einwanderern aus dem osteuropäischen Raum sind auch solche aus anderen Gebieten erfasst, die die Merkmale (1) bis (3) (→ Rn. 6) erfüllen. Diese Regelung ist auch nicht sinnlos, weil diese Bevölkerungsgruppen aus ihrer alten Heimat auch kulturelle Eigenarten mitgebracht haben, die sie zu erhalten bestrebt sind.[49] Der Wortlaut der Vorschrift umfasst auch eingebürgerte Immigranten[50], eine solche Auslegung würde aber dem eindeutigen Willen der Verfassungsgebers widersprechen.

### IV. Besonderer Schutz des Landes

10 Der mit Art. 18 gewährleistete Minderheitenschutz durch das **Land** (→ Vor Art. 11 Rn. 7) betrifft die kulturelle Eigenständigkeit.[51] Er fordert damit eine Bewahrung und Sicherung der identitätsstiftenden kulturellen Eigenheiten und eine Sicherung der Grundlagen, auf denen die Kultur und das Selbstverständnis der Angehörigen der Minderheit fußen. Nur so kann dem **Assimilierungsdruck** durch die Mehrheit und deren Lebensweise **entgegenwirkt** werden. Angehörigen einer ethnischen Minderheit können vielfach ihre Identität, Sprache, Kultur und Lebensweise gegenüber der Mehrheit auf Dauer nicht oder doch nicht aus eigener Kraft bewahren. Wirksamer Minderheitenschutz kann sich deshalb nicht darin erschöpfen, die Angehörigen der Minderheit im Rechtssinne gleich zu behandeln (vgl. Art. 19 des Rahmenabkommens). Das Land ist durch Art. 18 aufgerufen, aktiv für einen wirksamen und angemessenen Schutz der Minderheit einzutreten und diesem Belang v.a. bei gesetzgeberischen Entscheidungen einen hohen Stellenwert beizumessen.[52] Der Kreis der möglichen Maßnahmen ist weit;[53] dem in Artt. 5 ff. des Rahmenabkommens genannten Katalog kommt da-

---

43 Vgl. *Becker* in ders./Brüning Art. 6 Rn. 19.
44 *Hofmann* APuZ 11–12/2017 S. 8; *Becker* in HGR VIII § 259 Rn. 38; vgl. auch BVerfG Beschl. v. 3.4.2020 – 2 BvR 1838/15, NVwZ 2020, 950 zur Prüfung der Religionszugehörigkeit in Asylverfahren.
45 Kommissionsbericht LT -Drs. 1/3100 S. 112.
46 Zur Problematik *Beaucamp/Meßerschmidt*, ZaöRV 2003, 779 (783 f.); *Bäcker* in: Becker/Brüning Art. 6 Rn. 6.
47 Dazu BVerwG Urt. v. 29.10.2019 – 1 C 43/18, BVerwGE 167, 9 mAnm *Fricke*, jurisPR-BVerwG 4/2020 Anm. 1; zudem *Fleuß*, jurisPR-BVerwG 3/2022 Anm. 2.
48 Zu deutschen Aussiedlern als Minderheit *Jahn* S. 11 f.
49 AA *Schütz* in Vorauflage Rn. 32.
50 *Pellek* S. 609.
51 *Classen* HGR VIII Rn. 58.
52 Vgl. VerfG Bbg Urt. v. 18.6.1998 – 27/97, LVerfGE 8, 97 mwN.
53 *Arnauld* S. 116 f.

bei eine besondere Bedeutung zu.[54] Nach Art. 5 Abs. 1 des Rahmenabkommens verpflichten sich die Vertragsparteien namentlich, die Bedingungen zu fördern, die es Angehörigen nationaler Minderheiten ermöglichen, ihre Kultur zu pflegen und weiterzuentwickeln und die wesentlichen Bestandteile ihrer Identität, nämlich ihre Religion, ihre Sprache, ihre Traditionen und ihr kulturelles Erbe zu bewahren. Fördermaßnahmen können Schulunterricht in der Minderheitensprache und Zweisprachigkeit bei den Orts- und Straßenschildern sein. Hinsichtlich der Fahrenden (Sinti und Roma) sind die Mitgliedstaaten insbesondere verpflichtet, Abstellplätze zur Verfügung zu stellen und die Bedürfnisse der Fahrenden in die Planungspolitik zu integrieren.[55] Hier gewinnen grds. auch die Grundsätze der Charta der Regional- oder Minderheitensprachen (1992) Bedeutung.[56]

Damit ist Art. 18 vom Gedanken der Anerkennung und Bewahrung der Polyethnizitat der Gesellschaft bestimmt. Es darf mithin keine **Assimilation** als allmähliche Angliederung an die übrige Mehrheitsbevölkerung um den Preis der Aufgabe von Sprache und Kultur und unter dem damit einhergehenden Anpassungsdruck an Verhaltensmuster der Mehrheit oder dominierenden Bevölkerungsgruppe angestrebt werden.[57] Allerdings hindert dies nicht die freiwillige wechselseitige Assimilation.[58] Hier wird die Minderheit als solche akzeptiert und aktiv in die Gesellschaft mit einbezogen.[59] Bei alledem ist das besondere Spannungsfeld zwischen einer Stärkung von Minderheitenrechten und dem Diskriminierungsverbot zu beachten und in einen Ausgleich zu bringen.[60] Davon zu unterscheiden ist die zu erwartende **Integration** in das Gemeinwesen (s. auch Art. 5 Abs. 2 Rahmenabkommen),[61] insbesondere in die verfassungsrechtliche Grundordnung nach dem GG und der LV.[62]

## V. Schrifttum

*Andreas von Arnauld*, Minderheitenschutz im Recht der Europäischen Union, in: AVR 42 (2004), S. 111 ff.; *Guy Beaucamp/Klaus Meßerschmidt*: Minderheitenschutz in den baltischen Staaten und in der Bundesrepublik Deutschland – ein Rechtsvergleich im Überblick, ZaöRV 2003, 779; *Nathalie Baumgart*, Alte und neue Minderheiten – Wahrung und Erhaltung der eigenständigen Identität durch das Recht, 2020 – https://www.uni-frankfurt.de/94193835.pdf; *Martina Haedrich*, Integration durch völkerrechtlichen Minderheitenschutz?, ZAR 2012, 225; *Rainer Hofmann*, Minderheitenschutz in Europa. Überblick über die völker- und staatsrechtliche Lage, in: ZaöRV 52 (1992), S. 1 ff.; *ders.*, Minderheiten in Europa – Entwicklung und aktueller Stand, APuZ 11–12/2017, 9; *Egbert Jahn*, Ethnische, religiöse und nationale Minderheiten: Begriffe und Statusoptionen, Osteuropa 57 (2007), 7; *Jørgen Kühl*, Intention, Identifikation und Identität, Zum Begriff der nationalen Minderheit in Europa und der Bundesrepublik Deutschland, Grenzfriedenshefte 2019, 3; *Dieter Kugelmann*, Minderheitenschutz als Menschenrechtsschutz, in: AVR 39 (2001), S. 233 ff.; *Detlef*

---

54 Übersicht bei *Hofmann* APuZ 11–12/2017, 11 ff.
55 Vgl. Schweizerisches BG, Urt. v. 29.4.2020 – 1C_181/2019.
56 Europäische Charta der Regional- und Minderheitensprache des Europarates v. 5.11.1992, BGBl. II 1998, S. 1314 ff.
57 *Schneider* ZAR 2011, 8 (10).
58 Vgl. *Jahn* S. 23 f.
59 Zu den Unterschieden von Assimilation und Integration *Riebel* Fn. 35.
60 Vgl. *Calliess* in ders./Ruffert, EU-Vertrag (Lissabon), 6. Aufl. 2022, Art. 2 Rn. 29.
61 *Schneider*, ZAR 2011, 8 (10); vgl. auch BayVerfGH, Entsch. v. 3.12.2019 – Vf. 6-VIII-17, Vf. 7-VIII-17, NVwZ-RR 2020, 273 m. krit. Anm. *Leven/Strahl* ZAR 2020, 41.
62 *Arnauld* S. 115.

*Merten /Hans-Jürgen Papier* (Hrsg.), Handbuch der Grundrechte in Deutschland und Europa, Bd. 8, Landesgrundrechte in Deutschland, 2017 (HGR VIII); *Christoph Pan/Beate Sybille Pfahl*, Minderheitenrechte in Europa – Band 2: Handbuch der europäischen Volksgruppen, 2. Aufl. 2006; *Markus Pallek*, Minderheiten in Deutschland — Der Versuch einer juristischen Begriffsbestimmung, AöR 25 (2000) 587; *Horst Eibe Riedel*, Gruppenrechte und kollektive Aspekte individueller Menschenrechte, in: BerDGVR 33 (1994), S. 49 ff.; *Sabine Riedel*, Ambivalenzen des Minderheitenschutzes: Internationale Organisationen auf dem Prüfstand, Osteuropa, 57 (2007), 47; *Katja Schneider*, Assimilation und Integration – eine Begriffsanalyse aus der Perspektive der Rechtswissenschaft, ZAR 2011, 8; *Norman Weiß*, Völkerrechtlicher Minderheitenschutz und seine Bedeutung für die Bundesrepublik Deutschland in: Heiner Bielefeldt/Jörg Lüer (Hrsg.), Rechte nationaler Minderheiten: Ethische Begründung, rechtliche Verankerung und historische Erfahrung, 2004, 70; *Sonja Wolf*, Zur sozialen und politischen Lage der anerkannten nationalen Minderheiten in Deutschland, APuZ 11–12/2017, 16; *Edgar Wolfrum*, Minderheiten und Bürgerrechte in Europa, Studium Generale Univ. Heidelberg, Ausgabe 2016/17 S. 64 ff.

### Art. 18a (Friedensverpflichtung, Gewaltfreiheit)

(1) Alles staatliche Handeln muss dem inneren und äußeren Frieden dienen und Bedingungen schaffen, unter denen gesellschaftliche Konflikte gewaltfrei gelöst werden können.

(2) Handlungen, die geeignet sind und in der Absicht vorgenommen werden, das friedliche Zusammenleben der Völker oder der Bürger Mecklenburg-Vorpommerns zu stören und insbesondere darauf gerichtet sind, rassistisches oder anderes extremistisches Gedankengut zu verbreiten, sind verfassungswidrig.

Vergleichbare Regelungen:
*Zu Abs. 1:* Präambel BWVerf. Präambel BaVerf; Präambel BremVerf.; Art. 1 Abs. 2 BgbVerf.; Präambel HmbVerf.; Art. 69 Abs. 1 HessVerf.; Präambel Verf. NW; Präambel SächsVerf.; Präambel Verf. LSA; Präambel ThürVerf.
*Zu Abs. 2 :* Artt. 7a BbgVerf, vgl. auch 30 Abs. 1 VvB.

| | | | |
|---|---|---|---|
| I. Allgemeines | 1 | III. Absatz 2 | 9 |
| 1. Entstehung der Norm | 1 | 1. Rechtscharakter der Norm | 9 |
| 2. Systematik der Norm | 3 | 2. Die nach Abs. 2 verbotenen | |
| 3. Verhältnis zum Grundgesetz | 4 | Handlungen im Einzelnen | 10 |
| II. Absatz 1 | 5 | IV. Schrifttum | 15 |

### I. Allgemeines

**1. Entstehung der Norm.** Art. 18a wurde durch Gesetz vom 3.12.2007 in die Verfassung aufgenommen. Ausgelöst wurde das Gesetzgebungsverfahren durch eine im Juni 2007 beim Landtag eingereichte **Volksinitiative** nach Art. 59. Diese hatte deutlich weitergehendere und konkretere Ziele verfolgt. So bezog sich ein geplanter Abs. 2 allein auf nationalsozialistisches Gedankengut. Ein Abs. 3 enthielt spezifische Regelungen gegen Vereinigungen, die „systematisch und nachhaltig in ihren Zielen und Programmen die Menschenwürde angreifen oder in dieser Weise durch ihre Tätigkeit gegen die Grundsätze eines offenen und gewaltlosen Willensbildungsprozesses verstoßen." Zudem enthielt ein Abs. 4 einen Gesetzgebungsauftrag. Zur Begründung wurde auf die Zunahme rechtsextremistischen Gedankengutes und das aggressive Auftreten rechtsextremistischer

Strukturen verwiesen.[1] In der Sache spielte wohl nicht zuletzt die erstmalige Wahl von Abgeordneten der NPD in den Landtag im Herbst 2006 eine Rolle.

Im **parlamentarischen Gesetzgebungsverfahren** wurde der Gehalt des Vorschlags **deutlich reduziert**.[2] Mit dem Wegfall der Strafandrohung und den Regelungen zu Vereinigungen sollten vor allem **Kompetenzkonflikte** mit dem Bund **vermieden** werden. Dies war plausibel, denn auch die Landesverfassung darf kein nach Art. 31 GG nichtiges Recht enthalten.[3] Zudem wurde die systematische Stellung der Norm verändert: die ursprünglich als Art. 10a und damit – sachlich verfehlt – formal als Grundrecht zu qualifizierende Bestimmung wurde nunmehr – jedenfalls mit Blick auf Abs. 1 zu Recht[4] – in den Abschnitt über die Staatszielbestimmungen aufgenommen. Im Übrigen ist den Gesetzgebungsmaterialien wenig zur inhaltlichen Bedeutung der Norm entnehmen. Diskutiert wurde vor allem, ob und inwieweit Änderungen gegenüber der Volksinitiative notwendig seien, nicht aber über die erhalten gebliebenen Inhalte, und die Initiative ihrerseits hatte ihr Anliegen auch nur sehr knapp begründet. 2

**2. Systematik der Norm. Abs. 1** richtet sich an die **staatlichen Organe** und verpflichtet diese zunächst selbst unmittelbar auf das Schutzgut der Norm, den inneren und äußeren Frieden. Zudem werden die staatlichen Organe verpflichtet, ihren Beitrag dazu zu leisten, dass sich die gesellschaftlichen Akteure jedenfalls dem inneren Frieden verpflichtet fühlen. **Abs. 2** richtet sich dann unmittelbar **auch an Private** und qualifiziert bestimmte Verhaltensweisen als verfassungswidrig. Dabei besteht zwischen Abs. 1 und 2 inhaltliche Parallelität – der innere Frieden nach Abs. 1 deckt sich mit dem friedlichen Zusammenleben der Bürger nach Abs. 2, und der äußere Frieden nach Abs. 1 entspricht dem friedlichen Zusammenleben der Völker nach Abs. 2. 3

**3. Verhältnis zum Grundgesetz.** Abs. 2 lehnt sich ersichtlich an **Art. 26** GG an. Allerdings geht die Norm insofern weiter, als das Grundgesetz an dieser Stelle nur den äußeren, die Landesverfassung hingegen auch den inneren Frieden im Auge hat. Abs. 1 findet als solcher keine Parallele auf Bundesebene, doch gilt die Aussage selbstverständlich dort ebenfalls. 4

## II. Absatz 1

Adressat der Verpflichtungen aus Abs. 1 sind – wie bei fast allen Staatszielbestimmungen (→ Vorb. Art. 11 Rn. 8) – sämtliche Verfassungsorgane und alle sonstigen Stellen des Landes Mecklenburg-Vorpommern. Mit dem in Satz 1 genannten (inneren und äußeren) **Frieden** wird auf einen ausgesprochen umstrittenen Begriff abgestellt. Herkömmlich wird[4] unterschieden zwischen dem **negativen** Frieden, der Abwesenheit von Gewalt, und dem **positiven** Frieden, dem Bestehen einer gerechten Ordnung, die jedermann Entfaltungsfreiheit und ein Mindestmaß an Teilhabe am gesellschaftlichen Leben ermöglicht. Diese Kategorien wurden zunächst im Kontext der **internationalen Beziehungen** entwickelt.[5] Dabei wirft die Garantie des negativen Friedens kaum Fragen auf. Mit Blick 5

---

1 Siehe im Einzelnen LT-Drs. 5/640.
2 Die Diskussionen und Überlegungen sind im Einzelnen dokumentiert in der LT-Drs. 5/1003. Zur Kritik am Entwurf auch *Erbguth* LKV 2008, 440 (442).
3 *Classen,* Landesverfassungsrecht, in: Classen/Lüdemann (Hrsg.), Landesrecht Mecklenburg-Vorpommern, § 1 Rn. 3; siehe auch → Art. 1 Rn. 5, 9.
4 *Erbguth* LKV 2008, 440; *Bauer* DÖV 2015, 1 (6).
5 Siehe die Darstellung in den Kommentierungen zu Art. 26 GG etwa *Fink*, in von Mangoldt/Klein/Starck, Art. 26 Rn. 10 f.; *Pernice*, in Dreier, Art. 26 Rn. 15; ferner *Proelß,* Das Friedensgebot des Grundgesetzes, HdbStR Bd. XI, 3. Aufl. 2013, § 227.

auf den positiven Frieden ist zu Art. 39 UN-Charta und Art. 26 GG anerkannt, dass dieser zwar erfasst wird, aber nur mit einem Kernbestand wie der Wahrung grundlegender Menschenrechte und der Achtung des Selbstbestimmungsrechts.[6]

6 Mit diesem Gehalt lässt sich der Friedensbegriff auch auf die **inneren Verhältnisse** übertragen und damit auf das in Abs. 2 erwähnte friedliche Zusammenleben der Bürger. In der Sache lässt sich so eine Verbindung herstellen zu den formellen und materiellen Elementen der Rechtsstaatlichkeit (→ Art. 2 Rn. 17 ff.), die so vorliegend bereichsspezifisch konkretisiert wird. Die notwendige Abgrenzung von anderen Staatszielbestimmungen fordert hier aber erst recht Zurückhaltung.

7 Eine wesentliche Bedingung des inneren Friedens stellt die **gewaltfreie Lösung von Konflikten** in der Gesellschaft dar. Mit dem Begriff der **Gewalt** wird ein weiterer recht **umstrittener Begriff** verwendet: erfasst er jenseits physischen Zwangs auch sonstige physisch und psychisch wirkende Maßnahmen? Der systematische Zusammenhang der beiden Aussagen von Abs. 1 gebietet keine Reduktion auf physische Gewalt, sondern zielt auf jede Form unzulässiger Zwangswirkung; die Fixierung in Abs. 2 auf politische Motivationen – entstehungsgeschichtlich wie erwähnt von Bedeutung – spielt dagegen hier keine Rolle. Demgegenüber kann man die in Abs. 2 enthaltenen Konkretisierungen durch die Hinweise auf Rassismus und sonstigen Extremismus durchaus auch für Abs. 1 fruchtbar machen. Mit der ausdrücklichen Fokussierung auf „gesellschaftliche" Konflikte wird zudem deutlich gezeigt, dass die Norm auch zwangsweiser staatlicher Rechtsdurchsetzung keine Grenzen setzt.

8 Abs. 1 unterscheidet sich von den anderen Staatszielen, die jeweils auf einen bestimmten Politikbereich abzielen, durch seinen inhaltlich **wenig spezifischen Gehalt**; anderes wäre auch mit der umfassenden Bindung („alles staatliche Handeln") nicht vereinbar. Allerdings ist staatliche Politik insoweit, also mit Blick auf das Ziel gewaltfreier Konfliktlösung, vielfach schlicht irrelevant. Zugleich darf dieses Problem nicht Anlass sein, die Bestimmung normativ völlig zu entwerten. Entscheidend ist wohl, dass es nicht nur um die Unterbindung von Gewalt geht, sondern der **Prävention** ein **besonderes Augenmerk** zu gelten hat. Dabei kommt den in Abs. 2 enthaltenen Konkretisierungen (→ Rn. 10 ff.) ein besonderes Gewicht zu. Zugleich steht den politischen Organen bei der Erfüllung des Ziels ein **Beurteilungs- und Einschätzungsspielraum** zu, der noch einmal größer ist als bei den anderen Staatszielbestimmungen.

### III. Absatz 2

9 **1. Rechtscharakter der Norm.** Abs. 2 ist Art. 26 GG nachgebildet.[7] Es handelt sich hier also nicht im eigentlichen Sinne um ein Staatsziel.[8] Vielmehr wird verfassungsmäßig ein **unmittelbar wirkendes Verbot** statuiert. Die Verwendung der Bezeichnung „verfassungswidrig" statt „rechtswidrig" hebt dabei die besondere Bedeutung der Pflicht hervor, ohne an der Wirkkraft des Verbots etwas zu ändern. Konkrete Rechtsfolgen für Private können sich ohnehin erst aus der Verbindung mit anderen Normen ergeben – wird die Vorgabe missachtet, können die Polizeibehörden auf der Grundlage der entsprechenden Ermächtigungen des SOG tätig werden, sind entsprechende privatrechtliche Verträge nach § 134

---

6 *Fink*, in von Mangoldt/Klein/Starck, Art. 26 Rn. 17 mit Hinweis auch auf das Verständnis von Art. 39 UN-Charta, wo gleichfalls der Begriff des Friedens verwendet wird.
7 Kritisch zu dieser Parallelisierung wegen des erheblichen Unterschieds im Unrechtsgehalt *Bauer* DÖV 2015, 1 (7).
8 *Bauer* DÖV 2015, 1 (7).

BGB nichtig usw.[9] Art. 18a wirkt auch bei der Auslegung der Grundrechte begrenzend. Dem steht Art. 142 GG nicht entgegen. Für den äußeren Frieden gilt dies schon wegen der Parallelgarantie des Art. 26 GG. Hinsichtlich des inneren Friedens ergibt sich dies aus der im Lichte von Art. 5 Abs. 1 GG gebotenen engen Auslegung der Norm (→ Rn. 12 f.).

**2. Die nach Abs. 2 verbotenen Handlungen im Einzelnen.** Abs. 2 zielt wie Abs. 1 auf den inneren wie den äußeren Frieden (zur Parallelität → Rn. 6), nur dass hier die Reihenfolge beider im Normtext – ohne praktische Bedeutung – vertauscht ist. Der äußere Frieden ist schon zur Vermeidung von Normkonflikten (vgl. Art. 31 GG) wie in Art. 26 GG auszulegen („friedliches Zusammenleben der Völker"); nur fehlt die explizite Verankerung des Verbots der Führung eines Angriffskrieges.

Weiterhin schützt die Norm mit dem inneren Frieden auch das friedliche Zusammenleben der „**Bürger**". Unter diesen sind hier wie an den anderen Stellen der Verfassung (etwa Art. 35 ff.) und in gewissem Gegensatz zu gelegentlich sonst üblichen Begrifflichkeiten alle Menschen gemeint, die im Land leben. Im Kontext von Art. 35 macht dies insbesondere der Zusammenhang mit Art. 10 LV deutlich. Die Begründung der Volksinitiative hatte sogar explizit ua ausländerfeindliches Gedankengut erwähnt. Trotzdem ist die Begriffswahl unglücklich, weil an sich – vom gewählten Wortlaut her jedoch schwer fassbar – auch ausländische Besucher geschützt werden müssten. Immerhin wird durch Art. 5 Abs. 2 Hs. 2 ein gewisser Schutz auch insoweit verfassungsrechtlich garantiert (→ Art. 5 Rn. 7).

Zur der Konkretisierung dessen, was unter „**innerem Frieden**" zu verstehen ist,[10] können die zwei explizit benannten potenziellen Störungen herangezogen werden. „**Rassistisches**" Gedankengut liegt im Anschluss an Art. 3 Abs. 3 GG vor, wenn eine bestimmte, durch wirklich oder vermeintlich vererbbare Merkmale gekennzeichneten Gruppe von Menschen als minderwertig angesehen oder sonstwie diskriminiert wird.[11] Verbreitung ist die Weitergabe an einen größeren Personenkreis. Insgesamt kann auch an § 130 StGB angeknüpft werden. Ergänzend sind die internationalen Verpflichtungen des Staates zur Bestrafung der Verbreitung rassistischer Ideen zu erwähnen.[12] Die Meinungsfreiheit (Art. 5 Abs. 1 GG) legt eine enge Auslegung der Norm nahe. Art. 18a bringt daher „nicht das von vielen erhoffte ‚scharfe Schwert' gegen (rechts)extremistisches Handeln."[13]

„Extremistisch" ist nur Gedankengut, das auf eine **fundamentale Ablehnung des demokratischen Verfassungsstaates** abzielt. Allerdings wird die Verbreitung des

---

9 *Fink*, in von Mangoldt/Klein/Starck, Art. 26 Rn. 46; *Bauer* DÖV 2015, 1 (7).
10 Wegen unzureichender Bestimmtheit wird die Norm für verfassungswidrig erachtet von *Bauer* DÖV 2015, 1 (10).
11 Siehe etwa *Starck*, in v. Mangoldt/Klein/Starck, Art. 3 Rn. 387; *Heun*, in Dreier, Art. 3 Rn. 129.
12 Siehe insbesondere Art. 4 lit. a des Internationalen Übereinkommens zur Beseitigung jeder Form von Rassendiskriminierung vom 7.3.1966 (BGBl. 1969 II 962) und dazu die sehr weitgehende, auf eine Abwägung der Meinungsfreiheit verzichtende Entscheidung des UN-Rassendiskriminierungsausschusses 48/2010 vom 26.3.2010 (EuGRZ 2013, 266) zum Fall Sarrazin; zur Kritik *Tomuschat* EuGRZ 2013, 262; *Payandeh* JZ 2013, 980. Siehe ferner das in Art. 20 des Internationalen Paktes über bürgerliche und politische Rechte vom 19.12.1966 (BGBl. 1973 II 1534) enthaltene Gebot, jedes Eintreten für nationalen, rassischen oder religiösen Hass, durch das zu Diskriminierung, Feindseligkeit oder Gewalt aufgestachelt wird, durch Gesetz zu verbieten.
13 *Erbguth* LKV 2008, 440 (443).

im Vorschlag der Volksinitiative erwähnten nationalsozialistischen Gedankenguts durch Art. 5 Abs. 1 GG geschützt, obwohl es eine „radikale Infragestellung der geltenden Ordnung" beinhaltet.[14] Und ein generelles Verbot der Verbreitung extremistischen Gedankenguts wird von den Schranken der Meinungsfreiheit nicht abgedeckt. „Die mögliche Konfrontation mit ... Meinungen, ... selbst wenn sie auf eine prinzipielle Umwälzung der geltenden Ordnung gerichtet sind, gehört zum freiheitlichen Staat." Der Schutz vor „Vergiftung des geistigen Klimas" stellt keinen Eingriffsgrund dar.[15] Ein wörtliches Verständnis der Verfassungsnorm führte also zu einem **Konflikt mit dem Grundgesetz**.[16] Gleiches gilt für die Veranstaltung von Versammlungen mit „extremistischer" Ausrichtung, die durch Art. 8 GG geschützt werden. Der Konflikt kann jedoch in beiden Fällen durch Berücksichtigung der Konkretisierungsfunktion der Aussage mit Blick auf das zuvor in der Norm erwähnte „friedliche Zusammenleben" und damit hinsichtlich des (öffentlichen) Friedens **vermieden** werden. Danach werden nur Äußerungen erfasst, die „ihrem Inhalt nach erkennbar auf rechtsgutgefährdende Handlungen hin angelegt sind, das heißt den Übergang zu Aggression oder Rechtsbruch markieren." Das Gedankengut muss also „bei den Angesprochenen Handlungsbereitschaft auslösen oder Hemmschwellen herabsetzen oder Dritte unmittelbar einschüchtern."[17] Nur die Vereinigungsfreiheit (Art. 9 GG) steht unter Schranken, die sich mit Art. 18a decken.[18]

14 Schließlich muss das Handeln sowohl objektiv („Eignung") als auch subjektiv („Absicht") die soeben dargestellten Voraussetzungen erfüllen. Erforderlich ist also insbesondere eine hinreichend konkrete Gefährdung des friedlichen Zusammenlebens.[19]

### IV. Schrifttum

15 *Hartmut Bauer,* Antirassismus-Novellen im Landesverfassungsrecht, DÖV 2015, 1 ff.; *Wilfried Erbguth,* Neuer „Antifa-Artikel": Anmerkungen zu Art. 18a Landesverfassung Mecklenburg-Vorpommern, LKV 2008, 440 ff.

### Art. 19 (Initiativen und Einrichtungen der Selbsthilfe)

(1) Land, Gemeinden und Kreise fördern Initiativen, die auf das Gemeinwohl gerichtet sind und der Selbsthilfe sowie dem solidarischen Handeln dienen.

(2) Die soziale Tätigkeit der Kirchen, der Träger der freien Wohlfahrtspflege und der freien Jugendhilfe wird geschützt und gefördert.

| | | | |
|---|---|---|---|
| I. Vorbemerkung .................... | 1 | III. Träger der freien Wohlfahrtspflege, Jugendhilfe und Kirchen (Abs. 2) ............................ | 8 |
| II. Förderung von Initiativen (Abs. 1) | 2 | | |
| 1. Initiativen ..................... | 2 | | |
| 2. Förderung ..................... | 7 | IV. Schrifttum ........................ | 10 |

---

14 BVerfGE 124, 300 (320 f.).
15 BVerfGE 124, 300 (334).
16 Für grundgesetzwidrig erachtet die Norm daher *Bauer* DÖV 2015, 1 (10).
17 BVerfGE 124, 300 (335); siehe ferner BVerfG, B. v. 19.05.2020, 1 BvR 23459/19. Vgl. auch *Iwers*, in Lieber/Iwers/Ernst, Art. 19 Anm. 4, der zum, ähnlich problematischen, aber nicht ganz so weit formulierenden Art. 29 Abs. 2 S. 2 BgbVerf einen „stillschweigend mitgedachten Vorbehalt im Sinne der angesprochenen Judikatur des BVerfG" annimmt. Nicht problematisiert bei *Erbguth* LKV 2008, 440 (441).
18 *Erbguth* LKV 2008, 440 (441).
19 Vgl. auch *Fink*, in: von Mangoldt/Klein/Starck, Art. 26 Rn. 27 f.

## I. Vorbemerkung

Mit diesen Regelungen wird die Bedeutung von Initiativen und Einrichtungen der Selbsthilfe unterstrichen. Diese aus dem Kreis der Bürger getragenen Selbsthilfeaktionen sind für ein funktionierendes Gemeinwesen unverzichtbar und durch staatliche Leistungen nur zum Teil ersetzbar.[1] Selbsthilfe wird im Übrigen auch von der Rechtsordnung vorausgesetzt. Maßgebliche staatliche Sozialleistungen namentlich nach dem SGB II und SGB XII können im erwerbsfähigen Alter nur dann in Anspruch genommen werden, wenn die Selbsthilfemöglichkeiten insbesondere in Form der Ausübung einer zumutbaren Erwerbstätigkeit bzw. der Suche nach einer solchen ausgeschöpft worden sind.[2] Gerade hierin finden Freiheit und Würde der Person deutlichen Ausdruck.[3]

## II. Förderung von Initiativen (Abs. 1)

**1. Initiativen.** Eine **Initiative** ist eine Gruppierung von Bürgern, die sich zwischen den Polen Markt und Staat auf der einen Seite und Familie auf der anderen Seite befindet und keine eigenwirtschaftlichen Ziele wie Unternehmen verfolgt und auch keine genuin hoheitlichen Aufgaben wahrnimmt, wie zB die Polizei, und schließlich nicht an eine bestimmte Organisationsform gebunden ist. Die meisten Bürgerinitiativen sind zunächst nur lose Gruppierungen ohne feste Organisationsstrukturen. Erfordert die Durchsetzung des Zieles ein längerfristiges Engagement, bilden sich oft feste Strukturen bis hin zu einer Nonprofit-Organisation, die über eine formalere Organisationsstruktur verfügt. Initiative ist damit mehr als ein vorübergehender Zusammenschluss. Er würde auch eine Förderung, die langfristiger angelegt ist, nicht rechtfertigen. Angesprochen ist die **Zivilgesellschaft**, dh der Bereich der Gesellschaft, der sich zwischen dem staatlichen, wirtschaftlichen und rein privaten Bereich gebildet hat (NGO = non governmental organisation; Dritter Sektor).[4] Sie haben mehrfache Funktionen: Dienstleistungs-, Themenanwaltschafts-, Wächter-, Selbsthilfe-, Mittler-, Solidaritätsstiftungs- oder Geselligkeitsfunktion, politische Deliberationsfunktion (politische Mitgestaltungsfunktion) und persönliche Selbsterfüllungsfunktion[5].

Es geht um **bürgerschaftliches Engagement**: Dieses ist freiwillig, nicht auf materiellen Gewinn gerichtet, gemeinwohlorientiert, findet öffentlich bzw. im öffentlichen Raum statt und wird in der Regel gemeinschaftlich bzw. kooperativ ausgeübt. Die Bereiche sind vielfältig: Umweltschutz, Menschenrechte, karitative Tätigkeiten (Kranken- und Altenpflege einschließlich Hospizdienst, Hilfe für Familien in Not, Betreuung von Gefangenen).

Die Initiative muss auf das **Gemeinwohl** gerichtet sein. Es muss um das Gemein- oder Gesamtinteresse der Gesellschaft gehen, nicht um ein Individual- oder Gruppeninteresse (Eigeninteressen). Dabei ist aber zu sehen, dass in pluralistischen, offenen Gesellschaften die konkrete inhaltliche Bestimmung des Gemeinwohls immer von den Interessen und Zielen derjenigen abhängig ist, die sich auf das Gemeinwohl berufen und es bestimmen (wollen) und/oder derjenigen, denen die Verwirklichung des Gemeinwohls nutzt.

Die Initiative soll der **Selbsthilfe** dienen. Davon umfasst sind einerseits Selbsthilfegruppen. Sie sind selbstorganisierte Zusammenschlüsse von Menschen, die

---

1 Kommission, Verfassungsentwurf, S. 115.
2 LSG Nds.-Bremen 13.4.2011 – L 2 EG 20/10.
3 BVerwG Urt. v. 10.5.1967 – 5 C 150.66, BVerwGE 27, 58.
4 *Röbke*, passim.
5 Im Einzelnen *Strachwitz/Priller/Triebe* S. 174 ff.

das gleiche Problem haben und selbst etwas dagegen unternehmen möchten, etwa chronische oder seltene Krankheiten oder Lebenskrisen. Selbsthilfegruppen dienen der Information von Betroffenen und Angehörigen sowie praktischer Lebenshilfe. Andererseits soll besonders die Unterstützung zur Selbsthilfe gefördert werden, indem Menschen in Problemlagen befähigt werden, selbstständiger zu leben[6].

6 Die Initiative soll schließlich dem **solidarischen Handeln** dienen. Solidarisches Verhalten bedeutet Pflichterfüllung, loyalen Einsatz für das Ziel und das Zurückstellen eigener Interessen, Wünsche und Ansichten. Solidarität meint insbes. die Bereitschaft, anderen in Notsituationen moralisch oder materiell zu helfen, und die Mitmenschlichkeit, die dem zu Grunde liegt.[7] Solidarisches Handeln geschieht häufig in Gruppen, häufig auch gegenüber Menschen, die man nicht kennt, die jedoch von den Folgen des eigenen Handelns betroffen sind, auch wenn sie weit entfernt vom solidarisch Handelnden leben oder erst in der fernen Zukunft von seinem Handeln betroffen sind. Für solidarisches Handeln ist die Erwartung, dass es, längerfristig und systemisch betrachtet, auf Gegenseitigkeit beruht, zwar typisch. Es kann aber auch altruistisch, aus Solidarität mit der Menschheit, unterdrückten Personengruppen oder anderen Menschen in Problemlagen erfolgen, ohne dass vom Gebenden eine spätere Gegenleistung erhofft wird.

7 **2. Förderung.** Da Aufgaben wahrgenommen werden, die auf das Gemeinwohl gerichtet sind und der Selbsthilfe und dem solidarischen Handeln dienen, verankert Abs. 1 die Pflicht von Land, Kreisen und Gemeinden, entsprechende Initiativen zu fördern.[8] Ein Subsidiaritätsprinzip begründet die Förderpflicht nicht. Die **Förderungspflicht** meint über bloßen Schutz oder bloße Gewährleistung hinausgehend primär die Gewährung finanzieller Beihilfen, wobei Art und Umfang der jeweiligen Fördermaßnahmen durch Gesetzgebung und Verwaltung bestimmt werden. Die Art und Weise, wie Land und Kommunen ihre Verpflichtung zur Förderung erfüllen, obliegen ihrer Ausgestaltungsbefugnis. Ein einklagbares Leistungsrecht folgt aus dem verfassungsrechtlichen Fördergebot allein nicht.[9] Erst aus einzelnen Festsetzungen des Gesetzgebers können individuelle Ansprüche der begünstigten Organisationen erwachsen. Allerdings kommt auch die Förderung durch staatliche und kommunale Maßnahmen und Einrichtungen in Betracht. Auch kann der Staat durch öffentliche Information und Beratung sowie der öffentlichen Kommunikation über das freiwillige Engagement fördern.[10] Wesentliches Element ist die Landesverordnung über niedrigschwellige Betreuungsangebote, ehrenamtliche Strukturen und Selbsthilfe sowie Modellvorhaben zur Erprobung neuer Versorgungskonzepte und Versorgungsstrukturen (Unterstützungsangebotelandesverordnung).[11] Eine wichtige Rolle nimmt die Ehrenamtsstiftung M-V ein.

---

6 *Matzat*, selbsthilfegruppenjahrbuch 2019, 154; *Plambeck/Eisenstecken* ua, Zusammenarbeit, S. 15 ff.
7 *Ruland*, Das „Soziale" im Spannungsfeld von Solidarität und Subsidiarität – Jahrestagung des Forschungsnetzwerkes Alterssicherung „Das Soziale in der Alterssicherung am 1. und 2.12.2005 in Erkner, http://forschung.deutsche-rentenversicherung.de/ForschPortalWeb/ressource?key=main_fna_vortrag_jt2005_ruland (Download 3.4.2007).
8 Kommission, Verfassungsentwurf, S. 115.
9 Vgl. OVG Münster Urt. v. 22.11.2006 – 12 A 3045/06 –.
10 Siehe BSFSJ, Freiwilliges Engagement in Deutschland 1999–2004, S. 37.
11 VO vom 16.12.2010 (GVOBl. M-V 2010, 805), zul. geänd. d. VO v. 3.9.2019 (GVOBl. M-V S. 573).

## III. Träger der freien Wohlfahrtspflege, Jugendhilfe und Kirchen (Abs. 2)

Abs. 2 hebt die soziale Tätigkeit der Träger der freien Wohlfahrtspflege und der Jugendhilfe sowie der Kirchen hervor, die geschützt und gefördert wird.[12] Hier handelt es sich um traditionelle **Organisationen**, nicht bloß Initiativen. Die Kirchen und Träger der freien Wohlfahrtspflege[13] engagieren sich im Krankenhaussektor, in der Jugend[14]-, Familien-, Alten-, und Behindertenhilfe sowie den Aus- Fort- und Weiterbildungsstätten für soziale und pflegerische Berufe. Die freie Jugendhilfe zählt zu der freien Wohlfahrtspflege. Indem der Schutz ausdrücklich genannt wird, soll der Staat dazu beitragen, dass diese Organisationen ihre Tätigkeiten zum Wohl der Gesellschaft ausüben können.

8

Die Norm nennt keine **Adressaten**. Es sind hier Land, Gemeinden und Kreise[15] sowie die anderen Träger der öffentlichen Verwaltung angesprochen. Indem neben der Förder- (→ Rn. 7) eine **Schutzpflicht** gestellt ist, wird das besondere Anliegen des Bewahrens dieser Organisationen hervorgehoben. Sie müssen in dem Umfang gefördert werden, dass das Wesen der sozialen Tätigkeiten durch die genannten Organisationen gesichert wäre. Ein Anspruch einer einzelnen Organisation ergibt sich daraus nicht. Hierzu zählt auch das **Subsidiaritätsprinzip** in dem Sinne, dass durch eigene Tätigkeit des Staates nicht bestehendes Engagement in Frage gestellt werden soll.[16]

9

## IV. Schrifttum

*Uwe Berlit*: Sozialstaatliche Gewährleistungsverantwortung der Verwaltung, SRa 2020, 47; *Bundesministerium für Familie, Senioren, Frauen und Jugend* (BFSFJ), Bericht „Freiwilliges Engagement in Deutschland 2019", https://www.dza.de/fileadmin/dza/Dokumente/Forschung/Publikationen%20Forschung/Freiwilliges_Engagement_in_Deutschland_-_der_Deutsche_Freiwilligensurvey_2019.pdf; *Thomas Röbke*, Der Humus der Gesellschaft – Über bürgerschaftliches Engagement und die Bedingungen, es gut wachsen zu lassen, 2021; *Jürgen Matzat*, Selbsthilfe – was es ist, und was es nicht ist in: Deutsche Arbeitsgemeinschaft Selbsthilfegruppen eV, selbsthilfegruppenjahrbuch 2019, 154; *Ina Plambeck/Erich Eisenstecken/Christine Jakob/Mirjam Unverdorben-Beil/Klaus Grothe-Bortlik*, Zusammenarbeit zwischen professionellen Diensten und Selbsthilfe – Ein Leitfaden für die Praxis, 2018; *Rupert Graf Strachwitz/Eckhard Priller/Benjamin Triebe* (Hrsg.), Handbuch Zivilgesellschaft, 2020

10

---

12 Kommission, Verfassungsentwurf, S. 115.
13 *Berlit* SRa 2020, 47 (48 ff.).
14 Zur Jugendhilfe BVerfG Urt. v. 18.7.1967 – 2 BvF 3–8, 139, 140, 334, 335/62, BVerfGE 22, 180.
15 *Welti* KommJur 2006, 281 (284).
16 *Strachwitz/Priller/Triebe* S. 87 ff.

# 2. Abschnitt
# Staatsorganisation

## I. Landtag

### Art. 20 (Aufgaben und Zusammensetzung)

(1) ¹Der Landtag ist die gewählte Vertretung des Volkes. ²Er ist Stätte der politischen Willensbildung. ³Er wählt den Ministerpräsidenten, übt die gesetzgebende Gewalt aus und kontrolliert die Tätigkeit der Landesregierung und der Landesverwaltung. ⁴Er behandelt öffentliche Angelegenheiten.

(2) ¹Der Landtag besteht aus mindestens einundsiebzig Abgeordneten. ²Sie werden in freier, gleicher, allgemeiner, geheimer und unmittelbarer Wahl nach den Grundsätzen einer mit der Personenwahl verbundenen Verhältniswahl gewählt. ³Die in Satz 1 genannte Zahl ändert sich nur, wenn Überhang- oder Ausgleichsmandate entstehen oder wenn Sitze leer bleiben. ⁴Das Nähere regelt das Gesetz.

(3) Sitz des Landtages ist das Schloß zu Schwerin.

Vergleichbare Regelungen:
Artt. 27 Abs. 2 BWVerf; 13 BayVerf; 38 VvB; 55 Abs. 1 BbgVerf; 75 Abs. 1, 83 BremVerf; 6 HambVerf; 75–77 HessVerf; 7 f. NdsVerf; 30 Verf NW; 79 Verf Rh-Pf; 65 f. SaarlVerf; 39 SächsVerf; 41 LVerf LSA; 16 SchlHVerf; 48 ThürVerf.

| | |
|---|---|
| I. Vorbemerkungen .................. 1 | 3. Der Landtag als gesetzgebende Gewalt (Abs. 1 S. 2 2. Halbsatz) ............................ 14 |
| II. Die Rechtsstellung des Landtages 4 | |
| III. Der Landtag als „gewählte Vertretung des Volkes" (Abs. 1 S. 1) ..... 6 | 4. Parlamentarische Kontrolle (Abs. 1 S. 2 3. Halbsatz) ...... 22 |
| IV. Die Aufgaben des Landtages ....... 9 | 5. Behandlung öffentlicher Angelegenheiten (Abs. 1 S. 3) ....... 26 |
| 1. Der Landtag als Stätte der politischen Willensbildung (Abs. 1 S. 2) .................... 9 | V. Abgeordnetenzahl und Wahlsystem (Abs. 2) ....................... 28 |
| 2. Wahl des Ministerpräsidenten, Kreationsfunktion des Landtages (Abs. 1 S. 2 1. Halbsatz) ... 11 | VI. Sitz des Landtags (Abs. 3) ......... 34 |

### I. Vorbemerkungen

1 In Art. 20 LV werden die Aufgaben (Abs. 1), die Zusammensetzung (Abs. 2 S. 1) sowie der Sitz des LT (Abs. 3) und die Wahlgrundsätze (Abs. 2 S. 2) zusammengefasst. Insbes. mit der Ausgestaltung des Art. 20 Abs. 1 LV hat der Verfassungsgeber den durch Art. 28 Abs. 1 GG eingeräumten Gestaltungsspielraum weit ausgeschöpft und damit dem **Funktionswandel der Landesparlamente** in der Staatspraxis weitgehend Rechnung getragen. Während die Volksvertretung in Art. 3 LV noch „als Organ der Gesetzgebung" bezeichnet und insoweit nur in seiner Legislativfunktion angesprochen wird, stellt Art. 20 Abs. 1 LV klar, dass dem Parlament darüber hinaus neben der Kreations- (→ Rn. 11) und Kontrollfunktion (→ Rn. 22) gegenüber der Exekutive, die mit Verfassungsrang ausgestattete Aufgabe zukommt, politische Prozesse transparent und öffentlich zu machen. In der Funktion des LT als Stätte der politischen Willensbildung und als Ort der Behandlung öffentlicher Angelegenheiten manifestiert sich der Wille des Verfassungsgebers, das Parlament zusätzlich zur klassischen Aufgabentrias

mit einem **allgemeinpolitischen Mandat** auszustatten.[1] Diese Allzuständigkeit des Landesparlaments zu politischer Information, Debatte und Willensbildung gilt jedoch nicht unbegrenzt. Sie findet ihre Grenzen in den ausschließlichen und formalisierten Kompetenzen der Bundes- und Landesverfassungsorgane. Aus dem Repräsentationsprinzip und dem Geltungsbereich der LV ergibt sich zudem, dass der Gegenstand der politischen Debatte einen Bezug zu M-V aufweisen muss. Dieser Zusammenhang ist bereits dann gegeben, wenn es um Themen geht, die die Bürger in M-V interessieren (s.a. → Rn. 9). Diese Allzuständigkeit gilt nicht für die parlamentarischen Kontrollbefugnisse, die sich auf den Verantwortungsbereich der LReg beschränken (→ Rn. 22 ff.).

Die Entstehungsgeschichte des Verfassungsparlamentsrechts – insbes. zu den Aufgaben des LT, der Opposition und der Fraktionen – ist geprägt von der Diskussion zum Funktionswandel, der sich im parlamentarischen System der Länder vollzogen hat.[2]  2

Zu den „prägnantesten Wandlungen im Verfassungsgefüge der Bundesrepublik"[3] gehört nach Einschätzung in der parlamentsrechtlichen Lit.[4] sowie nach Auffassung der Parlamente selbst[5] der **Kompetenzverlust der Landesparlamente** im Verhältnis zum BT bei den Gesetzgebungszuständigkeiten.[6] Dieser Befund ist sicherlich grds. zutreffend, wenngleich dies in M-V, wie in den anderen neuen Ländern, nicht in dem Maße spürbar geworden ist, weil in den ersten Legislaturperioden in relativ kurzer Zeit alle in die Zuständigkeit des Landes fallenden Gesetze zu erlassen waren.[7] Aber auch in jüngster Zeit ist ein signifikanter Rückgang der Gesetzgebungsverfahren in MV nicht festzustellen.[8]

Unabhängig davon besteht zur Stärkung der Landtage und damit des demokratischen Föderalismus ein unabwendbarer Bedarf zur Entflechtung von Kompetenzen, um die Verantwortung für politische Entscheidungen transparent zu machen. Besorgniserregender als quantitative und qualitative[9] Einbußen bei den Gesetzgebungskompetenzen sind die Tendenzen zur Richtung eines Exekutivföderalismus[10] sowie die „Auslagerung" politischer Entscheidungsprozesse in  3

---

1 *März* JöR N.F. 54 (2006), 175 (219) mwN; in Bezug auf die thüringische Verfassungslage aA *Linck*, in Linck/Baldus/Lindner/Poppenhäger/Ruffert, Art. 48 Rn. 76; zu Rheinland-Pfalz *Perne*, in Brocker/Droege/Jutzi, Art. 79 Rn. 49.
2 Vgl. *Hübner*, in von Mutius/Wuttke/Hübner, Art. 10 Rn. 7 ff.; *Waack*, in Casper/Ewer/Nolte/Waack, Art. 10 Rn. 24 ff.
3 *Hübner*, in von Mutius/Wuttke/Hübner, Art. 10 Rn. 7.
4 *Achterberg*, Parlamentsrecht, 1984, S. 104 ff.; *Löwer*, in Löwer/Tettinger, Art. 30 Rn. 37; *Wagner*, in Grimm/Caesar, Art. 79 Rn. 83; *Schneider* (Hrsg.) Der Landtag – Standort und Entwicklungen, 1988.
5 Entschließung der 56. Konferenz der Präsidenten der Deutschen Landesparlamente vom 14.1.1983, ZParl. 1983, 357 ff.; Empfehlung der 70. Konferenz der Präsidentinnen und Präsidenten der Landesparlamente vom 11.5.1992; Lübecker Erklärung der Deutschen Landesparlamente vom 31.3.2003, vgl. dazu *Schöning* ZG 2003, 166 ff.
6 *Butzer*, in HannKomm NV, Art. 7 Rn. 45; *Hofmann*, in S-B/H/H, Art. 20 Rn. 19; *Prantl* in SZ v. 5.9.2014 beschreibt eine Entkernung der gesetzgeberischen Tätigkeit der Landtage.
7 In der 1. Legislatur (1990–1994) hat der LT 228 Gesetzentwürfe beraten und 195 Gesetze beschlossen, vgl. Erste Wahlperiode – Zur Arbeit des Landtages in der 1. Wahlperiode, S. 56 f., vgl. zur Aufbauleistung auch *März* JöR N.F. 54 (2006), 175 (236).
8 In der 6. WP (2011–2016) hat der LT 157 Gesetzentwürfe beraten und 125 Gesetze beschlossen; in der 7. WP hat der LT 209 Gesetzentwürfe beraten und 132 beschlossen.
9 Vgl. *Löwer*, in Löwer/Tettinger, Art. 30 Rn. 8 spricht in dem Zusammenhang von „inhaltlichen Autonomieverlusten", die insbes. im Bereich der Bildungspolitik durch faktische Zwänge im Ergebnis von Beschlüssen der Kultusministerkonferenzen entstehen.
10 *Butzer*, in HannKomm NV, Art. 7 Rn. 47.

„Expertenkommissionen" oder andere demokratisch nicht legitimierte Gremien, in dessen Ergebnis die Parlamente häufig nur noch „ratifizieren" können.[11] Diese schleichende **Entparlamentisierung der Politikerzeugung** betrifft nicht nur die LT, sondern auch den BT.[12] Gerade bei Entscheidungen und Regelungen, die mit erheblichen Grundrechtseingriffen verbunden sind, ist eine formalisierte Mitwirkung der Parlamente verfassungsrechtlich geboten. Insbesondere die mit den Rechtsverordnungen z. Bekämpfung der Corona Pandemie erlassenen Maßnahmen und Sanktionen sind im Hinblick auf das erforderliche demokratische Legitimationsniveau ohne formalisierte Beteiligung der Parlamente problematisch.[13] Nachdem der Versuch zur Reform der bundesstaatlichen Ordnung mit Einsetzung einer gemeinsamen Kommission von BT und BRat zur Modernisierung der bundesstaatlichen Ordnung zunächst gescheitert war,[14] ist nunmehr durch eine Änderung des GG im Rahmen der Föderalismusreform[15] nach langer Diskussion eine Neuordnung der Gesetzgebungskompetenzen[16] gelungen (→ Rn. 17). Ob und die Föderalismusreform tatsächlich zu einer Stärkung der Landesparlamente beiträgt, wird überwiegend kritisch bewertet.[17] Hinzu kommt die zunehmende Aufgabenverlagerung von den Mitgliedstaaten hin zur Europäischen Union.[18] Die Rechtsetzung der Europäischen Union greift tief in die Gesetzgebungsautonomie des Bundes, aber auch der Landesparlamente ein.[19]

Seit dem Wirksamwerden des Lissabon-Vertrages sind in verstärktem Maße Felder der klassischen Innenpolitik wie die öffentliche Sicherheit, Bildung, Kultur, Medien und öffentliche Daseinsvorsorge von **Regelungen der Europäischen Union** betroffen.[20] Der Kompetenzverlust wird durch die nach dem Lissabon-Vertrag eröffnete Subsidiaritätskontrolle[21] nicht annähernd kompensiert. Die vom BVerfG zu Recht angemahnte Integrationsverantwortung[22] kann von den Landesparlamenten nur unzureichend wahrgenommen werden. Zu einer verbesserten demokratischen Legitimation europapolitischer Entscheidungen gehört

---

11 *Perne*, in Brocker/Droege/Jutzi, Art. 79 Rn. 51 nwN.
12 *Klein*, in Maunz/Dürig, Art. 38 Rn. 57.
13 Vgl. Zum Ganzen *Amhaouach/Huster/Kießling/Schaefer:* Die Beteiligung der Landesparlamente in der Pandemie NVwZ 2021, 825 ff.; vgl. zur Handlungsfähigkeit der Parlamente in der Pandemie *Hoppe/Risse* Das wahre Parlament erkennt man in der Not, DVBl. 2020, 1386 ff.
14 Vgl. dazu *Waack*, in Casper/Ewer/Nolte/Waack, Art. 10 Rn. 30 ff.; *Linck* ZParl. 2004, 215 ff.
15 52. Gesetz zur Änderung des Grundgesetzes vom 28.8.2006, BGBl. I 2006, S. 2034, Föderalismus-Begleitgesetz vom 5.9.2006, BGBl. I 2006, S. 2098.
16 Vgl. dazu *Degenhart*, Die Neuordnung der Gesetzgebungskompetenzen durch die Föderalismusreform, in NVwZ 2006, 1209 ff., *Ipsen*, Die Kompetenzverteilung zwischen Bund und Ländern nach der Föderalismusnovelle, in NJW 2006, 2801 ff.
17 Vgl. *Linck*, in Linck/Baldus/Lindner/Poppenhäger/Ruffert, Art. 48 Rn. 29.
18 Der ehemalige Präsident des BVerfG Papier sieht dieses Phänomen der „Hochzonung von Aufgaben" in klarem Widerspruch zum Grundsatz der Subsidiarität, vgl. *Papier*, Das Parlament, Nr. 6 v. 5.2.07, S. 5; zur Problematik der hinreichenden demokratischen Legitimation vgl. BVerfGE 123, 267; *Butzer*, in Epping/Hillgruber, Art. 38 Rn. 32 nwM.
19 *Butzer*, in HannKomm NV, Art. 7 Rn. 45.
20 *Papier*, Zur Verantwortung der Landtage für die europäische Integration, ZParl 2010, 903 (904).
21 Art. 5 Abs. 3, 12 EUV iVm, Art. 6 Abs. 1 S. des Protokolls über die Anwendung der Grundsätze der Subsidiarität und der Verhältnismäßigkeit; vgl. im einzelnen *Calliess*, in Calliess/Ruffert, EUV Art. 12 Rn. 8.
22 BVerfGE 123, 267 (355 f.).

daher verstärkte Einbeziehung und verbesserte Mitwirkung der Landesparlamente.[23]

In Bezug auf rechtsverbindliche Regelungen bleibt M-V hinter den Mitwirkungsmöglichkeiten anderer Landesparlamente zurück.[24] Dies gilt für formalisierte Unterrichtungspflichten[25] oder eine rechtliche Bindungswirkung von Parlamentsbeschlüssen in EU-Angelegenheiten[26]. Auch beschleunigte Verfahren im Rahmen der Subsidiaritätskontrolle sieht die LVerf M-V – noch – nicht vor.

Gleichwohl wird der Rechts- und Europaausschuss d. LT in der parlamentarischen Praxis von der LReg dauernd und umfassend über EU-Angelegenheiten unterrichtet und legt dem Plenum regelmäßig entsprechende Beschlussempfehlungen vor.

## II. Die Rechtsstellung des Landtages

Der LT ist nach Art. 3 Abs. 2 LV neben der LReg und dem LVerfG ein selbstständiges Landesverfassungsorgan. Den LT unterscheidet von den übrigen obersten Staatsorganen, dass er als **einziges unmittelbar vom Volk gewählt** ist. Das Parlament vermittelt damit den übrigen Verfassungsorganen die demokratische Legitimation und verkörpert damit das demokratische Prinzip im Aufbau der Verfassungsorgane. Die demokratische Ordnung im Bund und in den Ländern beruht darauf, dass alle Staatsgewalt vom Volk ausgeht, dh, dass alle Staatsorgane, wenn auch in unterschiedlicher Weise, demokratisch legitimiert sind.[27] Daraus folgt jedoch kein generelles legitimationspolitisches Übergewicht des LT gegenüber der LReg. Vielmehr stehen die Verfassungsorgane im Rahmen der ihnen zugewiesenen Aufgaben gleichrangig nebeneinander.[28] Aus diesem Grunde wurde in den parlamentarischen Beratungen die ursprüngliche Formulierung, dem LT den Rang eines „obersten Organs der politischen Willensbildung des Volkes" zuzuschreiben, verworfen.[29] Der LT unterliegt keinerlei Eingriffs- und Überwachungsrechten durch die Exekutive. Eine Kontrolle der Rechtmäßigkeit von Entscheidungen des Parlaments oder seiner Gremien findet allein durch das LVerfG statt (vgl. Art. 53 LV). Insoweit ist der LT als verfassungsrechtliches Organ auch partei- und prozessfähig in verfassungsrechtlichen Streitigkeiten[30] vor dem BVerfG (vgl. Art. 93 Nr. 2a GG, §§ 13 Nr. 6a, 76 BVerfGG) als auch vor dem LVerfG.

Demgegenüber sind die Landesparlamente im Verfahren des Bund-Länder-Streits nach der Repr. des BVerfG nicht antragsbefugt.[31] Zwar lässt Art. 93 Abs. 1 Nr. 3 GG offen, wer im Bund-Länder-Streit die Länder vertritt, gem. § 68 BVerfGG kann Antragsteller für ein Land nur die Landesregierung sein. Nach Auffassung des BVerfG ist dieser Ausschluss der Landesparlamente verfassungsrechtlich unbedenklich. Das BVerfG verweist auf die Möglichkeit mithilfe einer

---

23 Vgl. Stuttgarter Erklärung der Präsidentinnen und Präsidenten der deutschen Landesparlamente, LT Drs. 5/3658, vgl. auch Europapolitische (Hamburger) Erklärung der Präs. v. 3.7.2014, LT Drs. 06/3129.
24 Vgl. die Übersicht *v. Perne*, in Brocker/Droege/Jutzi, Art. 79 Rn. 50.
25 Wie bspw. in Thüringen, siehe dazu *Poschmann/Bathe*, in Linck/Baldus/Lindner/Poppenhäger/Ruffert, E3 Rn. 9.
26 Vgl. Art. 34a VerfBaWü sowie Art. 70 Abs. 4 VerfBay; *Brechmann*, in Meder/Brechmann, Art. 70 Rn. 12.
27 BVerfGE 49, 89 (124 f.); 68, 1, 86 f.
28 *März* JöR N.F. 54 (2006), 175 (218); *Butzer*, in HannKomm NV, Art. 7 Rn. 10.
29 Vgl. hierzu *März* JöR N.F. 54 (2006), 175 (218).
30 Vgl. BVerGE 68, 1 (73), *Butzer*, in HannKomm NV, Art. 7 Rn. 11.
31 BVerfGE 129, 108 mit Anm. *Sachs*, in JuS 2012, 274 ff.

Organklage eine Antragstellung der Landesregierung zu erzwingen,[32] oder ein streitiges Bundesgesetz im Wege der abstrakten Normenkontrollklage anzugreifen.[33]

Wenn und soweit es im Verfahren des Bund-Länder-Streits, um einen Eingriff in die Kernkompetenzen der Landesparlamente – hier Schuldenbremse: im GG – geht, muss es den Landtagen möglich sein, unmittelbar gegen den Eingriff in ihre Kernkompetenz, namentlich das Budgetrecht (→ Rn. 21) vorzugehen. Insoweit wird die Entscheidung d. BVerfG der verfassungsrechtlichen Stellung der Landtage nicht gerecht und bleibt hinter dem zurück, was die Landesparlamente ggü. der EU mit der Subsidiaritätskontrolle erstritten haben.[34]

5 Zwar ist das Landesparlament körperschaftlich organisiert, aber als solches – anders als die Fraktionen – **nicht rechtsfähig** im Sinne des **bürgerlichen Rechts**.[35] Daraus folgt, dass der LT im allg. Rechtsvertretung ausschließlich das Land MV berechtigt und verpflichtet. Der LT selbst ist keine Behörde, da er als Staatsorgan keine Verwaltungsaufgaben wahrnimmt. Der LT ist auch keine juristische Person, sondern Organ des Bundeslandes M-V. Soweit im LT oder durch den LT öffentlich-rechtliche Verwaltungstätigkeit ausgeübt wird, erfolgt dies durch den PräsLT als Behörde (vgl. Art. 29 Abs. 6 LV). Im Ergebnis hat damit der LT mit dem Präsidenten und der Landtagsverwaltung eine Behörde, ohne selbst eine zu sein.[36]

### III. Der Landtag als „gewählte Vertretung des Volkes" (Abs. 1 S. 1)

6 „Der Landtag ist die gewählte Vertretung des Volkes." Damit wird iVm Art. 3 Abs. 1 LV das Prinzip der repräsentativen Demokratie statuiert und begründet den **Grundpfeiler des Parlamentarismus**.[37] Insoweit ist die Volkssouveränität grds. als eine mittelbare Form der Demokratie ausgestaltet.[38] Ausnahmen sieht die LV in Art. 60 Abs. 3 und 4 LV vor, wonach unter bestimmten Voraussetzungen das Volk im Rahmen eines Volksentscheides im Wege der Gesetzgebung unmittelbare Staatsgewalt ausüben kann.

7 Der Begriff des „**Volkes**" umfasst unter Berücksichtigung des Geltungsbereiches der LV sowie der Vorgaben des Art. 28 Abs. 1 S. 2 GG die in M-V ansässigen deutschen Staatsangehörigen[39]. Der Begriff der gewählten „Vertretung" ist verfassungsrechtlich zu interpretieren und hat einen anderen Bedeutungsinhalt als die „Vertretung" im privatrechtlichen Verständnis. Insoweit orientiert sich der Wortlaut der LV an der Formulierung des GG in Art. 38 Abs. 1 S. 2. „Vertretung" ist deshalb im Sinne einer verfassungsrechtlichen Repräsentation zu verstehen.[40] Repräsentation unterscheidet sich vom – zivilrechtlichen – Begriff der Vertretung dadurch, dass der LT bzw. seine Mitglieder nicht nach den Weisungen des Volkes zu handeln haben. Kennzeichnend für das Repräsentationsprinzip ist vielmehr die Übertragung von Verantwortung durch Wahlen für

---

32 BVerfGE 129, 108 (117).
33 BVerfGE 129, 108 (117); BremStGH, Urteil v. 5.3.2010 – St 1/09 –, juris.
34 Vgl. auch *Schliesky* in HdB-ParlR, § 5 Rn. 109.
35 *Butzer*, in HannKomm NV, Art. 7 Rn. 9.
36 *Geller/Kleinrahm*, Art. 30 Anm. 1e.
37 *Perne*, in Brocker/Droege/Jutzi, Art. 79 Rn. 4.
38 Vgl. auch *Linck*, in Linck/Baldus/Lindner/Poppenhäger/Ruffert, Art. 48 Rn. 9 f.
39 Siehe auch BVerfGE 83, 37 (51); *Löwer*, in von Münch/Kunig, Art. 28 Rn. 26.
40 Vgl. *Klein/Schwarz*, in Dürig/Herzog/Scholz, Art. 38 Rn. 24.

einen begrenzten Zeitraum. Durch die Landtagswahl wird das Parlament als unmittelbares Repräsentativorgan des Volkes legitimiert.[41]

Daraus folgt zugleich, dass der LT zwar nicht oberstes Verfassungsorgan im Sinne einer institutionellen Hierarchie, wohl aber erster und oberster Repräsentant des Volkes[42] ist und insoweit zutreffend als die „erste Gewalt" im System der parlamentarischen Demokratie bezeichnet wird. Repräsentationsorgan des Volkes ist aber nur der LT insgesamt, dh, als „LT" im Sinne der LV ist nur das Plenum zu verstehen; der einzelne Abg., die Ausschüsse und andere Gremien haben keine unmittelbare Repräsentationsfunktion.[43]

### IV. Die Aufgaben des Landtages

**1. Der Landtag als Stätte der politischen Willensbildung (Abs. 1 S. 2).** Mit der Bezeichnung des LT als „Stätte der politischen Willensbildung" wird im Ergebnis der Diskussion zum Funktionswandel[44] ein Parlamentsverständnis mit Verfassungsrang ausgestattet, dass der LT aufgrund seiner demokratischen Legitimation das in erster Linie berufene Verfassungsorgan ist, dem die Aufgabe zufällt, **politische Willensbildungsprozesse** anzustoßen, Auffassungen zu entwickeln, Meinungen zu diskutieren und **Entscheidungen** zu treffen. Politische Willensbildung ist insoweit als Prozess der Entwicklung, Formulierung, Diskussion und Geltendmachung von Bedürfnissen, Interessen und Meinungen in Bezug auf die Gestaltung öffentlicher Angelegenheiten zu verstehen. Art. 20 Abs. 3 S. 1 LV weist dem LT zwar keine neuen oder erweiterten Kompetenzen zu. Die Regelung manifestiert jedoch die Sichtweise des BVerfG, wonach in einem Staatswesen, in dem das Volk Staatsgewalt am unmittelbarsten durch das von ihm gewählte Parlament ausübt, vor allem das Parlament dazu berufen ist, durch öffentlichen Willensbildungsprozess unter Abwägung der verschiedenen, unter Umständen widerstreitenden Interessen über die von der Verfassung offen gelassenen Fragen des Zusammenlebens zu entscheiden.[45] Dem Landtag kommt eine umfassende Thematisierungsaufgabe[46] zu, die beinhaltet, sämtliche, das Volk interessierende Angelegenheiten öffentlich zu debattieren.[47]

Anders als bei der Repräsentationsfunktion ist der LT im Hinblick auf die politische Willensbildung nicht auf das gesamte Parlament, dh das Plenum beschränkt. Parlamentarische politische Willensbildung findet vielmehr auch in den **Ausschüssen** (vgl. Art. 33 LV) und in den Fraktionen (vgl. Art. 25 Abs. 2 S. 2 LV) statt. Im Beziehungsgefüge der Verfassungsorgane untereinander kommt dem LT kein Monopol auf die politische Willensbildung zu. Nach Art. 46 LV verfügen der MinPräs und die Minister über eigenständige politische Willensbildungs- und Entscheidungskompetenzen. Außerparlamentarisch wirken die Parteien und Bürgerbewegungen bei der politischen Willensbildung des Volkes mit (Art. 3 Abs. 4 LV).

**2. Wahl des Ministerpräsidenten, Kreationsfunktion des Landtages (Abs. 1 S. 2 1. Halbsatz).** Der LT hat die Aufgabe, den MinPräs zu **wählen** und ihn damit

---

41 BVerfGE 80, 181 (217).
42 So auch *Perne*, in Brocker/Droege/Jutzi, Art. 79 Rn. 20; diff. *Butzer*, in Epping/Butzer, Art. 7 Rn. 10.
43 Vgl. *Resch*, LVerf LSA, Art. 41 Rn. 1; *Butzer*, in HannKomm NV, Art. 7 Rn. 17.
44 → Rn. 2, 3.
45 BVerfGE 38, 125 (159).
46 *Perne*, in Brocker/Droege/Jutzi, Art. 79 Rn. 23.
47 *Morlok*, in Dreier, Art. 38 Rn. 32; BVerfGE 10, 4 (13); *Brüning* in Becker/Brüning/Ewer/Schliesky Art. 16 Rn. 36 f.

demokratisch zu legitimieren. Durch die Wahl des MinPräs werden darüber hinaus auch die weiteren Mitglieder der LReg demokratisch legitimiert, da die LV keine gesonderte Wahl oder Bestätigung der LReg vorsieht.[48] Mit der Wahl des MinPräs überträgt der LT somit die ihm vom Volk verliehene Legitimation und setzt damit die „Legitimationskette fort".[49]

12 Die Aufgabe, den MinPräs zu wählen, ist zwar die wichtigste Wahl des LT, aber längst nicht seine einzige. Hinzu kommen ua die Wahl des PräsLT (Art. 29 Abs. 1 LV), der Mitglieder des LVerfG (Art. 52 Abs. 3 LV), des Präsidenten und Vizepräsidenten des LRH (Art. 68 Abs. 2 LV), des Bürgerbeauftragten (Art. 36 Abs. 1 S. 1 LV) und des Datenschutzbeauftragten (Art. 37 Abs. 1 S. 1 LV).

13 Die Wahlfunktion des LT schließt die Möglichkeit der Abwahl des MinPräs im Wege des konstruktiven Misstrauensvotums als actus contrarius ein (Art. 50 Abs. 2 LV). In der Wahl des MinPräs kommt eine der wesentlichsten Aufgaben des LT im parlamentarischen Regierungssystem der LV, nämlich die Schaffung einer handlungsfähigen Regierung, am deutlichsten zum Ausdruck.[50] Diese Form demokratischer Herrschaft ist vor allem dadurch gekennzeichnet, dass der Bestand der **Regierung** – ihr Zustandekommen und ihr Fortbestand – vom **Vertrauen des Parlaments**, dh von der ausdrücklichen Zustimmung oder der stillschweigenden Duldung der Parlamentsmehrheit abhängt.[51]

14 **3. Der Landtag als gesetzgebende Gewalt (Abs. 1 S. 2 2. Halbsatz).** Mit der Zuweisung der gesetzgebenden Gewalt wird dem LT die nach der **Gewaltenteilungslehre** klassische Aufgabe zugewiesen. Danach hat der LT allein die Befugnis zum Erlass von **Gesetzen**. Gemeint sind nur Gesetze im formellen Sinn, dh Parlamentsgesetze einschl. verfassungsändernder Gesetze. Die Ausnahme bildet Art. 60 Abs. 4 LV mit der Möglichkeit, ein Gesetz durch Volksentscheid in Kraft zu setzen. Untergesetzliche Rechtsnormen wie RechtsVO (vgl. Art. 57 LV) oder Satzungen werden nicht erfasst. Insoweit besitzt der LT kein umfassendes Rechtsetzungsmonopol.

15 Aber auch die ausschließliche Kompetenz zum Erlass förmlicher Gesetze schließt die inhaltliche Mitwirkung, insbes. der LReg nicht aus. Sie ist vielmehr systemimmanent und durch das **Initiativrecht der LReg** nach Art. 55 Abs. 1 LV ausdrücklich statuiert. In der parlamentarischen Praxis der LT MV werden die meisten der Gesetzentwürfe von der LReg eingebracht.[52] Soweit es sich dabei um Gesetzgebungsinitiativen der die Landesregierung tragenden Fraktionen handelt[53], ist davon auszugehen, dass zumindest ein Teil von den Ressorts zugearbeitet wurde. Dies geschieht häufig bei besonders eilbedürftigen Gesetzgebungsvorhaben, die auf diese Weise zeitaufwändige Anhörungsverfahren nach der GO der LReg vermieden werden können[54]. Im Hinblick auf die völlig unterschiedliche personelle Ausstattung der Fraktionen und der Landtagsverwaltung einerseits und der Landesregierung andererseits, wäre eine umfassende **Erarbeitung der Landesgesetze** für das Parlament objektiv nicht leistbar. Zentraler Regelungsinhalt der Gesetzgebungsbefugnis des Parlamentes ist es, „wesentlichen"

---

48 Anders zB Art. 98 Abs. 2 S. 3 Verf Rh-Pf, der einen Bestätigungsbeschluss des LT vorsieht.
49 Vgl. BVerfGE 47, 275; 52, 130; 77, 40; 83, 72; 93, 67.
50 *Butzer*, in HannKomm NV, Art. 7 Rn. 32.
51 Vgl. hierzu im Einzelnen *Stern*, Bd. I, 2. Aufl., S. 955 ff.; *Badura*, in HdbStR Bd. I, § 23 Rn. 10; *Butzer*, in Epping/Hillgruber, Art. 7 Rn. 32.
52 Von 209 Gesetzentwürfen in der 7. WP wurden 116 von der LReg und 93 von den Fraktionen eingebracht.
53 In der 7. WP wurden 22 Gesetzentwürfe von den „Koalitionsfraktionen" eingebracht.
54 Vgl. auch *Linck*, in Linck/Baldus/Lindner/Poppenhäger/Ruffert, Art. 48 Rn. 25, Fn. 35.

Regelungen die demokratische Legitimation zu vermitteln. Insoweit ist es nicht maßgeblich, wo und von wem politische Initiativen „ersonnen" oder erarbeitet werden, es kommt vielmehr darauf an, dass die Ergebnisse durch den LT transparent und verstehbar gemacht werden. Im Rahmen des Gesetzgebungsverfahrens macht der LT Gesetze verbindlich und verantwortet sie politisch gegenüber den Wählern. Soweit der öffentlich und auch in der Lit. immer wieder diagnostizierte „Bedeutungsverlust" der Parlamente darauf gestützt wird, dass der überwiegende Teil der Gesetze von der LReg vorgelegt werden[55], handelt es sich dabei weniger um eine tatsächliche Fehlentwicklung, sondern vielmehr um eine verfassungsrechtliche Missdeutung der Aufgaben des Parlaments und einer überzeichneten Interpretation der Bedeutung der Gesetzgebungskompetenz.[56] Insoweit ist die Gesetzgebung hinsichtlich der „Konzipierung, fachlich-politischen Schwerpunktsetzung und prozeduralen Entwicklung keineswegs Hauptaufgabe des Parlaments",[57] in Bezug auf die öffentliche Behandlung und abschließende Entscheidung aber immer noch seine „vornehmste" Aufgabe.[58]

Gegenstand der Gesetzgebung kann grds. „**jeder Lebensbereich**"[59] sein, soweit die zu regelnde Materie keinem anderen Verfassungsorgan zur ausschließlichen Wahrnehmung übertragen worden ist[60] und solange der Kernbereich einer anderen Gewalt nicht berührt wird.[61]

Zur Frage, welche Gegenstände der Landesgesetzgeber im Verhältnis zum Bund, aber auch im Verhältnis zur Europäischen Union regeln darf, enthält die LV keine Aussage. Die Gesetzgebungskompetenzverteilung zwischen Bund und Ländern ist vielmehr abschließend im GG, insbes. in Artt. 70 ff. GG geregelt. Danach fällt den Ländern die Gesetzgebungskompetenz zu, soweit das GG keine **Gesetzgebungskompetenz** des Bundes begründet. Ergänzend kann eine Gesetzgebungskompetenz auch „kraft Sachzusammenhangs" bestehen.[62] Bis zum Inkrafttreten der Föderalismusreform war die Gesetzgebungskompetenz der Länder im Wesentlichen auf das interne Organisations- und Verfahrensrecht, das Kommunalrecht, das Polizei- und Ordnungsrecht, das Kultur- und Schulrecht beschränkt.[63]

Mit der vom BT am 30.6.2006 beschlossenen Änderung des GG,[64] sog. **Föderalismusreform I**, wurden die Gesetzgebungszuständigkeiten von Bund und Ländern strukturell und inhaltlich neu geordnet.[65] Die Neuordnung der Gesetzgebungszuständigkeiten verfolgt das Ziel, die Gestaltungsmöglichkeiten von Bund und Ländern zu stärken, die politischen Verantwortlichkeiten deutlicher zuzuordnen, Blockademöglichkeiten im BRat abzubauen und die Europataug-

---

55 Wernstedt, Nds VBl. 2007, 162 /163); *Butzer*, in Epping/Butzer/ Brosius-Gersdorf/Haltern/Mehde/Waechter, Art. 7 Rn. 47.
56 Vgl. dazu *Meyer*, in Schneider/Zeh, § 4 Rn. 48 ff.
57 *Zeh*, Über Sinn und Zweck des Parlaments heute, in ZParl 2005, 476 (483).
58 BVerfGE 33, 125 (158); idS auch *Wagner*, in Grimm/Caesar, Art. 79 Rn. 51.
59 BVerfGE 33, 125 (158).
60 *Linck*, in Linck/Baldus/Lindner/Poppenhäger/Ruffert, Art. 48 Rn. 36 nwN.
61 BVerfGE 49, 89 (124 f.); 68, 1, 86 f.; *Wagner*, in Grimm/Cesar, Art. 79 Rn. 47.
62 Vgl. dazu *Kment*, in Jarass/Pieroth, Art. 70 Rn. 5 ff. mwN.
63 Vgl. zu einer umfassenden – aber nicht vollständigen – Auflistung der Gesetzgebungskompetenzen der Länder vor der Föderalismusreform *Pieroth*, in Jarass/Pieroth, 8. Aufl. 2006, Art. 70 Rn. 12.
64 BT-Drs. 16/813 in der Fassung der Beschlussempfehlung des Rechtsausschusses vom 28.6.2006, BT-Drs. 16/2010.
65 Vgl. hierzu umfassend Schneider, Der neue deutsche Bundesstaat, Bericht über die Umsetzung der Föderalismusreform I, 2013.

lichkeit des GG zu verbessern.[66] Zu den für die Landesparlamente wesentlichen Änderungen gehören die Abschaffung der Rahmengesetzgebung (bisher Art. 75 GG) und die Neuordnung der konkurrierenden Gesetzgebung (Art. 74 Abs. 1 GG).[67] Die strukturelle Veränderung der konkurrierenden Gesetzgebung besteht darin, dass nunmehr eine „Trias der konkurrierenden Gesetzgebungszuständigkeit",[68] bestehend aus Erforderlichkeitsgesetzgebung, Vorranggesetzgebung und Abweichungsgesetzgebung[69] geschaffen wurde. Im Ergebnis wurden folgende Materien auf die Länder – und damit auf die Landesparlamente – verlagert:

1. Strafvollzug (einschließlich Vollzug der Untersuchungshaft, bisher Teilbereich aus Art. 74 Abs. 1 Nr. 1 GG);
2. Versammlungsrecht (bisher Teilbereich aus Art. 74 Abs. 1 Nr. 3 GG);
3. Heimrecht (bisher Teilbereich aus Art. 74 Abs. 1 Nr. 7 GG);
4. Ladenschlussrecht (bisher Teilbereich aus Art. 74 Abs. 1 Nr. 11 GG);
5. Gaststättenrecht (bisher Teilbereich aus Art. 74 Abs. 1 Nr. 11 GG);
6. Spielhallen/Schaustellung von Personen
   (bisher Teilbereich aus Art. 74 Abs. 1 Nr. 11 GG);
7. Messen, Ausstellungen und Märkte
   (bisher Teilbereich aus Art. 74 Abs. 1 Nr. 11 GG);
8. Teile des Wohnungswesens
   (bisher Teilbereich aus Art. 74, Abs. 1, Nr. 18 GG);
9. landwirtschaftlicher Grundstücksverkehr
   (bisher Teilbereich aus Art. 74, Abs. 1, Nr. 18 GG);
10. landwirtschaftliches Pachtwesen
    (bisher Teilbereich aus Art. 74 Abs. 1 Nr. 18 GG);
11. Flurbereinigung (bisher Teilbereich aus Art. 74 Abs. 1 Nr. 18 GG);
12. Siedlungs- und Heimstättenwesen
    (bisher Teilbereich aus Art. 74 Abs. 1 Nr. 18 GG);
13. Schutz vor verhaltensbezogenem Lärm
    (bisher Teilbereich aus Art. 74 Abs. 1 Nr. 24 GG);
14. die Besoldung und Versorgung sowie das Laufbahnrecht der Landesbeamten und -richter (bisher Art. 74a GG und Teilbereich aus Art. 75 Abs. 1 S. 1 Nr. 1 GG und aus Art. 98 Abs. 3 S. 2 GG) und die Rechtsverhältnisse der im öffentlichen Dienst der Länder, Gemeinden und anderen Körperschaften des öffentlichen Rechts stehenden Personen (bisher Teilbereich aus Art. 75 Abs. 1 S. 1 Nr. 1 GG), soweit nicht durch den neuen Kompetenztitel zur Regelung der Statusrechte (Art. 72 Abs. 1 Nr. 27 GG nF) erfasst;
15. der Großteil des Hochschulrechts mit Ausnahme der Hochschulzulassung und Hochschulabschlüsse (bisher Art. 75 Abs. 1 S. 1 Nr. 1a GG);
16. die allg. Rechtsverhältnisse der Presse (bisher Art. 75 Abs. 1 S. 1 Nr. 2 GG).

Darüber hinaus erhalten die Länder für die in Art. 72 Abs. 3 GG nF im Einzelnen genannten Bereiche

1. das Jagdwesen (ohne das Recht der Jagdscheine);
2. den Naturschutz und die Landschaftspflege (ohne die allg. Grundsätze des Naturschutzes, das Recht des Artenschutzes oder des Meeresnaturschutzes);

---

66 BT-Drs. 16/813, S. 17.
67 Vgl. zur Föderalismusreform insgesamt: *Ipsen*, Die Kompetenzverteilung zwischen Bund und Ländern nach der Föderalismusnovelle, in NJW 2006, 2801 ff.; *Degenhart*, Die Neuordnung der Gesetzgebungskompetenzen durch die Föderalismusreform, in NVwZ 2006, 1209 ff.; *Mayen*, Neuordnung der Gesetzgebungskompetenzen von Bund und Ländern, in DRiZ 2007, 51 ff.
68 *Ipsen* (Fn. 66), S. 2803.
69 *Mayen* (Fn. 66), S. 52.

3. die Bodenverteilung;
4. die Raumordnung;
5. den Wasserhaushalt (ohne stoff- oder anlagenbezogene Regelungen);
6. die Hochschulzulassung und die Hochschulabschlüsse

die Möglichkeit, von der Regelung des Bundes **abweichende landesgesetzliche Regelungen** zu treffen. Ob von dieser Möglichkeit Gebrauch gemacht wird oder ob die bundesgesetzliche Regelung ohne Abweichung gelten soll, unterliegt der verantwortlichen politischen Entscheidung des jeweiligen Landesgesetzgebers.[70] Der LT hat bisher von den Gesetzgebungskompetenzen nach Art. 74 Abs. 1 Nr. 1 – Strafvollzug[71] –, Nr. 3 – Heimrecht[72] –, Nr. 6 – Spielhallen[73] – und Nr. 14 – Besoldungsrecht[74] – sowie im Bereich der konkurrierenden Gesetzgebung von der Abweichungsmöglichkeit nach Art. 72 Abs. 3 Nr. 1 – Jagdwesen[75] –, Nr. 3 – Naturschutz[76] – und Nr. 6 – Hochschulzulassung und Hochschulabschlüsse[77] – Gebrauch gemacht.

Zu den Gesetzgebungskompetenzen der Länder, die sie bereits vor der Föderalismusreform I von 2006 – zT bereits traditionell – besaßen, gehören im Wesentlichen folgende Materien:[78]

- Der Haushaltsplan, der durch das Haushaltsgesetz festgestellt wird (Art. 99 Abs. 1);
- Kommunalrecht, einschließlich des Kommunalwahlrechts, des Gemeindewirtschaftsrechts, des Zweckverbandsrechts;
- Kulturrecht: Schul-, Rundfunk-, Feiertags-, Friedhofs-, Bestattungs-, Denkmalschutzrecht und Kultureinrichtungen, Staatskirchenrecht, insbesondere bzgl. der Staatskirchenverträge;
- Staatsorganisationsrecht des Landes: Wahlrecht, Parlamentsrecht (Petitions-, Untersuchungsausschuss-, Abgeordnetenrecht), Rechnungshof, Verfassungsgerichtsbarkeit, Regelung plebiszitärer Verfahren;
- Polizei- und Ordnungsrecht, Rettungswesen, Rauchverbote, Sammlungsrecht;
- Sonstiges wie: Straßen- und Wegerecht, Kindergartenwesen.

Insgesamt gilt, dass die Zuweisung einer Kompetenz an den Landesgesetzgeber grds. **keine Gesetzgebungspflicht** begründet.[79] Wenn und soweit der Landesgesetzgeber von den neu zugewiesenen Gesetzgebungskompetenzen keinen Gebrauch macht, bleiben die bundesrechtlichen Regelungen bestehen.

Gesetze werden im **Regelfall unbefristet** erlassen. Es bestehen jedoch keine verfassungsrechtlichen Bedenken gegen sog. „Zeitgesetze", das heißt Gesetze, die

---

70 Vgl. BR-Drs. 651/06, S. 7 f.
71 StVollzG M-V, SVVollzG M-V.
72 Gesetz zur Änderung des Landespflegerechts, GVOBl. M-V, 2012, 532 ff.
73 Zuletzt GkLStVG M-V.
74 LBesG M-V: V.m.BesVanpG.
75 Zuletzt Erstes Gesetz zur Änderung des Landesfischereigesetzes, GVOBl. M-V 2013, 299 ff.
76 Dauergrünlanderhaltung, Gesetz – DGErhG M-V –; Kohlendioxid-Speicherungsausschlussgesetz – KSpAuschlG M-V.
77 § 41 Abs. 1 Landeshochschulgesetz (Diplomabschlüsse für Bachelor-/Masterstudiengänge).
78 Vgl. dazu *Pieroth*, in Jarass/Pieroth, 8. Aufl. 2006 Art. 70 Rn. 12 ff.; sowie *Schneider*, Gesetzgebung, 3. Aufl. 2002, § 7 Rn. 167; zu den aktuellen Gesetzgebungskompetenzen der Länder vgl. *Spannwald* in Schmidt-Bleibtreu/Hofmann/Henneke GG Art. 70 Rn. 22 ff.
79 *Kment*, in Jarass/Pieroth, Art. 70 Rn. 22.

nach Ablauf einer bestimmten Frist automatisch außer Kraft treten. Wenn und soweit es in Bezug auf den Inhalt der Regelung und den Zeitraum der Befristung sachlich nachvollziehbare Gründe gibt, ist dies verfassungsrechtlich unbedenklich und im Hinblick auf eine legislative Wirksamkeitskontrolle vielmehr positiv zu bewerten.[80]

20 Zu der Frage, in welchen Fällen eine Regelung durch Parlamentsgesetz getroffen werden muss, gibt es zunächst verschiedene ausdrückliche verfassungsrechtliche Vorbehalte, in denen eine **gesetzliche Regel gefordert** wird. Im Einzelnen enthält die LV insoweit insgesamt 28 Regelungs- und Zustimmungsvorbehalte sowie Vorbehalte förmlicher gesetzlicher Regelung: Art. 6 Abs. 4 LV (Datenschutz, Informationsrechte); Art. 8 S. 2 (Chancengleichheit im Bildungswesen); Art. 12 Abs. 5 (Umweltschutz); Art. 15 Abs. 6 (Schulwesen); Art. 20 Abs. 2 S. 3 (Landtagswahl); Art. 21 Abs. 3 (Wahlprüfung); Art. 22 Abs. 3 S. 3 (Abgeordnetenentschädigung); Art. 25 Abs. 2 S. 3 (Fraktionsfinanzierung); Art. 34 Abs. 7 (Untersuchungsausschüsse); Art. 35 Abs. 3 (Petitionsausschuss); Art. 36 Abs. 3 (Bürgerbeauftragter); Art. 37 Abs. 4 (Datenschutzbeauftragter); Art. 39 Abs. 3 (Informationspflichten der LReg); Art. 40 Abs. 4 (Frage- und Auskunftsrecht der Abg.); Art. 45 Abs. 2 (Rechtsstellung der Regierungsmitglieder); Art. 47 Abs. 2 (Staatsverträge); Art. 49 Abs. 2 (Amnestie); Art. 54 (LVerfG); Art. 56 Abs. 1 (Verfassungsänderungen); Art. 59 Abs. 4 (Volksinitiative); Art. 60 Abs. 5 (Volksbegehren und Volksentscheid); Art. 61 Abs. 2 (Landeshaushalt); Art. 63 Abs. 1 S. 3 (Über- und außerplanmäßige Ausgaben); Art. 65 Abs. 1 (Kreditbeschaffung); Art. 65 Abs. 2 (Erhöhte Kreditaufnahme); Art. 66 S. 3 (Landesvermögen); Art. 67 Abs. 4 (Rechnungslegung); Art. 68 Abs. 6 (LRH); Art. 70 Abs. 2 S. 1 (Organisation der öffentlichen Verwaltung); Art. 71 Abs. 5 (öffentlicher Dienst); Art. 72 Abs. 3 S. 1 (Konnexitätsprinzip bei der Übertragung öffentlicher Aufgaben auf die Kommunen); Art. 72 Abs. 5 (kommunale Selbstverwaltung); Art. 75 (Landschaftsverbände).

In welchen Fällen eine Regelung iÜ durch ein **Parlamentsgesetz** getroffen werden muss, ist eine Frage der Reichweite des Parlamentsvorbehalts, der sich maßgeblich nach der vom BVerfG entwickelten sog. **Wesentlichkeitstheorie** bestimmt.[81] Danach ist es dem parlamentarischen Gesetzgeber vorbehalten, alle wesentlichen Entscheidungen selbst zu treffen.[82] Staatliches Handeln soll so in bestimmten grundlegenden Bereichen durch förmliches Gesetz legitimiert werden.[83] Zugleich soll für die relevanten Regelungen ein Verfahren sichergestellt werden, das sich „dass sich durch Transparenz auszeichnet, die Beteiligung der parlamentarischen Opposition gewährleistet und den Betroffenen und dem Publikum Gelegenheit bietet, ihre Auffassung auszubilden und zu vertreten".[84] Dabei kommt es namentlich darauf an, was „wesentlich für die Verwirklichung der Grundrechte" ist.[85] Je intensiver die in Rede stehende Maßnahme Grundrechte berührt, desto höher muss auch das demokratische Legitimationsniveau ausfallen.[86] Schon nach dem **rechtsstaatlichen Gesetzesvorbehalt** ist eine gesetz-

---

80 Vgl. *Linck*, in Linck/Baldus/Lindner/Poppenhäger/Ruffert, Art. 48 Rn. 35 nwN; *Chanos*, Möglichkeiten und Grenzen der Befristung parlamentarischer Gesetzgebung, 1999, S. 16, 111 f.
81 BVerfGE 33, 125 (163); 33, 303, 336 ff.; 34, 165, 192 f.; 41, 251, 259 ff.; 47, 46, 78 ff.; 49, 89, 126 ff.
82 BVerfGE 77, 170 (230 f.).
83 BVerfGE 98, 218–251.
84 BVerfGE 95, 267 (307 f.); 85, 386, 403.
85 BVerfGE 98, 218 (251).
86 BVerGE 130, 76, 124.

liche Regelung jedenfalls im Bereich der klassischen Grundrechtseingriffe notwendig,[87] also für alle Regelungen, mit denen belastende Eingriffe in individuelle Rechtspositionen verbunden sind. Gemessen an diesen Maßstäben bestehen im Hinblick auf die Rechtmäßigkeit besonders belastender Grundrechtseingriffe zur Bekämpfung der Corona Pandemie durch Rechtsverordnungen der Länder erhebliche Bedenken.[88] Zwar hat der Bundesgesetzgeber mit der Änderung es Infektionsschutzgesetzes die – gesetzliche – Ermächtigungsgrundlage durch § 20a IfSG konkretisiert. Die konkrete Ausgestaltung und Sanktionierung ist jedoch – in zum Teil sehr unterschiedlicher Intensität – durch die LReg durch Rechtsverordnung erfolgt. Dies wäre nach Art. 80 GG auch durch Landesgesetz möglich und nach diesseitiger Auffassung auch geboten gewesen. Unabhängig von Grundrechtseingriffen gilt der parlamentarische Entscheidungsvorbehalt auch für andere wesentliche Entscheidungen[89], wie Auslandseinsätze der Bundeswehr[90] oder die nationale Mitwirkung an Rechtsetzungsverfahren der EU.[91] Auf Landesebene gilt dies für verfassungsrechtlich relevante Strukturveränderungen, wie die Kreisgebietsreform[92] oder eine Gerichtstrukturreform. Auch Standortentscheidungen, wie bspw. ein Atomendlagerstandort[93], unterliegen wegen ihrer grundsätzlichen Bedeutung einem Gesetzesvorbehalt.

Das **Budgetrecht des LT**, das nach allg. Ansicht ein „wesentliches Instrument" seiner Rechtsetzungs- und Kontrollkompetenz ist,[94] wird in der LV zwar nicht als gesonderte Aufgabe ausgewiesen,[95] die Kompetenz als **Haushaltsgesetzgeber** ergibt sich jedoch insoweit aus den Gesetzesvorbehalten in den Artt. 61 ff. LV. Dem Parlament kommt deshalb auch bei der Feststellung des Haushaltsplanes „im Verhältnis zu den anderen an der Feststellung des Haushaltsplanes beteiligten Verfassungsorganen" – und dh konkret: der Regierung – eine „überragende verfassungsrechtliche Stellung zu".[96] Die Entscheidung über Einnahmen und Ausgaben der öffentlichen Hand ist grundlegender Teil der demokratischen Selbstgestaltungsfähigkeit im Verfassungsstaat.[97] 21

Die Wahrnehmung der **Budgethoheit** ist daher vom verfassungsrechtlichen Anspruch her zumindest eine der wichtigsten Aufgaben des LT.[98] In der Verfassungswirklichkeit gibt es jedoch eine Kumulation von Entwicklungen, die die parlamentarische Steuerung und Kontrolle des Landeshaushalts erschweren oder teilweise sogar ausschließen.[99] Eine begrenzte Einflussmöglichkeit sieht zunächst in den mischfinanzierten Bereichen vor, in denen im Rahmen von EU-Programmen (zB ESF, EFRE, LEADER) bereits im Vorfeld der Haushaltsaufstellung Entscheidungen über die Förderschwerpunkte getroffen werden und

---

87 *Jarass*, in Jarass/Pieroth, Art. 20 Rn. 69 f.
88 *Wolff/Zimmermann*, Der Parlamentsvorbehalt in der Covid-19 Pandemie Jura 2022, 18 ff.
89 *Butzer*, in Epping/Hillgruber, Art. 38 Rn. 22.
90 BVerGE 121, 135, 153 ff.
91 BVerGE 123, 267, 351 ff.
92 Vgl. LVerfG M-V DVBl. 2007, 1102.
93 Vgl. *Butzer*, in HannKomm NV, Art. 7 Rn. 7 m. weiteren Bsp.
94 BVerfGE 70, 324 (356); *Achterberg*, Parlamentsrecht, S. 388.
95 In anderen Landesverfassungen wird der Beschluss des Landeshaushaltes neben der Gesetzgebungskompetenz teilweise ausdrücklich aufgeführt, vgl. zB Art. 41 Abs. 1 S. 2 LVerf LSA oder Art. 79 Abs. 1 S. 2 Verf Rh-Pf.
96 BVerfGE 70, 324 (355); 79, 311, 329; 129, 124, 177; 132, 195, 239.
97 BVerfG Urt. v. 18.3.2014 – 2 BvE 6/12, Rn. 161, juris.
98 Vgl. *Wagner*, in Grimm/Caesar, Art. 79 Rn. 53, der sogar von der „zentralen und wichtigsten Aufgabe" spricht.
99 Vgl. *Wagner*, in Grimm/Caesar, Art. 79 Rn. 54 mwN.

vom Parlament im Rahmen der Haushaltsberatungen kaum oder gar nicht mehr beeinflusst werden können. Vergleichbares gilt in den vom Bund mit finanzierten Bereichen (zB Gemeinschaftsaufgaben), die im Rahmen der Föderalismusreform jedoch deutlich reduziert worden sind. Weitere Probleme ergeben sich mit der Einführung der sog. „neuen Steuerungsmodelle", zu denen bspw. erweiterte Deckungsfähigkeiten und Übertragbarkeit von Ausgaben (Flexibilisierung) sowie die Reduzierung und Zusammenfassung von Haushaltstiteln (Globalisierung) gehören.[100] Hinzu kommt eine wachsende Zahl von mehr oder weniger selbstständigen Haushalten, die insbes. im Zusammenhang mit der Auslagerung von Aufgaben in Form von zumindest formalen Privatisierungen. Zwar sind die entsprechenden Wirtschaftspläne Gegenstand der Haushaltsberatungen, eine Einflussnahme und Kontrolle der Ausgaben im Einzelnen ist jedoch faktisch kaum möglich. In M-V ist durch die Errichtung des Betriebs für Bau und Liegenschaften[101] der überwiegende Teil des staatlichen Hochbaus, einschließlich der Bewirtschaftung der Landesliegenschaften, nicht mehr im Einzelnen veranschlagt, sondern Bestandteil des Wirtschaftsplanes des Betriebs für Bau und Liegenschaften. Die Wahrnehmung des Budgetrechts durch das Parlament ist insoweit jedenfalls erheblich eingeschränkt. Diese Schwächung der parlamentarischen Haushaltsgestaltung zugunsten von – vermeintlicher oder tatsächlicher – Effektivität bei der Erfüllung öffentlicher Aufgaben ist verfassungsrechtlich nur solange vertretbar, wie der Verlust an Gestaltungsspielraum im eigentlichen Haushaltsgesetzgebungsverfahren durch adäquate parlamentarische Kontrolle kompensiert wird. Geeignete Instrumente sind besondere Berichtspflichten zur Herstellung der notwendigen Transparenz sowie die Einführung von Zustimmungsvorbehalten durch den LT. Die Schwächung des parlamentarischen Haushaltsverfahrens tangiert jedoch nicht nur die Rechte des Parlaments als Landesgesetzgeber. Vielmehr ist auch die Frage des Gesetzesvorbehalts im Bereich der Leistungsverwaltung betroffen. Je weniger im Haushaltsgesetzgebungsverfahren die Ausgaben mit Zweckbindungen verbunden sind, sondern Haushaltsmittel in Größenordnungen der LReg zur flexiblen Bewirtschaftung übertragen werden, je zweifelhafter wird das Haushaltsgesetz als hinreichende gesetzliche Grundlage. Hinzu kommt, dass mit Einführung der sog. Schuldenbremse, bei der es sich in Bezug auf die Länder tatsächlich um ein Kreditaufnahmeverbot handelt, der Gestaltungsspielraum des Haushaltgesetzgebers zukünftig (ab 1.1.2020) deutlich eingeschränkt wird. Um eine „Entkernung" der Budgethoheit der Parlamente zu verhindern,[102] kommt den Ergebnissen der Neuordnung der Bund-Länder-Finanzbeziehungen eine zentrale Bedeutung zu, um die fiskalische Gestaltungskompetenz der Landtage zu erhalten.

22 **4. Parlamentarische Kontrolle (Abs. 1 S. 2 3. Halbsatz).** Die Aufgabe des LT, die LReg und die Landesverwaltung – mithin die vollziehende Gewalt – zu kontrollieren, stellt heute eine der Hauptaufgaben des Landesparlaments dar.[103] Wenngleich die Aufgabe der parlamentarischen Kontrolle dem LT als Ganzem zugewiesen ist, wird die **parlamentarische Kontrolle** in der Verfassungswirklichkeit unterschiedlich wahrgenommen. Insoweit sind zwei Formen der parlamentarischen Kontrolle zu unterscheiden. Die Parlamentsmehrheit – im Regelfach

---

100 Vgl. *Wagner*, in Grimm/Caesar, Art. 79 Rn. 55.
101 GVOBl. 2001, S. 600; nunmehr aufgeteilt in vier regional zuständige staatl. Bau- und Liegenschaftsämter (SBL M-V) vgl. LT Drs. 7/4084.
102 Mit der Folge, dass sich die Länder zu autonomen Verwaltungsprovinzen entwickeln würden, vgl. Prantl, SZ v. 5.9.2014 – Das Bier der Länder –.
103 *Wagner*, in Grimm/Caesar, Art. 79 Rn. 58.

die Koalitionsfraktionen – übt eine Kontrolle im Sinne der Mitsteuerung im Interesse der Verbesserung und Erfolgssicherung des Regierungshandelns aus.[104] Maßgebliches Instrument der Steuerung durch die die Regierung tragenden Fraktionen ist somit das **Mehrheitsprinzip** iVm der Gesetzgebungsfunktion und der Kreationsfunktion. Auch durch sog. „schlichte Parlamentsbeschlüsse" nimmt die Parlamentsmehrheit Einfluss auf das Regierungshandeln.[105] Mit einer derartigen Willensbekundung wird der LReg v. LT ein Meinungsbild übermittelt, ohne sie verpflichtend festzulegen, da **schlichte Parlamentsbeschlüsse** keine rechtliche Bindungswirkung enthalten.[106] Die für die politische Einflussnahme notwendigen Informationen erhalten die Abg. der Regierungsfraktionen häufig außerhalb der dafür vorgesehenen klassischen und für die Öffentlichkeit transparenten Wege, sondern unbeobachtet über interne Kommunikationskanäle[107]. Große und Kleine Anfragen, Unterrichtungen und Fragestunde sind in der parlamentarischen Praxis vor allem Instrumente der Opposition. Der Informationsaustausch zwischen Regierung und der Koalitionsfraktionen findet demgegenüber überwiegend durch die Einbindung der Minister in die Fraktionsarbeit, durch Teilnahme der Minister an Fraktionssitzungen und an Arbeitskreisen einerseits sowie umgekehrt durch die Teilnahme der Fraktionsvorsitzenden und Parlamentarischen Geschäftsführer an den Sitzungen des Kabinetts und der Staatssekretäre statt. Soweit mehrere Fraktionen gemeinsam die parlamentarische Mehrheit stellen,[108] wird zur Steuerung und Konfliktlösung regelmäßig ein **Koalitionsausschuss** eingerichtet, dem regelmäßig Regierungsmitglieder und Vertreter der Koalitionsfraktionen, teilweise auch Vertreter der die Koalition tragenden Parteien angehören. Um den Begriff der parlamentarischen Kontrolle einzugrenzen, wird die verfassungsrechtliche Kontrollkompetenz teilweise auf diejenigen Bereiche parlamentarischen Handelns begrenzt, die weder der Gesetzgebungs- noch der Kreationsfunktion zuzurechnen sind.[109]

Parlamentarische Kontrolle im – verfassungsrechtlich – engeren Sinne ist daher überwiegend die kritische und öffentliche Kontrolle durch einzelne Abg. und im Wesentlichen die parlamentarische **Opposition** (→ *Wiegand-Hoffmeister*, Art. 26). Insoweit folgerichtig sind die Instrumente der parlamentarischen Kontrolle als Individualrechte der Abg. oder jedenfalls als Minderheitenrechte ausgestaltet. Die Mittel parlamentarischer Kontrolle sind zum Teil in der Verfassung, zum Teil – ergänzend – einfachgesetzlich bzw. in der GO LT geregelt. Dabei handelt es sich im Einzelnen um folgende Kontrollrechte: 23

- das Recht auf Einsetzung eines Untersuchungsausschusses auf Antrag eines Viertels der Mitglieder des LT nach Art. 34 LV (→ Art. 34 Rn. 3);
- Frage und Auskunftsrecht der Abg. nach Art. 40 LV (→ Art. 40 Rn. 2), näher ausgestaltet durch die GO als Recht des einzelnen Abg. in der Fragestunde (§ 65 GO LT) sowie das Recht des Abg., Kleine Anfragen zu stellen (§ 64 GO LT) sowie das parlamentarische Minderheitenrecht der Großen

---

104 *Zeh*, Über Sinn und Zweck des Parlaments heute, ZParl 2005, 473 (482); *Thesling*, in Heusch/Schönenbroicher, Art. 30 Rn. 7.
105 *Thesling*, in Heusch/Schönenbroicher, Art. 30 Rn. 6.
106 *Magiera*, in Sachs, Art. 38 Rn. 38; VerfGH Weimar DVBl. 2011, 352.
107 BVerfGE 114, 121,149 f., *Perne*, in Brocker/Droege/Jutzi, Art. 79 Rn. 44.
108 Dies war in M-V durchgängig der Fall: In der 1. WP bildeten die CDU und FDP eine Koalition, in der 2. WP die CDU und die SPD, in der 3. und 4. WP die SPD und PDS, in der 5. bis 7. WP (ab 2011) die SPD und die CDU und in der 8. WP die SPD und DIE LINKE.
109 *Achterberg*, Parlamentsrecht, S. 410; *Linck*, in Linck/Jutzi/Hopfe, Art. 48 Rn. 24.

Anfragen, das von einer Fraktion oder mindestens vier Mitgliedern des LT wahrgenommen werden kann (vgl. § 63 GO LT);
- die Informationspflichten der LReg gegenüber dem LT nach Art. 39 LV (→ Art. 39 Rn. 1);
- das Zitierrecht des LT und seiner Ausschüsse als Minderheitenrecht eines Drittels der jeweiligen Mitglieder nach Art. 38 Abs. 1 LV (→ Art. 38 Rn. 1);
- die Sonderauskunftsrechte des Petitionsausschusses zur Aktenherausgabe auf Verlangen eines Viertels seiner Mitglieder nach Art. 35 Abs. 2 LV (→ Art. 35 Rn. 8).
- Darüber hinaus ergibt sich aus der Aufgabenzuweisung der LV an das Verfassungsorgan LT im Grundsatz auch ein verfassungsunmittelbares (Selbst-)Informationsgewinnungsrecht.[110]

24 Die Regelungen der Verfassung werden zum Teil ergänzt durch einfachgesetzliche Regelungen, zB die **Parlamentarische Kontrollkommission**. In Angelegenheiten des Verfassungsschutzes des Landes unterliegt die LReg der Kontrolle durch die Parlamentarische Kontrollkommission. Der LT bestimmt zu Beginn jeder Wahlperiode die Zahl der Mitglieder der Parlamentarischen Kontrollkommission, ihre Zusammensetzung und Arbeitsweise und wählt die Mitglieder der Kommission aus seiner Mitte (§ 27 Landesverfassungsschutzgesetz M-V). Zu Beginn der 5. Wahlperiode hat der LT die Wahl der Parlamentarischen Kontrollkommission zunächst zurückgestellt, um zunächst das Gesetz zu ändern und die Wahl auf der Grundlage der Gesetzesänderung durchzuführen. Dies hat zum einen die Frage aufgeworfen, ob bis zur Neuwahl die alte Parlamentarische Kontrollkommission fortbesteht, auch wenn ihre – gewählten – Mitglieder nicht mehr dem neuen LT angehören. Diese Frage ist zu bejahen, da die **Parlamentarische Kontrollkommission** ausdrücklich nicht der Diskontinuität unterliegt und die demokratische Legitimation insoweit über die Legislaturperiode hinaus bis zur Neuwahl fortbesteht. Die Rechtfertigung dieser Durchbrechung der Diskontinuität ergibt sich aus der Notwendigkeit, eine ununterbrochene Kontrolle des Verfassungsschutzes zu gewährleisten. Eine weitere Frage in diesem Zusammenhang ergibt sich daraus, dass der Gesetzgeber mit der Änderung das Recht **jeder** Fraktion aufgehoben hat, in der Parlamentarischen Kontrollkommission vertreten zu sein. Auch dies ist verfassungsrechtlich unbedenklich, soweit und solange sichergestellt ist, dass die Vertreter der Oppositionsfraktionen insgesamt angemessen repräsentiert sind. Der Schutz der parlamentarischen Minderheit zur Gewährleistung einer effektiven parlamentarischen Kontrolle ist hinreichend gesichert, wenn die Opposition insgesamt entsprechend ihrem Stärkeverhältnis in dem Kontrollgremium vertreten ist.

25 Gegenstand der parlamentarischen Kontrolle sind die **LReg**, dh die einzelnen Regierungsmitglieder und ihre Ministerien sowie die **Landesverwaltung** und damit auch alle übrigen Landesbehörden. Damit ist die Kontrolle jedoch nicht auf die originären Zuständigkeiten bzw. unmittelbare Verantwortung der vollziehenden Gewalt begrenzt. Zulässige Gegenstände der parlamentarischen Kontrolle sind vielmehr alle Bereiche, für die die Exekutive unmittelbar oder mittelbar Verantwortung trägt.[111] Reichweite und Grenzen der parlamentarischen

---

110 LVerfG MV Beschl. v. 27.8.2015 – juris
   Daraus kann sich im Einzelfall ein Anspruch auf den Zugang zu nachgeordneten Einrichtungen des Landes begründen.
   LVerfG MV, aaO.
111 So ausdrücklich § 65 der GO zum zulässigen Gegenstand im Rahmen der Fragestunde.

I. Landtag     Art. 20

Kontrolle sind abstrakt schwer zu definieren.[112] Insofern wird auf die Kommentierung der einzelnen Kontrollrechte verwiesen. Zweifelhaft erscheint jedoch grds. die Annahme, die parlamentarische Kontrolle könne sich auch auf den parlamentarischen Bereich, dh auf die Organe des LT, die Abg. oder die Fraktionen beziehen.[113] Soweit für diese Bereiche Informations- bzw. Kontroll- oder Sanktionsrechte vorgesehen sind, handelt es sich dabei nicht um eine „parlamentarische Kontrolle" im Sinne des Art. 20 LV, sondern um eigenständige Regelungen im Bereich der Parlamentsautonomie, die insoweit, soweit sie in Rechte Dritter eingreifen, einer eigenen Ermächtigungsgrundlage bedürfen.

**5. Behandlung öffentlicher Angelegenheiten (Abs. 1 S. 3).** Nach Art. 20 Abs. 1 S. 3 LV behandelt der LT „öffentliche Angelegenheiten". Mit dieser Regelung hat der Verfassunggeber in zutreffender Weise eine Art Auffangtatbestand normiert, um bei der zentralen Teilhabe des LT an dem dynamischen Prozess politischer Willensbildung Aufgaben zu erfassen, die in der verfassungsrechtlichen Lit. als Öffentlichkeitsfunktion umschrieben werden.[114] Unter „öffentlichen Angelegenheiten" ist alles zu verstehen, was nach Auffassung des LT einer Erörterung im Parlament bedarf. Insoweit gilt für die Reichweite der „Behandlungskompetenz" ein sehr viel großzügigerer Maßstab als für die parlamentarischen Gestaltungs- und Kontrollrechte[115]. Im Rahmen der Öffentlichkeitsfunktion kommt dem LT ein allgemeinpolitisches Mandat zu, soweit – auch über die Grenzen formaler Kompetenzen hinaus – thematisch ein Bezug zu M-V besteht. Zum Wesen und zu den grds. Aufgaben des Parlaments gehört es, „Forum für Rede und Gegenrede" zu sein und sich insoweit als „Veröffentlicher von Politik zu bewähren".[116] Die kommunikative Rückbindung zwischen Parlament und Volk ist essentiell für die **repräsentative Demokratie.**[117] Darüber hinaus kommt dem Parlament, insbes. der Opposition, die Aufgabe zu, die Interessen und Anliegen der Bürger aufzugreifen und sie öffentlich zu artikulieren. Im Rahmen dieser Artikulationsfunktion ist es – soweit formale Rechte anderer Verfassungsorgane nicht betroffen sind – auch zulässig, dass sich der LT mit internationalen, europapolitischen oder bundespolitischen Fragen auseinandersetzt, sofern diese für die Menschen in M-V von öffentlichem Interesse sein können.

In Bezug auf **internationale Aktivitäten** ist der LT – unbeschadet der exklusiven Außenvertretungskompetenz des MinPräs nach Art. 47 Abs. 1 – nicht nur berechtigt, sondern zur Förderung des Staatsziels nach Art. 11 LV als Verfassungsorgan auch berufen, internationale Aktivitäten zu entfalten.[118] Neben der Wahrnehmung der Integrationsverantwortung in Angelegenheiten der EU (→ Rn. 3) gilt dies vor allem für die Förderung der grenzüberschreitenden Zusammenarbeit, insbes. im Ostseeraum.[119] Neben einer Vielzahl von Initiativen der ver-

26

27

---

112 Vgl. dazu allg. *Linck*, in Linck/Baldus/Lindner/Poppenhäger/Ruffert, Art. 48 Rn. 56 ff.
113 So aber *Linck*, in Linck/Baldus/Lindner/Poppenhäger/Ruffert, Art. 48 Rn. 67; idS wohl auch *Perne*, in Brocker/Droege/Jutzi, Art. 79 Rn. 41.
114 *Stern*, § 26 Abs. 2, 1a.
115 *Perne*, in Brocker/Droege/Jutzi, Art. 79 Rn. 48.
116 *Hübner*, in von Mutius/Wuttke/Hübner, Art. 10 Rn. 16.
117 BVerfGE 118, 277 (333) (Responsivität).
118 IdS zutreffend *Strätker/Kalhorn*, Die Kooperation der Regionalparlamente von Mecklenburg-Vorpommern, Schleswig-Holstein, Kaliningrad und Schonen in der Südlichen Ostsee, in Rühr (Hrsg.) Staatsfinanzen. Aktuelle und grundlegende Fragen in Rechts- und Verwaltungswissenschaft, 2007, S. 143 ff.; zu restriktiv demgegenüber *März* JöR N.F. 54 (2006), 175 (214) mit Fn. 161.
119 Vgl. *Werz/Bonin/Edler/Fabricius/Krüger/Saldik*, Kooperation im Ostseeraum – Eine Bestandsaufnahme der wissenschaftlichen und politischen Kooperation unter besonderer Berücksichtigung der neuen Bundesländer, 2004.

schiedenen Gremien sind in diesem Zusammenhang vor allem die Mitgliedschaft und aktive Mitarbeit des LT in der Ostseeparlamentarierkonferenz[120] sowie die – gelebten – Partnerschaften mit den Sejmiks der Woiwodschaften Westpommern und Pommern, vertieft und erweitert durch die Zusammenarbeit im „Parlamentsforum Südliche Ostsee",[121] von Bedeutung.

### V. Abgeordnetenzahl und Wahlsystem (Abs. 2)

28 In Art. 20 Abs. 2 S. 1 LV wird die Zahl der Abg. des LT von M-V mit 71 festgeschrieben. Für die erste Legislaturperiode war die Zahl der Abg. durch das Gesetz über die Wahlen zu Landtagen der Deutschen Demokratischen Republik[122] auf 66 Abg. festgelegt. Die Festlegung in der Verfassung trägt der schwierigen Situation im Ergebnis der ersten Landtagswahl 1990 Rechnung. Insoweit war zunächst eine Pattsituation entstanden, die nur durch den Fraktionswechsel eines Abg. aufgehoben wurde und so eine Regierungsbildung ermöglichte.[123] Mit der ungeraden Zahl der Abg. ist nunmehr ausgeschlossen, dass im LT zwei Parteiengruppen mit gleicher Abgeordnetenzahl vertreten sind. Die Zahl der Abg. ist jedoch nicht absolut. Sie kann sich durch das Entstehen von **Überhang- und Ausgleichmandaten** (→ Rn. 33) erhöhen oder durch das Leerbleiben von Sitzen vermindern.

Forderungen nach einer Verkleinerung des Parlaments als Reaktion auf den Bevölkerungsrückgang in M-V sind bisher – zu Recht – nicht aufgegriffen worden,[124] da dies zum einen keine nennenswerten Einsparungen einbringen, andererseits aber die Funktionsfähigkeit des Parlaments, insbesondere im Bereich der Ausschüsse, gefährden würde. Vor allem kleine Fraktionen mit unter 10 MdL sind bereits bei der gegenwärtigen Größe nicht in der Lage, alle Politikbereiche angemessen personell zu besetzen.

29 In Art. 20 Abs. 2 S. 2 1. Halbsatz LV werden die Wahlrechtsgrundsätze der **freien, gleichen, allgemeinen, geheimen und unmittelbaren** Wahl aus Art. 3 Abs. 3 LV und aus Art. 28 Abs. 1 S. 2 GG wiederholt und mit den Vorgaben an den Gesetzgeber für die Gestaltung des **Wahlsystems** verknüpft. Danach wird der LT „nach den Grundsätzen einer mit der Personenwahl verbundenen Verhältniswahl" gewählt. Dieses **personalisierte Verhältniswahlsystem**, das im Bund (vgl. § 1 Abs. 1 S. 2 BWG) und in den meisten Ländern[125] gilt, ist vor allem dadurch gekennzeichnet, dass die Wähler einen Teil der Abg. in Wahlkreisen und einen anderen Teil über eine Liste wählen. Dieses Mischsystem aus personaler Mehrheits- und Verhältniswahl verfolgt den Zweck, einerseits das Parlament zu möglichst getreuem Abbild der politischen Strömung in der Wählerschaft werden zu lassen[126] und der Wahlkreiskandidatenwahl als Mehrheitswahl mit der Möglichkeit, eine Person wahlkreisbezogen direkt zu wählen, andererseits. Die dazu – insbes. in Bezug auf die insoweit verfassungsrechtlich offene Rechtslage

---

120 Vgl. *Schöning*, Der Beitrag der norddeutschen Landtage zur Ostseekoorperation, ZParl. 2005, S. 589 ff.
121 Vgl. hierzu die umfassende Darstellung bei *Strätker/Kalhorn*, aaO, S. 143 ff.
122 GBl. d. DDR, Teil I, Nr. 51, S. 960.
123 *März* JöR N.F. 54 (2006), 175 (186).
124 Vgl. Empfehlungen und Bericht der Unterkommission des Ältestenrates zur Prüfung einzelner Festlegungen des Abgeordnetengesetzes, LT-Drs. 6/1967, S. 16 f.
125 Abweichende Wahlsysteme gibt es lediglich in Bremen, Hamburg und dem Saarland.
126 *Trute*, in von Münch/Kunig, Art. 38 Rn. 15 spricht insoweit von dem Verhältniswahlrecht als dem verfassungsadäquaten Wahlrecht.

– geführte Kontroverse über das bessere Wahlrecht[127] ist wegen der verfassungsrechtlichen Regelung für M-V unerheblich, da die Länder bei der Gestaltung des Landeswahlrechts frei sind[128] und iÜ auch für den Bund nach der st. Rspr. des BVerfG die Verfassungsmäßigkeit des personalisierten Verhältniswahlrechts außer Frage steht.[129]

Von der Verfassungsmäßigkeit des **personalisierten Verhältniswahlrechts** ist die 30 konkrete Ausgestaltung im Landes- und Kommunalwahlgesetz (LKWG M-V) zu unterscheiden. Danach ist der Landesgesetzgeber an die Wahlrechtsgrundsätze des Art. 28 Abs. 1 S. 2 GG gebunden. Dies bedeutet vor allem, dass der Landesgesetzgeber die Gleichheit der Wahl im jeweiligen Teilwahlsystem des personalisierten Verhältniswahlrechts wahren und iÜ sicherstellen muss, dass die Teilsysteme auch sachgerecht zusammenwirken.[130] Den dem Landesgesetzgeber insoweit eingeräumten Ermessensspielraum[131] hat der Landesgesetzgeber mit dem LKWG dahin gehend – verfassungskonform – ausgeschöpft, indem 36 Abg. durch direkte Wahl, die übrigen 35 durch Verhältniswahl aus den Landeslisten der politischen Parteien gewählt werden (vgl. §§ 53, 54 LKWG M-V). Für die Stärke, mit der eine Partei oder Wählervereinigung im LT vertreten ist, ist dabei ausschließlich das Ergebnis der Listenwahl maßgeblich, da die erzielten Wahlkreissitze (Direktmandate) von der Gesamtzahl der für jede Partei nach dem Verhältniswahlsystem ermittelten Sitze abgezogen werden (§ 58 LKWG M-V). Technisch wird das personalisierte Verhältniswahlsystem in M-V – wie zB im Bund und in Rheinland-Pfalz – durch das sogenannte **Zweistimmensystem** umgesetzt. Danach hat jeder Wähler zwei Stimmen, eine Erststimme für die Wahl des Wahlkreisabgeordneten und eine Zweitstimme für die Wahl nach den Landeslisten (vgl. § 53 LKWG M-V). Das personalisierte Verhältniswahlrecht lässt sich jedoch auch durch ein sog. Einstimmensystem, wie zB in Baden-Württemberg realisieren.[132]

Mit der **5 %-Sperrklausel** des § 58 Abs. 1 LKWG M-V wird auch in M-V – 31 wie im Bund und allen Ländern – im System der personalisierten Verhältniswahl die durch die Wahlrechtsgleichheit garantierte Erfolgsgleichheit eingeschränkt, weil die Stimmen für die Parteien, die diese Hürden nicht überwinden, im Ergebnis unberücksichtigt bleiben. Anders als auf Bundesebene[133] kann die 5 %-Sperrklausel auch nicht durch das Erreichen einer bestimmten Zahl von Direktmandaten – sog. Grundmandatsklausel – überwunden werden. Nach der gefestigten Rspr. des BVerfG[134] und der Landesverfassungsgerichte[135] ist die 5 %-Sperrklausel verfassungsrechtlich zulässig. Die Rechtmäßigkeit der 5 %-Sperrklausel ergibt sich danach daraus, dass eine Wahl nicht nur das Ziel hat, eine Volksvertretung zu schaffen, die ein Spiegelbild der in der Wählerschaft vorhandenen Meinung darstellen soll, sondern sie soll auch ein funktionsfähiges

---

127 Vgl. dazu *Trute*, in von Münch/Kunig, Art. 38 Rn. 14 ff. mit zahlreichen weiteren Nachweisen.
128 BVerfGE 4, 31 (44).
129 Zuletzt BVerfGE 66, 291 (304).
130 BVerfGE 1, 208 (244); 47, 253, 277.
131 BVerfGE 3, 19 (24); 59, 335, 349.
132 Vgl. § 1 Abs. 3 S. 2 LBG BW; danach wird lediglich eine Stimme abgegeben, durch die zum einen der Wahlkreisbewerber bestimmt werden, gleichzeitig wird durch die Summe der Stimmzahlen die für eine Liste maßgebliche Gesamtstimmenzahl der Partei errechnet.
133 Vgl. dazu *Müller*, in von Mangoldt/Klein/Starck, Art. 38 Rn. 149.
134 Vgl. BVerfGE 1, 208 (248); 256; 4, 31 ff.; 6, 84, 92 ff.; 51, 222, 236 ff.; 82, 322, 338 f.; 95, 408, 421 ff.
135 Vgl. zuletzt HambVerfG DÖV 1999, 296 ff.; BayVerfGH NVwZ-RR 2007, 73 ff.

Organ hervorbringen.[136] Da die Verhältniswahl das Aufkommen kleiner Parteien begünstigt, bestünde ohne Sperrklausel die Gefahr, dass sich die Volksvertretung in viele kleine Gruppen aufspaltet, was die Bildung stabiler Mehrheiten verhindert.[137] „Klare und ihrer Verantwortung für das Gesamtwohl bewusste Mehrheiten in einer Volksvertretung sind aber für die Bewältigung der ihr gestellten Aufgaben unentbehrlich".[138] Aber auch für die Wahrnehmung der Kontrollfunktion des Parlaments, insbesondere durch die Opposition, ist eine Mindestgröße der Fraktionen erforderlich. Die Sperrklausel findet ihre Rechtfertigung im Ergebnis in der Sicherung der Handlungs- und Entscheidungsfähigkeit des Parlaments. Die Entscheidung des LVerfG M-V[139] zur 5 %-Klausel im Kommunalwahlrecht steht dem nicht entgegen, da es sich insoweit um unterschiedliche Regelungsmaterien handelt. Anders als der LT ist eine Gemeindevertretung kein Parlament, hat auch keine „Regierung" zu bilden. Vielmehr werden die Bürgermeister und Landräte als „Verwaltungsspitze" in M-V direkt gewählt, mit der Folge, dass eine Gefährdung der Funktionsfähigkeit durch „Splitterparteien" jedenfalls nicht in vergleichbarem Maße besteht.[140] Aus dem Fehlen bzw. der verfassungsrechtlich gebotenen Abschaffung einer Sperrklausel im Kommunalwahlrecht lässt sich danach kein Argument gegen eine Sperrklausel im Landtagswahlrecht ableiten.[141]

32 Von verfassungsrechtlicher Relevanz bei der **personalisierten Verhältniswahl** ist schließlich die Einteilung der **Wahlkreise**, insbes. im Hinblick auf die Bevölkerungszahl. Im Hinblick darauf, dass die einfache Mehrheit in einem Wahlkreis genügt, um ein Direktmandat zu erlangen, sind Abweichungen hinsichtlich der Bevölkerungszahl des einzelnen Wahlkreises nur im Rahmen einer verfassungsrechtlichen Toleranzgrenze zulässig. Diese Toleranzgrenze ist nach der Rspr. des BVerfG dann großzügiger auszulegen, wenn – wie in M-V – Überhang- und Ausgleichsmandate vorgesehen sind.[142] Danach dürfen einzelne Wahlkreise hinsichtlich ihrer Bevölkerungszahl bis zu 33 1/3 v.H. von der durchschnittlichen Bevölkerungszahl aller Wahlkreise nach oben oder unten abweichen.[143] Der Grundsatz der Wahlgleichheit verpflichtet den Gesetzgeber, die Einteilung der Wahlkreise regelmäßig zu überprüfen und ggf. zu korrigieren.[144] Anknüpfungspunkt für die Berechnung sind die Wahlberechtigten, nicht die Wohnbevölkerung[145]. Die Wahlrechtsgleichheit wird allerdings bei der Heranziehung der Wohnbevölkerung als Bemessungsgrundlage nicht beeinträchtigt, solange sich der Anteil der Minderjährigen regional nur unerheblich unterscheidet[146].

33 Nach Art. 20 Abs. 2 S. 3 kann sich die Zahl der Abg. durch **Überhang-** oder **Ausgleichsmandate** sowie durch **„leere Sitze"** ändern. Durch die Festschreibung von Überhangmandaten ist sichergestellt, dass alle Wahlkreisbewerber, die ein Direktmandat erlangen, auch einen Sitz im LT erhalten, auch wenn die Gesamtzahl der Direktmandate einer Partei höher ist, als ihr nach dem Verhältnis der Zweitstimmen zusteht (vgl. § 4 Abs. 6 S. 1 LKWG M-V). Um zu verhin-

---

136 BVerfGE 51, 222 (236).
137 Vgl. *Löwer*, in Löwer/Tettinger, Art. 31 Rn. 27.
138 BVerfGE 51, 222 (236).
139 LVerfGE 11, 306 ff. = DVBl 2001, 317.
140 Vgl. BayVerfGH NVwZ-RR 2007, 73 (75); *Löwer*, in Löwer/Tettinger, Art. 31 Rn. 27.
141 Vgl. auch BVerfGE 51, 222 (237).
142 BVerfGE 13, 127 (128); 16, 130, 139.
143 *Wagner*, in Grimm/Caesar, Art. 80 Rn. 17.
144 BVerfG Urt. v. 9.11.2011 – 2 BvC 4/10 – Rn. 90, juris.
145 StRspr., vgl. zuletzt BVerfGE 124, 1 (18) n. wN.
146 BVerfG Urt. v. 31.1.2012 – 2 BvC 3/11 –, Rn. 70, juris.

dern, dass durch diese zusätzlichen Mandate das Gesamtergebnis der Wahl verzerrt wird, hat der Landesverfassungsgesetzgeber eine Kompensation durch Ausgleichsmandate vorgesehen. Danach erhöht sich die Gesamtzahl der Abg. um so viele, bis unter Einbeziehung der Mehrsitze das sich aus dem Gesamtergebnis ergebende Stärkeverhältnis der Parteien wieder hergestellt ist (§ 58 Abs. 6 LKWG M-V).In M-V hat sich die Zahl der Abg. erstmals in der 8. WP um 3 Übergangs- und 5 Ausgleichsmandate auf 79 Abg. erhöht.

Eine Verringerung der Abgeordnetenzahl kann sich durch das **Leerbleiben von Sitzen** ergeben. Dieser Fall kann zunächst bei einer Landtagswahl auftreten, wenn auf eine Landesliste mehr Sitze entfallen als Bewerber genannt sind. Während einer Legislatur können Abgeordnetenmandate entfallen und somit Sitze leer bleiben, wenn bei Ausscheiden oder Tod eines Abg. das Nachrücken eines Bewerbers derselben Partei nicht möglich ist, weil eine Bewerberliste nicht vorhanden oder eine vorhandene Liste erschöpft ist (vgl. § 58 Abs. 5 LKWG M-V). Bei der Nachfolge bleiben diejenigen Landeslistenbewerber unberücksichtigt, die seit dem Zeitpunkt der Aufstellung der Landesliste aus dieser Partei ausgeschieden sind (§ 46 Abs. 2 Nr. 1 LKWG M-V), auf ihre Anwartschaft verzichtet haben (§ 46 Abs. 2 Nr. 2 LKWG M-V) oder ihre Wählbarkeit nachträglich verloren haben (§ 46 Abs. 2 Nr. 3 LKWG M-V). Etwas anderes gilt nur für ausgeschiedene Wahlkreisabgeordnete einer Partei, für die im Land keine Landesliste zugelassen war, und für Abg., die als Einzelbewerber gewählt worden sind; in diesem Fall findet eine Ersatzwahl im Wahlkreis statt (vgl. § 46 Abs. 3 iVm § 44 Abs. 3 LKWG M-V).

Schließlich bleiben Sitze im LT auch dann leer, wenn eine im LT vertretene Partei nach Art. 21 Abs. 2 GG für verfassungswidrig erklärt wird. In einem solchen Fall verlieren die Abg., die dieser Partei in der Zeit der Antragstellung oder der Verkündung der Entscheidung angehören, ihren Sitz und die Listennachfolger ihre Anwartschaft (vgl. § 47 LKWG M-V). Etwas anderes gilt für Wahlkreisabgeordnete, deren Mandate durch Neuwahlen im Wahlkreis nachbesetzt werden (vgl. § 47 Abs. 2 LKWG M-V). Dem gegenüber bleiben die Sitze der Abg., die auf Landeslisten gewählt waren und der anderen Partei verboten wurde, unbesetzt (§ 47 Abs. 2 S. 3 LKWG M-V). Dies gilt nicht, wenn mehr als drei Abg., die mit der Folge, dass sich die gesetzliche Mitgliederzahl des LT entsprechend verringert (§ 47 Abs. 2 S. 5 LKWG M-V), auf Landeslisten gewählt waren, ihre Sitze verlieren. In diesem Fall findet eine erneute Feststellung des Wahlergebnisses statt, bei der die für die verfassungswidrig erklärte Partei abgegebenen Stimmen nicht berücksichtigt werden (§ 47 Abs. 5 LKWG M-V), dh die frei gewordenen Mandate werden auf der Grundlage des Wahlergebnisses auf die anderen Parteien verteilt.

## VI. Sitz des Landtags (Abs. 3)

Mit dem **Schloss Schwerin** verfügt der LT nicht nur über den „schönsten Landtagssitz" der Bundesrepublik,[147] sondern – insoweit in der Bundesrepublik ebenfalls einmalig – über einen **in der Verfassung festgeschriebenen Tagungsort**. Die verfassungsrechtliche Festlegung des Parlamentssitzes des LT auf das Schloss zu Schwerin geht auf eine Anregung des Präsidenten des ersten frei gewählten LT in der Kommission zur Erarbeitung einer LV zurück.[148] Obgleich sich der

34

---

147 So zutreffend *März* JöR N.F. 54 (2006), 175 (188); diese Einschätzung geht zurück auf eine entsprechende Äußerung des ehemaligen Bundespräsidenten R. v. Weizsäcker anlässlich eines Besuches in Schwerin im Dezember 1990.
148 *Wedemeier*, in Thiele/Pirsch/Wedemeyer, Art. 20 Rn. 20.

Regelungsgehalt des Art. 20 Abs. 3 auf den Sitz des LT beschränkt und insoweit keine verfassungsrechtlichen Vorgaben für den Sitz der LReg enthält, steht diese Festlegung in einem unmittelbaren Zusammenhang mit der Entscheidung für Schwerin als Landeshauptstadt M-V. In geheimer Abstimmung hatte der LT in seiner 2. Sitzung einen Beschluss zugunsten Schwerins und gegen den einzigen Mitkonkurrenten Rostock getroffen.[149] Da die Werbung für die Landeshauptstadt insbes. auf das Schloss Schwerin als Landtagssitz gestützt und insoweit jedenfalls mitursächlich für die Entscheidung zugunsten Schwerins war, gleichzeitig aber die notwendigen Investitionen zur Herstellung der Arbeitsfähigkeit des Parlaments aus Sicht des LT nur sehr zögerlich erfolgten,[150] sollte mit der verfassungsrechtlichen Statuierung des Landtagssitzes neben der symbolischen Aufwertung des repräsentativen Gebäudes[151] gleichzeitig sichergestellt werden, dass der Sitz des LT – ggf. aus rein praktischen Gründen – mit einfacher Mehrheit nicht an einen anderen Ort in der Landeshauptstadt verlegt werden kann. Zulässig sind hingegen auswärtige Sitzungen.[152] Dies gilt sowohl für die Ausschüsse als auch für das Plenum, soweit es sich dabei um Ausnahmen handelt. Auch die – teilweise – Unterbringungen von Abg., Fraktionen oder Landtagsverwaltung außerhalb des Schlosses ist möglich, wenn und soweit eine vollständige Unterbringung aus Kapazitätsgründen – ggf. zeitweise – ausgeschlossen ist. Die Festlegung des Schlosses als Parlamentssitz schließt andere Nutzungen nicht aus. Tatsächlich beherbergt das Schloss neben dem LT ein Schlossmuseum, eine Schlosskirche und eine öffentliche Gastronomie. Zudem finden im Schloss – auch in den Räumen des LT – eine Vielzahl von öffentlichen Veranstaltungen statt.

### Art. 21 (Wahlprüfung)

(1) ¹Die Wahlprüfung ist Aufgabe des Landtages. ²Dieser entscheidet auch, ob ein Abgeordneter seinen Sitz im Landtag verloren hat.

(2) Die Entscheidungen des Landtages können beim Landesverfassungsgericht angefochten werden.

(3) Das Nähere regelt das Gesetz.

Vergleichbare Regelungen:

Artt. 41 GG; 31 BWVerf; 33 BayVerf; 63 BbgVerf; 9 HambVerf; 78 HessVerf; 11 Abs. 2–4 NdsVerf; 33 Verf NW; 82 Verf Rh-Pf; 75 SaarlVerf; 45 SächsVerf; 44 LVerf LSA; 4 Abs. 3 SchlHVerf; 49 Abs. 3 ThürVerf.

| | |
|---|---|
| I. Vorbemerkung .................... 1 | IV. Mandatsverlustprüfung ........... 8 |
| II. Gegenstand des Wahlprüfungsverfahrens ............................ 2 | 1. Normzweck ................... 8 |
| | 2. Verfahren ..................... 9 |
| III. Einzelheiten ....................... 4 | 3. Folgen der Feststellung ........ 11 |
| 1. Verfahren ..................... 4 | V. Nichtanerkennung einer Vereinigung als zur Wahl zugelassene Partei ............................... 13 |
| 2. Materielle Wahlprüfung ....... 5 | |
| 3. Rechtsfolgen .................. 6 | |

---

149 PlPr. 1/2/34 ff.; s. dazu auch *März* JöR N.F. 54 (2006), 175 (188).
150 Vgl. den interfraktionellen Antrag v. 8.1.1991 zur Verbesserung der Arbeitsfähigkeit der Fraktionen und des Landtags, LT-Drs. 1/100.
151 Das Schloss Schwerin wurde in seiner heutigen Form im Mai 1857 fertig gestellt und vom Großherzog Paul Friedrich festlich eingeweiht; auch der LT von Mecklenburg hatte von 1949 bis 1952 seinen Sitz im Schloss Schwerin.
152 *Wedemeier*, in Thiele/Pirsch/Wedemeyer, Art. 20 Rn. 20.

## I. Vorbemerkung

Die Bestimmung des Art. 21 LV ist inhaltsgleich mit Art. 41 GG. Die Kontrolle über die korrekte Vorbereitung, Durchführung und Ergebnisfeststellung der Wahlen zum LT ist allein den beiden Verfassungsorganen LT und LVerfG überantwortet, anderweitiger Rechtsschutz ist ausgeschlossen.[1] Damit wird die Wahlprüfung der sonstigen Rechtsweggarantie nach Art. 19 Abs. 4 GG entzogen. Eine Rechtsverletzung durch Wahlfehler kann nicht vor dem Verwaltungsgericht oder durch Verfassungsbeschwerde geltend gemacht werden.[2] Der **Rechtsweg** wird durch Art. 21 Abs. 2 LV garantiert, indem gegen die Entscheidung des LT unmittelbar der Weg zum LVerfG eröffnet ist.[3]

## II. Gegenstand des Wahlprüfungsverfahrens

Gegenstand des Wahlprüfungsverfahrens sind nur die Wahlen zum LT, nicht hingegen die im LT stattfindende Wahlen oder Abstimmungen.[4] Inhaltlich kann es sich auf alle Vorgänge vom Beginn des Wahlverfahrens bis zur Feststellung des Wahlergebnisses erstrecken.[5] Die Wahlprüfung dient nur dem **Schutz des objektiven Wahlrechts**, somit der Gewährleistung der rechtmäßigen Zusammensetzung des Parlaments.[6] Gegenstand ist die Gültigkeit der Wahl als solche, nicht hingegen die Verletzung subjektiver Rechte. Dies kann zwar Anknüpfungspunkt für ein Wahlprüfungsverfahren sein, nicht aber Prüfungsmaßstab oder -gegenstand.[7] Für das Wahlprüfungsverfahren sind lediglich solche **Wahlfehler** relevant, **die Auswirkungen auf die Zusammensetzung des Parlaments** haben können. Ausdrücklich erwähnt ist in Abs. 1 neben der Wahlprüfung lediglich die Mandatsverlustprüfung, also das Fortbestehen der Voraussetzungen für die Innehaben eines Landtagsmandats,[8] nicht jedoch die Mandatserwerbsprüfung. Die Prüfung des Vorliegens der Voraussetzungen des Mandatserwerbs wird im Regelfall von der zuständigen Wahlbehörde (Kreiswahlleiter) durchgeführt. Dies schließt jedoch nicht aus, dass die Frage der Rechtmäßigkeit des Mandatserwerbs auch Gegenstand der Wahlprüfung nach Art. 21 Abs. 1 Satz 1 sein kann, so etwa hinsichtlich der Frage, ob ein Wahlbewerber seinen Wohnsitz im Land Mecklenburg Vorpommern hat.[9]

Der Gesetzesvorbehalt nach Abs. 3 ist durch Abschnitt 5 des Landes- und Kommunalwahlgesetzes (LKWG M-V) umgesetzt worden.

---

1 *Glauben*, in BK, Art. 41 Rn. 84; *Risse/Witt, in* Hömig/Wolf Art. 41 Rn. 2; krit. *Morlok*, in Dreier, Art. 41 Rn. 12 f.
2 BVerfG, B. v. 24.8.2009 – 2 BvR 1898/09 – mwN; *Austermann*, in Schreiber, BWahlG, § 49 Rn. 3 ff.; *Thesling*, in Heusch/Schönenbroicher, Art. 33 Rn. 8; BVerfGE 22, 277 (281); 34, 81, 94; *Ewer*, in Morlok/Schliesky/Wiefelspütz, § 8 Rn. 4 ff.; aA *Roth*, in Umbach/Clemens, Art. 41 Rn. 11, 17.
3 BVerfGE 103, 111 (141); 85, 148, 158.
4 *Haug*, in Haug, HK-BW, Art. 31 Rn. 8.
5 *Brocker*, in Epping/Hillgruber, Art. 41 Rn. 3; *Risse/Witt*, in Hömig/Wolf, Art. 41 Rn. 4; *von der Weiden*, in Linck/Baldus/Lindner/Poppenhäger/Ruffert, Art. 49 Rn. 16.
6 BVerfGE 22, 277 (281); 40, 11, 29.
7 BVerfGE 22, 277 (280); 34, 81, 97; 85, 148, 158; *von der Weiden*, in Linck/Baldus/Lindner/Poppenhäger/Ruffert, Art. 49 Rn. 17; vgl. zur Wahlprüfung und subj. Rechtsschutz *Löwer*, in Löwer/Tettinger, Art. 33 Rn. 15 ff.; *Ewer*, in Morlok/Schliesky/Wiefelspütz, § 8 Rn. 8 ff.
8 *Löwer*, in Löwer/Tettinger, Art. 33 Rn. 11.
9 Vgl. Beschlussempfehlung und Bericht des Wahlprüfungsausschusses Drs. 3/752, Anlage 5.

*Zapfe*

## III. Einzelheiten

4   **1. Verfahren.** Für das Wahlprüfungsverfahren gilt das **Anfechtungsprinzip**, dh es finden keine vorsorglichen Prüfungen ohne Einspruch eines Berechtigten statt.[10] Innerhalb des Verfahrens gilt hingegen das Offizialprinzip, dh das Parlament erforscht im Rahmen des vom Wahleinspruch umrissenen Gegenstands den Tatbestand, auf den die Wahlanfechtung gestützt wird von Amts wegen.[11] Nach § 35 Abs. 1 LKWG M-V bedarf es eines Einspruchs zur Einleitung des Wahlprüfungsverfahrens, der innerhalb von zwei Wochen nach Bekanntgabe des Wahlergebnisses durch den Landeswahlleiter bei der Wahlleitung schriftlich einzulegen oder mündlich zur Niederschrift zu erklären ist (§ 35 Abs. 2 LKWG M-V). Dabei gilt das **Substantiierungsgebot**, dh der behauptete Wahlfehler muss begründet werden.[12] Die Begründung der Wahlbeschwerde muss genaue Tatsachen enthalten, die die Verletzung des Wahlrechts begründen sollen, damit das Parlament nicht durch eine Vielzahl unbelegter Behauptungen in Zweifel gezogen werden kann.[13] Die Wahlprüfung selbst ist hinsichtlich des Umfangs dann auf den vom Einspruchsführer bestimmten Gegenstand begrenzt.[14] Das Wahlprüfungsverfahren des LT wird im Rechtsausschuss, der kraft Gesetzes gleichzeitig Wahlprüfungsausschuss ist (vgl. § 37 Abs. 1 LKWG M-V), vorbereitet. Die weiteren formellen Voraussetzungen des Wahlprüfungsverfahrens sind detailliert in Abschnitt 5 des Landes- und Kommunalwahlgesetzes formuliert. Er enthält ua Bestimmungen zur Beschlussfähigkeit des Wahlprüfungsausschusses und stellt Grundsätze zur Vorprüfung des Einspruchs, zu den Grundsätzen der Verhandlung sowie zur Entscheidung des LT auf.

5   **2. Materielle Wahlprüfung.** Gegenstand des Wahlprüfungsverfahrens in materieller Hinsicht können alle Wahlfehler sein. Wahlfehler liegen vor, wenn Wahlrechtsvorschriften verletzt sind, zu denen insbes. auch die Wahlrechtsgrundsätze des Art. 20 Abs. 2 Satz 2 LV gehören,[15] sowie aller anderen Gesetze, die unmittelbar wahlbezogene Regelungen enthalten, wie etwa §§ 107 ff. StGB und § 17 PartG.[16] Prüfungsrelevant sind dabei nicht nur Wahlfehler, die die Wahlorgane zu verantworten haben, sondern auch solche, die im Zusammenhang mit der Kandidatenaufstellung durch die Parteien auftreten.[17] Jedoch kommt nicht allen Maßnahmen der Parteien im Zusammenhang mit der Kandidatenaufstellung wahlrechtliche Bedeutung zu. So ist die **Einhaltung verfahrensrechtlicher Vorgaben** zur Aufstellung von Wahlkreisbewerbern und Landeslistenbewerbern sowie das Verfahren und die Fristen für parteiinterne Versammlungen zur Aufstellung von Wahlbewerbern wahlrechtlich relevant; wahlrechtlich nicht von Bedeutung ist die Einhaltung der nur nach der Parteisatzung für die Kandidatenaufstellung geltenden Bestimmungen (vgl. §§ 15 und 56 LKWG M-V).[18] Es bedarf eines ordnungsgemäßen Wahlverfahrens mit der Einhaltung eines Kernbestands von

---

10 *Glauben*, in BK, Art. 41 Rn. 88; *Kluth*, in Schmidt-Bleibtreu/Hofmann/Henneke, Art. 41 Rn. 9.
11 *Kretschmer*, in Schneider/Zeh, § 13 Rn. 32; *Haug*, in Haug, HK-BW, Art. 31 Rn. 15, 33 ff.
12 Vgl. § 35 Abs. 2 LKWG MV: „... unter Angabe der Gründe ...".
13 *Soffner*, in Butzer/Epping, Art. 11 Rn. 52.
14 BVerfGE 85, 148 (159); 40, 11, 30; *Soffner*, in Butzer/Epping, Art. 11 Rn. 79.
15 *Thesling*, in Heusch, Schönenbroicher, Art. 33 Rn. 7.
16 *Morlok*, in Dreier, Art. 41 Rn. 15.
17 HambVerfG DVBl. 1993, 1070; BVerfGE 89, 243 (252 f.).
18 BVerfGE 89, 243 (252 f.).

Verfahrensgrundsätzen, ohne den ein Kandidatenvorschlag schlechterdings nicht Grundlage eines demokratischen Wahlvorgangs sein kann.[19]
Zu potenziellen Wahlfehlern hat die Rspr. und Lit. eine umfangreiche Kasuistik entwickelt.[20]
Im LT M-V betrafen Wahlprüfungsverfahren in der 8. WP vor allem die coronabedingte Maskenpflicht in Wahllokalen sowie nicht rechtzeitig weitergeleitete Briefwahlstimmen, die erst nach der Stimmauszählung in einem Briefverteilzentrum aufgefunden wurden.[21]

3. **Rechtsfolgen.** Werden Wahlfehler festgestellt, führt dies nicht zwangsläufig 6 zur Ungültigkeit oder Teilungültigkeit der Wahl.[22] Vielmehr gilt aufgrund des Verhältnismäßigkeitsprinzips das Erforderlichkeits- oder Verbesserungsprinzip, wonach das **Wahlergebnis soweit wie möglich aufrecht zu erhalten ist**.[23] Die Erklärung der Ungültigkeit einer Wahl würde die Stellung und Stabilität des Parlaments erheblich schwächen. Ein längerer Zeitraum der Unsicherheit über den Bestand und somit auch über die Befugnisse eines gesetzgebenden Organs wäre mit rechtsstaatlichen Grundsätzen nur schwer zu vereinbaren. In jedem Fall kann ein Wahlfehler nur zur Ungültigkeit oder Teilungültigkeit der Wahl führen, wenn er sich auf die personelle und parteipolitische Zusammensetzung des Parlaments auswirkt.[24] Das entspricht dem Zweck des Wahlprüfungsverfahrens, dem Schutz des objektiven Wahlrechts. Die Ungültigkeit darf sich aus Gründen der Verhältnismäßigkeit auch nur auf den Wahlkreis bzw. den Teil des Wahlverfahrens erstrecken, in dem sich der Wahlfehler ausgewirkt haben könnte. Insoweit kann von Bedeutung sein, mit welchen Stimmenergebnissen die Wählerinnen und Wähler in dem betreffenden Wahlkreis abgestimmt haben. Bei eindeutigen Mehrheitsverhältnissen wird unwahrscheinlicher, dass sich Wahlfehler tatsächlich auf die Zuteilung eines Mandates niedergeschlagen haben können als bei knappen Mehrheitsverhältnissen.[25] Lässt sich ausschließen, dass ein Wahlfehler sich auf das im konkreten Fall in Zweifel gezogene Wahlergebnis und die Zuteilung von Mandaten ausgewirkt haben kann, so bedarf es regelmäßig keiner Ermittlungen und der Einspruch kann ohne weitere Prüfung zurückgewiesen werden.[26]

Wird im Wahlprüfungsverfahren festgestellt, dass Wahlfehler vorgekommen 7 sind, von denen angenommen werden muss, dass sie auf das Wahlergebnis im Wahlkreis oder auf die Verteilung der Sitze aus den Landeslisten von Einfluss gewesen sind, so ist eine **Wiederholungswahl** vom Landeswahlleiter anzuordnen. Soweit sich die Wahlfehler nur auf einzelne Wahlbezirke beziehen, findet auch nur dort eine Wiederholungswahl statt. Erstrecken sich die Wahlfehler auf mehr als die Hälfte der Wahlbezirke eines Wahlkreises oder auf einen ganzen Wahlkreis, so ist die Wiederholungswahl im ganzen Wahlkreis abzuhalten. Wird die Wahl in einzelnen Wahlkreisen oder landesweit für ungültig erklärt, so bleiben

---

19 BVerfGE 89, 243 (252 f.).
20 Siehe dazu *Austermann*, in Schreiber, BWahlG, § 49 Rn. 6 ff.
21 Drs. 8/792; 8/1300.
22 *Morlok*, in Dreier, Art. 41 Rn. 18; *Wedemeyer*, in Thiele/Pirsch/Wedemeyer, Art. 21 Rn. 2.
23 *Klein/Schwarz*, in Dürig/Herzog/Scholz Art. 41 Rn. 111 ff.; *Linck*, in Linck/Jutzi/Hopfe, Art. 49 Rn. 12; *Austermann, in* Schreiber BWahlG § 49 Rn. 15 ff.
24 *Austermann*, in Schreiber, BWahlG, § 49 Rn. 14.
25 BVerfGE 85, 148 (161 f.).
26 BVerfGE 85, 148 (159).

die Abg. bis zur Wiederholungswahl Mandatsträger (vgl. § 41 Abs. 4 LKWG M-V).[27]

## IV. Mandatsverlustprüfung

8 **1. Normzweck.** Nach Art. 21 Abs. 1 Satz 2 LV entscheidet der LT auch, ob ein Abg. seinen Sitz im LT verloren hat. Diese Mandatsverlustprüfung ermöglicht die kontinuierliche Kontrolle der ordnungsgemäßen Zusammensetzung des Parlaments, unabhängig von einer zuvor stattfindenden Landtagswahl, um den Fortbestand der parlamentarischen Legitimation zu gewährleisten. Gegenstand des Verfahrens ist der **Verlust des zunächst gültig erworbenen Mandats**.[28] Das Verfahren entspricht im Wesentlichen dem Wahlprüfungsverfahren.

9 **2. Verfahren.** Nach § 59 Abs. 1 Nr. 2 LKWG M-V bedarf es zur Mandatsverlustkontrolle eines Antrags, dh das Parlament wird nicht von sich heraus tätig. Auch hinsichtlich der Mandatsverlustprüfung gilt das Substantiierungsgebot, dh der Antragsteller hat die tatsächlichen Behauptungen aufzustellen, aus denen sich der Mandatsverlust des Abg. ergibt.

Inhaltlich sind die in § 59 LKWG M-V festgelegten Mandatsverlustgründe Prüfungsgegenstand. Danach verliert ein Abg. seine Mitgliedschaft im LT durch Verzicht, durch nachträglichen Verlust der Wählbarkeit, durch Feststellung der Ungültigkeit des Erwerbs der Mitgliedschaft, bei Neufeststellung des Wahlergebnisses oder durch Feststellung der Verfassungswidrigkeit der Partei oder der Teilorganisation einer Partei, der er angehört (Verfahren nach Art. 21 Abs. 2 Satz 2 des GG).

Die **Antragsbefugnis** bei der Mandatsverlustprüfung ist danach differenziert, aus welchem Grund der Mandatsverlust eingetreten sein soll. Grds. sind antragsbefugt der betroffene Abg., jede im LT vertretene Partei, jede Fraktion des LT, eine Gruppe von mindestens zehn Abg., das Innenministerium sowie die Landeswahlleitung.

10 Der betroffene Abg. ist antragsbefugt, soweit es die Prüfung des Verlustes des Abgeordnetenmandats durch Verzicht (§ 59 Abs. 1 Nr. 1 LKWG M-V), durch den Verlust der Wählbarkeit infolge eines Richterspruchs (§ 59 Abs. 1 Nr. 2 iVm § 5 Nr. 1 LKWG M-V), durch die Neufeststellung des Wahlergebnisses sowie die Feststellung der Verfassungswidrigkeit der betreffenden Partei nach Art. 21 Abs. 2 GG betrifft.[29] Ein entsprechender Antrag des Abg. ist nur zwei Wochen nach Zustellung der Entscheidung zulässig. Inhaltlich handelt es sich darum, dem von einem Mandatsverlust betroffenen Abg. in dem zweistufigen Verfahren (→ Rn. 1) nach Art. 21 LV, mit der Prüfung des Parlaments den Rechtsweg zu garantieren, bevor ihm der Weg zum LVerfG eröffnet ist. Die weiteren Antragsbefugten können Anträge zur Mandatsverlustprüfung stellen, soweit Fragen des **nachträglichen Verlustes der Wählbarkeit** eines Abg. sowie der **Ungültigkeit des Erwerbs der Mitgliedschaft** eines Abg. (§ 59 Abs. 1 Nr. 2 und 3 LWG M-V) betroffen sind. Eine Frist für diese Anträge besteht nicht, sie können jederzeit gestellt werden (§ 59 Abs. 4 Satz 2 LKWG M-V).

11 **3. Folgen der Feststellung.** Wird festgestellt, dass ein Abg. seine Mitgliedschaft im LT verloren hat, so behält der Abg. seine Rechte und Pflichten bis zur Unan-

---

27 Vgl. zu den Einzelheiten §§ 40 ff. LKWG M-V.
28 *Morlok*, in Dreier, Art. 41 Rn. 23 f.; vgl. zur Abgrenzung Drs. 3/752, Anlage 5, wo inhaltlich das Vorliegen der wahlrechtlichen Voraussetzungen zum Zeitpunkt der Wahl, also die Frage der Gültigkeit des Mandatserwerbs thematisiert wurde.
29 Vgl. dazu § 59 Abs. 4 LKWG M-V.

fechtbarkeit der Entscheidung. Der LT kann jedoch mit einer Zweidrittel-Mehrheit beschließen, dass der Abg. bis zur Rechtskraft der Entscheidung nicht an der Arbeit des LT teilnehmen darf. Dieser Beschluss kann auf Antrag des Abg. im Falle der Anfechtung der Entscheidung des LT durch das LVerfG aufgehoben werden. Auf Antrag von 15 Mitgliedern des LT kann das LVerfG aber auch eine Anordnung treffen, dass der Abg. bis zur Rechtskraft der Entscheidung nicht an der Arbeit des LT teilnehmen darf, auch wenn der LT vorher keinen solchen Beschluss gefasst hat[30].

§ 47 LKWG M-V regelt den Mandatsverlust im Falle eines **Parteiverbots**. Wird eine Partei oder die Teilorganisationen einer Partei durch das Bundesverfassungsgericht gemäß Artikel 21 Absatz 2 Satz 2 des Grundgesetzes für verfassungswidrig erklärt, so verlieren die Mitglieder des Landtages, die dieser Partei oder Teilorganisation in der Zeit der Antragstellung oder der Verkündung der Entscheidung (§§ 43, 46 BVerfGG) angehören, ihren Sitz und die Listennachfolger ihre Anwartschaft.

Soweit die betreffenden Mitglieder des Landtages, im Wahlkreis direkt gewählt waren, finden Neuwahlen statt, bei denen sich diese Mitglieder nicht bewerben dürfen. Soweit Mitglieder des Landtages auf Landeslisten gewählt waren, bleiben die Sitze unbesetzt, die gesetzliche Mitgliederzahl des Landtags verringert sich entsprechend. Dies gilt nicht, wenn mehr als drei Abg., die auf Landeslisten gewählt waren, ihre Sitze verlieren. In diesem Fall findet eine erneute Feststellung des Wahlergebnisses (§ 33 LKWG M-V) statt, bei der die für die verfassungswidrig erklärte Partei abgegebenen Stimmen nicht berücksichtigt werden. Folglich würden im Zuge der Neufeststellung des Wahlergebnisses die gesetzliche Anzahl der Mandate auf die anderen Parteien verteilt.

Soweit das von einem Mandatsverlust infolge eines Parteiverbots betroffene Landtagsmitglied auf der Landesliste einer nicht für verfassungswidrig erklärten Partei gewählt war, rückt eine Ersatzperson für das ausgeschiedene Mitglied nach.

## V. Nichtanerkennung einer Vereinigung als zur Wahl zugelassene Partei

Eine Vereinigung, die an der Wahl zum Landtag teilnehmen will und am Tag der Aufforderung zur Einreichung von Wahlvorschlägen im Landtag oder im Bundestag seit dessen letzter Wahl nicht aufgrund eigener Wahlvorschläge ununterbrochen mit mindestens einer oder einem für sie in Mecklenburg-Vorpommern gewählten Abgeordneten vertreten sind, kann Wahlvorschläge nur einreichen, wenn sie der Landeswahlleitung ihre Beteiligung an der Wahl schriftlich bis zum 108. Tag vor der Wahl bis 18 Uhr angezeigt haben (§ 55 Abs. 2 LKWG).

Der Landeswahlausschuss stellt spätestens am 94. Tag vor der Wahl für alle Wahlorgane verbindlich fest, welche Vereinigungen, die ihre Beteiligung angezeigt haben, für die Wahl als Partei anzuerkennen sind. Dabei ist für eine Ablehnung der Anerkennung eine Zweidrittelmehrheit im Landeswahlausschuss erforderlich (§ 55 Abs. 4 LKWG).

Die Entscheidung kann nur mittels eines Einspruchs gegen die Wahl gegenüber dem Landtag nach §§ 35 ff. LKWG erhoben werden, der im Wahlprüfungsverfahren darüber entscheidet. Die Möglichkeit, unmittelbar eine Nichtanerkennungsbeschwerde vor dem LVerfG zu erheben, besteht nicht. Da erst der Wahlausschuss des zu wählenden Landtages über den Einspruch entscheidet, steht **vor der Wahl kein Rechtsbehelf** gegen eine negative Entscheidung zur Ver-

---

30 Vgl. § 41 Abs. 3 LKWG M-V.

fügung. Auf Bundesebene wurde die Nichtanerkennungsbeschwerde im Jahre 2012 durch die Einfügung bzw. Änderung von Art. 93 Abs. 1 Nr. 4c GG, §§ 13 Nr. 3a, 96 BVerfGG und 18 Abs. 4a BWahlG eingeführt. Die Beschwerde ist darauf gerichtet, noch vor der Durchführung der Wahl abschließend festzustellen, ob eine Vereinigung berechtigt ist, als Partei mit eigenen Wahlvorschlägen an der Wahl zum Deutschen Bundestag teilzunehmen.[31]

### Art. 22 (Stellung der Abgeordneten)

(1) Die Abgeordneten sind Vertreter des ganzen Volkes, an Aufträge und Weisungen nicht gebunden und nur ihrem Gewissen unterworfen.

(2) [1]Die Abgeordneten haben das Recht, im Landtag und in seinen Ausschüssen das Wort zu ergreifen sowie Fragen und Anträge zu stellen. [2]Sie können bei Wahlen und Beschlüssen ihre Stimme abgeben. [3]Das Nähere regelt die Geschäftsordnung.

(3) [1]Die Abgeordneten haben Anspruch auf eine angemessene, ihre Unabhängigkeit sichernde Entschädigung. [2]Auf diesen Anspruch kann nicht verzichtet werden, er ist nur zu einem Viertel übertragbar. [3]Das Nähere regelt das Gesetz.

Vergleichbare Regelungen:
Artt. 27 Abs. 3, 40 Satz 1 BWVerf; 13 Abs. 2, 31 BayVerf; 38 VvB; 56, 60 BbgVerf; 7, 13 Abs. 1 HambVerf; 77, 98 HessVerf; 12 NdsVerf; 30 Abs. 2, 50 Verf NW; 79 Abs. 2, 97 Verf Rh-Pf; 66 Abs. 2 SaarlVerf; 39 Abs. 3, 42 Abs. 3, 51 Abs. 1 SächsVerf; 41 Abs. 2, 53 Abs. 2, 56 Abs. 5 LVerf LSA; 17 Verf. S-H; 53 Abs. 1 und 2, 54 Abs. 1 und 2 ThürVerf.

| | |
|---|---|
| I. Vorbemerkungen ................ 1 | 2. Verhaltensregeln .............. 25 |
| 1. Allgemeines ................... 1 | 3. Stasi-Überprüfung ............ 26 |
| 2. Beginn und Ende des Mandats 2 | 4. Mandatsverlust bei Pflichtverletzung ...................... 27 |
| 3. Inkompatibilität .............. 6 | |
| II. Das parlamentarische Mandat (Abs. 1) ........................ 9 | V. Entschädigung der Abgeordneten (Abs. 3) ........................ 28 |
| 1. Allgemeines ................... 9 | 1. Allgemeines ................... 28 |
| 2. Vertreter des ganzen Volkes ... 11 | 2. Angemessene Entschädigung .. 30 |
| 3. An Aufträge und Weisungen nicht gebunden und nur ihrem Gewissen unterworfen ........ 12 | 3. Altersversorgung und Übergangsgeld ..................... 36 |
| III. Mitwirkungsrechte der Abgeordneten (Abs. 2) .................... 14 | 4. Funktionszulagen und formalisierter Gleichheitssatz ........ 40 |
| 1. Allgemeines ................... 14 | 5. Kostenpauschale und Amtsausstattung .................... 41 |
| 2. Rederecht ..................... 16 | VI. Unverzichtbarkeit und Unübertragbarkeit der Entschädigung (Abs. 3 S. 2) .................... 45 |
| 3. Fragerecht .................... 18 | |
| 4. Antragsrecht .................. 20 | |
| 5. Stimmrecht .................... 23 | VII. Nach Maßgabe eines Gesetzes (Abs. 3 Satz 3) .................. 47 |
| IV. Pflichten von Abgeordneten ...... 24 | |
| 1. Teilnahmepflichten ............ 24 | |

### I. Vorbemerkungen

1 **1. Allgemeines.** Art. 22 fasst die Statusrechte, die Mitwirkungsrechte und die Entschädigungsansprüche der Landtagsabgeordneten zusammen. Nach der Terminologie der LV (Art. 23 Abs. 2 Satz 1) übt ein Landtagsabgeordneter zwar ein „Amt" aus, dabei handelt es sich jedoch nicht um ein Amt im Sinne des Beamtenrechts, vielmehr besitzt der Abg. einen „eigenen verfassungsrechtlichen

---

31 Dazu BT-Drs. 17/9392, S. 4.

Status".[1] Kern dieses Status ist das dem einzelnen Abg. garantierte Recht, „unmittelbar am Verfassungsleben teilzuhaben".[2] Das **öffentliche „Amt"** der Abg. besteht in der Ausübung des Mandats im Parlament.[3] Insoweit begründet das Mandat eine Rechts- und Pflichtenstellung.[4] Das Mandat des Abgeordneten kann nur von diesem selbst ausgeübt werden, eine Vertretung durch andere Abgeordnete ist nicht möglich.[5] Abgeordnete sind Mitglied, jedoch nicht Organ des Parlaments.[6] Gleichzeitig verleiht der Abgeordnetenstatus den Landtagsabgeordneten subjektive öffentliche Rechte, die sie im Wege des Organstreits verfassungsrechtlich geltend machen können.[7]

**2. Beginn und Ende des Mandats.** Die Landtagsabgeordneten erwerben ihre 2 Mitgliedschaft nach einer Wahl erst mit der **konstituierenden Sitzung** des neuen LT nach Art. 28 LV. Zwar erhalten Abg. nach § 29 Abs. 1 Satz 1 AbgG M-V bereits Zahlungen vom Tage der Feststellung des amtlichen Wahlergebnisses durch den Landeswahlausschuss, dies begründet jedoch noch keine weitergehenden parlamentarischen Rechte im Hinblick auf die Rechtsstellung als Abg. Etwas anderes gilt für sog. „Nachrücker". Diese erwerben den Status mit der Feststellung des Landeswahlleiters nach § 46 LKWG M-V.

Das Abgeordnetenmandat **endet** im Regelfall mit dem Ablauf der Legislaturperi- 3 ode, also dem Zusammentritt eines neuen LT (Art. 27 Abs. 1 Satz 2 LV). Eine Beendigung des Mandats ist des Weiteren möglich durch Verzicht (§ 59 Abs. 1 Nr. 1 LKWG M-V), durch nachträglichen Verlust der Wählbarkeit, bspw. wegen der Verurteilung wegen eines Verbrechens nach § 45 StGB iVm § 59 Abs. 1 Nr. 2 LKWG M-V, durch Feststellung der Ungültigkeit des Erwerbs der Mitgliedschaft (§ 59 Abs. 1 Nr. 3 LKWG M-V), bei Neufeststellung des Wahlergebnisses (§ 59 Abs. 1 Nr. 4 LKWG M-V) oder durch Feststellung der Verfassungswidrigkeit der Partei oder der Teilorganisation der Partei, der der Abg. angehört nach Art. 21 Abs. 2 Satz 2 GG iVm § 59 Abs. 1 Nr. 5 LKWG M-V.

Außergesetzliche Regeln können nicht zum Verlust des Mandats führen. Dies 4 gilt insbes. für die Fälle, in denen der Abg. freiwillig oder durch Ausschluss die Zugehörigkeit zu seiner Partei oder der Fraktion verliert.[8] Der Mandatsverlust in diesen Fällen kann auch nicht durch untergesetzliche Normen angeordnet werden, da es insoweit an einer verfassungsrechtlichen Rechtfertigung für die Beendigung des Mandats fehlt.[9] Unzulässig sind schließlich auch normative – innerparteiliche – Festschreibungen des Mandatsverzichts iS eines verbindlichen Rotationsprinzips.[10]

Vom Mandatsverlust zu unterscheiden ist das sog. **Ruhen** des Mandats. Eine 5 solche Regelung bezweckt die Trennung von Ministeramt und Mandat in der Weise, dass ein Minister auf seinen Antrag für die Dauer seines Amtes sein Abgeordnetenmandat mit der Maßgabe zum Ruhen bringen kann, dass es –

---

1 BVerfGE 2, 143 (164).
2 BVerfGE 2, 143 (164); 4, 144, 149; 60, 374, 379 f.
3 *Badura*, in Schneider/Zeh, § 15 Rn. 60; *Butzer*, in Epping/Hillgruber, Art. 38 Rn. 78.
4 BVerfGE 56, 396 (405).
5 *Kretschmer*, in S-B/H/H, Art. 38 Rn. 59.
6 *Müller*, in v. Mangoldt/Klein/Starck, Art. 38 Rn. 69.
7 LVerfG M-V LVerfGE 5, 203, 218 f.; *Jarass*, in Jarass/Pieroth, Art. 38 Rn. 38 mwN.
8 *Trute*, in von Münch/Kunig, Art. 38 Rn. 85.
9 *Sauer* in HdB – ParlR § 11 Rn. 11, in.
10 *Trute*, in von Münch/Kunig, Art. 38 Rn. 85.

nur – für diese Zeit dem nächstberufenen Listennachfolger zusteht.[11] Der HessStGH hat eine solche Regelung – zu Recht – für verfassungswidrig erklärt, weil der Einführung eines ruhenden Mandats ua das repräsentative Mandat des Abg. entgegensteht und eine solche Regelung die Mandatsgleichheit der Abg. verletzt.[12]

6 **3. Inkompatibilität.** Vor allem zum Schutz der **Gewaltenteilung** können bestimmte Ämter oder Tätigkeiten durch Verfassung oder Gesetz für unvereinbar mit dem Innehaben oder der Ausübung des parlamentarischen Mandats erklärt werden (**Inkompatibilität**). Durch Inkompatibilitätsvorschriften wird es dem Abg. untersagt, die mit dem Mandat unvereinbaren Ämter oder Tätigkeiten zu übernehmen oder fortzuführen, und ihm geboten, anderenfalls das Mandat nicht anzutreten oder auf das Mandat zu verzichten.[13] Das GG legt die Unvereinbarkeit des Landtagsmandates mit dem Amt des Bundespräsidenten (Art. 55 Abs. 1 GG) und der Tätigkeit als Richter am BVerfG (Art. 94 Abs. 1 Satz 3 GG) fest.

7 Die LV statuiert in Art. 52 Abs. 4 ausdrücklich die Unvereinbarkeit des Landtagsmandates mit der Tätigkeit als Mitglied des LVerfG. Darüber hinaus ermächtigt Art. 71 Abs. 3 LV den Landesgesetzgeber zu weiteren – **einfachgesetzlichen** – Inkompatibilitätsregelungen. Auf dieser Grundlage sind nach § 34 AbgG M-V alle Tätigkeiten als Beamter oder Angestellter des Bundes, eines Landes, einer Kommune oder einer anderen Körperschaft des öffentlichen Rechts mit Ausnahme der Religionsgemeinschaften mit einem Landtagsmandat nicht vereinbar. Die Einführung der völligen Inkompatibilität erfolgte iRd 12. Änderungsgesetzes zum AbgG im Zusammenhang mit der Anpassung der Altersversorgung. Gleiches gilt für Berufsrichter, Staatsanwälte, Berufssoldaten oder Soldaten auf Zeit. Regelungsinhalt der Unvereinbarkeitsvorschrift ist nicht der Ausschluss der benannten Angehörigen des öffentlichen Dienstes von der Wählbarkeit; Rechtsfolge ist vielmehr, dass die Ausübung des Mandats von einer Beendigung des inkompatiblen Beschäftigungsverhältnisses abhängig gemacht wird.[14] Die Unvereinbarkeitsregelung begründet insoweit eine Wahlmöglichkeit des Bewerbers zwischen einer Beschäftigung im öffentlichen Dienst und dem Mandat.[15] Soweit sich der Bewerber für das Mandat entscheidet, ruhen die Rechte und Pflichten aus dem öffentlich-rechtlichen Dienstverhältnis nach § 35 Abs. 1 AbgG M-V. Endet die Mitgliedschaft im LT, so besteht nach §§ 36 ff. AbgG M-V auf Antrag ein Anspruch auf Wiederverwendung durch Rückführung in das frühere Dienstverhältnis.

8 Keine Inkompatibilität besteht zwischen einem Landtagsmandat und der gleichzeitigen Mitgliedschaft im BT[16] oder im Europäischen Parlament. Verfassungsrechtlich ebenfalls miteinander vereinbar sind das Abgeordnetenmandat mit einem Regierungsamt.[17] Insoweit handelt es sich jedenfalls in MV um eine gefestigte Tradition des parlamentarischen Regierungssystems.[18] Dem steht auch

---

11 Eine solche Regelung gab es in Hessen und Rheinland-Pfalz, heute gibt es das ruhende Mandat nur noch in Bremen (Art. 108 BremVerf) und in Hamburg (Art. 39 HambVerf); vgl. auch *Müller*, in v. Mangoldt/Klein/Starck, Art. 38 Rn. 64 mwN.
12 HessStGH ESVGH 27, 193 ff.; *Huber* in Meder/Brechmann BV Art. 19 Rn. 6.
13 *Badura*, in Schneider/Zeh, § 15 Rn. 80.
14 *Badura*, in Schneider/Zeh, § 15 Rn. 84.
15 BVerfGE 38, 326 (337 f.).
16 *Müller* in: v. Mangoldt/Klein/Starck, Art. 38 Rn. 74; in Bezug auf das Doppelmandat LT-BT aA *Morlok*, in Dreier, Art. 38 Rn. 141.
17 *Morlok*, in Dreier, Art. 38 Rn. 148; *Müller*, in v. Mangoldt/Klein/Starck, Art. 38 Rn. 74.
18 Vgl. f. Rh.Pf. *Perne*, in Brocker/Droege/Jutzi, Art. 79 Rn. 63.

die Inkompatibilitätsvorschrift des Art. 45 Abs. 1 Satz 2 LV nicht entgegen, da es sich bei dem Abgeordnetenmandat nicht um ein „besoldetes Amt" handelt. Die Vereinbarkeit verletzt auch nicht den Kernbereich der Gewaltenteilung, da die parlamentarische Kontrolle ieS (→ Art. 20 Rn. 23) im Regelfall von der Opposition ausgeübt wird.[19]

## II. Das parlamentarische Mandat (Abs. 1)

**1. Allgemeines.** Die Abg. sind Vertreter des ganzen Volkes, an Aufträge und Weisungen nicht gebunden und nur ihrem Gewissen unterworfen. Diese Regelung entspricht dem Wortlaut von Art. 38 Abs. 1 Satz 2 GG und umschreibt das **freie Mandat** als klassisches Element der repräsentativen Demokratie.[20] Diese Freiheit schützt vor allen Maßnahmen, die den Bestand und die Dauer des Mandats beeinträchtigen und die inhaltliche Bindungen der Mandatsausübung herbeiführen oder sanktionieren und ist in §§ 106 u. 108e StGB auch strafrechtlich geschützt. Der Abgeordnetenstatus schließt daher rechtlich-verbindliche inhaltliche Bindungen der Mandatsausübung verfassungsrechtlich aus. Damit verbietet die LVerf – wie das GG – das sog. **imperative Mandat**.[21] In der Konsequenz sind rechtlich-verbindliche Erklärungen oder Verpflichtungen, die sich auf die Ausübung des Mandats beziehen, unwirksam.[22] Die Weisungsfreiheit erstreckt sich nicht nur auf das Abstimmungsverhalten, sondern auch darauf, wie der Abgeordnete seine parlamentarische und außerparlamentarische Tätigkeit im Einzelnen gestaltet.[23] Dem gegenüber sind faktische Bindungen, insbes. iS politischer Loyalitäten, nicht nur zulässig, sondern in einer repräsentativen Demokratie auch notwendig. Der einzelne Abg. befindet sich in einem Beziehungsgeflecht zwischen seiner Partei, der Fraktion, seinem Wahlkreis, von Interessengruppen im Bereich seines Fachgebietes und der Öffentlichkeit.[24] Dieses Geflecht von Bezügen vermittelt – faktische – Bindungen und Handlungsmöglichkeiten gleichermaßen. Die Einbindung des Abg. in Partei und Fraktion ist insoweit nützlich, wenn nicht unverzichtbar,[25] weil dadurch erst die Grundlagen geschaffen werden, damit der Abg. sein Mandat erfolgreich wahrnehmen kann.[26]

Der verfassungsrechtliche Status des Abgeordnetenmandates gewährleistet – im Bund und in den Ländern – eine von staatlicher Beeinflussung **freie Kommunikationsbeziehung** zwischen den Abgeordneten und dem Wähler sowie die Freiheit von exekutiver Beobachtung und Kontrolle.[27] Daher stellt die **Beobachtung eines Abgeordneten durch Behörden des Verfassungsschutzes** einen Eingriff in das freie Mandat dar.[28] Ein solcher Eingriff kann jedoch zum Schutz der freiheitlich demokratischen Grundordnung gerechtfertigt sein, wenn Anhaltspunkte dafür bestehen, dass der Abgeordnete sein Mandat zum Kampf gegen die freiheitlich demokratische Grundordnung missbraucht oder diese aktiv und aggressiv bekämpft.[29]

---

19 *Morlok*, in Dreier, Art. 38 Rn. 141.
20 *Trute*, in von Münch/Kunig, Art. 38 Rn. 73.
21 *Morlok* in Dreier GG II Art. 38 rn. 140 f.
22 *Jarass*, in Jarass/Pieroth, Art. 38 Rn. 52.
23 Vgl. hierzu *Kretschmer*, in S-B/H/H, Art. 38 Rn. 61.
24 *Trute*, in von Münch/Kunig, Art. 38 Rn. 74.
25 So *Morlok*, in Dreier, Art. 38 Rn. 144.
26 *Trute*, in von Münch/Kunig, Art. 38 Rn. 74.
27 BVerfGE 134, 141 mAnm *Morklok* DÖV 2014, 405 ff.
28 BVerfGE aaO; BVerfGE 120, 378 (398).
29 BVerfGE 134, 141.

11 **2. Vertreter des ganzen Volkes.** In Art. 22 Abs. 1 1. Halbsatz wird das Prinzip der **repräsentativen Demokratie** konkretisiert und den Abg. die Funktion als „Vertreter des ganzen Volkes" zugewiesen. Der Begriff des Volkes und damit der Kreis der Repräsentanten umfasst die in Mecklenburg-Vorpommern wohnenden deutschen Staatsangehörigen.[30] Die Vertretung bedeutet jedoch nicht, dass jeder einzelne Abg. das Volk insgesamt repräsentiert.[31] Die Volksvertretung wird vielmehr nur von der Gesamtheit der Abg. gebildet.[32] Die Vertretung des Volkes ist deshalb Aufgabe des Gesamtparlaments.[33] Für die Wahrnehmung des Mandats folgt daraus, dass der einzelne Abg. die Ausübung seines Mandats im Rahmen der **Gesamtrepräsentation** am Gemeinwohl auszurichten hat[34] und sich nicht – nur – als Vertreter partikularer Gruppen, der Partei, seiner Wähler oder der Bürger seines Wahlkreises versteht.[35]

Aus der Gesamtrepräsentation folgt zugleich der Status der **Gleichheit der Abg.**[36] Erst in der formalen Gleichheit aller Abg., in der Gleichheit ihrer Mitwirkungsmöglichkeiten an der Aufgabenerfüllung, können diese als legitime Repräsentanten des Volkes gelten.[37]

12 **3. An Aufträge und Weisungen nicht gebunden und nur ihrem Gewissen unterworfen.** Art. 22 Abs. 1 2. Halbsatz konkretisiert den Status des freien Mandats. Daraus folgt, dass Abg. trotz ihrer Zugehörigkeit zu ihrer Partei und trotz ihrer Einbindung in verschiedenste Partikularinteressen – rechtlich – frei sind für eine nur an ihrem Gewissen orientierte Interpretation des Gemeinwohls und für ein dementsprechendes Handeln.[38] Das freie Mandat steht damit im Gegensatz zum imperativen oder sonst gebundenem Mandat.[39] Während die Formulierung „an Aufträge und Weisungen nicht gebunden" die Unzulässigkeit rechtlicher Vorgaben statuiert, wird mit der Formulierung „nur dem Gewissen unterworfen" die Ungebundenheit des Mandats positiv verstärkt.[40] IdS schützt Art. 22 Abs. 1 die Abg. vor dem sog. **Fraktionszwang**, dh die für den Fall der Nichtbeachtung mit Sanktionen verbundene Pflicht, das Mandat in bestimmter Weise auszuüben.[41] Andererseits ist die sog. **Fraktionsdisziplin**, dh die unter Umständen mit Nachdruck vorgebrachte Erwartung der Fraktion, der Abg. solle sich im Interesse der Durchsetzbarkeit der gemeinsamen politischen Zielstellung der Meinung der Mehrheit anschließen, ausdrücklich zulässig.[42] Insoweit steht Art. 22 Abs. 1 in einem – gewollten – Spannungsverhältnis zu Art. 25. Die Einbindung des Abg. in die Organisation des Parlaments und damit die Bindung an seine Fraktion ist nämlich nicht nur als Beschränkung seiner parlamentarischen Beteiligungsrechte anzusehen, sondern gleichzeitig Voraussetzung dafür, dass sie überhaupt wahrgenommen werden können.[43] Insoweit ist es den Fraktionen grundsätzlich nicht verwehrt, zur Sicherstellung ihrer verfassungsmäßigen Aufgaben ein möglichst

---

30 BVerfGE 83, 37 (53).
31 *Perne*, in Brocker/Droege/Jutzi, Art. 79 Rn. 53.
32 *Morlok*, in Dreier, Art. 38 Rn. 123.
33 BVerfGE 44, 308 (316); 56, 396, 405; 70, 324, 367.
34 *Linck*, in Linck/Baldus/Lindner/Poppenhäger/Ruffert, Art. 53 Rn. 3.
35 *Morlok*, in Dreier, Art. 38 Rn. 129 mwN.
36 *Trute*, in von Münch/Kunig, Art. 38 Rn. 78.
37 BVerfGE 40, 296 (317 f.); 44, 308, 316; 56, 396, 405; 93, 195, 204; 96, 264, 278.
38 *Perne*, in Brocker/Droege/Jutzi, Art. 79 Rn. 57.
39 *Morlok*, in Dreier, Art. 38 Rn. 143.
40 *Morlok*, in Dreier, Art. 38 Rn. 146.
41 → Art. 25 Rn. 8; *Linck*, in Linck/Baldus/Lindner/Poppenhäger/Ruffert, Art. 53 Rn. 21 mwN; *Haas*, in HannKomm NV, Art. 12 Rn. 22.
42 *Jarass*, in Jarass/Pieroth, Art. 38 Rn. 50; *Trute*, in v. Münch/Kunig, Art. 38 Rn. 89.
43 *Brocker*, in BK, Art. 40 Rn. 193.

geschlossenes Auftreten im Parlament durch Verfahrens- und Verhaltensregeln für die ihnen angehörigen Abg. herbeizuführen.[44] In Fällen einer „nachhaltigen Störung des Vertrauensverhältnisses" sind die Fraktionen auch berechtigt, Abg. aus einem Ausschuss zurückzurufen[45] oder sie in schweren Fällen aus der Fraktion auszuschließen (→ Art. 25 Rn. 12 f.). Daher steht die Entscheidung über den **Verlust der Fraktionszugehörigkeit** nicht im Belieben der Fraktion. Sie setzt zumindest die Berücksichtigung rechtsstaatlicher wie demokratischer Verfahrensregeln sowie einen auf vollständiger Erkenntnisgrundlage beruhenden willkürfreien Entschluss der Fraktion voraus.[46]

Das freie Mandat schützt den Abg. auch vor jeder rechtlichen Einwirkung auf das Mandat durch seine Partei, denn mit Annahme der Wahl löst sich das rechtliche Schicksal des Mandats von der Partei,[47] solange sie nicht verboten wird (→ Rn. 1 aE). In der Konsequenz lässt ein **Parteiaustritt** das Mandat unberührt.[48] Unzulässig sind auch sog. Blankoverzichtserklärungen zu Beginn der Legislaturperiode sowie Zahlungsversprechen für den Fall eines Parteiaustritts oder einer Mandatsniederlegung.[49] Der Schutz ist jedoch auf die Dauer der Legislaturperiode begrenzt und endet mit der Nominierung für die kommende Wahlperiode. Insoweit ist es nachvollziehbar und legitim, wenn eine Partei einen Abg. nicht wieder aufstellt, der die Programmatik der Partei als Abg. nicht bzw. nicht hinreichend vertreten hat.[50] Im Spannungsverhältnis zwischen der Freiheit des Mandats nach Art. 22 und der verfassungsrechtlichen Stellung der Parteien nach Art. 21 GG ist der Abg. als Mandatsträger einerseits instruktionsfrei, andererseits in Bezug auf seine erneute Nominierung politisch abhängig. 13

## III. Mitwirkungsrechte der Abgeordneten (Abs. 2)

**1. Allgemeines.** Zum verfassungsrechtlichen Status der Abg. gehören die parlamentarischen Befugnisse, die eine effektive Mitwirkung an den Aufgaben des LT iSd Art. 20 LV erst ermöglichen. Art. 22 Abs. 2 garantiert das **Rede-, Frage-, Antrags- und Stimmrecht.** Diese Bestimmung normiert die verfassungsgewohnheitsrechtlich anerkannten Befugnisse der Abg. und verdeutlicht, dass die Abg. einen eigenen verfassungsrechtlichen Status besitzen. Nach der Rspr. des BVerfG ist jeder Abg. berufen, an der Arbeit des Parlaments, seinen Verhandlungen und Entscheidungen teilzunehmen.[51] Indem Abg. diese Befugnisse ausüben, wirken sie an der Erfüllung der Aufgaben des Parlaments mit und genügen so den Pflichten ihres Mandates.[52] Hierbei haben alle Mitglieder des LT grds. gleiche Rechte und Pflichten, da die Repräsentation des Volkes nicht von Einzelnen oder einer Gruppe von Abg., auch nicht von der parlamentarischen Mehrheit, sondern vom Parlament als Ganzem, dh in der Gesamtheit seiner Mitglieder als Repräsentanten bewirkt wird.[53] 14

Diese Mitwirkungsrechte verdichten sich bei der Haushaltsberatung zu der Verpflichtung des Landtages, über den Haushaltsplan im öffentlich beratenden Plenum Beschluss zu fassen. Die Sicherung der Abgeordnetenrechte erfordert,

---

44 BVerfGE 10, 4 (14); 102, 224, 237 f.
45 BVerfGE 80, 188 (233); *Brocker*, in BK, Art. 40 Rn. 193.
46 Vgl. LVerfG M-V, DöV 2003, 767 ff.; *Morlok*, in Dreier, Art, 38 Rn. 184.
47 *Löwer*, in Löwer/Tettinger, Art. 30 Rn. 65.
48 *Badura*, in BK, Art. 38 Rn. 87.
49 *Löwer*, in Löwer/Tettinger, Art. 30 Rn. 65.
50 *Löwer*, in Löwer/Tettinger, Art. 30 Rn. 61.
51 BVerfGE 80, 188 (218).
52 *Waack*, in Caspar/Ewer/Nolte/Waack, Art. 11 Rn. 19.
53 BVerfGE 44, 308 (316); 56, 396, 405; 80, 188, 217.

dass Zweck und Höhe aller Einnahmen gesetzlich und damit für andere Stellen verbindlich hinreichend konkret bestimmt sind.[54] Allein die Beratung und Beschlussfassung im Plenum ermöglicht es allen MdL, durch Diskussionsbeiträge und Änderungsanträge an einer Entscheidung mitzuwirken.[55] Durch eine Übertragung von Entscheidungen auf einen Ausschuss werden die Rechte der diesem Ausschuss nicht angehörenden MdL beschränkt.[56] Eine solche Übertragung von Entscheidungsbefugnissen ist allenfalls in Ausnahmefällen und zwar zum Schutz anderer Rechtsgüter von Verfassungsrang und unter strikter Wahrung des Grundsatzes der Verhältnismäßigkeit zulässig.[57]

15 Aus der Gesamtrepräsentation des Parlaments folgt gleichzeitig, dass zur Sicherung der Funktionsfähigkeit des LT die Rechte des einzelnen Abg. durch die **Geschäftsordnung** (→ Art. 29 Rn. 6) eingeschränkt bzw. modifiziert werden können.[58] Insoweit handelt es sich bei Art. 22 Abs. 2 Satz 3 um eine Ermächtigung an den LT, die Schranken des freien Mandats im Rahmen des Selbstorganisationsrechts, dh durch die GO, im Einzelnen auszugestalten. Die entsprechenden Regelungen müssen daher erkennbar an der Sicherung effizienter Arbeit des LT ausgerichtet sein und beachten, dass die Rechte des einzelnen Abg. zwar im Einzelnen modifiziert und eingeschränkt werden, dass sie ihm jedoch nicht in der Substanz entzogen werden dürfen.[59] Freies Mandat und das Selbstorganisationsrecht des Parlaments müssen also zu einem verhältnismäßigen Ausgleich gebracht werden.[60] Dabei steht dem Parlament ein weiter Gestaltungsspielraum zu.[61]

16 **2. Rederecht.** Das **Rederecht** ist zur Wahrnehmung parlamentarischer Aufgaben unverzichtbar.[62] Zur Sicherung der Arbeits- und Funktionsfähigkeit des Parlaments ist eine Begrenzung der Gesamtredezeit und ihre Aufteilung auf die Fraktionen nach ihrer Stärke nicht nur zulässig,[63] sondern auch geboten.[64] Die Festlegung der Redezeiten erfolgt gemäß § 84 GO LT auf Vorschlag des Ältestenrates durch den LT. Dabei ist kleinen Fraktionen oder auch fraktionslosen Abg. eine verfassungsrechtliche Mindestredezeit zuzubilligen.[65] Maßstab für die Ausgestaltung der **Redezeit** ist die grundsätzliche Aufgabe des Parlaments, Forum für Rede und Gegenrede zu sein[66] und daher zu gewährleisten, dass Abgeordnete aller politischen Richtungen zu Wort kommen.[67] In der Praxis des LT wird zur Einbringung eines eigenen Antrages eine Mindestredezeit von zehn Minuten und iÜ eine Mindestredezeit von drei Minuten zugestanden. Überschreitet ein Mitglied des LT die ihm zustehende Redezeit, so kann ihn der Präsident gem. § 87 Abs. 3 GO nach einmaliger Ermahnung das Wort entzie-

---

54 Vgl. LVerfG Urt. v. 26.9.2019 – LVerfG 2/18 Rn. 80, juris (Strategiefonds); LVerfG Urt. v. 24.11.2022 – LVerfG 2/22 Rn. 86, juris (MV-Schutzfonds).
55 LVerfG v. 22.11.22 aaO Rn. 87.
56 LVerfG aaO Rn. 101.
57 LVerfG aaO; BVerfG Urt. v. 28.2.2012 – 2 BvE 8/11 – Rn. 119, juris (Stabilisierungsmechanismusgesetz).
58 *Linck*, in Linck/Baldus/Lindner/Poppenhäger/Ruffert, Art. 53 Rn. 33.
59 BVerfGE 44, 308 (316); 80, 188, 217.
60 *Linck*, in Linck/Baldus/Lindner/Poppenhäger/Ruffert, Art. 53 Rn. 33.
61 BVerfGE 80, 188 (220).
62 BVerfGE 10, 4 (12); 60, 374, 379; *Kretschmer*, in S-H/B/B, Art. 38 Rn. 70.
63 BVerfGE 10, 4 (14); 96, 264, 284 ff.
64 *Perne* in Brocker/Droege/Jutzi, Art. 79 Rn. 67.
65 *Linck*, in Linck/ Baldus/Lindner/Poppenhäger/Ruffert, Art. 53 Rn. 35; Nds StGH v. 14.9.2022 – StGH 1/22, juris.
66 BVerfGE 96, 264 (284).
67 *Perne*, in Brocker/Droege/Jutzi, aaO.

hen. Weitere Schranken des Rederechts ergeben sich aus der **Disziplinargewalt des PräsLT** (→ Art. 29 Rn. 20). Das Rederecht der Abgeordneten wird durch die parlamentarische Ordnungsgewalt begrenzt.[68] Vom Rederecht nicht umfasst sind nonverbale Artikulationen von Abg. im Parlament, wie zB das Zeigen von Schrifttafeln, das Erscheinen in uniformierter Kleidung oder sonstige äußere Erscheinungsweisen, mit denen bewusst und gezielt eine politische Haltung zum Ausdruck gebracht werden soll.[69]

Das Rederecht erstreckt sich auch auf die Ausschüsse. Insoweit werden jedoch 17 keine Redezeiten vereinbart. Vielmehr wird das Wort nach § 16 iVm § 82 GO LT in der Reihenfolge der Wortmeldung unter Berücksichtigung des Stärkeverhältnisses der Fraktionen durch den Vorsitzenden erteilt.

**3. Fragerecht.** Das Fragerecht ist eine spezielle Ausprägung des allgemeinen 18 parlamentarischen Informationsanspruchs der Abg. zur Erfüllung der ihnen obliegenden verfassungsrechtlichen Aufgaben.[70] Es ist Bestandteil des Informationsrechts der Abg. nach Art. 40 und umfasst sowohl die nichtformalisierten Fragen in den Ausschüssen als auch das durch die in §§ 62 ff. GO LT im Einzelnen ausgestaltete Recht, Kleine und Große Anfragen sowie Fragen in der Fragestunde zu stellen. Einzelheiten, insbes. zu Umfang und Grenzen der Antwortpflicht der LReg, sind ausdrücklich in Art. 40 geregelt. Darüber hinaus ist nach § 33 GO LT jedes Mitglied des LT berechtigt, die Akten des LT einzusehen, die über Gegenstände der parlamentarischen Beratung im Plenum sowie in den Ausschüssen und den sonstigen Gremien des LT angelegt sind, soweit nicht die Einsicht aufgrund gesetzlicher Vorschriften oder aus Gründen der Geheimhaltung eingeschränkt ist. Abg. haben des Weiteren ein Akteneinsichtsrecht bezüglich derjenigen Akten, die über ihn betreffende Vorgänge geführt werden, § 33 Abs. 2 GO LT.

Auch das Fragerecht ist nicht schrankenlos. Es wird **begrenzt** durch das allg. 19 Missbrauchsverbot sowie den notwendigen Schutz der Würde und der Arbeitsfähigkeit des Parlaments. Nach § 62 Abs. 3 GO LT kann der Präsident daher Fragen zurückweisen, die nach Form oder Inhalt einen Missbrauch darstellen, insbes. Wertungen oder Unterstellungen enthalten oder gegen die Würde des Parlaments verstoßen (→ Art. 40 Rn. 9 ff.). Gegen die Zurückweisung kann der Fragesteller nach § 62 Abs. 4 GO LT Einspruch einlegen, über den nach Beratung im Ältestenrat durch den LT entschieden wird.

**4. Antragsrecht.** Art. 22 Abs. 2 S. 1 letzte Alternative verleiht grundsätzlich 20 jedem Abg. das Recht, im LT sowie in seinen ständigen Ausschüssen und in den Sonderausschüssen und Enquetekommissionen Anträge zu stellen. Das Antragsrecht kann zum Schutz der Funktionsfähigkeit des Parlaments durch notwendige **Antragsquoren** begrenzt werden.[71] Für bestimmte Antragsinhalte legt bereits die Verfassung Antragsquoren fest. Das gilt für den Antrag zur vorzeitigen Beendigung der Wahlperiode nach Art. 27 Abs. 2, den Antrag auf Abwahl des PräsLT gem. Art. 29 Abs. 2 Satz 2, den Antrag auf Ausschluss der Öffentlichkeit gem. Art. 31 Abs. 1 Satz 2, den Antrag zur Einsetzung eines Untersuchungsausschusses gem. Art. 34 Abs. 1 Satz 1, das Zitierrecht gem. Art. 38 Abs. 1, den Antrag, dem MinPräs das Vertrauen zu entziehen gem. Art. 50 Abs. 3 Satz 1 sowie Anträge zur Einbringung eines Gesetzentwurfes gem. Art. 55 Abs. 1 Satz 2. Weitere Einschränkungen der Antragsausübungsberechtigung sind in der GO geregelt.

---

68 LVerfG M-V Urt. v. 19.12.2019 – LVerfG 1/19 – juris.
69 *Linck*, in Linck/Baldus/Lindner/Poppenhäger/Ruffert, Art. 53 Rn. 36.
70 → Art. 40 Rn. 1.
71 BVerfGE 84, 204 (328 ff.); *Perne*, in Brocker/Droege/Jutzi, Art. 79 Rn. 71.

So steht das Recht zur Beantragung einer aktuellen (§ 66 GO) Stunde oder der Antrag auf Überweisung einer Unterrichtung (§ 59 GO) nur einer Fraktion zu. Soweit ein Antragsquorum nicht vorgesehen ist, kann das Antragsrecht von jedem einzelnen Abg. ausgeübt werden. Dies gilt insbes. für sog. Entschließungsanträge nach § 56 GO, dh Anträge, die Meinungen, Anregungen, Empfehlungen oder Ersuchen enthalten und auf sog. schlichte Parlamentsbeschlüsse (→ Art. 32 Rn. 6) abzielen.

21 Das Antragsrecht der Abg. begründet wiederum einen Anspruch darauf, dass sich das Parlament mit dem Antrag **befasst**.[72] Das Parlament muss über den Antrag beraten und – durch Annahme oder Ablehnung – Beschluss fassen.[73] Ausnahmen gelten lediglich für solche Initiativen, die einen Missbrauch des Antragsrechts darstellen und vom Präsidenten nach § 42 GO LT als unzulässig zurückgewiesen werden.

22 Das Antragsrecht und der daraus abgeleitete Anspruch auf Befassung und Abstimmung schließen nicht aus, **Änderungsanträge** zum Ursprungsantrag zuzulassen. Änderungsanträge sind vielmehr grds. mit dem Anspruch des Abg. vereinbar, dass das Parlament über den gestellten Antrag – durch Annahme oder Ablehnung – Beschluss fasst.[74] Änderungsanträge zu Entschließungsanträgen sind jedoch dann unzulässig, wenn sie den Gegenstand des ursprünglichen Antrages auswechseln, ihn also in ein „Aliud" umformen.[75] Ein Änderungsantrag darf nicht dazu benutzt werden, einer Beschlussfassung in der Sache, sei es auch nur in konkludenter Weise, auszuweichen.[76] Die Zulässigkeit eines Änderungsantrages setzt also voraus, dass am Ende eine ausdrückliche oder konkludente Positionierung zum ursprünglichen Antragsgegenstand erkennbar bleibt. Danach kann ein Antrag durch einen Änderungsantrag durchaus in sein Gegenteil verkehrt werden, weil damit die Ablehnung des Antragsbegehrens erkennbar bleibt. Unzulässig ist jedoch das Auswechseln oder wesentliche Verändern des Antragsgegenstandes mit der Folge, dass die Mehrheit am Ende zu der mit dem Ursprungsantrag aufgeworfenen Frage keine „Farbe" bekennt.[77]

23 5. Stimmrecht. Zu den Entscheidungsrechten der Abg. gehört schließlich das Recht, bei Wahlen und Beschlüssen mitzuwirken und ihr Stimmrecht auszuüben. Es ist ein **höchstpersönliches Recht**, das nur von Abg. selbst ausgeübt werden kann.[78] Das Stimmrecht ist grds. – bezogen auf das Plenum – unverzichtbar und unbeschränkbar.[79] Etwas anderes gilt für die Ausschüsse des Parlaments; insoweit haben Abg. keinen Anspruch auf stimmberechtigte Teilnahme in zahlenmäßig begrenzten Gremien des Parlaments.[80] IÜ kann das Stimmrecht nur durch den Ausschluss von der Sitzung wegen gröblicher Verletzung der Ordnung nach § 99 GO LT zeitweise aufgehoben werden. Dem gegenüber sind anders als im Bereich der Exekutive und für Mitglieder kommunaler Vertretungskörperschaften im LT Abstimmungen in eigener Sache zulässig.[81] Eine das Stimmrecht

---

72 *Kretschmer*, in S-B/H/H, Art. 38 Rn. 76.
73 BayVerfGH BayVBl. 1995, 16 (17); BVerfGE 1, 144 (153); 84, 304, 329 f.
74 VerfGH NW Entsch. v. 15.6.1999 – VerfGH 6/97 – S. 17, zitiert nach juris.
75 VerfGH NW, aaO, S. 18.
76 VerfGH NW, aaO.
77 VerfGH NW, aaO, S. 19.
78 *Kretschmer*, in S-B/S/S, Art. 38 Rn. 68.
79 BVerfGE 10, 4 (12).
80 BVerfGE 70, 324 (354).
81 BVerfGE 40, 296 (327); *Linck*, in Linck/Baldus/Lindner/Poppenhäger/Ruffert, Art. 53 Rn. 37.

ausschließende parlamentarische Befangenheit gibt es nicht.[82] Vielmehr enthält die LVerf selbst in Art. 29 (Geschäftsordnung) Regelungsaufträge zur Beschlussfassung „in eigener Sache". Auch die Beschlussfassung über Abgeordnetenversorgung (→ Rn. 30 ff.) ist ein verbindlicher Regelauftrag.

### IV. Pflichten von Abgeordneten

**1. Teilnahmepflichten.** Das parlamentarische Mandat verleiht den Abg. nicht 24 nur Rechte, sondern löst auch Pflichten aus. Den Abg. ist das Mandat nicht zur Ausübung nach eigenem Belieben überlassen, sondern gebunden an die Verantwortung, mitzuwirken an der Erfüllung der Aufgaben des Parlaments.[83] Nach der GO LT haben die Abg. die Pflicht, an den Sitzungen des LT und an den Sitzungen der Ausschüsse **teilzunehmen**, denen sie angehören (§ 32 Abs. 1 GO LT). Mit Beginn der 8. WP hat der LT vom Abg. eine **finanzielle Sanktion** für **unentschuldigtes Fernbleiben** eingeführt. Nach § 11 Abs. 3 AbgG M-V werden einem MdL für unentschuldigtes Fernbleiben des Plenums 75,- EUR und der Nichtteilnahme an einer namentlichen Abstimmung 50 EUR pro Sitzungstag von der Kostenpauschale abgezogen. Wenngleich der LT – anders als der BT – an Plenarsitzungstagen grds. keine Ausschusssitzungen durchführt – und daher die Mehrheit der Abg. im Regelfall auch anwesend ist – ist zu berücksichtigen, dass Plenarsitzungen oft 12 Stunden und länger ohne Pausen andauern. Es ist insoweit üblich, dass am „Rande des Plenums" – zumeist in der sog. Lobby – Gespräche und Verhandlungen geführt werden. Zum Nachweis der Anwesenheit im Plenum genügt gem. § 11 Abs. 1 AbgG M-V insoweit die Eintragung in die Anwesenheitsliste Den parlamentarischen Geschäftsführern obliegt es, diese Abläufe zu koordinieren, dh die Beschlussfähigkeit und – bei Abstimmungen – die politischen Mehrheiten oder Quoren sicherzustellen.. Eine Besonderheit sind namentliche Abstimmungen, durch die das individuelle Abstimmungsverhalten der Abg. protokolliert wird. Die Abg. sind des Weiteren zur **Verschwiegenheit**, insbes. nach der Geheimschutzordnung, verpflichtet, die der GO als Anlage beigefügt wird (§ 17 Abs. 5 GO LT). Diese Verschwiegenheitspflicht gilt nach § 49 Abs. 1 AbgG M-V auch nach Beendigung des Mandats.

**2. Verhaltensregeln.** Darüber hinaus ergibt sich aus Art. 30 Abs. 2 3. Alternati- 25 ve LV, dass der LT nicht nur ermächtigt, sondern auch verpflichtet ist, sich zur Sicherung der Unabhängigkeit der Abg. Verhaltensregeln zu geben (→ Art. 30 Rn. 8). Insoweit statuiert § 47 AbgG M-V zunächst das Verbot der Annahme von **Zuwendungen** oder Einkünften, die der Abg. nur in der Erwartung erhält, dass er im LT das Interesse des Zahlenden vertritt (sog. arbeits- oder leistungslose Einkommen). Diese Regelung entspricht der Vorgabe des BVerfG, wonach leistungslose Einkünfte mit dem unabhängigen Status von Abg. und ihrem Anspruch auf gleichmäßige finanzielle Ausstattung in ihrem Mandat unvereinbar sind.[84] Soweit die Unzulässigkeit voraussetzt, dass die Leistung in der „Erwartung" gewährt wird, dass das Mandat im Interesse des Zahlenden ausgeübt wird, ist jedenfalls bei leistungs- bzw. arbeitslosen Einkommen von einer – widerlegbaren – Vermutung auszugehen. Darüber hinaus beschließt der LT – regelmäßig zu Beginn der Legislatur – Verhaltensregeln, in denen die Pflichten zur Anzeige des Berufes, der Art und Höhe sonstiger Einkünfte, die Frage der Veröffentlichung entsprechender Angaben sowie das Verfahren bei Verstößen gegen die Verhaltensregeln normiert sind. Die Anzeige- und Veröffentlichungspflichten

---

82 *Perne*, in Brocker/Droege/Jutzi, Art. 79 Rn. 69.
83 BVerfGE 56, 396 (405); LVerfGE 5, 203, 225.
84 BVerfGE 40, 296 (318 f.).

für Abgeordnete sind verfassungsrechtlich zulässig,[85] auch wenn sie Tätigkeiten betreiben, die keine Gefahr für die Unabhängigkeit begründen.[86] Bis zum Ende der 7. WP wurden die Verhaltensregeln als Anlage zur GO beschlossen und veröffentlicht. Mit Beginn der 8. WP wurden die Anzeigepflichten in § 47a AbgG MV gesetzlich normiert und deutlich verschärft. Diese Offenlegungspflichten sollen es den Wählern ermöglichen, sich über potenzielle Interessenverknüpfungen d. MdL zu informieren.[87] Nach § 47a Abs. 1 Nr. 1–6 AbgG MV müssen MdL innerhalb einer Frist von 3 Monaten nach Erwerb der Mitgliedschaft umfassende Angaben zu gegenwärtig und früher ausgeübten Berufen (Nr. 1 u. 2), diversen vergüteten und ehrenamtlichen Tätigkeiten und Funktionen (Nr. 3 u. 4), sonstigen Vereinbarungen über geldwerte Vorteile (Nr. 5) und Beteiligung an Kapital- oder Personengesellschaften, soweit diese nicht in Zusammenhang mit einer bereits vor Annahme des Mandats ausgeübten Tätigkeit oder der privaten Vermögensverwaltung gehalten werden. Veränderungen sind innerhalb von 3 Monaten nach Eintritt schriftlich mitzuteilen. Nach § 47a Abs. 2 AbgG MV sind entgeltliche Tätigkeiten, die nicht im Rahmen der ausgeübten Berufe liegen (Nr. 1), sowie Zuwendungen und Vergünstigungen von mehr als 125 EUR pro Jahr, die sie für ihre politische Tätigkeit erhalten (Nr. 2), und sonstige einmalige und regelmäßige Einnahmen bis zum 30. April für das Vorjahr anzuzeigen. Die Einkünfte müssen gem. § 47 Abs. 2 AbgG MV für jede einzelne Nebentätigkeit angezeigt werden, sofern sie 1.000 EUR im Kalenderjahr betragen. Die Angaben werden – wie beim BT – in Form von Stufen – v. Stufe 1: 1.000 EUR– 3.500 EUR bis Stufe 9: bis 250.000 EUR als amtliche Mitteilung veröffentlicht. Einzelheiten des Verfahrens bei Verstößen sind im Gesetz nicht geregelt und müssen im Rahmen von Ausführungsbestimmungen konkretisiert werden.[88]

26 **3. Stasi-Überprüfung.** Mit dem 5. Gesetz zur Änderung des Abgeordnetengesetzes hat der LT in der 2. Wahlperiode die Pflicht zur Überprüfung der Abg. durch den Bundesbeauftragten für die Unterlagen des Staatssicherheitsdienstes eingeführt.[89] Auf dieser Grundlage erfolgte eine Überprüfung aller Abg. Allerdings sah dieses Verfahren im Ergebnis keinerlei Sanktionen vor; vielmehr erfolgte durch die unabhängige Kommission, die zu umfassender Geheimhaltung verpflichtet war, lediglich eine Empfehlung an – belastete – Abg. Der mit diesem Verfahren verbundene Eingriff in den Status des freien Mandats wurde vom LVerfG ausdrücklich für rechtmäßig erklärt[90] und ua damit begründet, dass die Würde des Parlaments abhängig von der Parlamentswürdigkeit der Abg. ist.[91] Dieser Umstand kann es „rechtfertigen, gegenüber den Abgeordneten Regelungen zu treffen, die deren Parlamentswürdigkeit gewährleisten und damit die Würde und das Ansehen des Parlaments wahren sollen".[92] Unabhängig von der verfassungsrechtlichen Zulässigkeit hat der LT das Verfahren zur „Stasi-Überprüfung" seit der 3. Legislatur aus rechtspolitischen Gründen dahin gehend geändert, dass die Überprüfung nach § 48 Abs. 1 AbgG M-V auf Antrag des Abg., dh freiwillig erfolgt. Eine Überprüfung findet gem. § 48 Abs. 2 AbgG M-V ohne Zustimmung statt, wenn der Rechtsausschuss des LT das Vorliegen

---

85 BVerfGE 118, 277 (324).
86 *V. Arnim/Drysch*, in BK, Art. 48 Rn. 301.
87 *Wiefelspütz* in HdB ParlR § 15 Rn. 28.
88 Zu den Sanktionen bei Regelverstößen im BT vgl. *Kluth* in Schmidt-Bleibtreu/Hofmann/ Henneke GG Art. 48 Rn. 30 f.
89 GVOBl 1995, S. 332, redaktionell geändert durch das 6. ÄndG, GVOBl. S. 608.
90 LVerfGE 5, 203.
91 LVerfGE 5, 203, 225.
92 LVerfGE 5, 203, 225.

von konkreten Anhaltspunkten für den Verdacht einer hauptamtlichen oder inoffiziellen Tätigkeit für das MfS/AfNS oder eine unmittelbare Weisungsbefugnis in nichtöffentlicher Sitzung mit einer Mehrheit von 3/4 seiner Mitglieder festgestellt hat. Einzelheiten zur Zusammensetzung der Bewertungskommission, das Verfahren zur Überprüfung sowie zur Veröffentlichung der Feststellungen sind auf der Grundlage des § 48 Abs. 4 AbgG M-V in einer Richtlinie festgelegt, die als Anlage zum AbgG veröffentlicht ist. In der Praxis hat sich die Intention des Gesetzgebers, dass trotz formaler Freiwilligkeit der öffentliche Druck bzw. eine entsprechende Erwartungshaltung letztlich zu einer nahezu vollständigen Überprüfung führt, bestätigt. Gleichzeitig hat die Veröffentlichung der Ergebnisse Spekulationen und Gerüchten – auch zugunsten der Abg. – entgegengewirkt und letztlich eine echte Transparenz hergestellt, mit dem Ziel, es der politischen Wertung der Wähler zu überlassen, ob die entsprechenden Abgeordneten zumutbar sind.[93]

**4. Mandatsverlust bei Pflichtverletzung.** Die Integrität und politische Vertrauenswürdigkeit des Parlaments ist vom BVerfG als ein Rechtsgut von Verfassungsrang anerkannt.[94] Die Würde des Parlaments ist wiederum abhängig von der Parlamentswürdigkeit der Abg.[95] Das kann es rechtfertigen, gegenüber den Abg. Regelungen zu treffen, die deren Parlamentswürdigkeit gewährleisten und damit die Würde und das Ansehen des Parlaments wahren sollen.[96] Nach der in M-V geltenden Rechtslage ist ein Mandatsverlust nur im Ergebnis eines Parteienverbots nach Art. 21 Abs. 2 GG bzw. nach § 45 StGB bei einer strafrechtlichen Verurteilung wegen eines Verbrechens vorgesehen. Während in einigen Landesverfassungen[97] das Parteienverbot nach dem GG durch das Verbot verfassungsfeindlicher Wählergruppen ergänzt und die sog. streitbare Demokratie[98] eine landesspezifische Ausprägung erfahren hat, fehlt es in M-V insoweit an einer Rechtsgrundlage in der LV. Gleiches gilt für weitergehende Institute, mit denen die Parlamentsunwürdigkeit von Abg. durch Mandatsaberkennung sanktioniert werden kann. Auf entsprechende Möglichkeiten, namentlich die **Abgeordnetenanklage** und die Mandatsaberkennung durch das Parlament, hat das LVerfG ausdrücklich hingewiesen.[99] Ein solches Instrument, das zu einem Mandatsverlust bei – individueller – Pflichtverletzung von Abg. des Parlaments führt, kann jedoch nur durch ein verfassungsänderndes Gesetz eingeführt werden.[100] Anders als in M-V ist in einer Reihe von Landesverfassungen der Mandatsverlust in der Folge einer individuellen Pflichtverletzung vorgesehen. Überwiegend im Wege der Abgeordnetenanklage,[101] teilweise durch von der Volksvertretung zu beschließenden Ausschluss aus dem Parlament.[102] In Bezug auf die Intensität des Eingriffs in den Abgeordnetenstatus verdient insoweit die Abgeordnetenanklage verfassungspolitisch den Vorzug. Die Abgeordnetenanklage wird durch das Landesparlament, das hierüber mit qualifizierter Mehrheit[103] beschließen muss, beim LVerfG erhoben, das auf Verlust des Mandates erkennen

---

93 IdS auch *Trute*, in v. Münch/Kunig, Art. 38 Rn. 82.
94 BVerfGE 99, 18 (32).
95 LVerfGE 5, 203, 225.
96 LVerfGE, aaO.
97 Art. 15 BayVerf und Art. 32 Verf NW.
98 *Grawert*, Verfassung für das Land Nordrhein-Westfalen, Art. 32 Nr. 1.
99 LVerfGE 5, 203, 225.
100 *Badura*, in Schneider/Zeh, § 15 Rn. 73; *Linck*, in Linck/Jutzi/Hopfe, Art. 54 Rn. 16.
101 Art. 42 BWVerf; Art. 61 BayVerf; Art. 61 BBgVerf; Art. 17 NdsVerf; Art. 85 SaarlVerf, vgl. auch v. *Trute*, in v. Münch/Kunig, Art. 38 Rn. 82.
102 Art. 85 BremVerf, Art. 13 HambVerf.
103 Zu den Quoren im Einzelnen vgl. *Badura*, in Schneider/Zeh, § 15 Rn. 75.

kann.[104] Anknüpfungspunkt und gleichzeitig Tatbestandsvoraussetzung für die Parlamentsunwürdigkeit und damit für die Abgeordnetenanklage sind dabei unterschiedlich. Während in Sachsen eine Abgeordnetenanklage wegen einer aus der Stasi-Mitarbeit folgenden Untragbarkeit vorgesehen ist (Art. 118 Sächs-Verf.), stellen die übrigen Landesverfassungen auf einen Missbrauchs des Mandats in gewinnsüchtiger Absicht oder auf gröbliche Verletzungen der Pflicht zur Verschwiegenheit ab.[105] In Hamburg kann ein Mandatsverlust auch darauf gestützt werden, dass ein Abg. „seine Pflichten … aus eigennützigen Gründen gröblich vernachlässigt" (Art. 13 Abs. 2 Satz 1 Nr. 2 HambVerf). Maßstab ist letztlich die Intensität der Beeinträchtigung der Würde des Parlaments durch das Verhalten von Abg. Insoweit kommen – de lege ferenda – auch Straftaten unterhalb der Schwelle des § 45 StGB in Betracht, insbes. soweit es sich um Straftaten gegen die freiheitlich-demokratische Grundordnung handelt.

## V. Entschädigung der Abgeordneten (Abs. 3)

28 **1. Allgemeines.** Art. 22 Abs. 3 enthält die verfassungsrechtliche Grundlage für die Entschädigung der Abg., das sog. Diätenrecht.[106] Die Regelung begründet einen Leistungsanspruch des Abg. auf materielle Absicherung des freien Mandats.[107] Art. 22 Abs. 3 Satz 1 entspricht im Wortlaut Art. 48 Abs. 3 Satz 1 GG, so dass die vom BVerfG in Bezug auf Art. 48 Abs. 3 GG entwickelten Grundsätze ohne Einschränkungen übertragbar sind. Aus dem Wortlaut folgt zunächst, dass sich der Verfassungsgeber für eine Qualifizierung des Abgeordnetenmandats als Vollzeitbeschäftigung entschieden hat.[108]

29 Der Wortlaut der Verfassung bezüglich der Struktur und der Höhe der Entschädigung der Abg. ist „eher karg".[109] Er beschränkt sich auf die für den Gesetzgeber verbindliche Vorgabe, dass die Entschädigung **„angemessen"** zu sein habe und **„ihre Unabhängigkeit"** zu sichern habe. Insoweit räumt die Verfassung dem Gesetzgeber grundsätzlich einen weit bemessenen Gestaltungsspielraum ein.[110] Das BVerfG hat in seinen beiden Diäten-Urteilen[111] im Hinblick auf die Konkretisierung verfassungsrechtlicher Maßstäbe vorgegeben.

30 **2. Angemessene Entschädigung.** Zunächst muss die „angemessene, ihre Unabhängigkeit sichernde Entschädigung" den Abg. und ihren Familien während der Dauer der Zugehörigkeit zum Parlament eine ausreichende Existenzgrundlage sichern.[112] Die Sicherung der Existenzgrundlage ist nicht lediglich als Garantie

---

104 Vgl. auch *Kratzsch*, Befugnisse der Länderparlamente zur Aberkennung des Abgeordnetenmandats bei Unwürdigkeit und Mandatsmissbrauchs DÖV 1970, 372; *Krause*, Freies Mandat und Kontrolle der Abgeordnetentätigkeit DÖV 1974, 325 (331 ff.).
105 Vgl. im Einzelnen *Badura*, in Schneider/Zeh, § 15 Rn. 75.
106 Der Terminus „Diäten" entstammt dem historischen Leitbild des Abg. als ehrenamtlich tätiger Mandatsträger, der lediglich eine Aufwandsentschädigung, eine „Diät" erhielt, vgl. zur historischen Entwicklung *Trute*, in von Münch/Kunig, Art. 48 Rn. 17.
107 *Glauben*, in Grimm/Caesar, Art. 97 Rn. 1.
108 So zutreffend *Wedemeyer*, in Thiele/Pirsch/Wedemeyer, Art. 22 Rn. 7; soweit *März* JöR, N.F. 54 (2006), 175 (240) seine gegenteilige Auffassung darauf stützt, dass das AbgG ursprünglich in § 42 eine auf 40 % reduzierte Beschäftigung in einem öffentlich-rechtlichen Dienstverhältnis zuließ, wird übersehen, dass es sich insoweit lediglich um die Zulassung einer Nebentätigkeit handelte, die wegen der zwischenzeitlich eingeführten völligen Inkompatibilität (→ Rn. 7) gar nicht mehr möglich ist.
109 *Klein*, in Dürig/Herzog/Scholz, Art. 48 Rn. 172.
110 BVerfGE 76, 56 (342); , in*Storr* , in von Mangold/Klein/Starck, Art. 48 Rn. 59.
111 BVerfGE 40, 296 ff.; 102, 224 ff.
112 BVerfGE 40, 296 (315).

eines Existenzminimums zu verstehen.[113] Die Entschädigung ist vielmehr so zu bemessen, dass sie allen Abg. eine Lebensführung gestattet, die der Bedeutung des Amtes angemessen ist.[114] Die Bedeutung des Amtes bzw. des Mandats ist wiederum unter Berücksichtigung der damit verbundenen Verantwortung und Belastung sowie des dem Mandat im Verfassungsgefüge zukommenden Rangs zu konkretisieren.[115] Die Entschädigung muss sowohl demjenigen, der kein Einkommen aus einem Beruf hat, als auch für den, der in Folge des Mandats Berufseinkommen ganz oder teilweise verliert, eine angemessene Lebensführung gestatten.[116]

Diese Maßstäbe stecken zwar den verfassungsrechtlichen Rahmen ab, bieten für sich allein jedoch noch keine Grundlage für die Subsumtion einer angemessenen Höhe der Abgeordnetenentschädigung. Ein maßgeblicher Aspekt ist der tatsächliche Aufwand, dh die zeitliche Belastung und die inhaltliche Ausgestaltung des Mandats. Erstaunlicherweise gibt es zu der Frage des Umfangs der konkreten parlamentarischen Arbeit der Mitglieder des BT und der Landtage nur wenige empirische Untersuchungen.[117] Das Fehlen belastbarer Daten dürfte eine wesentliche Ursache dafür sein, dass die zeitliche Beanspruchung der Abg. völlig unterschiedlich wahrgenommen und beurteilt wird. Während vorliegende Untersuchungen auf der Grundlage von Auskünften von Landtagsabgeordneten einen durchschnittlichen wöchentlichen Zeitaufwand von 65, 55[118] bis 69,3[119] ermittelt haben, wird an anderer Stelle behauptet, dass Landtagsmandat sei in Wahrheit keine Vollzeittätigkeit.[120] *Von Arnim* stützt seine Kritik auf mehrere, im Einzelnen nicht haltbare Thesen. Zunächst werden einzelne Abg. benannt, die neben ihrem Mandat eine privatwirtschaftliche Vollzeittätigkeit ausüben.[121] Ohne weitere Belege wird insoweit jedoch unzulässig verallgemeinert und von der Ausnahme auf die Regel geschlossen. Dies gilt jedenfalls für die Abg. des Landtages M-V. Zu Beginn der 8. WP haben von 79 Abgeordneten 19, das sind 24 %, neben dem Mandat einen Beruf ausgeübt.[122] Dabei handelt es sich in 9 Fällen um Abg. mit einem Regierungsamt (7 Minister, 2 parl. Staatssekretäre), und in den übrigen Fällen um selbstständige Tätigkeiten neben dem Mandat. Als weiteres Argument wird der Aufgabenverlust der Landesparlamente, insbes. im Bereich der Gesetzgebung, aufgeführt. Aber auch insoweit werden statt empirischer Nachweise pauschale Behauptungen von „Insidern" herangezogen.[123] Dies trifft für MV nicht zu. Der LT hat i.d. 7. WP insgesamt 209 Gesetzentwürfe beraten und 132 verabschiedet. Zudem wird die Bedeutung der Gesetzgebung im Rahmen der Gesamtaufgaben des Parlaments überbewertet (→ Art. 20 Rn. 15). Schließlich wird die – notwendige – Einbindung der Abg. in den Meinungs- und Willensbildungsprozess seiner Partei[124] offenbar als nicht mandatsbezogen ausgeklammert und als „indirekte Parteienfinanzierung"

---

113 *Hübner*, in von Mutius/Wuttke/Hübner, Art. 11 Rn. 25.
114 BVerfGE 40, 296 (316).
115 BVerfGE, aaO.
116 BVerfGE, aaO.
117 Vgl. zum vernachlässigten Feld der Abgeordnetenforschung allg. *Rolf Paprotny*, Der Alltag der niedersächsischen Landtagsabgeordneten, 1995, S. 14 mwN.
118 Für den Niedersächsischen Landtag vgl. *Paprotny*, aaO, S. 130 f.
119 Für Schleswig-Holstein vgl. *Pappi*, Zeitaufwand für Parlamentsarbeit, S. 15 f.
120 *Von Arnim*, Die Mär vom Landtagsmandat als Fulltimejob – Die Diätenreform in Nordrhein-Westfalen beruht auf unzutreffende Prämissen, in ZRP 2005, 77 f.
121 *Von Arnim*, aaO.
122 Amtliches Handbuch des LT M-V, 8. WP, 1. Aufl. 03/2022.
123 So *v. Arnim/Drysch*, in BK Art. 48 Rn. 165.
124 *Badura*, in HdbStR Bd. II, § 25 Rn. 58, 61.

kritisiert.[125] Diese Kritik verkennt die Notwendigkeit der Verschränkung des innerparteilichen Willensbildungsprozesses mit dem innerparlamentarischen und steht im Widerspruch zu der verfassungsrechtlichen Stellung der Parteien nach Art. 21 GG bzw. Art. 3 Abs. 4 der LV.

32 Im Ergebnis hängt eine sachgerechte Beurteilung des **Zeitaufwandes** eines Landtagsmandats vor allem von der Frage ab, welche Tätigkeiten in die Bewertung einbezogen werden. Zweifelsfrei gehört hierzu die Tätigkeit der Abg. im Parlament. Dazu gehören neben Teilnahme an den öffentlichen Plenarsitzungen eine Vielzahl von Aktivitäten, die der Öffentlichkeit verborgen bleiben und insoweit von dieser nicht wahrgenommen werden können. Neben der Teilnahme an nichtöffentlichen Sitzungen des LT, insbesondere von dessen Ausschüssen, gehören hierzu Sitzungen der Fraktionen, der Arbeitskreise und Arbeitsgruppen, die Vor- und Nachbereitung entsprechender Sitzungen sowie informelle Gespräche mit anderen Abg., mit der LT-Verwaltung, mit Verbänden und Institutionen, mit Vertretern der LReg, Behördenvertretern, Vertretern von Wählergruppen, Bürgerinitiativen und Besuchergruppen. Hinzu kommt die Teilnahme an verschiedenen Veranstaltungen, wie parlamentarischen Abenden, „Jugend im LT", „Altenparlament", internationalen Tagungen sowie an anderen protokollarischen Terminen.

33 Von der Parlamentsarbeit zu unterscheiden sind mandatsbezogene Tätigkeiten außerhalb des LT. Hierzu gehört insbes. das politische und gesellschaftliche Engagement in Wahlkreisen. Diese regionale Rückkoppelung durch die Einrichtung und Unterhaltung von Wahlkreisbüros ist im AbgG ausdrücklich vorgesehen und Grundlage für die Kostenpauschale nach § 9 AbgG M-V. Darüber hinaus erhalten die Abg. nach § 9 Abs. 4 AbgG M-V Aufwendungen für die Beschäftigung von Mitarbeitern im Wahlkreisbüro. Neben der Vorbereitung, Durchführung und Nachbereitung von Bürgersprechstunden werden im Wahlkreisbüro für den Wahlkreis auch Ortstermine und Termine für öffentliche Anlässe und Gespräche mit dem Abg. koordiniert. Zu den mandatsbezogenen Tätigkeiten gehört es auch, wenn Abg. als Interessenvertreter von einer in ihrem Wahlkreis gelegenen Stadt oder Gemeinde in Anspruch genommen werden, um gegenüber der LReg finanzielle oder sonstige Interessen wirkungsvoller geltend machen zu können.[126] Dies wird belegt durch den großen Anteil von Landtagsabgeordneten mit einem Mandat in kommunalen Vertretungskörperschaften.[127] Darüber hinaus ist die Mehrzahl der Abg. – im Regelfall im Zusammenhang mit ihren politischen Schwerpunkten – ehrenamtlich in verschiedenen Vereinen und Verbänden tätig. Schließlich ist auch die Teilnahme an Sitzungen von Parteigremien und -veranstaltungen mandatsbezogen, soweit die Teilnahme als Abg. und nicht auf der Grundlage eines eigenständigen Parteiamtes (zB Vorstandsmitglied) erfolgt.

Nach alledem besteht kein Zweifel daran, dass das Spektrum der wahrzunehmenden Aufgaben und die daraus folgende zeitliche Belastung einer **Vollzeittätigkeit** entsprechen. Es liegt in der Besonderheit des freien Mandats, dass der Abg. die konkrete Ausgestaltung unabhängig wahrnimmt und insoweit zu keiner der vorgenannten Tätigkeiten rechtlich durchsetzbar verpflichtet ist. Verant-

---

125 *Von Arnim*, aaO, S. 78.
126 *Holthoff-Pförtner*, Landesparlamentarismus und Abgeordnetenentschädigung, 2000, S. 62 f.
127 In der 6. WP waren 44 MdL (= 61 %) ehrenamtlich kommunalpolitisch aktiv, amtl. Handbuch aaO.

wortlich ist der Abg. letztlich allein seinem Gewissen und den Wählern, die über seine Wiederwahl befinden.[128]

Wesentlich für die Bestimmung der Angemessenheit der Entschädigung ist schließlich die **Bedeutung des Amtes** unter Berücksichtigung der damit verbundenen Verantwortung und Belastung.[129] Die Abg. sind als Vertreter des Volkes einzig unmittelbar demokratisch legitimiert und werden dadurch in die Lage versetzt, verbindliche Entscheidungen für die übrigen Verfassungsorgane und den Bürger zu treffen.[130] Dies rechtfertigt eine – im Vergleich zum durchschnittlichen Einkommen – hervorgehobene Entschädigung.[131] Die Schwierigkeit der konkreten Festlegung der Entschädigung besteht darin, dass das „Amt" des Abg. einerseits mit anderen öffentlichen Ämtern oder anderen Berufen nicht vergleichbar ist, andererseits aber ohne einen konkreten Bezugspunkt eine materielle Begründung eines bestimmten Betrages objektiv unmöglich ist. Es ist daher nicht nur zulässig, sondern auch nahe liegend, die Entschädigung der Abg. an der Besoldung im öffentlichen Dienst politisch zu orientieren.[132] Im Hinblick auf die verfassungsrechtliche Maxime, wonach die Diäten dann angemessen sind, wenn sie die Unabhängigkeit der Abg. sichern,[133] liegt es nahe, die Entschädigung an der Besoldung von Richtern zu orientieren.[134] Dabei ist jedoch zu beachten, dass eine automatische **Koppelung** der Abgeordnetenentschädigung an andere gesetzliche Regelungen, etwa die Richterbesoldung, unzulässig ist.[135] Vor diesem Hintergrund hatte der LT zum Ende der 4. WP im 12. Änderungsgesetz zum AbgG[136] zunächst – unverbindlich – festgelegt, dass sich die Grundschädigung zukünftig an der Richterbesoldung (R 2-Ost, 40 Jahre, verheiratet, 2 Kinder) orientieren solle. Auf dieser Grundlage hat der LT zu Beginn der 6. WP die – steuerpflichtige – monatliche Entschädigung auf 5197,86 EUR festgesetzt (§ 6 Abs. 1 Satz 2 AbgG M-V).[137] Nach Abzug der Einkommensteuer und den Beiträgen zur gesetzlichen oder privaten Krankenversicherung[138] erzielt ein Abg. ein Nettoeinkommen von ca. 4.500,- EUR. Für die Beurteilung der Angemessenheit der Entschädigung ist schließlich zu berücksichtigen, dass es sich bei dem Abgeordnetenmandat zwar um einen „Fulltime-Job" handelt, der jedoch regelmäßig nicht lebenslang, sondern zeitlich befristet ausgeübt wird.[139] Unter Berücksichtigung all dieser Umstände ist die öffentliche und veröffentlichte[140] Kritik bezogen auf die Höhe der Grundentschädigung objektiv nicht nachvollziehbar. Die Höhe der Entschädigung der Abg. in allen deutschen Parla-

---

128 BVerfGE 40, 296 (316).
129 BVerfGE 40, 296 (315).
130 *Trute*, in von Münch/Kunig, Art. 48 Rn. 24.
131 Bericht der unabhängigen Persönlichkeiten über die Beratung der Präsidentin bei der Überprüfung der für die Mitglieder des BT bestehenden materiellen Regelungen und Bestimmungen, BT-Drs. 11/7398, S. 7.
132 *Glauben*, in Grimm/Caesar, Art. 97 Rn. 6.
133 BVerfGE 40, 296 (315 f.); 102, 229, 239.
134 *Löwer*, in Löwer/Tettinger, Art. 50 Rn. 46.
135 BVerfGE 40, 296 (316 f.).
136 GVOBl. 2005, S. 323.
137 Seit Beginn der 8. WP beträgt die Grundentschädigung nach § 6 Abs. 1 AbgG MV 6.466,30 EUR.
138 Gem. § 25 AbgG M-V haben MdL ein Wahlrecht zwischen Beihilfeleistungen oder einem 50 %-Zuschuss zum Beitrag der GKV.
139 In den Landesparlamenten wird von einer durchschnittlichen Verweildauer von ca. 10 Jahren ausgegangen.
140 *Trute*, in von Münch/Kunig, Art. 48 Rn. 28 warnt vor der Gefahr vor „Missbräuchen"; *Wedemeyer*, in Thiele/Pirsch/Wedemeyer, Art. 22 Rn. 7 mahnt „maßvolle" Diätenregelungen an.

menten ist im Vergleich zu wirklich hohen Einkommen – zB von Vorstandsmitgliedern oder Managern großer Unternehmen, von Rundfunkintendanten oder gar Fußballbundesligaspielern[141] – offensichtlich maßvoll. Auch die Besoldung anderer politischer Ämter – Minister, Staatssekretäre, kommunale Wahlbeamte und sonstige politische Beamte – ist, insbes. unter Berücksichtigung der Versorgungsleistungen, signifikant höher als die Entschädigung der Abg.

Die Abweichung der objektiven von der öffentlich gefühlten Angemessenheit dürfte eher psychologische Ursachen haben. Wenn in Zeiten allgemeiner Einsparungen und sozialer Kürzungen Abgeordnetendiäten – wenn auch nur marginal – erhöht werden, wird dies – völlig unabhängig von der absoluten Höhe – als ungerechte Selbstbedienung empfunden. Mangelnde Transparenz und fehlendes Selbstbewusstsein im Verfahren verstärken dies, wenn der Eindruck entsteht, das Parlament sei bei einer Diätenerhöhung „erwischt" worden. Im ungünstigen Fall sind dann Politikverdrossenheit und die Diätenlage sich wechselseitig verstärkende Pole. Dem Gesetzgeber ist daher im Umgang mit der Materie des Abgeordnetenrechts uneingeschränkte Offenheit, Sensibilität für den Zeitpunkt und Selbstbewusstsein[142] anzuraten.

35 Nach § 28 Abs. 1 AbgG M-V wird die Grundentschädigung innerhalb der Legislaturperiode jeweils am 1. Januar des Jahres nach Maßgabe der Entwicklung der Besoldung der Beamten und Richter im Land angepasst und im Gesetz- und Versorgungsblatt veröffentlicht.[143] Diese sog. **Staffeldiät**[144] wird jeweils im Rahmen einer Änderung des Abgeordnetengesetzes zu Beginn der Legislatur in einem Gesetzgebungsverfahren festgelegt und gewährleistet somit die notwendige Transparenz der Entscheidung der Abg. in eigener Sache und stellt insoweit keinen Verstoß gegen das Kopplungsverbot des BVerfG dar.[145] Entscheidungen über Entschädigungsangelegenheiten trifft der PräsLT nicht als Verfassungsorgan, sondern als Verwaltungsbehörde[146] mit der Folge, dass insoweit auch Verwaltungsakte erlassen werden können.[147] Gegen diese Entscheidungen ist der Verwaltungsrechtsweg gegeben.

36 **3. Altersversorgung und Übergangsgeld.** Ein maßgeblicher Faktor zur Sicherung der Unabhängigkeit der Abg. ist eine finanzielle Absicherung für die Zeit nach Aufgabe bzw. Verlust des Mandats. Die Gewährung – unter Anrechnung anderer Einkünfte – eines angemessenen Übergangsgeldes sowie einer **Altersentschädigung** sind daher mehr als ein zulässiger Annex der Abgeordnetenentschädigung,[148] sondern eher ein zusätzlicher, auf die nachparlamentarische Zeit projizierter Unabhängigkeitsschutz.[149] Die für die Wahrnehmung des Mandats erforderliche materielle Unabhängigkeit ist unvollständig, wenn nicht zum angemessenen Lebensunterhalt der Abg. und ihrer Familien für die Zeit nach der Wahrnehmung des Mandats eine finanzielle Absicherung hinzutritt, die den Abg. und ihren Familien auch nach Beendigung des Mandats eine gewisse Grundsicherung gewährt.[150] Wer nach dem Abgeordnetenmandat um seine finanzielle Existenz bangen muss, wird sich entweder nicht bereitfinden,

---

141 Vgl. dazu *Klein*, in Dürig/Herzog/Scholz, Art. 48 Rn. 161.
142 *Klein*, in Dürig/Herzog/Scholz, Art. 48 Rn. 210.
143 Das sind nach Art. 27 LVerf 5 Jahre (→ Art. 27 Rn. 3).
144 *Klein*, in Dürig/Herzog/Scholz, Art. 48 Rn. 145; ThürVerfGH NVwZRR 1999, 282.
145 *Brenner* DVBl 2009, 1129 (1133).
146 *Trute*, in v. Münch/Kunig, Art. 48 Rn. 35.
147 BVerwG NVwZ 1992, 173 (174).
148 BVerfGE 32, 157 (165); 40, 296, 311.
149 *Eschenburg*, Der Sold des Politikers 1959, 76 f.
150 *Waack*, in Caspar/Ewer/Nolte/Waack, Art. 11 Rn. 72.

überhaupt ein Mandat zu übernehmen oder eher geneigt sein, während der Tätigkeit als Abg. Interessenbindungen einzugehen, die seine materielle Zukunft sichern.[151] Zur Sicherung der Unabhängigkeit der Abg. und der Freiheit der Mandatsausübung dürfte eine angemessene Existenzsicherung und Altersversorgung von größerer Bedeutung sein als die absolute Höhe der Grundentschädigung für die Zeit der Mandatsausübung. Je stärker ein Abg. finanziell auf das Mandat angewiesen ist, umso mehr wird er sich an das Mandat „klammern" und insoweit insbes. gegenüber seiner Partei – die ihn wieder aufstellen muss – abhängiger und unfreier.

Die **Altersversorgung** war zunächst iS einer Grundversorgung an das Beamtenrecht angelehnt. Danach erhielt ein Abg. nach einer Mindestmandatsdauer von acht Jahren eine Altersversorgung in Höhe von 35 %, die sich mit jedem weiteren Jahr der Zugehörigkeit linear um 4 % p. a. auf maximal 75 % erhöhte (§ 18 AbgG M-V aF). Der Anspruch auf Altersentschädigung wurde mit Vollendung des 60. Lebensjahres erreicht. Bei Mandatsdauern über acht Jahre wurde für jedes weitere Jahr der Mitgliedschaft im LT die Altersgrenze um ein Jahr abgesenkt und auf frühestens das 55. Lebensjahr begrenzt (§ 17 AbgG M-V aF). Im Rahmen einer Anpassung an die allg. Sicherungssysteme wurde mit dem 12. Änderungsgesetz zum AbgG die Altersgrenze auf 65 Jahre angehoben bzw. der Bezug ab dem 60. Lebensjahr mit entsprechenden Abschlägen ermöglicht. Gleichzeitig wurde die Höchstversorgungsgrenze auf 71,75 % festgesetzt. Schließlich wurde die bisherige Grundversorgung nach Mindestmandatszeit bzw. der Gewährung einer Versorgungsabfindung bei nicht erreichter Anwartschaft, durch eine anteilige lückenfüllende Teilversorgung ersetzt. Anstelle der bisherigen Sockelregelung ist eine Teilversorgung ab dem ersten Jahr der Parlamentszugehörigkeit mit einem linearen Steigerungssatz von 4 % für die ersten fünf Jahre, 3,5 % für das sechste bis zehnte Jahr, 3 % für das elfte bis zwanzigste Jahr und 2 % ab dem 21. Jahr vorgesehen (§ 18 Abs. 1 AbgG M-V). Schließlich wurde im Rahmen der Hinterbliebenenversorgung das sog. Sterbegeld gestrichen. 37

Im Rahmen der Diskussion zur Anpassung der Altersversorgung hat sich der LT auch intensiv mit dem sog. **Systemwechsel** der Altersentschädigung auseinandergesetzt, wie er in Nordrhein-Westfalen[152] und Schleswig-Holstein, Sachsen, Baden-Württemberg und Bremen[153] vorgenommen wurde. In den entsprechenden Regelungen ist die staatliche Alters- und Hinterbliebenenversorgung – jedenfalls für zukünftige Abg. – gestrichen und durch eine Altersversorgung auf Versicherungsgrundlage ersetzt worden. Die entsprechenden Mittel in Höhe von ca. 1500,– EUR pro Monat werden auf die Grundentschädigung aufgeschlagen und als Pflichtbeitrag zur Altersversorgung an ein Versorgungswerk abgeführt. Der LT hat dieses Modell zum einen mit Hinweis auf die damit verbundenen Kosten abgelehnt, da durch notwendige Übergangsregeln jedenfalls kurzfristig erhebliche Mehrkosten anfallen. Inhaltlich ist die Ablehnung im Wesentlichen darauf gestützt worden, dass dieses Modell nur schwer mit dem Ziel zu vereinbaren ist, auch lebens- und berufserfahrene Persönlichkeiten – die nicht dem öffentlichen Dienst angehören – dazu zu bewegen, ein Landtagsmandat anzustreben. Eine Altersversorgung auf Versicherungsbasis begünstigt die Laufbahn eines Berufspolitikers, der sehr früh in den LT gewählt wird und das Mandat sehr lange ausübt. Im Hinblick darauf, dass die Versorgungsansprüche im Laufe der Zeit 38

---

151 *Trute*, in von Münch/Kunig, Art. 48 Rn. 20.
152 GVOBl. NW 2005, 252.
153 Vgl. die Übersicht bei *v. Arnim/Drysch*, in BK, Art. 48 Rn. 204.

überproportional anwachsen, wird die Unabhängigkeit der Abg. jedenfalls idS, dass sie sich es sich materiell leisten können, auf ihr Mandat zu verzichten, nicht gestärkt, sondern geschwächt.

Im Zusammenhang mit dem 14. Änderungsgesetz zum AbgG M-V[154] setzte der LT eine Unterkommission des Ältestenrates ein, die unter Berücksichtigung der demographischen und wirtschaftlichen Entwicklung des Landes unter Einbindung von externem Sachverstand Vorschläge ua zur Anzahl der Abgeordneten und zur Größe der Wahlkreise, zu den Regelungen zum Übergangsgeld, zur Altersentschädigung und zu den Regelungen der zusätzlichen Entschädigung für die Ausübung besonderer parlamentarischer Funktionen unterbreiten sollte.[155] Die angehörten Sachverständigen haben die Altersversorgung überwiegend als angemessen bewertet.[156]

39 Im Rahmen der Novellierung des AbgG wurde auch das **Übergangsgeld** dahin gehend modifiziert, dass einerseits die Höhe von maximal 90 % für die ersten drei Monate, verbunden mit einer degressiven Absenkung für die weitere Bezugsdauer, gemindert, gleichzeitig aber die Möglichkeit der Inanspruchnahme auf maximal drei Jahre um ein Jahr verlängert wurde (§ 16 Abs. 1 AbgG M-V). Da sämtliche sonstigen Bezüge oder Erwerbseinkommen angerechnet werden, stellt das Übergangsgeld keine über das Mandat hinausgehende Entschädigung, sondern lediglich eine soziale Absicherung dar, die dem Umstand Rechnung trägt, dass Abg. ihre ursprüngliche Erwerbstätigkeit für die Zeit des Mandats nur unterbrechen und mögliche Zeiten bis zur beruflichen Wiedereingliederung überbrückt werden sollen.[157] Für Beschäftigte des öffentlichen Dienstes ist eine derartige Überbrückungshilfe regelmäßig nicht erforderlich, da ihnen gem. §§ 36 ff. AbgG M-V ein Anspruch auf Wiederverwendung nach Beendigung des Mandats zusteht.

Die Unterkommission des Ältestenrats (→ Rn. 38) befasste sich auch mit den Regelungen des AbgG zum Übergangsgeld. Die Anzuhörenden hatten hinsichtlich der Angemessenheit keine grundsätzlichen Bedenken.[158] Bei der Regelung des Übergangsgeldes gibt es drei wesentliche Aspekte: Abfederung der Risiken der Mandatsübernahme, Unabhängigkeitsschutzversprechen und Vermeidung von Anreizen, bereits nach einer Legislaturperiode wieder aus dem Landtag ausscheiden zu wollen.[159] Die Verpflichtung zur Unabhängigkeitssicherung folgt aus Art. 22 LVerf.[160] Von allen Anzuhörenden wurde die maximale Bezugsdauer des Übergangsgelds von 36 Monaten problematisiert. Die degressive Ausgestaltung relativiert dies jedoch.[161] Die degressive Ausgestaltung wurde generell als

---

154 GVOBl. 2011, S. 1071.
155 Beschlussempfehlung und Bericht des vorläufigen Ausschusses, LT M-V Drs. 6/112, S. 6.
156 Unterrichtung durch die Präsidentin, Empfehlung und Bericht der Unterkommission des Ältestenrates zur Prüfung einzelner Festlegungen des Abgeordnetengesetzes, LT M-V Drs. 6/1967, S. 10.
157 *Klein*, in Maunz/Dürig, Art. 48 Rn. 177.
158 Unterrichtung durch die Präsidentin, Empfehlung und Bericht der Unterkommission des Ältestenrates zur Prüfung einzelner Festlegungen des Abgeordnetengesetzes, LT M-V Drs. 6/1967, S. 6.
159 *Löwer und Zeh* in Unterrichtung durch die Präsidentin, Empfehlung und Bericht der Unterkommission des Ältestenrates zur Prüfung einzelner Festlegungen des Abgeordnetengesetzes, LT M-V Drs. 6/1967, S. 6.
160 *Zeh*, LT M-V, Wortprotokoll der 8. Sitzung der Unterkommission des Ältestenrates am 12.12.12, S. 31.
161 *Löwer*, Wortprotokoll der 8. Sitzung der Unterkommission des Ältestenrates am 12.12.12, S. 13; *Morlok* aaO, S. 16.

richtiger Anreiz bewertet.[162] *Löwer* merkte an, dass der Landtag die Wiedereingliederungszeiten der ehemaligen Abg. selbst einschätzen müsse.[163] Die Regelung der Entschädigung der Abgeordneten aufgrund der Parlamentsautonomie ist Recht und Pflicht des LT.[164] Es steht dem Landesverfassungsgeber frei, den Status und die Entschädigung von Landtagsabgeordneten zu regeln.[165]

**4. Funktionszulagen und formalisierter Gleichheitssatz.** In seinem ersten Diätenurteil[166] hat das BVerfG den sog. formalisierten Gleichheitssatz auch auf die Abgeordnetenentschädigung angewandt und daraus den Schluss gezogen, dass jedem Abg. eine gleich hoch bemessene Entschädigung gewährt werden müsse. Ursprünglich waren nur für den Präsidenten und seine Stellvertreter als Spitze eines obersten Verfassungsorgans Ausnahmen vorgesehen. In seinem zweiten Diätenurteil[167] hat das BVerfG mögliche Ausnahmen dahin gehend erweitert, dass auch Fraktionsvorsitzenden eine entsprechende Funktionszulage gewährt werden könne. Dem gegenüber wurden – bezogen auf das Thüringische Abgeordnetengesetz – weitergehende Zulagen, insbesondere für die **Parlamentarischen Geschäftsführer** und **Ausschussvorsitzenden**, für verfassungswidrig erklärt. Ergebnis und Begründung dieser Entscheidung sind kritisch aufgenommen worden.[168] Diese Kritik ist jedenfalls insoweit berechtigt, als die Parlamentarischen Geschäftsführer durch ihre Mitwirkung im Ältestenrat eine wesentliche Koordinierungsfunktion für das Parlament insgesamt wahrnehmen.[169] Unabhängig davon hatte der LT – ursprünglich vorgesehene – Funktionszulagen für Parlamentarische Geschäftsführer und Ausschussvorsitzende gestrichen. Bis zum Beginn der 6. WP erhielten gem. § 6 Abs. 2 AbgG M-V aF für die Ausübung besonderer parlamentarischer Funktionen nur noch der Präsident (100 %), die Vizepräsidenten (50 %) und die Fraktionsvorsitzenden (100 %) eine zusätzliche – steuerpflichtige – Entschädigung.

Mit dem 14. Änderungsgesetz[170] wurde die bis dahin von Fraktionen aus den ihnen zugewiesenen Mitteln gezahlte zusätzliche Entschädigung für die Ausübung der besonderen Funktion als Parlamentarische Geschäftsführer ausdrücklich als solche in das AbgG aufgenommen und damit auf eine formell-gesetzliche Grundlage gestellt. Eine Unterkommission des Ältestenrats schlug dem Landtag im Ergebnis vor, keine Änderungen am AbgG vorzunehmen.[171] Im Rahmen einer öffentlichen Anhörung hatten die befragten Staatsrechtslehrer bestätigt, dass das zweite Diätenurteil des BVerfG[172] keine Bindungswirkung für Mecklen-

---

162 *Löwer*, Wortprotokoll der 8. Sitzung der Unterkommission des Ältestenrates am 12.12.12, S. 13f; LRH-Präs *Schweisfurth*, aaO, S. 52; *Zeh* aaO S. 67f.
163 Unterrichtung durch die Präsidentin, Empfehlung und Bericht der Unterkommission des Ältestenrates zur Prüfung einzelner Festlegungen des Abgeordnetengesetzes, LT M-V Drs. 6/1967, S. 7.
164 *Löwer*, LT M-V, Wortprotokoll der 8. Sitzung der Unterkommission des Ältestenrates am 12.12.12, S. 40, so auch *Zeh* aaO S. 41f.
165 LVerfG SH 13/12, S. 22.
166 BVerfGE 40, 296 (317 f.).
167 BVerfGE 102, 224.
168 *Kretschmer*, Das Diätenurteil des Bundesverfassungsgerichts: Vom „fehlfinanzierten" zum „fehlverstandenen" Parlament?, in ZParl 2000, 787; vgl. auch *Klein*, in Maunz/Dürig, Art. 48 Rn. 170 mwN.
169 *Perne*, in; Brocker/Droege/Jutzi, Art. 79 Rn. 61.
170 GVOBl. 2011, S. 1071.
171 Unterrichtung durch die Präsidentin, Empfehlung und Bericht der Unterkommission des Ältestenrates zur Prüfung einzelner Festlegungen des Abgeordnetengesetzes, LT M-V Drs. 6/1967, S. 4.
172 BVerfGE 102, 224.

burg-Vorpommern entfalte.[173] Auch das LVerfG SH geht davon aus, dass dem 2. Diätenurteil der BVerfG keine bindende Wirkung zukommt.[174] Das BVerfG hatte dieses Urteil – weil Thüringen noch kein eigenes Landesverfassungsgericht hatte – unter Bezug auf die thüringische Verfassung und das dortige AbgG gesprochen. Unabhängig davon führt auch eine inhaltliche Auseinandersetzung mit dieser Entscheidung dazu, dass die in Mecklenburg-Vorpommern nunmehr bestehende gesetzliche Regelung der Gewährung von Funktionszulagen für die Parlamentarischen Geschäftsführer zu Recht erfolgte.[175] Das BVerfG hat in seiner Entscheidung als Maßstab für die Gewährung von Funktionszulagen sowohl auf die Bedeutung der Funktion für das Parlament als auch auf die Art der Aufgabenübertragung abgestellt.[176] Die koordinierende Tätigkeit der Parlamentarischen Geschäftsführer ist für das Funktionieren eines modernen „Parlamentsbetriebs" unverzichtbar.[177] Bei ihrer Tätigkeit sind die Parlamentarischen Geschäftsführer für das Parlament als Ganzes tätig, zB wenn sie als Mitglieder des Ältestenrats bei dessen koordinierenden Aufgaben mitwirken.[178] Die PräsLT trifft Entscheidungen, die die Fraktionen des Landtages in ihrer Gesamtheit berühren,[179] im Einvernehmen mit dem damit zur „verfassungsorganisatorischen Einrichtung"[180] erklärten Ältestenrat. Dies belegt zusätzlich die Ausrichtung der Funktion der Parlamentarischen Geschäftsführer auf das gesamte Parlament. Es ist eine besonders herausgehobene politische Funktion.[181] Letztlich folgt die Funktion nicht aus dem Mandat sondern (erst) aus einem besonderen Wahl- und Bestellungsakt in der jeweiligen Fraktion.[182]

In den Jahren 2011 bis 2013 haben die NPD-Landtagsfraktion bzw. einzelne Mitglieder dieser Fraktion mehrere Anträge beim LVerfG eingereicht, die die Gewährung von Funktionszulagen an Parlamentarische Geschäftsführer zum Gegenstand hatten.[183] Diese Anträge boten dem LVerfG bisher aber keinen Anlass zu einer abschließenden inhaltlichen Entscheidung. In einem obiter dictum hat sich das LVerfG 2012 wie folgt geäußert: „Zwar hat das BVerfG im Jahr 2000 für das Land Thüringen Regelungen über ergänzende Entscheidungen für die parlamentarischen Geschäftsführer der Fraktionen für mit dem Verfassungsrecht unvereinbar gehalten, weil sie gegen die Freiheit des Mandats und den

---

173 Unterrichtung durch die Präsidentin, Empfehlung und Bericht der Unterkommission des Ältestenrates zur Prüfung einzelner Festlegungen des Abgeordnetengesetzes, LT M-V Drs. 6/1967, S. 13.
174 LVerfG SH NVwZ – RR 2014, S. 3 ff.
175 So auch *Löwer/Morlok/Zeh* Unterrichtung durch die Präsidentin, Empfehlung und Bericht der Unterkommission des Ältestenrates zur Prüfung einzelner Festlegungen des Abgeordnetengesetzes, LT M-V Drs. 6/1967, S. 13.
176 *Zeh* in schriftlicher Stellungnahme zum Fragenkatalog der ö Anhörung vom 12.12.2012, LT M-V, Unterkommission des Ältestenrates, Kommissionsdrucksache 6/1, S. 9.
177 *Zeh* in schriftlicher Stellungnahme zum Fragenkatalog der ö Anhörung vom 12.12.2012, LT M-V, Unterkommission des Ältestenrates, Kommissionsdrucksache 6/1, S. 10.
178 GO LT, § 6 Abs. 1.
179 Verf Art. 30 Abs. 2.
180 *Zeh* in schriftlicher Stellungnahme zum Fragenkatalog der öffentlichen Anhörung vom 12.12.2012, LT M-V, Unterkommission des Ältestenrates, Kommissionsdrucksache 6/1, S. 11.
181 LVerfG SH aaO, S. 5.
182 *Zeh* in schriftlicher Stellungnahme zum Fragenkatalog der öffentlichen Anhörung vom 12.12.2012, LT M-V, Unterkommission des Ältestenrates, Kommissionsdrucksache 6/1, S. 9.
183 LVerfG 14/10, 2/12 e.A., 3/12/ 6/13 e.A., 7/13.

Grundsatz der Gleichbehandlung der Abgeordneten verstießen (BVerfGE 102, 224). Es hat jedoch betont, aus den allgemeinen Erwägungen zur verfassungsrechtlichen Stellung der Abgeordneten lasse sich nicht unmittelbar ableiten, unter welchen Voraussetzungen zusätzliche Entschädigungen für parlamentarische Funktionen geschaffen werden dürften; vielmehr ließen sich hinsichtlich der Reichweite und Grenzen der Parlamentsautonomie in Bezug auf Funktionszulagen nur sehr allgemeine Kriterien aufzeigen, die als Leitgesichtspunkte dienen könnten. Welche Folgerungen daraus für das hier zu entscheidende Verfahren zu ziehen sind, gilt es zu prüfen."[184]

2013 hat das VerfG S-H die Funktionszulagen für Parlamentarische Geschäftsführer für zulässig erklärt; die besondere Vergütung der Funktion eines Parlamentarischen Geschäftsführers beeinträchtige die grundsätzliche Gleichheit der Abgeordneten nicht unangemessen. Es handele sich um eine „besonders herausgehobene politisch-parlamentarische Funktion."[185] Dieser Entscheidung vorangestellt ist die offensichtlich im Hinblick auf die Bindungswirkung des „Zweiten Diätenurteils"[186] des BVerfG getroffene Feststellung, dass „Maßgeblicher Prüfungsmaßstab ... für das Landesverfassungsgericht in erster Linie die Landesverfassung [ist]."[187]

Ausschussvorsitzende erhalten gem. § 9 Abs. 2 AbgG M-V eine zusätzliche monatliche Kostenpauschale in Höhe von 640 EUR. Ein Mehrfachbezug dieser Pauschale ist ausgeschlossen. Den Fraktionen ist es jedoch unbenommen, unabhängig von der gesetzlichen Zulage Funktionsträgern der Fraktionen aus Fraktionsmitteln weitergehende Zuwendungen zu gewähren.[188] Soweit die Gegenansicht eine fehlende rechtliche Grundlage moniert,[189] wird übersehen, dass sich die unmittelbar aus dem verfassungsrechtlichen Status der Fraktionsautonomie ergibt.

**5. Kostenpauschale und Amtsausstattung.** Neben der steuerpflichtigen Grundentschädigung erhalten Abg. zur Abgeltung der durch das Mandat veranlassten Aufwendungen steuerfreie Aufwandsentschädigungen, die neben der Inanspruchnahme der vom LT zur Verfügung gestellten Sachleistungen – steuerfreie – Geldleistungen umfassen. Zu den **Sachleistungen** gehören neben der Bereitstellung möblierter Büroräume im LT,[190] die unentgeltliche Benutzung der Fernsprechanlagen einschließlich bereitgestellter IT-Technik im LT, die unentgeltliche Inanspruchnahme von organisatorischen und personellen Unterstützungsleistungen durch die Landtagsverwaltung sowie die unentgeltliche Benutzung von Verkehrsmitteln im Land (§ 8 Abs. 2 AbgG M-V). Welche konkreten Dienstleistungen den Abgeordneten angeboten werden, ist eine Frage der einfachgesetzlichen Regelung bzw. der Ausgestaltung durch die Praxis der Parlamentsverwaltung.[191] Ein Anspruch auf konkrete Dienstleistungen – zB das Bereitstellen von Videoaufzeichnungen – kann nicht unmittelbar aus der Verfassung abgeleitet werden[192]

41

---

184 LVerfG 2/12 e.A.
185 LVerfG SH aaO.
186 BVerfGE 102, 224.
187 LVerfG SH aaO, S. 6; vgl. auch *Steiner* BayVBl. 2013, 389.
188 *Klein*, in Maunz/Dürig, Art. 48 Rn. 170; *Brocker/Messer* NVwZ 2005, 895 (896 f.).
189 *V. Arnim/Drysch*, in BK, Art. 48 Rn. 187.
190 In der Praxis werden die Räume den Fraktionen zugewiesen, die die Raumaufteilung für MdL und Mitarbeiter eigenverantwortlich vornehmen.
191 LVerfG M-V Urt. v. 24.2.2011, LVerfG 7/10, S. 11.
192 LVerfG M-V, aaO.

42 Für allg. Kosten, insbes. für die Betreuung des Wahlkreises, Bürokosten, Mobiliar, sächliche Kosten, Kosten für Schreibarbeiten, Porto und Telefon sowie sonstige Auslagen, die sich aus der Stellung des Abg. ergeben, sowie Reisekosten – soweit sie nicht gesondert erstattet werden – erhalten Abg. eine monatliche **steuerfreie Kostenpauschale** in Höhe von 2.000,00 EUR (§ 9 Abs. 1 AbgG M-V). Die Kostenpauschale wird auf der Grundlage eines Beschlusses jeweils zu Beginn der Legislaturperiode entsprechend der Entwicklung der Lebenshaltungskosten aller privater Haushalte in M-V jährlich angepasst und durch den Präsidenten im Gesetz- und Verordnungsblatt veröffentlicht (§ 28 Abs. 2 AbgG M-V). Diese Dynamisierung der Kostenpauschale ist verfassungsrechtlich nicht zu beanstanden, zumal durch die Veröffentlichung auch die notwendige Transparenz gewährleistet ist.[193] Materiell, insbes. im Hinblick auf die Höhe, ist die Kostenpauschale zulässig, soweit und solange sie sich am tatsächlichen mandatsbedingten Aufwand orientiert und ausgeschlossen werden kann, dass durch die Gewährung einer steuerfreien Kostenpauschale kein zusätzliches – verschleiertes – Einkommen gewährt wird.[194] Soweit ein Wahlkreisbüro angemietet und unterhalten und von dort die Wahlkreisarbeit koordiniert wird, bestehen bezüglich der Höhe der Kostenpauschale keine Bedenken. Zweifel an der Zulässigkeit ergeben sich jedoch insoweit, als die Kostenpauschale ohne den Nachweis der Einrichtung eines Wahlkreisbüros gewährt wird. Insoweit läge es näher, die Kosten für die Unterhaltung des Wahlkreisbüros gegen Nachweis zu erstatten und nur die übrigen Aufwendungen, insbesondere Fahrt und sonstige Kosten im Wahlkreis, zu pauschalieren.

43 Dem gegenüber erscheint das im Rahmen des Systemwechsels eingeführte Modell in Nordrhein-Westfalen (→ Rn. 38), wonach die Grundentschädigung aufgestockt und mandatsbedingte Aufwendungen im Wahlkreis steuerlich abgesetzt werden können, wenig überzeugend. Die damit eingeführte Notwendigkeit, dass ein Abg. gegenüber dem Finanzamt glaubhaft macht, dass bestimmte Aktivitäten (zB die Teilnahme an der Abendveranstaltung eines Sportvereins) mandatsbedingt waren, ist im Hinblick auf die Gewaltenteilung bedenklich und insgesamt wenig praktikabel.

44 Als weitere Geldleistung im Rahmen der Amtsausstattung sieht das AbgG M-V die Reisekostenentschädigung nach § 10 AbgG, bestehend aus einem Tagegeld, § 11 AbgG, Übernachtungskosten, § 12 AbgG und einer Fahrtkostenerstattung, § 13 AbgG, vor. Darüber hinaus erhalten die Abg. auf Nachweis eine Erstattung von Aufwendungen für die Beschäftigung von Mitarbeitern zur Unterstützung ihrer parlamentarischen Arbeit, insbes. im Wahlkreis, die dem monatlichen Bruttoarbeitsentgelt von vollzeitbeschäftigten Angestellten d. Entgeltgruppe E 10 TVL entsprechen (§ 9 Abs. 4 AbgG). Die Erstattung setzt voraus, dass der Landtagsverwaltung zu Beginn des Arbeitsverhältnisses ein Führungszeugnis des Mitarbeiters vorliegt, das keine Eintragungen wegen der vorsätzlichen Begehung einer Straftat enthält. Unzulässig und damit nicht erstattungsfähig ist darüber hinaus die Beschäftigung von Ehegatten oder Lebenspartnern bzw. weiteren Angehörigen des Abg.

---

193 *Klein*, in Dürig/Herzog/Scholz, Art. 48 Rn. 191.
194 BVerfGE 40, 296 (318), 328; 49, 1, 2; BFH NJW 2009, 940 (943).

## VI. Unverzichtbarkeit und Unübertragbarkeit der Entschädigung (Abs. 3 S. 2)

Nach Art. 22 Abs. 3 Satz 2 LV kann auf den Entschädigungsanspruch nicht verzichtet werden. Die **Unverzichtbarkeit** der Entschädigung soll ausschließen, dass vermögende Abg., die es sich leisten könnten, auf die Entschädigung zu verzichten, daraus einen politischen Vorteil herleiten, indem sie sich als die „billigeren" Volksvertreter darstellen.[195] Die Unverzichtbarkeit erstreckt sich nach § 30 AbgG M-V auf alle Geldleistungen an Abg. und ihre Hinterbliebenen, mit Ausnahme des Übergangsgeldes.

Durch das Gesetz vom 21.12.2021 (GVOBl. M-V S. 80) wurde die vollständige Unübertragbarkeit dahin gehend modifiziert, dass nunmehr maximal ein Viertel der Entschädigung übertragbar ist. Aus der begrenzten **Unübertragbarkeit** folgt zivilrechtlich aus § 851 ZPO die entsprechende **Unpfändbarkeit** der entsprechenden Forderung. Damit wird gewährleistet, dass die Abg. während ihrer Zugehörigkeit zum Parlament vor der Inanspruchnahme von Gläubigern geschützt werden, da andernfalls die Gefahr bestünde, dass Gläubiger Druck auf verschuldete Abg. ausüben und damit die Unabhängigkeit ihrer parlamentarischen Tätigkeit beeinflussen könnten.[196] Nach § 30 Satz 2 AbgG M-V erstreckt sich die Unübertragbarkeit und damit die Unpfändbarkeit nur auf Geldleistungen an aktive Abg. Leistungen an ehemalige Abg., insbes. das Übergangsgeld und die Altersentschädigung sind davon nicht umfasst, im Ergebnis also sowohl übertragbar als auch pfändbar. Dieses im Hinblick auf den Schutzzweck von Art. 22 Abs. 3 S. 2 folgerichtig, da bei ehemaligen Abg. die Notwendigkeit des Unabhängigkeitsschutzes entfallen ist.

## VII. Nach Maßgabe eines Gesetzes (Abs. 3 Satz 3)

Nach Art. 22 Abs. 3 Satz 3 LV ist der **LT berechtigt und verpflichtet,** Art und Höhe der Entschädigung durch ein Landesgesetz festzulegen. Danach muss das Parlament in eigener Sache entscheiden.[197] Die Delegation der Festlegung der Entschädigungen auf externe Gremien (sog. Diätenkommissionen) ist damit unzulässig. Möglich ist jedoch die Einbeziehung externen Sachverstands zur Vorbereitung der eigenen Entscheidung. Diese Entscheidung in eigener Sache führt zum einen zu einer besonders kritischen Öffentlichkeit und wird nicht zuletzt von den Abg. selbst häufig auch als „Fluch" empfunden,[198] ist im Hinblick auf die Unabhängigkeit der Abg. im System der Gewaltenteilung alternativlos. Gleichzeitig ist erforderlich, dass die Entscheidung über die Entschädigung der Abg. in eigener Sache dem demokratischen und rechtsstaatlichen Prinzip genügt. Das bedeutet, dass der gesamte Willensbildungsprozess für den Bürger durchschaubar und das Ergebnis vor den Augen der Öffentlichkeit beschlossen wird.[199]

---

195 *Glauben,* in Caesar/Grimm, Art. 97 Rn. 7; *Waack,* in Caspar/Ewer/Nolte/Waack, Art. 11 Rn. 98, kritisch *Perne* in Brocker/Droege/Jutzi Art. 97 Rn. 14.
196 *Waack,* in Caspar/Ewer/Nolte/Waack, Art. 11 Rn. 99.
197 *Butzer, in* Epping/Hillgruber, Art. 48 Rn. 20 mwN.
198 *Glauben,* in Caesar/Grimm, Art. 97 Rn. 6.
199 BVerfGE 40, 296 (327).

## Art. 23 (Kandidatur)

(1) Wer sich um einen Sitz im Landtag bewirbt, hat Anspruch auf den zur Vorbereitung seiner Wahl erforderlichen Urlaub.

(2) ¹Niemand darf gehindert werden, das Amt eines Abgeordneten zu übernehmen und auszuüben. ²Eine Kündigung oder Entlassung aus diesem Grunde ist unzulässig.

Vergleichbare Regelungen:
Artt. 48 Abs. 1 und 2 GG; 29 BWVerf; 30 BayVerf; 22 Abs. 4 BbgVerf; 82 Abs. 1 BremVerf; 13 Abs. 3 HambVerf; 76 HessVerf; 13 Abs. 1 und 2 Ndsverf; 46 Abs. 1 Verf NW; 96 Abs. 1 Verf Rh-Pf; 84 SaarlVerf; 42 Abs. 1 und 2 SächsVerf; 56 Abs. 1 und 2 LVerf LSA; 5 SchlHVerf; 51 ThürVerf.

| | | | |
|---|---|---|---|
| I. Vorbemerkungen | 1 | 2. Inkompatibilitätsregelungen | 5 |
| II. Wahlvorbereitungsurlaub | 2 | IV. Verbot der Kündigung und Entlassung | 6 |
| 1. Grundsätzliches | 2 | 1. Grundsätzliches | 6 |
| 2. Urlaubszeitpunkt, Dauer, Entgeltfortzahlungsanspruch | 3 | 2. Erweiterung des Kündigungsschutzes durch § 2 Abs. 3 AbgG M-V | 7 |
| III. Behinderungsverbot | 4 | | |
| 1. Grundsätzliches | 4 | | |

### I. Vorbemerkungen

1 Art. 23. Abs. 1 LV enthält ein subjektives Recht[1] und soll die Möglichkeit zur Bewerbung um einen Sitz im Parlament absichern. Dazu soll den abhängig Beschäftigten die erforderliche Vorbereitung für die Bewerbung um ein Landtagsmandat ermöglicht werden.[2] Die Regelung dient der **Chancengleichheit der Bewerber** und der Ausgewogenheit der Besetzung des Landtags.[3] Die in Art. 23 festgelegten Grundsätze des Leistungsanspruchs auf den Wahlvorbereitungsurlaub und des Behinderungsverbots gehören zu den grundlegenden Bestandteilen des Grundsatzes der freien Wahl und des Demokratieprinzips und gehören somit zum Allgemeingut des deutschen Verfassungsrechts.[4]

### II. Wahlvorbereitungsurlaub

2 **1. Grundsätzliches.** Nach Art. 23 Abs. 1 wird ein Bewerber um ein Landtagsmandat von öffentlich-rechtlichen oder privatrechtlichen Dienstverpflichtungen freigestellt. Das setzt voraus, dass das Grundverhältnis prinzipiell mit einem Urlaubsanspruch versehen ist. Damit scheidet ein Anspruch auf Wahlvorbereitungsurlaub bei **Selbstständigen** oder Werkvertragverpflichteten aus. Ebenso wenig sind **Strafgefangene** vom Schutzbereich des Art. 23 Abs. 1 LV erfasst, da die Inhaftierung nicht wegen eines Arbeits- oder Dienstverhältnisses erfolgt.[5] Auch **Leistungsempfänger nach dem SGB II**, die einer Arbeitsgelegenheit mit Mehraufwandsentschädigung nachgehen (sog. Ein-Euro-Jobs), können den Urlaubsan-

---

1 *Dette*, in Linck/Baldus/Lindner/Poppenhäger/Ruffert, Art. 51 Rn. 1.
2 *Germelmann*, in Butzer/Epping, Art. 13 Rn. 10.
3 *Germelmann*, in: Butzer/Epping Art. 13 Rn. 10; Trute in: v. Münch/Kunig Art. 48 Rn. 5, 8.
4 *Waack*, in Caspar/Ewer/Nolte/Waack, Art. 4 Rn. 4; *Schneider*, in Denninger, Art. 48 Rn. 2; *Menzel*, in Löwer/Tettinger, Art. 46 Rn. 14; vgl. kompr. gesch. Überblick bei *Dette*, in Linck/Baldus/Lindner/Poppenhäger/Ruffert, Art. 51 Rn. 2 ff.
5 BVerfG NVwZ 1982, 96; *Glauben*, in Grimm/Caesar, Art. 96 Rn. 4; *Germelmann*, in Butzer/Epping, Art. 13 Rn. 13; *Haug*, in Haug HK BW, Art. 29 Rn. 5.

spruch nicht geltend machen, da kein Arbeitsverhältnis besteht.[6] Voraussetzung für den Urlaubsanspruch ist, dass der Betreffende überhaupt zum LT wählbar ist, also die Wählbarkeitsvoraussetzungen nach dem Landes- und Kommunalwahlgesetz M-V[7] erfüllt. Zudem muss es sich um eine **ernsthafte Bewerbung** um ein Landtagsmandat handeln, die gewisse Erfolgsaussichten aufweist.[8] Die Ernsthaftigkeit muss dem Arbeitgeber ggf. nachgewiesen werden. Als solcher Nachweis genügt im Regelfall, dass der Bewerber in den Wahlvorschlag einer Partei aufgenommen worden ist oder die konkrete objektivierbare Aussicht besteht, in einen Wahlvorschlag aufgenommen zu werden.[9] Ergänzend dazu wird man aber in diesem Fall verlangen müssen, dass auch die Partei, die den Bewerber in ihre Wahlliste aufnimmt, ernsthaft Mandate im Landesparlament anstrebt und sich dies auch im Wahlkampf manifestiert. Auf die Wahlchancen hingegen kommt es nicht an.[10]

**2. Urlaubszeitpunkt, Dauer, Entgeltfortzahlungsanspruch.** Die Formulierung 3 „den zur Vorbereitung seiner Wahl erforderlichen Urlaub" erlaubt Rückschlüsse auf die Urlaubsdauer und den Zeitpunkt des Urlaubs. Hinsichtlich der Dauer kann der Urlaub erforderlich sein, der nach üblichen Maßstäben zur Vorbereitung der Wahl, insbes. für den Wahlkampf, benötigt wird. § 3 S. 1 AbgG M-V spezifiziert die Dauer und zeitliche Lage des Urlaubsanspruchs in verfassungskonformer Weise,[11] und bestimmt den Zeitraum auf die letzten **zwei Monate vor dem Wahltag**. Damit wird deutlich, dass die zeitliche Lage des Urlaubs dazu geeignet sein muss, die eigentliche Wahl unmittelbar vorzubereiten. Ein Anspruch auf Wahlvorbereitungsurlaub besteht nicht, wenn der Bewerber den Urlaub im Vorfeld dieser Zeit nutzen will, sich auf ein parteiinternes Aufstellungsverfahren vorzubereiten.[12] Art. 23 Abs. 1 LV trifft keine Aussage zur Fortzahlung des Arbeitsentgelts während des Wahlvorbereitungsurlaubs, jedoch legt § 3 S. 2 AbgG M-V fest, dass ein Anspruch auf **Fortzahlung des Lohnes oder Gehaltes nicht besteht**.[13] Art. 23 Abs. 1 gewährt allerdings nur den Urlaubsanspruch, nicht hingegen den Urlaub selbst. Der Bewerber darf folglich **nicht eigenmächtig der Arbeit fernbleiben**, es bedarf des Urlaubsantrags und der Bewilligung des Urlaubs im sonst üblichen Verfahren, im Fall der Versagung des Urlaubs seitens des Arbeitgebers muss der Bewerber ggf. den Rechtsweg beschreiten.[14]

---

6 *St. Storr*, in v. Mangoldt/Klein/Starck, Art. 48 Rn. 9; *Schulze-Fielitz*, in Dreier, Art. 48 Rn. 12; krit. *Dette*, in Linck/Baldus/Lindner/Poppenhäger/Ruffert, Art. 51 Rn. 8, wonach Urlaub gewährt werden sollte, weil das Erstreben des Mandats die Beschäftigungslosigkeit beenden könne.
7 Vgl. § 6 LKWG M-V.
8 *Germelmann*, in Butzer/Epping, Art. 13 Rn. 12; *Waack*, in Caspar/Ewer/Nolte/Waack, Art. 4 Rn. 7; *Glauben*, in Grimm/Caesar, Art. 96 Rn. 3; unabh. von jeder Erfolgsaussicht sieht das *Butzer, in* Epping/Hillgruber, Art. 48 Rn. 1.
9 *Schulze-Fielitz*, in Dreier, Art. 48 Rn. 10.
10 *Glauben*, in Brocker/Droege/Jutzi, Art. 96 Rn. 6.
11 *Klein*, in Dürig/Herzog/Scholz, Art. 48 Rn. 62; *Waack*, in Caspar/Ewer/Nolte/Waack, Art. 4 Rn. 14.
12 *Trute*, in von Münch/Kunig, Art. 48 Rn. 9.
13 Die Frage, ob bezahlter oder unbezahlter Urlaub gewährt werden soll, wird in der Lit. differenziert betrachtet. Nach hM besteht nur der Anspruch auf unbezahlten Urlaub, vgl. etwa *Kluth*, in Schmidt-Bleibtreu/Hofmann/Henneke, Art. 48 Rn. 4; krit. *v. Arnim/Drysch, in* BK, Art. 48 Rn. 134 wg. verfassungsrechtlicher Bedenken hinsichtl. der Gleichbehandlung mit Abg, die sich zur Wiederwahl stellen und alimentiert werden.
14 *Glauben*, in Brocker/Droege/Jutzi, Art. 96 Rn. 8.

## III. Behinderungsverbot

4 **1. Grundsätzliches.** Der personelle Schutzbereich des Behinderungsverbots nach Art. 23 Abs. 2 LV gilt für Abg., gewählte Kandidaten sowie Bewerber für ein Abgeordnetenmandat.[15] Dabei endet der Schutz im Hinblick auf Kündigungen nicht mit dem Ende des Mandats, sondern gilt noch **ein Jahr nach Beendigung des Mandats** fort (§ 2 Abs. 3 S. 4 AbgG M-V). Das Verbot der Behinderung richtet sich sowohl gegen Einflussnahmen des Staates als auch gegen Behinderungen Privater und entfaltet somit **unmittelbare Drittwirkung.** Damit sind Abreden zum Zweck einer Behinderung wegen eines Verstoßes gegen ein gesetzliches Verbot gem. § 134 BGB nichtig. Im Falle eines Verstoßes gegen Art. 23 Abs. 2 LV kann dem Bewerber oder Abg. Schadensersatz nach § 823 Abs. 2 BGB wegen des Verstoßes gegen ein Schutzgesetz zustehen.[16] Ein „Hindern" iSd Art. 23 Abs. 2 S. 1 LV ist ein Verhalten, das die Übernahme oder Ausübung des Abgeordnetenmandats erschweren oder unmöglich machen soll.[17] Zu dem Beifügen, Androhen oder In-Aussicht-Stellen irgendwelcher Nachteile in wirtschaftlicher, beruflicher, gesellschaftlicher oder sonstiger Art muss die intentionale Komponente hinzutreten. Die Behinderung muss also gerade mit der Absicht erfolgen, die Ausübung oder Übernahme des Mandates zu erschweren.[18] Nicht erfasst werden Maßnahmen oder Handlungen, die in eine ganz andere Richtung zielen und nur unvermeidlich die tatsächliche Folge oder Wirkung einer Beeinträchtigung der Freiheit, das Mandat zu übernehmen und auszuüben, haben.[19] Das gilt auch für disziplinarrechtliche Maßnahmen gegen einen Angehörigen des öffentlichen Dienstes wegen der Kandidatur für eine verfassungsfeindliche Partei, da insoweit der Schutzbereich des Art. 23 Abs. 2 LV nicht verletzt ist. Der auf Art. 33 Abs. 5 GG beruhende § 57 Abs. 2 LBG M-V, der das **Bekenntnis zur freiheitlich demokratischen Grundordnung** enthält, zielt in eine ganz andere Richtung und beeinträchtigt die Mandatsübernahme und -ausübung nur unvermeidlich. Ein Disziplinarverfahren zielt nicht auf eine Behinderung der Mandatsausübung, sondern auf die Überprüfung der Vereinbarkeit des Verhaltens des Beamten – ua seiner Kandidatur für eine verfassungsfeindliche Partei – mit seinen beamtenrechtlichen Pflichten.[20] Insoweit verstoßen disziplinarrechtliche Maßnahmen gegen Kandidaten einer verfassungsfeindliche Ziele verfolgenden Partei, die in einem Beamtenverhältnis stehen, nicht gegen das Behinderungsverbot des Art. 23 Abs. 2 S. 1 LV.[21] Da der Nachweis einer die Ausübung oder Annahme des Mandats beeinträchtigenden Intention schwierig ist, wird regelmäßig darauf abgestellt, ob nachvollziehbare und vernünftige Gründe für eine Maßnahme oder Regelung vorliegen. Ein Fehlen solcher Grün-

---

15 *Schulze-Fielitz*, in Dreier, Art. 48 Rn. 14; *Waack*, in Caspar/Ewer/Nolte/Waack, Art. 4 Rn. 21; *Klein*, in Dürig/Herzog/Scholz, Art. 48 Rn. 75; aA *Linck*, in Linck/Jutzi/Hopfe, Art. 52 Rn. 4, wonach das Behinderungsverbot gegenüber Wahlbewerbern Unterfall des Abs. 1 sein soll.
16 *Glauben*, in Brocker/Droege/Jutzi, Art. 96 Rn. 12; *Butzer*, in Epping/Hillgruber, Art. 48 Rn. 13; *Klein*, in Dürig/Herzog/Scholz, Art. 48 Rn. 109.
17 *Schulze-Fielitz*, in Dreier, Art. 48 Rn. 15; *Glauben*, in Grimm/Caesar, Art. 96 Rn. 7; *Menzel*, in Loewer/Tettinger, Art. 46 Rn. 7.
18 *Schulze-Fielitz*, in Dreier, Art. 48 Rn. 15; *Menzel*, in Löwer/Tettinger, Art. 46 Rn. 7 mwN; *Waack*, in Caspar/Ewer/Nolte/Waack, Art. 4 Rn. 23.
19 BVerfGE 42, 312 (329).
20 Vgl. BVerwGE 86, 99 (118); 73, 263, 282.
21 Zur Frage der Verfassungsfeindlichkeit der NPD vgl. ua BVerfGE 144,20; BVerwG Urt. v. 7.7.2004 – 6 C 17.03 –; VGH BW Urt. v. 27.1.1987 – 4S 681/84 –.

de legt einen Verstoß gegen das Benachteiligungsverbot nach Art. 23 Abs. 2 LV nahe.[22]

**2. Inkompatibilitätsregelungen.** Das Behinderungsverbot nach Art. 23 Abs. 2 S. 1 LV gilt nicht uneingeschränkt, da Behinderungen aus verfassungsrechtlich zulässigen Gründen möglich sind.[23] Insoweit benötigen auch Inkompatibilitätsregelungen eine verfassungsrechtliche Verankerung, da sie Hinderungsgründe darstellen, das Mandat als Abg. zu übernehmen bzw. auszuüben.[24] Eine solche verfassungsrechtliche Anbindung findet sich in Art. 71 Abs. 3 LV, wonach die Wählbarkeit von Angehörigen des öffentlichen Dienstes zum LT sowie zu den Vertretungen der Gemeinden und Kreise gesetzlich beschränkt werden kann.[25] Nach § 34 AbgG M-V dürfen Abg. nicht tätig sein als Berufsrichter, Staatsanwalt, Berufssoldat oder Soldat auf Zeit sowie Beamter oder Angestellter des Bundes, eines Landes, einer Kommune oder einer anderen Körperschaft öffentlichen Rechts mit Ausnahme der Religionsgemeinschaften. Davon nicht betroffen sind hingegen **Ehrenbeamte**, wie ehrenamtliche Bürgermeister oder Mandatsträger kommunaler Gebietskörperschaften. Verfassungsrechtlich zulässig sind ebenso Inkompatibilitätsregelungen, die ein Mehrfachmandat (LT, BT, Europaparlament) ausschließen,[26] sowie kirchliche Inkompatibilitätsregelungen.[27] Es ist Sache der Kirchen zu entscheiden, ob und inwieweit ihre Geistlichen und Ordensleute sich im staatlichen Bereich engagieren dürfen.[28] Unvereinbarkeitsregelungen aus wirtschaftlichen Gründen hätten keine verfassungsrechtliche Anbindung und sind somit unzulässig.[29] Aus diesem Grund sind Abg. nicht gehindert, neben dem Mandat einer **weiteren beruflichen Tätigkeit** nachzugehen. Beschränkungen der Berufsausübung neben dem Mandat können nur insoweit zulässig sein, als sie zum Schutz des Abgeordnetenstatus, wozu auch Transparenzregelungen zählen, erforderlich sind.[30] Dies entspricht der Intention, dass grds. der Kontakt zum beruflichen Alltag auch für die politische Tätigkeit des Abg. bereichernd sein kann und zudem die Chancen des Abg. nach Beendigung des Mandats für einen beruflichen Wiedereinstieg verbessert werden und sich die soziale Abhängigkeit vom Mandat und Mandatsbezügen verringert.

## IV. Verbot der Kündigung und Entlassung

**1. Grundsätzliches.** Nach Art. 23 Abs. 2 S. 2 ist eine Kündigung oder Entlassung wegen der Übernahme oder der Ausübung des Mandats unzulässig. Dieser Unterfall des allg. Behinderungsverbotes ist herausgehoben worden, um dem erhöhten Schutzbedürfnis unselbstständig Beschäftigter Rechnung zu tragen.[31] Bereits die **Androhung einer Kündigung oder Entlassung ist unzulässig**,[32] jedoch

---

22 *Waack*, in Caspar/Ewer/Nolte/Waack, Art. 4 Rn. 23; krit. *Klein*, in Dürig/Herzog/Scholz, Art. 48 Rn. 85 ff.
23 *Jarass*, in Jarass/Pieroth, Art. 48 Rn. 5; *Waack*, in Caspar/Ewer/Nolte/Waack, Art. 4 Rn. 25.
24 *Menzel*, in Löwer/Tettinger, Art. 46 Rn. 8; *Schulze-Fielitz*, in Dreier, Art. 48 Rn. 17.
25 Vgl. zur Ausgestaltung der Inkompatibilitätsregeln §§ 34 ff. AbgG M-V.
26 BVerfGE, 42, 312, 327; *Jarass*, in Jarass/Pieroth, Art. 48 Rn. 5; *Schulze-Fielitz*, in Dreier, Art. 48 Rn. 17; das AbgG M-V sieht eine solche Inkompatibilität nicht vor.
27 BVerfGE 42, 312 (328 f.).
28 BVerfGE 42, 312 (334), 341; *Glauben*, in Brocker/Droege/Jutzi, Art. 96 Rn. 14.
29 *Waack*, in Caspar/Ewer/Nolte/Waack, Art. 4 Rn. 26; *Schulze-Fielitz*, in Dreier, Art. 48 Rn. 17; *Jarass*, in Jarass/Pieroth, Art. 48 Rn. 5; aA *v. Arnim/Drysch*, in BK, Art. 48 Rn. 140 f., 344 ff.
30 BVerfGE 118, 277 (352 ff.); *Jarass*, in Jarass/Pieroth, Art. 48 Rn. 5.
31 *Schulze-Fielitz*, in Dreier, Art. 48 Rn. 16.
32 *Menzel*, in Löwer/Tettinger, Art. 46 Rn. 10.

müssen sie wegen der Annahme oder Ausübung des Mandats erfolgen.[33] Ausreichend ist insoweit auch ein mittelbarer Mandatsbezug, etwa wegen entstehender wirtschaftlicher Probleme im Zusammenhang mit der Mandatsübernahme.[34] Keine Kündigung iSd Art. 23 Abs. 2 S. 2 LV ist nach der Rspr. des BGH die Kündigung von Gesellschafterverträgen freiberuflich Tätiger,[35] die aber gegen das allg. Behinderungsverbot nach Art. 23 Abs. 2 S. 1 LV verstoßen kann.[36]

7 **2. Erweiterung des Kündigungsschutzes durch § 2 Abs. 3 AbgG M-V.** § 2 Abs. 3 AbgG M-V erweitert den verfassungsrechtlich gewährten Kündigungsschutz, indem eine **Kündigung** – auch wenn sie nicht mandatsbezogen erfolgt – **nur aus wichtigem Grund** zulässig ist. Diese zulässige Erweiterung des Kündigungsschutzes[37] ergänzt Art. 23 Abs. 2 S. 2 LV, da in vielen Fällen der Nachweis entbehrlich wird, dass eine Kündigung mandatsbezogen erfolgt ist.[38] Allerdings ist davon auszugehen, dass ein wichtiger Grund iSd § 2 Abs. 3 S. 2 AbgG M-V nicht die strengen Anforderungen der fristlosen Kündigung nach § 626 Abs. 1 BGB erfüllen muss, so dass auch eine **betriebsbedingte Kündigung** zulässig sein kann.[39] Nach dem AbgG M-V beginnt der Kündigungsschutz mit der Aufstellung des Bewerbers durch das dafür zuständige Organ der Partei oder mit der Einreichung des Wahlvorschlags, jedoch frühestens vier Jahre nach Beginn der laufenden Wahlperiode des LT, im Fall der Auflösung des LT vor Ende dieser Frist, frühestens mit seiner Auflösung. Er gilt ein Jahr nach Beendigung des Mandats fort.[40]

## Art. 24 (Indemnität, Immunität, Zeugnisverweigerungsrecht)

(1) [1]Abgeordnete dürfen zu keiner Zeit wegen einer Abstimmung oder wegen einer Äußerung im Landtag oder in einem seiner Ausschüsse gerichtlich oder dienstlich verfolgt oder sonst außerhalb des Landtages zur Verantwortung gezogen werden. [2]Dies gilt nicht für verleumderische Beleidigungen.

(2) [1]Wegen einer mit Strafe bedrohten Handlung dürfen Abgeordnete nur mit Genehmigung des Landtages zur Verantwortung gezogen oder verhaftet werden, es sei denn, sie werden bei Ausübung der Tat oder im Laufe des folgenden Tages festgenommen. [2]Strafverfahren gegen Abgeordnete sowie Haft oder sonstige Beschränkungen ihrer persönlichen Freiheit sind auf Verlangen des Landtages auszusetzen.

(3) [1]Die Abgeordneten sind berechtigt, das Zeugnis zu verweigern über Personen, die ihnen in ihrer Eigenschaft als Abgeordnete Tatsachen anvertraut haben, über Personen, denen sie in ihrer Eigenschaft als Abgeordnete Tatsachen anvertraut haben, sowie über diese Tatsachen selbst. [2]Insoweit sind auch Schriftstücke der Beschlagnahme entzogen.

---

33 *Waack*, in Caspar/Ewer/Nolte/Waack, Art. 4 Rn. 31; *Schulze-Fielitz*, in Dreier, Art. 48 Rn. 16.
34 *Waack*, in Caspar/Ewer/Nolte/Waack, Art. 4 Rn. 31.
35 BGHZ 94, 248 (252 ff.); krit. Anm. von *Kluth*, in Schmidt-Bleibtreu/Hofmann/Henneke, Art. 48 Rn. 8; *Schulze-Fielitz*, in Dreier, Art. 48 Rn. 16; *Kühne*, Kündigung freiberuflich beschäftigter Mandatsbewerber, in ZParl 1986, 347 (349 ff.).
36 *Klein*, in Dürig/Herzog/Scholz, Art. 48 Rn. 78 ff.; *Waack*, in Caspar/Ewer/Nolte/Waack, Art. 4 Rn. 31.
37 *Klein*, in Dürig/Herzog/Scholz, Art. 48 Rn. 104.
38 *Waack*, in Caspar/Ewer/Nolte/Waack, Art. 4 Rn. 32.
39 *Glauben*, in Brocker/Droege/Jutzi, Art. 96 Rn. 10.
40 Vgl. § 2 Abs. 3 S. 3 und 4 AbgG M-V.

## I. Landtag — Art. 24

**Vergleichbare Regelungen:**
*Zu Abs. 1:* Artt. 37 BWVerf; 27 BayVerf; 51 Abs. 1 VvB; 57 BbgVerf; 94 BremVerf; 14 HambVerf; 95 HessVerf; 14 NdsVerf; 47 Verf NW; 93 Verf Rh-Pf; 81 SaarlVerf; 55 Abs. 1 SächsVerf; 57 LVerf LSA; 24 SchlHVerf; 55 Abs. 1 ThürVerf.
*Zu Abs. 2:* Artt. 38 BWVerf; 28 BayVerf; 51 VvB; 58 BbgVerf; 95 BremVerf; 15 HambVerf; 96 HessVerf; 15 NdsVerf; 48 Verf NW; 94 Verf Rh-Pf; 82 SaarlVerf; 55 SächsVerf; 58 LVerf LSA; 31 Verf. S-H; 55 ThürVerf.

I. Vorbemerkungen .................... 1
II. Äußerungs- und Abstimmungsfreiheit der Abgeordneten, Indemnität (Abs. 1) ........................... 3
  1. Schutzbereich, Verhältnis zu anderen Vorschriften .......... 3
  2. Die Voraussetzungen und die Reichweite des Indemnitätsschutzes ....................... 5
    a) „Abgeordnete" – geschützter Personenkreis .......... 6
    b) „Dürfen zu keiner Zeit" – zeitliche Geltung ............ 7
    c) „Wegen einer Abstimmung oder wegen einer Äußerung im Landtag oder in einem seiner Ausschüsse" – geschützte Verhaltensweisen ......................... 8
    d) „Gerichtlich oder dienstlich verfolgt oder sonst außerhalb des Landtages zur Verantwortung gezogen werden" – Rechtsfolgen der Indemnität ................. 12
    e) „Dies gilt nicht für verleumderische Beleidigungen" – Grenzen des sachlichen Schutzbereiches ....... 16
III. Immunität (Abs. 2) ................. 19
  1. Allgemeines .................... 19
  2. „Abgeordnete" – persönlicher Schutzbereich .............. 20
  3. „Wegen einer mit Strafe bedrohten Handlung zur Verantwortung gezogen oder verhaftet werden" – sachlicher Schutzbereich ............. 23
  4. „Nur mit Genehmigung des Landtages" – Grundsätze für die Behandlung von Immunitätsangelegenheiten ............ 27
    a) Genehmigung Antragsbefugnis ...................... 27
    b) Umfang der Genehmigung 28
    c) Maßstab für die Aufhebung ....................... 29
    d) Parlamentarische Praxis – Vereinfachtes Verfahren .... 30
  5. Das Reklamationsrecht (Abs. 2 S. 2) ................. 31
IV. Zeugnisverweigerungsrecht, Beschlagnahmeverbot (Abs. 3) ..... 32
V. Schrifttum ....................... 35

## I. Vorbemerkungen

In Art. 24 werden sowohl die sog. **Indemnität** (Abs. 1), die **Immunität** (Abs. 2) sowie das **Zeugnisverweigerungsrecht** und das **Beschlagnahmeverbot** (Abs. 3) geregelt.

Bei diesen Rechtsinstituten handelt es sich um Sonderrechte des Parlaments gegenüber der Exekutive und der Judikative. Insoweit gehören sie zu dem klassischen Bestandteil des Parlamentsrechts. Indemnität und Immunität haben ihre Wurzeln in der Tradition des englischen Parlamentarismus.[1] Die Legitimation dieser Rechtsinstitute lag ursprünglich in dem Schutz der Mitglieder von Parlamenten vor der Gefahr willkürlicher Verfolgung, insbes. durch die Exekutive, aber auch durch die Gerichte.[2]

Unter den Rahmenbedingungen einer rechtsstaatlichen parlamentarischen Demokratie werden Indemnität und Immunität in der öffentlichen Diskussion häufig als Relikt aus staatsrechtlich überkommenen Zeiten gewertet,[3] das heute

---

[1] Vgl. zur Geschichte ausführlich: *Löwer*, in Löwer/Tettinger, Vorbem. zu Art. 47–49 Rn. 1 ff.; *Grube*, in Leipziger Kommentar zum StGB, vor §§ 36/37 Rn. 2.
[2] Vgl. *Linck*, in Linck/Baldus/Lindner/Poppenhäger/Ruffert, Art. 55 Rn. 2 mwN.
[3] *Lieberknecht/Rautenberg*, Wider das herrschende Immunitätsrecht DRiZ 2003, 56.

ein gleichheitswidriges und insoweit ungerechtfertigtes Privileg der Abg. darstellt. Aber auch in der verfassungsrechtlichen Lit. wird die Legitimation angezweifelt.[4] Der Kritik ist zwar zuzugestehen, dass die Wahrscheinlichkeit einer Gefährdung durch willkürliche Übergriffe der zweiten oder dritten Gewalt signifikant zurückgegangen ist. Die geminderte Wahrscheinlichkeit eines Eingriffs ändert jedoch nichts an der Legitimation des Schutzes für den unwahrscheinlicheren Fall[5], denn auch in einem Rechtsstaat ist die Möglichkeit einer tendenziösen Verfolgung einzelner Abgeordneter nicht völlig auszuschließen.[6]

Auch das BVerfG hat in seiner grundlegenden Entscheidung zum Immunitätsrecht, dem sog. „Pofalla-Urteil",[7] die Auffassung vom vermeintlich überholten Immunitätsschutz deutlich zurückgewiesen und gleichzeitig herausgestellt, dass „selbst korrekte, nicht in politischer Absicht veranlasste behördliche Maßnahmen" geeignet sein können, „die Arbeit des Parlaments zu beeinträchtigen".[8] Dass es sich insoweit nicht nur um eine theoretische Betrachtung handelt, wird durch ein Immunitätsverfahren im LT M-V in der 3. Legislatur eindrucksvoll belegt. Der LT hatte über die Einleitung von Strafverfahren gegen 18 Abg. der SPD-Fraktion zu entscheiden, da die Staatsanwaltschaft wegen – einer vermeintlich unzulässigen[9] – Zeitungsanzeige eine Strafverfolgung wegen Untreue einleiten wollte.[10] Im Ergebnis hat der damalige PräsLT Kuessner zunächst vom Reklamationsrecht Gebrauch gemacht und der LT anschließend fast einstimmig die Aufhebung der Immunität abgelehnt.[11]

Die Indemnität schützt die Freiheit der Rede und die Gewissensfreiheit der Abg., die Immunität insgesamt die Funktionsfähigkeit des Parlaments. Beide sind insoweit zum Schutz der parlamentarischen Demokratie auch unter geänderten Rahmenbedingungen unverzichtbar.[12] Die Kritik übersieht zudem, dass im Bereich der Immunität durch entsprechende pauschale Beschlüsse des Parlaments (dazu → Rn. 30) die Strafverfolgung tatsächlich kaum eingeschränkt wird. Für den Bereich der Indemnität ist eine verfassungskonforme Auslegung angezeigt, um den Vorwurf ungerechtfertigter Privilegien zu entkräften (vgl. → Rn. 18).

## II. Äußerungs- und Abstimmungsfreiheit der Abgeordneten, Indemnität (Abs. 1)

3  **1. Schutzbereich, Verhältnis zu anderen Vorschriften.** Der Begriff „Indemnität" stammt von dem lateinischen Wort „damnare" und bedeutet übersetzt Unverurteilbarkeit, iwS Nichtverfolgbarkeit.[13] Die repräsentative Demokratie erfordert **parlamentarische Rede- und Abstimmungsfreiheit.**[14] Die Indemnität schützt die Freiheit der Rede und der Abstimmung, stärkt die Unabhängigkeit der Abg. und

---

4  Vgl. *Härth*, Die Rede und Abstimmungsfreiheit der Parlamentsabgeordneten in der Bundesrepublik Deutschland, 1983, S. 140 ff., 146 ff.; *Magiera*, BK, Art. 46 Rn. 6; *Stern*, Bd. I, S. 1061; zur Immunität vgl. auch *Glauben*, Immunität der Parlamentarier – Relikt aus vordemokratischer Zeit?, DÖV 2012, 376.
5  IdS auch *Löwer*, in Löwer/Tettinger, Vorbem. zu Art. 47–49 Rn. 16.
6  *Butzer*, in Epping/Hillgruber, Art. 46 Rn. 1; *Magiera*, in BK, Art. 46 Rn. 31 ff.
7  BVerfGE 104, 310.
8  BVerfGE 104, 310 (312 f.); vgl. hierzu auch *Wiefelspütz*, Die Immunität des Abgeordneten, in DVBl 2002, 1229 (1231), derselbe in: HdB – ParlR, § 13.
9  Inhaltlich ging es um die Frage des Umfangs und der Grenzen zulässiger Öffentlichkeitsarbeit der Fraktion, siehe dazu → Art. 25 Rn. 10.
10 Vgl. hierzu PLPr. 3/82/5371 ff. iVm LT-Drs. 3/2931, 3/2932 und 3/2935.
11 Vgl. hierzu auch *März*, JöR N.F. 54 (2006), 175 (243).
12 *Klein*, in Schneider/Zeh, § 17 Rn. 68.
13 *Grube, in* LK StGB (Fn. 1), § 36 Rn. 2.
14 *Storr*, in v. Mangoldt/Klein/Starck, Art. 46 Rn. 3.

dient im Ergebnis der Sicherung der ungestörten Parlamentsarbeit und damit der Funktionsfähigkeit des LT.[15] Es handelt sich mithin um ein Parlamentsprivileg,[16] das notwendigerweise den einzelnen Abg. schützt. Dies ist der Grund dafür, dass ein Abg. nicht auf den Indemnitätsschutz verzichten kann.[17] Auch das Parlament selbst kann – etwa im Rahmen eines Antrags auf Aufhebung der Indemnität – nicht über die Indemnität verfügen.[18]

Art. 24 Abs. 1 LV entspricht der Indemnitätsvorschrift des **Art. 46 Abs. 1 GG**, 4 die jedoch nur für Abg. des BT gilt. Darüber hinaus ist die Indemnität in § 36 StGB geregelt und statuiert dort einen persönlichen Strafausschließungsgrund, der nach dem Wortlaut ausdrücklich auch für Landtagsabgeordnete gilt. Das Verhältnis dieser beiden Vorschriften ist – soweit das Strafrecht betroffen ist – heftig umstritten.[19] Es geht konkret um die Frage, ob § 36 StGB als bundesrechtliche Vorschrift nach Art. 31 GG die landesverfassungsrechtliche Vorschrift verdrängt[20] oder ob die landesrechtliche Vorschrift wegen der Verfassungsautonomie der Länder nach Art. 28 Abs. 1 GG Vorrang hat.[21] Für M-V ist dieses kompetenzrechtliche Problem bisher nicht relevant geworden, da der strafrechtliche Regelungsgehalt des Art. 24 LV mit § 36 StGB übereinstimmt.[22] Die Frage kann jedoch dann bedeutsam werden, wenn und soweit der Landesverfassungsgesetzgeber eine Einschränkung oder Erweiterung des Indemnitätsschutzes beabsichtigt. Im Hinblick auf die historische Entwicklung und den Schutzbereich der Vorschrift verdient die Auffassung den Vorzug, wonach **die Indemnität als Sonderrecht des Parlaments kompetenzrechtlich dem Verfassungsorganisationsrecht zuzurechnen ist,** mit der Folge, dass für die Abg. der Landesparlamente allein die Länder die Regelungskompetenz besitzen.[23]

Insoweit stehen die Kompetenzen von Bund und Ländern selbstständig nebeneinander, so dass die Indemnitätsvorschrift des StGB von den Landesverfassungen modifiziert werden kann.[24]

**2. Die Voraussetzungen und die Reichweite des Indemnitätsschutzes.** Der Wort- 5 laut des Art. 24 LV stimmt mit der für den BT geltenden Vorschrift des Art. 46 Abs. 1 GG überein.

a) **„Abgeordnete" – geschützter Personenkreis.** Der Indemnitätsschutz gilt in 6 **personeller Hinsicht nur für Abg. des LT M-V.** Regierungsmitglieder oder sonstige Amtsträger, die vor dem Parlament oder in ihren Gremien auftreten, genießen den Schutz des Art. 24 Abs. 1 LV nicht.[25] Dies folgt zum einen aus dem klaren Wortlaut des Art. 24 Abs. 1 LV, aber auch aus dem Sinn und Zweck der Norm. **Bei Regierungsmitgliedern, die zugleich Abg. sind,** kommt es darauf an, welcher Funktion die betroffene Äußerung oder Abstimmung zuzuordnen

---

15 *Glauben,* in Brocker/Droege/Jutzi, Art. 93 Rn. 1.
16 *Löwer,* in Löwer/Tettinger, Art. 47 Rn. 2 mwN.
17 *Klein,* in Schneider/Zeh, S. 570; *Magiera,* in BK, Art. 46 Rn. 54.
18 *Klein,* in Dürig/Herzog/Scholz, Art. 46 Rn. 33; in *Wiefelspütz* in HdB-ParlR § 13 Rn. 1.
19 Vgl. dazu *Walter,* Indemnität für Landtagsabgeordnete – zum Regelungsgehalt des § 36 StGB, in JZ 1999, 981; *Lenz,* in HannKomm NV, Art. 14 Rn. 9 f.
20 So *Grube* (Fn. 1) § 36 Rn. 20; vgl. auch BGHZ 75, 384 (386); BremStGH MDR 1968, 24 (25), differenzierend *Neumann,* in Nomos Kommentar zum StGB, § 36 Rn. 6.
21 *Wolfrum,* Indemnität im Kompetenzkonflikt zwischen Bund und Ländern DÖV 1982, 674 (679); *Fischer,* StGB, 61. Aufl. 2014, § 36 Rn. 3.
22 Zur iÜ häufig abweichenden landesverfassungsrechtlichen Regelung vgl. die Übersicht bei *Häger* (Fn. 12), § 36 Rn. 13.
23 *Lenz,* in HannKomm NV, Art. 14 Rn. 10; *Klein, in* Dürig/Herzog/Scholz Art. 46 Rn. 25; in VerfGH Thüringen NVmZ 2019, 546 (548).
24 Vgl. auch Glauben (Fn. 15) Rn. 13.
25 *Jarass,* in Jarass/Pieroth, Art. 46 Rn. 1; *Trute,* in von Münch/Kunig, Art. 46 Rn. 5, in.

ist. Handelt ein Regierungsmitglied als Abg., was bei Abstimmung im Plenum und in den Gremien regelmäßig anzunehmen ist, bleibt der Indemnitätsschutz umfassend erhalten.[26] Demgegenüber entfällt der Indemnitätsschutz in den Fällen, in denen ein Abg. eindeutig als Regierungsmitglied vor dem Parlament auftritt. Dies gilt etwa für die Beantwortung parlamentarischer Anfragen[27] oder für Äußerungen von der Regierungsbank. Auch in den Fällen, in denen ein Regierungsmitglied für die Regierung in einem Ausschuss auftritt, greift der Indemnitätsschutz nicht. Bei Reden im Plenum wird regelmäßig durch die Anmeldung des Redebeitrages und die entsprechende Worterteilung deutlich, ob die betreffende Person als Abg. oder als Regierungsmitglied spricht. Auch **Mitglieder von Enquetekommissionen**, die keine Abgeordnete sind, oder andere Externe in den Gremien des LT genießen keinen Indemnitätsschutz.[28] Anders als das Zeugnisverweigerungsrecht und das Beschlagnahmeverbot bei Abg. (→ Rn. 33 f.) wirkt sich die Indemnität nicht auf die Strafbarkeit von Mitarbeitern oder anderen Beteiligten aus.[29]

7 b) „Dürfen zu keiner Zeit" – zeitliche Geltung. Zeitlich beginnt der Indemnitätsschutz mit dem Erwerb des Mandats, also mit der Erlangung der Abgeordnetenstellung. Diese wird durch Wahl zum Abg., Fristablauf zur Erklärung der Nichtannahme der Wahl und Ablauf der Wahlperiode des vorhergehenden LT erworben (vgl. § 34 LKWG M-V). Da die Wahlperiode des LT nach Art. 27 Abs. 1 LV erst mit dem Zusammentritt eines neuen LT endet, **beginnt der Immunitätsschutz faktisch mit der konstituierenden Sitzung**. Auch ein ungültig gewählter Abg. genießt für Äußerungen und Abstimmungen während seiner Mandatsausübung – dh bis zur Wiederholungswahl (vgl. § 41 Abs. 5 LWG M-V) – Indemnität.[30] Schließlich wird ein Landtagsabgeordneter auch dann für die tatsächliche Mandatsdauer durch Art. 24 Abs. 1 LV geschützt, wenn seine Partei nachträglich für verfassungswidrig erklärt wird.[31] Der Abg. darf „zu keiner Zeit" zur Verantwortung gezogen werden. Die Indemnität umfasst daher alle geschützten Verhaltensweisen während der Mandatsdauer, wobei unerheblich ist, aus welchem Grund das Mandat endet. Das **Indemnitätsprivileg wirkt daher über die Mandatszeit des Abg. hinaus**[32], steht demnach auch einer Verfolgung nach Erlöschen des Mandates zeitlich unbefristet entgegen. Die Indemnität kann weder durch das Parlament nachträglich aufgehoben noch beschränkt werden, auch ein Verzicht des Abg. ist nicht möglich.[33]

8 c) „**Wegen einer Abstimmung oder wegen einer Äußerung im Landtag oder in einem seiner Ausschüsse**" – geschützte Verhaltensweisen. Der Indemnitätsschutz erstreckt sich inhaltlich auf **Abstimmungen** und **Äußerungen**, die der Abg. im LT oder in einem seiner Ausschüsse getan hat.

---

26 *Trute*, in von Münch/Kunig, Art. 46 Rn. 7; *Magiera*, in BK, Art. 46 Rn. 31; *Storr* in v. Mangoldt/Klein/Starck Art. 46 Rn. 8; *Jarass*, in Jarass/Pieroth, Art. 46 Rn. 1; OVG Münster DVBl. 1967, 51, 53.
27 OVG Münster DVBl. 1967, 51, 53.
28 *Trute*, in von Münch/Kunig, Art. 46 Rn. 7.
29 *Glauben*, in Brocker/Droege/Jutzi, Art. 93 Rn. 4.
30 *Storr* (Fn. 26), Art. 46 Rn. 6.
31 *Storr*, aaO.
32 *Wiefelspütz* in Marlok/Schliesky/Wiefelspütz Parlamentsrecht § 13 Rn. 4.
33 *Trute*, in von Münch/Kunig, Art. 46 Rn. 8.

Insoweit wird – lediglich – das innerparlamentarische Verhalten der Abgeordneten geschützt, nicht jedoch ein sonstiges Verhalten, auch wenn es inhaltlich mit seiner Parlamentszugehörigkeit in Zusammenhang steht.[34]

Der Begriff der **Abstimmung** umfasst in diesem Zusammenhang sowohl Personal- als auch Sachentscheidungen.[35] Dabei ist unerheblich, ob offen, geheim oder namentlich abgestimmt wird und ob die Abstimmung gültig ist.[36] Auch auf den Ort (Plenum, Ausschuss oder sonstiges vom Schutzbereich umfasstes Gremium) kommt es ebenso wenig an, wie auf die Modalitäten der Abstimmung (zB Umlaufverfahren, Probeabstimmung), sofern sie nur dem Parlament bzw. eines seiner Gremien zuzurechnen sind[37] und der Abg. sein Votum in Ausübung seines Mandats abgegeben hat.[38]

Der Begriff der **Äußerung** umfasst grds. Tatsachenbehauptungen, Bewertungen, Willensbekundungen und Aufforderungen.[39] Zur Vermeidung von weit über den Schutzbereich der Indemnität hinausgehender Straflosigkeit bedarf es jedoch insoweit einer verfassungskonformen Auslegung iS einer teleologischen Reduktion.[40] Die Äußerung kann mündlich, schriftlich oder konkludent erfolgen.[41] Die Äußerungen müssen jedoch eine Beziehung zur Mandatsausübung des Abg. aufweisen. Auch reine Tätlichkeiten werden nicht vom Schutzbereich erfasst.[42] Bei schriftlichen Äußerungen des Abg. im parlamentarischen Bereich wie Anfragen und Anträgen beginnt der Schutz grds., sobald der Abg. die Äußerung in den dafür vorgesehenen Geschäftsgang gibt.[43] Der Abg. ist jedoch nicht geschützt, wenn er in Bezug auf eine parlamentarische Anfrage gleichzeitig der Presse mitteilt, dass er die entsprechende Anfrage mit einem bestimmten Inhalt eingebracht hat.[44]

Das Indemnitätsprivileg bezieht sich auf die geschützten Handlungsmodalitäten im LT und seinen Ausschüssen. Damit sind alle Abstimmungen und Äußerungen im parlamentarischen Betrieb umfasst.[45] Insoweit kommt es jedoch darauf an, dass die Äußerungen auch im Rahmen der Sitzungen getätigt werden. Ausgeschlossen sind damit zB private Gespräche zwischen Abg., wie auch Handlungen vor, nach und am Rande der Sitzung des LT.[46]

Demgegenüber hat der Indemnitätsschutz keine räumliche Komponente, es kommt allein auf den funktionalen Bezug zur Arbeit des Parlaments an.[47] Daher sind auch Äußerungen und Abstimmungen i. R. von Video- oder Telefonkonferenzen geschützt.

---

34 *Sächsisches Dienstgericht für Richter*, Beschluss vom 24.3.2022 – 66 DG 1/22 juris Rn. 29.
35 *Glauben*, in Brocker/Droege/Jutzi, Art. 93 Rn. 5.
36 *Storr* (Fn. 26) Rn. 12.
37 *Trute*, in von Münch/Kunig, Art. 46 Rn. 9.
38 *Glauben*, in Brocker/Droege/Jutzi, Art. 93 Rn. 5.
39 *Grube* (Fn. 1), § 36 Rn. 43.
40 Näher → Rn. 18.
41 *Klein*, in Schneider/Zeh, § 17 Rn. 24.
42 BVerwGE 83, 1 (16), Haug in Haug, HK-BWVerf Art. 37 Rn. 9.
43 *Schulze-Fielitz*, in Dreier, Art. 46 Rn. 17, in; *Storr* (Fn. 26) Art. 46 Rn. 20; *Grube* (Fn. 1), § 36 Rn. 43; *Jarass*, in Jarass/Pieroth, Art. 46 Rn. 2.
44 BGHZ 75, 384 (388 f.); *Achterberg/Schulte*, in von Mangoldt/Klein/Starck, Art. 46 Rn. 18 f. mwN.
45 *Lenz (Fn. 23) Rn. 21.*
46 *Glauben*, in Brocker/Droege/Jutzi, Art. 93 Rn. 7 mwN.
47 *Lenz* (Fn. 23 Rn. 22).

11 Mit dem Begriff der **Ausschüsse** sind neben den formal eingesetzten Ausschüssen iSd Art. 33 (ständige Ausschüsse), 34 (Untersuchungsausschüsse) und 35 (Petitionsausschuss) alle durch Beschluss des LT im Rahmen der Parlamentsautonomie ständig oder ad hoc eingerichteten Gremien gemeint.[48] Zu den Ausschüssen im Sinne des Art. 24 zählen nach herrschender Auffassung danach auch Enquete-Kommission sowie andere Organisationseinheiten des LT, wie der Ältestenrat und parlamentarische Sondergremien.[49] Während einige Landesverfassungen ausdrücklich auch Äußerungen eines Abg. in seiner Fraktion in den Indemnitätsschutz mit einbeziehen,[50] fehlt eine solche Regelung in der LV. Gleichwohl ist mit der hM davon auszugehen, dass der Begriff der Ausschüsse insoweit weit auszulegen und der **Indemnitätsschutz auch auf Fraktionsäußerungen eines Abg. anzuwenden ist.**[51] In der Konsequenz erstreckt sich der Indemnitätsschutz nicht nur auf Abstimmungen und Äußerungen in Fraktionssitzungen, sondern ebenso auf Fraktionsgremien, insbes. die Arbeitskreise der Fraktionen.[52] Die Gegenansicht stützt ihre Auffassung auf das Argument, dass in den Fraktionen keine unmittelbare politische Willensbildung stattfinde[53] bzw. darauf, dass in der Fraktion nicht das ganze Spektrum der im Parlament repräsentierten Kräfte vertreten sei.[54] Insoweit wird zum einen die Bedeutung der Fraktionen als „maßgebliche Faktoren der politischen Willensbildung"[55] verkannt und zum anderen offenbar unterstellt, dass nur die Diskussion mit dem politischen Gegner schützenswert sei. Fraktionsinterne politische Auseinandersetzungen können jedoch ebenso konfliktbeladen sein wie die Diskussion mit Mitgliedern anderer Fraktionen und bedürfen insoweit eines vergleichbaren Schutzes der – sanktionsfreien – politischen Willensbildung.

12 **d) „Gerichtlich oder dienstlich verfolgt oder sonst außerhalb des Landtages zur Verantwortung gezogen werden" – Rechtsfolgen der Indemnität.** Der Indemnitätsschutz garantiert, dass ein Landtagsabgeordneter zu keiner Zeit **gerichtlich** oder **dienstlich** verfolgt oder sonst außerhalb des LT zur Verantwortung gezogen wird.

13 Zur **gerichtlichen** Verfolgung iS von Art. 24 Abs. 1 LV zählen strafgerichtliche, darüber hinaus aber auch ehrengerichtliche Verfolgungsmaßnahmen.[56] Schließlich wird nach überwiegender Auffassung auch die zivilrechtliche Geltendmachung von Ansprüchen, die an die geschützten Handlungen anknüpfen, vom Schutzbereich der Indemnität erfasst.[57] Danach genießt der Abg. auch Schutz vor zivilrechtlichen Schadensersatz-, Widerrufs- und Unterlassungsansprüchen, einschließlich entsprechender Vollstreckungsmaßnahmen.[58]

Auch zivilrechtlich ist die Indemnität ein besonderes Verfahrenshindernis und damit eine von Amts wegen zu prüfende Prozessvoraussetzung. Sind die Voraus-

---

48 *Riedinger* in Becker/Brüning/Ewer/Schliesky Art. 31 Rn. 9.
49 *Storr* (Fn. 26) Art. 46 Rn. 14.
50 Art. 37 BWVerf; Art. 14 NdsVerf; Art. 81 SaarlVerf; Art. 55 SächsVerf.
51 BremStGH DVBl 1967, 622 (624 f.); *Storr* (Fn. 26), inArt. 46 Rn. 16; *Klein*, in Schneider/Zeh, § 17 Rn. 33 (Fn. 26); *Trute*, in von Münch/Kunig, Art. 46 Rn. 12; *Caspar*, in Caspar/Ewer/Nolte/Waack, Art. 24 Rn. 13; *Grube* (Fn. 1), § 36 Rn. 36.
52 *Magiera*, in BK, Art. 46 Rn. 4; *Wiefelspütz* (Fn. 32) § 13 Rn. 6, *Caspar*, in Caspar/Ewer/Nolte/Waack, Art. 24 Rn. 13; *Grube* (Fn. 13), § 36 Rn. 36.
53 *Perron*, in Schönke/Schröder § 36 Rn. 4.
54 *Joecks/Gazeas* in MüKoStGB § 36 Rn. 13.
55 BVerfGE 80, 188 (219); 84, 304, 322; s.a. → Art. 25 Rn. 1.
56 *Storr* aaO, Art. 46 Rn. 22; *Maunz*, in Maunz/Dürig, Art. 46 Rn. 19.
57 *Trute*, in von Münch/Kunig, Art. 46 Rn. 16; *Schulze/Fielitz*, in Dreier, Art. 46 Rn. 18; *Achterberg*, Parlamentsrecht, S. 241.
58 *Storr* aaO Art. 46 Rn. 22.

setzungen gegeben, ist die Einleitung des auf Unterlassung einer Äußerung eines Abgeordneten im LT gerichteten Verfahrens bereits unzulässig.[59]

Zur **dienstlichen** Verfolgung gehört insbes. die disziplinarische (behördliche und gerichtliche) Verfolgung. Da Abg. auch nicht „**sonst zur Verantwortung gezogen**" werden dürfen, sind darüber hinaus alle an sie gerichteten Maßnahmen der Polizeibehörden, der Staatsanwaltschaft und des Verfassungsschutzes untersagt.[60] Dies gilt auch für Maßnahmen, die lediglich interner oder tatsächlicher Natur sind, wie zB die Anlegung von Akten, die Aufnahme in ein Register oder Beobachtung und Überwachung des Abg. durch staatliche Stellen.[61]

Streitig ist, ob der Indemnitätsschutz sich auf private Sanktionen, wie Parteiausschluss, Kündigung oder einen gesellschaftlichen Boykott erstreckt.[62] Im Hinblick auf den klaren Wortlaut einerseits, die nur mittelbare Wirkung von Verfassungsnormen auf Private sowie die historische Interpretation der Vorschrift andererseits dürfte einer vermittelnden Auffassung zuzustimmen sein, wonach der Indemnitätsschutz private Sanktionsmaßnahmen nicht erfasst, die Maßnahmen aber nicht mit Unterstützung staatlicher Stellen durchgesetzt werden können.[63]

Der Schutz der Abg. durch die Indemnität ist jedoch **auf außerparlamentarische Sanktionen begrenzt**. Die Indemnität schützt nicht vor parlamentarischer Verantwortung.[64] Die Abg. unterliegen daher uneingeschränkt solchen Sanktionen, die aus der **Ordnungs- und Disziplinargewalt des LT folgen**.[65] Insoweit wirkt die parlamentarische Disziplinargewalt als notwendiges innerparlamentarisches Korrektiv zur verfassungsrechtlichen Gewährleistung der Indemnität.[66] Auch Fraktionsausschlüsse, Parteiausschlüsse oder Abgeordnetenüberprüfung auf eine Mitarbeit beim MfS sind nicht vom Indemnitätsschutz erfasst.[67] Hinsichtlich des Schutzes vor Strafverfolgung handelt es sich bei der Indemnität strafrechtsdogmatisch nach hM um einen **persönlichen Strafausschließungsgrund**, dessen Wirkung auch nach Beendigung des Mandats fortbesteht.[68] Das bedeutet zum einen, dass die Tat als solche rechtswidrig bleibt und daher notwehrfähig ist.[69] Daraus folgt zudem, dass auch die Teilnahme (Anstiftung, Beihilfe) eines Nichtabgeordneten strafbar bleibt.[70] Danach ist in den Fällen, in denen ein Mitarbeiter für einen Abg. eine Rede mit beleidigendem Inhalt schreibt, eine Strafverfolgung des Mitarbeiters wegen Beihilfe zur Beleidigung möglich.[71] Außerhalb des Strafrechts handelt es sich bei der Indemnität um ein **persönliches Verfolgungs- bzw. allg. Verfahrenshindernis**.[72]

e) „**Dies gilt nicht für verleumderische Beleidigungen**" – Grenzen des sachlichen Schutzbereiches. **Verleumderische Beleidigungen** stellen die einzige ausdrücklich in der Verfassung[73] genannte Ausnahme vom Schutzbereich der Indemnität

---

59 VerfGH Weimar Beschl. v. 9.1.2019 – 40/16 juris Rn. 62 ff.
60 *Storr* aaO Art. 46 Rn. 23.
61 *Magiera*, in BK, Art. 46 Rn. 45; *Klein*, in Dürig/Herzog/Scholz, Art. 46 Rn. 45; *Trute*, in von Münch/Kunig, Art. 46 Rn. 17.
62 Vgl. *Butzer*, in Epping/Hillgruber, Art. 46 Rn. 9.1 zum Streitstand.
63 *Glauben*, in Brocker/Droege/Jutzi Art. 93 Rd 9 mwN.
64 *Wiefelspütz* (Fn. 31) § 13 Rn. 7.
65 *Trute*, in von Münch/Kunig, Art. 46 Rn. 15; in *Riedinger* (Fn. 51) Art. 31 Rn. 11.
66 LVerfG M-V Urt. v. 25.6.2015 LVerfG 8/14 juris Rn. 7.
67 *Schulze-Fielitz*, in Dreier, Art. 46 Rn. 19; *Trute*, in von Münch/Kunig, Art. 46 Rn. 15.
68 *Joecks/Gazeas* aaO § 36 Rn. 1 mwN.
69 *Joecks/Gazeas* aaO § 36 Rn. 24.
70 *Grube* (Fn. 1), § 36 Rn. 9; *Fischer*, StGB, § 36 Rn. 2.
71 *Joecks/Gazeas* aaO § 36 Rn. 24 mwN und überzeugender Ablehnung der Gegenansicht.
72 *Trute*, in von Münch/Kunig, Art. 46 Rn. 18.
73 Insoweit übereinstimmend mit Art. 46 GG und § 36 StGB.

dar. Damit bleiben zunächst Verleumdungen nach § 187 StGB strafbar. Ausgenommen sind auch die Tatbestände der §§ 188 Abs. 2 (Verleumdung gegen Personen des politischen Lebens), 90 Abs. 3 (Verunglimpfung des Bundespräsidenten) und 109d (Störpropganda gegen die Bundeswehr), sofern sie in der Alternative der verleumderischen Beleidigung begangen worden sind.[74] Der Indemnitätsschutz kann also nach dem Wortlaut nur in den Fällen entfallen, in denen der Täter wider besseres Wissen **ehrenrührige Tatsachen** behauptet.[75]

17 In diesem Zusammenhang ist aber zu beachten, dass nicht nur Ehrdelikte durch eine „**Äußerung**" begangen werden können. Durch mündliche, konkludente oder schriftliche Äußerungen können eine Vielzahl – schwerster – Straftaten begangen werden. Dazu gehören ua §§ 80a (Aufstachelung zum Verbrechen der Aggression), 86a (Verwendung von Kennzeichen verfassungswidriger Organisationen), 94 (Landesverrat), 111 (öffentliche Aufforderung zu Straftaten), 126 (öffentliche Androhung von Straftaten), 130 (Volksverhetzung), 140 (Belohnung und Billigung von Straftaten), 164 (falsche Verdächtigung), 240 (Nötigung) oder 241 (Bedrohung). Schließlich kann sogar eine mit lebenslanger Freiheitsstrafe bedrohte Anstiftung zum Mord oder Völkermord durch eine Äußerung begangen werden.[76] Würden derartige Straftaten dem Indemnitätsschutz unterfallen, ergäbe sich ein Wertungswiderspruch, da die Begehung bestimmter Beleidigungsdelikte durch Abg. strafbar wäre, besonders schwere Verbrechen hingen straflos. Diese Frage, welche Straftatbestände überhaupt vom Indemnitätsschutz umfasst sind, wird vor allem in der älteren Lit. behandelt. Dabei wurden insoweit restriktive Auslegungen favorisiert,[77] mit der Folge, dass Abg. wegen anderer als den Beleidigungsdelikten strafrechtlich verfolgt werden könnten. Im aktuellen Schrifttum zum Verfassungsrecht wird diese Frage entweder gar nicht behandelt oder es werden – ohne vertiefte Erörterung – alle Äußerungen, einschließlich Anstiftungen, als vom Indemnitätsschutz erfasst angesehen.[78]

Demgegenüber wird in der strafrechtlichen Literatur zunehmend angenommen, dass inhaltliche Ausnahmen für Aufforderungen und Anstiftungen naheliegen.[79]

18 Hiergegen wird zu Recht eingewandt, dass der Zweck der Indemnität eine solche Ungleichbehandlung gegenüber den anderen Bürgern wegen Art. 3 GG unter keinem Gesichtspunkt zu legitimieren vermag.[80] Im Ergebnis soll danach die Indemnität auf Verletzungen des Rechtsguts Ehre (einschließlich des Andenkens Verstorbener) beschränkt werden.[81] Mit einer **Begrenzung der Privilegierung auf die Ehrdelikte** würde zwar eine Strafverfolgung zahlreicher schwerer Straftaten (wie Beihilfe und Anstiftung zur Gewaltdelikten etc) ermöglicht, andere Delikte, wie die Leugnung des Holocaust (§ 130 Abs. 3 StGB) bliebe aber straflos.[82] Das AG Schwerin ist in Bezug auf eine Äußerung, mit der inhaltlich der Holocaust geleugnet wurde, konkludent davon ausgegangen, dass sich der Indemnitätsschutz auch auf den Tatbestand der Volksverhetzung, § 130 StGB

---

74 *Grube* (Fn. 1), § 36 Rn. 44; *Joecks* (Fn. 24), § 36 Rn. 20.
75 *Joecks/Gazeas* aaO § 36 Rn. 21.
76 *Grube* (Fn. 1), § 36 Rn. 46.
77 *v. Olshausen*, Kommentar zum StGB, 6. Aufl. 1900, § 11 Anm. 3b; *Finger*, Lehrbuch des Deutschen Strafrechts, Bd. I, 1904, S. 437.
78 *Härth* (Fn. 4), S. 70, 125; *Glauben*, in Brocker/Droege/Jutzi, Art. 93 Rn. 7.
79 *Fischer*, StGB, § 36 Rn. 7.
80 *Grube* (Fn. 1), § 36 Rn. 46; zustimmend *Joecks* (Fn. 24), § 36 Rn. 23; *Hoyer*, in Systematischer Kommentar zum StGB, vor §§ 36, 37 Rn. 6 f.
81 *Grube* (Fn. 1), § 36 Rn. 48.
82 So *Joecks/Gazeas* aaO, § 36 Rn. 22.

erstreckt.[83] Im Ergebnis hat es aber eine Strafbarkeit wegen der Verunglimpfung des Andenkens Verstorbener, § 189 StGB, angenommen und im Hinblick darauf, dass es sich um eine Tatsachenbehauptung wider besseres Wissen handelte den Indemnitätsschutz wegen Überschreitung der Grenzen des § 187 StGB ausgeschlossen.[84] Im Rahmen einer verfassungskonformen Auslegung liegt es näher, die Indemnität auf den materiellen Schutzbereich zu reduzieren.[85] Historisch geht die Indemnität auf den Schutz von **Meinungsäußerungen** zurück. Nach Art. 84 der Preußischen Verfassung von 1850 war die Verfolgung für die in der Kammer ausgesprochene „Meinung" ausgeschlossen. Dabei ist der Terminus „Meinung" auch historisch nicht auf Werturteile begrenzt, sondern umfasst auch Tatsachenbehauptungen. In diesem Zusammenhang hat jedoch schon das Preußische Obertribunal klargestellt, dass unwahre Tatsachenbehauptungen wider besseres Wissen, also Verleumdungen, strafrechtlich verfolgt werden können.[86] Dies entspricht der aktuellen Rspr. zum Schutzbereich der Meinungsfreiheit nach Art. 5 GG. Nach der Rspr. des BVerfG sind unrichtige Informationen nicht vom Schutzbereich des Art. 5 GG umfasst, wenn es sich um bewusst unwahre Tatsachenbehauptungen oder solche Tatsachenbehauptungen handelt, deren Unwahrheit unzweifelhaft feststeht[87], da erwiesen unwahre Behauptungen zur verfassungsrechtlich gewährleisteten Meinungsbildung nichts beitragen können.[88] Letzteres gilt auch für die Äußerung, dass es im Dritten Reich keine Judenverfolgung gegeben habe.[89] Wenn auch Art. 5 GG nicht unmittelbar anwendbar ist, so ist dennoch die Reichweite seines Schutzbereiches ein geeigneter Maßstab für eine verfassungskonforme Auslegung des Indemnitätsschutzes. Auch das Landesverfassungsgericht MV ordnet die Indemnität dem Bereich des Schutzes der freien Meinungsäußerung nach Art. 5 Abs. 3 LV MV, Art. 5 GG zu.[90] Danach sind parlamentarische **Meinungsäußerungen** geschützt, soweit sie sich innerhalb der Grenzen des Schutzbereiches der Meinungsfreiheit bewegen. Damit wird gewährleistet, dass der gezielte Meinungskampf der Parlamentarier vor Sanktionen geschützt bleibt, während der Missbrauch des Rederechts für andere Zwecke strafbar bleibt.[91] Der Indemnitätsschutz wird nicht allein durch die Norm des § 187 StGB begrenzt, sondern durch den in der Norm zum Ausdruck kommenden Rechtsgedanken, der insoweit wiederum mit der Rspr. zum **Schutzbereich des Art. 5 GG** übereinstimmt.

### III. Immunität (Abs. 2)

**1. Allgemeines.** Die Immunität gewährleistet den Abg. des LT von M-V den Schutz vor strafrechtlicher Verfolgung, Verhaftung und jeder anderen staatlichen Beeinträchtigung der persönlichen Freiheit, in dem sie diese nach Art. 24 Abs. 2 S. 1 an eine **Genehmigung des Parlaments** bindet. Anders als bei der Indemnität bezieht sich der Schutz der Immunität vor allem auf das Verhalten des

---

83 AG Schwerin Urt. v. 16.8.2012 – 38 Ls. 322/11 – Rn. 36, juris.
84 AG Schwerin, aaO, Rn. 34 f.
85 So auch *Neumann* (Fn. 20), § 36 Rn. 14, der den Schutzbereich allerdings zu weit fasst und auch die §§ 111 und 140 StGB den Meinungsäußerungsdelikten zuordnet.
86 Vgl. zum Ganzen *Klein*, in Schneider/Zeh, § 17 Rn. 17 f.
87 BVerfGE 99, 185 (197).
88 BVerfG NJW 2012, 1498 (1499).
89 BVerfGE 90, 241 (249 ff.).
90 LVerfG MV 25.3.2010 – 3/90.
91 IdS *Hoyer*, in Systematischer Kommentar zum StGB, vor §§ 36, 37 Rn. 6, der allerdings die Verbreitung der Auschwitzlüge noch als Beteiligung am geistigen Meinungskampf ansieht.

Abg. außerhalb des LT. Schutzzweck ist die Funktionsfähigkeit des Parlaments insgesamt.[92] Mit der Immunität wird sichergestellt, dass parlamentarische Abläufe, Abstimmungen und Beratungen nicht durch strafrechtliche oder sonstige staatliche Beeinträchtigungen gestört oder verhindert werden. Das BVerfG hat die in der Lit. kontrovers diskutierte Frage,[93] ob die Immunität – auch – den Abg. schützt, dahin gehend beantwortet, dass dem einzelnen Abg. jedenfalls ein **Anspruch** gegenüber dem Parlament – bzw. der parlamentarischen Mehrheit – **auf willkürfreie Entscheidung** zusteht.[94] Unabhängig davon ist die Immunität der Verfügungsbefugnis der Abg. entzogen, dh, dass die Immunität nicht zur Disposition des jeweiligen betroffenen Abg. steht und auch ein Verzicht des einzelnen Abg. auf diesen Schutz nicht möglich ist.[95]

20 **2. „Abgeordnete" – persönlicher Schutzbereich.** Der persönliche Schutzbereich erstreckt sich wie bei der Indemnität allein auf die Abg. des LT von M-V. Mitglieder der LReg werden nicht erfasst, es sei denn, sie gehören zugleich dem LT an. Bei der Immunität handelt es sich um ein zeitlich begrenztes **Prozesshindernis**, dh die Rechtswidrigkeit der Tat bleibt unberührt. Deshalb ist gegen die rechtswidrige Tat eines Abg. auch die Notwehr möglich. Tatbeteiligte können unabhängig vom Immunitätsschutz verfolgt werden.[96]

21 Der Immunitätsschutz besteht **nur für die Zeit der Mitgliedschaft im LT**, dh er beginnt mit dem Erwerb des Mandats und endet im Regelfall mit dem Ablauf der Wahlperiode, dh mit dem Zusammentritt des neuen LT oder bei vorzeitigem Mandatsverzicht. Die Genehmigung von Strafverfolgungsmaßnahmen gilt nur für die Dauer der WP in der sie ausgesprochen wurde, da der Anklagebeschluss der Diskontinuität unterfällt.[97] Wird der MdL wiedergewählt, muss die Immunität erneut aufgehoben werden. Sofern gegen einen neu in den LT einziehenden Abg. bereits Strafverfolgungsmaßnahmen eingeleitet worden sind bzw. ein Strafverfahren anhängig ist, so unterliegen diese ebenfalls dem Immunitätsschutz, da dieser auch für sogenannte **„mitgebrachte" Verfahren** gilt.[98] Räumlich gilt der Immunitätsschutz im ganzen Bundesgebiet, und zwar ggü allen (Verfolgungs-)Behörden des Bundes und der Länder.[99] Nach § 152a StPO ist die Immunitätsvorschrift jedes Landes für alle anderen Länder und den Bund wirksam. Im Ausland greift der Immunitätsschutz nicht,[100] kann sich jedoch bei Rechtshilfeersuchen auswirken.[101]

22 Der Umstand, dass der Immunitätsschutz nur zu einer befristeten Aussetzung des Verfahrens führt, hat gleichzeitig zur Folge, dass in dieser Zeit auch die **Verfolgungs- und Vollstreckungsverjährung** ruht.[102] In der Konsequenz können nach dem Wegfall des Immunitätsschutzes alle bis dahin unzulässigen Maßnahmen und Verfahren durchgeführt werden.

---

92 *Wiefelspütz* (Fn. 32) § 13 Rn. 8.
93 Vgl. zum Meinungsstand *Wiefelspütz*, aaO.
94 BVerfGE 104, 310 (325 f.).
95 *Stern*, Bd. I, S. 1062; *Schulze-Fielitz*, in Dreier, Art. 46 Rn. 27; *Magiera*, in BK, Art. 46 Rn. 107; *Storr* (Fn. 26) Rn. 32.
96 *Glauben* (Rn. 38) Art. 94 Rn. 3.
97 *Klein*, in Schneider/Zeh, § 17 Rn. 50.
98 *Jarass*, in Jarass/Pieroth, Art. 46 Rn. 5; *Trute*, in von Münch/Kunig, Art. 46 Rn. 27 mwN.
99 *Butzer*, in Epping/Butzer, Art. 46 Rn. 22; *Lenz*, in Epping/Butzer, Art. 15 Rn. 26.
100 *Butzer*, aaO.
101 Vgl. hierzu *Kluth*, in S-B/H/H, Art. 46 Rn. 42.
102 *Magiera*, in BK, Art. 46 Rn. 11.4.

3. **"Wegen einer mit Strafe bedrohten Handlung zur Verantwortung gezogen oder verhaftet werden"** – sachlicher Schutzbereich. Der Begriff der **"Strafe"** geht nach allg. Auffassung über die "Kriminalstrafe" hinaus und umfasst auch „quasi strafrechtliche Maßnahmen".[103] 23

Hinweise darauf, wie der LT selbst den Schutzbereich der Immunität versteht, ergeben sich aus den vom LT zu Beginn der 6. Legislatur beschlossenen „Grundsätzen für die Behandlung von Immunitätsangelegenheiten",[104] in denen unter Nr. 1 die Einleitung des Verfahrens für Straftaten, wegen Dienstvergehen oder als Dienstvergehen geltende Handlung und für Sanktionen wegen der Verletzung von Berufs- oder Standespflichten pauschal genehmigt werden. Im Umkehrschluss folgt daraus, dass der LT die Verfolgung von **Ordnungswidrigkeiten** nicht in den Schutzbereich der Immunität einbeziehen will.[105] Diese Interpretation steht im Einklang mit der Praxis des BT, der Richtlinien für das Straf- und Bußgeldverfahren (Nr. 298 RiStBV) und der Rspr.[106] Während die hL davon ausgeht, dass derartige Sanktionen von der Immunität geschützt werden,[107] lehnt das Bundesverwaltungsgericht die Einbeziehung von Disziplinarverfahren in den Immunitätsschutz ab.[108] Im Hinblick darauf, dass „Strafe" als „jede Zufügung eines angedrohten Übels als Reaktion der öffentlichen Gewalt auf ein vorausgegangenes Verhalten"[109] anzusehen ist, erscheint eine weite Auslegung – und damit eine Einbeziehung von Disziplinarmaßnahmen – geboten.[110] Unstreitig ist hingegen, dass zivilrechtliche Vertragsstrafen und andere Sanktionen nicht unter den Begriff der **„Strafe"** zu subsumieren sind.[111]

Art. 24 Abs. 2 LV macht mit dem Begriff „zur **Verantwortung gezogen werden**" deutlich, dass vom Schutzbereich alle behördlichen Handlungen, also die gerichtlichen, staatsanwaltlichen und polizeilichen Ermittlungen vom ersten Zugriff bis zum Abschluss des Verfahrens umfasst sind.[112] Problematisch ist insoweit, in welchem Umfang Maßnahmen zulässig sind, die dazu dienen, die Entscheidung darüber vorzubereiten, ob ein **förmliches Ermittlungsverfahren** gegen einen Abg. aufgenommen werden soll. Die Auffassung, wonach derartige „Ermittlungen" im Vorfeld des Immunitätsverfahrens zulässig sein sollen,[113] geht zu weit, da der Begriff „Ermittlungen" auch nach außen gerichteten Untersuchungshandlungen umfasst. Maßnahmen zur Vorbereitung einer Entscheidung über die Einleitung eines förmlichen Ermittlungsverfahrens sind daher auf behördeninterne Prüfungen zu beschränken. Zulässig sind daher nur sog. Vorermittlungsverfahren, die der Feststellung dienen, ob die Aufhebung der Immunität zu beantragen ist.[114] Ein solches **Vorermittlungsverfahren** ist kein 24

---

103 *Achterberg/Schulte*, in von Mangoldt/Klein/Starck, Art. 46 Rn. 35.
104 Anlage 4 zu § 70 Abs. 4 GO LT.
105 Vgl. auch *Wedemeyer*, in Thiele/Pirsch/Wedemeyer, Art. 24 Rn. 2; *Glauben* (Fn. 38) Art. 94 Rn. 3.
106 Vgl. OLG Düsseldorf NJW 1989, 2207; OLG Köln NJW 1988, 1606; aA *Trute*, in von Münch/Kunig, Art. 46 Rn. 24; *Magiera*, in BK, Art. 46 Rn. 62 jeweils mwN.
107 *Jarass*, in Jarass/Pieroth, Art. 46 Rn. 6; *Trute*, in von Münch/Kunig; Art. 46 Rn. 25; *Magiera*, in BK, Art. 46 Rn. 14.
108 BVerwGE 83, 1 ff.; zustimmend *Bornemann*, Die Immunität der Abgeordneten in Disziplinarverfahren DÖV 1986, 93.
109 *Magiera*, in BK, Art. 46 Rn. 62.
110 *Storr* (Fn. 26) , Art. 46 Rn. 39.
111 Vgl. *Achterberg/Schulte*, in von Mangoldt/Klein/Starck, Art. 46 Rn. 35.
112 *Trute*, in von Münch/Kunig, Art. 46 Rn. 48 mwN.
113 *Trute*, in von Münch/Kunig, Art. 46 Rn. 33; *Löwer*, in Löwer/Tettinger, Art. 48 Rn. 9.
114 *Glauben* DÖV 2012, 378; *Brocker*, Umfang und Grenzen der Immunität der Abgeordneten in Strafverfahren GA 2002, 44 (45).

Ermittlungsverfahren, und der von diesem Verfahren Betroffene hat nicht die Stellung eines Beschuldigten.[115] Genehmigungsfrei sind daher lediglich vorbereitende, eher passive Amtshandlungen, wie die Entgegennahme und Registrierung von Anzeigen und Strafanträgen[116], sowie eine erste Prüfung der Schlüssigkeit der Strafbarkeit.[117] Insoweit ist auch die Regelung in Nr. 191 Abs. 4 RiStBV unbedenklich, die von der Genehmigungsfreiheit von Feststellungen der Staatsanwaltschaft über die Persönlichkeit des Anzeigeerstatters, und andere für die Beurteilung der Ernsthaftigkeit der Anzeige wichtige Umstände ausgeht. Schließlich dürfte es auch noch genehmigungsfrei sein, dem Abg. – entsprechend Nr. 193 Abs. 3c RiStBV – Gelegenheit zur Stellungnahme zu geben, um zu klären, ob ein Vorwurf offensichtlich unbegründet ist.[118]

25 Der Abg. darf nach Art. 24 LV nicht ohne Genehmigung des LT wegen einer mit Strafe bedrohten Handlung verhaftet werden, dh der Schutz erstreckt sich auf **alle Freiheitsentziehungen**, die in Zusammenhang mit einem Untersuchungsverfahren gegen einen Abg. wegen einer Straftat stehen.[119] Darunter fallen insbesondere die im Strafprozessrecht ausdrücklich sogenannte (vorläufige) Festnahme nach § 127 Abs. 2 StPO und die Untersuchungshaft nach § 112 StPO. Darüber hinaus umfasst der Begriff der Festnahme auch eine Sicherung zum Zwecke der Blutentnahme nach § 81a StPO, erkennungsdienstliche Maßnahmen nach § 81b StPO sowie die Identitätsfeststellung nach § 163b Abs. 1 StPO.[120] Ausdrücklich vom Genehmigungserfordernis ausgenommen sind jedoch Fälle, in denen der Abg. **bei Ausübung der Tat** oder **im Laufe des darauf folgenden Tages** festgenommen wird. In diesen Fällen bleibt auch das weitere Ermittlungsverfahren ohne Genehmigung des LT zulässig,[121] sofern nicht der LT von seinem Reklamationsrecht Gebrauch macht. Aus diesem Grund unterfällt auch eine Festnahme nach § 127 StPO iRd sog. Jedermannrechts nicht der Immunität, da es voraussetzt, dass der Abg. auf frischer Tat betroffen wurde. Rechtfertigung der Genehmigungsfreiheit ist die Evidenzfunktion einer Festnahme bei Begehung der Tat, die eine sachfremd motivierte Verfolgung höchst unwahrscheinlich macht.[122]

26 Art. 24 LV enthält – anders als Art. 46 Abs. 3 GG – keine ausdrückliche Aussage zur Geltung des Immunitätsschutzes bei Verwirkungsverfahren nach Art. 18 GG. Demgegenüber erstreckt sich der Schutzbereich, wie sich im Umkehrschluss aus Art. 24 Abs. 2 S. 2 LV ergibt, auch auf **sonstige Beschränkungen der persönlichen Freiheit**.[123] Danach unterliegen alle Freiheitsentziehungen durch staatliche Instanzen der Immunität.[124] Dies gilt insbes. für die Ingewahrsamnahme nach dem SOG M-V, die zwangsweise Vorführung, (einstweilige) Unterbringung, die Haft u. -Arresttatbestände des Zivilrechts, Ordnungs- und Erzwingungshaft (§§ 96 OWiG, 890, 901, 933 StPO) sowie zwangsweise Unterbringung nach dem PsychKG M-V. Keine Freiheitsbeschränkungen sind hinge-

---

115 *Meyer-Goßner*, StPO, § 152 Rn. 4 mwN.
116 *Magiera*, in BK, Art. 43 Rn. 92.
117 *Glauben* DÖV 2012, 378.
118 *Meyer-Goßner*, StGB, § 152a Rn. 6; aM *Berger*, Das Immunitätsrecht der Mitglieder der Bremischen Bürgerschaft, 2013, S. 22.
119 *Magiera*, in BK, Art. 46 Rn. 96.
120 *Storr* (Fn. 26) Art. 46 Rn. 60.
121 *Magiera*, in BK, Art. 46 Rn. 100; *Löwer*, in Löwer/Tettinger, Art. 48 Rn. 10.
122 *Butzer*, in Epping/Butzer, Art. 46 Rn. 17.
123 *Glauben* (Fn. 38) Art. 94 Rn. 15.
124 Vgl. die umfassende Auflistung bei *Magiera*, in BK, Art. 46 Rn. 105 f.

gen die Ladung als Zeuge oder die Anordnung des persönlichen Erscheinens.[125] Schließlich werden auch andere Beschränkungen, die nicht die körperliche Bewegungsfreiheit einschränken, wie die Überwachung des Fernmeldeverkehrs oder Beobachtung durch den Verfassungsschutz, nicht vom Immunitätsschutz erfasst.[126] Dies schließt nicht aus, dass derartige Maßnahmen als Eingriff in das freie Mandat (→ Art. 22 Rn. 10) unzulässig sein können.[127]

**4. „Nur mit Genehmigung des Landtages" – Grundsätze für die Behandlung von Immunitätsangelegenheiten. a) Genehmigung Antragsbefugnis.** Abweichend von der zivilrechtlichen Terminologie bedeutet „Genehmigung" nicht die nachträgliche, sondern die **ausdrücklich vorherige Zustimmung**.[128] Dass die Genehmigung durch den „Landtag" erfolgen muss, bedeutet nach der allg. verfassungsrechtlichen Terminologie eine Genehmigung durch das Plenum und nicht durch einen Ausschuss.[129] Dieses schließt jedoch weder eine sog. generelle Vorabgenehmigung, noch eine Vorentscheidung durch den Rechtsausschuss aus (→ Rn. 30). Zur Stellung eines Antrages auf Aufhebung der Immunität berechtigt sind diejenigen Institutionen, die mit der Strafverfolgung iSd Art. 24 Abs. 2 LV betraut und aus eigener Zuständigkeit mit der Ermittlung in einer Strafsache befasst sind. Das bedeutet, dass bei Strafverfahren die Staatsanwaltschaft, nicht aber die Polizeibehörden antragsberechtigt sind.[130] Auch der Privatkläger ist nicht antragsbefugt.[131] Vielmehr ist bei Privatklagen nur das Gericht berechtigt, einen Antrag auf Aufhebung der Immunität zu stellen, bevor es das Hauptverfahren nach § 383 StPO eröffnet.[132] Die Frage, ob auch dem betroffenen Abg. ein **Antragsrecht auf Aufhebung** seiner Immunität zusteht, ist in der Rechtslehre umstritten,[133] aber wohl eher theoretischer Natur. Im Ergebnis ist davon auszugehen, dass in den Fällen, in denen der Abg. selbst ein Interesse an der Durchführung eines Ermittlungsverfahrens besitzt, etwa um seine Unschuld zu belegen, unter Berücksichtigung der Rspr. des BVerfG zum Anspruch auf eine willkürfreie Entscheidung[134] einem solchen Antrag eines Abg. zu entsprechen ist. Der betreffende Abg. darf nach allg. parlamentarischen Grundsätzen auch in eigener Sache an der Abstimmung teilnehmen.[135]

**b) Umfang der Genehmigung.** Mit der Erteilung der Genehmigung wird die Immunität eines Abg. nicht insgesamt, sondern nur für ein bestimmtes, von den antragsbefugten Stellen konkret zu bezeichnendes Verfahren erteilt.[136] Die Genehmigung kann bedingt, befristet oder sonst begrenzt erteilt werden.[137] Wegen des Grundsatzes der Diskontinuität (→ Art. 27 Rn. 7) erstreckt sich die zeitliche **Geltungsdauer einer Immunitätsaufhebung** auch bei der Wiederwahl eines Abg. nur auf die jeweilige Wahlperiode.[138] Fehlt die Verfolgungsgenehmigung des Parlaments oder ist die Aufhebung der Immunität verweigert worden, so führt dies zur Unzulässigkeit beabsichtigter und zur Rechtswidrigkeit bereits

---

125 *Magiera*, in BK, Art. 46 Rn. 107.
126 *Magiera*, aaO, Rn. 108, differenzierend *Trute*, in v. Münch/Kunig Art. 46 Rn. 36 f.
127 BVerfGE 134, 141 (181).
128 *Lenz* (Fn. 23), Art. 15 Rn. 29.
129 *Storr* (Fn. 26), Art. 46 Rn. 42.
130 *Trute*, in von Münch/Kunig, Art. 46 Rn. 30; Storr (Fn. 26), Art. 46 Rn. 43.
131 *Klein*, in Schneider/Zeh, § 17 Rn. 55 mwN.
132 OVG Berlin-Brandenburg Urt. v. 26.9.2011 – OVG 3a B5 11 – Rn. 30, juris.
133 Vgl. *Trute*, in von Münch/Kunig, Art. 46 Rn. 30 mwN zum Streitstand.
134 Vgl. BVerfGE 104, 310 ff.
135 *Schulze-Fielitz*, in Dreier, Art. 43 Rn. 36.
136 *Jarass*, in Jarass/Pieroth, Art. 46 Rn. 9; *Storr* (Rn. 26) Art. 46 Rn. 50.
137 *Storr*, aaO.
138 *Klein*, in Maunz/Dürig, Art. 46 Rn. 70.

ergriffener Verfolgungsmaßnahmen.[139] Für Ermittlungsverfahren bedeutet dies, dass die Staatsanwaltschaft das Verfahren – vorläufig – einzustellen hat. Wenn bereits Anklage erhoben ist, erfolgt die Einstellung nach § 205 StPO bzw. nach § 206a StPO, wenn das Hauptverfahren bereits eröffnet ist. Wenn sich das Verfahrenshindernis der Immunität erst in der Hauptverhandlung ergibt, ist nach § 260 Abs. 3 StPO einzustellen[140], ggf. kommt auch eine Unterbrechung der Hauptverhandlung nach § 229 StPO in Betracht.[141] Ein Verstoß gegen die Immunitätsvorsicht des Art. 24 LV macht jedes Verfahren und jede Maßnahme gegen die Abg., die in den Bereich des Immunitätsschutzes fallen, unzulässig und von Amts wegen aufhebbar.[142] Liegt eine erforderliche Genehmigung nicht vor, ist das betreffende Verfahren bzw. die betreffende Ermittlungsmaßnahme zwar rechtswidrig, aber nicht nichtig.[143] Die strafprozessualen Konsequenzen eines Verstoßes gegen den Immunitätsschutz sind in der LV nicht geregelt und daher nach den allgemein geltenden strafprozessualen Kriterien zu beurteilen.[144] Teilweise wird ein Beweisverwertungsverbot angenommen[145], oder ein strafrechtliches Verwertungsverbot befürwortet.[146] Im Ergebnis ist mit der wohl hM davon auszugehen, dass ein formaler Verstoß gegen die Immunitätsvorschrift kein generelles (Beweis-) Verwertungsverbot begründet.[147] Auch Urteile oder Strafbefehle, die ohne Aufhebung der Immunität ergehen, sind nicht nichtig, sondern anfechtbar.[148]

29 **c) Maßstab für die Aufhebung.** Bei der Genehmigung zur Aufhebung der Immunität handelt es sich materiell um eine **Ermessensentscheidung** des Parlaments.[149] Die Entscheidung des Parlaments ist somit keine politische, sondern eine rechtlich gebundene Entscheidung.[150] Daraus folgt nach der Rspr. des BVerfG zugleich, dass dem betroffenen Abg. ein **subjektives** Recht auf eine ermessensfehlerfreie Entscheidung zusteht.[151] Die Abg. haben damit ein Recht gegenüber dem Parlament auf eine willkürfreie Entscheidung über die Genehmigung der gegen sie gerichteten Strafverfolgungsmaßnahmen.[152] Eine Verletzung seines Rechts auf eine ermessensfehlerfreie Entscheidung kann der Abg.[153] – gestützt auf Art. 22 Abs. 1 iVm Art. 24 Abs. 2 LV – im Wege des Organstreits geltend machen. In dem Zusammenhang hat das BVerfG auch den Maßstab für die Genehmigungsentscheidung konkretisiert. Danach dient der Genehmigungsvorbehalt für die strafrechtliche Verfolgung von Abg. vornehmlich dazu, die Arbeits- und Funktionsfähigkeit des Parlaments zu erhalten und durch den Immunitätsschutz auszuschließen, „dass missliebige Abgeordnete durch Eingriffe

---

139 *Storr* (Rn. 26) Art. 46 Rn. 51.
140 *Klein*, in Maunz/Dürig, Art. 46 Rn. 69.
141 *Berger* (Fn. 114), S. 42.
142 *Magiera*, in BK, Art. 46 Rn. 132.
143 *Brocker* GA 2002, 44 (52); *Magiera*, in BK, Art. 46 Rn. 132.
144 *Berger* (Fn. 114), S. 44.
145 *Brocker* GA 2002, 44 (53): zumindest bei gravierenden Verstößen, *Magiera*, in BK Art. 46 Rn. 132.
146 *Glauben*, in Brocker/Droege/Jutzi, Art. 94 Rn. 3; *Butzer*, in Epping/Butzer, Art. 46 Rn. 26.
147 *Meyer-Goßner*, StPO, § 152a Rn. 13; mit überzeugender Begründung und wN *Berger* (Fn. 123), S. 44.
148 *Butzer*, in Epping/Hillengruber, Art. 46 Rn. 26.
149 *Storr* (Fn. 14) Art. 46 Rn. 47.
150 *Wiefelspütz* DVBl 2002, 1229 (1237).
151 BVerfGE 104, 310 (325 ff.); BVerfGE 108, 251 (276).
152 *Butzer*, in Epping/Butzer; Art. 46 Rn. 25.
153 BVerfGE 104, 310 (329 f.); *Butzer*, in Epping/Butzer, Art. 46 Rn. 25.1.

der anderen Gewalten in ihrer parlamentarischen Arbeit behindert werden[154]".
Die Pflicht, eine Aussetzung des Strafverfahrens zu verlangen, setzt voraus, dass sich im Verlaufe des Verfahrens greifbare Anhaltspunkte für eine ungerechtfertigte Strafverfolgung, etwa aus politischen oder anderen sachfremden bzw. willkürlichen Erwägungen, ergeben.[155] Demgegenüber hat der Abg. keinen Anspruch darauf, dass eine Überprüfung stattfindet, die sein Interesse – bspw. nachteilige Folgen für den Wahlkampf – in den Vordergrund rückt.[156] Das Parlament ist auch nicht gehindert, die Schlüssigkeit des gegen den Abg. erhobenen Vorwurfs über eine Evidenzkontrolle hinaus zu prüfen[157]; verpflichtet ist es hierzu aber nicht.[158] Das subjektive Recht des Abg. auf eine ermessensfehlerfreie Entscheidung legt es nahe, dem Abg. im Immunitätsverfahren auch das Recht einzuräumen, angehört zu werden.[159]

d) **Parlamentarische Praxis – Vereinfachtes Verfahren.** In der parlamentarischen Praxis erlässt der LT nach § 70 Abs. 4 GO LT regelmäßig **Grundsätze zur Behandlung von Immunitätsangelegenheiten.**[160] Danach genehmigt der LT für die laufende Wahlperiode die Durchführung von Verfahren gegen Abg. wegen Straftaten, wegen Dienstvergehen oder als Dienstvergehen geltende Handlungen und wegen der Verletzung von Berufs- oder Standespflichten, es sei denn, dass es sich um Beleidigungen (§§ 185, 186 und 187a – gemeint ist 188 nF – StGB) politischen Charakters handelt. Die Herausnahme „politischer Beleidigungen" hat sich in der Praxis nicht bewährt, da die Abgrenzung zwischen einer normalen und einer politischen Beleidigung bei einem Abg. kaum möglich und iÜ unklar ist, wer (StA oder LT) für die Subsumtion zuständig ist. Demgegenüber läge es näher, Straftaten iVm der Wahrnehmung als verantwortlicher Schriftleiter von Druckerzeugnissen, aber auch im Internet aus dem Schutzbereich auszuklammern, da die Abg. ihre eigenen Seiten wegen des Immunitätsrechtes und der daraus folgenden eingeschränkten strafrechtlichen Verfolgbarkeit nicht selbst verantworten dürfen. Die **generelle Vorabgenehmigung** gilt nach Nr. 2 der Grundsätze für die Behandlung von Immunitätsangelegenheiten bei Strafverfahren (→ Rn. 23) nur für die **Ermittlungen im Vorfeld einer Anklageerhebung** bzw. den Antrag auf Erlass eines Strafbefehls. Auch der Vollzug einer angeordneten Durchsuchung und Beschlagnahme ist wie andere freiheitsbeschränkende und freiheitsentziehende Maßnahme von der generellen Vorabgenehmigung ausgenommen. Seine Rechtfertigung findet diese generelle Vorabgenehmigung in dem Schutz der Abg. vor ungerechtfertigter öffentlicher Vorverurteilung und der damit ggf. verbundenen Diskreditierung des Ansehens des Parlaments.[161] Die Einleitung eines – notwendigerweise öffentlichen – Immunitätsverfahrens bei jedem Anfangsverdacht würde nahezu zwangsläufig zu einer entsprechenden – skandalisierenden – Medienberichterstattung führen.[162] Da einschneidende Beeinträchtigungen von der Vorabgenehmigung gerade nicht umfasst sind und der LT auch die pauschal erteilte Genehmigung im Rahmen des **Reklamationsrechts** jederzeit

---

154 BVerfGE 104, 310 (332).
155 *Butzer*, in Epping/Butzer, Art. 46 Rn. 225; *Lenz* (Fn. 23), Art. 15 Rn. 8.
156 VerfGH NW Beschl. v. 29.7.2005 – 08/05 – Ls. 2a, juris.
157 *Lenz* (Fn. 23) Art. 15 Rn. 33.
158 BVerfGE 104, 310 (325 ff.).
159 *Schulze-Fielitz*, in Dreier, Art. 46 Rn. 40; *Wiefelspütz* DVBl 2002, 1229 (1238).
160 Vgl. zuletzt Landtagsbeschluss vom 26.10.2021, veröffentlicht als Anlage 4 zur GO LT, LT-Drs. 8/1; vgl. zur vergleichbaren Praxis d. BT; *Wiefelspütz* (Fn. 32) Rn. 41 ff.
161 Vgl. hierzu *Glauben* DÖV 2012, 378 (379) mit Hinweis auf entspr. Erklärung d. LPK.
162 IdS auch *Linck*, in Linck/Baldus/Lindner/Poppenhäger/ Ruffert, Art. 55 Rn. 7, der die Immunität f. Abg. für Plage statt Wohltat hält.

wieder zurücknehmen kann, bestehen insoweit auch keine verfassungsrechtlichen Bedenken.[163] Um dem LT Gelegenheit zu geben, in Fällen der generellen Genehmigung auch kurzfristig von seinem Reklamationsrecht Gebrauch zu machen, sehen die Grundsätze zur Behandlungen von Immunitätsangelegenheiten vor, dass vor Einleitung eines Verfahrens dem PräsLT – und soweit nicht Gründe der Wahrheitsfindung entgegen stehen, dem betreffenden Abg. – Mitteilung über die beabsichtigte Einleitung eines Ermittlungsverfahrens zu machen. Das Verfahren darf frühestens 48 Stunden nach Absendung der Mitteilung an den PräsLT eingeleitet werden. Soweit eine derartige Regelung im Hinblick auf das Reklamationsrecht als problematisch angesehen wird,[164] beruht dies offenbar auf der – unzutreffenden – Annahme, dass es sich bei der **48-Stunden-Frist** um eine Ausschlussfrist handelt. Tatsächlich bleibt die Möglichkeit der Reklamation von dieser Frist unberührt. Es handelt es sich vielmehr um eine zusätzliche Möglichkeit im Vorfeld eines Ermittlungsverfahrens zu intervenieren, wenn und soweit Anhaltspunkte für eine Beeinträchtigung der parlamentarischen Abläufe bereits durch das Ermittlungsverfahren vorliegen. In der Praxis konsultiert sich der Präsident mit dem Vorsitzenden des Rechtsausschusses, gegebenenfalls auch mit den Fraktionen im Ältestenrat. Wenn und soweit der Staatsanwaltschaft Bedenken gegen die Einleitung des Ermittlungsverfahrens signalisiert werden, ruht das Verfahren bis zu einer Entscheidung des Parlaments.

Soweit die Grundsätze für die Behandlung von Immunitätsangelegenheiten darüber hinaus vorsehen, dass der zuständige Fachausschuss ermächtigt wird, bei Verkehrsdelikten und bei der Vollstreckung von Freiheitsstrafen bis zu drei Monaten eine **Vorentscheidung** zu treffen, ist dies im Rahmen des Selbstorganisationsrechts des LT zulässig, da dem Plenum insoweit eine Korrekturmöglichkeit verbleibt.[165]

Zum Teil wird die verfassungsrechtliche Zulässigkeit der **Delegation von Entscheidungskompetenzen** auf den Parlamentspräsidenten bzw. einen Ausschuss diskutiert, um zu verhindern, dass durch das Verfahren zur Aufhebung der Immunität beabsichtigte Ermittlungsverfahren, wie zB Durchsuchung und Beschlagnahme, bekannt werden und der Ermittlungserfolg dadurch gefährdet wird.[166] Im LT M-V wird die Problematik durch ein beschleunigtes Verfahren gelöst.

31 **5. Das Reklamationsrecht (Abs. 2 S. 2).** Der LT hat nach Art. 24 Abs. 2 S. 2 LV das Recht, in jedem Stadium die **Aussetzung des Verfahrens** zu verlangen. Dieses Reklamationsrecht gilt unabhängig davon, ob der LT eine Genehmigung generell oder im Einzelfall erteilt hat. Auch für genehmigungsfreie Festnahmen nach Art. 24 Abs. 2 S. 1 2. Alt. LV kann d. LT das Reklamationsrecht ausüben.[167] Rechtsfolge der Reklamation ist das sofortige Ruhen des jeweiligen Verfahrens für die Dauer der Wahlperiode.[168]

### IV. Zeugnisverweigerungsrecht, Beschlagnahmeverbot (Abs. 3)

32 Art. 24 Abs. 3 LV regelt im Wesentlichen inhaltsgleich mit Art. 47 GG das **Zeugnisverweigerungsrecht** des Abg., das zur Erhöhung seiner Wirksamkeit

---

163 Vgl. in diesem Sinne *Klein*, in Schneider/Zeh, § 17 Rn. 53; *Riedinger* (Fn. 49) Art. 31 Rn. 19.
164 So wohl *Caspar*, in Caspar/Ewer/Nolte/Waack, Art. 24 Rn. 39.
165 IdS zu der vergleichbaren Regelung im BT *Schulze-Fielitz*, in Dreier, Art. 46 Rn. 38.
166 Vgl. *Butzer*, in Epping/Butzer, Art. 46 Rn. 23.3.
167 *Storr* (Fn. 14) Art. 46 Rn. 62.
168 *Schulze-Fielitz*, in Dreier, Art. 46 Rn. 43.

mit einem gegenständlich begrenzten Beschlagnahmeverbot abgesichert wird. Das Zeugnisverweigerungsrecht dient dem Ziel, einen ungehinderten Informationsaustausch mit den Wählern zu ermöglichen und ein entsprechendes – geschütztes – Vertrauensverhältnis herzustellen.[169] Zeugnisverweigerungsrecht und Beschlagnahmeverbot sind Ausprägungen des verfassungsrechtlichen Status des Abg. (Art. 22 LV) und dienen zugleich der Funktionsfähigkeit des Parlaments, durch die Sicherung hinreichender, offener, vollständiger und rückhaltloser Informationen.[170]

Das Zeugnisverweigerungsrecht steht nach dem Wortlaut nur den Abg. des LT zu. Das Zeugnisverweigerungsrecht gilt für alle **Zeugnispflichten in gerichtlichen und behördlichen Verfahren sowie in Untersuchungsausschussverfahren**.[171] Demgegenüber kann sich der Abg. nach hM nicht auf Art. 24 Abs. 3 LVerf berufen, wenn er selbst unter Tatverdacht steht.[172] Nach der ganz hM erstreckt sich der Schutzbereich des Zeugnisverweigerungsrechts über den Abg. hinaus aber auch auf diejenigen (Hilfs-)Personen, die im Tätigkeitsbereich des Abg. dessen Aufgaben wahrnehmen und unterstützen.[173] Zu diesem Personenkreis gehören sowohl Fraktions- als auch Wahlkreismitarbeiter in unterschiedlichen Funktionen, zB Sekretärinnen, Assistenten, Referenten, aber auch Praktikanten.[174] Insoweit handelt es sich jedoch nicht um ein selbstständiges Recht der Mitarbeiter. Die Erstreckung auf diesen Personenkreis ist vielmehr akzessorisch, das heißt davon abhängig, dass der Abg. selbst sich auf das Zeugnisverweigerungsrecht beruft.[175] Insoweit gilt das Zeugnisverweigerungsrecht inhaltlich auch nur für solche Tatsachen, von denen die Mitarbeiter als Gehilfen des Abg. in unmittelbar mandatsbezogenen Angelegenheiten Kenntnis erlangen. Auch für die Abg. selbst gilt der Schutz nur für Informationen, die einen unmittelbaren Zusammenhang der parlamentarischen Tätigkeit haben.[176] Über das Vorliegen der Voraussetzung des Zeugnisverweigerungsrechts entscheidet, wie bei allen anderen Zeugnisverweigerungsrechten auch, das Gericht bzw. die Stelle, der gegenüber der Abg. sich auf sein Recht berufen will. Der Abg. hat die Voraussetzung glaubhaft zu machen, insbes. den funktionalen Zusammenhang zwischen Tatsachen/Mitteilungen und seinem Status.[177] Die Abg. sind berechtigt, aber nicht verpflichtet, von ihrem Recht zur Zeugnisverweigerung Gebrauch zu machen.[178] Rechtsfolge der Berufung auf das Zeugnisverweigerungsrecht ist, dass hieran keine Sanktionen geknüpft werden dürfen.[179] Das Zeugnisverweigerungsrecht ist zeitlich nicht begrenzt. Es beginnt mit der Erlangung des Mandats durch Annahme der Wahl und reicht über die Zeit der Mitgliedschaft des Abg. im LT hinaus; es endet erst mit dem Tod des Abg.[180] Streitig ist in diesem Zusammenhang, ob bei Abg. von Parteien, die für verfassungswidrig erklärt werden, der

---

169 Vgl. BVerfGE 28, 191 (204).
170 *Trute*, in von Münch/Kunig, Art. 47 Rn. 2.
171 *Butzer*, in Epping/Butzer, Art. 47 Rn. 2.
172 Vgl. z. inhaltsgleichen Art. 47 GG BVerfGE 108, 251 (274); *Storr* (Fn. 14), Art. 47 Rn. 13 mwN.
173 BVerfGE 108, 251 (269 f.); *Schulze-Fielitz*, in Dreier, Art. 47 Rn. 6; *Storr* (Fn. 14), Art. 47 Rn. 4.
174 Vgl. *Schulze-Fielitz*, in Dreier, Art. 47 Rn. 6.
175 *Caspar*, in Caspar/Ewer/Nolte/Waack, Art. 24 Rn. 44; *Trute*, in von Münch/Kunig, Art. 46 Rn. 3.
176 *Jarass*, in Jarass/Pieroth, Art. 47 Rn. 2; *Trute*, in von Münch/Kunig, Art. 47 Rn. 7.
177 *Trute*, in von Münch/Kunig, Art. 47 Rn. 8.
178 *Jarass*, *in* Jarass/Pieroth, Art. 48 Rn. 2.
179 *Schulze-Fielitz*, in Dreier, Art. 47 Rn. 9.
180 *Storr* (Fn. 14), Art. 47 Rn. 9.

Schutz rückwirkend ab dem Beginn der verfassungswidrigen Tätigkeit der Partei entfällt.[181]

34 Das **Beschlagnahmeverbot** steht in engem Sachzusammenhang mit dem Zeugnisverweigerungsrecht, da es vor allem verhindern soll, dass die Schutzzwecke des Zeugnisverweigerungsrechts umgangen werden, indem anstelle des zulässigen Zeugenbeweises der Urkundsbeweis geführt wird.[182] Ein Verbot der Beschlagnahme besteht daher lediglich im Umfang des Zeugnisverweigerungsrechts (sog. Akzessorietät des Beschlagnahmeverbots).[183] Gegenständlich erstreckt sich das Beschlagnahmeverbot auf „**Schriftstücke**", dh schriftlich fixierte Informationen oder sonstige Tatsachen, also auch Druckschriften, Kopien oder andere mit Schriftzeichen versehene Gegenstände; auch digitalisierte Datenträger fallen darunter.[184] Die Schriftstücke müssen sich im funktionellen Herrschaftsbereich des Abg. befinden.[185] Danach unterliegen solche Gegenstände dem Beschlagnahmeverbot, die ein Mitarbeiter des Abg. unter dessen Direktionsrecht in den Räumen des Parlaments für diesen besitzt.[186] Schriftstücke in Gewahrsam Dritter können hingegen grds. beschlagnahmt werden.[187] Soweit sich Schriftstücke in Räumlichkeiten von Mitarbeitern befinden, kommt es darauf an, ob die Räumlichkeiten dem Direktionsrecht des Abg. unterliegen. Dies dürfte bei Büroräumen eines Mitarbeiters regelmäßig anzunehmen sein, wenn sie von Abg. bereitgestellt werden; dagegen greift das Beschlagnahmeverbot nicht, wenn sich die Schriftstücke in Wohnräumen oder anderen Privaträumen des Mitarbeiters befinden, da der Abg. insoweit nicht mehr ohne Einwilligung des Mitarbeiters darauf zugreifen darf. In diesen Fällen wäre mithin eine Beschlagnahme in den Wohnräumen des Mitarbeiters zulässig.[188]

Unabhängig von der Reichweite des verfassungsrechtlich normierten Schutzbereiches hat der Bundesgesetzgeber den Schutz vor Beschlagnahme in § 97 Abs. 4 StPO auf alle Gegenstände ohne Begrenzung der Herrschaftssphäre ausgeweitet.

Das Beschlagnahmeverbot umfasst nicht nur strafprozessuale, sondern auch präventiv-polizeiliche Beschlagnahmen und Sicherstellungen sowie solche Maßnahmen, die auf eine zwangsweise Wegnahme gerichtet sind, bspw. Durchsuchungen und Briefkontrollen.[189]

Als Rechtsfolge einer Verletzung des Beschlagnahmeverbots stehen Rückgabepflichten und Verwertungsverbote der beschlagnahmten Schriftstücke.[190]

Eine Verletzung seiner Rechte nach Art. 24 Abs. 3 LV kann der Abg. durch eine Verfassungsbeschwerde geltend machen.[191]

## V. Schrifttum

35 *Bücker, Joseph*, Aktuelle Fragen der Immunität und Indemnität, in Roll, FS Blischke, 1982, S. 45 ff.; *Butzer, Hermann*, Immunität im demokratischen

---

181 So *Dahs*, in Löwe/Rosenberg, StPO, 25. Aufl., § 53 Rn. 41; dagegen *Trute*, in von Münch/Kunig, Art. 47 Rn. 5.
182 *Storr* (Fn. 14) Art. 47 Rn. 10.
183 *Schulze-Fielitz*, in Dreier, Art. 47 Rn. 11.
184 *Storr* (Fn. 14) Art. 47 Rn. 11; *Butzer*, in Epping/Butzer, Art. 47 Rn. 9.
185 *Jarass*, in Jarass/Pieroth, Art. 47 Rn. 3.
186 BVerfGE 108, 251 (269).
187 *Riedinger* (Fn. 49) Art. 31 Rn. 32.
188 So ausdrücklich BVerfG 108, 251, 270; aA *Butzer*, in Epping/Butzer, Art. 47 Rn. 10.1.
189 *Jarass*, in Jarass/Pieroth, Art. 48 Rn. 3.
190 *Trute*, in von Münch/Kunig, Art. 47 Rn. 16.
191 BVerfGE 108, 251 (266).

Rechtsstaat, 1991; *Klein, Hans Hugo*, Indemnität und Immunität in: *Schneider/ Zeh*, Parlamentsrecht und Parlamentspraxis, 1989, § 17; *Lange, Friederike*, Das parlamentarische Immunitätsprivileg als Wettbewerbsvorschrift, 2009; *Morlok, Martin*, Parteienrecht als Wettbewerbsrecht, in Häberle/Morlok/Skouris, FS Tsatsos, 2003, S. 408 ff.; *Wiefelspütz, Dieter*, Die Immunität des Abgeordneten, DVBl. 2002, S. 1229 ff.; *Wiefelspütz, Dieter*, Das Immunitätsrecht der Abgeordneten des Bundestages nach dem Pofalla-Urteil des Bundesverfassungsgerichts, ZParl 34 (2003), S. 754 ff.; *Witt, Olaf*, Das Immunitätsrecht im Grundgesetz, Jura 2001, 585 ff.; *Wurbs, Richard*, Regelungsprobleme der Immunität und der Indemnität in der parlamentarischen Praxis, 1988.

## Art. 25 (Fraktionen)

(1) [1]Eine Vereinigung von mindestens vier Mitgliedern des Landtages bildet eine Fraktion. [2]Das Nähere regelt die Geschäftsordnung.

(2) [1]Fraktionen sind selbständige und unabhängige Gliederungen des Landtages. [2]Sie wirken mit eigenen Rechten und Pflichten bei der parlamentarischen Willensbildung mit. [3]Sie haben Anspruch auf angemessene Ausstattung. [4]Das Nähere regelt das Gesetz.

(3) Die Fraktionen haben Sitz und Stimme im Ältestenrat des Landtages.

Vergleichbare Regelungen:
Artt. 40 VvB; 67 BbgVerf; 77 BremVerf; 85a Verf Rh-Pf; 47 LVerf LSA; 58 ThürVerf.

| | | | |
|---|---|---|---|
| I. Bildung der Fraktionen | 1 | 2. Öffentlichkeitsarbeit der Fraktionen | 9 |
| II. Rechtsstatus der Fraktionen | 3 | 3. Beendigung der Fraktion | 11 |
| III. Rechte der Fraktionen | 4 | 4. Fraktionsausschluss | 12 |
| IV. Fraktionsfinanzierung | 5 | 5. Fraktionslose Abgeordnete | 14 |
| V. Gesetzesvorbehalt nach Abs. 2 Satz 4 | 7 | 6. Ausgestaltung einzelner Rechte fraktionsloser Abgeordneter | 15 |
| VI. Einzelfragen | 8 | 7. Stellenanteile der Fraktionen | 18 |
| 1. Fraktionszwang, Fraktionsdisziplin | 8 | | |

### I. Bildung der Fraktionen

Nach Abs. 1 bedarf es zur Bildung einer Fraktion mindestens vier Mitglieder des LT. Damit ist gewährleistet, dass eine Partei, die bei der Landtagswahl mehr als fünf Prozent der Zweitstimmen auf sich vereinigen konnte, eine Fraktion bilden kann. Die Mindestanzahl von **4 Mitgliedern** des LT ist nicht nur **Gründungs-, sondern auch Bestandsvoraussetzung** einer Fraktion. Sinkt die Anzahl der Mitglieder dauerhaft unter diese Grenze, verliert die Gruppe ihren Fraktionsstatus.[1] Während die GO des BT in § 10 zur Gründung einer Fraktion verlangt, dass die Mitglieder einer Partei oder solchen Parteien angehören, die aufgrund gleichgerichteter politischer Ziele in keinem Land miteinander im Wettbewerb stehen, gibt es eine solche Einschränkung in M-V weder in der LV noch im Abgeordnetengesetz (AbgG) oder der GO LT. Grds. könnten somit parteilose Einzelkandidaten oder solche unterschiedlicher Parteien, die über ein Direktmandat einen Landtagssitz erreichen sowie Mitglieder, die im Verlauf der Wahlperiode fraktionslos wurden, eine eigene Fraktion gründen, soweit das Quorum von vier Personen eingehalten wird. Allerdings müssen die Abgeordneten eine **gleichge-**

---

1 *Kretschmer*, Fraktionen, 2. Aufl. 1992, S. 54.

richtete politische Zielrichtung verfolgen, um fraktionsgründungsfähig zu sein, da Fraktionen die parlamentarische Willensbildung formen und unterschiedliche politische Positionen zu handlungs- und verständigungsfähigen Einheiten bündeln.[2] Die sich darauf beschränkende Gemeinsamkeit, Opposition zu sein, reicht hingegen als politisch verbindendes Element nicht aus. Weitere Regelungen zur Bildung einer Fraktion finden sich in § 38 GO LT.

In der Praxis haben sich in der 7. WP vier Abg., die zunächst Mitglieder der AfD-Fraktion waren, zusammengeschlossen und die neue Fraktion BMV gegründet. Diese Fraktion löste sich aber noch im Verlauf der Wahlperiode wieder auf. Zwei Mitglieder schlossen sich der CDU-Fraktion an, ein Mitglied der AfD-Fraktion und ein Mitglied wurde fraktionslos.

2 Da die Fraktionen aus Mitgliedern des LT bestehen, müssen die Fraktionsmitglieder diesen Status bereits erlangt haben.[3] Zu Beginn der Wahlperiode erwirbt ein gewählter Bewerber die Mitgliedschaft im LT mit dessen Konstituierung,[4] bei nachrückenden Bewerbern eine Woche nach der Benachrichtigung durch die Wahlleitung über das Nachrücken oder mit der vorherigen Erklärung der Wahlannahme und Zugang dieser Erklärung bei der Landeswahlleitung.[5] Folglich könnten sich Fraktionen erst nach der Konstituierung des LT gründen. Tatsächlich erfolgen die Fraktionskonstituierungen allerdings stets im Vorfeld des ersten Zusammentritts des Parlaments, da die Steuerung und Koordinierung der parlamentarischen Abläufe bereits vor der Konstituierung des Parlaments erfolgen muss, um zB Wahlvorschläge für das Amt des Präsidenten, der Vizepräsidenten und Schriftführer zu unterbreiten und Anträge für die konstituierende Sitzung vorzubereiten und einzureichen. Ihre **volle Rechtsstellung** erhalten die Fraktionen jedoch **erst mit der Konstituierung des LT**.[6] In der Zeit bis zum Zusammentritt des LT ist die Fraktionsgründung schwebend unwirksam. Eine Bestätigung der vorherigen Gründung der Fraktion nach der Konstituierung des LT ist daher nicht erforderlich. Bedenken ergeben sich, wenn die Konstituierung einer Fraktion zeitlich unmittelbar nach der Parlamentswahl erfolgt, wenn die einwöchige Frist seit der Bekanntgabe des Wahlergebnisses durch die Wahlleitung noch nicht verstrichen ist und die gewählten Kandidaten zu diesem Zeitpunkt noch die Option haben, schriftlich zu erklären, dass sie die Wahl nicht annehmen. Diese einwöchige Frist sollte aber gewahrt bleiben, da feststehen muss, dass die Fraktionsgründungsmitglieder mit der Konstituierung des LT Mitglieder des Parlamentes werden.

## II. Rechtsstatus der Fraktionen

3 Nach Art. 25 Abs. 2 Satz 1 und 2 LV sind Fraktionen selbstständige und unabhängige Gliederungen des LT, die mit eigenen Rechten an der parlamentarischen Willensbildung mitwirken. Die Regelung bestimmt damit Grundsätze des Rechtsstatus der Fraktionen und lehnt sich an Kategorisierungen der Rspr. an. Das BVerfG qualifiziert Parlamentsfraktionen als **notwendige Einrichtungen des**

---

2 *Klein/Krings*, in: Morlok/Schliesky/Wiefelspütz, § 17 Rn. 10, 12; *Rademacher*, in: Butzer/Epping, Art. 19 Rn. 13.
3 *Klein/Krings*, in: Morlok/Schliesky/Wiefelspütz, § 17 Rn. 8; *Rademacher*, in: Butzer/Epping, Art. 19 Rn. 21.
4 Vgl. § 34 LKWG M-V.
5 Vgl. § 46 Abs. 5 iVm § 34 LKWG M-V.
6 *Kluth*, in: Schmidt-Bleibtreu/Hofmann/Henneke, Art. 40 Rn. 75; *Hölscheidt*, Das Recht der Parlamentsfraktionen, 2001, S. 423 f.; *Rademacher*, in Butzer/Epping, Art. 19 Rn. 21.

Verfassungslebens,[7] ständige Gliederungen des Parlaments.[8] Sie sind tragendes Element der parlamentarischen Willensbildung,[9] stellen die wesentliche politische Gliederung des Parlaments dar, bilden die Voraussetzung für eine effektive Herrschaftsfähigkeit des Parlaments und sichern dessen Funktionsfähigkeit.[10] Im Hinblick auf die Notwendigkeit von Fraktionen für die Funktionsfähigkeit eines Parlaments und die Erfüllung der ihm verfassungsmäßig zugewiesenen Aufgaben wird es teilweise als unvertretbar angesehen, wenn in einem Parlament keine Fraktionen gebildet würden.[11] Eine umfassende rechtstheoretische Einordnung ist durch das BVerfG bisher nicht erfolgt. In der Lit. und bisweilen auch in der Rspr. werden Auffassungen vertreten, nach denen sie als privatrechtliche Vereine, nichtrechtsfähige Vereine des Privatrechts,[12] öffentlich-rechtliche Vereine, öffentlich-rechtliche Körperschaften oder Teile der Parteien eingeordnet werden.[13] Die 70. Konferenz der Präsidentinnen und Präsidenten der deutschen Landesparlamente hat am 11.5.1992 einen Mustergesetzentwurf beschlossen, in dem Fraktionen als Vereinigung von Abg. mit der Rechtsstellung selbstständiger Persönlichkeiten des Parlamentsrechts mit Rechtsfähigkeit bei der Teilnahme am allg. Rechtsverkehr definiert werden, ohne sie Rechtsfiguren des Verwaltungs- oder des Privatrechts zuzuordnen. Auch das AbgG M-V legt keine rechtstheoretische Einordnung fest, bestimmt jedoch in § 51, dass Fraktionen rechtsfähige Vereinigungen sind, die klagen und verklagt werden können. Sie sind jedoch **keine Organe oder Organteile des LT**, da sie ihre Rechtsstellung nicht vom Parlament ableiten und es auch nicht nach außen vertreten können.[14] Sie sind auch nicht Teil der öffentlichen Verwaltung und üben keine öffentliche Gewalt aus. Gesetzliche oder tarifrechtliche Regelungen, die unmittelbare Bindungswirkungen für die öffentliche Verwaltung entfalten (zB Vergabegesetze), erstrecken sich insoweit nicht auf die Fraktionen.

Die vom BVerfG vorgenommenen rechtlichen Einordnungen als ständige Gliederung des Parlaments und tragendes Element der parlamentarischen Willensbildung machen deutlich, dass **Tätigkeitsfeld und die Befugnisse der Fraktion auf das Parlament orientiert** sein müssen. Außerparlamentarische politische Aktivitäten sind von dem Mandat der Fraktion grds. nicht gedeckt. Dies gilt insbes. für Aktivitäten, die üblicherweise außerhalb des Parlaments von den Parteien wahrgenommen werden. Die Fraktionen sind insoweit die parlamentarischen Repräsentanten der Partei,[15] die für die Wahrnehmung ihrer Aufgaben im Parlament staatlich finanziert werden. Da es gem. § 25 Abs. 2 Nr. 1 PartG verboten ist, Fraktionsmittel zu Parteizwecken einzusetzen, kann die Fraktion nicht über die Wahrnehmung von Parteiaufgaben die Zweckgebundenheit der Mittelzuweisung für die Fraktionsaufgaben unterlaufen. Insoweit ist es unzulässig, wenn Fraktionen personelle oder sachliche Mittel für Tätigkeiten einsetzen, die ausschließlich außerparlamentarisch ausgerichtet sind, wie etwa die Organisation von Demonstrationen sowie deren rechtliche Durchsetzung. Politische

---

7 BVerfGE 80, 188 (220).
8 BVerfGE 2, 143 (160); 80, 188 (219 f.); 84, 304 (322); 96, 264 (276).
9 BVerfGE 44, 308 (318).
10 BVerfGE 80, 188 (219); 84, 304 (322); 90, 286 (343 f.); 91, 246 (278); 96, 264 (278); 100, 266 (268 f.); 102, 224 (242); 112, 111 (135); BVerfG, U.v. 18.3.2014 – 2 BvE 6/12 – NJW 2014, 1505.
11 *Linck*, in Linck/Baldus/Lindner/Poppenhäger/Ruffert, Art. 58 Rn. 8 f.
12 OLG Stuttgart NJW-RR 2004, 619 (620); *Winterhoff* ZParl 2003, 730 (740).
13 Vgl. Übersicht in: *Hölscheidt* (Fn. 5), S. 286 ff. und 303 ff.; *Kretschmer* (Fn. 1), S. 39 ff.
14 *Brocker*, in BK, Art. 40 Rn. 211; *Butzer*, in Epping/Hillgruber, Art. 38 Rn. 181 f.; *Linck*, in Linck/Baldus/Lindner/Poppenhäger/Ruffert, Art. 58 Rn. 11.
15 *Zeh*, in: HdbStR III, § 52 Rn. 14.

Gestaltungsmittel der Fraktionen sind auf die parlamentarischen Initiativen und die parlamentarische Kontrolle ausgerichtet; die außerparlamentarischen Aktionsformen stehen den Parteien offen, nicht hingegen den Fraktionen.

## III. Rechte der Fraktionen

4 Nach Art. 25 Abs. 2 LV wirken die Fraktionen mit eigenen Rechten an der parlamentarischen Willensbildung mit. Diese Mitwirkung ist im Regelfall politisch motiviert und insoweit inhaltlich nur durch die Aufgaben und Funktion des LT nach Art. 20 Abs. 1 Satz 2 und 3 begrenzt. Formal werden die Fraktionsrechte durch die entsprechenden **geschäftsordnungsrechtlichen Befugnisse** der Fraktionen in der GO LT beschrieben. Dabei verfügen die Fraktionen über zahlreiche geschäftsordnungsrechtliche Befugnisse; sie bündeln die individuellen Rechte der Abg. In der GO LT kommt dies insbes. darin zum Ausdruck, dass zB die Einbringung von Gesetzentwürfen (§ 46 Abs. 1 GO LT), Große Anfragen (§ 63 Abs. 1 GO LT), Aktuelle Stunden (§ 66 Abs. 1 GO LT), der Antrag auf Abweichung von der Tagesordnung (§ 74 GO LT) oder der Antrag auf Durchführung einer namentlichen Abstimmung (§ 91 GO LT) ausschließlich einer Fraktion oder vier Mitgliedern des LT vorbehalten ist. Entsprechende Anträge der Fraktionen müssen nicht von allen Fraktionsmitgliedern unterzeichnet werden, vielmehr reicht in diesen Fällen die Unterschrift eines Vertretungsberechtigten (im Regelfall der/die Vorsitzende der Fraktion) aus. Dies gilt jedoch nicht, soweit die Geltendmachung bestimmter Rechte nach der Verfassung oder der GO LT an größere Quoren als die Fraktionsstärke oder vier Abg. gebunden ist. Anders als in der Praxis des BT müssen etwa Anträge auf Einsetzung eines Untersuchungsausschusses nach Art. 34 und § 26 GO LT oder auf Einberufung einer Dringlichkeitssitzung des LT (vgl. § 72 Abs. 4 GO LT) von einem Viertel der Mitglieder des LT eigenhändig unterzeichnet sein. Die Einreichung eines solchen Antrags allein in der Form eines Fraktionsantrages reicht nicht, selbst wenn die Fraktion über eine dem Quorum entsprechende oder übersteigende Zahl von Mitgliedern verfügt. Anträge einer Fraktion auf Einsetzung eines Untersuchungsausschusses sind zwar zulässig, jedoch entfalten sie nicht die Rechtsfolge des Art. 34 Abs. 1 Satz 1, wonach der LT zur Einsetzung des Untersuchungsausschusses verpflichtet ist. Ebenso sind Fraktionsanträge auf Einberufung einer Dringlichkeitssitzung zulässig; es entfällt die Verpflichtung des Präsidenten, die beantragte Sitzung einzuberufen (§ 72 Abs. 4).

Die Aufgabe der Steuerung des parlamentarischen Verfahrens kommt sogar ausschließlich den Fraktionen zu, da in dem zentralen Steuerungsgremium, dem **Ältestenrat, neben dem Präsidenten und Vizepräsidenten ausschließlich die Fraktionen vertreten** sind. Eine Gruppierung von Abg., die das Quorum von vier Abg. umfasst, jedoch keinen Fraktionsstatus besitzt, hat keinen Anspruch auf Vertretung im Ältestenrat (vgl. Art. 25 Abs. 3 LV). Insgesamt schrumpft die Zahl der Initiativen, die durch einzelne Abg. eingebracht werden, was bisweilen als Trend zum „Fraktionenparlament" beschrieben wird.[16]

## IV. Fraktionsfinanzierung

5 Die Fraktionen finanzieren sich im Wesentlichen aus öffentlichen Mitteln; Beiträge der Fraktionsmitglieder nehmen im Hinblick auf den Gesamtfinanzbedarf der Fraktion einen zu vernachlässigenden Teil ein und dienen Belangen, für die

---

16 *Linck*, in: Linck/Jutzi/Hopfe, Art. 58 Rn. 9.

öffentliche Mittel wegen der Zweckbindung nicht eingesetzt werden dürfen.[17] Die **Finanzierung der Fraktionen** erfolgt aus dem Haushalt des LT (Einzelplan 01). Die Grundsätze sind in § 54 AbgG festgelegt, der zu Beginn der 6. Wahlperiode durch das 14. Gesetz zur Änderung des Abgeordnetengesetzes vom 14.12.2011 (GVOBl. S. 1071) geändert wurde. Die Geldleistungen setzen sich im Einzelnen zusammen aus einem **festen Grundbetrag** für jede Fraktion, einem festen Betrag für jedes Mitglied der Fraktion (**Kopfbetrag**), einem zusätzlichen **Spezialisierungszuschlag** für jedes Mitglied bis zur dreifachen Mindeststärke einer Fraktion, höchstens bis zum 12. Fraktionsmitglied, sowie einem **Oppositionszuschlag**. Die entsprechenden Geldbeträge setzt der Präsident im Benehmen mit dem Ältestenrat fest. In der achten WP sind die Leistungen an die Fraktionen angepasst worden. Ab dem 1.12.2022 beträgt der jährliche Grundbetrag für jede Fraktion 156.019 EUR, der Kopfbetrag für jedes Mitglied der Fraktion ist auf 55.425 EUR, der Spezialisierungszuschlag auf 47.997 EUR und der Oppositionszuschlag auf 14.486 EUR für das erste bis 12. Mitglied einer Oppositionsfraktion festgesetzt worden.[18] Das System der Finanzierung der Fraktionen geht dabei von der Prämisse aus, dass jede Fraktion auch mit nur 4 Abg. (Art. 25 Abs. 1 Satz 1 LV) einer Grundausstattung zu Bewältigung der fraktionstypischen Außenvertretung und einer Mindestausstattung an Fachreferenten bedarf, weshalb die Ausreichung eines Grundbetrages erforderlich ist. Mit der Größe der Fraktion steigt auch der Aufwand für abgeordnetenbezogene Dienstleistungen sowie der Aufwand der inhaltlichen Koordinierung, die eine für den parlamentarischen Willensbildungsprozess wichtige Bündelungsfunktion der Fraktionen ermöglicht. Daher wird über den Grundbetrag auch der an der Anzahl der Fraktionsmitglieder bemessene Kopfbetrag gewährt. Da der Bedarf nach fachlicher Beratung im Wesentlichen nur bis zu einer gewissen Fraktionsgröße zunimmt, weil eine weitere Spezialisierung der Mitarbeiter regelmäßig von den Abg. nicht mehr genutzt werden kann und vielmehr eine inhaltliche Abstimmung unter den Abg. selbst an Bedeutung gewinnt, ist mit dem 13. Gesetz zur Änderung des Abgeordnetengesetzes ein Spezialisierungszuschlag eingeführt worden, der lediglich bis zum 12. Fraktionsmitglied gewährt wird. Verfügt eine Fraktion über mehr als 12 Mitglieder, so bleiben die weiteren Mitglieder hinsichtlich der Berechnung des Spezialisierungszuschlags unberücksichtigt. Der Oppositionszuschlag soll dem Umstand Rechnung tragen, dass eine fachliche Beratung gerade für Oppositionsfraktionen erforderlich ist, die regelmäßig nur eingeschränkt auf Kenntnisse der Mitarbeiter von Ministerien zurückgreifen können.[19]

Zum Anspruch auf eine angemessene Ausstattung gehört auch das **Recht auf die Bereitstellung von Räumlichkeiten in den Liegenschaften des LT**, um die Arbeitsfähigkeit zu gewährleisten. Dieser sich aus dem Status der Fraktion herzuleitende Anspruch auf die Zuteilung von Räumlichkeiten vermag sich grundsätzlich nicht auf bestimmte Teile des Landtagsgebäudes oder auf Räume in bestimmten Etagen zu richten.[20] Auch die Beibehaltung bestimmter Räumlichkeiten über die Wahlperiode hinaus kann seitens einer Fraktion nicht beansprucht werden, da sich die Frage nach einer sachorientierten Verteilung der zur Verfügung stehenden Räumlichkeiten je nach Ausgang der Neuwahlen und abhängig von den gegebenen äußeren Umständen jeweils neu stellt.[21]

---

17 *Klein/Krings*, in: Morlok/Schliesky/Wiefelspütz, § 17 Rn. 76.
18 Vgl. LT M-V, Amtliche Mitteilung Nr. 8/50.
19 Vgl. LT-Drs. 5/10; LT-Drs. 5/36.
20 Vgl. LVerfG M-V, Beschl. v. 27.10.2011 – LVerfG 14/11 e.A.,15/11 e.A. – unter Hinweis auf SächsVerfGH, Beschl. v. 10.12.2009 – Vf. 125-I-09 (e.A.).
21 LVerfG M-V, Beschl. v. 24.5.2012 – LVerfG 15/11, S. 12 f.

6 Bei der Verwendung der Mittel durch die Fraktionen dominieren mit **etwa 75 % die Personalkosten der Fraktionsmitarbeiter.** Weitere personal bedingte Kosten können durch sogenannte Funktionszulagen für die Wahrnehmung besonderer Fraktionsaufgaben durch Abg. entstehen. Da in M-V der LT-Präs, die Vizepräs, die Fraktionsvorsitzenden und die PGF bereits zusätzliche Entschädigungen für die Wahrnehmung besonderer parlamentarischer Funktionen nach dem AbgG erhalten, ist der Anwendungsbereich für Leistungen der Fraktionen für die Wahrnehmung besonderer Funktionen eingeschränkt und betrifft im Regelfall stellvertretende Fraktionsvorsitzende bzw. Arbeitskreisleiter. Die Gewährung von Leistungen aus Fraktionsmitteln ist nach hM verfassungsrechtlich zulässig[22] Das LVerfG konnte diese Frage bisher offenlassen, da die entsprechenden Organklagen jeweils bereits unzulässig waren.[23]

Über die Herkunft und die Verwendung der Leistungen, die eine Fraktion innerhalb eines Kalenderjahres erhalten hat, ist gem. § 55 AbgG M-V öffentlich Rechenschaft zu geben. Der **Rechenschaftsbericht** muss von einer internen Fraktionsprüfungskommission sowie einem Wirtschaftsprüfer geprüft werden und ist dem LTPräs bis zum Ende des 6. Monats nach Ablauf eines Kalenderjahres vorzulegen.[24] Aus der Regelung des § 55 Abs. 2 Nr. 2 AbgG ergibt sich auch, dass der Gesetzgeber die Gewährung von Fraktionszulagen für zulässig erachtet, da die Summe der Leistungen an Fraktionsmitglieder für die Wahrnehmung besonderer Aufgaben in der Fraktion im Rechenschaftsbericht einzeln ausgewiesen werden muss. Die Rechnungslegung sowie die Wirtschaftlichkeit und Ordnungsmäßigkeit der Haushalts- und Wirtschaftsführung der Fraktionen unterliegt gem. § 56 AbgG M-V der Prüfung des LRH, wobei sich allerdings die politische Erforderlichkeit einer Maßnahme der Fraktionen der Prüfung entzieht (§ 56 Abs. 2 AbgG). Im Fall von Verstößen gegen die Ordnungsmäßigkeit der Haushalts-und Wirtschaftsführung einer Fraktion kann der LRH den LTPräs zur Rückforderung missbräuchlich verwandter Mittel auffordern. Die Entscheidung über die Rückforderung erfolgt aber erst nach eigener Prüfung durch den LTPräs.

## V. Gesetzesvorbehalt nach Abs. 2 Satz 4

7 Die nähere Ausgestaltung der Regelungen zu Rechten und Pflichten der Fraktionen regelt nach Art. 25 Abs. 2 Satz 4 LV das Gesetz. Während in einigen Ländern explizite Fraktionsgesetze existieren,[25] ist die Materie in M-V **Bestandteil des AbgG.** In Abschnitt VI – Rechtsstellung und Leistungen an die Fraktionen – befinden sich die näheren gesetzlichen Regelungen zur Fraktionsbildung (§ 50), Rechtsstellung (§ 51), Organisation, Arbeitsweise und Vertretungsbefugnis (§ 52), Verschwiegenheitspflicht der Fraktionsangestellten (§ 53), Geld- und Sachleistungen an die Fraktionen (§ 54), Rechenschaftsbericht (§ 55), Rechnungsprüfung (§ 56) sowie Beendigung und Liquidation einer Fraktion (§§ 57–57b).

---

22 Vgl. *Braun/Jantsch/Klante*, AbgG, § 11 Rn. 110; *Brocker*, in: BK, Art. 40 Rn. 223 f.; *Kluth*, in: Schmidt-Bleibtreu/Hofmann/Henneke, Art. 48 Rn. 21 f.; aA *v. Arnim* ZRP 2003, 235 (237 f.); *Hölscheidt* DVBl. 200, 1734 (1741); diff. *Linck*, in Linck/Baldus/Lindner/Poppenhäger/Ruffert, Art. 58 Rn. 29 ff.
23 LVerfG, B. vom 24.10.2013 (LVerfG 7/13) bzw. Beschlüsse über Anträge auf einstweilige Anordnungen vom 28.8.2013 und 25.7.2013 (LVerfG 7/13 bzw. 6/13).
24 Vgl. etwa Rechenschaftsbericht für das Jahr 2021, LT M-V, Amtliche Mitteilung 8/22.
25 Vgl. Baden-Württemberg; Bayern, Berlin, Brandenburg, Hamburg, Hessen, Nordrhein-Westfalen, Rheinland-Pfalz, Saarland, Sachsen, Sachsen-Anhalt, Schleswig-Holstein.

## VI. Einzelfragen

**1. Fraktionszwang, Fraktionsdisziplin.** Fraktionen sind die parlamentarischen Repräsentanten der Parteien[26] und sind programmatisch, aber auch durch die personelle Identität bei der Besetzung von Fraktions- und Parteiämtern eng miteinander verbunden. Fraktionen agieren politisch-programmatisch auf der Grundlage des aus Art. 21 GG resultierenden Parteienprivilegs, sind aber ihrerseits kein ausführendes Organ einer Partei und folglich **nicht an Weisungen oder Beschlüsse der Parteien gebunden.**[27] Eine unmittelbare Bindung wäre auch mit Art. 22 Abs. 1 LV nicht zu vereinbaren. Gleichwohl scheint sich die parlamentarische Praxis von dem Grundsatz, dass Abg. Vertreter des ganzen Volkes und an Aufträge und Weisungen nicht gebunden und nur ihrem Gewissen unterworfen sind, durch das im Regelfall einheitliche Abstimmen der Mitglieder einer Fraktion entfernt zu haben. Zutreffend ist, dass die Fraktionen ein Interesse daran haben, im Zuge der Abstimmung einheitlich aufzutreten, um die politische Haltung zum jeweiligen Abstimmungsgegenstand zu dokumentieren und zu publizieren. Eine rein phänomenologische Betrachtung des Abstimmungsvorgangs im Plenum legt daher die Ausübung eines **Fraktionszwangs** nahe. Dies berücksichtigt aber nicht die verschiedenen Stufen der Entscheidungsfindung, bis es zur Abstimmung im Plenum kommt. Alle Entscheidungen des Parlaments werden im Vorfeld in den Fraktionen vorbereitet, erörtert und einer fraktionsinternen Abstimmung unterzogen. Bereits in diesem Stadium kann der Abg. seine ggf. von der Mehrheitsmeinung seiner Fraktion abweichende Position vertreten. Gelingt es nicht, den betreffenden Abg. zu überzeugen, so wird in der Praxis versucht, Elemente der Positionen von „Abweichlern" in die Position der Fraktion zu implementieren, um die Einheitlichkeit des Auftretens der Fraktion im Plenum zu gewährleisten. Gelingt auch dies nicht, so ist der überstimmte Abg. nicht an den Mehrheitsbeschluss der Fraktion gebunden und kann auch im Plenum abweichend abstimmen. Der Begriff des Fraktionszwanges ist daher irreführend; wohl möglich und in der Praxis üblich sind aber politische Druckmittel zur Einhaltung der **Fraktionsdisziplin**, die vom Einzelfall abhängen und bis zur Positionierung eines Abg. bei der Aufstellung der Landesliste im Falle einer erneuten Kandidatur reichen können.

**2. Öffentlichkeitsarbeit der Fraktionen.** Nach § 25 Abs. 2 Nr. 1 PartG dürfen **Fraktionsmittel nicht zu Parteizwecken** eingesetzt werden. Abgrenzungsprobleme zwischen Partei- und Fraktionstätigkeit treten insbes. im Zusammenhang mit der grds. zulässigen Öffentlichkeitsarbeit der Fraktionen auf. In Lit. und Judikatur wird seit Jahrzehnten erörtert, in welchem Umfang Öffentlichkeitsarbeit der Fraktionen aus Fraktionsgeldern finanziert werden darf.[28] Mit dem 16. G. zur Änd. des AbgG M-V v. 5.2.2019 wurde in § 51 Abs. 3 AbgG M-V klargestellt, dass die eigenständige Öffentlichkeitsarbeit zu den Aufgaben der Fraktionen gehört. Sie dient der Unterrichtung der Öffentlichkeit über die parlamentarischen Vorgänge, Initiativen und Konzepte der Fraktionen, der Vermittlung ihrer politischen Standpunkte und dem Dialog mit den Bürgerinnen und Bürgern über parlamentarisch-politische Fragen. Früher wurde vereinzelt in der rechtswissenschaftlichen Lit. die Auffassung vertreten, die Öffentlichkeitsarbeit der Fraktionen müsse auf die Darstellung der unmittelbaren Parlamentsarbeit beschränkt sein. Diese Auffassung bezog sich auf die Rechtslage auf Bundesebe-

---

26 *Zeh*, in: HdbStR III, § 52 Rn. 14.
27 *Zeh*, in: HdbStR III, § 52 Rn. 14.
28 Vgl. etwa H. H. *Klein*, Zur Öffentlichkeitsarbeit von Parlamentsfraktionen, in: FS für Badura, 2004, S. 263 ff.

ne vor der Einführung des Fraktionsfinanzierungsgesetzes in das Abgeordnetengesetz des Bundes und entspricht daher nicht mehr der geltenden Rechtslage. Mit der Novellierung des AbgG des Bundes im Jahre 1993 (BT-Drs. 12/6067) hat der Bundesgesetzgeber den Status der Fraktionen gesetzlich manifestiert und gleichzeitig positivrechtlich festgestellt, dass Öffentlichkeitsarbeit zu den Aufgaben der Fraktionen gehört.[29] Dass sich die Aufgaben der Fraktionen – anders als früher vertreten – nicht überwiegend auf die koordinierende Funktion beschränken, ergibt sich für die Opposition unmittelbar und für die übrigen Fraktionen im Umkehrschluss aus Art. 26 Abs. 2 LV. Danach hat die Oppositionsfraktion insbes. die Aufgabe, eigene Programme zu entwickeln und Initiativen für die Kontrolle von LReg und Landesverwaltung zu ergreifen sowie Regierungsprogramm und Regierungsentscheidungen kritisch zu bewerten. Fraktionen haben somit ein **landespolitisch umfassendes Mandat**, auf das sich die Möglichkeit entsprechender Öffentlichkeitsarbeit erstreckt. Zu den Aufgaben der Fraktionen gehören nicht nur die Festlegung parlamentarischer Modalitäten wie Anträge, Ausschusssitzungen, Anhörungen, Plenarsitzungen und die dort gehaltenen Reden oä; dazu gehört auch der Gegenstand der Tätigkeit selbst, also die politischen Inhalte, über die der öffentliche Diskurs stattfindet. Jede **öffentliche Stellungnahme der Fraktion zu den politischen Inhalten ist damit Teil zulässiger Öffentlichkeitsarbeit.** Eine zu starke Beschränkung des Rechts auf Öffentlichkeitsarbeit einer Fraktion, insbes. der Oppositionsfraktionen, begegnet verfassungsrechtlichen Bedenken. Nach Art. 26 Abs. 3 LV hat die parlamentarische Opposition in Erfüllung ihrer Aufgaben das Recht auf politische Chancengleichheit. Dieses Recht auf politische Chancengleichheit im Verhältnis zur Regierung und den sie tragenden Fraktionen wäre gefährdet, wenn ihr im Zuge ihrer Aufgabenerfüllung nicht das Mittel der Öffentlichkeitsarbeit zur Verfügung gestellt werden würde.[30]

10  Hinsichtlich der wegen der gleichen politischen Zielrichtung einer Fraktion und der entsprechenden Partei vorhandenen **Abgrenzungsprobleme** ist jeweils zu ermitteln, ob durch die Öffentlichkeitsarbeit der Fraktion unmittelbar unzulässige Parteiarbeit erfolgt oder ob die Partei lediglich positiv im Rahmen eines **Sekundäreffekts von der Öffentlichkeitsarbeit der Fraktion** profitiert. Jede Öffentlichkeitsarbeit der Fraktionen, gerade Äußerungen im politischen Diskurs, wirken auch für (oder gegen) die politischen Parteien, da die Fraktionen die Öffentlichkeit zwangsläufig auch über Ziele der Parteien unterrichten, soweit sie Eingang in die parlamentarische Arbeit gefunden haben. Der durch die Öffentlichkeitsarbeit einer Fraktion – auch wenn sie nur in der Information über ihre parlamentarischen Initiativen besteht – mittelbar fördernde und werbende Effekt für die Partei, der sich daraus ergibt, dass die politischen Standpunkte der Fraktion und der hinter ihr stehenden Partei weitgehend übereinstimmen und auch das Führungspersonal in aller Regel identisch ist, ist im Hinblick auf die Transparenz der politischen Willensbildung hinzunehmen.[31] Bei der Öffentlichkeitsarbeit von Fraktionen handelt es sich im Gegensatz zu derjenigen der Parteien um eine ergänzende und abgeleitete Funktion, die sich daraus legitimiert, den Prozess der Willensbildung des Parlaments transparent und damit nachvollziehbar zu machen. Nach § 51 Abs. 3 AbgG M-V sind die Fraktionen

---

29 BT-Drs. 12/6067, S. 10 sowie BT-Plenarprotokoll 12/S. 16415 D und S. 16418 B; siehe dazu auch für landesrechtliche Regelungen Hessischer LT, 13. WP, 62. Sitzung, S. 3606 f.; Schleswig-Holsteinischer LT, 13. WP, 16. Sitzung, S. 1073.
30 Vgl. auch *Hölscheidt* (Fn. 5) S. 606; *G. Schneider*, Die Finanzierung der Parlamentsfraktionen als staatliche Aufgabe, 1997, S. 164.
31 VGH Rh-Pf. v. 19.8.2002 – Az. VGH O 3/02 –; BVerfGE 44, 125 (151).

in der Entscheidung über geeignete Mittel und Formen der Öffentlichkeitsarbeit frei, jedoch muss die Urheberschaft der Fraktion erkennbar sein. Das schließt aber nicht aus, dass auch die gemeinsame Finanzierung von Aktionen, Veranstaltungen oder Publikationen durch Fraktion und Partei zulässig sein kann, erfordert aber eine besondere Begründung, die eine missbräuchliche Verwendung staatlicher Fraktionszuschüsse ausschließt. Hierzu muss ein Bezug zur parlamentarischen Arbeit der Fraktion bestehen und eine nachvollziehbare Kostenaufteilung vorgelegt werden.[32] Unzulässig ist lediglich eine direkte „Verwendung für Parteiaufgaben".[33] Die Grenze liegt bei der „ausdrücklichen" Werbung für die Partei, die nur mittelbare Begünstigung des anderen wird toleriert.[34] Der Trennstrich zwischen zulässiger Öffentlichkeitsarbeit der Fraktionen und **unzulässiger Parteiarbeit** ist dann zu ziehen, **wenn die Partei von der Fraktion gezielt finanziert wird** durch Maßnahmen, die über das Maß der unvermeidbaren Mitfinanzierung hinausgehen.[35] Das ist zum einen daran zu ermitteln, wer als Autor der Öffentlichkeitsarbeit in Erscheinung tritt und ob die Verbreitung durch die Fraktion oder die Partei erfolgt, zum anderen daran festzumachen, ob ein Bezug zur Parlamentsarbeit in der jeweiligen gesetzgebenden Körperschaft vorliegt, ob die Verbreitung in erkennbarem Bezug zur Fraktion erfolgt und ob auf Werbeaussagen zugunsten der Partei verzichtet wird.[36] Ein hinreichender Bezug zur politisch-parlamentarischen Arbeit der Fraktion ist selbst dann gegeben, wenn sich die Fraktion bei ihrer Öffentlichkeitsarbeit auch mit gesellschaftspolitischen Themen befasst. § 51 Abs. 3 AbgG M-V zählt ausdrücklich zu den Aufgaben der Fraktionen die Vermittlung ihrer politischen Standpunkte und den Dialog mit den Bürgerinnen und Bürgern über parlamentarisch-politische Fragen. Den Fraktionen steht damit ein allgemeinpolitisches Mandat zu, was auch die Information über abstrakte allgemeinpolitische Zielsetzungen zulässt. Das den Fraktionen zustehende allgemeinpolitische Mandat ist Ausdruck der verfassungsrechtlichen Stellung, die den Fraktionen von der Landesverfassung in Art. 25 Abs. 2 LVerf M-V zugewiesen wird. Die Fraktionen sind hierbei in der Entscheidung über die geeigneten Mittel und Formen ihrer Öffentlichkeitsarbeit frei.[37]

**3. Beendigung der Fraktion.** Im Falle der Beendigung einer Fraktion, wegen des Erlöschens des Fraktionsstatus, der Auflösung der Fraktion oder mit dem Verbot einer Partei, aus deren Mitgliedern sich die Fraktion zusammensetzt findet eine Liquidation des Vermögens statt. Soweit nach Beendigung der Liquidation Vermögen aus öffentlichen Mitteln (Geld, Sachmittel) verbleibt, ist dieses an den Landeshaushalt zurückzuführen. Waren die Regelungen zur Beendigung der Rechtsstellung einer Fraktion bis zur 8. WP nur lückenhaft ausgeprägt, hat der Gesetzgeber mit dem 17. Gesetz zur Änderung des AbgG M-V vom 17.1.2022 **sehr detaillierte Regelungen** geschaffen,[38] was auf Anregung des Landesrechnungshofs erfolgte. Ziel der Reform war, die Liquidation zu beschleunigen 11

---

32 VGH Rh-Pf. v. 19.8.2002 – Az. VGH O 3/02.
33 *Papier* BayVBl. 1998, 513 (522); *Hölscheidt* (Fn. 5), S. 606 ff.; *Morlok* NJW 1993, 29 (31); *Jäger/Barsch* ZParl 1991, 204 (208); Bericht der Kommission unabhängiger Sachverständiger zu Fragen der Parteienfinanzierung – BT-Drs. 14/6710.
34 Bericht der Kommission unabhängiger Sachverständiger zu Fragen der Parteienfinanzierung – BT-Drs. 14/6710, S. 46; *Hölscheidt* (Fn. 5) S. 606 f.; vgl. zum Sekundäreffekt der Öffentlichkeitsarbeit der BReg BVerfGE 44, 125 (152).
35 *Hölscheidt* (Fn. 5) S. 606 f.
36 *Hölscheidt* (Fn. 5) S. 607; *Schneider* (Fn. 29), S. 167.
37 *Lesch* ZRP 2002, 159 (160); *Schneider* (Fn. 29), S. 166; vgl. § 51 Abs. 3 S. 3 AbgG M-V.
38 Vgl. zur Beendigung der Fraktion und Liquidation §§ 57 bis 57b AbgG M-V.

sowie Berichtspflichten der Liquidatoren gegenüber der Landtagspräsidentin einzuführen, um sicherzustellen, dass die **Liquidation** ordnungsgemäß durchgeführt wird. Ggf. kann ein Liquidator auch abberufen und ein unabhängiger Dritter mit der Liquidation beauftragt werden. Zudem wird klargestellt, dass der Liquidator im Falle des Verschuldens für den dem Land entstandenen Vermögensschaden haftet.[39] Die frühere Regelung der Liquidation durch ehemalige Fraktionsmitglieder oder Mitarbeiter stieß auf Bedenken, wenn die Auflösung der Fraktion in der Folge eines Parteiverbotsverfahrens gem. §§ 13 Nr. 2, 43 BVerfGG erfolgte. Da die Liquidatoren über öffentliche Mittel verfügen können, genießen diese somit eine Vertrauensstellung. Soweit es sich jedoch um Mitglieder einer Fraktion handelt, die die obersten Prinzipien der freiheitlich demokratischen Grundordnung nicht anerkennen und eine aktiv kämpferische Haltung gegenüber der bestehenden Ordnung einnehmen[40], ist nicht davon auszugehen, dass diesem Personenkreis das entsprechende Vertrauen in die ordnungsgemäße Vermögensführung entgegengebracht werden kann.

Beendet wird der Rechtsstatus der Fraktion auch mit dem Ende der WP (§ 57 Abs. 1 Nr. 3 AbgG M-V). Jedoch findet eine Liquidation dann nicht statt, wenn sich **innerhalb von 30 Tagen nach Beginn der neuen WP eine Fraktion konstituiert**, deren Mitglieder einer Partei angehören, die durch die Fraktion der abgelaufenen WP im LT vertreten war und sich zur Nachfolgefraktion erklärt. Die neu konstituierte Fraktion ist die Rechtsnachfolgerin.

12 **4. Fraktionsausschluss.** Nach hM schützt der Grundsatz des freien Mandats (Art. 22 Abs. 1 LV) auch den Verbleib eines Abg. in „seiner" Fraktion.[41] Die Mitarbeit in der Fraktion unterfällt der verfassungsrechtlich verbürgten Ausübung des Abgeordnetenmandats, da die Mitwirkungsmöglichkeiten des Abg. und damit die Ausübung seiner verfassungsrechtlich gesicherten Position als Abg. durch die Aberkennung der Zugehörigkeit zu einer Fraktion eine nicht zu übersehende Einbuße erlangen.[42] Allerdings dürfte sich ein Anspruch auf Aufnahme in eine Fraktion nicht herleiten lassen.[43] Die Entscheidung über den Verlust der Fraktionsangehörigkeit eines Abg. steht angesichts der zentralen Bedeutung der Fraktionen für die Arbeit und politische Willensbildung des Parlaments sowie für die politischen Einfluss- und parlamentarischen Wirkungsmöglichkeiten eines Abg. nicht im Belieben der Fraktion. Die jedem Abg. verfassungsrechtlich zustehende Chance auf Fraktionszugehörigkeit und die Achtung vor der Stellung und den Aufgaben des einzelnen Abg. als gewählter Repräsentant des Volkes erfordern insoweit Begrenzungen; der Ausschluss aus der Fraktion setzt zumindest die **Berücksichtigung rechtsstaatlicher demokratischer Verfahrensregelungen** sowie einen willkürfreien Entschluss der Fraktionsversammlung voraus.[44] Zu diesen rechtsstaatlichen Verfahrensgrundsätzen hinsichtlich eines Fraktionsausschlusses gehört ua der Anspruch des Abg. zur Gewährung rechtlichen Gehörs im Zuge des Ausschlussverfahrens.

13 In materieller Hinsicht ist der Fraktionsausschluss nicht in das Belieben der Fraktion gestellt, sondern an substantielle Voraussetzungen geknüpft. Nach

---

39 Vgl. LT-Drs. 8/6 sowie 8/83.
40 Vgl. BVerfGE 5, 85.
41 BbgVerfG LVerfGE 14, 89.
42 LVerfG M-V LKV 2003, 516 f.; VerfGH Berlin, Entsch. v. 22.11.2005 – Az. 53/05 – Rn. 44; vgl. auch BVerfGE 43, 142; aA *J. Ipsen* NVwZ 2005, 361 (363).
43 BremStGH DÖV 1970, 639 (640).
44 LVerfG M-V LKV 2003, 516 (518); VerfGH Berlin, Entsch. v. 22.11.2005 – Az. 53/05 – Rn. 49.

ganz überwiegender Auffassung ist ein Fraktionsausschluss zulässig, soweit dafür ein **„wichtiger Grund"** vorliegt, zu dem ua der **Verlust der Parteizugehörigkeit** zählen kann.[45] Auch bei dem Wegfall der Parteizugehörigkeit kann der Ausschluss aus der entsprechenden Fraktion nicht automatisch als Annex zum Parteiausschlussverfahren erfolgen.[46] Vielmehr muss die Fraktion autonom darüber entscheiden, ob der Wegfall der Parteizugehörigkeit im konkreten Einzelfall auch den Ausschluss aus der Fraktion rechtfertigt. Die autonome Entscheidung der Fraktion kann nicht durch fraktionsinterne Gremien oder Parteigremien ersetzt bzw. delegiert werden.[47]

Wichtige Gründe liegen darüber hinaus vor, wenn das für eine sinnvolle Meinungsbildung erforderliche **Mindestmaß an prinzipieller politischer Übereinstimmung** fehlt, wozu nicht erforderlich ist, dass sich dies etwa durch einen Parteiausschluss bzw. ein entsprechendes Verfahren auch auf der Parteiebene widerspiegelt. Ein Ausschlussgrund kann auch darin liegen, dass das Mitglied der Fraktion ihre Gremienarbeit nicht nur erschwert, sondern sie ineffektiv macht oder den Aufwand, sie effektiv zu halten, unzumutbar erhöht. Ferner kann ein wichtiger Grund angenommen werden, wenn das Mitglied das Vertrauensverhältnis in sonstiger Weise so nachhaltig gestört hat, dass den übrigen Fraktionsmitgliedern die weitere Zusammenarbeit nicht zugemutet werden kann. Ein wichtiger Grund kann auch dann vorliegen, wenn ein Abg. durch sein Verhalten das **Ansehen der Fraktion in der Öffentlichkeit nachhaltig schädigt**.[48] Der Fraktion kommt bei der Bewertung eines solchen wichtigen Grundes ein Beurteilungsspielraum zu, der der verfassungsgerichtlichen Überprüfung nur eingeschränkt zugänglich ist.[49] Demgemäß ist die Überprüfung auf eine Evidenz-, Willkür- und Verhältnismäßigkeitskontrolle begrenzt.[50] Vor einem Fraktionsausschluss ist zu prüfen, ob ein weniger in die Rechte des Abg. einschneidendes Mittel zur Verfügung steht, um das Ziel zu erreichen. Dabei hat eine Abwägung zwischen dem Status des Abg. und dem Zweck der praktischen politischen Arbeitsfähigkeit zu erfolgen.[51]

**5. Fraktionslose Abgeordnete.** Die rechtliche Stellung fraktionsloser Abg. ist seitens des BVerfG in dem sog. Wüppesahl-Urteil[52] einer intensiven Prüfung und Erörterung unterzogen worden. Maßstab der Prüfung ist, dass alle Mitglieder des Parlaments gleiche Rechte und Pflichten haben. Dies folgt vor allem daraus, dass die Repräsentation des Volkes sich im Parlament als Ganzem darstellt, daher nicht von einzelnen oder einer Gruppe von Abg. bewirkt wird. Dies setzt die gleiche Mitwirkungsbefugnis aller voraus.[53] Andererseits stellen die Fraktionen das politische Gliederungsprinzip für die Arbeit des Parlaments dar, sind notwendige Einrichtungen des Verfassungslebens und maßgebliche Faktoren der politischen Willensbildung. Das Parlament hat daher die Befugnisse der Fraktionen im parlamentarischen Geschäftsgang unter Beachtung der Rechte der Abg. festzulegen.[54] Das bedingt zugleich auch Beschränkungen der Rechte des einzelnen Abg., weil sie sich – als Mitgliedschaftsrechte – in deren notwendig

---

45 LVerfG M-V LKV 2003, 516 (519); *Morlok*, in: Dreier, Art. 38 Rn. 184.
46 *Rademacher* in: Butzer/Epping, Art. 19 Rn. 27.
47 LVerfG M-V NJ 2003, 471 (472) m. Komm. *Jutzi*.
48 VerfGH Berlin, Entsch. v. 22.11.2005 – Az.: 53/05 – Rn. 58 mwN.
49 Vgl. auch BbgVerfG LVerfGE 14, 89 zum Begriff des „schweren Schadens".
50 VerfGH Berlin, Entsch. v. 22.11.2005 – Az.: 53/05 – Rn. 59, 63.
51 OVG Berlin NVwZ 1998, 197 f.; OVG Lüneburg NVwZ 1994, 506 f.
52 BVerfGE 80, 188.
53 BVerfGE 44, 308 (316); 56, 396, 405; 80, 188, 217 f.
54 BVerfGE 80, 188 (218 f.).

gemeinschaftliche Ausübung einfügen müssen. Allerdings darf – gerade um der Repräsentationsfähigkeit und der Funktionstüchtigkeit des Parlaments willen – das Recht des einzelnen Abg., an der Willensbildung und Entscheidungsfindung mitzuwirken und seine besonderen Erfahrungen und Kenntnisse darin einzubringen, dabei nicht in Frage gestellt werden; die Rechte des einzelnen Abg. dürfen zwar im Einzelnen ausgestaltet und insofern auch eingeschränkt, ihm jedoch grds. nicht entzogen werden. Richtmaß für die Ausgestaltung der Organisation und des Geschäftsgangs muss das Prinzip der Beteiligung aller Abg. bleiben.[55] Allg. lässt sich sagen, dass das Parlament bei der Entscheidung darüber, welcher Regeln es zu seiner Selbstorganisation und zur Gewährleistung eines ordnungsgemäßen Geschäftsgangs bedarf, einen **weiten Gestaltungsspielraum** hat. Verfassungsgerichtlicher Kontrolle unterliegt jedoch, ob dabei das Prinzip der Beteiligung aller Abg. an den Aufgaben des Parlaments gewahrt bleibt.

15 **6. Ausgestaltung einzelner Rechte fraktionsloser Abgeordneter.** Rederecht – fraktionslose Abg. haben das **Recht im Plenum zu reden**. Hinsichtlich der Redezeit haben sie aber nicht das Recht, die Redezeit der kleinsten Fraktion zu verlangen. Bei der Bemessung der Redezeit eines fraktionslosen Abg. ist daher auf das Gewicht und die Schwierigkeit des Verhandlungsgegenstandes wie auf die Gesamtdauer der Aussprache und darauf Bedacht zu nehmen, ob er gleichgerichtete politische Ziele wie andere fraktionslose Mitglieder verfolgt und sich damit auch für diese äußert.[56]

Mitgliedschaft in Ausschüssen – nach der Rspr. des BVerfG hat der fraktionslose Abg. das **Recht, einem Ausschuss anzugehören**; dabei ist ihm aber nicht allein überlassen, in welchem Ausschuss er Mitglied wird. Vielmehr hat das Parlament oder eines seiner Organe darüber in einem geregelten Verfahren nach Anhörung des Abg. und unter Berücksichtigung seiner Interessen und sachlichen Qualifikationen zu befinden.[57]

Nach der bisherigen Praxis des LT M-V hat ein fraktionsloser Abg. das Recht, Mitglied mindestens eines Ausschusses zu sein. Zwar besagt Art. 33 Abs. 1 LV lediglich, dass den Rechten fraktionsloser Abg. bei der Zusammensetzung der Ausschüsse Rechnung zu tragen ist; die GO LT räumt aber in § 10 Abs. 4 jedem Mitglied des LT das Recht ein, mindestens einem Ausschuss anzugehören. Verfassungsrechtlich nicht zu beanstanden ist es, wenn fraktionslosen Abg. lediglich das **Rede- und Antrags-, nicht jedoch das Stimmrecht** eingeräumt werden würde. Dies kann zB dann geboten sein, wenn durch die volle Mitgliedschaft fraktionsloser Abg. in einem Ausschuss die Mehrheitsverhältnisse nicht mehr widergespiegelt würden.[58] Im Ältestenrat (Art. 30 LV) haben fraktionslose Mitglieder keinen Anspruch auf Mitgliedschaft. Gleiches gilt für Untersuchungsausschüsse und Enquete-Kommissionen (vgl. Art. 35 LV sowie das UAG sowie EKG).

Ebenso haben fraktionslose Abg. keinen Anspruch darauf, entsprechend den Fraktionen Zuschüsse für ihre politische Arbeit als fraktionslose Abg. zu erhalten. Die Fraktionszuschüsse dienen ausschließlich der Finanzierung von Tätigkeiten des Parlaments, die den Fraktionen nach Verfassung und GO obliegen. Die Fraktionen steuern und erleichtern in gewissem Grade die parlamentarische

---

55 BVerfGE 80, 188 (218 f.).
56 BVerfGE 80, 188 (228 f.).
57 BVerfGE 80, 188 (226).
58 Vgl. zur Zulässigkeit der Beschränkung auf das Rede- und Antragsrecht fraktionsloser Abgeordneter im Ausschuss BVerfGE 80, 188 (222 ff.).

Arbeit,[59] indem sie insbes. eine Arbeitsteilung unter ihren Mitgliedern organisieren, gemeinsame Initiativen vorbereiten und aufeinander abstimmen sowie eine umfassende Information der Fraktionsmitglieder unterstützen. Auf diese Weise fassen sie unterschiedliche politische Positionen zu handlungs- und verständigungsfähigen Einheiten zusammen. Die Fraktionszuschüsse sind für die Finanzierung dieser der Koordination dienenden Parlamentsarbeit bestimmt und insoweit zweckgebunden. Im Falle des fraktionslosen Abg. fehlt es an einem solchen Koordinationsbedarf und dementsprechend auch an einem Anspruch auf finanzielle Gleichstellung.[60]

Allerdings erwachsen den Fraktionsmitgliedern Vorteile, die sie nicht nur für die Mitwirkung in der Fraktion, sondern auch für ihre eigene politische Arbeit nutzen können. Dies betrifft zB die Zuarbeit mit bereits politisch aufgearbeiteten Informationen, die sich ein Abg. ohne Hilfe der Fraktion nur mühsam verschaffen kann. Die insoweit dem fraktionslosen Abg. entstehenden Nachteile hat das Parlament wegen der gleichen Rechtsstellung aller Abg.[61] auszugleichen. Dazu muss das Parlament durch seine Verwaltung die erforderlichen Leistungen anbieten. Dem fraktionslosen Abg. dürfen daher, soweit in zumutbarem Rahmen begehrt, **juristischer Rat oder Hilfestellung bei der Formulierung von Anträgen und Initiativen** nicht versagt werden, auch wenn solche Leistungen in aller Regel von fraktionsangehörigen Abg. nicht nachgefragt werden. Allerdings kann es – im Blick auf die politische Neutralität seiner Verwaltung – nicht Sache des Parlaments sein, dem fraktionslosen Abg. über die Lieferung und Aufbereitung von Material hinaus eine gewissermaßen gebrauchsfertige Ausarbeitung für die politische Auseinandersetzung zu fertigen.[62]

Fraktionslose Abg. können als **Gäste einer Fraktion** aufgenommen werden.[63] Die Gäste einer Fraktion werden allerdings bei der Bemessung der Fraktionsstärke nicht mitgezählt. Die Fraktion erhält somit auch keine Finanzmittel (Kopfpauschale, Spezialisierungszuschuss) für Abg., die lediglich den Gaststatus bei einer Fraktion genießen. Bei der **Berechnung der Stellenanteile** der Fraktionen in den Ausschüssen werden die Gäste hingegen mitberücksichtigt.[64]

**7. Stellenanteile der Fraktionen.** Die **Stellenanteile der Fraktionen** bestimmen sich gem. § 10 Abs. 1 GO LT nach ihrer Stärke. Da dabei nicht nur die absolute Stärke, sondern auch die Fraktionsstärke in der Relation zu anderen Fraktionen von Bedeutung ist, bedienen sich Parlamente verschiedener Verfahren, um die relativen Fraktionsstärken zu berechnen. Die bekanntesten dieser Verfahren sind das Höchstzahlverfahren nach D'Hondt, das Verfahren der mathematischen Proportion nach Hare/Niemeyer sowie das Rangmaßzahlverfahren nach St. Laguë/Schepers.[65] Der achte LT hat beschlossen, als System zur Berechnung der Fraktionsstärken zueinander das Verfahren nach D'Hondt anzuwenden (→ **Zapfe, Art. 33 Rn. 6**).

Dabei ist die Berechnung des Stärkeverhältnisses nicht nur für die Stellenanteile in den Ausschüssen und die Verteilung der Ausschussvorsitze von Bedeutung.

---

59 BVerfGE 20, 56 (104).
60 BVerfGE 80, 188 (231 f.).
61 BVerfGE 70, 324 (354).
62 BVerfGE 80, 188 (231 f.).
63 Vgl. § 38 Abs. 4 GO LT.
64 *Ritzel/Bücker/Schreiner*, Handbuch für die parlamentarische Praxis, Stand 06/2021, § 10 III 3 c; *Trossmann/Roll*, Parlamentsrecht des Deutschen Bundestages, Erg.band 1981, § 10 Rn. 8.
65 Vgl. Darstellung der Berechnungsmethoden in: *Ritzel/Bücker/Schreiner* (Fn. 63), Anhang zu § 12.

Der Schutz der parlamentarischen Minderheit gebietet es, **auch andere parlamentarische Rechte an das Stärkeverhältnis der Fraktionen zu knüpfen**, um auszuschließen, dass Rechte der Minderheit durch Mehrheitsbeschlüsse tangiert werden. So wird die Redezeitverteilung grds. nach dem Stärkeverhältnis der Fraktionen vorgenommen, wie auch die Verteilung der Antragsberechtigung für Aktuelle Stunden, da gewährleistet sein muss, dass auch die parlamentarische Minderheit das Recht hat, in bestimmten Abständen die Themenwahl einer Aktuellen Stunde vorzugeben. Im Falle einer parlamentarischen Entscheidung über die Themensetzung einer Aktuellen Stunde könnte die Mehrheit jeweils ihre Themen durchsetzen, was dem Grundsatz der Chancengleichheit der parlamentarischen Opposition (Art. 26 Abs. 3 LV) widerspräche. Nicht verlangt werden kann hingegen, der Minderheit – unabhängig vom Stärkeverhältnis – gleiche Redezeitkontingente oder Antragsberechtigungen zur thematischen Gestaltung Aktueller Stunden einzuräumen. Der Anspruch der Minderheit, gleichberechtigt an der parlamentarischen Willensbildung mitzuwirken, erstreckt sich nicht darauf, das infolge der Entscheidung der Wähler festgelegte Stärkeverhältnis der Fraktionen zu negieren.

## Art. 26 (Parlamentarische Opposition)

(1) Die Fraktionen und die Mitglieder des Landtages, welche die Regierung nicht stützen, bilden die parlamentarische Opposition.

(2) Sie hat insbesondere die Aufgabe, eigene Programme zu entwickeln und Initiativen für die Kontrolle von Landesregierung und Landesverwaltung zu ergreifen sowie Regierungsprogramm und Regierungsentscheidungen kritisch zu bewerten.

(3) Die parlamentarische Opposition hat in Erfüllung ihrer Aufgaben das Recht auf politische Chancengleichheit.

Vergleichbare Regelungen:
Artt. 16 BayVerf; 38 Abs. 3 VvB; 55 Abs. 2 BbgVerf; 78 BremVerf; 24 HambVerf; 19 Abs. 2 NdsVerf; 85b Verf Rh-Pf; 40 SächsVerf; 48 LVerf LSA; 12 SchlHVerf; 59 ThürVerf.

| | | | |
|---|---|---|---|
| I. Allgemeines | 1 | 2. Zu Abs. 2 | 7 |
| II. Die Vorschriften im Einzelnen | 4 | 3. Zu Abs. 3 | 8 |
| 1. Zu Abs. 1 | 4 | III. Schrifttum | 12 |

## I. Allgemeines

1 Die Vorschrift[1] enthält Regelungen über die Parlamentarische Opposition[2] und hebt damit deren zentrale Rolle für das **Demokratieprinzip** hervor.[3] Im Rahmen der Arbeiten der Verfassungskommission, die auf einen möglichst breiten Verfassungskonsens abzielte, bestand frühzeitig Einigkeit, eine Bestimmung über die Opposition aufzunehmen, auch mit Blick auf die Bedeutung der Opposition im Jahre 1989 und deren Unterdrückung durch den damaligen Machtapparat.[4]

---

1 Zur Entstehung ausführlich *Cancik*, Parlamentarische Opposition in den Landesverfassungen, 96 ff.
2 Zu Funktion und Rechtsbegriff näher *Mundil*, Die Opposition, 33 ff., 49 ff.
3 Zur Verbindung mit dem Demokratieprinzip BVerfGE 2, 1,13; 70, 324, 363 f.; *Schneider*, in Badura/Dreier FS-BVerfG, Bd. 2, 2001, 627, 659.
4 *Helmrich*, 9. Sitzung der Gemeinsamen Verfassungskommission vom 9.7.1992 – stenographischer Bericht S. 22; siehe auch *Höppner*, Fragen und Antworten zur Verfassung, in Die Verfassung des Landes Sachsen-Anhalt, 1992, 28, 32.

Die letztlich verabschiedete Regelung stellt nach intensiver Diskussion um die Reichweite der Rechtsstellung der Opposition einen Kompromiss dar, der einstimmig beschlossen wurde.[5] Die Vorschrift beschränkt sich auf Regelungen über die parlamentarische Opposition, ohne mit Blick auf die politische Oppositionsarbeit einen alleinigen Anspruch begründen zu wollen, wie schon systematisch die Hervorhebung der Rolle etwa der Bürgerbewegungen in Art. 3 Abs. 4 zeigt.

Nach bereits früher Kritik an der Vorschrift[6], die mit dem zusammenfassenden Begriff der parlamentarischen Opposition auf eine **Institutionalisierung** hindeutet,[7] mehren sich die Stimmen, die mit Blick auf die typischer Weise politisch vielgestaltige Inhomogenität der „Opposition" sowie den sich aus der Gleichheit des Abgeordnetenmandats sowie den Fraktionsrechten ergebenden Grenzen für eine enge, an die Grenze der Funktionslosigkeit gehende Auslegung wenn nicht gar für die Annahme einer Verfassungswidrigkeit eintreten.[8]

Derartige Sichtweisen gehen indes zu weit; wiewohl es richtig ist, dass die Vorschrift im Gesamtkontext des parlamentarischen Systems gesehen werden muss, so wird im Rahmen der Kritik, die auf einer theoretischen Konstruktion eines demokratischen Oppositionsbegriffs zumeist schwerpunktmäßig auf dem Boden des Grundgesetzes fußt, außer Acht gelassen, dass Vorschriften wie Art. 26 auf einer Entscheidung der verfassunggebenden Gewalt des Landesvolkes beruhen, gegenüber der theoretische Oppositionskonzepte, so gut sie begründet sein mögen, nicht per se Vorrang genießen, sondern erst nach Maßgabe einer sorgfältigen Analyse im Lichte der **Homogenitätsklausel** des Art. 28 Abs. 1 GG sowie eines Nachweises, dass die verfassunggebende Gewalt der Länder überschritten wurde.[9] Genau dies wird aber häufig übersehen, ebenso das Argument, dass Vorschriften wie Art. 26 nicht zwangsläufig in der Tat bedenkliche Vorgaben für eine vereinheitlichende Oppositionsarbeit machen wollen, sondern diese vielmehr lediglich Rechtsreflex einer Austarierung des Verhältnisses Parlamentsmehrheit mit dem Aspekt der Regierungsstabilität auf der einen Seite und Minderheit auf der anderen Seite sind. In diesem Kontext ist die Funktion der Norm vorrangig zu erschließen.

## II. Die Vorschriften im Einzelnen

**1. Zu Abs. 1.** Abs. 1 der Vorschrift definiert die parlamentarische Opposition als die Fraktionen und Mitglieder des LT, welche die Regierung nicht stützen. Damit beschränkt sich die Verfassung auf eine rein formaljuristische Betrachtung, die **keinerlei wertende Elemente** hinsichtlich der Oppositionsarbeit enthält.

---

5 LT-Drs 1/3100, 118.
6 Siehe indes auch die grundlegende Kritik bei *Haberland*, Parlamentarische Opposition, 172 f., speziell zu Art. 26.
7 So wohl auch *Brüning*, in: Becker/Brüning/Ewer/Schliesky (Hrsg.), Verfassung des Landes Schleswig-Holstein, Art. 18 Rn. 10.
8 Ausführlich *Ingold*, Das Recht der Oppositionen, S. 176 ff.; *Kuhn*, Der Verfassungsgrundsatz effektiver parlamentarischer Opposition, 33 ff.; *Cancik*, Parlamentarische Opposition in den Landesverfassungen, 125 ff.; ferner *Kuhn*, Der Verfassungsgrundsatz effektiver parlamentarischer Opposition, 34 f.; deutlich auch *Austermann/Waldhoff*, Parlamentsrecht, Rn. 467: Irrweg; siehe auch *Froese*, in Knops/Jänicke, Verfassung der Freien und Hansestadt Hamburg, Art 24 Rn. 14, der zwischen einem funktionalen und organisatorischen Oppositionsbegriff unterscheidet – und zu einer deklaratorischen Bedeutung der entsprechenden Vorschrift gelangt.
9 In – freilich anderem Zusammenhang – zu Recht auf die Verfassungsautonomie der Länder verweisend *Brocker*, in Glauben/Brocker, Das Recht der parlamentarischen Untersuchungsausschüsse, Kap 24 Rn. 9.

Insbes. werden die bestehenden Unterschiede zwischen den einzelnen Gruppierungen der Opposition nicht übergangen; einen verfassungsrechtlichen Anstoß oder sogar eine **Verpflichtung zu gemeinsamer Arbeit** enthält die Vorschrift nicht.[10]

5 Politikwissenschaftlich greift die Bestimmung allein die formale Gemeinsamkeit auf, die Regierung nicht zu tragen bzw. zu stützen und nimmt damit Bezug auf die Verfassungswirklichkeit des parlamentarischen Regierungssystems einer Kanzlerdemokratie, in welchem anders als etwa in Präsidialdemokratien die Oppositionsarbeit insbes. von der **Parlamentsminderheit** erfüllt werden muss und auch erfüllt wird.[11]

6 Schwierigkeiten bereitet die Definitionsnorm in Fällen, in denen eine Fraktion bzw. Mitglieder des LT die Regierung nicht aufgrund einer politischen Koalitionsvereinbarung dauerhaft stützen. Während sich aus dem systematischen Zusammenhang mit Abs. 2 ergibt, dass eine Zusammenarbeit mit der Parlamentsmehrheit – entweder punktuell oder dauerhaft auf Einzelthemen bezogen – nichts an der Oppositionseigenschaft ändert, stellt sich die Frage der Einordnung indes bei einer **Tolerierung einer Minderheitsregierung,** wie sie etwa im Rahmen des sog. **Magdeburger Modells** erörtert wurde.[12] Rechtsklarheit würde bestehen, wenn man eine formale Beteiligung an der Regierung verlangte und die Beteiligten aus dem Bereich der Opposition herausnähme.[13] Politisch erscheint dies indes nicht angemessen, weil die (personelle) Beteiligung an einer Regierung nicht das parlamentarische Wesensmerkmal ist, sondern die Wahl der Regierungsspitze und das nicht auf Ablösen gerichtete Begleiten(wollen) der Regierungsarbeit. Soweit danach **im Vorfeld** zumindest fraktionsseitig eine entscheidende Mitwirkung zugesichert wird[14], sollte eine derart gestaltete Tolerierung aus dem Oppositionsbegriff ausgeklammert werden, da bereits dann von einem hinreichenden **Willen zu konstruktiver Mitwirkung an politischer Gestaltung** durch die Regierung im Sinne eines „Stützens" gesprochen werden kann.[15] Auf materielle Kriterien, erst recht solche im Rahmen des politischen

---

10 *Cancik*, Parlamentarische Opposition in den Landesverfassungen, 145 f.
11 *Schneider*, in Badura/Dreier FS-BVerfG, Bd. 2, 2001, 627, 659 f.
12 Dazu VerfG S-A LKV 1998, 101 ff.; *Mundil*, Die Opposition, S. 65 ff.; *Cancik* LKV 1998, 95 ff.
13 So ausdrücklich *Schneider*, in Schneider/Zeh, Parlamentsrecht und Parlamentspraxis, § 38 Rn. 33.
14 Darauf verweist zu Recht *Cancik*, Parlamentarische Opposition in den Landesverfassungen, 112; entsprechende Tolerierungs- bzw. Wahlzusagen außerhalb von ad-hoc Verständigungen sind auch vor dem Hintergrund der Unterscheidung zu reinen Minderheitsregierungen, bei denen die Opposition die Parlamentsmehrheit stellt, zu fordern. Nicht zu verlangen ist eine gesonderte koalitionsähnliche Tolerierungsabrede, die deren politischem Sinn widerspricht; ein Nachweis im hier verstandenen Sinne dürfte bereits durch praktisch belastbare Protokollnotizen, Presseerklärungen etc erbracht werden können; zu hohe Anforderungen bei LVerfG S-A LKV 1998, 101,109.
15 Zur Praxis des Magdeburger Modells siehe *Klecha*, Minderheitsregierungen in Deutschland, 186 f.; *politisch* kann es keinen Zweifel geben, dass damals die PDS die Regierung Höppner ermöglicht hat. Auch angesichts der engen Abstimmung in Orientierung am Koalitionsvertrag zwischen SPD und Bündnis 90/Die Grünen zeigt die Entscheidung des Verfassungsgerichts Sachsen-Anhalt LKV 1998, 101 ff. deutlich die Schwierigkeiten, Fragestellungen im Grenzbereich zwischen Recht und Politik mithilfe der hermeneutisch-konkretisierenden Methode der Verfassungsinterpretation zu lösen. Hier wäre wohl der Smend'sche wirklichkeitswissenschaftliche Ansatz zielführend(er) gewesen.

Tagesgeschäfts, sollte indes verzichtet werden.[16] Allenfalls kann der folgenden Praxis im Rahmen einer retrospektiven Betrachtung Indizwirkung für die **Ernsthaftigkeit der Tolerierungsabrede** zukommen.[17]

**2. Zu Abs. 2.** Abs. 2 umschreibt die Aufgaben der Opposition in einem konstruktiven Sinne[18] und enthält damit eine **Absage** an ein Selbstverständnis der Opposition als **Fundamentalopposition**. Inwieweit die Regelung lediglich **beschreibender Natur** ist oder einen **normativen Gehalt** zumindest als Auslegungsregel besitzt, stellt sich vornehmlich im Zusammenhang mit Abs. 3, aber auch mit Blick auf die im Nachgang zur Bildung der großen Koalition im Gefolge der Bundestagswahl vom 22.9.2013 aufgeworfene Frage, ob aus dem Demokratieprinzip – bzw. speziellen Oppositionsvorschriften – nicht ein Anspruch auf die **Ermöglichung effektiver Oppositionsarbeit** folgt,[19] wenn die Opposition eine Reihe von **Mindestquoren**, etwa zur Einberufung von Untersuchungsausschüssen, aus eigener Kraft nicht mehr erreicht.[20] Allerdings muss gesehen werden, dass die einzelnen Vorschriften, welche Kontrollrechte und -möglichkeiten zugunsten der Opposition begründen, durchaus abgestuft sind, zum Teil auch einzelnen Abgeordneten zustehen, so dass es letztlich auf eine **Gesamtbetrachtung** ankommt, ob Oppositionsarbeit schlechterdings ihren verfassungsrechtlichen Auftrag noch erfüllen kann. Das indes lässt sich beim Verfehlen einzelner Quoren nicht abstrakt festmachen mit dem Ergebnis, dass allein hieraus jedenfalls **keine Ansprüche auf Rechtsänderungen oder gar Verfassungsänderungen** folgen, zumal die Bildung von Koalitionsregierungen mit großer Mehrheit durchaus gleichsam durch die Wahlentscheidung demokratisch legitimiert ist.[21] Auch muss mit in den Blick genommen werden, dass Oppositionsarbeit sich nicht lediglich auf die Wahrnehmung parlamentarischer Rechte bezieht.[22] Mit der verfassungsrechtlichen Aufgabenzuweisung an die Opposition mag allenfalls ein **politisches Rücksichtnahmegebot** gerichtet an die Parlamentsmehrheit einhergehen,[23] welches eine justiziable Grenze zu erreichen vermag, wenn die Parlamentsmehrheit ihre Rechte gegenüber der Opposition missbräuchlich durch-

---

16 Die Schwierigkeiten, auf materielle Kriterien abzustellen, zeigen sich etwa noch bei *Lontzek*, in Epping/Butzer (Hrsg.), Hannoverscher Kommentar zur Niedersächsischen Verfassung, 1. Aufl. 2012, Art. 19 Rn. 41.
17 Zu erinnern ist daran, dass die Vermeidung einer besonderen auch nur koalitionsähnlichen Verschriftlichung im Magdeburger Modell politischem Kalkül mit Blick auf deren Außenwirkung entsprang. Zu beachten sind indes auch die Unterschiede zwischen den beiden tolerierten Magdeburger Regierungen, dazu *Klecha*, Minderheitsregierungen in Deutschland, 189 f.
18 Siehe näher *Wedemeyer*, in Thiele/Pirsch/Wedemeyer, Art. 26 Rn. 3 f.; *Kuhn*, Der Verfassungsgrundsatz effektiver parlamentarischer Opposition, 74 ff.
19 BVerfGE 142, 25 ff.; ausführlich *Kuhn*, Der Verfassungsgrundsatz effektiver parlamentarischer Opposition, 53 ff., 102 ff.; dazu auch *Starski* DÖV 2016, 750 ff.; *Canzik* NVwZ 2014, 18 ff.; *Leisner* DÖV 2014, 880 ff.
20 Dazu *Schwarz* ZRP 2013, 226 ff.; *Cancik* NVwZ 2014, 18 verwendet hierfür den Begriff der qualifizierten großen Koalition.
21 So auch *Schwarz* ZRP 2013, 226 (228); aA *Cancik* NVwZ 2014, 18,23; für eine Grundgesetzänderung plädierend *Morlok*, Das Parlament Nr. 42–43 vom 14.10.2013, 2; offener *Brüning*, in: Becker/Brüning/Ewer/Schliesky (Hrsg.), Verfassung des Landes Schleswig-Holstein, Art. 18 Rn. 24 f.
22 *Leisner* DÖV 2014, 880, 883.
23 Vgl. die Selbstverpflichtung zur Wahrung der Oppositionsrechte im Koalitionsvertrag zwischen CDU/CSU und SPD für die 18. Wahlperiode, 184; zur zwischenzeitlich erfolgten Änderung der GO BT siehe BT-Drs. 18/481; ferner die zT bis zu Verfassungsänderungen reichenden Anträge in BT-Drs. 18/379, 18/380 und 18/838.

setzt.[24] Dann kann und muss das allgemeine **Verbot des Rechtsmissbrauchs** auch im Lichte der Ermöglichung wirksamer Oppositionsarbeit gesehen werden.

8 **3. Zu Abs. 3.** Abs. 3 räumt der parlamentarischen Opposition das Recht auf **politische Chancengleichheit** ein. Die Formulierung muss, obwohl geläufig, als missglückt angesehen werden, denn selbst die Verfassung kann der Opposition keine politische Chancengleichheit einräumen, weil dies Sache der politischen Willensbildung in der Gesellschaft ist. Gemeint ist daher, dass die Opposition als Minderheit einen Anspruch hat, ihre parlamentarische politische Arbeit in dem Umfang und mit dem Gewicht vertreten und umsetzen zu können, der ihrem Anteil im Parlament entspricht. Es geht also wie bei Art. 21 Abs. 1 GG um eine rechtlich abgestufte Gleichheit hinsichtlich der Zuteilung von Rechten innerhalb der parlamentarischen Arbeit. Daraus folgt zunächst, dass eine Anwendung der Vorschrift nur zur Abwehr von Beeinträchtigungen in Betracht kommt, die eine **Rechtsrelevanz** im Zusammenhang mit der parlamentarischen Arbeit im engeren Sinne besitzen und welche die Schwelle protokollarischer Etikette überschreiten.[25] Das etwa ist nicht der Fall bei Einladungen zu Festakten, die Erwähnung bei Begrüßungen, erkennbar distanzierenden Bestuhlungsanordnungen oder Raumzuteilungen ohne **Beeinträchtigung der Funktionsadäquanz**, aber auch hinsichtlich der Beteiligung an politischen informellen Informations- und Gesprächsrunden außerhalb des Parlaments selbst auf Einladung der Landesregierung.[26] Hier kann bzw. darf auch, begrenzt durch das **Willkürverbot**,[27] innerhalb der Opposition differenziert werden. Einen Grenzfall stellt es vor dem Hintergrund dar, wenn seitens einer amtierende Landesministerin einer oppositionellen Abgeordneten des Landtags der Zugang zur Bibliothek ihres Hauses verwehrt wird. Das dürfte mit Blick auf den Grundsatz der Verfassungsorgantreue, die in einem solchen Fall im Lichte des Art 26 auf das öffentliche Sachenrecht einwirkt, den Bereich politischer Nickeligkeiten bereits überschreiten.

9 Hinsichtlich seiner Rechtswirkung wirft Abs. 3 zum einen die Frage auf, ob die Vorschrift gegenüber speziellen Gleichheitsregeln eine **eigenständige Bedeutung** hat,[28] bejahendenfalls, ob die Vorschrift die Opposition in ihrer Gesamtheit anspricht und ob schließlich eine Verweigerungshaltung im Widerspruch zu Abs. 2 einen sachlichen Grund für eine Differenzierung bzw. Einschränkung darstellt. Ausgehend vom Willen des Verfassungsgesetzgebers ist die erste Frage dahin gehend zu beantworten, dass Abs. 3 zumindest als **Auffangvorschrift** Anwen-

---

24 Aus der – freilich nur begrenzt auf parlamentarische Sachverhalte übertragbaren – kommunalrechtlichen Rechtsprechung vgl. den Sachverhalt in der Entscheidung betreffend das Verbot der Bildung von Zählgemeinschaften zwischen Fraktionen auf kommunaler Ebene, BVerwG NVwZ 2004, 621; ferner – unter Hinweis auf parlamentsrechtliche Parallelen (!) – BVerwGE 119, 305: Unzulässigkeit eines gemeinsamen Vorschlags zur Ausschussbesetzung selbst bei Koalitionsvertrag.
25 Vgl. LVerfG M-V Beschl. v. 26.5.2011, 8; LVerfG M-V NordÖR 2010, 489.
26 VerfGH Sachsen Beschl v. 28.2.2008 – Vf 148-I-07, Rn. 17.
27 Vor dem Hintergrund ist es aufgrund des starken bzw. überwiegenden Personenbezugs nicht als willkürlich anzusehen, wenn auf ausdrücklichen Wunsch des / der Verstorbenen Angehörige einer als extrem betrachteten Fraktion nicht zu einem Trauerstaatsakt geladen werden; vgl. LVerfG M-V, Beschluss vom 27.2.2020, LVerfG 6/19, wobei die Sachfrage nicht entschieden werden musste; ferner BVerfG, 2 BvE 1/22 v 6.1.2022, Rn. 40 – Holocaust-Gedenkveranstaltung – mit Zweifeln zur Möglichkeit der Einordnung solcher Gedenkakte zur originären parlamentarischen Arbeit und damit zur Anwendung des Rechts auf effektive Opposition bzw des Rechts auf freie Mandatsausübung.
28 Näher *Linck*, in Linck/Baldus/Lindner/Poppenhäger/Ruffert, Art. 59 Rn. 13 ff., der im Ergebnis eine eigenständige Anwendungsmöglichkeit bejaht.

dung findet, wenn spezielle Gleichheitsansprüche fehlen[29] oder wenn es um die Klärung der Frage geht, in welchem Umfang verfassungsrechtliche Ansprüche umgesetzt werden müssen,[30] wobei indes die Vorschrift selbst wenig ergiebig ist, da die abgestufte Chancengleichheit von absoluter Gleichbehandlung aller Fraktionen,[31] Fairness- und Waffengleichheitsregeln über streng mathematisch-prozentuale Abstufung bis hin zu einer Besserstellung[32] reichen kann.[33] Diese Fragen können letztlich allein kasuistisch durch die Rspr ausgefüllt werden.[34]

Hinsichtlich der Ableitung von Gleichheitsansprüchen aus Abs. 3 muss geklärt werden, ob diese der Opposition im Sinne der Definition des Abs. 1 insgesamt zustehen, oder ob sich aus Abs. 3 auch Vorgaben für eine Binnendifferenzierung innerhalb der Opposition ergeben. Ausgehend vom Verfassungstext und vor dem Hintergrund der Rspr[35] muss der rechtsförmliche, nicht politische bzw. politikwissenschaftliche Charakter der Regelung hervorgehoben werden. Daraus folgt, dass die Vorschrift des Abs. 3 bereits dann gewahrt ist, wenn unbeschadet auch erheblicher politischer Unterschiede innerhalb der Opposition dieser die zur Wahrnehmung ihrer Oppositionsarbeit zustehenden Rechte eingeräumt werden. Da bei einer Wahrung der Oppositionsrechte als solche die Vorschrift des Abs. 3 eingehalten wird, bleibt auch Raum für eine **Binnendifferenzierung innerhalb der Opposition** etwa im Sinne einer stärkeren Berücksichtigung der Oppositionsmehrheit, die bis zur Grenze anderer spezieller Rechtsansprüche etwa aus dem Abgeordnetenstatus auch die Vorgaben des Abs. 2 als Auslegungskriterium, wenngleich in engsten Grenzen, berücksichtigen kann.[36] Fraktionen, die formal Teil der Opposition sind, müssen damit nicht zwingend etwa stets ein **Grundmandat** in jedem Ausschuss bzw. Gremium, etwa der parlamentarischen Kontrollkommission, erhalten, wenn nur der Opposition insgesamt chancengleiche Mitwirkungsmöglichkeiten gegeben sind.[37]

Gegenwärtig wird zunehmend die Frage nach einer rechtlich **notwendigen Binnendifferenzierung** innerhalb der Opposition insbesondere vor dem Hintergrund von einer Parlamentsmehrheit unter Einschluss politischer Teile der Opposition

---

29 Soweit Abg zur Opposition zählen, ergibt sich ihre Rechtsstellung bereits aus den Statusvorschriften; zutreffend *Haberland*, Parlamentarische Opposition, 169.
30 Etwa im Rahmen der Ausstattung der Fraktion nach Art. 25 Abs. 2 Satz 3. Die Verfassungskommission sah hierin einen Anwendungsfall des Abs 3, LT-Drs. 1/3100, 118.
31 Zu sog. absoluten Minderheitenrechten *Schneider*, in Schneider/Zeh, Parlamentsrecht und Parlamentspraxis, § 38 Rn. 55 und 63.
32 Zum sog. Oppositionsbonus im Rahmen der Finanzierung der Fraktionen *Schneider*, in Schneider/Zeh, Parlamentsrecht und Parlamentspraxis, § 38 Rn. 65; zur Fraktionsfinanzierung s. oben → Art. 25 Rn. 5.
33 Siehe *Schneider*, Parlamentsrecht und Parlamentspraxis, § 38 Rn. 28.
34 Etwa betreffend das Verhältnis zwischen Grundausstattung und stärkeabhängiger Ausstattung der Fraktionen.
35 BVerfGE 70, 324 ff mit Sondervotum *Mahrenholz*, 366 ff.; diesem folgend *Schneider*, in Badura/Dreier FS-BVerfG, Bd. 2, 2001, S. 627, 659; *Haberland*, Parlamentarische Opposition, 155.
36 Im politikwissenschaftlichen Schrifttum findet sich teilweise die Koalitionsfähigkeit und -willigkeit als Definitionsmerkmal, so *Niclaus*, Das Parteiensystem der Bundesrepublik Deutschland, 1995, 50; ablehnend unter sehr weitem Verständnis des freien Mandats zur Konstruktion von Oppositionspflichten – mit entsprechender Kritik an ihrer normativen Verankerung – *Cancik*, Parlamentarische Opposition in den Landesverfassungen, 135 ff. und 156 ff.; grundsätzlich kritisch zur hier vertretenen Auffassung *Ingold*, Das Recht der Oppositionen, 176 ff.
37 BVerfGE 70, 324,365 mit Sondervotum *Mahrenholz*, 366 ff. und *Böckenförde*, 380 ff; anders (indes bei Fokussierung auf die Bundesebene) *Mundil*, Die Opposition, 148; zur Kritik → Rn. 6 und 8.

vertretenen Einstufung von Oppositionsteilen als zumindest **verfassungsfeindlich** bzw. **extrem** erörtert.[38] Verfassungsrechtlich wirft dies die Frage nach Festlegung einer Trennlinie zwischen politischer Auseinandersetzung durch Ausübung von Mehrheitsrechten und einer justiziablen Verletzung von Minderheitenrechten auf. Hier verlangt die Garantie effektiver Opposition nicht, von Rechten etwa in Bezug auf die Größe sowie das Besetzungsverfahren etwa von Ausschüssen zugunsten eines Oppositionsteils keinen Gebrauch zu machen.[39] Problematisch sind dagegen Fälle, wenn institutionelle Rechte einer Fraktion etwa auf einen bestimmten Sitzanteil in Ausschüssen, Kommissionen oder Präsidien mit dem Recht der Abgeordneten kollidieren, die entsprechend vorgeschlagene Person zu wählen – oder eben nicht,[40] mit der Folge, dass faktisch die zustehenden Sitze nicht besetzt werden können. Soweit teilweise in Anlehnung an Grundsätze wie die der **Organtreue** oder des Verbots des **Rechtsmissbrauchs** diskutiert wird, einer vorgeschlagenen Person nicht grundlos die Wahl verweigern zu dürfen, sondern allein anhand sachlicher Erwägungen, die eine Ungeeignetheit der vorgeschlagenen Person anhand konkreter Tatsachen für das vorgeschlagene Amt begründen,[41] so verkennt das die Grenzen der Justiziabilität im Rahmen politischer Prozesse im Zusammenhang mit Wahlentscheidungen. Im Ergebnis führt dies zu einem Vorrang der aus dem demokratischen Mehrheitsprinzip fließenden politischen Entscheidungsbefugnis, die im Falle von Wahlen keiner Begründung bedarf und eine individuelle Dezision der Mandatsträger darstellt – mit der Folge, dass aus Art. 26 keine Ansprüche auf die Wahl bestimmter Personen abgeleitet werden können.[42]

### III. Schrifttum

12 *Daniel Mundil*, Die Opposition. Eine Funktion des Verfassungsrechts, 2014; *Pascale Cancik*, Parlamentarische Opposition in den Landesverfassungen. Eine verfassungsrechtliche Analyse der neuen Oppositionsregelungen, 2000; *Stephan Haberland*, Die verfassungsrechtliche Bedeutung der Opposition nach dem Grundgesetz, 1995; *Ludger Helms*, Politische Opposition. Theorie und Praxis in westlichen Regierungssystemen, 2002; *Albert Ingold*, Das Recht der Oppositionen, 2015; *David Kuhn*, Der Verfassungsgrundsatz effektiver parlamentarischer Opposition, 2019

### Art. 27 (Wahlperiode)

(1) ¹Der Landtag wird vorbehaltlich der nachfolgenden Bestimmungen auf fünf Jahre gewählt. ²Seine Wahlperiode beginnt mit seinem Zusammentritt und endet mit dem Zusammentritt eines neuen Landtages. ³Die Neuwahl findet frühestens achtundfünfzig, spätestens einundsechzig Monate nach Beginn der Wahlperiode statt.

(2) ¹Der Landtag kann auf Antrag eines Drittels mit der Mehrheit von zwei Dritteln seiner Mitglieder unter gleichzeitiger Bestimmung eines Termins zur Neuwahl die Wahlperiode vorzeitig beenden. ²Über den Antrag auf Beendigung

---

38 *Rademacher*, in HannKomm NV, Art. 19 Rn. 51 ff.
39 RhPfVerfGH NVwZ-RR 2018, 546 ff.
40 Zu einem entsprechenden – abgelehnten – Eilantrag BVerfG NVwZ 2021, 1368 ff.; ausführlich und differenzierend *Schönberger/Schönberger* JZ 2018, 105, 108 ff.
41 ThürVerfGH ThürVBl 2021, 121, 124; vgl. auch SächsVerfGH LKV 1996, 295 (296 f.).
42 Vgl. nunmehr BVerfG Beschl. v. 22.3.2022 – 2 BvE 9/20, Rn. 31 ff. – Wahl eines Vizepräsidenten des Deutschen Bundestages; zur Reichweite der Geschäftsordnungsautonomie (Vorschlagsrecht) siehe BVerfG, Urteil v. 22.3.2022 – 2 BvE 2/20.

kann frühestens nach einer Woche und muß spätestens einen Monat nach Abschluß der Aussprache abgestimmt werden. ³Die Neuwahl darf frühestens sechzig Tage und muß spätestens neunzig Tage nach dem Beschluß über die Beendigung der Wahlperiode stattfinden.

Vergleichbare Regelungen:
Artt. 39 GG; 30, 43 BWVerf; 16, 18 BayVerf; 54 VvB; 62 BbgVerf; 75, 76 BremVerf; 10, 11 HambVerf; 79, 80, 81, 82, 83 HessVerf; 9, 10 NdsVerf; 34, 35 Verf NW; 83, 84 Verf Rh-Pf; 67, 69 SaarlVerf; 44, 58 SächsVerf; 43, 60 LVerf LSA; 19 SchlHVerf; 50 LV Thür.

| I. Vorbemerkungen | 1 | IV. Diskontinuität | 7 |
| --- | --- | --- | --- |
| II. Dauer der Wahlperiode | 3 | V. Selbstauflösungsrecht | 8 |
| III. Zeitpunkt der Neuwahl | 6 | | |

## I. Vorbemerkungen

Art. 27 gehört zu den wenigen Bestimmungen der LV, die bereits mehrfach geändert wurde. Zunächst wurde die **Wahlperiode** von vier **auf fünf Jahre verlängert**.[1] Mit der zweiten Änderung von Art. 27 Abs. 1 vom 14 Juli 2016 wurde zum einen festgehalten, dass die WP des LT mit seinem Zusammentritt beginnt, was allerdings zuvor bereits durch Auslegung von Art. 27 Abs. 1 zu ermitteln war. Zum anderen wurde der Zeitpunkt der Neuwahl neu festgelegt (→ Rn. 6)   1

Die personellen Träger der obersten politischen Staatsorgane bedürfen, damit   2
ihr Verhalten dem Volke verantwortlich bleibt, in regelmäßig wiederkehrenden zeitlichen Abständen der **demokratischen Legitimation durch Wahlen**.[2] Legitimation und Kontrolle parlamentarischer Repräsentation durch freiheitliche Wahlen in regelmäßigen Zeitabständen sind elementare, von Art. 56 Abs. 3 LV erfasste Bestandteile des Demokratieprinzips.[3] Die Befugnis zur Herrschaft wird nur auf Zeit verliehen.[4] Die in regelmäßig wiederkehrenden, nicht zu langen zeitlichen Abständen stattfindenden Neuwahlen stellen sicher, dass die Abg. dem Volk verantwortlich bleiben. Durch diese Wahl erhält das Parlament seine Legitimation als Repräsentationsorgan des Volkes. Diese – unmittelbar vom Volk herrührende – demokratische Legitimation bezieht sich auf alle Aufgaben, Tätigkeiten und Befugnisse, die die Verfassung dem Parlament zuweist.[5] Anstelle des Begriffs der Wahlperiode wird auch häufig der Ausdruck **Legislaturperiode** verwendet, wenngleich Wahlperiode die sachlich treffendere Bezeichnung ist.[6] Legislaturperiode beschreibt den Zeitraum lediglich aus einer funktionalen Sicht, die Parlamente auf ihre Gesetzgebungseigenschaft reduziert und den vielfältigen Aufgaben eines modernen Parlaments (→ Art. 20 Rn. 9, 26) nicht gerecht wird.

## II. Dauer der Wahlperiode

Die Dauer der Wahlperiode bewegt sich im **Spannungsfeld widerstreitender In-**   3
**teressen**. Argumente für eine möglichst lange Wahlperiode sind die zusammenhängende Arbeitsphase ohne partielle Wechsel der Mitglieder und daraus fol-

---

1 Geändert durch Gesetz vom 14.7.2006, GVOBl., S. 572.
2 BVerfGE 44, 125 (139).
3 LVerfG M-V Urt. v. 26.6.2008 – 4/07 – LVerfGE 19, 283, 296.
4 *Morlok*, in Dreier, Art. 39 Rn. 10; *Linck*, in Linck/Jutzi/Hopfe, Art. 50 Rn. 1; *Brocker*, in Epping/Hillgruber, Art. 39 Rn. 2.
5 BVerfGE 77, 1 (40); *Zeh* ZParl 1976, 353 f.
6 *Müller-Terpitz*, in Löwer/Tettinger, Art. 34 Rn. 4; *Morlok*, in Dreier, Art. 39 Rn. 12; diff. *Versteyl*, in Schneider/Zeh, § 14 Rn. 10.

gender Einarbeitungszeit einschließlich der Anlaufphase der Regierungsbildung, weniger Wahlkämpfe und entsprechende Konzentration der parlamentarischen Arbeit im letzten Jahr der Wahlperiode, bessere und vollständigere Erledigung der parlamentarischen Arbeit durch seltener einsetzende Diskontinuität, größere Unabhängigkeit des Abg. gegenüber seiner Partei.[7] Für eine möglichst kurze Wahlperiode spricht der stärkere Einfluss der Bürger auf die personelle und politische Zusammensetzung des Parlaments, die weniger ausgeprägte Auseinanderentwicklung der Mehrheitsentscheidungen im Parlament von den Mehrheitsauffassungen in der Bevölkerung, die Chance zum häufigeren Machtwechsel und der Stärkung der Bedeutung der Opposition.[8] Die Frage der Dauer der Wahlperiode wurde auf Bundesebene intensiv in der Gemeinsamen Verfassungskommission diskutiert, ohne jedoch eine Empfehlung auszusprechen.[9]

4 In den neuen Ländern wurde durch § 1 Abs. 2 des Länderwahlgesetzes vom 22.7.1990[10] die Wahlperiode auf vier Jahre festgelegt. Auch die LV sah zunächst eine vierjährige Wahlperiode vor. In den Jahren 1994, 1998 und 2002 haben die Landtagswahlen in M-V zeitgleich mit den Wahlen zum BT stattgefunden. Nachdem aufgrund der gescheiterten Vertrauensfrage des Bundeskanzlers bereits am 14.9.2005 Neuwahlen zum BT stattfanden, war ausgeschlossen, auch künftig regelmäßig Bundestags- und Landtagswahlen parallel durchzuführen. Die im 4. Landtag vertretenen Fraktionen der SPD, CDU und Linkspartei.PDS haben in der Folge einen Gesetzentwurf (Drs. 4/2118 neu) eingebracht, aufgrund dessen die Wahlperiode mit Wirkung ab der 5. Wahlperiode auf fünf Jahre verlängert werden sollte. Der Gesetzentwurf ist in der Fassung der Beschlussempfehlung (Drs. 4/2328) am 27.6.2006 einstimmig angenommen worden. Die **Verlängerung der Wahlperiode auf fünf Jahre ist mit dem Demokratieprinzip vereinbar**, da dieser Zeitraum mit dem Prinzip der regelmäßig und in angemessenen Zeitabständen wiederkehrenden Wahlen vereinbar ist.[11] Nachdem Hamburg mit dem 14. Gesetz zur Änderung der Verfassung vom 19.2.2013[12] seine Wahlperiode ab 2015 auf fünf Jahre verlängert hat, haben mit Ausnahme des BT und Bremen (4 Jahre) alle deutschen Parlamente eine fünfjährige Wahlperiode.

Um die Einflussmöglichkeiten der Bürger auf die politische Willensbildung zu stärken, wurde mit der Verlängerung der Wahlperiode gleichzeitig das Quorum für ein Volksbegehren gesenkt (→ Art. 60 Rn. 1, 5). Die Verlängerung der Wahlperiode konnte nur **mit Wirkung für den folgenden LT** erfolgen. Eine laufende Wahlperiode darf außer in den in der Verfassung vorgesehenen Fällen nach Art. 27 Abs. 2, Art. 42 Abs. 2 und Art. 51 Abs. 1 LV weder verlängert noch verkürzt werden. Insbes. die Verlängerung der Wahlperiode durch die gewählte Körperschaft widerspräche den Grundsätzen der Demokratie und wäre eine

---

[7] *Groh*, in v. Münch/Kunig, Art. 39 Rn. 8.
[8] Vgl. *Zeh* ZParl 1976, 353 (357 f.); *Jekewitz* ZParl 1976, 373 (397 ff.).
[9] Vgl. schriftliche Stellungnahmen von Degenhardt, Günther, H.P. Schneider und Thaysen, in Dt.BT, Zur Sache 2/96 Band 3, S. 3, S. 448 ff. sowie Protokoll der Anhörung v. 10.9.1992 in Dt. BT, Zur Sache Band 2, S. 195 ff.
[10] GBl. I S. 960 (geänd. S. 1468).
[11] LVerfG M-V Urt. v. 26.6.2008 – 4/07 – LVerfGE 19, 283, 198 f.
[12] HmbGVBl. S. 43.

der Volkssouveränität zuwiderlaufende Selbstermächtigung.[13] Der Wähler muss wissen, für wie lange er den zu Wählenden seine Stimme gibt.[14]

Nach Art. 27 Abs. 1 Satz 2 LV endet und beginnt die Wahlperiode mit dem Zusammentritt eines neuen LT. Diese Bestimmung, die identisch mit der jetzigen Formulierung des GG ist, gewährleistet in jedem Fall das nahtlose Aneinanderfügen der Wahlperioden, so dass keine parlamentslose Zeit denkbar ist.[15] Dabei ist durch die Änderung des Wortlauts von Art. 27 Abs. 1 S. 2 auch ausdrücklich sprachlich festgehalten, dass die **Wahlperiode mit dem Zusammentritt des LT beginnt**. Inhaltlich ist mit der Ergänzung keine Änderung bewirkt worden.[16]

## III. Zeitpunkt der Neuwahl

Mit der 5. Änderung der LVerf vom 14.7.2016 finden nach Abs. 1 Satz 2 die **Neuwahlen frühestens 58 und spätestens 61 Monate** nach der Konstituierung des Landtags (→ Art. 28 Rn. 1, 2) statt. Die Landesregierung setzt den Wahltermin fest (§ 3 Abs. 2 LKWG M-V). Der Landtag muss nach Art. 28 LV innerhalb von 30 Tagen nach der Wahl zusammentreten, daher können zwischen zwei Wahlterminen maximal 62 Monate liegen.[17] Da mit 62 Monaten die WP-dauer von fünf Jahren überschritten werden könnte, hat der Verfassungsgeber die **fünfjährige Dauer der WP unter den Vorbehalt des Zeitpunkts der Neuwahl** gestellt. Im Zuge der Anhörung zu der Verfassungsänderung ist dies teilweise kritisch betrachtet worden[18], wurde aber von der Mehrheit der Sachverständigen als verfassungsrechtlich unproblematisch angesehen. Weder das Demokratienoch das Rechtsstaatsprinzip seien tangiert, da die vorab festgelegte Periodizität der LT-Wahlen gewahrt bleibe. Auch ein Vergleich mit anderen deutschen LVerf zeigt, dass in den meisten Ländern die maximale WP-Dauer unter Einbeziehung der Vorgaben und Spielräume für die Festsetzung des Wahltermins und der Zeitspanne zwischen Wahl und Zusammentritt des Parlaments geringfügig überschritten werden kann.[19] In Bayern kann dieser Zeitraum 2 Monate und 22 Tage betragen.[20]

Die Änderung des Zeitpunkts für Neuwahlen wurde erforderlich, weil sich nach der vorher bestehenden Regelung (57. bis 59. Monat nach Beginn der WP)

---

13 BVerfGE 1, 14 (33); LVerfG M-V Urt. v. 26.6.2008 – 4/07 – LVerfGE 19, 283, 296; *Dette*, in Linck/Baldus/Lindner/Poppemhäger/Ruffert, Art. 50 Rn. 6; *Morlok*, in Dreier, Art. 39 Rn. 17 f.; *Kluth*, in Schmidt-Bleibtreu/Hofmann/Henneke, Art. 39 Rn. 12; *Groh*, in v. Münch/Kunig, Art. 39 Rn. 7; diff. *Linck*, in Linck/Jutzi/Hopfe, Art. 50 Rn. 3, der keine verfassungsrechtlichen Bedenken sieht, wenn die Veränderung der Dauer der WP durch eine Verfassungsänderung zwingend, ggf. durch die Verfassung selbst legitimiert sei und sich die Veränderung in engem zeitlichen Rahmen hält.
14 *Groh*, in von Münch/Kunig, Art. 39 Rn. 6.
15 *Kluth*, in Schmidt-Bleibtreu/Hofmann/Henneke, Art. 39 Rn. 13; *Wedemeyer*, in Thiele/Pirsch/Wedemeyer, Art. 27 Rn. 3. Die bis zum 33. Gesetz zur Änderung des Grundgesetzes vom 23.08. 1976 (BGBl. I S. 2381) geltende Fassung sah nicht vor, dass die Wahlperiode bis zum Zusammentritt eines neuen Bundestags andauerte, so dass theoretisch eine parlamentslose Zeit denkbar war.
16 LT-Drs. 6/5076 und 6/5462.
17 Das entspricht insoweit der bis 2006 geltenden Regelung, da bei der vierjährigen Wahlperiode der Termin für Neuwahlen zwischen 45. und 47. Monat nach der Konstituierung liegen musste.
18 Dokumentation zur 5. Änderung der Verfassung des Landes M-V S. 51 und 126, Hrsg. Landtag M-V.
19 Dokumentation zur 5. Änderung der Verfassung des Landes M-V S. 60–67 und 131, Hrsg. Landtag M-V.
20 Art. 16 Abs. 1 und 2 Bay LVerf.

der tatsächliche Wahltermin kontinuierlich vorverlagerte und Wahlen künftig während der Sommerferien hätten stattfinden müssen.[21]

## IV. Diskontinuität

7 Das Parlament ist als institutionalisiertes Verfassungsorgan dauerhaft existent.[22] Dieser **Organkontinuität** steht aber der Grundsatz der **Diskontinuität** gegenüber. Dabei bezieht sich die personelle Diskontinuität auf die Rechtsstellung der Abg., deren Mandat mit dem Zusammentritt eines neuen LT erlischt und ggf. im Falle der Wiederwahl neu begründet wird. Die **institutionelle Diskontinuität** begrenzt die Amtszeit der Gremien und Amtsträger. So verlieren auch die Ausschüsse, Untersuchungsausschüsse und Enquete-Kommissionen mit dem Ende der Wahlperiode ihre Existenz und müssen in der neuen Wahlperiode neu konstituiert werden.[23] Aufgrund der sachlichen Diskontinuität erfolgt die **automatische Erledigung der noch nicht abgeschlossenen Beratungsgegenstände** (vgl. § 113 Abs. 1 GO LT).[24] Lediglich noch nicht beschiedene Petitionen sowie Volksinitiativen und Volksbegehren werden weiter beraten (§ 113 Abs. 2 GO LT). Eine Besonderheit bilden insoweit die Beschlüsse des LT mit denen von der LReg regelmäßige Berichte zu einem Thema gefordert wurden, da diese Beschlüsse für die nächste Wahlperiode in Kraft bleiben (§ 113 Abs. 3 GO LT). Die ausdrückliche Begrenzung „für die nächste Wahlperiode" soll einerseits gewährleisten, dass regelmäßige Berichtspflichten der LReg aufgrund eines Beschlusses des LT weiter bestehen. Andererseits muss das Parlament in der folgenden Wahlperiode den entsprechenden Beschluss erneuern, wenn Berichte über ein Thema auch über diese Wahlperiode hinaus eingefordert werden. Damit soll den bisweilen ausufernden Berichtsersuchen entgegengewirkt werden, da die Vorlagepflicht aufgrund eines einmal gefassten Beschlusses nicht unbegrenzt gilt.

## V. Selbstauflösungsrecht

8 Im Gegensatz zum GG sieht die LV in Art. 27 Abs. 2 ein **Selbstauflösungsrecht des LT** vor. Wie in vielen Ländern und im Bund war auch die Einführung eines Selbstauflösungsrechts des LT in M-V stark umstritten. Bedenken bestanden, dass durch die permanente Gefahr einer Parlamentsauflösung die Stabilität und Effizienz der Arbeit von Parlament und Regierung in Mitleidenschaft gezogen würden. Zudem lasse ein Selbstauflösungsrecht des Parlaments den Zwang entfallen, sich auch in schwierigen Situationen politisch zu einigen.[25]

Mit dem Selbstauflösungsrecht soll die Möglichkeit einer **permanenten politischen Übereinstimmung von Volk und Repräsentanten** befördert werden.[26] Das Parlament soll in politischen Situationen reagieren können, die sinnvoll nur über Neuwahlen einer Lösung zugeführt werden können. Insbes. dürften dabei Fälle von „politischen Patt-Situationen" im LT, dem Verlust der Regierungsmehrheit

---

21 16.10.1994; 27.9.1998; 22.9.2002; 17.9.2006; = 4.9.2011; 4.9.2016.
22 *Kluth*, in Schmidt-Bleibtreu/Hofmann/Henneke, Art. 39 Rn. 4 u. 9; *Brocker*, Epping/Hillgruber, Art. 39 Rn. 8 f.
23 Die PKK bleibt allerdings über die WP hinaus bestehen, vgl. § 27 Abs. 3 LVerfschG.
24 Vgl. zu den Facetten der Diskontinuität *Kluth*, in Schmidt-Bleibtreu/Hofmann/Henneke, Art. 39 Rn. 6 ff.
25 *Wedemeyer*, in Thiele/Pirsch/Wedemeyer, Art. 27 Rn. 6; *Müller-Terpitz*, in Löwer/Tettinger, Art. 35 Rn. 2 ff.; *Linck*, in Linck/Jutzi/Hopfe, Art. 50 Rn. 13 mwN.
26 *Linck*, in Linck/Jutzi/Hopfe, Art. 50 Rn. 14.

oder der Unfähigkeit mit den im Parlament vertretenen Fraktionen eine Koalition zu bilden, in Betracht kommen.[27]

Anders als bei der gescheiterten Vertrauensfrage nach Art. 51 Abs. 1 LV und im Falle des Scheiterns der Wahl eines MinPräs nach Art. 42 Abs. 2 LV ist die Befugnis zur Selbstauflösung die einzige Möglichkeit des Parlaments, **ohne Mitwirkung der LReg Neuwahlen** herbeiführen zu können. Damit kann der Gefahr begegnet werden, dass sich die LReg den für sie günstigsten Termin für eine Landtagsauflösung mit anschließenden Neuwahlen aussucht. Vom Recht zur Selbstauflösung ist in M-V bisher noch kein Gebrauch gemacht worden.[28] Es ist nicht an bestimmte materiellrechtliche Voraussetzungen geknüpft; der Schutz vor einer missbräuchlichen Ausnutzung ist bereits durch die hohen Quoren gewährleistet.[29] Gleichwohl könnte die Selbstauflösung verfassungswidrig sein, wenn sie sich als willkürliche oder rechtsmissbräuchliche Verkürzung der Wahlperiode erweist, zB um ein momentanes „Stimmungshoch" in Umfragen wahltaktisch zu nutzen.[30]

Der Antrag auf Auflösung des Parlaments nach Art. 27 Abs. 2 LV muss von **einem Drittel der Mitglieder des LT** gestellt werden. Ohne dass die GO LT eine entsprechende Bestimmung vorsieht, muss der Antrag von der entsprechenden Anzahl von 24 Mitgliedern (wegen der Überhang und Ausgleichsmandate in der 8.WP von 27 Mitgliedern) eigenhändig unterzeichnet sein. Der Antrag einer Fraktion reicht dazu nicht aus, auch wenn die Fraktion aufgrund ihrer Stärke das Quorum erfüllen würde. Da die GO LT das Formerfordernis der eigenhändigen Unterzeichnung des Antrags bei der Einsetzung eines Untersuchungsausschusses und auch der Beantragung einer Dringlichkeitssitzung vorsieht,[31] gebieten die Tragweite eines Antrags auf Selbstauflösung des Parlaments und der gebotene Übereilungsschutz, dass eine eigenhändige Unterzeichnung erfolgt. Bei der Abstimmung bedarf der Antrag der **Mehrheit von zwei Dritteln seiner Mitglieder**, somit 48 Stimmen (in der 8. WP 53 Stimmen). Auch dieses Quorum, das dem eines verfassungsändernden Gesetzes nach Art. 56 Abs. 2 LV entspricht, verdeutlicht die Tragweite einer Selbstauflösung des Parlaments. Um die Abstimmung nicht in der politisch hektischen Phase der Antragsberatung durchzuführen, sieht Abs. 2 Satz 2 vor, dass über die Änderung frühestens nach einer Woche nach dem Ende der Aussprache abgestimmt werden darf. Diese Frist dient ebenso dem Übereilungsschutz und soll sichern, dass vor der endgültigen Entscheidung über die Parlamentsauflösung noch politische Abstimmungen der Gremien der Fraktionen und Parteien erfolgen können.[32] Andererseits muss der Antrag innerhalb eines Monats zur Abstimmung gelangen, um die Stellung und das Ansehen des Parlaments nicht durch die unsichere Rechtslage einer drohenden Parlamentsauflösung zu gefährden und möglichst rasch die politische Handlungsfähigkeit der Volksvertretung zu bestätigen oder durch Neuwahlen wiederherzustellen.

Der Antrag auf Auflösung des Parlaments muss zwingend **unter Bestimmung eines Termins zur Neuwahl** erfolgen. Insoweit stellt die Regelung nach Art. 27

---

27 *Dette,* in Linck/Baldus/Lindner/Poppenhäger/Ruffert, Art. 50 Rn. 17; *Wedemeyer,* in Thiele/Pirsch/Wedemeyer, Art. 27 Rn. 6; *Linck,* in Linck/Jutzi/Hopfe, Art. 50 Rn. 14.
28 Zur Praxis in anderen Ländern vgl. *Müller-Terpitz,* in Löwer/Tettinger, Art. 34 Rn. 6.
29 *Dette,* in Linck/Baldus/Lindner/Poppenhäger/Ruffert, Art. 50 Rn. 18; *Linck,* in Linck/Jutzi/Hopfe, Art. 50 Rn. 15.
30 VerfGH Berlin DÖV 2002, 431 (433 f.); *Dette,* in Linck/Baldus/Lindner/Poppenhäger/Ruffert, Art. 50 Rn. 18; diff. *Mielke,* in Butzer/Epping, Art. 10 Rn. 17.
31 Vgl. → Art. 20 Rn. 4.
32 *Linck,* in Linck/Jutzi/Hopfe, Art. 50 Rn. 15.

Abs. 2 LV eine Besonderheit dar, indem der Wahltag durch das Parlament festgelegt wird, während die Festsetzung des Wahltermins nach § 3 Abs. 2 LKWG M-V im Regelfall durch die LReg erfolgt. Zur Zulässigkeit des Antrags auf Auflösung des Parlaments gehört, dass die Bestimmung des Termins für die Neuwahl die Fristbestimmungen nach Abs. 2 S. 3 berücksichtigt, also innerhalb des Zeitraums zwischen 60 und 90 Tagen nach dem Beschluss über die Beendigung der Wahlperiode liegt. Bei der Bestimmung des Neuwahltermins in dem Antrag ist die Frist zwischen Antragsberatung und Antragsabstimmung mit zu berücksichtigen, so dass Zulässigkeitsbedenken gegenüber einem Antrag bestehen, der eine Neuwahlterminierung innerhalb von 60 Tagen nach Antragsberatung vorsähe, da ein solcher Wahltermin unter Berücksichtigung der Frist zwischen Antragsberatung und Abstimmung vor der 60-Tage Frist läge. Die Frist zur Durchführung von Wahlen innerhalb von 60 bis 90 Tagen nach dem Beschluss über die Beendigung der Wahlperiode soll den Parteien genügend Vorbereitungszeit für die Wahlen einräumen. Dies gilt insbes. für die Parteien und Einzelbewerber, die Unterstützungsunterschriften beibringen müssen (vgl. § 55 Abs. 5 LKWG).

### Art. 28 (Zusammentritt des Landtages)

[1]Nach jeder Neuwahl tritt der Landtag spätestens am dreißigsten Tag nach der Wahl zusammen. [2]Er wird vom Präsidenten des alten Landtages einberufen.

Vergleichbare Regelungen:
Artt. 30 BWVerf; 16 BayVerf; 54 VvB; 62 BbgVerf; 81 BremVerf; 12 HambVerf; 83 HessVerf; 9 NdsVerf; 37 Verf NW; 83 Verf Rh-Pf; 67 SaarlVerf; 44 SächsVerf; 45 LVerf LSA; 19 Abs. 4 SchlHVerf; 50 ThürVerf.

| | | | |
|---|---|---|---|
| I. Allgemeine Bedeutung | 1 | III. Zusammentritt des Landtages | 3 |
| II. Einberufung des neuen Landtages | 2 | IV. Leitung der ersten Sitzung | 4 |

### I. Allgemeine Bedeutung

1 Der neue LT muss spätestens am 30. Tag nach der Landtagswahl zu seiner ersten – der sog. konstituierenden – Sitzung zusammentreten. Für die Fristberechnung gelten die §§ 187 ff. BGB.[1] Mit dieser terminlichen Vorgabe soll sichergestellt werden, dass die Entscheidung der Wähler möglichst zeitnah verfassungsrechtlich umgesetzt wird.[2] Art. 28 LV ist wie Art. 39 Abs. 2 GG eine unmittelbare Ausprägung des Demokratieprinzips.[3] Insoweit könnte die Zeitspanne zwischen Wahl und Konstituierung auch durch eine Verfassungsänderung nicht beliebig weit ausgedehnt werden.[4] Ein nicht fristgerechter Zusammentritt ist verfassungswidrig[5] und könnte von den Gewählten im Organstreitverfahren gerügt werden.[6]

### II. Einberufung des neuen Landtages

2 Die Einberufung erfolgt durch den Präsidenten des alten LT. Dieser wird damit als treuhändischer Organwalter für den nachfolgenden Landtag tätig.[7]

---

1 *Waack*, in Becker, Brüning/Ewer/Schliesky Art. 19 Rn. 20.
2 *Linck*, in Linck/Jutzi/Hopfe, Art. 50 Rn. 15.
3 *Brocker*, in Epping/Hillgruber; Art. 39 Rn. 13.1.
4 NW VerfGH NWVBl 2009, 185, 186.
5 Ipsen, Verfassung, Art. 9 Rn. 12.
6 *Soffner*, in Epping/Butzer, Art. 9 Rn. 40.
7 *Schulte/Kloos*, in Kunzmann/Baumann-Hasske, Art. 44 Rn. 8.

Wann der LT frühestens zusammentreten kann, ist verfassungsrechtlich nicht geregelt, ergibt sich aber aus **dem Landes- und Kommunalwahlgesetz** (LKWG v. 16.12.2010). Die Einberufung kann erst dann verfügt werden, wenn das endgültige Ergebnis der Landtagswahl durch die Landeswahlleitung nach § 33 Abs. 4 LKWG öffentlich bekannt gemacht worden und die Wochenfrist nach § 34 S. 1 LKWG verstrichen ist. In der parlamentarischen Praxis wird die Frist regelmäßig nahezu ausgeschöpft, um den neu gewählten Abg. Zeit zu geben, sog. „Vor-Fraktionen" zu bilden und die konstituierende Sitzung des LT, die Besetzung parlamentarischer Ämter sowie ggf. weitere Beratungsgegenstände der ersten Sitzung politisch vorzubereiten.[8] Obgleich die gewählten Bewerber gemäß § 34 LKWG erst mit Ablauf der Wahlperiode und damit mit dem Zusammentritt des neuen LT die Mitgliedschaft im LT erwerben, erhalten sie nach § 29 Abs. 1 AbgG M-V Leistungen bereits vom Tag der Feststellung des amtlichen Wahlergebnisses durch den Landeswahlausschuss, auch wenn die Wahlperiode noch nicht abgelaufen ist. Daneben erhalten im gleichen Zeitraum die Abg. des „alten" LT ihre Leistungen bis zum Zusammentritt des neuen LT. Diese Regelung trägt dem Umstand Rechnung, dass es **keine „parlamentslose" Zeit gibt.**[9] Während der „alte" LT einschließlich aller seiner Gremien bis zum Zusammentritt des neuen LT allein legitimiert ist, formal verbindliche Entscheidungen zu treffen, obliegt es den „neuen" bzw. zukünftigen Abg., bereits im Vorfeld der konstituierenden Sitzung politische und organisatorische Entscheidungen möglichst frühzeitig vorzubereiten und zu koordinieren. Daher wird der Termin für die erste Sitzung vom Präsidenten des vorherigen Landtages im Benehmen mit den „Vor-Fraktionen" des neuen Landtages festgelegt.[10] Üblicherweise finden auch „Fraktionssitzungen" statt, bevor sich der neue LT konstituiert, in denen oft bereits ein Fraktionsvorstand und weitere Funktionsträger gewählt werden. Alle diese Entscheidungen sind de jure zunächst unwirksam (→ Art. 25 Rn. 2), politisch aber mehr als ein Präjudiz, da sie nach der Konstituierung regelmäßig ausdrücklich oder stillschweigend bestätigt werden. Gleiches gilt für die notwendigen personellen, organisatorischen und politischen Vorabsprachen im sog. „Vor-Ältestenrat" (→ Art. 30 Rn. 4).

## III. Zusammentritt des Landtages

Der „Zusammentritt" des neuen Landtages ist maßgeblicher Zeitpunkt für Beginn und Ende der Wahlperiode. Die neue Wahlperiode schließt sich unmittelbar und ohne zeitliche Unterbrechung an die alte an und beginnt mit dem ersten Zusammentritt des neuen Landtages.[11]

Im Hinblick auf diese verfassungsrechtliche Folge ist mit „Zusammentritt" die konstituierende Sitzung des Landtages gemeint.[12] Die Konstituierung ist nicht bereits mit der Eröffnung der ersten Sitzung durch den Alterspräsidenten vollzogen.[13]

Nach der Geschäftsordnung beschließt der Landtag in der ersten Sitzung das Berechnungsverfahren für Anteile, Zugriffe und Reihenfolge der Fraktionen (§ 1 Abs. 4 GO) und wählt den Präsidenten (§ 2 Abs. 1 GO). Schließlich entspricht es ständiger parlamentarischer Praxis, dass sich der Landtag in der konstituieren-

---

8 *Brocker*, in Epping/Hillgruber, Art. 39 Rn. 10.
9 *Brocker*, in Epping/Hillgruber, Art. 39 Rn. 10.
10 *Brocker*, in Epping/Hillgruber, Art. 39 Rn. 14.
11 *Kluth*, in Schmidt-Bleibtreu/Hofmann/Henneke, Art. 39 Rn. 13.
12 *Brocker*, in Epping/Hillgruber, Art. 39 Rn. 13 mwN.
13 So aber *Soffner*, in Eppig/Butzer, Art. 9 Rn. 41.

den Sitzung eine Geschäftsordnung gibt bzw. die bisherige – ggf. als vorläufige – übernimmt.

Ob diese Beschlüsse bzw. die Wahl des Präsidenten lediglich „sinnvoll und üblich"[14] oder verfassungsrechtlich notwendiger Bestandteil der konstituierenden Sitzung sind,[15] ist streitig.

Um das verfassungsrechtliche Gebot, eine parlamentslose Zeit zu verhindern, nicht nur formal, sondern auch materiell umzusetzen, ist es erforderlich, dass das alte Parlament unmittelbar und ohne zeitliche Lücke durch ein handlungsfähiges neues Parlament abgelöst wird. Dafür sind aber sowohl Verfahrensregeln als auch ein gewählter Präsident erforderlich.

Der Zusammentritt und damit die Konstituierung des neuen Landtages ist daher erst abgeschlossen, wenn die Anwesenheit von gewählten Abgeordneten in beschlussfähiger Anzahl festgestellt wurde, eine vorläufige Geschäftsordnung beschlossen und der Landtagspräsident gewählt wurde.[16]

### IV. Leitung der ersten Sitzung

4 Die LV enthält keine Regelung zur Leitung der 1. Sitzung des neuen LT. M-V hat sich von der 1. bis zur 8. WP an der parl. Tradition d. BT und der meisten LT orientiert[17] und für die sog. Lebensalterregelung entschieden. Diese parlamentarische Praxis ist nicht zwingend.[18] Der LT hat sich daher – wie der BT – mit der neuen GO für eine sog. Dienstalterregelung entschieden. Nach § 1 Abs. 2 GO LT ist Alterspräsident das am längsten dem LT angehörende Mitglied, das derzeit kein Regierungsamt übernimmt und das bereit ist, dieses Amt zu übernehmen. Bei gleicher Dauer der Zugehörigkeit entscheidet das höhere Lebensalter.

Die erste Sitzung wird nach § 1 Abs. 2 GO LT durch den **Alterspräsidenten** geleitet. Die GO legt die notwendigen Bestandteile der ersten – konstituierenden – Sitzung fest. Der Alterspräsident eröffnet die Sitzung, stellt die ordnungsgemäße Einberufung und die Beschlussfähigkeit fest. Er ernennt zwei Mitglieder des LT zu vorläufigen Schriftführern und bildet mit ihnen ein vorläufiges Präsidium (§ 1 Abs. 3 GO LT). Es folgt üblicherweise eine Ansprache des Alterspräsidenten.[19] Weiterer notwendiger Tagesordnungspunkt ist die Annahme der GO. Dies kann durch Übernahme der alten, Annahme einer vorläufigen oder Beratung und Verabschiedung einer neuen bzw. geänderten GO erfolgen. Wesentliche und abschließende Aufgabe des Alterspräsidenten ist es, den PräsLT in geheimer Wahl ohne Aussprache für die Dauer der Wahlperiode wählen zu lassen (§ 2 Abs. 1 Satz 1 GO LT).

Anschließend gibt der Alterspräsident das Wahlergebnis bekannt. Nach der Annahme der Wahl übergibt er die Sitzungsleitung an den neuen Präsidenten des Landtages.[20]

---

14 *Brocker*, in Epping/Hillgruber, Art. 39 Rn. 11.
15 *Kretschmer*, in BK, Art. 39 Rn. 76.
16 *Kretschmer*, in BK, Art. 39 Rn. 76.
17 Vgl. umfassend *Brunner*, Der Alterspräsident, S. 38 ff.
18 *Soffner*, in Epping/Butzer, Art. 9 Rn. 42.
19 Im LT wurde bisher von allen Alterspräsidenten von dieser Möglichkeit Gebrauch gemacht, vgl. dazu *Brunner* (Fn. 16), S. 86.
20 *Kretschmer*, in BK, Art. 39 Rn. 78.

Neben den notwendigen, konstituierenden Beschlüssen und Wahlen kann der LT in seiner ersten Sitzung – regelmäßig auf der Grundlage politischer Vorabsprachen – die Beratung weiterer Gegenstände beschließen.[21]

## Art. 29 (Landtagspräsident, Geschäftsordnung)

(1) [1]Der Landtag wählt den Präsidenten, die Vizepräsidenten, die Schriftführer und deren Stellvertreter. [2]Der Landtag gibt sich eine Geschäftsordnung.

(2) [1]Der Präsident und die Vizepräsidenten können durch Beschluß des Landtages abberufen werden. [2]Der Beschluß setzt einen Antrag der Mehrheit der Mitglieder des Landtages voraus. [3]Er bedarf der Zustimmung einer Mehrheit von zwei Dritteln der Mitglieder des Landtages.

(3) [1]Der Präsident leitet nach Maßgabe der Geschäftsordnung die Verhandlungen und führt die Geschäfte des Landtages. [2]Er übt das Hausrecht und die Ordnungsgewalt im Landtag aus.

(4) In den Räumen des Landtages darf eine Durchsuchung oder Beschlagnahme nur mit Zustimmung des Präsidenten vorgenommen werden.

(5) Der Präsident vertritt das Land in allen Rechtsgeschäften und Rechtsstreitigkeiten des Landtages.

(6) [1]Der Präsident leitet die Verwaltung der gesamten wirtschaftlichen Angelegenheiten des Landtages nach Maßgabe des Landeshaushaltsgesetzes und stellt den Entwurf des Haushaltsplanes des Landtages fest. [2]Ihm obliegen die Einstellung und Entlassung der Angestellten und Arbeiter sowie die Ernennung, Entlassung und Versetzung in den Ruhestand der Beamten des Landtages nach den geltenden Rechts- und Verwaltungsvorschriften. [3]Der Präsident ist oberste Dienstbehörde aller Beschäftigten des Landtages.

Vergleichbare Regelungen:
Artt. 32, 44 BWVerf; 20, 21 BayVerf; 28, 24, 37 VvB; 69 BbgVerf; 86, 92, 106 BremVerf; 18 HambVerf; 83 f. HessVerf; 18, 20 NdsVerf; 38, 39 Verf NW; 85 Verf Rh-Pf; 70, 71 SaarlVerf; 47 SächsVerf; 46, 49 LVerf LSA; 20 Verf. S-H; 57 ThürVerf.

| | |
|---|---|
| I. Allgemeine Bedeutung ............ 1 | 4. Hausrecht und Ordnungsgewalt ......................... 23 |
| II. Selbstbestimmung über Organisation und Verfahren (Absätze 1 und 2) ................. 2 | a) Ordnungsgewalt ........... 24 |
| | b) Hausrecht ................... 25 |
| 1. Präsident, Stellvertreter, Schriftführer (Abs. 1 S. 1) ...... 2 | 5. Genehmigungsbefugnis bei Durchsuchung und Beschlagnahmen (Abs. 4) ................ 30 |
| 2. Wahl der Vizepräsidenten und Schriftführer ................. 3 | 6. Vertretung des Landes in allen Rechtsgeschäften und Rechtsstreitigkeiten (Abs. 5) .......... 33 |
| 3. Abwahl des Präsidenten und der Vizepräsidenten (Abs. 2) ... 5 | |
| 4. Geschäftsordnungsautonomie des Landtages (Abs. 1 S. 2) .... 6 | 7. Staatsrechtliche Repräsentation ............................. 34 |
| III. Aufgaben des Präsidenten .......... 15 | 8. Verwaltung der wirtschaftlichen Angelegenheiten des Landtages (Abs. 6) ............. 35 |
| 1. Allgemeines .................... 15 | |
| 2. Führung der Geschäfte ........ 16 | |
| 3. Sitzungs- und Disziplinargewalt .......................... 20 | |

---

21 LVerfG M-V Urt. v. 21.6.2007 – LVerfG 19/06, Umdruck S. 18, DVBl. 2007, 1049.

## I. Allgemeine Bedeutung

1 Art. 29 LV ist die zentrale Norm für die Selbstorganisation des LT. Dazu gehören das Recht und die Pflicht zur Wahl seiner Organe, das Recht, seine GO selbst zu regeln (Geschäftsordnungsautonomie), sich selbst durch den Präsidenten zu verwalten und durch ihn Hausrecht und Ordnungsgewalt im LT auszuüben. Diese Rechte werden umfassend als **Parlamentsautonomie** bezeichnet.[1] Die Parlamentsautonomie statuiert das Recht des LT, seine eigenen Aufgaben, unbeeinflusst von anderen Verfassungsorganen, insbesondere der Exekutive, erfüllen zu können.[2] Mit Blick auf die Gewaltenteilung sichert die Parlamentsautonomie vor allem die Unabhängigkeit des LT gegenüber der LReg. Durch die **Geschäftsordnungsautonomie**, die **Organisationsautonomie** und die **Verwaltungsautonomie** (Hausrecht und Ordnungsgewalt, Haushalt, Personal etc) ist der LT auch logistisch von der Exekutive unabhängig.[3]

## II. Selbstbestimmung über Organisation und Verfahren (Absätze 1 und 2)

2 **1. Präsident, Stellvertreter, Schriftführer (Abs. 1 S. 1).** Der PräsLT wird in der ersten, der konstituierenden Sitzung des LT gewählt, die vom sog. **Alterspräsidenten** (→ Art. 28 Rn. 4), geleitet wird. Die Wahl wird ohne Aussprache geheim durchgeführt (§ 2 Abs. 1 S. 2 GO LT). Der Grund für diese Ausnahme vom Grundsatz der Parlamentsöffentlichkeit liegt in der besonderen – neutralen – Leitungsfunktion des Präsidenten, die durch eine kontroverse Aussprache im Vorfeld der Wahl nicht belastet werden soll.[4] Für die Wahl erforderlich ist die Mehrheit der abgegebenen gültigen Stimmen (§ 2 Abs. 1 S. 2 GO LT). Stimmenthaltungen gelten als Neinstimmen. Ergibt sich eine solche Mehrheit nicht, so kommen die beiden Mitglieder des LT mit den höchsten Stimmenanteilen in die engere Wahl. Bei Stimmengleichheit entscheidet das vom Alterspräsidenten zu ziehende Los (vgl. § 2 Abs. 1 S. 2 und 3 GO LT). Die Möglichkeit einer Entscheidung durch das Los und damit einer theoretischen Abweichung vom Mehrheitsprinzip findet seine Rechtfertigung in der Notwendigkeit, in der ersten Sitzung die Handlungsfähigkeit des Parlaments herzustellen. Die Wahl erfolgt in jedem Fall für die Dauer der Wahlperiode (§ 2 Abs. 1 S. 1 GO LT). In das Amt des PräsLT können nur Abg. gewählt werden. Obgleich dies in der LV nicht ausdrücklich geregelt ist,[5] wird dies – wie auch im BT – als selbstverständlich vorausgesetzt und folgt aus dem Selbstorganisationsrecht bzw. der Parlamentsautonomie.[6] Grds. ist für die Wahl des Präsidenten jedes Mitglied des LT vorschlagsberechtigt. Es entspricht jedoch ständigem parlamentarischem Brauch, dass der stärksten Fraktion des LT das Recht eingeräumt wird, den Kandidaten für das Amt des PräsLT aus ihren Reihen zu stellen und folglich auch vorzuschlagen.[7] Ob diese Übung – soweit sie positivrechtlich nicht normiert ist[8] – sich zu parlamentarischem Gewohnheitsrecht verdichtet

---

1 *Brocker*, in HdB-ParlR, § 34 Rn. 8.
2 *Perne, in* Brocker/Droege/Jutzi, Art. 85 Rn. 5.
3 *Menzel*, in Löwer/Tettinger, Art. 38 Rn. 3; *Waack*, in Casper/Ewer/Nolte/Waack, Art. 14 Rn. 3.
4 Vgl. *Linck*, in Linck/Baldus/Lindner/Poppenhäger/Ruffert, Art. 57 Rn. 14.
5 Anders bspw. Art. 57 Abs. 1 ThürVerf: „Wählt aus seiner Mitte".
6 Vgl. *Köhler*, Die Rechtsstellung der Parlamentspräsidenten in den Ländern der Bundesrepublik Deutschland und ihre Aufgaben im parlamentarischen Geschäftsgang, 2000, S. 18 f.; *Klein*, in Maunz/Dürig, Art. 40 Rn. 88.
7 Vgl. zum BT *Klein*, in Dürig/Herzog/Scholz, Art. 40 Rn. 89.
8 So bspw. Art. 41 Abs. 2 S. 2 VvB, wonach den Fraktionen das Vorschlagsrecht in der Reihenfolge ihrer Stärke zusteht.

hat, ist streitig.⁹ Im Ergebnis ist dies abzulehnen,¹⁰ jedenfalls insoweit, als es sich nicht um bindendes Recht handelt.¹¹ Daraus folgt, dass für den Fall, dass sich während der WP das Stärkeverhältnis der Fraktionen dahin gehend ändert, dass eine andere Fraktion stärkere Fraktion wird, kein verfassungsrechtlicher Anspruch auf Neuwahl der LTPräs entsteht.¹² Unabhängig davon entspricht es der parlamentarischen Praxis im LT, dass das Vorschlagsrecht der Fraktionen in der Reihenfolge ihrer Stärke akzeptiert wird und sich dies insoweit auch im Wahlergebnis niederschlägt, da regelmäßig alle Vorgeschlagenen Stimmen aus allen politischen Lagern erhalten.¹³

**2. Wahl der Vizepräsidenten und Schriftführer.** Die Wahl der **Vizepräsidenten** 3 wird in gleicher Weise wie die Wahl des Präsidenten geheim und in getrennter Abstimmung durchgeführt. Die Zahl der Vizepräsidenten ist durch die Verfassung nicht vorgegeben.¹⁴ Nach § 2 Abs. 2 S. 1 GO LT ist jedoch die Wahl eines 1. und eines 2. Vizepräsidenten vorgesehen. Der LT kann darüber hinaus beschließen, weitere Vizepräsidenten zu wählen (§ 2 Abs. 2 S. 2 GO LT).¹⁵ Damit gibt es in MV – anders als in anderen Landesparlamenten¹⁶ – eine protokollarische Reihenfolge der Stellvertreter. Auch die Wahl der Vizepräsidenten orientiert sich in der parlamentarischen Praxis grds. am Stärkeverhältnis der Fraktionen, insoweit gibt es jedoch regelmäßig Ausnahmen.¹⁷ Dies ist verfassungsrechtlich unbedenklich¹⁸ und wäre erst dann problematisch, wenn die Mehrheit alle Stellvertreter selbst stellen und die Opposition insoweit ausschließen würde.¹⁹ Da das sog. Präsidium in M-V – anders als in anderen Ländern²⁰ – kein eigenständiges Gremium mit parlamentarischen Leitungsfunktionen bildet, ist es insoweit auch unproblematisch, wenn nicht alle Fraktionen vertreten sind. Aufgabe des Vizepräsidenten ist die Vertretung der Präsidentin in der Sitzungsleitung des Plenums und des Ältestenrates sowie in der Außenpräsentation des Landtages²¹, sowie in allen Angelegenheiten, in denen das Parlament als Organ zu vertreten ist.²² Demgegenüber wird der Präsident seiner Eigenschaft als Leiter der Parlamentsverwaltung ausschließlich durch den Direktor des Landtages vertreten.²³ Der Vertretungsfall wird im Regelfall vom PräsLT selbst festgestellt, in der Praxis üblicherweise auf der Grundlage von Absprachen mit seiner Vertretung. Während bei Repräsentationsterminen der Präsident selbst entscheidet, ob und

---

9 Vgl. zum Meinungsstand *Klein*, in Dürig/Herzog/Scholz, Art. 40 Rn. 89 mwN.
10 *Perne*, in Brocker/Droege/Jutzi, Art. 85 Rn. 20 nwN.
11 IdS *Klein*, in Dürig/Herzog/Scholz, Art. 40 Rn. 89; *Perne*, in Brocker/Droege/Jutzi, Art. 85 Rn. 20.
12 *Lontzek*, in HannKomm NV, Art. 18 Rn. 15.
13 Vgl. für die 8. WP PlenProt 8/1, S. 17, danach erhielt Fr. Hesse 59 v. 79 Stimmen, also ca. 75 %.
14 Vgl. zum BT *Brocker*, in BK, Art. 40 Rn. 359.
15 Von dieser Möglichkeit hat der LT erstmals in der 5. WP Gebrauch gemacht und insgesamt drei Vizepräsidenten gewählt; in der 8. WP wurden 2 Vizepräsidentinnen gewählt.
16 Vgl. *Perne*, in Brocker/Droege/Jutzi, Art. 85 Rn. 24; *Linck*, in Linck/Baldus/Lindner/Poppenhäger/Ruffert, Art. 57 Rn. 18.
17 In der 1. WP stellte die FDP-Fraktion den 2. Vizepräsidenten, obgleich die PDS-Fraktion die drittstärkste parlamentarische Kraft bildete.
18 Insoweit hat das BVerfG für den BT klargestellt, dass d. Wahl d. VizePräs frei ist und aus d. Verf. kein Anspruch der Fraktionen abgeleitet werden kann, vgl. zuletzt BVerfG Beschl. v. 22.3.2022 – 2BvE 9/20 – juris.
19 IdS wohl auch *Linck*, in Linck/Jutzi/Hopfe, Art. 57 Rn. 5.
20 Vgl. dazu *Brocker*, in BK Art. 40 Rn. 294 ff.
21 *Perne* (Fn. 16).
22 *Linck*, in Linck/Baldus/Lindner/Poppenhäger/Ruffert, Art. 57 Rn. 21.
23 *Brocker*, in BK Art. 40 Rn. 151; *Klein*, in Dürig/Herzog/Scholz, Art. 40 Rn. 107.

durch wen er sich vertreten lassen will,[24] ergibt sich die Reihenfolge bei der echten Organvertretung aus der protokollarischen Rangfolge. Auch wenn PräsLT vertreten wurde, bleibt er Antragsgegner in Verfahren, die sich gegen einen Vizepräsident als „amtierenden Präsidenten" richten.[25]

4 Die Wahl der **Schriftführer** kann nach § 2 Abs. 2 S. 3 GO LT offen durch Handaufheben erfolgen, wenn kein Mitglied des LT widerspricht. Die Funktion der Schriftführer ist keine allg. parlamentarische Funktion, sondern beschränkt sich auf die Unterstützung des jeweils amtierenden Präsidenten im Rahmen der Plenarsitzung. In den Sitzungen des LT bilden der amtierende Präsident und die beiden amtierenden Schriftführer das **Sitzungspräsidium** (§ 4 Abs. 1 GO LT). Die Schriftführer führen die Rednerliste, nehmen den Namensaufruf vor und sammeln und zählen die Stimmen. Der amtierende Präsident verteilt die Geschäfte (vgl. § 4 Abs. 2 GO LT). Nach § 2 Abs. 4 GO LT wählt d. LT 16 Schriftführer. Im Bedarfsfalle kann der amtierende Präsident nach § 4 GO LT weitere Schriftführer für die jeweilige Sitzung ernennen.

5 **3. Abwahl des Präsidenten und der Vizepräsidenten (Abs. 2).** Nach Art. 29 Abs. 2 LV können der Präsident und die Vizepräsidenten durch Beschluss des LT abberufen werden. Der LT hat damit die Möglichkeit, sich von seinen Repräsentanten zu trennen, wenn das notwendige Vertrauensverhältnis schwerwiegend und anhaltend gestört ist und die Abg. sich durch den Präsidenten bzw. einen Vizepräsidenten nicht mehr hinreichend vertreten fühlen.[26] Die Abwahl kann sich auf alle Funktionsinhaber, aber auch nur auf einzelne, dh den Präsidenten oder einen Vizepräsidenten, beschränken. Mit der Festlegung in Art. 29 Abs. 2 S. 2 LV, dass bereits der Antrag auf Abwahl von der Mehrheit der Mitglieder des LT gestellt werden muss, ist sichergestellt, dass das Ansehen des Amtes nicht durch politisch motivierte Abwahlanträge der Opposition beschädigt wird. Gleichzeitig ist gewährleistet, dass eine Abwahl nicht durch Zufallsmehrheiten eingeleitet werden kann, da die Mehrheit der **Mitglieder des LT** und nicht der Anwesenden erforderlich ist. Für den Beschluss zur Abwahl ist die Mehrheit von zwei Dritteln der Mitglieder des LT erforderlich. Mit der Festlegung dieser – in doppelter Hinsicht – qualifizierten Mehrheit wird gewährleistet, dass eine vorzeitige Beendigung der Amtszeit nur möglich ist, wenn das Parlament sich über die Grenzen der Fraktionen hinweg nicht mehr repräsentiert fühlt.[27] Gleichzeitig wird damit die Unabhängigkeit des Präsidenten und seiner Stellvertreter gestärkt. Außerhalb dieses Abberufungsverfahrens ist ein Misstrauensantrag gegen den Präsidenten unzulässig.[28] Das Amt des LTPräs kann aber durch freiwilligen Rücktritt aufgegeben werden.[29] Ansonsten endet das Amt mit dem Ablauf der WP oder mit Verlust des Abgeordnetenmandats. Daneben gibt es in MV – anders als in einigen anderen BL[30] – keine Koppelung des Amtes an die Fraktionsmitgliedschaft. Ein solcher in der Geschäftsordnung vorhergesehener Amtsverlust durch Ausscheiden aus der Fraktion – wie es zB in der GO v. NS vorgesehen ist[31] –, wäre mit der verfassungsrechtlichen Stellung des Amtes der LTPräs nicht vereinbar.[32]

---

24 Vgl. f. d. PräsBT, *Brocker*, in BK, Art. 40 Rn. 151.
25 *Brocker*, in BK, Art. 40 Rn. 151 mwN.
26 Vgl. *Waack*, in Casper/Ewer/Nolte/Waack, Art. 14 Rn. 8.
27 *Waack*, in Caspar/Ewer/Nolte/Waack, Art. 14 Rn. 8.
28 *Hollo*, in HannKomm NV, Art. 18 Rn. 18.
29 *Hollo*, in aaO, Art. 18 Rn. 17.
30 *Brocker*, in BK, Art. 40 Rn. 112 mwN.
31 *Hollo*, in aaO mwN.
32 IdS wohl auch *Ipsen*, Verfassung, Art. 18 Rn. 20.

**4. Geschäftsordnungsautonomie des Landtages (Abs. 1 S. 2).** Nach Art. 29 6
Abs. 1 S. 2 „gibt sich der Landtag eine **Geschäftsordnung**". Danach ist der
LT ermächtigt, zugleich aber auch verpflichtet, sich eine GO zu geben.[33] Der
Erlass einer GO gehört zu den bedeutsamsten Organisationsakten des LT.[34] Die
Geschäftsordnungsautonomie verleiht dem Parlament die Befugnis, seine inneren Angelegenheiten im Rahmen der verfassungsmäßigen Ordnung autonom zu
regeln und sich selbst so zu organisieren, dass es seine Aufgaben sachgerecht
erfüllen kann.[35] Zumindest die für die Organisation und Verfahren wesentlichen
Teile müssen in einer Kodifikation zusammengefasst werden.[36] Die LV schreibt
– in Übereinstimmung mit anderen Landesverfassungen und dem GG – kein
bestimmtes Verfahren für den Erlass der GO vor. Daraus folgt, dass die GO mit
der einfachen Mehrheit der anwesenden Mitglieder des LT beschlossen werden
kann.[37] Die GO unterliegt dem **Diskontinuitätsgrundsatz**, dh sie gilt nur bis
zum Ende einer Legislaturperiode.[38] Dementsprechend wird die GO regelmäßig
in der ersten – konstituierenden – Sitzung zu Beginn der Legislaturperiode beschlossen. Unabhängig davon, ob insoweit lediglich die alte GO rezipiert oder
eine veränderte bzw. neue GO beschlossen wird, entspricht es der parlamentarischen Praxis, dass der Beschluss ausdrücklich, dh durch Abstimmung, erfolgt.
Der Auffassung, dass die GO auch stillschweigend durch weitere Anwendung
der alten GO angenommen werden kann,[39] überzeugt nicht, da sie im Widerspruch zu Art. 32 LV steht, wonach Beschlüsse mit der Mehrheit der abgegebenen Stimmen gefasst werden.[40]

Das Recht des Parlaments, seine Angelegenheiten zu regeln, erstreckt sich insbesondere auf den Geschäftsgang[41] und zielt darauf ab, die **effektive Erfüllung** 7
**der parlamentarischen Aufgaben** zu ermöglichen.[42] Inhaltlich regelt die GO alle
Angelegenheiten des internen parlamentseigenen Bereichs innerhalb des von der
Verfassung vorgegebenen Rahmens. Dazu gehören insbes. die Organisation des
Parlaments, seine Konstituierung, die Bildung und Aufgaben seiner Organe und
Gliederungen (Präsident, Ältestenrat, Fraktionen, Ausschüsse), das Verfahren in
den Plenar- und Ausschusssitzungen, die Behandlung sonstiger Vorlagen, die
einzelnen Mittel parlamentarischer Kontrolle (wie Kleine und Große Anfragen,
Fragestunde, Aktuelle Stunde), zulässige Verhandlungsgegenstände, Rechte und
Pflichten der Mitglieder des LT, das Gesetzgebungsverfahren, einschließlich von
Haushalts- und Finanzvorlagen, die Sitzungs- und Redeordnung im Plenum, die
Abstimmungsordnung, die Ordnungsbestimmungen (Ordnungsruf, Wortentziehung, Ausschluss von Mitgliedern des LT) sowie die Beurkundung der Verhandlungen und die Ausfertigung von Beschlüssen des LT.

Bei der Entscheidung darüber, welcher Regeln der Selbstorganisation es zur 8
Gewährleistung eines ordnungsgemäßen parlamentarischen Verfahrens bedarf,

---

33 *Linck*, in Linck/Baldus/Lindner/Poppenhäger/Ruffert, Art. 57 Rn. 40; *Klein*, in Dürig/Herzog/Scholz, Art. 40 Rn. 37.
34 LVerfG M-V LVerfGE 12, 209, 221.
35 Vgl. BVerfGE 80, 188 (219); 84, 304, 311; 102, 224, 235.
36 *Brocker*, in BK, Art. 40 Rn. 211; *Kluth*, in Schmidt-Bleibtreu/Hofmann/Henneke, Art. 40 Rn. 37.
37 *Klein*, in Dürig/Herzog/Scholz, Art. 40 Rn. 38; *Schliesky*, in von Mangoldt/Klein/Starck, Art. 40 Rn. 17.
38 *Schliesky*, ebd.
39 So *Klein*, in Dürig/Herzog/Scholz, Art. 40 Rn. 62., in.
40 IdS *Menzel*, in Löwer/Tettinger, Art. 38 Rn. 9.
41 BVerfGE 80, 188 (218).
42 BVerfG Urt. v. 28.2.2012 – 2 BvE, 8/11 Rn. 116, juris.

hat der LT einen weiten **Gestaltungsspielraum**.[43] Es ist in erster Linie die Aufgabe des Parlaments, zu organisieren, auf welche Weise seine Mitglieder an der parlamentarischen Willensbildung mitwirken.[44] Ausgangspunkt und Grundlage für die Mitgestaltung und Beschränkung der Abgeordnetenrechte ist das Prinzip der Beteiligung an den Entscheidungen des Parlaments.[45] Die Geschäftsordnung setzt grundlegende Bedingungen für die geordnete Wahrnehmung der Abgeordnetenrechte, die nur als Mitgliedschaftsrechte bestehen und verwirklicht werden können und daher einander zugeordnet und aufeinander abgestimmt werden müssen.[46] Dabei sind jedoch die Vorgaben der Verfassung, insbes. die – widerstreitenden – Interessen zwischen dem Mehrheitsprinzip und dem Minderheitenschutz einschließlich des Rechts der Opposition auf politische Chancengleichheit oder das Spannungsfeld zwischen der Funktionsfähigkeit des Parlaments und den Statusrechten des einzelnen Abg. zu beachten.

Anwendung und Auslegung der GO eines Parl. unterliegen nur eingeschränkter verfassungsrechtlicher Prüfung. Insoweit findet lediglich eine am Grundsatz der fairen und loyalen Anwendung der GO orientierte Kontrolle evidente Sachwidrigkeit statt.[47]

9 Bei seinen Entscheidungen über die GO muss der LT auch und gerade die Art und Weise der Ausübung der den **Abg.** und **Fraktionen** aus ihrem verfassungsrechtlichen Status zufließenden Rechte regeln.[48] Die GO setzt mithin die grundlegenden Bedingungen für die Wahrnehmung dieser Rechte; nur so wird dem Parlament eine sachgerechte Erfüllung seiner Aufgaben möglich.[49] Diese grundlegenden Bedingungen im Einzelnen festzulegen und auszugestalten, ist allein Sache des Kollegialorgans LT, also des Plenums.[50] Soweit Abgeordnete durch Übertragung von Entscheidungsbefugnissen an der parlamentarischen Entscheidungsfindung ausgeschlossen werden sollen, ist dies nur zum Schutz anderer Rechtsgüter mit Verfassungsrang und unter strikter Wahrung des Grundsatzes der Verhältnismäßigkeit zulässig.[51] Die Befugnis zur Selbstorganisation erlaubt es hingegen nicht, den Abgeordneten Rechte vollständig zu entziehen.[52] Daraus folgt, dass der LT einen Ausschuss nicht unbestimmt und unbegrenzt ermächtigen darf, seine GO ohne Zustimmung des LT zu verändern.[53] Auch das Verfahren zur Bestimmung des Vorsitzenden eines Ausschusses oder einer Enquetekommission liegt in der Gesamtverantwortung des LT und darf dem Gremium nicht unbestimmt und unbegrenzt übertragen werden.[54]

10 Die konkrete Rechtsnatur parlamentarischer GO wird von der vorherrschenden Meinung als autonome Satzung qualifiziert[55] oder jedenfalls als ein Rechtssatz „sui generis" angesehen, der einer Satzung am nächsten steht.[56] Unabhängig

---

43 BVerfGE 80, 188 (220); LVerfGE 12, 209, 221.
44 BVerfGE 80, 188 (220).
45 BVerfGE 80, 188 (219).
46 LVerfG M-V Urt. v. 23.1.2014 – Az. 3/13 –, Rn. 31, juris.
47 BVerfG Urt. v. 22.03.22 – 2BvE 2/20 – juris.
48 LVerfG M-V LVerfGE 12, 209, 221.
49 LVerfG M-V LVerfGE 12, 209, 221 mit Hinweis auf BVerfGE 80, 188 (219) und 84, 304, 321.
50 LVerfG M-V LVerfGE 12, 209, 221.
51 BVerfG Urt. v. 28.2.2012 – 2 BvE 8/11, Rn. 119, juris.
52 BVerfG 84, 304, 321f.
53 LVerfG M-V LVerfGE 12, 209, 224.
54 LVerfG M-V LVerfGE 12, 209, 226 f.
55 BVerfGE 1, 144 (148); BayVerfGHE 8, 91, 95 ff.
56 *Versteyl*, in von Münch/Kunig, Art. 40 Rn. 17; so wohl auch *Klein*, in Maunz/Dürig, Art. 40 Rn. 61.

von dieser terminologischen Zuordnung ist allg. anerkannt, dass die GO den Charakter eines „Rechtssatzes" hat.[57] Als **„parlamentarisches Binnenrecht"** bindet die GO jedoch nur die Mitglieder des Parlaments.[58] Das schließt jedoch nicht aus, dass sich die Vorschriften der GO zu Verfassungsgewohnheitsrecht verdichten können, wenn und soweit sie Verfassungsvorschriften konkretisieren.[59] Darüber hinaus können sich Bindungswirkungen aus den Regelungen der Geschäftsordnung gegenüber Vertretern der Exekutive aus dem Aspekt der Verfassungsorgantreue ergeben.[60] Dies betrifft insbesondere die in der GO normierten Auskunftspflichten der LReg sowie mögliche Ordnungsmaßnahmen gegen Regierungsmitglieder.[61] (→ Rn. 20).

Die GO steht der Verfassung und nach der früheren Rspr. d. BVerfG auch den Gesetzen generell im **Rang** nach.[62] Demgegenüber ist mit der wohl hM davon auszugehen, dass es zwischen der Geschäftsordnung und einem Gesetz kein eindeutiges Rangverhältnis gibt.[63] Vielmehr stellt sich das Verhältnis zwischen Gesetz und GO vorrangig als Kompetenzabgrenzungsproblem dar.[64] Soweit daran keine Zweifel bestehen, ist im Ergebnis von einem Vorrang des Gesetzes auszugehen.[65]

Soweit Zweifel an der Auslegung der GO auftreten, ist zu unterscheiden. Über während einer Sitzung auftretende Zweifel über die Auslegung der GO entscheidet der – amtierende – Präsident (§ 107 Abs. 1 GO LT). Soweit eine grds., über einen Einzelfall hinausgehende Auslegung einer Vorschrift der GO notwendig wird, kann dies nur durch den LT nach Prüfung durch den Rechtsausschuss auf der Grundlage einer Beschlussempfehlung und eines Berichts beschlossen werden (vgl. § 107 Abs. 2 GO LT). Inhaltlich sind neben den allgemeinen Auslegungsregeln (insbes. teleologische Ausl.) die bisherige Praxis zu berücksichtigen.[66] 11

Eine sich aus der Geschäftsordnungsautonomie ergebende Eigenart des Geschäftsordnungsrechts ist die Möglichkeit, ohne Normänderung von den Regelungen im **Einzelfall abzuweichen**.[67] Abweichungen von der GO können im Einzelfall durch Beschluss des LT zugelassen werden, wenn nicht eine Fraktion oder vier Mitglieder des LT widersprechen (§ 108 GO LT). Faktisch setzt also ein Abweichen von der GO ein interfraktionelles Einvernehmen voraus. Änderungen der GO werden in zwei Lesungen beraten (§ 109 GO LT). Diese an der Gesetzgebung orientierte Regelung trägt dem Umstand Rechnung, dass für das Funktionieren der parlamentarischen Demokratie der „Respekt" vor der GO von zentraler Bedeutung ist[68] und die Minderheit insoweit vor anlassbezogenen „ad hoc" Neuregelungen der GO geschützt werden soll. 12

Verstöße gegen die GO, die sich nicht zugleich als Verstöße gegen die Verfassung oder **Verfassungsgewohnheitsrecht** darstellen, sind rechtswidrig, wirken sich 13

---

57 *Morlok*, in Dreier, Art. 40 Rn. 18; *Brocker*, in BK, Art. 40 Rn. 216; *Linck*, in Linck/Baldus/Lindner/Poppenhäger/Ruffert, Art. 57 Rn. 43.
58 BVerfGE 1, 144 (148); *Perne*, in Brocker/Droege/Jutzi, Art. 85 Rn. 16.
59 *Pieroth*, in Jarass/Pieroth, Art. 40 Rn. 7; *Versteyl*, in von Münch/Kunig, Art. 40 Rn. 17.
60 *Klein*, in Maunz/Dürig, Art. 40 Rn. 68; *Morlok*, in Dreier, Art. 40 Rn. 14.
61 Vgl. auch *Linck*, in Linck/Baldus/Lindner/Poppenhäger/Ruffert, Art. 57 Rn. 47.
62 BVerfGE 1, 144 (148); 44, 308, 315.
63 *Klein* in Dürig/Herzog/Scholz Art. 40 Rn. 74.
64 *Schliesky* in v. Mangold/Klein/Starck Art. 40 Rn. 22.
65 *Kluth* in Schmidt-Bleibtreu/Hofmann/Henneke Art. 40 Rn. 43 mwN.
66 *Brocker*, in BK, Art. 40 Rn. 41; *Perne*, in Brocker/Droege/Jutzi, Art. 85 Rn. 11.
67 *Zeh*, in HdbStR III, § 53 Rn. 15; *Perne*, in Brocker/Droege/Jutzi, Art. 85 Rn. 10.
68 *Menzel*, in Löwer/Tettinger, Art. 38 Rn. 12.

aber nicht auf die Rechtmäßigkeit des parlamentarischen Beratungsgegenstandes aus.[69] Das bedeutet, dass Beschlüsse des LT, die unter Verstoß gegen die GO gefasst werden, dennoch rechtswirksam bleiben.[70] Dh im Außenverhältnis bleibt ein Geschäftsordnungsverstoß grds. unbeachtlich.[71] Unabhängig davon kann ein Geschäftsordnungsverstoß im Wege des Organstreits nach Art. 53 Nr. 1 LV iVm § 11 Abs. 1 Nr. 1 LVerfGG durch das Landesverfassungsgericht überprüft werden, wenn vom Antragsteller gleichzeitig eine Verletzung verfassungsmäßig eingeräumter Rechte gerügt wird.[72] Daher ist zu beachten, dass die Geschäftsautonomie die Kontrollintensität des Verfassungsgerichts in Geschäftsordnungsangelegenheiten deutlich einschränkt.[73]

14 Im Hinblick darauf, dass die Regelungen des Parlaments „der Flexibilität" bedürfen, „um eine Anpassung an die veränderte Verfassungswirklichkeit zu ermöglichen",[74] ist das Innenrecht des Parlaments nicht auf die geschriebene GO begrenzt. Neben den geschriebenen Rechtsquellen des Parlamentsrechts (Verfassung, Gesetz, GO), wird das Verfahrensrecht durch ungeschriebene Verfahrensregeln ergänzt.[75] Zu den ungeschriebenen Regeln des Parlamentsrechts gehören das Verfassungsgewohnheitsrecht, das parlamentarische Gewohnheitsrecht, parlamentarische Observanzen sowie informale Parlamentsregeln.[76]

### III. Aufgaben des Präsidenten

15 **1. Allgemeines.** Der PräsLT ist Organ des LT und dessen **staatsrechtlicher Repräsentant**.[77] Das Handeln des Präs wird dem Parlament insgesamt als eigenes Handeln zugeordnet.[78] In dieser Funktion vertritt er das Parlament in seiner „Gesamtheit" und nicht die Anliegen einer Mehrheit.[79] Aus dieser repräsentativen Funktion folgt nach allg. Auffassung, dass der Präsident sein Amt parteipolitisch neutral zu führen hat.[80] Dieses Amtsverständnis verbietet eine Parteinahme im Rahmen politischer Auseinandersetzungen zwischen den Parteien bzw. den Landtagsfraktionen. Gleichzeitig ist das Amt des PräsLT auch eine politische Funktion in der parlamentarischen Demokratie mit der Folge, dass der PräsLT durchaus politische Impulse geben und Meinungen vertreten kann, soweit und solange damit nicht eine parteipolitische Positionierung verbunden ist.[81] Insbesondere Äußerungen und Öffentlichkeitsarbeit mit denen sich PräsLT zu seinen Verpflichtungen aus der Verfassung bekennt und für die Grundrechte der Verfassung wirkt, sind nicht nur zulässig[82], sondern verfassungspolitisch

---

69 *Klein*, in Dürig/Herzog/Scholz, Art. 40 Rn. 57; *Brocker*, in Epping/Hillgruber, Art. 40 Rn. 39.
70 BVerfGE 29, 221 (234); *Linck*, in Linck/Baldus/Lindner/Poppenhäger/Ruffert, Art. 58 Rn. 50; *Pietzcker*, in Schneider/Zeh, § 10 Rn. 42 f., in.
71 *Perne*, in Brocker/Droege/Jutzi, Art. 85 Rn. 11.
72 Vgl. auch *Pietzcker*, in Schneider/Zeh, § 10 Rn. 47; *Schliesky*, in von Mangoldt/Klein/Starck, Art. 40 Rn. 21.
73 *Brocker*, in Epping/Hillgruber, Art. 40 Rn. 38.
74 BVerfGE 102, 224 (240).
75 *Brocker*, in BK, Art. 40 Rn. 95.
76 *Schulze-Fielitz*, in Schneider/Zeh, § 11 Rn. 4 ff. mwN.
77 LVerfG M-V Urt. v. 26.5.2011 – LVerfG 19/10 –, S. 9.
78 BVerfGE 56, 396 (405); 80, 188/227.
79 BVerfGE 1, 115 (116).
80 BVerfGE 80, 188 (227), *Brocker, in* BK, Art. 40 Rn. 103.
81 Vgl. dazu grundlegend LVerfG M-V Urt. v. 23.5.1996 – LVerfG 6 1/95 –, LVerfGE 4, 268, 276.
82 IdS LVerfG M-V, Beschl. v. 26.5.2011 – LVerfG 19/19 –, S. 12, i.Z.m.d. Förderung d. Initiative „Wir. Erfolg braucht Vielfalt."

geboten. Dies schließt die kritische Auseinandersetzung mit verfassungsfeindlichen Gruppierungen, Initiativen und Parteien ausdrücklich ein.[83] Davon zu unterscheiden ist die Rolle, die der Parlamentspräsident gleichzeitig als Abg. und Fraktionsmitglied wahrnimmt.[84] In dieser Funktion ist er nicht gehindert, die Position seiner Fraktion zu vertreten. Maßgeblich ist insoweit, dass die Trennung erkennbar wird, zB dadurch, dass ein entsprechender Beitrag im Plenum als Abg. vom Rednerpult und nicht als Präsident erfolgt.[85] Von den staatsrechtlichen Aufgaben als Verfassungsorgan zu unterscheiden ist die Stellung der PräsLT als Verwaltungsbehörde nach Art. 29 Abs. 6 LV[86] (→ Rn. 35).

**2. Führung der Geschäfte.** Nach Art. 29 Abs. 3 S. 1 LV führt der PräsLT 16 „die Geschäfte des Landtages". Die Befugnisse sind zunächst in Art. 29 Abs. 3 bis 6 LV explizit ausgeformt und nehmen die parlamentsrechtliche Tradition in Deutschland entsprechend auf.[87] Mit dieser Regelung werden alle Befugnisse des Präsidenten nach dem Abgeordnetengesetz (AbgG) und der GO zusammengefasst, soweit sie nicht iÜ in der Verfassung ausdrücklich statuiert sind. Zu den wesentlichen Aufgaben nach dem AbgG gehört zunächst die generelle Ermächtigung zum Erlass von **Ausführungsbestimmungen** nach § 58 AbgG M-V. Diese werden vom Präsidenten regelmäßig zu Beginn der Legislaturperiode im **Benehmen mit dem Ältestenrat** erlassen. Darin enthalten sind insbes. Regelungen zum Verfahren sowie Konkretisierungen von Leistungen nach dem AbgG. Im Einzelnen betrifft dies die **Aufwandsentschädigung** (§ 8 AbgG), die **Kostenpauschale**, einschließlich der Erstattung von nachgewiesenen Aufwendungen für die Beschäftigung von Mitarbeitern (§ 9 AbgG), das Genehmigungsverfahren und die Höhe der **Reisekostenentschädigung** (§ 10 AbgG) sowie schließlich die Festlegung der Geld- und **Sachleistungen an die Fraktionen** (§ 54 AbgG).

Die Aufgaben in Bezug auf die parlamentarischen Abläufe ergeben sich aus der 17 GO, in der die **Leitungsbefugnis des Präsidenten** im Einzelnen geregelt ist. Dazu gehört zunächst die Einberufung der Landtagssitzungen. Anders als Art. 39 Abs. 3 S. 1 GG enthält die LV kein ausdrückliches **Selbstversammlungsrecht** des Parlaments. Eine solche ausdrückliche Hervorhebung ist auch entbehrlich, da sich diese Befugnis unmittelbar aus der allg. Parlamentsautonomie ergibt.[88] Die GO LT sieht unterschiedliche Möglichkeiten **zur Einberufung des LT** vor. Nach § 72 Abs. 1 erste Alternative GO LT ruft der Präsident den LT im Benehmen mit dem Ältestenrat ein. Nach § 72 Abs. 1 zweite Alternative GO LT wird der LT aufgrund eines Beschlusses des LT einberufen. Schließlich muss der Präsident nach § 72 Abs. 4 S. 1 den LT einberufen, wenn ein Viertel der Mitglieder des LT, die den Antrag eigenhändig unterzeichnen müssen oder die LReg es unter Angabe des Beratungsgegenstandes verlangen (sog. **Dringlichkeitssitzung**). Mit dem Recht zur Einberufung des LT durch den Präsidenten wird das Selbstversammlungsrecht nicht auf den Präsidenten verlagert, sondern insoweit ergänzt, als es dem Präsidenten ein eigenständiges Initiativrecht gewährt. Wenngleich dieses Verfahrensrecht selbstständig wahrgenommen werden kann, setzt eine

---

83 Zur Verfassungsfeindlichkeit d. NPD, vgl. VG Greifswald Urt. v. 2.12.2008 – 2 A 1267/08 – juris, Rn. 98 ff.; vgl. auch VerfG Rh-Pf NVwZ 2008, 897; BVerwGE 83, 136 (140 ff.).
84 Vgl. hierzu auch *Perne*, in Brocker/Droege/Jutzi, Art. 85 Rn. 23.
85 Vgl. idS *Linck*, in Linck/Baldus/Lindner/Poppenhäger/Ruffert, Art. 57 Rn. 21; *Brocker*, in Epping/Hillgruber, Art. 40 Rn. 5.
86 LVerfG M-V Urt. v. 25.11.2010 – LVerfG 7/10 –, S. 9.
87 *Brocker*, in BK, Art. 40 Rn. 361.
88 Vgl. LVerfG M-V Urt. v. 21.6.2007 – LVerfG 19/06 – S. 14; *Linck*, in Linck/Baldus/Lindner/Poppenhäger/Ruffert, Art. 57 Rn. 23.

derartige Initiative des Präsidenten die Unterstützung einer parlamentarischen Mehrheit voraus, da die Sitzung durch den Präsidenten zwar selbstständig einberufen, die Tagesordnung aber mit Mehrheit abgelehnt werden kann (vgl. § 73 Abs. 3 GO LT). Auch die Vertagung oder der Schluss der Beratung unterliegt dem Mehrheitsprinzip (§ 80 GO LT). Demgegenüber handelt es sich bei dem Einberufungsverlangen von einem Viertel der Mitglieder des LT bzw. der LReg um ein Minderheitenrecht[89] mit der Folge, dass auch der Beratungsgegenstand von der Mehrheit nicht von der Tagesordnung abgesetzt werden kann. Möglich ist allerdings die Aufsetzung weiterer Tagesordnungspunkte. Mit dem Einberufungsverlangen kann ein bestimmter Terminwunsch verbunden sein. Der PräsLT ist daran jedoch nicht gebunden, es handelt sich vielmehr um eine Ermessensentscheidung.[90] Dabei sind widerstreitende Interessen, namentlich der Terminwunsch der Antragsteller einerseits sowie ggf. kollidierende Interessen (zB Terminkollisionen, erhebliche Aufwendungen in den Parlamentsferien) zu berücksichtigen. Im Ergebnis ist jedoch sicherzustellen, dass das politische Anliegen der Antragsteller nicht etwa durch Zeitablauf ganz oder teilweise obsolet wird.[91] Das Einberufungsverlangen wird materiell durch das **Missbrauchsverbot** begrenzt. Dies dürfte nur in evidenten Fällen anzunehmen sein, kommt aber bspw. in Betracht, wenn die Antragsteller die Möglichkeit einer regulären Beratung ohne erkennbaren Grund ungenutzt gelassen haben und der Antrag zur Durchführung einer Dringlichkeitssitzung unter Berücksichtigung des zeitlichen Abstandes bis zur nächsten turnusmäßigen Sitzung sowie des Beratungsgegenstandes als schlicht missbräuchlich anzusehen ist.[92] In der parlamentarischen Praxis übt der PräsLT sein Recht auf Einberufung auf der Grundlage eines vom Ältestenrat jährlich im Voraus vereinbarten Zeitplanes aus.

18 Darüber hinaus weist die GO dem Präsidenten eine Vielzahl von **weiteren Aufgaben** zu. Dazu gehören ua: Einberufung und Leitung des Ältestenrates (§§ 6, 7 GO LT), Konstituierung der Ausschüsse und Benennung von fraktionslosen Mitgliedern (§ 11 GO LT), Entgegennahme von Abwesenheitsanzeigen von Abg. (§ 32 GO LT), Entscheidung über die Zulässigkeit von Akteneinsichtsbegehren (§ 33 GO LT), Entgegennahme von Verzichtserklärungen von Abg. (§ 36 GO LT), Prüfung und ggf. Zurückweisung unzulässiger Vorlagen (§ 42 GO LT), Überweisung von Ergänzungsvorlagen an den Finanzausschuss (§ 54 Abs. 2 GO LT), Entgegennahme, Prüfung und Weiterleitung von Kleinen und Großen Anfragen (§§ 62, 63 GO LT), Prüfung der Zulässigkeit von Beratungsgegenständen für die Aktuelle Stunde (§ 66 Abs. 3 GO LT), Überweisung von Petitionen (§ 67 GO LT), Vorschlag der Tagesordnung (§ 73 GO LT), Leitung der Plenarsitzungen (§ 75 GO LT), Feststellung der Beschlussunfähigkeit (§ 77 GO LT), die Erklärung des Schlusses der Beratung (§ 80 GO LT), die Worterteilung (§ 81 GO LT), die Festlegung der Reihenfolge der Redner (§ 82 GO LT), Redeunterbrechung (§ 83 GO LT), die Wortentziehung (§ 84 Abs. 3 GO LT), Worterteilung zur GO (§ 87 GO LT), Verkündung von Abstimmungsergebnissen (§ 95 GO LT), Sanktionen im Rahmen der Sitzungsgewalt, namentlich Sach- und Ordnungsruf, Wortentziehung und Ausschluss von Mitgliedern des LT (§§ 97 ff., hierzu → Rn. 21), Unterbrechung und Aufhebung der Sitzung (§ 101 GO LT), Ausschluss von Besuchern (§ 102 GO LT), Unterzeichnung und Übermittlung

---

89 Vgl. *Menzel*, in Löwer/Tettinger, Art. 38 Rn. 34.
90 *Linck*, in Linck/Baldus/Lindner/Poppenhäger/Ruffert, Art. 57 Rn. 25.
91 *Linck*, in Linck/Baldus/Lindner/Poppenhäger/Ruffert, Art Rn. 25.
92 *Menzel*, in Löwer/Tettinger, Art. 38 Rn. 35.

von Protokollen des LT (§§ 103 ff. GO LT) sowie die Auslegung der GO über während einer Sitzung auftauchende Zweifel (§ 107 GO LT).

Zur Führung der Geschäfte des LT gehören schließlich die allg. Pflicht des PräsLT, die Arbeit des LT zu fördern, dh die Voraussetzungen für einen ungestörten Ablauf der Arbeit zu schaffen und zu sichern. Dies umfasst die personellen, räumlichen, technischen und finanziellen Voraussetzungen für das Plenum, die Ausschüsse, die einzelnen Abg. und die Fraktionen.[93] Schließlich ist es Aufgabe des PräsLT, die Würde und Rechte des Parlaments zu wahren. Die Wahrung der Würde des Landtages ist darauf ausgerichtet, das Ansehen und den Respekt vor dem Verfassungsorgan zu schützen.[94] Diese allg. Obliegenheit berechtigt und verpflichtet den PräsLT, im Einzelfall einzuschreiten, wenn die Würde des Parlaments von Innen oder Außen gefährdet ist oder verletzt wird.[95]

**3. Sitzungs- und Disziplinargewalt.** Nach Art. 29 Abs. 3 S. 2 LV übt PräsLT die Ordnungsgewalt im Landtag aus. Die parlamentarische Ordnungsgewalt umfasst zum einen die Leitungskompetenz oder Sitzungsgewalt iSd Sicherstellung eines ordnungsgemäßen Geschäftsgangs und Verhandlungsablaufs in verfahrenstechnischer Hinsicht.[96] Hierzu gehören insbesondere die Einberufung des LT (§ 72 GO LT), Vorschlag der Tagesordnung (§ 73 GO LT) sowie die Leitung der Sitzungen (§ 75 GO LT). Auch die Prüfung und ggf. Zurückweisung von Vorlagen (§ 42 GO LT) oder Anfragen (§ 62 GO LT) sind der Leitungskompetenz zuzuordnen. Zur Wahrung der Ordnung gehört die **Disziplinargewalt** mit der die parlamentarische Ordnung gewahrt und geschützt werden soll.[97] Diese Kompetenzen ergeben sich aus der Geschäftsordnungsautonomie und stehen dem LT insgesamt zu.[98] Adressaten der Sitzungs- und Disziplinargewalt sind zunächst und vor allem die Mitglieder des Landtages. Ob auch die Mitglieder der LReg oder ihre Beauftragten der Ordnungsgewalt des – amtierenden – Präsidenten unterliegen, ist streitig.[99] Wenn Mitglieder der LReg an Sitzungen des Parlaments teilnehmen, sind auch sie verpflichtet, Äußerungen oder Handlungen, die die parlamentarische Ordnung stören, zu vermeiden. Daher könnte der amtierende Präsident bei gröblicher Verletzung der parlamentarischen Ordnung idR Art. 29 Abs. 3 S. 2 LVerf auch ggü. Mitgliedern der LReg Ordnungsmaßnahmen ergreifen.[100] Wegen des in Art. 38 Abs. 2 LVerf verankerten privilegierten Rede- und Anwesenheitsrechts ist jedoch ein besonders strenger Maßstab anzulegen,[101] mit der Folge, dass förmliche Ordnungsmaßnahmen in der parl. Praxis faktisch nicht vorkommen und in der geltenden GO LT nicht vorgesehen sind, da sich die geregelten Disziplinarmaßnahmen nur an Mitglieder des LT richten. Etabliert haben sich hingegen nichtförmliche Ordnungsmaßnahmen, wie Ermahnungen, Rügen oder der sog. „hypothetische Ordnungsruf". Damit wird ein Regierungsmitglied darauf hingewiesen, dass ein Ordnungsruf erteilt

---

93 Ritzel/Bücker/Schreiner, § 7 GO BT, Anm. I. 2 b.
94 LVerfG M-V Urt. v. 27.1.2011- LVerfG 4/09 –, S. 11f.
95 *Lontzek*, in Epping/Butzer/Brosius-Gersdorf/Mehde/Waechter, Art. Art. 14 Rn. 14; vgl. auch VerfGH Rh-Pf NVwZ 2002, 75 (76) zu der Pflicht des PräsLT, öffentliche Anschuldigungen gegen MdL zu prüfen und ggf. Stellung zu nehmen.
96 LVerfG M-V Urt. v. 29.1.2009 – LVerfG 5/08 –, NordÖR 2009, 205 (207).
97 LVerfG M-V, aaO.
98 LVerfG M-V Urt. v. 27.1.2011 – LVerfG 4/09 –, S. 9; LVerfG Urt. v. 21.6.2007 – LVerfG 19/06, LVerfGE 18, 325 ff.
99 Vgl. hierzu *Kluth*, in Schmidt-Bleibtreu/Hofmann/Henneke, Art. 40 Rn. 65; *Magiera*, in Sachs, Art. 40 Rn. 31.
100 *Perne*, in Brocker/Droege/Jutzi, Art. 85 Rn. 30; *Lontzek*, in HannKomm NV, Art. 18 Rn. 37.
101 *Brocker*, in BK, Art. 40 Rn. 140 mwN.

worden wäre, wenn er die inkriminierte Äußerung als Abgeordneter getan hätte.[102] Die Disziplinargewalt wird vom Präsidenten kraft Übertragung durch den LT gemäß § 3 Abs. 2 S. 1, §§ 97 ff. GO LT, eigenverantwortlich und unabhängig ausgeübt.[103] Förmliche Instrumente der Disziplinargewalt sind der **Ruf zur Sache** (§ 97 Abs. 1 GO LT), der **Ordnungsruf** (§ 97 Abs. 2 GO LT), die **Wortentziehung** für den jeweiligen Verhandlungsgegenstand oder die gesamte Sitzung (§ 98 GO LT) sowie der **Ausschluss von der laufenden Sitzung** oder für mehrere Sitzungstage (§ 99 GO LT). Schließlich kann der PräsLT die Sitzung auf bestimmte Zeit unterbrechen oder schließen, wenn im LT störende Unruhe entsteht, die den Fortgang der Verhandlungen in Frage stellt (§ 101 GO LT). Bei der **Sitzungsunterbrechung** handelt es sich jedoch nicht um eine Disziplinarmaßnahme im engeren Sinne, weil eine solche immer nur gegen einen einzelnen Abg. gerichtet sein kann.[104] Die sitzungsbezogene Ordnungsgewalt ist jedoch nicht auf Äußerungen beschränkt. Als weitere Maßnahmen zur Aufrechterhaltung der Ordnung kommen die Beanstandung unangemessener Kleidung im Plenum, die Unterbindung von Essen und Trinken oder des Telefonierens im Plenarsaal in Betracht.

21 **Disziplinarmaßnahmen** ieS berühren den betroffenen Abg. in seinem verfassungsrechtlichen Status. Sach- und Ordnungsruf sowie die Wortentziehung stellen einen Eingriff in das Rederecht des Abg. dar.[105] Der Ausschluss von Sitzungen stellt darüber hinaus einen Eingriff in das Recht des Abg. auf Teilnahme an den Verhandlungen des LT dar.[106] Während durch die **Wortentziehung** das Rederecht entzogen wird, kann die Sanktionierung mit einem **Ordnungsruf** eine Beschränkung der Redefreiheit beinhalten. Gegen diese Maßnahmen steht dem betroffenen Abg. daher nach § 100 GO LT der Rechtsbehelf des Einspruchs zu. Dieser ist auf die Tagesordnung der nächsten Sitzung zu setzen. Der LT entscheidet ohne Aussprache nach Beratung im Ältestenrat. Der Einspruch hat keine aufschiebende Wirkung. Gegen die Entscheidung des LT wiederum kann der betroffene Abg. im verfassungsrechtlichen Organstreitverfahren vorgehen (§ 11 Abs. 1 Nr. 1 LVerfGG M-V). Das LVerfG stellt in seiner Entscheidung fest, ob die beanstandete Maßnahme gegen eine Bestimmung der Verfassung stößt (§ 38 LVerfGG M-V). In der parlamentarischen Praxis ist in den ersten vier Wahlperioden durchschnittlich etwa in jeder zweiten Sitzung ein Ordnungsruf erteilt worden.[107] Die Zahl der Ordnungsmaßnahmen ist in der 5. WP mit dem Einzug der NPD-Fraktion, bei der die Provokation maßgeblicher Bestandteil ihrer Strategie ist,[108] explosionsartig angestiegen[109] und nach dem Ausscheiden der NPD i. d. 7. WP wieder deutlich zurückgegangen.[110]

22 Voraussetzung für die Berechtigung einer Ordnungsmaßnahme ist die Verletzung der Würde des LT durch einen Abg. Das LVerfG M-V hat zur Zulässigkeit und der Justiziabilität von Ordnungsmaßnahmen grundlegende Maßstäbe entwickelt. Danach liegt eine Verletzung der Würde des Landtages vor,

---

102 *Brocker*, in BK, Art. 40 Rn. 133 mwN.
103 LVerfG M-V Urt. v. 29.1.2009 – LVerfG 5/08 –, NordÖR 2009, 205 (206).
104 *Klein*, in Dürig/Herzog/Scholz, Art. 40 Rn. 103.
105 *Klein*, in Dürig/Herzog/Scholz, Art. 40 Rn. 103.
106 LVerfG M-V Urt. v. 29.1.2009 – LVerfG 5/08 –, NordÖR 2009, 205 (208).
107 In der 1. WP gab es 54 Ordnungsrufe, in der 2. WP 47 Ordnungsrufe, in der 3. WP 35 Ordnungsrufe und in der 4. WP 15 Ordnungsrufe.
108 Vgl. hierzu *Brodkorb/Schlotmann*, Provokation als Prinzip, 1. Aufl. 2008.
109 In der 5./6. WP gab es 557/307 Ordnungsrufe, 77/39 Wortentzüge und 45/31 Ausschlüsse.
110 In der 7. WP gab es 60 Ordnungsrufe, 1 Wortentziehung und 1 Ausschluss.

wenn durch Äußerungen oder Handlungen, die den parlamentarischen Regeln widersprechen und das Ansehen des Parlaments zu schädigen geeignet sind, gegen die parlamentarische Ordnung verstoßen wird.[111] Die Auslegung der in den ordnungsrechtlichen Vorschriften solchermaßen verwendeten unbestimmten Rechtsbegriffe, ihre Anwendung auf den Einzelfall und die Gewichtung eines erkannten Verstoßes bleiben im Rahmen eines Beurteilungsspielraumes vorrangig Sache des Präsidiums und des Parlaments im Rahmen einer Entscheidung nach § 100 GO LT.[112] Wegen des spezifischen Charakters des parlamentarischen Willensbildungsprozesses in dem Kollegialorgan „Landtag", der wesentlich durch Elemente organschaftlicher Selbstregulierung geprägt ist, verbietet sich damit eine umfassende verfassungsgerichtliche Kontrolle in der Art der Überprüfung eines Verwaltungsakts.[113] Für die verfassungsrechtliche Beurteilung einer parlamentarischen Ordnungsmaßnahme ist nicht ausschlaggebend, ob auch ein abweichendes Ergebnis vertretbar wäre, sondern allein, ob sie auf einer Verkennung der aus dem Abgeordnetenstatus resultierenden Rechte beruht, wie dies bei einer Überprüfung der Auslegung einfachgesetzlicher Normen durch Behörden und Instanzgerichte im Lichte der Grundrechte gilt.[114] Der Begriff der **parlamentarischen Ordnung** ist dabei nicht allein auf den Ablauf der Plenarsitzung und unmittelbare Störungen der Beratungen und der politischen Diskussion im Parlament zu begrenzen. Vielmehr sind weitergehend auch die Werte und Verhaltensweisen zu berücksichtigen, die sich in der demokratischen und vom Repräsentationsgedanken getragenen parlamentarischen Praxis entwickelt haben und die durch die historische und politische Entwicklung geformt worden sind.[115] Das Parlament ist berechtigt, seine Mitglieder durch Verhaltensregeln auch auf die Wahrung der Würde des Landtages im Sinne eines von gegenseitigem Respekt getragenen Diskurses zu verpflichten.[116] Es darf deshalb Verstöße sanktionieren, wo es erkennen lässt, dass er den für eine sachbezogene Arbeit notwendigen Respekt gegenüber den übrigen Parlamentariern oder der Sitzungsleitung vermissen lässt und damit zwangsläufig auch das Ansehen des Hauses nach außen beschädigt.[117] Insoweit stellt die parlamentarische Disziplinargewalt auch ein notwendiges innerparlamentarisches Korrektiv zu dem besonderen Schutz der **parlamentarischen Redefreiheit** durch die verfassungsrechtliche Gewährleistung der Indemnität (→ Art. 24 Rn. 3 ff.) dar, die den Inhalt der Rede von möglichen Sanktionen freistellt. In der parlamentarischen Praxis wird ein Ordnungsruf vor allem bei beleidigenden Äußerungen gegenüber anderen Abg., Mitgliedern der LReg oder Dritten angenommen. Für die Würdigung kommt es nicht allein auf die Wortwahl an, sondern es sind stets der sachliche Zusammenhang und die Gesamtumstände zu berücksichtigen. Bspw. kann die Verwendung des Terminus „Lügner" je nach den Umständen als – zulässige – überspitzte Meinungsäußerung oder aber als – unzulässige – persönliche Provokation oder pauschale Diskriminierung anzusehen sein. Als Störung der Ordnung und damit **Verletzung der Würde des LT** gelten grds. absichtliche Störungen des Redners sowie Nichtbeachtung oder Kritik der Anordnungen oder Verhandlungsleitung

---

111 LVerfG Urt. v. 23.1.2014 – LVerfG 3/13 –, Rn. 32, juris, Leitsätze veröffentlicht in NordÖR 2014, 197.
112 LVerfG M-V, Urt. v. 23.1.2014, aaO Rn. 32.
113 LVerfG M-V, Urt. V. 29.1.2009 – LVerfG 5/08 –, NordÖR 2009, 205 (207).
114 Vgl. BVerfG NJW 1994, 1779 (1781).
115 LVerfG M-V Urt. v. 23.1.2014, aaO, Rn. 33.
116 LVerfG M-V, aaO.
117 Vgl. LVerfG M-V Urt. v. 29.1.2009 – LVerfG 5/08 – NordÖR 2009, 205 (206) mwN; LVerfG M-V Urt. v. 23.1.2014 – LVerfG 3/1 – juris Rn. 33.

des – amtierenden – Präsidenten.[118] Der vom Landesverfassungsgericht entwickelte Kontrollmaßstab auf der Tatbestandseite, also der Frage, ob eine Verletzung der Würde des Parlaments vorliegt, berücksichtigt zu Recht die Unwiederholbarkeit der entscheidungserhebliche Situation, die in ihrem Ablauf und in ihrer Atmosphäre ex post nur schwer nachempfunden – und damit objektiv beurteilt – werden kann.[119] Insoweit sind Entscheidungen des PräsLT im Plenum mit Tatsachenentscheidungen eines Schiedsrichters vergleichbar und die vom LVerfG angenommene reduzierte verfassungsgerichtliche Kontrolldichte zutreffend. Allerdings hat das LVerfG den weiten Spielraum der PräsLT in seiner jüngeren Rspr. eingeschränkt, indem es davon ausgeht, dass die verfassungsrechtl. Kontrolle umso intensiver ist, je deutlicher eine Ordnungsmaßnahme auf den Inhalt der Äußerung und nicht nur auf das Verhalten des Abgeordneten reagiert:[120] Dieser Maßstab, nach dem selbst polemische Ausdrücke hingenommen werden müssen, wenn sie im Kontext einer politischen Stellungnahme eingebettet sind,[121] schränkt die Disziplinargewalt d. PräsLT unzulässig ein, soweit es sich – nur – um einen Ordnungsruf handelt. Darüber hinaus nimmt das LVerfG auf der Rechtsfolgeseite, also zur Frage, welche Ordnungsmaßnahmen (Ordnungsruf, Wortentziehung, Sitzungsausschluss) eine umfassende **Verhältnismäßigkeitsprüfung** vor.[122] Danach sollen Art und Schwere des Verstoßes gegen den hohen Rang der Abgeordnetenrechte abgewogen werden, um im Einzelfall die Adäquanz zu wahren. Diese Adäquatsprüfung auf der Rechtsfolgeseite ist zu Recht auf Kritik gestoßen,[123] weil sich das LVerfG damit am Ende doch an die Stelle des Landtages setzt und die zuvor entstandene Zurückhaltung wieder negiert. Der Landtag hat den Rechtsgedanken einer stärkeren Differenzierung von Sanktionen auf der Rechtsfolgeseite der Verhältnismäßigkeit Rechnung getragen und die GO LT zu Beginn d. 6. WP dahergehend geändert, dass der Ordnungsruf, die Wortentziehung und der Sitzungsausschluss als abgestuftes Sanktionssystem geregelt wird. Schließlich sind mit der Möglichkeit nachträglich verhängter Ordnungsmaßnahmen nach Erörterung im Ältestenrat weitere Regeln eingearbeitet worden, die eine Entscheidung auf der Grundlage der gebotenen Abwägung und nicht ad-hoc im Plenum ermöglichen.

Der Ausschluss von Mitgliedern des LT setzt eine „**gröbliche Verletzung der Ordnung**" voraus. Ein solcher Verstoß ist regelmäßig anzunehmen, wenn die Äußerung über eine einfache Beleidigung hinausgehende strafrechtliche Relevanz besitzt. Einschlägig sind insoweit insbes. die Straftatbestände der §§ 84 ff. StGB (Gefährdung des demokratischen Rechtsstaates), § 103 StGB (Beleidigung von Organen und Vertretern ausländischer Staaten), Straftaten gegen die öffentliche Ordnung (§§ 126 ff. StGB), Volksverhetzung (§ 130 StGB) falsche Verdächtigung (§§ 164 f. StGB) sowie Straftaten, welche sich auf Religion und Weltanschauung beziehen (§ 166 ff. StGB). Schließlich sind rassistische oder sonst diskriminierende Äußerungen mit der Würde des Parlaments unvereinbar.

---

118 *Trossmann*, Parlamentsrecht, § 40 Rn. 13; *Bücker*, in Schneider/Zeh, § 34 Rn. 21; LVerfG M-V Urt. v. 29.1.2009, aaO, S. 207.
119 LVerfG M-V Urt. v. 29.1.2009, aaO, S. 208.
120 LVerfG M-V Urt. v. 23.1.2014 – LVerfG 3/13 – juris Rn. 36; LVerfG M-V Urt. v. 25.6.2015 – LVerfG 10/14 – juris Rn. 123; LVerfG M-V Urt. v. 19.12.2019 – LVerfG 1/19 – juris Rn. 28.
121 So LVerfG M-V Urt. v. 29.12.2019, aaO; VerfGH Sachsen Urt. v. 30.9.2014 – Vf. 48–1–13 – juris Rn. 29.
122 Ebd.
123 *Erbguth/Schubert* NordÖR 2009, 209; *Brocker*, in BK, Art. 40 Rn. 368.

**4. Hausrecht und Ordnungsgewalt.** Nach Art. 29 Abs. 3 S. 2 übt der Parlamentspräsident das **Hausrecht** und die **Ordnungsgewalt** im LT aus. Insoweit ist zunächst zu berücksichtigen, dass die LV in diesem Zusammenhang eine andere Terminologie verwendet als das GG und zahlreiche andere Landesverfassungen.[124] Mit dem Begriff „**Ordnungsgewalt**" ist dem Präsidenten als Sonderordnungsbehörde (§ 3 Abs. 1 Nr. 4 SOG M-V) die Aufgabe zugewiesen, auf der Grundlage der sog. polizeilichen Generalklausel (§§ 13, 16 SOG M-V) im Bereich des LT alle zur Aufrechterhaltung der öffentlichen Sicherheit erforderlichen Maßnahmen zu treffen.[125] Diese Aufgabe wird in Art. 40 Abs. 2 S. 1 GG wie in der Mehrzahl der Landesverfassungen (vgl. zB Art. 57 Abs. 3 ThürVerf; Art. 39 Abs. 2 S. 3 Verf NW) als „**Polizeigewalt**" bezeichnet. Demgegenüber wird unter dem Begriff „Ordnungsgewalt" die oben beschriebene Sitzungs- bzw. Disziplinargewalt subsumiert.[126]

23

**a) Ordnungsgewalt.** Materiell obliegen dem Präsidenten im Rahmen der **Ordnungsgewalt** alle präventivpolizeilichen Maßnahmen, die der **Abwehr einer Störung der öffentlichen Sicherheit oder Ordnung** im Gebäude des LT zu dienen bestimmt sind, und die somit der allgemeinen Polizeibehörde obliegen würde.[127] Zur Durchsetzung der Ordnungsgewalt könnte sich der PräsLT eines landtagseigenen Polizei- bzw. Ordnungsdienstes bedienen.[128] Tatsächlich verfügt der LT lediglich über einen Sicherheitsdienst, deren Mitarbeiter nicht zur Anwendung unmittelbaren Zwangs nach dem SOG ermächtigt sind. Soweit erforderlich, kann der Präsident nach den allg. Amtshilferegeln die Landespolizei heranziehen, die insoweit der Weisungsgewalt des Parlamentspräsidenten unterliegt.[129] Ohne entsprechende Anforderung darf die Polizei im LT nicht tätig werden.[130] Insoweit schließt die Ordnungsgewalt des Präsidenten selbst die Zutrittsbefugnis von Beamten der Polizei und Ordnungsbehörden ohne Genehmigung aus.[131] Ob ein Eingriff der Polizei ohne Genehmigung des PräsLT bei besonderer oder dringender Gefahr im Verzuge ausnahmsweise zulässig ist, ist streitig.[132] Eine allg. Eingriffskompetenz bei „**dringender Gefahr im Verzuge**" ist zu unbestimmt und daher abzulehnen. Sachgerecht erscheint es, diese Ausnahme in Analogie zur Nothilfe auf gegenwärtige, nicht anders abwendbare Gefahren für Leib und Leben zu begrenzen. Die Ordnungsgewalt steht dem PräsLT als eine unabhängig vom LT wahrzunehmende Kompetenz als Behörde zu.[133] Daraus folgt, dass der PräsLT die Befugnisse zur Ausübung der Ordnungsgewalt auf Bedienstete der Landtagsverwaltung delegieren kann und bei Abwesenheit durch den LTDir vertreten wird. Andererseits kann der Präsident sie nicht auf andere Hoheitsträger,

24

---

124 Vgl. *Brocker*, in BK, Art. 40 Rn. 362.
125 *Linck*, in Linck/Baldus/Lindner/Poppenhäger/Ruffert, Art. 57 Rn. 29.
126 Vgl. zB *Klein*, in Dürig/Herzog/Scholz, Art. 40 Rn. 101 f.
127 *Brocker*, in Epping/Hillgruber, Art. 40 Rn. 50; *Kluth* in Schnmidt-Bleibtreu/Hofmann/Henneke Art. 40 Rn. 64.
128 In Deutschland verfügt derzeit jedoch nur der BT über einen eigenen Polizeidienst.
129 Vgl. *Menzel*, in Löwer/Tettinger, Art. 39 Rn. 18; *Perne*, in Brocker/Droege/Jutzi, Art. 85 Rn. 31.
130 *Klein*, in Dürig/Herzog/Scholz, Art. 40 Rn. 155, in, in; *Schliesky* in v. Mangold/Klein/Starck Art. 40 Rn. 27.
131 *Versteyl*, in von Münch/Kunig, Art. 40 Rn. 24.
132 Dafür: *Versteyl*, in von Münch/Kunig, Art. 40 Rn. 24; *Morlok*, in Dreier, Art. 40 Rn. 35; *Menzel*, in Löwer/Tettinger, Art. 39 Rn. 18, dagegen: *Trossmann*, Parlamentsrecht, § 7 GO BT Rn. 38; *Ritzel/Bücker*, Anm. II 2 d zu § 7 GO BT; *Wuttke*, in von Mutius/Wuttke/Hübner, Art. 14 Rn. 4.
133 *Klein*, in Dürig/Herzog/Scholz, Art. 40 Rn. 147.

insbes. die Polizeibehörden des Landes, übertragen.[134] Schließlich unterliegen die Maßnahmen der Ordnungsgewalt keinerlei (Rechts- oder Fach-)Aufsicht des LT.[135] Adressat der Ordnungsgewalt des PräsLT sind alle Personen, die sich in den Räumlichkeiten des LT aufhalten. Der verfassungsrechtliche Terminus „im Landtag" ist weit auszulegen und umfasst alle der Verwaltung des LT unterstehenden Gebäude, Gebäudeteile und Grundstücke.[136] Der räumliche Geltungsbereich erstreckt sich hingegen nicht auf Wahlkreisbüros sowie Örtlichkeiten, in denen sich Ausschüsse oder andere parlamentarische Gremien zu externen Sondersitzungen oder Ortsterminen versammeln.

25 **b) Hausrecht.** Art. 29 Abs. 2 S. 3 LV ist aber nicht nur Kompetenz- sondern auch Befugnisnorm, da über die **polizeiliche Generalklausel** auch Polizeiverfügungen, Polizeiverordnungen und Realakte erlassen werden[137] und nötigenfalls mit polizeilichen Zwangsmitteln – im Wege der Amtshilfe – durchgesetzt werden können.[138] Das **Hausrecht** nach Art. 29 Abs. 3 S. 2 erste Alternative gibt dem Parlamentspräsidenten das Recht, über Anwesenheit, Raumvergabe und Verhaltensweisen im LT zu entscheiden. Bei der Ausübung des Hausrechts, speziell bei der Entscheidung über die Nutzung der Räume des Landtages, steht PräsLT ein weiteres Ermessen zu.[139] Das dem Präsidenten eingeräumte Ermessen darüber, ob und wie die Räume des Parlaments parlamentsgerecht zu nutzen sind, ist auch von den Fachgerichten und den Verfassungsgerichten zu achten.[140] Regelungen zur Ausübung des Hausrechts bzw. Maßnahmen zu dessen Durchsetzung sind sowohl gegenüber Parlamentsexternen als auch gegenüber Abg. zulässig. Insoweit ist allerdings zu beachten, dass das Hausrecht gegenüber Abg. nur besteht, soweit kein Zusammenhang mit einer Sitzung vorliegt. In diesen Fällen greift ausschließlich die Sitzungs- bzw. Disziplinargewalt (→ Rn. 20 ff.).

26 Die Ausübung des Hausrechts ist dem **Präsidenten** – wie die Ordnungsgewalt – durch die Verfassung als **eigene Zuständigkeit** zugewiesen.[141] Daraus folgt gleichzeitig, dass der LT diese Zuständigkeit nicht an sich ziehen oder gar in Ausübung des Hausrechts getroffene Entscheidungen des Präsidenten ändern oder aufheben kann.[142] Bestandteil des Hausrechts ist auch das Recht des Präsidenten zum **Erlass einer Hausordnung**, in der die Einzelheiten, insbes. die Zutrittsberechtigungen, geregelt sind.[143]. Die HausO regelt insbesondere den Zutritt und das Verhalten im Landtagsgebäude für alle Nutzer sowie das Verhalten im Plenarsaal und auf der Tribüne für Besucher und Externe. Bei der Hausordnung handelt es sich um eine das Hausrecht konkretisierende Verwaltungsvorschrift mit ermessensbindender Wirkung.[144] Da die Hausordnung keine Regelung im Rahmen der Parlamentsautonomie darstellt, sondern auf einer eigenen Rechtssetzungsbefugnis des Präsidenten beruht, unterliegt sie nicht dem Grundsatz der Diskontinuität. Verstöße gegen die Hausordnung können

---

134 *Klein*, in Dürig/Herzog/Scholz, Art. 40 Rn. 16.
135 *Köhler*, Die Polizeigewalt des Parlamentspräsidenten im deutschen Staatsrecht, in DVBl. 1992, S. 1577, 1584.
136 IdS für den noch engeren Begriff „Gebäude des Bundestages" in Art. 40 GG *Klein*, in Dürig/Herzog/Scholz, Art. 40 Rn. 165.
137 *Brocker*, in Epping/Hillgruber, Art. 40 Rn. 52.
138 *Brocker*, in BK, Art. 40 Rn. 262 mwN.
139 *Brocker*, in Epping/Hillgruber, Art. 40 Rn. 47.
140 BVerfG Beschl. v. 6.5.2005 – NJW 2005, 2843 (2844).
141 *Klein*, in Dürig/Herzog/Scholz, Art. 40 Rn. 159.
142 *Klein*, in Dürig/Herzog/Scholz, Art. 40 Rn. 146; *Trossmann*, Parlamentsrecht des Deutschen Bundestages, § 7 Rn. 40.
143 Vgl. Hausordnung des LT v. 25.3.2022, veröffentlicht, www. Landtag-mv.de.
144 *Klein*, in Dürig/Herzog/Scholz, Art. 40 Rn. 162; VG Berlin NJW 2002, 1063 (1064).

als Ordnungswidrigkeit iSd § 112 OWiG oder als Straftat gem. § 106b StGB verfolgt werden.

Der **räumliche Geltungsbereich des Hausrechts** erstreckt sich wie die Ordnungsgewalt grds. auf alle Räume und Grundstücke des Schweriner Schlosses sowie weitere vom LT genutzten Räumlichkeiten in anderen Liegenschaften. Der sachliche Geltungsbereich wird jedoch begrenzt durch die Übertragung des Hausrechts an die Fraktionen.[145] Die Zuweisung von Räumen erfolgt üblicherweise zu Beginn einer neuen WP gem. § 54 Abs. 7 AbgG M-V und obliegt der PräsLT als Verwaltungsbehörde i. R. seiner Kompetenz aus Art. 29 Abs. 6 LV,[146] mit der Folge, dass bei Streitigkeiten der Verwaltungsrechtsweg eröffnet ist.[147] Diese Übertragung ist zum einen widerruflich und zum anderen inhaltlich insoweit eingeschränkt, als es sich innerhalb des vom allg. Hausrecht bzw. der Hausordnung gesetzten Rahmens halten muss. Dies bedeutet konkret, dass die Fraktionen zwar grds. selbst entscheiden können, welche Besucher sie in ihren Räumen empfangen, gleichzeitig – da sich die Fraktionsräume innerhalb des LT befinden – aber den allg. Zugangsregularien – wie zB Ausstellen eines Besucherscheines am Eingang – unterworfen sind.[148] Schließlich ist der PräsLT im Rahmen seines Hausrechts auch zum Eingreifen gegenüber den Fraktionen oder den einzelnen Abg. befugt, wenn diese ihr Hausrecht missbrauchen, jedenfalls dann, wenn sich der Missbrauch störend auf die Funktion des Parlaments auswirkt.[149] Ein solcher Missbrauch ist zB anzunehmen, wenn durch die Fenster der Büros Plakate oder Transparente an der Fassade angebracht werden[150] oder die Fraktionsräume genutzt werden, um sich mit Besuchern zu einem „Hungerstreik" zu versammeln.[151]

Der PräsLT übt das Hausrecht – jedenfalls soweit sich Maßnahmen auf Parlamentsexterne beziehen – meist nicht persönlich aus. Da es sich insoweit nicht um parlamentarische, sondern behördliche Maßnahmen handelt, wird er nicht von den Vizepräsidenten, sondern vom Landtagsdirektor[152] bzw. den zuständigen Mitarbeitern der Landtagsverwaltung vertreten.

Die Rechtsnatur des Hausrechts ist streitig.[153] Die Rspr. differenziert je nach konkreter Maßnahme und ordnet sie entweder dem öffentlichen oder dem privaten Recht zu.[154] Im Hinblick darauf, dass das Hausrecht ausdrücklich in der Verfassung verankert ist und der Sicherung der Funktionserfüllung des LT dient,[155] ist es überzeugender und im Hinblick auf den Rechtsweg auch sachgerechter, das Hausrecht als originär öffentlich-rechtlich anzusehen.[156] Daraus folgt, dass auch die **Hausordnung** öffentlich-rechtlicher Natur und konkret als Allgemeinverfügung im Sinne des § 35 S. 2 VwVfG M-V anzusehen ist.[157] Das

---

145 Vgl. dazu *Schmidt*, Zum Hausrecht der Fraktionen an ihren Geschäftsräumen, in DÖV 1990, 102 ff.; VerfGH Berl NJW 1996, 2567 f.
146 LVerfG M-V Beschl. v. 24.5.2012 – LVerfG 15/11 –, S. 9.
147 LVerfG M-V, aaO, S. 11.
148 *Klein*, in Dürig/Herzog/Scholz, Art. 40 Rn. 168.
149 *Klein*, in Dürig/Herzog/Scholz aaO.
150 Beispiel nach *Menzel*, in Löwer/Tettinger, Art. 39 Rn. 15.
151 BerlVerfGH NJW 1996, 2567.
152 Vgl. § 2 Abs. 2 Hausordnung (Fn. 130).
153 Vgl. zum Streitstand: *Klein* in Dürig/Herzog/Scholz Art. 40 Rn. 140 ff.
154 BVerwGE 35, 103 (106 f.), VGH Mannheim NJW 1994, 2500; OVG Münster NJW 1998, 1425 f.; weitere Nachweise bei *Klein*, in Dürig/Herzog/Scholz, Art. 40 Rn. 143.
155 *Morlok*, in Dreier, Art. 40 Rn. 34.
156 *Klein*, in Dürig/Herzog/Scholz, Art. 40 Rn. 144; *Menzel*, in Löwer/Tettinger, Art. 39 Rn. 13.
157 *Klein*, in Dürig/Herzog/Scholz, Art. 40 Rn. 162.

Hausrecht ist durch die §§ 112 OWiG, 106b, 123 StGB strafbewehrt. Gegen hausrechtliche wie ordnungsrechtliche Verfügungen des Präsidenten ist grds. der Verwaltungsrechtsweg eröffnet.[158] Etwas anderes gilt nur in den Fällen, in denen haus- oder ordnungsrechtliche Maßnahmen Adressaten betreffen, die durch die Verfassung oder die GO LT mit eigenen Rechten ausgestattet sind, zB Abg. oder Fraktionen, und die Möglichkeit besteht, dass die Betroffenen in ihren ihnen durch die Verfassung übertragenen Rechte und Pflichten verletzt oder unmittelbar gefährdet sind.[159] In diesen Fällen kann eine verfassungsrechtliche Streitigkeit vor mit der Folge vorliegen, dass der Rechtsweg zum LVerfG offen steht.[160] Im Einzelfall kommt es darauf an, ob die dem Streit zugrunde liegende Rechtsgrundlage dem Verfassungs- oder Verwaltungsrecht zuzuordnen ist.[161] Rechtsstreitigkeiten i. Z. mit der Anwendung des Hausrechts und der Hausordnung unterliegen nur dann einer verfassungsgerichtlichen Kontrolle, wenn verfassungsrechtlich verbürgte Rechte der Abg. oder einer Fraktion verletzt sein können.[162]

30 **5. Genehmigungsbefugnis bei Durchsuchung und Beschlagnahmen (Abs. 4).** Art. 29 Abs. 4 LV schützt die räumliche Integrität des Parlaments.[163] Geschützt werden ferner die Autorität des Parlamentspräsidenten als Hausrechtsinhaber sowie die Arbeit der einzelnen Abg. Das Genehmigungsprivileg stellt eine funktionale Ergänzung zum persönlichen Schutz des Abg. dar.[164] Ebenso wie Art. 40 Abs. 2 S. 2 GG begründet Art. 29 Abs. 4 LV eigenständige Kompetenzen des Parlamentspräsidenten und stellt die Erteilung der Zustimmung für Eingriffe für Exekutive und Judikative in sein Ermessen.[165] Die entsprechenden Maßnahmen bedürfen der „Zustimmung", dh einer ausdrücklichen, vorherigen Einwilligung.[166]

31 Das Genehmigungserfordernis erstreckt sich auf **Durchsuchungen und Beschlagnahmen** nach § 94 ff., 102 ff. StPO. Ob auch – über den Wortlaut hinaus – andere Maßnahmen der Strafverfolgungsbehörden, wie Festnahme und Verhaftungen sowie andere Zwangsmaßnahmen auf zivil- oder öffentlich-rechtlicher Grundlage, der vorherigen Zustimmung bedürfen, ist streitig.[167] Für die Ausweitung des sachlichen Schutzbereiches über den Wortlaut hinaus besteht für Mandatsträger kein Regelungsbedarf, da die Abg. insoweit durch die Immunität nach Art. 24 Abs. 2 LV (→ Art. 24 Rn. 19 ff.) umfassend geschützt sind. Im Hinblick darauf, dass der Schutzbereich dieser Norm darauf angewendet ist, potenziellen Druck durch andere Hoheitsträger auf das Parlament auszuschließen[168], ist mit der hM davon auszugehen, dass über den Wortlaut hinaus auch weiterge-

---

158 *Klein*, in Dürig/Herzog/Scholz, Art. 40 Rn. 174; *Menzel*, in Löwer/Tettinger, Art. 39 Rn. 17, idS auch das OVG M-V, Beschl. v. 17.9.2006 – 211 136/06 –, das auf die „öffentlich-rechtliche" Zweckbestimmung des Gebäudes abstellt.
159 *Maunz*, in Dürig/Herzog/Scholz, Art. 40 Rn. 174; vgl. auch BVerfG Beschl. v. 8.3.2022 – 2 BvE 1/22 (Eilantrag z. Außervollzugsetzung d. Allgemeinverfügung zu Corona Schutzmaßnahmen im BT).
160 Vgl. StGH BW DVBl. 1988, 632 f.; VerfGH Berl NJW 1996, 2567 (2568).
161 LVerfG M-V Beschl. v. 24.5.2012- LVerfG 15/11 –, S. 10.
162 Sächs. VerfGH Beschl. v. 25.2.2014 – Vf. 52 – I – 12 –, Ls. 3b, juris.
163 *Klein*, in Dürig/Herzog/Scholz, Art. 40 Rn. 179.
164 BVerfGE 108, 251 (274); *Brocker*, in BK Art. 40 Rn. 272.
165 BVerfGE 108, 251 (273).
166 *Brocker*, in Epping/Hillgruber, Art. 40 Rn. 55; *Lontzek*, in HannKomm NV, Art. 18 Rn. 25.
167 Für eine weite Auslegung: *Versteyl*, in von Münch/Kunig, Art. 40 Rn. 29; *Magiera*, in Sachs, Art. 40 Rn. 33., in, in.
168 *Brocker*, in Epping/Hillgruber, Art. 40 Rn. 51.

hende Eingriffe, wie Festnahmen oder die Anwendung unmittelbaren Zwanges in Parlamentsgebäude nur mit Zustimmung der PräsLT zulässig sind.[169]

Der räumliche Schutzbereich von Art. 29 Abs. 4 erstreckt sich auf die Innenräume des LT und ist insoweit enger als der Schutzbereich des Hausrechts, welches sich auch auf Grundstücke erstreckt. Andererseits sind auch Räume geschützt, für die das Hausrecht auf die Fraktionen übertragen wurde (→ Rn. 27), Räume iSd Art. 29 Abs. 4 LV sind mithin Gebäudeteile in denen der Landtag, seine Ausschüsse, die Fraktionen oder die Verwaltung tätig sind.[170] Nicht geschützt sind die Wahlkreisbüros der Abg., deren Wohnungen sowie die Fahrzeuge des LT.[171] 32

**6. Vertretung des Landes in allen Rechtsgeschäften und Rechtsstreitigkeiten (Abs. 5).** Nach dem Wortlaut der Regelung vertritt der PräsLT nicht den LT oder die Landtagsverwaltung, sondern unmittelbar das Land M-V. Die Vertretung erstreckt sich sowohl auf den rechtsgeschäftlichen Bereich als auch auf Rechtsstreitigkeiten, wozu auch die verfassungsrechtlichen Streitigkeiten gehören. Nach der GO überweist der Präsident Klagen, Verfassungsbeschwerden und sonstige Verfahren, die beim BVerfG oder dem LVerfG anhängig sind, dem Rechtsausschuss mit der Bitte um eine schriftliche Empfehlung (§ 69 Abs. 1 GO LT). Nach Eingang der Empfehlung entscheidet der Präsident im Benehmen mit dem Ältestenrat über die Abgabe einer Stellungnahme unter Berücksichtigung der Empfehlung des Rechtsausschusses (§ 69 Abs. 1 S. 2 GO LT). Diese Regelung begründet eine Konsultationspflicht, aber keine formalrechtliche Bindung. Der Präsident vertritt den LT insgesamt und nicht etwa die jeweilige Mehrheit.[172] Die Vertretungszuständigkeit des Parlamentspräsidenten ist im Grundsatz „verfassungsfest" und steht nicht zur Disposition des Parlaments.[173] Allerdings kann der Landtagsdirektor vom PräsLT mit der ständigen Vertretungsbefugnis in einzelnen Bereichen betraut werden.[174] 33

**7. Staatsrechtliche Repräsentation.** In der Verfassung nicht ausdrücklich erwähnt, von der Vertretungskompetenz aber mitumfasst, ist die **staatsrechtliche Repräsentation** des LT durch den PräsLT.[175] In diesem Zusammenhang stellt sich bei offiziellen Veranstaltungen hinsichtlich der Begrüßung und Platzierung die Frage nach der protokollarischen Einordnung des PräsLT im Verhältnis zum MinPräs. Während auf Bundesebene dem Bundestagspräsidenten – hinter dem Bundespräsidenten und vor dem Bundeskanzler – die Position des „zweiten Mannes im Staate" zugeordnet wird,[176] wird der PräsLT protokollarisch überwiegend hinter dem MinPräs eingeordnet.[177] Nach anderer Auffassung ist der PräsLT der „erste Mann" im Land vor dem MinPräs.[178] Im Hinblick auf 34

---

169 *Klein*, in Dürig/Herzog/Scholz, Art. 40 Rn. 175; *Brocker*, in Epping/Hillgruber, Art. 40 Rn. 51; *Lontzek*, in HannKomm NV, Art. 18 Rn. 24.
170 *Lontzek*, in HannKomm NV, Art. 18 Rn 27.
171 *Löwer*, in Löwer/Tettinger, Art. 49 Rn. 14.
172 BVerfGE 1, 115 (116).
173 *Köhler* (Fn. 6), S. 304.
174 *Menzel*, in Löwer/Tettinger, Art. 39 Rn. 6; *Bücker*, in Schneider/Zeh, § 27 Rn. 16; *Köhler* (Fn. 6), S. 283 f.
175 *Waack*, in Caspar/Ewer/Nolte/Waack, Art. 14 Rn. 29.
176 *Klein*, in Dürig/Herzog/Scholz, Art. 40 Rn. 93; *Brocker*, in BK, Art. 40 Rn. 101; *Blum* in HdB – ParlR § 21 Rn. 13.
177 *Linck*, in Linck/Jutzi/Hopfe, Art. 57 Rn. 1; *Hartmann*, Staatszeremoniell, 3. Aufl. 2000, S. 144; *Köhler*, aaO S. 52 f. mwN.
178 *Böttcher*, Die Rechtsstellung des Landtagspräsidenten, 1956, S. 36; so ausdrücklich der damalige Oppositionsführer und derzeitige MinPräs Dr. Harald Ringstorff, PlenProt 1/78, 4448; nach *Waack*, in Caspar/Ewer/Nolte/Waack, Art. 14 Rn. 39 wird in Schles-

die ausschließliche Außenvertretungskompetenz des MinPräs nach Art. 47 LV einerseits und im Hinblick auf die Stellung des Parlaments als erste Gewalt andererseits dürfte es sachgerecht sein, bei der protokollarischen Einordnung zu differenzieren. Während der MinPräs das Land im Außenverhältnis und bei Veranstaltungen mit nationaler oder internationaler Beteiligung als oberster Repräsentant das Land vertritt, kommt dem PräsLT bei landesinternen Veranstaltungen als Vertreter der ersten Gewalt der protokollarische Vorrang zu. In der inneren Ordnung des Parlaments folgen nach dem Präsidenten protokollarisch in der Rangfolge die Fraktionsvorsitzenden, die Vizepräsidenten, die Parlamentarischen Geschäftsführer, die Ausschussvorsitzenden und schließlich die übrigen Mitglieder des Parlaments.[179]

35 **8. Verwaltung der wirtschaftlichen Angelegenheiten des Landtages (Abs. 6).** Die Kompetenz des PräsLT zur Leitung aller wirtschaftlichen Angelegenheiten umfasst insbes. die – auch ausdrücklich aufgeführte – **Haushalts-, Personal-** sowie die **Organisationsgewalt**. Durch einfach gesetzliche Regelungen sind d. PräsLT weitere personalrechtliche Aufgaben und Befugnisse zugewiesen. Dazu gehören gem. § 5 PetBüG M-V die Ernennung des Bürgerbeauftragten und, da dessen Amt beim Präsidenten des Landtages eingerichtet ist, auch die Einstellung bzw. Ernennung der dort Beschäftigten. Gleiches gilt gem. § 29 DSG M-V für die Ernennung des Landesbeauftragten für den Datenschutz bzw. dessen Beschäftigte. Da PräsLT diese eingeschränkten Personalbefugnisse als zugewiesene Aufgaben wahrnimmt, handelt es sich nicht um Personalangelegenheiten des LT iSd Art. 29 Abs. 6 S. 2 LV, mit der Folge, dass eine Beteiligung des Ältestenrates nach Art. 30 Abs. 2 LV (→ Art. 30 Rn. 6 ff.) entbehrlich ist. Schließlich ist der PräsLT gem. § 6 LRHG M-V Genehmigungsbehörde für Nebentätigkeiten der Mitglieder des Landesrechnungshofes, während nach § 7 Abs. 4 LRHG M-V die Landesregierung im Einvernehmen mit dem Präsidium des Landtags für die Erhebung einer Disziplinarklage gegen den Präsidenten und Vizepräsidenten des Landesrechnungshofes zuständig ist. Zur Wahrnehmung der wirtschaftlichen Angelegenheiten bedient sich der PräsLT der Landtagsverwaltung. Innerhalb der Landtagsverwaltung wird der PräsLT ständig durch den Landtagsdirektor vertreten.[180]

36 In der **Landtagsverwaltung**[181] sind alle administrativen, wissenschaftlichen und organisatorisch-technischen Dienste zusammengefasst, die das Parlament und dessen Organe bei ihren vielfältigen verfassungsrechtlichen Aufgaben unterstützen.[182] Parlamentsverwaltungen sind Verwaltungen sui generis und weder im Hinblick auf die Struktur noch in Bezug auf die Aufgaben mit anderen Verwaltungen vergleichbar.[183] Die Landtagsverwaltung trägt als Dienstleister dazu bei, dass das Parlament seine vielfältigen Funktionen wahrnehmen kann.[184] Die Parlamentsverwaltung „dient" dem ganzen LT und ist allen Abg. und Fraktionen

---

wig-Holstein und Hamburg der Parlamentspräsident jedenfalls in der Staatspraxis protokollarisch vor dem Regierungschef eingeordnet.
179 *Hartmann*, Staatszeremoniell, 4. Aufl. 2007, S. 145.
180 *Lontzek*, in HannKomm NV, Art. 18 Rn. 30; *Schindler*, in Schneider/Zeh, 29 Rn. 30.
181 Der Stellenplan d. LT weist f. 2022/23 145 feste Stellen sowie 10 Stellen für Azubis aus.
182 Vgl. Zu Stellung, Organisation und Funktion der Landtagesverwaltungen, *Herz*, Die Verwaltung der Parlamente ZParl 2008, 528 ff.; umfassend zu Aufgaben und Strukturen moderner Parlamentsverwaltungen: *Brocker* in HdB ParlR § 40 Rn. 1 ff.
183 *Schindler*, in Schneider/Zeh, § 29 Rn. 1.
184 *Oldiges/Brinktrine*, Der Landtagsdirektor als „politischer Beamter", DÖV 2002, 943 (946).

gegenüber gleichermaßen verpflichtet.[185] Die Pflicht zur politischen Neutralität schließt politische Dienstleistungen, zB Beratungen, wiss. Gutachten, Redeentwürfe etc nicht aus, sondern macht deutlich, dass eine Parlamentsverwaltung „Diener vieler Herren" ist und seine Dienstleistung – anders als in einem Ministerium – nicht nach Maßgabe einer politisch vorgegebenen Zielrichtung erbringt. So wird der Leiter eines Ausschusssekretariates von allen Seiten in Anspruch genommen, vom Vorsitzenden, aber auch von Regierungs- oder Oppositionsfraktionen.[186] Die Grenzen politischer Neutralität bzw. Loyalität ergeben sich aus den allg. Grundsätzen, wonach alle Mitarbeiter des öffentlichen Dienstes zu einer positiven Einstellung zu Staat und Verfassung verpflichtet sind und sich eindeutig von verfassungsfeindlichen Gruppen und Bestrebungen zu distanzieren haben und bereit sein müssen, jederzeit für die freiheitlich demokratische Grundordnung einzutreten.[187] Im Gegensatz zur allg. Staatsverwaltung, die Teil der Exekutive ist und vom Parlament lediglich kontrolliert wird, ist die Landtagsverwaltung eine im autonomen Selbstorganisationsrecht des Parlaments wurzelnde eigenständige Verwaltung, die von der LReg unabhängig ist.[188] Die Landtagsverwaltung unterliegt folglich nicht der Organisationsgewalt der LReg, sondern steht den Ressorts im Rang einer selbstständigen obersten Landesbehörde gegenüber.[189] Verwaltungsvorschriften der Ministerialverwaltung sind daher für die Landtagsverwaltung nicht verbindlich.[190] Sollen Verwaltungsvorschriften der LReg auch für die Landtagsverwaltung gelten, muss der PräsLT dies als allg. oder im Einzelfall anordnen.

Bei der Verwaltung der gesamten wirtschaftlichen Angelegenheiten des Landes 37 sowie bei den ihm übertragenen personalwirtschaftlichen Maßnahmen muss sich der Präsident im Rahmen der im Einzelplan des LT (Einzelplan 01) gesetzten Vorgaben halten. Abweichend vom allg. Haushaltsaufstellungsverfahren steht dem Präsidenten jedoch nach Abs. 6 S. 1 2. Alt. das Recht zu, den **Entwurf des Haushaltsplanes** des LT festzustellen. Voranschläge des PräsLT können nur mit seiner Zustimmung geändert werden (§ 29 Abs. 3 S. 1 LHO). Mit der entsprechenden Änderung der LHO ist die verfassungsrechtliche Unzulässigkeit sog. Doppelvorlagen, wonach in Konfliktfällen die LReg einen veränderten Einzelplan einfügt und den Entwurf des PräsLT nur beifügt, nunmehr auch einfachgesetzlich klargestellt. Wird die Zustimmung zur Änderung des Voranschlags des PräsLT nicht erteilt, ist sein Voranschlag unverändert in den Entwurf des Haushaltsplanes der LReg einzufügen (§ 29 Abs. 3 S. 2 LHO). Bei den administrativen Befugnissen des Präsidenten handelt es sich um eine ausschließliche Kompetenz. Dies gilt auch für die Personalkompetenz nach Art. 29 Abs. 6 S. 2 mit der Maßgabe, dass nach Art. 30 Abs. 2 insoweit das Benehmen mit dem Ältestenrat herzustellen ist (→ Art. 30 Rn. 6). Als **oberste Dienstbehörde** stehen dem Präsidenten gegenüber Beamten alle personalrechtlichen Befugnisse nach dem Landesbeamtengesetz zu. In Bezug auf die nichtverbeamteten Mitarbeiter übt der Präsident umfassend für das Land die Arbeitgeberfunktion aus. Die Eigenschaft als Dienstherr erstreckt sich auf die Mitarbeiter der Landtagsver-

---

185 *Oldiger/Brinktrine*, aaO, S. 946.
186 *Schindler*, in Schneider/Zeh, § 29 Rn. 29.
187 BVerfGE 39, 334 (346 ff.); BVerwGE 61, 176 (177 ff.).
188 *Waack*, in Caspar/Ewer/Nolte/Waack, Art. 14 Rn. 27; *Edinger*, in Grimm/Caesar, Art. 85 Rn. 16.
189 *Perne*, in Brocker/Droege/Jutzi, Art. 85 Rn. 32.
190 *Linck*, in Linck/Jutzi/Hopfe, Art. 57 Rn. 25; *Waack*, in Caspar/Ewer/Nolte/Waack, Art. 14 Rn. 27.

waltung, nicht jedoch auf die Mitarbeiter der Abg. und auch nicht auf die Mitarbeiter der Landtagsfraktionen.[191]

## Art. 30 (Ältestenrat)

(1) ¹Der Ältestenrat besteht aus dem Präsidenten, den Vizepräsidenten und je einem Vertreter der Fraktionen. ²Er unterstützt den Präsidenten bei der Wahrnehmung seiner Aufgaben.

(2) Die Feststellung des Entwurfs des Haushaltsplanes des Landtages, Entscheidungen nach Art. 29 Abs. 6 Satz 2 und solche, die Verhaltensregeln für die Abgeordneten betreffen oder die Fraktionen des Landtages in ihrer Gesamtheit berühren, trifft der Präsident im Benehmen mit dem Ältestenrat.

Vergleichbare Regelungen:
Art. 20 Abs. 4 und 5 Verf. S-H

| | |
|---|---|
| I. Vorbemerkungen ................... 1 | 1. Unterstützung des Präsidenten (Abs. 1 S. 1) ................... 4 |
| II. Zusammensetzung des Ältestenrates ................... 2 | 2. Herstellung des Benehmens mit dem Ältestenrat (Abs. 2) .. 6 |
| III. Die Aufgaben des Ältestenrates .... 3 | |

### I. Vorbemerkungen

1  Mit Art. 30 legt die Verfassung Aufgaben und Zusammensetzung des Ältestenrates und damit parlamentarisches Binnenorganisationsrecht fest. Damit verfügt der LT über ein zentrales Leitungsorgan, während im BT und in den meisten Landtagen die entsprechenden Funktionen auf den Ältestenrat und ein Präsidium aufgeteilt sind.

### II. Zusammensetzung des Ältestenrates

2  Der Ältestenrat besteht aus dem Präsidenten, den Vizepräsidenten und je einem Vertreter der Fraktionen. Sie werden vorab gem. Art. 29 Abs. 1 LV vom LT gewählt und vertreten daher im Ältestenrat nicht die Auffassung ihrer Fraktion, sondern es obliegt ihnen, die Interessen aller Mitglieder des LT zu vertreten. Die Interessen der Fraktionen wiederum werden von den von ihnen benannten Vertretern wahrgenommen. Insoweit steht jeder im LT vertretenen Fraktion die Entsendung eines Mitgliedes zu. Formal notwendig ist, dass es sich dabei um einen Abg. und nicht einen Fraktionsmitarbeiter handelt. In der parlamentarischen Praxis haben die Fraktionen in allen Legislaturperioden den jeweiligen **Parlamentarischen Geschäftsführer** als ständiges Mitglied im Ältestenrat benannt, der als „politischer Manager des Parlaments" die Verhandlungen maßgeblich prägt.[1] Darüber hinaus nehmen an Sitzungen des Ältestenrates Vertreter der LReg teil, soweit die Plenarsitzung vorbereitet wird (§ 5 Abs. 2 GO LT) oder bei der Beratung sonstiger Gegenstände, die auch die LReg betreffen.

Die von der LVerf vorgegebene Zusammensetzung bewirkt, dass der Ältestenrat im Regelfall nicht die Mehrheitsverhältnisse widerspiegelt.

Der Präsident beruft den Ältestenrat ein und leitet seine Verhandlung. Der Ältestenrat muss durch den PräsLT einberufen werden, wenn eine Fraktion dies verlangt (§ 7 GO LT). Zu kurzfristigen Beratungen des Ältestenrates kommt es

---
191 *Menzel*, in Löwer/Tettinger, Art. 39 Rn. 10.
1 *Brocker*, in Epping/Hillgruber, Art. 40 Rn. 15; *Lontzek*, in Epping/Butzer, Art. 20 Rn. 40.

insbes. im Verlauf von Plenarsitzungen. Da sitzungsleitende Entscheidungen des amtierenden Präsidenten nicht im Plenum diskutiert und kritisiert werden dürfen, werden im Ältestenrat gegensätzliche Standpunkte in Geschäftsordnungsfragen ad hoc geklärt. Der Ältestenrat wird, im Gegensatz zu allen anderen Gremien, nicht vom LT gewählt oder eingesetzt, sondern konstituiert sich selbst. Schon vor der konstituierenden Sitzung tritt er zu Regelung und Absprache aller notwendigen Einzelheiten meist mehrfach zusammen, allerdings noch mit der Bezeichnung „Vor-Ältestenrat" oder „Gespräch des Präsidenten mit den von den Fraktionen benannten Vertretern".[2] In dieser Phase zwischen Wahl und erstem Zusammentritt des LT werden die organisatorischen und personellen Weichen für die Wahlperiode gestellt (→ Art. 28 Rn. 2).

## III. Die Aufgaben des Ältestenrates

Der Ältestenrat ist das zentrale **Leitungs- und Verständigungsgremium** des LT und damit der eigentliche Lenkungsausschuss des Parlaments.[3] Zu den Aufgaben des Ältestenrates gehören zum einen die „Unterstützung des Präsidenten" bei der Wahrnehmung seiner Aufgaben nach Art. 30 Abs. 1 S. 2 LV sowie die Mitwirkung bei Verwaltungs- und Grundsatzangelegenheiten nach Art. 30 Abs. 2 LV. Der Ältestenrat ist kein Beschluss-, sondern ein Vorbereitungs- und Beratungsorgan[4] mit der Zielstellung – aber nicht der Notwendigkeit –, einvernehmliche Absprachen zu treffen bzw. gemeinsame Empfehlungen zu geben.

Schließlich entspricht es der parlamentarischen Praxis, dass der PräsLT auch bei seinen repräsentativen Aufgaben (→ Art. 29 Rn. 34) insbesondere bei internationalen Aktivitäten des Landtages, vom Ältestenrat unterstützt und bei ausgewählten Auslandsreisen auch begleitet wird.

**1. Unterstützung des Präsidenten (Abs. 1 S. 1).** Der Ältestenrat ist für den Geschäftsgang des Parlaments das „zentrale **Organ der Kommunikation**" zwischen den Fraktionen und dem Präsidenten und seinen Stellvertretern sowie Forum der Aussprache und des Ausgleichs zwischen den Fraktionen und dem Präsidium.[5] Zu den in der GO festgelegten Beteiligungen des Ältestenrates gehört die Verständigung über die Besetzung der Ausschussvorsitzenden und ihrer Stellvertreter (§ 11 GO LT), die Zurückweisung von Vorlagen (§ 42 GO LT), Überweisung von Unterrichtungen (§ 59 GO LT), Beratung über einen Einspruch gegen die Zurückweisung einer Anfrage (§ 62 Abs. 4 GO LT), Beteiligung von Verfassungsrechtsstreitigkeiten (§ 69 Abs. 1 GO LT), Einberufung des LT (§ 72 GO LT), Vereinbarung der vorläufigen Tagesordnung (§ 73 GO LT), Vereinbarung der Redezeiten (§ 84 Abs. 1 GO LT) sowie die Beratung über Einsprüche gegen Ordnungsmaßnahmen des Präsidenten (§ 100 GO LT). In der überwiegenden Zahl der nach der GO vorgesehenen Beteiligungen des Ältestenrates hat dieser selbst keine Entscheidungskompetenz, sondern bereitet lediglich Entscheidungen des Plenums vor. Ohne die interfraktionellen Vorklärungen und Absprachen im Ältestenrat, insbes. zur Tagesordnung und den Redezeiten, wären Plenarsitzungen mit erheblichen Kontroversen und Abstimmungen zu Verfahrensfragen belastet. Die – in Vorbereitung des Plenums notwendigerweise einvernehmlichen – Empfehlungen des Ältestenrates sind formal nicht verbindlich. In der parlamentarischen Praxis werden sie als politische Absprachen aber im Regelfall zu Beginn des Plenums konkludent bestätigt; sie gelten als akzeptiert, wenn sich

---

2 So für den BT *Zeh*, HdbStR III, § 53 Rn. 20.
3 *Brocker*, in BK, Art. 40 Rn. 158.
4 *Perne, in* Brocker/Droege/Jutzi, Art. 85 Rn. 26; *Blum* in HdB-ParlR § 21 Rn. 51.
5 *Schulze-Fielitz*, in Schneider/Zeh, § 11 Rn. 53.

im Plenum kein Widerspruch erhebt.[6] Darüber hinaus kann grds. jede Frage, die einer Fraktion oder auch nur einem Mitglied des Ältestenrates erörterungsbedürftig erscheinen, hier besprochen und durch Vereinbarung, Empfehlung oder Feststellung eines Meinungsbildes geklärt werden. Der Ältestenrat ist auch der Ort, an dem Beanstandungen gegen die Amtsführung des – amtierenden – Präsidenten im Plenum vorgebracht werden dürfen[7], während die öffentliche Kritik in der Plenarsitzung eine schwere Ordnungswidrigkeit darstellt (→ Art. 29 Rn. 22). Insoweit hat der Ältestenrat auch die Funktion einer **Schiedsstelle**, ohne dass insoweit bestimmte Verfahrensregeln oder Voraussetzungen normiert wären. Da der Ältestenrat regelmäßig auch Fragen der GO behandelt, sobald sie in einem Einzelfall streitig werden, prägt er wesentlich die Interpretation des Parlamentsrechts mit. Auf diese Weise entstehen – neben den formalisierten Auslegungsentscheidungen durch den LT auf Empfehlung des Rechtsausschusses nach § 107 GO LT – die Übungen und **parlamentarischen Gepflogenheiten**, die neben dem geschriebenen Geschäftsordnungsrecht das Verfahren für den LT bestimmen.

5 Die Beratungen des Ältestenrates sind nach § 7 Abs. 1 GO nicht öffentlich. Die Vertraulichkeit bezieht sich auf den Ablauf der Beratungen und nicht auf die Ergebnisse, die je nach Beratungsgegenstand den Mitgliedern des LT oder anderen Betroffenen zugänglich gemacht werden. Über die Beratungen des Ältestenrates wird ein Kurzprotokoll gefertigt, das den wesentlichen Ablauf der Verhandlung in indirekter Rede wiedergibt. Dieses Protokoll geht lediglich den Mitgliedern des Ältestenrates sowie den leitenden Beamten der Landtagsverwaltung zu. Wegen der Vertraulichkeit der Beratung können Nichtmitglieder keine Einsicht in die Protokolle nehmen.[8] Ausnahmen sind im Einzelfall möglich, wenn der Präsident dies genehmigt.[9]

6 **2. Herstellung des Benehmens mit dem Ältestenrat (Abs. 2).** In Art. 30 Abs. 2 LV wird abschließend aufgezählt, in welchen Fällen der Präsident vor seiner Entscheidung das **Benehmen** mit dem Ältestenrat herzustellen hat. „Im Benehmen" bedeutet nicht, dass ein Einvernehmen oder eine mehrheitliche Zustimmung erforderlich ist, notwendig aber ausreichend ist, dass der Präsident dem Ältestenrat vor seiner Entscheidung Gelegenheit zur Stellungnahme zu geben hat.[10] Das Benehmen begründet lediglich eine Konsultationspflicht und bedeutet im Gegensatz zur Zustimmung lediglich die „gegenseitige Fühlungnahme oder Anhörung".[11] Das bedeutet, dass Entscheidungen des Präsidenten auch bei mehrheitlicher Ablehnung des Ältestenrates möglich und wirksam sind.

7 Inhaltlich erstreckt sich die Konsultationspflicht auf die Feststellung des Entwurfs des Haushaltsplanes (→ Art. 29 Rn. 21) sowie die Personalentscheidungen nach Art. 29 Abs. 6 S. 2 LV (→ Art. 29 Rn. 21). Des Weiteren ist der Ältestenrat nach Art. 30 Abs. 2 3. Alt LV bei Entscheidungen zu beteiligen, die „Fraktionen des Landtages in ihrer Gesamtheit berühren". Über den Wortlaut hinaus entspricht es gefestigter parlamentarischer Praxis, dass der Ältestenrat bei allen Entscheidungen von grds. Bedeutung beteiligt wird, sofern die Fraktionen oder die Abg. jedenfalls mittelbar betroffen sind.

---

6 *Zeh*, in HdbStR III, § 52 Rn. 35.
7 *Perne*, in Brocker/Droege/Jutzi, Art. 85 Rn. 26; *Blum* in HdB-ParlR § 21 Rn. 61.
8 *Blum*, aaO Rn. 68.
9 *Roll*, in Schneider/Zeh, § 28 Rn. 16.
10 *Waack*, in Caspar/Ewer/Nolte/Waack, Art. 14 Rn. 44.
11 *Bücker*, in Schneider/Zeh, § 27 Rn. 26.

Schließlich ist nach Art. 30 Abs. 2 2. Alt. LV auch vor dem Erlass von **Verhal-** 8
**tensregeln** das Benehmen mit dem Ältestenrat herzustellen. Nach § 47 AbgG
M-V gibt sich der LT – zur Sicherung der Unabhängigkeit der Abg. – Verhaltensregeln. Diese Verhaltensregeln müssen Bestimmungen über die Pflicht der
Mitglieder des LT zur Anzeige ihres Berufs sowie ihrer wirtschaftlichen oder anderer Tätigkeiten enthalten, die auf für die Ausübung des Mandats bedeutsame
Interessenverknüpfungen hinweisen können. Insbes. die Regelungen bezüglich
der Anzeige und Veröffentlichungspflicht von Nebentätigkeiten sowie der Erhalt
geldwerter Zuwendungen ist von erheblicher politischer Bedeutung und wird
im Hinblick auf die notwendige Reichweite verfassungsrechtlich kontrovers
beurteilt.[12] Im Hinblick auf ihre Rechtsqualität sind die Verhaltensregeln ein
„Unikum", soweit sie der GO LT als Anlage beigefügt sind.[13] Im LT waren die
Verhaltensregeln bis zur 7. WP als Anlage zur GO konkretisiert. Rechtsgrundlage der Verhaltensregeln ist nicht die Geschäftsordnungsautonomie, sondern
§ 47 AbgG M-V. Diese Vorschrift wiederum ist eine Ausführungsregelung nach
Art. 22 Abs. 3 LV. Sie konkretisiert die in Art. 22 Abs. 1 LV allg. garantierte Unabhängigkeit des Abg. und enthält eine Ermächtigung des LT, Verhaltensregeln
zu erlassen. Zu Beginn der 8. WP hat d. LT die Verhaltensregeln in § 47a AbgG
gesetzlich normiert. Nach § 47a Abs. 2 AbgG müssen alle MdL alle entgeltlichen
Tätigkeiten, soweit sie nicht i. R. d. ausgeübten Berufe liegen, sowie Zuwendungen und Vergünstigungen, die sie für ihre Tätigkeit als MdL erhalten und den
Wert von 125,- EUR überschreiten, anzeigen. Überschreiten die Einnahmen den
Wert von 1000 EUR, so werden die Angaben in Form von 9 Stufen – von Stufe
1: 1000 EUR–3.500 EUR bis Stufe 9: bis 250.000 EUR – veröffentlicht. Mit der
Erweiterung des Straftatbestandes der Abgeordnetenbestechung durch die Änderung des § 108e StGB kommt den Verhaltensregeln eine völlig neue Bedeutung
zu. Weitere nicht ausdrücklich aufgeführte Regelungen, die der Präsident im
Benehmen mit dem Ältestenrat trifft, sind die Hausordnung (→ Art. 29 Rn. 26)
und die Ausführungsbestimmungen nach dem Abgeordnetengesetz.

Nach § 7 Abs. 4 GO kann der PräsLT in Benehmen mit dem Ältestenrat für 9
bestimmte Angelegenheiten **Kommissionen** einsetzen. Im Hinblick auf die Intensität des Baugeschehens am Schweriner Schloss und im Hinblick auf die damit
verbundene Vielzahl von Entscheidungs- und Koordinierungsaufgaben hat der
Ältestenrat bereits in der 3. WP eine **parlamentarische Baukommission** eingesetzt.[14] Diesem Sondergremium gehören neben dem Präsidenten je ein Vertreter
der Fraktionen sowie die für das Baugeschehen zuständigen Minister der LReg
an. Die Baukommission wird wie der Ältestenrat und die anderen Gremien des
LT von der Landtagsverwaltung administrativ und fachlich betreut.

Zu Beginn der 6.WP hat der Landtag zur Prüfung der Angemessenheit einzelner
Festlegungen des Abgeordnetengesetzes eine Kommission als Unterkommission
des Ältestenrates eingesetzt.[15]

Die Unterkommission hat sich in insgesamt 10 Sitzungen mit der Größe des
Parlaments, Regelungen zum Übergangsgeld und zur Alterentschädigung sowie
mit der zusätzlichen Entschädigung für besondere parlamentarische Funktionen
beschäftigt. Im Rahmen einer öffentlichen sowie einer schriftlichen Anhörung
wurde auch externer Sachverstand einbezogen.

---

12 Vgl. hierzu umfassend BVerfGE 118, 277 ff.; *Wiefelspütz* in HdB-ParlR § 15 Rn. 33.
13 *Roll*, in Schneider/Zeh, § 19 Rn. 21.
14 Vgl. hierzu: Zur Arbeit des Landtages Mecklenburg-Vorpommern 2006–2011, S. 1309 ff.
15 LT-Drs. 6/112.

Im Ergebnis hat die Unterkommission mehrheitlich vorgeschlagen, keine gesetzliche Änderung vorzunehmen.[16]

## Art. 31 (Öffentlichkeit, Berichterstattung)

(1) [1]Der Landtag verhandelt öffentlich. [2]Die Öffentlichkeit kann auf Antrag eines Viertels der Mitglieder des Landtages oder der Landesregierung mit einer Mehrheit von zwei Dritteln der anwesenden Mitglieder des Landtages ausgeschlossen werden. [3]Über den Antrag wird in nichtöffentlicher Sitzung entschieden.

(2) Wegen wahrheitsgetreuer Berichte über die öffentlichen Sitzungen des Landtages oder seiner Ausschüsse darf niemand zur Verantwortung gezogen werden.

Vergleichbare Regelungen:
Artt. 33 BWVerf; 22 BayVerf; 42 VvB; 64 BbgVerf; 91, 93 BremVerf; 16, 21 HambVerf; 89, 90 HessVerf; 22 NdsVerf; 42, 43 Verf NW; 86, 87 Verf Rh-Pf; 27, 73 SaarlVerf; 48 SächsVerf; 50 LVerf LSA; 21 Verf. S-H; 60 ThürVerf.

| I. Öffentlichkeit der Landtagsverhandlungen (Abs. 1) | 1 | II. Ausschluss der Öffentlichkeit (Art. 41 Abs. 1 Satz 2) | 9 |
|---|---|---|---|
| 1. Vorbemerkungen | 1 | III. Verantwortungsfreiheit für wahrheitsgetreue Berichte (Abs. 2) | 13 |
| 2. Umfang der Öffentlichkeit | 2 | | |
| 3. Grenzen der Öffentlichkeit | 4 | | |
| 4. Rundfunk und Fernsehberichterstattung | 7 | | |

### I. Öffentlichkeit der Landtagsverhandlungen (Abs. 1)

1 **1. Vorbemerkungen.** Nach Art. 31 Abs. 1 Satz 1 verhandelt der LT öffentlich. Die Öffentlichkeit der Verhandlungen des Parlaments ist eine der wesentlichen Elemente des demokratischen Parlamentarismus.[1] Die Publizität parlamentarischer Verhandlungen stellt das notwendige Korrelat einer repräsentativen Regierungsform dar.[2] Öffentliches Verhandeln von Argument und Gegenargument in öffentlicher Debatte und öffentlicher Diskussion eröffnen Möglichkeiten eines Ausgleichs widerstreitender Interessen und schaffen die Voraussetzungen der öffentlichen Kontrolle durch die Bürger.[3] Die Öffentlichkeit der Verhandlungen dient zudem allgemein der Herstellung von Publizität für die Arbeit des Parlaments mit dem Ziel eine Identifikation – oder auch Abgrenzung – der Wähler mit den Gewählten herbeizuführen oder abzusichern.[4]

Die parlamentarische Öffentlichkeit soll Inhalte vermitteln und Partizipation ermöglichen.[5]

Inwieweit berührt die Frage der (Nicht-)Beteiligung der Landesparlamente in der Pandemie[6] nicht nur die Problematik der verfassungsrechtlichen Zulässigkeit der zahlreichen Grundrechtseingriffe, sondern auch deren Akzeptanz in der Bevölkerung.

---

16 Vgl. hierzu den Abschlussbericht, LT-Drs. 6/1967, der auch die Ergebnisse der Anhörung und die Vorschläge der Opposition wiedergibt.
1 BVerfGE 40, 237 (249).
2 *Morlok*, in: Dreier, Art. 42 Rn. 20.
3 BVerfGE 70, 324 (358); BVerfGE 131, 152 (204 f.).
4 *Versteyl*, in: v. Münch/Kunig, Art. 42 Rn. 11.
5 *Klein/Schwarz* in Dürig/Herzog/Scholz Art. 42 Rn. 56.
6 Vgl. dazu *Amhaouach/Huster/Kießling/Schaefer* Die Beteiligung der Landesparlamente in der Pandemie, NVwZ 2021, 825.

Das **Öffentlichkeitsprinzip** erstreckt sich in MV, wie im BT[7] nur auf das Landtagsplenum, nicht aber auf die Ausschüsse (→ *Zapfe*, → **Art. 33 Rn.** 17) oder andere Gremien des LT, die LVerf MV sieht daher nur eine Plenaröffentlichkeit vor. Deshalb lassen sich auch weitergehende Ansprüche iS eines allg. Offenlegungsgebots nicht aus Art. 31 ableiten. Insoweit folgt aus dem verfassungsrechtlichen Öffentlichkeitsgrundsatz kein Anspruch der Öffentlichkeit auf Zugang zu allen Informationen, die der parlamentarischen Entscheidungsfindung zugrunde gelegen haben.[8] Entsprechend gilt das Informationsfreiheitsgesetz für den Landtag nur, soweit er Verwaltungsaufgaben wahrnimmt, § 3 Abs. 1 IFG M-V.[9] Zum Schutz der Initiativ-, Beratungs- und Handlungsbereiche der Abgeordneten und der Fraktionen steht auch dem Parlament ein Arkanbereich zur Sicherung seiner Arbeits- und Funktionsfähigkeit zu.[10]

**2. Umfang der Öffentlichkeit.** Öffentlichkeit der Verhandlungen des LT bedeutet, dass für jedermann die rechtliche Möglichkeit des Zugangs und der Anwesenheit besteht. Dabei wird herkömmlich zwischen zwei Formen der Parlamentsöffentlichkeit unterschieden. Zum einen der **Sitzungsöffentlichkeit**, die den unmittelbaren Zugang zu den Verhandlungen für jedermann eröffnet und zum anderen der **Berichterstattungsöffentlichkeit**, die die amtliche[11] und nichtamtliche Berichterstattung über die Verhandlungen gewährleistet.[12] In der parlamentarischen Praxis kommt der Berichtsöffentlichkeit eine besondere Bedeutung zu, da die eigentliche Publizität der parlamentarischen Verhandlungen im Regelfall durch die Berichterstattung der Medien erfolgt.[13] Erst durch den Multiplikatoreneffekt der (Massen-)Medien kann einer breiten Öffentlichkeit der Inhalt der Verhandlungen des Parlaments nahegebracht werden.[14]

Die Öffentlichkeit erstreckt sich auf die gesamte Tätigkeit des Plenums, dh von Beginn bis zum Schluss der Sitzung, sie gilt somit sowohl für die Beratung wie für die Beschlussfassung.[15] Erfasst werden auch aktuelle Stunden, Fragestunden und persönliche Erklärungen. Aus dem Gebot der Öffentlichkeit der Verhandlungen folgt jedoch keine Pflicht zur mündlichen Aussprache.[16] Die Verfassung gewährt dem Parlament das Recht zur Aussprache, aber nicht die Pflicht hierzu.[17] Die Praxis, einzelne Tagesordnungspunkte ohne Aussprache zu behandeln, ist deshalb verfassungsrechtlich grds. unbedenklich.[18] Auch die Möglichkeit, Reden nicht mündlich vorzutragen, sondern die Manuskripte zu Protokoll zu geben, ist verfassungsrechtlich zulässig.[19] Verfassungspolitisch steht ein solches Procedere dem Gebot der Publizität parlamentarischer Verhandlungen deutlich entgegen, so dass von dieser Möglichkeit – wenn überhaupt – nur in sehr engen Grenzen Gebrauch gemacht werden sollte. In diesem Zusammenhang ist streitig,

---

7 Vgl. dazu *Kretschmer*, in: S-B/ H/H Art. 42 Rn. 5 u. 8; *Klein/Schwarz* in Dürig/Herzog/Scholz Art. 42 Rn. 45.
8 *Hummrich*, in: Brocker/Droege/Jutzi, Art. 86 Rn. 2.
9 Vgl. zur Rechtslage auf Bundesebene, *Kretschmer*, in: S-H/H/H, Art. 42 Rn. 4a.
10 *Brocker*, in: Epping/Hillgruber, Art. 42 Rn. 2.2.
11 Dabei handelt es sich um Drucksachen, Plenarprotokolle und amtl. Mitteilungen des LT, die für jedermann – auch über das Internet – zugänglich sind.
12 *Korbmacher*, in: Driehaus, Art. 42 Rn. 4.
13 *Bogan*, in: Epping/Butzer, Art. 22 Rn. 12.
14 *Morlok*, in: Dreier, Art. 42 Rn. 23; *Bogan*, in: Epping/Butzer, Art. 22 Rn. 12.
15 BVerfGE 89, 291 (303).
16 *Brocker*, in: Epping/Hillgruber, Art. 42 Rn. 5.2.
17 *Brocker*, aaO.
18 *Hummrich*, in: Brocker/Droege/Jutzi, Art. 86 Rn. 8.
19 So mit überzeugender Begründung *Brocker*, in: Epping/Hillgruber, Art. 42 Rn. 5.1; aA *Linck*, in: Linck/Jutzi/Hopfe, Art. 60 Rn. 33.

ob **geheime Abstimmungen** mit dem Grundsatz der Öffentlichkeit vereinbar sind. Diese Frage bewegt sich im Spannungsfeld zwischen dem Schutz des freien Mandats und der Wahrung der Unabhängigkeit des einzelnen Abg. einerseits und der gebotenen Transparenz, dh dem Öffentlichkeitsgrundsatz andererseits. Insbes. bei Personalentscheidungen, die durch **geheime Wahlen** durchgeführt werden, wird die Durchbrechung des Öffentlichkeitsgrundsatzes als zulässig angesehen[20], um eine unbeeinflusste und unabhängige Individualentscheidung des Abg. zu ermöglichen und ihn vor – politische – Konsequenzen bei abweichendem Stimmverhalten zu schützen. Verfassungsrechtlich entscheidend ist es daher, wenn der Vorgang der Stimmabgabe öffentlich ist und nicht deren Inhalt.[21] Davon zu unterscheiden ist die Frage, ob geheime Wahlen und der damit verbundene Schutz „politischer Heckenschützen" verfassungspolitisch sinnvoll ist.[22] Demgegenüber werden geheime Abstimmungen zT als verfassungsgewohnheitsrechtlich ausgeschlossen angesehen.[23] Diese Frage ist für den LT nicht – mehr – erheblich, da die GO LT seit dem Beginn der 5. Wahlperiode keine geheimen Abstimmungen mehr vorsieht.

4 **3. Grenzen der Öffentlichkeit.** Sowohl die **Sitzungs-** als auch die **Berichtsöffentlichkeit** unterliegen faktischen und rechtlichen Grenzen. Die faktischen Grenzen ergeben sich zunächst durch die begrenzte Platzzahl auf der Besuchertribüne des LT. Die Teilnahmemöglichkeit für interessierte Bürger endet somit immer dann, wenn die räumlichen Kapazitäten ausgeschöpft sind. Notwendig ist allerdings, dass überhaupt Kapazitäten vorgehalten werden, denn es wäre verfassungswidrig in Räumen zu tagen, die keinen Platz für Zuhörer bieten.[24] Die Administration des Zutritts liegt im Ermessen des Parlaments. Für die Begrenzung der Teilnahmemöglichkeit bei Raumknappheit gilt insoweit das allg. Willkürverbot, dh die Auswahl zwischen interessierten Zuhörern muss nach formalen Kriterien, zB Reihenfolge der Anmeldung, erfolgen.[25] Demgegenüber sind materielle Kriterien, wie Alter, Beruf oder auch inhaltliche Betroffenheit nicht zu berücksichtigen.[26]

5 Zur Sicherung der Abläufe und der Funktionsfähigkeit des Parlaments ergeben sich zudem Grenzen aus dem Hausrecht des Präsidenten.[27] Dazu gehört die Festlegung von Einlasskontrollen, einschließlich von Personen- und Gepäckkontrollen sowie die Festlegung von Verhaltensweisen im Landtagsgebäude sowie auf der Besuchertribüne des Plenarsaals. Danach sind insbes. Meinungsbekundungen in verbaler und nonverbaler Form von Zuschauern im Plenarsaal unzulässig und können zum Ausschluss und nach § 106b StGB auch zu strafrechtlichen Sanktionen führen.[28] Auch Personen, die durch ihr Auftreten (zB Trunkenheit) oder ihr Äußeres (zB Bekleidung) die Würde des Parlaments verletzen, können ausgeschlossen werden.[29]

6 Um mit dem Hinweis auf **begrenzte Raumkapazitäten** die **Sitzungsöffentlichkeit** nicht faktisch leer laufen zu lassen, ist das Parlament verpflichtet, Zu-

---

20 *Jarass*, in: Jarass/Pieroth, Art. 42 Rn. 1 mwN.
21 *Bogan*, in: Epping/Butzer, Art. 22 Rn. 11.
22 Vgl. dazu *Brocker*, in: Epping/Hillgruber, Art. 42 Rn. 8.1.
23 *Brocker*, in: Epping/Hillgruber, Art. 42 Rn. 6; *Korbmacher*, in: Driehaus, Art. 42 Rn. 4.
24 *Brocker*, in: Epping/Hillgruber, Art. 42 Rn. 3.
25 *Linck*, in: Linck/Baldus/Lindner/Poppenhäger/Ruffert, Art. 60 Rn. 18.
26 Vgl. hierzu *Müller-Terpitz*, in: BK, Art. 42 Rn. 37.
27 *Hummrich*, in: Brocker/Droege/Jutzi, Art. 86 Rn. 9.
28 Vgl. dazu OLG Hamburg, Entsch. v. 21.6.2006 – II-123–05 – zit. nach juris.
29 *Kretschmer*, in: Schmidt-Bleibtreu/Hofmann/Hopfauf, Art. 42 Rn. 6.

schauerkapazitäten in angemessener Zahl vorzuhalten.[30] Als Maßstab für die Angemessenheit ist dabei auf das durchschnittliche Interesse an der Sitzungsteilnahme und nicht auf überproportionale Bedarfe, die selten, aber regelmäßig bei besonderen Plenarsitzungen auftreten, abzustellen. In der Praxis wird bei besonderen Bedarfen in Einzelfällen neben einer Liveübertragung im Internet auch die Möglichkeit angeboten, im Landtagsgebäude in gesonderten Räumen die Plenarsitzung mittels einer TV-Übertragung zu verfolgen. Fraglich ist, ob Medienvertretern bei Raumknappheit vorrangig Zutritt zu den Plenarsitzungen zu gewähren ist.[31] Ein solcher genereller Vorrang zulasten der Sitzungsöffentlichkeit, bis hin zu einem faktischen Ausschluss externer Besucher, dürfte zu weit gehen.[32] Näher liegt es insoweit, über ein Akkreditierungsverfahren auch die Teilnahme von Journalisten zu steuern sowie in Sondersituationen auf die Übertragung der Sitzungen in den Pressebereich zu verweisen und insoweit die „Medienöffentlichkeit zu sichern".[33]

Unzulässig ist es grds., wenn sich Journalisten zur Anfertigung von Bild- und Filmaufnahmen im Plenum selbst aufhalten. Der Wunsch der Journalisten auf unterschiedliche Perspektiven ist zum einen berechtigt und nachvollziehbar, kollidiert aber, soweit sich Kamerateams und Fotografen im Plenum aufhalten, mit der Notwendigkeit eines störungsfreien Ablaufs der Plenardebatten. Im Ergebnis werden im LT daher nur in Einzelfällen eine begrenzte Zahl von Foto- und Filmjournalisten im Rahmen konkreter Absprachen zugelassen und iÜ für die nichtzugelassenen Journalisten sog. „Pool-Lösungen" praktiziert.[34]

**4. Rundfunk und Fernsehberichterstattung.** Aus dem Recht der Berichterstattungsöffentlichkeit folgt nicht automatisch ein Recht zur Anfertigung von **Bild-, Ton- und Filmaufnahmen.**[35] In diesem Zusammenhang hat das BVerfG[36] in Bezug auf die Öffentlichkeit von Gerichtsverhandlungen entschieden, dass die Zulassung von Fernseh- und Rundfunkberichterstattung zwar möglich, aber verfassungsrechtlich nicht zwingend ist. Vielmehr sei auch in Bezug auf die Medien eine Begrenzung auf die sog. **Saalöffentlichkeit** zulässig.[37] Das BVerfG hat zwar zum einen die Bedeutung der Authentizität und des Miterlebens der Verhandlungen durch Fernsehbilder anerkannt. Gleichzeitig hat das BVerfG aber die Risiken in bemerkenswerter Offenheit wie folgt beschrieben: „Es ist jedoch keineswegs gesichert, dass eine Fernsehberichterstattung zu einer möglichst wirklichkeitsgetreuen Abbildung von Gerichtsverhandlungen führen würde. Medien dürfen Sendungen nach ihren eigenen Interessen und nach den Gesetzmäßigkeiten ihrer Branche gestalten. Insbes. der wirtschaftliche Wettbewerbsdruck und das publizistische Bemühen um die immer schwerer zu gewinnende Aufmerksamkeit der Zuschauer führen häufig zu wirklichkeitsverzerrenden Darstellungsweisen, etwa zu der Bevorzugung des Sensationellen, und zu dem Bemühen, dem Berichtsgegenstand nur das Besondere, etwa Skandalöses, zu entnehmen. Die Normalität ist für Medien meist kein attraktiver Berichtsan-

---

30 *Korbmacher*, in: Driehaus, Art. 42 Rn. 4; *Morlock*, in: Dreier, Art. 42 Rn. 26.
31 IdS *Morlok*, in: Dreier, Art. 42 Rn. 27.
32 So wohl auch *Müller-Terpitz*, in BK, Art. 42 Rn. 38.
33 So auch *Klein*, in: Maunz/Dürig, Art. 42 Rn. 34.
34 Vgl. für eine entsprechende Praxis in SH *Caspar*, in: Caspar/Ewer/Nolte/Waack, Art. 15 Rn. 16.
35 *Klein*, in: Maunz/Dürig, Art. 42 Rn. 36 in Bezug auf Direktübertragungen.
36 BVerfGE 103, 44 ff.
37 BVerfGE 103, 44 (66).

lass. Mit den gängigen Medienpraktiken sind daher Risiken der Selektivität bis hin zur Verfälschung verbunden."[38]

8 Die beschriebenen Gefahren sind auf die **Parlamentsberichterstattung** durchaus übertragbar. Allerdings sind für die Rundfunkübertragungen von Gerichtsverhandlungen strengere Maßstäbe als bei der Parlamentsberichterstattung anzulegen, weil das gerichtliche Verfahren nur „in", nicht aber „für" die Öffentlichkeit stattfindet.[39] Im Ergebnis sind Bild-, Ton- und Filmaufnahmen zurzeit nur mit der vorherigen Zustimmung des Präsidenten zulässig. Eine solche Genehmigung wird in der Praxis des LT gegenüber den Medienvertretern auch generell erteilt, soweit sie von den Plätzen auf der Besuchertribüne erfolgt. Der Landtag selbst ist deshalb gehalten, sein Verfahren, die Inhalte und seinen Verhandlungsstil immer wieder daraufhin zu überprüfen, wie er die Bedürfnisse der medialen Vermittlung berücksichtigen kann, ohne die Eigengesetzlichkeit der demokratisch-parlamentarischen Arbeit einer mediengerechten Inszenierung zu opfern.[40]

In diesem Zusammenhang hat der Präsident des BT Lammert insbesondere das **öffentlich-rechtliche Fernsehen** wiederholt scharf kritisiert, weil es mit einer souveränen Sturheit der Unterhaltung Vorrang vor der Information einräumt.[41] Die Orientierung an der Quote führe zu einem Infotainment verbunden mit Oberflächlichkeit und Skandalisierungstendenzen.[42] Live-Berichterstattung aus den Parlamenten oder längere Auszüge aus Plenardebatten finden in den Ländern faktisch gar nicht statt. In Bezug auf den Bundestag konzentriert sich die Fernsehübertragung auf den Informationskanal Phoenix, der jedoch mit 1,1 % Marktanteil[43] nur einen sehr kleinen Teil der Zuschauer erreicht. Mit der Entpolitisierung der Medienberichterstattung im Allgemeinen und der Entparlamentisierung der Politikberichterstattung im Besonderen gibt es eine Kumulation von Entwicklung, die dem Ideal der Verfassung von der Publizität und Transparenz parlamentarischer Entscheidungen faktisch zuwiderläuft. Im Hinblick darauf, dass der öffentlich-rechtliche Rundfunk besonderen normativen Erwartungen an sein Programmangebot unterliegt[44] und daher gehalten ist, sein Programm unabhängig von Einschaltquoten und Werbeaufträgen an publizistischen Zielen, insbesondere der Vielfalt auszurichten,[45] erscheint zunehmend zweifelhaft, ob die aktuelle Programmgestaltung einer rechtlichen Überprüfung standhalten würde.

Vor dem Hintergrund der sehr eingeschränkten Parlamentsberichterstattung der Medien kommt der eigenen Öffentlichkeitsarbeit der Parlamente[46], aber auch der Fraktionen (→ Zapfe, → Art. 25 Rn. 9) eine zunehmende Bedeutung zu. Daher betreibt der Landtag selbst aktive Presse- und Öffentlichkeitsarbeit durch Pressekonferenzen und Presseerklärungen, durch Veranstaltungen[47], durch Informationsmaterialien und Publikationen, insbesondere den Landtagsnachrich-

---

38 BVerfGE 103, 44 (67).
39 *Müller-Terpitz*, in: BK, Art. 42 Rn. 46.
40 *Edinger*, in: Grimm/Caesar, Art. 86 Rn. 2.
41 Rede des BT-Präs. in der konst. Sitzung des 17. Bundestages, PlProt 17/1.
42 SVZ v. 4.6.2014.
43 Presseerklärung d. ZDF v. 7.3.14, Phoenix bei Parlamentsberichterstattung konkurrenzlos.
44 BVerfGE 114, 371 (387).
45 BVerfGE 90, 60 (90).
46 Vgl. zum BT *Kretschmer*, in: Schmidt-Bleibtreu/Hofmann/Hopfauf, Art. 42 Rn. 22; *Krüger* in HdB-ParlR § 39 Rn. 28 ff.
47 Zur aktiven Öffentlichkeitsarbeit gehören vor allem interaktive Formate, wie Jugend im Landtag und das Altenparlament.

ten, sowie durch die Betreuung von Besuchergruppen[48]. Über das Internet[49] sind alle Informationen abrufbar; die Plenarsitzungen werden live online übertragen und sind über den youtube-Kanal d. LT abrufbar.

## II. Ausschluss der Öffentlichkeit (Art. 41 Abs. 1 Satz 2)

Die Öffentlichkeit kann durch Beschluss des LT ausgeschlossen werden. Der Antrag auf **Ausschluss der Öffentlichkeit** setzt ein Quorum von einem Viertel der Mitglieder des LT voraus. Das Quorum erstreckt sich daher nicht auf die Anwesenden, sondern auf die gesetzlichen Mitglieder des LT, dh dass mind. 18 Abg. (i. d. 8. WP mind. 20) einen solchen Antrag unterstützen müssen. Daneben ist die LReg antragsbefugt. Unter „Landesregierung" ist entsprechend der Legaldefinition in Art. 41 Abs. 2 LV das Kollegium, bestehend aus dem MinPräs und den Ministern, zu verstehen. Einem wirksamen Antrag der Regierung muss daher eine – mehrheitliche – Kabinettsentscheidung zugrunde liegen.[50] 9

Die Annahme des Antrages setzt eine qualifizierte Mehrheit von zwei Dritteln der anwesenden Mitglieder des LT voraus. Insoweit genügen aber – abweichend vom Antragsquorum – die Stimmen der anwesenden Mitglieder des LT. In der parlamentarischen Praxis wurde von der Möglichkeit, die Öffentlichkeit von der Plenarsitzung auszuschließen, bisher noch nie Gebrauch gemacht.[51]

Der Antrag über den Ausschluss der Öffentlichkeit kann, muss aber nicht begründet werden.[52] Im Hinblick darauf, dass die Entscheidung über den Antrag nach Art. 31 Abs. 1 Satz 3 LV in nichtöffentlicher Sitzung entschieden wird, folgt, dass auch eine etwaige Debatte über den Antrag in nichtöffentlicher Sitzung durchgeführt wird.[53] Die Öffentlichkeit kann in den Grenzen des Willkürverbots auch teil- und zeitweise ausgeschlossen werden.[54] 10

Wenn und soweit die Öffentlichkeit ausgeschlossen ist, ist allen Personen die Sitzungsteilnahme verwehrt, die kein besonderes Zutrittsrecht haben.[55] Zutrittsberechtigt sind danach gem. § 76 Abs. 2 GO LT außer den Abg. des LT die Mitglieder und Beauftragten der LReg sowie diejenigen Mitarbeiter der Landtagsverwaltung und der Fraktionen, die vom Präsidenten zur Teilnahme zugelassen sind. Der Ausschluss der Öffentlichkeit erfasst auch und gerade die Vertreter der Presse.[56] Nichtöffentliche Sitzungen sind nicht automatisch als vertraulich oder geheim zu behandeln, wenn und soweit dies entsprechend der Geheimschutzordnung[57] des LT nicht ausdrücklich beschlossen ist. In der Konsequenz beschränkt die bloße Nichtöffentlichkeit - entspr. der Verfahren in den Ausschüssen (→ Zapfe, → Art. 33 Rn. 17) - den Diskretionsschutz auf 11

---

48 Durch den Besucherdienst d. LT werden jährlich ca. 10.000 Besucher betreut, dazu gehören inhaltliche Einführungen in die Arbeit d. LT, Besuch von Plenarsitzungen und Gespräche mit MdL.
49 Unter der Internetadresse http://www.landtag-mv.de.
50 *Schliesky*, in: von Mangoldt/Klein/Starck, Art. 42 Rn. 40.
51 Gleiches gilt für den BT und andere Landtage, vgl. *Linck*, in: Linck/Baldus/Lindner/Poppenhäger/Ruffert, Art. 60 Rn. 2 u. Fn. 10.
52 *Klein*, in: Dürig/Herzog/Scholz, Art. 42 Rn. 59 mwN.
53 *Klein*, in: Maunz/Dürig, Art. 42 Rn. 61.
54 *Jarass*, in: Jarass/Pieroth, Art. 42 Rn. 2; *Achterberg/Schulte*, in: von Mangoldt/Klein/Starck, Art. 42 Rn. 21.
55 *Hummrich*, in: Brocker/Droege/Jutzi, Art. 86 Rn. 18.
56 *Linck*, in: Linck/Baldus/Lindner/Poppenhäger/Ruffert, Art. 60 Rn. 39.
57 Anlage 1 zu GO LT.

den Verlauf der Beratungen, nicht aber deren Ergebnisse.[58] Über nichtöffentliche Sitzungen darf daher grds. auch öffentlich unterrichtet werden, lediglich Äußerungen oder das Abstimmungsverhalten einzelner Abgeordneter darf nicht offengelegt werden.[59]

12 Wird die Öffentlichkeit fehlerhaft ausgeschlossen, bspw. durch eine Unterschreitung der vorgegebenen Quoren, ist streitig, ob dies zur Nichtigkeit des in der nichtöffentlichen Sitzung gefassten Beschlusses führt[60] oder die Verletzung der Publizität lediglich als Verfahrensfehler anzusetzen ist, der nach den allgemeinen Regeln der GO die Wirksamkeit unberührt lässt.[61] Es ist nicht begründbar, weshalb ein Verstoß gegen das Publizitätsprinzip – anders als andere Verfassungsverstöße – eine unmittelbare Unwirksamkeit zur Folge haben soll. Es ist daher davon auszugehen, einen rechtswidrigen und damit anfechtbaren Beschluss anzunehmen, der bis zur verfassungsgerichtlichen Feststellung seiner Unwirksamkeit als wirksam zu behandeln ist.[62]

### III. Verantwortungsfreiheit für wahrheitsgetreue Berichte (Abs. 2)

13 Durch die **Verantwortungsfreiheit für wahrheitsgetreue Berichte** über die öffentlichen Sitzungen des LT wird das Öffentlichkeitsprinzip, insbesondere die Berichterstattungsöffentlichkeit abgesichert. Ziel ist es, die freie Kommunikation des Parlaments mit der Öffentlichkeit zu gewährleisten.[63]

Diese Regelung ergänzt den Schutz, den Art. 24 im Wege der Indemnität gewährt, zugunsten der Parlamentsberichterstattung. Die Rechtsnatur dieser Privilegierung ist umstritten.[64] Teilweise wird die Verantwortungsfreiheit für parlamentsbezogene Berichte als Rechtfertigungsgrund angesehen.[65] Im Ergebnis ist davon auszugehen, dass es sich auch insoweit – strafrechtlich – um einen Strafausschließungsgrund handelt, da die Privilegierung der Parlamentsberichterstattung nicht weitergehen sollte als die Indemnität der Abg.[66] Abweichend von der Indemnität handelt es sich insoweit aber nicht um einen persönlichen, sondern um einen sachlichen Strafausschließungsgrund, der auch dritten Beteiligten zugutekommt und daher eine strafbare Teilnahme ausschließt.[67] Die Verantwortungsfreiheit gilt darüber hinaus für alle anderen Sanktionen und schützt auch vor zivil-, presse-, dienst- und arbeitsrechtlichen Sanktionen.[68] Der Schutz gilt zeitlich unbegrenzt.[69]

14 Der Schutzbereich erstreckt sich auf „Berichte", also grds. auf Tatsachenmitteilungen, nicht dagegen Meinungsäußerungen, Werturteile und Schlussfolgerungen.[70] Für die im Einzelfall vorzunehmende Abgrenzung dürfte im Ergebnis

---

58 Vgl. hierzu umfassend *Linck*, in: Linck/Baldus/Lindner/Poppenhäger/Ruffert, Art. 60 Rn. 25 ff.
59 *Linck*, in: Linck/Baldus/Lindner/Poppenhäger/Ruffert, Art. 60 Rn. 27.
60 *Jarass*, in: Jarass/Pieroth, Art. 42 Rn. 2; *Morlok*, in: Dreier, Art. 42 Rn. 28.
61 *Brocker*, in: Epping/Hillgruber, Art. 42 Rn. 9.
62 *Dicke*, in: Umbach/Clemens, Art. 42 Rn. 25.
63 *Bogan*, in: Epping/Butzer, Art. 22 Rn. 17.
64 *Klein/Schwarz/*, in: Dürig/Herzog/Scholz, Art. 42 Rn. 75 mwN; *Kühl*, in: Lackner/Kühl, § 37 Rn. 1.
65 *Müller-Terpitz*, in: BK, Art. 42 Rn. 108 mwN.
66 *Perron*, in: Schönke/Schröder, StGB, § 37 Rn. 1.
67 *Perron*, aaO.
68 *Mensing*, in: Brocker/Droege/Jutzi, Art. 87 Rn. 15.
69 *Klein/Schwarz*, in: Dürig/Herzog/Scholz, Art. 42 Rn. 73.
70 *Korbmacher*, in: Driehaus, Art. 42 Rn. 2.

darauf abzustellen sein, ob der Schwerpunkt der Darstellung als informatorisch oder kommentierend zu werten ist.[71]

Gegenstand der privilegierten Berichte kann das gesamte Geschehen während einer **öffentlichen Sitzung** sein.

Geschützt sind damit ausschließlich Berichte aus den öffentlichen Sitzungen des Landtages. Berichte aus nichtöffentlichen Sitzungen werden nicht erfasst.[72] Soweit die Ausschüsse gem. Art. 33 Abs. 3 LV nicht öffentlich tagen, greift die Verantwortungsfreiheit für entsprechende Berichte regelmäßig nicht. Etwas anderes gilt, wenn sie ausnahmsweise öffentlich tagen.[73] Dass das Berichtsprivileg für nichtöffentliche Sitzungen nicht gilt, bedeutet nicht, dass über sie nicht berichtet werden darf, denn auch nichtöffentliche Sitzungen sind – soweit sie nicht VS eingestuft sind – erklärungs- oder berichtsöffentlich.[74]

Die Verantwortungsfreiheit erstreckt sich also nicht nur auf die Debatte, sondern alle Beiträge von Abg. oder Mitgliedern bzw. Beauftragten der LReg. Erfasst sind alle verbalen und nonverbalen Verhaltensweisen, also auch Zwischenrufe, Abstimmungen, Tumulte, Tätlichkeiten etc[75]

Geschützt sind nur **„wahrheitsgetreue"** Berichte. Nicht privilegiert werden damit wertende Betrachtungen oder Berichte, die unrichtige Wiedergaben des Parlamentsgeschehens enthalten.[76] Für die Beurteilung kommt es insoweit aber nicht darauf an, ob eine Äußerung im Plenarprotokoll dokumentiert ist. Zwischen dem in freier Rede tatsächlich Gesagtem und dem im Plenarprotokoll dokumentierten Beitrag besteht häufig keine wörtliche Identität. Die Wiedergabe einer Äußerung kann daher auch dann wahrheitsgetreu sein, wenn sie nicht im Plenarprotokoll festgehalten ist.[77] Eindeutig von der Privilegierung auszuschließen sind hingegen Entstellungen, Fälschungen, willkürliche Zusammenstellungen, irreführende Auslegungen etc, weil diese den Erfordernissen einer „wahrheitstreuen" und damit objektiven Wiedergabe widersprechen.[78] 15

### Art. 32 (Beschlussfassung, Wahlen)

(1) ¹Der Landtag beschließt mit der Mehrheit der abgegebenen Stimmen, soweit diese Verfassung nichts anderes vorschreibt. ²Für die vom Landtag vorzunehmenden Wahlen können Gesetze oder die Geschäftsordnung größere Mehrheiten vorsehen.

(2) Mehrheit der Mitglieder des Landtages im Sinne dieser Verfassung ist die Mehrheit seiner gesetzlichen Mitgliederzahl.

(3) Der Landtag ist beschlußfähig, wenn die Mehrheit seiner Mitglieder anwesend ist.

(4) ¹Es ist in der Regel offen abzustimmen. ²Die vom Landtag vorzunehmenden Wahlen sind in der Regel geheim. ³Im übrigen können in Gesetzen oder in der Geschäftsordnung des Landtages Ausnahmen vorgesehen werden.

---

71 *Müller-Terpitz*, in: BK, Art. 42 Rn. 95.
72 *Schliesky* in v. Mangold/Klein/Starck Art. 42 Rn. 69.
73 *Klein/Schwarz* aaO Rn. 73.
74 *Klein/Schwarz* aaO Rn. 73.
75 *Klein/Schwarz*, in: Dürig/Herzog/Scholz, Art. 42 Rn. 71.
76 *Schliesky*, in v. Mangold/Klein/Schwarz Art. 42 Rn. 71.
77 *Klein/Schwarz*, in: Dürig/Herzog/Scholz, Art. 42 Rn. 71.
78 *Schliesky* aaO Rn. 74 in: von Mangoldt/Klein/Starck, Art. 42 Rn. 52.

Vergleichbare Regelungen:
Artt. 33, 92 BWVerf; 23 BayVerf; 31 VvB; 65 BbgVerf; 89, 90 BremVerf; 19, 20 HambVerf; 87, 88 HessVerf; 21, 74 NdsVerf; 44 Verf NW; 88 Verf Rh-Pf; 74 SaarlVerf; 48 SächsVerf; 51 LVerf LSA; 22 Verf. S-H; 61 ThürVerf.

| I. Vorbemerkungen | 1 | IV. Abstimmungsformen | 6 |
| II. Arten der Mehrheitsentscheidung (Abs. 1 S. 1 und Abs. 2) | 2 | 1. Beschluss | 6 |
| | | 2. Wahlen | 7 |
| III. Beschlussfähigkeit des Landtages | 5 | | |

## I. Vorbemerkungen

1 Art. 32 statuiert das **Mehrheitsprinzip** als parlamentarische Entscheidungsregel und Ausprägung des Demokratieprinzips.[1] Es bezeichnet ein Prinzip der Willensbildung, nachdem bei einem Kollegialorgan im Gegensatz zu anderen denkbaren Kriterien oder Anknüpfungspunkten die Mehrheit der Stimmen den Ausschlag gibt, so dass deren Entscheidung als Wille des gesamten Organs gilt. Der jeweilige Mehrheitsbeschluss wird mit der Abstimmung verbindlich.[2] Das Mehrheitsprinzip ist zwar notwendiger Bestandteil der Demokratie, für sich allein aber noch nicht demokratisch. Denn es gibt zwar keine Demokratie ohne Mehrheitsentscheidung, aber durchaus Mehrheitsentscheidungen ohne demokratische Legitimation.[3] Zum demokratischen Prinzip gehört neben der Einhaltung eines ordnungsgemäßen Verfahrens durch die Mehrheit auch das Gebot, parlamentarische Minderheiten zu schützen.[4] Dieser Schutz beinhaltet nicht, die Minderheit vor Entscheidungen der Mehrheit zu bewahren, wohl aber der Minderheit zu ermöglichen, ihren Standpunkt in den Willensbildungsprozess des Parlaments einzubringen.[5]

Das Mehrheitsprinzip erstreckt sich auf alle **Abstimmungen und Wahlen** des LT. Gegenstand einer Abstimmung des LT kann alles sein, wozu der LT seine Meinung oder seinen Willen artikulieren möchte.

## II. Arten der Mehrheitsentscheidung (Abs. 1 S. 1 und Abs. 2)

2 Die LV stellt in Art. 32 Abs. 1 S. 1 für den Regelfall auf die **einfache Mehrheit**, die auch als **Abstimmungs- oder Anwesenheitsmehrheit**[6] bezeichnet wird. Erforderlich ist die „Mehrheit der abgegebenen Stimmen". Daraus folgt, dass als Bezugsgröße für die Bestimmung der Mehrheit allein auf die Zahl der Abstimmenden abzustellen ist.[7] Die Abstimmungsmehrheit ist erreicht, wenn die Zahl der abgegebenen Ja-Stimmen die Zahl der abgegebenen Nein-Stimmen überwiegt. **Ungültige Stimmen** und **Stimmenthaltungen** werden nicht zu den abgegebenen Stimmen gezählt, sie bleiben also außer Betracht.[8] Diese – über den Wortlaut hinausgehende – Interpretation stellt sicher, dass Abg. zum Ausdruck bringen können, dass sie weder mit „Ja" noch mit „Nein", mithin weder dafür noch dagegen sein wollen. Über den Weg der Stimmenthaltung kommen regelmäßig

---

1 *Jarass*, in Jarass Art. 42 Rn. 4.
2 *Schliesky*, in von Mangoldt/Klein/Starck, Art. 42 Rn. 54.
3 *Hofmann/Dreier*, in Schneider/Zeh, § 5 Rn. 48.
4 *Klein/Schwarz, in Dürig/Herzog/Scholz,*, Art. 42 Rn. 93.
5 BVerfGE 70, 324 (363).
6 *Jarass*, in Jarass/Pieroth Art. 42 Rn. 5.
7 *Schliesky*, in von Mangoldt/Klein/Starck, Art. 42 Rn. 59.
8 *Brocker*, in Epping/Hillgruber, Art. 42 Rn. 19; *Schliesky*, in von Mangoldt/Klein/Starck Art. 42 Rn. 62; *Morlok*, in Dreier, Art. 42 Rn. 34; *Huster/Rux*, in Epping/Hillgruber, Art. 20 Rn. 86.

auch (Mehrheits-)beschlüsse über die Einsetzung von Untersuchungsausschüssen zustande, soweit sie von der Opposition beantragt werden. Die Mehrheit lehnt die Einsetzung zwar – politisch – ab, ist wegen der Minderheitenrechte des Art. 34 Abs. 1 LV aber zur Einsetzung verpflichtet. Insoweit wird ein Anspruch auf Beschlussfassung vermittelt, der Beschluss aber nicht ersetzt.[9] Durch Stimmenthaltung der Mehrheit wird durch die Zustimmung der Antragsteller eine Mehrheitsentscheidung ermöglicht.

Von der Abstimmungsmehrheit zu unterscheiden ist die sog. **Mitglieder- oder Abgeordnetenmehrheit** nach Art. 32 Abs. 2 LV, wonach die Mehrheit der gesetzlichen Mitgliederzahl des LT erforderlich ist. Bezugsgröße für die Ermittlung dieser Mehrheit ist die Zahl der Mandatsinhaber nach Art. 20 Abs. 2 S. 1. Bei 71 Abg. sind danach 36 Stimmen für diese „Mitgliedermehrheit" erforderlich. Durch Überhang- und Ausgleichsmandate hat sich die Bezugsgröße in der 8. WP auf 79 und damit die erforderliche Mehrheit auf 40 erhöht. Bei der Mitgliedermehrheit wirken sich Enthaltungen wie Nein-Stimmen aus, da es für das Quorum allein darauf ankommt, dass genügend Ja-Stimmen erreicht werden. 3

Nach Art. 32 Abs. 1 S. 1 2. Alt. LV kann die LV andere Mehrheiten vorschreiben. Auch für die qualifizierten Mehrheiten ist zwischen Anwesenheits- oder Mitgliedermehrheiten zu unterscheiden mit der Folge, dass sich Enthaltungen unterschiedlich auswirken. Solche **besonderen Quoren** gelten für die Abwahl des PräsLT, Art. 29 Abs. 2, Selbstauflösung des LT nach Art. 27 Abs. 2 und Verfassungsänderungen nach Art. 56 Abs. 2. Danach ist jeweils die Mehrheit von zwei Dritteln der Mitglieder des LT (qualifizierte Mitgliedermehrheit) erforderlich. Für die Wahl der Richter des LVerfG ist nach Art. 52 III LV eine Zwei-Drittel-Mehrheit der anwesenden Mitglieder erforderlich. Gleiches gilt für die Wahl der Mitglieder des Richterwahlausschusses gem. Art. 76 III S. 2 LV. Dieser wiederum entscheidet nach Art. 76 III S. 4 LV ebenfalls mit Zwei-Drittel-Mehrheit. Eine Kombination von Mitglieder- und Anwesenheitsmehrheit sieht die LV für die Wahl des Präs und VizePräs des LRH vor. Nach Art. 68 II LVerf ist eine Mehrheit von zwei Drittel der anwesenden Mitglieder, mindestens die Mehrheit der Mitglieder des LT erforderlich. Für den Ausschluss der Öffentlichkeit nach Art. 31 Abs. 1 ist die Mehrheit von zwei Drittel der anwesenden Mitglieder des LT (qualifizierte Anwesenheitsmehrheit) notwendig. Schließlich sieht die GO eine Zwei-Drittel-Mehrheit der Mitglieder des LT als notwendiges Quorum für die Erweiterung der Tagesordnung vor (§ 74 Nr. 1 GO LT). 4

Schließlich eröffnet Art. 32 Abs. 1 S. 2 LV die Möglichkeit für Wahlen, also Abstimmung über die Berufung einer Person für ein bestimmtes Amt[10], durch Gesetz oder Geschäftsordnung größere Mehrheiten vorzusehen.

### III. Beschlussfähigkeit des Landtages

Art. 32 Abs. 3 LV legt im Grundsatz fest, wie viele Abg. im Plenum anwesend sein müssen, damit im LT Beschlüsse gefasst werden dürfen. Die Beschlussfähigkeit ist eine der Abstimmung vorgelagerte Voraussetzung für die Wirksamkeit eines Mehrheitsbeschlusses.[11] Der LT ist danach nur beschlussfähig, wenn mehr als die **Hälfte seiner Mitglieder** anwesend ist. Das bedeutet, dass – soweit die gesetzliche Mitgliederzahl nicht von Art. 20 Abs. 2 S. 1 abweicht – 36 Abg. anwesend sein müssen. Maßgeblich ist insoweit die Präsenz bei der Abstimmung, 5

---

9 *Brocker*, in Epping/Hillgruber, Art. 42 Rn. 20.3.
10 *Bogan*, in Epping/Butzer, Art. 21 Rn. 41.
11 *Brocker*, in Epping/Hillgruber, Art. 42 Rn. 20.5.

während bei der Beratung auch eine geringere Anwesenheit zulässig ist.[12] Nach § 77 Abs. 2 GO LT ist die Beschlussfähigkeit durch Zählung der Stimmen festzustellen, wenn vor der Eröffnung der Abstimmung die Beschlussfähigkeit bezweifelt und auch vom Sitzungspräsidium nicht einmütig bejaht wird. Im Umkehrschluss bedeutet dies, dass nach der GO Beschlussfähigkeit angenommen wird, solange sie **nicht** vor einer Wahl oder Abstimmung **bezweifelt** wird. Eine solche – widerlegbare – Vermutung für die Beschlussfähigkeit des Parlaments ist durch das BVerfG für den BT ausdrücklich gebilligt worden.[13] Zwar verlange das Prinzip der repräsentativen Demokratie grds. die Mitwirkung aller Abg. bei der parlamentarischen Willensbildung. Entscheidend und ausreichend sei jedoch, dass die Regelung der GO jedem Abg. die Mitwirkung am parlamentarischen Entscheidungsprozess eröffne.[14] Im Hinblick darauf, dass das GG gerade keine Regelung zur Beschlussfähigkeit enthält und dem BT insoweit im Rahmen der Geschäftsautonomie übertragen ist, wird die Zulässigkeit einer solchen Fiktion für die Länderparlamente verneint, in denen die Verfassung zwar Regelungen zur Beschlussfähigkeit, aber keine – der GO entsprechende – Vermutung für die Beschlussfähigkeit enthält.[15] Im Hinblick darauf, dass im LT – anders als im BT, wo parallel zu den Plenarsitzungen auch Ausschusssitzungen stattfinden[16] – die Abg. regelmäßig zahlreich, wenngleich auch nicht vollständig vertreten sind, ist die Frage in der parlamentarischen Praxis eher von theoretischer Relevanz. Auch die Befürchtung, ein Gesetz könne theoretisch mit einer Mehrheit von 2:1 Stimmen beschlossen werden,[17] ist eher fern liegend. Gleichwohl dürfte die Regelung des Art. 77 Abs. 2 GO LT verfassungskonform dahin auszulegen sein, dass der – amtierende – Präsident die Beschlussunfähigkeit jedenfalls dann von Amts wegen anzuzweifeln[18] hat, wenn die Beschlussunfähigkeit evident ist, während die Vermutung der Beschlussfähigkeit greift, solange die Beschlussunfähigkeit nicht „auf einen Blick" festzustellen ist. Schließlich hat der Präsident nach § 77 Abs. 3 GO LT die Beschlussunfähigkeit von Amts wegen festzustellen, wenn bei einer namentlichen Abstimmung, bei einer Wahl oder bei einer Auszählung erkennbar wird, dass die erforderliche Zahl der Mitglieder des LT nicht erreicht ist. Bei Beschlussunfähigkeit hat der Präsident nach § 77 Abs. 4 GO LT die Sitzung sofort aufzuheben sowie Zeit, Ort und Tagesordnung der nächsten Sitzung bekannt zu geben. Die Abstimmung wird in der nächsten Sitzung ohne Beratung – erneut – vorgenommen.

Darüber hinaus setzt die Beschlussfähigkeit des Parlaments voraus, dass sich jeder Abg. über den Beratungsgegenstand und den Stand der Beratungen aus Quellen informieren kann, die allen Abg. zugänglich sind, auch wenn eilige Entscheidungen anstehen.[19]

### IV. Abstimmungsformen

6  **1. Beschluss.** Der LT trifft seine Entscheidungen durch Beschluss. Dies ist die Handlungsform, mit der das Parlament als Ganzes seinen Willen und seine Entscheidungen feststellt und kund tut.

---

12 *Kluth,* in; S-B/H/H, Art. 42 Rn. 15 f., der die Beschlussfähigkeit v. d. Beratungsfähigkeit abgrenzt.
13 BVerfGE 44, 308 (315 ff.).
14 BVerfGE 44, 308 (315 ff.).
15 Vgl. zur Problematik *Korbmacher,* in Driehaus, Art. 43 Rn. 3.
16 Vgl. dazu *Müller-Terpitz,* in BK, Art. 42 Rn. 83.
17 So *Linck,* in Linck/Baldus/Lindner/Poppenhäger/Ruffert, Art. 61 Rn. 27.
18 IdS wohl *Perne,* in Brocker/Droege/Jutzi, Art. 88 Rn. 5.
19 *Kluth,* in Schmidt-Bleibtreu/Hofmann/Henneke, Art. 42 Rn. 15.

Fasst der LT einen Beschluss, den er aus Kompetenz- oder anderen Gründen nicht hätte fassen dürfen, so leidet dieser Beschluss unter einem Rechtsmangel, um einen „Beschluss" handelt es sich gleichwohl.[20] Art. 32 Abs. 1 S. 1 normiert also nicht die Voraussetzung, unter denen der LT Beschluss fassen darf, sondern benennt nur die verfahrensrechtliche Voraussetzung, unter der ein Beschluss zustande kommt. Auch die sog. **„schlichten Parlamentsbeschlüsse"**, die „nur" eine politisch empfehlende Wirkung haben, sind Beschlüsse iSd Art. 32.[21] Schließlich handelt es sich auch bei der Zitierung von Mitgliedern der Landesregierung oder der Einsetzung von Ausschüssen um Beschlüsse iSd Art. 32 LV.[22]

Nach Art. 32 Abs. 4 S. 1 LV ist über Anträge in der Regel offen abzustimmen. Die Verpflichtung zur offenen Abstimmung verstärkt den Grundsatz der Öffentlichkeit der Landtagssitzung. Das Abstimmungsverfahren ist in der GO LT geregelt. Abgestimmt wird nach § 90 Abs. 3 GO LT in der Regel durch Handzeichen. Darüber hinaus sieht die GO eine Abstimmung durch „Aufstehen oder Sitzen bleiben" vor, die in der parlamentarischen Praxis jedoch kaum vorkommt. Den im BT und anderen Landtagen praktizierten sog. „Hammelsprung"[23] sieht die GO LT nicht vor, da bei der geringen Zahl von Abgeordneten und bei knappen Abstimmungen, wie Mehrheiten durch „Abzählen" im Plenum ermittelt werden können. Eine besondere Form der offenen Abstimmung ist die **namentliche Abstimmung** nach § 91 GO LT. Sie muss stattfinden, wenn sie von einer Fraktion oder vier anwesenden Mitgliedern des LT verlangt wird. Die namentliche Abstimmung erfolgt durch Namensaufruf, bei dem die anwesenden Mitglieder des LT mit ja oder nein zu antworten oder zu erklären haben, dass sie sich der Stimme enthalten. Ziel der namentlichen Abstimmung ist es, der interessierten Öffentlichkeit mitzuteilen, wie jeder einzelne Abg. gestimmt hat.[24]

**2. Wahlen.** Demgegenüber sind **Wahlen** nach Abs. 3 S. 2 in der Regel geheim. 7 Unter Wahlen sind vom Landtag zu treffende Personalentscheidungen und nicht „Wahlen" zu verschiedenen Sachentscheidungen zu verstehen. Geheim bleibt insoweit nur die Wahlentscheidung der einzelnen Abgeordneten, während der Abstimmungsvorgang als solcher in öffentlicher Sitzung erfolgt.[25] Daher muss der Abg. einen – verdeckten – Stimmzettel im Plenarsaal ausfüllen und abgeben.[26] Die Wahlen erfolgen nach § 92 GO LT durch die Abgabe von Stimmzetteln. Zulässige Ausnahmen nach der GO sind die Möglichkeit der offenen Wahl durch Handaufheben, wenn kein Mitglied des LT widerspricht (§ 92 Abs. 1 S. 2 GO LT) sowie die geheime Abstimmung zu einer Vertrauensfrage des MinPräs nach Art. 51 Abs. 1 LV auf Antrag von mind. 4 Mitgliedern des LT oder einer Fraktion (§ 92 Abs. 2 S. 1 GO LT).

Weitere geheime Abstimmungen (→ Art. 31 Rn. 3) sieht die GO LT nicht – mehr – vor.

---

20 *Klein/Schwarz*, in Dürig/Herzog/Scholz, Art. 42 Rn. 90.
21 *Klein/Schwarz*, aaO, in, in; *Jarass*, in Jarass/Pieroth, Art. 42 Rn. 3; So jetzt auch *Schliesky* in v. Mangold/Klein/Starck Art. 42 Rn. 54.
22 *Morlok*, in Dreier, Art. 42 Rn. 32.
23 Vgl. dazu *Kluth*, in Schmidt-Bleibtreu/Hofmann/Henneke, Art. 42 Rn. 17.
24 *Zeh*, in HdbStR III, § 53 Rn. 47.
25 *Müller-Terpitz*, in BK, Art. 42 Rn. 56.
26 *Kluth*, in Schmidt-Bleibtreu/Hofmann/Henneke, Art. 42 Rn. 18.

## Art. 33 (Ausschüsse)

(1) Zur Vorbereitung seiner Verhandlungen und Beschlüsse setzt der Landtag Ausschüsse ein, deren Zusammensetzung dem Stärkeverhältnis der Fraktionen zu entsprechen und den Rechten fraktionsloser Abgeordneter Rechnung zu tragen hat.

(2) ¹Die Ausschüsse werden im Rahmen der ihnen vom Landtag erteilten Aufträge tätig. ²Sie können sich auch unabhängig von Aufträgen mit Angelegenheiten aus ihrem Aufgabengebiet befassen und hierzu dem Landtag Empfehlungen geben.

(3) Ausschusssitzungen sind in der Regel nicht öffentlich, soweit nicht der Ausschuss für einzelne Sitzungen oder Beratungsgegenstände anderes beschließt.

Vergleichbare Regelungen:
Artt. 44 Abs. 1 und 2 VvB; 70 BbgVerf; 105 BremVerf; 20 Abs. 1 und 2 NdsVerf; 77 Abs. 1 SaarlVerf; 52 SächsVerf; 46 Abs. 2 LVerf LSA; 23 SchlHVerf; 62 ThürVerf.

| | | | |
|---|---|---|---|
| I. Vorbemerkungen | 1 | V. Verfahrensänderungen im Zuge der Covid-19-Pandemie | 13 |
| II. Inhaltliche Ausrichtung der Ausschüsse | 4 | VI. Unterausschüsse | 15 |
| III. Zusammensetzung der Ausschüsse | 6 | VII. Überwiesene Vorlagen und Selbstbefassungsrecht | 16 |
| 1. Allgemeines | 6 | VIII. Öffentlichkeit der Ausschusssitzungen | 19 |
| 2. Fraktionslose Abgeordnete | 9 | | |
| 3. Rückruf aus Ausschüssen | 10 | | |
| IV. Festlegung des Ausschussvorsitzes | 11 | IX. Vorläufiger Ausschuss | 23 |

## I. Vorbemerkungen

1 Moderner Parlamentarismus ist durch **Arbeitsteilung** gekennzeichnet.[1] Der größte Teil der **Parlamentsarbeit** wird nicht im Plenum, sondern **in den Fraktionen und Ausschüssen** geleistet. Insbes. die Gesetzgebungsarbeit (→ Art. 55 Rn. 16 ff.) wird in den Ausschüssen nicht nur vorbereitet, sondern inhaltlich beraten und bis zum sachlichen Ergebnis abgeschlossen[2]. Die zweite Lesung eines Gesetzes im Plenum hat regelmäßig nur noch die Funktion, die wesentlichen Aspekte für und gegen einen Gesetzentwurf öffentlich darzustellen.[3] Gleichwohl wird dadurch die alleinige Befugnis des Plenums zur endgültigen Beschlussfassung nicht in Frage gestellt, da die Empfehlungen der Ausschüsse für das Plenum nicht verbindlich sind. Darüber hinaus versehen die Ausschüsse auch **Informations-, Kontroll- und Untersuchungsaufgaben** des Parlaments.[4] Zur Wahrnehmung dieser Aufgaben sind den Ausschüssen eigenständige verfassungsrechtliche Befugnisse eingeräumt. Dabei sind insbes. das **Zitierrecht** nach Art. 38 Abs. 1 LV, wonach ein Drittel der Mitglieder das Recht haben, die Anwesenheit eines Mitgliedes der LReg zu verlangen (→ Art. 38 Rn. 1) und das **Frage- und Auskunftsrecht** nach Art. 40 Abs. 1 Satz 1 und 2 sowie Abs. 2 LV (→ Art. 40 Rn. 17) von besonderer Bedeutung.

---

1 *Brocker*, in BK, Art. 40 Rn. 165.
2 *Thesling*, in Heusch/Schönenbroicher Art. 38 Rn. 11.
3 *Hopfe*, in Linck/Baldus/Lindner/Poppenhäger/Ruffert, Art. 62 Rn. 1; *Zeh*, in HdbStR III, § 52 Rn. 39.
4 BVerfGE 80, 188 (222); *Caspar*, in Caspar/Ewer/Nolte/Waack, Art. 17 Rn. 1; *Hopfe*, in Linck/Baldus/Lindner/Poppenhäger/Ruffert, Art. 62 Rn. 10; *Zeh*, in HdbStR III § 52 Rn. 40.

Ausschüsse haben nicht den Status selbstständiger Verfassungsorgane, sondern sind lediglich **vom Plenum eingesetzte Organteile** des Parlaments.[5] Zur Einsetzung, die aufgrund eines Beschlusses des LT zu erfolgen hat, gehört die **genaue Bezeichnung des Ausschusses** sowie die **Festlegung der Mitgliederzahl**, wobei in der Praxis des LT bis zur 7. WP dieselbe Mitgliederzahl für alle Ausschüsse festgelegt wurde.[6] In der 8. WP haben die Ausschüsse **unterschiedliche Mitgliederzahlen**. Die Ausschüsse für Petitionen; Inneres, Bau und Digitalisierung; Finanzen, Wirtschaft, Infrastruktur, Energie, Tourismus und Arbeit; Klimaschutz, Landwirtschaft und Umwelt sowie für Soziales, Gesundheit und Sport haben 13 Mitglieder. Die Ausschüsse für Justiz, Gleichstellung, Verbraucherschutz, Verfassung, Geschäftsordnung, Wahlprüfung und Immunitätsangelegenheiten; Bildung und Kindertagesförderung sowie für Wissenschaft, Kultur, Bundesangelegenheiten, Angelegenheiten der Europäischen Union und internationale Angelegenheiten haben 9 Mitglieder[7]. 2

Art. 33 enthält eine verfassungsrechtliche Anerkennung der Ausschüsse iS einer institutionellen Garantie, an die das Parlament gebunden ist.[8] Der LT ist somit einerseits verpflichtet, Ausschüsse einzusetzen. Andererseits ist die Bildung von Ausschüssen ein wesentliches Element des Selbstorganisationsrechts des LT, das lediglich insoweit eingeschränkt ist, als dass die **Verfassung die Bildung von Ausschüssen vorschreibt**. So ist der LT gemäß Art. 35 LV verpflichtet, einen Petitionsausschuss einzusetzen, nach Art. 52 Abs. 3 LV (§ 4 LVerfGG) müssen die **Richter des LVerfG auf den Vorschlag eines besonderen Ausschusses** vom LT gewählt werden. Darüber hinaus enthalten andere Gesetze **Festlegungen, die an die Existenz eines Ausschusses anknüpfen** (vgl. etwa §§ 37, 38 LKWG; §§ 22, 36 LHO; § 31 Abs. 3 Nr. 5 Psych KG M-V), und den LT verpflichten, die jeweilige Aufgabe durch einen Ausschuss wahrzunehmen.[9] Das Selbstorganisationsrecht des LTs ist aber nicht so weit eingeschränkt, dass er verpflichtet wäre, den im Gesetz bezeichneten Ausschuss in genau dieser Form und Bezeichnung einzusetzen. Vielmehr muss dann das betreffende Gesetz verfassungskonform ausgelegt werden, dass der jeweilige für die entsprechende Materie zuständige Ausschuss zu beteiligen ist. Dies gilt insbesondere für den zu Beginn einer Wahlperiode eingesetzten vorläufigen Ausschuss, der in der Zeit bis zur Einsetzung der regelmäßigen Ausschüsse die Aufgaben aller Ausschüsse wahrnimmt (→ Rn. 22). Neben den verfassungsrechtlichen Festlegungen nach Artt. 35 und 52 LV ist der **LT grds. frei, wie viele und welche Ausschüsse eingerichtet werden**, wobei die Verpflichtung nach Abs. 1, zur Vorbereitung der Verhandlungen und Beschlüsse Ausschüsse einzusetzen, impliziert, dass die zahlenmäßige Minimal- und Maximalgrenze und die inhaltliche Orientierung der Ausschüsse an der sachgerechten Aufgabenerfüllung auszurichten ist. 3

---

5 *Caspar*, in Caspar/Ewer/Nolte/Waack, Art. 17 Rn. 2; *Hopfe*, in Linck/Baldus/Lindner/Poppenhäger/Ruffert, Art. 62 Rn. 11.
6 Vgl. LT-Drs. 7/32; LT-Drs. 6/62.
7 Für den Bereich der Untersuchungsausschüsse hat das LVerfG MV festgestellt, dass sowohl die Mitgliederzahl von 13 Personen als auch von 9 Personen dem Grundsatz der Spiegelbildlichkeit nicht entgegensteht und verfassungsrechtlich nicht zu beanstanden ist, vgl. LVerfG MV v. 23.02.2023, LVerfG 3/22 u. 4/22.
8 *Caspar*, in Caspar/Ewer/Nolte/Waack, Art. 17 Rn. 3.
9 *Hopfe*, in Linck/Baldus/Lindner/Poppenhäger/Ruffert, Art. 62 Rn. 15; *Kretschmer*, in BK, Art. 39 Rn. 114 f.; *Rademacher*, in Butzer/Epping, Art. 20 Rn. 16.

## II. Inhaltliche Ausrichtung der Ausschüsse

4 Im Regelfall werden Ausschüsse so eingesetzt, dass deren **Zuständigkeitsbereich** sich auf jeweils ein Ressort der LReg bezieht. Dies drückt sich grdsl. auch in der Bezeichnung eines Ausschusses aus, die identisch mit der Bezeichnung des jeweiligen Ministeriums erfolgt. Bezweckt wird damit eine **möglichst präzise Kontrolle des jeweiligen Geschäftsbereiches der LReg** durch fachkundige Abg. sowie die inhaltlich fundierte Beratung der jeweils einschlägigen Gesetzentwürfe.[10] Eine Ausnahme von diesem Grundsatz bestand in der dritten und vierten Wahlperiode des LT, als ein Tourismusausschuss eingesetzt wurde, der sich dieses für die Landesentwicklung besonders bedeutsamen Wirtschaftszweigs angenommen hatte. In der fünften Wahlperiode ist der LT zum Grundsatz der Ressortabbildung zurückgekommen. Nach § 9 Abs. 3 GO LT kann der LT für einzelne Angelegenheiten weitere Ausschüsse und Kommissionen bilden, insbes. Sonderausschüsse, Untersuchungsausschüsse[11] und Enquete-Kommissionen. **Sonderausschüsse** können sowohl anlässlich eines besonders umfänglichen Gesetzgebungsverfahrens (wie der Sonderausschuss Verwaltungsmodernisierung und Funktionalreform in der vierten Wahlperiode) als auch zur Beratung von Themen außerhalb eines konkreten Gesetzgebungsverfahrens vom LT eingesetzt werden.[12]

5 Nicht zu den Ausschüssen iSd Art. 33 LV gehören die **Enquete-Kommissionen**.[13] Während in den Ausschüssen zwingend nur Mitglieder des LT vertreten sind, können in Enquete-Kommissionen, die der LT zur Vorbereitung gesetzlicher Regelungen und anderer im LT zu treffender Entscheidungen einsetzt, außer Abg. auch Sachverständige und andere Sachkundige, die nicht dem LT angehören, Mitglieder sein. Lediglich die Mehrheit der Mitglieder der Enquete-Kommission müssen Mitglieder des LT sein.[14] Ebenfalls nicht zu den Ausschüssen iSd Art. 33 LV gehören die **Parlamentarische Kontrollkommission**[15] und das **SOG-Gremium**,[16] die sich zwar aus Abg. zusammensetzen, jedoch ausschließlich zur Kontrolle der LReg in Angelegenheiten des Verfassungsschutzes und zur Kontrolle der LReg im Falle des Einsatzes technischer Mittel zur Erhebung personenbezogener Daten in Wohnungen oder Vertrauensverhältnissen eingesetzt werden. Diese stehen als ergänzende parlamentarische Kontrollgremien mit eigenen gesetzlich normierten Kontrollbefugnissen und Informationsrechten neben den Ausschüssen nach Art. 33 LV.[17] Dies gilt ebenso hinsichtlich der **G-10-Kommission**,[18] die der Kontrolle der LReg im Falle der Beschränkung des Brief-, Post- und Fernmeldegeheimnisses dient, wobei hinzukommt, dass die Mitglieder dieser Kommission nicht zwingend Abg. sein müssen.

---

10 *Zeh*, in HdbStR III, § 52 Rn. 41.
11 Vgl. zu Untersuchungsausschüssen → *Wiegand-Hoffmeister*, Art. 34.
12 *Caspar*, in Caspar/Ewer/Nolte/Waack, Art. 17 Rn. 5; *Zeh*, in Schneider/Zeh, § 39 Rn. 14.
13 LVerfG M-V DÖV 2001, 780 f.; *Caspar*, in Caspar/Ewer/Nolte/Waack, Art. 17 Rn. 8; *Hopfe*, in Linck/Baldus/Lindner/Poppenhäger/Ruffert, Art. 62 Rn. 43; *Lontzek*, in Epping/Butzer, Art. 20 Rn. 35.
14 Vgl. §§ 1, 4 Abs. 1 und 2 Enquete-Kommissions-Gesetz (EKG M-V).
15 § 27 LVerfSchG M-V.
16 § 34 Abs. 7 SOG M-V.
17 *Caspar*, in Caspar/Ewer/Nolte/Waack, Art. 17 Rn. 9; *Hübner*, in von Mutius/Wuttke/Hübner, Art. 17 Rn. 3.
18 § 2 Abs. 3 des Gesetzes zur Ausführung des Gesetzes zu Art. 10 GG (AG G 10).

## III. Zusammensetzung der Ausschüsse

**1. Allgemeines.** Die Zusammensetzung der Ausschüsse hat dem **Stärkeverhältnis der Fraktionen** zu entsprechen. Diesen in Satz 1 festgelegten **Grundsatz der Spiegelbildlichkeit von Parlament und Ausschüssen** hat das BVerfG aus dem Prinzip der repräsentativen Demokratie entwickelt.[19] Jeder Ausschuss muss ein verkleinertes Abbild des Plenums darstellen und in seiner Struktur die Zusammensetzung des Plenums widerspiegeln.[20] Zur Berechnung des Stärkeverhältnisses werden verschiedene mathematische Verfahren angewendet, mit dem Ziel, der genauen mathematischen Proportionalität möglichst nahe zu kommen. § 10 Abs. 2 der GO LT bestimmt, dass der LT das System für eine dem Stärkeverhältnis der Fraktionen entsprechende Zusammensetzung der Ausschüsse und die Anzahl der Ausschussmitglieder bestimmt. Dabei ist der LT grds. frei, welches System er auswählt, solange es sich um ein nachvollziehbares System zur Abbildung der Stärkeverhältnisse handelt. Dieses vom LT zu beschließende System stellt dann auch die Grundlage für die Verteilung der Stellen der Ausschussvorsitzenden dar. Üblich sind die Verfahren nach **D'Hondt**, Hare/Niemeyer und St. Laguë/Schepers.[21] Der achte LT hat beschlossen, als System für die Ausschussbesetzung das Verfahren nach D'Hondt anzuwenden[22]. Dieses Verfahren stellt auf das Stärkeverhältnis der einzelnen Fraktionen ab. Dabei wird die Anzahl der Mitglieder der einzelnen Fraktionen durch 1, 2, 3, ... n dividiert und die Sitze in der Reihenfolge der größten sich ergebenen Höchstzahlen zugeteilt.

Auf der Grundlage dieser Berechnungsformel ergibt sich bei der Ausschussgröße von 13 Mitgliedern folgende Sitzverteilung: die Fraktion der SPD erhält sechs Sitze, die AfD-Fraktion zwei Sitze, die CDU-Fraktion zwei Sitze, den Fraktionen DIE LINKE, BÜNDNIS 90/DIE GRÜNEN und FDP steht ein Sitz zu. Bei den aus 9 Mitgliedern bestehenden Ausschüssen würde nach dem Verfahren nach D'Hondt die SPD-Fraktion 5 Sitze, die AfD-Fraktion zwei Sitze und CDU-Fraktion sowie Fraktion DIE LINKE je einen Sitz erhalten. Die Fraktionen von BÜNDNIS 90/DIE GRÜNEN und FDP würden somit keinen Ausschusssitz erhalten. Wenngleich einer Oppositionsfraktion nicht zwingend ein Mandat in jedem parlamentarischen Gremium eingeräumt werden muss (→ Art. 26 Rn. 8), wäre der Grundsatz der Spiegelbildlichkeit von Parlament und Ausschüssen verletzt, wenn eine Fraktion gänzlich von der Ausschussarbeit ausgeschlossen wäre.[23] Es ist daher im Beschluss zur Einsetzung der Ausschüsse festgelegt worden, nur 7 Sitze nach dem Stärkeverhältnis nach D'Hondt zuzuteilen und den Fraktionen von BÜNDNIS 90/DIE GRÜNEN und FDP ein **Grundmandat** einzuräumen.[24] Damit sind alle Fraktionen auch in jedem der 9-köpfigen Ausschüsse mit mindestens einem Sitz vertreten. Bei sehr großen Gremien kann das Verfahren nach D'Hondt zu einer Begünstigung der großen Fraktionen führen; bei der konkreten Sitzverteilung im achten LT hätten sowohl bei den 13-köpfigen Ausschüssen als auch bei den 9-köpfigen Ausschüssen (unter Einbeziehung

---

19 BVerfGE 80, 188 (222); 84, 304, 323 f.; 96, 264, 282; 106, 253, 262; 118, 133, 135 f.
20 *Caspar*, in Caspar/Ewer/Nolte/Waack, Art. 17 Rn. 11; *Hopfe*, in Linck/Baldus/Lindner/Poppenhäger/Ruffert, Art. 62 Rn. 17; *Rademacher*, in Butzer/Epping, Art. 20 Rn. 25.
21 Eine ausführliche Darstellung und Erläuterung der Berechnungsmethoden findet sich in: *Ritzel/Bücker/Schreiner*, Handbuch für die parlamentarische Praxis, Stand: Dez. 2011, Anhang zu § 12.
22 Vgl. LT-Drs. 8/3.
23 BVerfGE 70, 324 (363f.); 80, 188, 222; *Brocker*, in BK, Art. 40 Rn. 167; *Caspar*, in Caspar/Ewer/Nolte/Waack, Art. 17 Rn. 12; *Hopfe*, in Linck/Baldus/Lindner/Poppenhäger/Ruffert, Art. 62 Rn. 17; *Morlok*, in Dreier, Art. 40 Rn. 30.
24 Vgl. LT-Drs. 8/42.

der Grundmandatsregelung) alle Berechnungsverfahren zur selben Ausschussbesetzung geführt.

7 Soweit der Grundsatz der Spiegelbildlichkeit mit dem Verfassungsgebot der **Sicherung der Funktionsfähigkeit des Parlaments** und dem demokratischen Grundsatz der Mehrheitsentscheidung kollidiert, ist es zulässig, dass das Berechnungsverfahren auch gerade im Hinblick darauf ausgewählt wird, dass das gewählte Verfahren die Regierung tragende politische Mehrheit abbildet.[25]

8 Art. 33 LV legt kein Verfahren fest, wie die Ausschusssitze personell vergeben werden, so dass sowohl ein Wahlverfahren als auch ein **Benennungsverfahren durch die Fraktionen** denkbar wäre.[26] Das Verfahren wird durch die GO LT festgelegt, wonach gem. § 11 Abs. 2 GO LT die Fraktionen die Ausschussmitglieder durch schriftliche Erklärung gegenüber dem PräsLT benennen.

9 **2. Fraktionslose Abgeordnete.** Bei der Zusammensetzung der Ausschüsse muss auch den Rechten **fraktionsloser Abg.** Rechnung getragen werden. Die prinzipielle Möglichkeit, in einem Ausschuss mitzuwirken, hat für den einzelnen Abg. angesichts des Umstandes, dass ein Großteil der eigentlichen Sacharbeit des Parlaments von den Ausschüssen bewältigt wird, eine der Mitwirkung im Plenum vergleichbare Bedeutung; vor allem in den Ausschüssen eröffnet sich den Abg. die Chance, ihre eigenen politischen Vorstellungen in die parlamentarische Willensbildung einzubringen.[27] Von daher darf ein **Abg. nicht** ohne gewichtige, an der Funktionstüchtigkeit des Parlaments orientierte Gründe **von jeder Mitarbeit in den Ausschüssen ausgeschlossen** werden.[28] Jeder einzelne Abg. hat mithin Anspruch darauf, jedenfalls in **einem** Ausschuss mitzuwirken (vgl. § 10 Abs. 4 GO LT); dies folgt auch aus der Erwägung, dass ihm die Möglichkeit belassen bleiben muss, sich bestimmten Sachgebieten, denen sein Interesse gilt und für die er Sachverstand besitzt, besonders eingehend zu widmen.[29] Hingegen ist es verfassungsrechtlich **nicht geboten**, dem fraktionslosen Abg. im Ausschuss ein – notwendigerweise überproportional wirkendes – **Stimmrecht** zu geben. Der fraktionslose Abg. spricht nur für sich, nicht auch für die Mitglieder einer Fraktion; das unterscheidet ihn von den fraktionsangehörigen Ausschussmitgliedern. Seinem Einfluss auf die Beschlussempfehlung an das Plenum kommt deshalb nicht das gleiche Gewicht zu wie bei den auch für andere Abg. sprechenden Ausschussmitgliedern.[30] Zudem könnte ein Stimmrecht fraktionsloser Abg. im Ausschuss die Funktion der Ausschüsse gefährden, die Mehrheitsfähigkeit einer Vorlage im Plenum sicherzustellen. Auch in Bezug auf diese Funktion gebührt der Stimme des fraktionslosen Abg. eine wesentlich geringere Bedeutung als der des fraktionsangehörigen. Im Gegensatz dazu bekäme seine Stimme sogar zusätzliches, möglicherweise ausschlaggebendes Gewicht, wenn sie bestehende Mehrheitsverhältnisse im Ausschuss in Frage stellen könnte.[31]

10 **3. Rückruf aus Ausschüssen.** Grds. können die **Fraktionen** ihre **Mitglieder aus Ausschüssen** auch wieder nach ihrem Ermessen **abberufen** und durch andere Fraktionsmitglieder ersetzen. Für den Einzelfall ist dies in § 11 Abs. 2 Satz 2 GO LT geregelt, wonach die Fraktionen im Bedarfsfall durch eine schriftliche Er-

---

25 BVerfGE 96, 264 (283).
26 BVerfGE 112, 118 (133); *Caspar*, in Caspar/Ewer/Nolte/Waack, Art. 17 Rn. 17 f.
27 *Rademacher*, in Butzer/Epping, Art. 20 Rn. 29 f.
28 BVerfGE 80, 188 (221 f.); *Hopfe*, in Linck/Baldus/Lindner/Poppenhäger/Ruffert, Art. 62 Rn. 17.
29 BVerfGE 44, 308 (316); 80, 188, 224.
30 BVerfGE 80, 188 (224).
31 BVerfGE 80, 188 (225).

klärung gegenüber dem Ausschussvorsitzenden für nicht anwesende Mitglieder oder stellvertretende Mitglieder andere Mitglieder des LT für die Vertretung in der jeweiligen Ausschusssitzung benennen können. Diese Regelung ist insoweit einschränkend auszulegen, als die Fraktionen nicht befugt sind, Mitglieder anderer Fraktionen als Vertreter zu benennen, da sich die entsprechende Kompetenz nur auf die Mitglieder der eigenen Fraktion erstreckt. Als actus contrarius zur Benennung der Mitglieder der Fraktion in einem Ausschuss ist eine Fraktion auch generell berechtigt, ein Ausschussmitglied dauerhaft aus einem Ausschuss zurückzuziehen.[32] Dies gilt insbes. in Fällen, in denen ein Abg. aus einer Fraktion ausgetreten ist. Ein Abg. wird durch eine solche Abberufung nicht in der Freiheit seines Mandats beeinträchtigt. Zwar hat der Abg. einen Anspruch auf Mitarbeit in einem Ausschuss. Es erwächst ihm daraus aber kein Recht, für eine Fraktion, der er nicht (mehr) angehört, in einem Ausschuss tätig zu sein.[33]

### IV. Festlegung des Ausschussvorsitzes

Die **Festlegung**, welcher Fraktion der **Vorsitz** und stellvertretende Vorsitz eines Ausschusses zukommt, wird **im Ältestenrat** getroffen (vgl. § 11 Abs. 1 GO LT). Dabei wird zunächst versucht, zwischen den Fraktionen eine **Verständigung** darüber herbeizuführen, wie die Stellen der Vorsitzenden und stellvertretenden Vorsitzenden der Ausschüsse zu besetzen sind. Kommt es zu einer solchen Verständigung, so wird diese im Ältestenratsprotokoll festgehalten und bildet die Grundlage für die dann durch den Präsidenten vorzunehmende Konstituierung der Ausschüsse. Gelingt eine solche Verständigung nicht, so erfolgt die Benennung durch Zugriff nach Maßgabe des Stärkeverhältnisses der Fraktionen auf der Grundlage des festgelegten Berechnungsverfahrens, das auch für die Besetzung der Ausschüsse gilt (Zugriffsverfahren). So sind in der achten Wahlperiode neun Ausschüsse eingesetzt worden (Petitionsausschuss sowie entsprechend der Ressortaufteilung der LReg acht Fachausschüsse), bei denen die Vorsitze sowie stellvertretenden Vorsitze im Zuge des **Zugriffsverfahrens** festgelegt wurden. Dabei entfallen nach dem Berechnungsverfahren nach **D'Hondt** auf die Fraktion der SPD fünf, auf die Fraktion der AfD zwei, auf die Fraktion der CDU ein und auf die Fraktion DIE LINKE ein Ausschussvorsitz. Die Fraktionen von BÜNDNIS90/DIE GRÜNEN und FDP erhalten keinen Ausschussvorsitz. Dieselbe Verteilung besteht hinsichtlich der stellvertretenden Vorsitze. Die Zuteilung der Ausschussvorsitze und stellvertretenden Ausschussvorsitze muss **in jeweils getrennten Zählreihen** erfolgen, da ansonsten bestehende Rechte einer Fraktion zur Besetzung eines Vorsitzes im Fall der Einsetzung weiterer Ausschüsse tangiert werden könnten.

Zu den Aufgaben des **Ausschussvorsitzenden** gehört, die Ausschusssitzungen im Rahmen der vom Ältestenrat festgelegten Sitzungsmöglichkeiten für **Ausschüsse selbstständig einzuberufen** und die **Tagesordnung** festzulegen, es sei denn, dass der Ausschuss im Einzelfall etwas anderes beschließt (§§ 13 Abs. 1, 14 Abs. 1 GO LT). Zur Einberufung von Sondersitzungen außerhalb der festgelegten Sitzungsmöglichkeiten ist der Vorsitzende nur berechtigt, wenn ein entsprechender Beschluss des Ausschusses oder ein entsprechendes Verlangen einer Fraktion des

---

32 *Hopfe*, in Linck/Baldus/Lindner/Poppenhäger/Ruffert, Art. 62 Rn. 24; *Rademacher*, in Butzer/Epping, Art. 20 Rn. 35.
33 BVerfGE 80, 188 (233); *Caspar*, in Caspar/Ewer/Nolte/Waack, Art. 17 Rn. 29; *Hopfe*, in Linck/Baldus/Lindner/Poppenhäger/Ruffert, Art. 62 Rn. 24; *Rademacher*, in Butzer/Epping, Art. 20 Rn. 37; *Ritzel/Bücker/Schreiner* (Fn. 20), § 57 GO BT II 1 a.

Landtags vorliegt und die Genehmigung des Präsidenten vorliegt.[34] Hinsichtlich der **Terminierung** hat sich der Vorsitzende an den in § 72 Abs. 4 GO LT festgelegten Kriterien zu orientieren. Soweit die Sitzung auf Verlangen einer Fraktion erfolgen soll, ist dem Antrag innerhalb von einer Woche zu entsprechen soweit die Genehmigung des Präsidenten vorliegt. Dem Vorsitzenden obliegt die **Leitung der Sitzungen** sowie die **Durchführung der Ausschussbeschlüsse** (§ 16 Abs. 1). Zur Leitung der Sitzungen erhält der Ausschussvorsitzende einige Befugnisse, die im Plenum dem amtierenden Präsidenten zustehen. Er **erteilt das Wort** unter Berücksichtigung der Reihenfolge der Wortmeldungen und der Grundsätze, dass die Beratung sachgemäß erledigt und zweckmäßig gestaltet wird, hat dabei **Rücksicht auf die verschiedenen politischen Auffassungen**, auf Rede und Gegenrede und auf die Stärke der Fraktionen sowie die Rechte der Mitglieder des LT zu nehmen und muss nach der Rede eines Mitgliedes der LReg eine abweichende Meinung zu Wort kommen lassen (§ 16 Abs. 2 iVm § 82 Abs. 1 GO LT). Ist der ordnungsgemäße Ablauf einer Sitzung nicht mehr gewährleistet, kann der Vorsitzende die **Sitzung unterbrechen oder im Einvernehmen mit den Fraktionen im Ausschuss beenden**, § 16 Abs. 3 GO LT. Ein entscheidender Unterschied zu den Befugnissen des Präsidenten im Plenum besteht darin, dass der Ausschussvorsitzende **keine Disziplinargewalt** (vgl. zum Begriff → Art. 29 Rn. 2 ff.) gegenüber Mitgliedern des LT besitzt. Lediglich Sitzungsteilnehmer, die nicht Mitglieder des LT sind sowie Zuhörer unterstehen während der Sitzung der **Ordnungsgewalt** des Vorsitzenden (§ 16 Abs. 4 GO LT). Das bedeutet, dass dem Vorsitzenden die Mittel des Ordnungsrufes (§ 97 GO LT), die Wortentziehung wegen eines dreimaligen Sachrufes oder dreimaligen Ordnungsrufes (§ 98 GO LT) sowie der Ausschluss von Mitgliedern des LT (§ 99 GO LT) nicht zur Verfügung stehen. Selbstverständlich darf der Ausschussvorsitzende zur Ordnung oder zur Sache rufen, um den ordnungsgemäßen Ablauf der Sitzung sicherzustellen. Dabei handelt es sich aber nicht um einen Ordnungsruf bzw. Sachruf iSd § 97 GO LT. Mitglieder des LT, die nicht Mitglieder des Ausschusses sind und an der Sitzung des Ausschusses teilnehmen, kann der Vorsitzende auffordern, den **Sitzungssaal zu verlassen**, wenn sie wegen gröblicher Verletzung der Ordnung den Fortgang der Beratungen stören. Soweit diese der Aufforderung nicht nachkommen, hat der Vorsitzende lediglich die Möglichkeit, die Sitzung zu unterbrechen oder im Einvernehmen mit den Fraktionen zu beenden.[35]

### V. Verfahrensänderungen im Zuge der Covid-19-Pandemie

13 Am 27.1.2021 hat der LT durch Änderungen der GO LT auf die Herausforderungen, die die **Covid-19-Pandemie** im Hinblick auf die Durchführung von Sitzungen des Landtags und seiner Gremien stellt, Rechnung getragen. So kann die Präsidentin oder der Präsident auf Antrag der oder des Vorsitzenden zulassen, dass in **außergewöhnlichen Fällen**, in denen ein Zusammentreffen des Ausschusses an einem Sitzungsort aufgrund äußerer, nicht kontrollierbarer Umstände erheblich erschwert ist, **Sitzungen im Wege einer Telefonkonferenz oder Videokonferenz** abgehalten werden. **Abstimmungen** erfolgen **namentlich** in entsprechender Anwendung des § 91 GO LT.[36] In außergewöhnlichen Fällen, in denen ein Zusammentreffen an einem Sitzungsort aufgrund äußerer, nicht kontrollierbarer Umstände erheblich erschwert ist und die Festlegung einer

---

34 § 13 Abs. 2 GO LT.
35 *Ritzel/Bücker/Schreiner* (Fn. 20) § 59 Abs. 3 b).
36 § 13 Abs. 3a GO LT.

Telefonkonferenz oder Videokonferenz nicht möglich ist, können **Angelegenheiten** durch die Vorsitzende oder den Vorsitzenden **nach Zustimmung durch die Präsidentin oder den Präsidenten im schriftlichen Beschlussverfahren oder mit elektronischen Kommunikationsmitteln** durchgeführt werden.[37] Entsprechende Regelungen haben im Zuge der Pandemie viele Parlamente eingeführt. Die Durchführung von Telefon- oder Videokonferenzen bereitet **Probleme** bei der Gewährleistung der **Öffentlichkeit bzw. Nicht-Öffentlichkeit der Ausschusssitzungen**. Parlamente, deren Ausschüsse grdsl. öffentlich tagen, haben Probleme bei ´Telefon- oder Videokonferenzen die Öffentlichkeit der Sitzung herzustellen. Im LT M-V stellt sich das Problem, dass bei solchen Sitzungsformaten, die Nicht-Öffentlichkeit nicht sichergestellt werden kann, da nicht überprüfbar ist, ob sich Sitzungsteilnehmer allein an den jeweiligen Monitoren oder Telefonen befinden oder ob ggf. weitere unbefugte Personen den Sitzungsverlauf verfolgen. Daher müssen solche Formate als absolute Ausnahme betrachtet werden und die jeweiligen Beratungsgegenstände für solche Sitzungen auch geeignet sein. Im Benehmen mit dem Ältestenrat hat die Präsidentin in der 8. WP festgelegt, dass solche Formate (Hybridsitzung oder Videokonferenz) nur genehmigt werden können, wenn in der Sitzung lediglich Informationen eingeholt werden (Anhörungen oder Expertengespräche). Sitzungen, in denen Abstimmungen erfolgen, müssen als Präsenzsitzungen stattfinden

Die Frage der **Abberufung eines Ausschussvorsitzenden** ist weder in der LVerf noch in der GO LT explizit geregelt. Gleichwohl ist die Abberufung eines Vorsitzenden möglich. Die Abberufung kann durch die benennende Fraktion erfolgen, indem der Vorsitzende ganz aus dem Ausschuss zurückgerufen wird oder ein anderes Ausschussmitglied der Fraktion mit dem Vorsitz betraut wird. Da die Bestimmung des Ausschussvorsitzes ein Recht der Fraktion ist, die den Zugriff auf den Ausschussvorsitz hat, steht der betreffenden Fraktion auch das Recht zu, einen personellen Wechsel hinsichtlich des Ausschussvorsitzes vorzunehmen. In der Praxis kommt dies gelegentlich vor, wenn während der Wahlperiode personelle Wechsel in der Fraktionsführung oder der LReg vorgenommen werden.[38] 14

Denkbar ist aber auch eine **Abberufung** des Ausschussvorsitzenden **durch den Ausschuss** selbst. Eine ausdrückliche Regelung in den GO-bestimmungen über Ausschüsse und Kommissionen ist entbehrlich, da nach § 8 Abs. 2 GO LT für die Beratungen der Ausschüsse die **sonstigen Bestimmungen GO LT sinngemäß** gelten, soweit keine Sonderregelungen festgelegt sind. Das Wort „Beratungen" ist in diesem Zusammenhang so zu interpretieren, dass es sich auf das ganze Ausschussverfahren bezieht und nicht nur auf die Beratungen im engeren Sinne. Daher ist hinsichtlich der Abberufung eines Ausschussvorsitzenden eine **analoge Anwendung von § 2 Abs. 3 GO LT** heranzuziehen, der Art. 29 Abs. 2 LVerf entspricht. Danach können Präsident und Vizepräsidenten des Landtages durch einen Beschluss des Landtages abberufen werden. Der Beschluss setzt einen Antrag der Mehrheit der Mitglieder des Landtages voraus und bedarf der Zustimmung von zwei Dritteln der Mitglieder des Landtages. In sinngemäßer Anwendung dieser Regelung in Bezug auf Ausschüsse, kann die Abberufung eines Ausschussvorsitzenden erfolgen, wenn die Mehrheit der Mitglieder des Ausschusses einen entsprechenden Antrag stellt und zwei Drittel der Mitglieder des Ausschusses dem Antrag zustimmen. Trotz der Option, mit entsprechen-

---

37 § 16a Abs. 1 GO LT.
38 In der 5. WP wurde der bisherige Vorsitzende des Innenausschusses zum Fraktionsvorsitzenden gewählt, weshalb er den Ausschussvorsitz abgab.

der Mehrheit einen Ausschussvorsitzenden abzuberufen, werden die Rechte kleiner Fraktionen gewahrt. Zum einen wird das Recht der Fraktion auf den Ausschussvorsitz zuzugreifen, nicht tangiert, die entsprechende Fraktion wäre auch nicht gehindert, dasselbe MdL wiederum zum Vorsitz vorzuschlagen. Zum anderen darf die Abberufung eines Ausschussvorsitzenden nicht willkürlich erfolgen. Es gilt die **Grenze des Rechtsmissbrauchs**, dh es muss ein triftiger Grund für die Abberufung vorliegen. Hinsichtlich der Quoren ist das Verfahren mit denen anderer Landtage vergleichbar.[39]

### VI. Unterausschüsse

15 Sowohl die ständigen Ausschüsse als auch die Sonderausschüsse sind berechtigt, zur Erledigung dringender, unabweislicher und nicht auf andere Weise abzuarbeitender Aufgaben, die einem Ausschuss übertragen wurden, **Unterausschüsse** einzusetzen. In einem Unterausschuss muss **jede Fraktion vertreten** sein, die auch im Ausschuss vertreten ist (vgl. § 25 GO LT). Anders als etwa die GO des BT (§ 55 GO BT) schränkt die GO LT die Autonomie der Ausschüsse ein, unabhängig vom konkreten, dringenden Handlungsbedarf nach eigenem Ermessen ständige Unterausschüsse zu bilden. Der Grund für die begrenzte Befugnis zur Bildung von Unterausschüssen ist die wesentlich geringere Größe des Parlaments mit demzufolge auch kleineren Ausschüssen. Da jede Fraktion auch in einem Unterausschuss vertreten sein muss, gleichzeitig aber die dem Plenum entsprechende Spiegelbildlichkeit bei der Besetzung des Ausschusses und die Mehrheitsverhältnisse gewahrt sein müssen, hätte dies zur Folge, dass nahezu alle Ausschussmitglieder auch zwingend Mitglieder eines Unterausschusses sein müssten. Die mit einer Einsetzung eines Unterausschusses gewünschte Aufgabenverlagerung und -teilung träte wegen der personalen Identität der Ausschuss- und Unterausschussmitglieder nicht ein. Soweit in Einzelfällen ein Unterausschuss eingesetzt wird, obliegt die **Außenvertretung des Unterausschusses dem Ausschussvorsitzenden** (§ 25 Abs. 2 GO LT). Soweit aber im Einzelfall der Vorsitzende darauf verzichtet, kann der Ausschuss auch beschließen, die Außenvertretung und **Leitung der Sitzungen einem anderen Ausschussmitglied** zu übertragen.

### VII. Überwiesene Vorlagen und Selbstbefassungsrecht

16 Im Regelfall werden die Ausschüsse im Rahmen der ihnen vom LT erteilten Aufträge tätig. Die Auftragserteilung erfolgt durch die **Überweisung eines Gesetzentwurfs oder eines Antrags durch das Plenum** an den betreffenden Ausschuss (§§ 48 Abs. 2 und 56 Abs. 3 GO LT). Eine Ausnahme stellt insoweit die Behandlung von **Unterrichtungen** und sonstiger Vorlagen dar; diese können neben dem Plenum auch durch den Präsidenten im Benehmen mit dem Ältestenrat an die zuständigen Ausschüsse überwiesen werden (§§ 59, 61 GO LT). Zulässig und in der parlamentarischen Praxis üblich ist, dass Vorlagen nicht nur an einen, sondern **gleichzeitig an mehrere Ausschüsse zur Beratung** überwiesen werden. In diesem Fall muss das Plenum mit dem Überweisungsbeschluss gleichzeitig festlegen, welcher Ausschuss die Beratung **federführend** übernehmen soll und welche Ausschüsse mitberatend tätig werden sollen.

Nur in **Ausnahmefällen** kann – soweit es verfassungsrechtlich zulässig ist – eine **abschließende Beratung im Ausschuss** erfolgen. Denkbare Fälle sind zB

---

39 Vgl. *Hopfe*, in Linck/Baldus/Lindner/Poppenhäger/Ruffert, Art. 62 Rn. 23; *Rademacher*, in Butzer/Epping, Art. 20 Rn. 33; *Thesling*, in Heusch/Schönenbroicher, Art. 38 Rn. 11.

Aufhebung eines Sperrvermerks im Finanzausschuss oder Beratung einer Unterrichtung im Ausschuss, soweit nicht von einer Fraktion eine Beschlussempfehlung verlangt wird oder der Ausschuss von sich aus eine Beschlussempfehlung an das Plenum richtet. Bei Gesetzentwürfen und Anträgen kann keine abschließende Beratung im Ausschuss erfolgen, da das Initiativrecht die abschließende Beratung und Entscheidung im Plenum mitumfasst. Dieses Recht würde unterlaufen, wenn die Entscheidung über den Gesetzentwurf oder den Antrag an einen Ausschuss delegiert würde.[40] Eine Sonderstellung nimmt insoweit der für **Europaangelegenheiten** zuständige Ausschuss ein, da diesem **in Angelegenheiten der EU ein Initiativrecht** eingeräumt wurde (Art. 35a Abs. 1). Der LT kann diesen Ausschuss auch in seiner GO ermächtigen, in Angelegenheiten der EU anstelle des LT einen Beschluss zu fassen (Art. 35a Abs. 2). Davon hat der LT in § 9 Abs. 2a GO LT Gebrauch gemacht (vgl. dazu → Art. 35a).

Nach Art. 33 Abs. 2 Satz 2 können sich die Ausschüsse auch unabhängig von Aufträgen mit Angelegenheiten aus ihrem Aufgabengebiet befassen und hierzu dem LT Empfehlungen geben. Dieses **Selbstbefassungsrecht** besteht in der Praxis aus einer fallweisen Erörterung und Information zu Planungen, Vorhaben und der allg. Politik des jeweiligen Ministeriums, auch außerhalb von Anträgen und Gesetzesinitiativen, bis hin zu Beratungen über bestimmte Vorfälle im Zuständigkeitsbereich des betreffenden Ressorts.[41] Mit der Zuweisung einer originären Befassungskompetenz an die Ausschüsse soll dem **Funktionswandel des Landesparlaments**, in dem die **Kontrolle der Regierung und Verwaltung** breiteren Raum einnimmt, Rechnung getragen werden.[42] Das Selbstbefassungsrecht ist aber auf die Angelegenheiten im eigenen Aufgabenbereich beschränkt und ist insoweit gegenüber der inhaltlichen Kompetenz des LT eingeschränkt. Weiterhin erlaubt das Selbstbefassungsrecht den Ausschüssen **nicht, nach außen** – etwa an die LReg – **gerichtete Beschlüsse** zu fassen; dieses Recht ist dem LT als Gesamtorgan vorbehalten.[43] Ebenso wenig haben die Ausschüsse die Kompetenz, eigene Gesetzesinitiativen zu ergreifen, da sie im Gesetzgebungsverfahren **nicht mit einem eigenen Initiativrecht** ausgestattet sind.[44] Fraglich ist, ob ein Ausschuss dem LT im Rahmen des Selbstbefassungsrechts eine sonstige **Beschlussempfehlung** unterbreiten kann, die keinen Gesetzentwurf enthält. Die Formulierung des Art. 33 Abs. 2 Satz 2 „können …hierzu dem LT Empfehlungen geben" legt nahe, dass das Selbstbefassungsrecht das Recht zur Vorlage solcher Beschlussempfehlungen umfasst. Bereits in der zweiten Wahlperiode hat sich der Rechtsausschuss des LT im Zuge einer Auslegung der GO mit der Frage beschäftigt, was unter dem Begriff der **Empfehlungen iSd Art. 33 Abs. 2 LV** zu verstehen sei und dabei folgendes festgestellt:[45]

*„Unter dem Begriff ‚Empfehlung iSd Art. 33 Abs. 2 LV' sind keine Beschlussempfehlungen iSd § 40 Abs. 1 Satz 2 GO LT [jetzt § 73 Abs. 2 Satz 2 GO LT] zu verstehen. Dieses bedeutet, dass unter dem Begriff ‚Empfehlung' iSd Art. 33 Abs. 2 LV lediglich eine Empfehlung im engeren Sinne zu verstehen ist, das heißt der LT wird in einem solchen Fall aufgefordert zu prüfen, ob ein in der Empfehlung genannter Beratungsgegenstand auf die Tagesordnung zu setzen sei."* Diese

---

40 *Caspar*, in Caspar/Ewer/Nolte/Waack, Art. 17 Rn. 35; *Hopfe*, in Linck/Baldus/Lindner/Poppenhäger/Ruffert, Art. 62 Rn. 29; *Hübner*, in von Mutius/Wuttke/Hübner, Art. 11 Rn. 20.
41 *Zeh*, in Schneider/Zeh, § 39 Rn. 11; *Ritzel/Bücker/Schreiner* (Fn. 20), § 63 Anm. 3 c.
42 *Hübner*, in von Mutius/Wuttke/Hübner, Art. 17 Rn. 7.
43 *Dach*, in Schneider/Zeh, § 40 Rn. 39.
44 Vgl. Art. 55 Abs. 1 S. 2 LV.
45 Abgedruckt in: LT M-V, Handbuch 2. Wahlperiode, 2. Aufl., S. 175 f.

Interpretation spiegelt die Praxis des LT wider, **rechtliche Verbindlichkeit kommt ihr hingegen nicht zu.** Zwar kann eine grds., über den Einzelfall hinausgehende Auslegung einer Vorschrift der GO nach Prüfung durch den Rechtsausschuss und Vorlage einer Beschlussempfehlung durch den LT beschlossen werden (vgl. § 107 Abs. 2 GO LT). Vorliegend handelt es sich allerdings um die **Auslegung einer Verfassungsnorm,** wozu dem Rechtsausschuss die Befugnis fehlt. Auch inhaltlich überzeugt diese Auslegung nicht, da Art. 33 Abs. 2 Satz 2 LV somit jeglicher Regelungsgehalt fehlen würde. Allein die Aufforderung zu prüfen, ob ein Gegenstand auf die Tagesordnung zu nehmen sei, würde noch hinter den Individualrechten eines Abg. zurückstehen, da dieser durch die Einreichung eines Antrags das Recht hat, einen Gegenstand auf die Tagesordnung setzen zu lassen (§ 56 Abs. 1 iVm § 73 Abs. 2 GO LT). Das verfassungsrechtlich normierte Recht eines Ausschusses dem LT auch in Selbstbefassungsangelegenheiten eine Empfehlung zu unterbreiten muss folglich als das Recht eines Ausschusses angesehen werden, dem LT auch in solchen Fällen eine Beschlussempfehlung vorzulegen. Eine Ausnahme gilt insoweit nur für Gesetzesinitiativen, da dem Ausschuss dazu das Initiativrecht fehlt. Der LT verliert dadurch keine Rechte, da er weiter frei bleibt, die Beschlussempfehlung anzunehmen, abzulehnen oder zur erneuten Beratung an (ggf. auch andere) Ausschüsse zu überweisen. Zur Klärung dieser Frage ist im Jahr 1997 das LVerfG im Rahmen eines Organstreitverfahrens angerufen worden, jedoch ist wegen der Unzulässigkeit des Antrags keine Entscheidung in der Sache ergangen.[46] In der Praxis des LT kommt dieser Rechtsfrage keine Bedeutung zu, da die Ausschüsse zu Selbstbefassungsangelegenheiten keine Beschlussempfehlungen vorgelegt haben.

18 Ob Angelegenheiten im Rahmen erteilter Aufträge oder im Zuge des Selbstbefassungsrechts im Ausschuss beraten werden, wirkt sich im Beratungsverfahren des Ausschusses hinsichtlich des **Minderheitenrechts zur Beantragung einer Anhörung** aus. Während bei überwiesenen Vorlagen der federführende Ausschuss auf Verlangen eines Viertels seiner Mitglieder zur Durchführung einer Anhörung verpflichtet ist, findet bei Selbstbefassungsangelegenheiten eine Anhörung nur auf Beschluss des Ausschusses statt, womit es im Ermessen der Mehrheit steht, eine Anhörung durchzuführen.

### VIII. Öffentlichkeit der Ausschusssitzungen

19 Die Sitzungen der Ausschüsse sind in der Regel **nicht öffentlich,** soweit nicht der Ausschuss für einzelne Sitzungen oder Beratungsgegenstände etwas anderes beschließt. Die Frage, ob Ausschüsse grds. öffentlich tagen sollen, liegt im **Spannungsfeld zwischen größtmöglicher Transparenz des politischen Meinungsbildungsprozesses und der Effizienz der Parlamentsarbeit,** die unter Ausschluss der Öffentlichkeit gesteigert sei.[47] Insoweit begegnet die vom Verfassungsgeber gewählte Regelung durchaus Bedenken. Aufgrund des demokratisch-repräsentativen Charakters des Parlaments läge es nahe, die Öffentlichkeit bei Ausschusssitzungen zuzulassen, um den Bürgern die Möglichkeit der Information und Kenntnisnahme sowie die Kontrolle über das Agieren der Abg. im Ausschuss zu ermöglichen. Der grds. Ausschluss der Öffentlichkeit soll die bisweilen schwierigen Verhandlungen, bei denen politische Positionen oftmals erst entwickelt werden, schützen, indem nicht die Wirkung politischer Vorstellungen in der

---

46 Vgl. LVerfGE 7, 199, 204 ff.
47 *Linck* ZParl 1992, 673 (694), 696; *Wedemeyer,* in Thiele/Pirsch/Wedemeyer, Art. 33 Rn. 6; vgl. zu den Argumenten für und gegen die Öffentlichkeit der Ausschüsse *Ritzel/Bücker/Schreiner* (Fn. 20), Vorbem. zu § 54 Anm. 3.

Öffentlichkeit in den Mittelpunkt gerückt wird. Zudem berge die regelmäßige Sitzungsöffentlichkeit die Gefahr in sich, dass die tatsächliche Entscheidungsfindung aus dem öffentlichen Ausschuss in nicht-öffentliche Beratungen außerparlamentarischer Gremien verlagert werde, die nicht nach festgelegten demokratischen Regeln tagen müssten. Die Bedeutung interfraktioneller Absprachen, Koalitionsrunden und inoffizieller Treffen der Fachpolitiker der Fraktionen würde zulasten der Ausschussberatungen zunehmen.[48] In den **deutschen Parlamenten gibt es keine einheitliche oder vorherrschende Verfahrensweise zur Öffentlichkeit der Ausschusssitzungen**, wenngleich eine zunehmende Tendenz dahin geht, auch die Ausschussarbeit in stärkerem Maße transparent zu machen, mit der Option, die Öffentlichkeit im Einzelfall auszuschließen. Im BT besteht weiterhin der Grundsatz, dass Ausschusssitzungen nicht öffentlich sind (§ 69 GO BT), ebenso tagen die Ausschüsse in Baden-Württemberg, Hessen, Saarland, Sachsen und Thüringen grds. nicht öffentlich.

Da kein besonderes Quorum vorgeschrieben ist, kann der **Ausschuss mit einfacher Mehrheit** beschließen, eine **Sitzung öffentlich durchzuführen**. Es ist dabei zulässig, lediglich **Teile einer Sitzung öffentlich** stattfinden zu lassen; andererseits kann der Ausschuss auch beschließen, mehrere oder alle Sitzungen zu einem konkreten Beratungsgegenstand öffentlich durchzuführen. Hingegen ist es **unzulässig, einen generellen Beschluss zu fassen, stets öffentlich zu tagen**, da die Ausnahme von dem Grundsatz der Nichtöffentlichkeit der Ausschusssitzungen auf einzelne Sitzungen oder Beratungsgegenstände beschränkt ist. 20

Es wird in der Lit. **streitig** behandelt, ob Ausschüsse wegen des Grundsatzes, dass der LT öffentlich verhandelt (Art. 31 Abs. 1 LV), **in bestimmten Fällen sogar verpflichtet sein können, öffentlich zu tagen**. Dies wird teilweise dann angenommen, wenn die parlamentarischen Verhandlungen allein in den Ausschüssen stattfinden und an deren Ende konstitutive, dem Parlament als Ganzem zuzurechnende Entscheidungen stehen, die **Ausschüsse also nicht nur vorbereitend, sondern stellvertretend für den LT handeln.**[49] Nach diesem Grundsatz ist auch die Norm des Art. 35a Abs. 2 LVerf ausgerichtet. Da dem in EU-Angelegenheiten zuständigen Ausschuss das Recht eingeräumt wird, ggf. abschließend plenarersetzend zu entscheiden, muss diese Sitzung auch öffentlich stattfinden. Noch weitergehend wird dies auch in Fällen angenommen, in denen die Ausschüsse **im Rahmen des Selbstbefassungsrechts** tätig werden, da es insoweit an der Publizität des Plenums fehle, es gleichwohl zu eindeutigen politischen Willenskundgaben der Ausschüsse führen könne.[50] Dabei ist jedoch zu berücksichtigen, dass sich diese Diskussion an den Regelungen auf Bundesebene orientiert, wo der Grundsatz der Parlamentsöffentlichkeit verfassungsrechtlich normiert ist (Art. 42 Abs. 1 Satz 1 GG), während der Grundsatz, dass die Ausschüsse nicht öffentlich tagen, lediglich in der GO (§ 69 Abs. 1 Satz 1 GO BT) festgelegt ist. Soweit hingegen der Grundsatz, dass Ausschusssitzungen im Regelfall nicht öffentlich sind, ebenfalls Verfassungsrang hat, ist die Verpflichtung eines Ausschusses, im Einzelfall die Öffentlichkeit zulassen zu müssen, zurückhaltender zu betrachten. 21

Eine besondere Bedeutung kommt der Nicht-Öffentlichkeit der Ausschusssitzungen bei der **Durchsetzung von Informations- und Kontrollrechten** gegenüber der LReg gem. Art. 40 Abs. 2 Satz 2 LV zu. Die LReg kann nach Art. 40 Abs. 3 die 22

---

48 *Wedemeyer*, in Thiele/Pirsch/Wedemeyer, Art. 33 Rn. 6.
49 *Hopfe*, in Linck/Baldus/Lindner/Poppenhäger/Ruffert, Art. 62 Rn. 35; *Linck* ZParl 1992, 673 (681) mwN.
50 *Linck* ZParl 1992, 673 (698).

Herausgabe von Informationen oder die Vorlage von Akten verweigern, wenn dem Bekanntwerden des Inhalts gesetzliche Vorschriften oder Staatsgeheimnisse oder schutzwürdige Interessen einzelner, insbes. des Datenschutzes, entgegenstehen oder wenn die Funktionsfähigkeit und die Eigenverantwortung der LReg beeinträchtigt werden. Soweit ein Ausschuss vermeiden möchte, dass sich die LReg auf das Recht zur Informationsverweigerung beruft, muss er Maßnahmen ergreifen, die das Bekanntwerden der entsprechenden Informationen verhindern oder jedenfalls erschweren. Dazu gehört in erster Linie, dass die Ausschusssitzung nicht öffentlich stattfindet.[51]

### IX. Vorläufiger Ausschuss

23 Seit der 5. WP ist in den konstituierenden Sitzungen des LT jeweils ein sog. **vorläufiger Ausschuss** eingesetzt worden.[52] Im vorläufigen Ausschuss werden die **Befugnisse und Aufgaben aller Ausschüsse gebündelt**. Rechtsgrundlage ist § 9 Abs. 1 Satz 2 GO-LT, wonach bis zur Einsetzung der ständigen Ausschüsse deren Aufgaben von einem vorläufigen Ausschuss wahrgenommen werden können. Die Konstituierung der regelmäßigen Ausschüsse erfolgt üblicherweise erst nach der Wahl des Ministerpräsidenten, da erst dann der Ressortzuschnitt der LReg feststeht, dem die Aufgabenzuweisung der Ausschüsse folgt. Die Einsetzung des vorläufigen Ausschusses dient der **Herstellung der sofortigen Handlungsfähigkeit des Parlaments**, um unmittelbar nach der Konstituierung ggf. erforderliche Ausschussberatungen insbes. bei Gesetzgebungsverfahren durchführen. In der 5. WP ist der Entwurf des AbgG und der Gesetzentwurf der LReg über die Feststellung eines Nachtrags zum Haushaltsplan zur Beratung an den vorläufigen Ausschuss überwiesen worden. In der 6. und 7. WP beschränkten sich die Beratungen des vorläufigen Ausschusses auf den Gesetzentwurf zur Änderung des AbgG. In der 8. WP wurden neben dem AbgG auch über Mittelfreigaben aus dem Corona-Schutzfond und die Situation des Werftenstandortes M-V beraten.

In der 5. WP bestand der vorläufige Ausschuss aus neun, in der 6. WP aus insgesamt 11 Mitgliedern. In der 8. WP bestand er aus 9 Mitgliedern, von denen 7 nach dem Stärkeverhältnis besetzt und die Fraktionen von BÜNDNIS 90/DIE GRÜNEN und FDP jeweils ein Grundmandat erhielten (→ Rn. 6). Der **Vorsitz des vorläufigen Ausschusses wird vom Präsidenten des LT wahrgenommen**. Der Einsetzungsbeschluss der 5. WP sah vor, dass die Präsidentin und die Vizepräsidenten geborene Mitglieder des vorläufigen Ausschusses sind, folglich erfolgte die Vertretung im Ausschussvorsitz durch den ersten Vizepräsidenten.[53] Seit der 6.WP erwähnte der Beschluss ausschließlich die Präsidentin des LT als geborenes Mitglied, die anderen Mitglieder wurden entsprechend des Stärkeverhältnisses (→ Rn. 6) von den Fraktionen benannt, wobei die Präsidentin auf das Kontingent der Fraktion angerechnet wird. Im Fall der Stellvertretung ist diese stets von einer Vizepräsidentin wahrgenommen worden, da diese als Mitglieder oder stellv. Mitglieder des vorläufigen Ausschusses benannt wurden. Die Arbeit des vorläufigen Ausschusses **endet mit der Einsetzung der ständigen Ausschüsse** des Landtages Mecklenburg-Vorpommern, **ohne** dass es einer **förmlichen Auflösung des vorläufigen Ausschusses** bedarf. Der Begriff der Einsetzung der ständigen Ausschüsse wird dahin gehend interpretiert, dass damit die eigentliche Konstituierung der Ausschüsse – und nicht bereits der Beschluss des Plenums

---

51 *Caspar*, in Caspar/Ewer/Nolte/Waack, Art. 17 Rn. 48.
52 LT-Drs. 5/9; LT-Drs. 8/4.
53 Die Vertretungsregel ist im Einsetzungsantrag LT-Drs. 5/9 explizit erwähnt.

zur Einsetzung der Ausschüsse – gemeint ist.[54] Auch in der Zeit zwischen dem Einsetzungsbeschluss des Plenums und der Konstituierung des jeweiligen ständigen Ausschusses wird die Aufgabe durch den vorläufigen Ausschuss wahrgenommen. Es ist jedoch anzuraten, die Geschäftsordnung in § 9 Abs. 1 Satz 2 insoweit der Praxis anzupassen und als Endpunkt der Existenz des vorläufigen Ausschusses die Konstituierung aller ständigen Ausschüsse festzulegen.

### Art. 34 (Untersuchungsausschüsse)

(1) [1]Der Landtag hat das Recht und auf Antrag eines Viertels seiner Mitglieder die Pflicht, zur Aufklärung von Tatbeständen im öffentlichen Interesse einen Untersuchungsausschuß einzusetzen. [2]Der Untersuchungsausschuß erhebt die erforderlichen Beweise in öffentlicher Verhandlung. [3]Beweiserhebungen, die gesetzliche Vorschriften oder Staatsgeheimnisse oder schutzwürdige Interessen einzelner, insbesondere des Datenschutzes, verletzen, sind unzulässig. [4]Seine Beratungen sind nicht öffentlich. [5]Der Ausschluß der Öffentlichkeit bei der Beweiserhebung und die Herstellung der Öffentlichkeit bei der Beratung bedürfen einer Mehrheit von zwei Dritteln der Mitglieder des Ausschusses. [6]Über den Ausschluß der Öffentlichkeit wird in nichtöffentlicher Sitzung entschieden.

(2) [1]Im Untersuchungsausschuß sind die Fraktionen mit mindestens je einem Mitglied vertreten. [2]Im übrigen werden die Sitze unter Berücksichtigung des Stärkeverhältnisses der Fraktionen verteilt; dabei ist sicherzustellen, daß die Mehrheitsverhältnisse im Untersuchungsausschuß den Mehrheitsverhältnissen im Landtag entsprechen. [3]Bei der Einsetzung jedes neuen Untersuchungsausschusses wechselt der Vorsitz unter den Fraktionen in der Reihenfolge ihrer Stärke.

(3) [1]Beweise sind zu erheben, wenn dies ein Viertel der Mitglieder des Untersuchungsausschusses beantragt. [2]Der Untersuchungsgegenstand darf gegen den Willen der Antragstellenden nicht eingeschränkt werden.

(4) [1]Auf Verlangen eines Viertels der Mitglieder des Untersuchungsausschusses ist die Landesregierung verpflichtet, Akten vorzulegen und ihren Bediensteten Aussagegenehmigungen zu erteilen. [2]Absatz 1 Satz 3 findet entsprechend Anwendung. [3]Gerichte und Verwaltungsbehörden haben Rechts- und Amtshilfe zu leisten. [4]Das Brief-, Post- und Fernmeldegeheimnis bleibt unberührt.

(5) Für die Beweiserhebung des Untersuchungsausschusses und der von ihm ersuchten Behörden gelten die Vorschriften über den Strafprozeß entsprechend, solange und soweit nicht durch Landesgesetz anderes bestimmt ist.

(6) [1]Der Untersuchungsbericht ist der richterlichen Erörterung entzogen. [2]In der Würdigung und Beurteilung des der Untersuchung zugrunde liegenden Sachverhalts sind die Gerichte frei.

(7) Das Nähere regelt das Gesetz.

Vergleichbare Regelungen:
Artt. 44 GG; 35 BWVerf; 25 BayVerf; 48 VvB; 72 BbgVerf; 105 Abs. 5 BremVerf; 26 HambVerf; 92 HessVerf; 27 NdsVerf; 41 Verf NW; 91 Verf Rh-Pf; 79 SaarlVerf; 54 SächsVerf; 54 LVerf LSA; 18 SchlHVerf; 64 ThürVerf.

| I. Allgemeines | 1 | 1. Zu Abs. 1 | 3 |
|---|---|---|---|
| II. Die Vorschriften im Einzelnen | 3 | 2. Zu Abs. 2 | 14 |

---

54 Vgl. LT-Pl-Prot. 5/7 v. 21.11.2006, wo nach dem Beschluss z. Einsetzung der Ausschüsse der Gesetzentwurf d. LReg an den vorläufigen Ausschuss überwiesen wurde.

| | | | |
|---|---|---|---|
| 3. Zu Abs. 3 | 15 | 6. Zu Abs. 6 | 26 |
| 4. Zu Abs. 4 | 18 | III. Schrifttum | 28 |
| 5. Zu Abs. 5 | 22 | | |

## I. Allgemeines

1 Die Bestimmungen über parlamentarische Untersuchungsausschüsse sind parlamentsgeschichtlich vor dem Hintergrund der parlamentarischen **Kontrolle der Regierung** als Kontrollinstrument der Parlamentsmehrheit gegenüber einer nicht vom Parlament abhängigen Regierung zu sehen. In neuerer Zeit stehen parlamentarische Untersuchungsbefugnisse nahezu ausschließlich im Zusammenhang mit den demokratischen Minderheitenrechten der Opposition.[1] Aus den beiden Prinzipien der Kontrolle der Regierung als Recht des Parlamentes und den Befugnissen bzw. Pflichten der Opposition resultieren die heute vornehmlich diskutierten Fragen hinsichtlich der Reichweite der Minderheitenrechte gegenüber der regelmäßig die Regierung tragenden Parlaments- und damit zugleich üblicher Weise auch Ausschussmehrheit. Als politisches Instrument werden Untersuchungsausschüsse faktisch ganz überwiegend als **Minderheitsenquete der Opposition** einberufen, die im Gegensatz zur die Regierung tragenden Parlamentsmehrheit auf das mit der Untersuchung verbundene Instrumentarium angewiesen ist, um die Regierung wirksam kontrollieren zu können oder um sich Informationen zu beschaffen,[2] damit Sachverhalte überhaupt erst politisch bewertet werden können.

2 Damit sind Fragen um **Einrichtung** und **Gegenstand** von Untersuchungsausschüssen stets auch mit politischem Kalkül gerichtet auf das Erreichen einer politisch vorteilhafteren Lage verbunden,[3] wobei indes politische Zielsetzungen bzw. Erwartungen grundsätzlich keinen Einfluss auf die rechtliche Beurteilung haben, mit Ausnahme der allgemeinen Grenze einer im politischen Raum eng zu verstehenden Rechtsmissbräuchlichkeit. Im – nicht immer hergestellten – Zusammenhang damit wird gegenwärtig die Zulässigkeit einer **Kollegialenquete**,[4] gerichtet auf Verhalten bzw. die Aufklärung von Verfehlungen parlamentarischer Kollegen bzw. Fraktionen[5] ebenso diskutiert wie die Frage der **Rückbetrachtung** von Handlungen einer nicht mehr im Amt befindlichen Regierung.[6] In beiden Fällen kann ein grundsätzlich rechtlich anzuerkennendes Informationsbegehren vorliegen; allenfalls im Einzelfall können entgegenstehende verfas-

---

1 *Schneider*, in Badura/Dreier (Hrsg), FS-BVerfG, Bd. 2, 2001, S. 627, 653 ff, 654.
2 Zur Informationsfunktion ausführlich *Teuber*, Parlamentarische Informationsrechte, 123 ff.
3 Siehe aus politikwissenschaftlicher Sicht („Skandalisierungsinstrument der Opposition") *Riede / Scheller* ZParl 2013, 93 ff. Überzogene Terminologie bei *Reinhardt* NVwZ 2014, 991: „Kampfinstrument der Opposition" (dessen Fallbeispiel – Schlossgartenwiese II/Mappus – allerdings eine Mehrheitsenquete betrifft).
4 VerfGH Rh-Pf NVwZ 2011, 115 ff.
5 Dazu – ablehnend – *Austermann/Waldhoff*, Parlamentsrecht, Rn. 560; bejahend indes, sofern die politische Willensbildung nicht Gegenstand ist, *Waldhoff*, in Waldhoff/Gärditz, PUAG, § 1 Rn. 71.
6 *Reinhardt* NVwZ 2014, 991, 993 ff., der unter wenig überzeugendem Rückgriff auf eine Fortwirkung des Kernbereichsschutzes praktisch zu einer Art „postmortaler" Unantastbarkeit früherer Regierungen kommt. Das verkennt, dass ein Aufklärungsinteresse durchaus an vergangenen Sachverhalten bestehen kann, um als Parlament Rückschlüsse auf die Kontrolle gegenwärtiger wie künftiger Regierungen ziehen zu können. Losgelöst von *politischen* Interessen kann nur das *rechtlich* relevant sein; dezidiert abwägend StGH BW, Urt v. 30.7.2014, 1 S 1352/13 – juris, Rn. 91 ff.

sungsrechtliche Rechtspositionen eine Unzulässigkeit begründen.[7] Vor solchem Hintergrund sind Untersuchungen gleichsam nicht von vornherein unzulässig, wenn sie politisch auf ein Ergebnis gerichtet sind, welches verfassungsrechtlich nicht ausdrücklich vorgesehen ist. Das etwa ist der – anerkannte – Fall der typischer Weise von der Opposition initiierten **Misstrauensenquete**[8] gegen Minister, um deren Rücktritt auf diesem Wege zu erreichen, weil es eine auf Minister bezogene Vertrauensfrage nicht gibt.

Neben den geschilderten Fallgestaltungen haben sich mittlerweile teils mehr, teils weniger aussagefähige **Typisierungen** herausgebildet,[9] die mit Blick auf die Volatilität des politischen Tagesgeschäfts keine abschließende Betrachtung sein können und rechtlich lediglich begrenzte Aussagekraft haben. Denn in jedem Fall ist zwischen der Frage nach der grundsätzlichen Zulässigkeit und der Frage, ob sich aus konfligierenden Rechtspositionen Einschränkungen hinsichtlich der Art und Weise der **Gestaltung der Untersuchung** ergeben, was durchaus der Fall sein kann,[10] zu unterscheiden.

## II. Die Vorschriften im Einzelnen

### 1. Zu Abs. 1.

Abs. 1 S. 1 stellt klar, dass das Untersuchungsrecht ein **Recht des Parlaments** darstellt, welches diesem als Ganzem zusteht. Hieraus folgt, dass die Geltung von Minderheitsrechten im Rahmen des Untersuchungsrechts der Sache nach aus dem Recht des Parlaments abgeleitet ist und sowohl der Ausschuss selbst gegenüber dem Parlament als auch die Ausschussminderheit gegenüber der Ausschussmehrheit letztlich Rechte des Parlaments wahrnehmen. Einer derartigen Deutung des Wortlauts wird am ehesten die Einordnung von Untersuchungsausschüssen als **Hilfsorganen des Parlaments**[11] gerecht, ohne an dieser Stelle näher auf den für die Praxis nicht relevanten Streit um die begriffliche Einordnung von Untersuchungsausschüssen einzugehen.[12] Soweit eine **Einordnung als Behörde** in Streit steht, erfolgt dies vor dem Hintergrund der Rechts- und Amtshilfe, die Abs. 4 S. 3 ausdrücklich regelt. 3

Abs. 1 S. 1 vermittelt zunächst der Parlamentsmehrheit deklaratorisch das Recht, Untersuchungsausschüsse iSd sog. **Mehrheitsenquete** einzurichten. Auf Antrag eines Viertels der Mitglieder des LT und damit als Minderheitsenquete hat dieser die Pflicht, einen Untersuchungsausschuss[13] einzusetzen. Damit wird 4

---

7 Siehe die sorgfältige Abwägung bei VerfGH Rh-Pf NVwZ 2011, 115, der zu Recht hinreichend tatsachengestützte konkrete und gewichtige Anhaltspunkte für eine Aufklärung verlangt und vage Vermutungen – was im Übrigen parlamentarische Arbeit lähmen würde – nicht ausreichen lässt.
8 Von einer Misstrauensenquete kann man insbes. dann sprechen, wenn der Untersuchungsgegenstand bis an die Grenze des Bestimmtheitsgebots – dazu *Linck*, in Linck/Jutzi/Hopfe (Hrsg), Die Verfassung des Freistaats Thüringen, Art. 64 Rn. 9: „keine allzu strengen Anforderungen" – besonders weit gefasst wird (zB „Untersuchung von Vorfällen/Missständen im Geschäftsbereich des ...-ressorts); überlegenswert ist, ob aus dem Umstand bewusst fehlender Misstrauensvoten gegenüber Ministerinnen und Ministern nicht auf eine enge Auslegung des Bestimmtheitsgebots nach § 1 Abs. 2 S. 2 1. Spiegelstrich UAG zu schließen ist, wenn erkennbar ein bestimmtes Ressortmitglied getroffen werden soll.
9 Dazu ausführlich *Morlok*, in Dreier, Bd. II, Art. 44 Rn. 17, der den Unterscheidungen zutreffend keine rechtliche Relevanz beimisst.
10 So zutreffend VerfGH Rh-Pf NVwZ 2011, 115.
11 BVerfGE 124, 78,114; 49, 70, 85; 77, 1, 41, 43; BayVerfGH DÖV 2007, 338, 340.
12 Näher *Morlok*, in Dreier, Bd. II, Art. 44 Rn. 15, dort Fn 58.
13 Zur Abgrenzung zu anderen Untersuchungsmöglichkeiten *Bräcklein*, Investigativer Parlamentarismus, S. 56 ff.

die Einsetzung nicht zu einem eigenständigen Recht der Parlamentsminderheit. Vielmehr kann die Parlamentsminderheit ein Recht des LT auf Einsetzung gegen den Willen der Mehrheit eigenständig durchsetzen. Dieses auf einen Pflichtbeschluss des Plenums gerichtete Recht kann seitens der Minderheit des LT im **Organstreitverfahren** verfolgt werden.[14]

5 Der Wortlaut der Verfassung umschreibt parlamentarische Untersuchungen als Aufklärung von Tatbeständen in **öffentlichem Interesse**.[15] Der Sache nach handelt es sich um einen eher beispielhaften Verweis auf einen Teilaspekt der Aufgaben des Parlaments im demokratischen Verfassungsstaat. Nur aus der verfassungsrechtlichen Stellung des Parlaments im Gefüge des Verfassungsstaates lässt sich die Reichweite seines Untersuchungsrechts näher bestimmen. Die vielfach zitierte **Korrolartheorie**,[16] wonach die Befugnisse eines Untersuchungsausschusses nicht weiter reichen können als die Befugnisse des Parlaments, ist insoweit wenig aufschlussreich, lässt aber darauf schließen, dass Abs. 1 S. 1 das Untersuchungsrecht weder über diesen Zuständigkeitsbereich hinaus erweitert noch einschränkt.

6 Im Verhältnis zur Regierung folgt daraus, dass das parlamentarische Untersuchungsrecht sich auf **alle Vorgänge** bezieht, die Regierungshandeln betreffen, da das Parlament zur Kontrolle der Regierung berufen ist. Die Annahme eines eigenständig wahrzunehmenden Kern- bzw. Funktionsbereichs der Regierung zur Einschränkung parlamentarischer Untersuchungsbefugnisse lässt sich dem Gewaltenteilungssystem nicht entnehmen.[17] Zwar führt die Wahl des Regierungschefs durchaus zu einer eigenständigen Legitimation der Regierung und zu einem eigenständigen Funktionsbereich iS der Ausübung verfassungsrechtlicher Kompetenzen, indes darf damit nicht verwechselt werden, dass die Untersuchung des Regierungshandelns als solches bereits diese Kompetenzen beeinträchtigt. Im Gegenteil zeigt die Verfassung, dass der MinPräs und mittelbar die LReg vom Vertrauen des Parlaments abhängen. Es wäre merkwürdig, wenn das Parlament nicht in der Lage sein sollte, sich selbst umfassend über die Grundlagen seines Vertrauens gegenüber der Regierung informieren zu dürfen.[18] Damit stellt sich die Lehre vom zu schützenden Kern- bzw. **Funktionsbereich der Regierung** nicht als prinzipielle verfassungsimmanente Grenze des Untersuchungsrechts dar, sondern vielmehr als **systematische Auslegungsregel** betreffend die Reichweite der Wahrnehmung des Untersuchungsrechts[19], etwa mit Blick auf den Ausschluss der Untersuchung noch nicht abgeschlossener Vorgänge, was etwa der Pflicht, Akten vorzulegen, entgegengehalten werden kann.[20]

---

14 Nach BayVerfGH DÖV 2007, 338 handelt es sich hierbei um eine „Prozessstandschaft"; siehe auch *Hermes*, in FS Mahrenholz, 1994, S. 349, 360; *Badura*, in FS Helmrich, 1994, S. 191, 193; die Einordnung ist indes nicht unumstritten, zur Gegenmeinung *Unger*, in von Mangoldt/Klein/Starck, Grundgesetz, Art. 44 Rn. 72.
15 Näher *Peters*, Untersuchungsausschussrecht, Rn. 121 ff., dort, Rn. 124 – bejahend – auch zur strittigen Frage der Justiziabilität.
16 Begründet von *Zweig* AfP 1913, 267; allg. zu den Zuständigkeiten des LT → Art. 20 Rn. 9 ff.
17 Bedenken an der wohl noch hL äußert zutreffend *Morlok*, in Dreier, Bd. II, Art. 44 Rn. 27; folgend *Bräcklein*, Investigativer Parlamentarismus, S. 79; ablehnend gegenüber einer pauschalen Berufung auf den Kernbereichsschutz BremStGH DVBl. 1989, 453, 456; sehr weites Verständnis bei *Reinhardt* NVwZ 2014, 991, 994.
18 Zur Einordnung als Selbstinformationsrecht *Morlok*, in Dreier, Bd. II, Art. 44 Rn. 12.
19 Siehe nur BVerfGE 124, 78 ff.; zu den einzelnen Ansätzen siehe *Austermann/Waldhoff*, Parlamentsrecht, Rn. 554 ff.; ferner *Peters*, Untersuchungsausschussrecht, Rn. 106.
20 So auch BVerfGE 110, 199 ff. mwN zu diesem Themenkomplex; ferner – vergleichende Betrachtung zum IFG – VG Berlin JZ 2012, 796, 798 mit Anm *Heuner/Küpper* JZ 2012,

Gleiches gilt für die Frage, ob die **Untersuchung privater Sachverhalte** Gegenstand parlamentarischer Befugnisse sein kann, mithin als Angelegenheit öffentlichen Interesses anzusehen ist.[21] Mit Blick auf die Funktion des Parlamentes, die wesentlichen politischen Entscheidungen zu treffen, kann sich auch aus dem Verhalten einzelner oder mehrerer Privater politischer Erörterungs- bzw. Handlungsbedarf ergeben, den zu beurteilen Sache des Parlaments ist. Die Untersuchung privater Sachverhalte ist demgemäß nicht von vorneherein dem Zuständigkeitsbereich des Parlaments entzogen.[22] Auch eine wie auch immer geartete Verflechtung mit öffentlichen Interessen ist hinsichtlich der Untersuchungskompetenz als solcher nicht zu fordern.[23] Hinsichtlich der **Untersuchungsdurchführung** gilt es indes, die verfassungsrechtlichen Grenzen der Beeinträchtigung privater Rechte einzuhalten.[24] Dabei ist das parlamentarische Aufklärungsinteresse durchaus als legitimer öffentlicher Zweck iSd Grundsatzes der Verhältnismäßigkeit anzuerkennen und im Einzelfall sorgfältig mit den betroffenen Individualrechtsgütern abzuwägen,[25] wobei zu Gunsten einer Untersuchung der Umstand, ob ein Unternehmen etwa gemischtwirtschaftlich organisiert wird oder in erheblichem Maße von staatlichen Mitteln profitiert, ins Gewicht fällt.[26] Zu beachten ist ferner, dass mit Blick auf Rechte und Pflichten ehemaliger Regierungsangehöriger es keine Nachwirkung früherer verfassungsrechtlicher Pflichten wie etwa der Verfassungsorgantreue gibt.[27]

7

Vor dem Hintergrund des hier vertretenen **weiten Verständnisses** des parlamentarischen Untersuchungsrechts schließt die Bekanntheit eines Vorgangs in der Öffentlichkeit nicht unbedingt das Vorliegen eines öffentlichen Interesses aus.[28] Vielmehr kann die Öffentlichkeit durchaus ein Interesse daran haben, dass sich das Parlament auch bekannter Missstände näher widmet.[29]

8

Damit bleibt als Grenze einer innerhalb des Landes als unbeschränkt anzusehenden parlamentarischen Untersuchungsbefugnis mit Blick auf die landesverfassungsrechtliche Regelung allein die **Verbandskompetenz des Landes** zu beachten

9

---

801 ff.; zur Aktenvorlage im Zusammenhang mit auswärtigen Interessen, deren Beurteilung weitgehend dem Kernbereich zugeordnet werden, vgl. BVerwG Beschl. v. 14.6.2012 – 20 F 10/11 – juris, Rn. 9.

21 Näher *Austermann/Waldhoff*, Parlamentsrecht, Rn. 557 ff., die zwischen unmittelbarer und mittelbarer Untersuchung privater Sachverhalte differenzieren und ersteres restriktiv betrachten; ebenso *Riedinger*, in Becker/Brüning/Ewer/Schliesky (Hrsg), Verfassung des Landes Schleswig-Holstein, Art. 24 Rn. 7; die Unterscheidung sollte anhand der Möglichkeit eines insoweit „geschickten" Einsetzungsbeschlusses nicht überakademisiert werden.

22 Siehe SaarlVerfGH Urt. v. 28.3.2011 – Lv 15/10 – juris: Untersuchung unternehmerischer Einflussnahme im Zusammenhang mit Landtagswahlen; allgemein *Peters* NVwZ 2012, 1574,1575 f.

23 Erwägenswert für einen Verzicht auf den Begriff des öffentlichen Interesses plädierend *Schneider*, in Denninger, Art. 44 Rn. 11.

24 Das ist bereits bei der Namensgebung zu beachten, SaarlVerfGH Beschl. v. 27.5.2002 – Lv 2/02 eA – zitiert nach juris; iÜ handelt es sich um eine verfassungsrechtliche Streitigkeit, OVG Saarlouis AS RP-SL 30, S. 99.

25 SaarlOVG NVwZ 2010, 1315.

26 Beispielsweise im Rahmen einer denkbaren Überprüfung der Förderung von Werftbetrieben; vgl. enger wohl *Waldhoff*, in Waldhoff/Gärditz, PUAG, § 1 Rn. 76: Subventionierung allein nicht ausreichend; untersuchungsfähig ist damit auch die Gründungsmodalität und Tätigkeit, einschließlich des wirtschaftlichen Geschäftsbetriebes der Stiftung Klima- und Umweltschutz M-V nebst ihrer Beziehungen zu privaten Unternehmen, Instituten etc.

27 StGH BW Urt. v 30.7.2014, 1 S 1352/13 – juris, Rn. 102.

28 Siehe die Beispiele bei *Peters*, Untersuchungsausschussrecht, Rn. 122.

29 AA *Wedemeyer*, in Thiele/Pirsch/Wedemeyer, Art. 34 Rn. 5; BayVerfGH DVBl. 1986, 234.

– § 1 Abs. 2 S. 2 2. Spiegelstrich UAG ist allein hierauf zu beziehen.[30] Der Untersuchungsgegenstand muss sich danach unmittelbar auf einen Sachverhalt beziehen, der einen Anknüpfungspunkt im Land aufweist und Zuständigkeiten des Landes anspricht. Nicht ausgeschlossen ist danach, im Rahmen einer landesspezifischen Untersuchung Bezüge zu anderen Ländern bzw. zur Bundesebene oder zur Europäischen Union mittelbar mit einzubeziehen.[31]

10 Da die Reichweite des Untersuchungsrechts vorliegend **weit** verstanden wird, kommt eine Zurückweisung des Einsetzungsantrags wegen Verfassungswidrigkeit kaum in Betracht,[32] allenfalls in Fällen offenkundig fehlender Landeszuständigkeit sowie ausnahmsweise in Fällen, in denen bereits der Untersuchungsauftrag bzw. ein Teil des Auftrags als solcher Rechte der LReg bzw. privater Dritter[33] beeinträchtigt und insoweit bereits von vornherein feststeht, dass aufgrund der vorzunehmenden Abwägung der Untersuchungszweck nicht erreicht werden kann.[34] Zu beachten ist, dass § 2 Abs. 1 UAG eine Prüfung der tatbestandlichen Voraussetzungen der Einsetzung durch den **Rechtsausschuss** ermöglicht, der allerdings als Verfassungsausschuss tätig wird und keine politischen Zweckmäßigkeitserwägungen anstellen darf.[35]

11 Wesensmerkmal parlamentarischer Demokratie ist die Öffentlichkeit des Verfahrens.[36] Abs. 1 trifft eine Regelung, die zwischen der Beweiserhebung und der Beratung unterscheidet, wobei jeweils mit Zwei-Drittel-Mehrheit von der Verfassungsbestimmung abgewichen werden kann. § 17 UAG enthält eine konkretisierende Regelung, die dem **Öffentlichkeitsprinzip** dadurch Rechnung trägt, indem die Entscheidung über den Ausschluss politischer Willkür entzogen wird.

12 Die Verfassung enthält keine Vorschrift zur Möglichkeit einer Übertragung der Beweisaufnahme durch **Bildmedien**; diese wird einfachgesetzlich durch § 16 Abs. 1 UAG ausgeschlossen. Damit korrespondierend findet § 17 GO LT ausdrücklich auf Untersuchungsausschüsse keine Anwendung. Nach § 16 Abs. 1 S. 3 UAG kann der Untersuchungsausschuss mit der Mehrheit von zwei Dritteln Ausnahmen zulassen. Wiewohl aktuell der grds Ausschluss einer Medienübertragung auch mit Blick auf die Praxis anderer Staaten zunehmend in die Kritik gerät,[37] bestehen (noch) keine Bedenken mit Blick auf das Recht aus Art. 5 Abs. 1 GG,[38] sich ungehindert aus allg. zugänglichen Quellen zu unterrichten,

---

30 Näher *Birkner*, in HannKomm NV, Art. 22 Rn. 23 ff.; *Peters*, Untersuchungsausschussrecht, Rn. 97, 100.
31 Zur Untersuchung des Verhaltens einer LReg im BRat BbgVerfG DVBl. 2001, 1146 mAnm *Brink* – unzulässig, wenn lediglich eine „landespolitische Hülle" vorgeschoben wird; siehe auch – zur Untersuchungsbefugnis des Bundes für Landesbehörden *Glauben* DVBl. 2012, 737 ff.; ferner *Peters* NVwZ 2012, 1574, 1575 mwN.
32 Zur geringen praktischen Bedeutung des „öffentlichen Interesses" siehe *Jutzi*, in Linck/Jutzi/Hopfe (Hrsg), Die Verfassung des Freistaats Thüringen, Art. 64 Rn. 8; ebenso *Birkner*, in HannKomm NV, Art. 27 Rn. 20; aus der Rspr. VerfGH NW NVwZ 2002, 75 ff.: keine teilweise Reduzierung des Einsetzungsantrags wegen Verfassungswidrigkeit.
33 *Magiera*, in Sachs, GG, Art. 44 Rn. 10.
34 Insofern dürften Untersuchungen, die im Kern die private, gegebenenfalls auch frühere Lebensführung betreffen, unzulässig sein, vgl. das Beispiel bei *Peters* NVwZ 2012, 1574, 1575 f.
35 Siehe – für den Einsetzungsbeschluss – *Wedemeyer*, in Thiele/Pirsch/Wedemeyer, Art. 34 Rn. 3; HessStGH DÖV 1967, 51.
36 Näher *Peters*, Untersuchungsausschussrecht, Rn. 261 ff.
37 Ausführlich *Bräcklein*, Investigativer Parlamentarismus, S. 327 ff.
38 Indes mit beachtlichen Gründen für Verfassungswidrigkeit plädierend *Bräcklein*, Investigativer Parlamentarismus, S. 338, 339; näher und wie hier *Heyer*, in Waldhoff/Gärditz, PUAG, § 13 Rn. 41; Beispiele bei *Peters*, Untersuchungsausschussrecht, Rn. 413; vgl. auch → Art. 31 Rn. 7.

denn eine positive Entscheidung des Ausschusses eröffnet erst den Zugang zu diesem Grundrecht.

Abs. 1 S. 3 enthält **Beweiserhebungsverbote**, auf die im Zusammenhang mit den Abs. 4 und 5 näher eingegangen wird. Aufgrund der verfassungsrechtlichen Entscheidung muss für den Fall eines Verfassungsverstoßes die Unverwertbarkeit gleichwohl erhobener Beweise angenommen werden. 13

**2. Zu Abs. 2.** Abs. 2 S. 1 regelt, dass jede Fraktion in einem Untersuchungsausschuss mit mindestens je einem Mitglied vertreten sein muss, iÜ werden die Sitze nach dem Stärkeverhältnis der entsendenden[39] Fraktionen verteilt, wobei die Mehrheitsverhältnisse im Ausschuss denen im LT entsprechen müssen. Daraus folgt, dass je nach Anzahl der Fraktionen die Mitgliederzahl der Untersuchungsausschüsse je Wahlperiode variieren kann.[40] § 4 UAG konkretisiert die Verfassungsbestimmung dahin gehend, dass bei der Bemessung der Zahl die Aufgabenstellung und Arbeitsfähigkeit des Ausschusses zu berücksichtigen sind. Die damit gezogene Grenze der **Arbeitsfähigkeit des Ausschusses** wird auch als verfassungsrechtliche Grenze in dem Sinne zu verstehen sein, dass die Parlamentsmehrheit gehindert wird, die Größe des Ausschusses über die Arbeitsfähigkeit hinaus auszudehnen, um das Verfahren insgesamt zu behindern oder in die Länge zu ziehen. Umgekehrt führt die mit einer Verkleinerung aufgrund der Grundmandatsklausel einhergehende Verschiebung im Rahmen des arithmetischen Verhältnisses der Fraktionen nicht zu einer Verfassungswidrigkeit der Verkleinerung, weil die Grundmandatsklausel eben eine Ausnahmebestimmung zur rein proportionalen Besetzung darstellt.[41] Hinsichtlich des Vorsitzes im Ausschuss legt die Verfassung ein alternierendes Verfahren fest, wonach der Vorsitz in der Reihenfolge der Stärke der Fraktionen wechselt. Das kann dazu führen, dass auch bei einer Minderheitenquete der Vorsitzende von der Mehrheit gestellt wird, dann muss der Stellvertreter der Minderheit angehören bzw. umgekehrt, § 6 UAG. Politisch führt die Verfassungsbestimmung zur Planbarkeit des Vorsitzes für die Fraktionen, was durchaus nachteilig sein kann, wenn man bedenkt, dass mit der Übernahme eines Ausschusses für die Fraktionen auch Machtzuwächse[42] und Vergünstigungen[43] verbunden sind, die in politische Erwägungen, die Einsetzung eines Untersuchungsausschusses zu beantragen, mit einfließen. 14

**3. Zu Abs. 3.** Abs. 3 enthält eine wichtige und notwendige Ergänzung der Möglichkeit einer Minderheitenquete, indem der Minderheit die Möglichkeit eingeräumt wird, bestimmte Beweiserhebungen zu beantragen,[44] sofern das er- 15

---

39 Eine Wahl durch das Plenum ist nicht erforderlich BVerfGE 77, 1, 40 ff.
40 Eine Reduzierung der Sitze bzw. Neuberechnung der Sitzverteilung kann indes auch nachträglich zulässig sein, so BerlVerfGH Beschl. v. 11.4.2018 – 153/17 –, zit. nach juris; s.a. LT-Drs. 8/476: Antrag der Fraktionen von SPD und Die Linke zur Reduzierung der Anzahl der Mitglieder des PUA Universitätsklinika.
41 Zutreffend wurde die Verkleinerung für verfassungskonform gehalten von LVerfG M-V, Urteil v 23.2.2023, 3/22 und 4/22; Abweichungen zu den Fraktionsstärken im Plenum, die sich aus der Grundmandatsklausel sowie dem Berechnungsmodus (d'Hondt) ergeben, sind grundsätzlich hinzunehmen (8. Wahlperiode PUA 2: Universitätsmedizin / PUA 3 – Klimastiftung).
42 Daran ändert auch die Pflicht des Vorsitzenden nichts, sein Amt objektiv und neutral auszuüben, dazu *Bräcklein*, Investigativer Parlamentarismus, 84; zur Ausstattung siehe *Brocker*, in Glauben/Brocker, Das Recht der parlamentarischen Untersuchungsausschüsse in Bund und Ländern, Kapitel 9 Rn. 18 f.
43 *Helms*, Politische Opposition, S. 46 spricht von „beträchtlichen Vorteilen".
44 Auch die Fraktionen können dieses Recht in Prozessstandschaft durchsetzen BVerfGE 113, 113, 121; BbgVerfG Beschl. v. 26.7.2022 – 9/22 EA – zitiert nach juris; BbgVerfG

forderliche Quorum erreicht wird; wird dieses nicht erreicht, liegt darin keine Verletzung von Rechten der Fraktionen, die insoweit weder in eigenen Rechten verletzt sind, noch im Rahmen einer Prozessstandschaft Rechte geltend machen können.[45] Keine rechtlich eigenständige Funktion kommt in dem Zusammenhang auch den sog Obleuten zu.[46] Da die Handhabung der Beweisführung praktisch das bedeutsamste Steuerungsinstrumentarium mit Blick auf den „Erfolg" des Untersuchungsausschusses darstellt, fokussiert sich das Spannungsverhältnis insbes. bei Missstandsenqueten zwischen Ausschussmehr- und -minderheiten hierauf und nahezu zwangsläufig auch die rechtlichen Streitfragen.[47]

16 Von besonderem politischen Interesse vor allem der Ausschussmehrheit ist die Steuerung der Untersuchung über die **Gestaltung der Beweisaufnahme** und die Beeinflussung der **Reichweite des Untersuchungsgegenstandes**. Während mit Blick auf letzteres Abs. 3 S. 2 ausschließt, dass der Untersuchungsgegenstand gegen den Willen der Antragstellenden nicht verkürzt werden darf, fehlt eine Regelung hinsichtlich der Erweiterung.[48] Grds ist eine Erweiterung des Untersuchungsauftrags im Falle einer Minderheitsenquete durch die Parlamentsmehrheit unzulässig – sog. **Bepackungsverbot**,[49] und zwar aus Gründen des Schutzes des Aufklärungsinteresses der Minderheit. Denn durch eine von der Ausschussmehrheit abhängige Erweiterung des Untersuchungsauftrages könnte zum einen der eigentliche Kern der Untersuchung verschleiert werden, als auch durch Ausdehnung der zeitlichen Dauer ein Erreichen des Untersuchungszweck in der laufenden Wahlperiode, auf die es wegen des Grundsatzes der Diskontinuität ankommt, in Frage gestellt werden.

17 Hinsichtlich des Beweiserhebungsrechts der Minderheit[50] lässt sich die erforderliche Feinjustierung der Rechte von Minderheit und Mehrheit dadurch erreichen, dass die Minderheit ein Recht besitzt, zu bestimmen, ob ein bestimmtes Beweismittel heranzuziehen und zu verwerten ist.[51] Dieses Recht ist durchaus weit zu verstehen, und erfasst auch den gesamten Vorgang der Beweisverschaffung, Beweissicherung und Beweisauswertung.[52] Davon muss die Frage unterschieden werden, wie das Verfahren bei der Durchführung der Beweiserhebung

---

LKV 2004, 177; LKV 2009, 365 – einzelne Mitglieder/Abgeordnete ebenso wie Fraktionen müssen aber auch in diesem Fall die Verletzung eigener Rechte geltend machen.
45 MVVerfG Beschl. v. 24.9.2015 – 5/15 -, zitiert nach juris; anderes gilt, wenn das Quorum erreicht wird, so MVVerfG Urt. v. 25.2.2016, 9/15 – zitiert nach juris sowie oben Fn 44.
46 MVVerfG Beschl. v. 25.10.2018 – 7/17.
47 *Peters* NVwZ 2012, 1574.
48 Eine vorgeschlagene umfassendere Regelung – Verbot der Veränderung des Untersuchungsauftrages – wurde in der Verfassungskommission mehrheitlich abgelehnt, Kommission, Verfassungsentwurf, S. 123 f.
49 BVerfGE 49, 70 (87 f.); ausführlich mit Beispielen aus der Praxis *Peters*, Untersuchungsausschussrecht, Rn. 170 ff.
50 Grundlegend und ausführlich zur Rechtslage in Mecklenburg-Vorpommern MVVerfG Urt. v. 25.2.2016 – 9/15; siehe auch VerfGBB, Beschluss v. 21.4.2023 – 30/22 – juris: verfassungsunmittelbarer Anspruch auf Beweiserhebung; die Ablehnung eines Beweisbeschlusses der Minderheit seitens der Mehrheit bedarf zudem einer hinreichenden Begründung, die eine gerichtliche Überprüfung ermöglicht; allerdings erfolgt diese Prüfung unter Beachtung eines (politischen) Wertungsspielraums.
51 Dabei ist eine Beweisbehauptung im strafprozessualen Sinne nicht zu fordern; zum weiten Verständnis *Jänicke*, in Knops/Jänicke, Verfassung der Freien und Hansestadt Hamburg, Art. 26 Rn. 25. Die Grenze zulässiger Ausforschung ist da zu sehen, wo Beweisanträge ohne tatsächliche Grundlage „ins Blaue hinein" gestellt werden BVerfGE 124, 78 (116); HessStGH DVBl. 2012, 169; näher *Böhm* Recht und Politik 2012, 24 ff.
52 BVerfGE 156, 270, 297; NWVerfGH, NWVBl. 2021, S. 17.

ausgestaltet werden kann. Ihre Beantwortung fällt in den Bereich der Verfahrensautonomie der Ausschussmehrheit.[53] Ebenfalls vermag die Ausschussmehrheit die Beweiserhebung als solche zu erweitern, solange hierdurch **im Kern** keine Veränderung des Untersuchungsgegenstandes erfolgt, sich also das Untersuchungsthema sachlich nicht verschiebt oder in sein Gegenteil verkehrt wird.[54] Ausgeschlossen muss ferner sein, dass eine **wesentliche Verzögerung** des Verfahrens eintritt,[55] was im Rahmen einer Prognose mit Blick auf die Dauer der Wahlperiode zu beantworten ist. Eine zeitlich begrenzte Behinderung der Kontrollfunktion der Ausschussminderheit muss hingenommen werden,[56] nicht jedoch dürfen seitens anderer Staatsorgane etwa unter Verweis auf ein nahes Ende der Wahlperiode dem Untersuchungsausschuss Vorgaben gemacht werden.[57]

**4. Zu Abs. 4.** Die Verpflichtung der LReg, Akten vorzulegen[58] und Aussagegenehmigungen zu erteilen, ist als Recht der Ausschussminderheit ausgestaltet, was dem Umstand Rechnung trägt, dass die Ausschussmehrheit grds hinter der Regierung steht und diese zu schützen gedenkt. Um damit zu einer umfassenden Aufklärung gerade der Opposition zu gelangen, bedarf es deshalb eines weit zu interpretierenden[59] Minderheitenanspruchs, wie ihn das BVerfG begründet hat.[60] Mögliche Konflikte mit staatlichen bzw. privaten **Geheimhaltungsbedürfnissen** löst der Verweis auf Abs. 1 S. 3 dahin gehend auf, dass Beweiserhebungen, die gesetzliche Vorschriften oder Staatsgeheimnisse oder schutzwürdige Interessen Einzelner verletzen, unzulässig sind.[61] Als entgegenstehende Vorschriften werden insbes. mit Blick auf landesrechtliche Untersuchungen die bundesrechtlichen Vorschriften über das **Steuergeheimnis** nach § 30 AO angesehen, wobei aber das Bundesrecht landesverfassungskonform dahin gehend ausgelegt werden kann, dass das öffentliche Interesse an der Untersuchung zugleich ein

18

---

53 Vgl. BGHSt 55, 257 ff. mit Anm. *Gärditz* DVBl 2010, 1314 – Gegenüberstellung; ferner BayVerfGH DÖV 2007, 338 (339 f.); mehrheitsfreundlicher noch BayVerfGH BayVBl. 1981, 593.
54 HambVerfG NordÖR 2007, 67; enger hinsichtlich einer Erweiterungsmöglichkeit *Caspar* NordÖR 2007, 59 ff; in der Praxis ist zu beobachten, dass jedenfalls betreffend die Missstandsenqueten PUA 2 – Universitätsmedizin sowie PUA 3 – Klimastiftung die Ausschussmehrheit bestrebt ist, sehr weitreichend / umfassend sämtliche Materialien mit Untersuchungsbezug zu erheben; ob damit bezweckt wird, vorsätzlich Unübersichtlichkeit und Zeitverzug herzustellen, oder ob dem Vorwurf mangelndem Aufklärungsinteresse vorgebeugt werden soll, mag offen bleiben, da es zum Bereich politischen Kalküls zählt. Rechtlich nicht unproblematisch sind indes entsprechend weit reichende, unbestimmte Beweisbeschlüsse durchaus „ins Blaue hinein" (oben, Fn. 51), etwa wenn sie sämtliche Unterlagen Privater (zudem ohne deren genauen Status zu klären) betreffen oder die Herausgabe von Emails auf Konten, die nach den Unternehmensrichtlinien auch zur privaten Verwendung freigegeben waren; gerade hier gebietet der Schutz privater Rechte eine klare Bestimmung des Beweisbeschlusses, die Erkennbarkeit der Untersuchungserheblichkeit und der Ausnahme solcher Daten, bei denen private Schutzinteressen bzw Grundrechte überwiegen. Mit Blick darauf ist die verfolgte Praxis außerordentlich bedenklich und teilweise nicht mehr verfassungskonform; soweit rechtsstaatliche Grundsätze im Raum stehen, führt das Untersuchungsrecht (erst recht eines Landtages) keineswegs a priori zu deren Relativierung.
55 SächsVerfGH Urt. v. 30.1.2009, Vf. 99-I-08 – juris.
56 HambVerfG NordÖR 2007, 67 (71 ff.).
57 OVG Magdeburg Beschl. v. 17.3.2020 – 4 M 36/20 – zitiert nach juris.
58 Näher *Risse/Oehm* NJW 2021, 1847 ff.; zu Strafakten *Grzeszick* DÖV 2022, 433 ff.
59 NWVerfGH NWVBl 2021, 464.
60 BVerfGE 67, 100 ff.; ausführlich und grundlegend zum Ganzen BVerfGE 124, 78 ff.
61 Dazu näher NWVerfGH NWVBl 2021, 464 ff.

zwingendes öffentliches Interesse iSd § 30 Abs. 4 Nr. 5 AO darstellt.[62] IÜ ist der Verweis auf Staatsgeheimnisse und schutzwürdige Interessen nicht so zu verstehen, dass in Fällen der Schutzwürdigkeit der genannten Rechte die Aktenvorlage unterbleiben muss.[63] Vielmehr wird der Ausschuss verpflichtet, nach Maßgabe verbindlicher Absprachen zwischen den beteiligten Verfassungsorganen Vorkehrungen zu treffen, damit die genannten Rechte nicht beeinträchtigt werden.[64] Damit bleibt es bei der – grundsätzlichen – Pflicht, Akten vorzulegen und Aussagegenehmigungen zu erteilen, wenn der Ausschuss mindestens den gleichen Geheimschutz gewährt, was nach den entsprechenden Geheimschutzordnungen möglich ist.[65] Die Erteilung von Aussagegenehmigungen[66] kann korrespondieren mit einem Anspruch auf nichtöffentliche Beweiserhebung oder vertrauliche Sitzungen. Sinnvoll erscheint auch eine klarstellende Regelung, unter welchen Voraussetzungen Ausschussunterlagen an die LReg weiter gegeben werden dürfen.[67]

19 Im soeben beschriebenen Kontext bildet sich zunehmend als besondere Fallgruppe die Problematik des Zugangs von Untersuchungsausschüssen zu **nachrichtendienstlichen Erkenntnissen** heraus.[68] Typischerweise geht es im übergeordneten Kontext um Fragestellungen, welche die Kontrollfunktion des Parlaments ansprechen, so dass weder die Kernbereichslehre oder ein Rückgriff auf ein wie auch immer geartetes Staatswohl eine Untersuchung von vorneherein unmöglich macht. Damit werden die entscheidenden Fragen der Feinjustierung zwischen parlamentarischem Enqueterecht auf der einen und Regierungsverantwortung auf der anderen Seite auf die Ebene der Beweiserhebung verlagert, auf der sich dann die erforderlichen Abwägungsprozesse zu vollziehen haben, sei es im Rahmen der Vorlage von Akten, der Erteilung von Aussagegenehmigungen oder insbesondere der Vernehmung von Zeugen wie den für **V-Leute** zuständigen Führungsbeamten. Soweit in die Abwägung Fragen des **Staatswohls** einbezogen werden, so dürfte die Tauglichkeit dieses schwer zu fassenden Begriffs zur Abgrenzung der Zuständigkeiten überschaubar sein, sind doch in einem Staat mit Volkssouveränität die einzelnen Gewalten lediglich funktional voneinander getrennt und mit Blick auf die Staatlichkeit gleichermaßen zur Förderung des Staatswohls zuständig – wozu ausdrücklich auch das parlamentarische Untersuchungsrecht hinzugehört. Auch die Heranziehung der Kernbereichslehre gelangt insoweit rasch an Grenzen, wobei durchaus eine Rolle spielt, inwie-

---

62 *Glauben* DÖV 2007, 149, 151 f. mwN; zur Möglichkeit einer Einflussnahme von Landesverfassungsrecht auf die Auslegung von Bundesrecht siehe *Erbguth/Wiegand(-Hoffmeister)*, Die Verwaltung 29 (1996), 159, 176.
63 Ausführlich zum Ganzen *Glauben* NVwZ 2022, 840 ff.; *ders.* DÖV 2007, 149 ff. jew mwN; ein vereinzelter Missbrauch reicht uU nicht aus, siehe BVerfGE 124, 78; zur Fallgruppe berufsgruppenbezogener Verschwiegenheitspflichten näher *Peukert/Klünker* NZWiSt 2021, 242 ff.
64 Vgl. OLG Stuttgart Justiz 2013, 181 ff; zum Kooperationsgebot zwischen Ausschuss und aktenführender Stelle ferner NWVerfGH NWVBl 2021, 464.
65 Siehe §§ 18, 34 UAG. Sinnvoll erscheint eine Regelung private Geheimnisse betreffend, zutreffend *Glauben* DÖV 2007, 149, 154. Zur Vorlage von Personalakten *Lopacki* DöD 2009, 85 ff.
66 Zum Anspruch eines Beamten auf Erteilung einer Aussagegenehmigung siehe OVG Sachsen SächsVBl. 2014, 146.
67 Zur diesbezüglichen Neuregelung der Rechtslage in Hamburg *Baehr* NordÖR 2008, 55.
68 BVerfGE 156, 270 ff.; näher *Peters* DÖV 2021, 949 ff.; dies dürfte im Rahmen des seitens des Landtages eingesetzten Untersuchungsausschusses „zur Aufklärung der NSU-Aktivitäten sowie weiterer militant rechter und rechtsterroristischer Strukturen in Mecklenburg-Vorpommern ...", LT-Drs 8/80 (PUA 1 – NSU), weiterhin eine besondere Rolle spielen.

weit die konkrete Ausgestaltung der Untersuchung die für Regierungshandeln in sensiblen Sicherheitsbereichen zwingend erforderliche verlässliche Informationsgewinnung substantiell erschwert oder unmöglich macht – etwa wenn die Untersuchung dazu führt, dass V-Leute nicht mehr zur Verfügung stehen oder gewonnen werden können, beispielsweise aus Sorge, ob **Vertraulichkeitszusagen** der Regierung nicht durch eine Vergrößerung des Kreises einbezogener Personen aufgeweicht werden, selbst wenn diese ebenfalls auf einen hohen Geheimnisschutz verpflichtet werden können. Freilich vermag die Kernbereichslehre, derart verstanden, in Verbindung mit den Grundrechten möglicher Weise bei einem erhöhten Aufdeckungsrisiko dazu führen, dass dem Enqueterecht des Parlaments Grenzen gesetzt werden, wobei sich – erst recht im Rahmen einer Kommentierung – pauschale Gewichtungspräponderanzen verbieten. Stets wird es auf eine konkrete Abwägung des Einzelfalles ankommen,[69] was freilich zu der Verpflichtung der Regierung führt, jedenfalls die tatsächlichen Grundlagen der Abwägung gegenüber dem Parlament offen zu legen, so dass die Entscheidung nachvollzogen werden kann.

Abs. 4 S. 3 verpflichtet Gerichte und Verwaltungsbehörden zur Rechts- und Amtshilfe. Soweit sich hieraus Verpflichtungen ergeben,[70] gehen diese Art. 35 Abs. 1 GG vor. Allerdings kommt eine ergänzende Anwendung von Art. 35 Abs. 1 GG in Betracht, wenn andere als Verwaltungsbehörden (insofern ist die Formulierung zu kurz greifend), Amtshilfe leisten sollen, etwa der „Behörden" anderer Landtage oder Bundesbehörden.[71] Dann ist der Untersuchungsausschuss als Behörde iSd Art. 35 Abs. 1 GG anzusehen.[72] Dabei steht der ersuchten Behörde keine eigene Wertung hinsichtlich der Bewesierheblichkeit zu; lediglich im Falle einer klaren Überschreitung des Untersuchungsauftrags kann die Amtshilfe verweigert werden.[73]

S. 4 lässt das Brief-, Post und Fernmeldegeheimnis unberührt, das damit auch nicht nach Art. 10 Abs. 2 GG eingeschränkt werden darf.[74]

**5. Zu Abs. 5.** Abs. 5 verweist auf die entsprechende Anwendung **der Vorschriften über den Strafprozess**, solange und soweit nicht durch Landesgesetz anderes bestimmt ist. Hieraus ergibt sich, dass die Verfahrensvorschriften des UAG als Sonderregelungen **Vorrang** gegenüber einer Anwendung der Vorschriften der StPO haben. Schwierigkeiten wirft dieser Verweis auf die Spezialität des UAG insoweit auf, als zu prüfen ist, ob das bewusste Unterlassen einer Spezialregelung den abschließenden Charakter des UAG begründet und damit die entspre-

---

69 Nicht „konkret" wäre es beispielsweise, eine bestimmte kritische Sicht einer Partei oder Fraktion auf nachrichtendienstliches Tätigwerden anzuführen; „konkret" wären indes auf Tatsachen gestützte Zweifel an der Verfassungstreue einzelner Ausschussmitglieder oder begründete Verdachtsmomente für eine Nichteinhaltung der Vertraulichkeit.
70 Ein Landesgrenzen überschreitendes Beweiserhebungsrecht ergibt sich bereits aus Abs. 5, BVerfG NVwZ 1994, 54 – UA LT M-V „Zur Klärung von Sachverhalten im Zusammenhang mit dem Kauf und Betrieb der Deponie Ihlenberg/Schönberg"; *Robbers* JuS 1996, 116 ff.
71 BVerwG Beschl. v. 10.8.2011 – 6 A 1/11, Buchholz 310 § 40 VwGO Nr. 305; aktuell *Shirvani* JZ 2022, 753 ff.
72 *Peters*, Untersuchungsausschussrecht, Rn. 641 ff. mwN; BVerfG NVwZ 1994, 54, 55.
73 BVerwG DVBl 2023, 474 ff.
74 Näher BVerfG 124, 78, 126 ff.; *Magiera*, in Sachs, GG, Art. 44 Rn. 24; *Morlok*, in Dreier, Bd. II, Art. 44 Rn. 52 – hM; anders *Wedemeyer*, in Thiele/Pirsch/Wedemeyer, Art. 34 Rn. 12, der iS einer älteren Mindermeinung – *Scholz* AöR 105 (1980), 565, 607 – die Bestimmung wohl als besonderen Hinweis auf die generelle Grundrechtsbindung ansieht; die Bestimmung dürfte erst recht einer Herausgabe sämtlicher Emails von Konten mit zugelassener dienstlicher und privater Mischnutzung entgegenstehen, oben Fn 54.

chende Anwendung der StPO ausschließt, oder ob der Gesetzgeber insoweit der StPO Raum lassen wollte.[75]

23 Diskutiert wird die Frage vor allem in Bezug auf die Anwendbarkeit der Regelungen über die Vereidigung von Zeugen,[76] Wobei das Streichen von § 153 Abs. 2 StGB die Frage aufwirft, ob es landesrechtlich gleichwohl zulässig ist, Untersuchungsausschüsse als für die Abnahme von Eiden zuständige Stelle auszuweisen. Jedenfalls führt der Wegfall der bundesrechtlichen Norm neben dem Fehlen einer Regelung im UAG dazu, dass eine Vereidigung unzulässig ist.[77] Das ist auch rechtspolitisch geboten, da bei einer Vernehmung von Zeugen stets auch politische Aspekte eine Rolle spielen.

24 Hinsichtlich der Anwendung der sowohl im UAG als auch der StPO enthaltenen Befugnisnormen ist ebenfalls die gegenüber einem gerichtlichen Verfahren besondere Funktion und Zielsetzung parlamentarischer Untersuchungen zu beachten, die gebietet, die zum gerichtlichen Verfahren entwickelte Dogmatik und Rspr nur unter besonderer **Einzelfallprüfung** heranzuziehen und ggf. zu modifizieren,[78] vornehmlich dann, wenn eine gesteigerte politische Missbrauchsgefahr vorliegt. So sind die strafprozessualen Kategorien des Beweisantrags einerseits und des Beweisermittlungsantrags bzw. der Beweisanregung zur Beurteilung der Zulässigkeit eines Antrags nur bedingt geeignet.[79] Bspw. ist als Folge hieraus mit dem Instrument der Gegenüberstellung nach § 28 Abs. 2 UAG restriktiv umzugehen.[80]

25 Zu beachten ist ferner, dass die Verweisung auf die StPO deren verfassungsrechtlichen Hintergrund mit erfasst.[81] Die neben den ohnehin nach Art. 1 Abs. 3 GG anwendbaren Grundrechten tragenden Verfahrensgarantien etwa des **rechtlichen Gehörs**[82] wie des **fairen Verfahrens** sind damit auch im Untersuchungsverfahren zu beachten[83] und müssen wesentliche Auslegungsmaxime sein,[84] wenn „Betroffene", insbes. dann, wenn ihre Position nicht gesondert geregelt ist, vor dem Ausschuss auftreten oder sie inhaltlich Gegenstand der Erörterung sind, mit der Folge von Anwesenheitsrechten.[85] Des Weiteren folgt aus diesen

---

75 Vgl. LG Magdeburg Beschl. v. 18.6.2008 – 21 Qs 44b/08 – juris: kein Zeugnisverweigerungsrecht für Personalratsmitglieder.
76 HessStGH NVwZ 2011, 938; ausführlich *Bräcklein*, Investigativer Parlamentarismus, S. 89 ff.; *Brocker* DVBl. 2012, 174, 175; zur vergleichbaren Diskussion auf Bundesebene *Wiefelspütz* ZRP 2002, 14, 17; VG Berlin NVwZ-RR 2003, 708 ff.; siehe auch *Zeh* DÖV 1988, 701, 709.
77 Anders – vor Erlass des UAG – *Wedemeyer*, in: Thiele/Pirsch/Wedemeyer, Art. 34 Rn. 13; wie hier *Brocker*, in: Glauben/Brocker, Kapitel 24 Rn. 10 ausdrücklich zur Rechtslage in Mecklenburg-Vorpommern; ausführlich auch mit Blick auf die Autonomie der Länder *Hölscheidt/Hoppe* DÖV 2021, 69 ff.
78 BVerfGE 77, 1, 50; BayVerfGH DÖV 2007, 338, 339.
79 BbgVerfG LKV 2004, 177.
80 BayVerfG DÖV 2007, 338, 340; siehe auch BGHSt 55, 257 ff. zur Rechtslage im Bund – Entscheidung durch die Ausschussmehrheit.
81 Zu verfassungsimmanenten Grenzen des Beweiserhebungsrechts näher *Steinmetz* JuS 2013, 792 ff; ferner *Peters* NVwZ 2012, 1574 ff. zu unzulässigen Beweiserhebungen; siehe auch Fn 54.
82 Wegen Bezugnahme auf den Abschlussbericht sehr kurz greifend § 36 UAG, insbes. begegnet § 36 Abs. 1 S. 2 3. Spiegelstrich erheblichen Bedenken.
83 *Schneider*, in Badura/Dreier (Hrsg.), FS-BVerfG, Bd. 2, 2001, S. 627, 656 f.
84 Etwa im Rahmen der Anwendung von Zeugnis- und Aussageverweigerungsrechten, näher *Bräcklein*, Investigativer Parlamentarismus, S. 91 ff.; siehe auch § 26 UAG.
85 OVG Hamburg DÖV 2014, 673; VG Hamburg Urt. v. 18.5.2010 – 20 K 817/10 – juris.; besondere Sorgfalt ist auf die Beantwortung der Frage zu legen, ob ein Wechsel vom Status eines Zeugen hin zu einem Betroffenen stattfindet.

Grundsätzen, dass im Falle der Geltung des Richtervorbehalts richterliche Entscheidungen einzuholen sind.[86]

**6. Zu Abs. 6.** Die Arbeit der Untersuchungsausschüsse endet im Regelfall mit Vorlage eines Abschlussberichts. Abs. 6 weist den **Abschlussbericht als politische Stellungnahme** aus, deren Überprüfung durch die Judikative ausscheidet. Das entspricht der vorherrschenden Lehre zu Art. 19 Abs. 4 GG,[87] dessen Kernbereich dadurch deklaratorisch gewahrt wird, dass der Untersuchungsbericht hinsichtlich des Sachverhalts keine Bindungswirkung entfaltet. Tatbestandswirkung dürfte ihm, wie bei Verwaltungsakten, indes zukommen. Das eröffnet auch die Möglichkeit, in besonders gelagerten Fällen einer Beeinträchtigung der Rechte insbesondere privater Dritter aufgrund dessen **Rechtsschutz** zu gewähren und insoweit Art. 19 Abs. 4 Vorrang zu gewähren mit dem Ergebnis, dass etwa ein Anspruch auf Unterlassung einer Tatsachenbehauptung in einem Abschlussbericht wiederum justiziabel ist.[88] Politische Werturteile als Meinungskundgabe eines Parlaments hingegen sind im Sinne der Vorschrift keiner gerichtlichen Überprüfung zugänglich.

IÜ unterfällt die Arbeit von Untersuchungsausschüssen dem **Diskontinuitätsgrundsatz**. Dem neuen Parlament steht es indes frei, nach Konstituierung erneut einen Untersuchungsausschuss mit demselben Gegenstand einzusetzen. Dabei können die Erkenntnisse der Untersuchung der ausgelaufenen Wahlperiode herangezogen werden.[89] Als rechtsmissbräuchlich anzusehen ist es, mit Blick auf das Ende der Wahlperiode die Arbeit des Ausschusses im Rahmen der Verfahrensgestaltung zu verzögern[90] und das rechtzeitige Verfassen eines Abschlussberichtes zu unterlaufen.

## III. Schrifttum

*Susann Bräcklein*, Investigativer Parlamentarismus. Parlamentarische Untersuchungen in der Bundesrepublik Deutschland und den Vereinigten Staaten von Amerika, 2006; *Paul J. Glauben/Lars Brocker*, Das Recht der parlamentarischen Untersuchungsausschüsse in Bund und Ländern, 3. Aufl. 2016; *Butz Peters*, Untersuchungsausschussrecht – Länder und Bund, 2. Aufl. 2020; *Meinhard Schröder*, Untersuchungsausschüsse, in Hans-Peter Schneider/Wolfgang Zeh, Parlamentsrecht und Parlamentspraxis, 1989, S. 1245 ff.; *Christian Waldhoff/Klaus Ferdinand Gärditz*, PUAG – Untersuchungsausschussgesetz, 2015; *Dieter Wiefelspütz*, Das Untersuchungsausschussgesetz, 2003.

---

86 Die entscheidenden Richter sind im Rahmen ihrer Entscheidung an Art. 34 LV gebunden, entscheiden mithin nicht ausschließlich strafprozessual. Über die Einhaltung des Art. 34 kann nach § 42 Abs. 3 UAG das LVerfG entscheiden; zu beachten ist, dass die §§ 94 ff. StPO keine Anwendung auf Verfassungsorgane finden, LG Kiel NordÖR 2005, 22 f. – Beschlagnahme von Terminkalendern von Mitgliedern der LReg.
87 Soweit bundesrechtlich Art. 44 Abs. 4 GG als Ausnahme zu Art. 19 Abs. 4 GG betrachtet wird – so *Morlok*, in Dreier, Bd. II, Art. 44 Rn. 56 – erscheint vor dem Hintergrund problematisch, ob auch Landesverfassungen Ausnahmen von Art. 19 Abs. 4 GG statuieren können – deutlich ablehnend OVG Hamburg DÖV 2014, 674, anders die Vorinstanz VG Hamburg Beschl. v. 27.3.2014 – 8 E 1256/14 – juris, Rn. 30 f. mwN. Näher liegt hier eine teleologische Reduktion des Begriffs des Aktes öffentlicher Gewalt.
88 So OVG Hamburg DÖV 2014, 674.
89 *Birkner*, in HannKomm NV, Art. 27 Rn. 60.
90 Zur Verzögerung durch Erweiterung des Untersuchungsauftrages HambVerfG NordÖR 2007, 67 ff.; zum Sonderfall der Auflösung des BT BVerfGE 113, 113.

## Art. 35 (Petitionsausschuß)

(1) ¹Zur Behandlung von Vorschlägen, Bitten und Beschwerden der Bürger bestellt der Landtag den Petitionsausschuß. ²Dieser erörtert die Berichte der Beauftragten des Landtages.

(2) ¹Die Landesregierung und die der Aufsicht des Landes unterstehenden Träger öffentlicher Verwaltung sind verpflichtet, auf Verlangen eines Viertels der Mitglieder des Petitionsausschusses die zur Wahrnehmung seiner Aufgaben erforderlichen Akten der ihnen unterstehenden Behörden vorzulegen, jederzeit Zutritt zu den von ihnen verwalteten öffentlichen Einrichtungen zu gestatten, alle erforderlichen Auskünfte zu erteilen und Amtshilfe zu leisten. ²Die gleiche Verpflichtung besteht gegenüber vom Ausschuß beauftragten Ausschußmitgliedern. ³Artikel 40 Abs. 3 gilt entsprechend.

(3) Das Nähere regelt das Gesetz.

Vergleichbare Regelungen:
Artt. 45c GG; 35a BWVerf; 46 VvB; 71 BbgVerf; 105 Abs. 5 BremVerf; 25b HambVerf; 94 HessVerf; 26 NdsVerf; 41a Verf NW; 90, 90a Verf Rh-Pf; 78 SaarlVerf; 53 SächsVerf; 61 LVerf LSA; 19 SchlHVerf; 65 ThürVerf.

| | |
|---|---|
| I. Funktion des Petitionsausschusses | 4. Erörterung der Berichte der |
| – Übersicht ........................ 1 | Beauftragten des LT (S. 2) ..... 11 |
| II. Stellung im Parlament (Abs. 1) .... 2 | III. Mitwirkungspflichten (Abs. 2) ..... 12 |
| 1. Parlamentsrecht (S. 1) .... 2 | IV. Informationsanspruch des Bürgers 17 |
| 2. Verfahren ..................... 5 | V. Gesetzesvorbehalt (Abs. 3) ......... 18 |
| 3. Rechtsfolgen eines Beschlusses des Petitionsausschusses ....... 9 | VI. Schrifttum ......................... 19 |

## I. Funktion des Petitionsausschusses – Übersicht

1 Art. 35 steht in engem Zusammenhang mit dem **Petitionsrecht** nach Art. 10[1] (→ Art. 10 Rn. 4 ff.). Der Petitionsausschuß (PA)[2] ist zuständige Stelle iSv Art. 10 für Petitionen, die an den LT, seine Untergliederungen oder einzelne Abg. gerichtet oder von anderer Stelle an den LT weitergeleitet worden sind.[3] Der Ausdruck „Behandlung" umfasst nicht die abschließende Entscheidung des PA über eine Petition. Über eine Petition beschließt abschließend der LT, der PA ist vorbereitendes Beschlussorgan (s. auch § 17 Abs. 2 und 3 PetBüG M-V).[4] Gleichwohl könnte in einem Gesetz oder der GO LT geregelt werden, dass (in bestimmten Fällen) über Petitionen nicht das Gesamtparlament, sondern der PA befindet.[5] Dies ist aber derzeit nach §§ 17 Abs. 2, 18 Abs. 1 PetBüG M-V nicht der Fall. Der PA dient darüber hinaus der **Kontrolle von Regierung und Verwaltung**, auch der Ergänzung des **Rechtsschutzes**.[6] Schließlich kann er ein soziales **Frühwarnsystem** für Unzulänglichkeiten von Gesetzen oder dem Gesetzesvollzug sein, gesellschaftliche Veränderungen oder Fehlentwicklungen dienen und zur

---

1 Kommission, Verfassungsentwurf, S. 132.
2 Vergleichende Übersicht über Bund und Länder BTag WD 3 – 3000 – 232/15 vom 11.2.2016.
3 Kommission, Verfassungsentwurf, S. 94.
4 Vgl. zum gleichlautenden Art. 25 Abs. 1 S. 1 LVerf SH *Platthoff* in Becker/Brüning ua, Art. 25 Rn. 34; zu Art. 45c GG *Bauer* in: Dreier Art. 45c Rn. 28.
5 Vgl. BayVerfGH Urt. v. 23.4.2013 – Vf. 22-VII-12, BayVBl 2014, 48; kritisch zu solchen Übertragungen *Diem* in: Becker/Lange (Hrsg.), Linien der Rechtsprechung des BVerfG, Bd. 3 S. 525 (548).
6 *Geis*, in HbdStR, § 54 Rn. 14.

Transparenz staatlichen Handelns beitragen.[7] Bei dem Handeln des PA und der Landtagsverwaltung handelt es sich nicht um ein Verwaltungsverfahren der Exekutive, sondern um einen parlamentarischen Vorgang, der nur einer ganz eingeschränkten gerichtlichen Kontrolle unterliegt.[8]

## II. Stellung im Parlament (Abs. 1)

### 1. Parlamentsausschuss (S. 1).
Indem die LV vorschreibt, dass der LT den PA bestellen muss, ist dieser einer der beiden neben dem Europaausschuss (Art. 35a) in der LV vorgesehenen **ständigen Ausschüsse**[9], die zu Beginn der Legislaturperiode bestellt werden müssen. Er ist zum anderen ein Ausschuss iSv Art. 33 mit der gleichen Rechtsstellung wie alle anderen Ausschüsse. Die Zusammensetzung entspricht daher auch dem Stärkeverhältnis der Fraktionen; es ist den Rechten der fraktionslosen Abgeordneten Rechnung zu tragen (Art. 33 Abs. 1). Nach parlamentarischem Brauch wird der Vorsitz der Opposition übertragen.[10] Art. 35 Abs. 1 macht zudem deutlich, dass nur der PA, nicht eine anderer Fachausschuss Petitionen an den LT behandelt. Der PA wird somit auch **ressortübergreifend** tätig.[11] Das Verfahren liegt in der Geschäftsordnungsautonomie des LT. In diesem Sinne hat der LT Regelungen in §§ 17 bis 20 PetBüG M-V und Anlage 3 zur GO LT erlassen. Beziehen sich Eingaben auf in der Beratung befindliche Vorlagen anderer Ausschüsse, ist insbes. der federführende Ausschuss um eine Stellungnahme zu ersuchen (§ 20 Abs. 2 PetBüG M-V). Der PA kann gem. Art. 36 Abs. 2 S. 2 den Bürgerbeauftragten (→ Art. 36 Rn. 5 f.) und gem. Art. 37 Abs. 2 S. 2 den Datenschutzbeauftragten (→ Art. 37 Rn. 10) einschalten.

Art. 10 begründet zur Erfüllung der Verpflichtung zur Kenntnisnahme, sachlichen Prüfung und Bescheidung (→ Art. 10 Rn. 4, 13) auch eine formelle **Allzuständigkeit** iS einer Behandlungskompetenz des Parlaments. Von Verfassungs wegen kann der PA nach Art. 35 Abs. 1 S. 1 nicht aus eigener Verantwortung tätig werden, weil er nur zur Behandlung von Vorschlägen, Bitten, und Beschwerden bestellt wird.[12] Er ist daher auf den Gegenstand beschränkt, wie ihn die Petition benennt. Dem PA kann aber durch Gesetz iSv Abs. 3 die Befugnis übertragen werden, sich mit anderen Eingaben zu befassen. Demgemäß bestimmt § 17 Abs. 1 S. 2 und 3 PetBüG M-V, dass der PA einerseits sich auch mit allen Eingaben befasst, die ihm der Bürgerbeauftragte gemäß § 8 Abs. 2 PetBüG M-V zur Erledigung vorlegt, und er andererseits das Recht und auf Verlangen eines Viertels seiner Mitglieder die Pflicht hat, sich jederzeit auch mit allen übrigen Eingaben zu befassen. Der Petitionsgegenstand muss in die Verbandskompetenz des Landes MV und des LT fallen. Da der PA insbes. bei Verhalten der Verwaltung betreffenden Petitionen mangels materieller Entscheidungskompetenz keine eigene Abhilfemöglichkeit hat,[13] kann er nur im Wege politischen Einflusses Lösungen anregen und die Regierung um Abhilfe ersuchen. Aus Art. 10 folgt auch die Kompetenz zur **Überweisung** des LT einer nach dem Ergebnis der parlamentarischen Befassung befürworteten Petition an die LReg (s. § 18

---

7 *Geis*, in HbdStR, § 54 Rn. 14.
8 Vgl. VerfGH Bay Entsch. v. 23.4.2013 – Vf. 22-VII-12, BayVBl 2014, 48.
9 LVerfG MV Urt. v. 27.8.2015 – 1/14, NordÖR 2016, 17.
10 *Hernekamp/Edenharter*, in von Münch/Kunig, Art. 45c Rn. 6; *Bauer*, in Dreier Art. 45c Rn. 20 mit Fn. 102.
11 *Menzel*, in Löwer/Tettinger, Art. 41a Rn. 26.
12 AA *Wedemeyer*, in Thiele/Pirsch/Wedemeyer, Art. 35 Rn. 2.
13 Zu den denkbaren Erledigungen Ziff. 4.4. Anlage 3 GO LT.

Abs. 4 S. 1 PetBüG M-V),[14] der in der Sache ebenfalls nur politische, nicht aber rechtsverbindliche Wirkung zukommt.[15] In Betracht kommen daneben die Überweisung zur Erwägung, als Material oder lediglich zu Informationszwecken (s. § 18 Abs. 4 S. 3 PetBüG M-V).[16] Problematisch ist eine Einflussnahme des LT bei Entscheidungen der Verwaltung mit Drittwirkung, etwa im Baurecht.[17] Art. 35 gibt dem PA oder dem LT keinen Anspruch darauf, dass Verwaltungsmaßnahmen zunächst ausgesetzt werden. Die Exekutive ist allerdings unter dem Gesichtspunkt des organfreundlichen Verhaltens gehalten, grundsätzlich keine vollendeten Tatsachen zu schaffen, soweit ihr insoweit ein Ermessen eingeräumt ist und schutzwürdige Interessen Dritter dem Ruhenlassen oder Aussetzen eines entscheidungsreifen Verwaltungsverfahrens nicht entgegenstehen.[18] Der PA kann auch die **Fraktionen** unterrichten. Die bei Ablauf der Wahlperiode noch nicht erledigten Eingaben selbst unterliegen nicht der materiellen Diskontinuität, wohl aber die Beschlussempfehlungen und Berichte des PA[19]. Das Petitionsrecht erfordert vielmehr, dass das Petitionsverfahren nach dem Zusammentritt eines neuen LT fortgeführt wird.[20]

4 Besonders ist das **Verhältnis zur Rspr.** Aufgrund der richterlichen Unabhängigkeit (Art. 76 Abs. 2 S. 2; Art. 97 GG) ist der PA nicht befugt, in laufende gerichtliche Verfahren einzugreifen oder gerichtliche Entscheidungen zu überprüfen, sie aufzuheben oder abzuändern (vgl. § 2 Abs. 1 Buchst. b) bis d) PetBüG M-V). Die Behandlung einer Petition etwa mit dem Ziel, rechtskräftige Urteile aufzuheben oder in laufende Verfahren einzugreifen, ist daher unzulässig.[21] Die Prüfung kann aber Verfahren betreffen, die nicht unter die richterliche Unabhängigkeit fallen (→ Art. 36 Rn. 6). Sie kann sich darauf erstrecken, Mängel im Gesetz zu benennen, die durch eine gerichtliche Entscheidung zu Tage getreten sind, und ggf. Gesetzesänderungen anregen. Ähnliches gilt für Petitionen betr. den **Landesrechnungshof** wegen dessen Unabhängigkeit (Art. 68 Abs. 1 S. 1),[22] insoweit fehlt die rechtliche Einwirkungsmöglichkeit iSv § 2 Abs. 1 Buchst. a) PetBüG M-V.

5 **2. Verfahren.** Nach Art. 10 kann sich ein Petent **schriftlich** an die Volksvertretung, dh den LT wenden (zum notwendigen Inhalt → Art. 10 Rn. 4 f.).[23] Ziff. 3.2. der Anlage 3 GO LT bestimmt, dass die Schriftform durch die elektronische Form ersetzt werden kann; hier ist die Schriftform gewahrt, wenn der Urheber sowie dessen vollständige Postanschrift ersichtlich sind (wie Textform iSv § 126b BGB) und das im Internet zur Verfügung gestellte Formular verwendet und vollständig ausgefüllt wird. Angesichts der Verifizierbarkeit des Absenders und der Integrität der Nachricht ist die Begrenzung auf das Webformulare unzulässig.[24] Der Begriff der Schriftlichkeit in Art. 10 GG und § 1 Abs. 1 PetBüG M-V lassen eine solche erweiternde Auslegung zu. Jedenfalls ist es nicht

---

14 *Bauer*, in Dreier, Art. 45c Rn. 20 ff.
15 Siehe auch § 10 Abs. 3 und § 11 Abs. 4 PetBüG M-V.
16 § 10 Abs. 3 PetBüG; vgl. *Geis*, in HbdStR, § 62 Rn. 15.
17 *März*, JöR N.F. 54 (2006), 175, 255.
18 *Brocker*, in Epping/Hillgruber Art. 45c Rn. 9.
19 *Klein/Schwarz*, in Dürig/Herzog/Scholz Art. 17 Rn. 109.
20 VG Stuttgart Beschl. v. 18.11.2013 – 11 K 2073/13 unter Hinweis auf *Braun*, Art. 35a Anm. 30.
21 *Brocker*, in Epping/Hillgruber Art. 45c Rn. 5.2.
22 *Langenfeld*, in HbdStR, § 39 Rn. 65.
23 Siehe auch *Hernekamp/Edenharter*, in von Münch/Kunig Art. 45c Rn. 7.
24 *Luch/Schulz* MMR 2013, 88 (91); *Guckelberger* NVwZ 2017, 1462; *Meier*, Online-Petitionen in: Bauer/Szewzyk/Popowska/Abromeit (Hrsg.), Verwaltungsmodernisierung: Digitalisierung und Partizipation, 2020, S. 111.

gerechtfertigt, von solchen Petitionen keine Kenntnis zu nehmen[25]. § 18 Abs. 2 und 3 PetBüG M-V regeln das Verfahren bei Petitionen von Bürgerinitiativen oder anderen nicht rechtsfähigen Personengemeinschaften und bei Massenpetitionen. Damit werden **öffentliche Petitionen** erleichtert[26]. Es sind indes keine öffentlichen Petitionen in dem Sinne möglich, wie sie der BTag einräumt[27]. Es besteht kein Anspruch auf Veröffentlichung von Petitionen auf der Internetseite des PA[28]. Der PA ist nicht verpflichtet, sich mit gleichgelagerten Anliegen erneut zu befassen, solange kein neuer Sachverhalt vorliegt.[29]

Zunächst gelten die allgemeinen Regeln für Ausschüsse (Art. 33). Die wesentlichen Regelungen über das **Binnenverfahren** enthalten §§ 2 bis 4 PetBüG M-V und Ziff. 3.3 und 4 der Anlage 3 zur GO LT. Insoweit kommt dem LT innerhalb der durch Art. 10 gezogenen Grenzen kraft der ihm von der Verfassung (Art. 29 Abs. 1 S. 2) eingeräumten Autonomie ein relativ weiter, verfassungsgerichtlich nicht überprüfbarer Gestaltungsspielraum zu.[30] Die Art und Weise der Erledigung von Petitionen steht grds. im parlamentarischen Ermessen.[31] Der Petent hat daher auch keinen Anspruch auf Beiziehung von Akten,[32] Durchführung einer Ortsbesichtigung (dazu § 4 Abs. 3 PetBüG M-V) oder anderer Sachverhaltsermittlungen, auch nicht auf eine Anhörung durch den PA (dazu § 4 Abs. 1 PetBüG M-V). Gem. Art. 33 Abs. 3 berät auch der PA in der Regel nicht öffentlich. Eine öffentliche Behandlung der Petition kann der PA nur beschließen, soweit überwiegende Belange des öffentlichen Wohls oder schutzwürdige Interessen Einzelner nicht entgegenstehen und der Petent zustimmt. Durch die Nichtöffentlichkeit sollen die Persönlichkeitsrechte des Petenten und die Beratungen des Ausschusses (Beratungsgeheimnis) geschützt werden.[33] Die Verarbeitung personenbezogener Daten durch den PA fällt in den Anwendungsbereich der Datenschutz-Grundverordnung (DS-GVO).[34] Daher ist Anlage 6 zur GO LT auch für den PA maßgebend. 6

Die **Beschlusskompetenz** hat der LT.[35] Wenn die Petition eindeutig wegen Verstoßes gegen zwingendes Recht negativ beschieden werden muss, kann der PA statt des LT entscheiden, sofern dies auf eindeutige Fälle beschränkt ist und nach detaillierten Vorgaben erfolgt.[36] Dementsprechend sieht § 2 Abs. 1 Buchst. a) PetBüG M-V vor, dass von der Behandlung einer Eingabe abzusehen ist, wenn eine Zuständigkeit oder rechtliche Einwirkungsmöglichkeit der LReg oder von Trägern der öffentlichen Verwaltung des Landes nicht gegeben ist. Im Übrigen wäre eine Übertragung von Entscheidungsbefugnissen auf den PA 7

---

25 *Röper* NVwZ 2017, 1821 (1822).
26 Dazu *Linden* ZG 2021, 85; → Art. 10 Rn. 6.
27 Vgl. dazu https://epetitionen.bundestag.de/epet/service.$$$.rubrik.richtlinie.html und *Hernekamp/Edenharter*, in von Münch/Kunig Art. 45c Rn. 15 ff.; *Riehm/Coenen/Lindner*, ZParl 2009, 529.
28 Vgl. BVerwG 15.3.2017 – 6 C 16/16, BVerwGE 158, 208; Anm. *Guckelberger* NVwZ 2017, 1462.
29 VG Düsseldorf Urt. v. 12.11.2012 – 8 K 6754/12.
30 BayVerfGH Urt. v. 23.4.2013 – Vf. 22-VII-12, BayVBl 2014, 48.
31 *Brocker*, in BeckOK GG Art. 45c Rn. 12.
32 VerfGH Bay, Entsch. v. 12.11.1999 – Vf. 35-VI-99, NVwZ 2000, 548.
33 Vgl. *Platthoff*, in Becker/Brüning/Ewer/Schliesky, Art. 25 Rn. 9.
34 EuGH Urt. v. 9.7.2020 – C-272/19, NVwZ 2020, 1497; dazu *Stürmer/Wolff* DÖV 2021, 167; *Roßnagel/Rost* NVwZ 2021, 1641; abl. *Grzeszick/Schwartmann/Mühlenbeck* NVwZ 2020, 1491.
35 → Rn. 1.
36 BayVerfGH Urt. v. 23.4.2013 – Vf. 22-VII-12, BayVBl 2014, 48; *Langenfeld*, in HbdStR, § 39 Rn. 60 unter Hinweis auf BVerfG Beschl. v. 13.7.1981 – 1 BvR 444/78.

nur nach Änderung der LV möglich.[37] Der PA beschließt eine Sammelübersicht, die dem LT vorgelegt wird (Ziff. 4.4 Anlage 3 zur GO LT).[38] Der Vorsitzende des PA teilt dem Petenten nach der Annahme der Beschlussempfehlung durch den LT die Art der Erledigung seiner Petition mit. Diese Mitteilung enthält eine kurze Begründung des Beschlusses (Ziff. 5.3. S. 1 Anlage 3 zur GO LT).

8 Als problematisch wird angesehen, dass sich die Stellungnahme der LReg idR mit der Entscheidungsempfehlung des PA an den LT deckt und dieser meist der Empfehlung des PA folgt, denn dann würde letztlich die Entscheidung über eine Petition vom zuständigen Ministerium getroffen.[39] Indes ist zu sehen, dass viele Petitionen Rechtsfragen oder fachliche Fragen beinhalten, die in erster Linie durch die zuständige Behörde zu beantworten sind. Sofern ein Ermessensspielraum besteht, ist auch zu berücksichtigen, dass der Gleichbehandlungsgrundsatz gewahrt wird, dh der Petent nicht allein deswegen, weil er eine Petition eingereicht hat, anders behandelt werden kann. Allenfalls kann eine solche Petition zu der Anregung veranlassen, die Verwaltungspraxis zu ändern. Kritisch wird auch gesehen, dass Mitglieder des PA durch ihre politische Einstellung nicht immer eine neutrale Betrachtung einer Petition vornehmen würden.[40] Indes ist dies Folge der Verankerung im Parlament. Von daher ist als Gegengewicht der Bürgerbeauftragte nach Art. 36 eine sinnvolle Einrichtung.

9 **3. Rechtsfolgen eines Beschlusses des Petitionsausschusses.** Selbst wenn der PA bzw. der LT eine Petition für begründet halten, hat gem. Art. 10 und Art. 17 GG der Petent gegenüber dem – unmittelbaren – Petitionsadressaten keinen Anspruch auf eine bestimmte Behandlung und Entscheidung. Das gilt auch im Falle einer an die Verwaltung überwiesenen Parlamentspetition.[41] Soweit der LT bzw. der PA keine eigene Entscheidungskompetenz haben, können sie nur im Wege politischen Einflusses Lösungen anregen und die Regierung um Abhilfe ersuchen. Aus Art. 10 und Art. 17 GG folgt insoweit auch die Kompetenz zur Petitionsüberweisung, das heißt zur Überweisung einer nach dem Ergebnis der parlamentarischen Befassung befürworteten Petition an die LReg, der in der Sache ebenfalls nur politische, nicht aber rechtsverbindliche Wirkung zukommt.

10 Der LT, der nach inhaltlicher Prüfung der Petition zu der Entscheidung gelangt, dass das Anliegen des Petenten unbegründet ist, ist nicht verpflichtet, im Petitionsbescheid auf das Vorbringen des Petenten im Einzelnen einzugehen; dies gilt jedenfalls dann, wenn dem Petenten bekannt ist, dass auf die Petition hin eine Tatsachenfeststellung durch den PA vorgenommen worden ist.[42] Zur Überprüfung der ordnungsgemäßen Bescheidung einer Petition ist der **Verwaltungsrechtsweg** eröffnet;[43] darüber hinausgehende Klagemöglichkeiten bestehen

---

37 *Dietlein*, Zur verfassungsrechtlichen Zulässigkeit der Übertragung parlamentarischer Entschei-dungsbefugnisse auf Ausschüsse – Gutachten für den Landtag NRW 2014, 63; https://www.landtag.nrw.de/portal/WWW/dokumentenarchiv/Dokument?Id=MMI16/196 – unter Hinweis auf *Pietzner*, Petitionsausschuss und Plenum, 1974, S. 60 f.
38 Zur Unterrichtung des Plenums über Entscheidungen des Petitionsausschusses *Stefan* NVwZ 2003, 953, *Röper* NVwZ 2002, 53; *Graf Vitzthum/März*, in Schneider/Zeh, § 45 Rn. 24 ff.
39 *Heinz* Recht u Politik 2011, 28.
40 *Guckelberger* DÖV 2013, 613; ebenso *Heinz* RuP 2011, 28.
41 LSG NRW Beschl. v. 19.2.2014 – L 9 AL 233/13 unter Hinweis auf BVerfG Beschl. v. 27.12.2005 – 1 BvR 2354/05, BVerfGK 7, 133.
42 BVerwG Beschl. v. 13.11.1990 – 7 B 85/90, NJW 1991, 936.
43 SächsVerfGH Beschl. v. 29.1.2009 – Vf. 61-IV-08 unter Hinweis auf BVerfG Beschl. v. 19.5.1988 – 1 BvR 644/88, NVwZ 1989, 953; siehe auch BVerfG Beschl. v. 26.3.2007 – 1 BvR 138/07 –.

nicht.[44] Eine Stellungnahme, die die LReg oder eine Behörde auf Ersuchen des PA diesem gegenüber abgibt, ist selbst dann kein anfechtbarer Verwaltungsakt, wenn der PA sie dem Betroffenen mitteilt.[45] Im Petitionsverfahren kommt eine Verletzung organschaftlicher Rechte nicht in Betracht, da mit der Einlegung einer Petition nicht als Verfassungsorgan gehandelt wird.[46]

**4. Erörterung der Berichte der Beauftragten des LT (S. 2).** Der PA hat die Aufgabe, alle Berichte der Beauftragten des LT federführend zu erörtern (§ 21 PetBüG M-V). Damit soll der Tatsache Rechnung getragen werden, dass der LT auch außerhalb der Vorschriften der LV weitere Beauftragte benennen kann.[47] Über das Ergebnis seiner Beratungen erstellt der PA eine Beschlussempfehlung und einen Bericht an den LT. Gemäß § 68 GO LT erstattet der PA selbst dem LT jährlich einen schriftlichen Bericht über seine Tätigkeit, ohne dass dies in der Verfassung verankert ist (siehe auch § 8 Abs. 7 PetBüG M-V).[48]

## III. Mitwirkungspflichten (Abs. 2)

LReg und die der Aufsicht des Landes unterstehenden Träger öffentlicher Verwaltung haben die in Abs. 2 umschriebenen und in § 19 PetBüG M-V konkretisierten Mitwirkungspflichten. Sie müssen auf Verlangen, nicht notwendig aufgrund eines förmlichen Beschlusses (→ *Zapfe* Art. **40** Rn. 18) eines **Viertels der Mitglieder des PA** den zur Wahrnehmung seiner Aufgaben erforderlichen Mitwirkungspflichten nachkommen. Dabei kommt es auf die Anzahl von Ausschussmitgliedern, auch der nicht stimmberechtigten Mitgliedern. Ein Ausschluss der beratenden Mitglieder (→ Art. 33 Rn. 9) würde gegen den Grundsatz der demokratischen, formalen Gleichheit der Abgeordneten[49] verstoßen und die Mitwirkungsmöglichkeiten unverhältnismäßig einschränken. Das Quorum soll Arbeitsfähigkeit des PA sichern, der so nicht mit von einzelnen Mitgliedern angeforderten Unterlagen überfordert wird. Es genügt damit nicht das Verlangen einer Fraktion; dieses können auch mehrere Mitglieder des PA, die unterschiedlichen Fraktionen angehören, äußern. Entsteht Streit darüber, ob eine Anforderung zur Wahrnehmung der Aufgaben des PA erforderlich ist, muss, soweit ein anderes Verfassungsorgan beteiligt ist, das LVerfG, iÜ das Verwaltungsgericht entscheiden (siehe Art. 53 Nr. 1; § 40 Abs. 1 VwGO); eine streitschlichtende Funktion sieht die LV nicht vor. Art. 35 Abs. 2 regelt nicht die Pflicht zum persönlichen Erscheinen eines Mitglieds der LReg. Das Drittel-Quorum des § 19 Abs. 2 PetBüG M-V ist daher einfachrechtlich zulässig. Die **Mitwirkungspflichten** richten sich unmittelbar an die betroffene Behörde; es bedarf keiner Vermittlung durch die LReg.[50] Es reicht aber nur soweit, wie der LT im Petitionsverfahren auf die LReg oder die Verwaltung einwirken kann (dazu → Rn. 9)[51].

§ 19 PetBüG M-V regelt die Rechte des PA gegenüber der LReg zur **Sachaufklärung**; ergänzend gilt Ziff. 4.1. der Anlage 3 zur GO LT. Verfassungsrechtlich gilt Folgendes: Im Gesetzgebungsverfahren wurde ein umfangreiches Akteneinsichts-

---

44 BVerwG Beschl. v. 9.8.2007 – 1 WB 16/07, *Buchholz* 450.1 § 17 WBO Nr. 64.
45 BFH Urt. v. 17.10.1969 – III R 135/66, BFHE 99, 88.
46 VerfGH NW, Beschl. v. 23.7.2002 – VerfGH 2/01 – Petition einer politischen Partei auf Änderung einer wahlrechtlichen Bestimmung.
47 Kommission, Verfassungsentwurf, S. 132.
48 Siehe Tätigkeitsbericht 2020 des Petitionsausschusses (LT-Drs. 7/5476).
49 BVerfG Urt. v. 28.2.2012 – 2 BvE 8/11.
50 *Langenfeld* in HbdStR, § 39 Rn. 64.
51 *Langenfeld* in HbdStR, § 39 Rn. 65.

recht auf Seiten des Parlamentes und seiner Ausschüsse abgelehnt, allerdings wurden die Minderheitenrechte des PA gestärkt.[52] Der Anspruch auf **Aktenvorlage** geht über das bloße Einsichtsrecht hinaus (missverständlich die Gleichsetzung in Ziff. 1 Abs. 3 und 4.2 der Anlage 3 zur GO LT) und umfasst auch das Recht, die Originalakten für eine angemessene Zeit zu erhalten, um sich unmittelbar informieren zu können.[53] Ein **Akteneinsichtsrecht** eines einzelnen Abgeordneten kennt die LV nicht[54]. Er hat das Recht auf förmliche Anfrage nach Art. 40 Abs. 1 oder das Auskunftsrecht nach Art. 40 Abs. 2 S. 1[55]. Ein Landtagsabgeordneter ist im Verhältnis zur LReg (ausschließlich) in dieser Eigenschaft keine „natürliche Person" im Sinne von § 1 Abs. 2 IFG M-V, der ein Informationsrecht zustehen könnte.

14 Die Genannten müssen weiterhin alle erforderlichen **Auskünfte** erteilen. Damit sind die Befugnisse des PA denen eines Untersuchungsausschusses angenähert, allerdings fehlen das Initiativrecht und Zwangsbefugnisse.[56] Die Genannten müssen schließlich **Amtshilfe** leisten. Die gleiche Verpflichtung besteht gegenüber vom Ausschuss beauftragten Ausschussmitgliedern. Werden diese Pflichten nicht oder nicht zeitnah erfüllt, kann darin ein Dienstvergehen liegen, das in einem Disziplinarverfahren geahndet wird.[57] Art. 35 enthält zudem ein verfassungsrechtliches Recht des PA und einzelner beauftragter Mitglieder des PA auf jederzeitigen **Zutritt** bei Behörden und Verwaltungseinrichtungen[58]. Das gilt nicht für sonstige einzelne Mitglieder des PA; für sie gelten die allgemeinen Grundsätze[59]. Zutrittsanspruch besteht, damit Ortstermine durchgeführt werden können. Die Ermächtigung umfasst nicht, eine Durchsuchung durchzuführen, denn ein Verweis auf Art. 34 enthält Art. 35 nicht.[60]

15 Wegen des **Verweigerungsrechts** gilt Art. 40 Abs. 3 entsprechend[61] (→ Art. 40 Rn. 37 ff.). Die „entsprechende" Anwendung bezieht die hier auch verpflichtete „der Aufsicht des Landes unterstehenden Träger öffentlicher Verwaltung" ein, die nach Art. 40 Abs. 1 und 2 nicht verpflichtet sind, so dass sich die Beschränkung in Art. 40 Abs. 2 hieraus erklärt.[62] Art. 35 enthält keinen Verweis auf Art. 40 Abs. 4; gleichwohl wird wegen des engen Zusammenhangs dieser beiden Absätze des Art. 40 der Gesetzgeber gem. Art. 35 Abs. 3 die Möglichkeit haben, die Einzelheiten des Verweigerungsrechts zu regeln. IÜ gelten auch hier

---

52 Kommission, Verfassungsentwurf, S. 75.
53 Vgl. *Mutius/Wuttke/Hübner*, Art. 23, Ziffer II, 2.
54 Anders Art. 45 Abs. 2 VvB und Art. 56 Abs. 3 S. 2 Verf Bbg; dazu *Stollwerck* LKV 2016, 298.
55 Er kann wohl auch nicht außerhalb des parlamentarischen Verfahrens ein Informationsgesuch nach IFG M-V stellen, OVG Münster Beschl. v. 22.1.2019 – 15 A 247/18, NVwZ 2019, 1059; aA VGH München Urt. v. 22.4.2016 – 5 BV 15.799, NVwZ 2016, 1107, zu Recht skeptisch *Waldhoff* JuS 2017, 284.
56 Vgl. *Geis*, in HdbStR Bd. III, § 54 Rn. 14.
57 OVG Berlin-Brandenburg Urt. v. 21.2.2013 – OVG 81 D 2.10 -.
58 Vgl. LVerfG Bbg Urt. v. 28.7.2008 – VfGBbg 53/06, LVerfGE 19, 65 (78 f.).
59 Dazu LVerfG M-V, Beschl. v. 27.8.2015 – LVerfG 5/14 e.A., NordÖR 2016, 17.
60 Anders etwa Art. 41a Verf NW und dazu *Menzel*, in Löwer/Tettinger, Art. 41a Rn. 35.
61 Grundlegend BVerfG Urt. v. 17.7.1984 – 2 BvE 11/83, BVerfGE 67, 100, dort zur Frage, ob die LReg oder einzelne Minister angeforderte Akten unter Berufung auf das Steuergeheimnis nur unvollständig vorlegen dürfen; vgl. auch OVG Münster 3.6.1988 – 1 B 426/88, NJW 1988, 2496 mit der Ansicht, dass einem PA uU vollständige Personal- und Disziplinarakten nicht herausgegeben werden dürfen, um zu verhindern, dass Informationen streng persönlichen Charakters über einen Dritten aufgrund einer Petition zugänglich gemacht werden, wenn der PA auf die Informationen zur Wahrnehmung seiner Aufgaben nicht angewiesen ist.
62 AA offenbar *Wedemeyer*, in Thiele/Pirsch/Wedemeyer, Art. 35 Rn. 3.

die durch das LVerfG M-V aufgestellten Grundsätze entsprechend: Die LReg muss die für die Verweigerung maßgeblichen tatsächlichen und rechtlichen Gesichtspunkte nachvollziehbar darlegen. Sie hat nicht das Recht, die Zielrichtung der Anfragen des PA zu beurteilen, um so über den erforderlichen Umfang der zu übermittelnden Daten zu entscheiden. Der PA entscheidet eigenverantwortlich, welche Informationen er zur Erfüllung seiner Aufgaben benötigt. Nur in Ausnahmefällen kann eine Beantwortung abgelehnt werden (Regel-Ausnahme-Verhältnis).[63]

Die in Art. 35 dem PA verliehenen besonderen Petitionsinformationsrechte ergänzen das unmittelbar aus Art. 17 GG und Art. 10 LV resultierende **allgemeine parlamentarische Petitionsinformierungsrecht**. Es steht dem LT als Volksvertretung und damit auch dem PA unmittelbar gegenüber allen Trägern öffentlicher Verwaltung zu.[64] 16

## IV. Informationsanspruch des Bürgers

Nach Ziff. 5.2. der Anlage 3 zur GO LT werden die vom Ausschusssekretariat eingeholten Stellungnahmen der Landesregierung oder anderer Institutionen nicht an den Petenten weitergegeben. Aus Art. 5 Abs. 1 GG oder Art. 10 ERMK folgt kein allgemeiner voraussetzungsloser Rechtsanspruch des Petenten oder eines Dritten gegen den LT auf Zugang zu Informationen des PA.[65] Das **Informationsfreiheitsgesetz – IFG M-V –** ist aber für Informationen anwendbar, die von der LReg oder anderen Institutionen gegenüber dem PA abgegeben worden sind. Bei Weitergabe einer Information erhält der PA zwar als weiterer Empfänger ein eigenes Verfügungsrecht. Gegenüber dem PA selbst besteht kein Anspruch, da er als Teil keine Verwaltungsaufgaben wahrnimmt (§ 3 Abs. 1 IFG M-V; → Rn. 1).[66] Ein Ministerium ist aber als Behörde iSd § 3 Abs. 1 IFG M-V über eine Stellungnahme, die es gegenüber dem PA abgegeben hat, grundsätzlich auskunftspflichtig.[67] 17

## V. Gesetzesvorbehalt (Abs. 3)

Aus Abs. 3 folgt, dass Geschäftsordnungsvorschriften des LTag – hier § 67 GO LT MV mit Anlage 3 – allein nicht genügen[68]. Die erforderliche gesetzliche Regelung hat der LT durch die Regelungen der §§ 17 bis 21 Petitions- und Bürgerbeauftragtengesetz – PetBüG M-V –[69] geschaffen. 18

## VI. Schrifttum

*Stefan Brink*, Zur Unterrichtung des Plenums über Entscheidungen des Petitionsausschusses, in NVwZ 2003, 953; *Max-Emanuel Geis* in: HdbStR, Band 3, 3. Aufl. 2005, § 54: Parlamentsausschüsse; *Thomas Hirsch*, Das parlamentarische Petitionswesen: Recht und Praxis in den deutschen Landesparlamenten, 2007; *Christine Langenfeld*, Das Petitionsrecht, in HdbStR, Bd. 3, 3. Aufl. 19

---

63 LVerfG M-V Urt. v. 19.12.2002 – 5/02, NordÖR 2003, 111; dazu *Jutzi* NJ 2003, 141.
64 Vgl. BremStGH Ent. v. 22.1.1996 – St 1/94, LVerfGE 4, 211.
65 VGH München Beschl. v. 14.2.2014 – 5 ZB 13.1559, NJW 2014, 1687.
66 Vgl. *Schoch*, IFG, 2. Aufl. 2016, § 1 Rn. 195.
67 Vgl. BVerwG Urt. v. 3.11.2011 – 7 C 4/11, NVwZ 2012, 251; dazu *Assenbrunner* DÖV 2012, 547; *Roth* DÖV 2012, 717; *ders*. DVBl 2012, 183; *Schoch* NVwZ 2012, 254 und 2013, 1033; *Dalibor* DVBl 2012, 933.
68 GO LT MV v. 26.10.2021 (GVOBl. M-V 2021, 1494).
69 G. v. vom 5.4.1995 (GVOBl. S. 190), zul. geänd. d. G. v. 17.4.2021 (GVOBl. M-V S. 370).

2005, § 39; *Erich Röper*, Notwendiger Inhalt der Berichte des Petitionsausschusses, NVwZ 2002, 53; *Wolfgang Graf Vitzthum/Wolfgang März*, Der Petitionsausschuss, in Hans-Peter Schneider/Wolfgang Zeh, Parlamentsrecht und Parlamentspraxis in der Bundesrepublik Deutschland, 1989, § 45, S. 1221. Siehe ferner Schrifttum zu → Art. 10.

### Art. 35a (Ausschuss für Angelegenheiten der Europäischen Union)

(1) [1]Der Landtag bestellt einen Ausschuss für Angelegenheiten der Europäischen Union. [2]Dieser hat das Recht, dem Landtag in Angelegenheiten der Europäischen Union Beschlussempfehlungen vorzulegen (Initiativrecht).

(2) [1]Der Landtag kann den Ausschuss nach Absatz 1 in seiner Geschäftsordnung ermächtigen, in Angelegenheiten der Europäischen Union anstelle des Landtages Beschluss in öffentlicher Sitzung zu fassen, wenn eine rechtzeitige Beschlussfassung des Landtages nicht möglich ist. [2]Die Beschlüsse sind dem Landtag zur Kenntnis zu bringen. [3]Sie können auf Antrag einer Fraktion oder von mindestens vier Mitgliedern des Landtages nachträglich vom Landtag aufgehoben werden.

Vergleichbare Regelungen:
Art. 34a BWVerf., Art. 70 Abs. 4 BayVerf

## I. Grundsätzliche Bedeutung

1 Art. 35a wurde durch Gesetz vom 14.7.2016 in die Verfassung aufgenommen.[1] Er findet sein **Vorbild** in **Art. 45 GG, weicht** aber in etlichen Punkten **ab**. Die Regelung soll die Handlungsfähigkeit des LT in Fragen der europäischen Integration sicherstellen und ist insbesondere vor dem Hintergrund einer zunehmenden Ausweitung der Mitwirkungsbefugnisse nationaler Parlamente an der Willensbildung der Union zu sehen. Dabei zielt die Norm vor allem auf das Abstimmungsverhalten der LReg im Bundesrat. Zwar ist eine Äußerung des LT auch unabhängig von den in Art. 23 Abs. 4 und 5 GG formalisierten Beteiligungsrechten des Bundesrates an der Willensbildung der Bundesregierung in Fragen der Europäischen Union denkbar, doch vermag sie mittels entsprechender Transmissionsriemen eine deutlich höhere Wirkkraft zu entfalten.

2 Der Begriff der Angelegenheiten der Europäischen Union greift einen aus Art. 23 Abs. 2 GG bekannten topos auf. Er zielt auf die Wahrnehmung der **Rechte**, die das Unionsrecht der **Bundesrepublik Deutschland** in ihrer Rolle **als Mitgliedstaat** zuweist, konkret vor allem um die Mitwirkung an den Regierungskonferenzen, in den Organen und sonstigen Gremien, an der Bildung anderer Unionsorgane oder -institutionen und schließlich um die Verfahren vor dem EuGH, und ist in diesem Rahmen weit zu verstehen.[2] Grenzen der Befugnis, Stellungnahmen vorzulegen, ergeben sich zwar aus denen des LT und damit des Landes insgesamt. Ergänz wird die Norm durch die in Art. 39 verankerte Informationspflicht der LReg gegenüber dem LT in Sachen Mitwirkung im Bundesrat einerseits, Zusammenarbeit mit der EU andererseits.

---

1 Siehe zur Entstehung die Gesetzesinitiative LT-Drs. 6/5076 sowie die Beschlussempfehlung des Rechtsausschusses LT-DRs. 6/5462.
2 Zu Einzelheiten siehe *Classen*, in v. Mangoldt/Klein/Starck, GG, Art. 23 Rn. 69 f.; *Wollenschläger*, in Dreier, GG, Art. 23 Rn. 166; sehe auch BVerfG Beschl. v. 27.4.2021 – 2 BvE 4/15, BVerfGE 158, 51Rn. 68 ff.

## II. Absatz 1

Absatz 1 verpflichtet zunächst den LT, den dort vorgesehenen Ausschuss zu **einzusetzen**. Der Ausschuss muss jedoch nicht exklusiv für Europaangelegenheiten zuständig sein; er kann auch andere Aufgaben wahrnehmen, wie dies in der Praxis regelmäßig der Fall ist. Derzeit (8. WP) ist dies – vor dem Hintergrund der entsprechenden Ressortzuständigkeit – der „Wissenschafts- und Europaausschuss". Die **Zusammensetzung** und die **Stellung** des Ausschusses richten sich grundsätzlich nach **Art. 33 LV**. Bei dem dort allen Ausschüssen zugestandenen Recht, dem Plenum Empfehlungen vorzulegen, ist allerdings unklar, ob das auch Beschlussempfehlungen erfasst (→ Art. 33 Rn. 16). Hier kommt dem Ausschuss unstreitig die Befugnis zu, dem LT auch Beschlussempfehlungen vorzulegen. Adressaten der zu fassende Beschlüsse können alle sein, die im Rahmen der Europäischen Union Verantwortung tragen, also insbesondere nicht nur die LReg, sondern auch die Bundesregierung und die europäischen Organe. Besondere Wirkungsmacht kommt solchen Beschlüssen allerdings wohl allein im erstgenannten Fall zu, wenn die LReg vor der Frage steht, wie sie sich im Rahmen der europäischen Integration im Bundesrat verhalten solle. Anders als etwa Art. 70 Abs. 4 BayVerf verbindet sich mit einem solchen Beschluss keine rechtliche Wirkung. Ob eine solche mit dem Grundgesetz vereinbar wäre, ist im Lichte der Judikatur des BVerfG zweifelhaft.[3]

## III. Absatz 2

Konstitutive Bedeutung hat die Art. 45 GG nachgebildete Regelung des Absatz 2, die Befugnis zur **Beschlussfassung anstelle des LT**. Anders als nach Art. 45 GG ist Voraussetzung eines solchen Beschlusses, dass das Plenum nicht rechtzeitig selbst einen Beschluss fassen kann.[4] Die Frage nach der Rechtzeitigkeit ist in Abhängigkeit vom Adressaten des Beschlusses zu beurteilen: Wann wird dieser entscheiden oder auch nur seine Entscheidungsfindung so weit voranbringen, dass eine Korrektur nur noch erschwert möglich ist. Hintergrund der Regelung sind nicht zuletzt die Fristen der europäischen Rechtssetzungsverfahren, vor allem die an eine Frist von 6 Wochen gebundene Subsidiaritätsrüge nach Art. 6 des Protokolls über die Grundsätze der Subsidiarität und der Verhältnismäßigkeit. Anders als sonst (Art. 33 Abs. 3) und nach Art. 45 GG muss der Ausschuss seinen Beschluss in öffentlicher Sitzung fassen. Zudem ist ausdrücklich das – auch auf Bundesebene bestehende und in der Sache selbstverständliche – Recht des Planums verankert, Beschlüsse des Ausschusses zu ändern.

**Rechtspraktisch** findet sich zwar eine entsprechende Regelung in der GO des LT. Angesichts der im Vergleich zum BTag geringeren Sitzungsfrequenz des LT – das Plenum tritt üblicherweise alle 4, nicht alle 2 Wochen zusammen – könnte diesem Recht damit theoretisch eine größere Bedeutung zukommen. Soweit ersichtlich wurde diese aber bislang nicht genutzt.

## Art. 36 (Bürgerbeauftragter)[1]

(1) [1]Zur Wahrung der Rechte der Bürger gegenüber der Landesregierung und den Trägern der öffentlichen Verwaltung im Lande sowie zur Beratung und

---

3  BVerfGE 8, 104 (117 f.); 160, 1 Rn. 56.
4  Zu Dringlichkeitssitzungen siehe § 72 Abs. 4 GO LT.
1  Art. 36 ist gem. §§ 1 Abs. 1, 3 des G über die Verabschiedung und das Inkrafttreten der Verfassung iVm Bek. v. 23.8.1994 (GVOBl. S. 811) mit Beendigung der ersten Wahlperiode des Landtages in Kraft getreten.

Unterstützung in sozialen Angelegenheiten wählt der Landtag auf die Dauer von sechs Jahren den Bürgerbeauftragten; einmalige Wiederwahl ist zulässig. ²Er kann ihn mit einer Mehrheit von zwei Dritteln der Mitglieder des Landtages vorzeitig abberufen. ³Auf eigenen Antrag ist er von seinem Amt zu entbinden.
(2) ¹Der Bürgerbeauftragte ist in der Ausübung seines Amtes unabhängig und nur dem Gesetz unterworfen. ²Er wird auf Antrag von Bürgern, auf Anforderung des Landtages, des Petitionsausschusses, der Landesregierung oder von Amts wegen tätig.
(3) Das Nähere regelt das Gesetz.

Vergleichbare Regelungen:
Art. 90a Verf Rh-Pf

| I. Vorbemerkung | 1 | 2. Initiative (Abs. 2 S. 2) | 5 |
| II. Bestellung und Abberufung (Abs. 1) | 2 | 3. Unabhängigkeit (Abs. 2 S. 1) | 7 |
| III. Aufgaben und Unabhängigkeit (Absätze 1 und 2) | 4 | IV. Beauftragter für die Landespolizei | 9 |
| 1. Aufgaben (Abs. 1 S. 1) | 4 | V. Gesetzesvorbehalt (Abs. 3) | 10 |
| | | VI. Schrifttum | 11 |

## I. Vorbemerkung

1 Art. 36 verwirft die im Gesetz über die Rechtsverhältnisse Parlamentarischer Staatssekretäre vom 18.7.1991 (GVOBl. S. 291) zunächst getroffene Regelung, wonach eine Person, die die Bezeichnung „Bürgerbeauftragter" (BA) führt, als Parlamentarischer Staatssekretär „den Ministerpräsidenten unterstützt".[2] Art. 36 lehnt sich an das Bürgerbeauftragtengesetz Rheinland-Pfalz an.[3]

## II. Bestellung und Abberufung (Abs. 1)

2 Die **Bestellung** erfolgt durch Wahl des LT.[4] § 5 Abs. 2 S. 1, 2 und 4 PetBüG M-V bestimmt, dass der LT den BA ohne Aussprache mit mehr als der Hälfte seiner Mitglieder für die Dauer von sechs Jahren wählt; vorschlagsberechtigt sind nur die Fraktionen des LT, nicht die LReg, was die Unabhängigkeit des BA von der Exekutive besonders betont. Besondere persönliche Anforderungen stellen weder Art. 36 noch § 5 PetBüG M-V mit Ausnahme der Wählbarkeit zum LT. Die Ausübung dieses Amtes ist nicht an ein Landtagsmandat geknüpft,[5] § 5 Abs. 1 S. 2 PetBüG M-V schließt dies einfachrechtlich aus. Da der BA aber nach § 5 Abs. 5 PetBüG M-V zum Beamten auf Zeit ernannt wird, muss er die Voraussetzungen hierfür erfüllen (§ 5 Abs. 1 und 2 sowie §§ 5, 7 und §§ 8, 11, 12 BeamtStG). IÜ ist davon auszugehen, dass der LT eine Einschätzungsprärogative besitzt und nur eine geeignete Persönlichkeit wählt.

3 Die Beendigung des Amts gegen den Willen kann nur durch **Abberufung** nach Abs. 1 S. 2 iVm § 5 Abs. 3 S. 1 PetBüG M-V mit einer Mehrheit von zwei Dritteln der Mitglieder des LT erfolgen. Es besonderer Grund muss nicht vorliegen oder genannt werden. Damit sind andere Beendigungsgründe oder -verfahren nicht ausgeschlossen, etwa wegen Dienstunfähigkeit (§ 26 BeamtStG),

---

2 *März* JöR N.F. 54 (2006), 175, 256.
3 *Kempf/Uppendahl* (Hrsg.), Ein deutscher Ombudsmann, 1986; Überblick über die Regelungen in den Bundesländern bei *Debus* DÖV 2021, 922. S. auch Art. 228 AEUV und dazu *Mader* EuR 2013, 348 (364 ff.).
4 Siehe Art. 32, dort auch zum Modus der Wahl.
5 Kommission, Verfassungsentwurf, S. 133.

einer strafrechtlichen Verurteilung (§ 24 BeamtStG) oder Entfernung aus dem Dienst (§ 12 LDG M-V). Jedenfalls greift ein für einen Richter zwingender Entlassungsgrund entsprechend durch.[6] Auf eigenen Antrag ist er von seinem Amt zu entbinden (Art. 36 Abs. 1 S. 3; § 5 Abs. 3 S. 2 PetBüG M-V).

### III. Aufgaben und Unabhängigkeit (Absätze 1 und 2)

**1. Aufgaben (Abs. 1 S. 1).** Das in Art. 10 niedergelegte Petitionsrecht erfährt durch den BA eine weitere Ausformung. Während der PA (Art. 35) Vorschläge, Bitten und Beschwerden der Bürger behandelt, ist es Aufgabe des BA, auf die Wahrnehmung der Rechte der Bürger gegenüber der LReg und den Trägern der öffentlichen Verwaltung „im Lande" hinzuwirken sowie zur ihrer Beratung und Unterstützung in sozialen Angelegenheiten zur Verfügung zu stehen.[7] Der Wortlaut „im Lande" könnte auch die unmittelbare oder mittelbare Bundesverwaltung umfassen, soweit sie Rechtsverhältnisse regelt, die Bürger des Landes Mecklenburg-Vorpommern betreffen. Diese Annahme ist aber aus kompetenzrechtlichen Gründen ausgeschlossen; insoweit ist eine verfassungskonforme Einschränkung vorzunehmen.[8] „Bürger" sind dabei nicht nur das Staatsvolk des Landes M-V, sondern insbes. auch Ausländer.[9] Der BA hält regelmäßig Sprechstunden im Land. Hierdurch und seinen Dienstsitz im LT vermittelt der BA einen besonders engen Kontakt des Parlaments zu den Bürgern.[10] Der BA ist „zuständige Stelle" nach Art. 10.[11] Der BA gehört als nicht stimmberechtigtes Mitglied dem Inklusionsförderrat an (§ 19 Abs. 5 LBGG M-V). Er arbeitet eng mit dem BA zusammen (§ 18 Abs. 1 LBGG M-V).

**2. Initiative (Abs. 2 S. 2).** Der BA wird auf Antrag von Bürgern, auf Anforderung des LT, des PA es, der LReg oder von Amts wegen tätig. Auf entsprechenden Antrag muss der BA tätig werden.[12] Von Amts wegen wird er insbes. tätig, wenn er durch Bitten, Kritik, Beschwerden oder sonstige Eingaben an den LT oder in sonstiger Weise hinreichende Anhaltspunkte dafür erhält, dass Stellen, die der parlamentarischen Kontrolle des LT unterliegen, Angelegenheiten von Bürgern rechtswidrig erledigt haben (§ 6 Abs. 2 S. 2 PetBüG M-V). Damit geht die Funktion allerdings über das Petitionswesen hinaus und umfasst auch einen Teil der Kontrolle der LReg und der Verwaltung.[13]

Wichtig ist die **Zusammenarbeit** mit dem **LTag** und mit dem **PA** (s. § 67 Abs. 3 LTGO).[14] Der BA unterrichtet den PA, sobald er mit einer Eingabe befasst ist, die ihm nicht vom PA zugeleitet worden ist, wenn er von einer sachlichen Prüfung der Eingabe absieht, sofern eine Angelegenheit iS von § 7 Abs. 1 PetBüG einvernehmlich erledigt wurde, oder wenn die LReg oder die der Aufsicht des Landes unterstehenden Träger öffentlicher Verwaltung ihrer Pflicht aus § 3 PetBüG gegenüber dem BA nicht nachkommen. Sofern eine einvernehmliche Regelung mit der zuständigen Stelle nicht zustande kommt, legt der BA die Angelegenheit dem PA zur Erledigung vor und teilt ihm dazu seine Auffassung

---

6 Vgl. die Parallelproblematik zum LfD (→ Art. 37 Rn. 3); siehe § 23 Abs. 1 S. 3 BDSG (Entlassung aus den Gründen, die eine Entfernung eines Lebenszeitrichters aus dem Amt rechtfertigen).
7 Kommission, Verfassungsentwurf, S. 133; *März* JöR N.F. 54 (2006), 175, 255.
8 Ebenso *Classen*, in ders./Lüdemann § 1 Rn. 56 f.; *ders.* HRG VIII § 252 Rn. 54.
9 Vgl. *Brocker*, in Grimm/Caesar, Art. 70a Rn. 10.
10 *März* JöR N.F. 54 (2006), 175, 255.
11 Kommission, Verfassungsentwurf, S. 94.
12 Kommission, Verfassungsentwurf, S. 134.
13 Dazu *Brocker*, in: Grimm/Caesar, Art. 70a Rn. 14 mwN.
14 Dazu *März* JöR N.F. 54 (2006), 175, 255.

mit. Vor seiner abschließenden Entscheidung kann der BA vom PA beauftragt werden, seine Feststellungen zu ergänzen oder weitere Sachverhaltsaufklärungen in die Wege zu leiten (§ 8 PetBüG M-V). In diesem Fall kann der BA mithin nicht abschließend entscheiden. Nach Anlage 3 Ziff. 7 zur LTGO übergibt der BA dem PA entsprechend § 8 Abs. 1 PetBüG M-V monatlich eine Zusammenstellung der bei ihm eingegangenen Petitionen. Sodann prüft das Sekretariat des PA es, durch welche geeigneten Maßnahmen – insbes. durch den Austausch von vorhandenen Stellungnahmen, Übergabe der Bearbeitung einer an den PA gerichteten Eingabe an den Bürgerbeauftragten oder Übernahme der Bearbeitung einer Eingabe durch den PA – eine effektive Klärung des Anliegens des Petenten erreicht werden kann. Das Ergebnis der Prüfung wird dem PA zur Entscheidung vorgelegt. Die dem Ausschuss gemäß § 8 Abs. 2 PetBüG M-V vom BA vorgelegten Angelegenheiten werden vom Sekretariat geprüft. Das Sekretariat legt dem Ausschuss einen Vorschlag zur weiteren Behandlung bzw. zum Abschluss der Angelegenheit vor. Der BA erhält im LT bei der Aussprache über die von ihm oder ihm vorgelegten Berichte das Wort (§ 86 LTGO). Der BA kann auch Verstöße gegen Vorschriften des Datenschutzes behandeln. Ein Ausschließlichkeitsrecht des BfD besteht nicht. Geboten ist es jedoch, zu einer solchen Petition eine Stellungnahme des LfD einzuholen.[15]

7  **3. Unabhängigkeit (Abs. 2 S. 1).** Der BA ist in der Ausübung seiner Aufgaben **unabhängig** und nur dem Gesetz unterworfen.[16] Die Unabhängigkeit ist an Art. 76 Abs. 2 S. 2 (→ Art. 76 Rn. 9 ff.; → s. auch Art. 37 Rn. 3) und Art. 97 GG angelehnt; es können daher die Erkenntnisse bei der Anwendung dieser Normen übertragen werden. Dies betrifft zunächst die sachliche Unabhängigkeit: Danach unterliegt er keinen Weisungen, auch nicht der Rechtsaufsicht, namentlich nicht der LReg, aber auch nicht des PräsLT. Die Unabhängigkeit ist allerdings insoweit eingeschränkt, als der BA auf Antrag von Bürgern, auf Anforderung des LT, des PA, der LReg sowie von Amts wegen tätig zu werden hat.[17] Die persönliche Unabhängigkeit ist durch die relativ lange Amtszeit und dadurch gesichert, dass gegen seinen Willen die Beendigung der Amtszeit nur eingeschränkt möglich ist. Er untersteht iÜ nur der Dienstaufsicht des PräsLT. Damit ist der BA auch, anders als der PA, parteipolitisch unabhängig.[18] Der BA ist daher auch nicht an das Landesamt Zentrum für Digitalisierung angebunden (§ 1 Abs. 2 ZDMVG). Die **Mitarbeiter der Behörde** des BA genießen keine Unabhängigkeit; sie unterliegen der Dienst- und Fachaufsicht des BA (§ 5 Abs. 8 S. 3 PetBüG M-V).

8  Der Bürgerbeauftragte ist in der Ausübung seines Amtes unabhängig und nur dem Gesetz unterworfen. Dazu gehört das **Datenschutzrecht.**[19] Der BA hat zudem darauf Bedacht zu nehmen, dass seine Intervention der **Gesetzeslage** entspricht. Er sollte daher nur behutsam Rechtsauffassungen vertreten, die der LReg oder der zuständigen Behörde widersprechen. Dies sollte nur dann erfolgen, wenn sich die Rechtsauffassung der Verwaltung als unvertretbar darstellt. Andernfalls sollte der BA allenfalls zum Ausdruck bringen, ob nicht eine andere Auffassung vertretbar ist. Bei Ermessensentscheidungen ist insbesondere zu berücksichtigen, dass die Verwaltung an den Gleichheitssatz gebunden ist. Eine abweichende Behandlung allein, weil der BA angerufen worden ist, ist nicht ge-

---

15 So die Praxis, s. LT-Drs. 8/1988 S, 15.
16 Kommission, Verfassungsentwurf, S. 134.
17 Kommission, Verfassungsentwurf, S. 133.
18 *Classen* HRG VIII § 252 Rn. 53.
19 Dazu *Poschmann/Schleicher* ThürVBl 2022, 149.

rechtfertigt, selbst wenn eine solche Sachbehandlung an sich ermessensfehlerfrei sein könnte (→ Art. 35 Rn. 4).

## IV. Beauftragter für die Landespolizei

Nach § 6 Abs. 5 PetBüG M-V ist der BA seit 22.4.2021[20] auch der **Beauftragte für die Landespolizei**; Einzelheiten regeln §§ 10 ff. PetBüG M-V. Als solcher ist er zuständig für Eingaben von Polizeibeschäftigten, die Vorgänge aus dem polizeilichen Bereich betreffen (§ 10 Abs. 1 PetBüG M-V). Er ist daher auch zuständige Stelle i.S.v. Art. 10. Für Eingaben, die sich auf die Landespolizei beziehen und nicht von Polizeibeschäftigten (näher § 12 Abs. 1 PetBüG M-V) an den BA herangetragen werden, gelten die allgemeinen Vorschriften für den Bürgerbeauftragten (§ 10 Abs. 3 PetBüG M-V). Ist der BA nach Abschluss der Prüfung der Ansicht, dass ein Fehlverhalten von Polizeibeschäftigten oder Mängel oder Fehlentwicklungen in der Landespolizei vorliegen, teilt er dies dem Ministerium für Inneres und Europa mit und gibt ihm Gelegenheit zur Stellungnahme. Er kann auch den Vorgang der für die Einleitung eines Straf-, Ordnungswidrigkeiten- oder Disziplinarverfahrens zuständigen Stelle unter Mitteilung der gewonnenen Erkenntnisse zuleiten (§ 16 Abs. 2 und 3 PetBüG M-V). Es ist ausgeschlossen, den PA gem. § 8 Abs. 1 bis 5 PetBüG M-V zu beteiligen. Gleichwohl ist der BA in der Eigenschaft als Beauftragter für die Landespolizei Hilfsorgan des LTag bei der Ausübung parlamentarischer Kontrolle iSv Art. 35, was sich aus der Eingliederung in die Rechtsstellung des BA und seine Eigenschaft als Ombudsstelle[21] ergibt[22]. Der BA kann auch Verstößen gegen datenschutzrechtliche Vorschriften nachgehen. Die Unabhängigkeit des BfD nach Art. 37 steht dem nicht entgegen. Eine Koordinierung ist indes angebracht.[23] Er genießt daher auch in dieser Rolle die Unabhängigkeit nach Abs. 2 S. 1. Die Einrichtung des Beauftragten für die Landespolizei verletzt nicht das Petitionsgrundrecht aus Art. 10, da es dem Betroffenen offensteht, sich statt an den Polizeibeauftragten an den PA zu wenden (Wahlmöglichkeit). Eine Konkurrenz zu den Befugnissen des PA besteht angesichts der möglichen Arten des Abschlusses des Verfahrens gem. § 10 PetBüG M-V nicht.[24]

## V. Gesetzesvorbehalt (Abs. 3)

Die erforderlichen Regelungen enthält das Petitions- und Bürgerbeauftragtengesetz – PetBüG M-V[25].

## VI. Schrifttum

*Anne Debus*, Weitere Bürgerbeauftragte für das Land, DÖV 2021, 922; *Matthias Dombert/Laura Scharfenberg*, Der Polizeibeauftragte in Schleswig-Holstein, NordÖR 2017, 525; *Annette Guckelberger*, Argumente für und gegen einen parlamentarischen Ombudsmann aus heutiger Sicht, DÖV 2013, 613; *Steffen*

---

20 Art. 5 des G. v. 17.4.2021 (GVOBl. M-V S. 370).
21 LTag-Drs. 7/5449(neu) S. 12 und 13. Der Ombudsmann ist lediglich gegenüber dem Parlament verantwortlich.
22 Vgl. für den rheinland-pfälzische Beauftragten für die Landespolizei *Perne*, LKRZ 2015, 45 (46); für die Schleswig-holsteinische Regelung *Dombert/Scharfenberg*, NordÖR 2017, 525 (526); für Bremen *Schulenberg*, NordÖR 2021, 216.
23 Vgl. § 11 Abs. 3 BremPBG.
24 Zum *Problem* Iwers S. 13 ff.
25 G. v. vom 5.4.1995 (GVOBl. S. 190), zul. geänd. d. G. v. 17.4.2021 (GVOBl. M-V S. 370).

*Johann Iwers*, Einsetzung eines Beauftragten für Polizeiangelegenheiten, 2022 – https://nbn-resolving.org/urn:nbn:de:0168-ssoar-80000-4; *Udo Kempf/Herbert Uppendahl* (Hrsg.), Ein deutscher Ombudsmann – Der Bürgerbeauftragte von Rheinland-Pfalz unter Berücksichtigung von Petitionsinstanzen in Europa und Nordamerika, 1986; *Markus Franke*, Ein Ombudsmann für Deutschland? – Einführungsmöglichkeiten einer Ombudsmann-Institution in das deutsche Verfassungsleben unter Berücksichtigung der dänischen und europäischen Einrichtungen, 1999; *Kurt Herzberg/Matthias Knauff* (Hrsg.), Jeder, der sich abwendet, fehlt der Demokratie – 20 Jahre parlamentarisch gewählter Bürgerbeauftragter in Thüringen, 2022: *Joachim Linck*, Ein Plädoyer für starke Bürgerbeauftragte. Thüringer Erfahrungen nutzen, ZParl 2011, 891; *Volker Perne*, Der rheinlandpfälzische Beauftragte für die Landespolizei, LKRZ 2015, 45; *Sebastian Schulenberg*, Der unabhängige Polizeibeauftragte für die Freie Hansestadt Bremen, NordÖR 2021, 216.

## Art. 37 (Datenschutzbeauftragter)

(1) ¹Zur Wahrung des Rechts der Bürger auf Schutz ihrer persönlichen Daten wählt der Landtag auf die Dauer von sechs Jahren den Datenschutzbeauftragten; einmalige Wiederwahl ist zulässig. ²Er kann ihn mit einer Mehrheit von zwei Dritteln seiner Mitglieder vorzeitig abberufen. ³Auf eigenen Antrag ist er von seinem Amt zu entbinden.

(2) ¹Der Datenschutzbeauftragte ist in der Ausübung seines Amtes unabhängig und nur dem Gesetz unterworfen. ²Er wird auf Antrag von Bürgern, auf Anforderung des Landtages, des Petitionsausschusses, der Landesregierung oder von Amts wegen tätig.

(3) Jeder kann sich an den Datenschutzbeauftragten wenden mit der Behauptung, bei der Bearbeitung seiner personenbezogenen Daten durch die öffentliche Verwaltung in seinem Recht auf Schutz seiner persönlichen Daten verletzt zu sein.

(4) Das Nähere regelt das Gesetz.

Vergleichbare Regelungen:
Artt. 33a BayVerf; 47 VvB; 74 BbgVerf; 62 NdsVerf; 77a Verf NW; 57 SächsVerf; 63 LVerf LSA; 69 ThürVerf.

| | |
|---|---|
| I. Verfassungsrechtliche Stellung ..... 1 | b) Datenschutzrechtliche Kontrolle über die Vorgaben der DS-GVO hinaus ........ 14 |
| 1. Kontrolle des Datenschutzes im weiteren Sinn .............. 1 | |
| 2. Europarechtlicher Kontext .... 2 | c) Landesbeauftragter für Informationsfreiheit ........ 15 |
| 3. Unabhängigkeit (Abs. 2 S. 1) .. 3 | |
| 4. Behörde „Datenschutzbeauftragter" ................. 7 | 3. Umfang und Begrenzungen .... 16 |
| | 4. Unterrichtungen ............... 17 |
| a) Organisatorische Stellung .. 7 | III. Initiative (Abs. 2 Satz 2) und Umsetzung ........................ 19 |
| b) Ausstattung der Behörde . 8 | |
| c) Mitarbeitende der Behörde LfD ...................... 9 | IV. Berufung und Abberufung (Abs. 1) ............................ 21 |
| II. Aufgaben (Abs. 1 Satz 1 und Abs. 3 S. 1) ........................ 10 | 1. Berufung (S. 1) ................. 21 |
| | 2. Amtszeit, Abberufung (S. 2 und 3) .................. 22 |
| 1. Verfassungsfeste Aufgaben im Bereich des Datenschutzes ..... 10 | V. Schutzrecht gegenüber der Allgemeinheit (Abs. 3) .................. 23 |
| 2. Übertragene Aufgaben ......... 13 | |
| a) Datenschutzrechtliche Kontrolle nicht-öffentlicher Stellen ...................... 13 | VI. Schrifttum .......................... 24 |

## I. Verfassungsrechtliche Stellung

**1. Kontrolle des Datenschutzes im weiteren Sinn.** Gem. Abs. 1 S. 1 hat der Datenschutzbeauftragte (Landesbeauftragter für den Datenschutz – LfD) die Aufgabe, das Recht der Bürger auf Schutz ihrer persönlichen Daten zu wahren. Der LfD ist das wichtigste Instrument zur Durchsetzung des Rechts auf Schutz der persönlichen Daten, das durch Art. 6 Abs. 1 LV (→ Art. 6 Rn. 1) und Art. 1 Abs. 1 iVm Art. 2 Abs. 1 GG für die Bürger als Grundrecht garantiert wird.[1] Wegen der für den Bürger bestehenden Undurchsichtigkeit der Speicherung und Verwendung von Daten unter den Bedingungen der automatischen Datenverarbeitung und auch im Interesse eines vorgezogenen Rechtsschutzes durch rechtzeitige Vorkehrungen ist die Beteiligung unabhängiger Datenschutzbeauftragter von erheblicher Bedeutung für einen effektiven Schutz des Rechts auf informationelle Selbstbestimmung.[2] Das betrifft nicht nur die öffentlichen Stellen, sondern auch die Verarbeitung von Daten durch private Stellen; auch hier hat der Staat eine Schutzfunktion.[3] Demgemäß ist der Funktionsbereich nach Abs. 1 S. 1 weit zu fassen. Für welche Bereiche des Datenschutzes der LfD im Einzelnen zuständig ist, bestimmt gem. Abs. 3 S. 1 das Gesetz. Abs. 1 Satz 1 setzt dem einfachen Gesetzgeber andererseits Grenzen, indem er dem LfD keine Aufgaben übertragen kann, die nicht im Zusammenhang mit dem Datenschutz stehen.[4] Aus Abs. 3 S. 1 wird allerdings deutlich, dass ihm als verfassungsfeste Aufgabe der Datenschutz gegenüber öffentlichen Stellen übertragen ist.

**2. Europarechtlicher Kontext.** Art. 37 steht in einem **europarechtlichen Kontext.**[5] Gem. Art. 8 Abs. 3 ChGR überwacht eine unabhängige Stelle die Einhaltung datenschutzrechtlicher Vorschriften. Gleiches schreibt Art. 16 Abs. 2 S. 2 AEUV für die Einhaltung der vom Europäische Parlament und Rat erlassenen datenschutzrechtlichen Vorschriften vor. Mit Art. 51 der Verordnung (EU) 2016/679 vom 27.4.2016 (Datenschutz-Grundverordnung – DS-GVO)[6] ergibt sich seit dem 25.5.2018 unmittelbar die Pflicht, eine oder mehrere unabhängige Datenaufsichtsbehörden für öffentliche wie nicht-öffentliche Stellen zu installieren. „Aufsichtsbehörde" ist eine von einem Mitgliedstaat eingerichtete unabhängige staatliche Stelle (Art. 4 Nr. 21 DS-GVO), mithin – auch – der LfD iSv Art. 13. Art. 52 DS-GVO verlangt die Unabhängigkeit der Aufsichtsbehörde, und Art. 55–58 geben die Zuständigkeiten, Aufgaben und Befugnisse vor. Als EU-Verordnung sind diese Vorschriften unmittelbar geltendes Recht (auch im Sinne des Art. 37 Abs. 3) und gehen auch der LV vor (Art. 288 Abs. 2 AEUV)[7]. Die Mitgliedstaaten müssen zB gemäß Art. 51 und 54 DS-GVO regeln, wie viele und welche Aufsichtsbehörden innerstaatlich für die Anwendung der DS-GVO zuständig sind, wie diese im Einzelnen personell und finanziell auszustatten sind und wie die Mitglieder dieser Aufsichtsbehörden unter Beachtung der vorgeschriebenen Unabhängigkeit zu ernennen sind[8].

Für nationalstaatliche Gesetze gilt das sog. **Wiederholungsverbot.**[9] Nur wenn in der DS-GVO Präzisierungen oder Einschränkungen ihrer Vorschriften durch das

---

1 Kommission, Verfassungsentwurf, S. 134.
2 So BVerfG Urt. v. 15.12.1983 – 1 BvR 209/83, BVerfGE 65, 1 (46).
3 *Di Fabio*, in Dürig/Herzog/Scholz Art. 2 Abs. 1 Rn. 173.
4 Vgl. zu Art. 114 GG *Kube*, in Dürig/Herzog/Scholz Art. 114 Rn. 1 ff.
5 Übersicht bei *Schneider*, in BeckOK Datenschutzrecht. Syst. B. Rn. 1 ff.
6 ABl. L 119 vom 4.5.2016, S. 1, ber. ABl. L 314 S. 72, ABl. L 127 S. 2 und ABl. L 074 S. 35.
7 *Helfrich*, Handbuch Multimedia-Recht, 2021, Teil 16.1. Rn. 21; *Conrad*, in Auer-Reinsdorff/Conrad, § 34 Rn. 19.
8 *Selmayr/Ehmann*, Einf. Rn. 80.
9 EuGH Urt. v. 7.2.1973 – Rs. 39/2, Slg 1973, 101 Rn. 17.

Recht der Mitgliedstaaten vorgesehen sind, können auch sie Teile der DS-GVO in ihr nationales Recht aufnehmen, soweit dies erforderlich ist, um die Kohärenz zu wahren und die nationalen Rechtsvorschriften für die Personen, für die sie gelten, verständlicher zu machen.[10] Grundsätzlich ist Art. 37 unter diesem Aspekt im Übrigen unproblematisch, da er die dort enthaltenen Regelungen auf die Stufe des Verfassungsrechts hebt.[11] Zudem bezieht er sich auch auf Bereiche, die der DS-GVO nicht unterfallen (→ Rn. 12, 14 und 15). Soweit Art. 37 sich auf den Anwendungsbereich der DS-GVO bezieht, ist er allerdings europarechtskonform auszulegen.

3 **3. Unabhängigkeit (Abs. 2 S. 1).** Der LfD **selbst** ist in der Ausübung seiner Aufgaben **unabhängig** (s. auch § 17 Abs. 1 DSG M-V).[12] Die Unabhängigkeit folgt auch aus Art. 52 DS-GVO für den Anwendungsbereich der DS-GVO sowie Art. 16 Abs. 2 S. 2 AEUV und Art. 8 Abs. 3 GRCh[13]. Der Begriff der Unabhängigkeit in Bezug auf öffentliche Stellen seinem gewöhnlichen Sinn nach bezeichnet eine Stellung, die garantiert, dass die betreffende Stelle im Verhältnis zu den Einrichtungen, denen gegenüber ihre Unabhängigkeit zu wahren ist, völlig frei handeln kann und dabei vor jeglicher Weisung und Einflussnahme von außen geschützt ist. Ausreichend ist dabei die bloße Gefahr einer politischen Einflussnahme der Aufsichtsbehörden auf die Entscheidungen der Kontrollstellen, um deren unabhängige Wahrnehmung ihrer Aufgaben zu beeinträchtigen. Zum einen könnte daraus nämlich ein „vorauseilender Gehorsam"' dieser Stellen im Hinblick auf die Entscheidungspraxis der Aufsichtsstelle folgen. Zum anderen erfordert Art. 28 Abs. 1 Unterabs. 2 der Richtlinie 95/46 angesichts der Rolle der Kontrollstellen als Hüter des Rechts auf Privatsphäre, dass ihre Entscheidungen, also sie selbst, über jeglichen Verdacht der Parteilichkeit erhaben sind.[14] Das Demokratieprinzip steht dem nach Auffassung des EuGH nicht entgegen, dass es außerhalb des klassischen hierarchischen Verwaltungsaufbaus angesiedelte, von der Regierung mehr oder weniger unabhängige öffentliche Stellen gibt, die oftmals Regulierungsfunktionen oder Aufgaben wahrnehmen, die der politischen Einflussnahme entzogen sein müssen, dabei aber an das Gesetz gebunden und der Kontrolle durch die zuständigen Gerichte unterworfen bleiben. Der Umstand, dass dem LfD eine von der allgemeinen Staatsverwaltung unabhängige Stellung zukommt, ist für sich allein noch nicht geeignet, diesen Behörden die demokratische Legitimation zu nehmen, sofern sie nicht jeder parlamentarischen Einflussmöglichkeit entzogen sind.[15] Dabei muss der Verlust an demokratischer Steuerungsmöglichkeit durch eine Bindung an hinreichend bestimmte legislative Vorgaben und deren gerichtliche Kontrolle oder auf andere Weise kompensiert werden.[16] Auch die für die Überwachung der Verarbeitung personenbezogener Daten durch nichtöffentliche Stellen und öffentlich-rechtliche Wettbewerbsunternehmen zuständigen Kontrollstellen dürfen nicht der staatlichen Aufsicht unterstellt werden. Diese Unabhängigkeit schließt nicht nur

---

10 Vgl. ErwGr 8 zur DS-GVO. Dazu im Kontext des DSG M-V *Kämpfe* in: dies./Oehlrich § 1 Rn. 3 ff. und 7 f.
11 Vgl. zu Art. 37- 38 DS-GVO Schlussanträge des GenA de la *Tour* vom 27.1.2022 in der Rechtssache C-534/20 – Leistritz AG Rn. 37.
12 Kommission, Verfassungsentwurf, S. 134; → Art. 36 Rn. 7; dazu auch *Zöllner*, S. 167 ff.; *Thome* VuR 2015, 139.
13 *Holznagel/Felber*, in Schulze/Janssen/Kadelbach, Europarecht, 4. Aufl. 2020 § 38 Rn. 48.
14 EuGH, Urt. v. 8.4.2014 - C-288/12, EuGRZ 2014, 410.
15 Vgl. EuGH Urt. v. 2.9.2021 – C-718/18, EnWZ 2021, 363 – Unabhängigkeit der Bundesnetzagentur.
16 *Uerpmann-Wittzack* in: von Münch/Kunig Art. 23 Rn. 31 unter Hinweis auf EuGH Urt. v. 9.3.2010 – C-518/07, NJW 2010, 1265 Rn. 42.

jegliche Einflussnahme seitens der kontrollierten Stellen aus, sondern auch jede Anordnung und jede sonstige äußere Einflussnahme, sei sie unmittelbar oder mittelbar, durch die in Frage gestellt werden könnte, dass die genannten Kontrollstellen ihre Aufgabe, den Schutz des Rechts auf Privatsphäre und den freien Verkehr personenbezogener Daten ins Gleichgewicht zu bringen, erfüllen.[17] Das gilt insbesondere auch für die/den PräsLT (s. § 17 Abs. 2 DSG M-V).

Zur „völligen Unabhängigkeit" gehört auch, dass die **Mitarbeitenden** der Behörde „LfD" nicht der Dienstaufsicht der LReg oder dem PräsLT unterliegen. Sie genießen aber keine Unabhängigkeit in dem Sinne, dass sie von Weisungen des LfD als Behördenleitung frei sind.[18] Art. 52 Abs. 2 DS-GVO verlangt zwar die Unabhängigkeit auch für die Mitarbeiter, es geht aber um die Abwehr einer jeder Einflussnahme von außerhalb der Aufsichtsbehörde[19]

Der LfD ist nur dem Gesetz unterworfen; dies entspricht Art. 76. Die **Gesetzesbindung** umfasst zunächst die einschlägigen datenschutzrechtlichen Gesetze. Dabei sind die Grundsätze der Zusammenarbeit und Kohärenz nach Art. 60 ff. DS-GVO zu beachten. Es sind aber auch sämtliche übrigen Rechtsvorschriften anzuwenden, die für das jeweilige kontrollierte Handeln im Übrigen maßgebend sind.

All diese Anforderungen gebieten, insoweit einen **ministerialfreien Verwaltungsraum** zu schaffen.[20] Dem trägt § 15 Abs. 3 und 4 DSG M-V Rechnung. IÜ unterliegt das Handeln des LfD der parlamentarischen und gerichtlichen **Kontrolle**.[21] Beide müssen allerdings, ähnlich wie in der Handhabung der Unabhängigkeit der Richter,[22] ihrerseits die Unabhängigkeit des LfD beachten. Dabei sollte unterschieden werden, ob es um die Kontrolle des Datenschutzes als solchen geht oder ob die Kontrolle sonstige Belange betrifft, die keine Auswirkungen auf die Kontrollaufgabe haben (vgl. § 17 Abs. 2 und 3 DSG M-V). Das gilt auch für einen Untersuchungsausschuss des LT.[23]

**4. Behörde „Datenschutzbeauftragter". a) Organisatorische Stellung.** In Zusammenhang mit Art. 37 ist zu unterscheiden dem Datenschutzbeauftragten („Landesbeauftragter für Datenschutz") als Person und Behördenleiter sowie der Behörde, die er leitet. Art. 37 regelt nicht die Stellung der Behörde im Gefüge der Behörden des Landes. Sie wird aber vorausgesetzt, weil der LfD nur so seine Aufgaben erfüllen kann. Demgemäß wird sie nach § 15 Abs. 1 S. 1 DSG M-V sie als Aufsichtsbehörde bei dem Präsidenten des LT errichtet. Von Verfassungs wegen ist sie keine *oberste* Landesbehörde (Umkehrschluss aus Art. 68 Abs. 1 S. 1).[24] Sie ist auch keine selbstständige Behörde.[25] Als Landesbehörde[26] unterliegt sie zwar der Aufsicht des Präs LT.[27] Er darf wegen

---

17 EuGH Urt. v. 9.3.2010 – C-518/07, NJW 2010, 1265; EuGH Urt. v. 16.10.2012 – C-614/10, DÖV 2013, 34.
18 EG zur DS-GVO 121 S. 3.
19 *Polenz*, in Simitis/Hornung/Spiecker gen. Döhmann, Art. 52 DSGVO Rn. 6.
20 Dazu *Bull* EuZW 2010, 488; *Frenzel* DÖV 2010, 925; *Spiecker gen. Döhmann* JZ 2010, 787. Dazu grundsätzlich BVerfG Urt. v. 30.7.2019 – 2 BvR 1685/14, BVerfGE 151, 202 Rn. 133.
21 EuGH Urt. v. 9.3.2010 – C-518/07, NJW 2010, 1265 Rn. 43–45; *Albrecht*, jurisPR-ITR 15/2010 Anm. 4 unter Hinweis auf *Roßnagel* EuZW 2010, 296 (300).
22 Dazu *Thiele* Der Staat 52, 415; *Wittreck* NJW 2012, 3287.
23 Dazu unterschiedlich *Wolff* ThürVBl 2015, 205; *Ohler* ThürVBl 2015, 213.
24 Ein entsprechender Vorschlag wurde nicht aufgriffen (vgl. LT-Drs. 7/2041 S. 9 und S. 11 – dort durch den LfD).
25 LT-Drs. 7/1568(neu) S. 4.
26 Zu dieser Klassifizierung *Forgo*, in Butzer/Epping ua Art. 62 Rn. 37.
27 Kritisch zur Anbindung an PräsLT *Heckmann/Kämpfe* in dies./Oehlrich § 15 Rn. 7 ff.

seiner Unabhängigkeit (→ Rn. 3 ff.) keine Maßnahmen treffen, die den LfD bei der Erfüllung seiner Aufgaben und der Ausübung seiner Befugnisse direkt oder indirekt beeinflussen (§ 17 Abs. 2 DSG M-V). Weitergehend muss generell durch Verfahrensvorgaben sichergestellt sein, dass der LfD auch gegen dem LT bzw. der LT-Verwaltung umfassende organisatorisch-institutionellen Unabhängigkeit genießt.[28] Der LfD unterliegt der Rechnungsprüfung durch den LRH, soweit seine Unabhängigkeit dadurch nicht beeinträchtigt wird (§ 17 Abs. 3 DSG M-V; siehe Art. 52 Abs. 6 DS-GVO). Zwar ist der LfD nicht einem Verfassungsorgan gleichgestellt, doch kann er nach Art. 53 Nr. 1 ein Organstreitverfahren vor dem LVerfG M-V anstrengen, da er ein „anderer Beteiligter" ist, der durch Art. 37 mit eigenen Rechten ausgestattet ist, die dem LfD insoweit nicht erst durch den einfachen Gesetzgeber eingeräumt werden[29]. Funktional ist der LfD wegen seiner Kontrollbefugnisse auch gegenüber dem LT[30] eine Institution, die nicht nur der Exekutive dient.[31]

8 **b) Austattung der Behörde.** Nach Art. 52 Abs. 4 DS-GVO ist sicherzustellen, dass die Aufsichtsbehörde mit den personellen, technischen und finanziellen Ressourcen, Räumlichkeiten und Infrastrukturen ausgestattet wird, die sie benötigt, um ihre Aufgaben und Befugnisse auch im Rahmen der Amtshilfe, Zusammenarbeit und Mitwirkung im Ausschuss effektiv wahrnehmen zu können (Art. 52 Abs. 4 DS-GVO). Die Aufsichtsbehörde muss über eigene, öffentliche, jährliche Haushaltspläne verfügen, die Teil des gesamten Staatshaushalts oder nationalen Haushalts sein können (Art. 54 Abs. 6 DS-GVO). Diese Anforderungen ergeben sich auch von Verfassung wegen aus Art. 37.[32] Zur Unabhängigkeit (→ Rn. 3) gehört, dass der LfD die von ihm als erforderlich angesehenen Ausgaben benennen und sie entsprechend der von ihr für relevant gehaltenen Prioritäten gewichten kann.[33] Zutreffend ist daher einfachrechtlich bestimmt, dass die Haushaltsvoranschläge durch die LReg bzw. dem FM nur mit Zustimmung des LfD wie bei dem des Präsidenten des LT und dem Präsidenten des LRH geändert werden können (§ 15 Abs. 2 S. 2 DSG M-V iVm § 28 Abs. 1 LHO M-V). Im Nichteinigungsfall hat das FM den unveränderten Voranschlag dem Entwurf des Haushaltsplans beizufügen (§ 15 Abs. 2 S. 2 DSG M-V iVm § 29 Abs. 3 S. 3 LHO M-V), über den dann der LT entscheidet.[34] Dies fordert die Unabhängigkeit des LfD von der zu kontrollierenden LReg.[35] Ob der Haushaltsvoranschlag des LfD in den endgültigen Haushalt übernommen wird, entscheidet allein der LT nach übergeordneten politischen und fiskalischen

---

28 Vgl. *Heckmann/Kämpfe* in dies./Oehlrich § 15 Rn. 12.
29 Zu diesem Maßstab BVerfG, Beschl. v. 20.9.2016 – 2 BvE 5/15, BVerfGE 143, 1 Rn. 45; vgl. zum LRH → Art. 68 Rn. 2.
30 Zum Untersuchungsausschuss des LT EuGH Urt. v. 9.7.2020 – C-272/19, NVwZ 2020, 1497; *Stürmer/Wolff* DÖV 2021, 167; St. Meyer, DVBl 2021, 1476; krit. *Grzeszick/Schwartmann/Mühlenbeck* NVwZ 2020, 1491; s. auch *Hilbert*, NVwZ 2021, 1173, der zutreffend darauf hinweist, dass DS-GVO nicht im Bereich der parlamentarischen Kerntätigkeit gilt; ähnlich *Roßnagel/Rost* NVwZ 2021, 1641 – keine Anwendung auf den parlamentarischen Tätigkeitsbereich. So auch § 2 Abs. 4 DSG M-V.
31 Vgl. zum LRH SH *Raabe* in Becker/Brüning ua, Art. 65 Rn. 12.
32 Dazu *Polenz*, in Simitis/Hornung/Spiecker gen. Döhmann, Art. 52 DSGVO Rn. 15 ff.
33 *Selmayr*, in Ehmann/Selmayr, Art. 52 DS-GVO Rn. 27.
34 Die entgegenstehende Auffassung des VG Schwerin (Urt. v. 17.11.2021 – 3 A 200/21 SN) übersieht, dass § 15 Abs. 2 S. 2 DSG M-V gerade die „entsprechende" Anwendung der §§ 27 Abs. 2, § 28 Abs. 1 und § 29 Abs. LHO M-V anordnet. S. auch LR-Drs. 7/1568(neu) S. 49 (Es „wird sichergestellt, dass ausschließlich das Parlament über den Haushalt der Aufsichtsbehörde entscheidet.").
35 *Raabe*, in Becker/Brüning Art. 65 Rn. 30; *Polenz*, in Simitis/Hornung/Spiecker gen. Döhmann, Art. 52 Rn. 16.

Gesichtspunkten.[36] Gleichwohl besteht eine äußerste Grenze der Kürzung der angemeldeten Mittel dann, wenn strukturell die Aufgabenerfüllung nicht mehr möglich ist.[37] Zudem muss erkennbar sein, aus welchen Gründen der LT dem Haushaltsvoranschlag des LfD nicht gefolgt ist. Andernfalls wäre eine Kontrolle, ob das Land seiner Pflicht, den LfD mit angemessenen Mitteln auszustatten erfüllt hat, ausgeschlossen.[38]

**c) Mitarbeitende der Behörde LfD.** Nach Art. 53 Abs. 2 DS-GVO muss jedes Mitglied über die für die Erfüllung seiner Aufgaben und Ausübung seiner Befugnisse erforderliche Qualifikation, Erfahrung und Sachkunde insbesondere im Bereich des Schutzes personenbezogener Daten verfügen. Darüber befindet wegen seiner Unabhängigkeit der LfD. Bedienstete seiner Behörde werden nur auf Vorschlag des LfD durch den Präsidenten des LT ernannt (§ 15 Abs. 3 DSG M-V). Die Bediensteten des LfD sehen zur Sicherung der Unabhängigkeit der Behörde von allen mit den Aufgaben ihres Amtes nicht zu vereinbarenden Handlungen ab und üben während ihrer Amtszeit keine andere mit ihrem Amt nicht zu vereinbarende entgeltliche oder unentgeltliche Tätigkeit aus (Art. 52 Abs. 3 DS-GVO). 9

## II. Aufgaben (Abs. 1 Satz 1 und Abs. 3 S. 1)

**1. Verfassungsfeste Aufgaben im Bereich des Datenschutzes.** Im Bereich des Datenschutzes gegenüber der **öffentlichen Verwaltung** der öffentlichen Stellen des Landes[39] nimmt der LfD folgende Aufgaben wahr, die nach Art. 37 Abs. 3 verfassungsfest sind: Wahrung des Rechts des Einzelnen auf informationelle Selbstbestimmung (Art. 37 Abs. 1) und Kontrolle der Einhaltung datenschutzrechtlicher Vorschriften bei öffentlichen Stellen (Art. 37 Abs. 3; § 19 Abs. 1 DSG M-V). Der Begriff des „Bearbeitens" ist iSd Datenschutzrechts ist als Verarbeitung personenbezogener Daten (Art. 4 Nr. 2 DS-GVO, § 4 DSG M-V) zu verstehen. Dazu gehört auch das Erarbeiten von Empfehlungen und Hinweisen zur Verbesserung des Datenschutzes, Beobachten der Entwicklung und Nutzung der Informations- und Kommunikationstechnik und Unterrichtung der Öffentlichkeit über datenschutzrelevante Sachverhalte. Er hat auch Bürgereingaben in datenschutzrechtlichen Angelegenheiten zu bearbeiten. Für die Auslegung der Befugnisse sind zudem Art. 51 und 57 DS-GVO maßgebend (vgl. § 10 Abs. 1 S. 1 DSG M-V).[40] Der LfD ist auch zuständige Stelle gem. Art. 10 für **Petitionen** aus dem Bereich des Datenschutzes gegenüber öffentlichen Stellen (Abs. 2 S. 3). Gem. § 62 Abs. 1 S. 1 RundfG M-V besteht ein eigener Beauftragter für den Datenschutz bei der Medienanstalt Mecklenburg-Vorpommern. Diese Funktion lässt aber die verfassungsfeste Aufgabe des LfD gegenüber der Aufsicht über die Landesanstalt als Behörde unberührt. 10

---

36 Im Einzelnen *Heckmann/Kämpfe* in dies./Oehlich § 15 Rn. 15 ff.; *Selmayr* in: Ehmann/Selmayr, Art. 52 DS-GVO Rn. 27.
37 Im Einzelnen *Polenz* in: Simitis/Hornung/Spiecker gen. Döhmann, Art. 52 Rn. 16 ff. Anhaltspunkte können sich aus dem Jahresbericht des BfD ergeben, *Oehlrich* in Kämpfe/dies. § 21 Rn. 7.
38 Vgl. BVerfG, Beschl. v. 20.7.2021 – 1 BvR 2756/20 ua, NVwZ 2021, 1283 Rn. 97 zur Finanzierung des Rundfunks.
39 S. die Definition in § 2 Abs. 1 und 2 DSG M-V. Die Datenschutzaufsicht über die Finanzbehörden beim BfDI konzentriert, § 32h Abs. 1 Satz 1 AO; *Diermann*, Datenschutzaufsicht über die Tätigkeit der Finanzverwaltung, 2022.
40 Zur Kontrolle der KI *Kugelmann*, Künstliche Intelligenz aus Sicht der Datenschutzaufsicht, DuD 2021, 503(507).

11 Der EuGH[41] geht davon aus, dass die DS-GVO unmittelbar auf Datenverarbeitungen eines Parlaments[42] und seiner Mitglieder auch im Kernbereich parlamentarischer Tätigkeiten anwendbar ist.[43] Weder in ErwGr 20 zur DS-GVO noch in Art. 23 DS-GVO sei eine Ausnahme für parlamentarische Tätigkeiten vorgesehen. Somit muss es gem. Art. 51 DS-GVO eine unabhängige Aufsichtsbehörde geben. Gem. Art. 37 Abs. 1 iVm Abs. 3 S. 1 ist dies der LfD, da der LT nach diesem Verständnis öffentliche Stelle ist.[44] Soweit der LT Verwaltungsaufgaben wahrnimmt, gilt über § 2 Nr. 2 zudem das DSG M-V. Der LfD hat aber bei der Wahrnehmung der Kontrollaufgabe dem Grundsatz der gegenseitigen Achtung, Rücksichtnahme, Kooperation und Selbstbeschränkung Rechnung tragen.[45] Dieses Gebot erfordert insbesondere eine Berücksichtigung der Auffassung des jeweils Anderen bei der eigenen Entscheidung.[46] Der LT könnte eine eigene für den LT zuständige Aufsichtsbehörde nur schaffen, wenn Art. 37 Abs. 1 S. 1 und Abs. 3 S. 1 geändert würde.[47]

12 Bei **Gerichten** beschränkt sich wegen der richterlichen Unabhängigkeit (Art. 76 Abs. 2 Satz 2; Art. 97 GG) die Kontrollkompetenz nach Maßgabe des § 2 Abs. 3 DSG M-V auf allgemeine Verwaltungsaufgaben. Dies sind v.a. Aufgaben der Haushalts- und Personalbewirtschaftung.[48] Diese Begrenzung ist auch in Art. 55 Abs. 3 DS-GVO vorgegeben.[49] Für **Strafverfolgungsbehörden** gilt die Richtlinie (EU) 2016/680,[50] in deren Bereich der LfD gem. Art. 13 Abs. 1 S. 1 und § 19 Abs. 1 S. 1 DSG M-V Aufsichtsbehörde ist, soweit sie allgemeine Verwaltungsaufgaben wahrnehmen. Der LRH unterliegt nicht der Kontrolle, soweit er nach Art. 68 Abs. 1 S. 2 in richterlicher Unabhängigkeit tätig wird, dh nur, soweit er allgemeine Verwaltungsaufgaben wahrnimmt (§ 2 Abs. 4 DSG M-V). Zur Zuständigkeit bei grenzüberschreitender Verarbeitung personenbezogener Daten EuGH 22.6.2021 – C-439/19.[51]

13 **2. Übertragene Aufgaben. a) Datenschutzrechtliche Kontrolle nicht-öffentlicher Stellen.** Nach § 19 Abs. 2 DSG M-V ist der LfD auch Aufsichtsbehörde für die Datenverarbeitung **nicht-öffentlicher Stellen** in M-V. Diese Aufsicht ist durch Art. 51 DS-GVO gefordert, der die Überwachung auch der nicht-öffentlichen Stellen durch einen unabhängigen staatlichen Datenschutzbeauftragten verlangt

---

41 Urt. v. 9.7.2020 – C-272/19, EuGRZ 2020, 456.
42 So *Grzeszick/Schwartmann/Mühlenbeck* NVwZ 2020, 1491.
43 *Heberlein* ZD 2021, 85, anders *Hilbert* NVwZ 2021, 1173.
44 Anders § 2 Abs. 2 BDSG, das keine Einschränkung aus Verwaltungstätigkeiten enthält; dazu *Ernst*, in Paal/Pauly, BDSG § 2 Rn. 5; *Engelbrecht* ZD 2020, 579.
45 Vgl. BVerfG Urt. v. 28.2.1961 – 2 BvG 1/60, BVerfGE 12, 205 (254); BVerfG, Beschl. v. 20.7.2021 – 2 BvE 4/20, 2 BvE 5/20, NJW 2021, 2797.
46 Vgl. SaarlVerfGH Urt. v.25.2.2014 – Vf. 71-I-12, LVerfGE 25, 471.
47 Vgl. aber für den BTag *Grzeszick/Schwartmann/Mühlenbeck*, NVwZ 2020, 1491.
48 LT-Drs. 7/1568 (neu) S. 36. Zum Verständnis der iSv Art. 92 und 97 GG → Art. 76 Rn. 5; *Classen*, in v. Mangoldt/Klein/Starck Art. 92 Rn. 6 ff., zur Verwaltung Rn. 15 ff. Die Rechtsprechungstätigkeit endet mit dem Abschluss des Verfahrens, EuGH Urt. v. 21.9.2010 – C-514/07 P, C-528/07 P und C-532/07 P, EuGRZ 2010, 730. Zur materiellen Verbindlichkeit der DS-GVO in der Justiz *Bieresborn* DRiZ 2019, 18; *Waterkamp* FR 2019, 72. Siehe die Übersicht zur Abgrenzung Rechtsprechung – Gerichtsverwaltung bei LDI NRW – https://www.ldi.nrw.de/mainmenu_Ueberuns/submenu_UnsereAufgaben/Inhalt2/Datenschutz/Zustaendigkeit-fuer-die-Kontrolle-von-Datenverarbeitungen-der-Gerichte.html. Zur Veröffentlichung von Gerichtsentscheidungen *Stahnke*, DStR 2019, 169.
49 Nach ErwGr 20 zur GS-GVO sollen mit der Aufsicht über Datenverarbeitungsvorgänge besondere Stellen im Justizsystem des Mitgliedstaats betraut werden können; *Waterkamp*,FR 2019, 72; *Leopold* ZFSH/SGB 2018, 139.
50 EG 19 zur DS-GVO.
51 NJW 2021, 2495 mAnm *Piltz*; NVwZ 2021, 1125 mAnm *Gerhold*.

(vgl. Art. 55 Abs. 2 DS-GVO). Das deutsche Datenschutzrecht ging nämlich ursprünglich von zwei getrennten Arten von Kontrollstellen aus. Im öffentlichen Bereich waren die Datenschutzbeauftragten des Bundes und der Länder zuständig, im nicht-öffentlichen Bereich davon verschiedene Aufsichtsbehörden.[52] Die einfachrechtliche Konzentration beim LfD, die erst durch G. v. 29.10.2004[53] begründet wurde, ist sachgerecht.[54] Der Kontrollumfang ist mit dem für die öffentlichen Stellen grundsätzlich identisch.

**b) Datenschutzrechtliche Kontrolle über die Vorgaben der DS-GVO hinaus.** 14
Dem LfD obliegt die Aufsicht über die Einhaltung der datenschutzrechtlichen Vorschriften durch **Strafverfolgungsbehörden** nach Art. 41 Abs. 1 der Richtlinie (EU) 2016/680,[55] außerdem die Aufsicht über die Einhaltung der datenschutzrechtlichen Vorschriften, wenn die Datenverarbeitung weder dieser Richtlinie oder der DS-GVO unterliegt,[56] es sei denn, die Aufsichtsbefugnis ist durch spezielle Regelungen ausgeschlossen (§ 19 Abs. 1 S. 2 DSG M-V).

**c) Landesbeauftragter für Informationsfreiheit.** Nach § 14 IFG M-V hat eine 15
Person, die der Ansicht ist, dass ihr Informationsersuchen zu Unrecht abgelehnt oder nicht beachtet worden ist, das Recht auf Anrufung des Landesbeauftragten. Das Amt des Beauftragten für **Informationsfreiheit** (BfI) dem LfD zu übertragen (§ 14 Abs. 1 S. 2 IFG M-V), bietet sich schon deshalb an, weil es in vielen Fällen um den Widerstreit zwischen dem Recht auf Informationszugang und dem Recht auf Geheimhaltung von schutzwürdigen Daten geht, also eine Güterabwägung mit Datenschutzinteressen oder ähnlichen schützenswerten Geheimhaltungsinteressen erfolgen muss.[57] Die Regelungen des DSG M-V über die Aufgaben und die Befugnisse des LfD finden entsprechend Anwendung. Damit ist dem BfD in seiner Eigenschaft als BfI gem. Art. 37 Abs. 2 und § 14 Satz 3 IFG M-V iVm § 29 Abs. 6 DSG M-V und die Unabhängigkeit garantiert.

**3. Umfang und Begrenzungen.** Die Befugnis des LfD sind ihrerseits verfassungsrechtlich begrenzt (bereits → Rn. 6). Namentlich unterliegt er der **Verschwiegenheitspflicht** (Art. 54 DS-GVO), weil nur so das Vertrauen des jeweils Betroffenen gestärkt wird und ihm der Grund genommen wird, die von ihm verlangten Informationen zu verweigern (§ 18 Abs. 4 DSG M-V iVm § 13 Abs. 4 BDSG). Das Datengeheimnis ist eine Geheimhaltungsvorschrift im Sinne des **Presserechts**.[58] Gem. Art. 91 DS-GVO können **Kirchen** oder religiöse Vereinigungen bzw. Gemeinschaften eigene unabhängige Aufsichtsbehörden errichten und diesen die Überwachung der datenschutzrechtlichen Bestimmungen im eigenen Bereich übertragen. Dem trägt § 19 Abs. 4 DSG M-V Rechnung.[59] Zu den speziellen Aufgaben des LfD gehört auch die **Informationssicherheit** („Integrität und Vertraulichkeit", Art. 5 Abs. 1 Buchst. f. DSGVO).[60]

16

---

52 *Ziebarth*, in Sydow, Art. 4 DSVGO Rn. 235.
53 GVOBl. M-V S. 505; dazu LTag-Drs. 4/1372 S. 5 ff.
54 *Ziebarth*, in Sydow, Art. 51 DSVGO Rn. 11 ff.; anders nur Bayern gem. 18 BayDSG.
55 Zum Anwendungsbereich im Einzelnen *Heckmann/Kämpfe* in dies./Oehlrich § 19 Rn. 21 ff.
56 S. § 1 Abs. 2 DSG M-V; dazu *Kämpfe* in dies./Oehlrich § 19 Rn. 25 mit Vor § 1 Rn. 10 und § 1 Abs. 8.
57 *Körfferin*, in Paal/Pauly, Art. 52 DSGVO Rn. 8.
58 OVG Münster Beschl. v. 25.3.2009 – 5 B 1184/08, NVwZ-RR 2009, 635.
59 LT-Drs. 7/2041 S. 20. Dazu etwa §§ 42 ff. Gesetz über den Kirchlichen Datenschutz (KDG-VDD) idF v. 23.4.2018 und §§ 39 ff. EKD-Datenschutzgesetz, zul. geänd. d. G. v. 24.6.2021 (ABl. EKD S. 158).
60 Dazu *Hansen*, Informationssicherheit: Aufgabe für die Datenschutzaufsicht?, DuD 2021, 234.

17 **4. Unterrichtungen.** Der BfD erstellt **Jahresberichte** über seine Tätigkeit, der eine Liste der Arten der gemeldeten Verstöße und der Arten der getroffenen Maßnahmen nach Art. 58 Abs. 2 DS-GVO enthalten kann.[61] Diese Berichte werden dem nationalen Parlament, der Regierung, und anderen nach dem Recht der Mitgliedstaaten bestimmten Behörden direkt übermittelt (Art. 59 S. 1 und 2 DS-GVO),[62] entgegen § 21 DSG M-V also jedenfalls im Anwendungsbereich der DS-GVO auch unmittelbar dem LT. Die Berichte werden der Öffentlichkeit, der EU-Kommission und dem Europäischen Datenschutzausschuss zugänglich gemacht (Art. 59 S. 3 DS-GVO). Es ist üblich, dass die Parlamente den vorgelegten Tätigkeitsbericht beraten.[63] Davon geht auch § 21 DSG M-V aus.

Der Inhalt der Berichte ist nicht vorgegeben. Anhaltspunkte bietet Art. 57 DS-GVO. Die Verpflichtung des LfD zur **Unterrichtung der Öffentlichkeit** betrifft zunächst allgemein die wesentlichen Entwicklungen des Datenschutzes. Über Einzelfälle darf nur in hinreichend anonymisierter Form berichtet werden, indem der Datenschutz Betroffener gewahrt bleibt.[64] Der BfD ist auch unter Berücksichtigung des verfassungsrechtlich geschützten Auftrags der Presse nicht zu konkreteren Auskünften über noch andauernde konkrete Ermittlungen und vorläufige Erkenntnisse verpflichtet ist, soweit die geschützten Belange eines Betroffenen berührt sind.[65] Medienöffentliche Äußerungen des LfD müssen das Gebot der Sachlichkeit behördlicher Warnhinweise beachten und auf ggf. verbleibende Unsicherheiten über die Richtigkeit der Information hinweisen.[66] Eine sachlich vertretbare, aber umstrittene Position zur Rechtmäßigkeit einer Datenverarbeitung im Zuständigkeitsbereich eines anderen Datenschutzbeauftragten darf der LfD öffentlich kundtun, wenn er diese unter Vermeidung eines Absolutheitsanspruchs als eigene Auffassung kennzeichnet.[67]

18 Gemäß Art. 59 DS-GVO hat die Aufsichtsbehörde jährlich einen **Tätigkeitsbericht** zu erstellen, in dem eine Liste der Arten der gemeldeten Verstöße und der getroffenen Maßnahmen enthalten ist. Der Bericht muss dem LTag, der LReg Regierung und anderen bestimmten Behörden übermittelt werden. Soweit der Tätigkeitsbericht den Verantwortungsbereich der LReg betrifft, leitet sie ihre Stellungnahme innerhalb von sechs Monaten dem LTag zu (§ 21 DSG M-V).

### III. Initiative (Abs. 2 Satz 2) und Umsetzung

19 Im Anwendungsbereich der DS-GVO ergibt sich der Aufgabenkatalog aus Art. 57 DS-GVO. Verstärkend bestimmt Art. 37 Abs. 3, dass der LfD auf Antrag der Bürger (s. Art. 77 DS-GVO), auf Anforderung des LT, des PA oder der LReg tätig wird. Der LfD wird auch **von Amts wegen** tätig.[68] Letzteres muss sich auch in nennenswertem Umfang in anlassunabhängigen Kontrollen niederschlagen, denn nur so kann er der Aufgabe nachkommen, die Anwendung der DS-GVO zu überwachen und durchzusetzen (Art. 57 Abs. 1 lit. a) DS-GVO).

---

61 Zum Inhalt *Oehlrich* in Kämpfe/dies. § 21 Rn. 5 ff.
62 *Selmayr* in: Ehmann/ders. Art. 59 Rn. 11.
63 *Körffer* in: Paal/Pauly, DS-GVO, 3. Aufl. 2021, Art. 59 Rn. 4.
64 BGH Urt. v. 9.12.2002 – 5 StR 276/02, BGHSt 48, 126 m. krit. Anm. *Hoyer* JZ 2003, 513.
65 Vgl. OVG Münster NVwZ-RR 2009, 635.
66 OVG Schleswig, Beschl. v. 28.2.2014 – 4 MB 82/13, NordÖR 2014, 284; *Born* RDV 2015, 125.
67 OVG Schleswig Beschl. v. 28.2.2014 – 4 MB 82/13, NordÖR 2014, 284.
68 Kommission, Verfassungsentwurf, S. 134.

Beanstandungen sind Verwaltungsakte, auch gegenüber Behörden.[69] Der Durchsetzbarkeit gegenüber öffentlichen Stellen steht nicht § 110 VwVfG M-V iVm § 85 SOG M-V entgegen. Der Umkehrschluss aus Art. 83 Abs. 7 DS-GVO, der – nur – Geldbußen gegen öffentliche Stellen ausschließt, besagt, dass sonstige effektive Mittel der Durchsetzung einschl. Zwangsmaßnahmen vorzusehen sind.[70]

### IV. Berufung und Abberufung (Abs. 1)

**1. Berufung (S. 1).** Vorgesehen ist nach Art. 37 Abs. 1 S. 1 die Wahl durch den LT. Art. 53 Abs. 1 DS-GVO erlaubt die Auswahl und **Ernennung** der Aufsichtsbehördenleitung durch das Parlament, das Staatsoberhaupt oder eine „unabhängige Stelle, die nach dem Recht des Mitgliedstaats mit der Ernennung betraut wird".[71] Die Bestellung des LfD erfolgt in M-V durch Wahl des LT.[72] § 16 Abs. 1 Satz 1 und 2 DSG M-V bestimmt, dass der LT den LfD ohne Aussprache mit mehr als der Hälfte seiner Mitglieder für die Dauer von sechs Jahren wählt; vorschlagsberechtigt sind gem. § 16 Abs. 1 Satz 3 DSG M-V die Fraktionen des LT, nicht aber einzelne Abgeordnete[73] und nicht die LReg, was die Unabhängigkeit des LfD von der Exekutive besonders betont. Umstritten ist, ob das Transparenzgebot des Art. 53 Abs. 1 DS-GVO[74] eine öffentliche Stellenausschreibung gebietet, sowie ein Ernennungsverfahren, das erkennbar unparteiisch ist und durch angemessene Fristen eine gewisse Kontrolle durch das Parlament und die interessierte Öffentlichkeit ermöglicht.[75] Besondere persönliche **Anforderungen** stellt nicht Art. 37, wohl aber Art. 53 Abs. 2 DS-GVO: Danach muss er die zur Erfüllung ihrer oder seiner Aufgaben erforderliche Qualifikation, Erfahrung und Sachkunde insbesondere im Bereich des Schutzes personenbezogener Daten besitzen.[76] § 18 Abs. 1 S. 4 DSG M-V verlangt darüber hinaus die Befähigung zum Richteramt, zum Verwaltungsdienst der Laufbahngruppe 2 zweites Einstiegsamt oder eine gleichgestellte Befähigung. Da der LfD nach § 16 Abs. 1 S. 3 DSG M-V zum Beamten auf Zeit ernannt wird, muss er die Voraussetzungen hierfür erfüllen (§ 5 Abs. 1 Satz 1 Nr. 2 und Abs. 2 und § 8 LBG M-V). Diese Anforderungen sind angesichts des Ausformungsrechts des Parlaments gem. Art. 37 Abs. 4 DS-GVO zulässig und sachgerecht. IÜ ist davon auszugehen, dass der LT eine Einschätzungsprärogative besitzt und nur eine geeignete Persönlichkeit wählt.[77]

---

69 Dazu LfD in LTag-Drs. 7/2041 S. 11; OVG Bautzen Urt. v. 21.6.2011 – 3 A 224/10, NVwZ-RR 2011, 980; aA *Franck* ZD 2021, 247.
70 *Franck* ZD 2021, 247 (250); s. auch EuGH Urt. v. 19.12.2019 – C-752/18, NJW 2020, 977.
71 *Weichert* DuD 2022, 371(372 f.).
72 Siehe → Art. 32, dort auch zum Modus der Wahl.
73 Vgl. LVerfG MV Urt. v. 28.10.2010 – 5/10, LVerfGE 11, 265.
74 Dazu *Weichert* DuD 2022, 321(373 f.).
75 So *Selmayr/Ehmann*, Art. 53 Rn. 5; zurückhaltender *Ziebarth*, in Sydow, Art. 53 Rn. 8; *Polenz*, in Simitis/Hornung/Spiecker gen. Döhmann, Art, 53 DSGVO Rn. 3 ist der Ansicht, dass sich aus dem Verfahren lediglich ergeben muss, dass mehrere Alternativen nach den von der DS-GVO vorgegebenen Kriterien erwogen und beurteilt worden sind. Nach VG Schleswig Beschl. v. 19.8.2020 – 12 B 36/20, NordÖR 2021, 197 genügt es, dass der Wahlvorgang selbst in einer öffentlichen Sitzung des LT erfolgt; dazu *Büttel* jurisPR-ITR 20/2020 Anm. 6. Der BTag nennt das Abstimmungsergebnis und hängt eine Namensliste mit den an der Wahl teilgenommenen Abgeordneten an; *Hermonies* RuP 2019, 52.
76 *Weichert* DuD 2022, 371 (374 f.).
77 So zu Recht *Menzel*, in Löwer/Tettinger, Art. 77a Rn. 8.

22 **2. Amtszeit, Abberufung (S. 2 und 3).** Die **Amtszeit** beträgt sechs Jahre; diese Vorgabe ist mit Art. 54 Abs. 1 Lit. d DS-GVO vereinbar[78]. Die Bestimmung, dass nur eine einmalige Wiederwahl zulässig ist, ermöglicht Art. 54 Abs. 1 lit. e DS-GVO[79]. Nach § 16 Abs. 2 DSG M-V verlängert sich die Amtszeit bis zur Wahl eines Nachfolgers, maximal jedoch um sechs Monate. Diese Vorschrift mag sinnvoll sein, ist aber mit Art. 37 Abs. 1 S. 1 nicht vereinbar. Der LT muss rechtzeitig die Nachfolge regeln. Eine Führungslosigkeit kann angesichts der Vertretungsregelung nach § 15 Abs. 4 DSG M-V nicht eintreten. Die Beendigung des Amts gegen den Willen kann nur durch **Abberufung** nach Abs. 1 Satz 2 iVm § 29 Abs. 5 Satz 1 DSG M-V gem. Art. 37 Abs. 1 S. 2 mit einer Mehrheit von zwei Dritteln der Mitglieder des LT erfolgen. Die Entlassungsgründe, die Art. 37 Abs. 1 S. 2 offen lässt,[80] können gem. Art. 54 Abs. 4 DS-GVO nur eine schwere Verfehlung oder der Umstand sein, die Voraussetzungen für die Wahrnehmung seiner Aufgaben nicht mehr erfüllt.[81] Die Abberufung darf wegen seiner Unabhängigkeit in keinem Zusammenhang mit der (korrekten) Aufgabenerfüllung nach Art. 37 LV sowie Art. 51 Abs. 1 und 2 und Art. 57 DS-GVO stehen.[82] Auf **eigenen Antrag** ist der LfD von seinem Amt zu entbinden.

## V. Schutzrecht gegenüber der Allgemeinheit (Abs. 3)

23 In Abs. 3 wird allen **Bürgern** das Recht eingeräumt, sich an den Datenschutzbeauftragten mit der Behauptung zu wenden, bei der Bearbeitung ihrer personenbezogenen Daten durch die LReg oder andere Träger der öffentlichen Gewalt im Lande in ihrem Recht auf Schutz ihrer persönlichen Daten verletzt worden zu sein.[83] Abs. 3 ist eine spezielle Ausprägung des verfassungsrechtlich verbürgten Anspruchs auf Petition (Art. 10) und entspricht Art. 57 Abs. 1 lit. f) und Abs. 2 DS-GVO. Der Anrufende hat nur einen Rechtsanspruch darauf, dass der LfD seine Petition entgegennimmt, sachlich in tatsächlicher und rechtlicher Hinsicht überprüft und mitteilt, wie die Eingabe erledigt wurde (s. auch Art. 77 Abs. 2 DS-GVO).[84] Andere Rechte, etwa ein Einsichtsrecht in die Akten des LfD bestehen nicht.[85] Weitergehend meint das LVerfG M-V, dass die Einschaltung unabhängiger Stellen bei der Überprüfung geheim gehaltener Maßnahmen nach dem SOG M-V ein wesentliches Element des Grundrechtsschutzes sei, den die Betroffenen selbst (noch) nicht wahrnehmen können. Sei die Unterrichtung aus polizeilicher Sicht ausnahmsweise auf längere oder gar unabsehbare Zeit nach dem Abschluss der Maßnahme hinauszuschieben, müsse der LfD bald die Gelegenheit erhalten, von unabhängiger Warte seine Meinung zu bilden und, soweit sie von derjenigen der Polizei abweicht, mit seinen Mitteln auf die Unterrichtung des Betroffenen hinzuwirken.[86]

---

78 *Selmayr/Ehmann*, Einf. Rn. 86 und Art. 54 Rn. 9.
79 *Selmayr/Ehmann*, Einf. Rn. 86 und Art. 54 Rn. 10.
80 Deswegen muss diese Vorschrift nicht wegen Art. 53 Abs. 4 DS-GVO unangewendet bleiben, so aber *Heckmann/Kämpfe* in dies./Oehlrich § 16 Rn. 6 f.
81 *Körffer*, in Paal/Pauly, Art. 53 Rn. 5.
82 Vgl. zu Art. 37–38 DS-GVO Schlussanträge des GenA de la Tour vom 27.1.2022 in der Rechtssache C-534/20 – Leistritz AG Rn. 40.
83 Kommission, Verfassungsentwurf, S. 134.
84 VG Schwerin Urt. v. 16.3.2021 – 1 A 1254/20 SN zu Art. 57 Abs. 1 lit. f DS-GVO, ZD 2022, 70; OVG Koblenz Urt. v. 26.10.2020 – 10 A 10613/20.OVG, ZD 2021, 446; *Körffer*, in Paal/Pauly Art. 77 DS-GVO Rn. 5.
85 VGH München, Beschl. v. 23.3.2015 – 10 C 15.165.
86 LVerfG M-V Urt. v. 18.5.2000 – 5/98, LVerfGE 11, 265.

## VI. Schrifttum

*Auer-Reinsdorff/Conrad*, Handbuch IT- und Datenschutzrecht, 3. Aufl. 2019; *Helfrich*, Handbuch Multimedia-Recht, 2021; *Peter Gola/Dirk Heckmann*, Datenschutz-Grundverordnung, Bundesdatenschutzgesetz: DS-GVO / BDSG, 3. Auf. 2022; *Bernd Grzeszick/Rolf Schwartmann/Robin L. Mühlenbeck*, Nationale Parlamente und DS-GVO: Die unzutreffende Sicht des EuGH, NVwZ 2020, 1491; *Patrick Hilbert*, Der Datenschutz der Parlamente; NVwZ 2021, 1173; *Eugen Ehmann/Martin Selmayr*, Datenschutz-Grundverordnung, 2. Aufl. 2018; *Lorenz Franck*, Verwaltungszwang gegenüber öffentlichen Stellen im Anwendungsbereich der DS-GVO, ZD 2021, 247: *Horst Heberlein*, Bereichsausnahme für Parlamente?, ZD 2021, 85; *Lydia Kämpfe/Constanze Oehlrich* (Hrsg.), Landesdatenschutzgesetz Mecklenburg-Vorpommern, 2022; *Patrick Hilbert*, Der Datenschutz der Parlamente, NVwZ 2021, 1173; *Meinhard Schröder* (Hrsg.), Bayerisches Datenschutzgesetz, 2021; *Boris Paal/Daniel A. Pauly*, DS-GVO BDSG, 3. Aufl. 2021; *Spiros Simitis /Gerrit Hornung/Indra Spiecker gen. Döhmann*, Datenschutzrecht, 2019; *Gernot Sydow* (Hrsg.), Europäische Datenschutzgrundverordnung, 2. Aufl. 2018; *Sarah Thome*, Die Unabhängigkeit der Bundesdatenschutzaufsicht, VuR 2015, 139; *Thilo Weichert*, Die Ernennung von Mitgliedern nach Art. 53 DSGVO, DuD 2022, 231.

## Art. 38 (Anwesenheitspflicht und Zutrittsrecht der Landesregierung)

(1) Der Landtag und seine Ausschüsse haben das Recht und auf Antrag eines Drittels der jeweils vorgesehenen Mitglieder die Pflicht, die Anwesenheit jedes Mitglieds der Landesregierung zu verlangen.

(2) ¹Die Mitglieder der Landesregierung und ihre Beauftragten haben zu den Sitzungen des Landtages und seiner Ausschüsse Zutritt. ²Zu nichtöffentlichen Sitzungen der Untersuchungsausschüsse, die nicht der Beweiserhebung dienen, und des Ausschusses zur Vorbereitung der Wahl der Verfassungsrichter besteht für Mitglieder der Landesregierung und ihre Beauftragten kein Zutritt, es sei denn, sie werden geladen.

(3) Den Mitgliedern der Landesregierung ist im Landtag und seinen Ausschüssen, ihren Beauftragten in den Ausschüssen auf Wunsch das Wort zu erteilen.

Vergleichbare Regelungen:
Artt. 43 GG; 34 BWVerf; 24 BayVerf; 49 VvB; 66 BbgVerf; 98 BremVerf; 23 HambVerf; 91 HessVerf; 23 NdsVerf; 45 Verf NW; 89 Verf Rh-Pf; 76 SaarVerf; 49 SächsVerf; 52 LVerf LSA; 21 SchlHVerf; 66 ThürVerf.

| | | | |
|---|---|---|---|
| I. Zitierrecht | 1 | III. Rederecht | 4 |
| II. Zutrittsrecht | 3a | IV. Schrifttum | 5 |

## I. Zitierrecht

Ausgehend von entsprechenden Regelungen aus der Zeit des Konstitutionalismus[1] gehören das **Zitierrecht des Parlamentes** und das **Rederecht der Regierung** zum gemeinsamen verfassungsrechtlichen Besitzstand von Bund und Ländern und zählen heute zu den Fremdinformations- und Kontrollrechten des Parlamentes gegenüber der Regierung.[2] Die juristische Bedeutung der Vorschrift ist

---
1 Etwa § 169 Verfassung Württemberg von 1819, näher *Morlok*, in Dreier, Bd. II, Art. 43 Rn. 3.
2 Näher *von Achenbach* Der Staat 58 (2019), 325, 332 ff.

aufgrund der zur damaligen Lage geänderten Situation gering,[3] ihr Regelungsgehalt zuweilen eher Gegenstand politischer Phraseologie als ernsthafter verfassungsrechtlicher Auseinandersetzung. So finden sich in der Parlamentspraxis zwar durchaus ab und an Anträge, die auf die Anwesenheit von Mitgliedern der LReg sowohl im Plenum als auch den Ausschüssen[4] gerichtet sind.[5] Ihnen wird in der Praxis entweder sofort entsprochen, wenn das angesprochene Mitglied der LReg sich im Hause oder in der Nähe befindet[6], oder dem Recht kann ohnehin nicht entsprochen werden, weil der Zitierte nicht ortsanwesend ist. Da aber üblicher Weise dem Parlament in solchen Fällen zuvor eine Begründung bzw. Entschuldigung zugeht,[7] die auch die Antragsteller kennen, bleibt es in der Praxis typischer Weise bei einem politischen Schlagabtausch, in welchem Topoi wie „Achtung und Ansehen des Parlaments" und ähnliches gepflegt werden.[8]

2 Aus rechtlicher Sicht wäre allenfalls zu überdenken, ob im letztgenannten Fall die Berufung auf das Zitierrecht als Minderheitenrecht rechtsmissbräuchlich ist.[9] Allerdings dürfte seitens der Zitierten oftmals aus Gründen der politischen Klugheit eine Berufung auf die **Rechtsmissbräuchlichkeit** vermieden werden, um den Antragstellern keine Debatte über den Gehalt der Erklärung der Abwesenheit zu ermöglichen.[10] IVm den skizzierten politischen Wirkungen sind zuweilen auch Rechtsverstöße des Parlaments gegen Abs. 3 zu verzeichnen, wenn ein Mitglied der LReg bspw. vor einen Ausschuss zitiert werden soll, in welchem auskunftsfähige und -willige Beauftragte der LReg anwesend sind, auf deren Beiträge dann indes „verzichtet" wird. Ebenfalls einen schon unzulässigen Grenzfall dürfte es darstellen, das nicht ressortgebundene[11] Zitierrecht zu nutzen, um ein das ressortmäßig zuständige und entschuldigt fehlende Regierungmitglied vertretendes Regierungsmitglied in Kenntnis von dessen fehlender Aussagefähigkeit zu befragen bzw. vorzuführen.

3 Dem Zitierrecht entspricht auf Rechtsfolgenseite ansonsten eine **physische Anwesenheitspflicht**. Ein Zuschalten über im Rahmen der Corona-Pandemie üblich gewordene **Konferenzsoftwaresysteme** genügt nicht, soweit dem nicht zugestimmt wurde.[12] Die Pflicht zum Erscheinen ist unvertretbar. Ebenfalls ent-

---

3 Vgl. auch *Austermann/Waldhoff*, Parlamentsrecht, Rn. 543: üblicher Weise Herbeizitierung nicht nötig.
4 Enquetekommissionen und besondere Wahlausschüsse zählen nicht hierzu, siehe *Bogan*, in HannKomm NV, Art. 23 Rn. 8; *Hahn-Lorber*, in Becker/Brüning/Ewer/Schliesky, Verfassung des Landes Schleswig-Holstein, Art. 27 Rn. 24 f.
5 Zur Statistik *Schindler* ZParl 26 (1995), 551, 564.
6 Vgl. auch die Praxisfälle bei www.spiegel.de/politik/deutschland/bundestag-linke-und-gruene-zwingen-gabriel-ins-parlament-a-10208 und https://www.spiegel.de/politik/deutschland/regierung-und-spd-offenbar-in-gas-deal-von-olaf-scholz-eingebunden-a-71e5091b-3b15-460c-aead-2f81f391702e.
7 Näher hierzu *Morlok*, in Dreier, Bd. II, Art. 43 Rn. 14; *Magiera*, in Sachs, GG, Art. 43 Rn. 5 stellt auf verfassungsrechtlich höher zu bewertende Pflichten ab.
8 Vor dem Hintergrund sind auch, wenn überhaupt dem soft-law zugehörige, Anordnungen der Staatskanzleien zu sehen, dass während der Parlamentsdebatten die Regierungsbank sichtbar und mehrheitlich besetzt zu sein hat.
9 Ausdrücklich *Magiera*, in Schneider/Zeh, Parlamentsrecht und Parlamentspraxis, § 52 Rn. 9; sehr eng *Hahn-Lorber*, in Becker/Brüning/Ewer/Schliesky, Verfassung des Landes Schleswig-Holstein, Art. 27 Rn. 17.
10 Insbes. in Fällen, in denen Termine wahrgenommen werden, die eine Mischung zwischen Aspekten der Staatsleitung und Parteipolitik bzw. Klientelpflege aufweisen.
11 *Hahn-Lorber*, in Becker/Brüning/Ewer/Schliesky, Verfassung des Landes Schleswig-Holstein, Art. 27 Rn. 27 mwN zum Streitstand.
12 *Bogan*, in HannKomm NV, Art. 23 Rn. 11.

spricht dem Zitierrecht eine über die bloße Anwesenheit hinausgehende Pflicht, dem Parlament und seinen Ausschüssen auch Rede und Antwort zu stehen.[13]

## II. Zutrittsrecht

Abs. 2 Satz 1 räumt den Mitgliedern der Landesregierung und ihren Beauftragten zu den Sitzungen des Landtages und seiner Ausschüsse ein **Zutrittsrecht** ein.[14] Damit wird der Landesregierung ermöglicht, umfassend über den Diskussionsstand im parlamentarischen Raum informiert zu sein. Neben den Mitgliedern der Landesregierung besitzen auch deren Beauftragte Zutrittsrecht, was vor dem Hintergrund sinnvoll ist, dass auch die fachlich zuständigen Mitarbeiter der Landesregierung unmittelbar für sie wichtige Informationen erhalten bzw. im Zusammenspiel mit Abs. 3 diese auch vermitteln können.[15] Wer insoweit beauftragt ist, bestimmt die Landesregierung, typischer Weise durch allgemeine Organisationserlasse; Sonderbeauftragungen sind nicht ausgeschlossen.[16] Als beauftragt im Sinne der Vorschrift sind auch die Mitarbeiter bzw. Leitungen nachgeordneter Einrichtungen anzusehen; Fragen der Qualifikation oder des dienstlichen Status spielen keine Rolle,[17] vielmehr vertreten auch die Beauftragten insoweit die Landesregierung und haben Anspruch auf eine Behandlung entsprechend den parlamentarischen Gepflogenheiten eines respektvollen Umgangs zwischen Verfassungsorganen.

3a

Anders als die Regelungssystematik anderer Landesverfassungen stellt Satz 2 klar, in welchen Fällen das Zutrittsrecht nicht besteht. Hier liegt es im Ermessen des Parlaments, Angehörige bzw. Beauftragte der Landesregierung zu laden. Im Einzelfall kann sich das an sich politische Ermessen rechtlich verdichten – etwa aus Gründen der **Verfassungorgantreue** – und dazu führen, dass eine **Ladungspflicht** besteht.[18]

## III. Rederecht

Abs. 3 enthält für die Mitglieder der LReg sowie, beschränkt auf die Ausschüsse für deren Beauftragte, ein **Rederecht**,[19] welches als eigenständiger verfassungs-

4

---

13 *Bogan*, in HannKomm NV, Art. 23 Rn. 12; im in Fn. 6 geschilderten Fall hat der damalige Finanzminister *Olaf Scholz* sich nach Erscheinen indes nicht an der Debatte beteiligt.

14 Das systematische Verhältnis zum Zitierrecht ist umstritten, für ein korrespondierendes Recht, *Bogan*, in HannKomm NV, Art. 23 Rn. 15; dagegen *Hahn-Lorber*, in Becker/Brüning/Ewer/Schliesky, Verfassung des Landes Schleswig-Holstein, Art. 27 Rn. 40, jw mwN.

15 In der Praxis erfolgt im Regelfall eine Vertretung der Landesregierung sowohl durch die fachlich zuständige Arbeitsebene als auch die politische Leitung unter Einschluss des Stabes.

16 *Linck*, in Linck/Baldus/Lindner/Poppenhäger/Ruffert, Art. 66 Rn. 28 verlangt zutreffend eine Amtsträgereigenschaft. Die Begleitung von Beauftragten bzw. die Terminwahrnehmung durch andere Personen (etwa private Berater) muss mit dem Parlament abgestimmt werden.

17 *Linck*, in Linck/Baldus/Lindner/Poppenhäger/Ruffert, Art. 66 Rn. 28.

18 Vgl. zur Ermessensausübung in Thüringen *Linck*, in Linck/Baldus/Lindner/Poppenhäger/Ruffert, Art. 66 Rn. 38.

19 Das Rederecht umfasst auch Zwischenrufe von der Regierungsbank; die Parlamentsdebatte verbindet insoweit Parlament und Regierung und es wäre praxisfern, zwischen Mitgliedern der Landesregierung, die zugleich Abgeordnete sind und solchen, die es nicht sind, unterscheiden zu müssen, vgl. *Linck*, in Linck/Baldus/Lindner/Poppenhäger/Ruffert, Art. 66 Rn. 33, mwN zur gegenläufigen Ansicht; ablehnend, aber gleichwohl in einer Zulässigkeit kommend – mit zutreffender Empfehlung einer gebotenen Zurückhaltung auf der Regierungsbank – *Hahn-Lorber*, in Becker/Brüning/Ewer/Schliesky, Verfassung des Landes Schleswig-Holstein, Art. 27 Rn. 52.

rechtlicher Anspruch zu sehen ist. Offen lässt die Vorschrift, ob auch Vertreter erfasst sind. Während dies für eine Vertretung durch andere Mitglieder der Landesregierung unproblematisch ist, stellt sich die Frage, ob eine **Vertretung durch Staatssekretäre** möglich ist.[20] Mit Blick auf die Ressortverantwortung nach Art. 46 Abs. 2 ist dies zu bejahen, da Staatssekretäre keine Beauftragten sind, sondern im Ressortbereich ständige Vertreter der Regierungsmitglieder. Auch bezieht sich Art. 38 ausdrücklich nicht auf die Landesregierung in toto als Verfassungsorgan, sondern spricht unmittelbar die einzelnen Mitglieder der Landesregierung als Berechtigte an. Auch das spricht dafür, nicht die Regelung zur Vertretung innerhalb der Landesregierung anzuwenden, sondern Regelungen zur ressortbezogenen Vertretung durch Staatssekretäre, jedenfalls dann, wenn zu ressortbezogenen Themen, die nicht kabinettpflichtig sind, gesprochen werden soll; § 5 GOLR M-V steht dem insoweit nicht entgegen.

Die Redezeit der Anspruchsberechtigten kann nicht beschränkt werden.[21] Ob und in welchem Umfang die Redezeit der Mitglieder der LReg auf die der Mehrheitsfraktionen anzurechnen ist, ist Sache der Geschäftsordnungsautonomie.[22] Durch Einbeziehen der Beauftragten ermöglicht Abs. 3 zudem eine intensive Unterstützung des Parlaments im Rahmen der Sacharbeit, etwa bei der Formulierungshilfe.[23]

### IV. Schrifttum

*Siegfried Magiera*, Rechte des Bundestages und seiner Mitglieder gegenüber der Regierung, in Hans-Peter Schneider/Wolfgang Zeh, Parlamentsrecht und Parlamentspraxis, 1989, S. 1421 ff.; *Meinhard Schröder*, Rechte der Regierung im Bundestag, in Hans-Peter Schneider/Wolfgang Zeh, Parlamentsrecht und Parlamentspraxis, 1989, S. 1447 ff.

### Art. 39 (Informationspflichten der Landesregierung)

(1) ¹Die Landesregierung ist verpflichtet, den Landtag über die Vorbereitung von Gesetzen sowie über Grundsatzfragen der Landesplanung, der Standortplanung und Durchführung von Großvorhaben frühzeitig und vollständig zu unterrichten. ²Das gleiche gilt für die Vorbereitung von Verordnungen und Verwaltungsvorschriften, die Mitwirkung im Bundesrat sowie die Zusammenarbeit mit dem Bund, den Ländern, anderen Staaten, den Europäischen Gemeinschaften und deren Organen, soweit es um Gegenstände von grundsätzlicher Bedeutung geht.

(2) Die Informationspflicht nach Absatz 1 findet ihre Grenzen in der Funktionsfähigkeit und Eigenverantwortung der Landesregierung.

(3) Das Nähere regelt das Gesetz.

---

20 Nach *Bogan* in: HannKomm NV, Art. 23 Rn. 10 handelt es sich um einen parlamentarischen Brauch; nicht umgesetzt freilich in Mecklenburg-Vorpommern.
21 BVerfGE 10, 4 (17 ff.); vgl. ferner BVerfGE 96, 264, 286.
22 Weitergehend hält *Morlok*, in Dreier, Bd. II, Art. 43 Rn. 25 Regelungen, welche die Redezeiten verrechnen, für verfassungsrechtlich geboten; *Linck*, in Linck/Baldus/Lindner/Poppenhäger/Ruffert, Art. 66 Rn. 35; soweit der Landtag einer Vertretung durch Staatssekretäre nicht zustimmt, ist zu beachten, dass ein Chef der Staatskanzlei im Amt eines parlamentarischen Staatssekretärs dann anrechnungspflichtig als Abgeordneter spricht.
23 Interessant ist das Agreement, die Beauftragten in solchen Fällen nicht als weisungsgebunden anzusehen, dazu *Bischoff/Bischoff*, in Schneider/Zeh, Parlamentsrecht und Parlamentspraxis, § 54 Rn. 50 f.

**Vergleichbare Regelungen:**
Artt. 79 BremVerf; 89b Verf Rh-Pf; 50 SächsVerf; 62 LVerf LSA; 22 SchlHVerf.

Die Vorschrift nimmt Bezug auf das sich aus dem **Gewaltenteilungsprinzip** 1
ergebende Spannungsverhältnis zwischen Regierung und Parlament in Bezug
auf den Umfang der **Information des Parlaments** durch die LReg, um diesem
eine **effektive Kontrolle** zu ermöglichen.[1] Daraus folgt, dass der Umfang der
Informationspflicht sich auf die Gegenstände beschränkt, für welche die LReg
dem LT verantwortlich ist.[2] Wiewohl die Bestimmung konkreter gefasst ist als
vergleichbare Vorschriften,[3] bereitet sie gerade deshalb erhebliche Schwierigkeiten,[4] divergierende Normgehalte iS praktischer Konkordanz aufzulösen. Denn
wiewohl im Zentrum des Abs. 1 die Verpflichtung steht, den LT frühzeitig zu
unterrichten, so muss man mit Blick auf Abs. 2 und den dort in wesentlichen
Teilen umschriebenen **Kernbereichsschutz**[5] feststellen, dass grds. der LT nur über
zumindest in der Willensbildung der LReg abgeschlossene Vorgänge unterrichtet
werden muss.[6] Praktisch muss eine Ausbalancierung der Normgehalte in den
Blick nehmen, dass die Exekutive typischer Weise über einen gewisser Weise
eine **Informationsasymmetrie** begründenden Informationsvorsprung gegenüber
dem Parlament verfügt.[7]

Vor solchem Hintergrund kann man sich dem Bedeutungsgehalt der Vorschrift 2
nur von den im Rahmen des Gewaltenteilungsprinzips das Verhältnis zwischen
LT und LReg bestimmenden Funktionen bzw. Kompetenzen her nähern. So
ist zu beachten, dass das Parlament in **wesentlichen Fragen** – bzw. nach dem
Wortlaut der Vorschrift Fragen von grds. Bedeutung – stets zu beteiligen ist,
auch wenn sie administrativ vorbereitet und gesteuert werden, wie dies insbes.
für Planungsentscheidungen der Fall ist.[8] Auch kann die umfassende politische
Zuständigkeit des LT auch eine Verpflichtung der LReg begründen, mit den
ihr zur Verfügung stehenden Mitteln die erforderlichen Informationen erst zu
beschaffen.[9]

Als rechtsdogmatischer Schlüssel zur Lösung des in Art. 39 angelegten 3
Konkordanzfragen erweist sich damit die Reichweite des **Parlamentsvorbehalts**,

---

1 Dazu Kommission, Verfassungsentwurf, S. 129.
2 *Trute*, Parlamentarische Kontrolle in einem veränderten Umfeld, in Die Verfassungsgerichte der Länder Brandenburg, Mecklenburg-Vorpommern, Sachsen, Sachsen-Anhalt und Thüringen (Hrsg.), 20 Jahre Verfassungsgerichtsbarkeit in den neuen Ländern, 167, 177 f.
3 Die damit verbundenen Hoffnungen auf Stärkung des Parlaments – vgl. Kommission, Verfassungsentwurf, S. 129 sowie *Wedemeyer*, in Thiele/Pirsch/Wedemeyer, Art. 39 Rn. 2 – dürften sich indes in der Praxis nicht erfüllt haben.
4 Auf den Punkt gebracht von *Bretschneider*, in 10 Jahre Verfassung des Landes Mecklenburg-Vorpommern, 2004, S. 15, 20 f.: „Aber wo beginnt und wo endet die Eigenverantwortung der Landesregierung?".
5 Ablehnend *Teuber* NWVBl. 2008, 249 (252); *Trute*, Parlamentarische Kontrolle in einem veränderten Umfeld, in Die Verfassungsgerichte der Länder Brandenburg, Mecklenburg-Vorpommern, Sachsen, Sachsen-Anhalt und Thüringen (Hrsg.), 20 Jahre Verfassungsgerichtsbarkeit in den neuen Ländern, 167, 195 f., Versteht den Kernbereichsschutz als Ausnahme von einer Regel und gelangt zu entsprechend enger Auslegung.
6 So zu Abs. 2 auch *Wedemeyer*, in Thiele/Pirsch/Wedemeyer, Art. 39 Rn. 10, der dort in Rn. 8 eine Ausfüllung der Vorschrift im politischen Raum befürwortet.
7 *Trute*, Parlamentarische Kontrolle in einem veränderten Umfeld, in Die Verfassungsgerichte der Länder Brandenburg, Mecklenburg-Vorpommern, Sachsen, Sachsen-Anhalt und Thüringen (Hrsg.), 20 Jahre Verfassungsgerichtsbarkeit in den neuen Ländern, 167, 173.
8 Beispielhaft *Erbguth* VerwArch 1995, 327 ff. zur nordrhein-westfälischen Braunkohleplanung.
9 So *Teuber* NWVBl. 2008, 249 (252).

der, soweit dem Parlament hierdurch Einfluss- und Steuerungsmöglichkeiten zukommen, auch zum Inhalt haben muss, dass das Parlament – und zwar vor anderen Institutionen oder Verbänden – zu beteiligen ist, sobald die LReg die parlamentarische Relevanz erkennt.[10] Jenseits eines durchaus im Rahmen des Informationsanspruchs weit zu verstehenden Parlamentsvorbehalts muss wiederum das Parlament die exekutiven Kernaufgaben respektieren,[11] was eine Rolle als (aller)oberste Verwaltungsbehörde ausschließt. Soweit danach die LReg eine Information des Parlaments verweigert, ist die Entscheidung näher zu begründen.[12]

4 Ausgehend von einer solchen systematischen Einordnung lässt sich der konkrete Gehalt der Vorschrift zudem unter Rückgriff auf den historischen Kontext für die Praxis näher erschließen.[13] Hintergrund der Regelung bildet die im Jahre 1990 erfolgte Aufnahme einer bis auf Abs. 2 textidentischen Vorschrift in Schleswig-Holstein,[14] die ihrerseits auf Empfehlungen einer dort eingesetzten Enquete-Kommission Verfassungs- und Parlamentsreform zurückgeht und die durch ein **Parlamentsinformationsgesetz**[15] vom Gesetzgeber näher ausgestaltet wurde.

5 Auch Abs. 3 verweist auf eine nähere Ausgestaltung durch ein Gesetz, was durchaus als – freilich nicht justiziabler – **Regelungsauftrag** verstanden werden kann. Indes hatten Bemühungen, ein Parlamentsinformationsgesetz zu verabschieden, bislang keinen Erfolg. Ein Gesetzesantrag der in der vierten Wahlperiode oppositionellen Fraktion der CDU[16] fand im federführenden Ausschuss[17] sowie im Plenum keine Mehrheit. In der fünften Wahlperiode befand sich ein Entwurf der Fraktion „Die Linke." in der parlamentarischen Beratung, der abgelehnt wurde.[18] Obwohl der Verfassungstext durchaus als vollziehbar angesehen werden kann[19], auch unter hilfsweiser Berücksichtigung etwa der Auslegungsgrundsätze in § 10 PIG S-H, ist eine einfachgesetzliche Konkretisierung der Verfassungsbestimmung durchaus geboten, auch um Konfliktpotenzial zu minimieren. Zudem würde die Verabschiedung eines Parlamentsinformationsgesetzes dem Zusammenhang zwischen Information des Parlaments und Ausübung des Parlamentsvorbehalts in wesentlichen Fragen eher gerecht.

6 Im Rahmen der **praktischen Umsetzung** kann, sofern nicht Rechte etwa der Opposition verletzt werden[20], der Landtag als anspruchsberechtigtes Organ kraft

---

10 Bei Beantwortung der Frage muss der LReg ein Beurteilungsspielraum zugebilligt werden, siehe *Wedemeyer*, in Thiele/Pirsch/Wedemeyer, Art. 39 Rn. 7.
11 Dazu *Teuber*, Parlamentarische Informationsrechte, 218 ff. *Trute*, Parlamentarische Kontrolle in einem veränderten Umfeld, in Die Verfassungsgerichte der Länder Brandenburg, Mecklenburg-Vorpommern, Sachsen, Sachsen-Anhalt und Thüringen (Hrsg.), 20 Jahre Verfassungsgerichtsbarkeit in den neuen Ländern, 167, 195 f.
12 *Teuber*, Parlamentarische Informationsrechte, 223.
13 Ausführlich zu Inhalten und Grenzen *Teuber*, Parlamentarische Informationsrechte, 185 ff.
14 Zu den Einzelheiten siehe die ausführliche Kommentierung bei *Boor*, in Knops/Jänicke, Verfassung der Freien und Hansestadt Hamburg, Art. 31 Rn. 22 ff.
15 Parlamentsinformationsgesetz Schleswig-Holstein vom 17.10.2006, GVOBl. SH, S. 217.
16 Gesetzentwurf der Fraktion der CDU, LT-Drs. 4/1621.
17 Siehe die Beschlussempfehlung und den Bericht des Rechts- und Europaausschusses, LT-Drs. 4/1621, dort auch zum Ergebnis der Anhörung.
18 Gesetzentwurf der Fraktion der Linkspartei/PDS, LT-Drs. 5/474.
19 Vgl. insoweit die Diskussion in Sachsen zur Erforderlichkeit eines Parlamentsinformationsgesetzes, dazu *Schröder* SächsVBl. 2004, 151 (155).
20 Auf die Bedeutung gerade von Informationsansprüchen der Opposition gegenüber der üblichen Privilegierung der Regierungsfraktionen zu Recht hinweisend *Trute* Parlamentarische Kontrolle in einem veränderten Umfeld, in Die Verfassungsgerichte der Län-

eigener **Organkompetenz** entscheiden, in welchem Rahmen die Information erfolgen soll; eine Erfüllung des Informationsanspruchs stets im Plenum bzw. gegenüber allen Fraktionen gebietet die Vorschrift nicht. Jenseits des verpflichtenden Regelungsgehalts der Vorschrift fällt es in die Kompetenz der Landesregierung, den LT bzw. einzelne Fraktionen in ihre Willensbildung einzubinden bzw. an Informationen teilhaben zu lassen.[21] Keine Anwendung findet Art. 39 auf Informationsrechte einzelner Abgeordneter, sich etwa im Rahmen von Behördenbesuchen ein Lagebild zu verschaffen. Derartige Informationsrechte sind dem Recht der freien Mandatsausübung zuzuordnen.[22]

Neben einer bzw. bis zu einer Ausgestaltung durch Gesetz kommt eine Konkretisierung der Vorschrift auch durch **Vereinbarungen zwischen Parlament und Landesregierung**, gegebenenfalls auch über eine von gemeinsamer Rechtsüberzeugung getragene dauerhafte Übung in Betracht. 7

Vor solchem Hintergrund hat sich mittlerweile in zahlreichen Punkten eine im Rahmen der Vorschrift liegende Praxis herausgebildet.[23] Pars pro toto sei hier die durch Art. 39 gebotene Beteiligung des LT durch die LReg im Rahmen des **Frühwarnsystems der Subsidiaritätsrüge** erwähnt, welches die Beteiligung des Parlaments trotz engen Zeitfensters sichert[24]. Als aktuelle besondere Fallkonstellation aufgrund der Corona-Pandemie hat sich ferner die Frage nach der Einbeziehung des Parlaments in Fragen des Erlasses von Landesrechtsverordnungen auf bundesrechtlicher Grundlage herausgebildet.[25] In solchen Fällen ist eine umfassende Einbeziehung des Parlaments geboten, da nur so das Parlament entscheiden kann, ob es im Rahmen des Art. 80 Abs. 4 GG durch Gesetz handeln will. Die konkrete Ausgestaltung obliegt indes einer Abwägungsentscheidung der Landesregierung,[26] die Rechte des Parlaments im Sinne eines interorganfreundlichen Verhaltens so weitestgehend wie möglich zu berücksichtigen hat, indes auch Fragen der Eilbedürftigkeit zum Gegenstand haben kann.[27]

---

der Brandenburg, Mecklenburg-Vorpommern, Sachsen, Sachsen-Anhalt und Thüringen (Hrsg.), 20 Jahre Verfassungsgerichtsbarkeit in den neuen Ländern, 167, 175.
21 Dies entspricht gängiger Praxis; instruktiv dazu VGH Sachsen Beschl. v. 28.2.2008 – Vf. 110-I-07 –, juris, Rn. 15 f.; *Budde/Tolkmitt/Umbach* SächsVBl. 2008, 257 – kein Verfassungsverstoß bei selektiver Information/Nichtberücksichtigung der Fraktion der NPD; siehe aber auch unten Fn. 26.
22 LVerfG MV Beschl. v. 16.3.2016 – LVerfG 3/15 – Besuch einer Erstaufnahmeeinrichtung für Geflüchtete durch Teile der NPD-Fraktion.
23 Näher – auch anhand des dortigen Parlamentsinformationsgesetzes – *Hahn-Lorber*, in Becker/Brüning/Ewer/Schliesky (Hrsg.), Verfassung des Landes Schleswig-Holstein, Art. 28 Rn. 31 ff.; *Bogan*, in HannKomm NV, Art. 25 Rn. 6 ff.
24 Allgemein zu der diesbezüglichen Problematik der Beteiligung der Landesparlamente *Devins*, in Berliner Online-Beiträge zum Europarecht, Nr. 92 (2013), 24; *Uerpmann-Wittzack* EuGRZ 2009, 461,467; umfassend *Heyer*, Informations- und Beteiligungsrechte der Landesparlamente im parlamentarischen Regierungssystem unter besonderer Beachtung ihrer Integrationsverantwortung, 2013.
25 NdsStGH, NdsVBl. 2021, 170 ff.; dazu ausführlich *Bogan* NdsVBl. 2021, 293 ff.
26 Siehe aber NdsStGH, NdsVBl. 2021, 170 (171), wonach die Information gegenüber dem Parlament im Ganzen zu erfolgen hat und eine Information von Ausschüssen oder Fraktionen bzw. deren Vorsitzenden nicht ausreicht.
27 Bedenklich, auch mit Blick auf eine frühzeitige Beteiligung des Parlaments, erscheint vor dem Hintergrund der Praxis, die Regelungsabsicht der Landesregierung in breit aufgestellten Runden wie „MV-Gipfel" oder „MV-Plan" vorab zu erörtern bzw. zu ermitteln und dem Landtag praktisch das Ergebnis vorzulegen.

## Schrifttum

8 *Sandro Heyer*, Informations- und Beteiligungsrechte der Landesparlamente im parlamentarischen Regierungssystem unter besonderer Beachtung ihrer Integrationsverantwortung, 2013; *Georg Krischniok-Schmidt*, Das Informationsrecht des Abgeordneten nach der brandenburgischen Landesverfassung, 2010; *Hans-Heinrich Trute*, Parlamentarische Kontrolle in einem veränderten Umfeld – am Beispiel der Informationsrechte der Abgeordneten, in Die Verfassungsgerichte der Länder Brandenburg, Mecklenburg-Vorpommern, Sachsen, Sachsen-Anhalt und Thüringen (Hrsg.), 20 Jahre Verfassungsgerichtsbarkeit in den neuen Ländern, 167; *Christian Teuber*, Parlamentarische Informationsrechte, 2007; *ders.*, Informationsrechte der Landesregierung und des Gemeinderats, NWVBl. 2008, 249; *Rainer Schröder*, Die verfassungsrechtlichen Informationspflichten der Staatsregierung gegenüber dem Landtag und der Entwurf eines Parlamentsinformationsgesetzes, SächsVBl. 2004, 151.

## Art. 40 (Frage- und Auskunftsrecht der Abgeordneten, Aktenvorlage durch die Landesregierung)

(1) ¹Fragen einzelner Abgeordneter oder parlamentarische Anfragen haben die Landesregierung oder ihre Mitglieder dem Landtag und seinen Ausschüssen nach bestem Wissen unverzüglich und vollständig zu beantworten. ²Die gleiche Verpflichtung trifft die Beauftragten der Landesregierung in den Ausschüssen des Landtages.

(2) ¹Die Landesregierung hat jedem Abgeordneten Auskünfte zu erteilen. ²Sie hat den vom Landtag eingesetzten Ausschüssen in deren jeweiligen Geschäftsbereichen auf Verlangen der Mehrheit ihrer Mitglieder Akten vorzulegen. ³Die Auskunftserteilung und die Aktenvorlage müssen unverzüglich und vollständig erfolgen.

(3) ¹Die Landesregierung kann die Beantwortung von Fragen, die Erteilung von Auskünften und die Vorlage von Akten ablehnen, wenn dem Bekanntwerden des Inhalts gesetzliche Vorschriften oder Staatsgeheimnisse oder schutzwürdige Interessen einzelner, insbesondere des Datenschutzes, entgegenstehen oder wenn die Funktionsfähigkeit und die Eigenverantwortung der Landesregierung beeinträchtigt werden. ²Die Entscheidung ist den Fragestellenden oder den Antragstellenden mitzuteilen.

(4) Das Nähere regelt das Gesetz.

Vergleichbare Regelungen:
Artt. 56 Abs. 2 S. 2, Abs. 3 und 4 BbgVerf; 100 BremVerf; 25 HambVerf; 24 NdsVerf; 89a Verf Rh-Pf; 51 SächsVerf; 53 LVerf LSA; 29 SchlHVerf; 67 Abs. 1–3 ThürVerf.

| | |
|---|---|
| I. Vorbemerkung | 1 |
| II. Fragerecht nach Abs. 1 S. 1 | 2 |
| 1. Parlamentarische Anfragen | 4 |
| a) Befragung der Landesregierung | 5 |
| b) Kleine Anfragen | 6 |
| c) Große Anfragen | 7 |
| 2. Bedeutung parlamentarischer Anfragen in der Praxis | 8 |
| 3. Prüfung durch den Präsidenten | 9 |
| a) Missbrauchsverbot | 10 |
| b) Verbot von Wertungen und Unterstellungen | 11 |
| c) Sachlichkeitsgebot | 12 |
| d) Überschriften parlamentarischer Anfragen | 14 |
| e) Zuständigkeitsbereich der Landesregierung | 15 |
| f) Schutz der Rechte Dritter | 16 |
| III. Aktenvorlage durch die Landesregierung | 17 |
| IV. Antwortpflicht der Landesregierung | 23 |

| 1. Pflicht zur „vollständigen" Beantwortung | 24 |
| 2. Pflicht zur „unverzüglichen" Beantwortung | 27 |
| 3. Grenzen der Pflicht zur Beantwortung | 28 |
| a) Zuständigkeit, Verantwortungsbereich der Landesregierung | 29 |
| b) Materielle Ablehnungsgründe (Art. 40 Abs. 3 S. 1) | 37 |
| aa) Staatsgeheimnisse oder gesetzliche Vorschriften (1. Alt.) | 38 |
| bb) Schutzwürdige Interessen Einzelner, Datenschutz (2. Alt.) | 42 |
| cc) Funktionsfähigkeit und Eigenverantwortung der Landesregierung (3. Alt.) | 44 |
| V. Grundsatz und Schranken öffentlicher Beantwortung | 50 |
| VI. Mitteilungspflicht der Landesregierung (Abs. 3 S. 2) | 56 |
| VII. Auftrag an den Gesetzgeber (Abs. 4) | 57 |

## I. Vorbemerkung

Das **Frage- und Auskunftsrecht** sowie das **Recht auf Aktenvorlage** gewährleistet, 1 dass die einzelnen Abg., die Ausschüsse sowie das Parlament die für ihre Aufgabenerfüllung erforderlichen Informationen zügig erhalten. Das Parlament muss die Mittel haben, die Gesetzmäßigkeit und Lauterkeit von Regierungs- oder Verwaltungsmaßnahmen zu kontrollieren.[1] Zu dieser Kontrolle bedarf es weitgehender Informationsrechte, damit der Informationsvorsprung der Exekutive gegenüber dem Parlament, und hier besonders gegenüber der parlamentarischen Opposition (→ Art. 20 Rn. 18), kompensiert werden kann. Die Kontrollfunktion des Parlaments als grundlegendes Prinzip des parlamentarischen Regierungssystems und der Gewaltenteilung ist angesichts des regelmäßig bestehenden Interessengegensatzes zwischen regierungstragender Mehrheit und oppositioneller Minderheit wesentlich von den Wirkungsmöglichkeiten der Minderheit abhängig.[2] Daher sind die Informationsrechte in ihrer verfassungsrechtlichen und geschäftsordnungsrechtlichen Ausprägung als Minderheitenrechte mit einem verfassungsrechtlich hohen Rang ausgestaltet.[3] Mit dem Fragerecht kann die LReg gleichsam als Mittel der Fremdinformation in die Pflicht genommen werden. Das LVerfG M-V hat in diesem Zusammenhang dargelegt, dass die „Kontrolle der Tätigkeit der Regierung und der Landesverwaltung" (Art. 20 Abs. 1 S. 3 LV) und zur „Behandlung öffentlicher Angelegenheiten" (Art. 20 Abs. 1 S. 4 LV) allgemein in Verbindung mit dem generellen Status eines Mitglieds des Landtages (Art. 22 Abs. 1 und 2 LV) und dessen im Einzelnen gegenüber der Exekutive statuierten Rechten (Art. 12 39, Art. 40 LV) im Grundsatz auch ein **verfassungsunmittelbares (Selbst)Informationsgewinnungsrecht** ergibt, das nachgeordnete Einrichtungen des Landes und den Zugang zu diesen einschließt.[4] Die LReg als Spitze der Landesverwaltung verfügt über Mittel für eine umfassende Sammlung, Sichtung und Aufbereitung der für die Bewältigung der Staatsaufgaben erforderlichen Informationen.[5] Ohne Beteiligung am Wissen der Reg kann das Parlament sein Kontrollrecht gegenüber der Reg nicht ausüben.[6] Das Frage- und Auskunftsrecht der Abg. nach Art. 40 Abs. 1 S. 1 sowie Abs. 2 S. 1 LV

---

[1] *Klein/Schwarz*, in Dürig/Herzog/Scholz, Art. 43 Rn. 75; *Caspar*, in Caspar/Ewer/Nolte/Waack, Art. 23 Rn. 4; *Edinger*, in Brocker/Droege/Jutzi, Art. 89a Rn. 1.
[2] LVerfG M-V, LVerfGE 13, 284, 299.
[3] *Caspar*, in Caspar/Ewer/Nolte/Waack, Art. 23 Rn. 4.
[4] LVerfG M-V, B. v. 31.3.2016 LVerfG 3/15, S. 11 f.
[5] LVerfG M-V, Urt. v. 23.1.2014 – LVerfG 8/13 – S. 7; LVerfG M-V, B. v. 30.06.2016 LVerfG 2/15 S. 7 f.
[6] BVerfGE 137, 185 (231); 139, 194 Rn. 104.

ist dabei als **Recht jedes Mitglieds des LT** gefasst und ergänzt insoweit die Rechte der Abg. nach Art. 22 Abs. 2 LV. In der Praxis dient das Fragerecht nicht nur der parlamentarischen Kontrolle, sondern wird auch zur Erlangung von Informationen über Belange des Wahlkreises oder zur Vorbereitung eigener parlamentarischer Initiativen eingesetzt.

## II. Fragerecht nach Abs. 1 S. 1

2 Art. 40 Abs. 1 S. 1 räumt das Recht ein, der LReg Fragen zu stellen sowie parlamentarische Anfragen an sie zu richten. Die LReg wird verpflichtet, die Fragen und Anfragen umfassend und zeitnah zu beantworten.[7] Die Differenzierung zwischen „**Fragen einzelner Abg.**" und „**parlamentarischen Anfragen**" wird zumeist danach vorgenommen, ob es sich um Formen parlamentarischer Anfragen nach den Regelungen der GO LT (Große Anfrage, Kleine Anfrage, Fragen im Rahmen der Befragung der Landesregierung) handelt, die an besondere Formerfordernisse geknüpft sind. Die sonstigen „Fragen einzelner Abg." hingegen sollen alle in der GO nicht explizit aufgeführten formlosen Anfragen an die LReg und ihre Beauftragten umfassen und insbes. Fragen im Zusammenhang mit Ausschusssitzungen betreffen.[8] Da sich das Fragerecht und der korrespondierende Auskunftsanspruch nur bei Anwesenheit von Regierungsvertretern realisieren lassen, impliziert Art. 40 Abs. 1 die **Pflicht der Reg, in den Ausschüssen mit auskunftsfähigen Vertretern präsent zu sein.**[9] Unstreitig ist, dass Art. 40 LV den Gesamtbereich parlamentarischer Fragemöglichkeiten umfasst.[10] Die Differenzierung in Art. 40 Abs. 1 hinsichtlich der geschäftsordnungsrechtlichen Ausgestaltungen des Fragerechts und sonstiger Fragen begegnet hingegen Bedenken.[11] Die Unterscheidung zwischen parlamentarischen Anfragen und Fragen einzelner Abg. nach Maßgabe der Formalisierung in der GO würde dazu führen, dass ein informelles Fragerecht des Abg. besteht, das eine umfassende und unverzügliche Antwortpflicht der LReg zur Folge hat, ohne dass eine Kontrollmöglichkeit des Parlaments besteht, ob die LReg ihrer verfassungsrechtlichen Pflicht zur Beantwortung nachkommt. Lediglich bei der Frage eines Abg. im Zusammenhang mit einer Ausschusssitzung könnte die Kontrolle der Beantwortung durch den Ausschuss erfolgen.

3 Vielmehr impliziert der Wortlaut des Art. 40 Abs. 1 eine Trennung zwischen parlamentarischen Anfragen und Fragen einzelner Abg. nach Maßgabe des Quorums.[12] **Parlamentarische Anfragen** iSv Art. 40 Abs. 1 LV sind somit lediglich Anfragen, die **an ein bestimmtes Quorum gebunden** sind, während es sich ansonsten um Fragen einzelner Abg. handelt. Zwar haben nach der GO LT auch einzelne Abg. die Möglichkeit, parlamentarische Anfragen in der Form der Kleinen Anfrage an die LReg zu richten; im eigentlichen Sinn handelt es jedoch nicht um eine parlamentarische Anfrage, sondern um die Frage eines einzelnen

---

7 *Hübner*, in von Mutius/Wuttke/Hübner, Art. 23 Rn. 13; *Caspar*, in Caspar/Ewer/Nolte/Waack, Art. 23 Rn. 7.
8 *Caspar*, in Caspar/Ewer/Nolte/Waack, Art. 23 Rn. 8, 13; *Edinger*, in Brocker/Droege/Jutzi, Art. 89a Rn. 5 ff.; *Linck*, in Linck/Baldus/Lindner/Poppenhäger/Ruffert, Art. 67 Rn. 17 ff.
9 *Linck*, in Linck/Baldus/Lindner/Poppenhäger/Ruffert, Art. 67 Rn. 39.
10 *Hübner*, in von Mutius/Wuttke/Hübner, Art. 23 Rn. 2.
11 Vgl. zur Kritik auch *Hölscheidt*, Informationen der Parlamente durch die Regierungen, in DÖV 1993, 593 f.
12 Dies entspräche terminologisch der Praxis des BT, wo parlamentarische Anfragen an das Quorum der Fraktion gebunden sind, während einzelne Mitglieder die Möglichkeit haben, Fragen zur schriftlichen oder mündlichen Beantwortung einzureichen.

Abg. gem. Art. 40 LV. Praktische Bedeutung kommt der Unterscheidung nicht zu, da die Antwortpflicht der LReg in beiden Fällen besteht.

**1. Parlamentarische Anfragen.** Der Verfassungsgeber hat durch Art. 40 Abs. 1 dem Kontrollinstrument der parlamentarischen Anfrage verfassungsrechtlichen Rang verliehen. Das Parlament ist im Rahmen seiner Geschäftsordnungsautonomie frei, wie er das Recht der parlamentarischen Anfrage ausgestaltet. Das „Ob" der Ermöglichung parlamentarischer Anfragen entzieht sich hingegen der Gestaltungsmacht des Geschäftsordnungsgebers.[13] Nach der GO LT ist das Verfahren parlamentarischer Anfragen folgendermaßen gestaltet:

**a) Befragung der Landesregierung.** Das Instrument der **Befragung der Landesregierung** ist im Verlauf der 7. WP eingeführt worden und hat die bis zu diesem Zeitpunkt existierende Fragestunde abgelöst. Bei der Befragung der Landesregierung, die idR einmal in jeder Sitzungswoche durchgeführt wird, hat **jeder Abg.** das Recht, Fragen an die LReg zu richten. Anders als bei der ehem. Fragestunde müssen die Fragen nicht mehr ausformuliert eingereicht werden, **lediglich die Themen müssen** vorab bis Freitag 10.00 Uhr vor einer Sitzungswoche **benannt werden.** Die Themen sollen sich an den Gegenständen der Kabinettsitzungen orientieren (vgl. § 65 Abs. 2 und 2 GOLT). Zwingend ist diese thematische Einengung aber nicht. Das Fragerecht nach Art. 40 Abs. 1 und die korrespondierende Antwortpflicht kann nicht durch die GO LT inhaltlich eingeschränkt werden. Daher kann auch weiterhin **Gegenstand der Befragung** der LReg Einzelfragen aus dem Bereich der Landespolitik sowie aus dem Bereich der Verwaltung sein, **soweit die LReg unmittelbar oder mittelbar verantwortlich ist.** Der Fragesteller ist berechtigt, **zu jeder Frage eine Zusatzfrage** zu stellen, die in unmittelbarem Zusammenhang mit der Beantwortung der Frage stehen muss. Bei Zweifeln, ob ein unmittelbarer Zusammenhang mit der Ausgangsfrage besteht, teilt der Präsident dem Fragesteller seine Zweifel mit, erteilt aber dennoch dem zuständigen Mitglied der LReg das Wort. Das Mitglied der LReg kann sich auf den fehlenden Sachzusammenhang berufen und den Abg. bitten, dazu eine neue Frage für die kommende Befragung der LReg einzureichen oder verweist darauf, schriftlich zu antworten, da er auf diesen Fragebereich nicht vorbereitet sein konnte.

**b) Kleine Anfragen.** Wie Einzelfragen in der Befragung der LReg sind auch Kleine Anfragen nicht an ein Quorum gebunden, so dass **jeder Abg.** das Recht hat, Kleine Anfragen an die LReg zu richten. Auch Kleine Anfragen beziehen sich auf einen **thematisch begrenzten Gegenstand.** Ob der Gegenstand der Kleinen Anfrage thematisch insoweit genügend eingegrenzt ist, dass eine umfassende und zeitnahe Antwort der LReg erfolgen kann, kann seitens des Parlaments im Regelfall nicht geprüft werden. Der zeitliche Aufwand für die Beantwortung durch die LReg hängt oftmals davon ab, ob entsprechende Informationen bereits aufbereitet vorliegen oder erst erhoben werden müssen. Kleine Anfragen dürfen **maximal zehn Fragen mit je drei Unterfragen** enthalten (§ 64 Abs. 2 GO LT). Es handelt sich um ein formalisiertes Verfahren; die Anfrage und die Antwort der LReg erfolgen schriftlich und werden als Drucksache veröffentlicht. Der Gegenstand der Kleinen Anfrage gelangt ebenso wie Fragen aus der Fragestunde nicht auf die Tagesordnung des Parlaments, es sei denn, die Kleine Anfrage wird nicht innerhalb der Frist von 20 Werktagen (zur Fristberechnung → Rn. 27) beantwortet. In diesem Fall setzt der Präsident die Kleine Anfrage auf Verlangen des Fragestellers auf die Tagesordnung der nächsten Sitzung.

---

13 *Caspar*, in Caspar/Ewer/Nolte/Waack, Art. 23 Rn. 9; *Edinger*, in Brocker/Droege/Jutzi, Art. 89a Rn. 8.

7 **c) Große Anfragen.** Große Anfragen können gem. § 63 Abs. 1 GO LT von einer **Fraktion** oder mindestens **vier Abg.** gestellt werden und müssen von den Fragestellern unterzeichnet sein. Anders als bei Kleinen Anfragen beschränkt sich die Große Anfrage nicht auf einen thematisch begrenzten Gegenstand, sondern **ist umfassender orientiert** und bezieht sich auf einen **Gegenstand des öffentlichen Interesses.** Bereits vor Eingang einer Antwort der LReg kann eine Große Anfrage vom Präsidenten auf die Tagesordnung des LT gesetzt werden, wenn die LReg innerhalb einer Frist von drei Wochen nach der Übermittlung durch den PräsLT keinen Termin zur Beantwortung nennt oder die Beantwortung ablehnt. Soweit die Antragsteller dies verlangen, muss der Präsident sie auf die Tagesordnung der nächsten Sitzung setzen (§ 63 Abs. 3 GO LT). Nach Eingang der Antwort der LReg wird die Große Anfrage auf Antrag einer Fraktion oder mindestens vier Mitgliedern des LT auf die Tagesordnung des LT gesetzt (§ 63 Abs. 4 GO LT).

8 **2. Bedeutung parlamentarischer Anfragen in der Praxis.** Befragung der Landesregierung, Kleine Anfragen und Große Anfragen sind für die Aufgabe der **Kontrolle der LReg** insbes. für die **Opposition** von besonderer Bedeutung. Zwar ist die absolute Zahl der parlamentarischen Anfragen von der ersten bis zur vierten Wahlperiode kontinuierlich zurückgegangen (etwa bei Kleinen Anfragen von 1.375 in der ersten WP auf 954 in der vierten WP); gleich geblieben ist, dass die Fragesteller in der deutlich überwiegenden Mehrheit der Opposition angehörten. So sind Große Anfragen in den einzelnen WP entweder ausschließlich aus den Reihen der Opposition gekommen oder jedenfalls zu 85 %. Kleine Anfragen wurden zu 70–92 % von Mitgliedern der Opposition gestellt. Eine Ausnahme gilt insoweit lediglich für die zweite Wahlperiode (59 %), in der in der Folge einer großen Koalition die Opposition zahlenmäßig sehr schwach repräsentiert war. Mit dem Einzug weiterer Oppositionsfraktionen ab der fünften WP **stieg die Anzahl der kleinen Anfragen rapide an.** So wurden in der 5. WP bereits 2332, in der 6. WP 3.701 und in der 7. WP 4.402 Kleine Anfragen gestellt und beantwortet. Ein ähnliches Bild zeichnet sich bei der Inanspruchnahme der Möglichkeit ab, in der Fragestunde bzw. bei der Befragung der Landesregierung Fragen an die LReg zu richten. Dieses Recht wird regelmäßig nur von Mitgliedern der Opposition wahrgenommen. Diese besagt nicht, dass die parlamentarische Kontrolle im Wesentlichen von der Opposition wahrgenommen wird. Die Opposition nutzt die vorgegebenen parlamentarischen Verfahren zur Kontrolle, da sie öffentlichkeitswirksam sind und ihr zudem andere Möglichkeiten zur Kontrolle in geringerem Umfang zur Verfügung stehen. Die Kontrolle durch Mitglieder der Regierungsfraktionen erfolgt im Regelfall in nicht öffentlichen Sitzungen der Fraktionen oder Arbeitskreise; sie ist deshalb nicht weniger effektiv (→ Art. 20 Rn. 22).

9 **3. Prüfung durch den Präsidenten.** Im Rahmen der Gewährleistung des parlamentarischen Fragerechts nach Art. 40 Abs. 1 LV prüft der Präsident die **Zulässigkeitsvoraussetzungen** der parlamentarischen Anfragen, wobei wegen des Verfassungsrangs des Fragerechts **im Zweifel für den Fragesteller** entschieden wird.[14] Nach § 62 Abs. 3 GO LT kann der Präsident Fragen zurückweisen, die nach Form oder Inhalt einen Missbrauch darstellen, insbes. Wertungen oder Unterstellungen enthalten oder gegen die Würde des Hauses verstoßen. Formulierungen in parlamentarischen Anfragen müssen zunächst den allg. Anforderungen an parlamentarische Vorlagen genügen. Formulierungen sind unzulässig, wenn sie als Ordnungsverletzung anzusehen wären, so sie im Plenum des LT

---

14 *Ritzel/Bücker/Schreiner*, Vorbem. zu §§ 100–106 Anm. III. 1.

vorgetragen würden. Der Präsident hat Formulierungen, die gegen Strafgesetze, das Ordnungswidrigkeitenrecht oder das Recht der unerlaubten Handlungen verstoßen sowie unparlamentarische Begriffe und Ausdrücke enthalten, zurückzuweisen.[15] **Gegen die Zurückweisung** kann der Fragesteller binnen einer Frist von einem Monat einen schriftlich zu begründenden **Einspruch** einlegen, der auf die TO der folgenden Sitzung des LT zu setzen ist (§ 62 Abs. 4 GOLT).[16] Die Prüfung durch den Präsidenten bezieht sich ausschließlich auf die Frage bzw. parlamentarische Anfrage; ob und inwieweit die mögliche Antwort der LReg auf eine Frage Zulässigkeitsbedenken begegnet, etwa aus Gründen des Datenschutzes, des Geheimschutzes oder anderer Verfassungsrechtsgüter, könnte allenfalls antizipiert werden, ist vom Prüfungsrecht des Präsidenten jedoch nicht umfasst, sondern muss von der LReg geprüft und ggf. beachtet werden.[17] Im Einzelnen werden durch den PräsLT regelmäßig folgende Kriterien geprüft:

a) **Missbrauchsverbot.** Hinsichtlich der Frage, ob eine parlamentarische Anfrage in ihrer konkreten Form einen **Rechtsmissbrauch** darstellt, können **keine engen Kriterien** angelegt werden, da ein Rechtsmissbrauch nur dann angenommen werden könnte, wenn der Abg. **unter keinem denkbaren Umstand ein geschütztes Interesse** daran haben kann, von seinem verfassungsrechtlich gesicherten Recht Gebrauch zu machen, Auskunft von der LReg über einen bestimmten Sachverhalt zu verlangen.[18] Die Missbrauchsgrenze ist daher nur in sehr seltenen Fällen erreicht[19] und könnte etwa dann überschritten sein, wenn ein Abg. mit einer Frage lediglich bezweckt, die LReg mit einer Anfrage zu beschäftigen oder Scherzfragen stellt, ohne Interesse an der Antwort der LReg zu haben. Die Verweigerung von Auskünften wegen eines Missbrauchs des Fragerechts kommt nur in Betracht, wenn die LReg dies durch greifbare Tatsachen belegen kann.[20] Nicht vom Missbrauchsverbot umfasst sind Fragen eines Abg., deren Beantwortung auch einfach aus öffentlich zugänglichen Quellen erlangt werden könnte. In diesen Fällen beschränkt sich die Antwortpflicht der LReg jedoch darauf, die öffentlich zugänglichen Quellen für die Informationsbeschaffung zu benennen.[21]

10

b) **Verbot von Wertungen und Unterstellungen.** Parlamentarischen Anfragen dürfen **keine Wertungen und Unterstellungen** enthalten. Die Abgrenzungen von Wertungen und Unterstellungen kann im Einzelfall problematisch sein.[22] Wertungen sind Meinungsäußerungen des Fragestellers, also Formulierungen, durch die ein Sachverhalt vom Fragesteller gutgeheißen, gelobt, bevorzugt, positiv eingeschätzt oder aber missbilligt, kritisiert, abgelehnt oder negativ eingeschätzt wird.[23] Eine Unterstellung, die inhaltlich dem in § 104 GO BT verwendeten Ausdruck „Feststellung" entspricht, liegt vor, wenn die Frage Tatsachenbehauptungen enthält[24] oder Urteile umfasst, die in die materielle Beantwortung über-

11

---

15 *Ritzel/Bücker/Schreiner*, Vorbem. zu §§ 100–106 Anm. III. 2.b.).
16 Vgl. LVerfG M-V, Beschluss vom 18.12.2014 – LVerfG 5/14 – S. 9 f. zur Erforderlichkeit der Einlegung eines Einspruchs, bevor das LVerfG angerufen werden kann.
17 *Glauben/Edinger* DÖV 1995, 941 (945).
18 *Caspar*, in Caspar/Ewer/Nolte/Waack, Art. 23 Rn. 22; *Bogan*, in Butzer/Epping, Art. 24 Rn. 12.
19 *Hölscheidt*, Frage und Antwort im Parlament, S. 37; *Weis* DVBl. 1988, S. 268, 272.
20 LVerfG M-V, Urt. v. 23.1.2014 – LVerfG 8/13 – S. 8.
21 *Magiera*, in Schneider/Zeh, Parlamentsrecht und Parlamentspraxis, § 52 Rn. 65.
22 *Linck*, in Linck/Baldus/Lindner/Poppenhäger/Ruffert, Art. 67 Rn. 26.
23 *Geck*, Die Fragestunde im Deutschen Bundestag, S. 115; *Ritzel/Bücker/Schreiner*, Vorbem. zu §§ 100–106 Anm. III. 2.c) cc).
24 *Hölscheidt*, Frage und Antwort im Parlament, S. 51.

nommen werden müssen, weil nach ihnen gefragt wird.[25] Das Verbot von Wertungen und Unterstellungen geht von der Prämisse aus, dass nicht nur Aussagen, sondern **auch Fragen Feststellungen, Unterstellungen und Wertungen enthalten können**. Jede Frage enthält, indem sie sich auf einen bestimmten Gegenstand bezieht, ausgesprochen oder unausgesprochen Annahmen tatsächlicher oder wertender Art. Deshalb kann der Aspekt der Wertung oder Unterstellung nicht an der verwendeten grammatikalischen Form als Frage oder Aussage festgemacht werden.[26] Nicht jeder in Frageform gekleidete S. ist folglich als Frage zu betrachten. In einem Fragesatz können Behauptungen aufgestellt werden, auf die sich das Klärungsbegehren des Fragenden nicht bezieht. Solche Fragesätze sind insoweit keine Fragen, sondern bilden Aussagen, die sich als Werturteil oder als Tatsachenbehauptung darstellen und rechtlich als solche zu behandeln sind.[27]

12 **c) Sachlichkeitsgebot.** Die parlamentarischen Anfragen müssen kurz und sachlich gefasst sein (§ 62 Abs. 2 S. 2 GO LT). Sie dürfen somit **keine beleidigenden, polemischen, aggressiven oder in anderer Weise durch die Sache nicht zu rechtfertigenden Formulierungen** enthalten.[28] Sie dürfen zudem nicht den Zweck verfolgen, die Verfassungsordnung des GG oder des Landes herabzusetzen. Unsachlich und infolgedessen unzulässig sind zudem Fragen, die bestimmte Personen herabsetzen oder ein bestimmtes Verhalten oder Personen ins Lächerliche ziehen.[29] Grds. wird eine unsachliche Frage nicht dadurch zulässig, dass die entsprechende Wertung oder Unterstellung zuvor von Dritten, etwa in den Medien, vorgenommen wurde.[30]

13 Das Verbot von Wertungen und Unterstellungen sowie das Sachlichkeitsgebot gilt gem. § 62 Abs. 2 und 3 auch für Große Anfragen. Hinsichtlich dieses Kontrollinstruments ist jedoch zu berücksichtigen, dass Große Anfragen schriftlich zu begründen sind, soweit nicht der Sachverhalt, über den Auskunft gewünscht wird, aus dem Wortlaut der Anfrage deutlich genug hervorgeht. Auch die Begründung ist dem Prüfungsrecht und der Prüfungspflicht des Präsidenten unterworfen, wobei bei der Begründung der Großen Anfrage nicht die engen Maßstäbe anzulegen sind, wie bei dem Text der Anfrage.

14 **d) Überschriften parlamentarischer Anfragen.** Für Überschriften parlamentarischer Anfragen gelten die strengsten Anforderungen an Sprache und Formulierungen. Bei ihnen gelten nicht nur das Verbot von Wertungen und Unterstellungen und das Sachlichkeitsgebot; vielmehr **müssen sie so gefasst sein, dass sie als amtliche Formulierungen von Tagesordnungspunkten geeignet sind**.[31]

15 **e) Zuständigkeitsbereich der Landesregierung.** Das Fragerecht der Abg. ist **auf Gegenstände begrenzt, für die die LReg unmittelbar oder mittelbar verantwortlich ist** (§ 62 Abs. 2 GO LT), da eine entsprechende Antwortpflicht der LReg nur in den Grenzen der Verbandskompetenz des Landes und der Organkompetenz der LReg besteht.[32] Es erstreckt sich auch **auf Angelegenheiten des BRat und der Europäischen Union, auf die die LReg auf verschiedenen Ebe-

---

25 *Geck*, Die Fragestunde im Deutschen Bundestag, S. 114.
26 BVerfGE 85, 23 (32); *Ritzel/Bücker/Schreiner*, Vorbem. zu §§ 100–106 Anm. III. 2.c) bb).
27 BVerfGE 85, 23 (32) zu Art. 5 Abs. 1 S. 1 GG.
28 *Geck*, Die Fragestunde im Deutschen Bundestag, S. 115.
29 *Ritzel/Bücker/Schreiner*, Vorbem. zu §§ 100–106 Anm. III. 2.c) dd).
30 *Ritzel/Bücker/Schreiner*, Vorbem. zu §§ 100–106 Anm. III. 2.c) ee).
31 *Ritzel/Bücker/Schreiner*, Vorbem. zu §§ 100–106 Anm. III. 2.f); aA *Hölscheidt*, Frage und Antwort im Parlament, S. 54.
32 *Caspar*, in Caspar/Ewer/Nolte/Waack, Art. 23 Rn. 20.

nen Einfluss nehmen kann.[33] Die Verantwortlichkeit der LReg besteht insoweit auch hinsichtlich aller Einrichtungen, die der Aufsicht oder Weisungsbefugnis der LReg unterliegen.[34] Auch insoweit besteht ein Prüfungsrecht bzw. eine Prüfungspflicht des PräsLT. Hinsichtlich der Zuständigkeit der LReg ist für die Abgrenzung von zulässigen und unzulässigen Fragen der inhaltliche Schwerpunkt der Anfrage maßgebend. In Zweifelsfällen ist der Verantwortungsbereich der LReg wegen der Bedeutung des Fragerechts als Mittel der parlamentarischen Kontrolle zu unterstellen. Der Präsident hat Fragen nur dann **zurückzuweisen, wenn der Verantwortungsbereich der LReg offensichtlich weder mittelbar noch unmittelbar betroffen ist.**[35] Eine abschließende Bewertung erfolgt durch die LReg im Rahmen der Prüfung ihrer Antwortpflicht (→ Rn. 29).

Unzulässig sind sog. **Dreiecksfragen**, mit denen die LReg nach ihrer Bewertung eines Verhaltens bzw. der politischen Einstellung eines anderen Verfassungsorgans, von Abg., Fraktionen, Parteien oder Kommunalvertretungen gefragt wird, da deren Verhalten nicht der parlamentarischen Kontrolle des Landesparlaments unterliegen.[36]

Das Fragerecht eines Abg ist nicht dadurch ausgeschlossen, dass sich ein parlamentarisches Gremium, wie ein **Untersuchungsausschuss oder ein anderes Kontrollgremium** mit der Fragestellung befasst. Dies wäre mit dem Fragerecht des einzelnen Abg, der ggf. nicht in dem Gremium vertreten ist, nicht zu vereinbaren. Die einzelnen Abg, die Fraktionen und das Plenum könnten ansonsten nicht auf Informationen zugreifen, die die Regierung einem Kontrollgremium gegeben hat. Im Zusammenhang mit dem ggf. zu beachtenden Geheimnisschutz korrespondiert zum Fragerecht auch die Antwortpflicht der LReg, wenn die entsprechenden Vorgänge nicht oder nicht mehr geheimhaltungsbedürftig sind.[37] Bei der Beschränkung der Statusrechte der Abg auf Mitglieder eines Gremiums ist der Grundsatz der Verhältnismäßigkeit zu wahren und ein angemessener Ausgleich zwischen der Funktionsfähigkeit des Parlaments und den statusrechten der Abg sicherzustellen. Die Beschränkung der Abgeordnetenrechte im Interesse besonderer Vertraulichkeit muss auf wenige Ausnahmen mit begrenztem Anwendungsbereich beschränkt bleiben und zwingend erforderlich sein.[38]

f) **Schutz der Rechte Dritter.** Bei der Prüfung einer Anfrage sind auch die Rechte Dritter und hierbei insbes. das **allg. Persönlichkeitsrecht** gem. Art. 2 Abs. 1 iVm Art. 1 Abs. 1 GG zu beachten. Insoweit sind Fragen nach dem Verhalten von Privatpersonen Beschränkungen unterworfen. Die Prüfungspflicht ist begrenzt auf Beeinträchtigungen des Persönlichkeitsrechts, **die bereits durch die Veröffentlichung der Frage eintreten.** Beeinträchtigungen des Persönlichkeitsrechts, die durch die Antwort der LReg eintreten könnten, sind zunächst von dieser zu prüfen. Da die Antwort als LT-Drs. veröffentlicht wird, kommt dem LT nach Vorliegen der Antwort eine additive Prüfungspflicht zu, da durch die Veröffentlichung eine erneute Rechtsverletzung eintreten könnte (→ Rn. 55).

---

33 *Edinger*, in Brocker/Droege/Jutzi, Art. 89a Rn. 10.
34 *Edinger*, in Grimm/Caesar, Art. 89a Rn. 3.
35 *Ritzel/Bücker/Schreiner*, Vorbem. Zu §§ 100–106 Anm. III. 3.b).
36 LVerfG M-V Beschl. v. 18.12.2014 – LverfG 5/14, S. 8f.; *Edinger*, in Brocker/Droege/Jutzi, Art. 89a Rn. 11; *Glauben/Edinger*, Parlamentarisches Fragerecht in den Landesparlamenten, DÖV 1995, 941 (943); *Linck*, in Linck/Baldus/Lindner/Poppenhäger/Ruffert, Art. 67 Rn. 23.
37 BVerfGE 124, 161 (192); *Linck*, in Linck/Baldus/Lindner/Poppenhäger/Ruffert, Art. 67 Rn. 26.
38 BVerfGE, 130, 318, 359 f.; BVerfGE 137, 185 (242).

## III. Aktenvorlage durch die Landesregierung

17 Nach Art. 40 Abs. 2 S. 2 LV hat der LT und die von ihm eingesetzten Ausschüsse das Recht, von der LReg die Vorlage von Akten zu verlangen. Es handelt sich bei dem Verlangen nach Aktenvorlage um eine der effektivsten Formen der parlamentarischen Kontrolle, indem sich das Parlament durch **Selbstinformation** anhand der Regierungsakten eigene, unabhängige Sachkenntnis verschaffen kann.[39] Ausschüsse können nur die Vorlage solcher Akten verlangen, durch die der Zuständigkeitsbereich des Ausschusses betroffen ist, jedoch unabhängig davon, ob die Zuständigkeit im Zusammenhang mit einer überwiesenen Vorlage oder im Rahmen des Selbstbefassungsrechts begründet ist.[40]

18 Anders als das Fragerecht ist das Aktenvorlagerecht nicht als **Minderheitenrecht** ausgestaltet. Es bedarf zur Geltendmachung des Verlangens der Mehrheit der Mitglieder des LT bzw. im Falle des Aktenvorlageverlangens eines Ausschusses der Mehrheit der Mitglieder des betreffenden Ausschusses.[41] Da die **Aktenvorlage auf „Verlangen" der Mehrheit der Mitglieder** erfolgt, bedarf es keines förmlichen Beschlusses des Parlaments bzw. des Ausschusses. Allein die **Antragstellung durch die qualifizierte Mehrheit genügt**, um die Rechtspflicht zur Aktenvorlage auszulösen, da es sich um einen Antrag handelt, dem entsprochen werden muss.[42] Insoweit ist die Anknüpfung des Aktenvorlagerechts an das „Verlangen" der Mehrheit der Mitglieder des Parlaments bzw. eines Ausschusses ungewöhnlich, da der Begriff des „Verlangens" üblicherweise die Durchsetzung eines Minderheitenrechts gewährleisten soll.[43]

Allerdings ist zu berücksichtigen, dass jeder Bürger nach Maßgabe des Informationsfreiheitsgesetzes[44] (IFG) das Recht zur Akteneinsicht geltend machen kann. Es würde zu einem **Wertungswiderspruch** führen, **wenn der einzelne Bürger unter den Voraussetzungen des IFG Akteneinsicht** verlangen könnte, **dem Abg aufgrund seiner Organstellung dieses Recht verwehrt** würde.[45] Dem Abgeordneten stehen daher zumindest die Akteneinsichtsrechte zu, die ihm auch als Bürger zustehen würden, ohne dass es dazu eines Beschlusses des Landtags bedarf.

Die Ausgestaltung der umfassenden Aktenvorlage als Mehrheitsrecht kann allerdings in der Praxis dazu führen, dass vermehrt Untersuchungsausschüsse eingesetzt werden. Da das Recht, einen Untersuchungsausschuss einzusetzen, Beweise zu erheben und sich Akten vorzulegen zu lassen, als Minderheitenrecht ausgestaltet ist (→ Art. 34 Rn. 14, 17), können ein Viertel der Mitglieder des Landtags verlangen, dass ein Untersuchungsausschuss eingerichtet wird, und ein Viertel der Mitglieder des UA verlangen, dass die LReg den Untersuchungsgegenstand betreffende Akten vorlegt. Das Recht auf Aktenvorlage kann hingegen nur von der Mehrheit geltend gemacht werden, so dass die qualifizierte Minderheit, darauf angewiesen ist, erst einen Untersuchungsausschuss einzurichten, um die entsprechende Aktenvorlage verlangen zu können. Daher sollte der Verfassungsgeber erwägen, das Recht der Aktenvorlage auch als Recht der qualifi-

---

39 *Wedemeyer*, in Thiele/Pirsch/Wedemeyer, Art. 40 Rn. 4.
40 *Wuttke*, in von Mutius/Wuttke/Hübner, Art. 23 Rn. 12.
41 In der Parallelvorschrift der SchlHVerf ist diese Regelung als Minderheitenrecht ausgestaltet.
42 *Kabel*, in Schneider/Zeh, § 31 Rn. 6.
43 Vgl. etwa die Details zu geschäftsordnungsrechtlichen Verlangen in BVerfGE 84, 304 (330 f.).
44 Vgl. GVOBl. 2006, S 556.
45 *Edinger*, in Brocker/Droege/Jutzi, Art. 89a Rn. 11; *Kretschmer*, in Schmidt-Bleibtreu/Hopfauf, Art. 43 Rn. 24; *Linck*, in Linck/Baldus/Lindner/Poppenhäger/Ruffert, Art. 67 Rn. 30.

zierten Minderheit auszugestalten, um dem Druck zu begegnen, dies nur im Rahmen eines kostenträchtigen Untersuchungsausschusses zu ermöglichen.

Der **Umfang der herauszugebenden Akten** richtet sich nach dem Herausgabeverlangen, das sich auf ein konkretes Herausgabebegehren richten muss, so dass die LReg erkennen kann, welche Akten zu dem konkreten Thema herauszugeben sind. Die Herausgabepflicht erstreckt sich auf **alle Akten zum Informationsgegenstand**, die sich im Verfügungsbereich der LReg befinden.[46] Dies gilt auch für Unterlagen, hinsichtlich der die LReg geltend macht, dass dem Bekanntwerden des Inhalts gesetzliche Vorschriften oder Staatsgeheimnisse oder schutzwürdige Interessen einzelner, insbesondere des Datenschutzes, entgegenstehen oder die Funktionsfähigkeit und die Eigenverantwortung der LReg beeinträchtigt wird (Art. 40 Abs. 3 LV). In diesen Fällen hat die LReg die Pflicht, die Zurückbehaltung von Akten unter Angabe des Grundes dem LT bzw. dem die Herausgabe von Akten verlangenden Ausschuss mitzuteilen. Nur durch einen entsprechenden Hinweis auf zurückgehaltene Akten erlangt das Parlament Kenntnis von der Unvollständigkeit des Aktenmaterials und kann weitere Maßnahmen, etwa zur Sicherstellung des Daten- oder Geheimschutzes, ergreifen, um dennoch Einsichtnahme in die Akten nehmen zu können. Anderenfalls wäre es der LReg möglich, Akten zurückzuhalten, von deren Existenz und Zurückhaltung das Parlament keine Kenntnis hat.[47]

Das Aktenvorlagerecht ist auf die im Rahmen der **Zuständigkeit der LReg** geführten Akten beschränkt; ein Vorlageverlangen bzgl. kommunaler Akten oder Akten des Bundes ist ebenso unzulässig[48] wie das Herausgabeverlangen bzgl. anderer Schriftstücke, deren inhaltlicher Gegenstand nicht im Zuständigkeitsbereich der LReg (→ Rn. 29) liegt.

**Einsichtsberechtigt** in die Akten sind im Falle des Vorlageverlangens **durch den LT alle Abg.**, im Falle des Herausgabeverlangens **durch einen Ausschuss nur die Mitglieder des Ausschusses**. Dies gilt auch für fraktionslose Abg., die Mitglied eines Ausschusses sind, auch wenn sie dort nicht über ein Stimmrecht verfügen. Teilweise wird vertreten, dass auch im Fall des Aktenherausgabeverlangens durch die Mehrheit der Mitglieder eines Ausschusses allen Abg. des LT ein Akteneinsichtsrecht zustehen sollte, da gem. Art. 22 Abs. 2 LV alle Abg. das Recht haben, an Ausschusssitzungen teilzunehmen, dort das Wort zu ergreifen sowie Fragen und Anträge zu stellen.[49] Dabei wird aber nicht genügend berücksichtigt, dass das Recht auf Aktenherausgabe an hohe Quoren geknüpft ist. Wenn die Herausgabe der Akten zur Einsichtnahme an alle Abg. gefordert wird, bedarf es dazu des Verlangens der Mehrheit der Mitglieder des Parlaments, während zur Aktenherausgabe an einen Ausschuss das Verlangen der Mehrheit der Mitglieder des Ausschusses ausreicht. Soweit bei dem Akteneinsichtsverlangen eines Ausschusses allen Abg. die Akteneinsicht gewährt würde, könnte die Regelung zur Erlangung des Quorums für die Akteneinsicht durch das Parlament umgangen werden.

In der Praxis kommt dem Aktenvorlageverlangen **keine große Bedeutung** zu, da jeweils die die Regierung tragende Mehrheit ein solches Verlangen initiieren oder jedenfalls unterstützen müsste. Die Kontrolle der LReg durch Mitglieder der Koalitionsfraktionen erfolgt aber üblicherweise fraktionsintern und nicht durch die Inanspruchnahme der dazu eingeräumten verfassungsrechtlichen und

---

46 *Bogan*, in Epping/Butzer, Art. 24 Rn. 25.
47 *Caspar*, in Caspar/Ewer/Nolte/Waack, Art. 23 Rn. 29 f.
48 *Hübner*, in von Mutius/Wuttke/Hübner, Art. 23 Rn. 11.
49 *Caspar*, in Caspar/Ewer/Nolte/Waack, Art. 23 Rn. 36.

geschäftsordnungsrechtlichen Befugnisse. Eine Unterstützung eines Aktenvorlageantrags der Minderheit durch die Mitglieder der Koalitionsfraktionen ist aber denkbar, wenn dem Kontrollbegehren der Minderheit aus politischen Gründen entsprochen wird, etwa um durch die Aktenvorlage die Einrichtung eines parlamentarischen Untersuchungsausschusses zu vermeiden, in dem die betreffenden Akten auf der Grundlage des Verlangens eines Viertels der Mitglieder des Untersuchungsausschusses vorgelegt werden müssten (→ Art. 34 Rn. 17).

### IV. Antwortpflicht der Landesregierung

23 Nach Art. 40 Abs. 1 S. 1 ist die LReg verpflichtet, Anfragen „nach bestem Wissen unverzüglich und vollständig zu beantworten". Auch die Auskunftserteilung und die Aktenvorlage müssen nach Art. 40 Abs. 2 S. 3 unverzüglich und vollständig erfolgen.

**1. Pflicht zur „vollständigen" Beantwortung.** Die LReg ist zunächst gehalten, sich nicht ausschließlich am Wortlaut der Frage zu orientieren. Vielmehr ist der **wirkliche Wille des Fragestellers zu erforschen**.[50] Bei Unklarheiten ist der Hinweis in der Antwort zulässig, dass die Regierung die Anfrage in einem bestimmten Sinn versteht. Ist eine sinnvolle Beantwortung einer Frage nicht möglich, weil sie erkennbar auf einem Irrtum beruht, muss die Regierung jedoch auf diesen Irrtum hinweisen.[51] Der LReg steht es aber nicht zu, die Zielrichtung der Fragen von Abgeordneten zu beurteilen; vielmehr müssen Abgeordnete selbst darüber befinden können, welche Informationen sie für eine verantwortliche Erfüllung ihrer Aufgaben bedürfen.[52]

24 Eine Antwort ist **vollständig**, wenn **alle Informationen**, über die eine LReg verfügt, **lückenlos** mitgeteilt werden, dh nichts, was bekannt ist, verschwiegen wird.[53] Nicht vollständig ist auch eine ausweichende Antwort. Es müssen alle Tatsachen und Umstände mitgeteilt werden, die für das Verständnis und für den Inhalt der Antwort von wesentlicher Bedeutung sind.[54] „Nach bestem Wissen" bedeutet, dass die Antwort der LReg im Einklang mit ihren Erkenntnissen steht,[55] also inhaltlich richtig sein muss. Soweit sich der parlamentarische Informationsanspruch auf länger zurückliegende Vorgänge erstreckt, die den Verantwortungsbereich früherer Regierungen betreffen, können die LReg zudem im Rahmen des Zumutbaren Rekonstruktionspflichten treffen. Bei Unzumutbarkeit der Erteilung einer vollständigen (inhaltlichen) Antwort verbleibt dem Abg. grundsätzlich ein Anspruch auf eine Teilantwort, soweit einer solchen nicht ihrerseits Verweigerungsgründe entgegen stehen.[56] Soweit die erfragten Tatsachen oder Umstände bereits in öffentlicher Form vorliegen, ist es zulässig, dass die LReg in der Antwort auf die Informationsquellen verweist, soweit sie dem Abg. zugänglich sind.[57] Notwendig ist insoweit aber ein präziser Fundstellennachweis.

---

50 *Lennartz/Kiefer*, Parlamentarische Anfragen im Spannungsfeld, DÖV 2006, 185 (193).
51 SaarlVerfGH LVerfGE 13, 303, 311.
52 LVerfG M-V Urt. v. 23.1.2014 – LVerfG 8/13 – S. 7; vgl. auch LVerfG LSA Urt. v. 17.9.2013 – LVG 14/12 – S. 14 zur gerichtlichen Prüfung, ob Fragen bloß unzweckmäßig sind oder es ihnen an einer sachlichen Berechtigung fehlt.
53 LVerfG M-V LVerfGE 13, 284, 293 mwN.
54 LVerfG M-V, aaO, S. 293.
55 LVerfG M-V, aaO.
56 LVerfG M-V,Urt. v. 23.1.2014 – LVerfG 8/13 – S. 8.
57 *Lennartz/Kiefer* DÖV 2006, 185 (194).

Darüber hinaus obliegt der LReg auch eine **Informationsbeschaffungspflicht**, 25 wenn und soweit die Informationen **mit zumutbarem Aufwand** in Erfahrung gebracht werden können.[58] Ob und in welchem Umfang die LReg anlässlich einer Frage Informationen ermitteln und Daten ggf. aufbereiten muss, ist im Einzelfall unter Berücksichtigung des Informationsanliegens einerseits und des mit der Informationsbeschaffung verbundenen Aufwandes andererseits zu beurteilen. In solchen Fällen ist es zulässig, dass sich die Regierung zunächst bei dem Fragesteller vergewissert, welchen Arbeitsaufwand er mit seiner Frage auslösen will.[59] Unabhängig von materiellen Einschränkungen endet die Pflicht zur Beantwortung dort, wo die erbetenen Informationen nicht ermittelbar sind.[60]

Parlamentarische Anfragen können nicht nur auf die Bekanntgabe von Tatsa- 26 chen gerichtet sein. Auch die **Bewertung von politischen Vorgängen** kann erfragt werden. Zulässig sind auch Fragen nach der Beurteilung von politischen Äußerungen oder Tätigkeiten von Personen, die dem personellen Verantwortungsbereich der Regierung zuzurechnen sind,[61] also die Abfrage von Meinungen oder Bewertungen. Dies ist immer dann unproblematisch, wenn und soweit sich die Regierung zu einem Sachverhalt eine Meinung gebildet hat. Dem gegenüber muss die Frage, ob die Regierung verpflichtet ist, sich anlässlich einer Frage eine Meinung zu bilden, differenziert beurteilt werden. Grundsätzlich ist eine solche **Meinungsbildungspflicht abzulehnen**,[62] da das Parlament insoweit steuernd in Meinungsbildungsprozesse eingreifen und unmittelbar in den Kernbereich exekutiver Eigenverantwortung eingreifen würde. Etwas anderes dürfte ausnahmsweise dann anzunehmen sein, wenn die LReg – unabhängig von einer Anfrage – verpflichtet ist, sich eine Meinung zu bilden.[63] Eine solche Bewertungspflicht kann sich aus dem Grundsatz der Gesetzmäßigkeit der Verwaltung ergeben, bspw. wenn es um pflichtwidrige Verhaltensweisen von Amtsträgern geht.[64]

**2. Pflicht zur „unverzüglichen" Beantwortung.** Der Begriff „unverzüglich" ist 27 in § 121 Abs. 1 S. 1 BGB legal definiert und bedeutet, dass eine Handlung **ohne schuldhaftes Zögern** zu erfolgen hat. Entscheidend für die Unverzüglichkeit ist daher nicht die objektive, sondern die subjektive Zumutbarkeit des alsbaldigen Handelns. Während die GO LT für **Große Anfragen** insoweit auch keine konkrete Frist vorsieht, sondern die LReg verpflichtet – in Abhängigkeit vom Aufwand –, einen Termin zur Beantwortung zu nennen (§ 63 Abs. 2 GO LT), sieht § 64 Abs. 1 GO LT vor, dass die LReg **Kleine Anfragen** innerhalb einer **Frist von 20 Werktagen** schriftlich zu beantworten hat. Diese Frist beginnt jedoch erst mit Eingang bei der LReg, so dass unter Berücksichtigung des Geschäftsganges innerhalb des LT sowie des Postweges im Ergebnis mindestens 25 Werktage von der Abgabe durch den Abg. bis zum Eingang der Antwort beim Abg. vergehen. Unabhängig davon ist die Regierung an die in der GO bestimmte Frist nicht gebunden,[65] da es sich um Intraorganrecht handelt, das im Verhältnis zu anderen Verfassungsorganen **keine Bindungswirkung** entfaltet.[66]

---

58 LVerfG M-V LVerfGE 13, 284, 293; LVerfG M-V B. v. 2.4.2019 LVerfG 1/18.
59 *Lennartz/Kiefer* DÖV 2006, 194.
60 *Lennartz/Kiefer* DÖV 2006, 194.
61 *Jutzi* ZParl. 2003, S. 478, 481.
62 *Edinger*, in Brocker/Droege/Jutzi, Art. 89a Rn. 13; *Jutzi*, aaO, S. 482.
63 ThürVerfGH, LVerfGE 14, 437; *Linck*, in Linck/Baldus/Lindner/Poppenhäger/Ruffert, Art. 67 Rn. 31.
64 ThürVerfGH, aaO; *Edinger*, in Brocker/Droege/Jutzi, Art. 89a Rn. 13; *Lennartz/Kiefer* DÖV 2006, 193; *Jutzi*, aaO, S. 482.
65 *Lennartz/Kiefer* DÖV 2006, 185 (186).
66 VerfGH NW OVGE NRW 43, 274, 275; BbgVerfG LVerfGE 11, 166, 173.

Allerdings wird mit der in der GO bestimmten Frist für den Regelfall eine Erwartung des Parlaments gegenüber der Regierung zum Ausdruck gebracht.[67] Daher gebietet es der Respekt gegenüber dem Verfassungsorgan LT, sich an den in der GO vorgesehenen Fristen zu orientieren. Kleine Anfragen sind nach der GO zwar insoweit begrenzt, als sie höchstens zehn Fragen mit höchstens je drei Unterfragen umfassen dürfen (§ 64 Abs. 2 S. 2 GO LT); die Zahl der Fragen lässt jedoch keinen automatischen Schluss auf den Umfang und den Schwierigkeitsgrad der erbetenen Antwort zu. Während eine einzelne Frage, bspw. nach Darstellung sämtlicher Förderbescheide eines Ministeriums in einer bestimmten Zeit, möglicherweise nur im Ergebnis monatelanger Recherchen beantwortet werden kann, sind andererseits oftmals eine Vielzahl von Einzelfragen ohne größeren Aufwand beantwortbar. Die Subsumtion einer „unverzüglichen" Beantwortung ist immer nur im Einzelfall möglich und hängt insoweit von dem konkreten Umfang und dem Schwierigkeitsgrad der erbetenen Auskunft und davon ab, welche Recherchen notwendig sind und welcher Abstimmungsbedarf innerhalb der Regierung im Rahmen der Beantwortung besteht.[68] Die Frist der GO ist insofern nur ein Orientierungspunkt und gleichzeitig in der parlamentarischen Praxis Anlass, den Fragesteller zu unterrichten bzw. ihn zu konsultieren, wenn im Einzelfall eine deutlich längere Frist benötigt wird.

28 **3. Grenzen der Pflicht zur Beantwortung.** Die Pflicht zur Beantwortung parlamentarischer Anfragen besteht nicht uneingeschränkt. Insoweit gibt es formale und materielle Grenzen, deren Prüfung und Bewertung der LReg obliegt. Kommt die LReg zu dem Ergebnis, dass eine Frage – aus den nachfolgend dargestellten Gründen – ganz oder teilweise nicht zu beantworten oder nicht oder nur teilweise zu veröffentlichen ist, so hat sie dies dem Frage- bzw. Antragstellenden mitzuteilen (Art. 40 Abs. 3 S. 2 LV) und substantiiert zu begründen (→ Rn. 56). Allein der Verstoß der Frage gegen die GO LT, insbes. gegen das Gebot unsachlicher Wertungen und Feststellungen, berechtigen nicht zur Verweigerung der Auskunft.[69]

29 **a) Zuständigkeit, Verantwortungsbereich der Landesregierung.** Eine Grenze der Pflicht zur Beantwortung ergibt sich zunächst daraus, dass Fragen, als Instrument parlamentarischer Kontrolle, **nur im Rahmen der Verantwortlichkeit der Reg gegenüber dem Parlament** gestellt werden dürfen.[70] Fragen an die LReg müssen sich daher auf einen Gegenstand beziehen, für den die LReg unmittelbar oder mittelbar verantwortlich ist (§ 62 Abs. 2 S. 2 GO LT). Der Kontrolle unterliegen danach sowohl die von der Regierung selbst wahrgenommenen Aufgaben als auch die von ihr verantworteten Aufgabenbereiche nachgeordneter Behörden. Die Verantwortlichkeit der LReg erstreckt sich sachlich auf den Bereich, in dem sie tätig geworden ist, sich geäußert hat oder in dem sie tätig werden kann. Dies gilt auch für Angelegenheiten des Bundesrats und der EU, soweit die LReg darauf Einfluss nehmen kann.[71] Soweit Aufgaben unmittelbar durch die LReg und die ihr nachgeordneten Behörden wahrgenommen werden, ist die Auskunftspflicht nicht auf die Frage der Rechtmäßigkeit beschränkt, sondern erfasst auch die Zweckmäßigkeit des Handelns.[72] Soweit sich hingegen die

---

67 *Lennartz/Kiefer* DÖV 2006, 186.
68 *Lennartz/Kiefer* DÖV 2006, 186.
69 *Edinger*, in Brocker/Droege/Jutzi, Art. 89a Rn. 13; *Linck*, in Linck/Baldus/Lindner/Poppenhäger/Ruffert, Art. 67 Rn. 42.
70 BVerfGE 137, 185 (233).
71 *Edinger*, in Brocker/Droege/Jutzi, Art. 89a Rn. 10.
72 BayVerfGH Entsch. v. 26.7.2006 – Vf. 11-IVa-05 –; LVerfG LSA, NVWZ 2000, 671, 672.

Verantwortung der LReg nur auf die Rechtsaufsicht erstreckt, ist die Auskunftspflicht gleichzeitig auf die Rechtmäßigkeit des Verwaltungshandelns beschränkt. Auch das **dienstliche Verhalten** oder Äußerungen von Mitgliedern der LReg und von Landesbediensteten können Gegenstand einer parlamentarischen Anfrage sein.[73] Abgrenzungsprobleme treten auf, wenn Mitglieder der LReg gleichzeitig leitende Parteiämter innehaben und ggf. in dieser Funktion tätig geworden sind. **Parteiinterne Vorgänge** fallen grds. nicht in den Verantwortungsbereich der LReg. Allein die Tatsache, dass die betreffende Person ein Regierungsamt innehat, reicht als Annahme zur Begründung des Verantwortungsbereichs der LReg nicht aus. Vielmehr müssen andere Komponenten hinzutreten, die die Verantwortlichkeit der LReg begründen. Maßgeblich ist, inwieweit sich das Verhalten oder die Äußerung einer Person der Parteifunktion oder der Funktion als Mitglied oder Repräsentant der LReg zurechnen lässt.[74]

Ob der Verantwortungsbereich der LReg auch hinsichtlich des **privaten Verhaltens** ihrer Mitglieder betroffen ist, hängt zunächst davon ab, ob und inwieweit sich dieses auf die Amtsführung auswirkt. Zudem ist zu berücksichtigen, in welchem Maß das angesprochene Verhalten im Rahmen des allg. Persönlichkeitsrechts der Privat- und Intimsphäre zuzuordnen ist. Soweit bereits die Frage nach einem privaten Verhalten in den Schutzbereich des allg. Persönlichkeitsrechts eingreift, ist dies nach den dafür geltenden Grundsätzen (→ Rn. 43) abzuwägen. Maßgeblich ist dabei die individuelle Gestaltung des Einzelfalls, da ggf. ein besonderer Schutz des Mitglieds der LReg nicht besteht, wenn dieser mit der Darlegung des privaten Verhaltens selbst an die Öffentlichkeit getreten ist.[75]

Soweit sich eine Anfrage auf **private Unternehmen** erstreckt, ist im Hinblick auf den Verantwortungsbereich der LReg bzw. das Kontrollrecht des Parlaments zu differenzieren. Grds. umfasst die parlamentarische Kontrolle nicht nur das Tätigwerden der LReg in den Formen des öffentlichen Rechts, sondern sie erstreckt sich auf jegliche Staatstätigkeit, auch wenn sie sich der Form privatrechtlicher Unternehmen, Anstalten oder Stiftungen etc bedient.[76] Daraus folgt, dass juristische Personen des Privatrechts, die von der öffentlichen Hand „beherrscht" werden, dem Verantwortungsbereich der LReg zuzuordnen sind und der demokratischen Kontrolle auch im Rahmen des Fragerechts unterliegen.[77] Allerdings ist bei privatisierten Unternehmen zwischen der **staatlichen Verantwortung** und der jeweiligen **unternehmerischen Verantwortung** in Bezug auf den Gegenstand der Frage zu unterscheiden.[78] Die Verantwortlichkeit und damit die Auskunftspflicht der LReg werden begrenzt durch die tatsächliche und rechtliche Einflussmöglichkeit im konkreten Fall.[79]

Entsprechendes gilt für den Umfang der Verantwortlichkeit bei **staatlichen Subventionen**. Insoweit ist die Regierung nur dafür verantwortlich, dass Subventionen bereitgestellt werden und wie deren Zweckbindung überwacht wird. Ggf. müssen die **Interessen der subventionierten Unternehmen** an einer **Geheimhaltung** der konkreten Fördervolumina hinter das **parlamentarische Kontrollrecht** zurücktreten. Insoweit darf das parlamentarische Fragerecht nicht durch privat-

---
73 *Jutzi* ZParl. 2003, S. 478, 481.
74 *Ritzel/Bücker/Schreiner*, Vorbem. zu §§ 100–106 Anm. III. 3.g).
75 *Ritzel/Bücker/Schreiner*, Vorbem. zu §§ 100–106 Anm. III. 3.g).
76 *Linck*, in Linck/Baldus/Lindner/Poppenhäger/Ruffert, Art. 67 Rn. 27.
77 BayVerfGH, aaO.
78 *Lennartz/Kiefer* DÖV 2006, 185 (188).
79 *Edinger*, in Brocker/Droege/Jutzi, Art. 89a Rn. 10.

rechtliche Klauseln, in denen Vertraulichkeit vereinbart wird, unterlaufen werden.[80]

34 Auch die **Vergabe öffentlicher Aufträge** an allein privat getragene Unternehmen unterliegt als Verhalten der öffentlichen Hand der parlamentarischen Kontrolle und schließt im Grundsatz auch ein parlamentarisches Fragerecht im Hinblick auf die Verhältnisse des privaten Vertragspartners ein.[81] Insoweit ist im Rahmen der Beantwortung jedoch der Schutz von Geschäftsgeheimnissen (→ Rn. 42) zu beachten.

35 **Rechtsauskünfte** sind zulässig, soweit es um die Beurteilung der Rechtmäßigkeit von Verwaltungshandeln, insbes. im Rahmen der Rechtsaufsicht geht. Sie finden ihre Grenze jedoch in der ausschließlichen Zuständigkeit der Rspr. nach Art. 76 LV bzw. Artt. 92, 97 GG. Daher darf sich die LReg im Rahmen einer Antwort **nicht in laufende Gerichtsverfahren einmischen** und sich nicht verbindlich zur Auslegung von Gesetzen äußern, da insoweit nicht auszuschließen ist, dass gerichtliche Verfahren beeinflusst und damit die Unabhängigkeit der Richter beeinträchtigt werden könnte.[82]

36 Schließlich ist die **Neutralität des Staates** in religiösen und weltanschaulichen Fragen zu beachten. Daraus folgt, dass zB Fragen zur Auslegung religiöser Schriften und Grundsätze nicht zu beantworten sind.[83]

37 **b) Materielle Ablehnungsgründe (Art. 40 Abs. 3 S. 1).** Nach Art. 40 Abs. 3 S. 1 LV kann die LReg die Beantwortung von Fragen, die Erteilung von Auskünften und die Vorlage von Akten ablehnen, wenn dem Bekanntwerden des Inhalts **gesetzliche Vorschriften** oder **Staatsgeheimnisse** oder **schutzwürdige Interessen Einzelner**, insbes. des **Datenschutzes**, entgegenstehen oder wenn die **Funktionsfähigkeit** und die **Eigenverantwortung** der LReg beeinträchtigt werden. Die LV definiert insoweit schutzwürdige Interessen Dritter oder Interessen der LReg, die dem Auskunftsrecht dem Abg. materiell entgegenstehen können.[84] Aus der verfassungsrechtlichen Bedeutung des parlamentarischen Fragerechts (→ Rn. 1) folgt jedoch, dass die Antwortpflicht der Regierung die Regel, die Befugnis zu einer Verweigerung der Antwort die begründungsbedürftige Ausnahme darstellt.[85] Dass die LReg die Beantwortung der Frage unter den nachfolgend beschriebenen Voraussetzungen ablehnen „kann", eröffnet ihr bei der Beurteilung der Frage, ob schutzwürdige Interessen Dritter entgegenstehen, keinen Entscheidungsspielraum. Sie darf eine Antwort nur ablehnen oder einschränken, wenn die in der Norm genannten tatbestandlichen Voraussetzungen für die Weigerung vorliegen.[86] Auf der Tatbestandsseite gibt es kein Ermessen; liegt der Tatbestand nicht vor, ist die Auskunft zu erteilen.[87] Die Entscheidung der LReg unterliegt der vollen Überprüfung durch das LVerfG.[88]

38 **aa) Staatsgeheimnisse oder gesetzliche Vorschriften (1. Alt.).** Die LReg ist zur Ablehnung einer Information berechtigt, wenn dem Bekanntwerden ein Staats-

---

80 BayVerfGH Entsch. v. 26.7.2006 – Vf. 11-IVa-05 –; *Linck*, in Linck/Baldus/Lindner/Poppenhäger/Ruffert, Art. 67 Rn. 27.
81 BayVerfGH, aaO.
82 *Lennartz/Kiefer* DÖV 2006, 188.
83 LVerfG LSA NVwZ 2000, 671 (672).
84 LVerfG M-V LVerfGE 13, 284, 298; LVerfG M-V B. v. 30.6.2016 LVerfG2/15 S. 12.
85 *Edinger*, in Brocker/Droege/Jutzi, Art. 89a Rn. 18; *Klein*, in Maunz/Dürig, Art. 43 Rn. 96.
86 LVerfG M-V LVerfGE 13, 284, 295.
87 LVerfG M-V, aaO, mit Hinweis auf SächsVerfGH LVerfGE 8, 282, 287; VerfGH NW DÖV 1994, 210 (214).
88 LVerfG M-V, aaO.

geheimnis oder gesetzliche Vorschriften entgegenstehen. Unter **Staatsgeheimnis** iSd Art. 40 Abs. 3 S. 1 sind nach der **Legaldefinition des § 93 Abs. 1 StGB** Tatsachen, Gegenstände oder Erkenntnisse zu verstehen, die nur einem begrenzten Personenkreis zugänglich sind und vor einer fremden Macht geheim gehalten werden müssen, um die Gefahr eines schweren Nachteils für die äußere Sicherheit der Bundesrepublik Deutschland abzuwenden. Die Geheimhaltungsbedürftigkeit eines Staatsgeheimnisses ist insoweit ausschließlich auf den Schutz der äußeren Sicherheit der Bundesrepublik Deutschland, dh deren Fähigkeit, sich gegen Eingriffe von außen her zu wehren,[89] gerichtet. Wirtschaftliche Geheimnisse oder solche aus dem diplomatischen oder nachrichtendienstlichen Bereich sind nur dann Staatsgeheimnisse, wenn ihr Verrat zugleich Auswirkung für die äußere Sicherheit der Bundesrepublik Deutschland hätte.[90]

**Gesetzliche Vorschriften** iSd Art. 40 Abs. 3 S. 1 LV sind alle Bestimmungen des Bundes- und des Landesrechts, die sowohl öffentliche als auch private Geheimnisse vor dem Bekanntwerden schützen.[91] Insbes. der verfassungsrechtlich gebotene Schutz privater Daten aus dem persönlichen sowie dem geschäftlichen Bereich ist in speziellen Vorschriften konkretisiert und abgesichert.[92]

Die vorgenannten Ablehnungsgründe führen jedoch nicht zu einem **Regierungsgeheimnis** idS, dass geheimhaltungsbedürftige Daten dem Parlament generell vorzuenthalten sind. Der Schutz der Geheimnisse richtet sich vielmehr auf das **Bekanntwerden** der entsprechenden Informationen. Geheimnisse werden grds. nicht schon dadurch verletzt, dass sie dem LT, seinen Ausschüssen oder einzelnen Abg. zugänglich gemacht werden, sondern dadurch, dass sie der **Öffentlichkeit** bekannt werden.[93] Private oder öffentliche Geheimnisse begrenzen daher nicht automatisch das Recht des Parlaments informiert zu werden, sondern nur die Art und Weise, wie informiert wird, damit Informationen nicht an die Öffentlichkeit gelangen.[94]

Aus objektiven Geheimhaltungsinteressen folgt insoweit kein Informationsverweigerungsrecht, sondern abgestufte Veröffentlichungsverbote bzw. weitergehend die Behandlung als Verschlusssache auf der Grundlage der Geheimschutzordnung des LT (→ Rn. 54). Die Geheimschutzbestimmungen sind Ausdruck der Tatsache, dass das Parlament ohne eine Beteiligung am geheimen Wissen der Reg weder das Gesetzgebungsrecht noch das Haushaltsrecht noch das parlamentarische Kontrollrecht gegenüber der Reg ausüben könnte.[95]

**bb) Schutzwürdige Interessen Einzelner, Datenschutz (2. Alt.).** Soweit gesetzliche Regelungen nicht bestehen, können sich nach Art. 40 Abs. 3 S. 1 LV Beschränkungen des Informationsanspruchs aus den Grundrechten ergeben, wenn Informationen bzw. Akten der LReg Daten enthalten, deren Weitergabe schutzwürdige Interessen Einzelner beeinträchtigen. Eingriffe in Grundrechte können sich im Rahmen des parlamentarischen Fragerechts im Zusammenhang mit dem **allg. Persönlichkeitsrecht** aus Art. 2 Abs. 1 GG,[96] dem Grundrecht auf **informa-**

---

89 *Sternberg-Lieben*, in Schönke/Schröder, StGB, 30. Aufl. 20198, § 93 Rn. 17.
90 BGHSt 24, 72.
91 *Hübner*, in von Mutius/Wuttke/Hübner, Art. 23 Rn. 15.
92 Vgl. zB § 17 UWG, § 30 VwVfG, § 30 AO sowie umfassend die Darstellung in *Kloepfer*, Informationsrecht, 2002, S. 70 ff. und 371 ff.
93 *Hübner*, in von Mutius/Wuttke/Hübner, Art. 23 Rn. 18.
94 BVerfGE 124, 78 (124 ff.); *Klein, in* Maunz/Dürig, Art. 43 Rn. 103; *Kretschmer*, in Schmidt-Bleibtreu/Hofmann/Hopfauf, Art. 43 Rn. 216; Linck DÖV 1983, 957 (962 f.).
95 BVerfGE 67, 100 (135); 77, 1, 48; BVerfG Urt. v. 21.10.2014 – 2 BvE 5/11 – S. 49.
96 Vgl. zum Schutzbereich BVerfGE 54, 148 (153); 63, 131, 142.

tionelle Selbstbestimmung[97] sowie dem durch Art. 12 Abs. 1 bzw. Art. 14 Abs. 1 geschützten **Betriebs- und Geschäftsgeheimnis** ergeben.[98]

43 Ebenso wie beim Schutz von Staatsgeheimnissen begründet der bloße Eingriff in Grundrechtspositionen der von der Herausgabe betroffenen Dritten nicht automatisch ein Verweigerungsrecht der LReg.[99] Maßgeblich sind in diesem Zusammenhang die im Wesentlichen zum Beweiserhebungsrecht und zum Recht der Aktenvorlage in Untersuchungsausschüssen vom BVerfG entwickelten Grundsätze, die insoweit auch für parlamentarische Anfragen gelten.[100] Danach ist im konkreten Fall eine **Abwägung zwischen der Intensität des Grundrechtseingriffs gegen das Gewicht des parlamentarischen Kontrollanspruchs und des Kontrollgegenstandes** im Rahmen des Verfassungsgrundsatzes der Verhältnismäßigkeit und der Zumutbarkeit erforderlich.[101] Das Kontrollrecht des Parlaments und der grundrechtliche Datenschutz müssen einander so zugeordnet werden, dass beide so weit wie möglich ihre Wirkung entfalten.[102] Der Eingriff darf nicht weiter gehen als es zum Schutz öffentlicher Interessen unerlässlich ist.[103] Konflikte sind im Wege der **praktischen Konkordanz** aufzulösen.[104] Eine Ausnahme gilt für solche „Informationen, deren Weitergabe wegen ihres streng persönlichen Charakters für die Betroffenen unzumutbar ist".[105] Im Regelfall führt die Beeinträchtigung von Grundrechten nicht zu einem Informationsverweigerungsrecht der LReg, sondern zu einem Gebot, die Veröffentlichung einzuschränken oder auszuschließen oder weitergehend Schutzvorkehrungen nach der Geheimschutzordnung zu treffen (→ Rn. 54).

44 **cc) Funktionsfähigkeit und Eigenverantwortung der Landesregierung (3. Alt.).** Art. 40 Abs. 3 S. 1 3. Alt. LV knüpft an die in der Entscheidung des BVerfG zum Flick-Untersuchungsausschuss entwickelten Grundsätze zum Schutz eines **Kernbereiches exekutiver Eigenverantwortung** an.[106] Gründe, einem Ausschuss oder Untersuchungsausschuss Akten vorzuenthalten, können sich danach vor allem aus dem **Gewaltenteilungsgrundsatz** ergeben. Die Verantwortung der Regierung gegenüber Parlament und Volk setzt notwendigerweise einen „Kernbereich exekutiver Eigenverantwortung" voraus, der einen auch von parlamentarischen Untersuchungsausschüssen grds. nicht ausforschbaren Initiativ-, Beratungs- und Handlungsbereich einschließt.[107] Dazu gehört zB die Willensbildung der Regierung selbst, sowohl hinsichtlich der Erörterung im Kabinett als auch bei der Vorbereitung von Kabinetts- und Ressort-Entscheidungen, die sich vornehmlich in ressortübergreifenden und -internen Abstimmungsprozessen vollzieht.[108]

45 Der Kernbereich exekutiver Eigenverantwortung schützt die LReg jedoch nicht nur vor beantragter Akteneinsicht durch Untersuchungsausschüsse, sondern bezieht sich auf alle parlamentarischen Anfragen und Auskunftsverlangen und

---

97 Vgl. dazu BVerfGE 65, 1 ff.
98 BVerfGE 137, 185 (244).
99 *Caspar*, in Caspar/Ewer/Nolte/Waack, Art. 23 Rn. 65.
100 *Hübner*, in von Mutius/Wuttke/Hübner, Art. 23 Rn. 18.
101 BVerfGE 67, 100 (173 f.).
102 BVerfGE 67, 100, Leitsatz 5 a.
103 BVerfGE 67, 100 (143); 77, 1, 46 f.
104 *Bogan*, in Butzer/Epping, Art. 24 Rn. 45; Engels, Parlamentarische Untersuchungsausschüsse, 2. Aufl., S. 112.
105 BVerfGE 65, 1 (46); 67, 100 (Leitsatz 5 c); *Bogan*, in Butzer/Epping, Art. 24 Rn. 47.
106 BVerfGE 67, 100 (139); im Anschluss an *Scholz* AöR 105 (1980), S. 564, 598.
107 *Bogan*, in Butzer/Epping, Art. 24 Rn. 35.
108 BVerfGE 67, 100 (139); BVerfG Urt. v. 21.10.2014 – 2 BvE 5/11 – S. 43 f.; vgl. auch BremStGH, NVwZ 1989, 953, 955; *Wiefelspütz*, Das Untersuchungsausschussgesetz, 2003, S. 70 ff.

begrenzt insoweit den Umfang aller an die Regierung gestellten Informationsbegehren.[109] Als Ausfluss des Grundsatzes der Gewaltenteilung kommt der Funktionsfähigkeit und Eigenverantwortung der LReg insgesamt eine limitierende Funktion gegenüber den allg. Instrumenten parlamentarischer Kontrolle zu.[110]

Das BVerfG hat seine entwickelten Grundsätze zum Kernbereich exekutiver Eigenverantwortung in einer zweiten grundlegenden Entscheidung vom 30.3.2004[111] fortentwickelt und präzisiert. Der Entscheidung lag das Aktenherausgabeverlangen eines ständigen Ausschusses (Bildungsausschuss) in Schleswig-Holstein zugrunde,[112] mit dem Berechnungsfehler im Rahmen der Haushaltsaufstellung nachgewiesen werden sollten. Das BVerfG hat in diesem Rahmen zunächst klargestellt, dass die Formulierung **Funktionsfähigkeit** und **Eigenverantwortung** nicht kumulativ zu verstehen sind,[113] sondern dass die beiden Elemente des Begriffspaars „Funktionsfähigkeit und Eigenverantwortung" in ihrer Kombination als einheitliches Tatbestandsmerkmal zwei unterschiedliche Schutzaspekte erfassen.[114]

Zunächst folgt aus dem Terminus „**Eigenverantwortung**" der Schutz der Entscheidungsautonomie der Regierung.[115] Eine Pflicht der Regierung, parlamentarischen Informationswünschen zu entsprechen, besteht danach idR nicht, wenn die Information zu einem Mitregieren Dritter bei Entscheidungen führen kann, die in der alleinigen Kompetenz der Regierung liegen.[116] Diese Möglichkeit besteht bei Informationen aus dem Bereich der Vorbereitung von Regierungsentscheidungen regelmäßig, solange die Entscheidung noch nicht getroffen ist. Danach erstreckt sich die Kontrollkompetenz des Parlaments grundsätzlich nur auf **bereits abgeschlossene Vorgänge**;[117] ein Eingriff in laufende Verhandlungen und Entscheidungsvorbereitungen ist damit ausgeschlossen.[118] Im Rahmen laufender Vorgänge im alleinigen Verantwortungsbereich der LReg sind nicht nur die inhaltlichen Positionen der Regierung, sondern auch Stellungnahmen Dritter, zB im Rahmen von Anhörungsverfahren der Exekutive geschützt. Zur Eigenverantwortung gehört auch die Frage, ob sich die Regierung in einer politischen Angelegenheit überhaupt festlegen will sowie ggf. der Zeitpunkt des beabsichtigten Handelns.[119]

Der aus dem Gewaltenteilungsprinzip folgende Schutz vor informatorischen Eingriffen in den Bereich exekutiver Entscheidungsvorbereitung erschöpft sich jedoch nicht in dessen Abschirmung gegen unmittelbare Eingriffe in die autonome Kompetenzausübung der Regierung. Auch dem nachträglichen parlamentarischen Zugriff auf Informationen aus der Phase der Vorbereitung von Regierungsentscheidungen setzt der Gewaltenteilungsgrundsatz Grenzen.[120] Insoweit ist die Regierung **auch bei bereits abgeschlossenen Entscheidungen zur Siche-**

---

109 *Caspar*, in Caspar/Ewer/Nolte/Waack, Art. 23 Rn. 75.
110 *Caspar*, in Caspar/Ewer/Nolte/Waack, Art. 23 Rn. 75.
111 BVerfGE 110, 199 ff.
112 Die insoweit maßgebliche Vorschrift des Art. 23 SchlHVerf stimmt wörtlich mit Art. 40 LV M-V überein.
113 So aber noch *Hübner*, in von Mutius/Wuttke/Hübner, Art. 23 Rn. 20 aE.
114 BVerfGE 110, 199 (216).
115 BVerfGE 110, 199 (221).
116 BVerfGE 110, 199 (214); 124, 78, 120.
117 BVerfGE 110, 199 (215).
118 BVerfGE 110, 199 (215); 67, 100, 139; BremStGH NVwZ 1989, 953 (956); BbgVerfG NVwZ 1989, 209 (211).
119 *Lennartz/Kiefer* DÖV 2006, 191.
120 BVerfGE 110, 199 (215).

rung ihrer **Funktionsfähigkeit** vor einem schrankenlosen parlamentarischen Anspruch auf Informationen aus diesem Bereich geschützt.[121] Während ein Eingriff in laufenden Verfahren die Entscheidungsautonomie der Regierung gefährdet, sichert die Funktionsfähigkeit präventiv die Freiheit und Offenheit der Willensbildung innerhalb der Regierung.[122] Es muss grds. gewährleistet sein, dass die Regierung im Vorfeld einer Entscheidung intern, offen und kontrovers diskutieren kann, ohne dass der Verlauf der Diskussion die Positionierung einzelner Kabinettsmitglieder im Nachhinein offengelegt werden kann. Das BVerfG spricht in diesem Zusammenhang von der Abwehr der Gefahr einer „einengenden Vorwirkung";[123] insoweit kommt den Erörterungen im Kabinett eine besonders hohe Schutzwürdigkeit zu.[124]

49 Der Schutz der **Vertraulichkeit der Willensbildung** bei abgeschlossenen Vorgängen ist jedoch **nicht absolut**, sondern im Einzelfall mit dem parlamentarischen Informationsinteresse abzuwägen. Je weiter ein parlamentarisches Informationsbegehren in den innersten Bereich der Meinungsbildung der Regierung eindringt, desto gewichtiger muss das parlamentarische Informationsinteresse sein, um sich gegen ein von der Regierung geltend gemachtes Interesse an Vertraulichkeit durchsetzen zu können.[125] Besonders hohes Gewicht kommt dem parlamentarischen Informationsinteresse zu, soweit es um die Aufklärung möglicher Rechtsverstöße und vergleichbarer Missstände innerhalb der Regierung geht.[126] Im streitigen Fall hat das BVerfG das parlamentarische Interesse an der Aufklärung einer Deckungslücke im Haushalt von 35,1 Mio. DM höher bewertet als das Interesse der einzelnen Regierungsmitglieder daran, dass das Ausmaß ihrer Durchsetzungsfähigkeit innerhalb der Regierung dem Parlament und damit auch einer weiteren Öffentlichkeit verborgen bleibt.[127] Ein so weitgehendes parlamentarisches Informationsrecht dürfte jedoch auf Fälle zu beschränken sein, in denen belastbare Anhaltspunkte für rechtliche, politische oder fiskalische Fehler der LReg ersichtlich sind. Gleichzeitig ist es notwendig, dass sich der Gegenstand der Frage auf eine parlamentarische Kontrolle ieS bezieht und nicht auf bloße Informationsbeschaffung – die iÜ zulässig ist (→ Rn. 1) –, wie zB Fragen, die auf Sachverhalte im Wahlkreis oder auf die Vorbereitung eigener parlamentarischer Initiativen, gerichtet sind.

### V. Grundsatz und Schranken öffentlicher Beantwortung

50 Von der Frage, ob die Beeinträchtigung Rechter Dritter oder Staatsgeheimnisse die Auskunftspflicht der LReg gegenüber dem Fragesteller begründen, ist die Art und der Umfang der **Veröffentlichung** der Antwort zu unterscheiden. Wenngleich der Wortlaut des Art. 40 LV dies nicht ausdrücklich statuiert, ergibt sich aus dem Sinn und Zweck der parlamentarischen Kontrolle in Verbindung mit dem allg. Öffentlichkeitsgebot[128] ein verfassungsrechtlicher Vorrang der **öffentlichen Beantwortung** parlamentarischer Anfragen.[129] Öffentlichkeit ist essentiell

---

121 BVerfGE 1214, 78 (122); BVerfGE 137, 185 (249 f.); *Bogan*, in Butzer/Epping, Art. 24 Rn. 36.
122 BVerfGE 110, 199 (221).
123 BVerfGE 110, 199 (215).
124 BVerfGE 110, 199 (221); 124, 78, 120 f.
125 BVerfGE 110, 199 (222).
126 BVerfGE 110, 199 (222); 67, 100, 130.
127 BVerfGE 110, 199 (224).
128 *Edinger*, in Brocker/Droege/Jutzi, Art. 89a Rn. 18; *Linck*, Parlamentsöffentlichkeit, in ZParl 1992, 671 (705).
129 BVerfGE 77, 1 (48); *Di Fabio*, Der Staat 29 (1990), S. 599, 603.

für die Ausübung der Kontrollfunktion des Parlaments. In der politischen Realität ist das Fragerecht in seiner Kontrolldimension ganz überwiegend ein Mittel der Opposition, welches in seiner Wirksamkeit grdsl. auf Öffentlichkeit angewiesen ist. Fällt das Öffentlichkeitselement weg, so scheidet in der Praxis zumindest eine sanktionierende Kontrolle aus.[130] Im Ergebnis begründet das parlamentarische Fragerecht somit nicht nur ein individuelles Informationsrecht, sondern auch ein Recht auf eine allen Abg. und der Öffentlichkeit zugängliche Antwort.[131]

In der parlamentarischen Praxis wird die Öffentlichkeit dadurch hergestellt, 51 dass Kleine und Große Anfragen als Vorlagen iSd § 41 GO LT behandelt und in der Konsequenz die Antworten auf die Anfragen gem. § 44 GO LT als LT-Drs. erstellt und in elektronischer Form in die **öffentliche Datenbank** des LT eingestellt werden. Mit der Einstellung in die für jedermann über das Internet zugängliche Parlamentsdatenbank findet ein über die gewöhnliche Öffentlichkeit hinausgehender Eingriff in das informationelle Selbstbestimmungsrecht bzw. andere Privat- oder Geschäftsgeheimnisse statt. Parlamentsdrucksachen in Papierform sind regelmäßig nur einem begrenzten Personenkreis zugänglich, maßgeblich ist aber vor allem, dass mit der Einstellung in eine allgemein zugängliche Datenbank eine **automatisierte Recherche** durchgeführt werden kann. Das bedeutet, dass wenn eine Privatperson in einer Kleinen oder Großen Anfrage mit vollständigem Namen erwähnt ist, noch nach Jahren durch die Eingabe des Namens in eine Suchmaschine der in der Kleinen Anfrage behandelte Sachverhalt recherchiert werden kann. Insbes. in den Fällen, in denen in parlamentarischen Fragen Rechtsverstöße einzelner Personen oder Institutionen abgefragt werden – die sich möglicherweise später als haltlos herausgestellt haben – ist eine besondere Sensibilität geboten. Damit die potenzielle Beeinträchtigung von Rechten Dritter durch die Veröffentlichung nicht zwangsläufig zu einer Verkürzung des materiellen Informationsanspruchs führt, ist daher in Bezug auf die Veröffentlichung ein abgestuftes Verfahren angezeigt.

Es ist regelmäßig ohne Bedeutung, ob das Verhalten einer Person unter Nennung 52 des Namens bereits Gegenstand der Berichterstattung der Medien geworden ist. Berichte in den Medien werden oftmals nur flüchtig wahrgenommen, eine erneute **öffentliche Namensnennung** führt in aller Regel zu einer erneuten Beeinträchtigung des Persönlichkeitsrechts. Zudem finden Veröffentlichungen in einer Parlamentsdrucksache weite Verbreitung und werden vielfach von einem anderen Personenkreis wahrgenommen als Medienberichte. Außerdem wird oftmals bei einer Parlamentsdrucksache als amtliches Dokument auch dem Inhalt ein gegenüber Medienberichten gesteigerter Wahrheitsgehalt beigemessen.[132]

Im Regelfall kann der Schutz der Rechte Privater dadurch erreicht werden, dass 53 die Namen der betreffenden Personen anonymisiert werden und lediglich die Initialen des Namens in der Frage erwähnt werden.[133] Bei in der Öffentlichkeit unbekannten Amts- und Funktionsträgern werden nur die Funktionsbezeichnungen angegeben. Von einer **Anonymisierung** kann dann abgesehen werden, wenn schutzwürdige Interessen betroffener Personen nicht bestehen oder in

---

130 BVerfGE 137, 185 (265).
131 IdS auch *Kestler* ZParl 2001, 258 (263).
132 *Kestler* ZParl 2001, 258 (271); Ritzel/Bücker/Schreiner, Vorbem. zu §§ 100–106 Anm. III. 4.a).
133 *Ritzel/Bücker/Schreiner*, Vorbem. zu §§ 100–106 Anm. III. 4.a); *Glauben/Edinger* DÖV 1995, 941 (945).

der Abwägung mit dem verfassungsrechtlichen Fragerecht zurücktreten. Das ist dann anzunehmen, wenn
- die betroffene Person in die Namensnennung eingewilligt hat,
- es sich um Personen der Zeitgeschichte handelt,
- die betroffene Person mit dem Verhalten selbst an die Öffentlichkeit gegangen ist,
- die Person eindeutig in neutralem oder positivem Zusammenhang erwähnt wird, so dass eine Persönlichkeitsrechtsverletzung ausgeschlossen werden kann,
- ein Sachverhalt in der Medienberichterstattung so große Aufmerksamkeit erregt hat, dass eine Anonymisierung auf Unverständnis in der Öffentlichkeit stoßen würde oder
- die betroffene Person im Kontext verfassungsfeindlicher Aktivitäten in einem Verfassungsschutzbericht des Bundes oder eines Landes namentlich genannt worden ist.[134]

54 Wenn und soweit die Anonymisierung und ggf. Pseudonymisierung[135] nicht ausreicht, sieht § 13 der Geheimschutzordnung des LT (Anlage 1 zu GO LT) zum Schutz von Geschäfts-, Betriebs-, Erfindungs-, Steuer- oder sonstigen privaten Geheimnissen vor, die entsprechenden Informationen nach den Vorschriften der Geheimschutzordnung zu behandeln. In Bezug auf Staatsgeheimnisse ist die **Geheimschutzordnung** unmittelbar anwendbar. Wenn die LReg im Rahmen einer parlamentarischen Anfrage die Antwort als Verschlusssache einstuft, bleibt sie dann zur Antwort verpflichtet, wenn und soweit das Parlament die notwendigen Vorkehrungen für den Geheimschutz getroffen hat.[136] Die Geheimschutzordnung ist insoweit ein Instrument des Ausgleichs zwischen dem exekutiven Geheimhaltungsinteresse und dem parlamentarischen Informationsinteresse.[137]

55 Unabhängig von einer Einstufung oder sonstiger Schutzvorkehrungen im Hinblick auf Persönlichkeitsrechte durch die LReg obliegt dem PräsLT **vor Veröffentlichung der Antwort** bzw. Einstellung in die Datenbank eine **eigenständige Prüfungspflicht** im Hinblick auf die mögliche Verletzung von Persönlichkeitsrechten. Denn die Veröffentlichung stellt einen weitergehenden Eingriff dar als die Übermittlung durch die LReg. Soweit die Antworten in die parlamentarische Datenbank eingestellt und über das Internet recherchierbar sind, ist es grds. angezeigt, Namen von Personen und privaten Institutionen zu anonymisieren. Dies entspricht iÜ auch der Praxis der Rspr. in Bezug auf die Veröffentlichung von Urteilen.

### VI. Mitteilungspflicht der Landesregierung (Abs. 3 S. 2)

56 Nach Art. 40 Abs. 3 S. 2 muss die LReg den Fragestellenden oder den Antragstellern mitteilen, wenn und soweit sie die **Beantwortung von Fragen, die Erteilung von Auskünften oder die Vorlage von Akten ablehnen will.** Eine solche Mitteilung muss die **konkreten Gründe** für die nur unter engen verfassungsrechtlichen Voraussetzungen erlaubte Einschränkung enthalten, damit der LT als das die Regierung kontrollierende Verfassungsorgan beurteilen kann, ob

---

[134] Vgl. zu der Aufzählung *Kestler* ZParl 2001, 258 (273 ff.); Ritzel/Bücker/Schreiner, Vorbem. zu §§ 100–106 Anm. III. 4.a).
[135] Vgl. dazu *Lennartz/Kiefer* DÖV 2006, 190.
[136] BVerfGE 67, 100 (144); LVerfG M-V B. v. 30.6.2016 LVerfG 1/15 S. 10.
[137] BVerfGE 124, 78 (124 f.); 130, 318, 362; 131, 152, 208; BVerfGE 137, 185 (264).

seine Kontrolle zu Recht zurückgedrängt wird.[138] Die Mitteilung muss danach eine **substantiierte Begründung** enthalten, aus der die für maßgeblich erachteten tatsächlichen und rechtlichen Gesichtspunkte ersichtlich sind, auf die die Verweigerung gestützt wird.[139] Insoweit reicht eine pauschale Berufung auf Datenschutzgesichtspunkte im Regelfall nicht aus.[140] Der Abg darf nicht im Unklaren über die Gründe für die Verweigerung gelassen werden. Er muss in die Lage versetzt werden, die Rechtmäßigkeit der Ablehnung zunächst für sich selbst zu prüfen und sie – sofern aus seiner Sicht erforderlich – sodann vom LVerfG im Organstreitverfahren überprüfen zu lassen.[141] Eine Mitteilung, verbunden mit einer nachvollziehbaren Begründung, ist auch geboten, wenn die nach der GO LT vorgesehene Antwortfrist (→ Rn. 27) mehr als nur unerheblich überschritten wird.

### VII. Auftrag an den Gesetzgeber (Abs. 4)

In Art. 40 Abs. 4 LV wird der Gesetzgeber ermächtigt, das nähere zu den Informationsrechten und -pflichten in einem Ausführungsgesetz zu regeln.[142] Von dieser Ermächtigung hat der Gesetzgeber bisher jedoch noch keinen Gebrauch gemacht.[143]

57

# II. Landesregierung

## Art. 41 (Stellung und Zusammensetzung)

(1) Die Landesregierung steht an der Spitze der vollziehenden Gewalt.

(2) Die Landesregierung besteht aus dem Ministerpräsidenten und den Ministern.

(3) Mitglieder der Landesregierung dürfen weder dem Deutschen Bundestag noch dem Europäischen Parlament oder dem Parlament eines anderen Landes angehören.

Vergleichbare Regelungen:

*Zu Abs. 1 und 2:* Artt. 45 Abs. 1 und 2 BWVerf; 43 BayVerf; 55 VvB; 82 BbgVerf; 107 Abs. 1 BremVerf; 33 HambVerf; 100 HessVerf; 28 Abs. 1 und 2 NdsVerf; 51 Verf NW; 98 Abs. 1 Verf Rh-Pf; 86 SaarlVerf; 59 Abs. 1 und 2 SächsVerf; 64 LVerf LSA; 33 Abs. 1 SchlHVerf; 70 Abs. 1 und 2 ThürVerf.

*Zu Abs. 3:* Artt. 108, 113 Abs. 1 BremVerf; 39 HambVerf; 28 Abs. 3 NdsVerf; 64 Abs. 4 Verf NW; 64 LVerf LSA.

| | | | |
|---|---|---|---|
| I. Überblick . . . . . . . . . . . . . . . . . . . . . . | 1 | 2. Funktion der Landesregierung | 10 |
| II. Organschaftliche Einordnung und Funktion der Landesregierung (Abs. 1) . . . . . . . . . . . . . . . . . . . . . . . . . | 4 | III. Zusammensetzung der Landesregierung (Abs. 2) . . . . . . . . . . . . . . . . . . . . | 18 |
| | | 1. Vorbemerkung . . . . . . . . . . . . . . . . | 18 |
| 1. Organschaftliche Einordnung der Landesregierung . . . . . . . . . . | 4 | 2. Landesregierung . . . . . . . . . . . . . . | 19 |
| | | 3. Ministerpräsident . . . . . . . . . . . . . | 22 |

---

138 LVerfG M-V, LVerfGE 13, 285, 297; LVerfG M-V, Urteil vom 23.1.2014 – LVerfG 8/13, S. 12.
139 SächsVerfGH LKV 1998, 316.
140 LVerfG M-V, aaO, S. 297.
141 BVerfGE 124, 161 (193); LVerfG M-V, Urt. vom 23.1.2014 – LVerfG 8/13, S. 12 mwN.
142 Zu den möglichen Inhalten eines solchen Gesetzes vgl. *Wuttke*, in von Mutius/Wuttke/Hübner, Art. 23 Rn. 23.
143 Siehe zu den bisherigen – erfolglosen – Gesetzesinitiativen → Art. 39 Rn. 5.

| 4. Minister .................... 25 | IV. Inkompatibilitäten (Abs. 3) ........ 29 |
| 5. Keine weiteren Mitglieder der LReg ......................... 26 | V. Schrifttum ........................ 34 |

## I. Überblick

1 Der 2. Abschnitt der Landesverfassung enthält die Bestimmungen über die Staatsorganisation. Er ist in die drei Kapitel „Landtag", „Landesregierung" und „Landesverfassungsgericht" unterteilt und spiegelt damit die Entscheidung der Verfassunggeber für die Gewaltenteilung wider. Das II. **Kapitel** trägt die Überschrift „Landesregierung" und umfasst die Artikel 41 bis 51. In diesen Artikeln sind eine Reihe von Vorschriften über die Landesregierung zu einem einheitlichen Regelungsteil zusammengefasst. Art. 41 ist die grundlegende Vorschrift über Stellung, Funktion und Zusammensetzung der LReg. Die Art. 42 bis 45 enthalten Bestimmungen über die Regierungsbildung und die Rechtsstellung der Regierungsmitglieder. Die eigentliche Regierungsarbeit ist Gegenstand der Art. 46 bis 49. Den Abschluss des Kapitels bilden die Art. 50 und 51, die sich mit dem Ende der Amtszeit der Regierungsmitglieder befassen. Die LV enthält aber auch außerhalb des II. Kapitels Bestimmungen über die LReg, etwa über einzelne ihrer Befugnisse. Darüber hinaus kommen der LReg in weitem Umfang ungeschriebene, aber als selbstverständlich vorausgesetzte Aufgaben zu.

2 Die Entstehungsgeschichte der Art. 41 bis 51 ist durch einen vergleichsweise breiten Konsens in der Verfassungskommission gekennzeichnet (→ Entstehungsgeschichte Rn. 19). Mit wenigen Ausnahmen waren die Vorschriften in den Verhandlungen der Kommission unstreitig[1]. Einen grundsätzlichen Dissens gab es lediglich bei der Frage, ob die Regierungsmitglieder ihren Eid mit einer religiösen Bekräftigung leisten (→ Art. 44 Rn. 1). Auch seit dem Inkrafttreten der LV zeigt ein Blick auf die Vorschriften des II. Kapitels ein konsensuales Bild. Die Art. 41 bis 51 sind bislang nicht geändert worden. Das ist durchaus bemerkenswert, denn an anderen Stellen ist die LV bereits zahlreichen Änderungen unterworfen gewesen (→ Entstehungsgeschichte Rn. 27). Die gesellschaftlichen Entwicklungen und die sich verändernden politischen Schwerpunkte, die zu Verfassungsänderungen geführt haben, haben aber die Entscheidungen der Verfassunggeber über die LReg stets unberührt gelassen. Die Regelungsfestigkeit dieser Bestimmungen lässt den Schluss zu, dass sie sich bewährt haben und dass es ein **übereinstimmendes Grundverständnis** über die verfassungsrechtlichen Grundlagen der LReg gibt. Unterstrichen wird dieser Eindruck dadurch, dass keine der Vorschriften dieses Kapitels bislang zum zentralen Gegenstand einer Entscheidung des LVerfG geworden ist[2]. Auf diese Weise wird die Institution „Landesregierung" in ihrem verfassungsrechtlichen Rahmen in die Lage versetzt, für Kontinuität zu stehen.

3 Der **Begriff** „Landesregierung" hat nach einem anerkannten Verständnis zwei Bedeutungen.[3] Zum einen ist damit die Regierung im institutionellen Sinne gemeint, also eine Einrichtung der Staatsorganisation. Mit der Landesregierung im institutionellen Sinne befassen sich die meisten Vorschriften des II. Kapitels. Der Begriff „Landesregierung" hat zum anderen eine inhaltliche, funktionelle

---
1 Vgl. Verfassungsentwurf, LT-Drs. 1/3100, 140 ff.
2 Das LVerfG hatte sich allerdings bereits wiederholt mit den Rechten und Pflichten der Landesregierung im Verhältnis zu anderen Landesorganen zu befassen. Wichtigstes Beispiel sind die in Art. 40 LV geregelten Informationspflichten gegenüber dem LT.
3 Vgl. für die BReg etwa *Hermes* in Dreier Art. 62 Rn. 6 (auch zur teilweise abweichenden Terminologie in der Literatur); *Schröder* in HdbStR § 64 Rn. 3ff.

Bedeutung. Damit wird versucht, die Aufgaben der Regierung zu beschreiben und ihr Verhältnis zu anderen Staatsorganen zu bestimmen. Aussagen zur Landesregierung im funktionellen Sinne enthält die LV namentlich in Art. 41 Abs. 1, aber auch in weiteren Vorschriften innerhalb und außerhalb dieses Kapitels. Ein Großteil der Regierungsfunktion wird darüber hinaus wie erwähnt von ungeschriebenen Aufgaben und Kompetenzen geprägt.

## II. Organschaftliche Einordnung und Funktion der Landesregierung (Abs. 1)

**1. Organschaftliche Einordnung der Landesregierung.** a) Art. 41 Abs. 1 LV enthält zwei Festlegungen über die Funktion der LReg. Sie ist Teil der vollziehenden Gewalt, und sie steht an deren Spitze. Diese ausdrücklichen Aussagen unterscheiden Art. 41 Abs. 1 von der Parallelvorschrift des Art. 62 GG, die lediglich die Zusammensetzung der BReg regelt, über deren Funktion jedoch nichts besagt. Ebenso liegt es beispielsweise bei Art. 51 Verf NW. Andere Landesverfassungen (→ Vor Rn. 1) verorten die LReg in der Exekutive, aber ohne weitere Klassifizierung, so etwa die Regelungen in Niedersachsen und Baden-Württemberg. Vorbild für Art. 41 Abs. 1 war Art. 59 der Sächsischen Verfassung[4]. Der Begriff der vollziehenden Gewalt knüpft an die grundlegende Vorschrift des Art. 3 Abs. 1 S. 2 LV an, in der die LV die Entscheidung für die Gewaltenteilung zum Ausdruck bringt und die drei Gewalten nennt (→ Art. 3 Rn. 5). Wenn dort bestimmt ist, dass die Staatsgewalt ua durch die Organe der Gesetzgebung, der vollziehenden Gewalt und der Rechtsprechung ausgeübt wird, und wenn Art. 41 Abs. 1 die LReg innerhalb dieses Gefüges an die Spitze der vollziehenden Gewalt setzt, wird der LReg damit die Stellung eines **obersten Landesorgans** eingeräumt[5]. Dass die LV die LReg mit Befugnissen und Pflichten versieht, rechtfertigt es auch, von einem Verfassungsorgan[6] zu sprechen. 4

b) Das **organschaftliche Verhältnis der LReg zum LT** ist nach der Vorstellung der Verfassunggeber das zweier gleichrangiger Landesorgane. Das ergibt sich aus der Entstehungsgeschichte. Der Zwischenbericht der Verfassungskommission[7] hatte für Art. 41 Abs. 1 noch die Formulierung „Die Landesregierung ist das oberste Organ der vollziehenden Gewalt" und für den jetzigen Art. 20 Abs. 1 LV die Formulierung „Der Landtag ist das vom Volk gewählte oberste Organ der politischen Willensbildung" vorgesehen. Diese Entwurfsfassungen wurden im Verlaufe der weiteren Beratungen zugunsten des aktuellen Wortlauts geändert, um keinen Rückschluss auf ein hierarchisches Verhältnis zwischen LT und LReg zu veranlassen.[8] 5

Besteht danach keine prinzipielle Überordnung eines der beiden Organe, so richtet sich ihr tatsächliches Verhältnis zueinander in der Staatspraxis nach den dafür maßgebenden Regelungen der LV. Die Ausgestaltung dieser Vorschriften lässt sich dahin zusammenfassen, dass dem LT ein **demokratischer Vorrang** zukommt.[9] Das zeigt sich besonders deutlich an der unterschiedlichen demokratischen Legitimation der beiden Organe. Im Gegensatz zu den Mitgliedern der LReg werden die Mitglieder des LT direkt vom Volk gewählt. Der LT wird damit unmittelbar demokratisch legitimiert. Er selbst ist es sodann, dem die Wahl des MinPräs übertragen ist, und der damit die Weichen für die Regierungsbil- 6

---

4 Vgl. LT-Drs. 1/3100, 117 (zu Art. 20).
5 St. Rspr. des LVerfG, siehe etwa U. v. 30.6.2016 – 1/15 –, juris Rn. 14.
6 Vgl. zu diesem Begriff etwa *Detterbeck* in Sachs Art. 93 Art. 45 mwN.
7 LT-Drs. 1/2000, 28, 42 zu den Art. 17 und 39 der Entwurfsfassung.
8 LT-Drs. 1/3100, 117 zu Art. 20.
9 *Thiele* in Thiele/Pirsch/Wedemeyer vor Art. 41 Rn. 2; siehe auch *von Mangoldt* S. 73 ff.

dung stellt. Der MinPräs verfügt also lediglich über eine abgeleitete, vom LT vermittelte demokratische Legitimation. Für die weiteren Regierungsmitglieder, die ihrerseits vom MinPräs ernannt werden, setzt sich dies fort. Zu diesem Legitimationsvorsprung des LT kommt hinzu, dass die LV das Parlament ausdrücklich zur Kontrolle der Regierung ermächtigt (Art. 20 Abs. 1 S. 2). Man wird sagen können, dass dem verfassungsrechtlich eingesetzten Kontrollorgan im demokratischen Sinne eine gewisse Überordnung im Verhältnis zu dem kontrollierten Organ zukommt. In dem von diesen Grundlagenentscheidungen gesetzten Rahmen ist die Kompetenzverteilung zwischen LT und LReg im Einzelnen aber ausgewogen und sichert der LReg und insbesondere dem MinPräs (→ Rn. 23 ff.) im Ländervergleich eine verhältnismäßig starke Position.

7 Die unmittelbare demokratische Legitimation des LT rechtfertigt es, dass die LV die LReg und insbesondere den MinPräs in mehrfacher Hinsicht vom **Vertrauen** des LT abhängig macht. Der LT wählt den MinPräs (Art. 42 Abs. 1 LV) und hat damit schon für die Regierungsbildung die erste Voraussetzung selbst in der Hand. Er kann dem MinPräs auch das Vertrauen entziehen (Art. 50 Abs. 2 S. 1 LV) und damit wegen Art. 50 Abs. 1 S. 3 LV die gesamte LReg zu Fall bringen, allerdings nur, indem er zugleich einen neuen MinPräs wählt. Damit soll vor allem aus Gründen der deutschen Verfassungsgeschichte eine regierungslose Zeit verhindert werden (→ Art. 50 Rn. 10), was die LReg institutionell stärkt. Ein zusätzlicher Beitrag zur inneren Stabilität[10] der LReg liegt darin, dass der LT nicht die Möglichkeit hat, einzelne Minister abzusetzen.

8 Von besonderer Bedeutung ist die **Kontrollfunktion**, die der LT nach Art. 20 Abs. 1 S. 2 LV über die LReg ausübt (→ Art. 20 Rn. 22 ff.).[11] Sie zeigt sich neben der Möglichkeit der Einsetzung von parlamentarischen Untersuchungsausschüssen (Art. 34 LV) etwa in der weitreichenden Informationspflicht nach Art. 39 LV und in den Frage- und Informationsrechten des Art. 40 LV. Beide Vorschriften haben in der Staatspraxis erhebliche Bedeutung, reservieren der LReg allerdings die ihr vorbehaltenen Wirkungsbereiche. Eine Grenze bilden insbesondere die Funktionsfähigkeit und die Eigenverantwortung der LReg (→ Art. 40 Rn. 44 ff.). Das parlamentarische Kontrollrecht räumt dem LT ferner nicht die Befugnis ein, Entscheidungen der LReg mit den Mitteln des Verfassungsrechts zu erzwingen. Der LT kann die LReg durch Entschließungen zu einem bestimmten Handeln auffordern, die Bindung daran ist aber allein eine politische.

9 Der LT hat darüber hinaus bei der **Gesetzgebung** das Letztentscheidungsrecht und kann Gesetzentwürfe der LReg ändern. Er ist insoweit nur dem Verfassungsrecht unterworfen, während die LReg, jedenfalls soweit sie in ihrer Eigenschaft als Spitze der vollziehenden Gewalt handelt, auch an die Landesgesetze gebunden ist (→ Art. 4 Rn. 2, 8). Auch der Grundsatz des Gesetzesvorbehalts (→ Art. 4 Rn. 9) setzt die Exekutive in eine gewisse Abhängigkeit vom Gesetzgeber. Die LReg hat demgegenüber bei den Sitzungen des LT die Anwesenheits- und Rederechte gemäß Art. 38 Abs. 2 und 3 LV sowie nach Art. 31 Abs. 1 das Recht, den Ausschluss der Öffentlichkeit zu verlangen.

10 **2. Funktion der Landesregierung.** a) Die aus Regierung und Verwaltung zusammengesetzte **vollziehende Gewalt** ist die „zweite" Gewalt im System der parlamentarischen Demokratie. Die klassische Funktion der vollziehenden Gewalt ist der Gesetzesvollzug.[12] Darauf ist sie aber bei weitem nicht beschränkt.

---

10 So für die BReg *Schröder* in HdbStR § 65 Rn. 37.
11 Vgl. etwa *Schenke* JuS 2021, 713 (717 f.).
12 Vgl. etwa BVerfGE 139, 321 Rn. 126.

Gekennzeichnet ist die vollziehende Gewalt vielmehr in einem umfassenderen Sinne durch das unmittelbare, auf eigener Initiative beruhende staatliche Tätigwerden. Hierin unterscheidet sie sich von der Legislative, die auf die Umsetzung der verabschiedeten Gesetze angewiesen ist, und von der Rechtsprechung, deren Tätigkeit die Anrufung durch Rechtsuchende oder durch die Staatsanwaltschaft voraussetzt.[13]

b) Mit der Formulierung, die LReg stehe **an der Spitze** der vollziehenden Gewalt bringt Art. 41 Abs. 1 zum Ausdruck, dass die LReg der übrigen Verwaltung übergeordnet ist. Dieses Überordnungsverhältnis wird beispielsweise in Art. 70 Abs. 3 S. 1 LV konkretisiert, da die LReg nach dieser Bestimmung die Befugnis hat, die Landesbehörden einzurichten. Vor allem wird das Überordnungsverhältnis aber ausgeformt durch Aufsichts- und Weisungsbefugnisse, die im Einzelnen Gegenstand zahlreicher Fachgesetze sind.[14] Nimmt man die Befugnis der LReg hinzu, aus eigener Initiative tätig zu werden, so ergibt sich daraus insgesamt die richtungweisende Stellung der Regierung gegenüber den nachgeordneten Behörden.[15] Zu beachten ist, dass etwa die Dienst- und Fachaufsicht in den Fachgesetzen des Besonderen Verwaltungsrechts oft nicht der LReg zugewiesen wird, sondern den einzelnen Fachministern. Ein Spannungsverhältnis zu Art. 41 Abs. 1 und zum Kollegialsystem der LReg folgt daraus nicht; denn die Zuständigkeiten innerhalb der Regierung werden durch Art. 46 LV näher ausgestaltet, insbesondere mit der Etablierung des Ressortprinzips, das jedem Minister die eigenen Kompetenzen zuweist. 11

c) Schon der Begriff „Regierung" lässt erkennen, dass die LReg nicht nur Verwaltungsaufgaben haben kann. Zur Verwaltung treten weitere normierte und nicht normierte Aufgaben hinzu und formen eine **Gesamtaufgabe**, die der LReg ihre typische Funktion vermittelt. Worin die Gesamtaufgabe im Einzelnen besteht, ist in der LV nicht abschließend geregelt und lässt sich auch nicht genau bestimmen. Der Grund hierfür liegt einmal in der Vielfältigkeit und Unvorhersehbarkeit der Regierungsaufgaben und damit verbundenen „Normierungsschwierigkeiten"[16]. Die Vielgestaltigkeit des Regierens macht es unmöglich, die einzelnen Gegenstände, Formen, Techniken und Instrumente in einer Verfassung zu fixieren. Ohne das Risiko einer zu engen Festlegung ließe sich die Aufgabe der Regierung nicht vollständig erfassen.[17] Außerdem soll die Initiativkraft der LReg, das Tätigwerden aus eigenem Antrieb, nicht durch einen Befugniskatalog beschränkt werden, der als abschließend verstanden werden könnte. Die LV sichert auf diese Weise – insoweit übereinstimmend mit dem Grundgesetz und den anderen Landesverfassungen – die Flexibilität und Dynamik der Regierung.[18] 12

Eine Reihe von Befugnissen räumt die LV der LReg ausdrücklich ein. Die LReg kann nach Art. 55 Abs. 1 S. 1 LV Gesetzentwürfe in den LT einbringen. In der Staatspraxis macht die LReg von diesem **Gesetzesinitiativrecht** in großem Umfang Gebrauch, so dass es sich um eine ihrer wichtigsten Befugnisse handelt. Bei Haushaltsgesetzen ist ihr die Initiative nach Art. 61 Abs. 3 LV sogar ausschließlich vorbehalten, dh es gibt keine Haushaltsgesetzentwürfe aus der Mitte des LT heraus. Diese starke Position der LReg im Budgetrecht wird durch Art. 64 Abs. 2 LV noch unterstrichen. Art. 57 Abs. 1 LV regelt die in der Pra- 13

---

13 *Hermes* in Dreier Art. 62 Rn. 25; *Schröder* in HdbStR § 64 Rn. 2.
14 Siehe allgemein auch die Vorschriften des Landesorganisationsgesetzes.
15 Vgl. *Schröder* in HdbStR § 64 Rn. 2.
16 *Schröder* in HdbStR § 64 Rn. 8.
17 *Schröder* in von Mangoldt/Klein/Starck Art. 62 Rn. 21.
18 Vgl. *Hermes* in Dreier Art. 62 Rn. 26.

xis ebenfalls sehr bedeutsame Befugnis, Rechtsverordnungen zu erlassen. Eine Rechtsverordnung bedarf wegen des Gesetzesvorbehalts zwar einer gesetzlichen Verordnungsermächtigung. Diese Voraussetzung vermittelt dem LT aber lediglich einen begrenzten Einfluss auf die Verordnungsgebung. Denn abgesehen davon, dass die Verordnungsermächtigung auch eine *bundes*gesetzliche sein kann, räumt die der LReg einmal erteilte gesetzliche Ermächtigung ihr je nach Ausgestaltung (→ Art. 57 Rn. 8) häufig einen erheblichen Handlungsspielraum ein. Mit Blick auf die COVID-19-Pandemie hat dies in Mecklenburg-Vorpommern, in zahlreichen anderen Ländern und auf Bundesebene vor allem im Jahre 2020 zu Grundsatzdiskussionen über das Verhältnis von Parlament und Regierung bei der Pandemiebekämpfung geführt.[19] Insgesamt ist die Ausgestaltung der Rechtsetzungsbefugnisse damit ein Beispiel für die das Staatsrecht der Bundesrepublik Deutschland prägende Verschränkung – bei grundsätzlicher Trennung – von Legislative und Exekutive.

14 Die ausdrücklichen Kompetenzzuweisungen stellen aber nur einen Ausschnitt aus der Gesamtaufgabe der Regierung dar, die im Übrigen stillschweigend vorausgesetzt wird[20]. Das BVerfG[21] hat die Regierungsaufgabe für die BReg mit dem Begriff der **Staatsleitung** charakterisiert[22], und man wird für die LReg in Bezug auf das Land Mecklenburg-Vorpommern zu keinem anderen Ergebnis kommen. Die nähere Bestimmung dieses Begriffs beschränkt sich notwendigerweise auf allgemeine Kennzeichen.[23] Neben der bereits genannten Anstoß- und Initiativwirkung sind Vorausschau und Planung[24] typische Merkmale der Regierungsfunktion. Anders als das GG enthält die LV hierauf einen ausdrücklichen Hinweis. Art. 39 Abs. 1 verpflichtet die LReg, den LT unter anderem über die Grundsatzfragen der Landesplanung, der Standortplanung und Durchführung von Großvorhaben zu unterrichten. Dieselbe Verpflichtung erstreckt sich auf die (bundesrechtlich näher geregelte) Mitwirkung im Bundesrat sowie die Zusammenarbeit mit dem Bund, den Ländern, anderen Staaten, der EU und deren Organen. In Art. 26 Abs. 2 LV ist darüber hinaus das „Regierungsprogramm" angesprochen, auch dies ein Unterschied zum GG. Die LV nimmt einige Ausschnitte aus der Gesamtaufgabe also ausdrücklich auf und verdeutlicht damit, dass der Regierung ganz allgemein die Bestimmung der Ziele und Aufgaben des Gemeinwesens[25] obliegt. Sie koordiniert und interpretiert die in der Gesellschaft entstehenden Ideen und Bedürfnisse und verarbeitet sie ggf. zu politischen Initiativen.[26]

15 Eine weitere Aufgabe der LReg liegt in der **Öffentlichkeitsarbeit**. Eine angemessene Öffentlichkeitsarbeit ist verfassungsrechtlich zulässig und sogar notwendig.[27] Das BVerfG hat für die BReg die Pflicht formuliert, die von ihr für richtig gehaltenen Initiativen, Ziele und Maßnahmen öffentlich darzulegen und

---

19 Vgl. etwa *Brocker* NVwZ 2020, 1485 ff.; *Dreier* DÖV 2021, 229 ff.; *Schmidt* DÖV 2021, 518 ff.; für M-V auch LT-DS 7/5615 S. 2.
20 *Hermes* in Dreier Art. 62 Rn. 32; *Schröder* in von Mangoldt/Klein/Starck Art. 62 Rn. 21; *Brinktrine* in Sachs Art. 62 Rn. 23; *Voßkuhle/Schemmel* JuS 2020, 736 (738).
21 BVerfGE 148, 11 Rn. 51.
22 Vgl. auch die Zusammenstellung anderer Interpretationen bei *Hermes* in Dreier Art. 62 Rn. 32.
23 *Schröder* in HdbStR § 64 Rn. 26.
24 Näher zu diesen Begriffen etwa *Schröder* in HdbStR § 64 Rn. 28.
25 So *Schröder* in von Mangoldt/Klein/Starck Art. 62 Rn. 22.
26 *Schröder* in von Mangoldt/Klein/Starck Art. 62 Rn. 22.
27 BVerfGE 148, 11 Rn. 51; NdsStGH Urt. v. 24.11.2020 – StGH 6/19 –, NordÖR 2021, 272 (279 ff.); *Schröder* in HdbStR § 64 Rn. 33; näher etwa *Kersten* in HdbVerfassungsR § 11 Rn. 60.

zu erläutern.[28] Unter den heutigen Bedingungen gehört es darüber hinaus zur Aufgabe einer Regierung, die Öffentlichkeit über wichtige Vorgänge auch außerhalb oder weit im Vorfeld ihrer eigenen gestaltenden Tätigkeit zu unterrichten.[29] Bei der Öffentlichkeitsarbeit hat die LReg gegenüber politischen Parteien das Gebot der staatlichen Neutralität[30] zu beachten. Besonders strenge Maßstäbe gelten in Wahlkampfzeiten, das Neutralitätsgebot gilt aber auch außerhalb des Wahlkampfs.[31] Es schließt das Gebot der Sachlichkeit mit ein.[32] Auch in Zeiten, in denen die LReg und ihre Mitglieder in zunehmendem Maße unsachlicher und teilweise verletzender Kritik ausgesetzt sind, beispielsweise in den sozialen Medien, haben sie nicht das Recht auf einen „Gegenschlag"[33] auf demselben niedrigen Niveau, sondern müssen Tatsachen stets korrekt wiedergeben und sachlich bleiben.

Die Öffentlichkeitsarbeit ist für die **Integrationsfunktion** der Regierung von 16 besonderer Bedeutung. Mit der Staatsleitung gibt die LReg dem politischen Gemeinwesen weitgehend die Richtung vor. Aufgrund dieser Führungsrolle muss die LReg um gesellschaftlichen Konsens bemüht sein und um Zustimmung für die von ihr verfolgte Politik werben.[34] Darüber hinaus ist zu berücksichtigen, dass das Land kein Staatsorgan hat, das dem Bundespräsidenten entspricht. Auf der Bundesebene obliegt die auf die Einheit des Staates gerichtete Integrationsfunktion zuvörderst dem Bundespräsidenten.[35] In M-V fällt diese Aufgabe zu einem Großteil der LReg zu. Bei der Bewältigung von Krisen kommt der Integrations- und Öffentlichkeitsarbeit eine besondere Bedeutung zu, wie etwa die Bewältigung der COVID-19-Pandemie gezeigt hat.

Die Staatsleitung steht der LReg nicht exklusiv zu, sondern gemeinsam mit den 17 anderen Landesorganen, insbesondere dem LT. Das ergibt sich schon aus den Kontrollbefugnissen des LT und aus seiner Stellung als Stätte der politischen Willensbildung (Art. 20 Abs. 1 S. 2 LV). Zugunsten der LReg fällt aber ins Gewicht, dass sie mehr als andere Landesorgane eine „**informierte Gewalt**" ist, weil sie mit der ihr nachgeordneten Verwaltung über einen stets präsenten und kaum einholbaren Sachverstand verfügt.[36] Zu Beratungen in den LT-Ausschüssen wird die Ministerialverwaltung daher häufig hinzugezogen, was bereits in der Art. 38 Abs. 1, 40 Abs. 1, 2 LV angelegt ist. Als weiteres Beispiel aus der Staatspraxis sind die Formulierungshilfen zu nennen, die die LReg dem LT zusätzlich zu eigenen Gesetzentwürfen zur Verfügung stellt. Insgesamt steht der LReg ein breites Handlungsinstrumentarium offen, das ihr in einer mit anderen Landesorganen kaum vergleichbaren Weise ein flexibles, dh zur Regierungsfunktion besonders passendes Handeln ermöglicht.[37]

## III. Zusammensetzung der Landesregierung (Abs. 2)

**1. Vorbemerkung.** Art. 41 Abs. 2 LV bestimmt die Zusammensetzung der 18 LReg. Die Vorschrift bildet die verfassungsrechtliche Grundlage für die Lan-

---

28 BVerfGE 44, 125 (147).
29 BVerfGE 105, 279 (302); 138, 102 Rn. 40; 148, 11 Rn. 51.
30 Vgl. BVerfGE 148, 11 Rn. 50 ff.
31 Vgl. BVerfGE 148, 11 Rn. 45 f.
32 Vgl. BVerfGE 148, 11 Rn. 59.
33 Vgl. BVerfGE 148, 11 Rn. 60.
34 Vgl. *Schröder* in HdbStR § 64 Rn. 31.
35 Vgl. etwa *Nierhaus/Brinktrine* in Sachs Art. 54 Rn. 6 f.
36 *Schröder* in HdbStR § 64 Rn. 14.
37 *Schröder* in von Mangoldt/Klein/Starck Art. 62 Rn. 27; vgl. *Brinktrine* in Sachs Art. 62 Rn. 43.

desregierung im institutionellen Sinne. Sie schreibt für die LReg die **Kollegialstruktur** vor und legt ihre Mitglieder fest. Die in den weiteren Artikeln des II. Abschnitts enthaltenen Bestimmungen über Bildung, Bestand, Kompetenzen und Arbeitsweise der LReg und ihrer Mitglieder sind sämtlich aus der Kernaussage heraus entwickelt, dass die LReg aus dem MinPräs und den Ministern besteht. Der eindeutige Wortlaut lässt keinen Zweifel daran zu, dass die Aufzählung abschließend ist.

19 **2. Landesregierung.** Nach der Vorgabe des Art. 41 Abs. 2 LV ist die LReg ein **Kollegialorgan**. Die LV folgt damit dem Beispiel des GG und der anderen Landesverfassungen. Um ein Kollegialorgan bilden zu können, muss die LReg neben dem MinPräs mehrere Minister umfassen. Die (bislang rein theoretische) Möglichkeit der Ernennung nur eines einzigen Ministers dürfte mit dem im Wortlaut gewählten Plural nicht vereinbar sein. Darüber hinaus gehende Maßgaben für die Anzahl der Ministerien enthält die LV nicht. Einen Finanzminister muss es in jedem Fall geben, weil die LV ihm besondere Aufgaben zuweist (Art. 63 Abs. 1 S. 1, Art. 67 Abs. 1 S. 1). Weitere Minister werden in der LV nicht erwähnt. Das Kabinettsbildungsrecht liegt also weitgehend in der Kompetenz des MinPräs (→ Art. 43 Rn. 2 ff.).

20 Im Sprachgebrauch finden sich neben dem Begriff „Landesregierung" auch häufig die Formulierungen **Kabinett** oder „Landeskabinett". Die GO LReg beispielsweise enthält Bestimmungen über Kabinettsvorlagen, Kabinettsangelegenheiten oder Kabinettssitzungen. In § 7 Abs. 4 GO LReg wird das „Kabinett" selbst erwähnt. Auf der Bundesebene wird dem teilweise die Bedeutung beigemessen, das Bundeskabinett sei eine Untergliederung des Gesamtorgans „Bundesregierung".[38] Dem kann für die LV nicht gefolgt werden. Die LV kennt den Begriff des Kabinetts nicht. Er hat daher keine eigenständige verfassungsrechtliche Bedeutung. Es handelt sich lediglich um eine andere Bezeichnung für das Kollegialorgan „Landesregierung".[39] Die GO LReg macht dies selbst deutlich, indem sie die Begriffe „Landesregierung" und „Kabinett" synonym verwendet.[40]

21 Der Begriff „Landesregierung" in Art. 41 Abs. 2 LV ist eine **Legaldefinition**. Soweit der LReg in der LV oder auch in Landesgesetzen Aufgaben oder Befugnisse eingeräumt werden, ist damit die LReg im Sinne des Art. 41 Abs. 2 gemeint. Zwar ist nicht ausgeschlossen, dass eine Befugnisnorm auch ein Handeln des MinPräs oder eines Ministers für die LReg vorsehen kann. Das ist durch Auslegung der jeweils in Rede stehenden Vorschrift zu ermitteln. Es besteht aber eine durch die jeweilige Befugnisnorm widerlegbare Regelvermutung dafür, dass die Kompetenz beim Kollegialorgan liegt.[41] Für verpflichtende Vorschriften gilt dies spiegelbildlich.

22 **3. Ministerpräsident.** Der MinPräs ist durch die LV mit zahlreichen eigenen **Kompetenzen** ausgestattet. Hervorzuheben sind die Befugnis, die Minister zu ernennen und zu entlassen (Art. 43 Abs. 1 S. 1) und die daraus abgeleitete Organisationskompetenz (→ Art. 43 Rn. 6 ff.), die Richtlinienkompetenz (Art. 46 Abs. 1), die Außenvertretungskompetenz (Art. 47 Abs. 1), die Befugnis zur Ernennung der Beamten und Richter sowie zur Einstellung der Angestellten und Arbeiter (Art. 48 S. 1), das Begnadigungsrecht (Art. 49 Abs. 1 S. 1) und die Zuständigkeit für die Ausfertigung der Gesetze (Art. 58 Abs. 1). Sämtliche dieser

---

38 So etwa *Brinktrine* in Sachs Art. 62 Rn. 16 mwN.
39 Vgl. für den Bund *Detterbeck* in HdbStR § 66 Rn. 3 mwN; *Busse/Hofmann* S. 83.
40 Siehe etwa §§ 6 (Überschrift und Abs. 1), 7 Abs. 4, 10 Abs. 1 GO LReg.
41 Vgl. *Detterbeck* in HdbStR § 66 Rn. 11 mwN auch zur Gegenmeinung.

Kompetenzen sind in der Staatspraxis von erheblicher Bedeutung. Hinzu kommen weitere Befugnisse, die dem MinPräs im Quervergleich mit anderen Landesverfassungen eine verhältnismäßig starke Position verschaffen. Ein Beispiel ist die Möglichkeit, die Minister nach Beendigung des Amtes um vorübergehende Weiterführung der Geschäfte zu ersuchen (→ Art. 50 Rn. 22).

Die verfassungsrechtlichen Kompetenzen vermitteln dem MinPräs innerhalb der 23 LReg eine selbstständige, gegenüber den Ministern deutlich **herausgehobene Stellung**. In Anlehnung an den Sprachgebrauch des Bundesverfassungsrechts lässt sich vom Kanzlerprinzip sprechen (→ Art. 46 Rn. 4). Die Zuständigkeit des MinPräs zur Ernennung und Entlassung der Minister macht diese ständig vom Vertrauen des MinPräs abhängig. Art. 50 Abs. 1 S. 3 geht in dieselbe Richtung, wenn dort der Bestand des Ministeramts an das Amt des MinPräs gebunden wird. Die Personalkompetenz findet ihre Fortsetzung in der Organisationskompetenz (→ Art. 43 Rn. 6 ff.). Bei der Ausübung der Regierungsfunktion zeigt sich die übergeordnete Stellung des MinPräs in der Richtlinienkompetenz, die im Falle einer Koalitionsregierung allerdings in politischer Hinsicht durch das Gebot der Rücksichtnahme auf die Belange der Koalitionspartner zugunsten einer kollegialen Regierungsweise relativiert ist.[42] Dass nach Art. 46 Abs. 3 S. 2 LV bei Stimmengleichheit innerhalb der LReg die Stimme des Ministerpräsidenten entscheidet, untermauert seine Position verfassungsrechtlich, dürfte in der Praxis aber keine Bedeutung haben. Die Außenvertretungskompetenz des MinPräs entspricht derjenigen in zahlreichen anderen Ländern und ist damit stärker ausgestaltet als in Bremen, Hamburg und Nordrhein-Westfalen, wo sie dem Senat bzw. der LReg obliegt. Die Zuständigkeit des MinPräs für die Ernennung von Beamten und Richtern sowie zur Einstellung von Angestellten und Arbeitern hat zur Folge, dass die Minister die entsprechende Personalkompetenz selbst im eigenen Geschäftsbereich nur in dem Umfang haben, in dem der MinPräs sie gemäß Art. 48 S. 2 LV delegiert.

Auch im **Verhältnis zum LT** hat der MinPräs durch die LV eine vergleichsweise 24 starke Stellung erhalten.[43] Seine Kompetenzen zur Ernennung und Entlassung der Minister und die Organisationskompetenz in Bezug auf das Kabinett sind an keinerlei Mitwirkung des LT gebunden. Das stimmt unter anderem mit den Verfassungen der anderen neuen Länder überein, bedeutet aber einen den MinPräs gegenüber dem LT stärkenden Unterschied etwa zur Verfassungsrechtslage in Baden-Württemberg, Niedersachsen und Rheinland-Pfalz (→ vgl. die Vorschriften vor Rn. 1). Im Verhältnis zum LT ist weiter von Bedeutung, dass der LT die Amtszeit des MinPräs gemäß Art. 50 Abs. 2 LV nur durch ein konstruktives Mißtrauensvotum beenden kann. Das dient zwar in erster Linie der Vermeidung einer regierungslosen Zeit und damit der Institution der LReg (→ Art. 50 Rn. 10), stärkt aber auch das Amt des MinPräs, selbst wenn die Person das Vertrauen verloren hat.[44] Die Zuständigkeit des MinPräs für die Ausfertigung der Gesetze erweitert seinen Kompetenzumfang etwa im Vergleich zu Brandenburg, Niedersachsen, Sachsen, Sachsen-Anhalt und Thüringen. Die Verfassungen dieser Länder sehen jeweils die Zuständigkeit des Landtagspräsidenten vor, in Brandenburg und Thüringen sogar ohne Gegenzeichnungskompetenz des MinPräs.[45]

---

42 *Thiele* in Thiele/Pirsch/Wedemeyer Art. 41 Rn. 8.
43 *Thiele* in Thiele/Pirsch/Wedemeyer vor Art. 41 Rn. 5, Art. 41 Rn. 8.
44 Vgl. *Busse/Hofmann* S. 48 f.
45 Wieder anders Art. 71 Abs. 1 Verf NW: Ausfertigung durch die LReg.

25 **4. Minister.** Die Minister sind im Vergleich mit dem MinPräs mit wenigen verfassungsrechtlichen **Kompetenzen** ausgestattet. In Art. 46 Abs. 2 LV ist das Ressortprinzip abgesichert, das jedem Minister einen eigenen Geschäftsbereich und die Verantwortung dafür sichert.[46] Die Minister erhalten dadurch eine Doppelstellung: Sie sind sowohl Teile des Kollegialorgans LReg als auch oberste Landesbehörden in ihrem Geschäftsbereich.[47] Das gilt zwar auch für den MinPräs, die Geschäftsbereiche der Minister nehmen aber bisweilen erhebliche Ausmaße an, was mit einer entsprechenden Entscheidungskompetenz einhergeht. Aus Art. 41 Abs. 2 in Verbindung mit Art. 46 Abs. 3 S. 1 LV ergibt sich das Stimmrecht der Minister, das ihnen wegen der erforderlichen Stimmenmehrheit die Möglichkeit einräumt, auf die Entscheidungen der LReg Einfluss zu nehmen. Der Finanzminister hat darüber hinaus die Befugnisse der Art. 63 Abs. 1 S. 1 und 67 Abs. 1 S. 1 LV.

26 **5. Keine weiteren Mitglieder der LReg.** Wegen des eindeutigen Wortlauts des Art. 41 Abs. 2 LV hat die LReg außer dem MinPräs und den Ministern keine weiteren Mitglieder. Nicht zur LReg gehören daher die **Staatssekretäre.** Sie sind Landesbeamte, deren Befugnisse sich nicht aus der LV, wohl aber aus den Vorschriften des einfachen Rechts, beispielsweise aus dem Geschäftsordnungsrecht der LReg,[48] ergeben. Unter anderem vertreten sie die Minister im Umfang des § 5 Abs. 2 GO LReg. § 9 S. 3 GO LReg räumt ihnen die Möglichkeit ein, im Falle der Verhinderung des Ministers mit beratender Stimme an den Sitzungen der LReg teilzunehmen, sie haben dort aber kein Stimmrecht (vgl. § 5 Abs. 3 S. 3 LV).

27 Auch die **Parlamentarischen Staatssekretäre** sind keine Mitglieder der LReg. Für sie gilt das Gesetz über die Rechtsverhältnisse Parlamentarischer Staatssekretärinnen und Parlamentarischer Staatssekretäre vom 18.7.1991.[49] Parlamentarische Staatssekretäre können zur Unterstützung des Ministerpräsidenten oder einzelner Mitglieder der Landesregierung berufen und mit Sonderaufgaben betraut werden (§ 1 Abs. 1 LParlG). Die Parlamentarischen Staatssekretäre sind keine Landesbeamten, sondern stehen zum Land M-V in einem besonderen öffentlich-rechtlichen Amtsverhältnis (§ 1 Abs. 3 S. 1 LParlG). Darin sind sie mit den Ministern vergleichbar. Auch für sie gilt, dass sie in der LReg schon wegen des Wortlauts des Art. 41 Abs. 2 LV kein Stimmrecht haben. Nach § 1 Abs. 2 S. 2 LParlG nehmen sie an den Sitzungen der LReg beratend teil.

28 Keine Regierungsmitglieder sind schließlich die von der LReg, dem MinPräs oder einem Minister eingesetzten **Beauftragten.** Obwohl es kein ressortfreies politisches Thema gibt, da die Mitglieder der LReg mit ihren Geschäftsbereichen alle relevanten Fragen abdecken müssen, werden für die Betreuung einzelner Felder bisweilen Beauftragte eingesetzt.[50] Ihre Aufgabe besteht typischerweise darin, bestimmten Angelegenheiten besondere Aufmerksamkeit zu widmen und den Adressaten ihrer Tätigkeit als spezieller Ansprechpartner zur Verfügung zu stehen. Die Anbindung der Beauftragten an die LReg oder eines ihrer Mitglieder ist unterschiedlich ausgestaltet. Die Verantwortung der LReg insbesondere gegenüber dem LT wird durch die Einsetzung von Beauftragten nicht geschmä-

---

46 Zum sog. Minister ohne Portefeuille → Art. 43 Rn. 7.
47 Vgl. § 5 LOG.
48 Weitere ausdrückliche Befugnisse sieht die Gemeinsame Geschäftsordnung I der Ministerien und der Staatskanzlei des Landes Mecklenburg-Vorpommern vor.
49 LParlG, zuletzt geändert durch Art. 2 des Gesetzes vom 15.6.2021 – GVOBl. S. 961, berichtigt S. 1006 –.
50 Vgl. *Busse/Hofmann* S. 81.

## IV. Inkompatibilitäten (Abs. 3)

Art. 41 Abs. 3 LV untersagt den Mitgliedern der LReg die gleichzeitige Wahrnehmung bestimmter Abgeordnetenmandate. Namentlich sind es Mandate im BT, im Europäischen Parlament und im Parlament eines anderen Landes. Während der Zugehörigkeit zur LReg darf ein solches Mandat weder übernommen noch beibehalten werden. Da die Vorschrift die Unvereinbarkeit des Regierungsamts mit der Mitgliedschaft in anderen Gesetzgebungsorganen bestimmt, spricht man von **organschaftlicher Inkompatibilität**.[52] Davon zu unterscheiden sind die in Art. 45 Abs. 1 LV geregelten Berufsausübungsverbote und Verbote von Mitgliedschaften anderer Art. Vergleichbare ausdrückliche Regelungen enthalten nur verhältnismäßig wenige andere Landesverfassungen (Art. 28 Abs. 3 NdsVerf; Art. 64 Abs. 4 Verf NW; Art. 64 Abs. 2 Verf LSA). Es wird aber angenommen, dass die organschaftliche Inkompatibilität auch allgemeinen verfassungsrechtlicher Strukturprinzipien zu entnehmen ist.[53]

Der Sinn der organschaftlichen Inkompatibilität liegt nach den Vorstellungen der Verfassunggeber darin, Interessenkollisionen bei der Ausübung eines Amtes als MinPräs oder Minister und der Wahrnehmung von Mandaten auf Bundes- oder Europaebene oder für andere Bundesländer zu vermeiden.[54] Die **Intention** liegt somit darin, die Regierungsmitglieder zur Konzentration auf das Wohl des Landes zu verpflichten, wie es auch dem Amtseid nach Art. 44 LV entspricht. Die gleichzeitige Innehabung eines parlamentarischen Mandats im BT oder im Parlament eines anderen Landes könnte außerdem mit dem Bundesstaatsprinzip in Konflikt geraten.[55] Die Unvereinbarkeit mit der Mitgliedschaft im Europäischen Parlament ist in § 22 Abs. 2 Nr. 12 des Europawahlgesetzes bundesrechtlich vorgegeben.

Nicht geregelt sind die **Folgen eines Verstoßes** gegen Art. 43 Abs. 3 LV. Wird ein amtierender MinPräs oder Minister in eines der unvereinbaren Mandate gewählt, gibt es für einen automatischen Amtsverlust daher keine rechtliche Grundlage.[56] Um die ausdrücklich geregelte Unvereinbarkeit in rechtlicher Hinsicht nicht folgenlos bleiben zu lassen, könnte an einen konkludenten Rücktritt gedacht werden,[57] zumal die LV in Art. 50 Abs. 1 S. 2 die Möglichkeit des

---

51 Vgl. *Busse/Hofmann* S. 82; zurückhaltend zur Einsetzung von Beauftragten *Schröder* in HdbStR § 65 Rn. 31.
52 Vgl. etwa *Brinktrine* in Sachs Art. 66 Rn. 21 auch dazu, dass die Begriffe „Unvereinbarkeit" und „Inkompatibilität" teilweise unterschieden werden; hier werden sie synonym verwendet (so zB auch *Jarass* in Jarass/Pieroth Art. 66 Rn. 1; *Epping* in Epping/Butzer Art. 28 Rn. 28).
53 Für das GG etwa *Hermes* in Dreier Art. 66 Rn. 8, 17 f.
54 LT-Drs. 1/3100, 140.
55 Vgl. *Jarass* in Jarass/Pieroth Art. 66 Rn. 2.
56 Vgl. *Herzog* in Dürig/Herzog/Scholz Art. 66 Rn. 13; *Schenke* in BK Art. 66 Rn. 67 ff.; *Mager/Holzner* in von Münch/Kunig Art. 66 Rn. 29 f.; anders, jedoch ohne Begründung, *Hermes* in Dreier Art. 66 Rn. 20; *Brinktrine* in Sachs Art. 66 Rn. 28; *Schneider* AöR 147 (2022), 411 (443).
57 So *Epping* in Epping/Butzer Art. 28 Rn. 28; aA eingehend im Hinblick auf die Doppelmitgliedschaft in Bundestag und Landesregierung *Schneider* AöR 147 (2022), 411 (444 ff.): bloße Verpflichtung, die Doppelmitgliedschaft kurzfristig zu beenden.

jederzeitigen Rücktritts ausdrücklich vorsieht. In politischer Hinsicht wäre ein andauernder Verstoß gegen Art. 41 Abs. 3 darüber hinaus wohl kaum aufrecht zu halten.[58] Die Innehabung eines der unvereinbaren Ämter wird im umgekehrten Fall der Wählbarkeit des MinPräs und der Ernennung der Minister entgegenstehen.[59]

32 Die **Mitgliedschaft im LT** ist von den organschaftlichen Unvereinbarkeiten des Art. 41 Abs. 3 LV nicht umfasst. Man wird die Vorschrift daher nur so auslegen können, dass die Mitglieder der LReg zugleich Abgeordnete des LT sein können,[60] was in der Staatspraxis auch häufig der Fall ist. Angesichts der ausdrücklichen Aufzählung von organschaftlichen Unvereinbarkeiten in Art. 41 Abs. 3 spricht alles dafür, dass die Verfassunggeber das Landtagsmandat bewusst ausgenommen haben. Einem anderen Verständnis der Vorschrift dürfte außerdem der Vergleich mit Art. 71 Abs. 3 LV entgegenstehen, wenn dort geregelt ist, dass die Wählbarkeit von Angehörigen des öffentlichen Dienstes zum Landtag gesetzlich beschränkt werden kann, während es in Art. 41 Abs. 3 LV an einer entsprechenden Regelung für die Regierungsmitglieder fehlt. Im Ergebnis entspricht diese Verfassungsrechtslage derjenigen in vielen Bundesländern, allerdings sehen nur wenige andere Landesverfassungen (→ Rn. 29) organschaftliche Inkompetenzen ausdrücklich und sodann unter Ausnahme des jeweiligen Landesparlaments vor. Anders ist es nach Art. 113 Abs. 1 BremVerf und Art. 39 HambVerf: In Bremen und Hamburg dürfen Senatsmitglieder nicht zugleich Abgeordnete der Bürgerschaft sein. Wieder anders liegt es in Nordrhein-Westfalen, wo die Mitgliedschaft im LT sogar Voraussetzung für die Wählbarkeit des MinPräs ist (Art. 52 Abs. 1 Verf NW).[61]

33 Die Möglichkeit, dass Regierungsmitglieder ein parlamentarisches Mandat innehaben können, hat im Schrifttum die Frage nach der **Vereinbarkeit von Amt und Mandat** aufgeworfen. Teilweise werden erhebliche Bedenken vor allem im Hinblick auf den Grundsatz der Gewaltenteilung erhoben.[62] In der Tat können durch die gleichzeitige Zugehörigkeit sowohl zum LT als auch zur LReg Interessenkonflikte entstehen, beispielsweise bei Ausübung der Kontrollfunktion des LT gegenüber der LReg (→ Rn. 8). Fragen werfen hier etwa die nach Art. 38 Abs. 1 LV möglichen Anwesenheitsverlangen oder auch die Arbeit in einem Parlamentarischen Untersuchungsausschuss auf.[63] Mit Blick auf die eindeutige Regelung des Art. 41 Abs. 3 LV ist diese Diskussion für M-V aber ohne verfassungsrechtliche Relevanz. Da der Grundsatz der Gewaltenteilung Ausformungen und Durchbrechungen kennt – man denke nur an die Wahl des MinPräs durch den LT –, sind die genannten Bedenken ohnehin eher rechtspolitischer Art.[64] Ihnen kann neben Gründen der deutschen und europäischen Verfassungstradition entgegen gehalten werden, dass die Staatsleitung dem Parlament und der Regierung gemeinsam anvertraut ist und das parlamentarische Regierungssystem in besonderem Maße auf Verantwortung und gegenseitiges Vertrauen angewiesen ist.[65] Die gleichzeitige Innehabung von LT-Mandat und Regierungs-

---

58 Vgl. *Herzog* in Dürig/Herzog/Scholz Art. 66 Rn. 12.
59 Zweifelnd *Schneider* AöR 147 (2022), 411 (444) mwN zum Meinungsstand.
60 Ebenso *Thiele* in Thiele/Pirsch/Wedemeyer Art. 66 Rn. 9.
61 *Tettinger* in Löwer/Tettinger Art. 52 Rn. 22.
62 S. etwa *von Münch* NJW 1998, 34; *Epping* in Epping/Butzer Art. 28 Rn. 35 ff.; *ders.* in von Mangoldt/Klein/Starck Art. 66 Rn. 18 ff. mit anderer Begründung (→ Art. 45 Rn. 7); s. auch *Lindner* in Lindner/Möstl/Wolff Art. 5 Rn. 11.
63 Vgl. *von Münch* NJW 1998, 34 (35).
64 *Von Münch* NJW 1998, 34.
65 *Badura* in FS Quaritsch, S. 295 (303) (Rn. 11).

amt hat daher den Vorteil einer gesteigerten Handlungs- und Durchsetzungsfähigkeit.[66] Weit überwiegend wird sie als zulässig angesehen.[67] Bedenkliche Fehlentwicklungen in der Staatspraxis haben sich jedenfalls in M-V bislang nicht gezeigt.[68] Verbleibende Akzeptanzzweifel lassen sich etwa durch Zurückhaltung bei der Ausübung des Mandats dort, wo die Kontrollfunktion des LT berührt ist, berücksichtigen.[69]

## V. Schrifttum

*Peter Badura*, Das politische Amt des Ministers, in: Dietrich Murswiek/Ulrich Storost/Heinrich A. Wolff (Hrsg.), Staat – Souveränität – Verfassung, FS für Helmut Quaritsch zum 70. Geburtstag, 2000, S. 295 ff. (zit. Badura in FS Quaritsch); *Lars Brocker*, Exekutive versus parlamentarische Normsetzung in der Corona-Pandemie, NVwZ 2020, 1485; *Volker Busse/Hans Hofmann*, Bundeskanzleramt und Bundesregierung, 7. Aufl., 2019 (zit. Busse/Hofmann); *Horst Dreier*, Rechtsstaat, Föderalismus und Demokratie in der Corona-Pandemie, DÖV 2021, 229; *Hans von Mangoldt*, Die Verfassungen der neuen Bundesländer, 2. Aufl., 1997 (zit. von Mangoldt); *Ingo v. Münch*, Minister und Abgeordneter in einer Person: die andauernde Verhöhnung der Gewaltenteilung, NJW 1998, 34; *Wolf-Rüdiger Schenke*, Die grundgesetzliche Ausprägung des parlamentarischen Regierungssystems, JuS 2021, 713; *Thorsten Ingo Schmidt*, Landesrechtsverordnungen auf bundesgesetzlicher Grundlage und verordnungsvertretende Bundesgesetze, DÖV 2021, 518; *Bastian Schneider*, Die Doppelmitgliedschaft in Bundestag und Landesregierung, AöR 147 (2022), 411; *Andreas Voßkuhle/Jakob Schemmel*, Grundwissen – Öffentliches Recht: Die Bundesregierung, JuS 2020, 736.

34

## Art. 42 (Wahl des Ministerpräsidenten)

(1) Der Ministerpräsident wird ohne Aussprache vom Landtag mit der Mehrheit seiner Mitglieder in geheimer Abstimmung gewählt.

(2) ¹Kommt die Wahl des Ministerpräsidenten innerhalb von vier Wochen nach Zusammentritt des neugewählten Landtages oder dem Rücktritt des Ministerpräsidenten nicht zustande, so beschließt der Landtag innerhalb von zwei Wochen über seine Auflösung. ²Der Beschluß bedarf der Mehrheit der Mitglieder des Landtages.

(3) ¹Wird die Beendigung der Wahlperiode des Landtages nicht beschlossen, so findet am selben Tag eine neue Wahl des Ministerpräsidenten statt. ²Zum Ministerpräsidenten gewählt ist, wer die meisten Stimmen erhält.

Vergleichbare Regelungen:
*Zu Abs. 1*: Artt. 46 Abs. 1 und 3 BWVerf; 44 Abs. 1 und 2 BayVerf; 56 Abs. 1 VvB; 83 Abs. 1 BbgVerf; 107 Abs. 2 BremVerf; 34 Abs. 1, 41 HambVerf; 101 Abs. 1 HessVerf; 29 Abs. 1 NdsVerf; 52 Abs. 1 Verf NW; 98 Abs. 2 Verf Rh-Pf; 87 Abs. 1 S. 1 SaarlVerf; 60 Abs. 1 SächsVerf; 65 Abs. 1 und 2 LVerf LSA; 33 Abs. 2 S. 1, Abs. 3 SchlHVerf; 70 Abs. 3 ThürVerf.

---

66 *Schenke* in BK Art. 66 Rn. 58.
67 Vgl. etwa *Badura* in FS Quaritsch, S. 295 (303 f.); *Schenke* in BK Art. 66 Rn. 56 ff.; *Herzog* in Dürig/Herzog/Scholz Art. 66 Rn. 33 ff.; *Hermes* in Dreier Art. 66 Rn. 18; *Mager/Holzner* in von Münch/Kunig Art. 66 Rn. 13; *Brinktrine* in Sachs Art. 66 Rn. 25b, alle mwN.
68 Vgl. *Clostermeyer* in Haug Art. 53 Rn. 20.
69 Vgl. *Schenke* in BK Art. 66 Rn. 60.

*Zu Abs. 2 und 3*: Artt. 47 BWVerf; 44 Abs. 5 BayVerf; 83 Abs. 2 und 3 BbGVerf; 56 Abs. 1 VvB; 41 HambVerf; 30 NdsVerf; 52 Abs. 2 VerfNW; 87 Abs. 4 SaarlVerf; 60 Abs. 2 und 3 SächsVerf; 65 Abs. 2 LVerf LSA; 33 Abs. 4 SchlHVerf; 70 Abs. 3 ThürVerf.

| | | | |
|---|---|---|---|
| I. Vorbemerkung | 1 | III. Auflösung des Landtags (Abs. 2) | 15 |
| II. Wahl mit der Mitgliedermehrheit (Abs. 1) | 5 | IV. Wahl mit relativer Mehrheit (Abs. 3) | 18 |
| 1. Voraussetzungen | 5 | V. Schrifttum | 23 |
| 2. Verfahren | 9 | | |

## I. Vorbemerkung

1 Die Wahl des MinPräs ist der erste Schritt der Regierungsbildung. Übereinstimmend mit dem GG und den Verfassungen der anderen Länder legt die Landesverfassung diese Wahl in die Hände des Parlaments. Der LT wählt den MinPräs und vermittelt ihm damit die demokratische Legitimation. Neben der politischen Verantwortlichkeit gegenüber dem LT liegt darin eines der wesentlichen Merkmale des parlamentarischen Regierungssystems in M-V. Im Unterschied zur Präsidialdemokratie mit einem vom Volk gewählten und dem Parlament nicht verantwortlichen Regierungschef ist das parlamentarische Regierungssystem durch ein erheblich stärkeres Parlament und eine insgesamt ausgewogene Machtverteilung zwischen Parlament und Regierung gekennzeichnet. Die Wahl des Regierungschefs durch das Parlament bedeutet zwar eine partielle Durchbrechung des Prinzips der Gewaltenteilung. Dieser Umstand hat etwa in den Vereinigten Staaten von Amerika dazu geführt, dass die Verfassunggeber sich für die Wahl des Präsidenten durch das Volk entschieden haben.[1] In der Bundesrepublik Deutschland ist diese Inkonsequenz bei der Gewaltentrennung aber vor dem Hintergrund der Erfahrungen aus der Weimarer Republik bewusst gewählt worden.[2] Sie wird kompensiert durch die Machtbalance des parlamentarischen Regierungssystems, die sich seit dem Inkrafttreten des GG im Bund und in den Ländern bewährt hat. Unterschiede zum GG ergeben sich in M-V dadurch, dass der Bundespräsident als Verfassungsorgan auf der Landesebene keine Entsprechung hat und die Regierungsbildung damit auf zwei statt wie im Bund auf drei Verfassungsorgane aufgeteilt ist.

2 Für die Wahl des MinPräs sieht Art. 42 LV mehrere Phasen vor. In der ersten Wahlphase (Abs. 1) setzt die erfolgreiche Wahl des MinPräs eine Zustimmung durch die Mehrheit der LT-Mitglieder voraus. Gelingt diese Wahl nicht, hat der LT über seine Auflösung zu entscheiden (Abs. 2). Findet die Auflösung nicht die erforderliche Mehrheit, so setzt noch am Tage dieser Entscheidung die zweite Wahlphase ein, in der zum MinPräs gewählt ist, wer die meisten Stimmen erhält (Abs. 3). Mit der Annahme der Wahl beginnt die Amtszeit des MinPräs (→ Art. 45 Rn. 2).

3 Art. 42 LV soll die Grundlage dafür bilden, dass in jeder Mehrheitskonstellation des LT die Regierung so stabil wie möglich gebildet werden kann. Diesem Ziel dient die Voraussetzung der Mitgliedermehrheit für den MinPräs in der praktisch bedeutsamsten ersten Wahlphase. Kommt diese Mehrheit nicht zustande, so räumt die LV der Abstimmung über die Auflösung des LT und damit über die Herbeiführung von Neuwahlen den Vorrang gegenüber der Wahl eines geringer legitimierten MinPräs ein. Wenn der LT sich aber auch auf Neuwahlen nicht zu verständigen vermag, gibt die LV einem lediglich mit relativer Mehrheit gewähl-

---

1 *Lepore* Wahrheiten S. 205 f.
2 Vgl. *Schenke* JZ 2015, 1009 (1009 f.).

ten MinPräs den Vorzug vor der anderenfalls noch verbleibenden Alternative des nur geschäftsführenden bisherigen MinPräs, der vom neuen LT in keiner Weise legitimiert ist.

Die Verfassunggeber haben damit der Grundlage für eine möglichst stabile Regierung den Vorrang gegenüber einer zügigen Regierungsbildung eingeräumt. Das zeigt ein **Vergleich mit den Verfassungen anderer Länder** (→ Vor Rn. 1). Beispielsweise reicht in Schleswig-Holstein bereits im dritten Wahlgang die einfache Mehrheit aus, ohne dass ein Verfahren, wie es Art. 42 Abs. 2 LV entspricht, dazwischengeschaltet wäre. Ebenso verhält es sich in Brandenburg und Thüringen. In Sachsen-Anhalt ähnelt das Verfahren dem in M-V, allerdings ist die Anzahl der Wahlgänge, bei denen die Mitgliedermehrheit erforderlich ist, dort auf zwei begrenzt. In Niedersachsen ist die Frist für die Auflösung des LT kürzer als in M-V (21 Tage), wenn die Wahl des MinPräs mit der Mitgliedermehrheit nicht zustande kommt.

## II. Wahl mit der Mitgliedermehrheit (Abs. 1)

**1. Voraussetzungen.** Der Normalfall der Wahl eines MinPräs ist die Regierungsbildung im Anschluss an die LT-Wahlen. Mit dem Zusammentritt des **neu gewählten LT** endet das Amt des bisherigen MinPräs (Art. 50 Abs. 1 S. 1 LV), und die Wahl eines Nachfolgers wird erforderlich. Eine alternative Konstellation ist der **Rücktritt** des amtierenden MinPräs während der laufenden Wahlperiode (Art. 50 Abs. 1 S. 2 LV). Über den Vorschlag eines Kandidaten besagt die LV nichts, anders als etwa das GG in Art. 63 Abs. 1, das dem Bundespräsidenten dieses Recht einräumt. In der Staatspraxis wird der Kandidat von einer oder mehreren Fraktionen vorgeschlagen. Dem gehen vor allem im Fall einer Koalition Verhandlungen über die Regierungsbildung voraus, in denen sich die die Regierung tragenden Parteien auf einen Kandidaten verständigen. Dass der MinPräs in einer „Abstimmung gewählt" wird, ist im Zusammenhang mit Art. 32 Abs. 1 S. 2, Abs. 4 S. 1, 2 LV zu sehen. Zur Unterscheidung der Begriffe „Abstimmung" und „Wahl" wird daher auf die dortigen Anmerkungen verwiesen (→ Art. 32 Rn. 4, 6 f.).

Im Unterschied etwa zu den Verfassungen der Länder Baden-Württemberg, Bayern, Bremen und Hamburg sieht Art. 42 Abs. 1 keine rechtlichen **Voraussetzungen für die Wählbarkeit** zum MinPräs vor. Zu beachten sind die Unvereinbarkeitsregelungen der Art. 41 Abs. 3, 45 Abs. 1 S. 2 LV. Der MinPräs muss nicht Mitglied des LT sein, ein LT-Mandat hindert die Wahl zum MinPräs aber auch nicht (→ Art. 41 Rn. 32). Im Hinblick darauf, dass der MinPräs sich nach § 1 LMinG in einem besonderen öffentlich-rechtlichen Amtsverhältnis zum Land M-V befindet, dürfte die Wahl einer Person ausgeschlossen sein, die die Fähigkeit, öffentliche Ämter zu bekleiden, aufgrund einer rechtskräftigen Verurteilung durch ein deutsches Gericht nicht besitzt (vgl. § 6 Abs. 2 LKWG). Ferner setzt die LV die Volljährigkeit des MinPräs voraus. Die dem MinPräs übertragenen Kompetenzen sind ohne die unbeschränkte Geschäftsfähigkeit nicht vorstellbar, wie etwa am Beispiel der Vertretung des Landes nach außen gemäß Art. 47 LV deutlich wird.

Verbreitet wird darüber hinaus die **deutsche Staatsangehörigkeit** verlangt.[3] Zur Begründung wird zum Teil darauf verwiesen, dass die Wählbarkeit das eigene

---

[3] *Thiele* in Thiele/Pirsch/Wedemeyer Art. 42 Rn. 3; vgl. *Epping* in Epping/Butzer Art. 29 Rn. 16; in Bezug auf den Bundeskanzler wohl allgemeine Meinung, vgl. etwa *Schenke* in BK Art. 63 Rn. 109 ff. mwN.

aktive Wahlrecht für LT-Wahlen (vgl. § 6 Abs. 1 LKWG) zur Voraussetzung habe und das Wahlrecht nur Volljährigen und deutschen Staatsbürgern zustehe. Allerdings soll der für dieses Wahlrecht ebenfalls erforderliche Wohnsitz in M-V für die Wahl zum MinPräs nicht verlangt werden können.[4] Daneben wird die deutsche Staatsangehörigkeit oft unter Berufung auf allgemeine staatsrechtliche Grundsätze als selbstverständlich bezeichnet.[5] Sie wird auch leicht eine Frage der politischen Mehrheitsfähigkeit und der gesellschaftlichen Akzeptanz sein. Insofern ist es berechtigt, von einer Selbstverständlichkeit zu sprechen. Eine *rechtliche* Grundlage findet diese Voraussetzung aber weder in der LV noch im LMinG. Auch aus dem LKWG ergibt sich nichts anderes. Das LKWG gilt nach § 1 für die Wahlen zum LT. Auf die Wahl des MinPräs erstreckt sich der Anwendungsbereich dieses Gesetzes dagegen nicht. Die Wählbarkeitsvoraussetzungen des § 6 Abs. 1 LKWG gelten daher für die LT-Abgeordneten, sind aber auf den MinPräs nicht anwendbar.[6] Die deutsche Staatsangehörigkeit kann von Rechts wegen auch nicht mit Blick auf das Amtsverhältnis des MinPräs gefordert werden. Nach § 1 LMinG handelt es sich um ein *besonderes* öffentlich-rechtliches Amtsverhältnis. Die Maßgaben für dieses Amtsverhältnis regeln nur die LV und das LMinG. Auf die Vorschriften etwa des Beamtenrechts verweist das LMinG insoweit nicht (im Übrigen wäre die deutsche Staatsangehörigkeit nach § 7 LBG iVm § 7 Abs. 1 Nr. 1 BeamtStG auch keine Voraussetzung für die Ernennung zum Landesbeamten).

8 Eine positive Haltung des MinPräs zur **freiheitlich-demokratischen Grundordnung** dürfte verfassungspolitisch ebenfalls eine Selbstverständlichkeit sein, auch sie ist jedoch keine ausdrückliche geregelte Wählbarkeitsvoraussetzung. Eine gewisse verfassungsrechtliche Grundlage hat die Verfassungstreue aber in der Verpflichtung des MinPräs, den Amtseid nach Art. 44 LV zu leisten.[7]

9 **2. Verfahren.** Die Abstimmung findet **ohne Aussprache** statt. Diese Vorgabe soll zum Schutze des Kandidaten eine öffentliche Debatte über seine Person und die der avisierten anderen Mitglieder der LReg vermeiden, was letztlich eine Frage des guten Stils ist.[8] Auch ist eine inhaltlich-programmatische „Regierungserklärung" vor der Wahl zum MinPräs und vor der Ernennung der Minister kaum sinnvoll. Die Regelung ist nur eine Ordnungsvorschrift; ihre Verletzung macht die Wahl nicht ungültig.[9]

10 Geht der Wahl also keine öffentliche Aussprache im LT voraus, so sind doch **informelle Absprachen** im Vorfeld der Wahl auch über die Person des MinPräs üblich. Sie bewegen sich regelmäßig außerhalb der später veröffentlichten Koalitionsverträge (→ Art. 43 Rn. 4) und können durchaus auch Oppositionsparteien einbeziehen. Selbstverständlich vermögen solche Absprachen das freie Mandat der Abgeordneten (→ Art. 22 Rn. 12) nicht einzuschränken, zumal die Wahl geheim ist. Eine erhebliche politische Einwirkung auf die Wahl des MinPräs ist aber anzunehmen. Die Vorschriften über die Wahl werden insoweit von der Mitwirkung der politischen Parteien überlagert und ergänzt.[10] Indem die LV die

---

4 *Litten* Vorauflage Rn. 2; *Thiele* in Thiele/Pirsch/Wedemeyer Art. 42 Rn. 3.
5 In Übereinstimmung mit sehr zahlreichen Stimmen in der Literatur bezeichnet *Ley* NordÖR 2013, 345 (347) sie als „denknotwendig", *Thiele* in Thiele/Pirsch/Wedemeyer Art. 42 Rn. 3 als „offenkundig".
6 In der Staatspraxis ist der MinPräs allerdings oft Mitglied des LT und bringt dann die Voraussetzungen des § 6 Abs. 1 LKWG ohnehin mit sich.
7 Vgl. *Schulz* in Becker/Brüning/Ewer/Schliesky Art. 33 Rn. 22.
8 Vgl. *Herzog* in Dürig/Herzog/Scholz Art. 63 Rn. 28; *Schröder* in HdbStR § 65 Rn. 15.
9 *Ley* NordÖR 2013, 345 (348).
10 Vgl. *Herzog* in Dürig/Herzog/Scholz Art. 63 Nr. 8; *Schröder* in HdbStR § 65 Rn. 1.

Mitwirkung der Parteien an der Willensbildung in Art. 3 Abs. 4 ebenfalls mit Verfassungsrang ausstattet, akzeptiert sie dies stillschweigend.[11] Eine Folge der informellen Absprachen ist, dass die Parteien einen Teil der staatspolitischen Verantwortung, die die Abgeordneten bei der Regierungsbildung tragen, mit übernehmen. Es sollte nicht übersehen werden, dass die politischen Abstimmungen im Vorfeld der Wahl dazu geeignet sind, möglichst eine sichere Mehrheit der Mitglieder für die Wahl des MinPräs zustande zu bringen und damit zur Regierungsstabilität beizutragen. In M-V ist dies seit dem Inkrafttreten der LV durchweg gewährleistet gewesen. Selbstverständlich würden aber auch schwierige Mehrheitsverhältnisse die Beteiligten nicht berechtigen, sich ihrer staatspolitischen Verantwortung zu entziehen.

Am Verbot der Aussprache vor der Wahl des MinPräs wird gelegentlich **Kritik** 11 geäußert.[12] Das Verbot führe dazu, dass notwendige Sach- und Personaldebatten in die verdeckten, informellen Absprachen verlagert würden. Dem lässt sich zwar im Grundsatz das og Argument der Stilfrage entgegenhalten. Der Umstand allerdings, dass die informellen Diskussionen zunehmend in der Medienöffentlichkeit geführt werden, wirft die Frage auf, ob ein mit gutem Stil begründetes Ausspracheverbot nicht seinen Sinn verloren hat.[13]

Art. 42 Abs. 1 ordnet mit Verfassungsrang die **Geheimheit** der Wahl an. In 12 Schleswig-Holstein, Thüringen oder auch im Bund besteht sie ebenfalls, ist aber lediglich auf der Ebene des einfachen Rechts bestimmt. Die Vorgabe der geheimen Wahl stimmt mit Art. 32 Abs. 4 S. 2 LV überein (→ Art. 32 Rn. 7), zementiert die Geheimheit für die Wahl des MinPräs allerdings verfassungsrechtlich. Die in Art. 32 Abs. 4 S. 3 eröffnete Möglichkeit einer abweichenden Regelung auf der Ebene des einfachen Rechts besteht hier daher nicht. Die Geheimheit der Wahl dient der Unabhängigkeit der Abgeordneten und ist Ausdruck ihres freien Mandats. Vor allem bei knappen Mehrheiten kann sie erhebliche Auswirkungen auf das Wahlergebnis haben. Beispielsweise ist die gescheiterte Wahl von *Heide Simonis* zur Ministerpräsidentin von Schleswig-Holstein am 17.3.2005 auch im verfassungsrechtlichen Schrifttum behandelt worden.[14] Mittelbar führt die Geheimheit der Wahl dazu, dass frühzeitig erkennbar wird, ob eine stabile Regierung möglich ist. Bei Verstoß gegen die Geheimheit wird die Wahl ungültig.[15]

Die Wahl nach Art. 42 Abs. 1 bedarf der **Mehrheit der Mitglieder** des LT. Damit 13 ist gemäß Art. 32 Abs. 2 LV die Mehrheit der gesetzlichen Mitgliederzahl des LT gemeint (→ Art. 32 Rn. 3). Da die gesetzliche Mitgliederzahl nach Art. 20 Abs. 2 S. 1 LV 71 beträgt, sind mindestens 36 Stimmen erforderlich. Diese Zahl ändert sich im Falle von Überhang- oder Ausgleichsmandaten (Art. 20 Abs. 2 S. 3 LV) entsprechend. Mit dem Erfordernis der Mehrheit der Mitglieder bezweckt die Vorschrift, dass der MinPräs das Vertrauen einer breiten Mehrheit im Parlament erhält, so dass er eine stabile Regierung führen kann.

Die Wahl muss innerhalb einer **Frist** von vier Wochen nach dem Zusammentritt 14 des LT bzw. dem Rücktritt des MinPräs zustande kommen. Im Unterschied

---

11 So für das GG *Schröder* in HdbStR § 65 Rn. 1; *Herzog* in Dürig/Herzog/Scholz Art. 63 Rn. 8 spricht von billigender Inkaufnahme.
12 Vgl. etwa *Tettinger* in Löwer/Tettinger Art. 52 Rn. 25; *Nolte* in Caspar/Ewer/Nolte/Waack Art. 26 Rn. 12.
13 Nach *Schröder* in von Mangoldt/Klein/Starck Art. 63 Rn. 32 hat das Verbot keine große praktische Bedeutung.
14 Vgl. *Nolte* in Caspar/Ewer/Nolte/Waack Art. 26 Rn. 18; überzogen deutliche Kritik an der Geheimheit der Wahl äußert *Linck* DVBl 2005, 793 (797 f.).
15 *Ley* NordÖR 2013, 345 (348); vgl. *Epping* in Epping/Butzer Art. 29 Rn. 11.

zur Verfassungsrechtslage etwa in Brandenburg, Nordrhein-Westfalen, Sachsen, Sachsen-Anhalt, Schleswig-Holstein und Thüringen (→ Vor. Rn. 1) und nach Art. 63 Abs. 4 GG lässt sich Art. 42 Abs. 1 oder Abs. 2 eine Höchstzahl an Wahlgängen nicht entnehmen.[16] Im Gegenteil kann der Wortlaut des Absatzes 2 („kommt ... zustande") nur so verstanden werden, dass innerhalb der Frist von vier Wochen eine unbegrenzte Anzahl an Wahlgängen möglich ist. An dieser Stelle wird die Intention der LV, die Grundlage für eine möglichst stabile Regierung zu legen, nochmals deutlich (→ Rn. 3).

### III. Auflösung des Landtags (Abs. 2)

15 Art. 42 Abs. 2 sieht nach erfolgloser erster Wahlphase einen Beschluss des LT über seine Auflösung vor, bevor die zweite Wahlphase beginnen kann. Der Sinn dieses zwischengeschalteten Verfahrens liegt darin, es in das Ermessen des LT zu legen, ob nicht durch Neuwahlen klare Verhältnisse geschaffen werden können, bevor über Art. 42 Abs. 3 der Weg zu einer Minderheitsregierung eröffnet wird. Ein solches Verfahren kennen bei weitem nicht alle Landesverfassungen (→ Rn. 4). Ähnlich wie in M-V haben die Landtage in Niedersachsen und Sachsen-Anhalt in der vergleichbaren Situation über ihre Auflösung zu entscheiden. In Baden-Württemberg und Sachsen tritt die Auflösung kraft Gesetzes ein, in Bayern hat der Landtagspräsident den Landtag aufzulösen.

16 Die Auflösung des LT **setzt voraus**, dass innerhalb von vier Wochen nach dem Zusammentritt des neugewählten Landtags oder dem Rücktritt des bisherigen MinPräs kein neuer MinPräs nach Absatz 1 gewählt worden ist. Der LT beschließt darüber innerhalb von weiteren zwei Wochen mit der Mehrheit seiner Mitglieder. Dieses Quorum ist niedriger als beim Selbstauflösungsrecht des LT nach Art. 27 Abs. 2 S. 1 LT. Die Auflösung des LT eröffnet den Weg zu Neuwahlen (vgl. Art. 27 Abs. 2 S. 3). Die Wahlperiode endet nicht bereits zum Zeitpunkt des Auflösungsbeschlusses, sondern erst mit dem Zusammentritt eines neuen LT. Das ergibt sich aus Art. 27 Abs. 1 S. 2 LV. Diese Bestimmung soll eine parlamentslose Zeit verhindern und ist daher auch auf den Fall der Auflösung des LT nach Art. 42 Abs. 2 anwendbar.[17]

17 Der Beschluss über die Auflösung bedarf eines entsprechenden **Antrags aus der Mitte des LT**. Art. 42 Abs. 2 bringt mit der Formulierung „beschließt" die Erwartung eines solchen Antrags und eines Beschlusses darüber zum Ausdruck. Es fehlt aber an einer Sanktion für den Fall, dass dies unterbleibt. Aus der Sicht der Abgeordneten mag es unterschiedliche Gründe geben, die Auflösung nicht zu beschließen. Die (künftigen) Regierungsfraktionen könnten etwa hoffen, ihren Kandidaten in der zweiten Wahlphase wenigstens mit Stimmenmehrheit durchzusetzen und zunächst eine Minderheitsregierung zu ermöglichen, mit der eventuellen Aussicht, sie durch spätere neue Absprachen in eine Mehrheitsregierung zu verwandeln. Art. 42 Abs. 2 LV zeigt allerdings, dass die Verfassunggeber dieser Entwicklung hin zu eher instabilen Verhältnissen zumindest die Ermöglichung von Neuwahlen mit anschließender Mehrheitsregierung vorgezogen haben.

---

16 *Ley* NordÖR 2013, 345 (349).
17 Vgl. für Art. 39 Abs. 1 S. 2 GG etwa *Jarass* in Jarass/Pieroth Art. 68 Rn. 4; *Brinktrine* in Sachs Art. 68 Rn. 39; *Müller-Franken/Uhle* in Schmidt-Bleibtreu/Hofmann/Henneke Art. 68 Rn. 65, jeweils mwN.

## IV. Wahl mit relativer Mehrheit (Abs. 3)

Beschließt der LT seine Auflösung nicht, findet nach Art. 42 Abs. 3 LV die **zweite Phase der Wahl** des MinPräs statt. Der Wortlaut der Vorschrift („am selben Tag") unterstellt, dass der LT über einen Antrag auf Auflösung abgestimmt und der Antrag nicht die erforderliche Mehrheit gefunden hat. Man wird aber annehmen dürfen, dass die Wahl gemäß Abs. 3 auch dann möglich ist, wenn die Zwei-Wochen-Frist ohne Beschluss über die Auflösung abgelaufen ist, in diesem Fall am Tag nach Fristablauf.  18

Art. 42 Abs. 3 schreibt nicht ausdrücklich vor, dass auch diese Wahl geheim erfolgt und dass ihr keine Aussprache vorausgeht. Die **Geheimheit** der Wahl dürfte sich aber aus Art. 32 Abs. 4 S. 2 LV ergeben. Gute Gründe sprechen dafür, dass auch das **Ausspracheverbot** gilt. Wenn Abs. 3 von einer „neuen Wahl" spricht und hierfür ausdrücklich ein anderes Quorum als in der ersten Wahlphase festsetzt, lässt sich dies am plausibelsten dahin auslegen, dass im Übrigen wieder die Bedingungen der Wahl nach Abs. 1 gelten sollen. Sinn und Zweck des Ausspracheverbots kommen bei diesem Wahlgang außerdem mindestens ebenso zum Tragen wie bei der Wahl nach Abs. 1; denn das Verbot läuft in diesem Stadium schon aus Zeitgründen weniger Gefahr, durch informelle Absprachen unter Anteilnahme der Medienöffentlichkeit entwertet zu werden.  19

Gewählt ist, wer die meisten Stimmen erhält. In dieser Phase der Ministerpräsidentenwahl geht Art. 42 Abs. 3 LV davon aus, dass nur ein Wahlgang notwendig ist, in dem die sogenannte **relative Stimmenmehrheit**[18] ausreicht. Die Mehrheit der gesetzlichen Mitglieder oder ein anderes Mindestquorum sind nicht mehr erforderlich. Es reicht aus, unter den Kandidaten die meisten Stimmen auf sich zu vereinigen. Auch diese Vorschrift folgt damit der Gesamtkonzeption des Art. 42 LV (→ Rn. 3), je nach den aktuellen Mehrheitsverhältnissen einen möglichst handlungsfähigen MinPräs zu gewinnen.[19] In einer Lage, in der die Mitgliedermehrheit für einen Kandidaten nicht zustande gekommen ist und der LT sich auch nicht zum Zwecke von Neuwahlen aufgelöst hat, soll nunmehr die relative Stimmenmehrheit ermöglichen, dass überhaupt ein neuer MinPräs gewählt wird. Damit kommt zum Ausdruck, dass eine neu gebildete Minderheitsregierung immer noch eine höhere demokratische Legitimation hat, als die Weiterführung der Geschäfte durch die Regierung der vergangenen Wahlperiode.  20

Wie sich aus dem Wortlaut „die meisten Stimmen" ablesen lässt, ist Art. 42 Abs. 3 LV auf eine Wahl unter mehreren Bewerbern zugeschnitten. Eine Wahl, der sich nur **ein einziger Kandidat** stellt, wird zwar vom Wortlaut nicht ausgeschlossen. Es bestehen allerdings unterschiedliche Auffassungen darüber, mit welchem Stimmenanteil ein einziger Bewerber gewählt ist. Vor allem zur insoweit gleichlautenden Vorschrift des Art. 70 Abs. 3 ThürVerf hat sich dazu eine Kontroverse entwickelt.[20] Nach einer Ansicht reicht dem Einzelbewerber im Extremfall eine einzige Ja-Stimme zur Wahl.[21] In Ermangelung von Gegenkandidaten habe der Bewerber auch mit diesem Ergebnis die meisten Stimmen erhalten; auf Nein-Stimmen komme es nicht an. Nach der Gegenmeinung sind  21

---

18 Vgl. etwa *Magiera* in Sachs Art. 42 Rn. 13 zur Bundeskanzlerwahl nach Art. 63 Abs. 4 S. 1; es werden aber unterschiedliche Begrifflichkeiten verwendet.
19 Vgl. für Art. 63 Abs. 4 S. 1 GG etwa *Schröder* in HdbStR § 65 Rn. 20 ff.
20 Eingehend zum Streitstand *Hölscheidt/Mundil* DVBl 2019, 73 ff.; *Dressel/Gogolin* LKV 2015, 433 ff.
21 *Litten* Vorauflage Rn. 9; *Morlok/Kalb* ThürVBl 2015, 153 (160); vgl. auch *Linck* in Linck/Baldus/Lindner/Poppenhäger/Ruffert Art. 61 Rn. 19.

für die erfolgreiche Wahl eines einzigen Bewerbers mehr Ja- als Nein-Stimmen notwendig.[22] Das setzt zunächst voraus, dass der Stimmzettel eine Nein-Stimme überhaupt zulässt.[23] Diese Auffassung wird vor allem mit dem Zählwert der Stimmen begründet. Würde eine einzige Ja-Stimme zur Wahl des Kandidaten ausreichen, so blieben eventuelle Nein-Stimmen anders als Stimmen für einen anderen Kandidaten gänzlich unberücksichtigt. Für Art. 42 Abs. 3 LV kann dieser Auffassung nicht gefolgt werden. Verlangte man mehr Ja- als Nein-Stimmen, müsste der Kandidat wie bei einer Sachabstimmung die Abstimmungsmehrheit erreichen, die nach Art. 32 Abs. 1 S. 1 1. Alt. LV den Regelfall für Abstimmungen im LT bildet. Die LV hat mit Art. 42 Abs. 3 S. 2 aber von der Möglichkeit des Art. 32 Abs. 1 S. 1 2. Alt. Gebrauch gemacht und etwas „anderes" vorgeschrieben, nämlich die relative Stimmenmehrheit. Allein diese Sichtweise entspricht auch dem Willen der Verfassunggeber, möglichst zur Wahl eines neuen MinPräs zu gelangen. Anderenfalls hätten es die Gegner des Kandidaten in der Hand, durch Nein-Stimme und Verzicht auf die Nominierung eines Gegenkandidaten die Wahl scheitern zu lassen. Gerade das will Art. 42 LV aber verhindern.[24]

22 Art. 42 Abs. 3 LV beantwortet nicht die Frage, was bei einem **Stimmenpatt** zwischen mehreren Bewerbern gelten soll. Im Schrifttum werden für diesen Fall im Interesse der Regierungsbildung weitere Wahlgänge für möglich gehalten.[25] Art. 42 Abs. 3 LV schließt dies nicht aus, allerdings steht insgesamt nur 1 Tag zur Verfügung.

### V. Schrifttum

23 *Carl-Christian Dressel/Marco Gogolin*, Die Wahl des Thüringer Ministerpräsidenten im dritten Wahlgang – ein verfassungsrechtliches Puzzle, LKV 2015, 422; *Sven Hölscheidt/Daniel Mundil*, Wer hat die meisten Stimmen? Die Wahl des Bundeskanzlers in der dritten Wahlphase, DVBl 2019, 73; *Jill Lepore*, Diese Wahrheiten – Eine Geschichte der Vereinigten Staaten von Amerika, 2020 (zit. Lepore Wahrheiten); *Richard Ley*, Die Wahl der Ministerpräsidenten in Mecklenburg-Vorpommern, Niedersachsen und Schleswig-Holstein, NordÖR 2013, 345–353; *Martin Morlok/Moritz Kalb*, Die Wahl des Ministerpräsidenten nach Art. 70 Abs. 3 ThürVerf, ThürVBl 2015, 153; *Wolf-Rüdiger Schenke*, Die Bundesrepublik als Kanzlerdemokratie – zur Rechtsstellung des Bundeskanzlers nach dem Grundgesetz, JZ 2015, 1009; *Wolfgang Zeh*, Anforderungen der Verfassung des Freistaats Thüringen an die Wahl des Ministerpräsidenten durch den Landtag, ThürVBl 2015, 161.

### Art. 43 (Bildung der Regierung)

¹Der Ministerpräsident ernennt und entläßt die Minister. ²Er beauftragt ein Mitglied der Landesregierung mit seiner Vertretung und zeigt seine Entscheidungen unverzüglich dem Landtag an.

Vergleichbare Regelungen:
Artt. 46 Abs. 2 bis 4 BWVerf; 45 f. BayVerf; 56 Abs. 2 VvB; 84 BbgVerf; 107 Abs. 2,115 Abs. 1 BremVerf; 33 Abs. 3, 34 Abs. 2 und 3 HambVerf; 101 Abs. 2 und 4, 104 Abs. 2, 112 HessVerf; 29 Abs. 2 bis 5 NdsVerf; 52 Abs. 3 Verf NW; 98 Abs. 2 Verf Rh-Pf; 87 Abs. 1

---

22 *Zeh* ThürVBl 2015, 161.
23 S. dazu *Linck* in Linck/Baldus/Lindner/Poppenhäger/Ruffert Art. 61 Rn. 18 f.
24 *Litten* Vorauflage Rn. 9; *Hölscheidt/Mundil* DVBl 2019, 73 (77 f.).
25 Vgl. *Mielke* in Epping/Butzer Art. 30 Rn. 30; *Schröder* in HdbStR § 65 Rn. 22.

S. 2 SaarlVerf; 59 Abs. 3, 60 Abs. 4 SächsVerf; 65 Abs. 3 LVerf LSA; 33 Abs. 2 S. 2 SchlHVerf; 70 Abs. 4 ThürVerf.

| I. Vorbemerkung | 1 | III. Anzeige der Entscheidungen beim Landtag (S. 2 2. Hs.) | 16 |
|---|---|---|---|
| 1. Personalkompetenz | 2 | | |
| 2. Organisationskompetenz | 6 | IV. Schrifttum | 17 |
| II. Vertretung des Ministerpräsidenten (S. 2 1. Hs.) | 15 | | |

## I. Vorbemerkung

Art. 43 LV enthält Regelungen über den **zweiten Schritt der Regierungsbildung**. 1 Die Vorschrift knüpft an den ersten Schritt, die Wahl des MinPräs gemäß Art. 42, an und gibt dem gewählten Regierungschef die Befugnis, die weiteren Mitglieder der Regierung zu berufen und in ihre Zuständigkeiten einzuweisen. In S. 1 ist die regierungsbezogene Personalkompetenz des MinPräs verankert, das sogenannte Kabinettsbildungsrecht.[1] Aus dieser Personalkompetenz lässt sich die Organisationskompetenz des MinPräs ableiten, obwohl sie in Art. 43 nicht ausdrücklich erwähnt ist. Darunter wird die Befugnis verstanden, Anzahl und Zuständigkeit der Ministerien zu bestimmen. Personal- und Organisationskompetenz stehen deutlich im Vordergrund des Art. 43. Sie sind für Bildung und Bestand der LReg von grundlegender Bedeutung und wegen der weitreichenden Befugnisse des MinPräs Bestandteil des sogenannten Kanzlerprinzips (→ Art. 46 Rn. 4). Daneben regelt Art. 43 S. 2 die Vertretung des MinPräs und Anzeigepflichten gegenüber dem LT.

## II. Personal- und Organisationskompetenz des MinPräs (S. 1)

**1. Personalkompetenz.** Der MinPräs hat nach Art. 43 S. 1 LV die Befugnis, 2 die Minister zu ernennen. Mit der Ernennung vermittelt der MinPräs den Ministern ihre demokratische Legitimation. Über die Einzelheiten der **Ernennung** enthält die LV keine Bestimmungen. Nach der einfach-gesetzlichen Vorschrift des § 2 Abs. 2 LMinG erfolgt die Ernennung durch Aushändigung einer vom MinPräs unterzeichneten Urkunde. Mit der Aushändigung der Urkunde beginnt das Amtsverhältnis der Minister, und die Zusammensetzung der LReg steht fest. Zeitliche Vorgaben fehlen, im Interesse einer raschen Aufnahme der Regierungsgeschäfte bietet sich nach der Wahl des MinPräs aber ein straffer Zeitplan an. Zu Beginn der 8. Wahlperiode des LT wurde *Manuela Schwesig* in der 2. LT-Sitzung am 15.11.2021 zur Ministerpräsidentin gewählt, leistete im Anschluss daran ihren Amtseid, händigte den Ministerinnen und Ministern sodann die Ernennungsurkunden aus und teilte dies der Landtagspräsidentin mit, woraufhin die Ministerinnen und Minister noch in derselben LT-Sitzung ihren Amtseid leisteten.[2] Vergleichbar verhielt es sich in der 7. Wahlperiode anlässlich der Wahl von *Erwin Sellering* am 1.11.2016[3] und von *Manuela Schwesig* am 4.7.2017.[4]

Ausdrückliche **Voraussetzungen** für die Ernennung zum Minister sieht die LV 3 nicht vor, wenn man von den Unvereinbarkeitsregelungen der Art. 41 Abs. 3 und 45 Abs. 1 S. 2 LV absieht. Die Minister müssen nicht dem LT angehören, ein LT-Mandat steht der Ernennung aber auch nicht entgegen (→ Art. 41 Rn. 32). Die Ernennung obliegt allein dem MinPräs. Er muss seine Personal-

---

1 Die regierungsinterne Personalkompetenz ist von der Kompetenz des MinPräs zur Ernennung der Richter und Beamten nach Art. 48 S. 1 LV zu unterscheiden.
2 Plenarprotokoll 8/2 vom 15.11.2021.
3 Plenarprotokoll 7/2 vom 1.11.2016.
4 Plenarprotokoll 7/15 vom 4.7.2017.

auswahl nicht begründen, und insbesondere unterliegt der Vorgang nach dem erklärten Willen der Verfassunggeber[5] keiner Mitbestimmung durch den LT. Im Vergleich zu einigen anderen Landesverfassungen wird dem MinPräs dadurch eine unabhängigere Stellung gegenüber dem LT eingeräumt (→ Art. 41 Rn. 22 ff.). In Anlehnung an die Rechtslage bei der Wahl des MinPräs wird verbreitet vertreten, dass die Minister Wählbarkeitsvoraussetzungen erfüllen müssen,[6] obwohl sie nicht gewählt, sondern ernannt werden. Im Einzelnen werden dieselben Maßgaben gelten wie für die Wahl des MinPräs (→ Art. 42 Rn. 6 f.). Für das Eintreten für die freiheitlich-demokratische Grundordnung gilt das ebenfalls, da die Minister denselben Amtseid leisten wie der MinPräs.

4 Aufgrund der Mehrheitsverhältnisse nach den Landtagswahlen sind in M-V bislang ausschließlich **Koalitionsregierungen** gebildet worden. Für die Kabinettsbildung ergeben sich dadurch in verfassungsrechtlicher Hinsicht keine Besonderheiten. Insbesondere vermögen Koalitionsvereinbarungen oder auch davon getrennte personelle Absprachen zwischen den Koalitionspartnern das Kabinettsbildungsrecht des MinPräs nicht einzuschränken.[7] Sehr verbreitet wird vertreten, dass Koalitionsvereinbarungen lediglich politische Wirkung entfalteten, rechtlich jedoch nach jeder Richtung unverbindlich seien.[8] Die Gegenmeinung qualifiziert Koalitionsvereinbarungen als Verträge. Innerhalb dieser Ansicht gibt es unterschiedliche Meinungen darüber, ob es sich um es sich um bürgerlich-rechtliche, verwaltungsrechtliche oder verfassungsrechtliche Verträge oder auch um Verträge *sui generis* handelt. Aber unabhängig von der Frage des Rechtsgebiets könnte eine unterstellte vertragsrechtliche Bindung nur für die Vertragsparteien eintreten, also für die die Koalition bildenden politischen Parteien. Auch nach dieser Ansicht kommt es daher zu keiner rechtlichen Bindung des MinPräs. In politisch-faktischer Hinsicht hingegen können die personellen Abstimmungen unter den Koalitionspartnern erhebliche Auswirkungen auf die Personalkompetenz des MinPräs haben;[9] denn die Koalitionspartner vereinbaren neben ihrem politischen Programm meist auch, welche Partei welches Ministerium „erhält".[10] Typischerweise werden die Koalitionspartner dabei ihre Zustimmung von der Berücksichtigung der eigenen Vorschläge abhängig machen.

5 Die regierungsbezogene Personalkompetenz des MinPräs umfasst auf der Kehrseite der Ernennungsbefugnis auch die Befugnis zur **Entlassung** der Minister. Voraussetzungen hierfür regelt Art. 43 S. 1 LV ebenso wenig wie für die Ernennungen. Die Entscheidung obliegt daher allein dem MinPräs, der sie auch nicht zu begründen braucht. Der LT verfügt zwar über das konstruktive Misstrauensvotum, um den MinPräs abzuwählen, jedoch über kein Instrument, einzelne Minister abzusetzen (→ Art. 41 Rn. 7, Art. 50 Rn. 2). Auf die politischen Verhältnisse in einer Regierungskoalition wird der MinPräs hingegen wie bei Ernennungen Rücksicht zu nehmen haben (→ Rn. 4). Die Entlassung wird gemäß

---

5 Vgl. LT-Drs. 1/3100 S. 141.
6 *Thiele* in Thiele/Pirsch/Wedemeyer Art. 43 Rn. 2; vgl. *Epping* in Epping/Butzer Art. 29 Rn. 27; in Bezug auf Bundesminister wohl allgemeine Meinung, vgl. etwa *Schenke* in BK Art. 64 Rn. 74.
7 Vgl. *Schenke* in BK Art. 64 Rn. 65.
8 Nachweise zum Meinungsstand bei *Schenke* in BK Art. 63 Rn. 74 ff.; *Kloepfer* NJW 2018, 1799 (1801 ff.).
9 Vgl. etwa *Kersten* JuS 2018, 929 (935).
10 Der 2021 auf Bundesebene zwischen SPD, Bündnis 90/Die Grünen und FDP geschlossene Koalitionsvertrag macht dies in einem eigenen Abschnitt „Ressortverteilung" transparent, ebenso bereits die vorangegangenen, 2013 und 2018 jeweils zwischen CDU, CSU und SPD geschlossenen Koalitionsverträge.

§ 8 Abs. 2 LMinG durch Aushändigung oder öffentliche Bekanntmachung einer vom MinPräs unterzeichneten Urkunde vollzogen. Sie beendet das Amtsverhältnis des Ministers.

**2. Organisationskompetenz.** Anders als die regierungsbezogene Personalkompetenz ist die Organisationsgewalt des MinPräs in Art. 43 S. 1 LV nicht ausdrücklich geregelt. Unter dieser Kompetenz wird die Befugnis verstanden, über Umfang und Zuschnitt der LReg zu bestimmen[11]. Die Organisationsgewalt kann aus einer Zusammenschau des Kabinettsbildungsrechts und der Richtlinienkompetenz des MinPräs **verfassungsrechtlich abgeleitet** werden.[12] Diese beiden Kompetenzen sind für die Bildung und die Arbeit der Regierung von so grundlegender Bedeutung, dass sie für eine die Regierungsorganisation umfassende Gestaltungsmacht in der Hand eines anderen Organs keinen Raum lassen. Dass die Organisationskompetenz dem MinPräs und nicht der LReg zusteht, entspricht auch der Tradition und Staatspraxis; es wäre außerdem „politisch mehr als fragwürdig",[13] wenn der MinPräs die Minister ernennt und diese sodann im Kollegium die Geschäfte verteilen. Die Organisation der LReg unterliegt auch keinem Gesetzesvorbehalt, es besteht noch nicht einmal ein legislatives Zugriffsrecht (→ Rn. 13). Auf der Ebene des Geschäftsordnungsrechts erwähnt die GO LReg die Organisationsgewalt in § 1 Abs. 5. Nach dieser Vorschrift bezeichnet der MinPräs die Geschäftsbereiche der Ministerien. Auch diese Entscheidungen werden freilich oft Gegenstand von Koalitionsvereinbarungen und unterliegen dadurch einer gewissen politischen Bindung (→ Rn. 4).

Die Organisationsgewalt ermächtigt den MinPräs dazu, die Anzahl der Ministerien zu bestimmen, die Ressorts zu bezeichnen und ihnen ihre Zuständigkeiten zuzuweisen.[14] Sie kann als gouvernementale Organisationsgewalt[15] bezeichnet werden und ist zu unterscheiden von der administrativen Organisationsgewalt, also etwa der Einrichtung der Landesbehörden nach Art. 70 Abs. 2, 3 LV. Wie eng die gouvernementale Organisationsgewalt ihrem **Inhalt** nach mit dem Kabinettsbildungsrecht verknüpft ist, zeigt unter anderem die einfach-gesetzliche Vorschrift des § 2 Abs. 3 LMinG. Danach soll in der Urkunde über die Ernennung der Ministerinnen und Minister der übertragene Geschäftsbereich bezeichnet sein. Der MinPräs wird seine Organisationsentscheidungen zum Zeitpunkt der Ernennungen also im Wesentlichen bereits konzipiert haben müssen, selbst wenn die Organisationserlasse über die Struktur der LReg in der Staatspraxis erst im Nachgang zu den Ernennungen veröffentlicht werden (→ Rn. 9). § 2 Abs. 3 LMinG bringt durch die Formulierung „soll" nebenbei zum Ausdruck, dass die Ernennung eines Ministers ohne Geschäftsbereich, die verfassungsrechtlich zulässig ist,[16] den Ausnahmefall darstellt.

Rechtliche **Einschränkungen** ergeben sich daraus, dass der MinPräs nach dem Wortlaut des Satzes 1 zumindest zwei Minister zu ernennen hat („die Minister") und dass einer von ihnen Finanzminister sein muss; denn dieser ist in den Art. 63 Abs. 1 S. 1, 67 Abs. 1 S. 1 LV ausdrücklich erwähnt. Ob der MinPräs auch darüber hinaus auf klassische Ressorts wie Inneres, Justiz, Wirtschaft usw

---

11 Vgl. etwa *Brinktrine* in Sachs Art. 64 Rn. 22 mwN.
12 *Thiele* in Thiele/Pirsch/Wedemeyer Art. 46 Rn. 4; vgl. etwa *Schröder* in HdbStR § 65 Rn. 27; *Brinktrine* in Sachs Art. 64 Rn. 22 ff. eingehend *Maurer* in FS Vogel, S. 335 f., 349.
13 *Maurer* in FS Vogel S. 335.
14 Vgl. etwa *Schröder* in HdbStR § 65 Rn. 27.
15 So etwa *Maurer* in FS Vogel S. 331.
16 Vgl. etwa *Herzog* in Dürig/Herzog/Scholz Art. 64 Rn. 6.

zurückgreift[17] oder andere Einteilungen vornimmt, liegt in seinem Ermessen, in der Staatspraxis auch an den Absprachen innerhalb einer Koalition. Wegen der ausdrücklichen Nennung des Finanzministers dürfte es dem MinPräs verwehrt sein, dieses Amt selbst zu übernehmen. Im Übrigen steht es ihm frei, auch die Leitung eines Fachressorts an sich zu ziehen. Beispielsweise hatte MinPräs *Harald Ringstorff* während der 3. Wahlperiode des LT zunächst auch das Amt des Justizministers inne. Eine zahlenmäßige Begrenzung der Minister nach oben enthält die LV nicht. Neben Haushaltsfragen wird es in Koalitionsregierungen hierfür auch auf die „Koalitionsarithmetik" ankommen. Die in diesem Zusammenhang zu Recht angestellte Überlegung, die Handlungsfähigkeit der Regierung müsse die Obergrenze bilden,[18] hat sich in M-V aufgrund der vergleichsweise wenigen Ressorts bislang nicht ausgewirkt. In den meisten Wahlperioden des LT bestand die LReg neben der Staatskanzlei aus acht Ressorts, in der 3. und 4. Wahlperiode waren es neun.

9 Von seiner Organisationsgewalt macht der MinPräs durch sogenannte **Organisationserlasse** Gebrauch. Diese Erlasse werden nach der Staatspraxis in M-V im Kabinett abgestimmt und anschließend im Amtsblatt veröffentlicht, und zwar zumeist wenige Wochen nach der Ernennung der Minister. Der Organisationserlass von 2021[19] legt die Bezeichnungen der Ministerien wie folgt fest: Die Ministerpräsidentin – Staatskanzlei, Ministerium für Inneres, Bau und Digitalisierung, Ministerium für Justiz, Gleichstellung und Verbraucherschutz, Finanzministerium, Ministerium für Wirtschaft, Infrastruktur, Tourismus und Arbeit, Ministerium für Klimaschutz, Landwirtschaft ländliche Räume und Umwelt, Ministerium für Bildung und Kindertagesförderung, Ministerium für Wissenschaft, Kultur, Bundes- und Europaangelegenheiten, Ministerium für Soziales, Gesundheit und Sport. Entsprechend der Abstimmung innerhalb der Landesregierung bestimmt der Organisationserlass darüber hinaus die Anzahl und die Bezeichnungen der Abteilungen sowie die Zuordnung weiterer Stellen zu den Ministerien. Als Erlasse werden im Verwaltungsrecht typischerweise ministerielle Verwaltungsvorschriften oder Einzelweisungen gegenüber den nachgeordneten Behörden bezeichnet. Da die Organisationserlasse des MinPräs einen anderen Regelungsgehalt haben, lassen sie sich als Rechtsakte *sui generis* qualifizieren.[20]

10 Die Organisationsgewalt des MinPräs bedeutet keinen Verstoß gegen den GrundS. des **Gesetzesvorbehalts**. Anzahl und Zuständigkeit der Ministerien bedürfen keiner gesetzlichen Grundlage. Nach der Rechtsprechung des BVerfG ergibt sich das Erfordernis einer gesetzlichen Grundlage für staatliche Regelungen in der Regel aus deren Eingriffen in Grundrechte.[21] Die von der Wesentlichkeitstheorie gemeinten wesentlichen Entscheidungen sind nahezu ausschließlich solche mit Grundrechtsbezug.[22] Da der inneren Organisation der LReg die Grundrechtsrelevanz fehlt, lässt sich der Bedarf für eine gesetzliche Grundlage hieraus nicht begründen. Ein darüber hinaus gehender organisationsrechtlicher Gesetzesvorbehalt besteht – soweit er nicht ausdrücklich geregelt ist – nicht.[23]

---

17 Vgl. dazu *Schönenbroicher* in Heusch/Schönenbroicher Art. 51 Rn. 12.
18 Siehe etwa *Schröder* in HdbStR § 65 Rn. 29.
19 AmtsBl. 2021, 1079 f.
20 So *Maurer* in FS Vogel S. 337.
21 Vgl. etwa BVerfGE 139, 19 Rn. 52.
22 Vgl. nur *Jarass* in Jarass/Pieroth Art. 20 Rn. 71 ff.; *Sachs* in Sachs Art. 20 Rn. 113 ff., jeweils mit zahlreichen Nachweisen.
23 *Hermes* in Dreier Art. 64 Rn. 20; *Brinktrine* in Sachs Art. 64 Rn. 24a; eingehend *Maurer* in FS Vogel S. 340 ff., jeweils mwN.

Der **VerfGH NW** hat in einer Entscheidung aus dem Jahr 1999[24] die Auffassung vertreten, dass die **Zusammenlegung des Justizministeriums mit dem Innenministerium** in Nordrhein-Westfalen einer gesetzlichen Grundlage bedurft hätte. Es habe sich um eine wesentliche Entscheidung gehandelt. Zwar sei sie nicht grundrechtsrelevant gewesen, habe aber Bedeutung für andere tragende Prinzipien der Verfassung gehabt, und zwar für den Grundsatz. der Gewaltenteilung, für die Unabhängigkeit der Gerichte und für das Rechtsstaatsprinzip. Indiz für die Wesentlichkeit sei außerdem die politische Umstrittenheit der Zusammenlegung der beiden Ressorts gewesen. Was die Merkmale einer wesentlichen staatlichen Entscheidung im Allgemeinen betrifft, findet der vom VerfGH NW vertretene Ausgangspunkt eine gewisse Bestätigung in einer Entscheidung des BVerfG aus dem Jahr 2018. Das BVerfG hat dort festgestellt, dass der Gesetzgeber nicht nur grundrechtsrelevante Fragen regeln müsse, sondern auch solche, die „für Staat und Gesellschaft von erheblicher Bedeutung" seien. Die Tatsache, dass eine Frage politisch umstritten sei, reiche dafür allerdings nicht aus.[25]

Im Schrifttum ist die Entscheidung des VerfGH NW bei teilweiser Zustimmung überwiegend auf Ablehnung gestoßen.[26] Sie vermag in der Subsumtion unter die Frage, ob eine wesentliche Entscheidung vorliegt, nicht zu überzeugen. Zwar hebt der VerfGH NW zu Recht die Verfassungstradition eigenständiger Justizministerien hervor. Auch die Interessenkonflikte, in die ein Innen- und Justizminister in Personalunion geraten könnte, sind nicht von der Hand zu weisen. Diese Umstände sprechen verfassungspolitisch gegen ein einheitliches Innen- und Justizressort. Sie **beeinträchtigen jedoch nicht die Unabhängigkeit der Gerichte**. Diese besteht vielmehr ungeachtet der Frage, ob die Justizverwaltung einem eigenständigen oder einem mit dem Innenressort zusammengefassten Justizministerium obliegt. Auch auf die **Gewaltenteilung** wirkt sich der Ressortzuschnitt nicht aus.

Von der Frage, ob der LT die Organisation der LReg wegen eines Gesetzesvorbehalts regeln *muss*, ist zu unterscheiden, ob er sie regeln *darf*, ob er also ein **legislatives Zugriffsrecht** hat. Da ein entsprechender Gesetzentwurf der LReg nicht ernsthaft in Betracht kommt, läuft dies auf die Frage hinaus, ob die Festlegung der Regierungsstruktur aus der Mitte des LT heraus denkbar ist. Praktisch bedeutsam ist dies in M-V noch nicht geworden. Im Grundsatz ist der Gesetzgeber befugt, alle Angelegenheiten und Ordnungsbereiche regelnd an sich zu ziehen. Ob der Gestaltungsspielraum des LT aber bis in die Struktur der LReg hinein reicht, ist zu bezweifeln. Dagegen spricht vor allem, dass der LT über die Ministerernennungen nicht mitzuentscheiden hat. Außerdem sind die Verfassungsgeber im Grundsatz davon ausgegangen, dass LT und LReg zwei gleichrangige Staatsorgane sind, deren Verhältnis zueinander durch zahlreiche Bestimmungen austariert ist (→ Art. 41 Rn. 5 ff.). Dem LT stehen gegenüber der LReg im Wesentlichen Kontrollbefugnisse zu. Könnte er auch die Zahl und Aufgabenbereiche der Ministerien festlegen, ergäbe sich ohne Anhaltspunkt in der LV ein sehr weitgehender Durchgriff auf die Struktur eines anderen obersten Landesorgans. Hinzu kommt, dass der LReg flexibles, situationsgerechtes Handeln möglich sein muss (→ Art. 41 Rn. 12, 17). Das wirkt sich auch auf die organisatorischen Grundlagen aus.[27] Daher ist im Ergebnis von einem zu-

---

24 VerfGH NW DVBl 1999, 714.
25 BVerfGE 150, 1 Rn. 194; dazu etwa *Jarass* in Jarass/Pieroth Art. 20 Rn. 76a mwN.
26 Vgl. etwa die zahlreichen Nachweise bei *Maurer* in FS Volk S. 333, (s. auch S. 343 mit Fn. 46); *Brinktrine* in Sachs Art. 24 Rn. 24b.
27 Vgl. *Busse/Hofmann* S. 60.

griffsfesten Kernbereich der Regierung auszugehen.[28] Ein mittelbarer Einfluss verbleibt dem LT in Gestalt der Budgethoheit, da die LReg dem LT mit dem Haushaltsplan auch die auf die Ressorts verteilten Einzelpläne vorlegen muss und der LT darüber entscheiden kann.[29] Ferner hat der LT die Möglichkeit, die Kontrolle der LReg dadurch zu effektivieren, dass er den Zuschnitt seiner Ausschüsse der Regierungsstruktur anpasst.[30] In der 8. Wahlperiode des LT ist dies der Fall.

14 Es ist dem Gesetzgeber unbenommen, für die **Wahrnehmung einzelner Aufgaben** ministerielle Zuständigkeiten zu bestimmen. Um spätere Organisationsentscheidungen des MinPräs nicht zu erschweren, werden in der Praxis dazu Formulierungen verwendet, die nur das Fachgebiet bezeichnen, bei der konkreten Ressortbezeichnung aber offen sind (etwa „das jeweils für … zuständige Ministerium"). Nach § 5 Abs. 5 LOG gehen aber auch die gesetzlich einem konkreten Ressort zugewiesenen Zuständigkeiten im Falle eines späteren Neuzuschnitts der Geschäftsbereiche gegebenenfalls auf das nach der neuen Geschäftsverteilung zuständige Ressort über.

## II. Vertretung des Ministerpräsidenten (S. 2 1. Hs.)

15 Der MinPräs hat nach Art. 43 S. 2 LV ein anderes Mitglied der LReg mit seiner **Vertretung** zu beauftragen. Die LV unterstreicht mit dieser Vorgabe die herausgehobene Bedeutung des Amtes des MinPräs, da eine vergleichbare verfassungsrechtliche Regelung in Bezug auf die Minister fehlt. Sie ist lediglich in § 5 GO LReg enthalten. Vertreter des MinPräs kann nur ein anderer Minister sein (→ Art. 41 Rn. 26 ff.). Welchen Minister der MinPräs beauftragt, liegt allein in seiner Entscheidung. In Koalitionsregierungen ist es idR ein Minister des Koalitionspartners. Den Chef der Staatskanzlei kann der MinPräs nicht beauftragen. Er vertritt den MinPräs in den Geschäften seiner Behörde (§ 3 Abs. 2 S. 2 GO LReg).

Weitere Einzelheiten regelt auf der Ebene der Geschäftsordnung § 1 Abs. 4 GO LReg: Der Vertreter trägt die Bezeichnung „stellvertretender Ministerpräsident". Außerdem legt der MinPräs auch die weitere Reihenfolge der Vertretung fest. Der Vertretungsfall tritt ein, wenn der MinPräs an der Wahrnehmung der Geschäfte verhindert ist. Für den praktisch nicht seltenen Fall der Vertretung im Vorsitz bei Kabinettssitzungen wiederholt § 10 Abs. 1 S. 1 GO LReg diese Anordnung. Einschränkungen der Vertretungsmacht sind weder der LV noch der GO LReg zu entnehmen.

## III. Anzeige der Entscheidungen beim Landtag (S. 2 2. Hs.)

16 Der MinPräs hat „seine Entscheidungen" nach S. 2 unverzüglich dem LT **anzuzeigen**. Die Vorschrift bezieht sich nicht nur auf die Benennung seines Vertreters, sondern ebenso auf die Ernennung und Entlassung der Minister.[31] Das ergibt sich aus der Verwendung des Plurals im Wortlaut und wird auch von der notwendigen Transparenz der Ausübung des Kabinettsbildungsrechts gefordert, zumal die Veröffentlichung des Organisationserlasses (→ Rn. 9) in der Regel erst einige Wochen später erfolgt. In der Staatspraxis erfolgt die Mitteilung

---

28 Vgl. etwa *Schröder* in von Mangoldt/Klein/Starck Art. 64 Rn. 22 f.; *Brinktrine* in Sachs Art. 64 Rn. 29; *Mager/Holzner* in von Münch/Kunig Art. 64 Rn. 30 ff.; *Maurer* in FS Vogel S. 345 ff., alle mwN; aA *Hermes* in Dreier Art. 64 Rn. 23.
29 Vgl. *Schröder* in von Mangoldt/Klein/Starck Art. 64 Rn. 21; *Busse/Hofmann* S. 60 f.
30 Vgl. dazu *Fuchs* DVBl 2015, 1337 ff.
31 *Thiele* in Thiele/Pirsch/Wedemeyer, Art. 43 Rn. 4.

durch ein Schreiben an die PräsLT, im Falle der Ernennung eines Ministers vor dessen Eidesleistung (→ Rn. 2).

## IV. Schrifttum

*Volker Busse/Hans Hofmann*, Bundeskanzleramt und Bundesregierung, 7. Aufl., 2019 (zit. Busse/Hofmann); *Michael Fuchs*, Organisationsgewalt der Regierung vs. Parlamentsautonomie, DVBl 2015, 1337; *Jens Kersten*, Parlamentarismus und Populismus, JuS 2018, 929; *Michael Kloepfer*, Koalitionsvereinbarungen – unverbindlich, aber rechtlich relevant, NJW 2018, 1799; *Hartmut Maurer*, Zur Organisationsgewalt im Bereich der Regierung, in: Paul Kirchhof/Moris Lehner/Arndt Raupach/Michael Rodi (Hrsg.), Staaten und Steuern, Festschrift für Klaus Vogel zum 70. Geburtstag, 2000, S. 331 ff.

17

## Art. 44 (Amtseid)

¹Der Ministerpräsident und die Minister leisten bei der Amtsübernahme vor dem Landtag folgenden Eid:
„Ich schwöre, daß ich meine Kraft dem Volke und dem Lande widme, das Grundgesetz für die Bundesrepublik Deutschland und die Verfassung von Mecklenburg-Vorpommern sowie die Gesetze wahren und verteidigen, meine Pflichten gewissenhaft erfüllen und Gerechtigkeit gegenüber jedermann üben werde."
²Der Eid kann mit der religiösen Bekräftigung „So wahr mir Gott helfe" oder ohne sie geleistet werden.

Vergleichbare Regelungen:
Artt. 48 BWVerf; 56 BayVerf; 88 BbgVerf; 109 BremVerf; 38 HambVerf; 111 HessVerf; 31 NdsVerf; 100 Verf Rh-Pf; 89 SaarlVerf; 61 SächsVerf; 66 LVerf LSA; 35 SchlHVerf; 71 ThürVerf.

## I. Vorbemerkung

Art. 44 regelt den **Amtseid**, den die Regierungsmitglieder bei der Amtsübernahme zu leisten haben. S. 1 enthält den Wortlaut des Eides und die Verpflichtung, ihn zu leisten. S. 2 räumt den Regierungsmitgliedern die Möglichkeit ein, dem Eid eine religiöse Bekräftigung beizufügen oder dies zu unterlassen. Die Entstehungsgeschichte des Art. 44 weist eine Kontroverse über die religiöse Bekräftigung auf. In der Verfassungskommission bestand insbesondere Uneinigkeit darüber, ob die Bekräftigung in die Eidesformel aufgenommen, aber die Möglichkeit vorgesehen werden sollte, den Eid auch ohne die Bekräftigung zu leisten, oder ob umgekehrt die Eidesformel die Bekräftigung im Regelfall nicht enthalten sollte, das Regierungsmitglied sie aber sollte hinzufügen können.[1] Man einigte sich schließlich auf die jetzige Formulierung, die der Systematik in Art. 31 NdsVerf entspricht und kein Regel-Ausnahme-Verhältnis erkennen lässt. Das GG und die meisten anderen Landesverfassungen enthalten ebenfalls Vorschriften über die Eidesleistung der Regierungsmitglieder. Der Wortlaut des Eides und die Frage der religiösen Bekräftigung unterscheiden sich aber erheblich.

1

---

1 LT-Drs. 1/3100 S. 56, 141 f.

## II. Bedeutung der Eidesleistung

2 Der von den Regierungsmitgliedern zu leistende Eid ist promissorischer, dh in die Zukunft gerichteter, versprechender Art.[2] Nach allgemeiner Ansicht hat er keine materiellrechtliche Bedeutung. Der Eid verändert die verfassungsrechtlichen Befugnisse und Pflichten der Regierungsmitglieder nicht.[3] Der Eid hat auch für die Amtsstellung der Regierungsmitglieder selbst keine konstitutive Bedeutung. Maßgebend hierfür sind allein die Wahl des MinPräs nach Art. 42 Abs. 1 und die Ernennung der Minister gemäß Art. 43 S. 1. Der **Sinn** der Eidesleistung liegt vor diesem Hintergrund in einer vor dem Landtag erklärten Selbstbindung der Regierungsmitglieder.[4] Zwei Komponenten prägen diese Bedeutung des Eides: Sein Wortlaut und der zeremonielle Rahmen der öffentlichen Eidesleistung vor dem Landtag.

3 Die **Eidesformel** in Art. 44 hat eine Reihe von Bestandteilen. Das Bekenntnis zum Grundgesetz, zur Landesverfassung und zu den Gesetzen ist eine feierliche Selbstverpflichtung der Regierungsmitglieder. Die Verpflichtung, Verfassung und Recht zu wahren, ergibt sich zwar bereits aus der Verfassung selbst (vgl. Art. 4 LV). Die Eidesleistung soll aber im Sinne eines öffentlich abgegebenen Bekenntnisses zu den verfassungsrechtlichen Werten eine ergänzende Gewähr für deren Beachtung bieten. Es handelt sich um ein zusätzliches Mittel zum Schutz der Verfassung und der auf ihr beruhenden Rechtsordnung.[5] Die Selbstverpflichtung dazu, diese Werte nicht nur zu achten, sondern auch zu verteidigen, ist mit einem aktiven Element verbunden, das auf die Erfahrungen aus der Weimarer Republik zurückgeht. Die Regierungsmitglieder sprechen damit aus, dass sie sich im Rahmen der ihnen zur Verfügung stehenden Mittel für die wehrhafte Demokratie einsetzen werden.[6] Der Eid erstreckt sich ferner darauf, die eigene Kraft dem Volke zu widmen. Auch darin liegt eine neben die verfassungsrechtlichen Pflichten tretende Selbstverpflichtung, die ihre Bedeutung daraus gewinnt, dass die Regierungsmitglieder nicht unmittelbar vom Volk gewählt worden sind.[7] Schließlich umfasst der Eid auch die Selbstverpflichtung dazu, die Pflichten gewissenhaft zu erfüllen und Gerechtigkeit gegenüber jedermann zu üben. In sehr allgemeiner Weise kommt darin die mit dem Amt übernommene, gestaltende Verantwortung zum Ausdruck.[8] Außerdem bekennt sich das Regierungsmitglied damit ausdrücklich zum staatlichen Neutralitätsgebot.[9]

4 Dem Umstand, dass die Vereidigung vor dem LT stattfindet, kommt nach einer verbreiteten Meinung im Wesentlichen symbolhafte Bedeutung zu:[10] Die nicht unmittelbar vom Volk gewählten Regierungsmitglieder leisten ihren Amtseid vor den direkt gewählten Abgeordneten. Nach anderer Ansicht sind für den **Rahmen der Eidesleistung** konkretere, sachliche Gesichtspunkte maßgebend. Durch die Vereidigung vor dem LT komme zum Ausdruck, dass die Regierungsmitglieder dem Parlament auch verantwortlich seien.[11] Da diese Verantwortlich-

---

2 Vgl. *Schröder* in von Mangoldt/Klein/Starck Art. 64 Rn. 35.
3 Vgl. *Herzog* in Dürig/Herzog/Scholz Art. 64 Rn. 30; *Hermes* in Dreier Art. 64 Rn. 31; *Busse* in Berl. Kommentar Art. 64 Rn. 25; *Schröder* in HdbStR § 65 Rn. 25.
4 Vgl. *Epping* in Epping/Butzer Art. 31 Rn. 10.
5 Vgl. *Schröder* in von Mangoldt/Klein/Starck Art. 64 Rn. 36.
6 Vgl. *Schröder* in von Mangoldt/Klein/Starck Art. 64 Rn. 37; *Epping* in Epping/Butzer Art. 31 Rn. 4, 12.
7 Vgl. *Epping* in Epping/Butzer Art. 31 Rn. 10.
8 Vgl. *Busse* in Berl. Kommentar Art. 64 Rn. 25.
9 Vgl. BVerfGE 148, 121 Rn. 64 (→ Art. 41 Rn. 9).
10 Vgl. *Hermes* in Dreier Art. 64 Rn. 32; *Epping* in Epping/Butzer Art. 31 Rn. 10.
11 Vgl. *Schröder* in von Mangoldt/Klein/Starck Art. 64 Rn. 36.

keit sich bereits aus Art. 46 Abs. 1 und 2 LV ergibt, ist für M-V fraglich, ob der zeremonielle Charakter der Eidesleistung über eine sinnbildliche Wirkung hinausgeht. Diese ist dabei aber keineswegs gering zu schätzen. Eine öffentliche Vereidigung vor dem LT, die als Sinnbild für die Aufnahme der Regierungsgeschäfte steht, kann zur Integrationskraft des parlamentarischen Regierungssystems beitragen.[12] Diesen Aspekt noch stärker betonend, wird zu Recht darauf aufmerksam gemacht, dass die Vereidigung eine der wenigen integrativen Feierlichkeiten sei, die es im Staat des Grundgesetzes überhaupt noch gebe, und dass man den in der Integrationswirkung liegenden Sinn solcher Feierlichkeiten weder mit juristischen noch mit intellektuellen Kategorien vollständig fassen könne.[13]

Der Umstand, dass dem Eid auch eine **religiöse Bekräftigung** hinzugefügt werden kann, zeigt auch heute noch, dass die Eidesleistung einer christlichen Tradition entstammt.[14] Der Zwang zu einer solchen Bekräftigung wäre verfassungswidrig (Art. 140 GG iVm Art. 136 Abs. 4 WRV). Aus diesem Grund ist das Anfügen der religiösen Formel freiwillig. Wird der Eid ohne diese Beteuerung geleistet, hat er den Charakter eines rein weltlichen Gelöbnisses.[15] Im Schrifttum wird vertreten, dass statt des Verzichts auf die religiöse Bekräftigung auch eine Formel mit anderem Wortlaut gewählt werden könnte.[16] Das hätte zur Folge, dass beispielsweise auch gläubige Muslime eine religiöse Bekräftigung abgeben könnten. Der Wortlaut des Art. 44 S. 2 LV spricht gegen eine solche Möglichkeit. Die Vorschrift, die das Ergebnis einer eingehenden Diskussion der Verfassungskommission ist (→ Rn. 1), sieht lediglich die Alternative vor, dem Eid die dort wiedergegebene Formel hinzuzufügen oder dies zu unterlassen.[17] Eine Öffnung für eine abweichende religiöse Beteuerung (vgl. etwa § 45 Abs. 5 DRiG) lässt sich S. 2 nicht entnehmen.

## III. Verpflichtung zur Eidesleistung

Die Regierungsmitglieder sind **verfassungsrechtlich** zur Leistung des Eides verpflichtet.[18] Die Verpflichtung trifft auch Minister, die bereits anlässlich der Übernahme eines früheren, inzwischen aber beendeten Ministeramts vereidigt worden waren; denn die Verpflichtung zum Eid ist amtsbezogen, nicht personenbezogen. Aus demselben Grund hat ein Minister, der das Ressort lediglich wechselt, nicht erneut einen Eid zu leisten. Hier ändert sich die Aufgabe, nicht jedoch die Amtsstellung. Der Eid ist in der vorgesehenen Formel zu leisten. Abweichungen sind nicht zulässig. Gründe, den Eid nicht zu leisten, sind schwerlich vorstellbar.[19] Die Konsequenzen einer dennoch erfolgenden Eidesverweigerung (in M-V bislang ohne praktische Bedeutung), sind allein politischer Natur[20] und erstrecken sich auf das von der LV vorgehaltene Instrumentarium. In Betracht kommt zB die Entlassung des betreffenden Ministers durch den

---

12 So *Schröder* in HdbStR § 65 Rn. 22.
13 So *Herzog* in Dürig/Herzog/Scholz Art. 64 Rn. 32; ablehnend *Schröder* in von Mangoldt/Klein/Starck Art. 64 Rn. 36.
14 Vgl. *Epping* in Epping/Butzer Art. 31 Rn. 10.
15 Vgl. BVerfGE 33, 23 (27).
16 Vgl. *Pieper* in BeckOK Art. 56 Rn. 4.2.
17 Vgl. *Epping* in Epping/Butzer Art. 31 Rn. 24.
18 Allgem. Meinung, vgl. etwa *Herzog* in Dürig/Herzog/Scholz Art. 64 Rn. 29.
19 Vgl. *Busse* in Berl. Kommentar Art. 64 Rn. 26.
20 Vgl. *Busse* in Berl. Kommentar Art. 64 Rn. 26 ff.; *Hermes* in Dreier Art. 64 Rn. 32; *Schröder* in von Mangoldt/Klein/Starck Art. 64 Rn. 40.

MinPräs. Verweigert dieser selbst die Eidesleistung, kann ihm der LT in letzter Konsequenz das Vertrauen entziehen (Art. 50 Abs. 2).

7 MinPräs und Minister leisten den Eid „bei der Amtsübernahme". Damit ist kein konkreter **Zeitpunkt** verfassungsrechtlich vorgeschrieben. Für die Begründung des Amtsverhältnisses im rechtlichen Sinne ist die Eidesleistung keine Voraussetzung. Das Amtsverhältnis des MinPräs wird durch seine Wahl begründet (Art. 42 Abs. 1), dasjenige der Minister durch ihre Ernennung (Art. 43 S. 1). Mit dem Begriff „Amtsübernahme" ist die tatsächliche Aufnahme der Amtsgeschäfte gemeint, also die Vornahme der ersten Amtshandlung. Diese liegt zB in der Übernahme des Ressorts aus den Händen des Amtsvorgängers im Rahmen einer Personalversammlung, in einem ersten Gespräch mit dem Staatssekretär oder dergleichen. Durch die Formulierung „bei der Amtsübernahme" bringt S. 1 zum Ausdruck, dass die Vereidigung nicht notwendig vor der ersten Amtshandlung erfolgen muss, wohl aber in einem engen zeitlichen Zusammenhang damit. Die Staatspraxis in M-V trägt dem dadurch Rechnung, dass die Vereidigung des MinPräs regelmäßig noch am Tag der Wahl und vor der Ernennung der Minister durchgeführt wird, diejenige der Minister ebenfalls noch am selben Tag, unmittelbar nach ihrer Ernennung.[21] Vor der Vereidigung vorgenommene Amtshandlungen sind wirksam.[22] Verbreitet wird angenommen, dass derartige Amtshandlungen immerhin verfassungsrechtlich unzulässig seien.[23] Aber auch das ist wegen des fehlenden rechtlichen Gehalts der Eidesleistung (→ Rn. 2) zweifelhaft, wenn die Vereidigung noch in einem engen zeitlichen Zusammenhang zur Amtsübernahme nachgeholt wird.[24]

8 Der Amtseid ist „**vor dem Landtag**" zu leisten. Damit ist das Plenum des LT gemeint. Die Vereidigung setzt also eine ordnungsgemäß anberaumte Plenarsitzung voraus. Eine Vereidigung etwa allein vor dem PräsLT oder vor einigen LT-Mitgliedern oder einem Ausschuss reicht nicht aus. Vorgenommen wird die Vereidigung in der Staatspraxis vom PräsLT.

### Art. 45 (Rechtsstellung der Regierungsmitglieder)

(1) ¹Der Ministerpräsident und die Minister stehen in einem besonderen öffentlich-rechtlichen Amtsverhältnis. ²Die Mitglieder der Landesregierung dürfen kein anderes besoldetes Amt, kein Gewerbe und keinen Beruf ausüben und weder der Leitung noch dem Aufsichtsrat eines auf Erwerb gerichteten Unternehmens angehören. ³Der Landtag kann Ausnahmen für die Entsendung in Organe von Unternehmen, an denen das Land beteiligt ist, zulassen.

(2) Im übrigen werden die Rechtsverhältnisse des Ministerpräsidenten und der Minister durch Gesetz geregelt.

Vergleichbare Regelungen:
Artt. 53 BWVerf; 57 f. BayVerf; 95 BbgVerf; 113 BremVerf; 40 HambVerf; 105 HessVerf; 34 NdsVerf; 64 Abs. 1 bis 3 Verf NW; 106 Verf Rh-Pf; 62 SächsVerf; 67 LVerf LSA; 33 f. SchlHVerf; 72 ThürVerf.

---

21 So verhielt es sich auch zuletzt am 15.11.2021 anlässlich der Wahl von Ministerpräsidentin *Manuela Schwesig*.
22 Vgl. *Schröder* in von Mangoldt/Klein/Starck Art. 64 Rn. 39.
23 Vgl. *Herzog* in Dürig/Herzog/Scholz Art. 64 Rn. 37 mwN; *Epping* in Epping/Butzer Art. 31 Rn. 20.
24 Ebenso *Busse* in Berl. Kommentar Art. 64 Rn. 27; *Hermes* in Dreier Art. 64 Rn. 31.

| | | | |
|---|---|---|---|
| I. Vorbemerkung | 1 | auf Erwerb gerichteten Unternehmens | 11 |
| II. Besonderes öffentlich-rechtliches Amtsverhältnis (Abs. 1 S. 1) | 2 | 5. Nachamtliche Beschäftigungsverbote | 13 |
| III. Unvereinbarkeiten (Abs. 1 S. 2) | 4 | IV. Rechtsfolgen | 16 |
| 1. Grundsätzliches | 4 | V. Auftrag an den Gesetzgeber (Abs. 2) | 17 |
| 2. Anderes besoldetes Amt | 5 | | |
| 3. Gewerbe und Beruf | 8 | VI. Schrifttum | 18 |
| 4. Zugehörigkeit zur Leitung oder zum Aufsichtsrat eines | | | |

## I. Vorbemerkung

Während Art. 41 Abs. 1 LV die organschaftliche Stellung der Landesregierung regelt, enthält Art. 45 Bestimmungen über die persönliche Rechtsstellung ihrer Mitglieder. Der personelle Anwendungsbereich der Vorschrift sind die Mitglieder der Landesregierung gemäß Art. 41 Abs. 2 LV; dass Art. 45 für diesen Personenkreis drei unterschiedliche Bezeichnungen bereit hält („Regierungsmitglieder" in der Überschrift, „Der Ministerpräsident und die Minister" in Abs. 1 S. 1 und Abs. 2 sowie „Mitglieder der Landesregierung" in Abs. 1 S. 2), wirkt sich inhaltlich nicht aus.

Abs. 1 S. 1 bezeichnet das Verhältnis, in dem MinPräs und Minister zum Land M-V stehen, als ein besonderes öffentlich-rechtliches Amtsverhältnis. S. 2 erklärt die Unvereinbarkeit ihres Amtes mit bestimmten Betätigungen und Zugehörigkeiten und ergänzt damit Art. 41 Abs. 3 LV, die Vorschrift über die organschaftlichen Unvereinbarkeiten. S. 3 sieht die Möglichkeit von Ausnahmen zu den Verboten des Satzes 2 vor. Abs. 2 schließlich enthält einen Auftrag an den Gesetzgeber zur Regelung der Rechtsverhältnisse im Einzelnen.

## II. Besonderes öffentlich-rechtliches Amtsverhältnis (Abs. 1 S. 1)

Die Regierungsmitglieder befinden sich in einem öffentlich-rechtlichen **Amtsverhältnis** und sind damit Teil der Staatsgewalt. Sie üben eine öffentliche Funktion aus, die sie zur Sorge für das Gemeinwohl und zur Zurückstellung eigener privater Interessen verpflichtet. Diese Prägung ihrer Tätigkeit, die sich auch in ihrem Amtseid widerspiegelt, ist Sinn und Zweck ihrer demokratischen Legitimation. Nach der einfach-gesetzlichen Vorschrift des § 1 LMinG besteht das Amtsverhältnis zum Land M-V. Es beginnt für den MinPräs mit der Annahme der Wahl gegenüber dem LT, für die Minister mit der Aushändigung der vom MinPräs vollzogenen Ernennungsurkunde (§ 2 LMinG).

Charakteristisch an der Rechtsstellung der Regierungsmitglieder ist, dass es sich um ein *besonderes* Amtsverhältnis handelt. Damit handelt es sich insbesondere nicht um ein Beamtenverhältnis, das den Regelfall der öffentlich-rechtlichen Amtsverhältnisse darstellt. Was die Sonderstellung mit sich bringt, ist im Einzelnen im Landesministergesetz geregelt. Nach § 1 LMinG ergeben sich die Maßgaben für das Amtsverhältnis der Regierungsmitglieder lediglich aus der LV und dem LMinG. Beamtenrechtliche Vorschriften gelten nur, soweit das LMinG ausdrücklich darauf verweist. Die Mitglieder der LReg sind beispielsweise nicht weisungsgebunden. Ihre Verantwortlichkeit bestimmt sich nur nach der LV, und es findet kein Disziplinarverfahren statt (§ 7 LMinG). Weder der LT noch die LReg als Kollegialorgan sind ihre Dienst- oder Fachvorgesetzten, der MinPräs selbst ist es im Verhältnis zu den Ministern ebenfalls nicht. Das LMinG regelt Einzelheiten über die Verpflichtungen der Regierungsmitglieder und über ihre Bezüge. Da die Mitglieder der LReg in einem öffentlichen Amtsverhältnis stehen, gelten für sie sowohl die besonderen Strafvorschriften für Amtsinhaber

(§ 11 Abs. 1 Nr. 2 Buchst. b StGB)[1] als auch die Haftung der öffentlichen Hand gem. Art. 34 GG.[2] Im Übrigen sind sie bei ihren amtlichen Äußerungen auch dem Gebot der parteipolitischen Neutralität verpflichtet (→ Art. 41 Rn. 15). Vergleichbare Bestimmungen enthalten die Landesverfassungen in Schleswig-Holstein und Thüringen (→ Vor Rn. 1). In den übrigen Ländern ist die Rechtsstellung der Regierungsmitglieder mit weitgehenden inhaltlichen Übereinstimmungen einfach-gesetzlich geregelt.

### III. Unvereinbarkeiten (Abs. 1 S. 2)

4 **1. Grundsätzliches.** Abs. 1 S. 2 enthält bestimmte **Tätigkeits- und Zugehörigkeitsverbote** für die Mitglieder der LReg. Während in Bezug auf andere besoldete Ämter, Gewerbe und Beruf lediglich die Ausübung, nicht aber die Innehabung verboten wird, ist die Zugehörigkeit zur Leitung und zum Aufsichtsrat eines auf Erwerb gerichteten Unternehmens schlechthin untersagt. Die Verbote sollen nach dem Willen der Verfassunggeber Interessenkonflikte vermeiden[3]. Die Regierungsmitglieder sollen den vollen Einsatz ihrer Arbeitskraft dem Regierungsamt widmen können und nicht Gefahr laufen, in wirtschaftliche Abhängigkeit zu geraten. Die Verbote sollen darüber hinaus das Ansehen des Regierungsamts in der Öffentlichkeit schützen.[4] Sie treten zu den organschaftlichen Unvereinbarkeiten des Art. 41 Abs. 3 LV hinzu. Der Umstand, dass der Abschlussbericht der Verfassungskommission in der Begründung zu Art. 45 lediglich auf diese Unvereinbarkeiten eingeht, nicht dagegen auf die Rechtsstellung der Regierungsmitglieder, deutet darauf hin, dass hier für die Verfassunggeber der Schwerpunkt der Vorschrift lag. Vergleichbare Regelungen enthalten Art. 66 GG und die Verfassungen der anderen Länder (→ vor Rn. 1) mit Ausnahme von Berlin, Rheinland-Pfalz und dem Saarland.

5 **2. Anderes besoldetes Amt.** Ein anderes besoldetes Amt ist ein Amt im statusrechtlichen Sinne[5]. Gemeint sind die Beamten, Richter und Soldaten, aber auch kirchliche Amtsverhältnisse. Da den Amtsinhabern während ihrer Zugehörigkeit zur LReg lediglich die **Ausübung des anderen Amtes** untersagt ist, ruht dieses Amt während der Zugehörigkeit zur LReg (§ 4 Abs. 1 LMinG). Das hat zur Folge, dass sie es in dieser Zeit weiterhin innehaben, aber nicht aktiv wahrnehmen und dafür auch nicht besoldet werden. Endet ihre Mitgliedschaft in der LReg, treten sie in dem besoldeten Amt in den Ruhestand, wenn ihnen nicht ein zumutbares (wiederum) anderes Amt angeboten wird, und erhalten Versorgungsbezüge in der Höhe, die sie erreicht hätten, wenn sie das Amt bis zur Beendigung ihrer Tätigkeit in der LReg ausgeübt hätten (§ 4 Abs. 2 LMinG).

6 Verboten ist lediglich die Ausübung eines besoldeten Amts. Inhaber von **Ehrenämtern** brauchen auf deren Wahrnehmung nicht zu verzichten. Die Aufwandsentschädigung, die sie dafür eventuell beziehen, ist keine Besoldung. Nach § 3 Abs. 5 LMinG dürfen öffentliche Ehrenämter aber nur mit Genehmigung der LReg ausgeübt werden. Der Grund für diese Regelung liegt darin, dass auch solche Ehrenämter zeitliche oder sachliche Konflikte mit der Regierungstätigkeit mit sich bringen können. Auf der anderen Seite mag es öffentliche Ehrenämter geben, deren Innehabung durch ein Regierungsmitglied gerade zu begrüßen ist.

---

1 Vgl. etwa *Hecker* in Schönke/Schröder § 11 Rn. 18.
2 *Papier* in Dürig/Herzog/Scholz, Art. 34 Rn. 108.
3 LT-DS 1/3100 S. 142.
4 Vgl. *Brinktrine* in Sachs Art. 66 Rn. 8; *Leydecker* in Butzer/Epping Art. 34 Rn. 15.
5 Vgl. *Herzog* in Dürig/Herzog/Scholz Art. 66 Rn. 15.

Dem trägt die mögliche Genehmigung durch die LReg Rechnung.[6] § 3 Abs. 5 LMinG ist durchaus praxisrelevant und betrifft zB Ehrenämter auf kommunaler Ebene.

Auch **Abgeordnetenmandate** sind mit der Formulierung „besoldetes Amt" nicht gemeint. Zwar sind die Abgeordnetendiäten nach den Vorgaben des Art. 22 Abs. 3 S. 1 LV keine reinen Aufwandsentschädigungen, sondern gehaltsähnliche Vergütungen. Die Mandate werden jedoch aus systematischen Gründen nicht von Abs. 1 S. 2 erfasst. Sie stellen eine staatsorganschaftliche Parallele zur Regierungstätigkeit dar und können nur durch eine organschaftliche Inkompatibilität ausgeschlossen werden[7] (→ Art. 41 Rn. 29 ff.). 7

**3. Gewerbe und Beruf.** Mit den Formulierungen „Gewerbe" und „Beruf" übernimmt Art. 45 Abs. 1 S. 2 LV ebenso wie Art. 66 GG althergebrachte gewerberechtliche Begriffe. Es gibt keinen Anhaltspunkt für das Bedürfnis einer abweichenden, eigenständigen Definition.[8] Der Berufsbegriff ist weiter als der des Gewerbes und umfasst diesen vollständig.[9] Auf die Abgrenzung zwischen den beiden Begriffen kommt es bei Art. 45 Abs. 1 S. 2 LV daher nicht an. Mit der Nennung von Gewerbe und Beruf wollten die Verfassunggeber vielmehr sämtliche auf Dauer angelegten und **auf privaten Erwerb gerichteten Tätigkeiten** für unvereinbar mit der Regierungsmitgliedschaft erklären.[10] Dazu gehört also beispielsweise auch die freiberufliche Tätigkeit. 8

Gewerbe und Beruf dürfen **nicht ausgeübt** werden. Art. 45 Abs. 1 S. 2 unterscheidet dies genau von der Zugehörigkeit zur Leitung oder zum Aufsichtsrat eines Unternehmens, wo bereits das „Angehören" verboten ist. Die berufliche Tätigkeit muss also lediglich ruhend gestellt, sie braucht aber nicht vollständig aufgegeben zu werden. Selbstständige können sich also zB vertreten lassen, so lange sie selbst nur vollständig freigestellt werden. Angestellte können etwa mit ihrem Arbeitgeber vereinbaren, dass sie nach Beendigung des Regierungsamts auf die Arbeitsstelle zurückkehren. Im Einzelnen kann es gerade bei freien Berufen zu Abgrenzungsschwierigkeiten kommen, zB wenn Rechtsanwaltskanzleien den Namen eines Regierungsmitglieds weiter führen.[11] 9

Von Abs. 1 S. 2 nicht erfasst sind **Nebentätigkeiten** wie das Schreiben von Büchern und das besonders praxisrelevante Halten von Vorträgen. Vorträge von Regierungsmitgliedern gehören regelmäßig zu deren eigentlichem Aufgabenbereich,[12] beispielsweise im Rahmen der Öffentlichkeitsarbeit (→ Art. 41 Rn. 15). Solche Vorträge sind mit den Amtsbezügen abgegolten. Eine zusätzliche private Vergütung darf nicht angenommen werden, weil darin eine strafbare Vorteilsannahme liegen könnte. § 3 Abs. 3 LMinG sieht daher vor, dass solche Vergütungen von vornherein dem Land zustehen und für Zwecke des Denkmalschutzes zu verwenden sind. Schriftstellerische Tätigkeit geht in der Regel (anders beispielsweise bei Vorworten und dergleichen) über die mit dem Regierungsamt verbundenen Aufgaben hinaus.[13] Das Publizieren eigener Anschauungen etwa dient aber der persönlichen politischen Werbung und verstößt nach verbreiteter 10

---

6 Vgl. *Brinktrine* in Sachs Art. 66 Rn. 11.
7 Vgl. *Leydecker* in Butzer/Epping Art. 34 Rn. 23.
8 Vgl. *Herzog* in Dürig/Herzog/Scholz Art. 66 Rn. 42.
9 Vgl. *Herzog* in Dürig/Herzog/Scholz Art. 66 Rn. 42.
10 Vgl. *Brinktrine* in Sachs Art. 66 Rn. 13; *Müller-Franken/Uhle* in Schmidt-Bleibtreu/Hofmann/Henneke Art. 66 Rn. 28.
11 Näher *Leydecker* in Butzer/Epping Art. 34 Rn. 22.
12 Vgl. *Nolte/Bökel* in Becker/Brüning/Ewer/Schliesky Art. 41 Rn. 12; *Brinktrine* in Sachs Art. 66 Rn. 13a.
13 *Müller-Franken/Uhle* in Schmidt-Bleibtreu/Hofmann/Henneke Art. 66 Rn. 31.

Meinung nicht gegen die Schutzrichtung der persönlichen Unvereinbarkeiten, weil nicht die Gefahr besteht, dass der MinPräs oder Minister darüber seine Amtspflichten vernachlässigt.[14] § 3 Abs. 3 LMinG sieht die Ablieferungspflicht dennoch aus guten Gründen auch für die Vergütung aus schriftstellerischer Tätigkeit vor. Wird mit dem Schreiben und Veröffentlichen von Büchern eine dauerhafte Einnahmequelle angestrebt, geht dies über den Rahmen einer Nebentätigkeit hinaus und ist als berufliche Tätigkeit von Art. 45 Abs. 1 S. 2 LV untersagt.[15] Die Veröffentlichung von Insider-Wissen ist durch das Gebot der Amtsverschwiegenheit (§ 5 LMinG) in jedem Fall ausgeschlossen. Verboten ist schließlich auch die entgeltliche Tätigkeit als Schiedsrichter oder die Erstellung eines außergerichtlichen Gutachtens. Falls die LReg hiervon eine Ausnahme zulässt, ist das Entgelt ebenfalls an das Land abzuführen (§ 3 Abs. 4 LMinG).

11 **4. Zugehörigkeit zur Leitung oder zum Aufsichtsrat eines auf Erwerb gerichteten Unternehmens.** Art. 45 Abs. 1 S. 2 LV untersagt schließlich die Zugehörigkeit zur Leitung oder zum Aufsichtsrat eines auf Erwerb gerichteten Unternehmens. Hier kommt es nicht auf die tatsächliche Ausübung einer Tätigkeit an, sondern die Mitglieder der LReg dürfen derartigen Gremien selbst in einem ruhenden Verhältnis noch nicht einmal angehören. Auf Erwerb gerichtete Unternehmen sind solche, die zum Zweck der Gewinnerzielung betrieben werden.[16] Typische **Leitungsfunktionen** sind Mitgliedschaften im Vorstand bzw. in der Geschäftsführung einer AG oder einer GmbH. Die Regierungsmitglieder müssen aus derartigen Gremien ersatzlos ausscheiden. Sinn und Zweck dieser Regelung liegen darin, die Konzentration von wirtschaftlicher und politischer Macht in einer Hand zu verhindern.[17] Gänzlich vermag das Mitgliedschaftsverbot dies allerdings nicht zu erreichen; denn wirtschaftliche Macht wird beispielsweise auch durch das nicht verbotene Halten von Aktien oder durch andere Eigentumspositionen ausgeübt.[18] Die Verfassungsvergleichung ergibt einige Unterschiede. Art. 66 GG und beispielsweise Art. 41 SchlHVerf sehen für die Mitgliedschaft im Aufsichtsrat eines Unternehmens die Möglichkeit einer ausnahmsweisen parlamentarischen Genehmigung vor. Nach Art. 64 Abs. 2 S. 2 Verf NW kann die LReg die Beibehaltung des Berufs genehmigen.

12 Nach Abs. 1 S. 3 kann der LT **Ausnahmen** für die Entsendung von Regierungsmitgliedern in Organe von Unternehmen, an denen das Land beteiligt ist, zulassen[19]. Die staatliche Unternehmensbeteiligung dient öffentlichen Interessen. Daher ist es sinnvoll, wenn sie durch persönliche Beteiligung an den Leitungsaufgaben wahrgenommen wird. Vergütungen sind auch hier an das Land abzuführen (§ 3 Abs. 3 LMinG). In Niedersachsen etwa steht die Befugnis zur Erteilung dieser Ausnahmegenehmigung der LReg zu (Art. 34 Abs. 2 S. 2 NdsVerf).

13 **5. Nachamtliche Beschäftigungsverbote.** Im Anschluss an eine längere Diskussion in der Öffentlichkeit und im Schrifttum[20] hat der Gesetzgeber im Jahre

---

14 Vgl. etwa *Nolte/Bökel* in Becker/Brüning/Ewer/Schliesky Art. 41 Rn. 11; *Mager/Holzner* in von Münch/Kunig Art. 66 Rn. 23. *Müller-Franken/Uhle* in Schmidt-Bleibtreu/Hofmann/Henneke Art. 66 Rn. 31; *Morlok/Krüper* NVwZ 2003, 573 (575).
15 Vgl. *Müller-Franken/Uhle* in Schmidt-Bleibtreu/Hofmann/Henneke Art. 66 Rn. 31.
16 Vgl. *Mager/Holzner* in von Münch/Kunig Art. 66 Rn. 25; *Nolte/Bökel* in Becker/Brüning/Ewer/Schliesky Art. 41 Rn. 15.
17 Vgl. *Brinktrine* in Sachs Art. 66 Rn. 14; *Leydecker* in Butzer/Epping Art. 41 Rn. 26; *Commandeur* DÖV 2017, 1017 (1018).
18 Vgl. *Commandeur* DÖV 2017, 1017 (1019 f.).
19 ZB in den Verwaltungsrat der Kreditanstalt für Wiederaufbau.
20 S. etwa *von Arnim* ZRP 2006, 44 ff.

2021 nachamtliche Beschäftigungsverbote in das LMinG aufgenommen.[21] Die §§ 5a ff. LMinG sehen nunmehr eine Anzeigepflicht gegenüber der LReg vor, falls ein Mitglied der LReg beabsichtigt, innerhalb der ersten zwölf Monate nach dem Ausscheiden aus dem Amt eine Erwerbstätigkeit oder sonstige Beschäftigung außerhalb des öffentlichen Dienstes aufzunehmen. Die LReg kann die angezeigte Erwerbstätigkeit oder sonstige Beschäftigung untersagen, soweit zu besorgen ist, dass öffentliche Interessen beeinträchtigt werden. In diesem Zusammenhang ist wichtig, dass die LReg ihre Entscheidung ausweislich der Gesetzesbegründung in jedem Fall, dh auch bei Nichtuntersagung, innerhalb eines Monats nach der Anzeige treffen soll und dass sie sie im Amtsblatt zu veröffentlichen hat.[22] Damit wird das Anzeigeverfahren faktisch zu einem Genehmigungsverfahren.[23] Die LReg trifft ihre Entscheidung auf Empfehlung eines beratenden Expertengremiums. Die Mitglieder des Gremiums werden zu Beginn der Wahlperiode auf Vorschlag der LReg vom PräsLT berufen. Hierin liegt ein Unterschied etwa zur Parallelregelung in Schleswig-Holstein, die ein parlamentarisches Gremium vorsieht.[24] Im Falle der Untersagung einer Beschäftigung erhält das Mitglied der LReg entsprechend länger das Übergangsgeld nach § 12 LMinG.

Die Regelungen sind angelehnt an entsprechende Vorschriften im Bundesministergesetz. Mit der Formulierung „Erwerbstätigkeit oder sonstige Beschäftigung" hat der Gesetzgeber zum Ausdruck gebracht, dass nicht nur entgeltliche Tätigkeiten erfasst sein sollen (auch freiberufliche und selbstständige), sondern auch unentgeltliche Tätigkeiten. Maßgebend ist allein, dass durch die Ausübung der Tätigkeit der Eindruck entstehen könnte, dass die gemeinwohlorientierte Regierungsarbeit einseitig beeinflusst werden oder gewesen sein könnte.[25] Mit der Neuregelung werden unterschiedliche **Ziele** verfolgt.[26] Einerseits soll verhindert werden, dass durch den Anschein einer voreingenommenen Amtsführung im Hinblick auf spätere Karriereaussichten oder durch die private Verwertung von Amtswissen nach Beendigung des Amtsverhältnisses das Vertrauen der Allgemeinheit in die Integrität der LReg beeinträchtigt wird. Darüber hinaus sollen Interessenkonflikte vermieden werden. Auf der anderen Seite dient das Genehmigungsverfahren auch dazu, die betroffenen Regierungsmitglieder vor Unsicherheit und ungerechtfertigter Kritik zu schützen. In diesem Zusammenhang ist zu Recht betont worden, dass ein grundsätzliches Interesse daran besteht, den Wechsel von anderen Berufen in die Politik möglichst offen zu gestalten, um Sachverstand für die politischen Ämter zu gewinnen.[27] Sanktionsregelungen enthält das Gesetz nicht. Allerdings könnte ein Verstoß gegen die Anzeigepflicht oder gar gegen eine Untersagung vor dem Hintergrund, dass diese nunmehr gesetzlich geregelt sind, mit einem erheblichen politischen Imageverlust verbunden sein. 14

Gegen diese sogenannten Karenzzeitregelungen bestehen **keine durchgreifenden verfassungsrechtlichen Bedenken**. Die damit verbundenen Eingriffe in die Berufsfreiheit (Art. 12 Abs. 1 GG iVm Art. 5 Abs. 3 LV) der Regierungsmitglieder sind gerechtfertigt. Auf welcher Stufe der Eingriff in die Berufsfreiheit besteht, ist dafür unerheblich. Zu Recht ist darauf hingewiesen worden, dass selbst 15

---

21 Gesetz vom 15.6.2021 (GVOBl. S. 961, ber. S. 1006).
22 LT-Drs. 7/5935, 11.
23 Vgl. *Scheffczyk* ZRP 2015, 133 (134).
24 *Nolte/Bökel* in Becker/Brüning/Ewer/Schliesky Art. 41 Rn. 26.
25 LT-DS 7/5935, 10.
26 LT-DS 7/5935, 9.
27 *Grzeszick/Limanowski* DÖV 2016, 313 (314) mwN.

wenn man eine objektive Schranke für die Berufswahl annehmen würde, zu konstatieren wäre, dass das für die Rechtfertigung eines solchen Eingriffs notwendige überragend wichtige Gemeinschaftsgut in dem Vertrauen der Bevölkerung in die Integrität der Regierung liegt.[28] Mehrere Vorkehrungen des Gesetzes tragen dazu bei, dass der Grundrechtseingriff auch angemessen ist.[29] Dazu gehören die Möglichkeit von lediglich teilweisen Untersagungen, die zeitliche Beschränkung auf 12 Monate und die verlängerte Gewährung des Übergangsgelds. Der Begriff der öffentlichen Interessen in § 5b Abs. 1 S. 1 LMinG ist relativ weit gefasst, aber nicht zu unbestimmt, zumal er durch die Regelbeispiele in S. 2 konkretisiert wird.

### IV. Rechtsfolgen

16 Die verbotswidrigen Rechtsverhältnisse sind aufzulösen. Weigern sich die Amtsinhaber, fehlt es an von Gesetzes wegen eintretenden Rechtsfolgen, so dass die Frage der politischen Akzeptanz verbleibt. Ein Organstreitverfahren vor dem LVerfG M-V ist nicht ausgeschlossen, wenn es um eine Ausnahmegenehmigung nach Abs. 1 S. 3 geht.

### V. Auftrag an den Gesetzgeber (Abs. 2)

17 Abs. 2 enthält einen Verfassungsauftrag an den Gesetzgeber, nähere Regelungen über die Rechtsverhältnisse der Regierungsmitglieder zu treffen. Dem ist der Gesetzgeber durch das Landesministergesetz nachgekommen. Ausgehend von dem Begriff des besonderen öffentlich-rechtlichen Amtsverhältnisses (→ Rn. 2 f.) bestimmt das Gesetz Einzelheiten der mit diesem Amtsverhältnis verbundenen Rechte und Pflichten. Außerdem regelt es die Bezüge und die Versorgung der Regierungsmitglieder.

### VI. Schrifttum

18 *Hans Herbert von Arnim*, Nach-amtliche Karenzzeiten für Politiker? Ein Kommentar zum Fall Gerhard Schröder, ZRP 2006, 44; *Marcus Commandeur*, Bundeskanzler Donald Trump: Die Vermeidung wirtschaftlicher Interessenkonflikte in der Person des Regierungschefs im deutschen Recht, DÖV 2017, 1017; *Bernd Grzeszick/Michael Limanowski*, Nachamtliche Berufsverbote für Politiker, DÖV 2016, 313; *Martin Morlok/Julian Krüper*, Ministertätigkeit im Spannungsfeld von Privatinteresse und Gemeinwohl: Ein Beitrag zur Auslegung des Art. 66 GG, NVwZ 2003, 573; *Fabian Scheffczyk*, „Karenzzeit" für Bundesminister und Parlamentarische Staatssekretäre, ZRP 2015, 133; *Adolf Schönke/Horst Schröder*, Strafgesetzbuch, 30. Aufl., 2019 (zit. Bearb. in Schönke/Schröder).

### Art. 46 (Zuständigkeiten innerhalb der Regierung)

**(1) Der Ministerpräsident bestimmt die Richtlinien der Regierungspolitik und trägt dafür die Verantwortung.**

**(2) Innerhalb dieser Richtlinien leitet jeder Minister seinen Geschäftsbereich selbständig und in eigener Verantwortung.**

---

28 Zutreffend *Grzeszick/Limanowski* DÖV 2016, 313 (315). Eine subjektive Berufswahlbeschränkung nimmt *Scheffczyk* ZRP 2015, 133 (134) an; ebenso *Nolte/Bökel* in Becker/Brüning/Ewer/Schliesky Art. 41 Rn. 25.
29 Vgl. *Grzeszick/Limanowski* DÖV 2016, 313 (316); aA *Scheffczyk* ZRP 2015, 133 (134).

(3) ¹Die Landesregierung faßt ihre Beschlüsse mit Stimmenmehrheit. ²Bei Stimmengleichheit entscheidet die Stimme des Ministerpräsidenten.
(4) Die Landesregierung gibt sich eine Geschäftsordnung.

Vergleichbare Regelungen:
*Zu Abs. 1 und 2*: Artt. 49 Abs. 1 BWVerf; 47 Abs. 2, 51 Abs. 1 BayVerf; 58 Abs. 2, 3 und 5 VvB; 89 BbgVerf; 115 Abs. 2, 120 BremVerf; 42 Abs. 1 und 2 HambVerf; 102 HessVerf; 37 Abs. 1 NdsVerf; 55 Verf NW; 104 Verf Rh-Pf; 91 SaarlVerf; 63 SächsVerf; 68 Abs. 1 und 2 LVerf LSA; 36 Abs. 1 und 2 SchlHVerf; 76 Abs. 1 ThürVerf.

*Zu Abs. 3 und 4*: Artt. 49 BWVerf; 53 f. BayVerf; 90 BbgVerf; 117 BremVerf; 42 Abs. 3 HambVerf; 104 Abs. 1 HessVerf; 39 NdsVerf; 54 Verf NW; 104,105 Verf Rh-Pf; 90 SaarlVerf; 64 Abs. 2 SächsVerf; 68 Abs. 3 bis 5 LVerf LSA; 36 Abs. 3 SchlHVerf; 76 Abs. 3 ThürVerf.

| | |
|---|---|
| I. Vorbemerkung .................... 1 | 2. Gegenstände der Ressortkompetenz ......................... 17 |
| II. Richtlinienkompetenz des Ministerpräsidenten (Abs. 1) ............. 4 | IV. Kollegialprinzip (Abs. 3 und 4) .... 18 |
| 1. Einordnung und Bedeutung ... 4 | 1. Bedeutung und Einordnung ... 18 |
| 2. Begriff der Richtlinienkompetenz ............................. 7 | 2. Gegenstände des Kollegialprinzips im Allgemeinen ........... 20 |
| 3. Verantwortung des Ministerpräsidenten .................... 13 | 3. Beschlussfassung (Abs. 3) ...... 23 |
| III. Ressortkompetenz der Minister (Abs. 2) ........................... 14 | 4. Geschäftsordnungsautonomie (Abs. 4) ....................... 24 |
| 1. Bedeutung und Einordnung ... 14 | V. Schrifttum ....................... 32 |

## I. Vorbemerkung

Art. 46 LV ist neben Art. 41 Abs. 2 die grundlegende Bestimmung über die Struktur der Landesregierung. Die Vorschrift legt die **innere Ordnung der Regierung** fest. Gekennzeichnet ist die Regelung dadurch, dass sie die regierungsinternen Zuständigkeiten nicht enumerativ aufzählt, sondern drei Organisationsprinzipien zum Ausdruck bringt, die die Arbeit der Landesregierung in besonderem Maße prägen: 1

- Die in Absatz 1 niedergelegte Richtlinienkompetenz des MinPräs ist einer der wesentlichen Bestandteile des sogenannten *Kanzlerprinzips*.
- Innerhalb der Richtlinien des MinPräs legt das *Ressortprinzip* des Absatzes 2 die einzelnen Geschäftsbereiche in die Verantwortung der Minister.
- Das *Kollegialprinzip*, wonach bestimmte Angelegenheiten durch die Landesregierung in ihrer Eigenschaft als Kollegialorgan entschieden werden, wird in den Absätzen 3 und 4 nur ausschnittweise behandelt, im Übrigen aber vorausgesetzt.

Die drei Prinzipien enthalten zum einen „strukturgestaltende Grundentscheidungen"[1] für die regierungsinterne Arbeitsverteilung. Anschaulich sind diese Festlegungen als „Kabinettsverfassung"[2] bezeichnet worden. Zumindest die Richtlinienkompetenz des MinPräs und das Ressortprinzip des Art. 46 Abs. 2 belassen es aber nicht bei der Festlegung von Zuständigkeiten. Sie begründen darüber hinaus ausdrücklich die entsprechende Verantwortung der Regierungsmitglieder, wenngleich nicht gesagt wird, wem gegenüber sie besteht. Die zweifache Erwähnung des Begriffs „Verantwortung" im Wortlaut der Absätze 1 und 2 fällt geradezu auf, wenn man berücksichtigt, dass kompetenzbegründende

---
[1] *Detterbeck* in HdbStR § 66 Rn. 6.
[2] *Tettinger* in Löwer/Tettinger Art. 55 Rn. 6 mwN.

Normen dem Begünstigten die Verantwortung für die übertragene Aufgabe in der Regel auch ohne ausdrückliche Betonung mit auferlegen. Mit Recht ist daraus gefolgert worden, dass die Verantwortlichkeit des MinPräs für die Richtlinien der Regierungspolitik ebenso wie die Verantwortlichkeit der Minister für ihre Geschäftsbereiche besondere Bedeutung im Hinblick auf die parlamentarische Kontrolle haben.[3]

2 Die **Entstehungsgeschichte** des Art. 46 weist die Besonderheit auf, dass der Zwischenbericht der Verfassungskommission[4] die Vorschrift noch in einer anderen Fassung enthielt. Dort war in Absatz 3 ein umfangreicher Katalog an Angelegenheiten vorgesehen, in denen die LReg als Kollegialorgan entscheiden sollte. Dieser Absatz ist im Verlaufe der weiteren Beratungen entfallen.[5] Absatz 4 enthielt in der Fassung des Zwischenberichts den Wortlaut des jetzigen Absatzes 3. Eine Regelung zur Geschäftsordnungsautonomie, wie sie sich jetzt in Absatz 4 findet, fehlte seinerzeit noch. Sie ist anstelle des gestrichenen Aufgabenkatalogs eingefügt worden.

3 Der **Verfassungsvergleich** ergibt folgendes Bild: Vorschriften über die Richtlinien- und die Ressortkompetenz finden sich mit allenfalls geringfügigen Unterschieden in nahezu allen Landesverfassungen (→ Vor Rn. 1) und in Art. 65 GG. In Berlin und Bremen unterliegt die Aufstellung der Richtlinien allerdings schon von Verfassungs wegen einer erheblichen Mitwirkung durch die jeweiligen Parlamente. Die verfassungsrechtlichen Vorgaben für das Kollegialprinzip unterscheiden sich – jedenfalls in ihrer Systematik – erheblich. Zahlreiche Landesverfassungen sehen in diesem Regelungszusammenhang anders als Art. 46 LV ausdrückliche Kataloge von Aufgaben vor, die der jeweiligen Regierung zur kollegialen Entscheidung zugewiesen werden, so etwa die Verfassungen von Baden-Württemberg, Niedersachsen und Sachsen (s. für Art. 46 LV die Entstehungsgeschichte, → Rn. 2). Hinweise auf die Geschäftsordnungsautonomie der Regierungen finden sich in den meisten Landesverfassungen. Der Regelungsstandort ist aber nicht einheitlich; in Niedersachsen und Nordrhein-Westfalen etwa wird die Geschäftsordnung im Zusammenhang mit der Leitung der Regierungsgeschäfte durch den Ministerpräsidenten erwähnt, einer Kompetenz, die wiederum in der Landesverfassung M-V gänzlich unerwähnt bleibt.

## II. Richtlinienkompetenz des Ministerpräsidenten (Abs. 1)

4 **1. Einordnung und Bedeutung.** Die Richtlinienkompetenz des Ministerpräsidenten ist ein **Bestandteil des sogenannten Kanzlerprinzips**.[6] Mit diesem Begriff wird im Staatsorganisationsrecht des Bundes ausgedrückt, dass dem Bundeskanzler innerhalb der Bundesregierung eine dominierende Rolle zukommt.[7] Angesichts der starken Stellung, die die LV dem MinPräs zuweist, lässt sich der Begriff des Kanzlerprinzips ohne Weiteres übernehmen. Das Kanzlerprinzip wird durch die Zusammenfassung des Kabinettsbildungsrechts, der Organisationskompetenz (→ Art. 43 Rn. 6 ff.) und eben der Richtlinienkompetenz in der Hand des MinPräs gebildet. Diese Machtkonzentration findet ihre Rechtfertigung in zwei Umständen: Zum einen ist der MinPräs das einzige Regierungsmit-

---

3 *Tettinger* in Löwer/Tettinger Art. 55 Rn. 8; *Nolte/Bökel* in Becker/Brüning/Ewer/Schliesky Art. 36 Rn. 5.
4 LT-Drs. 1/2000 S. 44.
5 LT-Drs. 1/3100 S. 142.
6 Vgl. zu diesem Begriff etwa *Detterbeck* in HdbStR § 66 Rn. 12; *Brinktrine* in Sachs Art. 62 Rn. 5; *Voßkuhle/Schemmel* JuS 2020, 736 (737).
7 Vgl. nur *Detterbeck* in HdbStR § 66 Rn. 24 mwN.

glied, das vom Landtag gewählt wird. Im Vergleich zu den Ministern genießt er damit eine stärkere demokratische Legitimation (→ Art. 41 Rn. 6). Zum anderen ist er dem LT für die gesamte Regierungspolitik politisch verantwortlich (→ Rn. 13). Um dieser enormen Verantwortung gerecht werden zu können, bedarf der MinPräs weitreichender Kompetenzen.

Die Verfassungskommission hat der Richtlinienkompetenz des MinPräs hohe **Bedeutung** beigemessen. Obwohl sie bei der Vorschriften über die LReg oft sehr knappe und lediglich beschreibende Begründungen zu den einzelnen Artikeln hat ausreichen lassen, hat sie bei Art. 46 ausdrücklich auf die „besondere Bedeutung des Ministerpräsidenten" hingewiesen und dies ua mit der Richtlinienkompetenz begründet.[8] Im verfassungsrechtlichen Schrifttum hingegen wird der Richtlinienkompetenz unter Hinweis darauf, dass der Regierungschef für die Entscheidung politischer Einzelfragen nur selten ausdrücklich von ihr Gebrauch mache, teilweise eine lediglich latente Wirkung zugeschrieben.[9] Andere Stimmen nehmen auch insgesamt eine eher geringe Bedeutung der Richtlinienkompetenz an.[10]

Die Richtlinien der Regierungspolitik können in grundsätzlichen Festlegungen über die politische Ausrichtung der Regierung liegen, aber auch in der Entscheidung grundlegend relevanter Einzelfragen (→ Rn. 7). Erklärungen des MinPräs über die Grundsätze der Regierungspolitik – etwa in der Form von Regierungs- oder Presseerklärungen – sind in der Staatspraxis von erheblichem Gewicht. Die Richtlinienkompetenz ist insoweit stärker als etwa die personelle und organisatorische Regierungsbildung auf den Inhalt bezogen. Sie **prägt die politische Arbeit der Landesregierung,** die für deren Außenwahrnehmung besonders kennzeichnend ist, über die gesamte Amtszeit hinweg. Eine gewisse Latenz haftet dagegen zwar den ausdrücklich auf die Richtlinienkompetenz gestützten Einzelfallentscheidungen an. Die Bedeutung der Richtlinienkompetenz im Kabinett hängt aber nicht davon ab, ob der MinPräs ausdrücklich von ihr Gebrauch macht; sie liegt bereits in ihrer Vorwirkung, in der Möglichkeit des Gebrauchmachens.[11] Aufgrund der Kräfteverhältnisse im Kabinett wird bereits die Tatsache, dass der MinPräs eine verbindliche Richtlinie erlassen könnte, zur Beachtung seiner politischen Zielvorstellungen führen.[12] Der MinPräs, der für die Beachtung der von ihm formulierten Richtlinien seinerseits die Verantwortung gegenüber dem LT trägt (→ Rn. 13) hätte anderenfalls etwa die Möglichkeit der Kabinettsumbildung oder gar der Entlassung des Ministers (→ Rn. 9).

**2. Begriff der Richtlinienkompetenz.** Der Begriff der **Richtlinie der Regierungspolitik** wird weder in der Verfassung noch in der GO LReg definiert. Auch das Grundgesetz und die Verfassungen der anderen Länder enthalten keine allgemein anwendbare Definition. Die verfassungsgerichtliche Rechtsprechung hat den Begriff ebenfalls noch nicht geprägt. Dementsprechend vielfältig sind die Deutungen im verfassungsrechtlichen Schrifttum[13]. Angesichts der Weite des Politikbegriffs, der die gesamte staatsleitende Tätigkeit umfasst,[14] und weil die Politik der LReg geeignet sein muss, alle relevanten gesellschaftlichen Fragen abzudecken, ist die Konturenbildung schwierig. Der Richtlinienbegriff umfasst je-

---

8 LT-Drs. 1/3100 S. 142.
9 Vgl. etwa *Hermes* in Dreier Art. 65 Rn. 1.
10 Vgl. etwa *Brinktrine* in Sachs Art. 65 Rn. 18a.
11 Vgl. *Busse/Hofmann* Kapitel 3 Rn. 21.
12 Vgl. *Maurer* in FS Thieme, S. 123 (126 f.).
13 S. etwa die Zusammenstellung bei *Detterbeck* in HdbStR § 66 Rn. 15.
14 Vgl. *Clostermeyer* in Haug Art. 49 Rn. 11.

denfalls alle grundsätzlichen Entscheidungen über die politische Ausrichtung der LReg. Das können allgemeine Grundsätze der Regierungspolitik sein, aber auch politische Einzelfallentscheidungen, wenn sie grundsätzliche Bedeutung erlangen können. Der Grundsatzcharakter einer Angelegenheit lässt sich kaum allgemein definieren. Einen Anhaltspunkt kann die Vorschrift des § 6 GO LReg bieten. Sie enthält einen Katalog von Gegenständen, den die Fachminister nicht selbst entscheiden, sondern dem Kabinett zur kollegialen Entscheidung vorlegen müssen (→ Rn. 21). Bei der Auslegung der politischen Bedeutung einer Angelegenheit und des Richtlinienbedarfs, steht dem MinPräs ein Beurteilungsspielraum zu, was die Richtlinienkompetenz noch stärkt.[15] Der Beurteilungsspielraum ist vor allem im Falle von Einzelfalldirektiven andererseits durch das Ressortprinzip begrenzt. Beispielsweise hätte der MinPräs nicht die Befugnis, unter Berufung auf seine Richtlinienkompetenz Mitarbeiter eines Ministeriums selbst anzuweisen.

8 Wegen der weitreichenden Möglichkeiten des MinPräs, die Richtlinien politisch durchzusetzen, ist die Frage ihrer Rechtsnatur von geringerer Praxisrelevanz. Es handelt sich um **Binnenrecht der Regierung**: Adressaten sind die Fachminister. Ihre verfassungsrechtliche Sonderstellung und auch die stark politische Prägung sprechen dafür, sie als Regierungsakte eigener Art zu qualifizieren.[16]

9 Die Richtlinien enthalten **eine politische und eine rechtliche Komponente**. Der MinPräs hat wegen seiner weitreichenden Kompetenzen, insbesondere der Personal- und Organisationskompetenz, jederzeit die Möglichkeit, seine Richtlinien politisch durchzusetzen. Auf fehlende Beachtung kann er durch Kabinettsumbildung, aber auch durch die Entlassung von Ministern reagieren. Ein Selbsteintrittsrecht ist in der LV dagegen nicht vorgesehen. Die Befugnis zur Bestimmung der Richtlinien ist durch ihre ausdrückliche Erwähnung in Art. 46 Abs. 1 aber darüber hinaus verfassungsrechtlicher Natur. Daher ist jedenfalls in verfassungsrechtlicher Hinsicht auch denkbar, dass eine Richtlinie zum Gegenstand eines Organstreitverfahrens gemacht wird.[17] In der Praxis ist ein solches Verfahren aber wenig wahrscheinlich. Dem MinPräs genügt seine politische Durchsetzungsfähigkeit. Die Minister ihrerseits werden ein Organstreitverfahren kaum anstrengen, weil sie auf das ständige Vertrauen des MinPräs angewiesen sind. An dieser Stelle zeigt sich die Verknüpfung der einzelnen Kompetenzen des MinPräs zum dominierenden Kanzlerprinzip deutlich (→ Rn. 4).

10 Die **Kompetenz** zur Formulierung der Richtlinien versetzt den MinPräs in die Lage, die Grundsätze der Regierungspolitik persönlich darzulegen und im Kabinett im Zweifel durchzusetzen. Ein wichtiges Instrument zur Formulierung der Richtlinien in der Staatspraxis sind die Regierungserklärungen vor dem Landtag oder auch Erklärungen in den Medien; grundsätzliche Äußerungen im Kabinett gehören ebenfalls dazu. Eine bestimmte Form ist nicht vorgeschrieben. Bei Einzelfragen von grundsätzlichem Charakter erhält der MinPräs durch die Richtlinienkompetenz die Befugnis, seiner Auffassung gegenüber derjenigen der Fachminister Vorrang zu verschaffen. Noch einen Schritt weiter geht § 2 Abs. 1 GO LReg. Die Vorschrift verpflichtet die Minister, den MinPräs über alle Maßnahmen, die für die Richtlinien der Regierungspolitik von Bedeutung sein könnten, von sich aus zu unterrichten.

11 Eine gewisse **Begrenzung der Kompetenz** ergibt sich bereits aus dem Wortlaut des Art. 46 Abs. 1: Die Richtlinienkompetenz ist auf die Regierungspolitik

---

15 Vgl. *Busse* in Berl. Kommentar Art. 65 Rn. 17; *Busse/Hofmann* Kapitel 3 Rn. 18.
16 So *Detterbeck* in HdbStR § 66 Rn. 16 mwN; *Mittag* in Baumann-Hasske Art. 63 Rn. 12.
17 Vgl. dazu etwa *Detterbeck* in HdbStR § 66 Rn. 24.

beschränkt. Sie bezieht sich nicht auf die Politik insgesamt (anders etwa die entsprechenden Vorschriften in Baden-Württemberg, Niedersachsen und Sachsen → Vor Rn. 1). Damit haben die Verfassunggeber dem Umstand Rechnung getragen, dass die Politik insgesamt ganz wesentlich vom Landtag als der Stätte der politischen Willensbildung (Art. 20 Abs. 1 S. 2 LV) mitbestimmt wird. Vergleichbar ist die Verfassungsrechtslage in Schleswig-Holstein. Begrenzt ist die Richtlinienkompetenz außerdem selbstverständlich durch Gesetz und Recht; denn auch bei Ausübung der Richtlinienkompetenz bleibt der MinPräs Teil der vollziehenden Gewalt (vgl. Art. 4; → Art. 41 Rn. 10 f.). In politischer Hinsicht kann sich eine spürbare Relativierung des Gestaltungsspielraums, der durch die Richtlinienkompetenz vermittelt wird, durch die mögliche Einflussnahme der politischen Parteien, insbesondere im Falle von Koalitionsregierungen, und durch die parlamentarische Kontrolle ergeben.[18] Koalitionsverträge gehen über diese politische Bindung nicht hinaus; eine rechtliche Verbindlichkeit kommt ihnen nicht zu (→ Art. 43 Rn. 4).

Die GO LReg enthält Bestimmungen darüber, wie der MinPräs die Richtlinienkompetenz in der Praxis umsetzt (ohne sich ausdrücklich darauf berufen zu müssen). Insbesondere ist in § 1 Abs. 3 GO LReg geregelt, dass der MinPräs die **Geschäfte der Landesregierung** leitet. In zahlreichen anderen Landesverfassungen und in Art. 65 GG ist dies ausdrücklich in den Verfassungstext aufgenommen. Zur Führung der Geschäfte bedient sich der MinPräs der Staatskanzlei (§ 3 Abs. 1 GO LReg). Diese hat nach § 3 Abs. 2 S. 3 GO LReg die Aufgabe, die Tätigkeit der Ministerien zu koordinieren, unbeschadet der Eigenverantwortung der Minister. Zu Beginn der 8. Wahlperiode hat die LReg den Aufgabenbereich der Staatskanzlei nach dieser Vorschrift ergänzt durch die Unterstützung des MinPräs bei der Bestimmung der Richtlinien der Regierungspolitik.[19] Es liegt in der Organisationskompetenz des MinPräs (→ Art. 43 Rn. 6 ff.), der Staatskanzlei daneben auch eigene Ressortzuständigkeiten zu übertragen. 12

**3. Verantwortung des Ministerpräsidenten.** Art. 46 Abs. 1 erlegt dem MinPräs bereits im Wortlaut die Verantwortung für die Richtlinien der Regierungspolitik auf. Die Worte „trägt dafür die Verantwortung" wirken besonders eindringlich, weil der MinPräs die **Verantwortung für die Regierungspolitik** auch ohne diese Hervorhebung tragen würde.[20] Die Verantwortung obliegt dem MinPräs gegenüber dem LT. Sie beschränkt sich nicht auf etwaige Richtlinien und ihre Einhaltung. Der MinPräs ist dem LT vielmehr für die Regierungspolitik insgesamt verantwortlich.[21] Gemeint ist damit keine Verantwortlichkeit im Rechtssinne; eine Art persönliche Zurechenbarkeit des Verhaltens eines Fachministers beispielsweise ist nicht notwendig. Art. 46 Abs. 1 meint die Verantwortung im Sinne einer politischen Rechenschafts- und Einstandspflicht. Die so verstandene Verantwortung allerdings nimmt einen Umfang an, der nur noch durch die Grenzen der Gesetzgebungs- und Umsetzungskompetenzen des Landes selbst beschränkt zu sein scheint. Absatz 1 bringt damit zum Ausdruck, dass die Verantwortlichkeit des MinPräs gegenüber dem LT das demokratische Gegenstück für die Ausstattung mit der Richtlinienkompetenz ist.[22] Derart weit reichende Befugnisse lassen sich in der parlamentarischen Demokratie nur damit rechtfertigen, 13

---

18 Vgl. *Schröder* in von Mangoldt/Klein/Starck Art. 65 Rn. 10.
19 GVOBl. 2021, 1706.
20 Vgl. *Schröder* in HdbStR § 65 Rn. 51; *Nolte/Bökel* in Becker/Brüning/Ewer/Schliesky Art. 36 Rn. 6.
21 Vgl. *Clostermeyer* in Haug Art. 49 Rn. 25.
22 Vgl. *Schröder* in HdbStR § 65 Rn. 51 mwN.

dass der Berechtigte dem Parlament gegenüber für die politische Umsetzung verantwortlich ist. Umgekehrt kann Verantwortung nur in dem Umfang auferlegt werden, in dem zugleich Gestaltungsmöglichkeiten eingeräumt werden.[23] Der Begriff der Verantwortung hat damit insgesamt eine Schlüsselrolle für das Funktionieren des parlamentarischen Regierungssystems in M-V, vergleichbar mit dem Begriff des Vertrauens in Art. 50 Abs. 2 (→ Art. 50 Rn. 8).

### III. Ressortkompetenz der Minister (Abs. 2)

14 **1. Bedeutung und Einordnung.** Die Ressortkompetenz der Minister bildet nach der Richtlinienkompetenz des MinPräs (Absatz 1) den zweiten Teil der „Kabinettsverfassung" (→ Rn. 1). Sie wird auch als **Ressortprinzip** bezeichnet und ergänzt das Kanzlerprinzip (→ Rn. 4) sowie das Kollegialprinzip für Absätze 3 und 4. Sie überträgt den Ministern die Zuständigkeit und die Befugnis, den ihnen zugewiesenen Geschäftsbereich selbstständig und in eigener Verantwortung zu leiten. Da Art. 46 Abs. 2 ebenso wie die Parallelvorschriften der anderen Landesverfassungen und des Art. 65 GG den Begriff „Geschäftsbereich" verwendet, trotzdem aber die Formulierung „Ressort"-prinzip etabliert ist, werden beide Begriffe synonym verwendet.[24] Die Geschäftsbereiche ergeben sich aus dem Zuschnitt der LReg, wie der MinPräs ihn kraft seiner Organisationskompetenz (→ Art. 43 Rn. 6 ff.) festgelegt hat. Ein Geschäftsbereich besteht aus dem jeweiligen Ministerium und den nachgeordneten Behörden. Im Falle des Justizministeriums gehören auch die Gerichte dazu, soweit sie nicht rechtsprechend, also gänzlich außerhalb der vollziehenden Gewalt, tätig sind.

15 Die Minister *leiten* ihren jeweiligen Geschäftsbereich in *eigener* **Verantwortung**. Das bedeutet zweierlei: Zum einen macht Absatz 2 mit diesem Wortlaut deutlich, dass den Ministern innerhalb der Regierung eigene Befugnisse zugewiesen werden.[25] Dadurch erhalten sie die für das Ministeramt typische Doppelstellung (→ Art. 41 Rn. 25). Sie sind nicht nur Mitglieder des Kollegialorgans „Landesregierung", sondern stehen zugleich an der Spitze eines Geschäftsbereichs. Die Leitungsbefugnis ist eine „eigene", also auch im Verhältnis zum MinPräs zugriffsfest, solange sie sich innerhalb der Richtlinien der Regierungspolitik bewegt. Die Geschäftsbereiche haben teilweise ein beträchtliches Ausmaß, wenn man beispielsweise an die Innen-, die Schul- oder die Justizverwaltung denkt, was dem Ministeramt ein entsprechendes Gewicht verleiht. Zum anderen hat die Leitungsbefugnis die eigene Verantwortlichkeit zur Kehrseite (→ Rn. 13). Sie besteht in erster Linie gegenüber dem MinPräs, der in Bezug auf die Minister die Personalkompetenz hat. Die Minister sind aber auch selbst dem LT gegenüber verantwortlich. Dieser hat zwar nicht die Kompetenz, einzelne Minister abzuberufen. Ihm stehen jedoch andere Instrumente zur Kontrolle der Ministerarbeit zu, wie etwa Anwesenheits- und Auskunftsverlangen, auch die Einsetzung von Untersuchungsausschüssen. Diese Kontrollrechte gegenüber den einzelnen Ministern haben sogar erhebliche praktische Bedeutung.

16 Die Ressortkompetenz besteht **innerhalb** der vom MinPräs festgelegten **Richtlinien**. Das bedeutet, dass die Minister die Richtlinien der Regierungspolitik bei der Leitung ihrer Geschäftsbereiche, insbesondere bei der eigenen politischen Arbeit, zu beachten haben. Beispielsweise sind sie verpflichtet, die vom MinPräs in einer Regierungserklärung formulierten Ziele zu verfolgen. Diese Verpflichtung ist sowohl politischer als auch verfassungsrechtlicher Natur (→ Rn. 9).

---

23 Grundlegend *Badura* in HdbStR § 25 Rn. 10 ff.
24 Vgl. *Busse/Hofmann* Kapitel 3 Rn. 30; *Detterbeck* in HdbStR § 66 Rn. 25.
25 Vgl. LVerfG M-V, LVerfGE 26, 223 (229).

**2. Gegenstände der Ressortkompetenz.** Die Ressortkompetenz räumt den Ministern die Befugnis ein, alle **Ressortangelegenheiten** selbst zu entscheiden, solange sie nicht zulässigerweise durch Richtlinie des MinPräs entschieden sind oder das Kollegialprinzip des Art. 46 Abs. 3 berühren. Die **personalrechtlichen Befugnisse** gehören in dem Umfang zur Ressortkompetenz, wie der MinPräs sie den Ministern übertragen hat (→ Art. 48 Rn. 8). Die Minister können außerdem **Organisation, Zuständigkeit und Verfahren** innerhalb ihrer Geschäftsbereiche selbst bestimmen,[26] so lange diese nicht gesetzlich festgelegt sind. Dazu gehört etwa die Unterteilung der Ministerien in Abteilungen und Referate. Berührt werden dürfte die Ressortkompetenz von § 5 Abs. 2 GO LReg. Diese Vorschrift betrifft die Vertretung des Ministers durch den Staatssekretär. Sie regelt teilweise Fragen, die die LReg als solche angehen, also über die Ressortkompetenz hinausgehen. Jedenfalls aber die Regelung in S. 2, wonach der Staatssekretär den Minister in sämtlichen Verwaltungsangelegenheiten vertritt, entfaltet ressortinterne Wirkung, ohne dass es um eine Grundsatzfrage für die Landesregierung ginge oder das Kollegialprinzip berührt wäre. Zur Ministerkompetenz gehört auf der inhaltlichen Ebene insbesondere die Befugnis zur **politischen Gestaltung** und zur eigenen **Sachentscheidung** einschließlich der Bewirtschaftung der Haushaltsmittel, auch hier vorbehaltlich zulässiger Einschränkung durch Richtlinien des MinPräs oder durch das Kollegialprinzip. Mit der Befugnis zur Sachentscheidung ist auch die entsprechende Weisungsbefugnis innerhalb des Geschäftsbereichs verbunden.

## IV. Kollegialprinzip (Abs. 3 und 4)

**1. Bedeutung und Einordnung.** Das Kollegialprinzip ist ein Bestandteil der in Art. 46 LV geregelten Kabinettsverfassung (→ Rn. 1). Es ergänzt die Richtlinienkompetenz des MinPräs (Abs. 1) und das Ressortprinzip (Abs. 2) und rundet damit die verfassungsrechtlichen Bestimmungen über die innere Ordnung der Landesregierung ab. Das Kollegialprinzip besagt, dass die LReg bestimmte Angelegenheiten **als Kollegialorgan entscheidet** (→ Art. 41 Rn. 19 ff.). Das bedeutet, dass diese Angelegenheiten weder durch einen oder mehrere Minister noch durch den MinPräs entschieden werden können, sondern der LReg zur kollegialen Entscheidung vorbehalten sind. Um welche Angelegenheiten es sich dabei handelt, regeln die Absätze 3 und 4 nicht abschließend. Diese Vorschriften enthalten lediglich Ausschnitte aus dem Kollegialprinzip, nämlich Einzelheiten der Beschlussfassung (Abs. 3) und die Befugnis, sich eine Geschäftsordnung zu geben (Abs. 4). Beide Absätze setzen das Kollegialprinzip aber voraus, indem sie überhaupt von Entscheidungen der LReg sprechen und Absatz 3 darüber hinaus von „ihren Beschlüssen" ausgeht. Die einzelnen Zuweisungen von Gegenständen zur kollegialen Entscheidung durch die LReg ergeben sich aus anderen Bestimmungen der LV, aus dem einfachen Gesetz oder auch aus der GO LReg (→ Rn. 21).

Das Verhältnis von **Richtlinienkompetenz des MinPräs und Kollegialprinzip**[27] kann dem Wortlaut und der Systematik des Art. 46 hinreichend deutlich entnommen werden. Ein genereller Vorrang der Richtlinienkompetenz gegenüber dem Kollegialprinzip, wie er gegenüber der Ressortkompetenz besteht, kann der Vorschrift nicht entnommen werden. Dem ausdrücklichen Vorbehalt in Absatz 2, wonach die Minister ihren Geschäftsbereich nur innerhalb der Richtlinien

---

26 Vgl. *Detterbeck* in HdbStR § 66 Rn. 28.
27 Vgl. zum Meinungsstand in Bezug auf Art. 65 GG etwa *Uhle/Müller-Franken* in Schmidt-Bleibtreu/Hofmann/Henneke Art. 65 Rn. 39 mwN.

leiten, fehlt es für die Entscheidungen der LReg als Kollegialorgan an einer Entsprechung. Absatz 3 sieht hierfür vielmehr eine andere Art der Entscheidungsfindung und ausdrücklich auch eine andere Mitwirkung des MinPräs vor. Der MinPräs kann das Kollegialorgan daher nicht unter Berufung auf die Richtlinienkompetenz zu einem bestimmten Abstimmungsverhalten zwingen. Das gilt auch in Bezug auf die einzelnen Minister, da diese bei der Abstimmung in ihrer Eigenschaft als Mitglieder der LReg handeln und nicht als Ressortchefs. Diese Richtlinienfestigkeit setzt freilich erst ein, wenn der zu behandelnde Gegenstand dem Kabinett zur Entscheidung vorliegt. Im Vorfeld hat der MinPräs durchaus die Möglichkeit, sich gegenüber dem für die Kabinettsvorlage federführenden Minister auf seine Richtlinienkompetenz zu stützen und so beispielsweise auf einen Gesetzentwurf Einfluss zu nehmen.[28] Hinzu kommt, dass nach § 8 Abs. 1 S. 2 GO LReg der Chef der Staatskanzlei die Tagesordnung für die Kabinettssitzungen aufstellt. Die Minister selbst haben keinen rechtlichen Anspruch darauf, dass eine Kabinettsvorlage auf die Tagesordnung gesetzt wird. Der MinPräs hat es auf diese Weise auch verfahrensrechtlich in der Hand, die Beschlussfassung durch das Kabinett zu steuern. Wie lange dies politisch durchzuhalten ist – vor allem bei Koalitionsregierungen –, ist keine verfassungsrechtliche Frage.[29]

20 **2. Gegenstände des Kollegialprinzips im Allgemeinen.** Die Verfassungskommission hat auf die ursprünglich vorgesehene Aufzählung von Befugnissen, die dem Kollegium vorbehalten sein sollten, verzichtet (→ Rn. 2). Einige anderen Landesverfassungen enthalten solche Kataloge, so etwa die Verfassungen von Baden-Württemberg, Niedersachsen oder Sachsen (→ Vor Rn. 1).

21 In Mecklenburg-Vorpommern ist das Kollegialprinzip in **zahlreichen Vorschriften** verankert, die jeweils die Zuständigkeit der LReg begründen. Solche Vorschriften enthalten namentlich die LV selbst, das einfache Recht und dort nicht zuletzt die GO LReg. In der LV handelt es sich um Bestimmungen, die der LReg Befugnisse einräumen, aber auch solche, die Verpflichtungen begründen. Aus der Staatspraxis hervorzuheben sind etwa die Befugnisse zur Vorlage von Gesetzentwürfen (Art. 55 Abs. 1 S. 1) oder die Verpflichtung zur Beantwortung parlamentarischer Anfragen (Art. 40 Abs. 1 S. 1). Das einfache Gesetz ermächtigt die LReg häufig zum Erlass von Rechtsverordnungen (vgl. Art. 57 Abs. 1 S. 1), was ebenfalls erhebliche praktische Bedeutung hat. Letzteres gilt auch für den in § 6 GO LReg enthaltenen Katalog von Angelegenheiten, die dem Kabinett vorzulegen sind, die also nicht ein Minister allein entscheiden kann. Hier ist allerdings darauf hinzuweisen, dass allein der Umstand, dass eine Angelegenheit mehrere Ressorts betrifft, noch nicht unbedingt eine Kabinettsbefassung nach sich zieht. Die beteiligten Ressorts haben vielmehr auch die Möglichkeit, die Sache „unmittelbar", dh einvernehmlich, zu klären (§ 6 Abs. 1 Buchst. f.) GO LReg). Auch das kommt in der Staatspraxis häufig vor. Anders liegt es wiederum, wenn in einem solchen Fall zusätzlich ein weiterer Tatbestand des § 6 Abs. 1 GO LReg gegeben und das Kabinett aus diesem Grund zu befassen ist.

22 Wird in einer Vorschrift die Zuständigkeit der Landesregierung begründet, so besteht eine **Regelvermutung** dahin, dass das nach Art. 41 Abs. 2 gebildete Kollegialorgan entscheiden muss (→ Art. 41 Rn. 21).

23 **3. Beschlussfassung (Abs. 3).** Art. 46 Abs. 3 betrifft das **Verfahren der Beschlussfassung.** Die Vorschrift sieht vor, dass die LReg ihre Beschlüsse mit Stimmenmehrheit fasst. Gemeint ist damit die Mehrheit der abgegebenen Stimmen.

---

28 Vgl. *Detterbeck* in HdbStR § 66 Rn. 53.
29 Vgl. *Brinktrine* in Sachs Art. 65 Rn. 37.

Die Vorschrift ist im Zusammenhang mit § 11 Abs. 2 GO LReg zu sehen. Danach ist die LReg beschlussfähig, wenn ihre Mitglieder (also alle Mitglieder) ordnungsgemäß geladen sind und mindestens die Hälfte der Mitglieder anwesend ist. Bei Stimmengleichheit entscheidet die Stimme des MinPräs. Dieser Fall dürfte in der Praxis aber eher selten sein. Das vorgeschaltete Verfahren gemäß § 7 GO LReg (→ Rn. 26), insbesondere die Befassung der Staatssekretärsrunde, dient dazu, dass dem Kabinett möglichst nur unstreitige Angelegenheiten vorgelegt werden, vgl. vor allem § 7 Abs. 2 GO LReg. Der MinPräs hat im Übrigen die Möglichkeit, die Tagesordnung entsprechend zu gestalten (→ Rn. 19).

**4. Geschäftsordnungsautonomie (Abs. 4).** Art. 46 Abs. 4 richtet an die LReg 24 den Regelungsauftrag, sich eine Geschäftsordnung zu geben. Die Vorschrift stellt damit zugleich klar, dass die LReg eine **echte Geschäftsordnungsautonomie** hat. Das ist nicht selbstverständlich. Zwar würde es der LReg als oberstem Landesorgan auch ohne ausdrückliche Regelung freistehen, Bestimmungen über ihren Geschäftsgang zu treffen.[30] Absatz 4 garantiert jedoch, dass dies ohne Mitwirkung eines anderes Landesorgans, insbesondere des LT, geschehen kann. Demgegenüber bedarf etwa die Geschäftsordnung der Bundesregierung nach Art. 65 S. 4 GG der Genehmigung durch den Bundespräsidenten, was im Schrifttum zu unterschiedlichen Sichtweisen dazu geführt hat, ob von einer Geschäftsordnungsautonomie gesprochen werden kann.[31]

Die LReg ist dem Regelungsauftrag durch die **GO LReg**[32] nachgekommen. Die 25 Geschäftsordnung stammt aus dem Jahre 1995 und ist, nach einer Änderung 1997,[33] lange Zeit von allen Landesregierungen unverändert übernommen worden. Das ist unbedenklich, auch darin kommt die Geschäftsordnungsautonomie zum Ausdruck. Die LReg der 8. Wahlperiode hat die ersten Änderungen seit 1997 vorgenommen,[34] wendet die GO LReg im Übrigen aber ebenfalls an. Der Grundsatz der Diskontinuität gilt für die GO LReg nicht.[35] Die GO LReg ist Binnenrecht. Sie verpflichtet und berechtigt nur die LReg, deren Mitglieder und die ebenfalls erwähnten Staatssekretäre, hat jedoch keine Außenwirkung.[36] Aus diesem Grund ist eine nähere Bestimmung ihrer Rechtsnatur[37] nicht zwingend notwendig.

Die GO LReg legt einige Grundsätze der Regierungsarbeit fest. Hierzu gehören 26 etwa die Angelegenheiten, in denen der MinPräs zu unterrichten ist (§ 2) und der Grundsatz der Ressortbeteiligung (§ 4). Überwiegend aber regelt die Geschäftsordnung das **Verfahren** für das Zustandekommen von Kabinettsbeschlüssen. Dieses Verfahren lässt sich grob in die Abschnitte der Ressortbeteiligung (§§ 4, 7 Abs. 1 und 2), der Einreichung der Kabinettsvorlage beim Chef der Staatskanzlei (§ 8), der Befassung der Staatssekretärsrunde (§ 7 Abs. 4 bis 7) und der eigentlichen Kabinettssitzung einschließlich Abstimmung (§§ 9 ff.) unterteilen.

Eine Besonderheit besteht bei § 12 GO LReg: Einigen Ministern steht danach 27 ein **Widerspruchsrecht** gegen die gefassten Beschlüsse zu, dem Finanzminister

---

30 Vgl. *Detterbeck* in HdbStR § 66 Rn. 54.
31 Vgl. *Schröder* in von Mangoldt/Klein/Starck Art. 65 Rn. 39 mwN.
32 GVOBl. 1995, 115.
33 GVOBl. 1997, 535.
34 GVOBl. 2021, 1706.
35 Vgl. BVerfGE 91, 148 (167); *Schröder* in von Mangoldt/Klein/Starck Art. 65 Rn. 41 mwN auch zur Gegenmeinung.
36 Vgl. *Busse/Hofmann* Kapitel 3 Rn. 16; *Schröder* in von Mangoldt/Klein/Starck Art. 65 Rn. 41.
37 Vgl. *Detterbeck* in HdbStR § 66 Rn. 55.

in Fragen von finanzieller Bedeutung, dem Innenminister gegen einen Gesetz- oder Verordnungsentwurf oder eine Maßnahme der LReg wegen ihrer Unvereinbarkeit mit dem Recht und dem Justizminister wegen ihrer Unvereinbarkeit mit dem Verfassungsrecht. In diesen Fällen ist über die Angelegenheit in einer weiteren Sitzung der LReg abzustimmen, in der die jeweils widersprechenden Minister nur von der Mehrheit der Mitglieder der LReg einschl. des MinPräs überstimmt werden können (§ 12 Abs. 1 Sätze 3 und 4). Tatsächliche Widersprüche dieser Art dürften in der Praxis selten sein, die Bedeutung der Vorschrift liegt aber in ihrer Vorwirkung.[38]

28 Durchgreifende verfassungsrechtliche Bedenken gegen das in § 12 Abs. 1 Sätze 1 bis 3 begründete Widerspruchsrecht bestehen nicht.[39] Diese Vorschriften verstoßen insbesondere weder gegen Art. 46 Abs. 3 LV noch räumen sie dem Finanz-, Innen und Justizminister in der Landesverfassung nicht vorgesehene Sonderrechte ein. Das Widerspruchsrecht vermag einen Beschluss der LReg nicht insgesamt zu verhindern, sondern wirkt lediglich suspensiv und erzwingt eine weitere Abstimmung. Es handelt sich um eine **Ausprägung des Kabinettsverfahrens**, die einer besonders sorgfältigen Rechtmäßigkeitskontrolle dient[40] und daher von der Geschäftsordnungsautonomie gedeckt ist.

29 Dagegen bedarf **§ 12 Abs. 1 S. 4 GO LReg** einer verfassungskonformen Auslegung.[41] Die Vorschrift räumt ihrem Wortlaut nach zum einen dem MinPräs für die weitere Sitzung ein Vetorecht ein. Die übrigen Minister können den widersprechenden Minister nur überstimmen, wenn auch der MinPräs mit ihnen stimmt. Mit diesem Wortlaut würde § 12 Abs. 1 S. 4 gegen Art. 43 Abs. 3 LV verstoßen. Diese Vorschrift (→ Rn. 23) sieht ein Vetorecht des MinPräs bei Beschlüssen der LReg nicht vor, sondern lässt die bloße Stimmenmehrheit ausreichen. Eine Ausnahme für den Fall des Widerspruchs eines Ministers in einer vorangegangenen Abstimmung enthält Absatz 3 nicht. Absatz 3 ermöglicht damit auch ein Überstimmen des MinPräs. Darüber hinaus können der widersprechende Minister und der MinPräs nach § 12 Abs. 1 S. 4 GO LReg nur von der Mehrheit der Mitglieder der LReg überstimmt werden. Es ist davon auszugehen, dass mit der Formulierung „Mehrheit der Mitglieder" derselbe Mehrheitsbegriff wie in Art. 32 Abs. 2 LV gemeint ist (→ Art. 32 Rn. 3). Damit wird das Erfordernis der Mitgliedermehrheit statuiert, das mit Art. 43 Abs. 3 LV nicht vereinbar ist, weil hiernach für das Zustandekommen eines Beschlusses die Stimmenmehrheit ausreicht.

30 Ob der Wortlaut des § 12 Abs. 1 S. 4 GO LReg von der in Art. 46 Abs. 4 LV mit Verfassungsrang versehenen Geschäftsordnungsautonomie gedeckt ist, dürfte zweifelhaft sein. Diese Bestimmung ermächtigt die LReg lediglich, sich eine Geschäftsordnung zu geben. Wenig spricht dafür, dass davon auch die Befugnis umfasst ist, von den Vorgaben des Art. 46 Abs. 3 LV abzuweichen. Eine solche Abweichungsbefugnis sieht die Verfassung in Art. 32 Abs. 1 S. 2 ausdrücklich vor, in Art. 46 Abs. 4 fehlt sie hingegen. § 12 Abs. 1 S. 4 GO LReg ist daher **verfassungskonform dahin auszulegen**, dass die Minister den widersprechenden Minister und den MinPräs mit Stimmenmehrheit überstimmen können.

---

38 Zutreffend *Schröder* in von Mangoldt/Klein/Starck Art. 65 Rn. 38 zu § 26 GO BReg; vgl. auch *Busse/Hofmann* Kapitel 3 Rn. 140.
39 Zum Meinungsstand im Hinblick auf § 26 GO BReg vgl. *Schröder* in von Mangoldt/Klein/Starck Art. 65 Rn. 38.
40 Vgl. *Schröder* in von Mangoldt/Klein/Starck Art. 65 Rn. 38; *Brinktrine* in Sachs Art. 65 Rn. 40 f.
41 Vgl. *Detterbeck* in HdbStR § 66 Rn. 57.

Von der GO LReg zu unterscheiden sind die **Gemeinsamen Geschäftsordnungen** 31
**der Ministerien** (GGO I und II). Hierbei handelt es sich um Verwaltungsvorschriften, die unter den Ministerien abgestimmt sind. Die GGO I trifft Anweisungen über die Organisation, die Zusammenarbeit und den Geschäftsgang in den Ministerien. Die GGO II enthält Richtlinien über den Erlass von Rechtsvorschriften.

## V. Schrifttum

*Volker Busse/Hans Hofmann*, Bundeskanzleramt und Bundesregierung, 7. Aufl., 32
2019 (zit. Busse/Hofmann); *Hartmut Maurer*, Die Richtlinienkompetenz des Bundeskanzlers, in: Bernd Becker/Hans Peter Bull/Otfried Seewald (Hrsg.), Festschrift für Werner Thieme zum 70. Geburtstag, 1993, S. 123 ff.; *Andreas Voßkuhle/Jakob Schemmel*, Grundwissen – Öffentliches Recht: Die Bundesregierung, JuS 2020, 736.

## Art. 47 (Vertretung des Landes, Staatsverträge)

(1) ¹Der Ministerpräsident vertritt das Land nach außen. ²Die Befugnis kann übertragen werden.

(2) Staatsverträge, die Gegenstände der Gesetzgebung betreffen, bedürfen der Zustimmung des Landtages in Form eines Gesetzes.

Vergleichbare Regelungen:
Artt. 50 BWVerf; 47 Abs. 3 72 Abs. 2 BayVerf; 58 Abs. 1 VvB; 91 BbgVerf; 118 Abs. 1 BremVerf; 43 HambVerf; 103 HessVerf; 35 NdsVerf; 57 Verf NW; 101 Verf Rh-Pf; 95 SaarlVerf; 65 SächsVerf; 69 LVerf LSA; 37 SchlHVerf; 77 ThürVerf.

| | |
|---|---|
| I. Vorbemerkung .................... 1 | 1. Begriff des Staatsvertrags ...... 10 |
| II. Außenvertretung des Landes (Abs. 1) ............................ 4 | 2. Zustimmungserfordernis ...... 14 |
| 1. Vertretungsbefugnis des Ministerpräsidenten (Abs. 1 S. 1) .... 4 | 3. Form der Zustimmung ........ 20 |
| 2. Übertragbarkeit der Befugnis (Abs. 1 S. 2) ...................... 9 | 4. Rechtswirkungen der Zustimmung ............................ 21 |
| III. Zustimmungsbedarf bei Staatsverträgen (Abs. 2) .................... 10 | IV. Schrifttum ........................ 23 |

## I. Vorbemerkung

Art. 47 LV bestimmt die Organkompetenz zur **Außenvertretung** des Landes 1
M-V. Abs. 1 weist diese Kompetenz dem MinPräs zu. Abs. 2 ergänzt die Ermächtigung, soweit es den Abschluss von Staatsverträgen angeht: Diese bedürfen zusätzlich eines Zustimmungsgesetzes des LT, wenn sie Gegenstände der Gesetzgebung betreffen.

Die Befugnis zur Vertretung des Landes nach außen gehört zu den wichtigsten 2
Kompetenzen des MinPräs. Sie hat rechtliche und politische **Bedeutung,** eine erhebliche Relevanz in der Staatspraxis und ist darüber hinaus vielleicht noch mehr als andere Kompetenzen des MinPräs mit dem Prestige eines Staatsoberhaupts verbunden. Nicht zuletzt aus Gründen der Repräsentation[1] liegt die Zuständigkeit für den Abschluss völkerrechtlicher Verträge mit Wirkung für und gegen die Bundesrepublik Deutschland nach Art. 59 Abs. 1 GG beim Bundes-

---

1 Vgl. etwa *Streinz* in Sachs Art. 59 Rn. 12.

präsidenten. Dass Art. 47 Abs. 1 LV die dementsprechende – wenn auch nicht vollständig identische – Befugnis auf Landesebene dem MinPräs überträgt, dokumentiert mit den Worten der Verfassungsgeber dessen „hohen Stellenwert".[2]

3 Die **Verfassungsvergleichung** ergibt das Bild, dass die anderen Landesverfassungen (→ Vor Rn. 1) die Außenvertretungskompetenz ebenfalls geregelt haben. Bei grundsätzlicher Ähnlichkeit sind im Einzelnen doch erhebliche Unterschiede zu erkennen.[3] Die Vertretungskompetenz des MinPräs ist in Schleswig-Holstein nicht auf die Außenvertretung beschränkt, sondern umfasst auch die rechtsgeschäftliche Vertretung und gerichtliche Verfahren.[4] In Bremen, Hamburg und Nordrhein-Westfalen liegt die Außenvertretung nicht in der Zuständigkeit des Regierungschefs, sondern in der des Senats bzw. der Landesregierung. Die Vorschriften über die Wirksamkeitserfordernisse von Staatsverträgen sind in nahezu jedem Punkt uneinheitlich: Der Begriff „Staatsvertrag" ist verbreitet, aber nicht allgegenwärtig. Beispielsweise betrifft Art. 37 Abs. 2 SchlHVerf Verträge mit der Bundesrepublik oder mit anderen Ländern, Art. 35 Abs. 2 NdsVerf hingegen alle Verträge des Landes Niedersachsen, die Gegenstände der Gesetzgebung betreffen. Das Zustimmungsbedürfnis wird in den Verfassungen der Länder Baden-Württemberg, Sachsen und Schleswig-Holstein in unterschiedlicher Form auch auf die Landesregierung erstreckt. Dass die Zustimmung des LT nach Art. 47 Abs. 2 LV der Gesetzesform bedarf, ist im Verfassungsvergleich die Ausnahme, jedenfalls wenn man auf den Wortlaut abstellt; anders etwa die Verfassungen aus Baden-Württemberg, Brandenburg, Hessen, Niedersachsen, Nordrhein-Westfalen, Sachsen, Sachsen-Anhalt, Schleswig-Holstein und Thüringen; wie Art. 47 Abs. 2 LV: Art. 101 S. 2 Verf Rh-Pf.

## II. Außenvertretung des Landes (Abs. 1)

4 **1. Vertretungsbefugnis des Ministerpräsidenten (Abs. 1 S. 1). a) Begriff der Außenvertretung.** Abs. 1 S. 1 räumt den MinPräs die Befugnis ein, das Land M-V nach außen zu vertreten. Die Vorschrift konstituiert eine verfassungsrechtliche Vertretungsmacht. Diese ist jedoch nicht allumfassend im Sinne einer Generalvollmacht, sondern beschränkt auf die Vertretung „nach außen". Gemeint ist damit die Wahrnehmung der „äußeren Angelegenheiten"[5] des Landes. Sinn und Zweck der Regelung ist die Sicherstellung der Handlungsfähigkeit des Landes in seinen äußeren Beziehungen. Nur in Bezug auf diese Handlungen bestand Anlass zu einer Regelung im Staatsorganisationsrecht der Landesverfassung. Die Vertretung nach innen, dh gegenüber Rechtssubjekten, die der Staatsgewalt des Landes unterworfen sind, folgt anderen Regeln (→ Rn. 5). Abs. 1 S. 1 betrifft daher die staats- und völkerrechtliche Vertretung des Landes gegenüber anderen Bundesländern, dem Bund, auswärtigen Staaten sowie internationalen Organisationen.[6] Nicht dazu gehört die Mitwirkung des Landes im Bundesrat. Da der Bundesrat ein Organ des Bundes ist, handelt das Land bei seiner Mitwirkung als Teil dieses Bundesorgans und nicht in seiner Eigenschaft als Land der Bundesrepublik Deutschland. Regelungen darüber liegen daher von vornherein nicht in der Verbandskompetenz des Landes, sondern finden sich abschließend in den Art. 50 ff. GG.

---

2 LT-Drs. 1/3100 S. 144; → Art. 41 Rn. 16 ff.
3 Vgl. im Einzelnen die ausführliche Verfassungsvergleichung bei *Lenz* in Epping/Butzer Art. 35 Rn. 9 ff.
4 *Nolte/Bökel* in Becker/Brüning/Ewer/Schliesky Art. 37 Rn. 6.
5 *Thiele* in Thiele/Pirsch/Wedemeyer Art. 47 Rn. 2.
6 Vgl. *Clostermeyer* in Haug Art. 49 Rn. 15.

Abzugrenzen ist der Begriff der Außenvertretung von der **Vertretung nach innen**. Darunter wird die Vertretung gegenüber den der Staatsgewalt Unterworfenen verstanden,[7] also die zivil- und verwaltungsrechtliche Vertretung des Landes, auch die Vertretung in gerichtlichen Verfahren. Die Kompetenz zur Vertretung des Landes nach innen ist nicht Gegenstand der Regelung in Art. 47.[8] Sie ergibt sich teilweise aus den §§ 164 ff. BGB und aus Zuständigkeitsbestimmungen des öffentlichen Rechts. Ein prägnantes Beispiel ist Art. 29 Abs. 5 LV mit der Vertretungsbefugnis des PräsLT für die Rechtsgeschäfte und Rechtsstreitigkeiten des LT. Im Übrigen folgt die Zuständigkeit im Zweifel aus dem Ressortprinzip des Art. 46 Abs. 2. Der MinPräs hat durch Verwaltungsvorschrift vom 17.12.2012[9] Bestimmungen über die Innenvertretung des Landes getroffen. Soweit darin in den §§ 1 bis 4 beispielsweise die rechtsgeschäftliche Vertretung oder die Vertretung in Rechtsstreitigkeiten in die Hände der fachlich betroffenen Minister gelegt wird und diese zur Delegation innerhalb ihrer Geschäftsbereiche ermächtigt werden, entspricht dies der Verfassungsrechtslage, hat wegen des Ressortprinzips allerdings lediglich deklaratorische Bedeutung. Fraglich ist demgegenüber die Befugnis des MinPräs, jeweils auch Vorgaben für das Verfahren zu regeln, etwa für Berichtspflichten innerhalb der Geschäftsbereiche der Ministerien oder zur Bezeichnung des Vertretungsverhältnisses (§ 5). Aus Art. 47 Abs. 1 kann diese Befugnis nicht hergeleitet werden, da diese Vorschrift lediglich die Außenvertretung regelt. Auch aus der Organisationskompetenz ergibt sich eine solche Befugnis des MinPräs nicht. Diese Kompetenz bezieht sich auf die Organisation der LReg, ermächtigt aber nicht zu Eingriffen in die einzelnen Geschäftsbereiche hinein (→ Art. 43 Rn. 7 ff.).[10] Aus denselben Gründen ist zweifelhaft, ob der MinPräs die Vertretungszuständigkeiten der §§ 1 bis 4 im Einzelfall an sich ziehen könnte, wie er es sich in § 7 der Verwaltungsvorschrift vorbehalten hat. Dass die Verwaltungsvorschrift in ihrer Eingangsformel insgesamt auf Art. 47 Abs. 1 gestützt wird, begegnet vor diesem Hintergrund Bedenken; zutreffend dürfte dies nur in Bezug auf § 6 (Abschluss von Staatsverträgen und Verkehr mit dem Ausland) sein.

Die Vertretung des Landes gegenüber den **Kirchen, Religions- und Weltanschauungsgesellschaften** iSd Art. 9 Abs. 2 richtet sich jedenfalls insoweit nach Abs. 1 als es sich bei diesen Institutionen um Völkerrechtssubjekte handelt, denen das Land in eben dieser Eigenschaft gegenübertritt (→ Rn. 7). Das trifft nach Lage der Dinge auf den Heiligen Stuhl zu (→ Art. 9 Rn. 10 ff.). Dagegen sind die übrigen Kirchen, Religions- und Weltanschauungsgesellschaften häufig Körperschaften des öffentlichen Rechts, die ihrerseits keine Völkerrechtssubjekte sind und im Rahmen des Art. 137 Abs. 3 S. 1 WRV iVm Art. 140 GG der Staatsgewalt des Landes M-V unterliegen. Die Zusammenarbeit mit diesen Institutionen ist daher im Grundsatz Innenvertretung und damit Bestandteil des Ressortprinzips.[11] Anders kann es jedoch für den Abschluss von Verträgen liegen, wie sie das Land mit der Evangelisch-Lutherischen Kirche in Norddeutschland und mit dem Landesverband der Jüdischen Gemeinden in M-V geschlossen hat (→ Art. 9

---

7 Vgl. *Jutzi* in Brocker/Droege/Jutzi Art. 101 Rn. 14.
8 *Thiele* in Thiele/Pirsch/Wedemeyer Art. 47 Rn. 4; vgl. *Jutzi* in Brocker/Droege/Jutzi Art. 101 Rn. 14; *Clostermeyer* in Haug Art. 49 Rn. 15; *Lenz* in Epping/Butzer Art. 35 Rn. 13; *Mittag* in Baumann-Hasske Art. 65 Rn. 10; vgl. ferner *Nolte/Bökel* in Becker/Brüning/Ewer/Schliesky Art. 37 Rn. 6 unter Berücksichtigung des im entscheidenden Punkt abweichenden Wortlauts der SchlHVerf.
9 AmtsBl. 2013, 3.
10 AA *Thiele* in Thiele/Pirsch/Wedemeyer Art. 47 Rn. 4.
11 Vgl. *Jutzi* in Brocker/Droege/Jutzi Art. 101 Rn. 9.

Rn. 14 ff.). Bei diesen Verträgen, die der MinPräs für das Land unterzeichnet hat, handelt es sich um sog. Staatskirchenverträge[12]. Die rechtliche Einordnung von Staatskirchenverträgen ist umstritten.[13] In M-V ist zu beachten, dass Art. 9 Abs. 2 LV das Land ausdrücklich zum Abschluss solcher Verträge ermächtigt. Jedenfalls diese verfassungsrechtliche Hervorhebung rechtfertigt es, von staatsrechtlichen Verträgen zu sprechen,[14] und lässt auch die Außenvertretung durch den MinPräs vertretbar erscheinen.

7 b) **Umfang der Außenvertretung.** Art. 47 vermag dem MinPräs die Organkompetenz innerhalb des Landes nur für solche Handlungen einzuräumen, für die das Land selbst die **Verbandskompetenz** hat. Was die Vertretung gegenüber anderen Ländern oder dem Bund betrifft, folgt diese Kompetenz unproblematisch aus Art. 30 GG. Einschränkungen ergeben sich aber bei der Vertretung gegenüber auswärtigen Staaten und internationalen Organisationen; denn die Pflege der Beziehungen zu auswärtigen Staaten ist nach Art. 32 Abs. 1 GG Sache des Bundes.[15] Die Länder haben demzufolge jedenfalls im Grundsatz nicht die Kompetenz, Verträge mit auswärtigen Staaten zu schließen. Über den Wortlaut des Art. 32 Abs. 1 GG hinaus gilt diese grundsätzliche Kompetenzzuweisung an den Bund auch für die Beziehungen zu internationalen Organisationen.[16] Art. 32 Abs. 3 GG macht von dem Grundsatz jedoch eine Ausnahme für Gegenstände, die in der Gesetzgebungskompetenz der Länder liegen. In diesem Rahmen können die Länder mit Zustimmung der Bundesregierung Verträge mit auswärtigen Staaten schließen. Damit vermittelt Art. 32 Abs. 3 GG dem Land M-V die Eigenschaft als Subjekt des Völkerrechts.[17] Welche Formen von „Außenpolitik" über Vertragsschlüsse mit auswärtigen Staaten hinaus von Art. 32 Abs. 3 GG gedeckt sind, wird uneinheitlich gesehen.[18] Das betrifft auch die Frage der Beziehungen zu internationalen Organisationen. Ein Beitritt wird nur zu solchen Organisationen möglich sein, die nach ihrer Ausrichtung einen Zweck verfolgen, der von der Gesetzgebungskompetenz des Landes erfasst wird.[19] Verträge mit dem Heiligen Stuhl (sog. Konkordate) sind nach der Rechtsprechung des BVerfG von vornherein von der Kompetenzzuweisung an den Bund in Art. 32 Abs. 1 ausgenommen.[20] Für diese Verträge steht dem Land M-V die Verbandskompetenz folglich bereits dem Grunde nach zu.

8 Abs. 1 S. 1 ermächtigt den MinPräs somit im Wesentlichen zum **Abschluss von Verträgen** mit Subjekten des Völkerrechts, aber auch zur Abgabe einseitiger oder gemeinsamer politischer Erklärungen oder zur Vereinbarung regionaler Partnerschaften. Die Kompetenz zum Vertragsabschluss schließt auch die Verhandlungskompetenz ein, die Verhandlungen werden in der Staatspraxis aber häufig von den Fachministerien geführt (vgl. § 2 Abs. 2 GO LReg). Bisweilen zeichnen die Minister auch vertragliche Vereinbarungen mit. Nicht ganz eindeutig lässt

---

12 OVG M-V, Beschluss vom 22.12.1999 – 2 M 99/99, NVwZ 2000, 948 (949).
13 Vgl. *Classen*, Religionsrecht Rn. 62 ff. mwN.
14 *Classen* Religionsrecht Rn. 68; *Köster* in BK Art. 140 Rn. 92.
15 Das Verhältnis des Landes zur Europäischen Union richtet sich nach Art. 23 GG.
16 *Jarass* in Jarass/Pieroth Art. 32 Rn. 3.
17 Vgl. *Nettesheim* in Dürig/Herzog/Scholz Art. 32 Rn. 94; *Epping* in Ipsen Völkerrecht § 8 Rn. 16.
18 Siehe dazu etwa *Jarass* in Jarass/Pieroth Art. 32 Rn. 15, 18 f.; *Streinz* in Sachs Art. 32 Rn. 49 ff.
19 *Kempen* in von Mangoldt/Klein/Starck Art. 32 Rn. 86 unter Hinweis auch auf die Gegenmeinung.
20 BVerfGE 6, 309 (362); vgl. *Streinz* in Sachs Art. 32 Rn. 16 mwN zum uneinheitlichen Meinungsstand im Schrifttum.

sich die Frage beantworten, ob die reine, rechtlich informelle Repräsentation des Landes nach außen sich ebenfalls auf Abs. 1 S. 1 stützen lässt. Darunter können etwa Grußbotschaften, die Teilnahme an Feierlichkeiten und vergleichbare Besuche anderer Länder oder auch auswärtiger Staaten, Glückwunsch- und Kondolenzschreiben usw verstanden werden.[21] Mit guten Gründen lässt sich annehmen, dass für diese Art der Repräsentation keine verfassungsrechtliche Grundlage notwendig ist, sondern protokollarische Regeln ausreichen.[22]

**2. Übertragbarkeit der Befugnis (Abs. 1 S. 2).** Die Übertragbarkeit der Befugnis 9 entspricht derjenigen in Art. 48 S. 2 (→ Art. 48 Rn. 8). Eine bestimmte Form ist nicht vorgeschrieben. Außerdem hat der MinPräs ein verfassungsrechtlich nicht eingeschränktes Ermessen in der Frage, an wen die Übertragung erfolgt. In Betracht kommt vor allem eine teilweise Übertragung an einen Fachminister. Eine veröffentlichte Verwaltungsvorschrift wie zur Übertragung der Befugnisse aus Art. 48 hat der MinPräs bei Art. 47 bislang nicht erlassen. In der Staatspraxis ist aber beispielsweise die regierungsinterne Meinungsbildung im Vorfeld des Abschlusses eines Staatsvertrags bis hin zur Ausarbeitung des Vertragsentwurfs auf die Minister übertragen, in deren Geschäftsbereich die Sache liegt. Das ergibt sich aus § 2 Abs. 2 GO LReg.

### III. Zustimmungsbedarf bei Staatsverträgen (Abs. 2)

**1. Begriff des Staatsvertrags.** Der Begriff des Staatsvertrags wird in der LV 10 nicht definiert. Er gilt als tradiertes Gemeingut des deutschen Landesverfassungsrechts,[23] und findet sich in vielen Landesverfassungen. Eine allgemein anerkannte Definition hat sich aber bislang nicht herausgebildet. Möglicherweise liegt ein Grund dafür darin, dass das Grundgesetz den Begriff des Staatsvertrags zwar ebenfalls kennt, allerdings lediglich im Zusammenhang mit Verträgen unter den Ländern.[24] Verträge, die der Bund mit auswärtigen Staaten schließt, werden im Bundesverfassungsrecht demgegenüber als völkerrechtliche Verträge bezeichnet.[25] Für eine einheitliche Definition des Staatsvertrags auf der Grundlage des Grundgesetzes hat es daher bislang keinen Anlass gegeben.

Staatsverträge iSd Art. 47 Abs. 2 sind dadurch gekennzeichnet, dass die **Ver-** 11 **tragsparteien Staatscharakter** haben. Es sind öffentlich-rechtliche Vereinbarungen, die das Land M-V auf der Ebene der Gleichordnung mit einem oder mehreren anderen Ländern, mit dem Bund oder – im Rahmen des Art. 32 Abs. 3 GG (→ Rn. 7) – mit auswärtigen Staaten schließt.[26] Nach Sinn und Zweck wird man auch die Verträge mit internationalen Organisationen, soweit sie zulässig sind (→ Rn. 7) als Staatsverträge bezeichnen müssen. **Abzugrenzen** sind die Staatsverträge von reinen **Verwaltungsabkommen**, die das Land mit anderen Ländern oder mit dem Bund ebenfalls treffen kann. Die Unterscheidung wird nach dem Inhalt der Vereinbarung vorgenommen. Verträge, die Gegenstände der Gesetzgebung betreffen (→ Rn. 15 ff.), sind stets Staatsverträge. Diese Verträge bedürfen der Zustimmung durch den LT und gehen daher über die

---

21 Vgl. *Streinz* in Sachs Art. 59 Rn. 13.
22 So *Litten* Vorauflage Rn. 5; *Thiele* in Thiele/Pirsch/Wedemeyer Art. 47 Rn. 5; vgl. *Jarass* in Jarass/Pieroth Art. 59 Rn. 2 mwN zum Meinungsstand; noch weitergehend (auch politisches Handeln nicht umfasst) *Lenz* in Epping/Butzer Art. 35 Rn. 15.
23 *Clostermeyer* in Haug Art. 50 Rn. 20.
24 Art. 29 Abs. 7, 8 GG für Gebietsänderungen; vgl. auch die Übergangsvorschriften in Art. 130 Abs. 1 und 3 GG.
25 Vgl. etwa *Jarass* in Jarass/Pieroth Art. 59 Rn. 8 mwN.
26 Vgl. *Clostermeyer* in Haug Art. 50 Rn. 20; *Jutzi* in Brocker/Droege/Jutzi Art. 101 Rn. 6; *Schladebach* VerwArch 98 (2007), 238 (243).

Zusammenarbeit auf der Verwaltungsebene hinaus. Bisweilen werden Staatsverträge und Verwaltungsabkommen miteinander kombiniert, was den unterschiedlichen Charakter der beiden Instrumente deutlich macht. Beispielsweise haben die Freie und Hansestadt Hamburg und das Land Mecklenburg-Vorpommern vereinbart, dass das Hanseatische Oberlandesgericht in Hamburg auch die Staatsschutz-Strafverfahren des Landes Mecklenburg-Vorpommern verhandelt. Im Staatsvertrag sind dazu die Zuständigkeit des Gerichts und der grundsätzliche Kostenerstattungsanspruch Hamburgs geregelt. Ein ergänzendes Verwaltungsabkommen enthält die Einzelheiten der Kostenerstattung.

12 Der Wortlaut des Art. 47 Abs. 2 lässt nicht ganz eindeutig erkennen, ob das Berühren von **Gegenständen der Gesetzgebung** eine zwingende Voraussetzung eines Staatsvertrags ist oder ob auch Staatsverträge denkbar sind, die solche Gegenstände nicht betreffen. In Betracht kommen vor allem Verträge von grundlegender politischer Bedeutung. Ob solche Verträge ebenfalls unter den Begriff des Staatsvertrags fallen, wird im verfassungsrechtlichen Schrifttum uneinheitlich gesehen.[27] Bei der Auslegung des Art. 47 Abs. 2 LV sprechen die besseren Gründe dafür. Würde man lediglich solche Verträge, die Gegenstände der Gesetzgebung betreffen, als Staatsverträge bezeichnen, wäre der Relativsatz in Abs. 2 gegenstandslos oder würde den Begriff der Staatsverträge lediglich beschreiben. Solche rein deskriptiven Zusätze wären im Text der LV untypisch. Gerade im Abschnitt über die Staatsorganisation beschränkt der Wortlaut der LV sich konsequent auf das Wesentliche. Dass die Verfassunggeber den Begriff des Staatsvertrags lediglich beschreiben wollten, ist auch bei einer historischen und verfassungsvergleichenden Betrachtung kaum anzunehmen. Die Verfassunggeber haben zur Frage des parlamentarischen Zustimmungserfordernisses an vergleichbarer Stelle eine sehr heterogene Verfassungsrechtslage vorgefunden. Um nur einige Beispiele zu nennen: Während etwa die Verfassungen von Baden-Württemberg, Rheinland-Pfalz und Sachsen (→ vor Rn. 1) das Zustimmungsbedürfnis ohne weitere Einschränkung auf alle „Staatsverträge" beziehen, lautet die Formulierung in Niedersachsen „Verträge des Landes, die sich auf Gegenstände der Gesetzgebung beziehen". Wieder anders umfasst die Regelung in Art. 59 Abs. 2 GG „Verträge, welche die politischen Beziehungen des Bundes regeln oder sich auf Gegenstände der Gesetzgebung beziehen". Angesichts dieser erheblichen Unterschiede bestand für die Verfassunggeber Anlass, das Gewollte in Art. 47 Abs. 2 möglichst präzise zum Ausdruck zu bringen. Das deutet sehr darauf hin, dass der Relativsatz in Abs. 2 keinen lediglich beschreibenden (und damit letztlich überflüssigen), sondern einen einschränkenden Charakter erhalten sollte. Nach Art. 47 Abs. 2 gibt es folglich auch Staatsverträge, die keine Gegenstände der Gesetzgebung betreffen. Das bedeutet, dass der MinPräs beispielsweise ein Abkommen, dem besondere politische Bedeutung zukommt, das aber keinen Gegenstand der Gesetzgebung berührt, in der Form eines Staatsvertrages abschließen kann, ohne der Zustimmung durch den LT unterworfen zu sein.

13 Staatsverträge mit anderen Ländern haben in M-V eine sehr große **praktische Bedeutung**. Das betrifft ihre Anzahl, aber auch das Gewicht der Vertragsgegenstände. Die Verträge können zweiseitig und mehrseitig sein. Unter den mehrseitig geschlossenen Verträgen sind solche mit mehreren Ländern als Vertragspar-

---

27 Bejahend etwa *Thiele* in Thiele/Pirsch/Wedemeyer Art. 47 Rn. 8; *Clostermeyer* in Haug Art. 50 Rn. 29, 32; *Mittag* in Baumann-Hasske Art. 65 Rn. 14; vgl. auch *Rudolf* in HdbStR § 141 Rn. 60; verneinend *Litten*, Vorauflage Rn. 8 mit Fn. 9; *Schladebach* VerwArch 98 (2007), 238 (245 f.); *Jutzi* in Brocker/Droege/Jutzi Art. 101 Rn. 5.

teien, beispielsweise den norddeutschen Ländern, es gibt aber auch zahlreiche Staatsverträge aller 16 Länder. Wichtige Staatsverträge des Landes betreffen, um nur einige Beispiele zu nennen, das Medienwesen (allein hier sind es mehrere Verträge, ua über den NDR, das ZDF usw), das Glückspielwesen, die Norddeutsche Landesbank, die Hochschulzulassung, Fragen des Staatsgebiets (auch hier sind es zahlreiche Verträge), den Betrieb gemeinsamer Einrichtungen, etwa in Form von Registern, u. dgl. mehr. Die Digitalisierung hat eine ganze Reihe von Staatsverträgen hervorgebracht. Ein weiteres Anwendungsgebiet von teils erheblichem Ausmaß ist die länderübergreifende Zuständigkeit von Gerichten und Behörden (→ Rn. 11). Allein im Justizministerium ressortieren mehrere Staatsverträge des Landes mit der Freien und Hansestadt Hamburg, mit denen die Zuständigkeit Hamburger Gerichte für bestimmte gerichtliche Verfahren aus M-V vereinbart worden ist; auch dies sind nur Beispiele.

**2. Zustimmungserfordernis.** Mit dem Zustimmungserfordernis bei Staatsverträgen ist auf den ersten Blick zwar ein tiefer Eingriff in die Außenvertretungskompetenz des MinPräs als einer klassischen Domäne der Exekutive verbunden.[28] Da das Erfordernis sich in M-V aber allein auf Staatsverträge bezieht, die Gegenstände der Gesetzgebung betreffen, ist es nach dem Grundsatz der Gewaltenteilung gerechtfertigt und liegt sogar auf der Hand. **Sinn des Zustimmungserfordernisses** ist es, zu verhindern, dass der MinPräs mit außen rechtsverbindlich über Inhalte der Gesetzgebung verfügt und den LT auf diese Weise zum gesetzgeberischen Handeln veranlasst, wenn das Land nicht vertragsbrüchig werden soll.[29] 14

a) Ein Staatsvertrag betrifft **Gegenstände der Gesetzgebung**, wenn seine Umsetzung im Land eines formellen Gesetzes bedarf. Das ist nach dem Grundsatz des **Gesetzesvorbehalts** insbesondere der Fall, wenn der Vertragsgegenstand so wesentliche Fragen berührt (→ *Schlacke*, Art. 4 Rn. 10), dass eine entsprechende innerstaatliche Maßnahme nur im Rang eines Parlamentsgesetzes möglich wäre. So liegt es typischerweise, wenn mit dem Staatsvertrag Grundrechtseingriffe verbunden sind. 15

Nach dem Grundsatz des **Gesetzesvorrangs** bedürfen auch Staatsverträge mit einem Gegenstand, zu dem ein Landesgesetz bereits vorliegt, (sog. Parallelverträge), der Zustimmung durch den LT.[30] Macht die Durchführung des Vertrages eine Gesetzesänderung erforderlich, ist dies eindeutig. Aber auch wenn keine unmittelbare Änderung des Landesgesetzes notwendig wird, entfaltet der Staatsvertrag für den LT eine Bindungswirkung. Zukünftige Gesetzesänderungen wären nur unter Beachtung des Staatsvertrages möglich, wenn der LT keinen Vertragsbruch des Landes herbeiführen will. 16

Weniger eindeutig ist es, wenn die Durchführung des Staatsvertrags durch **Rechtsverordnung** möglich wäre. Hier hat der Gesetzgeber die Materie bereits durch eine gesetzliche Verordnungsermächtigung der näheren Regelung durch die Exekutive überlassen. Daraus könnte man schließen, dass auch der Abschluss eines Staatsvertrages nicht mehr der Zustimmung durch den LT bedarf. Der Gesetzgeber hat jedoch jederzeit die Möglichkeit, Verordnungsermächtigungen aufzuheben und dabei auch die Unwirksamkeit einer darauf gestützten Rechtsverordnung herbeizuführen (→ Art. 57 Rn. 7). Ein zwischenzeitlich ge- 17

---

28 Vgl. BVerfGE 90, 286 (357).
29 Vgl. BVerfGE 90, 286 (357); *Clostermeyer* in Haug Art. 50 Rn. 35.
30 Vgl. *Rudolf* in HdbStR § 141 Rn. 60; *Nolte/Bökel* in Becker/Brüning/Ewer/Schliesky Art. 37 Rn. 21; *Lenz* in Epping/Butzer Art. 35 Rn. 50, 58; aA *Mittag* in Baumann-Hasske Art. 65 Rn. 16.

schlossener Staatsvertrag dagegen würde zu einer weiter gehenden Bindung des Gesetzgebers führen und ihm die Sache aus der Hand nehmen. Deswegen ist die Zustimmung nur dann entbehrlich, wenn auch der Abschluss eines Staatsvertrages noch von der Verordnungsermächtigung gedeckt ist, wenn er also zumindest dem mutmaßlichen Willen des Verordnungsgesetzgebers entspricht.[31]

18 Sollen mit dem Staatsvertrag **finanzielle Verpflichtungen** für das Land eingegangen werden, richtet sich das Zustimmungserfordernis nach den Vorschriften der LV über den Landeshaushalt (Art. 61 ff.) Im Grundsatz bedarf ein solcher Staatsvertrag danach der Zustimmung durch den LT, weil er einen Gegenstand der Haushaltsgesetzgebung betrifft. Anders liegt es, wenn der Haushaltsgesetzgeber über die Verwendung der erforderlichen Mittel bereits ausdrücklich entschieden hat, beispielsweise durch Einstellung in den Haushaltsplan (hierin kann *de facto* bereits die Zustimmung erblickt werden), oder wenn die LReg auf der Grundlage der Finanzverfassung ausnahmsweise ohne vorherige parlamentarische Entscheidung über die Mittel verfügen kann.[32]

19 b) Zustimmungsbedürftig ist der **Abschluss** des Staatsvertrags. Ein Vertragsschluss liegt auch vor, wenn das Land M-V einem bereits bestehenden Vertrag nachträglich „beitritt". Die Vertragsverhandlungen unterliegen noch nicht dem Zustimmungsbedürfnis des Art. 47 Abs. 2. Die LReg hat den LT hierüber jedoch gemäß Art. 39 Abs. 1 S. 2 frühzeitig und vollständig zu unterrichten. Einseitige Erklärungen wie Rücktritt oder Kündigung u. dgl. sind nicht zustimmungsbedürftig. Sie wirken sich zwar auf den Vertrag aus, begründen jedoch keinerlei Verpflichtung für den Gesetzgeber.[33] Mangels vertraglicher Bindungswirkung sind sonstige einseitige Erklärungen wie etwa Absichtserklärungen, Resolutionen usw erst recht nicht zustimmungsbedürftig.[34]

20 3. **Form der Zustimmung.** Nach dem klaren Wortlaut des Absatzes 2 bedarf die Zustimmung des LT der Gesetzesform. Für die Zustimmungsgesetze gelten die allgemeinen Regelungen über Gesetzgebungsverfahren (vgl. auch § 53 GO LT). Formlose Beschlüsse reichen nicht aus, erst recht nicht Entschließungserklärungen oder auch Beschlüsse eines LT-Ausschusses. Notwendig ist die *vorherige* Zustimmung durch den LT. Neben der Formulierung „Zustimmung" (anstatt „Genehmigung") spricht hierfür auch die Verpflichtung der LReg, den LT frühzeitig zu unterrichten (Art. 39 Abs. 1 S. 2).

21 4. **Rechtswirkungen der Zustimmung.** Die Zustimmung ermächtigt den MinPräs, die **Ratifikation** vorzunehmen. Damit ist die Erklärung verbunden, nunmehr an den Vertragstext gebunden zu sein. Erst dadurch tritt der Staatsvertrag in Kraft und wird zugleich in das Recht des Landes transformiert. Hier hat er denselben Rang wie das Zustimmungsgesetz.

22 Ein ohne die erforderliche Zustimmung des LT abgeschlossener Staatsvertrag ist innerstaatlich unwirksam, nach außen aber gleichwohl bindend;[35] denn die Kompetenz des MinPräs zur Außenvertretung ist im Außenverhältnis nicht eingeschränkt. Das Zustimmungserfordernis des Absatzes 2 wirkt lediglich landes-

---

31 Vgl. *Nolte/Bökel* in Becker/Brüning/Ewer/Schliesky Art. 37 Rn. 22; *Lenz* in Epping/Butzer Art. 35 Rn. 59, jeweils mit Nachweisen zum Meinungsstand.
32 Vgl. *Nolte/Bökel* in Becker/Brüning/Ewer/Schliesy Art. 37 Rn. 20; *Lenz* in Epping/Butzer Art. 35 Rn. 57; aA *Thiele* in Thiele/Pirsch/Wedemeyer Art. 47 Rn. 7.
33 Vgl. *Jutzi* in Brocker/Droege/Jutzi Art. 101 Rn. 23; *Lenz* in Epping/Butzer Art. 35 Rn. 51.
34 Vgl. *Lenz* in Epping/Butzer Art. 35 Rn. 53.
35 Vgl. *Clostermeyer* in Haug Art. 50 Rn. 39; *Mittag* in Baumann-Hasske Art. 65 Rn. 22; aA für Verträge mit den Ländern und dem Bund *Nolte/Bökel* in Becker/Brüning/Ewer/Schliesky Art. 37 Rn. 27 unter Hinweis auf das Gebot zu bundestreuem Verhalten.

intern. Eine nachträgliche Aufhebung des Zustimmungsgesetzes wäre landesintern beachtlich, würde jedoch im Außenverhältnis zum Vertragsbruch durch das Land führen.[36]

## IV. Schrifttum

*Claus Dieter Classen*, Religionsrecht, 3. Aufl. 2020 (zit.: Classen Religionsrecht); *Knut Ipsen*, Völkerrecht, 7. Aufl. 2018 (zit.: Bearb. in Ipsen Völkerrecht); *Stefan Kadelbach/Ute Guntermann*, Ordnungsgewalt und Parlamentsvorbehalt, in: AöR 126 (2001), S. 563 ff.; *Marcus Schladebach*, Staatsverträge zwischen Ländern, VerwArch 98 (2007), 238. 23

## Art. 48 (Ernennung von Beamten und Richtern, Einstellung von Angestellten und Arbeitern)

¹Der Ministerpräsident ernennt die Beamten und Richter; er stellt die Angestellten und Arbeiter des Landes ein. ²Er kann diese Befugnisse übertragen.

Vergleichbare Regelungen:
Artt. 51 BWVerf; 93 BbgVerf; 118 Abs. 2 und 3 BremVerf; 45 HambVerf; 108 HessVerf; 38 Abs. 2 und 3 NdsVerf; 58 Verf NW; 102 Verf Rh-Pf; 92 SaarlVerf; 66 SächsVerf; 70 LVerf LSA; 38 SchlHVerf; 78 Abs. 1 und 3 ThürVerf.

| I. Vorbemerkung | 1 | 2. Ernennung und Einstellung | 5 |
| II. Personalbefugnisse (S. 1) | 2 | III. Übertragbarkeit der Befugnisse | |
| 1. Personeller Anwendungsbereich | 2 | (S. 2) | 8 |

## I. Vorbemerkung

Art. 48 enthält eine der ausdrücklich in die LV aufgenommenen Befugnisse des MinPräs: Die Ernennung von Beamten und Richtern sowie die Einstellung der Angestellten und Arbeiter. Was damit beabsichtigt ist, hat die Verfassungskommission prägnant ausgedrückt: „Der Ministerpräsident übt die **Personalhoheit** über alle Bediensteten der Landesregierung sowie der ihr nachgeordneten Behörden aus."[1] Indem die LV diese Befugnis dem MinPräs überträgt, leistet sie in zweifacher Hinsicht einen Beitrag zu dessen starker Stellung innerhalb des Regierungssystems (→ Art. 41 Rn. 22 ff.). Der MinPräs erhält zum einen eine Befugnis, die zu den klassischen Rechten eines Staatsoberhaupts gezählt wird[2] und daher auf der Bundesebene dem BPräs zusteht. Damit setzt die LV ein protokollarisches Zeichen zugunsten des MinPräs. Zum anderen hebt sie den MinPräs im Ländervergleich (→ Vor Rn. 1) gegenüber der LReg heraus: In Brandenburg, Bremen, Hamburg, Hessen, Niedersachsen, Nordrhein-Westfalen und dem Saarland steht die Ernennungsbefugnis nicht dem Regierungschef, sondern der Landesregierung bzw. dem Senat zu. In Baden-Württemberg, Rheinland-Pfalz, Sachsen, Sachsen-Anhalt und Thüringen wird ebenfalls der MinPräs ermächtigt, allerdings beschränkt auf die Richter und Beamten (teilweise ergänzt um die Entlassungsbefugnis). Eine auf die Angestellten und Arbeiter ausgedehnte Befugnis enthält lediglich noch Art. 38 SchlHVerf. Art. 38 S. 2 ermächtigt den MinPräs, die Personalbefugnisse zu übertragen. 1

---

36 Vgl. *Clostermeyer* in Haug Art. 50 Rn. 39.
1 LT-Drs. 1/3100, 144.
2 Vgl. *Herzog* in Dürig/Herzog/Scholz Art. 60 Rn. 7; *Butzer* in Schmidt-Bleibtreu/Hofmann/Henneke Art. 60 Rn. 2.

Mit der Zuständigkeit für die Ernennung der Beamten und Richter wird der MinPräs in die vom Demokratieprinzip für die Ausübung von Hoheitsgewalt geforderte Legitimationskette eingegliedert.[3] Die Beamten und Richter erhalten durch ihre Ernennung eine vom MinPräs abgeleitete, mittelbare demokratische Legitimation. Überträgt der MinPräs seine Befugnis gemäß S. 2, zum Beispiel auf einen Fachminister, so wird die Legitimationskette um ein Glied verlängert, ohne dass sich an der Legitimationswirkung etwas ändert.

## II. Personalbefugnisse (S. 1)

2 **1. Personeller Anwendungsbereich.** a) S. 1 bezieht sich zum einen auf die **Landesbeamten**. Auf die Kommunalbeamten findet die Vorschrift von vornherein keine Anwendung, ebenso wenig auf die Beamten anderer der Aufsicht des Landes unterstehender Körperschaften, sowie der rechtsfähigen Anstalten und Stiftungen des öffentlichen Rechts (Körperschaftsbeamte, vgl. § 1 Abs. 1 S. 2 Nr. 3 LBG).[4] Hier fällt die Personalhoheit in den Bereich der Selbstverwaltung (für die Gemeinden → Art. 72 Rn. 26). Aber auch die Gruppe der Landesbeamten wird von Art. 48 nicht ganz vollständig erfasst. Für die Beamten des Landtages enthält Art. 29 Abs. 6 S. 2 LV eine Spezialvorschrift, die die Ernennungsbefugnis dem PräsLT zuweist. Was die Beamten des LRH betrifft, wird die Ernennungsbefugnis des MinPräs durch die ebenfalls speziellere Vorschrift des Art. 68 Abs. 2 LV gesondert geregelt.

3 b) Die Ernennungsbefugnis des MinPräs erstreckt sich darüber hinaus auf die **Richter** des Landes. Nicht zu dieser Gruppe gehören die Mitglieder des LVerfG. Sie üben ebenfalls die Richterfunktion aus (→ Art. 52 Rn. 10), werden in Art. 52 LV aber ausdrücklich nicht als Richter, sondern als Präsident oder Mitglied des Landesverfassungsgerichts bezeichnet und nach einem in Art. 52 Abs. 3 LV geregelten Verfahren vom LT gewählt. Darin kommt die herausgehobene Stellung des LVerfG als ein von der Verfassung selbst garantiertes, von den übrigen Verfassungsorganen selbstständiges und unabhängiges Organ zum Ausdruck (→ Art. 52 Rn. 5 f.). Dass die in § 4 Abs. 3 LVerfGG genannte Ernennungsurkunde in der Praxis vom MinPräs ausgestellt wird, ändert daran nichts.

4 c) In den Anwendungsbereich des Satzes 1 fallen schließlich die **Angestellten und Arbeiter** des Landes, die in den aktuellen Tarifverträgen oft als „Beschäftigte" oder „Arbeitnehmer" bezeichnet werden. Eine vergleichbare Personalbefugnis räumt dem MinPräs im Ländervergleich lediglich noch Schleswig-Holstein ein.

5 **2. Ernennung und Einstellung.** Die Befugnis zur Ernennung und Einstellung meint nicht lediglich die erstmalige Begründung eines Beamten- oder Beschäftigungsverhältnisses, sondern umfasst auch das Recht zur **Beförderung** und Höhergruppierung.[5] Für diese weite Auslegung des Ernennungsbegriffs spricht bereits die klassische beamtenrechtliche Terminologie, derzufolge die Beförderung lediglich ein Unterfall der Ernennung ist (vgl. §§ 20 Abs. 1 S. 1 LBG, 8 Abs. 1 Nr. 3 BeamtStG). Außerdem ergäbe sich ein wenig stringentes Kompetenzgefüge, wenn der MinPräs lediglich für die Ernennung in das Eingangsamt zuständig wäre, während die Beförderung in ein (auch deutlich) höheres Amt

---

3 Vgl. *Clostermeyer* in Haug Art. 51 Rn. 6; *Steinkühler* in Brocker/Droege/Jutzi Art. 102 Rn. 2.
4 *Thiele* in Thiele/Pirsch/Wedemeyer Art. 48 Rn. 1; vgl. *Clostermeyer* in Haug Art. 51 Rn. 9; *Steinkühler* in Brocker/Droege/Jutzi Art. 102 Rn. 16; *Nolte/Bökel* in Becker/Brüning/Ewer/Schliesky Art. 38 Rn. 6.
5 *Thiele* in Thiele/Pirsch/Wedemeyer Art. 48 Rn. 3.

nach Maßgabe des einfachen Rechts beispielsweise durch den Dienstvorgesetzten vorgenommen werden könnte.[6] In dieselbe Richtung geht schließlich ein Vergleich mit Art. 76 Abs. 3 LV. Diese Vorschrift ermächtigt den Gesetzgeber dazu, einen Richterwahlausschuss einzurichten, von dessen Votum die „Ernennung zum Richter auf Lebenszeit" abhängig zu machen wäre. Wenn die Verfassunggeber an dieser Stelle den engeren Begriff „Ernennung zum Richter auf Lebenszeit" gewählt haben (→ Art. 76 Rn. 25), deutet vieles darauf hin, dass der Begriff „Ernennung" in Art. 48 in einem umfassenderen Sinne zu verstehen ist.

Dagegen befugt S. 1 den MinPräs nicht zur **Entlassung** von Beamten und Beschäftigten. Die Entlassung ist in der Vorschrift nicht erwähnt. Darin unterscheidet Art. 48 S. 1 LV sich nicht nur von zahlreichen Parallelvorschriften der anderen Landesverfassungen, etwa Art. 102 Verf Rh-Pf oder Art. 38 SchlHVerf, sondern auch von Art. 29 Abs. 6 S. 2 LV. Nach dieser Bestimmung obliegt dem PräsLT auch die Entlassung der Beamten und sonstigen Beschäftigten des LT. Die unterschiedliche Formulierung der beiden Vorschriften lässt es nicht zu, die Entlassungsbefugnis in Art. 48 S. 1 stillschweigend hinein zu lesen. Was die Landesrichter betrifft, wäre überdies zu beachten, dass die Entlassung eines auf Lebenszeit ernannten Richters – mit Ausnahme der Entlassung auf eigenen Antrag – nach Art. 97 Abs. 2 S. 1 GG eine gerichtliche Entscheidung voraussetzt. 6

Wozu die Ernennungs- und Einstellungsbefugnis den MinPräs im Einzelnen ermächtig, ist Art. 48 S. 1 nicht zu entnehmen. Es ist aber anzunehmen, dass die Vorschrift dem MinPräs neben der formellen Befugnis zur Ausfertigung und Aushändigung der Ernennungsurkunde auch materielle Rechte einräumt.[7] Anders kann die knappe, aber eindeutige Verfassungsbegründung (→ Rn. 1) nicht verstanden werden, wenn sie dem MinPräs „Personalhoheit" einräumt. Die zu Art. 60 Abs. 1 GG bestehende Kontroverse darüber, ob dem Bundespräsidenten in dieser Frage ein materielles Zurückweisungsrecht in Bezug auf Ernennungen zusteht und welche Ernennungsvoraussetzungen es ggf. umfasst,[8] hat Besonderheiten des Bundesverfassungsrechts zum Hintergrund. Dort sind die Personalbefugnisse des Bundespräsidenten mit denjenigen der Bundesregierung, also einem anderen Verfassungsorgan, in Einklang zu bringen. Dieses Problem stellt sich im Land in Ermangelung eines Präsidialorgans nicht. Ein Konflikt zwischen zwei Verfassungsorganen ist hier ausgeschlossen.[9] Innerhalb des Organs Landesregierung aber vertraut Art. 48 die Ernennungs- und Einstellungsbefugnis ausdrücklich dem MinPräs an. Diese spezielle Zuweisung genießt Vorrang gegenüber dem Ressortprinzip des Art. 46 Abs. 2, was durch die Übertragungsbefugnis des Satzes 2 deutlich wird. Daher stehen auch die Auswahlentscheidung und die Prüfung der materiellen Ernennungsvoraussetzungen dem MinPräs zu. Ihm obliegt damit zugleich die Beachtung des Leistungsprinzips und insbesondere der Bestenauslese gemäß Art. 33 Abs. 2 GG, 71 Abs. 1 LV. Den Ministern verbleiben faktische Einflussmöglichkeiten dadurch, dass sie die ihr Ressort betreffenden Personalentscheidungen, auch soweit sie nicht übertragen sind, vorbereiten und dem MinPräs vorschlagen. 7

---

6 Vgl. *Herzog* in Dürig/Herzog/Scholz Art. 60 Rn. 15; *Nolte/Bökel* in Becker/Brüning/Ewer/Schliesky Art. 38 Rn. 8.
7 *Thiele* in Thiele/Pirsch/Wedemeyer Art. 48 Rn. 2; vgl. *Clostermeyer* in Haug Art. 51 Rn. 14; *Nolte/Bökel* in Becker/Brüning/Ewer/Schliesky Art. 38 Rn. 9; differenzierend *Steinkühler* in Brocker/Droege/Jutzi Art. 102 Rn. 6 f. mwN.
8 Eingehend *Butzer* in Schmidt-Bleibtreu/Hofmann/Henneke Art. 60 Rn. 12 ff.
9 Vgl. *Clostermeyer* in Haug Art. 51 Rn. 14.

## III. Übertragbarkeit der Befugnisse (S. 2)

8 Nach Art. 48 S. 2 LV kann der MinPräs seine Befugnisse aus S. 1 übertragen. Die Vorschrift sagt nichts darüber aus, an wen die Übertragung erfolgen kann und in welchem Umfang dies möglich ist. Das lässt darauf schließen, dass dem MinPräs in diesen Fragen ein weites Ermessen zusteht. Er kann sich insbesondere auf eine teilweise Übertragung beschränken. Dass die Übertragung in S. 2 ohne weitere Maßgaben eröffnet wird, bedeutet auch, dass der MinPräs die übertragenen Befugnisse jederzeit wieder an sich ziehen kann.[10] Der MinPräs hat von der **Übertragungsmöglichkeit** Gebrauch gemacht, zuletzt durch Anordnung vom 17.4.2013 (GVOBl. S. 273). Darin hat er unter anderem weitreichende Befugnisse auf die Minister und auf den Chef der Staatskanzlei übertragen und für bestimmte Besoldungsgruppen Zustimmungsvorbehalte erklärt.

## Art. 49 (Begnadigung)

(1) ¹Der Ministerpräsident übt im Einzelfall für das Land das Begnadigungsrecht aus. ²Er kann dieses Recht übertragen.

(2) Eine Amnestie bedarf eines Gesetzes.

Vergleichbare Regelungen:
Artt. 52 BWVerf; 47 Abs. 4 BayVerf; 92 BbgVerf; 81 S. 1 BerlV; 121 BremVerf; 44 HambVerf; 109 HessVerf; 36 NdsVerf; 59 Verf NW; 103 Verf Rh-Pf; 93 SaarlVerf; 67 SächsVerf; 39 SchlHVerf; 78 Abs. 2 bis 4 ThürVerf.

| | |
|---|---|
| I. Vorbemerkung .................... 1 | 2. Übertragung des Begnadigungsrechts (Abs. 1 S. 2) ....... 16 |
| II. Begnadigungsrecht des Ministerpräsidenten (Abs. 1) ............... 3 | III. Amnestie (Abs. 2) .................. 17 |
| 1. Inhalt, Bedeutung und Justitiabilität des Begnadigungsrechts (Abs. 1 S. 1) ................... 3 | IV. Schrifttum ........................ 20 |

## I. Vorbemerkung

1 Gegenstand des Art. 49 sind das **Begnadigungsrecht** des MinPräs und die **Amnestie**. Mit Blick auf die Praxisrelevanz steht das Begnadigungsrecht nach Abs. 1 deutlich im Vordergrund der Vorschrift. Die Begnadigung ist als ein übertragbares Recht des MinPräs ausgestaltet. Mit dem Begriff „Recht" ist hier kein subjektiv-öffentliches Recht des MinPräs, sondern eine Befugnis gemeint. Sie tritt an die Seite anderer Befugnisse des MinPräs, wie etwa die Außenvertretungskompetenz des Art. 47 und die Personalkompetenz des Art. 48. Eine Amnestie bedarf gemäß Abs. 2 dagegen eines Gesetzes.

2 **Vergleichbare Regelungen** über die Begnadigung und die Amnestie finden sich in den anderen Landesverfassungen (→ Vor Rn. 1). Einzelne Unterschiede betreffen die Zuständigkeit für die Begnadigung, die in den Stadtstaaten jeweils beim Senat liegt; im Saarland wird die Begnadigung insgesamt durch Gesetz geregelt. Im Bund liegt das Begnadigungsrecht gemäß Art. 60 Abs. 2 GG beim Bundespräsidenten. Auch der Umfang und die Form der Übertragbarkeit des Begnadigungsrechts sind unterschiedlich ausgeprägt.

---

10 Vgl. *Nolte/Bökel* in Becker/Brüning/Ewer/Schliesky Art. 38 Rn. 13.

## II. Begnadigungsrecht des Ministerpräsidenten (Abs. 1)

**1. Inhalt, Bedeutung und Justitiabilität des Begnadigungsrechts (Abs. 1 S. 1).** a) 3
Der **herkömmliche Sinn** des Begnadigungsrechts besteht darin, dass das Staatsoberhaupt die Befugnis hat, im Einzelfall eine rechtskräftig erkannte Strafe ganz oder teilweise zu erlassen, sie umzuwandeln oder ihre Vollstreckung auszusetzen. Das Staatsoberhaupt wird damit zu einem Übergriff in die Rechtsprechung legitimiert. In das System der Gewaltenteilung fügt sich dieser Gedanke nicht ein. Nach den Worten des BVerfG eröffnet die Befugnis zur Begnadigung die Möglichkeit, eine im Rechtsweg zustande gekommene Entscheidung auch nach Eintritt der Rechtskraft auf einem „anderen", „besonderen" Weg zu korrigieren.[1] Im Rechtsstaat stellt die Begnadigung damit aber einen Fremdkörper dar[2]. Dass die Verfassunggeber sich dennoch auch in M-V zur Aufnahme des Begnadigungsrechts in die LV entschieden haben, lässt sich nur durch einen Blick auf dessen weit zurückreichende Tradition[3] erklären.

In Übereinstimmung mit Art. 60 Abs. 2 GG und den Parallelvorschriften der 4 anderen Landesverfassungen hat Art. 49 LV das Begnadigungsrecht aus **vorkonstitutioneller Zeit** übernommen. Das Gnadenrecht trat im deutschen Rechtsbereich schon mit Entstehung des Königtums in Erscheinung. Es war zunächst ausschließlich mit der Person des Herrschers verknüpft und wurde mit dessen Gottesgnadentum und der ihm zugeschriebenen charismatischen Barmherzigkeit und Gnadengesinnung begründet. Nachdem sich im Mittelalter vorübergehend auch ein richterliches Gnadenwesen entwickelt hatte, setzte sich später die Erkenntnis durch, dass das Begnadigungsrecht nur dem Landesherrn zustehe. Dem lag die Überzeugung zugrunde, dass „Gnade vor Recht" ergehen solle. Im 19. Jahrhundert war das Gnadenrecht in den Verfassungen aller deutschen Staaten und in der Verfassung des Kaiserreichs als ein Vorrecht des Monarchen anerkannt. An der Entwicklung des Justizwesens, das sich im Verlaufe der Gewaltenteilung immer weiter von der Person des Herrschers löste, nahm das Institut der Begnadigung folglich nicht teil.[4] Als die Weimarer Reichsverfassung das Begnadigungsrecht ohne jede Neudefinition auf das demokratische Staatswesen übertrug, war die innere Rechtfertigung dieses Instituts allein mit dem Charisma des Herrschers nicht mehr zu halten. Nunmehr erfüllte das Begnadigungsrecht die Funktion, Härten des Gesetzes, etwaige Irrtümer der Urteilsfindung sowie Unbilligkeiten bei nachträglich veränderten allgemeinen oder persönlichen Verhältnissen auszugleichen. Der Grundgesetzgeber hat es bei der historisch überkommenen Gestaltung des Begnadigungsrechts, insbesondere bei der Zuweisung an das Staatsoberhaupt, belassen.

Auch die **Verfassunggeber** haben das geschichtlich überkommene Verständnis 5 des Begnadigungsrechts übernommen. Das zeigt sich an der Begründung, mit der die Verfassungskommission gerade dem MinPräs das Begnadigungsrecht eingeräumt hat. Die Kommission hatte zunächst erwogen, den PräsLT als Inhaber des Gnadenrechts vorzusehen. Hiervon nahm sie jedoch Abstand, weil der PräsLT „vom politischen Zuschnitt her nicht die geeignete Person sei, die im wesentlichen politische Entscheidung der Begnadigung eines Schwerkriminellen zu treffen".[5] Damit ist deutlich zum Ausdruck gebracht worden, dass es bei Art. 49 LV nicht um eine rechtsstaatlich abgeleitete Entscheidung gehen sollte.

---

1 So BVerfGE 25, 352 (358).
2 *von Arnauld* in von Münch/Kunig Art. 60 Rn. 14.
3 Zum Folgenden vgl. BVerfGE 25, 352 (358 ff.); *Clostermeyer* in Haug Art. 52 Rn. 3.
4 *Weißer* in Epping/Butzer Art. 36 Rn. 5.
5 LT-Drs. 1/3100 S. 144.

6 b) Eingeschränkt ist die Gnadenbefugnis des MinPräs durch das bundesstaatliche Kompetenzgefüge. Der MinPräs kann Begnadigungen nur **für das Land** aussprechen, was in Abs. 1 S. 1 ausdrücklich festgestellt wird. Die Gnadenerweise können sich also ausschließlich auf Entscheidungen von Gerichten oder anderen Justizbehörden des Landes M-V beziehen. Entscheidungen von Gerichten des Landes unterliegen der Gnadenbefugnis des MinPräs auch dann, wenn in der Revisionsinstanz ein oberstes Gericht des Bundes entschieden hat.[6]

7 Weitere rechtliche **Voraussetzungen** für den Gnadenerweis regelt Art. 49 nicht. Es handelt sich um eine Ermessensentscheidung des MinPräs. In Ermangelung ausdrücklicher normativer Bindungen ist von einem sehr weiten Ermessensspielraum auszugehen.[7] Ob überhaupt Ermessensschranken bestehen, wird in Rechtsprechung und Literatur nicht ganz einheitlich beurteilt.

8 Der Rechtsprechung des BVerfG[8] sind **Maßstäbe für die Gnadenentscheidung** nicht zu entnehmen. Demgegenüber wird in der Literatur im Anschluss an ein Minderheitenvotum des BVerfG[9] verbreitet vertreten, dass das Gnadenrecht unter der Geltung des Grundgesetzes „verrechtlicht" worden sei. Begründet wird dies mit der Erwägung, dass es ein „Vorrecht des Mächtigsten" im Rechtsstaat nicht mehr geben könne. Das Begnadigungsrecht sei lediglich eine Kompetenznorm, die dem Staatsoberhaupt die Befugnis einräume, über den staatlichen Strafanspruch zu verfügen. Die Befugnis könne jedoch nicht außerhalb der Verfassungsordnung stehen.[10] In Bezug auf die Ermessensentscheidung wird daraus gefolgert, dass jedenfalls die grundlegenden verfassungsrechtlichen Maßstäbe der Menschenwürde und des Willkürverbots zu beachten seien.[11]

9 Dem wird für Art. 49 LV im Ergebnis zu folgen sein. Selbst unter Berücksichtigung der Tradition des Gnadenrechts ist nicht vorstellbar, dass die von den Verfassunggebern gemeinte „politische Entscheidung" (→ Rn. 5) unter Verletzung der grundlegenden Verfassungswerte sollte erfolgen können. Das Begnadigungsrecht ist auch in M-V **Bestandteil des bestehenden Verfassungsgefüges**. Weder besteht Anlass dafür, dass es unter einem generellen Vorbehalt der Vereinbarkeit mit anderen Verfassungsbestimmungen stehen müsste, noch kommt ihm seinerseits eine vorrangige Stellung zu.[12] Für die Praxis des Begnadigungsrechts ist die Frage kaum von Belang. Es erscheint unrealistisch, dass die Ablehnung eines Gnadenerweises in Bezug auf eine gerichtliche Entscheidung in M-V die Menschenwürde verletzen könnte. Dasselbe gilt für evtl. Auflagen, die mit einem Gnadenerweis verbunden werden. Die Maßstäbe für die Beachtung des Willkürverbots kann sich der MinPräs weitgehend selbst setzen.[13] Am Ende hat die Entscheidung des MinPräs daher den Charakter einer höchstpersönlichen Gewissensentscheidung nach den Gesichtspunkten der Billigkeit[14].

---

6 Vgl. *Herzog* in Dürig/Herzog/Scholz Art. 60 Rn. 33.
7 Vgl. *Herzog* in Dürig/Herzog/Scholz Art. 60 Rn. 38; *Steinkühler* in Brocker/Droege/Jutzi Art. 103 Rn. 12.
8 BVerfGE 25, 352 (358 ff.); BVerfG NJW 2001, 3771; s. auch *Herzog* in Dürig/Herzog/Scholz Art. 60 Rn. 36, 38.
9 BVerfGE 25, 352 (365).
10 Vgl. etwa *von Arnauld* in von Münch/Kunig Art. 60 Rn. 15 f. mwN.
11 Vgl. etwa *von Arnauld* in von Münch/Kunig Art. 60 Rn. 15 mwN; *Steinkühler* in Brocker/Droege/Jutzi Art. 103 Rn. 14 f.
12 Vgl. *Steinkühler* in Brocker/Droege/Jutzi Art. 103 Rn. 13.
13 Vgl. *Clostermeyer* in Haug Art. 52 Rn. 17.
14 Vgl. *Fink* in von Mangoldt/Klein/Starck Art. 60 Rn. 32.

Es besteht **kein Anspruch** auf Begnadigung, sondern lediglich darauf, dass über das Gnadengesuch überhaupt entschieden wird.[15] Die Gnadenentscheidung braucht nicht begründet zu werden. Über missbräuchliche Gesuche braucht noch nicht einmal entschieden zu werden.[16]

c) Der **Gnadenerweis** ist nicht auf die gerichtliche Entscheidung selbst bezogen, sondern lediglich auf ihre Rechtsfolgen. Beispielsweise wird das Urteil eines Strafgerichts nicht aufgehoben, lediglich die Vollstreckung kann auf dem Gnadenwege gemildert oder ausgesetzt werden.[17] Da die Begnadigung eine rechtskräftige Gerichtsentscheidung voraussetzt, ist auch die Niederschlagung (Abolition) eines Ermittlungs- oder Strafverfahrens nicht vom Gnadenrecht umfasst.[18] Gegenstand des Gnadenerweises können Freiheits-, Geld- und Nebenstrafen sein, ebenso ehrengerichtliche Sanktionen mit Strafcharakter. Zivilgerichtliche Urteile unterliegen dagegen nicht dem Gnadenrecht, weil sie nicht im Verhältnis des Staates zum Bürger ergehen.[19] Umstritten ist die Einbeziehung von Bußgeldentscheidungen und Maßnahmen der Besserung und Sicherung.[20] Diesen Kategorien fehlt der Strafcharakter, der für den traditionellen Anwendungsbereich der Begnadigung Voraussetzung ist. Andererseits lässt sich die Erstreckung von Gnadenerweisen auf Bußgeldentscheidungen und auf Maßnahmen der Besserung und Sicherung im Wege eines Erst-Recht-Schlusses rechtfertigen. Die in M-V geltende Gnadenordnung (GnO)[21], eine Verwaltungsvorschrift des Justizministeriums, bezieht sich auch auf Bußgeldentscheidungen von Gerichten und anderen Justizbehörden sowie auf die Unterbringung in einem psychiatrischen Krankenhaus und in einer Entziehungsanstalt. Gegenstand einer Begnadigung können gemäß § 81 des Landesdisziplinargesetzes schließlich auch Disziplinarsachen sein.

d) Eng verbunden mit der Historie des Begnadigungsrechts (→ Rn. 3 f.) ist die umstrittene Frage der **Justitiabilität** der Gnadenentscheidung. Nach der **Rechtsprechung des BVerfG**[22], der sich das BVerwG[23] und ein Teil der Literatur[24] angeschlossen haben, unterliegt die Ablehnung des Gnadenerweises keiner gerichtlichen Nachprüfung. Das Grundgesetz habe dadurch, dass es das Begnadigungsrecht in dem geschichtlich überkommenen Sinn übernommen und auf ein Organ der Exekutive übertragen habe, die Gewaltenteilung modifiziert und dem Träger des Begnadigungsrechts eine „Gestaltungsmacht besonderer Art" verliehen. Das Gnadeninstitut unterliege daher nicht den sonstigen Gewaltenverschränkungen, die Rechtswegegarantie des Art. 19 Abs. 4 GG gelte hierfür nicht.[25]

---

15 Vgl. *Herzog* in Dürig/Herzog/Scholz Art. 60 Rn. 38; *Steinkühler* in Brocker/Droege/Jutzi Art. 103 Rn. 14.
16 Vgl. *Clostermeyer* in Haug Art. 52 Rn. 13.
17 Vgl. *Herzog* in Dürig/Herzog/Scholz Art. 60 Rn. 26; *von Arnauld* in von Münch/Kunig Art. 60 Rn. 21.
18 Vgl. *Fink* in von Mangoldt/Klein/Starck Art. 60 Rn. 27; *von Arnauld* in von Münch/Kunig Art. 60 Rn. 19.
19 Vgl. *Herzog* in Dürig/Herzog/Scholz Art. 60 Rn. 26.
20 Zum Streitstand vgl. etwa *Herzog* in Dürig/Herzog/Scholz Art. 60 Rn. 27 ff.; *Fink* in von Mangoldt/Klein/Starck Art. 60 Rn. 23; *Weißer* in Epping/Butzer Art. 36 Rn. 11.
21 AmtsBl. 1998 S. 1556.
22 BVerfGE 25, 352; BVerfG NJW 2001, 3771.
23 BVerwG, NJW 1983, 187; vgl. auch OLG Hamburg B. v. 10.11.1995 – 2 VAs 11/95, juris, mwN.
24 Vgl. etwa *Litten* Vorauflage Rn. 4; *Steinkühler* in Brocker/Droege/Jutzi Art. 103 Rn. 17 ff.; *Weißer* in Epping/Butzer Art. 36 Rn. 13 ff.
25 BVerfGE 25, 352 (361 f.).

13 Die **Gegenauffassung**[26] hält dem – ähnlich wie bei der Frage der Maßstäbe für die Entscheidung des MinPräs (→ Rn. 7 f.) – entgegen, dass das Gnadenrecht mit der Übernahme in das Grundgesetz und in die Verfassungen der Länder auch in die systematischen verfassungsrechtlichen Zusammenhänge eingeordnet worden sei.[27] Gegen ablehnende Gnadenentscheidungen müsse daher der Rechtsweg ebenso offen stehen, wie gegen andere Akte der Hoheitsgewalt. Eine Ausnahme vom Anwendungsbereich des Art. 19 Abs. 4 GG allein aus historischen Gründen könne im Rechtsstaat nicht akzeptiert werden; sie hätte ggf. ausdrücklich geregelt werden müssen.[28] In diesem Sinne haben der HessStGH[29] und der BayVerfGH[30] ablehnende Gnadenentscheidungen im Hinblick auf das Willkürverbot für überprüfbar gehalten.

14 Die praktischen Auswirkungen des Meinungsstreits sind auch an dieser Stelle gering (→ Rn. 8 zur Ermessensentscheidung des MinPräs). Aufgrund des weiten Ermessensspielraums des MinPräs könnte eine gerichtliche Überprüfung sich lediglich auf das Willkürverbot beziehen und auch das nur in den Grenzen der vom MinPräs selbst gesetzten Maßstäbe für eine willkürfreie Entscheidung. Die dargestellten Meinungsunterschiede entzünden sich daher auch nicht an diesem Punkt, sondern an der Grundsatzfrage, ob es von der Rechtsweggarantie des Art. 19 Abs. 4 GG eine Ausnahme für ein überkommenes Vorrecht des Staatsoberhaupts geben kann. Was Art. 49 LV betrifft, spricht viel dafür, dass die Verfassunggeber eine solche Ausnahme aus geschichtlichen Gründen gerade beabsichtigt haben. Anders lässt sich die Aussage, die Gnadenentscheidung sei im Wesentlichen eine politische Entscheidung (→ Rn. 5) kaum deuten. Für M-V ist daher davon auszugehen, dass die Verfassunggeber bewusst „die Gewaltenteilung modifiziert"[31] haben und die Gnadenentscheidungen **keiner gerichtlichen Überprüfung zugänglich** sind. Damit ist die Verfassungsrechtslage beschrieben. In verfassungspolitischer Hinsicht hingegen stellen die Befürworter der Justiziabilität von Gnadenakten zu Recht die Frage, ob es in Zeiten des etablierten Rechtsstaats eines geschichtlich überkommenen Gnadenrechts des Staatsoberhaupts noch bedarf.[32]

15 Der **Widerruf** eines Gnadenerweises ist gerichtlich überprüfbar, weil er dem Berechtigten eine bereits eingeräumte Rechtsposition, etwa die Strafaussetzung zur Bewährung, wieder nimmt.[33]

16 **2. Übertragung des Begnadigungsrechts (Abs. 1 S. 2).** Der MinPräs kann die Gnadenbefugnis delegieren. Von dieser Möglichkeit hat er mit Erlass vom 17.12.1990[34] Gebrauch gemacht und die Ausübung der Gnadenbefugnis im Wesentlichen auf den **Justizminister** übertragen. Dieser hat für die Einzelheiten die Gnadenordnung (→ Rn. 10) erlassen.

---

26 Wiederum in Anlehnung an das Minderheitenvotum BVerfGE 25, 372 (363 ff.) vgl. etwa *Hömig* DVBl 2007, 1328 (1329 ff.); *von Arnauld* in von Münch/Kunig Art. 60 Rn. 17; *Fink* in von Mangoldt/Klein/Starck Art. 60 Rn. 30 f.; *Clostermeyer* in Haug Art. 52 Rn. 21 ff.
27 *Fink* in von Mangoldt/Klein/Starck Art. 60 Rn. 31.
28 *Clostermeyer* in Haug Art. 52 Rn. 23.
29 HessStGH DÖV 1974, 128 (129).
30 BayVerfGH BayVBl 1977, 14 (15).
31 So die Formulierung in BVerfGE 25, 352 (361).
32 Vgl. *Steinkühler* in Brocker/Droege/Jutzi Art. 103 Rn. 20.
33 BVerfGE 30, 108 (110); vgl. auch BVerfG B. v. 20.3.2013 – 2 BvR 2595/12, juris Rn. 13 ff.
34 AmtsBl. 1991 S. 79.

## III. Amnestie (Abs. 2)

Während die Gnadenentscheidung einen Einzelfall betrifft, ist mit der Amnestie 17 ein **allgemeiner Straferlass** gemeint. So wird dieses Institut in den Verfassungen etwa der Länder Baden-Württemberg und Niedersachsen (→ Vor Rn. 1) auch bezeichnet. Eine Amnestie besteht aus Rechtsnormen, die für eine unbestimmte Vielzahl von Fällen den Erlass und/oder die Milderung rechtskräftig erkannter Strafen aussprechen und die Niederschlagung anhängiger sowie die Nichteinleitung neuer Verfahren anordnen.[35] Von der Begnadigung unterscheidet sich die rechtsstaatliche Amnestie in mehrfacher Hinsicht grundlegend. Sie ist kein Gnadenakt, sondern eine Korrektur des Rechts.[36] Im Gegensatz zur Einzelfallentscheidung einer Begnadigung betrifft eine Amnestie eine zum Zeitpunkt ihres Inkrafttretens noch unbestimmte Vielzahl von Fällen. Charakteristisch für eine Amnestie ist nicht der Blick auf ein Einzelschicksal, sondern der Zusammenhang zu einer politisch-geschichtlichen Aufarbeitung.[37] Diese soll mit der Amnestie auf dem Gebiet des Strafrechts durch Straffreiheit nachvollzogen werden. Eine derart weit reichende Entscheidung bedarf eines **Gesetzes**.

In M-V hat es bislang keine Amnestie gegeben.[38] Es ist auch sehr zweifelhaft, ob 18 das Land die **Gesetzgebungskompetenz** für ein Amnestiegesetz hätte. Nach der Rechtsprechung des BVerfG wäre dies der Fall. Das BVerfG hat in zwei frühen Entscheidungen[39] bei Amnestiegesetzen des Bundes wie folgt differenziert: Die Amnestierung rechtskräftiger Verurteilungen hat es dem seinerzeit in Art. 74 Abs. 1 Nr. 1 GG noch enthaltenen Kompetenztitel „Strafvollzug" zugerechnet, die Niederschlagung (Abolition) laufender und die Nichteröffnung neuer Ermittlungs- oder Strafverfahren dem Kompetenztitel „gerichtliches Verfahren". Da die Gesetzgebungskompetenz für der Strafvollzug im Zuge der Föderalismusreform 2006 auf die Länder übergegangen ist, wäre in M-V auf dem Boden dieser Rechtsprechung jedenfalls eine Amnestierung in Bezug auf rechtskräftige Entscheidungen denkbar.

Ob Amnestiegesetze der Gesetzgebungskompetenz für den Strafvollzug und für 19 das gerichtliche Verfahren unterfallen, ist jedoch fraglich. Eine Amnestie zielt im Kern weder auf den Strafvollzug ab noch sind damit Verfahrensregeln bezweckt. Amnestiegesetze sprechen vielmehr mit Blick auf bestimmte Straftatbestände einen materiellen Verzicht auf den staatlichen Strafanspruch aus. Es kommt nicht darauf an, ob bereits eine strafgerichtliche Verurteilung erfolgt oder auch nur ein Ermittlungsverfahren eingeleitet ist oder nicht. Beabsichtigt ist die Straffreiheit eines bestimmten Verhaltens *per se*, deswegen sind Amnestiegesetze Gesetzgebung auf dem Gebiet des **Strafrechts**.[40] Die Amnestierung rechtskräftiger strafgerichtlicher Verurteilungen stellt zwar unmittelbar lediglich ein Straf-

---

35 Vgl. *Birkhoff/Lemke* Gnadenrecht Rn. 51; *Clostermeyer* in Haug Art. 52 Rn. 26.
36 BVerfGE 2, 213 (219).
37 Vgl. bereits *Schätzler* Gnadenrecht S. 213 f., 219.
38 Vgl. zu einigen bedeutenden Amnestien im Bund *Clostermeyer* in Haug Art. 52 Rn. 28.
39 BVerfGE 2, 213 (221 f.); BVerfGE 10, 234 (238); zustimmend etwa *Rengeling* in HdbStR § 135 Rn. 199; *Nolte/Bökel* in Becker/Brüning/Ewer/Schliesky Art. 39 Rn. 15; weitergehend *Steinkühler* in Brocker/Droege/Jutzi Art. 103 Rn. 30: Annexkompetenz zum „Strafvollzug" auch in Bezug auf Straf- und Ermittlungsverfahren.
40 Eingehend *Uhle* in Dürig/Herzog/Scholz Art. 74 Rn. 106; ferner *Oeter* in von Mangoldt/Klein/Starck Art. 74 Rn. 77; *Wittreck* in Dreier Art. 74 Rn. 19; *Degenhart* in Sachs Art. 74 Rn. 21; *Kment* in Jarass/Pieroth Art. 74 Rn. 5; *Niedobitek* in BK Art. 74 Rn. 60; *Weißer* in Epping/Butzer Art. 36 Rn. 29; vgl. auch bereits *Schätzler* Gnadenrecht S. 210 f.; differenzierend *Clostermeyer* in Haug Art. 52 Rn. 31.

vollstreckungshindernis dar.[41] Die Intention der Amnestie liegt jedoch nicht in dieser Verfahrensfrage, sondern in der materiellen Straffreiheit insgesamt.[42] Ebenso liegt es bei der gesetzlichen Anordnung, Straf- und Ermittlungsverfahren einzustellen oder gar nicht erst einzuleiten. Da der Kompetenztitel „Strafrecht" gemäß Art. 74 Abs. 1 Nr. 1 GG in der konkurrierenden Gesetzgebung liegt, sind landesgesetzliche Amnestien in Bezug auf Vorschriften des StGB oder sonstige strafrechtliche Bestimmungen des Bundes in der Konsequenz ausgeschlossen.[43] Es verbleibt lediglich der sehr schmale Bereich landesgesetzlicher Strafvorschriften.[44]

## IV. Schrifttum

20 *Hansgeorg Birkhoff/Michael Lemke*, Gnadenrecht, 2012 (zit. Birkhoff/Lemke Gnadenrecht); *Dieter Hömig*, Gnade und Verfassung, DVBl. 2007, 1328–1335. *Johann-Georg Schätzler*, Handbuch des Gnadenrechts, 2. Aufl., 1992 (zit. Schätzler Gnadenrecht).

## Art. 50 (Beendigung der Amtszeit)

(1) ¹Das Amt des Ministerpräsidenten endet mit dem Zusammentritt eines neuen Landtages. ²Der Ministerpräsident und jeder Minister können jederzeit zurücktreten. ³Mit der Beendigung des Amtes des Ministerpräsidenten endet auch das Amt der Minister.

(2) ¹Das Amt des Ministerpräsidenten endet, wenn ihm der Landtag das Vertrauen entzieht. ²Der Landtag kann das Vertrauen nur dadurch entziehen, daß er mit der Mehrheit seiner Mitglieder einen Nachfolger wählt.

(3) ¹Der Antrag auf Entziehung des Vertrauens kann nur von mindestens einem Drittel der Mitglieder des Landtages gestellt werden. ²Über den Antrag wird frühestens drei Tage nach Abschluß der Aussprache und spätestens vierzehn Tage nach Eingang des Antrages abgestimmt.

(4) ¹Nach Beendigung seines Amtes ist der Ministerpräsident verpflichtet, die Geschäfte bis zur Amtsübernahme durch seinen Nachfolger weiterzuführen. ²Auf Ersuchen des Ministerpräsidenten haben Minister die Geschäfte bis zur Ernennung ihrer Nachfolger weiterzuführen.

Vergleichbare Regelungen:

*Zu Abs. 1:* Artt. 55 BWVerf; 44 Abs. 3 BayVerf; 56 Abs. 4 VvB; 85 Abs. 1 BbgVerf; 35 Abs. 1 und 2 HambVerf; 113 Abs. 1 und 2 HessVerf; 33 Abs. 1 bis 3 NdsVerf; 62 Abs. 1 und 2 Verf NW; 87 Abs. 2 und 3 SaarlVerf; 68 Abs. 1 und 2 SächsVerf; 71 Abs. 1 LVerf LSA; 34 SchlHVerf; 75 Abs. 1 und 2 ThürVerf.

*Zu Abs. 2 bis 4:* Artt. 54, 55 Abs. 3 BWVerf; 57 VvB; 85 Abs. 2 und 3, 86 BbgVerf; 110 BremVerf; 35 Abs. 3, 37 HambVerf; 113 Abs. 3, 114 HessVerf; 32, 33 Abs. 4 NdsVerf; 61, 62 Abs. 3 Verf NW; 98 Abs. 3, 99 Verf Rh-Pf; 87 Abs. 5, 88 SaarlVerf; 68 Abs. 3, 69 SächsVerf; 71 Abs. 2, 72 LVerf LSA; 42 SchlHVerf; 73, 75 Abs. 3 ThürVerf.

| | | | |
|---|---|---|---|
| I. Vorbemerkung | 1 | 1. Zusammentritt eines neuen Landtags (Abs. 1 S. 1) | 5 |
| II. Beendigung des Amtes des Ministerpräsidenten | 5 | 2. Rücktritt (Abs. 1 S. 2) | 7 |

---

41 *Birkhoff/Lemke* Gnadenrecht Rn. 52.
42 *Uhle* in Dürig/Herzog/Scholz Art. 74 Rn. 106.
43 *Uhle* in Dürig/Herzog/Scholz Art. 74 Rn. 106.
44 *Weißer* in Epping/Butzer Art. 36 Rn. 31.

| | | | |
|---|---|---|---|
| 3. Entziehung des Vertrauens (Abs. 2, 3) | 8 | 2. Beendigung durch Akzessorietät zum Amt des Ministerpräsidenten (Abs. 1 S. 3) | 21 |
| 4. Weiterführung der Geschäfte (Abs. 4 S. 1) | 17 | 3. Weiterführung der Geschäfte (Abs. 4 S. 2) | 22 |
| III. Beendigung des Ministeramts | 20 | IV. Schrifttum | 23 |
| 1. Rücktritt (Abs. 1 S. 2) | 20 | | |

## I. Vorbemerkung

Art. 50 hat mehrere **Regelungsgegenstände**. Im Vordergrund stehen Vorschriften 1 über die Beendigung des Amtes des MinPräs. Art. 50 sieht hierfür drei alternative Fälle vor: den Zusammentritt eines neuen LT (Abs. 1 S. 1), den Rücktritt des MinPräs (Abs. 1 S. 2) und das konstruktive Misstrauensvotum des LT gegen den MinPräs (Abs. 2 S. 1). Das konstruktive Misstrauensvotum wird in Abs. 2 S. 2 und Abs. 3 näher ausgestaltet. Darüber hinaus enthalten die Vorschriften in Abs. 1 Sätze 2 und 3 Gründe für das Ende des Amtes der Minister. Gegenstand des Absatzes 4 schließlich ist die Verpflichtung der Regierungsmitglieder, ihre Amtsgeschäfte nach Beendigung des Amtes weiterzuführen. In systematischer Hinsicht ist Art. 50 nur teilweise gelungen. Es wäre übersichtlicher gewesen, die Folgen der Beendigung des Amtes des MinPräs (Abs. 1 S. 3) nach den drei Beendigungsgründen anzusprechen, anstatt sie in deren Mitte zu platzieren.

Die wichtigste **Bedeutung** des Art. 50 liegt darin, in der Phase der Beendigung 2 des Amtes des MinPräs eine **kontinuierliche Regierungsarbeit** zu ermöglichen. Die Vorschrift bildet damit ein Gegenstück zu Art. 42, wo bereits für die Wahl des MinPräs dasselbe Ziel verfolgt wird (→ Art. 42 Rn. 3). Beide Vorschriften zusammen machen das Bestreben der LV deutlich, in jeder Lage die Bildung einer möglichst stabilen Regierung zu erlauben. Dem dienen bei Art. 50 mehrere Entscheidungen der Verfassunggeber, die für das parlamentarische Regierungssystem in M-V von grundlegender Bedeutung sind:

- Das regelmäßige Ende der Amtszeit des MinPräs tritt nach Abs. 1 S. 1 nicht bereits mit der Wahl, sondern erst mit dem Zusammentritt eines neuen LT ein. Erst wenn der neue LT sich konstituiert hat (vgl. Art. 28), wenn er also in der Lage ist, einen neuen MinPräs zu wählen, endet das Amt des bisherigen MinPräs.
- Der LT kann dem MinPräs zwar das Misstrauen aussprechen und sein Amt damit beenden, aber nur, wenn er im Wege des *konstruktiven* Misstrauensvotums gleichzeitig einen neuen MinPräs wählt (Abs. 2 S. 2).
- Das Misstrauensvotum des LT kann sich nur gegen den MinPräs richten. Der LT hat keine – jedenfalls keine verfassungsrechtliche – Möglichkeit, einzelne Minister aus der LReg zu entfernen.
- Auch wenn das Amt des MinPräs beendet ist, ist er von Verfassungs wegen verpflichtet, die Geschäfte bis zur Amtsübernahme des Nachfolgers weiterzuführen (Abs. 4 S. 1).

Den Verfassunggebern war es ein erklärtes Anliegen, mit diesen Absicherungen dafür Sorge zu tragen, dass die LReg in keiner Phase ohne Führung ist.[1]

Zentrale Bedeutung hat aber auch die **Bindung der Ministerämter an das Amt** 3 **des MinPräs** in Abs. 1 S. 3. Diese Vorschrift ist zum einen Ausdruck der dominierenden Stellung, die dem MinPräs innerhalb der LReg zukommt (→ Art. 41 Rn. 23). Sie führt darüber hinaus dazu, dass der LT es in der Hand hat, durch das konstruktive Misstrauensvotum die gesamte LReg abzusetzen.

---

[1] LT-Drs, 1/3100 S. 145.

4 Die **anderen Landesverfassungen** enthalten Vorschriften (→ vor Rn. 1), mit denen Art. 50 in weiten Teilen vergleichbar ist. In den meisten Landesverfassungen und im GG sind die Bestimmungen über die Beendigung des Amtes des Regierungschefs auf mehrere Artikel aufgeteilt (vgl. etwa Art. 67, 69 Abs. 2, 3 GG). Die meisten Landesverfassungen sehen die Möglichkeit des Rücktritts der Regierungsmitglieder ausdrücklich vor (anders das GG, bei dem aber die Möglichkeit eines an den Bundespräsidenten gerichteten Entlassungsverlangens des Bundeskanzlers angenommen wird).[2] In einigen Ländern kann auch das Organ „Landesregierung" zurücktreten. Unterschiede gibt es bei den Voraussetzungen und beim Verfahren des konstruktiven Misstrauensvotums. In Bayern ist dieses Instrument nicht vorgesehen. In Rheinland-Pfalz endet das Ministeramt nicht automatisch mit dem Ende des Amtes des MinPräs, in den meisten anderen Ländern ist dies wie in MV geregelt, wenn auch mit teilweise abweichenden Bezeichnungen. In Niedersachsen etwa „gelten" die Minister in diesem Fall „als zurückgetreten". Was die Verpflichtung der Regierungsmitglieder betrifft, die Geschäfte nach dem Amtsende vorübergehend weiterzuführen, entsprechen die Regelungen in einigen Ländern (etwa Brandenburg, Sachsen-Anhalt, Thüringen) derjenigen in Art. 50 Abs. 4 LV. Verbreitet jedoch, etwa in Baden-Württemberg, Niedersachsen, Nordrhein-Westfalen, Rheinland-Pfalz und Sachsen (differenzierend in Schleswig-Holstein), obliegt diese Verpflichtung nicht nur dem MinPräs, sondern auch den Ministern bereits von Verfassungs wegen. Dass der MinPräs in MV es gemäß Art. 50 Abs. 4 S. 2 LV selbst in der Hand hat, den Ministern diese Verpflichtung durch ein „Ersuchen" aufzuerlegen, trägt daher im Quervergleich zu seiner starken Position bei (→ Art. 41 Rn. 23).

## II. Beendigung des Amtes des Ministerpräsidenten

5 **1. Zusammentritt eines neuen Landtags (Abs. 1 S. 1).** Nach Art. 50 Abs. 1 S. 1 endet das Amt des MinPräs mit dem Zusammentritt eines neuen LT. Zu welchem Zeitpunkt ein neuer LT zusammengetreten ist, richtet sich nach Art. 28 (→ Art. 28 Rn. 3). Ob der Zusammentritt des neuen LT im Anschluss an die regelmäßigen LT-Wahlen oder aber nach vorgezogenen Neuwahlen stattfindet, spielt für die Beendigung des Amts des MinPräs keine Rolle. Das Amt endet in beiden Fällen. Der LT hat sodann die Möglichkeit, gemäß Art. 42 einen Nachfolger zu wählen. Der von der LV vorgesehene Regelfall des Zusammentritts eines neuen LT ist die sogenannte **konstituierende Sitzung des LT** zu Beginn einer neuen Wahlperiode im Anschluss an die turnusmäßig alle fünf Jahre stattfindenden LT-Wahlen (Art. 27 Abs. 1 LV). Dies ist damit zugleich der Normalfall der Beendigung des Amtes des MinPräs. Zuletzt geschah dies am 26.10.2021, als der LT zu seiner konstituierenden Sitzung für die 8. Wahlperiode zusammentrat, wodurch das Amt von Ministerpräsidentin *Manuela Schwesig* aus der 7. Wahlperiode endete.

6 Indem die LV die Beendigung des Amts des MinPräs mit dem Zusammentritt eines neuen LT verknüpft, bindet sie das Amt des Regierungschefs an die Tätigkeit des LT, der ihn gewählt hat (Grundsatz der Periodizität[3]). Diese Bindung hat zwei für die parlamentarische Demokratie kennzeichnende Gründe. Zum einen vermittelt der LT dem MinPräs mit der Wahl die **demokratische Legitimation**, die dieser für die Amtsausübung, insbesondere für die Ausübung von Hoheitsgewalt, benötigt (→ Art. 42 Rn. 1). Zum anderen wird dem MinPräs mit der Wahl das **Vertrauen** des Parlaments ausgedrückt, ohne das die von

---

[2] Vgl. nur *Jarass* in Jarass/Pieroth Art. 69 Rn. 3 mwN.
[3] Vgl. etwa *Brinktrine* in Sachs Art. 69 Rn. 3.

ihm geführte Regierung nicht handlungsfähig wäre. Mit dem Zusammentritt des neuen LT konstituiert sich das Parlament auf der Grundlage der aktuellen Wahlentscheidung neu und entscheidet fortan in der neuen Besetzung. Die vom bisherigen LT abgeleitete Legitimationswirkung für den MinPräs entfällt damit. Auch kann der MinPräs sich des Vertrauens des neu zusammengesetzten LT nicht sicher sein, so dass bis zur Wahl eines neuen MinPräs lediglich die Weiterführung der Geschäfte nach Abs. 4 S. 1 möglich ist.

**2. Rücktritt (Abs. 1 S. 2).** Der MinPräs kann jederzeit von seinem Amt zurücktreten.[4] Näheres dazu ist in der Verfassung nicht geregelt. Mit dem Begriff „jederzeit" ist gemeint, dass der Rücktritt nicht an materielle Voraussetzungen gebunden ist.[5] Die Verfassunggeber haben dies zusätzlich mit der Formulierung zum Ausdruck gebracht, dass der MinPräs jederzeit „von sich aus" zurücktreten könne.[6] Der Rücktritt liegt damit in der **alleinigen und freien Entscheidung** des MinPräs. Er braucht nicht begründet zu werden.[7] Darin kommt die Überlegung zum Ausdruck, dass das Amt des MinPräs ein politisches Amt ist, dessen Wahrnehmung von niemandem gegen seinen Willen verlangt werden kann.[8] Der MinPräs wird zu berücksichtigen haben, dass er mit seinem Rücktritt auch die Ämter der Minister beendet (Abs. 1 S. 3). Der Rücktritt ist gegenüber demjenigen Organ zu erklären, das den MinPräs gewählt hat, also gegenüber dem LT. In einigen anderen Ländern reicht eine Erklärung gegenüber dem PräsLT aus,[9] was teilweise auf der Ebene des einfachen Rechts geregelt ist. In MV ist hiervon nicht auszugehen, zumal § 2 Abs. 1 LMinG bestimmt, dass das Amtsverhältnis des MinPräs mit der Annahme der Wahl gegenüber dem *Landtag* beginnt. Das spricht dafür, dass gegenüber diesem Organ auch der Rücktritt zu erklären ist. Durch den Rücktritt endet das Amt des MinPräs. Der LT wird in den Stand versetzt, einen Nachfolger zu wählen (vgl. Art. 42 Abs. 2 S. 1 2. Alt.).

**3. Entziehung des Vertrauens (Abs. 2, 3).** a) Der LT hat die Möglichkeit, dem MinPräs das **Vertrauen** zu entziehen und sein Amt damit zu beenden. Wegen Abs. 1 S. 3 wird damit zugleich die gesamte LReg abgesetzt. Die Handlungsfähigkeit der LReg hängt daher maßgeblich davon ab, ob die Regierung und insbesondere der MinPräs das Vertrauen des LT haben. Das Vertrauen ist einer der Schlüsselbegriffe für das parlamentarische Regierungssystem in M-V, vergleichbar mit dem Begriff der Verantwortung (→ Art. 46 Rn. 1, 13, 15).[10] Art. 50 Abs. 2 (ergänzt durch Abs. 3) und Art. 51 nennen den Begriff des Vertrauens in auffälliger Weise ausdrücklich, anstatt etwa neutral von der „Abwahl" des MinPräs zu sprechen. Gemeint ist der Vertrauensbegriff nicht im Sinne einer persönlich-psychologische Beziehung, sondern als Grundlage für die kontinuierliche politische Unterstützung der Regierung durch den LT.[11] Art. 50 Abs. 2 folgt damit dem Sprachgebrauch des GG und der anderen Landesverfassungen. Dabei macht es in der Sache keinen Unterschied, dass etwa Art. 67 Abs. 1 S. 1 GG nicht mit der Formulierung des Vertrauensentzugs arbeitet, sondern

---

4 So die MinPräs *Alfred Gomolka* 1992, *Harald Ringstorff* 2008 und *Erwin Sellering* 2017.
5 Vgl. *Mittag* in Baumann-Hasske Art. 68 Rn. 4.
6 LT-Drs. 1/3100 S. 145.
7 Vgl. *Tettinger* in Löwer/Tettinger Art. 62 Rn. 8.
8 Vgl. *Schumacher* in Brocker/Droege/Jutzi Art. 98 Rn. 65.
9 Vgl. etwa *Clostermeyer* in Haug Art. 55 Rn. 10; *Mittag* in Baumann-Hasske Art. 68 Rn. 6.
10 Vgl. *Badura* in HdbStR § 10 Rn. 12 f.
11 Vgl. BVerfGE 62, 1 (36); *Clostermeyer* in Haug Art. 54 Rn. 8.

umgekehrt mit dem Aussprechen des Misstrauens. In M-V hat es bislang kein Misstrauensvotum gegeben.

9 b) Für die Entziehung des Vertrauens iSd Absatzes 2 hat sich in Anlehnung an die Formulierung in Art. 67 Abs. 1 S. 1 GG der Begriff des Misstrauensvotums etabliert. Das Misstrauensvotum ist das „klassische Mittel des Regierungssturzes"[12] im parlamentarischen Regierungssystem. Im Interesse der Regierungsstabilität sieht Abs. 2 nur das **konstruktive Misstrauensvotum** vor. Der LT kann den MinPräs nur abwählen, indem er einen neuen MinPräs wählt (Abs. 2 S. 2). Die Opposition im LT erhält die Möglichkeit zum Sturz der Regierung also nur dann, wenn sie selbst zur Regierungsverantwortung bereit ist.[13] Die schlichte Abwahl ohne Bestimmung eines Nachfolgers ist nicht möglich. Wie die meisten anderen Landesverfassungen auch folgt Art. 50 Abs. 2 darin dem Vorbild des Art. 67 Abs. 1 S. 2 GG.

10 Den **verfassungsgeschichtlichen Hintergrund** für diese Absicherung zugunsten einer handlungsfähigen Regierung bildet die Weimarer Republik. Art. 54 WRV sah die Verpflichtung des Reichskanzlers und darüber hinaus jedes Reichsministers zum Rücktritt vor, wenn der Reichstag ihnen das Vertrauen entzog. Die Vorschrift ermöglichte also ein „destruktives" Misstrauensvotum, das nicht an die Neuwahl eines Nachfolgers geknüpft war. Auf diese Weise wurden zwei Reichsregierungen abgewählt, ohne dass sich im Reichstag anschließend Mehrheiten für einen neuen Reichskanzler gefunden hätten.[14] Die Regierungen blieben lediglich geschäftsführend tätig. Diese Vorgänge, insbesondere aber die ständige Möglichkeit, dass auch die späteren Regierungen auf diese Weise hätten abgewählt werden können, haben spätestens seit dem Ende der 1920er Jahre zur kontinuierlichen Destabilisierung des Weimarer Regierungssystems beigetragen, wenngleich das Gewicht des Verursachungsbeitrags unterschiedlich bewertet wird.[15]

11 Das Misstrauensvotum kann nur **gegen den MinPräs** gerichtet werden. Der LT hat keine Möglichkeit, auf vergleichbare Weise einzelne Minister aus der LReg herauszulösen. Auch das ist eine Abkehr von Art. 54 WRV, die der inneren Stabilität der Regierung dient. Relativiert wird die stabilisierende Wirkung freilich dadurch, dass es dem LT unbenommen ist, fehlendes Vertrauen in die Politik eines Ministers bei hinreichendem Gewicht in den Verantwortungsbereich des MinPräs für die Regierungspolitik insgesamt zu verlagern und diesem das Vertrauen zu entziehen.

12 Das **Misstrauensvotum** ist **erfolgreich**, wenn der LT mit der Mehrheit seiner Mitglieder einen Nachfolger wählt (Abs. 2 S. 2). In diesem Fall endet das Amt des MinPräs (Abs. 2 S. 1). Wegen Abs. 1 S. 3 sind gleichzeitig die Ämter der Minister beendet. Das erforderliche Quorum der Mitgliedermehrheit entspricht dem der Wahl des MinPräs im ersten Wahldurchgang (→ Art. 42 Rn. 13). Ein im Wege des konstruktiven Misstrauensvotums gewählter MinPräs hat also dieselbe demokratische Legitimation wie im Falle des Art. 42 Abs. 1.[16]

13 Kommt die **Mehrheit** des Absatzes 2 S. 2 **nicht zustande**, weil die Opposition sich nicht auf einen gemeinsamen Nachfolger verständigen kann, verbleibt der

---

12 *Schröder* in HdbStR § 65 Rn. 36.
13 *Schröder* in HdbStR § 65 Rn. 38.
14 *Schenke* in BK Art. 67 Rn. 52 f.
15 Vgl. etwa *Busse* in Berl. Kommentar Art. 60 Rn. 6; *Mager/Holzner* in von Münch/Kunig Art. 67 Rn. 6; *Hermes* in Dreier Art. 67 Rn. 2; *Voßkuhle/Schemmel* JuS 2020, 736 (737 ff.); *Waldhoff* JuS 2019, 737 (741); siehe auch *Winkler* Weimar S. 575 ff., 614.
16 Vgl. BVerfGE 62, 1 (43).

MinPräs im Amt. Weitere Wahlgänge sind im Unterschied zur Wahl des MinPräs nach Art. 42 nicht vorgesehen. Auch hat der LT anders als nach Art. 42 Abs. 2 nicht die Möglichkeit, mit der Mitgliedermehrheit seine Auflösung zu beschließen. Hierfür bedarf es der in Art. 27 Abs. 2 für den Regelfall vorgesehenen Zwei-Drittel-Mehrheit. Für ein geringeres Quorum besteht kein Anlass, da nach einem erfolglosen Misstrauensvotum, anders als nach einer gescheiterten ordentlichen Wahl des MinPräs, ein gewählter Regierungschef im Amt ist. In dieser Situation ist folglich nicht ausgeschlossen, dass die LReg nur noch als sog. Minderheitsregierung handeln kann, weil es zwar an der Mehrheit für einen neuen Regierungschef fehlt, die bestehende Regierung für ihre Politik aber ebenfalls keine feste Mehrheit mehr findet. Hierin wird teilweise eine Schwäche des konstruktiven Misstrauensvotums gesehen.[17] Demgegenüber ist zu betonen, dass eine Minderheitsregierung immer noch eine höhere demokratische Legitimation hat als eine lediglich geschäftsführende Regierung.[18] Außerdem besteht zumindest nicht die Gefahr eines Regierungssturzes durch „Zufallsmehrheiten" (→ Rn. 10)[19]. Die notwendige Suche der Regierung nach (unter Umständen wechselnden) Mehrheiten wird darüber hinaus in politikwissenschaftlicher Hinsicht teilweise als „heilsamer Zwang" beschrieben.[20]

c) Abs. 3 sieht für das konstruktive Misstrauensvotum ein mehrstufiges Verfahren vor. Es beginnt mit dem **Antrag auf Entziehung des Vertrauens**. Dieser Antrag bedarf der Unterstützung durch mindestens ein Drittel der gesetzlichen Mitglieder des LT (Abs. 3 S. 1). Da die gesetzliche Mitgliederzahl gemäß Art. 20 Abs. 2 S. 1 bei 71 liegt, müssen mindestens 24 Abgeordnete den Antrag mittragen. Im Falle von Überhang- und Ausgleichsmandaten ändert sich die Zahl entsprechend. Wegen des konstruktiven Elements des Antrags (Abs. 2 S. 2) ist außerdem notwendig, dass der Antrag auf die Wahl eines namentlich bestimmten Nachfolgers gerichtet ist. Die bloße Erklärung, der LReg oder dem MinPräs werde das Vertrauen entzogen oder dergleichen, stellt kein zulässiges Misstrauensvotum dar.[21] 14

Über den Antrag hat im LT eine **Aussprache** stattzufinden. Das ergibt sich aus dem Wortlaut des Absatzes 3 S. 2. Im Gegensatz zum Verfahren bei der regelmäßigen Wahl des MinPräs (→ Art. 42 Rn. 9 ff.) besteht hier also kein Verbot, sondern gerade ein Gebot der parlamentarischen Aussprache. Aus den bei Art. 42 dargelegten Gründen ist das auch sachgerecht.[22] Anders als vor der ordentlichen Wahl des MinPräs haben dieser und die LReg hier bereits eine politische Bilanz vorzuweisen. Der Antrag auf Entziehung des Vertrauens ist daher entweder Ausdruck einer Regierungskrise, dann liegt eine Aussprache auf der Hand, oder der Antrag ist lediglich ein „Versuch" der Opposition, auch dann müssen die Regierungs- und die Oppositionsfraktionen die Möglichkeit haben, über ihre Standpunkte zu debattieren.[23] Die Schutzbedürftigkeit der Persönlichkeiten des bisherigen und des evtl. neuen MinPräs tritt dahinter zurück. Die bevorstehende Abstimmung über den Vorschlag eines neuen MinPräs kommt einer „Auswahl" zwischen dem Amtsinhaber und dem Herausforderer gleich und kann daher von 15

---

17 Vgl. die Nachweise bei *Schröder* in HdbStR § 35 Rn. 36.
18 *Busse* in Berl. Kommentar Art. 67 Rn. 8; *Schenke*, JuS 2021, 713 (718 f.).
19 *Tettinger* in Löwer/Tettinger Art. 61 Rn. 11.
20 *Schröder* in HdbStR § 65 Rn. 36.
21 Vgl. *Clostermeyer* in Haug Art. 54 Rn. 14 mwN.
22 Vgl. *Schumacher* in Brocker/Droege/Jutzi Art. 99 Rn. 14.
23 Ebenso *Clostermeyer* in Haug Art. 54 Rn. 17; vgl. auch *Tettinger* in Löwer/Tettinger Art. 61 Rn. 12; in Baden-Württemberg und Nordrhein-Westfalen ist die Aussprache nicht verfassungsrechtlich vorgeschrieben.

den Personen nicht mehr getrennt werden. Hinzu kommt, dass das Geschehen mit großer Wahrscheinlichkeit Gegenstand einer noch engagierteren Diskussion in der Medienöffentlichkeit ist als die regelmäßige Wahl des Regierungschefs. Ein Ausspracheverbot für die LT-Abgeordneten wäre hier daher besonders kontraproduktiv, weil es geeignet wäre, auch die parlamentarische Debatte in die Medien zu verlagern.

16 Abs. 3 S. 2 regelt außerdem zwei **Fristen**, die das Verfahren bestimmen. In den anderen Landesverfassungen (→ Rn. 4) ist gerade dieser Punkt sehr unterschiedlich geregelt. In M-V kann die Abstimmung frühestens drei Tage nach Abschluss der Aussprache stattfinden. Diese Vorgabe soll auch in Zeiten einer evtl. Regierungskrise vor Übereilung schützen.[24] Die Abstimmung muss aber spätestens vierzehn Tage nach Eingang des Antrags erfolgen. Damit soll eine angemessen zügige Entscheidung des LT herbeigeführt werden, um etwa die unsicheren Zeiten einer Regierungskrise rasch zu beenden.

17 **4. Weiterführung der Geschäfte (Abs. 4 S. 1).** Der aus dem Amt geschiedene MinPräs ist verpflichtet, die **Geschäfte** bis zur Amtsübernahme durch seinen Nachfolger **weiterzuführen**. Diese Verpflichtung besteht von Verfassungs wegen, eines Ersuchens von dritter Seite bedarf es nicht.[25] Die Verpflichtung trifft den MinPräs unabhängig davon, ob die Beendigung seines Amtes auf dem Zusammentritt eines neuen LT, auf seinem eigenen Rücktritt oder auf einem konstruktiven Misstrauensvotum beruht. Mit der Sicherstellung einer geschäftsführenden Regierung bis zur Amtsübernahme eines neuen MinPräs soll eine regierungslose Zeit verhindert werden. Auch Abs. 4 S. 1 dient daher dem Ziel der Regierungsstabilität.[26]

18 Die **Befugnisse** des geschäftsführenden MinPräs unterscheiden sich faktisch kaum von denjenigen eines amtierenden Regierungschefs.[27] Der MinPräs ist insbesondere nicht auf unaufschiebbare Entscheidungen oder auf die „laufenden Geschäfte" beschränkt. Ob er Entscheidungen von größerer politischer Tragweite trifft, ist keine verfassungsrechtliche, sondern eine politische Frage.[28] Der geschäftsführende MinPräs kann vor allem gemäß Abs. 4 S. 2 auch die Minister um Weiterführung ihrer Geschäfte bitten – ein Ersuchen, dem diese nachzukommen verpflichtet sind. Diese Befugnis vermittelt auch dem geschäftsführenden MinPräs einen gewissen organisatorischen Gestaltungsspielraum. Er ist beispielsweise frei darin, nicht alle bisherigen Minister um Weiterführung des jeweiligen Amtsgeschäfts zu ersuchen und auf diese Weise frei werdende Ressorts anderen Ministern zur Geschäftsführung zuzuweisen.

19 Der Unterschied im Vergleich zur Rechtsstellung des amtierenden Regierungschefs liegt darin, dass der lediglich geschäftsführende MinPräs **nicht vom Vertrauen** des LT getragen, sondern kraft verfassungsrechtlicher Anordnung tätig wird.[29] Er kann daher nicht die Vertrauensfrage des Art. 51 stellen und auch nicht durch ein konstruktives Misstrauensvotum abgewählt werden. Ob er die Befugnis hat, neue Minister zu ernennen, ist zweifelhaft.[30] Dem dürfte die spezi-

---

24 Vgl. *Clostermeyer* in Haug Art. 54 Rn. 15; *Mittag* in Baumann-Hasske Art. 69 Rn. 8.
25 Vgl. *Clostermeyer* in Haug Art. 55 Rn. 16.
26 Vgl. *Schröder* in HdbStR § 65 Rn. 46.
27 Vgl. *Schröder* in HdbStR § 65 Rn. 50; *Tettinger* in Löwer/Tettinger Art. 62 Rn. 15; *Clostermeyer* in Haug Art. 55 Rn. 18.
28 Vgl. *Clostermeyer* in Haug Art. 55 Rn. 18; *Mittag* in Baumann-Hasske Art. 68 Rn. 17; *Schemmel* NVwZ 2018, 105 (109), jeweils mwN auch zur Gegenmeinung.
29 Vgl. *Schröder* in HdbStR § 65 Rn. 50.
30 Vgl. *Tettinger* in Löwer/Tettinger Art. 62 Rn. 15; *Schemmel* NVwZ 2018, 105 (107 f.).

elle Vorschrift des Absatzes 4 S. 2 (→ Rn. 22) entgegenstehen, auch wenn sie die Ernennung nicht ausdrücklich ausschließt. Zu bedenken ist auch, dass die Ernennung eines Ministers zu einer Regierung mit unterschiedlichen Legitimationsqualitäten führen würde.[31]

### III. Beendigung des Ministeramts

**1. Rücktritt (Abs. 1 S. 2).** Die Minister können ebenso wie der MinPräs jederzeit zurücktreten, um ihre Amtszeit zu beenden. Der Rücktritt ist gegenüber dem MinPräs zu erklären, da dieser die Minister durch Ernennung in das Amt gebracht hat. Im Übrigen gilt für den Rücktritt der Minister dasselbe wie für den Rücktritt des MinPräs (→ Rn. 7.). 20

**2. Beendigung durch Akzessorietät zum Amt des Ministerpräsidenten (Abs. 1 S. 3).** Mit jeder Beendigung des Amtes des MinPräs endet von Verfassungs wegen auch das Ministeramt. Der Grund für die Beendigung des Amtes des MinPräs ist hierfür unerheblich. Das bedeutet beispielsweise, dass mit dem Zusammentritt eines neuen LT automatisch die Amtszeit aller Regierungsmitglieder beendet ist. Ein erfolgreiches konstruktives Misstrauensvotum (→ Rn. 8 ff.) enthebt nicht nur den MinPräs, sondern zugleich die Minister ihrer Ämter. 21

**3. Weiterführung der Geschäfte (Abs. 4 S. 2).** Im Interesse einer handlungsfähigen Regierung (→ Rn. 17) sind neben dem MinPräs auch die Minister nach Beendigung ihres Amtes zur Weiterführung der Geschäfte verpflichtet. Dies setzt allerdings ein entsprechendes Ersuchen des MinPräs voraus. Von Verfassungs wegen trifft die Minister diese Verpflichtung nicht. Einem auf Weiterführung der Geschäfte gerichteten Ersuchen des MinPräs haben die Minister Folge zu leisten. Ein geschäftsführender Minister hat ferner nicht die Möglichkeit, sich dieser Aufgabe durch Rücktritt zu entziehen. Die Befugnisse der geschäftsführenden Minister entsprechen weitgehend denen während der Amtszeit (→ Rn. 22). 22

### IV. Schrifttum

*Jakob Schemmel*, Die geschäftsführende Bundesregierung, NVwZ 2018, 105; *Wolf-Rüdiger Schenke*, Die grundgesetzliche Ausprägung des parlamentarischen Regierungssystems, JuS 2021, 713; *Andreas Voßkuhle/Jakob Schemmel,* Grundwissen Öffentliches Recht: Die Bundesregierung, JuS 2020, 736; *Christian Waldhoff*, Die Weimarer Reichsverfassung als Vorbild und als Gegenbild für das Grundgesetz, JuS 2019, 737; *Heinrich August Winkler*, Weimar 1918–1933, Die Geschichte der ersten deutschen Demokratie, 3. Aufl. Paperback, 2019 (zit. Winkler Weimar). 23

### Art. 51 (Vertrauensfrage)

(1) [1]Findet ein Antrag des Ministerpräsidenten, ihm das Vertrauen auszusprechen, nicht die Zustimmung der Mehrheit der Mitglieder des Landtages, so erklärt der Präsident des Landtages auf Antrag des Ministerpräsidenten nach Ablauf von vierzehn Tagen die Wahlperiode des Landtages vorzeitig für beendet. [2]Der Antrag des Ministerpräsidenten kann frühestens eine Woche, spätestens zwei Wochen nach Abstimmung über den Vertrauensantrag gestellt werden. [3]Zwischen dem Vertrauensantrag und der Abstimmung müssen mindestens zweiundsiebzig Stunden liegen.

---

31 Vgl. *Clostermeyer* in Haug Art. 55 Rn. 19.

(2) Das Verfahren der vorzeitigen Beendigung der Wahlperiode ist beendet, sobald der Landtag mit der Mehrheit seiner Mitglieder einen neuen Ministerpräsidenten wählt und gehemmt, solange über einen Antrag auf Wahl eines neuen Ministerpräsidenten noch nicht entschieden ist.

Vergleichbare Regelungen:
Artt. 87 BbgVerf; 36 HambVerf; 88 SaarlVerf; 73 LVerf LSA; 43 SchlHVerf; 74, 75 Abs. 2 Satz 1 ThürVerf.

| I. Vorbemerkung .................... | 1 | 3. Folgen bei Verfehlung der Mehrheit ....................... | 11 |
|---|---|---|---|
| II. Die Vertrauensfrage im Einzelnen | 5 | 4. Konstruktives Misstrauensvotum (Abs. 2) .................... | 15 |
| 1. Antrag des Ministerpräsidenten ............................ | 5 | | |
| 2. Erfordernis der Mitgliedermehrheit ...................... | 10 | | |

## I. Vorbemerkung

1 Art. 51 gibt dem MinPräs die Möglichkeit der Vertrauensfrage. Mit diesem Instrument kann der MinPräs den LT in Zeiten unsicher gewordener Unterstützung zu dem Bekenntnis zwingen, ob seine Regierung weiterhin von einer Mehrheit getragen wird.[1] Da im Falle einer abschlägigen Antwort des LT dessen Auflösung droht, kann die Vertrauensfrage ein beachtliches Druckmittel des MinPräs darstellen. In M-V ist bislang keine Vertrauensfrage gestellt worden.

2 Absatz 1 Satz 1 regelt die einzelnen Schritte der Vertrauensfrage. Das **Verfahren** beginnt mit dem Antrag des MinPräs an den LT, ihm das Vertrauen auszusprechen. Der LT stimmt über den Antrag ab. Erhält der MinPräs in der Abstimmung die erforderliche Mitgliedermehrheit, ist dieses parlamentarische Verfahren beendet. Verfehlt der MinPräs hingegen die Mehrheit, so liegt es in seinem Ermessen, beim PräsLT die Erklärung zu beantragen, dass die Wahlperiode beendet sei. Stellt der MinPräs diesen Antrag, hat der PräsLT ihm zu entsprechen,[2] und der Weg zu Neuwahlen wird eröffnet. Absatz 1 Satz 2 enthält Fristenbestimmungen. Nach Absatz 2 kann das Vertrauensfrageverfahren durch die zwischenzeitliche Wahl eines neuen MinPräs im Wege eines konstruktiven Misstrauensvotums beendet werden. Bereits der Antrag auf die Wahl eines neuen MinPräs hemmt das Verfahren über die Vertrauensfrage.

3 Die **Entstehungsgeschichte** ist dadurch gekennzeichnet, dass in Absatz 1 zunächst vorgesehen war, dem MinPräs selbst die Befugnis zur Beendigung der Wahlperiode einzuräumen, falls die Vertrauensfrage nicht die erforderliche Mehrheit findet.[3] Die Verfassungskommission hat dies später zugunsten der geltenden Regelung geändert. Zur Begründung wurde ausgeführt, dass ein MinPräs, dem das Vertrauen versagt geblieben sei, nicht mehr die Befugnis haben solle, die Wahlperiode vorzeitig zu beenden.[4]

4 Art. 51 ist in den Grundzügen Art. 68 GG nachgebildet. Dagegen sehen bei weitem nicht alle **Landesverfassungen** die Möglichkeit der Vertrauensfrage vor. Dort wo sie geregelt ist (→ vor Rn. 1), gibt es teilweise erhebliche Unterschiede. Beispielsweise ist in Schleswig-Holstein vorgesehen, dass im Falle der abschlägigen Beantwortung der Vertrauensfrage der MinPräs selbst die Wahlperiode

---
1 Vgl. *Schröder* in HdbStR § 65 Rn. 40.
2 LT-Drs. 1/3100 S. 145.
3 LT-Drs. 1/2000 S. 46.
4 LT-Drs. 1/3100 S. 147.

vorzeitig für beendet erklären kann. In Brandenburg und Hamburg können der LT bzw. die Bürgerschaft sich in diesem Fall selbst auflösen, in Thüringen ist er automatisch aufgelöst. Eine Vorschrift über die Hemmung des Vertrauensfrageverfahrens, wie sie in Absatz 2 enthalten ist, findet sich in keiner anderen Landesverfassung.

## II. Die Vertrauensfrage im Einzelnen

**1. Antrag des Ministerpräsidenten.** a) Absatz 1 Satz 1 definiert die Vertrauensfrage als einen Antrag des MinPräs, ihm das Vertrauen auszusprechen. In Absatz 1 Satz 3 wird dieser Antrag als Vertrauensantrag bezeichnet. Den Antrag kann nur der MinPräs stellen. Da der Antrag auf die Zustimmung der Mitgliedermehrheit des LT gerichtet ist, ist Adressat des Antrags der LT. Die Kompetenz zur **Antragstellung** unterliegt keinerlei Beschränkungen durch andere Organe.[5] Der MinPräs bedarf also zB keines Beschlusses der LReg; auch kann die LReg die Antragstellung nicht verhindern. Etwaige Aufforderungen aus dem parlamentarischen Raum, die Vertrauensfrage zu stellen, haben keine Bindungswirkung. Der Antrag muss keinen bestimmten Wortlaut haben. Das Ziel, die Unterstützung des LT für die weitere Amtsführung zu erhalten, muss aber eindeutig erkennbar sein. Das ist besonders wichtig, wenn die Vertrauensfrage mit einem Sachantrag oder auch mit einem Gesetzentwurf verbunden wird, was durchaus zulässig ist; denn in diesem Fall genügt für einen zustimmenden Beschluss zu der Sachfrage oft die Abstimmungsmehrheit, während für ein positives Votum zur Vertrauensfrage die Mitgliedermehrheit erforderlich ist.

b) Aus Anlass zweier Vertrauensfragen auf Bundesebene[6] ist im verfassungsrechtlichen Schrifttum kontrovers diskutiert worden, ob und ggf. in welchem Umfang die hinter der Vertrauensfrage stehende Absicht des Regierungschefs verfassungsrechtliche Bedeutung hat. Aufgrund des mit Art. 68 Abs. 1 Satz 1 GG vergleichbaren Wortlauts des Art. 51 Abs. 1 Satz 1 LV ist diese Frage auch für M-V von Bedeutung. In den beiden genannten Fällen hat der jeweilige Bundeskanzler die Vertrauensfrage im Bundestag ausdrücklich mit dem Ziel gestellt, Neuwahlen zu ermöglichen.[7] Mit den Vertrauensfragen war also jeweils die Erwartung des Bundeskanzlers verbunden, die erforderliche Mehrheit nicht zu erhalten, sondern gerade zu verfehlen, um dadurch das Mandat zu erlangen, dem Bundespräsidenten die Auflösung des Bundestages vorzuschlagen. Im Schrifttum wurde dies teilweise als Missbrauch der Vertrauensfrage verstanden.[8] In Anlehnung an die beiden genannten Entscheidungen des BVerfG hat sich für diese Fallkonstellation inzwischen der Begriff der **auflösungsgerichteten Vertrauensfrage** etabliert.

Das BVerfG hat diese Art der Vertrauensfrage für mit dem Grundgesetz vereinbar erklärt, wenn eine politische Lage der Instabilität besteht, in der der Bundeskanzler der stetigen parlamentarischen Unterstützung nicht sicher sein kann.[9] In der späteren Entscheidung aus dem Jahr 2005 hat das BVerfG dem Bundeskanzler in dieser Frage einen weitreichenden Einschätzungsspielraum zugebilligt. Es genüge die berechtigte Einschätzung des Bundeskanzlers, die Handlungsfähigkeit der Bundesregierung sei im Hinblick auf die Mehrheitsverhält-

---

5 Vgl. *Schröder* in HdbStR § 65 Rn. 42.
6 Durch den Bundeskanzler *Helmut Kohl* 1982 und *Gerhard Schröder* 2005.
7 Vgl. die Wiedergabe der BT-Materialien in BVerfGE 62, 1 ff.; BVerfGE 114, 121 ff.
8 Übersicht zum Streitstand etwa bei *Brinktrine* in Sachs Art. 68 Rn. 14 ff.
9 BVerfGE 62, 1 (42).

nisse im Bundestag beeinträchtigt.[10] Verfassungswidrig ist die Vertrauensfrage nach der Rechtsprechung des BVerfG demzufolge nur, wenn zur Unterstützung der Bundesregierung eine ausreichende Mehrheit im Bundestag außer Zweifel steht.[11] Begründet hat das BVerfG seine Rechtsprechung[12] ua mit dem wesentlichen Argument, dass Art. 68 GG ebenso wie weitere Vorschriften des GG über die Bundesregierung im Vergleich zur WRV mehr auf Stabilität der Regierung angelegt seien. Die Vorschriften zielten darauf ab, Regierungsfähigkeit herzustellen und damit politische Stabilität zu ermöglichen.[13] Ein Missbrauch des Instruments der Vertrauensfrage von Seiten des Bundeskanzlers sei auch deswegen ausgeschlossen, weil die Mitglieder des Bundestages in ihrem Abstimmungsverhalten frei seien.[14]

8 Dem ist für **Art. 51 LV** zu folgen. Wie bei Art. 68 Abs. 1 Satz 1 GG stellt die mit der Vertrauensfrage verbundene Absicht des MinPräs nach dem Wortlaut des Art. 51 Abs. 1 Satz 1 LV kein Tatbestandsmerkmal für die Verfassungsgemäßheit dieses Schritts dar.[15] Entscheidend aber ist, dass die Vorschriften der Art. 41 ff. LV ebenso wie die Parallelnormen des GG aus historischen Gründen davon geprägt sind, zu jedem Zeitpunkt eine stabile und handlungsfähige Regierung zu ermöglichen (→ Art. 42 Rn. 3, Art. 50 Rn. 10). Von dieser Grundlage des Staatsorganisationsrechts in M-V macht Art. 51 LV keine Ausnahme. In Zeiten politischer Instabilität erlaubt daher auch Art. 51 Abs. 1 Satz 1 eine auflösungsgerichtete Vertrauensfrage, wenn mit ihr der Weg zu Neuwahlen geebnet werden soll, um dadurch wieder zu stabilen Mehrheiten zu gelangen. Das Ziel der Regierungsstabilität ist der genauen Motivforschung bei der Vertrauensfrage übergeordnet. Von einem Missbrauch der Vertrauensfrage kann vor diesem Hintergrund auch in M-V nur gesprochen werden, wenn sie zu einem Zeitpunkt gestellt wird, da die Regierungsmehrheit zweifellos feststeht.

9 Zu **keinem anderen Ergebnis** führt es, dass die LV in anders als das GG ein parlamentarisches **Selbstauflösungsrecht** vorsieht. Nach Art. 27 Abs. 2 hat der LT unter den dort näher genannten Voraussetzungen die Möglichkeit, mit einer Mehrheit von zwei Dritteln seiner Mitglieder die Wahlperiode vorzeitig zu beenden. Damit hat auch der LT die Möglichkeit, auf politisch instabile Verhältnisse zu reagieren und insbesondere Neuwahlen ohne Mitwirkung der LReg herbeizuführen (→ Art. 27 Rn. 9). Die Möglichkeiten des MinPräs nach Art. 51 Abs. 1 werden dadurch jedoch nicht eingeschränkt. Das Selbstauflösungsrecht des LT und die Vertrauensfrage des MinPräs ergänzen sich, wie das Nebeneinander von Art. 27 Abs. 2 und Art. 51 Abs. 1 Satz 1 deutlich macht. Beide Instrumente unterscheiden sich in mehrfacher Hinsicht. Während das Selbstauflösungsrecht ein autonomes Recht des LT darstellt, das eine Zwei-Drittel-Mehrheit und damit in der Regel ein Übereinstimmen von Regierungs- und Oppositionsfraktionen voraussetzt, handelt es sich bei der Vertrauensfrage um einen Schritt des MinPräs, der bewußt bereits bei unsicherer Regierungsmehrheit eröffnet werden soll (→ Rn. 7 f.). Da die auflösungsgerichtete Vertrauensfrage eine berechtigte Einschätzung des MinPräs erfordert, dass die politische Lage instabil sei, besteht nicht die Gefahr, dass Neuwahlen zu einem beliebigen Zeitpunkt herbeigeführt

---

10 BVerfGE 114, 121 (152).
11 BVerfGE 62, 1 (42 f.).
12 Zustimmend etwa *Schröder* in HdbStR § 65 Rn. 41; *Busse* in Berl. Kommentar Art. 68 Rn. 16 ff.; *Brinktrine* in Sachs Art. 68 Rn. 15, jeweils mit zahlreichen weiteren Nachweisen, auch zu abweichenden Meinungen.
13 BVerfGE 62, 1 (39 f.); BVerfGE 114, 121 (149): „handlungsfähige Regierung".
14 BVerfGE 114, 121 (158).
15 Vgl. dazu BVerfGE 62, 1 (36).

werden.[16] Gegen den Willen des LT ist dies ohnehin nicht durchsetzbar. Der LT hat die Möglichkeit, entweder dem MinPräs das Vertrauen auszusprechen oder gemäß Abs. 2 durch konstruktives Misstrauensvotum einen anderen MinPräs zu wählen, um dadurch die Auflösung zu verhindern.

**2. Erfordernis der Mitgliedermehrheit.** Der LT stimmt über den Antrag des MinPräs ab. Die Abstimmung darf frühestens 72 Stunden nach Antragstellung erfolgen (Abs. 1 Satz 3). Mit dieser Mindestfrist soll mit Rücksicht auf die politisch instabile Lage gewährleistet werden, dass die Abgeordneten keine übereilte Entscheidung über den Fortbestand der Regierung treffen.[17] Der MinPräs kann den Vertrauensantrag innerhalb dieser Frist noch zurücknehmen.[18] Eine Höchstfrist, innerhalb derer die Abstimmung zu erfolgen hat, enthält Art. 51 nicht. In Anbetracht des Wortlauts des Absatzes 1 Satz 1 spricht viel dafür, dass nach Ablauf einer angemessenen Frist feststeht, dass der Vertrauensantrag die Zustimmung der erforderlichen Mehrheit nicht gefunden hat.[19] Die **Vertrauensfrage** ist **erfolgreich**, wenn der MinPräs die Unterstützung der Mitgliedermehrheit erhält. Das Quorum ist damit dasselbe, das Art. 50 Abs. 2 Satz 2 für das konstruktive Misstrauensvotum vorsieht (→ Art. 50 Rn. 12). Diese Übereinstimmung ist sinnvoll, da es in beiden Fällen darum geht, einen möglichst handlungsfähigen Regierungschef zu wählen bzw. zu bestätigen. Über die Konsequenzen einer erfolgreichen Vertrauensfrage besagt Art. 51 nichts. Angesichts der Mitgliedermehrheit für die Regierungspolitik des MinPräs besteht für weitere staatsorganisationsrechtliche Maßnahmen kein Anlass. Das Vertrauensfrageverfahren ist in diesem Fall schlicht beendet. 10

**3. Folgen bei Verfehlung der Mehrheit.** a) Erhält der MinPräs auf die Vertrauensfrage nicht die Mehrheit der Mitglieder des LT, liegt es in seinem Ermessen, einen **Antrag an den PräsLT** zu richten, dass dieser die Wahlperiode des LT vorzeitig für beendet erkläre. Bei der auflösungsgerichteten Vertrauensfrage (→ Rn. 6 ff.) liegt dieser Antrag auf der Hand. Im Falle der „echten", auf Unterstützung gerichteten Vertrauensfrage hat der MinPräs je nach politischer Konstellation unterschiedliche Möglichkeiten. Beispielsweise kann er auf den Antrag verzichten, um mit einer Minderheitsregierung weiter zu arbeiten (→ Art. 50 Rn. 13). Denkbar ist auch der Rücktritt, obwohl der MinPräs dann lediglich noch geschäftsführend tätig bleibt und möglicherweise entsprechend weniger Handlungsspielraum hat (→ Art. 50 Rn. 19). 11

Da der PräsLT an den auf Beendigung der Wahlperiode gerichteten Antrag des MinPräs gebunden ist, kommt der Entscheidung des MinPräs in dieser durch politische Instabilität gekennzeichneten Lage eine weit reichende Bedeutung sowohl für das Parlament als auch für die Regierung zu. Absatz 1 Satz 2 trägt dem durch ein **Fristenregime** Rechnung, das dem MinPräs für den Antrag ein genau bemessenes „Zeitfenster" von einer Woche zur Verfügung stellt. Der Antrag kann frühestens eine Woche nach der Abstimmung über die Vertrauensfrage gestellt werden. Diese Sperrfrist soll einen angemessenen Abwägungsprozess ermöglichen und eine übereilte Entscheidung verhindern. Sie gibt aber auch dem LT die Möglichkeit, durch konstruktives Misstrauensvotum das Verfahren über die Vertrauensfrage zu beenden und insbesondere die Beendigung der Wahlperiode zu verhindern (Absatz 2). Spätestens zwei Wochen nach der Abstimmung ist der Antrag zu stellen. Ein nach Ablauf dieser Frist gestellter Antrag ist für den 12

---

16 Vgl. *Nolte* in Caspar/Ewer/Nolte/Waack Art. 36 Rn. 11.
17 LT-Drs. 1/3100 S. 145.
18 Vgl. *Müller-Franken/Uhle* in Schmidt-Bleibtreu/Hofmann/Henneke Art. 68 Rn. 36 mwN.
19 Vgl. *Brinktrine* in Sachs Art. 68 Rn. 30 mwN.

PräsLT keine verfassungsrechtliche Grundlage mehr, die Wahlperiode vorzeitig zu beenden. Die Zwei-Wochen-Frist hält den MinPräs dazu an, die durch die verfehlte parlamentarische Unterstützung entstandene instabile Lage nach einer angemessen Überlegungsfrist zu beenden.

13 b) Auf entsprechenden Antrag des MinPräs **erklärt der PräsLT die Wahlperiode vorzeitig für beendet.** Ein Entscheidungsspielraum in dieser Frage kommt dem PräsLT nach der Vorstellung der Verfassunggeber nicht zu; er ist an den Antrag gebunden.[20] Darin unterscheidet sich Art. 51 Abs. 1 Satz 1 LV von Art. 68 Abs. 1 Satz 1 GG: Im Bund steht dem Bundeskanzler lediglich ein Vorschlagsrecht und dem Bundespräsidenten dementsprechend Ermessen zu.[21] Zwischen dem Antrag des MinPräs und der Erklärung des PräsLT liegen gemäß Abs. 1 Satz 1 vierzehn Tage. Auch diese Frist verbleibt dem LT noch, um im Wege des konstruktiven Misstrauensvotums einen neuen MinPräs zu wählen und damit die Auflösung des LT abzuwenden (→ Rn. 12).

14 Die Erklärung des PräsLT hat die **Rechtsnatur** eines staatsorganisationsrechtlichen Akts.[22] Die **Rechtsfolgen** der Erklärung sind nicht ganz eindeutig. Die Erklärung des PräsLT ist auf die Beendigung der Wahlperiode gerichtet. Fraglich ist aber, zu welchem Zeitpunkt die Wahlperiode in diesem Fall endet. Der Wortlaut des Abs. 1 Satz 1, wonach der PräsLT die Wahlperiode „vorzeitig für beendet" erklärt, ist missverständlich.[23] Er könnte dahin verstanden werden, dass der PräsLT die Wahlperiode *mit sofortiger Wirkung* beendet, dass die Wahlperiode also mit der Erklärung des PräsLT „beendet" ist. Das hätte zur Folge, dass anschließend bis zum Zusammentritt eines neu gewählten LT eine parlamentslose Zeit entstünde. Diese Konsequenz will Art. 27 Abs. 1 Satz 2 LV gerade grundsätzlich vermeiden, indem dort bestimmt ist, dass die Wahlperiode erst mit dem Zusammentritt des neuen LT endet (→ Art. 27 Rn. 5). Art. 27 Abs. 1 Satz 2 ist daher auch auf den Fall der Erklärung des PräsLT nach Art. 51 Abs. 1 Satz 1 anzuwenden.[24] Mit dem Wortlaut des Art. 51 Abs. 1 Satz 1 ist diese Auslegung ebenfalls noch vereinbar. Mit dem Wort „vorzeitig" ist der Zeitpunkt des Zusammentritts des neuen LT nach einer *vorgezogenen* Neuwahl gemeint.[25] Auch in diesem Fall endet die Wahlperiode daher erst mit Zusammentritt eines neuen LT.

15 **4. Konstruktives Misstrauensvotum (Abs. 2).** Ein konstruktives Misstrauensvotum beendet nach Absatz 2 das Verfahren zur vorzeitigen Beendigung der Wahlperiode. Damit wird dem LT eine Möglichkeit eingeräumt, trotz des Versagung des Vertrauens gegenüber dem amtierenden MinPräs seine **vorzeitige Auflösung abzuwenden.** Dem zur Übernahme von Verantwortung bereiten und fähigen LT soll keine Auflösung von Seiten eines anderen Organs aufgezwungen werden.[26] Die Wahl eines neuen MinPräs hat zur Folge, dass die vorzeitige Beendigung der Wahlperiode durch den PräsLT nicht mehr zulässig und damit verfassungsrechtlich unwirksam wäre. Das Quorum der Mitgliedermehrheit für die Wahl eines neuen MinPräs entspricht demjenigen im Falle des Misstrauensvotums nach

---

20 Vgl. LT-Drs. 1/3100.
21 Vgl. etwa *Brinktrine* in Sachs Art. 68 Rn. 32 ff.
22 Vgl. zu den in der Literatur verwendeten Bezeichnungen etwa *Kerkemeyer* in von Münch/Kunig Art. 68 Rn. 64.
23 Vgl. *Magiera* in Sachs Art. 39 Rn. 8 zum Begriff der „Auflösung" des Bundestags.
24 Vgl. für Art. 39 Abs. 1 Satz 2 GG etwa *Jarass* in Jarass/Pieroth Art. 68 Rn. 4; *Brinktrine* in Sachs Art. 68 Rn. 39; *Müller-Franken/Uhle* in Schmidt-Bleibtreu/Hofmann/Henneke Art. 68 Rn. 65, jeweils mwN.
25 Vgl. *Schulz* in Becker/Brüning/Ewer/Schliesky Art. 43 Rn. 22.
26 Vgl. *Brinktrine* in Sachs Art. 68 Rn. 35.

Art. 50 Abs. 2 Satz 2. Solange über einen Antrag auf Wahl eines neuen MinPräs noch nicht entschieden ist, ist das weitere Verfahren der vorzeitigen Beendigung der Wahlperiode gehemmt. Auch in diesem Stadium wäre die vorzeitige Beendigung der Wahlperiode unzulässig. Die Vorschrift über die Hemmung, die in den Verfassungen der anderen Länder und im GG nicht enthalten ist, liegt ebenfalls im Interesse der parlamentarischen Kontinuität.

Fraglich ist, ob die **Verfahrensvorschriften** des Art. 50 Abs. 3 auch auf das Misstrauensvotum nach Art. 51 Abs. 2 anwendbar sind. Der Wortlaut des Art. 51 Abs. 2 deutet darauf nicht hin. Es fehlt eine Verweisung oder sonstige Bezugnahme auf Art. 50 Abs. 3. Der Entstehungsgeschichte ist zu dieser Frage nichts zu entnehmen. Daher ist anzunehmen, dass der Antrag auf Wahl eines neuen MinPräs im Falle des Art. 51 Abs. 2 auch von weniger als einem Drittel der Mitglieder des LT gestellt werden kann. Mit gleicher Argumentation könnte auch vertreten werden, dass die Fristbestimmungen des Art. 50 Abs. 3 Satz 2 im Falle des Misstrauensvotums nach Art. 51 Abs. 2 nicht gelten. Das hätte allerdings zur Folge, dass der LT es durch Nichtabstimmung über den Misstrauensantrag in der Hand hätte, die Hemmung des Verfahrens über seine vorzeitige Beendigung auf unbestimmte Zeit auszudehnen. Der den Art. 50 und 51 LV übereinstimmend zugrunde liegende Sinn, eine politisch instabile Lage so bald wie möglich zu beenden, spricht daher dafür, die in Art. 50 Abs. 3 Satz 2 genannte Höchstfrist von 14 Tagen nach Eingang des Antrags analog auch auf Art. 51 Abs. 2 anzuwenden. 16

## III. Landesverfassungsgericht

### Art. 52 (Stellung und Zusammensetzung)

(1) Es wird ein allen übrigen Verfassungsorganen gegenüber selbständiges und unabhängiges Landesverfassungsgericht errichtet.

(2) ¹Das Landesverfassungsgericht besteht aus dem Präsidenten und sechs weiteren Mitgliedern. ²Der Präsident und drei der weiteren Mitglieder müssen die Befähigung zum Richteramt haben. ³Jedes Mitglied hat einen Stellvertreter.

(3) Die Mitglieder des Landesverfassungsgerichts und die stellvertretenden Mitglieder werden auf Vorschlag eines besonderen Ausschusses vom Landtag ohne Aussprache mit einer Mehrheit von zwei Dritteln der anwesenden Mitglieder gewählt.

(4) Während ihrer Amtszeit dürfen die Mitglieder des Landesverfassungsgerichts oder deren Stellvertreter weder einer gesetzgebenden Körperschaft noch der Regierung des Bundes oder eines Landes oder einem entsprechenden Organ der Europäischen Union, dem Bundesverfassungsgericht, einem anderen Landesverfassungsgericht oder dem Europäischen Gerichtshof angehören.

Vergleichbare Regelungen:
Artt. 68 Abs. 3 BWVerf; 60, 68 BayVerf; 84 Abs. 1 VvB; 112 BbgVerf; 139 BremVerf; 65 HambVerf; 130 HessVerf; 55 NdsVerf; 76 Verf NW; 134 Verf Rh-Pf; 96 SaarlVerf; 81 Abs. 2 und 3 SächsVerf; 74 LVerf LSA; 51 Abs. 1 SchlHVerf; 79 ThürVerf.

| I. Abs. 1: Stellung des LVerfG ....... | 1 | 1. Zusammensetzung im Allgemeinen ......................... | 13 |
|---|---|---|---|
| 1. Grundlagen der Landesverfassungsgerichtsbarkeit ........... | 1 | 2. Wählbarkeitsvoraussetzungen | 15 |
| 2. Stellung des LVerfG ............ | 5 | 3. Amtszeit ...................... | 23 |
| 3. Stellung der Mitglieder des LVerfG ......................... | 10 | 4. Stellvertreter .................... | 28 |
|  |  | 5. Präsident ....................... | 34 |
| 4. Geschäftsstelle und Sitz ........ | 11 | III. Abs. 3: Wahl ...................... | 35 |
| II. Abs. 2: Zusammensetzung des LVerfG ............................ | 13 | IV. Abs. 4: Inkompatibilitäten ......... | 37 |
|  |  | V. Schrifttum ......................... | 38 |

## I. Abs. 1: Stellung des LVerfG

**1. Grundlagen der Landesverfassungsgerichtsbarkeit.** Die Verfassungsgerichtsbarkeit nach Artt. 52–54 stellt ein **Wesensmerkmal der deutschen Verfassungsstaatlichkeit** dar, wie sich diese seit dem Zweiten Weltkrieg entwickelt hat. Ihre Entstehung wurde zunächst durch die Jahrhunderte alte territoriale Gliederung Deutschlands begünstigt, die die Entstehung einer auch politische Konflikte verbindlich entscheidenden Gerichtsbarkeit nachhaltig gefördert hat. Zudem sollte nach der Diktatur des Nationalsozialismus der Vorrang der Verfassung in der Rechtsordnung und damit die durch das GG geschaffene freiheitlich-demokratische Grundordnung gesichert werden.[1]

Eine eigene Verfassungsgerichtsbarkeit auf Landesebene ist Konsequenz der **Eigenstaatlichkeit der Länder** und deren damit verbundener Befugnis, eigene Verfassungen und eigene Verfassungsorgane zu schaffen.[2] Art. 100 GG verlangt im Zusammenhang mit der konkreten Normenkontrolle sogar eine zumindest funktionelle Verfassungsgerichtsbarkeit auch auf Landesebene.[3] Es muss also ein Gericht (iSv Art. 92 GG) mit der Befugnis zur Entscheidung solcher Fragen geben, nicht zwingend eine institutionell eigenständige Gerichtsbarkeit.

In Übereinstimmung mit dem Bund und mittlerweile allen anderen Bundesländern hat sich M-V jedoch für ein eigenständiges Verfassungsgericht entschieden, dessen Zuständigkeiten spezifisch auf die Entscheidung verfassungsrechtlicher Fragen ausgerichtet sind. Damit folgt die LV auch insoweit dem bundesdeutsch üblichen „Trennungsmodell" mit eigenständigen „**Fachgerichten für Verfassungsstreitigkeiten**".[4]

Auch in vielen Einzelheiten lehnt sich die Landesverfassungsgerichtsbarkeit von MV ebenso wie die in anderen Bundesländern stark an das **Modell des BVerfG** an. Dies gilt insbes. für Stellung, Aufgaben und Verfahren des Gerichts. Ihre Fortsetzung findet diese Orientierung am Modell des Bundes in dem – von Art. 54 S. 1 geforderten – Gesetz über das LVerfG M-V (LVerfGG), dessen Bestimmungen überwiegend bewusst in Entsprechung zum BVerfGG formuliert sind; Abweichungen stellen zum Teil nur eine Kodifikation vom BVerfGG entwickelter Grundsätze dar.[5] Die Rspr. des LVerfG folgt ebenfalls in vielen prozessualen (→ Art. 53 Rn. 9, 11, 33) wie materiellrechtlichen Fragen dem Vorbild des Bundes und bleibt damit wie alle anderen LVerfG im „Gravitationsfeld des

---

1 Allg. dazu *Schlaich/Korioth*, Rn. 1 ff.; *Voßkuhle*, in von Mangoldt/Klein/Starck, Art. 93 Rn. 2 ff.; zu den neuen Ländern siehe *Heimann*, Verfassungsgerichtsbarkeit, S. 22.
2 *Schlaich/Korioth*, Rn. 347.
3 *Wieland*, in Dreier, Art. 100 Rn. 23.
4 Dazu *Voßkuhle*, in von Mangoldt/Klein/Starck, Art. 93 Rn. 15; vgl. auch *März* JöR N.F. 54 (2006), 175, 225.
5 Siehe etwa die regelmäßigen Verweise auf das BVerfGG in der Gesetzesbegründung zum LVerfGG (LT-Drs. 1/4132) sowie LVerfG M-V Urt.v. 21.10.1999 – 2/99 – LVerfGE 10, 337, 369 f.

BVerfG".⁶ Einen Unterschied zum BVerfG bildet vor allem die Ehrenamtlichkeit der Richter (§ 8 Abs. 2 LVerfGG M-V) und die damit einhergehende Existenz stellvertretender Mitglieder (→ Rn. 10).

**2. Stellung des LVerfG.** Art. 52 Abs. 1 qualifiziert das LVerfG – indirekt – als **Verfassungsorgan**; § 1 Abs. 1 LVerfGG greift dies in Anlehnung an § 1 Abs. 1 BVerfGG auf. Dieser sonst in der LV an keiner Stelle verwendete Begriff ist nirgendwo definiert. In der Sache erklärt er sich daraus, dass Stellung, Aufgaben und Verfahren des LVerfG im Kern in der LV geregelt sind. Außerdem weist der vom LVerfG heranzuziehende Maßstab, die LV, eine bemerkenswerte Offenheit aus, und der dem LVerfG eröffnete Zugriff auf die vom LT beschlossenen Gesetze, denen die Justiz iÜ im Grundsatz unterworfen ist (Art. 76 Abs. 1 S. 2), vermitteln dem LVerfG eine besondere Machtfülle.

Im Verhältnis zu den „übrigen Verfassungsorganen", also LT und LReg, ordnet Art. 52 Abs. 1 ausdrücklich **Selbständigkeit** und **Unabhängigkeit** an. Dies geht über die allg. Garantien der Rspr., der Unabhängigkeit der Richter (Art. 76 LV, → Art. 76 Rn. 7 ff.; Art. 97 GG) und der institutionellen Eigenständigkeit der Gerichte (Art. 92 GG) hinaus. Konsequenzen hat dies vor allem in **statusrechtlicher** Hinsicht. Die Justizverwaltung, üblicherweise der Exekutive zugewiesen,⁷ ist Sache des Gerichts selber. Dieses muss daher über einen eigenen Haushalt verfügen und untersteht keiner Dienstaufsicht durch ein Ministerium. Auch gibt es im Verhältnis zu anderen Verfassungsorganen keinen Dienstweg über ein Ministerium. Schließlich darf sich das LVerfG eine GO geben (Art. 58 Abs. 4, § 12 Abs. 2 LVerfGG, entspricht § 1 Abs. 3 BVerfGG).⁸

Eigenständige Aufgaben oder Befugnisse, etwa zur **Herrschaft über das Verfahren**, verbinden sich mit dem Begriff des Verfassungsorgans **nicht** (→ Art. 54 Rn. 3).⁹ Das LVerfG stellt ein Gericht dar, das Aufgaben der **Rspr.** iSd Artt. 76 f. (→ Art. 76 Rn. 5) und Art. 92 GG wahrnimmt. Neben den landesrechtlichen kommen auch die bundesverfassungsrechtlichen Garantien für die Rspr. (Artt. 97, 98 101 und 103) zur Anwendung. Wie alle Gerichte entscheidet das LVerfG (konkrete) Streitigkeiten nur auf Antrag (→ Art. 53 Rn. 3) in einem besonderen Verfahren am Maßstab des (Verfassungs-)Rechts durch unbeteiligte Dritte.¹⁰ Dieses Verfahren wird nach Art. 54 S. 1 ebenso wie die Organisation des LVerfG vom Gesetzgeber, nicht vom Gericht beschlossen. Mit der Anordnung der subsidiären Geltung der VwGO (§ 13 LVerfGG) determiniert das LVerfGG das Verfahren des LVerfG sogar stärker als das viele Fragen offen lassende BVerfGG. Kompetenziell bleibt das LVerfG auf den durch Art. 53 vorgegebenen Rahmen beschränkt.

Auch inhaltlich gelten für die Erfüllung des Rechtsprechungsauftrags des LVerfG die für die Rspr. allg. anerkannten Vorgaben. Das LVerfG muss sich bei der Konkretisierung des ihm vorgegebenen Maßstabs der LV an **juristischen** Me-

---

6 *Gärditz*, Landesverfassungsrichter, in JöR N.F. 61 (2013), S. 449 (451); dazu auch *Lange* FS 50 Jahre BVerfG, S. 289, 294.
7 Dazu ausführlich *Wittreck*, Die Verwaltung der Dritten Gewalt, 2006.
8 Dazu *Starck* in ders./Stern, Landesverfassungsgerichtsbarkeit, S. 155 (165); *Heimann* (Fn. 1), S. 35 ff.
9 So aber tendenziell – auch mit Blick auf die Verfassungsgerichte der Länder, aber ohne konkrete Schlussfolgerungen – BVerfGE 36, 342 (357); 60, 175, 213; wie hier kritisch dazu *Voßkuhle*, in von Mangoldt/Klein/Starck, Art. 93 Rn. 29; *Schlaich/Korioth*, Rn. 31 ff.
10 Dazu *Voßkuhle*, in von Mangoldt/Klein/Starck, Art. 93 Rn. 21 ff.; allg. zur damit vorausgesetzten Definition von Rspr. etwa *Classen*, ebd., Art. 92 Rn. 7 ff.

thoden orientieren; politische Bewertungen sind ihm verwehrt.[11] Die Grenzen dieses Auftrags ergeben sich nicht nur **materiellrechtlich** aus dem jeweils zur Verfügung stehenden Entscheidungsmaßstab,[12] sondern entspringen auch einem **funktionsgerechten** Verständnis der **Gewaltenteilung**,[13] etwa bei der Kontrolle gesetzgeberischer Entscheidungen.[14]

9 Verfassungsgerichte sind in besonderem Maße darauf angewiesen, dass ihren Urteilen **Leitbild- und Orientierungsfunktion** für die Anwendung des Verfassungsrechts insgesamt zukommt,[15] denn sie haben gar nicht die Kapazität, alle verfassungsrechtlichen Meinungsverschiedenheiten selbst zu entscheiden. Für ein mit ehrenamtlich tätigen Richtern besetztes Gericht wie das LVerfG gilt dies erst recht.

10 **3. Stellung der Mitglieder des LVerfG.** Die Mitglieder des LVerfG sind in dieser Eigenschaft, unabhängig von ihrer sonstigen Tätigkeit, **Richter**. Sie unterfallen daher der entsprechenden Garantie der LV (Art. 76; vgl. auch § 8 Abs. 1 LVerfGG). Zum Status der Richter iÜ enthält die Verfassung keine Aussage. Die in Art. 52 Abs. 2 S. 3 angeordnete Existenz von Stellvertretern legitimiert allerdings implizite für die in § 8 Abs. 2 LVerfGG wie in allen anderen Ländern vorgesehene **Ehrenamtlichkeit** der Tätigkeit der Richter[16]. Zur Sicherung der Funktionsfähigkeit des LVerfG geht nach § 8 Abs. 3 LVerfG die Tätigkeit als Mitglied des Verfassungsgerichts (oder als Stellvertreter) jeder anderen beruflichen Tätigkeit vor. § 65 Abs. 1 LVerfGG sieht eine (seit 1995 unveränderte) Aufwandsentschädigung vor. Das DRiG findet mangels landesrechtlicher Anordnung keine Anwendung (§ 84 DRiG).

11 **4. Geschäftsstelle und Sitz.** Faktisch kannte die organisatorische Eigenständigkeit des LVerfG zunächst Grenzen, weil nach § 12 LVerfGG die Aufgaben der **Geschäftsstelle** von der des OVG MV in Greifswald wahrgenommen wurde. Nunmehr „kann" das LVerfG eine Geschäftsstelle beim OVG MV errichten und ihr – allerdings nur im Einvernehmen mit dem Präsidenten des OVG – Verwaltungsaufgaben übertragen. Völlig frei ist das LVerfG also weiterhin nicht. Da das LVerfG mit seinen ehrenamtlichen Mitgliedern und seinen begrenzten Zuständigkeiten nur auf einen bescheidenen Apparat angewiesen ist, bestehen trotzdem keine grds. Bedenken gegen diese Regelung, obwohl das OVG zum Geschäftsbereich des Justizministeriums gehört. Das LVerfGG kann jedoch die verfassungsrechtlich garantierte Unabhängigkeit des LVerfG nicht einschränken. Allein der Präsident des LVerfG darf den zur Verfügung gestellten Mitarbeitern Weisungen erteilen (§ 12 Abs. 2 S. 2 LVerfGG). Auch im Rahmen des Hausrechts darf der Präsident des OVG die Unabhängigkeit des LVerfGG nicht beeinträchtigen – auch wenn es um so legitime Maßnahmen wie den Schutz vor dem Covid 19-Virus geht. Das LVerfG darf sich auch der Geschäftseinrichtungen der

---

11 BVerfGE 34, 269 (292); 49, 304, 322; 65, 182, 194; 129, 193, 210; 149, 126 Rn. 76.
12 So aber etwa deutlich *Hillgruber/Goos*, Rn. 44 ff.
13 LVerfG Urt. v. 10.10.2017 – 7/16 – LVerfGE 28, 199, 214; vgl. auch BVerfGE 49, 89 (131); 50, 290, 332 f.; 88, 203, 262; allg. etwa BVerfGE 68, 1 (86); 95, 218, 252. Ausführlich dazu etwa *Voßkuhle*, von Mangoldt/Klein/Starck, Art. 93 Rn. 35 ff.; *Schlaich/Korioth*, Rn. 505 ff., v.a. 515 ff.
14 LVerfG Urt. v. 10.10.2017 – 7/16 – LVerfGE 28, 199, 214 ff.; Urt. v. 17.6.2021 – 4/19 –, Rn. 69 ff.
15 Zur Leitbildfunktion obergerichtlicher Rspr. siehe etwa BVerfGE 66, 116 (138); 95, 48, 62; zu praktischen Konsequenzen etwa → Art. 53 Rn. 13 und → Art. 54 Rn. 7.
16 Dazu auch *Menzel*, Landesverfassungsrecht, S. 521. Zurückhaltend aber deren Bewertung bei *Wallerath* NdsVBl. 2005, 43 (47).

übrigen Gerichte bedienen. In der Praxis haben sich aus dieser Situation bisher keine substantiellen Probleme ergeben.

**Sitz** ist die Hanse- und Universitätsstadt **Greifswald** (§ 1 Abs. 2 LVerfGG, vgl. auch die Festlegung in § 1 Abs. 2 BVerfGG).[17] Diese Festlegung steht in Zusammenhang mit der bereits erwähnten administrativen Unterstützung des LVerfG durch das OVG. Änderungen unterliegen ohne Vetorecht des LVerfGG dem Zugriff des Gesetzgebers. Schon wegen der für das LVerfG notwendigen Infrastruktur (Sitzungsraum, Bibliothek) ist aber die räumliche Anbindung an ein anderes größeres Gericht sinnvoll.

## II. Abs. 2: Zusammensetzung des LVerfG

**1. Zusammensetzung im Allgemeinen.** Nach Art. 52 Abs. 2 hat das LVerfG **sieben Mitglieder**. Nach S. 2 müssen **vier** Mitglieder die **Befähigung zum Richteramt** haben.[18] Eine Minderheit von Richtern, nämlich drei von sieben, muss also nicht eine solche Befähigung aufweisen (kann dies aber). Das damit ermöglichte, aber bisher nicht genutzte relativ starke Laienelement erklärte sich ursprünglich auch aus dem Wunsch, hinreichend viele politisch nicht belastete Mitglieder aus dem Osten Deutschlands wählen zu können.[19] Mittlerweile gehören dem Gericht auch nach der Wende ausgebildete ostdeutsche Juristen an. Bis heute aber hat die Mehrheit der Mitglieder im Westen studiert.

Abgesehen von den Inkompatibilitätsvorschriften des Abs. 4 (→ Rn. 37) benennt die LV keine weiteren Voraussetzungen. Der in Art. 52 Abs. 2 enthaltene Gesetzesvorbehalt legitimiert jedoch – **funktionsadäquate** – **Vorgaben** (→ Art. 54 Rn. 2) zur Sicherstellung (1) der besonderen Bedeutung des Gerichts als Verfassungsorgan des Landes, (2) der Unabhängigkeit des Gerichts gegenüber den anderen Verfassungsorganen, aber auch sonstigen Institutionen, und um so (3) den besonderen Aufgaben des LVerfG als Gericht Rechnung zu tragen.

**2. Wählbarkeitsvoraussetzungen.** Das LVerfGG greift alle diese Gesichtspunkte auf. Zum ersten Punkt fordert § 3 Abs. 1 LVerfGG die **Vollendung des 35. Lebensjahres**. Ferner sollen die Mitglieder **im öffentlichen Leben erfahren** sein und sich allg. Vertrauens erfreuen sowie für das Amt besonders geeignet sein. Schließlich wird im Grundsatz die **Wählbarkeit zum LT** verlangt – verfassungsmäßige Gewalt soll nur von Angehörigen des „Landesvolkes" ausgeübt werden. Diese wird ihrerseits im Wesentlichen durch das Landeswahlgesetz bestimmt und verlangt insbes. einen Hauptwohnsitz im Land (§ 4 Abs. 1 LKWG M-V).[20]

Mit der Ausweitung auf **Richter** sowie **Lehrer des Rechts** an einer staatlichen Hochschule auch **unabhängig vom Wohnsitz** hat der Gesetzgeber nicht zuletzt dem Umstand Rechnung getragen, dass das Melderecht für Angehörige einer Familie zwingend einen einheitlichen (Haupt-)Wohnsitz vorschreibt, und zwar – verfassungsrechtlich durchaus problematisch[21] – auch für den Fall, dass sich

---

17 Im ursprünglichen Entwurf war noch Güstrow vorgesehen gewesen; siehe LT-Drs. 1/4132, S. 9 (§ 1 Abs. 2 S. 2 des Entwurfes).
18 Dazu §§ 5 ff. DRiG. Hinzu kommen nach Anlage I Kapitel III Sachgebiet A Abschnitt III Nr. 8 Maßgabe a) Einigungsvertrag die Diplomjuristen der DDR.
19 Siehe Begründung zu Art. 52, Kommission, Verfassungsentwurf, S. 147 f.; dazu *März* JöR N.F. 54 (2006), 175, 225 Fn. 200; *Heimann* (Fn. 1), S. 52. Zum Ländervergleich *Gärditz* (Fn. 6), S. 472 ff.
20 Zum Ländervergleich *Gärditz* (Fn. 6), S. 468 f.
21 Siehe zu Thüringen (mit vergleichbarer Rechtslage) ThürVerfGH Urt. v. 12.6.1997 – 13/95 – LVerfGE 6, 387, 397 ff.; anders *Menzel* (Fn. 16), S. 199, 411.

einzelne Angehörige aus beruflichen Gründen überwiegend an einem anderen Ort aufhalten.

17 Auch wenn das LVerfGG das nicht ausdrücklich verlangt, müssen sich die genannten Personen im Landesdienst befinden. Die Regelung über das Ausscheiden aus dem Amt (§ 6 Abs. 2 Nr. 4 LVerfGG) setzt ersichtlich ein „Hauptamt in Mecklenburg-Vorpommern" schon zum Zeitpunkt der Wahl voraus. Auch Entstehungsgeschichte[22] und Sinn und Zweck der Norm verlangen das. Mit der Neuregelung sollte ein gewisses Maß an Flexibilität erreicht, eine Verbundenheit der Richter des LVerfG mit dem Land aber nicht völlig aufgegeben werden. Wird diese nicht durch den Hauptwohnsitz vermittelt, bildet eine hauptberufliche Tätigkeit im Land einen funktionalen Ersatz.

18 Unter Richtern sind nur **Berufsrichter** zu verstehen. Zu den **Hochschullehrern** gehören nach der Gesetzesbegründung zu Recht auch Fachhochschulprofessoren.[23] Außerdem verwendet das LVerfGG schlichtweg den Begriff der Hochschule, ohne ihn näher etwa auf wissenschaftliche Hochschule oder Universität einzugrenzen (vgl. auch § 1 LHG M-V). Anders als beim parallel formulierten, aber deutlich vor Schaffung der Fachhochschulen entstandenen BVerfGG (dort § 22) liegt hier eine bewusste Entscheidung des Gesetzgebers zugunsten aller Hochschulen vor.

19 Richter wie Hochschullehrer müssen ein entsprechendes **Amt** auch **tatsächlich ausüben**; werden sie zur Wahrnehmung eines anderen Amtes beurlaubt oder abgeordnet, entfällt die Wählbarkeit. Etwas unklar ist der Verweis in § 3 Abs. 1 auf § 2 Abs. 2 LVerfGG. Dort ist die Zahl der Richter genannt, die eine Befähigung zum Richteramt aufweisen müssen. Hierunter ist jedoch nur eine Mindestzahl zu verstehen (→ Rn. 13), so dass die Zahl derjenigen, die nach § 3 Abs. 1 S. 1 2. Alt. gewählt werden, nicht begrenzt ist.

20 Der **Präsident** des LVerfG (→ Rn. 34) muss aus dem Kreis der Präsidenten der Gerichte und der Vorsitzenden Richter der oberen Landesgerichte gewählt werden (§ 2 Abs. 3 LVerfGG); seine Stellvertreter (als Präsident und als Richter) müssen zumindest Richter sein. Damit kann (praktisch) immer zumindest ein auch in Fragen der Sitzungsleitung erfahrener **Berufsrichter** Beratungen und Sitzungen des **LVerfG** leiten. IÜ muss – anders als in fast allen Ländern – kein Mitglied Richter sein.

21 Die Wahl zum Richter des LVerfG fordert eine schriftliche **Bereitschaftserklärung** (§ 3 Abs. 1 S. 3 LVerfGG, entspricht § 3 Abs. 1 BVerfGG). Der Funktion des LVerfG als Gericht entsprechend ist nicht wählbar, wer **gegen Grundsätze der Menschlichkeit** und der **Rechtstaatlichkeit verstoßen** hat bzw. für das frühere Ministerium für Staatssicherheit der DDR tätig war (§ 3 Abs. 4 LVerfGG).

22 Zur Sicherung der Selbständigkeit und der Unabhängigkeit gegenüber den anderen Verfassungsorganen sind nach § 3 Abs. 3 LVerfGG – über die Inkompatibilitätsregelung nach Art. 52 Abs. 4 (→ Rn. 37) hinaus – Beamte und sonstige Personen, die im **öffentlichen Dienst** des Landes stehen, mit Ausnahme von Richtern und Hochschullehrern **nicht wählbar**. Eine Wiederwahl ist ausgeschlossen (§ 5 Abs. 1 S. 3 LVerfGG; ähnlich § 4 Abs. 2 BVerfGG). Stellvertreter können während ihrer Amtszeit für deren Rest zu regulären Mitgliedern gewählt werden (§ 5 Abs. 1 S. 2 LVerfGG).

23 **3. Amtszeit.** Zur Amtszeit der Mitglieder des LVerfG enthält die LV keine Vorgabe, so dass auch hier der Gesetzgeber – funktionsadäquate (→ Rn. 14) –

---

[22] LT-Drs. 4/2172, Begründung zu Nr. 3 Buchstabe a nF.
[23] Siehe auch (zu Art. 5 Abs. 3 GG) BVerfGE 126, 1 (19 ff.).

Regelungen treffen muss. § 5 LVerfGG sieht eine bemerkenswert lange Amtszeit von **12 Jahren** vor, § 6 Abs. 1 eine **Altersgrenze** von 68 Jahren (entspricht § 4 Abs. 1 und 3 BVerfGG; alle anderen Länder kennen kürzere Amtszeiten, häufig nur von 6 oder 7 Jahren).[24]

§ 6 Abs. 2 LVerfGG enthält weitere Tatbestände, die zum **Ausscheiden** eines Richters aus seinem Amt führen. In Fortführung der Voraussetzungen der Wählbarkeit ist dieses vorgesehen bei Entfallen der Wählbarkeit sowie dem Eintritt eines Wählbarkeitshindernisses oder dessen nachträglichem Bekanntwerden (§ 6 Abs. 2 Nr. 3, 5 und 6 LVerfGG). Richter und Hochschullehrer im Landesdienst ohne Wohnsitz im Land scheiden dementsprechend bei Aufgabe dieses Hauptamtes aus (§ 6 Abs. 2 Nr. 4 LVerfGG). Hinsichtlich des Entfallens der Wählbarkeit wegen Wegzugs aus dem Land (§ 6 Abs. 2 Nr. 3 LVerfGG) wird eine Ausnahme gemacht für Personen, die ihren Wohnsitz nach ihrer Versetzung in den Ruhestand außerhalb des Landes verlegen. Vom Wortlaut her ist diese Norm allein auf Beamte und Richter zugeschnitten. Es ist jedoch kein sachlicher Grund erkennbar, die Regelung auf diesen Personenkreis zu beschränken. Vielmehr fallen auch Angestellte und Selbstständige, die in Rente gehen bzw. unabhängig von der Art der Altersversorgung aus Altersgründen ihren Beruf aufgeben, in den Anwendungsbereich der Norm. 24

Richter oder Hochschullehrer im Landesdienst, die unabhängig von ihrem Wohnsitz zu Richtern des LVerfG gewählt werden können (→ Rn. 16 ff.), scheiden aus dem Amt, wenn sie ein entsprechendes Amt nicht mehr innehaben; Ruhestand schadet allerdings nicht. Um Wertungswidersprüche zu vermeiden, darf bei der Anwendung dieser Bestimmungen allerdings nicht darauf abgestellt werden, wie sich die Rechtslage des Betreffenden zu Beginn seiner Amtszeit dargestellt hat. Konkret: Verlegt ein Mitglied des LVerfG seinen Wohnsitz außerhalb des Landes, so behält er sein Amt, wenn er zu diesem Zeitpunkt Richter oder Hochschullehrer ist. 25

Der Sicherung der Funktionsfähigkeit des Gerichts (einschließlich des für die Akzeptanz seiner Entscheidungen notwendigen Ansehens) dient die Anordnung des **Ausscheidens** bei der Entlassung auf Antrag, bei Dienstunfähigkeit, bei einer rechtskräftigen Verurteilung zu einer Freiheitsstrafe oder bei einer groben Pflichtverletzung, die einen Verbleib im Amt ausschließt (§ 6 Abs. 2 Nr. 7 und 8). Im zuerst genannten Punkt ist die Regelung gegenüber Richtern damit strenger als § 105 BVerfGG. Die Richteranklage nach Art. 98 Abs. 2 und 5 GG findet dagegen auf Verfassungsrichter keine Anwendung.[25] 26

**Festgestellt** wird das Ausscheiden durch das LVerfG. Die entsprechende Entscheidung muss mit einer Mehrheit von 5 Mitgliedern des Gerichts getroffen werden (§ 7 LVerfGG). Das Gericht kann von Amts wegen, auf Antrag des LT, der LReg, des betreffenden Mitgliedes oder dessen Stellvertreters tätig werden. Ferner kann gemäß § 7 Abs. 2 nach Einleitung des Verfahrens ein Mitglied vorläufig seines Amtes entbunden werden; dies ist auch möglich, wenn gegen das Mitglied oder seinen Stellvertreter wegen einer Straftat das Hauptverfahren eröffnet worden ist. Im zuletzt genannten Fall des Ausscheidens nach § 6 Abs. 2 LVerfGG nimmt bis zur Wahl des Nachfolgers der Stellvertreter das Amt wahr (§ 5 Abs. 2 S. 2 LVerfGG). Im Übrigen führen Richter (und Stellvertreter) bis zu diesem Zeitpunkt selbst ihr Amt fort (§ 5 Abs. 2 LVerfGG). 27

---

24 Dazu *Gärditz* (Fn. 6), S. 464.
25 So (zum BVerfG) *Schulze-Fielitz*, in Dreier, Art. 98 Rn. 34; *Classen*, in von Mangoldt/Klein/Starck, Art. 98 Rn. 5.

28 **4. Stellvertreter.** Nach Abs. 2 S. 3 verfügt jedes Mitglied über einen **Stellvertreter.** Diese müssen daher jeweils bezogen auf ein **bestimmtes Mitglied** gewählt werden und kommen im Grundsatz dann zum Einsatz, wenn genau dieses Mitglied verhindert ist. Nur über die Befangenheit eines Richters wird ohne diesen, aber auch ohne seinen Vertreter entschieden (§ 15 Abs. 1 Hs. 2 LVerfGG). Hinsichtlich der Amtszeit ist ein Stellvertreter jedoch von „seinem" Mitglied unabhängig. In Ergänzung zu den Vertretungsregeln der Verfassung bestimmt § 2 Abs. 4 LVerfGG, dass bei Verhinderung eines Stellvertreters die übrigen Stellvertreter in der Reihenfolge ihres Lebensalters zum Zuge kommen. Würde danach die vorgegebene Zahl der Mitglieder mit Befähigung zum Richteramt unterschritten (Art. 52 Abs. 2 LV: vier), werden nur die Stellvertreter mit dieser Qualifikation herangezogen.

29 Nirgends ist ausdrücklich geregelt, wann eine **Verhinderung** anzunehmen ist. Implizit ergibt sich aus §§ 27 Abs. 1, 28 Abs. 1 S. 2 LVerfGG, dass an einem bestimmten Verfahren jeweils durchgängig eine bestimmte Richterbesetzung mitwirkt; dementsprechend kann sich diese Verhinderung nicht nur auf einzelne Sitzungen beziehen. Verfassungsrechtlich ist diese Annahme zwingend, weil anderenfalls ein Verstoß gegen Art. 101 Abs. 1 S. 2 GG nicht zu vermeiden wäre; in diesem Fall würde nämlich ein Richter an einem Verfahren nur teilweise mitwirken.

30 Zu einer Verhinderung für das gesamte (weitere) Verfahren führt die **Ausschließung** eines Richters nach § 14 und die **Ablehnung** eines Richters wegen **Besorgnis der Befangenheit** nach § 15 LVerfGG. Beide Bestimmungen sichern die richterliche Neutralität im Verhältnis zu den Parteien ab[26] und decken sich mit den entsprechenden Regelungen des BVerfGG (§§ 18 f.). Insbesondere gelten nach § 14 Abs. 3 (entspricht § 18 Abs. 3 BVerfGG) die Mitwirkung im Gesetzgebungsverfahren und die Äußerung einer wissenschaftlichen Meinung zu einer Rechtsfrage die für das Verfahren bedeutsam sein kann, nicht als Vorbefassung mit derselben Sache.[27] Allerdings kann ein pointiertes Engagement in den genannten Konstellationen eine Befangenheit iSv § 15 begründen.[28] Bei der Entscheidung kommt es ähnlich wie bei den Fällen der Besorgnis der Befangenheit (→ Rn. 31) darauf an, ob ein Verfahrensbeteiligter bei vernünftiger Würdigung aller Umstände Anlass hat, an der Unvoreingenommenheit und objektiven Einstellung des Richters zu zweifeln.[29]

31 Nach § 15 Abs. 1 LVerfGG (entspricht § 19 Abs. 1 BVerfGG) kann ein **Richter** durch einen Prozessbeteiligten (nicht aber durch einen nur Äußerungsberechtigten[30]) **abgelehnt** werden, wenn die Besorgnis der Befangenheit besteht. Der Antrag kann nur bis zum Beginn der mündlichen Verhandlung gestellt werden, vor der die den Antrag rechtfertigenden Gründe bekannt (geworden) waren (Abs. 2 S. 3). Weiterhin kann der Richter selbst eine entsprechende Erklärung abgeben (Abs. 3); diese kann sich auf die entsprechenden Tatsachen beschränken, muss also keine Aussage zur Befangenheit enthalten.[31] In beiden Fällen entscheidet das Gericht ohne den betroffenen Richter, aber auch ohne dessen

---

26 Allg. dazu BVerfGE 21, 139 (146); 42, 206, 211; *Schulze-Fielitz*, in Dreier, Art. 97 Rn. 42; *Classen*, in von Mangoldt/Klein/Starck, Art. 97 Rn. 33.
27 Dazu auch BVerfGE 72, 278 (287 f.); 82, 30, 37; vgl. aber auch 101, 46, 51.
28 BVerfGE 20, 1 (7 f.); 82, 30, 38; 135, 248 Rn. 25; 148, 1 Rn. 19 ff.; 156, 340 Rn. 24.
29 BVerfGE 47, 105 (107); 156, 340 Rn. 25.
30 LVerfG, Beschl. v. 25.11.2021 – LVerfG 2/20; zu § 19 BVerfGG *Sauer*, in Walter/Grünewald, § 19 Rn. 10.
31 LVerfG Beschl. v. 25.11.2021 – LVerfG 2/20 –; zu § 19 BVerfGG BVerfGE 88, 1 (3); 95, 189, 191; 109, 130, 131.

Stellvertreter.[32] Anders als nach § 48 ZPO ist dagegen eine Entscheidung von Amts wegen nicht möglich.

In der Sache ist Voraussetzung für eine erfolgreiche Ablehnung eines Richters nicht eine tatsächliche objektive Befangenheit. Vielmehr kommt es darauf an, ob aus verständiger Sicht bei vernünftiger Würdigung aller Umstände Anlass besteht, an der Unparteilichkeit des Richters zu zweifeln. Bei der Bewertung ist zu berücksichtigen, ob das Anlass gebende Verhalten vor oder nach der Wahl des Betreffenden zum Mitglied des LVerfG lag, weil man nach der Wahl das Bewusstsein um die besondere Verantwortung des Amtes und der damit verbundenen Pflicht zur Zurückhaltung voraussetzen kann.[33] Das **BVerfG** hat dabei traditionell mit Hinweis auf die besondere Stellung von Verfassungsrichtern einen strengen Maßstab zugrunde gelegt.[34] In der jüngeren Judikatur wird dies nicht mehr ausdrücklich zum Ausdruck gebracht, sondern nur noch betont, dass „grundsätzlich davon auszugehen (sei), dass Richterinnen oder Richter des Bundesverfassungsgerichts über jene innere Unabhängigkeit und Distanz verfügen, die sie befähigen, in Unvoreingenommenheit und Objektivität zu entscheiden."[35] In der Sache werden im Grundsatz die auch für die Fachgerichte geltenden Maßstäbe, wie sie insbesondere zu §§ 42 ZPO, 24 StPO entwickelt wurden, herangezogen.[36] Die Gesichtspunkte, die nach § 18 Abs. 2 BVerfGG (= 14 Abs. 2 LVerfGG) nicht zum Richterausschluss führen, rechtfertigen außer dem Vorliegen besonderer Umstände aber nicht eine Ablehnung wegen Befangenheit (→ Rn. 30); Gleiches gilt für Äußerungen, die im Zusammenhang mit einem politischen oder gesellschaftlichen Engagement vor Übernahme des Richteramtes stehen.[37] Die Literatur beurteilt Abweichungen von den allgemein üblichen Maßstäben ohnehin überwiegend kritisch.[38]

Mit Blick auf das **LVerfG** hat der Gesetzgeber den Umständen, dass die Mitglieder des Gerichts hauptberuflich einer anderen Funktion nachgehen und zudem sogar Erfahrungen im öffentlichen Leben aufweisen sollen (→ Rn. 15), in diesem Zusammenhang aber durchaus einmal befangen sein können, nicht zuletzt dadurch Rechnung getragen, dass für jeden Richter ein bestimmter Stellvertreter gewählt wird. In der politischen Praxis wird allerdings nicht darauf geachtet, dass die Stellvertreter solchen Mitgliedern zugeordnet werden, die von politisch ähnlich ausgerichteten Abgeordneten zur Wahl vorgeschlagen worden waren. In der **Praxis** hat das Thema für das LVerfG lange Zeit praktisch keine Rolle gespielt. In letzter Zeit sind dagegen mehrfach Mitglieder ausgeschlossen worden. Dabei hat sich das Gericht im Grundsatz von den zum einfachen Recht (§ 42 ZPO, aber auch – wegen § 13 LVerfGG – § 54 Abs. 3 VwGO) sowie zum BVerfGG (→ Rn. 30 ff.) **anerkannten Maßstäben** leiten lassen.[39]

---

32 Bisher war ohne praktische Relevanz die zu verneinende Frage, ob das auch bei offensichtlich unzulässigen Anträgen gilt; vgl. BVerfG Beschl. v. 20.5.2019 – 2 BvC 3/18.
33 Dazu *Heusch*, in Umbach/Clemens/Dollinger, § 19 Rn. 17.
34 BVerfGE 35, 171 (173 f.); 73, 330, 336; 82, 30, 40.
35 BVerGE 148, 1 Rn. 17; 152, 332 Rn. 15; Beschl. v. 20.7.2021 – 2 BvE 4/20 ua Rn. 19; Beschl. v. 12.10.2021 – 1 BvR 781/2 Rn. 19.
36 BVerfGE 88, 1 (4); 91, 226, 227; 95, 189, 191; 101, 46, 50 f.; 108, 122, 126; 109, 130, 132; 135, 248 Rn. 23; 148, 1 Rn. 17 f.; ausführlich 156, 340 Rn. 21 ff.
37 BVerfGE 148, 1 Rn. 18. Maßgeblich ist die Wahl, nicht die formale Amtsübernahme: BVerfGE 156, 340 Rn. 27.
38 Kritisch etwa *Benda/Klein*, Verfassungsprozessrecht, 4. Aufl. 2020, Rn. 259 ff.; *Pestalozza*, Verfassungsprozeßrecht, 3. Aufl. 1991, § 2 Rn. 48; *Wassermann*, in FS Simon, 1987, S. 81 ff.; aA *Schlaich/Korioth*, Rn. 74.
39 LVerfG Becshl. v. 27.8.2020 – 2/19 und 3/19 –; 28.10.2020 – 2/20 –; Beschl. v. 25.11.2021 – LVerfG 2/20 –.

34 **5. Präsident.** Nach Art. 54 Abs. 2 S. 1 hat das LVerfG einen Präsidenten (zu den Wählbarkeitsvoraussetzungen → Rn. 19), nach § 2 Abs. 1 LVerfGG auch einen Vizepräsidenten. § 10 LVerfGG konkretisiert die Aufgaben des Präsidenten (Abs. 1): dieser führt den **Vorsitz** im Richterkollegium und **vertritt** das Verfassungsgericht gegenüber anderen Verfassungsorganen. Er leitet die allg. Verwaltung, verfügt über die Einnahmen und Ausgaben des Gerichts nach Maßgabe des Landeshaushalts und vertritt das Land in allen Rechtsgeschäften und Rechtsstreitigkeiten des Verfassungsgerichts. In seiner Funktion als Präsident wird er nicht von seinem persönlichen Stellvertreter, sondern vom Vizepräsidenten und iÜ vom dienstältesten Mitglied mit der Befähigung zum Richteramt vertreten (§ 10 Abs. 2 LVerfGG). Für die (wegen paralleler Amtszeiten nicht seltenen) Fälle gleichen Dienstalters gibt die GO das Lebensalter als Ersatzkriterium vor (§ 6).

### III. Abs. 3: Wahl

35 Nach Art. 52 Abs. 3 (entspricht § 4 Abs. 1 LVerfGG) werden die Richter des LVerfG vom **LT gewählt**. Der herausgehobenen Stellung des Gerichts entsprechend erhalten die Richter damit eine besondere unmittelbare **demokratische Legitimation**.[40] Die Wahl erfordert eine Mehrheit von zwei Dritteln der anwesenden Mitglieder.[41] Sie muss auf Vorschlag eines besonderen **Ausschusses** erfolgen. Dieser unterliegt den generellen Vorgaben für Ausschüsse nach Art. 33 LV. Er hat vor allem für die sachgerechte **Vorbereitung** der Wahl zu sorgen, denn vor der Wahl im LT selbst findet – zum Schutz der Kandidaten – keine Aussprache statt.[42] Daher kann sich der Ausschuss insbes. Personalakten vorlegen lassen (§ 4 Abs. 2 LVerfGG). Mit diesem Verfahren soll ein angemessener Kompromiss gefunden werden zwischen der Notwendigkeit einer Legitimation durch parlamentarische Wahl und der Gewährleistung der Wahl qualifizierter Kandidaten.[43] Zugleich wird vermieden, dass durch Verfahren der öffentlichen Anhörung und Ähnliches, wie es in anderen Staaten üblich ist, die richterliche Unabhängigkeit durch frühzeitige Festlegung in bestimmten, sensiblen Fragen gefährdet wird.

36 Der Ausschuss muss zumindest eine so hohe **Zahl von Kandidaten** vorschlagen, wie Positionen zu besetzen sind. Er kann aber auch mehr vorschlagen. Sind die Richter gewählt, erhalten sie vom Ministerpräsidenten eine ihren Status ausweisende Urkunde und werden vor dem Landtag vereidigt (§ 4 Abs. 3 und § 9 LVerfGG).

### IV. Abs. 4: Inkompatibilitäten

37 Art. 52 Abs. 4 sieht zur **Sicherung der Gewaltenteilung** im Land und der **Selbständigkeit der Verfassungsräume** Inkompatibilitäten vor. Während ihrer Amtszeit dürfen die Mitglieder des LVerfG und ihre Stellvertreter weder dem LT noch der LReg noch einem entsprechenden Organ des Bundes, eines anderen Landes oder der Europäischen Union angehören. Mit Blick auf die institutionelle Struk-

---

40 Dazu im vorliegenden Kontext *Gärditz* (Fn. 6), S. 457 ff.
41 Zur Sinnhaftigkeit *Gärditz* (Fn. 6), S. 461 ff., zum Ländervergleich S. 465.
42 Dazu, auch mit Hinweis auf anderweitige Regelungen (etwa eine Anhörung in Brandenburg), *Heimann* (Fn. 1), 63 f. Artt. 71 Abs. 1 LV und 33 Abs. 2 GG sind hier allerdings nicht anwendbar.
43 Generell zu diesem Konflikt bei Richterwahlen *Classen* JZ 2002, 1009. Allerdings sind Artt. 71 Abs. 1 LV und 33 Abs. 2 GG hier nicht anwendbar; *Gärditz* (Fn. 6), S. 457 f., 463.

tur der Europäischen Union ist die Begrifflichkeit fragwürdig. In der Sache sind Kommission und Parlament gemeint; eine Mitgliedschaft im Ausschuss der Regionen oder im Wirtschafts- und Sozialausschuss ist demgegenüber zulässig. Ausgeschlossen ist auch eine Mitgliedschaft im BVerfG, einem anderen LVerfG oder dem EuGH. Wer daher zum Zeitpunkt seiner Wahl zum LVerfG einen der genannten Tatbestände erfüllt, muss die entsprechende Funktion niederlegen; andernfalls kann er nicht ernannt werden. Zieht ein Mitglied des LVerfG später in ein solches Organ ein, scheidet es nach § 6 Abs. 2 Nr. 5 LVerfGG aus seinem Amte aus.

## V. Schrifttum

*Ralf Buchholz/Markus Rau*, Rechtsatzbeschwerde gegen Gesetze zur vorbeugenden Verbrechensbekämpfung?, in NVwZ 2000, 396 ff.; *Klaus Ferdinand Gärditz*, Landesverfassungsrichter, in JöR N.F. 61 (2013), S. 449 ff.; *Hans Markus Heimann*, Die Entstehung der Verfassungsgerichtsbarkeit in den neuen Ländern und in Berlin, 2001; *Klaus Lange*, Das Bundesverfassungsgericht und die Landesverfassungsgerichte, in FS 50 Jahre BVerfG, 2001, S. 289 ff.; *Wolfgang März*, Die Verfassungsentwicklung in Mecklenburg-Vorpommern, in JöR N.F. 54 (2006), S. 175 ff.; *Jörg Menzel*, Landesverfassungsrecht. Verfassungshoheit und Homogenität im grundgesetzlichen Bundesstaat, 2002; *Christian Starck/Klaus Stern* (Hrsg.), Landesverfassungsgerichtsbarkeit, 3 Bände, 1983; *Maximilian Wallerath*, Landesverfassungsgerichtsbarkeit in den „neuen" Bundesländern, in NdsVBl. 2005, Sonderheft zum 50-jährigen Bestehen des Niedersächsischen Staatsgerichtshofs, S. 43 ff. 38

## Art. 53 (Zuständigkeit)

Das Landesverfassungsgericht entscheidet
1. über die Auslegung dieser Verfassung aus Anlaß von Streitigkeiten über den Umfang der Rechte und Pflichten eines obersten Landesorgans oder anderer Beteiligter, die durch die Verfassung oder in der Geschäftsordnung des Landtages mit eigenen Rechten ausgestattet sind,
2. bei Meinungsverschiedenheiten oder Zweifeln über die förmliche oder sachliche Vereinbarkeit von Landesrecht mit dieser Verfassung auf Antrag der Landesregierung oder eines Drittels der Mitglieder des Landtages,
3. aus Anlaß von Streitigkeiten über die Durchführung von Volksinitiativen, Volksbegehren und Volksentscheiden auf Antrag der Antragsteller, der Landesregierung oder eines Viertels der Mitglieder des Landtages,
4. über die Verfassungsmäßigkeit des Auftrages eines Untersuchungsausschusses auf Vorlage eines Gerichts, wenn dieses den Untersuchungsauftrag für verfassungswidrig hält und es bei dessen Entscheidung auf diese Frage ankommt,
5. über die Vereinbarkeit eines Landesgesetzes mit dieser Verfassung, wenn ein Gericht das Verfahren gemäß Artikel 100 Abs. 1 des Grundgesetzes für die Bundesrepublik Deutschland ausgesetzt hat,
6. über Verfassungsbeschwerden, die jeder mit der Behauptung erheben kann, durch ein Landesgesetz unmittelbar in seinen Grundrechten oder staatsbürgerlichen Rechten verletzt zu sein,
7. über Verfassungsbeschwerden, die jeder mit der Behauptung erheben kann, durch die öffentliche Gewalt in einem seiner in Artikel 6 bis 10 dieser Verfassung gewährten Grundrechte verletzt zu sein, soweit eine Zuständigkeit des Bundesverfassungsgerichts nicht gegeben ist,

8. über Verfassungsbeschwerden von Gemeinden, Kreisen und Landschaftsverbänden wegen Verletzung des Rechts auf Selbstverwaltung nach Artikel 72 bis 75 durch ein Landesgesetz,
9. in den übrigen ihm durch diese Verfassung oder durch Gesetz zugewiesenen Fällen.

Vergleichbare Regelungen:

*Zu Nr. 1:* Artt. 68 Abs. 1 Nr. 1, Abs. 2 Nr. 1 BWVerf; 64 BayVerf; 84 Abs. 2 Nr. 1 VvB; 113 Nr. 1 BbgVerf; 140 Abs. 1 BremVerf; 65 Abs. 3 Nr. 1, 2 HambVerf; 131 HessVerf; 54 Nr. 1 NdsVerf; 75 Nr. 2 Verf NW; 130 Abs. 1, 135 Abs. 1 Nr. 1 Verf Rh-Pf; 97 Nr. 1 SaarlVerf; 81 Abs. 1 Nr. 1 SächsVerf; 75 Nr. 1 LVerf LSA; 51 Abs. 2 Nr. 1 SchlHVerf; 80 Abs. 1 Nr. 3 ThürVerf.

*Zu Nr. 2:* Artt. 68 Abs. 1 Nr. 2, Abs. 2 Nr. 2 BWVerf; 84 Abs. 2 Nr. 2 VvB; 113 Nr. 2 BbgVerf; 140 Abs. 1 BremVerf; 65 Abs. 3 Nr. 3 HambVerf; 131 HessVerf; 54 Nr. 3 NdsVerf; 75 Nr. 3 Verf NW; 130 Abs. 1, 135 Abs. 1 Nr. 1 Verf Rh-Pf; 97 Nr. 2 SaarlVerf; 81 Abs. 1 Nr. 2 SächsVerf; 75 Nr. 3 LVerf LSA; 51 Abs. 2 Nr. 2 SchlHVerf; 80 Abs. 1 Nr. 4 ThürVerf.

*Zu Nr. 3:* Artt. 75 Abs. 3 BayVerf; 77 Abs. 2 BbgVerf; 65 Abs. 3 Nr. 5 HambVerf; 131 HessVerf; 54 Nr. 2 NdsVerf; 99 Abs. 3 SaarlVerf; 71 Abs. 2 Satz 3 SächsVerf; 75 Nr. 2 LVerf LSA; 49 Abs. 1 S. 4 SchlHVerf; 80 Abs. 1 Nr. 6 ThürVerf.

*Zu Nr. 4:* Artt. 27 Abs. 7 NdsVerf; 75 Nr. 4 LVerf LSA; 80 Abs. 1 Nr. 7 ThürVerf.

*Zu Nr. 5:* Artt. 68 Abs. 1 Nr. 3 BWVerf; 65, 92 BayVerf; 84 Abs. 2 Nr. 4 VvB; 113 Nr. 3 BbgVerf; 142 BremVerf; 65 Abs. 3 Nr. 6 HambVerf; 133 HessVerf; 54 Nr. 4 NdsVerf; 130 Abs. 3 Verf Rh-Pf; 97 Nr. 3 SaarlVerf; 81 Abs. 1 Nr. 3 SächsVerf; 75 Nr. 5 LVerf LSA; 51 Abs. 2 Nr. 3 SchlHVerf; 80 Abs. 1 Nr. 5 ThürVerf.

*Zu Nr. 6 und 7:* Artt. 48 Abs. 3, 66, 120 BayVerf; 84 Abs. 2 Nr. 5 VvB; 6 Abs. 2, 113 Nr. 4 BbgVerf; 75 Nr. 5a Verf NW; 130a Verf Rh-Pf; 81 Abs. 1 Nr. 4 SächsVerf; 75 Nr. 6 LVerf LSA; Art. 80 Abs. 1 Nr. 1 ThürVerf.

*Zu Nr. 8:* Artt. 76 BWVerf; 84 Abs. 2 Nr. 3 VvB; 75 Nr. 5b Verf NW; 54 Nr. 5 NdsVerf; 90 SächsVerf; 75 Nr. 7 LVerf LSA; 51 Abs. 2 Nr. 4 SchlHVerf., 80 Abs. 1 Nr. 2 ThürVerf.

*Zu Nr. 9:* Artt. 68 Abs. 1 Nr. 4 BWVerf; 67 BayVerf; 84 Abs. 2 Nr. 6 VvB; 113 Nr. 5 BbgVerf; 140 Abs. 2 BremVerf; 65 Abs. 4 HambVerf; 54 Nr. 6 NdsVerf; 75 Nr. 4 Verf NW; 97 Nr. 4 SaarlVerf; 81 Abs. 1 Nr. 6 SächsVerf; 75 Nr. 8 LVerf LSA; 51 Abs. 2 Nr. 6 SchlHVerf; 80 Abs. 2 ThürVerf.

| | |
|---|---|
| I. Allgemeines ........................ 1 | VIII. Nr. 7: Verfassungsbeschwerde gegen sonstige Hoheitsakte des Landes ............................. 38 |
| II. Nr. 1: Organstreitigkeiten .......... 7 | |
| III. Nr. 2: Abstrakte Normenkontrolle 17 | |
| IV. Nr. 3: Volksinitiativen etc. ......... 23 | IX. Nr. 8: Kommunale Verfassungsbeschwerde ............................ 44 |
| V. Nr. 4: Verfassungsmäßigkeit eines Untersuchungsausschusses ........ 25 | |
| VI. Nr. 5: Konkrete Normenkontrolle 27 | X. Nr. 9: Sonstige Fälle ................ 47 |
| VII. Nr. 6: Verfassungsbeschwerde gegen Landesgesetze ............... 30 | XI. Schrifttum ......................... 50 |

## I. Allgemeines

1 Art. 53 enthält einen Katalog von Zuständigkeiten des LVerfG, verweist auf die anderweitig in der LV geregelten Zuständigkeiten und gibt (nur) dem Gesetzgeber die Möglichkeit, diesen Katalog zu erweitern. Mit diesem **Enumerationsprinzip** wird auch insoweit dem in Deutschland allg. etablierten Modell der Verfassungsgerichtsbarkeit gefolgt. Sollen Verfassungs- und Fachgerichtsbarkeit getrennt sein, ist dies auch zwingend, da zumindest Streitigkeiten mit Bürgerbeteiligung regelmäßig auch einfachrechtliche Aspekte aufweisen und als solche den Fachgerichten zugewiesen sind. **Prüfungsmaßstab** bilden die **LV** und nach Maßgabe von Art. 5 Abs. 3 auch das **GG**. Bei Gesetzen prüft das LVerfG

prüft als Vorfrage auch, ob der Landesgesetzgeber – insbes. nach Art. 71, 73 oder Art. 72, 74 GG in Verbindung mit entsprechender Bundesgesetzgebung – kompetenziell zur Normsetzung befugt ist, da sich dieser anderenfalls außerhalb des Verfassungsrahmens des Landes bewege.[1] Das BVerfG hat in einer späteren Entscheidung eine entsprechende Vorgabe in der LV verlangt.[2] Diese wird zum Teil in Art. 1 Abs. 2 oder Art. 4 gesehen.[3] Da Art. 4 explizit die Bindung der Landesgesetzgebung auch an das Grundgesetz vorgibt, ist diese Bestimmung der offenen Norm des Art. 1 Abs. 2 vorzuziehen. Da im Bereich der konkurrierenden Gesetzgebung die Sperrwirkung für die Landesgesetzgebung nach Art. 72 Abs. 1 GG letztlich erst durch einen Akt der einfachen Bundesgesetzgebung erreicht wird,[4] bedeutet auch dies eine eher weite Auslegung von Art. 4. Im Fall von Unionsrecht, das dem Erlass von Landesrecht entgegensteht, dürfte der dargestellte Gedanke ohnehin nicht zum Tragen kommen, da dieses gegenüber nationalem Recht nur Anwendungsvorrang genießt, nicht aber im Kollisionsfall zu dessen Nichtigkeit führt.

Generell lassen sich Streitigkeiten unterscheiden, die stärker im **Staatsorganisationsrecht** wurzeln (Nr. 1 bis 4), von solchen, die im Kern Rechte des **einzelnen Bürgers** berühren (Nr. 5 bis 7); die Kommunalverfassungsbeschwerde nach Nr. 8 steht zwischen beiden Typen. In anderer Hinsicht kann man differenzieren zwischen Verfahren, in denen die Antragsteller **subjektive Rechte** geltend machen (Nr. 1, 6 bis 9 sowie teilweise Nr. 3), und Streitigkeiten mit eher **objektivem Charakter** (Nr. 2 bis 5). Insgesamt orientieren sich die Zuständigkeiten wie die Ausgestaltung der Verfahren stark am **Vorbild des Bundes** und decken sich weitgehend mit denen anderer Länder (→ Art. 52 Rn. 4). Unterschiede beruhen regelmäßig auf Divergenzen im materiellen Recht: so kann es auf Landesebene etwa Grundrechtsverwirkung (Art. 18 GG) und Parteiverbot (Art. 21 GG) ebenso wie föderale Streitigkeiten nicht geben; umgekehrt findet Nr. 3 – mangels Beteiligung des Volkes an der Gesetzgebung – ein allenfalls begrenztes Vorbild auf Bundesebene. IÜ gibt es größere Unterschiede allein im Bereich der Verfassungsbeschwerde (→ Rn. 30 ff.), die es anders als in einigen anderen Ländern zwar gibt, aber nur mit engen Zulässigkeitsgrenzen. Nicht vorgesehen ist die in einigen anderen Ländern bekannte Ministeranklage, auf Bundesebene in Form der Präsidentenanklage bekannt (Art. 61 GG). Man vertraut auf die politische Kontrolle durch das Parlament. In der Praxis stehen wie anderswo Organstreitigkeiten – insbesondere innerhalb des Landtages – und Kommunalverfassungsbeschwerden im Vordergrund, bei denen es vielfach um Finanzfragen geht. 2

Dem Wesen von Rspr. gemäß (→ Art. 52 Rn. 7) erfordern alle Verfahren einen **Antrag**.[5] Ein unklares Begehren muss das Gericht auslegen.[6] Zur Hilfe bei der Stellung sachdienlicher Anträge ist das LVerfG nach §§ 86 VwGO iVm 13 LVerfGG – zumindest bei Anträgen, die von einzelnen Bürgern eingereicht werden können – verpflichtet. Die innerhalb der für die Antragseinreichung bestehenden Frist einzureichende **Begründung** soll dem LVerfG eine Sachentschei- 3

---

1 So – im Zusammenhang mit einer Verfassungsbeschwerde – LVerfG M-V Urt. v. 21.10.1999 – 2/99 – LVerfGE 10, 337, 345.
2 BVerfGE 103, 332 (349 ff.).
3 Für Art. 4 *März* JöR N.F. 54 (2006), 175, 204; für Art. 1 Abs. 2 → Art. 1 Rn. 11; siehe auch → Art. 4 Rn. 4.
4 Das BVerfG nimmt in solchen Fällen aber einen Verstoß gegen Art. 72 GG an; BVerfGE 157, 223.
5 Dazu *Hillgruber/Goos*, Rn. 3 f. Über § 13 LVerfG kommt insbesondere auch § 55a VwGO (elektronischer Antrag) zur Anwendung.
6 Dazu *Puttler*, in Umbach/Clemens/Dollinger, § 23 Rn. 5.

dung ohne aufwändige eigene Ermittlungen ermöglichen. Daher müssen der entscheidungserhebliche Sachverhalt substantiiert vorgetragen und die wesentlichen rechtlichen Erwägungen dargelegt werden. Dieser Vortrag muss aus sich heraus, ohne Beiziehung von Akten und anderen Erkenntnisquellen, verständlich und vollständig sein. Nach Fristablauf können nur noch bereits vorgebrachte Gesichtspunkte vervollständigt, nicht aber neue vorgetragen werden.[7] Teilweise enthält das LVerfGG zu den einzelnen Verfahrensarten Konkretisierungen dieser Begründungspflicht. Schließlich sind einem Antrag die erforderlichen Beweismittel beizufügen.

4 Besondere Vorschriften zur **Postulationsfähigkeit** enthält das LVerfGG nur für die mündliche Verhandlung (§ 18 LVerfGG; ebenso § 22 BVerfGG). Die vorgesehene grundsätzliche Begrenzung der Vertretung auf einen bei einem deutschen Gericht zugelassenen Rechtsanwalt oder einen Lehrer des Rechts an einer deutschen Hochschule (einschließlich der Fachhochschulen; → Art. 52 Rn. 17) ist kaum mit der Dienstleistungsfreiheit nach Art. 56 AEUV vereinbar. Mit Blick auf die Rechtsanwälte kann immerhin § 28 EuRAG herangezogen werden.

5 Der **LT** oder Teile von diesem können sich auch durch seine Mitglieder, das **Land** und seine **Verfassungsorgane** (LReg und LT) durch die jeweiligen Bediensteten **vertreten** lassen (ohne dass wie auf Bundesebene die Befähigung zum Richter- oder zum höheren Verwaltungsdienst verlangt wird). Schließlich kann das LVerfG nach Ermessen auch eine andere Person als Beistand eines Beteiligten zulassen. Bei Verfahren, die von oder gegen eine Personengruppe beantragt werden, kann das LVerfGG nach § 17 LVerfGG (entspricht § 21 BVerfGG) anordnen, dass diese ihre Rechte durch einen oder mehrere Beauftragte wahrnehmen lässt. Dieser Beauftragte ist nicht Prozessvertreter, muss daher nicht die Voraussetzungen nach § 18 LVerfGG erfüllen. Sollte dies nicht der Fall sein, muss er sich aber vertreten lassen.

6 Die **Rücknahme** eines Antrages ist nach § 13 LVerfG iVm § 92 VwGO möglich. Die Judikatur des BVerfG, wonach ein Verfassungsbeschwerdeverfahren auch nach Antragsrücknahme fortgeführt werden kann, wenn die Beschwerde gerade mit Blick auf das öffentliche Interesse angenommen worden war,[8] ist also nicht anwendbar. Diese verkennt ohnehin ein Wesenselement von Rspr.,[9] nämlich dass Gerichte nicht auf eigene Initiative tätig werden können.[10] Auf Landesebene gibt es zudem kein besonderes Annahmeverfahren für Verfassungsbeschwerden. Zu weiteren Formen der Erledigung: → Art. 54 Rn. 7.

## II. Nr. 1: Organstreitigkeiten

7 Das Streitverfahren (vgl. auch Art. 93 Abs. 1 Nr. 1 GG), konkretisiert in §§ 11 Abs. 1 Nr. 1, 36 ff. LVerfGG, ist gekennzeichnet durch eine Auseinandersetzung zwischen **Verfassungsorganen** und **Institutionen mit vergleichbarer Stellung** um ihre verfassungsmäßigen Rechte und Pflichten. Beteiligte, also Antragsteller und Antragsgegner, können zunächst alle obersten Landesorgane sein, ferner, wer sonst durch die Verfassung oder in der GO LT mit **eigenen Rechten** ausgestattet ist (§ 11 Abs. 1 Nr. 1 LVerfGG). Weder der Begriff des „obersten Landesorgans"

---

7 LVerfG M-V, Urt. v. 26.2.2006 – 15/04 – LVerfGE 17, 289, 296; *Puttler*, in Umbach/Clemens/Dollinger, § 23 Rn. 16.
8 BVerfGE 98, 216 (242 f.).
9 Dem BVerfG zustimmend *Lang* DÖV 1999, 624 ff.; *Cornils* NJW 1998, 3624 ff.; abl. *Wagner* NJW 1998, 2638 ff.; *Schlaich/Korioth*, Rn. 58; *Hillgruber/Goos*, Rn. 103b.
10 Allg. dazu *Classen*, in von Mangoldt/Klein/Starck, Art. 92 Rn. 15; nuancierend *Hergenröder*, Zivilprozessuale Grundlagen richterlicher Rechtsfortbildung, 1995, S. 276 ff.

noch der „anderer Beteiligter" ist ausdrücklich definiert. Zur ersten Kategorie sind LT und LReg zu rechnen.

Für die zweite Kategorie ist Voraussetzung, dass der Antragsteller wie die zuvor genannten Institutionen am Verfassungsleben teilnimmt. Dies sind zunächst die Mitglieder bzw. Teile der genannten Organe, soweit diese mit eigenen Rechten ausgestattet sind (Abg. nach Artt. 22, 24 LV,[11] Fraktionen nach Art. 25 Abs. 2 und 3 LV,[12] Ausschüsse nach Artt. 33 ff. LV, der Landtagspräsident,[13] trotz Definitionsproblemen im Einzelfall auch „die Opposition" nach Art. 26 Abs. 3 LV[14]), ferner die Minister (siehe Art. 46 LV). Ebenso sind der Bürgerbeauftragte (Art. 36 LV), der Datenschutzbeauftragte (Art. 37; → Art. 37 Rn. 7) sowie der LRH (Art. 68 LV) hierher zu rechnen, nicht hingegen die Kommunen.

Weiterhin sieht das LVerfG – der ständigen Rspr. des BVerfG[15] folgend – mit Blick auf Art. 3 Abs. 4 die **Parteien** als potenzielle Beteiligte eines Verfassungsstreitverfahrens an. Diese Judikatur stützt sich auf die Stellung der Norm im staatsorganisationsrechtlichen Teil des GG; dies ist auf die LV übertragbar. Dagegen spricht die Verankerung der Parteien im gesellschaftlichen Raum, die es iÜ gestattet, dass sich Parteien gegen Verwaltungsentscheidungen letztlich mit der Verfassungsbeschwerde wehren können.[16] Allerdings können Rechte im Organstreit nur geltend gemacht werden, wenn sich Parteien unmittelbar mit anderen Verfassungsorganen auseinandersetzen, konkret also insbes. Streitigkeiten um die Verfassungsmäßigkeit von regierungsamtlicher Wahlwerbung[17] und von Wahlgesetzen.[18] Streitverfahren etwa um die Rundfunkwerbung[19] sind vor den Verwaltungsgerichten, solche um die Entscheidung von Wahlorganen im Wahlprüfungsverfahren auszutragen.[20] In jedem Fall parallel sind die ebenfalls in Art. 3 Abs. 4 genannten **Bürgerbewegungen** zu behandeln (gegen deren organschaftliche Stellung → Art. 4 Rn. 13).[21]

Für die Beteiligtenfähigkeit kommt es auf die Lage zum **Zeitpunkt** der Einreichung des Antrags an;[22] dass bestimmte Beteiligte als Personengruppen wegen

---

11 LVerfG M-V Beschl. v. 7.4.2010 – 3/09 – LVerfGE 21, 199, 205; Urt. v. 27.1.2011 – 4/09; Urt. v. 24.2.2011 – 7/10 – NordÖR 2011, 227 (228).
12 LVerfG M-V Urt. v. 28.10.2010 – 5/10 – LVerfGE 21, 218, 226; Urt. v. 31.5.2012 – 15/11.
13 Voraussetzung ist hier, dass er unmittelbar in dieser Eigenschaft tätig wird (LVerfG M-V Beschl. v. 25.3.2010 – 3/09 – LVerfGE 21, 199, 205; Urt. v. 27.1.2011 – 4/09), nicht nur als Leiter der Landtagsverwaltung (dazu LVerfG M-V Beschl. v. 26.5.2011 – 19/10).
14 Offen lassend LVerfG M-V Urt. v. 31.5.2011 – 2/00 – LVerfGE 12, 209, 220. Zur Definition des Oppositionsbegriffs LVerfG LSA Urt. v. 29.5.1997 – 1/96, LVerfGE 6, 281 ff.; dazu *März*, JöR N.F. 54 (2006), 175, 220 mit Fn. 183.
15 BVerfGE 1, 208 (223 ff.); 60, 53, 61 f.; 84, 290, 298; siehe ferner BbgVerfG Urt. v. 16.3.1995 – 4/95 EA – LVerfGE 3, 135, 139; VerfGH NW Urt. v. 2.9.1994 – 7/94 – DVBl. 1995, 153, und Urt. v. 6.7.1999 – 14 und 15/98 – DVBl. 1999, 1271.
16 Dazu *Kunig*, HdbStR Bd. III, § 40 Rn. 92; *Ipsen*, in Sachs, GG, Art. 21 Rn. 49; *Schlaich/Korioth*, Rn. 52; *Voßkuhle*, in von Mangoldt/Klein/Starck, Art. 93 Rn. 106.
17 LVerfG M-V Urt. v. 23.5.1996 – 1/95 – LVerfGE 4, 268 ff.
18 LVerfG M-V Urt. v. 14.12.2000 – 3/99, 4/99 – LVerfGE 11, 306 ff. Unabhängig von grds. Zweifeln an dieser Judikatur ist diese Entscheidung bemerkenswert, weil sie Kommunalwahlen betraf. Ebenso aber BVerfGE 6, 367 (371); 13, 1, 9; VerfGH NW Urt. v. 2.9.1994 – 7/94 – DVBl. 1995, 153.
19 BVerfGE 7, 99 (103).
20 BVerfGE 74, 96 (101) – zum Streit um den Status einer Organisation als Partei.
21 Anders hingegen zu Wählervereinigungen (für die Bundesebene, wo aber auch nur Parteien verfassungsrechtlich verankert sind) BVerfGE 51, 222 (233); 79, 379, 383 ff.
22 LVerfG M-V Urt. v. 27.5.2003 – 10/02 – NordÖR 2003, 359 (360). Siehe auch BVerfGE 102, 223 (231).

der Diskontinuität nicht alsnsolche über eine Wahl hinaus bestehen (etwa Fraktionen,[23] aber auch der LT selbst), hindert nicht prinzipiell die Fortführung eines Verfahrens, sondern wirft nur die Frage nach dem Wegfall des Rechtsschutzinteresse auf (→ Rn. 13).

11 **Streitgegenstand** kann jede objektiv **rechtserhebliche Maßnahme** (einschließlich eines Unterlassens) sein, die dem Antragsgegner zuzurechnen ist und dadurch ein verfassungsrechtliches Rechtsverhältnis zum Antragsteller begründet.[24] In Übereinstimmung mit der bundesrechtlichen Praxis[25] wird der Begriff weit interpretiert.[26] Wird ein Unterlassen gerügt (was auch beim Angriff der Ablehnung eines Antrags der Fall sein kann[27]), muss eine entsprechende Handlungspflicht dargelegt werden;[28] außerdem muss vorher ein entsprechender Antrag bei der zuständigen Stelle gestellt worden sein. Allein faktisch wirkende, vorbereitende oder vollziehende Akte werden nicht erfasst.[29]

12 Die Maßnahme muss den Antragsteller in seinen ihm durch die LV übertragenen **Rechten** (ggf. also: Kompetenzen[30]) oder **Pflichten verletzen** oder **unmittelbar gefährden**. Dies ist nicht der Fall bei einem im Wesentlichen von einfachgesetzlichen Normen geprägten Streit, auch soweit diese die Verfassung ausfüllen.[31] Bei abstrakten Regelungen können Rechte verletzt sein, wenn und soweit sie konkret (auch) Rechte des Antragstellers beeinträchtigen. Eine Rüge unmittelbarer Gefährdungen soll nicht nur der Klärung abstrakter Rechtsfragen dienen und ist daher allein möglich, wenn eine Verletzung der entsprechenden Rechte hinreichend wahrscheinlich ist.[32] Verfassungsverstöße jenseits der Rechte des Antragstellers können nicht gerügt werden; der Organstreit ist kein Instrument einer Verfassungsaufsicht.[33] Die Bezeichnung der Bestimmung der LV, gegen die die beanstandete Maßnahme oder Unterlassung des Antragsgegners verstoßen soll, und zu der der Antragsteller verpflichtet ist, begrenzt den Streitgegenstand.[34]

13 Antragsteller können auch anführen, dass das **Organ**, dem sie **angehören**, verletzt oder unmittelbar gefährdet ist; der Antragsteller wird hier im Wege der **Prozessstandschaft** für das entsprechende Organ tätig. § 36 LVerfGG ist insoweit anders als § 63 BVerfGG offen formuliert und erfasst damit alle potenziel-

---

23 Dazu LVerfG M-V Urt. v. 27.5.2003 – 10/02 – NordÖR 2003, 359 (360).
24 Dazu LVerfG M-V Urt. v. 11.7.1996 – 1/96 – LVerfGE 5, 203, 217; Urt. v. 18.12.1997 – 2/97 – LVerfGE 7, 199, 205 f.
25 BVerfGE 68, 1 (72).
26 Dazu, auch zur Deckung mit der Rspr. des BVerfG, LVerfG M-V Urt. v. 11.7.1996 – 1/96 – LVerfGE 5, 203, 217; Urt. v. 31.5.2011 – 2/00 – LVerfGE 12, 209, 218 f.
27 Dazu LVerfG M-V Urt. v. 18.12.1997 – 2/97 – LVerfGE 7, 199, 205 ff.
28 Dazu neben der vorgenannten Entscheidung – deutlicher – LVerfG M-V Urt. v. 14.12.2000 – 3/99, 4/99 – LVerfGE 11, 306, 313 f.
29 LVerfG M-V Urt. v. 28.20.2010 – 5/10 – LVerfGE 21, 218, 227 f.; B. v. 26.5.2011 – 19/10.
30 LVerfG M-V Urt. v. 28.10.2010 – 5/10 – LVerfGE 21, 218, 226 ff.; Urt. v. 31.3.2013 – 3/12.
31 LVerfG M-V Urt. v. 24.2.2011 – 7/10 – NordÖR 2011, 227 (228 f.); Urt. v. 31.5.2012 – 15/11 (zur Vergabe von Räumen an Fraktionen im Landtag; siehe ferner differenzierend Urt. v. 25.2.2015 – 2/14 (zu Fraktionszuschüssen).
32 LVerfG M-V Urt. v. 14.12.2000 – 3/99, 4/99 – LVerfGE 11, 306, 315.
33 LVerfG M-V Urt. v. 26.9.2019 – 2/18, LVerfGE 30, 266, 281 f. – Rn. 55, im Anschluss an BVerfGE 150, 94 Rn. 18.
34 LVerfG M-V Beschl. v. 27.2.2020 – 6/19, LVerfGE 31, 298, 301= NordÖR 2020, 281; großzügig LVerfG M-V Urt. v. 14.12.2000 – 3/99, 4/99 – LVerfGE 11, 306, 316 f.: Art. 3 Abs. 4 LV statt des gerügten, im Wortlaut identischen Art. 21 GG.

len Antragsteller,[35] nicht nur die organisierten Teile von obersten Organen. Dies spricht dafür, das – verfassungsmäßig nicht garantierte – Recht zur Antragserhebung in Prozessstandschaft für das gesamte Organ allen entsprechenden potenziellen Antragstellern, also insbes. auch einzelnen Abg. zuzuerkennen; demgegenüber gesteht das BVerfG dieses Recht nur den ständigen Gliederungen des BT, nicht aber etwa einzelnen Abg. des BT zu.[36] Sinn und Zweck der Regelung – Minderheitenschutz – können die Zulässigkeit eines in Prozessstandschaft für ein Organ gestellten Antrags auch dann erfordern, wenn sich dieser unmittelbar gegen das betreffende Organ richtet, aber zugleich der kontradiktorische Charakter des Verfahrens gewährleistet wird.[37] Materiell muss es aber auch in einem solchen Fall um eine Kompetenzabgrenzung zwischen Staatsorganen gehen. Ob sich Fraktionen auch auf Rechte der Abgeordneten – gleichsam gebündelt – berufen können, hat das LVerfG bisher ausdrücklich offen gelassen.[38]

Das Rechtsschutzbedürfnis wird grundsätzlich durch die Antragsbefugnis indiziert.[39] Im Einzelfall kann es aber fehlen.[40] Im Fall einer **Erledigung** wird das Verfahren jedoch **fortgesetzt**, wenn ein öffentliches Interesse an der Entscheidung besteht, insbes., wenn – nicht zuletzt wegen der Orientierungsfunktion verfassungsgerichtlicher Rspr. (→ Art. 52 Rn. 9) – die Entscheidung auch für künftige Situationen von Bedeutung sein kann.[41] Sich sofort oder zeitnah erledigende Maßnahmen wie Wortentzug und Sitzungsausschluss für Abgeordnete können immer angegriffen werden.[42]

Außerdem muss der Antrag binnen **sechs Monaten**, nachdem die Maßnahme oder Unterlassung dem Antragsteller bekannt geworden ist, gestellt werden (§ 37 Abs. 2 und 3 LVerfGG; entspricht § 64 Abs. 2 und 3 BVerfGG). Bei Normen beginnt die Frist nicht generell mit deren Beschlussfassung, sondern erst mit der konkreten Betroffenheit des Beschwerdeführers.[43] Bei Unterlassungen kommt es auf den erkennbaren Beginn der Handlungspflicht an; in jedem Fall wird der Lauf der Frist durch die Weigerung, zu handeln, ausgelöst.[44] Zum Verfahrensbeitritt siehe § 38 LVerfGG (entspricht § 65 BVerfGG).

Die **Entscheidung** des LVerfG beschränkt sich auf die **Feststellung**, ob die beanstandete Maßnahme oder Unterlassung gegen eine zu bezeichnende Bestimmung der Verfassung verstößt (§ 39 LVerfGG; entspricht § 67 BVerfGG). Nichtsdestoweniger sind die Beteiligten dem Wesen von Rspr. entsprechend an das Ergebnis

---

35 Zum Unterschied siehe auch (in anderem Zusammenhang) LVerfG M-V Urt. v. 14.12.2000 – 3/99, 4/99 – LVerfGE 11, 306, 311 f.
36 BVerfGE 2, 143 (160); 90, 286, 341 ff.; 102, 224, 231.
37 LVerfG M-V Urt. v. 26.9.2019 – 2/18 – Rn. 67 ff., LVerfGE 30, 266 (285); BVerfG Urt. v. 18.3.2014 – 2 BvR 1390/12 ua, Rn. 156. BVerfGE 123, 267 (338); zustimmend *Hillgruber/Goos*, Rn. 382a. Früher anders 28.10.2010 – 5/10 – NordÖR 2010, 489 (492), ohne Problematisierung der schon damals entgegenstehenden Judikatur des BVerfG.
38 LVerfG M-V Urt. v. 28.10.2010 – 5/10 – NordÖR 2010, 489 (490); Urt. v. 24.9.2015 – 5/15.
39 LVerfG M-V Urt. v. 27.5.2003 – 10/02 – LKV 2003, 516 (517); Urt. v. 27.1.2011 – 4/09.
40 LVerfG M-V Beschl. v. 19.6.2007 – 19/06 – LVerfGE 18, 325, 334 f. zu innerparlamentarischen Heilungsmöglichkeiten; B. v. 2.4.2019 – 1/18, LVerfGe 30, 261, 264 zur Einräumung der Pflichtverletzung – nicht fristgerechte Beantwortung einer parlamentarischen Anfrage infolge eines Büroversehens – durch den Antragsgegner.
41 Dazu LVerfG M-V Urt. v. 27.5.2003 – 10/02 – NordÖR 2003, 359 (361).
42 LVerfG M-V Urt. v. 29.1.2009 – 5/08 – LVerfGE 20, 255, 264; Urt. v. 27.1.2011 – 4/09; siehe auch BVerfGE 10, 4 (11).
43 LVerfG M-V Urt. v. 11.7.1996 – 1/96 – LVerfGE 5, 203, 217; BVerfGE 80, 188 (209 ff.) – zur Regelung einer GO; 103, 164, 169 f., – zu Wahlgesetzen (die für Parteien sofort Wirkung entfalten).
44 LVerfG M-V Urt. v. 14.12.2000 – 3/99, 4/99 – LVerfGE 11, 306, 317 ff.

gebunden. Daher sind die Beteiligten verpflichtet, sich aus der Feststellung ergebende Konsequenzen tatsächlich zu ziehen (§ 29 LVerfGG, entspricht § 31 BVerfGG; → Art. 54 Rn. 18 ff.).[45] Zugleich kann das Gericht eine für die Auslegung der Bestimmung der Verfassung erhebliche Rechtsfrage entscheiden.

### III. Nr. 2: Abstrakte Normenkontrolle

17 Die abstrakte Normenkontrolle (vgl. auch Art. 93 Abs. 1 Nr. 2 GG), konkretisiert in §§ 11 Abs. 1 Nr. 2, 40 ff. LVerfGG, dient der Überprüfung der **Verfassungsmäßigkeit** von **Landesrecht** auf Antrag bestimmter politischer Instanzen ohne konkreten Anlass. Einen **Antrag** können die LReg sowie ein Drittel der Mitglieder des LT stellen. Den möglichen Verfahrensgegenstand bildet das gesamte Landesrecht. Hierzu gehören neben formellen Gesetzen auch RechtsVO und Satzungen, ohne dass insoweit ein Monopol im Sinne von § 47 Abs. 3 VwGO begründet wird. Einbezogen werden in das konkrete Verfahren neben den gerügten Normen auch solche, die in einem unmittelbaren Zusammenhang zur gerügten Norm stehen.[46] Praktische Bedeutung hat das Verfahren bislang nicht erlangt.

18 Für die **Zulässigkeit des Antrags** lässt die LV (wie Art. 93 Abs. 1 Nr. 2 GG) Meinungsverschiedenheiten oder Zweifel ausreichen; demgegenüber fordert § 40 Abs. 2 LVerfGG (wie § 76 BVerfGG), dass der Antragsteller das fragliche Landesrecht für nichtig oder umgekehrt für gültig hält, nachdem ein Gericht, eine Verwaltungsbehörde oder ein sonstiges Organ des Landes das Recht als unvereinbar mit der Verfassung nicht angewandt hat. Damit tritt die aus dem Bundesrecht bekannte Frage auf, ob der Gesetzgeber sich im Rahmen der ihm zustehenden Konkretisierungsbefugnis bewegt oder die Antragsbefugnis unzulässig eingeschränkt hat. Prämisse des erstgenannten Verständnisses ist, dass ein hinreichendes objektives Interesse an der Feststellung nur besteht, wenn der Antragsteller tatsächlich das entsprechende Recht für nichtig hält. Vermieden wird damit auch die zwingende Konsequenz der Zweifel ausreichen lassenden Gegenposition, dass Antrag und Tenor auseinanderfallen. Angesichts des unstreitig objektiven Charakters der abstrakten Normenkontrollverfahrens[47] sind aber beide Argumente nicht zwingend. Die § 76 BVerfGG rechtfertigende Argumentation des BVerfG[48] ist daher aus guten Gründen auf Kritik gestoßen.[49]

19 LT und LReg wird Gelegenheit zur **Äußerung** gegeben, sie können sich in jeder Lage des Verfahrens an diesem beteiligen (§ 41 LVerfGG, entspricht nur teilweise § 77 BVerfGG, das eine Beteiligung nicht vorsieht).

20 Soweit das LVerfG die beanstandeten Rechtsnormen für unvereinbar mit der Verfassung hält, stellt es in seiner Entscheidung deren **Nichtigkeit** fest (§ 42 LVerfGG, entspricht § 78 BVerfGG). Diese Entscheidung erwächst in Gesetzeskraft (§ 29 Abs. 2 Satz 1 Alt. 1 LVerfGG, entspricht § 31 Abs. 2 Satz 1 Var. 1 BVerfGG; → Art. 54 Rn. 14 ff.). Die gleiche Rechtsfolge kann auch mit Blick auf weitere Bestimmungen des gleichen Gesetzes angeordnet werden, wenn diese aus den gleichen Gründen verfassungswidrig sind. Welche Konsequenzen sich aus einer solchen Entscheidung für auf die für nichtig erklärte Vorschrift gestützte

---

45 Siehe dazu auf Bundesebene BVerfGE 24, 300 (351 f.); 85, 264, 326 f.
46 So – im Zusammenhang mit Verfassungsbeschwerden – LVerfG M-V Urt. v. 21.10.1999 – 2/99 – LVerfG 10, 337, 343 ff. – Nach Antragserhebung eintretendes Ende der Antragsbefugnis schadet nicht, LVerfG M-V Urt. v. 26.7.2007 – 9–12/06 –, B II.
47 BVerfGE 1, 208 (219 f.) („Antragsteller gibt nur Anstoß" zur Kontrolle); 103, 111, 124.
48 BVerfGE 96, 133 (137 ff.).
49 *Voßkuhle*, in von Mangoldt/Klein/Starck, Art. 93 Rn. 123; *Schlaich/Korioth*, Rn. 130.

Rechtsakte ergeben, regelt das LVerfGG nicht ausdrücklich. Nach überzeugender Rspr. des LVerfG ist im Grundsatz parallel zum Bundesrecht (§ 79 BVerfGG) zu verfahren.[50]

In Ausnahmefällen kann sich das LVerfG seit einer Änderung des LVerfGG[51] mit der **Feststellung der Verfassungswidrigkeit** begnügen (§ 29 Abs. 3; auf Bundesebene ist dies nur indirekt in §§ 79 Abs. 1 und 93c Abs. 1 Satz 3 BVerfGG anerkannt). Konkrete Voraussetzungen für eine solche Entscheidung hat der Gesetzgeber nicht normiert. Im Kern ist diese angezeigt, wenn eine Nichtigkeitserklärung von ihren Folgen her weiter reicht, als dies dem festgestellten Verfassungsverstoß entspricht, etwa[52] bei Verstößen, bei denen für den Gesetzgeber verschiedene Möglichkeiten der Beseitigung bestehen, insbes. bei der Verletzung des Gleichheitssatzes[53] sowie bei Unterlassungen. Gleiches gilt, wenn der Wegfall einer Norm verfassungsrechtlich problematischere Folgen hätte als die Weitergeltung.[54] 21

Weiterhin kann das LVerfG gemäß § 29 Abs. 3 Satz 2 LVerfGG – formuliert vor dem Hintergrund einschlägiger Praxis des BVerfG,[55] doch ohne Vorbild im BVerfGG – die **Weitergeltung einer verfassungswidrigen Norm** bis zu einem bestimmten Zeitpunkt anordnen; dies kommt insbes. in der letzten der soeben genannten Varianten in Betracht. Geschieht dies nicht, kann das Gericht anordnen, dass laufende Verfahren bis zu einer Neuregelung ausgesetzt werden.[56] Das BVerfG erlässt zum Teil auch selbst eine Auffangregelung, die bis zur Neuregelung durch den Gesetzgeber gilt.[57] 22

## IV. Nr. 3: Volksinitiativen etc.

Das LVerfG entscheidet über Streitigkeiten mit Blick auf die Durchführung von Volksinitiativen, Volksbegehren und Volksentscheiden. Konkretisierungen finden sich in §§ 11 Abs. 1 Nr. 7, 51 LVerfGG; eine Parallele auf Bundesebene gibt es wegen der dort nur stark eingeschränkt vorgesehenen Volksabstimmungen kaum.[58] Dabei geht es vorliegend nur um die **formalen Aspekte** eines solchen Verfahrens. Der Streit um inhaltliche Fragen – werden die Grenzen der Volksge- 23

---

50 LVerfG M-V Urt. v. 7.7.2005 – 8/04 – LVerfGE 16, 353, 373.
51 Zuvor hat das LVerfG M-V eine solche Rechtsfolge im Grundsatz (vgl. aber auch Fn. 54) ausdrücklich abgelehnt; siehe LVerfG M-V Urt. v. 21.10.1999 – 2/99 – LVerfGE 10, 337, 369 f.
52 Dazu etwa *Voßkuhle*, in von Mangoldt/Klein/Starck, Art. 93 Rn. 48.
53 BVerfGE 99, 280 (298); 105, 73, 133. Der Umstand, dass der EuGH regelmäßig anders verfährt und – unbeschadet des Rechts des Gesetzgebers, (später) eine andere Regelung zu treffen – (zunächst einmal) die benachteiligte der bevorzugten Gruppe gleichstellt (etwa: EuGH Slg 1986, 3855, 3876; 1989, 4311, 4333; dazu *Classen* JZ 1996, 921 (928)), belegt, dass die Judikatur des BVerfG zumindest nicht zwingt.
54 LVerfG M-V Urt. v. 17.8.2021 – 2/19, 3/19 und 1/20 (zu einer Verfassungsbeschwerde). Für diesen Fall hat das LVerfG M-V sich auch früher schon mit der Feststellung der Verfassungswidrigkeit begnügt; LVerfG M-V Urt. v. 18.5.2000 – 5/98 – LVerfGE 11, 265, 301. – Weiterer Fall: ein schon erlassenes, aber noch nicht in Kraft getretenes Gesetz LVerfG M-V Urt. v. 26.7.2007 – 9 bis 17/06 – LVerfGE 18, 342, 382. Bestimmungen, die nicht als solche nichtig sind, können bei Sachzusammenhang ggf. für „funktionslos" erklärt werden, LVerfG M-V, ebd., 397.
55 Siehe etwa BVerfGE 105, 73 (134).
56 BVerfGE 23, 1 (11); 94, 241, 267; 99, 165, 185; vgl. auch BVerfGE 107, 27 (58) zur Verpflichtung des Gesetzgebers, rückwirkend alle nicht zuvor bestandskräftig entschiedenen Fälle neu zu regeln.
57 BVerfGE 109, 256 (273).
58 Siehe aber § 24 Abs. 5 Satz 3 ff. des Gesetzes zu Art. 29 GG vom 30.7.1979, BGBl. I 1317, und dazu BVerfGE 96, 139 ff.

setzgebung nach Art. 60 Abs. 2 Satz 1 (einschließlich der Frage nach der Landeskompetenz) eingehalten? – ist ebenfalls letztlich vor dem LVerfG auszutragen, aber in Art. 60 Abs. 2 Satz 2 iVm §§ 11 Abs. 1 Nr. 6, 50 LVerfGG weitgehend inhaltlich parallel, aber formal gesondert geregelt (→ Art. 60 Rn. 13).

24 **Antragsberechtigt** sind die Initiatoren, die LReg sowie ein Viertel der Mitglieder des LT. Als Streitgegenstand kommt die **Ablehnung eines Antrages** auf Zulassung einer Volksinitiative oder eines Volksbegehrens in Betracht, soweit formale Gründe eine Rolle gespielt haben, etwa die Zahl der Unterzeichnenden als unzureichend angesehen wurde. Der Antrag muss innerhalb eines Monats nach Zustellung des Bescheids gestellt werden. Außerdem entscheidet das LVerfG über die **Gültigkeit der Abstimmung** gemäß § 24 Abs. 2 Satz 2 des VAbstG innerhalb von zwei Wochen auf eine entsprechende Anfechtung hin.

### V. Nr. 4: Verfassungsmäßigkeit eines Untersuchungsausschusses

25 Für die Beurteilung der Verfassungsmäßigkeit des Auftrages eines Untersuchungsausschusses begründet die LV eine auf Bundesebene nur einfachgesetzlich geregelte, da erst spät in das Blickfeld[59] geratene Zuständigkeit des Verfassungsgerichts (näher §§ 11 Abs. 1 Nr. 4, 46 ff. LVerfGG, ferner §§ 13 Abs. 1 Nr. 11a, 82a BVerfGG und § 36 Abs. 2 PUAG). Das Verfahren orientiert sich im Wesentlichen an der konkreten Normenkontrolle (Art. 53 Nr. 5 LV). Voraussetzung ist, dass ein Gericht den **Auftrag** eines vom LT eingesetzten Untersuchungsausschusses nach Art. 34 ganz oder teilweise für **verfassungswidrig** erachtet. Ferner muss die Frage der Verfassungsmäßigkeit des Untersuchungsausschusses für die Entscheidung des Gerichts erheblich sein. In diesem Fall hat das Gericht seine Entscheidung auszusetzen und die Entscheidung des LVerfG einzuholen. Dabei ist die Entscheidungserheblichkeit darzulegen und aufzeigen, mit welcher Norm der Untersuchungsauftrag unvereinbar sein soll.

26 LT und LReg wird Gelegenheit zur **Äußerung** gegeben; sie können dem Verfahren jederzeit beitreten. Die gleichen Rechte stehen auch der Minderheit des LT zu, die das Recht zur Beantragung eines Untersuchungsausschusses nach Art. 34 Abs. 1 Satz 1 hat. Das LVerfG **entscheidet** nur die **Rechtsfrage**; dementsprechend ergeht ein Feststellungsurteil (§ 48 LVerfGG). Anders als § 82a (Abs. 1 iVm §§ 82 Abs. 1 und 78) BVerfGG enthält das LVerfGG keinen Verweis auf die Bestimmungen über die Normenkontrolle, die die Anordnung der Nichtigkeit des Einsetzungsbeschlusses vorsehen. Die Ursache für die Unterschiede dürfte darin zu sehen sein, dass die Regelung des Bundes aus dem Jahre 2002 datiert und jünger ist als die des Landes. Daher muss das Parlament ggf. selbst den streitigen Beschluss aufheben. Praktische Relevanz hat das Verfahren bisher nicht entfaltet.

### VI. Nr. 5: Konkrete Normenkontrolle

27 Die **vom GG verlangte** Zuständigkeit für die Entscheidung der **Verfassungsmäßigkeit eines Landesgesetzes** (Art. 100 Abs. 1 GG; vgl. auch Abs. 3; → Art. 52 Rn. 2) weist Art. 53 Nr. 5 dem LVerfG zu (dazu §§ 43 ff. LVerfGG; vgl. auch §§ 80 ff. BVerfGG). Die dort aufgeführten Voraussetzungen decken sich strukturell mit denen der bereits erwähnten Kontrolle der Verfassungsmäßigkeit des Auftrages des Untersuchungsausschusses (→ Rn. 25 f.). Vorlageberechtigt ist nur ein Gericht. Vorlagegegenstand kann allein ein förmliches Landesgesetz sein. Ferner muss es auf dessen Gültigkeit bei der Entscheidung des vorlegenden

---

59 Siehe zur Rechtslage zuvor *Meyer-Bohl* DVBl. 1990, 511 ff.

Gerichts ankommen: Das Gericht müsste im Ergebnis bei Verfassungsmäßigkeit des Gesetzes eine andere Entscheidung als bei dessen Verfassungswidrigkeit finden.

Wegen der weitgehenden Deckung des Grundrechtsschutzes auf Landes- und auf Bundesebene besteht regelmäßig eine **Konkurrenzsituation** zwischen der Normenkontrolle nach Art. 53 Nr. 5 und nach **Art. 100 Abs. 1 GG**. Überwiegend wird davon ausgegangen, dass beide Verfahren nebeneinander stehen.[60] Wenn ein Gericht die Norm für verfassungswidrig erklärt hat, wird die Vorlage an das andere Gericht gegenstandslos. Mit Blick auf die Grundrechte des GG (vgl. Art. 5 Abs. 3 LV) spricht allerdings manches für eine vorrangige Entscheidung des BVerfG: Zum einen muss sich das LVerfG ggf. nach Maßgabe von Art. 100 Abs. 3 GG[61] ohnehin an das BVerfG wenden; zum anderen spricht dafür auch der im Zusammenhang mit der Verfassungsbeschwerde in Art. 53 Nr. 7 postulierte Vorrang der Zuständigkeit des BVerfG. Ggf. kann das LVerfG sein Verfahren bis zur Entscheidung des BVerfG aussetzen, was es auch bereits mehrfach getan hat.

28

Im Verfahren wird LT und LReg Gelegenheit zur **Äußerung** gegeben; sie können dem Verfahren beitreten (§ 44 LVerfGG; ähnlich § 82 BVerfGG). Auch den Beteiligten des Ausgangsverfahrens ist Gelegenheit zur Äußerung zu geben. Schließlich kann das LVerfG die oberen Landesgerichte um Mitteilung ersuchen, wie sie mit der streitigen Frage bisher umgegangen sind und welche damit zusammenhängenden Rechtsfragen zur Entscheidung anstehen (§ 44 Abs. 3 LVerfGG; entspricht § 82 Abs. 4 BVerfGG). Für die **Entscheidung** und deren Folgen wird auf die Regelungen des LVerfG zur abstrakten Normenkontrolle verwiesen (§ 45 mit Verweis auf § 42 LVerfGG; entsprechen §§ 82, 79 BVerfGG; → Rn. 20 ff.). Auch dieses Verfahren hat bislang keine praktische Relevanz erlangt.

29

### VII. Nr. 6: Verfassungsbeschwerde gegen Landesgesetze

Verfassungsbeschwerden sind nach der LV in deutlich stärker **begrenztem Maße** als auf Bundesebene zulässig (Art. 93 Abs. 1 Nr. 4a, §§ 13 Nr. 8a, 90 ff. BVerfGG). Art. 53 Nr. 6 eröffnet uneingeschränkt eine Verfassungsbeschwerde nur **unmittelbar gegen Landesgesetze**. Verfassungsbeschwerden gegen **sonstige Hoheitsakte**, insbes. Verwaltungsentscheidungen und Gerichtsurteile, sind nach Art. 53 Nr. 7 nur **subsidiär** im Verhältnis zur Zuständigkeit des BVerfG möglich (→ Rn. 40). Diese Regelung ist vergleichsweise restriktiv. Soweit in anderen Ländern überhaupt Regelungen über das Verhältnis zur Verfassungsbeschwerde zum BVerfG getroffen werden, schließen diese eine Beschwerde zum LVerfG regelmäßig nur aus, wenn und soweit eine Beschwerde zum BVerfG auch tatsächlich erhoben wurde.

30

**Antragsteller** im Verfahren nach Nr. 6 (dazu näher §§ 52 ff. LVerfGG; vgl. auch § 90 BVerfGG) kann jedermann sein, also jeder Grundrechtsträger (zur Gewährung von Prozesskostenhilfe → Art. 54 Rn. 5). **Beschwerdegegenstand** kann nur ein (förmliches) Landesgesetz sein. Dieses muss zudem den betreffenden Beschwerdeführer – möglicherweise – **unmittelbar** in seinen **Grundrechten**,

31

---

60 Siehe BVerfGE 17, 172 (180); 23, 353, 364 f.; *Schlaich/Korioth*, Rn. 348; *Hillgruber/Goos*, Rn. 942.
61 Im Rahmen der Frage, wann das LVerfG tatsächlich iS dieser Norm „das Grundgesetz" anwendet, ist umstritten, ob auch die Fälle des Art. 5 Abs. 2 oder gar jene der Anwendung von mit Bundesgrundrechten sachlich identischen Landesgrundrechten gemeint sind. Dazu etwa BVerfGE 96, 345 und kritisch dazu *Wieland*, in Dreier, Art. 100 Rn. 37.

also den Rechten aus Art. 5 bis 10 LV, oder seinen **staatsbürgerlichen Rechten**, also den an anderen Stellen der vorgesehenen subjektiven Rechten (etwa Art. 20 Abs. 2: Wahlrecht, → Art. 20 Rn. 29; Art. 36 Abs. 2 Satz 2: Recht auf Befassung des Bürgerbeauftragten, → Art. 36 Rn. 5; Art. 37 Abs. 3: Recht auf Befassung des Datenschutzbeauftragten, → Art. 37 Rn. 13; Art. 71 Abs. 1: Recht auf Zugang zum öffentlichen Dienst, → Art. 71 Rn. 7) verletzen. Demgegenüber scheiden Normen aus dem Kapitel „Staatsziele" (Art. 11 ff.) aus systematischen Gründen aus, wenn und soweit man aus ihnen materiell individuelle Rechte ableiten kann (→ Vor → Art. 11 Rn. 7 mwN).

32 Die behauptete Rechtsverletzung muss den Beschwerdeführer zunächst **unmittelbar** treffen. Dieser Begriff ist aus der Rspr. des BVerfG zu § 90 BVerfGG bekannt, hier allerdings anders als dort ausdrücklich als Zulässigkeitsvoraussetzung normiert. Danach darf kein weiterer staatlicher Hoheitsakt notwendig sein, um die Beschwer auszulösen.[62] In seiner früheren Judikatur hat das BVerfG für die Verneinung der Unmittelbarkeit einen Entscheidungsspielraum der ausführenden Stelle verlangt,[63] ist aber später davon abgerückt.[64] Das LVerfG hat sich in seiner Judikatur zu Art. 53 Nr. 6 zunächst am Vorbild des BVerfG orientiert.[65] Dieses ist vor allem in solchen Fällen zwingend, in denen noch ungewiss ist, wie sich die Rechtsstellung des Beschwerdeführers letztendlich darstellt.[66]

33 Der Begriff der „Unmittelbarkeit" weist **spezifisch prozessrechtlichen** Charakter auf und ist dementsprechend im Lichte der Funktionen des verfassungsgerichtlichen Verfahrens im Allgemeinen und der Verfassungsbeschwerde im Besonderen auszulegen. Dementsprechend hat das BVerfG verschiedentlich Verfassungsbeschwerden zugelassen, auch wenn formal Vollzugsakte möglich oder zu erwarten waren. Entscheidend war jeweils insbes., ob die Funktion des alternativ zu suchenden fachgerichtlichen Rechtsschutzes mit seinen besseren Möglichkeiten der Aufklärung tatsächlicher Fragen im konkreten Fall auch zu erfüllen war.[67] Eine unmittelbare Beschwer besteht daher auch, wenn ein an sich durchaus auf Vollzug angelegtes Gesetz den Normadressaten zu später nicht mehr korrigierbaren Entscheidungen zwingt oder Dispositionen veranlasst, die später kaum noch rückgängig gemacht werden können.[68] Gleiches gilt, wenn ein **Vollzugsakt** zwar notwendig ist, dieser aber **heimlich** durchgeführt und auch nachträglich nicht – automatisch – dem Betroffenen bekannt gegeben wird.[69] Auch beim

---

62 Siehe etwa BVerfGE 1, 97 (101); 68, 287, 300; 90, 125, 138; 102, 192, 206 f.
63 BVerfGE 43, 108 (117); 45, 104, 117 f.
64 BVerfGE 58, 81 (104 f.); 72, 39, 44 mit Sondervotum *Katzenstein*. Demgegenüber kommt es für das LVerfG M-V darauf an, ob das Gesetz einen „besonderen, *vom Willen der vollziehenden Gewalt zu beeinflussenden* Vollzugsakt voraus"-setzt (Urt. v. 18.9.2001 – 1/00 – LVerfGE 12, 227, 238) – Hervorhebung nicht im Original.
65 LVerfG M-V Urt. v. 9.7.1998 – 1/97 – LVerfGE 9, 225, 233.
66 Im soeben zitierten Fall machten die Beschwerdeführer geltend, durch den Gesetzgeber verfassungswidrig von bestimmten Leistungen des Landes (Schülerbeförderung) ausgeschlossen worden zu sein. Das LVerfG M-V wies zu Recht darauf hin, dass die für deren Organisation zuständigen Landkreise rechtlich nicht gehindert seien, den Kreis der Anspruchsberechtigten auszuweiten.
67 Siehe aus der Judikatur des BVerfGE 70, 35 (53); 73, 40, 68; 90, 128, 136. Zur Funktion des Unmittelbarkeitserfordernisses siehe auch *Schlaich/Korioth*, Rn. 238 ff. Zur Judikatur des LVerfG M-V siehe Fn. 66 sowie die nachf. Fn.
68 LVerfG M-V Urt. v. 18.9.2001 – 1/00 – LVerfGE 12, 227, 238; ferner BVerfGE 65, 1 (37 f.); 90, 128, 136.
69 LVerfG M-V Urt. v. 18.5.2000 – 5/98 – LVerfGE 11, 265, 273; B. v. 28.10.2021 – 9/14, Rn. 45; ferner BVerfGE 30, 1 (16 f.); 100, 313, 354. Besonders restriktiv (und nicht überzeugend) hingegen (zur Rasterfahndung) HessStGH NJW 2006, 685.

Wahlrecht herrscht eine gewisse Großzügigkeit.[70] Die zur Begründung dieser teleologischen Reduktion von Art. 53 Nr. 6 angeführte Annahme, dass der Landesgesetzgeber die Praxis des Bundes übernehmen, nicht aber höhere Anforderungen stellen wollte, trifft als solche zu. Da das Erfordernis der Unmittelbarkeit auf Landesebene anders als auf Bundesebene ausdrücklich im Gesetz verankert ist, war die Begründung des Gerichts aber zumindest nicht zwingend.

Weiterhin hat das LVerfG – unter Hinweis auf die erwähnte Notwendigkeit spezifisch prozessrechtlicher Wertung, aber insoweit ohne Vorbild auf Bundesebene[71] – eine Verfassungsbeschwerde gegen bestimmte polizeiliche Kontrollbefugnisse zugelassen mit Hinweis auf die **besondere Struktur** der in Rede stehenden **Norm**, die keine weitere Individualisierung des Adressaten verlangte. Außerdem sei **Rechtsschutz** gegen die konkreten Polizeimaßnahmen regelmäßig erst **ex post** möglich und mit entsprechenden Problemen verbunden.[72] 34

Trotz verbreiteter Ablehnung[73] überzeugt dies, da dem Begriff der „Unmittelbarkeit" im vorliegenden Kontext eine deutlich **weitergehende Rechtsfolge** zukommt als nach Bundesrecht. Mit Blick auf das LVerfG geht es nämlich nicht nur darum, ob zunächst fachgerichtlicher Rechtsschutz zu suchen ist oder nicht, sondern überhaupt um die Möglichkeit, Rechtsschutz durch das LVerfG zu erlangen. Bei Verfassungsbeschwerden, die sich nicht unmittelbar gegen Landesgesetze richten, ist nämlich der landes- gegenüber dem bundesverfassungsgerichtlichen Rechtsschutz subsidiär (→ Rn. 40). Entstehungsgeschichtlich beruht diese Subsidiarität auf den Problemen bei der landesrechtlichen Kontrolle des Vollzuges von Bundesgesetzen. Diese stellen sich aber nicht, wenn die gesetzliche Grundlage für einen Eingriff landesrechtlichen Charakter hat. Eine Parallele findet diese Judikatur in der des **EuGH** zu Art. 263 Abs. 4 AEUV. Das dort verwendete Kriterium der **Unmittelbarkeit** ist **rein materiell** zu verstehen, stellt auf das Maß der mit der angegriffenen Entscheidung inhaltlich verbundenen Belastung ab.[74] Zu Folgeentscheidungen gab es bisher keinen Anlass. 35

Nicht ausdrücklich vorgesehen, aber zwingend für die vorgegebene Notwendigkeit einer unmittelbaren Beschwer und zudem für den Bereich des Bundes vom BVerfG anerkannt[75] ist die Voraussetzung, dass die gerügte Grundrechtsverletzung den Beschwerdeführer **selbst** und **gegenwärtig** treffen muss.[76] Nach § 53 LVerfGG ist diese Beschwerde zudem an die Einhaltung einer **Jahresfrist** nach Inkrafttreten des Gesetzes gebunden.[77] Erhält eine Norm durch ein anderes 36

---

70 LVerfG M-V Urt. v. 10.10.2017 – 7/16 – LVerfGE 28, 199, 210, im Anschluss an BVerfGE 57, 43 (55).
71 So auch *Wallerath* NdsVBl. 2005, 43 (55).
72 LVerfG M-V Urt. v. 6.5.1999 – 2/99 – LVerfGE 10, 336 (nur Ls.) = NVwZ-RR 1999, 617. Deutlich zurückhaltender hingegen LVerfG LSA, B.v. 13.11.2001 – 11/2001 – NVwZ 2002, 1370 (1371).
73 *März*, JöR N.F. 54 (2006), 175, 300; *Jutzi* NJ 1999, 474 f.; *Buchholz/Rau* NVwZ 2000, 396 ff.; *Martell* NVwZ 2002, 1336 ff.
74 EuGH Slg I-1994, 833, 855; dazu etwa *Classen*, in Schulze/Zuleeg/Kadelbach (Hrsg.), Europarecht, 4. Aufl. 2020, § 4 Rn. 25. Neben der aus deutscher Sicht großzügigen Definition der Unmittelbarkeit steht die enge Definition des zweiten Zulässigkeitskriteriums, der individuellen Betroffenheit.
75 BVerfGE 52, 42 (51); 102, 197, 206.
76 LVerfG M-V Urt. v. 9.7.1998 – 1/97 – LVerfGE 9, 225, 232; Urt. v. 18.5.2000 – 5/98 – LVerfGE 11, 265, 272.
77 Zur Fristberechnung im Zusammenhang mit der Errichtung des LVerfG M-V 1994/95 siehe LVerfG M-V Urt. v. 18.4.1996 – 4/95 – LVerfGE 4, 249, 254 ff. Bei rückwirkendem Inkrafttreten kommt es auf die Verkündung an Urt. v. 11.5.2006 – 1/05 ua – LVerfGE 17, 297, 311.

Gesetz faktisch eine völlig andere Wirkung, beginnt die Frist zu neu laufen.[78] Eine Anwendung der Vorschriften der VwGO über die Wiedereinsetzung in den vorigen Stand (§ 60) hat das LVerfG trotz des allg. Verweises auf die VwGO in § 13 LVerfGG (→ Art. 54 Rn. 3) zu Recht unter Hinweis insbes. auf den generellen Charakter, den unbestimmten Adressatenkreis eines Gesetzes sowie die lange Dauer der Frist – übereinstimmend mit der Praxis bei der entsprechenden Regelung auf Bundesebene (§ 93 Abs. 3 BVerfGG) – abgelehnt.[79]

37 In der **Begründung** der Beschwerde (dazu § 19 LVerfGG, → Rn. 3) sind insbesondere das verletzte Grundrecht und die verletzende Gesetzesnorm anzugeben (§ 54 LVerfGG, entspricht § 92 BVerfGG).[80] LT und LReg wird Gelegenheit zur **Äußerung** gegeben. Hat die Beschwerde Erfolg, wird das entsprechende Gesetz für nichtig (→ Rn. 20), ggf. für verfassungswidrig erklärt (→ Rn. 21).

### VIII. Nr. 7: Verfassungsbeschwerde gegen sonstige Hoheitsakte des Landes

38 Nach Art. 53 Nr. 7 (dazu §§ 58 ff. LVerfGG) kann außerdem Verfassungsbeschwerde gegen **jeden Akt der öffentlichen Gewalt,** also nicht nur wie bei Nr. 6 allein gegen Landesgesetze, erhoben werden. Prüfungsmaßstab bilden dann nur die spezifischen Landesrundrechte nach **Art. 6 bis 10 LV**, also weder die über Art. 5 rezipierten Grundrechte des GG noch die staatsbürgerlichen Rechte wie etwa das Wahlrecht zum Landtag.[81] Der Beschwerdegegenstand muss einen Akt der **Landesgewalt** darstellen, da Akte der Bundesbehörden nicht einer Kontrolle durch das LVerfG unterliegen.[82] Damit aber nicht eine Beschwerde gegen einen von einem Bundesgericht bestätigten Akt der Landesgewalt ausgeschlossen, etwa den Verwaltungsakt einer Landesbehörde; ggf. wird das bundesgerichtliche Urteil gegenstandslos.[83]

39 Auch hier muss der Beschwerdeführer **selbst, gegenwärtig** und **unmittelbar** betroffen sein (→ Rn. 32 ff.). Der regelmäßig eröffnete **Rechtsweg** (zum Rechtsschutz gegen untergesetzliches Landesrecht siehe § 13 AGGerStrG iVm § 47 VwGO) muss zuvor **erschöpft** worden sein (§ 58 Abs. 2 LVerfGG). Eine Ausnahme vom Gebot der Rechtswegerschöpfung besteht bei Verfassungsbeschwerden von allg. Bedeutung oder solchen, bei denen ggf. dem Beschwerdeführer ein schwerer und unabwendbarer Nachteil entsteht (entspricht § 90 Abs. 2 BVerfGG). Bei Beschwerden gegen bundesgerichtlich bestätigte Akte der Landesgewalt kommt diesem Postulat auch die Funktion zu, föderale Friktionen mit den bundesrechtlich geregelten Prozessordnungen der Fachgerichte zu vermeiden.[84] Im Interesse sachgerechter Aufgabenteilung mit den Fachgerichten sowie

---

78 LVerfG M-V Urt. v. 11.5.2006 – 1/05 ua – LVerfGE 17, 297, 312.
79 LVerfG M-V Urt. v. 18.4.1996 – 4/95 – LVerfGE 4, 249, 266 ff.; Urt. v. 11.5.2006 – 1/05 ua – LVerfGE 17, 297, 311.
80 Zur Rspr. des BVerfG siehe *Magen*, in Umbach/Clemens/Dollinger, § 92 Rn. 22 ff., 41 ff.
81 LVerfG M-V Beschl. v. 17.8.2010 – 11/10 – LVerfGE 21, 213, 215 ff.
82 Das BVerfG hat darüber hinaus auch Akte supranationaler Hoheitsgewalt mit Wirkung in Deutschland als tauglichen Beschwerdegegenstand angesehen (BVerfGE 89, 155 (175)). Unabhängig von grds. Zweifeln an der Tragfähigkeit dieser Konstruktion (*Classen*, in von Mangoldt/Klein/Starck, Art. 24 Rn. 46) kommt sie hier schon deswegen nicht zum Tragen, weil das BVerfG sich zur Begründung auf einen – notwendigerweise bundesgesetzlichen (Artt. 23, 24 GG) – Rechtsanwendungsbefehl zugunsten solcher Akte stützt, während vorliegend das Bundesrecht unmittelbar im Land gilt.
83 Zum Rahmen einer solchen Prüfung BVerfGE 96, 345 (371 ff.); *Wallerath* NdsVBl. 2005, 43 (49 f.); *Schlaich/Korioth*, Rn. 352 ff.; für weitergehende Kontrollmöglichkeiten *Hillgruber/Goos*, Rn. 950 ff.
84 BVerfGE 96, 345 (372); so auch *Hillgruber/Goos*, Rn. 926 f., 947.

der Parallelität zum Bundesrecht ist schließlich auch hier die bundesrechtlich anerkannte **Subsidiarität** der Verfassungsbeschwerde zu beachten.[85]

Diese Verfassungsbeschwerde ist schließlich nur zulässig, **soweit keine Zuständigkeit des BVerfG gegeben ist**. Man wollte vermeiden, durch eine umfassende Eröffnung einer Landesverfassungsbeschwerde unter Umständen auch eine mittelbare Kontrolle von Bundesrecht am Maßstab von Landesgrundrechten zu ermöglichen, nämlich wenn Bundesgesetze durch Stellen des Landes vollzogen werden.[86] Eine solche wäre zwar bundesverfassungsrechtlich möglich (§ 90 Abs. 2 BVerfGG), wirft aber doch erheblich praktische Probleme auf. Die gewählte Lösung geht allerdings über dieses Ziel hinaus, da die genannte Restriktion auch für den Vollzug von Landesgesetzen gilt, bei dem kein Konflikt mit der Bundesgesetzgebung auftreten kann. 40

Bei der Frage, wann diese Voraussetzung erfüllt ist, hat das LVerfG zu Recht ein materiales Verständnis zugrundgelegt und darauf abgestellt, ob die **LV eine weitergehende Grundrechtsgewährleistung** enthält als das GG. Beschränkt sich erstere hingegen nur auf die Ausformulierung des letzteren, ist die Verfassungsbeschwerde unzulässig.[87] Dies gilt für die meisten der in Art. 6 bis 10 garantierten Grundrechte, konkret für Art. 6 Abs. 1[88] und 2 (vgl. auch → Art. 6 Rn. 1), Art. 7 Abs. 1 (→ Art. 7 Rn. 1), Art. 8 (→ Art. 8 Rn. 2),[89] Art. 9 Abs. 1 und 2 (→ Art. 9 Rn. 5) und Art. 10 Satz 1 (→ Art. 10 Rn. 3). Verfassungsbeschwerden können daher nur auf Verletzung der Rechte aus Art. 6 Abs. 3 (Informationsfreiheit), Art. 7 Abs. 3 und 4 (Körperschaftsstatus und Selbstverwaltung der Hochschulen und sonstigen wissenschaftlichen Einrichtungen), Art. 9 Abs. 3 (Schutz theologischer Fakultäten) und Art. 10 Satz 2 (Pflicht zur Bescheidung von Petitionen) gestützt werden. Außerdem darf – was praktisch durchweg der Fall sein dürfte – einfachrechtlich Bundesrecht keine Rolle spielen und daher auch insoweit kein Konflikt in der föderalen Kompetenzordnung drohen. Damit ist eine solche Beschwerde in kaum einem Fall zulässig. Eine teleologische Reduktion dieses Ausschlussgrundes hat das LVerfG in seiner zitierten Entscheidung nicht in Erwägung gezogen; sie wäre angesichts des klaren Wortlauts auch mutig. 41

Die Beschwerde ist **innerhalb eines Monats** zu erheben (§ 59 LVerfGG, entspricht § 93 Abs. 1 BVerfGG) und zu **begründen** (§§ 60 und 19 LVerfGG; → Rn. 3). Im Rahmen der Begründung müssen insbesondere auch erforderliche Schriftstücke (Verwaltungs- und Gerichtsentscheidungen, Schriftsätze etc.) vorgelegt werden. Bei Versäumung der Frist kommt eine Wiedereinsetzung in den vorigen Stand nach § 13 LVerfGG iVm § 60 VwGO in Betracht. Die Argumente gegen eine solche Heranziehung mit Blick auf die Jahresfrist bei Beschwerden gegen Gesetze (→ Rn. 36) greifen im vorliegenden Fall durchweg nicht; auch das Bundesrecht sieht für diesen Fall eine Wiedereinsetzung vor (§ 93 Abs. 2 BVerfGG). 42

---

85 Andeutungsweise LVerfG M-V Urt. v. 6.5.1999 – 2/99 – NVwZ-RR 1999, 617 (618). Ausführlich zur Subsidiarität etwa *Ruppert/Sperlich*, in Umbach/Clemens/Dollinger, § 90 Rn. 127 ff.
86 Breit diskutierter Präzedenzfall war die Entscheidung des VerfGH B im Fall Honecker Beschl. v. 12.1.1993 – 55/92 – NJW 1993, 515 ff.
87 LVerfG M-V Urt. v. 27.11.2008 – 7/07 – LVerfGE 19, 301, 308; ähnlich *Wallerath* NdsVBl. 2005, 43 (50).
88 Dazu LVerfG M-V Urt. v. 27.11.2008 – 7/07 – LVerfGE 19, 301, 308 ff.; ferner Urt. v. 21.10.1999 – 2/99 – LVerfGE 10, 337, 348 unter Hinweis auf BVerfGE 65, 1, zu Art. 2 Abs. 1 iVm Art. 1 Abs. 1 GG.
89 Dazu auch *März*, JöR N.F. 54 (2006), 175, 211, unter Hinweis auf Art. 12 iVm Art. 3 GG.

43 Hat die Beschwerde Erfolg, ist anders als nach Bundesrecht (§ 95 Abs. 2 BVerfGG) nur eine **Aufhebung des angegriffenen Rechtsaktes**, aber keine Zurückverweisung des Falles an die verantwortliche Stelle vorgesehen. Allerdings ist dann das betreffende Verwaltungs- bzw. – im Regelfall – Gerichtsverfahren wieder offen und muss erneut – auch mit Blick auf die angefallenen Kosten – zu Ende geführt werden. Im Ergebnis besteht damit kein Unterschied.

### IX. Nr. 8: Kommunale Verfassungsbeschwerde

44 Ähnlich wie vor dem BVerfG (Art. 93 Abs. 1 Nr. 4b GG, § 90 BVerfGG) wird den kommunalen Selbstverwaltungskörperschaften eine Verfassungsbeschwerde eröffnet, aber nur wegen Verletzung ihres[90] **Rechts auf Selbstverwaltung** nach den Artt. 72–75 LV.[91] Das Konkurrenzverhältnis ist hier durch den Bund im Sinne einer Subsidiarität der Bundes- gegenüber der Landesbeschwerde geregelt. Die Konkretisierungen finden sich in §§ 52 ff. LVerfGG, die zugleich auch für die Individualverfassungsbeschwerde gelten (→ Rn. 30 ff.). Nach § 52 Abs. 2 LVerfGG kann eine solche Beschwerde von Gemeinden, Landkreisen und (den nicht bestehenden) Landschaftsverbänden erhoben werden. Amtsangehörige Gemeinden sind trotz § 127 Abs. 1 Satz 6 KV MV selbst beschwerdefähig.[92]

45 **Beschwerdegegenstand** kann nur ein (förmliches) **Landesgesetz** sein. Dementsprechend findet sich die einfachgesetzliche Konkretisierung in den auch für die Verfassungsbeschwerde unmittelbar gegen ein Landesgesetz nach Art. 53 Nr. 6 (→ Rn. 30 ff.) geltenden Bestimmungen. Bemerkenswerterweise wird im vorliegenden Fall nicht ausdrücklich verlangt, dass die Beschwer durch das Gesetz „unmittelbaren" Charakter haben muss. Mit Hinweis auf die Subsidiarität verfassungsgerichtlichen Rechtsschutzes verlangt das LVerfG trotzdem eine unmittelbare Beschwer, versteht diese aber nicht formal – muss noch ein weiterer Akt hinzutreten? –, sondern materiell: bedarf die Norm weiterer Konkretisierung? Unproblematisch ist letzteres der Fall, soweit ein weiterer, seinerseits vor dem LVerfG angreifbarer Normativakt erforderlich ist,[93] und keine Probleme treten auf, wenn gebundene Verwaltungsakte vorgesehen sind[94] – auch wenn ggf. noch tatsächliche Fragen offen sind. Unklar ist hingegen die Lage bei einem im Ermessen stehenden, als solcher nicht vor dem LVerfG angreifbaren Verwaltungsakt.[95] Will man eine Beschwerde zumindest dann als zulässig ansehen, wenn das verfassungsrechtliche Problem nicht durch verfassungskonforme Auslegung des Ermessensspielraums gelöst werden kann, müsste im Rahmen der Zulässigkeit die materiellrechtliche Kernfrage beantwortet werden; das überzeugt nicht. Gegenwärtig ist eine Belastung bei einem noch nicht in Kraft getretenen Gesetz,

---

90 Zur Notwendigkeit, eine eigene Rechtsverletzung geltend zu machen, siehe LVerfG M-V Urt. v. 18.12.2003 – 13/02 – LVerfGE 14, 293, 300 f.; Urt. v. 18.8.2011 – 21/10 – LVerfGE 22, 298, insoweit nicht mit abgedruckt.
91 Dazu zählen ggf. auch weitere Normen, die das Bild von der kommunalen Selbstverwaltung mitprägen, aber nicht das im Rechtsstaatsprinzip wurzelnde Bestimmtheitsgebot (LVerfG M-V Beschl. v. 23.2.2012 – 2/11).
92 LVerfG M-V Urt. v. 4.2.1999 – 1/98 – LVerfGE 10, 317, 320.
93 LVerfG M-V Urt. v. 18.12.2003 – 13/02 – LVerfGE 14, 293; Urt. v. 23.2.2012 – 37/10 – NordÖR 2012, 235 (236); ebenso BVerfGE 71, 25 (35 f.); 76, 107, 113.
94 LVerfG M-V Urt. v. 17.6.2021 – 9/19, Rn. 53.
95 In LVerfG M-V Urt. v. 26.1.2012 – 18/10 sowie 33/10 – NordÖR 2012, 235 (236), wird mit Hinweis auf LVerfG LSA Urt. v. 13.6.2006 – 7/05 – LVerfGE 17, 410, 425 auf den gebundenen Charakter des Konkretisierungsaktes abgestellt; e contrario müsste bei Ermessensentscheidungen die Lage anders sein.

wenn dieses bereits Vorwirkungen entfaltet oder die Rechtsfolgen bereits jetzt klar absehbar sind.[96]

Besondere Anforderungen an die **Begründung** bestehen bei einem Streit um das finanzverfassungsrechtliche **Konnexitätsprinzip** (Art. 72 Abs. 3 LV; → Art. 72 Rn. 50 ff.). Darzulegen ist, welche Veränderungen gerade beim Beschwerdeführer zu welchen ganz konkreten Kostensteigerungen geführt haben und warum evtl. anderweitig vorgesehene Regelungen, denen eine entlastende Wirkung zukommen soll, diese nicht im geforderten Umfang entfalten.[97] Die Kritik an dieser Judikatur[98] übergeht, dass das LVerfG für die Feststellung der Angemessenheit einer Konnexitätsregelung auf Informationen aus dem Binnenbereich der Beschwerdeführer angewiesen ist und kein Grund ersichtlich ist, warum Beschwerdeführer diese nicht von sich aus angeben können (→ Rn. 3).[99]

## X. Nr. 9: Sonstige Fälle

Art. 53 Nr. 9 erwähnt zunächst deklaratorisch die an anderer Stelle genannten. Zu nennen sind die **Wahlprüfung** nach Art. 21 Abs. 2 (→ Art. 21 Rn. 1, 10 f.) und die Zuständigkeit nach Art. 60 Abs. 2 Satz 2 zur Entscheidung über die materielle **Verfassungsmäßigkeit eines Volksbegehrens** (→ Art. 60 Rn. 13). Die Prüfung von Wahlen (und von Entscheidungen über den Verlust des Abgeordnetenmandats; §§ 11 Nr. 5, 49 LVerfGG) erfolgt auf Antrag des betroffenen Abg., eines Wahlberechtigten (mit Unterstützung von 100 weiteren Wahlberechtigten, ggf. unter Gewährung von Prozesskostenhilfe, → Art. 54 Rn. 5), einer Landtagsfraktion oder eines Zehntels der Mitglieder des LT, und zwar innerhalb von einem Monat nach der Landtagsentscheidung. Die einfachgesetzliche Ausgestaltung (§§ 11 Nr. 6, 50 LVerfGG) sieht außer der Äußerungsmöglichkeit der Initiatoren des Begehens nichts vor, was nicht schon in der LV vorgesehen ist.

Darüber hinaus wird (nur) der **Landesgesetzgeber ermächtigt**, weitere Zuständigkeiten zu begründen. Hier ist die Zuständigkeit anzuführen, auch unabhängig von einem konkreten Rechtsstreit darüber zu befinden, ob ein **Mitglied des LVerfG** aus seinem Amt **ausgeschieden** ist (§ 7 LVerfGG; → Art. 52 Rn. 27).

**Grenzen** dieser landesverfassungsrechtlichen **Ermächtigung** bestehen insofern, als der Charakter des LVerfG als „Fachgericht für Verfassungsrecht" (→ Art. 52 Rn. 3) nicht in Frage gestellt werden darf.[100] Außerdem dürfen nur einzelne Zuständigkeiten begründet werden; dem einfachen Gesetzgeber ist es verwehrt, vom Enumerationsprinzip abzuweichen. Dies wäre aber wohl auch gar nicht möglich, da Streitigkeiten zwischen Verfassungsorganen im Grundsatz umfassend normiert und Streitigkeiten mit Bürgerbeteiligung regelmäßig keinen (ausschließlich) verfassungsrechtlichen Charakter aufweisen. Wegen der deswegen einschlägigen, regelmäßig abschließenden Regelungen in den bundesrechtlichen Prozessordnungen wären Verfahren, sieht man einmal von den in anderen Ländern nicht bestehenden, oben erwähnten Restriktionen bei der Verfassungsbe-

---

96 LVerfG M-V Urt. v. 26.7.2007 – 9/06 – 17/06 – LVerfGE 18, 342, 369; Urt. v. 26.11.2009 – 9/08 – LVerfGE 20, 271, 279; Urt. v. 18.8.2011 – 21/10 – LVerfGE 22, 298, insoweit nicht mit abgedruckt; Urt. v. 18.8.2011 – 22/10 – LVerfGE 22, 337, insoweit nicht mit abgedruckt; Urt. v. 18.8.2011 – 23/10; vgl. auch BVerfGE 101, 54 (73); 108, 370, 185.
97 Dazu LVerfG M-V Urt. v. 26.1.2006 – 15/04 – LVerfGE 17, 289, 293; Urt. v. 17.6.2021 – 9/19 – Rn. 43 ff.; Urt. v. 19.8.2021 – 2/19, 3/19 und 1/20 – Rn. 56 ff.
98 Etwa *Meyer*, NVwZ 2021, 1754 (1755).
99 Bemerkenswert deutliche Unterschiede zwischen dem Vortrag der verschiedenen Beschwerdeführer bestanden etwa in den drei Verfahren 2/19, 3/19 und 1/20 (vgl. Fn. 97).
100 *März* JöR N.F. 54 (2006), 175, 289.

schwerde (→ Rn. 31, 40) ab, nur begrenzt anders zu normieren als im LVerfGG geschehen. Offen ist nach dem Wortlaut, ob neben neuen eigenständigen Verfahren auch eine großzügigere Ausgestaltung der Zulässigkeitsvoraussetzungen bereits vorgesehener Verfahren abgedeckt wäre, etwa eine Absenkung des in Art. 53 Abs. 1 Nr. 2 vorgesehenen Quorums für die Einleitung einer abstrakten Normenkontrolle durch Abgeordnete des LT. Der demokratisch legitimierte Gestaltungsspielraum des Gesetzgebers spricht dafür.

## XI. Schrifttum

50 Siehe bei → Art. 52 Rn. 38.

## Art. 54 (Gesetz über das Landesverfassungsgericht)

¹Ein Gesetz regelt Organisation und Verfahren des Landesverfassungsgerichts. ²Es bestimmt auch, in welchen Fällen die Entscheidungen des Verfassungsgerichts Gesetzeskraft haben.

Vergleichbare Regelungen:
Artt. 68 Abs. 4 BWVerf; 69 BayVerf; 84 Abs. 3 VvB; 112 Abs. 6 BbgVerf; 65 Abs. 5, 7 HambVerf; 130 Abs. 4 HessVerf; 55 Abs. 4 NdsVerf; 76 Abs. 3 Verf NW; 135 Abs. 2 S. 1 und 136 Verf Rh-Pf; 81 Abs. 4 SächsVerf; 76 LVerf LSA; 51 Abs. 5 SchlHVerf; 80 Abs. 4, 5 ThürVerf.

| | |
|---|---|
| I. Satz 1: Ausführungsgesetz ......... 1 | d) Einstweilige Anordnungen 8 |
| 1. Allgemeines .................... 1 | e) Vollstreckung und Kosten .. 11 |
| 2. Einfachgesetzliche Ausformung ........................ 3 | II. Satz 2: Entscheidungswirkungen ... 14 |
| a) Grundlagen ................ 3 | 1. Gesetzeskraft.................. 14 |
| b) Das Verfahren im Allgemeinen ........................ 5 | 2. Rechtskraft ................... 17 |
| | 3. Bindung aller Landesgewalt ... 18 |
| c) Verfahrensbeendigung ...... 7 | 4. Reichweite der Bindung ....... 20 |
| | III. Schrifttum .......................... 21 |

### I. Satz 1: Ausführungsgesetz

1 **1. Allgemeines.** Art. 54 S. 1 weist dem **Gesetzgeber** das **Recht** und die **Pflicht** zu, Organisation und Verfahren des LVerfG zu regeln. Dies ist durch das Gesetz über das LVerfG geschehen. Die Formulierung der LV ist enger als die parallele Norm des Art. 94 Abs. 2 GG, die von Verfassung und Verfahren spricht, meint aber in der Sache das Gleiche. Zur **Organisation** gehören alle Fragen, die mit der Errichtung und dem Status des Gerichts, seiner inneren Struktur, der Stellung der Richter sowie der Gerichtsverwaltung zusammenhängen. Auch die Regelungen über die Wählbarkeit und die Entfernung aus dem Amt von Mitgliedern des LVerfG, die nicht in der LV selbst verankert sind, werden durch Art. 54 LV legitimiert. Der gerichtlichen Neutralität entspricht es zugleich, dass das LVerfG im Grundsatz sein Verfahren nicht selber regeln kann, sondern insoweit dem Gesetzgeber unterliegt (→ Art. 52 Rn. 7).

2 Inhaltlich ist die **Gestaltungskompetenz** des Gesetzgebers **begrenzt** durch die in der Verfassung verankerten Vorgaben sowie die daraus abzuleitenden Schlussfolgerungen. Insbes. müssen die Gesetzesbestimmungen dem Charakter des LVerfG als Gericht im Allgemeinen, als Verfassungsorgan im Besonderen entsprechen (zu Zusammensetzung des Gerichts und Amtszeit der Richter → Art. 52 Rn. 13 ff.).

**2. Einfachgesetzliche Ausformung. a) Grundlagen.** Das LVerfGG verweist 3
zu Öffentlichkeit,[1] Sitzungspolizei, Gerichtssprache, Beratung und Abstimmung
auf die Vorschriften der Titel 14–16 des **Gerichtsverfassungsgesetzes** (§ 13; entspricht § 17 BVerfGG), soweit das LVerfGG keine Sonderregelungen enthält
(siehe insoweit § 27 LVerfGG; → Rn. 6). IÜ ist auf das Verfahren – insoweit
ohne Vorbild auf Bundesebene, aber mit Parallelen in anderen neuen Ländern[2]
– die **Verwaltungsgerichtsordnung** anwendbar, so dass die auf Bundesebene
bestehende, die These des BVerfG von seiner Herrschaft über das Verfahren
rechtfertigende Lückenhaftigkeit des Prozessrechts hier nicht besteht. Die jeweils
vorgesehene „entsprechende" Anwendung verlangt eine Prüfung, ob und inwieweit die jeweiligen Bestimmungen mit den Besonderheiten eines verfassungsgerichtlichen Verfahrens zu vereinbaren sind.

Nach Sinn und Zweck haben die genannten **Verweisungen dynamischen** Cha- 4
rakter.[3] Das LVerfGG verweist nicht auf einzelne Bestimmungen, sondern pauschal auf die beiden Gesetze. Die Annahme einer statischen Verweisung führte
dazu, dass alle Veränderungen, die auf neueren Erkenntnissen über die zweckmäßige Gestaltung von Gerichtsverfahren beruhen, ausdrücklich vom Landesgesetzgeber übernommen werden müssten; die gesetzgeberische und rechtstechnische Erleichterung, die sich mit der Verweisung verbindet, bliebe auf den
Zeitpunkt der Verabschiedung des LVerfGG beschränkt. Die ersichtlich mit § 13
LVerfGG angestrebte Vereinfachung der Rechtsetzung würde konterkariert. Im
Lichte der einschlägigen verfassungsgerichtlichen Rspr.[4] bestehen dagegen auch
keine Bedenken.

**b) Das Verfahren im Allgemeinen.** Das LVerfGG enthält – jeweils in sachlicher 5
**Übereinstimmung** mit dem **BVerfGG** – Regelungen über die Akteneinsicht für
die Verfahrensbeteiligten (§ 16; entspricht § 20 BVerfGG), die Beweiserhebung
allg. (§ 22; entspricht § 26 BVerfGG), Stellungnahmen Dritter (§ 24, entspricht
§ 27a BVerfGG), Zeugen- und Sachverständige (§ 25, entspricht § 28 BVerfGG)
sowie Beweistermine (§ 26, entspricht § 29 BVerfGG). Für Verfahren, in denen
einzelne Bürger Anträge stellen können, sieht das LVerfGG ausdrücklich die
Möglichkeit von **Prozesskostenhilfe** vor (§§ 49 Abs. 3, 55 und 61).[5] Für die
Verbindung und Trennung von Verfahren gibt es mit § 32 LVerfGG eine generell
anwendbare Regelung.[6]

Die Entscheidung des Gerichts ergeht aufgrund (für die Beteiligten disponibler) 6
**mündlicher Verhandlung** durch Urteil, iÜ durch Beschluss (§ 21 Abs. 1 und 2
LVerfGG). Eine mündliche Verhandlung entfällt außer bei Verzicht der Beteiligten, wenn ein unzulässiger oder offensichtlich unbegründeter Antrag durch einstimmigen Beschluss verworfen wird (§ 20 LVerfGG; entspricht § 24 BVerfGG).
**Beratung** und **Abstimmung** – nach Maßgabe einer in Anlehnung an das GVG
vorgegebenen Reihenfolge (§ 27 Abs. 2 LVerfGG) – erfolgen allein in Gegenwart

---

1 Siehe dazu auch BVerfGE 103, 44 (59 f.).
2 Dazu *Wallerath* NdsVBl. 2005, 43 (47).
3 Vgl. auch – für § 17 BVerfGG – *Kunze*, in Umbach/Clemens/Dollinger, § 17 Rn. 9. Die
 Argumente sind allerdings nur begrenzt übertragbar, weil dort anders als hier, auf Landesebene, jeweils der gleiche Gesetzgeber tätig wird.
4 Siehe zu Art. 5 Abs. 3 LV LVerfG M-V Urt. v. 18.5.2011 – 5/98 – LVerfGG 11, 265, 279;
 → Art. 5 Rn. 10; allg. auch BVerfGE 26, 338 (366); 60, 135, 155; 64, 208, 214 f.
5 Ohne ausdrückliche Regelung gewährt das BVerfG ebenfalls Prozesskostenhilfe; dazu
 *Kunze*, in Umbach/Clemens/Dollinger, § 34a Rn. 63 ff.
6 Das BVerfGG sieht das nur für Organstreitigkeiten vor (§ 65), doch wird dies auch mit
 Blick auf sonstige Verfahren praktiziert; siehe *Umbach*, in ders./Clemens/Dollinger, § 66
 Rn. 7 ff.

der Mitglieder des LVerfG. Umlaufverfahren sind grds. unzulässig. Über den Gang der Beratung und Abstimmung ist Stillschweigen zu bewahren (zu alledem § 27 LVerfGG). Nach einer entsprechenden Änderung des LVerfGG darf aber das Abstimmungsergebnis mitgeteilt werden (§ 27 Abs. 4 S. 2 LVerfGG nF; entspricht § 30 Abs. 2 Satz 2 BVerfGG). Außerdem kann ein Mitglied des LVerfG seine in der Beratung vertretene abweichende Meinung zu Ergebnis oder dessen Begründung in einem **Sondervotum** niederlegen, das der Entscheidung anzuschließen ist (§ 27 Abs. 5 LVerfGG, entspricht insoweit § 30 Abs. 2 Satz 1 BVerfGG).[7]

7 c) **Verfahrensbeendigung.** Anstelle durch streitige Entscheidung (Urteil, Beschluss → Rn. 6) kann ein Verfahren auch durch **Erledigung** enden (§§ 161 Abs. 2 VwGO iVm 13 LVerfGG; vgl. auch → Art. 53 Rn. 14 zum Organstreit), etwa durch Änderung einer verfassungsrechtlich umstrittenen Norm.[8] Die Beendigung kann insbesondere auch durch **Vergleich** erfolgen (§§ 106 VwGO iVm 13 LVerfGG). Wegen der Orientierungsfunktion gerade der verfassungsgerichtlichen Rspr. (→ Art. 52 Rn. 9) sollte von dieser Möglichkeit allerdings nur mit größter Zurückhaltung Gebrauch gemacht werden, also nur bei in ihrem verfassungsrechtlichen Gehalt einmaligen Streitigkeiten.[9] Gesetze könnten allenfalls dann Gegenstand eines Vergleichs sein, wenn der LT diesem in einem Gesetzgebungsverfahren zugestimmt hat.

8 d) **Einstweilige Anordnungen. Für dringende Fälle** eröffnet § 30 LVerfGG (entspricht § 32 BVerfGG) die Möglichkeit, – ggf. ohne mündliche Verhandlung, aber dann mit Widerspruchsmöglichkeit – eine anders als auf Bundesebene nur drei Monate geltende einstweilige Anordnung zu erlassen. Nachträglich wurde die Möglichkeit geschaffen, in Fällen von Beschlussunfähigkeit des gesamten Gerichts durch 3 Richter eine einen Monat geltende Anordnung zu treffen (§ 30 Abs. 6 LVerfGG; vgl. auch § 32 Abs. 7 BVerfGG); angesichts der nebenamtlichen Tätigkeit der Richter und des grds. Verbots von Beschlüssen im Umlauf kann dies sogar eher als beim BVerfG praktische Bedeutung erlangen.

9 Die parallelen Formulierungen der Prozessordnungen haben das LVerfG veranlasst, die vom **BVerfG** entwickelten **Grundsätze**[10] – wenn auch im Gegensatz zur sonstigen Praxis ohne ausdrückliche Bezugnahme – für das Landesrecht zu übernehmen.[11] Daher legt sich das Gericht große Zurückhaltung auf und wendet einen strengen Maßstab an. Im Einzelnen hängt die Entscheidung in offenkundigen Fällen von den Erfolgsaussichten des Hauptsacheverfahrens ab: Ist dieses von vorneherein unzulässig oder offenkundig unbegründet, so ergeht keine Anordnung, ist dieses offensichtlich begründet, ist die Anordnung zu erlassen. Bei offenem Ausgang werden die **Folgen**, die eintreten würden, wenn

---

7 Zur Diskussion um diese – nicht selbstverständliche – Vorschrift siehe etwa *Heimann*, Verfassungsgerichtsbarkeit in den neuen Ländern und in Berlin, S. 119 ff. Die Praxis ist überschaubar; Sondervoten gab es zum Zwischenurteil v. 6.5.1999 – 2/99 – NordÖR 1999, 656, zu einem der Urteile zur Kreisgebietsreform 2010 (v. 18.8.2011 – 21/10 – LVerfGE 22, 298, 329 ff.) sowie zum Urteil zum Landesgleichstellungsgesetz (v. 10.10.2017 – 7/16 – LVerfGE 28, 199, 22 ff.).
8 Beispiel: die gegen § 5 Abs. 5 LHG in der 2002 beschlossenen Fassung gerichtete Verfassungsbeschwerde.
9 Ein Beispiel auf Bundesebene dürfte der – faktisch in der Tat mit einem Vergleich beendete (siehe BVerfG 104, 305 (306 f.)) – Streit um den Religionsunterricht in Brandenburg bilden. Generell abl. *Hillgruber/Goos*, Rn. 6.
10 BVerfG 7, 367 (371); 46, 1, 11; 98, 139, 144; 104, 23, 28; 104, 51, 55.
11 LVerfG M-V Urt. v. 16.9.2002 – 8/02 – LVerfGE 13, 277, 281; Beschl. v. 18.10.2006 – 19/06; Beschl. v. 11.4.2012 – 2/12 e.A.; Beschl. v. 17.052017 – 2/17 e.A.

eine einstweilige Anordnung nicht erginge, das Hauptsacheverfahren aber Erfolg hätte, **abgewogen** mit denen, die entstünden, wenn die Anordnung erginge, das Hauptsacheverfahren aber letztlich erfolglos bliebe.

Grds. außer Betracht bleiben dabei die Gründe, die für die Verfassungswidrigkeit der angegriffenen Maßnahme vorgebracht werden. Eine Ausnahme gilt dann, wenn dem Sicherungsbegehren nur durch Vorwegnahme der Hauptsache Genüge getan werden kann. Mit Blick auf den **Organstreit** führt das Gericht häufig ergänzend aus, dass der mit dem Erlass einer einstweiligen Anordnung verbundene Eingriff in die Autonomie eines Staatsorgans nur der vorläufigen Sicherung des strittigen organschaftlichen Rechts des Antragstellers dienen darf, damit dieses nicht bis zur Entscheidung in der Hauptsache durch Schaffung vollendeter Tatsachen überspielt wird.[12] Auch sonst hält sich das Gericht mit Interventionen in einen politischen Prozess eher zurück.[13] IÜ entscheidet es nicht selten zugunsten der Bewahrung des Status quo.[14]

**e) Vollstreckung und Kosten.** Hinsichtlich der **Vollstreckung** gibt das LVerfGG dem LVerfG (§ 35) die gleiche Freiheit, über die das BVerfG nach dem **BVerfGG** verfügt (dort § 35). Praktische Bedeutung hat die Bestimmung bisher nicht erlangt.

Die Regelungen über Kosten und Auslagenerstattung (§§ 33 f. LVerfGG) sind ebenfalls denen des Bundes nachgebildet. Im Grundsatz ist das Verfahren **kostenfrei** (§ 33 Abs. 1 LVerfGG). Wird eine Verfassungsbeschwerde oder eine Wahlanfechtung verworfen, kann eine Gebühr in Höhe von 500,- EUR festgesetzt werden (Abs. 2). Eine solche Verwerfung kommt aber nur in Betracht, wenn der Antrag unzulässig oder offensichtlich unbegründet ist und der Antragsteller zuvor auf entsprechende Bedenken hingewiesen wurde (§ 20 LVerfGG; → Rn. 6). Erweist sich ein entsprechender Antrag als missbräuchlich, kann sogar eine Gebühr in Höhe von 2500,- EUR festgesetzt werden (Abs. 3), doch gelten wohl auch in diesem Fall die Voraussetzungen einer Verwerfung, insbes. die Pflicht zur vorherigen Warnung.

Eine **Erstattung der Auslagen** ist zwingend, falls eine Verfassungsbeschwerde Erfolg hat. Bei einem Teilerfolg ist eine angemessene Quotelung vorzusehen, bei deren Ausgestaltung dem Gericht ein weiter Spielraum zukommt.[15] IÜ, also vor allem bei allen anderen Verfahrensarten, steht sie im Ermessen des Gerichts (§ 34 LVerfGG). Im Regelfall wird sie nicht vorgesehen – auch, wenn ein Antragsteller (zumindest im Wesentlichen) Erfolg hat.[16]

## II. Satz 2: Entscheidungswirkungen

**1. Gesetzeskraft.** Ebenso wie nach Art. 94 Abs. 2 GG hat der Gesetzgeber nach Art. 54 Satz 2 LV zu regeln, „in welchen Fällen" die Entscheidungen des LVerfG Gesetzeskraft haben. Über die bereits aus Satz 1 abzuleitende Berechti-

---

12 LVerfG M-V Beschl. v. 11.4.2012 – 2/12 e.A.; vgl. auch BVerfGE 96, 223 (229); 98, 139, 144.
13 LVerfG M-V Beschl. v. 29.3.2010 – 6/10 (e.A.), vgl. auch BVerfGE 83, 162 (171 ff.); 104, 23, 27 ff.; 108, 34, 40 f.; 108, 45, 48 f.
14 LVerfG M-V Beschl. v. 28.11.2011 – 14/11 e.A. und 15/11 e.A.; Beschl. v. 11.4.2012 – 2/12 e.A.; vgl. auch BVerfGE 63, 332 (339 ff.); 82, 306, 309. Aus der Lit. etwa *Berkemann*, in Umbach/Clemens/Dollinger, Rn. 151 ff., 265 ff.
15 Beispielhaft LVerfG M-V Urt. v. 19.8.2021 – 2/19, 3/19 und 1/20 Rn. 131.
16 Siehe etwa LVerfG M-V Urt. v. 7.7.2005 – 7/04 – LVerfGE 16, 333, 353; Urt. v. 7.7.2005 – 8/04 – LVerfG 16, 353, 374. Eine nähere Begründung für seine Entscheidungen gibt das Gericht nicht.

gung des Gesetzgebers hinaus, bestimmte Entscheidungswirkungen anzuordnen (→ Rn. 16), ergibt sich aus Satz 2 die **Pflicht des Gesetzgebers**, zumindest für eine Konstellation eine solche Wirkung anzuordnen, aber auch das **Verbot**, eine solche Wirkung flächendeckend vorzusehen. Immanent ist dieser Vorgabe, dass Gesetzeskraft nur angeordnet werden kann, wenn der Urteilsspruch auch als solches einen möglichen Gesetzesinhalt aufweist.

15 Die Anordnung der Gesetzeskraft bedeutet nicht, dass das LVerfG gleichsam als negativer Gesetzgeber auftritt, der einen eigenen Gestaltungsakt erlässt. Ein verfassungswidriges Gesetz wird nicht vom LVerfG aufgehoben; dieses stellt vielmehr (im Regelfall; → Rn. 19) nur als Gericht im Wege der Rechtserkenntnis die an sich bereits ex tunc bestehende Nichtigkeit fest. Dementsprechend unterliegen entsprechende Entscheidungen im Grundsatz generell den für gerichtliche Entscheidungen geltenden **Grenzen der Rechtskraft** (→ Rn. 17), insbes. zeitlicher Art. Die Gesetzeskraft bedeutet nur eine Ausweitung des Kreises der durch die Entscheidung Gebundenen über die Prozessbeteiligten hinaus auf alle, die dem Gesetz unterworfen sind, insbes. alle Bürger.[17] Aus diesem Grund muss der Tenor der Entscheidung auch wie ein Gesetz im Gesetzblatt verkündet werden (§ 29 Abs. 2 Satz 3 LVerfGG; entspricht § 31 Abs. 2 Satz 3 BVerfGG).

16 Die einfachgesetzliche **Umsetzung** dieses **Verfassungsauftrages** findet sich in § 29 Abs. 2 Satz 1 LVerfGG (entspricht § 31 Abs. 2 Satz 1 BVerfGG). Konkret handelt es sich um die Entscheidungen in den Verfahren der abstrakten und konkreten Normenkontrolle (Art. 53 Nr. 2 und 5 LV) sowie der Verfassungsbeschwerden (Art. 53 Nr. 6 bis 8), wenn das Gesetz für nichtig oder für verfassungswidrig erklärt wird.

17 **2. Rechtskraft.** Daneben entfalten Entscheidungen des LVerfG – gemäß § 13 LVerfGG iVm § 121 VwGO – gegenüber den Beteiligten **Rechtskraft**.[18] Hierzu gehören neben den Streitparteien auch diejenigen, die dem Verfahren beigetreten sind, nicht aber die nur zu einer Äußerung Berechtigten. Sie erstreckt sich allein auf den Tenor und kennt die allg. üblichen sachlichen und zeitlichen Grenzen.

18 **3. Bindung aller Landesgewalt.** § 29 Abs. 1 LVerfGG (entspricht § 31 Abs. 1 BVerfGG) ordnet unabhängig von Art. 54 Satz 2 LV, gestützt allein auf Satz 1, an, dass alle Entscheidungen die Verfassungsorgane sowie alle Gerichte und Behörden des Landes, anders formuliert: die **gesamte öffentliche Gewalt des Landes**, binden. In der Sache bedeutet dies eine Ausweitung der personellen Reichweite der soeben erläuterten Rechtskraft.[19]

19 Soweit es um die **Verfassungswidrigkeit** von **Normen** geht, hat das BVerfG allerdings zu Recht eine deutliche Restriktion der Bindungswirkung angenommen und dem Gesetzgeber im Grundsatz zugestanden, auch für verfassungswidrig erklärte Normen **wieder zu erlassen**.[20] Eine einfachgesetzlich angeordnete Bindung kann nämlich nicht den Gesetzgeber selbst binden. Auch das Demokratieprinzip spricht dagegen, dass eine verfassungsgerichtliche Entscheidung nicht mehr in Frage gestellt werden kann. Verfährt der Gesetzgeber so,

---

17 Dazu *Voßkuhle*, in von Mangoldt/Klein/Starck, Art. 94 Rn. 36; *Schlaich/Korioth*, Rn. 496.
18 Allg. Ansicht; siehe nur *Schlaich/Korioth*, Rn. 476; zurückhaltend aber *Kischel* AöR 131 (2006), 219, 245.
19 *Schlaich/Korioth*, Rn. 482.
20 BVerfGE 77, 84 (103 f.); 102, 127, 141; anders aber BVerfGE 1, 14 (37); 69, 112, 115; dazu ferner – der jüngeren Judikatur zustimmend – *Schlaich/Korioth*, Rn. 484; *Hillgruber/Goos*, Rn. 14; abl. *Kischel* AöR 131 (2006), 219, 227.

muss er sich allerdings mit der Entscheidung auseinandersetzen und besondere **Gründe** für sein Verhalten vorbringen.[21]

**4. Reichweite der Bindung.** Unklar ist die Reichweite einer Bindung nach § 29 Abs. 1 oder 2 LVerfGG. Das LVerfG hat sich mit dieser Frage bisher nicht befasst. Das BVerfG geht davon aus, dass neben dem unstreitig bindenden Tenor auch die **tragenden Entscheidungsgründe** erfasst seien.[22] Konsequenz ist insbes., dass die Fachgerichte im Fall der „Rettung" einer Norm durch das BVerfG im Wege einer verfassungskonformen Interpretation an diese, genauer: an den Ausschluss der verfassungswidrigen Interpretationsvarianten gebunden sind.[23]

### III. Schrifttum

Siehe bei → Art. 52 Rn. 38.

---

21 BVerfGE 96, 260 (263).
22 BVerfGE 19, 377 (391 f.); 20, 56, 87; 40, 88, 93 f. Beachtliche Kritik bei *Schlaich/Korioth*, Rn. 487 ff.
23 BVerfGE 40, 88 (94).

# 3. Abschnitt
# Staatsfunktionen

# I. Rechtsetzung und Verfassungsänderung

**Art. 55** (Gesetzgebungsverfahren)

(1) ¹Gesetzentwürfe werden von der Landesregierung oder aus der Mitte des Landtages sowie gemäß Artikel 59 und 60 aus dem Volk eingebracht. ²Ein Gesetzentwurf aus der Mitte des Landtages muß von einer mindestens Fraktionsstärke entsprechenden Zahl von Mitgliedern des Landtages unterstützt werden.

(2) Ein Gesetzesbeschluß des Landtages setzt eine Grundsatzberatung und eine Einzelberatung voraus.

Vergleichbare Regelungen:

*Zu Abs. 1:* Artt. 76 GG; 71 BayVerf; 59 Abs. 1 BWVerf; 59 Abs. 2 VvB; 75 BbgVerf; 123 Abs. 1 BremVerf; 48 Abs. 1 HambVerf; 117 HessVerf; 42 Abs. 3 NdsVerf; 65 Verf NW; 108 Verf Rh-Pf; 98 SaarlVerf; 70 Abs. 1 SächsVerf; 77 Abs. 2 LVerf LSA; 44 Abs. 1 SchlHVerf; 81 Abs. 1 ThürVerf.

*Zu Abs. 2:* Artt. 59 Abs. 4 VvB; 49 Abs. 1 HambVerf; 77 Abs. 3 LVerf LSA.

| | |
|---|---|
| I. Vorbemerkungen .................. 1 | III. Beratung im LT (Abs. 2) .......... 23 |
|   1. Begriff des Gesetzes ........... 1 |   1. Überblick ..................... 23 |
|   2. Charakter des Gesetzgebungs- |   2. Erste Lesung .................. 24 |
|     verfahrens ..................... 2 |   3. Mitwirkungsrechte ............ 27 |
| II. Einbringung des Gesetzentwurfs |   4. Anhörung ..................... 28 |
|   (Abs. 1) ........................... 5 |   5. Ausschussberatungen .......... 31 |
|   1. Grundlagen ................... 5 |     a) Gang der Beratungen ....... 31 |
|   2. Gesetzentwurf der LReg ....... 7 |     b) Änderungsbefugnis des |
|     a) Erarbeitung des Gesetzent- |       Ausschusses ................ 32 |
|       wurfs ....................... 7 |     c) Bericht des federführenden |
|     b) Beteiligung der Öffentlich- |       Ausschusses ................ 33 |
|       keit ........................ 11 |   6. Zweite Lesung ................. 34 |
|     c) Weiteres Verfahren ........ 14 |   7. Dritte Lesung ................. 36 |
|     d) Outsourcing ............... 15 |   8. Schlussabstimmung |
|   3. Aus der Mitte des LT .......... 16 |     (Gesetzesbeschluss) ............ 37 |
|   4. Inhaltliche Anforderungen .... 17 | IV. Fehlerfolgen; Rechtsschutz ........ 39 |
|     a) Formelle Anforderungen ... 17 | V. Schrifttum ......................... 40 |
|     b) Sachaufklärungs- oder | |
|       Begründungspflicht ........ 19 | |

## I. Vorbemerkungen

1 **1. Begriff des Gesetzes.** Der Begriff „Gesetz" wird in der LV in einem doppelten Sinne verwandt:[1] Zum einen ist hierunter das **Gesetz im formellen Sinne** zu verstehen, dh jeder Beschluss des zur Gesetzgebung zuständigen Organs, d.i. grundsätzlich der LT, der in einem verfassungsmäßig vorgesehenen Gesetzgebungsverfahren ergeht.[2] Um diesen Begriff geht es in Artt. 55 und 57 Abs. 1 als Ermächtigungsgrundlage für eine RechtsVO sowie 58 Abs. 1. In diesem Sinne ist auch der Gesetzesbegriff zu verstehen, wenn die LV bestimmt, dass das Nähere „das Gesetz" regelt (vgl. Art. 1 Abs. 3; Art. 6 Abs. 4, Art. 8 S. 2, Art. 12

---

[1] Allgemein *Kau* § 41 Rn. 9 ff. mwN.
[2] Zum Begriff und zur Klassifizierung des Inhalts formeller Gesetz *Ruffert* § 7 Rn. 59 mwN.

Abs. 5, Art. 15 Abs. 5, Art. 20 Abs. 2 S. 4, Art. 22 Abs. 3 S. 3, Art. 25 Abs. 3 S. 2, Art. 34 Abs. 5 und 7, Art. 35 Abs. 3, Art. 36 Abs. 3, Art. 37 Abs. 3, Art. 39 Abs. 3, Art. 40 Abs. 4, Art. 45 Abs. 2, Art. 49 Abs. 2, Art. 59 Abs. 4, Art. 68 Abs. 4, Art. 71 Abs. 5). Derartige Gesetzesvorbehalte beziehen sich grundsätzlich auf Gesetze im formellen Sinne, erlauben aber nach Maßgabe des Art. 57 auch den Erlass von Rechtsverordnungen. Formelle Gesetze sind auch gemeint, wenn Art. 3 Abs. 1 „Organe der Gesetzgebung" nennt oder Art. 20 Abs. 1 S. 2 von der „gesetzgebenden" Gewalt spricht. Aus der Gegenüberstellung zur RechtsVO folgt, dass unter Gesetz in Artt. 39 Abs. 1 S. 1 und 58 Abs. 3 nur das formelle Gesetz zu verstehen ist. Gleiches gilt für den Gesetzesbegriff in Art. 70 Abs. 2 S. 1, wonach Organisation, Zuständigkeiten und Verfahren der öffentlichen Verwaltung durch Gesetz oder aufgrund eines Gesetzes geregelt werden (vgl. auch Art. 72 Abs. 3 S. 1). Art. 53 Nr. 5, 6 und 8[3] betrifft ebenfalls formelle Gesetze, ebenso Nr. 9 und Art. 54. Sonderformen formeller Gesetze sind die Verfassung (Art. 56), das Haushaltsgesetz (Art. 61 Abs. 2; hierzu im Einzelnen → Art. 61 Rn. 3) und die Zustimmung zu einem Staatsvertrag (Art. 47 Abs. 2). Manche Landesverfassungen nennen **Volksgesetze** als eigene Kategorie.[4] Art. 60 spricht von Volksbegehren (→ **Litten/Groth** Art. 60 Rn. 5). Endet es mit einem Landesgesetz, hat es den Rang eines formellen Gesetzes. In Artt. 55 f. sind nicht **Gesetze im materiellen Sinne** angesprochen, soweit sie nicht zugleich formelle Gesetz darstellen. Hierunter fallen alle Vorschriften, die abstrakt-generell rechtsverbindlich die Rechte und Pflichten des Einzelnen oder die Einrichtungen und Zuständigkeiten der Rechtsgemeinschaft selbst begründen, ausgestalten, ändern oder aufheben (vgl. Art. 2 EGBGB); dies sind neben Parlamentsgesetzen mit derartigen Inhalten v.a. das selbstgesetzte Recht der Exekutive wie RechtsVO (Art. 57 und Art. 58 Abs. 2 und 3) und Satzungen (zB Satzungen der Gemeinden – dazu → **Meyer** Art. 72 Rn. 29 – oder anderer Selbstverwaltungskörperschaften).[5]

**2. Charakter des Gesetzgebungsverfahrens.** Das Gesetzgebungsverfahren ist in der Demokratie von vornherein auf breite **Beteiligung der Öffentlichkeit** angelegt. Es lässt auch dem öffentlichen Austragen von Meinungsverschiedenheiten und Interessengegensätzen bewusst Raum und will durch einen öffentlichen demokratischen Prozess der Meinungs- und Willensbildung für eine mit Allgemeinverbindlichkeit ausgestattete normative Regelung eine am Gemeinwohl orientierte Entscheidung ermöglichen und fördern.[6] Die Gestaltung des äußeren **Gesetzgebungsverfahrens** ist im Rahmen der durch die Verfassung vorgegebenen Regeln Sache der gesetzgebenden Organe.[7] Diese Eigenart des Gesetzgebungsverfahrens steht seiner Gleichstellung mit einem Gerichts- oder Verwaltungsverfahren entgegen.[8] Das Gesetzgebungsverfahren nach Art. 55 Abs. 2 muss auch bei erheblichem Zeitdruck beachtet werden.[9] Anforderungen an ein „inneres Gesetzgebungsverfahren" als der Methodik der Willensbildung lassen sich Art. 55 nicht entnehmen.[10] Gesetzgebungsaufträge gibt die LV nur in

---

3 Zu Art. 58 Abs. 1 Nr. 8: LVerfG M-V Urt. v. 20.12.2012 – 13/11, ZKF 2013, 65.
4 *Reimer* § 11 Rn. 17.
5 Vgl. LVerfG LSA Urt. v. 22.6.1996 – LVG 3/95; *Ruffert* § 7 Rn. 62 ff. mwN.
6 Vgl. auch *Arndt* DVBl. 1952, 1.
7 Vgl. BVerfG Beschl. v. 13.2.1974 – 2 BvL 11/73, BVerfGE 36, 321 (330).
8 Vgl. BVerfG Beschl. v. 5.4.1990 – 2 BvR 413/88, BVerfGE 82, 30; LVerfG M-V Urt. v. 10.10.2017 – LVerfG 7/16, LVerfGE 28, 190 (204).
9 So LVerfG M-V Urt. v. 7.7.2005 – 8/04, LVerfGE 16, 333 (368); offen gelassen bei SächsVerfGH Urt. v. 27.10.2016 – Vf. 134-I-15, LVerfGE 27, 381 (396).
10 Vgl. *Masing/Risse* in von Mangoldt/Klein/Starck Art. 76 Rn. 3 ff.

Art. 61 Abs. 2 (Haushaltsplan). Generelle **inhaltliche Vorgaben** enthält die LV in Art. 4 sowie speziell in Art. 65 Abs. 2 zum Haushaltsgesetz („Schuldenbremse"; → Art. 65 Rn. 2 ff.; 10 ff.; Art. 73 Rn. 3) und zum kommunalen Finanzausgleich in Art. 73 Abs. 2 (→ Art. 73 Rn. 11 ff.).[11]

3 Das **Gesetzgebungsrecht** als solches steht dem LT insgesamt zu und wird von diesem durch Verhandlung und Beschlussfassung im Plenum und nach Maßgabe der GO LT und der hierzu ergehenden Beschlüsse in den Ausschüssen wahrgenommen.[12] Ob dem LT eine materielle Gesetzgebungskompetenz zukommt, richtet sich nach Art. 70 ff. GG (im Einzelnen → Art. 20 Rn. 16 ff.).

4 Art. 55 regelt zusammen mit Art. 58 das Gesetzgebungsverfahren insoweit nur unvollständig.[13] Er normiert nur zwei grundlegende Fragen: in Abs. 1 die Frage der Gesetzesinitiative und in Abs. 2 den Gang der Gesetzesberatung im LT in der Weise, dass eine Grundsatz- und eine Einzelberatung vorgeschrieben werden. Im Übrigen ist das Verfahren in der Geschäftsordnung des LT[14] – GO LT –, namentlich §§ 46 ff. geregelt.[15] Es ist autonomes parlamentarisches Innenrecht des LT, das andere Verfassungsorgane nicht binden kann.[16]

## II. Einbringung des Gesetzentwurfs (Abs. 1)

5 **1. Grundlagen.** Gesetzentwürfe werden gem. Art. 55 Abs. 1 von der LReg (d.i. das Kabinett als Kollegialorgan; vgl. Art. 41 Abs. 2)[17] oder aus der Mitte des LT sowie gemäß Artt. 59 und 60 aus dem Volk eingebracht (**Gesetzgebungsinitiative**).[18] Einbringen bedeutet den Akt der Übergabe einer Gesetzesvorlage an den LT, zu Händen der/des PräsLT, und inhaltlich den Antrag, den Entwurf geschäftsordnungsmäßig zu beraten.[19] Die Initiativrechte stehen, was ihr Verhältnis untereinander anbelangt, grundsätzlich unabhängig und gleichberechtigt nebeneinander: Jeder Initiativberechtigte entscheidet selbst nach pflichtgemäßem Ermessen, ob und in welcher Weise er von dieser Befugnis Gebrauch machen will.[20] Der Entwurf des Haushaltsgesetzes und des Haushaltsplanes sowie Vorlagen zur Änderung des Haushaltsgesetzes und des Haushaltsplans können nur von der LReg in den LT eingebracht (Art. 61 Abs. 3; → Art. 61 Rn. 18). Eine Pflicht zu Gesetzesinitiative kann sich ergeben, wenn bestimmte Gesetze aus unions- oder verfassungsrechtlichen Gründen erlassen werden müssen[21], einer Entscheidung des BVerfG oder LVerfG Rechnung zu tragen ist oder der Gesetzgeber selbst sich eine Regelungspflicht auferlegt hat.[22] Die überwiegende

---

11 Das sog. innere Gesetzgebungsverfahren betrifft die Willensbildung und den Prozess der Entscheidungsfindung, mithin die inhaltliche Seite; dazu *Masing/Risse* in von Mangoldt/Klein/Starck Art. 76 Rn. 4 ff. S. auch *Karpen* JuS 2016, 577 (582).
12 VerfGH Berl Beschl. v. 21.10.1999 – 71/99, NVwZ 2000, 314.
13 LVerfG M-V Urt. v. 21.6.2007 – 19/06, LVerfGE 18, 325; *Lepsius* in: Herdegen/Masing § 12 Rn. 130. Zu den inhaltlichen Anforderungen → Rn. 18 ff.
14 Beschl. des LT v. 26.10.2021 (GVOBl. M-V S. 1494).
15 Vgl. *Huber* S. 31 ff.
16 *Fibich* in Linck/Baldus ua, Art. 81 Rn. 27.
17 Zu den Verfahrensanforderungen eines Kabinettsbeschlusses → Rn. 14.
18 Zur Einleitung des Gesetzgebungsverfahrens vor Konstituierung eines neu gewählten LT LVerfG MV Urt. v. 21.6.2007 – LVerfG 19/06, LVerfGE 18, 325.
19 *Masing/Risse* in von Mangoldt/Klein Art. 76 Rn. 72.
20 StGH Brem Urt. v. 20.2.2020 – St 1/19, LVerfGE 31, 159; VerfGH Bay, Entsch. v. 16.7.2019 – Vf. 41-IX-19, MedR 2020, 399.
21 Näher *Mann* in Sachs Art. 76 Rn. 14.
22 *Masing/Risse* in von Mangoldt/Klein/Starck Art. 76 Rn. 74 ff.

Mehrzahl der Gesetzesentwürfe wird durch die LReg eingebracht.[23] Erst mit der Einbringung eines Gesetzentwurfs in den LT durch ein initiativberechtigtes Organ ist ein geplantes Gesetzesvorhaben öffentlich.[24] Der Vertrauensschutz in die bisherige Rechtslage kann zu diesem Zeitpunkt entfallen,[25] jedenfalls aber mit Verabschiedung des Gesetzes.[26] Dem Initiativrecht, auch dem der LReg, kann die Berechtigung entnommen werden, einen eingebrachten Gesetzentwurf wieder zurückzunehmen, so lange nicht der LT den Gesetzgebungsbeschluss gefasst hat (§ 45 Abs. 2 GO LT).[27] Erst dann handelt es sich, wie aus Art. 58 Abs. 1 deutlich wird, um ein (verfassungsgemäß) zustande gekommenes Gesetz[28] und gilt das Prinzip der **Unverrückbarkeit**.[29] Alsdann ist auch das Parlament selbst, soweit die Verfassung nichts anderes vorsieht, an seine Gesetzesbeschlüsse gebunden und verbleibt für Änderungen regelmäßig nur der Weg eines neuen förmlichen Gesetzgebungsverfahrens.[30] Der LT kann daher auch keine „autoritative" Interpretation eines Gesetzes abgeben, allenfalls ein änderndes Gesetz beschließen.[31] Den Inhalt geltenden Rechts kann der Gesetzgeber mit Wirkung für die Vergangenheit nur in den verfassungsrechtlichen Grenzen für eine rückwirkende Rechtsetzung feststellen oder klarstellend präzisieren.[32] Der Initiant kann verlangen, dass der LT sich mit seinem Vorschlag beschäftigt. Beratung und Entscheidung dürfen nicht „ohne jeden sachlichen Grund verschleppt" werden.[33] Ihm muss auf sein Verlangen Gelegenheit gegeben werden, über seine Initiative eine allgemeine Aussprache zu führen.[34] Die Gesetzesinitiative kann nicht präventiv auf Vereinbarkeit gegen höherrangiges Recht geprüft werden.[35]

Lediglich in § 113 Abs. 1 GO LT ist bestimmt, dass mit Ablauf der Wahlperiode 6 oder mit der Auflösung des LT alle vom LT nicht erledigten Gesetzentwürfe, Anträge, Unterrichtungen, sonstigen Vorlagen, Anfragen und Auskunftsersuchen als erledigt gelten, soweit durch Gesetze oder in Abs. 2 und 3 nichts anderes bestimmt ist. Der Grundsatz der **Diskontinuität**, den die LV nicht ausdrücklich enthält, soll garantieren, dass, dass die Abg., die das Gesetz in dritter Lesung verabschieden, am Gesetzgebungsverfahren insgesamt teilhaben konnten;[36] es ist damit Ausdruck des Demokratieprinzips.[37]

---

23 *Ernst/Jahn/Buchstein*, in: Mielke/Reutter (Hrsg.), Landesparlamentarismus in Deutschland, 2004, S. 270; vgl. auch für die Bundesrepublik insgesamt Mielke/Reutter, aaO, S. 427; *H.-H. Klein*, HdbStR, § 50 Rn. 21.
24 BVerfG Beschl. v. 25.3.2021 – 2 BvL 1/11, NJW 2021, 2424.
25 So StGH BW Urt. v. 17.6.2014 – 1 VB 15/13 – LVerfGE 25, 14 (72).
26 *Desens* Vertrauensschutz, S. 219 (350 ff.).
27 *Masing/Risse* in von Mangoldt/Klein/Starck Art. 76 Rn. 81 ff.
28 *Mehde*, in Butzer/ Epping ua, Art. 42 Rn. 8.
29 Zur Änderung eines Wirtschaftsplans durch den Finanzausschuss in den Grenzen des Haushaltsgesetzes LVerfG MV Urt. v. 26.9.2019 – LVerfG 2/18, NVwZ-RR 2020, 233.
30 Vgl. BVerfG B. v. 9.7.2007 – 2 BvF 1/04, BVerfGE 119, 96, Rn. 110; VerfGH Bbg Beschl. v. 30.6.1999 – 50/98, LVerfGE 10, 213 Rn. 56.
31 LVerfG LSA Urt. v. 15.1.2002 – LVG 3/01, LVG 5/01, LVerfGE 13, 343.
32 BVerfG Beschl. v. 17.12.2013 – 1 BvL 5/08, BVerfGE 135, 1 = NVwZ 2014, 577.
33 BVerfG Beschl. v. 14.6.2017 – 2 BvQ 29/17, BVerfGE 145, 348 Rn. 35 ff.; *Pernice-Warnke* JURA 2018, 160, (161); *Dietlein* in BeckOG GG Art. 76 Rn. 42.
34 BVerfG Urt. v. 16.7.1991 – 2 BvE 1/91, BVerfGE 84, 304 Rn. 121; *Mehde*, in Butzer/Epping ua, Art. 42 Rn. 22.
35 VerfGH Berl. Urt. v. 6.10.2009 – VerfGH 63/08, LVerfGE 20, 23: s. aber StGH Brem Urt. v. Urt. v. 14.5.2009 – St 2/08, LVerfGE 20, 143 (154 ff.).
36 *Hartmann/Kamm*, JURA 2014, 283 (290).
37 *Brosius-Gersdorf* in: Dreier Art. 76 Rn. 99.

7 **2. Gesetzentwurf der LReg. a) Erarbeitung des Gesetzentwurfs.** Die Gemeinsame Geschäftsordnung II der LReg[38] – GGO II – regelt das Verfahren zur Vorbereitung, Ausfertigung und Verkündung von Gesetzen und den Erlass von Rechtsverordnungen und Verwaltungsvorschriften durch die LReg und einzelne Landesministerien sowie die grundlegenden Anforderungen (so ausdrücklich § 4 Abs. 1 S. 1 und 2 GGO II). Über Ausnahmen davon, zum Beispiel wenn die Regelung ausschließlich der Umsetzung zwingenden höherrangigen Rechts dienen soll, entscheidet das federführende Ressort. Entwürfe von Rechtsvorschriften werden von dem zuständigen Referat des federführenden Ressorts unter Beachtung der §§ 4, 6 ff. GGO II erstellt.

8 Die Staatskanzlei ist nach § 4 Abs. 2 S. 2 und 3 GGO II über die Vorbereitung von Rechtsvorschriften zu unterrichten, wenn sie für die Bestimmung der politischen Richtlinien oder für die Leitung der Geschäfte der LReg von Bedeutung sind. Das federführende Ressort bezieht die Staatskanzlei und die betroffenen Ressorts bereits bei den Vorarbeiten zur Erstellung von Entwürfen von Rechtsvorschriften mit ein, soweit dies sachdienlich ist (**frühzeitige Ressortkonsultation**).

9 § 4 Abs. 3 GGO II bestimmt, dass die Entwürfe als Referentenentwurf zunächst innerhalb des federführenden Ressorts abzustimmen sind (**ressortinterne Abstimmung**). Bei Maßnahmen mit finanzieller Bedeutung, die sich unmittelbar auf Einnahmen oder Ausgaben auswirken, ist der Beauftragte für den Haushalt des jeweiligen Ressorts zu beteiligen. Referentenentwürfe von Gesetzen und Landesverordnungen werden der Staatskanzlei und den übrigen Ressorts unter Beifügung eines Rechtsetzungszeitplanes zur Stellungnahme mit einer Frist von mindestens vier Wochen zugeleitet (**Ressortanhörung**). Im Rahmen der Ressortanhörung ist dem Rat für Integrationsförderung, soweit Belange von Menschen mit Behinderungen und chronischen Erkrankungen betroffen sind – dies trägt dem Staatsziel des Art. 17a Rechnung –, dem Landesbeauftragten für den Datenschutz, soweit das Recht auf informationelle Selbstbestimmung berührt wird – insoweit sind Artt. 6 und 37 angesprochen –, sowie – soweit ernannt – die Landesbeauftragte für Frauen und Gleichstellung der LReg[39] – insoweit ist das Staatsziel des Art. 13 einschlägig – Gelegenheit zur Stellungnahme zu geben.

10 Referentenentwürfe von Rechtsvorschriften sind unabhängig von der Ressortanhörung zeitgleich der **Normprüfstelle**[40] zur Prüfung und dem **Justizministerium** zur verfassungsrechtlichen Prüfung zuzuleiten. Die Prüfung durch die Normprüfstelle umfasst die Anforderungen nach den §§ 3, 6 und 7 GGO II. Bei verfassungsrechtlichen Bedenken beteiligt die Normprüfstelle das Justizministerium.[41] Das Verfahren, insbesondere das Entscheidungsverfahren für den Fall, dass zwischen der Normprüfstelle und dem Fachressort keine Einigung erzielt werden kann, wird in einer Geschäftsordnung der Normprüfstelle[42] gere-

---

38 Bekanntmachung des Innenministeriums vom 2.12.2008 – II 220/II 250 -AmtsBl. M-V 2009, S. 2.
39 Derzeit angesiedelt beim Ministerium für Justiz, Gleichstellung und Verbraucherschutz; Ziff. III. vgl. Ziff. III. des Organisationserlasses der Ministerpräsidentin vom 21.12.2021 (AmtsBl. M-v. S. 1079).
40 Derzeit beim Justizministerium angesiedelt, Ziff. III des Organisationserlasses der Ministerpräsidentin aaO.
41 Derzeit ist dies ein internes Verfahren innerhalb des Justizministeriums, da die Normprüfstelle dort angesiedelt ist.
42 Geschäftsordnung der Normprüfstelle – Verwaltungsvorschrift der LReg v. 18.12.2012 – III NPS – 0211–00003–2012/002–003 – VV Meckl.-Vorp. Gl. Nr. 1104 – 14, AmtsBl. M-V 2013 S. 5.

gelt. Das Justizministerium leitet seine verfassungsrechtliche Stellungnahme der Normprüfstelle und dem federführenden Ressort zu.

**b) Beteiligung der Öffentlichkeit.** Ein verfassungsrechtlicher Anspruch der betroffenen Praxis auf **Beteiligung,** dh darauf, schon bei den Vorüberlegungen für ein Gesetzgebungsvorhaben argumentativ mitwirken zu können, besteht nicht. Die Betroffenen haben in aller Regel Gelegenheit, im Zeitraum zwischen der politischen Ankündigung eines Vorhabens und der Erarbeitung des erforderlichen Gesetzentwurfs sowie während des eigentlichen Gesetzgebungsverfahrens ihre Argumente geltend zu machen.[43] Gem. § 4 Abs. 2 S. 4 GGO II sollen gleichwohl Fachkreise, Verbände, Kammern oder sonstige Organisationen, soweit sie von dem Rechtsetzungsvorhaben direkt betroffene Normadressaten vertreten, bei der Vorbereitung von Entwürfen bereits frühzeitig hinzugezogen werden (**frühzeitige Verbandskonsultation**). Ein Anhörungsgebot für Gemeinden, bevor aufgrund eines Gesetzes allg. Fragen geregelt werden, die die Gemeinden und Gemeindeverbände betreffen, besteht nicht.[44] Nach § 4 Abs. 5 GGO II soll indes dann, wenn unmittelbar kommunale Belange berührt werden, bereits der Referentenentwurf den kommunalen Landesverbänden zur Unterrichtung zugeleitet werden, sofern nicht im Einzelfall eine vorherige Beratung im Kabinett erforderlich ist. Dies gilt entsprechend für Fachkreise, Verbände, Kammern und sonstige Organisationen, wenn deren satzungsmäßige Belange unmittelbar betroffen sind.

Entwürfe von Gesetzen und Landesverordnungen werden gem. § 4 Abs. 6 GGO II nach Abschluss der Ressortanhörung und der Normprüfung durch das federführende Ressort als Ressortentwurf dem Kabinett zur Kenntnisnahme vorgelegt; das Kabinett entscheidet, ob der Auftrag zur Verbandsanhörung erteilt wird (**Erste Kabinettsbefassung**). Wird der Auftrag erteilt, übersendet das federführende Ressort den Ressortentwurf an Fachkreise, Verbände, Kammern und sonstige Organisationen zur Stellungnahme innerhalb einer Frist von mindestens sechs Wochen (**Verbandsanhörung**); über den Kreis der Beteiligten entscheidet das federführende Ressort nach pflichtgemäßem Ermessen. Ressortentwürfe von Gesetzen sind zeitgleich zur Verbandsanhörung den Vorsitzenden der Fraktionen des LT durch den Chef der Staatskanzlei zur Unterrichtung zu übersenden. Eine **Pflicht** zur Durchführung einer **Anhörung** kann sich im Übrigen aus einfachem Recht (so § 53 Beamtenstatusgesetz[45]) oder von Verfassung wegen ergeben, etwa bei einer kommunalen Gebietsreform,[46] der Änderung des kommunalen Finanzausgleichs[47] oder der Festlegung raumordnerischer Vorgaben.[48] §§ 102 und 103 LHO regeln die Beteiligung des LRH. Ein Anhörungserfordernis zielt darauf ab, dass das Ergebnis der Anhörung als informatorische Grundlage in die Abwägungsentscheidung des Normgebers einfließt. Dem Anhörungs-

---

43 BayVerfGH, Entsch. v. 29.9.2005 – Vf. 3-VII-05, Vf. 7-VIII-05 –.
44 Vgl. Art. 91 Abs. 4 ThürVerf und dazu ThürVerfGH Urt. v. 12.10.2004 – VerfGH 16/02, LVerfGE 15, 462.
45 Bei der Vorbereitung gesetzlicher Regelungen der beamtenrechtlichen Verhältnisse durch die obersten Landesbehörden sind die Spitzenorganisationen der zuständigen Gewerkschaften und Berufsverbände zu beteiligen. Das Beteiligungsverfahren kann auch durch Vereinbarung ausgestaltet werden; dazu BVerwG Beschl. v. 25.10.1979 – 2 N 1/78, BVerwGE 59, 48.
46 Dazu BVerfG Beschl. v. 12.5.1992 – 2 BvR 470/90, BVerfGE 86, 90; vgl. auch BVerfG Beschl. v. 19.11.2002 – 2 BvR 329/97, BVerfGE 107, 1; LVerfG M-V Urt. v. 26.7.2007 – LVerfG 9–17/06 – Kreisgebietsreform.
47 BWStGH Urt. v. 10.5.1999 – 2/97, LVerfGE 10, 3.
48 VerfGH NRW Urt. v. 26.8.2009 – 18/08, NVwZ 2009, 1287 Rn. 67.

erfordernis wird daher nicht ordnungsgemäß entsprochen, wenn die Anhörung nur pro forma durchgeführt wird, ohne dass noch die Möglichkeit oder Bereitschaft bestünde, das Ergebnis in der Abwägungsentscheidung des Normgebers zu berücksichtigen. Fehlende Beratungsoffenheit kann allerdings nicht aufgrund bloßer Spekulationen unterstellt, sondern nur aufgrund greifbarer Tatsachen angenommen werden.[49]

13 Unabhängig davon sollte berücksichtigt werden, dass bereits eine frühzeitige und daher effektive Beteiligung zu dem **Zeitpunkt** erfolgen sollte, zu dem der Gesetzentwurf im federführenden Ministerium fertig gestellt ist, also bevor die von anderen Ressorts geltend gemachten Aspekte berücksichtigt werden. Dies fördert die Akzeptanz und trägt zur Erarbeitung sachgerechter Lösungen bei. Zu einem späteren Zeitpunkt haben Einwände gegen ein sich inzwischen immer weiter verfestigendes Regelungsprojekt immer geringere Chancen. Die Durchführung des späten Beteiligungsverfahrens birgt die Gefahr eines sinnentleerten Formalismus.[50] Dies gilt insbes. bei der Beteiligung von Spitzenorganisationen der Beamten (→ Rn. 10).[51] Eine Vorschrift, wonach Gesetzentwürfe der LReg spätestens zu dem Zeitpunkt, zu dem betroffene Kreise unterrichtet werden, auch dem LT zuzuleiten sein (vgl. Art. 59 Abs. 3 S. 2 VvB) besteht nicht;[52] im Gegenteil sieht § 46 Abs. 2a GO LT vor, dass mit der Einbringung der Gesetzentwürfe die LReg dem LT mitteilt, welche Fachkreise, Verbände, Kammern und sonstigen Organisationen zu ihren Gesetzentwürfen Stellungnahmen abgegeben haben (Verbandsanhörung).

14 c) **Weiteres Verfahren.** § 4 Abs. 7 GGO II bestimmt das weitere Verfahren: Ist eine Verbandsanhörung durchgeführt worden, legt das federführende Ressort dem Kabinett Ressortentwürfe von Gesetzen und Landesverordnungen zur abschließenden Beschlussfassung vor (**Zweite Kabinettsbefassung**), nachdem die Staatskanzlei, die übrigen Ressorts und die Normprüfstelle unter Einräumung einer angemessenen Frist erneut Gelegenheit zur Stellungnahme hatten und die Ergebnisse eingearbeitet worden sind. Auf eine erneute Beteiligung kann verzichtet werden, wenn sie mit Blick auf das Ergebnis der Verbandsanhörung nicht als notwendig erscheint; die Normprüfstelle ist grundsätzlich nochmals zu beteiligen. Ressortentwürfe von Gesetzen sind der Staatskanzlei so rechtzeitig zuzuleiten, dass sie grundsätzlich mindestens vier Wochen vor dem für die erste Lesung im LT vorgesehenen Termin abschließend im Kabinett beschlossen werden können. Für den Beschluss sind §§ 10 GO LReg maßgebend. Nach § 10 Abs. 2 GO LReg fasst die LReg die Beschlüsse in der Kabinettssitzung; kann wegen der Eilbedürftigkeit einer Angelegenheit nicht die nächste Kabinettssitzung abgewartet werden, so kann der MP durch den Chef der Staatskanzlei die Zustimmung der Mitglieder der LReg schriftlich einholen; an diesem Verfahren müssen mindestens die Hälfte der Mitglieder der Landesregierung teilnehmen.[53] Der Entwurf ist unverzüglich dem Präsidenten der/des LT als Gesetzentwurf der LReg zuzuleiten (§ 14 GO LReg). Die **Vorlagen für Entwürfe** von Gesetzen bestehen gem. § 5 Abs. 1 GGO II aus dem Entwurf des Gesetzestextes, der Begründung zum Entwurf gemäß § 6 GGO II und bei Gesetzentwürfen einer vorangestellten Übersicht (Vorblatt) entsprechend Anlage 2.

---

49 BVerfG Beschl. v. 12.10.2010 – 2 BvF 1/07, BVerfGE 127, 293 Rn. 105.
50 So zutreffend ThürVerfGH Beschl. v. 8.10.1996 – 18/96, LVerfGE 5, 343.
51 ThürVerfGH Beschl. v. 8.10.1996 – 18/96, LVerfGE 5, 343.
52 Dazu VerfGH Bln Urt. v. 10.2.2016 – 21/15, NVwZ-RR 2016, 481.
53 Zum Umlaufverfahren bei Verordnungserlass BVerfGE 91, 148 (170); s. auch *Kersten* in: Dürig/Herzog/Scholz GG Art. 76 Rn. 44.

Keine Gesetzesvorlage i.S.v. Art. 55 Abs. 1 ist eine „unechte Regierungsvorlage" („Formulierungshilfe"), die ein von der Regierung (vollständig) ausgearbeiteter Gesetzesvorschlag allein durch die parlamentarische Regierungsmehrheit aus der Mitte des LT eingebracht gebracht wird. Sie ist unproblematisch (→ Rn. 16). Wird eine Gesetzesvorlage im laufenden Gesetzgebungsverfahren auf der Grundlage einer Formulierungshilfe geändert, gelten die allgemeinen Grundsätze (→ Rn. 32).

d) Outsourcing. Beim **Gesetzgebungsoutsourcing** wird die Erstellung des Gesetzentwurfs meist von der LReg an Private, in der Regel an Anwaltskanzleien, ausgelagert.[54] Das federführende Ministerium verweist in der Regel auf fehlenden Sachverstand, auf eine nicht ausreichende Personalkapazität und auf die Eilbedürftigkeit eines Gesetzesvorhabens. Art. 55 stellt keine Schranke hierfür dar. Die Grenzen ergeben sich aus der Verantwortlichkeit der LReg für den Gesetzentwurf. Dabei ist zu sehen, dass der außenstehende Verfasser eines Entwurfs insofern Einfluss ausübt, als er den sog. Ankereffekt ausübt, dh durch inhaltliche Vorschläge die Diskussion steuert. Dieser Effekt ist umso größer, je größer der Zeitdruck ist, unter dem die LReg den Gesetzentwurf vorlegen will (oder muss) und der notwendige Sachverstand im Ministerium zum Nachvollziehen des erarbeiteten externen Vorschlags fehlt. Die Beauftragung muss in einem transparenten und offenen Vergabeverfahren erfolgen. Auch der LT und die Öffentlichkeit müssen unterrichtet werden, etwa indem hierauf in der Gesetzesbegründung hingewiesen wird.[55] Die nachträgliche Sammelbekanntmachung der Gesetzentwürfe, die Außenstehende erarbeitet haben,[56] genügt dem Transparenzgebot nicht. Anhaltspunkte bietet im Übrigen die Allgemeine Verwaltungsvorschrift zum Einsatz von außerhalb des öffentlichen Dienstes Beschäftigten (externen Personen) in der Bundesverwaltung vom 17.7.2008, die allerdings gerade entgeltliche Auftragsverhältnisse, die Beratungs- oder sonstige Dienstleistungen zum Gegenstand haben, vom Anwendungsbereich ausschließt.[57] Bei alledem muss die LReg klare inhaltliche Vorgaben geben. Sie muss das Beratungsergebnis kontrollierend nachvollziehen.[58]

**3. Aus der Mitte des LT.** Die Worte „aus der Mitte des LT" bedeutet nicht, dass der LT als solcher ein Initiativrecht hat. In welcher Weise Gesetzesvorlagen aus der Mitte des LT eingebracht werden können, bestimmt Art. 55 Abs. 1 nicht. Die Form des Gesetzgebungsverfahrens überlässt die LV der GO und der parlamentarischen Praxis.[59] Nach Satz 2 hat eine mindestens Fraktionsstärke erreichende Zahl von Abg. – dies sind gemäß Art. 25 mindestens vier Abg. – das Einbringungsrecht. Daher bestimmt § 46 Abs. 1 S. 1 GO LT, dass Gesetzentwürfe aus der Mitte des LT von einer Fraktion oder vier Mitgliedern des

---

54 *Filges* BRAK-Mitteilungen, 2010, 239; *Kloepfer* (Hrsg.), Gesetzgebungsoutsourcing. Gesetzgebung durch Rechtsanwälte?, 2011; *Kloepfer* NJW 2011, 131; *Schmieszek* ZRP 2013, 175; *Messerschmidt* Der Staat 2012, 387; *Olberding* Rechtliche Möglichkeiten der Steuerung von Interessenpolitik 2013, S. 210 ff.; *Partmann*, Outsourcing von Gesetzgebungsverfahren–ein bedenkliches Phänomen?, in: Sammelband zum Förder-Kongress der Hanns Martin Schleyer-Stiftung in Leipzig, 2012; *Huber*, Einbindung von Expertise und externem Wissen in das Gesetzgebungsverfahren, 2022 S. 74 ff.
55 Vgl. *Olberding* (Fn. 51), S. 216 f.
56 Siehe BTag-Drs. 16/14133.
57 BAnz Teil 1 2008, 2722 (http://www.verwaltungsvorschriften-im-internet.de/bsvwvbund _17072008_O4013300111.htm).
58 *Th. Mann* in Kube/Mellinghoff ua (Hrsg.), Festschrift für P. Kirchhof, 2013, § 33 Rn. 8.
59 BVerfG Urt. v. 6.3.1952 – 2 BvE 1/51, BVerfGE 1, 144 (153).

LT unterzeichnet sein müssen.[60] Art. 55 Abs. 1 sagt nichts darüber, welchen Inhalt eine Gesetzesvorlage haben darf. Eine sachliche Beschränkung des Initiativrechts aus der Mitte des LT durch die GO LT scheidet aus; sie könnte nicht als bloße „Selbstbeschränkung" des LT gerechtfertigt werden. Die Einleitung des Gesetzgebungsverfahrens vor Konstituierung eines neu gewählten LT ist wirksam, wenn sich Abgeordnete des neuen LT die Einbringung nach der Konstituierung – sei es auch konkludent – zu Eigen gemacht haben.[61] Gesetzgebungsaufträge des LT an die LReg sind grundsätzlich zulässig, aber rechtlich unverbindlich.[62] Die LReg kann dem LT durch die Erarbeitung von Entwürfen einzelner Vorschriften (Regelfall) oder ganzer Regelwerke (Ausnahmefall), v.a. in den Ausschussberatungen, Hilfestellung leisten (sog. **Formulierungshilfen**).[63]

17 **4. Inhaltliche Anforderungen. a) Formelle Anforderungen.** Art. 55 enthält keine ausdrücklichen formellen Anforderungen an einen **Gesetzentwurf**. Der Begriff des „Gesetzentwurfs" setzt aber voraus, dass ein schriftlicher, vollständig ausformulierter Normtext vorliegen muss, der vom LT in dieser Form als Gesetz beschlossen werden könnte, und der den Initianten erkennen lässt.[64] Das bedeutet zum einen, dass beabsichtigte inhaltlich wesentliche Regelungen nicht offen bleiben dürfen, um sie erst im parlamentarischen Verfahren zu füllen. Ein solcher Entwurf wahrt nicht die Rechte der Abg. und hindert eine Begleitung der Gesetzesberatungen durch die Öffentlichkeit.[65] Lediglich eine Detailfrage kann zunächst unbehandelt bleiben,[66] insbesondere wenn sie mit einem zeitgleich behandelten anderen Gesetzesvorhaben zusammenhängt. Bei der Gesetzesformulierung sollten zum anderen bestimmte Üblichkeiten beachtet werden.[67] Finanzvorlagen aus der Mitte des LT, durch die dem Land Mehrausgaben oder Mindereinnahmen entstehen, müssen bestimmen, wie die zu ihrer Deckung erforderlichen Mittel aufzubringen sind (Art. 64 Abs. 1; § 55 Abs. 2 GO LT).[68]

18 Der Gesetzentwurf ist in gewisser Weise zu **gestalten**. Ihm ist, sei es, dass er aus der Mitte des LT s. stammt, sei es, dass er von der LReg eingebracht wird, gem. § 46 Abs. 1 S. 2 und 3 bzw. § 47 Abs. 2 S. 1 und 2 GO LT ein Vorblatt voranzustellen, in dem Problem, Lösung, Alternativen und Kosten kurz darzustellen sind; er ist schriftlich zu begründen. Die Angabe, es gebe keine Alternativen, bekundet lediglich eine Einschätzung; sie kann nicht den Gang des Gesetzgebungsverfahrens präjudizieren.[69] Nach § 47 Abs. 2 S. 3 GO LT soll die LReg zudem auch die Schritte zur Umsetzung des Gesetzesvorhaben deutlich machen. Im Übrigen soll eine Norm in ihren Voraussetzungen und in ihrem Inhalt so formuliert sein, dass die von ihr Betroffenen die Rechtslage erkennen

---

60 Angesichts dieser verfassungsrechtlichen Regelung in M-V sind Bedenken gegen das Quorum nicht veranlasst. Dazu *Brosius-Gersdorf*, in: Dreier, Art. 76 Rn. 57; *Bryde*, in: v. Münch/Kunig, Art. 76 Rn. 21; kritisch zu einem solchen Quorum *Voßkuhle/Kaufhold* JuS 2022, 312; *Elicker*, JA 2005, 513 (513 f.); *Felbig*, S. 163 ff.
61 So LVerfG M-V Urt. v. 21.6.2007 – 19/06, LVerfGE 18, 325 (341 f.).
62 HambVerfG, Entsch. v. 4.2.2022 – HVerfG 6/20.
63 *Masing/Risse* in von Mangoldt/Klein/Starck Art. 77 Rn. 31.
64 *Masing/Risse* in von Mangoldt/Klein/Starck, Art. 76 Rn. 68 f.
65 *Murswiek*, in Breuer/Epiney ua (Hrsg.), FS Eckard Klein, 2013, S. 229 (234 ff.).
66 *Murswiek* (Fn. 62), S. 229, 232.
67 *Bundesministerium der Justiz* (Hrsg.), Handbuch der Rechtsförmlichkeit (http://hdr.bmj.de/page_b.1.index.html); vgl. auch *Fleiner-Gerster*, Wie soll man Gesetze schreiben?, 1985; *Schneider* §§ 11 bis 13.
68 Die LReg kann die Aussetzung der Beratung verlangen (Art. 64 Abs. 2; § 55 Abs. 4 GO LT).
69 BayVerfGH Entsch. v. 29.9.2005 – Vf. 3-VII-05, Vf. 7-VIII-05 –.

und ihr Verhalten danach einrichten können.[70] Im Übrigen sind innerhalb der LReg die Vorgaben der GGO II zu beachten.[71]

**b) Sachaufklärungs- oder Begründungspflicht.** Welche **verfassungsrechtlichen** 19 **inhaltlichen Anforderungen** die Gesetzesbegründung haben muss, richtet sich nach dem Inhalt der vorgesehenen Regelungen. Die LV beinhaltet in Art. 55 Vorgaben für das Gesetzgebungsverfahren, die auch die Transparenz der Entscheidungen des Gesetzgebers sichern. Die LV – ebenso wie das GG – schreibt jedoch nicht vor, was, wie und wann genau im Gesetzgebungsverfahren zu begründen und berechnen ist. Es lässt Raum für Verhandlungen und für den politischen Kompromiss. Entscheidend ist, dass im Ergebnis die Anforderungen der Verfassung nicht verfehlt werden.[72] Eine selbstständige, von den Anforderungen an die materielle Verfassungsmäßigkeit des Gesetzes unabhängige **Sachaufklärungs- oder Begründungspflicht** folgt weder aus dem GG noch der LV.[73] Sie vertrauen darauf, dass grds. auch ohne Statuierung einer eigenständigen Sachaufklärungspflicht die Transparenz und der öffentliche Diskurs im parlamentarischen Verfahren hinreichende Gewähr für eine jeweils ausreichende Tatsachengrundlage der gesetzgeberischen Entscheidung bieten. Denn das Fehlen einer selbstständigen Sachaufklärungspflicht im Gesetzgebungsverfahren befreit den Gesetzgeber nicht von der Notwendigkeit, seine Entscheidungen in Einklang mit den verfassungsrechtlichen Anforderungen, insbesondere den Grundrechten, zu treffen, und sie insoweit – etwa im Blick auf die Verhältnismäßigkeitsanforderungen – auf hinreichend fundierte Kenntnisse von Tatsachen und Wirkzusammenhängen zu stützen[74].

Gesetzgeberische Entscheidung müssen für die Gerichte, namentlich das LVerfG 20 justiziabel zu gestaltet sein. Der Gesetzgeber kann zwar das Verfahren gesetzlich normieren, muss dies aber nicht. Ein hinreichender prozeduraler Schutz kann auch schlicht praktiziert werden.[75]. Insofern bleibt der Satz Geigers grundsätzlich gültig: „Der Gesetzgeber schuldet den Verfassungsorganen und Organen im Staat, auch den Verfassungsgerichten, nichts als das Gesetz. Er schuldet ihnen weder eine **Begründung** noch gar die Darlegung aller (!)[76] seiner Motive, Erwägungen und Abwägungen."[77] Gesetze müssen grundsätzlich nicht begründet, aber begründbar sein.[78] Die sich aus der Verfassung ergebenden Anforderungen an die Verfassungsmäßigkeit eines Gesetzes beziehen sich grundsätzlich nicht auf seine Begründung, sondern auf die Ergebnisse eines Gesetzge-

---

70 BVerfGE 52, 1 (41). S. *BMJ*, Handbuch der Rechtsförmlichkeit, 3. Auflage – https://hdr.bmj.de/sitemap.html; *Huber* S. 47 ff.
71 Gemeinsame Geschäftsordnung II – Richtlinien zum Erlass von Rechtsvorschriften und weiteren Regelungen durch die Landesregierung Mecklenburg-Vorpommern (GGO II), Bekanntmachung des Innenministeriums vom 2.12.2008 – II 220/II 250 – AmtsBl. M-V 2009, S. 2.
72 Vgl. für das Gesetzgebungsverfahren nach dem GG BVerfG Urt. v. 18.7.2012 – 1 BvL 10/10, 1 BvL 2/11 BVerfGE 132, 134 Rn. 70 – Asylbewerberleistungsgesetz –.
73 Vgl. BVerfG Urt. v. 21.7.2015 – 1 BvF 2/13, BVerfGE 140, 65 Rn. 33.
74 BVerfG Urt. v. 6.12.2016 – 1 BvR 2821/11, BVerfGE 143, 246 (343 ff. Rn. 273 ff.) mwN; BVerfG Beschl. v. 24.3.2021 – 1 BvR 2656/18, 1 BvR 78/20, 1 BvR 96/20, 1 BvR 288/20 – NJW 2021, 1723, Rn. 240.
75 StGH BW Urt. v. 6.7.2 015 – 1 VB 1 30/13 – LVerfGE 26, 36 (54).
76 Hervorhebung des Verf.
77 *Geiger* in: Berberich/Holl/Maaß, Neue Entwicklungen im öffentlichen Recht 1978, 141; dazu kritisch *Erbguth* JZ 2008, 1042.
78 *Huber* S. 44 ff.; *Kischel*, in: Kube/Mellinghoff ua (Hrsg.), FS P. Kirchhof, 2013, § 34 Rn. 21; *Bickenbach*, Die Einschätzungsprärogative des Gesetzgebers 2014, 430 ff.; *Lepsius* in: Herdegen/Masing ua § 12 Rn. 89.

bungsverfahrens[79]. Allerdings ist auch zu bedenken: Es würde kaum der demokratisch-parlamentarischen Idee des Gesetzgebungsverfahrens entsprechen und nicht wünschenswert sein, wenn die eigentliche Begründung eines Gesetzes im Wesentlichen nur und eher unsystematisch in einem Ausschuss gegeben wird, während der LT als das eigentliche Gesetzgebungsorgan hiervon kaum Kenntnis nehmen kann.[80] Außerdem steigt das Risiko des Gesetzgebers, in einem Verfassungsrechtsstreit zu unterliegen, insbesondere wenn der Gesetzgeber darlegen muss, dass er eine Einschätzungsprärogative ordnungsgemäß ausgefüllt hat (→ Rn. 10).[81] Schließlich gewinnt die Begründung eine wesentliche Bedeutung bei der Auslegung des Gesetzes und hat der Gesetzgeber so die Möglichkeit, das Gewollte (weiter) zu verdeutlichen.[82]

21 Wenn für die Entscheidung des Gesetzgebers ein verfassungsrechtlich speziell begrenzter **Spielraum** besteht, kann sich daraus auch ergeben, dass für den Gesetzgeber eine selbstständige **Sachaufklärungspflicht** besteht und die Grundlagen und die Methode der Entscheidungsfindung nachprüfbar sein müssen.[83] Dies ist der Fall bei Entscheidungen über Gebietsneugliederungen[84]. Bei der Festlegung des Finanzausgleichs zwischen Land und Kommunen müssen Daten zur Bedarfs- und Einnahmenermittlung herangezogen werden.[85] Die Festlegung von Zahlungen gem. dem Konnexitätsprinzip nach Art. 72 Abs. 3 setzt eine Prognose voraus, die auf einer gründlichen gesetzgeberischen Befassung mit den tatsächlichen Grundlagen unter Ausschöpfung der zugänglichen Erkenntnisquellen beruht.[86] Für das Haushaltsgesetz gilt das Vorherigkeitsprinzip (→ Art. 61 Rn. 18). Eine formelle Begründungspflicht ergibt sich daraus aber nicht, weil auch andere Unterlagen aus dem Gesetzgebungsverfahren bewertet werden können.[87] Eine solche Pflicht besteht auch nicht bei einer Verfassungsänderung, bei der Verfassungsbelange abzuwägen sind.[88] Mittelbar besteht in diesen Fällen aber eine materielle Begründungspflicht: Ob die für einen Abwägungsprozess

---

79 BVerfG Beschl. v. 24.3.2021 – 1 BvR 2656/18 u.a., NJW 2021, 1723, Rn. 241.
80 BVerfG B. v. 5.5.1987 – 1 BvR 724/81 ua BVerfGE 75, 268; s. auch *Masing/Risse* in: von Mangoldt/Klein/Starck, Art. 76 Rn. 70.
81 VerfGH NRW Urt. v. 26.8.2009 – 18/08, NVwZ 2009, 1287 Rn. 67.
82 Im Einzelnen zur Bedeutung der Gesetzesbegründung *Kischel*, Die Begründung, 2002, S. 260 ff.
83 Verneint für Privatschulfinanzierung BbgVerfG Urt. v. 12.12.2014 – VfGBbg 31/12, LVerfGE 25, 189 (215); StGH BW Urt. v. 6.7.2015 – 1 VB 1 30/13 – LVerfGE 26, 36 (54) – „eine auf vernünftigen Erwägungen beruhende Schätzung".
84 LVerfG M-V Urt. v. 18.8.2011 – LVerfG 21/10 – und LVerfG 22/10 –, NordÖR 2011, 549 – Kreisstrukturreform 2.
85 Offen gelassen in LVerfG M-V Urt. v. 26.1.2012 – 18/10, LVerfGE 23, 142 (154) unter Bezug auf NdsStGH Urt. v. 4.6.2010 – StGH 1/08 –, OVGE 53, 479 mwN; verneint in LVerfG LSA Urt. v. 26.11.2014 – LVG 12/13, LVerfG 25, 495 (506 f.); anders SchlHVerfG Urt. v. 27.1.2017 – LVerfG 4/15. LVerfGE 28, 249 (378) ff.); dazu *Tysper* KommJur 2014, 81; *Albers* NdsVBl 2011, 1.
86 LVerfG M-V Urt. v. 17.6.2021 – LVerfG 9/19, NVwZ 2021, 1223; Urt. v. Urt. v. 19.8.2021 – LVerfG 2/19, LVerfG 3/19, LVerfG 1/20, NVwZ 2021, 1776.
87 Vgl. zur Kontrolle des Finanzausgleichsgesetzes M-V allein nach dem Ergebnis LVerfG M-V Urt. v. 26.1.2012 – LVerfG 33/10 –; vgl. auch LVerfG M-V Urt. v. 18.8.2011 – LVerfG 21/10 – und LVerfG 22/10 –, NordÖR 2011, 549 – Kreisstrukturreform 2; vgl. aber HessStGH Urt. v. 21.5.2013 – P.St. 2361, NVwZ 2013, 1151 unter Bezug auf NdsStGH Urt. v. 4.6.2010 – StGH 1/08, OVGE 53, 479; Thür VerfGH Urt. v. 21.6.2005 – VerfGH 28/03, LVerfGE 16, 593, 634; Urt. v. 2.11.2011 – VerfGH 13/10, KommJur 2012, 14, Rn. 72; BbgVerfG Urt. v. 22.11.2007 – VfGBbg 75/05, LVerfGE 18, 159 (192).
88 LVerfG M-V Urt. v. 26.6.2008 – LVerfG 4/07, LVerfGE 19, 283 – Verlängerung der Wahlperiode; dazu kritisch *Erbguth* JZ 2008, 1042.

und sein Ergebnis relevanten Gesichtspunkte erwogen sind, ergibt sich nämlich aus den Gesetzesmaterialien, insbesondere aus der Gesetzesbegründung sowie dem Bericht und der Beschlussempfehlung des federführenden Ausschusses des LT; darüber hinausgehende Anforderungen an die Offenlegung des parlamentarischen Entscheidungsprozesses ergeben sich aus der Verfassung nicht.[89] Der Gesetzgeber kann seinen Darlegungspflichten nicht durch ein Nachschieben von Gründen erstmals im verfassungsgerichtlichen Verfahren genügen, weil hier die Befassung durch den LT fehlt;[90] es muss allerdings möglich sein nachzuweisen, dass erforderliche, aber nicht dargelegte Erwägungen tatsächlich bereits angestellt worden waren.[91]

Die GGO II gibt in § 6 der LReg jenseits der verfassungsrechtlichen Anforderungen **Vorgaben für die Gesetzesbegründung**. Danach sollen Entwürfe von Gesetzen eine Begründung enthalten, die eine sachlich fundierte Bewertung des Entwurfs durch die Beteiligten im weiteren Verfahren der Rechtsetzung und eine klare Erkennbarkeit der Regelungsabsichten im Vollzug ermöglichen soll. Hierzu werden in Abs. 2 und 3 einzelne Vorgaben formuliert. Nach § 7 GGO II sind bei Gesetzentwürfen die voraussichtlichen Gesetzesfolgen darzulegen. Dazu gehören insbesondere die Auswirkungen für die Haushalte des Landes und der kommunalen (Gebiets-)Körperschaften, wobei insbesondere das Konnexitätsprinzip des Art. 72 Abs. 3 gesondert zu berücksichtigen ist.

## III. Beratung im LT (Abs. 2)

**1. Überblick.** Ein Gesetzesbeschluss des LT setzt eine Grundsatz- und eine Einzelberatung voraus. Diese Vorgabe der Verfassung[92] überlässt diese Frage, anders als Art. 77 GG[93] nicht der GO LT.[94] § 47 GO LT wiederholt die Vorgabe der LV und besagt ergänzend, dass der LT bis zum Beginn der Schlussabstimmung eine dritte Lesung beschließen kann. Koalitionsabsprachen über die Behandlung von Gesetzesvorhaben sind ein verfassungsrechtlich zulässiges Verfahren im Rahmen der parlamentarischen Willensbildung, soweit sie nicht darauf abzielen, eine entscheidungserhebliche Diskussion im Parlament von vornherein zu unterbinden und den Abg. die garantierte Entscheidungsfreiheit zu nehmen.[95]

**2. Erste Lesung.** Art. 55 Abs. 1 schreibt eine **Grundsatzberatung** vor. Der Begriff der „Grundsatzberatung" fordert eine Erörterung der allgemeinen Grundsätze der Vorlage. Es geht um die politische Zielsatzung und der grundsätzliche Weg, dieses zu erreichen (vgl. § 48 Abs. 1 GO LT). Nach Auffassung des LVerfG M-V[96] ist **Sinn und Zweck** einer Grundsatzberatung, das politische Thema im Allgemeinen zu erörtern und die politischen Grundsätze auszutauschen, ohne

---

89 LVerfG M-V Urt. v. 18.8.2011 – LVerfG 21/10 – und LVerfG 22/10 –, NordÖR 2011, 549 – Kreisstrukturreform 2.
90 Hess StGH Urt. v. 21.5.2013 – P.St. 2361, NVwZ 2013, 1151; SchlHVerfG Urt. v. 27.1.2017 – LVerfG 4/15, LVerfGE 28, 349 (391).
91 *Kischel* (Fn. 67), § 34 Rn. 21 aE.
92 Ebenso Art. 59 Abs. 4 VvB; Art. 49 Abs. 1 HambVerf; Art. 77 Abs. 3 LVerf LSA; zu den Besonderheiten des Gesetzgebungsverfahrens im Zusammenhang mit der konstituierenden Sitzung des LT LVerfG M-V Urt. v. 21.6.2007 – LVerfG 19/06 – LVerfGE 18, 325.
93 Und die meisten anderen Landesverfassungen. Zum GG *Th. Mann*, in Kube/Mellinghoff ua (Fn. 67), § 33 Rn. 12.
94 So etwa das GG; BVerfG Urt. v. 6.3.1952 – 2 BvE 1/51, BVerfGE 1, 144 (151); dazu *Zeh*, HdbStR, § 53 Rn. 42 ff.
95 NdsStGH Urt. v. 14.2.1979 – 2/77, StGH 2/77, NJW 1979, 2301.
96 LVerfG M-V Urt. v. 7.7.2005 – 8/04, LVerfGE 16, 353 mit krit. Anm. *Bull* DVBl. 2006, 302 und Anm. *Pestalozza* NJ 2006, 1.

dabei auf die Details des Normengeflechts im Einzelnen eingehen zu müssen. Ihr komme ein eigenständiger Stellenwert zu, der sich einer Vermischung mit der Einzelberatung entziehe. Die Beratung in zwei Lesungen bezwecke den Schutz der im Gesetzgebungsverfahren beteiligten Abg. und Fraktionen, insbes. der politischen Minderheiten (Opposition), im politischen Meinungsbildungsprozess sowie die Einbeziehung der Öffentlichkeit in die demokratische Auseinandersetzung. Einer vorgelagerten Grundsatzberatung bedürfe es, um die Stellung des einzelnen Abg. aus Art. 22 LV zu schützen. Ihm solle es ermöglicht werden, sich eine Meinung im Diskurs über den Gesetzentwurf bilden und ihn beurteilen zu können. Überdies solle die parlamentarische Kontrolle ermöglicht und die Öffentlichkeit zu einem frühen Zeitpunkt über gesetzgeberische Maßnahmen unterrichtet werden. Art. 55 Abs. 2 sei als verfassungsrechtliche Verfahrensregelung – das unterscheide die Rechtslage von der des GG und der meisten anderen Landesverfassungen[97] – der Disposition des einfachen Gesetzgebers entzogen. Dem ist insoweit zuzustimmen, dass bereits der ersten Lesung ein beratungsfähiger Entwurf zu Grunde liegen muss (→ Rn. 17). LT und Öffentlichkeit müssen die *Möglichkeit* einer inhaltlichen Diskussion haben. Zu sehen ist aber, dass diese Diskussion in der Verfassungswirklichkeit vielfach nicht stattfindet. Es ist nämlich anerkannt, dass für die Abg. keine Verpflichtung zur Diskussion in den Verhandlungen über das Gesetzgebungsvorhaben besteht.[98] Die erste Lesung daher erscheint oft als weitgehend zum Ritual verkümmert.[99]

25 **Änderungsanträge** zu Gesetzentwürfen sind vor Schluss der ersten Beratung nicht, zu Staatsverträgen überhaupt nicht zulässig. Änderungsvorlagen zu Haushaltsvorlagen (**Ergänzungsvorlagen**) überweist gem. § 54 Abs. 2 GO LT der Präsident ohne Erste Lesung federführend an den Finanzausschuss und mitberatend an den jeweiligen Fachausschuss. Vor dem Hintergrund der Auslegung des Art. 55 Abs. 2 können – einschränkend – Ergänzungsvorlagen lediglich solche Vorlagen sein, die Änderungen umfassen, welche einer vorherigen Grundsatzberatung nicht bedürfen.[100]

26 Die Behandlung eines Gesetzentwurfs kann durch den/die PräsLT nach Maßgabe des § 42 GO LT zurückgewiesen werden.[101] Nach § 48 Abs. 2 GO LT findet eine Abstimmung über den Gesetzentwurf nicht statt; abgestimmt wird nur über Anträge auf Ausschussüberweisung. Wird der Gesetzentwurf an mehrere Ausschüsse überwiesen, so überträgt der LT einem Ausschuss die Federführung. Wird eine Ausschussüberweisung abgelehnt, so wird der Gesetzesentwurf nach § 48 Abs. 2 GO LT spätestens nach drei Monaten vom Präsidenten zur Zweiten Lesung auf die Tagesordnung der folgenden LT-Sitzung gesetzt.

27 **3. Mitwirkungsrechte.** Zu beachten sind die in Art. 22 Abs. 2 LV genannten **Mitwirkungsrechte** der Abg. (Rede-, Frage- und Antragsrecht im LT und seinen Ausschüssen, Ausübung des Stimmrechts bei Wahlen und Beschlüssen), die gerade im Gesetzgebungsverfahren nach dem dafür geschaffenen Ordnungsrahmen (zB durch die GO LT) Bedeutung gewinnen.[102]

---

97 Vgl. zum GG *Th. Mann*, in Kube/Mellinghoff ua (Fn. 68), § 33 Rn. 12.
98 BVerfG Urt. v. 6.3.1952 – 2 BvE 1/51, BVerfGE 1, 144.
99 So *Meissner* (Fn. 1), S. 384; kritisch auch *Bull* DVBl. 2006, 302.
100 LVerfG M-V Urt. v. 7.7.2005 – 8/04, LVerfGE 16, 353: Die Überschreitung der Regelkreditobergrenze nach Art. 65 Abs. 2 S. 1 LV oder die Einführung völlig neuer Sachregelungen müssen einer grds. Erörterung in einer Ersten Lesung offenstehen. Näher → Rn. 31.
101 Vgl. VerfGH NW Beschl. v. 7.12.2021 – 121/21, NWVBl 2022, 107.
102 LVerfG M-V Urt. v. 27.8.2015 – LVerfG 1/14, LVerfGE 26, 193 (218 ff.).

**4. Anhörung.** Die LV enthält keinen Anspruch auf **Anhörung** (Hearing).[103] 28
Auch das dem Demokratieprinzip innewohnende Gebot, Minderheiten zu respektieren, zwingt nicht dazu.[104] Welche Verbände und Sachverständige in welcher Form zu Wort kommen sollen, ist grundsätzlich dem Ermessen der Gesetzgebungsorgane und ihrer Ausschüsse überlassen.[105] Häufig wird im **federführenden Ausschuss** eine Anhörung von Sachverständigen und Interessenvertretern angesetzt. Sie dient einerseits dazu, die verschiedenen Interessen und politischen Standpunkte der Fraktionen deutlich werden zu lassen, andererseits aber auch durch Experten Probleme herauszuarbeiten und Lösungen aufzeigen zu können. Sie dient auch dazu, dass die Fraktionen ihre politischen Standpunkte deutlich machen und öffentliche Unterstützung gewinnen können.[106] Eine Wirkung nach außen hat eine solche Anhörung nur dann, wenn der Ausschuss öffentlich tagt (Art. 33 Abs. 3) oder wenigstens die Verhandlungsprotokolle (im Internet) veröffentlicht werden. Im Einzelnen regelt § 22 GO LT das Anhörungsverfahren. Eine Widergabe in der Beschlussdrucksache des federführenden Ausschusses kann genügen (→ Rn. 32). Eine Anhörung sollte nicht den Eindruck erwecken, als handele es sich um eine Alibi-Veranstaltung. Der Ablauf der Anhörung und die nachfolgende Auswertung in der Ausschussdrucksache sollten erkennen lassen, dass man sich mit den wesentlichen, v.a. den nahezu einhelligen Bedenken auseinandergesetzt hat und warum ihnen nicht gefolgt wird.

Von **Verfassungs** wegen kann aber eine **Anhörung** geboten sein. Dies gilt v.a. 29
für Gemeinden bei kommunalen Gebietsreformen[107] oder Eingriffen in die Aufgabengarantie der Gemeinden,[108] wohl auch für Regelungen über den Finanzausgleich (→ Art. 73 Rn. 17), nicht aber bei der Festlegung der Kreisumlage[109] oder für Hochschulen bei gesetzlicher Fusionierung.[110] Es kann auch **einfachrechtlich** eine Anhörung vorgeschrieben sein. Nach § 6 KV M-V hat die LReg die Verbindung zu den zur Förderung der kommunalen Selbstverwaltung und Wahrnehmung ihrer Interessen gebildeten Verbänden der Gemeinden zu wahren und bei der Vorbereitung von Rechtsvorschriften, die unmittelbar die Belange der Gemeinden berühren, mit ihnen zusammenzuwirken; der LT soll bei den Beratungen entsprechender Gesetzentwürfe die Verbände anhören. Das gilt nach § 93 KV entsprechend für durch die Landkreise gebildete Verbände.[111] Hierzu zählt auch der Beirat für den Kommunalen Finanzausgleich nach § 34 FAG M-V (→ Art. 73 Rn. 18). Diese Vorschriften sind verfassungsrechtlich wegen Art. 72 geboten.[112]

---

103 Zur Anhörung *Voßkuhle*, HStR III, 3. Aufl. 2005, § 43 Rn. 1 ff.
104 Vgl. SaarlVerfGH Urt. v. 14.7.1987, Lv 4/86, Lv 4/86, AS RP-SL 21, 278.
105 BVerfG Beschl. v. 12.5.2015 – 1 BvR 1501, 1682/13, BVerfGE 139, 148 Rn. 55.
106 SächsVerfGH Urt. v. 27.10.2016 – Vf. 134-I-15, LVerfGE 27, 381 (391).
107 LVerfG M-V Urt. v. 26.7.2007 – 9/06, LVerfGE 18, 342.
108 BVerfG Beschl. v. 19.11.2014 – 2 BvL 2/13, BVerfGE 138, 1 Rn. 60; *Peters*, Aufgabengarantie S. 447 ff.
109 So BVerwG Urt. v. 29.5.2019 – 10 C 6/18, BVerwGE 165, 381: aA zuvor OVG Greifswald Urt. v. 18.7.2018 – 2 L 463/16, nachgehend OVG Greifswald Urt. v. 28.10.2020 – 2 L 463/16, NordÖR 2021, 230; *Meyer* NVwZ 2019, 1254; *Henneke*, DVBl. 2019, 1326.
110 Vgl. BbgVerfG Urt. v. 25.5.2016 – VfGBbg 51/15, LVerfGE 27, 104 (114 ff.).
111 § 23 Abs. 3 GO LT bestimmt: Berät der Ausschuss einen ihm überwiesenen Gesetzentwurf, der unmittelbar die Belange von Gemeinden und Landkreisen berührt, soll den kommunalen Spitzenverbänden vor der Beschlussfassung Gelegenheit zur Abgabe einer Stellungnahme im Ausschuss gegeben werden.
112 Vgl. NdsStGH Urt. v. 29.4.2013 – StGH 2/12, LVerfGE 24, 314 (323). Im Einzelnen → Art. 72 Rn. 60.

30 Einer Anhörungspflicht ist nur dann Genüge getan, wenn sämtliche Abg. des LT vor der Abstimmung über einen Gesetzentwurf die Möglichkeit haben, sich selbst, unmittelbar und umfassend über den Inhalt der Anhörung zu informieren.[113] Für Abg., die nicht an der Ausschusssitzung teilnehmen, in der die mündliche Anhörung erfolgt, vermittelt allein ein angemessene Zeit zuvor übermitteltes Sitzungsprotokoll die erforderliche **Information** über die Anhörung.[114] Dies gilt v.a. für eine kommunale Gebietsreform.[115] Der Zweck, die Sichtweise und Argumente der kommunalen Selbstverwaltung in Gesetzgebungsverfahren einzubringen, erfordert nicht, zu Ergänzungen oder Änderungen eines Gesetzentwurfs im Gesetzgebungsverfahren stets **erneut anzuhören**.[116] Das gilt auch für andere vorgeschriebene Anhörungen. Tritt zu der ursprünglichen Vorlage im Laufe des Gesetzgebungsverfahrens ein neuer Beratungsgegenstand hinzu, der noch nicht Gegenstand der durchgeführten Beratungen war, ist das Anhörungsrecht nach Art. 22 Abs. 2 nicht verbraucht, wenn kein unmittelbarer Zusammenhang zur bisher angehörten Vorlage besteht.[117] Anders ist dies, wenn die Grundlagen der zu treffenden Abwägung erheblich verändert werden, etwa weil der Gesetzgeber das ursprüngliche Reformziel durch ein anderes ersetzt oder die abstrakt-generellen Leitlinien der Reform mehr als nur unerheblich verändert bzw. sich der territoriale oder funktionale Zuschnitt einer konkreten Maßnahme gegenüber dem bisherigen Stand mehr als nur geringfügig geändert hat.[118] „Zusammenzuwirken" bedeutet Gelegenheit zu geben, im Gesetzgebungsverfahren die Belange der Gemeinden und Landkreise zur Geltung zu bringen.[119] Verbänden muss ausreichend Zeit gegeben werden, sich mit dem Gegenstand des Gesetzgebungsvorhabens oder Änderungsantrags auseinanderzusetzen und die Stellungnahmen seiner Mitglieder einzuholen.[120]

31 **5. Ausschussberatungen. a) Gang der Beratungen.** Die beteiligten Ausschüsse beraten grds. getrennt und teilen das Ergebnis ihrer Beratungen dem federführenden Ausschuss schriftlich mit. Der **federführende Ausschuss** setzt eine angemessene Frist zur Übermittlung ihrer Stellungnahme und teilt diese den mitberatenden Ausschüssen schriftlich mit (§ 19 GO LT). Die LV enthält keine ausdrückliche Vorschrift, wonach jedes Mitglied eines Ausschusses verlangen kann, dass die LReg zum Gegenstand seiner Beratung **Auskünfte** erteilt (Art. 40 Abs. 2). Die Gesetzgebungsfunktion erfordert es indes, dass die Abg. in die Lage versetzt werden, in Ausschüssen und im Plenum auf der Grundlage von sachdienlichen, vollständigen und zutreffenden Informationen zu entscheiden, die es ihnen ermöglichen, das Für und Wider eines Gesetzentwurfs und seiner Einzelregelungen zu prüfen und auf dieser Grundlage zur parlamentarischen Willensbildung beizutragen, v.a. wenn ein Gesetzentwurf der LReg zu beraten ist.[121]

---

113 ThürVerfGH Urt. v. 9.6.2017 – VerfGH 61/16, LVerfGE 28, 466 (495).
114 Thür VerfGH Urt. v. 9.6.2017 – 61/16, LVerfGE 28, 499 mAnm *Lück* LKV 2017, 403.
115 LVerfG M-V Urt. v. 18.8.2011 – LVerfG 21/10 –, NordÖR 2011, 537 – Kreisstrukturreform 2 unter Hinweis auf SächsVerfGH Urt. v. 29.5.2009 – Vf. 79-II-08 –, LKV 2009, 372.
116 BayVerfGH Entsch. v. 21.4.2021 – Vf. 85-VII-20.
117 SächsVerfGH Urt. v. 27.10.2016 – Vf. 134-I-15, LVerfGE 27, 381 (391 ff.).
118 LVerfG M-V Urt. v. 18.8.2011 – LVerfG 21/10 –, NordÖR 2011, 537 – Kreisstrukturreform 2; SächsVerfGH Urt. v. 25.11.2005 – Vf. 119-VIII-04 –, LKV 2006, 169 (170) u. Urt. v. 23.6.1994 – Vf. 4-VIII-94, LKV 1995, 115 (116); NdsStGH Urt. v. 14.2.1979 – StGH 2/77 –, OVGE MüLü 33, 497, Ls. II.7.
119 LVerfG M-V Urt. v. 11.5.2006 – 1 /05, 5/05, 9/05 –, NordÖR 2006, 443.
120 ThürVerfGH Urt. v. 9.6.2017 – VerfGH 61/16, LVerfGE 28, 465 (496 f.).
121 Vgl. ThürVerfGH Urt. v. 22.4.2020 – 20/19, NVwZ-RR 2020, 762 (Ls.).

**b) Änderungsbefugnis des Ausschusses.** Das LVerfG M-V hat aus der Funktion 32
der ersten Lesung (→ Rn. 21) eine Beschränkung der Befugnis der **Umgestaltung einer Gesetzesvorlage** durch den federführenden Ausschuss hergeleitet.[122]
Vorlagen des Ausschusses dürfen keine Änderungen umfassen, welche einer
vorherigen Grundsatzberatung bedürfen.[123] Das LVerfG M-V hat aber auch klar
gestellt, dass die Ausschüsse, die einen unentbehrlichen und besonders intensiven Teil der parlamentarischen Arbeit leisten, Änderungen auch gewichtiger Art
über den jeweiligen Sachbereich vorschlagen können und dass der Gesetzentwurf in der Ausschussfassung unmittelbar Gegenstand der Zweiten Lesung im
Plenum wird.[124] Es bedarf daher einer Abgrenzung zulässiger Änderungen.

Mit der Ausschussberatung ist das Gesetzgebungsverfahren nicht abgeschlossen.
Der Rahmen zulässiger Änderungen ist daher eher weiter zu ziehen. Denn
der LT hat in der zweiten Lesung die Möglichkeit, Vorschläge des Ausschusses zu diskutieren und abzulehnen; hierauf kann auch die Opposition hinwirken.[125] Andererseits darf sich der Ausschuss nicht ein Gesetzesinitiativrecht
anmaßen.[126] Der Ausschuss darf danach den Gesetzesentwurf nicht so ändern,
dass entweder der geänderte Entwurf im Schwerpunkt einem anderen Thema
gilt, oder Mittel und Wege zur Lösung eines als solchen unveränderten Problems
derart modifiziert werden, dass der Gesetzesinhalt nicht mehr derselbe ist, das
heißt im Kern berührt wird.[127] Es kommt darauf an, ob die Öffentlichkeit
und die Abg. schon anlässlich der ersten Lesung damit rechnen konnten, dass
im weiteren Verlauf des Gesetzgebungsverfahrens solche Änderungen erwogen
werden.

Somit ist in erster Linie das zu lösende Problem (Gesetzesgegenstand) in den
Blick zu nehmen.[128] Wird die Problemlösung um weitere Aspekte erweitert, ist
dies in erheblichem Umfang möglich. Dies muss v.a. dann gelten, wenn bei der
Erarbeitung der gesetzgeberischen Lösung auch an das Parlament erhöhte Anforderungen der Alternativenprüfung gestellt werden (→ Rn. 20).[129] Für Änderungen im Haushaltsgesetz gelten Besonderheiten (→ Art. 61 Rn. 16). Allerdings
kommt so eine gewisse Unsicherheit in das Gesetzgebungsverfahren. Ihr kann
dadurch Rechnung getragen werden, dass der Gesetzentwurf erneut eingebracht
wird und man sich so „auf die sichere Seite begibt".[130] Bei alledem ist dem
Gesetzgeber eine Einschätzungsprärogative zubilligen. Ein Verfassungsverstoß
ist nur dann anzunehmen, wenn unter Berücksichtigung dieser Maßgaben der
LT zu einem nicht mehr nachvollziehbaren Ergebnis gekommen ist.

---

122 Dazu im Einzelnen *Classen* in ders./Lüdemann, § 1 Rn. 74 f.
123 LVerfG M-V Urt. v. 7.7.2005 – 7/04, LVerfGE 16, 353 = DVBl. 2005, 1578 mit krit.
 Anm. *Bull* DVBl. 2006, 302 und Anm. *Pestalozza* NJ 2006, 1. Zum Problem *LT
 Rheinland-Pfalz* WD vom 13.5.2020 – 52-1718.
124 LVerfG M-V Urt. v. 11. 5. 2006 – LVerfG 1/05, 5/05 und 9/05, LVerfGE 17, 297.
125 *Frenzel* JuS 2010, 119 (121). Der Hinweis, dass eine erneute Einbringung durch
 die Mitte des LT in Betracht käme und deswegen eine enge Betrachtung eine bloße
 Förmelei sei (BVerwG Urt. v. 22.3.2018 – 7 C 30/15, NVwZ 2018, 1401) greift wegen
 der gem. Art. 55 Abs. 1 gebotene erste Lesung nicht.
126 Vgl. NdsStGH Urt. v. 14.2.1979 – 2/77 – StGH 2/77, NJW 1979, 2301.
127 Ähnlich Schreiben des *BT-Präsidenten* vom 6.12.1984, zit. nach Schneider/Zeh, Parlamentsrecht, 1989, § 31 Rn. 68; vgl. auch *Pestalozza* NJ 2006, 1 (4); *Fibich,* in: Linck/
 Baldus ua, Art. 81 Rn. 37.
128 Vgl. LVerfG LSA Urt. v. 21.4.2009 – LVG 146/08, LVerfGE 20, 447 (463 ff.) in Abgrenzung zu LVerfG MV Urt. v. 7.7.2005 – LVerfG 8/04, LVerfGE 16, 353.
129 *Classen,* in ders./Lüdemann, § 1 Rn. 75.
130 Der Vorwurf, hierdurch werde ein unnötiger Schritt begangen, ist jedenfalls in Zweifelsfällen dann unberechtigt.

33 c) **Bericht des federführenden Ausschusses.** Nach § 23 GO LT wird dem LT eine Beschlussempfehlung und ein **Bericht** des federführenden Ausschusses unterbreitet. Der Ausschussbericht gibt den Beratungsverlauf wieder und begründet die Beschlussempfehlung. Er enthält die Stellungnahme der mitbeteiligten Ausschüsse und legt den wesentlichen Inhalt der Beratungen im federführenden Ausschuss dar. Auffassungen, die im Rahmen von öffentlichen und nichtöffentlichen Anhörungen von angehörten Personen dargelegt wurden, sind wiederzugeben. Es entspricht parlamentarischer Übung, **Änderungen und Ergänzungen** nach der ersten Lesung eines Gesetzentwurfs in den Ausschussberatungen anzubringen;[131] es sind aber die unter → Rn. 31 erörterten Grenzen zu beachten. Die Veränderung einer dem Ausschuss zur Beratung überwiesenen Gesetzesvorlage wird nicht schon durch das Einbringen eines – inhaltlich zulässigen oder unzulässigen – Änderungsantrags im Ausschuss, sondern erst durch einen entsprechenden Beschluss des Ausschusses selbst bewirkt.[132]

34 **6. Zweite Lesung.** Nach § 49 GO LT kann die Zweite Lesung frühestens am zweiten Tag nach dem Schluss der Ersten Lesung stattfinden; der LT kann diese Frist verkürzen, es sei denn, dass mindestens vier Mitglieder des LT oder eine Fraktion widersprechen. Die hier vorgeschriebene Regelfrist zwischen den beiden Lesungen bewegt sich in dem durch die Verfassung gezogenen Rahmen, es sei denn es liegen Anhaltspunkte für einen Missbrauch vor.[133] Die Durchführung von zwei Lesungen eines Gesetzes am selben Tag innerhalb des Gesetzgebungsverfahrens begründet keinen Verstoß gegen die LV als solche.[134] **Gegenstand** der Zweiten Lesung ist der Gesetzentwurf, wenn eine Ausschussberatung nicht stattgefunden hat, oder der Ausschuss die unveränderte Annahme oder die Ablehnung des Gesetzentwurfes empfohlen hat. Hat der Ausschuss Änderungen des Gesetzentwurfes vorgeschlagen, so bildet die in der Beschlussempfehlung des Ausschusses empfohlene Fassung die Grundlage für die Zweite Lesung.

Eine Änderung des Gesetzentwurfs nach Ausschussberatungen in der zweiten Lesung kommt nur noch unter noch engeren Voraussetzungen in Betracht, da hier auch die Fachberatung im LT fehlen.

35 Gem. § 50 GO LT wird nach Schluss der Aussprache in der Zweiten Lesung über jede selbstständige Bestimmung oder Teile eines Gesetzentwurfes der Reihenfolge nach **abgestimmt**, wenn und soweit eine Fraktion oder mindestens vier Mitglieder des LT dies verlangen. Dabei ist über Änderungsanträge zunächst abzustimmen. Bis zur letzten Einzelabstimmung kann der Gesetzentwurf ganz oder teilweise an einen Ausschuss überwiesen werden. Dies gilt auch für bereits abgestimmte Teile des Gesetzentwurfs. Mit der Überweisung kann eine Dritte Lesung beschlossen werden. Sind in der Zweiten Lesung alle Teile eines Gesetzentwurfs abgelehnt worden, so ist die Vorlage abgelehnt und jede weitere Beratung unterbleibt.

36 **7. Dritte Lesung.** Sind im Verlauf der Zweiten Lesung Änderungen beschlossen worden, so ist auf Verlangen einer Fraktion oder von vier Mitgliedern des LT die Schlussabstimmung auszusetzen, bis eine Zusammenstellung der Änderungen verteilt ist. Eine in der zweiten Lesung beschlossene dritte Lesung hat als Grundlage die Beschlüsse der Zweiten Lesung. Sie findet frühestens am zweiten Werktag nach Schluss der Zweiten Lesung statt. Änderungsanträge zu Gesetz-

---

131 BVerfG Beschl. v. 22.8.2006 – 2 BvR 1345/03 –.
132 VerfGH Berl Urt. v. 22.11.1993 – 22/92, LVerfGE 1, 155.
133 Die LReg kann die Aussetzung der Beratung verlangen (Art. 64 Abs. 2; § 55 Abs. 4 GO LT).
134 Vgl. SaarlVerfGH Urt. v. 14.7.1987 – Lv 4/86, AS RP-SL 21, 278.

entwürfen müssen von einer Fraktion oder vier Mitgliedern des LT unterzeichnet sein und dürfen sich nur auf Bestimmungen beziehen, zu denen in zweiter Beratung Änderungen beschlossen wurden (§ 52 GO LT).

8. **Schlussabstimmung (Gesetzesbeschluss).** Art. 55 Abs. 2 bestimmt den LT als Beschlussorgan für ein Gesetz. Die zur Entlastung des Parlaments diskutierte Verlagerung von Gesetzgebungsbeschlüssen auf Parlamentsausschüsse ist danach ausgeschlossen; es bedürfte einer Verfassungsänderung.[135] § 51 GO LT bestimmt über die Schlussabstimmung, dass nach Schluss der Zweiten, ggf. der Dritten Lesung über den Gesetzentwurf im Ganzen, ggf. mit den im Verlauf der Zweiten Lesung beschlossenen Änderungen, abgestimmt wird. In der Schlussabstimmung kann der LT beschließen, den Gesetzentwurf anzunehmen oder abzulehnen. Auf Antrag von mindestens vier Mitgliedern des LT oder einer Fraktion kann die Schlussabstimmung von der letzten Lesung getrennt werden. Sie muss jedoch während derselben Plenarsitzungswoche durchgeführt werden. Die notwendige Mehrheit richtet sich nach Art. 32 Abs. 1 bis 3. 37

Einem Gesetzesbeschluss kann eine **Entschließung** beigefügt werden. Darin kann etwa der LReg aufgegeben werden, innerhalb einer stimmten Frist über die Folgen des Gesetzes zu berichten (Monitoring, Evaluierung[136]) oder bestimmte Maßnahmen zum Vollzug zu veranlassen. Sie kann aber keine authentische Interpretation des verabschiedeten oder eines anderen Gesetzes geben. 38

## IV. Fehlerfolgen; Rechtsschutz

Ein **Mangel** im Gesetzgebungsverfahren berührt mit Rücksicht auf die Rechtssicherheit die Gültigkeit der Norm nur, wenn er evident ist. Maßgebend ist dabei, ob sich der Verstoß eindeutig aus der Verfassung oder den durch das LVerfG oder BVerfG (für entsprechende Vorschriften) erarbeiteten konkretisierten Maßstäbe ergibt.[137] Verstöße gegen eine GO sind nur maßgebend, wenn sie verfassungsrechtliche Anforderungen konkretisieren.[138] Eine „**Eilgesetzgebung**" als solche ist nicht verfassungswidrig. Sie muss allerdings, ggf. unter Ausschöpfung der kürzest möglichen, aber unter Berücksichtigung der Zweckrichtung des Gesetzgebungsverfahrens und der Organrecht der Beteiligten gerechtfertigten Verfahrensfristen das vorgeschriebene Verfahren einhalten.[139] 39

Es besteht kein organschaftliches, einer politischen Partei von Verfassungs wegen zustehendes **Recht auf Verabschiedung** eines Gesetzentwurfs einer LT-Fraktion oder auch nur auf Überweisung zur Beratung an die Ausschüsse des Parlaments. Das Gesetzgebungsrecht steht dem LT zu, nicht einer politischen Partei. Das gilt gleichermaßen für sein Recht, ein Gesetz „nicht zu geben".[140] Ebenso wenig kann im Organstreitverfahren die Überprüfung der Ablehnung eines Gesetzesantrags einer Fraktion erreicht werden (s. aber § 42 Abs. 2 GO LT).[141]

## V. Schrifttum

*Michael Brenner*, Das innere Gesetzgebungsverfahren im Licht der Hartz IV-Entscheidung des Bundesverfassungsgerichts, ZG 2011, 394; *Bundesministeri-* 40

---

135 Vgl. *Dietlein*, Gutachterliche Stellungnahme im Auftrag der Präsidentin des LT NRW vom 4.6.2014 – LT NRW Information 16/196.
136 *Hey*, FR 2021, 293 und *Büttner* FR 2021, 301.
137 Vgl. BVerfG Beschl. v. 15.1.2008 – 2 BvL 12/01, BVerfGE 120, 56.
138 *Augsberg* in: Becker/Brüning ua Art. 44 Rn. 34.
139 Dazu *Helbig* S. 244 ff.
140 VerfGH Saarl Beschl. v. 7.4.2014 – Lv 19/13, LKRZ 2014, 255.
141 LVerfG M-V Beschl. v. 29.1.2015 – 6/14, LVerfGE 26, 173 (188).

*um der Justiz* (Hrsg.), Handbuch der Rechtsförmlichkeit – Empfehlungen des Bundesministeriums der Justiz zur einheitlichen rechtsförmlichen Gestaltung von Gesetzen und RechtsVO nach § 38 Abs. 3 GGO II (http://hdr.bmj.de/vorwort.html); *Marc Desens*, Vertrauen in das Steuergesetz in: Linien der Rechtsprechung des Bundesverfassungsgerichts Bd. 1, 2009 S. 329; *Thorsten Franz*, Der Begriff des Gesetzes – Geschichte, Typologie und neuer Gesetzesbegriff, ZG 2008, 140; *Bernd J. Hartmann/Kristof M. Kamm*, Gesetzgebungsverfahren in Land, Bund und Union, JURA 2014, 283; *Jan Helbig*, Fehler im Gesetzgebungsverfahren, 2022; *Thomas Fleiner-Gerster*, Wie soll man Gesetze schreiben?, 1985; *Theresa Sophie Huber*, Einbindung von Expertise und externem Wissen in das Gesetzgebungsverfahren, 2021; *Thomas Jacob*, Proceduralisierung und rationale Gesetzgebung in der Rechtsprechung des Bundesverfassungsgerichts, in: Linien der Rechtsprechung des Bundesverfassungsgerichts Bd. 5, 2019, S. 53; *Ulrich Karpen*, Rechtssetzungslehre, JuS 2016, 577; *Marcel Kau* in: Stern/Sodan/Möstl, Das Staatsrecht der Bundesrepublik Deutschland im europäischen Staatenverbund, 2. Aufl. 2022 § 41 bis 43; *Oliver Lepsius* in: Herdegen/Masing/Poscher/Gärditz, Handbuch des Verfassungsrechts, 2021 § 12; *Silvia Pernice-Warnke*, Das parlamentarische Gesetzgebungsverfahren – aktuelle Entscheidungen des BVerfG, JURA 2018, 160; *Sascha D. Peters*, Die Aufgabengarantie der Gemeinden nach Art. 28 Abs. 2 Satz 1 GG, in: Linien der Rechtsprechung des Bundesverfassungsgerichts Bd. 5, 2019, S. 423; *Bodo Pieroth*, Was bedeutet „Gesetz" in der Verfassung?, JURA 2013, 248; *Franz Reimer*, Das Parlamentsgesetz als Steuerungsmittel und Kontrollmaßstab, in: Voßkuhle/Eifert/Möllers (Hrsg.), Grundlagen des Verwaltungsrechts, Bd. I, 3. Aufl. 2022 § 11; *Matthias Ruffert*, Rechtsquellen und Rechtsschichten des Verwaltungsrechts, in: Voßkuhle/Eifert/Möllers (Hrsg.),Grundlagen des Verwaltungsrechts, Bd. 1, 3. Aufl. 2022, § 7; *Hans Schneider*, Gesetzgebung, 3. Aufl. 2002; *Andreas Voßkuhle/Ann-Katrin Kaufhold*, Grundwissen – Öffentliches Recht: Das parlamentarische Gesetzgebungsverfahren, JuS 2022, 312

### Art. 56 (Verfassungsänderungen)

(1) Diese Verfassung kann nur durch ein Gesetz geändert werden, das ihren Wortlaut ausdrücklich ändert oder ergänzt.

(2) Verfassungsändernde Gesetze bedürfen einer Mehrheit von zwei Dritteln der Mitglieder des Landtages.

(3) Eine Änderung der Verfassung darf der Würde des Menschen und den in Artikel 2 niedergelegten Grundsätzen dieser Verfassung nicht widersprechen.

Vergleichbare Regelungen:
Artt. 79 GG; 64 BWVerf; 75 BayVerf; 100 VvB; 79 BbgVerf; 125 BremVerf; 51 HambVerf; 123 HessVerf; 46 NdsVerf; 69 Verf NW; 129 Verf Rh-Pf; 101 SaarlVerf; 74 SächsVerf; 78 LVerf LSA; 47 SchlHVerf; 83 ThürVerf.

| | |
|---|---|
| I. Verfassungsänderung (Abs. 1) ..... 1 | c) In Artikel 2 niedergelegte Grundsätze ................ 10 |
| II. Mehrheit (Abs. 2) ................ 4 | 3. Kein Widerspruch ............ 11 |
| III. Ewigkeitsgarantie (Abs. 3) ........ 6 | 4. Unabänderlichkeit des Art. 56 12 |
| 1. Sinn und Zweck .............. 6 | IV. Sonstige Anforderungen .......... 13 |
| 2. Garantierte Inhalte ........... 7 | V. Schrifttum ........................ 14 |
| a) Fundamentale Verfassungsprinzipien ................... 7 | |
| b) Würde des Menschen und andere Grundrechte ........ 8 | |

## I. Verfassungsänderung (Abs. 1)

Art. 56 ist ein wesentlicher Beitrag zur Verfassungskontinuität.[1] Eine Verfassungsänderung kann nach dem eindeutigen Wortlaut des Abs. 1 nur durch eine ausdrückliche **Änderung des Verfassungstextes** bewirkt werden.[2] Daher wäre eine Verfassungsänderung in der Weise, wie es § 1 Abs. 1 und 2 des Gesetzes zur Änderung und Ergänzung der Verfassung der DDR – Verfassungsgrundsätze – vom 17.7.1990[3] geschichtlich bedingt vorsah, ausgeschlossen. Von der Verfassung abweichende, auch mit verfassungsändernder Mehrheit beschlossene Gesetze, die den Verfassungstext nicht ausdrücklich ändern, sind keine Verfassungsänderungen; sie sind einfache Gesetze.[4] Sind sie mit der geltenden Verfassung nicht vereinbar, sind sie verfassungswidrig. Es gilt mithin das Verbot der stillschweigenden Verfassungsänderung.[5] Daher ist auch – wie iÜ bei jeder Gesetzgebung – eine konstitutive Interpretation des geltenden Verfassungstextes durch einen bloßen Beschluss des LT ausgeschlossen;[6] er muss ein Änderungsgesetz erlassen. Damit wird das Primat der Verfassungsurkunde gewahrt und den Grundsätzen der Rechtsklarheit und Rechtssicherheit Rechnung getragen. Schließlich wird dem Parlament die Tragweite seines Beschlusses vor Augen geführt. 1

Eine Verfassungsänderung liegt auch dann vor, wenn eine bestehende Verfassungsvorschrift **aufgehoben** wird. Allerdings können Verfassungsänderungen auch redaktioneller, rein organisatorischer oder auch sonst rein marginaler Natur sein. Art. 56 ist abzugrenzen von einer mittelbaren **Sinnänderungen** der Verfassung ohne formelle Verfassungsänderung,[7] insbesondere durch geänderte Auslegung,[8] namentlich des LVerfG, dessen Entscheidungen gem. § 29 LVerfGG M-V Bindungswirkung entfalten (→ dazu Art. 54 Rn. 18 ff.)[9]. Art. 56 gilt auch dann, wenn das Volk in freier Entscheidung eine neue Verfassung beschließt.[10] Jedenfalls müsste die Entscheidung, wie in Art. 146 GG ausdrücklich vorgesehen, in freier Entscheidung durch das Volk getroffen werden.[11] 2

Art. 56 wendet sich ausdrücklich an den LT als das für verfassungsändernde Gesetze zuständige Verfassungsorgan. Zwar kann, wie sich aus Art. 60 Abs. 4 S. 2 ergibt, die Verfassung auch durch Volksentscheid geändert werden, doch ist die Möglichkeit, verfassungsändernde Gesetze zu beschließen, damit keineswegs 3

---

1 Lukan, 290.
2 LVerfG MV Urt. v. 26.6.2008 – LVerfG 4/07, LVerfGE 19, 283 (294).
3 „(1) Die Deutsche Demokratische Republik ist ein freiheitlicher, demokratischer, föderativer, sozialer und ökologisch orientierter Rechtsstaat. Hinsichtlich der föderativen Ordnung gilt dies nach Maßgabe einer besonderen Ergänzung der Verfassung und noch zu erlassender gesetzlicher Vorschriften. Der Staat gewährleistet die kommunale Selbstverwaltung. ... (2) Vorschriften der Verfassung ... sind entsprechend diesem Verfassungsgesetz anzuwenden."
4 Schon *Ehmke* AöR 79 (1953/54), 385.
5 Vgl. BVerfG Urt. v. 7.3.1953 – 2 BvE 4/52, BVerfGE 2, 143.
6 Zu einer Entschließung des LT im Zusammenhang mit einer Verfassungsänderung HessStGH Urt. v. 9.10.2013 – P.St. 2319, DVBl 2014, 40. Siehe → Art. 55 Rn. 5.
7 *Volkmann* JZ 2018, 265 (268 ff.); *H. Hofmann*, in Damm/Heermann/Veil (Hrsg.), FS Th. Raiser, 2005, S. 859 ff.; siehe aber BVerfGE 11, 78 (87) und 45, 1 (33).
8 *Voßkuhle* JuS 2019, 417; *Stock*, S. 148 ff.; am Beispiel des Ehebegriffs in Art. 6 GG *Haydn-Quindeau* NJOZ 2018, 201.
9 *Stock*, S. 152 ff.
10 Offen gelassen für Art. 146 GG BVerfG Urt. v. 17.1.2017 – 2 BvB 1/13, NJW 2017, 611 Rn. 518 mWN zum Meinungsstand.
11 Dazu *Wolff* in: Hömig/Wolff GG Art. 146 Rn. 4. Zum bindenden Homogenitätsgebot des Art. 28 Abs. 1 GG *Held* in: Brocker/Droege/Jutzi Art. 129 Rn. 33 ff.

allein der Volksgesetzgebung überlassen. Insofern unterscheidet sich die Rechtslage in Mecklenburg-Vorpommern von der in einzelnen anderen Ländern.[12] Art. 56 lässt Verfassungsänderungen – **ohne Volksabstimmung oder Volksentscheid** – auch insoweit zu, als es sich um Verfassungsänderungen in bedeutsamen Verfassungsfragen wie solchen der Legitimation durch Wahlen handelt. Es mag – so das LVerfG M-V – demokratietheoretisch wie verfassungspolitisch unbefriedigend erscheinen, wenn eine Verfassungsänderung nicht an die Zustimmung des Volkes geknüpft ist,[13] entspricht jedoch dem in M-V wie in den meisten anderen Ländern geltenden Verfassungsrecht.[14]

## II. Mehrheit (Abs. 2)

4 Mit der Festlegung, dass die Verfassung nur durch ein Gesetz geändert werden kann, das die Mehrheit von **zwei Dritteln der Mitglieder des LT** (s. Art. 32 Abs. 2) findet, wird zum einen die Bedeutung der LV für das Zusammenleben der Bevölkerung sowie das Zusammenwirken der Staatsorgane hervorgehoben. Zum anderen wird dem Umstand Rechnung getragen, dass die Bürger M-Vs die Verfassunggeber sind, die die LV durch Volksentscheid gebilligt haben (→ Entstehungsgeschichte Rn. 26) und daher ihre Entscheidung nicht bereits durch eine einfache Mehrheit des LT revidiert werden können soll.[15] Schließlich bietet die qualifizierte Mehrheit Gewähr dafür, dass eine Verfassungsänderung nicht einfach durch die jeweilige politische Mehrheit ins Werk gesetzt werden kann (→ Art. 60 Rn. 13 ff.).

5 Soll die Verfassung durch ein **Volksbegehren** und einen nachfolgenden Volksentscheid geändert werden, bestimmt Art. 60 Abs. 4 S. 2, dass die Zustimmung von zwei Dritteln der Abstimmenden, mindestens aber die Hälfte der Wahlberechtigten erforderlich ist, wobei nur die gültigen Ja- und Nein-Stimmen zählen.

## III. Ewigkeitsgarantie (Abs. 3)

6 **1. Sinn und Zweck.** Die sog. Ewigkeitsgarantie Art. 56 Abs. 3 schafft einen Ausgleich zwischen der grundsätzlichen Entwicklungsoffenheit der Verfassung und der Sicherung eines änderungsfesten Kerns, der die fundamentalen verfassungsrechtlichen Leitaussagen vor einer Aushöhlung schützt.[16] Er bindet die staatliche Entwicklung in M-V an den in ihm bezeichneten Kerngehalt der landesverfassungsrechtlichen Ordnung und sucht so die geltende Verfassung gegenüber einer auf eine neue Verfassung gerichteten Entwicklung zu festigen, ohne selbst die verfassunggebende Gewalt normativ binden zu können.[17] Abs. 3 soll die Verfassungsidentität wahren.[18] Da die LV individuelle Rechte nur im Rahmen der verfassungsrechtlichen Ordnung, nicht jedoch für das Verfahren oder den Inhalt einer Verfassungsneugesetzgebung vorsieht, ergeben sich solche grundsätzlich nicht aus Art. 56 Abs. 3.[19] Art. 56 ist somit Teil des introvertierten

---

12 Vgl. HambVerfG Urt. v. 13.10.2016 – HVerfG 2/16, LVerfGE 27, 258 (283).
13 Vgl. *Böckenförde* in HStR III, 3. Aufl. 2005, § 34 Rn. 20 f. einerseits, *Krause* ebd., § 35 Rn. 45 ff. andererseits.
14 LVerfG M-V Urt. v. 26.6.2008 – LVerfG 4/07, LVerfGE 19, 283 (294) – Verlängerung der Wahlperiode.
15 Kommission, Verfassungsentwurf, S. 154; vgl. BremStGH NordÖR 2000, 186.
16 LVerfG M-V Urt. v. 26.6.2008 – LVerfG 4/07, LVerfGE 19, 283 – Verlängerung der Wahlperiode.
17 Zu den staatstheoretischen Grundlagen *Mann*, in Löwer/Tettinger, Art. 69 Rn. 4.
18 Dazu *Grawert* Der Staat 51 (2012), 189 und 52 (2013), 503.
19 Vgl. BVerfG Urt. v. 12.10.1993 – 2 BvR 2134/92, 2 BvR 2159/92, BVerfGE 89, 155 Rn. 89 – Maastricht.

Verfassungsschutzes.[20] Widerspricht eine Verfassungsänderung den in Art. 56 Abs. 3 aufgeführten Grundentscheidungen, ist sie unzulässig, weil selbst verfassungswidrig. Diese Grenzen gelten auch für ein verfassungsänderndes Volksbegehren gem. Art. 60 Abs. 1.[21] Art. 56 Abs. 3 GG ist als Ausnahmevorschrift restriktiv auszulegen, um der Gefahr zu begegnen, dass über das Ausmaß einer Verfassungsänderung letztlich nicht das Parlament als dazu demokratisch legitimiertes Organ, sondern kraft Interpretation das Verfassungsgericht entscheidet.[22] Ansonsten droht die Gefahr einer „normativen Zementierung".[23] Art. 56 Abs. 3 gibt nämlich das letzte Wort dem (Landes)Verfassungsgericht. Jenseits dieser Grenzen könnte sich Politik nur durch eine neue Verfassung durchsetzen.[24]

**2. Garantierte Inhalte. a) Fundamentale Verfassungsprinzipien.** Art. 56 Abs. 3 7 umschreibt die **fundamentalen Verfassungsprinzipien**.[25] Es sind die Würde des Menschen und die in Artikel 2 niedergelegten Grundsätze. Im Gesetzgebungsverfahren ist nicht näher erörtert worden, welche Bedeutung die in Artikel 2 genannten Prinzipien haben.[26] Art. 56 Abs. 3 steht auch im Zusammenhang mit dem Homogenitätsgebot nach Art. 28 Abs. 1 S. 1 GG.[27] Schutzinhalt und Schutzintensität der Ewigkeitsgarantie bestimmt sich mit Blick auf Art. 79 Abs. 3 GG, der ebenfalls die Berührung unantastbarer Grundsätze zum Gegenstand hat, auch wenn diese auf den Kernbestand des GG ausgerichtet sind. Danach ist zu unterscheiden, welche Inhalte von der Garantie betroffen sind und wann das Gesetz ihnen „nicht widerspricht". Das Recht auf demokratische Selbstbestimmung aus Art. 2 sowie Art. 56 Abs. 3 GG vermittelt den Bürgerinnen und Bürgern ein Recht darauf, dass Organe, Einrichtungen und sonstige Stellen der EU nur die Zuständigkeiten ausüben, die ihnen nach Maßgabe des Art. 23 Abs. 1 GG und Art. 11 LV (→ Art. 11 Rn. 4 ff.) übertragen worden sind.[28] Die Garantie des Art. 56 wird zusätzlich abgesichert durch das Homogenitätsgebot des Art. 28 Abs. 1 GG.[29]

**b) Würde des Menschen und andere Grundrechte.** Der Begriff der **Würde des** 8 **Menschen** wird in der LV zunächst in der Präambel erwähnt. Weiterhin ist in Art. 5 Abs. 2 bestimmt, dass das Land die Würde aller in diesem Land lebenden oder sich aufhaltenden Menschen zu achten und zu schützen hat (→ Art. 5 Rn. 7). Mittelbar ist die Würde des Menschen zudem über die Verweisung in Art. 5 Abs. 3 auch auf Art. 1 Abs. 1 GG als Grundrecht umfasst (→ Art. 5 Rn. 11). Die Menschenwürde ist damit tragendes Konstitutionsprinzip und oberster Verfassungswert.[30] Der Gewährleistungsgehalt dieses auf Wertungen verweisenden Begriffs bedarf der Konkretisierung.[31] Anknüpfend an die Erfahrungen in der Zeit des Nationalsozialismus – aber auch der DDR – geht es zunächst um Erscheinungen wie Misshandlung, Verfolgung und Diskriminierung,

---

20 Dazu *Frey*, in Grimm/Caesar, Art. 129 Rn. 38.
21 Vgl. HambVerfG Urt. v. 13.10.2016 – HVerfg 2/16, LVerfGE 27, 258 (283 ff.).
22 Vgl. BVerfGE 109, 279 (310).
23 BVerfGE 30, 1 (25).
24 *Bryde* JURA 2020, 1277 (1279).
25 Zu dieser Bedeutung BVerwG NVwZ 2003, 986; NJW 2006, 3156; *Kment/Fimpel*. JURA 2021, 1288 (1292 ff.) mwN.
26 Kommission, Verfassungsentwurf, S. 154.
27 BremStGH Urt. v. 31.1.2014 – St 1/13, LVerfGE 27, 224 (235 ff.).
28 Vgl. BVerfG Urt. v. 6.12.2022 – 2 BvR 547/21, 2 BvR 798/21, NJW 2023, 425 Rn. 121; BVerfG Urt. v. 13.10.2022 – 2 BvR 1111/21, NVwZ 2023, 336 Rn. 81 ff.
29 Im Einzelnen *Held* in: Brocker/Droege/Jutzi Art. 129 Rn. 33 ff.
30 *Kment/Fimpel* JURA 2021, 1288 (1294 f.) mwN.
31 Zum Folgenden BVerfGE 109, 279 = NJW 2004, 999.

dh um den Schutz vor „Erniedrigung, Brandmarkung, Verfolgung, Ächtung" usw,[32] weiterhin nun auch um neue Gefährdungen, wie der Missbrauch der Erhebung und die Verwertung von Daten.[33] Im Zusammenhang der Aufarbeitung des Unrechts aus der DDR gelangte die Verletzung von Grundsätzen der Menschlichkeit in den Mittelpunkt, etwa bei der Beschaffung und Weitergabe von Informationen.[34] Gegenwärtig ist insbes. der Schutz der personalen Identität und der psychisch-sozialen Integrität gefährdet. Zur Unantastbarkeit der Menschenwürde gehört die Anerkennung eines absolut geschützten Kernbereichs privater Lebensgestaltung. Wesentlich ist, dass es mit der Würde des Menschen nicht vereinbar ist, ihn zum bloßen Objekt der Staatsgewalt zu machen. Das ist der Fall, wenn die Behandlung durch die öffentliche Gewalt die Achtung des Wertes vermissen lässt, der jedem Menschen um seiner selbst willen zukommt.[35]

9 Obwohl Art. 56 Abs. 3 nicht die in Artt. 6 bis 10 und Art. 5 Abs. 3 iVm Artt. 1 bis 19 GG gewährleisteten **Grundrechte** nennt, sind sie insoweit umfasst, als in ihnen auch der Schutz der Menschenwürde konkretisiert wird,[36] also auch ohne die konkrete Grundrechtsnorm die entsprechende Rechtsposition aus der Würde des Menschen hergeleitet werden könnte.[37] Dies gilt etwa für die unantastbare Grundelemente des Art. 6 betr. Datenschutz (→ Art. 6 Rn. 1), Art. 5 Abs. 3 iVm Art. 3 Abs. 1 GG betr. Gleichheitssatz,[38] Art. 13 GG betr. die Unverletzlichkeit der Wohnung[39] oder Art. 14 GG betr. Eigentumsrecht.[40] IÜ ist der verfassungsändernde Gesetzgeber auch in der Gestaltung und Veränderung von Grundrechten, soweit nicht die Grenzen des Art. 56 Abs. 3 berührt sind, rechtlich frei und gibt dem LVerfG und BVerfG den Maßstab vor.[41]

10 **c) In Artikel 2 niedergelegte Grundsätze.** In Art. 56 Abs. 3 ist nicht nur das Demokratieprinzip als solches, sondern sind auch die wesentlichen Merkmale republikanischer, sozialer und dem Schutz der natürlichen Lebensgrundlagen verpflichteter Demokratie gemeint (im Einzelnen → Art. 2 Rn. 4 ff.). Diese **Grundprinzipien** sollten, anders als in der Weimar Reichsverfassung, dem Zugriff des verfassungsändernden Gesetzgebers entzogen sein.[42] Der Schutz gegen Verfassungsänderungen umfasst nicht nur die sich aus der Norm ergebenden Prinzipien, sondern alle wesentlichen Merkmale freiheitlicher, rechts- und sozialstaatlicher Demokratie.[43] Dazu rechnen mindestens die Volkssouveränität, die Teilung der Gewalten, den Grundsatz der Gleichheit der Wahl,[44] die Selbstverwaltung der Gemeinden, die Gesetzmäßigkeit der Verwaltung, das Gesetzgebungsrecht des LT und sein Budgetrecht, das Verbot von Ausnahmegerichten und die Unabhängigkeit der Richter.[45] Art. 3 Abs. 2 S. 2 garantiert in Verbindung mit Art. 56 Abs. 3 insbesondere, dass sich die Wahrnehmung staatlicher

---

32 Vgl. BVerfGE 1, 97 (104).
33 Vgl. BVerfGE 65, 1.
34 Vgl. BVerfGE 93, 213 (243).
35 Vgl. BVerfGE 30, 1(25 f. und 39 ff.); sowie 96, 375 (399).
36 Vgl. BVerfGE 84, 80 (121).
37 *Kunig*, in Badura/Dreier (Hrsg.), FS 50 Jahre BVerfG, Bd. 2, 2001, S. 421 (426).
38 Vgl. BVerfG-K NJW 1996, 2722 und NJW 1997, 450.
39 Vgl. BVerfGE 109, 279 = NJW 2004, 999.
40 Vgl. BVerfG-K NJW 1996, 2722 und NJW 1998, 2583.
41 Vgl. BVerfGE 94, 49 = NJW 1996, 1665.
42 Vgl. BayVerfGH, VerfGHE BY 52, 104 = NVwZ-RR 2000, 65.
43 Vgl. HambVerfG Urt. v. 13.10.2016 – HVerfG 2/16, LVerfGE 27, 258 (283).
44 VerfGH NRW Urt. v. 21.11.2017 – VerfGH 9/16, KommJur 2018, 18 – Sperrklausel.
45 Zur Übertragung von Rechtsprechungsaufgaben auf eine zwischenstaatliche Einrichtung BVerfG, B. v. 13.2.2020 – 2 BvR 739/17, BVerfGE 153, 74.

## I. Rechtsetzung und Verfassungsänderung        Art. 56

Aufgaben und die Ausübung staatlicher Befugnisse auf das Staatsvolk zurückführen lassen und diesem gegenüber verantwortet werden. Legitimationsbedürftig ist jedes amtliche Verhalten mit Entscheidungscharakter. In personeller Hinsicht ist ein Amtswalter demokratisch legitimiert, wenn seine Bestellung in einer ununterbrochenen **Legitimationskette** auf das Volk zurückgeführt werden kann. Sachlich-inhaltliche Legitimation erfährt die Ausübung von Staatsgewalt insbesondere durch parlamentarische Vorgaben für das Verwaltungshandeln, den Einfluss des Parlaments auf die Politik der Regierung sowie die grundsätzliche Weisungsgebundenheit der Verwaltung gegenüber der Regierung. Entscheidend ist insoweit nicht die Form der Legitimation, sondern die Effektivität, mit der die Entscheidungsprozesse demokratisch gesteuert werden.[46] Durch ein Volksbegehren kann die Verfassung nicht in der Weise geändert werden, dass die direkte Demokratie Vorrang vor der repräsentativen einnimmt.[47] Den Ländern ist es aufgrund des Homogenitätsgebots nach Art. 28 Abs. 1 S. 1 GG verwehrt, bezüglich der Zusammensetzung des Wahlvolkes – auch durch ein Volkbegehren – abweichende Regelungen zu treffen.[48] Von der Garantie ist auch der Schutz der natürlichen Lebensgrundlagen umfasst, den der Verweis auf Artikel 2 in seinen unantastbaren Grundelementen, dh nicht in der Ausgestaltung in Art. 12 im Einzelnen, sicherstellen soll.[49]

**3. Kein Widerspruch.** Das Gesetz darf den Grundsätzen „nicht widersprechen". Insoweit lautet Art. 79 Abs. 3 GG anders, wonach es auf das Berühren der Grundsätze ankommt.[50] Inhaltliche Unterschiede folgen daraus nicht. Die Grundsätze sind danach nicht „unantastbar". Der verfassungsändernde Gesetzgeber darf die positiv-rechtlichen Ausprägung dieser Grundsätze aus sachgerechten Gründen modifizieren. Angesichts der gebotenen engen Auslegung als Ausnahmevorschrift (→ Rn. 6) scheidet eine Verfassungsänderung nur dann aus, wenn der entsprechende Grundsatz prinzipiell preisgegeben wird.[51] Das entspricht dem Charakter von „Grundsätzen", die näherer Konkretisierung bedürfen. Positivrechtliche Ausprägungen der Grundsätze des Art. 2 LV in anderen Bestimmungen der Verfassung kann der verfassungsändernde Gesetzgeber aus sachgerechten Gründen modifizieren, wenn sich die Änderungen innerhalb des von dem jeweiligen verfassungsrechtlichen Leitprinzip gezogenen Rahmens halten.[52]   11

**4. Unabänderlichkeit des Art. 56.** Art. 56 setzt voraus, dass diese Vorschrift selbst gänzlich unabänderlich ist.[53] Das gilt nicht für Art. 2, auf den Abs. 3   12

---

46 BVerfG Urt. v. 18.3.2014 – 2 BvE 6/12 ua EuGRZ 2014, 193 = NJW 2014, 1505, Rn. 234 f. – ESM, Fiskalpakt.
47 Vgl. HambVerfG Urt. v. 13.10.2016 – HVerfG 2/16, LVerfGE 27, 258 (283); kritisch *Becker* NVwZ 2016, 1708; *Groß* JZ 2017, 349 sowie *Kaiser* DÖV 2017, 716 (720).
48 BremStGH Urt. v. 31.1.2014 – St 1/13, LVerfGE 27, 224 (235 ff.).
49 Kommission, Verfassungsentwurf, S. 154.
50 Dazu *Kment/Fimpel*. JURA 2021, 1288 mwN.
51 LVerfG M-V Urt. v. 26.6.2008 – LVerfG 4/07, LVerfGE 19, 283 – Verlängerung der Wahlperiode unter Hinweis auf BVerfGE 30, 1 (24); 84, 90, 121; *Dreier* in ders., Art. 79 Abs. 3 Rn. 26.
52 LVerfG M-V Urt. v. 26.6.2008 – LVerfG 4/07, LVerfGE 19, 283 – Verlängerung der Wahlperiode unter Hinweis auf BVerfG [abw.M.] 30, 33, 38. So etwa für das Rechtsstaatsprinzip *Kunig* (Fn. 33), S. 426.
53 Vgl. BVerfG Urt. v. 23.4.1991 – 1 BvR 1170/90, BVerfGE 84, 90 Rn. 124; VerfGH NRW Urt. v. 21.11.2017 – VerfGH 9/16, KommJur 2018, 18; *Kment/Fimpel*. JURA 2021, 1288 (1295 f.).

verweist, der seinerseits unter den Voraussetzungen des Art. 56 geändert werden kann.[54]

### IV. Sonstige Anforderungen

13 Das LVerfG MV hat es abgelehnt, grundsätzlich besondere **prozedurale Anforderungen** an die Entscheidungsfindung des Gesetzgebers bei einer Verfassungsänderung ähnlich denen zu stellen, die für eine kommunale Funktional- und Gebietsreform (→ Art. 55 Rn. 18) oder die einfachrechtliche Einschränkung des gleichen Wahlrechts zu kommunalen Vertretungskörperschaften durch ein bestimmtes Quorum[55] gelten. Die Zulässigkeit einer Verfassungsänderung bestimmt sich allein nach Abs. 3. Danach ist bei der Änderung der Dauer der Wahlperiode des LT entscheidend, dass die Entscheidung des die Verfassung ändernden Gesetzgebers zwischen den Zielen der Sicherung des Charakters der Wahl als eines Integrationsvorganges der politischen Willensbildung des Volkes und der Gewährleistung der Funktionsfähigkeit der zu wählenden Volksvertretung zu einem Ergebnis geführt hat, das den in Art. 2 genannten Grundsätzen nicht widerspreche.[56] Diese Ausführungen gelten verallgemeinernd für die Beurteilung jeder Verfassungsänderung.[57] Das verfassungsändernde Gesetz muss iSv Art. 58 **bekannt gemacht** werden.[58]

### V. Schrifttum

14 *Paul Badura*, Verfassungsänderung, Verfassungswandel, Verfassungsgewohnheitsrecht, in: Isensee/Kirchhof, Handbuch des Staatsrechts, 2003, § 160 und § 270; *Hans-Georg Dederer*, Die Grenzen des Vorrangs des Unionsrechts – Zur Vereinheitlichung von Grundrechts-, ultra-vires- und Identitätskontrolle, JZ 2014, 313; *Maximilian Haag*, Die Aufteilung steuerlicher Befugnisse im Bundesstaat: Untersuchung zur Vereinbarkeit der deutschen Steuerrechtsordnung mit den Funktionen des Föderalismus und den bundesstaatlichen Gewährleistungen des Art. 79 Abs. 3 GG, 2011; *Werner Heun*, Eine verfassungswidrige Verfassungsgerichtsentscheidung – der Vorlagebeschluss des BVerfG vom 14.1.2014, JZ 2014, 331; *Martin Kment/Stefan Fimpel*, Der (beinahe) unabänderliche Kern des Grundgesetzes – Inhalt und Reichweite des Art. 79 Abs. 3 GG, Jura 2021, 1288; *Matthias Lukan*, Verfassungskontinuität durch Verfassungsänderung – Wie kann eine Verfassung ihre Dauerhaftigkeit sichern?, in: Philipp B. Donath u.a. (Hrsg.), Verfassungen – ihre Rolle im Wandel der Zeit, 2019, S. 285; *Katharina Stock*, Verfassungswandel in der Außenverfassung, 2017; *Uwe Volkmann*, Verfassungsänderung und Verfassungswandel, JZ 2018, 265.

### Art. 57 (Rechtsverordnungen)

(1) ¹Die Ermächtigung zum Erlaß einer Rechtsverordnung kann nur durch Gesetz erteilt werden. ²Das Gesetz muß Inhalt, Zweck und Ausmaß der erteilten Ermächtigung bestimmen. ³Die Rechtsgrundlage ist in der Rechtsverordnung **anzugeben.**

---

54 Vgl. *Frey*, in Grimm/Caesar, Art. 129 Rn. 36; vgl. auch *Nolte*, in Caspar/Ewer/Nolte/Waack, Art. 40 Rn. 22 ff.
55 Hinweis auf BVerfG Urt. v. 13.2.2008 – BvK 1/07, DVBl. 2008, 443, 446.
56 LVerfG M-V Urt. v. 26.6.2008 – LVerfG 4/07, LVerfGE 19, 283.
57 Vgl. BVerfG 3.3.2004 – 1 BvR 2378/98 ua BVerfGE 109, 279 Rn. 111–161 – Großer Lauschangriff.
58 Zur Neubekanntmachung einer Verfassung *Busch* NordÖR 2015, 374.

**(2) Ist durch Gesetz vorgesehen, daß eine Ermächtigung weiter übertragen werden kann, so bedarf es zu ihrer Übertragung einer Rechtsverordnung.**

Vergleichbare Regelungen:
Artt. 80 Abs. 1 GG; 55 Nr. 2 BayVerf; 61 BWVerf; 64 VvB; 80 BbgVerf; 124 BremVerf; 53 HambVerf; 118 HessVerf; 43 NdsVerf; 70 Verf NW; 110 Verf Rh-Pf; 104 SaarlVerf; 75 SächsVerf; 79 LVerf LSA; 45 SchlHVerf; 84 ThürVerf.

| | |
|---|---|
| I. Vorbemerkung ..................... 1 | 3. Angabe der Rechtsgrundlage in der RechtsVO (Satz 3) ...... 10 |
| 1. Rechtsquellen ................. 1 | 4. Verfahren ..................... 11 |
| 2. Bedeutung von RechtsVO; Gesetzes- und Parlamentsvorbehalt ......................... 4 | 5. Änderung einer RechtsVO durch Landtag, Entsteinerungsklausel .................. 12 |
| II. Verordnungsermächtigung (Abs. 1) ............................ 7 | III. Subdelegation (Abs. 2) ............. 13 |
| 1. Gesetz (Satz 1) ................ 7 | IV. Schrifttum ......................... 14 |
| 2. Bestimmtheit der Ermächtigung (Satz 2) ................... 8 | |

## I. Vorbemerkung

**1. Rechtsquellen.** Art. 57 entspricht im Wesentlichen Art. 80 Abs. 1 GG.[1] Art. 57 betrifft RechtsVO auf der Grundlage von Landesgesetzen, Art. 80 von Bundesgesetzen. Art. 80 Abs. 4 GG ermächtigt die Länder zu einer Regelung auch durch Gesetz, wenn durch Bundesgesetz oder aufgrund von Bundesgesetzen Landesregierungen zum Erlass von RechtsVO ermächtigt werden; alsdann handelt es sich um Gesetze und nicht um Quasi-Verordnungen.[2] Im Übrigen scheidet die unmittelbare Anwendung des Art. 80 GG auf die Landesgesetzgebung aus;[3] die aus dem rechtsstaatlichen und demokratischen Verfassungssystem folgenden Grundsätze sind aber auch für die Landesgesetzgebung verbindlich.[4] Beide Normen stellen – mit Ausnahme des Abs. 1 S. 3 – unmittelbar Anforderungen nur an das **ermächtigende Gesetz**. Aus dem dahinterstehenden, im Rechtsstaats- und Demokratieprinzip angelegten Prinzip des Vorbehalts des Gesetzes folgt aber auch, dass eine RechtsVO sich in den Grenzen der gesetzlichen Ermächtigung halten muss. Würde die Verfassung eine RechtsVO gestatten, die sich nicht im Rahmen der jeweiligen gesetzlichen Ermächtigung hält, wären auch die Anforderungen, die Art. 80 Abs. 1 GG bzw. Art. 57 an das ermächtigende Gesetz stellt, sinnlos. Die Frage, ob eine Verordnung von der in Anspruch genommenen Ermächtigungsgrundlage gedeckt ist, hat daher über ihre Bedeutung als Vorfrage der verfassungsrechtlichen Prüfung hinaus verfassungsrechtliche Relevanz.[5] Insofern bekräftigt Art. 57 nur die Verfassungslage. Wesentlicher Unterschied zu Art. 80 GG ist, dass Art. 57 keine originären Adressaten benennt, etwa die LReg und Minister. Die Möglichkeit, dass die LReg in äußersten Notlagen RechtsVO mit Gesetzeskraft erlassen kann, wurde schon im Unterausschuss der Verfassungsgebung verworfen.[6]

---

[1] Zur Parallelität des Art. 57 Abs. 1 S. 3 zu Art. 80 Abs. 1 S. 3 GG OVG Greifswald Urt. v. 18.7.2018 – 2 K 80/16, nachgehend BVerwG Beschl. v. 20.5.2019 – 8 BN 1/18, NVwZ 2019, 1135.
[2] *Wallrabenstein* in: von Münch/Kunig Art. 80 Rn. 70.
[3] BVerwG Urt. v. 15.12.2016 – 2 C 31/15, BVerwGE 157, 54.
[4] BVerfGE 41, 251 (266).
[5] BVerfG Beschl. v. 1.4.2014 – 2 BvF 1/12, 2 BvF 3/12, BVerfGE 136, 69 Rn. 45 mwN.
[6] LT-Drs. 1/2000 S. 78.

2 Die **RechtsVO** ist ein materielles Gesetz (→ Art. 55 Rn. 1), das in der Regel durch eine Regierung oder Verwaltungsstelle erlassen wird.[7] Sie ist die Maßnahme eines Trägers öffentlicher Gewalt, die darauf gerichtet ist, in einer unbestimmten Vielzahl von Einzelfällen bestimmte Rechtsfolgen herbeizuführen, die sich nicht ausschließlich innerhalb dieses Trägers öffentlicher Gewalt auswirken und in diesem Sinne Außenwirkung entfalten.[8]

3 Im Unterschied dazu beinhaltet eine **Satzung** materielle Gesetze, zu denen Körperschaften mit Selbstverwaltungsrecht wie Universitäten, Gemeinden und Landkreise (Gebietskörperschaften) und rechtsfähige Anstalten zur Regelung ihrer eigenen Angelegenheiten im Rahmen der ihnen verliehenen Satzungsautonomie ermächtigt sind. Für sie gilt Art. 57 nicht.[9] **Verwaltungsvorschrift** ist eine Regelung, die innerhalb einer Verwaltungsorganisation von einer übergeordneten Verwaltungsinstanz an nachgeordnete Verwaltungsbehörden oder Bedienstete ergeht und deren Wirkbereich auf das Innenrecht der Verwaltung beschränkt ist. Sie können Außenwirkung über das Gleichbehandlungsgebot oder den Vertrauensschutz entfalten.[10] Auch für sie gilt Art. 57 nicht. Andere generelle Weisungen sind ebenfalls keine RechtsVO.[11]

Grundsätzlich hat ein Hoheitsträger keine Formenwahlfreiheit zwischen RechtsVO und **Allgemeinverfügung** i.S.v. § 35 S. 2 VwVfG (M-V), denn der Regelungsgegenstand ist verschieden: Eine RechtsVO trifft Regelungen abstrakt-genereller Art, eine Allgemeinverfügung konkret-genereller Art.[12] Nur soweit ein fließender Übergang besteht, steht es dem Hoheitsträger grundsätzlich frei, im Übergangsbereich entweder die Form der Normsetzung oder der Einzelfallentscheidung zu wählen, solange der Erlass einer RechtsVO nicht zwingend vorgeschrieben ist.[13] Für die rechtliche Qualifizierung einer Regelung ist in erster Linie die äußere Form der Regelung maßgeblich.[14]

4 **2. Bedeutung von RechtsVO; Gesetzes- und Parlamentsvorbehalt.** Zweifelhaft ist die Bedeutung der RechtsVO im Normensystem des modernen Gesetzgebungsstaats. Geht man davon aus, dass im freiheitlich-demokratischen System des GG dem Parlament als Legislative die verfassungsrechtliche Aufgabe der Normsetzung zufällt und nur das Parlament hierfür die demokratische Legitimation besitzt, dann obliegt der Exekutive die Regierung und die Verwaltung und gehört zu ihren Aufgaben die Vollziehung von Gesetzen im Einzelfall.[15] Dann könnte man die RechtsVO als eine minder legitimierte Form der Gesetzgebung ansehen.[16] – Auch – die LV spricht aber dem Parlament nicht einen

---

7 So ausdrücklich Kommission, Verfassungsentwurf, S. 154. Abgrenzung zu anderen Regelungen *Hollo* JURA 2022, 42 (43 ff.).
8 *Brenner* in von Mangoldt/Klein/Starck Art. 80 Rn. 18.
9 Vgl. BVerfGE 33, 125 (157) = NJW 1972, 1504; es bleibt jedoch zu beachten, dass Grundrechtseingriffe in Satzungen durch eine gesetzliche Regelung gedeckt sein müssen: BVerwGE 90, 359 = NJW 1993, 411.
10 Dazu im Einzelnen *Ruffert* § 7 Rn. 71 ff.
11 ThürVerfGH Urt. v. 13.4.2016 – VerfGH 11/15, LVerfGE 27, 442 m. abw. Meinung *Baldus* S. 452 zu § 60a AufenthG.
12 Vgl. OVG Berlin-Bbg Beschl. v. 21.9.2012 - OVG 3 S 76.12, OVG 3 M 78.12 - Festlegung von Schulbezirken.
13 *Hollo*, JURA 2022, S. 42 (44); *Brodmerkel*, BayVBl 2021, S. 37; s. auch *Siegel*, NVwZ 2020, S. 577 (579); *Gallon*, DÖV 2022, S. 857 – sämtlich zu Corona-Regelungen; ThürOVG Beschl. v. 25.9.2018 - 4 EO 576/18, LKV 2019, 91 - Festlegung von Schulbezirken.
14 BVerwG Urt. v. 27.6.2013 - 3 C 21/12, BVerwGE 147, 100.
15 BVerfGE 95, 1 (15 f.) = NJW 1997, 383.
16 *Reimer*, § 11 Rn. 69 f.; vgl. auch *Ruffert*, § 7 Rn. 64 ff.

allumfassenden Vorrang bei grundlegenden Entscheidungen zu. Die konkrete Ordnung der Verteilung und des Ausgleichs staatlicher Macht, die das GG wie die LV gewahrt wissen will, darf nicht durch einen aus dem Demokratieprinzip fälschlich abgeleiteten Gewaltenmonismus in Form eines allumfassenden **Parlamentsvorbehalts** unterlaufen werden. Die Organe der gesetzgebenden, der vollziehenden und der rechtsprechenden Gewalt beziehen ihre institutionelle und funktionelle demokratische Legitimation aus der Entscheidung des Verfassunggebers. Die verfassunggebende Gewalt hat auch die Exekutive als verfassungsunmittelbare Institution und Funktion geschaffen; ihre Verfahren zur Bestellung der Regierung verleihen ihr zugleich eine mittelbare personelle demokratische Legitimation.[17] Die RechtsVO stellt daher eine mit dem Parlamentsgesetz hinsichtlich der Legitimation gleichrangige Rechtsquelle dar. Aus dem Grundsatz des allg. Vorbehalts des Gesetzes folgt aber, dass die Exekutive für Akte, die den Freiheitsbereich und Gleichheitsbereich des Bürgers wesentlich betreffen, der gesetzlichen Grundlage bedarf (→ Rn. 7).

Es kann in Einzelfällen ein legitimes Interesse der Legislative anzuerkennen sein, 5 einerseits Rechtsetzungsbefugnisse auf die Exekutive zu delegieren und andererseits maßgeblichen Einfluss auf Erlass und Inhalt ihrer RechtsVO zu behalten. Der Parlamentsvorbehalt lässt Gestaltungen zu, die im Vergleich zur vollen Delegation der Rechtsetzung auf die Exekutive ein Minus enthalten. Damit sind vor allem **Zustimmungs- und Ablehnungsvorbehalte** zugunsten des Parlaments gemeint,[18] wohl auch von Ausschüssen.[19] Besteht ein solcher Zustimmungsvorbehalt zu einer RechtsVO und ist der Gesetzgeber mit ihrem Inhalt nicht einverstanden, kann er ihr Wirksamwerden durch Verweigerung seiner Zustimmung verhindern und die Regelungskompetenz – jederzeit – durch Gesetz wieder an sich ziehen.[20] Ist dem Gesetz ein solcher Zustimmungsvorbehalt nicht beigegeben, kann der LTag eine RechtsVO, mit der er inhaltlich nicht einverstanden ist, nur verhindern, indem der das Parlamentsgesetz als Ermächtigungsgrundlage aufhebt oder ändert.[21] So lange besteht die Befugnis der Exekutive, im Rahmen der Ermächtigungsgrundlage eigene Regelungen zu treffen. In diesem Sinne sind Parlamentsgesetz und RechtsVO wechselseitig aufeinander bezogene Steuerungsinstrumente.[22] Zur wirksamen Wahrnehmung dieser Rechte des LTags hat die LReg ihn über die Vorbereitung von Verordnungen zu Gegenständen von grundsätzlicher Bedeutung zu unterrichten (Art. 39; → 39 Rn. 2 f.)[23] Im Übrigen können für den Erlass von RechtsVO auch andere **Mitwirkungsvorbehalte** begründet werden, etwa von bestimmten Ministern.[24]

Der Gesetzgeber ist verpflichtet, in **grundlegenden normativen Bereichen**, zumal 6 im Bereich der Grundrechtsausübung, soweit diese staatliche Regelung zugänglich ist, alle wesentlichen Entscheidungen selbst zu treffen. Art. 80 Abs. 1 GG – und damit auch Art. 57 LV – sowie Art. 59 Abs. 2 Satz 1 zweiter Halbsatz GG und die besonderen Gesetzesvorbehalte sind Ausprägungen des

---

17 Vgl. *Ossenbühl*, Verwaltungsvorschriften und Grundgesetz, 1968, S. 187 ff., 199; *Böckenförde/Grawert* AöR 95 (1970), 1 ff., 25 f.
18 Dazu *Klafki* NVwZ 2020, 1718; für verfassungswidrig hält dies *Kotulla* NVwZ 2010, 943.
19 Vgl. *Bauer* in: Dreier, GG Art. 80 Rn. 27 mwN; vgl. auch *Brosius-Gersdorf/Reme* in: HannKomm NV, Art. 43 Rn. 13.
20 ThürVerfGH Urt. v. 21.6.2005 – 28/03, NVwZ-RR 2005, 665.
21 Allerdings bleibt die RechtsVO wirksam; → Rn. 7.
22 Vgl. *Ruffert* § 7 Rn. 65.
23 Vgl. NdsStGH Urt. v. 9.3.2021 – 3/20, NVwZ-RR 2021, 601.
24 Im Einzelnen *Bauer* in: Dreier, GG Art. 80 Rn. 27 ff.

allg. Gesetzesvorbehalts.[25] Bedarf danach eine Regelung einer Ermächtigung durch oder aufgrund eines Gesetzes, orientiert sich die Frage, ob die Exekutive durch RechtsVO regeln darf, am Wesentlichkeitsgedanken und daran, ob das parlamentarische oder das exekutivische Rechtsetzungsverfahren für die jeweilige (Teil-)Regelung angemessener ist. So obliegt die Festlegung von (legitimen) Zwecken einer Abgabenerhebung sowie die Bestimmung des Umfangs der Finanzierungsverantwortlichkeit des Abgabenschuldners dem parlamentarischen Landesgesetzgeber und kann nicht auf den Verordnungsgeber delegiert werden.[26] Andererseits darf der Gesetzgeber die ausdrückliche Festlegung von Prüfungsstoffen dem Verordnungsgeber überlassen.[27] Grundlegende Vorgaben für die Erstellung von dienstlichen Beurteilungen müssen durch Gesetz erlassen werden.[28]

## II. Verordnungsermächtigung (Abs. 1)

7   **1. Gesetz (Satz 1).** Die Ermächtigung zum Erlass einer RechtsVO kann nur durch Gesetz erteilt werden. Gemeint ist ein formelles Gesetz des LT (→ Art. 55 Rn. 1). Die LV – wie das GG (vgl. Art 129 Abs. 3) – kennt kein vom Gesetz losgelöstes Verordnungsrecht.[29] RechtsVO können erst in Kraft treten, wenn auch die **Ermächtigungsgrundlage in Kraft** getreten ist;[30] der Gesetzgeber sollte daher ggf. erwägen, solche Ermächtigungsgrundlagen zeitlich vor dem eigentlichen Gesetz in Kraft treten zu lassen.[31] Das nachträgliche Inkrafttreten einer Ermächtigungsnorm kann eine RechtsVO nicht heilen; sie muss neu bekannt gemacht werden.[32] Der Verordnungsgeber ist nur dann verpflichtet, von der Ermächtigung Gebrauch zu machen, wenn ohne den Erlass der RechtsVO die gesetzliche Regelung nicht praktikabel ist[33] oder der Gesetzgeber eine entsprechende, ggf. durch Auslegung zu ermittelnde, Verpflichtung ausgesprochen hat.

Eine RechtsVO tritt nicht allein deshalb außer Kraft, weil der **Ermächtigungstatbestand nachträglich fortgefallen** ist;[34] anders ist dies, wenn der Aufhebung der Ermächtigungsnorm zu entnehmen ist, dass auch die RechtsVO aufgehoben sein soll. Auch eine nachträgliche **Änderung** der Ermächtigungsgrundlage hat keinen Einfluss auf den Rechtsbestand.[35]

8   **2. Bestimmtheit der Ermächtigung (Satz 2).** Art. 57 Abs. 1 Satz 2 stellt Anforderungen nur an das ermächtigende Gesetz, nicht aber an die aufgrund der Ermächtigung erlassene RechtsVO.[36] Das Bestimmtheitsgebot des Art. 80 Abs. 1 S. 2 GG gehört – anders als das Zitiergebot des Art. 80 Abs. 1 S. 3 GG – zu den zwingenden Rechtsinstituten, die aufgrund des Homogenitätsgebots des Art. 28

---

25 So BVerfGE 49, 89 (124 ff.) = NJW 1979, 359; siehe im einzelnen *Reimer*, § 11 Rn. 63 ff.
26 BVerwG Beschl. v. 12.7.2005 – 6 B 22/05 – unter Hinweis auf BVerfGE 108, 1 = NVwZ 2003, 715 – Rückmeldegebühr.
27 Vgl. BVerfGE 62, 203; BayVerfGHE 26, 18, 23.
28 BVerwG Urt. v. 7.7.2021 – 2 C 2/21, NVwZ 2021, 1608; Anm. *Stuttmann* NVwZ 2021, 1614.
29 *Ruffert* § 7 Rn. 67; zu Art. 129 Abs. 3 GG *Antoni* in: Hömig/Wolff Art. 129 Rn. 6 f.
30 BVerfGE 22, 330 (346) = DÖV 1968, 173.
31 Beispiel: Art. 9 Abs. 1 des Gesetzes zur Neugestaltung der Landesbauordnung und zur Änderung anderer Gesetze vom 18.4.2006 – GVOBl. S. 102, 137; Art. 4 des Gesetzes zur Neugestaltung der Landesbauordnung und zur Änderung anderer Gesetze vom 18.4.2006 (GVOBl. S. 102).
32 BVerwG Urt. v. 29.4.2010 – 2 C 77/08, BVerwGE 137, 30 Rn. 20.
33 BVerfGE 16, 332.
34 BVerwGE 59, 195.
35 OVG Bautzen Beschl. v. 20.11.2020 – 3 B 356/20 –.
36 BVerfGE 101, 1.

Abs. 1 S. 1 GG unmittelbar auch für das Landesverfassungsrecht gelten.[37] Der Gesetzgeber muss im formellen Gesetz selbst die Entscheidung darüber treffen, welche Fragen durch die RechtsVO geregelt werden sollen; er muss die Grenzen einer solchen Regelung festsetzen und angeben, welchem Ziel die Regelung dienen soll.[38] Es muss sich aus dem Gesetz ermitteln lassen, welches vom Gesetzgeber gesetzte **Programm** durch die RechtsVO erreicht werden soll,[39] so dass der Bürger schon aus dieser Rechtsnorm ersehen kann, in welchen Fällen und mit welcher Tendenz von der Ermächtigung Gebrauch gemacht werden wird und welchen Inhalt die aufgrund der Ermächtigung erlassene RechtsVO haben kann.[40] Die Regelungen sind so bestimmt zu fassen, wie dies nach der Eigenart der zu ordnenden Lebenssachverhalte und mit Rücksicht auf den Normzweck möglich ist.[41] Im Einzelnen hängen die Bestimmtheitsanforderungen von den Besonderheiten des jeweiligen Regelungsgegenstandes und der Intensität der Maßnahme ab. Während bei vielgestaltigen und schnellen Veränderungen unterworfenen Sachverhalten geringere Anforderungen zu stellen sind, gelten höhere Anforderungen an den Bestimmtheitsgrad bei solchen Regelungen, die mit intensiveren Eingriffen in grundrechtlich geschützte Positionen verbunden sind[42]. Die Vorhersehbarkeit der zu erwartenden Regelungen mag für den Bürger schwer einzuschätzen sein. Dies ist unschädlich, wenn es an der Komplexität der Materie selbst liegt und im Hinblick auf die künftigen Adressaten der Vorschrift der Inhalt, den eine RechtsVO haben könnte, ausreichend gesetzlich geprägt ist.[43] IÜ genügt es, dass sich die geforderte Bestimmtheit nach den allgemein gültigen Auslegungsmethoden ermitteln lässt.[44]

Der **Anwendungs- und Wirkungsbereich** einer Ermächtigungsnorm ist durch Auslegung zu ermitteln. Es gelten die allg. Auslegungsgrundsätze.[45] Dabei sind seinerseits die verfassungsrechtlichen Grenzen im Wege einer verfassungskonformen Auslegung zu berücksichtigen.[46] Wenn ein Gesetz die Konkretisierung seines Regelungsgehalts durch eine RechtsVO vorschreibt und der Verordnungsgeber gleichwohl untätig bleibt, kann die Verwaltung den gesetzlichen Auftrag unmittelbar anwenden, wenn das Gesetz ohne ausführende RechtsVO vollziehbar und hinreichend bestimmt ist, es sei denn, nach dem Willen des Gesetzgebers soll ein bestimmter Lebensbereich unter allen Umständen einer normativen Regelung durch RechtsVO vorzubehalten sein.[47] 9

**3. Angabe der Rechtsgrundlage in der RechtsVO (Satz 3).** Das **Zitiergebot** soll dazu beitragen, dass die aus dem Prinzip der Gewaltentrennung folgenden Grenzen exekutiver Rechtsetzungsmacht nicht zulasten der (parlamentarischen) 10

---

37 BVerwG Urt. v. 15.12.2016 – 2 C 31/15, BVerwGE 157, 54.
38 Vgl. BVerfGE 2, 307 (334); 23, 62 (72).
39 Vgl. BVerfGE 58, 257 (277).
40 Vgl. BVerfGE 56, 1 (12).
41 Vgl. BVerfGE 62, 203 (210); BVerfG-K NJW 1998, 669.
42 BVerfGE 123, 39 (78).
43 BVerfGE 113, 167 = NVwZ 2006, 559.
44 Hess StGH Urt. v. 12.2.2020 – P.St. 2610, LVerfGE 31, 221 – Jagdverordnung; Sächs-StGH Urt. v. 21.6.2012 – Vf. 77-II-11, LVerfGE 26, 214 (238) – Ladenschlussrecht.
45 Vgl. BayVerfGH Entsch. v. 27.2.1975 – Vf. 1-VII-74, VerfGHE 28, 24 (35).
46 Vgl. BayVerfGH NVwZ 2005, 576 – gestützt auf § 84 Abs. 2 Nr. 5 LBauO M-V kann keine Regelung über gebäudebezogene Mindestabstandsflächen getroffen werden, die nach ihrem wesentlichen objektiven Gehalt auf die Gestaltung des Ortsbilds und damit städtebaulich-planerisch in nicht unerheblichen Teilen des Stadtgebiets einwirkt; daher jetzt § 9 Abs. 1 Nr. 2a BauGB 2007.
47 Vgl. BVerfGE 79, 174 Rn. 64; StGH BW Urt. v. 30.5.2016 – 1 VB 15/15, LVerfGE 27, 16 (33).

Legislative verschoben werden. Durch Angabe der in Anspruch genommenen landesgesetzlichen Ermächtigungsgrundlage hat der Verordnungsgeber nachzuweisen, dass er die Prärogative des parlamentarischen Gesetzgebers gewahrt hat.[48] Der Begriff „Rechtsgrundlage" in Satz 3 GG knüpft an den in den voran beiden Sätzen verwandten Begriff „Gesetz" an. Dem Zitiergebot kommt nur die Funktion zu, eine Verletzung des Parlamentsvorbehalts auszuschließen, nicht aber allgemein die Vereinbarkeit der RechtsVO mit höherrangigem Recht zu kontrollieren.[49] Die bloße Angabe des der RechtsVO zugrunde liegenden Gesetzes genügt nicht. Es müssen vielmehr alle die Vorschriften (Paragraf, Abs., Satz etc) aufgezählt werden, von denen der Verordnungsgeber seine Befugnis zum Erlass der RechtsVO ableitet.[50] Er braucht allerdings bei mehreren Ermächtigungsgrundlagen nicht bei jeder Vorschrift der RechtsVO kenntlich zu machen, auf welcher der Ermächtigungen sie beruht.[51] Damit kommt eine über die Reichweite der Ermächtigungen hinausgehende ungeschriebene Ermächtigung zum Erlass Bestimmungen, auch von Ausnahmeregelungen nicht in Betracht.[52] Sofern das ermächtigende Gesetz dies vorsieht, kann im ergänzenden Verfahren auch die Verletzungen des Zitiergebots geheilt werden.[53] Die in einer Rechtsverordnung anzugebenden Rechtsgrundlagen erstrecken sich nicht auf das Gemeinschaftsrecht, das durch die Verordnung umgesetzt wird.[54]

11 **4. Verfahren.** Die LV enthält keine Vorgaben für das **Verfahren** zum Erlass einer RechtsVO. Die GGO II gibt der LReg indes ins Einzelne gehende Hinweise für das Verfahren zur Erarbeitung einer RechtsVO in der LReg und formuliert inhaltliche Anforderungen.[55] Eine Anhörung kann verfassungs- oder einfachrechtlich vorgeschrieben sein (→ Art. 55 Rn. 28 ff.). So sieht § 125 Abs. 6 Satz 3 KV M-V vor, dass vor Änderung von Ämtern die betroffenen Gemeinden, Ämter und Landkreise anzuhören sind.

12 **5. Änderung einer RechtsVO durch Landtag, Entsteinerungsklausel.** Der Erlass von RechtsVO gehört zum Aufgaben- und Kompetenzbereich der Exekutive. Dem Gesetzgeber ist es verwehrt, RechtsVO zu erlassen. Es ist ihm aber möglich, eine zunächst dem Verordnungsgeber überlassene Regelungsbefugnis wieder für sich in Anspruch zu nehmen und eine bereits vorliegende RechtsVO durch Bezugnahme auf ihren Inhalt nunmehr als Gesetz zu erlassen.[56] Er kann zudem wegen des sachlichen Zusammenhangs eines formellen Gesetzes eine bestehende RechtsVO ändern oder in diese neuen Regelungen einfügen. Dann ist das dadurch entstandene Normgebilde insgesamt als RechtsVO zu qualifizieren. Zulässig ist dies aber nur, wenn es sich um eine Anpassung im Rahmen einer Änderung eines Sachbereichs durch den Gesetzgeber handelt. Die Änderung einer RechtsVO durch den parlamentarischen Gesetzgeber unabhängig von sonstigen gesetzgeberischen Maßnahmen ist unzulässig. Für das

---

48 OVG Berlin-Bbg Beschl. v. 6.5.2016 – OVG 10 S 16.15, LKV 2016, 270 mwN.
49 BVerwG Urt. v. 20.3.2003 – 3 C 10.02 –.
50 Vgl. BVerwG Beschl. v. 20.5.2019 – 8 BN 1/18, NVwZ 2019, 1135 zu OVG Greifswald Urt. v. 18.7.2018 – 2 K 80/16.
51 BVerfGE 20, 283 (292).
52 BVerfG Beschl. v. 1.4.2014 – 2 BvF 1/12, 2 BvF 3/12 –.
53 OVG Berlin-Bbg Beschl. v. 6.5.2016 – OVG 10 S 16.15, LKV 2016, 270 mwN – Raumordnungsplan.
54 BVerwG Urt. v. 20.3.2003 – 3 C 10.02 –.
55 Zu Letzterem auch *Bundesministerium der Justiz* (Hrsg.), Handbuch der Rechtsförmlichkeit – Empfehlungen des Bundesministeriums der Justiz zur einheitlichen rechtsförmlichen Gestaltung von Gesetzen und RechtsVO nach § 38 Abs. 3 GGO II.
56 BVerfGE 22, 330 (346); *Menges/Preisner* S. 526 ff.

Zustandekommen des ändernden Gesetzes sind die Regeln der LV über die Gesetzgebung anzuwenden. Der parlamentarische Gesetzgeber ist bei der Änderung einer RechtsVO an die Grenzen der Ermächtigungsgrundlage gebunden. Die im Verfahren förmlicher Gesetzgebung in eine RechtsVO eingefügten Teile stehen der abermaligen Änderung durch die Exekutive offen, die dabei allein an die Ermächtigungsgrundlage gebunden ist. Es bedarf weder einer Herabstufung der durch die Änderung eingefügten Verordnungsteile noch einer besonderen, weiteren Ermächtigung der Exekutive, diese Teile erneut zu ändern. Die sog. Entsteinerungsklausel, dh die gesetzliche Bestimmung, dass die Rückkehr zum einheitlichen Verordnungsrang eintritt, hat insoweit allenfalls klarstellende Bedeutung.[57] Diese Grundsätze gelten auch für den erstmaligen Erlass einer Verordnung.[58]

## III. Subdelegation (Abs. 2)

Bei einer **Weiterübertragung der Ermächtigung** an eine andere als in dem Gesetz vorgesehen Stelle, bei der ein Privater ausscheidet,[59] besitzt die RechtsVO stets zwei Rechtsgrundlagen: die gesetzliche Ermächtigung für den Erlass einer RechtsVO als solcher und die die Weiterübertragung enthaltende RechtsVO. IÜ aber unterscheiden sie sich von anderen RechtsVO nicht. Abs. 2 verlangt insoweit ergänzend, dass es zunächst für die Weiterübertragung einer ausdrücklichen Ermächtigung durch ein formelles Gesetz bedarf; es muss sich nicht notwendig um das ermächtigende Gesetz selbst handeln.[60] Eine subdelegierende Verordnung muss sowohl die gesetzliche Verordnungsermächtigung als auch die Ermächtigung zur Subdelegation angeben.[61] Eine Subdelegation kann nicht weiter reichen als die Ermächtigungsgrundlage, führt aber nicht zu einem Kompetenzverlust des Erstdelegatars.[62]

13

## IV. Schrifttum

*Bundesministerium der Justiz* (Hrsg.), Handbuch der Rechtsförmlichkeit – Empfehlungen des Bundesministeriums der Justiz zur einheitlichen rechtsförmlichen Gestaltung von Gesetzen und RechtsVO nach § 38 Abs. 3 GGO II (http://hdr.bmj.de/vorwort.html); *Anna-Lena Hollo*, Rechtsverordnungen, JURA 2022, 42; *Thomas Klink*, Pauschale Ermächtigungen zur Umsetzung von europäischem Umweltrecht mittels RechtsVO, 2005; *Eva Menges/Damian Preisner*, Der Erlass von RechtsVO in der Rechtsprechung des Bundesverfassungsgerichts in: Linien der Rechtsprechung des Bundesverfassungsgerichts, Bd. 2, 2011, S. 519 ff.; *Franz Reimer*, Das Parlamentsgesetz als Steuerungsmittel und Kontrollmaßstab, in Voßkuhle/Eifert/Möllers (Hrsg.), Grundlagen des Verwaltungsrechts, Bd. 1, 3. Aufl. 2022 § 9; *Matthias Ruffert*, Rechtsquellen des Verwaltungsrechts, in Voßkuhle/Eifert/Möller (Hrsg.), Grundlagen des Verwaltungsrechts, Bd. 1, 3. Aufl. 2022 § 7; *Johannes Saurer*, Die Funktionen der RechtsVO, 2005; *Simon Schnelle*, Eine Fehlerfolgenlehre für RechtsVO, 2007; *Sabine Seidel*, Die Praxis der Verordnungsgebung, 2005.

14

---

57 Zu alledem BVerfGE 114, 196.
58 BVerwG Urt. v. 15.12.2016 – 2 C 31/15, BVerwGE 157, 54.
59 *Pieroth*, in Jarass/Pieroth, Art. 80 Rn. 17.
60 *Pieroth*, in Jarass/Pieroth, Art. 80 Rn. 17.
61 ThürVerfGH Urt. v. 1.3.2021 – 18/20 –, im Anschluss an BVerfG Beschl. v. 18.6.2019 – 1 BvR 587/17, BVerfGE 151, 173 (183); aA OVG Berlin-Bbg Beschl. v. 2.2.2018 – OVG 3 N 301.17 unter Hinweis auf BGH Urt. v. 30.9.1976 – III ZR 134/74, MDR 1977, 474.
62 *Mann*, in Löwer/Tettinger, Art. 70 Rn. 30.

## Art. 58 (Ausfertigung und Verkündung)

(1) Der Ministerpräsident fertigt unter Mitzeichnung der beteiligten Minister die verfassungsmäßig zustande gekommenen Gesetze aus und läßt sie im Gesetz- und Verordnungsblatt verkünden.

(2) Rechtsverordnungen werden von der Stelle, die sie erläßt, ausgefertigt und vorbehaltlich anderer gesetzlicher Regelung im Gesetz- und Verordnungsblatt verkündet.

(3) Die Gesetze und Rechtsverordnungen treten, wenn nichts anderes bestimmt ist, mit dem vierzehnten Tage nach Ablauf des Tages in Kraft, an dem sie verkündet worden sind.

(4) Die Geschäftsordnungen des Landtages, der Landesregierung und des Landesverfassungsgerichts werden im Gesetz- und Verordnungsblatt veröffentlicht.

Vergleichbare Regelungen:
Artt. 82 GG; 63 BWVerf; 76 BayVerf; 60 Abs. 2 und 3 VvB; 81 BbgVerf; 123 Abs. 3 BremVerf; 52, 54 HambVerf; 120 bis 122 HessVerf; 45 NdsVerf; 71 Verf NW; 113 Verf Rh-Pf; 102, 103, 104 Abs. 2 SaarlVerf; 76 SächsVerf; 82 LVerf LSA; 46 SchlHVerf; 85 ThürVerf.

| | |
|---|---|
| I. Vorbemerkung: Bedeutung von Ausfertigung und Verkündung ..... 1 | 3. Verkündung im Gesetz- und Verordnungsblatt .............. 7 |
| 1. Ausfertigung ................... 1 | III. Ausfertigung und Verkündung von untergesetzlichen Normen ......... 9 |
| 2. Verkündung ................... 2 | 1. Rechtsverordnungen (Abs. 2) .. 9 |
| II. Ausfertigung und Verkündung von Gesetzen (Abs. 1) ................. 5 | 2. Satzungen ..................... 10 |
| 1. Ausfertigung durch Ministerpräsidenten (Prüfungskompetenz) .......... 5 | IV. Zeitliche Geltung .................. 11 |
| | 1. Inkrafttreten (Abs. 3) .......... 11 |
| | 2. Außer-Kraft-Treten ............ 15 |
| 2. Mitzeichnung der beteiligten Minister ....................... 6 | V. Geschäftsordnungen (Abs. 4) ...... 17 |
| | VI. Schrifttum ........................ 18 |

## I. Vorbemerkung: Bedeutung von Ausfertigung und Verkündung

1 **1. Ausfertigung.** Ausfertigung ist die urkundliche Festlegung durch Unterzeichnung des Gesetzestextes, nachdem das Gesetz beschlossen worden ist. Zweck der Ausfertigung eines Gesetzes ist es, die Herstellung der authentischen Urschrift des Gesetzes durch Unterzeichnung des zuständigen Staatsorgans zu dokumentieren. Zum Mindeststandard des Rechtsstaatsgebots gehört es nicht, die Ausfertigung so auszugestalten, dass sie geeignet ist, die Legalität des Verfahrens zu bestätigen.[1] Aus dem Wortlaut des Art. 58 Abs. 1 ergibt sich aber, dass durch die Ausfertigung von Landesgesetzen – nicht aber von RechtsVO und anderen untergesetzlichen Normen – auch der ordnungsgemäße Abschluss des Gesetzgebungsverfahrens festgestellt wird.[2] Auf welche Weise die Authentizitätsfunktion der Ausfertigung gewahrt wird und nach welchen Maßgaben ein formeller Vermerk auf der Gesetzesurkunde anzubringen ist, ergibt sich weder aus dem Rechtsstaatsprinzip noch aus sonstigem Bundes- oder Landesverfassungsrecht.[3] Das Verfahren muss nur die genannten Zwecke erfüllen. Das Gesetz trägt das Datum der Ausfertigung, nicht der Beschlussfassung durch den LTag. Einzelheiten des Verfahrens regeln §§ 8 ff. GGO II.

---

1 Vgl. BVerwG NVwZ-RR 1996, 630.
2 Vgl. HessStGH NVwZ-RR 2007, 217. Siehe → Rn. 5.
3 Vgl. BVerwGE 88, 204 (207 ff.); OVG Bautzen Urt. v. 25.10.2006 – 1 D 3/03 –.

## I. Rechtsetzung und Verfassungsänderung                             Art. 58

**2. Verkündung.** Die **Verkündung** trägt dem Verbot, Unmögliches bei Unkenntnis der Rechtsnorm zu verlangen, der Berechenbarkeit des Staatshandelns und der Legitimation und Kontrolle Rechnung und dient darüber hinaus demokratischen, gleichheitssichernden und sozialstaatlichen Publikationszwecken.[4] Die Verkündung stellt daher einen integrierenden Teil der förmlichen Rechtsetzung dar. Verkündung bedeutet regelmäßig, die Rechtsnormen der Öffentlichkeit in einer Weise förmlich zugänglich zu machen, dass die Betroffenen sich verlässlich Kenntnis von ihrem Inhalt verschaffen können. Diese Möglichkeit darf nicht in unzumutbarer Weise erschwert werden. Schutzwürdige Interessen dürfen nicht verletzt werden. Insbesondere darf der Rechtsschutz der Betroffenen nicht unangemessen erschwert oder verkürzt werden. Konkrete weitere Gebote für die Ausgestaltung des Verkündungsvorganges im Einzelnen ergeben sich aus dem Rechtsstaatsprinzip unmittelbar nicht. Es obliegt vielmehr dem zuständigen Normgeber, das Verkündungsverfahren so auszugestalten, dass es seine rechtsstaatliche Funktion erfüllt, der Öffentlichkeit die verlässliche Kenntnisnahme vom geltenden Recht zu ermöglichen.[5] Es muss grundsätzlich das gesamte Gesetz und nicht nur ein unvollständiger Teilabdruck publiziert werden (sog. **Vollständigkeitsprinzip**), insbesondere auch der räumliche Geltungsbereich muss mit ausreichender Bestimmtheit bekanntgemacht werden.[6] Das Gesetz kann Ausnahmen vorsehen, etwa für den Haushaltsplan in § 1 S. 2 LHO. Das Publizitätserfordernis gilt auch für im Verweisungswege inkorporierte Regelungen, wobei auch dynamische Verweisungen grundsätzlich zulässig sind.[7] Private Regelwerke, auf die verwiesen wird, müssen ohne für den Betroffenen zumutbaren Aufwand zu ermitteln sein.[8]

**Verkündet** ist eine Norm, wenn sie mit Wissen und Wollen des Normgebers in dem hierfür vorgesehenen Publikationsorgan ohne sein weiteres Zutun nach außen dringt. Der Zeitpunkt, in dem die Äußerung des Verkündungswillens bei einem Gesetz- und Verordnungsblatt unwiderruflich wird, ist der Zeitpunkt seines „Ausgebens", dh der Zeitpunkt, in dem in Übereinstimmung mit dem Willen und der Weisung des für die Verkündung zuständigen Verfassungsorgans das erste Stück eines Gesetz- und Verordnungsblattes „in Verkehr gebracht wird".[9]

Ein Gesetz gilt – erst[10] – als mit der Verkündung allg. bekanntgemacht, ohne dass es erforderlich ist, die positive Kenntniserlangung des einzelnen zu ermitteln.[11] Die **Neubekanntmachung** eines Gesetzes nach Inkrafttreten eines Änderungsgesetzes ist kein selbstständiger gesetzgeberischer Akt, bedarf aber einer

---

4 Im Einzelnen *Wittling*, Die Publikation der Rechtsnormen einschließlich Verwaltungsvorschriften, 1991, S. 120 ff.
5 BayVerfGH Entsch. v. 7.3.2019 – Vf. 15-VII-18.
6 OVG Magdeburg B. v. 15.7.2021 – 2 R 32/21, AUR 2021, 426 – SchutzgebietsVO.
7 BVerwG Urt. v. 27.6.2013 – 3 C 21/12, BVerwGE 147, 100; s. auch BVerfG Beschl. v. 25.2.1988 – 2 BvL 26/84, BVerfGE 78, 32.
8 BVerwG Urt. v. 27.6.2013 – 3 C 21/12, BVerwGE 147, 100; BayVerfGH, Entsch. v. 5.2.2018 – Vf. 16-VII-16, NVwZ-RR 2018, 377 – DIN-Normen. Zum Sonderfall der Bauleitpläne BVerwG Beschl. v. 18.8.2016 – 4 BN 24/16, NVwZ 2017, 166; OVG Hamburg Urt. v. 2.6.2021 – 2 E 3/19.N, NordÖR 2021, 516.
9 BVerwG Urt. v. 28.5.2009 – 2 C 23/07 –, LKV 2009, 522 unter Bezugnahme auf BVerfG B. v. 7.7.1992 – 2 BvR 1631/90 und 2 BvR 1728/90 – BVerfGE 87, 48 (60) und BVerwG Urt. v. 23.9.1966 – 3 C 113.64. BVerwGE 25, 104 (107 f.); zur Verkündung *Schneider*, Rn. 481 ff. Zur elektronischen Verkündung → Rn. 9.
10 OVG Schleswig Urt. v. 27.1.2021 – 5 KN 3/20.
11 Vgl. BVerfGE 92, 80 (87).

gesetzlichen Ermächtigung.[12] Eine staatliche Pflicht zur Gesetzeskonsolidierung im Gesetz- und Verordnungsblatt ist jedenfalls dann nicht gegeben, wenn durch den Staat gegebenenfalls in Zusammenarbeit mit privaten Verlagen in angemessener Zeit nach Inkrafttreten eines Gesetzes eine konsolidierte Fassung kostenlos zur Verfügung gestellt wird. Das ist bei Landesnormen der Fall, da eine aktuelle Fassung im Rechtsinformationssystem Laris (https://www.landesrecht-mv.de) für jedermann abrufbar ist.[13] Ob eine Neubekanntmachung ohne inhaltliche Änderung eine neue prozessuale Beschwer begründet, hängt vom Einzelfall ab.[14]

## II. Ausfertigung und Verkündung von Gesetzen (Abs. 1)

5 **1. Ausfertigung durch Ministerpräsidenten (Prüfungskompetenz).** Der MinPräs hat die „verfassungsmäßig zustande gekommenen Gesetze" auszufertigen und zu verkünden. Gesetze, die nicht verfassungsmäßig zustande gekommen sind, dürfen nicht verkündet werden.[15] Zunächst hat der MinPräs die **formelle Verfassungsmäßigkeit** eines Gesetzes zu prüfen, weil zumindest nur in formeller Hinsicht „einwandfreie" Gesetze als nach der LV zustande gekommen angesehen werden können. Dies folgt aus der Stellung des MinPräs, der dem Wortlaut des Art. 58 Abs. 1 entsprechend am Ende des Verfahrens die Einhaltung der Förmlichkeiten zu prüfen hat.[16] Auch ein **materielles Prüfungsrecht** ist zu bejahen: Der MinPräs ist als Teil der Staatsgewalt an die Verfassung gebunden; er darf nicht sehenden Auges ein verfassungswidriges Gesetz ausfertigen.[17] Dies bedeutet, dass die Ausfertigung eines offensichtlich verfassungswidrigen Gesetzes verweigert werden darf. IÜ steht dem LTag als gesetzgebendes Organ die Einschätzung zu, ob ein Gesetz verfassungsgemäß ist.[18] Zu bedenken ist auch, dass dieser Fall nur dann vorkommen dürfte, wenn das Gesetz aus der Mitte des LT oder aufgrund eines Volksbegehrens initiiert und gegen den Willen der LReg verabschiedet worden ist. Dort, wo die LReg initiativ geworden war, hatte vor Einbringung bereits eine Verfassungsprüfung innerhalb der LReg stattgefunden (→ Art. 55 Rn. 5).

Für die **Ausfertigung** einer RechtsVO der Landesregierung reicht die Unterschrift des Ministerpräsidenten. Sie muss vor der Verkündung erfolgen.[19]

6 **2. Mitzeichnung der beteiligten Minister.** Den zuständigen Ministern soll bei der Ausfertigung kein Gegenzeichnungsrecht im engeren Sinne eingeräumt werden. Vielmehr ist nur eine einfache **Mitwirkung** vorgesehen, da es als unmöglich

---

12 *Bauer* in Dreier, GG Art. 82 Rn. 20.
13 Vgl. BayVerfGH, Entsch. v. 7.3.2019 – Vf. 15-VII-18.
14 Dazu BVerwG Beschl. v. 27.9.2021 – 6 BN 1/21, NVwZ 2022, 70; *Hahn*, jurisPR-BVerwG 2/2022 Anm. 5.
15 Zur „Prüfungs"-Kompetenz bei der Ausfertigung von Landesgesetzen *Blome/Grosse-Wilde* DÖV 2009, 615; siehe auch zu Prüfungsrecht und Prüfungspflicht des Bundespräsidenten *Voßkuhle/Schemmel* JuS 2021, 118 (120 f.); *Mann* in: Sachs, GG Art. 82 Rn. 6 ff.; *Brenner* in: von Mangoldt/Klein/Starck, Art. 82 Rn. 22 ff.
16 Vgl. *Lutze* NVwZ 2003, 323; *Rau* DVBl 2004, 1 (3 ff.); *Mann*, in Löwer/Tettinger, Art. 71 Rn. 17 („tradierte Funktion der Ausfertigung").
17 Im einzelnen *Lutze* NVwZ 2003, 323; *Rau* DVBl 2004, 1 (3 ff.); *Mann*, in Löwer/Tettinger, Art. 71 Rn. 18 ff.; aA J.M. *Hoffmann* in Butzer/Epping Art. 45 Rn. 30 ff.; *Augsberg* in Becker/Brüning Art. 46 Rn. 13 dd.
18 Ähnlich *Augsberg* in Becker/Brüning Art. 46 Rn. 17. Zum fehlenden Auskunftsanspruch über die Prüfung OVG Berlin-Bbg Beschl. v. 10.2.2016 – OVG 6 S 56.15, NVwZ 2016, 950.
19 VGH Mannheim Urt. v. 2.6.2022 – 1 S 1067/20.

angesehen wird, dass der MinPräs die Gesetze allein veröffentlicht.[20] Die Mitzeichnung namentlich des federführenden Ressortministers gewährleistet eine eigenständige Überprüfung, ob die Urkunde mit dem Gesetz, in dessen Ausfertigung der MinPräs beschlossen hat, übereinstimmt.[21] Eine Prüfungskompetenz kommt den Ministern nicht zu.[22] Jedenfalls dann, wenn die LReg – unbeschadet der grds. Ressortzuständigkeit – die Zuständigkeit für die Vertretung eines Gesetzgebungsvorhabens gegenüber dem Parlament auf eines ihrer Mitglieder überträgt und dieses Mitglied das Gesetz zusammen mit dem MinPräs ausfertigt, ist den Anforderungen der Verfassung genügt. Insbes. bei sog. Artikelgesetzen kann zweifelhaft sein, welche ministeriellen Geschäftsbereiche im Einzelnen betroffen sind. Würde man die Ausfertigung durch sämtliche in ihrem Geschäftsbereich berührten Minister verlangen, bestünde die Gefahr erheblicher Zweifel an der formellen Verfassungsmäßigkeit der betreffenden Gesetze.[23] Die Mitzeichnung muss schriftlich erfolgen.[24]

**3. Verkündung im Gesetz- und Verordnungsblatt.** Der Wortlaut und die Verhältnisse zum Zeitpunkt des Erlasses der LV legen es nahe, dass das Gesetz- und Verordnungsblatt in Papierform erscheinen muss. Eine bloße elektronische Bekanntmachung genügt nicht.[25] Der MinPräs hat das Gesetz nach Ausfertigung **verkünden** zu lassen. Diese Formulierung besagt, dass nicht notwendig er oder die Staatskanzlei die Verkündung vornehmen müssen, sondern der von ihm durch Organisationsentscheidung bestimmten Minister.[26] Ohne dass dies in Art. 58 ausdrücklich gesagt ist, müssen Ausfertigung und Verkündung unverzüglich erfolgen.[27] Das Gebot effektiven Grundrechtsschutzes kann es rechtfertigen, eine einstweilige Anordnung gegen ein vom MinPräs ausgefertigtes Gesetz schon vor dessen Verkündung zu erlassen.[28] Wird eine fehlerhafte Verkündung wiederholt, tritt die Vorschrift ex-nunc in Kraft.[29] 7

Jede Nummer des Gesetz- und Verordnungsblattes trägt am Kopf das **Datum seiner Ausgabe**, um die Feststellung des Zeitpunkts des Inkrafttretens des Gesetzes zu erleichtern. Diese amtliche Angabe hat die Vermutung ihrer Richtigkeit für sich. Im Allgemeinen ist deshalb von ihr auszugehen, wenn vom Zeitpunkt der Ausgabe des Gesetzblattes der Zeitpunkt des Inkrafttretens eines Gesetzes abhängig ist. Wird die Unrichtigkeit dieser Angabe geltend gemacht, so muss sie nachgewiesen werden; bloße Zweifel oder Bedenken genügen nicht.[30] Im Gesetzesbeschluss enthaltene Druckfehler und andere offenbare Unrichtigkeiten können in sehr engen Grenzen ohne nochmalige Einschaltung der gesetzgebenden Körperschaften **berichtigt** werden.[31] Maßstab ist dessen offensichtliche Unrichtigkeit. Sie kann sich nicht allein aus dem Normtext, sondern insbes. auch unter Berücksichtigung des Sinnzusammenhangs und der Materialien des Gesetzes 8

---

20 So HessStGH Urt. v. 8.11.2006 – P.St. 1981, NVwZ-RR 2007, 217.
21 Vgl. *Nolte*, in Caspar/Ewer/Nolte/Waack, Art. 39 Rn. 9 f.
22 Vgl. *Augsberg* in: Becker/Brüning ua, Art. 46 Rn. 19.
23 HessStGH NVwZ-RR 2007, 217 unter Hinweis auf *Schenke*, in BK, Art. 58 Rn. 73.
24 Vgl. *Nierhaus/Brinktrine* in: Sachs, GG. Art. 58 Rn. 22.
25 Vgl. *Hoffmann* in Buzzer/Epping Art. 45 Rn. 9; *Bathe* in Linck/Baldus Art, 85 Rn. 15; vgl. auch Art. 46 Abs. 3 S. 2 Verf SH, wonach unmittelbar nach Verkündung im Gesetz- und Verordnungsblatt gem. Abs. 1 die Norm auch elektronisch zu veröffentlichen ist.
26 Dies ist derzeit die Justizministerin.
27 Vgl. *Mann*, in Löwer/Tettinger, Art. 71 Rn. 22 ff.; *Nolte*, in Caspar/Ewer/Nolte/Waack, Art. 39 Rn. 29.
28 BVerfG Beschl. v. 4.5.2012 – 1 BvR 367/12 –, BVerfGE 131, 47 Rn. 50 ff.
29 VGH Mannheim Urt. v. 2.6.2022 – 1 S 1067/20.
30 BVerwG Urt. v. 28.5.2009 – 2 C 23/07 –, LKV 2009, 522.
31 *Kiefer* LKRZ 2012, 355.

ergeben. Maßgebend ist, dass mit der Berichtigung nicht der rechtlich erhebliche materielle Gehalt der Norm und mit ihm seine Identität angetastet wird.[32] Die Vorschrift tritt mit dem berichtigten Inhalt ex-nunc in Kraft.[33]

## III. Ausfertigung und Verkündung von untergesetzlichen Normen

9  **1. Rechtsverordnungen (Abs. 2).** Die **Ausfertigung** von RechtsVO hat eine geringere Bedeutung, da sie regelmäßig in einem Akt mit der endgültigen Rechtsetzungsentscheidung der erlassenden Stelle erfolgt. Sie findet ihren Ausdruck in der Unterzeichnung der Originalurkunde.[34] Für die ordnungsgemäße Ausfertigung kann es ausreichen, dass kein vernünftiger Zweifel an der Zusammengehörigkeit der weder fest miteinander verbundenen noch einzeln ausgefertigten Einzelblätter besteht.[35] Die Ausfertigung muss vor der Verkündung erfolgen.[36] Eine RechtsVO wird von der Stelle, die sie erlässt, ausgefertigt und vorbehaltlich anderer gesetzlicher Regelung im Gesetz- und Verordnungsblatt **verkündet**. Das gilt für die LReg wie für nachgeordnete Behörden. Wird ein anderes Verkündungsorgan als das Gesetz- und Verordnungsblatt vorgesehen, muss dies durch Gesetz bestimmt sein.[37] So kann das Land eine Eilverkündung ermöglichen.[38] Es kann auch eine Ersatzverkündung, etwa für Karten[39] oder anderweit nicht veröffentlichte Regelwerke geregelt werden. Wird eine **elektronische Verkündung**[40] vorgesehen, lässt sich, anders als bei einem Printmedium (→ Rn. 3) der genaue Zeitpunkt der Bekanntgabe nicht ohne Weiteres bestimmen. Infolgedessen hat der Normgeber darzulegen und im Bestreitensfalle nachzuweisen, dass die Norm auf einer von ihm zu verantwortenden Seite mit dem Willen, sie amtlich bekannt zu machen, ins Internet eingestellt wurde und wann dies geschehen ist (Tag der Bekanntgabe). Bekanntgabetag ist dabei der Tag, der im Rahmen der Internetveröffentlichung als solcher bezeichnet wird, wie zB durch eine entsprechende Datumsangabe auf dem elektronischen Dokument.[41]

10  **2. Satzungen.** Auch die Ausfertigung von Satzungen ist rechtsstaatlich geboten;[42] die Regeln über Art, Inhalt und Umfang ihrer Ausfertigung richten sich nach Landesrecht.[43] Der beschlossene Normtext muss unter Angabe des Datums handschriftlich vom hierfür zuständigen Organ unterzeichnet sein. Eine zeitliche Reihenfolge bei Erlass einer anzeigepflichtigen kommunalen Satzung, die keine Hauptsatzung ist, dergestalt, dass zunächst die Anzeige zu erfolgen hat, bevor

---

32 BVerfGE 105, 313.
33 Vgl. VGH Mannheim Urt. v. 2.6.2022 – 1 S 1067/20.
34 VGH Mannheim Urt. v. 2.6.2022 – 1 S 1067/20.
35 OVG Schleswig Urt. v. 23.11.2022 – 5 KN 1/20, NordÖR 2023, 52.
36 Vgl. VGH Mannheim Urt. v. 2.6.2022 – 1 S 1067/20.
37 Eine bloße Verwaltungsvorschrift genügt nicht: OVG Magdeburg Beschl. v. 15.7.2021 – 2 R 32/21, AUR 2021, 426.
38 So geschehen durch Gesetz über die Eilverkündung von Rechtsverordnungen in Gefahrenlagen und die Aufhebung erledigter RechtsVO vom 12.4.2022 (GVOBl. M-V S. 254). Vgl. OVG Lüneburg Beschl. v. 22.3.2021 – 13 MN 121/21; B. v. 15.3.2021 – 13 MN 103/21 unter Bezugnahme auf Art. 115a Abs. 3 S. 2 GG und *Robbers*, in Sachs, Art. 115a Rn. 21; *Grote*, in v. Mangoldt/Klein/Starck, Art. 115a Rn. 64, sowie BT-Drs. 7/2405, S. 5 f.
39 OVG Magdeburg Beschl. v. 15.7.2021 – 2 R 32/21, AUR 2021, 426.
40 Dazu *Walker* JurPC 2005, Web-Dok. 155/2005.
41 BVerwG Urt. v. 10.10.2019 – 4 CN 6/18, NVwZ 2020, 1123; *Külpmann*, jurisPR-BVerwG 5/2020 Anm. 4.
42 VGH München Urt. v. 27.9.2021 – 12 N 20.1726.
43 BVerwGE 88, 204 = NVwZ 1992, 371.

die Satzung ausgefertigt werden darf, besteht nach der KV M-V nicht.[44] Der Umstand, dass die Ausfertigung vor der Erteilung einer notwendigen Genehmigung einer gemeindlichen Satzung erfolgte, wird von der Heilungsvorschrift des § 5 Abs. 5 KV M-V erfasst.[45]

## IV. Zeitliche Geltung

**1. Inkrafttreten (Abs. 3).** Die Bestimmung des Tags des **Inkrafttretens** im Gesetz[46] ist nicht Teil des Gesetzgebungsverfahrens, sondern gehört zu den inhaltlichen Regelungen eines Gesetzes.[47] Zu welchem Zeitpunkt geänderte oder neue Vorschriften in Kraft treten, bestimmt sich allein nach Art. 58 Abs. 3, sofern in dem erlassenen Gesetz nichts anderes bestimmt ist. Diese Vorschrift entspricht Art. 82 Abs. 2 Satz 1 GG; die dafür entwickelten Rechtsprechungsgrundsätze sind daher übertragbar.[48] Ein verkündetes, aber noch nicht in Kraft getretenes Gesetz ist zwar rechtlich existent, übt jedoch keine Wirkungen aus. Es ist von Verfassungs wegen ausgeschlossen, für den Beginn der Anwendung neuer Gesetze auf andere als die in Abs. 3 genannten möglichen Zeitpunkte abzustellen. Allerdings kann in den Grenzen des verfassungsrechtlich Zulässigen[49] eine **Rückwirkung** angeordnet werden.[50] Aus der Inkrafttretens-Regelung muss sich eine solche Rückwirkung ergeben.[51]

Abs. 3 soll sicherstellen, dass über den **Zeitpunkt der Normverbindlichkeit Klarheit** herrscht; er dient den rechtsstaatlichen Geboten der Rechtssicherheit und Rechtsklarheit über die zeitliche Geltung des Rechts.[52] Wird kein Datum genannt, muss für jeden potenziell Betroffenen ersichtlich sein, an welches Ereignis der Zeitpunkt zwingend anknüpft. Unschädlich ist dabei, dass mehrere insoweit miteinander in untrennbaren Regelungszusammenhang stehende beziehungsweise auf einander verweisende Gesetzesbestimmungen zu ermitteln und auszulegen sind, selbst wenn dies einem juristisch nicht vorgebildeten Leser Schwierigkeiten zu bereiten vermag.[53] Verfassungsrechtlich zulässig ist es, ein bedingtes Gesetz zu erlassen, bei dem das Inkrafttreten von dem Eintritt eines Ereignisses abhängt.[54] Dabei bedarf es nicht einer eigenen Bekanntgabe des In-Kraft-Tretens.[55]

Die Bestimmung des **Zeitpunkts** bedarf im Regelfall keiner besonderen Rechtfertigung. Verfassungsrechtlich äußerste Grenzen können etwa aus der Verpflichtung des Gesetzgebers zur Erfüllung eines Verfassungsauftrags oder zur Bereinigung einer verfassungswidrigen Rechtslage ergeben, aus der Notwendigkeit,

---

44 OVG Greifswald NordÖR 2001, 218 = NVwZ-RR 2001, 786; VGH München Urt. v. 27.9.2021 – 12 N 20.1726.
45 OVG Greifswald NordÖR 2002, 43 (Leitsatz).
46 Dazu *Schneider* § 15.
47 Vgl. BVerfGE 42, 263 (283); 45, 297 (326); 47, 85 (93).
48 So LVerfG M-V LVerfGE 4, 249, 256 unter Zitierung von BVerfGE 42, 263 (285 f.) = JZ 1977, 78 = DVBl 1976, 710.
49 Dazu → Art. 2 Rn. 20 f.; → Art. 55 Rn. 5.
50 BSGE 93, 15.
51 Vgl. BVerfG Beschl. v. 25.3.2021 – 2 BvL 1/11, BVerfGE 157, 177 Rn. 51 ff.; dazu *Steinhauff* jurisPR-SteuerR 29/2021 Anm. 2; BVerfG Beschl. v. 10.2.2021 – 2 BvL 8/19, BVerfGE 156, 354 Rn. 130 ff.; dazu *Asholt* JZ 2021, 473; BVerfG Beschl. v. 11.8.2020 – 1 BvR 2654/17, NZA 2020, 1338; *Grzeszick* in Dürig/Herzog/Scholz GG Art. 20 Rn. 72 ff.; *Sommermann* in von Mangoldt/Klein/Starck Art. 20 Rn. 294 ff.
52 BVerfGE 42, 263 (285) mwN.
53 LVerfG M-V LVerfGE 4, 249, 256; vgl. auch BayObLG BayObLGSt 1999, 113.
54 BVerfG Beschl. v. 29.9.2020 – 1 BvR 1550/19, BVerfGE 155, 378 = NVwZ 2021, 390.
55 LVerfG M-V LVerfGE 4, 249, 258.

die generelle Durchsetzung einer belastenden Regelung durch Gewährung einer Übergangszeit abzumildern,[56] oder dem allg. Gleichheitssatz (Art. 3 Abs. 1 GG) ergeben, wonach sich der Zeitpunkt für das Inkrafttreten am gegebenen Sachverhalt orientieren, dh sachlich vertretbar sein muss.[57] Die Notwendigkeit einer **Übergangsregelung**, insbesondere eines späteren Inkrafttretens des neuen Rechts, kommt etwa in Fällen in Betracht, in denen die Beachtung neuer grundrechtsrelevanter Regelungen nicht ohne zeitaufwändige und kapitalintensive Umstellungen möglich ist und der Grundrechtsträger deshalb seine bislang in erlaubter Weise ausgeübte Tätigkeit bei unmittelbarem Inkrafttreten der Neuregelung zeitweise einstellen müsste oder aber nur zu unzumutbaren Bedingungen fortführen könnte.[58]

14 Der **Tag der Verkündung** ist der Tag der Ausgabe des Gesetz- und Verordnungsblatts. Ausgabe ist das willentliche Inverkehrbringen der Ausgabe, in der das betreffende Gesetz enthalten ist. Dabei genügt es, wenn das erste Stück der Nummer des Gesetzblattes über den Postweg oder auf andere Weise in den Verkehr gebracht worden ist.[59] Nicht erforderlich ist, dass die Ausgaben an die Mehrzahl der Bezieher bereits ausgeliefert wurden, da die Anknüpfung an diesen Zeitpunkt dem Grundsatz der Rechtsklarheit widersprechen würde.[60]

15 **2. Außer-Kraft-Treten.** Ein Gesetz tritt zunächst **außer Kraft**,[61] wenn dies ein später erlassenes Gesetz anordnet. Dies kann ausdrücklich geschehen. In Betracht kommt aber auch eine abweichende Regelung desselben Lebenssachverhalts, so dass der Grundsatz „lex posterior derogat legi priori" eingreift. Schließlich kann eine gesetzliche Regelung wegen grundlegender Änderung der Verhältnisse obsolet werden.

16 Automatisch tritt ein **zeitlich befristetes Gesetz** außer Kraft. Es kommt zunächst in Betracht, wenn ein temporäres Problem gelöst werden soll. Es wird auch zur Eindämmung der „Normenflut" oder Deregulierung eingesetzt. Die Verknüpfung von ressortübergreifender Normprüfung und Befristungsgesetzgebung soll sich als effektives Mittel zum Bürokratieabbau bewährt haben, um die Normenflut einzudämmen.[62] Dies ist aber nur der Fall, wenn die Befristung sachgerecht eingesetzt wird. Demgemäß bestimmt § 3 Abs. 6 GGO II, dass Vorschriften – nur – zu befristen sind, wenn sie nur für einen vorübergehenden Zweck erforderlich sind. Im Übrigen soll eine Befristung vorgesehen werden, wenn nicht besondere wichtige Gründe für eine unbefristete Geltungsdauer sprechen. Besondere wichtige Gründe sind insbesondere die Regelung von verfassungs-, status- oder organisationsrechtlichen Sachverhalten sowie die Umsetzung von höherrangigem unbefristetem Recht. Allerdings sind unbefristete Vorschriften spätestens alle fünf Jahre vom federführenden Ressort auf die Notwendigkeit ihrer Weitergeltung nach Maßgabe dieses Absatzes zu überprüfen. IÜ kann ein Überprüfungsauftrag des LTag an die LReg genügen, das Gesetz nach einem bestimmten Zeitraum zu evaluieren und ggf. Änderungsvorschläge in einem Gesetzentwurf einzubringen.

---

56 Dazu LVerfG M-V LVerfGE 12, 227, 249 f.; vgl. auch BVerfG Beschl. v. 4.5.2012 – 1 BvR 367/12, BVerfGE 131, 47 Rn. 47.
57 Zusammenfassend BVerfGE 47, 85 = NJW 1978, 629.
58 BVerfG Beschl. v. 4.5.2012 – 1 BvR 367/12 –, BVerfGE 131, 47 Rn. 37.
59 BVerfGE 16, 6 (18 f.).
60 *Nolte*, in Caspar/Ewer/Nolte/Waack, Art. 39 Rn. 17.
61 Dazu *Schneider* § 15 Rn. 550 ff.
62 *Becker* NVwZ-Extra 17/2010, S. 1.

## V. Geschäftsordnungen (Abs. 4)

Die Veröffentlichung von GO dient der Transparenz. Damit wird auch deutlich, 17
zu welchem Zeitpunkt und mit welchem Inhalt an sich nur intern geltende GO geändert werden.

## VI. Schrifttum

*Thomas Blome/Thomas Grosse-Wilde*, Zur „Prüfungs"-Kompetenz bei der Ausfertigung von Landesgesetzen, DÖV 2009, 615; *Bundesministerium der Justiz* (Hrsg.): Handbuch der Rechtsförmlichkeit – Empfehlungen des Bundesministeriums der Justiz zur einheitlichen rechtsförmlichen Gestaltung von Gesetzen und Rechtsverordnungen nach § 38 Abs. 3 GGO II; *Christoph Gröpl*, Ausfertigung, Verkündung und Inkrafttreten von Bundesgesetzen nach Art. 82 GG, Jura 1995, 641 ff.; *Hans Schneider*, Gesetzgebung, 3. Aufl. 2002; *Andreas Voßkuhle/Jakob Schemmel*, Grundwissen – Öffentliches Recht: Der Bundespräsident, JuS 2021, 118; *Almut Wittling*, Die Publikation der Rechtsnormen einschließlich der Verwaltungsvorschriften, 1991. 18

# II. Initiativen aus dem Volk, Volksbegehren und Volksentscheid

### Vorbemerkung zu Art. 59

Die Bundesrepublik Deutschland ist als **repräsentative Demokratie** verfasst. Das 1
Volk, von dem alle Staatsgewalt ausgeht, übt diese unmittelbar nur in Wahlen und Abstimmungen aus, iÜ aber mittelbar, dh durch besondere Organe der Gesetzgebung, der vollziehenden Gewalt und der Rspr. (Art. 20 Abs. 2 GG). Das schließt **ergänzende unmittelbare Befugnisse des Volkes zur Gesetzgebung** nicht aus.[1] Auf Bundesebene hat das deutsche Volk solche Befugnisse nicht. Die in Abstimmungen auszuübende Staatsgewalt enthält allein das Recht auf Beteiligung an einer Neugliederung des Bundesgebiets; eine Befugnis zum Volksentscheid auch in anderen Gesetzgebungsverfahren oder auch nur zur Befassung des BT oder der Veranstaltung einer Volksbefragung gibt es nicht.[2] Versuche, dies zu ändern, blieben bislang erfolglos.[3]

In den **Ländern** ist das anders. Einige Länderverfassungen enthalten **plebiszitäre** 2
**Elemente** seit Landesgründung (zB Bayern und Nordrhein-Westfalen). In anderen Ländern kamen entsprechende Regelungen später hinzu (zB in Baden-Württemberg und in Niedersachsen). Nach der friedlichen Revolution von 1989 verbreitete sich allg. der Wunsch, die repräsentative Demokratie durch die Einführung plebiszitärer Elemente jedenfalls auf Landesebene zu ergänzen und zu verstärken. Seither haben sich nicht nur die Länder des Beitrittsgebiets entsprechende Verfassungen gegeben, sondern sind plebiszitäre Elemente auch in jenen Ländern der früheren Bundesrepublik eingeführt worden, in denen sie bisher unbekannt waren. Die unmittelbare Beteiligung des Volkes an der Gesetzgebung besteht idR aus drei Teilen: der Volksinitiative (die das Parlament mit einem Gegenstand der politischen Willensbildung obligatorisch befasst), dem Volksbe-

---

1 BVerfGE 60, 175 (208).
2 Im Schrifttum gehen die Meinungen darüber auseinander, ob auf Bundesebene mehr plebiszitäre Elemente eingeführt werden sollten. Befürwortend äußern sich etwa *Meyer* JZ 2012, 538 (542); *Kersten* JuS 2018, 929 (936); ablehnend etwa *Krause* HdbStR § 35 Rn. 45 ff.; *Papier* DRiZ 2019, 176 (179 f.).
3 *Schnapp* in von Münch/Kunig Art. 20 Rn. 18; anders noch Art. 73 und 75 der Weimarer Reichsverfassung.

gehren (das das Parlament zur Abstimmung über einen Gesetzentwurf zwingt) und dem Volksentscheid (mit dem das Volk selbst über einen Gesetzentwurf abstimmt). Von der weiteren Möglichkeit, eine amtliche Volksbefragung durchzuführen wird in M-V kein Gebrauch gemacht.[4] Während Volksbegehren und Volksentscheid stets in der Weise mit einander verknüpft sind, dass die Ablehnung des Volksbegehrens durch das Parlament den Weg zum Volksentscheid öffnet, sind unterschiedliche Folgen der Volksinitiative möglich: Nach einigen Verfassungen (zB in Brandenburg und in Schleswig-Holstein) eröffnet erst die Ablehnung einer Volksinitiative den Weg zum Volksbegehren (drei-stufiges Verfahren); nach anderen Verfassungen kann ein Volksbegehren auch ohne diese Voraussetzung eingeleitet werden (zwei-stufiges Verfahren); die Ablehnung einer Volksinitiative bleibt in diesem Verfahren ohne rechtliche Folgen. Der letztere Weg, der in den meisten Länderverfassungen beschritten worden ist, ist auch in M-V gewählt worden.

3 Der Einführung plebiszitärer Elemente in die LV lagen unterschiedliche Entwürfe der Sachverständigen *v. Mutius* und *Starck* zugrunde, die insbes. in der 17. Sitzung der Verfassungskommission am 7.2.1992 erörtert wurden. Unter dem Eindruck einer öffentlichen Anhörung, in der eine große Mehrheit die Einführung plebiszitärer Elemente begrüßte, einigte man sich in der 26. Sitzung auf einen Kompromiss aus beiden Entwürfen (→ Entstehungsgeschichte Rn. 22), der vom Landtagsplenum übernommen wurde.

## Schrifttum

4 *Jens Kersten*, Parlamentarismus und Populismus, JuS 2018, 929; *Hans Meyer*, Volksabstimmungen im Bund: Verfassungslage nach Zeitgeist?, JZ 2012, 538; *Hans-Jürgen Papier*, 70 Jahre Grundgesetz – Bewährung und Zukunft, DRiZ 2019, 176.

## Art. 59 (Volksinitiative)

(1) [1]Im Rahmen seiner Entscheidungszuständigkeit kann der Landtag durch Volksinitiative mit Gegenständen der politischen Willensbildung befaßt werden. [2]Eine Volksinitiative kann auch einen mit Gründen versehenen Gesetzentwurf zum Inhalt haben.

(2) [1]Eine Volksinitiative muß von mindestens 15.000 Wahlberechtigten unterzeichnet sein. [2]Ihre Vertreter haben das Recht, angehört zu werden.

(3) Initiativen über den Haushalt des Landes, über Abgaben und Besoldung sind unzulässig.

(4) Das Nähere regelt das Gesetz.

Vergleichbare Regelungen:
Artt. 61 VvB; 76 BbgVerf; 87 BremVerf; 50 HambVerf; 47 NdsVerf; 67 Verf NW; 108a Verf Rh-Pf; 71 SächsVerf; 80 LVerf LSA; 48 SchlHVerf; 68 ThürVerf.

---

4 Anders jedoch noch der sog. Oktoberentwurf des Regionalausschusses, → Entstehungsgeschichte Rn. 13; ein Gesetzentwurf der LReg über die Einführung einer qualifizierten Volksbefragung (LT-Drs. 7/2575) fiel in der 7. Wahlperiode des LT der Diskontinuität anheim.

| I. Allgemeines ........................ | 1 | III. Verfahren .......................... | 9 |
| 1. Verfassungswirklichkeit ....... | 1 | 1. Zulässigkeitsprüfung .......... | 9 |
| 2. Wesen ........................... | 2 | 2. Befassung des Landtags ........ | 11 |
| II. Voraussetzungen ................... | 3 | IV. Gesetzgebungsauftrag .............. | 12 |
| 1. Gegenstand ..................... | 3 | V. Schrifttum .......................... | 13 |
| 2. Grenzen ........................ | 7 | | |

## I. Allgemeines

**1. Verfassungswirklichkeit.** Seit Inkrafttreten der Verfassung sind insgesamt **21** 1 **Volksinitiativen** zustande gekommen und haben den LT beschäftigt. Häufig haben parlamentarische[1] oder außerparlamentarische[2] politische Minderheiten mit dem Instrument der Volksinitiative eine Beratung des LT über den Gegenstand der Initiative erzwungen. Auffällig ist, dass die Regierungsfraktionen regelmäßig großen Respekt vor der Äußerung des „Volkswillens" bekunden, in der Sache aber häufig anders entschieden. Einmal hat eine Initiative zu einer Wiederaufnahme eines bereits abgeschlossenen Entscheidungsverfahrens geführt,[3] in einem anderen Fall wurde dem Anliegen zwar Rechnung getragen,[4] hier war die Volksinitiative den Absichten der Regierungsmehrheit aber nur zuvorgekommen. In einem dritten Fall[5] sah sich eine Regierungsfraktion gezwungen, ihre noch in der Opposition eingeleitete Initiative so zu verwässern, dass sie für sie auch noch in der Regierung (und für den Koalitionspartner) akzeptabel war. Die Volksinitiative „Für ein weltoffenes, friedliches und tolerantes Mecklenburg-Vorpommern" hat dagegen zur Einführung des Art. 18a in die LV geführt.[6] Ob sich die Erwartung, die Volksinitiative werde ein Ventil für ein spontanes Partizipationsbedürfnis des Volkes sein, erfüllt hat oder ob die Volksinitiative eher ein „Resonanzboden für vorstrukturierte und festorganisierte Interessen"[7] geworden ist, liegt im Auge des Betrachters. Einerseits wird von ihr überhaupt in nennenswertem Umfang Gebrauch gemacht, was die Volksinitiative vom Volksbegehren unterscheidet. Andererseits nimmt sich der Erfolg im Ergebnis bescheiden aus.

**2. Wesen.** Die Volksinitiative ist eine **qualifizierte Massenpetition**, dh sie führt 2 zu einer Erörterung in einem Fachausschuss und zu einer zweimaligen Behandlung im Plenum und gewährt den Vertretern ein Anhörungsrecht.

## II. Voraussetzungen

**1. Gegenstand.** Anders als nach den Verfassungen einiger anderer Länder (zB 3 Art. 22 Abs. 2 S. 2 BbgVerf) haben in M-V nach Abs. 2 nur **wahlberechtigte Bürger**, dh deutsche Staatsangehörige, das Recht, sich an Initiativen aus dem Volk zu beteiligen (§ 4 VaG). Ob dies zwingend aus dem „Volks"-begriff herzuleiten ist, mag zweifelhaft erscheinen. Konsequent ist die Regelung aber zumindest in-

---

1 „Soziale Rechte in die Landesverfassung", LT-Drs. 1/4460 (PDS).
2 „Ein ökologisches, soziales und demokratisches Gesetz für den öffentlichen Personennahverkehr in M-V", LT-Drs. 2/892 (Bündnis 90/Die Grünen).
3 „Für die Wiedereinrichtung des Studiengangs Zahnmedizin und den Erhalt der Klinik und der Polikliniken für Zahn-, Mund- und Kieferheilkunde an der Universität Rostock", LT-Drs. 3/138.
4 „Pro A 20/Rügenanbindung", LT-Drs. 3/7.
5 „Der Jugend eine Zukunft – Berufliche Erstausbildung und Beschäftigung für Jugendliche", LT-Drs. 3/138.
6 LT-Drs. 5/640, GVOBl 2007, 371, → Art. 18a Rn. 1 f.; weitere Hinweise auf die Inhalte bisheriger Volksinitiativen finden sich bei *März* JöR nF 54 (2006), 175 (257 f.).
7 *März* JöR nF 54 (2006), 175 (261).

soweit als auch die Volksinitiative einen Gesetzentwurf zum Gegenstand haben kann, der im LT nach Art. 55 behandelt werden muss (→ Rn. 4).[8]

4 **Gegenstand der politischen Willensbildung** (Abs. 1 S. 1) ist alles, worüber im LT debattiert und eine Entschließung gefasst werden kann. Sofern es sich dabei um einen Gesetzentwurf handelt (Abs. 1 S. 2), bedarf es zu seiner Verabschiedung des in Art. 55 f. LV vorgesehenen Verfahrens, dh einer Grundsatzberatung und einer Einzelberatung sowie der in der GO LT vorgesehenen Schritte (→ Art. 55 Rn. 20 ff.). Der Gesetzentwurf muss eine Begründung enthalten. Eine solche verfassungsrechtliche Vorgabe gibt es für Gesetzentwürfe der LReg oder aus der Mitte des LT nicht (→ Art. 55 Rn. 17 ff.). Die Gesetzentwürfe der LReg enthalten allerdings regelmäßig, diejenigen aus der Mitte des LT in den meisten Fällen eine Begründung. Der Gesetzentwurf der Volksinitiative gilt mit der Zuleitung der entsprechenden Volksinitiative an den LT als eingebracht, wie sich aus Art. 55 Abs. 1 S. 1 LV ergibt. Die Gleichstellung mit Gesetzentwürfen der LReg oder aus der Mitte des LT bedeutet ferner, dass Gegenstand einer Volksinitiative auch eine intendierte Verfassungsänderung sein kann. In diesem Fall setzt die Annahme durch den LT die qualifizierte Mehrheit des Art. 56 Abs. 2 voraus. Andere Gegenstände politischer Willensbildung können sein: Meinungsäußerungen allg. Art, Aufträge an die LReg uÄ.

5 **Im Rahmen seiner Entscheidungszuständigkeit** (vgl. Abs. 1 S. 1) wird der LT befasst, wenn der Gegenstand der Volksinitiative innerhalb seiner Kompetenzen nach der LV liegt. Bei Gesetzentwürfen setzt dies die Gesetzgebungskompetenz des Landes voraus. Daher ist eine Befassung des LT mit einem Gesetzentwurf, für die die Gesetzgebungskompetenz beim Bund läge, unzulässig.[9] Möglich ist allerdings eine Entschließung des LT, wonach die Mitglieder der LReg zu einem bestimmten Verhalten im BR aufgefordert werden; hierbei handelt es sich nicht um einen Übergriff des LT in die Gesetzgebungskompetenz des Bundes, sondern um die Ausübung der parlamentarischen Kontrollrechte im Rahmen der LV.[10] Dagegen sind Initiativen, mit denen der der LT Mitglieder des BT zu einem bestimmten Abstimmungsverhalten veranlassen soll, wiederum ausgeschlossen.[11] Der LT kann ferner nicht durch Volksinitiative aufgefordert werden, auf Personalentscheidungen der LReg Einfluss zu nehmen[12] oder andere Einzelfallentscheidungen zu treffen.[13] Zwar kann der LT auch insoweit Wünsche an die LReg herantragen, er kann ihr aber keinen Auftrag erteilen. Zulässig ist ein Ersuchen, für eine bestimmte Thematik einen Untersuchungsausschuss einzusetzen, ja sogar dem MinPräs das Misstrauen auszusprechen.[14]

---

8 Zur möglichen Erweiterung des Kreises der Teilnahmeberechtigten bei anderen Gegenständen der Volksinitiative vgl. *Litten* Vorauflage Rn. 3.
9 BVerfGE 8, 104 (117 ff.), bestätigt durch B. v. 7.12.2021 – 2 BvL 2/15 –, juris Rn. 56; *Krause* in HdbStR § 35 Rn. 28; *Isensee* in FS Krause, 2006, S. 311; *Schulz* in Becker/Brüning/Ewer/Schliesky Art. 47 Rn. 14.
10 BVerfGE 8, 104 (121); BbgVerfG, NVwZ 1999, 868 (869 f.); *Schulz* in Becker/Brüning/Ewer/Schliesky Art. 47 Rn. 14 mwN; vgl. aber jüngst die sehr weitgehende Formulierung in BVerfG B. v. 7.12.2021 – 2 BvL 2/15 –, juris Rn. 56, wonach das Gebot der Bundestreue die Länder verpflichtet, Maßnahmen zu unterlassen, mit denen im Wege der Bildung eines Landesstaatswillens politischer Druck auf Bundesorgane ausgeübt wird, die von ihnen unter Inanspruchnahme einer Bundeskompetenz getroffenen Sachentscheidungen zu ändern.
11 BbgVerfG, NVwZ 1999, 868 (870).
12 Wohl aber auf solche des LT, wie zB die Wahl des Bürgerbeauftragten, *Rux* Direkte Demokratie S. 665.
13 *Mann* in Löwer/Tettinger Art. 67a Rn. 9.
14 *Caspar* in Caspar/Ewer/Nolte/Waack Art. 41 Rn. 20.

Mindestens **15.000 Wahlberechtigte** müssen eine Volksinitiative unterzeichnet haben, wenn diese die Befassung des LT auslösen soll. Dieses Quorum[15] ist niedrig und sollte nach der Vorstellung der Verfassungsgeber[16] der für die Erringung eines Landtagsmandats erforderlichen Stimmenzahl entsprechen.[17] Ein Quorum ist andererseits aber auch nötig, damit der LT nicht durch beliebig kleine Gruppierungen zur Befassung mit bestimmten Gegenständen gezwungen werden kann.[18]

**2. Grenzen.** Initiativen über den **Haushalt des Landes, über Abgaben und Besoldung** sind unzulässig (Abs. 3). Dieser sog. Finanzvorbehalt soll eine Volksgesetzgebung verhindern, in der kleine Gruppen von Lobbyisten die Mehrheit durch populistische Anträge zu Entscheidungen verführen, die das Gefüge des Haushalts oder der Abgaben oder der Entlohnung der Staatsbediensteten durcheinanderbringen können. Ein vergleichbarer Vorbehalt findet sich in Art. 60 Abs. 2, auf die dortige Kommentierung (→ Art. 60 Rn. 6 ff.) kann daher verwiesen werden.[19]

Andere Grenzen ergeben sich aus der LV selbst. Hinsichtlich eines vorgelegten Gesetzentwurfs folgt dies aus der Bindung der Gesetzgebung an **höherrangiges Recht**, insbesondere an das GG und an die LV (Art. 4 LV). Aber auch die Behandlung anderer Gegenstände politischer Willensbildung durch den LT darf jedenfalls nicht im Widerspruch zu den Staatsgrundlagen (Art. 2), zum Demokratiegebot (Art. 3), zu den Grundrechten (Art. 5 bis 10) und zu den Staatszielen (Art. 11 bis 19) stehen.[20]

### III. Verfahren

**1. Zulässigkeitsprüfung.** Über die **Zulässigkeit der Volksinitiative** entscheidet der Landeswahlleiter (§ 8 Abs. 2 VaG), der die Vertreter der Volksinitiative zuvor auf Wunsch über die Einhaltung der förmlichen Voraussetzungen zu beraten hat (§ 6 Abs. 1 VaG). Damit ist dem Anliegen der Verfassungskommission, die LReg (wegen möglicher Parteilichkeit) aus dem Zulassungsverfahren herauszuhalten, nicht vollständig Rechnung getragen worden.[21] Es entspricht aber einer ausnahmslos eingehaltenen Praxis, dass der Landeswahlleiter lediglich die **formelle** Zulässigkeit überprüft, also die Einhaltung der Vorschriften über die Unterzeichnung und die erforderliche Stimmenzahl. Eine solche Beschränkung des Prüfungsumfangs ist nach dem Wortlaut des § 8 Abs. 2 Nr. 1 VaG nicht zwingend. Diese Vorschrift nimmt ausdrücklich „die Zulassungsvoraussetzungen nach Artikel 59" in Bezug, worunter man auch den Finanzvorbehalt des

---

15 Gut 1,1 % der Wahlberechtigten der LT-Wahlen 2021.
16 Vgl. LT-Drs. 1/3100, 156.
17 Ähnlich niedrig ist es in Rheinland-Pfalz, noch niedriger in Nordrhein-Westfalen – 0,5 % – höher dagegen in Thüringen – ca. 6 % –.
18 BayVerfGH NVwZ-RR 2000, 401 (406), der sich freilich gegen jede feste Zahl beim Quorum ausspricht. Eine feste Zahl hat indessen den Vorteil, dass die Initianten klar wissen, wie viele Unterschriften sie brauchen.
19 Kritisch zum Finanzvorbehalt bei der Volksinitiative *Litten* Vorauflage Rn. 7.
20 Vgl. jüngst etwa LVerfG SH Urt. v. 24.9.2021 – LVerfG 1/18 – juris Rn. 61 ff.: Verstoß gegen das Rechtsstaatsprinzip.
21 Eingehend und zustimmend zur Zuständigkeit der LReg für diese Prüfung (bezogen auf das Volksbegehren) dagegen etwa *Isensee* in FS Krause, 2006, S. 313 ff. Zu berücksichtigen ist ferner, dass der Landeswahlleiter jedenfalls seine Aufgaben nach dem LKWG unabhängig wahrnimmt (§ 7 Abs. 1 S. 1 Nr. 1 iVm Abs. 2 S. 1 LKWG), auch wenn entsprechendes für die Aufgaben nach dem VaG nicht ausdrücklich geregelt ist.

Art. 59 Abs. 3 verstehen kann.[22] Außerdem können sich die Initiatoren nach § 6 Abs. 2 VaG von der LReg auch materiellrechtlich, zB im Hinblick auf die Gesetzgebungskompetenz, beraten lassen, was durchaus in ihrem Interesse liegen kann. Gegen die Entscheidung des Landeswahlleiters können die Antragsteller, die LReg oder ein Viertel der Mitglieder des LT das LVerfG M-V anrufen (Art. 53 Nr. 3 LV).

10 Über die **materielle Zulässigkeit** einer Volksinitiative, also etwa die Vereinbarkeit eines vorgelegten Gesetzentwurfs mit dem GG und der LV, entscheidet auf Antrag der LReg oder eines Viertels der Mitglieder des LT das LVerfG M-V. Dies ergibt sich bei der Volksinitiative ebenfalls aus Art. 53 Nr. 3 LV iVm §§ 11 Nr. 7 und 50 Abs. 2 LVerfGG, da es an einer speziellen Vorschrift wie Art. 60 Abs. 2 S. 2 hier fehlt.

11 **2. Befassung des Landtags.** Das **parlamentarische Verfahren** ist im VaG geregelt. Der Landeswahlleiter leitet die Volksinitiative dem PräsLT zur Vorlage an den LT zu. Dieser muss sich nach den Vorgaben des einfachen Rechts in der nächstmöglichen Sitzung nach Maßgabe seiner GO damit befassen und binnen drei Monaten zu einem Beschluss gelangen (§ 9 Abs. 1 und 2 VaG). Hierzu ist über den Gegenstand der Volksinitiative nach der Einbringung im Plenum im zuständigen Ausschuss zu beraten und abschließend wiederum im Plenum zu entscheiden. Bei der Ausschussberatung üben die Vertreter der Volksinitiative ihr Anhörungsrecht (Abs. 2 S. 2) aus. Die Dreimonatsfrist ist zu kurz, wenn eine Volksinitiative unmittelbar vor dem Ende einer Legislaturperiode zugeleitet worden ist. Sie unterfällt nicht der Diskontinuität; denn nicht ein bestimmter LT wird mit ihr befasst.[23] Zwar ist die Frist in der Zeit vom 1. Juli bis zum 31. August gehemmt (§ 9 Abs. 2 S. 2 VaG). Der neue LT ist aber nicht sofort handlungsfähig. Das Problem wird bislang dadurch gelöst, dass die Volksinitiative einem schon in der ersten Sitzung gebildeten Sonderausschuss zugewiesen wird. Es ist vorgeschlagen worden, die Frist zur abschließenden Befassung auf vier Monate auszudehnen. Dieser Vorschlag, der durch eine Änderung des § 9 Abs. 2 VaG umzusetzen wäre, ist aber bislang nicht aufgegriffen worden. Als problematisch wird auch angesehen, dass Volksinitiativen manchmal nicht der Form genügen, die für LT-Drs. gilt; nicht alle Antragsteller machen von ihrem Recht auf Beratung durch den Landeswahlleiter Gebrauch. Die Vorlagen müssten hierzu geändert werden, was aber nicht als zulässig angesehen wird, weil dadurch der Volkswille verfälscht werden könnte.[24] Hierzu ist vorgeschlagen worden, die Vorlagen vor der erstmaligen Beratung im Plenum durch einen Ausschuss vorberaten zu lassen, der dann die evtl. erforderlichen redaktionellen Änderungen vornähme. Der Rechtsausschuss hat auch diesen Änderungsvorschlag nicht aufgegriffen. Eine Lösung der Probleme durch Änderung des Gesetzes erscheint entbehrlich, weil es dem LT freisteht, in der ihm geeignet erscheinenden Weise über die ihm unverfälscht vorgelegte Initiative zu beraten und zu entscheiden.

---

22 Vgl. dagegen die andere Formulierung in § 6 Abs. 1 S. 1 VaG („förmliche Voraussetzungen").
23 *Thiele* in Thiele/Pirsch/Wedemeyer Art. 60 Rn. 8.
24 Ganz eindeutig ist der Schluss auf die Unzulässigkeit zumindest redaktioneller Änderungen nicht. Das VaG enthält kein entsprechendes Verbot, anders als etwa das vergleichbare Gesetz in Schleswig-Holstein, und selbst dort sind redaktionelle Änderungen zulässig, vgl. *Schulz* in Becker/Brüning/Ewer/Schliesky Art. 48 Rn. 42. Hinzu kommt, dass selbst Volksbegehren, die durch ein erheblich höheres Quorum legitimiert sind, gemäß Art. 60 Abs. 3 S. 1 nur vor *wesentlichen* Änderungen geschützt sind (→ Art. 60 Rn. 15).

## IV. Gesetzgebungsauftrag

Dem in Absatz 4 enthalten Auftrag, **das Nähere zu regeln**, ist der Gesetzgeber 12 durch das Gesetz zur Ausführung von Initiativen des Volkes, Volksbegehren und Volksentscheiden in M-V (VaG) nachgekommen. Das Gesetz wurde alsbald nach Inkrafttreten der LV verabschiedet (Gesetz v. 31.1.1994, GVOBl. S. 127) und regelt ua Einzelheiten zum Verfahren und zur Kostentragung.

## V. Schrifttum

*Josef Isensee*, Verfahrensfragen der Volksgesetzgebung – Überlegungen zum 13 Landesverfassungsrecht, in Maximilian Wallerath (Hrsg.), Fiat Iustitia – Recht als Aufgabe der Vernunft, Festschrift für Peter Krause zum 70. Geburtstag, 2006, S. 303 (zit.: *Isensee* in FS Krause); *Wolfgang März*, Die Verfassungsentwicklung in Mecklenburg-Vorpommern, JöR nF 54 (2006), 175; *Johannes Rux*, Direkte Demokratie in Deutschland, 2008.

## Art. 60 (Volksbegehren und Volksentscheid)[1]

(1) [1]Ein Volksbegehren kann darauf gerichtet werden, ein Landesgesetz zu erlassen, zu ändern oder aufzuheben. [2]Dem Volksbegehren muss ein ausgearbeiteter, mit Gründen versehener Gesetzentwurf zugrunde liegen. [3]Das Volksbegehren muss von mindestens 100 000 Wahlberechtigten unterstützt werden.

(2) [1]Haushaltsgesetze, Abgabengesetze und Besoldungsgesetze können nicht Gegenstand eines Volksbegehrens sein. [2]Die Entscheidung, ob ein Volksbegehren zulässig ist, trifft auf Antrag der Landesregierung oder eines Viertels der Mitglieder des Landtages das Landesverfassungsgericht.

(3) [1]Nimmt der Landtag den Gesetzentwurf nicht innerhalb von sechs Monaten im wesentlichen unverändert an, findet frühestens drei, spätestens sechs Monate nach Ablauf der Frist oder dem Beschluß des Landtages, den Entwurf nicht als Gesetz anzunehmen, über den Gesetzentwurf ein Volksentscheid statt. [2]Der Landtag kann dem Volk einen eigenen Gesetzentwurf zum Gegenstand des Volksbegehrens zur Entscheidung vorlegen.

(4) [1]Ein Gesetzentwurf ist durch Volksentscheid angenommen, wenn die Mehrheit der Abstimmenden, mindestens aber ein Viertel der Wahlberechtigten zugestimmt haben. [2]Die Verfassung kann durch Volksentscheid nur geändert werden, wenn zwei Drittel der Abstimmenden, mindestens aber die Hälfte der Wahlberechtigten zustimmen. [3]In der Abstimmung zählen nur die gültigen Ja- und Nein-Stimmen.

(5) [1]Das Nähere regelt das Gesetz. [2]Es bestimmt auch, in welchem Zeitraum die Unterstützung nach Absatz 1 erfolgt sein muss.

Vergleichbare Regelungen:
Art. 59 f., 64 Abs. 3 BWVerf; 71, 72 Abs. 1, 73 f. BayVerf; 59 Abs. 2, 62 f., 100 S. 2 VvB; 75, 77 ff. BbgVerf; 66 f., 69 ff., 123 BremVerf; 50 HambVerf; 116 f., 124 HessVerf; 42, 48 ff. NdsVerf; 68, 69 Abs. 3Verf NW; 107, 109, 115 Verf Rh-Pf; 99 f. SaarlVerf; 70, 72 ff. SächsVerf; 77, 81 LVerf LSA; 49 SchlHVerf; 81 ff. ThürVerf.

---

1 Art. 60 Abs. 4 Satz 2 ist gem. §§ 1 Abs. 1, 3 G über die Verabschiedung und das Inkrafttreten der Verfassung iVm Bek. v. 23.8.1994 (GVOBl. S. 811) mit Beendigung der ersten Wahlperiode des Landtages in Kraft getreten.

| I. Allgemeines ...................... | 1 | 4. Verfahren ..................... | 12 |
| 1. Geschichte ..................... | 1 | III. Volksentscheid ..................... | 16 |
| 2. Bedeutung...................... | 2 | 1. Voraussetzungen ............... | 16 |
| 3. Wesen ........................ | 5 | 2. Verfahren ..................... | 17 |
| II. Volksbegehren ..................... | 6 | 3. Quorum...................... | 19 |
| 1. Gegenstand ................... | 6 | 4. Ergebnis....................... | 21 |
| 2. Voraussetzungen ............... | 7 | IV. Gesetzgebungsauftrag.............. | 22 |
| 3. Grenzen ..................... | 8 | V. Schrifttum ........................ | 23 |

## I. Allgemeines

1 **1. Geschichte.** Durch Art. 1 des Zweiten Gesetzes zur Änderung der Verfassung des Landes M-V vom 14.7.2006 (GVOBl. S. 572) wurde das Quorum für das Volksbegehren (Abs. 1 S. 3), das ursprünglich auf 140.000 Wahlberechtigte festgesetzt worden war, auf 120.000 gesenkt. Eine weitere Absenkung auf 100.000 erfolgte durch Art. 1 des Gesetzes zur Änderung der Verfassung des Landes M-V und weiterer Rechtsvorschriften vom 14.7.2016 (GVOBl. S. 573). Dieses Gesetz verringerte auch das Quorum für die Annahme eines Gesetzentwurfs durch Volksentscheid (Abs. 4 S. 1) von einem Drittel auf ein Viertel der Wahlberechtigten. Außerdem wurde Absatz 5 S. 2 angefügt, wonach das VaG auch den Zeitraum zu bestimmen hat, in dem die Unterstützung eines Volksbegehrens nach Absatz 1 erfolgt sein muss.

2 **2. Bedeutung.** Volksbegehren und Volksentscheid bieten den Bürgern eine Möglichkeit, Gesetze unmittelbar zu initiieren und zu beschließen. Die Befürworter erhoffen sich davon eine **Stärkung der Demokratie**, ein Mittel gegen Politikverdrossenheit sowie eine Verbesserung der Qualität und der Legitimität politischer Entscheidungen. Die Gegner wenden ein, dass – im Gegenteil – irrationale Entscheidungen aufgrund populistischer Anträge zu befürchten seien, dass zumindest die Entscheidungsqualität mangels des erforderlichen Sachverstands der Abstimmenden eingeschränkt werde, zumal beim Volksentscheid auch die komplexesten Gegenstände lediglich mit „Ja" oder „Nein" zur Abstimmung gestellt werden. Außerdem wird darauf hingewiesen, dass weder die Initiatoren noch die Abstimmenden mit Blick auf den zur Abstimmung gestellten Gegenstand später politisch verantwortlich sind.[2] Die Parlamente haben immerhin die Möglichkeit, „untragbare" Entscheidungen des Volkes durch eigene Gesetze zu korrigieren. In jüngerer Zeit mehrt sich allerdings wieder die Kritik an der mangelnden Professionalität[3], insbesondere an der manchmal fehlenden Verfassungskonformität volksbeschlossener Gesetze.[4] Es wird auch darauf hingewiesen, dass oft nur eine „soziale Schrumpfform" der Bevölkerung, insbes. besser Situierte und Informierte an der Abstimmung teilnähmen[5] und dass die Ergebnisse gelegentlich strukturkonservativ seien.[6]

3 Dass sich die in die Volksgesetzgebung gesetzten Hoffnungen erfüllt haben, lässt sich jedenfalls für M-V nicht feststellen, weil hier bislang **kein einziger Volksent-**

---

[2] Vgl. die Zusammenstellung der Argumente etwa bei *Krause* in HdbStR § 35 Rn. 3 ff., 45 ff.
[3] *Kleindiek* in FS Bryde, 2013, S. 175 (195 f.), der sich freilich – in Hamburg – mit der Einschränkung der parlamentarischen Korrekturmöglichkeit durch das fakultative Referendum konfrontiert sieht.
[4] *Schmitz* DVBl 2012, 731 (737), der deshalb die Aufnahme einer präventiven Vorabkontrolle am Maßstab des Verfassungsrechts fordert.
[5] *Hien* DVBl 2014, 295 (498).
[6] *Ruppert* AöR 138 (2013) 464 (474).

**scheid** zustande gekommen ist[7]. Im Februar 2015 ließ die Landeswahlleiterin ein Volksbegehren gegen das Gerichtsstrukturneuordnungsgesetz vom 11.11.2013 (GVBl 2013, 609) zu. Der LT lehnte das Volksbegehren ab,[8] der anschließende Volksentscheid am 6.9.2015 erreichte nicht das erforderliche Quorum nach Abs. 4 S. 1. Andere Versuche von Volksbegehren sind bereits in einem früheren Stadium gescheitert. Ua erreichte eine Initiative gegen die Schulreform gemäß Gesetz v. 4.7.2005 (GVOBl. S. 297), nicht das Unterstützungsquorum, sondern stagnierte bei 80.000.

Die bislang begrenzte praktische Bedeutung des Volksbegehrens und des nach- 4 folgenden Volksentscheids in M-V sind die tragenden Gründe dafür gewesen, dass der Gesetzgeber die Voraussetzungen bereits mehrfach gesenkt hat. Dem Gesetz zur Änderung der Verfassung des Landes M-V und weiterer Rechtsvorschriften vom 14.7.2016 (→ Rn. 1) lag die Erwägung zugrunde, dass Volksbegehren und Volksabstimmungen erleichtert werden sollten.[9] Mit der Absenkung der Quoren sollte zugleich auf die demographische Entwicklung in M-V reagiert werden.

**3. Wesen.** **Volksgesetze** genießen weder höhere noch geringere Dignität als 5 **Parlamentsgesetze.**[10] Sie können nach dem Grundsatz „lex posterior derogat legi priori" vom Parlament korrigiert werden.[11] Bei einer Konkurrenz der beiden Gesetzgeber ist freilich zu beachten, dass ein vom Volk beschlossenes Gesetz erst in einem langwierigen Verfahren zustande kommt, in dem es mehrere für das Parlament nicht existierende Hindernisse zu überwinden hat. Es könnte ein Verstoß gegen das Gebot der Organtreue in Betracht gezogen werden, wenn das Parlament ein solches Gesetz jedenfalls ohne sorgfältige Abwägung der Gegengründe aufhöbe oder abänderte.[12] Daher ist erwogen worden, eine Änderung durch das Parlament während der laufenden Legislaturperiode überhaupt auszuschließen oder einer Änderung zumindest eine Schamfrist zu setzen.[13] Dies ist jedoch nirgendwo Gesetz geworden.

## II. Volksbegehren

**1. Gegenstand.** Gegenstand eines Volksbegehrens ist nach Abs. 1 S. 1 ein 6 **Gesetzentwurf,** mit dem ein Landesgesetz erlassen, geändert oder aufgehoben werden soll. Theoretisch könnte auch die Zustimmung zu einem Staatsvertrag gemäß Art. 47 Abs. 2 LV durch Volksbegehren gefordert werden; ein Volksentscheid darüber dürfte indessen ausgeschlossen sein, weil die Bestimmung ausdrücklich die Entscheidung durch den LT vorsieht.[14] Der Gesetzentwurf kann auch eine Verfassungsänderung vorsehen.[15] Nicht Gegenstand eines Volksbegehrens können dagegen beispielsweise sein: Erlass einer Rechtsverordnung oder

---

[7] Abgesehen von der Entscheidung des Volkes über die Landesverfassung, die auf dem Gesetz über die Verabschiedung und das Inkrafttreten der Verfassung von Mecklenburg-Vorpommern (GVOBl. 1993 S. 371) beruht, → Entstehungsgeschichte Rn. 24, 26.
[8] Plenarprotokoll 6/94.
[9] LT-Drs. 6/5076, 7 ff.
[10] *Thiele* in Thiele/Pirsch/Wedemeyer, Art. 60 Rn. 6; *Isensee* in FS Krause, 2006, S. 310.
[11] Vgl. HambVerfG NVwZ 2005, 685; dazu *Salaw-Hanslmeier/Möller* ZRP 2020, 77 (78).
[12] *Mahrenholz* NordÖR 2007, 11.
[13] Kritisch zu einer solchen Karenzzeit *Isensee* in FS Krause, 2006, S. 303 (310), unter berechtigtem Hinweis allerdings auf die möglichen politischen Konflikte im Falle der Nichtbeachtung des manifestierten Volkswillens.
[14] Vgl. *Franke* in Grimm/Caesar Art. 109 Rn. 79.
[15] Vgl. den vom HambVerfG, LVerfGE 27, 267 entschiedenen Fall, v. a. S. 297 ff.

von Verwaltungsvorschriften, Rücktritt oder Abberufung von Mitgliedern der LReg.[16]

7 **2. Voraussetzungen.** Das Volksbegehren muss nach Abs. 1 S. 4 von 100.000 Wahlberechtigten unterstützt werden. Das **Quorum** entspricht etwa 7,5 % der Wahlberechtigten der Landtagswahl von 2021. Das bei Inkrafttreten der Verfassung gültige Quorum von 140.000 entsprach fast 9,9 % der Landtagswahlberechtigten von 1990. Es wurde also deutlich herabgesetzt. Eine Senkung des Einleitungsquorums hat freilich auch Grenzen. Der BremStGH[17] hat entschieden, dass ein Quorum von 10 % der bei der letzten Bürgerschaftswahl abgegebenen Stimmen (= 5,9 % der Wahlberechtigten) den Anforderungen an ein verfassungsmäßiges Volksbegehren nicht entspreche.[18] Demgegenüber genügen in Hamburg 5 %, in Schleswig-Holstein 80.000 Wahlberechtigte, was dort auf ein Quorum von ebenfalls etwa 5 % hinausläuft, ohne dass die entsprechenden Regelungen bislang verfassungsrechtlich beanstandet worden wären. Dem Volksbegehren muss ein ausgearbeiteter und mit Gründen versehener Gesetzentwurf zugrunde liegen (→ Art. 59 Rn. 4). Die entworfene Gesetzesbegründung darf knapp gehalten werden, muss aber die Motive erkennen lassen und darf sich nicht auf eine Wiedergabe oder Paraphrasierung des Gesetzestextes beschränken.[19]

8 **3. Grenzen.** Haushaltsgesetze, Abgabengesetze und Besoldungsgesetze können nicht Gegenstand eines Volksbegehrens sein (Abs. 2 S. 1). Zweck dieser Einschränkung ist es, Gesetze zu verhindern, deren Initiierung und Verabschiedung des Sachverstands von Parlamentariern bedarf, die es gewohnt sind, bei haushaltswirksamen Beschlüssen das Gefüge des ganzen Haushalts mit Einnahmen und Ausgaben im Auge zu behalten. Im Übrigen soll das **Etatrecht** des Parlaments nicht geschmälert werden.[20] Auch Gesetze über die Besoldung im öffentlichen Dienst eignen sich für die Volksgesetzgebung nicht.

9 In Rspr. und Lehre herrscht Streit darüber, ob das Verbot der Beschlussfassung über „Haushaltsgesetze" lediglich den Landeshaushalt als solchen oder auch alle **finanzwirksamen Gesetze** betrifft. Die ganz hM vertritt den letzteren Standpunkt. Hiernach sind jedenfalls solche finanzwirksamen Gesetze ausgeschlossen, die gewichtige staatliche Einnahmen oder Ausgaben auslösen und damit den Haushalt des Landes wesentlich beeinflussen.[21] Dies wird damit begründet, dass das Initiativrecht der Regierung und die Etathoheit des Parlaments nicht geschmälert werden dürften. Finanzwirksame Entscheidungen seien iÜ komplexer Natur, die ein plebiszitäres Ja oder Nein ausschließe. Sie seien durch zahlreiche Eckwerte, zB Leistungsgesetze oder vertragliche Bindungen, vorbestimmt. Hiernach seien solche Gesetze von der Volksgesetzgebung ausgeschlossen, die den Haushaltsgesetzgeber zu einer Neujustierung des Gesamtgefüges zwängen.[22]

---

16 Vgl. *Mann* in Löwer/Tettinger Art. 68 Rn. 10.
17 BremStGH NVwZ-RR 2001, 1.
18 Ähnlich BayVerfGH NVwZ-RR 2000, 401: kein Einleitungsquorum von (nur) 5 %, wenn es beim anschließenden Volksentscheid kein Beteiligungsquorum gibt; ThürVerfGH LKV 2002, 83 (87): Herabsetzung auf 5 % verstößt gegen das Demokratieprinzip.
19 Vgl. *Mann* in Löwer/Tettinger Art. 68 Rn. 19.
20 Vgl. etwa HambVerfG, LVerfGE 27, 267 (300 ff.), dazu *Schwill* DVBl 2019, 1241 (1243 f.).
21 BVerfGE 102, 176 (185).
22 BVerfGE 102, 176 (187 f.); ähnlich BremStGH NVwZ 1998, 388; BayVerfGH NVwZ-RR 2000, 401; *Isensee* in FS Krause, 2006, S. 303 (308 ff.).

Dieser Rspr. ist der **SächsVerfGH**[23] nicht gefolgt. Das Gericht legt das Verbot eng aus. Verschiebungen im Haushalt durch finanzwirksame Gesetze müssten hingenommen werden; Reibungsverluste seien gewollt. Es liege in der Konsequenz der Volksgesetzgebung, dass sie die Parlamentsmehrheit an der Durchführung ihres politischen Programms hindern könne. Anderenfalls würde die Volksgesetzgebung zu stark eingeschränkt; schließlich lösten fast alle Gesetze irgendwelche Kostenfolgen aus. Der LT müsse den Haushalt ggf. anpassen. Ihm sei es unbenommen, das Volksgesetz wieder aufzuheben, insbes. wenn die Haushaltsanpassung aus rechtlichen Gründen nicht möglich sei. Die Entscheidung wurde in der Literatur überwiegend abgelehnt,[24] vereinzelt aber auch begrüßt.[25]

10

Der einem Volksbegehren zugrundeliegende Gesetzentwurf muss **mit Verfassungsrecht vereinbar** sein. In anderen Ländern hat dieses Erfordernis erhebliche praktische Bedeutung erlangt. Die Rechtsprechung hat in jüngerer Zeit bereits mehrfach entschieden, dass Volksbegehren nicht durchzuführen seien, weil die vorgelegten Gesetzentwürfe mit höherrangigem Recht nicht vereinbar waren. Sie verstießen beispielsweise gegen das aus dem Demokratieprinzip gefolgerte Verbot, Materien, die nicht in einem sachlich-inhaltlichen Zusammenhang stehen, in einem Volksbegehren zu koppeln (sog. Koppelungsverbot),[26] oder sie lagen von vornherein außerhalb der Gesetzgebungskompetenz des Landes.[27] Auch der Obliegenheit, dem Gesetzentwurf eine Begründung beizufügen, ist Verfassungsrang beigemessen worden.[28] Bei Verfassungsänderungen ergeben sich die Grenzen aus Art. 56 Abs. 3 LV (→ Art. 56 Rn. 6 ff.).[29]

11

**4. Verfahren.** Ein Volksbegehren kann von jedermann in Gang gesetzt werden. Die Initianten sammeln selbst und auf eigene Kosten die für die Unterstützung erforderlichen Stimmen,[30] können sich freilich vom Landeswahlleiter hinsichtlich der Einhaltung der förmlichen Voraussetzungen beraten lassen, von der LReg auch im Hinblick auf die Vereinbarkeit des Vorhabens mit höherrangigem Recht (§ 6 VaG). Ist der dem Vorhaben zugrundeliegende Gesetzentwurf freilich zuvor als Volksinitiative eingebracht und nicht angenommen worden, können die Vertreter statt freier **Unterschriftensammlung** auch die Auslegung von Unterschriftenlisten bei den Gemeindebehörden verlangen (§ 12 Abs. 1 VaG).

12

Der Antrag auf Zulassung des Volksbegehrens ist nach § 13 Abs. 1 S. 1 VaG dem LT, vertreten durch den PräsLT, zu unterbreiten. Dieser leitet den Antrag dem Landeswahlleiter zu, der binnen drei Monaten über die **Zulässigkeit** entscheidet (§ 14 Abs. 2 S. 1 VaG). Was den Prüfungsmaßstab betrifft, gelten dieselben Maßgaben wie bei der Volksinitiative (→ Art. 59 Rn. 9). Lehnt der Landeswahlleiter den Zulassungsantrag ab, können die Antragsteller gemäß Art. 53 Abs. 1 Nr. 3 das LVerfG anrufen. Hält der Landeswahlleiter das Volksbegehren für zulässig, leitet er diese Entscheidung mit den Antragsunterlagen an den PräsLT weiter (§ 14 Abs. 3 iVm § 8 Abs. 3 VaG). Die LReg und der LT – mit

13

---

23 SächsVerfGH LVerfGE 13, 315 ff.
24 Statt vieler vgl. *Caspar* in Caspar/Ewer/Nolte/Waack Art. 41 Rn. 27; *Isensee* in FS Krause, 2006, S. 306 mwN.
25 Eingehend *Litten* Vorauflage Rn. 8; ferner *Schweiger* in Nawiasky Art. 73 Rn. 5; *Jung* LKV 2003, 308; grds. *Rasch* in Staatsfinanzen, 2007, S. 19 (24 ff.).
26 HambVerfG LVerfGE 27, 267 (294 ff.), LVerfGE 30, 141 (154 ff.).
27 HambVerfG LVerfGE 30, 141 (157 ff.); BayVerfGH NVwZ 2020, 1429 (1430 ff.).
28 HambVerfG LVerfGE 31, 221 (237 ff.: Demokratieprinzip; in dem entschiedenen Fall waren den Anforderungen an die Begründung erfüllt); BWStGH LVerfGE 31, 9 (26 ff.: Rechtsstaatsprinzip, Bestimmtheitsgrundsatz).
29 Vgl. dazu HambVerfG LVerfGE 27, 267 (297 ff.).
30 BayVerfGH NVwZ-RR 2000, 401 (405) hält dies überraschenderweise für unzulässig.

einem Viertel seiner Mitglieder – haben die Möglichkeit, wegen der Zulässigkeit des Volksbegehrens das LVerfG anzurufen. Art. 60 Abs. 2 S. 2 enthält hierüber eine Sonderzuweisung an das LVerfG (→ Art. 53 Rn. 23).

14 Ein Volksbegehren kann vom Landeswahlausschuss **für erledigt erklärt** werden, wenn es infolge eines im LT anhängigen oder von ihm bereits verabschiedeten Gesetzes überholt ist und die Vertreter die Erledigung erklären (§ 15 Abs. 1 VaG). Dies betrifft nicht den Fall der im Wesentlichen unveränderten Annahme des vorgelegten Gesetzentwurfs; durch einen solchen Landtagsbeschluss hätte sich das Volksbegehren nicht erledigt, sondern hätte sein Ziel erreicht. Vielmehr ist ein Gesetz vergleichbaren Inhalts gemeint, mit dessen Regelungen sich die Vertreter zufrieden geben.

15 Das **Verfahren im LT** richtet sich nach § 16 VaG. Das Volksbegehren ist nach Eingang beim PräsLT in der nächsterreichbaren Plenarsitzung nach Maßgabe der GO LT zu behandeln. § 16 Abs. 2 VaG regelt das Verfahren im federführenden Ausschuss. Dort hat ein Vertreter der Initiatoren das Recht, das Volksbegehren zu erläutern. Der Ausschuss kann die Anhörung auf weitere Personen ausdehnen. Für die Behandlung im LT insgesamt ist die Sechs-Monats-Frist des Abs. 3 S. 1 zu beachten (vgl. § 16 Abs. 3 VaG). Um einen Volksentscheid zu vermeiden, muss der LT den Gesetzentwurf innerhalb dieser Frist im Wesentlichen unverändert annehmen. Handelt es sich um ein verfassungsänderndes Gesetz bedarf die Zustimmung der qualifizierten Mehrheit des Art. 56 Abs. 2. Was die Voraussetzung „im Wesentlichen unverändert" bedeutet, kann nicht allgemein gesagt werden. Rein redaktionelle Änderungen dürften ebenso zulässig sein wie beispielsweise geringfügige inhaltliche Änderungen, mit denen lediglich bewirkt werden soll, dass der Gesetzentwurf dem Gebot der Bestimmtheit und Normenklarheit genügt.

### III. Volksentscheid

16 **1. Voraussetzungen.** Nimmt der LT den begehrten Gesetzentwurf nicht **binnen sechs Monaten im Wesentlichen unverändert** an, geht das Verfahren nach Art. 60 Abs. 3 S. 1 vom Volksbegehren zum Volksentscheid über. Hierfür bedeutet es keinen Unterschied, ob der LT das Volksbegehren ausdrücklich ablehnt, nur unter wesentlichen Änderungen annimmt oder die Frist ohne Beschluss über das Volksbegehren verstreichen lässt.

17 **2. Verfahren.** Hat der LT beschlossen, den Entwurf nicht anzunehmen, oder ist die Sechs-Monats-Frist ergebnislos verstrichen, findet frühestens drei Monate, spätestens sechs Monate danach ein Volksentscheid statt. Der LT kann dem Volk dabei nach Abs. 3 S. 2 einen eigenen Gesetzentwurf zur Entscheidung mit vorlegen. Das **Verfahren** ist in den §§ 19 ff. VaG geregelt. Es ist von der LReg durch Bestimmung des Tages der Abstimmung in Gang zu setzen. Der Gegenstand des Volksentscheids, der neben der Erläuterung des Verfahrens den Gesetzentwurf des Volksbegehrens mit Begründung enthält, ist im AmtsBl. bekannt zu machen Mit der Bekanntmachung können die LReg und der LT ihre Auffassung zu dem Gesetzentwurf darlegen (§ 19 Abs. 1 VaG). Das weitere Abstimmungsverfahren entspricht in etwa der Durchführung von Wahlen (vgl. § 20 ff. VaG).

18 Eine Besonderheit gilt, wenn mehrere Gesetzentwürfe, die den gleichen Gegenstand betreffen, zur Abstimmung stehen. Das trifft dann zu, wenn der LT gemäß Abs. 3 S. 2 einen **eigenen Gesetzentwurf** mit vorlegt, evtl. auch in dem (unwahrscheinlichen) Fall, dass gleichzeitig ein anderes Volksbegehren ein anderes Gesetz zu demselben Gegenstand fordert. Nach § 21 Abs. 1 S. 2 VaG soll

der Abstimmende dann kennzeichnen, welchem der beiden Entwürfe er seine Stimme gibt. Dies ist zwar mit dem Wortlaut des Art. 60 Abs. 4 S. 3 LV nicht ohne Weiteres vereinbar, da danach nur die gültigen Ja- und Nein-Stimmen zählen. § 21 Abs. 1 S. 2 VaG ist aber die logische Folge aus der Möglichkeit einer weiteren Entwurfsvorlage.[31]

3. **Quorum.** Der Gesetzentwurf ist nach Abs. 4 S. 1 durch Volksentscheid 19 angenommen, wenn die Mehrheit der Abstimmenden, mindestens aber ein Viertel der Wahlberechtigten, zugestimmt haben. Das **Zustimmungsquorum**[32] soll verhindern, dass eine kleine Gruppe von Aktivisten ein Volksgesetz allein infolge des Desinteresses der großen Mehrheit zustande bringt. Es hat auch zur Folge, dass die Gegner des intendierten Gesetzentwurfs nicht abzustimmen brauchen, sondern ihn durch Nichtbeteiligung zu Fall bringen können. Das Quorum ist 2016 herabgesetzt worden (→ Rn. 1). Zuvor hatte es bei einem Drittel der Wahlberechtigten gelegen.

Eine **Verfassungsänderung** im Wege des Volksentscheids bedarf einer Mehrheit 20 von zwei Dritteln der Abstimmenden und einer Beteiligung mindestens der Hälfte der Wahlberechtigten (Abs. 4 S. 2). Mit diesem erhöhten Quorum soll nachgezeichnet werden, dass auch die parlamentarische Verfassungsänderung gemäß Art. 56 Abs. 2 einer qualifizierten Mehrheit bedarf (→ Art. 56 Rn. 5).

4. **Ergebnis.** Das Ergebnis des Volksentscheides wird vom Landeswahlausschuss **festgestellt** und vom Landeswahlleiter im Amtsblatt für M-V **bekanntgegeben** (§ 22 Abs. 1, 3 VaG). Einsprüche von Wahlberechtigten werden vom LT nach Maßgabe des § 24 VaG und des weitgehend entsprechend anwendbaren Wahlprüfungsgesetzes überprüft und beschieden.

## IV. Gesetzgebungsauftrag

Das Gesetz zur Ausführung von Initiativen des Volkes, Volksbegehren und 22 Volksentscheiden in M-V (VaG) (→ Art. 59 Rn. 12) regelt auch in Bezug auf Volksbegehren und Volksentscheid **Einzelheiten zum Verfahren und zur Kostentragung**. Absatz 5 S. 2 ist 2016 um den Auftrag ergänzt worden, auch den Zeitraum zu bestimmen, in dem die Unterstützung eines Volksbegehrens nach Absatz 1 erfolgt sein muss (→ Rn. 1). Der Gesetzgeber hat diesen Zeitraum in § 13 Abs. 1 S. 2 Nr. 4 VaG auf fünf Monate bestimmt.

## V. Schrifttum

*Eckart Hien,* Bürgerbeteiligung im Spannungsfeld der Gewaltenteilung, DVBl 23 2014, 295; *Josef Isensee,* Verfahrensfragen der Volksgesetzgebung – Überlegungen zum Landesverfassungsrecht, in: Maximilian Wallerath (Hrsg.), Fiat Iustitia – Recht als Aufgabe der Vernunft. FS für Peter Krause, 2006, S. 303 (zit.: Isensee in FS Krause); *Ottmar Jung,* Direkte Demokratie – vom Kopf auf die Füße gestellt – Ein Urteil des Verfassungsgerichtshofes des Freistaates Sachsen eröffnet die Debatte neu, LKV 2003, 308; *Ralf Kleindiek,* Machen Volksgesetzgebung und Transparenz unsere Demokratie besser? In: Michael Bäuerle/Philipp Dann/Astrid Wallrabenstein (Hrsg.), Demokratie-Perspektiven, Festschrift für Brun-Otto Bryde zum 70. Geburtstag, 2013, S. 175 (zit.: Kleindiek in FS Bryde); *Ernst-Gottfried Mahrenholz,* Zur Änderung des durch Volksentscheid angenommenen Hamburgischen Wahlrechts in derselben Wahlperiode, NordÖR 2007, 11; *Edna Rasch,* Von Gemeinwohl und Eigennutz: Staatsfinanzen im

---

31 Vgl. *Mann* in Löwer/Tettinger Art. 68 Rn. 43.
32 Grundsätzliche Kritik an einem solchen Quorum bei *Litten* Vorauflage Rn. 19.

demokratischen Gesetzgebungsverfahren, in: Christian Rühr (Hrsg.), Staatsfinanzen. Aktuelle und grundlegende Fragen in Rechts- und Verwaltungswissenschaft. Liber discipulorum Maximilian Wallerath, 2007, S. 19 ff. (zit.: Rasch in Staatsfinanzen); *Stefan Ruppert*, Bericht über die 72. Tagung der Vereinigung der Deutschen Staatsrechtslehrer 2012, AöR 138 (2013) 464; *Stefanie Salaw-Hanslmeier/Franz-Josef Möller*, Binden Entscheidungen der direkten Demokratie mehr als die des Repräsentativorgans?, ZRP 2020, 77; *Holger Schmitz*, Volksgesetzgebung: Eine kritische Analyse am Beispiel des Gesetzes für die vollständige Offenlegung von Geheimverträgen zur Teilprivatisierung der Berliner Wasserbetriebe, DVBl. 2012, 731; *Florian Schwill*, Der Haushaltsvorbehalt als Grenze zulässiger Plebiszite in den Ländern, DVBl 2019, 1241.

## III. Haushalt und Rechnungsprüfung

### Vorbemerkung zu Art. 61

| | |
|---|---|
| I. Regelungsgegenstand und Systematik ............................................. 1 | 3. Die Weimarer Reichsverfassung und das Grundgesetz bis zur Haushaltsreform von 1969 ........................... 6 |
| II. Bedeutungswandel des Haushaltsrechts ............................................. 2 | 4. Von der Haushaltsreform 1969 bis heute .................. 7 |
| 1. Absolute Monarchien (17./18. Jahrhundert) .......... 3 | a) Haushaltsreform 1969 ..... 7 |
| 2. Kampf um das Budget im 19. Jahrhundert ................ 4 | b) Bewertung und weitere Entwicklung .................... 9 |

### I. Regelungsgegenstand und Systematik

1 Das Haushaltsrecht regelt das **Zusammenwirken von Parlament und Regierung auf dem Gebiet der öffentlichen Finanzen.** Regelungsgegenstand sind die Planung der gebietskörperschaftlichen Ausgaben auf der Grundlage der prognostizierten Einnahmen, die Feststellung des Haushaltsplans in Gesetzesform als Voraussetzung dafür, dass die Verwaltung Ausgaben leisten kann, und der Vollzug des Haushaltsplans. In ständiger Rechtsprechung bezeichnet das BVerfG das parlamentarische Budgetrecht und die „haushaltspolitische Gesamtverantwortung" des Parlaments als „unverfügbaren Teil" des Demokratieprinzips.[1] Gegenüber dem Volk verantwortlich entscheidet das Parlament „über die Summe der Belastungen der Bürgerinnen und Bürger und über wesentliche Ausgaben des Staates"[2]. Das Landesverfassungsgericht M-V formuliert: „Die Entscheidung über Einnahmen und Ausgaben der öffentlichen Hand einschließlich der Kreditaufnahme ist grundlegender Teil der demokratischen Selbstgestaltungsfähigkeit im Verfassungsstaat [...]. Das Budgetrecht verleiht dem Parlament die Kompetenz, den Haushaltsplan durch das Haushaltsgesetz festzustellen und damit zur Grundlage allen finanzwirksamen Handelns der Exekutive werden zu lassen; ihm kommt die finanz- und haushaltspolitische Gesamtverantwortung zu. Vor diesem Hintergrund stellt sich das Haushaltsbewilligungsrecht des Parlaments als das wesentliche Instrument der Regierungskontrolle dar [...]. Ihm entspricht aber auch die Pflicht des Parlaments, sich selbst und der Öffentlichkeit in einer der tatsächlichen Gegebenheiten entsprechender Weise

---

1 BVerfGE 154, 17 (87 Rn. 104) – PSPP; BVerfGE 123, 267 (359); 129, 124 (177, 181); 142, 123 (195 Rn. 138).
2 BVerfGE 123, 267 (361) – Lissabon.

Rechenschaft über die Einnahmen und Ausgaben des Landes abzulegen […]."[3] Die wesentlichen Prinzipien des Haushaltsrechts sind für das Land M-V in den Art. 61 bis 68 und 79a niedergelegt. Nach Art. 109 Abs. 1 GG sind Bund und Länder in ihrer **Haushaltswirtschaft selbstständig** und voneinander unabhängig. Dieser Grundsatz wird eingeschränkt durch Art. 109 Abs. 2 bis 5 GG. Gemäß Art. 109 Abs. 2 GG erfüllen Bund und Länder bei ihrer Haushaltswirtschaft gemeinsam die Verpflichtungen der Bundesrepublik Deutschland aus Rechtsakten der Europäischen Union und tragen in diesem Rahmen den Erfordernissen des gesamtwirtschaftlichen Gleichgewichts Rechnung. Art. 109 Abs. 5 GG regelt die Verteilung der Lasten aus Sanktionsmaßnahmen der Europäischen Union auf Bund und Länder. Auf der Grundlage des Art. 109 Abs. 3 GG (heute Absatz 4) hat der Bund das Gesetz zur Förderung der Stabilität und des Wachstums der Wirtschaft[4] sowie das Gesetz über die Grundsätze des Haushaltsrechts des Bundes und der Länder[5] erlassen. Beide Gesetze binden die Länder unmittelbar und sind daher auch bei der Auslegung der LV zu beachten. Eine besonders einschneidende Wirkung für die Haushaltswirtschaft der Länder bedeutet die mit Art. 109 Abs. 3 GG im Jahre 2009 neugefasste „Schuldenbremse", die im Rahmen der Kommentierung des Art. 65 darzustellen sein wird. Demgegenüber regeln die Art. 110 bis 115 GG ausschließlich das **Haushaltsverfassungsrecht des Bundes.** Da sich die Normen der LV jedoch weitgehend an Wortlaut und Systematik der Artt. 110 ff. GG orientieren, kann auf die dazu ergangenen Hinweise in Rspr. und Literatur zurückgegriffen werden. Unterhalb der Verfassungsebene sind wesentliche Rechtsquellen die Bundeshaushaltsordnung (gilt nur für das Haushaltsrecht des Bundes), die Landeshaushaltsordnung M-V (LHO) und die jeweiligen jährlichen Haushaltsgesetze. In der Praxis spielen darüber hinaus die Verwaltungsvorschriften zur LHO eine wichtige Rolle.

## II. Bedeutungswandel des Haushaltsrechts

Haushaltsrecht und Haushaltswesen haben eine **wechselvolle Entwicklung** durchlaufen.[6] Diese in wenigen Strichen nachzuzeichnen, lohnt sich deshalb, weil wir uns aktuell in einer Phase neuer Herausforderungen und neuer Lösungsansätze befinden. Bei der Kommentierung der beiden zentralen Artt. 61 (Landeshaushalt) und 65 (Kreditbeschaffung) wird darauf näher einzugehen sein. Die Detailanalyse ist aber nur verständlich vor dem Hintergrund eines zumindest skizzenhaften Gesamtbildes, das die entscheidenden Zukunftsperspektiven erkennen lässt. Mit dem Mut zu starker Vereinfachung lassen sich vier Abschnitte unterscheiden: 2

**1. Absolute Monarchien (17./18. Jahrhundert).** Im Mittelalter und in der frühen Neuzeit existierte ein Haushaltswesen iS systematischer Haushaltsplanung noch nicht. Erst im Zeitalter der absoluten Monarchien begann eine rationale Durchdringung dieser Materie. Ein eindrucksvoller Förderer des Haushaltswe- 3

---

3 LVerfG M-V, 24.11.2022 – LVerfG 2/21 –, Rn. 78.
4 BGBl. I 1967, 582.
5 BGBl. I 1969, 1273, zuletzt geändert durch Gesetz vom 14.8.2017 (BGBl. I, 3122); zur Entstehung und Fortentwicklung des HGrG vgl. *von Lewinski/Burbat*, Haushaltsgrundsätzegesetz, 2013, Einleitung Rn. 9 ff.
6 Einzelheiten bei *Mußgnug*, Der Haushaltsplan als Gesetz, 1976, S. 37 ff.; *Patzig*, Haushaltsrecht des Bundes und der Länder, Bd. I, 1981, S. 23 ff.; *Heun*, Staatshaushalt und Staatsleitung, 1989, S. 31 ff.; *Korioth*, in Voßkuhle/Eifert/Möllers, Grundlagen des Verwaltungsrechts Bd. II, 3. Aufl. 2022, S. 1181 ff., 1293 ff.; zur Bedeutung des Budgetrechts als „Identitätskern der Verfassung" vgl. BVerfGE 123, 267 (359); 154, 17 (87 Rn. 104); *Droege*, in Brocker/Droege/Jutzi, Art. 116 Rn. 1.

sens war der preußische König Friedrich Wilhelm I. (1713–1740), der mit einer eigenhändig konzipierten Kabinettsordre vom 19.1.1723[7] die bis dahin regional verteilten und zersplitterten Zuständigkeiten im neu geschaffenen „Generaldirektorium" nach fachlichen Unterteilungen zusammenfasste. Die von dieser Behörde aufgestellten „Staatsetats" lösten sich von der üblichen Fondswirtschaft und ermöglichten damit eine planvolle und vorausschauende Ordnung der öffentlichen Finanzen. Allerdings hatte der Haushaltsplan damals nur den Rechtscharakter einer Anweisung des Monarchen an seine Beamten. Für den Monarchen selbst war er nicht verbindlich. Außerdem wurde er nicht veröffentlicht.[8] Daher fehlten ihm wichtige Elemente dessen, was nach unserem Verständnis zum Wesen eines Haushaltsplans gehört.[9]

4 **2. Kampf um das Budget im 19. Jahrhundert.** Mit der Herausbildung konstitutioneller Monarchien im Deutschland des 19. Jahrhunderts rückte das Haushaltsverfassungsrecht in den Mittelpunkt politischer Auseinandersetzungen. Am Anfang stand das Recht der gewählten zweiten Kammern in den einzelnen Ländern, bei der im Frühkonstitutionalismus (bis 1850) jährlichen Bewilligung von Steuern mitzuwirken. Das umfasste zunächst noch nicht die Befugnis, Einfluss auf die Gestaltung der einzelnen Ausgaben zu nehmen. Diese Kompetenz, welche den Kern des Budgetrechts ausmacht, musste in langen Auseinandersetzungen zwischen der Krone und der jeweiligen Volksvertretung erstritten werden. Im Kampf um das Budgetrecht bildeten sich in den deutschen Ländern die Parlamente als Gegenspieler der monarchischen Regierungsgewalt heraus. Einen Durchbruch zur parlamentarischen Mitwirkung bildete Art. 99 der Preußischen Verfassungsurkunde von 1850, der schon das Grundprinzip auch des heutigen Haushaltsrechts erkennen lässt: „Alle Einnahmen und Ausgaben des Staates müssen für jedes Jahr im Voraus veranschlagt und auf den Staatshaushaltsetat gebracht werden. Letzterer wird jährlich durch ein Gesetz festgestellt."

5 Einen besonderen Höhepunkt erreichte der Kampf um die parlamentarischen und monarchischen Rechte mit dem **preußischen Budgetkonflikt** von 1862/1863.[10] Das Abgeordnetenhaus hatte die Militärausgaben im Etat 1862 gekürzt, weil es die vom König beabsichtigte Einführung der dreijährigen Heeresdienstpflicht ablehnte. König Wilhelm I. spielte mit dem Gedanken an Rücktritt, berief dann aber stattdessen Otto von Bismarck zum MinPräs, der willens bereit war, auch ohne Budget und gegen Art. 99 der Verfassung zu regieren. In seiner Rede am 27.1.1863 ging Bismarck intensiv auf haushaltsrechtliche Grundsatzfragen ein. Der Inhalt der von ihm vorgetragenen „Lückentheorie"[11] braucht hier nicht im Einzelnen erörtert zu werden. Im Kern führte Bismarck aus: „Die Verfassung hält das Gleichgewicht der drei gesetzgebenden Gewalten [Abgeordnetenhaus, Herrenhaus, Krone] in allen Fragen, auch der Budgetge-

---

7 Abgedruckt bei *Altmann*, Ausgewählte Urkunden, 1. Teil, 2. Aufl. 1914, 248 f.
8 *Mußgnug* (Fn. 6), S. 75 f.
9 Anders als im absolutistisch regierten Preußen konnten sich die mecklenburgischen Stände noch für längere Zeit einen maßgeblichen Einfluss auf die Haushaltswirtschaft sichern, vgl. den „Erbvergleich" vom 18.4.1755, abgedruckt bei *Zachariä*, Die deutschen Verfassungsgesetze der Gegenwart, 1855, S. 800 f.
10 *Huber*, Deutsche Verfassungsgeschichte, Bd. 3, 1963, S. 269 ff.; *Mußgnug* (Fn. 6), S. 160 ff.; *Theiß*, Das Nothaushaltsrecht des Bundes, 1975, S. 17 ff.
11 Die Lückentheorie besagte, dass dann, wenn sich die Krone und das Parlament nicht über das Budget einigen können, eine Lücke in der Verfassung bestehe. Das Recht zum Handeln falle in dieser Situation an die Krone zurück. *Hans-Christoph Kraus*, Ursprung und Genese der „Lückentheorie" im preußischen Verfassungskonflikt, in Der Staat 29 (1990), S. 209 ff.

setzgebung, durchaus fest; keine dieser Gewalten kann die andere zum Nachgeben zwingen; die Verfassung verweist daher auf den Weg des Kompromisses zur Verständigung. [...] Wird der Kompromiss dadurch vereitelt, daß eine der beteiligten Gewalten ihre eigene Ansicht mit doktrinärem Absolutismus durchführen will, so wird die Reihe der Kompromisse durchbrochen und an ihre Stelle treten Konflikte, und Konflikte, da das Staatsleben nicht still zu stehen vermag, werden zu Machtfragen. Wer die Macht in seinen Händen hat, geht dann in seinem Sinne vor [...]."[12] Hervorzuheben ist, dass der MinPräs Preußens, einer Großmacht von europäischem Rang, es für nötig hielt, ins Zentrum seiner Rede im Abgeordnetenhaus die Diskussion haushaltsrechtlicher Fragen zu rücken. Eine solche Sternstunde hat das Haushaltsrecht seitdem nicht wieder erlebt. Das war auch nicht notwendig, denn mit dem Indemnitätsgesetz vom 14.9.1866 wurde der Konflikt beigelegt. Der Regierung wurde nachträglich Indemnität für die budgetlose Zeit gewährt. Gleichzeitig erkannte die Regierung für die Zukunft mittelbar das Budgetbewilligungsrecht des Parlaments an. Grds. Konflikte ähnlichen Ausmaßes hat es in Preußen und ihm folgend im Deutschen Reich dazu nicht mehr gegeben.

**3. Die Weimarer Reichsverfassung und das Grundgesetz bis zur Haushaltsreform von 1969.** In den rund hundert Jahren zwischen dem Ende des preußischen Budgetkonflikts und der Haushaltsreform von 1969 sind die Grundstrukturen des Etatrechts im Wesentlichen unverändert geblieben. Die Weimarer Reichsverfassung (WRV) hat die Haushaltsartikel der Reichsverfassung von 1871, die ihrerseits auf den Ergebnissen der preußischen Entwicklung fußten, weitgehend übernommen und auch das GG hat in den Artt. 110 ff. die traditionellen Regelungen rezipiert. Verbesserungen im Detail betreffen eher die technische Handhabung, die insbes. durch die Reichshaushaltsordnung von 1922 nützliche Impulse erhielt. Allerdings steht seit der Einführung der parlamentarischen Demokratie durch die WRV der Staatshaushalt in einem veränderten politischen und verfassungsrechtlichen Kraftfeld. In der konstitutionellen Monarchie verlangte der Haushalt die Verständigung von monarchischer Exekutive und bürgerlicher Volksvertretung. Die Reichweite des Haushaltsgesetzes bezeichnete den parlamentarischen Einfluss auf den monarchischen Staat. Die parlamentarische Demokratie verbindet Parlamentsmehrheit und Regierung auch beim Haushalt; ihnen steht die parlamentarische Opposition gegenüber.

**4. Von der Haushaltsreform 1969 bis heute. a) Haushaltsreform 1969.** Die Regierungskrise im Herbst 1966 wurde ausgelöst durch Probleme bei der Aufstellung des Bundeshaushalts 1967. Die bis dahin in Bonn regierende Koalition von CDU/CSU und FDP konnte sich nicht über die Schließung einer Deckungslücke von ca. 4 Mrd. DM einigen; CDU/CSU und SPD bildeten schließlich eine große Koalition, die ua **einschneidende Veränderungen der Finanz- und Haushaltsverfassung** in Angriff nahm. In einem ersten Schritt wurde Artikel 109 GG durch das Gesetz zur Änderung des GG vom 8.6.1967[13] ergänzt. Damit wurden Bund und Länder verpflichtet, bei ihrer Haushaltswirtschaft den Erfordernissen des gesamtwirtschaftlichen Gleichgewichts Rechnung zu tragen. Nähere Ausformungen enthielt das zeitgleich verabschiedete Gesetz zur Förderung der Stabilität und des Wachstums der Wirtschaft.[14]

---

12 Zitiert nach: Lothar Gall (Hrsg.), Bismarck. Die großen Reden, 1981, S. 65ff., 69f.
13 BGBl. I, 581; der damalige Art. 109 Abs. 3 wurde durch die GG-Novelle vom 12.5.1969 (BGBl. I, 357) erweitert, um eine Ermächtigungsgrundlage für das Haushaltsgrundsätzegesetz zu schaffen (jetzt Art. 109 Abs. 4).
14 S. Fn. 4.

8 Mit dieser ersten Stufe der Reform griff die neue Koalition eine seit längerem diskutierte Forderung auf, nämlich die Ausgestaltung des Haushalts als **Instrument der Wirtschaftspolitik**, um konjunkturelle Schwankungen auszugleichen und eine stabile wirtschaftliche Entwicklung zu unterstützen. Dieser Ansatz ist dann bei der eigentlichen Haushaltsreform 1969 weitergeführt und systematisch ausgebaut worden. Neben der bereits erwähnten GG-Novelle vom 12.5.1969,[15] die Art. 109 Abs. 3 aF sowie die Artt. 110 ff. betrifft, umfasst die Haushaltsreform das Haushaltsgrundsätzegesetz sowie die Bundeshaushaltsordnung. Die tragenden Grundgedanken lassen sich wie folgt zusammenfassen:

- Die Haushalts- und Finanzpolitik tritt in den Dienst der Wirtschaftspolitik. Die Kreditaufnahme wird nach dem Nettoprinzip veranschlagt, dh als Einnahme im Haushalt taucht nur noch die jährliche **Neuverschuldung** auf, die Tilgung der Altkredite erfolgt – jeweils durch neue Kredite – außerhalb des Haushalts. Für die Nettokreditaufnahme gilt nicht mehr die alte Verfassungsregel des „außerordentlichen Bedarfs"; vielmehr dient als Höchstgrenze die Summe der Investitionen. Im Ausnahmefall dürfen nach Art. 115 GG (für den Bund, ihm folgend die meisten Länderverfassungen) auch höhere Kredite aufgenommen werden, wenn dies zur Abwehr einer Störung des gesamtwirtschaftlichen Gleichgewichts erforderlich ist. Beide Verschuldungstatbestände hat die Grundgesetzänderung von 2009 abgeschafft und durch ein neues Konzept ersetzt.
- Um diese wirtschaftspolitische Ausrichtung zu unterstützen und das Haushaltswesen transparenter zu machen, hat die Haushaltsreform einige **neue Instrumente** entwickelt (neuer Gruppierungsplan, Einführung von Verpflichtungsermächtigungen, Finanzplan).

9 **b) Bewertung und weitere Entwicklung.** Auf der Ebene der **systematisch-technischen Ausformung** hat die Haushaltsreform bedeutende **Fortschritte** gebracht. Deshalb konnte Piduch, der daran im Bundesfinanzministerium maßgeblich beteiligt war, in seinem Aufsatz „Zehn Jahre Haushaltsreform"[16] im Jahr 1979 mit Recht ein positives Zwischenfazit ziehen. Dennoch hat die Entwicklung der letzten Jahrzehnte neue Erkenntnisse vermittelt, die **Änderungsbedarf** nahe legten.

Das betraf vor allem die verfassungsrechtliche **Begrenzung der Kreditaufnahme**. Sowohl das BVerfG[17] als auch mehrere Landesverfassungsgerichte – darunter insbes. das LVerfG M-V[18] – haben die einschlägigen Verfassungsnormen (Art. 115 GG, Art. 65) vor Einführung der neuen Schuldenbremse (2009) interpretiert und dadurch zur Rechtsfortbildung beigetragen. Das grundlegende Problem, nämlich die einseitige Orientierung an – inzwischen teilweise überholten – wirtschaftspolitischen Vorstellungen und die praktische Steuerungsschwäche des alten Rechts, konnte jedoch durch die Rspr. allein nicht behoben werden. Hier bedurfte es im Rahmen der Föderalismusreform II einer gänzlich

---

15 S. Fn. 13.
16 DÖV 1979, 881 ff.
17 BVerfGE 79, 311; 99, 57; 119, 96.
18 LVerfG M-V 7.7.2005 – 7/04 – 8/04 –, LVerfGE 16, 333 und 353 = LKV 2006, 23 und 26 mit Anmerkungen von *Bull* DVBl 2006, 302 und *Pestalozza* NJ 2006, 1; zu Urteilen anderer Landesverfassungsgerichte zur Kreditaufnahme vgl. HessStGH 12.12.2005 – P.St. 1899 – NVwZ-RR 2006, 657; VerfGH Berlin 31.10.2003 – VerfGH 125/02 –, LVerfGE 14, 104 = DVBl 2004, 308; VerfGH NW 15.3.2011 – VerfGH 20/10 –, NVwZ 2011, 805 und 12.3.2013 – VerfGH 7/11 –, NVwZ 2013, 665 StGH Nds 16.12.2011 – StGH 1/10 –, NdsVBl 2012, 100; StGH Bremen 24.8.2011 – St 1/11 –, BeckRS 2011, 25987 = DÖV 2012, 403 (nur Ls.).

neuen Regelung in Gestalt der geltenden „**Schuldenbremse**", die bei der Kommentierung des Art. 65 zu diskutieren sein wird.

Darüber hinaus gerieten **Grundprinzipien der Haushaltssystematik** auf den Prüfstand. Das am 31.7.2009 beschlossene Gesetz zur Modernisierung des Haushaltsgrundsätzegesetzes (HGrGMoG)[19] eröffnet in § 1a iVm § 7a die Möglichkeit, statt der im traditionellen kameralistischen Haushaltsrecht angelegten Betrachtung von Einnahmen und Ausgaben ein neues System der staatlichen doppelten Buchführung anzuwenden und außerdem die Aufstellung, Bewirtschaftung und Rechnungslegung nicht mehr nur gegliedert nach Titeln, sondern alternativ auch nach Konten oder Produktstrukturen (Produkthaushalt) vorzunehmen. Einige Länder – insbesondere Hessen und Hamburg – haben von dieser Ermächtigung bereits in unterschiedlicher Weise Gebrauch gemacht. Diese Entwicklung wirft interessante neue Fragen auf, zum einen rechtspolitischer Art (Verlust an Einheitlichkeit und Vergleichbarkeit des Haushaltswesens?), zum anderen in verfassungsrechtlicher Hinsicht (Vereinbarkeit eines neuen Haushaltssystems mit der jeweiligen Verfassung?), vgl. dazu die Ausführungen zu → **Art. 61 Rn.** 47 ff.

Insgesamt bleibt festzustellen, dass das Haushaltsverfassungsrecht auf eine lange Geschichte zurückblicken kann, die nicht abgeschlossen ist. Seiner wesentlichen Aufgabe, eine geordnete, parlamentarisch kontrollierte Haushaltswirtschaft zu ermöglichen, ist das Haushaltsverfassungsrecht im Großen und Ganzen gerecht geworden. Volkswirtschaftlich schädliche Konflikte zwischen der Exekutive und der Legislative – wie sie in den Vereinigten Staaten zu beobachten sind – konnten in Deutschland bisher vermieden werden, nicht zuletzt deshalb, weil der verfassungsrechtliche Rahmen hinreichende Konfliktlösungsmechanismen bereitstellt.

## Art. 61 (Landeshaushalt)

(1) ¹Alle Einnahmen und Ausgaben sowie Verpflichtungsermächtigungen des Landes müssen für jedes Haushaltsjahr veranschlagt und in den Haushaltsplan eingestellt werden. ²Bei Landesbetrieben und Sondervermögen des Landes brauchen nur die Zuführungen oder die Ablieferungen eingestellt zu werden. ³Der Haushalt ist in Einnahmen und Ausgaben auszugleichen.

(2) Der Haushaltsplan wird vor Beginn des Haushaltsjahres durch ein Gesetz festgestellt.

(3) Der Gesetzentwurf nach Absatz 2 sowie Vorlagen zur Änderung des Haushaltsgesetzes und des Haushaltsplans werden von der Landesregierung in den Landtag eingebracht.

(4) ¹In das Haushaltsgesetz dürfen nur Vorschriften aufgenommen werden, die sich auf die Einnahmen und Ausgaben des Landes und auf den Zeitraum beziehen, für den das Haushaltsgesetz beschlossen wird. ²Das Haushaltsgesetz kann vorschreiben, daß die Vorschriften erst mit der Verkündung des nächsten Haushaltsgesetzes oder bei Ermächtigung nach Artikel 66 zu einem späteren Zeitpunkt außer Kraft treten.

(5) ¹Das Vermögen und die Schulden sowie die Haushaltspläne der Landesbetriebe und Sondervermögen sind in einer Anlage des Haushaltsplanes nachzuweisen. ²Die Beteiligungen des Landes an Wirtschaftsunternehmen sind offenzulegen.

---

19 BGBl. I 2009, 2580.

**Vergleichbare Regelungen:**

*Zu Abs. 1*: Artt. 78 Abs. 1 BayVerf; 79 Abs. 1 BWVerf; 85 Abs. 1 VvB; 101 Abs. 2 BbgVerf; 131 f. BremVerf; 66 Abs. 1 HambVerf; 139 Abs. 1 und 2 HessVerf; 65 Abs. 1 NdsVerf; 81 Abs. 2 Verf NW; 116 Abs. 1 Verf Rh-Pf; 105 Abs. 1 SaarlVerf; 93 Abs. 1 SächsVerf; 93 Abs. 1 LVerf LSA; 58 Abs. 1 SchlHVerf; 98 Abs. 1 ThürVerf.

*Zu Abs. 2*: Artt. 70 Abs. 2, 78 Abs. 3 BayVerf; 79 Abs. 2 BWVerf; 85 Abs. 1 VvB; 101 Abs. 3 BbgVerf; 131 BremVerf; 66 Abs. 2 HambVerf; 139 Abs. 2 HessVerf; 65 Abs. 4 NdsVerf; 81 Abs. 3 Verf NW; 116 Abs. 2 Verf Rh-Pf; 105 Abs. 1 SaarlVerf; 93 Abs. 1 SächsVerf; 93 Abs. 2 LVerf LSA; 58 Abs. 2 SchlHVerf; 99 Abs. 1 ThürVerf.

*Zu Abs. 3*: Artt. 66 Abs. 2 HambVerf; 93 Abs. 3 LVerf LSA; 58 Abs. 3 SchlHVerf; 99 Abs. 3 ThürVerf.

*Zu Abs. 4*: Artt. 79 Abs. 3 BWVerf; 139 Abs. 3 HessVerf; 65 Abs. 5 NdsVerf; 116 Abs. 3 Verf Rh-Pf, 105 Abs. 2 SaarlVerf; 93 Abs. 3 SächsVerf; 93 Abs. 4 LVerf LSA; 58 Abs. 4 SchlHVerf; 99 Abs. 2 ThürVerf.

*Zu Abs. 5*: Artt. 79 Abs. 4 BWVerf; 93 Abs. 4 SächsVerf; 93 Abs. 5 LVerf LSA.

| | |
|---|---|
| I. Funktion und Inhalt des Haushaltsplans (Abs. 1) ............ 1 | 7. Jährlichkeit des Haushaltsplans ............................ 24 |
| 1. Einführung .................... 1 | 8. Haushaltsausgleich (Art. 61 Abs. 1 S. 3) ............ 25 |
| 2. Funktionen des Haushaltsplans ........................... 2 | II. Entstehung des Haushaltsplans (Art. 61 Abs. 2 und 3) ........ 26 |
| a) Bedarfsdeckungsfunktion .. 2 | 1. Grundzüge des „Haushaltskreislaufs" .................... 26 |
| b) Planungsinstrument ........ 3 | 2. Die einzelnen Etappen der Entstehung des Haushaltsplans ... 27 |
| c) Ermächtigungsfunktion .... 4 | a) Zielvorgabe ................. 27 |
| d) Volkswirtschaftliche Funktion ........................... 5 | b) Aufstellung des Regierungsentwurfs .................... 28 |
| 3. Rechtscharakter des Haushaltsplans ........................ 6 | c) Beratung des Haushaltsplanentwurfs im Landtag .. 29 |
| 4. Bestandteile des Haushaltsplans ........................... 9 | d) Vollzug und Kontrolle ...... 31 |
| a) Einzelpläne und Gesamtplan ........................... 9 | 3. Vorherigkeitsprinzip ........... 34 |
| b) Einnahmen, Ausgaben und Verpflichtungsermächtigungen ........................... 11 | 4. Feststellung durch Gesetz ...... 35 |
| | III. Bepackungsverbot (Abs. 4) ........ 36 |
| aa) Einnahmen und Ausgaben als Geldbewegungen ........................ 11 | IV. Vermögen und Schulden (Abs. 5) .. 38 |
| | V. Haushaltsgrundsätze ............... 39 |
| bb) Einnahmen ............. 13 | VI. Sonderformen des Haushaltsplans 40 |
| cc) Ausgaben ............. 14 | VII. Finanzplan ........................ 41 |
| dd) Verpflichtungsermächtigungen ................. 17 | VIII. Reformansätze ...................... 42 |
| 5. Vollständigkeit des Haushaltsplans (Absatz 1 S. 1 in Verbindung mit S. 2) ............... 18 | 1. Nachteile des kameralistischen Systems ........................ 42 |
| | 2. Reformüberlegungen .......... 43 |
| a) Grundsatz ................. 18 | a) Ziele ...................... 43 |
| b) Landesbetriebe und Sondervermögen ................ 19 | b) Lösungsansätze ............. 44 |
| | 3. Bewertung .................... 45 |
| 6. Der Stellenplan als Bestandteil des Haushaltsplans ............ 23 | 4. Verfassungsrechtliche Rahmenbedingungen ............... 47 |
| | IX. Schrifttum ........................ 50 |

## I. Funktion und Inhalt des Haushaltsplans (Abs. 1)

1 **1. Einführung.** Der Schlüssel zum Verständnis des gesamten Haushaltswesens ist der „Haushaltsplan". Art. 61 enthält wesentliche Aussagen über den **Haushaltsplan**, die in den nachfolgenden Artt. ergänzt werden. Eine Begriffsbestim-

mung findet sich in der Verfassung selbst nicht. Für eine nähere Umschreibung der Funktionen des Haushaltsplanes kann jedoch auf die §§ 2 und 3 LHO zurückgegriffen werden. Zwar handelt es sich dabei nur um Gesetzesnormen unterhalb des Verfassungsrangs. Sie geben aber das unstrittige allg. Verständnis des Haushaltsplans wieder und können damit als verlässliche Interpretation des in der Verfassung verwendeten **Begriffs** verstanden werden.

**2. Funktionen des Haushaltsplans. a) Bedarfsdeckungsfunktion.** Nach § 2 S. 1 LHO dient der Haushaltsplan der Feststellung und Deckung des **Finanzbedarfs**, der zur Erfüllung der Aufgaben des Landes im Bewilligungszeitraum voraussichtlich notwendig ist. Diese Bedarfsdeckungsfunktion ist die älteste Aufgabe des Budgets.[1] Sie knüpft an die politische Festlegung an, welche Aufgaben das Land mit seinen – wie bei jeder Gebietskörperschaft und zu jedem Zeitpunkt knappen – Finanzmitteln erfüllen soll.

**b) Planungsinstrument.** § 2 S. 2 LHO beschreibt den Haushaltsplan als „Grundlage für die Haushalts- und Wirtschaftsführung". Der Haushaltsplan ist also ein **Planungsinstrument**, vergleichbar mit dem Budget, das vom Vorstand eines Unternehmens entworfen und vom Aufsichtsrat gebilligt wird.[2] Ein solches Budget ist Zielvorgabe und Orientierungshilfe, zugleich aber auch Maßstab für die nachträgliche Kontrolle des Planvollzuges. Der Haushaltsplan ist das in Zahlen gefasste Programm der Regierung.

**c) Ermächtigungsfunktion.** Gemäß § 3 Abs. 1 LHO **ermächtigt** der Haushaltsplan die Verwaltung, Ausgaben zu leisten und Verpflichtungen einzugehen. Die Ermächtigung des Haushaltsplans „schafft Befugnisse und Verantwortlichkeiten im organschaftlichen Rechtskreis, die ohne das Haushaltsgesetz und den Haushaltsplan nicht bestünden"[3]. Dabei gilt der Grundsatz der sachlichen und zeitlichen Bindung. Das bedeutet, dass in den einzelnen Haushaltstiteln die Zwecke, für die Ausgaben geleistet oder Verpflichtungen eingegangen werden dürfen, definiert und – wegen der Beschränkung auf das jeweilige Haushaltsjahr – zugleich mit einer zeitlichen Begrenzung versehen sind. Eine Überschreitung der im Titel festgelegten Zweckbestimmung oder der im Ansatz zahlenmäßig fixierten Höhe der Ausgabeermächtigung stellt einen Haushaltsverstoß dar, sofern nicht besondere Ausnahmeregelungen eingreifen.

Eine Verletzung der in § 3 Abs. 1 LHO definierten Ermächtigungswirkung betrifft nur das Innenverhältnis zwischen Exekutive und Legislative. Das ergibt sich aus § 3 Abs. 2 LHO. Danach werden nämlich durch den Haushaltsplan Ansprüche oder Verbindlichkeiten weder begründet noch aufgehoben. Im Ergebnis bilden also das materielle Recht und das Haushaltsrecht zwei getrennte Regelkreise:

- Auch wenn ein auf Rechtsgeschäft oder Gesetz beruhender materieller Anspruch eines Bürgers gegen das Land besteht, darf die Verwaltung **haushaltsrechtlich** erst dann zahlen, wenn ein entspr. Ausgabetitel im Haushaltsplan vorliegt (§ 3 Abs. 1 LHO) oder die Ermächtigung ausnahmsweise anderweitig abgeleitet werden kann, nämlich im Fall der vorl. Haushaltsführung gemäß Art. 62 oder aufgrund des Notbewilligungsrechts gemäß Art. 63.

---

1 *Hillgruber/Drüen*, in von Mangoldt/Klein/Starck, GG, 7. Auflage 2018, Art. 110 Rn. 15; *von Mutius*, in von Mutius/Wuttke/Hübner, Art. 50 Rn. 9.
2 Dabei ist allerdings der Unterschied zu beachten, dass ein kaufmännisch rechnendes Unternehmen nicht Einnahmen und Ausgaben plant, sondern Erträge und Aufwendungen, Näheres dazu unter → Rn. 11 f.
3 VerfGH Rheinland-Pfalz 1.4.2022 – VGH N 7/21 –, Rn. 78, unter Hinweis auf BVerfGE 20, 56 (89); 79, 311 (326); 119, 96 (117).

- Umgekehrt bedeutet das Bestehen einer haushaltsrechtlichen Ermächtigung nicht, dass dadurch ein Anspruch des Bürgers begründet wird (vgl. § 3 Abs. 2 LHO) oder die Verwaltung gegenüber dem Parlament verpflichtet wäre, die Ermächtigung auszuschöpfen.[4] Auch dann, wenn das Parlament Ansätze gegenüber dem Regierungsentwurf angehoben oder völlig neue Zwecke eingefügt hat, entsteht dadurch nur eine politische Bindung der Exekutive, keine rechtliche Verpflichtung.

Obwohl das materielle Recht und das Haushaltsrecht streng zu unterscheiden sind, haben die Regierung und das Parlament die Aufgabe, Konflikte zwischen diesen beiden Regelkreisen zu vermeiden. Die Regierung muss sich darum bemühen, die haushaltsrechtliche Ermächtigung zur Befriedigung von Ansprüchen Dritter rechtzeitig zu beschaffen. Soweit sie das nicht mit eigenen Mitteln erreichen kann – zB durch den Einsatz von Deckungsfähigkeiten, Verstärkungsmitteln, überplanmäßige Bewilligungen o. ä. –, hat sie den Landtag einzuschalten, zB durch die Einbringung eines Nachtragshaushalts.

5 **d) Volkswirtschaftliche Funktion.** Gegenüber den drei bisher dargestellten klassischen Funktionen benennt § 2 S. 3 LHO ein relativ neues Element. Nach dieser Vorschrift ist bei der Aufstellung und Ausführung des Haushaltsplans den Erfordernissen des **gesamtwirtschaftlichen Gleichgewichts** Rechnung zu tragen. Das entspricht der Vorgabe des Art. 109 Abs. 2 GG. Der Haushaltsplan hat also über die Erfüllung des öffentlichen Bedarfs hinaus die Aufgabe, stabilisierend in das Wirtschaftsgeschehen einzugreifen. Mehr noch: Der Plan ist Instrument der Wachstums-, Struktur- und Sozialpolitik.

6 **3. Rechtscharakter des Haushaltsplans.** Der **Rechtscharakter** des **Haushaltsplans** ist seit langem umstritten.[5] Eine intensive Auseinandersetzung mit den vielfältigen Definitionsversuchen bringt allerdings wenig Erkenntnisgewinn. Nützlicher für das Verständnis des Haushaltsplans und seines Rechtscharakters ist es, wenn man sich die nachstehenden Merkmale vor Augen hält.

- Der Haushaltsplan wird gemäß Art. 61 Abs. 2 durch ein Gesetz festgestellt. Er ist also nicht selbst ein Gesetz, sondern **Bestandteil eines Gesetzes** iS einer Anlage. Derartige Normenkonstruktionen finden sich auch in anderen Rechtsgebieten, zB überall dort, wo Landkarten, Tabellen oder ähnliche Darstellungen Anlagen zu Gesetzen oder RechtsVO sind. Das Haushaltsgesetz ist „Gesetz im formellen Sinn"[6] und ein „staatlicher Hoheitsakt in Gesetzesform".[7]
- Eine Besonderheit besteht hinsichtlich der **Verkündung.** Nach § 1 S. 2 LHO wird mit dem Haushaltsgesetz nur der Gesamtplan (§ 13 Abs. 4 LHO) ver-

---

4 Ganz hM, vgl. *von Lewinski/Burbat*, Haushaltsgrundsätzegesetz, 2013, § 3 Rn. 3; *Reimer*, in BeckOKGG, Art. 110 Rn. 79; *Nebel*, in Piduch, Bundeshaushaltsrecht, § 3 BHO Rn. 2 und 14; *Kube*, in Dürig/Herzog/Scholz, Art. 110 Rn. 66; *Gröpl*, in BK, Art. 110 Rn. 35; *Siekmann*, in Sachs, GG, Art. 110 Rn. 28; aA *Hoffmann*, Haushaltsvollzug und Parlament, 1972, S. 47 ff.; *Frömel* DVBl 1974, 65 ff., 69.
5 Ausführliche Darstellung der Entwicklung des Streitstandes bei *Mußgnug*, Der Haushaltsplan als Gesetz, 1976, S. 7 ff.; zur neueren Lit. s. *von Lewinski/Burbat*, Haushaltsgrundsätzegesetz, 2013, Vorbemerkung zu § 2 Rn. 5; *Reimer*, in BeckOK GG, Art. 110 Rn. 7 ff.; *Kube*, in Dürig/Herzog/Scholz, Art. 110 Rn. 54 ff.; *Nebel*, in Piduch, Art. 110 Rn. 11; *Thiele*, in Thiele/Pirsch/Wedemeyer, Art. 61 Rn. 2; *Heun*, in Dreier, Art. 110 Rn. 8 f.; *Heun*, Staatshaushalt und Staatsleitung, 1989, S. 160 ff.; *Schuppert*, in Umbach/Clemens, Art. 110 Rn. 21 ff.
6 *Laband*, Das Budgetrecht nach den Bestimmungen der Preußischen Verfassungs-Urkunde unter Berücksichtigung der Verfassung des Norddeutschen Bundes, 1871, Nachdruck 1971, S. 1 ff., 13.
7 BVerfGE 45, 32; 70, 355.

kündet, nicht aber die Einzelpläne. Das entspricht einer seit langem im Bund und in den Ländern bestehenden Übung. Das BVerfG[8] hat keine Bedenken, trotz der fehlenden Verkündung der Einzelpläne auch diese in die Feststellungswirkung des Haushaltsgesetzes mit einzubeziehen. Damit ist also der gesamte Haushaltsplan als Anlage zum Haushaltsgesetz zu werten.

■ Die **Wirkungen des Haushaltsplans** sind oben unter → Rn. 2 ff. beschrieben worden. Er schafft verbindliche Regelungen für das Haushaltsgebaren der Verwaltung, welche die im Haushaltsplan vorgesehenen Ansätze für Ausgaben oder Verpflichtungen nicht überschreiten darf. Insofern ist das Haushaltsgesetz mit dem Haushaltsplan als Anlage nicht lediglich ein „Gesetz im formellen Sinne". Daran ändert auch die Tatsache nichts, dass der Haushaltsplan Ansprüche Dritter nicht begründen und auch nicht beseitigen kann. 7

■ Das Haushaltsgesetz enthält über die Feststellung des Haushaltsplans hinaus vielfältige weitere Bestimmungen, zB über Deckungsfähigkeiten und sonstige Bewirtschaftungsregelungen. Auch diese Bestimmungen sind – wie die Feststellung des Haushaltsplans selbst – Gesetzesnormen. Sie können iÜ – im Gegensatz zum Haushaltsplan – sehr wohl in Rechte Dritter eingreifen. Dabei ist allerdings das **Bepackungsverbot** zu beachten (vgl. dazu → Rn. 36 f.). 8

**4. Bestandteile des Haushaltsplans.** a) **Einzelpläne und Gesamtplan.** Nähere Bestimmungen über die **Gliederung** des **Haushaltsplans** enthält § 13 LHO, der § 10 HGrG nachgebildet ist. Gemäß § 13 Abs. 1 LHO besteht der Haushaltsplan aus den Einzelplänen und dem Gesamtplan. 9

Die Aufteilung der Einzelpläne orientiert sich überwiegend am sogenannten Ressortprinzip. Das bedeutet, dass der LT, der LRH, das LVerfG, die Staatskanzlei und jedes Ministerium über einen eigenen Einzelplan verfügen. Daneben gibt es in M-V zwei Einzelpläne, die nicht nach dem Ressortprinzip, sondern nach dem sogenannten Realprinzip zusammengestellt sind. Das sind die Einzelpläne 11 („Allgemeine Finanzverwaltung") und 12 („Hochbaumaßnahmen des Landes"). Im Einzelplan 11 sind zB die Steuern, die Kreditaufnahmen, die Versorgungsleistungen und die Beihilfeleistungen an Beamte sowie die Leistungen im kommunalen Finanzausgleich veranschlagt. Der Einzelplan 12 enthält die Hochbaumaßnahmen für die einzelnen Verwaltungszweige.

Die Einzelpläne sind ihrerseits wiederum in **Kapitel** und **Titel** eingeteilt. Die Titel sind die Grundbausteine des Haushaltsplans. Sie geben an, welche Einnahmen aus welchen Quellen erwartet werden und welche Ausgaben für welche Zwecke geleistet werden dürfen. Die einzelnen Titel werden in Kapiteln zusammengefasst, die in der Regel bestimmte Abteilungen oder sonstige selbstständige Einheiten innerhalb eines Ressorts widerspiegeln. Die Einteilung in Titel richtet sich nach dem im Wesentlichen bundeseinheitlichen **Gruppierungsplan**. Auf diese Weise wird ein Mindestmaß an Vergleichbarkeit zwischen den Haushaltsplänen von Bund und Ländern hergestellt. 10

Die in den Einzelplänen veranschlagten Titel für Einnahmen und Ausgaben bilden den eigentlichen normativen Gehalt des Haushaltsplans. Demgegenüber enthält der **Gesamtplan** gemäß § 13 Abs. 4 LHO lediglich zusammenfassende Übersichten, nämlich die Haushaltsübersicht (Zusammenfassung der Einnahmen, Ausgaben und Verpflichtungsermächtigungen der Einzelpläne), die Finanzierungsübersicht (Berechnung des Finanzierungssaldos) und den Kreditfinanzierungsplan (Darstellung der Einnahmen aus Krediten und der Tilgungsausgaben).

---

8 BVerfGE 20, 93.

11 **b) Einnahmen, Ausgaben und Verpflichtungsermächtigungen. aa) Einnahmen und Ausgaben als Geldbewegungen.** Die Begriffe **Einnahmen** und **Ausgaben** im Haushaltsrecht beziehen sich auf Geldbewegungen. Sachleistungen des Landes (Verkauf und Belastung von Landesvermögen) werden nicht in Art. 61, sondern in Art. 66 (Landesvermögen) geregelt.

Die Qualifizierung von Einnahmen und Ausgaben als Geldbewegungen bedeutet darüber hinaus, dass kalkulatorische Elemente keine Rolle spielen. Investitionen werden nicht aktiviert. Vielmehr werden sämtliche für die Investition geleisteten Zahlungen unmittelbar als Ausgabe in vollem Umfang erfasst. Im Gegenzug kennt das Haushaltsrecht keine Abschreibungen. Es werden auch keine Rückstellungen (zB für künftige Pensionslasten) gebildet. Als „Einnahme" wird nicht die Begr. der Forderung gewertet – zB durch Steuer- oder Gebührenbescheid –, sondern erst der tatsächliche Geldzufluss. Das Eingehen einer Verpflichtung stellt noch keine „Ausgabe" dar, sondern erst die Geldbewegung. Somit unterscheiden sich die Begriffe „Einnahmen" und „Ausgaben" von den kaufmännischen Termini „Erträge" und „Aufwendungen".[9] Einnahmen sind folglich „die Geldbeträge, die im Haushaltsjahr voraussichtlich kassenwirksam werden und als Deckungsmittel zur Haushaltsfinanzierung zufließen"[10]. Ausgaben sind „die von den Gebietskörperschaften zu erbringenden Geldleistungen, die im Haushaltsjahr voraussichtlich kassenwirksam werden"[11].

12 Die geschilderte Buchungsweise ergibt sich aus § 72 LHO/§ 34 HGrG. Das Haushaltsrecht verwendet als Oberbegriff für die Worte „Einnahmen" und „Ausgaben" den Terminus „Zahlungen". Nach § 72 Abs. 2 LHO sind alle Zahlungen – mit bestimmten Ausnahmen – für das Haushaltsjahr zu buchen, in dem sie eingegangen oder geleistet worden sind. Der Sinn dieser Regelung besteht darin, **Gestaltungsmöglichkeiten** beim **Haushaltsvollzug** einzugrenzen. Bei der Erstellung eines Jahresabschlusses nach kaufmännischer Buchführung bestehen zahlreiche Bewertungsmöglichkeiten, zB bei der Bildung von Rückstellungen, der Aktivierung halbfertiger Erzeugnisse, der Wertberichtigung von Forderungen etc. Dies ist bei einem Jahresabschluss, der im Wesentlichen auf den reinen Zahlungsvorgängen beruht, so nicht möglich. Es lässt sich also unmittelbar kontrollieren, ob die Verwaltung die Vorgaben des Parlaments hinsichtlich der Zahlungsströme eingehalten hat.

In begrenztem Umfang bietet allerdings auch das traditionelle Haushaltssystem Gestaltungsmöglichkeiten. So können bspw. Rücklagen gebildet werden. Allerdings ist die Zuführung zu einer Rücklage eine Ausgabe, die einer Ermächtigung durch den Haushaltsplan oder das Haushaltsgesetz bedarf. Darüber hinaus können Ausnahmen von dem Grundsatz der Buchung nach Haushaltsjahren zugelassen werden (vgl. § 72 Abs. 6 LHO). Diese Möglichkeit wird zB genutzt, um die Krediteinnahmen den einzelnen Haushaltsjahren jeweils so zuzuordnen, dass auch im Vollzug ein ausgeglichener Haushalt erzielt wird. Das entspricht der seit langem üblichen Praxis in allen Ländern. Auch nach Inkrafttreten des neuen Haushaltsgesetzes samt dem neuen Haushaltsplan kann die Kreditermächtigung des alten Haushaltplans genutzt werden, um Einnahmen für den abgelaufenen Haushalt in der Höhe zu buchen, die erforderlich ist, um dort einen Haushaltsausgleich herzustellen. Diese auf § 72 Abs. 6 LHO gestützte Praxis entspricht § 34 Abs. 6 HGrG. Die Aussage des LVerfG M-V in seinem Urteil

---

9 *Gröpl*, in BK, Art. 110 Rn. 30.
10 *Heller*, Haushaltsgrundsätze für Bund, Länder und Gemeinden, 2. Aufl. 2010, S. 154 Rn. 448.
11 *Heller*, aaO, Rn. 449.

vom 24.11.2022, eine solche Praxis widerspreche dem Jährlichkeitsprinzip des Art. 61 Abs. 4, ist schon deshalb problematisch, weil sie mit dem höherrangingen Recht des § 34 Abs. 6 HGrG nicht zu vereinbaren ist.[12]

**bb) Einnahmen.** Die **Veranschlagung** von **Einnahmen** erzeugt für die Verwaltung weder eine Verpflichtung noch eine Ermächtigung, die betreffenden Einnahmen auch tatsächlich zu erheben.[13] Die Ermächtigung zur Einnahmeerhebung ergibt sich vielmehr aus anderen Rechtsquellen, insbes. den Steuergesetzen, aber auch aus Gebührenordnungen, aus Verträgen oder aus sonstigen allgemeingültigen Normen (zB aus dem Schadensersatzrecht). Die Regierung hat die Einnahmen, auf die ein Anspruch besteht, rechtzeitig und vollständig zu erheben, vgl. § 34 Abs. 1 LHO. Soweit Einnahmen aus Vermögensveräußerungen veranschlagt worden sind, begründet auch dieser Tatbestand keine Verpflichtung der Regierung, die betreffende Vermögensveräußerung tatsächlich vorzunehmen.[14] Das ist kein Verstoß gegen § 34 LHO, solange das betreffende Veräußerungsgeschäft noch nicht abgeschlossen und damit noch kein Rechtsgrund für die Erhebung der Einnahme gelegt worden ist. 13

Die veranschlagten Einnahmen sind demnach lediglich Schätzgrößen, die dem Haushaltsausgleich dienen. Die **Schätzung** muss seriös und realistisch sein, denn gemäß Art. 61 Abs. 1 S. 1 dürfen nur die in dem betreffenden Haushaltsjahr zu erwartenden Einnahmen veranschlagt werden (Grundsatz der Schätzgenauigkeit). Die größten Unsicherheiten auf der Einnahmeseite betreffen regelmäßig die Steuereinnahmen, bei denen schon relativ geringfügige prozentuale Abweichungen zu deutlichen Haushaltsausfällen führen können. Die LReg darf sich nicht damit begnügen, exakt die Steuereinnahmeerwartungen aus der regionalisierten bundesweiten Steuerschätzung zu übernehmen. Sie ist vielmehr iS einer realistischen Schätzung gehalten, besondere Faktoren, wie zB Mindereinnahmen aufgrund eines Bevölkerungsrückgangs, durch eigene Korrekturrechnungen zu berücksichtigen.[15]

**cc) Ausgaben.** Anders als bei den Einnahmen hat die Veranschlagung von Ausgaben rechtliche Wirkungen, weil dadurch die Ausgabeermächtigung der Regierung definiert wird. Bei der Veranschlagung der Ausgaben ist, ebenso wie bei den Einnahmen, darauf zu achten, dass nur die in dem jeweiligen Haushaltsjahr fälligen Ausgaben in den Haushaltsplan eingestellt werden (**Fälligkeitsprinzip**). 14

Dem deutschen Haushaltsrecht eigentümlich ist der Grundsatz der **Spezialität**. Das bedeutet, dass die Ausgabetitel mit einer Zweckbestimmung versehen sein müssen, aus der sich ergibt, wofür die Ausgabeermächtigung der Regierung zur Verfügung stehen soll. Eine einfachgesetzliche Ausprägung findet der Grundsatz der Spezialität in § 45 Abs. 1 LHO. Danach dürfen Ausgaben und Verpflichtungsermächtigungen nur zu dem im Haushaltsplan bezeichneten Zweck und nur bis zum Ende des betreffenden Haushaltsjahres geleistet oder in Anspruch genommen werden. Sowohl aus dem Wortlaut des Art. 61 Abs. 1 S. 1 als auch

---

12 Vgl. LVerfG M-V, 24.11.2022 (LVerfG 2/21), Rn. 104 ff.
13 *Kube*, in Dürig/Herzog/Scholz, Art. 110 Rn. 54 ff.; zu den einzelnen Einnahmequellen des Staates (Abgaben, Steuern, Gebühren, Beiträge, privatwirtschaftliche Betätigung) siehe die ausführliche Darstellung bei *Korioth*, in Voßkuhle/Eifert/Möllers, Grundlagen des Verwaltungsrechts Bd. II, 3. Auflage 2022, S. 1213 ff.
14 *Nebel*, in Piduch, Art. 110 Rn. 14.
15 S. auch StGH Nds 16.12.2011 – StGH 1/10 –, NdsVBl 2012, 100: „Ein Abweichen von dem regionalisierten Ergebnis der Steuerschätzung ist … dann geboten, wenn bis zur Verabschiedung des Haushaltsgesetzes durch den Niedersächsischen Landtag deutliche Anzeichen erkennbar werden, die auf wesentlich verminderte Haushaltsansätze hindeuten."

aus der Verfassungstradition folgt, dass die Ausgaben nicht in einer Gesamtsumme zu veranschlagen, sondern auf einzelne Ausgaben aufzuteilen sind. Der Grundsatz der Spezialität hat also Verfassungsrang.[16] Die Frage ist allerdings, wieweit dieses Prinzip reicht und welche Ausnahmen es zulässt.

15 Die geltende Haushaltspraxis kennt sowohl **globale Mehrausgaben** als auch **globale Minderausgaben**.

**Globale Mehrausgaben** finden sich in den Haushalten der Länder nicht selten als sogenannte „Verstärkungsmittel". In der Haushaltspraxis des Landes M-V gibt es seit Jahren im Einzelplan 11 den Titel 1108.548.01 mit der Zweckbestimmung „Mehraufwand an sächlichen Verwaltungsaufgaben". In den Erläuterungen heißt es dazu: „veranschlagt zur Deckung von unabweisbaren Mehrbedarfen bei den sächlichen Verwaltungsausgaben". Der betreffende Titel ist in seinem Umfang schwankend. Im Doppelhaushalt 2022/2023 sind dafür 7,314 bzw. 7,354 Mio. EUR vorgesehen. Da diese globale Mehrausgabe auf die Verstärkung von Titeln ausgerichtet ist, die aus mehr oder weniger zwangsläufigen Gründen (zB Preissteigerungen) einen Mehrbedarf haben, ohne dass die grds. politischen Wertungen des Haushaltsgesetzgebers dadurch berührt werden, sind derartige Konstruktionen zulässig.[17] Das Gleiche gilt für die personellen Verstärkungsmittel zum Ausgleich von Tarifsteigerungen.[18]

Einen besonderen Charakter haben die vielfach verwendeten **globalen Minderausgaben**. Sie sind in der Praxis weit verbreitet, werden aber in der Literatur zT heftig kritisiert.[19] Die globale Minderausgabe wird mit verschiedenen Zielrichtungen eingesetzt, die sich teilweise überschneiden können. Zum einen soll die globale Minderausgabe den sog. „**Bodensatz**" abschöpfen, also der Beobachtung Rechnung tragen, dass sich im Haushaltsvollzug Minderbedarfe gegenüber der Veranschlagung herausstellen, die im Einzelnen nicht vorhersehbar sind, in der Summe jedoch prognostiziert werden können. Zum anderen wird dieses Instrument aber auch angewendet, um die Ressorts im **Vollzug** zu **Einsparungen** zu zwingen. Die auf den Bodensatz abzielende globale Minderausgabe ist zulässig, wenn sie das aus Erfahrungen der Vorjahre gewonnene Volumen nicht überschreitet.[20] Soweit die globale Minderausgabe nur durch gezielte Einsparmaßnahmen umgesetzt werden kann, ist sie dann unbedenklich, wenn die Einsparungen tatsächlich im Haushaltsvollzug voraussichtlich erzielbar sind, wenn die Erwirtschaftung der globalen Minderausgabe im Vorhinein durch feste Regelungen seitens des Finanzministeriums konkretisiert wird und wenn darüber hinaus das Parlament noch während des laufenden Haushaltsjahres darüber informiert wird, wo und bei welchen Titeln die Minderausgabe tatsächlich spezifiziert werden soll. Sind diese Voraussetzungen gegeben, liegt weder ein

---

16 VerfGH NRW 28.1.1992 – VerfGH 1/91 –, NWVBl 1992, 129 = NVwZ 1992, 470; 3. 5. 1994 – VerfGH 10/92 –, NWVBl 1994, 292; 14.5.1996 – VerfGH 5/95 –, NWVBl 1996, 291 = NVwZ 1997, 37.
17 Anders VerfGH NRW 28.1.1992 – VerfGH 1/91 –, NWVBl 1992, 129 für die dort zu entscheidende Fallkonstellation, die allerdings eine der Höhe nach nicht bestimmte und damit zu weitgehende Ermächtigung enthielt.
18 Titel 1108 461.01 „Zentral veranschlagte Personalausgaben".
19 *Noll* ThürVBl 2004, 125 ff.; *Karehnke* DVBl 1980, 542 ff.; differenzierend *Marcus* DÖV 2000, 675 ff.; *Borrmann* VR 1981, 307 ff.; die Zulässigkeit befürwortend: *Hermenau*, in Epping/Butzer Art. 65 Rn. 19; *Ohler*, in Linck/Baldus/Lindner/Poppenhäger/Ruffert, Art. 98 Rn. 25; *Dolde/Porsch* DÖV 2002, 232 ff.
20 *Kube*, in Dürig/Herzog/Scholz, Art. 110 Rn. 116; *Piduch*, § 11 BHO Rn. 7; *Noll* (Fn. 17), S. 134; üblich ist ein Richtwert für den Bodensatz von 1 bis 2 % des Gesamthaushalts, vgl. StGH BW 20.11 1996 – GR 2/95 –, DÖV 1997, 203 ff.

Verstoß gegen Haushaltswahrheit und Haushaltsklarheit noch gegen die Spezialität und den Haushaltsausgleich (Art. 61 Abs. 1 S. 3) vor. Richtig ist allerdings, dass mit diesem Instrument behutsam umgegangen werden muss, damit nicht die prinzipielle Verpflichtung von Regierung und Parlament, den Haushaltsausgleich mit der Verabschiedung des Haushalts sicherzustellen, umgangen wird.

§ 6a HGrG erlaubt unter bestimmten Voraussetzungen Abweichungen vom Grundsatz der sachlichen und zeitlichen Bindung. Dabei geht es darum, die Finanz- und Fachverantwortung bei einer dafür geeigneten Organisation zusammenzuführen (sog. **Budgetierung**), wenn angemessene Steuerungsinstrumente zur Verfügung stehen.[21] M-V hat diese Regelung in § 7a LHO übernommen. 16

**dd) Verpflichtungsermächtigungen.** Ausgaben dürfen im Haushaltsplan gemäß Art. 61 Abs. 1 S. 1 nur insoweit veranschlagt werden, als sie voraussichtlich tatsächlich in dem betreffenden Haushaltsjahr anfallen (**Fälligkeitsprinzip**). Die Regierung muss aber nicht selten Verpflichtungen eingehen, welche erst in künftigen Haushaltsjahren kassenwirksam werden, zB bei größeren Investitionsvorhaben. In einem solchen Fall ist eine **Verpflichtungsermächtigung** in den Haushaltsplan aufzunehmen. Die Verpflichtungsermächtigung wird bei dem jeweiligen Titel ausgewiesen. Wenn Verpflichtungen zulasten mehrerer künftiger Haushaltsjahre eingegangen werden können, sollen die Jahresbeträge im Haushaltsplan angegeben werden. Nähere Einzelheiten sind in § 16 LHO und den dazu ergangenen Verwaltungsvorschriften geregelt. 17

**5. Vollständigkeit des Haushaltsplans (Absatz 1 S. 1 in Verbindung mit S. 2). a) Grundsatz.** Nach Art. 61 Abs. 1 S. 1 müssen **alle** Einnahmen und Ausgaben sowie Verpflichtungsermächtigungen veranschlagt werden. Die Verfassung gebietet, alle Vorgänge, die sich positiv (Einnahme) oder negativ (Ausgabe) auf den Haushalt auswirken, in **einem** Haushaltsplan zu berücksichtigen (Prinzip der **Vollständigkeit** und **Einheit**). Nicht erlaubt sind deshalb sog. „schwarze Kassen".[22] Aus dem Vollständigkeitsgebot leiten sich auch die Gebote der **Haushaltswahrheit** und **Haushaltsklarheit** ab.[23] Denn die in Art. 61 (entsprechend Art. 110 GG) vorgeschriebene Vollständigkeit und Einheit des Haushaltsplans ergibt nur dann Sinn, wenn die Einnahmen und Ausgaben so übersichtlich und verständlich wie möglich dargestellt (Haushaltsklarheit) und so zutreffend, wie es eine seriöse Prognose zulässt, erfasst werden (Haushaltswahrheit).[24] 18

Anders als das Vollständigkeitsprinzip und die daraus abgeleiteten Grundsätze der Haushaltswahrheit und -klarheit ist das **Bruttoprinzip** nicht in der Verfassung, sondern nur im einfachen Recht verankert.[25] Das Bruttoprinzip bedeutet, dass die Einnahmen und Ausgaben in voller Höhe und getrennt voneinander zu veranschlagen sind, vgl. § 15 Abs. 1 S. 1 LHO. Diese Bestimmung hat den Sinn, ein möglichst hohes Maß an Transparenz zu gewährleisten. Die LHO unterscheidet deutlich zwischen dem in § 11 normierten Vollständigkeitsprinzip (§ 11 LHO lehnt sich im Wortlaut an Art. 61 Abs. 1 S. 1 an) und dem in § 15

---

21 *von Lewinski/Burbat*, Haushaltsgrundsätzegesetz, 2013, § 6a Rn. 1 ff.
22 *Kube*, in Dürig/Herzog/Scholz, Art. 110 Rn. 91; *Nebel*, in Piduch, Art. 110 Rn. 19; *Ewer*, in Caspar/Ewer/Nolte/Waack, Art. 50 Rn. 9.
23 BVerfGE 119, 96 (118); VerfGH NRW 28.1.1992 – VerfGH 1/91 –, NWVBl 1992, 129, 130; *Gröpl*, in BK, Art. 110 Rn. 114.
24 *Gröpl*, Transparenz im Haushaltsrecht, 2006, S. 12 (www.uni-saarland.de/fileadmin/user_upload/Professoren/fr11_ProfGroepl/Ver%C§%B6ffentlichungen/Vortr%C3%A4ge/19-TRans-KLRI-HP.pdf).
25 Anders *Kube*, in Dürig/Herzog/Scholz, Art. 110 Rn. 97 (unter Verweis auf die Effektivierung des parlamentarischen Budgetrechts); wie hier *Piduch* DÖV 1969, 190 ff.

angesprochenen Bruttoprinzip. Die gleiche Unterscheidung findet sich in § 8 und § 10 HGrG. Während das Vollständigkeitsprinzip keine Ausnahme zulässt, sind Durchbrechungen des Bruttoprinzips unter bestimmten Voraussetzungen gestattet. Das gilt zB für die Veranschlagung der Einnahmen aus Krediten vom Kreditmarkt und der hiermit zusammenhängenden Tilgungsausgaben (§ 15 Abs. 1 S. 2 LHO, § 12 Abs. 1 S. 2 HGrG). Darüber hinaus können weitere Ausnahmen vom Bruttoprinzip im Haushaltsplan zugelassen werden (§ 15 Abs. 1 S. 3 LHO, § 12 Abs. 1 S. 3 HGrG).

19 **b) Landesbetriebe und Sondervermögen.** Schwierigkeiten bereitet Art. 61 Abs. 1 S. 2. Danach brauchen bei **Landesbetrieben** und **Sondervermögen** des Landes nur die Zuführungen oder die Ablieferungen eingestellt zu werden. Landesbetriebe gemäß § 26 Abs. 1 LHO und Sondervermögen gemäß § 26 Abs. 2 LHO haben gemeinsam, dass es sich dabei nicht um eigenständige juristische Personen, sondern um Teile der öffentlichen Verwaltung handelt, die allerdings durch eine gewisse Verselbständigung von der Landesverwaltung im engeren Sinn abgetrennt sind. Bei den Landesbetrieben steht der betriebliche Aspekt im Vordergrund, bei den Sondervermögen das Verwalten einer bestimmten Vermögensmasse. In beiden Fällen müssen ein Wirtschaftsplan (§ 26 Abs. 1 LHO für Landesbetriebe) oder Übersichten über die Einnahmen und Ausgaben (bei Sondervermögen vgl. § 26 Abs. 2 LHO) dem Haushaltsplan als Anlage beigefügt werden. Im Haushaltsplan selbst erscheint nur ein Titel, der den Saldo des Wirtschaftsplans darstellt, also entweder eine Ablieferung des Betriebs bzw. des Sondervermögens an den Haushalt oder eine Zuführung aus dem Haushalt zum Defizitausgleich an den Landesbetrieb oder das Sondervermögen. Systematisch handelt es sich bei Art. 61 Abs. 1 S. 2 um eine **Ausnahme vom Bruttoprinzip**.[26] Art. 61 Abs. 1 S. 2 regelt also (ebenso wie Art. 110 Abs. 1 S. 2 GG) für Landesbetriebe und Sondervermögen die Ausnahme von einem Prinzip, das in Art. 61 Abs. 1 S. 1 gar nicht enthalten ist. Dies als „Klarstellung" zu bezeichnen,[27] ist ein denkbarer Ausweg aus dem Dilemma, ändert aber nichts daran, dass Art. 61 Abs. 1 S. 2 als missglückt betrachtet werden muss.

20 Sondervermögen erleben seit etwa 10 Jahren, nach einer vorausgegangenen Phase der Zurückdrängung, im Bund und in den Ländern eine deutliche und problematische Renaissance. Sie hat im Wesentlichen zwei Gründe. Zunächst nehmen Regierungen und Parlamente an, bestimmte Aufgabenbereiche (zB Klimaschutz, Planung und Finanzierung von Infrastrukturvorhaben) ließen sich längerfristig ohne die strengen haushaltsrechtlichen Restriktionen einer Finanzierung aus dem Kernhaushalt gezielter und leichter erfüllen. Aktuell kommt die finanzielle Bewältigung der Corona-Krise hinzu. Sie hat im Bund und in fast allen Ländern zur Errichtung von Sondervermögen mit teils exorbitanten Finanzvolumina geführt, die zudem kreditfinanziert sind (zu diesem Aspekt vgl. die Kommentierung zu Art. 65 Rn. 22 ff.). Sondervermögen führen zu Einbußen bei der parlamentarischen Steuerung und Kontrolle der Ausgaben. Die dem Sondervermögen eigene Tendenz zur **Flucht aus dem Haushalt** vermindert

---

26 AA *Piduch* (Fn. 23), S. 192, der Art. 110 Abs. 1 S. 2 GG als Ausnahme vom Vollständigkeitsprinzip interpretiert. Das ist jedoch wenig überzeugend, weil das Vollständigkeitsprinzip auch bei Aufnahme einer saldierten Zuführung bzw. Ablieferung gewahrt bleibt. Daher ist die Veranschlagungsweise bei Landesbetrieben und Sondervermögen keine Durchbrechung des Vollständigkeitsprinzips, die einer verfassungsrechtlichen Ausnahme bedurft hätte.
27 So früher *Maunz*, in Maunz/Dürig, Erstbearbeitung Art. 110 Rn. 34.

generell die Klarheit und Transparenz der Finanzierungsvorgänge. Wegen dieser Gefahren sind Sondervermögen nur unter engen Voraussetzungen zulässig. Diese entstammen dem ungeschriebenen Verfassungsrecht, das aber im Bund und allen Ländern anerkannt ist. Formell bedarf die Bildung eines Sondervermögens einer **parlamentsgesetzlichen Grundlage**, die auch die Zuständigkeiten zur Bewirtschaftung regeln muss. Materiell bedarf die Ausgliederung aus dem Kernhaushalt eines **wichtigen Grundes**, den der Gesetzgeber darlegen muss; die dem Sondervermögen zugewiesene Aufgabe und Zielsetzung muss begrenzt und möglichst genau beschrieben sein.[28] Auch bei Wahrung dieser Voraussetzungen fügen sich Sondervermögen nicht ohne Schwierigkeiten in die haushaltsrechtlichen Prinzipien ein. Die Bildung von Sondervermögen berührt die Vollständigkeit und Einheit des Haushaltsplans (Art. 61 Abs. 1 S. 1); die hier reservierten Ressourcen werden vorab gebunden und dem Prozess der Abwägung und Priorisierung entzogen, dem sich alle anderen Aufgabenbereiche im Rahmen des Haushalts stellen müssen. Auch die Jährlichkeit (Art. 61 Abs. 1 S. 1) ist berührt: Im Haushalt wird die Zuführung an das Sondervermögen in einem Haushaltsjahr veranschlagt und gebucht, in dem uU noch keine Ausgabe für die Aufgaben des Sondervermögens anfällt. Der tatsächliche Verbrauch der Ressourcen des Sondervermögens findet ganz oder überwiegend zu Zeitpunkten statt, die vom Parlament als Haushaltsgesetzgeber nicht beeinflusst werden. Formal liegt allerdings kein Verstoß gegen das Jährlichkeitsprinzip vor, weil die Zuführung oder Ablieferung einem konkreten Haushaltsjahr zugeordnet wird.

Der Grundsatz der Spezialität (oben Rn. 14) wird eingehalten, wenn die Ansätze im Wirtschaftsplan des Sondervermögens ihre Zweckbestimmung hinreichend deutlich erkennen lassen und nicht nachträglich verändert werden können. Damit hat sich das Urteil des LVerfG[29] zum Sondervermögen „Strategiefonds" befasst. Wegen der weiten Zwecksetzung dieses Sondervermögens könnten die Rechte der LT-Abgeordneten aus Art. 22, an der Beratung und Beschlussfassung über Gesetze, auch Haushaltsgesetze, mitzuwirken, nur gesichert werden, wenn bei einem solchen Sondervermögen alle Einnahmen und Ausgaben sowie Verpflichtungsermächtigungen für jedes Haushaltsjahr veranschlagt und vom Landtagsplenum beschlossen werden (Rn. 76 und 86 des Urteils). Deshalb schließe der Gesetzesbeschluss über den Haushaltsplan nach Art. 61 Abs. 2 den Wirtschaftsplan des Sondervermögens mit weiter Zweckbestimmung ein. Eine nachträgliche Änderung des Wirtschaftsplans durch den Finanzausschuss oder das Finanzministerium sei nicht zulässig (Rn. 97 ff. des Urteils). Diese parlamentsfreundliche Lösung – sie gewährleistet die Steuerung und Kontrolle der Ausgaben des Sondervermögens – muss sich indes der Frage stellen, ob sie Art. 61 Abs. 1 S. 2 Rechnung trägt. Das ist nur möglich, wenn dieser S. 2 nicht als Freistellung und Ausnahme von den Prinzipien des Art. 61 Abs. 1 S. 1 verstanden wird. Letztlich läuft die Rechtsprechung des LVerfG nicht nur

21

---

28 Der HessStGH, 27.10.2021 – P.St. 2783, 2827 –, Rn. 161, will differenzieren. Bei Sondervermögen mit einer „leicht überschaubaren, eindeutigen Zwecksetzung", sowie einer „eindeutigen, abschließend bestimmten Mittelweisung" sei das Budgetrecht des Landtages nicht betroffen, weil „alle relevanten fiskalischen Entscheidungen bereits mit der Errichtung des Sondervermögens durch das Parlament getroffen werden"; bei hohem Finanzvolumen, langen Bewirtschaftungszeiträumen und weitgefassten Finanzierungszwecken bedürfe es zur Rechtfertigung der Auslagerung aus dem Kernhaushalt „hinreichend gewichtiger verfassungsrechtlicher Gründe". *Meinckmann*, NVwZ 2022, 107 ff.; *Puhl*, Budgetflucht und Haushaltsverfassung, 1996, S. 167 ff.; *Kilian*, Nebenhaushalte des Bundes, 1993, S. 255, 545 ff.
29 LVerfG M-V 26.9.2019 – 2/18 –, BeckRS 2019, 22567.

auf eine verfassungskonforme Auslegung der Bedeutung des Wirtschaftsplans hinaus, sondern auch auf eine Konformität von S. 2 mit S. 1 des Art. 61 Abs. 1. Einen anderen und im Lichte der Steuerungsmöglichkeit des Parlaments einfacheren und klareren Weg konnte das Gericht nicht gehen; er hätte darin bestanden, die Verfassungsmäßigkeit eines Sondervermögens wegen seiner weiten Zwecksetzung zu verneinen. Angesichts des im konkreten Verfahren zum Strategiefonds nur möglichen Organstreitverfahrens war dem Gericht die volle materielle Verfassungsmäßigkeitsprüfung nicht möglich. Je enger die Aufgabenbestimmung eines Sondervermögens ist, desto mehr kann sich eine parlamentarische Steuerung auf die haushaltsgesetzliche Festlegung der im Haushaltsplan festgelegten Ablieferungen und Zuführungen beschränkt werden.

22 Die Einwände des LVerfG lassen sich auch gegenüber dem in der Geschichte des Landes mit Abstand gewichtigsten Sondervermögen erheben: der zur Bewältigung der finanziellen Lasten des Landes aus der Corona-Krise im Jahre 2020 begründete „**MV-Schutzfonds**"[30] hat ein Volumen von 2,85 Mrd. Euro, etwa 25 v.H. des gleichzeitigen Landeshaushalts. Einige Ausgaben, die im Haushalt 2021 bereits veranschlagt waren, sollen aus dem Sondervermögen beglichen werden – hier ist die Flucht aus dem Kernhaushalt evident. Fraglich ist auch, ob der Grundsatz der Spezialität in der vom LVerfG in seinem Urteil zum „Strategiefonds" entwickelten Form (s. o.) hinreichend beachtet wurde. Das Sondervermögen „MV Schutzfonds" hat zwar einen Wirtschaftsplan, dieser konnte aber gemäß § 5 Abs. 3 SVMVFG M-V mit Zustimmung des Finanzausschusses geändert werden, was laufend in erheblichem Umfang praktiziert wurde. Das verstieß gegen die Vorgaben, die das LVerfG in Rn. 97 ff. des oben zitierten Urteils für Sondervermögen mit einer – wie hier – sehr weiten Zweckbestimmung aufgestellt hat. Nach der Änderung des § 5 Abs. 3 SVMVFG M-V im Jahre 2022 bedarf die Feststellung des Wirtschaftsplans der Zustimmung des Plenums, was den bisherigen Einwand erübrigt hat. Ein weiterer Einwand erhebt sich im Hinblick auf Art. 61 Abs. 1 S. 2. Abweichend von dieser Vorschrift wurde die im Jahr 2020 realisierte Zuführung an das Sondervermögen nicht im Haushaltsplan veranschlagt. Es gibt lediglich eine Ermächtigung für die Zuführung in § 17b Haushaltsgesetz 2020/2021. Art. 61 Abs. 1 S. 2 ordnet jedoch an, dass Zuführungen oder Ablieferungen von Sondervermögen in den Haushaltsplan eingestellt werden müssen, denn nur so kann das in Einnahme und Ausgabe auszugleichende Zahlenwerk des Haushaltsplans dem Erfordernis der Vollständigkeit genügen.

Darüber hinaus wirft die Kreditfinanzierung des Sondervermögens, die vollständig 2020/2021 erfolgt, aber für Ausgaben bis 2023 bestimmt ist, unter dem Aspekt der Jährlichkeit der Nettokreditaufnahme und der Voraussetzungen der Notlagenkredite (→ Art. 65 Rn. 22 ff.) Probleme auf.

23 **6. Der Stellenplan als Bestandteil des Haushaltsplans.** Nach § 11 Abs. 1 Nr. 3 HGrG ist dem Haushaltsplan als Anlage eine Übersicht über die **Planstellen der Beamten** beizufügen. § 14 Abs. 1 Nr. 3 LHO dehnt diese Verpflichtung auf **andere Stellen** aus. Dieser sog. Stellenplan ist maßgeblich für die Personalwirtschaft des Landes. Nach § 49 Abs. 1 LHO darf ein Amt nur zusammen mit der

---

30 Gesetz über die Errichtung eines Sondervermögens „MV-Schutzfonds" – SVMVFG M-V (Art. 1 des Haushaltsbegleitgesetzes zum Nachtragshaushaltsgesetz vom 1.4.2020 (GVOBl. M-V 2020, S. 140, Anlage 5), geändert durch Art. 2 des Haushaltsbegleitgesetzes zum 2. Nachtragshaushaltsgesetz vom 9.12. 2020 (GVOBl. M-V, S. 1364, Anlage 6) und Art. 1 des Haushaltsbegleitgesetzes 2022/2023 vom 30.6.2022 (GVOBl. M-V, S. 400).

Einweisung in eine besetzbare Planstelle verliehen werden. Für Beamte entfaltet also der Stellenplan in ähnlichem Sinne Ermächtigungswirkung für die Einstellung oder Beförderung wie der Haushaltsplan für das Leisten von Ausgaben. Nach § 49 Abs. 4 LHO bewirken die Stellenübersichten für nicht beamtete Kräfte die gleiche Bindung wie der Stellenplan der planmäßigen Beamten (insoweit geht die LHO über das HGrG hinaus, weil dort in § 28 Abs. 1 die Bindung an den Stellenplan nur für die Planstellen für Beamte vorgeschrieben wird). Weil die Einweisung eines Beamten in eine Planstelle oder die Einstellung von Arbeitnehmern für die öffentliche Hand langjährige Verpflichtungen mit sich bringen, ist es gerechtfertigt, hierfür in Gestalt des Stellenplans ein gesondertes Ermächtigungsinstrument vorzusehen. Da jedoch die Verfassung in Art. 61 nur von Einnahmen, Ausgaben und Verpflichtungsermächtigungen spricht, gehört der Stellenplan nicht zum verfassungsrechtlich vorgeschriebenen Inhalt des Haushaltsplans.[31] Nach § 11 Abs. 1 Nr. 3 und § 28 HGrG ist aber – unabhängig von der Verfassung – zumindest für Beamte die Bindung an den Stellenplan aufgrund vorrangigen Bundesrechts ohnehin verpflichtend.

**7. Jährlichkeit des Haushaltsplans.** Nach Art. 61 Abs. 1 S. 1 müssen Einnahmen, Ausgaben und Verpflichtungsermächtigungen des Landes „**für jedes Haushaltsjahr**" veranschlagt werden, sog. **Jährlichkeitsprinzip**. Demnach muss für jedes Haushaltsjahr ein Haushaltsplan verabschiedet werden. Jedoch kann der Haushaltsplan für zwei Haushaltsjahre, nach Jahren getrennt, aufgestellt werden, vgl. § 9 Abs. 1 HGrG, § 12 Abs. 1 LHO. Mit diesem Instrument des „**Doppelhaushalts**" hat M-V seit dem Doppelhaushalt 2002/2003 gute Erfahrungen gemacht. Dadurch wird in erheblichem Umfang Verwaltungsaufwand reduziert und die Planbarkeit über einen längeren Zeitraum erhöht. 24

Eine besondere Situation ergab sich für das Haushaltsjahr 2004. Das LVerfG M-V hatte den Doppelhaushalt 2004/2005 für nichtig erklärt, aber zugelassen, dass für das abgelaufene Haushaltsjahr 2004 kein neuer Haushaltsplan verabschiedet werden musste.[32] Das lässt sich mit Art. 61 Abs. 1 S. 1, nach dem für jedes Haushaltsjahr ein Haushaltsplan aufzustellen ist, kaum vereinbaren.

**8. Haushaltsausgleich (Art. 61 Abs. 1 S. 3).** Nach Art. 61 Abs. 1 S. 3 ist der Haushalt in Einnahmen und Ausgaben auszugleichen. Das bezieht sich – wie die gesamte Vorschrift des Art. 61 – auf die Haushaltsaufstellung. Im Vollzug können durchaus Defizite oder Überschüsse entstehen, vgl. § 25 LHO. Jedoch darf die Regierung negative Abweichungen des Haushaltsvollzugs von der Planung nicht tatenlos hinnehmen. Für Gegensteuerungsmaßnahmen steht dem Finanzminister das Instrument der **Haushaltssperre** nach § 41 LHO zur Verfügung. Bei der Anwendung dieses Mittels muss der Finanzminister auch die Auswirkungen auf das gesamtwirtschaftliche Gleichgewicht berücksichtigen, Art. 109 Abs. 2 GG. 25

Das Prinzip des **Haushaltsausgleichs** besagt, dass die Einnahmen und die Ausgaben gleich hoch sein müssen. Da zu den Einnahmen auch die Krediteinnahmen gehören, hat das Gebot des Haushaltsausgleichs formalen Charakter. Die Frage, in welchem Umfang Krediteinnahmen zum Haushaltsausgleich zulässig sind, beurteilt sich nicht nach Art. 61 Abs. 1 S. 3, sondern nach Art. 65.

---

31 *Nebel*, in Piduch, Art. 110 Rn. 9 mwN; aA *Moeser*, Die Beteiligung des Bundestages an der staatlichen Haushaltsgewalt, 1978, S. 116.
32 LVerfG M-V 7.7.2005 – 8/04 –, LVerfGE 16, 353 = LKV 2006, 26.

Das LVerfG M-V hat mit Urt. v. 7.7.2005 zum Nachtragshaushalt 2003[33] die Kreditermächtigung teilweise für nichtig erklärt, den Nachtragshaushalt iÜ aber bestehen lassen. Damit wird das Gebot des Haushaltsausgleichs, Art. 61 Abs. 1 S. 3, berührt, weil den im Haushaltsplan 2003 – in der durch den Nachtrag veränderten Form – veranschlagten Ausgaben nicht mehr zur Deckung ausreichende Einnahmen gegenüberstehen. Die Teilnichtigkeit eines Haushaltsplans ist im Hinblick auf Art. 61 Abs. 1 S. 3 problematisch.[34]

## II. Entstehung des Haushaltsplans (Art. 61 Abs. 2 und 3)

26  1. **Grundzüge des „Haushaltskreislaufs".** Der „Haushaltskreislauf" vollzieht sich in vier Phasen: Aufstellung des Haushaltsplanentwurfs durch die Regierung (Art. 61 Abs. 3), Feststellung des Haushaltsplans durch ein vom Parlament zu verabschiedendes Gesetz (Art. 61 Abs. 2), Vollzug des beschlossenen Haushaltsplans durch die Regierung, Kontrolle des Haushaltsvollzugs durch den LT mit Unterstützung des LRH (Art. 67, 68). Die vier Takte des Haushaltskreislaufs sind so ineinander verwoben, dass jeweils der 1. und der 3. Takt durch die Regierung, der 2. und der 4. Takt durch das Parlament dominiert werden. In der Praxis bestehen zwischen den einzelnen Phasen vielfältige Interdependenzen. So wird insbes. die Regierung schon bei der Erstellung des Haushaltsplanentwurfs auf Willensäußerungen des LT Rücksicht nehmen, die dieser bei früheren Feststellungen des Haushaltsplans oder im Zusammenhang mit der Kontrolle früherer Haushaltspläne vorgenommen hat. Umgekehrt agieren die Regierungsfraktionen bei der Beratung des Haushalts nicht ohne Rückkopplung mit der von ihnen getragenen Regierung.

27  2. **Die einzelnen Etappen der Entstehung des Haushaltsplans. a) Zielvorgabe.** Am Anfang des Prozesses der Haushaltsplanaufstellung sollte eine **Zielvorgabe** stehen, die den Rahmen für das weitere Verfahren absteckt. Üblicherweise enthält der aktuelle **Finanzplan**, der beim vorangegangenen Haushaltsplanaufstellungsverfahren für den Doppelhaushalt und die folgenden drei Jahre konzipiert worden ist, bereits sehr konkrete Vorgaben für die folgenden Jahre, die bei der Aufstellung des nächstjährigen Haushalts genutzt werden können. Das gilt im besonderen Maße in M-V, weil dort der Finanzplan nicht nur für die Investitionsmaßnahmen, sondern auch für den laufenden Haushalt titelscharf aufgestellt wird.[35] Soweit sich zwischen dem Zeitpunkt, zu dem der Finanzplan erstellt wurde, und dem Zeitpunkt der Aufstellung des nächsten Haushalts gravierende Veränderungen äußerer Rahmenbedingungen (zB Steuereinnahmen) ergeben haben, bietet es sich an, dass das Kabinett vor dem Beginn des eigentlichen Haushaltsaufstellungsverfahrens einen sog. **Eckdatenbeschluss** fasst. Dies geschieht auf der Basis einer Kabinettsvorlage des Finanzministeriums, die die wesentlichen Änderungen gegenüber dem Finanzplan aufzeigt und Vorschläge für die daraus abzuleitenden Konsequenzen enthält. Nähere Einzelheiten regelt der **Haushaltserlass** des Finanzministeriums, welcher materielle Zielvorgaben

---

33 LVerfG M-V 7.7.2005 – 7/04 –, LVerfGE 16, 333 = LKV 2006, 23.
34 Zu den Auswirkungen der Verfassungswidrigkeit einer durch einen Nachtragshaushalt erhöhten Kreditaufnahme auf die übrigen Teile des Nachtragshaushalts vgl. VerfGH NRW 15.3.2011 – VerfGH 20/10 –, NVwZ 2011, 805 = NWVBl 2011, 218.
35 Das frühere Urteil von *Korioth*, Finanzen (§ 44), in Hoffmann-Riem/Schmidt-Aßmann/Voßkuhle, Grundlagen des Verwaltungsrechts, 2. Auflage 2013, S. 144, die mittelfristige Finanzplanung habe sich „als völliger Fehlschlag erwiesen", kann jedenfalls für M-V nicht bestätigt werden. Der Finanzplan und der Stellenplan mit zeitlich gestaffelten kw-Vermerken sind durchaus geeignete Instrumente, um eine mehrjährige Konsolidierungsstrategie zu gestalten. Nähere Einzelheiten zum Finanzplan s. unter → Rn. 41.

für die Ressorts entwickelt, aber auch technische Anweisungen für die Ressortanmeldungen enthält.

**b) Aufstellung des Regierungsentwurfs.** Der bisher beschriebene Prozess der 28 Entwicklung von Zielvorgaben zeigt typische Elemente eines „**Top-Down**"-Entscheidungsprozesses. Die Bedarfsanmeldungen der Ressorts spiegeln demgegenüber deren Wünsche und Bedarfe wider, die auf der Ebene der Ministerien aggregiert und von dort aus mit der Gegenzeichnung durch den Beauftragten für den Haushalt (§ 9 LHO) an das Finanzministerium weitergeleitet werden. Insoweit handelt es sich um einen „**Bottom-Up**"-Vorgang. In Verhandlungen auf Arbeitsebene und später auf Chefebene (Minister) versucht das Finanzministerium, einen möglichst konsensfähigen („streitfreien") Haushaltsplanentwurf aufzustellen und dem Kabinett zu unterbreiten. Einzelheiten zu den Voranschlägen der Ressorts, der Aufstellung des Entwurfs des Haushaltsplans durch das Finanzministerium und dem Beschluss über den Entwurf des Haushaltsplans durch das Kabinett enthalten §§ 27 bis 29 LHO. Der **Finanzminister** hat gemäß § 28 Abs. 2 LHO ein **Recht zum Widerspruch**, der nur in einer weiteren Sitzung des Kabinetts mit der Stimme des MinPräs überwunden werden kann. Die einzelnen Ressortminister können im Kabinett überstimmt werden. Anders verhält es sich mit den Voranschlägen des PräsLT und des Präsidenten des LRH. Hierfür sind in § 29 Abs. 3 LHO besondere Regelungen vorgesehen. Ein Voranschlag des LVerfG wird in § 29 Abs. 3 LHO nicht erwähnt.

**c) Beratung des Haushaltsplanentwurfs im Landtag.** Gemäß Art. 61 Abs. 3 29 kann nur die **LReg** den Entwurf des Haushaltsplans, des Haushaltsgesetzes sowie Vorlagen zur Änderung des Haushaltsgesetzes und des Haushaltsplans in den LT einbringen (sog. **Budgetinitiative**).[36] Das gilt auch für Nachtragshaushalte. Daraus folgen „Initiativmonopol und Interpretationsvorhand der Exekutive"[37] Sie zwingen die LReg zur Aufstellung eines im Grundsatz beschlussfähigen Haushalts. Eine parlamentarische Auseinandersetzung mit verschiedenen, sich grundlegend unterscheidenden Entwürfen gibt es nicht. Der LT hat aber das Recht, den Entwurf der Regierung im Laufe seiner Beratungen und der Beratungen in den Ausschüssen zu **verändern**. Allerdings hat das LVerfG M-V in seinem Urt. vom 7.7.2005[38] den Umfang der Abänderungsbefugnis des Finanzausschusses im Hinblick auf Art. 55 Abs. 2 eingeschränkt (→ Art. 55 Rn. 29 f.). Danach dürfen **Änderungen**, die so wesentlich sind, dass sie einer Grundsatzberatung bedürfen, nicht durch den Finanzausschuss vorgenommen werden. Das gilt nach den Feststellungen des LVerfG M-V nicht nur für die Überschreitung der Regelkreditobergrenze aus Art. 65 Abs. 2 S. 1, sondern auch für die Regelung neuer Sachbereiche. Offen gelassen hat das Gericht die Frage, ob schon ein nachträglich im Finanzausschuss eingefügter zusätzlicher Stellenabbau von 1.600 Stellen aufgrund erheblicher qualitativer Abänderung des Gesetzentwurfs für sich allein gegen Art. 55 Abs. 2 verstößt. Diese Entscheidung begrenzt die Einflussnahme des Parlaments auf die Ausgestaltung des Haushalts. Denn wenn der Finanzausschuss Änderungen nicht vornehmen darf, welche die vom Landesverfassungsgericht gezogenen Grenzen überschreiten, wirkt sich das auf die Aktionsmöglichkeiten des Landtags aus. Eine Grundsatzberatung über die betreffenden Änderungen setzt voraus, dass der Haushaltsplan und das Haushaltsgesetz mit diesen Modifizierungen entweder völlig neu eingebracht oder dass

---

36 Drs. 1/1300, S. 148 (Verfassungsentwurf und Abschlussbericht der Verfassungskommission vom 7.5.1993).
37 *J. Isensee* JZ 2005, 975 f.
38 LVerfG M-V 7. 7. 2005 – 8/04 –, LVerfGE 16, 353 = LKV 2006, 26 (27 ff.).

dem Landtag zumindest ein Ergänzungshaushalt nach § 32 LHO (→ Rn. 30 u. 40) vorgelegt wird. Beide Handlungsformen stehen – wie erwähnt – gemäß Art. 61 Abs. 3 nur der Regierung zu. Der Finanzausschuss kann von sich aus eine erneute Grundsatzberatung über Sachmaterien, die seine Änderungskompetenz übersteigen, nicht anstoßen, weil das auf ein Gesetzesinitiativrecht des Ausschusses hinausliefe, das ihm gemäß Artt. 55 Abs. 1 und 61 Abs. 3 verwehrt ist. Will das Parlament wesentliche Änderungen an dem von der Regierung vorgelegten Haushaltsplanentwurf durchsetzen, so ist es demnach allein – ohne Mitwirkung der Regierung – nicht handlungsfähig. Könnte der Finanzausschuss den Entwurf der Landesregierung an das Plenum mit der Bitte zurückgeben, eine neue Grundsatzberatung durchzuführen, so würde sich die Frage stellen, über welchen Gesetzentwurf das Plenum beraten sollte. Über den Entwurf der Landesregierung hat es schon beraten. Der Finanzausschuss könnte einen über seine Änderungsbefugnis hinausgehenden Entwurf nicht vorlegen. Das Plenum selbst dürfte es auch nicht, weil es gemäß Art. 61 Abs. 3 kein Initiativrecht für den Haushaltsplan und das Haushaltsgesetz aus der Mitte des Landtags gibt. Diese Feststellung spricht im Übrigen dafür, den Begriff der wesentlichen Änderung eng auszulegen und damit die Einflussmöglichkeiten der Ausschüsse und des Landtags nicht zu restriktiv zu bewerten. Hilfreich ist in diesem Zusammenhang das Urt. des LVerfG vom 11.5.2006 zum kommunalen Finanzausgleich[39], in dem das LVerfG ergänzende Interpretationshinweise gegeben hat. Danach hat das Gericht in diesem Verfahren gewichtige Änderungen des kommunalen Finanzausgleichsgesetzes (Wegfall der Mindestgarantie) zugelassen, die erst in den Ausschüssen vorgenommen wurden. Darin hat das Gericht keinen Verstoß gegen Art. 55 Abs. 2 gesehen. Deshalb ist das Urt. vom 7.7.2005 im Kern wohl auf die beiden Tatbestände der Überschreitung der Kreditobergrenze sowie der „gewichtigen Regelungen zu völlig neuen Sachmaterien" zu beschränken. Der vom Gericht in dem Urteil vom 7.7.2005 offen gelassene zusätzliche Abbau von 1.600 Stellen dürfte keine solche völlig neue Sachmaterie sein, weil Veränderungen am Stellenplan und bei den Ausgabensätzen zur Gestaltung eines Haushalts dazu gehören, auch wenn damit ein über das übliche Maß hinausgehender Eingriff verbunden ist. Als Fazit lässt sich folgendes festhalten:

- Da eine Grundsatzberatung einen Gegenstand braucht, sind die Kriterien, wann diese erforderlich ist und wann eine neue Gesetzesinitiative geboten ist, die gleichen.
- Der vom LVerfG entschiedene Fall (Haushalt, der durch Änderungen gegen die reguläre Verschuldungsgrenze verstieß) war ein Sonderfall, weil hier die Verfassung spezifische Anforderungen an Inhalt und Begründung des Haushaltsgesetzes aufstellt
- Im Übrigen ist nicht das (quantitative) Ausmaß von Änderungen entscheidend, sondern die thematische Änderung: Was inhaltlich in keinem Zusammenhang steht mit dem Gegenstand der ursprünglichen Initiative, darf nicht im Rahmen einer Einzelberatung ohne vorherige Grundsatzberatung in das Gesetz eingefügt werden. Damit gilt im Kern ein ähnliches Kriterium, wie es das BVerfG[40] für die Grenzen der Gestaltungsmacht des Vermittlungsausschusses definiert hat. Der vom LVerfG für den Doppelhaushalt 2004/2005 ohne abschließende Entscheidung thematisierte Stellenabbau war also unproblematisch, weil der Stellenplan ohnehin Gegenstand des Gesetzgebungs-

---

39 LVerfG M-V Urt. v. 11.5.2006 – 1/05, 5/05, 9/05 –, LVerfGE 17, 297 ff. = LKV 2006, 461 ff.
40 BVerfGE 72, 175 ff., 189; 101, 297 ff.

verfahrens war. In die gleiche Richtung deutet die oben erwähnte Entscheidung des LVerfG zum kommunalen Finanzausgleich.

In der Praxis geht es (das zeigt auch die Judikatur des BVerfG zu den Grenzen 30 der Befugnisse des Vermittlungsausschusses) insbesondere um Gesetzespakete in Form von Artikelgesetzen. Das betrifft auf Landesebene vor allem die Haushaltsbegleitgesetze, weil während der Beratung neu entstehende Finanzprobleme Einschnitte in Leistungsgesetze erfordern können, die in der ursprünglichen Gesetzesinitiative nicht angesprochen wurden und die deshalb auch nicht Thema der in der ersten Lesung durchgeführten Grundsatzberatung waren.[41]

Will die **Regierung** während der laufenden parlamentarischen Haushaltsberatungen Einfluss auf ihren eigenen Entwurf nehmen, stehen ihr zwei Wege offen. Sie kann entweder einen **Ergänzungshaushalt** gemäß § 32 LHO einbringen. Dafür gelten die gleichen Regeln wie für den Ursprungshaushalt selbst. Sie kann aber auch dem Finanzausschuss ergänzende Informationen zukommen lassen, die zunächst nur den Charakter von Formulierungshilfen haben (sog. „**Nachschiebelisten**"). Werden sie von den Abg. der die Regierung tragenden Fraktionen aufgegriffen und als Eigeninitiative in das Verfahren eingebracht, sind sie auf diesem Weg Beratungsgegenstand wie jeder andere Änderungsantrag auch. Wählt die Regierung diesen zweiten Weg, gerät sie allerdings aufgrund der oben geschilderten Rspr. des LVerfG M-V in die Gefahr, einen Verstoß gegen Art. 55 Abs. 2 zu begehen, wenn die genannten Änderungen zu weitreichend sind, um von den Änderungsbefugnissen des Finanzausschusses umfasst zu werden.

Ein Zwitter sind die in § 54 Abs. 2 der GO LT genannten Ergänzungsvorlagen der Regierung, die ohne erneute Grundsatzberatung dem Finanzausschuss überwiesen werden. Von diesem Instrument sollte künftig nicht mehr Gebrauch gemacht werden.

**d) Vollzug und Kontrolle.** Art. 61 beschäftigt sich im Prinzip nur mit der 31 Aufstellung des Haushaltsplans. Der **Haushaltsvollzug** und die **Kontrolle** des Haushaltsvollzugs werden erst in den Artt. 67 und 68 abgehandelt. Sie sollen deshalb auch dort kommentiert werden.

In einem bestimmten Teilbereich ragt jedoch der Vollzug bereits in die Gestaltung des Haushaltsplans und des Haushaltsgesetzes hinein. Das gilt für die Problematik der **qualifizierten Sperrvermerke** und der **Zustimmungsvorbehalte**. Sie betrifft das Verhältnis zwischen Exekutive und Legislative bei der Ausführung des Haushaltsplans.

Grds. ist der Haushaltsvollzug allein Sache der Regierung und der Verwaltung. Durch das Instrument der sog. qualifizierten Sperrvermerke und der Zustimmungsvorbehalte sichert sich allerdings das Parlament eine gewisse Mitwirkung am Vollzug. Die Verfassungsmäßigkeit dieser Regelungen ist umstritten. Im Einzelnen geht es um Folgendes:

Nach § 22 LHO können Ausgabeermächtigungen und Verpflichtungsermächti- 32 gungen mit einem **Sperrvermerk** versehen werden. Die Entsperrung erfolgt gemäß § 36 S. 1 LHO in der Regel durch Einwilligung des Finanzministeriums. Diese sog. einfachen Sperrvermerke sind verfassungsrechtlich unproblematisch, weil sie sich allein im Bereich der Exekutive bewegen. In Ausnahmefällen kann aber nach §§ 22 S. 3, 36 S. 3 LHO die Aufhebung des Sperrvermerks an die Zustimmung des LT oder des Finanzausschusses gebunden werden (sog. qualifizier-

---

[41] Restriktiv zu den parlamentarischen Änderungsbefugnissen hierbei SächsVerfGH, 27.10.2016, – Vf. 134-I-5 –, Rn. 57 f. (juris). Dazu *M. W. Müller*, in Jahrbuch für öffentliche Finanzen 2017, S. 406 ff.

ter Sperrvermerk). Die Regelung wird zT für verfassungsrechtlich problematisch gehalten, weil darin ein Übergriff in die alleinige Verantwortung der Exekutive und damit eine Verletzung des Gewaltenteilungsprinzips gesehen wird.[42] Da der qualifizierte Sperrvermerk darauf beruht, dass eine Ausgabe noch nicht etatreif ist und das Parlament bzw. der Finanzausschuss zu gegebener Zeit diese Prüfung nachholen soll, ist gegen diese Rechtskonstruktion verfassungsrechtlich nichts einzuwenden. Ein unzulässiger Übergriff in den Kompetenzbereich der Exekutive liegt erst dann vor, wenn mithilfe des Sperrvermerks ein bestimmtes Verhalten der Regierung erzwungen werden soll, das allein in ihrer Zuständigkeit liegt, zB organisatorische Regelungen, die dem MinPräs oder den Ressortministern obliegen.

33  Neben das Instrument des qualifizierten Sperrvermerks tritt die Rechtsfigur des **Zustimmungsvorbehalts**. Sie ist in der LHO nicht geregelt, findet sich aber in zahlreichen Bestimmungen des jährlichen Haushaltsgesetzes (vgl. zB § 17 Haushaltsgesetz 2022/2023). Während der qualifizierte Sperrvermerk eine Einschränkung der Bewilligung darstellt, handelt es sich beim Zustimmungsvorbehalt darum, der Regierung bestimmte Abweichungen vom Haushaltsplan oder Haushaltsgesetz zu erlauben, also die Befugnisse der Regierung auszudehnen, diese aber an die Zustimmung des LT oder des Finanzausschusses zu binden. Hauptanwendungsfall des Zustimmungsvorbehalts sind Ermächtigungen zur Umschichtung von Mitteln während des laufenden Haushaltsvollzugs. Da auf diese Weise der Regierung mehr Flexibilität eingeräumt wird, handelt es sich nicht um einen Eingriff in deren Vollzugskompetenz. Allerdings darf die Umschichtungsermächtigung nicht so weit gehen, dass dadurch grundlegende Veränderungen des Haushalts von der Regierung mit Zustimmung des Finanzausschusses vorgenommen werden können.[43] Einen Zustimmungsvorbehalt besonderer Art enthält § 11 Abs. 4 WerftenförderungsG. Danach dürfen Bürgschaften an Werften über 5 Mio. EUR nur mit Zustimmung des Finanzausschusses erteilt werden. Anträge im Organstreitverfahren v.a. der Fraktion DIE LINKE hiergegen, welche eine Verletzung des Gewaltenteilungsprinzips geltend macht, hat das Landesverfassungsgericht als unzulässig verworfen.[44]

34  **3. Vorherigkeitsprinzip.** Gemäß Art. 61 Abs. 2 wird der Haushaltsplan „vor Beginn des Haushaltsjahres" festgestellt. Dieses sog. **Vorherigkeitsprinzip** wird durch § 30 LHO abgesichert. Danach ist der Entwurf des Haushaltsgesetzes mit dem Entwurf des Haushaltsplans vor Beginn des Haushaltsjahres beim LT einzubringen, in der Regel bis spätestens zum 30. September. Allerdings können Situationen entstehen, in denen es aus politischen Gründen nicht möglich ist, den Haushalt rechtzeitig zu verabschieden. Wenn der Haushalt entgegen Art. 61 Abs. 2 nicht vor Beginn des Haushaltsjahres festgestellt worden ist, gilt Art. 62, der die LReg bis zum Inkrafttreten des Haushalts ermächtigt, bestimmte Ausgaben zu leisten oder Verpflichtungen einzugehen.

---

42 Ausführlich dazu *Moeser*, Die Beteiligung des Bundestages an der staatlichen Haushaltsgewalt, 1978, S. 163 ff., 167 ff.; *Kube*, in Dürig/Herzog/Scholz, Art. 110 Rn. 77 ff.; *Nebel*, in Piduch, Art. 110 Rn. 16.
43 Zu den Zustimmungsvorbehalten vgl. *Moeser* (Fn. 40), S. 178 ff.
44 LVerfG M-V 27.8.2015 – 1/14 –.

Wird das Vorherigkeitsprinzip verletzt, zB durch eine unbegründete Verspätung der Budgetvorlage seitens der Landesregierung, berührt das die Wirksamkeit des Haushaltsgesetzes nicht.[45]

**4. Feststellung durch Gesetz.** Art. 61 Abs. 2 ordnet an, dass der Haushaltsplan durch ein Gesetz festgestellt wird. Zu den dadurch aufgeworfenen Fragen, insbes. zum Rechtscharakter des Haushaltsplans, → Rn. 6 ff. Die Ermächtigungswirkung des Haushaltsplans für Ausgaben der Verwaltung tritt erst mit dem Inkrafttreten des Gesetzes ein.

### III. Bepackungsverbot (Abs. 4)

Nach Art. 61 Abs. 4 dürfen in das Haushaltsgesetz nur Vorschriften aufgenommen werden, die sich auf die Einnahmen und Ausgaben des Landes und auf den Zeitraum beziehen, für den das Haushaltsgesetz beschlossen wird. Die Begrenzung auf die Einnahmen und Ausgaben des Landes bezeichnet man als **sachliches Bepackungsverbot**, die Begrenzung auf den zeitlichen Geltungsraum des Haushaltsgesetzes als **zeitliches Bepackungsverbot**. Das zeitliche Bepackungsverbot wird in Art. 61 Abs. 4 S. 2 dadurch aufgelockert, dass die Geltungsdauer des Haushaltsgesetzes unter bestimmten Voraussetzungen verlängert werden kann.

Die Wurzeln des Bepackungsverbots liegen im Budgetrecht des 19. Jahrhunderts. Es diente damals zum einen dem Schutz des preußischen Herrenhauses (der zweiten Kammer neben dem Abgeordnetenhaus), dessen Rechte im Budgetverfahren gegenüber dem normalen Gesetzgebungsverfahren eingeschränkt waren,[46] zum anderen dem Schutz des Monarchen vor der Koppelung des Haushaltsgesetzes mit anderen, ihm missliebigen Gesetzen.[47] Obwohl diese ursprünglichen Zielsetzungen in einer parlamentarischer Demokratie keine Funktion mehr haben, wurde das Bepackungsverbot ohne nähere Diskussion in Art. 85 Abs. 3 S. 2 der Weimarer Reichsverfassung und später in Art. 110 Abs. 4 GG übernommen. Heute hat das Bepackungsverbot nur noch insoweit einen Sinn, als es der **Normenklarheit** dient, wenn Rechtsmaterien nicht auf allg. Gesetze und Haushaltsgesetze aufgesplittert werden.[48] Sie sollen in dem Verfahren geändert werden, in dem sie auch erlassen wurden.[49] Darüber hinaus soll die Parlamentsminderheit vor Überraschungsentscheidungen geschützt werden, die unter dem Zeitdruck der Haushaltsgesetzgebung zustande kommen.[50] Es soll sichergestellt werden, „dass materielle Regelungen, Ge- und Verbote, die Gestaltung von Rechten des Einzelnen oder die Gewährung und Beschränkung von Staatsleistungen nicht in einem Geflecht von monetären, in Zeiten knapper öffentlicher Mittel sich häufig als unausweichlich darstellenden Bestimmungen über die Haushaltswirtschaft verborgen werden und so Gefahr laufen, öffentlicher Debatte entzogen zu werden"[51]. Das zeitliche Bepackungsverbot

---

45 BVerfGE 119, 96 (121); das Gericht befasst sich auf S. 123 ff. ausführlich mit der Frage des richtigen Zeitpunkts für die Vorlage eines Nachtragshaushalts; zum Vorherigkeitsprinzip vgl. auch VerfGH NRW 12.3.2013 – VerfGH 7/11 –, NVwZ 2013, 665.
46 *v. Portatius*, Das haushaltsrechtliche Bepackungsverbot, 1975, S. 21.
47 *Moeser* (Fn. 42), S. 117; *von Portatius* (Fn. 46), S. 30 ff.
48 *Moeser* (Fn. 42), S. 118, *Gröpl*, in BK, Art. 110 Rn. 134; *Stern*, Bd. II, S. 1253; LVerfG M-V 7.7. 2005 –8/04 –, LVerfGE 16, 353 = LKV 2006, 26 (29); *Heun*, Staatshaushalt und Staatsleitung, 1989, S. 265, 266; *Ewer* (Fn. 22), Art. 50 Rn. 36.
49 *Moeser* (Fn. 42), S. 118.
50 LVerfG M-V (Fn. 48), S. 29.
51 SaarlVerfGH 13.3.2006, – 5/05 –, Rn. 73 (juris). Kritisch zum heutigen Sinn des Bepackungsverbots *Bergmoser*, Zweckgerichtete Vitalisierung des Budgetrechts der Legislative, S. 179: „Das zum haushaltsrechtlichen Traditionsgut zählende Bepackungsverbot ist

wird nicht verletzt, wenn auf der Grundlage einer im Geltungszeitraum des Haushaltsgesetzes gebuchten Kreditaufnahme die tatsächliche Kreditaufnahme und die Zuordnung der vereinnahmten Kreditmittel uU auf ein bereits abgelaufenes Haushaltsjahr vorgenommen wird, um den formellen Haushaltsausgleich zu erreichen.[52]

37 In der modernen Haushaltspraxis taucht vielfach das Bedürfnis auf, zeitgleich mit der Verabschiedung des Haushalts in Leistungsgesetze einzugreifen. Das Haushaltsgesetz „bedarf der Ergänzung durch eine Gesetzgebung, die den Ausgabenverpflichtungen des Staates seinem finanziellen Leistungsvermögen anpasst und der Einbettung in eine mittel- und längerfristige Politik, die für Einsatzfähigkeit des haushaltspolitischen Instrumentariums sorgt"[53]. Auf Bundesebene geschieht dies dadurch, dass parallel zum Haushaltsgesetz ein sog. **Haushaltsbegleitgesetz**[54] eingebracht wird, welches als Mantelgesetz ausgestaltet ist und in mehreren Artikeln Änderungen von Spezialgesetzen enthält. Die meisten Länder folgen dem Beispiel des Bundes und trennen zwischen dem Haushaltsgesetz und einem eigenen Haushaltsbegleitgesetz. Andere Länder (Schleswig-Holstein und einst M-V, ähnlich das Saarland) haben stattdessen die Praxis eines sog. „Haushaltsrechtsgesetzes" entwickelt. Das Haushaltsrechtsgesetz enthält als Art. 1 das Haushaltsgesetz im eigentlichen Sinne, also das Haushaltsgesetz nach Art. 61 Abs. 2 und Abs. 4, sowie in weiteren Artikeln Änderungen zu einzelnen Spezialgesetzen. Diese langjährige Praxis ist vom LVerfG M-V mit Urt. vom 7.7.2005[55] für unvereinbar mit Art. 61 Abs. 4 erklärt worden. Das LVerfG M-V betrachtet das Haushaltsrechtsgesetz als Ganzes, und nicht nur den Art. 1, als „Haushaltsgesetz".[56] Seit dieser Entscheidung werden auch in M-V das Haushaltsgesetz und das Haushaltsbegleitgesetz in zwei verschiedene Gesetzeskomplexe aufgeteilt.

### IV. Vermögen und Schulden (Abs. 5)

38 Art. 61 Abs. 5 schreibt den Nachweis des **Vermögens** und der **Schulden** sowie der Haushaltspläne der Landesbetriebe und Sondervermögen vor. Außerdem sind die Beteiligungen des Landes an Wirtschaftsunternehmen offen zu legen. Die Regelung soll der Haushaltsklarheit dienen.[57] Der Nachweis von Vermögen und Schulden erfolgt jeweils in der Haushaltsrechnung. Dabei werden als Aktivvermögen das Liegenschaftsvermögen und das Kapitalvermögen (zB Darlehensforderungen, Rücklagen, Beteiligungen) erfasst, als Passivvermögen (Schulden) die Schulden am Kapitalmarkt, die Sicherheitsleistungen (Bürgschaften) und sonstige Eventualverbindlichkeiten (Garantien). Eine vollständige Darstellung des Aktiv- und Passivvermögens iS der kaufmännischen Buchführung ist damit nicht gewährleistet. Das würde eine Bilanzierung aller Vermögenswerte (also zB

---

dogmatisch nur unzureichend begründet. Seine jetzige Ausprägung, die den sachlichen Geltungsbereich des Budgets starr einschränkt, ist eine perpetuierte Folge konstitutionalistischer Deformation und damit konzeptionell überholt."

52 Anders wohl LVerfG M-V 24.11.2022 – LVerfG 2/ 21 –, Rn. 103ff.
53 BVerfGE 79, 311 (330).
54 *Heun*, Staatshaushalt und Staatsleitung, 1989, S. 212 ff.
55 LVerfG M-V (Fn. 46), S. 29; zustimmend *Pestalozza* NJ 2006, 1 (5) sowie Entscheidung SaarlVerfGH 13.3.2006 – Lv 5/05–, www.verfassungsgerichtshof-saarland.de, Rn. 68 ff., 70; kritisch *Bull* DVBl 2006, 302 ff.; *Korioth*, in Grundlagen des Verwaltungsrechts, Bd. II, 3. Auflage 2022, S. 1300; *Droege*, in Brocker/Droege/Jutzi, Art. 116 Rn. 18.
56 Ebenso SaarVerfGH aaO (Fn. 49).
57 Abschlussbericht der Verfassungskommission, Drs. 1/3100 vom 7.5.1993, S. 149; *Thiele* (Fn. 5), Art. 61 Rn. 9.

auch der Forderungen und Verbindlichkeiten aus laufenden Geschäften sowie der Rückstellungen etwa für Pensionen) voraussetzen, die mit der traditionellen kameralistischen Buchführung nicht kompatibel ist. Die Haushaltspläne der Landesbetriebe und Sondervermögen finden sich als Anlage bei den zuständigen Einzelplänen. Eine Gesamtübersicht enthält der dem Haushaltsplan vorangestellte Band „Gesamtplan". Dort werden auch die Beteiligungen des Landes M-V aufgeführt.

## V. Haushaltsgrundsätze

Bei der Kommentierung finanzverfassungsrechtlicher Bestimmungen wird vielfach auf sog. **Haushaltsgrundsätze** zurückgegriffen. Die „Haushaltsgrundsätze" haben jedoch keinen eigenen Erkenntniswert, da es keinen anerkannten allgemeingültigen Kanon von Haushaltsgrundsätzen gibt.[58] Außerdem sind einige der Haushaltsgrundsätze in der Verfassung selbst festgeschrieben, während andere lediglich aus den jeweiligen Haushaltsordnungen oder gar aus ungeschriebenen Rechtsprinzipien abzuleiten sind. Die Zusammenfassung derart qualitativ unterschiedlicher Rechtssätze mit verschiedenen Normebenen unter dem einheitlichen Begriff „Haushaltsgrundsätze" ist deshalb wenig hilfreich. Die Analyse sollte sich vielmehr an dem konkreten Text der jeweiligen Verfassungsnorm bzw. des einfachen Gesetzes orientieren.   39

In Art. 61 sind folgende „Haushaltsgrundsätze" enthalten:
- Fälligkeitsprinzip (Art. 61 Abs. 1 S. 1), oben → Rn. 14,
- Spezialität (Art. 61 Abs. 1 S. 1), oben → Rn. 14,
- Vollständigkeit und Einheit (Art. 61 Abs. 1 S. 1), oben → Rn. 18,
- Haushaltswahrheit und Haushaltsklarheit, oben → Rn. 18,
- Jährlichkeit (Art. 61 Abs. 1 S. 1), oben → Rn. 24,
- Haushaltsausgleich (Art. 61 Abs. 1 S. 3), oben → Rn. 25,
- Vorherigkeit (Art. 61 Abs. 2), oben → Rn. 34.

Teilweise wird die Auffassung vertreten, dass auch der Grundsatz der Wirtschaftlichkeit Verfassungsrang besitze.[59] Eine überzeugende Ableitung dafür lässt sich jedoch weder aus dem Grundsatz der Verhältnismäßigkeit noch aus Art. 114 GG Art. 67 Abs. 2 gewinnen. Jedenfalls geht es zu weit, wenn das Verfassungsgericht des Landes Nordrhein-Westfalen aus dem Grundsatz der Wirtschaftlichkeit die Folgerung zieht, dass keine **Rücklagen** gebildet werden dürften, die aus Krediten finanziert sind.[60] Die Beurteilung der Wirtschaftlichkeit setzt eine Abwägung zwischen den eingesetzten Mitteln und dem angestrebten Zweck voraus. Es sind durchaus Situationen denkbar, in denen eine geordnete Haushaltswirtschaft die Bildung von Rücklagen erfordert, obwohl der Haushalt insgesamt defizitär ist. Andernfalls würde man das Instrument der Rücklage für Bund und Länder von vornherein ausschließen, weil die Haushalte des Bundes

---

58 Vgl. zB die unterschiedlichen Darstellungen bei *von Lewinski/Burbat*, Haushaltsgrundsätzegesetz, 2013, Vorbemerkung zu § 2 Rn. 6 ff.; *Kube*, in Dürig/Herzog/Scholz, Rn. 88 ff.; *Nebel*, in Piduch, Art. 110 Rn. 17 ff.; *Ewer* (Fn. 22), Art. 50 Rn. 8 ff.; *von Mutius*, in von Mutius/Wuttke/Hübner, Art. 50 Rn. 10 ff.; *Hillgruber/Drüen*, in von Mangoldt/Klein/Starck, Art. 110 Rn. 27 ff.; *Heintzen*, in von Münch/Kunig, Art. 110 Rn. 6 ff.; *Heun, in* Dreier, Art. 110 Rn. 13 ff.; *Schuppert*, in Umbach/Clemens, Art. 110 Rn. 26 ff.; *Siekmann*, in Sachs, GG, Art. 110 Rn. 45 ff.
59 *Meyer-Abich*, in Hoffmann-Riem/Koch, Hamburgisches Staats- und Verwaltungsrecht, 3. Aufl. 2005, S. 56; *Gröpl*, in BK, Art. 110 Rn. 140; VerfGH NRW 2.9.2003 – VerfGH 6/02 –, NVwZ 2004, 217 = DÖV 2004, 121; skeptisch *Nebel*, in Piduch, Art. 110 Rn. 25; *Wendt/Elicker* VerwArch 2004, 471 (472 f.).
60 VerfGH NRW (Fn. 59); krit. dazu *Nebel* (Fn. 59); *Wendt/Elicker* (Fn. 59).

und zahlreicher Länder in der Vergangenheit teilweise über Kredite finanziert wurden, ein Zustand, der aufgrund der Coronapandemie erneut aktuell geworden ist.

## VI. Sonderformen des Haushaltsplans

40 Das Haushaltsrecht kennt neben dem Grundhaushalt, der in Form eines Einjahreshaushalts oder als Doppelhaushalt verabschiedet werden kann, noch zwei Sonderformen, nämlich den **Ergänzungshaushalt** (§ 32 LHO) und den **Nachtragshaushalt** (§ 33 LHO).

Die Ergänzungen gemäß § 32 LHO betreffen die Situation, dass sich nach der Verabschiedung des Haushaltsplanentwurfs durch die Regierung, aber noch vor der Beschlussfassung durch das Parlament, äußere Rahmenbedingungen wesentlich ändern mit der Folge, dass die Regierung den Haushaltsplanentwurf ändern möchte. Sie kann dies durch sog. Ergänzungen gemäß § 32 LHO tun, auf die die für die Haushaltsplanaufstellung maßgeblichen Teile der Landeshaushaltsordnung sinngemäß anzuwenden sind. Insbes. müssen auch die Ergänzungen so gestaltet sein, dass der Haushaltsausgleich gewahrt bleibt. Eine solche Ergänzungsvorlage bedarf gemäß Art. 55 Abs. 2 einer Grundsatzberatung. § 54 Abs. 2 GO LT, wonach Ergänzungen ohne Grundsatzberatung direkt dem Finanzausschuss überwiesen werden, ist demnach verfassungsrechtlich bedenklich. Die Regierung kann sich auch darauf beschränken, dem Finanzausschuss bloße Formulierungsvorschläge für Veränderungen zu unterbreiten. Diese erlangen allerdings erst dann Bedeutung, wenn sich der Finanzausschuss im Ganzen oder eine einzelne Fraktion diese Formulierungsvorschläge zu eigen macht und sie durch einen Antrag zum Beratungsgegenstand erhebt. Dabei dürfen die vom Landesverfassungsgericht für wesentliche Änderungen definierten Grenzen nicht überschritten werden, → Rn. 29 f.

Ein Nachtragshaushalt gemäß § 33 LHO ist dann erforderlich, wenn nach der Verabschiedung des Haushalts durch das Parlament die Notwendigkeit von Änderungen wegen eines erhöhten Ausgabenbedarfs auftritt. Ein Nachtragshaushaltsgesetz ist in diesem Fall nur dann entbehrlich, wenn die Ermächtigungen zur Leistung über- und außerplanmäßiger Ausgaben (Art. 62, § 37 LHO) ohne vorherige parlamentarische Mitwirkung ausreichend sind.

Daneben wird in der Literatur auf der Basis eines obiter dictum des BVerfG die Rechtsfigur des sog. „Teilhaushalts" diskutiert.[61] Dabei geht es um die Frage, ob und ggf. in welchem Umfang während der Phase der vorl. Haushaltsführung (vgl. Art. 63) die in der Verfassung für diesen Fall geregelten Kompetenzen erweitert werden können. Der Frage soll bei der Kommentierung des Art. 62 näher nachgegangen werden, → Art. 62 Rn. 10.

## VII. Finanzplan

41 Nach § 50 Abs. 1 HGrG legen Bund und Länder ihrer Haushaltswirtschaft je für sich eine fünfjährige Finanzplanung zugrunde. Das erste Planungsjahr der Finanzplanung ist das laufende Haushaltsjahr (§ 50 Abs. 2 HGrG). Der **Finanzplan** enthält zahlenmäßige Aussagen zu der geplanten Entwicklung des Gesamthaushalts und darüber hinaus Detailinformationen über Investitionsschwerpunkte und mehrjährige Investitionsprogramme (§ 50 Abs. 4 und 5 HGrG). Der Finanzplan ist ein Regierungsprogramm, das vom LT nicht beschlossen, sondern lediglich diskutiert und zur Kenntnis genommen wird. In

---

61 BVerfGE 45, 1 (34); *Fricke* DÖV 1978, 486.

M-V werden – über den rechtlich verpflichtenden Inhalt gem. § 50 HGrG hinaus – regierungsintern auch die laufenden Ausgaben und Einnahmen titelscharf für den 5-Jahres-Zeitraum geplant. Das hat den Vorzug, dass sich daraus für die jeweilige Haushaltsplanaufstellung konkrete Vorgaben ableiten lassen.

Nach dem Urt. des Verfassungsgerichtshofs Berlin vom 22.11.2005[62] soll auch in den Ländern, die einen **Doppelhaushalt** haben, die **jährliche Vorlage eines Finanzplans** erforderlich sein. Anders als in Berlin enthält die Verfassung des Landes M-V keine Normen über die Finanzplanung. Jedoch gilt § 50 Abs. 3 S. 1 HGrG, der mit Art. 86 Abs. 3 der Berliner Verfassung übereinstimmt, auch in M-V, so dass diese Entscheidung für unser Land prinzipiell einschlägig ist. Der Verfassungsgerichtshof von Berlin verkennt jedoch den Sinn und Zweck der Finanzplanung. Sie ist untrennbar verbunden mit der Haushaltsplanaufstellung, weil nur in diesem Zusammenhang eine umfassende planerische Prioritätenentscheidung durch das jeweilige Kabinett möglich ist. Eine Fortschreibung der Finanzplanung im zweiten Jahr des Doppelhaushalts würde entweder zu einer erneuten umfassenden Haushaltsverhandlung zwingen (und damit den Sinn des Doppelhaushalts entwerten) oder zu einer bloßen mechanistischen Fortschreibung ohne politischen Wert degenerieren. Da der Wortlaut der Vorschrift offen ist,[63] sollte nicht eine Auslegung gewählt werden, die zu sinnwidrigen Ergebnissen führt.

## VIII. Reformansätze

**1. Nachteile des kameralistischen Systems.** Das der **Kameralistik** eigentümliche Kassenwirksamkeitsprinzip, nach dem Einnahmen und Ausgaben als Zahlungsströme erfasst werden (→ Rn. 11 ff.), erlaubt keine periodengerechte Zuordnung von Aufwand und Ertrag. Dadurch werden Lasten auf die Zukunft verschoben (zB bei den Beamtenpensionen) und kalkulatorische Ressourcenverbräuche (zB Abschreibungen) nicht abgebildet. Außerdem wird die Vermögenslage nicht umfassend ermittelt, weil eine Bilanz mit vollständiger Einbeziehung aller Vermögenswerte fehlt. Darüber hinaus sorgt die im deutschen Haushaltsrecht typische Aufgliederung in viele Einzeltitel (Spezialität) dafür, dass der Überblick über die wirklich wichtigen Schwerpunkte verloren gehen kann. 42

Die Orientierung an der Veranschlagung von Geldströmen fokussiert sowohl den Blick der Bewilligungsinstanzen (Parlament und Regierung) als auch der ausführenden Verwaltungsebene auf die dafür einzusetzenden Geldmittel („Input"-Orientierung). Für den Bürger ist aber nicht entscheidend, wie viel Geld der Staat für bestimmte Zwecke aufwendet, sondern vielmehr welche Leistungen er dafür erhält. Auf eine derartige ergebnisorientierte Darstellung ist der Haushaltsplan nicht ausgerichtet. Weitere Effizienzmängel verbinden sich mit dem Begriff „Dezemberfieber", der auf den Umstand hinweist, dass gegen Jahresende nach Möglichkeit die Ansätze vom Mittelbewirtschafter ausgeschöpft werden, weil andernfalls eine doppelte Sanktion droht, nämlich dass die Mittel verfallen und dass die Minderausgaben bei der nächstjährigen Veranschlagung vom Finanzministerium als bedarfsmindernd berücksichtigt werden.

**2. Reformüberlegungen. a) Ziele.** Sowohl in der Wissenschaft als auch in der Praxis haben sich Reformüberlegungen herausgebildet, mit denen die oben geschilderten Mängel überwunden und eine effizientere Mittelplanung und Bewirtschaftung erreicht werden sollen. Die neuen Steuerungsmodelle bezwe- 43

---

62 Aktenzeichen 217/04, juris.
63 So ausdrücklich VerfGH Berlin – 22.11.2005, 217/04 –, juris Rn. 53.

cken einen wirtschaftlichen Einsatz öffentlicher Gelder, mehr Transparenz, Vergleichbarkeit und in organisatorischer Hinsicht die Zusammenführung von Fach- und Finanzverantwortung.[64]

44 **b) Lösungsansätze.** Mit dem Gesetz zur **Modernisierung des Haushaltsgrundsätzegesetzes** vom 31. 7. 2009 (HGrGMoG, BGBl. I, 2580) haben Bund und Länder den Weg frei gemacht für die Koexistenz verschiedener Haushaltssysteme. Die staatliche **doppelte Buchführung (Doppik)**, welche bis dahin auf der Basis der Experimentierklausel des § 33a HGrG aF lediglich als Ergänzung zur **Kameralistik** gestattet war, ist nunmehr gemäß § 1a HGrG nF als gleichwertige Alternative zur Kameralistik zugelassen. Außerdem erlaubt § 1a Abs. 1 S. 2 HGrG nF die Aufstellung, Bewirtschaftung und Rechnungslegung in Form von **Produkthaushalten**. Dadurch soll die Steuerung vom „Input" (dh den eingesetzten Ressourcen) auf den „Output" (die damit zu erreichenden Ergebnisse) verlagert werden. § 7a HGrG nF trifft Einzelregelungen zur Konkretisierung der staatlichen doppelten Buchführung. Schon vor dem HGrGMoG hat § 6a HGrG Regelungen der **Budgetierung** ermöglicht, die zu einer Auflockerung der sachlichen und zeitlichen Bindung von Mittelzuweisungen führen. Damit soll die Finanzverantwortung der Organisationseinheit übertragen werden, die auch die Fach- und Sachverantwortung hat, vgl. § 7a LHO M-V.

45 **3. Bewertung.** Bisher sind die praktischen Erfahrungen mit der **Reform des Haushaltssystems** noch nicht eindeutig. Am weitesten vorangeschritten ist die kommunale Ebene auf der Basis eines Beschlusses der Innenministerkonferenz aus dem Jahre 2003. Seither haben 13 Landesgesetzgeber mit teils großen Unterschieden auf kommunaler Ebene die doppische Haushaltsführung eingeführt. Inzwischen buchen etwa 70 % der Kommunen in Deutschland doppisch.[65] Der Nutzen der neuen Steuerungsmodelle im kommunalen Bereich ist umstritten.[66] Eine neue Untersuchung bilanziert „reine Umstellungskosten von rund 1,5 Mrd." Euro und „dauerhafte Mehrkosten in Form eines erhöhten Personalbedarfs", während die Ziele der Doppik (verbesserte Haushaltssteuerung, höhere Transparenz des Ressourcenverbrauchs, Stärkung der Wirtschaftlichkeit) auf kommunaler Ebene nur ansatzweise verwirklicht werden konnten.[67] Für den Bund hatte das Bundesfinanzministerium 2009 ein Konzept zur Modernisierung

---

64 Darstellungen der neuen Steuerungsmodelle findet sich bei *Heller*, Haushaltsgrundsätze für Bund, Länder und Gemeinden, 2. Aufl. 2010, 140 ff.; *Eibelshäuser/Eckes*, in Heuer/Engels/Eibelshäuser, Kommentar zum Haushaltsrecht des Bundes, IV. Teil 2 (Stand Febr. 2011), Rn. 32 ff.; *Korioth*, in Voßkuhle/Eifert/Möllers, Grundlagen des Verwaltungsrechts, Bd. II, 3. Auflage 2022, § 42, S. 1243ff.; *von Lewinski/Burbat*, Haushaltsgrundsätzegesetz, 2013, § 1a Rn. 1 ff.; *Lindner*, in Lindner/Möstl/Wolff Art. 78 Rn. 36; speziell zur Doppik: *Engels/Eibelshäuser*, Öffentliche Rechnungslegung – von der Kameralistik zur Doppik, Köln 2010; aus der älteren Literatur vgl. *Kube* DÖV 2000, 810 ff.; *Brixner/Streitferdt*, Rechnungswesen und Controlling in der öffentlichen Verwaltung, 2006, www.oeffentliche-Verwaltung.haufe.de; *Lüder* DÖV 2006, 641 ff.; *Gröpl*, Haushaltsrecht und Reform, 2001, S. 196 ff.; *Gröpl*, in BK, Art. 110 Rn. 170 ff.; Bundesrechnungshof, Bericht nach § 99 Bundeshaushaltsordnung über die Modernisierung des staatlichen Haushalts- und Rechnungswesens vom 17.8.2006.
65 Vgl. *Raffer*, in Jahrbuch für öffentliche Finanzen 1–2021, S. 427.
66 Vgl. stellvertretend für eine Vielzahl von Veröffentlichungen die Kontroversen zwischen *Holtkamp* dms (der moderne Staat) 2008, 423–446 und *Banner* dms 2008, 447–455 sowie zwischen *Bogumil/Ebinger/Holtkamp* V&M (Verwaltung & Management) 2011, 171–180 und *Reichard* V&M 2011, 283–287 mit Replik *Bogumil/Ebinger/Holtkamp* V&M 2012, 3–6; *Bogumil/Holtkamp* V&M 2012, 115 -117; aufschlussreich sind auch die Bemerkungen des damaligen Berliner Finanzsenators *Sarrazin*, Der Neue Kämmerer 2008, 3.
67 *Raffer*, in Jahrbuch für öffentliche Finanzen 1–2021, S. 425 ff., Zitat S. 440.

des Haushalts- und Rechnungswesens (MRH) veröffentlicht[68]. Danach sollte der Bundeshaushalt künftig aus einem kameralen, produktorientierten Teil mit verbindlichem Charakter und einem kameralen titelorientierten Teil mit nicht verbindlichem Charakter bestehen. Dieses Modell stieß jedoch im zuständigen Ausschuss des Bundestages nicht auf Akzeptanz. Das Bundesfinanzministerium hat deshalb das MRH neu ausgerichtet und verfolgt nunmehr das Ziel, die Modernisierung unter Beibehaltung der kameralen Titelstruktur fortzusetzen.[69] Im Kreis der Länder haben Hessen und Hamburg die Umstellung des Haushalts- und Rechnungswesens auf die Doppik vollzogen. Andere Länder befinden sich noch in unterschiedlichen Stadien des Übergangs zur Doppik und/oder zum Produkthaushalt.[70] Ein nachweisbarer Beitrag der Reform der Haushaltssystematik zur Konsolidierung auf Länderebene steht noch aus.[71] Auf jeden Fall erfordert die Einführung neuer Verfahren zunächst erheblichen Einsatz an Zeit und finanziellen Ressourcen und bindet damit Kräfte, die der Lösung der unmittelbaren Konsolidierungsaufgabe entzogen werden. Außerdem wird es wegen der Vielzahl unterschiedlicher Konzepte immer schwieriger, Ländervergleiche durchzuführen. Die Einheitlichkeit der Haushaltssystematik – der Auftrag des HGrG – droht verloren zu gehen.

In dieser Lage bevorzugen die meisten Länder – so auch M-V – einen vorsichtigen Reformkurs, bei dem die kamerale Systematik beibehalten, aber durch zusätzliche Elemente ergänzt wird, wie insbesondere die Kosten- Leistungsrechnung und Verbesserungen bei der Darstellung des Vermögens, zB durch Berechnung der aufgelaufenen Pensionslasten. Eine solche Linie – Modernisierung unter Bewahrung der Grundstruktur – gewinnt zusätzliches Gewicht durch die neue Schuldenbremse, die einen kameralen Haushalt – zumindest als Parallelinstrument – zwingend voraussetzt, dazu unten → Rn. 49. Abzuwarten bleibt, welche Konsequenzen sich aus den Bemühungen der EU-Kommission um die Einführung einheitlicher europäischer Rechnungsführungsnormen für den öffentlichen Sektor (sog. EPSAS) ergeben. 46

**4. Verfassungsrechtliche Rahmenbedingungen.** Sollten Landtag und Landesregierung künftig ein neues Haushaltssystem einführen wollen, sind die verfassungsrechtlichen Voraussetzungen dafür zu prüfen. Im Zusammenhang mit der Initiative der Länder Hamburg und Hessen, die zur Einfügung des § 1a in das HGrG mit dem HGrGMoG führte (→ Rn. 44), wurde die verfassungsrechtliche Zulässigkeit eines ausschließlich doppischen Haushalts- und Rechnungswesens diskutiert. Im Auftrag des Landes Hamburg legte Ferdinand Kirchhof ein Gut- 47

---

68 Abrufbar unter http://www.bundesfinanzministerium.de/Content/DE/Standardartikel/Themen/Oeffentliche_Finanzen/Bundeshaushalt/Projekt-MHR/2009-07-02-Feinkonzept_14 _Multiprojektmanagemen.pdf?__blob=publicationFile&v.=3.
69 Abschlussbericht der Projektgruppe MRH vom Oktober 2013 (abrufbar unter http://www.bundesfinanzministerium.de/Content/DE/Standardartikel/Themen/Oeffentliche_Finanzen/Bundeshaushalt/Projekt-MHR/2014_09_05_Anlage.pdf?__blob=publicationFile&v.=1).
70 NRW verfolgt das Ziel, langfristig einen Produkthaushalt auf doppischer Grundlage einzuführen, Einzelheiten abrufbar unter www.epos.nrw.de. Bremen hat einen kameralen Haushalt mit Stellenplan und daneben einen Produkthaushalt, http://www.finanzen.bremen.de/sixcms/detail.php?gsid=bremen53.c.1692.de.
71 Erfahrungsberichte Hessen: *Kaufmann/Beyersdorff*, Jahrbuch für öffentliche Finanzen 2011, 385 ff.; *Kaufmann, in* Denkschrift für Eibelshäuser, Köln 2013, 177 ff.; *Lüder, in* Denkschrift für Eibelshäuser, 237 ff.; zur Situation in Hamburg: *Raupach/Hilgers* V&M 2012, 283 – 291 und *Förster*, Länderbericht Hamburg 2011, Jahrbuch für öffentliche Finanzen 2012, 105 f.; skeptisch hinsichtlich der bisherigen Erfahrungen auch *Korioth* in Grundlagen des Verwaltungsrechts, Bd. II, 3. Auflage, S. 1232ff.

achten vor, in dem die Zulässigkeit der doppischen Führung des Staatshaushalts bestätigt wurde.[72] Die meisten Autoren, die sich zu dieser Frage äußern, vertreten die gleiche Auffassung.[73] Nach unserer Ansicht ist wie folgt zu differenzieren:

48 Gegen die **Verfassungsmäßigkeit des § 1a HGrG** bestehen keine Bedenken. Die Vorschrift verpflichtet Bund und Länder nicht zur Einführung der Doppik, sondern enthält lediglich eine Ermächtigung. Die vom HGrG eingeräumten Spielräume müssen nicht ausgeschöpft werden.[74] Für die Länder bedeutet der neue § 1a HGrG, dass die bis dahin bestehenden bundesrechtlichen Schranken für die Umstellung des Haushaltssystems auf die Doppik aufgehoben worden sind. Art. 31 GG steht also einer solchen Maßnahme nicht mehr entgegen.

Davon zu unterscheiden ist jedoch die Frage, ob die **Verfassung der jeweiligen Gebietskörperschaft** selbst eine Grenze zieht, die der einfache Gesetzgeber nicht überschreiten darf. Das ist überall dort der Fall, wo die Verfassung ähnliche Formulierungen enthält wie in Art. 61 LV M-V und Art. 110 GG. Art. 61 Abs. 1 S. 1 bestimmt, dass alle Einnahmen und Ausgaben sowie Verpflichtungsermächtigungen des Landes für jedes Haushaltsjahr veranschlagt und in den Haushaltsplan eingestellt werden müssen. Nach Art. 61 Abs. 1 S. 3 ist der Haushalt in Einnahmen und Ausgaben auszugleichen. Diese Normen schreiben eindeutig das kamerale Haushaltssystem vor. „Einnahmen" und „Ausgaben" sind Begriffe, die bestimmte Zahlungsströme abbilden und die sich prinzipiell von den erfolgsorientierten doppischen Begriffen „Erträge" und „Aufwendungen" unterscheiden, → Rn. 11 ff. Sie sind auch nicht identisch mit den gemäß § 1a Abs. 2 S. 3 HGrG im doppischen Finanzplan verwendeten Termini „Einzahlungen" und „Auszahlungen". Denn zu den „Einzahlungen" im Finanzplan gehören auch solche Zuflüsse, die dem Land gar nicht zustehen (wie zB der Bundesanteil der Steuereinnahmen, der im kameralen System auf Verwahrkonten gebucht und an den Bund abgeführt wird, ohne den Landeshaushalt als „Einnahme" zu erreichen), sowie Zuflüsse aus Kassenkrediten, die nur der Liquiditätssicherung dienen, aber keine Einnahme im Sinne des Haushalts darstellen, die zur Deckung für Ausgaben herangezogen werden kann. Die Zuführung zu einer Rücklage ist kameral eine „Ausgabe", im doppischen Finanzplan aber neutral, weil der Zahlungsmittelbestand nicht verändert wird.[75] Sowohl der doppische Erfolgsplan als auch der doppische Finanzplan knüpfen also an gänzlich andere Kriterien an als der kamerale Haushalt.

Dabei handelt es sich nicht nur um terminologische Differenzen, sondern auch um handfeste materielle Unterschiede. Art. 61 Abs. 1 S. 3 schreibt den Haushaltsausgleich eben nicht für „Erträge" und „Aufwendungen" oder „Einzahlun-

---

72 *Ferdinand Kirchhof*, Die Zulässigkeit der doppischen Führung des Staatshaushalts Rechtsgutachten erstattet für die Freie und Hansestadt Hamburg, November 2006.
73 *Eibelshäuser/Eckes* in: Heuer/Engels/Eibelshäuser, Kommentar zum Haushaltsrecht des Bundes, IV. Teil 2 (Stand Febr. 2011), Rn. 38 ff.; *Kamp*, in Heusch/Schönenbroicher, Art. 81 Rn. 106; *Lüder* DÖV 2006, 641 (645) *Gröpl*, Haushaltsrecht und Reform, 2001, 428 f.; *Stüber/Keyhanian* DÖV 2013, 255 (257); *Heller*, Haushaltsgrundsätze für Bund, Länder und Gemeinden,2. Aufl. 2010, Kapitel 6, Rn. 480; *Hermenau*, in Epping/Butzer, Art. 65 Rn. 15; aA *Siekmann*, in Sachs Art. 104a Rn. 8; zur Notwendigkeit einer kameralistischen Nebenrechnung im Hinblick auf die Schuldenbremse des Art. 109 Abs. 3 GG: *Tappe*, Haushaltsrechtliche Umsetzung der Art. 109 und Art. 115 GG nF in Bund und Ländern, in Kastrop/Meister-Scheufelen/Sudhof, Die neuen Schuldenregeln im Grundgesetz, 2010, 432, 455; *Koemm*, Eine Bremse für die Staatsverschuldung?, 2010, 185.
74 *Nebel*, in Piduch, Art. 109 Rn. 24; *von Lewinski/Burbat* § 1 Rn. 2.
75 Ausführlich zur Unterscheidung der einschlägigen Begriffe *Stüber/Keyhanian* DÖV 2013, 255 (257).

gen" und „Auszahlungen" vor, sondern für „Einnahmen" und „Ausgaben". Das Parlament, das über den Entwurf der Regierung beraten, ihn abändern und beschließen soll, hat ein Recht darauf, dass diese in der Verfassung garantierten Bezugsgrößen im Entwurf der Regierung in einfacher und transparenter Weise gegenübergestellt werden. Will es sich für ein anderes System entscheiden, muss die Verfassung mit der dafür erforderlichen Mehrheit geändert werden. Dann müssen sich die Abgeordneten mit der Frage beschäftigen, ob sie auf die Informations- und Einflussmöglichkeit verzichten wollen, die ihnen das Spezialitätsprinzip, das Kassenwirksamkeitsprinzip und das Jährlichkeitsprinzip bieten und wie ggf. adäquate anderweitige Steuerungsinstrumente geschaffen werden können.

Besonderes Gewicht erhält das hier erörterte Problem durch die Vorschriften über die 2009/2011 neugefasste **Schuldenbremse**, Art. 109 Abs. 3 GG, Art. 65 Abs. 2, 79a LV. Das Grundgesetz schreibt Bund und Ländern (letzteren mit Wirkung seit 2020) vor, ihre Haushalte grundsätzlich ohne Einnahmen aus Krediten auszugleichen, → Rn. 11 ff. zu Art. 65. „Einnahmen aus Krediten" gibt es im doppischen System aber nicht, weil die Aufnahme eines Kredits für die Doppik neutral ist, sie bewirkt eine Zunahme des Kassenbestandes bei gleichzeitiger Begründung einer Verbindlichkeit in derselben Höhe. Deshalb erfordern Art. 109 Abs. 3 GG und Art. 65 Abs. 2 LV nF im Fall der Umstellung auf Doppik zwingend eine Parallelrechnung nach kameralistischem System[76], und zwar sowohl für die Aufstellung als auch für die Bewirtschaftung und Abrechnung des Haushalts, weil in allen Stadien des Haushaltskreislaufs die Schuldenbremse zu beachten ist.[77]

## IX. Schrifttum

*Bergmoser, Ulrich*, Zweckgerichtete Vitalisierung des Budgetrechts der Legislative, 2011; *Borrmann, Gero-Falk*, Die globale Minderausgabe – ein finanztechnisches Hilfsmittel im Rahmen der haushaltswirtschaftlichen Ordnung?, in Verwaltungsschau 1981, S. 307 ff.; *Brixner, Helge C./Streitferdt, Lothar*, Rechnungswesen und Controlling in der öffentlichen Verwaltung, 2005, http.www.oeffentliche-verwaltung.haufe.de; *Dolde, Klaus-Peter/Porsch, Winfried*, Die globale Minderausgabe, in DÖV 2002, 232 ff.; *Bundesrechnungshof*, Bericht nach § 99 Bundeshaushaltsordnung über die Modernisierung des staatlichen Haushalts- und Rechnungswesens, 2006; *Engels, Dieter/Eibelshäu-*

---

76 *Tappe* und *Koemm* (Fn. 73).
77 *Stüber/Keyhanian* (Fn. 73) versuchen, dieses aus Hamburger Sicht unerfreuliche Ergebnis mit viel Scharfsinn zu vermeiden. Allerdings zeigt gerade diese verdienstvolle Untersuchung, dass die Anhänger der Doppik mit der haushaltsrechtlichen Konstruktion des Haushaltsausgleichs und der Schuldenbremse Probleme haben. Denn das von *Stüber/Keyhanian* vorgeschlagene Wahlrecht des einfachen Gesetzgebers, den Haushaltsausgleich entweder auf der Ebene des Erfolgsplans oder des Finanzplans herzustellen, räumt dem einfachen Gesetzgeber einen Spielraum ein, der über den Rahmen der Verfassung hinausgeht. Das gilt erst recht für die ergänzenden Ausführungen zur Kreditaufnahme. Diese soll zB bei einer Entscheidung des einfachen Gesetzgebers für den Haushaltsausgleich auf Ebene des Erfolgsplans zulässig sein, soweit dies dazu dient, das Anlagevermögen zu erhöhen. Wäre das richtig, würde die Kreditfinanzierung von Investitionen durch die Hintertür doch wieder zugelassen. Das ist mit Art. 109 Abs. 3 GG nicht vereinbar. Zwar gestattet das GG die Bereinigung der Einnahmen und Ausgaben um finanzielle Transaktionen, vgl. für den Bund Art. 115 Abs. 2 S. 5 GG. Ausgangsgröße für derartige Bereinigungen müssen aber stets die in Art. 109 Abs. 3, 115 Abs. 2 GG genannten Kategorien „Einnahmen" und „Ausgaben" sein, die – wie dargelegt – in der Doppik nicht abgebildet werden.

*ser, Manfred*, Kommentar zum Haushaltsrecht des Bundes und der Länder sowie der Vorschriften zur Finanzkontrolle, Stand 57. Ergänzungslieferung Juli 2013; *Engels, Dieter/Eibelshäuser, Manfred*, Öffentliche Rechnungslegung – von der Kameralistik zur Doppik, Köln 2010; *Epping, Volker/Hillgruber, Christian*, Beck'scher Online-Kommentar GG, Stand 15. 5. 2013; *Gröpl, Christoph*, Haushaltsrecht und Reform, 2001; *Gröpl, Christoph*, Transparenz im Haushaltsrecht. Herleitung, Verwurzelung, Gefährdungen, Abhilfe, 2006, www.uni-saarland.de/fileadmin/user_upload/Professoren/fr11_ProfGroepl/Ver%C§%B6ffentlichungen/Vortr%C3%A4ge/19-TRans-KLRI-HP.pdf; *Heller, Robert*, Haushaltsgrundsätze für Bund, Länder und Gemeinden, 2. Aufl. 2010; *Heun, Werner*, Staatshaushalt und Staatsleitung, 1989; *Isensee, Josef*, Budgetrecht des Parlaments zwischen Schein und Sein, in JZ 2005, 970 ff.; *Karehnke, Helmut*, Zur Zulässigkeit der Veranschlagung globaler Minderausgaben, in DVBl. 1980, S. 542 ff.; *Kaufmann, Frank/Beyersdorff, Markus*, Der „doppische Haushalt" und der „doppische Jahresabschluss" in der parlamentarischen Praxis am Beispiel der Hessischen Landesverwaltung, in Jahrbuch für öffentliche Finanzen 2011, Berlin 2011, S. 386 ff.; *Kaufmann, Frank*, Zum Umgang der Politik mit doppischer Haushaltsführung und Produkthaushalt, in Denkschrift für Eibelshäuser, Köln, 2013, S. 177 ff.; *Kilian, Michael*, Nebenhaushalte des Bundes, 1993; *Kirchhof, Ferdinand*, Die Zulässigkeit der doppischen Führung des Staatshaushalts, Rechtsgutachten erstattet für die Freie und Hansestadt Hamburg, November 2006; *Kirchhof, Paul*, Die Steuerung des Verwaltungshandelns durch Haushaltsrecht und Haushaltskontrolle, 1983, S. 505 ff.; *Kirschstein, Hartwig*, Das Haushalts-, Kassen- und Rechnungswesen in M-V, herausgegeben vom Finanzministerium M-V, 2002; *Koemm, Maxi*, Eine Bremse für die Staatsverschuldung?, 2010; *Korioth*, § 42 Finanzen, in Voßkuhle/Eifert/Möllers, Grundlagen des Verwaltungsrechts Bd. II, 3. Auflage 2022, S. 1181ff.; *Kröger, Klaus*, Zur Mitwirkung des Bundestages am Haushaltsvollzug, in DÖV 1973, 439 ff.; *Kube, Hanno*, Neue Steuerung im Haushaltsrecht – Ein Kompetenzgefüge außer Balance?, in DÖV 2000, 810 ff. *von Lewinski, Kai/Burbat, Daniela*, Haushaltsgrundsätzegesetz Kommentar, 2013; *Lüder, Klaus*, Notwendige rechtliche Rahmenbedingungen für ein reformiertes staatliches Rechnungs- und Haushaltswesen, DÖV 2006, 641 ff.; *Lüder, Klaus*, Die neue Verwaltungssteuerung des Landes Hessen, in Denkschrift für Eibelshäuser, 2013, S. 237 ff.; *Marcus, Paul*, Implikationen eines verfassungskonformen Umgangs mit dem Instrument der „Globalen Minderausgabe" für die Haushaltspraxis, in DÖV 2000, 675 ff.; *Meinckmann, Till Valentin*, Schattenhaushalte und parlamentarisches Budgetrecht, in NvWZ 2022, S. 106ff.; *Meyer-Abich, Jann*, in Hamburgisches Staats- und Verwaltungsrecht, herausgegeben von: Hoffmann-Riem, Wolfgang/Koch, Hans-Joachim, 2005, S. 55 ff.; *Moeser, Ekkehard*, Die Beteiligung des Bundestages an der staatlichen Haushaltsgewalt, 1978; *Müller, Michael W.*, Haushaltsgesetz und Haushaltsbegleitgesetz, in Jahrbuch für öffentliche Finanzen 2017, S. 401 ff.; *Mußgnug, Reinhard*, Der Haushaltsplan als Gesetz, 1976; *Noll, Michael*, Zwischen Konformität und Abnormität – Die globale Minderausgabe im Kontext des Haushaltsverfassungsrechts, in Thüringer Verwaltungsblättern 2004, S. 125 ff.; *Piduch, Erwin Adolf*, Ist die Netto-Veranschlagung der Kreditaufnahmen verfassungsrechtlich zweifelhaft?, in DÖV 1969, 190 ff.; *Piduch, Erwin Adolf*, Zehn Jahre Haushaltsreform, in DÖV 1979, 881 ff.; *Piduch, Erwin Adolf*, Bundeshaushaltsrecht, Stand 15. Lieferung der 2. Aufl. Juli 2012; *von Portatius, Alexander*, Das haushaltsrechtliche Bepackungsverbot, 1975; *Puhl, Thomas*, Budgetflucht und Haushaltsverfassung, 1996; *Raffer, Christian*, Kaum Nutzen trotz hoher Kosten? – Ein Überblick über die empirischen Arbeiten zur kommunalen Doppik in Deutschland, in JöFin 1–2021, S. 425 ff.; *Raupach, Björn/Hilgers, Dennis*, Quo Vadis? Die Reform des Hamburger Haushalts- und Rechnungswesens, in V&M 2012, 283 ff.; *Sarrazin, Thilo*, Die Rechnung geht nicht auf, in Der Neue Kämmerer 2008, S. 3; *Stern, Klaus*, Das Staatsrecht der Bundesrepublik Deutschland, Bd. II, 1980; *Stüber, Stephan/Keyhanian, Cimin* Haushaltsausgleich und Umsetzung der Schuldenbremse des Grundgesetzes in der staatlichen Doppik, DÖV 2013, 255 ff.; *Tappe, Henning*, Haushaltsrechtliche Umsetzung der Art. 109 und Art. 115 GG nF in Bund und Ländern, in Kastrop/Meister-Scheufelen/Sudhof, Die neuen Schuldenregeln im Grundgesetz, 2010, S. 432 ff.

## Art. 62 (Ausgaben vor Verabschiedung des Haushalts)

(1) Ist der Haushaltsplan nicht vor Beginn eines Haushaltsjahres durch Gesetz festgestellt worden, so ist die Landesregierung bis zum Inkrafttreten des Gesetzes ermächtigt, alle Ausgaben zu leisten oder Verpflichtungen einzugehen, die nötig sind,

1. um gesetzlich bestehende Einrichtungen zu erhalten und gesetzlich beschlossene Maßnahmen durchzuführen,
2. um die rechtlich begründeten Verpflichtungen des Landes zu erfüllen sowie
3. um Bauten, Beschaffungen und sonstige Leistungen fortzusetzen oder Beihilfen für diese Zwecke weiter zu gewähren, sofern durch den Haushaltsplan eines Vorjahres bereits Beträge bewilligt worden sind.

(2) ¹Soweit der Geldbedarf des Landes nicht durch Steuern, Abgaben und sonstige Einnahmen gedeckt werden kann, kann die Landesregierung für die nach Absatz 1 zulässigen Ausgaben Kredite aufnehmen. ²Die Kreditaufnahme darf ein Viertel der im Haushaltsplan des Vorjahres veranschlagten Einnahmen nicht übersteigen.

Vergleichbare Regelungen:
*Zu Abs. 1*: Artt. 78 Abs. 4 BayVerf; 80 Abs. 1 BWVerf.; 89 Abs. 1 VvB; 102 BbgVerf; 132a BremVerf; 67 Abs. 1 HambVerf; 140 HessVerf; 66 Abs. 1 NdsVerf; 82 Verf NW; 116 Abs. 4 Verf Rh-Pf; 105 Abs. 3 SaarlVerf; 98 Abs. 1 SächsVerf; 94 Abs. 1 LVerf LSA; 59 Abs. 1 SchlHVerf; 100 Abs. 1 ThürVerf.
*Zu Abs. 2*: Artt. 80 Abs. 2 BWVerf; 89 Abs. 2 VvB; 102 BbgVerf; 67 Abs. 1 HambVerf; 140 HessVerf; 66 Abs. 2 NdsVerf; 80 Verf NW; 116 Abs. 5 Verf Rh-Pf; 105 Abs. 4 SaarlVerf; 98 Abs. 2 SächsVerf; 59 Abs. 2 SchlHVerf; 100 Abs. 2 ThürVerf.

| | |
|---|---|
| I. Funktion der Norm .................. 1 | c) Erfüllung rechtlich begründeter Verpflichtungen des Landes ........................... 6 |
| II. Tatbestandsvoraussetzungen (Abs. 1) ........................... 2 | d) Fortsetzungen von Bauten, Beschaffungen und sonstigen Leistungen sowie Weitergewährung von Beihilfen für diese Zwecke .......... 7 |
| III. Umfang der Ermächtigung (Abs. 1) ........................... 3 | |
| 1. Notwendigkeit .................. 3 | |
| 2. Zulässige Zwecke ............. 4 | |
| a) Erhalt gesetzlich bestehender Einrichtungen (Abs. 1, Nr.. 1, erste Alternative) .... 4 | IV. Adressat der Ermächtigung ........ 8 |
| b) Durchführung gesetzlich beschlossener Maßnahmen (Abs. 1 Nr. 1, zweite Alternative) ...................... 5 | V. Möglichkeiten einer Erweiterung der Ermächtigung .................. 9 |
| | 1. Fortgelten der Ermächtigungen aus anderen Rechtsquellen .... 9 |
| | 2. Gesetzliche Erweiterung des Rahmens von Art. 62 .......... 10 |

3. Verhältnis zwischen Notbewilligung gem. Art. 63 und vorläufiger Haushaltsführung gem. Art. 62 .................... 11
VI. Kreditaufnahme (Abs. 2) ........... 12
VII. Schrifttum ......................... 13

## I. Funktion der Norm

1 Gemäß Art. 61 Abs. 2 wird der Haushaltsplan vor Beginn des Haushaltsjahres durch ein Gesetz festgestellt. Es gelingt jedoch nicht immer, diesen Grundsatz der Vorherigkeit einzuhalten. Für diese Fälle ist eine Regelung notwendig, weil die Verwaltung Ausgaben nur aufgrund einer **haushaltsrechtlichen Ermächtigung** leisten darf.[1] Eine solche Situation ist in M-V vor allem in den Jahren eingetreten, die unmittelbar einem Wahljahr folgten. Die Landtagswahlen finden traditionell im Herbst statt. Wegen des Zeitbedarfs für die Bildung einer neuen LReg und die Vorbereitung des Kabinettsentwurfs zum Haushalt ist die Verabschiedung eines Haushaltsplanentwurfs durch die Regierung meist erst Ende Januar des Folgejahres möglich, so dass die Verabschiedung durch den LT kurz vor der Sommerpause erfolgen kann. Die hier beschriebene Situation einer länger andauernden Phase vorl. Haushaltsführung kennzeichnete insbes. die Haushaltsjahre 1995 und 1999. In den folgenden Wahlperioden konnte dieses für die Handlungsfähigkeit des Landes ungünstige Resultat dadurch vermieden werden, dass seit 2002/2003 jeweils Doppelhaushalte erstellt werden. Der Rhythmus dieser Doppelhaushalte ist so gestaltet, dass für ein Wahljahr (zB 2002 und. 2006) jeweils ein Doppelhaushalt aufgestellt wird, der auch das folgende Jahr (2003 und 2007) umfasst. Das bedeutet, dass die notwendigen Haushaltsanpassungen zu Beginn der neuen Legislaturperiode in Form eines Nachtrags auf den Weg gebracht werden können. Das ist weniger verwaltungsaufwändig und hat zudem den Vorteil, dass bereits vor Verabschiedung des Nachtrags ein gültiger Haushaltsplan vorhanden ist. Aufgrund der Einführung von fünfjährigen Wahlperioden mit Beginn der 5. Legislaturperiode wurde diese komfortable Gestaltung unterbrochen, da die 5. Legislaturperiode im Jahr 2011 zeitgleich mit dem Doppelhaushalt 2010/2011 endete. Das hatte zur Folge, dass im Jahre 2012 wieder eine längere Periode vorl. Haushaltsführung zu verkraften war. Im Jahr 2022 kam es erneut zu einer längeren Phase der vorläufigen Haushaltsführung, weil der Doppelhaushalt 2022/2023 wegen der Landtagswahlen im Herbst 2021 erst zu Beginn des Jahres 2022 als Kabinettsentwurf vorlag und erst im Verlauf des Jahres vom Landtag beschlossen werden konnte, vgl. dazu unten Fn. 14.

Unabhängig von den eben genannten strukturellen Gründen für vorl. Haushaltsführungen kann sich diese Situation dann einstellen, wenn im laufenden Haushaltsaufstellungsverfahren gravierende Änderungen (zB Steuereinbrüche) zu verzeichnen sind, die eine Anpassung des Haushaltsplanentwurfs erfordern. So kam es im Herbst 2003 zu einer Verzögerung der Verabschiedung des Doppelhaushalts 2004/2005 mit einer entspr. Phase vorl. Haushaltsführung Anfang 2004.

In Anlehnung an Art. 111 GG sieht Art. 62 vor, dass in der haushaltslosen Zeit im Wesentlichen der **Status Quo** fortgeführt, aber keine neuen Maßnahmen in Angriff genommen werden dürfen.[2] Es geht um Verwalten statt Regieren. Insoweit ersetzt die Ermächtigung des Art. 62 das Haushaltsgesetz.[3] Nach Erlass

---

1 S. o. → Art. 61 Rn. 4.
2 *Kyrill-A.Schwarz*, in von Mangoldt/Klein/Starck, Art. 111 Rn. 1.
3 BVerfGE 20, 56 (90).

des Haushaltsgesetzes werden die nach Art. 62 geleisteten Ausgaben zu planmäßigen Ausgaben, wenn sie im Plan enthalten sind, ansonsten bleibt es bei der verfassungsunmittelbaren Ermächtigung des Art. 62.[4] Da die Einnahmen des Landes nicht vom Haushaltsgesetz, sondern (insbesondere) den Abgabegesetzen und der Steuerverteilung nach den Art. 106, 107 GG abhängen, ist eine ausreichende Deckung der nach Art. 62 zulässigen Ausgaben vorhanden.

## II. Tatbestandsvoraussetzungen (Abs. 1)

Einzige Tatbestandsvoraussetzung des Art. 62 Abs. 1 ist, dass der Haushaltsplan nicht vor Beginn eines Haushaltsjahres festgestellt worden ist. Die daraus folgende verfassungsrechtliche Ermächtigung zur vorl. Haushaltsführung gilt unbefristet, auch wenn sie primär für eine vorübergehende Überbrückung gedacht ist.[5] Nach dem Wortlaut der Verfassung endet die Ermächtigung mit dem „Inkrafttreten des Gesetzes". Da das Haushaltsgesetz auch bei einer Verabschiedung im Laufe des Haushaltsjahres stets mit Rückwirkung auf den 1. Januar in Kraft tritt, ist diese Formulierung ungenau. Nach allg. Auffassung ist damit gemeint, dass die Ermächtigung zur vorl. Haushaltsführung bis zur Verkündung des regulären Haushaltsgesetzes fort gilt.[6]

## III. Umfang der Ermächtigung (Abs. 1)

**1. Notwendigkeit.** Die zu leistende Ausgabe oder die einzugehende Verpflichtung muss „nötig" sein, um bestimmte Zwecke zu erreichen. Der Begriff nötig bedeutet, dass die betreffende Ausgabe od. Verpflichtung sachlich notwendig sein muss und zeitlich nicht bis zur Verabschiedung des regulären Haushalts zurückgestellt werden kann.[7] Unaufschiebbar ist eine Maßnahme, „wenn die Vornahme in einem späteren Zeitpunkt keinen oder nur einen unverhältnismäßig geringeren Erfolg erzielen würde"[8].

**2. Zulässige Zwecke. a) Erhalt gesetzlich bestehender Einrichtungen (Abs. 1, Nr.. 1, erste Alternative).** Gesetzlich bestehende Einrichtungen sind alle Institutionen (Ministerien, Gerichte, Schulen, Landesbetriebe), die rechtmäßig/ordnungsmäßig errichtet und ganz oder teilweise aus dem Haushalt zu finanzieren sind.[9] Ausreichend ist die Aufnahme in den vorangegangenen Haushaltsplan.[10] Eine gesetzlich bestehende Einrichtung in diesem Sinne kann auch eine außerhalb der Landesverwaltung bestehende juristische Person (zB ein institutioneller

---

4 *Kube*, in Dürig/Herzog/Scholz, Art. 111 Rn. 80, 82; *Jarass*, in Jarass/Pieroth, Art. 111 Rn. 1.
5 *Mußgnug*, Der Haushaltsplan als Gesetz, 1976, S. 211; *Thiele*, in Thiele/Pirsch/Wedemeyer, Art. 62 Rn. 2; *Kyrill-A. Schwarz* (Fn. 2), Rn. 13 f.; *Theiß*, Das Nothaushaltsrecht des Bundes, 1975, S. 68; *Kube*, in Dürig/Herzog/Scholz, Art. 111 Rn. 31, 38; *Heintzen*, in von Münch/Kunig, Art. 111 Rn. 8. Wegen der langen Phase einer Minderheitsregierung in Hessen 1982/84 wurde der Haushalt 1983 dort erst am 31.1.1984 verabschiedet (GVBl. Hess. I 1984, 87 ff.), vgl. dazu *Totz* DÖV 1985, 706.
6 *Schwarz*, *Heintzen* (jeweils Fn. 5); *Kube* (Fn. 4), Rn. 37.
7 *Schwarz* (Fn. 2), Rn. 19; *Kube* (Fn. 4), Rn. 57; *Heun*, in Dreier, Art. 111 Rn. 9; *Jarass*, in Jarass/Pieroth, Art. 111 Rn. 3.
8 *Kube*, in Dürig/Herzog/Scholz, Art. 111 Rn. 57.
9 *Nebel*, in Piduch, Art. 111 Rn. 11; *Puhl*, Die Minderheitsregierung nach dem Grundgesetz, 1986, S. 207 f.
10 *Schwarz* (Fn. 2), Rn. 24; *Theiß*, Das Nothaushaltsrecht des Bundes, 1975, S. 48; *Berlit/Kühn*, in Baumann-Hasske/Kunzmann, Art. 98 Rn. 14.

Zuwendungsempfänger) sein, die ganz oder teilweise aus dem Landeshaushalt finanziert wird.[11]

5 **b) Durchführung gesetzlich beschlossener Maßnahmen (Abs. 1 Nr. 1, zweite Alternative).** Im Gegensatz zu der gesetzlich bestehenden Einrichtung in der ersten Alternative reicht für eine „gesetzlich beschlossene Maßnahme" die Verankerung im Haushaltsplan des Vorjahres nicht aus.[12] Typischer Anwendungsfall für diese Tatbestandsvariante sind Gesetze, bei denen das „Ob" der Maßnahme gesetzlich beschlossen ist, nicht aber die exakte Höhe der jeweiligen Leistung, so dass eine rechtliche Verpflichtung iSd Alternative c) nicht vorliegt. Diese Fälle lassen sich über die Nr. 1, Alternative b) lösen.

6 **c) Erfüllung rechtlich begründeter Verpflichtungen des Landes.** Hierzu zählen alle durch Gesetz oder Vertrag begründeten Verbindlichkeiten öffentlich rechtlicher oder zivilrechtlicher Art (zB Sozialhilfeleistungen, Personalausgaben, Mietzahlungen).

7 **d) Fortsetzungen von Bauten, Beschaffungen und sonstigen Leistungen sowie Weitergewährung von Beihilfen für diese Zwecke.** In dieser Tatbestandsalternative kommt die Zielsetzung des Art. 62, nämlich die Fortführung des Status Quo zu ermöglichen, bes. deutlich zum Ausdruck. Die Fortsetzung von Baumaßnahmen und Beschaffungen bzw. von Beihilfen hierfür bereitet in der Regel keine Interpretationsschwierigkeiten. Anders verhält es sich mit der Fortsetzung „sonstiger Leistungen" bzw. der Weitergewährung von Zuschüssen für derartige Zwecke. Der Begriff „sonstige Leistungen" ist nicht fest umrissen. Er muss deshalb restriktiv interpretiert werden, um die begrenzte Ermächtigung des Art. 62 nicht zu überdehnen. So ist es zB nicht zulässig, Bürgschaften und Garantien unter Bezugnahme auf diese Vorschrift zu gewähren.[13] Diese Einschränkung hat in M-V jedoch keine praktische Bedeutung, weil gem. § 21 des Haushaltsgesetzes (siehe Haushaltsgesetz 2020/2021) die §§ 5–20 des jeweiligen Haushaltsgesetzes bis zum Inkrafttreten des nächsten Haushaltsgesetzes weiter gelten. Das betrifft auch die Ermächtigungsgrundlage für Bürgschaften und Garantien in § 14 Haushaltsgesetz.

## IV. Adressat der Ermächtigung

8 Die Ermächtigung, die nötigen Ausgaben für die oben genannten Zwecke zu leisten, richtet sich an die Landesverwaltung insgesamt. Der in Art. 62 verwendete Begriff „Landesregierung" meint die Exekutive in ihrer Gesamtheit im Gegensatz zur Legislative. Deshalb ist kein besonderer Kabinettsbeschluss nötig, um die Wirkungen des Art. 62 auszulösen. Von besonderer Bedeutung sind die durch das Finanzministerium zu erlassenden Verwaltungsvorschriften (auf der Grundlage des § 5 LHO) zur Konkretisierung der verfassungsrechtlichen Ermächtigung. Die Haushaltserlasse zu Art. 62 sind in M-V traditionell bes. ausgefeilt.[14] Die

---

11 So die bisherige Praxis in M-V, vgl. Bewirtschaftungserlass zur vorläufigen Haushaltsführung 2012 und 2022 des Finanzministeriums vom 15.12.2011, Az. IV H 1200–20121–2011/004–002, Seite 3, Textziffer II b und vom 3.12.2021, Az. IV 200e/H 1200-20221-2021/001-003, Seite 3, Textziffer II b.; ähnlich *Nebel* (Fn. 9), Rn. 11; *Ewer*, in Caspar/Ewer/Nolte/Waack, Art. 51 Rn. 16; aA *Schwarz* (Fn. 2), Rn. 24.
12 *Kube*, in Dürig/Herzog/Scholz, Art. 111 Rn. 45.
13 *Reimer*, in Hillgruber/Epping, BeckOK-GG, Art. 111 Rn. 31; *Heun*, Staatshaushalt und Staatsleitung, 1989, S. 312; *Berlit/Kühn*, in Baumann-Hasske/Kunzmann, Art. 98 Rn. 18.
14 Vgl. den in Fn. 11 zitierten Bewirtschaftungserlass zum Haushaltsjahr 2012. Der Bewirtschaftungserlass 2022 vom 3.12.2021 – IV 200e/H 1200–20221–2021/001–003 – folgt dieser Linie. Der Erlass geht nicht auf das Sondervermögen MV Schutzfonds und das Sondervermögen Universitätsmedizinen ein. Sollen die weitreichenden Möglichkeiten,

betreffenden Erlasse enthalten unter anderem wichtige Hinweise zur buchungstechnischen Durchführung. Sie regeln zB, dass schon während der Phase der vorl. Haushaltsführung auf den Titeln des Haushaltsplanentwurfs der Regierung zu buchen ist, um nach Inkrafttreten des neuen Haushaltsgesetzes einen nahtlosen Anschluss zwischen der Phase der vorl. Haushaltsführung und dem beschlossenen Haushalt zu ermöglichen.

## V. Möglichkeiten einer Erweiterung der Ermächtigung

**1. Fortgelten der Ermächtigungen aus anderen Rechtsquellen.** Nach § 20 Haushaltsgesetz 2022/2023 gelten die Ermächtigungen des alten Haushaltsgesetzes bis zum Inkrafttreten des nächsten Haushaltsgesetzes weiter. Darüber hinaus können Reste, die aus dem Vorjahr gem. § 45 LHO übertragen worden sind, bewirtschaftet werden. Nach § 45 Abs. 1 Satz 2 LHO bestehen alle nicht in Anspruch genommenen Verpflichtungsermächtigungen während der Zeit der vorl. Haushaltsführung fort. Derartige, auf anderen Rechtsgrundlagen beruhende Ermächtigungen werden durch Art. 62 nicht verdrängt.

**2. Gesetzliche Erweiterung des Rahmens von Art. 62.** Wenn die Phase der vorl. Haushaltsführung längere Zeit andauert, entsteht nicht selten das Bedürfnis, bestimmte neue Maßnahmen – insbes. Investitionsprojekte – bereits vor der Verabschiedung des Haushalts beginnen zu dürfen. Dann stellt sich die Frage, ob der verfassungsrechtlich vorgegebene Rahmen in Art. 62 als abschließende Regelung zu verstehen ist oder ob er durch ein gesondertes Gesetz erweitert werden kann.

Das BVerfG[15] hält es für zulässig, besondere Bedarfe während der Phase der vorl. Haushaltsführung durch sog. „Teilhaushalt" vorab zu befriedigen.[16] Andere sprechen von einem „Nothaushaltsgesetz" in Anlehnung an die Praxis während der Weimarer Reichsverfassung.[17] ZT wird auch der Begriff „Haushaltsvorschaltgesetz" verwendet.[18] Unabhängig von der jeweils gewählten Terminologie ist jedenfalls weithin anerkannt, dass eine Erweiterung des Rahmens des Art. 111 GG bzw. Art. 62 durch ein gesondertes Gesetz zulässig ist.[19]

Das Problem besteht darin, dass der „Teilhaushalt" dem Gebot des Haushaltsausgleichs nicht Rechnung tragen kann, vgl. Art. 61 Abs. 1, letzter Satz. Das ist aber nicht nur eine Formalie, vielmehr soll der Grundsatz des Haushaltsausgleichs den Haushaltsgesetzgeber dazu zwingen, bei seinen Haushaltsentschei-

---

welche diese beiden Sondervermögen bieten, auch während der vorläufigen Haushaltsführung genutzt werden dürfen? Das würde über die durch Art. 62 erlaubte Fortführung des Status Quo hinausgehen. Es wäre auch deshalb problematisch, weil Anfang 2022 für die Universitätsmedizinen noch kein vom Landtag beschlossener Wirtschaftsplan vorlag und weil der Wirtschaftsplan des Sondervermögens M-V Schutzfonds zwar im Dezember 2020 vom Landtag gebilligt, danach aber ohne Mitwirkung des Landtags geändert wurde.

15 BVerfGE 45, 1 (41).
16 Vgl. dazu *Fricke* DÖV 1978, 486 ff.; *Totz* DÖV 1985, 706 ff.; *Rossi* DÖV 2003, 313 ff.; *Kroll* DÖV 2004, 986 ff.; *Heintzen*, in von Münch/Kunig, Art. 110 Rn. 7 sowie Art. 111 Rn. 5; *Heun*, in Dreier, Art. 111 Rn. 5.
17 *Gröpl*, in BK, Art. 111 Rn. 50 mwN; *Kube* in Dürig/Herzog/Scholz, Art. 111 Rn. 11 ff.; *Reimer, in* Fn. 13BeckOK-GG, Art. 111 Rn. 10; BremStGH 10.10.1997 – St 6/96 –, LVerfGE 7, 167 = NordÖR 1998, 291.
18 Derartige „Vorschaltgesetze" gab es in M-V für die Haushaltsjahre 1995 und 1999; den gleichen Sammelbegriff verwendet *Rossi* DÖV 2003, 313 ff., der dieser Rechtsfigur jedoch krit. gegenübersteht.
19 So sämtliche bisher zitierten Autoren (Fn. 16) mit Ausnahme von *Rossi*, der jede Erweiterung vollständig ablehnt, und *Totz*, der einer differenzierenden Auffassung zuneigt.

dungen stets die Balance zwischen Einnahmen und Ausgaben im Blick zu behalten. Das ist nur möglich bei einer Gesamtbetrachtung aller Einnahmen und Ausgaben für das betreffende Haushaltsjahr. Eine derartige Gesamtbetrachtung entfällt aber bei dem bloßen Teilhaushalt.

Die Lösung des Problems besteht darin, dass derartige Vorab-Bewilligungen nur dann möglich sind, wenn die betreffenden Maßnahmen im Haushaltsplanentwurf der Regierung enthalten und dort im Rahmen der Gesamtdeckung finanziert sind. Die Vorab-Bewilligung stellt sich dann als Aktivierung eines Teils des Haushaltsplanentwurfs der LReg dar, mit dem das Parlament zum Ausdruck bringt, dass es diese Maßnahmen aus dem Haushaltentwurf der Regierung ausdrücklich billigt und frei gibt. Damit stellt das Parlament indirekt fest, dass es den Haushaltsplanentwurf der Regierung für ausgeglichen und deshalb in diesem Rahmen die neuen Maßnahmen für finanzierbar hält. Ohne einen solchen Blick des Parlaments auf die Gesamtlage wäre die vorzeitige Freigabe neuer Maßnahmen nicht zu verantworten.

11 **3. Verhältnis zwischen Notbewilligung gem. Art. 63 und vorläufiger Haushaltsführung gem. Art. 62.** Auch während der vorl. Haushaltsführung können unabweisbare und unaufschiebbare Finanzierungsbedürfnisse auftreten, die über den von Art. 111 GG oder. Art. 62 gezogenen Rahmen hinausgehen. In dieser Situation hat der Finanzminister gem. Art. 112 GG oder. Art. 63 unter den gleichen Voraussetzungen wie während eines geltenden Haushaltsplans das Recht, Notbewilligungen auszusprechen.[20] Das gilt auch dann, wenn bereits ein Teilhaushaltsgesetz (Vorschaltgesetz) erlassen worden ist.[21]

### VI. Kreditaufnahme (Abs. 2)

12 Art. 62 Abs. 2 gestattet in bestimmtem Umfang eine Kreditaufnahme, soweit der Geldbedarf des Landes nicht durch Steuern, Abgaben und sonstige Einnahmen gedeckt werden kann. Die Kreditaufnahme ist jedoch nur für die Finanzierung der nach Abs. 1 zulässigen Ausgaben erlaubt. Der Umfang der Kreditaufnahme darf gem. Art. 62 Abs. 2 Satz 2 ein Viertel der im Haushaltsplan des Vorjahres veranschlagten Einnahmen nicht übersteigen. Dabei handelt es sich um die im Soll veranschlagten Haushaltseinnahmen, nicht das tatsächliche Ist-Ergebnis.[22] Diese Begrenzung bietet einen großen Spielraum. In der Praxis dürfte sie kaum jemals ausgeschöpft werden. Ihre Rechtfertigung findet sie im Gesamtsystem des Art. 62 dadurch, dass sie als absolute Höchstgrenze aufzufassen ist, unterhalb derer weitere Voraussetzungen (nämlich die Erforderlichkeit der Kreditaufnahme zur Finanzierung von nach Art. 62 Abs. 1 zulässigen Ausgaben) einzuhalten sind.

### VII. Schrifttum

13 *Fricke, Eberhard*, Der Begriff „Ergänzungshaushaltsplan (Teilhaushaltsplan)" in der Diktion des Bundesverfassungsgerichts, in: DÖV 1978, 486 ff.; *Kroll, Thorsten*, Das Teilhaushaltsgesetz: Ein verfassungskonformes Instrument im Zusammenspiel zwischen exekutivischem Gestaltungsdrang und parlamentarischem Budgetrecht, in: DÖV 2004, 986; *Puhl, Thomas*, Die Minderheitsregierung nach dem Grundgesetz, 1986; *Rossi, Matthias*, Unzulässigkeit von Haushalts-

---

20 BVerfGE 45, 1 (37); *Kube*, in Dürig/Herzog/Scholz, Art. 111 Rn. 6; *Theiß* (Fn. 10), S. 94 f.; aA *Kyrill A. Schwarz*, in von Mangoldt/Klein/Starck, Art. 111 Rn. 33.
21 *Kroll* DÖV 2004, 986 (995).
22 *Kyrill A. Schwarz* (Fn. 20), Rn. 40; *Gröpl*, in BK, Art. 111 Rn. 46.

vorschaltgesetzen, in: DÖV 2003, 313 ff.; *Totz, Claus-Dieter*, Die Haushaltsführung der Minderheitsregierung in Hessen, in: DÖV 1985, 706 ff.; *Theiß, Hermann*, Das Nothaushaltsrecht des Bundes, 1975.

## Art. 63 (Über- und außerplanmäßige Ausgaben)

(1) [1]Über- und außerplanmäßige Ausgaben und Verpflichtungen bedürfen der vorherigen Zustimmung des Finanzministers. [2]Sie darf nur im Falle eines unvorhergesehenen und unabweisbaren Bedürfnisses erteilt werden. [3]Das Nähere kann durch Gesetz geregelt werden.

(2) Über Zustimmungen zu über- und außerplanmäßigen Ausgaben und Verpflichtungen ist dem Landtag im Abstand von sechs Monaten nachträglich zu berichten.

Vergleichbare Regelungen:

*Zu Abs. 1*: Artt. 81 BWVerf; 88 Abs. 1 VvB; 105 BbgVerf; 101 Abs. 1 BremVerf; 68 Abs. 2 HambVerf; 143 Abs. 1 HessVerf; 67 Abs. 1 NdsVerf; 85 Abs. 1 Verf NW; 119 Verf Rh-Pf; 107 Abs. 1 SaarlVerf; 96 SächsVerf; 95 Abs. 1 LVerf LSA; 60 Abs. 1 SchlHVerf; 101 Abs. 1 ThürVerf.

*Zu Abs. 2*: Artt. 81 BWVerf; 88 Abs. 2 VvB; 105 BbgVerf; 68 Abs. 2 HambVerf; 143 Abs. 2 HessVerf; 85 Abs. 2 Verf NW; 96 SächsVerf; 60 Abs. 2 SchlHVerf; 101 Abs. 2 ThürVerf.

| | |
|---|---|
| I. Funktion der Vorschrift ............ 1 | b) Unabweisbares Bedürfnis .. 5 |
| II. Voraussetzungen für das Notbewilligungsrecht (Abs. 1) ............ 2 | 3. Zustimmung des Finanzministers ................................. 8 |
| 1. Über- und außerplanmäßige Ausgaben und Verpflichtungen .................................... 2 | 4. Gesetzliche Regelung .......... 9 |
| | III. Anwendung des Art. 63 vor Verabschiedung des Haushaltsplans ..... 10 |
| 2. Unvorhergesehenes und unabweisbares Bedürfnis ............ 3 | IV. Unterrichtung des Landtages (Abs. 2) ............................. 11 |
| a) Unvorhergesehenes Bedürfnis ........................... 4 | V. Schrifttum ......................... 12 |

## I. Funktion der Vorschrift

Für jede Ausgabe und für das Eingehen jeder Verpflichtung benötigt die Verwaltung eine haushaltsrechtliche Ermächtigung. Diese wird im Regelfall durch das Parlament mit dem jährlichen Haushaltsplan erteilt, vgl. Art. 61. Ausnahmen von dieser Regel sehen Art. 62 vor für den Fall, dass der Haushaltsplan nicht vor Beginn eines Haushaltsjahres festgestellt worden ist, und Art. 63 für den Fall, dass im Haushaltsplan nicht vorgesehene Ausgaben geleistet oder Verpflichtungen eingegangen werden müssen. 1

Bevor es zur Anwendung des **Notbewilligungsrechts** gem. Art. 63 kommt, hat die Verwaltung zu prüfen, ob im Rahmen des geltenden Haushaltsplans auf andere Weise Abhilfe geschaffen werden kann, zB durch die Inanspruchnahme von Resteermächtigungen gem. § 45 LHO oder durch die Nutzung von Deckungsfähigkeiten gem. § 46 LHO. In geeigneten Fällen kann auch der Einsatz von sächlichen oder personellen Verstärkungsmitteln Abhilfe schaffen. Erst wenn diese im Haushaltsgesetz oder im Haushaltsplan vom Parlament zur Verfügung gestellten Instrumente nicht greifen, darf die Möglichkeit des Art. 63 in Anspruch genommen werden. Es handelt sich dabei um eine subsidiäre **Notkompetenz**, die dem Regelfall der parlamentarischen Ermächtigung nachgeordnet ist und nicht als selbstständige Befugnis neben dem Haushaltsplan betrachtet werden darf.

Das hat das **BVerfG** in der **Grundsatzentscheidung** aus dem Jahr 1977[1] unmissverständlich klargestellt.[2] Die Entscheidung des BVerfG erging zu Art. 112 GG. Da Art. 63 der Norm des GG weitgehend nachgebildet ist, können die dort entwickelten Grundsätze auf die Auslegung der LV übertragen werden.

## II. Voraussetzungen für das Notbewilligungsrecht (Abs. 1)

2   1. **Über- und außerplanmäßige Ausgaben und Verpflichtungen.** Eine überplanmäßige Ausgabe, die früher als Haushaltsüberschreitung bezeichnet wurde, liegt dann vor, wenn für die betreffende Ausgabe zwar im Haushaltsplan ein Ansatz vorgesehen ist, der seiner Zweckbestimmung nach passen würde, der benötigte Ausgabenbetrag aber über diesen Ansatz hinaus geht.[3] Eine Überschreitung des Ansatzes, die durch Ausnutzung von Deckungsfähigkeiten gerechtfertigt ist, stellt keine überplanmäßige Ausgabe dar (→ Rn. 1). **Außerplanmäßige** Ausgaben sind solche, für die im Haushaltsplan keine passende Zweckbestimmung aufgefunden werden kann und die sich deshalb keinem Haushaltstitel zuordnen lassen.[4] Für außerplanmäßige Ausgaben muss daher ein eigener Haushaltstitel neu eingerichtet werden. Die gleichen Definitionen gelten entsprechend für überplanmäßige und außerplanmäßige Verpflichtungen.

3   2. **Unvorhergesehenes und unabweisbares Bedürfnis.** Über- und außerplanmäßige Ausgaben und Verpflichtungen bedürfen nach Art. 63 Abs. 1 Satz 1 der vorherigen Zustimmung des Finanzministers. Sie dürfen gemäß Satz 2 nur im Falle eines unvorhergesehenen und unabweisbaren Bedürfnisses erteilt werden.

4   a) **Unvorhergesehenes Bedürfnis.** „Unvorhergesehen" ist nicht nur ein objektiv unvorhersehbares Bedürfnis, sondern jedes Bedürfnis, das tatsächlich, gleich aus welchen Gründen, vom Minister der Finanzen oder der Regierung bei der Aufstellung des Haushaltsplans oder vom Gesetzgeber bei dessen Beratung und Feststellung nicht vorhergesehen wurde oder dessen gesteigerte Dringlichkeit, die es durch Veränderung der Sachlage inzwischen gewonnen hat, nicht vorhergesehen worden ist.[5] Für den Ausschluss der Ermächtigung zur Notbewilligungskompetenz reicht es also nicht aus, dass ein Bedürfnis vorhersehbar war, es muss vielmehr tatsächlich von den oben genannten Instanzen nicht vorhergesehen worden sein. Bedarfe, die bei der Haushaltsplanaufstellung mit dem Finanzminister oder später im parlamentarischen Verfahren erörtert, damals aber zurückgestellt wurden, dürfen nicht nachträglich über den Umweg der Notkompetenz doch noch bewilligt werden. Allerdings kann – wie oben zitiert – auch schon die aufgrund veränderter Sachlage gesteigerte Dringlichkeit eines Bedürfnisses ausreichen, um eine außerplanmäßige oder überplanmäßige Ausgabe oder Verpflichtung zu rechtfertigen.

5   b) **Unabweisbares Bedürfnis.** „Unabweisbar" ist eine Mehrausgabe dann, wenn sie „so eilbedürftig ist, dass das Verfahren eines Nachtrags- oder Ergänzungshaushalts oder darüber hinaus eine Verschiebung bis zum nächsten

---

1   BVerfG 25.5.1977 – 2 BvE 1/74 –, BVerfGE 45, 1(37 f.); ebenso VerfGH NRW, DÖV 1992, 576 (579 f.); DVBl. 1994, 862, 863; ebenso StGH Baden-Württemberg 6.10.2011 – GR 2/11 –, DÖV 2011, 979 (betr. Erwerb von Anteilen der EnBW durch die Landesregierung); Thür VerfGH, 10.7.2013 – VerfGH 10/11 –, in DVBl. 2013, S. 1177 ff.
2   Anders noch VerfGH NRW 3.10.1968 – VGH 9/67 –, OVGE 24, 296.
3   *Schwarz*, in von Mangoldt/Klein/Starck, Art. 112 Rn. 14; *Kube*, in Dürig/Herzog/Scholz, Art. 112 Rn. 24; *Nebel, in* Piduch, Art. 112 Rn. 5; *Puhl*, Die Minderheitsregierung nach dem Grundgesetz, 1986, S. 225 f.
4   *Schwarz* (Fn. 3), Rn. 15; *von Mutius*, in von Mutius/Wuttke/Hübner, Art. 52 Rn. 6.
5   BVerfGE 45, 1, Leitsatz 5, S. 35; *Reimer, in* Art. 61 Fn. 12 BeckOK-GG; *Kalb/Rußner*, NVwZ 2012, 1072; vgl. auch ThürVerfGH 10.7.2013 – 10/11 – juris Rn. 50.

ordnungsgemäß verabschiedeten Haushalt bei vernünftiger Beurteilung der jeweiligen Lage als nicht mehr vertretbar anerkannt werden kann".[6] Diese Anforderung lässt sich in zwei Unterelemente zergliedern, nämlich zum einen in die sachliche Notwendigkeit der Ausgabe und zum anderen in das Element des Zeitdrucks. Die Frage, ob eine Ausgabe sachlich unbedingt notwendig ist, hängt weitgehend von politischen Wertungen ab, die gerichtlich nur darauf überprüft werden können, ob die Grenze offensichtlicher Unvertretbarkeit überschritten worden ist.[7] Im Gegensatz dazu ist die Frage, ob eine Ausgabe bis zum nächsten Haushalt aufgeschoben werden kann (zeitliche Unabweisbarkeit), eine Rechtsfrage, die der vollen richterlichen Überprüfung unterliegt.[8]

Zum verfahrensmäßigen Umgang mit der zeitlichen Unabweisbarkeit hat das BVerfG in der bereits zitierten Grundsatzentscheidung folgende – hier kurz zusammengefasste – Leitlinien entwickelt:

Wenn der Finanzminister zu der Überzeugung gelangt, dass ein unvorhergesehenes und unabweisbares Bedürfnis vorliegt, muss er grds. ein **Konsultationsverfahren** einleiten, um beim Parlament festzustellen, ob dort die Möglichkeit gesehen wird, eine Ermächtigung im Wege eines Nachtragshaushalts herbeizuführen. Erst wenn dies erfolglos bleibt, hat der Finanzminister die Befugnis, von der Ermächtigung nach Art. 112 GG, im Land Art. 63 Gebrauch zu machen. Der Finanzminister ist verpflichtet, „mit dem Gesetzgeber in Verbindung zu treten, um zu klären, ob dieser sich in der Lage sieht, im Hinblick auf die zeitliche Dringlichkeit des Bedürfnisses rechtzeitig eine Bewilligung zu erteilen. Erst nach dieser Konsultation ist in solchen Zweifelsfällen der Weg frei für die Ausübung der Kompetenz aus Art. 112."[9] Diese Konsultationspflicht kann allerdings nach Auffassung des BVerfG durch den Gesetzgeber modifiziert werden. Er darf entscheiden, ob er auch in verhältnismäßig geringfügigen Fällen das Konsultationsverfahren und einen Nachtragshaushalt fordert oder ob er bei Fällen unterhalb einer bestimmten Größenordnung den Finanzminister allg. von der verfassungsrechtlichen Kommunikations- und Konsultationspflicht freistellt.[10] Von dieser Möglichkeit hat der Gesetzgeber in M-V Gebrauch gemacht. § 37 LHO trifft dafür folgende Bestimmungen:

Gemäß § 37 Abs. 2 LHO **bedarf es eines Nachtragshaushalts nicht**, wenn 6
a) die überplanmäßige oder außerplanmäßige Ausgabe einen im Haushaltsgesetz festgelegten Betrag nicht überschreitet oder
b) Rechtsverpflichtungen zu erfüllen sind oder
c) Mittel von Stellen außerhalb der Landesverwaltung für einen bestimmten Zweck zur Verfügung gestellt werden oder rechtsverbindlich zugesagt worden sind.

Die in § 37 Abs. 2 lit. a und § 38 Abs. 1 Satz 2 LHO genannten Betragsgrenzen, die dem jeweiligen Haushaltsgesetz überlassen bleiben sollen, werden in § 3 der jährlichen Haushaltsgesetze konkretisiert (vgl. zB § 3 des Haushaltsgesetzes zum Doppelhaushalt 2020/2021). Danach wird der Betrag für Ausgaben auf 1,5 Mio. EUR festgesetzt und der Betrag für Verpflichtungsermächtigungen auf 3 Mio. EUR, wobei allerdings dann, wenn die Verpflichtungsermächtigung sich

---

6 BVerfGE 45, 1, Leitsatz 6, S. 37; ThürVerfGH 10.7.2013 – 10/11 – juris Rn. 51; *Schwarz*, in von Mangoldt/Klein/Starck, Art. 112 Rn. 27.
7 BVerfGE 45, 1 (39); *Kube, in* Dürig/Herzog/Scholz, Art. 112 Rn. 65.
8 BVerfGE 45, 1 (39); StGH BW 25.5.2011 – GR 2/11 –, DÖV 2011, 979; *Kube, in* Dürig/Herzog/Scholz, Art. 112 Rn. 65; *Heintzen*, in von Münch/Kunig, Art. 112 Rn. 6.
9 BVerfGE 45, 1 (39).
10 BVerfGE 45, 1 (39).

auf Ausgaben bezieht, die nur in einem Haushaltsjahr fällig werden, der Betrag auf 1,5 Mio. EUR absinkt. Wenn überplanmäßige oder außerplanmäßige Ausgaben und überplanmäßige oder außerplanmäßige Verpflichtungsermächtigungen zusammentreffen, gilt insgesamt der Betrag von 3 Mio. EUR. Oberhalb dieser Grenzen darf der Finanzminister nur dann selbsttätig Ermächtigungen aussprechen, wenn es sich um Rechtsverpflichtungen handelt oder entspr. Mittel von dritter Seite zur Verfügung gestellt worden sind.

Mit diesen pragmatischen Regelungen werden im Rahmen der vom BVerfG gezogenen Grenzen die meisten Fälle, in denen ein unvorhergesehenes oder unabweisbares Bedürfnis auftritt, geregelt werden können. Kompliziert wird es jedoch dann, wenn tatsächlich einmal ein Konsultationsverfahren eingeleitet werden muss. Hier fehlen bisher berechenbare Verfahrensmodalitäten. Die BReg hatte im Jahr 1978 einen Gesetzentwurf zur Änderung des § 37 BHO vorgelegt, mit dem das Konsultationsverfahren näher fixiert werden sollte.[11] Dieser Gesetzentwurf ist jedoch nicht beschlossen worden und damit der Diskontinuität anheim gefallen. Weitere Anläufe hat es danach weder im Bund noch in den Ländern gegeben.

7 In M-V ist das **Konsultationsverfahren** mehrfach angewendet worden. Dabei hat sich folgende **Praxis** herausgebildet: In den drei bisher einschlägigen Verfahren, die zum einen Aufwendungen für die Ansiedlung eines großen Industrieunternehmens betrafen, zum anderen Verpflichtungen gegenüber dem Bund im Zusammenhang mit der Werftenhilfe sowie schließlich im Jahr 2006 Aufwendungen für die Durchführung des Weltwirtschaftsgipfels G 8 in Heiligendamm, hat die Finanzministerin jeweils den bzw. die PräsLT angeschrieben, den Sachverhalt und das daraus abgeleitete Bedürfnis geschildert und angefragt, ob aus der Sicht des LT ein Nachtragshaushalt rechtzeitig beschlossen werden könne. Der bzw. die PräsLT hat jeweils den Ältestenrat mit dieser Frage befasst und dem Finanzministerium eine entspr. Mitteilung gemacht. In den beiden zuerst genannten Fällen hat das Konsultationsverfahren dazu geführt, dass die über- oder außerplanmäßige Ausgabe und Verpflichtungsermächtigung auf der Basis des Art. 63 erteilt werden konnte. Im Gegensatz dazu ist das zum Weltwirtschaftsgipfel eingeleitete Konsultationsverfahren in ein reguläres Nachtragshaushaltsverfahren übergeleitet worden. Der Regierung wurde durch den Ältestenrat bedeutet, dass die Anwendung des Art. 63 in diesem Fall nicht mitgetragen werden könne. Eine Bewilligung sei nur im Rahmen eines Nachtragshaushalts möglich. Die Regierung beantragte daraufhin eine Dringlichkeitssitzung des Landtags mit der Konsequenz, dass das Notbewilligungsrecht nicht zum Zuge kam.

In diesem Zusammenhang stellt sich die verfassungsrechtliche Frage, wer eigentlich dazu befugt ist, für den LT im Rahmen des Konsultationsverfahrens zu handeln. Das geeignete Gremium ist nach der Gesamtkonzeption der Kompetenzverteilung im LT der **Ältestenrat**, wie dies auch der Praxis entspricht. Die Frage ist aber, ob im Ältestenrat gegebenenfalls auch eine **Mehrheitsentscheidung** herbeigeführt werden kann. Das muss ausreichen, weil einstimmige Entscheidungen nicht immer garantiert werden können und die Verfassungsorgane auch in solchen Fällen handlungsfähig bleiben müssen. Das bedeutet, dass der Ältestenrat mit Mehrheit entweder dem Konsultationsverfahren zustimmen und damit den Weg für das Notbewilligungsrecht freimachen oder die Einbringung eines Nachtragshaushalts für erforderlich erklären kann.

---

11 BT-Drs. 8/1664.

**3. Zustimmung des Finanzministers.** Art. 63 Abs. 1 Satz 1 ordnet ausdrücklich 8
an, dass die Zustimmung **vor** der Leistung der Ausgabe oder dem Eingehen
der Verpflichtung erteilt worden sein muss. Eine nachträgliche Genehmigung
ist also nicht möglich. Eine Ausnahme davon lässt § 116 Abs. 2 LHO zu. Danach bedarf es der Einwilligung des Finanzministers ausnahmsweise nicht, wenn
sofortiges Handeln zur Abwendung einer dem Land drohenden unmittelbar
bevorstehenden Gefahr erforderlich ist, das durch die Notlage gebotene Maß
nicht überschritten wird und die Einwilligung nicht rechtzeitig eingeholt werden
kann. Obwohl die zitierte Regelung des § 116 Abs. 2 LHO durch den Wortlaut
des Art. 63 nicht gedeckt ist, ist diese Regelung, die vergleichbaren Vorschriften
in der Bundeshaushaltsordnung und den anderen Landeshaushaltsordnungen
entspricht, durch den Gedanken des Notstands gerechtfertigt.

**Die Stellung des Finanzministers** wird durch seine Kompetenzzuweisung in
Art. 63 in besonderem Maße hervorgehoben. Nach Auffassung des BVerfG soll
der Bundesfinanzminister bei der Anwendung der Ermächtigung aus Art. 112
GG an die Richtlinienkompetenz des Regierungschefs sowie an das Kabinettsprinzip nach Art. 65 GG gebunden sein.[12] Dieser Ansicht wird zu Recht entgegengehalten, dass die besondere Kompetenzzuweisung in Art. 112 GG wie auch
in Art. 63 den Gedanken enthält, dass dem Finanzminister mit der Übertragung
der Ermächtigung zur Notkompetenz zugleich auch eine besondere Verantwortung auferlegt wird.[13] Dieser Verantwortung kann der Finanzminister nur dann
gerecht werden, wenn er auch tatsächlich die endgültige Entscheidung zu treffen
vermag. Dieser Auslegung der Verfassung folgt auch die Vorschrift des § 116
Abs. 1 LHO. Danach entscheidet der Finanzminister in den Fällen des § 37
Abs. 1 LHO endgültig. In allen anderen Fällen, in denen die Landeshaushaltsordnung Befugnisse des Finanzministeriums enthält, kann ein Fachministerium
über die Maßnahme des Finanzministeriums die Entscheidung der LReg einholen, nicht aber bei der Ausübung des Notbewilligungsrechts. Wenn der MinPräs
in einem solchen Fall seine Auffassung durchsetzen will, bleibt ihm nur der Weg,
den Finanzminister zu entlassen.

**4. Gesetzliche Regelung.** Nach Art. 63 Abs. 1 Satz 3 kann das Nähere durch 9
Gesetz geregelt werden. Von dieser Ermächtigung hat der Landesgesetzgeber
in § 37 LHO für über- und außerplanmäßige Ausgaben und in § 38 LHO für
entspr. Verpflichtungsermächtigungen Gebrauch gemacht. Für besondere Eilfälle
gilt – wie bereits erwähnt – § 116 Abs. 2 LHO. Darüber hinaus ist § 3 des
jeweiligen Haushaltsgesetzes zu beachten, der die in § 37 LHO abstrakt vorgegebenen Obergrenzen für die Konsultationsverpflichtung in konkrete Summen
fasst. Bei den näheren Bestimmungen zur einzelgesetzlichen Ausgestaltung ist
insbes. § 37 Abs. 4 LHO erwähnenswert. Danach sollen überplanmäßige und
außerplanmäßige Ausgaben durch Einsparungen bei anderen Ausgaben in demselben Einzelplan ausgeglichen werden. Diese Vorschrift geht über die Festlegungen der Verfassung hinaus, entspricht aber dem allg. Haushaltsausgleichsgebot,
das in Art. 61 für den Haushaltsplan niedergelegt ist. Da es sich um eine Sollvorschrift handelt, sind Ausnahmen denkbar. Eine solche Ausnahme kann zB
eingreifen, wenn es nicht möglich ist, die Deckung in demselben Einzelplan

---

12 BVerfGE 45, 1 (47); ebenso *Thiele*, in Thiele/Pirsch/Wedemeyer, Art. 63 Rn. 1; dagegen Sondervotum *Niebler*, in BVerfGE 45, 1 (56 f., 58 ff.).
13 *Nebel*, in Piduch, Art. 112 Rn. 12; *Heintzen*, in von Münch/Kunig, Art. 112 Rn. 10; *von Mutius*, in von Mutius/Wuttke/Hübner, Art. 52 Rn. 2; ausführliche differenzierende Abwägung bei *Kube*, in Dürig/Herzog/Scholz, Art. 112 Rn. 66 ff.; ähnlich *Reimer*, in BeckOK-GG, Art. 112 Rn. 30 ff.

zu erbringen. Dann muss aber zumindest versucht werden, im Gesamthaushalt Deckung zu finden.

### III. Anwendung des Art. 63 vor Verabschiedung des Haushaltsplans

10 Eine über- oder außerplanmäßige Ausgabe oder eine entspr. Verpflichtung kann auch in der Zeit vor Verabschiedung des Haushaltsgesetzes, also in der von Art. 62 geregelten Phase, erforderlich werden. Da noch kein Haushaltsplan vorliegt, ist eine über- oder außerplanmäßige Ausgabe im Wortsinn nicht vorstellbar. Dennoch kann es erforderlich werden, dass der durch Art. 62 gezogene Rahmen aufgrund einer Notsituation überschritten werden muss. Auch für diesen Fall benötigt die Verwaltung ein ordnungsgemäßes Verfahren, um derartigen besonderen Anforderungen Rechnung zu tragen. Deshalb hat das BVerfG ausdrücklich die Anwendung des Art. 112 GG auch vor Verabschiedung des Haushalts zugelassen.[14]

### IV. Unterrichtung des Landtages (Abs. 2)

11 Gemäß Art. 63 Abs. 2 ist dem LT im Abstand von 6 Monaten nachträglich über Zustimmungen zu über- und außerplanmäßigen Ausgaben und Verpflichtungen zu berichten. Der nachträgliche Bericht ist kein Wirksamkeitserfordernis der Zustimmung. Diese hat vielmehr der Finanzminister abschließend und in eigener Kompetenz erteilt. Die jeweiligen Berichte schaffen aber Transparenz und geben dem LT die Möglichkeit, im Wege von Entschließungen zu den Entscheidungen des Finanzministers nachträglich Stellung zu nehmen und ggf. dadurch auf künftige Entscheidungen Einfluss zu nehmen.[15]

### V. Schrifttum

12 *Arndt, Klaus*, Parlamentarisches Budgetrecht und Notbewilligungsrecht des Bundesministers der Finanzen, in JuS 1978, 19; *Hettlage, Karl Maria*, Anmerkung zum Urteil des Bundesverfassungsgerichts vom 25.5.1977, in DÖV 1977, 519; *Jahndorf, Christian*, Das Notbewilligungsrecht des Bundesministers der Finanzen nach Art. 112 GG, in DVBl. 1998, S. 75 ff.; *Kalb, Moritz/ Roßner, Sebastian*, Das Notbewilligungsrecht des Finanzministers als Mittel der Gouvernementalisierung von Budgetentscheidungen, in NVwZ 2012, 1071 ff.; *Puhl, Thomas*, Die Minderheitsregierung nach dem Grundgesetz, 1986; *Zezschwitz, Friedrich v.*, Erweitertes Notbewilligungsrecht für die Exekutive, in DÖV 1979, 489.

### Art. 64 (Nachweis der Kostendeckung)

(1) Beschlußvorlagen aus der Mitte des Landtages, durch die dem Land Mehrausgaben oder Mindereinnahmen entstehen, müssen bestimmen, wie die zu ihrer Deckung erforderlichen Mittel aufzubringen sind.

(2) ¹Die Landesregierung kann verlangen, daß Beratung und Beschlußfassung über eine Vorlage nach Absatz 1 ausgesetzt werden. ²Die Aussetzung endet nach Abgabe einer Stellungnahme durch die Landesregierung, spätestens nach Ablauf von sechs Wochen.

---

14 BVerfGE 45, 1 (37).
15 *Nebel*, in Piduch, Art. 112 Rn. 11; *Kube*, in Dürig/Herzog/Scholz, Art. 112 Rn. 93; *von Mutius*, in von Mutius/Wuttke/Hübner, Art. 52 Rn. 19.

**Vergleichbare Regelungen:**
*Zu Abs. 1:* Artt. 79 BayVerf; 82 Abs. 1 BWVerf; 90 Abs. 2 VvB; 104 BbgVerf; 102 BremVerf; 69 HambVerf; 142 HessVerf; 68 Abs. 1 und 2 NdsVerf; 84 Verf NW; 118 Verf Rh-Pf; 107 Abs. 2 SaarlVerf; 97 Abs. 1 SächsVerf; 96 Abs. 1 LVerf LSA; 62 SchlHVerf; 99 Abs. 3 ThürVerf.
*Zu Abs. 2:* Artt. 78 Abs. 5 BayVerf; 82 Abs. 2 BWVerf; 97 Abs. 2 SächsVerf; 96 Abs. 2 LVerf LSA.

| | |
|---|---|
| I. Funktion der Vorschrift ............ 1 | 3. Rechtsfolge: Deckungsverpflichtung ..................... 4 |
| II. Deckungsnachweis (Abs. 1) ........ 2 | III. Aussetzung der Beratung und |
| 1. Beschlussvorlagen aus der Mitte des Landtags ............ 2 | Beschlussfassung (Abs. 2) .......... 5 |
| 2. Mehrausgaben/Mindereinnahmen .......................... 3 | IV. Schrifttum ........................ 6 |

## I. Funktion der Vorschrift

Mit der Etablierung des parlamentarischen Regierungssystems hat sich eine Ver- 1 änderung des Verhältnisses von Regierung und Parlament vollzogen. Während die Aufgabe des Parlaments noch im 19. Jahrhundert neben der Kontrolle der monarchischen Regierung überwiegend darin bestand, möglicherweise ausufernde Ausgabewünsche der Regierung durch den Haushalt einzudämmen, finden sich heute auch und gerade unter den Abg. Politiker, die aufgrund wohlverstandener fachpolitischer Interessen auf Haushaltsausweitung drängen. Vor diesem Hintergrund haben sowohl der Bund in Art. 113 GG als auch die meisten Länder in ihren Verfassungen Bremsen einzubauen versucht. Die Konstruktion der einzelnen Vorschriften ist sehr unterschiedlich, so dass aus den Kommentaren zum GG und zu den anderen Landesverfassungen verhältnismäßig wenig Nutzen für die Interpretation des Art. 64 gezogen werden kann. Art. 64 statuiert ein Deckungserfordernis für finanzwirksame Beschlussvorlagen aus der Mitte des LT (Abs. 1) und räumt der LReg das Recht ein, die Aussetzung der Beratung und Beschlussfassung über eine derartige Vorlage zu verlangen (Abs. 2). Damit hat sich der Verfassunggeber gegen die im GG verankerte Lösung eines Zustimmungsvorbehalts zugunsten der Regierung entschieden. Ein entspr. Änderungsvorschlag der LReg in den Beratungen der Verfassungskommission fand keine Mehrheit.[1]

## II. Deckungsnachweis (Abs. 1)

**1. Beschlussvorlagen aus der Mitte des Landtags.** Hauptanwendungsfall sind 2 Gesetzentwürfe aus der Mitte des LT, die gemäß Art. 55 Abs. 1 Satz 2 von einer mindestens Fraktionsstärke entspr. Zahl von Mitgliedern des LT unterstützt werden. In Betracht kommen darüber hinaus aber auch andere Beschlüsse, wie zB Beschlüsse nach Art. 66 (Zustimmung zum Erwerb, zum Verkauf und zur Belastung von Landesvermögen). Es muss sich aber stets um Beschlüsse handeln, bei denen die Mehrausgaben oder Mindereinnahmen unmittelbar durch den betreffenden Beschl. entstehen. Deshalb fallen sogenannte Entschließungen, mit denen der LT der Regierung einen politischen Auftrag erteilt, welcher erst mit

---
1 Drs. 1/3100, 150.

der Umsetzung durch die LReg Rechtswirksamkeit entfaltet, nicht unter die Deckungspflicht des Art. 64 Abs. 1.[2]

Fraglich ist, ob Art. 64 auch für Beschlüsse des LT im Rahmen der Beratungen über Initiativen der Regierung gilt. Der Sinn und Zweck der Vorschrift spricht dafür, auch in diesen Fällen Art. 64 heranzuziehen. Das ist weniger bedeutsam bei Änderungsanträgen im LT im Rahmen des Haushaltsaufstellungsverfahrens, weil hier ohnehin das Ausgleichsgebot nach Art. 61 Abs. 1 S. 3 gilt. Praktische Relevanz hat die Frage aber bei Änderungsanträgen zu Leistungsgesetzen, mit denen Leistungen erhöht oder ausgeweitet werden sollen. Die Wirkung derartiger Änderungsbeschlüsse ist ebenso einschneidend wie eine Initiative, die von vornherein nur vom LT ausgegangen ist. Deshalb sollte auch hier das Deckungsgebot beachtet werden.

3 **2. Mehrausgaben/Mindereinnahmen.** Maßstab für die Frage, ob durch einen Beschl. Mindereinnahmen hervorgerufen werden, ist die Rechtslage nach den entspr. Steuer- bzw. Abgabegesetzen ohne den betreffenden Beschl., also der status quo ante. Wenn gegenüber diesem Status durch den Beschl. Mindereinnahmen hervorgerufen werden, ist Art. 64 einschlägig.[3] Dem gegenüber wird bei ausgabeerhöhenden Beschlüssen nach allgM auf die Höhe der Ansätze im jeweiligen Haushaltsplan abgestellt.[4] Diese Anknüpfung ist aber nicht sinnvoll. Ebenso wie bei den Einnahmeminderungen kommt es auch bei den Ausgabeerhöhungen lediglich darauf an, ob das Land ohne den betreffenden Landtagsbeschluss nach der bis dahin geltenden Rechtslage finanziell bessergestellt wäre.[5] Sonst könnte sich der LT der Deckungspflicht entledigen zB in den Fällen, in denen Haushaltsansätze bei Leistungsgesetzen überveranschlagt sind.

4 **3. Rechtsfolge: Deckungsverpflichtung.** Wenn die oben unter → Rn. 1 und 2 beschriebenen Tatbestandsvoraussetzungen des Art. 64 Abs. 1 erfüllt sind, muss die betreffende Beschlussvorlage des LT bestimmen, wie die zu ihrer Deckung erforderlichen Mittel aufzubringen sind. Die Vorlage muss also konkret angeben, welche Ausgaben gekürzt oder welche Einnahmen erhöht werden sollen, um die finanziell nachteiligen Wirkungen des Beschl. auszugleichen. Wenn der betreffende Beschl. Wirkungen entfaltet, die über das jeweilige Haushaltsjahr hinausgehen, muss die Deckungsvorsorge denselben Zeitraum umfassen.

### III. Aussetzung der Beratung und Beschlussfassung (Abs. 2)

5 Bei Vorlagen nach Abs. 1 kann die LReg verlangen, dass die Beratung und Beschlussfassung ausgesetzt wird. Die Aussetzung endet nach Abgabe einer Stellungnahme durch die LReg, spätestens nach Ablauf von sechs Wochen. Durch Abs. 2 erhält die LReg also ein echtes Vetorecht, das aber nur zu einer Verzögerung von maximal sechs Wochen führt. Von diesem Instrument hat die LReg bisher noch nie Gebrauch gemacht. Im politischen Zusammenwirken zwischen der Regierung und den sie tragenden Mehrheitsfraktionen finden sich in der Regel andere Wege, um unterschiedliche Auffassungen über finanzwirksame Beschlüsse einem Kompromiss zuzuführen. Das Vetorecht nach Art. 64 Abs. 2

---

2 Ebenso *Berlit/Kühn*, in Baumann-Hasske/Kunzmann, Art. 97 Rn. 7; *von Mutius*, in von Mutius/Wuttke/Hübner, Art. 54 Rn. 2; *Ewer*, in Caspar/Ewer/Nolte/Waack, Art. 54 Rn. 3; *Braun*, Art. 82 Rn. 6; aA *Thiele*, in Thiele/Pirsch/Wedemeyer, Art. 64 Rn. 2.
3 *Gröpl*, in BK, Art. 113 Rn. 68; *Siekmann*, in Sachs, Art. 113 Rn. 10; *Schwarz*, in von Mangoldt/Klein/Starck, Art. 113 Rn. 12.
4 *Gröpl* (Fn. 3), Rn. 66; *Heun*, in Dreier, Art. 113 Rn. 6; *Jarass*, in Jarass/Pieroth, Art. 113 Rn. 2; *Schwarz*, in von Mangoldt/Klein/Starck, Art. 113 Rn. 12.
5 *Berlit/Kühn*, in Baumann-Hasske/Kunzmann, Art. 97 Rn. 8.

dürfte sich in der Praxis auf die – hoffentlich seltene – Situation einer Minderheitenregierung reduzieren.

## IV. Schrifttum

*Karehnke, Helmut*, Die Einschränkung des parlamentarischen Budgetrechts bei finanzwirksamen Gesetzen durch Art. 113 des Grundgesetzes, in DVBl. 1972, S. 811 ff.; *Schwarz, Kyrill-A.*, Zustimmungsvorbehalte der Exekutive für finanzwirksame Entscheidungen der Verfassungsgerichte?, in Niedersächsische Verwaltungsblätter 2000, S. 181 ff.; *Weis, Burkhard Josef*, Art. 113 GG, 1991. [6]

## Art. 65 (Kreditbeschaffung)

(1) Die Aufnahme von Krediten sowie die Übernahme von Bürgschaften, Garantien oder sonstigen Gewährleistungen, die zu Ausgaben in künftigen Haushaltsjahren führen können, bedürfen einer der Höhe nach bestimmten oder bestimmbaren Ermächtigung durch Gesetz.

(2) [1]Der Haushalt ist grundsätzlich ohne Einnahmen aus Krediten auszugleichen. [2]Ausnahmen hiervon sind zulässig zur im Auf- und Abschwung symmetrischen Berücksichtigung der Auswirkungen einer von der Normallage abweichenden konjunkturellen Entwicklung sowie für Naturkatastrophen oder außergewöhnliche Notsituationen, die sich der Kontrolle des Landes entziehen und seine Finanzlage erheblich beeinträchtigen. [3]Die nach Satz 2, 2. Alternative zulässigen Kredite sind innerhalb eines bestimmten Zeitraums vollständig zu tilgen. [4]Das Nähere regelt ein Gesetz.

Vergleichbare Regelungen:
*Zu Abs. 1*: Artt. 82 BayVerf; 84 BWVerf; 103 Abs. 1 BbgVerf; 131 BremVerf; 72 Abs. 1 und 2 HambVerf; 141 HessVerf; 71 NdsVerf; 83 Verf NW; 117 Verf Rh-Pf; 108 Abs. 1 SaarlVerf; 95 SächsVerf; 99 Abs. 1 LVerf LSA; 53 SchlHVerf; 98 Abs. 2 ThürVerf.
*Zu Abs. 2*: Artt. 82 BayVerf; 84 BWVerf; 87 Abs. 2 VvB; 103 Abs. 1 und 2 BbgVerf; 72 Abs. 1 HambVerf; 141 HessVerf; 71 NdsVerf; 83 Verf NW; 117 Verf Rh-Pf; 108 Abs. 2 SaarlVerf; 95 SächsVerf; 99 Abs. 2 und 4 LVerf LSA; 53 SchlHVerf; 98 Abs. 2 ThürVerf.

| | |
|---|---|
| I. Funktion der Vorschrift ............ 1 | konjunkturellen Entwicklung (Abs. 2 S. 2, 1. Variante) ....... 14 |
| II. Kreditaufnahme Kraft gesetzlicher Ermächtigung (Absatz 1) .......... 3 | a) Die Konzeption der Norm 14 |
| 1. Kredite ....................... 3 | b) Abweichung der konjunkturellen Entwicklung von der Normallage ............. 15 |
| 2. Aufnahme ................... 4 | |
| 3. Ermächtigung durch Gesetz ... 5 | |
| 4. Bestimmung oder Bestimmbarkeit der Höhe nach ............ 6 | c) Rechtsfolgen einer Abweichung der konjunkturellen Entwicklung von der Normallage .................... 18 |
| 5. Übernahme von Bürgschaften, Garantien oder sonstigen Gewährleistungen............... 7 | |
| | d) Kreditobergrenze im Vollzug ........................ 21 |
| III. Kreditobergrenze (Abs. 2) in der ab 1. 1. 2020 geltenden Fassung ... 8 | 4. Ausnahme wegen einer Naturkatastrophe oder einer außergewöhnlichen Notsituation (Abs. 2 S. 2, 2. Variante) ....... 22 |
| 1. Hintergrund und Entstehungsgeschichte .................... 8 | |
| 2. Der Grundsatz des Haushaltsausgleichs ohne Einnahmen aus Krediten (Abs. 2 S. 1) ...... 11 | a) Naturkatastrophe .......... 23 |
| 3. Ausnahme wegen einer von der Normallage abweichenden | b) außergewöhnliche Notsituation .................... 24 |

c) Kausalitätsfragen und möglicher Umfang der Notlagenverschuldung ............ 25
d) Der erste Anwendungsfall: Die Corona-Krise (seit) 2020 ...................... 26
e) Tilgungsplan ................ 30
5. Ausführungsgesetz ............. 31
6. Bewertung ..................... 32
IV. Schrifttum ......................... 33

## I. Funktion der Vorschrift

1 Die Vorschrift[1] regelt die Voraussetzungen, unter denen die Aufnahme von Krediten sowie die Übernahme von Bürgschaften, Garantien oder sonstigen Gewährleistungen, die zu Ausgaben in künftigen Haushaltsjahren führen können, zulässig sind. Nach Absatz 1 bedürfen derartige Geschäfte wegen ihrer besonderen Gefahrenträchtigkeit (**Zukunftsbelastung**) einer der Höhe nach bestimmten oder bestimmbaren **Ermächtigung durch Gesetz**. Mit diesem formalen Erfordernis soll das Budgetrecht des Parlaments gewahrt werden.[2]

2 Darüber hinaus setzt Art. 65 Abs. 2 der Kreditaufnahme **materielle Grenzen**. Grundsätzlich muss ein Haushaltsausgleich ohne Nettoneuverschuldung gelingen. Ausnahmen sind möglich zum Ausgleich von konjunkturbedingten Schwankungen der Einnahmesituation, bei Naturkatastrophen und bei außergewöhnlichen Notsituationen, die sich der Kontrolle des Landes entziehen und seine Finanzlage erheblich beeinträchtigen. Diese Fassung des Absatzes 2, in Kraft seit dem 1.1.2020, folgt den grundgesetzlichen Vorgaben zur 2009 neu gefassten Schuldenbremse, die auch für die Länder verbindlich sind, nachdem die Übergangsphase des Art. 143d Abs. 1 S. 3 GG abgelaufen ist (vgl. Art. 79a). Die neuen Kreditbegrenzungsregelungen verfolgen ein anderes Konzept als die frühere Schuldenbremse, für den Bund von 1969 bis 2010 Art. 115 GG aF, im Land Art. 65 Abs. 2 aF Nach der alten Regel durfte die Nettokreditaufnahme eines Haushaltsjahrs die Summe der zugleich im Haushaltsplan veranschlagten Ausgaben für eigenfinanzierte Investitionen nicht überschreiten (dazu in der Vorauflage Art. 65 Rn. 8–14). Ausnahmen waren nur zulässig zur Abwehr einer ernsthaften und nachhaltigen Störung des gesamtwirtschaftlichen Gleichgewichts. Diese ökonomisch durchaus sinnvolle und fundierte Regel litt durchgehend unter Steuerungsschwächen. Einen fast ungebremsten Anstieg der Staatsverschuldung im Bund und in den Ländern konnte sie nicht verhindern, weil die Politik regelmäßig die Verschuldungsmöglichkeiten zu sehr ausdehnte. Ob die neuen Regeln die Steuerungsschwäche des Staatsschuldenrechts überwinden können, lässt sich noch nicht beurteilen. Die Konsolidierungsanstrengungen des Landes jedenfalls begannen seit 2003, also noch unter der Geltung der ersten Schuldenregel. 2006 gelang erstmals ein Haushalt ohne Nettokreditaufnahme. Davon musste erstmals 2020 – dem ersten Jahr der Geltung der neuen Regel – aufgrund der außergewöhnlichen Notsituation der Corona-Krise wieder abgewichen werden.

## II. Kreditaufnahme Kraft gesetzlicher Ermächtigung (Absatz 1)

3 **1. Kredite.** Mit dem Begriff der Aufnahme von Krediten ist die Begr. von **Finanzschulden** gemeint, dh die Beschaffung von Geldmitteln, die zurückgegeben

---

1 Änderung durch Gesetz vom 30.6.2011 (GVOBl. M-V S. 375).
2 *Kube*, in Dürig/Herzog/Scholz, Art. 115 Rn. 2; *Nebel*, in Piduch, Art. 115 Rn. 1; *von Mutius*, in von Mutius/Wuttke/Hübner, Art. 53 Rn. 1; ausführliche Darstellung der Entwicklung des Gesetzesvorbehalts für die Kreditaufnahme bei *Höfling*, Staatsschuldenrecht, 1993, S. 12 ff.

werden müssen.[3] Davon zu unterscheiden sind die sog. **Verwaltungsschulden**, wie zB Verpflichtungen aus Kaufverträgen, Haftungs- oder Steuerrückerstattungsansprüchen.[4] Zur „Aufnahme von Krediten" gehören auch **Kassenverstärkungskredite**.[5] Sie dienen zwar nur der Zwischenfinanzierung und sind keine Einnahmen iSd Haushaltsplans. Jedoch können auch Kassenverstärkungskredite zu Rückzahlungsverpflichtungen in künftigen Haushaltsjahren führen. Das gilt insbes. dann, wenn im Vollzug erwirtschaftete Fehlbeträge liquiditätsmäßig finanziert werden müssen. Das spezifische Gefahrenmoment, welches den Verfassunggeber dazu veranlasst hat, eine gesetzliche Ermächtigung für Kredite vorzuschreiben, gilt demnach auch für Kassenkredite, vgl. auch § 18 Abs. 2 Ziffer 2 LHO.

Eine Kreditaufnahme iSd Art. 65 Abs. 1 kann auch dann vorliegen, wenn zwar formal ein **Dritter** die Kredite aufnimmt, diese jedoch wirtschaftlich dem Land als eigene Kreditaufnahme zugerechnet werden müssen. So hat zB das Land Schleswig-Holstein im Jahr 1998 Liegenschaften des Landes an seine Investitionsbank veräußert und die veräußerten Grundstücke langfristig zurückgemietet. Die Investitionsbank finanzierte das Geschäft durch Kreditaufnahme. Das BVerfG hat in dem von der Opposition angestrengten Eilverfahren entschieden, dass die Verkaufserlöse vorerst wie Einnahmen aus Krediten zu behandeln seien.[6] Im Gegensatz dazu sind die üblichen Leasinggeschäfte keine Kreditaufnahme des Staates.[7]

**2. Aufnahme.** Die „Aufnahme" von Krediten bedeutet, dass die aus Kreditgeschäften herrührenden Einnahmen **brutto**, dh ohne Vorwegabzug von **Tilgungsausgaben**, einer gesetzlichen Ermächtigung bedürfen.[8] Deshalb enthält § 2 Abs. 2 des Haushaltsgesetzes[9] die Ermächtigung, jeweils die im Kreditfinanzierungsplan als fällig genannten Kredite durch neu aufzunehmende Kredite abzulösen.

**3. Ermächtigung durch Gesetz.** Die Ermächtigung erfolgt in der Regel durch das jährliche Haushaltsgesetz. Das ist jedoch nicht zwingend. Nach Wortlaut und Sinn der LV könnte eine Kreditermächtigung auch in einem anderen Landesgesetz erteilt werden.[10]

**4. Bestimmung oder Bestimmbarkeit der Höhe nach.** Eine der Höhe nach bestimmte Ermächtigung liegt dann vor, wenn das Gesetz zahlenmäßig einen bestimmten Höchstbetrag nennt. Darüber hinaus ist eine der Höhe nach bestimmte Ermächtigung auch dann gegeben, wenn ein Prozentsatz einer anderen Zahl benannt wird,[11] vgl. zB § 2 Abs. 6 Haushaltsgesetz 2022/2023. Um eine bestimmbare Ermächtigung handelt es sich dann, wenn der Kredithöchstbetrag

---

3 *Höfling/Rixen*, in BK, Art. 115 Rn. 124; *Nebel*, in Piduch, Art. 115 Rn. 12; *Kube*, in Dürig/Herzog/Scholz, Art. 115 Rn. 68.
4 *von Mutius*, in von Mutius/Wuttke/Hübner, Art. 53 Rn. 8; *Kube*, in Dürig/Herzog/Scholz, Art. 115 Rn. 70; *Heintzen*, in von Münch/Kunig, Art. 115 Rn. 10; *Höfling/Rixen*, in BK, Art. 115 Rn. 128.
5 *Höfling/Rixen*, in BK, Art. 115 Rn. 141 ff.; *Heintzen*, in von Münch/Kunig, Art. 115 Rn. 1; *Nebel*, in Piduch, Art. 115 Rn. 12; *Heun*, in Dreier, Art. 115 Rn. 11; *Wendt*, in von Mangoldt/Klein/Starck, Art. 115 Rn. 23; *Kube*, in Dürig/Herzog/Scholz, Art. 115 Rn. 72 (anders noch *Maunz* in der Vorauflage Rn. 11).
6 BVerfGE 99, 57 ff.; vgl. zum „Kieler Immobiliengeschäft" *F. Kirchhof* DÖV 1999, 242 ff.
7 VerfGH Rh-Pf 20.11.1996 – VGH N 3/96 –, NVwZ-RR 1998, 145 ff.
8 *Kube*, in Dürig/Herzog/Scholz, Art. 115 Rn. 68; *Heun*, in Dreier, Art. 115 Rn. 16.
9 Vgl. zB das Haushaltsgesetz für den Doppelhaushalt 2022/2023 vom 30.6.2022 (GVOBl. M-V S. 374).
10 *Kube*, in Dürig/Herzog/Scholz, Art. 115 Rn. 106.
11 *Kube*, in Dürig/Herzog/Scholz, Art. 115 Rn. 91.

verbal so umschrieben wird, dass er sich unter Zuhilfenahme anderer Berechnungsfaktoren ziffernmäßig berechnen lässt, vgl. § 2 Abs. 3 Haushaltsgesetz 2022/2023.

7 **5. Übernahme von Bürgschaften, Garantien oder sonstigen Gewährleistungen.** Bürgschaften, Garantien oder sonstige Gewährleistungen haben mit der Kreditaufnahme gemeinsam, dass sie künftige (Rück)zahlungsverpflichtungen auslösen können. Deshalb sollen auch diese potenziellen Zukunftsbelastungen vom Gesetzgeber durch eine der Höhe nach bestimmte oder bestimmbare Ermächtigung mitgetragen werden.

**Bürgschaften** sind Verträge nach §§ 765 ff. BGB, durch die sich das Land als Bürge gegenüber dem Gläubiger eines Dritten verpflichtet, dessen Verbindlichkeit beim Ausfall der Forderung zu erfüllen. **Garantien** sind im BGB nicht geregelt. Es handelt sich dabei um Verträge, durch die das Land den Ersatz des einer Person durch ihre Unternehmung entstandenen Schadens oder die Gewähr für einen bestimmten Erfolg verspricht.[12] Sonstige **Gewährleistungen** umfassen Verträge, die ähnlichen wirtschaftlichen Zwecken wie Bürgschaften und Garantien dienen, bei denen also die Risikoübernahme den Hauptzweck des Vertrages darstellt (Beispiel: Kreditauftrag).[13] In § 14 des jeweiligen Haushaltsgesetzes finden sich Bürgschafts- und Garantieermächtigungen, wobei Letztere vielfach als „Freistellungen" von bestimmten Haftungsregelungen formuliert sind. Bürgschaften, Garantien und sonstige Gewährleistungen sind nur dann zulässig, wenn die künftige Zahlungsverpflichtung ungewiss ist. Soweit das Zahlungsrisiko mit an Sicherheit grenzender Wahrscheinlichkeit verwirklicht wird, bedarf es einer Verpflichtungsermächtigung oder ggf. einer Ausgabeermächtigung.

### III. Kreditobergrenze (Abs. 2) in der ab 1. 1. 2020 geltenden Fassung

8 **1. Hintergrund und Entstehungsgeschichte.** Die wachsende Staatsverschuldung ist das zentrale Problem der Haushaltswirtschaft. Die ausufernde Kreditaufnahme hat nicht nur eine haushaltspolitische und volkswirtschaftliche, sondern auch eine verfassungsrechtliche Dimension. Ressourcen, die heute verbraucht und durch Kredite finanziert werden, belasten mit Zins- und Tilgungsverpflichtungen spätere Generationen. Eine der wichtigsten Aufgaben der Verfassung besteht darin, dem demokratischen Prozess insoweit einen Rahmen zu geben und ihm Grenzen zu ziehen, als es um die Wahrung der Interessen derjenigen geht, die sich im normalen Verlauf der staatlichen Willensbildung nicht hinreichend selbst vertreten und zur Geltung bringen können. Der Gedanke des Minderheitenschutzes gilt in gleicher Weise für den Schutz zukünftiger Generationen. Unsere Nachkommen haben keine Möglichkeit, auf die aktuelle Finanzpolitik Einfluss zu nehmen. Sie werden aber von deren Folgen unmittelbar betroffen.[14] Deshalb dürfen die zur Entscheidung legitimierten Volksvertreter nur in den von der Landesverfassung gezogenen Grenzen zur Kreditaufnahme beitragen.[15]

---

12 *Nebel*, in Piduch, Art. 115 Rn. 19; *Kube*, in Dürig/Herzog/Scholz, Art. 115 Rn. 80.
13 *Kube*, in Dürig/Herzog/Scholz, Art. 115 Rn. 81.
14 *Isensee*, in FS für Karl Heinrich Friauf, 1996, S. 705, 706; *Wendt*, in von Mangoldt/Klein/Starck, Art. 115 Rn. 7.
15 Das Problem des intertemporalen Schutzes von Ressourcen und zukünftiger Freiheitserhaltung löst das BVerfG Beschl. v. 24.3.2021 – 1 BvR 2656/18 ua – im Bereich des Klimaschutzes ganz ähnlich: „Das Grundgesetz verpflichtet unter bestimmten Voraussetzungen zur Sicherung grundrechtsgeschützter Freiheit über die Zeit und zur verhältnismäßigen Verteilung von Freiheitschancen über die Generationen. Subjektivrechtlich schützen die Grundrechte als intertemporale Freiheitssicherung vor einer einseitigen Verlagerung der durch Art. 20a GG aufgegebenen Treibhausgasminderungslast in die Zukunft."

Die im Bund und in den meisten Ländern bis 2011/2020 vorgesehene Bindung der höchstens zulässigen Kreditaufnahme an die Summe der im Haushaltsplan veranschlagten Investitionen sollte für eine gerechte intertemporale Lastenverteilung sorgen. Dieser verfassungsrechtlichen Intention wurde der Investitionsbegriff aber nicht gerecht.[16] Die Summe der Investitionen als Regelkreditobergrenze hat die Entwicklung zu einer dauerhaften Kreditfinanzierung der öffentlichen Haushalte nicht verhindert. 2007 urteilte das BVerfG, dass an der „Revisionsbedürftigkeit der (damals) geltenden" Schuldenbremse „kaum noch zu zweifeln sei: Unabhängig von der Frage, wie das Grundkonzept einer nachfrageorientierten diskretionären Fiskalpolitik nach keynesianischem Vorbild inhaltlich zu bewerten ist [...], ergibt sich dies aus der Erfahrung, dass die staatliche Verschuldungspolitik in der Bundesrepublik in den seit der Finanz- und Haushaltsreform 1967/96 vergangenen nahezu vier Jahrzehnten nicht antizyklisch agiert, sondern praktisch durchgehend einseitig zur Vermehrung der Schulden beigetragen hat."[17] Dem ließ sich allerdings mit den Sondervoten zu dieser Entscheidung entgegenhalten, dass der „exorbitante Schuldensockel" nur zustande gekommen war, weil die alte Schuldenbremse in ihrem „Sinn und Zweck über Jahrzehnte missbraucht worden ist"[18], dass es also immer darauf ankommt, die Regeln einzuhalten. Angesichts des weithin als unbefriedigend empfundenen Zustands bildeten Bundestag und Bundesrat 2007 eine zweite Kommission zur Modernisierung der Bund-Länder-Beziehungen (**Föderalismuskommission II**), die unter anderem den Auftrag hatte, die von der ersten Föderalismuskommission offen gelassene Neuregelung der Vorschriften über die Staatsverschuldung in Angriff zu nehmen. Der im März 2009 von der Kommission vorgelegte Entwurf einer Neufassung der Art. 109 und 115 GG[19] wurde im Juli 2009 unverändert verabschiedet.[20] Nähere Regelungen für die Kreditaufnahme des Bundes trifft Art. 2 des kurz danach erlassenen Begleitgesetzes vom 10.8.2009[21].

Zentrale Bedeutung für die Haushaltswirtschaft des Bundes und der Länder hat Art. 109 Abs. 3 GG. Nach S. 1 dieser Vorschrift sind die Haushalte von Bund und Ländern grundsätzlich ohne Einnahmen aus Krediten auszugleichen. Gemäß S. 2 und 3 können Bund und Länder unter bestimmten Voraussetzungen Ausnahmen zulassen. S. 5 ermächtigt die Länder, die nähere Ausgestaltung für ihre Haushalte im Rahmen ihrer verfassungsrechtlichen Kompetenzen zu regeln. Der Bund hat die für ihn geltenden Bestimmungen des Art. 109 Abs. 3 GG in Art. 115 Abs. 2 GG und in Art. 2 des Begleitgesetzes umgesetzt.

Art. 109 Abs. 3 GG bindet die Länder unmittelbar, entgegenstehendes Landesrecht wird gemäß Art. 31 GG außer Kraft gesetzt[22] Die Neufassung gilt nach

---

16 *Bröcker*, Grenzen staatlicher Verschuldung im System des Verfassungsstaats, 1997, S. 70 ff.; *Gröpl*, Haushaltsrecht und Reform, 2001, S. 447 ff.; vgl. zur Kritik am geltenden Recht auch *Höfling* DVBl 2006, 934 (936); *F. Kirchhof* DVBl 2002, 1569 (1576); *Osterloh* NJW 1990, 145 (147 f.); *Wendt/Elicker* DVBl 2001, 497 (504), *Halstenberg* DVBl 2001, 1405 (1407 f.); *Fricke*, Finanzarchiv 1990, 222 ff.
17 BVerfGE 119,96 (141f.).
18 Sondervoren *Di Fabio/Mellighoff* BVerfGE 119,96 (155f.).
19 BT-Drs.16/12410.
20 Gesetz zur Änderung des Grundgesetzes vom 29.7.2009 (BGBl. I S. 2248).
21 BGBl. I 2702.
22 Ausführlich dazu *Bravidor* in: Staatsverschuldung in Deutschland nach der Föderalismuskommission II – eine Zwischenbilanz (hrsg. *Hetschkow/Pinkl/Pünder/Thye*), S. 11 ff., 21 ff. mwN; Zu der Frage, ob Art. 109 Abs. 3 GG mit Art. 79 Abs. 3 GG vereinbar ist, vgl. *Korioth* JZ 2009, 729 (731); *G. Kirchhof*, in v. Mangoldt/Klein/Starck, Art. 109 Rn. 112, 113; *Kube* in Dürig/Herzog/Scholz, Art. 109 Rn. 118.

Art. 143d Abs. 1 S. 2 GG seit dem 1. 8. 2009. Allerdings durften die Länder gemäß Art. 143d Abs. 1 S. 3 GG bis zum 31. 12. 2019 nach Maßgabe der geltenden landesrechtlichen Regelungen von den Vorgaben des Artikels 109 Abs. 3 abweichen. Nach S. 4 waren bis dahin die Haushalte der Länder so aufzustellen, dass im Haushaltsjahr 2020 die Vorgabe aus Art. 109 Abs. 3 GG erfüllt wird.

10 Mecklenburg-Vorpommern gehört zu den Ländern, die – wie etwa Schleswig-Holstein, Rheinland-Pfalz, Hessen, Hamburg, Bayern und Sachsen – ihre Verfassung an die neue bundesgesetzliche Rechtslage angepasst haben. Dies geschah durch die Änderung des Art. 65 Abs. 2 (mit Wirkung seit 1. 1.2020) und die Einfügung einer Übergangsregelung in Art. 79a. Das hat mehrere Vorteile:

- Das Land dokumentiert auf diese Weise, dass es den durch die „**Schuldenbremse**" bezweckten finanzpolitisch soliden Kurs aus eigener Überzeugung verfolgen will und nicht nur aufgrund eines Diktats des Bundesgesetzgebers.[23]
- Das Land macht Gebrauch von der in Art. 109 Abs. 3 S. 2 GG enthaltenen Ermächtigung, für bestimmte Fälle **Ausnahmeregelungen** zu treffen. Dies hätte zwar auch durch ein einfaches Gesetz geschehen können, jedoch verschafft die Aufnahme sowohl des Grundsatzes ausgeglichener Haushalte als auch der zulässigen Ausnahmen in die Verfassung dem gesamten Regelungskomplex ein besonderes rechtspolitisches Gewicht.
- Ohne eine Aufnahme der neuen „Schuldenbremse" in die Landesverfassung wäre der **Rechtsschutz** gegen eine Verletzung der einschlägigen Vorschriften stark eingeschränkt.[24] Nach Art. 93 Abs. 1 Nr. 1 GG, §§ 13 Nr. 6, 76 ff. BVerfGG kann nämlich bei Meinungsverschiedenheiten oder Zweifeln über die Vereinbarkeit von Landesrecht mit dem Grundgesetz oder sonstigem Bundesrecht das Bundesverfassungsgericht nur auf Antrag der Bundesregierung, einer Landesregierung oder eines Viertels der Mitglieder des Bundestages angerufen werden. In der Regel gehen Klagen wegen der Überschreitung von Kreditobergrenzen jedoch von der Opposition in dem jeweiligen Landtag aus. Diese hätte aber keine Möglichkeit, eine Verletzung von Art. 109 Abs. 3 GG vor dem Bundesverfassungsgericht geltend zu machen. Auch der Weg zum Landesverfassungsgericht wäre der Opposition versperrt, da das Landesverfassungsgericht gemäß § 11 Abs. 1 Nr. 2 LVerfGG nur für die Entscheidung über die Vereinbarkeit von Landesrecht mit der Landesverfassung zuständig ist. Aufgrund der Verankerung der „Schuldenbremse" in Art. 65 Abs. 2 ist die Einhaltung der betreffenden Bestimmungen nunmehr vor dem Landesverfassungsgericht justiziabel und damit dem Einflussbereich der Opposition zugänglich.

Der Wortlaut des Art. 65 Abs. 2 orientiert sich weitgehend – bis auf wenige unumgängliche redaktionelle Anpassungen – an den (sprachlich wenig geglückten) Formulierungen des Art. 109 Abs. 3 GG.[25] Das bedeutet, dass die Gefahr von Widersprüchen zwischen der Landesverfassung und dem Grundgesetz ver-

---

23 So ausdrücklich die Begründung zu dem Gesetzentwurf der Fraktionen der SPD und der CDU vom 2.3.2011, Drs. 5/4192, S. 6.
24 *Enderlein/Fiedler/Schuppert/Geisler/Meinell/v. Müller,* Gutachten zur Umsetzung der grundgesetzlichen Schuldenbremse in Baden-Württemberg, 2012, 116f.
25 Der ursprüngliche Gesetzentwurf – Drs. 5/4192 – enthielt noch leichte Modifizierungen des in Art. 109 Abs. 3 GG niedergelegten Textes. So war zB bei der abweichenden konjunkturellen Lage Bezug genommen worden auf einen mehrjährigen Vergleichszeitraum. Mit dem Bericht des Europa- und Rechtsausschusses vom 21.6.2011 – Drs. 5/4439 – wurden dann sämtliche Formulierungen so eng wie möglich an das GG angelehnt.

mieden wird und dass Kommentierungen des Grundgesetzes zur Interpretation der Landesverfassung herangezogen werden können.

**2. Der Grundsatz des Haushaltsausgleichs ohne Einnahmen aus Krediten (Abs. 2 S. 1).** Gemäß Art. 65 Abs. 2 S. 1 nF ist der Haushalt grundsätzlich ohne Einnahmen aus Krediten auszugleichen. Dieses Gebot des **materiellen Haushaltsausgleichs** – in Ergänzung des formalen Haushaltsausgleichs nach Art. 61 Abs. 1 S. 3 – bedeutet einen einschneidenden Paradigmenwechsel. Der Einsatz von Krediten darf in Zukunft kein normales Mittel zur Überbrückung von Defiziten zwischen Einnahmen und Ausgaben mehr sein, auch nicht zur Finanzierung von Investitionen. Es handelt sich dabei nicht um einen bloßen Programmsatz, sondern um eine klar umrissene normative Festlegung, die in vollem Umfang der Überprüfung durch das Landesverfassungsgericht unterliegt. Die Verwendung des Terminus „grundsätzlich" weist darauf hin, dass es **Ausnahmen** von diesem Grundsatz gibt. Diese Ausnahmen sind aber in dem nachfolgenden S. 2 abschließend geregelt. Mit den einleitenden Worten „Ausnahmen hiervon sind zulässig zur ..." und der anschließenden Definition bestimmter Ausnahmen stellt Art. 65 Abs. 2 S. 2 klar, dass weitere Ausnahmen nicht gestattet sind.[26] Art. 109 Abs. 3 S. 2 GG ist ebenso zu verstehen.[27] Deshalb ist zumindest künftig für ungeschriebene Ausnahmetatbestände – wie etwa eine „extreme Haushaltnotlage" – kein Platz mehr. Kritisch sind auch landesrechtliche Bestimmungen zu werten, die – wie zB Art. 117 Abs. 1 Nr. 2b der Verfassung von Rheinland-Pfalz – Ausnahmen zulassen, welche über den von Art. 109 Abs. 3 GG gezogenen Rahmen hinausgehen.[28]

„Einnahmen aus Krediten" sind – ebenso wie der entsprechende Begriff in Art. 65 Abs. 2 aF- als **Nettokreditaufnahme** zu verstehen, also Bruttokredite abzüglich Tilgungen.[29] Damit sind die Worte „Einnahmen aus Krediten" in Absatz 2 S. 1 anders auszulegen als der Terminus „Aufnahme von Krediten" in Absatz 1 S. 1. Nur die Differenz zwischen Bruttokreditaufnahme und tatsächlicher Neuverschuldung wird als Einnahme im Haushaltsplan gebucht.[30]

Den Begriff der Kreditaufnahme hat der Nds StGH in seinem Urteil vom 16.12.2011 eigenwillig ausgelegt.[31] Das Gericht versteht als Kreditaufnahme

---

26 Im Entwurf von SPD und CDU war noch die Formulierung vorgesehen: „Ausnahmen hiervon sind *nur* zulässig, ..." (Drs. 5/4192, S. 4; Hervorhebung durch den Verfasser). Das Wort „nur" fehlt in der vom Europa- und Rechtsausschuss geänderten endgültigen Fassung (Drs. 5/4439, S. 3). Das bedeutet aber keine inhaltliche Änderung; ausschlaggebend war vielmehr das Bestreben nach möglichst weitreichender textlicher Übereinstimmung mit Art. 109 Abs. 3 GG.
27 Art. 109 Abs. 3 S. 2 und 3 GG stellen eine abschließende Regelung der für Bund und Länder gleichermaßen geltenden Ausnahmetatbestände dar, *Heun*, in Dreier, Art. 109 Rn. 39; BT-Drs. 16/12410, 11.
28 *Bravidor* (Fn. 234), S. 25; kritisch speziell zu Art. 117 Abs. 1 Nr. 2b Verf Rheinland-Pfalz; *Droege*, in Brocker/Droege/Jutzi, Art. 117 Rn. 19 ff.; *Schmidt* DÖV 2014, 916 (922).
29 *Koemm*, Eine Bremse für die Staatsverschuldung179; *Kube*, in Dürig/Herzog/Scholz, Art. 109 Rn. 129.
30 Das Haushaltsgrundsätzemodernisierungsgesetz (HGrGMoG) vom 31.7.2009 (BGBl. I S. 2580) hat neben der kameralen auch die doppische Buchführung für das Haushaltswesen des Bundes und der Länder zugelassen. Zu der Frage, wie der Begriff der Einnahmen aus Krediten bei doppischer Buchführung zu bestimmen ist, siehe Art. 61 Rn. 49 sowie *Stüber/Keghanian* DÖV 2013, 255ff.; *Koemm*, Eine Bremse für die Staatsverschuldung, 2011, S. 185; *Tappe*, in Kastrop/Meister-Scheufelen/Sudhof, Die neuen Schuldenregeln im Grundgesetz, 2010, S. 432, 436.
31 Nds StGH, 16.12.2011 – StGH 1/10 –, NdsVBl. 2012, 100; ausführlicher und teilweise kritischer Kommentar zu dieser Entscheidung bei *Hermenau*, in Epping/Butzer, Art. 71 Rn. 29 f.

auch die Entnahme aus einer allgemeinen **Rücklage** und wendet auf diesen Sachverhalt die Kreditbegrenzungsregeln an. Das ist weder mit dem Wortlaut noch dem Sinn der einschlägigen Verfassungsbestimmungen vereinbar. Haushaltsrechtlich ist die Rücklagenentnahme etwas anderes als die Einnahme aus einem Kredit. Im Übrigen hat eine allgemeine Rücklage die Funktion, Reserven aufzubauen, um in schlechten Zeiten eine übermäßige oder sogar verfassungswidrige Kreditaufnahme zu vermeiden. Mit dem seit 2020 geltenden Grundsatz des Haushaltsausgleichs ohne Nettokreditaufnahme gewinnt dieses Ziel zusätzliches Gewicht. Auch in besseren Jahren als den Haushaltsjahren seit 2020 werden die neuen Schuldenregeln nur einzuhalten sein, wenn in konjunkturell günstigen Phasen Rücklagen gebildet werden, die in Krisenjahren helfen, die Probleme abzumildern,

13 Für den Bundeshaushalt schreibt Art. 115 Abs. 2 S. 5 GG eine „**Bereinigung der Einnahmen und Ausgaben um finanzielle Transaktionen**" vor. § 3 des Ausführungsgesetzes zu Art. 115 GG ordnet deshalb an, dass aus den Ausgaben die Ausgaben für den Erwerb von Beteiligungen, für Tilgungen an den öffentlichen Bereich und für die Darlehensvergabe herauszurechnen sind, aus den Einnahmen diejenigen aus der Veräußerung von Beteiligungen, aus der Kreditaufnahme beim öffentlichen Bereich sowie aus Darlehensrückflüssen. Die gleiche Bereinigungsmethode hat der Bund zum Inhalt der jeweiligen Verwaltungsvereinbarungen mit den Konsolidierungsländern (vgl. Art. 143d Abs. 2 S. 1 GG) gemacht. Art. 109 Abs. 3 GG, der allein für die Gesamtheit der Länder verbindlich ist, sieht eine derartige Bereinigung nicht vor. Die Länder sind deshalb frei, ob sie dem Beispiel des Bundes folgen oder von Bereinigungen absehen wollen. Ziel der Bereinigungen in Art. 115 Abs. 2 S. 5 ist eine Annäherung des Haushaltssaldos an den Finanzierungssaldo, der auf europäischer Ebene maßgeblich ist, um so einen Gleichklang mit der Systematik des europäischen Stabilitäts- und Wachstumspaktes herzustellen.[32] Ein solcher Gleichklang existiert jedoch ohnehin nicht, da die Schuldenbremse des Grundgesetzes (anders als der Stabilitäts- und Wachstumspakt) nicht für die Sozialversicherungssysteme und die Kommunen gilt.[33] Rechtspolitisch ist daher eine Begründung für die Bereinigung fragwürdig, die damit verbundenen Nachteile überwiegen. Jedenfalls im Land Mecklenburg-Vorpommern, das nur eingeschränkte Möglichkeiten hat, seinen Haushalt durch Vermögenstransaktionen optisch zu verschönern, sollte auf die Bereinigung verzichtet werden im Interesse einer möglichst einfachen, transparenten und manipulationsresistenten Regelung. Letztlich obliegt die Entscheidung darüber dem Gesetzgeber des in Art. 65 Abs. 2 S. 4 vorgesehenen Ausführungsgesetzes, denn Art. 65 Abs. 2 S. 1 lässt die Frage, ob Bereinigungen vorzunehmen sind oder nicht, ebenso offen wie Art. 109 Abs. 3 S. 1 GG.

Art. 65 Abs. 2 regelt die **Kreditaufnahme des Landes**.[34] Kommunen und andere selbstständige Körperschaften werden davon nicht erfasst, wohl aber unselbständige Sondervermögen des Landes, vgl. dazu ausführlich Art. 79a, → Rn. 4 ff.

---

32 BT-Drs. 16/12400, 19 und BT-Drs. 16/12410, 13; *Heun*, in Dreier, Art. 115 Rn. 26.
33 BT-Drs. 16/12410, 10 f.
34 Die Begrenzung des Art. 65 Abs. 2 nF auf den Landeshaushalt ergibt sich – wie schon bei der aktuell geltenden Fassung – bereits aus dem Wortlaut. In der Gesetzesbegründung ist das noch einmal ausdrücklich klargestellt worden, Drs. 5/4192, S. 3. Im Rahmen der Anhörung im Europa- und Rechtsausschuss am 4.5.2011 hat sich Korioth dafür ausgesprochen, die Verschuldung der Kommunen rechnerisch in die Verschuldung des Landes mit einzubeziehen (Drs. 5/4439, S. 7). Dem ist der Landtag in Übereinstimmung mit den anderen Gesetzgebern in den Ländern und im Bund nicht gefolgt.

**3. Ausnahme wegen einer von der Normallage abweichenden konjunkturellen Entwicklung (Abs. 2 S. 2, 1. Variante). a) Die Konzeption der Norm.** Nach Art. 65 Abs. 2 S. 2, 1. Variante sind Ausnahmen von dem grundsätzlichen Verbot des Haushaltsausgleichs durch Krediteinahmen gestattet „zur im Auf- und Abschwung symmetrischen Berücksichtigung der Auswirkungen einer von der **Normallage** abweichenden **konjunkturellen Entwicklung**". Damit macht die LV von der in Art. 109 Abs. 3 S. 2 GG eingeräumten Option Gebrauch, den dort formulierten Ausnahmetatbestand zuzulassen. Hinter der Konzeption des GG steht die an der Lehre von Keynes orientierte Vorstellung, dass während einer Phase des konjunkturellen Abschwungs auf Sparmaßnahmen verzichtet (sog. automatische Stabilisatoren) oder sogar aktiv gegengesteuert werden darf, um die Folgen des Abschwungs zu mildern; im Gegenzug sollen dann während des anschließenden Aufschwungs Überschüsse erwirtschaftet werden, die zur Tilgung der im Abschwung aufgenommenen Kredite dienen. Im Ergebnis soll diese antizyklische Konjunkturpolitik dazu führen, dass per Saldo die Kreditaufnahme nicht steigt[35].

An dieser Ausgestaltung des Art. 109 Abs. 3 GG ist zu Recht Kritik geübt worden.[36] Sie folgt einer wirklichkeitsfernen Vorstellung[37] der Symmetrie von Auf- und Abschwung, deren einzelne Phasen in Dauer und Intensität tatsächlich außerordentlich verschieden sind, so dass ein Ausgleich zwischen Defiziten und Überschüssen in der Regel gerade nicht durch das bloße Nachzeichnen von Konjunkturverläufen zu erreichen sein wird. Die Frage, auf welche Weise dann die gebotene Symmetrie herzustellen ist, wird bei der Erörterung dieses Tatbestandsmerkmals aufzugreifen sein → Rn. 18 ff.

**b) Abweichung der konjunkturellen Entwicklung von der Normallage.** Nach der in dem Ausführungsgesetz des Bundes zu Art. 115 GG in § 5 Abs. 2 gewählten Definition ist die **Abweichung** von der Normallage durch eine zu erwartende Über- oder Unterauslastung der gesamtwirtschaftlichen Produktionskapazitäten (Produktionslücke) gekennzeichnet. In § 5 Abs. 2 S. 2 heißt es dazu: „Dies ist der Fall, wenn das auf der Grundlage eines Konjunkturbereinigungsverfahrens zu schätzende Produktionspotenzial vom erwarteten Bruttoinlandsprodukts für das Haushaltsjahr, für das der Haushalt aufgestellt wird, abweicht". Diese Begriffsbestimmung ist in der Literatur auf Widerspruch gestoßen.[38] Sie führt dazu, dass die Abweichung von der Normallage nicht die Ausnahme, sondern die Regel darstellt. Die Jahre, für die eine genaue Auslastung der gesamtwirtschaftlichen Produktionskapazitäten erwartet wird, dürften eher selten sein.

„**Normallage**" ist demgegenüber bei unbefangenem Verständnis des Wortlauts die Lage, „die normalerweise, also in einer klaren Mehrheit der Fälle greift".[39] Die Normallage ist daher auf der Grundlage empirischer Daten durch einen hinreichend breiten Korridor von Wachstumsraten zu definieren, die als „normal"

---

35 Gesetzesbegründung BTDrs. 16/12410, 11/12; *G. Kirchhof*, in v. Mangoldt/Klein/Starck, Art. 109 Rn. 89; *J. Christ* NVwZ 2009, 1333 (1334f.).
36 *Kube*, in Dürig/Herzog/Scholz, Art. 109 Rn. 175; *Korioth* JZ 2009, 729 (732); *Heun*, in Dreier Art. 109 Rn. 41/42.
37 *Heun*, aaO.
38 *Korioth* JZ 2009, 729 (732); *Koemm*, Eine Bremse für die Staatsverschuldung?, 2011, 224 ff. Zur Problematik der bundesrechtlichen Regelung unter dem Aspekt des Gesetzesvorbehalts *Korioth/Müller*, Wirtschaftsdienst 2021, S. 960 ff.
39 *Lenz/Burgbacher* NJW 2009, 2561 (2563); zustimmend zitiert von *Kube*, in Dürig/Herzog/Scholz, Art. 109 Rn. 174, Fn. 5.

gelten können.⁴⁰ Die hier in Anlehnung an Lenz/Burgbacher und Kube gewählte weite Interpretation des Begriffs Normallage, die zu einer engen Auslegung der „Abweichung von der Normallage" führt, hat nicht nur den Vorteil, dem Text der Verfassung besser zu entsprechen; sie ist vielmehr auch mit dem Ziel der Verfassung, neue Schulden nur in eng begrenzten Ausnahmesituationen zuzulassen, eher kompatibel als das Ausführungsgesetz des Bundes.⁴¹

16 Die Länder sind bei der Umsetzung des Art. 109 Abs. 3 GG nicht an das vom Bund gewählte Verfahren der konjunkturellen Bereinigung gebunden, sie haben vielmehr einen eigenen Gestaltungsspielraum.⁴² Dafür stehen ihnen prinzipiell zwei Wege offen:

- Die Länder können eine Lösung wählen, die sich ähnlich wie beim Bund an volkswirtschaftlichen Prognosen über die künftige konjunkturelle Entwicklung orientiert. Dabei sollten aber die verfassungsrechtlichen Probleme in Folge einer angreifbaren Interpretation der Normallage vermieden werden, zum Beispiel durch die Einführung von Schwellenwerten oder Bandbreiten für Annahmen zum Wirtschaftswachstum. Bei dieser Variante stellt sich die Frage, ob das bundesweite Wirtschaftswachstum maßgeblich sein soll oder das des jeweiligen Landes. Verfassungsrechtlich dürften beide Anknüpfungspunkte zulässig sein. In der Praxis wird es jedoch schwierig sein, hinreichend differenzierte landesspezifische Prognosen, insbesondere für die kleineren Länder, vorzulegen.
- In Betracht kommt als Alternative eine Variante, bei der nicht direkt auf Prognosen der künftigen wirtschaftlichen Entwicklung abgestellt wird, sondern auf die erwartete Entwicklung der Steuereinnahmen. Eine solche Lösung ist in § 18 LHO in den Ländern Thüringen und Sachsen, mit Wirkung ab 1. 1. 2014 auch in Art. 95 Abs. 4 der Verfassung Sachsens festgelegt. Eine Abweichung von der konjunkturellen Normallage, die ausnahmsweise eine Kreditaufnahme rechtfertigt, wird bei einer derartigen Variante dann angenommen, wenn die für das betreffende Jahr geschätzten Steuereinnahmen um einen näher definierten Prozentsatz unter dem Referenzwert, zum Beispiel dem Durchschnitt der letzten 3 Jahre, liegen. Der Einbruch bei den Steuereinnahmen dient somit als Indikator für die verfassungsrechtlich relevante Abweichung von der konjunkturellen Normallage (**Indikatorlösung**). § 18 Abs. 2 Sätze 2 u. 3 LHO bestimmt in diesem Sinne: „Eine Abweichung von der konjunkturellen Normallage liegt vor, wenn die Höhe der Einnahmen aus Steuern und Zuweisungen nach Art. 107 Grundgesetz den Durchschnitt der entsprechenden Einnahmen der fünf vorausgegangenen Jahre als Referenzwert um mehr als drei Prozent unter- oder überschreitet. Bei der Bestimmung des Referenzwertes bleiben Sonderbedarfs-Bundesergänzungszuweisungen zur Deckung von Sonderlasten aus dem bestehenden starken infrastrukturellen Nachholbedarf und zum Ausgleich unterproportionaler

---

40 *Kube* aaO; ähnlich *G. Kirchhof*, in v. Mangoldt/Klein/Starck Art. 109 Rn. 92; *Koemm*, Eine Bremse für die Staatsverschuldung?, 2011, 217 f.; aA (positive Bewertung der Bundesregelung) *Ryczewski*, Die Schuldenbremse im Grundgesetz, Berlin 2011, 179 ff.; differenzierend *Heun*, in Dreier Art. 109 Rn. 42 („Maßstab kann im Wesentlichen nur die Auslastung des Produktionspotenzials sein, was aber nichts über das notwendige Ausmaß der Über- oder Unterauslastung besagt, bei dem die „Normallage" verlassen wird.").
41 Ausführliche Argumentation bei *Pinkl*, Umgehungsgefahren für die neue „Schuldenbremse", in Staatsverschuldung in Deutschland nach der Föderalismusreform II – eine Zwischenbilanz, hrgs. v. Hetschkow/Pinkl/Pünder/Thye, Hamburg 2012, 101 ff., 108 ff.
42 *Koemm*, Eine Bremse für die Staatsverschuldung?, 2011, 231; *Pinkl* (Fn. 41), 112.

kommunaler Finanzkraft unberücksichtigt." Die Absätze 3 bis 5 beschreiben dann den Umfang der möglichen Kreditermächtigung und den Tilgungspfad.

Verfassungsrechtlich sind beide Konkretisierungen der (Abweichung von der) Normallage nicht zu beanstanden. Das gilt für die Indikatorlösung allerdings nur dann, wenn und soweit die Steuermindereinnahmen nicht auf **Rechtsänderungen** beruhen. Nur der Teil der erwarteten Mindereinnahmen, der von Rechtsänderungen unbeeinflusst bleibt, kann als Indiz für einen konjunkturellen Abschwung gewertet werden. Die von den Ländern in der Verfassung oder in der LHO zu treffende Ausnahmeregelung muss deshalb eine Formulierung wählen, die durch Rechtsänderungen verursachte Steuermindereinnahmen ausklammert.[43] IÜ sollte nicht auf die Steuereinnahmen im engeren Sinne abgestellt werden, sondern auf die haushaltsrelevanten Einnahmen aus Steuern, Länderfinanzausgleich und Bundesergänzungszuweisungen. Bei einer solchen Verfeinerung hat die Indikatorlösung beträchtliche Vorteile: Sie ist weitgehend manipulationsresistent, weil die bundesweite Steuerschätzung in ihrer regionalisierten Form einen außerhalb des Landes entwickelten, für alle Länder gleichermaßen geltenden Maßstab bietet. Außerdem knüpft sie unmittelbar an haushaltsrelevante Daten an, während die konjunkturelle Normallage nur einen mittelbaren Bezug zur Haushaltssituation aufweist.

c) **Rechtsfolgen einer Abweichung der konjunkturellen Entwicklung von der Normallage.** Sind die oben dargestellten Tatbestandsvoraussetzungen erfüllt, dürfen ausnahmsweise Kredite zum Ausgleich des Haushalts eingesetzt werden. Dabei stellen sich folgende Fragen:
- Welchen **Umfang** dürfen die Kredite haben?
- Was bedeutet die Verpflichtung zur „**Symmetrie**" im Auf- und Abschwung? Welche Konsequenzen ergeben sich daraus im Detail für die Tilgung?

Bei der vom Bund gewählten Methodik wird der **Umfang der zulässigen Kredite** durch das Produkt aus der Abweichung des Bruttoinlandsprodukts vom Produktionspotenzial und der Budgetsensitivität bestimmt. Diese Berechnung zielt darauf ab, die konjunkturell bedingten Mindereinnahmen zu erfassen. Bei der Indikatorlösung bietet es sich an, die Lücke zwischen dem Referenzwert (also zum Beispiel den durchschnittlichen Steuereinnahmen der letzten 3 Jahre) und den für das kommende Haushaltsjahr erwarteten Steuereinnahmen zugrunde zu legen. Da die Steuereinnahmen bei normalem konjunkturellen Verlauf (unter Ausklammerung der Effekte von Rechtsänderungen) in der Regel mindestens im Umfang der Inflationsrate ansteigen, wäre es verfassungsrechtlich zulässig, den Referenzwert mit einer angenommenen durchschnittlichen Inflationsrate fortzu-

---

[43] *Kube*, in Dürig/Herzog/Scholz, Art. 109 Rn. 188: „Durch Novellierungen des Steuerrechts begründete Einnahmenveränderungen ... sind in ihren Konsequenzen für die Haushaltsdeckung ... strukturell begründet und damit für die Bemessung der Konjunkturkomponente unerheblich." *Bravidor* aaO (Fn. 22), S. 24 hält die Vorschrift des § 18 Abs. 2 Nr. 1 ThürHO, die als Voraussetzung für eine konjunkturell bedingte Ausnahmeermächtigung an Steuermindereinnahmen anknüpft, für nicht vereinbar mit Art. 109 Abs. 3 GG, weil Steuermindereinnahmen auch durch Rechtsänderungen hervorgerufen werden können. Insoweit ist ihm zuzustimmen. Dieser Mangel lässt sich aber durch eine entsprechende Ergänzung, die rechtsänderungsbedingte Mindereinnahmen ausklammert, beheben. Soweit *Bravidor* darüber hinaus meint, dass Steuermindereinnahmen gegenüber dem Durchschnitt der letzten drei Jahre noch eine der Normallage entsprechende konjunkturelle Entwicklung abbilden könnten, greift dieser Einwand jedenfalls nicht durch, wenn jede Unterschreitung des Referenzwerts ausreicht (so aber § 18 Abs. 2 Nr. 1 ThürHO), sondern nur eine prozentual qualifizierte Unterschreitung, die ein Ausmaß erreicht, das nicht mehr zu einem normalen konjunkturellen Verlauf passt, vgl. Art. 95 Verfassung Sachsen in der ab 1.1.2014 geltenden Fassung.

schreiben. Auf diese Weise würde die Lücke – und damit die Ermächtigung zur Kreditaufnahme – etwas höher ausfallen als bei einer rein nominalen Betrachtung.

20 Erhebliche Schwierigkeiten bereitet die Vorgabe der Verfassung, die Kreditaufnahme im Auf- und Abschwung **symmetrisch** auszugestalten. Wie bereits erwähnt (→ Rn. 14), ist die Vorstellung, die bei der Konzeption des Art. 109 Abs. 3 GG Pate gestanden hat, dass nämlich konjunkturelle Auf- und Abschwünge symmetrisch verlaufen, mit der Realität nicht vereinbar. Von selbst wird sich daher die Rückführung der ausnahmsweise zulässigen Kredite durch Tilgungen während eines nachfolgenden Aufschwungs nicht einstellen. Da aber gerade der Gleichlauf zwischen konjunkturell bedingten Krediten und der nachfolgenden Tilgung das entscheidende Element bei der Neuregelung der Kreditbegrenzung darstellt, muss die Symmetrie dann, wenn sie sich nicht von selbst ergibt, **normativ** durchgesetzt werden. Die aus der symmetrischen Berücksichtigung folgende **Rückführungspflicht** ist eine echte Rechtspflicht.[44] Das bedeutet, dass die Ausführungsbestimmungen zu Art. 109 Abs. 3 GG bzw. Art. 65 Abs. 2 LV eine Anordnung darüber treffen müssen, in welchem Zeitraum zusätzliche konjunkturell motivierte Kredite zu tilgen sind. Diese Phase hat unmittelbar nach dem Ende des konjunkturellen Abschwungs einzusetzen; ihre Dauer ist so zu bemessen, dass spätestens bis zum Beginn des nächsten turnusmäßig zu erwartenden Abschwungs die Belastungen aus dem vorangegangenen Zyklus wieder ausgeglichen worden sind.

21 d) **Kreditobergrenze im Vollzug.** Im Gegensatz zur früheren Fassung des Art. 65 Abs. 2 gelten die seit 1.1.2020 anzuwendenden Regeln auch für den **Haushaltsvollzug**.[45]

22 **4. Ausnahme wegen einer Naturkatastrophe oder einer außergewöhnlichen Notsituation (Abs. 2 S. 2, 2. Variante).** Nach Art. 65 Abs. 2 S. 2, 2. Variante sind Einnahmen aus Krediten auch zulässig im Fall von Naturkatastrophen oder außergewöhnlichen Notsituationen, die sich der Kontrolle des Landes entziehen und seine Finanzlage erheblich beeinträchtigen. Die Vorschrift hat den Zweck, die Handlungsfähigkeit des Landes in der Krise und bei der Krisenbewältigung fortdauernd und uneingeschränkt zu gewährleisten.

23 a) **Naturkatastrophe.** Der Begriff der **Naturkatastrophe** ist aus Art. 35 Abs. 2 S. 2 und Abs. 3 GG bekannt. Damit sind Gefahrenzustände oder Schädigungen von erheblichem Ausmaß gemeint, die durch Naturereignisse ausgelöst werden, zum Beispiel Erdbeben, Hochwasser, Unwetter, Dürre, Massenerkrankungen, Brände (vgl. auch § 18 Abs. 6 S. 1 LHO).[46] Wegen der möglichen Verschiedenheit der Sondersituationen ist eine abschließende Aufzählung nicht sinnvoll. Der einschränkende Relativsatz „... die sich der Kontrolle des Landes entziehen und seine Finanzlage erheblich beeinträchtigen, ..." gilt auch für Naturkatastrophen.[47] Derartige Ereignisse entziehen sich per definitionem der Kontrolle des Landes. Entscheidend für die Frage, ob ein solcher Vorgang die Aufnahme von Krediten rechtfertigen kann, ist aber – wegen des Tatbestandsmerkmals der erheblichen Beeinträchtigung der Finanzlage des Landes – die **Größenordnung**

---

44 *G. Kirchhof*, in v. Mangoldt/Klein Starck Art. 109 Rn. 89.
45 Einhellige Meinung; vgl. statt vieler *Kube*, in Dürig/Herzog/Scholz, Art. 109 Rn. 191.
46 BT-Drs. 16/12410, S. 11; *Kube*, in Dürig/Herzog/Scholz, Art. 109 Rn. 205; *Kirchhof*, in v. Mangoldt/Klein/Starck, Art. 109 Rn. 99; *Heun*, in Dreier Art. 109 Rn. 45; *Oebbecke*, in NVwZ 2019, 1171.
47 *Heun*, in Dreier, Art. 109 Rn. 44/46; *Kube*, in Dürig/Herzog/Scholz Art. 109 Rn. 204 aE; aA *Reimer, in* Beck'scher Online-Kommentar Art. 109 Rn. 66.

der dadurch verursachten Schäden. Richtigerweise ist also zu prüfen, ob das Land der betreffenden Naturkatastrophe mit normalen Mitteln, zum Beispiel Umschichtungen im laufenden Haushalt oder der Entnahme aus Rücklagen, begegnen kann oder ob dafür ausnahmsweise eine Kreditaufnahme unumgänglich ist. Einfachgesetzlich geht § 18 Abs. 2 S. 3 LHO davon aus, dass eine erhebliche Beeinträchtigung bei einem Mehrbedarf des Landes von 50 Mio. EUR vorliegt. Das ist keine authentische Verfassungsinterpretation, der Haushaltsgesetzgeber kann hiervon abweichen.

**b) außergewöhnliche Notsituation.** Andere, dh nicht durch Naturkatastrophen hervorgerufene, außergewöhnliche Notsituationen, die sich der Kontrolle des Landes entziehen und seine Finanzlage erheblich beeinträchtigen, können Schadensereignisse von großem Ausmaß und von Bedeutung für die Öffentlichkeit sein, die durch Unfälle, technisches oder menschliches Versagen ausgelöst oder von Dritten absichtlich herbeigeführt werden (vgl. auch § 18 Abs. 6 S. 2 LHO).[48] Dazu gehört nach der Gesetzesbegründung auch eine plötzliche Beeinträchtigung der Wirtschaftsabläufe aufgrund eines exogenen Schocks, wie beispielsweise der aktuellen Finanzkrise.[49]

**c) Kausalitätsfragen und möglicher Umfang der Notlagenverschuldung.** Eine konkrete und absolute Begrenzung der Höhe der Notlagenverschuldung sieht die Landesverfassung – ebenso wie Art. 109 Abs. 3 S. 2, Art. 115 Abs. 2 S. 6 GG – nicht vor. Eine Notlagenverschuldung darf aber nur in Anspruch genommen werden, solange und soweit sie geeignet und erforderlich ist, unmittelbar aus der Naturkatastrophe oder der außergewöhnlichen Notsituation resultierende Beeinträchtigungen des Landeshaushalts auszugleichen oder wenn sie die Abwehr weiterer Notlagenfolgen bezweckt.[50] Die Notlagenverschuldung muss zudem in einem angemessenen Verhältnis zum Ausmaß der Krise stehen. Notlagenverschuldung ist objektbezogen. Die Notlagenverschuldung ist als eng auszulegende Ausnahme von der Grundregel des Haushaltsausgleichs ohne neue Schulden formuliert.[51] Unzulässig sind Finanzierungen langfristiger Maßnahmen, die unabhängig von der Notsituation bestimmte Ziele verfolgen, etwa im Bereich der Wirtschaftsförderung, der Infrastrukturverbesserung oder des Klimaschutzes. Der Notlagenkreditfinanzierung sind finanzrelevante Vorhaben und Maßnahmen innerhalb eines Haushaltsjahres zugänglich. Wie für alle Fälle der Nettokreditaufnahme gilt das Prinzip der Jährlichkeit des Haushalts. Das schließt die Kreditfinanzierung laufender dauerhafter Staatsausgaben aus. Krisenverursachte Mindereinnahmen, steuerliche und nichtsteuerliche, dürfen ausgeglichen werden, soweit nicht ihre Zurechnung zur Konjunkturbereinigung möglich und geboten ist. Die Prävention kann sich auch darauf beziehen, mit Notlagenkrediten zu finanzierende Maßnahmen vorzusehen, die einen (weiteren) Einbruch der Konjunktur mit negativen Folgen für die Einnahmen des Landes verhindern wollen. Die Maßnahmen müssen in die Zuständigkeit des Landes fallen (Gesetzgebungs- und/oder Verwaltungskompetenz mit zumindest teilweiser Kostentragungspflicht des Landes vgl. insbesondere Art. 104a, 104b,

---

48 BT-Drs. 16/12410, S. 11; *Kube* in Dürig/Herzog/Scholz, Art. 109 Rn. 206.
49 BT-Drs. 16/12410, S. 11; *Heun* aaO.
50 Zum Folgenden insbesondere: HessStGH, 27.10.2021 – P.St. 2783, 2827 –, Rn. 228 ff.; *Korioth*, Die Reichweite notlagenbedingter struktureller Nettokreditaufnahme nach der Bremischen Landesverfassung (Art. 131a Abs. 3 BremLV) und die Bedeutung des „begründeten Ausnahmefalls" nach dem Sanierungshilfegesetz (§ 2 Abs. 3 S. 2, Abs. 4 S. 1 LanG) angesichts der Covid-19-Pandemie, Rechtsgutachterliche Stellungnahme im Auftrag des Senats der Freien Hansestadt Bremen, September 2020.
51 *Koemm*, Eine Bremse für die Staatsverschuldung?, 2011, S. 180, 184.

91a, 91b GG). Bei der Feststellung der Notsituation, der Auswahl der zu ergreifenden kreditfinanzierten Maßnahmen und der Einzelheiten ihrer Durchführung besteht ein Gestaltungsspielraum, dessen Ausfüllung durch Begründungen des gesetzgebenden Landtags darzulegen sind. Die Maßnahmen und die Kreditfinanzierung müssen geeignet und erforderlich sein, um die vom Gesetzgeber und der Exekutive gesetzten Ziele zu erreichen. Bei der Beurteilung der Eignung und der Erforderlichkeit gibt es eine Einschätzungsprärogative und einen Prognosespielraum des Gesetzgebers und der LReg.[52] Diese sind nur dann überschritten, wenn die Einschätzungen und Prognosen nachweislich unplausibel sind. Bei der Erforderlichkeit der Kreditfinanzierung sind Möglichkeiten der Finanzierung aus Programmen und Mitteln des Bundes und der EU zu berücksichtigen; Notlagen sind zumeist nicht auf ein Land begrenzt, sondern nationale oder sogar europäische Notlagen. Die Auflösung von Rücklagen hat grundsätzlich Vorrang vor der Nettokreditaufnahme. Ausnahmen gelten für zweckgebundene Rücklagen zur Finanzierung gesetzlich vorgeschriebener oder aus anderem Grund verbindlicher Ausgaben; hier könnte eine Rücklagenauflösung nicht zur Entlastung des Haushalts beitragen. Unzulässig sind im Rahmen der Notlagenkreditaufnahmen bewusst großzügig bemessene Kreditvolumina, die, das Jährlichkeitsprinzip verlassend, bereits mit Blick auf (mögliche) notlagenbedingte Ausgaben der Folgejahre dimensioniert sind. Das entspricht einer in Form der Kreditfinanzierung unzulässigen Rücklage.

26 **d) Der erste Anwendungsfall: Die Corona-Krise (seit) 2020.** Seit dem Ausbruch der COVID-19-Pandemie haben Bund und Länder umfassende Maßnahmenpakete beschlossen, um der Krise und dem wirtschaftlichen Einbruch entgegenzuwirken. Anfangs, im März/April 2020, ging es im Schwerpunkt um die Verstärkung des Gesundheitswesens und um die Bereitstellung von Krediten, Garantien und finanziellen Hilfen, um Unternehmen, Selbstständige und Arbeitnehmer während der Schließung von Teilen der Wirtschaft zu unterstützen. Diese Maßnahmen und auch Steuerausfälle wurden, nachdrücklich befürwortet von ökonomischen Stellungnahmen, mit Notlagenkrediten gegenfinanziert. Seit dem Sommer 2020 hat sich der Maßnahmenkatalog ausgedehnt. Seither ist er auch darauf ausgerichtet, die wirtschaftliche Erholung und den gesellschaftlichen Neustart nach der Krise zu ermöglichen.

27 Dem Bund stand mit dem 1. und 2. Nachtragshaushaltsgesetz 2020[53] eine Nettokreditermächtigung von 218,5 Mrd. EUR zur Verfügung. Tatsächlich nahm der Bund davon etwa 130 Mrd. EUR in Anspruch. Für 2021 war ursprünglich eine Neuverschuldung von 179,8 Mrd. EUR veranschlagt. Dieser Betrag wurde mit dem 1. Nachtrag 2021 um 60,4 Mrd. EUR auf 240,2 Mrd. EUR aufgestockt. Die zusätzliche Kreditermächtigung sollte der Finanzierung weiterer Bedarfe im Zusammenhang mit der Bewältigung der Corona-Krise dienen. Im Verlauf des Haushaltsvollzugs stellte sich heraus, dass diese zusätzlichen Kredite 2021 nicht benötigt werden. Das Bundeskabinett beschloss am 13.12.2021 den Entwurf eines 2. Nachtrags 2021, mit dem Kredite im Umfang von 60 Mrd. EUR dem Energie- und Klimafonds, der künftig zu einem Klima- und Transformationsfonds weiterentwickelt werden soll, zur Verfügung gestellt werden, und zwar für Investitionen in Klimaschutz, die Transformation der Wirtschaft und die Digitalisierung der Gesellschaft. Die CDU/CSU-Bundestagsfraktion hat ein Nor-

---

52 Zur Darlegungslast VerfGH Rheinland Pfalz, 1.4.2022 – VGH N 7/21 –, Rn. 99; *Kube*, in Dürig/Herzog/Scholz, Art. 115 Rn. 194.
53 Nachtragshaushaltsgesetz vom 27.3.2020, BGBl. S. 556, Zweites Nachtragshaushaltsgesetz vom 14.7.2020, BGBl. S. 1669.

menkontrollverfahren eingeleitet mit dem Ziel, die Umwidmung der nicht ausgeschöpften Kreditmächtigung überprüfen zu lassen. Da Klimaschutz, Transformation der Wirtschaft und Digitalisierung der Gesellschaft politische Ziele betreffen, die unabhängig von der Corona-Krise seit Längerem auf der Agenda stehen, ist fraglich, ob der notwendige Kausalzusammenhang zwischen der dafür vorgesehenen Kreditaufnahme und der zu ihrer Rechtfertigung herangezogenen Naturkatastrophe besteht. Das Bundesverfassungsgericht hat mit Beschluss vom 22.11.2022 (2 BvF 1/22) den Antrag der Unionsfraktion auf Erlass einer einstweiligen Anordnung abgelehnt, allerdings nur aufgrund einer Folgenabwägung der Nachteile, die einträten, wenn die einstweilige Anordnung erlassen würde, dem Normenkontrollantrag in der Hauptsache der Erfolg aber zu versagen wäre. Die Entscheidung des Bundesverfassungsgerichts in der Hauptsache bleibt abzuwarten. Unabhängig davon zeigt jedenfalls die aktuelle Entwicklung, dass die frühere Hoffnung, die exorbitante Neuverschuldung könne auf das Jahr 2020 und allenfalls 2021 begrenzt sein, eine Illusion war. Immer deutlicher wird aber auch, dass unter dem breiten Mantel der Krise Ausgaben kreditfinanziert werden, deren Bezug zur Notlage zweifelhaft ist.

Auch die Länder reagierten 2020 auf die Krise mit erheblicher Notlagenverschuldung durch Nachtragshaushalte.[54] Das Land M-V hat in der Haushaltsbegleitgesetzgebung zu den beiden Nachtragshaushalten 2020[55] den „MV-Schutzfonds" als Sondervermögen mit einem Kreditvolumen von 2,85 Mrd. EUR errichtet. Schon das kreditfinanzierte Volumen des Fonds sprengt alles bisher Bekannte, sowohl was die Problematik eines Sondervermögens neben dem Kernhaushalt angeht (dazu oben Art. 61 Rn. 22), als auch der Höhe der Nettoneuverschuldung nach. Das Fondsvolumen von 2,85 Mrd. EUR beträgt fast ein Drittel des Kernhaushalts (2020: 9,537 Mrd. EUR) und verschafft neben diesem zusätzliche kreditfinanzierte Handlungsräume. Zweck des Sondervermögens ist die Finanzierung von Maßnahmen zur Bewältigung der Corona-Pandemie und deren Folgen (§ 2 SVMVFG M-V). Zur Verwendung der Mittel des Sondervermögens nennt § 4 SVMVFG M-V in der ursprünglichen Fassung bestimmte Aufgabenfelder (Wirtschaft, Gesundheitsversorgung, sonstige öffentliche Daseinsvorsorge, Landesverwaltung); die Haushaltsbegleitgesetzgebung zum 2. Nachtragshaushalt hat diese Aufgabenfelder erweitert. Gemäß § 5 SVMVFG M-V erstellt das Finanzministerium im Einvernehmen mit der Staatskanzlei, dem Ministerium für Inneres und Europa sowie dem Ministerium für Wirtschaft, Arbeit und Gesundheit für jedes Jahr einen Wirtschaftsplan, welcher der Einwilligung des Finanzausschusses des LT bedarf. § 5 Abs. 3 SVMVFG M-V verlangt für Änderungen des Wirtschaftsplans ebenfalls die Einwilligung des Finanzausschusses, nach Abs. 4 wird der Wirtschaftsplan dem Haushaltsplan als Anlage beigefügt. Art. 1 des Haushaltsbegleitgesetzes 2022/23 (vgl. LT-Drs. 8/599) hat § 5 Abs. 3 SVMVFG M-V dahin gefasst, dass der „Wirtschaftsplan mit seinen Bewirtschaftungsgrundsätzen" der „Einwilligung des Landtages" bedarf. Die praktische Umsetzung erfolgt durch eine Lenkungsgruppe der Staatssekretäre der genannten Ministerien und der Staatskanzlei. Nach § 6 Abs. 3 S. 1

---

54 In Hessen hat der HessStGH 27.10.2021 – P.St. 2783, 2827 –, das dortige Sondervermögen „Hessens gute Zukunft sichern" wegen Verstößen gegen das Budgetrecht des Landtages und gegen die Notlagenverschuldungsermächtigung für unvereinbar mit der hessischen Landesverfassung erklärt. Dagegen hat der VerfGH Rheinland-Pfalz 1.4.2022 – VGH N 7/21 – das dortige Sondervermögen gebilligt und lediglich einzelne Verwendungszwecke beanstandet.
55 GVOBl. M-V 2020, S. 140, S. 1364; Gesetz über die Errichtung eines Sondervermögens „M-V Schutzfonds" (SVMVFG M-V).

SVMVFG M-V bedarf die Freigabe der Ansätze zur Bewirtschaftung ab 1 Mio. EUR der Einwilligung des Finanzausschusses des LT, soweit die Einwilligung im Hinblick auf die Dringlichkeit und Eilbedürftigkeit rechtzeitig erreicht werden kann.

29 Im Lichte der Verfassungsvorgaben zu den Notlagenkrediten wirft dieser Fonds vor allem zwei Probleme auf.[56]
(1) Die Höhe der Kreditaufnahme von 2,85 Mrd. EUR ist nicht schlüssig hergeleitet, begründet und prognostiziert worden. Art. 65 Abs. 2 lässt aber Ausnahmekredite in Notsituationen nur in dem Umfang zu, wie sie zur Bewältigung der Notsituation erforderlich sind. Deshalb hätte die Kreditermächtigung auf solche Maßnahmen beschränkt werden müssen, die sich für den Zeitraum des Doppelhaushalts 2020/2021 prognostizieren ließen, wobei durchaus gewisse Sicherheits- und Reservemargen sowie Verpflichtungsermächtigungen für die Jahre ab 2022 zulässig gewesen wären. Aus den ihm zugewiesenen Krediten finanziert das Sondervermögen zum Teil Maßnahmen, die bereits im ursprünglichen Haushaltsplan für 2021 veranschlagt oder im Finanzplan für die Jahre 2022 bis 2024 vorgesehen waren. Damit entlastet das Sondervermögen mithilfe von Krediten den Haushalt 2021 und den Doppelhaushalt 2022/2023 bei laufenden Ausgaben. Das ist im Lichte des Art. 65 Abs. 2 problematisch. Zurückhaltender als in anderen Ländern ist die Verwendung der Sonderfondsmittel dagegen mit Blick auf die Kompensation von Steuermindereinnahmen, die durch ein coronabedingtes Einbrechen der Steuereinnahmen verursacht werden. Solche pandemiebedingten Einbrüche sind zugleich pandemiebedingte Haushaltsbelastungen, die durch Notlagenkredite aufgefangen werden dürfen. Das FM rechnete zum Zeitpunkt der Beschlussfassung über das Sondervermögen (Haushaltsrunderlass vom 17.12.2020) bis 2024 mit jährlichen Steuermindereinnahmen in Höhe von 450–500 Mio. EUR. Diesen Betrag hätte man im Wirtschaftsplan des Schutzfonds veranschlagen können. Der verbleibende Betrag von ca. 1 Mrd. EUR hätte genügt, um coronabedingte Mehrbedarfe aufzufangen. Mit der jetzigen Ausgestaltung des Sondervermögens hat sich die LR eine gewaltige Ausgabeermächtigung für vielfältige Vorhaben zur Verbesserung der Infrastruktur, zur Digitalisierung der Verwaltung etc geschaffen, die nur zum Teil coronabedingt sind und das Problem der Steuermindereinnahmen ausklammern.
(2) Für jede Kreditaufnahme, auch nach Art. 65 Abs. 2, gilt das Jährlichkeitsprinzip. Dieses wird durch die Konstruktion eines Sondervermögens nicht außer Kraft gesetzt. Zwar sind nach Art. 61 Abs. 1 S. 5 bei Sondervermögen nur Zuführungen und Ablieferungen in den Haushaltsplan einzustellen. Das setzt das Jährlichkeitsprinzip aber nicht außer Kraft. Die Notlagennettokreditaufnahme muss für jedes Haushaltsjahr hergeleitet und begründet werden. Die üppige Ausstattung des Schutzfonds im ersten Jahr der Krise entbindet LR und LT nicht von der jährlichen Darlegung der Voraussetzungen und Rechtsfolgen der außergewöhnlichen Notsituation. Tragbar ist die gewählte Konstruktion nur

---

56 Das Urteil des LVerfG M-V, 24.11.2022 – LVerfG 2/21 –, hat wegen der besonderen prozessualen Einkleidung des Verfahrens als Organstreitverfahren zu den nachfolgenden materiellen Problemen nicht Stellung nehmen können und müssen (vgl. Rn. 51ff.). Das LVerfG hat im Rahmen des Organstreitverfahrens lediglich zwei Punkte beanstandet, nämlich § 5 Abs. 2 und 3 SVMVFG M-V (Wirtschaftsplan wird mit Zustimmung des Finanzausschusses – statt wie erforderlich des Plenums des LT – beschlossen oder später geändert), dazu LVerfG Rn. 98 ff., sowie § 2 Abs. 2a des 2. Nachtragshaushaltsgesetzes 2020, mit dem die Fortgeltung der Kreditermächtigung für das Sondervermögen über den zeitlichen Rahmen des Haushaltsgesetzes hinaus ermöglicht werden sollte, dazu LVerfG Rn. 104 ff.

dann, wenn in jedem Jahr der Bewirtschaftung des Fonds die außergewöhnliche Notsituation festgestellt und begründet und die Höhe der notlagenbedingten Finanzierung prognostiziert wird.

e) **Tilgungsplan.** Nach Art. 65 Abs. 2 S. 3 ist im Fall einer Kreditaufnahme wegen einer Naturkatastrophe oder einer außergewöhnlichen Notsituation ein **Tilgungsplan** vorzusehen. Diese Vorschrift bezieht sich nicht auf die konjunkturbedingte Kreditaufnahme; das ist deshalb nicht erforderlich, weil dort der Zwang zur Tilgung schon aus dem Tatbestand der „symmetrischen" Berücksichtigung folgt.[57] Die Verfassungsvorgabe des „bestimmten Zeitraumes" zur Tilgung der Notlagenkredite[58] sollte der konkretisierende Haushaltsgesetzgeber, dem hierbei ein Einschätzungs- und Beurteilungsspielraum zukommt,[59] möglichst eng verstehen. Auf der einen Seite steht das Ziel, möglichst bald zur Normalität zurückzukehren. Das spricht für eine möglichst kurze Tilgungsfrist. Auf der anderen Seite geht es nicht nur um die Bindung der Haushaltsgesetzgeber möglichst weniger folgender Legislaturperioden, sondern auch darum, die jährliche Tilgungslast mit den übrigen in der Zukunft zu leistenden Ausgaben in Einklang zu bringen. Abzuwägen und seitens des Gesetzgebers politisch zu gewichten sind letztlich die Interessen der gegenwärtigen Generationen, die Notlage möglichst schnell zu bewältigen und zu überwinden, mit den Interessen der zukünftigen Generationen, möglichst wenig mit Tilgungspflichten aus vergangenen Krediten belastet zu sein.

Das Kredittilgungsplangesetz 2020[60] sieht für die 2020/2021 tatsächlich aufgenommenen Corona-Notlagenkredite ab 2025 eine jährliche Tilgung von 142,5 Mio. EUR vor (§ 1). Daraus ergibt sich eine maximal 20-jährige Frist, Sondertilgungen sind nach § 2 möglich. Diese Frist hält sich im Rahmen der von den Ländern für coronabedingte Kredite festgelegten Tilgungszeiträume, die von acht Jahren (Sachsen, dort durch Art. 95 Abs. 6 SächsVerf bindend vorgegeben) bis 50 Jahren (Nordrhein-Westfalen) reichen.

**5. Ausführungsgesetz.** Gemäß Art. 65 Abs. 2 S. 4 trifft nähere Regelungen ein **Ausführungsgesetz**. Die Konkretisierungen finden sich im § 18 LHO. Dem Ausführungsgesetz kommt erhebliche Bedeutung zu, weil die Verfassung – wie bei der Kommentierung der einzelnen Tatbestandsmerkmale und Rechtsfolgen erläutert – Gestaltungsspielräume eröffnet. Zu beachten ist allerdings, dass das Ausführungsgesetz keinen höheren Rang besitzt als jedes andere einfache Gesetz. Es kann also zum Beispiel mit dem Haushaltsgesetz für ein konkretes Haushaltsjahr modifiziert werden. Eine begrenzende Funktion entfaltet das Ausführungsgesetz eher in politischer Hinsicht: Wer von einer generellen Regelung in § 18 LHO abweichen will, macht sich angreifbar und setzt sich besonderen Rechtfertigungszwängen aus.

---

57 G. *Kirchhof*, in v. Mangoldt/Klein/Starck, Art. 109 Rn. 101.
58 Art. 109 Abs. 3 S. 3 GG spricht von einer „entsprechenden Tilgungsregelung". Die Begründung, BT-Drs. 16/12410, S. 11, erläutert lediglich, der Tilgungsplan müsse „die oberhalb der Regelgrenzen liegenden Kreditaufnahmen verbindlich" erfassen, über den Zeitraum habe das Parlament „in Ansehung der Größenordnung der erhöhten Kreditaufnahme sowie der jeweiligen konjunkturellen Situation zu entscheiden".
59 HessStGH, 27.10.2021 – P.St. 2783, 2827 –, Rn. 291 ff.; zur Regelung im Bundesrecht *Wendt*, in v. Mangoldt/Klein/Starck, Art. 115 Rn. 56.
60 Gesetz über den Tilgungsplan für Kredite auf Grundlage der Kreditermächtigung gemäß § 2 Abs. 2a Haushaltsgesetz 2020 (Art. 2 des Haushaltsbegleitgesetzes zum Nachtragshaushaltsgesetz 2020 vom 1.4.2020, GVOBl. M-V S. 140), geändert durch Art. 3 des Haushaltsbegleitgesetztes zum Zweiten Nachtragshaushaltsgesetz 2020 vom 9.12.2020, GVOBl. M-V S. 1364).

32 **6. Bewertung.** „Das Problem, die Neuverschuldung zu vermeiden, wird ein Problem standhafter Finanzpolitik bleiben."[61] Rechtliche Schranken allein können die aus dem Gleichgewicht geratenen Haushalte nicht sanieren. Ob es zu weit geht, die Ergebnisse der Föderalismusreform II in Bausch und Bogen zu verdammen und sich davon „keine Besserung" zu versprechen, werden die nächsten Jahre zeigen müssen.[62] Trotz aller Kritik im Einzelnen (rechtssystematische Doppelungen; weitgefasste Kreditermächtigungen in Abweichung von dem Grundsatz ausgeglichener Haushalte; zu weiche Tilgungsregelungen) bedeutet die Reform des Staatsschuldenrechts einen Fortschritt. Sie hat das Leitbild des materiell ausgeglichenen Haushalts in den Verfassungsrang erhoben[63] und damit denen, die sich für eine solide Finanzpolitik einsetzen, nicht nur **rechtliche** Instrumente verschafft, die bei zutreffender Interpretation durchaus greifen können, sondern auch eine besondere **verfassungspolitische** Legitimation, die das Bewusstsein der Bevölkerung und der Teilnehmer am politischen Diskurs beeinflusst. Dennoch bleibt der Eindruck, den die exorbitanten Neuverschuldungen im Zuge der Corona-Krise seit 2020 verstärken: Eine Schuldenbremse funktioniert, wenn (wie in den Jahren seit 2010, zumindest 2014, bis 2019) hohe Steuereinnahmen Kredite entbehrlich machen; sie verhindert dann keine Neuverschuldung, wenn das Geld fehlt. Das hat die Corona-Krise gelehrt, in der sogar die Versuchung sich Bahn brach, laufende Haushaltsausgaben mit Notlagenkrediten zu finanzieren.[64]

## IV. Schrifttum

33 *Bravidor, Christoph,* Die Umsetzung der Verschuldungsregelung in den Ländern, in Staatsverschuldung in Deutschland nach der Föderalismusreform II – eine Zwischenbilanz, hrsg. *Hetschkow, Clemens/Pinkl, Johannes/Pünder, Hermann/Thye, Marius,* 2012, S. 11 ff.; *Bröcker, Klaus T.,* Grenzen staatlicher Verschuldung im System des Verfassungsstaats, 1997; *Christ, Joseph,* Neue Schuldenregeln für den Gesamtstaat: Instrument zur mittelfristigen Konsolidierung der Staatsfinanzen, in NVwZ 2009, 1333 ff.; *Enderlein, Henrik/Fiedler, Jobst/Schuppert, Folke/Geisler, Rene/Meinel, Florian/von Müller, Camillo,* Gutachten zur Umsetzung der grundgesetzlichen Schuldenbremse in Baden-Württemberg, 2012; *Glaser, Andreas,* Begrenzung der Staatsverschuldung durch die Verfassung, in DÖV 2007, 98 ff.; *Halstenberg, Friedrich,* Staatsverschuldung ohne Tilgungsplanung, in DVBl. 2001, S. 1405 ff.; *Höfling, Wolfram,* Staatsschuldenrecht, 1993; *Höfling, Wolfram,* Haushaltsverfassungsrecht als Recht minderer Normativität, in DVBl. 2006, S. 934 ff.; *Isensee, Josef,* Schuldenbarriere für Legislative und Exekutive, in Staat, Wirtschaft, Steuern; FS für K.H.Friauf, 1993, S. 705 ff.; *Isensee, Josef,* Staatsverschuldung im Haushaltsvollzug, in DVBl. 1996, S. 173 ff.; *Jochimsen, Beate,* Ökonomische Analyse der exzessiven Verschuldung von Länderhaushalten am Beispiel der Verfassungswidrigkeit des Berliner Haushalts, in DÖV 2004, 511 ff.; *Kirchhof, Ferdinand,* Haushaltssanierung durch „sale and lease back" von Verwaltungsgebäuden?, in DÖV 1999, 242 ff.; *Kirchhof, Ferdinand,* Der notwendige Ausstieg aus der Staatsverschuldung, in DVBl. 2002, S. 1569 ff.; *Koemm, Maxi,* Eine Bremse für die Staats-

---

61 *Korioth* in: Voßkuhle/Eifert/Möllers, Grundlagen des Verwaltungsrechts Bd. II, 3. Auflage 2022, S. 1234.
62 *Korioth* aaO.
63 Kritisch dazu *Priewe*, in JöFin 1–2021, S. 359 ff.
64 Zur aktuellen Diskussion der Schuldenbremse vgl. die Beiträge von *Schuhknecht, Schultegger/Salvi, Schnellebach, Lenk/Bender/Hesse, Wagner, Korioth, Gründler, Heil/Potrafke, Niepelt*, in ifo-Schnelldienst 4/2021, S. 3 ff.

verschuldung?, 2011; *Kloepfer, Michael/Rossi, Matthias*, Die Verschuldung der Bundesländer im Verfassungs- und Gemeinschaftsrecht, in Verwaltungsarchiv 2003, S. 319 ff.; *Korioth, Stefan*, Das neue Staatsschuldenrecht – zur zweiten Stufe der Föderalismusreform, in JZ 2009, 729 ff.; *ders.*, Die neuen Schuldenregeln für Bund und Länder und das Jahr 2020, in Jahrbuch für öffentliche Finanzen 2009, Berlin 2010, S. 389 ff.; *ders.*, § 42 Finanzen, in Voßkuhle/Eifert/Möllers, Grundlagen des Verwaltungsrechts, Bd. 2, 3. Auflage 2022, S. 1181ff.; *ders./Müller Michael*, Die Die Konjunkturkomponente der Schuldenbremse – Spielräume und Grenzen, in Wirtschaftsdienst 2021, S. 960 ff.; *Lenz, Christofer/Burgbacher, Ernst*, Die neue Schuldenbremse im Grundgesetz, NJW 2009, 2561 ff.; *Müller, Udo*, Die Geltung der verfassungsrechtlichen Kreditobergrenze des Art. 115 Abs. 1 S. 2 GG im Haushaltsvollzug, in DÖV 1996, 490 ff.; *Neidhardt, Hilde*, Staatsverschuldung und Verfassung, 2010; *Oebbecke, Janbernd*, Die Notlagenausnahme nach Art. 109 III 2 GG, in NVwZ 2019, 1173 ff.; *Osterloh, Lerke*, Staatsverschuldung als Rechtsproblem?, in NJW 1990, 145 ff.; *Patzig, Werner*, Zur Problematik der Kreditfinanzierung staatlicher Haushalte, in DÖV 1985, 293 ff.; *Pinkl, Johannes*, Umgehung der „Schuldenbremse", in Staatsverschuldung in Deutschland nach der Föderalismusreform II – eine Zwischenbilanz, hrsg. *Hetschkow, Clemens/Pinkl, Johannes/Pünder, Hermann/Thye, Marius*, 2012, S. 101 ff.; *Priewe, Jan*, Reformoptionen für die Fiskalregeln in der Europäischen Union, in Jahrbuch für öffentliche Finanzen 1–2021, S. 359 ff.; *Rossi, Matthias*, Verschuldung in extremer Haushaltsnotlage, in DVBl. 2005, S. 269; *Ryczewski, Christoph*, Die Schuldenbremse im Grundgesetz, 2011; *Sachverständigenrat zur Begutachtung der gesamtwirtschaftlichen Entwicklung*, Staatsverschuldung wirksam begrenzen, 2007; *Schmidt, Thorsten Ingo*, Bundesgesetzgebung ist kein Terrorakt – zur Grundgesetzwidrigkeit der Strukturanpassungskredite nach der rheinland-pfälzischen Schuldenbremse –, DÖV 2014, 916 ff.; *Schuhknecht, Ludger* ua, Zankapfel Schuldenbremse: Bewährtes Instrument auch in Krisenzeiten?, in ifo-Schnelldienst 4/2021, S. 3 ff.; *Schwarz, Kyrill-A.*, Voraussetzungen und Grenzen staatlicher Kreditaufnahme, in DÖV 1998, 721 ff.; *Selmer, Peter*; Die Föderalismusreform II – ein verfassungsrechtliches monstrum simile, NVwZ 2009, 1255 ff.; *Stüber, Stephan/Keyhanian, Cimin*, Haushaltsausgleich und Umsetzung der Schuldenbremse des Grundgesetzes in der staatlichen Doppik, in DÖV 2013, 255 ff.; *Tappe, Henning*, Haushaltsrechtliche Umsetzung der Art. 109 und 115 GG nF in Bund und Ländern, in *Kastrop/Meister-Scheufelen/Sudhof*, Die neuen Schuldenregeln im Grundgesetz, 2010, 432 ff.; *Tiemann, Susanne*, Die verfassungsrechtliche Kreditobergrenze im Haushaltsvollzug, in DÖV 1995, 632 ff.; *Wendt, Rudolf/Elicker, Michael*, Staatsverschuldung und intertemporäre Lastengerechtigkeit, in DVBl. 2001, S. 497 ff.; *Wendt, Rudolf/Elicker, Michael*, Staatskredit und Rücklagen, in Verwaltungsarchiv 2004, S. 471 ff.; *Wissenschaftlicher Beirat beim Bundesministerium der Finanzen*, Gutachten zu den Problemen einer Verringerung der Netto-Neuverschuldung, 1984, S. 37.

## Art. 66 (Landesvermögen)

¹Erwerb, Verkauf und Belastung von Landesvermögen dürfen nur mit Zustimmung des Landtages erfolgen. ²Die Zustimmung kann für Fälle von geringerer Bedeutung allgemein erteilt werden. ³Das Nähere regelt das Gesetz.

Vergleichbare Regelungen:
Artt. 101 BremVerf; 72 Abs. 3 HambVerf; 63 NdsVerf; 92 Abs. 1 und 2 LVerf LSA.

| I. Funktion der Vorschrift ............ | 1 | IV. Fälle von geringerer Bedeutung |  |
|---|---|---|---|
| II. Landesvermögen ................... | 2 | (Satz 2) ............................. | 4 |
| III. Erwerb, Verkauf und Belastung ... | 3 | | |

## I. Funktion der Vorschrift

1 Art. 66 räumt dem LT weitgehende Beteiligungsrechte im Umgang mit dem Landesvermögen ein. Dadurch soll das Budgetrecht des LT eine weitere Ausformung erfahren.[1] Die Vorschrift ist in ihrer spezifischen Ausprägung ein Unikat in der aktuellen deutschen Verfassungslandschaft. Vergleichbare Regelungen finden sich nur in einigen wenigen Landesverfassungen. Deren Bestimmungen betreffen aber nur die Veräußerung von Staatsgut, nicht den Erwerb, der von Art. 66 mit erfasst wird. Die Verfassungskommission begründet die Aufnahme des Erwerbs von Landesvermögen in die Zustimmungspflicht des LT damit, dass ein solcher Erwerb beträchtliche Folgekosten nach sich ziehen könne.[2]

## II. Landesvermögen

2 Landesvermögen umfasst sowohl das Eigentum an beweglichen und unbeweglichen Sachen als auch die Inhaberschaft an Rechten.[3] Dazu gehören sowohl das Verwaltungsvermögen als auch das Finanzvermögen. Die wichtigsten Bestandteile des Landesvermögens sind der staatliche Grundbesitz und die Beteiligungen des Landes. Landesvermögen ist nur das Vermögen, zu dem das Land selbst unmittelbare Rechtsbeziehungen hat als Eigentümer oder Inhaber von Rechten. Wenn also ein Unternehmen, an dem das Land mittelbar beteiligt ist (Tochtergesellschaft), Vermögensgegenstände veräußert, ist darauf Art. 66 nicht anwendbar.[4]

## III. Erwerb, Verkauf und Belastung

3 Mit den Begriffen „**Erwerb**" und „**Verkauf**" sind sowohl das schuldrechtliche als auch das dingliche Erwerbs- oder Veräußerungsgeschäft gemeint. Der Begriff „**Belastung**" deutet auf dingliche Belastung, zB auf Hypotheken oder Grundschulden, hin. Längerfristige Vermietung fällt nicht unter den Begriff „Belastung" iSd Art. 66. Da der Erwerb von Landesvermögen den Einsatz von Haushaltsmitteln erfordert, wird die Zustimmung des LT in aller Regel durch die Bereitstellung der Haushaltsmittel im Haushaltsplan erteilt. Eine gesonderte Vorlage ist dann nicht mehr erforderlich.[5] In ähnlicher Weise kann auch die Zustimmung zu Veräußerungs- oder Belastungsgeschäften mit dem Haushaltsplan oder in einer gesonderten Bestimmung des Haushaltsgesetzes erteilt werden. Es ist aber auch möglich, während des laufenden Haushaltsjahres Vermögensgegenstände zu veräußern und dazu die Zustimmung des LT durch eine gesonderte

---

1 Bericht der Verfassungskommission Drs. 1/3100, 152.
2 Drs. 1/3100, 152; eigenartig ist der Satz: „Eine ähnliche Regelung habe bisher nur die Verfassung des Landes Schleswig-Holstein festgeschrieben." In der Verfassung des Landes Schleswig-Holstein findet sich jedoch keine solche Regelung. Insoweit ist die Vorschrift ohne Vorbild.
3 *David*, Art. 72 Rn. 47, zur Auslegung des insoweit vergleichbaren Begriffs „Staatsgut" in Art. 72 Abs. 3 der Hamburger Verfassung; ausführliche Analyse des Begriffs „Landesvermögen" bei *Hermenau*, in Epping/Butzer Art. 63 Rn. 5 ff.
4 *David* (Fn. 3), Rn. 48 f.
5 Anders beim Erwerb von Grundstücken aus Mitteln des sog. „Grundstocks". Hier fehlt eine spezielle Erwerbsermächtigung, so dass oberhalb bestimmter Wertgrenzen (§ 12 HaushaltsG) die Zustimmung des Finanzausschusses bzw. des LT einzuholen ist.

Vorlage einzuholen. Dabei handelt es sich dann um eine einfache Beschlussvorlage, die nicht den Anforderungen der Gesetzesform unterliegt.

## IV. Fälle von geringerer Bedeutung (Satz 2)

Die LV lässt es zu, die Zustimmung für Fälle von geringerer Bedeutung allg. zu erteilen. Davon hat der Gesetzgeber in §§ 63 ff. LHO Gebrauch gemacht. So dürfen gem. § 63a LHO bewegliche Sachen mit Einwilligung des Finanzministeriums verkauft oder anderweitig veräußert werden, wenn sie eine im Haushaltsgesetz genannte Wertgrenze nicht überschreiten. Das Gleiche gilt gem. § 64 LHO für Grundstücke. Die betreffenden Wertgrenzen werden in § 12 Abs. 1 und 2 des jeweiligen Haushaltsgesetzes festgesetzt. 4

## Art. 67 (Rechnungslegung und Rechnungsprüfung)

(1) ¹Der Finanzminister hat dem Landtag über alle Einnahmen und Ausgaben sowie über die Inanspruchnahme von Verpflichtungsermächtigungen jährlich Rechnung zu legen. ²Ebenso ist über das Vermögen und die Schulden des Landes Rechnung zu legen.

(2) ¹Der Landesrechnungshof prüft die Rechnung sowie die Ordnungsmäßigkeit und die Wirtschaftlichkeit der Haushaltsführung. ²Er berichtet darüber dem Landtag und unterrichtet gleichzeitig die Landesregierung.

(3) Aufgrund der Haushaltsrechnung und der Berichte des Landesrechnungshofs beschließt der Landtag über die Entlastung der Landesregierung.

(4) Das Nähere regelt das Gesetz.

Vergleichbare Regelungen:

*Zu Abs. 1*: Artt. 80 Abs. 1 BayVerf; 83 Abs. 1 BWVerf; 94 Abs. 1 VvB; 106 Abs. 1 BbgVerf; 133 BremVerf; 70 HambVerf; 144 HessVerf; 69 NdsVerf; 88 Abs. 1 Verf NW; 120 Abs. 1 Verf Rh-Pf; 106 Abs. 2 SaarlVerf; 99 SächsVerf; 97 Abs. 1 LVerf LSA; 63 Abs. 1 SchlHVerf; 102 Abs. 1 ThürVerf.

*Zu Abs. 2*: Artt. 80 Abs. 2 BayVerf; 83 Abs. 2 BWVerf; 94 Abs. 2 VvB; 106 Abs. 2 BbgVerf; 133a Abs. 1 BremVerf; 144 HessVerf; 70 Abs. 1 NdsVerf; 86 Abs. 2 Verf NW; 120 Abs. 2 Verf Rh-Pf; 106 Abs. 2 SaarlVerf; 97 Abs. 2 LVerf LSA; 63 Abs. 1 und 2 SchlHVerf; 102 Abs. 2 ThürVerf.

*Zu Abs. 3*: Artt. 94 Abs. 2 VvB; 106 Abs. 1 BbgVerf; 144 HessVerf; 69 NdsVerf; 106 Abs. 1 SaarlVerf; 97 Abs. 3 LVerf LSA; 63 Abs. 2 SchlHVerf; 102 Abs. 3 ThürVerf.

| | |
|---|---|
| I. Funktion der Vorschrift ............ 1 | V. Gesetzliche Regelung (Abs. 4) ..... 5 |
| II. Rechnungslegung (Abs. 1) ........ 2 | VI. Schrifttum ......................... 6 |
| III. Rechnungsprüfung (Abs. 2) ....... 3 | |
| IV. Entlastung der Landesregierung (Abs. 3) ............................ 4 | |

## I. Funktion der Vorschrift

Art. 67 regelt die vierte und letzte Phase des **Haushaltskreislaufs**. Nach der Aufstellung des Haushaltsplanentwurfs durch das Kabinett, der Beschlussfassung durch den LT, dem Vollzug des Haushalts durch die LReg folgt im Anschluss an das betreffende Haushaltsjahr die Phase der Rechnungslegung und Prüfung. Beide sind unabdingbare Bestandteile des Haushaltswesens, denn der Einsatz 1 von öffentlichen Geldern bedarf nicht nur bei der Planaufstellung, sondern auch im tatsächlichen Mitteleinsatz des **Nachweises** und der **Transparenz**.[1]

Diese letzte Phase des Haushaltskreislaufs gliedert sich wiederum in drei Unterabschnitte, nämlich die Rechnungslegung (Art. 67 Abs. 1), die Rechnungsprüfung (Art. 67 Abs. 2) und die Entlastung der LReg durch den LT (Art. 67 Abs. 3).

## II. Rechnungslegung (Abs. 1)

2 Der Finanzminister hat nach Art. 67 Abs. 1 Satz 1 dem LT über alle Einnahmen und Ausgaben sowie über die Inanspruchnahme von Verpflichtungsermächtigungen jährlich **Rechnung zu legen**. Die Vorschrift ist spiegelbildlich zu Art. 61 Abs. 1 Satz 1 konstruiert. Während es in Art. 61 um die Veranschlagung in der Planungsphase geht, beschäftigt sich Art. 67 mit demselben Themenkreis aus dem umgekehrten Blickwinkel des retrospektiven Nachweises der tatsächlichen Zahlungsströme.[2] Für den Haushaltsplan und für die Haushaltsrechnung gelten die gleichen Grundprinzipien, nämlich die Vollständigkeit („alle") und die Einheit.

Die **Haushaltsrechnung** ist eine Zusammenstellung der im abgelaufenen Jahr eingegangenen Einnahmen und geleisteten Ausgaben (Ist-Beträge), denen die im Haushaltsplan veranschlagten Einnahmen und Ausgaben (Soll-Beträge) zum Vergleich gegenübergestellt werden.[3] Inhalt und Gliederung der Haushaltsrechnung werden in § 81 LHO geregelt. In Ergänzung zur Haushaltsrechnung hat der Finanzminister nach Art. 67 Abs. 1 Satz 2 auch über das **Vermögen** und die **Schulden** des Landes Rechnung zu legen. In dieser Vermögensrechnung sind gem. § 86 LHO der Bestand des Vermögens und der Schulden zu Beginn des Haushaltsjahres, die Veränderungen während des Haushaltsjahres und der Bestand zum Ende des Haushaltsjahres nachzuweisen. Zweck der Vermögensrechnung ist es nicht, den Verkehrswert des Landesvermögens festzustellen oder durch die Gegenüberstellung des Vermögens und der Schulden bilanzmäßig das tatsächliche Reinvermögen des Landes zu ermitteln.[4] Die Vermögensrechnung würde nur dann zu einer echten Bilanz, wenn die Systemumstellung von der kameralistischen Buchführung zur **Doppik** vollzogen würde.

Die Rechnungslegung erfolgt „jährlich". Das heißt, dass auch bei einem Doppelhaushalt nach Abschluss jedes einzelnen Haushaltsjahres die Haushaltsrechnung erstellt werden muss. Im Gegensatz zu Art. 114 GG schreibt Art. 67 nicht vor, bis wann die Haushaltsrechnung vorzulegen ist. Die LReg ist aber gem. § 112 LHO verpflichtet, die Haushaltsrechnung im Laufe des nächsten Haushaltsjahres zu erstellen.

## III. Rechnungsprüfung (Abs. 2)

3 Nach Art. 67 Abs. 2 prüft der **LRH** die Rechnung sowie die Ordnungsmäßigkeit und die Wirtschaftlichkeit der Haushaltsführung (Satz 1). Die **Rechnungsprüfung** gliedert sich in die Rechnungs-, die Verwaltungs- und die Verfassungs-

---

1 *Piduch*, Art. 114 Rn. 2.
2 *Heun*, Staatshaushalt und Staatsleitung, 1989, S. 496.
3 *Piduch*, Art. 114 Rn. 9; *Kube*, in Dürig/Herzog/Scholz, Art. 114 Rn. 19.
4 *Kube*, in Dürig/Herzog/Scholz, Art. 114 Rn. 21; *Piduch*, Art. 114 Rn. 10; *Schwarz*, in von Mangoldt/Klein/Starck, Art. 114 Rn. 26.

kontrolle.[5] Dabei versteht man unter Rechnungskontrolle die rechnerische und formelle Prüfung der Belege, unter Verwaltungskontrolle die Prüfung der Geschäftsvorfälle hinsichtlich ihrer Übereinstimmung mit den materiellen Rechtssätzen und Verwaltungsvorschriften und unter Verfassungskontrolle die Feststellung, ob der Wille des Gesetzgebers, der im Haushaltsgesetz und im Haushaltsplan seinen Ausdruck gefunden hat, erfüllt worden ist. Maßstab für die Prüfung ist die Ordnungsmäßigkeit und die Wirtschaftlichkeit der Haushaltsführung. Bei der Ordnungsmäßigkeit geht es um eine Rechtmäßigkeitskontrolle im Rahmen der oben genannten Verwaltungs- und Verfassungskontrolle,[6] während der Maßstab der Wirtschaftlichkeit darauf ausgerichtet ist, ob mit einem bestimmten Aufwand ein möglichst hoher Nutzen erreicht (Maximalprinzip) und andererseits ein bestimmter Nutzen mit einem möglichst geringen Aufwand (Minimalprinzip) erzielt werden kann. Hier sind auch Gesichtspunkte der Zweckmäßigkeit zu berücksichtigen, zu denen der Rechnungshof im Rahmen seiner Prüfungserkenntnisse Stellung nimmt.

Der Rechnungshof berichtet nach Art. 67 Abs. 2 Satz 2 über die Ergebnisse der Rechnungsprüfung dem LT und unterrichtet gleichzeitig die LReg. Diese sogenannten Jahresberichte des LRH werden in der Regel in dem übernächsten Jahr, das auf das zu prüfende Haushaltsjahr folgt, dem LT und der LReg zugeleitet und dabei auch der Öffentlichkeit vorgestellt.

### IV. Entlastung der Landesregierung (Abs. 3)

Der letzte Akt im Haushaltskreislauf ist die Beschlussfassung des LT über die 4 **Entlastung** der LReg. Zur Vorbereitung des Entlastungsbeschlusses beschäftigt sich der Finanzausschuss in mehreren Sitzungen mit den Feststellungen des LRH. Dazu werden die Vertreter der Ressorts geladen, die zu den Feststellungen bzw. Beanstandungen des LRH eine Stellungnahme abgeben. Auf der Grundlage dieser Erörterung schlägt der Finanzausschuss dem LT vor, die Feststellung des Rechnungshofs zur Kenntnis zu nehmen bzw. den Beanstandungen beizutreten. In besonderen Fällen empfiehlt der Finanzausschuss darüber hinaus, der LReg im Wege von Entschließungen eine Handlungsempfehlung für künftiges Verhalten auf den Weg zu geben. Über die gesamten Vorgänge erstattet der Finanzausschuss dem Plenum des LT einen zusammenfassenden Bericht, der dann die Grundlage für den Beschl. über die Entlastung der LReg bildet. Weder die Erteilung noch das Versagen der Entlastung haben unmittelbare rechtliche Wirkungen.[7] Die Bedeutung der Entlastung ist rein politischer Natur. Allerdings: Nach der Entlastung kann das Haushaltsgesetz nicht mehr Gegenstand eines Normenkontrollverfahrens sein; es hat seine Bedeutung verloren.[8]

### V. Gesetzliche Regelung (Abs. 4)

Dem Auftrag der LV, das Nähere durch Gesetz zu regeln (Abs. 4), ist der Landesgesetzgeber mit näheren Bestimmungen über die Rechnungslegung in den §§ 80 bis 87 LHO gefolgt. Die Rechnungsprüfung wird in §§ 88 bis 104 LHO normiert. Auf diese Bestimmungen wird im Zusammenhang mit der Kommen-

---

5 *Kube*, in Dürig/Herzog/Scholz, Art. 114 Rn. 97 ff.; *Brockmeyer*, in Schmidt-Bleibtreu/Hofmann/Hopfauf, Art. 114 Rn. 13 ff.; *Tiemann*, Die staatsrechtliche Stellung der Finanzkontrolle des Bundes, 1974, S. 80 f.
6 *Kube*, in Dürig/Herzog/Scholz, Art. 114 vor Rn. 97.
7 *von Mutius*, in von Mutius/Wuttke/Hübner, Art. 55 Rn. 13; *Kube*, in Dürig/Herzog/Scholz, Art. 114 Rn. 42, 43.
8 BVerfGE 20, 56 (94).

tierung von Art. 68 Abs. 3, der die Aufgaben des LRH weiter präzisiert, noch einzugehen sein.

## VI. Schrifttum

6 *Arnim, Hans Herbert v.*, Wirksame Finanzkontrolle bei Bund, Ländern und Gemeinden, 1978, *ders.*, Grundprobleme der Finanzkontrolle, in DVBl. 1983, S. 664 ff.; *Battis, Ullrich*, Rechnungshof und Politik, in DÖV 1976, 721 ff.; *Blasius, Hans*, Der Rechnungshof als körperschaftlich-kollegial verfasste unabhängige Einrichtung, in JZ 1990, 954 ff.; *Blasius, Hans/Stadtmann, Burkhard*, Justiz und Finanzkontrolle, in DÖV 2002, 12 ff.; *Dieckmann, Rudolf*, Zukunftsperspektiven eines Rechnungshofs, in DÖV 1992, 893 ff.; *Eichhorn, Peter*, Strategieprüfungen durch Rechnungshöfe, in Denkschrift für Eibelshäuser, Köln 2013, S. 135 ff.; *Engelhardt/Schulze/Thieme*, Stellung und Funktion der Rechnungshöfe im Wandel, 1993; *Engels, Dieter*, Die Beratungsaufgabe der Rechnungshöfe, in Denkschrift für Eibelshäuser, Köln 2013, S. 141 ff.; *Fischer-Heidlberger, Heinz/Zeller, Bernhard*, Rechnungshof und Politik: Betrachtung des Spannungsverhältnisses am Beispiel des Bayerischen Obersten Rechnungshofs, in Denkschrift für Eibelshäuser, Köln 2013, S. 155ff; *Lüder, Klaus*, Welchen Weg geht die Finanzkontrolle? Empirische und rechtliche Aspekte der Entwicklung der Rechnungshöfe, in FinArch 49 (1992), S. 248 ff., *Müller, Ullrich*, Die institutionelle Unabhängigkeit der Rechnungshöfe, in DVBl. 1994, S. 1276 ff.; *Piduch, Erwin-Adolf*, Grundfragen der Finanzkontrolle, in DÖV 1973, 228 ff.; *Tiemann, Susanne*, Die staatsrechtliche Stellung der Finanzkontrolle des Bundes, 1974; *Umbach, Dieter C./Dollinger, Franz-Wilhelm*, Zwischen Bestenauslese und Demokratieprinzip, 2007.

## Art. 68 (Landesrechnungshof)

(1) ¹Der Landesrechnungshof ist eine selbständige, nur dem Gesetz unterworfene oberste Landesbehörde. ²Seine Mitglieder besitzen richterliche Unabhängigkeit.

(2) ¹Der Landesrechnungshof besteht aus dem Präsidenten, dem Vizepräsidenten und weiteren Mitgliedern. ²Der Präsident und der Vizepräsident werden auf Vorschlag der Landesregierung vom Landtag mit einer Mehrheit von zwei Dritteln der anwesenden Mitglieder, mindestens mit der Mehrheit der Mitglieder des Landtages ohne Aussprache auf die Dauer von zwölf Jahren gewählt. ³Sie werden vom Ministerpräsidenten ernannt. ⁴Eine Wiederwahl ist ausgeschlossen. ⁵Die weiteren Mitglieder werden vom Ministerpräsidenten auf Vorschlag des Präsidenten des Landesrechnungshofes berufen.

(3) ¹Der Landesrechnungshof überwacht die gesamte Haushalts- und Wirtschaftsführung des Landes. ²Er untersucht hierbei die Zweckmäßigkeit und Wirtschaftlichkeit der öffentlichen Verwaltung. ³Er ist auch zuständig, soweit Stellen außerhalb der Landesverwaltung und Private Landesmittel erhalten oder Landesvermögen oder Landesmittel verwalten.

(4) Der Landesrechnungshof überwacht die Haushalts- und Wirtschaftsführung der kommunalen Körperschaften und der übrigen juristischen Personen des öffentlichen Rechts, die der Aufsicht des Landes unterstehen.

(5) Der Landesrechnungshof übermittelt jährlich das Ergebnis seiner Prüfung gleichzeitig dem Landtag und der Landesregierung.

(6) Das Nähere regelt das Gesetz.

Vergleichbare Regelungen:
*Zu Abs. 1:* Artt. 80 Abs. 1 BayVerf; 83 Abs. 2 BWVerf; 95 Abs. 1 VvB; 107 Abs. 1 BbgVerf; 133a Abs. 2 BremVerf; 71 Abs. 1 und 5 HambVerf; 70 Abs. 1 NdsVerf; 87 Abs. 1 Verf NW; 120 Abs. 2 Verf Rh-Pf; 106 Abs. 3 SaarlVerf; 100 Abs. 1 SächsVerf; 97 Abs. 2, 98 Abs. 1 LVerf LSA; 65 Abs. 21 SchlHVerf; 103 Abs. 1 ThürVerf.
*Zu Abs. 2:* Artt. 80 Abs. 2 BayVerf; 83 Abs. 2 BWVerf; 95 Abs. 2 VvB; 107 Abs. 2 BbgVerf; 133a Abs. 3 BremVerf; 71 Abs. 3 und 4 HambVerf; 70 Abs. 2 NdsVerf; 87 Abs. 2 Verf NW; 120 Abs. 2 Verf Rh-Pf; 106 Abs. 3 SaarlVerf; 100 Abs. 2 und 3 SächsVerf; 98 Abs. 2 und 3 LVerf LSA; 65 Abs. 2 SchlHVerf; 103 Abs. 2 ThürVerf.
*Zu Abs. 3:* Artt. 83 Abs. 2 BWVerf; 95 Abs. 3 VvB; 71 Abs. 1 HambVerf; 70 Abs. 1 NdsVerf; 100 Abs. 1 SächsVerf; 65 Abs. 1 SchlHVerf; 103 Abs. 3 ThürVerf.
*Zu Abs. 4:* Artt. 56 Abs. 2 SchlHVerf; 103 Abs. 4 ThürVerf.
*Zu Abs. 5:* Artt. 83 Abs. 2 BWVerf; 95 Abs. 3 VvB; 71 Abs. 1 HambVerf; 70 Abs. 1 NdsVerf; 86 Abs. 2 Verf NW; 120 Abs. 2 Verf Rh-Pf; 106 Abs. 2 SaarlVerf; 100 Abs. 4 SächsVerf; 65 Abs. 5 SchlHVerf; 103 Abs. 3 ThürVerf.

| | |
|---|---|
| I. Funktion der Vorschrift ............ 1 | 2. Prüfung bei Stellen außerhalb der Landesverwaltung (Abs. 3 S. 2) .................... 8 |
| II. Rechtsstellung des Landesrechnungshofs (Abs. 1) ................ 2 | |
| 1. Der Landesrechnungshof als oberste Landesbehörde (Abs. 1 S. 1) .................... 2 | 3. Überwachung der Haushalts- und Wirtschaftsführung der kommunalen Körperschaften (Abs. 4) ........................ 9 |
| 2. Richterliche Unabhängigkeit der Mitglieder (Abs. 1 S. 2) .... 3 | 4. Übermittlung der Ergebnisse .. 10 |
| III. Bestimmung der Mitglieder (Abs. 2) .......................... 4 | V. Neuere Tendenzen in der Entwicklung der Rechnungshöfe ........... 11 |
| IV. Aufgaben des Landesrechnungshofs (Abs. 3 und 4) ................ 7 | VI. Gesetzesvorbehalt .................. 12 |
| 1. Überwachung der Haushalts- und Wirtschaftsführung des Landes ...................... 7 | VII. Schrifttum ........................ 13 |

## I. Funktion der Vorschrift

Art. 68 befasst sich mit zwei Regelungskreisen. Die Vorschrift enthält zum einen Bestimmungen über die Rechtsstellung des **LRH als Institution** (Art. 68 Abs. 1 S. 1); dazu gehören auch Kernaussagen zur richterlichen Unabhängigkeit der Mitglieder des LRH (Art. 68 Abs. 1 S. 2) sowie zu den Modalitäten der Wahl von Präsident und Vizepräsident bzw. der Ernennung der weiteren Mitglieder (Abs. 2). Zum anderen normiert Art. 68 in den Absätzen 3 bis 5 das wesentliche **Aufgabenspektrum** des LRH. Insoweit ergeben sich Überschneidungen zu Art. 67 Abs. 2, der ebenfalls Aufgaben des LRH, nämlich seine Mitwirkung bei der Rechnungsprüfung, beleuchtet. Dadurch unterscheiden sich die Art. 67 und Art. 68 von Art. 114 GG, weil dort Aussagen zur Institution des Bundesrechnungshofes und zu seinen Aufgaben in einem Grundgesetzartikel zusammengefasst sind. Die Differenzen in der rechtstechnischen Konstruktion führen aber nicht zwangsläufig zu sachlichen Divergenzen zwischen der verfassungsrechtlichen Stellung des Bundesrechnungshofs und des LRH M-V. 1

## II. Rechtsstellung des Landesrechnungshofs (Abs. 1)

**1. Der Landesrechnungshof als oberste Landesbehörde (Abs. 1 S. 1).** Art. 68 Abs. 1 S. 1 garantiert die institutionelle Position[1] des LRH als selbstständige, 2

---

1 Dazu allgemein *Droege*, in VerwArch 2015, 459 ff.

nur dem Gesetz unterworfene oberste Landesbehörde. Der Begriff „oberste Landesbehörde" wird in der LV selbst nicht definiert. Nach § 5 Abs. 1 des Landesorganisationsgesetzes sind oberste Landesbehörden zB die LReg, der MinPräs und die Ministerien. Diesen Institutionen ist also der Rechnungshof in verfassungsrechtlicher Hinsicht gleichgestellt. Er ist selbstständig und nur dem Gesetz unterworfen, also nicht von den Weisungen einer anderen Instanz, sei es LT oder LReg, abhängig. Selbst das Parlament kann auf die Tätigkeit des LRH nur durch Gesetz in verpflichtender Weise Einfluss nehmen. Die betreffenden Gesetze müssen sich allerdings ihrerseits im Rahmen der verfassungsrechtlichen Garantie halten. Das bedeutet zB, dass dem LRH haushaltsrechtlich ein eigener Einzelplan zugeordnet ist und die personelle sowie finanzielle Ausstattung den Mindestanforderungen einer angemessenen materiellen Basis gerecht werden muss.[2]

Sowohl für den Bundesrechnungshof als auch für die Rechnungshöfe der Länder gilt nach allgA, dass es sich dabei nicht um ein **Verfassungsorgan** handelt.[3] Die Frage hat keine praktische Bedeutung, weil der LRH nach Art. 53 Nr. 1 auch ohne die Rechtsstellung eines Verfassungsorgans ein Organstreitverfahren vor dem LVerfG M-V anstrengen kann, da der LRH ein „anderer Beteiligter" ist, der durch die LV mit eigenen Rechten ausgestattet ist.

3 **2. Richterliche Unabhängigkeit der Mitglieder (Abs. 1 S. 2).** Die Mitglieder des LRH besitzen **richterliche Unabhängigkeit**. Damit wird der LRH nicht nur als Institution (S. 1), sondern auch hinsichtlich der Befugnisse seiner Mitglieder geschützt. Die nähere Ausgestaltung der richterlichen Unabhängigkeit ist in §§ 6 und 7 Landesrechnungshofgesetz (LRHG) geregelt. Danach sind zB die Vorschriften für Richter auf Lebenszeit über Dienstaufsicht, Versetzung, Entlassung, Amtsenthebung, Altersgrenze und Disziplinarmaßnahmen entspr. anzuwenden. Ihrem Status nach sind die Mitglieder des LRH allerdings nicht Richter, sondern Beamte, und zwar Beamte auf Zeit (**Präsident** und Vizepräsident) bzw. Beamte auf Lebenszeit (weitere **Mitglieder** des LRH), vgl. §§ 4 und 5 LRHG. Aus der richterlichen Unabhängigkeit folgt, dass der LRH nach dem Kollegialprinzip organisiert ist.[4]

### III. Bestimmung der Mitglieder (Abs. 2)

4 Art. 68 Abs. 2 S. 1 regelt die Zusammensetzung des LRH. Dieser besteht aus dem Präsidenten, dem Vizepräsidenten und weiteren Mitgliedern. Deren Zahl ist weder in der LV noch im LRHG vorgeschrieben. Sie richtet sich daher ausschließlich nach den Vorgaben im Stellenplan des jeweiligen Haushalts. Derzeit

---

2 *Kube*, in Dürig/Herzog/Scholz, Art. 114 Rn. 47; *Schwarz*, in von Mangoldt/Klein/Starck, Art. 114 Rn. 107; *Engels*, in BK, Art. 114 Rn. 147.
3 Offengelassen von BVerfGE 92, 130 (133) für den LRH im Verfahren des Organstreits auf Landesebene; *Schlaich/Korioth*, Rn. 87; *Kobusch, in* Epping/Butzer, Art. 70 Rn. 20; *Schwarz*, in von Mangoldt/Klein/Starck, Art. 114 Rn. 77; *Jarass/Pieroth*, Art. 114 Rn. 4; *Kube*, in Dürig/Herzog/Scholz, Art. 114 Rn. 62; *David*, Art. 71 Rn. 5; *Braun*, Art. 83 Rn. 6; *Thiele*, in Thiele/Pirsch/Wedemeyer, Art. 68 Rn. 1. In dem Bericht der Verfassungskommission zu Art. 68 (Drs. 1/3100, 153) wird allerdings der LRH als „Verfassungsorgan" bezeichnet. Diese Begriffsbestimmung findet sich aber nur in einer in indirekter Rede wiedergegebenen Äußerung des Präsidenten des LRH. Damit ist nicht zwingend verbunden, dass sich die Verfassungskommission diese Qualifizierung zu eigen gemacht hat.
4 *Piduch*, Art. 114 Rn. 32; *Braun*, Art. 83 Rn. 5; *Karehnke* DÖV 1972, 145 (148 f.); *Susanne Tiemann*, Die staatsrechtliche Stellung der Finanzkontrolle des Bundes, 1974, S. 242; differenzierend: *Schwarz*, in von Mangoldt/Klein/Starck, Art. 114 Rn. 113; vgl. zum Kollegialprinzip auch → Rn. 6.

(Stand Haushalt 2022/2023) enthält der Stellenplan für die weiteren Mitglieder zwei Stellen, so dass die Mitgliederzahl insgesamt – einschl. Präsident und Vizepräsident – bei vier liegt. Aus der LV lässt sich nur so viel entnehmen, dass neben dem Präsidenten und dem Vizepräsidenten mindestens zwei weitere Mitglieder vorhanden sein müssen, weil Art. 68 Abs. 2 S. 1 die weiteren Mitglieder im Plural bezeichnet. Das **Kollegialorgan** LRH besteht also aus mindestens vier Mitgliedern.

Die in Abs. 2 S. 2 getroffenen Regelungen über die **Wahl** und die Amtsdauer des **Präsidenten** und des **Vizepräsidenten** sind durch Gesetz vom 14.7.2006[5] neu geregelt worden. Danach gilt Folgendes:
Es obliegt der **LReg**, dem LT einen **Vorschlag** für die **Wahl** des **Präsidenten** und des **Vizepräsidenten** zu machen. Eine solche Bestimmung über das Vorschlagsrecht bzw. die Pflicht zu einem Vorschlag fehlte in der früheren Verfassungslage. Damals war nur die Wahl durch den LT geregelt. Deshalb entstanden Unklarheiten, welches Verfassungsorgan das Recht bzw. die Pflicht zur Initiative hat, wenn die Position des Präsidenten oder des Vizepräsidenten vakant ist. Diese unbefriedigende Rechtslage hat mit dazu beigetragen, dass die Funktion des Vizepräsidenten mehrere Jahre unbesetzt geblieben ist, weil sich die Beteiligten nicht auf einen Nachfolger verständigen konnten. Da die LV vorschreibt, dass der LRH aus dem Präsidenten, dem Vizepräsidenten und weiteren Mitgliedern besteht, ist ein Zustand, bei dem auf Dauer eine dieser Funktionen nicht besetzt ist, mit der LV nicht vereinbar. Die Neuregelung in der LV überträgt die Verantwortung für die Initiative der LReg, die allerdings für einen aussichtsreichen Vorschlag auf die Bereitschaft des LT zur Mitwirkung angewiesen ist.

Auf Vorschlag der LReg erfolgt die **Wahl durch den LT**, und zwar mit einer qualifizierten Mehrheit. Erforderlich sind die Mehrheit von 2/3 der anwesenden Mitglieder (anders § 4 Abs. 1 LRHG, der bei nächster Gelegenheit an die LV angepasst werden sollte) sowie die Mehrheit der Mitglieder des LT. Beide Voraussetzungen müssen kumulativ vorliegen. Diese Festlegung geht zurück auf einen Vorschlag des damaligen Landesrechnungshofpräsidenten, den die Verfassungskommission übernommen hat.[6] Dadurch sollte die demokratische Legitimation des LRH erhöht werden. Aufgrund der erforderlichen 2/3 Mehrheit der Anwesenden kann die jeweilige Regierungskoalition den Präsidenten bzw. Vizepräsidenten im Regelfall nur mit Zustimmung zumindest von Teilen der Opposition wählen lassen. Dies erhöht die demokratische Legitimation, bringt auf der anderen Seite aber praktische Schwierigkeiten, wenn eine Verständigung zwischen der Regierungskoalition und der Opposition nicht gelingt. Diese Gefahr besteht vor allem dann, wenn Präsident und Vizepräsident nicht gleichzeitig gewählt werden, sondern nur einer von beiden. Dann ist nämlich ein Kompromiss, bei dem zB die Regierung den Präsidenten und die Opposition den Vizepräsidenten vorschlagen darf, nicht möglich. Insoweit hat auch das Erfordernis der qualifizierten Mehrheit zu der oben bereits erwähnten mehrjährigen Vakanz der Position des Vizepräsidenten beigetragen. Verfehlt der von der Landesregierung vorgeschlagene Kandidat die erforderliche Mehrheit, ist ein zweiter Wahlgang zulässig.[7]

Präsident und Vizepräsident werden vom **MinPräs ernannt**. Die Amtszeit beträgt 12 Jahre. Eine Wiederwahl ist ausgeschlossen. Die lange Amtszeit und der

5

---

5 GVOBl. 2006, 572.
6 Drs. 1/3100, 153.
7 LVerfG MV 28.10.2010 – 5/10 –, LVerfGE 21, 218 ff. = DÖV 2011, 38 (Ls.).

Ausschluss der Wiederwahl fördern die innere Unabhängigkeit von Präsident und Vizepräsident.[8] Wenn die Altersgrenze vor Ablauf der 12jährigen Wahlperiode erreicht wird, endet die Amtszeit mit Ablauf des Monats, in dem Präsident oder Vizepräsident die gesetzliche Altersgrenze erreichen, vgl. § 4 Abs. 2 S. 2 LRHG.

Die LV nennt keine persönlichen Qualifikationsanforderungen für die Positionen des Präsidenten und des Vizepräsidenten. Nach § 3 LRHG müssen die Mitglieder des LRH die Befähigung zum Richteramt oder zum höheren Verwaltungsdienst oder für eine Laufbahn des höheren technischen Dienstes besitzen oder eine abgeschlossene volks- oder betriebswirtschaftliche Vorbildung erlangt haben. Mindestens 1/3 der Mitglieder muss die Befähigung zum Richteramt besitzen. Bei der derzeitigen Zahl der Mitglieder (4) benötigen daher mindestens 2 Mitglieder die Befähigung zum Richteramt.

6 Die **weiteren Mitglieder** werden vom MinPräs auf Vorschlag des Präsidenten des LRH berufen. Die ursprüngliche Fassung des Entwurfs der LV sah auch für die Ernennung der weiteren Mitglieder die Zustimmung des LT vor. Diese Anforderung wurde auf Vorschlag des damaligen Landesrechnungshofpräsidenten gestrichen, um die Unabhängigkeit des LRH zu stärken.[9]

Aus der LV lassen sich einige Erkenntnisse zur **Gewichtsverteilung** innerhalb des LRH gewinnen. Der LRH wird in der LV überwiegend als Institution angesprochen, vgl. Art. 67 Abs. 2 und 3, Art. 68 Abs. 1 S. 1, Abs. 3, 4 und Abs. 5. Eine herausgehobene Stellung erlangen der Präsident und der Vizepräsident durch ihre bevorzugte Nennung in Art. 68 Abs. 2 S. 1 sowie durch die Besonderheiten des Wahlaktes; die Stellung des Präsidenten wird dadurch gestärkt und betont, dass er das alleinige Vorschlagsrecht für die Berufung der weiteren Mitglieder hat. Dadurch kann der Präsident die Zusammensetzung des LRH maßgeblich beeinflussen. Der Charakter des LRH als Kollegialorgan wird demgegenüber durch die Garantie der richterlichen Unabhängigkeit für alle Mitglieder betont sowie dadurch, dass die weiteren Mitglieder gemeinsam mit dem Präsidenten und dem Vizepräsidenten den LRH bilden, vgl. Art. 68 Abs. 2 S. 1. Das aus dem Präsidenten, dem Vizepräsidenten und den weiteren Mitgliedern bestehende Gremium wird in § 2 Abs. 1 S. 2 LRHG als „**Senat**" bezeichnet. Nähere Ausführungen zur Binnenstruktur des LRH enthalten §§ 8 bis 13 LRHG.[10] Danach vertritt der Präsident die Behörde nach außen, leitet die Verwaltung des LRH und übt die Dienstaufsicht aus (§ 8 Abs. 1). Er verteilt die Geschäfte im Einvernehmen mit dem Senat auf die Prüfungsabteilungen und bestimmt, welche Mitglieder die Prüfungsgebiete leiten (§ 9 Abs. 1). Er entscheidet über die Besetzung der Prüfungsabteilungen mit Prüfungsbeamten und weiteren Mitarbeitern (§ 9 Abs. 2 S. 1), bedarf hierfür aber auf Antrag eines betroffenen Mitglieds im Einzelfall der Zustimmung des Senats (§ 9 Abs. 2 S. 2). Der Senat entscheidet unter dem Vorsitz des Präsidenten in allen Angelegenheiten von grds. oder sonst erheblicher Bedeutung (§ 10 Abs. 1), insbes. über die in § 10 Abs. 2 aufgeführten Punkte, die die Prüfungstätigkeit und die Bemerkungen des LRH betreffen. Der Senat entscheidet mit Stimmenmehrheit, wobei bei Stimmengleichheit die Stimme des Vorsitzenden den Ausschlag gibt, § 10 Abs. 3 S. 1 und 2. Die hier knapp zusammengefassten Bestimmungen

---

8 *Kobusch*, in Epping/Butzer, Art. 70 Rn. 95.
9 Drs. 1/3100, 154; zur Besetzung der Landesrechnungshöfe am Beispiel des Landes Brandenburg vgl. *Umbach/Dollinger*, Zwischen Beamtenauslese und Demokratieprinzip, 2007.
10 Vgl. zur Stellung des Präsidenten des Bundesrechnungshofs *Piduch*, Art. 114 Rn. 35.

des LRHG geben den Senatsmitgliedern eine relativ starke Stellung, weil der Senat nicht nur im Kernbereich der Aufgabenerfüllung des LRH (§ 10 Abs. 2) entscheidet, sondern durch verschiedene Mitwirkungsbefugnisse auch auf die Verwaltungstätigkeit Einfluss nimmt, die primär dem Präsidenten zugeordnet ist. Innerhalb des verfassungsrechtlich zulässigen Rahmens wären auch andere Gestaltungen denkbar. Allerdings dürfen Gewichtsverschiebungen zugunsten des Präsidenten nicht so weit gehen, dass dadurch die richterliche Unabhängigkeit der Mitglieder in ihrem Wesensgehalt ausgehöhlt würde.[11]

### IV. Aufgaben des Landesrechnungshofs (Abs. 3 und 4)

1. **Überwachung der Haushalts- und Wirtschaftsführung des Landes.** Eine 7 bes. wichtige Aufgabe des LRH ist bereits in Art. 67 Abs. 2 geregelt. Danach wirkt der LRH nämlich am parlamentarischen Entlastungsverfahren mit, indem er die Rechnung sowie die Ordnungsmäßigkeit und die Wirtschaftlichkeit der Haushaltsführung prüft und darüber berichtet. Art. 68 Abs. 3 erweitert diese Aufgabe der **Rechnungsprüfung** dadurch, dass dem LRH mit der Überwachung der gesamten Haushalts- und Wirtschaftsführung des Landes eine umfassende **Finanzkontrolle** übertragen wird. Unter **Haushaltsführung** ist die Ausführung des Haushaltsgesetzes und des Haushaltsplanes zu verstehen, mit **Wirtschaftsführung** ist die finanzwirtschaftliche Betätigung außerhalb des Haushaltsplans angesprochen, also zB solche Maßnahmen, die sich gegenwärtig noch nicht, aber in Zukunft finanzwirksam auswirken können, wie etwa Finanzplanungen oder wirtschaftslenkende Maßnahmen.[12] Eine genaue Abgrenzung zwischen beiden Begriffen ist wegen des umfassenden Kontrollansatzes der LV entbehrlich. Prüfungsmaßstab sind nach Art. 68 Abs. 3 S. 2 die Zweckmäßigkeit und Wirtschaftlichkeit der öffentlichen Verwaltung. Zum Begriff der Wirtschaftlichkeit vgl. die Erläuterungen zu → Art. 67 Rn. 3. Die Erwähnung des Maßstabs der Zweckmäßigkeit bringt zum Ausdruck, dass dem LRH über eine reine Rechtmäßigkeits- und Ordnungsmäßigkeitskontrolle hinaus auch die Entwicklung eigener Beurteilungsmaßstäbe gestattet sein soll. Umstritten ist in diesem Zusammenhang, ob der LRH auch das Recht hat, politische Entscheidungen seiner Kontrolle zu unterwerfen bzw. dazu Stellung zu nehmen. Während die überlieferte Auffassung diese Frage verneint,[13] wird heute zT auch die Ansicht vertreten, dass der LRH zur Entwicklung eigener politischer Maßstäbe und Bewertungen befugt sei.[14] In der Praxis ist dieser Streit längst entschieden. So berichten zB fast alle Landesrechnungshöfe – so auch der LRH M-V – in den allg. Bemerkungen ihrer Jahresberichte ausführlich über die jeweilige finanzpolitische Entwicklung. Dabei sparen die Rechnungshöfe nicht mit politischen Bewertungen, die nicht nur die Verwaltung als ausführendes Organ, sondern auch das Parlament als Haushaltsgesetzgeber einer krit. Analyse unterziehen. Insoweit haben sich die Rechnungshöfe ein politisches Mandat als Wächter der finanziellen Solidität zugelegt. Aus unserer Sicht ist dies verfassungsrechtlich zulässig, weil übergreifende finanzpolitische Aussagen, die sich nur auf den ausführenden Teil

---

11 So wird zB teilweise das Entscheidungsrecht des Präsidenten bei Stimmengleichheit für bedenklich gehalten, vgl. *Schwarz*, in von Mangoldt/Klein/Starck, Art. 114 Rn. 113; *Wieland* DVBl 1995, 894 (900); *Siekmann*, in Sachs, GG, Art. 114 Rn. 35.
12 *von Mutius*, in von Mutius/Wuttke/Hübner, Art. 56 Rn. 2.
13 *Kube*, in Dürig/Herzog/Scholz, Art. 114 Rn. 102, 103; *Tiemann*, Die staatsrechtliche Stellung der Finanzkontrolle des Bundes, 1974, S. 112.
14 *von Mutius*, in von Mutius/Wuttke/Hübner, Art. 56 Rn. 21; *von Arnim* DVBl 1983, 667; differenzierend *Engelhardt/Hegmann*, in Stellung und Funktion der Rechnungshilfe im Wandel?, 1993, S. 21 ff.

der Verwaltung beziehen, nicht möglich sind. Ein umfassendes Bild ergibt sich erst bei einer wertenden Einbeziehung auch legislatorischer Akte.[15]
Die **Überwachung** beschränkt sich nicht nur auf abgeschlossene Vorgänge.[16] Der Begriff „Überwachung" ist umfassender als der Begriff „Prüfung". Das Kontrollrecht des Rechnungshofs bezieht sich deshalb auch auf noch **laufende Vorgänge**.[17] So überträgt zB § 88 Abs. 3 LHO dem LRH ausdrücklich auch die Kompetenz, aufgrund von Prüfungserfahrungen den LT, die LReg und einzelne Ministerien zu beraten.

8   2. **Prüfung bei Stellen außerhalb der Landesverwaltung (Abs. 3 S. 2).** Nach Art. 68 Abs. 3 S. 2 gehört zu den Aufgaben des Rechnungshofs die Überwachung, soweit Stellen außerhalb der Landesverwaltung und Private Landesmittel erhalten oder Landesvermögen oder Landesmittel verwalten. Dazu trifft § 91 LHO nähere Regelungen. Die Prüfung erstreckt sich nach § 91 Abs. 2 LHO auf die bestimmungsmäßige und wirtschaftliche Verwaltung und Verwendung, kann aber bei Zuwendungen auch darüber hinaus auf die sonstige Haushalts- und Wirtschaftsführung des Empfängers erstreckt werden, soweit es der LRH für notwendig hält.

9   3. **Überwachung der Haushalts- und Wirtschaftsführung der kommunalen Körperschaften (Abs. 4).** Der LRH überwacht auch die Haushalts- und Wirtschaftsführung der kommunalen Körperschaften und der übrigen juristischen Personen des öffentlichen Rechts, die der Aufsicht des Landes unterstehen. Eine direkte Kommunalaufsicht hat das Land nur in Bezug auf die **Kreise und kreisfreien Städte**. Die kreisangehörigen Gemeinden unterliegen der Kommunalaufsicht der Landkreise, werden also von den dortigen Rechnungsprüfungsämtern und nicht vom LRH geprüft. Allerdings hat der LRH in der Vergangenheit auch Prüfungsbemerkungen zu Querschnittsfeststellungen getroffen, die den gesamten kommunalen Bereich berühren. Das ist von seinem umfassenden Recht zur Finanzkontrolle gemäß Art. 68 abgedeckt. Bei der Prüfung der Kommunen haben – einfachgesetzlich – die Zuständigkeiten des LRH zuletzt bemerkenswerte Ausweitungen erfahren. Nach § 8 Abs. 3 KPG[18] kann der LRH seit 2018 im gleichen Umfang wie die Kommunen deren Prüfungsrechte gegenüber Dritten nach dem SGB VIII, IX und XII wahrnehmen; hier geht es um die Erbringung sozialer Leistungen in der Trägerschaft der Kommunen durch Dritte. Paralleles gilt – nach Einführung der Beitragsfreiheit im Bereich der Kindertagesförderung – nach § 33 Abs. 4 KiFöG.[19] Sonstige juristische Personen des öffentlichen Rechts, die der Aufsicht des Landes unterstehen, sind ua die Anstalten in der Trägerschaft des Landes.

---

15  Einen guten Einblick in den aktuellen Stand der Diskussion zu den Aufgaben und Befugnissen der Rechnungshöfe bietet die Denkschrift für Manfred Eibelshäuser, Moderne Finanzkontrolle und öffentliche Rechnungslegung, hrsg. *Wallmann/Nowak /Mühlhausen/Steingässer* 2013, hier insbesondere die Beiträge von *Eichhorn*, Strategieprüfungen durch Rechnungshöfe, S. 135 ff.; *Engels*, Die Beratungsaufgabe der Rechnungshöfe, S. 141 ff., und *Fischer-Heidlberger/Zeller*, Rechnungshof und Politik: Betrachtung des Spannungsverhältnisses am Beispiel des Bayerischen Obersten Rechnungshofs, S. 155 ff.
16  So aber *Thiele*, in Thiele/Pirsch/Wedemeyer, Art. 68 Rn. 5; *von Mutius*, in von Mutius/Wuttke/Hübner, Art. 56 Rn. 9.
17  Zur gegenwartsnahen Prüfung vgl. auch *Engels*, in BK, Art. 114 Rn. 227; *Braun*, Art. 83 Rn. 8; *Schwarz*, in von Mangoldt/Klein/Starck, Art. 114 Rn. 74.
18  Kommunalprüfungsgesetz (KPG M-V) vom 6.4.1993 (GVOBl. M-V 1993, 250), zuletzt geändert durch Art. 2 des Gesetzes vom 23.7.2019 (GVOBl. M-V, S. 467, 471).
19  Kindertagesförderungsgesetz (KiFöG M-V) vom 4.9.2019 (GVOBl. M-V S. 558).

**4. Übermittlung der Ergebnisse.** Nach Art. 68 Abs. 5 übermittelt der LRH jährlich das Ergebnis seiner Prüfung gleichzeitig dem LT und der LReg. Im Rahmen des sogenannten Jahresberichts werden also nicht nur die Ergebnisse der Rechnungsprüfung gemäß Art. 67 Abs. 2 mitgeteilt, sondern auch die Erkenntnisse, die der Rechnungshof aus seiner umfassenden Finanzkontrolle gewonnen hat.

## V. Neuere Tendenzen in der Entwicklung der Rechnungshöfe

Die Tätigkeit der Rechnungshöfe hat in der jüngeren Vergangenheit Akzentverschiebungen erfahren.[20] Die Rechnungshöfe sind – wie bereits erwähnt – stärker als früher bereit, sich auch zu „politischen" Fragen zu äußern. Sie bleiben nicht bei „buchhalterischen" Rechnungsprüfungen stehen, sondern zielen darauf ab, Zusammenhänge zu erfassen und so darzustellen, dass sie in ihrer Brisanz für das Parlament, aber auch für die Öffentlichkeit, erkennbar werden. Sie unterbreiten zukunftsbezogene Gestaltungsvorschläge. Das ist eine unvermeidliche Folge der Krise der bundesstaatlichen Finanzpolitik mit der immer bedrohlicher anwachsenden Gesamtverschuldung. Es ist nachvollziehbar, dass die Rechnungshöfe in einer solchen Situation ihre Funktion als Warner deutlicher artikulieren müssen, als das in einer ausgeglichenen Haushaltssituation erforderlich wäre. Damit einher geht die Neigung, nicht mehr nur im Nachhinein zu prüfen, sondern durch Empfehlungen die aktuelle politische Lage zu beeinflussen. Beides ist so lange nicht zu beanstanden, wie die Rechnungshöfe es vermeiden, einseitig gefärbte parteipolitische Thesen zu entwickeln, die mit der gebotenen Objektivität nicht vereinbar wären. Letzteres würde die Autorität des Rechnungshofs, der eben keine Entscheidungskompetenz, sondern nur Überzeugungsmöglichkeiten hat, schwächen.

## VI. Gesetzesvorbehalt

Nach Art. 68 Abs. 6 regelt das Nähere das Gesetz. Das ist geschehen in den §§ 88 ff. LHO bzgl. der Aufgaben des LRH sowie im LRHG.

## VII. Schrifttum

Vgl. zunächst die Angaben bei → Art. 67 Rn. 6. Ferner v. *Arnim, Hans-Herbert* (Hrsg.), Finanzkontrolle im Wandel, 1989; *Ax, Thomas*, Rechtsschutz gegen Landesrechnungshöfe, in VR 2010, 406 ff.; *Bengel, Philipp*, Rechnungshöfe als vierte Staatsgewalt?, 2010; *Degenhart, Christoph*, Kontrolle der Verwaltung durch Rechnungshöfe, in VVDStRL 55 (1996), S. 190 ff.; *Droege, Michael*, Der „Richter" der Exekutive. Organisationsverfassung der Rechnungshöfe, in VerwArch 2015, 459 ff.; *Tomuschat, Christian*, Die parlamentarische Haushalts- und Finanzkontrolle in der Bundesrepublik Deutschland, in Der Staat 19 (1980), S. 1 ff.; *Wieland, Joachim*, Rechnungshofkontrolle im demokratischen Rechtsstaat, in DVBl. 1995, S. 894 ff.

---

20 Vgl. *Engelhardt/Schulze/Thieme*, Stellung und Funktion der Rechnungshöfe im Wandel, 1993; *Dieckmann* DÖV 1992, 893 ff.; *Degenhart*, in VVDStRL 55 (1996), S. 190 ff.; weitere Nachweise siehe oben Fn. 14.

## IV. Landesverwaltung und Selbstverwaltung

### Art. 69 (Träger der öffentlichen Verwaltung)
Die öffentliche Verwaltung wird durch die Landesregierung, die ihr unterstellten Behörden und die Träger der Selbstverwaltung ausgeübt.

Vergleichbare Regelungen:
Artt. 86 GG; 89 BWVerf; 4 BayVerf; 16 Abs. 1 und 2 BbgVerf; 56 NdsVerf; 82 Abs. 1 SächsVerf; 86 Abs. 1 LVerf LSA; 90 S. 1 ThürVerf.

| | |
|---|---|
| I. Allgemeine Einordnung der Norm  1 | 2. Unmittelbare Landesverwaltung ........................... 10 |
| II. Verwaltungskompetenzen von Bund und Ländern ............... 3 | 3. Mittelbare Verwaltung durch Träger der Selbstverwaltung ... 16 |
| III. Die Träger der öffentlichen Verwaltung in M-V .................... 9 | IV. Schrifttum ........................ 19 |
| 1. Zur Bedeutung des Landesorganisationsgesetzes ............ 9 | |

### I. Allgemeine Einordnung der Norm

1 Der **normative Gehalt** des Art. 69 LV ist **gering**.[1] Selbst die im Abschlussbericht der Verfassungskommission enthaltene lapidare Feststellung, die Vorschrift definiere abschließend, welche Träger im Land die öffentliche Verwaltung ausüben,[2] ist nur bedingt zutreffend. Es handelt sich um eine offene, keine abschließende Norm. Ihr dürfte kaum ein Verbot zu entnehmen sein, jedenfalls die Durchführung einzelner Verwaltungsaufgaben auch anderen Institutionen zu übertragen, etwa im Wege der Beleihung.[3] Davon geht auch das LOG aus, in dessen § 2 Abs. 4 natürliche und juristische Personen des Privatrechts sowie nicht rechtsfähige Vereinigungen als Träger der mittelbaren Landesverwaltung für die ihnen übertragenen öffentlichen Aufgaben genannt werden. Nach § 9 Abs. 2 LOG können Träger *einzelner* Aufgaben der öffentlichen Verwaltung neben dem Land, den Gemeinden und den Ämtern auch weitere Körperschaften des öffentlichen Rechts ohne Gebietshoheit, rechtsfähige Anstalten, Stiftungen des öffentlichen Rechts, privatrechtlich organisierte Verwaltungsträger sowie natürliche und juristische Personen des Privatrechts und nicht rechtsfähige Vereinigungen sein.

2 Art. 69 LV bildet zu Beginn des IV. Abschnitts der LV eine Klammer zwischen den im Folgenden näher ausgestalteten Formen unmittelbarer und mittelbarer Staatsverwaltung, insbes. durch die kommunalen Selbstverwaltungskörperschaften.

### II. Verwaltungskompetenzen von Bund und Ländern

3 Nach der Konzeption des GG ist die Verwaltung abschließend zwischen Bund und Ländern iS alternativer Zuständigkeit verteilt. Die Wahrnehmung von Verwaltungsaufgaben durch die Kommunen gilt dabei als Verwaltung des Landes.[4] Während weitreichende Gesetzgebungskompetenzen des Bundes im Vergleich zu

---
1 Ähnlich zur Parallelvorschrift *Waechter* in Butzer/Epping, Art. 56 Rn. 2: „verfassungsdogmatische Funktion ... undeutlich".
2 LT-Drs. 1/3100, S. 155.
3 Zum Handeln Beliehener vgl. *Schliesky*, in Knack/Henneke, § 1 Rn. 75 ff.
4 Vgl. BVerfGE 39, 96 (109); 86, 148, 215; 119, 331, 364; 137, 108 (Rn. 90).

den Ländern bestehen, liegt das Schwergewicht der Wahrnehmung von Verwaltungsaufgaben bei den Ländern. Zuspitzend wird in der Wissenschaft von einem „Exekutivföderalismus"[5] gesprochen, gleichzeitig jedoch faktisch eine **Erosion der Administrativkompetenzen** der Länder[6] konstatiert. Die Föderalismusreform I im Jahr 2006[7] hat insoweit markante Veränderungen erbracht. Das Ziel bestand in einer Entflechtung der Kompetenzen und einer Stärkung der Eigenverantwortung der zuständigen Ebene.[8] Zwei Änderungen des Grundgesetzes aus den Jahren 2017[9] und 2019[10] haben umfangreiche Änderungen insbesondere in der Finanzverfassung bewirkt. Die von Länderseite erhofften Mitfinanzierungspflichten des Bundes gehen einher mit einem Verlust an Autonomie in der Aufgabenwahrnehmung durch die Länder.[11]

Die **Art. 83 ff. GG** gehen von den Verwaltungstypen der bundeseigenen Verwaltung, der Bundesauftragsverwaltung sowie der landeseigenen Verwaltung aufgrund von Bundes- und Landesgesetzen aus. Nach Art. 83 GG führen die Länder Bundesgesetze grds. als eigene Angelegenheit aus, soweit das GG nicht ausdrücklich etwas anderes bestimmt oder zulässt. Damit wird sowohl der Vollzug durch die Länder als auch dieser Vollzug als eigene Angelegenheit der Länder als Regelfall festgeschrieben.[12]

Die anderweitige Regelungsmöglichkeit hat durch die **Föderalismusreform 2006** eine Neufassung erfahren, die die Eingriffsmöglichkeiten des Bundes in die Länderhoheit an deutlich strengere Voraussetzungen bindet. Die frühere Regelung führte in der Praxis zu einer erheblichen Beeinträchtigung der Organisationshoheit der Länder.[13] Hervorzuheben ist das in Art. 84 Abs. 1 S. 7 GG verankerte Verbot des Übertragens von Aufgaben durch den Bund auf Gemeinden und Gemeindeverbände.[14]

Die **Abweichungsregelung** in Art. 84 Abs. 1 S. 2 GG soll sicherstellen, dass die Bundesländer Herr der eigenen Behördenorganisation verbleiben.[15] Dem dient auch die Verzögerungsfrist in Art. 84 Abs. 1 S. 3 GG. Die Länder sollen eine angemessene Reaktionszeit haben, um ihrerseits (erneut) auf eine bundesgesetzliche Regelung reagieren zu können. Bezogen auf die in dem Katalog der konkurrierenden Gesetzgebung in Art. 72 Abs. 3 S. 1 GG geregelten Materien sieht der durch Art. 84 Abs. 1 S. 4 GG in Bezug genommene Art. 72 Abs. 3 S. 3 GG nämlich vor, dass im Verhältnis von Bundes- und Landesrecht das jeweils spätere Gesetz vorgeht („föderale lex-posterior-Regel"). Späteres Landes-

---

5 *P.M. Huber*, Verhandlungen zum 65. DJT, 2004, Bd. I, S. D 77; *F. Kirchhof* in Dürig/Herzog/Scholz, Art. 83 Rn. 4 und 8.
6 *F. Kirchhof* in Dürig/Herzog/Scholz, Art. 83 Rn. 13 ff.
7 Zusammenfassend zu den Ergebnissen vgl. *Degenhart* NVwZ 2006, 1209 ff.; *Henneke* DVBl 2006, 867 ff.
8 Vgl. BVerfGE 127, 165,197; 137, 108 (Rn. 93).
9 BGBl. I 2347.
10 BGBl. I 404.
11 Sehr kritisch dazu auch *Seiler* ZG 2018, 329; *Henneke* Der Landkreis 2018, 779; *ders*. Der Landkreis 2019, 95 spricht von einem „Finanzverfassungsverhunzungsgesetz"; *Heintzen* Rn. 19 zu Vorb. Art. 104a-115 in von Münch/Kunig, GG, 7. Aufl. 2021, sieht das GG als Opfer einer „politisch-bürokratischen Verflechtungsfalle".
12 Ausführlich vgl. *Henneke* in Schmidt-Bleibtreu/Hofmann/Henneke, Vorb. v. Art. 83 Rn. 1 ff.
13 Bestandsaufnahme mwN bei *P. M. Huber*, Deutschland in der Föderalismusfalle?, 2003, S. 8.
14 Dazu BVerfGE 155, 310 mit Anmerkung *Rixen* NVwZ 2020, 1351; ausführlich *H. Meyer* NVwZ 2020, 1731 ff. mwN.
15 Zustimmend grds. *Nierhaus/Rademacher* LKV 2006, 385 (393).

recht setzt früheres Bundesrecht nicht außer Kraft, sondern beansprucht nur Anwendungsvorrang.[16] S. 5 des Art. 84 Abs. 1 GG sieht für die „Ausnahmefälle" den Ausschluss der Abweichungskompetenz der Länder durch den Bund für das Verwaltungsverfahren, nicht aber für die Einrichtung der Behörden vor, die damit in jedem Fall dem Land vorbehalten bleibt, soweit nicht nach Art. 84 Abs. 1 S. 3 mit Zustimmung des BRat etwas anderes bestimmt wurde. Der Verfassungsgesetzgeber hat damit den bereits zuvor geltenden rechtsstaatlichen Grundsatz der Normenklarheit und Widerspruchsfreiheit gestärkt, der die Länder vor einem Eindringen des Bundes in den ihnen vorbehaltenen Bereich der Verwaltung schützt.[17]

6 Selbst die Zustimmung des BRat rechtfertigt im Übrigen nicht die unmittelbare Übertragung von Aufgaben durch den Bund auf die Gemeinden und Landkreise, Art. 84 Abs. 1 S. 7 GG. Damit ist der in der Vergangenheit vielfach kritisierte[18] **unmittelbare Aufgabendurchgriff** des Bundes auf die Kommunen – ohne korrespondierende Kostentragungspflicht – **verfassungsrechtlich unterbunden**. Das BVerfG hat den Kommunen zwar kein mit einer Kommunalverfassungsbeschwerde angreifbares Recht auf Einhalten der staatlichen Organisationsnorm des Art. 84 Abs. 1 GG aF zugestanden; die verfassungsrechtlich geschützte eigenverantwortliche Aufgabenwahrnehmung der Gemeinden und Gemeindeverbände werde aber beeinträchtigt, wenn der Gesetzgeber ohne hinreichend rechtfertigenden Grund die gleichzeitige Aufgabenwahrnehmung durch verschiedene Verwaltungsbehörden verbindlich anordne.[19] In Reaktion auf dieses wegweisende Urteil zum **Verbot der Mischverwaltung** wurde Art. 91e in das Grundgesetz eingefügt, um eine verfassungsrechtliche Basis für das Zusammenwirken der beiden staatlichen und der kommunalen Ebene hinsichtlich der Grundsicherung für Arbeitssuchende zu legen.[20]

Anlässlich der Entscheidung zur teilweisen Verfassungswidrigkeit des kommunalen Bildungspaketes hat das BVerfG ausdrücklich klargestellt, Art. 28 Abs. 2 GG werde durch das Durchgriffsverbot des nunmehrigen Art. 84 Abs. 1 S. 7 GG näher ausgestaltet. Es untersage dem Bund, den Kommunen neue Aufgaben zu übertragen. Ein Fall des Art. 84 Abs. 1 S. 7 GG liege vor, wenn ein Bundesgesetz den Kommunen erstmals eine bestimmte Aufgabe zuweise oder eine damit funktional äquivalente Erweiterung einer bundesgesetzlich bereits zugewiesenen Aufgabe vornehme.[21] Das Verbot der Aufgabenübertragung an die Kommunen stärkt und stabilisiert im Ergebnis auch die Eigenverantwortung der Länder.[22]

---

16 *Wolff*, Rn. 9 zu Art. 84 in Hömig/Wolff, GG.
17 Vgl. BVerfGE 108, 169 (181 f.).
18 Vgl. nur *Schoch*, Der Landkreis 2004, 367 ff.; *H. Meyer*, Verhandlungen des 65. DJT, 2004, Bd. II/1, S. P 73 f. mwN.
19 BVerfGE 119, 331 (356 ff.); vgl. dazu ausführlich *Cornils* ZG 2008, 184 ff.; *Huber* DÖV 2008, 84 ff.; *Korioth* DVBl 2008, 812 ff.; *H. Meyer* NVwZ 2008, 275 ff.; *Ritgen* NdsVBl. 2008, 185 ff.; *Waldhoff* ZSE 2008, 57 ff.; *Wieland*, Der Landkreis 2009, 556 ff.
20 Ausführlich mwN *Henneke* Der Landkreis 2010, 159 ff.; *ders.* in Schmidt-Bleibtreu/Hofmann/Henneke, Art. 91e Rn. 1 ff.
21 BVerfGE 155, 310 (Rn. 83 ff.) zustimmend *Rixen* NVwZ 2020, 1351 ff.; *H. Meyer* NVwZ 2020, 1731 ff.; befremdlich hingegen *Broß/Mayer* Rn. 37 zu Art. 84 in von Münch/Kunig („legislatorischer Unsinn", „gemeinwohlschädliche Wirkung"), die diese Schutzrichtung zugunsten der Kommunen ausblenden und dem BVerfG im Folgenden eine „latente Inkohärenz" und „übergriffiges" Verhalten vorwerfen (Rn. 50).
22 In diesem Sinne nunmehr auch BVerfGE 155, 310 (Rn. 66 mwN), wonach Art. 84 Abs. 1 S. 7 GG (auch) die Organisationshoheit der Länder sichern soll.

Zur bis dahin streitige Frage der Zulässigkeit einer Erweiterung bestehender, bundesgesetzlich an die Kommunen zugewiesene Aufgaben[23] hat das BVerfG in seiner Entscheidung vom 7.7.2020 klargestellt, sie unterfielen dem Durchgriffsverbot des Art. 84 Abs. 1 S. 7 GG dann, wenn sie in ihren Wirkungen auf das Schutzgut des Art. 28 Abs. 2 GG einer erstmaligen Aufgabenübertragung gleich komme. Dies sei der Fall, wenn Maßstäbe, Tatbestandsvoraussetzungen oder Standards so verändert würden, dass damit mehr als unerhebliche Auswirkungen auf die Organisations-, Personal- und Finanzhoheit der Kommunen verbunden sei. Für das regulatorische Interesse des Bundes sei dagegen nur Raum, wenn die Auswirkungen auf die Eigenverantwortlichkeit der Kommunen gering seien.[24] Entscheidend kommt es also auf die objektiven Auswirkungen der Maßnahme auf das Schutzgut der kommunalen Selbstverwaltungsgarantie an, nicht auf die subjektive Einschätzung des Bundesgesetzgebers.

Unverändert sieht Art. 85 Abs. 1 S. 1 GG vor, dass im Falle der Ausführung von Bundesgesetzen als **Auftragsangelegenheit des Bundes** die Einrichtung der Behörden Angelegenheit der Länder bleibt, soweit nicht Bundesgesetze mit Zustimmung des BRat etwas anderes bestimmen. Der 2006 neu angefügte S. 2 verbietet mit der gleichen Formulierung wie in Art. 84 Abs. 1 S. 7 GG auch für diese Konstellation die Übertragung von Aufgaben durch Bundesgesetz auf die Gemeinden und Landkreise. Sie ist in engem Zusammenhang mit der ebenfalls im Zuge der Föderalismusreform neugefassten Bestimmung des Art. 104a Abs. 4 GG zu sehen. Danach bedürfen Bundesgesetze, die Pflichten der Länder zur Erbringung von Geldleistungen, geldwerten Sachleistungen oder vergleichbaren Dienstleistungen gegenüber Dritten begründen und von den Ländern als eigene Angelegenheit oder nach Abs. 3 S. 2 im Auftrag des Bundes ausgeführt werden, der Zustimmung des BRat, wenn daraus entstehende Ausgaben von den Ländern zu tragen sind. Damit enthält das Grundgesetz einen Schutzmechanismus der Länder vor kostenbelastenden Bundesgesetzen.[25] Entgegen missverständlichen Entschließungen einiger BT-Ausschüsse anlässlich der Verabschiedung der Neufassung ist darauf hinzuweisen, dass die Bundesauftragsverwaltung sich denklogisch nicht auf Gegenstände der örtlichen Gemeinschaft beziehen kann.[26] Mit deutlicher Mehrheit hat sich der 70. Deutsche Juristentag 2014 für die Streichung der systemwidrigen Regelung in Art. 104a Abs. 3 S. 2 GG ausgesprochen, weil es bei durchnormierten Geldleistungsgesetzen keiner aufsichtsbehördlichen Einzelweisung bedürfe.[27] 7

Nur für die ausdrücklich in Art. 87 bis 87 f. GG genannten Materien unterhält der **Bund eine eigene Verwaltung oder kann eine solche einrichten**.[28] 8

---

23 Vgl. hierzu zutr. *Henneke* Der Landkreis 2006, 508 f.; *dens.* NdsVBl. 2007, 57 (64); uneingeschränkt zustimmend auch *Nierhaus/Rademacher* LKV 2006, 385 (393); ausf. auch *Schoch* DVBl. 2007, 261, 263 ff.; instruktiv aus Ländersicht *Försterling* Der Landkreis 2007, 56, 56 f.
24 BVerfGE 155, 310 (Rn. 85 f.).
25 Zutreffend *Schwarz* in Dürig/Herzog/Scholz, Art. 104a Rn. 77; *Siekmann* in Sachs, Art. 104a Rn. 36; dies berücksichtigt LVerfG M-V Urt. v. 19.8.2021 – LVerfG 2/19, 3/19, 1/20 – NVwZ 2021, 1776 (1778) nicht, krit. dazu bereits *H. Meyer* NVwZ 2021, 1754 (1757).
26 Zutr. *Henneke*, Der Landkreis 2006, 508 f.
27 Vgl. Beschluss 6c der Öffentlich-Rechtlichen Abteilung des 70. DJT DVBl. 2014, 1441; näher vgl. H. *Meyer*, Der Landkreis 2014, 283, 288 ff.
28 Ausf. *F. Kirchhof* in Dürig/Herzog/Scholz, Art. 83 Rn. 6 f. und 20 ff.; zur grds. Anerkennung und Reichweite ungeschriebener Verwaltungskompetenzen kraft Sachzusammenhangs, Annex und kraft Natur der Sache vgl. *Pieroth* in Jarass/Pieroth, Art. 83 Rn. 6 f.

## III. Die Träger der öffentlichen Verwaltung in M-V

9  1. **Zur Bedeutung des Landesorganisationsgesetzes.** Das im Jahr 2005 verabschiedete **Landesorganisationsgesetz** (LOG) verstand die LReg als Grundlage der seinerzeit diskutierten Verwaltungsmodernisierung. Daneben sollten die rechtlichen Rahmenbedingungen geschaffen werden, die die wirkungsvolle Umsetzung des Verwaltungsmodernisierungsprozesses gewährleisten, und Regelungslücken im Organisationsrecht geschlossen werden.[29] Die Notwendigkeit des LOG war im Anhörungsverfahren aus nachvollziehbaren Erwägungen umstritten.[30] Das LOG kann als Konkretisierung des Art. 69 LV verstanden werden, allerdings nur soweit es seinerseits den verfassungsrechtlichen Rahmen einhält. Es vermag also keine Beschneidungen andernorts verbürgter Verfassungsrechte zu legitimieren.[31]

10  2. **Unmittelbare Landesverwaltung.** Von **unmittelbarer Landesverwaltung** kann bei Wahrnehmung der Aufgaben der Verwaltung durch die LReg und ihr unterstellten Behörden gesprochen werden, von mittelbarer Landesverwaltung, wenn die Verwaltung Trägern der Selbstverwaltung obliegt. Daneben können weitere natürliche und juristische Personen im Einzelfall Aufgaben in mittelbarer Landesverwaltung wahrnehmen.

11  Das LOG unterscheidet bei den **unmittelbaren Landesbehörden** zwischen obersten Landesbehörden, oberen Landesbehörden, unteren Landesbehörden, sowie den Landräten in ihrer Funktion als untere staatliche Verwaltungsbehörde (§ 2 Abs. 2, §§ 5–7 LOG).

12  **Oberste Landesbehörden** sind nach § 5 LOG die LReg, der MinPräs und die Ministerien. Die LReg besteht gemäß Art. 41 Abs. 2 LV aus dem MinPräs und den Ministern. Aufgrund des in Art. 46 Abs. 2 LV statuierten Ressortprinzips steht in der Praxis nicht die LReg an der Spitze einer Verwaltungshierarchie, sondern deren fachlich zuständiges Mitglied.[32]

13  **Obere Landesbehörden** sind solche, die obersten Landesbehörden unmittelbar unterstehen und deren Zuständigkeit sich auf das gesamte Land erstreckt. Sie sind als Landesämter zu bezeichnen, § 6 LOG.

14  **Untere Landesbehörden** sind solche, die obersten oder oberen Landesbehörden unterstehen und deren Zuständigkeit sich auf einen Teil des Landes beschränkt oder in einer Rechtsvorschrift ausdrücklich als untere Landesbehörden oder untere staatliche Verwaltungsbehörden bezeichnet werden, § 7 LOG. Eine gewisse Sonderstellung unter den unteren staatlichen Verwaltungsbehörden nimmt der Landrat ein, soweit er gemäß § 119 KV in Organleihe für das Land in dieser Funktion tätig wird.[33]

15  Zur Bestimmung des Begriffes der **Behörde** iSd Art. 69 LV kann auf die Legaldefinition der Behörde im funktionellen Sinne des § 1 Abs. 3 VwVfG M-V zurück-

---

29  Vgl. Amtl. Begr., LT-Drs. 4/1306, S. 17.
30  Zweifelnd vgl. zB das Schreiben der kommunalen Landesverbände vom 10.11.2004, Sonderausschuss Verwaltungsmodernisierung und Funktionalreform, Ausschuss-Drs. 4/68.
31  Zu diesbezüglichen Bedenken im Hinblick auf Art. 72 LV bezüglich der Gemeinden und Landkreise vgl. das Schreiben der kommunalen Landesverbände (Fn. 30), zur ursprünglich beabsichtigten Formulierung des § 9.
32  Näher hierzu vgl. → Art. 41 Rn. 25 sowie → Art. 46 Rn. 11 ff.
33  Näher hierzu H. Meyer, in Schweriner Kommentierung, § 119 Rn. 1 ff.

**3. Mittelbare Verwaltung durch Träger der Selbstverwaltung.** Träger der Selbst- 16
verwaltung sind insbes. die in Art. 28 Abs. 2 GG sowie Art. 72 LV verfassungsrechtlich garantierten **Gemeinden und Landkreise**. Im kreisangehörigen Raum treten die **Ämter** als Träger von Aufgaben der öffentlichen Verwaltung an die Stelle der amtsangehörigen Gemeinden, soweit die Amtsordnung (§§ 125 ff. KV) dies bestimmt oder zulässt (§ 125 Abs. 1 S. 3 KV). Einen Formulierungsvorschlag der kommunalen Spitzenverbände aufgreifend[35] bringt § 9 Abs. 1 LOG die Position der Ämter als Träger der Aufgaben des übertragenen Wirkungskreises zutreffend zum Ausdruck, ohne die hervorgehobene Ausgestaltung der Gemeinden und Landkreise als Gebietskörperschaften einerseits, die der Ämter als Körperschaften des öffentlichen Rechts ohne Gebietshoheit andererseits zu vernachlässigen. Zur Erfüllung öffentlicher Aufgaben, die über die Grenzen von Gemeinden, Ämtern und Landkreisen hinauswirken, können Zweckverbände gegründet werden (§ 149 iVm §§ 150 ff. KV). Besondere Formen kommunaler Zusammenarbeit bleiben nach § 149 Abs. 3 KV unberührt.[36]

Als Selbstverwaltungsträger im Bereich des öffentlichen Rechts haben sich die 17
Körperschaft, die Anstalt und die Stiftung herausgebildet. Die **Körperschaft des öffentlichen Rechts** ist ein mitgliedschaftlich verfasster, unabhängig vom Wechsel der Mitglieder bestehender, mit Hoheitsgewalt ausgestatteter Verwaltungsträger. Die **Anstalt des öffentlichen Rechts** ist ein nicht verbandsmäßig organisierter rechtsfähiger Verwaltungsträger zur dauerhaften Verfolgung eines bestimmten Verwaltungszwecks, der Benutzer hat. **Stiftungen des öffentlichen Rechts** als Verwaltungsträger sind rechtsfähige Stiftungen, die mit einem Kapital- und Sachbestand bestimmte Aufgaben der öffentlichen Verwaltung erfüllen.[37] § 10 LOG übernimmt die gängigen Definitionen in das einfache Gesetzesrecht des Landes.

Neben den kommunalen Gebietskörperschaften und ihren Zusammenschlüs- 18
sen gibt es eine Vielzahl **weiterer** solcher **Selbstverwaltungsträger**, die ihre Rechtsgrundlage teilweise im Bundes-, teilweise im Landesrecht finden. Ohne Anspruch auf Vollständigkeit sind die Hochschulen, die Industrie- und Handelskammern, die Handwerkskammern, die Ärzte-, Zahnärzte-, Notar-, Rechtsanwalts-, Architekten- und Ingenieurkammern, die öffentlich-rechtlichen Rundfunkanstalten und kleinere Einrichtungen wie bspw. die Stiftung für Umwelt und Naturschutz zu nennen.

## IV. Schrifttum

*Hans-Günter Henneke*, Das schlechte, schwache und respektlose Finanzverfas- 19
sungsverhunzungsgesetz (Art. 104b-d; 125c GG), Der Landkreis 2019, 95, *Hubert Meyer*, Verbot des Aufgabendurchgriffs konkretisiert kommunale Selbstverwaltungsgarantie, NVwZ 2020, 1731 ff.; *ders.*, Konnexität vor Landesverfassungsgerichten: Schwierige Rechtsfindung im Föderalismus, NVwZ 2021, 1754 ff.; *Christian Seiler*, Wider die Kompetenzverflechtung, ZG 2018, 329 ff.

---

34 Zu den verschiedenen Bedeutungen des Begriffs vgl. näher *Maurer/Waldhoff*, Allgemeines Verwaltungsrecht, § 21 Rn. 30 ff.; *Schliesky*, in Knack/Henneke, § 1 Rn. 31 ff. mwN.
35 Vgl. oben Fn. 30, S. 2 f.
36 Vgl. Überblick bei *Bielenberg/Hill*, in Schweriner Kommentierung, § 149 Rn. 3 ff.
37 Näher zu allen drei Formen juristischer Personen vgl. *Schliesky*, in Knack/Henneke, § 1 Rn. 32 ff.

## Art. 70 (Gesetzmäßigkeit und Organisation der öffentlichen Verwaltung)

(1) Die öffentliche Verwaltung ist an Gesetz und Recht gebunden.

(2) ¹Organisation, Zuständigkeiten und Verfahren der öffentlichen Verwaltung werden durch Gesetz oder aufgrund eines Gesetzes geregelt. ²Dabei können Möglichkeiten der Einbeziehung der Bürger durch die öffentliche Verwaltung vorgesehen werden.

(3) ¹Die Einrichtung der Landesbehörden im Einzelnen obliegt der Landesregierung. ²Sie kann diese Befugnis auf einzelne Mitglieder der Landesregierung übertragen.

Vergleichbare Regelungen:
*Zu Abs. 1*: Artt. 25 Abs. 2 BWVerf; 2 Abs. 5 S. 2 BbgVerf; 1 Abs. 3 VvB; 2 Abs. 2 NdsVerf; 77 Abs. 2 Verf Rh-Pf; 61 Abs. 2 SaarlVerf; 3 Abs. 3 SächsVerf; 2 Abs. 4 LVerf LSA; 52 Abs. 1 SchlHVerf; 47 Abs. 4 ThürVerf.
*Zu Abs. 2 und 3*: Artt. 70 BWVerf; 77 Abs. 1 BayVerf; 96 Abs. 1 und 2 BbgVerf; 57 HambVerf; 56 NdsVerf; 77 Verf NW; 112 SaarlVerf; 83 Abs. 1 und 2 SächsVerf; 86 Abs. 2 LVerf LSA; 52 Abs. 2 S. 1 und Abs. 3 SchlHVerf; 90 Sätze 2–4 ThürVerf.

| | | | |
|---|---|---|---|
| I. Überblick | 1 | IV. Einbeziehung der Bürger (Abs. 2 S. 2) | 13 |
| II. Bindung an Gesetz und Recht (Abs. 1) | 2 | V. Einrichtung der Landesbehörden | 14 |
| III. Organisation, Zuständigkeit und Verfahren (Abs. 2 S. 1) | 8 | VI. Schrifttum | 16 |

### I. Überblick

1 Die Norm bildet ein wenig gelungenes **Konglomerat rechtsstaatlicher und organisationsrechtlicher Elemente**. Sie enthält vier Regelungssegmente. In Abs. 1 wird ein Teilaspekt des bereits in Art. 4 LV ausdrücklich normierten Rechtsstaatsprinzips wiederholt. Abs. 2 S. 1 statuiert einen Gesetzesvorbehalt zu Fragen der Organisation, der Zuständigkeit und des Verfahrens der öffentlichen Verwaltung. Abs. 2 S. 2 eröffnet verfassungsrechtlich die Perspektive, die Bürger unmittelbar in das Geschäft der Verwaltung einzuschalten. Abs. 3 schließlich beschäftigt sich mit der Organisationsbefugnis bezüglich der unmittelbaren Landesbehörden.

### II. Bindung an Gesetz und Recht (Abs. 1)

2 Abs. 1 greift Teilaspekte der bereits in Art. 4 LV niedergelegten Bindung an **Gesetz und Recht** auf. Erläuternd hierzu heißt es im Abschlussbericht der Verfassungskommission,[1] zur Erfüllung ihrer vielschichtigen und umfangreichen Aufgaben würden der öffentlichen Verwaltung oftmals weitreichende Befugnisse eingeräumt. Damit die Verwaltung diese Befugnisse nicht missbrauche und sich die Gewichte nicht zulasten des Parlaments verschöben, bestimme der Artikel, dass die Tätigkeit der Verwaltung an Gesetz und Recht gebunden sei. Die Corona-Pandemie hat nicht nur auf der vertikalen Ebene im Bund-Länder Verhältnis, sondern auch auf der horizontalen Ebene zwischen Legislative und Exekutive die Gewichte deutlich verschoben.[2] Auch in einer solchen Situation vermag Art. 70 Abs. 1 aber keine normative Steuerungsfunktion zu entfalten.

---

[1] LT-Drs. 1/3100, S. 156.
[2] Näher dazu vgl. nur *Brüning* NVwZ 2021, 272; *Dreier* DÖV 2021, 229; *Hofmann* ZG 2021, 109; *Amhaouach/Huster/Kießling/Schaefer* NVwZ 2021, 825; *Kingreen* NJW 2021,

Während Art. 4 LV umfassend angelegt ist und neben der Exekutive auch die Legislative und die Judikative umfasst, erstreckt sich Art. 70 Abs. 1 LV nur auf die öffentliche Verwaltung. Der Begriff umfasst die **vollziehende Gewalt** iSd Art. 4, differenziert also nicht zwischen unmittelbarer und mittelbarer staatlicher Verwaltung und nicht nach der jeweiligen Handlungsform.[3]  3

Die Bestimmung des Verhältnisses von „Gesetz" und „Recht" bereitet Schwierigkeiten. Es werden die unterschiedlichsten Auffassungen vertreten, was unter **Gesetz** iSd insoweit gleichlautenden Art. 20 Abs. 3 GG zu verstehen ist.[4] Nach zutreffender Auffassung unterfallen dem Begriff des Gesetzes alle gültigen Rechtssätze.[5] Neben Gesetzen im formellen Sinne, RechtsVO und Satzungen rechnen hierzu auch unmittelbar anwendbares Recht der EU,[6] Gewohnheitsrecht, Richterrecht und anerkannte allg. Rechtsgrundsätze. Dagegen folgt aus der Norm nach der Rspr. keine Bindung an Verwaltungsvorschriften.[7] Deren innerdienstliche Beachtlichkeit bleibt hiervon unberührt. Mittelbare Außenwirkung können sie über die Selbstbindung der Verwaltung erhalten.[8]  4

Der Hinweis auf den Begriff des **Rechts** wird teilweise als bloße Tautologie verstanden.[9] Dies vermag nicht zu überzeugen. Richtig ist allerdings, dass die Rechtmäßigkeit nicht als Einfallstor verstanden werden darf, subjektivistische Gerechtigkeitsvorstellungen an die Stelle der positivierten Wertordnung zu setzen.[10] Die Doppelformel soll nach Auffassung des BVerfG das Bewusstsein aufrecht erhalten, dass sich Gesetz und Recht zwar faktisch im Allgemeinen, aber nicht notwendig und immer decken.[11]  5

Deutlicher wird die mögliche Konfliktsituation bei Gustav Radbruch umschrieben: „Der Konflikt zwischen der Gerechtigkeit und der Rechtssicherheit dürfte dahin zu lösen sein, dass das positive, durch Satzung und Macht gesicherte Recht auch dann den Vorrang hat, wenn es inhaltlich ungerecht und unzweckmäßig ist, es sei denn, dass der Widerspruch des positiven Gesetzes zur Gerechtigkeit ein solches Maß erreicht, dass das Gesetz als ‚unrichtiges Recht' der Gerechtigkeit zu weichen hat."[12] Wie hoch die Messlatte anzulegen ist wird durch die Tatsache verdeutlicht, dass das BVerfG soweit ersichtlich bisher zwar zahlreiche Verfassungsverstöße festgestellt und gerügt, aber gesetztes Recht noch nie als „unrichtiges Recht" in diesem Sinne qualifiziert hat.  6

Zentrale inhaltliche Aussage der Norm bildet der **Vorrang des Gesetzes**. Die Exekutive, zu der die Regierung und die gesamte ausführende Verwaltung gehö-  7

---

2766 (2768); *Gusy* DÖV 2021, 757; *Fuchs* DÖV 2020, 653 spricht zuspitzend von einem „Legiszit".
3 → Art. 4 Rn. 9 ff.
4 Vgl. hierzu *Ossenbühl*, in HdbStR Bd. III, § 61 Rn. 15 ff.
5 Vgl. ebenso *Schliesky* in Becker/Brüning/Ewer/Schliesky (Hrsg.), Verfassung des Landes S-H, Rn. 14 zu Art. 52, mwN.
6 Vgl. BVerfGE 74, 241 (248 f.).
7 Vgl. BVerfGE 78, 214 (227).
8 *Schulze-Fielitz* in Dreier, GG, Bd. 2, Art. 20 (Rechtsstaat) Rn. 93.
9 Vgl. *Jarass*, in Jarass/Pieroth, Art. 20 Rn. 38; vgl. hierzu ferner → Art. 4 Rn. 7; jeweils mwN.
10 Insoweit zutreffend vgl. *Kotzur* in von Münch/Kunig, Art. 20 Rn. 165 mwN; zur Bedeutung der überpositiven Rechtsgrundsätze unter Geltung des Grundgesetzes vgl. *Grzeszick*, in Dürig/Herzog/Scholz, Art. 20 Abs. 7 Rn. 19 ff.
11 BVerfGE 34, 269 (286 f.).
12 *Radbruch*, Gesetzliches Unrecht und übergesetzliches Recht, in ders., Rechtsphilosophie, 8. Aufl. 1973, S. 339, 345; zur strafrechtlichen Bedeutung der „Radbruchschen Formel" im Hinblick auf die Todesschüsse an der früheren innerdeutschen Grenze vgl. BGHSt 39, 1 ff.; *Dreier* JZ 1997, 421 ff.

ren, darf bei der Normsetzung und dem Erlass von Einzelakten sowie durch ihre tatsächlichen Handlungen nicht gegen höherrangige Normen verstoßen. Jedes Handeln der Exekutive, auch der Erlass von Verwaltungsvorschriften[13] muss mit allen Rechtsnormen im Einklang stehen. Bindende Gesetze sind von der Verwaltung auch tatsächlich umzusetzen,[14] ein „Unterlaufen" von Gesetzen ist unzulässig.[15] Ein Verstoß gegen den Gesetzesvorrang führt grds. zur Rechtswidrigkeit des Handelns. Der Vorrang des Gesetzes bildet ein wesentliches Element des Grundsatzes der Rechtmäßigkeit der Verwaltung, zu dem auch der in Art. 70 Abs. 1 LV allerdings nicht gesondert erwähnte Grundsatz des **Vorbehalts des Gesetzes** rechnet.[16] Die Bindung der öffentlichen Verwaltung an Gesetz und Recht begründet für den Bürger keinen Gesetzesvollziehungsanspruch.

### III. Organisation, Zuständigkeit und Verfahren (Abs. 2 S. 1)

8 Nach Abs. 2 S. 1 werden Organisation, Zuständigkeit und Verfahren der öffentlichen Verwaltung **durch Gesetz oder aufgrund eines Gesetzes** geregelt. Der Verfassungsgeber wollte damit offenbar in erster Linie der LReg die Möglichkeit eröffnen, generell-abstrakte Bestimmungen auch auf dem Verordnungswege zu erlassen, wenn eine entsprechende gesetzliche Ermächtigung vorliegt.[17] Der hier angelegte Gesetzesvorbehalt darf jedenfalls nicht zu eng interpretiert werden. Soweit Organisation und Verfahren betroffen sind, muss die Verwaltung eine hinreichende Flexibilität für den Ablauf des Geschäftsbetriebes bewahren, vgl. dazu auch unten → Rn. 11.

9 Die gesetzlichen Vorschriften zur **Organisation** der öffentlichen Verwaltung finden sich im Landesorganisationsgesetz.[18] Das LOG selbst beschränkt in seinem § 1 den Anwendungsbereich aber bereits auf die Organisation der unmittelbaren Träger der Verwaltung des Landes. Für die Landkreise, Gemeinden und Ämter beansprucht das LOG nur Geltung, soweit es dies ausdrücklich bestimmt. Dies gilt auch für die unter Aufsicht des Landes stehenden rechtsfähigen Körperschaften des öffentlichen Rechts ohne Gebietshoheit sowie Anstalten und Stiftungen des öffentlichen Rechts. Ferner werden explizit der LT, der LRH, die staatlichen Hochschulen des Landes und die Organe der Rechtspflege ausgenommen (vgl. § 1 Abs. 2 LOG). In der Regel beruht das Wirken der genannten Institutionen auf spezialgesetzlichen Bestimmungen.

10 Die **Zuständigkeit** in sachlicher und funktioneller Hinsicht der für die öffentliche Verwaltung handelnden Behörden ergibt sich in der Regel aus den jeweiligen Spezialgesetzen. Die örtliche Zuständigkeit ist ergänzend in § 3 VwVfG M-V geregelt. Die Wirkung der Zuständigkeit liegt in der Ermächtigung zur Wahrnehmung der zugewiesenen Sachaufgaben, einer gleichzeitigen Verpflichtung dazu und in der Notwendigkeit für den von der Verwaltungstätigkeit Betroffenen, sich ausschließlich an diese Behörde zu wenden oder sich mit ihrem Handeln auseinanderzusetzen. Da die Zuständigkeit unverzichtbare Handlungsvorausset-

---

13 BVerfGE 78, 214 (227).
14 BVerfGE 25, 216 (228).
15 BVerfGE 56, 216 (241).
16 Zutreffend zur Parallelvorschrift in S-H *Schliesky* in Becker/Brüning/Ewer/Schliesky (Hrsg.), Verfassung des Landes S-H, Rn. 10 zu Art. 52.
17 Vgl. LT-Drs. 1/3001, S. 156.
18 Vgl. dazu → Art. 69 Rn. 7 ff.

zung für die Behörde ist, kann in der Regel nur das Handeln der zuständigen Behörde rechtmäßig sein.[19]

Nach der sog. Wesentlichkeitstheorie des BVerfG[20] gehören im Bereich des Organisationswesens neben dem Aufbau und der Struktur der Verwaltung insgesamt die Zuständigkeit des Verkehrs mit dem Bürger zu den Angelegenheiten, die der Gesetzgeber selbstregeln muss (**institutioneller Gesetzesvorbehalt**). Das bedeutet, dass die Errichtung von Behörden schon deshalb durch oder aufgrund eines formellen Gesetzes zu regeln ist, weil mit der Errichtung in der Regel zugleich die Zuständigkeit festgelegt wird und werden muss. Daraus folgt allerdings nicht, dass dies ausnahmslos und bis in alle Einzelheiten gilt.[21] Organisationsmaßnahmen und Zuständigkeitsregelungen, die im verwaltungsinternen Bereich verbleiben, zB die behördeninterne Geschäftsverteilung, bedürfen keiner gesetzlichen Regelung oder Grundlage. 11

Für das Verfahren der öffentlichen Verwaltung gilt für die unmittelbaren Behörden des Landes sowie die Kommunen und die sonstigen der Aufsicht des Landes unterstehenden Körperschaften, Anstalten und Stiftungen des öffentlichen Rechts, das **Verwaltungsverfahrensgesetz** des Landes, soweit nicht landesrechtliche Vorschriften inhaltsgleiche oder entgegenstehende Bestimmungen enthalten, § 1 Abs. 1 VwVfG M-V. 12

### IV. Einbeziehung der Bürger (Abs. 2 S. 2)

Äußerst missverständlich spricht Abs. 2 S. 2 davon, „dabei" könnten Möglichkeiten der Einbeziehung der Bürger durch die öffentliche Verwaltung vorgesehen werden. Das Handeln der in Abs. 2 S. 1 genannten öffentlichen Verwaltung ist in der Regel auf den Bürger ausgerichtet. Er ist also insoweit stets „einbezogen". Ein solches Verständnis wird der Norm aber offensichtlich nicht gerecht. Die von Teilen der Kommission in Frage gestellte Verankerung einer möglichen Einbeziehung der Bürger durch die Verwaltung wurde in der Verfassungskommission von anderer Seite als „bürgerfreundliches Element" verteidigt.[22] Gedacht war offenbar insbes. an Instrumente der **„unmittelbaren Demokratie"**, die für die Rechtsetzung in Art. 59 und 60 LV spezielle und ausführliche Regelungen erfahren haben.[23] In der Verfassungskommission spielte offenbar die Möglichkeit unmittelbarer demokratischer Mitwirkungsmöglichkeiten auf kommunaler Ebene eine Rolle.[24] Hierzu enthält Art. 72 Abs. 2 S. 2 LV eine ausdrückliche Ermächtigung für Formen unmittelbarer Bürgermitwirkung, die durch die Kommunalverfassung des Landes ausgestaltet worden sind.[25] Da Art. 70 Abs. 2 S. 2 LV die Möglichkeit der Einbeziehung der Bürger nur als „Kann-Vorschrift" vorsieht, ist der Bedeutungsgehalt auch dieser Norm im Ergebnis gering. Der Landesgesetzgeber wäre ohne eine entsprechende gesetzliche Ermächtigung nicht gehindert, Elemente unmittelbarer Demokratie oder weitergehender Beteiligungsformen einzuführen. 13

---

19 Zur Begriffsklärung und Wirkung der Zuständigkeit vgl. näher *Schliesky*, in Knack/Henneke, vor § 3 Rn. 1 ff.
20 Vgl. nur BVerfGE 33, 125 (157 f.); 34, 165, (192 f.); 95, 267, 307; 136, 69 (114); 139, 19 (45); 150, 1 (78, Rn. 142 ff.).
21 Vgl. BVerfGE 40, 237 (250): zustimmend *Schliesky* Rn. 26 zu Art. 52 in Becker/Brüning/Ewer/Schliesky (Hrsg.), Verfassung des Landes S-H.
22 Vgl. LT-Drs. 1/3100, S. 156.
23 Vgl. hierzu → Vor zu Art. 59 sowie → Art. 59.
24 Vgl. dazu die Diskussion, insbes. die Beiträge der Professoren Dres. Starck und von Mutius in der Verfassungskommission zu Art. 72, LT-Drs. 1/1300, S. 158.
25 Vgl. hierzu → Art. 72 Rn. 49 ff.

## V. Einrichtung der Landesbehörden

14 Abs. 3 bezieht sich ausschließlich auf die sog. **unmittelbaren Landesbehörden.** Ihre Einrichtung obliegt nach S. 1 grds. der LReg als Kollegialorgan. Die LReg ist aber befugt, diese Kompetenz auf einzelne ihrer Mitglieder zu übertragen. Die Vorschrift steht in einem gewissen Spannungsverhältnis zu Art. 70 Abs. 2, wonach gerade die Organisation, Zuständigkeit und das Verfahren der öffentlichen Verwaltung einem Gesetzesvorbehalt unterworfen ist. Die grundlegenden Entscheidungen auch der Organisation der Landesverwaltung bedürfen deshalb einer gesetzlichen Regelung. Der signifikante Regelungsgehalt des Abs. 3 beschränkt sich auf die „Einrichtung" der Landesbehörden „im Einzelnen". Ob bspw. die Umweltverwaltung des Landes im Wesentlichen durch eigene staatliche Behörden wahrgenommen (oder zB den Landkreisen und kreisfreien Städten übertragen) wird, ist durch Gesetz zu regeln, die Zahl der staatlichen Ämter und deren Standort zu bestimmen obliegt hingegen der LReg. Unberührt bleibt die Kompetenz des MinPräs, den Ressortzuschnitt und die -zuständigkeit der einzelnen Ministerien zu regeln.[26]

15 Nach § 8 Abs. 1 S. 1 LOG werden neue Landesbehörden durch oder aufgrund eines Gesetzes errichtet. Abs. 1 S. 2 LOG überträgt der LReg die Befugnis, bestehende und nicht durch Gesetz errichtete Landesbehörden zum Zwecke der Verwaltungsmodernisierung durch Rechtsverordnung zusammenzufassen, umzugestalten, aufzulösen oder in andere Behörden einzugliedern. Abs. 1 S. 3 ermächtigt die Landesregierung zur Übertragung dieser Befugnis auf die obersten Landesbehörden. Die Befugnis nach § 8 Abs. 1 S. 2 LOG ist ausweislich der amtlichen Begründung zu § 8 LOG[27] zwar begrenzt auf die Fälle, in denen ein Spezialgesetz die Errichtung, Auflösung oder Verlegung von Behörden nicht abschließend geregelt hat. Gleichwohl vermag es nicht zu überzeugen, wenn es dort weiter heißt, um der verfassungsrechtlichen Vorgabe des Art. 70 Abs. 2 LV hinreichend Rechnung zu tragen, werde im LOG nunmehr die gesetzliche Grundlage für die Errichtung, Auflösung und Verlegung von Landesbehörden durch RechtsVO geschaffen. Der parlamentarische Vorbehalt des Art. 70 Abs. 2 kann nicht durch eine Generalermächtigung im LOG ausgehebelt werden. Wäre dies die Intention der LV, hätte es des Abs. 2 des Art. 70 nicht bedurft.

## VI. Schrifttum

16 *Lamia Amhaouach/Stefan Huster/Andrea Kießling/Lynn Schaefer,* Die Beteiligung der Landesparlamente in der Pandemie – Modelle und Entwicklungen, NVwZ 2021, 825; *Ralf Dreier,* Der Rechtsstaat im Spannungsverhältnis zwischen Gesetz und Recht, in: ders. (Hrsg.), Recht – Staat – Vernunft, 1991, S. 73 ff.; *Birgit Hoffmann,* Das Verhältnis von Gesetz und Recht – Eine verfassungsrechtliche und verfassungstheoretische Untersuchung zu Art. 20 Abs. 3, 2002.

## Art. 71 (Öffentlicher Dienst)

(1) Jeder Deutsche hat nach seiner Eignung, Befähigung und fachlichen Leistung gleichen Zugang zu jedem öffentlichen Amt im Land.

(2) ¹Die Angehörigen des öffentlichen Dienstes sind Diener des ganzen Volkes und nicht einer Partei oder sonstigen Gruppe verpflichtet. ²Sie haben ihr Amt

---

26 Näher dazu → Art. 43 Rn. 6.
27 LT-Drs. 4/1306, S. 26.

unparteiisch, ohne Ansehen der Person und nur nach sachlichen Gesichtspunkten auszuüben.
(3) Die Wählbarkeit von Angehörigen des öffentlichen Dienstes zum Landtag und zu den Vertretungen der Gemeinden und Kreise kann gesetzlich beschränkt werden.
(4) Die Ausübung hoheitlicher Befugnisse ist als ständige Aufgabe in der Regel Angehörigen des öffentlichen Dienstes zu übertragen, die in einem öffentlich-rechtlichen Dienst- und Treueverhältnis stehen.
(5) Das Nähere regelt das Gesetz.

Vergleichbare Regelungen:
*Zu Abs. 1 und 2:* Artt. 33 Abs. 2 GG; 77 Abs. 2 BWVerf; 94 Abs. 2, 96 BayVerf; 96 Abs. 3 BbgVerf; 128 BremVerf; 58, 59 Abs. 1 HambVerf; 134 HessVerf; 60 S. 2 NdsVerf; 80 Verf NW; 127 Verf Rh-Pf; 115 Abs. 1, 116 SaarlVerf; 91 Abs. 2, 92 Abs. 1 SächsVerf; 91 Abs. 1 LVerf LSA; 96 ThürVerf.
*Zu Abs. 3:* Artt. 137 Abs. 1 GG; 39 Abs. 5 VvB; 61 NdsVerf; 46 Abs. 3 Verf NW; 91 Abs. 2 LVerf LSA.
*Zu Abs. 4:* Artt. 33 Abs. 4 GG; 77 Abs. 1 BWVerf; 95 Abs. 1 S. 2 BayVerf; 60 S. 1 NdsVerf; 125, 126 Verf Rh-Pf; 114, 115 Abs. 2–5 SaarlVerf; 91 Abs. 1 SächsVerf.

| | |
|---|---|
| I. Inhalt, Vorgaben des Grundgesetzes und Entstehung ............... 1 | IV. Wählbarkeitsbeschränkung von Angehörigen des öffentlichen Dienstes ......................... 45 |
| II. Gleicher Ämterzugang und Leistungsprinzip (Abs. 1) .............. 7 | 1. Bedeutung und Reichweite .... 45 |
| 1. Reichweite und geschützter Personenkreis ................. 7 | 2. Art und Umfang der Regelungsbefugnis ................ 47 |
| 2. Eignung, Befähigung und fachliche Leistung ................. 9 | V. Institutionelle Garantie des Berufsbeamtentums und Funktionsvorbehalt für Beamte ................... 53 |
| a) Bedeutung ................. 9 | 1. Bedeutung..................... 53 |
| b) Hilfskriterien und Gleichstellung ................... 15 | 2. Inhalt der Gewährleistung ..... 57 |
| c) Umfang einer Ausschreibungspflicht ................ 23 | VI. Hergebrachte Grundsätze des Berufsbeamtentums ............... 62 |
| 3. Öffentliches Amt .............. 24 | VII. Gesetzgebungsauftrag ............. 63 |
| 4. Rechtsschutz .................. 30 | VIII. Schrifttum ........................ 64 |
| III. Unparteiische Amtsführung ....... 36 | |

## I. Inhalt, Vorgaben des Grundgesetzes und Entstehung

Die Norm regelt **drei unterschiedliche Teilbereiche** des Rechtes des öffentlichen 1
Dienstes: In den Abs. 1 und 2 werden grds. Festlegungen betr. den Zugang zum Öffentlichen Dienst getroffen und grundlegende Pflichten insgesamt geregelt, ohne zwischen Beamten und den (tarif-)vertraglich Beschäftigten zu differenzieren. Abs. 4 enthält eine institutionelle Garantie des Berufsbeamtentums. Abs. 3 schließlich eröffnet die Möglichkeit, wahlrechtliche Bestimmungen im Hinblick auf die Besonderheiten des öffentlichen Dienstes ausnahmsweise zu modifizieren. Der Wortlaut des Art. 71 weicht ab von der Fassung des Zwischenberichtes der Verfassungskommission.[1] Der Inhalt des Abs. 4 wurde aus dem Abs. 2 in der Fassung des Entwurfs herausgelöst. Wenn damit auch die Annahme eines unveränderten Inhalts einhergeht,[2] wird signifikanter die eigenständige Bedeutung

---
1 Vgl. LT-Drs. 1/2000, S. 57.
2 Vgl. Kommission, Verfassungsentwurf, LT-Drs. 1/3100, S. 170.

hervorgehoben. Die Möglichkeit, das Nähere durch Gesetz zu regeln, bezieht sich auf die drei Teilbereiche.

2 Insbes. die Abs. 1 und 2 des Art. 71 LV finden ihre Entsprechung nahezu wortgleich in **Art. 33 Abs. 2**[3] **und 4 GG**. Diese grundgesetzliche Vorgabe verpflichtet als unmittelbar geltendes Bundesrecht auch die Bundesländer. Das GG gewährleistet die Einrichtung des Berufsbeamtentums, trifft Aussagen über die rechtliche Struktur des öffentlichen Dienstes und behält den Beamten die Wahrnehmung hoheitlicher Befugnisse vor. Es gibt damit die Ausgestaltung des Dienstrechts im Kern vor. Den Ländern verbleibt insoweit nur ein Konkretisierungsspielraum. Es wird daher die Auffassung vertreten, dass die Interpretation dienstrechtlicher Bestimmungen der Landesverfassungen keine entscheidende (eigenständige) Rolle spiele.[4] Dieser Befund ist im Hinblick auf vereinzelte grds. Kritik an der Verankerung des Berufsbeamtentums auch vom Sachverständigen Starck im Rahmen der Beratungen der Verfassungskommission hervorgehoben worden.[5] Indes vermag die Vorschrift in Ergänzung des Grundgesetzes bekräftigende Wirkung entfalten. Auch ist in Abs. 2 eine zulässige Erweiterung des Neutralitätsgebots über den Kreis der Beamten hinaus zu sehen.[6]

3 Durch die das Dienstrecht betreffenden Änderungen des GG im Zuge der **Föderalismusreform 2006** haben sich überdies neue Gestaltungsmöglichkeiten für die Länder ergeben.

Zum einen sind die Gesetzgebungskompetenzen zwischen Bund und Ländern neu verteilt worden, was Anstoß für vielfältige Reformen gegeben hat.[7] Die frühere Rahmengesetzgebungskompetenz des Bundes für das Beamtenrecht ist durch die Aufhebung des Art. 75 GG ebenso entfallen wie die konkurrierende Gesetzgebungszuständigkeit des Bundes für die Besoldung und Versorgung der nicht in seinen Diensten stehenden Beamten nach dem früheren Art. 74a GG. Nach dem jetzigen Art. 74 Abs. 1 Nr. 27 GG hat der Bund die konkurrierende Gesetzgebungsbefugnis für die Statusrechte und -pflichten der Beamten der Länder, Gemeinden und anderen Körperschaften des öffentlichen Rechts sowie der Richter in den Ländern mit Ausnahme der Laufbahnen, Besoldung und Versorgung. Laufbahnen, Besoldung und Versorgung sind nunmehr kompetenzrechtlich den Ländern zugewiesen. Der Bund hat in Ausübung seiner Kompetenzen das für das Statusrecht der Beamtinnen und Beamten in den Ländern geltende BeamtStG vom 17.6.2008 und das Dienstrechtsneuordnungsgesetz vom 5.2.2009, welches in Art. 1 das neu gefasste BBG beinhaltet und im Folgenden ua das Besoldungs- und Versorgungsrecht des Bundes novelliert, erlassen.

Das auf einem gemeinsamen **Musterentwurf der norddeutschen Küstenländer** beruhende Beamtengesetz für das Land M-V (LBG)[8] ist am 31.12.2009 in Kraft getreten. Es beinhaltet zum einen Regelungen, die das BeamtStG ergänzen, wie etwa zu Verfahrensfragen, Fristen und landesspezifischen Besonderheiten, und zum anderen eigenständige Regelungen in Bereichen, in denen der Bund auf solche verzichtet hat, zB im Nebentätigkeitsrecht, oder keine Kompetenz hat, wie etwa im Laufbahnrecht.[9]

---

3 Zu einer interessanten dogmatischen Neuausrichtung der Bestimmung siehe *von Roetteken* ZBR 2017, 145 ff.
4 *Lecheler*, in HdbStR Bd. V, § 110 Rn. 11, 12.
5 Vgl. Kommission, Verfassungsentwurf, S. 170.
6 Vgl. für Art. 60 ndsVerf. *Waechter*, in HannKomm NV, Art. 60 Rn. 5.
7 Vgl. *Holland-Letz/Koehler* ZBR 2012, 217.
8 Zum RegE LT-Drs. 5/2143.
9 Siehe die Gesetzesbegründung LT-Drs. 5/2143, S. 76.

Im Bereich des **Laufbahnrechts** haben die Bundesländer ihre neu gewonnenen Gestaltungsoptionen recht uneinheitlich wahrgenommen, auch wenn die verfolgten Ziele – Stärkung des Leistungsprinzips, Berücksichtigung erhöhter Anforderungen an einen modernen öffentlichen Dienst und Förderung einer flexiblen und modernen Personalführung und -entwicklung – sich ähneln.[10] Die norddeutschen Küstenländer – und so auch M-V – haben sich für ein Modell von zwei verbleibenden Laufbahngruppen entschieden, welches den einfachen und den mittleren Dienst bzw. den gehobenen und den höheren Dienst zu je einer Laufbahngruppe zusammenfasst und den Umfang der Laufbahnen von vormals über 100 auf nunmehr 10 reduziert.[11] Die neue LVO über die Laufbahnen der Beamtinnen und Beamten in M-V[12] ist am 16.10.2010 in Kraft getreten. Das neue Berliner Laufbahnrecht orientiert sich stark an dem Modell der norddeutschen Küstenländer.[13] Bayern und Rheinland-Pfalz haben eine einheitliche Leistungslaufbahn mit unterschiedlichen Einstiegsstufen eingeführt. Baden-Württemberg hat sich für ein Modell von drei Laufbahngruppen entschieden. Brandenburg hält, ebenso wie der Bund, am traditionellen System von vier Laufbahngruppen fest.[14]

Das bezogen auf die **Besoldung und Versorgung** nach der Übergangsregelung des Art. 125a Abs. 1 GG fortgeltende Bundesrecht ist in M-V durch das Gesetz zur Überleitung besoldungs- und versorgungsrechtlicher Vorschriften des Bundes in Landesrecht sowie zur Änderung besoldungs- und versorgungsrechtlicher Vorschriften, zur Änderung des Landesrichtergesetzes, des Landesdisziplinargesetzes und des Spielbankgesetzes M-V vom 4.7.2011[15] zunächst in Landesrecht übergeleitet und dann geändert worden. Das Besoldungsrecht in Bund und Ländern hat sich ebenfalls auseinanderentwickelt. Durch unterschiedlich hohe Bezügeanpassungen, strukturelle Änderungen und uneinheitliche Sparmaßnahmen bei den Sonderzahlungen ist im Vergleich zwischen Bund und Ländern und vor allem der Länder untereinander beim Bezahlungsniveau bereits eine erhebliche Spanne entstanden[16], die sich vor allem im Wettbewerb um Nachwuchskräfte bemerkbar macht.

Zum anderen wurde im Zuge der **Föderalismusreform 2006** Art. 33 Abs. 5 GG um die sogenannte „Fortentwicklungsklausel" ergänzt. Die Neufassung beauftragt den Gesetzgeber, das Recht des öffentlichen Dienstes nicht nur wie bisher unter Berücksichtigung der hergebrachten Grundsätze des Berufsbeamtentums zu regeln, sondern auch **fortzuentwickeln**.[17] Ziel der Verfassungsänderung jedenfalls von Länderseite war es, den Ländern im Dienstrecht möglichst weite eigenständige Handlungsmöglichkeiten zu eröffnen.[18] Gelungen ist dies im

---
10 Hierzu *Hoffmann* DÖD 2012, 25.
11 § 13 LBG.
12 Allgemeine Laufbahnverordnung – ALVO M-V, GVOBl. M-V 2010, S. 565; zuletzt geänd. durch VO v. 23.8.2016, GVOBl. M-V 2016 S. 750.
13 Vgl. *Bochmann* ZBR 2013, 397 ff.
14 Überblick bei *Lorse* ZBR 2013, 79 ff.
15 GVOBl M-V S. 376.
16 Vgl. hierzu *Becker/Tepke* ZBR 2011, 325 ff.; *Hebeler* ZBR 2015, 1 ff.; *Meier* ZBR 2012, 404; zur Einkommensentwicklung der Beamten, Richter und Versorgungsempfänger der Länder und Kommunen im Vergleich zu derjenigen der Tarifbeschäftigten vgl. *Tepke/Becker* ZBR 2014, 300 ff. Eine unbegrenzte Auseinanderentwicklung der Bezüge in Bund und Ländern ist nach dem U. des BVerfG 5.5.2015 – 2 BvL 17/09 ua – juris, Rn. 113, durch die Befugnis der Länder zum Erlass eigener Besoldungsregeln nicht gedeckt.
17 Zum Ablauf des Gesetzgebungsverfahrens vgl. im Einzelnen *Kluth*, Föderalismusreformgesetz, 1. Aufl. 2007, Art. 33 Rn. 2 ff.
18 *Lorse* ZBR 2013, 79 (82) mwN.

Ergebnis nicht. Das BVerfG hat in seinen seit dem Jahr 2006 ergangenen Entscheidungen immer wieder die begrenzende Wirkung der hergebrachten Grundsätze des Berufsbeamtentums hervorgehoben und damit den Bestrebungen nach Ergänzung des öffentlichen Dienstrechts um neue Elemente weitgehend einen Riegel vorgeschoben. Erwähnt seien die Entscheidungen zur Einführung einer dreijährigen Wartezeit für die Beachtlichkeit des letzten Amtes bei der Festsetzung der Versorgung, zur antragslosen Zwangsteilzeit, zu Führungspositionen auf Zeit und letztlich zur W-Besoldung.[19] Das BVerfG hat auf den insoweit unveränderten Wortlaut des Art. 33 Abs. 5 GG verwiesen, wonach der Gesetzgeber bei der Regelung des öffentlichen Dienstrechts weiterhin die hergebrachten Grundsätze des Berufsbeamtentums zu berücksichtigen hat, und ausgeführt: „Fortzuentwickeln ist nach der eindeutigen Gesetzesfassung allein das Recht des öffentlichen Dienstes, nicht aber der hierfür geltende Maßstab, die hergebrachten Grundsätze des Berufsbeamtentums".[20]

## II. Gleicher Ämterzugang und Leistungsprinzip (Abs. 1)

7 **1. Reichweite und geschützter Personenkreis.** Art. 71 Abs. 1 gewährt ein subjektives, **grundrechtsgleiches Recht**[21] des Einzelnen gegen den Staat. Die Norm enthält insoweit eine Besonderheit, als sie positive Kriterien für den Vergleich von Personen in ihrem Anwendungsbereich benennt. Im Verhältnis zum allg. Gleichheitssatz gemäß Art. 5 Abs. 3 LV iVm Art. 3 Abs. 1 GG bildet sie im Rahmen ihrer Reichweite für den **Ämterzugang** die speziellere Norm. Verfassungsrechtlich statuierte Unterscheidungsverbote, insbes. Art. 3 Abs. 3 und Art. 33 Abs. 3 GG, bleiben hingegen anwendbar.[22] Im Rahmen der Prüfung des Auswahlkriteriums der Eignung darf daher nicht auf Unterscheidungskriterien abgestellt werden, die in Art. 3 Abs. 3 GG genannt sind.[23]

8 **Deutscher** iSd Art. 71 Abs. 1 LV ist nicht nur, wer die deutsche Staatsangehörigkeit besitzt. Träger des Rechts ist vielmehr, wer Deutscher iSd Art. 116 GG ist.[24] Zulässig ist es, einfachgesetzlich den Anwendungsbereich auch auf Ausländer zu erweitern.[25] Nach § 7 Abs. 1 Nr. 1 BeamtStG darf außerdem in das Beamtenverhältnis berufen werden, wer die Staatsangehörigkeit eines anderen Mitgliedstaates der EU, eines anderen Vertragsstaates des Abkommens über den Europäischen Wirtschaftsraum oder bestimmter Drittstaaten besitzt. Damit trägt die Bundesrepublik Deutschland entsprechenden europa- und völkerrechtlichen Verpflichtungen Rechnung.[26]

9 **2. Eignung, Befähigung und fachliche Leistung. a) Bedeutung.** Die drei gleichberechtigt nebeneinander stehenden Kriterien der Eignung, Befähigung und fachlichen Leistung sind abschließend zu verstehen.[27]

Schwierig zu handhaben ist das umfassende Kriterium der **Eignung**.[28] Bei Arbeitnehmern im öffentlichen Dienst ist auf den in Aussicht genommenen kon-

---

19 BVerfGE 117, 372; 119, 247; 121, 205; 130, 263.
20 BVerfGE 119, 247 (273); 121, 205, 232.
21 Vgl. BVerfG ZBR 2013, 126.
22 *Jachmann-Michel/Kaiser*, in von Mangoldt/Klein/Starck, Grundgesetz Kommentar Bd. 2, Art. 33 Abs. 2 Rn. 13; ausführlich *Sachs* ZBR 1994, 133 ff.
23 Vgl. BVerwGE 81, 22 (24 f.).
24 Zu Einzelheiten *Kokott*, in Sachs, GG, 9. Aufl. 2021, Art. 116 Rn. 1 ff.
25 *Pieper*, in Schmidt-Bleibtreu/Hofmann/Henneke, GG, 15. Aufl. 2022, Art. 33 Rn. 21; ferner *Tabarra* ZBR 2013, 116 ff.
26 Im Einzelnen *Reich*, BeamtStG, § 7 Rn. 4 ff. mwN.
27 Vgl. *Pieper*, in Schmidt-Bleibtreu/Hofmann/Henneke, GG, Art. 33 Rn. 45.
28 Siehe die Übersicht und Einordnung bei *Nokiel* DöD 2017, 30 ff.

kreten Dienstposten abzustellen, bei Beamten auf die Erfordernisse des Amtes. Grds. zulässig und geboten ist die Berücksichtigung physischer (Gesundheitszustand,[29] Lebensalter[30]) und praktischer (zB pädagogischer) Eignungsmerkmale. Auch die charakterliche Eignung ist zu berücksichtigen, darf aber nicht zu einer von den Anforderungen des konkreten Amtes gelösten, isolierten Persönlichkeitsbewertung werden.[31]

Zu beachten ist auch ein zu einem entsprechenden Verfassungswandel führender Wandel gesellschaftlicher Anschauungen. Folgerichtig ist die sexuelle Orientierung kein Eignungsmangel mit Blick auf den Zugang zu einem öffentlichen Amt.[32] Soweit im Einzelfall die gelebte Sexualität – etwa durch Tragen bestimmter Kleidung – zu Konflikten mit der Amtsausübung führen mag, ist dies unter Abwägung der Persönlichkeitsrechte und des Schutzes vor Diskriminierung im Einzelfall zu lösen.

Während in Mecklenburg-Vorpommern das Hinterfragen der persönlichen Eignung etwa aus offen gezeigter religiöser Überzeugung[33] vor allem in Bezug zu Ämtern mit besonderer Neutralitätspflicht wie an Schulen oder im Bereich der Justiz praktisch von untergeordneter Bedeutung ist,[34] spielen andere Fallgruppen wie die einer offen gezeigten extremistischen politischen und / oder **staatsfeindlichen Gesinnung** (Extremisten/Querdenker/Reichsbürger)[35] ebenso eine Rolle wie allgemein sich verändernde Haltungen zu Fragen des Tragens von Tattoos oder Piercings.

Hinsichtlich der **Verfassungstreuepflicht**[36] ist zu beachten, dass stets eine Einzelfallbetrachtung stattzufinden hat, wobei die konkrete Ausgestaltung des Amtes ebenso von Bedeutung ist wie die Intensität der Betätigung.[37] Soweit es um den

---

29 Hierzu *Fricke/Schütte* DÖD 2012, 121 ff.; *Schrapper/Günther*, Landesbeamtengesetz Nordrhein-Westfalen, 3. Aufl. 2021, § 13 Rn. 6 ff.
30 Dazu *Kawik* ZBR 2016, 404 ff.; *Pernice-Warnke* Verwaltungsrundschau 2016, 9 ff.; *Bünningmann* DÖV 2016, 832 ff.; *Schrapper/Günther*, Landesbeamtengesetz Nordrhein-Westfalen, 3. Aufl. 2021, § 14 Rn. 6 ff.
31 Ausführlich zur Frage der charakterlichen Eignung *Schönrock* ZBR 2021, 73 ff.; speziell zur Polizei *Masuch* DÖV 2018, 697 ff.; zur Berücksichtigung von vor der Ernennung begangener Straftaten siehe *Ismer/Meßerschmidt/Baur* DÖV 2014, 594 ff.
32 *Bickenbach*, in von Münch/Kunig, GG, Bd. 1, 7. Aufl. 2021, Art. 33 Rn. 75.
33 Dazu im Rahmen von Regelungen zum Erscheinungsbild von Beamten *Gärditz/Abdulksalam* ZBR 2021, 289 (293 ff.); zu Gestaltungsspielräumen des Gesetzgebers insoweit *Battis* ZBR 2020, 217 ff.; zum Tragen eines Kopftuches *Schwanenflug/Szczerbak* NVwZ 2018, 254 ff.
34 Zu Recht weisen *Schrapper/Günther*, Landesbeamtengesetz Nordrhein-Westfalen, 3. Aufl. 2021, § 13 Rn. 5a mwN auf eine vorläufige Klärung für die Bereiche Schule und Justiz hin und betonen im Übrigen die geringe praktische Bedeutung für andere Verwaltungsbereiche.
35 Allgemein zum Umgang in Extremismus im öffentlichen Dienst *Siems* DÖV 2014, 338 ff.; zu Frage der Vereinbarkeit von Beamtenstatus und AfD-Mitgliedschaft *Baßlsperger* Der Personalrat 2019, 44 ff.
36 Ausführlich *Lorse* ZBR 2021, 1 ff., 6 f.; *Mausch* ZBR 2020, 289 ff.; *Rieger* ZBR 2020, 227 ff.; insbesondere zur Frage der Vereinbarkeit von Beamtenstatus und Mitgliedschaft in der bzw. Betätigung für die AfD umfassend *Nitschke* ZBR 2022, 361 ff. – was regelmäßig zur genaue Einzelfallprüfung indiziert. Soweit eine Partei danach als verfassungsfeindlich eingestuft wird, dürften bei auch kommunalen Berufspolitikern wegen der Bindung an Parteiinhalte erhebliche Bedenken an einem jederzeitigen Eintreten für die freiheitlich-demokratische Grundordnung bestehen – mit der zwangsläufigen Folge eines Ernennungshindernisses.
37 Näher *Battis*, in Sachs, GG, Art. 33 Rn. 32 ff. mwN; ein Eignungsmangel kann grundsätzlich auch bei aktiver und nachweislicher Betätigung in der Reichsbürgerszene angenommen werden; zu einem Fall der – nachträglichen – Entfernung aus dem Dienst

Zugang zu einem Vorbereitungsdienst geht, der nicht ausschließlich zu einem staatlichen Amt führt, etwa das juristische Referendariat, ist zu beachten, dass Art. 71 Abs. 1 von Art. 12 Abs. 1 GG verdrängt wird[38]; soweit eine Verbeamtung nicht in Betracht kommt, ist ein besonderes öffentlichrechtliches Dienstverhältnis einzurichten, wobei im Lichte des Art. 71 Abs. 1 der Zugang zu einem solchen Dienstverhältnis ebenfalls aus Gründen der Verfassungstreue verwehrt werden kann.[39]

Die Eignung für bestimmte Ämter kann fehlen, wenn als Ausdruck der Persönlichkeit dauerhaft bestimmte **Tattoos** oder **Piercings** getragen werden.[40] Hier kommt es auf eine konkrete Abwägung im Einzelfall mit Blick auf das angestrebte Amt und den Aussagegehalt etwa von Tattoos vor dem Hintergrund sich wandelnder gesellschaftlicher Anschauungen an, wobei in der Praxis die bedeutendste Fallgruppe die des Zugangs junger Menschen zu einer Anwärterstelle etwa für den Polizeidienst oder andere Verwaltungszweige darstellt. Eine pauschal fehlende Eignung liegt nicht vor, erst recht, wenn Tattoos durch Kleidung verdeckt werden können.[41] Wegen der Grundrechtsrelevanz ist eine grundsätzliche gesetzliche Regelung erforderlich.[42]

11 **Befähigung** bedeutet Begabung, Allgemeinwissen, Lebenserfahrung und allg. Ausbildung. Hierbei ist insbes. zu prüfen, ob die notwendige Vorbildung nach Maßgabe der jeweiligen LaufbahnVO erfüllt ist. **Fachliche Leistung** stellt ab auf Fachwissen, Fachkönnen und Bewährung im Fach.[43]

12 Mit Blick auf Abs. 1 ist es zulässig, für den Zugang zu einem öffentlichen Amt Anforderungskriterien für Eignung, Leistung und Befähigung generell-abstrakt festzulegen. Dabei sind die Anforderungen des konkreten Amtes in den Blick zu nehmen.[44] Diesbezüglich ist dem Staat bei der Festlegung dieser Anforderungen ein weites Ermessen einzuräumen, dessen Grenzen freilich als Vorfrage im Rahmen von Konkurrentenstreitverfahren überprüft werden können. Dazu gehört etwa die Frage einer (inzwischen richtiger Weise aufgegebenen) **Mindestkörpergröße** für den Polizeivollzugsdienst (zumal davon mehr Frauen als Männer betroffen waren).[45] Die aktuelle Diskussion ist aufgrund des Fachkräftemangels

---

OVG Lüneburg DöD 2021, 198 ff.; vor allem Postings in sozialen Netzwerken bedürfen einer genauen Prüfung, ob hinter diesen eine gefestigte Anschauung steht, siehe *Schrapper/Günther*, Landesbeamtengesetz Nordrhein-Westfalen, 3. Aufl. 2021, § 13 Rn. 5.

38 *Bickenbach*, in von Münch/Kunig, GG, Art. 33 Rn. 62.
39 So zu einem in der Partei III. Weg aktiven Bewerbers OVG Bautzen Beschl. v. 29.4.2021 – 2 B 210/21 – juris; zu Thüringen ThürVerfG, ThürVBl 2021, 233 ff.; OVG Weimar ThürVBl 2021, 208 ff.; anders, indes nicht überzeugend sächsVerfGH ZBR 2022, 98 ff. mit Anm. *Baunack/Denda* aaO S. 102.
40 Dazu *Ullrich* ZBR 2021, 227 (229 ff.); *Gärditz/Abdulsalam* ZBR 2021, 289 (290); *von Roetteken* ZBR 2021, 296 (297); *Elbel* ZBR 2020, 190 (191 ff.); *Marburger* RiA 2020, 5 ff.; OVG Münster DöD 2019, 20; *Günther* NWVBl. 2015, 13 ff.; *Michaelis* JA 2015, 370 ff.; VGH Mannheim DöD 2018, 258: Totenschädel im nicht sichtbaren Bereich ausreichend als Eignungsmangel; ferner VGH Mannheim ZBR 2022, 916.
41 *Bickenbach*, in von Münch/Kunig, GG, Art. 33 Rn. 75.
42 OVG Münster DöD 2019, 20 (21 f.); *Schrapper/Günther*, Landesbeamtengesetz Nordrhein-Westfalen, 3. Aufl. 2021, § 13 Rn. 5.
43 BVerfGE 110, 304 (322); im Einzelnen *Pieper*, in Schmidt-Bleibtreu/Hofmann/Henneke, GG, Art. 33 Rn. 59 ff.
44 Zur Zulässigkeit von Altersgrenzen für eine Verbeamtung siehe *Kawik* ZBR 2016, 404 ff.
45 Zur Begründung wurde ua die Einsatzfähigkeit in geschlossenen Einheiten herangezogen mit dem Risiko, dass die ggflls. erforderliche Eigensicherung durch Kolleginnen und Kollegen die Einsatzeffizienz beeinträchtige – ein überaus fragwürdiges Argument mit Blick auf einen kleinen Ausschnitt des Einsatzspektrums; zum Ganzen *Masuch* ZBR 2017, 81 ff. mwN; *Köhlert* ZESAR 2018, 68 ff.; *Spitzlei* NVwZ 2018, 614 ff.

eher von der Diskussion geprägt, entsprechende Mindeststandards abzusenken. Auch dem setzt Abs. 1 zwar Grenzen, indes dürfte deren rechtswidriges Unterschreiten kaum Zugang zu gerichtlicher Überprüfung finden.

Wie Art. 33 Abs. 2 GG fordert Art. 71 Abs. 1 LV das **Leistungsprinzip**; es gilt der Grundsatz der „Bestenauslese" und zwar unbeschränkt und vorbehaltlos.[46] Die beamtenrechtlichen Vorschriften über Personalauswahl und Beförderung dienen zum einen dem öffentlichen Interesse an einer bestmöglichen Stellenbesetzung im öffentlichen Dienst. Zum anderen tragen sie dem berechtigten Interesse des Bewerbers an einem angemessenen beruflichen Fortkommen Rechnung.[47] Die Verfassung begründet weder eine Pflicht für die öffentliche Hand zur Schaffung einer bestimmten Stelle, noch gewährt sie einen Anspruch auf Übernahme in ein öffentliches Amt.[48] Die verfassungsrechtliche Verbürgung des gleichen Zugangs zu jedem öffentlichen Amt begründet aber einen Anspruch auf rechtsfehlerfreie Anwendung der gesetzlichen Vorschriften.[49] Ein Beförderungsbewerber hat aus Art. 33 Abs. 2 GG einen Anspruch auf ermessens- und beurteilungsfehlerfreie Einbeziehung in die Bewerberauswahl.[50] Dies gilt jedoch nicht für eine Umsetzung oder Versetzung, mit der keine beamtenrechtliche Statusänderung verbunden ist.[51] Wäre jede andere Entscheidung als die Einstellung des Bewerbers rechtswidrig, besteht ein Rechtsanspruch.[52] Die Verletzung der verfassungsrechtlich angelegten Auslesekriterien kann einen Anspruch auf Schadensersatz auslösen, ohne dass es des Rückgriffs auf das Rechtsinstitut der Verletzung der Fürsorgepflicht bedarf.[53]

13

Mit den Begriffen „Eignung, Befähigung und fachliche Leistung" wird der Verwaltung ein **Beurteilungsspielraum** eröffnet.[54] Im Rahmen interner Auswahlentscheidungen wie Beförderungen ist anhand dienstlicher Beurteilungen,[55] die auf das Amt im statusrechtlichen Sinne bezogen sind, festzustellen, ob Eignung, Befähigung und fachliche Leistung im Wesentlichen gleich bewertet sind. Maßgebend ist hierbei in erster Linie das abschließende Gesamturteil. Sind Bewerber

14

---

Abzulehnen ist dessen Annahme, dass nicht verlangt werden könne, dass im Rahmen der Ausübung von Beurteilungsspielräumen, die auf Erfahrungswissen beruhen, wissenschaftliche Untersuchungen verlangt werden. Mit Blick auf die Intensität der Rechtsbeeinträchtigung ist genau dies von einem Rechtsstaat zu erwarten; zur Rechtsprechung OVG Münster DöD 2018, 258 ff., wobei nicht überzeugend ist, eine Regelung im Erlasswege für zulässig zu halten.

46 Vgl. hierzu BVerfG ZBR 2013, 126; BVerwGE 141, 361 Rn. 17; zum Prinzip der Bestenauslese *von Roetteken* ZBR 2012, 230 ff. mwN; zu Besonderheiten bei Wahlämtern aufgrund des Demokratieprinzips unten Rn. 26.
47 Vgl. BVerfG ZBR 2013, 126 mwN.
48 BVerfGE 39, 334 (354); BVerwGE 68, 109 (110); 75, 133 (135).
49 BVerwGE 86, 169 (171 f.).
50 BVerfG NVwZ 2003, 200; BVerfG ZBR 2013, 126 mwN; BVerwGE 122, 147 (149).
51 BVerfG NJW 2008, 909; st Rspr. des BVerwG, vgl. ua BVerwGE 122, 237 (240); so nunmehr auch das BAG BAGE 121, 67 (77).
52 BAGE 28, 62 (67).
53 BVerwGE 80, 123 (125); BVerwGE 145, 185 zum Schadensersatzanspruch bei Abbruch eines Stellenbesetzungsverfahrens.
54 BVerfGE 39, 334 (354); 108, 282 (296); BVerfG ZBR 2013, 126 (127); BVerwGE 68, 109 (110); 86, 244 (246).
55 Vgl. die BeurteilungsRL für M-V, AmtsBl. 2013, 706 ff.; zu beachten ist, dass nach Maßgabe von BVerwG ZBR 2022, 92 ff. eine strengere Akzentuierung des Wesentlichkeitsgrundsatzes erfolgt, mit der Folge einer detaillierteren gesetzlichen Regelung, näher dazu bzw. zur Entscheidung *Lorse* ZBR 2022, 73 ff.; zu landesrechtlichen Folgerungen siehe OVG Berlin ZBR 2022, 102.

mit dem gleichen Gesamturteil bewertet worden, sind die Beurteilungen umfassend inhaltlich auszuwerten und auszuschöpfen.[56]

15 **b) Hilfskriterien und Gleichstellung.** Bei gleicher Qualifikation mehrerer Bewerber können zusätzliche **sachgerechte Hilfskriterien** herangezogen werden, um die Auswahlentscheidung zu treffen. Berücksichtigungsfähig ist zB das Lebens- und Dienstalter.[57] Soziale Gründe können nicht in jedem Fall herangezogen werden. Anerkannt ist dies für eine Schwerbehinderung,[58] nicht dagegen für die bloße Kinderanzahl.[59] Kein zulässiges Auswahlkriterium ist auch die Bereitschaft, in Teilzeit zu arbeiten.[60] Die Angestellten- oder Beamteneigenschaft eines Bewerbers ist – auch unter dem Blickwinkel des Funktionsvorbehalts – kein Gesichtspunkt, der unmittelbar Eignung, Befähigung und fachliche Leistung betrifft.[61]

16 Mit Ausnahme des Sondertypus des politischen Beamten ist die Kompatibilität der politischen Ausrichtung von Bewerberinnen und Bewerbern kein zulässiges Auswahlkriterium,[62] gleichwohl ist politische **Ämterpatronage** ein verbreitetes Phänomen und rechtswidrig,[63] wenn aus Gründen politischer Nähe Bewerberinnen oder Bewerbern trotz geringerer Qualifikation der Vorrang eingeräumt wird. Dessen ungeachtet ist dergleichen vielfach zu beobachten, und auch die Möglichkeiten von Konkurrentenrechtsschutz greifen zu kurz, etwa wenn auf Ausschreibung der Stelle verzichtet wird. Indes gehen die politisch motivierten Entscheidungsträger auch in solchen Fällen nicht selten subtil vor, indem erwünschte Karrieren über entsprechende Beurteilungen vorbereitet und durch geschickte Ausübung des Organisationsermessens etwa im Rahmen eines für bestimmte Personen passgenauen Aufgabenzuschnitts – mit der Folge eher besserer Eignung für die Stelle – vorausschauend vorbereitet werden. Wiewohl all dies zu Verstößen gegen Abs. 1 führt bzw. führen kann, zeigt immerhin die Faktizität, dass im Falle von Regierungswechseln der **Loyalitätspflicht** unbeschadet einer persönlich abweichenden politischen Anschauung im Regelfall Vorrang eingeräumt wird, was entsprechenden Missbrauch selbstredend nicht rechtfertigt, aber immerhin seine Folgen mindert.[64]

Umgekehrt schließlich gibt es nichts zu erinnern, wenn Bewerberinnen bzw. Bewerber mit passender politischer Ausrichtung das Auswahlverfahren deshalb für

---

56 BVerwG ZBR 2013, 376 (378 ff.); inhaltlich bemängeln BVerwG ZBR 2022, 92 ff. sowie, dem folgend, OVG Berlin ZBR 2022, 102 ff. zu Recht eine nicht hinreichende Anknüpfung der Beurteilungsrichtlinien an die Kriterien des Art. 33 Abs. 2, insbesondere mit Blick auf die persönliche Eignung sowie die Befähigung. In Mecklenburg-Vorpommern muss dies insbesondere zu einer grundlegenden Abkehr von der noch leistungszentrierte(re)n Auswahl bei Besetzungsverfahren von Führungsämtern der Justiz führen.
57 BVerwGE 80, 123 (126); 122, 147 (151).
58 BVerwGE 86, 244 (249 f).
59 OVG Münster ZBR 1999, 387 f.
60 BVerwGE 82, 196 (204); 110, 363 (368); zur antragslosen Zwangsteilzeit vgl. BVerfGE 119, 247; zur Schaffung eines Beförderungsdienstpostens als Teilzeitstelle vgl. OVG Lüneburg DVBl. 2013, 1473.
61 BVerfG ZBR 2012, 252 (254).
62 Anders *Nokiel* DöD 2021, 116 (119), der verkennt, dass sich im Falle politischer Beamter (soweit die Einrichtung zulässig ist), eine Überformung der Grundsätze des Abs. 1 aus dem Demokratieprinzip sowie der Sicherung der Regierungsstabilität ergibt; zutreffend *Bickenbach*, in von Münch/Kunig, GG, Art. 33 Rn. 78.
63 *Battis*, in Sachs, GG, Art. 33 Rn. 39; zum Phänomen und zu Rechtsfolgen näher *Nokiel* DöD 2021, 116 (118 ff.); *von Arnim* DVBl. 2021, 481 ff.
64 Anders und mit schärferem Gesamturteil *Nokiel* DöD 2021, 116 (120 f.).

sich entscheiden, weil sie nach Maßgabe von Eignung, Leistung und Befähigung eben besser sind.

Art. 3 Abs. 2 S. 2 GG verpflichtet den Staat, die tatsächliche Durchsetzung der **Gleichberechtigung von Frauen und Männern** zu fördern und auf die Beseitigung bestehender Nachteile hinzuwirken. Bei gleicher Eignung kann daher eine Bevorzugung weiblicher Bewerber im Einzelfall gerechtfertigt sein.[65] Die Zulässigkeit sog. **Frauenquoten** ist nach wie vor umstritten[66] und vom BVerfG noch nicht abschließend entschieden. Das BAG bejaht in st Rspr.[67] die verfassungsrechtliche Zulässigkeit leistungsbezogener Quotenregelungen mit Härteklauseln, wie sie sie die Landesgleichstellungsgesetze[68] vorsehen. Der EuGH hat in zwei Fällen deutschen Landesrechts eine Bevorzugung von Frauen bei gleicher Qualifikation für unionsrechtskonform erklärt, sofern dies keinen Automatismus bedeute, sondern individuelle Gesichtspunkte Berücksichtigung finden könnten.[69]

Da in Mecklenburg-Vorpommern, durchaus legitim, die Förderung von Frauen besonderes Augenmerk genießt, bedarf die Einhaltung der Grenzen eines möglichen Vorziehens von Bewerberinnen besonderer Beachtung. Zulässig dürften besondere Förderkonstellationen sein, wie sie etwa auch bundesseitig an Hochschulen über das sogenannte **Frauenförderprogramm** oder landesseitig über eine finanzielle Förderung des Erreichens von Zielvorgaben über das sogenannte Kaskadenmodell vorzufinden sind, da mit letzterem noch keine konkrete Auswahlentscheidung verbunden ist, im Falle des Professorinnenprogramms eine zulässige Bedingung eines Drittmittelgebers gesehen werden kann.[70] Auch der Förderung der Übernahme von Führungspositionen von Frauen kommt besondere Bedeutung zu.[71]

Problematisch(er) sind indes Fälle, die am ehesten mit dem Terminus „nudging" erfasst werden können, etwa wenn im Bereich der Besetzung höherwertiger Stellen die Auswahl stärker im Kontext der politischen Zielvorgaben betrachtet wird und seitens der Staatskanzlei bzw. des Kabinetts den Ressorts durchaus entsprechende „Wünsche" übermittelt[72] und Fragen gestellt werden,[73] wenn die Auswahl nicht auf eine Frau hinausläuft. Darin ist durchaus die realistische Gefahr zu sehen, dass über ein solch stetiges „Nudging" der Fachressorts schon über Organisationsplanungen und zuweilen auch Beurteilungen[74] Vorsorge getroffen wird, dass eine konkrete Auswahlentscheidung im Nachgang auf eine Frau hinausläuft.[75] Im Vergleich dazu sollte eher einer durchaus begründbaren Zulässigkeit von Quoten der Vorrang eingeräumt werden.

---

65 Dazu *Bickenbach*, in von Münch/Kunig, GG, Art. 33 Rn. 86 f.
66 *Battis*, in Sachs, GG, Art. 33 Rn. 37 mwN.
67 BAGE 73, 269; 104, 264.
68 Vgl. § 5 Abs. 3 Gleichstellungsgesetz M-V.
69 EuGH NJW 1997, 3429; NJW 2000, 1549.
70 Ganz zweifelsfrei ist es nicht, da eine Grundrechtsbindung von Bundesstellen auch bei fiskalischen Handeln angenommen werden kann; ausführlich *Sacksofsky/Völzmann*, Frauenförderung in der Wissenschaft durch Professorinnenprogramme, 2018.
71 *Papier/Heidebach* DVBl. 2015, 125 ff. zu möglichen Fördermaßnahmen.
72 Besonders fragwürdig ist diese Praxis, wenn sie auf Grundlage vertraulicher „Nebenabreden" zu einer Koalitionsvereinbarung erfolgt.
73 Etwa als Randbemerkung zur Auswahlakte „warum keine Frau?".
74 Zu zulässigen Aspekten der Frauenförderung im Rahmen von Beurteilungen *Baden* ZBR 2021, 372 (374 ff.); *Lorse* DÖV 2017, 455 ff.; ferner zu geschlechtergerechten Beurteilungen *Kathke* RiA 2019, 56 ff.
75 Soweit sich die rechtsprechende Gewalt in dem Zusammenhang als letztes Korrektiv sieht, führt die Thematik auch dort zuweilen zu dann rechtsirrigen Überreaktionen etwa im Rahmen der Gewichtung sozialer Kompetenzen. Siehe zum Fall – sogar über ein

20 Einen Sonderfall stellt es dar, wenn aufgrund der Eigenart der Stelle allein die Besetzung durch eine Frau in Betracht kommt. Diskutiert wird dies im Rahmen von einzurichtenden Stellen für **Gleichstellungsbeauftragte**.[76] Zulässig können auch sich aus dem Sozialstaatsprinzip ergebende Überformungen der Auswahlgrundsätze sein.[77]

21 Kein zulässiges Auswahlkriterium ist zudem die **Herkunft** der Bewerberinnen und Bewerber im Sinne des Art. 3 Abs. 3 GG (sofern überhaupt einschlägig).[78] Auch aufgrund des statistischen Nachweises, dass Menschen mit ostdeutscher Herkunft aktuell etwa im Rahmen des Innehabens von Führungspositionen im öffentlichen Dienst deutlich unterrepräsentiert sind, begründet dies keine Diskriminierung im Einzelfall, wenn nach Maßgabe der Kriterien des Abs. 1 Bewerberinnen bzw. Bewerber mit westdeutscher Herkunft vorrangig zu berücksichtigen sind. Denn anders als etwa im Falle der Gleichstellung greift hier das Grundrecht der Freizügigkeit im Verbund mit Art. 12 GG sowie dem sogenannten gemeinsamen Indigenat,[79] welches eine unmissverständliche grundgesetzliche Wertung darstellt. Angesichts dessen ist die sogenannte „Riemser-Erklärung",[80] immerhin ein Dokument des Bundeskanzlers und der ostdeutschen Ministerpräsidentinnen und -präsidenten mit dem Ziel eines Gegensteuerns, irreführend und schlimmstenfalls als Einladung zum Verfassungsbruch zu missverstehen und damit geeignet, die Einhaltung verfassungsrechtlicher Bestimmungen zu gefährden.[81]

---

Bescheidungsurteil und damit im Sinne des Gewaltenteilungsprinzips im konkreten Fall unzulässig hinausgehend – die Korrektur einer Entscheidung der Exekutive für eine Bewerberin zugunsten eines männlichen Mitbewerbers bei VG Schwerin Urt. v. 27.8.2020 – 1 A 1212/19 – unveröffentlicht.

76 *Battis*, in Sachs, GG, Art. 33 Rn. 38; eine entsprechende Regelung hat das LVerfG Urt. v. 10.10.2017, LVerfG 7/16 für „derzeit" noch verfassungskonform gehalten; das ist folgerichtig, weil sich mit dem Erfolg entsprechender Gleichstellung fördernder Maßnahmen das Gewicht der Rechtfertigungsgründe mindert; siehe auch *Erzinger* NVwZ 2016, 359 ff.

77 *Battis*, in Sachs, GG, Art. 33 Rn. 38.

78 Deutlich auch *Bickenbach*, in von Münch/Kunig, GG, Art. 33 Rn. 84 zu Ostdeutschland. Eine Ausnahme bildet Art. 36 GG; zu einer demgegenüber in manchen westdeutschen Ländern diskutierten Migrantenquote siehe *Majer/Pautsch* ZAR 2020, 414 ff. mwN; mit überzeugenden Gründen ablehnend *Pieper*, in Schmidt-Bleibtreu/Hofmann/Henneke, GG, Art. 33 Rn. 57.

79 Auch heute noch lehrreich die Entscheidung zu sog. Landeskinderklauseln in Sachen Hochschulzugang bei BVerfGE 85, 36 (53 f.), ferner BVerfGE 134, 1 ff. zur Bevorzugung von Landeskindern bei Studiengebühren.

80 Siehe C.10 der Riemser-Erklärung vom 13.6.2022: „die Verbesserung der Repräsentanz von Ostdeutschen in Führungs- und Leitungspositionen ist eine Aufgabe, die gemeinsam von Bund und Ländern angegangen werden muss. Sie vereinbaren, den anstehenden Generationswechsel in der öffentlichen Verwaltung, aber auch in Justiz und Wissenschaft (trotz Art. 5 Abs. 3 GG!), zum Abbau des Repräsentationsdefizits von Ostdeutschen bei der aktuellen (sic!) Besetzung von Führungspositionen zu nutzen. Dazu werden sie konkrete Maßnahmen erarbeiten, die auf eine Erhöhung des Anteils von Menschen mit ostdeutscher Herkunft in Führungspositionen hinwirken und Nachwuchskräfte fördern." (Einschübe seitens Verf.).

81 Hilfreich wäre auch gewesen, die Ursachen der Unterrepräsentanz zuvor, abgesehen von der Hinzuziehung verfassungsrechtlicher Expertise näher in den Blick zu nehmen: eine zu geringe Anzahl verfügbarer, zudem unbelasteter, Personen mit entsprechender juristischer bzw. verwaltungswissenschaftlicher Qualifikation, was sich nach 30 Jahren Deutsche Einheit erst langsam ausgleicht. Zudem hätte man in den Blick nehmen können, ob das demographische Potential Ostdeutschlands dann überhaupt ausreicht, entsprechende Stellen auch besetzen zu können.

Aus systematischer Sicht sind die Eignungskriterien des Abs. 1 im Übrigen im 22
Gesamtkontext der Funktionsfähigkeit des öffentlichen Dienstes zu sehen. Das
kann im Einzelfall unter strengen Voraussetzungen dazu führen, dass Bewerberinnen oder Bewerber trotz gegebener Eignung im Sinne einer Bestenauslese
nicht zum Zuge kommen, wenn sachliche Gründe von solchem Gewicht vorliegen, dass ihre Nichtbeachtung die Funktionsfähigkeit der Verwaltung erheblich
beeinträchtigen würde.[82]

**c) Umfang einer Ausschreibungspflicht.** Eine allg. Pflicht zur **Ausschreibung** 23
**von Stellen** ist durch die Rspr. bisher nicht anerkannt.[83] Mit guten Gründen
wird aber aus der verfassungsrechtlichen Garantie des Zugangs zu allen öffentlichen Ämtern die Verpflichtung entnommen, Möglichkeiten für einen realisierbaren Zugang zu schaffen. Dies setzt eine so breit gestreute Information über
offene Ämter voraus, dass für die an dem jeweils zu besetzenden Amt potenziell Interessierten und zu Interessierenden die Möglichkeit der Kenntnisnahme
geschaffen wird. Daraus folgt eine grds. Pflicht zur Ausschreibung zu besetzender Stellen,[84] wobei es im personalwirtschaftlichen Ermessen des Dienstherrn
liegt, einen Dienstposten nur behördenintern auszuschreiben.[85] § 9 Abs. 1 LBG
regelt dementsprechend eine Ausschreibungspflicht (Soll-Vorschrift), die auch
für behördenintern zu besetzende Stellen gilt. Für Einstellungen ist grds. eine
öffentliche Ausschreibung vorgesehen, dh ein Aushang in den Diensträumen
der Behörde oä genügt insoweit nicht.[86] Ausnahmen von der Ausschreibungspflicht sind nach § 9 Abs. 1 S. 3 LBG in den Laufbahnverordnungen zu regeln.
Dies ist in § 4 ALVO M-V ua für Stellen geschehen, die durch eine besondere
Vertrauensstellung und die Notwendigkeit der Übereinstimmung mit den politischen Ansichten der Regierung gekennzeichnet sein sollen (Nr. 2–4), wobei
fraglich ist, ob dies in allen geregelten Fällen zutrifft. Zudem ist klarzustellen,
dass die Möglichkeit des Verzichts auf eine Ausschreibung über politische Beamte hinausgehend keine Ermächtigung dafür darstellt, politisches Vertrauen als
Hilfskriterium heranziehen zu dürfen, da insoweit die Verfassung nicht durch
eine Rechtsverordnung überformt werden kann.

**3. Öffentliches Amt.** Erfasst wird der Zugang zu jedem **öffentlichen Amt**.[87] 24
Der Begriff des öffentlichen Amtes ist weit auszulegen und umfasst berufliche
und ehrenamtliche Funktionen öffentlich-rechtlicher Art beim Land, den Gemeinden, Landkreisen, sonstigen Körperschaften und Anstalten des öffentlichen
Rechts; unerheblich ist, ob es sich um das Wahrnehmen hoheitlicher oder
schlicht-verwaltender Tätigkeiten, eine Ausübung des öffentlichen Amtes im
Beamtenverhältnis oder aufgrund eines privatrechtlichen Vertrages handelt.[88] Je
nach Ausgestaltung des konkreten Amtes sind aber die Eignungsanforderungen
zu differenzieren: Abstufungen sind zB denkbar bei tarifvertraglich Beschäftig-

---

82 OVG Bremen ZBR 2022, 104 ff.: Fall erheblicher Beeinträchtigung des Betriebsklimas aufgrund von Diskriminierungen und Herabwürdigungen aufgrund ethnischer Herkunft.
83 Vgl. BVerwGE 49, 232 (243); 56, 324 (327); offen gelassen v. BVerfG NVwZ 2006, 1401 f.
84 StGH Bremen DÖV 1993, 300; *Jachmann-Michel/Kaiser*, in von Mangoldt/Klein/Starck, GG, Art. 33 Abs. 2 Rn. 16; vgl. auch *Ladeur* Jura 1992, 77 (81 ff.); *Koll* LKV 2001, 394 (395), zur Ableitung der Ausschreibungspflicht aus dem Leistungsprinzip.
85 BVerwG NVwZ-RR 2012, 71.
86 Vgl. die Gesetzesbegr., LT-Drs. 5/2143, S. 87.
87 Zu Begriff und Funktion des öffentlichen Amtes siehe auch *Kümper* DÖV 2017, 414 ff.
88 *Battis*, in Sachs, GG, Art. 33 Rn. 24.

ten im Vergleich zu Beamten,[89] bei Lehrbeauftragten im Vergleich zu Beamten[90] sowie bei Beamten auf Widerruf im Verhältnis zu Lebenszeitbeamten.[91]

25 Ob und inwieweit **staatlich gebundene Berufe**, bei denen Berufswahl und Berufsausübung in mehr oder weniger starker Weise reglementiert werden und die der Wahrnehmung öffentlicher Aufgaben dienen, in den Anwendungsbereich des Art. 71 Abs. 1 LV fallen, ist nicht abschließend geklärt. Für Notare wird dies weitgehend bejaht,[92] für Insolvenzverwalter hingegen verneint.[93] Ob Beliehene von der Vorschrift erfasst werden, ist umstritten[94] und nach Maßgabe einer Analyse der konkreten Übertragung öffentlicher Aufgaben zu entscheiden.

26 Die weite Auslegung des Begriffs des öffentlichen Amtes wirft die Frage nach einer verfassungsimmanenten Einschränkung des Anwendungsbereichs der Norm für die Fälle auf, in denen der Vergabe des Amtes ein **demokratischer Wahlakt** zugrunde liegt, dem stets auch im Sinne einer prozeduralen Mehrheitsentscheidung ein politisch-voluntatives Element innewohnt, was über Grundsätze demokratischer Wahlen etwa wie Begründungsfreiheit und Wahlgeheimnis auch abgesichert ist. Demgegenüber zeugt schon die systematische Stellung von Art. 71 Abs. 1 im Anschnitt Landesverwaltung und Selbstverwaltung, dass die Vorschrift vornehmlich die Leistungsfähigkeit und Rechtsstaatlichkeit der Exekutive – und auch Judikative absichert. Das sich so zwischen Demokratie- und Rechtsstaatsprinzip ergebende Spannungsverhältnis ist nicht a priori zugunsten des einen oder anderen aufzulösen,[95] sondern vielmehr im Rahmen einer funktionalen Einzelfallbetrachtung. Dies führt dazu, Ämter, für die ein politisch-voluntatives Element und/oder die demokratische Legitimationsvermittlung im Vordergrund stehen, aus dem Anwendungsbereich der Vorschrift auszuklammern, etwa Landesminister[96] oder auch das Amt des Bürgerbeauftragten[97] ebenso wie die Ämter von Landtagsabgeordneten und Vertretern quasiparlamentarischer Selbstverwaltungsorgane im Rahmen **funktionaler und kommunaler Selbstverwaltung**. Schwieriger zu beurteilen sind die Fälle, in denen im Rahmen eingeräumter Selbstverwaltung von Exekutiveinheiten zur Sicherung

---

89 Vgl. BAGE 28, 62; 39, 235 (253); 54, 340 (345); BAG NJW 1989, 2562 (2563).
90 BVerwGE 81, 212 (214 ff.); zur grundsätzlichen Einbeziehung von Lehrbeauftragten und außerplanmäßigen Professorinnen und Professoren *Pieper*, in Schmidt-Bleibtreu/Hofmann/Henneke, GG, Art. 33 Rn. 24.
91 *Battis*, in Sachs, GG, Art. 33 Rn. 25; BVerwGE 62, 267 (272).
92 *Pieper*, in Schmidt-Bleibtreu/Hofmann/Henneke, GG, Art. 33 Rn. 31; aA *Jachmann-Michel/Kaiser*, in von Mangoldt/Klein/Stark, GG, Art. 33 Abs. 2 Rn. 15; differenzierend *Brosius-Gersdorf*, in Dreier, GG, Art. 33 Rn. 85.
93 BVerfGE 116, 1 (13); zur beamtenrechtlichen Einordnung von Gerichtsvollziehern siehe *Schönrock* DVGZ 2019, 221 ff.
94 Gegen eine Einbeziehung *Pieper*, in Schmidt-Bleibtreu/Hofmann/Henneke, GG, Art. 33 Rn. 32; dafür *Battis*, in Sachs, GG, Art. 33 Rn. 25; differenzierend *Kümper* DÖV 2017, 414 (419 f.).
95 Immer noch lesenswert die kategorische Ablehnung der Geltung von Art. 33 Abs. 2 GG für alle Wahlämter bei *Ridder*, in Alternativkommentar zum Grundgesetz Bd. 2, 2. Aufl. 1989, Art. 33 Rn. 49.
96 In M-V wird nur der MinPräs gewählt, vgl. Art. 42, 43 LV; die Minister sind wegen des personellen Kabinettsbildungsrechtes des MinPräs (→ Art. 43 Rn. 2) vom Anwendungsbereich der Norm ausgenommen.
97 Inwieweit die LReg bei ihrem Wahlvorschlag nach § 4 Abs. 1 LRHG an den Grundsatz der Bestenauslese gebunden ist, hat das LVerfG M-V offen gelassen (Urt. v. 28.10.2010 – LVerfG 5/10 –, LVerfGE 21, 218 (228)). Eine funktionsbezogene Betrachtungsweise führt dazu, die Frage der Legitimationsvermittlung in den Mittelpunkt zu stellen, nicht politisch voluntative Aspekte – was zur Anwendung von Art. 71 Abs. 1 führt – ebenso wie beim Amt des Landesbeauftragten für Datenschutz und Informationsfreiheit, da dort nach § 16 Abs. 2 LSDG M-V ein spezifisch exekutives Anforderungsprofil normiert wird.

lückenloser demokratischer Legitimation im Selbstverwaltungsbereich Personenwahlen zu Ämtern mit zum Teil umfassenden **Exekutivbefugnissen** vorgesehen sind, wie beispielsweise bei Bürgermeistern und Landräten. Funktional lässt dort indes die vorgesehene Direktwahl durch das Volk keinen Raum für die Berücksichtigung der fachlich determinierten Kriterien des Art. 71 Abs. 1 LV, sondern stellt das politische Vertrauen in den Mittelpunkt. Der Schutzzweck der Norm ist daher nicht berührt.[98]

Näher an Sinn und Zweck der Vorschrift und damit problematisch sind die Fälle, in denen demokratische **Personenwahlen** zu Ämtern mit Exekutivfunktionen durch Organe der Selbstverwaltung selbst, zuweilen kombiniert durch eine Ernennung staatlicher bzw. aufsichtsführender Stellen erfolgt. Das betrifft etwa kommunale **Beigeordnetenwahlen**,[99] aber auch Wahlen zu Ämtern der **Hochschulleitung**[100] sowie etliche mehr. Mit Blick darauf, dass Organisationseinheiten der kommunalen wie funktionalen Selbstverwaltung vollständig Teil der Exekutive sind und die Wahlen durch rechtsstaatlich gebundene Gremien erfolgen, sprechen bessere Gründe für die Anwendbarkeit des Art. 71 Abs. 1; allerdings unterliegt die Anwendung der Vorschrift dann gleichwohl erheblichen Überformungen seitens des Demokratieprinzips dahin gehend, dass die in die Entscheidungen einfließenden politischen Aspekte ebenso wie der Umstand der Begründungsfreiheit einer Wahlhandlung in Verbindung mit weitreichenden Beurteilungsspielräumen eine gerichtliche Prüfung auf die Verfahrensgestaltung beschränken, insbesondere mit Blick auf Fairness und Transparenz.[101] Aufgrund der grundgesetzlich garantierten Unabhängigkeit der Richter ergeben sich für die Anwendung des Art. 71 Abs. 1 auf den Justizbereich im Rahmen der Beteiligung von Richterwahlausschüssen ebenfalls Besonderheiten. Indes entbindet im Ergebnis die auf das Votum eines Richterwahlausschusses gegründete Entscheidung über die Besetzung eines Richteramtes nicht von der Anwendbarkeit der Norm, weil es sich um keine reine Wahlentscheidung handelt.[102]

---

98 *Pieper*, in Schmidt-Bleibtreu/Hofmann/Henneke, GG, Art. 33 Rn. 27 mwN; vgl. auch OVG Weimar ThürVBl. 2007, 187 (188).
99 OVG Münster NWVBl 2022, 154 ff.; OVG Münster NVwZ-RR 2022, 60 ff.; VG Potsdam LKV 2017, 429 ff.; siehe auch *Herrmann* LKV 2006, 535 ff. mwN.
100 Für Anwendung auf das zeitlich begrenzte Wahlamt eines Hochschulkanzlers VG Gelsenkirchen Beschl. v. 19.3.2018 – 12 L 3026/17 – juris; bestätigend OVG Münster Beschl. v. 7.6.2018 – 6 B 444/18 – juris; zu den Entscheidungen *Müller* VR 2020, 368 f.; zutreffend wird die eigentliche Auswahl im Wahlakt, nicht in der Ernennung verortet; zur Wahl eines Rektors OVG Bautzen SächsVBl 2011, 14 ff.; zur Unzulässigkeit des Ausschlusses von Bewerbern für das Rektorenamt durch eine Findungskommission VG Schwerin Beschl. v. 18.10.2012 – 1 B 665/12 – unveröffentlicht; zu beachten ist im Übrigen, dass sich Einschränkungen, insbesondere auch mit Blick auf Art. 12 Abs. 1 GG, aus der Funktion des Amtes bzw der Selbstverwaltung heraus rechtfertigen müssen. Eine Begrenzung der Wiederwahlmöglichkeit zum Beispiel von (abwählbaren) Rektoren auf 12 Jahre begegnet mit Blick auf Ausgestaltung und Funktion des Amtes daher durchgreifenden verfassungsrechtlichen Bedenken, da die Funktionsfähigkeit einer Hochschule kaum davon abhängen dürfte, einen Rektor zwingend nach 12 Jahren austauschen zu müssen, siehe auch die vergleichbare Argumentation bei *Laskowski*, Stellungnahme zur Begrenzung von Amtszeiten, Mandatszeiten und Verlängerung der Dauer der Legislaturperiode, Deutscher Bundestag, Kommission zur Reform des Wahlrechts und zur Modernisierung der Parlamentsarbeit, Drs. 20(31)041, 2022.
101 Deutlich etwa VG Gelsenkirchen Beschl. v. 19.3.2018 – 12 L 3026/17 – juris.
102 *Jachmann-Michel/Kaiser*, in von Mangoldt/Klein/Starck, Grundgesetz Kommentar Bd. 2, Art. 33 Rn. 15 mwN; zu den Besonderheiten gewaltenübergreifender Personalrekrutierung im Bereich der Justiz siehe BVerfGE 143, S. 22 ff.; BVerwGE 105, 89 (92); ferner, auch zu kommunalen Wahlämtern, *Classen* JZ 2002, 1009 (1012 ff.).

28 Im Übrigen enthält Art. 71 Abs. 1 LV keinen Maßstab für die Zulässigkeit der Ausgestaltung öffentlicher Ämter als Wahlämter.[103]

29 **Inwieweit Politische Beamte** vom Anwendungsbereich der Norm erfasst werden, ist zweifelhaft, wobei es darum geht, inwieweit die politische Ausrichtung als Kriterium die Grundsätze der Bestenauslese zu überformen vermag.[104] Das Institut des politischen Beamten wird überwiegend in Ausnahmefällen als verfassungskonform angesehen.[105] Dies wird damit gerechtfertigt, dass es sich bei den politischen Beamten übertragenen Ämtern um Schlüsselstellungen handelt, die das reibungslose Funktionieren des Übergangs von der politischen Spitze in die Beamtenhierarchie zu gewährleisten haben.[106] Das BVerfG beschränkt das Institut aber auf eng begrenzte Ausnahmefälle und zwar auf Beamte, die nach der Art ihrer Aufgaben in besonderer Weise des politischen Vertrauens der Staatsführung bedürfen und in fortwährender Übereinstimmung mit den grds. politischen Ansichten und Zielen der Regierung stehen müssen. Es kann sich nur um den engsten Kreis unmittelbarer Berater der Träger politischer Ämter handeln.[107] Diesem Maßstab werden die Regelungen in den Ländern zum Teil nicht gerecht.[108]

30 **4. Rechtsschutz.** Art. 71 Abs. 1 LV vermittelt dem Bewerber ein grundrechtsgleiches Recht auf leistungsgerechte Einbeziehung in die Bewerberauswahl, den sog. Bewerbungsverfahrensanspruch. Aus diesem Anspruch iVm der **Rechtsschutzgarantie** des Art. 19 Abs. 4 GG ergibt sich, dass das Recht auf gleichen Zugang zu öffentlichen Ämtern effektiv gerichtlich verfolgbar sein muss.[109] Ein nur formelles Recht und die theoretische Möglichkeit, die Gerichte anzurufen, genügen nicht.[110]

31 Aus der Verfahrensabhängigkeit des **Bewerbungsverfahrensanspruches** folgt, dass der Anspruch erlischt, wenn das Stellenbesetzungsverfahren beendet wird.[111] Dies kann durch die Ernennung des ausgewählten Bewerbers geschehen, wenn sie Ämterstabilität genießt, dh nicht mehr von erfolglosen Bewerbern im Rechtsweg beseitigt werden kann.[112] Der Anspruch kann aber auch erlöschen, wenn der Dienstherr das **Stellenbesetzungsverfahren** gerechtfertigt

---

103 *Jachmann-Michel/Kaiser*, in von Mangoldt/Klein/Starck, GG, Art. 33 Rn. 15 mit Fn. 71.
104 Bejahend *Pieper*, in Schmidt-Bleibtreu/Hofmann/Henneke, GG, Art. 33 Rn. 29: vollumfängliche Geltung.
105 Zur verfassungsrechtlichen Einordnung *Steinbach* VerwArch 2018, 6 ff.; *Czisnik* DÖV 2020, 603 ff.; *Lindner* DÖV 2011, 150 ff.; zur Rechtswidrigkeit der Einordnung von Polizeipräsidenten zum Kreis der politischen Beamten zutreffend OVG Münster ZBR 2022, 133; ob das OVG aaO S. 137 die Einstufung des Leiters der Abteilung Verfassungsschutz in NRW – mit entsprechendem Aussagegehalt für M-V – aufgrund der angestellten Besoldungsüberlegungen akzeptiert, mag offen bleiben.
106 Vgl. BVerwGE 52, 26 (34 f.).
107 Vgl. BVerfGE 7, 155 (166); 121, 205 (232); BVerwGE 115, 89 (95 f.).
108 Überblick bei *Lindner* ZBR 2011, 150 (153 f.), 160; zum Institut des politischen Beamten mit Blick auf den Grundsatz der persönlichen Unabhängigkeit vgl. *Lindner* ZBR 2013, 145 (152).
109 BVerwGE 138, 102 Rn. 21, 32; aktuelle Übersicht bei *Adam* DöD 2022, 250 ff.; ferner *Eckstein* ZBR 2016, 217 ff.; *Kenntner* ZBR 2016, 181 ff.; umfassend *Weckmann*, Die Rolle staatlicher Auswahlentscheidungen im Rechtsschutzsystem der „Konkurrentenverdrängungsklage", Am Beispiel des Beamtenrechts, 2019.
110 BVerfG NVwZ 2007, 1178 f. mwN.
111 BVerwGE 145, 185 Rn. 11.
112 BVerwGE 138, 102, Rn. 27; zu Einzelfragen in Folge der Entscheidung siehe *Bickenbach*, in von Münch/Kunig, GG, Art. 33 Rn. 53, 56 f.; ferner zu aktuellen Entwicklungen *Kawik/Pflüger* ZBR 2021, 145 ff.

abbricht.[113] Ist der Bewerbungsverfahrensanspruch untergegangen, kann eine Klage des unterlegenen Bewerbers keinen Erfolg mehr haben. Deshalb muss er in beiden Fällen die Möglichkeit haben und ist auch gehalten, das Erlöschen des Bewerbungsverfahrensanspruchs **durch Inanspruchnahme vorläufigen Rechtsschutzes** zu verhindern.[114] Dabei dürfen die Anforderungen an die Glaubhaftmachung eines Anordnungsanspruchs nicht überspannt werden.[115]

Die Wirksamkeit des Rechtsschutzes vor der Ernennung hängt davon ab, dass 32 der Dienstherr die gerichtliche Nachprüfung seiner Auswahlentscheidung ermöglicht. Deshalb ergeben sich für ihn **Mitteilungs- und Wartepflichten**.[116] Der Dienstherr verhindert den gebotenen Rechtsschutz, wenn er die beabsichtigte Ernennung während eines laufenden gerichtlichen Verfahrens oder trotz gerichtlicher Untersagung vornimmt. Gleiches gilt, wenn die Ernennung ohne Mitteilung an die unterlegenen Bewerber, vor Ablauf der Wartefrist für die Inanspruchnahme vorläufigen Rechtsschutzes, der Beschwerdefrist zum OVG oder der Wartefrist für die Anrufung des BVerfG erfolgt. In diesen Fällen der Rechtsschutzverhinderung kann sich der Dienstherr nach der neueren Rspr. des BVerwG nicht auf den **Grundsatz der Ämterstabilität** berufen; die Ernennung kann nachträglich im Wege der Anfechtungsklage beseitigt werden.[117]

Beim Abbruch eines Besetzungsverfahren kann eine einstweilige Anordnung 33 nach § 123 VwGO mit dem Ziel erstritten werden, den Dienstherrn zur Fortführung des Stellenbesetzungsverfahrens zu verpflichten.[118]

Bestand eine solche Rechtsschutzmöglichkeit und wird von ihr erfolglos Ge- 34 brauch gemacht, kann ein Bewerber wegen Fehlern im Stellenbesetzungsverfahren, die seinen Bewerbungsverfahrensanspruch verletzt haben, dann nur noch Schadensersatzansprüche geltend machen. Sucht der Bewerber allerdings nicht um vorläufigen Rechtsschutz nach, tritt in Anwendung des Rechtsgedankens aus § 839 Abs. 3 BGB keine Ersatzpflicht ein.[119] Ist der Bewerbungsverfahrensanspruch durch rechtsbeständige Ernennung oder Abbruch untergegangen, kann der Bewerber nur dann erfolgreich **Schadensersatz** verlangen, wenn die Ernennung des Dritten oder der Abbruch des Verfahrens rechtswidrig war, die Ernennung etwa unter Verstoß gegen das Leistungsprinzip des Art. 71 Abs. 1 LV vorgenommen worden ist.[120]

Vorläufiger Rechtsschutz im Konkurrentenstreit kann auch erlangt werden, 35 wenn es allein um die Übertragung eines **Dienstpostens** geht, ohne dass damit die Vergabe eines Beförderungsamtes verbunden ist. Zwar kann die Übertragung rückgängig gemacht werden, so dass auch nachgelagerter Rechtsschutz zur Verfügung steht.[121] Es besteht jedoch ein Anordnungsgrund, wenn die Dienstpostenvergabe eine Vorauswahl für die Vergabe des höheren Statusamtes trifft. Die Verbindlichkeit des Maßstabes des Art. 71 Abs. 1 LV gilt nicht nur für die unmittelbare Vergabe eines Amtes im statusrechtlichen Sinne, sondern auch für vorgelagerte Auswahlentscheidungen, durch die eine zwingende Voraussetzung für die nachfolgende Ämtervergabe vermittelt wird. Damit wird die Auslese für

---

113 BVerwGE 145, 185 Rn. 11 f. mwN.
114 BVerwGE 138, 102 Rn. 31 f.
115 BVerfG NVwZ 2007, 1178 f. mwN.
116 Vgl. dazu BVerfG NVwZ 2007, 1178 f.; NVwZ 2009, 1430.
117 BVerwGE 138, 102, Rn. 34 ff.; zum Rechtsschutz im Nachgang zu diesem Urteil vgl. *Munding* DVBl. 2011, 1512; *von Roetteken* ZBR 2011, 73; *Schönrock* ZBR 2013, 26.
118 BVerwGE 145, 185 Rn. 12.
119 BVerwGE 145, 185 Rn. 12.
120 BVerwGE 145, 185 Rn. 13.
121 BVerwG DÖD 2012, 16 f.

Beförderungsämter vorverlagert auf die Auswahl unter den Bewerbern um **Beförderungsdienstposten**. Diese Vorwirkung begründet in Fällen der Übertragung eines Beförderungsdienstpostens einen Anordnungsgrund und führt dazu, dass das vorläufige Rechtsschutzverfahren grds. die Funktion des Hauptsacheverfahrens übernimmt.[122]

### III. Unparteiische Amtsführung

36 Abs. 2 des Art. 71 LV hebt die Pflicht aller Angehörigen des öffentlichen Dienstes zu einer unparteiischen Amtsführung hervor.[123] Die Pflicht zur **unparteiischen Amtsführung** ist als hergebrachter Grundsatz des Beamtentums ebenso anerkannt[124] wie diejenige zur Wahrung parteipolitischer Neutralität.[125] Einfachgesetzlich sind sie in § 33 BeamtStG und in § 60 BBG niedergelegt. Die LV erstreckt diese Pflichten durch Art. 71 Abs. 2 LV ausdrücklich auf alle Angehörigen des öffentlichen Dienstes. Die etwas altertümlich anmutende Bezeichnung als „Diener" knüpft an die historische Entwicklung des Beamtenrechts an und betont die „Service-Funktion" der öffentlichen Verwaltung gegenüber dem Bürger; die Bestimmung korrespondiert damit mit Art. 5 Abs. 2 1. Hs. LV. Die Formulierung in S. 1 soll zudem den historischen Unterschied zum öffentlichen Dienst der DDR betonen, die als Unrechtsstaat nicht vom Primat des Rechts im Rahmen der Entscheidungsfindung ausging, sondern das Recht vielmehr und vielfach einem Politikvorbehalt unterwarf, was in zahlreichen Verwaltungszweigen gerade zu einer auch personellen Verknüpfung von Partei und Verwaltung führte.

37 Ebenfalls unter Rückgriff auf altertümliche Formulierungen wird das Neutralitätsgebot in S. 2 bekräftigt.[126] Die Verpflichtung, ohne Ansehen der Person zu entscheiden, ist textlich bereits biblisch und auch schon im Kontext der Entwicklung einer professionellen Verwaltung seit der Renaissance zu sehen. Genau deshalb ist sie aber aus heutiger Sicht nicht unproblematisch, weil der ursprüngliche Kontext bedeutete, dass etwa Standesunterschiede im Rahmen der Entscheidung im Kontext hierarchisch / ständisch organisierter Gesellschaften außen vor blieben. Diese Funktion ist mit der revolutionären Umsetzung aufklärerischen Gedankenguts[127] und der Etablierung des Gleichheitsgrundsatzes obsolet geworden; im Lichte eines modernen demokratischen Rechtsstaats muss die Formulierung vielmehr vor dem Hintergrund gesehen werden, dass das einzelne Individuum zählt und der Staat im Dienste jedes einzelnen Menschen steht; folgerichtig gebietet Art. 3 Abs. 1 GG nicht nur, wesentlich Gleiches

---

122 BVerwG ZBR 2013, 376 (377 ff.); zur praktischen Bedeutung der Entscheidung insbes. für die Organisationsgewalt des Dienstherrn vgl. *von der Weiden*, jurisPR-BVerwG 21/2013 Anm. 6.
123 Ausführlich *Waechter*, in HannKomm NV, Art. 60 Rn. 43 ff.; siehe auch *Baßlsperger* PersV 2019, 44 ff.
124 Vgl. BVerfGE 9, 268 (286).
125 Vgl. BVerfGE 7, 155 (162 f.); BVerwGE 90, 104 (110); aktuell *Ullrich* ZBR 2021, 227 (231 ff.); *Lindner* ZBR 2020, 1 ff.
126 *Waechter*, in HannKomm NV, Art. 60 Rn. 63.
127 Auf dem Weg dorthin liefert das bekannte Beispiel des Eingreifen Friedrichs II. von Preußen im Fall des Müller Arnold interessantes Anschauungsmaterial, da Friedrich aufgrund des Obsiegens des adligen Grundbesitzers gegenber dem Müller gerade eine gerichtliche Entscheidung „in Ansehung der Person" annahm und sich gegen die eigenen Grundsätze zum Eingreifen in die Justiz veranlasst sah – zu Unrecht indes; siehe dazu *Frotscher/Pieroth*, Verfassungsgeschichte, 17. Aufl. 2018, Rn. 140 ff., dort auch zur Anordnung Friedrichs, es müsse „ohne Ansehen der Person...allein „nach der Gerechtigkeit verfahren werden".

gleich, sondern auch wesentlich Ungleiches ungleich zu behandeln. In Verbindung mit Art. 1 Abs. 1 GG folgt daraus, dass der Staat gerade in Ansehung der Person zu entscheiden hat. Ohne Ansehung der Person ist daher als besondere Bekräftigung des **Willkürverbots**, also des Einbeziehens sachfremder Erwägungen in Entscheidungsprozesse zu verstehen, wobei personenbezogene Besonderheiten durchaus Berücksichtigung finden dürfen.[128] Vor dem Hintergrund ist das Aufgreifen solcher Normen gleichsam im Kontext der jüngeren Geschichte zu sehen, die durchaus davon geprägt war, etwa die politische Missliebigkeit – oder umgekehrt Gewogenheit – einer Person im Rahmen des Verwaltungshandelns zu berücksichtigen.

Die Pflicht zur unparteiischen Amtsführung bedeutet **keine Vorgabe (partei-)politischer Abstinenz** des Mitarbeiters im öffentlichen Dienst.[129] Vielmehr setzt jedenfalls das Beamtenrecht ein mehr oder weniger ausgeprägtes Interesse an den öffentlichen Belangen geradezu voraus. Dem Angehörigen des öffentlichen Dienstes ist die Inanspruchnahme der politischen Grundrechte daher keineswegs verwehrt. Sein dienstliches – und in abgeschwächter Form sein außerdienstliches – Verhalten dürfen aber keinen Anlass zur Annahme der Bevorzugung oder Benachteiligung einzelner Bürger oder Gruppen bieten. 38

Damit liefern Bestimmungen wie Abs. 2 gleichsam eine Begründung des sogenannten mit der Neutralitätspflicht verknüpften[130] **Mäßigungsgebots**,[131] welches über politische Betätigung hinausgehend auch das persönliche Verhalten des Beamten erfasst, um das Vertrauen in die Seriösität und die **Unparteilichkeit** des öffentlichen Dienstes zu stärken. Da aber insoweit eine Einschränkung von Grundrechten im Raum steht, ist zu beachten, dass aufgrund des Vorrangs des Grundgesetzes die über die Norm gerechtfertigten Einschränkungen nicht über das hinausgehen dürfen, was das Grundgesetz selbst zulässt. 39

Im Einzelnen ist mit Blick auf die Mäßigungspflicht schon von Grundrechts wegen zwischen einem innerdienstlichen Kontext und einem außerdienstlichen Kontext zu unterscheiden. Dass im ersten Fall die Maßstäbe strenger sind, versteht sich von selbst. Aber ganz im Sinne des Abs. 2 kommt es auch hier auf den jeweiligen Einzelfall und das konkrete Dienstverhältnis an, mit der Folge, dass etwa im Falle junger Menschen, die sich in einem Anwärterverhältnis in der Ausbildung befinden, weniger strenge Maßstäbe gelten als für Führungspersonal – insbesondere der sogenannten Blaulichtberufe.[132] Wegen der staatlichen Symbolik einer Uniform verbietet sich ein uniformierter politischer Auftritt von Beamten im Rahmen von Parteitagen per se. Keine Abweichungen hinsichtlich der 40

---

128 Beispielsweise muss die konkrete, individuelle Lebenssituation – ggflls. auch vermögensbezogen – der Person in manchen Verwaltungszweigen gerade im Mittelpunkt stehen etwa im Sozialrecht, aber auch im Abgabenrecht, wenn über Gebührenerlasse zu entscheiden ist; wie hier *Rieger*, in Kopp/Jänicke, Verfassung der Freien und Hansestadt Hamburg, 2023, Art. 58 Rn. 10 f.
129 Vgl. auch bereits BayVerfGHE 18, 59(64 ff.); Übersicht bei *Kathke* DöD 2020, 148 ff.
130 Die genaue Verbindung ist umstritten: siehe *Waechter*, in HannKomm NV, Art. 60 Rn. 66 mwN.
131 Näher *Waechter*, in HannKomm NV, Art. 60 Rn. 66 ff.
132 Zu großzügig gegenüber sehr restriktiver Gesetzgebung BayVGH NZA-RR 2019, 223 (223) am Beispiel der Tätowierung „Aloha" bei Polizeibeamten. Demgegenüber wäre ein „ACAB"-Tattoo bereits ein relevanter Eignungsmangel, s. o.; siehe auch BVerwG NJW 2018, 1185 ff. zu Tätowierungen mit verfassungsfeindlichen Inhalten; umfassende Darstellung der Thematik und Kasuistik bei *Schrapper/Günther*, Landesbeamtengesetz Nordrhein-Westfalen, 3. Aufl. 2021, § 45 Rn. 1 f., 9 ff., aaO Rn. 12 auch zur Revisionsentscheidung des BVerwG, BVerwGE 168, 129 ff zum Aloha-Fall (mittlerweile durch Vergleich beigelegt).

Neutralitäts- bzw. Mäßigungspflicht ergeben sich für Hochschullehrende aus der Wissenschaftsfreiheit, die mit Blick auf die Zulässigkeit noch verstärkend wirken kann – etwa im Rahmen des Lehrpersonals theologischer Fakultäten. Hinsichtlich der Beurteilung entsprechender Fälle ist auch hier auf den Kontext zu achten, auch die Eindeutigkeit spielt eine Rolle, um dienstliche und / oder disziplinarische Maßnahmen zu tragen (Grenzfall: Tragen in Extremistenkreisen szenetypischer Modelabel durch einen Lehrer des Rechts an einer Deutschen Hochschule).

41 Aus Raumgründen sei hier auf eine ausführliche Darstellung der leicht zugänglichen Kasuistik[133] zugunsten der Darstellung typischer Fallgruppen verzichtet: es versteht sich bereits vom Ansatz her, dass die Anwendung von (politischer) Neutralitätspflicht und Mäßigungsgebot bei **politischen Beamten** einer gewissen Modifikation bedarf;[134] indes ist auch diesbezüglich anlass- und situationsbezogen zu differenzieren. Soweit die Funktion als leitende Beamtin oder leitender Beamter – etwa als Amtschef oder Hauptverwaltungsbeamter – in Rede steht, dürften sich keine Abweichungen von allgemeinen Grundsätzen ergeben. Soweit es um politische Statements etwa im Rahmen der Öffentlichkeitsarbeit geht, greift die politische Neutralitätspflicht nicht, weil politische Beamte insoweit die Regierungslinie aktiv zu vertreten haben. Komplexer zu sehen ist das Handeln außerhalb des Dienstes, etwa wenn in einem Tweet im Kontext der Teilnahme an politischen Veranstaltungen am Wochenende ein Staatssekretär den akkreditierten Botschafter eines Staates als „widerwärtig" bezeichnet.[135] Nicht überzeugend ist insofern, die Zulässigkeit daraus abzuleiten, dass die Äußerung am dienstfreien Wochenende getätigt wurde, weil das im Falle verbeamteten Spitzenpersonals kein taugliches Kriterium zur Unterscheidung von innerhalb und außerhalb des Dienstes ist; vielmehr gelangt man über den Kontext einer Parteiveranstaltung zur Einordnung einer außerdienstlichen Äußerung – was aber eben nicht zur uneingeschränkten Zulässigkeit führt, sondern die Mäßigungspflicht im Rahmen außerdienstlichen Verhaltens aufruft. Mit Blick auf die dienstliche Position und die außenpolitischen Implikationen führt diese im Fall beleidigender öffentlicher Äußerungen gegenüber Angehörigen des diplomatischen Korps auch außerhalb eines dienstlichen Kontextes unabhängig vom Wochentag zu einem Verstoß gegen Dienstpflichten.[136]

42 Schließlich wirft die Neutralitätspflicht nicht selten Fragen auf im Zusammenhang von Äußerungen insbesondere unmittelbar gewählter **kommunaler Wahlbeamter**, etwa wenn diese zu Demonstrationen bzw. Gegendemonstrationen aufrufen.[137] Hier verbietet sich eine pauschale Betrachtung,[138] so dass ein erkennbar in amtlicher Eigenschaft abgegebener Aufruf zu einer Gegendemonstration eine Demonstration mit verfassungsfeindlichem Charakter betreffend

---

133 Zahlreiche Hinweise, auch zum Tragen von Plaketten, religiösen Symbolen etc bei *Waechter*, in HannKomm NV, Art. 60 Rn. 51 ff.
134 Dazu *Lindner* ZBR 2020, 1 (5 f.); zu Äußerungsbefugnissen kommunaler Wahlbeamter siehe *Suslin* KommJur 2020, 5 ff.
135 Zum Fall Norddeutsche Neueste Nachrichten vom 27.4.2022, S. 1; vgl. zur rechtlichen Einordnung auch *Ullrich* ZBR 2021, 227 (233).
136 Vgl. auch *Waechter*, in HannKomm NV, Art. 60 Rn. 73.
137 Aus der jüngeren Praxis siehe https://www.ndr.de/nachrichten/mecklenburg-vorpommern/Demo-Aufruf-geteilt-Ministerium-prueft-Neutralitaet-von-Badrow,badrow110.html, abgerufen am 15.9.2022; im Ergebnis wurde kein Verstoß angenommen.
138 Vgl. OVG Münster NWVBl 2015, 195 ff.; zur Diskussion *Henrich/Reimer* NVwZ 2022, 371 ff.; *Payandeh* Der Staat 55 (2016), 519 ff.; *Nellesen*, Äußerungsrechte staatlicher Funktionsträger, Tübingen 2019, 206 ff.; *Gärditz* NWVBl 2015, 165 ff.

aufgrund der Pflicht, jederzeit für die freiheitlich demokratische Grundordnung einzutreten, zulässig sein kann.[139] Ansonsten besteht eine Pflicht, (partei-)politische Tätigkeit von der Amtsführung zu trennen, etwa durch Nutzung unterschiedlicher Mailadressen oder Social-Media-Accounts.[140] Dies kann im Einzelfall auch dazu führen, dass vom Recht, auch im privaten Bereich die Amtsbezeichnung führen zu dürfen,[141] im Rahmen der Äußerung – je nach Kontext – kein Gebrauch gemacht werden darf.

Die Vorschrift steht auch nicht im Widerspruch zum **Primat der Politik**. In einer parlamentarischen Demokratie wird die Regierung als Spitze der Exekutive nach parteipolitischen Gesichtspunkten gewählt. Im Rahmen der Verfassung, der Gesetze und sonstigen Rechtsvorschriften ist es legitimes Anliegen, politische Entscheidungen über die Verwaltung umzusetzen. Im Rahmen der **Gehorsamspflicht** hat der Beamte den Weisungen zu folgen, soweit sie nicht offenkundig rechtswidrig sind.[142] Neben der „klassischen" Weisung sind auch andere steuernde Elemente zum Erreichen politischer Zielvorgaben denkbar, bspw. der Abschluss von Zielvereinbarungen. 43

Die in der Kommunalverfassung vorgesehene Möglichkeit der **Abwahl kommunaler Wahlbeamter** verstößt nicht gegen den hergebrachten Grundsatz, dass Beamte nicht bzw. nicht grundlos abgewählt werden können; es handelt sich vielmehr um eine zulässige Fortentwicklung des Hergebrachten.[143] 44

## IV. Wählbarkeitsbeschränkung von Angehörigen des öffentlichen Dienstes

**1. Bedeutung und Reichweite.** Art. 71 Abs. 3 LV konkretisiert Art. 137 Abs. 1 GG für das Landesrecht M-V. Sinn und Zweck der Norm ist es, die organisatorische Gewaltenteilung gegen Gefahren abzusichern, die durch Zusammentreffen eines Amtes in der Exekutive bzw. als Richter und einem Abgeordnetenmandat entstehen können.[144] Letztlich soll verhindert werden, dass Mitarbeiter der Verwaltung sich selbst kontrollieren. Schließlich erlaubt die Norm, einer weiteren parteipolitischen Durchdringung auch der hauptamtlichen Kommunalverwaltung gewisse Grenzen zu ziehen. 45

Art. 71 Abs. 3 LV nennt neben den **Gemeinden** ausdrücklich auch die **Kreise**, die aber auch durch die Formulierung „Gemeinden" in Art. 137 Abs. 1 GG mit umfasst sind.[145] 46

**2. Art und Umfang der Regelungsbefugnis.** Das Wahlrecht zu den Landtagen und den kommunalen Vertretungskörperschaften ist nach der Kompetenzvertei- 47

---

139 Siehe aber auch die engere Sicht des BVerwG, BVerwGE 159, 327 ff. – Dügida; dort leitet das BVerwG entsprechende Neutralitäts- bzw. Zurückhaltungspflichten unmittelbar aus dem Demokratieprinzip ab und bezieht diese auch auf gesellschaftliche Meinungsbildungen außerhalb von Parteien; zu dieser Entscheidung *Waldhoff* JuS 2018, 406; *Ferreau* JZ 2018, 360.
140 Im Ergebnis dürfte ein Aufruf zur Teilnahme an einer Demonstration eines Bürgerbündnisses, wie in Fn. 137 geschildert, schon unabhängig von der Nutzung einer amtlichen Mailadresse unzulässig sein.
141 Allgemein dazu *Schrapper/Günther*, Landesbeamtengesetz Nordrhein-Westfalen, 3. Aufl. 2021, § 77 Rn. 3.
142 BVerfG Beschl. v. 19.10.2006 – 2 BvR 1925/06 –, juris.
143 Vgl. BVerfG NVwZ 1994, 473 (474); BVerwGE 81, 318 ff.; aA *Henneke* Jura 1988, 374 ff. mwN; zur Abwahl von Mitgliedern einer Hochschulleitung VGH Mannheim Urt. v. 17.9.2020 – 9 S 2092/18 -juris, Rn. 268 mwN: keine grundlose Abwahl, aber eingeschränkte gerichtliche Kontrolle.
144 Vgl. BVerfGE 12, 73 (77); 42, 312 (339); 57, 43 (62); 98, 145 (160).
145 BVerfGE 12, 73 (77).

lung des GG Ländersache. Adressat der in Art. 137 Abs. 1 GG erlaubten gesetzlichen Beschränkung des Wahlrechts ist deshalb der Landesgesetzgeber; „gesetzlich" bedeutet insoweit also „landesgesetzlich".[146] Dabei wird nach zutreffender herrschender Auffassung kein Ausschluss von der Wählbarkeit, sondern nur die Regelung einer **Unvereinbarkeit von Amt und Mandat** (Inkompatibilität) zugelassen.[147]

48 Art. 137 Abs. 1 GG ermächtigt als vorrangiges Bundesrecht auch zur Beschränkung landesverfassungsrechtlich begründeter Grundrechte des passiven Wahlrechts.[148]

49 Ob der Landesgesetzgeber von der eingeräumten Ermächtigung Gebrauch macht, bleibt ihm überlassen.[149] Keineswegs ist eine Regelung in der LV zwingend; notwendig aber auch hinreichend ist vielmehr eine Regelung durch **förmliches Gesetz**.[150] Der Landesverfassungsgeber kann eine eigenständige Regelung vorsehen und bspw. dem Gesetzgeber ein Gebrauchmachen von der Ermächtigung untersagen.[151] Verwehrt ist es dem Landesverfassungsgeber allerdings, eine weitergehende Einschränkung bundesverfassungsrechtlich eingeräumter Wahlrechtsprinzipien vorzusehen, als dies die Ermächtigung des Art. 137 Abs. 1 GG zulässt. Art. 71 Abs. 3 LV läuft daher insoweit leer, als die Norm über den Wortlaut des Art. 137 Abs. 1 GG hinausgehend auch die Beschränkung des passiven Wahlrechts für Arbeiter im öffentlichen Dienst zulässt. § 25 Abs. 1 S. 3 KV, der gemäß § 105 Abs. 6 KV für Kreistagsmitglieder entsprechend gilt, nimmt daher zutreffend Arbeiterinnen und Arbeiter ausdrücklich von der Inkompatibilitätsregelung aus.

50 Der Wegfall der Unterscheidung zwischen Arbeitern und Angestellten zugunsten eines einheitlichen Begriffs der **„Beschäftigten"** durch den am 1.10.2005 in Kraft getretenen Tarifvertrag öffentlicher Dienst (TVöD) für die Beschäftigten des Bundes und der Kommunen kann sich insoweit begrifflich nicht auf die Unvereinbarkeitsklauseln in den Kommunalverfassungen auswirken. Da in Art. 137 Abs. 1 GG die Ermächtigung zum Ausschluss der Wählbarkeit für Arbeiter fehlt, der Bund aber selbst im Zuge der Föderalismusreform keine Änderung der Norm vorgenommen hat, müssen die Kommunalverfassungen den tarifrechtlich obsolet gewordenen Begriff „Arbeiter" beibehalten.[152] Es muss also im Einzelfall immer eine Prüfung durchgeführt werden, für die der oder die Vorsitzende der Gemeindevertretung bzw. der oder die Kreistagspräsident/in zuständig ist.[153]

51 Generell bietet die verfassungsrechtliche Ermächtigung einen beachtlichen Handlungsspielraum für den Gesetzgeber. Über die Ausgestaltung des § 25 Abs. 1 KV hinausgehend wäre zB auch eine generelle Unvereinbarkeit der Mitgliedschaft hauptamtlicher Bürgermeister und leitender Verwaltungsbeamter der Ämter in den Kreistagen verfassungsrechtlich durch Art. 71 Abs. 3 gedeckt.[154]

---

146 Vgl. BVerfGE 38, 326 (336 f.); 48, 64 (83); 58, 177 (191).
147 BVerfGE 12, 73 (77 f.); 57, 43, 67; 58, 177, 192.
148 Ebenso HessStGH ESVGH 20, 206 (209); BWStGH VBlBW 1981, 348 (349); LVerfG S-A NVwZ-RR 1995, 457 (459).
149 Vgl. BWStGH NJW 1970, 892.
150 Ebenso *Magiera*, in Sachs, GG, Art. 137 Rn. 19 mwN; nicht haltbar daher BbgVerfG NVwZ 1996, 590.
151 Vgl. *von Arnim* NVwZ 1996, 593, Sondervotum zu BbgVerfG NVwZ 1996, 590.
152 Vgl. dazu LT-Drs. 5/4173, S. 132.
153 Vgl. *Wollenteit/Vieweg/Meyer zu Schlochtern*, in Schröder ua, Kommunalverfassungsrecht M-V-Kommentar, Stand: 23. Nachlieferung Februar 2014, § 25 GO Anm. 2.
154 Zur diesbezüglichen Rechtslage in Brandenburg BbgVerfG LKV 1999, 59.

Aus der Gewährleistung des von dem **religiösen Bekenntnis** unabhängigen Genusses staatsbürgerlicher Rechte folgt iÜ, dass die Ausübung eines Kommunalmandats nicht aus Gründen verwehrt werden darf, die auch unter Berücksichtigung von aus dem Amt sich zwingend ergebenden Erfordernissen mit der in Art. 4 Abs. 1 GG geschützten Glaubens- und Gewissensfreiheit unvereinbar sind.[155] In den §§ 28 Abs. 2 S. 3 und 106 Abs. 1 S. 6 KV wird deshalb zu Recht auf das Erfordernis einer religiösen Beteuerungsformel aus Anlass der Verpflichtung der gewählten Bewerber verzichtet.

## V. Institutionelle Garantie des Berufsbeamtentums und Funktionsvorbehalt für Beamte

**1. Bedeutung.** Das Berufsbeamtentum ist als **Institution** verfassungsrechtlich geschützt. Die verfassungsrechtliche Fundierung des Berufsbeamtentums findet sich in Art. 33 Abs. 4 GG, welcher inhaltlich dem Art. 71 Abs. 4 LV entspricht. Die Norm ist hierbei in enger Verknüpfung mit Art. 33 Abs. 5 GG zu sehen.[156] Als Faustformel für das Verhältnis beider Absätze des Art. 33 GG gilt, dass Abs. 4 das „Wo" der Beamtentätigkeit vorgibt, während Abs. 5 das „Wie", also die konkrete Ausgestaltung des Beamtenverhältnisses regelt.[157]

Art. 33 Abs. 4 GG beinhaltet kein Recht des Einzelnen, sondern einen „**Funktionsvorbehalt**", eine objektiv-rechtliche Verfassungsregelung im Sinne eines Strukturprinzips.[158] Hierdurch sanktioniert das GG und ihm folgend die LV die spätestens seit dem 1. Weltkrieg eingetretene faktische Zweiteilung des öffentlichen Dienstes. Es handelt sich um eine Reaktion auf die veränderte Aufgabenstruktur der öffentlichen Hand, die zunehmend Aufgaben der Daseinsvorsorge (insbes. im kommunalen Bereich), der Planung und Steuerung über die klassischen Aufgaben des „Eingriffsstaates" hinaus wahrnimmt.[159] Der Funktionsvorbehalt soll gewährleisten, dass die Ausübung hoheitsrechtlicher Befugnisse als ständige Aufgabe regelmäßig den von Art. 33 Abs. 5 GG für das Berufsbeamtentum institutionell garantierten besonderen Sicherungen qualifizierter, loyaler und gesetzestreuer Aufgabenerfüllung unterliegt.[160] Er hat die rechtsstaatliche Zielsetzung, den Grundsatz der Gesetzmäßigkeit der Verwaltung personalwirtschaftlich zu gewährleisten und die verwaltungsstaatliche Zielsetzung, die Effizienz, Leistungsfähigkeit und Rechtsstaatlichkeit der öffentlichen Verwaltung sicherzustellen.[161] Angesichts der fortschreitenden **Privatisierung** von Verwaltungsaufgaben kommt Art. 33 Abs. 4 GG heute aber nicht nur als Vorbehaltsbereich zugunsten des Berufsbeamtentums Bedeutung zu, sondern auch als freiheitssichernde Strukturvorgabe gegen einen zu weitgehenden Rückzug des Staates aus seiner Verantwortung zu eigener Aufgabenwahrnehmung.[162]

Seitens der Faktizität ist zu bemerken, dass der Vollzug vielfach von fiskalischen Erwägungen geprägt ist bzw. war, da die Kosten aktiver Beamter unter denen vergleichbarer Tarifbeschäftigter liegen, während bei letzteren die Pensionslast wegfällt. Selbstredend sind derartige Erwägungen im Rahmen der Anwendung

---

155 BVerfGE 79, 69.
156 Vgl. *Battis*, in Sachs, GG, Art. 33 Rn. 45; *Bickenbach*, in von Münch/Kunig, GG, Art. 33 Rn. 96 f.; *Pieper*, in Schmidt-Bleibtreu/Hofmann/Henneke, GG, Art. 33 Rn. 106.
157 *Hense*, in Epping/Hillgruber, GG, Art. 33 Rn. 27 mwN.
158 BVerfGE 6, 376 (385); BVerfG NVwZ 1988, 523; näher *Werres* ZBR 2017, 109 ff.
159 Vgl. dazu auch *Battis*, in Sachs, GG, Art. 33 Rn. 47.
160 Vgl. zuletzt BVerfGE 130, 76 (111 f.) mwN.
161 *Landau/Steinkühler* DVBl. 2007, 133, 136 ff.
162 *Di Fabio* JZ 1999, 585 (591).

sachfremd, wobei aufgrund des Umstands, dass bis auf bestimmte Sonderkonstellationen im Rahmen von Konkurrentenstreitigkeiten aufgrund des Fehlens subjektiver Rechte auf Verbeamtung aufgrund des Funktionsvorbehalt kaum gerichtliche Abhilfe möglich ist.[163]

56 Durchaus zulässig ist es, den Funktionsvorbehalt auch im Lichte des Gewaltenteilungsprinzips zu sehen, da negativ mit dem Funktionsvorbehalt ein **Übertragungsverbot** an andere Stellen außerhalb des öffentlichen Dienstes verbunden ist. Vor dem Hintergrund lässt sich durchaus die Statthaftigkeit der Beauftragung eines **parlamentarischen Staatssekretärs** mit den Aufgaben eines Chefs der Staatskanzlei hinterfragen, weil diesem die laufbahnrechtlichen Voraussetzungen für die Übertragung eines Amtes der Laufbahngruppe 2 fehlen. Soweit indes die politische Koordinierung der Landesregierung im Mittelpunkt steht, entspricht es durchaus dem Gewaltenteilungsgrundsatz, der aufgrund der Volkssouveränität lediglich funktionalen Charakter hat, einzelne Verknüpfungspunkte vorzusehen. Problematisch wird es allerdings, wenn mit dem Amt auch die Eigenschaft als **Amtschef** verbunden ist,[164] da hier erhebliche dienstliche Befugnisse für die Beschäftigten der Behörde betroffen sind, was für ein Auslösen des Funktionsvorbehalts spricht. Freilich ließe sich dem entgegenhalten, dass durchaus zuvor in Einzelfällen das Amt eines Staatssekretärs mit Amtscheffunktion im Rahmen eines Sonderdienstvertrages übertragen wurde; indes mag dort noch eine Ausnahme deshalb hinnehmbar gewesen sein,[165] weil eine dem Laufbahnrecht vergleichbare Qualifikation vorlag.

57 **2. Inhalt der Gewährleistung.** Die Auslegung des Begriffs „hoheitliche Befugnisse" ist nach wie vor umstritten.[166] Ein Minimalkonsens bezieht jedenfalls die klassische Eingriffsverwaltung ein.[167]

58 Daneben soll nach wohl herrschender Auffassung auch die grundrechtsrelevante Leistungsverwaltung unter den Funktionsvorbehalt fallen.[168] Die Vorschrift garantiert aber nicht den Bestand einzelner hoheitlicher Befugnisse, sondern setzt diese voraus.[169] Nicht erfasst sind hingegen die erwerbswirtschaftliche Tätigkeit, die reine Fiskalverwaltung, die privatrechtlichen Beschaffungsgeschäfte, die Leistung untergeordneter Hilfsdienste,[170] und die Tätigkeit der Bundesprüfstelle für jugendgefährdende Schriften.[171]

59 **In der Regel** bedeutet, dass Abweichungen nur in sachlich begründeten Ausnahmefällen zulässig sind.[172] Als rechtfertigender Grund kommt nur ein spezi-

---

163 Dazu *Werres* ZBR 2017, 109 (110 f.); zu den Rechtsfolgen von Verstößen näher *Waechter*, in HannKomm NV, Art. 60 Rn. 35, der zutreffend darauf hinweist, dass die Handlungen etwa von Tarifbeschäftigten auf Stellen mit Funktionsvorbehalt im Außenverhältnis wirksam sind.
164 Vgl. auch *Köster* DöD 2018, 241 (245) mwN: „Die Verfassungskonformität der Institution des parlamentarischen Staatssekretärs im Hinblick auf den Gewaltenteilungsgrundsatz bleibt umstritten und wird mit guten Gründen in Frage gestellt. Diese wirken um so überzeugender, je umfassender sich die den parlamentarischen Staatssekretären übertragenen (Weisungs-)Befugnisse darstellen und je mehr ihre Anzahl zunimmt."
165 Ausdrücklich auf Ausnahmen verweisend *Köster* DöD 2018, 241 (245).
166 Nachweise bei *Battis*, in Sachs, GG, Art. 33 Rn. 55; *Pieper*, in Schmidt-Bleibtreu/Hofmann/Henneke, GG, Art. 33 Rn. 108 ff.
167 Vgl. ua *Pieper*, in Schmidt-Bleibtreu/Hofmann/Henneke, GG, Art. 33 Rn. 109.
168 *Pieper, in* Schmidt-Bleibtreu/Hofmann/Henneke, GG, Art. 33 Rn. 112.
169 Vgl. BremStGH NVwZ 2003, 81 (85 f.).
170 Differenzierend *Loschelder* ZBR 1977, 265; weitere Nachweise zu extensiven Deutungen bei *Battis*, in Sachs, GG, Art. 33 Rn. 55.
171 BVerfGE 83, 130 (150).
172 BVerfGE 9, 268 (284); 83, 130 (150); 130, 76 (114 f.); BVerwGE 57, 55 (59).

fischer, dem Sinn der Ausnahmemöglichkeit entsprechender Ausnahmegrund in Betracht; rein fiskalische Gründe genügen nicht.[173] Nach dieser Maßgabe hat das BVerfG in seinem Urteil vom 18.1.2012 die – rein formelle – **Privatisierung** des hessischen Maßregelvollzuges, eines Kernbereiches hoheitlicher Tätigkeit, als durch sachliche Gründe – Synergieeffekte sowie verbesserte Personalgewinnungs-, Ausbildungs- und Fortbildungsmöglichkeiten in einem organisatorischen Verbund privatisierter Einrichtungen – gerechtfertigt und damit vom Einschätzungsspielraum des Gesetzgebers gedeckt angesehen.[174] Mit der Entscheidung werden die verfassungsrechtlichen Leitlinien für Privatisierungen in anderen Kernbereichen hoheitlicher Tätigkeit, wie etwa des Strafvollzuges[175] oder auch des Gerichtsvollzieherwesens,[176] abgesteckt. Zentral dürfte hierbei – außer dem Erfordernis eines spezifischen Ausnahmegrundes – sein, dass die konkrete Ausgestaltung neben einer ordnungsgemäßen Aufgabenerfüllung auch weitreichende Steuerungsbefugnisse der öffentlichen Hand sicherstellen muss.[177]

Schwierigkeiten bereitet oftmals die Grenzziehung, welche Tätigkeiten Privaten in den Kernbereichen hoheitlicher Tätigkeit als untergeordnete Hilfsdienste übertragen werden können und welche durch den Staat oder ausnahmsweise durch Beliehene wahrgenommen werden müssen. Maßgeblich ist hier in jedem Einzelfall der Umfang der Entscheidungsbefugnis über hoheitliche Aufgaben.[178]

Ob der Funktionsvorbehalt wegen des schulischen Erziehungsauftrags des Staates generell für **Lehrer** gilt, ist in der Literatur nach wie vor umstritten.[179] Das BVerfG hat in seinem Urteil vom 19.9.2007[180] darauf hingewiesen, dass die in großem Umfang praktizierte Einstellung von Lehrern im Angestelltenverhältnis mit den Vorgaben des Art. 33 Abs. 4 GG vereinbar ist, weil Lehrer in der Regel nicht schwerpunktmäßig hoheitlich geprägte Aufgaben wahrnehmen, die der besonderen Absicherung durch den Beamtenstatus bedürfen.

Mit Blick auf das zahlenmäßige Verhältnis von Beamten, Arbeitern und Angestellten im öffentlichen Dienst dürfte die Verwaltungswirklichkeit dem Bild des Art. 33 Abs. 4 GG vom Beamten als Regeltypus nicht hinreichend Rechnung tragen.[181]

## VI. Hergebrachte Grundsätze des Berufsbeamtentums

Im systematischen Kontext der Auslegung von Art. 71 sind die hergebrachten Grundsätze des Berufsbeamtentums einschließlich ihrer Fortentwicklung als

---

173 BVerfGE 130, 76 (115 f.).
174 BVerfGE 130, 76 (118 ff.); vgl. auch die Entscheidungsbesprechungen von *Schladebach/Schönrock* NVwZ 2012, 1011; *Waldhoff* JZ 2012, 683; *Wiegand* DVBl. 2012, 1134.
175 Vgl. hierzu *Fehrentz* Rechtliche Grenzen von Privatisierungen im Strafvollzug, in Studien zum internationalen, europäischen und öffentlichen Recht, Bd. 26, Diss. 2012; *Mösinger*, Privatisierung des Strafvollzugs BayVBl 2007, 417 ff.
176 Vgl. hierzu die jeweils durch Ablauf der Wahlperiode erledigten Gesetzentwürfe auf Initiative ua von M-V, BT-Drs. 16/5724 und 16/5727 sowie 17/1210 und 17/1225.
177 Vgl. BVerfGE 130, 76 (120 ff.).
178 *Büllesbach/Rieß* NVwZ 1995, 444 (445); *Heckmann/Braun* BayVBl. 2009, 581 (582).
179 Dafür: *Pieper*, in Schmidt-Bleibtreu/Hofmann/Henneke, GG, Art. 33 Rn. 113 mwN; dagegen: *Battis*, in Sachs, GG, Art. 33 Rn. 57; vgl. hierzu auch *Günther* ZBR 2014, 18 ff.; differenzierend *Werres* ZBR 2017, 109 (113); zur Einordnung des Professorenamtes an Hochschulen siehe *Elbel* ZBR 2023, 25 ff.
180 BVerfGE 119, 247 (267) (zur antragslosen Zwangsteilzeit); wiederholt in BVerfGE 130, 76 (116).
181 *Pieroth*, in Jarass/Pieroth, GG, Art. 33 Rn. 42.

Einstrahlung des Grundgesetzes zu beachten. Im Gegensatz zur Vorauflage wird hier auf eine ausführliche Darstellung indes verzichtet.[182]

### VII. Gesetzgebungsauftrag

63 Dem verfassungsrechtlichen Auftrag zur Regelung des Näheren im Gesetz ist insbes. durch das LBG vom 17.12.2009 entsprochen. Beamtenrechtliche Regelungen enthalten daneben bspw. die KV vom 13.7.2011 und das Gesetz über den Kommunalen Versorgungsverband vom 29.1.1992[183] sowie das LHG.[184]

### VIII. Schrifttum

64 Zu verweisen ist auf die Kommentierungen zu Art. 33 Grundgesetz in den gängigen Grundgesetzkommentaren.

## Art. 72 (Kommunale Selbstverwaltung)

(1) ¹Die Gemeinden sind berechtigt und im Rahmen ihrer Leistungsfähigkeit verpflichtet, in ihrem Gebiet alle Angelegenheiten der örtlichen Gemeinschaft im Rahmen der Gesetze in eigener Verantwortung zu regeln. ²Die Kreise haben im Rahmen ihres gesetzlichen Aufgabenbereiches nach Maßgabe der Gesetze das Recht der Selbstverwaltung.

(2) ¹In den Gemeinden und Kreisen muss das Volk eine Vertretung haben. ²Durch Gesetz können Formen unmittelbarer Mitwirkung der Bürger an Aufgaben der Selbstverwaltung vorgesehen werden.

(3) ¹Die Gemeinden und Kreise können durch Gesetz oder aufgrund eines Gesetzes durch Rechtsverordnung zur Erfüllung bestimmter öffentlicher Aufgaben verpflichtet werden, wenn dabei gleichzeitig Bestimmungen über die Deckung der Kosten getroffen werden. ²Führt die Erfüllung dieser Aufgaben zu einer Mehrbelastung der Gemeinden und Kreise, so ist dafür ein entsprechender finanzieller Ausgleich zu schaffen.

(4) Die Aufsicht des Landes stellt sicher, daß die Gesetze beachtet und die übertragenen Angelegenheiten weisungsgemäß ausgeführt werden.

(5) Das Nähere regelt das Gesetz.

Vergleichbare Regelungen:

*Zu Abs. 1*: Artt. 71 Abs. 1 und 2 BWVerf; 9, 10, 11, 83 Abs. 1 BayVerf; 97 Abs. 1 S. 1, Abs. 2 BbgVerf; 144 BremVerf; 137 Abs. 1 und 2 HessVerf; 57 Abs. 1 und 3 NdsVerf; 78 Abs. 1 und 2 Verf NW; 49 Abs. 1, 2 und 3 S. 1 Verf Rh-Pf; 117, 118 SaarlVerf; 82 Abs. 2, 84 Abs. 1 SächsVerf; 87 Abs. 1 und 2 LVerf LSA; 54 Abs. 1 und 2 SchlHVerf; 91 Abs. 1 und 2 ThürVerf.

*Zu Abs. 2*: Artt. 72 BWVerf; 12 Abs. 1 BayVerf; 57 Abs. 2 NdsVerf; 50 Verf Rh-Pf; 121 SaarlVerf; 86 SächsVerf; 89 LVerf LSA; 2 Abs. 2 S. 2 SchlHVerf; 95 ThürVerf.

*Zu Abs. 3*: Artt. 71 Abs. 3 BWVerf; 83 Abs. 3 und Abs. 7 S. 2 BayVerf; 97 Abs. 3 BbgVerf; 149 BremVerf; 137 Abs. 6 HessVerf; 57 Abs. 4 NdsVerf; 78 Abs. 3 Verf NW; 49 Abs. 5 Verf Rh-Pf; 120 SaarlVerf; 85 SächsVerf; 87 Abs. 3 LVerf LSA; 54 Abs. 4, 57 Abs. 2 SchlHVerf; 91 Abs. 3, 93 Abs. 1 S. 2 ThürVerf.

*Zu Abs. 4*: Artt. 75 Abs. 1 S. 1 BWVerf; 83 Abs. 4 S. 2 und 6 BayVerf; 97 Abs. 1 S. 2 BbgVerf; 147 BremVerf; 137 Abs. 3 S. 2 HessVerf; 57 Abs. 5 NdsVerf; 78 Abs. 4 Verf NW; 49

---

182 Aktuelle Übersicht bei *Heinz* DöD 2021, 133 ff.
183 GVOBl. S. 16, zuletzt geändert durch Art. 1 des Gesetzes vom 17.3.2015, GVOBl. 98.
184 Gesetz über die Hochschulen des Landes Mecklenburg-Vorpommern (Landeshochschulgesetz M-V) in der Fassung der Bekanntmachung vom 25.1.2011, GVOBl M-V 2011, 18, zuletzt geändert durch Gesetz vom 21.6.2021, GVOBl M-V 2021, 1018.

Abs. 3 S. 2 Verf Rh-Pf; 122 SaarlVerf; 89 Abs. 1 SächsVerf; 87 Abs. 4 LVerf LSA; 54 Abs. 3 SchlHVerf; 94 S. 2 ThürVerf.

| | |
|---|---|
| **I. Verfassungsrechtliche Grundlagen und Grenzen kommunaler Selbstverwaltung (Abs. 1)** ............ | 1 |
| 1. Rechtsgrundlagen und Bedeutung der Selbstverwaltungsgarantie ......................... | 1 |
| a) Verhältnis zu Art. 28 Abs. 2 GG ......... | 1 |
| b) Funktionen kommunaler Selbstverwaltung .......... | 3 |
| c) Wirkungsweise der Selbstverwaltungsgarantie ........ | 5 |
| d) Verpflichtungsadressat ..... | 9 |
| 2. Berechtigung und Verpflichtung der Gemeinden .......... | 10 |
| 3. Alle Angelegenheiten der örtlichen Gemeinschaft ............. | 13 |
| 4. Regelung in eigener Verantwortung ........................ | 21 |
| a) Gebietshoheit ............... | 22 |
| b) Planungshoheit ............ | 23 |
| c) Personalhoheit .............. | 26 |
| d) Organisationshoheit ........ | 27 |
| e) Rechtsetzungshoheit (Satzungsgewalt) .......... | 29 |
| f) Finanz- und Steuerhoheit ... | 31 |
| 5. Im Rahmen der Gesetze ....... | 32 |
| 6. Selbstverwaltungsgarantie für die Kreise ................... | 33 |
| a) Begriff des Gemeindeverbandes ..................... | 33 |
| b) Aufgabenzuschnitt der Landkreise ................. | 34 |
| c) Verfassungsrechtliche Voraussetzungen und Grenzen einer Kreisgebietsreform ... | 40 |
| **II. Unmittelbare demokratische Legitimation (Abs. 2)** .................. | 43 |
| **III. Striktes Konnexitätsprinzip (Abs. 3)** ............................. | 50 |
| 1. Bedeutung ...................... | 50 |
| 2. Aufgabenübertragung durch Gesetz oder Rechtsverordnung | 52 |
| 3. Öffentliche Aufgaben .......... | 53 |
| 4. Strikte Kostenfolge ............ | 55 |
| 5. Einfachgesetzliche Konkretisierung ............................ | 58 |
| **IV. Aufsicht (Abs. 4)** ................... | 62 |
| 1. Aufsichtsarten und Kontrollmaßstäbe ...................... | 62 |
| 2. Kommunalaufsicht und Opportunitätsprinzip .......... | 64 |
| 3. Aufsichtsmittel ................. | 67 |
| 4. Rechtsschutz ................... | 69 |
| **V. Schrifttum** ......................... | 71 |

## I. Verfassungsrechtliche Grundlagen und Grenzen kommunaler Selbstverwaltung (Abs. 1)

**1. Rechtsgrundlagen und Bedeutung der Selbstverwaltungsgarantie. a) Verhältnis zu Art. 28 Abs. 2 GG.** Art. 72 und 73 LV bilden die zentralen Normen zur Beurteilung des den kommunalen Gebietskörperschaften verfassungsrechtlich verbürgten Handlungs- und Entfaltungsspielraums. Für das Verhältnis zu **Art. 28 Abs. 2 GG** gilt weder der Grundsatz des Art. 31 GG noch die Ausnahmeregelung des Art. 142 GG unmittelbar oder analog. Das Selbstverwaltungsrecht der Gemeinden und Gemeindeverbände wird in Art. 28 Abs. 2 GG vorausgesetzt und in Gestalt einer **Mindestgarantie** gewährleistet. 1

Bliebe die LV hinter dem Schutz der grundgesetzlichen Verbürgungen der Selbstverwaltung für Gemeinden und Gemeindeverbände zurück, würde sie durch Art. 28 Abs. 2 GG „ergänzt". Prozessual findet in einer solchen Konstellation der Grundsatz der Subsidiarität der Kommunalverfassungsbeschwerde nach Art. 93 Abs. 1 Nr. 4b GG, § 91 BVerfGG keine Anwendung.[1] Soweit die LV

---

1 Grundlegend dazu vgl. nunmehr BVerfGE 147, 185 (Rn. 44 ff.) mit zustimmender Anmerkung *Brüning* NVwZ 2018, 155f.; zustimmend ferner *Lange* ZG 2018, 75 (81 ff.); *Ritgen* NVwZ 2018, 114 (117), *Henneke* NdsVBl. 2018, 97; *Lindner* DÖV 2018, 235 (238) spitzt die Auslegung des Art. 28 Abs. 2 GG durch das BVerfG dahin gehend zu, dass die Länder in ihren Verfassungen auf einen Schutz der kommunalen Selbstverwaltungsgarantie verzichten könnten.

den Kommunen mehr Rechte als das GG gewährleistet, steht Art. 28 Abs. 2 GG dem nicht entgegen. Nur im Widerspruch zu Art. 28 Abs. 2 GG stehende landesverfassungsrechtliche Verbürgungen wären nichtig.[2] Überprüfungen eventueller Beeinträchtigungen des Selbstverwaltungsrechts der Kommunen durch landesrechtliche Bestimmungen unterhalb des Verfassungsrechts haben deshalb grds. am Maßstab der LV zu erfolgen.

2 **Art. 28 Abs. 2 GG** gilt unmittelbar für die Länder,[3] die ihrerseits die kommunale Selbstverwaltung gewährleisten müssen. Plastisch wird von einer „**Durchgriffsnorm**" gesprochen.[4] Da der Bund nicht von Garantien frei sein kann, die er seinen Ländern verpflichtend auferlegt, hat er selbst die Mindestgarantie des Art. 28 Abs. 2 GG ebenfalls zu beachten. Für die Überprüfung von bundesrechtlichen Rechtssätzen unterhalb des Verfassungsrechts behält Art. 28 Abs. 2 GG also seinen unmittelbaren Anwendungsbereich. Ferner ist zu berücksichtigen, dass gemäß § 137 VwGO bei einer Revisionsentscheidung des Bundesverwaltungsgerichts nur Bundesrecht den Prüfungsmaßstab bilden kann.[5]

3 **b) Funktionen kommunaler Selbstverwaltung.** Frühzeitig hat das BVerfG festgestellt, kommunale Selbstverwaltung bedeute „ihrem Wesen und ihrer Intention nach Aktivierung der Beteiligten für ihre eigenen Angelegenheiten".[6] Das LVerfG M-V hat sich dem ausdrücklich angeschlossen und festgestellt, diese Aussage beziehe sich gleichermaßen auf Gemeinden und Landkreise.[7] Die LV betont den herausragenden Stellenwert der Selbstverwaltung durch die Formulierung in Art. 3 Abs. 2 LV, wonach die Selbstverwaltung in den Gemeinden und Kreisen dem Aufbau der Demokratie von unten nach oben dient. Die bürgerschaftliche Selbstverwaltung wird damit als eigener Verfassungswert hervorgehoben.[8] Kennzeichnend für die **politisch-demokratische Funktion** der kommunalen Selbstverwaltung sind die eigenverantwortliche Entscheidung über die verfassungsrechtlich garantierten Aufgaben, die unmittelbare Betroffenheit der Entscheidenden, die unmittelbare politische Verantwortung und Kontrolle sowie ein regelmäßiger Vorrang der politischen Beweggründe vor dem administrativen Bezug der Entscheidungsfindung, geprägt durch Kollegialentscheidung statt Hierarchieprinzip und durch Ehrenamt statt allein professionellem Verwaltungsmanagement.[9]

4 Unzweifelhaft sind Gemeinden und Landkreise nach der Konzeption des GG und der LV keine im gesellschaftlichen Bereich verhaftete Organisationen.[10]

---

2 Vgl. BVerfGE 3, 45 (49); LVerfG LSA Urt. v. 31.5.1994 – LVG 1/94 – LKV 1995, 75; NdsStGH Urt. v. 6.12.2007 – StGH 1/06 – StGHE 4, 170, 183; *Stern*, in BK, Art. 28 Rn. 178 f.; *von Mutius*, Gutachten E zum 53. DJT, S. 46 f.
3 Vgl. dazu näher → Rn. 9.
4 *Engels* in Sachs, Art. 28 Rn. 39; *Brüning* NVwZ 2018, 155 (156); vgl. iÜ schon BVerfGE 1, 167 (173 f.), nunmehr insbesondere 147, 185 (Rn. 44 ff.).
5 Näher *Kronisch*, Aufgabenverlagerung und gemeindliche Aufgabengarantie, 1993, S. 26 ff.; zu verfassungsprozessualen Konsequenzen vgl. *Schoch/Wieland*, Finanzierungsverantwortung für gesetzgeberisch veranlaßte kommunale Aufgaben, 1995, S. 199.
6 BVerfGE 11, 266 (275); bestätigend 79, 127, 149 f.; 147, 185 (Rn. 77); ausf. zur partizipativen Funktion der kommunalen Selbstverwaltung *Engels*, Die Verfassungsgarantie kommunaler Selbstverwaltung, 2014, S. 182 ff.
7 LVerfG M-V Urt. v. 26.7.2007 – 09/06–17/06 – LVerfGE 18, 342 (372).
8 LVerfG M-V Urt. v. 26.7.2007 – 09/06–17/06 – LVerfGE 18, 342(372 f.).
9 Vgl. *Hill*, Die politisch-demokratische Funktion der kommunalen Selbstverwaltung nach der Reform, 1987, S. 20 ff. mwN; instruktiv zu M-V vgl. *von Mutius* LKV 1996, 177 (178 ff.); ferner HessStGH Urt. v. 20.10.1999 – P.St. 1294 – DÖV 2000, 76 ff.; *Lange*, Kommunalrecht, Kap. 1 Rn. 27 ff.
10 Wenig überzeugend aA *Reich* DÖV 2020, 437.

Vielmehr sind sie Teil des Staates. Sie verfügen über unmittelbar demokratisch legitimierte Gremien und üben Staatsgewalt aus. Sie sind Teil der vollziehenden Gewalt iSd Art. 4 LV, wie dies in Art. 69 LV nochmals ausdrücklich betont wird. Im bundesstaatlichen Organisationsgefüge sind sie Teile der Länder, wie Art. 106 Abs. 9 GG verdeutlicht. Gemeinden und Landkreise sind unter diesem Blickwinkel Ausdruck einer „gegliederten Demokratie" und verkörpern das Verwaltungsorganisationsprinzip **administrativer Dezentralisation**.[11] *Christian Waldhoff* misst im Hinblick auf die rechtsdogmatische Versöhnung staatsorganisationsrechtlicher und bürgerschaftlich-partizipativer Elemente der Selbstverwaltungsgarantie neben einzelnen Entscheidungen des BVerfG dem Urteil des LVerfG M-V vom 26.7.2007 zur Kreisgebietsreform[12] maßgebliche Bedeutung bei.[13]

c) **Wirkungsweise der Selbstverwaltungsgarantie.** Das in Art. 28 Abs. 2 GG verankerte Selbstverwaltungsrecht wird nach wohl überwiegender Auffassung iS einer sog. **institutionellen Garantie** verstanden.[14] Erhalten bleiben muss die **gemeindliche Selbstverwaltung** als solche. An dieser, der Verfassungsdogmatik der Weimarer Reichsverfassung verhafteten Betrachtungsweise wird berechtigter Weise zunehmend Kritik geübt.[15] Jedenfalls die Verengung der Betrachtung auf eine institutionelle Garantie führt im Ergebnis zu einer deutlichen Relativierung des Schutzgehaltes der Selbstverwaltungsgarantie, weil sie dem Gesetzgeber über Gebühr Gestaltungsspielräume einräumt. Die Entstehungsgeschichte des Art. 28 Abs. 2 GG, dessen systematische Stellung sowie Sinn und Zweck der die Gemeinden vor einem ungehinderten Zugriff des Staates schützen wollenden Norm legen vielmehr in erster Linie ein Verständnis als **subjektives Recht der Kommunen** nahe (vgl. auch → Rn. 14). Die Rechtsprechung des BVerfG analysierend wird bilanziert, die kommunale Selbstverwaltung erweise sich als ein evolutionäres, anpassungsfähiges Programm.[16]

Auch die Existenz der **Kreise** als Institution wird durch Art. 28 Abs. 2 GG, 72 Abs. 2 LV garantiert.[17] Ausdrücklich ist das LVerfG[18] der irrtümlichen Ansicht[19] entgegengetreten, die Kreise seien Zweckschöpfungen des Gesetzgebers mit „schwächelnder Selbstverwaltungsgarantie"; die unterschiedliche Gesetzesabhängigkeit zwischen Gemeinden und Kreisen betrifft nicht das Selbstverwaltungsrecht, sondern die Aufgabenzuweisung. Weitere Zusammenschlüsse genie-

---

11 Vgl. BVerfGE 52, 95 (111 f.); 83, 37, 53 ff.; *Röhl*, in Schoch (Hrsg.), S. 1 ff., Rn. 16, spricht von einer Doppelrolle; auch *Brüning* ZG 2012, 155 (158) verwendet das Bild der Doppelfunktionalität.
12 LVerfGE 18, 342 ff.
13 DVBl 2016, 1022 (1030 f.), unter Hinweis auf *H. Meyer* NVwZ 2007, 1024.
14 Vgl. BVerfGE 1, 167 (173); 50, 50; 79, 127, 143; 86, 90, 107; *von Mutius*, Gutachten E zum 53. DJT, S. 25; *Burgi*, Kommunalrecht, § 6 Rn. 4 ff.; *Lange*, Kommunalrecht, Kap. 1 Rn. 16 ff.
15 Vgl. *Kenntner* DÖV 1998, 701 ff.; *Hufen* in FS für Hartmut Maurer, 2001, S. 1177, 1180 ff.; relativierend auch *Mehde* in /Dürig/Herzog/Scholz, Art. 28 Rn. 40 f.; umfassend dazu *Engels* (Fn. 6), S. 53 ff. mwN.
16 *Waldhoff* DVBl. 2016, 1022 (1023).
17 A.A.zu Art. 28 Abs. 2 GG zB *Engels* (Fn. 6), S. 241 f. mwN.
18 LVerfG M-V Urt. v. 26.7.2007 – 09/06–17/06 – LVerfGE 18, 342 (373); bestätigend Urt. v. 18.8.2011 – 22/10 – LVerfGE 22, 298 (302).
19 Vgl. *Erbguth* LKV 2004, 1 (2); dagegen bereits *H. Meyer* Rn. 2 zu § 97 in: Schweriner Kommentierung, 4. Aufl., 2014; wie hier zB *Waldhoff* DVBl 2016, 1022 (1030).

ßen auch im Hinblick auf die offenere Formulierung „Gemeindeverband" in Art. 28 Abs. 2 GG einen solchen institutionellen Schutz nicht.[20]

6 An der Verfassungsgarantie des Art. 28 Abs. 2 partizipiert mithin jede einzelne Kommune.[21] Die Verfassung enthält hingegen **keine Bestandsgarantie** für die einzelne Kommune. Grenzänderungen oder Auflösung von Gemeinden und Landkreisen im Zuge einer Gebietsreform sind grds. auch gegen deren Willen möglich.[22] Sie sind allerdings nur aus Gründen des öffentlichen Wohls durch Gesetz nach Anhörung der betroffenen Gebietskörperschaften zulässig und müssen sich an sachgerechten Kriterien orientieren.[23] Unter besonderer Berücksichtigung des Verhältnismäßigkeitsgrundsatzes ist es mit der Selbstverwaltungsgarantie vereinbar, bei gebietlichen Neugliederungsmaßnahmen auch Gebietskörperschaften heranzuziehen, die nach dem der Reform zugrunde gelegten Grundsätzegesetz selbst leitliniengerecht sind (sog. **passive Fusionspflicht**).[24] Namentlich das LVerfG M-V hat die verfassungsrechtliche Bedeutung des **öffentlichen Wohls** hervorgehoben. Es eröffne einerseits einen großen politischen Spielraum für den Gesetzgeber, sei andererseits aber als Ziel und Zweck einer Gebietsreform verfassungsrechtlich gebunden; es schließe staatliche wie auch kommunale Belange ein.[25] Es obliegt zuvörderst dem Gesetzgeber selber, den Begriff zu konturieren und inhaltlich auszufüllen.[26] Die Kommunalverfassung hat die – ausschließliche – Ausrichtung am öffentlichen Wohl und das Anhörungserfordernis in das einfache Gesetzesrecht übernommen.[27] Die **Anhörung** hat so rechtzeitig zu erfolgen, dass die Kommunen durch ihre Vertretungsorgane eine angemessene Stellungnahme erarbeiten können. Der Anhörungspflicht ist nur dann Genüge getan, wenn sämtliche Abgeordnete des Landtags vor der Abstimmung über einen Gesetzentwurf die Möglichkeit haben, sich selbst, unmittelbar und umfassend über den Inhalt der Anhörung zu informieren.[28]

---

20 Vgl. zu entsprechenden landesverfassungsrechtlichen Konstellationen NdsStGH Urt. v. 3.6.1980 – StGH 2/79 – StGHE 3, 1 (17 ff.); SächsVerfGH, u. v. 23.6.1994 – Vf. 4-VIII-94 – LKV 1995, 115; B. v. 3.12.1998 – Vf. 36-VIII-98 – DÖV 1999, 338 ff.; HessStGH Urt. v. 20.10.1999 – P.St. 1294 – DÖV 2000, 76 ff.; *von Mutius*, Kommunalrecht, Rn. 144 f. mwN; instruktiv zu den Ämtern als weiteren Gemeindeverbänden vgl. LVerfG S-H Urt. v. 26.2.2010 – LVerfG 1/09 – NordÖR 2010, 155 f.
21 BVerwG Urt. v. 12.8.1999 – 4 C 3/98 – NVwZ 2000, 675; BbgVerfGH Urt. v. 16.9.1999 – VfG Bbg 28/98 – NVwZ-RR 2000, 129 (134) (zur LV); *Schoch* Jura 2001, 121 (124).
22 Zu den Reformen und Reformbemühungen in den einzelnen Bundesländern vgl. *H. Meyer* ZG 2013, 264 ff.; 2017, 247 ff.; *Bickenbach* LKV 2017, 493; die Verfassungsrechtsprechung bilanzierend *H. Meyer* NVwZ 2013, 1177 ff.; zum Zusammenhang zwischen Gebiets- und Funktionalreform vgl. *Schmidt* LKV 2021, 487.
23 Vgl. BVerfGE 50, 195 (202); 86, 90, 107; LVerf LSA Urt. v. 31.5.1995 – LVG 1/94 – LKV 1995, 75 (75 f.).
24 VerfGH Rh-Pf Urt. v. 11.1.2016 – N 10/14 ua –, DVBl. 2016, 574.
25 LVerfG M-V Urt. v. 26.7.2007 – Az. 09/06–17/06 – LVerfGE 18, 342, 375 f.; Nachweis (zuvor) abweichender Auffassungen *bei H. Meyer*, in Schweriner Kommentierung, § 97 Rn. 4; ausf. vgl. *Wallerath, in* FS Schnapp, S. 695, 702 ff.
26 *Wallerath*, in 20 Jahre Verfassungsgerichtsbarkeit, S. 53, 59.
27 Vgl. dazu *Glaser* in Schweriner Kommentierung, § 11 Rn. 3 ff. und *H. Meyer* in ebd., § 97 Rn. 3 ff.; zu den verfassungsrechtlichen Begründungsnotwendigkeiten einer Gebietsreform vgl. bereits *H. Meyer* in Henneke/Meyer (Hrsg.), Kommunale Selbstverwaltung zwischen Bewahrung, Bewährung und Entwicklung, 2006, S. 231, 245 ff., jew. mwN.
28 Vgl. dazu ThürVerfGH Urt. v. 9.6.2017 – VerfGH 61/16 – NJOZ 2017, 1115 (1125, Rn. 96 ff.) = NVwZ 2017, 1860 (Ls.); weitere Nachweise zur Anhörungspflicht vgl. Vorauflage, Rn. 6 zu Art. 72.

Art. 28 Abs. 2 GG, Art. 72 Abs. 1 LV enthalten **kein Grundrecht** der Gemeinden und Landkreise.[29] Ein Indiz hierfür bildet bereits die systematische Stellung der Normen. Ferner ist der Charakter der kommunalen Selbstverwaltung als mittelbare Staatsverwaltung zu bedenken. Auch ergibt sich weder aus dem staatlichen Wächteramt des Art. 6 Abs. 2 S. 2 GG noch aus der Selbstverwaltungsgarantie des Art. 28 Abs. 2 GG ein materielles Grundrecht oder ein grundrechtsähnliches Recht der örtlichen Träger der Jugendhilfe.[30] Allerdings spricht Art. 72 Abs. 1 LV ausdrücklich davon, die Gemeinden seien „berechtigt", bestimmte Kompetenzen wahrzunehmen, und räumt den Kreisen ebenfalls das „Recht" der Selbstverwaltung ein. Diese Formulierung spricht für die Gewährung eines subjektiven Rechts mit Verfassungsrang. Eine mögliche Beeinträchtigung des Selbstverwaltungsrechts kann durch eine kommunale Verfassungsbeschwerde gemäß Art. 53 Ziff. 8 LV abgewehrt werden. Aufgrund des eindeutigen Wortlauts der Norm kommt eine Verfassungsbeschwerde nur gegen ein förmliches Gesetz, nicht gegen eine gerichtliche Entscheidung in Betracht.[31]

Schließlich enthält die Selbstverwaltungsgarantie des GG und der LV als **objektive Rechtsinstitutionsgarantie** verpflichtende Vorgaben materieller wie formeller Natur.[32] Verfassungsrechtlich geschützt wird zB für die Gemeindeebene das „Was" und „Wie" der eigenverantwortlichen Erledigung aller Angelegenheiten der örtlichen Gemeinschaft, beides allerdings im Rahmen der Gesetze. In der objektiven Rechtsinstitutionsgarantie wird der Schwerpunkt der Bedeutung des Art. 28 Abs. 2 GG gesehen, weil damit das Wesen kommunaler Selbstverwaltung angesprochen werde.[33] Die Verfassung geht von einem Vorrang dezentralkommunaler vor zentral-staatlich determinierter Aufgabenerfüllung aus.[34] Die objektive Rechtsinstitutionsgarantie begrenzt die Gestaltungsfreiheit des Gesetzgebers wie die Verfügungsbefugnis der Gemeinden und Landkreise selbst, die sich zB nicht einer kommunalen Verantwortung durch Begründung kondominaler Mischstrukturen entziehen können.[35]

Weitere Wirkungsweisen der kommunalen Selbstverwaltungsgarantie weisen weniger stringenten Gehalt auf. So wird dem Art. 28 Abs. 2 GG auch ein **Verfassungsauftrag** an die Länder entnommen, innerhalb ihrer staatlichen Organisation die kommunale Selbstverwaltung zu wahren.[36] Weitergehend wird man in der Verbürgung der kommunalen Selbstverwaltung eine **Staatszielbestimmung** sehen können iS einer verfassungsgestaltenden Grundentscheidung, die außerhalb ihrer unmittelbaren Rechtsverbindlichkeit für alle Staatsfunktionen Orientierungswerte setzt. Dies gilt insbes. im Hinblick auf die politisch-demokratische Funktion der kommunalen Selbstverwaltung,[37] die in M-V durch die Hervorhe-

---

29 Ganz hM, vgl. bereits *Blümel* in: von Mutius (Hrsg.), Selbstverwaltung im Staat der Industriegesellschaft, 1983, S. 265, 266 f. mwN.
30 BVerfG Beschl. v. 15.12.2020 – 1 BvR 1395/19, NJW 2021, 1665 (Rn. 30 ff.).
31 Vgl. BVerfG Beschl. v. 15.12.2020 – 1 BvR 1395/19, NJW 2021, 1665.(Rn. 16) zur Parallelnorm des Art. 93 Abs. 1 Nr. 4b GG.
32 Vgl. dazu *Burgi*, Kommunalrecht, § 6 Rn. 25 ff.
33 *Dreier* in ders., GG, Art. 28 Rn. 95.
34 Vgl. bereits BVerfGE 79, 127 (146 ff.); 83, 363 (382); 138, 1 (18); 147, 185 (Rn. 76).
35 Für die Länder am Beispiel des Sparkassenwesens vgl. SächsVerfGH Urt. v. 23.11.2000 – Vf. 62-II-99 – DVBl. 2001, 293 ff.; hierzu *Henneke* DVBl. 2001, 301; *H. Meyer* NVwZ 2001, 766 ff.; *Becker* LKV 2001, 201 ff.; grundlegend zum Verbot der Mischverwaltung zwischen Bund und Kommunen BVerfGE 119, 331 ff.; hierzu *H. Meyer* NVwZ 2008, 275 (276 f.).
36 LVerfG LSA Urt. v. 31.5.1994 – LVG 1/94 – LKV 1995, 75; *Stern* in: BK, Art. 28 Rn. 178 ff.
37 *Von Mutius*, Gutachten E zum 53. DJT, S. 27.

bung in Art. 3 Abs. 2 LV eine besondere verfassungsrechtliche Akzentuierung erfahren hat.

9 **d) Verpflichtungsadressat.** Die Formulierung des Art. 28 Abs. 2 GG lässt offen, wer Verpflichtungsadressat der Selbstverwaltungsgarantie ist. Aus Art. 28 Abs. 3 GG, wonach der Bund die Einhaltung der vorstehenden Grundsätze durch die Länder zu gewährleisten hat, ergibt sich aber die vorrangige Inpflichtnahme der Bundesländer. Hierfür sprechen auch die Systematik der organisationsrechtlichen Regelungen des GG und die Gesetzgebungskompetenz der Länder für das Kommunalrecht.[38] Dieser Umstand wird insbes. relevant bei der Frage, wer Adressat des Anspruchs auf eine angemessene Finanzausstattung ist. Einen dahin gehenden Anspruch können die Kommunen nur gegen die Länder geltend machen, als deren Glieder sie im Verhältnis Bund-Länder gelten.[39] Die unmittelbare Verantwortung des Bundes bleibt beschränkt auf die Gewährleistungspflicht des Art. 28 Abs. 3 GG. Eine unmittelbare Finanzbeziehung zwischen Kommunen und Bund ist (von dem Sonderfall des Art. 106 Abs. 8 GG und seit 2010 auch Art. 91e GG abgesehen) dem bundesstaatlichen Aufbau der Staatsorganisation fremd.[40] Auch der Regelungsgehalt des Art. 104b und 104c GG ist ausschließlich auf das Verhältnis des Bundes zu den Ländern beschränkt.[41]

Die anderen Kommunen haben die Selbstverwaltungsgarantie einer Gemeinde bzw. eines Landkreises zu achten. Dies wird relevant bspw. bei der Abwehr wirtschaftlicher Betätigung einer Nachbarkommune auf dem eigenen Hoheitsgebiet. Schließlich wendet sich die objektive Rechtsinstitutionsgarantie auch gegen die Kommune selbst, die prägende Verantwortlichkeiten nicht preisgeben darf.[42]

10 **2. Berechtigung und Verpflichtung der Gemeinden.** Berechtigt und verpflichtet durch Art. 72 Abs. 1 S. 1 LV werden ausschließlich die **Gemeinden.** Die im kreisangehörigen Raum gebildeten Ämter haben nicht an der verfassungsrechtlichen Garantie teil. Bei ihnen handelt es sich nach § 125 KV um Körperschaften des öffentlichen Rechts ohne Gebietshoheit oder – wenigstens nachrangige – Allzuständigkeit.[43] Eine unmittelbare Wahl der Mitglieder des Amtsausschusses ist verfassungsrechtlich nicht geboten, vielmehr reicht die mittelbare Legitimation durch gewählte Gemeindevertreter aus.[44] Etwas anderes kann gelten, wenn sich die Ämter in Folge zunehmender Übertragung von Selbstverwaltungsaufgaben durch die Gemeinden zu Gemeindeverbänden entwickeln.[45]

11 Bei der Bildung der **Ämter** hat der Gesetzgeber bzw. der durch ihn ermächtigte Verordnungsgeber zu gewährleisten, dass der Kernbereich gemeindlicher Selbstverwaltung nicht angetastet wird und Beeinträchtigungen außerhalb des Kernbereichs für ihre Zulässigkeit einer sachlichen Rechtfertigung bedürfen; dem ist

---

38 Vgl. BVerfGE 138, 1 (Rn. 131f.).
39 BVerfGE 26, 172 (181); 86, 148(215 f.).
40 Zu den daraus resultierenden Problemen vgl. *Schoch/Wieland*, Finanzierungsverantwortung für gesetzgeberisch veranlaßte kommunale Aufgaben, passim, insbes. S. 181 ff.
41 *Siekmann* in Sachs, GG, Rn. 5a zu Art. 104b und Rn. 7 zu Art. 104c.
42 Vgl. hierzu auch *Burgi*, Kommunalrecht, § 6 Rn. 9 f.
43 Vgl. *Darsow* in: Schweriner Kommentierung, § 125 Rn. 1.
44 Zutr. vgl. BVerfGE 52, 95 (130); umfassend OVG Greifswald Urt. v. 16.3.1993 – 4 K 1/92 –; zust. *Glaser* LKV 1996, 183 (187 f.).
45 Vgl. für Schleswig-Holstein LVerfG S-H Urt. v. 26.2.2010 – LVerfG 1/09 –, NordÖR 2010, 156; dazu *Bülow*, Die Gemeinde SH 2010, 184 ff.; *Schulz* NordÖR 2011, 311 ff.; *Darsow* in: Schweriner Kommentierung, § 125 Rn. 1a, weist zutreffend auf die abweichende verfassungsrechtliche Lage in M-V hin, da anders als im Landesrecht Schleswig-Holstein Art. 72 LV M-V den Begriff des Gemeindeverbandes nicht kennt.

der Gesetzgeber bisher nachgekommen.[46] Bei jeder streitigen Zuordnung einer Gemeinde zu einem Amt ist zu prüfen, ob die konkreten Maßnahmen dem öffentlichen Wohl dienen.[47]

Der **Name** einer Gemeinde und eines Landkreises hat eine ordnende Funktion und ist gleichzeitig Ausdruck seiner Individualität.[48] Das in § 12 BGB niedergelegte Recht zum Führen seines Namens und der Abwehr von Beeinträchtigungen verkörpert einen allg. Rechtsgrundsatz, der auch im öffentlichen Recht gilt.

12

Das Namensrecht der Kommunen bildet ein gegen jedermann wirkendes öffentlich-rechtliches Persönlichkeitsrecht,[49] dessen Beeinträchtigung durch Klage auf Beseitigung oder Unterlassen abgewehrt werden kann.[50] Aktualität hat das Namensrecht durch den Gebrauch des Namens oder einer daraufhin deutenden Abkürzung im Internet gewonnen.[51] Eine Namensänderung gegen den Willen der betroffenen Kommune ist nur aus Gründen des öffentlichen Wohls zulässig.[52] Die durch das Kreisstrukturgesetz im Jahr 2011 neu errichteten sechs Landkreise führen jeweils den im Rahmen eines Bürgerentscheids im September 2011 entschiedenen als gesetzlich bestimmten Namen.[53] Das Verfahren der Namensänderung ist in den §§ 8 und 94 KV ausgestaltet.[54]

**3. Alle Angelegenheiten der örtlichen Gemeinschaft.** Angelegenheiten der örtlichen Gemeinschaft sind nach der ständigen Rspr. des BVerfG diejenigen Bedürfnisse und Interessen, die in der örtlichen Gemeinschaft wurzeln oder einen spezifischen Bezug haben,[55] die also den Gemeindeeinwohnern gerade als solchen gemeinsam sind, indem sie das Zusammenleben und -wohnen der Menschen in der politischen Gemeinde betreffen; auf die Verwaltungskraft der Gemeinde kommt es hierfür nicht an.[56] Hierbei ist der geschichtlichen Entwicklung und den verschiedenen historischen Erscheinungsformen der Selbstverwaltung Rechnung zu tragen.[57] Auch der Gesetzgeber ist gebunden, die überkommenen, identitätsbestimmenden Merkmale – den sog. **Wesensgehalt** – der gemeindlichen Selbstverwaltung zu beachten. Was herkömmlich das Bild der gemeindlichen Selbstverwaltung in ihren verschiedenen historischen und regionalen Erscheinungsformen durchlaufend und entscheidend prägt, darf weder faktisch noch rechtlich beseitigt werden.[58] Zum historisch gewachsenen Aufgabenbestand der

13

---

46 OVG Greifswald Urt. v. 16.3.1993 – 4 K 1/92 –; vgl. auch bereits BVerwG Urt. v. 27.1.1984 – 8 C 126/81 –, NVwZ 1984, 378 zu Verbandsgemeinden in Rh-Pf.
47 Zutr. OVG Greifswald Urt. v. 11.8.1993 – 4 K 8/93, LKV 1994, 444 (445); OVG Greifswald Urt. v. 29.5.1997, zT abgedruckt in: Der Überblick 1997, 461; ausf. hierzu und denkbaren Fallgruppen *Darsow*, in Schweriner Kommentierung, § 125 Rn. 8 ff.
48 BVerfG Beschl. v. 12.1.1982 – 2 BvR 113/81 – NVwZ 1982, 367 f.
49 Vgl. BVerwGE 44, 351 (354).
50 BVerfGE 50, 195; 59, 216; vgl. auch BVerwG Beschl. v. 23.3.1993 – 7 B 126/92 – NVwZ-RR 1993, 373.
51 Vgl. exemplarisch nur LG Kleve Urt. v. 6.8.2002 – 3 O 116/02 – NVwZ-RR 2003, 353; LG Flensburg Urt. v. 18.10.2001 – 3 O 178/01 – Die Gemeinde SH 2002, 293 ff.; ausf. *Seifert*, Das Recht der Domainnamen, 2003; *Holznagel/Hartmann* NVwZ 2012, 665 ff.
52 Vgl. BVerfGE 59, 216 (228 f.); BVerfG Beschl. v. 12.5.1992 – 2 BvR 470, 650 und 707/90 –, DVBl. 1992, 960 (961).
53 Zu Einzelheiten vgl. *H. Meyer* in Schweriner Kommentierung, § 94 Rn. 3 f.
54 Zu weiteren Einzelheiten vgl. *Glaser* in Schweriner Kommentierung, § 8 Rn. 1 ff. und *H. Meyer* in ebd., § 94 Rn. 1 ff.
55 BVerfGE 8, 122 (134); 50, 195 (201); 52, 95 (120); 110, 370 (400); 138, 1 (Rn. 163); 147, 185 (Rn. 69).
56 BVerfGE 79, 127 (151 f.); mit guten Gründen kritisch dazu *Gern/Brüning*, Deutsches Kommunalrecht, 4. Aufl. 2019, Rn. 83.
57 BVerfGE 11, 266 (274); 59, 216 (226).
58 BVerfGE 7, 358 (364); 22, 180 (205); 79, 127 (147, 155); 83, 363 (381).

Gemeinden rechnet das BVerfG die Trägerschaft von Schulen, die der Erfüllung der allgemeinen Schulpflicht dienen; der Staat kann aufgrund der in Art. 7 Abs. 1 GG angelegten staatlichen Schulaufsicht in diesen Angelegenheiten (lediglich) gesetzliche Anforderungen, etwa zur Mindestschülerzahl, treffen.[59]

14 Zum **Kernbereich** gemeindlicher Selbstverwaltung[60] gehört insbes. die Befugnis, sich neuer und bisher unbesetzter Aufgaben ohne einen gesonderten Kompetenztitel annehmen zu können.[61] Der Kernbereichsschutz soll institutionell gewährleistet sein und daher der einzelnen Gemeinde gegenüber nicht zum Tragen kommen.[62] Die Begrenzung des Kernbereichsschutzes auf eine institutionelle Garantie wird kritisiert, und es wird bezweifelt, ob Art. 28 Abs. 2 GG einen Ansatzpunkt für die Unterscheidung zwischen Kern- und Randbereich bietet. Vorzugswürdig erscheine es, Art. 28 Abs. 2 GG als eine Rechtssubjektsgarantie zu verstehen.[63] Dem letzteren Gedanken ist zuzustimmen. Nach zutreffender Ansicht wirken Art. 28 Abs. 2 GG wie Art. 72 Abs. 1 LV **institutionell** wie **individuell**. Die Vorschriften normieren sowohl eine ausgestaltungsbedürftige Einrichtungsgarantie als auch ein subjektives Recht.[64] Bei diesem Verständnis besteht keine Notwendigkeit, die Prüfung eventueller Eingriffe allein oder überwiegend am Maßstab der Verhältnismäßigkeit vornehmen zu wollen.[65] Dies bedeutete eine Relativierung des Schutzes der Selbstverwaltungsgarantie. Vielmehr ist bei aller berechtigten Kritik zur inhaltlichen Abgrenzbarkeit grds. an dem durch qualitativ-materiell geprägten[66] Kernbereichsgedanken festzuhalten, zumal dieser zB bei der Garantie der finanziellen Mindestausstattung durchaus praktikable Konturen gewonnen hat.[67]

15 Auch außerhalb des Kernbereichs enthalten Art. 28 Abs. 2 S. 1 GG und Art. 72 Abs. 1 LV ein verfassungsrechtliches **Aufgabenverteilungsprinzip** hinsichtlich der Angelegenheiten der örtlichen Gemeinschaft **zugunsten der Gemeinde**, das der Zuständigkeit verteilende Gesetzgeber zu berücksichtigen hat.[68] Auf diese Weise sichert das Verfassungsrecht den Gemeinden einen Aufgabenbereich, der grds. alle Angelegenheiten der örtlichen Gemeinschaft umfasst, sog. Universalität des gemeindlichen Wirkungskreises oder Aufgabenallzuständigkeitsvermutung.[69] Dieses Aufgabenverteilungsprinzip gilt zugunsten kreisangehöriger Gemeinden auch gegenüber den Kreisen, denen Art. 28 Abs. 2 S. 2 GG keinen be-

---

59 Vgl. BVerfG Beschl. v. 19.11.2014 – BvL 2/13 – Rn. 63 ff. und 83; überprüfungsbedürftig unter diesen Maßstäben § 107 SchulG MV.
60 Zum Begriff vgl. *Röhl*, in Schoch (Hrsg.), Besonderes Verwaltungsrecht, S. 1 ff. Rn. 43; *Gern/Brüning*, Deutsches Kommunalrecht, Rn. 119 ff., jew. mwN.
61 BVerfGE 83, 363 (385).
62 Vgl. BVerfGE 76, 107 (119); *Ernst*, in von Münch/Kunig, Art. 28 Rn. 164; jedenfalls ambivalent auch *Waechter*, in Butzer/Epping, Art. 57 Rn. 53 ff.
63 *Ehlers* DVBl. 2000, 1301 ff.
64 *Schoch* Jura 2001, 121 (124).
65 So aber *Ehlers* DVBl 2001, 1301 ff.; *Wallerath* in FS Schnapp, S. 695, 701 f.; aus der Verfassungsrechtsprechung vgl. nur ThürVerfGH LVerfGE 7, 361 (386 ff.); krit. aus dogmatischen Erwägungen hingegen *Burgi*, Kommunalrecht, § 6 Rn. 39 f.; das LVerfG M-V Urt. v. 26.11.2009 – LVerfG 9/08 – LVerfGE 20, 271 (286 ff.) lässt die Frage Kernbereichsschutz oder Verhältnismäßigkeitsprinzip ausdrücklich offen.
66 So *Ernst* in von Münch/Kunig, Art. 28 Rn. 164.
67 Ausführlich dazu *Schoch* ZG 2019, 114 (121 ff.); kritischer hingegen zB *Engels* in Sachs, GG, Art. 28 Rn. 66 f., der von einem „definiens indefinibilis" spricht und stattdessen effektive Gewährleistungsschranken im sog. Randbereich fordert.
68 *Waldhoff* DVBl 2016, 1022 (1027) sieht in dem Herausarbeiten des sog. Vorfeldschutzes die dogmatische Hauptaussage der Rastede-Entscheidung.
69 Vgl. BVerfGE 26, 228 (237 f.); 56, 298, 312; 59, 216, 226; 107, 1, 11 ff.; 110, 370, 400; 138, 1(Rn. 54); 147, 185 (Rn. 79).

stimmten Aufgabenbereich sichert.[70] Ist dem im Grundsatz zuzustimmen, wird aber mit Recht kritisch hinterfragt, warum das BVerfG an eine Aufgabenverlagerung innerhalb der kommunalen Ebene ebenso strenge Maßstäbe anlegt wie an die Hochzonung auf die staatliche Ebene, obwohl im ersten Fall die besondere Bürgernähe im Grundsatz verbleibt.[71] Tatsächlich hat das BVerfG in seiner sachsen-anhaltinischen KiFöG-Entscheidung im Konkreten die Anforderungen durchaus relativiert, in dem es „gute Gründe", „hinreichend sachliche Gründe" und einen eher geringen Substanzverlust für das gemeindliche Aufgabenfeld für die Hochzonung einer Aufgabe gegen den Willen der Gemeinde- wie der Kreisebene als hinreichend erachtete.[72] Da es sich insoweit um einen durch das GG verbürgten Schutz der Gemeindeebene handelt, kann hiervon durch Landesrecht nicht abgewichen werden, auch entgegenstehende Bestimmungen der LV würden leerlaufen.

Welche konkreten Auswirkungen diese Zuständigkeitsvermutung zugunsten der Gemeindeebene hat, lässt sich erst bei Zuweisen einer konkreten Aufgabe durch den Gesetzgeber im Einzelfall und unter Berücksichtigung des Art. 72 Abs. 1 S. 2 LV bestimmen. Nach der Rspr. des BVerfG sind die Kreise zwar auf das Wahrnehmen der gesetzlich zugewiesenen Aufgaben beschränkt. Jedoch darf es sich hierbei nicht ausschließlich um ursprünglich staatliche Aufgaben des übertragenen Wirkungskreises handeln. Vielmehr müsse der Gesetzgeber den **Kreisen** bestimmte Aufgaben als **Selbstverwaltungsaufgaben**, also als kreiskommunale Aufgaben des eigenen Wirkungskreises zuweisen. Für diese Aufgaben gelte nach Art. 28 Abs. 2 S. 2 GG nichts grds. anderes als für die Gemeinden nach Art. 28 Abs. 2 S. 1 GG.[73] Dieser Aufgabenbestand muss für sich genommen und im Vergleich zu den zugewiesenen staatlichen Aufgaben ein Gewicht haben, das der institutionellen Garantie der Kreise als Selbstverwaltungskörperschaften gerecht wird.[74] Der Gesetzgeber muss bei der Zuordnung einer Aufgabe zunächst prüfen, ob es sich um eine Aufgabe mit relevantem örtlichem Charakter handelt. Ist dies nicht der Fall, wird der Gewährleistungsbereich des Art. 28 Abs. 2 S. 1 nicht berührt und der Gesetzgeber ist in der Zuordnung frei.[75] Bei der Einschätzung der örtlichen Bezüge einer Aufgabe und ihres Gewichts kommt dem Gesetzgeber ein Einschätzungsspielraum zu. Eine Aufgabe braucht nicht hinsichtlich all ihrer Teilaspekte und nicht für alle Gemeinden gleichermaßen eine Angelegenheit der örtlichen Gemeinschaft darzustellen. Der Gesetzgeber ist berechtigt zu typisieren.[76]

Liegt eine Aufgabe mit relevantem örtlichem Charakter vor, darf der Gesetzgeber diese Aufgabe den Gemeinden nur aus **Gründen des Gemeininteresses** entziehen, insbes., wenn anderweitig die ordnungsgemäße Aufgabenerfüllung nicht sicherzustellen wäre. Bloße Gründe der Verwaltungsvereinfachung reichen

---

70 Grundlegend BVerfGE 79, 127 (150); ausf. hierzu *Henneke*, Aufgabenzuständigkeit im kreisangehörigen Raum, 1992, mit umfassenden Nachweisen der kaum noch zu überschauenden Lit. in Fn. 1; aus neuerer Zeit BVerfGE 147, 185 (Rn. 85); *Schmidt* DÖV 2013, 509 ff.; *Engels* (Fn. 6), S. 145 ff., unterscheidet zwischen einer Rechts*regel* für die Gemeinde- und einem Rechts*prinzip* für die Kreisebene.
71 *Lange* ZG 2018, 75 (79) mwN.
72 Vgl. BVerfGE 147, 185 (Rn. 146, 147 und 148); vgl. dazu auch *Brüning* NVwZ 2018, 155.
73 BVerfGE 83, 363 (383); ebenso bereits *von Mutius/Dreher*, Reform der Kreisfinanzen, 1990, S. 17; *Clemens* NVwZ 1990, 834 (842).
74 BVerfGE 119, 331 (353 f.); bestätigend 137, 108 (Rn. 164).
75 BVerfGE 79, 127 (152).
76 BVerfGE 79, 127 (154 f.).

nicht.[77] Auch insoweit darf der Gesetzgeber aber die unterschiedliche Ausdehnung, Einwohnerzahl und Struktur der Gemeinden typisierend berücksichtigen und hat einen grds. weiten Einschätzungs- und Beurteilungsspielraum.[78] Die verfassungsgerichtliche Überprüfung der solchermaßen getroffenen gesetzgeberischen Entscheidung erstreckt sich auf deren Vertretbarkeit.[79] Zur Abgrenzung der Aufgaben zwischen Gemeinden und Landkreisen vgl. auch → Rn. 33 ff.

18 Für die Praxis wesentlich bedeutungsvoller ist die verfassungsgerichtliche Kontrolle von Eingriffen in das Recht der kommunalen Selbstverwaltung außerhalb des Kernbereichs und der Aufgaben zuweisenden Tätigkeit zwischen den Gemeinden und Landkreisen. Auch gesetzgeberische **Eingriffe in den Randbereich** sind verfassungsrechtlich legitimationsbedürftig, regelmäßig allerdings auch legitimationsfähig. Die Kontrolle beschränkt sich hier im Wesentlichen auf eine Prüfung anhand der Kriterien des Verhältnismäßigkeitsgrundsatzes, auch wenn die dogmatische Fundierung im Einzelnen unklar ist.[80] Ein wirksamer Schutz kommunaler Eigenverantwortung insbes. gegen Überreglementierungen[81] und finanzielle Belastungen ist durch diese Mechanismen kaum zu gewährleisten. Zur Finanzierungspflicht bei Aufgabenübertragungen → Rn. 50 ff.

19 Die Verfassung beschränkt das gemeindliche Zugriffsrecht auf Angelegenheiten „der örtlichen Gemeinschaft" und verwehrt es den Gemeinden so, auch allgemeinpolitische Fragen zum Gegenstand ihrer Tätigkeit zu machen.[82] Dies gilt grds. auch für Meinungsäußerungen in Form von Entschließungen. Es muss eine spezifische, örtliche Betroffenheit vorliegen. Die Rspr. hält dabei auch antizipatorische Äußerungen für zulässig.[83] In neuerer Zeit steht oftmals die Frage im Mittelpunkt, ob, in welcher Form und in welcher Intensität Kommunen sich ohne gesetzliche Aufgabenzuweisung Fragen des Klimaschutzes zuwenden dürfen.[84] Ob der Gesetzgeber den Gemeinden Selbstverwaltungsaufgaben zuweisen darf, die über Angelegenheiten der örtlichen Gemeinschaft hinausgehen, ist im Einzelnen umstritten.[85] Jedenfalls darf damit nicht die verfassungsrechtliche Garantie anderer, beispielsweise der jeweiligen Nachbargemeinde, verletzt werden.

20 Relevanz hat das Merkmal der örtlichen Gemeinschaft im Rahmen der **wirtschaftlichen Betätigung von Kommunen** erlangt. Selbst die einfachgesetzliche Ausweisung der wirtschaftlichen Betätigung außerhalb des eigenen Gemeindegebietes wie in § 68 Abs. 1 S. 2 KV MV hat nicht teil an der verfassungsrechtlichen Garantie der kommunalen Selbstverwaltung. Diese kann sich nur auf die räumlichen Angelegenheiten der örtlichen Gemeinschaft erstrecken. Jedenfalls das Übermaßverbot und das verfassungsrechtlich gewährleistete Aufgabenverteilungsprinzip stehen nicht zur Disposition des einfachen Gesetzgebers. Im Fall

---

77 BVerfGE 79, 127 (153); 147, 185 (Rn. 84).
78 BVerfGE 83, 363 (382 f.).
79 BVerfGE 79, 127 (154); vgl. auch SächsVerfGH NVwZ 2009, 39 (43 f.).
80 *Blümel*, in von Mutius (Hrsg.), Selbstverwaltung im Staat der Industriegesellschaft, 1983, S. 265 ff.; *Schoch* VerwArch 81 (1990), 18 (32 f.); *Manssen*, Die Verwaltung 1991, 33 (37); *Mehde* in Dürig/Herzog/Scholz, Art. 28 Rn. 118 ff.
81 Vgl. hierzu *Henneke* ZG 1994, 212 ff.
82 BVerfGE 79, 127 (147); *Brüning* § 64 Rn. 22 in Ehlers/Fehling/Pünder (Hrsg.), Besonderes Verwaltungsrecht, 4. Aufl. 2021 mwN.
83 Vgl. dazu nur BVerwGE 87, 228 (230 ff.) einerseits und BVerwG Urt. v. 14.12.1990 – 7 C 40/89 – NVwZ 1991, 684 f. andererseits.
84 Vgl. nur *Bucher* VBlBW 2020, 319; *Britz* NdsVBl. 2023, 65 geht von einem verfassungsrechtlichen Klimaschutzgebot in den Kommunen aus.
85 Vgl. BVerwGE 125, 68 ff.; *Lange* DÖV 2007, 820 mwN.

einer interkommunalen Konfliktlage bedarf § 68 Abs. 1 S. 2 KV MV daher in diesem Sinne einer verfassungskonformen Interpretation.[86]

**4. Regelung in eigener Verantwortung.** Durch die Formulierung „in eigener Verantwortung zu regeln" wird ein Handlungs- und Entfaltungsspielraum garantiert. Er gewährleistet die Freiheit von Zweckmäßigkeitsweisungen anderer Hoheitsträger, insbes. des Staates.[87] Die Eigenverantwortlichkeit bezieht sich grds. auf das Ob, Wann und Wie der Aufgabenwahrnehmung; sie drückt sich in einem Ermessen im weitesten Sinne aus.[88] Entgegen der Ansicht des BVerwG[89] lässt sich aus dem in Art. 28 Abs. 2 GG verankertem „Recht" keine „Pflicht" zur Übernahme oder Fortführung bestimmter freiwilliger Selbstverwaltungsaufgaben durch die Gemeinden herleiten; Art. 72 Abs. 1 LV bringt dies durch die Formulierung „berechtigt" zum Ausdruck. Umschrieben und konkretisiert wird das Merkmal der eigenverantwortlichen Regelung durch die sog. Hoheitsrechte der Kommunen.[90]  21

**a) Gebietshoheit.** Die **Gebietshoheit** markiert den durch die Gemeindegrenzen gezogenen Zuständigkeitsbereich der Gemeinde, innerhalb dessen sie gegenüber Personen und Sachen rechtserhebliche Handlungen vornehmen darf. Dem Hoheitsrecht unterliegt derjenige, der sich in dem Gemeindegebiet aufhält, dort ein Gewerbe betreibt oder Eigentümer eines dort belegenen Grundstücks ist.[91] Die Gebietshoheit gewährleistet keinen Schutz für den unveränderten Fortbestand der Gemeinde in den bisherigen Grenzen.  22

**b) Planungshoheit.** Unter **Planungshoheit** ist die eigenverantwortliche gemeindliche Entscheidung über die Art und Weise der Bodennutzung in der Gemeinde zu verstehen. Intrakommunal kann zwischen der Entwicklungsplanung, der Flächennutzungsplanung und der Bebauungsplanung unterschieden werden, interkommunal bestehen gesetzlich begründete Abstimmungspflichten, vgl. § 2 Abs. 2 BauGB.[92] Die örtliche Bauleitplanung zählt zu den Angelegenheiten der örtlichen Gemeinschaft und wird daher von der Selbstverwaltungsgarantie umfasst.[93] Offengelassen hat das BVerfG bisher die Entscheidung, ob die Bauleitplanung zum unantastbaren Kernbereich kommunaler Selbstverwaltung rechnet.[94] Die örtliche Verwurzelung einer Aufgabe kann kaum plastischer ausfallen als bei der örtlichen Bauleitplanung. Es verdienen daher diejenigen Stimmen Zustimmung, die zwar nicht die derzeitige einfachgesetzliche Ausprägung in § 2 BauGB zum Kernbereich rechnen, wohl aber den gänzlichen Entzug der planerischen Entscheidungsfreiheit als einen unzulässigen Eingriff in den Kernbestand  23

---

86 Ebenso *Darsow*, in Schweriner Kommentierung, § 68 Rn. 13; grds. auch *H. Meyer*, Kommunalrecht, Rn. 61 mwN; zum Recht der wirtschaftlichen Betätigung dort Rn. 602 ff.
87 *Schmidt-Jortzig*, Kommunalrecht, 1982, Rn. 480 f.; *von Mutius/Henneke*, Kommunale Finanzausstattung und Verfassungsrecht, 1985, S. 28.
88 *Röhl*, in Schoch (Hrsg.), Besonderes Verwaltungsrecht, S. 1 ff., Rn. 35; *von Mutius* LKV 1996, 177 (181).
89 BVerwG Urt. v. 27.5.2009 – 8 C 10.08 – DVBl. 2009, 1382 ff. mit krit. Anm. *Ehlers* DVBl. 2009, 1456; mit Recht sehr krit. auch *Schoch* DVBl. 2009, 1533 ff.; *ders.* DVBl. 2018, 1 (2); ebenso *Lange*, Kommunalrecht, Kap. 1 Rn. 52 f.
90 Ausf. mwN *Mehde* in Dürig/Herzog/Scholz, Art. 28 Rn. 57 ff.
91 BVerfGE 52, 95 (117 f.); krit. zu diesem Ansatz *Lange*, Kommunalrecht, Kap. 1, Rn. 58 ff.
92 Zur Abwägung im Bauplanungsrecht insgesamt *Kersten* Jura 2013, 478 ff. mwN.
93 BVerfGE 50, 195 (201); 56, 310, 313 f.; 76, 107, 117.
94 BVerfGE 56, 298 (312 f.); 76, 107, 117.

der Selbstverwaltungsautonomie ansehen.[95] Neben der Bauleitplanung wird die Landschaftsplanung von der Planungshoheit umfasst.[96] Dies gilt im Kern auch für die Mitwirkung an höherstufigen Planungsvorhaben, bspw. Raumordnungsverfahren.[97]

24 Grds. ist zwar auch eine **Übertragung der Planungshoheit** auf verbandsmäßige Zusammenschlüsse möglich.[98] Das verfassungsrechtliche Minimum statuiert § 203 Abs. 2 BauGB, wenn dort gefordert wird, dass eine solche Aufgabenübertragung nur auf Zusammenschlüsse von Gemeinden zulässig ist, denen nach Landesrecht örtliche Selbstverwaltungsaufgaben der Gemeinden obliegen und zudem eine Mitwirkung der Gemeinden an der Aufgabenerfüllung gesichert ist. Diese Voraussetzung ist de lege lata für die Ämter nicht gegeben, denn § 127 KV macht die Aufgabenwahrnehmung durch das Amt im eigenen Wirkungskreis der Gemeinden von deren Zustimmung abhängig.

25 Da der Schutz des Kernbereichs der kommunalen Selbstverwaltung nach herrschender Auffassung institutionell und nicht individuell wirkt, muss eine einzelne Gemeinde unter Umständen sogar die Planungshoheit weitgehend aufzehrende Beeinträchtigungen durch überörtliche Planungen hinnehmen.[99] Allerdings gelten auch für die überörtlichen Planungen die Prinzipien der Verhältnismäßigkeit und des Willkürverbots sowie die Pflicht zur zutreffenden vollständigen Sachverhaltsermittlung und der umfassenden Abwägung der widerstreitenden Belange.[100]

26 **c) Personalhoheit.** Zum Kernbereich kommunaler **Personalhoheit** rechnet die Befugnis, die für die Durchführung ihrer Aufgaben erforderlichen Beamten und weiteren Beschäftigten[101] auszuwählen, einzustellen und zu befördern.[102] Zulässige Begrenzungen der Personalhoheit ergeben sich aus den Regelungen der Verfassung (Art. 33 GG, 71 LV), dem Beamtenrecht und dem Haushaltsrecht. Hierdurch ist die Personalhoheit weitgehend zurückgedrängt.

Beispiele: Gesetzliche Regelungen, die die Gemeinden zur Übernahme von Bediensteten verpflichten, sind mit Art. 28 Abs. 2 S. 1 GG vereinbar, wenn sich die Übernahmepflicht auf Bedienstete beschränkt, die Aufgaben wahrgenommen haben, die auf die Gemeinden übergegangen sind.[103] Das Verbot zum Vorhalten eigenen Personals für amtsangehörige Gemeinden, soweit eine Zuständigkeit des Amtes besteht, verletzt nicht die Personalhoheit.[104] Die landesgesetzliche Vorgabe, dass das Amt einer kommunalen Gleichstellungsbeauftragten nur mit einer

---

95 Vgl. *Engels* in Sachs, Art. 28 Rn. 56; *Gern/Brüning*, Deutsches Kommunalrecht, Rn. 108, jew. mwN.
96 Vgl. BbgVerfG Urt. v. 15.6.2000 – VfG Bbg 32/99 – LKV 2000, 397 (398).
97 BVerwGE 56, 110 (136).
98 Vgl. BVerfGE 77, 288 ff.
99 Beispiele bei *H. Meyer*, Kommunalrecht, 2. Aufl. 2002, Rn. 66; zu den Grenzen vgl. NWVerfGH Urt. v. 26.8.2009 – 18/06 – DVBl. 2009, 1305 (Zulässigkeit eines Factory-Outlet-Centers).
100 Vgl. NWVerfGH Urt. v. 1.12.2020 – 10/19 – NWVBl. 2021, 326; weitere Beispiele aus der Rechtsprechung Planungshoheit vgl. Vorauflage, Rn. 25 zu Art. 72.
101 Zur Begrifflichkeit vgl. oben → Art. 71 Rn. 33.
102 Vgl. BVerfGE 8, 332 (359); 9, 268 (289); 17, 172 (182); 91, 228 (245); 119, 331 (362); NWVerfGH Urt. v. 23.3.2010 – VerfGH 19/08 – NVwZ-RR 2010, 705 (706); ausführlich zur Personalhoheit mwN vgl. *Wolff* VerwArch 2009, 280 ff.
103 BVerfGE 17, 172 (182 ff.); LVerfG M-V, Der Überblick 1997, 297 – Wohngeldstellen.
104 Zu einer ähnlichen Konstellation in Sachsen-Anhalt vgl. LVerfG LSA Urt. v. 23.2.1999 – LVG 8/98 – LKV 2000, 32 ff.

Frau besetzt werden kann, begrenzt die Auswahlentscheidung einer Kommune nicht über Gebühr.[105]

**d) Organisationshoheit.** Die **Organisationshoheit** gibt den Kommunen die Befugnis, die Angelegenheiten ihrer eigenen inneren Verwaltungsorganisation nach ihrem eigenen Ermessen einzurichten.[106] Sie haben daher grds. nach eigenem Ermessen Organe, Behörden, Einrichtungen und Dienststellen zu errichten, zu ändern oder aufzuheben, für deren sachliche und personelle Ausstattung Sorge zu tragen, die Kompetenzen und innere Ordnung zu bestimmen sowie den Verwaltungsapparat zu beaufsichtigen und zu lenken.[107] Die Organisationshoheit ist allerdings nach der höchstrichterlichen Rspr. von vornherein nur relativ gewährleistet,[108] ein Verständnis, für das der Wortlaut der Verfassung jedenfalls keinen Ansatzpunkt bietet. Die Organisationshoheit erstreckt sich nicht nur auf die Organisation der örtlichen Angelegenheiten, sondern auf die gesamte Verwaltung, also insbes. auch die Aufgaben des übertragenen Wirkungskreises.[109] In ihrer Ausprägung als **Kooperationshoheit** gewährleistet sie, dass Kommunen für einzelne Aufgaben zusammen mit anderen Kommunen gemeinschaftliche Handlungsinstrumente schaffen können.[110] Die eigenverantwortliche kommunale Aufgabenwahrnehmung wird beeinträchtigt, wenn der Gesetzgeber ohne hinreichend rechtfertigenden Grund die gleichzeitige Aufgabenwahrnehmung durch verschiedene Verwaltungsbehörden verbindlich anordnet; grundsätzlich hat der Verwaltungsträger, dem die Aufgabe nach der Kompetenzordnung des Grundgesetzes obliegt, diese Aufgaben mit eigenem Personal, eigenen Sachmitteln und eigener Organisation wahrzunehmen.[111] Der Kernbereich auch der Organisationshoheit darf nicht ausgehöhlt werden; der Gesetzgeber muss zudem der geschichtlichen Entwicklung und den verschiedenen Erscheinungsformen der Selbstverwaltung Rechnung tragen und ihnen bei der Ausgestaltung ihrer internen Organisation eine hinreichende (Mit)Verantwortung für die organisatorische Bewältigung ihrer Aufgaben lassen.[112]

Eine generelle Verpflichtung durch den Gesetzgeber für Landkreise, nach einer Gebietsreform Außenstellen zu unterhalten, ist als schwerwiegender Eingriff in die Organisationshoheit verfassungswidrig.[113] Auch für die großen Landkreise in Mecklenburg-Vorpommern bedürfte es schwerwiegender Gründe für einen solchen nachträglichen Eingriff des Gesetzgebers in die Organisationshoheit.

Auch die Organisationshoheit steht unter dem **Vorbehalt des Gesetzes**. Dem Gesetzgeber sind allerdings aber verfassungsrechtliche Grenzen gesetzt. Zum einen verbietet die Gewährleistung des Kernbereichs der kommunalen Selbstverwaltung Regelungen, die eine eigenständige organisatorische Gestaltungsfähigkeit der Kommunen im Keim ersticken würden. Zum anderen ist der Gesetzgeber im Vorfeld

---

105 Vgl. BVerfGE 91, 228 (245); vorsichtiger („derzeit") NdsStGH Urt. v. 13.3.1996 – StGH 1, 2, 4, 6 – 20/94 – Nds.StGHE 3, 199, 220; näher vgl. zum Diskussionsstand *H. Meyer* Rn. 4 zu § 8 in Blum/Meyer, NKomVG, 6. Aufl., 2022.
106 BVerfGE 8, 256 (258); 38, 258 (279).
107 *Stober*, Kommunalrecht, 3. Aufl. 1996, S. 78; vgl. ausf. *Schmidt-Jortzig*, Kommunale Organisationshoheit, 1979.
108 Ausdrücklich BVerwG Beschl. v. 14.9.2006 – 9 B 2.06 – KStZ 2007, 72 (73), unter Bezug auf BVerfGE 91, 228 (240).
109 Vgl. BVerfGE 83, 363 (382); bestätigend BVerfG Urt. v. 7.10.2014 – 2 BvR 1641/11 – 136, 143 (Rn. 118).
110 Vgl. BVerfGE 26, 228 (239 ff.); 52, 95 (123 ff.).
111 BVerfGE 119, 331 (367).
112 BVerfGE 137, 108 (Rn. 119); näher dazu vgl. H. *Meyer* NVwZ 2015, 116 (120).
113 NdsStGH Urt. v. 14.2.1979 – StGH 2/77 – NdsStGHE 2, 1, 208 ff.

des Kernbereichs verpflichtet, bei der Ausgestaltung des Kommunalrechts den Gemeinden eine Mitverantwortung für die organisatorische Bewältigung ihrer Aufgaben einzuräumen, und hat den Gemeinden einen hinreichenden organisatorischen Spielraum bei der Wahrnehmung der einzelnen Aufgabenbereiche offenzuhalten.[114] Bei der Ausfüllung des so zutreffend skizzierten Rahmens hat das BVerfG in der Vergangenheit im Ergebnis zum Teil eine weitgehende Relativierung[115] der kommunalen Organisationshoheit vorgenommen.[116]

29 e) **Rechtsetzungshoheit (Satzungsgewalt).** Das Recht zur **Regelung** der Angelegenheiten der örtlichen Gemeinschaft in eigener Verantwortung schließt die Befugnis ein, diese Angelegenheiten mit verbindlicher Wirkung durch ortsrechtliche Vorschriften in Form von Satzungen zu regeln.[117] Bei **kommunalen Satzungen** handelt es sich um Rechtsnormen iSd Art. 20 Abs. 3 GG, 4 LV. Sie sind aber nicht Ausfluss gesetzgeberischer Tätigkeit, sondern es handelt sich um Normsetzung der vollziehenden Gewalt.[118] Die Satzungsgebung ist mithin nicht nur an die verfassungsmäßige Ordnung, sondern auch an Gesetz und Recht gebunden. Es gilt der Vorrang des Gesetzes[119] und der Vorbehalt des Gesetzes. Zwar ist Art. 80 Abs. 1 S. 2 GG bzw. Art. 57 Abs. 1 LV nicht anwendbar.[120] Ermächtigungen zu Eingriffen in Freiheit und Eigentum der Bürger bedürfen jedoch stets einer ausdrücklichen gesetzlichen Grundlage.[121] Die Generalklauseln der §§ 5 Abs. 1, 92 Abs. 1 KV genügen in ihrer abstrakten Formulierung den zu stellenden Anforderungen nicht.[122] Die Verfassung gewährleistet nur, dass den Gemeinden und Gemeindeverbänden das Handlungsinstrument „Satzung" zur Verfügung stehen muss.[123]

30 Aufgrund des verfassungsrechtlichen **Bestimmtheitsgebots** entspricht eine Satzung nur dann rechtsstaatlichen Grundsätzen, wenn sich mit hinreichender Bestimmtheit ermitteln lässt, was von der pflichtigen Person verlangt wird.[124] Verstöße gegen Satzungen können nur dann als Ordnungswidrigkeiten geahndet werden, wenn eine hinreichende gesetzliche Ermächtigung vorhanden ist.[125] Nach der Rechtsprechung des BVerfG führt ein Verfahrensfehler beim Erlass einer Satzung mit Rücksicht auf die Rechtssicherheit nur dann zur Nichtigkeit der Norm, wenn er evident ist.[126] Soweit im Rahmen der Voraussetzungen der Satzungsgebung unbestimmte Rechtsbegriffe vorhanden sind und Spielräume belassen, eröffnen sich diese den Gemeinden, nicht den Aufsichtsbehörden.[127]

---

114 BVerfGE 91, 228 (238 ff.); BVerwG Beschl. v. 14.9.2006 – 9 B 2.06 – KStZ 2007, 72 (73).
115 *Henneke*, Der Landkreis 1995, 168, 169.
116 BVerfGE 91, 228 (243 f.); vgl. ferner NdsStGH Urt. v. 13.3.1996 – StGH 1, 2, 4, 6 – 20/94 – Nds.StGHE 3, 199 (219).
117 Vgl. nur BVerfGE 26, 228 (237); 125, 68 (70 f.); *Schmidt-Jortzig* ZG 1987, 193 (195); *Lange* DVBl. 2017, 928.
118 BVerfGE 65, 283 (289); *J. Ipsen* JZ 1990, 789 (791).
119 Vgl. hierzu *Gern/Brüning*, Deutsches Verwaltungsrecht, Rn. 834.
120 Vgl. BVerfGE 33, 125 (157 f.); *Maurer* DÖV 1993, 184 (188).
121 Vgl. BVerwG Urt. v. 23.11.2005 – 8 C 14/04 – NVwZ 2006, 595 (596).
122 Vgl. BVerwGE 90, 359 (362); BVerwG, *Schoch* NVwZ 1990, 801 (803); *Waechter*, Kommunalrecht, 3. Aufl. 1998, Rn. 475.
123 Näher *Schmidt-Aßmann*, in von Mutius (Hrsg.), Selbstverwaltung im Staat der Industriegesellschaft, 1983, S. 607, 621 ff.; ausf. zu den Bindungen kommunaler Satzungsgebung vgl. *H. Meyer*, Kommunalrecht, 2. Aufl. 2002, Rn. 142 ff.
124 BVerwG DÖV 2014, 345 ff. (zu Grabsteinen „ohne Kinderarbeit").
125 Vgl. BVerfGE 32, 346 (362); BVerwG Urt. v. 9.3.1990 – 8 C 20/88 – NVwZ 1990, 867 (868).
126 Vgl. nur BVerfGE 120, 56 (79) mwN; krit. *dazu* Lange DVBl. 2017, 928 (931 f.).
127 BVerfG Beschl. v. 21.6.1988 – 2 BvR 602/83, 974/83 – NVwZ 1989, 45 (46).

**f) Finanz- und Steuerhoheit.** Vgl. die Kommentierungen zu Art. 73 und 72 Abs. 3 LV (→ Rn. 50 ff.). 31

**5. Im Rahmen der Gesetze.** Die Gewährleistung der kommunalen Selbstverwaltung „im Rahmen der Gesetze" stellt zunächst noch einmal die bereits in Art. 20 Abs. 3 GG, 4 LV angelegte **Gesetzesbindung der Exekutive** heraus.[128] Unter Gesetz sind dabei nicht nur Gesetze im formellen Sinne, sondern auch RechtsVO[129] und andere Rechtssätze unterhalb des Parlamentsgesetzes zu verstehen.[130] Das BVerfG spricht ausdrücklich von einem Gesetzesvorbehalt: Die Garantie der Einrichtung gemeindlicher Selbstverwaltung bedürfe der gesetzlichen Ausgestaltung und Formung.[131] Neben dem absolut geschützten Kernbereich müsse der Gesetzgeber aber auch im sonstigen (Rand-) Bereich die spezifische Funktion der gemeindlichen Selbstverwaltung berücksichtigen, die die Verfassung ihr beimesse. Der Gesetzesvorbehalt umfasse nicht nur die Art und Weise der Erledigung der örtlichen Angelegenheiten, sondern ebenso die gemeindliche Zuständigkeit für diese.[132] Der Gesetzesvorbehalt ermöglicht daher gesetzliche Eingriffe in das Selbstverwaltungsrecht, er hat aber eine ambivalente Doppelfunktion:[133] Er soll die kommunale Selbstverwaltung vor beliebigen Eingriffen schützen und setzt gleichzeitig Prämissen für die Zulässigkeit solcher Eingriffe.[134] 32

**6. Selbstverwaltungsgarantie für die Kreise. a) Begriff des Gemeindeverbandes.** Art. 28 Abs. 2 S. 2 GG führt den Begriff des „**Gemeindeverbandes**" in das Verfassungsrecht ein. Unter Gemeindeverbänden sind kommunale Zusammenschlüsse zu verstehen, die entweder zur Wahrnehmung von Selbstverwaltungsaufgaben gebildet sind oder denen Selbstverwaltungsaufgaben obliegen, die nach Gewicht und Umfang denen der Gemeinde vergleichbar sind.[135] Es besteht weitgehend Einigkeit darüber, dass sich die institutionelle verfassungsrechtliche Garantie allein auf die Kreise bezieht.[136] Das BVerfG hat die Frage bisher offen gelassen, aber betont, jedenfalls die Kreise seien von der Garantie umfasst.[137] Art. 72 Abs. 1 S. 2 vermeidet jede Unklarheit, indem er ausdrücklich die Kreise nennt. 33

**b) Aufgabenzuschnitt der Landkreise.** Die Kreise haben das Selbstverwaltungsrecht „im Rahmen ihres gesetzlichen Aufgabenbereiches". Die konkrete Zuweisung eines Aufgabenbereiches obliegt somit dem Gesetzgeber. Bei den Aufgaben darf es sich aber nicht durchweg um Aufgaben des übertragenen Wirkungskreises handeln. Vielmehr muss der Gesetzgeber den Kreisen bestimmte Aufgaben 34

---

128 Vgl. BVerfGE 56, 298 (311); 138, 1 (Rn. 56).
129 BVerfGE 26, 228 (237); 56, 298 (309); 71, 25 (34).
130 Vgl. BVerfGE 76, 107 (114).
131 BVerfGE 91, 238 (236 f. und 240); 119, 331 (362).
132 BVerfGE 79, 127 (143).
133 *Vgl. Engels*, in Sachs, Art. 28 Rn. 61.
134 Vgl. *Blümel*, in von Mutius (Hrsg.), Selbstverwaltung im Staat der Industriegesellschaft, 1983, S. 265 (298) ff.; *von Mutius*, ebd., S. 227 (252 f.).
135 BVerfGE 52, 95 (112); BVerwGE 140, 245 (249); zur Rolle der Landkreise im Mehrebenensystem vgl. *Ritgen* DVBl. 2013, 708 ff.
136 Vgl. nur *von Mutius*, Gutachten E zum 53. DJT, S. 166; ähnlich *Schmidt-Aßmann* DVBl. 1996, 533 (534); ausf. *Wiese*, Garantie der Gemeindeverbandsebene, 1972, S. 22 ff. mwN; *Gern/Brüning*, Deutsches Kommunalrecht, Rn. 135; aA *Bovenschulte*, Gemeindeverbände als Organisationsformen kommunaler Selbstverwaltung, 2000, insbes. S. 429 ff.; vermittelnd *Mann*, in Tettinger/Erbguth/Mann, Besonderes Verwaltungsrecht, 2012, Rn. 77; Überblick über die Rechtsprechung der Landesverfassungsgerichte bei *Mehde*, in Dürig/Herzog/Scholz, Art. 28 Rn. 130.
137 BVerfGE 83, 363 (383).

als Selbstverwaltungsaufgaben, als kreiskommunale Aufgaben des eigenen Wirkungskreises zuweisen,[138] die auch vom Umfang dem Charakter einer Selbstverwaltungskörperschaft gerecht werden.[139] Eine Analyse der Strukturelemente von S. 1 und S. 2 des Art. 28 Abs. 2 GG führt hinsichtlich Aufgabenbestand, Eigenverantwortlichkeit sowie Gesetzesvorbehalt zu folgenden Ergebnissen: Die Aufgabenallzuständigkeit der Gemeinden in Bezug auf die „Angelegenheiten der örtlichen Gemeinschaft" korrespondiert mit der Gewährleistung eines nur „gesetzlichen Aufgabenbereiches" der Landkreise. Dem Recht der Gemeinden, ihre Angelegenheiten „in eigener Verantwortung zu regeln", entspricht bei den Landkreisen das „Recht der Selbstverwaltung". Die für die Gemeinden gewählte einschränkende Formulierung „im Rahmen der Gesetze" findet für die Landkreise ihr Gegenstück in der Wendung „nach Maßgabe der Gesetze".[140]

35 Die Entscheidung, in welcher Art und Weise eine Aufgabenzuweisung an die Landkreise erfolgt, obliegt der ausformenden Kompetenz des Gesetzgebers. Wie bereits erwähnt (→ Rn. 34) hat das BVerfG[141] klargestellt, der Gesetzgeber müsse den **Landkreisen** auch bestimmte Aufgaben als **Selbstverwaltungsaufgaben** zuweisen. Das „Recht auf Selbstverwaltung" in Art. 28 Abs. 2 S. 2 GG entspreche insoweit der Vorschrift des Art. 28 Abs. 2 S. 1 GG.[142] Es ist daher nicht zutreffend, den Landkreisen von Verfassung wegen allein einen gewissen quantitativen Aufgabenbestand zuzubilligen.[143] Dies folgt aus der institutionellen Garantie der Kreisebene, welche ein Mindestmaß an typischen, historisch überkommenen Aufgaben beinhaltet. Auch die verfassungsrechtliche Garantie einer unmittelbar gewählten Volksvertretung auf Kreisebene als Ausdruck der politisch-demokratischen Funktion kommunaler Selbstverwaltung verlangt nach einem qualitativ ins Gewicht fallenden Aufgabenkanon, da die höchsten verfassungsrechtlichen Anforderungen genügende Legitimation der Kreistagsabgeordneten sonst leerliefe. Wenig überzeugend will das BVerfG[144] bei der Frage, wann ein Eingriff in das Selbstverwaltungsrecht vorliegt, allerdings zwischen Gemeinden und Landkreisen differenzieren. Die Aufgaben des eigenen Wirkungskreises der Landkreise lassen sich in den vier nachfolgenden (→ Rn. 36 bis 39) Kategorien zusammenfassen:

36 Eine Zuweisung kann **durch spezielles Gesetz** erfolgen. Diese Konstellation lag der „Rastede-Entscheidung" des BVerfG[145] zugrunde, die im Ergebnis die „Hochzonung" einer bisher gemeindlich wahrgenommenen Aufgabe auf die Kreisebene bestätigt hat. Regelungsbefugt ist allein der Landesgesetzgeber, die frühere Praxis der Aufgabenzuweisung – ohne entsprechende Finanzausstattung – durch den Bund ist nunmehr durch Art. 84 Abs. 1 S. 7 bzw. Art. 85 Abs. 1

---

138 BVerfGE 79, 127 (150 f.); 83, 363 (383).
139 Vgl. BVerfGE 119, 331 (353 f.); 137, 108 (Rn. 164) und oben Rn. 16.
140 Überzeugend vgl. *Schoch*, in Henneke/Maurer/Schoch, Die Kreise im Bundesstaat, 1994, S. 9, 23; *Henneke* DVBl. 2007, 87 (89).
141 BVerfGE 119, 331 (353 f.); ausf. vgl. *Kluth*, in Meyer/Wallerath (Hrsg.), Gemeinden und Kreise in der Region, 2004, S. 65 ff.
142 BVerfGE 83, 363 (383); ebenso bereits *von Mutius/Dreher*, Reform der Kreisfinanzen, 1990, S. 17; *Clemens* NVwZ 1990, 834 (842).
143 So aber *Bovenschulte*, Gemeindeverbände als Organisationsformen kommunaler Selbstverwaltung, 2000, S. 220 ff., 255 ff.
144 BVerfGE 119, 331 (354 f.); krit. dazu bereits *H. Meyer* NVwZ 2008, 275 (276).
145 BVerfGE 79, 127 ff.; umf. dazu *Henneke*, Aufgabenzuständigkeit im kreisangehörigen Raum, 1992; zusammenfassend *H. Meyer*, in KVR Nds./NKomVG, Stand: Juni 2022, § 3 Rn. 21 ff.

S. 2 GG ausdrücklich untersagt.[146] Ein Fall des Art. 84 Abs. 1 S. 7 GG liegt vor, wenn ein Bundesgesetz den Kommunen erstmals eine bestimmte Aufgabe zuweist oder eine damit funktional äquivalente Erweiterung einer bundesgesetzlich bereits zugewiesenen Aufgabe vornimmt. Eine mit einer erstmaligen Aufgabenübertragung durch Bundesgesetz funktional äquivalente Erweiterung einer bundesgesetzlich bereits übertragenen Aufgabe ist anzunehmen, wenn ihre Maßstäbe, Tatbestandsvoraussetzungen oder Standards so verändert werden, dass damit eine unerhebliche Auswirkungen auf die Organisations-, Personal- und Finanzhoheit der Kommunen verbunden sind. Das ist der Fall, wenn sie neue Leistungstatbestände schafft, bestehende Leistungstatbestände auf neue Gruppen von Berechtigten ausweitet oder wenn sie die Dauer des Leistungsbezugs so verändert, dass damit zugleich ihr Charakter verändert wird. Ferner liegt ein Fall des unzulässigen Aufgabendurchgriffs vor, wenn den Kommunen neue Berichts-, Informations- oder Organisationspflichten auferlegt werden.[147] Allerdings hat der verfassungsändernde Gesetzgeber mit Art. 91e GG für das Gebiet der Grundsicherung für Arbeitsuchende eine umfassende Sonderregelung getroffen[148]

Der Landesgesetzgeber hat in § 89 Abs. 1 KV in Form einer Generalklausel den Landkreisen die **gemeindeübergreifenden Angelegenheiten** in eigener Verantwortung zugewiesen. Hierbei handelt es sich um die öffentlichen Aufgaben, die sich notwendig auf den Verwaltungsraum des Landkreises und die gemeinsamen Bedürfnisse der Kreiseinwohnerinnen und -einwohner beziehen. Bei ihnen kann differenziert werden zwischen sog. **Existenzaufgaben** (EDV, Gebäudemanagement etc), die einen Binnenbezug aufweisen, und den sog. **kreisintegralen Aufgaben**. Hierbei handelt es sich um Sachaufgaben, die sich gerade durch den übergemeindlichen Bezug auszeichnen.[149] 37

Der Gesetzgeber darf den Landkreisen mittels einer an die mangelnde Leistungsfähigkeit der Gemeinden anknüpfende Generalklausel Aufgaben zuweisen.[150] Sie werden herkömmlich mit dem Begriff „Ergänzungs- und Ausgleichsaufgaben" umschrieben. **Ergänzungsaufgaben** sind solche gemeindlichen Aufgaben, die von den Gemeinden nicht oder nur unwirtschaftlich wahrgenommen werden können. **Ausgleichsaufgaben** dienen dazu, gezielt einen ausgleichenden, Lasten verteilenden Effekt herbeizuführen, um damit auf eine gleichwertige Versorgung der Bevölkerung hinzuwirken. Anders als bei den übergemeindlichen Aufgaben bleibt die Aufgabenverantwortung jeweils originär in gemeindlicher Hand, der Landkreis kann aber aufgrund eigener Entscheidung unterstützend tätig werden. Für die Zulässigkeit der Wahrnehmung solcher Aufgaben durch die Landkreise ist eine Generalklausel verfassungsrechtlich notwendig, aber auch hinrei- 38

---

146 Vgl. BVerfGE 119, 331 (359); 127, 165 (197); 137, 108 (Rn. 93); ausf. dazu *Schoch* DVBl. 2007, 261 ff.; *Försterling*, Der Landkreis 2007, 56 ff.; *ders.*, ZG 2007, 36 (42 f.); *Henneke* NdsVBl. 2007, 57 ff.; *Huber/Wollenschläger* VerwArch 2009, 305 (306 ff.); jew. mwN.
147 Grundlegend BVerfGE 155, 310 (Rn. 85 f.); zustimmend *Rixen* NVwZ 2020, 1351; *H. Meyer* NVwZ 2020, 1731; *Vorholz* der gemeindehaushalt 2020, 218.
148 BVerfGE 137, 108 (Rn. 76 ff.) mit insoweit krit. Anmerkungen durch *Henneke* DVBl. 2014, 1540 (1541 f.) und *H. Meyer* NVwZ 2015, 116 (118 ff.).
149 Bsp. hierzu bei *H. Meyer* in: Schweriner Kommentierung, § 89 Rn. 4.
150 Grundlegend BVerfGE 101, 99 ff.; zust. *Henneke* NVwZ 1996, 1181 f.; bestätigend BVerwG Beschl. v. 28.2.1997 – 8 N 1/96 – NVwZ 1998, 63 ff.; vgl. auch *Mehde*, in Dürig/Herzog/Scholz, Art. 28 Rn. 138; weitere Nachw. bei *H. Meyer*, in Schweriner Kommentierung, § 88 Rn. 12; vgl. auch bereits BVerfGE 79, 127 (152); 58, 177 (196).

chend.¹⁵¹ Das Wahrnehmen von Ausgleichs- und Ergänzungsaufgaben durch die Landkreise führt im Ergebnis dazu, dass Gemeinden, die zur Aufgabenwahrnehmung in der Lage sind, dies auch weiterhin dürfen und wirkt damit einer generellen „Hochzonung" der Aufgabe entgegen. Der Landesgesetzgeber hat durch § 88 Abs. 2 S. 2 KV die genannten Funktionen in Form einer generalklauselartigen Aufgabenzuweisung für ergänzende und ausgleichende Aufgaben im kreisangehörigen Raum konkretisiert.¹⁵²

39 Schließlich können die Landkreise gemäß § 89 Abs. 3 KV M-V **auf Antrag von Gemeinden** weitere gemeindliche Selbstverwaltungsaufgaben übernehmen.¹⁵³

40 **c) Verfassungsrechtliche Voraussetzungen und Grenzen einer Kreisgebietsreform.** Insbes. das Verfahren der Gesetzgebung und die flächenmäßige Dimension der beabsichtigten Kreise durch das Verwaltungsmodernisierungsgesetz 2006¹⁵⁴ boten Anlass, **verfassungsrechtliche Fragestellungen der Landkreisneubildung** in den Blick zu nehmen. Dieses Vorhaben, das eine territoriale Neugliederung des Landes in fünf große Landkreise vorsah, und das Urteil des LVerfG MV vom 26.7.2007, das im Ergebnis die Gebietsreform für verfassungswidrig erklärte,¹⁵⁵ haben weit über Mecklenburg-Vorpommern hinaus Beachtung gefunden.¹⁵⁶

Das LVerfG M-V betont die spezifische Funktion der kommunalen Selbstverwaltung in der Landesverfassung. Als Leitbild der kommunalen Selbstverwaltungsgarantie wird die **bürgerschaftliche Mitwirkung** identifiziert, die sich auch in einem politischen Gestaltungswillen niederschlage. Unter Bezugnahme auf die Rechtsprechung des Bundesverfassungsgerichts¹⁵⁷ tritt das LVerfG M-V einer einseitigen Fixierung auf ökonomische Erwägungen und der Einschätzung entgegen, dass eine zentralistisch organisierte Verwaltung rationeller und billiger arbeiten könne. Stattdessen stellt es ab auf den Gesichtspunkt der Teilnahme der örtlichen Bürgerschaft an der Erledigung ihrer öffentlichen Aufgaben und betont unter Aufnehmen einer Formulierung des Verfassungsrichters *Maximili-*

---

151 Vgl. *Schoch*, in Henneke/Maurer/Schoch, Die Kreise im Bundesstaat, 1994, S. 9, 31 ff.; *von Mutius*, Der Landkreis 1994, 5, 6; umf. *Henneke*, Aufgabenzuständigkeit im kreisangehörigen Raum, 1992, S. 29 ff.
152 Vgl. i.e. *H. Meyer*, in Schweriner Kommentierung, § 88 Rn. 8 ff. und § 89 Rn. 5 ff. mwN.
153 Vgl. dazu *H. Meyer*, in Schweriner Kommentierung, § 89 Rn. 9 f.
154 GVOBl. 2006, 194 ff.; zur politisch äußerst umstrittenen und (auch) mit verfassungsrechtlichen Argumenten geführten Vorgeschichte vgl. nur *H. Meyer* DÖV 2006, 929 ff.; ausführlich *Biermann*, Verwaltungsmodernisierung in Mecklenburg-Vorpommern, 2011, 472 ff. mwN.
155 LVerfG M-V Urt. v. 26.7.2007 – 9/06 – 17/06 – LVerfGE 18, 342, 370 ff.; tendenziell zustimmend *Stüer* DVBl. 2007, 1267 ff.; *Hubert Meyer* NVwZ 2007, 1024 f.; *ders.*, NdsVBl. 2007, 265 ff.; *Henneke*, Der Landkreis 2007, 438 ff.; *ders.*, S. 17, 36 ff., in Trute/Groß/Röhl/Möllers (Hrsg.), Allgemeines Verwaltungsrecht – zur Tragfähigkeit eines Konzepts, 2008; *Henneke/Ritgen* DVBl. 2007, 1253 ff.; *Katz* DVBl. 2008, 1525 ff.; *März*, S. 11, 60 ff., insbes. 77 in: Zwölf Jahre Verfassungsgerichtsbarkeit in Mecklenburg-Vorpommern, 2008; *H. Schönfelder/A. Schönfelder* SächsVBl. 2007, 249 ff.; *Schultz* Das Rathaus 2007, 135 ff.; krit. *Mehde* NordÖR 2007, 331 ff.; *Bull* DVBl. 2008, 1 ff.; *Hans Meyer* NVwZ 2008, 24 ff.; *Erbguth* DÖV 2008, 152 ff.; *Scheffer* LKV 2008, 158 ff.; ausführlicher auch *Hubert Meyer*, S. 259 ff., in Mecking/Oebbecke (Hrsg.), Zwischen Effizienz und Legitimität, 2009, mwN.
156 Zu verfassungsrechtlichen Fragen der Anhörung und der notwendigen Orientierung am „öffentlichen Wohl" vgl. bereits oben Rn. 6; weiterführend zu den materiellen Anforderungen an eine Kreisgebietsreform vgl. auch ThürVerfGH Urt. v. 9.6.2017 – VerfGH 61/16 – NJOZ 2017, 1115 (1127, Rn. 114 ff.) = NVwZ 2017, 1860 (Ls.); dazu *Lück* LKV 2017, 403.
157 BVerfGE 82, 310 (313); 83, 363, 381 f.; 107, 1, 11 f.

*an Wallerath*,[158] für gute Selbstverwaltung sei neben rationaler Aufgabenerfüllung von Verfassung wegen die bürgerschaftlich-demokratische Entscheidungsfindung ein Wesensmerkmal. Dies verbiete, gute **staatliche Verwaltung** und **gute Selbstverwaltung** gleichzusetzen.[159]

Das LVerfG MV erkennt hinsichtlich der heftig diskutierten **Flächenausdehnung** der beabsichtigten Landkreise die Frage, ob Gebietskörperschaften mit bis zu 6.997 qm$^2$ noch als Landkreise im Sinne der Verfassung zu qualifizieren sind, als „logisch vorrangig" an. Bedenken seien insoweit nicht von der Hand zu weisen. Das LVerfG M-V stellt aber fest, es sei noch nicht gelungen, überzeugungskräftig zu entwickeln, wo von Verfassung wegen eine äußerste Grenze für die Fläche von Kreise liege und wie weit die Grenze bei der Einbeziehung weiterer Faktoren -etwa Verkehrsinfrastruktur und Bevölkerungsdichte – variabel wäre. Im Ergebnis lässt es die Frage letztlich dahinstehen,[160] da die Kreisgebietsreform jedenfalls aus anderen Gründen verfassungswidrig sei.[161] Die Fläche ist verfassungsrechtlich kein trennscharfes Schwert zur Beurteilung der Zulässigkeit von Gebietsreformen, wie gerade das Urteil des LVerfG M-V verdeutlicht, aber im Zusammenwirken mit anderen identitätsstiftenden Faktoren wie der effektiven Möglichkeit verantwortlicher ehrenamtlicher Mitwirkung ein wesentliches abwägungsrelevantes Element im Gesetzgebungsprozess.[162]

Das LVerfG M-V attestierte dem Land, mit seiner Zielsetzung, die Einräumigkeit und Einheit der Verwaltung durch Orientierung an den vorhandenen Planungsregionen zu erreichen, sei es abgewichen vom üblichen Schema der Begründung von Landkreisneuordnungen und habe anders als bei der Kreisgebietsreform 1993/94 auch kein Leitbild[163] aufgestellt.[164] Dann aber müsse der Gesetzgeber bereits bei seinen Festlegungen auf der **Ebene der Grundsätze sämtliche Aspekte der kommunalen Selbstverwaltung** und damit insbesondere auch ihre partizipatorisch-demokratischen Komponenten im Blick haben, sie in ihrem Eigenwert einstellen und abwägen. Dem genüge die beschlossene Kreisgebietsreform nicht. Insbesondere sei die **bürgerschaftlich-demokratische Dimension der kommunalen Selbstverwaltung** nicht mit dem vollen, ihr von Verfassung wegen zukommenden Gewichts in eine Abwägung eingestellt worden.[165] Die Kreise

41

---

158 *Wallerath* Rechtliche Rahmenbedingungen des Berichts der Landesregierung zur Verwaltungsreform, LT-Drs. MV 4/1210, 97, 108; im Erg. nachdrücklich bereits ebenso *Schlebusch* Der Landkreis 2006, 96 (97).
159 LVerfG M-V Urt. v. 26.7.2007 – 9/06 – 17/06 – LVerfGE 18, 342 (374).
160 *Erbguth* DÖV 2008, 152 (155) kritisiert, das Gericht habe seine räumlichen Erwägungen wenig bis gar nicht konkretisiert.
161 LVerfG M-V Urt. v. 26.7.2007 – 9/06 – 17/06 – LVerfGE 18, 342 (380); nachvollziehbar die Kritik von *Mehde* NordÖR 2007, 331 (333), Risiken anzudeuten, dann aber vor einer klaren Entscheidung zurückzuschrecken, zu weitgehend aber, hieraus den Vorwurf mangelnder Verfassungsorgantreue des LVerfG gegenüber dem Landtag abzuleiten.
162 Im Ergebnis ausdrücklich zustimmend *Brüning* ZG 2012, 155 (163); aA wenig überzeugend *Oebbecke*, in FS Bull, 2011, S. 715 ff.; ihm folgend wohl *Mehde*, in Dürig/Herzog/Scholz, Art. 28 Rn. 57 ff.; dagegen bereits *H. Meyer* NVwZ 2013, 1177 (1183).
163 Die Notwendigkeit der Leitbildgerechtigkeit bei freiwilligen Fusionen relativieren wollend vgl. *Heinig* NdsVBl 2014, 57, 65; *Mehde* NdsVBl 2014, 66, 70, stellt hingegen zutreffend fest, aus der Freiwilligkeit eines Fusionsvorhabens folge nicht automatisch die Verfassungskonformität.
164 LVerfG M-V Urt. v. 26.7.2007 – 9/06 – 17/06 – LVerfGE 18, 342 (382).
165 *Hans Meyer* NVwZ 2008, 24 (26 f.) wirft dem LVerfG in diesem Zusammenhang wenig sachlich vor, es sei „nachgerade versessen auf die Idee des Ehrenamtes", die zum Ausdruck kommende Beschränkung der kommunalen Selbstverwaltung auf das Ehrenamt sei eine Erfindung des Gerichts.

müssten so gestaltet sein, dass es ihren Bürgern typisch möglich sei, nachhaltig und zumutbar ehrenamtliche Tätigkeiten im Kreistag und seinen Ausschüssen zu entfalten. Dem Gesetzentwurf sei nicht zu entnehmen, dass die neuen Kreise noch **überschaubar** seien und dass in ihnen noch **Kenntnis der örtlichen und regionalen Besonderheiten** zu erwarten sei.[166] Überschaubarkeit[167] bedeute aber[168], dass Kreistagsmitglieder sich auch über die Verhältnisse in entfernteren Bereichen des jeweiligen Kreises zumutbar eigene Kenntnis verschaffen könnten. Viele Entscheidungen, die im Kreistag getroffen und in seinen Ausschüssen vorbereitet würden, seien durch Raumbezug gekennzeichnet. Mit deutlicher Distanz trat das LVerfG M-V Versuchen des Gesetzgebers entgegen, den selbst erkannten Demokratiedefiziten[169] durch eine Professionalisierung der Arbeit der Kreistage und ihrer Mitglieder zu begegnen, insbesondere dem Vorhaben, den Fraktionen hauptamtliches Personal zur Seite zu stellen.[170]

Verfassungsrechtlich zum Scheitern der damaligen Kreisgebietsreform führte letztendlich, dass als Grundlage für eine verantwortliche Entscheidung der Abgeordneten des Landtags oder wenigstens bei seiner Vorbereitung **keine schonenderen Alternativen** wertend in das Gesetzgebungsverfahren eingeführt wurden.[171] Staatsrechtlich verortete das LVerfG M-V die Aufgabe der Materialbeschaffung und des Erarbeitens gutachtlicher Alternativen bei der Landesregierung. Geschehe dies nicht hinreichend, sei der Landtag selbst gehalten, sich die Entscheidungsgrundlagen zu verschaffen.[172]

42 In seinem **Urteil zum Kreisstrukturgesetz vom 28.7.2010**[173] hat das LVerfG M-V an seinen 2007 entwickelten Eckpunkten festgehalten, das nunmehr enthaltene gesetzgeberische Leitbild eines Flächenrichtwertes von 4.000 qkm aber ebenso wenig beanstandet wie dessen zum Teil deutliche Überschreitung in zwei Fällen. Ausführlich geht das Gericht dabei auf die Besonderheiten des am dünnsten besiedelten Raumes im generell eine niedrige Bevölkerungsdichte aufweisenden Mecklenburg-Vorpommern ein und bewertet die dem Gesetzgeber sich bietenden Alternativen, die zum Teil zu noch strukturschwächeren Kreisen geführt hätten. Ausgehend davon fehle es an hinreichenden Anhaltspunkten für die Annahme, dass die neuen Kreisstrukturen zu erheblichen Beeinträchtigungen vor allem für die Ausübung des kreiskommunalen Ehrenamtes führen würden. Der Gesetzgeber sei aber gehalten, die tatsächlichen Auswirkungen der Neuregelung, insbesondere auf das Ehrenamt, intensiv zu beobachten und müsse

---

166 LVerfG M-V Urt. v. 26.7.2007 – 9/06 – 17/06 – LVerfGE 18, 342 (388 ff.).
167 *Mehde* NdsVBl 2014, 66 (68) merkt kritisch an, die Leistungsfähigkeit dieses Begriffes sei nicht abschließend belegt; *Wallerath*, S: 695, 711, in Butzer/Kaltenborn/Meyer (Hrsg.), Fn. 4, weist hingegen darauf hin, dass der Begriff schwer auszufüllen sei, habe er mit anderen unbestimmten Rechtsbegriffen gemein; *Ernst* in von Münch/Kunig, Art. 28 Rn. 182 ordnet die Überschaubarkeit als Wesensmerkmal ein.
168 LVerfG M-V Urt. v. 26.7.2007 – 9/06 – 17/06 – LVerfGE 18, 342 (390).
169 E-VwModG, LT-Drs. 4/1710, S. 162.
170 LVerfG M-V Urt. v. 26.7.2007 – 9/06 – 17/06 – LVerfGE 18, 342 (390 f.); krit. dazu *Mehde* NordÖR 2007, 331 (334 und 335); umfassend zu den mit der Beschäftigung von Fraktionsmitarbeitern in den Kommunen verbundenen Fragen vgl. *H. Meyer* Recht der Ratsfraktionen, 11. Aufl., 2021, unter 6.4 mwN.
171 LVerfG M-V Urt. v. 26.7.2007 – 9/06 – 17/06 – LVerfGE 18, 342 (391 ff.); umfassend zum „legislatorischen Abwägungsgebot" *Wallerath*, in 20 Jahre Verfassungsgerichtsbarkeit, 2014, S. 53, 82 ff.
172 LVerfG M-V Urt. v. 26.7.2007 – 9/06 – 17/06 – LVerfGE 18, 342 (392).
173 GVOBl. MV 2010, 383 ff.; zur Entstehungsgeschichte Überblick bei *H. Meyer* ZG 2013, 264 (270).

gegebenenfalls nachbessern.[174] Verbleibenden verfassungsrechtlichen Zweifeln der Neuregelung im Hinblick auf das Ehrenamt mit einer Beobachtungspflicht des Gesetzgebers zu begegnen, ist seitens der drei Richter, die die Entscheidung nicht mittragen, kritisiert worden. Wenn der Gesetzgeber sich schon mit seinem Leitbild deutlich vom bislang Üblichen entfernt habe und dann noch einmal die so geschaffenen Größen um mehr als 1/3 überschreite, gebe es keine „überprüfungsfreie Einschätzungsprärogative" mehr.[175]

Der bisherige Status der **Kreisfreiheit** einzelner Städte genießt im Zuge einer Kreisgebietsreform nur einen begrenzten Bestandsschutz. Dieser reicht nicht weiter als der Schutz der kommunalen Gebietskörperschaften, die aufgelöst werden sollen. Kreisfreie Städte können somit jedenfalls aus Gründen des öffentlichen Wohls und nach Anhörung „eingekreist" werden.[176]

## II. Unmittelbare demokratische Legitimation (Abs. 2)

Nach Art. 72 Abs. 2 S. 1 LV ist die Bildung einer Vertretung in den Gemeinden 43 und Kreisen vorgeschrieben. Die in Art. 28 Abs. 1 S. 2 GG niedergelegten **Wahlrechtsgrundsätze** der allgemeinen, unmittelbaren, freien, gleichen und geheimen Wahl[177] gelten unmittelbar für die Gemeinden und Landkreise; die Nennung in Art. 3 Abs. 3 LV und in § 2 Abs. 1 LKWG ist daher nur deklaratorisch.[178] Sie unterfallen nicht der Organisationshoheit der Kommune und stehen daher nicht zu ihrer Disposition.[179] Die Länder gewährleisten den subjektivrechtlichen Schutz des Wahlrechts bei politischen Wahlen in ihrem Verfassungsraum allein und abschließend.[180] Daraus folgt indes nicht die Pflicht der Bundesländer, ersatzweise für jedwede Rechtsverletzungen bei Kommunalwahlen den Rechtsweg zu den Landesverfassungsgerichten zu eröffnen.[181] Modifizierungen der streng einzuhaltenden Wahlrechtsgrundsätze bedürfen auch im Kommunalwahlrecht eines besonderen, zwingenden Grundes.[182] Dem Homogenitätsgebot des Art. 28 Abs. 1 GG und den Wahlrechtsgrundsätzen wird der „demokratische Grundsatz" entnommen, dass zwischen Wahl und Konstituierung neu gewählter Gremien äußerstenfalls drei Monate liegen dürfen.[183] Wird das Wahlgebiet bei einer Kommunalwahl unterteilt, müssen zur Wahrung der Grundsätze der Gleichheit der Wahl und der Chancengleichheit der Wahlbewerber möglichst gleich große Wahlbereiche gebildet werden.[184] Die Wahlrechtsgrundsätze beziehen sich

---

174 LVerfG M-V Urt. v. 18.8.2011, – 21/10 – LVerfGE 22, 298 (307 ff.); ausf. dazu *Obermann* LKV 2011, 495 ff.; *Henneke*, Der Landkreis 2011, 385 ff.
175 LVerfG M-V Urt. v. 18.8.2011 – 21/10 – abw. Meinung der Richter *Joecks*, *Brinkmann* und *Wähner* LVerfGE 22, 329 ff.
176 LVerfGE M-V Urt. v. 18.8.2011 – LVerfG 22/10 – BeckRS 2011, 53644, mit ausführlicher und zutreffender Begründung; consequent LVerfG M-V Beschl. v. 23.2.2012 – LVerfG 2/11 – BeckRS 2012, 47884; vgl. auch *Bickenbach* LKV 2017, 493.
177 Zum Inhalt der einzelnen Wahlrechtsgrundsätze vgl. nur *Erichsen* Jura 1983, 635 ff.; *Saftig*, Kommunalwahlrecht in Deutschland, 1990, S. 31 ff.; knappe Übersicht bei *H. Meyer*, Kommunalwahlrecht M-V, 2. Aufl. 2002, Rn. 247; aus der Verfassungsjudikatur zuletzt BVerfG Beschl. v. 20.7.2020 – 2 BvF 1/21 – NVwZ 2021, 1525 (1529, Rn. 83 ff.) mwN; vgl. auch → Art. 3 Rn. 6 f.
178 Vgl. BVerfGE 4, 375 (385); seither st. Rspr., zuletzt 120, 82 (102) mwN.
179 LVerfG LSA Urt. v. 20.01. LVG 27/10 – DÖV 2011, 365 (Ls.).
180 BVerfGE 99, 1 (17); BVerfG Beschl. v. 26.8.2013 – 2 BvR 441/13 – NVwZ 2013, 1540 (1541) (zur Altersgrenze für berufsmäßige erste Bürgermeister und Landräte).
181 LVerfG M-V Beschl. v. 17.8.2010 – 11/10 – LVerfGE 21, 213 (216 f.).
182 BVerfGE 1, 208 (249); 20, 56 (116); 24, 300 (341); 120, 82 (106 f.) jew. mwN; vgl. auch BVerfGE 131, 316 (Rn. 62 f.) zur Bundestagswahl.
183 VerfGH NW Urt. v. 18.2.2009 – VerfGH 24/08 – DÖV 2009, 678 ff.
184 Vgl. BVerwG Urt. v. 22.10.2008 – 8 C 1.08 – DVBl. 2009, 254 ff.

auch auf das Wahlvorschlagsrecht; auch ortsgebundenen, lediglich kommunale Interessen verfolgende Wählergruppen muss das Wahlvorschlagsrecht und deren Kandidaten eine chancengleiche Teilnahme an den Kommunalwahlen gewährleistet sein.[185] Für Einzelkandidaten muss deren bereits auf staatlicher Ebene garantierte Teilnahmemöglichkeit[186] auf der auf bürgerschaftliche Mitwirkung abzielenden Kommunalebene erst recht gelten.[187] Eine Beeinträchtigung des Grundsatzes der freien Wahl durch Verletzen der gebotenen Neutralität durch hauptamtliche Wahlbeamte[188] oder Täuschung der Wähler seitens der Verwaltung über maßgebliche Umstände kann zur Notwendigkeit des Wiederholens der Wahl führen.[189]

44 Die herrschende Auffassung in Rspr. und Schrifttum hält wahlrechtliche **Unterschriftenquoren** grds. für zulässig.[190] Als Durchbrechungen der Grundsätze der gleichen und geheimen Wahl sind sie indes nur insoweit verfassungsrechtlich unbedenklich, als sie zur Sicherung eines ordnungsgemäßen Wahlverfahrens als Ernsthaftigkeitskontrolle für die eingereichten Wahlvorschläge notwendig sind; dies setzt eine angemessen niedrige Anzahl von Unterstützungsunterschriften voraus.[191] Veränderte rechtliche oder tatsächliche Rahmenbedingungen muss der Gesetzgeber überprüfen und ggf. das Wahlrecht anpassen.[192] Für bereits in der kommunalen Vertretungskörperschaft oder einem staatlichen Parlament repräsentierte Parteien, Gruppen oder Einzelbewerber sind Unterschriftenquoren unzulässig.[193] Ein sog. Listenprivileg für Parteien verstößt gegen den Grundsatz der gleichen Wahl.[194] Sachgerechter Anknüpfungspunkt der Reihenfolge der Parteien, Gruppen und Kandidaten auf dem Stimmzettel sind entweder neutrale Gesichtspunkte (Alphabet) oder das Ergebnis der letzten Kommunalwahl.[195] Das Abstellen auf überregionalen Wahlerfolg privilegiert einseitig die größeren Parteien, verfassungsrechtlich bedenklich ist daher die Regelung in § 22 Abs. 2 LKWG.

---

185 BVerfGE 11, 266 (273 ff.).
186 Vgl. BVerfGE 41, 399 (416 ff.).
187 Ebenso *Kleffmann*, Die Rechtsstellung parteiloser Kandidaten und Mandatsträger, 1982, S. 189 f.
188 Zur Wahl von Landräten im Ländervergleich *Mann* Der Landkreis 2021, 798 ff.; *Breder*; Vergleichende Analyse der Kreisverfassungssysteme in den Ländern der Bundesrepublik Deutschland, 2022, S. 102 ff.; zur Neutralitätspflicht vgl. *Suslin*, Die Pflicht zur politisch neutralen Amtsführung, 2018, S. 94 ff., 136 ff.
189 Exemplarisch vgl. dazu nur OVG Lüneburg Urt. v. 26.3.2008 – 10 LC 203/07 – NdsVBl 2008, 207 einerseits und OVG Münster Urt. v. 15.12.2011 – 15 A 876/11, NWVBl 2012, 228 ff. („Fall Dortmund") mit ausf. Besprechung *Drossel/Suck* NWVBl 2012, 215 ff. mwN andererseits.
190 Vgl. nur BVerfGE 3, 19 (27); 60, 162 (168); LVerfG LSA 27.3.2001 – LVG 1/01 – DÖV 2001, 556 (557 ff.); OVG Weimar Urt. v. 26.9.2000 – 2 KO 289/00 – DVBl. 2001, 828, 829; zu den Voraussetzungen zum Erlass einer einstweiligen Anordnung vgl. BVerfG Beschl. v. 29.4.1994 – 2 BvR 831/94 und 2 BvQ 15/94 – LKV 1994, 403 ff.
191 Strenge Maßstäbe anlegend OVG Greifswald Beschl. v. 5.5.1994 – 4 K 6/94 – DVBl. 1995, 303, 304 f.
192 Zutreffend VerfGH BW Urt. v. 9.11.2020 – 1 GR 101/20 – NVwZ-RR 2021, 137 (138, Rn. 47 ff.), zur Landtagswahl unter den Bedingungen der Corona-Pandemie; vgl. zur Kommunalwahl unter Coronabedingungen ferner VerfGH NW Beschl. v. 30.6.2020 – VerfGH 63/20.VB-2 -, NWVBl. 2020, 417 (419 ff.).
193 Näher vgl. *H. Meyer*, Kommunales Parteien- und Fraktionenrecht, 1990, S. 194 ff.
194 BVerfGE 48, 351 (364 f.).
195 Vgl. *H. Meyer*, Kommunales Parteien- und Fraktionenrecht, 1990, S. 204 f.; aA HessStGH Urt. v. 26.1.1995 – P. St. 1171 – NVwZ 1996, 161 (162 ff.); mit Recht krit. hierzu *Kleindiek* NVwZ 1996, 131 ff.

## IV. Landesverwaltung und Selbstverwaltung — Art. 72

Das BVerfG erachtet in Abkehr von der früheren ständigen Rspr.[196] eine **5 %- Sperrklausel** nur dann für gerechtfertigt, wenn mit einiger Wahrscheinlichkeit eine Beeinträchtigung der Funktionsfähigkeit der kommunalen Vertretungsorgane droht.[197] Die Bundesländer haben dem Homogenitätsgebot des Art. 28 Abs. 1 S. 2 GG und den dort niedergelegten Wahlrechtsgrundsätzen zu genügen; die Verankerung einer Sperrklausel unmittelbar im Verfassungstext ändert daher nichts an den materiellen Prüfungsmaßstäben.[198] Abzustellen ist auf die konkrete Situation im jeweiligen Bundesland, in anderen Bundesländern gemachte Erfahrungen können bei der Prognoseentscheidung des Gesetzgebers aber nicht gänzlich außer Betracht gelassen werden.[199] Auch die Verfassungsrechtsprechung, die noch eine andere Auffassung vertrat, entnahm den Grundsätzen der Wahlgleichheit und der Chancengleichheit der Parteien eine Pflicht des Gesetzgebers, eine bei ihrem Erlass verfassungsgemäße Sperrklausel darauf unter Kontrolle zu halten, ob sich die ursprünglich rechtfertigenden Verhältnisse in erheblicher Weise geändert haben.[200] Materiell daran anknüpfend und mit Recht auch gesetzgeberisches Unterlassen für einen zulässigen Streitgegenstand im Organstreitverfahren erachtend hat das LVerfG M-V[201] in der Einführung der Direktwahl der Bürgermeister und Landräte maßgebliche Umstände gesehen, die den Gesetzgeber zu einer erneuten Überprüfung der Notwendigkeit einer Sperrklausel veranlassen müssten. Der Landesgesetzgeber hat nach der angeordneten Überprüfung – wie inzwischen alle Flächenbundesländer[202] – auf eine Sperrklausel verzichtet.[203]

Insbes. das auch auf kommunaler Ebene gewährleistete freie Mandat der Gemeindevertreter und Kreistagsmitglieder gebietet es aus verfassungsrechtlichen Gründen, prinzipiell eine **Trennung von Fraktions- und Parteimitgliedschaft**

---

196 Vgl. nur BVerfGE 1, 208 (256); 6, 104(113 ff.); 11, 266 (277); 51, 222 (237); 82, 322 (337 ff.).
197 BVerfGE 120, 82 (102 ff.) (dort noch in der Funktion als Landesverfassungsgericht für Schleswig-Holstein tätig und die Voraussetzungen einer Sperrklausel verneinend); ausf. dazu *Krajewski* DÖV 2008, 345 ff.; dem BVerfG folgend nunmehr auch ThürVerfGH Urt. v. 11.4.2008 – VerfGH 22/05 – NVwZ-RR 2009, 1 ff.; BremStGH Urt. v. 14.5.2009 St 2/08 – DÖV 2009, 721 f. (Ls.).
198 Vgl. NW VerfGH Urt. v. 21.11.2017 – VerfGH 21/16 –, NVwZ 2018, 159 (164 ff.), unter Betonung des dortigen Art. 69 Abs. 1 S. 2 der Landesverfassung; da diese Norm nur die bestehenden bundesverfassungsrechtlichen Grenzen wiederholt, kommt es indes nicht darauf an, ob das Landesverfassungsrecht eine solche, Art. 79 Abs. 3 GG entsprechende, Norm aufweist, vgl. bereits *H. Meyer*, NVwZ 2018, 172 f.; (nur) hinsichtlich des Prüfungsmaßstabs differenzierend auch *Ritgen* NVwZ 2018, 114 (115 f.).; krit. zum Vorgehen des verfassungsändernden Gesetzgebers auch bereits *Barczak* NWVBl. 2017, 133 ff.; *Schoch* DVBl. 2018, 1 (4), hatte eine 2,5 % – Sperrklausel hingegen als „angemessene Ausbalancierung" bewertet.
199 Vgl. BVerfGE 120, 82 (122); ausf. zur Notwendigkeit des Berücksichtigens anderer Bundesländer vgl. bereits *H. Meyer*, Kommunales Parteien- und Fraktionsrecht, 1990, S. 206 ff.; vgl. auch *Wenner*, Sperrklauseln im Wahlrecht, 1986, passim, insbes. S. 195 ff.; *Puhl*, in FS Isensee, S. 441 ff.
200 VerfGH NW Urt. v. 29.9.1994 – VerfGH 7/94 -DVBl. 1995, 153, 154 ff.; konkretisierend Urt. v. 6.7.1999 – VerfGH 14 und 15/98 – DVBl. 1999, 1271 mit Anm. *H. Meyer* DVBl. 1999, 1276 ff.
201 U. v. 14.12.2000 – LVerfG 4/99 – LVerfGE 11, 306 ff. = LKV 2001, 270 (271 f.) und 273 ff.
202 Vgl. Überblick zur Entwicklung durch *Ehlers*, in FS Schmidt-Jortzig, 2011, S. 153 ff.; *Mehde* VerwArch 2018, 336 ff.
203 Eine Drei-Prozentklausel für die Wahlen zu den Berliner Bezirksverordnetenversammlungen billigend vgl. VerfG Berl Urt. v. 13.5.2013 – 155/11 – DVBl 2013, 848 ff.; mit guten Gründen aA für die hamburgischen Bezirksversammlungen hingegen HambVerfG Urt. v. 15.1.2013 – HVerfG 2/11 – NordÖR 2013, 156 ff.

zu ermöglichen.[204] Die maßgeblichen Überlegungen gelten insoweit auch für einen Nachrücker, der eine Anwartschaft auf ein Mandat innehat. Die in § 46 Abs. 2 S. 1 LKWG normierte Ungleichbehandlung ist daher verfassungsrechtlich bedenklich, zumal sie im Falle eines Parteiausschlusses einer Partei die Entscheidung über den Erwerb des Mandates überträgt. Dies ist unzulässig, das letzte Wort gebührt nach der Verfassungsordnung dem Wähler.

47 Der Begriff „**Volk**" in Art. 72 Abs. 2 LV ist genauso zu verstehen wie in Art. 3 Abs. 1 LV, Rechtsinhaber sind also nur Deutsche iSv Art. 116 GG. Wie Art. 28 Abs. 1 S. 2 und 20 Abs. 2 GG gewährleisten sie die Einheitlichkeit der demokratischen Legitimationsgrundlage und tragen damit der besonderen Stellung der kommunalen Gebietskörperschaften im Aufbau des demokratischen Staates Rechnung,[205] die durch den Aufbau des Art. 3 LV besonders deutlich wird.

48 Nach der Ergänzung des Art. 28 Abs. 1 GG um einen S. 3 sind bei Wahlen in Kreisen und Gemeinden auch Personen, die die Staatsangehörigkeit eines **Mitgliedsstaates der Europäischen Gemeinschaft**[206] besitzen, nach Maßgabe von Recht der Europäischen Gemeinschaft wahlberechtigt und wählbar.[207] Die landesrechtliche Umsetzung erfolgte 1995[208] und findet sich nunmehr in § 4 Abs. 2 LKWG.

49 Von der in Abs. 2 S. 2 ausdrücklich eingeräumten Möglichkeit, durch Gesetz eine unmittelbare Mitwirkung der Bürger an Aufgaben der Selbstverwaltung zu ermöglichen, hat der Gesetzgeber durch §§ 18 und 20 KV M-V Gebrauch gemacht. Dem Volksbegehren und dem Volksentscheid auf Landesebene[209] entsprechen auf kommunaler Ebene als Kernstück direkter Demokratie[210] das **Bürgerbegehren** und der **Bürgerentscheid**, wie sie in § 20 KV M-V ihre gesetzliche Ausgestaltung erfahren haben.[211] Ungeachtet der rechtspolitischen Zweckmäßigkeit[212] sind verfassungsrechtliche Bedenken nicht zu erinnern. Auch angesichts der streng repräsentativen Ausgestaltung des GG[213] erfordert das Homogenitätsgebot des Art. 28 Abs. 1 GG kein Verbot plebiszitärer Regelungen auf kommunaler Ebene, sondern lässt dem Landesverfassungsgeber Gestaltungsspielraum.[214] Den Elementen unmittelbarer Demokratie kommt für die durch den Gesetzgeber eröffneten Bereiche eine Ergänzungs- und Korrekturfunktion zur repräsentativen Demokratie auf kommunaler Ebene zu. Ein „demokratischer Mehrwert"[215] ist direkt-demokratischen Entscheidungen nicht zu attestie-

---

204 Näher *H. Meyer*, Kommunales Parteien- und Fraktionenrecht, 1990, S. 266 ff.
205 Vgl. BVerfGE 83, 37 (54); 83, 60 (76).
206 Terminologisch muss Art. 28 Abs. 1 S. 3 GG noch die Änderung des europäischen Primärrechts nachvollziehen, gemeint ist nicht die EG, sondern die EU, vgl. hierzu *Henneke*, in Schmidt-Bleibtreu/Hofmann/Henneke, Art. 28 Rn. 26.
207 Vgl. zur Entstehungsgeschichte nur *Röger* VR 1993, 137 ff.
208 Vgl. GVOBl. 1995 S. 651, seinerzeit § 7 Abs. 1 KWahlG.
209 Vgl. dazu → Art. 60.
210 VGH Kassel Beschl. v. 26.10.1993 – 6 TG 2221/93 – DÖV 1994, 270.
211 Ausführlich dazu, insbes. zur materiellen Eingrenzung zulässiger Gegenstände eines Bürgerentscheids vgl. *Glaser*, in Schweriner Kommentierung, § 20 Rn. 3 ff.
212 Zu pro und contra vgl. nur *Hendler*, Der Landkreis 1995, 321 ff. und aus neuerer Zeit *Schoch* NVwZ 2014, 1473 ff.; *Seybold* DÖV 2018, 293 ff.
213 Umfassend hierzu *Bugiel*, Volkswille und repräsentative Entscheidung, 1991.
214 Vgl. näher *Erbguth* DÖV 1995, 793 ff.; *Schliesky* ZG 1999, 91 (93 ff.); umfassender Überblick zu den landesrechtlichen Regelungen und zur Rechtsprechung bei *Schoch*, in FS Schmidt-Jortzig, 2011, S. 167 ff.; *ders.*, NVwZ 2014, 1473 ff.; ferner *Brüning*, in Henneke (Hrsg.), Kommunale Selbstverwaltung in der Bewährung, 2013, S. 253 ff.
215 So *von Arnim* DVBl. 1997, 749, 759; dagegen mit Recht bereits *Schliesky* ZG 1999, 91 (95).

ren. Vielmehr darf der Gesetzgeber durch Regelungen über das Bürgerbegehren und den Bürgerentscheid die Befugnisse der gewählten Volksvertretung nicht so beschneiden, dass deren Handlungsfähigkeit gefährdet wird.[216]

### III. Striktes Konnexitätsprinzip (Abs. 3)

**1. Bedeutung.** Abs. 3 wurde durch das Erste Gesetz zur Änderung der LV vom 20.4.2000[217] neu gefasst und enthält ein sog. **striktes Konnexitätsprinzip**.[218] Es handelt sich um eine besondere, neben die Garantie des Art. 73 Abs. 2 LV tretende Finanzgarantie, deren Aufgabe darin liegt zu verhindern, dass der Staat beliebig Aufgaben zulasten der Kommunen verschiebt, ohne für deren Finanzierung zu sorgen. Der verfassungsrechtlich gebotene Mehrbelastungsausgleich erfolgt bezüglich der Kommunen finanzkraftunabhängig und hinsichtlich des Landes leistungskraftunabhängig.[219] Dem bundesweit[220] unterschiedlich, aber nunmehr flächendeckend verankerten[221] Konnexitätsprinzip kommt eine Schutzfunktion zugunsten der kommunalen Selbstverwaltung zu.[222] Ihre Wirkung entfaltet die Verfassungsnorm nicht nur durch die tatsächlich erfolgenden Zahlungsströme, sondern durch die ihr innewohnende Warn- und Präventivfunktion, die das Land zwingt abzuwägen, ob politisch wünschenswertes auch finanziell leistbar ist.[223] Gerade dieser Aspekt kommt in der Praxis zum Tragen.[224] Entgegen der Auffassung des LVerfG M-V[225] wirkt die Warnfunktion auch, wenn der Bundesgesetzgeber eine **Sachaufgabe** ändert, die der Landesgesetzgeber auf die Kommunen übertragen hat. Im föderalen Gefüge des GG besteht eine „politische Warnung" durch das Zustimmungserfordernis in Art. 104a Abs. 4 GG, wonach Bundesgesetze, die entsprechende Pflichten der

50

---

216 Vgl. BayVerfGH, E. v. 29.8.1997 – Vf. 8–11-VII-96 – DVBl. 1998, 136 (137).
217 GVOBl. S. 158.
218 Zur Entstehungsgeschichte vgl. *H. Meyer*, Der kommunale Finanzausgleich in M-V, 3. Aufl. 2004, S. 39; bundesweiter Überblick bei *Schnelle* DVBl. 2015, 1141 und *Leisner-Egensperger* NVwZ 2021, 1487.
219 Dem ausdrücklich folgend LVerfG M-V Urt. v. 26.11.2009 – LVerfG 9/08 – LVerfGE 20, 271 (280).
220 Mit Recht die Verfassungsgebung in dieser Frage in den ostdeutschen Bundesländern für die bundesdeutsche Entwicklung würdigend *Ritgen* in Schöneburg ua, Verfassungsfragen, S. 21 (22 ff.).
221 Überblick bei *Mückl*, in Henneke/Pünder/Waldhoff (Hrsg.), Recht der Kommunalfinanzen, 2006, S. 33 (47 ff.); *Henneke*, Die Kommunen in der Finanzverfassung, 5. Aufl. 2012, S. 226 ff.; zur Rechtssetzung und Rspr. vgl. auch *Starck*, in NdsVBl., Sonderheft zum 50-jährigen Bestehen des Niedersächsischen Staatsgerichtshofs, 2005, S. 36 ff.; *Kluth* LKV 2009, 337 ff.; *Ritgen* LKV 2011, 481 ff.; zuletzt *Henneke* Der Landkreis 2020, 471 ff. jew. mwN.
222 LVerfG M-V Urt. v. 26.1.2006 – LVerfG 15/04 – LVerfGE 17, 289 (295); Urt. v. 17.6.2021 – LVerfG 9/19, NVwZ 2021, 1223 (1225, Rn. 56); ferner N-W VerfGH Urt. v. 10.1.2017 – VerfGH 8/15, NVwZ 2017, 780 (782, Rn. 35 ff.); umfassender Nachweis der Verfassungsrechtsprechung zum Mehrbelastungsausgleich bei *Henneke*, Die Kommunen in der Finanzverfassung, 5. Aufl., 2012, S. 271 ff.
223 *Huber/Wollenschläger* VerwArch 2009, 305 (316) sprechen für Bayern von dem deregulierenden Anreiz, Normierungen auf das Notwendige zu beschränken; zu weiteren Funktionen des Konnexitätsprinzips vgl. *Kemmler* DÖV 2008, 983 (983 f.); *Macht/Scharrer* DVBl. 2009, 1150 (1155 f.).
224 Vgl. exemplarisch auch die Einschätzungen durch *Schumacher* LKV 2005, 41 (48); *Fruhner* LKV 2005, 200 (201); *Schink* NWVBl. 2005, 85 (87); diesen Aspekt vernachlässigend gelangt *Röhl* LKV 2007, 157 (159) unter dem Eindruck der Rspr. des LVerfG M-V zu einer eher skeptischen Einschätzung; ähnlich *ders.* DÖV 2008, 368 (370).
225 LVerfG M-V Urt. v. 19.8.2021 – LVerfG 2/19/, 3/19 und 1/20 –, NVwZ 2021, 1776 (1778 Rn. 87). = NordÖR 2021, 505 ff.

Länder gegenüber Dritten begründen, der Zustimmung des Bundesrates bedürfen, wenn die daraus entstehenden Ausgaben von den Ländern zu tragen sind. Der verfassungsändernde Gesetzgeber hat sich seinerzeit für diese politische Variante im Bund-Länder-Verhältnis entschieden und nicht für eine rechtlich stringente Konnexitätsregelung, weil die Länder nicht in gleicher Weise schutzbedürftig sind wie die Kommunen. Auf das konkrete Abstimmungsverhalten des Landes im Bundesrat kommt es in dieser Konstellation nicht an, entscheidend ist allein die dynamisch fortwirkende Aufgabenübertragung einer Sachaufgabe durch das Land auf die Kommunen.[226]

51 Besondere Wirksamkeit erlangt das Konnexitätsprinzip dadurch, dass es sich nicht nur auf die Gesamtheit der Gemeinden und Landkreise erstreckt, sondern auf jede einzelne Kommune, es bewirkt einen **individuellen Schutz**. Den Anforderungen der LV wird nur entsprochen, wenn „jede einzelne betroffene Kommune die realistische und nicht nur theoretische Möglichkeit hat, durch zumutbare eigene Anstrengungen zu einem vollständigen Mehrbelastungsausgleich zu kommen".[227]

Das LVerfG M-V stellt allerdings hohe Anforderungen an die **Beschwerdebefugnis**: Es reiche nicht darzulegen, dass einzelne Regelungen des angegriffenen Gesetzes abstrakt zu Mehrbelastungen führen können, vielmehr müsse dargelegt werden, dass der Kommune selbst solche Mehrbelastungen entstehen.[228] Eine evtl. Mehrbelastung müsse durch einen Beschwerdeführer mittels eines finanziellen Vergleichs seiner finanziellen Belastung vor der Aufgabenübertragung mit der Situation nach der Aufgabenübertragung dargelegt werden. Evtl. Entlastungen seien in die Rechnung einzustellen.[229] Dies geht deutlich über den Wortlaut des § 52 LVerfGG M-V hinaus und verwischt die Grenzen zur Begründetheit einer Kommunalverfassungsbeschwerde.[230]

52 **2. Aufgabenübertragung durch Gesetz oder Rechtsverordnung.** Eine Aufgabenübertragung ist nicht nur durch Gesetz, sondern auch durch **RechtsVO** möglich, die auf einem Gesetz beruht. Das BbgVerfG[231] hat zutreffend herausgearbeitet, dass es für die Kostenbelastungen der Gemeinden und Landkreise keinen Unterschied macht, ob eine zusätzliche Aufgabe durch Gesetz oder aufgrund eines Gesetzes durch RechtsVO erfolgt. Es handelt sich beim Konnexitätsprinzip um einen Regelungsauftrag an den Gesetzgeber, die verfassungsrechtliche Normierung als solche vermag nicht als Anspruchsgrundlage für einen Kostenausgleich zu dienen.[232]

Der VerfGH NW hält unter Aufgabe seiner früheren Rechtsprechung auch eine kommunale Verfassungsbeschwerde gegen ein **Unterlassen des Gesetzgebers** für

---

226 Vgl. hierzu bereits *H. Meyer* NVwZ 2021, 1754 (1757); ebenso *Hellermann* ZG 2021, 313 (321); *Henneke* Der Landkreis 2021, 530 (533) spricht von einer „krassen Fehlbewertung".
227 BbgVerfG Urt. v. 14.2.2002 – VfG Bbg 17/01 – LKV 2002, 323 (325); bestätigend Urt. v. 30.4.2013 – 49/11, DVBl. 2013, 852 (854); inhaltlich identisch ThürVerfGH Urt. v. 21.6.2005 – VerfGH 28/03 – ThürVBl. 2005, 228 (235); zust. *Schoch* VBlBW 2006, 122 (125); *Lahmann* KommJur 2005, 127 (129 f.).
228 So schon LVerfG M-V Urt. v. 26.1.2006 – LVerfG 15/04 –, LVerfGE 17, 289.
229 LVerfG M-V Urt. v. 17.6.2021 – LVerfG 9/19, NVwZ 2021, 1223 (1225, Rn. 42 ff., nur teilweise. abgedruckt); Urt. v. 19.8.2021 – LVerfG 2/19/, 3/19 und 1/20 –, NVwZ 2021, 1776 (1777 Rn. 56 ff.).
230 Näher dazu *H. Meyer* NVwZ 2021, 1754 (1755); ausführlich dazu vgl. → Art. 53 Rn. 46.
231 Urt. v. 15.10.1998 – VfG Bbg 38–97 ua – NVwZ-RR 1999, 90.
232 Zutreffend für das dortige Landesrecht vgl. OVG Lüneburg Beschl. v. 12.2.2013 – 11 LA 315/12 – NVwZ-RR 2013, 529 ff.

zulässig, soweit der Beschwerdeführer geltend macht, die Verfassung enthalte eine klare gesetzgeberische Handlungspflicht, und andere Rechtsschutzmöglichkeiten beständen nicht.[233]

**3. Öffentliche Aufgaben.** Inhaltlich umfasst die Regelung nunmehr alle „öffentlichen Aufgaben", zu deren Wahrnehmung die Kommunen verpflichtet werden. Damit erstreckt sich der Schutzbereich auch auf Selbstverwaltungsaufgaben, deren Wahrnehmung den Kommunen zur Pflicht gemacht wird.[234] Dies erscheint angesichts des weiten Gestaltungsspielraums des Landesgesetzgebers zur „Qualifizierung" einer Aufgabe einerseits, der im Ansatz vergleichbaren Kostenwirkung bei der Wahrnehmung von Aufgaben des übertragenen Wirkungskreises und pflichtiger Selbstverwaltungsaufgaben andererseits sachgerecht. Werden durch den Gesetzgeber öffentliche Aufgaben innerhalb der „kommunalen Familie" neu verteilt, greift ebenfalls der Schutz des Konnexitätsprinzips, denn das Land trifft die Entscheidung über das Wahrnehmen einer öffentlichen Aufgabe und hat damit die Deckung der Kosten zu sichern.[235] Nach Sinn und Zweck des Konnexitätsprinzips macht es auch keinen Unterschied, ob der Kommune eine bestimmte Sachaufgabe einschließlich deren Finanzierungslast oder allein die Finanzierungslast für die Erledigung dieser Sachaufgabe übertragen wird; die Finanzierung einer Sachaufgabe stellt sich als deren Fortsetzung oder als deren besondere Ausprägung dar.[236] 53

Allerdings unterfallen nach Auffassung des LVerfG M-V[237] allein **Sachaufgaben**, nicht jedoch **Organisationsaufgaben** dem Konnexitätsprinzip. Dies gelte auch, soweit organisationsrechtliche Entscheidungen des Landesgesetzgebers mittelbare Auswirkungen auf die Erledigung von Sachaufgaben hätten. Auch sollen die dem Landrat als **untere staatliche Verwaltungsbehörde** iSv § 119 KV obliegenden Aufgaben nicht vom Konnexitätsprinzip umfasst sein. Es handele sich nicht um „übertragene" Aufgaben, sondern das Land nehme allein den Landrat als Organ in Anspruch. Den Landkreis treffe keine Finanzierungslast für diese Aufgaben, der Landrat könne seine notwendigen Aufwendungen vielmehr gegenüber dem Entleiher, also dem Land, geltend machen.[238] Mit diesem Verfassungsverständnis dürfte § 1 Abs. 5 FAG M-V schwer vereinbar sein, wonach § 1 Abs. 3 und 4 FAG M-V entsprechend gelten, die Landkreise also alle Aufwendungen und Auszahlungen zu tragen haben, die aus der Erfüllung ihrer Aufgaben resultieren. Die Ausführungen des LVerfG M-V zu den Kosten der Organleihe könnten im Sinne eines verfassungsunmittelbar begründeten öf-

---

233 VerfGH NW Urt. v. 9.12.2014 – 11/13 – DVBl 2015, 171 (172, Rn. 63 ff.); insoweit zustimmend auch *Henneke* DVBl 2015, 176 (181); ebenso bereits *Laier/Zimmermann* ZG 2008, 355 ff.; vorsichtiger *Wieland*, in FS Schmidt-Jortzig, 2011, S. 221, 224; anders hingegen noch *Jäger*, Der Tatbestand der Konnexitätsregelung des Art. 78 Abs. 3 der Landesverfassung Nordrhein-Westfalen, 2014, S. 103 ff.
234 Vgl. dazu auch BbgVerfG Urt. v. 14.2.2002 – VfG Bbg 17/01 – LVerfGE 13, 97 ff.; LVerfG LSA, U.v. 9.10.2012 – LVG 57/10 – DVBl 2012, 1560 (1561 f.); *Worms* DÖV 2008, 353 (358).
235 VerfG LSA, 14.9.2003 – 7/03 – LVerfGE 15, 359 ff.; zust. *Kluth* LKV 2009, 337 (340); aA für Bayern *Zieglmeier* NVwZ 2008, 270 (272).
236 LVerfG M-V Urt. v. 26.1.2006 – LVerfG 15/04 – LVerfGE 17, 289 (294); Urt. v. 17.6.2021 – LVerfG 9/19, NVwZ 2021, 1223 (1224, Rn,. 41).
237 U. v. 26.11.2009 – LVerfG 9/08 – LVerfGE 20, 271 (281, 284); krit. dazu mit guten Gründen *Trips* NVwZ 2015, 102 (103 f.); zustimmend hingegen *Jäger*, Der Tatbestand der Konnexitätsregelung des Art. 78 Abs. 3 der Landesverfassung Nordrhein-Westfalen, S. 174.
238 LVerfG M-V Urt. v. 26.11.2009 – LVerfG 9/08 – LVerfGE 20, 271 (284 ff.); zur Doppik für Bayern ebenso *Zieglmeier* NVwZ 2008, 270 (272).

fentlich-rechtlichen Erstattungsanspruchs[239] zu interpretieren sein, der aber der Anstellungskörperschaft, nicht dem in Anspruch genommenen Organ zustehen müsste, das keinen eigenen Haushalt führt.

54 LReg M-V und die kommunalen Spitzenverbände haben eine „**Gemeinsame Erklärung** zum Konnexitätsprinzip" verabschiedet,[240] die als authentische Auslegungshilfe gedacht ist. Zwar mag zweifelhaft erscheinen, inwieweit die Exekutive durch Auslegung der Verfassung auch das Parlament zu binden vermag. Politische Erklärungen dieser Art, die jedenfalls vertretbare Verfassungsinterpretationen vornehmen, dienen einem vertrauensvollen Zusammenwirken des Landes und der Kommunen bei der Umsetzung des Landesrechts sowie der Vermeidung verfassungsgerichtlicher Auseinandersetzungen. Nach der Gemeinsamen Erklärung liegt Konnexität auch dann vor, wenn bisher freiwillige Aufgaben zu pflichtigen Selbstverwaltungsaufgaben werden,[241] und wenn Gemeinden und Landkreise bestimmte Aufgaben bereits wahrnehmen, jedoch Standards der Aufgabenerfüllung erhöht werden[242], Ziff. I 1 S. 3. Die landesrechtliche Konnexitätsregelung gilt nach der Gemeinsamen Erklärung auch für die Ausführung von zusätzlichen bundes- und EU-rechtlichen Regelungen durch kommunale Körperschaften, soweit dem Land die Kompetenzzuweisung freisteht und es davon zulasten der Kommunen Gebrauch macht, Ziff. I 2.

Diesem Aspekt kommt nach der Untersagung des Bundesdurchgriffs im Zuge der Föderalismusreform I im Jahr 2006[243] erhöhte Bedeutung zu. Unterlässt es der Landesgesetzgeber, nach Entfall einer bundesrechtlichen Zuständigkeitsregelung eine ausdrückliche Neuregelung im Landesrecht vorzunehmen, kann eine ursprünglich nur das Bundesrecht wiederholende, deklaratorische landesrechtliche Zuständigkeitsregelung konstitutive Bedeutung erlangen und den Konnexitätsfall auslösen.[244] Entscheidend ist die Differenzierung zwischen dem bundesrechtlichen Sachrecht einerseits und der Begründung der Aufgabenzuständigkeit andererseits.[245] Als Konsequenz des Durchgriffsverbots des Bundes vermögen ausschließlich die Länder eine kommunale Aufgabenzuständigkeit zu begrün-

---

239 Zu diesem als allgemeinen Grundsatz des Verwaltungsrechts anerkanntem Institut vgl. *Maurer/Waldhoff*, Allgemeines Verwaltungsrecht, 20. Aufl., § 29 Rn. 27 ff.
240 Vom 20.3.2002, AmtsBl. S. 314.
241 Vgl. dazu auch SächsVerfGH Beschl. v. 14.8.2012 – Vf.97-VIII-11 – BeckRS 2012, 55840.
242 Dazu für das dortige Landesrecht zuletzt zutreffend HessStGH Urt. v. 6.6.2012 – P.St. 2292 – NVwZ-RR 2012, 625 (626); BbgVerfGH, U.v. 30.4.2013 – 49/11 – DVBl. 2013, 852 (853); wenig überzeugend für eine auf das Land bezogene enge Interpretation plädierend *Engelken* NVwZ 2013, 1529 (1529 f.); ausführlich *Dombert* LKV 2011, 353 ff. mwN.
243 Vgl. dazu → Rn. 35.
244 Zutreffend vgl. VerfGH NW Urt. v. 12.10.2010 – 12/09 – NVwZ-RR 2011, 41 (43 f.) mit der Besonderheit einer landesrechtlichen Regelung unter dem Eindruck eines bevorstehenden Entfalls der bundesrechtlichen Zuständigkeit; dazu *von Kraack* NWVBl 2011, 41 ff.; *Henneke* DVBl 2011, 125 (133); BbgVerfGH Urt. v. 30.4.2013 – 49/11 – DVBl. 2013, 852, 853; dazu zustimmende Anmerkung durch *Henneke* DVBl 2013, 856 (857 f.); *ders.* Der Landkreis 2013, 312, 335 ff.; *Ritgen* in Schönberg ua, Verfassungsfragen, S. 21, 30; aA und die Intention der Untersagung des Bundesdurchgriffs in Art. 84 Abs. 1 S. 7 GG konterkarierend allerdings VerfGH NW Urt. v. 9.12.2014 – 11/13 –, DVBl 2015, 171 (174 ff.); dagegen deutlich *Henneke* DVBl 2015, 176 (181); vgl. ferner bereits *Macht/Scharrer* DVBl. 2008, 1150 ff.; *Engelken* DÖV 2015, 184 ff.; (nur) widerstrebend dem BbgVerfGH folgend *ders.*, NVwZ 2013, 1529 (1530) („als realitätsgerecht wohl akzeptiert werden").
245 *Schoch*, ZG 2018, 97 (103) nennt die notwendige Unterscheidung „fundamental"; ausführlich auch bereits *ders.*, DVBl. 2016, 1007 (1011 ff.).

den. Ist die Sachaufgabe durch Bundesrecht geregelt und dieses wird geändert, kommt die Konnexitätsbestimmung der jeweiligen Landesverfassung zur Anwendung, wenn das Landesrecht die kommunale Wahrnehmungszuständigkeit begründet. Die dynamisch wirkende Zuweisungsnorm aktualisiert die Aufgabenübertragung stets neu und gibt den Normbefehl, dass fortan (auch) das geänderte Sachrecht auszuführen ist. Nicht der Bund, sondern das Land veranlasst die durch die Aufgabenanweisung die möglicher Weise erhöhten Kosten durch die Rechtsänderung für die Kassen der Kommunen.[246] Entgegen der Auffassung des LVerfG M-V[247] steht die Formulierung „dieser" bei der Konkretisierung der Aufgaben in Art. 72 Abs. 3 S. 2 LV M-V und der damit hergestellte Bezug zu der gesetzgeberischen Verpflichtung auf die Aufgaben nach Art. 72 Abs. 3 S. 1 LV M-V einem solchen Verständnis keineswegs entgegen, denn es geht gerade um einen Aufgabenübertragungsakts des Landesgesetzgesetzgebers.

**4. Strikte Kostenfolge.** Insbes. enthält S. 2 der Norm seit dem Jahr 2000 eine strikte Kostenfolge. Es muss nicht mehr nur überhaupt über die Kostentragungspflicht entschieden werden. Vielmehr sieht die Vorschrift bei quantifizierbaren Mehrbelastungen seitens der Gemeinden und Landkreise die Schaffung eines „entsprechenden" finanziellen Ausgleichs vor.[248] Damit bleibt zwar immer noch Gestaltungsspielraum über Modalitäten des Ausgleichs, nicht aber hinsichtlich der Höhe. Soweit unter Geltung nur relativen Konnexitätsprinzips eine Vollabdeckung nicht für geboten erachtet wurde,[249] soll die Neufassung dem gerade iS eines verbesserten Schutzes der Kommunen entgegenwirken. Für die in der dortigen LV „nur" verbürgte Angemessenheit des finanziellen Ausgleichs hat der ThürVerfGH[250] unmissverständlich klargestellt, aus Sicht der Kommunen sei die Kommunalisierung staatlicher Aufgaben nur bei vollständiger finanzieller Kompensation „haushaltsneutral" und berühre nicht ihre für freiwillige Selbstverwaltungsaufgaben zur Verfügung stehenden finanziellen Ressourcen. Die Verfassung verlange daher eine volle Erstattung der angemessenen Kosten der Aufgabenerfüllung. Der Wortlaut des Art. 72 Abs. 3 LV lässt an dieser Intention keinerlei Zweifel. Die Norm setzt an bei der Mehrbelastung, die den Kommunen durch die Aufgabenzuweisung entsteht. Nicht allein entscheidend

---

246 BbgVerfG Urt. v. 15.12.2008 – 66/07 –, NVwZ-RR 2009, 185 (186); *Ritgen* LKV 2011, 481 (484 f.).; *Jäger* NWVBl 2015, 130 (133); *Wendt* DÖV 2017, 1 (3 ff.); *Schoch* ZG 2018, 97 (105); *Henneke* ZKF 2021, 145 ff.
247 LVerfG M-V Urt. v. 19.8.2021 – LVerfG 2/19/, 3/19 und 1/20 –, NVwZ 2021, 1776 (1778 Rn. 84 ff.) unter Berufung auf VerfGH N-W Urt. v. 9.12.2014 – 11/13 –, NVwZ 2015, 368 (370, Rn. 73 ff.) mit zust. Besprechung *Engelken* NVwZ 2015, 342 ff.; mit krit. Anm. *Henneke*, DVBl. 2015, 176 ff.; im Ergebnis krit. auch *Leisner-Egensperger* NVwZ 2021, 1487 (1489); VerfGH Rh-Pf Beschl. v. 30.10.2015 – VGH N 65/14 –, BeckRS 2015, 54877 mit zust. Besprechung *Engelken* NVwZ 2016, 589 ff.; im Ergebnis wie LVerfG M-V auch LVerfG LSA Urt. v. 25.2.2020 – LVG 5/18 – BeckRS 2020, 4478 (Rn. 65 ff.), mit krit. Anm. *Henneke* Der Landkreis 2020, 153 (155 ff.); kritisch zum LVerfG M-V hingegen insoweit bereits *H. Meyer* NVwZ 2021, 1754 (1756 f.); *Henneke* der gemeindehaushalt 2021, 241 (246 f.); *Hellermann* ZG 2021, 313 (320 ff.).
248 Rechtsvergleichend für die vier anderen östlichen Flächenbundesländer vgl. *Ritgen*, in Schöneburg ua, Verfassungsfragen, S. 21 (27 ff.).
249 Vgl. zur früheren Rechtslage in Niedersachsen NdsStGH Urt. v. 25.11.1997 – StGH 14/95 ua – StGHE 3, 299 ff.; zur Kritik nur *H. Meyer* NVwZ-Sonderheft für H. Weber zum 65. Geburtstag 2001, 9 (15 ff.).
250 Urt. v. 21.6.2005 – ThürVerfGH 28/03 – ThürVBl. 2005, 228 ff.; zust. *Henneke* ZG 2006, 73 (85); ähnlich bereits SächsVerfGH Urt. v. 23.11.2000 – Vf. 53-II-97 – LKV 2001, 223 (224); zust. *H. Meyer* LKV 2001, 297 ff. mwN der älteren Judikatur; vgl. auch *Schoch*, in Ehlers/Krebs (Hrsg.), Grundfragen des Verwaltungsrechts und des Kommunalrechts, 2000, S. 93 (94 ff.); *Aker* VBlBW 2008, 258 (260).

ist mithin zB bei einer Aufgabenverlagerung von Landes- auf die Kommunalebene die Höhe der bisher beim Land angefallenen Kosten, die lediglich ein wichtiges Indiz darstellen können. Evtl. Kosteneinsparungen durch zu erzielende Synergieeffekte können „Kosten mindernd" berücksichtigt werden.[251] Auch ist das Land nicht verpflichtet, finanziell besonders aufwändige und verschwenderische Aufgabenerfüllung durch einzelne Kommunen zu „erstatten".

Es ist ein pauschalierender Ansatz zulässig und sachgerecht, der Aufwendungen zur Aufgabenerfüllung unbeachtlich lässt, die dem Gebot sparsamer und wirtschaftlicher Haushaltsführung nicht entsprechen. Jede einzelne Kommune muss aber die realistische und nicht nur die theoretische Möglichkeit haben, durch eigene Anstrengungen einen vollständigen Mehrbelastungsausgleich zu erreichen.[252] Der Gesetzgeber ist gehalten, eine fundierte Prognose vorzunehmen, die die örtlichen Verhältnisse berücksichtigt und ist diesbezüglich zu prozeduraler Sorgfalt verpflichtet.[253] Auch das LVerfG MV fordert ausdrücklich eine „auf die Zukunft gerichtete erforderliche Kostenprognose", bleibt anlässlich seiner Entscheidung zur Abschaffung der Straßenausbaubeiträge im Konkreten aber hinter seinen eigenen Anforderungen zurück.[254] Fehlt es an einer tragfähigen Prognose, folgt schon daraus die Verfassungswidrigkeit des Mehrbelastungsausgleichs. Eine möglicherweise unzureichende Mitwirkung der Kommunen bei der Kostenermittlung entbindet das Land nicht von seiner Pflicht.[255]

56 Ein „entsprechender" finanzieller Ausgleich wird in der Regel durch zusätzliche Geldzahlungen erfolgen. Der Landesgesetzgeber ist darauf aber nicht festgelegt. Er kann den betroffenen Kommunen auch neue Finanzquellen erschließen oder bestehende erweitern. Denkbar ist zudem eine Abschaffung bisheriger Aufgaben oder die Absenkung gesetzlich oder anderweitig durch den Staat normierter Standards.[256]

57 Da die Kostenentwicklung für übertragene Aufgaben nicht statisch ist und zudem oftmals keine exakte Bezifferung der tatsächlichen Kosten vorgenommen werden kann, ist der Gesetzgeber aus verfassungsrechtlichen Gründen gehalten, die **Kostenentwicklung** bei der Erfüllung der jeweiligen öffentlichen Aufgabe **zu beobachten** und ggf. auf eine nachträglich entstandene Mehrbelastung zu reagieren.[257] Eine mangels gesicherter Anhaltspunkte zunächst getroffene Prognoseentscheidung kann daher allenfalls vorläufigen Charakter haben.[258]

---

251 Vgl. dazu BbgVerfG Urt. v. 20.10.2017 – VfGBbg 63/15 – ZKF 2018, 18 (19 ff.).
252 BbgVerfG Urt. v. 14.2.2002 – VfGBbg 17/01 – LVerfGE 13, 97, 112 f.; *Henneke/Vorholz* LKV 2002, 297 (301); *Lahmann* KommJur 2005, 127 zur vergleichbaren Regelung in Rh-Pf.
253 Zutreffend BbgVerfGH Urt. v. 30.4.2013 – 49/11 – DVBl. 2013, 852, 854; vgl. auch LVerfG LSA Urt. v. 25.2.2020 – LVG 5/18 – BeckRS 2020, 4478 (Rn. 75 ff.) mit zust. Bespr. *Suhren* ZKF 2020, 102 (103).
254 Urt. v. 17.6.2021 – LVerfG 9/19, NVwZ 2021, 1223 (1226 ff., Rn., 65 ff., insbes. 68); krit. dazu auch *Brüning* NVwZ 2021, 1230 (1231); *Henneke* Der Landkreis 2021, 534 (538); sehr deutlich *Driehaus* KStZ 2021, 121 (125 ff.), ohne seine Stellung als Verfahrensbeteiligter offenzulegen.
255 LVerfG M-V Urt. v. 19.8.2021 – LVerfG 2/19/, 3/19 und 1/20 –, NVwZ 2021, 1776 (1781, Rn. 116 ff.); zustimmend insoweit *H. Meyer* NVwZ 2021, 1754 (1756); ebenso bereits *Dombert/Penski* KommJur 2020, 121, (125).
256 Vgl. *Lahmann* KommJur 2005, 127 (129).
257 LVerfG M-V Urt. v. 26.1.2006 – LVerfG 15/04 – LVerfGE 17, 289 (293 f.); Urt. v. 11.5.2006 – LVerfG 1/05 ua – LVerfGE 17, 297 ff.; ebenso bereits BbgVerfG Urt. v. 18.12.1997 – VfGBbg 47/96 – LKV 1998, 195 (196); Ziff. II 3 der „Gemeinsamen Erklärung" (vgl. → Rn. 54) hat daher lediglich deklaratorischen Charakter.
258 Auf M-V nicht übertragbar; daher die auf die abzulehnende bisherige Rspr. des VerfGH NW basierende skeptische Einschätzung durch *Meier/Greiner* NWVBl. 2005, 92 (95).

**5. Einfachgesetzliche Konkretisierung.** Für die **Umsetzung des strikten Konne-** 58
xitätsprinzips ist schließlich zu beachten, dass die finanzkraftunabhängig zu
erstattenden Transfers nach § 1 Abs. 7 Nr. 1, § 2 FAG keinerlei Ansatzpunkt
für eine Absenkung des Finanzausgleichs im engeren Sinne sein dürfen. Andernfalls würde der Schutzgehalt des Art. 72 Abs. 3 LV unterlaufen. Keineswegs
dürfen der kommunale Finanzausgleich im eigentlichen Sinne und der Mehrbelastungsausgleich nach dem Konnexitätsprinzip also in einem Verhältnis „kommunizierender Röhren" stehen.[259]

Eine **Konkretisierung** des strikten Konnexitätsprinzips enthält die **Kommunal-** 59
**verfassung.** Für die Gemeinden in § 4 Abs. 2 und für die Landkreise in § 91
Abs. 2 KV ist neben einer deklaratorischen Wiederholung des Wortlauts der
LV die Selbstbindung des Gesetzgebers und die verpflichtende Vorgabe an die
Exekutive bei der Verpflichtung der Kommunen zur Aufgabenerfüllung durch
RechtsVO normiert, dass **Kostenfolgeabschätzungen** unter Beteiligung der kommunalen Verbände vorzunehmen sind[260] (jeweils S. 3) und der finanzielle Ausgleich zeitgleich mit der Aufgabenübertragung zu gewähren ist. Dieser ist in
der Rechtsvorschrift, die die Aufgabenübertragung anordnet, oder zeitnah im
Finanzausgleichsgesetz zu regeln (jeweils S. 4 und 5). Diese einfachgesetzliche
Ausgestaltung genügt im Grundsatz der verfassungsrechtlichen Forderung, wonach „gleichzeitig" eine Bestimmung über die Kostendeckung getroffen werden
muss.[261] Eine Regelung im Finanzausgleichsgesetz darf aber nicht dazu führen,
den engen zeitlichen Zusammenhang auszuheben. Dem vom Wortlaut geforderten Gebot der Gleichzeitigkeit und der Warnfunktion des Art. 72 Abs. 3
wird nur entsprochen, wenn ein enger zeitlicher Zusammenhang zwischen der
Beschlussfassung in der Sache und der Entscheidung über die Deckung der
Kosten gewahrt wird. Auf den Zeitpunkt des Wirksamwerdens der Aufgabenübertragung kommt es daher entgegen der Auffassung des LVerfG MV[262] nicht
an.[263]

Die **Beteiligungsregelung** geht der allg. Regelung in § 6 Abs. 2 KV als speziellere 60
Norm vor. Die Pflicht zum „zusammenwirken" der LReg mit den kommunalen
Landesverbänden geht nach Auffassung des LVerfG M-V[264] über ein bloßes
Anhörungsrecht hinaus. Mögliche Verstöße gegen die in den §§ 6, 93 KV sowie
§ 30 FAG eingeräumten Rechte institutionalisierter Einbeziehung in Gesetzgebungsverfahren sollen allerdings verfassungsrechtlich folgenlos bleiben. Diese

---

259 Falsch daher NdsStGH Urt. v. 25.11.1997 – StGH 14/95 ua – StGHE 3, 299 ff., auch schon zu einem „relativen" Konnexitätsprinzip; deutlich ThürVerfGH Urt. v. 21.6.2005 – VerfGH 28/03 – ThürVBl. 2005, 228 ff.; zust. *Henneke* ZG 2006, 73 (86); in NW hat dieser Aspekt sogar Niederschlag in der Begründung zur Verfassungsänderung gefunden, vgl. LT-Drs. 13/5515, S. 26 und *Meier/Greiner* NWVBl. 2005, 92 (93) hierzu.
260 In Bayern besteht nach Art. 83 Abs. 7 S. BayVerf sogar die Pflicht der Staatsregierung, einen Konsultationsmechanismus mit den kommunalen Spitzenverbänden zu vereinbaren; zur dezidierten gesetzlichen Regelung in NW vgl. *Schink* NWVBl. 2005, 85 (90 f.); zu Rheinland-Pfalz *Worms* DÖV 2008, 353 (361).
261 Vgl. auch BVerfGE 103, 332; *Lahmann* KommJur 2005, 127 (128); anders zur abweichenden Rechtslage in Hessen vgl. HessStGH Urt. v. 6.6.2012 – P.St. 2292 – NVwZ-RR 2012, 625 (626 f.); zur Diskussion in NW vgl. *Meier/Greiner* NWVBl. 2005, 92 (93); deutlich strenger *Kemmler* DÖV 2008, 983 (987).
262 Vgl. LVerfG M-V Urt. v. 17.6.2021 – LVerfG 9/19, NVwZ 2021, 1223 (1225 f., Rn., 55 ff.) unter Berufung auf NWVerfGH NVwZ 2017, 780 (Rn. 35 f.).
263 In diesem Sinne auch *Brüning* NVwZ 2021, 1230; *Henneke* Der Landkreis 2021, 534 (537 f.); in der Sache auch *Driehaus* Der Überblick 2021, 337 mit allerdings überzogener methodischer Kritik am LVerfG M-V.
264 LVerfG M-V Urt. v. 11.5.2006 – LVerfG 1/05 ua – LVerfGE 17, 297 ff.

Normen des einfachen Gesetzesrechts setzten nicht ein verfassungsrechtliches Gebot um. Die Gesetzgebung sei eine ausschließlich dem LT gemäß Artikel 20 Abs. 1 S. 3 LV obliegende Kompetenz, eine Erweiterung der am Gesetzgebungsverfahren Beteiligten bedürfe einer ausdrücklichen Regelung in der LV. Insbes. verneint das LVerfG, dass eine Verletzung dieser Vorschriften mit einer Verfassungsbeschwerde gerügt werden könne. Diese Auffassung verkennt den Schutzgehalt der einfachgesetzlichen Beteiligungsvorschriften der kommunalen Spitzenverbände. Die Mitglieder der kommunalen Spitzenverbände rügen nicht das objektive Gesetzgebungsverfahren des LT. Es handelt sich nicht um ein Normenkontrollverfahren. Sie machen vielmehr eine Verletzung des ihnen verfassungsrechtlich eingeräumten Rechts der kommunalen Selbstverwaltung im Wege einer Verfassungsbeschwerde geltend. Dessen Ausgestaltung, und damit auch dessen Rügefähigkeit vor dem LVerfG, obliegt sehr wohl dem (einfachen) Landesgesetzgeber.[265] Die Argumentation des LVerfG M-V beraubt die einfachgesetzliche Verbürgung von Anhörungsrechten jegliche rechtsnormative Verbindlichkeit.

61 Ziel des 4. Gesetzes zur Änderung der Kommunalverfassung[266] war die Zusammenführung von Aufgabenzuweisung und Finanzverantwortung beim Landesgesetzgeber und damit gleichzeitig die finanzielle Entlastung der Kommunen in diesen Bereichen, in denen sie fremdbestimmt Aufgaben zu erfüllen haben.[267] Mit dieser Zielsetzung verträgt sich die Bestimmung in den Abs. 3 der §§ 4 und 91 KV M-V nicht, wonach bei Kostenentlastungen der Kommunen ein entsprechender finanzieller Ausgleich zugunsten des Landes vorzunehmen ist. Diese Bestimmung kann nicht auf Art. 72 Abs. 3 LV gestützt werden, die allein eine Schutzvorschrift zugunsten der Kommunen gegenüber der Fremdbestimmung des Landesgesetzgebers enthält. Ein „**Gegenstromprinzip**", wie es in der Begründung zum Gesetzentwurf der Fraktionen der SPD und der PDS[268] anklingt, ist der LV fremd und bundesweit ohne Entsprechung.[269] Solchen Schutzes bedarf es nicht, da das Land immer am „längeren Zügel" sitzt und bei der Bemessung der kommunalen Finanzausgleichsmasse selbstverständlich auch Kosten entlastende Momente berücksichtigen kann.

### IV. Aufsicht (Abs. 4)

62 **1. Aufsichtsarten und Kontrollmaßstäbe.** Die Kommunalaufsicht ist das verfassungsrechtlich gebotene Korrelat der Selbstverwaltung.[270] Nach dem ersten Halbsatz des Art. 72 Abs. 4 LV soll die Aufsicht sicherstellen, dass die Gesetze beachtet werden. Normiert wird mithin die **Rechtsaufsicht**. Bei Selbstverwaltungsaufgaben ist der Staat grds. auf diese Art der Aufsicht beschränkt,[271] wie

---

265 Näher hierzu *H. Meyer*, in Schliesky/Ernst (Hrsg.), Recht und Politik, 2006, S. 121, 134 f.; das Landesrecht in Baden-Württemberg kennt seit der Neufassung des dortigen Konnexitätsprinzips ein prozessuales Beitrittsrecht der kommunalen Spitzenverbände bei Normenkontrollverfahren nach Art. 76 BWVerf, vgl. dazu *Kemmler* DÖV 1998, 983 (990 f.).
266 GVOBl. 2000 S. 360 f.
267 Vgl. LT-Drs. 3/1133, S. 6.
268 LT-Drs. 3/1133, S. 7 f.
269 *Röhl* LKV 2007, 157 (158) bezeichnet die Einführung eines negativen Konnexitätsprinzips als „ungewöhnlich"; Niedersachsen kennt in Art. 57 Abs. 4 S. 3 2. Halbsatz NV eine entsprechende „Kann-Bestimmung", die ebenfalls entbehrlich ist, weil der Gesetzgeber auch ohne eine solche Ermächtigung reagieren „kann".
270 BVerfGE 78, 331 (341); BVerwGE 152, 188; BVerwG Urt. v. 29.5.2019 – 10 C 1/18 – NVwZ 2019, 1528 (1529); *Waechter*, Kommunalrecht, 3. Aufl. 1997, Rn. 188; *Stober*, in FS Siedentopf, 2008, S. 485, 487 f.
271 *Röhl*, in Schoch (Hrsg.), Besonderes Verwaltungsrecht, S. 1 ff., Rn. 68.

§ 78 Abs. 2 KV M-V, der gemäß § 123 KV für die Landkreise entsprechend gilt, dies deklaratorisch klarstellt. Die Kommunalverfassung M-V verdeutlicht in § 78 Abs. 1 auch die vorrangige Zielrichtung der Aufsicht. Sie hat in erster Linie die Selbstverwaltung zu schützen, zu fördern und die Erfüllung ihrer Pflichten zu sichern. Sie soll die Kommunen vor allem beraten, unterstützen und die Entschlusskraft und Verantwortungsbereitschaft der kommunalen Organe fördern. Die Beratung der Kommunen hat Vorrang gegenüber den aufsichtsrechtlichen Zwangsmitteln.[272]

Die in Art. 72 Abs. 4 2. Halbsatz angesprochene **Fachaufsicht**[273] soll die ordnungsgemäße Aufgabenerledigung der Aufgaben zur Erfüllung nach Weisung sicherstellen und die staatliche Letztverantwortung untermauern. Bereits die Formulierung der Abs. 3 und 4 des Art. 72 LV verdeutlicht, dass insoweit keine Beschränkung auf die Rechtsaufsicht vorliegt, sondern staatliche Weisungsrechte zur Zweckmäßigkeit der Aufgabenerfüllung eingeräumt werden. Abweichend von der Rechtslage in den meisten anderen Bundesländern[274] steht gemäß § 87 KV Abs. 3 und 4 M-V der gesetzlich bestimmten Fachaufsichtsbehörde ein Informations- und Weisungsrecht sowie ein Selbsteintrittsrecht bei Gefahr im Verzug zu. Ein unmittelbares Anordnungsrecht gegenüber den Kommunen zur Durchsetzung ihrer Weisungen hat die Fachaufsichtsbehörde gleichwohl nicht. Sie muss sich insoweit an die Rechtsaufsichtsbehörde wenden.[275] Adressat fachaufsichtlicher Weisungen ist die zuständige Behörde der Körperschaft. 63

Art. 91e GG begründet für das Recht der Grundsicherung für Arbeitssuchende nach Auffassung des BVerfG eine unmittelbare Finanzbeziehung zwischen dem Bund und den Kommunen und ermöglicht eine **Finanzkontrolle des Bundes**, die sich von der Aufsicht wie auch der Finanzkontrolle durch den Bundesrechnungshof unterscheidet.[276] Den normativen Ansatzpunkt für dieses Zwischenkonstrukt bleiben die Karlsruher Verfassungshüter indes schuldig.[277]

**2. Kommunalaufsicht und Opportunitätsprinzip.** Aus der verfassungsrechtlichen Aufsichtspflicht des Landes folgt die **Prüfungspflicht** der Rechtsaufsichtsbehörde, wenn ihr Sachverhalte bekannt werden, die Zweifel an der Rechtmäßigkeit des Verwaltungsvollzuges begründen. Hierbei handelt es sich um eine Amtspflicht gegenüber den Selbstverwaltungskörperschaften, deren Verletzung uU einen Schadensersatzanspruch aus Art. 34 GG, § 839 BGB begründen kann. Eine darüberhinausgehende, generelle Einstandspflicht der Aufsicht ausübenden Körperschaft, ist hingegen nicht anzuerkennen.[278] Da die verfassungsrechtlich gewährleistete Eigenverantwortung der Kommune grds. zu respektieren ist, vermag auch nicht jede unbeanstandet gebliebene Rechtsverletzung Regressansprüche auszulösen.[279] Grundsätzlich gebührt der beaufsichtigten Kom- 64

---

272 *Matzick*, in Schweriner Kommentierung, § 78 Rn. 1; ebenso mit Nachweis vergleichbarer Regelungen in anderen Bundesländern *Schoch* Jura 2006, 188 (189).
273 Zu Funktionen und Prozessen der Fachaufsicht vgl. umfassend *Etscheid* VerwArch 2019, 181 ff.
274 *Stober* in FS Siedentopf, 2008, S. 485 (498).
275 *Darsow* LKV 1994, 417 (421).
276 BVerfG Urt. v. 7.10.2014 – 2 BvR 1641/11 – NVwZ 2015, 136 (140, Rn. 94 ff.).
277 Kritisch dazu bereits *Henneke* DVBl. 2014, 1540 ff.; *Meyer* NVwZ 2015, 116 (119 f.).
278 Zutr. vgl. *Oebbecke* DÖV 2001, 406 (411).
279 Zu weitgehend zB BGHZ 153, 198 ff.; bestätigend und die Amtspflicht ggü Zweckverbände ausdehnend BGH Urt. v. 18.7.2013 – III ZR 323/12 – NVwZ-RR 2013, 896 ff.; wohl zustimmend *Oebbecke* DVBl. 2009, 1152, 1155; krit. dazu hingegen *von Mutius/Groth* NJW 2003, 1278 ff.; *H. Meyer* NVwZ 2003, 818 ff. mwN; ähnlich wohl *Diemert*, in Henneke/Strobl/Diemert (Hrsg.), Recht der kommunalen Haushalts-

mune ein Einschätzungsspielraum (**Einschätzungsprärogative**), insbesondere in Organisationsfragen; sie geht aber einher mit einer Darlegungslast gegenüber der Kommunalaufsicht, um diese überhaupt in den Stand zu versetzen, ihrerseits über Ob und Wie eines Einschreitens urteilen zu können.[280]

65 Ob die Aufsichtsbehörde bei Vorliegen eines Rechtsverstoßes einschreitet (sog. Entschließungsermessen), ist allerdings weitgehend ihrem Ermessen überlassen (**Opportunitätsprinzip**).[281] Wenn dem gegenüber unter Berufung auf die aus dem Rechtsstaatsprinzip abzuleitende Gesetzesbindung ein Legalitätsprinzip vertreten wird, wonach die Aufsichtsbehörde bei Rechtsverstößen einschreiten müsse,[282] vermag dies nicht zu überzeugen. Die kommunalrechtlichen Vorschriften über die Rechtsaufsicht sind Bestandteil von "Recht und Gesetz" iS von Art. 20 Abs. 3 GG, 70 Abs. 1 LV; indem diese Bestimmungen auf ihrer Rechtsfolgenseite Ermessen einräumen, ist es rechtens, dass die Aufsichtsbehörden über das Ob und ggf. die Intensität des eingesetzten Aufsichtsmittels nach Ermessen entscheiden. Verfassungsrechtlich ist dagegen nichts zu erinnern.[283] Wie stets handelt es sich um ein pflichtgemäßes Ermessen, vgl. § 40 VwVfG. Oftmals kann der Ermessensspielraum reduziert sein.[284] Die Rechtsprechung hat die Figur des „**intendierten Ermessens**" herausgearbeitet.[285] So verlangt bei Verstößen gegen das europäische Recht die effektive Durchsetzung des mit einem Anwendungsvorrang gegenüber dem nationalen Recht ausgestatteten EU-Rechts eine Ermessensreduzierung der Aufsichtsbehörden.[286] Besondere Relevanz hat die Frage, inwieweit die Rechtsaufsicht das Recht oder die Pflicht hat, bei **defizitären Haushalten** einzuschreiten.[287] Auf der Ausgabenseite ist die Aufsichtsbehörde bei defizitären Haushalten grundsätzlich darauf beschränkt, eine Reduzierung der Mittel für freiwillige Leistungen insgesamt anzumahnen; entsprechendes gilt für die Einnahmenseite. Insbesondere das Bundesverwaltungsgericht billigt aber weitergehend kommunalaufsichtsrechtliche Interventionen zur Sicherstellung des Haushaltsausgleichs.[288] So schließt die verfassungsrechtlich gewährleistete Finanzhoheit nicht aus, im Wege der Kommunalaufsicht zB eine Senkung der Realsteuerhebesätze zu beanstanden, wenn die Kommune

---

wirtschaft, § 21 Rn. 47; umfassend *Pfeiffer*, Haftung für Pflichtverletzungen der Kommunalaufsichtsbehörde, 2006.
280 Ähnlich *Brüning* DÖV 2010, 553 (556 und 558 f.).
281 Ganz herrschende Auffassung, vgl. nur BVerfGE 8, 122 (137); VGH Mannheim Entsch. v. 25.4.1989 – 1 S 1635/88 – NJW 1990, 136 (138); OVG Münster Urt. v. 23.9.2003 – 15 A 1973/98 – NWVBl. 2004, 107 (108); *Röhl*, in Schoch (Hrsg.), Besonderes Verwaltungsrecht, S. 1 ff., Rn. 70; *Ehlers* DÖV 412, 415; *Franz* JuS 2004, 937 (938); *Stober*, in FS Siedentopf, 2008, S. 485, 495; *Gern/Brüning*, Deutsches Kommunalrecht, Rn. 327.
282 Vgl. *Borchert* DÖV 1978, 721 (726); *Waechter*, Kommunalrecht, 3. Aufl. 1997, Rn. 198; *Wehr* BayVBl. 2001, 705 (708).
283 Vgl. *Maurer/Waldhoff*, Allgemeines Verwaltungsrecht, § 23 Rn. 21; *Schoch* Jura 2006, 188 (195).
284 Zu weitgehend allerdings *von Mutius*, Kommunalrecht, 1996, Rn. 856, der „in der Regel" eine Ermessensschrumpfung annimmt; tendenziell ähnlich *Matzick*, in Schweriner Kommentierung, § 78 Rn. 5 mit weiteren Einzelheiten.
285 Vgl. OVG Lüneburg Beschl. v. 15.8.2007 – 10 LA 271/05 – NVwZ-RR 2008, 127 (128 f.); Beschl. v. 11.9.2013 – 10 ME 88/12 – NVwZ – RR 2013, 995 (996); ferner *Brüning* DÖV 2010, 553 (556).
286 *Ehlers* DÖV 2001, 412 (415).
287 *Oebbecke* DVBl 2013, 1409 ff. sieht in der unzureichenden Durchsetzung des Haushaltsrechts durch die Kommunalaufsicht eine Hauptursache der kommunalen Finanzkrise in einzelnen Bundesländern.
288 Vgl. nur BVerwG, NVwZ 2020, 1355 f. mit Anmerkung *Brüning* NVwZ 2020, 1356 (1357).

sich in einer anhaltenden Haushaltsnotlage befindet und das vorgelegte Haushaltssicherungskonzept nicht erkennen lässt, wie der Einnahmeverlust ausgeglichen werden soll.[289] Dies gilt auch für die Durchsetzung einer landesgesetzlich begründeten Pflicht zur Erhebung von Straßenausbaubeiträgen.[290] Die Kommunalaufsicht kann – ohne förmliche Beteiligung kreisangehöriger Gemeinden – den Umlagesatz der Kreisumlage im Wege der Ersatzvornahme festlegen.[291] Ferner billigt die Rechtsprechung ein Tätigwerden der Rechtsaufsicht, wenn ein Landesgesetz die zwingende Eigenbeteiligung an den Schülerbeförderungskosten vorsieht und der zuständige Landkreis es unterlässt, diese Vorgabe umzusetzen.[292]

Die kommunalrechtlichen Vorschriften zur Staatsaufsicht über die Kommunen wirken lediglich **objektivrechtlich**. Die Aufsicht dient allein dem öffentlichen Interesse. In keinem Fall haben private Dritte einen Rechtsanspruch auf Einschreiten, denn die Aufsichtsvorschriften sind nicht einmal beiläufig ihren Interessen zu dienen bestimmt.[293]

**3. Aufsichtsmittel.** Die Rechtsaufsicht wird in der Praxis überwiegend geprägt durch eine Vielzahl beratender und nicht formalisierter Kontakte zwischen Kommune und Rechtsaufsichtsbehörde.[294] Zur Gewährleistung der verfassungsrechtlich geforderten Kontrolle der Einhaltung der Gesetze sind der **Rechtsaufsicht** in der Kommunalverfassung eine Reihe **förmlicher Aufsichtsmittel** eingeräumt.[295] Die Rechtsaufsichtsbehörde kann sich jederzeit über die Angelegenheiten der Gemeinde unterrichten (§ 80 KV), rechtswidrige Beschlüsse und Anordnungen der Gemeinde beanstanden und verlangen, dass die Gemeinde den Beschluss oder die Anordnung binnen einer angemessenen Frist aufhebt und ggf. selbst die Aufhebung vornehmen (§ 81 KV), das Erforderliche anordnen und die Ersatzvornahme durchführen (§ 82 KV), einen Beauftragten bestellen, der alle oder einzelne Aufgaben der Gemeinde auf deren Kosten vornimmt (§ 83 KV)[296] und die oberste Rechtsaufsichtsbehörde kann eine Gemeindevertretung auflösen, wenn deren normale Beschlussfähigkeit dauerhaft nicht herstellbar ist (§ 84 KV). Für die Landkreise gelten die genannten Vorschriften gemäß § 123 KV entsprechend. Bei der Anwendung der Mittel der Rechtsaufsicht unterliegt

---

289 Vgl. BVerwG Urt. v. 27.10.2010 – 8 C 43.09 – NVwZ 2011, 424 (428); zur ausnahmsweisen Zulässigkeit des Beanstandens einer Planstelle vgl. OVG Koblenz Urt. v. 8.6.2007 – A 10286/07 – DÖV 2007, 800 (801 f.); krit. dazu *Oebbecke* DVBl 2013, 1409 (1412); OVG Münster Beschl. v. 24.5.2007 – 15 B 778/07 – NWVBl 2007, 347 ff. (Finanzierung Kita-Einrichtung durch Gebühren statt Steuern oder Kredite).
290 BVerwG Urt. v. 29.5.2019 – 10 C 1/18 –, NVwZ 2019, 1528 (1529) mit zust. Anmerkung *H. Meyer* NVwZ 2019, 1530; vgl. ferner *Brüning* der gemeindehaushalt 2020, 49 (51).
291 BVerwG Urt. v. 26.5.2020 – 8 C 20/19 –, NVwZ 2020, 1355 (1356).
292 Vgl. OVG Schleswig Beschl. v. 17.10.2011 – 2 MB 39/11 – NordÖR 2011, 559 f.
293 OVG Koblenz Beschl. v. 29.5.1995 – 7 B 11/85 – DÖV 1986, 152; *Röhl*, in Schoch (Hrsg.) Besonderes Verwaltungsrecht, S. 1 ff., Rn. 70; *Franz* JuS 2004, 937 (938); *Schoch* Jura 2006, 188 (189); *Stober* in FS Siedentopf, 2008, S. 485 (490 f.); aA *Oebbecke* DVBl. 2009, 1152 (1155).
294 Die Berücksichtigung der Lebenswirklichkeit bei der dogmatischen Ausgestaltung der Kommunalaufsichtsrechtsverhältnisses anmahnend *Pfeiffer*, Haftung für Pflichtverletzungen der Kommunalaufsichtsbehörde, 2006, S. 113 ff.; zur überschaubaren Zahl der förmlichen Aufsichtsmaßnahmen vgl. für Nds. LT-Drs. 18/7114 v. 27.7.2020.
295 Bundesweiter Überblick bei *Diemert* in Henneke/Strobl/Diemert (Hrsg.), Recht der kommunalen Haushaltswirtschaft, § 21 Rn. 58 ff.
296 Zum Einsetzen eines „Sparkommissar" anhand des Landesrechtes NW vgl. *Effer-Uhe* ZKF 2008, 25 ff.

die Aufsichtsbehörde dem Verhältnismäßigkeitsgrundsatz, muss also stets die Eignung, Erforderlichkeit und Angemessenheit prüfen.[297]

68 Daneben sieht die Kommunalverfassung **Mitwirkungsrechte der Kommunalaufsicht** nicht allg., sondern für bestimmte Angelegenheiten vor. So erlegen die §§ 68–70 KV im Bereich der wirtschaftlichen Betätigung den Kommunen umfangreiche Darlegungspflichten auf.[298] Von großer Bedeutung sind ferner zahlreiche Genehmigungsvorbehalte,[299] vgl. nur § 49 KV.

69 **4. Rechtsschutz.** Aufsichtsmaßnahmen der **Kommunalaufsicht** richten sich gegen die Körperschaft als solche. Nur diese, nicht ein Organ, dessen Handeln das Einschreiten veranlasst hat, ist nach zutreffender Auffassung richtiger Adressat staatlicher Maßnahmen und dagegen klagebefugt.[300] Weisungen im Verhältnis der Rechtsaufsicht kommt Außenwirkung zu, sie sind als Verwaltungsakte zu qualifizieren und daher grds. gerichtlich angreifbar.[301] Der Regelung in § 85 KV kommt daher nur deklaratorischer Charakter zu.

70 Nach herrschender Auffassung ist eine Kommune bei Eingriffen in den übertragenen Wirkungskreis, also im Rahmen der **Fachaufsicht**, in der Regel nicht klagebefugt, weil sie insoweit nicht eigene Angelegenheiten, sondern solche des Staates wahrnimmt.[302] Wird das fachaufsichtliche Weisungsrecht überschritten, handelt es sich um die Überbürdung einer gesetzlich nicht zukommenden Pflicht, gegen die die Kommune sich zur Wehr setzen kann.[303] Nach der hier vertretenen Auffassung handelt es sich bei den Aufgaben zur Erfüllung nach Weisung um Selbstverwaltungsangelegenheiten, wenn auch mit erleichterten staatlichen Einwirkungsmöglichkeiten. Damit kann sich eine Kommune stets gerichtlich gegen fachaufsichtliche Weisungen wenden. Unverhältnismäßige Weisungen verletzen das Recht auf Selbstverwaltung, ohne dass es einer Rechtsverletzung „im Kernbereich" bedarf.[304] Die kommunale Organisationshoheit ist zu achten, und rechtliche Eingriffe in die Erfüllung der Selbstverwaltungsaufgaben sind zu vermeiden.[305] Durch die Anweisung zu einem rechtswidrigen Verwaltungsvollzug sollen subjektive Rechte der Kommune nicht verletzt sein.[306] Angesichts der Bindung der Gemeinden und Landkreise an Recht und Gesetz

---

297 *Röhl*, in Schoch (Hrsg.), Besonderes Verwaltungsrecht, S. 1 ff., Rn. 70; grds. zustimmend, allerdings mit Recht Differenzierung im Hinblick auf die einzelnen Aufsichtsmittel anmahnend *Schoch* Jura 2006, 188 (191).
298 Vgl. *Darsow*, in Schweriner Kommentierung, § 68 Rn. 6.
299 Überblick bei *Diemert* in: Henneke/Strobl/Diemert (Hrsg.), Recht der kommunalen Haushaltswirtschaft, § 21 Rn. 35 ff.
300 Vgl. OVG Lüneburg, NVwZ 2018, 1236 mit Anmerkung *Michl*, NVwZ 2018, 1238 mwN; Beschl. v. 5.2.2021 – 10 ME 290/20 –, NdsVBl. 2021, 214 (215) mit Anm. *H. Meyer* NdsVBl. 2021, 216.
301 Vgl. VGH Kassel Entsch. v. 27.7.1989 – 6 TH 1651/89 – NVwZ-RR 1990, 96 (97); *Röhl*, in Schoch (Hrsg.), Besonderes Verwaltungsrecht, S. 1 ff., Rn. 70; *Schoch* Jura 2006, 188 (195).
302 Vgl. BVerwGE 6, 101 (102); 95, 333 (335); BVerwG Urt. v. 14.12.1994 – 11 C 4/94 – NVwZ 1995, 910; OVG Greifswald Beschl. V. 22.9.2011 – 2 M 155/11 – NordÖR 2012, 54 (Ls.); *Franz* JuS 2004, 937 (942); *Schenke*, Verwaltungsprozessrecht, 10. Aufl. 2005, Rn. 222.
303 BVerwG Beschl. V. 5.12.1986 –, B 143/86 – NVwZ 1987, 788.
304 Vgl. *von Mutius*, Kommunalrecht, 1996, Rn. 315; vgl. auch LVerfG Urt. v. 26.11.2009 – LVerfG 9/08 – LVerfGE 20, 271 (286 f.).
305 *Vietmeier*, DVBl. 1993, 190 (194).
306 BVerwG Urt. v. 20.1.1987 – 1 BvR 533/85 – NVwZ-RR 1989, 359; deutlich anders akzentuiert allerdings BVerwG Urt. v. 14.12.1994 – 11 C 4.94 – DÖV 1995, 512 (513).

(Art. 4, 70 Abs. 1 LV) erscheint dies zweifelhaft.[307] Schoch[308] hat bereits vor einiger Zeit einen bemerkenswerten Wandel in der jüngeren Rspr. konstatiert. Unabhängig von der hier vertretenen Auffassung erachtet er mit guten Gründen eine Klage in aller Regel für zulässig, beurteilt die Chancen der Begründetheit allerdings zurückhaltend.

## V. Schrifttum

*Zu Abs. 1*: *Christian Bicken*bach, Aufgabenzuordnungsprärogative des Gesetzgebers bei Kreisgebietsreformen und Einkreisungen, LKV 2017, 493 ff.; *Henning Biermann*, Verwaltungsmodernisierung in Mecklenburg-Vorpommern, 2011; *Willi Blümel*, Wesensgehalt und Schranken des kommunalen Selbstverwaltungsrechts, in von Mutius (Hrsg.), Selbstverwaltung im Staat der Industriegesellschaft, 1983, S. 265 ff.; *Gabriele Britz*, Verfassungsrechtliches Klimaschutzgebot in den Kommunen, NdsVBl. 2023, 65 ff.*Christoph Brüning*, Die Rolle des Bürgers bei Funktional- und Territorialreformen auf kommunaler Ebene, ZG 2012, 155 ff.; *Thomas Darsow*, Die Kommunalverfassung für das Land Mecklenburg-Vorpommern, in LKV 1994, 417 ff.; *Thomas Darsow/Sabine Gentner/Klaus-Michael Glaser/Hubert Meyer* (Hrsg.), Schweriner Kommentierung der Kommunalverfassung des Landes Mecklenburg-Vorpommern, 4. Aufl. 2014; *Dirk Ehlers*, § 21: Die Gemeindevertretung, in Thomas Mann/Günter Püttner (Hrsg.), Handbuch der kommunalen Wissenschaft und Praxis, Bd. 1, 3. Aufl. 2007, S. 459 ff.; *Andreas Engels*, Die Verfassungsgarantie kommunaler Selbstverwaltung, 2014; *Alfons Gern/Christoph Brüning* Deutsches Kommunalrecht, 4. Aufl. 2019; *Hans-Günter Henneke*, Entwicklungen der inneren Kommunalverfassung am Beispiel der Kreisordnungen, in DVBl. 2007, S. 87 ff.; *ders.*, Kreisrecht, 2. Aufl. 2007; *ders.*, Leistungsfähigkeitsvorbehalt des Landes in Art. 58 NV eröffnet Rechtsweg zum BVerfG nach Art. 93 Abs. 1 Nr. 4b GG, NdsVBl. 2018, 97 ff.; *Hans-Günter Henneke/Hartmut Maurer/Friedrich Schoch*, Die Kreise im Bundesstaat, 1994; *Hermann Hill*, Soll das kommunale Satzungsrecht gegenüber staatlicher und gerichtlicher Kontrolle gestärkt werden? Gutachten D zum 58. DJT, 1990; *Bernd Holznagel/Sarah Hartmann*,„gemeinde statt.de – Internet-Domainnamen für deutsche Kommunen, NVwZ 2012, 665 ff.; *Werner Hoppe*, Probleme des verfassungsgerichtlichen Rechtsschutzes der kommunalen Selbstverwaltung, in DVBl. 1995, S. 179 ff.; *Werner Hoppe/Alexander Schink* (Hrsg.), Kommunale Selbstverwaltung und europäische Integration, 1990; *Jörn Ipsen*, § 24: Die Entwicklung der Kommunalverfassung in Deutschland, in Thomas Mann/Günter Püttner (Hrsg.), Handbuch der kommunalen Wissenschaft und Praxis, Bd. 1, 3. Aufl. 2007, S. 565 ff.; *Franz-Ludwig Knemeyer*, Die verfassungsrechtliche Gewährleistung des Selbstverwaltungsrechts der Gemeinden und Landkreise, in von Mutius (Hrsg.), Selbstverwaltung im Staat der Industriegesellschaft, 1983, S. 209 ff.; *Joachim Kronisch*, Aufgabenverlagerung und gemeindliche Aufgabengarantie, 1993; *Klaus Lange*, Kommunalrecht, 2013; *ders.*, Orientierungsverluste im Kommunalrecht: Wer verantwortet was?, DÖV 2007, 820 ff.; *ders.*, Von der Steuerungskraft des Art. 28 Abs. 2 GG, ZG 2018, 75 ff.; *Dominik Lück*, Gebietsreform ohne Vorschaltgesetz?, LKV 2017, 403 ff.; *Thomas Mann*, Kommunalrecht, in Tettinger/Erbguth/Mann, Besonderes Verwaltungsrecht, 11. Aufl., 2012, S. 3 ff.; *Gerrit Manssen*, Kommunalverfassung Mecklenburg-Vorpommern, 1998; *Veith Mehde*, Das Ende der Regionalkreise?, NordÖR 2007, 331 ff.; *ders.*, Voraus-

---

307 Vgl. bereits H. *Meyer*, in Schweriner Kommentierung, § 90 Rn. 4.
308 Jura 2006, 358 (insbes. 358 und 362 ff.).

setzungen und Modelle kommunaler Gebietsreformen, NdsVBl. 2014, 66 ff.; *Hubert Meyer*, Aktuelle Entwicklungen zu Gebiets- und Funktionalreformen, ZG 2017, 247 ff.; *ders.*, Aufgaben und Institutionen der Gemeinden und Landkreise, in Landeszentrale für politische Bildung (Hrsg.), Politische Landeskunde Mecklenburg-Vorpommern, 2006, S. 122 ff.; *ders.*, Das SGB II als Ernstfall des Föderalismus, NVwZ 2008, 275 ff.; *ders.*, Das SGB II und die Kommunen, NVwZ 2015, 116 ff.; *ders.*, § 25: Die Entwicklung der Kreisverfassungssysteme, in Thomas Mann/Günter Püttner (Hrsg.), Handbuch der kommunalen Wissenschaft und Praxis, Bd. 1, 3. Aufl. 2007, S. 661 ff.; *ders.*, Entwicklungslinien und Grundzüge des Kommunalrechts in Mecklenburg-Vorpommern, in ders./Freese (Hrsg.), Kommunalverfassungsgesetze Mecklenburg-Vorpommern, 2004, S. 3 ff.; *ders.*, Gebiets- und Funktionalreformen des letzten Jahrzehnts, ZG 2013, 264 ff.; *ders.*, Gebiets- und Verwaltungsreformen des letzten Jahrzehnts im Spiegel der Verfassungsrechtsprechung, NVwZ 2013, 1177 ff.; *ders.*, Kommunalrecht, 2. Aufl. 2002; *ders.*, Kommunales Parteien- und Fraktionenrecht, 1990; *ders.*, Recht der Ratsfraktionen, 11. Aufl. 2021; *ders.*, Regionalkreisbildung: Länder zu Landkreisen? – Anmerkungen zur Regionalkreisdiskussion aus Anlass der Verabschiedung des Verwaltungsmodernisierungsgesetzes Mecklenburg-Vorpommern, in DÖV 2006, 929 ff.; *ders.*, Verfassungsrechtliche Aspekte einer Regionalkreisbildung im Flächenbundesland, in LKV 2005, 233 ff.; *ders.*, Zukunftsfähige Gemeinden und Gemeindestrukturen in Mecklenburg-Vorpommern, in LKV 2003, 11 ff.; *ders.*, Zukunftsfähige Gemeinde- und Ämterstrukturen in Mecklenburg-Vorpommern, in LKV 2004, 241 ff.; *ders./Maximilian Wallerath* (Hrsg.), Gemeinden und Kreise in der Region, 2004; *Albert von Mutius*, Gemeinden und Landkreise in der Landesverfassung Mecklenburg-Vorpommern. Anspruch und Verfassungswirklichkeit, in LKV 1996, 177 ff.; *ders.*, Kommunalrecht, 1996; *ders.*, Örtliche Aufgabenerfüllung – Traditionelles, funktionales oder neues Selbstverwaltungsverständnis? in ders. (Hrsg.), Selbstverwaltung im Staat der Industriegesellschaft, 1983, S. 227 ff.; *ders.*, Sind weitere rechtliche Maßnahmen zu empfehlen, um den notwendigen Handlungs- und Entfaltungsspielraum der kommunalen Selbstverwaltung zu gewährleisten?, Gutachten E zum 53. DJT, 1980; *Janbernd Oebbecke*, Materielle Verfassungsmäßigkeit kommunaler Gebietsreformen, S. 715 ff., in Veith Mehde/Ulrich Ramsauer/Margrit Seckelmann (Hrsg.), Staat, Verwaltung, Information, FS für Hans Peter Bull, 2011; *Günter Püttner*, Kommunale Selbstverwaltung, in Isensee/Kirchhof (Hrsg.), HdbStR Bd. IV, 1990, § 107; *Andreas Reich*, Die gesellschaftliche Grundlage der kommunalen Selbstverwaltung, DÖV 2020, 437; *Klaus Ritgen*, Das Recht der kommunalen Selbstverwaltung in den Verfassungsräumen von Bund und Ländern, NVwZ 2018, 114; *Hans Christian Röhl*, Kommunalrecht, in Friedrich Schoch (Hrsg.), Besonderes Verwaltungsrecht, 15. Aufl. 2013, S. 1 ff.; *Thorsten Ingo Schmidt*, „In dubio pro municipio?" – Zur Aufgabenverteilung zwischen Landkreisen und Gemeinden, DÖV 2013, 509 ff.; *ders.*, Keine Gebiets- ohne Funktionalreform?, LKV 2017, 487 ff.; *Eberhard Schmidt-Aßmann*, Entwicklungen der verfassungsgerichtlichen Rechtsprechung, in Henneke/Meyer (Hrsg.), Kommunale Selbstverwaltung zwischen Bewahrung, Bewährung und Entwicklung, 2006, S. 59 ff.; *ders.*, Perspektiven der Selbstverwaltung der Landkreise, in DVBl. 1996, S. 533 ff.; *Edzard Schmidt-Jortzig*, Gemeinde- und Kreisaufgaben – Funktionsordnung des Kommunalbereiches nach „Rastede", in DÖV 1993, 973 ff.; *ders.*, Kommunalrecht, 1982; *Friedrich Schoch*, Das gemeindliche Selbstverwaltungsrecht gemäß Art. 28 Abs. 2 S. 1 GG als Privatisierungsverbot? DVBl. 2009, 1533 ff.; *ders.*, Der verfassungsrechtliche Schutz der kommunalen Selbstverwaltung, in Jura 2001, 121 ff.; *ders.*, Kommunalrecht als Gegenstand rechtswissenschaftlicher Forschung, DVBl 2018, 1; *ders.*, Stand der Dogmatik, in Henneke/Meyer (Hrsg.), Kommunale Selbstverwaltung zwischen Bewahrung, Bewährung und Entwicklung, 2006, S. 11 ff.; *Sönke E. Schulz*, Die Zukunft der Gemeinden, Ämter (und Kreise) in Schleswig-Holstein, NordÖR 2011, 311; *Kyrill-Alexander Schwarz*, Zum Verhältnis der Landkreise und der kreisangehörigen Gemeinden, in NVwZ 1996, 1182 ff.; *Otfried Seewald*, Kommunalrecht, in Steiner (Hrsg.), Besonderes Verwaltungsrecht, 6. Aufl. 1999, S. 1 ff.; *Rolf Stober*, Kommunalrecht, 3. Aufl. 1996; *Kay Waechter*, Kommunalrecht, 3. Aufl. 1997; *Christian Waldhoff*, Kommunale Selbstverwaltung als juristischer Bewegungsbegriff, DVBl 2016, 1022; *Maximilian Wallerath*, Kommunale Gebietsreform und öffentliches Wohl, S. 53 ff., in Die Verfassungsgerichte der Länder Brandenburg, Mecklenburg-Vorpommern, Sachsen, Sachsen-Anhalt und Thüringen (Hrsg.), 20 Jahre Verfassungsgerichtsbarkeit in den neuen Ländern, 2014 (zit.: Autor, in 20 Jahre Verfassungsgerichtsbarkeit); *ders.*, Selbstverwaltungsgarantie und Kreisgebietsreform, S. 695 ff., in Hermann Butzer/Markus Kaltenborn/Wolfgang Meyer (Hrsg.), Organisation und Verfahren im sozialen Rechtsstaat, FS für Friedrich E. Schnapp, 2008; *Heinrich Amadeus Wolff*, Die Personalhoheit als Bestandteil der kommunalen Selbstverwaltungsgarantie, VerwArch 2009, 280 ff.

*Zu Abs. 2: Julian Philipp Breder*, Vergleichende Analyse der Kreisverfassungssysteme in den Ländern der Bundesrepublik Deutschland, 2022; *Dirk Ehlers*, Das Relikt der Fünf-Prozent-Sperrklausel im Kommunalwahlrecht, S. 153 in: Utz Schliesky/Christian Ernst/Sönke E. Schulz (Hrsg.), Die Freiheit des Menschen in Kommune, Staat und Europa, Festschrift für Edzard Schmidt-Jortzig, 2011; *Sabine Gentner*, Novelle des Kommunalwahlrechts in Mecklenburg-Vorpommern, in LKV 2004, 246 ff.; *Klaus-Michael Glaser*, Kommunalwahlgesetz für das Land Mecklenburg-Vorpommern, Komm., 3. Aufl. 2009; *ders.*, Wahlen und Bürgerbeteiligung in Gemeinden und Landkreisen, in Landeszentrale für politische Bildung (Hrsg.), Politische Landeskunde Mecklenburg-Vorpommern, 2006, S. 141 ff.; *Josef Isensee/Edzard Schmidt-Jortzig* (Hrsg.), Das Ausländerwahlrecht vor dem Bundesverfassungsgericht, 1993; *Markus Krajewski*, Kommunalwahlrechtliche Sperrklauseln im föderativen System, DÖV 2008, 345 ff.; *Veith Mehde*, Die Funktionsfähigkeit kommunaler Volksvertretungen in der verfassungsgerichtlichen Rechtsprechung zu Sperrklauseln, VerwArch 2018, 336; *Hans Meyer*, § 20: Kommunalwahlrecht, in Thomas Mann/Günter Püttner (Hrsg.), Handbuch der kommunalen Wissenschaft und Praxis, Bd. 1, 3. Aufl. 2007, S. 391 ff.; *Hubert Meyer*, Kommunales Parteien- und Fraktionenrecht, 1990; *Thomas Puhl*, Die 5 % – Sperrklausel im Kommunalwahlrecht auf dem Rückzug, S. 441 ff., in Otto Depenheuer/Markus Heintzen/Matthias Jestaedt/Peter Axer (Hrsg.), Staat im Wort, FS für Josef Isensee, 2007; *Klaus Ritgen*, Kommunale Gebietsreformen und direkte Demokratie, ZG 2017, 357 ff.; *Alexander Saftig*, Kommunalwahlrecht in Deutschland, 1990; *Friedrich Schoch*, Unmittelbare Demokratie im deutschen Kommunalrecht durch Bürgerbegehren und Bürgerentscheid, S. 167 ff., in Utz Schliesky/Christian Ernst/Sönke E. Schulz (Hrsg.), Die Freiheit des Menschen in Kommune, Staat und Europa, Festschrift für Edzard Schmidt-Jortzig, 2011; *Alexander Suslin*, Die Pflicht zur politisch neutralen Amtsführung, 2018; *Ulrich Wenner*, Sperrklauseln im Wahlrecht der Bundesrepublik Deutschland, 1986.

*Zu Abs. 3: Matthias Dombert*, Auch für die Erhöhung kommunaler Aufgabenstandards gilt: Wer bestellt, der bezahlt!, LKV 2011, 353 ff.; *ders./Florian Penski*, Erfordernis einer Kostenprognose im Konnexitätsprinzip, KommJur 2020, 121 ff.; *Hans-Joachim Driehaus*, Beurteilung der Verfassungsmäßigkeit des Gesetzes zur Abschaffung der Straßenausbaubeiträge in Mecklenburg-Vorpommern, Der Überblick 2021, 337; *Klaas Engelken*, Keine konnexitätsrelevante Ausgleichspflicht der Länder gegenüber den Kommunen für bundesrechtliche Aufgabenerweiterungen, NVwZ 2015, 342 ff.; *ders.*,Wenn der Bund seine alten Aufgabenzuweisungen an Kommunen aufhebt, DÖV 2011, 745 ff.; *ders.*, Konnexitätsansprüche der Kommunen gegen die Länder eventuell weit über den Kita-Ausbau hinaus, NVwZ 2013, 1529 ff.; *Wolfram Försterling*, Das Aufgabenübertragungsverbot nach Art. 84 Abs. 1 S. 7 GG, in Der Landkreis 2007, S. 56 ff.; *Johannes Hellermann*, Bundesrechtliche Ausweitung den Kommunen übertragener Aufgaben und ihre Finanzierungsfolgen im Lichte des BVerfG-Beschlusses vom 7.7.2020, ZG 2021, 313 ff. *Hans-Günter Henneke*, Anwendbarkeit der landesverfassungsrechtlichen Konnexitätsregelungen auch bei der Vollziehung von Bundesgesetzen durch die Kommunen, der gemeindehaushalt 2021, 241 ff.; *ders.*, Der Bundesgesetzgeber, der die neuen Maßstäbe setzt, ist NICHT der aufgabenübertragende Gesetzgeber, Der Landkreis 2021, 530 ff.; *ders.* Die Kommunen in der Finanzverfassung des Bundes und der Länder, 5. Aufl., 2012 (zit.: Die Kommunen in der Finanzverfassung); *ders.*, Jetzt muss zusammenwachsen, was zusammengehört – Zu den bundes- und landesverfassungsrechtlichen kommunalen Finanzgarantien, Der Landkreis 2020, 471 ff.; *ders.*, Können sich die Länder vor einer Mehrbelastungsausgleichpflicht gegenüber ihren Kommunen wegducken?, ZKF 2021, 145 ff.; *ders.*, Kommunale Finanzgarantien in der Rechtsprechung, in Henneke/Pünder/Waldhoff, Recht der Kommunalfinanzen, 2006, S. 443 ff.; *ders.*, Kostendeckungsregelung: Ist „dabei gleichzeitig" auch noch 9 ½ Monate später? Der Landkreis 2021, 534 ff.; *ders.*, ThürVerfGH schreibt Lehrbuch der Kommunalfinanzausgleichsgesetzgebung, in ZG 2006, 73 ff.; *Peter M. Huber/Ferdinand Wollenschläger*, Durchgriffsverbot und landesverfassungsrechtliches Konnexitätsgebot,VerwArch 2009, 305 ff.; *Cornelia Jäger*, Der Tatbestand der Konnexitätsregelung des Art. 78 Abs. 3 der Landesverfassung Nordrhein-Westfalen, 2014; *Iris Kemmler*, Finanzbeziehungen zwischen Ländern und Kommunen, DÖV 2008, 983 ff.; *Winfried Kluth*, Das kommunale Konnexitätsprinzip in den Landesverfassungen,- Überblick über Rechtsetzung und Rechtsprechung, LKV 2009, 337 ff.; *Christian von Kraack,* Die Gretchenfrage „Konnexität" – Zwei grundlegende Punkte geklärt, NWVBl 2011, 41 ff.; *Marc Lahmann*, Das neue Konnexitätsprinzip in der Verfassung für Rheinland-Pfalz, in KommJur 2005, 127 ff.; *René Laier/Ralph Zimmermann*, Wer bestellt, bezahlt – wer nicht bestellt, bezahlt auch, ZG 2008, 355 ff.; *Anna Leisner-Egensperger*, Das Konnexitätsprinzip im verfassungsrechtlichen Ländervergleich, NVwZ 2021, 1487 ff.; *Günther Macht/André Scharrer*, Landesverfassungsrechtliche Konnexitätsprinzipien und Föderalismusreform, DVBl 2008, 1150 ff.; *Norbert Meier/Stefan Greiner*, Die Neufassung des Art. 78 Abs. 3 LVerf NRW – Einführung eines strikten Konnexitätsprinzips?, in NWVBl. 2005, 92 ff.; *Hubert Meyer*, Der kommunale Finanzausgleich in Mecklenburg-Vorpommern, 3. Aufl. 2004; *ders.*, Die kommunale Finanzgarantie als Herausforderung für die Landesverfassungsgerichte, in NVwZ-Sonderheft für Hermann Weber, 2001, S. 36 ff.; *ders.*, Konnexität vor Landesverfassungsgerichten: Schwierige Rechtsfindung im Föderalismus, NVwZ 2021, 1754 ff.; *ders.*, Wässriger Wein aus Sachsen zur dualen Finanzgarantie, in LKV 2001, 297 ff.; *Stefan Mückl*, Konnexitätsprinzip in der Verfassungsordnung von Bund und Ländern, in Henneke/Pünder/Waldhoff, Recht der Kommunalfinanzen, 2006, S. 33 ff.; *Petz*, Aufgabenübertragungen und kommunales Selbstverwaltungsrecht, in DÖV 1991, 320 ff.; *Klaus Ritgen,*; Das Konnexitätsprinzip in den Verfassungen der Länder Brandenburg, Sachsen, Sachsen-Anhalt und Thüringen, S. 21 ff. in Volkmar

Schöneburg ua, Verfassungsfragen in Berlin, Brandenburg, Mecklenburg-Vorpommern, Sachsen, Sachsen-Anhalt und Thüringen, 2013 (zit.; Schöneburg ua, Verfassungsfragen); *ders.*, Das Recht der kommunalen Selbstverwaltung in den Verfassungsräumen von Bund und Ländern, NVwZ 2018, 114 ff.; *André Röhl*, Finanzverfassungsrechtlicher Dualismus in der Sackgasse?, DÖV 2008, 368 ff.; *ders.*, Kommunale Selbstverwaltung und finanzverfassungsrechtlicher Dualismus in Mecklenburg-Vorpomern, in LKV 2007, 157 ff.; *Alexander Schink*, Wer bestellt, bezahlt – Verankerung des Konnexitätsprinzips in der Landesverfassung NRW, in NWVBl. 2005, 85 ff.; *Eva Marie Schnelle*, Inhalt und Reichweite des Konnexitätsprinzips in den Landesverfassungen, DVBl. 2015, 1141 ff.; *Friedrich Schoch*, Das landesverfassungsrechtliche Konnexitätsprinzip (Art. 71 Abs. 3 LV) zwischen verfassungsrechtlicher Schutzfunktion und Aushöhlung durch die Praxis, in VBlBW 2006, 122 ff.; *ders.*, Das landesverfassungsrechtliche Konnexitätsprinzip im Wandel der Rechtsprechung, DVBl. 2016, 1007 ff.; *ders.*, Finanzverantwortung beim kommunalen Verwaltungsvollzug bundes- und landesrechtlich veranlaßter Ausgaben, in ZG 1994, 246 ff.; *ders.*, Schutz des Kernbereichs kommunaler Finanzausstattung durch Art. 28 Abs. 2 S. 3 GG, ZG 2019, 114 ff.; *ders.*, Verfassungswidrigkeit des bundesgesetzlichen Durchgriffs auf die Kommunen, in DVBl. 2007, S. 261 ff.; *Friedrich Schoch/Joachim Wieland*, Finanzierungsverantwortung für gesetzgeberisch veranlaßte kommunale Aufgaben, 1995; *Kyrill-Alexander Schwarz*, Der Einfluss des Europäischen Stabilitätspaktes auf die Ebene der kommunalen Selbstverwaltung, NWVBl 2012, 245 ff.; *ders.*, Finanzierung übertragener Aufgaben, in NVwZ 1996, 554 ff.; *ders.*, Stillschweigende Aufgabenübertragung und Anwendung des landesverfassungsrechtlichen Konnexitätsprinzips, in ZKF 2006, 265 ff. und 2007, S. 6 ff.; *Christian Starck*, Die Finanzausstattung der Kommunen im Spiegel der Rechtsprechung der Landesverfassungsgerichte, in NdsVBl., Sonderheft zum 50-jährigen Bestehen des Niedersächsischen Staatsgerichtshofs, 2005, S. 36 ff.; *Marco Trips*, Die Konnexitätsregelung in der Niedersächsischen Verfassung, NVwZ 2015, 102 ff.; *Rudolf Wendt*, Mehrbelastungsausgleichspflicht der Länder für bundesgesetzlich veränderte Aufgaben?, DÖV 2017, 1 und 595 ff.; *Christoph Worms*, Die landesverfassungsrechtlichen Konnexitätsregelungen am Beispiel des Art. 49 Abs. 5 der Verfassung für rheinland-Pfalz, DÖV 2008, 353 ff.; *Christian Zieglmeier*, Das strikte Konnexitätsprinzip am Beispiel der Bayerischen Verfassung, NVwZ 2008, 270 ff.

*Zu Abs. 4: Reimer Bracker*, Theorie und Praxis der Kommunalaufsicht, in von Mutius (Hrsg.), Selbstverwaltung im Staat der Industriegesellschaft, 1983, S. 459 ff.; *Christoph Brüning*, Zur Reanimation der Staatsaufsicht über die Kommunalwirtschaft, DÖV 2010, 553 ff.; *ders.*, Kommunale Finanzen unter Aufsicht: Voraussetzungen und Grenzen, der gemeindehaushalt 2020, 49 ff.; *Dörte Diemert*, Kommunalaufsicht, § 21 in Hans-Günter Henneke/Heinz Strobl/Dörte Diemert (Hrsg.), Recht der kommunalen Haushaltswirtschaft, 2008; *Mario Etscheid*, Funktionen, Prozesse und Konzepte der Fachaufsicht, VerwArch 2019, 181 ff.; *Paul-Peter Humpert*, Genehmigungsvorbehalte im Kommunalverfassungsrecht, 1990; *Jörn Klimant*, Funktionen, Probleme und Arbeitsweise der Kommunalaufsicht, 1992; *Franz-Ludwig Knemeyer*, § 12: Die Staatsaufsicht über die Gemeinden und Kreise, in Thomas Mann/Günter Püttner (Hrsg.), Handbuch der kommunalen Wissenschaft und Praxis, Bd. 1, 3. Aufl. 2007, S. 217 ff.; *Hubert Meyer*, Amtspflichten der Rechtsaufsichtsbehörde – Staatliche Fürsorge statt Selbstverantwortung?, in NVwZ 2003, 818 ff.; *Janbernd Oebbecke*, Kommunalaufsicht – nur Rechtsaufsicht oder mehr?, in DÖV 2001, 406 ff.; *ders.*, Reaktionen des Rechts auf kommunale Finanzprobleme,

DVBl 2013, 1409 ff.; *Thomas Michael Pfeiffer*, Haftung für Pflichtverletzungen der Kommunalaufsichtsbehörde, 2006; *Friedrich Schoch*, Die staatliche Fachaufsicht über Kommunen, in Jura 2006, 358 ff.; *ders.*, Die staatliche Rechtsaufsicht über Kommunen, in Jura 2006, 188 ff.; *Rolf Stober*, Kommunalrecht und Rechtsstaatsprinzip, S. 485 ff., in Siegfried Magiera/Karl-Peter Sommermann/ Jacques Ziller (Hrsg.), Verwaltungswissenschaft und Verwaltungspraxis in nationaler und transnationaler Perspektive, Festschrift für Heinrich Siedentopf, 2008.

### Art. 73 (Finanzgarantie)

(1) [1]Zur Erfüllung ihrer Aufgaben fließen den Gemeinden das Aufkommen an den Realsteuern und nach Maßgabe der Landesgesetze Anteile aus staatlichen Steuern zu. [2]Das Land ist verpflichtet, den Gemeinden und Kreisen eigene Steuerquellen zu erschließen.

(2) Um die Leistungsfähigkeit steuerschwacher Gemeinden und Kreise zu sichern und eine unterschiedliche Belastung mit Ausgaben auszugleichen, stellt das Land im Wege des Finanzausgleichs die erforderlichen Mittel zur Verfügung.

Vergleichbare Regelungen:
*Zu Abs. 1*: Artt. 28 Abs. 2 S. 2, 106 Abs. 6 GG; 73 Abs. 2 BWVerf; 83 Abs. 3 S. 2 und 6 BayVerf; 99 S. 1 BbgVerf; 146 BremVerf; 137 Abs. 5 S. 2 HessVerf; 58 NdsVerf; 79 S. 1 Verf NW; 49 Abs. 6 Verf Rh-Pf; 119 S. 2 SaarlVerf; 87 Abs. 2 SächsVerf; 88 Abs. 3 LVerf LSA; 56 SchlHVerf; 93 Abs. 2 ThürVerf.
*Zu Abs. 2*: Artt. 106 Abs. 7 GG; 73 Abs. 1 und 3 BWVerf; 99 S. 2 und 3 BbgVerf; 137 Abs. 5 S. 1 HessVerf; 58 NdsVerf; 79 S. 2 Verf NW; 49 Abs. 6 Verf Rh-Pf; 119 Abs. 2 SaarlVerf; 87 Abs. 1 und 3 SächsVerf; 88 Abs. 1 und 2 LVerf LSA; 57 Abs. 1 SchlHVerf; 93 Abs. 1 S. 1 und Abs. 3 ThürVerf.

| | |
|---|---|
| I. Finanzhoheit und finanzielle Mindestausstattung ................ 1 | d) Insb.: Schutz durch verfahrensrechtliche Anforderungen? ............................ 17 |
| II. Steuerhoheit und -beteiligung ...... 5 | 2. Finanzkraft ..................... 19 |
| III. Kommunaler Finanzausgleich ..... 11 | 3. Finanzbedarf .................... 20 |
| 1. Funktion und verfassungsrechtliche Vorgaben ........... 11 | a) Generelle Betrachtungen ... 20 |
| a) Einordnung ................. 11 | b) Finanzausgleichsgesetz M-V .......................... 24 |
| b) Aufgaben und Funktionen 12 | 4. Ausgleichsziel und -intensität .. 26 |
| c) Verfassungsrechtliche Determinanten .............. 15 | IV. Schrifttum ......................... 27 |

### I. Finanzhoheit und finanzielle Mindestausstattung

1 Von einer eigenverantwortlichen Aufgabenerfüllung kann nur gesprochen werden, wenn die kommunalen Gebietskörperschaften nicht nur aus eigenem Recht ihre Angelegenheiten wahrnehmen, sondern zudem auch aus eigenem Recht ihre Einwohner zu den durch die Aufgabenerfüllung entstehenden Lasten heranzuziehen befugt sind. Beide Rechte stehen in einer historisch überkommenen Wechselbeziehung zueinander.[1] Dies bedeutet nicht, dass die Kommunen ihre Aufgaben durchweg mit originären Einnahmen bestreiten müssten.

Die kommunale Finanzhoheit als Bestandteil der Selbstverwaltungsgarantie der Gemeinden und Landkreise beinhaltet zunächst jedenfalls die Befugnis zu **einer eigenverantwortlichen Einnahmen- und Ausgabenwirtschaft** im Rahmen eines

---

1 *Von Mutius/Henneke*, Kommunale Finanzausstattung und Verfassungsrecht, S. 34 f.

## IV. Landesverwaltung und Selbstverwaltung — Art. 73

gesetzlich geordneten Haushaltswesens.[2] Nach Auffassung des BVerfG darf ihnen jedenfalls nicht das eigene Wirtschaften mit Einnahmen und Ausgaben aus der Hand genommen werden.[3]

Wegen der notwendigen Zusammengehörigkeit von Aufgabenwahrnehmung, Finanzierungsverantwortlichkeit und dazu erforderlichen Einnahmen umfasst die Garantie kommunaler Selbstverwaltung zwingend auch die Gewährleistung einer **angemessenen finanziellen Mindestausstattung**. Die Ausstattung mit finanziellen Mitteln muss so beschaffen sein, dass die unmittelbar demokratisch legitimierten Kollegialorgane der Kommunen etwas in finanzieller Hinsicht Substanzielles als Ausdruck politischer Entscheidungsfindung beschließen können. Der bloße administrative Vollzug staatlich determinierter Entscheidungen würde der politisch-demokratischen Komponente kommunaler Selbstverwaltung nicht gerecht.[4] Das

---

2 Vgl. nur BVerfGE 26, 228 (244).
3 Exemplarisch BVerfGE 26, 228 (244); 71, 25 (36 f.); BVerfG Beschl. v. 27.11.1986 – 2 BvR 1241/82 – NVwZ 1987, 123; Kritik übend an der Stereotypen Wiederholung der Formulierung des BVerfG *Schoch*, in Hennecke/Meyer (Hrsg.), Kommunale Selbstverwaltung zwischen Bewahrung, Bewährung und Entwicklung, 2006, S. 11 (51).
4 Zutr. hM, vgl. nur VerfGH Rh-Pf, Urt. v. 5.12.1977 – VGH 2/74 – DÖV 1978, 763 (763 f.); Urt. v. 18.3.1992 – VGH 3/91 – NVwZ 1993, 159 (160); Urt. v. 16.3.2001 – VGH 8/00 – DÖV 2001, 601; in seinem Urt. v. 16.12.2020 – VGH N 12, 13 und 14/19 –, DVBl. 2021, 263 (Rn. 58 f.), spricht der VerfGH Rh-Pf allerdings vom Gebot einer aufgabenadäquaten kommunalen Finanzausstattung und erkennt einen Anspruch auf finanzielle Mindestausstattung ausdrücklich nicht an; anlässlich dieses Verfahrens auf eine Klärung durch das BVerfG mittels kommunaler Verfassungsbeschwerden in Karlsruhe setzend vgl. *Hennecke* DVBl. 2021, 216 ff.; *dern.*, Der Landkreis 2021, 39 (42); VerfGH NW, Urt. v. 16.12.1988 – 9/87 – DVBl. 1989, 151 (152) und Urt. v. 6.7.1993 – VerfG 9 und 22/92 – DÖV 1993, 1003 (1003 f.); NdsStGH Urt. v. 25.11.1997 – StGH 14/95 ua – StGHE 3, 299, 311; im Grundsatz ebenso, den selbst gesetzten Maßstäben aber nicht gerecht werdend NdsStGH, Urt. v. 16.5.2001 – StGH 6/99 ua – StGHE 4, 31 (49 ff.), krit. dazu *H. Meyer* NVwZ-Sonderheft für Hermann Weber, 2001, S. 36, 37 f.; SaarlVerfGH Urt. v. 10.1.1994 – Lv 2/92 – NVwZ-RR 1995, 153 (154); BayVerfGH Entsch. v. 18.4.1996 – Vf 13-VII-93 – NVwZ-RR 1997, 301 (302); StGH BW Urt. v. 10.5.1999 – GR 2/97 – DVBl. 1999, 1353, 1355; LVerfG LSA 8.12.1998 – LVG 10/97 – NVwZ-RR 1999, 393 (397) und Urt. v. 13.7.1999 – LVG 20/97 – 2000, 1, 4; Urt. v. 9.10.2012 – LVG 57/10 – DVBl 2012, 1560 (1562); BbgVerfG Urt. v. 16.9.1999 – VfG Bbg 28/98 – NVwZ-RR 2000, 129 (130); SächsVerfGH Urt. v. 23.11.2000 – Vf. 49-VIII-97 – SächsVBl. 2001, 67 (69); LVerfG M-V Urt. v. 18.12.2003 – 13/02 – LVerfGE 14, 293, 301; Urt. v. 11.5.2006 – 1/05 ua – LVerfGE 17, 297(318); Urt. v. 30.6.2011 – 10/10 – LVerfGE 22, 285 (288 f.); grundlegend ThürVerfGH Urt. v. 21.6.2005 – VerfGH 28/03 – NVwZ-RR 2005, 665 ff.; bestätigend Urt. v. 2.11.2011 – VerfGH 13/10 – BeckRS 2011, 25477 S. 14; HessStGH Urt. v. 21.5.2013 – P.St. 2361 – NVwZ 2013, 1151 (1153); Urt. v. 16.1.2019 – P.St. 2606 – NVwZ 2019, 1036 (1037) mit Anm. *H. Meyer* NVwZ 2019, 1046 f.; sich dem für das Bundesverfassungsrecht anschließend BVerwGE 145, 378 (384); aus der kaum noch zu überschauenden Lit. vgl. nur *Diemert* DVBl. 2015, 1003 (1004); *Dombert* DVBl. 2006, 1136, 1137; *Ernst* in von Münch/Kunig, Art. 28 Rn. 189; *Grawert*, in von Mutius (Hrsg.), Selbstverwaltung im Staat der Industriegesellschaft, S. 587, 590; *Hennecke*, Der Landkreis 2006, 285, 318 ff.; *Leisner-Egensperger*, NVwZ 2021, 1487 ff.; *Hans Meyer*, Die Finanzverfassung der Gemeinden, S. 63 ff.; *Hubert Meyer*, Der kommunale Finanzausgleich in M-V, 3. Aufl. 2004, S. 23; *Mückl*, Finanzverfassungsrechtlicher Schutz der kommunalen Selbstverwaltung, 1998, S. 64 ff.; *von Mutius/Hennecke*, Kommunale Finanzausstattung und Verfassungsrecht, 1985, S. 30 f.; *Nierhaus* LKV 2005, 1 (2 f.); *Petit*, Der kommunale Mindestausstattungsanspruch im Verfassungsrecht von Bund und Ländern, 2020, S. 25 ff.; *Pünder/Waldhoff*, in Hennecke/Pünder/Waldhoff (Hrsg.), Recht der Kommunalfinanzen, 2006, § 1 Rn. 9; *Röhl*, in Schoch (Hrsg.), Besonderes Verwaltungsrecht, S. 1 Rn. 41; *Schmidt-Jortzig*, Kommunalrecht, 1982, Rn. 747; *dens.*, DVBl. 2007, 96, 99; *Schmitt*, Inhalt, verfassungsrechtliche Stellung und Bedeutungsgehalt der kommunalen Finanzhoheit, 1996, S. 62; *Schoch*, Verfassungsrechtlicher Schutz der kommunalen Finanzautonomie, 1997, S. 137 ff.; *dens.*, in Hennecke/Meyer (Hrsg.), Kommunale Selbstverwaltung zwischen

BVerfG hat die Frage bisher stets ausdrücklich offen gelassen.[5] In ihrem Urteil zum Länderfinanzausgleich 1999[6] haben die Karlsruher Verfassungsrichter dem 1994 in das GG eingefügten S. 3 des Art. 28 Abs. 2 GG aber die klarstellende Funktion entnommen, dass die Gewährleistung der Selbstverwaltung auch die Grundlagen der finanziellen Eigenverantwortung umfasst; die gestärkte finanzwirtschaftliche Unabhängigkeit und Verselbständigung der Kommunen modifiziere die bisherige Zweistufigkeit der Finanzverfassung.[7] Das BVerfG entnimmt der Norm die zuvörderst den Ländern obliegende Verpflichtung, den Kommunen gegebenenfalls die Mittel zur Verfügung zu stellen, die sie zur Erfüllung ihrer Aufgaben benötigen.[8] In seiner Entscheidung vom 7.7.2020 hat das BVerfG festgestellt, Art. 28 Abs. 2 GG liege die Vorstellung einer aufgabengerechten kommunalen Finanzausstattung zu Grunde. Ferner zitieren die Karlsruher Verfassungshüter ausführlich die Rechtsprechung der Landesverfassungsgerichte zu den weitgehend übereinstimmenden landesverfassungsrechtlichen Garantien kommunaler Selbstverwaltung, die größtenteils einen Anspruch auf finanzielle Mindestausstattung verbürgten.[9] Dies ist in der Literatur vorsichtig als weiterer Schritt auf den Weg zur Anerkennung einer solchen Mindestgarantie durch das BVerfG gewertet worden.[10] Der Verfassungsgerichtshof Nordrhein-Westfalen hat den Landkreisen zutreffend ausdrücklich einen eigenen, neben dem der Gemeinde bestehenden Anspruch eingeräumt.[11]

3   Die Garantie der finanziellen Mindestausstattung gewährleistet den Kommunen aber **keinen bestimmten oder gleichbleibenden Bestand** an Finanzmitteln. Die Angemessenheit der Finanzausstattung der Gemeinden und Landkreise kann wegen der prinzipiellen Gleichrangigkeit der Aufgaben von Bund, Land und Kommunen nur in einer Gesamtbetrachtung aller Aufgaben und der zur Verfügung stehenden Finanzen beantwortet werden. Eine angemessene Finanzausstattung liegt aber nicht mehr vor, wenn die Kommunen mangels finanzieller Mittel

---

Bewahrung, Bewährung und Entwicklung, 2006, S. 11 (55 ff.); *dens.*, ZG 2019, 114 (121 ff.); *Schwarz* ZKF 2006, 265 (266); *dens.*, ZKF 2009, 241 (242 ff.); *Stern*, in BK, Art. 28 Rn. 76, 151 f.; *Volkmann* DÖV 2001, 497; *Wendt/Elicker* VerwArch 92 (2002), 187 (189); deutlich relativierend oder ausdrücklich eine Mindestausstattung ablehnend hingegen LVerfG M-V Urt. v. 11.5.2006 – 1/05 ua – LVerfGE 17, 297 (321); NdsStGH Urt. v. 27.2.2008 – StGH 2/05 – StGHE 4, 202 (215 ff.); VerfGH NW Urt. v. 19.7.2011 – VerfGH 32/08 – DVBl. 2011, 1155 (1155 f.); Urt. v. 30.8.2016 – VerfGH 34/14-, DVBl. 2016, 1023 (Rn. 73 ff.); mit Recht krit. zur Entscheidung des VerfGH NW *Henneke* der gemeindehaushalt 2020, 265 ff.; die Judikatur auf Bundes- und Landesebene aufarbeitend zuletzt *Kluth* ZG 2021, 348 ff.

5   Vgl. BVerfGE 26, 172 (181); 71, 25 (36 f.); 83, 363 (386); BVerfG Beschl. v. 9.3.2007 – 2 BvR 2215/01 – NVwZ-RR 2007, 435 f.; krit. hierzu *Schoch*, in Henneke/Meyer (Hrsg.), Kommunale Selbstverwaltung zwischen Bewahrung, Bewährung und Entwicklung, 2006, S. 51 mwN.
6   BVerfGE 101, 158 ff.
7   Vgl. auch BVerfGE 125, 141 (160 ff.); zu den kommunalen Erwartungen und dem eher ernüchternden Ergebnis der Verfassungsnovellierung vgl. *Henneke*, in Henneke/Maurer/Schoch, Die Kreise im Bundesstaat, 1994, S. 61 ff.; ausführlich zur Bedeutung der Norm *Schoch* ZG 2019, 114 ff.
8   BVerfG Urt. v. 19.9.2018 – 2 BvF 1/15, 2 BvF 2/15 – NVwZ 2018, 1703 (1709, Rn. 183) mwN.
9   BVerfGE 155, 310 (333, Rn. 55 f.).
10  Vgl. *H. Meyer* NVwZ 2020, 1731 (1732); die Entwicklung der Rechtsprechung des BVerfG und des BVerwG nachzeichnend vgl. *Henneke* DVBl. 2021, 216 (217 ff.); *Kluth* ZG 2021, 348 ff.
11  Urt. v. 6.7.1993 – VerfG 9 und 22/92 – DÖV 1993, 1003 (1004); hierzu *Henneke* DÖV 1994, 1 (3 f.); ebenso *Petit*, Der kommunale Mindestausstattungsanspruch im Verfassungsrecht von Bund und Ländern, S. 101 f.

außer Stande sind, ein Mindestmaß an freiwilligen Selbstverwaltungsaufgaben zu erledigen. Die Mindestfinanzausstattung, die eine derartige Betätigung noch ermöglicht, bildet die zwingend einzuhaltende Untergrenze der angemessenen Finanzausstattung.[12] Dabei ist ferner zu berücksichtigen, dass im Gegensatz zur staatlichen die kommunale Ebene bei den Aufgaben zur Erfüllung nach Weisung nahezu keinen und bei den pflichtigen Selbstverwaltungsaufgaben nur einen eingeschränkten Einfluss auf das Ob und Wie einer Aufgabenerfüllung hat. Insoweit besteht eine Rückkoppelung zu Art. 72 Abs. 3 LV: Kann eine angemessene finanzielle Ausstattung infolge allg. finanzieller Engpässe nicht mehr gewährleistet werden, ist verfassungsrechtlich zunächst eine Aufgabenkritik der dafür verantwortlichen Ebene geboten. Wenn hingegen das Recht auf Mindestausstattung der Kommunen von vornherein nur in den Grenzen einer nicht weiter kritisch hinterfragten **Leistungsfähigkeit des Landes** zugestanden wird,[13] wird eine real nicht bestehende Gleichstufigkeit des Landes und der Kommunen auf der Ebene der Aufgabenwahrnehmung wie der Möglichkeit zum Herstellen eines Haushaltsausgleichs suggeriert und im Ergebnis der Schutzgehalt der Art. 72 Abs. 1, 73 Abs. 2 LV unterlaufen. Auch dürfen freiwillige Aufgaben der Kommunen nicht gleichsam automatisch als überflüssig und als mögliche Einsparpotenziale gewertet werden.[14] Die zitierte Entscheidung des LVerfG M-V aus dem Jahr 2006 leidet iÜ an der zwar semantisch, nicht aber sachlich vorgenommenen Unterscheidung zwischen dem – etwaigen Relativierungen nicht zugänglichem – Kernbereich und dem nur bedingten Schutz genießenden und einen weiten Gestaltungsspielraum für den Gesetzgeber bietenden Randbereich.[15] Schließlich wird durch das maßgebliche Abstellen auf die sog. Verteilungssymmetrie der verfassungsrechtlich gebotene Aufgabenbezug für die Finanzausstattung zulasten einer vorrangig einnahmenorientierten Betrachtung vernachlässigt.[16]

Zusätzliche Relevanz erhält die Diskussion um die finanzielle Mindestausstattung durch die als „Kernstück der Föderalismusreform II"[17] in Art. 109 Abs. 3 GG iVm Art. 109a und Art. 115 GG eingeführte **Schuldenbremse** des Grundge-

---

12 LVerfG M-V, Urt. v. 18.12.2003 – 13/02 – LVerfGE 14, 293 (301); Urt. v. 11.5.2006 – 1/05 ua – LVerfGE 17, 297 (319 f.); Urt. v. 30.6.2011 – 10/10 – LVerfGE 22, 285 (289); vgl. auch LVerfG M-V Urt. v. 26.1.2012 – 18/10 – NordÖR 2012, 229 (231 ff.).
13 So LVerfG M-V Urt. v. 26.1.2006 – 15/04 ua – LVerfGE 17, 297 (318, 319 f.); Urt. v. 26.1.2012 – 18/10 – NordÖR 2012, 229 (230); krit. zu den pauschalen Annahmen des Gerichts auch *Röhl* LKV 2007, 157 (159); prägend für die Verfassungsjudikatur zum Leistungsfähigkeitsvorbehalt der NdsStGH, zuletzt Beschl. v. 27.2.2008 – StGH 2/05 – StGHE 4, 202 (217 ff.); krit. dazu *Henneke* DÖV 2008, 857 ff., *ders.* NdsVBl 2018, 97 (98 f.) und *H. Meyer*, Mindestausstattung (Nds), S. 1 (13 ff.); krit. auch *Wohltmann* Der Landkreis 2021, 630 (632); obwohl im dortigen Verfassungstext nicht verankert einen Leistungsfähigkeitsvorbehalt annehmend auch LVerfG LSA, Urt. v. 9.10.2012 – LVG 57/10 – DVBl 2012, 1560 (1561 f.) mit insoweit krit. Anmerkung *Henneke* DVBl 2012, 1565 (1567).
14 Zutr. *Röhl* LKV 2007, 157 (159).
15 Vgl. dazu bereits *Henneke* DÖV 1998, 330 (334); *H. Meyer*, Der kommunale Finanzausgleich in M-V, 3. Aufl. 2004, S. 24 f.; deutlich *Dombert* DVBl. 2006, 1136 (1137); *Schwarz* ZKF 2009, 241, „bemerkenswerte Uminterpretation zentraler verfassungsrechtlicher Schutzpositionen"; umfassend zum Kernbereichsmodell *Henneke*, Die Kommunen in der Finanzverfassung, 5. Aufl. 2012, S. 336 ff.
16 Inkonsequent daher auch NdsStGH Urt. v. 27.2.2008 – StGH 2/05 – StGHE 4, 202 (215 ff.), krit. auch *Albers* NdsVBl. 2011, 1 (5); näher *H. Meyer*. Mindestausstattung (Nds.), S. 13 ff.; dem NdsStGH nach wie vor weitgehend folgend hingegen *Waechter* in Butzer/Epping, Art. 58 Rn. 127 ff.; auf den Grundsatz der Verteilungssymmetrie abstellend, aber uU eine interne Korrektur für notwendig erachtend vgl. VerfGH Rh-Pf, Urt. v. 14.2.2012 – VGH N 3/11 – NVwZ 2012, 1034 (1036).
17 So *Henneke* NdsVBl. 2009, 121 (123 ff.).

setzes.[18] Mecklenburg-Vorpommern hat durch Änderung des Art. 65 Abs. 2 LV und Einfügen der Übergangsvorschrift in Art. 79a LV[19] Konsequenzen auf der Ebene des Verfassungsrechts gezogen. Die Kommunen werden hingegen weder auf Ebene des Bundes- wie des Landesverfassungsrechts erwähnt. Dies eröffnet die offene Flanke eines Verschiebens von finanziellen Lasten der Länder auf die Kommunen. Ob und inwieweit der von der Rechtsprechung des LVerfG gebilligte Gleichmäßigkeitsgrundsatz (vgl. dazu unten → Rn. 24) ggf. wirksam Schutz zu bieten vermag, bleibt abzuwarten.[20]

Eine gesetzlich angeordnete Eigenbeteiligung der Nutzer an von Kommunen zu tragenden finanziellen Lasten verletzt nicht generell die Satzungs- und Finanzhoheit der Kommunen, sondern kann eine geeignete und erforderliche gesetzliche Maßnahme zur Konsolidierung des Landeshaushalts unter gleichzeitiger Vermeidung einer zusätzlichen Belastung der Kommunalhaushalte darstellen (hier: Schülerbeförderungskosten der Landkreise).[21]

4 Für die Gewährleistung einer finanziellen Mindestausstattung verantwortliche **Verpflichtungsadressaten** der Kommunen sind nach zutreffender Auffassung allein die Bundesländer.[22] Über die Mitwirkung an der Bundesgesetzgebung durch den BRat können sie auch finanzielle Belastungen der Kommunen durch Bundesgesetze abwehren.[23] Die Kompetenzverteilung des Grundgesetzes setzt auch einer wiederholt diskutierten Übernahme **kommunaler Altschulden** durch den Bund verfassungsrechtliche Grenzen.[24] Abweichend von der sonstigen verfassungsrechtlichen Systematik eröffnet der 2017 eingefügte und 2019 modifizierte **Art. 104c GG** dem Bund unter bestimmten Prämissen die Option der Gewährung von **Finanzhilfen im Bereich der kommunalen Bildungsinfrastruktur** für Gemeinden und Gemeindeverbände über die Länder. 2019 wurde zudem **Art. 104d GG** hinzugefügt, der es dem Bund erlaubt, den Ländern sowie den Gemeinden und Gemeindeverbänden Finanzhilfen für bedeutsame **Investitionen im Bereich des sozialen Wohnungsbaus** zu gewähren. Gleichzeitig sind dem Bund Steuerungs- Informations- und Kontrollrechte für diese Fälle eingeräumt worden.[25]

---

18 Instruktiv und unterhaltsam zu den Hintergründen ihrer Einführung *Henneke*, Der Landkreis 2013, 290, insbes. 294 ff.; ferner *ders.*, Der europäische Fiskalpakt und seine Umsetzung in Deutschland, 2013; aus neuerer Zeit vgl. nur *Klieve* der gemeindehaushalt 2021, 277 f.
19 Vgl. dazu ausführlich → Art. 65 Rn. 15 ff. und 79a.
20 Ausführlich dazu *H. Meyer*, Mindestausstattung, in Schöneburg ua, Verfassungsfragen, S. 31, 39 ff.; *ders.*, Mindestausstattung (Nds), S. 1 (17 ff. mwN); inkonsequent *Schwarz* NWVBl 2012, 245 (248), der in Abkehr von seiner bisherigen Argumentation (vgl. noch ZKF 2009, 241 (244 ff.)) in diesem Zusammenhang einen Vorbehalt der finanziellen Leistungsfähigkeit des Landes anerkennen will.
21 Vgl. LVerfG S-H Urt. v. 3.9.2012 – 1/12 – DÖV 2012, 978 (Ls.).
22 Vgl. VerfGH NW, Urt. v. 6.7.1993 – VerfG 9 und 22/92 – DÖV 1993, 1003 (1003 f.); Urt. v. 9.12.1996 – VerfGH 11/95 ua – DVBl. 1997, 483 (486) mit Anm. *Henneke*, 488 ff.; BWStGH, Urt. v. 10.11.1993 – GR 3/92 – DÖV 1994, 297 (299); *Mehde*, in Maunz/Dürig, Art. 28 Rn. 148; *Dombert* DVBl. 2006, 1136; *Huber*, Gutachten D zum 65. DJT, 2004, S. 134 mwN.
23 *F. Kirchhof*, in Ipsen (Hrsg.), Kommunale Aufgabenerfüllung im Zeichen der Finanzkrise, 1995, S. 53 (58); *Inhester*, Kommunaler Finanzausgleich im Rahmen der Staatsverfassung, 1998, S. 88 f.; *Mückl*, Finanzverfassungsrechtlicher Schutz der kommunalen Selbstverwaltung, 1998, S. 73 ff., jew. mwN.
24 Vgl. dazu *Kluth* LKV 2020, 97 ff.; *Mehde* DÖV 2020, 131 ff.,; *Schmidt* DÖV 2020, 819 ff.
25 Zur Entstehungsgeschichte vgl. *Henneke* DVBl. 2019, 657 (664 ff.) mit äußerst kritischer Bewertung und mwN; *Siekmann* in Sachs, Rn. 5 zu Art. 104c und Rn. 6 zu Art. 104d

## II. Steuerhoheit und -beteiligung

Zum Schutzbereich der Selbstverwaltungsgarantie gehört nach einhelliger Auffassung auch die **Steuerhoheit**. Ein eigenes Steuererfindungsrecht iS einer Befugnis zum Erschließen eigener Steuerquellen ist damit indes nicht verbunden.[26] Die Kompetenzen zur Steuergesetzgebung sind in Art. 105 GG abschließend zwischen Bund und Ländern verteilt. Zudem bedarf ein Eingriff in Eigentumspositionen der Bürger mittels einer Steuer einer hinreichend konkreten gesetzlichen Ermächtigung.

Unabhängig von der landesverfassungsrechtlichen Garantie der kommunalen Selbstverwaltung steht den Gemeinden nach Art. 106 Abs. 3 und 5 GG auf der Grundlage der Einkommensteuerleistungen ihrer Einwohner ein **Anteil am Aufkommen der Einkommensteuer** zu. Der kommunale Einkommensteueranteil bildet eine eigenständige Säule der gemeindlichen Finanzausstattung.[27] Er ist Teil der Steuerquellenverteilung, also des primären bundesstaatlichen Finanzausgleichs; die Gemeinden besitzen eine eigene (Mit-)Ertragshoheit, nicht nur einen abgeleiteten Anspruch auf Zuweisungen.[28] Streitig ist, inwieweit Art. 106 Abs. 6 S. 6 GG Umlagen unter Zugriff auf das Aufkommen an Einkommensteuern zulässt.[29] Unzulässig wäre aber jedenfalls eine unmittelbare Beteiligung von Gemeinden an dem Aufkommen des verfassungsrechtlich gewährleisteten Einkommensteueranteils angrenzender Gemeinden.[30]

S. 1 des Art. 73 Abs. 1 LV garantiert den Gemeinden zunächst das Aufkommen an den **Realsteuern**, also den Grundsteuern und der Gewerbesteuer, vgl. § 3 Abs. 2 AO, wenn auch die Legaldefinition nicht den verfassungsrechtlichen Steuerbegriff zu prägen vermag. Im Zuge der Abschaffung der Gewerbekapitalsteuer sind 1997 an die Stelle des Begriffs der „Realsteuern" die Begriffe Grundsteuer und Gewerbesteuer getreten. Der Sicherung der Ertragsgarantie für die verbliebene Gewerbeertragssteuer dient auch die ebenfalls 1997 vollzogene Ergänzung des Art. 28 Abs. 2 S. 3 GG. Dort heißt es nunmehr, zu der Gewährleistung der Selbstverwaltung gehörten auch die Grundlagen der finanziellen Eigenverantwortung, zu denen eine den Gemeinden mit Hebesatzrecht zustehende wirtschaftskraftbezogene Steuerquelle rechne.[31] Hierin ist keine institutionelle Garantie der Grund- oder Gewerbesteuer zu sehen. Auch stehen Art. 28 Abs. 2 S. 3 GG sowie Art. 106 Abs. 6 S. 2 GG einer Beschränkbarkeit des kommunalen Hebesatzrechts der Gewerbesteuer nicht entgegen.[32]

Nachdem das BVerfG im Jahr 2018 die Einheitswerte für bebaute Grundstücke in den westdeutschen Bundesländern als unvereinbar mit Art. 3 Abs. 1 GG festgestellt hatte[33] ist im Zuge der Neuregelung des **Grundsteuerrechts** in Art. 125b

---

erachtet zur Wahrung der Eigenstaatlichkeit der Länder zutreffend jeweils eine restriktive Auslegung für geboten.
26 *Grawert*, in von Mutius (Hrsg.), Selbstverwaltung im Staat der Industriegesellschaft, 1983, S. 587 (602 ff.); *von Mutius/Henneke*, Kommunale Finanzausstattung und Verfassungsrecht, 1985, S. 42 f.; aA für örtliche Verbrauchs- und Aufwandsteuern *Lammers* DVBl. 2013, 348 ff.
27 BVerfGE 71, 25 (38).
28 *Siekmann*, in Sachs, GG, vor Art. 104a Rn. 53 f. und Art. 106 Rn. 32.
29 Vgl. hierzu *Kluth* DÖV 1994, 456 mwN.
30 Ebenso *F. Kirchhof* in ders./H. Meyer (Hrsg.), Kommunaler Finanzausgleich im Flächenbundesland, 1996, S. 126 (159 ff.).
31 Näher hierzu *Engels*, in Sachs, GG, Art. 28 Rn. 87.
32 BVerfGE 125, 141 (158 ff.) (Zulässigkeit eines bundesrechtlich vorgegebenen Mindesthebesatzes zur Vermeidung sog. Steueroasen).
33 BVerfGE 148, 147 ff.

Abs. 3 GG[34] für den Zeitraum ab dem 1.1.2025 den Ländern die Möglichkeit eines vom Bundesrecht **abweichenden Landesrechts** eröffnet worden. Dies soll der Stärkung der Steuerautonomie der Länder dienen.[35] Mecklenburg-Vorpommern hat davon bisher keinen Gebrauch gemacht.[36]

Über die unmittelbar geltenden Art. 106 Abs. 6 S. 4 und 5 GG sind Bund und Länder verfassungsrechtlich legitimiert, über eine **Umlage am Aufkommen der Gewerbesteuer** zu partizipieren.[37]

Nach Art. 106 Abs. 6 S. 2 GG ist den Gemeinden schließlich das Recht gewährleistet, die **Hebesätze** der Grund- und Gewerbesteuer im Rahmen der Gesetze festzusetzen.

8 Ferner gewährleistet S. 1 des Art. 73 Abs. 1 LV die anteilige Beteiligung der Gemeinden an **staatlichen Steuern nach Maßgabe der Landesgesetze**. Diese verfassungsrechtliche Formulierung ist sehr pauschal; sie stellt weder eine „Detaillierung" des Art. 106 Abs. 7 S. 2 GG dar, noch lässt sich ihr eine Garantie der anteiligen Zuweisung von Landessteuern an die Gemeinden entnehmen.[38] Vielmehr ergibt sich bereits aus Art. 106 Abs. 7 S. 1 GG, dass von dem Länderanteil am Aufkommen der Gemeinschaftssteuern – das sind gemäß Art. 106 Abs. 3 GG die Einkommens-, die Körperschafts- und die Umsatzsteuer – den Gemeinden und Gemeindeverbänden insgesamt ein von der Landesgesetzgebung zu bestimmender Hundertsatz zufließen muss. Soweit Art. 73 Abs. 1 S. 1 LV die Landkreise nicht mit erwähnt, gilt für diese die Garantie der Beteiligung an den Gemeinschaftssteuern durch das GG unmittelbar, da die LV bundesverfassungsrechtlich garantierte Rechtspositionen nicht verkürzen darf.

9 Eine eigenständige, über Art. 28 Abs. 2 GG und die grundgesetzlichen Bestimmungen der Finanzverfassung hinausgehende Bedeutung hat Art. 73 Abs. 1 S. 2 LV. Damit geht die LV für den Bereich des Steuerrechts über die Mindestgarantien der Bundesverfassung hinaus und verdichtet die anerkannte und vorausgesetzte Möglichkeit der Kommunen zum **Erschließen weiterer Einnahmequellen**[39] zu einer verfassungsrechtlichen Pflicht für den Landesgesetzgeber.[40] Er kann dieser Verpflichtung auf zwei sich ergänzenden Wegen nachkommen. Zum einen hat er diejenigen Steuern zu schützen, deren Erträge den Kommunen zufließen. Neben den bereits genannten sind insoweit die örtlichen Verbrauchs- und Aufwandsteuern zu erwähnen, deren Aufkommen gemäß Art. 106 Abs. 6 S. 1 GG den Gemeinden oder nach Maßgabe der Landesgesetzgebung den Gemeindeverbänden zusteht. In diesem Bereich trägt das Land besondere Verantwortung, weil ihm nach Art. 105 Abs. 2a GG die Befugnis zur Gesetzgebung über die

---

34 Vgl. BGBl. I 2019 S. 1546, 1794 und 1875.
35 Vgl. BT-Drs. 19/11084 S. 1.
36 Zu den Chancen und Risiken des Abweichungsrechts vgl. für Niedersachsen *Rose* ZKF 2021, 270 ff.; *Arning* NdsVBl. 2022, 33 ff.
37 Zum zunehmenden Missbrauch der Gewerbesteuerumlage durch die Länder als Instrument zur Austarierung und Deckung des eigenen Finanzbedarfs vgl. zB *Wohltmann*, Der Landkreis 2006, 357 ff.
38 So aber *F. Kirchhof*, in ders./H. Meyer (Hrsg.) Kommunaler Finanzausgleich im Flächenbundesland, 1996, S. 126(146); zur Ausgestaltung in M-V im Ländervergleich vgl. *Wohltmann*, Der Landkreis 2021, 630 (640).
39 Vgl. BVerfGE 86, 148 (216 ff.).
40 *Oebbecke* DVBl 2013, 1409 ff. mahnt Kommunen und die Aufsichtsbehörden, bestehende Einnahmemöglichkeiten durch Steuern auch zu realisieren.

örtlichen Verbrauch- und Aufwandsteuern zusteht, solange und soweit sie nicht bundesgesetzlich geregelten Steuern gleichartig sind.[41]

Zum anderen enthält die LV den Auftrag an das Land, über die Mitwirkung an der Gesetzgebung des Bundes über den BRat zunächst einmal die Voraussetzungen dafür zu schaffen, dass den Gemeinden und Kreisen überhaupt nennenswerte eigene Steuerquellen zur Verfügung stehen. Anders als in S. 1 der Norm steht bei S. 2 des Art. 73 Abs. 1 LV nicht der quantitative, sondern ein **qualitativer Aspekt** im Vordergrund: Durch das Einräumen eigener, nicht drittbeeinflusster Steuereinnahmequellen soll der Selbstverwaltungscharakter der kommunalen Gebietskörperschaften gestärkt und deren Zuweisungsabhängigkeit von den Mitteln des kommunalen Finanzausgleichs gemildert werden. Insbes. für die Kreisebene wird der Forderung der Verfassung bisher nicht entsprochen. Selbst das Erheben der zuvor nicht sonderlich ertragreichen Jagdsteuer hat der Gesetzgeber mit Wirkung vom 1.4.2005 untersagt, § 3 Abs. 1 S. 3 KAG. Die in der Wissenschaft anerkannte Forderung nach einer aufgaben- und autonomiestützenden Finanzausstattung der Landkreise durch Beteiligung an einer Wachstumssteuer[42] ist bisher rechtspolitisch nicht aufgegriffen worden. Art. 73 Abs. 1 S. 2 LV verpflichtet jedoch die LReg, dahin gehend die Interessen der Landkreise im BRat zu vertreten.[43]

## III. Kommunaler Finanzausgleich

**1. Funktion und verfassungsrechtliche Vorgaben. a) Einordnung.** Art. 73 Abs. 2 LV konkretisiert für das Landesrecht die bereits in Art. 106 Abs. 7 GG begründete Rechtspflicht des Landes zur Durchführung eines **kommunalen Finanzausgleichs** und benennt die wesentlichen Zielsetzungen, die mit dem Finanzausgleich angestrebt werden.[44] Unter Finanzausgleich ist die Verteilung der Erträge aus öffentlichen Einnahmen zu verstehen. Dies setzt als Bestimmungsgröße notwendigerweise eine Analyse der Aufgaben der einzelnen Körperschaften voraus. Der Finanzausgleich dient als System zur Einnahmenverteilung nach den Erfordernissen der Aufgabenzuordnung.[45] Diese Verpflichtung trifft zuvörderst die Länder.[46]

Der bloße Umstand, dass eine gesetzliche Regelung überhaupt finanzielle Auswirkungen auf die Kommunen hat, vermag diesen noch kein klagefähiges Abwehrrecht zu vermitteln. Vielmehr bedarf es eines Vortrags, der im Sinne des Darlegungsgebots deutlich macht, welcher Selbstverwaltungsaspekt in einer Art

---

41 Zur Interpretation des Gleichartigkeitsverbots, dass sich nur auf neue Verbrauchs- und Aufwandsteuern erstreckt, vgl. grundlegend BVerwGE 143, 301 (307 ff.) („Bettensteuer"); zu Ansätzen des Erschließens örtlicher Verbrauchs- und Aufwandsteuern generell vgl. *Lammers* DVBl. 2013, 348 ff.; *Henneke*, Die Kommunen in der Finanzverfassung, 5. Aufl. 2012, S. 144 ff.; *dens.* Der Landkreis 2013, 312, 313 ff., jeweils mwN.
42 Vgl. bereits *Conrad*, in von Mutius (Hrsg.), Selbstverwaltung im Staat der Industriegesellschaft, 1983, S. 357, 361 ff.; *von Mutius/Dreher*, Reform der Kreisfinanzen, 1990, S. 111 ff.; *Schmidt-Jortzig*, in Henneke/Meyer (Hrsg.), Kommunale Selbstverwaltung zwischen Bewahrung, Bewährung und Entwicklung, 2006, S. 137 ff.; *Henneke*, Der Landkreis 2006, 251 ff., jew. mwN.
43 Ebenso *von Mutius* LKV 1996, 177 (183).
44 Dem ausdrücklich folgend LVerfG M-V Urt. v. 30.6.2011 – LVerfG 10/10 – LVerfGE 22, 285 (288); Urt. v. 26.1.2012 – 18/10 – NordÖR 2012, 229 (231 ff.).
45 Vgl. *von Mutius/Henneke*, AfK 1985, 261, 263; *Wohltmann* ZG 2011, 377 (378 ff.) mwN; aus der Rechtsprechung vgl. nur BVerfG Urt. v. 19.9.2018 – 2 BvF 1/15, 2 BvF 2/15 – NVwZ 2018, 1703 (1709, Rn. 183) mwN; NdsStGH, Urt. v. 4.6.2010 – StGH 1/08 – NdsVBl. 2010, 236 (239).
46 BVerfGE 150, 1 (Rn. 183, 188, mwN).

und Weise betroffen sein soll, die eine nähere Prüfung erfordert, ob die vorgegebenen Grenzen im staatlichen Finanzausstattungssystem überschritten sind.[47]

12 **b) Aufgaben und Funktionen.** Die zentrale **Aufgabe eines Finanzausgleichssystems** besteht in dem Herstellen einer weitgehenden Übereinstimmung von Finanzbedarf und Finanzkraft durch Anpassung der finanziellen Leistungsfähigkeit an die Aufgabenbelastung auf allen Ebenen der dezentralen Verwaltungsorganisation. Die wichtigste, sog. **fiskalische Funktion** des kommunalen Finanzausgleichs besteht darin, einen vertikalen Ausgleich zwischen der Landes- und der kommunalen Ebene durch Aufstockung der kommunalen Finanzmasse herbeizuführen. Die originäre kommunale Finanzausstattung ist strukturell unzureichend und bedarf daher der Erhöhung durch die verfassungsrechtlich verbürgte Beteiligung an staatlichen Einnahmen zur Gewährleistung kommunaler Handlungsfähigkeit; dies kommt durch die Formulierung „um die Leistungsfähigkeit steuerschwacher Gemeinden und Kreise zu sichern" in Art. 73 Abs. 2 LV zum Ausdruck. Die Aufstockung der kommunalen Finanzmasse dient gleichzeitig dazu, mittels dieser ursprünglich staatlichen Einnahmen zu einem interkommunalen Finanzausgleich beizutragen, sog. **redistributive Funktion**. Neben die vertikale, quantitative Komponente tritt auf diese Weise also ein horizontal, qualitativ wirkender Aspekt. Es soll eine gemeinde- bzw. kreisindividuelle Angleichung der Finanzausstattung an die aus der Aufgabenbelastung folgende Ausgabennotwendigkeit vorgenommen werden.[48] Die LV verdeutlicht diese Funktion durch die Wendung „und eine unterschiedliche Belastung mit Ausgaben auszugleichen" in Art. 73 Abs. 2 sehr anschaulich. Der Ausgleich erfolgt ausschließlich über die aus den Verbundgrundlagen fließenden Mittel des Finanzausgleichs, eine „Abschöpfung" originärer kommunaler Gelder zum Zwecke der Umverteilung erfolgt grundsätzlich nicht.[49]

Die strukturell nicht über eigene Steuereinnahmen verfügenden Landkreise finanzieren sich zu einem großen Teil über eine von den kreisangehörigen Städten und Gemeinden aufzubringende **Kreisumlage**, vgl. § 30 FAG M-V. In Mecklenburg-Vorpommern betrug deren Anteil an den Kreiseinnahmen im Jahr 2020 22,2 % und lag damit im bundesweiten Vergleich am unteren Ende der Skala.[50] Anerkanntermaßen darf der Gesetzgeber den Landkreisen mittels einer an die mangelnde Leistungsfähigkeit der Gemeinden anknüpfenden Generalklausel Aufgaben zuweisen und (auch) über die Kreisumlage finanzieren.[51] Die kreisangehörigen Gemeinden haben die eigenverantwortliche Aufgabenbestimmung durch die Landkreise im Grundsatz als rechtmäßig hinzunehmen. Das BVerwG[52] hat allerdings gleichzeitig die Landkreise verpflichtet, bei der eige-

---

47 LVerfG M-V Urt. v. 20.12.2012 – 13/11 – NVwZ-RR 2013, 575 (Ls.) – Altfehlbetragsumlage nach Landkreisneugliederung; ähnlich auch BbgVerfG Beschl. v. 18.10.2013 – VfGBbg 68/11 – der gemeindehaushalt 2013, 284 (Ls.); ausführlich zur Substantiierungspflicht einer Beschwerdeführenden Kommune vgl. *Leisner-Egensperger* DÖV 2010, 705 (706 ff.) mwN.
48 Zum Ganzen vgl. bereits *von Mutius/Henneke*, Kommunale Finanzausstattung und Verfassungsrecht, 1985, S. 85 ff.; aus neuerer Zeit *Wohltmann* Der Landkreis 2021, 630 ff. jew. mwN.
49 Jedenfalls missverständlich daher *Thiele*, in Thiele/Pirsch/Wedemeyer, Art. 73 Rn. 5.
50 Vgl. die Übersicht bei *Wohltmann* Der Landkreis 2021, 595 (607).
51 Grundlegend BVerwGE 101, 99 ff.; zust. *Henneke* NVwZ 1996, 1181 f.; bestätigend BVerwG Beschl. v. 28.2.1997 – 8 N 1/96 – NVwZ 1998, 63 ff.; weitere Nachweise bei → Art. 72 Rn. 38.
52 BVerwGE 145, 378 (381); ausführlich dazu Anmerkung von *Henneke* DVBl 2013, 652 ff.; Kernaussagen und Schlussfolgerungen zum Urteil in Thesen zusammenfassend vgl. *Wohltmann* der gemeindehaushalt 2013, 270 ff.

## IV. Landesverwaltung und Selbstverwaltung — Art. 73

nen Aufgabenwahrnehmung auf die Finanzlage der Gemeinden Rücksicht zu nehmen und diesen die zur Erfüllung ihrer Aufgaben erforderliche finanzielle Mindestausstattung zu belassen. Art. 28 Abs. 2 Sätze 1 und 3 GG verpflichtet den Landkreis, vor der Festlegung der Höhe des Kreisumlagesatzes auch den Finanzbedarf der umlagepflichtigen Gemeinden zu ermitteln und ihn gleichrangig mit den eigenen zu berücksichtigen.[53] Eine Verpflichtung, die umlagepflichtigen Gemeinden vor der Entscheidung über die Höhe des Umlagesatzes förmlich anzuhören, lässt sich dem Grundgesetz hingegen nicht entnehmen.[54] Das OVG Greifswald hat zwar offen gelassen, ob aus Art. 72 Abs. 1 LV eine Verpflichtung ableiten lässt, im Vorfeld der Festsetzung der Kreisumlage die betreffenden Gemeinden anzuhören.[55] Es ist aber nicht ersichtlich, woraus sich insoweit ein vom OVG Greifswald für möglich erachteter qualitativer Unterschied der Selbstverwaltungsgarantie zwischen Grundgesetz und Landesverfassung im Verhältnis zwischen Gemeinden und Landreisen konkret ergeben sollte. Es geht nicht um einen Eingriff in die Finanzhoheit der Gemeinden, sondern um die Festsetzung des „Steuersurrogats", der Beteiligung der Gemeinden an den Steuererträgen der Gemeinden.[56] Die umstrittene Frage, ob verfahrensrechtliche Mängel der Festsetzung der Kreisumlage durch den Satzungsgeber auch nach Ablauf des Haushaltsjahres rückwirkend geheilt werden können[57] ist für Mecklenburg-Vorpommern durch § 45 Abs. 7 KV[58] zweifelsfrei entschieden.[59] Eine landesgesetzliche Ermächtigung zur rückwirkenden Heilung scheitert nicht am Bundesverfassungsrecht.[60] Der Kernbereich der gemeindlichen Selbstverwaltung ist erst durch eine strukturelle, dauerhafte Unterfinanzierung verletzt. Das BVerwG hat zutreffend betont, sowohl Gemeinden wie Landkreise müssten mindestens über eine Finanzausstattung verfügen, dass sie ihre pflichtigen (Fremd- wie Selbstverwaltungs-)Aufgaben erfüllen können und darüber hinaus eine freie Spitze für freiwillige Selbstverwaltungsaufgaben verbleibe.[61] Die verfassungsrechtliche Finanzverantwortung für die Ausstattung beider Ebenen bleibt also beim jeweiligen Bundesland verortet.[62] Eine absolute Grenze der Kreisumlageerhebung

---

53 Vgl. zuletzt BVerwG NVwZ 2022, 1136.
54 BVerwGE 165, 381 (Rn. 13 f.) „Perlin-Urteil"; zustimmend *H. Meyer* NVwZ 2019, 1254 (1256 f.); *Henneke* DVBl. 2019, 1324 ff.; bestätigend für den Fall der Festsetzung der Kreisumlage durch die Kommunalaufsicht BVerwG Urt. v. 26.5.2020 – 8 C 20/19 –, NVwZ 2020, 1355 mit zust. Anmerkung *Brüning* NVwZ 2020, 1356 ff.; nicht mehr haltbar daher zB: OVG Weimar Urt. v. 7.10.2016 – 3 KO 94/12 –, KommJur 2017, 188; VGH München Beschl. v. 14.12.2018 – 4 BV 17.2488 – KStZ 2019, 131; *Dombert* KommJur 2017, 165; *Diete*r ZfK 2017, 97; *Gundlach* LKV 2019, 255 (256); ausführlich zur Funktion und Entwicklung der Kreisumlage *Henneke*, Die Kreisumlagefestsetzung, 2020; *Albers* NdsVBl. 2020, 357 ff.; *Wohltmann* Der Landkreis 2021, 595 ff.; *Thormann* der gemeindehaushalt 2023, 25 ff.; *Henneke* der gemeindehaushalt 2023, 49 ff.; jew. mwN.
55 Urt. v. 28.10.2020 – 2 L 463/16 – NordÖR 2021, 230 (231).
56 Näher dazu *H. Meyer* NVwZ 2019, 1254 (1256).
57 Vgl. Übersicht dazu bei *Wohltmann* Der Landkreis 2021, 595 (624); vgl. auch BVerwG NVwZ 2022, 1136 (Rn. 17).
58 In der Fassung des Gesetzes vom 23.7.2019, GVOBl. S. 467.
59 Vgl. auch OVG Greifswald Urt. v. 28.10.2020 – 2 L 463/16, NordÖR 2021, 230 (232 f.).
60 BVerwG NVwZ 2022, 1136 (Rn. 17).
61 BVerwGE 145, 378 (383 ff.); vgl. auch OVG LSA DÖV 2023, 311 (LS).
62 Zutreffend auch *Henneke* Der Landkreis 2013, 312, 315 ff.; *Wohltmann* Der Landkreis 2013, 396, 399 f. und 420 f. mwN.

lässt sich abstrakt nicht bestimmen, die rechtliche und politische Verantwortung obliegt dem unmittelbar gewählten Kreistag.[63]

Grds. ist der Gesetzgeber ferner befugt, einen Teil der Finanzkraft besonders finanzkräftiger Gemeinden zur Vergrößerung des Gesamtvolumens der Finanzausgleichsmasse abzuschöpfen.[64] Die Erhebung einer gemeindlichen Finanzausgleichsumlage darf nicht dazu führen, die gemeindliche Finanzausgleichsmasse auf Kosten der Landkreise zu reduzieren; vielmehr ist von der rechtlichen Eigenständigkeit jeder Ebene auszugehen.[65] Die Regelungen über die Ausgestaltung der **Finanzausgleichsumlage** in § 29 FAG M-V berücksichtigen dies im Grundsatz und verstoßen auch im Übrigen nicht gegen die Landesverfassung; insbes. ist es insoweit zulässig, an Steuerkraftmesszahlen anzuknüpfen.[66]

Auch eine **Stadt-Umland-Umlage**, mit der besondere Vorteile im Umland bestimmter Gemeinden im Umland einer Kernstadt abgeschöpft werden sollen und deren Aufkommen der Kernstadt zufließt, steht grds. im Einklang mit den Art. 72 und 73 LV. Der seinerzeitige § 24 FAG M-V wurde den verfassungsrechtlichen Anforderungen deswegen nicht gerecht, weil die Umlage für die Bemessung an Parameter anknüpfte, denen keine Aussagekraft für die Nutzung der Infrastruktur der Kernstadt durch die Einwohner der Umlandgemeinden zukam, ein nennenswerter Teil der einbezogenen Gemeinden keinen besonderen Prosperitätsgewinn verzeichnen konnte und die Berechnung der Umlage pro Einwohner zu sachlich nicht zu erklärenden Unterschieden führte.[67]

13 **Ausgleichsfähig** sind nur vorgefundene, durch soziologische, geografische oder ökonomische Verschiedenheit kommunaler Gebietskörperschaften verursachte Unterschiede. Durch eigene politische Verhaltensweisen oder Entscheidungen geprägte Unterschiede, bspw. durch Ausgabefreudigkeit bzw. Sparsamkeit, Folgekosten investiver Entscheidungen, Heranziehen oder Verschonen der Bürger im Steuer- und Gebührenbereich, dürfen hingegen keineswegs durch den Finanzausgleich verwischt werden, um die Eigenverantwortlichkeit der kommunalen Selbstverwaltung nicht zu untergraben.[68] Der ThürVerfGH[69] gesteht dem Gesetzgeber unter Beachtung der Organisationshoheit der Kommunen das Recht zu entscheiden, ob und inwieweit den Kommunen Einsparungen möglich sind.

---

63 Vgl. bereits *Meyer*, in Schweriner Kommentierung, § 91 Rn. 15 f.; nicht haltbar daher VGH Kassel Urt. v. 14.2.2013 – 8 A 816/12 – Der Landkreis 2013, 142 f.; krit. dazu auch *Oebbecke* DVBl 2013, 1409 (1413); *Wohltmann* Der Landkreis 2013, 396 (419).
64 Vgl. NdsStGH Urt. v. 16.5.2001 – StGH 6/99 ua – StGHE 4, 51, 57 f.; zutreffend der nds. Finanzausgleichsumlage Bewährung attestierend *Albers* NdsVBl. 2011, 1 (9 f.); zur grds. Zulässigkeit einer Finanzausgleichsumlage auch HessStGH Urt. v. 21.5.2013 – P.St. 2361 – 1151, 1155 f.; ferner SächsVerfGH Urt. v. 29.1.2010 – Vf.25-VIII-09 – NVwZ-RR 2010, 418 (Ls.); BbgVerfG Urt. v. 6.8.2013 – VfGBgb 53/11 – DVBl. 2013, 1180 mit Anmerkung *Hennecke* DVBl. 2013, 1186; VerfGH NW Urt. v. 30.8.2016 – VerfGH 34/14 –, DVBl. 2016, 1323 (Rn. 70 ff.); HessStGH Urt. v. 16.1.2019 – P.St 2606 – NVwZ 2019, 1036 (1039 ff.); ausführlich zur Zulässigkeit von Abundanzumlagen im kommunalen Finanzausgleich *Moewes* der gemeindehaushalt 2018, 145; kritisch zB *Langguth* der gemeindehaushalt 2013, 273, 275 mwN; zur hessischen „Heimatumlage" vgl. *Goldmann* DÖV 2021, 336 ff.
65 LVerfG LSA, Urt. v. 16.2.2010 – 58/04 LVG 9/08 – Der Landkreis 2010, 140 f.; skeptisch zur Regelung in Sachsen-Anhalt *Wohltmann* Der Landkreis 2013, 396 (430).
66 LVerfG M-V Urt. v. 26.1.2012 – 18/10 – NordÖR 2012, 229 (231 ff.), noch zur Vorgängerregelung; keine Bedenken erhebend zur aktuellen Ausgestaltung *Wohltmann* Der Landkreis 2021,595, 603 f.
67 LVerfG M-V Urt. v. 23.2.2012 – 37/10 – NVwZ-RR 2012, 377 (379 ff.).
68 Vgl. nur *P. Kirchhof* DVBl. 1980, 711 (714 f.).
69 Urt. v. 2.11.2011 – VerfGH 13/10 – BeckRS 2011, 25477 S. 19 ff.

Er billigt damit im Grundsatz ein sog. **Bedarfsmodell des Gesetzgebers**.[70] Daneben erlaubt die Landesverfassung, im Rahmen des kommunalen Finanzausgleichs grds. auch weitere Zielsetzungen wie raumordnungspolitische Vorstellungen zu verfolgen.[71] Ob der Finanzausgleich ein geeignetes Instrumentarium bildet, noch darüberhinausgehende Zielstellungen zu erreichen[72] erscheint zweifelhaft; jedenfalls bietet der Verfassungstext keine Anhaltspunkte dafür.

Das GG sieht in Art. 106 Abs. 7 vor, dass den Gemeinden und Landkreisen insgesamt ein von der Landesgesetzgebung zu bestimmender Prozentsatz von dem Länderanteil am Gesamtaufkommen der Gemeinschaftssteuern nach Art. 106 Abs. 3 S. 1 GG zufließen muss und iÜ die Länder bestimmen, ob und inwieweit das Aufkommen der Landessteuern den Gemeinden und Gemeindeverbänden zufließt. Damit wird durch die Verfassung des Bundes die **Notwendigkeit** eines kommunalen Finanzausgleichs und dessen **Funktion** zur Aufstockung der kommunalen Finanzmasse anerkannt. Darüberhinausgehende Regelungen sind dieser Vorschrift nicht zu entnehmen 14

**c) Verfassungsrechtliche Determinanten.** Die Bestimmungen des Art. 107 Abs. 2 GG über den **Bund-Länder-Finanzausgleich** sind **nicht unmittelbar** auf den kommunalen Finanzausgleich zu übertragen. Immerhin enthält aber Art. 107 Abs. 2 S. 1 2. Halbsatz GG die Verpflichtung, Finanzkraft und Finanzbedarf der Gemeinden (Gemeindeverbände) für den föderalen Finanzausgleich zu berücksichtigen. Der Rspr. des BVerfG können typisierende Aussagen über das Institut des Finanzausgleichs entnommen werden, die insoweit auch den kommunalen Finanzausgleich übertragen werden können, als nicht Spezifika des föderalen Bund-Länder-Verhältnisses ausschlaggebend sind.[73] Darüber hinaus lässt die vielfältige Überprüfung von Finanzausgleichsgesetzen durch die Landesverfassungsgerichte verallgemeinerungsfähige Aussagen zu.[74] 15

Den Gesetzgeber für den Finanzausgleich trifft die verfassungsrechtliche Pflicht zur realitätsgerechten Ermittlung der **Finanzkraft** und des **Finanzbedarfs**.[75] Das LVerfG SH fordert mit guten Gründen einen substantiellen und bedarfsorientierten Ebenenvergleich.[76] Bei der Festsetzung der Rechtsfolge des angemessenen Ausgleichs steht dem Gesetzgeber hingegen eine Abgrenzungs- und Einschätzungsbefugnis zu, die seitens der Verfassungsgerichte nur auf ihre Vertretbarkeit kontrolliert werden kann.[77] Innerhalb des gegebenen Spielraums erfordern das Übermaß- und das Willkürverbot Beachtung.[78] Aus dem Übermaßverbot folgt die Notwendigkeit der Geeignetheit und der Erforderlichkeit des eingesetzten Mittels. Der im Rechtsstaatsprinzip verankerte Gleichheitssatz erlaubt 16

---

70 Zum Begriff *Wohltmann* Der Landkreis 2021, 630, 633 ff. mit im Grundsatz positivem Tenor.
71 Vgl. LVerfG M-V Urt. v. 30.6.2011 – 10/10 – LVerfGE 22, 285 (292); Urt. v. 26.1.2012 – 18/10 – NordÖR 2012, 229 (230).
72 Vgl. *Patzig* DVBl. 1979, 477 (478).
73 *F. Kirchhof*, in ders./H. Meyer (Hrsg.), Kommunaler Finanzausgleich im Flächenbundesland, 1996, S. 126, 133 ff.
74 Vgl. nur *Rauber* KStZ 2012, 201 (202 f.).
75 BVerfGE 86, 148 (218 ff.); NdsStGH Urt. v. 25.11.1997 – StGH 14/95 ua – StGHE 3, 299 (313 f.); HessStGH Urt. v. 21.5.2013 – P.St. 2361 – NVwZ 2013, 1151 (1153); Urt. v. 16.1.2019 – PSt. 2606 – NVwZ 2019, 1036 (1036 f.).
76 LVerfG SH, Urt. v. 27.1.2017 – LVerfG 4/15 –, NordÖR 2017, 166 (173 f.); ausf. dazu *Schulz* NordÖR 2017, 157 ff.; bekräftigend LVerfG SH, Urt. V. 17.02.2023 – LVerfG 5/21 – NordÖR 2023, 188 (197 f.) mit Besprechung *Schulz* NordÖR 2023, 182 ff.
77 BVerfGE 72, 330 (399); 86, 148 (217 und 230); LVerfG M-V Urt. v. 30.6.2011 – 10/10 – LVerfGE 22, 285 (288 f.) mwN.
78 *Patzig* DÖV 1985, 645 (650).

zwar aus Gründen der Praktikabilität Typisierungen, enthält aber ein allg. Willkürverbot.[79] Das interkommunale Gleichbehandlungsgebot verbietet, einzelne Kommunen sachwidrig zu benachteiligen oder zu bevorzugen; getroffene Regelungen werden vom Landesverfassungsgericht nicht darauf überprüft, ob der Gesetzgeber die bestmögliche und gerechteste Lösung gewählt hat, aber sie müssen auf einem sachlichen Grund beruhen.[80] Für eine Differenzierung bei der Zuweisung von Schlüsselzuweisungen an Gemeinden mit weniger als 500 Einwohnern und solchen mit wenigstens 500 Einwohnern fehlt es im Landesrecht an einem sachlichen Grund.[81] Das LVerfG M-V hat damit klargestellt, dass der Finanzausgleich kein Instrument „kalter Gebietsreform" sein kann, sondern eine solche Entscheidung vom Gesetzgeber in dem dafür vorgesehenen Prozedere zu verantworten ist.[82] Die Differenzierung der Kreisumlage in § 30 Abs. 4 FAG zwischen großen kreisangehörigen Städten und anderen Kommunen knüpft nunmehr – anders als die Vorgängerregelung – verfassungskonform an die zusätzliche Aufgabenwahrnehmung an. In seiner Ausprägung als Grundsatz der Systemgerechtigkeit bindet der Gleichheitssatz den Gesetzgeber ferner an seine selbstgesetzten Maßstäbe.[83] Schließlich untersagt der Gleichheitssatz sprunghafte Abstufungen von einigem Gewicht ohne fließende Übergänge.[84]

17 **d) Insb.: Schutz durch verfahrensrechtliche Anforderungen?** Der Staatsgerichtshof Baden-Württemberg hat herausgearbeitet, der Schutz der Finanzgarantie für die Kommunen in der dortigen LV setze **prozedurale Absicherungen** in den zu anstehenden Entscheidungen des Gesetzgebers über den Finanzausgleich führenden Verfahren voraus, deren Fehlen oder Missachtung zur Unvereinbarkeit des Finanzausgleichs mit der Verfassungsgarantie führen könne. Eine nachträgliche verfassungsgerichtliche Kontrolle des Ergebnisses des Gesetzgebungsverfahrens vermöge den Kommunen keinen effektiven Rechtsschutz gegen eine finanzielle Aushöhlung des institutionell garantierten Selbstverwaltungsrechts zu gewährleisten.[85] Obgleich zu betonen ist, dass die Gemeinden und Landkreise nicht Inhaber von Grundrechten sind, insbes. die Selbstverwaltungsgarantie selbst kein Grundrecht darstellt, zieht der BWStGH aufgrund einer „grundrechtsvergleichbaren Gefährdungslage" damit Parallelen zum Grundrechtsschutz durch **Organisation und Verfahren**, ein auch auf die Verfassungsrechtslage in M-V

---

79 Vgl. BVerfGE 86, 148 (250 f.); BayVerfGH Entsch. v. 12.1.1998 – Vf. 24-VII- 94 – NVwZ-RR 1998, 611 (Ls.); BVerwG Urt. v. 25.3.1998 – 8 C 11.97 – DÖV 1998, 731 (733 f.); LVerfG LSA Urt. v. 9.10.2012 – LVG 23/10 – DVBl. 2012, 1494 mit Anm. *David* DVBl. 2012, 1498 f.
80 LVerfG M-V, Urt. v. 18.12.2003 – 13/02 – LVerfGE 14, 293 (302); Urt. v. 11.5.2011 – 1/05 ua – LVerfGE 17, 297 (318); Urt. v. 30.6.2011 – 10/10 – LVerfGE 22, 285 (289 f.); Urt. v. 26.1.2012 – 18/10 – NordÖR 2012, 229 (231 f.); Urt. v. 23.2.2012 – 37/10 – NVwZ-RR 2012, 377 (379); ferner NdsStGH Urt. v. 4.6.2010 – StGH 1/08 – NdsVBl. 2010, 236 (241 f.), HessStGH Urt. v. 16.2019 – P.St.2606 – NVwZ 2019, 1036 (1039); jew. mwN.
81 LVerfG M-V Urt. v. 30.6.2011 – 10/10 – LVerfGE 22, 285 (291 ff.); vgl. aber für das dortige Landesrecht ThürVerfGH Urt. v. 2.11.2011 – VerfGH 13/10 – BeckRS 2011, 25477 S. 19.
82 Vgl. in diesem Sinne insbes. LVerfG M-V Urt. v. 30.6.2011 – 10/10 – LVerfGE 22, 285 (292 f.).
83 BVerfGE 86, 148 (252); LVerfG M-V Urt. v. 26.1.2012 – 18/10 – NordÖR 2012, 229 (230); *Pechstein* LKV 1991, 289 (292); *F. Kirchhof*, in ders./H. Meyer, Kommunaler Finanzausgleich im Flächenbundesland, 1996, S. 126, 133 ff.
84 BVerfGE 86, 148 (256).
85 BWStGH Urt. v. 10.5.1999 – GR 2/97 – DVBl. 1999, 1351, insbes. 1355 f.; die Absicherung der Finanzausstattungsgarantien durch Organisation und Verfahren betonend auch *Schoch* ZG 2019, 114 (129 ff.).

übertragbarer Gedanke. Bereits durch ein transparent gestaltetes Verfahren soll sichergestellt werden, dass die Kommunen ihre Aufgaben wahrnehmen können und nicht bereits über Art und Umfang der zur Verfügung gestellten Mittel Einfluss auf die verfassungsrechtlich den Selbstverwaltungsträgern zugewiesene Aufgabenerfüllung genommen wird.[86] Das LVerfG M-V hat klargestellt, dass sich eine Entscheidung des Gesetzgebers im kommunalen Finanzausgleich grds. auf objektivierbare Daten stützen lassen muss.[87] Die Frage, ob die Heranziehung von Daten zur Bedarfs- und Einnahmeermittlung erhöhte Anforderungen an das Gesetzgebungsverfahren zur Folge hat, haben die Greifswalder Verfassungsrichter thematisiert, aber bisher offen gelassen.[88] Der ThürVerfGH[89] fordert zur Sicherung eines gerechten, transparenten und rationalen Systems der Finanzverteilung, die Parameter in einem nachvollziehbaren Verfahren zu ermitteln, das eine verfassungsgerichtliche Kontrolle ermöglicht.

Das Landesrecht in M-V[90] kennt zwei Formen der institutionalisierten Beteiligung. Zum einen verpflichten §§ 6, 93 KV M-V die LReg, bei der Vorbereitung von Rechtsvorschriften mit kommunalem Bezug mit den kommunalen Landesverbänden „zusammenzuwirken". Mit Recht hat das LVerfG M-V dies als über ein bloßes Anhörungsrecht hinausgehend qualifiziert.[91] Ferner, hat der LT den kommunalen Spitzenverbänden in aller Regel durch eine Anhörung Gelegenheit zu geben, im Gesetzgebungsverfahren die Belange der Gemeinden und Landkreise zur Geltung zu bringen. Zum anderen kennt § 34 FAG M-V einen paritätisch zwischen Land und kommunalen Spitzenverbänden besetzten Beirat für den kommunalen Finanzausgleich. Das LVerfG M-V hat diese gesetzlichen Schutzbestimmungen für die Kommunen allerdings zu bloßen Programmaussagen und good-will-Erklärungen degradiert, indem es mögliche Verstöße gegen die §§ 6, 93 KV M-V sowie den seinerzeitigen § 15a FAG M-V als verfassungsrechtlich folgenlos qualifiziert hat. Entgegen der dort vertretenen Auffassung geht es nicht um eine formelle Erweiterung der an der Gesetzgebung Beteiligten, sondern allein um die Frage, ob die Kommunen bzw. deren Verbände eine rügefähige Rechtsposition vor dem LVerfG eingeräumt bekommen haben. Soweit dies abgelehnt wird,[92] vermag dies nicht zu überzeugen. Es handelt sich nicht um eine Teilhabe am Gesetzgebungsverfahren, sondern die sehr wohl dem einfachen Gesetzgeber obliegende Ausgestaltung des verfassungsrechtlich verbürgten Selbstverwaltungsrechts der Kommunen.[93]

18

---

86 Ausf. *H. Meyer*, Der kommunale Finanzausgleich in M-V, 3. Aufl. 2004, S. 25 ff.; ebenso *Henneke* ZG 1999, 256 (283); iE auch *Katz* DÖV 2000, 235 (238); krit. zB *Starck* in: NdsVBl., Sonderheft zum 50-jährigen Bestehen des Niedersächsischen Staatsgerichtshofs, 2005, S. 36, 39; *Dombert* DVBl. 2006, 1136 (1142) konstatiert ebenfalls Schwächen einer ausschließlich verfahrensbezogenen Betrachtung.
87 Urt. v. 30.6.2011 – 10/10 – LVerfGE 22, 285 (293); Urt. v. 23.2.2012 – 37/10 – NVwZ-RR 2012, 377 (381); ebenso VerfGH NW Urt. v. 26.5.2010 – VerfGH 17/08 – NVwZ-RR 2010, 627 ff.
88 LVerfG Urt. v. 30.11.2011 – 10/10 – LVerfGE 22, 285 (293); Urt. v. 26.1.2012 – 18/10 – NordÖR 2012, 229 (230).
89 Urt. v. 2.11.2011 – VerfGH 13/10 – BeckRS 2011, 25477 S. 14 f.
90 Bundesweiter Überblick bei *Wohltmann* ZG 2011, 377 ff.
91 LVerfG M-V, Urt. v. 11.5.2006 – 1/05 ua – LVerfGE 17, 297 ff. = LKV 2006, 461 (466).
92 LVerfG M-V Urt. v. 11.5.2006 – 1/05 ua – LVerfGE 17, 297 ff. = LKV 2006, 461 (465), unter Berufung auf *Glaser* in: Schweriner Kommentierung, § 6 Rn. 7; vollends verfehlt ist das Abstellen auf Art. 20 Abs. 1 S. 3 LV in diesem Zusammenhang, was auch die Mitwirkung der LReg an der Gesetzgebung in Frage stellen würde.
93 Ausführlich dazu *H. Meyer* in: Recht und Politik, Wissenschaftliches Symposium für Edzard Schmidt-Jortzig zum 65. Geburtstag, 2006, S. 121 (132 ff.).

19 **2. Finanzkraft.** Ziel eines Finanzausgleiches ist der **angemessene Ausgleich** unterschiedlicher Finanzkraft zwischen den beteiligten Körperschaften; für die Ermittlung der Finanzkraft darf nur auf zuverlässige Indikatoren abgestellt werden.[94] Im Wesentlichen wird durchweg auf das Ist-Aufkommen der Einkommenssteuer und den an fiktiven Hebesätzen orientierten Ertrag der Realsteuern abgestellt. Diese Vorgehensweise ist sachgerecht und verfassungsrechtlich weitgehend geboten:[95] Einnahmen durch Kredite besagen nichts über die Finanzkraft einer Kommune. Gebühren und Beiträge werden nach dem Kostendeckungsprinzip erhoben und können nicht zu einer Verbesserung der allg. Finanzausstattung beitragen. Die Orientierung der Realsteuererträge an fiktiven Hebesätzen soll den kontraproduktiven Effekt vermeiden, dass sich für eine Gemeinde eine geringere steuerliche Belastung der eigenen Bürger positiv und eine stärkere Inanspruchnahme negativ auf die Zuweisungen des Finanzausgleichs auswirkt.[96] Unter den gleichen Prämissen erscheint auch die Berücksichtigung örtlicher Verbrauch- und Aufwandsteuern verfassungsrechtlich zulässig,[97] wegen des ausgeprägten Lenkungszwecks mancher Verbrauch- und Aufwandsteuern aber nicht unbedingt geboten.

20 **3. Finanzbedarf. a) Generelle Betrachtungen.** Keineswegs darf der Finanzausgleich einer unkritischen Angleichung der Einnahmen an die Ausgaben dienen; der Finanzausgleich soll nicht besondere Ausgabefreudigkeit honorieren oder gar anregen. Das BVerfG hat als „unabdingbaren Bezugspunkt" des Finanzausgleiches den **abstrakten Finanzbedarf** herauskristallisiert.[98] In der Rechtsprechung der Landesverfassungsgerichte werden die Ausgaben für berücksichtigungsfähig erachtet, die bei einer effizienten Aufgabenerfüllung entstehen.[99] Während in einem föderalen Finanzausgleich das Einbeziehen von Sonderlasten und Sonderbedarfen grds. unzulässig und nur als Ausnahme gestattet ist, erfordert für den kommunalen Finanzausgleich die spezifische Struktur und der besondere Aufgabenbestand der Kommunen zusätzliche Erwägungen des Gesetzgebers bei der Bestimmung des abstrakten, generellen Bedarfs.[100] Berücksichtigungsfähig ist der kommunalspezifische, generelle Mehrbedarf, der in typischen Ausgabensituationen oder bei bestimmten Arten der Kommunen anfällt, nicht berücksichtigungsfähig ist der individuelle Sonderbedarf. Die Berücksichtigung des Finanzbedarfs kann sich widerspiegeln in der Typisierung von Kommunen mit vergleichbarem Aufgabenbestand (zB kreisfreie Städte, kreisangehörige Gemeinden, Landkreise), der Verteilung der allg. Schlüsselzuweisungen und der gesonderten Dotierung bestimmter aufgabenspezifischer Belastungen.

21 Grds. werden **Einwohnerwerte** als taugliches Kriterium zur Ermittlung des allg. Finanzbedarfes angesehen.[101] Finanzausgleichsgesetze verschiedener Bundesländer haben hieraus die Konsequenz der Bildung „veredelter" Einwohnerwerte für Gemeinden bestimmter Größenklassen gezogen. Das BVerfG hat die Gül-

---

94 BVerfGE 72, 330 (386 und 389).
95 Vgl. *Henneke* DÖV 1994, 1 (8).
96 Vgl. hierzu VerfGH NW Urt. v. 6.7.1993 – VerfG 9 und 22/92 – DÖV 1993, 1003 (1005).
97 Ebenso *F. Kirchhof* in ders./H. Meyer (Hrsg.), Kommunaler Finanzausgleich im Flächenbundesland, 1996, S. 126 (138); tendenziell kritisch *Henneke* DÖV 1994, 1 (8).
98 BVerfGE 72, 330 (440 f.); 86, 148 (223).
99 LVerfG LSA Urt. v. 9.10.2012 – LVG 57/10 – DVBl 2012, 1560 (1561); dem Landesgesetzgeber einen sehr weiten Spielraum zubilligend ThürVerfGH Urt. v. 2.11.2011 – VerfGH 13/10 – BeckRS 2011, 25477 S. 19 ff.
100 BVerfGE 86, 148 (223 ff.).
101 Vgl. OVG Münster Urt. v. 30.1.1987 – 15 A 1032/84 – OVGE 39, 76 (829.

tigkeit der empirischen Voraussetzungen und die fortdauernde Gültigkeit der normativen Grundaussagen der Brecht/Popitzschen Formel ausdrücklich in Frage gestellt sowie den Gesetzgeber zu einer Überprüfung und ggf. Korrektur angewiesen.[102] Das LVerfG M-V hat Bedenken gegen das Prinzip der Einwohnerveredlung im Hinblick auf die fehlende empirische Absicherung angedeutet, konnte die Frage letztlich aber als nicht entscheidungserheblich dahinstehen lassen.[103] In Sachsen-Anhalt stellte das LVerfG insoweit die Unvereinbarkeit einer Regelung des dortigen Finanzausgleichs mit der Landesverfassung fest, als der Gesetzgeber keine Begründung für eine unterschiedliche Einwohnergewichtung bei den Schlüsselzuweisungen und bei der Investitionspauschale für kreisfreie Städte geliefert habe; die pauschale Annahme, die steigende Einwohnerzahl ließe den Zuschussbedarf überproportional ansteigen, sei nicht ausreichend.[104]

Grundsätzlich ist es verfassungsrechtlich nicht zu beanstanden, wenn der Gesetzgeber der **demografischen Entwicklung** dadurch Rechnung trägt, dass er vom Rückgang der Bevölkerungszahlen auf einen Rückgang des Aufwands für die Erledigung der kommunalen Aufgaben schließt und daher bedarfsmindernd berücksichtigt. Allerdings darf der Rückgang nicht bedarfsmindernd proportional zum Bevölkerungsrückgang verringert werden. Vielmehr müssen Fixkosten/Ausgaberemanenzen beachtet werden. Schließlich darf der Bevölkerungsrückgang für die einzelnen kommunalen Aufgaben nicht einheitlich, sondern nur differenziert angesetzt werden.[105] Damit werden erstmals die Folgen des demografischen Wandels in vertikaler Hinsicht zwischen Land und Kommunen als ausgleichsrelevant erachtet,[106] ohne allerdings eine abschließende Antwort auf die oftmals gerade durch die Demografie bedingte Bedarfssituation einzelner Gemeinden oder Regionen zu geben.[107]

Eine Rechtfertigung, für die der „Einwohnerveredlung" zugrundeliegenden Annahmen ist in der Tat nicht zu erkennen. Im Hinblick auf eine damit verbundene Besserstellung der kreisfreien Städte ist vielmehr auf den höheren Verwaltungsaufwand im kreisangehörigen Raum durch das Vorhalten zweier selbstständiger Selbstverwaltungsebenen und die Wahrnehmung zusätzlicher Aufgaben (zB untere Rechtsaufsicht; Gemeindeprüfung) hinzuweisen.[108] Insbes. aber ist der höhere Kostenaufwand bei der Wahrnehmung gleichgearteter Aufgaben in dünn besiedelten Räumen zu beachten, wie er sich bspw. niederschlägt bei den Aufgaben des Naturschutzes, der Wasserwirtschaft, der Abfallwirtschaft, des Jagdwesens, der Veterinär- und Lebensmittelüberwachung, der Straßenaufsicht, des öffentlichen Personennahverkehrs, der Schülerbeförderung, der Schulträger-

22

---

102 Vgl. BVerfGE 86, 148 (233 ff.); krit. zur Brecht/Popitzschen Formel auch *Pechstein* LKV 1991, 289 (292); *Hoppe* DVBl. 1995, 179 (183); *Henneke* in Henneke/Pünder/Waldhoff (Hrsg.), Recht der Kommunalfinanzen, 2006, § 25 Rn. 26 ff.; *Thormann* DÖV 2019, 912 ff.; *Starke/Hesse* der gemeindehaushalt 2022, 73 ff.; *Diemert* DVBl. 2016, 1003 (1007 ff.) erkennt hingegen eine ausreichende finanzwissenschaftliche Rechtfertigung für die Einwohnerveredlung.
103 LVerfG M-V Urt. v. 30.6.2011 – 10/10 – LVerfGE 22, 285 (297).
104 LVerfG LSA Urt. v. 9.10.2012 – LVG 23/10 – DVBl. 2012, 1494 mit Anm. *David* DVBl. 2012, 1498 f. und *Henneke* DVBl. 2012, 1565 (1566): „salopp gesprochen: aus Popitz Mumpitz geworden".
105 Grundlegend LVerfG LSA Urt. v. 9.10.2012 – LVG 57/10 – DVBl 2012, 1560 (1564 f.).
106 Zutreffend *Henneke*, Anmerkung zu LVerfG LSA Urt. v. 9.10.2012 – LVG 57/10 – DVBl 2012, 1560, DVBl 2012, 1565 (1566); ders. Der Landkreis 2013, 312, 320 ff. mwN zu finanzrelevanten Folgen des demografischen Wandels.
107 Überblick zu demografischen Ansätzen im Finanzausgleich bei *Wohltmann* Der Landkreis 2014, 396(439 ff.) mwN.
108 Vgl. VerfGH NW Urt. v. 6.7.1993 – VerfG 9 und 22/92 – DÖV 1993, 1003 (1005).

schaft, des Rettungswesens und der Trägerschaft überörtlicher Einrichtungen der Daseinsvorsorge. Mit guten Gründen wird deswegen jedenfalls auf der Ebene der Landkreise und kreisfreien Städte für die Berücksichtigung der **Fläche als (Mit-)Bedarfsindikator** plädiert.[109] Der NdsStGH hat die verfassungsrechtliche Relevanz dieser Fragestellung deutlich herausgearbeitet und bereits im Jahr 1998 betont, für die Landkreise entspreche ein Bevölkerungsansatz als einziges Verteilungskriterium der Schlüsselzuweisungen nicht einem aufgabengerechten Finanzausgleich, wie ihn die Niedersächsische Verfassung fordere. Die Eigenart mancher Aufgaben der Landkreise bewirke, dass die Fläche der entscheidende Kostenfaktor sei. Das gelte zB für die Straßenbaulast und die Schülerbeförderung.[110] Im Jahr 2001 haben die Bückeburger Verfassungsrichter ihr Petitum in dieser Frage nochmals präzisiert und dem Gesetzgeber dezidierte Begründungspflichten im Falle des Verzichts auferlegt.[111] Der Niedersächsische Landesgesetzgeber hat im Jahr 2007 die Konsequenz aus diesen verfassungsrechtlichen Vorgaben gezogen.[112] Der NdsStGH hat den dort gewählten Ansatz bestätigt und entschieden, die Ausgestaltung eines flächenbezogenen Ansatzes auf der Ebene der Landkreise sei jedenfalls dann aufgabengerecht und willkürfrei, wenn der historische Gesetzgeber sie unter Berücksichtigung aktueller finanzwissenschaftlicher Erkenntnisse nachvollziehbar begründe.[113]

23 Die alleinige Ausrichtung an Einwohner- bzw. Flächenwerten wird oftmals typischen Aufgaben und daraus resultierenden besonderen Kostenlasten nicht gerecht. Ergänzend werden daher **aufgabenbezogene Ansätze** im Rahmen von Schlüsselzuweisungen gebildet oder Vorwegabzüge und Zweckzuweisungen für Sonderbedarfe in den Finanzausgleich aufgenommen. Bei Erheblichkeit der Kostenlast und Abgrenzbarkeit der Aufgabe von den sonstigen kommunalen Aufgaben kann die Bildung solcher Ansätze zur Feinsteuerung im Hinblick auf den Finanzbedarf als Ausdruck der redistributiven Funktion des Finanzausgleichs sinnvoll sein, wie dies gerade in der Formulierung des Art. 73 Abs. 2 LV zum Ausdruck kommt. In der Praxis finden sich in den Bundesländern in unterschiedlicher Ausprägung bspw. Raumordnungs-, Schüler-, Grenzland-, Kurort-, Kinder-, Bevölkerungswachstums-, Gemeindezusammenschluss-, Straßen-, Stationierungs- und Sozialhilfeansätze.[114]

24 **b) Finanzausgleichsgesetz M-V.** Prägend für die Höhe der Finanzausgleichsleistungen in M-V[115] ist der in dem nunmehrigen § 7 Finanzausgleichsgesetz des

---

109 Vgl. *Henneke* in F. Kirchhof/H. Meyer (Hrsg.), Kommunaler Finanzausgleich im Flächenbundesland, 1996, S. 71 ff.; *Wohltmann* Der Landkreis 2021, 630 (652 ff. mwN).
110 NdsStGH Urt. v. 25.11.1997 – StGH 14/94 ua – StGHE 3, 299 (319 f.); ausf. dazu *Henneke* Der Landkreis 1998, 22; vgl. auch BayVerfGH Entsch. v. 27.2.1997 – Vf. 17-VII-94 – BayVBl. 1997, 303 (306 f.).
111 NdsStGH Urt. v. 16.5.2001 – StGH 6/99 ua – StGHE 4, 31 (61); ähnlich bereits BbgVerfG Urt. v. 16.9.1999 – VfGBbg 28/98 – NVwZ-RR 2000, 129 (132); zustimmend *Wallerath* in NdsVBl., Sonderheft zum 50-jährigen Bestehen des Niedersächsischen Staatsgerichtshofes, 2005, S. 43, 54; ebenso ThürVerfGH Urt. v. 2.11.2011 – VerfG 13/10 – BeckRS 2011, 25477 S. 14; für Prüfungspflicht des Gesetzgebers auch LVerfG SH Urt. v. 27.1.2017 – LVerfG 4/15 – NordÖR 2017, 166 (182), dazu *Schulz* NordÖR 2017, 157 (164 f.), zuletzt LVerfG SH Urt. V. 17.02.2023 – LVerfG 5/21 - NordÖR 2023, 188 (197 f.) .
112 Vgl. NLT-Information 2007, 3; ausführlich *Demuth* NdsVBl. 2008, 241 (244 ff.).
113 NdsStGH Urt. v. 4.6.2010 – StGH 1/08 – NdsVBl. 2010, 236 (242).
114 Vgl. *P. Kirchhof*, DVBl. 1980, 711, 716; *Rauber* KStZ 2012, 201 (207 f.); krit. wegen der tendenziell bestehenden staatlichen Einflussmöglichkeiten zB *Henneke* in: ders./Pünder/Waldhoff (Hrsg.), Recht der Kommunalfinanzen, 2006, § 25 Rn. 17; *C. Erps* VR 2009, 325 ff.
115 Grafische Übersicht bei *Wohltmann* Der Landkreis 2021, 630 (636 ff.).

Landes M-V (FAG M-V) verankerte, erstmals zum 1.1.2002 eingefügte sog. **Gleichmäßigkeitsgrundsatz.** Danach sollen sich die Summe der Einzahlungen der Gemeinden und Landkreise aus eigenen Steuern und den Zuweisungen nach dem FAG M-V gleichmäßig zu den dem Land verbleibenden Einnahmen aus Steuern, Zuweisungen aus dem Länderfinanzausgleich einschließlich der Bundesergänzungszuweisungen, abzüglich der den Gemeinden und Landkreisen nach dem FAG M-V zufließenden Finanzausgleichsleistungen entwickeln.[116] Verfassungsrechtlichen Bedenken gegen die Einnahme- statt der notwendigen Aufgabenorientierung[117] hat sich das LVerfG M-V nicht angeschlossen. Zwar müsse der Ausgangspunkt des Gleichmäßigkeitsgrundsatzes als (nur) Entwicklungsprinzip von Verfassungs wegen aufgabenbezogen sein. Dies sei bei der Einführung der Fall gewesen. Ferner müsse bei Anwendung des Gleichmäßigkeitsgrundsatzes beobachtet werden, ob die Vermutung, die Ausgaben und die Einnahmen entwickelten sich bei Land und bei den Kommunen gleichmäßig, noch zutreffe. Dies werde grds. durch die nunmehr in § 6 Abs. 2 FAG M-V enthaltene Revisionsklausel gewährleistet, die eine Überprüfung im Zwei-Jahresrhythmus vorsieht.[118] Wird auf eine rechnerische Größe wie den Gleichmäßigkeitsgrundsatz abgestellt, kann eine rein mathematische Betrachtung im Einzelfall gleichwohl aus Gründen der Verteilungsgerechtigkeit durch verfassungsrechtlich gebotene Wertungen überlagert sein. Dies gilt insbesondere dann, wenn Finanzprobleme der Kommunen maßgeblich auf einer signifikant hohen Kostenbelastung aus staatlich zugewiesenen Aufgaben beruhen und daher fremdbestimmt sind.[119]

Im Rahmen der Verteilung der Finanzausgleichsmasse **verzichtet** das FAG M-V sinnvollerweise **auf eine Einwohnerveredlung.** Durch das Gesetz zur Neufassung des Finanzausgleichsgesetzes M-V und zur Änderung weiterer Gesetze[120] erfolgte eine Systemumstellung vom früheren 3-Säulen-Modell in ein **2-Ebenen-Modell**, welches die Finanzzuweisungen nicht mehr nach Körperschaften, sondern nach den Aufgaben – Gemeinde- und Kreisaufgaben – unterteilt. Neben der allgemeinen Schlüsselzuweisung gibt es seither als weiteres pauschales Zuweisungsinstrument eine **allgemeine Infrastrukturpauschale** (§ 23 FAG) und für eine Übergangszeit von fünf Jahren eine zusätzliche Zuweisung für die kreisangehörigen Zentren (§ 24 FAG). Zwecks Stärkung der Ausgleichsfunktion wurden die Mittel des früheren Vorwegabzugs für übergemeindliche Aufgaben der Schlüsselmasse für die Gemeindeebene und die den besonderen **Belastungen der Fläche** Rechnung tragenden früheren Vorwegabzüge für Schülerbeförderung und ÖPNV der Kreisschlüsselmasse für Kreisaufgaben zugeführt. Ein Dünnbe- 25

---

116 Bestimmte Einnahmen des Landes bleiben dabei unberücksichtigt, vgl. § 8 Abs. 1 FAG.
117 Ausführlich dazu *H. Meyer,* Der kommunale Finanzausgleich in M-V, 3. Aufl. 2004, S. 75 f.; *ders.,* Mindestausstattung, in Schöneburg ua, Verfassungsfragen, S. 31 (38 f.); *Schmitt* DÖV 2013, 452 (454); kritisch auch *Leisner-Egensperger* DÖV 2010, 705 (709 f.), die aber keine Bedenken gegen die Beachtung einer „Verteilungssymmetrie" hat.
118 LVerfG M-V Urt. v. 11.5.2006 – 1/05 ua – LVerfGE 17, 297 (330 ff.); die Beobachtungs- und Nachbesserungspflicht hervorhebend *Walleradt* in NdsVBl., Sonderheft zum 50-jährigen Bestehen des Niedersächsischen Staatsgerichtshofes, 2005, S. 43 (54).
119 Vgl. VerfGH Rh-Pf Urt. v. 14.2.2012 – VGH N 3/11 – NVwZ 2012, 1034 (1036); gerade in der Herstellung der Verbindung zur bundesrechtlich geprägten tatsächlichen Finanzsituation die Bedeutung der Entscheidung sehend *Henneke* in seiner Anmerkung DVBl. 2012, 440 (442); zust. auch *Rauber* KStZ 2012, 201 (204); zur Bedeutung der Entscheidung im Vorfeld bereits *Wieland,* in FS Schmidt-Jortzig, 2011, S. 221 (228 ff.).
120 Vom 9.4.2020, GVOBl. S. 166 ff.

siedlungsfaktor wird bei der Zuweisung für die Landkreise berücksichtigt (§ 22 Abs. 2 S. 3).[121]

26 **4. Ausgleichsziel und -intensität.** Ziel des Finanzausgleichs ist ein **angemessener Ausgleich der Finanzkraft.**[122] Ausgeglichen werden sollen strukturelle, vorgegebene Unterschiede. Untersagt ist bereits die Nivellierung, dh die vollständige Angleichung der Finanzkraft.[123] Bereits der Wortlaut der Verfassung in Art. 73 Abs. 2 LV („ausgleichen" bzw. „Finanzausgleich") verbietet eine darüber noch hinausgehende Übernivellierung, die im Ergebnis dazu führte, dass die Reihenfolge der beteiligten Körperschaften in der Finanzkraft nach erfolgtem Ausgleich sich verschiebt. Dieses Ergebnis darf nicht durch die Summe der Schlüsselzuweisungen und Vorwegabzüge eintreten.[124] Der auf bloßen Lastenausgleich für übertragene, ursprünglich staatliche Aufgaben abzielende Ausgleich nach Art. 72 Abs. 2 LV hat außer Betracht zu bleiben, da er nicht auf eine Verstärkung eigener Finanzkraft abzielt.

### IV. Schrifttum

27 *Heinrich Albers,* Bei der Verteilung der kommunalen Finanzausgleichsmittel hat der Gesetzgeber einen Gestaltungsspielraum, NdsVBl. 2011, 1 ff.; *ders.,* Die Kreisumlage: Eingriff in die Finanzautonomie der kreisangehörigen Gemeinden?, NdsVBl. 2020, 357 ff.; *Jan Arning,* Das Niedersächsische Grundsteuergesetz im Bund-Länder-Vergleich, NdsVBl. 2022, 33 ff.; *Dörte Diemert,* Der kommunale Finanzbedarf in Rechtsprechung und Praxis, DVBl. 2015, 1003 ff.; *Matthias Dombert,* Zur finanziellen Mindestausstattung von Kommunen, in DVBl. 2006, S. 1136 ff.; *Olaf Dreher,* Steuereinnahmen für die Kreise, 1991; *Wilfried Erbguth,* Berücksichtigung zentralörtlicher Funktionen durch den Finanzausgleich, in *F. Kirchhof/H. Meyer* (Hrsg.), Kommunaler Finanzausgleich im Flächenbundesland, 1996, S. 62 ff.; *Catharina Erps,* Zweck- und Schlüsselzuweisungen als Instrumente des kommunalen Finanzausgleichs, VR 2009, 325 ff.; *Rolf Grawert,* Kommunale Finanzhoheit und Steuerhoheit, in von Mutius (Hrsg.), Selbstverwaltung im Staat der Industriegesellschaft, 1983, S. 587 ff.; *Hans-Günter Henneke,* Begrenzt die finanzielle Leistungsfähigkeit des Landes den Anspruch der Kommunen auf eine aufgabenangemessene Finanzausstattung?, DÖV 2008, 857 ff.; *ders.,* Das Gemeindefinanzierungssystem, in Jura 1986, 568 ff.; *ders.,* Der Gestaltungsspielraum bei der Kreisumlagefestsetzung und seine verfassungsrechtlichen Grenzen, der gemeindehaushalt 2023, 49 ff.; *ders.,* Der kommunale Finanzausgleich, in DÖV 1994, 1 ff.; *ders.,* Die Kommunen in der Finanzverfassung des Bundes und der Länder, 5. Aufl. 2012 (zit.: Die Kommunen in der Finanzverfassung); *ders.,* Die Kommunen in der Finanzverfassung des Bundes und der Länder – Entwicklungen 2012/13, Der Landkreis 2013, 312 ff.; *ders.,* Die Kreisumlagefestsetzung, 2020; *ders.,* Kontinuität und Wandel der Finanzverfassung des Grundgesetzes: Von der Folgeverfassung zum Steuerungsinstrument des Bundes über die Aufgabenerfüllung der Länder, DVBl. 2019, 657 ff.; *ders.,* Leistungsfähigkeitsvorbehalt des Landes in Art. 58 NV eröffnet Rechtsweg zum BVerfG nach Art. 93 Abs. 1 Nr. 4b GG, NdsVBl 2018, 97 ff.; *ders.,* Autoritative VerfGH-Auslegung von Art. 49 VI LV

---

121 Vgl. dazu und weiteren Einzelheiten der Änderung LT-Drs. 7/4301 v. 30.10.2019. S. 7 ff.; kommentierend *Wohltmann* Der Landkreis 2021, 665, 690 ff.
122 Vgl. BVerfGE 72, 330 (386).
123 Vgl. BVerfGE 72, 330 (398); 86, 148 (215); *Birk/Inhester* DVBl. 1993, 1281 (1284).
124 Vgl. BVerfGE 72, 330 (404); 86, 148 (250 ff.); *Henneke,* Die Kommunen in der Finanzverfassung, 5. Aufl. 2012, S. 500 f.

RhPf steht nicht im Einklang mit Art. 28 II 3 GG, DVBl. 2021, 216 ff.; *ders.*, Öffentliches Finanzwesen Finanzverfassung, 2. Aufl. 2000; *ders.*, Schuldenbremse – Fluch oder Segen, Der Landkreis 2013, 290 ff.; *ders.*, Steuerbeteiligung der Kreise – ein notwendiges Element einer soliden Basis für Kommunalfinanzen, in Der Landkreis 2006, S. 251; *ders.*, ThürVerfGH schreibt Lehrbuch der Kommunalfinanzausgleichsgesetzgebung, in ZG 2006, 73 ff.; *ders.*, Wer der Bestellung zustimmt, muss sie adressieren und bezahlen, DVBl 2011, 125 ff.; *Werner Hoppe*, Der Anspruch der Kommunen auf aufgabengerechte Finanzausstattung, in DVBl. 1992, S. 117 ff.; *ders.*, Reform des kommunalen Finanzausgleichs, 1985; *Jörn Ipsen* (Hrsg.), Kommunale Aufgabenerfüllung im Zeichen der Finanzkrise, 1995; *Ferdinand Kirchhof*, Der Finanzausgleich als Grundlage kommunaler Selbstverwaltung, in DVBl. 1980, S. 711 ff.; *ders.*, Rechtsgutachten zum Entwurf eines Finanzausgleichsgesetzes für das Land Mecklenburg-Vorpommern, in ders./H. Meyer (Hrsg.), Finanzausgleich im Flächenbundesland, 1996, S. 126 ff.; *ders.*, Empfehlen sich Maßnahmen, um in der Finanzverfassung Aufgaben- und Ausgabenverantwortung von Bund, Ländern und Gemeinden stärker zusammenzuführen?, Gutachten D für den 61. Deutschen Juristentag, 1996; *Lars Martin Klieve*, Schuldenbremse im Ernstfall, der gemeindehaushalt 2021, 277 ff.;,*Winfried Kluth*, Die interpretative Konkretisierung der kommunalen Mindestfinanzausstattung im bundesstaatlichen Verfassungsgefüge, ZG 2021, 348 ff.; *ders.*, Verfassungsrechtliche Pflicht der Länder zur Unterstützung der Kommunen beim Abbau von Altschulden, LKV 2020, 97 ff.; *Lutz Lammers*, Das kommunale Steuerfindungsrecht aus Art. 28 Abs. 2 GG, DVBl 2013, 348 ff.; *Niklas Langguth*, Finanzausgleich oder Verfassungsbruch – zur Frage der Vereinbarkeit der Abundanzumlage mit dem Grundgesetz, der gemeindehaushalt 2013, 273; *Anna Leisner-Egensperger*, Das Konnexitätsprinzip im verfassungsrechtlichen Ländervergleich, NVwZ 2021, 1487 ff.; *dies.*, Die Finanzausgleichsgesetze der Länder und das kommunale Selbstverwaltungsrecht, DÖV 2010, 705 ff.; *Veith Mehde*, Entschuldung von Kommunen, DÖV 2020, 131 ff.; *Hubert Meyer*, Der kommunale Finanzausgleich in Mecklenburg-Vorpommern, 3. Aufl. 2004; *ders.*, Die kommunale Finanzgarantie als Herausforderung für die Landesverfassungsgerichte, in NVwZ-Sonderheft für Hermann Weber, 2001, S. 36; *ders.*, Grundgesetz und Kreisumlage, NVwZ 2020, 1254 ff.; *ders.*, Mindestausstattung, Verteilungssymmetrie und Schuldenbremse – Die Kommunale Finanzgarantie in der Niedersächsischen Verfassung und die Politik, NSI-Vorträge, 2012 (zit.: Mindestausstattung (Nds); *ders.*, Mindestausstattung, Verteilungssymmetrie und Schuldenbremse – Schützt die Verfassung (noch) die Kommunen, in: Volkmar Schöneburg ua, Verfassungsfragen in Berlin, Brandenburg, Mecklenburg-Vorpommern, Sachsen-Anhalt, Sachsen und Thüringen, 2013, S. 31 ff. (zit.: Mindestausstattung, in Schöneburg ua, Verfassungsfragen); *ders.* Zwischen Klagen und Hoffen: Perspektiven für die Reformen der Kommunalfinanzen, in Oebbecke/Ehlers/Schink/Diemert (Hrsg.), Kommunalverwaltung in der Reform, 2004, S. 114; *Stefan Mückl*, Finanzverfassungsrechtlicher Schutz der kommunalen Selbstverwaltung, 1998; *Albert von Mutius*, Gemeinden und Landkreise in der Landesverfassung Mecklenburg-Vorpommern, in LKV 1996, 177 ff.; *von Mutius/Henneke*, Kommunale Finanzausstattung und Verfassungsrecht, 1984; *von Mutius/Dreher*, Reform der Kreisfinanzen, 1990; *Janbernd Oebbecke*, Reaktionen des Rechts auf kommunale Finanzprobleme, DVBl 2013, 1409 ff.; *Werner Patzig*, Der kommunale Finanzausgleich im Zeichen der Konsolidierung der Länderhaushalte, in DVBl. 1985, S. 137 ff.; *Matthias Pechstein*, Kommunaler Finanzausgleich – Grundstrukturen und Grundprobleme, in LKV 1991, 289 ff.; *Marc Petit*, Der kommunale Mindestausstattungsanspruch im

Verfassungsrecht von Bund und Ländern, 2020; *Hermann Pünder/Christian Waldhoff*, Kommunales Finanzrecht in der Verfassungsordnung von Bund und Ländern, in Henneke/Pünder/Waldhoff (Hrsg.), Recht der Kommunalfinanzen, 2006, S. 1 ff.; *David Rauber*, Der kommunale Finanzausgleich: Gesetzgeber und Gerichte bleiben gefordert, KStZ 2012, 201 ff.; *Thorsten Ingo Schmidt*, Kommunale Entschuldung durch den Bund zur Herstellung gleichwertiger Lebensverhältnisse? DÖV 2020, 818 ff.; *Edzard Schmidt-Jortzig*, Der Einnahmefächer der Kommunen zwischen Stärkung der Eigengestaltung und landesverfassungsrechtlichen Finanzgarantien, in DVBl. 2007, S. 96 ff.; *ders.*, pecunia nervus rerum – der Kampf um eine funktionsadäquate Finanzausstattung der Landkreise, in Henneke/Meyer (Hrsg.), Kommunale Selbstverwaltung zwischen Bewahrung, Bewährung und Entwicklung, 2006, S. 137 ff.; *Susanne Schmitt*, Inhalt, verfassungsrechtliche Stellung und Bedeutungsgehalt der kommunalen Finanzhoheit, 1996; *Friedrich Schoch*, Verfassungsrechtlicher Schutz der kommunalen Finanzautonomie, 1997, S. 137 ff.; *ders.*, Stand der Dogmatik, in Henneke/Meyer (Hrsg.), Kommunale Selbstverwaltung zwischen Bewahrung, Bewährung und Entwicklung, 2006, S. 11 ff.; *ders.*, Schutz des Kernbereichs kommunaler Finanzausstattung durch Art. 28 Abs. 2 S. 3 GG, ZG 2019, 114 ff.; *Sönke E. Schulz*, Die Rolle der zentralen Orte im kommunalen Finanzausgleich – Anmerkung zu LVerfG 5%21 v. 21.2.2023, NordÖR 2023, 182 ff.; *ders.*, Kommunaler Finanzausgleich in Schleswig-Holstein, NordÖR 2017, 157 ff.; *Kyrill-Alexander Schwarz*, Abschied vom Kernbereichsschutz bei der Garantie der kommunalen Selbstverwaltung?, ZKF 2009, 241 ff.; *ders.*, Stillschweigende Aufgabenübertragung und Anwendung des landesverfassungsrechtlichen Konnexitätsprinzips, in ZKF 2006, 265 und 2007, S. 6; *Tim Starke/Mario Hesse*, Edel sei der Einwohner! – Würdigung und Weiterentwicklung der Hauptansatzstaffel im kommunalen Finanzausgleich, der gemeindehaushalt 2023, 73 ff.; *Martin Thormann*, Die Einwohnerveredlung im kommunalen Finanzausgleich nach dem Brecht/Popitzschen Gesetz, DÖV 2019, 912 ff.; *ders.*, Die Kreisumlage – ein Update, der gemeindehaushalt 2023, 25 ff.; *Uwe Volkmann*, Der Anspruch der Kommunen auf finanzielle Mindestausstattung, in DÖV 2001, 497; *Joachim Wieland*, Der Anspruch der Kommunen auf eine angemessene Finanzausstattung, S. 221 ff., in Utz Schliesky/Christian Ernst/Sönke E. Schulz (Hrsg.), Die Freiheit des Menschen in Kommune, Staat und Europa, FS für Edzard Schmidt-Jortzig, 2011, 221; *Matthias Wohltmann*, Bemessung und Ausstattung des kommunalen Finanzausgleichs: Prozedurale Flankierung, ZG 2011, 377 ff.; *ders.*, Der kommunale Finanzausgleich 2020/2021 unter besonderer Berücksichtigung der Landkreise: Rechtliche Grundlagen, Der Landkreis 2021, 630 ff.; *ders.*, Die Kreisumlage 2020/21: Rechtliche Grundlagen und finanzielle Entwicklung, Der Landkreis 2021, 595 ff.

## Art. 74 (Haushaltswirtschaft)

**Die Gemeinden und Kreise führen ihre Haushaltswirtschaft im Rahmen der Gesetze in eigener Verantwortung.**

Vergleichbare Regelungen:
Art. 83 Abs. 2 und 6 BayVerf; 119 Abs. 1 Satz 1 SaarlVerf; 55 SchlHVerf.

| | |
|---|---|
| I. Inhalt und wesentliche Begriffe der Haushaltswirtschaft ............... 1 | III. Gesetzesvorbehalt ................. 9 |
| II. Adressaten der verfassungsrechtlichen Gewährleistung .............. 8 | IV. Schrifttum ......................... 14 |

## I. Inhalt und wesentliche Begriffe der Haushaltswirtschaft

Das Recht zur eigenverantwortlichen Bewirtschaftung der Einnahmen und Ausgaben ist bereits Teil der den Kommunen durch die Selbstverwaltungsgarantie der Art. 28 Abs. 2 GG, 72 und 73 LV gewährleisteten **Finanzhoheit**. Sie erfährt durch Art. 74 eine Konkretisierung. Die Vorschrift entspricht inhaltlich Art. 47 SchlHVerf und ist auf Anregung des Sachverständigen Prof. Dr. von Mutius von der Verfassungskommission aufgenommen worden.[1]

Die Gemeinden und Landkreise haben das Recht, Einnahmen und Ausgaben planmäßig im Rahmen eines geordneten Haushaltswesens zu koordinieren. Die Haushaltswirtschaft erfüllt einerseits Bedarfsdeckungs- und Ordnungsfunktionen. Andererseits ist die politische Funktion zu beachten, denn der Haushalt steckt den politischen Handlungsrahmen für das Haushaltsjahr ab.[2] Der Gesetzgeber hat von dem ihm eingeräumten Ausgestaltungsrecht intensiv Gebrauch gemacht, so dass das Haushaltsrecht **weitgehend gesetzlich determiniert** ist.[3]

Die wesentlichen **Grundsätze** des kommunalen[4] folgen denen des staatlichen Haushaltsrechts.[5] Dennoch gibt es eine Reihe nennenswerter Abweichungen. Gründe hierfür liegen in der Vielzahl der kommunalen Haushalte, der generellen Unterworfenheit der Kommunen unter die Rechtsaufsicht des Staates, in dem allenfalls rudimentär ausgestalteten Abgabenfindungsrecht der Kommunen, der hohen Investitionsquote kommunaler Haushalte und der Organisationsstruktur des Kommunalverfassungsrechts, das nicht von einer „Gewaltenteilung" zwischen der ehrenamtlichen Vertretungskörperschaft und der hauptamtlichen Verwaltung ausgeht.[6]

Insbesondere aber haben die kommunalen Gebietskörperschaften aufgrund des Gesetzes zur Einführung des neuen Kommunalen Haushaltsrechts (NKHR-MV)[7] seit dem 1.1.2012 ihr Rechnungswesen nach den Regeln der **Doppik** zu führen. Ziele der bundesweiten Einführung auf kommunaler Ebene sind ua eine erhöhte Transparenz, die Zusammenführung von Fach- und Ressourcenverantwortung, Konzentration der politischen Vertretung auf strategische Steuerung und ein verbessertes Vollzugs- und Berichtswesen.[8] Verfassungsrechtliche Aspekte standen einer Umstellung nicht entgegen.[9] Die Umsetzung bildet trotz des Stichtages einen kontinuierlichen Prozess. So ist es oftmals nicht gelungen, die zum 30.11.2012 geforderten Eröffnungsbilanzen zeitgerecht vorzulegen.[10] Zu-

---

1 Vgl. LT-Drs. 1/3100, S. 159.
2 *Brüning* Rn. 8 zu Art. 55 in Becker/Brüning/Ewer/Schliesky (Hrsg.), Verfassung des Landes Schleswig-Holstein, spricht von „politischer Programmfunktion".
3 Überblick bei *Wille* in Schweriner Kommentierung, Vorb. zu § 43 Rn. 5; systematisierend und bewertend *Pünder* in Henneke/Pünder/Waldhoff (Hrsg.), Recht der Kommunalfinanzen, 2006, S. 527 ff.
4 Ausführlich dazu *Schwarting*, in Henneke/Strobl/Diemert (Hrsg.), Recht der kommunalen Haushaltswirtschaft, 2008, S. 132 ff.
5 Vgl. dazu → Art. 61 Rn. 1 ff.
6 Vgl. *Steenbock* in Klein (Hrsg.), Öffentliches Finanzrecht, S. 368 f., Rn. 17 f.
7 Vom 14.12.2007, GVOBl. M-V 2007, 410.
8 Umfassend und mwN vgl. hierzu *Pünder* in Henneke/Pünder/Waldhoff (Hrsg.), Recht der Kommunalfinanzen, 2006, S. 70 ff.
9 Vgl. LVerfG M-V Urt. v. 26.11.2009 – 9/08 – LVerfGE 20, 213 ff.; ferner *Pünder* EildLKTNW 2001, 346 ff.; zur Reformnotwendigkeit aus Sicht des Deutschen Landkreistages *Hauschildt* Der Landkreis 2005, 11 ff. mit zahlreichen vertiefenden Beiträgen aus den Bundesländern im gleichen Heft.
10 Vgl. zu den Umstellungsprozessen *Wille* in: Schweriner Kommentierung, Vorb. zu § 43 Rn. 4.

gleich mit der Einführung der Doppik wurden die Vorschriften zur Haushaltswirtschaft in der Kommunalverfassung umfassend novelliert.[11]

4 An der Spitze der in der Kommunalverfassung und den Begleitvorschriften aufgeführten Haushaltsgrundsätzen[12] stehen in § 43 Abs. 1 Satz 1 KV nunmehr die Grundsätze der Sicherung der steten Aufgabenerfüllung und der Generationengerechtigkeit.[13] Nach § 43 Abs. 1 Satz 2 KV ist dabei den Erfordernissen des gesamtwirtschaftlichen Gleichgewichts sowie den Empfehlungen des Stabilitätsrates gemäß § 51 Abs. 1 des Haushaltsgrundsätzegesetzes des Bundes Rechnung zu tragen. Damit wollte der Gesetzgeber dem Einbeziehen der kommunalen Schulden in die sog. Maastricht-Kriterien Rechnung tragen.[14] Neu eingefügt und zu Grundsätzen der Haushaltsführung erhoben wurden die **Sicherstellung der Liquidität** (§ 43 Abs. 2 KV) und das **Überschuldungsverbot** (§ 43 Abs. 3 KV). Besondere Bedeutung unter den Haushaltsgrundsätzen kommt traditionell denen der **Wirtschaftlichkeit und Sparsamkeit** zu, die sich in der Kommunalverfassung in § 43 Abs. 4 finden. Nach der Neufassung durch das Gesetz vom 23.7.2019[15] beziehen sich diese Grundsätze nicht mehr nur auf den Haushaltsplan, sondern auf die Haushaltswirtschaft insgesamt. Zwar bilden diese beiden Prinzipien rechtsdogmatisch Maßstäbe bei gesetzlich vorgesehenen rechtsaufsichtsbehördlichen Genehmigungen und können damit auch gerichtlich überprüft werden.[16] Gleichwohl ist das rechtsnormative Steuerungspotential gering, denn die unbestimmten Rechtsbegriffe müssen stets anhand des Einzelfalles konkretisiert werden. Hierbei ist den Kommunen ein weitgehender Gestaltungsspielraum zuzubilligen.[17] Die ausdrückliche verfassungsrechtliche Absicherung der eigenverantwortlichen Haushaltsführung der Gemeinden und Landkreise in M-V unterstreicht, dass Beurteilungsspielräume den kommunalen Entscheidungsgremien vorbehalten bleiben müssen. Kritisch ist unter diesen Umständen die höchstrichterliche zivilrechtliche Rspr. zu bewerten. Der BGH[18] nimmt jedenfalls bei gravierenden Verstößen gegen die Grundsätze der Wirtschaftlichkeit und Sparsamkeit eine Pflicht der Rechtsaufsichtsbehörde an, gegen diese Verstöße vorzugehen. Unterlässt sie dies, sollen dadurch Amts- und Staatshaftungsansprüche der Gemeinde gegenüber der Rechtsaufsichtsbehörde ausgelöst werden können. Bei einer solchen Betrachtung würde die Rechtsaufsichtsbehörde aus Gründen des Selbstschutzes in eine gebundene Rechtskontrolle gedrängt, die

---

11 Vgl. Gesetz vom 13.7.2011, GVOBl. M-V S. 777.
12 Überblick zur staatlichen Ebene bei *Kube* in Ehlers/Fehling/Pünder (Hrsg.), Besonderes Verwaltungsrecht, Bd. 3, 4. Aufl. 2021, § 66 Rn. 94 ff. zur kommunalen Ebene bei *Wille* in Schweriner Kommentierung, § 43 Rn. 1.
13 Ausführlich dazu *Wille* in Schweriner Kommentierung, § 43 Rn. 2 und 3; umfassend zur Generationengerechtigkeit im Haushaltsrecht vgl. *Diemert* in Henneke/Strobl/Diemert, Recht der kommunalen Haushaltswirtschaft, 2008, S. 55 ff.
14 Vgl. *Wille* in Schweriner Kommentierung, § 43 Rn. 4; dazu auch bereits → Art. 73 Rn. 3.
15 GVOBl. M-V S. 467.
16 Zu Einzelheiten vgl. *Tholund*, Die gerichtliche Kontrolle der Haushaltsgrundsätze der „Wirtschaftlichkeit" und „Sparsamkeit", 1991.
17 Vgl. OVG Münster Beschl. v. 26.10.1990 – 15 A 1099/87 – DÖV 1991, 611 (612); *Schoch*, Die aufsichtsbehördliche Genehmigung der Kreisumlage, 1995, S. 87; bedenklich daher VGH Kassel Urt. v. 14.2.2013 – 8 A 816/12 – DVBl. 2013, 655; umfassend zur Kreisumlage oben Art. 73 Rn. 12 mwN.
18 BGHZ 153, 198 ff.; bestätigend und die Amtspflicht ggü Zweckverbände ausdehnend BGH Urt. v. 18.7.2013 – III ZR 323/12 – NVwZ-RR 2013, 896 ff.; vgl. dazu → Art. 72 Rn. 64.

die verfassungsrechtliche Verbürgung der eigenverantwortlichen Haushaltswirtschaft staatlicher Fürsorge unterstellte.[19]

Wichtigste Instrumentarien der Haushaltswirtschaft sind **Haushaltssatzung und** 5 **Haushaltsplan**.[20] Die aufgrund ihrer Bedeutung zwingend durch die Vertretungskörperschaft zu beschließende Haushaltssatzung enthält nach § 45 Abs. 3 KV M-V mindestens die Gesamtbeträge der Erträge und Aufwendungen sowie des sich Veränderung der Rücklagen ergebenden Jahresergebnisses, den jahresbezogenen Saldo der laufenden Ein- und Auszahlungen, die Kredit- und Verpflichtungsermächtigungen; den Höchstbetrag aller Kredite zur Sicherung der Zahlungsfähigkeit; die Hebesätze der Steuern und die Gesamtzahl der im Stellenplan ausgewiesenen Stellen. Der Haushaltsplan (§ 46 KV M-V) ist Bestandteil der Haushaltssatzung. Er enthält alle im Haushaltsjahr für die Erfüllung der Aufgaben voraussichtlich anfallenden Erträge und eingehenden Einzahlungen, entstehende Aufwendungen und zu leistende Auszahlungen sowie notwendige Verpflichtungsermächtigungen. Der Haushaltsplan besteht aus dem Ergebnishaushalt, dem Finanzhaushalt, den Teilhaushalten und dem Stellenplan. Wirkung im Außenverhältnis entfalten nur diejenigen Bestimmungen der Haushaltssatzung, die die Steuerhebesätze fixieren.

§ 44 KV legt für die Gemeinden **Grundsätze der Erzielung von Erträgen und** 6 **Einzahlungen** fest, die für die Landkreise im Hinblick auf die Kreisumlage in § 120 Abs. 2 KV noch ergänzt werden. Damit wird zwar eine Rangordnung der Einnahmenbeschaffung fixiert.[21] Die rechtliche Steuerungswirkung dieser gesetzlichen Rangordnung, die sich nicht auf Verfassungsentscheidungen zurückführen lässt, ist jedoch gering.[22] Weder lässt sich aus der Rangordnung eine quantitative **Beschränkung** bestimmter Einnahmequellen ableiten, noch müssen die vorrangigen Deckungsmittel bis zur Grenze des Möglichen ausgeschöpft werden.[23] Den Verpflichtungsadressaten ist es lediglich verwehrt, die gesetzliche Rangordnung der Einnahmequellen dadurch zu unterlaufen, dass sie eigenverantwortlich bestimmbare Einnahmequellen zugunsten nachrangiger Umlagen verschonen oder fehlerhaft veranschlagen.[24]

Gemäß Art. 109 Abs. 2 GG erfüllen Bund und Länder gemeinsam die Verpflich- 7 tungen der Bundesrepublik Deutschland aus Rechtsakten der Europäischen Gemeinschaft aufgrund des Artikels 104 des Vertrags zur Gründung der Europäischen Gemeinschaft zur Einhaltung der Haushaltsdisziplin und tragen in diesem Rahmen den **Erfordernissen des gesamtwirtschaftlichen Gleichgewichts** Rechnung. Als Untergliederungen der Länder (vgl. auch Art. 106 Abs. 9 GG) sind die Gemeinden und Landkreise durch diese Vorschrift mit verpflichtet. Die Neufassung des Art. 109 Abs. 2 GG im Zuge der Föderalismusreform II bewirkt, dass die EG-rechtlichen Verpflichtungen zu einer Verfassungspflicht für Bund und Länder einschließlich ihrer Kommunen werden, keine übermäßi-

---

19 Ausf. hierzu *H.Meyer* NVwZ 2003, 818 f.; krit. auch *von Mutius/Groth* NJW 2003, 1278 ff.; tendenziell ähnlich auch *Diemert*, in Henneke/Strobl/Diemert, Recht der kommunalen Haushaltswirtschaft, 2008, S. 406, 418.
20 Ausführlich hierzu *Mehde*, in Henneke/Strobl/Diemert, Recht der kommunalen Haushaltswirtschaft, 2008, S. 97 ff.
21 Vgl. *Günther*, in Püttner (Hrsg.), HKWP, Bd. 6, 2. Aufl., S. 366, 374.
22 Zutr. *Schoch*, Die aufsichtsbehördliche Genehmigung der Kreisumlage, 1995, S. 85.
23 *Von Mutius/Dreher*, Reform der Kreisfinanzen, 1990, S. 62 f. mwN.
24 Grundlegend zur Kreisumlage BVerwGE 101, 99; 145, 378; BVerwG NVwZ 2019, 1279; zusammenfassend dazu oben Art. 72 Rn. 12 mwN.

gen öffentlichen Defizite zu verursachen.[25] § 43 Abs. 1 S. 2 KV nimmt die Formulierung des Art. 109 Abs. 2 GG ausdrücklich auf und verpflichtet damit die Kommunen zur Beachtung der im Gesetz zur Förderung der Stabilität und des Wachstums der Wirtschaft (StabG) vom 8.6.1967[26] konkretisierten Ziele. § 1 StabG nennt als Ziele die Stabilität des Preisniveaus, einen hohen Beschäftigungsgrad, das außenwirtschaftliche Gleichgewicht und ein angemessenes Wirtschaftswachstum, die nunmehr im Lichte des Art. 126 AEUV zu interpretieren sind.[27] § 16 StabG verpflichtet Gemeinden und Landkreise unmittelbar auf diese Ziele. Bei der Auslegung des unbestimmten Rechtsbegriffs „gesamtwirtschaftliches Gleichgewicht" haben die Kommunen einen Beurteilungsspielraum,[28] wobei die tatsächliche Einwirkungsmöglichkeit der einzelnen Kommune auf das erstrebte Gleichgewicht ohnehin sehr zu hinterfragen ist.

## II. Adressaten der verfassungsrechtlichen Gewährleistung

8 **Adressaten** des als verfassungsrechtliche Privilegierung konzipierten Rechts zur eigenverantwortlichen Haushaltsführung sind ausdrücklich (nur) die Gemeinden und Landkreise. Für die Ämter sieht die Kommunalverfassung die entsprechende Geltung der Bestimmungen über die Haushaltswirtschaft der Gemeinde mit der Maßgabe vor, dass § 43 Abs. 3 keine Anwendung findet und abweichend von § 43 Abs. 6 KV der Haushaltsausgleich in Planung und Rechnung erreicht ist, wenn der Finanzhaushalt ausgeglichen ist, § 144 Abs. 1; zu den Zweckverbänden vgl. 161 Abs. 1 Sätze 2 und 3 KV. Mit der verfassungsrechtlichen Vorgabe unvereinbar wäre es, die Haushalte amtsangehöriger Gemeinden in den Haushalt des Amtes zu „integrieren".

## III. Gesetzesvorbehalt

9 Wie die Garantie der kommunalen Selbstverwaltung in Art. 72 Abs. 1 LV selbst, wird auch das Recht zum Führen der Haushaltswirtschaft in eigener Verantwortung nur „im Rahmen der Gesetze" gewährleistet. Auf folgende in Ausformung des Gesetzesvorbehalts erlassene gesetzliche Bestimmungen und auf ihnen basierende RechtsVO ist besonders hinzuweisen:
- §§ 42a-62, 120, 144, 161, 174 Abs. 1 Nr. 9 – 12 und 16 KV;
- GemeindehaushaltsVO-Doppik vom 25.2.2008;[29]
- GemeindekassenVO-Doppik vom 25.2.2008.[30]

10 Kaum ein anderes Rechtsgebiet hat damit eine so detaillierte Einbindung in **staatliche Vorgaben** erhalten. Zu hinterfragen sind allerdings weniger die sehr dezidierten technischen Einzelheiten der Haushaltsaufstellung, die bis zu einem gewissen Grad gerade bei der vorhandenen Vielzahl selbstständiger Gemeinden in M-V sinnvoll erscheinen, um eine Vergleichbarkeit der Daten und Prozesse zu ermöglichen.

---

25 Vgl. zur Umformulierung des Art. 109 Abs. 2 GG *Henneke* in Schmidt-Bleibtreu/Hofmann/Henneke, Art. 109 Rn. 33 ff., insbes. 36.
26 BGBl. I S. 582.
27 Zutreffend *Henneke* in Schmidt-Bleibtreu/Hofmann/Henneke, Art. 109 Rn. 42.
28 Vgl. BVerfG Beschl. v. 15.12.1989 – 2 BvR 436/88 – NVwZ 1990, 356 (357); BVerwG Urt. v. 27.11.1981 – 7 C 57/79 – NJW 1982, 1168.
29 GVOBl. S. 34, zuletzt geändert durch Gesetz vom 9.4.2020, GVOBl. S. 166.
30 GVOBl. S. 62, zuletzt geändert durch VO vom 19.5.2016, GVOBl. S. 311.

Wesentlich problematischer erscheinen die zahlreichen **Genehmigungsvorbehalte** 11
und die daran anknüpfenden **Einwirkungsmöglichkeiten der Aufsichtsbehörde**.[31]
Das Instrumentarium ist zugeschnitten auf die Konstellation einer nicht ordnungsgemäß wirtschaftenden Kommune und insoweit durchaus sinnvoll. Legitimerweise haben Länder auch unterschiedlich strukturierte Entschuldungsprogramme mit strikteren Aufsichtsmaßnahmen zur Sicherung nachhaltiger Konsolidierung der Kommunalhashalte verknüpft.[32] In Zeiten knapper Kassen der öffentlichen Hand besteht aber die Gefahr, dass das Land seiner Verpflichtung zur Gewährleistung einer hinreichenden Finanzausstattung der kommunalen Gebietskörperschaften nicht nachkommt. Gleichzeitig sind die Kommunen zur Erarbeitung eines Haushaltssicherungskonzeptes verpflichtet, wenn der Haushaltsausgleich nicht gelingt, § 43 Abs. 7 und 8 KV[33]. Tendenziell besteht die Gefahr, den Kommunen Reglementierung, statt hinreichender Finanzausstattung anzudienen. Eine solche Entwicklung liefe nicht nur der Finanzgarantie des Art. 73 LV entgegen, sondern stände auch nicht im Einklang mit dem Schutzzweck des Art. 74 LV.[34]

Das Gesetz zur Aufrechterhaltung der Handlungsfähigkeit der Kommunen während der SARS-CoV-2-Pandemie[35] erlaubt in § 3 **Abweichungen von haushaltsrechtlichen Vorschriften der Kommunalverfassung**. Betroffen sind die Pflicht zur Erstellung eines Haushaltssicherungskonzeptes (§ 43 Abs. 7 KV), der Höchstbetrag der Kassenkredite (§ 45 Abs. 3 Nr. 2 KV), die Pflicht zur Erstellung einer Nachtragshaushaltssatzung (§ 48 Abs. 2 Nr. 1 und 2 KV) und die Zulässigkeit über- und außerplanmäßiger Ausgaben (§ 50 Abs. 1 KV). Der Gesetzgeber hatte die Geltung des Gesetzes in § 3 Abs. 1 S. 1 zwar ausdrücklich auf das Haushaltsjahr 2021 beschränkt, in § 4 jedoch das für Inneres und Europa zuständige Ministerium ermächtigt, durch Rechtsverordnung die Fortgeltung der Regelungen des § 3 des Gesetzes für das Haushaltsjahr 2022 ganz oder teilweise zu bestimmen, soweit diese zur Sicherung der Ziele nach § 1 weiterhin erforderlich sind. So nachvollziehbar die Motivation für diese Regelung angesichts der seinerzeitigen Unsicherheiten zur Entwicklung der pandemischen Lage ist[36]: Es erscheint unter dem Gesichtspunkt der Gewaltenteilung verfassungsrechtlich zu weitgehend, die (inhaltlich unbestimmte) Fortgeltung eines Landesgesetzes der Entscheidung eines Ministeriums zu übertragen. 12

Seit 1997 enthält die Kommunalverfassung in § 42b[37] eine sog. **Experimentierklausel** zur Weiterentwicklung der kommunalen Selbstverwaltung. Zu diesem Zweck kann das Innenministerium auf Antrag zeitlich begrenzte Ausnahmen 13

---

31 Ausführlich dazu mit bundesweiten Überblick *Diemert* in Henneke/Strobl/Diemert, Recht der kommunalen Haushaltswirtschaft, 2008, S. 406, 415 ff. mwN.
32 Für Hessen vgl. *Rauber* DÖV 2019, 252; für Niedersachsen *Götz/Marek/Zielinski* Nds-VBl. 2021, 357.
33 Nach dem 2019 eingefügten Abs. 9 des § 43 KV finden die Abs. 7 und 8 aber keine Anwendung, sofern nach der Haushaltsplanung der Haushaltsausgleich spätestens zum Ende des Finanzplanungszeitraumes erreicht wird. Sofern sich der Konsolidierungszeitraum durch eine folgende Haushaltsplanung verlängert, ist allerdings ein Haushaltssicherungskonzept zu erstellen.
34 Ausführlicher zu Genehmigungsvorbehalten unter den verfassungs- und finanzwirtschaftlichen Rahmenbedingungen in M-V *H. Meyer* Der Gemeindehaushalt 2002, 251, 253 f.
35 Vom 28.1.2021, GVOBl. S. 66; zu den haushaltsverfassungsrechtlichen Grenzen von Sondervermögen des Landes zur Bekämpfung der Corona-Virus-Pandemie unter Beachtung der Grundsätze der Haushaltsvollständigkeit und Haushaltseinheit vgl. HessStGH Urt. vom 27.10.2021 – P.St. 2783, P.St. 2827 –.
36 So auch *Mehde* NordÖR 2021, 497 (499).
37 Zuletzt geändert durch Gesetz vom 23.7.2019, GVOBl. S. 467.

von haushalts- und organisationsrechtlichen Vorschriften der Kommunalverfassung und der auf ihrer Grundlage erlassenen VO zulassen.[38]

## IV. Schrifttum

14 *Alexander Götz/Ingo Marek/David Zielinski*, Kommunale Entschuldungspolitik in Niedersachsen: Zwischenbilanz nach dem ersten Jahrzehnt, NdsVBl. 2021, 357; *Hans-Günter Henneke/Heinz Strobl/Dörte Diemert (Hrsg.)*, Recht der kommunalen Haushaltswirtschaft, 2008; *Monika Kuban*, Kommunale Haushaltspolitik, in Wollmann/Roth (Hrsg.), Kommunalpolitik, 1998, S. 477 ff.; *Hanno Kube*, § 66 Haushaltsrecht in Ehlers/Fehling/Pünder (Hrsg.), Besonderes Verwaltungsrecht, Bd. 3, 4. Aufl. 2021; *Klaus Lüders*, Konzeptionelle Grundlagen des neuen kommunalen Haushaltswesens, 1998; *Veith Mehde*, Kommunales Verfassungs- und Haushaltsrecht in der Pandemie – Die rechtlichen Antworten der drei norddeutschen Flächenländer im Vergleich, NordÖR 2021, 497 ff.; *Albert von Mutius*, Die Steuerung des Verwaltungshandelns durch Haushaltsrecht und Haushaltskontrolle, in VVDStRL 42 (1984), S. 147 ff.; *Hermann Pünder*, Haushaltsrecht im Umbruch – eine Untersuchung am Beispiel der Kommunalverwaltung, 2003; *ders.*, Kommunales Haushaltsrecht in der Reform – von der Kameralistik zur Doppik, in Henneke/Pünder/Waldhoff (Hrsg.), Recht der Kommunalfinanzen, 2006, S. 70 ff., *ders.*, Kommunales Haushaltsrecht – System und Bewertung, in Henneke/Pünder/Waldhoff (Hrsg.), Recht der Kommunalfinanzen, 2006, S. 527 ff.; *David Rauber*, Kommunale Entschuldung und Haushaltsrecht, DÖV 2019, 252; *Edzard Schmidt-Jortzig/Jürgen Makswit*, Handbuch des kommunalen Finanz- und Haushaltsrechts, 1991.

## Art. 75 (Landschaftsverbände)

Zur Pflege und Förderung insbesondere geschichtlicher, kultureller und landschaftlicher Besonderheiten der Landesteile Mecklenburg und Vorpommern können durch Gesetz Landschaftsverbände mit dem Recht auf Selbstverwaltung errichtet werden.

| | |
|---|---|
| I. Tatsächliche Position und rechtliche Stellung der Höheren Kommunalverbände ................. 1 | 1. Aufgaben ...................... 6 |
| | 2. Gründung und innere Organisation ......................... 9 |
| II. Verlauf der Diskussion in Mecklenburg-Vorpommern ............. 3 | IV. Schrifttum ........................ 13 |
| III. Ausgestaltung der Verfassungsoption ............................. 6 | |

## I. Tatsächliche Position und rechtliche Stellung der Höheren Kommunalverbände

1 Das politische Gewicht der **Höheren Kommunalverbände** wird als nur schwach ausgeprägt angesehen.[1] Eine Ursache hierfür mag in ihrer Vielgestaltigkeit liegen.[2] Die in der Bundesarbeitsgemeinschaft der Höheren Kommunalverbände zusammengeschlossenen Landeswohlfahrtsverband Hessen, die sieben bayerischen Bezirke,[3] der Bezirksverband Pfalz, die beiden nordrhein-westfälischen Landschaftsverbände, der Kommunalverband Ruhrgebiet, der Landesverband

---

38 Zur Ausgestaltung im Einzelnen *Wille* in Schweriner Kommentierung, § 42a Rn. 1 ff.
1 Vgl. *Mecking*, Höhere Kommunalverbände im politischen Spannungsfeld, 1994, S. 141.
2 IdS *Röper* AfK 1995, 333, 334.
3 Nur sie werden ausdrücklich in einer Verfassung erwähnt, vgl. Art. 10 BayVerf.

Lippe, die Ostfriesische Landschaft, der mit Wirkung zum 1.1.2002 insbes. als überörtlicher Träger der Sozialhilfe gegründete Kommunale Sozialverband M-V[4] und der Kommunalverband für Jugend und Soziales Baden-Württemberg[5] weisen eine hinsichtlich demokratischer Legitimation, Binnenverfassung und Selbstverwaltungsorgane so heterogene Strukturen auf, dass eine einheitliche Bewertung kaum in Betracht kommt.

Die landesverfassungsrechtliche Gewährleistung der kommunalen Selbstverwaltung in Art. 72 LV schützt allein die Gemeinden und Landkreise, nicht jedoch die in Art. 75 LV angesprochenen Landschaftsverbände, die nicht zwingend gefordert, sondern als **Option** ermöglicht werden.[6]

## II. Verlauf der Diskussion in Mecklenburg-Vorpommern

Spätestens seit dem Frühjahr 1990, also ein gutes halbes Jahr vor der Länderneubildung, erhoben Vertreter aus **Vorpommern** die Forderung, die historisch und landsmannschaftlichen Besonderheiten Vorpommerns bei der Bildung des Bundeslandeslandes M-V, dessen Entstehen und Bezeichnung als solches ebenfalls umstritten war, angemessen zu berücksichtigen.[7] Die Diskussion konzentrierte sich alsbald auf die Gründung eines vorpommerschen Landschaftsverbandes nach nordrhein-westfälischem Vorbild, der künftig eine verfassungsrechtliche Absicherung erhalten, aber möglichst umgehend seine Arbeit aufnehmen sollte. Die **kommunalen Spitzenverbände** zeigten zwar Verständnis für das Streben nach regionaler Identität in Vorpommern, äußerten sich aber strikt ablehnend zur verpflichtenden Etablierung von höheren Kommunalverbänden. Im Laufe des Spätsommers[8] 1990 zeichnete sich als Kompromiss in der höchst streitigen Diskussion[8] ab, Landschaften als Landschaftsverbände zu organisieren und sie einer Option der kommunalen Gebietskörperschaften zu unterstellen. Der von den drei Bezirksverwaltungen überarbeitete Entwurf sah als Aufgaben die Wahrung kultureller Identität und landschaftstypischer Eigenarten in Mecklenburg und Vorpommern vor.[9]

Rückblickend müssen etliche der damaligen Erwägungen als Ausdruck der Unsicherheit über den Neuaufbau demokratischer Selbstverwaltungsstrukturen und den weiteren Fortgang des Demokratisierungsprozesses verstanden werden.[10]

Für den weiteren Fortgang der Verfassungsdiskussion zu den Landschaftsverbänden ist zu berücksichtigen, dass der **administrative Umbau** sehr viel schneller voranschreiten musste als zunächst angenommen. Die wirtschaftlichen und sozialen Probleme in der ersten Wahlperiode nach der Wende erforderten mehr Aufmerksamkeit, als von manchem erwartet. Die Bildung der Ämter auf der Ge-

---

4 Vgl. dazu *Meyer/Freese* Der Landkreis 2001, 453 ff.
5 Die beiden Landeswohlfahrtsverbände Baden und Württemberg-Hohenzollern wurden mit Wirkung zum 31.12.2004 aufgelöst und ihre Aufgaben ganz überwiegend den baden-württembergischen Stadt- und Landkreisen übertragen, Artt. 177, 178 Verwaltungsstruktur-Reformgesetz v. 1.7.2004, GBl. BW 469 ff.; hierzu *Trumpp* in: Henneke/Meyer (Hrsg.), Kommunale Selbstverwaltung zwischen Bewahrung, Bewährung und Entwicklung, 2006, S. 209 (223 ff.).
6 Ebenso *von Mutius* LKV 1996, 177 (180).
7 Vgl. hierzu nur die anschauliche Schilderung des späteren Greifswalder Oberbürgermeisters *Glöckner*, Die Wende in Greifswald aus meinem Erleben und in meiner Erinnerung, 1993.
8 Näher dazu vgl. die Vorauflage, Rn. 1 ff. zu Art. 75.
9 Den Diskussionsverlauf prägnant zusammenfassend *Conrad* der Landkreis 1990, 556 ff.
10 Vgl. *von Mutius*, „Regionale Selbstverwaltung" in M-V – Modell mit Zukunft? 1991, S. 13 ff.

meindeebene, die zum 12.6.1994 vorgenommene erste Landkreisneuordnung[11], insbesondere aber die Bildung der Großkreise durch das Kreisstrukturgesetz vom 28.7.2010[12] stellen einschneidende Maßnahmen zur Gewährleistung handlungsfähiger Selbstverwaltungsstrukturen auf der Gemeinde- wie auf der Kreisebene dar, die kaum mehr Raum für überkreisliche Selbstverwaltungsstrukturen lassen dürften. Dem Wunsch nach einer einheitlichen Planung als Instrument einer regionalen Strukturpolitik wurde durch Bildung einer Planungsregion Vorpommern durch das Landesplanungsgesetz[13] Rechnung getragen. Trotz der zweiten Kreisgebietsreform wurde bewusst an den Grundstrukturen der vier Planungsregionen festgehalten.[14] Dem regionalen Planungsverband für die Planungsregion Vorpommern gehören die Landkreise Vorpommern-Rügen und Vorpommern-Greifswald mit ihren großen kreisangehörigen Städten und den Mittelzentren an.[15] Er deckt wesentliche Teile des vorpommerschen Raumes ab.

### III. Ausgestaltung der Verfassungsoption

6   1. **Aufgaben.** Art. 75 LV beschränkt die Aufgaben möglicher Landschaftsverbände in Mecklenburg und Vorpommern auf die Pflege und Förderung von **Besonderheiten der beiden Landesteile**. Die Formulierung „insbesondere" bringt zum Ausdruck, dass vorrangig an Aufgaben gedacht ist, die aus der unterschiedlichen geschichtlichen, kulturellen und landschaftlichen Entwicklung der in Art. 1 der LV ausdrücklich genannten beiden Landesteile resultieren, die Aufzählung aber nicht abschließend ist. Landschaftsverbände hätten jedoch kein eigenes Aufgabenfindungsrecht, sondern wären auf das Wahrnehmen der ihnen vom Gesetzgeber zugewiesenen Aufgaben beschränkt. Aus dem Wortlaut, der systematischen Stellung und der Entstehungsgeschichte der Norm wird deutlich, dass es sich bei den potenziellen Aufgaben der Landschaftsverbände nur um solche der **Selbstverwaltung** handeln kann. Insoweit ist aber das in Art. 28 Abs. 2 Satz 1 GG verfassungsrechtlich verbürgte Aufgabenverteilungsprinzip zu beachten, wonach es Aufgabe der Gemeinden ist, sich neuer oder unbesetzter Aufgaben ohne einen besonderen Kompetenztitel anzunehmen. Diese selbst gegenüber den Landkreisen geltende Zuständigkeitsvermutung[16] gilt erst recht im Hinblick auf die verfassungsrechtlich im Vergleich zu den Landkreisen schwächer abgesicherten Landschaftsverbände, deren Aufgabenbereich zudem gegenständlich eng eingegrenzt ist. Hinzu kommt, dass der Gesetzgeber verfassungsrechtlich gehalten ist, auch den mit unmittelbar demokratisch legitimierten Selbstverwaltungsgremien ausgestatteten Landkreisen Aufgaben als Selbstverwaltungsangelegenheiten zuzuweisen.[17]

7   Als mögliche Betätigungsfelder verbleiben für Landschaftsverbände damit in erster Linie Aufgaben, die den jeweiligen **Landesteil als solchen** gemeinsam betreffen, jedenfalls aber über das Gebiet oder die Verwaltungskraft eines Landkreises oder einer kreisfreien Stadt hinausragen und auch für die übrigen Kommunen

---

11  GVOBl. 1993, S. 631; zu Zielen und Diskussionsverlauf vgl. *Clausen*, Kreisgebietsreform in M-V, 1991; *Thieme*, Kreisgebietsreform in M-V, 1992; *Meyer* LKV 1993, 399 ff.
12  GVOBl. MV 2010, 383 ff.; vgl. → Art. 72 Rn. 42; zur Entstehungsgeschichte Überblick bei *H. Meyer* ZG 2013, 264 (270).
13  GVOBl. 1992, S. 242.
14  Vgl. die Begründung der Landesregierung zum Kreisstrukturgesetz, LT-Drs. 5/2683 v. 8.7.2009, S. 197 ff.
15  Vgl. § 12 Abs. 1 Nr. 3 iVm Abs. 2 LPlG, noch mit den Kreisnamen des Entwurfs des Kreisstrukturgesetzes.
16  Grundlegend BVerfGE 79, 127 (146 ff.).
17  Vgl. BVerfGE 83, 363 (383); näher vgl. → Art. 72 Rn. 13 ff., 32 ff.

dieses Landesteils eine gewisse Bedeutung haben. Beispiele könnten die Trägerschaft für Landesmuseen, das Landeshauptarchiv und Naturparke darstellen. Andere bedeutsame Verwaltungsaufgaben, die bisher vom Land wahrgenommen werden, wie bspw. die Funktion als überörtlicher Sozialhilfeträger oder überörtlicher Träger der Jugendhilfe, kommen für eine Aufgabenübertragung nicht in Betracht, da sie keine Spezifika im Hinblick auf die beiden Landesteile Mecklenburg und Vorpommern aufweisen.

IÜ ist zu beachten, dass den Landschaftsverbänden **keine Aufgaben zur Erfüllung nach Weisung** übertragen werden könnten. In der Fassung des Zwischenberichts der Verfassungskommission vom 30.4.1992 enthielt Art. 73 des damaligen Entwurfs eine ausdrückliche Ermächtigung, ihnen durch Landesgesetze Aufgaben zu übertragen, die die Leistungskraft der Gemeinden und Landkreise überschreiten; in diesem Falle war gleichzeitig die Regelung über die Bereitstellung der erforderlichen Mittel vorgesehen.[18] Aufgrund der geschilderten Entwicklung im kommunalen Bereich folgte der Verfassungsgeber aber dem Votum der kommunalen Spitzenverbände. Es sollte eine Bündelung möglichst vieler Aufgaben auf der Kreisebene erfolgen, soweit nicht eine Aufgabenwahrnehmung auf gemeindlicher Ebene in Betracht kam. 8

**2. Gründung und innere Organisation.** Nach Art. 75 LV „können" Landschaftsverbände errichtet werden. Es handelt sich eindeutig nicht um einen Verfassungsauftrag an den Gesetzgeber, sondern eine ihm eingeräumte **Option**. Diese bestände auch ohne ausdrückliche verfassungsrechtliche Verankerung. Die ausdrückliche Nennung ist die verfassungsrechtliche Anerkennung des in der skizzierten Entwicklung deutlich gewordenen politischen Diskussionsprozesses und damit ein für sinnvoll erachteter Beitrag zur Förderung von Akzeptanz und Integration 9

Eine Errichtung muss **durch Gesetz** erfolgen. Neben der unterschiedlichen Gründungsmodalität liegt der materielle Unterschied eines Landschaftsverbandes im Vergleich zum Zweckverband in der abweichenden Binnenorganisation. Aufgrund der verfassungsrechtlich fundierten Selbstverwaltungsgarantie wird das Gesetz dem Landschaftsverband zudem ein höheres Maß an Selbstständigkeit gegenüber den „tragenden" Kommunen zumessen, als die §§ 150 ff. KV dies für den Zweckverband vorsehen. 10

Inhaltliche Vorgaben zur **Organisationsstruktur** potenzieller Landschaftsverbände bietet die LV nicht. Da die LV die Option zur Bildung von Landschaftsverbänden als „überkreisliche" Einheiten enthält, sind dem Gesetzgeber bei einer Kreisgebietsreform gewisse räumliche Grenzen gesetzt. Soll die Verfassungsoption nicht leer laufen, muss es in jedem Landesteil mindestens mehrere Landkreise bzw. kreisfreie Städte geben.[19] Der Gesetzgeber hat im Zuge der zweiten Landkreisneuordnung 2011 die Binnenorganisation der regionalen Planungsverbände geändert, um die Dominanz eines Landkreises in der Verbandsversammlung zu verhindern.[20] Die Zusammensetzung der Verbandsversammlung in § 14 Abs. 2 11

---

18 Vgl. LT-Drs. 1/2000, S. 59.
19 Im Ergebnis ebenso *von Mutius*, „... ergibt sich daraus jedoch unbestreitbar ein bestimmtes Verständnis der LV über die Begrenzung der räumlichen Dimension der Landkreise", LT-Drs. 4/1210, S. 115 (118); vgl. ferner LRH M-V, Stellungnahme vom 20.10.2004 zum E-VwModG mit Stand vom 3.9.2004, Sonderausschuss Verwaltungsmodernisierung und Funktionalreform des LT M-V, Ausschuss-Drs. 4/66, Ziff. 1.1.6 der Wesentlichen Fragestellungen.
20 Vgl. die Begründung der Landesregierung zum Kreisstrukturgesetz, LT-Drs. 5/2683 v. 8.7.2009, S. 197 ff.

und 3 LPlG könnte schon wegen der selektiven Doppelrepräsentanz der Vertreter aus den Mittelzentren und großen kreisangehörigen Städte kein taugliches Muster der Versammlung eines höheren Gemeindeverbandes mit umfassenderen Aufgaben bilden.

12 Im **Landesteil Mecklenburg** sind Bestrebungen zur Gründung eines Landschaftsverbandes zu keinem Zeitpunkt bekannt geworden. Fraglich ist, ob Art. 75, der von „Landschaftsverbänden" im Plural spricht, damit nur die Möglichkeit zur Gründung von zwei Verbänden eröffnen will, oder im Falle einer Umsetzung der Option durch den Landesgesetzgeber auch tatsächlich zwei Verbände zu gründen sind. Der Text ist insoweit nicht eindeutig. Die Frage kann im Hinblick auf Kostenfolgen bei der Übertragung bisher vom Land finanzierter Aufgaben in einem Landesteil durchaus Relevanz erlangen. Zu bedenken ist ferner, dass Mecklenburg in der Vergangenheit keine einheitliche staatsrechtliche Tradition durchlaufen hat. Die isolierte Berücksichtigung von Mecklenburg-Strelitz gegenüber Mecklenburg-Schwerin erscheint nach der Bildung des flächenmäßig größten Landkreises Deutschlands um das Kerngebiet dieses früheren Landes obsolet und fände zudem in der Verfassung keine Stütze.

Insgesamt ist daher nicht damit zu rechnen, dass Art. 75 LV M-V noch zu praktischer Entfaltung gelangt.

### IV. Schrifttum

13 *Carl-August Conrad*, Landschaftsverfassung in Mecklenburg-Vorpommern? in: Der Landkreis 1990, S. 556 ff.; *Ansgar Hörster*, § 31: Höhere Kommunalverbände, in: Thomas Mann/Günter Püttner (Hrsg.), Handbuch der kommunalen Wissenschaft und Praxis, Bd. 1, 3. Aufl. 2007, S. 901 ff.; *Christoph Mecking*, Höhere Kommunalverbände – Eine Organisationsform für die Zukunft?, in: DVBl. 1993, S. 103 ff.; *Klaus Meyer-Schwickerath*, Selbstverwaltung in höheren Kommunalverbänden, in: von Mutius (Hrsg.), Selbstverwaltung im Staat der Industriegesellschaft, 1983, S. 439 ff.; *Albert von Mutius*, Regionale Selbstverwaltung in den neuen Bundesländern – Modell für die Zukunft?, in: Staatswissenschaften und Staatspraxis 1991, S. 15 ff.; *ders.*, „Regionale Selbstverwaltung" in Mecklenburg-Vorpommern – Modell mit Zukunft?, Gutachten im Auftrage der Präsidentin des Schleswig-Holsteinischen Landtags, Februar 1991 (maschinenschriftlich).

## V. Rechtsprechung

### Art. 76 (Richter und Gerichte)

(1) [1]Die Rechtsprechung wird im Namen des Volkes ausgeübt. [2]Die Richter sind unabhängig und nur dem Gesetz unterworfen.

(2) Die Gerichte sind mit hauptamtlich berufenen Richtern, ausnahmsweise mit nebenamtlich tätigen Richtern und in den durch Gesetz bestimmten Fällen mit Laienrichtern besetzt.

(3) [1]Das Gesetz kann vorsehen, daß die Ernennung zum Richter auf Lebenszeit von dem Votum eines Richterwahlausschusses abhängig gemacht wird. [2]Seine Mitglieder werden vom Landtag mit der Mehrheit von zwei Dritteln der anwesenden Mitglieder gewählt. [3]Der Richterwahlausschuß muß zu zwei Dritteln aus Abgeordneten bestehen. [4]Er entscheidet mit Zweidrittelmehrheit.

## V. Rechtsprechung — Art. 76

**Vergleichbare Regelungen:**
*Zu Abs. 1*: Artt. 65 Abs. 1 und 2 BWVerf; 85 BayVerf; 79 Abs. 1, 80 VvB; 108 Abs. 1 BbgVerf; 135 Abs. 1 BremVerf; 62 Abs. 1 S. 1 HambVerf; 126 Abs. 1 und 2 HessVerf; 51 Abs. 4 NdsVerf; 72 Abs. 1 Verf NW; 121 Verf Rh-Pf; 110 Abs. 1 SaarlVerf; 77 Abs. 1 und 2 SächsVerf; 83 Abs. 1 und 2 LVerf LSA; 50 Abs. 1 SchlHVerf; 86 Abs. 1 und 2 ThürVerf.
*Zu Abs. 2*: Artt. 87 Abs. 2, 88 BayVerf; 79 Abs. 1, 80 VvB; 108 Abs. 2, 110 BbgVerf; 135 Abs. 2 BremVerf; 62 Abs. 1 S. 2 HambVerf; 127 Abs. 1 und 2, 127 Abs. 5 HessVerf; 51 Abs. 2 NdsVerf; 72 Abs. 2 Verf NW; 122 Abs. 1, Art. 123 Verf Rh-Pf; 111 Abs. 1 S. 1 SaarlVerf; 77 Abs. 3 SächsVerf; 83 Abs. 4 LVerf LSA; 86 Abs. 3 ThürVerf.
*Zu Abs. 3*: Artt. 82 VvB; 109 BbgVerf; 136 Abs. 1 und 3 BremVerf; 63 Abs. 1 und 2 HambVerf; 127 Abs. 3 HessVerf; 51 Abs. 3 NdsVerf; 73 Verf NW; 79 Abs. 3 SächsVerf; 83 Abs. 4 LVerf LSA; 50 Abs. 2 und 3 SchlHVerf; 89 Abs. 2 ThürVerf.

| | |
|---|---|
| I. Vorbemerkung ............... 1 | b) Ingerenzfolgen ............ 16 |
| 1. Bundesverfassungsrechtliche Einordnung ............... 1 | IV. Besetzung der Gerichte ........... 17 |
| 2. Entstehungsgeschichte ........ 4 | 1. Grundsatz der Hauptamtlichkeit ............................... 17 |
| II. Rechtsprechung (Abs. 1 S. 1) ...... 5 | 2. Nebenamtliche Richter ........ 19 |
| 1. Begriff der Rechtsprechung .... 5 | 3. Laienrichter ................... 21 |
| 2. Ausübung im Namen des Volkes ............................... 6 | V. Richterwahlausschuss als Option (Abs. 3) ............................... 23 |
| III. Unabhängigkeit und Gesetzesbindung (Abs. 1 S. 2) ............... 7 | 1. Anwendungsbereich ........... 24 |
| 1. Funktion der Unabhängigkeit 8 | 2. Zusammensetzung ............. 28 |
| 2. Inhalte der Unabhängigkeit .... 9 | 3. Kreation ....................... 29 |
| a) Sachliche Unabhängigkeit der Richter ................. 10 | 4. Votum des Richterwahlausschusses ....................... 31 |
| b) Persönliche Unabhängigkeit der Richter ................. 12 | a) Funktion .................... 31 |
| 3. Ingerenzen .................... 15 | b) Entscheidungsquorum ...... 32 |
| a) Eingriffe in die Unabhängigkeit der Richter .......... 15 | c) Entscheidungsmaßstab ..... 33 |
| | d) Verfahren .................. 34 |
| | e) Rechtsschutz ............... 35 |

## I. Vorbemerkung

**1. Bundesverfassungsrechtliche Einordnung.** Art. 76 steht im Kontext des 1 Art. 28 Abs. 1 S. 1 GG, wonach die verfassungsmäßige Ordnung in den Ländern den Grundsätzen des republikanischen, demokratischen und sozialen Rechtsstaates iSd GG entsprechen muss. Das GG fordert von den Gliedstaaten mithin **Homogenität**; es verlangt Normen des Landesverfassungsrechts, die diese verwirklichen.[1] Wesentliches Element des Rechtsstaats iSd GG ist die Teilung der Gewalten, wie sie in Art. 20 Abs. 2 S. 2, Abs. 3 GG vorgegeben und demzufolge auch in Art. 3 Abs. 1 S. 2 und Art. 4 LV normiert ist. Die **rechtsprechende Gewalt** vertraut das GG in Art. 92 Hs. 1 GG „den Richtern" an, die es in Art. 97 Abs. 1 GG nur dem Gesetz unterwirft und deshalb mit Unabhängigkeit ausstattet. Zugleich weist es in Art. 92 Hs. 2 GG (neben BVerfG und vom GG vorgesehenen Bundesgerichten) den „Gerichte(n) der Länder" die Ausübung der Rechtsprechungsaufgabe zu. In diesen Bestimmungen über die Organisation der Rspr. geht das GG mithin über die Festschreibung des Mindeststandards nach Art. 28 Abs. 1 S. 1 GG hinaus.[2]

---

1 Vgl. dazu *Ernst* in von Münch/Kunig Art. 28 Rn. 8.
2 Vgl. *Classen* in von Mangoldt/Klein/Starck Art. 92 Rn. 3.

2   Das GG macht damit die „**Richter**" zu (alleinigen) Trägern der rechtsprechenden Gewalt.³ Die von Art. 20 Abs. 2 S. 2 GG und von Art. 3 Abs. 1 S. 2 LV geforderten besonderen „Organe" der Rspr. sind daher – als verfassungsunmittelbare Organe⁴ – die Richter, nicht etwa die Gerichts-„Behörden", denen sie angehören. Der Begriff „Gericht" in Art. 92 GG meint in erster Linie die organisatorische (Rechtsprechungs-)Einheit, den „Spruchkörper", in der sich Rspr. vollzieht, wie etwa den Einzelrichter oder – bei Kollegialspruchkörpern – die Kammer oder den Senat.⁵ Daneben wird der Begriff „Gericht" auch in einem anstaltsorganisatorisch-institutionellen Sinne verstanden, der neben den Richtern auch die Gerichtsverwaltung und den Präsidenten als den Leiter der (Justiz-)Behörde Gericht umfasst.⁶

3   **Art. 92 GG** stellt neben seinem Normativcharakter für den Landesverfassungsgeber in Hs. 2 zugleich eine Kompetenzregel dar, mit der – als Konkretisierung der allg. Zuständigkeitsvermutung des Art. 30 GG – die Befugnis zur Errichtung der Gerichte grds. den Ländern zugewiesen und zugleich die Bundeszuständigkeit auf die im GG enumerativ genannten Bundesgerichte und das BVerfG beschränkt wird.⁷ Vor dem Hintergrund der damit vorgegebenen Entscheidung für staatliche (und nicht gesellschaftliche oder sonst private) Gerichtsbarkeit als Voraussetzung für die Durchsetzung des staatlichen Gewaltmonopols⁸ sind die Länder aufgrund ihrer Verpflichtung zur „Verfassung" eines Rechtsstaats iSd GG, zu dessen Kern die staatliche **Justizgewährleistungspflicht** gehört,⁹ zur legislativen und administrativen Organisation staatlicher Gerichte verpflichtet. Allerdings steht in legislativer Hinsicht dem Bund nach Art. 74 Abs. 1 Nr. 1 GG die konkurrierende Zuständigkeit für die Gerichtsverfassung und das gerichtliche Verfahren sowie nach Art. 74 Abs. 1 Nr. 27 GG für die Statusrechte und -pflichten¹⁰ der Richter in den Ländern zu, von der dieser durch das GVG und die Prozessordnungen für die einzelnen Gerichtszweige sowie – noch auf der Grundlage der früheren Rahmengesetzgebungskompetenz des Art. 98 Abs. 3 S. 2 GG aF – durch das DRiG¹¹ Gebrauch gemacht hat.

4   **2. Entstehungsgeschichte.** Art. 76 entspricht in Abs. 1 und 2 dem Entwurf des Zwischenberichts.¹² Abs. 3 S. 1 bezog sich in der Zwischenberichtsfassung nicht auf die „Ernennung zum Richter auf Lebenszeit", sondern auf „die Ernennung der Richter" und damit auf jeden Fall der Ernennung, also auch auf die Ernennung zum Richter auf Probe oder die der erstmaligen Lebenszeiternennung

---

3   Vgl. *W. Meyer* in von Münch/Kunig Art. 92 Rn. 20; *Wysk* in Stern/Sodan/Möstl § 51 Rn. 28; zur Rechtsstellung der Richter in der DDR vgl. *Roggemann*, Die DDR-Verfassungen – Einführung in das Verfassungsrecht der DDR, 4. Aufl. 1989, S. 296 ff.
4   Vgl. zB *Detterbeck* in Sachs GG Art. 92 Rn. 24; Folge dessen ist, dass die rechtsprechende Tätigkeit keine Zurechnungsperson innerhalb des Staates kennt außer den Souverän selbst; daraus folgt zugleich das Fehlen jeglicher Parlamentsverantwortlichkeit, vgl. *W. Meyer* (Fn. 3) Art. 92 Rn. 22; anders Art. 22 Abs. 2 S. 3 Verf Mecklenburg vom 16.1.1947 (RegBl. S. 1), wonach dem Parlament die oberste Kontrolle über Rechtspflege und Rspr. zukam.
5   Vgl. *W. Meyer* (Fn. 3) Art. 92 Rn. 21.
6   Vgl. dazu *Kronisch* in Sodan/Ziekow § 1 Rn. 37 mwN.
7   Vgl. *Detterbeck* (Fn. 4) Rn. 1b; *Schulze-Fielitz* in Dreier, Art. 92 Rn. 19; *Hillgruber* in Dürig/Herzog/Scholz Art. 92 Rn. 15, 77.
8   Vgl. dazu *Classen* (Fn. 2) Rn. 1.
9   Vgl. *Ernst* (Fn. 1) Art. 19 Rn. 101.
10  Mit Ausnahme der Laufbahnen, Besoldung und Versorgung.
11  Vgl. dazu die Übergangsvorschrift des Art. 125a Abs. 1 S. 1 GG idF des Ges. zur Änderung des GG vom 28.8.2006 (BGBl. I S. 2034).
12  LT-Drs. 1/2000, dort Art. 74, S. 59, wobei Abs. 2 vor dem Wort „Gesetz" den Artikel „das" enthielt.

folgende Beförderungsernennung. Alternative Vorschläge sah der Zwischenberichtsentwurf nicht vor. In der Folge fand ein Vorschlag des Justizministers zur Beschränkung auf die Ernennung zum Richter auf Lebenszeit Zustimmung.[13] Die Verfassungskommission nahm Art. 76 in der 26. Sitzung bei Enthaltung der Vertreterin des Regionalausschusses an.

## II. Rechtsprechung (Abs. 1 S. 1)

**1. Begriff der Rechtsprechung.** Der Begriff der Rspr. wird in Art. 76 Abs. 1 S. 1 vorausgesetzt. Er knüpft an denselben Begriff in Art. 3 Abs. 1[14] an und entspricht dem Begriff der „**rechtsprechenden Gewalt**" in Art. 92 GG. Beide Begriffe sind weder im GG noch in der LV definiert. Eine einheitliche Definition hat sich trotz verschiedener Definitionsvorschläge bisher nicht durchgesetzt.[15] Anerkannt, wenngleich nicht unumstritten ist,[16] dass der Begriff Rspr. **formal** zunächst alle staatlichen Entscheidungstätigkeiten, die das GG ausdrücklich den Richtern zuweist, insbes. die grundgesetzlichen Rechtsweggarantien und Richtervorbehalte, umfasst.[17] Als Wesensmerkmal von Rspr. gilt in **materieller** Hinsicht die gesetzesgebundene letztverbindliche (Streit)Entscheidung durch einen nichtbeteiligten und neutralen[18] Dritten.[19] Das BVerfG[20] zählt über den Kreis der in der Verfassung ausdrücklich genannten Aufgaben hinaus insbes. die traditionellen Kernbereiche der den einzelnen Gerichtsbarkeiten übertragenen Aufgaben zur Rspr.

**2. Ausübung im Namen des Volkes.** Einfachgesetzlich normiert das Bundesrecht in den Prozessordnungen,[21] dass Urteile im Namen des Volkes ergehen. Diese Vorschriften regeln die äußere Form des Urteils; sie setzen die dafür erforderliche Verfassungsrechtslage voraus. Art. 76 Abs. 1 S. 1 kommt allerdings nur klarstellende Bedeutung zu. Dass die Rspr. ihre **Legitimation vom Volk** als dem Träger der Rechtsprechungshoheit bezieht, folgt daraus, dass alle Staatsgewalt vom Volk ausgeht (vgl. Art. 3 Abs. 1 S. 1), die Rspr. den Richtern anvertraut ist (vgl. Art. 92 GG) und die Richter (deshalb) verfassungsunmittelbare Organe sind (→ Rn. 2). Die Urteilseingangsformel „Im Namen des Volkes" zeigt somit die Stellung der richterlichen Gewalt auf und drückt ihre Legitimation im demokratischen Rechtsstaat aus.[22] Sie findet sich erstmals in Art. 8 Abs. 2 der Preußischen Verfassung vom 30.11.1920,[23] wo sie nach dem Ende der Monarchie, in der die Urteile „Im Namen des Königs"[24] bzw. des jeweiligen Landesherrn er-

---

13 LT-Drs. 1/3100 S. 160.
14 Vgl. auch Artt. 1 Abs. 3, 20 Abs. 2, 3 GG.
15 Vgl. umfassend *Hillgruber* (Fn. 7) Rn. 18 ff., 39 ff., 45 ff.
16 Vgl. *Classen* (Fn. 2) Rn. 6 mwN.
17 Vgl. *Detterbeck* (Fn. 4) Rn. 5 ff. mwN.
18 Zur Kritik am Erfordernis der Neutralität als zirkulär vgl. *Classen* (Fn. 2) Rn. 12.
19 Vgl. *Schulze-Fielitz* (Fn. 7) Rn. 26.
20 BVerfGE 22, 49 (76 ff.); vgl. auch BVerfGE 48, 300 (323); 325; 60, 175, 214; im Einzelnen vgl. kritisch *Classen* (Fn. 2) Rn. 14 f.; zum funktionellen Rechtsprechungsbegriff vgl. BVerfGE 103, 111 (136 f.), dazu *Detterbeck* (Fn. 4) Rn. 21a; vgl. auch BVerfG Beschl. v. 2.12.2014 – 1 BvR 3106/09, NJW 2015, 610, juris Rn. 18: Erteilung von Auskünften aus einem laufenden Verfahren gegenüber Dritten auf Veranlassung des Richters ist keine Rechtsprechung.
21 Vgl. §§ 311, 495 ZPO, § 268 StPO, § 46 Abs. 2 ArbGG iVm § 495 ZPO, § 117 Abs. 1 S. 1 VwGO, § 105 FGO, § 132 SGG.
22 Vgl. *Limbach*, „Im Namen des Volkes", 1999, S. 110; *Kilian/Hissnauer* in Sodan/Ziekow § 117 Rn. 20 ff.
23 PrGS S. 543.
24 Vgl. Art. 86 der revidierten Preußischen Verfassung vom 31.1.1850, PrGS S. 17.

gingen, die republikanische und demokratische Neuordnung auch in der alltäglichen Rspr. zum Ausdruck bringen sollte.[25] Bereits im Mittelalter entwickelte sich die Gerichtstradition, die Verbindung zwischen Träger der Justizhoheit und konkreter Einzelfallentscheidung durch einen Vorspruch zu vermitteln.[26] Art. 76 Abs. 1 S. 1 knüpft an diese Tradition an und bringt damit die Legitimation der Rechtsprechungstätigkeit der Landesgerichte als unmittelbar vom Volk als dem Souverän abgeleitete und damit verfassungsunmittelbare Tätigkeit zum Ausdruck.

### III. Unabhängigkeit und Gesetzesbindung (Abs. 1 S. 2)

7 Art. 76 Abs. 1 S. 2 erklärt – nahezu wortlautidentisch mit Art. 97 Abs. 1 GG – die Richter für unabhängig und nur dem Gesetz unterworfen. Eigenständiger Gehalt im Verhältnis zum GG kommt der Vorschrift nicht zu. Gleichwohl stellt die selbstständige Formulierung dieser **Zentralaussage des Rechtsstaatsprinzips** in der LV die Eigenstaatlichkeit des Landes heraus, handelt es sich doch dabei um eine Fundamentalnorm für den gewaltengeteilten demokratischen Staat. Denn die Stellung des Richters als Organ der dritten Gewalt (Art. 3 Abs. 1 S. 2) setzt notwendig eine dieser Funktion adäquate Ausgestaltung voraus.[27] Das gilt umso mehr, wenn Wesenselement des Rechtsprechungsbegriffs die Unabhängigkeit ist.[28]

8 **1. Funktion der Unabhängigkeit.** Unabhängigkeit und Unterworfensein allein unter das Gesetz sind untrennbar verknüpft. Die Konjunktion „und" in Abs. 1 S. 2 bringt dies in knappster Klarheit zum Ausdruck. Die **Gesetzesbindung** des Richters ist nicht „strukturell gegenläufig" zur Unabhängigkeit zu begreifen.[29] Vielmehr wird dem Richter Unabhängigkeit gewährleistet, weil und soweit er nur dem Gesetz unterworfen sein soll.[30] Unabhängigkeit ist damit **notwendige Bedingung** des alleinigen Unterworfenseins unter das Gesetz. Der Richter soll gerade keinen, insbes. keinen administrativen Weisungen in Bezug auf seine Rechtsprechungstätigkeit unterliegen. Maßstab richterlicher Entscheidungen soll ausschließlich „das Gesetz" sein. Soweit hierin ein Unterschied zu Art. 4 insoweit besteht, als danach die Rspr. „an Gesetz und Recht" gebunden ist, stellt dies lediglich eine traditionell begründete sprachliche Verschiedenheit, jedoch keine Divergenz in der Sache dar.[31] Der richteramtsfunktionale Charakter der Unabhängigkeitsgarantie bedingt zugleich, dass sie kein Grundrecht ist.[32] Sie steht vielmehr in unauflösbarem Zusammenhang zur rechtsstaatlichen Verpflichtung zur Justizgewähr[33] und bildet vor diesem Hintergrund den zentralen Bezugspunkt des richterlichen Amtsrechts.[34]

---

25 Vgl. *Müller-Graff* ZZP 88 (1975), 442, 448.
26 Zur Geschichte vgl. *Müller-Graff* (Fn. 25) S. 442 ff.; *Kilian/Hissnauer* (Fn. 22) Rn. 20 mit Fn. 19.
27 Vgl. *Stern* Bd. II S. 902 f.
28 Vgl. *Detterbeck* (Fn. 4) Art. 97 Rn. 1.
29 So aber BVerfGE 49, 304 (318); *Pitschas* ZRP 1998, 96 (102); *Schinkel* FS Remmers 1995, 297 f.; vgl. auch *Wolff* in Hömig/Wolff Art. 97 Rn. 8: „Gegenstück".
30 Vgl. *Hillgruber* (Fn. 7) Art. 97 Rn. 25 f. mwN; vgl. auch *Sendler* NJW 1995, 2464 (2465 f.); *ders.* NJW 1996, 825 (826).
31 Vgl. dazu *Kronisch* (Fn. 6) Rn. 78 mit Fn. 266; siehe ferner *Classen* (Fn. 2) Art. 97 Rn. 11.
32 Vgl. BVerfGE 27, 211 (217); 48, 246, 263; BVerfG Beschl. v. 29.2.1996 – 2 BvR 136/96, NJW 1996, 2149 (2150); BVerwGE 78, 216 (220 f.); BGHZ 112, 189 (193).
33 Vgl. *Papier* NJW 1990, 8 (9); *Kronisch* (Fn. 6) Rn. 63 mwN.
34 Vgl. auch *Classen* (Fn. 31) Rn. 7.

**2. Inhalte der Unabhängigkeit.** Richterliche Unabhängigkeit wird unterschieden in sachliche und persönliche Unabhängigkeit. Daneben wird die **innere Unabhängigkeit** erwähnt.[35] Bei ihr handelt es sich nicht um einen von der Verfassung garantierten Status, sondern vor allem um eine Bewusstseinshaltung der einzelnen Richterperson.[36] Dem Vertrauen in die (auch) innere Unabhängigkeit dient insbes. das (politische) Mäßigungsgebot des § 39 DRiG.[37]

**a) Sachliche Unabhängigkeit der Richter.** Sachliche Unabhängigkeit ist die **Freiheit von Weisungen** bei ausschließlicher Bindung an Gesetz und Recht.[38] Subjekt der sachlichen Unabhängigkeit sind Berufsrichter und ehrenamtliche Richter gleichermaßen. Ihr Gegenstand ist die **richterliche Tätigkeit**. Dazu zählt nicht nur die Ausübung rechtsprechender Gewalt. Von der Garantie erfasst sind auch solche Aufgaben, die dem Richter zur unabhängigen Wahrnehmung übertragen sind; dazu zählt etwa die Geschäftsverteilung durch das Präsidium nach § 21e GVG als Funktionsbedingung für die Bestimmung des gesetzlichen Richters auf der Ebene des jeweiligen Gerichts.[39]

Die **Bindung an das Gesetz** schließt die Pflicht ein, die für die Entscheidung einschlägigen Bestimmungen auf ihre Rechtsgültigkeit zu überprüfen. Von der richterlichen Prüfungskompetenz zu unterscheiden ist die Verwerfungskompetenz. Diese steht bei einem förmlichen Gesetz allein dem Verfassungsgericht zu, an das das erkennende Gericht das Verfahren vorzulegen hat.[40] Die Bindung des im Instanzenzug niedrigeren Gerichts an die im konkreten Fall getroffene Entscheidung des höheren Gerichts stellt sich nicht als Beschränkung der Gesetzesbindung dar. Demgegenüber schließt es die sachliche Unabhängigkeit des Richters aus, diesen allg. an die Rspr. höherer Gerichte zu binden.[41]

**b) Persönliche Unabhängigkeit der Richter.** Notwendige Voraussetzung der sachlichen Unabhängigkeit ist die **persönliche Unabhängigkeit** des Richters.[42] Sie verlangt seine **Unversetzbarkeit** und **Unabsetzbarkeit** (Grundsatz der Inamovibilität), wobei eine Anstellung auf Lebenszeit nicht zwingend ist.[43] Die persönliche Unabhängigkeit wird in Art. 76 Abs. 1 S. 2 vorausgesetzt.[44]

Art. 97 Abs. 2 GG enthält nähere Vorgaben für die „hauptamtlich und planmäßig endgültig angestellten Richter", zu denen auch **Richter auf Zeit** zählen.[45] Sie können gegen ihren Willen nur kraft richterlicher Entscheidung und nur aus Gründen und unter den Formen, welche die Gesetze bestimmen, vor Ablauf ihrer Amtszeit entlassen oder dauernd oder zeitweise ihres Amtes enthoben oder an eine andere Stelle oder in den Ruhestand versetzt werden (Art. 97 Abs. 2 S. 1 GG). Zulässig ist es, Altersgrenzen durch Gesetz festzuschreiben, bei deren

---

35 Vgl. dazu *W. Meyer* (Fn. 3) Art. 97 Rn. 102; *Gärditz* in HdbVerfassungsR S. 847 ff. (Rn. 51); *Wysk* in Stern/Sodan/Möstl § 51 Rn. 60.
36 BVerfG Beschl. v. 22.3.2018 – 2 BvR 780/16, BVerfGE 148, 69 (Rn. 60) spricht von einer Pflicht des Richters, sich gegen Versuche unzulässiger Einflussnahme zur Wehr zu setzen und sich von Einflüssen und Erwartungshaltungen Dritter frei zu machen; vgl. auch *Wysk* in Stern/Sodan/Möstl § 51 Rn. 54.
37 Vgl. näher *Kronisch* (Fn. 6) Rn. 66.
38 Vgl. BVerfG Beschl. v. 22.3.2018 – 2 BvR 780/16, BVerfGE 148, 69 (Rn. 57) mwN.
39 Vgl. zB *Kronisch* (Fn. 6) § 4 Rn. 11.
40 Vgl. Art. 100 GG, Art. 53 Nr. 5 LV.
41 Vgl. *Classen* (Fn. 31) Rn. 22; *Detterbeck* (Fn. 28) Rn. 15.
42 Vgl. BVerfG Beschl. v. 22.3.2018 – 2 BvR 780/16, BVerfGE 148, 69 (Rn. 64); 14, 156 (162); ferner BVerfGE 38, 139 (87), 68, 85.
43 Vgl. BVerfG Beschl. v. 22.3.2018 – 2 BvR 780/16, BVerfGE 148, 69 (Rn. 81 ff.); vgl. bereits BVerfGE 3, 213 (224); 18, 241, 255.
44 Vgl. *Thiele* in Thiele/Pirsch/Wedemeyer Art. 76 Rn. 2.
45 Vgl. BVerfG Beschl. v. 22.3.2018 – 2 BvR 780/16, BVerfGE 148, 69 (Rn. 90).

Erreichen auf Lebenszeit angestellte Richter in den Ruhestand treten (Art. 97 Abs. 2 S. 2 GG). Eine Versetzung an ein anderes Gericht gegen ihren Willen ist nur bei „Veränderung der Einrichtung der Gerichte oder ihrer Bezirke" möglich (Art. 97 Abs. 2 S. 3 1. Alt. GG); in diesem Fall können sie auch „aus dem Amte entfernt werden, jedoch nur unter Belassung des vollen Gehaltes" (Art. 97 Abs. 2 S. 3 2. Alt. GG).

14 Art. 97 Abs. 2 GG schließt die Tätigkeit auch anderer als hauptamtlich und planmäßig endgültig angestellter Richter nicht aus. Hierzu zählen unter den Berufsrichtern (vgl. § 1 DRiG) **Richter auf Probe**[46] und **Richter kraft Auftrags**.[47] Ungeachtet der grundgesetzlichen besonderen Sicherung für die hauptamtlich und planmäßig angestellten Richter steht allen Richtern – also auch Proberichtern, Richtern kraft Auftrags, **ehrenamtlichen Richtern** oder Richtern im Nebenamt – ein Mindestmaß an persönlicher Unabhängigkeit zu.[48] So können (auch) sie nur aus im Gesetz genannten Gründen entlassen werden, wobei es bei ehrenamtlichen Richtern hierzu einer richterlichen Entscheidung bedarf. Wesentliche Sicherungen der persönlichen Unabhängigkeit des ehrenamtlichen Richters, insbes. einen Anspruch auf Freistellung von der Arbeitsleistung, regelt § 45 Abs. 1a DRiG.[49]

15 **3. Ingerenzen. a) Eingriffe in die Unabhängigkeit der Richter.** Die von der Unabhängigkeitsgarantie erfasste richterliche Tätigkeit[50] wird in einen **Kernbereich** der eigentlichen Rechtsfindung einschließlich der sie vorbereitenden und ihr nachfolgenden Sach- und Verfahrensentscheidungen[51] und in einen sogenannten **äußeren Ordnungsbereich** untergliedert. Letzteren bilden diejenigen richterlichen Tätigkeiten, die dem Kernbereich der eigentlichen Rspr. soweit entrückt sind, dass für sie die Garantie der richterlichen Unabhängigkeit nicht in Anspruch genommen werden kann[52] bzw., dass sie nur noch als zur äußeren Ordnung zugehörig anzusehen sind.[53] Diese einen Zirkelschluss bildende Definition[54] wird in ständiger Rspr. zur Abgrenzung von erlaubten und unerlaubten dienstaufsichtlichen Maßnahmen (vgl. § 26 DRiG) und anderen Maßnahmen der Justizverwaltung angewendet.[55]

16 **b) Ingerenzfolgen.** Eingriffe in die richterliche Unabhängigkeit kann der Richter, auch wenn die Garantie der Unabhängigkeit kein individuelles (Freiheits-)Grundrecht ist, über **Art. 33 Abs. 5 GG**, der als hergebrachter Grundsatz des Richteramtsrechts auch die persönliche und sachliche Unabhängigkeit enthält,[56] mit der **Verfassungsbeschwerde** rügen.[57] Gegen Maßnahmen der Justizverwaltung und gegen Maßnahmen der Dienstaufsicht kann sich der Richter vor

---

46 Vgl. § 12 DRiG.
47 Vgl. § 14 DRiG.
48 Vgl. BVerfGE 14, 56 (70); 26, 186, 198 f.; vgl. auch BVerfGE 87, 68 (87 f.); ferner § 45 Abs. 1 S. 1 DRiG, der den ehrenamtlichen Richter ausdrücklich für „in gleichem Maße wie ein Berufsrichter" für (sachlich) unabhängig erklärt; vgl. auch *Kronisch* (Fn. 6) Rn. 87.
49 Vgl. dazu *Ziekow* in Sodan/Ziekow § 19 Rn. 10.
50 Zu nicht erfassten Tätigkeiten des Richters, insbes. Aufgaben der Gerichtsverwaltung, siehe näher *Kronisch* (Fn. 6) Rn. 68 mwN.
51 Vgl. zB BGHZ 112, 189 (195).
52 Vgl. BGHZ 42, 163 (169).
53 Vgl. BGHZ 112, 189; 42, 163, 169.
54 Nachweise bei *Kronisch* (Fn. 6) Rn. 69 mit Fn. 223.
55 Zu Beispielsfällen *Kronisch* (Fn. 6) Rn. 70 ff.; vgl. auch M. *Redeker* SächsVBl 2007, 73.
56 Vgl. *Detterbeck* (Fn. 28) Rn. 32.
57 Vgl. BVerfG Beschl. v. 29.2.1996 – 2 BvR 136/96, NJW 1996, 2149 (2150); vgl. auch EGMR Urt. v. 25.2.1997 110/1995/616/706, Betrifft Justiz 1997, 80.

dem Richterdienstgericht[58] mit der Behauptung zur Wehr setzen, seine richterliche Unabhängigkeit werde dadurch beeinträchtigt. Das gilt auch für in die richterliche Unabhängigkeit eingreifende Inhalte einer dienstlichen Beurteilung.[59] Ein Dienstvergehen bildet es, wenn der Vorsitzende eines Kollegialspruchkörpers Entscheidungen eines Spruchkörpermitgliedes, die dieses als Einzelrichter getroffen hat, ändert.[60]

### IV. Besetzung der Gerichte

**1. Grundsatz der Hauptamtlichkeit.** Abs. 2 normiert die Art. 97 Abs. 2 GG zugrundeliegende Entscheidung für den hauptamtlichen Richter als **Regeltypus**.[61] Nebenamtliche Richter sollen nur ausnahmsweise, Laienrichter (ehrenamtliche Richter) in den vom Gesetz bestimmten Fällen tätig werden.[62] 17

Der Begriff „hauptamtlich" bezieht sich auf den keine andere Haupttätigkeit ausübenden[63] Berufsrichter iSd § 1 DRiG. Nach § 28 Abs. 1 DRiG, der als Bundesrecht der LV vorgeht (vgl. Art. 31 GG), dürfen bei einem Gericht nur Richter auf Lebenszeit tätig werden, soweit nicht ein Bundesgesetz etwas anderes bestimmt. § 8 DRiG regelt, dass (Berufs-)Richter nur als Richter auf Lebenszeit, auf Zeit, auf Probe oder Richter kraft Auftrags berufen werden dürfen. Zweck der Berufung in das Richteramt auf Probe oder kraft Auftrags muss die spätere Verwendung als Richter auf Lebenszeit sein.[64] Richter auf Zeit können bundesrechtlich (bisher) allein bei den Verwaltungsgerichten eingesetzt werden.[65] 18

**2. Nebenamtliche Richter.** Nebenamtliche Richter iSv Art. 76 Abs. 2 bilden eine Ausnahme zu § 4 Abs. 1 DRiG, wonach ein Richter Aufgaben der rechtsprechenden Gewalt und Aufgaben der gesetzgebenden oder der vollziehenden Gewalt nicht zugleich wahrnehmen darf. Eine solche Ausnahme lässt § 4 Abs. 2 Nr. 3 DRiG ua für die Aufgaben der Forschung und Lehre an einer wissenschaftlichen Hochschule zu. Das ermöglicht es, zB Rechtsprofessoren an einer Universität neben ihrem Hauptamt als Hochschullehrer zugleich als Richter tätig werden zu lassen.[66] Zweck dieser Ausnahmeist es, Rechtslehre bzw. Rechtsunterricht und praktische Fallbearbeitung verknüpfen zu können. Das Bundesrecht[67] ermöglicht es zudem, bei dem Oberverwaltungsgericht und bei dem Verwaltungsgericht für die Dauer von mindestens zwei Jahren auch nebenamtliche Richter einzusetzen, die bei einem anderen Gericht zu Richtern auf Lebenszeit ernannt sind. 19

Umstritten ist, ob das Richterverhältnis im Nebenamt als eigenständiger Status zu verstehen[68] oder an Stelle einer Ernennung zum Richter im Nebenamt eine Übertragung eines weiteren Hauptamtes nach § 27 Abs. 2 DRiG unter Berufung in das Richterverhältnis auf Lebenszeit zu erfolgen hat.[69] 20

---

58 Vgl. §§ 31 ff. RiG M-V.
59 Vgl. zB BGH Urt. v. 10.8.2001 – RiZ(R) 5/00 – NJW 2002, 359; siehe näher *Kronisch* (Fn. 6) Rn. 70a.
60 Vgl. BVerfG Beschl. v. 29.2.1996 – 2 BvR 136/96, NJW 1996, 2149.
61 Vgl. *Schulze-Fielitz* (Fn. 7) Art. 97 Rn. 53; *Classen* (Fn. 31) Rn. 40.
62 Vgl. die Begründung LT-Drs. 1/3100 S. 160.
63 Vgl. auch *Thiele* (Fn. 44) Rn. 3.
64 Vgl. §§ 12, 14 DRiG.
65 §§ 17 Nr. 3, 18 VwGO; vgl. dazu näher *Kronisch* NJW 2016, 1623.
66 Rechtsprofessoren werden zumeist als Richter an einem Obergericht eingesetzt.
67 Vgl. § 16 VwGO, zum Streit um dessen Geltung vgl. *Kronisch* (Fn. 6) § 16 Rn. 4.
68 Zum Streit vgl. *Kronisch* (Fn. 6) Rn. 5.
69 So *Thiele* (Fn. 44) Rn. 3.

21 **3. Laienrichter.** Mit dem Begriff „Laienrichter" sind die **ehrenamtlichen Richter** iSd §§ 44 ff. DRiG, §§ 28 ff., 77 GVG (Schöffen), §§ 105 ff. GVG (Handelsrichter) und der Prozessgesetze[70] gemeint.[71] Ehrenamtlicher Richter ist der Oberbegriff für die Personen, die, ohne Berufsrichter zu sein, dh ohne in einem Richterverhältnis auf Lebenszeit, auf Zeit, auf Probe oder kraft Auftrags zu stehen, aufgrund eines Gesetzes in einem Gericht **mit vollem Stimmrecht** mitwirken.[72] Sie werden in den einzelnen Gerichtsbarkeiten „in den durch Gesetz bestimmten Fällen", nämlich aufgrund der jeweiligen Prozessordnungen, die auch das Verfahren ihrer Berufung regeln, entweder als „Vertreter der Allgemeinheit"[73] oder als „Vertreter einer Gruppe"[74] zur Verhandlung und Entscheidung hinzugezogen.

22 Mit der Entscheidung, Laienrichter in den durch Gesetz bestimmten Fällen tätig werden zu lassen, trägt die LV zunächst der bundesgesetzlich aufgrund des Kompetenztitels zur Regelung der Gerichtsverfassung (Art. 74 Abs. 1 Nr. 1 GG) vorgegebenen einfachrechtlichen Rechtslage im GVG und in den jeweiligen Prozessordnungen Rechnung. Weiterhin bestätigt Abs. 2 dem Landesgesetzgeber, im Rahmen seiner Gesetzgebungskompetenz die Mitwirkung von ehrenamtlichen Richtern vorsehen zu können.[75] Neutral und deshalb **ohne Präjudiz** für die Mitwirkung des Landes an der Bundesgesetzgebung bleibt Abs. 2 zur Frage, ob das Laienrichtertum beibehalten, eingeschränkt oder abgeschafft werden soll.[76]

### V. Richterwahlausschuss als Option (Abs. 3)

23 Abs. 3 macht von der den Ländern bereits aufgrund ihrer Justizhoheit zukommenden[77] und in Art. 98 Abs. 4 GG als bundesrechtsfest[78] garantierten Befugnis zur Mitwirkung eines Richterwahlausschusses bei der Richterernennung in der Weise Gebrauch, dass er dem LT Vorgaben für den Fall gibt, dass dieser sich zur Einsetzung eines Richterwahlausschusses entschließen will. Die Streitfrage, ob Art. 98 Abs. 4 GG mit seiner zentralen Aussage von der gemeinsamen

---

70 Vgl. §§ 16, 20 ff. ArbGG, §§ 19 ff. VwGO, §§ 3, 12 ff., 33, 35, 38, 47 SGG, §§ 5 Abs. 3, 16 ff. FGO.
71 Vgl. auch *Thiele* (Fn. 44) Rn. 4.
72 So die Definition bei *Schmidt-Räntsch* DRiG § 44 Rn. 3.
73 So im Straf- und im Verwaltungsprozess.
74 So im Arbeitsgerichts-, Sozialgerichtsprozess sowie in der Dienst-, Berufs- und Disziplinargerichtsbarkeit.
75 So zB für das DisziplinarR §§ 44, 45 LDG M-V; vgl. ferner § 9 Abs. 3 VwGO iVm §§ 12, 13 AGGerStrG.
76 Zur Offenheit des GG vgl. BVerfGE 27, 312 (319 f.); 42, 206, 208 f.; zur seit jeher geführten Diskussion zum Pro und Contra der Hinzuziehung von Laienrichtern vgl. *Ziekow* (Fn. 49) Rn. 2 ff. mwN.
77 Vgl. *Heusch* in Schmidt-Bleibtreu/Hofmann/Henneke Art. 98 Rn. 9.
78 Mit Wegfall der Rahmengesetzgebungskompetenz des Bundes (Art. 98 Abs. 3 S. 2 GG aF) durch das Ges. zur Änderung des GG v. 28.8.2006 (BGBl. I S. 2034) hat die Garantiefunktion des Art. 98 Abs. 4 GG nur noch Relevanz, wenn die Willensbildung und das Verfahren der Richterernennung von einer (konkurrierenden) Gesetzgebungskompetenz des Bundes für das Gebiet der „Statusrechte und -pflichten der Richter in den Ländern mit Ausnahme der Laufbahnen, Besoldung und Versorgung" (Art. 74 Abs. 1 Nr. 27 GG) erfasst sind, vgl. in diesem Sinne zB *Hillgruber* (Fn. 30) Art. 98 Rn. 50; *von der Weiden* in Linck/Baldus/Lindner/Poppenhäger/Ruffert, Art. 89 Rn. 15; *Gärditz* ZBR 2011, 109; vgl. zum Begriff etwa *Battis/Grigoleit* ZBR 2008, 1 (2 ff.); vgl. ferner die Begründung der GG-Änderung BT-Drs. 16/813 S. 14, aus der Rspr. vgl. BVerwG Urt. v. 24.11.2011 – 2 C 53.10, ZBR 2012, 202 und 2 C 50.10, DöD 2012, 223.

Entscheidung von Landesjustizminister und Richterwahlausschuss zugleich eine inhaltliche Forderung an die Länder enthält,[79] löst Abs. 3 iSd hM[80]

**1. Anwendungsbereich.** Die Mitwirkung eines Richterwahlausschusses ermöglicht Abs. 3 (nur) für **Berufsrichter** und unter diesen (nur) bei der „Ernennung zum Richter auf Lebenszeit". **Nicht erfasst** ist eine Ernennung zum Richter auf Probe oder kraft Auftrags; ebenso nicht erfasst ist eine Ernennung zum Richter auf Zeit. 24

Unter „Ernennung zum Richter auf Lebenszeit" ist die **erstmalige Berufung** in ein Richterverhältnis auf Lebenszeit zu verstehen.[81] Die Formulierung „die Ernennung zum Richter auf Lebenszeit" lässt zwar auf den ersten Blick offen, welche Lebenszeiternennung erfasst ist, so dass darunter auch jede andere Ernennung zum Richter auf Lebenszeit verstanden werden könnte, also sowohl diejenige, die als weitere Lebenszeiternennung bei einem anderen Gericht im zweiten Hauptamt ergeht,[82] als auch diejenige in ein Beförderungsamt.[83] Indessen weisen der bestimmte Artikel „die" und die Verwendung des Begriffs „Richter auf Lebenszeit" auf die in § 10 DRiG geregelte erstmalige Ernennung auf Lebenszeit hin, deren Voraussetzungen dort näher bestimmt werden.[84] Diese Auslegung folgt auch aus dem Vergleich mit Art. 74 Abs. 3 S. 1 des Zwischenberichtsentwurfs, wo noch auf die Ernennung der Richter und damit in der Tat den Fall jeder Ernennung iS von § 17 Abs. 2 DRiG abgestellt wurde. Zwar heißt es im Abschlussbericht der Verfassungskommission, der Vertreter der LReg habe sich nicht mit dem Vorschlag durchsetzen können, die Tätigkeit des Ausschusses auf die Besetzung der oberen Gerichte zu beschränken.[85] Daraus folgt indessen nur, dass die Kommission die Mitwirkung eines Richterwahlausschusses nicht auf einen besonderen Kreis von (Lebenszeit-)Richtern begrenzt sehen wollte, nicht aber, dass es ihr (auch) um die Ernennung (von Lebenszeitrichtern) in Beförderungsämter gegangen ist.[86] 25

Die Ernennung zum Richter auf Lebenszeit ist auf eine solche **zum Richter des Landes M-V** bezogen. Bereits in einem anderen Bundesland oder beim Bund als Richter auf Lebenszeit ernannte Richter würden daher der Mitwirkung des Richterwahlausschusses unterfallen, wenn sie in M-V als Lebenszeitrichter tätig werden sollen. 26

Abs. 3 S. 1 stellt nicht lediglich eine Ermächtigungsgrundlage zur Verfügung, in deren Rahmen der LT eine Befugnis zur inhaltlich abweichenden Regelung der **Mitwirkungskompetenz** hätte. Diese wird vielmehr von Abs. 3 S. 1 **verbindlich** 27

---

79 So die hM; zum Streitstand vgl. einerseits bejahend zB *Heusch* (Fn. 77) Rn. 9; *Morgenthaler* in BeckOK Art. 98 Rn. 19; *Gärditz* (Fn. 78) S. 109 jeweils mwN; umfassend *Ziekow/Guckelberger* NordÖR 2000, 13; andererseits verneinend zB *Classen* (Fn. 2) Art. 98 Rn. 11 ff.; vgl. auch *R. Zimmermann* in Baumann-Hasske Art. 79 Rn. 10; zur Frage, ob die Richterwahl auch durch das Parlament erfolgen kann, vgl. bejahend zB OVG Schleswig Beschl. v. 16.11.1998 – 3 M 50/98, NVwZ-RR 1999, 420 und verneinend zB *Detterbeck* (Fn. 4) Art. 98 Rn. 24; *Gärditz* (Fn. 78) S. 110.
80 Vgl. auch *Thiele* (Fn. 44) Rn. 8.
81 So auch *Thiele* (Fn. 44) Rn. 6.
82 Vgl. § 27 Abs. 2 DRiG, § 7 S. 1 RiG M-V.
83 Vgl. § 17 Abs. 2 Nr. 3 DRiG; vgl. für Thüringen in diesem Sinne *Jutzi* in Linck/Jutzi/Hopfe Art. 89 Rn. 13; dagegen *von der Weiden* (Fn. 78) Rn. 24.
84 Vgl. § 10 Abs. 1 DRiG: „Zum Richter auf Lebenszeit kann ernannt werden, wer ...".
85 Vgl. LT-Drs. 1/3100 S. 160.
86 IÜ ist auch eine erstmalige Ernennung zum Richter auf Lebenszeit an einem oberen Gericht denkbar; andererseits gibt es Beförderungsämter auch bei unteren Gerichten.

festgelegt und kann daher durch den Gesetzgeber, entschließt er sich zur Schaffung eines Richterwahlausschusses, nicht eingeschränkt werden.[87]

28 **2. Zusammensetzung.** Nach Abs. 3 S. 3 muss der Richterwahlausschuss zu zwei Dritteln aus Abg. bestehen. Über die Besetzung des weiteren Drittels macht die LV keine Aussage. Der Landesgesetzgeber ist diesbezüglich frei (→ Rn. 23).[88] **Nicht frei** ist er hinsichtlich des Verhältnisses von zwei Dritteln parlamentarischer zu einem Drittel nichtparlamentarischer Mitglieder. Dieses kann nicht zugunsten einer stärkeren parlamentarischen Besetzung verändert werden.[89] Daraus folgt zugleich, dass die Zahl aller Mitglieder durch drei teilbar sein muss.

29 **3. Kreation.** Die Errichtung des Richterwahlausschusses ist nach Abs. 3 S. 1 durch **förmliches Gesetz** vorzusehen. Seine Mitglieder werden nach S. 2 vom LT mit der Mehrheit von zwei Dritteln der anwesenden Mitglieder gewählt. Nicht erforderlich ist, dass die zustimmenden Mitglieder zugleich die Mehrheit der Mitglieder des LT bilden. **Keine Vorgaben** macht Abs. 3 hinsichtlich der **Zahl der Mitglieder**; aus S. 3 folgt allerdings eine Untergrenze von drei Mitgliedern (→ Rn. 28).

30 Die Notwendigkeit der **Wahl sämtlicher Mitglieder durch den LT** stellt angesichts bestehender verfassungsrechtlicher Streitfragen[90] eine kluge Entscheidung dar. Sie sichert, dass die Mitglieder auch, soweit sie nicht Abg. des LT sind, über die nach Art. 3 Abs. 1 erforderliche **demokratische Legitimation** verfügen. Das eröffnet einen breiten Spielraum. So können die nichtparlamentarischen Mitglieder sowohl aus der Richterschaft[91] oder aus der Verwaltung stammen, aber auch außerhalb des Staates stehen, wie das etwa bei von Verbänden, Gewerkschaften oder Kirchen vorgeschlagenen oder aus der Rechtsanwaltschaft stammenden Mitgliedern der Fall ist.[92]

31 **4. Votum des Richterwahlausschusses. a) Funktion.** Mit der Schaffung eines Richterwahlausschusses wird die Ernennung zum Richter auf Lebenszeit nach Abs. 3 S. 1 von dessen Votum „abhängig gemacht". Der Ausschuss trifft mithin nicht selbst die Entscheidung über die Ernennung, sondern gibt eine **Stellungnahme** zu von dem Justizminister[93] vorzuschlagenden Bewerbern ab. Aus Abs. 3 S. 1 folgt zugleich, dass der Justizminister die ihm zukommende Ernennung ohne zustimmendes Votum des Richterwahlausschusses nicht vornehmen darf.[94] Hierin liegt eine – aufgrund von Art. 98 Abs. 4 GG zulässige – **Beschränkung**

---

87 Etwa auf bestimmte Fälle erstmaliger Lebenszeiternennung.
88 Vgl. aber *Hillgruber* (Fn. 78) Rn. 58 f., wonach Art. 98 Abs. 4 GG nur parlamentarische Mitglieder zulasse.
89 Das folgt bereits aus dem Wortlaut, da es nicht heißt: „mindestens zwei Drittel".
90 Vgl. dazu etwa *Hillgruber* (Fn. 78) Rn. 61 ff. mwN; *Classen* (Fn. 79) Rn. 14 ff. mwN; *Heusch* (Fn. 77) Rn. 12; vgl. auch *Wittreck*, Die Verwaltung der Dritten Gewalt (2006), S. 396 ff.
91 Unrichtig daher für M-V *Tschentscher*, Demokratische Legitimation der Dritten Gewalt (2006), S. 373.
92 Aufgrund der Notwendigkeit einer Wahl (und nicht lediglich Akklamation) durch den LT ist ausgeschlossen, eine Mitgliedschaft kraft Amtes (zB Präs eines Obergerichts oder Präs Rechtsanwaltskammer) vorzusehen; zur Entsendung von Richtern vgl. auch *Wassermann* in Denninger Bd. II Art. 98 Rn. 34 mwN; zur Besetzung bestehender Richterwahlausschüsse vgl. *Gärditz* (Fn. 78) S. 112 und 114 f.
93 Als dem in M-V für alle Gerichtsbarkeiten zuständigen Minister, vgl. §§ 3, 6 AGGerStrG; zur Frage, ob ein selbstständiges Justizministerium verfassungsrechtlich zwingend erforderlich ist, vgl. *Kronisch* (Fn. 6) Rn. 53 ff. mwN.
94 Vgl. BVerfG Beschl. v. 4.5.1998 – 2 BvR 2555/96, NJW 1998, 2590 (2592); BVerwGE 105, 89 (94).

der an sich der Exekutive zukommenden **Personalhoheit**.[95] Andererseits ist der Minister infolge der Gesetzesbindung aus Art. 4 und der darauf bezogenen Parlamentsverantwortlichkeit (vgl. Art. 46 Abs. 1, 2) jedenfalls dann nicht gezwungen, ein positives Votum des Richterwahlausschusses durch Ernennung zu vollziehen, wenn die formellen Ernennungsvoraussetzungen weggefallen sind, wenn das Verfahren nicht ordnungsgemäß durchgeführt wurde oder wenn das Votum dem Bestenausleseprinzip aus Art. 33 Abs. 2 GG widerspricht (zu diesem Maßstab → Rn. 33).[96]

**b) Entscheidungsquorum.** Abs. 3 S. 4 legt als **Entscheidungsquorum** die **Zweidrittelmehrheit** fest. Die Bestimmung stellt nicht auf zwei Drittel der Mitglieder des Ausschusses ab. Ausreichend sind zwei Drittel der abgegebenen Stimmen. Stimmenthaltungen zählen für die Berechnung der Zwei-Drittel-Mehrheit nicht mit.[97] Unabhängig davon bleibt es dem Gesetzgeber unbenommen, die Beschlussfähigkeit des Wahlausschusses von der Anwesenheit sämtlicher Mitglieder abhängig zu machen. Das Zwei-Drittel-Quorum ist geeignet, einer Majorisierung entgegenzuwirken und die Konsensfindung über Parteigrenzen hinweg zu fördern.[98] Zugleich soll eine (parteipolitisch) einseitige Besetzung der Gerichte vermieden werden.[99] 32

**c) Entscheidungsmaßstab.** Maßstab für das abzugebende Votum ist im Ausgangspunkt **Art. 33 Abs. 2 GG**, wonach jeder Deutsche nach seiner Eignung, Befähigung und fachlichen Leistung gleichen Zugang zu jedem öffentlichen Amt hat (→ Rn. 31). Der Richterwahlausschuss ist daher an den darin zum Ausdruck kommenden Leistungsgrundsatz und das **Prinzip der Bestenauslese** (vgl. dazu → Art. 71 Rn. 9 ff.) gebunden.[100] Die Mitwirkung des Ausschusses oder das mit der Richterwahl verfolgte Ziel einer stärkeren demokratischen Legitimation der Richterbestellung führen nicht dazu, dass materiell für die Personalentscheidung andere Entscheidungskriterien gelten.[101] 33

**d) Verfahren.** Zum **Verfahren** des Richterwahlausschusses verhält sich die LV nicht. Dessen Ausgestaltung obliegt dem Gesetzgeber, der sicherzustellen hat, 34

---

95 Vgl. nur *Hillgruber* (Fn. 78) Art. 98 Rn. 56 ff.; *Schulze-Fielitz* (Fn. 7) Art. 98 Rn. 43; aA *Classen* (Fn. 79) Rn. 13; *Bull* ZRP 1996, 335; OVG Schleswig Beschl. v. 16.11.1998 – 3 M 50/98, NVwZ-RR 1999, 420.
96 Vgl. zB OVG Berlin-Brandenburg Beschl. v. 17.6.2020 – 4 S 24/20, LKV 2020, 323 (Rn. 11); OVG Schleswig Beschl. v. 21.10.2019 – 2 MB 3/19, NordÖR 2019, 593; OVG Hamburg Beschl. v. 14.9.2012 – 5 Bs 176/12 – NordÖR 2013, 21 (24); für die Bundesrichterwahlen beschränkt BVerfG Beschl. v. 20.9.2016 – 2 BvR 2453/15, BVerfGE 143, 22 (Rn. 32) das auf Art. 33 Abs. 2 GG bezogene Verweigerungsrecht des Ministers auf den Fall des nicht mehr nachvollziehbaren Ergebnisses.
97 Vgl. *Gärditz* (Fn. 78) S. 113 mwN; OVG Koblenz Beschl. v.13.6.2007 – 10 B 10457/07, NVwZ 2008, 99 (100 ff.); nachfolgend BVerwGE 138, 102.
98 Vgl. auch *Matz-Lück* in Becker/Brüning/Ewer/Schliesky Art. 50) Rn. 23.
99 Vgl. *Thiele* (Fn. 44) Rn. 7.
100 Vgl. zB BVerwGE 105, 89 (91); OVG Hamburg Beschl. v. 14.9.2012 – 5 Bs 176/12, NordÖR 2013, 21 (22 ff.); OVG Schleswig Beschl. v. 1.2.1996 – 3 M 89/95 – NVwZ 1996, 806; VG Berlin Beschl. v. 27.9.2013 – 7 L 222.13, juris; aA *Bull* (Fn. 95) S. 335.
101 Vgl. OVG Berlin-Brandenburg Beschl. v. 17.6.2020 – 4 S 24/20, LKV 2020, 323 (Rn. 11); OVG Schleswig Beschl. v. 21.10.2019 – 2 MB 3/19, NordÖR 2019, 593; *Heusch* (Fn. 77) Rn. 9; vgl. auch LVerfG M-V Urt. v. 28.10.2010 – 5/10, LVerfGE 21, 218 ff., das für die Wahl des Vizepräsidenten des LRH durch den LT offenlässt, ob der Grundsatz der Bestenauslese eine Einschränkung durch das Demokratieprinzip erfahren kann; vgl. aber die Modifikation für die Bundesrichterwahlen durch BVerfG Beschl. v. 20.9.2016 – 2 BvR 2453/15, BVerfGE 143, 22 (Rn. 31): keine „strikte" Bindung des Ausschusses an Art. 33 Abs. 2 GG, sondern lediglich Pflicht zur Beachtung der Bindung des Ministers.

dass dem Leistungsgrundsatz des Art. 33 Abs. 2 GG Rechnung getragen werden kann.[102] Aus der Abs. 3 zugrundeliegenden Konzeption, wonach der Ausschuss ein „Votum" abgibt, folgt, dass **nicht notwendig eine Wahl** iS einer Abstimmung, durch die eine oder mehrere Personen aus einem größeren Personenkreis ausgelesen werden,[103] durchzuführen ist. Dem Ausschuss kann daher auch ein einziger Personalvorschlag unterbreitet werden, zu dem dann dessen Votum ergeht. Die Entscheidungen des Richterwahlausschusses sind verfassungsrechtlich **nicht begründungsbedürftig**.[104] Allerdings ist die Einhaltung der Verfahrensanforderungen zu dokumentieren.[105]

35 **e) Rechtsschutz.** Das Votum des Richterwahlausschusses ist ein **verfahrensinterner Mitwirkungsakt**, dem kein Verwaltungsaktcharakter zukommt.[106] Es kann nicht eigenständig Gegenstand gerichtlicher Kontrolle sein.[107] Ein vom Ausschuss abgelehnter Bewerber kann sich daher nicht mit Rechtsbehelfen unmittelbar gegen das Ausschussvotum wenden. Vielmehr ist er auf **Widerspruch** und **Klage** gegen den infolge des negativen Votums ergehenden **Ablehnungsbescheid des Justizministeriums** verwiesen.[108] Innerhalb dessen findet eine Inzidentkontrolle der Entscheidung des Richterwahlausschusses statt.[109]

## Art. 77 (Richteranklage)

¹Verstößt ein Richter im Amt oder außerhalb des Amtes gegen die Grundsätze des Grundgesetzes für die Bundesrepublik Deutschland oder dieser Verfassung, so kann das Bundesverfassungsgericht gemäß Artikel 98 Abs. 2 und 5 des Grundgesetzes auf Antrag des Landtages anordnen, daß der Richter in ein anderes Amt oder in den Ruhestand zu versetzen ist. ²Im Falle eines vorsätzlichen Verstoßes kann auf Entlassung erkannt werden. ³Der Antrag des Landtages kann nur mit der Mehrheit seiner Mitglieder beschlossen werden.

Vergleichbare Regelungen:
Artt. 66 Abs. 2 BWVerf; 111 BbgVerf; 136 Abs. 3, 138 BremVerf; 63 Abs. 3 HambVerf; 127 Abs. 4 HessVerf; 52 NdsVerf; 80 SächsVerf; 84 LVerf LSA; 50 Abs. 4 SchlHVerf; 89 Abs. 3 ThürVerf.

| | |
|---|---|
| I. Vorbemerkung .................. 1 | III. Richter ........................... 6 |
| 1. Allgemeines und bundesverfassungsrechtliche Einordnung ... 1 | IV. Anklageverfahren ............... 7 |
| 2. Entstehungsgeschichte ........ 4 | V. Entscheidung des Bundesverfassungsgerichts ........................ 8 |
| II. Anklagetatbestand ............... 5 | |

---

102 Vgl. – bezogen auf die Bundesrichterwahlen – BVerfG Beschl. v. 20.9.2016 – 2 BvR 2453/15, BVerfGE 143, 22 (Rn. 33).
103 Zur Definition BVerfGE 47, 253 (276).
104 Vgl. BVerwGE 105, 89 (92 ff.).
105 Vgl. BVerfG Beschl. v. 20.9.2016 – 2 BvR 2453/15, BVerfGE 143, 22 (Rn. 33).
106 Vgl. BVerwGE 105, 89 (91).
107 Wohl aA *Classen* (Fn. 79) Rn. 18.
108 Vgl. BVerwGE 105, 89 (91); OVG Hamburg Beschl. v. 14.9.2012 – 5 Bs 176/12, NordÖR 2013, 21 (22).
109 Vgl. BVerfG Beschl. v. 23.3.2020 – 2 BvR 2051/19, ZBR 2020, 305; zur diesbezüglich eingeschränkten gerichtlichen Überprüfbarkeit vgl. OVG Berlin-Brandenburg Beschl. v. 17.6.2020 – 4 S 24/20, LKV 2020, 323 (Rn. 20); ferner zB *Heusch* (Fn. 77) Rn. 13.

## I. Vorbemerkung

**1. Allgemeines und bundesverfassungsrechtliche Einordnung.** Art. 98 Abs. 5 GG ermöglicht den Ländern, eine Regelung über die Richteranklage gegen Landesrichter vorzusehen, die der in Art. 98 Abs. 2 GG für die Bundesrichter geregelten Anklage entspricht (Art. 98 Abs. 5 Satz 1 GG). Dabei sind sie an die **Monopolisierung der Entscheidungszuständigkeit beim BVerfG** gebunden (Art. 98 Abs. 5 Satz 3 GG).[1]

Die Richteranklage ist weder ein disziplinarrechtliches noch ein strafprozessuales Instrument,[2] sondern ein **spezifisch verfassungsrechtliches Verfahren**, dessen nähere (verfassungs)prozessuale Ausgestaltung in den §§ 58 ff. BVerfGG geregelt ist.[3] Die Möglichkeit zur Anklage eines Richters vor dem BVerfG wegen eines Verstoßes gegen die Grundsätze des GG oder die verfassungsmäßige Ordnung eines Landes (Art. 98 Abs. 2 Satz 1 GG) bildet gewissermaßen das **Korrelat** seiner Verfassungsunmittelbarkeit (→ Art. 76 Rn. 2) und parlamentarischen Unverantwortlichkeit.[4] Konsequent steht daher (allein) dem Parlament als dem Repräsentanten des Souveräns die Befugnis zur Einleitung des Verfahrens zu. Darin liegt keine (begrenzte) Durchbrechung der richterlichen Unabhängigkeit.[5] Vielmehr knüpft die Richteranklage an die Stellung des Richters im demokratischen Rechtsstaat und dessen Bindung an Gesetz und Recht (Art. 4) an. Die exponierte Funktion des Richters setzt **Verfassungsloyalität** iS einer Anerkennung der Grundsätze des GG und der verfassungsmäßigen Ordnung in den Ländern voraus.[6] Zugleich findet damit in der Richteranklage das in Art. 9 Abs. 2, 18, 20 Abs. 4, 21 Abs. 2 GG enthaltene Prinzip der **streitbaren Demokratie** seinen auf den Richter bezogenen Ausdruck;[7] ihr Zweck ist mithin der Schutz der freiheitlichen demokratischen Grundordnung.[8]

Bei den Beratungen zum GG blieb die Richteranklage bis zuletzt umstritten.[9] Vor wie nach dessen Inkrafttreten war sie Gegenstand der Kritik.[10] In der Folgezeit führte sie allerdings ein praktisches und (demzufolge auch) wissenschaftliches Schattendasein.[11]

---

1 Zur ursprünglichen Absicht, für Landesrichter ein Verfahren vor dem zuständigen LVerfG vorzusehen vgl. *Stern* Bd. II S. 1008.
2 Vgl. *Morgenthaler* in BeckOK Art. 98 Rn. 7; zum Disziplinarrecht s. § 30 Abs. 1 Nr. 2 DRiG, §§ 3, 39 ff. RiG M-V iVm §§ 7 ff. LDG M-V; zur strafrechtlichen Verantwortlichkeit s. § 339 StGB (Rechtsbeugung).
3 Vgl. § 62 BVerfGG.
4 Vgl. *o.V.* DRiZ 1995, 69 (71); *Wassermann* NJW 1995, 303; zum historischen Hintergrund des Justizversagens seit 1918 und insbes. in der NS-Zeit vgl. *Wrobel* DRiZ 1995, 199; vgl. auch *Mann* in Löwer/Tettinger Art. 73 Rn. 4.
5 So aber *Wilke* in Caspar/Ewer/Nolte/Waack Art. 43 Rn. 60; wie hier *Stern* (Fn. 1) S. 1009.
6 Zur seit Juni 2021 notwendigen Prüfung der Verfassungstreue vor der Einstellung in den Richterdienst in M-V durch die sogen. Regelanfrage bei der Verfassungsschutzbehörde s. § 3a RiG M-V; vgl. auch *Gärditz* in HdBVerfassungsR S. 847 (Rn. 44 mit Fn. 153); vgl. dazu auch *J. Wagner*, Rechte Richter, 2. Aufl. 2023, S. 279 ff.; zur politischen Treuepflicht des Richters vgl. *Priepke* DRiZ 1991, 4.
7 Vgl. *Schulze-Fielitz* in Dreier Art. 98 Rn. 32; *Detterbeck* in Sachs GG Art. 98 Rn. 12.
8 Vgl. *Detterbeck* (Fn. 7) Rn. 13.
9 Vgl. *Stern* (Fn. 1) S. 1007 f.; siehe ferner *Wrobel* (Fn. 4) S. 199.
10 Vgl. *Burmeister* DRiZ 1998, 518 ff. mwN.
11 Vgl. *Menzel*, Landesverfassungsrecht, 2002, S. 539 f.; bisher ist es noch zu keiner Richteranklage gekommen; zur Diskussion eines Falles in den Jahren 1994/1995 vgl. zB *Wittreck* VVDStRL 74 (2015), 115 (146 mit Fn. 135); für die Zeit davor vgl. *Wassermann* (Fn. 4) S. 303; siehe auch *Schultz* MDR 1972, 112; kritisch, insbes. im Blick auf das Verhältnis zum DisziplinarR, *Mahrenholz* ZRP 1997, 129 (133).

4 **2. Entstehungsgeschichte.** Art. 77 entspricht bei geringer Wortlautabweichung der Fassung des Zwischenberichts der Verfassungskommission. Er wurde einvernehmlich in der 26. Kommissionssitzung beschlossen.[12]

## II. Anklagetatbestand

5 Die Anklage kann nur auf einen Verstoß des Richters gegen die Grundsätze des GG oder der LV gestützt werden. Es kommt nicht darauf an, ob der Verstoß im Amt oder außerhalb dessen begangen wurde.[13] Der materielle Gehalt der „Grundsätze des Grundgesetzes" und derjenigen „der Landesverfassung" ist deckungsgleich iSd **Begriffs der freiheitlichen demokratischen Grundordnung**, wie er vom BVerfG im Blick auf Parteien und die Verfassungstreue der Beamten verstanden wird.[14] Als Voraussetzung für eine Anklageerhebung wird ein äußerlich **aggressiv-kämpferisches Verhalten** verlangt, das Ausdruck einer entsprechenden Grundhaltung des Richters ist.[15] In subjektiver Hinsicht ist kein Vorsatz erforderlich;[16] ob fahrlässige Verwirklichung angesichts der objektiven Tatbestandsanforderungen realistisch ist, wird bezweifelt.[17]

## III. Richter

6 Die Richteranklage nach Art. 77 LV ist **nur gegen Landesrichter** möglich. Sie gilt als nachrangig gegenüber Möglichkeiten anderweitiger Entfernung aus dem Amt, wie dies etwa im gerichtlichen Disziplinarverfahren (§ 30 Abs. 1 Nr. 2 DRiG, §§ 3, 39 ff. RiG M-V iVm §§ 7 ff. LDG M-V), der Versetzung im Interesse der Rechtspflege (§§ 30 Abs. 1 Nr. 3, 31 DRiG iVm §§ 3, 32 Abs. 1 Nr. 2, § 45 RiG M-V) oder bei der Entlassung von Proberichtern (§ 22 DRiG) der Fall ist.[18] Für das Verhältnis zum Disziplinarverfahren folgt aus § 60 BVerfGG, dass

---

12 Vgl. LT-Drs. 1/2000, dort Art. 75, S. 60, und LT-Drs. 1/3100 S. 161.
13 Vgl. zB *Matz-Lück* in Becker/Brüning/Ewer/Schliesky Art. 50 Rn. 35; *Wassermann* in Denninger Bd. II Art. 98 Rn. 43; anders bei der Versetzung im Interesse der Rechtspflege nach §§ 30 Abs. 1 Nr. 3, 31 DRiG iVm §§ 3, 23 Abs. 1 Nr. 2, 45 RiG M-V, die nur auf Tatsachen außerhalb der richterlichen Tätigkeit gestützt werden kann.
14 Vgl. zB *Classen* in von Mangoldt/Klein/Starck Art. 98 Rn. 5; *Schulze-Fielitz* (Fn. 7) Rn. 37 mit Hinweis auf BVerfGE 2, 1 (12 f.); 5, 85, 140; 39, 334; kritisch *J. Hofmann* in Haug Art. 66 Rn. 22 unter Hinweis auf BVerfGE 144, 20 („NPD-Verbot"); zur Verfassungstreuepflicht der Beamten vgl. zB *Brinktine* in Hdb Sicherheits- und Staatsschutzrecht § 46 Rn. 12 ff.; *Lorse* ZBR 2021, 1; *Masuch* ZBR 2020, 289; vgl. ferner *Cremer*, Rassistische und rechtsextreme Positionen im Dienste des Staates?, 2022; aus der Rspr. zB OVG Bremen Beschl. v. 10.5.2023 – 2 B 298/22, juris Rn. 75 ff.; VG Greifswald Urt. v. 14.1.2022 – 11 A 1298/20, juris Rn. 52 ff. [„Nordkreuz"]; VGH München Urt. v. 10.12.2021 – 16a D 19.1155, Rn. 37 ff. [„Reichsbürger-Ideologie"]; vgl. ferner Richterdienstgerichtshof bei dem OLG Stuttgart Urt. v. 18.3.2021 – DGH 2/19, juris Rn. 92 ff. [Mäßigungsgebot bei politischer Betätigung].
15 Vgl. *Schulze-Fielitz* (Fn. 7) Rn. 38; *Detterbeck* (Fn. 7) Rn. 14; kritisch mit Recht *Hillgruber* in Dürig/Herzog/Scholz Art. 98 Rn. 36; *Heusch* in Schmidt-Bleibtreu/Hofmann/Henneke Art. 98 Rn. 4; *J. Hofmann* (Fn. 14) Rn. 23; zur Unschärfe des Tatbestandes vgl. auch *Herzog* in Maunz/Dürig, (Lfg. 47 Stand 15.6.2006) Art. 98 Rn. 27, der das Entscheidungsmonopol des BVerfG als Kompensation der „Gesetzesunklarheit" ansieht; ebenso *Voßkuhle* Rechtsschutz gegen den Richter, 1993, S. 286.
16 Zur Verschuldensunabhängigkeit vgl. *Stern* (Fn. 1) S. 1009; *Burmeister* (Fn. 10) S. 520 ff.; aA *R. Zimmermann* in Baumann-Hasske Art. 80 Rn. 18; zur prinzipiell nicht möglichen individuellen Zurechnung bei Kollegialentscheidungen vgl. *Hillgruber* (Fn. 15) Rn. 38; *Morgenthaler* (Fn. 2) Rn. 15.1.
17 Vgl. *Mahrenholz* (Fn. 5) S. 133; *Schulze-Fielitz* (Fn. 7) Rn. 38; *von der Weiden* in Linck/Baldus/Lindner/Poppenhäger/Ruffert Art. 89 Rn. 30.
18 Vgl. *Thiele* in Thiele/Pirsch/Wedemeyer Art. 77 Rn. 3; *Wilke* (Fn. 5) Rn. 60; für Subsidiarität gegenüber dem allg. Dienstrecht auch *Schlaich/Korioth* Rn. 338; zu den Verfassungs-

wegen desselben Sachverhalts ein solches nicht zeitgleich mit der Richteranklage durchgeführt werden kann.[19] Der Wortlaut („Richter") könnte Anlass geben, auch die ehrenamtlichen Richter als erfasst anzusehen.[20] Indessen würde eine solche Auslegung den zwingenden Rahmen der Ermächtigung in Art. 98 Abs. 5 Satz 1 GG verlassen.[21]

## IV. Anklageverfahren

Die Anklage gegen den Richter erfolgt durch fristgebundenen[22] **Antrag des LT** an das BVerfG. Einer Mitwirkung des Justizministers bedarf es nicht.[23] Für den Antrag ist nach Satz 3 die Mehrheit der Mitglieder des LT, mithin die **absolute Mehrheit** erforderlich. Damit geht Art. 77 über die von Art. 98 Abs. 5 Satz 1 iVm Abs. 2 Satz 1 GG verlangte einfache Mehrheit hinaus. Zwar dürfen die Länder die Richteranklage nach Voraussetzung und Gegenstand nicht erweitern.[24] Die Normierung qualifizierter Mehrheitserfordernisse für den Antrag wird indes vor dem Hintergrund des darin liegenden (zusätzlichen) Schutzes für den Richter als lediglich verfahrensrechtliche Abweichung angesehen.[25] Das ist indes in dem Maße zweifelhaft, in dem der verfahrensrechtlichen Seite kompensatorischer Charakter zur (inhaltlichen) „Gesetzesunklarheit" (→ Rn. 5 mit Fn. 15) zukommt; die Verschärfung von Verfahrensanforderungen kommt dann einer Qualifikation des Tatbestandes gleich. Sie schwächt daher tendenziell das der Richteranklage zugrunde liegende **Prinzip der wehrhaften Demokratie**.

7

## V. Entscheidung des Bundesverfassungsgerichts

Es kann auf Freispruch (vgl. §§ 62, 59 Abs. 1 BVerfGG) oder auf Versetzung in ein anderes Amt oder in den Ruhestand erkannt werden; (nur) im Fall eines vorsätzlichen Verstoßes kann nach Satz 2 auf Entlassung erkannt werden. Für eine **Verurteilung** ist nach Satz 1 iVm Art. 98 Abs. 5 Satz 1 und 2 GG eine **Zweidrittelmehrheit** im zuständigen Senat erforderlich. Wird diese nicht erreicht, muss der Richter freigesprochen werden.[26] Umstritten ist, ob im Falle der Tatbestandsmäßigkeit des Verhaltens des Richters abweichend von dem in Satz 1 und 2 bzw. Art. 98 Abs. 2 iVm Abs. 5 Satz 1 GG vorgesehenen Sanktionskatalog (lediglich) eine entsprechende Feststellung getroffen werden kann.[27] Die Frage ist zu verneinen: Die wortlautwidrige Ergänzung der Sanktionsmöglichkeiten

8

---

richtern vgl. § 6 Abs. 2 Nr. 8, § 7 LVerfGG; zur Versetzung nach § 31 Nr. 3 DRiG s. Sächs. Dienstgericht für Richter Urt. v. 1.12.2022 – 66 DG 2/22, DVBl. 2023, 362; zur auf das Disziplinarrecht gestützten vorläufigen Dienstenthebung s. Dienstgericht Berlin Beschl. v. 15.3.2023 – DG 1/23, juris; vgl. zum Ganzen *Brinktrine* BDVR-Rundschreiben 2022 Heft 4 S. 4 ff. sowie *J. Wagner* NJW 2022, 501 ff.
19 Vgl. *Meister* in Burkiczak/Dollinger/Schorkopf BVerfGG § 60 Rn. 2.
20 Obwohl Art. 76 den Begriff des „Richters" iSv Berufsrichter dem Begriff „Laienrichter" gegenüberstellt.
21 So die hM, vgl. zB *Matz-Lück* (Fn. 13) Rn. 31; *Mann* (Fn. 4) Rn. 9; *Schulze-Fielitz* (Fn. 7) Rn. 36; aA *Burmeister* (Fn. 10) S. 525 f.; *Hillgruber* (Fn. 15) Rn. 31.
22 Vgl. §§ 62, 58 Abs. 2 und 3 BVerfGG.
23 Vgl. *Wilke* (Fn. 5) Rn. 65.
24 Vgl. *Schulze-Fielitz* (Fn. 7) Rn. 36; *Hillgruber* (Fn. 15) Rn. 45 unter Hinweis auf Wortlaut und ratio legis.
25 Vgl. *Burmeister* (Fn. 10) S. 523; *Thiele* (Fn. 18) Rn. 4; *Heusch* (Fn. 15) Rn. 6.
26 Vgl. *Detterbeck* (Fn. 7) Rn. 17.
27 Dafür zB *Burmeister* (Fn. 10), S. 520 mwN in Fn. 26; dagegen zB *Schulze-Fielitz* (Fn. 7) Rn. 39 mwN in Fn. 109; *Wolff* in Hömig/Wolff Art. 98 Rn. 3; *Morgenthaler* (Fn. 2) Rn. 16; *Neuhäuser* in Butzer/Epping/Brosius-Gersdorf/Germelmann/Mehde/Rademacher/Waechter Art. 52 Rn. 35; *R. Zimmermann* (Fn. 16) Rn. 19.

um „mildere" Maßnahmen ist geeignet, das Erreichen der Zweidrittelmehrheit und damit die Verurteilung des Richters zu begünstigen. Ebenso wenig kann bei „Geringfügigkeit" das Verfahren ohne Freispruch eingestellt oder der Antrag zurückgewiesen werden.[28] Wird auf Entlassung erkannt, tritt der Amtsverlust mit Verkündung des Urteils ein.[29]

---

28 Vgl. zB *Detterbeck* (Fn. 7) Rn. 17 mwN zur Gegenauffassung.
29 Vgl. *Mann* (Fn. 4) Rn. 17.

## 4. Abschnitt
## Schlussbestimmungen

### Art. 78 (Verfassungstext für Schüler)

Jeder Schüler erhält bei seiner Entlassung aus der Schule einen Abdruck dieser Verfassung und des Grundgesetzes für die Bundesrepublik Deutschland.

**Vergleichbare Regelungen:**
Art. 188 BayVerf.

Art. 78 beruht auf einem Vorschlag des Vertreters der FDP-Fraktion in der Verfassungskommission.[1] Die Bestimmung war bereits wortlautidentisch im Zwischenberichtsentwurf enthalten.[2] Ein **Vorbild** findet sie in Art. 188 BayVerf und in Art. 148 Abs. 3 Satz 2 WRV. Sie soll als Beitrag des Landes zur politischen Bildung der Bürger verstanden werden.[3]

Die Vorschrift enthält ein echtes **Leistungsgrundrecht**.[4] Sie gehört daher systematisch nicht in den Abschnitt über die Schlussbestimmungen.[5] Zur Leistung verpflichtet ist das Land M-V.[6] Schüler ist, wer eine allgemeinbildende Schule in M-V besucht; unerheblich ist, ob es sich um eine staatliche oder um eine Privatschule handelt.[7] Der Anspruch besteht (erst) bei der „Entlassung aus der Schule", nicht schon zuvor.[8] Werden der Text von LV und GG zur Verwendung im Unterricht ausgeteilt, lässt das den **Anspruch bei der Schulentlassung** nicht entfallen. Gemeint ist die endgültige Schulentlassung, nicht der Schulwechsel. Inhaltlich ist der Anspruch auf den Erhalt eines Abdrucks von LV und GG gerichtet.

Jedem Schüler ist daher eine **Textfassung** kostenlos[9] zu Besitz und Eigentum zu übergeben. Die Übermittlung einer elektronischen Version ist nicht ausreichend.[10] Ebenso wenig genügt es, kostenlose Exemplare frei zugänglich zur Abholung bereitzuhalten.[11] Art. 78 normiert eine **Bringschuld des Landes**, nicht eine Holschuld des Schülers. Freigestellt bleibt, ob jeweils ein einzelner oder ein gemeinsamer Abdruck beider Texte ausgereicht werden. Früherer Praxis entsprach es, an die Schulabgänger eine von der Landeszentrale für politische Bildung herausgegebene, zu den einzelnen Abschnitten des GG und der LV mit

---

1 Vgl. LT-Drs. 1/3100 S. 161; vgl. auch LT-Prot. 1/78 S. 409.
2 Vgl. LT-Drs. 1/2000, dort Art. 76, S. 60.
3 Vgl. LT-Drs. 1/3100 S. 161; vgl. auch Justizminister Helmrich (CDU) in LT-Prot. 1/53 S. 2722.
4 Vgl. *Wedemeyer* in Thiele/Pirsch/Wedemeyer Art. 78; *ders.* in Dt. Wiedervereinigung Bd. III S. 37, 46.
5 Vgl. zB Art. 148 Abs. 3 Satz 2 WRV (Abschnitt Bildung und Schule).
6 Vgl. *Wedemeyer* (Fn. 4) Art. 78.
7 Vgl. *Wedemeyer* (Fn. 4) Art. 78.
8 Anders Art. 188 BayVerf: „... vor Beendigung der Schulpflicht ...", vgl. dazu *Köhler* in Nawiasky Art. 188 Rn. 5.
9 Vgl. *Holzner* Art. 188 Rn. 4.
10 Vgl. *Möstl* in Lindner/Möstl/Wolff Art. 188 Rn. 4.
11 So aber für Bayern *Holzner* (Fn. 9) Rn. 4, widersprüchlich dazu aber Rn. 7 („Verteilung an die Schüler").

einführenden Erläuterungen versehene Broschüre zu verteilen.[12] Das ist allerdings ebenso wenig von Art. 78 gefordert wie eine Besprechung im Unterricht.[13]

### Art. 79 (Sprachliche Gleichstellung)

**Amts- und Funktionsbezeichnungen in dieser Verfassung sowie in den Gesetzen und Rechtsvorschriften des Landes werden auch in weiblicher Form verwendet.**

1 Art. 79 ist vor dem Hintergrund der grundgesetzlichen Gleichberechtigungsforderung für Männer und Frauen in Art. 3 Abs. 2 GG und dem Gleichstellungsstaatsziel des Art. 13 zu sehen. Ausgangspunkt ist die Entscheidung des Verfassunggebers für die Verwendung der maskulinen Form bei der Bezeichnung von Amts- oder Funktionsträgern im Verfassungstext. **Regelungsinhalt** ist zum einen die Garantie der Verwendung auch der weiblichen Form bei der Bezeichnung von Amts- und Funktionsträgern. Zum anderen wird die Verwendung der weiblichen Bezeichnung für den Fall angeordnet, dass das in Rede stehende Amt oder die Funktion von einer Frau ausgeübt oder wahrgenommen wird.[1] Ob die maskuline oder die feminine Form zu verwenden ist, wird mithin durch das Geschlecht der Person bestimmt.[2] Keine Aussage macht Art. 79 in Bezug auf das dritte Geschlecht.[3]

2 Sachlich erstreckt sich die Garantie auf die in der LV genannten Amts- und Funktionsträger sowie auf solche, die in den „Gesetzen und Rechtsvorschriften" des Landes Erwähnung finden. Der Begriff „**Gesetze**" ist im formellen Sinne, mithin als Parlamentsgesetz zu verstehen. Zu den Rechtsvorschriften zählen alle untergesetzlichen Rechtsnormen ebenso wie sonstige abstrakt-generelle Vorschriften rechtlichen Inhalts, also zB auch Verwaltungsvorschriften. Erfasst sind auch kommunale Satzungen oder Satzungen sonstiger Selbstverwaltungsträger, sofern diese ihre Satzungsgewalt vom Land ableiten.

3 Art. 79 ist ohne Vorbild in den Verfassungen der anderen Bundesländer.[4] Mit der Bestimmung wird sichergestellt, dass sämtliche Amts- und Funktionsbezeichnungen, die in der LV oder in Gesetzen und Rechtsvorschriften des Landes verwendet werden, auch in der weiblichen Form gelten. Zugleich wird im Interesse der besseren Lesbarkeit und damit Verständlichkeit vermieden, die Amts- und Funktionsbezeichnungen sowie die dazu in Beziehung stehenden Personalpronomina im Verfassungstext sowohl in maskuliner als auch feminier Form zu verwenden.[5] Derartige **Parallelbezeichnungen** sah demgegenüber das Vorläufige Statut vor.[6]

### Art. 79a (Übergangsregelung)

**Ab dem Haushaltsjahr 2012 sind die jährlichen Haushalte so aufzustellen, dass im Haushaltsjahr 2020 die Vorgaben des Artikels 65 Absatz 2 in der ab dem 1. Januar 2020 geltenden Fassung erfüllt werden.**

---

12 Zuletzt 10. Aufl. 2004; kritisch zum Mitabdruck von Erläuterungen *Köhler* (Fn. 8) Rn. 3; wohl auch *Holzner* (Fn. 9) Rn. 6.
13 Vgl. auch *Geis* in Meder/Brechmann Art. 188 Rn. 2; *Holzner* (Fn. 9) Rn. 6, 7.
1 Weniger klar die Formulierung des Zwischenberichtsentwurfs: „... gelten für Männer und Frauen", LT-Drs. 1/2000, dort Art. 77, S. 60.
2 Vgl. Begründung zu Art. 79, LT-Drs. 1/3100 S. 161.
3 Vgl. dazu BVerfG Beschl. v. 10.10.2017 – 1 BvR 2019/16, BVerfGE 147,1 ff.
4 Vgl. aber die SchlHVerf, die parallel die weibliche und männliche Form aufweist.
5 *Wedemeyer* in Thiele/Pirsch/Wedemeyer Art. 79.
6 GVOBl. 1990, 1.

Vergleichbare Regelungen:
Artt. 4 § 2 des Gesetzes zur Änderung der BayVerf vom 20.6.2013; 79a HambVerf; 161 HessVerf; 2 des Gesetzes zur Änderung der Verf Rh-Pf vom 23. 12. 2010; 2 des Gesetzes zur Änderung der SächsVerf vom 11.7.2013; 59a SchlHVerf.

I. Die Vorwirkung des Art. 65 Abs. 2 nF .......................... 1
II. Übergangsregelungen für Sondervermögen .......................... 2
  1. Kreditaufnahme durch Sondervermögen nach bisheriger Rechtslage .................... 3
  2. Veränderung durch Föderalismuskommission II ............. 4
III. Schrifttum ......................... 7

## I. Die Vorwirkung des Art. 65 Abs. 2 nF

Nach Art. 143d Abs. 1 Satz 2 GG ist Art. 109 nF erstmals für das Haushaltsjahr 2011 anzuwenden. Die „**Schuldenbremse**" des Art. 109 Abs. 3 GG gilt also formal seither. Allerdings gestattete Art. 143d Abs. 1 Satz 3 den Ländern, im Zeitraum vom 1.1.2011 bis zum 31.12.2019 nach Maßgabe der geltenden landesrechtlichen Regelungen von den Vorgaben des Artikels 109 Abs. 3 abzuweichen. Gemäß Art. 143d Abs. 1 Satz 4 waren die Haushalte der Länder so aufzustellen, dass im Haushaltsjahr 2020 die Vorgabe aus Art. 109 Abs. 3 Satz 5 erfüllt wurde. 1

Die LV M-V folgt der vom GG vorgezeichneten Abstufung. Das bedeutet:
- Seit dem 1.1.2020 ist die in Art. 65 Abs. 2 nF definierte „Schuldenbremse" in vollem Umfang anzuwenden.
- Bis dahin waren noch die „geltenden landesrechtlichen Regelungen", also Art. 65 Abs. 2 aF, maßgeblich.[1]
- In der Übergangszeit bis zum 31.12.2019 entfaltete Art. 65 Abs. 2 nF bereits Vorwirkungen, weil die Haushalte bis dahin so aufzustellen waren, dass die Schuldenbremse seit 1.1.2020 eingehalten werden kann, so Art. 79a, der Art. 143d Abs. 1 Satz 4 GG entspricht.

## II. Übergangsregelungen für Sondervermögen

Die Regelungen für die **Kreditaufnahme** von **Sondervermögen** (zum Begriff 2 → Art. 61 Rn. 19 f.) sind kompliziert. Um den Überblick zu erleichtern, soll zunächst die Rechtslage vor dem Inkrafttreten der Föderalismusreform II dargestellt werden (a) und anschließend die Veränderung durch die Neufassung der Artt. 109, 115 und 143d GG sowie deren Auswirkungen auf die Interpretation der LV (b).

**1. Kreditaufnahme durch Sondervermögen nach bisheriger Rechtslage.** Nach 3 gefestigter Staatspraxis in M-V konnten Sondervermögen durch Gesetz mit der Ermächtigung ausgestattet werden, Kredite in bestimmter Höhe aufzunehmen.[2]

---

[1] Die Bezugnahme in Art. 143d Abs. 1 Satz 3 GG auf die „geltenden landesrechtlichen Regelungen" begründet ein „qualifiziertes Lockerungsverbot für das Landesrecht", *Kube*, in Dürig/Herzog/Scholz, Art. 143d Rn. 15; *Reimer*, in BeckOK GG Art. 143d Rn. 17. Das bedeutet, dass die Länder ihre Kreditbegrenzungsregeln – soweit sie von Art. 109 Abs. 3 GG abweichen wollen – nicht lockern dürfen gegenüber dem Status bei Inkrafttreten des Art. 109 Abs. 3 GG am 1.8.2009.

[2] Vgl. zB Gesetz zur Errichtung des Sondervermögens „Betrieb für Bau und Liegenschaften Mecklenburg-Vorpommern" vom 17.12.2001 (GVOBl. M-V S. 600), zuletzt geändert durch Gesetz vom 16.12.2013 (GVOBl. M-V S. 731), § 3 Abs. 2; Gesetz über die Errichtung eines Sondervermögens des Landes „Kommunaler Fonds zum Ausgleich konjunktur-

Die betreffenden Krediteinnahmen wurden nicht auf die in Art. 65 Abs. 2 aF definierte **Kreditobergrenze** angerechnet. Die einschlägigen Sondervermögen erschienen im Haushaltsplan gemäß Art. 61 Abs. 1 Satz 2 lediglich netto, dh mit ihren Zuführungen oder Ablieferungen. Die Krediteinnahmen der Sondervermögen sind folglich nicht Einnahmen des Haushalts und unterlagen nicht den dafür maßgeblichen Restriktionen.[3] Auf Bundesebene galt darüber hinaus Art. 115 Abs. 2 GG; danach konnten für Sondervermögen des Bundes durch Bundesgesetz Ausnahmen von Art. 115 Abs. 1 GG zugelassen werden. Art. 115 Abs. 2 GG hatte allerdings in der Praxis nur Bedeutung für die Möglichkeit, Ausnahmen von Art. 115 Abs. 1 Satz 1 GG (Notwendigkeit einer der Höhe nach bestimmten oder bestimmbaren gesetzlichen Ermächtigung für die Aufnahme von Krediten) zu gestatten. Auch für den Bund fand – wie bereits für M-V ausgeführt – eine **Anrechnung** auf die Verschuldungshöchstgrenze des Art. 115 Abs. 1 Satz 2 GG aF nicht statt, wenn – wie allgemein üblich – von der Nettoveranschlagung gemäß Art. 110 Abs. 1 Satz 1, 2. Halbsatz GG Gebrauch gemacht wurde.[4] Dafür bedurfte es nicht des Rückgriffs auf Art. 115 Abs. 2 aF GG.

4 **2. Veränderung durch Föderalismuskommission II.** Die neue Schuldenbremse nach Art. 109 Abs. 3 GG gilt nach allgemeiner Auffassung grundsätzlich auch für **Sondervermögen** des Bundes und der Länder.[5] Zur Begründung für diese These wird von den meisten Autoren auf die Streichung des Art. 115 Abs. 2 aF GG verwiesen.[6] Das überzeugt nicht, denn Art. 115 Abs. 2 aF hat sich – wie oben dargestellt – auf die Verschuldungshöchstgrenze nicht ausgewirkt. Außerdem betraf diese Vorschrift nur den Bundeshaushalt, so dass ihre Streichung keine Konsequenzen für die Interpretation des Art. 109 Abs. 3 GG entfalten kann, der Bund und Länder gleichermaßen betrifft. Die **Einbeziehung** der Sondervermögen in den Regelungskreis der **Schuldenbremse** gemäß Art. 109 Abs. 3 GG folgt vielmehr mittelbar aus der Übergangsbestimmung des Art. 143d Abs. 1 Satz 2, 2. Halbsatz GG[7], die nur einen Sinn ergibt, wenn Art. 109 Abs. 3 GG auch für Sondervermögen anwendbar ist.

5 Für die Länder bedeutet das zunächst, dass auf jeden Fall ab 1.1.2020 die Krediteinnahmen der Sondervermögen grundsätzlich in die Kreditbegrenzungsregeln des Art. 109 Abs. 3 GG einzubeziehen sind. Nach Art. 143d Abs. 1 Satz 2, 2. Halbsatz bleiben aber am 31.12.2010 bestehende Kreditermächtigungen für bereits eingerichtete Sondervermögen unberührt. Das Sondervermögen „Kommunaler Fonds zum Ausgleich konjunkturbedingter Mindereinnahmen" ist vor dem 31.12.2010 eingerichtet und mit einer Kreditermächtigung von 150 Mio. Euro ausgestattet worden. In diesem Umfang, der auch revolvierend in

---

bedingter Mindereinnahmen Mecklenburg-Vorpommern" vom. 5.2.2010 (GVOBl. M-V S. 46), § 3 Abs. 1 Buchstabe b.
3 *Maunz*, in Maunz/Dürig, Erstbearbeitung zu Art. 115 aF GG Rn. 52 mwN.
4 *Maunz* aaO.
5 In der Rechtsprechung StGH Hessen 27.10.2021 – P.St. 2783, P.St. 2827 –, juris Rn. 230; VerfGH Rheinland-Pfalz 1.4.2022 – VGH N 7/21 –, Rn. 97; *Kube*, in Dürig/Herzog/Scholz, Art. 109 Rn. 117; *Jarass*, Art. 109 Rn. 11; *G. Kirchhof*, in v. Mangoldt/Klein/Starck, Art. 109 Rn. 82; *Heun*, in Dreier, Art. 109 Rn. 36; *Henneke*, in Schmidt-Bleibtreu/Hofmann/Hopfauf, Art. 109 Rn. 51; *Siekmann*, in Sachs, Art. 109 Rn. 52; *Heintzen*, in v. Münch/Kunig, Art. 109 Rn. 26.
6 *Heun*, *Kube*, *Heintzen*, *Siekmann*, s. vorherige Fn.
7 *Henneke* aaO; *Siekmann* und *Heintzen*, beide aaO, berufen sich sowohl auf den Wegfall von Art. 115 Abs. 2 aF GG als auch auf Art. 143d Abs. 1 Satz 2, 2. Halbsatz GG.

Anspruch genommen werden kann, genießt die Kreditermächtigung auch nach dem 1.1.2020 **Bestandsschutz**.

Fraglich ist, was in der **Übergangsperiode** zwischen dem 1.1.2011 und dem 31.12.2019 galt. Einige Stimmen in der Literatur lassen sich so verstehen, dass schon ab dem 1.1.2011 keine neuen Sondervermögen mit Kreditermächtigung ausgestattet und vorhandene Ermächtigungen nicht aufgestockt werden durften.[8] Dem steht jedoch § 143d Abs. 1 Satz 3 GG entgegen, der den Ländern erlaubte, im Zeitraum vom 1.1.2011 bis zum 31.12.2019 nach Maßgabe der geltenden landesrechtlichen Regelungen von den Vorgaben des Artikels 109 Abs. 3 GG abzuweichen. Bei der Ausdehnung der Schuldenbremse auf die Sondervermögen handelt es sich um eine Vorgabe des Artikels 109 Abs. 3 GG, bei der den Ländern bis zum 31.12.2019 eine Abweichung gestattet ist, sofern sie sich im Rahmen der geltenden landesrechtlichen Regelungen bewegen.[9] Da die bisherigen landesrechtlichen Bestimmungen in M-V die Kreditaufnahme durch Sondervermögen nicht in den Rahmen der Schuldenbegrenzungsregelungen nach Art. 65 Abs. 2 aF einbezogen haben, bestand weder nach der Landesverfassung noch nach dem Grundgesetz ein Hindernis für die Einräumung neuer Kreditermächtigungen für Sondervermögen bis zum 31.12.2019. Eine solche Maßnahme war aber nur dann zweckmäßig, wenn sichergestellt war, dass der betreffende Kredit bis Ende des Jahrzehnts auf das ab 2020 durch die Landesverfassung und das Grundgesetz zugelassene Maß zurückgeführt werden konnte.

### III. Schrifttum

Siehe die Angaben zu → Art. 65.

7

## Art. 80 (Inkrafttreten)

(1) Diese Verfassung wird vom Landtag mit der Mehrheit von zwei Dritteln seiner Mitglieder beschlossen und durch einen Volksentscheid mit einfacher Mehrheit der Abstimmenden bestätigt.

(2) Die Verfassung wird im Gesetz- und Verordnungsblatt verkündet und tritt mit Beendigung der ersten Wahlperiode des Landtages in Kraft.

**Vergleichbare Regelungen:**
*Zu Abs. 1*: Artt. 94 Abs. 1 BWVerf; 101 Abs. 1 VvB; 155 Abs. 1 BremVerf; 144 Abs. 1 Verf Rh-Pf; 122 Abs. 1 SächsVerf; 100 LVerf LSA; 106 Abs. 1 S. 1 ThürVerf.
*Zu Abs. 2*: Artt. 94 Abs. 1, 2 S. 1 BWVerf; 101 Abs. 1 VvB; 117 BbgVerf; 155 Abs. 1 und 3 BremVerf; 77 Abs. 2 HambVerf; 160 Abs. 1 HessVerf; 78 Abs. 1 NdsVerf; 144 Abs. 1 Verf Rh-Pf; 133 SaarlVerf; 122 Abs. 2 und 3 SächsVerf; 101 Abs. 1 LVerf LSA; 60 Abs. 1 SchlHVerf; 106 Abs. 1 S. 2 und Abs. 2 ThürVerf.

In Abs. 1 wurde die vom LT im Beschluss vom 8.4.1992 getroffene Entscheidung normiert, die LV mit einer **Zweidrittelmehrheit** zu beschließen und anschließend einem **Volksentscheid** zu unterwerfen (→ Entstehungsgeschichte

1

---

[8] *Heun*, in Dreier, Art. 143d Rn. 10; *Henneke*, in Schmidt-Bleibtreu/Hofmann/Hopfauf, Art. 143d Rn. 9; *Reimer*, in BeckOK GG, Art. 143d Rn. 7.
[9] Anders wäre nur dann zu entscheiden, wenn der Rechtssatz, der die Ausdehnung der Schuldenbremse auf Sondervermögen anordnet, unmittelbar in Art. 143d Abs. 1 Satz 2, 2. Halbsatz GG enthalten wäre. Eine solche Auslegung wäre aber verfehlt. Art. 143d Abs. 1 Satz 2, 2. Halbsatz GG setzt voraus, dass ein derartiger Rechtssatz an anderer Stelle geschaffen wurde (nämlich in Art. 109 Abs. 3 GG) und mildert ihn lediglich ab, indem den bereits am 31.12.2010 vorhandenen Ermächtigungen Bestandsschutz eingeräumt wird.

Rn. 8).[1] Die Verfassungskommission verständigte sich in ihrer 26. Sitzung daher rasch über die Fassung von Abs. 1.[2] Mit der Regelung in Abs. 2 über das Inkrafttreten sollten Übergangsbestimmungen für die Zeit zwischen Bestätigung durch Volksentscheid und der nächsten LT-Wahl vermieden werden.[3] Art. 80 wurde sodann in der Kommission einvernehmlich angenommen; ein Vorschlag der Fraktion der LL/PDS, einen Art. 81 über das Außer-Kraft-Treten sowie eine Verfassunggebende Versammlung aufzunehmen, fand keine Mehrheit.[4] Zugleich mit der Verabschiedung der LV regelte der LT deren weitgehende Inkraftsetzung als **vorläufige Verfassung** (→ Entstehungsgeschichte Rn. 24), Als solche trat sie am 23.5.1993 in Kraft. Am 15.11.1994 trat die LV als endgültige in Kraft (→ Entstehungsgeschichte Rn. 26).

---

1 Vgl. auch *Wedemeyer* in Thiele/Pirsch/Wedemeyer Art. 80; zu den Mehrheitserfordernissen bei der Verfassunggebung vgl. *Starck* in HdbStR Bd. IX 1. Aufl. 1997 S. 353, 356.
2 Vgl. LT-Drs. 1/3100 S. 162.
3 Vgl. LT-Drs. 1/3100 S. 162.
4 Vgl. LT-Drs. 1/3100 S. 162 f.

## Stichwortverzeichnis

Fette Zahlen bezeichnen die Artikel, magere die Randnummern.

**Abgeordnete**
- Aktenvorlagerecht  40 1 ff.
- Altersversorgung  22 36
- Anklage  22 27
- Antrag beim LVerfG  53 8
- Antrag vor LVerfG  53 13 ff.
- Antragsrecht  22 20
- Ausschussmitwirkung  33 9 ff.
- Beobachtung  22 10
- Beschlagnahmeverbot  24 34
- Fragerecht  22 18, 40 1 ff.
- Fragerecht – Schranken  22 19
- fraktionslos  25 14 ff.
- Immunität  24 1, 19
- Indemnität  24 1, 6
- Mandat  22 2; s. auch Mandat von Abgeordneten
- Mandatsverlust  22 4; s. auch Mandatsverlust
- Mitwirkungsrechte  22 14
- Pflichten  22 24
- Pflichtverletzung  22 27
- Rederecht  22 16
- Repräsentation  22 11
- Stellung  22 1
- Stimmrecht  22 23
- Übergangsgeld  22 36
- Überprüfung  22 26
- Verhaltensregeln  22 25
- Zeitaufwand  22 31
- Zeugnisverweigerungsrecht  24 32

**Abgeordnetenentschädigung**  22 28
- Amtsausstattung  22 41
- Angemessenheit  22 30
- Entschädigung in eigener Sache  22 47
- Funktionszulagen  22 40
- Höhe  22 34
- Koppelung an Beamtenbesoldung  22 34
- Kostenpauschale  22 41
- Mitarbeiter  22 44
- Reisekosten  22 44
- Staffeldiät  22 35
- Unpfändbarkeit  22 45
- Unübertragbarkeit  22 45
- Unverzichtbarkeit  22 45
- Wahlkreisbüro  22 42
- Zeitaufwand  22 31

**Abweichungsregelung**  69 5 ff.

**Akademie**  7 34 ff.

**Akademische Angelegenheiten**  7 24

**Aktenvorlage durch LReg**  40 17 ff.
- Einsichtsberechtigung  40 21 ff.
- Praxis  40 22 ff.
- Quorum  40 18 ff.
- Umfang  40 19 ff.

**Alleen**  12 13 ff.

**Allgemeinbildung**  16 13 ff.

**Allgemeinverfügung**  57 3

**Alte Menschen**
- Begriff  17a 2 ff.
- Schutz  17a 4 ff.

**Altersgrenze**
- Mitglieder des LVerfG  52 23

**Alterspräsident**
- Lebensalterregelung  28 4

**Ältestenrat**  30 1, 63 5 ff.
- Aufgaben  30 3
- Benehmen  30 6
- Benennung Ausschussvorsitz  33 11 ff.
- Beratungen  30 5
- Fraktionen  25 4
- Kommissionen  30 9
- Konsultationspflicht  30 7
- Parlamentarische Geschäftsführer  30 2
- Unterstützung des Landtagspräsidenten  30 4
- Verhaltensregeln  30 8

- Zusammensetzung 30 2
**Amnestie**
- Begriff 49 17 ff.
- Gesetzgebungskompetenz 49 18 ff.
**Ämter** 72 11 ff.
**Ämterzugang** 71 7 ff.
**Amtseid**
- Bedeutung 44 2 ff.
- Eidesformel 44 3 ff.
- Ort 44 8 ff.
- religiöse Bekräftigung 44 5 ff.
- Vereidigung 44 4 ff.
- Verpflichtung 44 6 ff.
- Zeitpunkt 44 7 ff.
**Amtsführung**
- Unparteiisch 71 36 ff.
**Amtsverhältnis**
- Rechtsnatur 45 2 ff.
**Amtszeit**
- Mitglieder des LVerfG 52 23
**Änderungsanträge** 22 22
**Anhörung**
- Ausschuss 33 18 ff.
**Anstalt des öffentlichen Rechts** 69 17 ff.
**Antwortpflicht der Landesregierung** 40 25 f., 32 ff.
- Ablehnungsgründe 40 37 ff.
- Äußerungen von Mitgliedern der LReg 40 30
- Datenschutz 40 42 ff.
- Funktionsfähigkeit der Landesregierung 40 44 ff.
- Grenzen 40 28 ff.
- Kernbereich exekutiver Eigenverantwortung 40 44 ff.
- öffentliche Beantwortung 40 50 ff.
- öffentliche und private Geheimnisse 40 39
- Staatsgeheimnisse 40 38 ff.
- Unverzüglichkeit 40 27 ff.
- Vollständigkeit 40 23 ff.
- Zuständigkeit 40 29 ff.
**Arbeitsmarktpolitische Staatsziele** 17 2 ff.
**Arbeitsplätze** 17 5 ff.
**Aufgaben**
- öffentliche 72 53
- staatliche 3 4
**Aufgabenverteilungsprinzip** 72 15 ff.
**Auftragsangelegenheit des Bundes** 69 7 ff.
**Aufwandsentschädigung** 52 10
**Ausfertigung**
- Mitzeichnung der Minister 58 6 ff.
- Prüfungskompetenz 58 5 ff.
- Zweck 58 1 ff.
**Ausgaben** 61 11, 14
- außerplanmäßige 63 2 ff.
- überplanmäßige 63 2 ff.
**Ausgleichsmandate** 20 33
**Auskunftsrecht** 6 12 ff.
**Auslegung, verfassungskonforme** 52 8
**Ausschuss**
- Abberufung des Vorsitzenden 33 14 ff.
- abschließende Beratung 33 16 ff.
- Anhörung 33 18 ff.
- Aufgabe 33 1 ff.
- Aufgaben des Vorsitzenden 33 12 ff.
- Auftragserteilung 33 16 ff.
- Ausschluss der Öffentlichkeit 31 10 ff.
- Benennung als Mitglied 33 8 ff.
- Berechnung der Besetzung 33 6 ff.
- Beschlussempfehlung 33 17 ff.
- COVID 19 Verfahren 33 13 ff.
- Einsetzung 33 2 ff.
- Europaausschuss 35a 1 ff.
- fraktionsloser Abgeordneter 33 9 ff.

- Grundmandat  33 6
- Grundsatz der Spiegelbildlichkeit  33 6 ff.
- inhaltliche Ausrichtung  33 4 ff.
- Öffentlichkeit der Sitzungen  33 19 ff.
- Petitionsausschuss  33 3 ff.
- Rederecht  22 17
- Selbstbefassungsrecht  33 17 ff.
- Sitzungsleitung  33 12 ff.
- Sonderausschuss  33 4 ff.
- Stärkeverhältnis  33 6 ff.
- Unterausschuss  33 15 ff.
- Verfahrensänderungen aufgund von COVID 19  33 13 ff.
- Vorlagenüberweisung  33 16 ff.
- Vorläufiger Ausschuss  33 23 ff.
- Vorsitz  33 11 ff.
- Vorsitzender Abberufung  33 14 ff.
- Wahlperiodenbeginn  33 23 ff.
- Zugriffsverfahren  33 11 ff.
- Zusammensetzung  33 6 ff.

**Ausschussmitglied**
- Abberufung  33 10 ff.
- Benennung  33 8 ff.

**Außenvertretung des Landes**
- Abgrenzung  47 5 f.
- Bedeutung  47 2
- Begriff  47 4
- Überblick  47 1
- Übertragbarkeit  47 9
- Umfang  47 7 f.
- Verfassungsvergleichung  47 3

**Außergewöhnliche Notsituation**  65 22

**Auswärtige Gewalt**  11 15 ff.

**Beamter**
- Politischer  71 29

**Beauftragte**  41 28 ff.

**Beauftragter für die Landespolizei**  36 9 ff.

**Beauftragter für Informationsfreiheit**  37 15 ff.

**Bedürfnis für Ausgaben**
- unabweisbares  63 5 ff.
- unvorhergesehenes  63 3 ff.

**Begnadigung**
- Gegenstand  49 11 ff.
- Justitiabilität  49 12 ff.

**Begnadigungsrecht**
- Einzelheiten  49 10 ff.
- Entscheidungsmaßstäbe  49 8 ff.
- Ermessensentscheidung  49 7 ff.
- Grenzen  49 6 ff.
- Historie  49 4 ff.
- Sinn  49 3 ff.
- Überblick  49 1 ff.
- Übertragbarkeit  49 16 ff.
- Verfassungsvergleich  49 2 ff.

**Behinderte**
- Abwägung der Belange  17a 6
- Barrierefreiheit  17a 9 ff.
- Begriff  17a 3 ff.
- Fürsorge  17a 7 ff.
- Gesetzgebungsauftrag  17a 6
- Gleichstellung  17a 9 ff.
- Maßnahmen  17a 8 ff.
- menschenwürdiges Dasein  17a 5
- Schutz  17a 4 ff.

**Behinderungsverbot**
- Begriff  23 4
- Disziplinarverfahren  23 4
- Inkompatibilität  23 5

**Behörde**
- iSd 69 LV  69 15 ff.

**Bepackungsverbot**  61 36 ff.

**Bereinigung um finanzielle Transaktionen**  65 13

**Berufsbeamtentum**
- institutionelle Garantie  71 53 ff.

**Beschäftigter**
- Begriff  71 50

**Beschäftigungsstand, hoher**  17 6 ff.

**Beschlagnahmeverbot**  24 34

**Bildung**
- Allgemeinbildung  16 13 ff.
- Chancengleichheit  8 2 ff.

- Grundrechtsträger 8 10 ff.
- Recht auf 8 2 ff.
- Weiterbildung 16 13 ff.
- Zugang 8 2 ff.

Bodensatz 61 14

Bruttoprinzip 61 18

Budgetierung 61 14, 44

Budgetinitiative 61 29

Budgetkonflikt, preußischer Vor 61 4 ff.

Budgetrecht 20 21

Bundeseigene Verwaltung 69 8 ff.

Bundesgesetze
- Vollzug durch das Land 53 35

Bundesrecht
- Anwendung 4 4
- Kontrollgegenstand 4 4

Bundesverfassungsgericht 52 4
- Verhältnis zum LVerfG 53 28, 30, 40 f., 44 f.

Bürger
- Friedenspflicht 18a 11

Bürgerbeauftragter 6 11 ff., 10 16 ff., 53 31
- Abberufung 36 2 ff.
- Antrag beim LVerfG 53 8
- Aufgaben 36 4 ff.
- Beauftragter für die Landespolizei 36 9 ff.
- Bestellung 36 2 ff.
- Datenschutz 36 8
- Gesetzesbindung 36 8 ff.
- Gesetzliche Regelung 36 10
- Initiative 36 5 ff.
- Landesverfassung 36 1
- Unabhängigkeit 36 7 ff.
- Zusammenarbeit mit PA 36 6 ff.

Bürgerbegehren 72 49 ff.

Bürgerbewegungen 3 13
- Antrag beim LVerfG 53 9

Bürgerentscheid 72 49 ff.

Bürgerschaftliches Engagement
- Begriff 19 3
- Gemeinwohl 19 4

- Selbsthilfe 19 5
- Solidarisches Handeln 19 6

Bürgschaften 65 7

Chancengleichheit
- Begriff 8 4 ff.
- Bildung 8 2 ff.

Corona-Pandemie 33 13, 41 13, 65 25 f., 74 12

Daseinsvorsorge 3 4

Daten
- Begriff 6 9 ff.

Datenschutz 6 1 ff., 8 ff.
- Doppelte Verbürgung 6 7 ff.

Datenschutzbeauftragter 6 11 ff., 10 16 ff., 53 31
- Abberufung 37 22 ff.
- Amtszeit 37 22
- Antrag beim LVerfG 53 8
- Aufgabenzuweisung 37 1
- Auskunftspflichten 37 23 ff.
- Beauftragter für Informationsfreiheit 37 15 ff.
- Bedeutung für Grundrecht 37 1 ff.
- Begrenzung der Befugnisse 37 16 ff.
- Berufung 37 21 ff.
- Bestellung der Mitarbeitenden 37 9
- für Petitionen zuständige Stelle 37 23 ff.
- Gesetzesbindung 37 5
- Jahresbericht 37 17 ff.
- Kontrollanlässe 37 19 ff.
- Kontrolle der Gerichte 37 12
- Kontrolle der öffentlichen Verwaltung 37 10 ff.
- Kontrolle der Strafverfolgungsbehörden 37 12
- Kontrolle des LT 37 11 ff.
- Kontrolle durch Landtag und Gerichte 37 6
- Mitarbeitende 37 4
- Mittelausstattung 37 7 ff.

- Nicht-öffentliche Stellen 37 13 ff.
- Stellung als Behörde 37 7 f.
- Tätigkeitsbericht 37 18 ff.
- Umsetzung von Maßnahmen 37 20 ff.
- Unabhängigkeit 37 3
- Unterrichtung der Öffentlichkeit 37 17 ff.
- Vorrang der DS-GVO 37 2
- Weitere Befugnisse 37 14 ff.

Datenschutz-Grundverordnung 6 3, 37 2

DDR
- Beitritt
Entstehungsgeschichte 1 ff.

Deckungsverpflichtung 64 4 ff.

Demokratie
- Bürgerdemokratie 3 1
- Demokratieprinzip 71 26
- freiheitliche 2 7
- J. J. Rousseau 2 6
- konstituierende Teilelemente 2 7
- Legitimationskette 3 3
- Legitimationskonzept 2 5
- Legitimationsniveau 3 3
- Mehrheitsprinzip 2 7
- Minderheitenschutz 2 7
- Parteienstaat 3 1
- plebiszitäre 2 8
- Repräsentation 3 2
- repräsentative 2 8
- unmittelbare 70 13 ff.

Deutscher
- iSd 71 Abs. 1 LV 71 8

Diäten 22 28
- Entschädigung in eigener Sache 22 47

Dienstaufsicht 52 6

Dienstposten 71 35

Diskontinuität 27 7
- und Verfahren vor LVerfG 53 10

Doppelhaushalt 61 24

Doppik 61 44 ff., 67 2

Drei-Elemente-Lehre 1 4

Dynamische Verweisung 5 9 ff.

Eckdatenbeschluss 61 27

Eigenstaatlichkeit der Länder 52 2

Eilgesetzgebung 55 39

Eingriffsregelung, naturschutzrechtliche 12 17 ff.

Einkommensteuer
- gemeindliche Ertragshoheit 73 6 ff.

Einnahmen 61 11
- Schätzung 61 13
- Veranschlagung 61 13

Einrichtungen, gesetzlich bestehende 62 3 ff.

Einrichtungsgarantien 10 2 ff., Vor 11 2

Elternrecht 15 11 ff.

Enquetekommission 33 5 ff.

Entlassung
- der Minister 43 5 ff.

Entlastung 67 4 ff.

Ergänzungshaushalt 61 29, 40 ff.

Ergänzungsschule 15 19

Ernennung der Minister
- Formalitäten 43 2
- Koalitionsregierungen 43 4 ff.
- Voraussetzungen 43 3 ff.

Ersatzschule 15 19

Eurocontrol 11 5 ff.

Europäische Union
- Dienstleistungsfreiheit 53 4
- Organe 52 37 ff.

Experimentierklausel 74 13 ff.

Extremismus 18a 13 f.

Fachaufsicht 72 67

Fakultät
- theologische 9 18 ff.

Fälligkeitsprinzip 61 14, 17

Fehler im Gesetzgebungsverfahren
- Ungültigkeit der Norm 55 39 ff.

**Finanzausstattung**
- Gemeinde, eigene kommunale Steuerquellen  73 10
- Gemeinde, Erschließen eigener Einnahmequellen  73 9
- Gemeinde, Mindestausstattung  73 2 ff.
- Kultur  16 5

**Finanzbeziehungen des Bundes zu den Kommunen**
- kommunale Altschulden  73 4
- kommunale Bildungsinfrastruktur  73 4
- sozialer Wohnnungsbau  73 4

**Finanzhoheit**  74 1 ff.
- kommunale  73 1 ff.

**Finanzminister**  63 8 ff.
- Widerspruchsrecht  61 28

**Finanzplan**  61 27, 41 ff.

**Finanzschulden**  65 3 ff.

**Föderalismus**
- Exekutivföderalismus  20 3
- kompetitiver  1 12
- kooperativer  1 12

**Föderalismuskommission II**  65 8 ff.

**Föderalismusreform**  Vor 5 5 ff., Vor 61 9, 69 4 ff.
- Evaluierung  7 32 ff.
- Fortentwicklungsklausel  71 6
- Gesetzgebungskompetenzen  20 3
- Neue Gesetzgebungskompetenzen im Dienstrecht  71 3 ff.
- Umsetzung  20 17

**Förderverpflichtung**
- freie Träger  16 12 ff.
- Kunst und Wissenschaft  7 3 ff., 16 10 ff.

**Formulierungshilfe**  38 4 ff.

**Forschung**  7 13 ff.

**Forschungseinrichtung**  7 34 ff.

**Fortsetzungsmaßnahmen**  62 3 ff.

**Fraktion**  72 46 ff.
- Abgeordnetengesetz  25 7
- Ältestenrat  25 4
- Antrag beim LVerfG  53 8
- Beendigung  25 11
- Begriff  25 3
- Berechnung der Stärke  25 18
- Bereitstellung von Räumen  25 5
- Bildung  25 1
- Entschädigung für bes. parl. Funktionen  25 6
- Finanzierung  25 5
- Fraktionsausschluss  25 12 f.
- Fraktionsdisziplin  25 8
- fraktionsloser Abgeordneter  25 14 ff.
- Fraktionsmittel  25 3, 9 f.
- Fraktionszwang  25 8
- Gäste  25 17
- Geschäftsordnung Landtag  25 4
- Gründungszeitpunkt  25 2
- Liquidation  25 11
- Minderheitenrechte  25 18
- Mitgliederzahl  25 1
- Öffentlichkeitsarbeit  25 9 f.
- Oppositionszuschlag  25 5
- Rechenschaftsbericht  25 6
- Rechte  25 4
- Rechtsstellung  25 3
- Spezialisierungszuschlag  25 5
- Stellenanteile  25 18

**Freie Träger**
- von Schulen  16 12 ff.

**Freier Zugang zur Landschaft**  12 14 ff.

**Freiheitlichkeit**  2 2

**Freistaatsentwurf**  Entstehungsgeschichte 16 ff.

**Fremdinformationsrecht**  38 1 ff.

**Frieden**  18a 3 ff.

**Funktionsvorbehalt**  71 54 ff.

**Fürsorge für Hilfebedürftige**  17a 1 ff.

**G-10-Kommission**  33 5 ff.

**Garantien nach BGB**  65 7

**Gebietsreform**
- Anhörung  72 6
- öffentliches Wohl  72 6

**Gemeinden**  3 6, 10 9 ff., 72 10 ff.
- Aufgaben  72 17 ff.
- Gebietshoheit  72 22
- gemeindeübergreifende Angelegenheiten  72 37 ff.
- Kooperationshoheit  72 27
- Organisationshoheit  72 27 ff.
- Personalhoheit  72 26
- Planungshoheit  72 23 ff.
- Rechnungsprüfung  68 9 ff.
- Satzungen  72 29 ff.
- wirtschaftliche Betätigung  72 20 ff.

**Gemeindeverbände**  10 9 ff., 72 33 ff.

**Gemeinsame Geschäftsordnung der Ministerien**
- Überblick  46 31 ff.

**Gemeinsame Verfassungskommission**
- von BT und BR Entstehungsgeschichte  17 ff.

**Gemeinschaftssteuern**
- Notwendigkeit eines kommunalen Finanzausgleichs  73 14

**Generationengerechtigkeit**  Präambel 3

**Gesamtwirtschaftliches Gleichgewicht**  17 6 ff., 74 7 ff.

**Geschäftsordnung**  52 6
- Auslegung  29 11
- Diskontinuität  29 6
- Fraktionen  25 4
- Landesregierung  29 10
- Rechtscharakter  29 10
- Regelungsinhalt  29 7
- ungeschriebene Regeln  29 14
- Veröffentlichung  58 17
- Verstöße  29 13

**Geschäftsordnung der LReg**
- Autonomie  46 24
- Regelung  46 25

- Überblick  46 26
- Verfassungsgemäßheit  46 28
- Veröffentlichung  58 17
- Widerspruchsrechte  46 27 ff.

**Geschäftsordnung des LTag**
- Abweichungen  29 12

**Gesetz**  4 6 ff., 70 4 ff.
- Außerkrafttreten  58 15
- Befristung  58 16
- Begriff  55 1 ff.
- Eingriffsvorbehalt  4 9
- formelles  55 1 ff.
- Kraft-Tretens-Regelung  58 11 ff.
- materielles  55 1 ff.
- und Recht  70 2 ff.
- Verfassungsbeschwerde  53 30 ff., 45
- Vorbehalt des Gesetzes  4 9
- Vorrang des Gesetzes  4 9
- Wesentlichkeitsvorbehalt  4 9
- Wiederholung nach Aufhebung durch LVerfG  54 19 ff.

**Gesetz und Recht**  70 2 ff.

**Gesetzesbindung**  4 5

**Gesetzesvorbehalt**  4 9, 20 20
- der Selbstverwaltungsgarantie  72 32 ff.
- institutioneller  70 11 ff.

**Gesetzgebung**
- Anhörungsverfahren  55 30

**Gesetzgebungsauftrag**  10 2 ff., Vor 11 2

**Gesetzgebungsbefugnis**  55 3 ff.
- Geschäftsordnung des LT  55 4
- Regelungen in der LV  55 4 ff.

**Gesetzgebungskompetenz**  20 16
- des Landes  18a 2
- Neuordnung  20 17

**Gesetzgebungsverfahren**
- Ablauf  55 23
- Abstimmung in zweiter Lesung  55 35
- Anhörung  55 28 f.

- Anhörung bei Entwurfserarbeitung  55 11 ff.
- Anhörungsverfahren  55 30
- Ausschussberatung  55 31 ff.
- Begründung nach GGO II  55 22 ff.
- Begründung spezieller Abwägungen  55 21 ff.
- Bericht des federführenden Ausschusses  55 33
- Berichtigung der Verkündung  58 8 ff.
- Charakter  55 2 ff.
- Diskontinuität  55 6 ff.
- Dritte Lesung  55 36 ff.
- Entschließung  55 38 ff.
- Erarbeitung des Gesetzesentwurfs  55 7 ff.
- Erste Lesung – Ergänzungsvorlage/Änderungsanträge  55 25
- Erste Lesung – Funktion  55 24
- Erste Lesung – Verfahren  55 26
- frühzeitige Ressortkonsultation  55 8 ff.
- Gegenstand  20 14 ff.
- Gesetzesbegründung  55 20
- Gesetzesinitiative  55 5 ff.
- Gestaltung des Gesetzentwurfs  55 18 ff.
- Inhaltliche Anforderungen an Gesetzesentwurf  55 17 ff.
- Initiative aus der Mitte des LT s.  55 16 ff.
- Mitwirkungsrechte  55 27
- Normprüfung  55 10 ff.
- Öffentlichkeitsbeteiligung bei Entwurfserarbeitung  55 13 ff.
- Outsourcing  55 15 ff.
- Rechtsschutz  55 39 ff.
- Ressortanhörung  55 9 ff.
- ressortinterne Abstimmung  55 9 ff.
- Sachverhaltsaufklärung  55 19 ff.
- Schlussabstimmung  55 37 ff.
- Umgestaltung der Gesetzesvorlage  55 32 ff.
- Verbandsanhörung  55 12 ff.
- Zweite Kabinettsbefassung  55 14 ff.
- Zweite Lesung  55 34 ff.

**Gesetzmäßigkeit der Verwaltung**  4 8

**Gewährleistungen**  65 7

**Gewaltenhemmung** s. Gewaltentrennung  3 5

**Gewaltenteilung** s. Gewaltentrennung  3 5

**Gewaltentrennung**  3 5

**Gewaltfreiheit**  18a 7

**Gewerbesteuerumlage**  73 7 ff.

**Gleichstellung**  13 1 ff.
- Fördermaßnahmen  13 2 ff.
- frauenfördernde Differenzierung  13 4 ff.
- sprachliche  79 1 ff.
- Wahlrecht  13 3 ff.

**Gleichstellungsgesetz**
- Auswahlentscheidung  13 6 ff.
- Gleichstellungsbeauftragte  13 5 ff.
- Zielvereinbarung  13 6 ff.

**Gleichwertigkeit von Arbeits- und Lebensverhältnissen**
- Staatsziel  17 7 ff.

**Gliedstaat**  1 8

**Gliedstaatsklausel**  1 9

**Grenznachbarschaftliche Einrichtungen**  11 5 ff.

**Grundgesetz**  4 2
- Konflikt  18a 14
- Konkrete Normenkontrolle  53 27

**Grundmandat**
- Binnendifferenzierung  26 10

**Grundrechte**  Vor 5 2 ff., 10 2 ff.
- Abgrenzung zu Staatszielen  Vor 11 2
- der Landesverfassung  53 38, 41
- des Grundgesetzes  53 38

- Grundrechtsträger Vor 5 8 ff., 5 6 ff.
- Transformation Vor 5 3 ff., 5 1 ff., 10 ff.
- Umfang Vor 5 6 ff.
- und Verfassungsbeschwerde 53 31 ff.
- Verwirkung 5 12 ff.

Grundsteuer
- abweichendes Landesrecht 73 7

Gruppierungsplan 61 9

Haushalt 52 6, 34

Haushaltsausgleich 61 25
- Ausnahmen 65 11
- Materiell 65 11 ff.

Haushaltsbegleitgesetz 61 36 ff.

Haushaltsführung, vorläufige
- Gründe 62 1 ff.
- Tatbestandesvoraussetzungen 62 2 ff.

Haushaltsgesetz 20 21, 61 36 ff.

Haushaltsgrundsätze 61 39 ff.

Haushaltsgrundsätzegesetz Vor 61 7 ff., 61 44

Haushaltsklarheit 61 18

Haushaltskreislauf 61 26 ff., 67 1 ff.

Haushaltsplan
- Änderungen 61 29
- Begriff 61 1 ff.
- Funktionen 61 2 ff.
- Gliederung, Einzelplan, Gesamtplan, Kapitel, Titel 61 9 ff.
- Rechtscharakter 61 6 ff.
- Regierungsentwurf 61 28
- Spezialität 61 14
- Verkündung 61 6 ff.
- Vollständigkeit 61 18
- Vollzug, Kontrolle 61 31 ff.

Haushaltsrechnung 67 2

Haushaltsrecht
- Abweichungen wegen Coronapandemie 74 12
- Änderungsbedarf Vor 61 9 ff.
- Entwicklung Vor 61 2 ff.
- Systematik Vor 61 1 ff.

Haushaltsreform Vor 61 7 ff.

Haushaltsreste 62 9 ff.

Haushaltsrundschreiben 61 27

Haushaltssperre 61 25

Haushaltsvollzug 65 21 ff.
- Gestaltungsmöglichkeiten 61 11

Haushaltswahrheit 61 18

Haushaltswirtschaft
- gesamtwirtschaftliches Gleichgewicht 74 7 ff.

Hausrecht
- Fraktionen 29 27
- Hausordnung 29 26
- Rechtsnatur 29 29
- Rechtsweg 29 29

Hilfsorgan des Parlaments 34 3

Hochschule
- Akademische Angelegenheit 7 22 ff.
- Aufsicht 7 23 ff.
- Autonomie 7 22 ff.
- Förderverpflichtung 16 10 ff.
- Medizin 7 28 ff.
- Studiengebühren 8 9 ff.
- Verwaltungsfachhochschule 7 30

Hochschullehrer 52 16 f., 24 f.
- Landesdienst 52 17

Hochschulmedizin 7 28 ff.

Hoheitliche Befugnisse 71 57

Höhere Kommunalverbände 75 1 ff.

Homogenität 1 9, 2 3

Immunität 24 1
- Abgeordneter 24 20
- Antragsbefugnis 24 27
- auf frischer Tat 24 25
- Aufhebung 24 28
- Aussetzung des Verfahrens 24 31

- Beweisverwertungsverbot 24 28
- Disziplinarverfahren 24 23
- Ermessensentscheidung 24 29
- Ermittlungsverfahren 24 24, 30
- Festnahme 24 25
- Funktionsfähigkeit 24 19
- Genehmigung 24 27
- generelle Genehmigung 24 30
- gerichtliche Kontrolle 24 29
- Konsequenz eines Verstoßes 24 28
- „mitgebrachte" Verfahren 24 21
- Ordnungswidrigkeiten 24 23
- parlamentarische Praxis 24 30
- persönlicher Schutzbereich 24 20
- politische Beleidigungen 24 30
- Praxisrelevanz 24 2
- Privatklage 24 27
- räumlicher Schutzbereich 24 21
- sachlicher Schutzbereich 24 23
- Schlüssigkeitsprüfung 24 29
- sonstige Freiheitsbeschränkungen 24 26
- Umfang 24 28
- Verfahren 24 27
- Verhaftungen 24 25
- Verjährung 24 22
- Vorermittlungsverfahren 24 24
- zeitlicher Schutzbereich 24 21

Indemnität 24 1
- Abgeordneter 24 6
- Abstimmung 24 8
- Äußerung 24 9
- dienstliche Verfolgung 24 14
- Ehrkonflikte 24 18
- gerichtliche Verfolgung 24 12
- geschützte Verhaltensweisen 24 7
- in Ausschüssen 24 11
- in Fraktionen 24 11
- Leugnung des Holocaust 24 18
- Meinungskampf 24 18
- Ordnungsmaßnahmen 24 15
- private Sanktionen 24 14
- Rechtsfolgen 24 12
- Regierungsmitglied 24 6
- sachlicher Schutzbereich 24 16
- Schutzbereich 24 3
- verfassungskonforme Auslegung 24 17
- Verhältnis zu anderen Vorschriften 24 4
- verleumderische Beleidigung 24 16
- zeitlicher Schutz 24 7

Informationsfreiheit 6 16 ff.

Informierte Gewalt 41 17

Initiativen der Selbsthilfe
- Begriff 19 2 ff.
- Förderung 19 7 ff.

Inkompatibilität 71 47
- Begriff 41 29 ff.
- Inhalt 41 29
- Landtag 41 32
- Mandat 41 33
- Mitglieder des LVerfG 52 14, 37 ff.
- Rechtsfolgen 41 31
- Sinn 41 30 ff.

Inkorporation
- Weimarer Kirchenartikel 9 6 ff.

Integration 11 3 ff.
- europäische 11 5 ff.
- Subsidiaritätsprinzip 11 10

Integrationsfunktion 41 16

Jährlichkeitsprinzip 61 24

Jugendlicher
- Begriff 14 2 ff.; s. auch Kind

Jugendmedienstaatsvertrag 14 8 ff.

Justizgewährleistungspflicht 76 3 ff.

Justizministerium 52 11

Justizverwaltung 52 6

Kameralistik 61 42 ff.
- Modernisierung 61 44

Kanzlerprinzip
- Transparenz 43 16

Kassenverstärkungskredite 65 3 ff.

Kernbereichsschutz  39 1
Kind
- Begriff  14 2 ff.
- Behinderungen  14 4 ff.
- Betreuungseinrichtung  14 6 ff.
- Förderung von Betreuungseinrichtungen  14 7 ff.
- Gefährdung des Wohls  14 8 ff.
- Teilhabe an Gesellschaft  14 9 ff.
- Träger eigener Rechte  14 4 ff.
- Vernachlässigung  14 5 ff.

Kinder- und Jugendschutz
- Staatsziel  14 3
- Verfassungsentwicklung  14 1

Kirchen
- soziale Tätigkeit  19 8 ff.

Klimaschutz  12 9 ff.

Kollegialprinzip der LReg
- Bedeutung  46 18 ff.
- Beispiele  46 21
- Einordnung  46 19
- Regelvermutung  46 22
- Verfahren  46 23
- Verfassungsvergleich  46 20

Kommissionen
- Enquetekommission  33 5 ff.
- G 10-Kommission  33 5 ff.
- Gremium  33 5 ff.
- Parlamentarische Kontrollkommission  33 5 ff.

Kommunalaufsicht
- Aufsichtsmittel  72 67
- Darlegungspflichten  72 68
- defizitäre Haushalt  72 65
- Einschätzungsprärogative  72 64
- Fachaufsicht  72 63 ff., 70 ff.
- Finanzkontrolle  72 63
- Genehmigungsvorbehalte  72 68
- Intendiertes Ermessen  72 65
- objektiv-rechtliche Wirkung  72 66
- Opportunitätsprinzip  72 64 ff.
- Rechtsaufsicht  72 62 ff., 69 ff.
- Rechtsschutz gegen aufsichtsrechtliche Maßnahmen  72 69 ff.

Kommunale Haushaltswirtschaft
- Doppik  74 3
- gesetzlich determiniert  74 2 ff.
- Grundsatz der Generationengerechtigkeit  74 4
- Grundsatz der steten Aufgabenerfüllung  74 4
- Grundsätze  74 3
- Grundsätze der Erzielung von Erträgen und Einzahlungen  74 6 ff.
- Haushaltsplan  74 5 ff.
- Haushaltssatzung  74 5 ff.
- Sicherstellen der Liquidität  74 4
- Überschuldungsverbot  74 4
- Wirtschaftlichkeit und Sparsamkeit  74 4 ff.

Kommunale Selbstverwaltung
- administrative Dezentralisation  72 4 ff.
- Angelegenheiten der örtlichen Gemeinschaft  72 13 ff.
- Aufgabenverteilungsprinzip  72 15 ff.
- Beschwerdebefugnis  72 51
- individueller Schutz  72 51 ff.
- institutionelle Garantie  72 5 ff.
- Kernbereich  72 14 ff.
- objektive Rechtsinstitutsgarantie  72 7 ff.
- politisch-demokratische Funktion  72 3 ff.
- Staatszielbestimmung  72 8 ff.
- subjektive Rechtsstellung  72 7
- subjektives Recht  72 5
- Verfassungsauftrag  72 8 ff.
- Verpflichtungsadressat  72 9 ff.
- Wesensgehalt  72 13

Kommunale Wählervereinigungen  3 11

Kommunaler Finanzausgleich
- 2-Ebenen-Modell  73 23, 25
- allgemeine Infrastrukturpauschale  73 23, 25
- Aufgabe  73 12 ff.

- ausgleichsfähige Faktoren 73 13
- Ausgleichsintensität 73 26 ff.
- Beirat 73 18
- demografische Entwicklung 73 21
- Einwohnerwerte 73 21
- Finanzausgleichsumlage 73 12
- Finanzbedarf 73 16, 20 ff.
- Finanzkraft 73 16, 19 ff.
- fiskalische Funktion 73 12
- Fläche als Bedarfsindikator 73 22 ff.
- Gleichmäßigkeitsgrundsatz 73 24 ff.
- Kreisumlage 73 12
- redistributive Funktion 73 12
- Stadt-Umland-Umlage 73 12
- verfahrensrechtliche Anforderungen 73 17 ff.
- verfassungsrechtliche Determinanten 73 15 ff.
- Verpflichtungsaddressat 73 11
- Zielsetzung 73 11 ff.

**Kommunaler Wahlbeamter** 71 44

**Kommunen**
- eigenverantwortliche Regelung 72 21 ff.
- Fachaufsicht 72 63 ff.
- Rechtsaufsicht 72 62 ff.

**Kompetenzen** 10 2 ff.

**Konjunkturelle Entwicklung** 65 14

**Konnexitätsprinzip** 53 46
- Beobachtungspflicht 72 57
- Beschwerdebefugnis 72 51 f.
- Bestimmtheitsgebot 72 30
- Beteiligungsregelung 72 60 ff.
- „entsprechender" finanzieller Ausgleich 72 55 f.
- Finanzausgleich 72 58
- Gegenstromprinzip 72 61
- Kommunalverfassung 72 59 ff.
- Kostenfolgeabschätzung 72 59
- öffentliche Aufgaben 72 53 ff.
- Organisationsaufgaben 72 53
- Sachaufgabe 72 50

- Sachaufgaben 72 53
- Striktes 72 50 ff.

**Konsultationsverfahren** 63 5 ff.

**Kontrolle** 39 1
- parlamentarische 53 2

**Körperschaft des öffentlichen Rechts** 69 17 ff.

**Körperschaftsstatus**
- Entzug 9 13
- Verleihung 9 11

**Kreditaufnahme** 62 12 ff.

**Kreditaufnahme, Grenzen der** 65 1 ff.

**Kredite** 65 3 ff.
- Tilgung 65 4

**Kreditfinanzierung** 65 25

**Kreise** 3 6
- Aufgabenbereiche 72 34 ff.
- Ausgleichsaufgaben 72 38 ff.
- Ergänzungsaufgaben 72 38 ff.
- gemeindeübergreifende Angelegenheiten 72 37 ff.
- Selbstverwaltungsaufgaben 72 16 ff., 35

**Kreisgebietsreform**
- Bürgerschaftliche Mitwirkung 72 40 ff.
- Flächenausdehnung 72 40
- Schutz der Kreisfreiheit 72 42
- Urteil 2011 zum Kreisstrukturgesetz 72 42
- verfahrensrechtliche Aspekte 72 41

**Kultur**
- Förderung 16 3 ff.
- Kulturbegriff 16 6 ff.
- Kulturhoheit 16 2 ff.
- Kulturstaatlichkeit 16 1 ff.

**Kulturhoheit** 16 2 ff.

**Kulturstaatlichkeit** 16 1 ff.

**Kündigungsschutz**
- Entlassung 23 6
- Erweiterung 23 7
- Kündigung 23 6

**Kunstfreiheit** 7 7 ff.
- Grundrechtsträger 7 10 ff.
- Kunstbegriff 7 8 ff.
- Schranken 7 12 ff.
- Werkbereich 7 9 ff.
- Wirkbereich 7 9 ff.

**Landesbehörden** 69 11 ff., 70 14 ff.
- obere 69 13
- oberste 69 12
- untere 69 14

**Landesbetriebe** 61 18

**Landesfarben** 1 13

**Landesgebiet** 1 2

**Landesgesetze** s. auch Gesetze

**Landeshauptstadt** 20 34

**Landesorganisationsgesetz** 69 9 ff., 70 9 ff., 15

**Landesrechnungshof** 67 3 ff.
- Antrag beim LVerfG 53 8
- Aufgabenspektrum 68 1
- Institution 68 1
- Kollegialorgan 68 4
- Präsident, Mitglieder 68 3 ff.
- Senat 68 6
- Verfassungsorgan 68 2 ff.
- Wahl des Präsidenten 68 4

**Landesregierung**
- Antrag beim LVerfG 53 7, 17, 24
- Antwortpflicht s. Antwortpflicht der Landesregierung
- Äußerungsrecht 53 19, 26, 29, 37 ff.
- Begriff 41 3
- Bezeichnung (Kabinett, Landeskabinett) 41 20 ff.
- innere Ordnung 46 1
- Landesorgan 41 4
- Legaldefinition 41 21 ff.
- Rechtsetzungsfunktion 41 13
- Ressortkompetenz s. Ressortkompetenz
- und LVerfG 52 37 ff.
- Unvereinbarkeiten s. Unvereinbarkeiten
- Verhältnis zum LT 41 5 ff.
- Zusammensetzung der 41 18 ff.

**Landessteuern** 73 8 ff.

**Landesteile** 1 3

**Landesverfassung**
- und Grundgesetz 1 9, 4 2

**Landesverfassungsgericht**
- Abstimmung 54 6
- als Gericht 52 6 ff., 14 ff.
- Amtszeit 52 23
- Antrag 53 3
- Antragsrücknahme 53 6
- Ausscheiden von Mitgliedern 52 24 ff.
- Begründung einer Verfassungsbeschwerde 53 37 ff.
- Begründung eines Antrags beim LVerfG 53 3
- Begründung von Zuständigkeiten durch Gesetzgeber 53 48 f.
- Beratung 54 6
- Beschwerdebefugnis Verfassungsbeschwerde 53 30 ff.
- Beweiserhebung 53 3
- Bindungswirkung von Entscheidungen 54 18 ff.
- Dienstunfähigkeit 52 26
- einstweilige Anordnungen 54 8 ff.
- Funktionen 54 2
- Geschäftsstelle 52 11 f.
- Gesetzeskraft von Entscheidungen 54 14 ff.
- Inkompatibilitäten 52 37
- Kosten und Ausagen 54 12 f.
- Mitglieder 52 13 ff.
- mündliche Verhandlung 54 6
- Pflichtverletzung 52 26
- Postulationsfähigkeit 53 4 f.
- Prüfungsmaßstab 53 1
- Rechte des Bürgers 53 2
- Rechte, eigene 53 7 ff., 12 ff.
- Rechtsanwalt 53 4

805

- Rechtskraft von Entscheidungen 54 17 ff.
- Sitz  52 12
- Sondervotum  54 6
- Staatsorganisationsrecht, Streitigkeit  53 2
- Stellvertreter  52 28 f.
- Strafrechtliche Verurteilung 52 26
- Subsidiarität der Verfassungsbeschwerde  53 39 ff.
- Verfahren (allgemeines)  54 3 ff.
- Verfahrensbeendigung  54 7
- Verfassungsbeschwerde  s. Verfassungsbeschwerde
- Vergleich  54 7
- Verhinderung  52 29 ff.
- Vollstreckung  54 11
- Wiedereinsetzung in den vorherigen Stand  53 36
- Zuständigkeiten nach Enumerationsprinzip  53 1 ff., 49

**Landesvermögen**  66 2 ff.
- Belastung  66 3 ff.
- Erwerb  66 3 ff.
- Verkauf  66 3 ff.

**Landesverwaltung**
- Anstalt des öffentlichen Rechts 69 17 ff.
- Körperschaft des öffentlichen Rechts  69 17 ff.
- mittelbare  69 16 ff.
- Stiftung des öffentlichen Rechts 69 17 ff.
- unmittelbare  69 10 ff.

**Landkreise**
- Aufgabenzuweisung  72 36
- Hochzonung  72 36
- Übernahme von Aufgaben auf Antrag  72 39

**Landschaftsverbände**  10 9 ff., 75 1 ff.
- Aufgaben zur Erfüllung nach Weisung  75 8
- Gründung durch Gesetz  75 10
- kommunale Spitzenverbände 75 3
- Mecklenburg  75 12
- mögliche Aufgaben  75 6 ff.
- Option  75 2, 9
- Vorpommern  75 3

**Landtag**  53 10 ff.
- Abgeordnete  22 1
- Abgeordnetenzahl  20 28
- Abstimmungsformen  32 6 ff.
- Aktenvorlage  40 1 ff., 17 ff.
- Allzuständigkeit  20 1
- Alterspräsident  28 4, 29 2
- Altersversorgung  22 36
- Ältestenrat  30 1
- Antrag  42 17
- Antrag beim LVerfG  53 7, 17, 24
- Antragsrecht  22 20
- Auflösung  27 8 ff., 42 15 ff.
- Ausschluss der Öffentlichkeit 31 9 ff.
- Ausschüsse  52 35 f., 53 8
- Äußerungsrecht  53 19, 26, 29, 37 ff.
- Behandlung öffentlicher Angelegenheiten  20 26
- Behörde  20 5
- Berichterstattung  31 1 ff.
- Berichtsöffentlichkeit  31 4
- Beschlagnahme  29 30
- Beschlagnahmeverbot  24 34
- Beschluss  32 6
- Beschlussfähigkeit  32 5 ff.
- Beschlussfassung  32 1 ff.
- Beschlussvorlagen, Kostendeckung  64 2 ff.
- Budgetrecht  20 21
- Bund-Länder-Streit  20 4
- Disziplinargewalt  29 20
- Durchsuchung  29 30
- Einberufung  28 2, 29 17
- Erste Gewalt  20 8
- Erste Sitzung  28 4
- EU-Angelegenheiten  20 3
- Filmaufnahmen  31 7 ff.

- Fragen einzelner Abgeordneter
  40 2 ff.
- Fragerecht  22 18, 40 1 ff.
- Funktionswandel  20 2
- geheime Abstimmungen  31 3 ff.
- geheime Wahlen  31 3 ff.
- Geschäftsordnung  29 6
- Geschäftsordnungsautonomie
  29 1, 6
- Gesetzesinitiative  20 15
- gesetzgebende Gewalt  20 14
- Gesetzgebungskompetenzen
  20 16 f.
- Gesetzgebungspflicht  20 18
- Haushaltsgesetz  20 21
- Hausrecht  29 23, 25, 31 5 ff.
- Immunität  24 19
- Immunitätsverfahren  24 27
- InformationsfreiheitsG  31 1
- internationale Aktivitäten  20 27
- Kompetenzverlust  20 2
- Konstituierung  28 3
- Kontrollfunktion  20 22
- Kreationsfunktion  20 11
- Landtagsdirektor  29 35
- Landtagspräsident  29 2, 15
- Mehrheitsprinzip  32 1 ff.
- namentliche Abstimmung
  32 6 ff.
- Öffentlichkeit  31 1 ff.
- Ordnungsgewalt  29 20, 23 f.
- Ordnungsruf  29 21
- Parlamentarische Anfragen
  40 2 ff.
- parlamentarische Kontrolle
  20 22
- Parlamentsberichterstattung
  31 8
- Plenaröffentlichkeit  31 1
- politische Willensbildung  20 9
- Polizeigewalt  29 23
- Präsidium  29 3
- Presse  31 6
- Presseberichterstattung  31 7
- qualifizierte Mehrheit  32 4 ff.
- Raumvergabe  29 25
- Rechtsstellung  20 4
- Rederecht  22 16
- Repräsentation  22 11
- Repräsentativorgan  20 7
- Sachruf  29 21
- schlichte Parlamentsbeschlüsse
  32 6
- Schriftführer  29 4
- Selbstauflösungsrecht  27 8 ff.
- Selbstorganisation  29 1, 8
- Selbstversammlungsrecht  29 17
- Sitz  20 34
- Sitzungsausschluss  29 21
- Sitzungsgewalt  29 20
- Sitzungsöffentlichkeit  31 2 ff.
- Stimmrecht  22 23
- Subsidiaritätskontrolle  20 3
- Übergangsgeld  22 36
- Überprüfung  22 26
- und LVerfG  52 37 ff.
- Unterrichtung  63 11 ff.
- Vertretung in Rechtssachen
  29 33
- Vizepräsidenten  29 3
- Vor-Ältestenrat  28 2
- Voraussetzungen  42 16
- Wahlen  32 7 ff.
- Wahlfunktion  20 12
- wahrheitsgetreue Berichte
  31 13 ff.
- wirtschaftliche Angelegenheiten
  29 35
- Wortentziehung  29 21
- Zusammentritt  28 3
- Zuschauer  31 6 ff.

Landtagsmandat
- Regierungsamt  22 8

Landtagspräsident
- Abwahl  29 5
- Amtszeit  29 5
- Aufgaben  29 15, 18
- Beschlagnahme  29 30
- Disziplinargewalt  29 20
- Durchsuchung  29 30
- Führung der Geschäfte  29 16
- Hausrecht  29 23

- Ordnungsgewalt  29 23
- Ordnungsruf  29 21
- Sachruf  29 21
- Sitzungsausschluss  29 21
- Sitzungsgewalt  29 20
- staatsrechtliche Repräsentation  29 34
- Vertretung  29 3
- Vertretung in Rechtssachen  29 33
- Wahl  29 2
- wirtschaftliche Angelegenheiten  29 35
- Wortentziehung  29 21

Landtagsverwaltung  29 36
Legalität  4 6
Legislative Programmsteuerung  4 8
Legitimität  4 6
Lehre  7 13 ff.
Leistungsprinzip  71 13 ff.
- Gleichstellung  71 15
- Hilfskriterien  71 15

**Mandat von Abgeordneten**
- Beginn  22 2
- Ende  22 3
- Fraktionszwang  22 12
- freies  22 9, 12
- Gewaltenteilung  22 6
- Imperatives  22 9
- Inkompatibilität  22 7
- Kündigungsschutz  23 6 f.
- Rotation  22 4
- Ruhen  22 5
- Verlust  22 4, 27

**Mandatsfreiheit**
- Verfassungsschutz  22 10

**Mandatsverlust**
- Antragsbefugnis  21 9 f.
- Folgen  21 11
- Frist  21 10
- Gegenstand  21 9
- Prüfung  21 8
- Verfahren  21 9

- Verfassungswidrigkeit einer Partei  21 11

**Maßnahmen, gesetzlich beschlossene**  62 3 ff.

**Mecklenburg-Vorpommern**
- Neugründung Entstehungsgeschichte  1 ff.

**Mehrausgaben**  64 3 ff.
- globale  61 14

**Mehrebenen-Verfassung**  1 1

**Mehrheitsenquete**  34 4 ff.

**Mehrheitsprinzip**
- Abstimmungsmehrheit  32 2 ff.
- einfache Mehrheit  32 2 ff.
- Minderheitenschutz  32 1 ff.
- Mitgliedermehrheit  32 3 ff.
- qualifizierte Mehrheit  32 4 ff.

**Meinungsfreiheit**  18a 12 f.
**Menschenrechte**  5 2 ff.
**Menschenwürde**  5 6 ff.
- Grenze der Verfassungsänderung  56 8 ff.

**Menschlichkeit**
- Grundsätze der  52 21

**Minderausgaben**
- globale  61 14

**Mindereinnahmen**  64 3 ff.

**Minderheit**
- ethnische  18 1 ff., 5 ff., 9 f.
- nationale  18 1 ff., 5 ff.

**Minderheitenschutz**
- Europarecht  18 3 ff.
- Grundgesetz  18 1
- Länderverfassungen  18 1
- Völkerrecht  18 2 ff.

**Minderheitschutz**
- Assimilierungsdruck  18 10 ff.
- Freie Entscheidung  18 8 ff.
- Integration  18 10
- Menschenrechtsschutz  18 4 ff., 11 ff.
- Staatsziel  18 4 ff.

**Minderheitsenquete**  34 1 ff.

**Mindestausstattung**
- Gleichrangigkeit der Aufgaben 73 3
- Leistungsfähigkeitsvorbehalt 73 3

**Mindestgarantie**  72 1 ff.

**Minister**
- Akzessorietät der Amtszeit 50 21
- Antrag beim LVerfG  53 8
- Doppelstellung  41 25 ff.
- Kompetenzen  41 25 ff.

**Ministerpräsident**
- Beendigung der Amtszeit  50 5 ff.
- Ernennung  s. Ernennung der Minister
- Geschäftsführung  50 17 ff.
- Kompetenzen  41 22 ff.
- Misstrauensvotum  50 8 ff.
- Personalhoheit  48 1 ff.
- Prüfungskompetenz bei Ausfertigung  58 5 ff.
- Richtlinienkompetenz  s. Richtlinienkompetenz
- Rücktritt  50 7
- Staatsangehörigkeit  42 7 ff.
- Stellung  41 23 ff.
- Verfassungstreue  42 8 ff.
- Verfassungsvergleich  42 4 ff.
- Vertrauensfrage  s. Vertrauensfrage
- Vertretung  43 15 ff.
- Zusammentritt eines neuen LT  50 5 f.

**Ministerpräsident, Wahl**  20 11, 42 1 ff., 9 ff.
- Ablauf  42 19
- Mehrheit  42 13
- Voraussetzungen  42 18
- Wahlphasen  42 2 ff.
- Wahlvoraussetzungen  42 6 ff.
- Zweite Wahlphase  42 18 f.

**Mischverwaltung**  1 12
- Verbot  69 6 ff.

**Misstrauensenquete**  34 1 ff.

**Misstrauensvotum**  50 8

**MV-Schutzfonds**  65 28
- Sondervermögen  65 29

**Nachhaltigkeitsprinzip**  Präambel 3, 12 7 ff.

**Nachschiebelisten**  61 29

**Nachtragshaushalt**  61 40 ff., 63 5 ff.
- Konsultationsverfahren  63 6

**Namensrecht der Kommunen** 72 12 ff.

**Natur**
- Rechtssubjekt  12 2 ff.

**Naturgüter**  12 12 ff.

**Naturhaushalt**  12 12 ff.

**Naturkatastrophe**  65 22

**Natürliche Lebensgrundlagen** 12 5 ff.
- Erhaltung von  2 14
- Normqualität  2 16
- Schutzgut  2 15

**Naturschönheiten, landesspezifische** 12 13 ff.

**Naturschutzrechtliche Eingriffsregelung**  12 17 ff.

**Nichtigkeit**
- von Rechtsnormen  53 20

**Niederdeutsch**  16 8 ff.

**Normallage**  65 14 ff.
- Abweichung  65 15 ff.

**Normenkontrolle**
- Abstrakte  53 17 ff.
- Äußerungsberechtigung  53 19
- Entscheidung  53 29
- Gesetzeskraft von Entscheidungen 54 16
- konkrete  52 2, 53 27
- und Landesebene  53 28
- Zulässigkeit Antrag  53 18

**Notbewilligungsrecht**  63 1 ff.

**Notlagenverschuldung**
- Tilgungsplan  65 30

## Stichwortverzeichnis

Obdachlosigkeit   17 10 ff.
Öffentlicher Dienst   52 16 ff., 22 ff., 53 31
Öffentliches Amt   71 24 ff.
- Befähigung   71 11
Öffentlichkeit
- Ausschusssitzungen   33 20 ff.
- Ausschussvorsitzungen   33 19 ff.
- Grenzen   31 4
- Medien   31 2
Öffentlichkeitsarbeit   41 15
- Abgrenzungsprobleme   25 10
- Fraktion   25 9
Opposition
- Antrag beim LVerfG   53 8
- Begriff   26 4 ff.
- Chancengleichheit   26 8
- Grundmandat   26 10
- parlamentarische   26 1
- qualifizierte große Koalition 26 7
- Tolerierung einer Minderheitsregierung   26 6
Ordnungsgewalt
- polizeiliche Maßnahme   29 24
Ordnungsmaßnahme
- Landesregierung   29 20
- Voraussetzungen   29 22
- Würde des Landtages   29 22
Ordnungsruf
- gerichtliche Überprüfung   29 22
Organisationskompetenz
- Einschränkungen   43 8 ff.
- Einzelzuweisung durch Gesetz 43 14
- Gesetzesvorbehalt   43 10 ff.
- Herleitung   43 6 ff.
- Inhalt   43 7 ff.
- Justizministerium   43 11 f.
- legislatives Zugriffsrecht   43 13
- Organisationserlass   43 9 ff.
Organstreit   53 7 ff.
- Antragsbefugnis   53 12 ff.
- Beteiligtenfähigkeit   53 10

- Entscheidung   53 16
- Frist   53 15
- Frist für den Antrag   53 13
- Prozessstandschaft   53 13
- Rechtsschutzbedürfnis   53 14
- Streitgegenstand   53 11 f.
Organtreue   4 3
Örtliche Gemeinschaft
- Angelegenheiten   72 19 ff.
Ostseeraum   11 13 ff.

Parität   9 12 ff.
Parlament
- allgemeinpolitisches Mandat 20 1
Parlamentarische Anfragen   40 2 ff.
- Anonymisierung   40 53
- Antwortpflicht der Landesregierung   40 23 ff., 56 ff.
- Befragung der Landesregierung 40 5 ff.
- Bewertung politischer Vorgänge 40 26
- dienstliches Verhalten   40 30
- Geheimschutz   40 54
- Grenzen der Beantwortungspflicht   40 28 ff.
- Große Anfragen   40 7 ff.
- Informationsbeschaffungspflicht 40 25
- Kleine Anfragen   40 6 ff.
- Missbrauchsverbot   40 10 ff.
- Neutralität in religiösen Fragen 40 36
- öffentliche Beantwortung 40 50 ff.
- Persönlichkeitsrechte   40 55
- Praxis   40 8 ff.
- private Unternehmen   40 32
- Prüfung des Landtagspräsidenten 40 9 ff.
- Rechtsauskünfte   40 35
- Sachlichkeitsgebot   40 12 ff.
- Schutz Dritter   40 16 ff., 52 ff.
- staatliche Subventionen   40 33
- Überschrift   40 14

- Unterstellungen 40 11 ff.
- unverzügliche Beantwortung 40 27 ff.
- Vergabe öffentlicher Auftröge 40 34
- Wertungen 40 11 ff.
- Zuständigkeitsbereich der Landesregierung 40 15 ff.

**Parlamentarische Kontrolle** 20 22
- Gegenstand 20 25

**Parlamentarische Kontrollkommission** 20 24, 33 5 ff.

**Parlamentarischer Rat** 52 1

**Parlamentsinformationsgesetz** 39 4 ff.
- Informationsvereinbarung 39 5
- Regelungsauftrag 39 5 ff.

**Parlamentsvorbehalt** 20 20
- Begründungspflicht 39 3 ff.

**Parteien**
- Anerkennung 21 13
- Antrag beim LVerfG 53 9
- Chancengleichheit 3 12
- Gründungsfreiheit 3 12
- Parteibegriff 3 11
- politische 3 11
- Verbot 21 12, 53 2

**Personalbefugnis**
- Anwendungsbereich 48 2 ff.
- Entlassung 48 6
- Ernennung 48 5
- Übertragbarkeit 48 8
- Umfang 48 7

**Petition**
- Adressat 10 9 ff.
- Grundrechtsträger 10 7 ff.
- Petitionsausschuss 10 16; s. auch Petitionsausschuss
- Petitionsbescheid 10 12 ff.
- Petitionsrecht 10 3 ff.

**Petitionsausschuss** 10 16 ff., 33 3 ff.
- Aktenvorlage 35 13
- Aktenvorlageverweigerung 35 15 ff.
- Amtshilfe 35 14
- Antrag 35 5 ff.
- Auskünfte 35 14 ff.
- Begründung des Petitionsbescheids 35 10 ff.
- Berichte von Beauftragten 35 11 ff.
- Beschluss des LT 35 7 ff.
- Binnenverfahren 35 6 ff.
- eigene Berichterstattung 35 11 ff.
- Einfluss auf Verwaltung 35 3, 9 ff.
- Entscheidungsalternativen 35 3
- Folgen inhaltlicher Überprüfung 35 9 ff.
- Funktion 35 1 ff.
- Gesetzesvorbehalt 35 18
- Informationsanspruch des PA aus Art. 17 GG / 10 LV 35 16 ff.
- Informationsanspruch gegenüber dem PA 35 17 ff.
- Kritik am Binnenverfahren 35 8 ff.
- Mitwirkungspflicht der Lreg 35 12 ff.
- Rechtsschutz 35 10 ff.
- Ressortübergreifende Zuständigkeit 35 2 ff.
- Sachaufklärung 35 13
- Verhältnis zu Landesrechnungshof 35 4 ff.
- Verhältnis zur Rechtsprechung 35 4 ff.
- Zutrittsrecht 35 14

**Pflicht zur Opposition** 26 4

**Plebiszitäre Elemente** 58 1 ff.
- Einführung **Vor 59 1**
- Entstehungsgeschichte M-V **Vor 59 3**
- Übersicht Länder **Vor 59 2**

**Plenardebatte**
- Abschlussbericht Verfassungskommission **Entstehungsgeschichte** 23 ff.

811

- Zwischenbericht
Entstehungsgeschichte 22 ff.
Pluralität von Entscheidungszentren
1 8
Präambel
- Bürger   Präambel 4
- Gottesbezug   Präambel 2
- Staatsvolk   Präambel 4
- Staatsziele   Vor 11 7
- Verfassunggeber   Präambel 4
- Volk   Präambel 4
Praktische Konkordanz   4 3
Präsident
- des LVerfG   52 20 ff.
- von Gerichten   52 20 ff.
Privatschule
- Begriff   15 18 ff.
- Ersatzschule   15 19 ff.
Privatschulwesen   15 1
Produkthaushalt   61 44
Programmsätze   Vor 11 2
Promotionsrecht   7 24

Quotenregelung
- Auswahlentscheidungen   14 6
- Kommunale Gremien   13 7 ff.

Radbruchsche Formel   4 7
Rassismus   18a 12
Realsteuern   73 7 ff.
Rechnungslegung   67 2
Rechnungsprüfung   67 3, 68 7 ff.
Recht   4 6 f., 70 5 ff.
- Radbruchsche Formel   70 6
Recht auf informationelle Selbstbestimmung   6 4 ff.
Rechtsextremismus   18a 1
Rechtsfortbildung   4 7
Rechtsprechende Gewalt   76 1 ff.
- Begriff   76 5 ff.
Rechtsprechung   52 7 ff., 53 3, 76 1 ff.
- Begriff   76 5 ff.
- im Namen des Volkes   76 6 ff.

Rechtsschutz
- Ämterstabilität   71 32
- Mitteilungs- und Wartepflichten   71 32
- Vorläufiger   71 31 ff.
Rechtsschutzgarantie   71 30 ff.
Rechtsschutzinteresse   53 10 ff.
Rechtsstaat
- Bestimmtheit   2 19
- Friedenssicherungspflicht   2 17
- Gesetzesvorbehalt   70 8 ff.
- Gewaltverbot   2 17
- Grundsätze des   52 21
- rechtsstaatliche Gesetzesgestaltung   2 19
- Rückwirkung von Gesetzen   2 20 f.
- verfassungsrechtliche Ausformungen   2 18
- Vorbehalt des Gesetzes   70 7
- Vorrang des Gesetzes   70 7
Rechtsverhältnisse
- Einleitung   45 1 ff.
- Ministergesetz   45 17
Rechtsverordnung
- Ablehnungs- und Zustimmungsvorbehalt   57 5 ff.
- Änderung durch Gesetzgeber   57 12 ff.
- Ausfertigung   58 9 ff.
- Auslegung der Ermächtigung   57 9
- Begriff   57 2 ff.
- Bestimmtheit der Ermächtigungsgrundlage   57 8 ff.
- Entsteinerungsklausel   57 12 ff.
- Ermächtigungsgrundlage   57 1 ff.
- Parlamentsvorbehalt   57 4 ff.
- Subdelegation   57 13 ff.
- Verfahren   57 11 ff.
- Verkündung   58 9 ff.
- Wegfall der Ermächtigungsgrundlage   57 7
- Wesentlichkeit   57 6
- Zitiergebot   57 10 ff.

Rechtsweg
- Erschöpfung 53 39
Rederecht
- Vertretung 38 4 ff.
Redezeit 38 4 ff.
Reform des Haushaltssystems 61 45
Regierungsbildung
- Kanzlerprinzip 43 1 ff.
Regierungsform 2 5
Regionalausschuss
  Entstehungsgeschichte 11 ff.
Religions- und Ethikunterricht 15 1
Religionsgemeinschaften 9 2
- Körperschaft des öffentlichen Rechts 9 10 ff.
- Rechtsfähigkeit 9 9 ff.
- Selbstbestimmungsrecht 9 8 ff.
Religionsunterricht 15 32 ff.
Religionsverfassungsrecht 9 4
Repräsentation
- ganzes Volk 22 11
Republik 2 4
Ressortkompetenz
- Bedeutung 46 14 ff.
- Grenzen 46 16 ff.
- Inhalt 46 17
- Verantwortlichkeit 46 15 ff.
Richter 52 10 ff., 16 f., 76 1 ff.
- Ablehnung 52 31 ff.
- auf Lebenszeit 76 14 ff., 25 ff.
- auf Probe 76 14 ff., 24 ff.
- auf Zeit 76 14 ff., 24 ff.
- Ausschluss, Befangenheit 52 30 ff.
- Befähigung zum 52 13
- Berufsrichter 52 18 ff., 24 f., 76 14 ff.
- Dienstaufsicht 76 15 ff.
- ehrenamtliche 52 4, 9 ff., 76 14 ff., 21 ff.
- Entlassung 76 13 ff.
- Gesetzesbindung 76 8 ff.

- kraft Auftrags 76 14 ff., 24 ff.
- Laienrichter 76 21 ff.
- Landesdienst 52 17
- Mäßigungsgebot 76 9 ff.
- nebenamtlich 76 17 ff.
- Rechtsprofessoren 76 19 ff.
- Richteranklage 77 1 ff.
- Richterdienstgericht 76 16 ff.
- Unabhängigkeit 76 7 ff.
- Versetzung 76 13 ff.
- zweites Hauptamt 76 20 ff.
Richteranklage 77 1 ff.
- Anklagetatbestand 77 5 ff.
- Bedeutung 77 3 ff.
- Entlassung 77 8 ff.
- Entscheidung BVerfG 77 8 ff.
- Freispruch 77 8 ff.
- Funktion 77 2 ff.
- Landesrichter 77 6 ff.
- Verfahren 77 7 ff.
Richterwahlausschuss 76 23 ff.
- Bildung 76 29 ff.
- Entscheidungsmaßstab 76 31 ff.
- Entscheidungsquorum 76 32 ff.
- Mitglieder 76 29 ff.
- Mitwirkungskompetenz 76 27 ff.
- Rechtsschutz 76 35 ff.
- Verfahren 76 34 ff.
- Votum 76 31 ff.
- Wahl 76 30 ff.
- Zusammensetzung 76 28 ff.
Richtlinienkompetenz des MP
- Auswirkungen 46 10
- Bedeutung 46 5
- Begriff 46 7
- Einschränkungen 46 11
- Grundsatz 46 5
- Kanzlerprinzip 46 4
- politischer und rechtlicher Bestandteil 46 9
- praktische Bedeutung 46 6
- Rechtsnatur 46 8
- Umsetzung 46 12
- Verantwortlichkeit 46 13 ff.

**Rücklagen** 61 11, 39 ff.

**Satzung** 57 3 ff.
- Ausfertigung 58 10 ff.
- Verkündung 58 10 ff.

**Schloss Schwerin** 20 34

**Schulden** 61 38 ff., 67 2

**Schuldenbremse** 65 1
- Ausführungsgesetz 65 31
- Ausnahmeregelungen 65 10
- Auswirkung auf kommunale Finanzausstattung 73 3
- Bewertung 65 32
- Rechtsschutz 65 10 ff.
- Verbindlicher Charakter 79a 1
- Vorwirkung 79a 1

**Schule**
- Achtung vor Überzeugungen 15 28 ff.
- Aufsicht 15 9 ff.
- Befreiung von Schulpflicht 15 21 ff.
- Befreiung von Schulpflicht aus religiösen Gründen 15 22 ff.
- Begriff 15 4
- Behinderte 15 27 ff.
- Durchlässigkeit der Bildungsgänge 15 23 ff.
- Elternrecht 15 11 ff.
- Elternrecht auf Wahl des Bildungsganges 15 25
- Elternrecht, Religion 15 12 ff.
- Erziehungsziel 15 26 ff.
- Gesetzesvorbehalt 15 33 ff.
- Inklusion 15 26 ff.
- integratives Konzept 15 11 ff.
- Lehrer 15 10 ff.
- Mitwirkungsrechte der Eltern 15 13 ff.
- Schulaufsicht 15 5 ff.
- Schulentwicklungsplanung 15 7 ff.
- Schülerrechte 15 14 ff.
- Schulgeld 15 17 ff.
- Schulsprengel 15 8 ff.
- Schulträgerschaft 15 6 ff., 15 ff.
- staatlicher Erziehungsauftrag 15 3 ff.
- Toleranzgebot 15 29 ff.
- weiterführende Schule 15 24 ff.
- Weltanschauung in profanen Fächern 15 30 ff.

**Schulpflicht** 15 20 ff.
- Befreiung aus religiösen Gründen 15 31 ff.

**Schulwesen**
- Landeskompetenz 15 2 ff.
- Regelungsinhalt des Art. 15 15 1 ff.
- Schulformen, Angebot 15 16 ff.

**Schutz**
- alter Menschen 17a 4 ff.
- Behinderter 17a 4 ff.
- natürliche Lebensgrundlagen 12 6 ff.
- Umwelt 12 6 ff.

**Selbstbefassungsrecht**
- Ausschuss 33 17 ff.

**Selbstbestimmungsrecht**
- Religionsgemeinschaften 9 8 ff.

**Selbsthilfe**
- Staatsziel 19 1

**Selbstverwaltung** 3 6
- funktionale 3 4
- Hochschule 7 22 ff.
- kommunale 3 7, 53 44 ff.

**SOG-Gremium** 33 5 ff.

**Sonderausschuss** 33 4 ff.

**Sondervermögen** 61 18
- Anrechnung 79a 3
- Bestandsschutz 79a 4
- Einbeziehung 79a 4
- Kreditaufnahme 79a 2
- Kreditobergrenze 79a 3 f.
- Schuldenbremse 79a 4
- Übergangsperiode 79a 4
- Übergangsregelung 79a 2 ff.

**Soziales Staatsziel**
- Fördern 17 3
- Geschichte 17 1

– Inhalt   17 4
**Sozialstaat**   Präambel 3
– Inhalt   2 13
– Konkretisierungsbedürftigkeit
   2 11
– normative Wirkkraft   2 10
– soziale Gerechtigkeit   2 9
– Zielrichtung   2 12
**Sperrklausel**   20 31
**Sperrvermerk**   61 31 ff.
**Spezialität im Haushaltsrecht**
   61 14
**Spielraum**
– politische Entscheidungen   18a 8
**Staat**   10 9 ff.
– Verhältnis zu Religionsgemeinschaften   9 1 ff.
**Staatlich gebundene Berufe**   71 25
**Staats- und Regierungsform**
– Demokratie   2 2
– Rechtsstaat   2 2
**Staatsform**   Vor 1 1, 1 1
**Staatsgebiet**
– Gebietsgarantie   1 7
**Staatsgewalt**   1 4 ff.
– Kern eigener Aufgaben   1 5
– Recht eigener Verfassungsgebung
   1 5
**Staatskirchenrecht**   9 1 ff., 18;
   *siehe auch* Vertragsstaatsrecht
– Auslegung   9 7 ff.
– Feiertagsschutz   9 16 ff.
– grundgesetzliche Regelungen
   9 4 ff.
– Güstrower Vertrag   9 16 ff.
– Parität   9 12 ff.
– Staatskirchenverträge   9 14 ff.
– theologische Fakultäten   9 18 ff.
– Trennung von Staat und Kirchen
   9 6 ff.
**Staatsleistungen**
– Ablösung   9 19
– Begriff   9 19
– Funktion   9 19

– historischer Ursprung   9 19
– in Mecklenburg-Vorpommern
   9 19
**Staatsleitung**   41 14
**Staatssekretäre**   41 26 ff.
– parlamentarische   41 27 ff.
**Staatssymbole**   1 13
**Staatsvertrag**
– Bedeutung   47 13
– Begriff   47 10 ff.
– Gegenstände der Gesetzgebung
   47 12
– Zustimmungserfordernis   47 14
**Staatsverwaltung**
– Mittelbare   10 9 ff.
**Staatsvolk**   1 6, 2 8
**Staatsziele**   Präambel 3, 2 2, 9,
   10 1 ff., 11 1 ff.
– Abgrenzung   Vor 11 2
– Abgrenzung zu Grundrechten
   Vor 11 4
– Adressaten   Vor 11 8
– Auslegungsdirektive   Präambel 1
– Begriff   Vor 11 1
– Exekutive   Vor 11 1
– gerichtliche Kontrolle   Vor 11 11
– Gesetzgeber   Vor 11 9
– Justiziabilität   10 10 ff.
– normativer Gehalt   10 5 ff.
– Präambel   Vor 11 7
– rechtliche Bindungswirkung
   10 7 ff.
– Rechtsprechung   Vor 11 10
– staatszielfremde Normen
   Vor 11 6
– Strukturprinzipien   Vor 11 2
– subjektives Recht   10 8 ff.
– Tierschutz   12 1 ff.
– Umweltrecht   12 1 ff.
– verfassungsgerichtlichen Kontrolle   Vor 11 12
– Verhältnis zum einfachen Bundesrecht   Vor 11 5a
– Verhältnis zum Grundgesetz
   Vor 11 5

815

Stellenausschreibung  71 23
Steuern
- Einkommenssteuer  73 6 ff.
- Gewerbesteuerumlage  73 7 ff.
- Landessteuern  73 8 ff.
- Realsteuern  73 7 ff.
- Steuererfindungsrecht  73 5 ff.

**Stiftung des öffentlichen Rechts**  69 17 ff.

**Strafprozessordnung**  34 22
- Anwendbarkeit im Einzelfall  34 24
- Vereidigung von Zeugen  34 23 ff.
- Verfahrensgarantien  34 25

**Studiengebühren**  8 9 ff.

**Supranationalität**  11 3 ff.

Teilhaushalt  61 40 ff., 62 9 ff.
Tierschutz  12 1 ff., 10 ff.

**Träger der freien Jugendhilfe**
- Schutz und Förderung  19 8 ff.

**Träger der freien Wohlfahrt**
- Förderung und Schutz  19 8 ff.

**Träger öffentlicher Verwaltung**  69 1 ff.

Transformation  Vor 5 3 ff., 5 1 ff., 10 ff.
Transparenz  2 2
Treueklausel  7 18

Überhangmandate  20 33
Umwelt  12 1 ff.
- Abwägungsvorgabe  12 4 ff.
- Auslegungsdirektive  12 3 ff.
- Begriff  12 6 ff.
- Ermessensdirektive  12 3 ff.
- Jedermannverpflichtung  12 15 ff.
- Land- und Forstwirtschaft  12 16 ff.
- natürliche Lebensgrundlagen  12 5 ff.
- Pflege  12 6 ff.
- Planungsentscheidung  12 3 ff.

- Schutzauftrag  12 18 ff.
- Sparsamkeitsgebot  12 12 ff.

**Umweltdaten**  6 1 ff., 16 ff.
- Informationsanspruch  6 13 ff.

**Unabhängigkeit**
- Datenschutzbeauftragter  37 3 ff.
- Eingriffe in die des Richters  76 15 ff.
- Gerichte  52 11 f., 14 ff.
- Landesrechnungshof  68 3
- persönliche U. der Richter  76 12 ff.
- Rechtsschutz gegen Eingriffe  76 16 ff.
- Richter  52 10 ff., 68 3, 76 7 ff.
- sachlicher U. der Richter  76 10 ff.

**Unterschriftenquoren bei Kommunalwahlen**  72 44 ff.

**Untersuchungsausschuss**
- Abschlussbericht  34 26
- Aktenvorlage  34 18 ff.
- Amtshilfe  34 20 ff.
- Beweiserhebungsrecht  34 17 ff.
- Beweisverwertungsverbot  34 13
- Diskontinuitätsgrundsatz  34 27 ff.
- Einsetzungsantrag  33 15 ff., 34 10
- Medienübertragung  34 12 ff.
- Mehrheitsenquete  34 4 ff.
- Minderheitsenquete  34 1 ff., 14 ff.
- Missstandsenquete  34 15 ff.
- Misstrauensenquete  34 1 ff.
- Öffentlichkeitsprinzip  34 11 ff.
- parlamentarischer  34 1 ff.
- Rechtsmissbrauch  34 2
- Rückbetrachtung  34 1
- Streitigkeit  53 25 f.
- Untersuchungsgegenstand  34 16 ff.
- Verfahrensverzögerung  34 27

Unvereinbarkeiten für Mitglieder der Lreg
- Ausnahmen 45 12
- Beruf 45 9
- Berufsausübung 45 8
- besoldetes Amt 45 5
- Ehrenamt 45 6
- Grundsatz 45 4 ff.
- Mandate 45 7
- nachamtlich 45 13 ff.
- Nebentätigkeit 45 10
- Rechtsfolgen 45 16
- Unternehmenszugehörigkeit 45 11

Verfassung
- Änderungen Entstehungsgeschichte 27 ff.
- Einheit der 4 3
- Entstehungsgeschichte Entstehungsgeschichte 1 ff.
- Kraft-Treten Entstehungsgeschichte 24 ff.
- Plenardebatte Entstehungsgeschichte 22 ff.
- Strukturprinzipien 10 2 ff.
- Verfahren der Verabschiedung Entstehungsgeschichte 24 ff.
- Verfassungstext für Schüler 78 1 ff.
- Vollverfassung Vor 5 2 ff.
- vorläufige Entstehungsgeschichte 24 ff.
- Vorrang 4 2

Verfassunggebende Versammlung Entstehungsgeschichte 1 ff.

Verfassungsänderung
- Abwägung 56 13
- Aufhebung einer Vorschrift 56 2 ff.
- Begriff 56 1 ff.
- Beteiligung des Volkes 56 3 ff.
- Ewigkeitsgarantie 56 6 ff.
- fundamentale Verfassungsprinzipien 56 7
- Geänderte Auslegung 56 2 ff.

- Grundrechte 56 9
- Mehrheit 56 4 ff.
- Unabänderlichkeit des Art. 56 56 12
- Verfassungsgrundsätze nach Art. 2 56 10 ff.
- Volksbegehren 56 5 ff.
- Widerspruch zu Grundprinzipien 56 11
- Wortlautänderung 56 1 ff.
- Würde des Menschen 56 8 ff.

Verfassungsautonomie Vor 5 5 ff.

Verfassungsbeschwerde
- Antragsteller 53 31 ff.
- Begründung 53 46
- Beschwerdebefugnis 53 10 ff.
- Entscheidung 53 43
- Frist 53 36, 42
- gegen Landesgesetze 53 30 ff., 45
- Gesetzeskraft von Entscheidungen 54 16 ff.
- Individualverfassungsbeschwerde Vor 5 4 ff.
- kommunale 53 2, 44 ff.

Verfassungsentwurf
- öffentliche Diskussion Entstehungsgeschichte 22 ff.

Verfassungsgerichtsbarkeit 52 1 ff.
- Eigenständigkeit 52 3 f.
- Leitbild- und Orientierungsfunktion 52 9

Verfassungskommission 9 3 ff.
- Abschlussbericht Entstehungsgeschichte 9 ff., 22 ff.
- Auftrag Entstehungsgeschichte 7 ff.
- Beratungen Entstehungsgeschichte 19 ff.
- Bildung Entstehungsgeschichte 3 ff.
- Klausurtagung Entstehungsgeschichte 20 ff.
- konstituierende Sitzung Entstehungsgeschichte 18 ff.

- Materialien
  Entstehungsgeschichte 10 ff.
- Mitglieder
  Entstehungsgeschichte 5 ff.
- Zusammensetzung
  Entstehungsgeschichte 4 ff.
- Zwischenbericht
  Entstehungsgeschichte 8 ff., 21 ff.

**Verfassungsorgan** 52 5 ff., 14 ff., 53 7

**Verfassungsprinzipien** Vor 1 1, 1 1

**Verfassungsräume** 52 37 ff.

**Verfassungsschutz**
- Kontrolle 20 24

**Verfassungsstaatlichkeit** 52 1

**Verfassungswidrigkeit**
- Feststellung 53 21 f.
- Friedensstörung 18a 9

**Verhaltensregeln**
- Zuwendungen 22 25

**Verkündung** 58 7 ff.
- Bestimmtheit der Inkrafttretensregelung 58 12
- Maßgebender Tag 58 14
- Rechtfertigung des Inkrafttretenszeitpunkt 58 13
- Vollständigkeitsprinzip 58 2
- Wirkung 58 4 ff.
- Zeitpunkt 58 3 ff.
- Zweck 58 2 ff.

**Vermögen** 61 38 ff., 67 2

**Verpflichtungen** 62 1, 3 ff.

**Verpflichtungsermächtigung** 61 11, 17, 62 9 ff.

**Vertragsstaatskirchenrecht** 9 14 ff.

**Vertrauensfrage**
- Abstimmung 51 10 ff.
- Antrag 51 5 ff.
- Entstehungsgeschichte 51 3 ff.
- Rechtsfolgen 51 11 ff.
- Überblick 51 1 ff.
- Verfahren 51 15 ff.
- Verfassungsvergleichung 51 4 ff.

**Vertraulichkeit und Integrität informationstechnischer Systeme** 6 5

**Verwaltungskompetenzen** 69 3 ff.

**Verwaltungsschulden** 65 3 ff.

**Verwaltungsverfahrensgesetz** 70 12 ff.

**Verwaltungsvorschrift** 57 3 ff.

**Volk** 5 3 ff., 52 15

**Volksbegehren**
- Bedeutung in M-V 60 3 ff.
- Entwicklung in M-V 60 4 ff.
- Erledigung 60 14 ff.
- Finanzvorbehalt 60 8 ff.
- Gegenstand 60 6 ff.
- Gesetzgebungsauftrag 60 22
- Grundsätzliches 60 2 ff.
- parlamentarisches Verfahren 60 15
- Streitigkeiten 53 23 f.
- Überprüfung durch LVerfG 53 47
- Verfassungsrecht 60 11
- Voraussetzungen 60 7 ff.
- Zulässigkeit 60 12
- Zulässigkeitsprüfung 60 13 ff.

**Volksentscheid**
- Bedeutung in M-V 60 3 ff.
- Entwicklung in M-V 60 4 ff.
- Ergebnis 60 21
- Gegenentwurf 60 18
- Gesetzgebungsauftrag 60 22
- Grundsätzliches 60 2 ff.
- Quorum 60 19 ff.
- Streitigkeiten 53 23 f.
- Verfahren 60 17 ff.
- Verfassung
  Entstehungsgeschichte 24 ff.
- Voraussetzungen 60 16 ff.

**Volksgesetze**
- Bedeutung 60 5

**Volksgruppen** 18 1 ff., 5 ff.

**Volksinitiative** 18a 1
- Befassung des Landtags 59 11 ff.
- Entwicklung in M-V 59 1 ff.

- Finanzvorbehalt 59 7 ff.
- Gegenstand der politischen Willensbildung 59 4 ff.
- Gesetzgebungsauftrag 59 12
- Quorum 59 6 ff.
- Streitigkeiten 53 23 f.
- Teilnahmeberechtigung 59 3 ff.
- Verfassungsrecht 59 8
- Wesen 59 2
- Zulässigkeitsprüfung 59 9 ff.
- Zuständigkeit des Landtags 59 5 ff.

**Volkssouveränität**
- Repräsentative Demokratie 20 6

**Vollverfassung** Vor 5 2 ff.

**Vollziehende Gewalt** 41 10, 70 3 ff.

**Vorherigkeitsprinzip** 61 34 ff.

**Vorläufiges Statut**
Entstehungsgeschichte 2 ff.

**Vorschaltgesetz** 62 9 ff.

**Wählbarkeit**
- zum Landtag 52 15
- zum LVerfG 52 15 ff., 24 ff.

**Wählbarkeitsbeschränkung von Angehörigen des öffentlichen Dienstes** 71 45 ff.

**Wahlen**
- geheim 32 7
- Landes- und Kommunalwahlgesetz 20 30
- Mehrheitswahl 20 29
- Mitglieder des LVerfG 52 35 f.
- Neuwahl zum LT 27 6
- qualifizierte Mehrheit bei LT-Wahl 32 4
- Sperrklausel 20 31, 72 45 ff.
- Unterschriftenquoren 72 44 ff.
- Verhältniswahl 20 29
- „Volk" iSd Art. 72 Abs. 2 LV 72 47
- Wahlgleichheit 20 32
- Wahlgrundsätze 3 8
- Wahlkreise 20 32
- Wahlkreiseinteilung 20 32
- Wahlperiode Landtag 27 3 f.
- Wahlquoren 3 9
- Wahlrecht 3 8
- Wahlrecht von EU-Bürgern 72 48 ff.
- Wahlrechtsgrundsätze 20 29, 72 43 ff.
- Wahlsystem 3 9, 20 29
- Wahlvorbereitungsurlaub 23 2
- Wiederholungswahl 21 7
- Zeitpunkt 27 6

**Wahlfehler** 21 5

**Wahlperiode**
- Beginn und Ende 27 5
- Dauer 27 3 f.
- Demokratieprinzip 27 2
- Neufestlegung 27 1
- Neuwahl 27 11
- Selbstauflösung 27 9, 11

**Wahlprüfung** 53 47
- Frist 21 4
- Gegenstand 21 2
- materielle 21 5
- Rechtsfolgen 21 6
- Rechtsweg 21 1
- Schutzzweck 21 2
- Verfahren 21 4
- Wiederholungswahl 21 7
- Zuständigkeit des LVerfG 53 31

**Wahlsystem** 20 29
- Ausgleichsmandate 20 33
- Mehrheitswahl 20 29
- Überhangmandate 20 33
- Verhältniswahl 20 29

**Wahlvorbereitungsurlaub**
- Dauer 23 3
- Entgeltfortzahlung 23 3
- Ernsthaftigkeit der Bewerbung 23 2
- Zeitpunkt 23 3

**Weimarer Kirchenartikel** 9 5 ff.

**Weisungsfreiheit** 7 24

**Weiterbildung** 16 13 ff.

**Weitergeltung einer Norm** 53 22

Wesentlichkeitstheorie  2 2, 4 9 f.,
  20 20
Wissenschaft  7 13 ff.
Wissenschaftliche Einrichtungen
  7 33 ff.
Wissenschaftsfreiheit  7 2 ff.
– Förderverpflichtung  7 21 ff.
– Grundrechtsträger  7 14 ff.
– Schranken  7 17 ff.
Wohnraum
– angemessener  17 9 ff.
– Staatsziel  17 8 ff.
Wohnsitz  52 16, 24

Zeitgesetze  20 19
Zeugnisverweigerungsrecht
– Abgeordneter  24 32
– Hilfspersonen  24 33
Zielvorgabe  61 27
Zitierrecht  38 1 ff.
Zukunftsbelastung  65 1 ff.

Zusammenarbeit, grenzüberschreitende
– Auswärtige Gewalt  11 16 ff.
– Grenzüberschreitung  11 12 f.
– Instrumente  11 14 ff.
– Praxis  11 17
– Praxis, kommunale  11 18
– Zusammenarbeit  11 11
Zuständigkeit
– behördliche  70 10 ff.
Zuständigkeiten innerhalb der Regierung
– Verfassungsvergleich  46 3
Zustimmung zu Staatsvertrag
– fehlende  47 22
– Form  47 20
– Rechtsfolgen  47 21 ff.
– Zustimmungserfordernis
  47 15 ff.
Zustimmungsvorbehalt bei Landeshaushalt  61 31 ff.